长兴史志多媒体电子书

（微信扫码 阅读下载）

《长兴县志》
（发端—1987）

《长兴县志》
（1988—2012）上册

《长兴县志》
（1988—2012）下册

长兴县志

（1988—2012）

上　册

长兴县史志编纂委员会 编

方志出版社
Publishing House of Local Records

图书在版编目(CIP)数据

长兴县志:1988—2012 / 长兴县史志编纂委员会编
. — 北京: 方志出版社, 2020.9
ISBN 978-7-5144-4395-0

Ⅰ. ①长… Ⅱ. ①长… Ⅲ. ①长兴县—地方志—1988-2012 Ⅳ. ①K295.54

中国版本图书馆CIP数据核字(2020)第224426号

长兴县志(1988—2012)

编　　者: 长兴县史志编纂委员会
责任编辑: 李志瑜
出 版 者: 方志出版社
地址　北京市朝阳区潘家园东里9号(国家方志馆4层)
邮编　100021
网址　http://www.fzph.org
发　　行: 方志出版社图书经销中心
电话(010)67110500
经　　销: 各地新华书店
印　　刷: 杭州富春电子印务有限公司
开　　本: 889×1194　1/16
印　　张: 114
字　　数: 3289千字
版　　次: 2020年9月第1版　2020年9月第1次印刷
印　　数: 0001～3000册
ISBN 978-7-5144-4395-0　**定价:** 680.00 元

南太湖长兴风光（付年红摄·2012年）

长兴城市新貌(温在明摄·2019年)

城市夜景（县建设局提供·2010年）

20世纪80年代初雉城。图为解放路与人民路交叉口（县建设局提供）

金陵中路（县建设局提供·2008年）

老城新貌（滨河路与龙山大道交叉口）（县建设局提供·2012年）

护城河景观（县建设局提供·2012年）

新城秀姿（县建设局提供·2019年）

古城墙(县建设局提供·2008年)

城市社区(县建设局提供·2012年)

中央大道(县建设局提供·2012年)

行政办公综合楼(县机关事务管理局提供·2006年)

龙山新区(县建设局提供·2014年)

集镇新貌（虹星桥镇提供·2012年）

农家新居（吕山乡提供·2012年）

水口乡集镇（水口乡提供·2005年

林城集镇商贸新城（林城镇提供·2012年）

洪桥镇古龙村（洪桥镇提供·2012年）

夹浦镇月明村（夹浦镇提供·2009年

煤山镇全景（煤山镇提供·2017年）

1988年许家浜村成为全县首个统一规划建设别墅型农民新村（李家镇提供）

小浦镇八都岕（小浦镇提供·2007年）

槐坎乡祠山村（槐坎乡提供·2008年）

岕里人家（白岘乡提供·2012年）

泗安镇便民服务中心（泗安镇提供·2010年）

和平镇全景（和平镇提供·2018年）

杭宁高铁长兴站(县史志办提供·2013年)

长兴汽车总站(县交通局提供·2010年)

长兴出租车综合服务中心(县交通局提供·2015年)

104国道百里香樟大道(县交通局提供·2005年)

位于县城南工业园区的画溪新城公交枢纽(县交通局提供·2014年)

长达公路(县交通局提供·2012年)

2012年12月,长湖申线(长兴段)扩建工程通航(县交通局提供)

2013年7月1日,杭宁高铁在境内开通(县交通局提供)

百叶龙大桥（县交通局提供·2012年）

环湖大堤长兴段土方工程建设工地（县档案馆提供·1991年）

长兴污水处理厂（县建设局提供·2005年）

长兴华润燃气有限公司。原为成立于1999年的浙江京兴天然气有限公司（县史志办提供）

长兴新城环保有限公司（夹浦镇提供·2010年）

新318国道林城段（县交通局提供·2011年）

二界岭水库（吴敏摄·2018年）

大（Ⅱ）型水库—合溪水库（王兴秀摄·2011年）

红梅园（林城镇提供·2009年）

新塘大棚蔬菜基地（雉城镇提供·2007年）

休闲观光农业（泗安镇提供·2012年）

城山沟水蜜桃（和平镇提供·2008年）

“虹观”牌“小兰”西瓜（虹星桥镇提供·1999年）

新塘茄子“一尺红”（雉城镇提供·2005年）

长兴四宝

板栗

吊瓜

青梅

白果

采葡萄（2011年）

唐陆羽《茶经·茶之源》：紫笋茶“紫者上，绿者次；笋者上，牙者次；叶卷上，叶舒次”

太湖四珍

白虾

大闸蟹

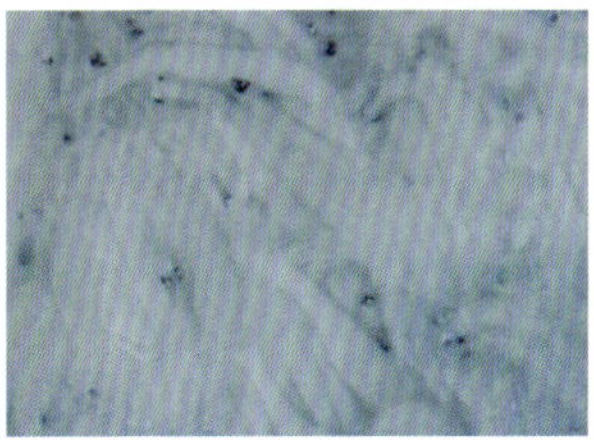

银鱼

鲚鱼

和平茶山（任丽萍摄·2009年）

南太湖产业集聚区长兴分区(南太湖长兴分区提供·2014年)

浙江大学国家大学科技园(长兴)开园仪式(县开发委提供·2009年)

建设中的长兴南太湖总部经济园(县档案馆提供·2013年)

天能集团循环经济园(县科技局提供·2011年)

太湖资本广场(县开发委提供·2015年)

国家级长兴经济技术开发区
(县开发委提供·2010年)

2007年6月11日，天能动力国际有限公司在香港联交所挂牌上市（县金融办提供）

2010年7月7日，超威动力控股有限公司在香港联交所主板上市（县金融办提供）

2015年1月16日，浙江长安仁恒科技股份有限公司在香港联交所H股创业板上市（泗安镇提供）

2015年1月28日，浙江诺力机械股份有限公司在上海证券交易所A股上市（县金融办提供）

2019年2月26日，纳尼亚集团在香港联交所上市（县金融办提供）

海信惠而浦冰箱、洗衣机

浙江浙矿重工股份有限公司生产的广泛用于矿山的二级三级或四级破碎的RC系列圆锥破碎机

浙江诺力机械股份有限公司生产的新一代仓储物流搬运设备—RT15M四向前移式叉车

海信空调

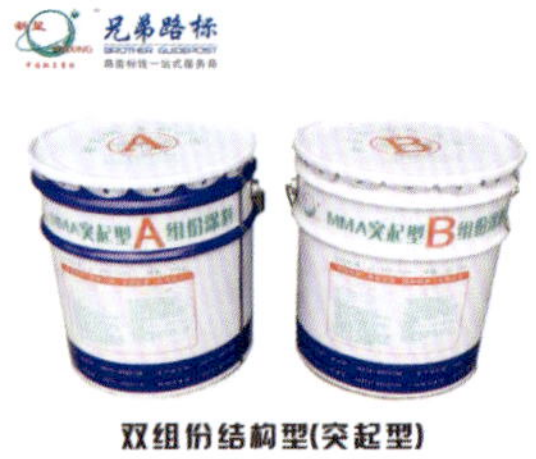

浙江兄弟路标涂料有限公司自主研发、国内领先的路面标线漆

专门为固体危废物处理而设计开发的具有国内领先水平的双螺旋进料、单螺旋出料处理系统——浙江中科兴环能设备有限公司

浙江莱美纺织印染科技有限公司生产的家纺面料系列产品

电动自行车

波路梦食品(饼干)

电动车助车用蓄电池

电动汽车用蓄电池

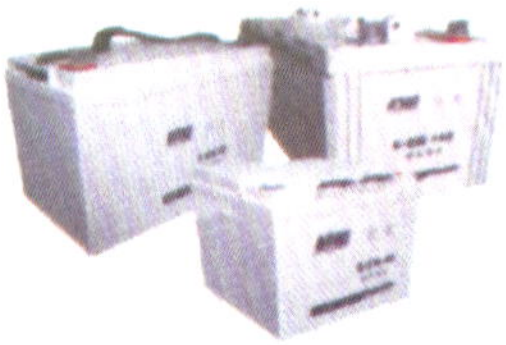

储能用蓄电池

磷酸铁锂电池

数控机床

高低压成套设备

电线电缆

电子元器件

天能电池集团有限公司画溪功能区厂区（画溪街道提供·2010年）

海信惠而浦(浙江)电器有限公司（县开发委提供·2009年）

浙江超威集团有限公司（画溪街道提供·2012年）

桐昆集团浙江恒腾差别化纤维有限公司（县经信委提供·2012年）

“机器换人”自动包装线
（县经信委提供·2012年）

海信(浙江)空调有限公司（县开发委提供·2005年）

康迪汽车有限公司
（县开发委提供·2014年）

湖州南方水泥有限公司（煤山镇提供·2008年）

欧尚超市(县商务局提供·2011年)

浙北广场(县史志办提供·2019年)

大润发超市(县商务局提供·2012年)

20世纪90年代初的金陵菜场(县史志办提供)

21世纪净菜入市(县史志办提供·2012年)

八佰伴购物中心
(县商务局提供·2012年)

长兴国际大酒店（县旅委提供·2005年）

长兴开元名都大酒店（县商务局提供·2019年）

长兴农副产品综合批发市场（县商务局提供·2010年）

阿里巴巴农村淘宝项目在长兴启动（县商务局提供·2015年）

金百尚家居（县商务局提供·2011年）

长兴中心农贸市场
（县商务局提供·2008年）

正在建设中的长兴太湖龙之梦乐园，由上海长峰集团总投资251亿元兴建（太湖图影旅游度假区管委会提供·2018年）

长兴县新四军苏浙军区纪念馆（县文广新局提供·2005年）

东鱼坊（邹黎摄·2017年）

陈武帝故宫（县旅委提供·2012年）

仙山湖国家湿地公园（泗安镇提供·2012年）

扬子鳄度假村（泗安镇提供·2005年）

八都岕古银杏长廊（小浦镇提供·2007年）

1999年4月3日至4日，首届长兴·中国陆羽茶文化旅游节举行(县公安局提供)

“金钉子”远古世界景区(县国土局提供·2001年)

2008年5月28日，大唐贡茶院重建落成典礼暨陆羽铜像揭幕仪式(县旅游集团提供)

大唐贡茶院(县旅游集团提供·2008年)

长兴中山化工有限公司在埃及展会
（县开发委提供·2012年）

首届“长洽会”签约仪式（县招商局提供·2002年）

浙江诺力公司在德国汉诺威展销会上的场景（县商务局提供·2012年）

第一届中国长三角—波罗的海地区合作交流发展论坛在长兴县举行。图为开幕式（县招商局提供·2005年）

第十一次中日经济讨论会在长兴举行（县委宣传部提供·2006年

长兴吉利新能源汽车项目总投资326亿元，由吉利集团投资兴建，为湖州历史上单笔投资最大项目。图为长兴吉利自动变速器项目开工仪式（县开发委提供·2018年）

由美国世界500强企业与国内电器龙头企业共同投资的海信惠而浦(浙江)电器有限公司举行开业仪式（县开发委提供·2009年）

由美国世界500强企业投资的浙江江森自控电池有限公司举行奠基仪式（县开发委提供·2008年）

由德国世界500强企业投资的长兴伊通有限公司举行开工奠基（县政府办提供·2006年）

长兴县职业技术教育中心学校(县教育局提供·2011年)

龙山中学(县教育局提供·2009年)

长兴县第七届中小学幼儿园艺术节(国华摄·2009年)

长兴中学(县教育局提供·2004年)

长兴技师学院（县教育局提供·2012年）

农村学生接送车全面启动（县教育局提供·2007年）

长兴实验初级中学（县教育局提供·2005年）

湖州市清泉文武学校（县教育局提供·2006年）

煤山中学（煤山镇提供·2012年）

长兴县实验小学（县教育局提供·2004年）

党校新貌（县委党校提供·2004年）

长兴县中医院（县卫计局提供·2012年）

县疾控中心（县卫计局提供·2004年）

义诊（县卫计局提供·2008年）

长兴县人民医院（浙医二院长兴分院）（县卫计局提供·2015年）

2016年8月14日，中国空中急救医院联盟成立暨长兴首飞仪式在长兴县人民医院举行（县卫计局提供）

林城镇卫生院（县卫计局提供·2009年）

水口乡卫生院（县卫计局提供·2009年）

长兴县妇幼保健院（县卫计局提供·2010年）

雉城镇玄坛庙社区卫生服务站（县卫计局提供·2006年）

长兴县图书馆(县文广新局提供·2005年)

长兴档案馆(县档案馆提供·2009年)

长兴大剧院(县文广新局提供·2006年)

长兴太湖博物馆(县博物馆提供·2019年)

长兴百叶龙应邀参加“首都国庆60周年联欢晚会”演出。图为在天安门广场金水桥前核心表演区演出场景(县文广新局提供·2009年)

长兴县首届龙舟大赛(许要武摄·2007年)

长兴体育馆(钱初生摄·2007年)

建于1997年的长兴青少年宫(团县委提供)

长兴体育活动中心(县档案馆提供·2009年)

长兴县文化馆(县文广新局提供·2012年)

长兴艺术馆(县文联提供·2012年)

长兴传媒集团(长兴传媒集团提供·2012年)

行政中心喷泉、亮化（县机关事务管理局提供·2006年）

古城公园（县建设局提供·2009年）

花菇山公园（县建设局提供·2006年）

人民广场（县建设局提供·2011年）

齐山植物园（县建设局提供·2006年）

台基山公园（县建设局提供·2005年）

和睦塘绿化带（县建设局提供·2008年）

市民广场（县建设局提供·2008年）

戏迷(县文广新局提供·2008年)

送戏下乡(县文广新局提供·2008年)

乡村大舞台(县文广新局提供·2011年)

上狮村百口训(林城镇提供·2006年)

中国·长兴首届国际山地自行车越野挑战赛(县体育局提供·2010年)

健康生活(任丽萍摄·2012年)

夕阳红运动会(许要武摄·2007年)

凡 例

一、指导思想　本志以马克思列宁主义、毛泽东思想、邓小平理论、“三个代表”重要思想、科学发展观、习近平新时代中国特色社会主义思想为指导，坚持辩证唯物主义和历史唯物主义的立场、观点和方法，遵照国务院《地方志工作条例》之规定，全面系统客观地记述时限内长兴自然、政治、经济、文化和社会的历史与现状。

二、断限　本志为1992年版《长兴县志》续志，定名为《长兴县志（1988—2012）》。记述上限1988年，下限至2012年；部分内容上溯事物发端，卷首彩页部分内容延至本志出版前，方言分布记述时限为2016年。

三、体裁　采用述、记、志、传、图、表、录、索引等体裁，以志为主。行文采用现代语体文和第三人称记述。概述有叙有议，以叙为主；大事记，编年体和纪事本末体相结合；其余均以类系事，以时为序，只记事实，一般不作评论。

四、结构　卷首置编纂人员名录、彩页、地图、凡例、概述、大事记；卷中以专志42编为主体，横排门类，纵述史实；卷末附修志始末、后记等。专志设置坚持社会分工与科学分类相统一，按区域环境、基础设施、经济、政治、文化、社会依次排列，取中编模式，采用章节体结构，分编、章、节层次，节下多设目、少数目下设子目，编、章设序。专记、附录随文设置。

五、纪年　中华人民共和国成立前，用历史纪年，括注公元纪年；中华人民共和国成立后，用公元纪年。

六、人物　本志人物编设人物传记、人物简介和人物名录。人物传记坚持“生不立传”，记述去世人物；人物简介、人物名录收录各界在世人物。

七、图照　分插页图照和随文图照两种。卷首插页图照为彩色，随文图照为黑白。

八、名称　政区、机构、职务、职称、地名等专用名称按当时称谓记述，必要时加注现名。首次出现用全称并括注简称，其后用简称。除已注明的行政区划名称外，“省”“市”“县”称谓分别指浙江省、湖州市、长兴县；“县内”“县境内”“境内”均指长兴县境内。计量单位、数字数据、标点符号等，按国家规范要求执行。

九、资料　入志资料，来源于全县各单位编纂的资料长编，县档案馆、图书馆、博物馆、史志办等单位的档案、旧志以及有关图书、报刊、音像资料。均经考证核实选用，一般不再注明出处。重要的附出处，存疑的加注释。数据资料以统计部门为主，缺则采用主管部门资料。图表注明出处。表格中无该项统计数据的用“—”表示，缺失的用空格表示，数值为零的用“0”表示。

总　目

上册目录

第三编　土　地

第四编　人　口

第五编　环境保护

第六编 环太湖综合治理与开发

第七编 城乡建设

第八编　交通 邮电

第九编　水利 电力

第十编 经济总情

第十一编 农 业

第十二编　工　业

第十三编　建筑业 房地产业

第十四编　商贸 服务 旅游

第十五编 对外及对港澳台经济与合作

第十六编 金 融

第十七编　财政 税务

第十八编　经济管理

概述

一

长兴县位于浙江省北部、长江三角洲杭嘉湖平原，地处北纬30°43′—31°11′、东经119°33′—120°06′，东西宽53.2千米，南北长53.1千米。东濒太湖，与江苏省苏州市吴中区为界，东南与湖州市吴兴区相邻、南与安吉县相连，西与安徽省广德县毗邻，西北、北与江苏省宜兴市接壤。

全县土地总面积1431.31平方千米，其中山地和丘陵669.85平方千米、占46.8%，平原624.05平方千米、占43.6%，水域137.41平方千米、占9.6%，自然地貌概称“五山一水四分田”。辖9镇4乡3街道，220个村、48个居民委员会、24个社区。户籍总人口62.6万人，有34个民族，其中汉族人口占户籍总人口的98%；外来暂住人口10.75万人。县委、县政府所在地雉城街道①，为全县政治、经济、文化中心。长兴县县树为银杏，县花为梅花。

浙北门户　长兴地处浙江北大门、太湖西南岸，北临江苏、西接安徽，“三省通衢”，背山面湖，地势雄峻，自古为兵家必争之地。春秋时吴王筑三圻三城，与楚相争。三国时吴将吕蒙屯营于程山（今吕山），与乌程严白虎抗衡。隋大业九年（613年），在四安（今泗安）筑城，置鹰扬府。相传南宋岳飞曾在岳飞场（今小浦镇西北）山顶屯戍练兵，抗击金兵。德祐元年（1275年），元参将阿剌罕将兵出四安，趋独松关（今安吉）进逼临安（今杭州）。元至正十七年（1357年），朱元璋派大将耿炳文自广德取长兴，与张士诚相持十年，终以长兴城为依托，击败张士诚。清咸丰十年（1860年），太平军将领李世贤自广德趋四安、虹星桥，占领长兴城，同清军争夺四年多。民国13年（1924年）9月，在香山、廿三湾、悬脚岭、四安爆发江浙军阀战争。26年（1937年）11月，上海失守，日本侵略军华中方面军分南北两路以钳形攻势迅速向南京推进，长兴成为中国军队层层阻击迟滞日本侵略军前进，掩护淞沪战场部队转移和为南京保卫战赢得宝贵时间的战略要地之一。32年（1943年）12月，为执行中共中央赋予的发展东南的战略任务，苏南新四军首先以十六旅进抵长兴，开辟以长兴仰峰岕为中心的郎（溪）广（德）长（兴）抗日游击根据地，继而主力南下开辟苏浙皖敌后抗战新区。八年抗日战争期间，作为抗日游击区，长兴城内及周边重要据点驻扎有日本侵略军、伪军，境内驻有国民政府正规军以及地方武装，后期有中共领导的新四军，敌我犬牙交错，大小数十战。1949年4月，人民解放军渡江南下，第三野战军第七、第八、第九、第十兵团迅速组织苏浙皖边围歼战，将4个军的会师地点定在白岘、虹星桥，并在宣城以东的泗（安）、广（德）和煤山地区，一举围歼国民党7个军8万余人，长兴不仅成为浙江境内解放军解放的第一座城市，而且苏浙皖边围歼战的胜利为解放浙江创造了极为有利的条件②。中华人民共和国成立后，尤其是进入改革开放以来，全

---

① 2015年5月，设立龙山街道（为原雉城街道委托龙山新区管理的区域），县委、县政府驻地属龙山街道。

② 长兴县委党史研究室著，吴连意主编：《〈中国共产党长兴历史〉第二卷（1949—1978）》，中共党史出版社2014年版，第5页。

县以经济建设为中心，致力发展经济，大幅改善交通条件。2012年，境内有一条黄金水道(长湖申航道)、两条国道(104国道、318国道)、四条铁路(杭宁高铁、宣杭铁路、长牛铁路、新长铁路)、四条高速公路(杭宁、杭长、申苏浙皖、申嘉湖)，与上海、杭州、南京等大城市均在90分钟交通圈内，浙北门户、三省通衢的区位优势进一步凸显。

千年古县 长兴历史悠久，是浙江人类历史的肇始地。据2005年考古发现，早在100万年前的旧石器时代，泗安镇白莲村七里亭一带就有人类活动。长兴建城已有2500多年，建县已有1700多年，县名沿用也有1100多年之久。春秋时吴王阖闾使弟夫概于该地筑城(前514年—前496年)，名长城。晋武帝太康三年(282年)，建长城县。隋大业十四年(618年)，置长州。唐武德四年(621年)更置绥州，六年更名雉州，七年复置长城县。后梁开平二年(908年)，改名为长兴县。元元贞元年(1295年)升为长兴州，至正十七年(1357年)改为长安州。明洪武二年(1369年)，降州为县。至清、民国，县境县名仍旧，属湖州府。1949年4月长兴解放后，隶属于浙江省第一区专员公署(后改嘉兴地区专员公署)。1983年10月起，属湖州市。长兴地杰人灵，是陈朝开国皇帝武帝故里，历史上名人辈出。南朝梁陈霸先从一名村官成长为将军，继而黄袍加身，创立陈朝，称帝建康，在乱世中为稳定江南局势，恢复南方经济，保护华夏传统文化等方面做出了历史性贡献，遂有"六朝英主""江左诸帝，号为最贤"的评价，被当代人列为中国历史上著名的100位有作为的皇帝之一。唐时太宗贤妃徐惠，以作《谏太宗息兵罢役疏》规劝太宗而著称于世。著名文人徐坚，参与修纂《唐书》八十卷、《则天实录》等流传后世。还有"大历十才子"之一的钱起，佛教南宗的创始人、参与玄奘翻译佛经的道宣和诗人僧皎然。吴越国创立者钱镠，祖籍长兴。南宋有两位著名的方志学家，一为乾道《临安志》编纂者周淙，一为嘉泰《会稽志》修撰者施宿。明代，长兴文人辈出，最著名者顾应祥。顾应祥精通刑律、算学和文艺，著有《重修问刑条例》等七十余卷，晚年为家乡修纂《长兴县志》《四安镇志》。另有"中原七才子"之一的徐中行和隐士吴琉。万历年间臧懋循不仅是中国最早一代具有代表性的私人出版商，而且还是中国著名戏曲理论家，由他编选的《元曲选》，让后人得以享有元代杂剧的光辉遗产。在清代，有被称为"一代奇士"的钱江和著名书画家张度等。近现代以来，长兴土地上培养出众多政治家、军事家、科学家、文学家和能工巧匠等，为推动历史发展、国家和民族兴盛做出了重要贡献。长兴还是"中国民间艺术之乡"，民间艺术十分丰富，有百叶龙、林城狮舞、十番锣鼓、水口茶艺、洪桥龙舟、下箬马灯、泗安旱船等，其中"百叶龙"多次代表国家出访东南亚、法国、俄罗斯等国家，并代表浙江参加首都国庆60周年联欢晚会。

长兴人文底蕴深厚，历代以来，长兴大地上也留下了诸多著名政治家、军事家、文人的足迹。据清同治《长兴县志》载，夏禹治水曾登临李家巷镇东北杨家山眺望太湖，故山古名夏驾山。春秋时吴王阖闾弟夫概筑城，始有长城。相传秦末西楚霸王项羽起兵时，曾途经水口饮水沐浴，并留下膝盖深印而得名"霸王潭"。东汉建安二十三年(218年)，孙权擒虎于悬脚岭下。东晋杰出政治家、著名文人谢安墓迁葬县城西南三鸦冈，该地遂得名太傅乡。唐大历五年(770年)，陆羽推荐紫笋茶成为贡茶，朝廷在水口顾渚山建立中国第一座"皇家茶厂"——贡茶院，长兴也因而开启历经唐宋元明四朝计800年的紫笋茶贡茶史，成为中国茶文化发祥地之一、中国茶文化之乡。陆羽也因长兴考察经历而终集茶事大成，修改完成了中国第一部茶叶专著《茶经》，成为后世景仰的"茶圣"。之后，唐宋时期的袁高、颜真卿、裴汶、张文规、杜牧和皎然、刘禹锡、皮日休、陆龟蒙等一大批名宦和著名文人都曾到长兴，或督造贡茶或吟诗作赋，顾渚山保存完好的三组九处摩崖石刻见证了他们与长兴的不解之缘。明代著名散文家归有光、著名小说家吴承恩曾经同治长兴县，一位担任县令，一位担任县丞，携手治理县政，留下一段佳话；吴承恩还在长兴任上为写就《西游记》积累了大量素材。近现代以来，也留下了诸多著名人物的历史遗迹。民国13年(1924年)12月，郭沫若由上海启程到达江苏宜兴和浙江长兴一带进行平生第一次江南农村社会调查，并在煤山镇尚儒村调查齐卢江浙战争战况，创作散文《尚儒村》。20年(1931年)初冬，巴金同友人到达位于煤山镇的长兴煤矿，在该地生活了一个星期，两年后，创作了一部以长兴煤矿工人斗争为素材的中篇小说《萌芽》(因遭查禁，先后改名为《煤》《雪》)。34年(1945年)1月，粟裕率部抵达长兴仰峰岕，成立新四军苏浙军区，在开展敌后抗日斗争的同时，锻造了党政军干部队伍。中华人民共和国成立后，曾在新四军苏浙军区战斗过并被授予将军军衔的有53人，其中大将1人、上将2人、中将5人、少将45人。

革命老区　长兴人民具有勇于斗争、敢于牺牲的反抗精神和光荣的革命传统、炽热的家国情怀。东晋太和二年(367年)，钱宏率众造反于原乡(今和平一带)。唐大历七年(772年)，农民起义领袖郎景占领水口斫射山。宋宣和四年(1122年)，方腊攻占杭州时，长兴城东有响应者千余人。明永乐十二年(1414年)，全县各地相继响应安吉县广苕乡农民暴动。嘉靖三十五年(1556年)，知县率民众伐石东山，修筑城墙，保家卫国，奋起抗击倭寇窜扰。清同治三年(1864年)7月，太平军在长兴与清军短兵相接，鏖战半月，最后城墙被洋枪队的大炮轰坍十多丈，太平军被迫突围，牺牲数万人。光绪六年(1886年)，知县恽思赞实行“按亩伸粮”法，侵害农民利益，秀才朱砥山率领农民数百人冲进公堂抗议，后遭杀害。宣统三年(1911年)，县吏勒索柴、炭、船费，农民聚众捣毁厘局、巡船、警局、商会。民国14年(1925年)，李家巷杨家山大兴石矿矿工及家属千余人聚集抗议，与长兴土豪蒋馥山强占石矿、驱逐工人的行为作斗争。16年(1927年)七八月间，中共长兴独立支部在长兴成立。之后，敢于反抗的长兴人民在中国共产党领导下开始了艰苦卓绝的革命斗争，开创了长兴历史新纪元。17年(1928年)秋，成立中共夹浦独立支部。18年(1929年)，建立中共长兴区委。26年(1937年)11月25日，日本侵略军攻陷长兴县城，在严重的民族危机面前，在中共抗日救亡的号召下，不愿做亡国奴的长兴各阶层民众尤其是热血青年纷纷以各种方式同日本侵略军进行不屈的斗争。27年(1938年)2月12日，长潮岕猎户胡长元等率抗日义勇队第一大队，夜袭大云寺日本侵略军据点，打响了长兴民众爱国爱家、抵抗侵略的第一枪。2月19日，县城内日本侵略军出动百余人侵扰虹星桥镇，与守卫的国民政府军第59师一连形成对峙，附近地区红枪会众百余人闻讯助战，以血肉之躯冲锋陷阵，牺牲60人、伤17人。同月，曾任国民政府军第26军军长、浙江省政府代主席的小浦周家村人周凤岐等投日，赴上海准备出任伪浙江省政府主席，长兴部分民众得知后赶赴小浦，将其刚建成的庄园别墅烧毁，以示与汉奸势不两立。同年三四月间，流亡在西部山区的汪寿彭、李炳文、姚天雁等一批不愿做亡国奴的热血进步青年，积极响应抗日民族统一战线号召，组织成立“长兴青年抗敌后援会”，开展抗日救亡运动。28年(1939年)春，县政府招募500名富有抗日热情的优秀青年组建“长兴营”，准备光复长兴；两月后，他们奉命驰援浙东萧山、绍兴、诸暨抗日前线，伤亡惨重，许多青年壮志未酬就为国捐躯于钱塘江南岸。29年(1940年)4月，中共长兴县委成立，开始更加有组织地团结社会各界，掀起全县抗日救亡运动的新高潮，形成团结抗日的新局面。32年(1943年)12月，王必成、江渭清率领新四军十六旅到达长兴，在郎(溪)、广(德)、长(兴)一带开辟抗日根据地。34年(1945年)1月，粟裕率部抵达长兴，成立新四军苏浙军区，建立浙西抗日根据地，使之与苏南连成一片，成为全国19个大的抗日根据地之一。该时期，依靠新四军主力部队的帮助和苏浙皖区党委的指导，长兴各级党组织、基层组织和地方武装力量得以迅速恢复和建立，长兴人民在党组织的统一领导下，配合新四军广泛开展了根据地的各项建设和斗争，使得长兴不仅成为苏浙皖边区党政军的指挥中心，而且更成为稳固的后方基地，有力支持和支援了苏浙军区的抗日斗争。据不完全统计，仅34年(1945年)8月全县就有1600余人参加新四军。完好保存的新四军苏浙军区旧址，让长兴享有了“江南小延安”的美誉。中华人民共和国成立后，在剿匪、抗美援朝、对越自卫反击战中，长兴儿女参军参战，为捍卫人民共和国做出重要贡献。据统计，在民主革命、抗日战争、保卫和建设社会主义事业中，有319人被追认为革命烈士。其中，大革命时期1人，土地革命战争时期1人，抗日战争时期37人，解放战争时期210人，社会主义革命和建设时期65人，改革开放和社会主义现代化建设新时期5人。

全国百强　长兴地处享有“鱼米之乡，丝绸之府”美誉的杭嘉湖地区。县境内平原地区种植稻、麦、油菜，兼有蚕桑、畜牧、水产等业，低山、丘陵地区产竹、松、杉，名特产有紫笋茶、乌梅、白果、板栗。农业生产历史悠久，从和平狮子山、雉城台基山等古遗址出土的新石器时代的石斧、石犁、石网坠、石锄、石矛、石磢等生产工具，证明至少在6000年以前，长兴已有人类从事农业和渔猎活动。从吴山等地出土的西周时的石镰、破土器、青铜镰、铜犁、铜锄和小浦画溪桥遗址出土的汉代铁犁、铁口锄、铁锸、铁斧等生产工具,也说明早在两三千年以前,该地农业生产已有一定水平。秦汉时期,整个太湖流域的特点是"地广人稀",经济社会有所发展,但与当时作为政治中心的关中地区的差距逐渐拉大。汉以后至隋以前,包括长兴在内的太湖流域,农业、手工业及商业都得到相当发展,如东汉年间(25—220年)长兴即有陶窑业,南北朝(420—589年)砖窑业开始发展。至唐后期,随着南方开发不断加速,长兴也获得较快发展。尤其是大历五年(770年),经陆羽推荐,顾渚紫笋茶成为贡品,朝廷在顾渚设立"贡焙院",对长兴、湖州乃至整个江南地区的经济社会发展都产生重要影响。随着采办贡茶和茶叶贸易的船只大量汇聚,由唐中期以前的荒凉之地,很快形成有酒楼茶肆的固定草市。该时期,作为当时全国首屈一指的贡茶产地,长兴在唐后期县域中的政治和经济地位日趋重要。会昌四年(844年)十一月,朝廷将长兴升为"望县",即由一个南方普通县上升为全国政治经济地位较重要的县。宋代,随着南方各地进一步开发,长兴人口大量增加,经济走向繁荣,尤其是粮食生产、蚕桑丝织业发展突出,酿酒业发展迅猛,商业市镇开始形成和发展,"东南望县"地位进一步巩固。元及明、清时期,长兴在全国县域中地位较唐宋时期下降,但经济进一步发展。元末明初有采石炼灰和陶窑业,万历年间(1573—1620年)西部山区有可容百人采凿的炭矿(即煤矿)。民国时期,全县工农业和手工业生产逐步发展。民国7年(1918年),成立长兴煤矿股份有限公司,至13年(1924年)拥有矿工3000余人,年产原煤20余万吨。22年(1933年),工业行业有采煤、采石、石灰、电力、酿造、纺织、碾米、陶窑等,25年(1936年)总产值581.6万元,为民国期间工业生产最兴旺的年代。26年(1937年),日本侵略军侵占长兴,原有工业被毁殆尽,农业生产也遭到极大破坏。据不完全统计,抗日战争期间全县人口伤亡总数2556人,其中直接死亡2199人,包括男性1754人、女性348人、儿童97人;造成的难民10万人以上,接近当时全县总人口的50%;财产损失总计相当于1937年7月法币价值1.82亿元(1937年7月长兴中等熟米价格每千克约0.12元)①。抗日战争胜利后至中华人民共和国成立前夕,全县粮食产量每公顷仅1500余千克,工业虽有所复苏,但比战前下降70%,加以物价暴涨,经济萧条,人民生活困苦。至1949年全县工农业总产值3380万元,其中农业产值3236万元、工业产值144万元,工业仅存石矿、石灰窑和陶窑。长兴解放后,全县人民在中国共产党的领导下,艰苦创业、不懈奋斗,建立并巩固新生的人民政权,完成对农业、手工业和资本主义工商业的社会主义改造,建立社会主义基本制度,推动社会主义建设事业的全面展开,在政治、经济、文化、社会等各方面都取得了显著成就,为长兴的现代化之路奠定了重要基础。"文化大革命"期间,工业生产和农村经济发展缓慢。十一届三中全会以后,全县以经济建设为中心,不断解放思想,推动改革开放,顺利实现了从计划经济体制向社会主义市场经济体制的转变,综合实力显著增强,人民生活水平显著提高。1995年10月,首次跻身国家统计局发布的中国综合实力百强县(市),列第81位。1997年1月,被省委、省政府命名为省第二批"小康县"。进入21世纪,经济社会各项事业更是步入快车道,实现了历史性的大跨越,创造了令人瞩目的"长兴速度",走出了一条经济转型升级与生态文明建设相互促进、良性循环的科学发展之路,开创了科学发展的新局面,被誉为"人与自然和谐相处的县域样本"。在国家统计局发布的全国综合发展百强县(市)中,长兴列2003年度第63位、2004年度第51位、2005年度第56位(2006年后不再评选)。2010年,被评为中国全面小康成长型百佳县。2012年,被评为中国中小城市综合实力百强县。2002年以来,连续11年被评为全国县域经济基本竞争力百强县。

美丽宜居 长兴位于被誉为鱼米之乡、丝绸之府、文化之邦、人间天堂的杭嘉湖平原地区,域内绿水青山蜿蜒,平原湖漾、粮田桑园棋布,山水田园、城镇乡村相宜互融,气候适宜,雨量丰沛,是生产、生活、生态"三生"协调发展的宜居、宜业、宜游城市。县域三面环山,一臂当湖,属浙北低山丘陵向太湖西岸平原过渡的地区,地势西高东低,境内有低山、丘陵、平原等多种地形,有山体254座,最高峰为县西北煤山镇与江苏省宜兴市张渚镇接壤的黄塔顶,海拔611.5米,最低位于东部太湖沿岸,海拔3米。境内水系

① 长兴县委党史研究室编,吴连意主编:《浙江省长兴县抗日战争时期人口伤亡和财产损失》,抗日战争时期中国人口伤亡和财产损失调研丛书B系列,中共党史出版社2017年版,第31—32页。

发达，河网纵横交错，主流水系有西苕溪、泗安塘、箬溪和乌溪4大水系，大小河道550条，总长1631.3千米，诸水系均自西向东流入太湖。境域地处北亚热带东亚季风气候区，季风显著，四季分明，气候温和，降水充沛。1988—2012年，年平均气温16.5℃，降水量1265.3毫米，日照时数1660.7小时。长兴境内自然资源和物产丰富，森林覆盖率高，是全国23个“百万株毛竹基地县”之一，空气环境质量良好，已发现矿产资源有26种，植物资源126科725种，动物资源200余种，有闻名海内外的“太湖四珍”银鱼、白虾、鲚鱼、太湖蟹，久负盛名的“长兴四宝”银杏、吊瓜、板栗、青梅，还有被誉为“古生态三绝”的“金钉子”地质遗迹、古银杏和扬子鳄三个上亿年的珍稀自然遗产，拥有国家级AAAA、AAA级旅游风景区4个，还有正在致力打造的面积23.8万平方千米，国内一流、国际知名的滨湖休闲旅游度假目的地——长兴太湖图影省级旅游度假区。先后获国际花园城市、环境可持续发展奖、中国人居环境奖、国家园林城市、全国绿化模范县、全国休闲农业与乡村旅游示范县、第二批省级生态县、省规划建设示范城市、省园林城市、省森林城市、省美丽乡村创建先进县、省平安县等荣誉称号，全县森林覆盖率达51.3%，绿化率达60.2%。市级、省级生态和国家级乡镇(街道)创建比例达87.5%，2012年通过国家生态县考核验收。“绿水青山就是金山银山”理念在长兴得到切实践行，人民群众的获得感、幸福感和安全感普遍增强。

二

1978年12月中共十一届三中全会之后，全县工作重心转向以经济建设为中心，在解放思想、实事求是的路线指引下，开启改革开放的新征程。1979年冬，长城公社狄家圩自发实行联产到劳，拉开了全省农村改革的序幕。同年，全县对工业经济体制的改革也逐步展开。1988年，被国务院列为沿海经济开放区。1992年，在邓小平南方谈话和中共十四大精神的鼓舞下，全县上下进一步解放思想，把改革开放向纵深推进，至2000年，初步建立起社会主义市场经济体制。进入21世纪，全县以建设全面小康社会为目标，以邓小平理论、“三个代表”重要思想、科学发展观为指引，深入贯彻落实省委“八八战略”①，抢抓“入世”(加入世界贸易组织)机遇，不断深化经济体制改革，全方位扩大对外开放，加快产业结构调整，转变经济发展方式，经济实力显著增强，社会事业协调发展，城乡一体化和现代化进程全面推进，人民生活水平显著提高，社会主义市场经济体制初步完善，经济社会发生了前所未有的深刻变化。全县地区生产总值由1988年的10.63亿元，增长到2012年的370.75亿元，增长33.9倍，年均增长15.3%。三次产业结构比例由1988年的36.1:44.3:19.6，演变为2012年的8.2:53.0:38.8。人均GDP(按户籍人口计算)由1988年的1800元，增长到2012年的59229元，增长31.9倍，年均增长15%。按当年汇率折算，2012年人均GDP达9423美元。财政收入由1988年的7018万元，增长到2012年的62.17亿元，增长87.18倍，年均增长21%。农村居民人均纯收入由1988年的902元，增加到2012年的17462元，年均增加690元，年均增长13.1%；城镇居民人均可支配收入33439元，年均增加2501.6元，年均增长12.1%。

---

①2003年7月，中共浙江省委举行第十一届四次全体(扩大)会议，面向未来发展，作出“发挥八个方面的优势”“推进八个方面的举措”的决策部署，简称“八八战略”。即：一是进一步发挥浙江的体制机制优势，大力推动以公有制为主体的多种所有制经济共同发展，不断完善社会主义市场经济体制；二是进一步发挥浙江的区位优势，主动接轨上海、积极参与长江三角洲地区合作与交流，不断提高对内对外开放水平；三是进一步发挥浙江的块状特色产业优势，加快先进制造业基地建设，走新型工业化道路；四是进一步发挥浙江的城乡协调发展优势，加快推进城乡一体化；五是进一步发挥浙江的生态优势，创建生态省，打造“绿色浙江”；六是进一步发挥浙江的山海资源优势，大力发展海洋经济，推动欠发达地区跨越式发展，努力使海洋经济和欠发达地区的发展成为浙江经济新的增长点；七是进一步发挥浙江的环境优势，积极推进以“五大百亿”工程为主要内容的重点建设，切实加强法治建设、信用建设和机关效能建设；八是进一步发挥浙江的人文优势，积极推进科教兴省、人才强省，加快建设文化大省。

十一届三中全会通过的关于农业问题的决议草案,总结了农业合作化以来 20 多年的正反经验,明确提出要“加强劳动组织,建立严格的生产责任制”,并肯定了包工到组、联产计酬等形式。1979 年 11 月冬种时节,长兴县长城、二界岭、里塘等公社的部分生产队自发搞联产到劳、包产到户,被誉为“浙江农村改革第一幕”。至 1982 年,家庭联产承包责任制全面推行,渔业、经济林、山林等业承包制开始实行,农村生产力得到极大的解放,全县粮食总产量 38.54 万吨,超历史最高纪录。1984 年,全县稳定并初步完善家庭联产承包制,延长土地承包期。在不放松粮食生产前提下,积极发展多种经营和进一步发展社队企业,搞活农村经济,使农村农民尽快富起来。1985 年始,开展以改革农产品统派购制度、调整农业产业结构为内容的农村改革。1987 年,实施“两开两转”经济发展战略,鼓励农民发展商品经济、乡镇工业和多种经营。1988 年,全县农林牧渔总产值 5.07 亿元,其中农业 2.85 亿元、林业 0.52 亿元、牧业 1.23 亿元、渔业 0.48 亿元。实现第一产业增加值 3.84 亿元,占全县地区生产总值的 36.1%。同年起,把强化集体经营层次、完善统分结合的双层经营体制作为深化农村改革重点,内容包括建立村经济合作社,建立“两金一积累”制度,发展集体经济,壮大村级经济,加强集体经营管理及农村财务管理体制改革,加大农业投入。1992 年起,继续推进农村生产经营体制和农产品流通体制改革,深化农村综合配套改革,推进农村财务管理体制、农村税费、农村集体资产管理体制、粮食购销市场化和国有农林渔牧场经营体制等各项改革,把农业和农村经济全面推向市场。“八五”后,全面推行“稳制活田”,逐步建立土地使用权流转机制和农业积累投入机制,为农业经济结构调整和农村社会全面发展奠定基础。1998 年,全县进行第二轮土地承包,明确再延长 30 年不变。1999 年,全县以市场为导向,以农业产业化为载体,全面实施《长兴县农业和农村现代化建设纲要》,初步形成粮油、蔬菜、瓜果、畜禽、花木和特种水产 6 大主导产业,粮食总产量达 30.95 万吨,油菜籽产量一直居全省第一,农业总产值 19.87 亿元,农民人均纯收入 3986 元,分别比 1978 年增长 13 倍和 16 倍。至 2001 年年末,全县粮食作物与经济作物比重由 1988 年的 77.3:22.7 调整到 45.4:54.6,改变了长兴农村长期以来以种粮为主的单一结构,经济作物比重首次超过粮食作物。进入 21 世纪后,在不断调整农业区划和持续开展农业综合开发的基础上,以“高效生态、休闲观光”为主攻方向,按照特色产业发展与布局规划重点推进规模设施农业、区域特色农业、休闲观光农业发展,加快建设休闲观光农业实验示范带和现代农业“两区”,打造长三角绿色高效农产品主产区,实现农业大县向农业强县的转变。1988—2012 年,粮食播种面积由 1988 年的 7.23 万公顷下降至 2012 年的 4.57 万公顷,粮食总产量由 1988 年的 34.26 万吨下降至 2012 年的 28.91 万吨,但农村经济总量大幅增长,商品蔬菜、名优水果、特种水产、花卉苗木、现代竹林、优质茶叶、传统蚕桑 7 大农业特色产业快速发展,基地总面积 7.35 万公顷。2012 年,全县实现农林牧渔业总产值 54.87 亿元,比 1988 年增长 9.81 倍。其中,农业产值 37.73 亿元,比 1988 年增长 13.37 倍;林业产值 5.2 亿元,比 1988 年增长 9 倍;牧业产值 6.0 亿元,比 1988 年增长 3.88 倍;渔业产值 4.9 亿元,比 1988 年增长 9.21 倍;农林牧渔服务业总产值 1.06 亿元。第一产业增加值占全县地区生产总值比重,由 1988 年的 36.1%降至 2012 年的 8.2%,但增加值由 1988 年的 3.84 亿元增至 2012 年的 30.48 亿元,增长 6.95 倍。

十一届三中全会后,全县工业立足实际,抓住发展机遇,推动发展出现高潮,农村乡镇工业崛起,形成乡镇、村、联户、个体办企业的良好态势,并逐步转向以提高经济效益为中心的轨道,居国民经济主导地位。1978 年,全县工业总产值 1.53 亿元,其中乡以上工业总产值 1.48 亿元。1980 年,工业总产值 1.5 亿元,占全县工农业总产值的 50.6%,首次超过农业产值。至 1988 年,全县工业总产值 7.75 亿元,占全县工农业总产值的 75.8%,其中乡镇工业产值占 54.4%,成为全县经济重要支柱。第二产业增加值 4.7 亿元,占全县地区生产总值的 44.3%,其中工业增加值 4.14 亿元,占全县地区生产总值的 39%。全县工业也逐步形成全民、集体、个体并存,以建材和煤炭开采为主的 28 个门类,并有一定规模和技术管理水平的工业格局。20 世纪 90 年代起,全县工业以市场为导向,加快经营机制转换和产权制度改革,加快科技改造力度,兴办三资企业,行业结构发生较大变化,建材、耐火、轻纺等成为支柱产业,尤其是轻纺业快速发展。1996 年,在湖州市三县中率先突破工业产值百亿元大关。至 1998 年年末,全县企业产权制度改革基本完成，2003 年 10 月国有、城镇集体企业"双置换"改革全面完成，产权制度的改革使得民营企业成为工业经济的主体，为长兴实现新世纪的跨越发展增添了活力和动力。2003 年起，加快先进制造业基地建设，建新型工业化道路，建设工业大县。同年，确立工业立县战略，狠抓招商引资和激活民资，推进乡镇工业园区建设，不断扩大工业经济总量，提高工业经济整体发展水平；县经济技术开发区首次入选省"十强开发区"。2007 年，以打造"长三角先进制造业重要集聚区"为目标，不断壮大新兴产业，改造提升传统产业，大力发展高新技术产业，合力推进产业集群和行业龙头企业发展，加快建设工业强县。同年，天能公司成为全市首个境外上市企业。2008 年，蓄电池产业跻身"中国产业集群品牌 50 强"。2009 年，长兴被命名为"中国水泥产业基地"，新能源产业被列入全省 21 个"块状经济向现代产业集群转型升级示范区"之一。2010 年，县经济技术开发区升级为全省首个县域国家级开发区。天能集团销售收入超 100 亿元，成为全市首批两家"百亿企业"之一。2012 年，编制实施《长兴县工业强县建设规划》，全面启动工业强县建设试点。至 2012 年年末，历经多年的结构调整优化，全县工业逐步形成以新型电池、现代纺织、特色机电、新型建材为主导的四大支柱产业。同年，全县规模工业企业 580 家，规模工业总产值 817.08 亿元。实现工业增加值 172.72 亿元，比 1988 年增长 40.73 倍，占地区生产总值的 46.6%。全县高新技术产业增加值 42.23 亿元，占工业增加值比重 31.4%。全县有亿元产值及以上工业企业 168 家，其中销售收入超 200 亿元企业 2 家、上市企业 2 家；有国家重点扶持高新技术企业 45 家；有国家级开发区 1 个，省级开发区 2 个。

伴随改革开放的逐步推进和深入，商贸服务业实现全面繁荣，全县经济发展日趋活跃。20 世纪 80 年代，全县商贸服务业以国营和供销合作商业为主，国有商业、集体商业、联营商业、私营个体商业等多渠道流通的竞争格局正在形成。1988 年，全县社会消费品零售总额 4.19 亿元，其中国有、集体分别占 26.3%、43.7%，其他占 30.1%，国有、集体所有制经济在商品流通中仍发挥主渠道作用。商品交易市场成交额 1.4 亿元。实现第三产业增加值 2.09 亿元，占地区生产总值的 19.6%。1993 年 1 月 1 日起，放开粮食、食油购销和价格，取消粮票、油票，粮食、食油销售完全市场化。同年，开展集体商业股份合作制试点，长兴县裕翔棉布商店（集体零售贸易企业）成为全县首家流通领域集体企业规范化股份合作制企业。1994 年，开展国有商业企业股份制试点，成立全县第一家规范化股份制企业浙江省长兴县百货股份有限公司。1995 年，国有商业组建有限责任公司 15 家，县商业（集团）有限公司初步实现公司集团化。1998 年始，全县商业、供销、粮食、物资等流通部门全面改制，国有和集体商业逐步退出。2003 年，商贸企业改制基本完成，个私经济社会消费品零售额占全县总额的 83.8%，其中个体占 47.6%、私营占 36.1%，私营商贸企业和个体工商户成为商贸服务业的主体。进入 21 世纪后，各种专业市场、购物中心、连锁超市、专卖店等新型业态应运而生，肯德基、欧尚、大润发、八佰伴等国际品牌连锁企业纷纷入驻长兴，连锁超市覆盖所有行政村，住宿餐饮业快速发展，社会服务业渐趋完善，休闲旅游、现代物流、金融保险、邮电通信和房地产等现代服务业快速崛起，商贸服务、商品市场呈现前所未有的繁荣景象。2012 年，长兴被评为全国休闲农业与乡村旅游示范县。同年年末，全县有各类商贸法人企业、网点（户）28563 家，其中零售业 23883 家，住宿餐饮业 2928 家，分布在城区和各镇、村，构成全县商贸流通网络，每千人拥有商业网点 44 个，人均商业面积 1.77 平方米。全县实现社会消费品零售总额 148.38 亿元，是 1988 年的 35.5 倍，年均增长 16%。各类市场成交额 134.7 亿元，接待游客 948.12 万人次、实现旅游收入 71.78 亿元，商品房销售总额 34.2 亿元。全县限额以上批零贸易业销售总额中，国有及国有控股贸易业仅占 4.2%，有限责任公司、私营企业分别占 76.3%、16.5%，成为商业经济的主要类型。实现第三产业增加值 143.93 亿元，比 1988 年增长 67.97 倍，占地区生产总值的 38.8%，第三产业已成为全县经济中举足轻重的组成部分和发展动力。

该时期，全县的对外开放力度不断加大，开放型经济得到快速发展，民营经济也迅速壮大，经济活力显著增强。20 世纪 80 年代后期起，长兴通过对外设立联络处，开展对外经济技术联系，扩大对外开放。1986 年，全县首家中外合资企业——沪兴特种水泥有限公司成立。1988 年，长兴被国务院列为沿海经济开放区。1992年起,分别设立上海办事处、浦东办事处,加大接轨浦东、接轨上海的力度。1999年,长兴县被批准对外国人开放。之后,随着中国对外开放力度加大,并加入世贸组织,长兴的开放型经济迅猛发展,对外贸易快速增长,利用外资成效显著,境外投资步伐不断加快,国内经济合作也不断深化,对内对外开放水平不断提高。2002年首届中国·太湖明珠长兴国际投资贸易洽谈会(简称长洽会)举办,2005年引进首家世界500强投资企业长兴伊通有限公司,2006年县内企业在境外投资设立第一家分公司。2012年,全县实现进出口总额19.16亿美元,商品贸易扩展到153个国家和地区;累计引进合同外资23.67亿美元,实际利用外资12.73亿美元,创办三资企业249家,引进6家世界500强投资企业和一批世界知名企业、行业领军企业;累计在境外投资企业13家,投资额0.31亿美元,其中首次建中国工业园1家,并购美国著名企业1家。该时期,民营经济也在改革开放中迅猛发展。1988年,全县工业经济中国有、集体所有制经济占比96%以上,其他经济(含个体)占3%;商业经济中国有、集体所有制经济占比74.2%,其他商业(含个体)占15.8%。90年代中期后,全县混合经济、外向型经济和私营、个体经济发展速度加快,乡镇企业、城镇集体企业和国有企业产权制度改革加速推进,所有制结构发生根本性变化。至2001年,国有、城镇集体企业改制基本完成,同年国有、集体企业完成工业产值占37.1%,股份制及其他经济类型企业产值占62.9%,非公经济在工业中的占比首次超过国有、集体经济。2002年始,集体经济全部退出流通领域。至2012年年末,有限责任公司、股份有限公司和私营工业占全县规模以上工业总产值的75.7%,有限责任公司和私营商业占全县限额以上批发零售贸易业商品销售总额的92.9%,民营经济成为全县经济的主力军。

同时,全县坚持城乡统筹发展,以工业反哺农业、城市带动农村,推进城乡一体化发展,城乡差别不断缩小。20世纪80年代,在计划经济下形成的城乡二元经济格局尚未打破,严格的城乡户籍制度仍束缚着人力资源的流动,城乡差距较大。随着市场经济的逐步形成,经济快速发展,农村剩余劳动力大量向集镇和城市转移,流动人口大量涌入。长兴因势利导,加强城区和集镇的规划与建设。第一轮城市总体规划,由县城乡建设环境保护局于1984年开始编制实施。之后,随着经济社会和城市建设发展,又陆续对城市总体规划进行多轮修编调整。1988年,县城所在地雉城镇建成区面积3.2平方千米,框架面积4.1平方千米,常住人口3.2万人;33个乡镇集镇建成区总面积9.1平方千米,聚集人口3.4万;农村人均住房面积31.3平方米,楼房户数占全县农村户数的21.8%。90年代起,县城旧城改造有序开展,新农村建设也逐步推进。1992年,县经济技术开发区设立,位于县城东侧,规划面积8平方千米。2000年起,按照"中等城市"的目标定位,拉开框架,完善功能,加快建设。2001年7月决定开发龙山新区,规划面积9平方千米。2003年后,将统筹城乡发展、加快推进城乡一体化作为重大战略任务来抓,构建"一核心、三组团"城市空间布局,建设以雉城为中心、中心镇为支撑、一般城镇及中心村共同发展的城镇体系。同年10月,部署开展"千村示范、万村整治"工程。2004年1月,在全省率先出台《长兴县城乡一体化行动纲要》,提出以城市化为龙头,以工业化为支撑,以改革创新为动力,立足长兴实际,分步推进农村建设和发展,争取通过20年左右的努力,重点实现城乡空间布局、城乡经济、城乡社会事业"五个一体化"目标。同年起,在全县范围内组织为期三年的城乡一体化"八大工程"建设。2005年,龙山新区一期建成,中心城市"中等城市"框架基本形成。至2005年11月,全县康庄工程建设计划全面完成,226个行政村公路通达率和路面硬化率均为100%,被省交通厅评为2005年乡村康庄工程提前实现"双百"县。2006年起,编制实施《长兴县域总体规划(2006—2020)》。2007年,县委印发《关于加快推进社会主义新农村建设的实施意见》,在城乡一体化"八大工程"基本完成的基础上,开展新农村"十大工程"建设。2010年,县委出台《关于加快社会主义新农村建设 全力打造中国魅力乡村的实施意见》,以10年(2010—2019年)为实施期限,计划3年建设建成100个魅力村庄。2012年更名为美丽乡村,出台《关于进一步深入推进美丽乡村建设的实施意见》,按照"村民富、村庄美、村风好"要求,推进美丽乡村创建。2012年6月,撤销雉城镇建制,改设3个街道。至同年年末,共编制实施5轮城市总体规划,城市建成区面积扩大至45平方千米,城市框架扩大至56平方千米,全县城市化水平提高至58%;13个乡镇政府所在集镇建成区总面积 37.41 平方千米，聚集人口 12.41 万人；累计建成中心村 62 个，农民新村 135 个，创建省全面小康建设示范村 61 个、省级整治提升村和生态提升村 45 个，村庄环境整治覆盖面 100%，达到“道路硬化、河道净化、外墙白化、四旁绿化”，实现供水、垃圾处理、污水处理、公交、服务设施“五个一体化”；农村人均住房面积 59.17 平方米，楼房户数占全县农村户数的 76.7%；各乡镇与中心城区实现 30 分钟交通圈，村村通公路、自来水，通信网络、有线电视全覆盖。先后被评为浙江省规划建设示范城市、浙江省城乡一体化十大优秀示范城、浙江省社会主义新农村建设优秀单位、美丽乡村创建先进县等。

在推动工业化、城市化、农业农村现代化和城乡一体化，促进国民经济持续协调快速发展的进程中，全县大力实施科教兴县、文化强县、生态优县战略，打造“平安长兴”，着力推进文化大繁荣大发展，保障和改善民生，扩大公共服务，完善社会管理和治理，加强法治建设、信用建设和机关效能建设，推动政治文明和精神文明建设不断取得新成就。**科教事业加快发展**。全县大力实施科教兴县战略，推动科教、人才事业全面健康发展。科技、人才事业方面，实施包括火炬计划、星火计划、新产品计划在内的科技产业化计划，加大科技成果转化工作力度，推动产学研合作广泛开展。同时，全县各级各部门积极采取措施，引进科技人才，培育技术骨干，科技队伍进一步壮大。2002 年、2004 年、2008 年被科技部授予“全国科技进步先进县”。1988—2012 年，全县组织实施国家级项目 252 项，省级重大科技专项 39 项，市级项目 406 项，县级 613 项；有 55 项产品列入国家重点新产品，1061 项产品列入省级新产品；累计申请专利数为 1.05 万件，专利授权累计数为 7734 件。2012 年，全县新产品产值 160.97 亿元，新产品产值率提高至 19.7%；全县高新技术产业增加值 42.23 亿元，占工业增加值比重提高至 31.4%。全县拥有人才总量 12.19 万人，其中专业技术人才 6.73 万人、企业经营管理人才 2.05 万人、高技能人才 0.69 万人、农村实用人才 2.33 万人。教育方面，加大投入，改善办学条件，调整优化教育布局，全面实施教育的现代化，呈现了欣欣向荣的崭新局面。1985 年，长兴被确认为“普及初等教育县”；1993 年普及义务教育，1996 年，被确认为“基本普及九年制义务教育和基本扫除青壮年文盲县”；至 2000 年，实现高标准“普九”目标；2001 年，跨入“浙江省教育强县”行列。2012 年，学前三年适龄幼儿入园率 99.2%，义务教育阶段入学率、巩固率、升学率均为 100%，高中段教育入学率 98.0%，普高高考上线率 92.2%，高职(单考单招)上线率 83.7%。1988—2012 年，全县教育经费总投入 85.56 亿元，年均增长 24.5%；累计向全国各高等院校输送新生 4.66 万人，通过广播电视教育共培养大专及以上毕业生 1.3 万人、中专毕业生 2483 人，通过高等教育自学考试共培养大专及以上毕业生 2493 人。**文化事业日益繁荣**。先后新建(迁建、扩建)人民广场、市民广场、会展中心、青少年宫、新华书店、图书馆、档案馆、大剧院、文化馆、艺术馆、展览馆、传媒中心、江南红村等文化场馆，全县乡镇文化中心图书馆、村(社区)文化活动室普及率均达到 100%，建成乡村幸福大舞台 180 个。1991 年，《新民主主义革命时期中共长兴党史简编》出版。1992 年，长兴电视台正式开播，中华人民共和国成立后首部《长兴县志》出版。1994 年 6 月，县调频广播开始播音。1996 年，《长兴报》创刊。2006 年，“长兴大讲堂”开讲。2009 年，县档案馆晋升为国家一级馆。2010 年，县图书馆晋升为国家一级馆。2012 年，全县城乡有线电视入户率 98.6%。文艺创作与活动日趋活跃，县、乡镇级文艺团队有 100 多支，长兴百叶龙、紫笋茶制作技艺被列入国家级非物质文化遗产名录，林城狮舞、紫砂烧制工艺、长兴旱船等 7 个项目被列入省级非遗名录。文化产业加快发展，全县办证注册的文化经营单位有 721 个(含新闻出版)，初步形成网络文化、歌舞游艺娱乐、音像出版、印刷、演出、文物、体育等七大门类在内的综合性文化市场体系以及国家、集体、个人共同参与的多元化文化市场经营格局。全县有全国重点文保单位 2 处、省级文保单位 14 处、县级文保单位 58 处、县级文物保护点 463 处，县博物馆馆藏文物 1 万余件，县新四军苏浙军区纪念馆馆藏文物 1059 件，七里亭旧石器遗址入选“全国十大考古新发现”终评。长兴先后获评全国文化先进县、全国文化信息资源共享工程建设示范县、中国民间文化艺术之乡等荣誉称号。**卫生体育事业加快发展**。卫生方面，卫生体制改革不断深化，公共财政对卫生事业投入不断加大，医疗条件、卫生设施和医疗水平不断改善，县人民医院、县妇幼保健院、县中医院先后异地新建，全县医疗环境得到切实改善，医疗卫生机构布局渐趋合理，公共卫生服务体系逐步完善，疾病预防、妇幼保健、卫生监督执法、医学科研、人才队伍建设等进一步加强，城乡卫生创建成效显著，居民健康素质明显提高。2003 年，成功抗击“非典”疫情(即“传染性非典型肺炎”，简称“非典”，又称 SARS)。先后获评国家卫生县城、全国农村中医工作先进县，11 个乡镇全部创建成为省卫生乡镇。2012 年，全县有医疗卫生机构 346 所，卫技人员 3729 人、病床 2388 张，每千人卫技人员 5.75 人、床位数 3.7 张。全县法定甲、乙类传染病总发病率由 1988 年的 906.10/10 万降至 180.28/10 万，低于全省平均水平。全县人均预期寿命提高至 77.72 岁。体育方面，深入实施《全民健身计划纲要》，县体育中心成立，县体育馆建成，各级、各类体育设施分布日趋完善，群众体育活动蓬勃开展。2009 年，长兴获全国群众体育先进集体称号。2012 年，全县体育人口占比 45.4%，老年体育人口超过 50.1%。年末，全县共有公共体育设施 1560 个，场地面积 88.8 万平方米，体育人口达到 45.4%，20 个乡镇(街道)均被评为省级体育强镇(乡)。长兴籍运动员共参加各类国际体育赛事 28 场，获金牌 19 枚、银牌 4 枚、铜牌 5 枚，其中参加奥运会 3 场，获金牌 1 枚、铜牌 1 枚。参加全国性体育赛事共 143 场次，获金牌 73 枚、银牌 23 枚、铜牌 25 枚。**劳动就业和社会保障体系不断完善**。就业制度和就业机制发生历史性变革，原有的计划经济体制下“统包统配”的就业制度，逐步向市场化导向转变，开始实行“国家促进就业、市场调节就业和劳动者自主择业”的市场就业新机制，就业总量持续增长，就业结构不断优化，就业政策与就业服务体系日趋丰富完善。2012 年，全县城镇全部单位在岗职工 7.22 万人，其中非国有集体经济单位在岗职工 5.19 万人；从事第二产业 4.85 万人、从事第三产业 2.37 万人；城镇登记失业率 3.1%。全县从业农村劳动力 31.31 万人，其中从事第一产业 6.16 万人、占 19.7%，从事第二产业 15.14 万人、占 48.4%，从事第三产业 10.01 万人，占 32%。全县吸纳外省乃至境外的务工人员达 6.48 万人。围绕人人有保障的目标，稳步推进各项社会保障制度改革，逐步建立覆盖全社会的养老保险、医疗保险、失业保险、工伤保险、生育保险制度，建立失地农民基本生活保障制度和城乡居民最低生活保障制度，并以专项救助、临时救助、社会帮扶和慈善互助为补充，社会保障体系更趋完善。2012 年年末，全县参加基本养老保险的城镇单位职工有 11.52 万人，参加农村社会养老保险的有 1.64 万人；参加失业保险的单位 4571 个，职工 11047 人；参加城镇职工基本医疗保险的单位 4994 个，职工 17.8 万人；参加工伤保险的企业 5002 家，职工 14.37 万人；参加女职工生育保险的企业 4732 家，职工 87807 人。累计有 69689 户次、127907 人次纳入城乡居民最低生活保障，先后发放低保补助金 1.66 亿元。县慈善总会共募集各类慈善资金 9240.47 万元，累计发放救助款 5659.92 万元，救助困难群众 58203 人次。**人口与资源、环境协调发展**。实行人口计划生育和新家庭计划，全县人口处于低生育水平，年出生率由 1988 年的 12.6‰降至 2012 年的 8.9‰，人口自然增长率由 1988 年的 6.5‰降至 2012 年的 0.6‰，减少 5.9 个千分点。人口文化素质得到快速提高，尤其是具有大专及以上文化程度人口增速最快，2010 年第六次人口普查时全县 6 岁及以上人口受教育平均时间 8.34 年，比 2000 年增加 1.1 年、比 1990 年增加 2.1 年。实行严格的土地管理制度，1992 年始划定基本农田保护区，1999 年起实施耕地占补平衡，建设项目用地逐渐由行政划拨方式供地向有偿使用转变，土地资源和矿产资源得到有效保护和利用。生态环境得到重视并持续改善，20 世纪 90 年代起随着经济社会的发展和工业化进程的加快，境内环境污染日趋严重，环境治理力度也逐步加大。1998 年，实施治理太湖水污染“零点行动”。1999 年起，开展环境保护“一控双达标”工作。2001 年，环评审批作为工商注册前置条件之一。2003 年，启动生态县建设规划编制，创建国家生态县，打造“绿色长兴”。2004 年起开展生态县建设，推进“七大”环境专项整治，开展“135”环境污染治理行动，建立生态保护补偿机制，改善和提高城乡生态环境质量。2005 年后，以“绿水青山就是金山银山”理念指导经济发展与环境保护已成为全县上下的自觉。2007 年起实施生态县建设“一票否决”制，开展生态环境综合整治“十三项工程”。2008 年 11 月，被联合国环境规划署等授予“国际花园城市”荣誉称号，并获得国内首个“环境可持续发展奖”奖项。2009 年 3 月被省政府命名为全省第二批省级生态县。2010 年 6 月 6 日，中央电视台《新闻联播》专题介绍长兴积极探索和实践经济转型升级与生态文明建设相互促进、良性互动的经验，并配发评论称长兴为“人与自然和谐相处的县域样本”。2012 年 12 月通过国家生态县考核验收。**政治文明、精神文明和社会建设取得新成就**。1988 年以来，全县思想道德建设、民主法制建设、社区服务、社会治安综合治理等得到重视和发展。深入学习邓小平理论、“三个代表”重要思想、科学发展观，开展农村“基本路线教育”“三讲”教育、“双思”教育、保持共产党员先进性教育、创先争优等主题教育活动，县级领导班子和广大党员干部始终坚定政治信仰，树牢理想信念，不断解放思想，开拓进取，弘扬新风正气，党组织的凝聚力、影响力和号召力进一步增强，党群、干群关系进一步密切。深入开展社会公德、职业道德、家庭美德教育，积极开展文明县城、文明村镇、文明单位、文明家庭创建，提高城乡居民文明素质，促进人的现代化与城市的国际化同步发展。坚持发展与稳定并重、富民与安民共进，贯彻省委建设“平安浙江”的决定，全力打造“平安长兴”，加强和创新社会管理，努力构建社会主义和谐社会，取得明显成效；2006—2012 年长兴县连续七年被省委、省政府授予“平安县”称号，实现平安长兴“七连冠”，并于 2012 年 3 月获象征平安县建设六连冠的“平安铜鼎”。广泛开展法制宣传教育，推进各行各业开展依法治理，提高全社会法律意识和各级各部门依法行政水平，逐步推动民主政治建设步入制度化、法制化轨道，推动党务、政务公开，村民民主选举、民主决策、民主管理、民主监督逐步得到落实。全县形成了公开、公平、公正的用人导向和风清气正、劲足实干的讲团结、求发展的和谐政治局面。

三

1988—2012 年，长兴通过深化改革、扩大开放，经济建设和社会各项事业取得长足发展，积累了宝贵的改革发展新经验：坚持改革开放主线，解放思想、实事求是，敢于探索、敢于创新，不断开创长兴又好又快发展新局面；坚持经济建设中心，抢抓机遇、加快发展，积极转变经济发展方式，推动经济结构调整和产业结构优化，推动城乡一体化谋篇布局，不断增创经济社会发展新优势，赢得区域发展的主动权；坚持富民强县目标不动摇，一张蓝图绘到底，一任接着一任干，抬高标杆、激励斗志，推动长兴在县域竞争中不断进位提档、走在前列；坚持以人民为中心，统筹兼顾，全面协调可持续发展，妥善处理改革、发展、稳定关系，使人民共享改革发展的成果，不断增强人民群众的获得感、幸福感、安全感。

25 年，成就斐然，也伴生了一些不可回避的问题，值得引以为鉴。2011 年 12 月召开的中共长兴县第十三次代表大会指出，全县经济社会协调发展存在的困难和问题主要有，经济发展方式未根本转变，结构性、素质性矛盾仍比较突出；生态文明建设任重道远，特别是空气和水环境质量有待进一步改善；城乡二元结构格局尚未根本改变，富民惠民的任务仍很艰巨；社会管理体制机制有待进一步创新；机关服务效能有待进一步提高，发展环境有待进一步优化；等等。25 年来取得的巨大成就和宝贵经验，为长兴立足新起点，实现新时代高质量赶超发展新跨越，建成高水平全面小康社会县域典范，奠定了坚实的思想基础、工作基础和物质基础。

2012 年 11 月，中共第十八次全国代表大会召开，中国特色社会主义进入新时代。新时代、新方位、新使命。全县上下团结一心、奋发图强，按照十八大提出的实现“两个一百年”奋斗目标①、实现中华民族伟大复兴的中国梦，朝着全面建成小康社会、开启建设社会主义现代化强国新征程阔步前进。

①即在2021年中国共产党成立一百年时全面建成小康社会；在2049年中华人民共和国成立一百年时，建成富强民主文明和谐的社会主义现代化国家。

大 事 记

1988 年

1 月 1 日　浙江省长兴发电厂划为浙江省属企业。该厂位于雉城镇五里桥，前身为建于 1959 年的长广煤矿发电厂，1963 年 4 月划为省属电厂，1965 年 1 月更名浙江省长兴发电厂，1984 年 8 月划归湖州市管理。1992 年更名为浙江华能长兴电厂，1999 年 1 月 1 日划归中国华能集团公司管理，2002 年 7 月 1 日被华能国际电力股份有限公司正式收购，更名华能国际电力股份有限公司长兴电厂。2010 年 8 月，华能长兴电厂机组永久性关停，异地吕山乡杨吴村新建。

1 月 15 日　《长兴科技报》创刊，由长兴县科技情报研究所主办，长兴县科学技术委员会主管，四开四版，月刊，全年发行 4.1 万份。1996 年 5 月 1 日停办，共出刊 101 期；同年 3 月，浙江省新闻出版局批复同意《长兴科技报》更名《长兴报》，为中共长兴县委机关报，由中共长兴县委（简称县委）主办并主管。

1 月　全县深入开展以“刹三风”（“三风”即聚众赌博风、封建迷信风、婚嫁丧葬大操大办风）为重点的移风易俗活动月活动，加强社会主义精神文明建设。

2 月 22—23 日　县委七届二次全会召开，听取县委常委会关于《解放思想、深化改革，为进一步发展生产力而努力奋斗》的工作报告，强调要进一步落实“两开两转”经济发展战略。1987 年 7 月长兴经济发展战略研讨会举行，对到 20 世纪末的经济建设，提出“两个开发、两个转化”（简称“两开两转”）的发展路子，即从开发农业资源和矿产资源入手，逐步向比较发达的商品经济和外向型经济转化，逐步把长兴建成名、优、特商品经济比较发达，在上海经济区有一定地位的开放型、多功能县。

3 月 18 日　国务院印发《关于扩大沿海经济开放区范围的通知》，长兴县被列入沿海经济开放区。

3 月　长兴县人民政府（简称县政府）发布《长兴县城镇房屋所有权登记发证实施办法》，在雉城镇皇家湾居民区和泗安镇、李家巷镇开展城镇房屋所有权登记试点。至 1992 年 5 月，全县城镇房屋登记发证全部结束，首次城镇房屋所有权登记共发证 14917 件，面积 313.95 万平方米，发证率 142.9%。

4 月 25 日　县委、县政府建立每月一天党政领导接待群众来信来访制度。

5 月 13 日　长兴县被浙江省人民政府（简称省政府）批准为革命老根据地县。全县划定革命老区乡、镇 21 个，占乡、镇总数的 61.8%；老区村 223 个，占行政村总数的 75.4%；人口 24 万人，占总人口的 70.7%。21 个老区乡、镇分别为白阜、槐坎、白岘、仙山、畎桥[①]、二界岭、天平桥、管埭、长潮、太傅、包桥、便民桥、里塘、观音桥、水口、后漾、夹浦 17 个乡和煤山、小浦、虹星桥、和平 4 个镇。

5 月 19 日　雉城镇发生水污染事故。同日，该镇唯一水源地长兴港因工业废水泄漏被污染，24 日长兴自来水厂停止供水，至 30 日下午恢复供水。其后，长兴港又于 6 月 5 日、6 月 9 日、9 月 24 日、10

---

① 畎，长兴方言地名，音 jiǎn。

月 14 日连续四次被污染，自来水厂累计停止供水 157 天，3 万多城市居民的饮用水安全以及城市正常的生产生活秩序受到严重影响。污染事故发生后，县委、县政府全力保障居民饮用水，维护正常生产生活秩序，同时成立调查组调查污染事故，对相关企业、单位及个人进行责任追究，举一反三开展污染整治。并于 12 月 16 日决定选址包漾河为新的自来水水源地，从根本上解决雉城镇居民饮用水安全问题。1989 年 1 月自来水厂扩建饮用水工程启动，3 月 30 日破土动工，新铺设管道 9.5 千米，架设管道桥 9 座，总投资 420 万元，7 月 25 日接通供水。至 2012 年 6 月合溪水库开始供水前，包漾河一直是雉城镇居民唯一的饮用水水源，日供水近 10 万立方米。

6 月 3—22 日　全县在小浦镇高地村开展村民直接选举村委会试点工作，村民参选率达 98.5%。1990 年，全县 451 个村委会依照《中华人民共和国村民委员会组织法》，第一次由村民直接选举村干部，共选出主任 451 人、委员 1385 人。

6 月　城区第一座区域性公园古城公园一期建成对外开放。该工程于 1985 年开工建设，占地 2.3 公顷。二期于 2003 年 9 月开工建设，12 月建成开放，占地 1.7 公顷。公园内烈士纪念碑由全国人大常委会副委员长叶飞题字“革命烈士永垂不朽”。

7 月中旬　长兴县吴山乡、便民桥乡和安吉县部分农民出动船只，涌至便民桥乡雪泉村地段的西苕溪中游大湾子处，进行掠夺性吸砂，致使苕溪圩堤遭受严重破坏，沿河 3 万余株桑树被毁，1.67 公顷耕地塌陷入河中。8 月初，抢吸河砂、破坏水系、毁田行为基本得到制止。

8 月 30—31 日　县委、县政府召开全县乡镇企业管理体制改革会议，总结国家体改委试点单位李家巷镇建立资产经营公司的经验和林城镇进一步试点的实践，决定首先在有条件的乡镇进行乡镇企业管理体制改革，建立资产经营公司，实行资产经营责任制。

9 月　宣杭铁路宣长段新建工程动工兴建。宣杭新线北起安徽宣城、南接长兴，全长 117.3 千米，总投资 2.68 亿元，其中长兴境内 35.9 千米。1989 年 4 月上旬，工程全面动工；1992 年 10 月 1 日，宣杭铁路全线开通；1994 年 5 月 30 日，宣杭铁路长兴段通过国家验收，6 月 30 日正式交付上海铁路局使用管理。

10 月 28 日　县政府决定停建、缓建、缩建 7 项机关工程，涉及总面积 5050 平方米，总投资额 175.4 万元。

10 月　长兴县电话号码由 4 位升至 5 位。1991 年 12 月 8 日，长兴县程控电话开通，电话号码升至 6 位，增加国际国内长途直拨和传真业务。1993 年 6 月升至 7 位，统一使用“0572”长途区号；11 月建成市县当地程控电话网。

11 月 2 日　省政府同意以长兴县尹家边村为范围建立民办公助性质的长兴尹家边扬子鳄保护区，面积为 122.67 公顷。1978 年，管埭公社尹家边大队（今泗安镇管埭村尹家边自然村）农民自发将捕捉到的 11 条野生扬子鳄圈养于“上八亩”鱼塘进行集中保护。1979 年 4 月 8 日，尹家边大队成立全国首个民办性质的长兴尹家边扬子鳄保护区。1999 年 6 月 23 日，县政府同意尹家边扬子鳄保护区更名为浙江省长兴扬子鳄保护区。2004 年 9 月 16 日，“中国扬子鳄村”在长兴落成。2007 年 5 月，省政府建立长兴扬子鳄省级自然保护区。2009 年，长兴被授予“中国扬子鳄之乡”称号。2012 年 10 月，保护区被评为国家 AAAA 级旅游风景区；年末，共繁育扬子鳄 2948 条。

11 月　全县开展形势教育，重点解决群众普遍关心的物价上涨、分配不公和党政机关某些腐败现象的认识问题，联系实际回顾十年改革建设历程，正确认识治理整顿与改革的关系，为全面改革创造良好的环境和条件。

同年　李家巷镇许家浜村开展农村宅基地归并试点，按规划统一建设农民住房，建成全县第一个别墅型农民新村。

同年　全县首家个体工商户广告经营部成立，主要开展路牌广告业务活动。1987 年，县内允许个体工商户经营广告业务，经营许可证由市一级工商管理部门核发。2001 年 9 月，成立湖州广告协会长兴分会。2012 年,成立长兴县广告协会。同年年末,全县有广告经营单位 204 家,从业人员 1786 人,年经营额 1.65 亿元。

同年　“书写取暖两用台板”“长寿保健电灸”“ZTF 组合窗罩”和“折叠旅游凳”成为全县授权最早的 4 件专利。1984 年 3 月《中华人民共和国专利法》颁布实施,2004 年 1 月长兴县科技局制定《长兴县“专利实施奖”实施细则》,至 2012 年,全县专利申请累计数为 10524 件,专利授权累计数为 7734 件。

同年　长兴汽车站开通县内第一部公用电话,年末城区共有公用电话 3 部。1993 年,在城区设置无人值守公用投币电话 2 部。1995 年,在城区设置第一部无人值守磁卡电话。1999 年,在城区主要街道设立 13 处双面式 IC 卡话亭。2003 年,取消磁卡电话和投币电话业务。2005 年,全县公用电话达 11210 部,为历史最高值。2006 年后,公用电话业务持续下滑。

同年　江苏省宜兴市善卷医院报告长兴县观音桥乡霍乱归口病人 1 例(船民)。霍乱,为甲类传染病。1994 年入夏后,全省出现霍乱暴发流行,8 月 20 日长兴在太傅乡发现霍乱病人 1 例,经防控处置,未发生二代病人。2000 年 10 月 8 日,在新塘乡发现霍乱 0139 病人 1 例,该菌株在县内是首次发现,疫情很快得到控制,无二代病例发生。之后至 2012 年,无病例报告。

同年　全县建立城镇待业人员“待业证”制度,待业人员凭待业证享受就业服务,办理就业手续。同年,城镇登记待业人员 900 人,登记失业率 1.7%。1993 年改称“失业证”。

同年　长兴县劳动人事局转发劳动人事部关于《全国搞活固定工制度试点工作会议纪要的通知》,先后到中百公司、丝织厂、长岗岭牧场优化劳动组合,总结搞活固定工制度经验。1990 年,在全县全面实施搞活固定工制度,实行优化劳动组合,双向选择,竞聘上岗的合同化管理。1991 年开始,进行全员劳动合同制的试点工作。1993 年后,临时工纳入劳动合同制度,企事业单位招收的人员统称“合同制职工”,全县企业普遍实行全员劳动合同制,固定工制度成为历史。

同年　全县实行分期分批价格改革,价格逐步由计划价格向市场价格转变。1989 年起,对粮食、棉花、能源、交通及重要原材料等计划内部分商品价格实行国家定价,对工业消费品、国家定购以外农产品及部分工业生产资料价格逐步放开。1992 年 5 月,提高粮油统销价格,取消肉食品凭票供应办法。1993 年,放开粮油购销价格,放开部分工业品价格。至 1998 年,除对关系国计民生重要商品实行国家直接定价、对人民生活必需品价格实行监审办法进行控制外,对绝大部分商品实行由市场形成价格,市场调节价的比重达 92%左右。

同年　全县成鱼养殖面积 5280 公顷,淡水产品产量 10019 吨,首次突破万吨关,成为全省 7 个年产万吨淡水商品鱼的市、县(区)之一。

1989 年

1 月 7 日　县委成立工作组进驻夹浦乡开展禁赌工作,该乡党委也成立领导小组,结合形势教育、普法教育,落实经常性禁赌措施。经半个月工作,该乡赌风有效遏制。

3 月下旬　全县选择在和平镇狮子山村试行“口粮田”和“商品粮田”(任务田)分别承包的“双田制”改革,探索粮食生产适度规模经营新途径。同年,夹浦镇父子岭村针对农忙时企业劳力不够用的矛盾,进行“双田制”改革。1994 年 12 月,全县开始新一轮“双田制”改革试点,李家巷镇章浜村为首个试点村。1995 年,在坚持稳定家庭联产承包制基础上,继续由点到面,分类指导,逐步推行“双田制”改革。1996 年 8 月,出台《关于建立农村土地使用权流转机制,进一步完善双层经营体制的实施意见》,在全县范围内全面推行“双田制”改革。1997 年 8 月 27 日,中共中央办公厅、国务院办公厅发出《关于进一步稳定和完善农村土地承包关系的通知》,叫停“双田制”。

4—9 月　长兴解放以来第一次全县机关运动会举行,有 30 个代表团 500 余人参加 10 个项目比赛,产生团体奖12个、个人奖68个。至2012年,共举办机关运动会8次。

7月6—7日　县委全委扩大会议召开,传达贯彻中共十三届四中全会和中共浙江省委(简称省委)有关会议精神,研究部署坚持四项基本原则、反对资产阶级自由化的教育和治理整顿防止经济上出现滑坡的工作。表示从严治党、惩治腐败的决心,下半年办好四件实事:一是在“评议处置”党员工作中解决带有普遍性的问题,切实防止走过场;二是全面清理和查处党政干部建私房中的“三违”问题;三是进一步查处大案要案;四是在计划物资分配、减免税收、发放贷款、农转非、招干招工五方面实行“两公开一监督”的基础上,进一步落实公开办事结果,落实监督措施。

7月15日　县委、县政府部署清理党政干部违法违章违纪建私房工作。至1991年4月12日,全县清理党政干部“三违”建私房工作基本结束。

7月18日　全县油菜籽总产量实现全国夏季粮油创高产活动的达标要求,受到国务院表彰。

8月23日　县委、县政府执行中共中央、国务院《关于近期做几件群众关心的事的决定》,结合长兴实际,近期内做好群众关心的六件事:进一步清理整顿公司,认真查处违法乱纪案件,党政干部在公司(企业)兼职的必须在9月10日前辞去一头职务,重申党政干部不准经商办企业的规定等;抓紧查处经济犯罪案件;坚决查处党政干部违法违章违纪建私房问题;严格禁止动用公款请客送礼、乱发钱物和游山玩水;认真解决党政干部低价购置高档耐用消费品的问题;继续加强廉政制度建设。

9月9日　全县“评三户”(遵纪守法户、五好家庭户、文明户)试点工作结束。试点在李家巷镇许家浜村进行,该村有94.9%的农户分别评上“三户”。

11月1日　全县农村党的基本路线教育展开。首先在李家巷镇李家巷村进行为期20天的试点,而后抽调177名机关干部组成34个县委工作组,于11月29日分赴各乡镇。基本路线教育于翌年1月6日结束。

11月　长兴经省、市考核确认达到基本消灭疟疾的标准。次年5月初,浙江省卫生厅公布长兴为基本消灭疟疾病县。

同月　全县贯彻实施《浙江省森林防火实施办法》,确定森林防火期为每年11月1日至次年4月30日。森林防火期内,全县重点林区控制火源,禁止野外用火,生产性用火必须经县政府或授权部门批准,领取“用火许可证”。

12月1日　县政府发布《实行殡葬改革推行火葬的公告》,规定实施对象为长兴县全民、集体企事业单位干部、职工,非正常死亡人员及雉城镇居民,从1990年1月1日起实行遗体火化。1993年,再次扩大火化区范围及对象。1997年3月1日零时起,县境内人员死亡,遗体一律火化,当年火化率实现100%。同年起,开展坟墓专项整治,逐步推行生态葬法。2007年12月1日起,县境范围内死亡人员遗体火化后骨灰一律安葬在县公墓或乡村公益性生态墓地。

12月18日　省委书记李泽民到丁甲桥乡香山村调研党的基本路线教育情况,听取县委关于基本路线教育和当前经济工作的情况汇报,深入长兴水泥厂车间和长广煤矿公司井下考察。

同年　长兴县出台《科学技术进步奖励条例》,长兴县科技成果奖更名为长兴县科技进步奖,一般为2年评审一次。至2012年,全县对科技进步奖励进行14次评审,共评审出县科技进步奖245项,其中一等奖31项、二等奖79项、三等奖135项。

1990年

1月15日　县委动员部署机关企事业单位开展形势任务教育活动,教育重点为宣传当前形势和党的路线、方针、政策,贯彻治理整顿、深化改革精神,统一思想,树立克服困难的信心。2月18日,工作队集训后分7组深入重点企业协助工作。

1月31日　县委组织机关党员、干部于同日起集中三天学习《为人民服务》《关于进一步治理整顿，深化改革的决定》等重要文献和文件，联系实际，开展“企业有困难，机关怎么办?”活动。

1月　县出入境管理部门将1名非法入境的越南籍人遣送出境。至2012年，全县共查处非法入境、非法居留、非法就业案(事)件79起，处罚80人。

3月6日　省委宣传部确定长兴县为全省农村党的建设和思想政治工作定点调查单位，探索经验，以便推广。根据要求，县委宣传部联合纪委、组织部在天平桥乡华元村开展“如何把农村党的建设和思想政治工作纳入经常化、制度化轨道”的试点，共建立健全以党员目标责任制为重点的10项制度。

3月10日　县委、县政府贯彻中央和省、市文件精神，落实密切联系群众的措施，坚持和完善县级领导干部联系区乡镇制度、县级机关部门挂钩扶贫制度、区乡镇干部联系村户制度、继续选派中青年干部到基层任职和挂钩锻炼，坚持干部参加劳动制度、不定期组织干部下基层帮助开展工作等，把机关为基层服务、为群众服务、为生产服务渗透到日常工作中去。

3月14—17日　中共长兴县第八次代表大会召开，提出坚持党的基本路线，在治理整顿中开拓前进，争取国民经济和各项社会事业进一步发展的任务。

4月　《中华人民共和国城市规划法》颁布，县内开始实施“一书两证”(即建设项目选址意见书、建设用地规划许可证、建设工程规划许可证)制度。建制镇规划区范围内的各类建设项目，也需办理“一书两证”手续；农村建房实行“一书一证”(选址意见书、村镇建设工程许可证)制度。

5月上旬　长兴电子厂与机电部南京第14研究所共同研制生产的两块42平方米LED大屏幕显示系统，经北京亚运会组委会验收合格并决定使用。

5月23—27日　首届“农民文化节”在杭州、长兴举行。23日晚，在省体育馆揭幕，24日起移地长兴，至27日在雉城落幕。由长兴县发起，省文化、农业、新闻等单位联合举办，旨在“文化搭台，经济唱戏”。其间，近百场次的文艺演出和丰富多彩的活动吸引观众20余万人次，大型浙北商品交易会汇聚苏浙两省14个市、县20大类近万种商品，成交总额8000余万元。

6月8日　县政府印发《长兴县县属全民、集体企业第二轮承包经营责任制实施意见》，在长兴皮件厂和制革厂试点的基础上，全面铺开企业第二轮承包。二轮承包期为1991年1月1日起到1993年12月31日止。至1991年2月底，全县乡镇、村两级工业企业1080家中，落实二轮承包798家，其中实施全员风险抵押金制度的345家。1993年年底第二轮承包经营到期，根据国家财税体制改革不能再将所得税承包的要求，全县工交粮贸商业企业没有进行第三轮承包的改革。第一轮承包经营始于1987年，止于1990年年底，共有91家工业商贸企业实行承包经营责任制。

7月11日　县级机关党委转发13个县级机关党支部发出的“迎亚运做贡献，我为党旗添光彩”的倡议，得到全县474个基层党支部的响应。全县13616名党员和群众共捐款3.5万元。

7月18日　县政府制定《长兴县计划生育有关政策的规定》，在《浙江省计划生育条例》的基础上对晚婚晚育、计划生育怀孕和出生、独生子女保健费发放等作出具体规定。

9月17日　某集团军党委批准，舍身抢救武器装备的驻闽某部长兴籍战士章志清为革命烈士，追认为中共党员。《解放军报》头版刊登章志清的英勇事迹。章志清为长兴白岘乡人。

9月　长兴县聋哑学校建立，位于雉城镇环城南路336号，占地面积425平方米，招收2个聋哑少年儿童班，在校学生35人。1999年8月撤销，在校40名学生(其中安吉县生源9人)全部转入市聋哑学校学习。之后，全县聋哑儿童纳入市聋哑学校招生，直至2010年长兴县培智学校成立并开始招生。

11月22日　县委、县政府转发《中共浙江省委、浙江省人民政府〈关于稳定和完善双层经营体制，切实加强村级经济合作社建设〉的通知》，要求各乡镇着重在全县全面建立经济合作社，把完善各业承包合同、上交承包金作为完善农村承包责任制的重点来抓，大力发展村级集体经济，逐步建立完整的社会化服务体系，建立和健全农业积累和投入机制。

12月　县内肥皂、火柴取消凭票限量供应，实行敞开供应。1991年，对肥皂、火柴、洗衣粉等15种生活日用品仍实行计划管理，由县国营商业统一安排供应，草席、铁锅、陶瓷制品和烟花爆竹等日用杂品主要由供销社系统经营；12月1日开始，肥皂、火柴、缝纫机等商品允许个私商业户经营零售业务。1993年，生活日用品价格全部放开，企业可根据成本和市场供求情况自主定价。

同年　经县物价局、县城乡建设环境保护局共同审核，雉城镇台苑新村3号、4号楼每平方米销售价格为361.12元，成为全县第一批由政府审核定价商品房。1994年，取消价格审核制，由房地产开发企业根据市场供求情况自主定价，同年城区住宅商品房均价897元。2007年，实行商品住宅价格申报审批制度，所有商品住宅价格预售前统一报县政府审批，并报县建设局备案，同年城区住宅商品房均价3692元。2012年，城区住宅商品房均价6427元。

同年　全国第四次人口普查显示，全县登记常住人口596273人，其中男性人口占总人口比重52.5%、女性为47.5%，男女性别比为110.5；汉族人口占总人口的99.8%，少数民族共有22个。

1991年

1月10日　长兴电子厂磁性元件投产并填补国内空白。该产品由上海无线电四厂提供样品，在南京898厂协作下，由该厂经10个月的试制获得成功。

2月底　县委发出对吕山乡水泥厂发生重大质量事故的通报，该厂生产废品水泥2911.5吨，其中已发售200吨，造成直接经济损失20万元。

3月21日　长兴卫星直播天线由机电部第十四研究所和县农机厂联合试制成功。

4月　长兴煤炭机械厂被评为全国煤炭机械配件生产先进单位。

5月7日—7月12日　全县隆重举行纪念中国共产党成立七十周年活动，组织党史基本知识百题竞赛活动，举办党史有线广播讲座，到新四军苏浙军区纪念馆瞻仰革命先烈，召开庆祝中国共产党成立七十周年报告会，开设党史专题讲座等。

6月2日—7月下旬　长兴遭受百年未遇的特大洪灾，各级党政组织领导群众奋起抗洪抢险。自6月2日起，全县两次遭受特大洪灾，洪涝持续时间长达54天，其中超过太湖危急水位4.2米以上达50天，最高水位4.9米。太湖沿岸7个乡镇103个村成为重灾区，602家企业先后停工，长湖申线中断运输30多天，200多公顷农田被淹没，4000多家房屋进水。同年，全县首次获港澳各界救灾捐款，折合人民币320万元。

6月11—17日　长兴举办夏季浙北商品交易会，参加展销会有3省14县市的工商界代表和县内600多家工商企业，成交额7527万元。

7月7日　省委副书记、省长葛洪升到横山、夹浦、丁甲桥察看灾情，鼓励干部群众振作精神，做好长期抗灾的准备，把损失降到最低限度。23日，葛洪升再次到长兴了解灾情，慰问受灾群众。

7月　由台胞黄焜烟投资100万美元，在长兴设立的浙江缘航竹制品有限公司投产，为县内第一家中国台商独资企业。1992年7月，全县首家与台胞钱安林合资企业——浙江隆兴汽车修配有限公司开业。

8月3日　省委书记李泽民到长兴察看灾情，慰问受灾群众，勉励灾区人民抗洪救灾，恢复生产。

同日　商业部领导到横山乡蒋家墩村了解灾情，慰问受灾群众，向灾区提供100吨化肥，帮助灾区恢复生产。

9月　《新民主主义革命时期中共长兴党史简编(1921—1949)》由浙江大学出版社出版发行，县委党史研究室编，记述1921—1949年中国共产党领导长兴人民开展革命斗争的历史。

10月30日　全县农村社会主义思想教育铺开，分调查研究和宣传发动、集中教育、抓好落实、总结提高四个阶段，至12月14日结束。

11月16日　在全国“星火”博览会上，长兴煤机厂的液压支架系列阀获金奖，长兴丁新面砖厂的薄型毛面砖和长兴制药厂的草虫菌粉宁心宝分别获银奖。

12月1日　县内开始允许个私商业经营黑白电视机、洗衣机、电冰箱等商品的零售业务，但仍限制经营彩电和录放像机。至1992年4月，停止彩电专营，取消凭票凭证供应，同年全县彩电零售4832台，比上年翻了一番多。

12月2日　全县清理“三角债”工作基本结束。1990年4月，根据国务院部署，全县启动清理“三角债”工作（“三角债”是企业之间超过托收承付或约定付款期应当付而未付的拖欠货款的俗称，是企业之间拖欠货款所形成的连锁债务关系）。至10月15日，收回托收款157.9万元，承包款211.9万元。1991年9月20日，开始进入全县“全国连环清欠”，至12月2日基本结束，累计收到清欠款248笔，金额235.63万元。

12月9—15日　长兴举办浙北商品交易会，设摊位974个，参展单位来自河北、辽宁、福建、安徽、江苏、浙江等7省9市15县近千家企业和个体工商户，展销30余大类上万种商品，成交额达1.18亿元，其中回笼现金2100万元。

12月9日　县委、县政府在夹浦香山召开兴建环湖大堤誓师大会，举行环湖大堤长兴段开工典礼。同年春夏季，太湖流域发生百年未遇特大洪灾，长兴太湖沿线受太湖高水位围困2个多月。灾后，环湖大堤工程被国务院列入太湖流域综合治理十大工程之一，也被省列入“八五”期间六大水利工程之一。11月2日，长兴县太湖治理工程指挥部成立。12月10日、18日，第一期土方工程丁新段、横山段先后开工，至1992年1月4日，第一期土方工程完工。1992年10月3日，第二期土方工程建设在杨家浦港口拉开序幕，11月16日长兴段全线动工，共有29个乡镇10万民工参加会战。11月30日，环湖大堤长兴段全线贯通。土方工程完成后，大堤配套工程也相继投入建设。1998年4月，砌石护坡工程完工；2003年2月，各河道入太湖口涵、闸等建筑完成施工；2004年12月，堤顶公路建设完成，浇筑沥青路面；2005年12月，沿线桥梁建设完成。2006年9月17—18日，水利部太湖流域管理局会同省水利厅，在长兴召开太湖环湖大堤工程（浙江段）竣工验收会议。同年10月，环湖大堤长兴段工程通过竣工验收，全长34.3千米，堤顶宽5米～7米。

12月14日　省委书记李泽民一行到环湖大堤长兴段工地看望慰问民工、干部和部队官兵。

12月30日　县民政局造册公布1991年接收各地捐献救灾款物数字。自1991年7月中旬至12月30日止，除省直接拨给的境外捐赠款外，全县直接收到各省、地（市）县、境外和县内各界人士捐款共计人民币100多万元；粮票3.95万千克；各类物资（含省拨）折价人民币200多万元。

12月　县委、县政府表彰县级首批“有突出贡献的专业技术人才”9人、县级首批“优秀专业技术工作者”8人。

同年　省计经委下达长兴“以工代赈”券1007万元，用于环湖大堤长兴段建设和水毁工程修复，为县内首次使用“以工代赈”券。1992年4月，全部收回并当众销毁。

同年　长兴煤气公司在雉城镇高山岭村俞山冲建成全县第一座液化气站，开始到上海、南京等地组织气源，向单位和居民供应瓶装液化石油气。长兴煤气公司于1989年成立，并筹建液化石油站。至1999年，瓶装液化石油气已覆盖各乡镇集镇。2003年天然气进入长兴后，城区瓶装液化气供应量开始减少。

同年　全县实现乡乡通公路（砂石路面）。1995年实现乡乡通油路（砂石路面改造为沥青路面）。

同年　农用三轮车和农用中巴开始进入县内客运市场，直至1999年。2000年年初，由长兴万宏汽车运输有限公司实行公司化班车运营，全县288辆农用三轮车和农用客车全部更新为17座中巴客车155辆。2004年起，实施城乡公交一体化，原有班车逐步停运。

同年　冰箱、彩电、洗衣机“新三件”开始在县内城乡居民家庭兴起，逐步取代20世纪80年代的自行车、手表、缝纫机“老三件”以及黑白电视机、大衣柜、写字台。90年代后期，空调、摩托车、手机“时新三件”快速兴起。21世纪始，小汽车、家用电脑、摄像机“现代三件”开始进入一些比较富裕的居民家庭。

1992年

1月7日　县政府印发《长兴县关于鼓励专业技术人员到乡镇企业工作的若干规定(试行)》。

1月8日　县委、县政府印发《关于扶持集体经济不发达乡经济发展的意见》，对“八五”(指第八个五年计划)期间如何扶持全县十个集体经济不发达乡提出意见，制定有关工农业经济、科技教育、班子建设和人才培养等方面的一系列扶持政策和措施，建立发达乡镇、县级机关各部门分别与不发达乡的挂钩扶持制度。

1月12—13日　国际自然资源保护联盟鳄类专家组副主席G•韦布博士和B•弗农一行，应中国濒危物种科学委员会和中国科学院邀请，专程到长兴考察尹家边扬子鳄自然保护区。

1月15日　省委副书记、省长葛洪升一行慰问驻长兴某部队和考察环湖大堤丁新段，看望上一年特大洪灾中受灾的群众。在慰问部队时，确定建造军民同心路(八三至大云)。8月1日，该路竣工通车。

1月　全县农村程控电话开始发展，第一个农村程控电话自动局在小浦镇成立，至年底有7个乡镇实现程控数字联网。1994年5月16日，全县最后一台摇把电话机被“请”进博物馆，31个乡镇均纳入程控电话网，开通程控电话。1995年，全县主要集镇电话普及达到一户一线，程控电话通达各行政村。1997年12月，全县452个行政村实现“村村通电话”。1998年9月18日，李家巷镇成为全县、全市第一个“电话镇”。

同月　中华人民共和国成立后第一部《长兴县志》由上海人民出版社出版发行，长兴县志编纂委员会编，130万字，记述上限事物发端(一般在民国初期)，下限1987年，修志工作于1985年10月启动。

2月26日　县政府转发县劳动人事局《关于深化企业劳动用工与分配制度改革试点意见》，在二轻工业总公司的长兴煤炭机械厂、工业局的酿酒总厂先行试点，推行劳动用工和工资分配“两项制度”改革，建立企业自主用工、实行全员劳动合同制度，建立企业自主分配、适当拉开差距，将现行等级工资制改为岗位技能工资制为主的分配制度。3月26日，首批两家县属企业长兴煤炭机械厂、酿酒总厂全员劳动合同签约仪式举行。

2月27日　县委召开县级机关思想作风教育整顿动员大会，开展解放思想，更新观念大讨论。教育整顿分调查准备和宣传发动、实施教育整顿、总结提高三个阶段。

3月3日　县委传达贯彻中共中央关于《邓小平同志在武昌、深圳、珠海、上海等地的谈话要点》，3月7日发出《关于认真学习邓小平同志重要谈话的通知》，要求全县各级党组织结合正在开展思想作风教育整顿，把学习邓小平南方谈话作为当前一件大事切实抓好。

3月26日　县政府转发县体改办等8个单位《关于开展国营商业企业“四放活”试点的意见》，要求二季度前搞好试点，三季度起逐步推开，开展经营、价格、用工、分配四放活的试点。

3月　雉城镇有线电视开通，台苑新村、北门小区等800多户家庭完成有线电视安装。1994年起，有线电视开始向乡镇拓展，至1999年11月，县城到31个乡镇的光缆全部建设完毕，152个行政村开通有线电视。2001年3月15日，全县农村有线电视通村入户工作会议召开，有线电视通村入户进入建设高潮，至2006年，全县有线电视总入户达15.4万户，总入户率95%。2007年10月，启动有线电视数字化工程，由数字化接收机替换模拟接收机，至2011年，实现数字电视“城区全部覆盖、乡镇基本普及”。

4月2日　《浙江日报》头版头条刊发《长兴人坐不住了——长兴县进一步解放思想大讨论纪实》。5月17日，《浙江日报》再次以头版头条刊发《长兴人动起来了——写在长兴解放思想大讨论两个月之际》。次年4月4日，《浙江日报》第三次以头版头条刊发《长兴人赶上来了》，报道长兴开展解放思想大讨论一年来观念更新、经济发展等方面取得的成效。

4月18日　浙北最大的公路铁路立交桥——长兴高家墩公铁立交桥建成交付运营，该项目为国家“七五”(指第七个五年计划)重点工程。

5月初　县政府试行项目审批“一条龙”服务，建立定期联合办公制度，每周六为审批项目联合办公日，由计经委牵头，有关主管部门、职能部门委派全权代表参加，对能解决的当场解决。

5月19日　在雉城镇开展国有土地使用权有偿出让试点，首次协议出让金陵南路两侧国有土地使用权13宗，总面积1.11公顷，平均地价每平方米351.22元。

6月9日　长兴驻浦东联络处成立，设在浦东新区杨高路。13日，县委、县政府印发《关于参与浦东开发工作的意见》。

6月19日　共青团中央第一书记宋德福到长兴考察调研。

6月中旬　中央军委副主席、上将刘华清率军委工作组视察驻长兴空军某部。

7月9日　湖州市第一个金矿经国家黄金管理局正式批准开采。20世纪90年代，经省第九地质大队勘察并测定，长兴县李家巷镇青草坞村大银山有金矿。1990年12月，试采。1992年5月，长兴县计划经济委员会(含青草坞村股份)、浙江省第九地质大队和湖州监狱三方以股份制形式，组建长兴县大银山金矿。7月9日，正式批准开采。至2004年9月，累计加工矿石总金量730千克，实际销售金量448千克，产值3500万元，矿山利润450万元。2005年年底，因资源枯竭停止开采。

7月17日　长兴县经济技术开发区管理委员会成立，由工业技术开发小区、金贸开发小区和香山旅游开发小区组成，规划开发面积8平方千米，近期开发2平方千米。8月26日，县委、县政府制定并公布《长兴经济技术开发区优惠政策》。1994年8月，经省政府批准为省级开发区，2003年首次进入浙江省“十强开发区”，2010年晋级为国家级开发区。

7月21日　县政府批转县体改办《关于在部分企业试行投入产出总承包的实施意见》，对企业试行投入产出总承包，同时确定长兴白水泥厂为全县“投入产出”总承包试点企业之一。

7月31日　由香港同胞沈炳麟捐资兴建的后漾乡南庄小学、新塘乡姚家浜小学“庆同楼”落成典礼在后漾乡南庄小学举行。1991年6月长兴遭受百年未遇的特大洪灾，8月16日沈炳麟专门委派代表到长兴实地考察灾情，8月19日沈炳麟电告省侨办，决定捐款帮助长兴灾区建造2所乡村学校教学楼。一所是后漾乡南庄完小教学楼，另一所是新塘姚家浜小学教学楼，共捐资29.04万元。

8月1日　雉城镇开办夜市，允许国有、集体单位和个人(包括业余时间从事第二职业者)进场设摊。

8月12日　县政府决定建立泗安镇经济特区，范围为泗安镇现行行政辖区，特区建立管理委员会，与泗安镇政府实行两块牌子、一副班子管理。

8月25日　首次向外商和中国港澳台商出让国有土地，出让地块属县经济技术开发区金贸小区，受让者是台湾投联工程公司。

9月5日　浙江省第一家县级合作制律师事务所——长兴县众成律师事务所成立。

9月　全县部分行政区划调整完成，撤销便民桥乡建制，并入和平镇；撤销观音桥乡建制，并入虹星桥镇；撤销丁甲桥乡、夹浦乡建制，合并建立夹浦镇。全县由9镇25乡调整为10镇21乡。

10月9—11日　县委八届六次全委扩大会议提出20世纪90年代全县经济发展的奋斗目标：提前6年实现国民生产总值翻两番，力争到1995年翻一番，到20世纪末再翻一番，把长兴建成浙北重镇。

10月15日　全县首次人才市场交流活动在雉城中学举办，进场设摊单位40家，入场交流人数700人。同年10月，长兴县人才市场成立，有机构但无固定场地。11月，长兴县职业介绍所建立，同年成立私营职业中介机构2家。1999年，在环城南路三通家电城成立县人力资源市场。2002年，制定《长兴县人力资源市场职业中介机构管理办法》，将17家职业中介机构统一在县人力资源市场集中经营。2003年3月，县政府在金陵大桥北堍筹建县人力资源市场(2010年1月迁至浙北大厦购物广场北侧)，建立市场导向就业机制，促进农村劳动力转移就业和下岗失业职工再就业。同年始，每月至少举办1次人才交流集市，县内专场人才招聘会每年分春、秋两次，县外不定期开展。2006 年后，县人力资源市场与乡镇共享就业信息发布，逐步实现就业信息网络乡镇(街道)、村的全覆盖，并实时联网。

10 月 16 日　县政府制定《关于加快工业卫星镇经济发展的实施意见》，提出李家巷、煤山两个工业卫星镇“八五”期末的工业发展目标和政策措施。

11 月 5 日　县委、县政府制定《关于实施科教兴县战略，加快经济发展的意见》，明确实施科教兴县战略的主要奋斗目标和战略重点，提出实施科教兴县的七条政策与措施。

12 月上旬　县委、县政府首次面向社会公开招聘乡(镇)长助理。自 10 月份出台招聘方案后，全县有 101 人报名，经过文化考试、面试答辩、综合评议考察后，16 人首批应聘。分别被派到经济不发达及偏远乡(镇)工作，聘用期 3 年。

12 月 28 日　长兴电视台正式开播，发射塔为原转播塔，机房设县广播电视大楼四楼。8 月长兴电视台建立，10 月广播电影电视部批复同意长兴县建立电视台，呼号为“长兴电视台”，使用 DS-25 频道，发射功率为 1000 瓦。

12 月　中外合资上海长青饮料食品有限公司以长兴金沙泉矿泉水为原料生产的“大唐贡泉”，在上海国内美化生活商品评选中获得金奖，该产品还被上海希尔顿饭店指定为招待外宾饮品。

同年　长兴高考重点上线人数实现零的突破，达 28 人。

同年　工行长兴县支行发行牡丹信用卡，为县内第一张信用卡，全年发行金卡 96 张、银卡 749 张。1996 年 9 月，建设银行长兴支行在全县首推电话银行业务，1999 年 8 月建行长兴县支行率先开通网上银行，2000 年 5 月中行长兴县支行率先开通手机银行。2000 年起，银行卡品种增多，按支付方式分为借记卡、贷记卡，按币种分为人民币信用卡、外币信用卡和本外币双币种信用卡。2010 年，全县实现“镇镇有 ATM 机(自动取款机)、村村有 POS 机(销售终端)”。

同年　张家村小区建成，是城区第一个规模型纯住宅小区，总建筑面积 3.9 万平方米。

同年　长兴县第三建筑公司承建的上海汽车工业培训中心干部培训综合楼工程，获上海市“白玉兰杯”优质工程奖，是全县首次获得建筑施工省级以上奖项。该奖为上海市建设工程质量评比最高奖。

同年　长兴县第一次土地详查显示，全县土地总面积 1418 平方千米。1996 年 8 月，开展土地利用现状调查，全县土地总面积 1430 平方千米。2009 年全国第二次土地调查显示，全县土地总面积 1431 平方千米。

同年　根据省市政府文件精神，对进城镇务工、经商、办服务业的农民开始办理“蓝印户口”①。1993 年，全县共办理“蓝印户口”2797 人。

同年　全县实施购买非农业户口政策，至 1996 年取消，其间全县有 3149 人通过买户口“农转非”。

1993 年

1 月 1 日　县内放开粮食购销和价格，取消粮食统销，城镇居民、农村缺粮人口口粮及行业用粮全部进入市场，除军用粮票外，不再使用其他各种粮票。之前，全县城镇居民口粮实行统销，按照居民年龄大小、工作种类，实行以人定量、归户计算、凭证凭票供应粮食的办法，农村缺粮人口实行统(定)销，工商行业用粮按计划供应。

---

① 蓝印户口，是一种介于正式户口与暂住户口之间的户籍，因公安机关加盖印章为蓝色，与办理非农业户口适用的红色印章不同，故被称为蓝印户口。1985年开始，长兴办理农民进城自理口粮户口。1992年起，办理蓝印户口。2014年7月30日，国务院印发《关于进一步推进户籍制度改革的意见》，指出“建立城乡统一的户口登记制度，取消农业户口与非农业户口性质区分和由此衍生的蓝印户口等户口类型，统一登记为居民户口。”

同日　放开食油购销和价格，取消油票，食油销售完全市场化。

1月13日　长兴铁路车务段所属的白鹤岭、仓前两火车站被铁道部授予“全国铁路安全中间站”荣誉称号。

2月4日　煤山镇以140万吨水泥生产能力，在全省首创三个“第一”：基地产量第一，厂的生产规模第一，水泥发展速度和经济效益第一。

2月11日　长兴锅炉耐火厂开发的省星火计划新产品氮化硅结合碳化硅耐火材料，其物理性能已超过美国标准ASTMC704。

2月24—27日　中共长兴县第九次代表大会召开，提出围绕社会主义市场经济的主线，加大改革力度，扩大对外开放，推动全县经济再上新台阶的奋斗目标。

2月28日　金陵农贸市场开业暨金陵大桥通车典礼举行。金陵农贸市场占地1.33公顷，建筑面积6500平方米，共设摊位1400个。金陵大桥位于金陵路，跨长兴港，长163米，其中引桥108米，桥面宽24米。

2月　318国道长兴至泗安段被列为全省首批“四自”工程项目。1992年12月，省政府出台《关于加快交通基础设施建设的通知》，明确支持地方政府实施“四自”(自行贷款、自行建设、自行收费、自行还贷)公路工程。

3月13日　县委印发《长兴县“带头人工程”实施方案》，决定同年起，用3年时间在全县农村实施以提高干部、党员素质为主要内容的“带头人工程”。

3月19日　省委副书记、省长万学远到长兴考察调研。

3月24日　由县委宣传部、县粮食局和浙江电视台联合拍摄的电视片《英雄颂》在长兴开拍。该片以讴歌革命先烈，继承先烈遗志，加快革命老区经济建设为主题。

3月　县内佛教场所恢复正常活动，仙山显圣寺成为经批准的第一处佛教活动场所。之后，境内佛教、道教、基督教等宗教场所先后开放，宗教团体相继成立。至2012年年末，全县经批准开放的宗教活动场所共有66处，其中佛教场所25处、道教场所3处、基督教场所38处；寺院4处、教堂6处。

5月19日　县委下发《关于撤销我县区委机构的意见》，撤销城东区、泗安区、煤山区、和平区、鼎新区、虹溪区6个区委。5月31日撤销工作基本结束。6个区委于1979年设立，为县委派出机构。

5月底　全县面向社会大规模公开选拔局级领导干部工作结束。该次公开选拔始于3月底，历时2个月左右。分准备、笔试面试答辩、考察录用三个阶段进行，为全县60多个局级单位公选领导干部。

5月　县委发出《关于坚持党政领导接待群众来访日的通知》，明确1993年仍继续坚持领导接待群众来访日制度，从5月份起，每月15日(8月份为14日)为接待日。

同月　全国经协系统对经营规模较大、经济实力较强的各100家企业进行排名，长兴县浙北工贸(集团)公司进入全国经协企业双“百强”行列，分列第14位和第36位。

同月　县商业局出资成立长兴旅行社，为全县首家国内旅行社。2012年，全县共有旅行社17家，均为国内旅行社。

7月21日　全县城镇住房制度改革动员大会召开，部署全县房改工作。同年3月，出台《长兴县城镇住房制度改革实施方案》实施“提租补贴、认购建设债券、缴提公积金、建立住房基金”的房改政策；10月1日起优惠出售公有住房，并推行集资合作建房。1998年12月31日，停止住房实物分配；1999年1月1日后未开工的集资建房项目全部停止。1999年8月出台《长兴县进一步深化城镇住房制度改革实施意见》，规定自1999年1月1日起，逐步实行住房分配货币化，住房补贴分为住房公积金补贴、一次性住房补贴和工龄住房补贴，按照“新人新制度、老人老办法”平稳过渡。

7月31日　县委办、县政府办转发县体改办、乡镇企业局、农经委《关于乡(镇)村集体企业推行合作制的试行意见》的通知。10月，先后出台《关于国有小型工业企业股份合作制试行办法》《长兴县城镇集体企业股份合作制实行办法》，推进股份合作制企业改革。

7月　县邮电局开办无线寻呼业务，设发射机一部，启用设备先进的数字和中文兼容无线寻呼系统，12月，“126/127”无线寻呼系统实现湖州市三县联网，同年全县有无线寻呼用户1190户。1995年12月，128/129全省联网无线寻呼开通。1997年6月，长兴县“126/127”寻呼系统割接到湖州市寻呼系统，寻呼号码由5位升至7位，全年有无线寻呼用户22242户。1998年5月，市邮电局收购市国安寻呼台，长兴县寻呼专用号码改为“999”。2002年年末，无线寻呼网络关闭。

8月　县政府制定《关于加强土地管理深化使用制度改革若干问题规定》，规定商业、房地产业、金融业、旅游业等六类经营性用地均纳入出让范围，并推行招标出让、拍卖等方式，逐步改变单一的协议出让形式；工业等生产用地实行协议出让。2007年起，工业用地实行公开出让。

同月　湖州市航运总公司在长兴经营的3条客运航线全部停航，其管理的位于望春桥南的雉城客运码头也停止使用。随着乡村公路建设加快，水路客运量萎缩。2000年7月，县航管部门对农村个体水上小客船进行专项整顿，取消辖区小客船营运航线，淘汰县内仅存10艘营运小客船，关闭位于仓前街的3处小客运码头及其他停靠点，长兴水上客运至该时消失。2009年，县内水上客运作为休闲旅游的配套项目再次出现。同年2月，仙山湖景区普通客船运输获批，经营规模为普通客船6艘，客位132座，3月仙山湖游船码头投入使用。

9月　长兴县委托上海同济大学规划与设计研究所、上海城市建设学院修编第二轮城市总体规划。1994年4月11日《长兴城市总体规划(1993—2010)》经市政府批准实施，1998年9月作局部调整。

同月　长湖申线航道第一轮拓宽改造启动。至2002年年底，长兴吕山乡—湖州霅水桥段、长兴吕山乡—杨湾段、长湖申线五里桥—小浦镇湾桥、长湖申航道黄土港口—杨湾航段陆续完工，分段通过交工验收。第二轮拓宽改造于2008年启动，10月17日召开扩建改造工程征收拆迁动员会，11月一期工程开工建设，2010年8月二期工程开工建设，五级航道按三级、四级航道标准改造，至2012年12月完成改造通航。长湖申航道，素称“东方小莱茵河”。长兴段航道，起点长兴县合溪大桥，经小浦镇、雉城镇、李家巷镇、吕山乡，迄于与湖州市交界的毛柴园矿区航道，全长26.8千米，其中三级航道11.7千米、四级航道15.1千米。

11月27日　县紫砂工艺厂制作的23类、1904件紫砂茶具启运美国纽约，参加由美籍华人举办的“中华工艺品大展销”。

12月18日　县委召开纪念毛泽东100周年诞辰老同志座谈会，李兴发等5人分别回忆受到毛泽东主席接见或鼓励的往事。

12月20日　洪桥逸夫中学教学楼竣工。该教学楼于1992年由香港实业家邵逸夫捐资80万元港币、县及镇政府拨款88万元人民币兴建，建筑面积2180平方米，同年经国家教委正式命名“浙江省长兴县洪桥逸夫中学”，由邵逸夫亲笔题写校名“逸夫中学”。1993年4月18日奠基，竣工日由县教委立碑纪念，1994年2月学校投入使用。邵逸夫还于1992年同时捐资50万元，兴建雉城四小逸夫楼。

12月22日　县委举行新四军挺进长兴50周年纪念活动，26名新四军老战士欢聚一堂，回忆新四军在长兴作战的辉煌历史。

12月　长兴获1993年度全省唯一的“社会集资办水利单项奖县”称号。同年，全县社会集资2189万元办水利，精心组织环湖大堤建设、圩区整治和防汛岁修“三大会战”。

同年　县邮电局运营推出第一部模拟移动电话，至年末，全县有移动电话用户181户。1994年3月20日起，移动电话号码由6位升至7位，5月17日实现全省漫游。1995年12月，推出GSM(全球通)制式的第一代数字电话。

同年　根据中共中央《关于建立社会主义市场经济体制若干问题的决定》，全县转变计划管理职能，坚持以市场为基础，全面实行指导性计划，改变以指令性计划为主的政府调控经济方式。1995年起，不再下达工业产品指导性计划；1997年起，不再下达大、中专学生需求计划及毕业生分配计划；1999年起，不再下达农业生产主要产品产量指导性计划。至2002年，全县计划管理实现从宏观调控向全面市场调节的转变。

同年　全国第三产业普查首次开展，普查年度为1991年和1992年。普查结果显示：1992年，全县第三产业单位数为16489家，比1991年增长22.6%；年末，职工（从业）人数为56593人，增长11%；年末，固定资产原值为267914万元，增长32.4%；增加值为48884万元，增长36.3%。

同年　全县第三产业增加值比重首次超过第一产业，三次产业结构为19.8:57.6:22.6，排序由“二一三”转变为“二三一”。1984年，产业结构排序由“一二三”转变为“二一三”，第二产业增加值比重首次超过第一产业。

1994年

1月11日　长兴化工总厂生产的条形碳分子筛经科学测试，制氮纯度为99%，与国际同类名牌产品相媲美。

1月23日　9名畎桥农家姑娘从北京飞往日本茨城县，在三原商事株式会社执行服装加工研修任务，成为全县首批境外劳务输出人员，时间一年零九个月。1993年6月25日，劳动部下拨10个赴日本研修生名额给湖州市外经贸委。工作无果后，7月下旬，市外经贸委将名额转拨给长兴。县外经贸委随即拨给结对帮扶的畎桥乡，并启动宣传发动工作。但由于受思想观念等因素影响，最终只有9人成行。在北京经3个月强化培训后，于同日赴日本研修。3个多月后，日方企业破产。在劳动部协调下，9名研修生每人获薪金补偿人民币7万元，于7月14日提前回国，在县内引起轰动。之后，在县外经贸委持续努力下，县内兴起出国研修和“打洋工”的热潮。

1月27日　县政府决定在白岘乡境内建立白岘洞山县级自然保护区。建成的保护区范围以罗岕、庄头两村辖区为主，面积约5.5平方千米。

3月29—30日　全县私营企业第一次代表大会召开，成立长兴县私营企业协会，选举产生理事会。

4月12日　长兴民间紫砂艺人、县蔬菜公司职工吴宝华收到上海大世界吉尼斯总部颁发的104号《最薄的茶壶》证书，确认他制作的超薄型紫砂壶创世界吉尼斯之最。壶胎薄0.84毫米，自重54克，容水量243.3克，胎薄匀称，光泽滋润，古朴雅致，口盖严密，出水流畅。该壶以5万元转让给吉尼斯总部。

4月18日　县委、县政府举行浙江铁鹰集团、浙江山鹰集团、浙江中星集团、浙江金鹤集团四大省级集团公司成立大会，该四大集团公司由31家乡镇企业组建而成。

同日　金陵商城正式开张营业，位于雉城镇海兴路81—83号，由县工商局于1993年投资建成，占地2.53公顷，市场占地面积2.31公顷，建筑面积2.7万平方米，以经营副食、小百货、服装为主，共计摊位694个。1995年成交额7.36亿元，1996年成交额10.9亿元。

4月下旬　中外合资金三角服装材料有限公司独家开发的热轧粉黏衬，以其“轻薄、软挺”的特色，在华东新技术、新产品展交会上获全国金奖。

4月　县委、县政府出台《关于进一步鼓励发展个体私营经济的意见》，并于12月召开全县个体私营经济动员大会，鼓励和引导全县个体私营经济健康发展。

同月　县教育局改革招生考试办法，普通高中、职业高中、初中技校招生实施“三合一”考试，即初中毕业会考和普高、初中技校招生文化考试合为一次。秋季起，全县小学、初中一律实行不留级制度。

同月　长兴汽车客运公司注册成立全县第一家出租车公司——长兴出租汽车旅游公司。

5月31日　太傅乡石狮村青年农民卓乃照为抢救一名投水妇女英勇献身，年仅28岁。1995年2月，卓乃照获浙江省第四届见义勇为先进人物称号，4月上旬被省政府批准为革命烈士。

6月18日　长兴人民广播电台正式开播，结束了县内没有无线广播的历史。同年4月，广播电影电视部批复同意长兴建立调频广播电台，电台呼号为“长兴人民广播电台”。1998年2月28日，长兴人民广播电台、长兴电视台合并，台名为“长兴县广播电视台”，位于雉城镇广场东弄11号。1999年5月，迁至雉城镇米行北弄8号。2009年11月，迁至龙山新区长兴传媒中心。2011年4月，进行跨媒体整合，组建长兴传媒集团。

6月上旬　长兴木材市场被国家工商行政管理总局评为1993年度“全国文明集贸市场”。有摊位350多个，占地2.2平方千米。

6月　长兴县华东八三武术学校创办，由温州籍人周清泉独资，位于长兴八三。1998年，选址夹浦镇父子岭兰香山新建，占地面积37.33公顷。2000年迁新址并更名为湖州市清泉武术学校，办学形式为全日制教学。2010年，更名为湖州市清泉文武学校，设有清泉小学、清泉初中、清泉职业高中，生源来自全国13个省市和自治区。先后获中国十佳民办学校、全国先进民办学校、全国十大武术名校等荣誉称号。

7月12日　全县国有商业企业股份制改革试点取得突破，县内第一家经省体改委批准的规范化股份制企业——浙江省长兴县百货股份有限公司正式成立。由原长兴百货公司、长广煤矿公司、浙江水泥厂、浙江华能长兴电厂等4家单位发起，17家社会法人参股组建，总股本达到2000万元。

7月　全县最大的中外合资项目，也是全市建材行业最大的合资项目——浙江裕廊水泥有限公司批准落户煤山镇，由浙江山鹰建材集团和新加坡新长安投资有限公司合资成立，注册资金2300万元，总投资2.4亿元。1996年7月1日举行奠基仪式。2009年，被湖州南方水泥有限公司收购。

8月6日　浙北地区平地最高电视发射铁塔——长兴广播电视发射塔正式落成。该铁塔净高151米，塔基占地0.71公顷，总投资300万元，可发射3套电视节目，10套广播节目；覆盖范围扩大到湖州、安吉、德清及安徽省广德县、江苏省苏锡常的部分地区。

8月上旬　国防部征兵办在北京召开表彰大会，对在廉洁征兵中做出突出成绩的全国129个先进单位和156名先进个人进行表彰，长兴县征兵办榜上有名。

8月30日　长广煤矿公司六矿发生瓦斯爆炸事故，12名工人遇难，3名重伤。

8月　浙江水泥厂整体改组为浙江三狮水泥股份有限公司。该厂位于煤山镇火烧地，1983年创建，是省属最大的水泥企业，采矿、运输、生产水泥一体化。1998年3月，成立浙江三狮集团。2009年，三狮水泥被湖州南方水泥有限公司收购。

9月下旬　全县首家私营企业党组织——长兴华兴石油公司党支部成立。

9月　县劳动人事局转发劳动部、省劳动厅、市劳动局《关于企业最低工资规定的通知》，从1994年5月起实行最低工资保障制度。1994年以后，根据上级劳动部门要求和全县经济发展水平，适时进行调整和提高。2012年4月，县政府根据省政府《关于调整全省最低工资标准的通知》精神，将企业最低工资从原来的每月1060元调整为1200元，非全日制工作最低小时工资标准为每小时9.7元。

同月　二轻总公司成立全县第一家省级企业集团浙江长兴新光源集团有限责任公司，是一家集灯管、灯具、家具、机械制造于一体的跨行业企业。其后，湖州金三发服装辅料集团、湖州转轮机械集团、湖州新大力轻工集团相继成立。

10月28日　全县首个青少年爱国主义教育基地在县新四军苏浙军区纪念馆挂牌。10月1日，该馆新展厅正式对外开放，面积200平方米，展线300多米，展出革命文物80件、纪实照片120幅、书画作品20幅。

10月　全县首次办理国有土地使用权抵押，为长兴制革总厂、长兴皮革实业公司两宗土地，面积35068平方米，资产总值785.52万元。同年共办理6家企业6宗土地抵押登记，面积48403.63平方米，资产总值1003.07万元。

同月　长兴县越剧团因经营困难，整体并入县中百公司，单位注销，职工转业。前身为成立于1953年7月的万里越剧团，1955年划归长兴，20世纪70年代改为长兴县越剧团。

11月6日　凌晨，位于雉城镇解放路的长兴龙达股份有限公司龙达金店发生一起抢劫杀人案，1名值班人员被杀，案值97.69万元的进口手表、珠宝、黄金首饰等被劫走。该案为中华人民共和国成立以来县内发生的首起特大抢劫杀人案，久侦未破①。

11月上旬　经省、市、县畜牧局、站及地方病办公室联合组成的专家考核组两次考察，证实长兴县已达到农业部规定的家畜血吸虫病消灭标准。

11月18日　县体育馆、青少年宫建设工程在雉城镇北郊奠基。青少年宫一期主体工程于1996年8月竣工验收，10月由全国人大常委会副委员长费孝通题写宫名，1997年1月一期建成并举行开宫仪式，2005年8月二期4层楼教学活动培训室建成，2011年获"全国（县级）示范宫"，位于太湖中路210号。县体育馆于1997年6月竣工，位于太湖中路170号。

12月中旬　国家邮电"八五"重点工程——宁杭通信光缆干线工程（浙江段）首盘光缆在下箬寺乡境内下沟。1995年2月上旬，宁杭通信光缆干线工程在长兴父子岭段布下最后一盘光缆。至该月，全长340千米光缆铺设任务全部完成。

同年　全县首家私营中外合资企业——飞龙印刷有限公司成立。

1995年

1月13日　新四军苏浙军区成立50周年纪念会在县新四军苏浙军区纪念馆召开。2月中旬起，《新四军在浙西》《长兴抗日烽火》在乡镇巡回展览，历时40天，观众近4万人次。5月9日，长兴县举行抗日战争胜利50周年和新四军苏浙军区成立50周年纪念活动。

1月18日　长兴化工总厂与韩国能源产业有限公司签约，该厂生产的碳分子筛在韩国由该公司为独家销售总代理。9月下旬，首批产品运抵韩国，深受韩国客户好评。

1月28日　长兴获全国平原绿化先进集体称号。

2月19日　318国道长兴段发生一起特大交通事故，一辆自安徽庐江至杭州的大客车在雉城立交桥坠下，车内16人当场死亡，多人受伤。

2月20日　位于雉城镇的浙江长征财经进修学院湖州分院开学，由民革浙江省委和长兴县投资兴建，建筑面积2980平方米，首批学员28人。

2月25日　县委、县政府发出《致全县农民公开信》，号召完成全年粮食播种面积5.97万公顷，粮食总产量3.43亿千克，其中早稻1.53万公顷，收购任务0.71亿千克。3月10日，抽调近千名部门、乡镇干部组成28个工作组，分赴各地抓春耕生产。3月29日，省委书记李泽民到夹浦镇、洪桥镇考察调研春耕生产，充分肯定夹浦镇父子岭村恢复三熟制种早稻的做法，鼓励父子岭村成为经济强村、农业强村，成为名副其实的浙北第一村。7月26日，李泽民再次到父子岭村了解早稻收割情况，对父子岭村恢复三熟制，并在洪涝灾害之年夺得早稻丰收表示赞赏，认为父子岭村为全省打好粮食翻身仗带了个好头，父子岭村的经验值得全省学习、借鉴。

2月27日　中国女排主教练郎平在柳州训练基地新组建16人中国女排集训队，浙江女排主攻手、长兴籍运动员阮宇榜上有名。

3月中旬　国内最大的海桩紫砂壶问世，壶高110厘米，腹径60厘米，壶嘴与壶把距离150厘米，可盛水300千克。由长兴工艺美术公司工艺师郑家统和老技师邱维忠用200千克紫砂泥，历时4个月制成。

3月下旬　白岘乡首次发现傩文化遗迹，由市民间文艺家协会9名成员在采风中考察确认，在全省尚属首次发现。傩文化是原始时代人类用作祭祀和向自然灾害作斗争的一种工具。

① 该案于23年后告破。2017年3月29日，犯罪嫌疑人徐某在浙江诸暨被警方抓获。11月21日，被绍兴市中级人民法院判处死刑。

3月底　县委卖掉轿车，用所得50万元建立基层组织建设基金会，每年利息用于集体经济薄弱村村干部工资补助和家庭困难补助，奖励在后进村转化中做出贡献的村主要干部。

4月15日　林城粮油厂试产“蒜黄油”成功，5月1日首批10吨蒜黄油运销上海并出口东南亚。

4月18日　由东方虹珠盆景植物博物院负责人吴晓虹制作收藏的巨型榆树盆景获“大世界吉尼斯之最”证书。该盆景树高4.2米，树冠投影宽度2米。

4月　全省统一实行《浙江省外出人员就业登记卡》，由用人单位凭卡、证或“暂住证”办理“就业证”，农民跨省流动务工愿望得以实现，同年长兴有跨省外出务工的农民工3700人。1988年之前，农村劳动力外出就业还受到种种限制，只有少数行业和特殊工种经省劳动部门批准，有计划地从农村劳动力中补充。1992年，对农村劳动力进城务工实行审批制度。同年，县职业介绍所成立，该机构为用人单位提供劳动力资源信息，包括为农村劳动力进城务工及劳务输出提供信息，办理“务工许可证”“劳务输出许可证”。全年批准进城农民工5400人次，审批跨省务工1700人。之后，政策逐步放开，扩大企业自主招用工权，农民工外出务工开始走向市场化。

5月11日　县委举办“以孔繁森为榜样，把一切献给党”报告会，长兴籍现役军人，勇斗歹徒荣立二等功的连长殷波良等到会作事迹报告。殷波良在河南安阳勇擒歹徒的事迹，先后被《人民日报》《中国青年报》《解放军报》《中国法制报》《金融时报》报道。安阳市授予其“见义勇为积极分子”“护法勇士”称号，济南军区授予其“学雷锋先进个人”称号。

5月23—24日　《浙江省“九五”及2010年铁路建设发展规划》通过专家论证，新长铁路浙江段、宣杭铁路长杭段扩容改道，宣杭铁路长杭段改复线，长兴建立区段站，成为宣杭、新长铁路交通之枢纽。

6月2日　长兴龙达股份有限公司营养保健品酒厂生产的“幸福春保健酒”“灰树花保健酒”“营养米酒”，在国家科委、外经贸部联合主办的第一届中国国际医药保健科技精品博览会上获金奖。

6月28日　长兴转轮机械飞达实业集团、山鹰建材集团、华兴石油、欢众酿酒等6家市级企业集团宣告成立。至该月，全县共组建20家企业集团，形成国营、集体、私营多种经济成分的企业集团态势。

6月底　长兴籍上海财经大学博士研究生陆天虹撰写的论文《混合广义线性模型》，获发展中国家青年统计学家优胜奖，并获国际经济学家丁佰根奖。该奖每两年评选一次，每次仅评3人。

6月　煤山镇电影院前一块土地以拍卖方式出让，敲响了长兴国有土地使用权拍卖第一槌。

9月18日　首届“长兴县十佳青年企业家”“长兴县优秀青年厂长(经理)”评选活动揭晓，共评选出“长兴县十佳青年企业家”10人，优秀青年厂长(经理)5人。该活动由团县委等14个部门联合开展，旨在展示青年企业领导者业绩和形象。

10月6日　长兴县新华书店大楼正式营业。该书店原位于解放西路，迁址金陵中路新建，总投资350多万元，建筑面积2100平方米，图书品种达4000余种。2000年9月，改制更名为浙江省长兴县新华书店有限公司，为省新华书店集团下属子公司。

10月上旬　全县小城镇建设15年发展思路确定，总体目标是到2010年，全县建成1个人口20万左右的中心城市，建成7个人口2万以上的中心城镇，13个人口5000以上的一般城镇，在20世纪末前争取新设建制镇5个，全县城镇化水平达到54%。

10月12日　第三届中国综合实力百强县(市)信息发布会在江苏省张家港市举行，长兴首次跻身百强县，列1994年度“中国综合实力百强县(市)”第81位。该评选始于1992年年底，由国家统计局、中国农村评价中心组织实施，1995年后中断。2001年恢复评选“全国综合发展百强县(市)”，2006年后不再评选。

10月30日　经国家经贸委、对外贸易经济合作部批准，浙江新光源集团有限公司为全国13家企业第十四批机电产品出口基地企业。

10月　长兴京兴物业管理有限公司成立，为全县第一家物业管理企业。1999年，实施“谁建设、谁管理”原则，2001年起全县所有新建住宅小区均实行前期物业介入，物业管理覆盖到所有新建住宅小区。2002年,住宅小区以单元或幢为单位,推选产生业主代表,选举产生业主委员会,实行业主自治管理。2004年9月,长兴县物业管理协会成立。2005年,物业管理开始进入办公楼、医院、学校、工厂。2009年,泗安镇成立第一家乡镇物业管理企业。2012年,全县共有物业服务企业42家,实施物业管理小区103个,管理住宅物业696万平方米,物业管理覆盖率达到78%,管理其他物业218.4万平方米。城区90个住宅小区均成立业主委员会。

11月3日　长兴浙北大桥顺利合龙,该桥是318国道长兴过境段的一座特大型公路桥梁,全长1176米。

11月28日　第一条城市公交线(由城西立交桥至长兴电影院)正式营运。同年6月,长兴万宏汽车运输有限公司投放6辆大客车成立全县第一家公交公司,实行承包经营。

12月　长兴第二水厂一期建成,新增日供水能力6万立方米,使城区日供水能力达到9万立方米,供水覆盖率达到100%。第一水厂建于1970年1月,日供水能力3万立方米。第二水厂二期工程建设于2008年12月启动,2011年2月建成投产,新增日供水能力6万立方米。

同年　经湖州市政府与江苏省太湖渔业生产管理委员会办公室协商,江苏省太湖渔政监督管理站核发长兴县兼业捕捞证365张,使长兴沿太湖乡镇的群众能合法入湖捕捞,主要捕捞方式为小型抄网。同年起,县渔政站受江苏省太湖渔政监督管理站委托,在长兴县濒临的太湖水域行使渔政监督管理权。2007年起,江苏省太湖渔政监督管理站不再委托长兴县渔政站管理,直接派出人员、船艇在长兴县新塘港口进行驻点管理。

同年　启动仓前街整体拆迁改造,改建为仓前街商住小区。

同年　全国第三次工业普查结果显示:1995年,全县工业企业和生产单位数13544个,工业总产值827292万元,年末从业人员人数136927人。

同年　全县发生凶杀案20起,是中华人民共和国成立以来县内发生凶杀案最高的一年。1997年4月,开展争创省、市"平安社区"示范单位。2003年5月,开展打造"平安长兴"活动。2004年5月起,贯彻建设"平安浙江"决定,开展"平安长兴"创建。2006年起至2012年,长兴成为全省发案最少的县区之一,连续七年被省委、省政府授予"平安县"称号。

1996年

1月1日　吴山乡红山村发生森林火灾,烧毁山林32公顷,经济损失达10万元。

1月13日　《中国时报》(英文版)以《不怕冰川的银杏——从长兴传遍世界》为题对长兴十里古银杏长廊进行报道,被80多个国家和地区报刊转载。

1月22—23日　县委九届七次全会(扩大)会议召开,审议《长兴县国民经济和社会发展"九五"计划和2010年远景目标纲要(草案)》,确立2010年远景目标为力争使长兴成为全国率先基本实现现代化的地区之一,把长兴建设成为接轨浦东、面向国际的浙苏皖边界地区的现代化商贸中心。年内,进一步明确为"力争在2010年把长兴建设成为接轨浦东、面向国际的太湖西岸的现代化中等工贸城市"。3月6—9日,经县第十一届人大四次会议审议通过。

1月24日　省委书记李泽民率领省慰问团到长兴慰问群众和驻地部队。

2月8日　安徽省宿松县的一辆中巴车在途经318国道长兴仙山乡新联村路段时,撞断桥栏杆并坠入河中,造成1人当场死亡,113人受伤。

3月　中国人民保险公司进行体制改革,实行财、寿险分业经营,中国人民保险公司长兴县支公司分设为中保财产保险有限公司长兴县支公司、中保人寿保险公司长兴县支公司,分别承接原中国人民保险公司长兴县支公司经营的财产保险业务、人寿保险业务。中国人民保险公司长兴县支公司成立于

1982年7月，为县人民银行一个内设部门。1984年9月经省人民银行批准，升格为县内唯一经营保险业务的独立单位，经营财产保险、人寿保险两大保险业务，县人民银行负责对保险业监管。1998年11月，保险业监管职能从人民银行分离，县级保险业由省级保险行业协会负责监管，长兴不设保险业管理机构，保险经营市场开始放开。

同月　长兴工业炉材料厂职工严霆被选派前往中国香港地区，参加第二届国际围棋锦标赛，成为长兴参加国际性围棋比赛的第一人。

4月10日　省委书记李泽民到长兴调研春耕备耕工作，考察夹浦父子岭村农业现代化建设，听取关于长兴县春耕备耕生产、推行“双田制”、农村集体资产管理体制改革、农村基层组织建设等情况汇报。

4月18日　湖州市第一所希望小学在仙山乡奠基，驻湖州某部队官兵及团县委、县交通局、城建局等部门和个人为希望小学捐款。5月30日，该部队再次派员到“希望工程”挂钩结对学校仙山乡中心小学，赠送价值1.5万元的教学用具。

4月19日　县新四军苏浙军区纪念馆、顾渚山自然风景保护区、浙江华能长兴电厂、驻长兴某部八三场站、长兴耐火器材厂、长兴古城公园6个单位（场所）被县委、县政府列为首批县级爱国主义教育基地。

4月　“长兴精神”内涵经县委全会、县委常委会审议，正式确定为“解放思想、求真务实、团结拼搏、争创一流”。

同月　长兴通过省卫生厅考核，被确认达到基本消灭麻风病标准。

5月6日　全县召开“严打”（依法严厉打击严重危害社会治安的刑事犯罪和严重经济犯罪活动）工作会议，贯彻中央关于在全国范围内组织“严打”斗争的指示精神，对集中开展“严打”斗争作出部署。

5月　县内发现有6个乡的12户人家非法种植罂粟，警方共铲除罂粟2485株。中华人民共和国成立后，全县开展集中禁毒行动，至1952年10月，旧社会遗留下来的吸毒恶习被清除。20世纪90年代初，受外地毒品流传影响，县内出现少数家庭非法种植少量罂粟、少量人员吸毒等情况。至2002年，全县发生的涉毒案件均为少数家庭非法种植少量罂粟，且涉毒人员无上升现象。2005年，县内查获贩卖海洛因案件，之后查获贩毒罪犯、吸毒人员均呈上升趋势。冰毒、K粉等新型毒品快速增加，海洛因、大麻等传统毒品相对减少；吸毒人员身份由过去的无业人员逐渐向社会闲散人员、学生、私营业主等多元化方向发展。同年，县公安局禁毒中队成立。

7月1日　长城乡南庄村青年农民胡桂才为抢救落水儿童英勇献身，年仅29岁。8月5日，县委作出《关于开展向胡桂才同志学习活动的决定》。1997年3月11日，省政府追认胡桂才为“革命烈士”。

7月12日　李家巷镇农民代表大会召开，通过镇集体资产管理委员会章程和镇资产经营公司章程，选举产生管委会和董事会，标志着1995年12月在李家巷进行的县农村集体资产管理体制改革试点工作顺利结束。

7月26日　省人民政府地方病防治领导小组发文，确认长兴县达到消灭血吸虫病标准。1995年5月，省、市考核组对长兴进行消灭血吸虫病达标考核。长兴是浙江省十大血防重点县之一，经过30多年的防治，于1986年达到传播控制标准。

7月　长兴籍女子帆船运动员计凤琴参加第26届美国亚特兰大奥林匹克运动会，为长兴籍运动员首次参加奥运会比赛。

同月　35千伏吕山变电所建成投产，为县供电局第一座按综合自动化标准设计、施工的变电所。

8月30日　318国道拓宽改造一期工程暨长牛线改建工程通车典礼举行。

8月　在全县范围全面开展清理登记收缴枪支工作，经2个月的清理、登记与收缴工作，共收缴枪支2967支，收缴率达99.4%。1997年11月，对收缴入库的1520支土枪进行集中销毁。1998年，对经批准猎民资格、具备配枪条件的猎民以乡镇为单位进行集中办理购买证。

9月　全县第一个生猪定点屠宰场在和平镇设立，开始实行生猪定点屠宰管理。次年1月6日，县政府发出通告,决定自同日起对上市的生猪实行“定点屠宰,集中检疫,统一纳税,分散经营”的管理办法,保证肉食品质量,防止疾病传播和环境污染。

10月1日　《长兴报》创刊,为县委机关报,由县委主办并主管。成立长兴报社,办公地址雉城镇人民北路3号综合大楼6楼。至2003年12月31日,累计出刊1672期。2004年1月1日起,根据上级有关文件规定,《长兴报》停办。同年2月,组建县宣传信息中心,接收原长兴报社的全部资产和工作人员,出刊《长兴之窗》并实行全部赠阅,先后更名《长兴日报》《长兴新闻》。2011年4月县宣传信息中心撤销,由长兴传媒集团主办《长兴新闻》。

10月　长兴县通过省政府“两基”评估验收,被确认为“基本普及九年制义务教育和基本扫除青壮年文盲县”。长兴于1986年4月开始实施九年制义务教育。

同月　县政府制定《长兴县计划生育实施办法》,对机关、团体、县以上企事业单位的青年男女晚婚晚育作出限制性规定。

11月1—2日　经省农村电气化考核验收小组考核,长兴农村电气化各项指标和用电水平达到部、省标准,通过验收。

11月　里塘乡、浙江农业大学共建86.67公顷现代农业园区,开创县内农业生产与大专院校联合建设的先例。

12月31日　全国开展第一次农业普查,普查标准时点为1996年12月31日,时期资料为1996年度。普查结果:1996年,全县农村户数143814户,人口511324人,农业生产经营单位106347个,从业人员282350人。

同年　全县高考录取率达51.5%,首次高于全省平均水平。

同年　长兴全部工业产值在全市三县中率先突破百亿元大关。

1997年

1月17日　长兴被省委、省政府命名为省第二批“小康县(市、区)”。

2月24—25日　县委组织集中收看邓小平追悼大会实况,召开座谈会和学习会,悼念邓小平,缅怀邓小平丰功伟绩。

3月4—6日　长兴县第十一届人民代表大会第五次会议审议通过《长兴县依法治县规划》。

3月　县文化部门制定下发《关于开展长兴县精神文明建设“五个一工程”评比工作的意见》,启动全县“五个一工程”奖评选活动。评比内容为理论文章、图书(包括文学作品)、电视剧(包括专题片、广播剧)、戏剧(包括话剧、小品)、舞蹈、歌曲,每年举办一次评选活动。同年,舞蹈《百叶龙传说》等7部作品入选首届县精神文明建设“五个一工程”奖。

4月1—2日　全国人大常委会副委员长费孝通到长兴视察,先后考察长兴大桥、长兴铁公水码头、长兴青少年宫、扬子鳄度假中心、夹浦镇父子岭村和环湖大堤。

5月7日　省委书记李泽民到夹浦镇父子岭村考察调研,走访父子岭村村民杨五度、杨忠旗,考察父子岭村耐火集团公司和父子岭现代化农业园区。

5月　县委、县政府印发《关于加快乡村集体企业改革,完善产权制度改革工作的意见》,乡村工业企业产权制度改革逐步推进,至2001年,最后36家企业完成股份合作制改制。至该月,全县348家乡镇集体企业、586家村办集体企业公退民进,重组产权,全部转为民营企业,成为县域民营经济基本骨干和有生力量。

6月5日　县委、县政府召开推行国家公务员制度动员大会,正式实施国家公务员制度。1993年8月《国家公务员暂行条例》颁布后,全县开始拟定《长兴县国家公务员制度实施方案》和《长兴县国家机关现有工作人员向国家公务员过渡的实施意见》，推行国家机关公务员制度。1998年7月，规定县党、政、群和检察、审判机关从应届大中专毕业生中录用国家公务员（机关工作人员），采取公开考试、择优录用的办法进行。2006年7月，开始实施《中华人民共和国公务员法》，县与乡镇机关干部及行政执法类事业单位干部转为公务员编制，实行公务员登记，按照《中华人民共和国公务员法》实行管理。

6月11日　有关部门在水口乡沉其岭村发现一明代石室墓。经考证，属明代长兴望族臧氏墓群之一。该墓的发掘，对考证中国著名戏曲理论家臧懋循的家族史和研究长兴文化史具有一定价值。

6月18日　中央电视台、《中国质量报》记者会同湖州市技术监督局稽查大队稽查人员，在制假的长兴雉城中药材加工厂内，当场查封近23吨用墨汁泡制加工的乌梅干。7月28日，中央电视台《晚间新闻》播出“长兴乌梅制假”消息，国内多家媒体刊播，形成较大影响。长兴人引以为豪的乌梅干再无市场，青梅价格从当年的每吨700多元，降至200元，梅农开始砍伐梅树。长兴是中国重点产梅区，长兴青梅果形中等，酸度高，宜于加工乌梅。由青梅烟熏而成的乌梅干，是药食同源的制品，功效用途广泛。“合梅”牌长兴乌梅干曾出口东南亚，享有盛誉。1996年，因长兴青梅减产，个别私人承包企业从四川等地收购“白梅”，用明矾、白醋、墨汁等原料加工泡制“乌梅”，不少乌梅加工户效仿。继而被举报查处。

6月20日　结合全国学邯钢、全省学镇海炼化活动，县委、县政府下发《关于在全县企业中开展向浙江山鹰建材集团公司学习的决定》，在全县推广浙江山鹰建材集团公司的先进经验。

6月30日　全县举行“喜迎回归，歌颂祖国”庆祝香港回归民间文艺展演，10万余名群众涌向广场、大街观看展演盛况。

8月13日　县政府专家咨询委员会成立大会召开。专家咨询委员会于6月成立，制定《长兴县人民政府专家咨询委员会章程（试行稿）》，由24位专家组成，分为农业组、工业组和社会发展组；外聘6名专家为顾问。次年8月，停止活动。

8月16—19日　全国黏合衬、热熔胶协会第六次代表大会在长兴召开，来自全国各地的416名代表参加会议。

8月28日　在“全国亿元商业企业柜台商品质量检查”评比活动中，长兴中百股份有限公司喜登全国质量榜，成为全市唯一获该荣誉的商业企业。

8月　浙江省国际信托投资公司湖州营业部在长兴设立服务部，提供证券交易服务，为县内第一家证券服务部。其后，中国银河证券有限责任公司湖州证券营业部、财通证券股份有限公司分别于2002年5月、2010年6月在长兴成立营业部。业务从传统的经纪业务扩大到投资顾问、财富管理、基金销售、IPO项目承揽、企业融资业务及IB业务等。

10月6日　长兴县铁公水中转港正式投入运行，位于雉城镇东南约2千米五里桥附近，处长湖申航道上游。1994年开始建设，有100吨级泊位10个，年吞吐量80万吨、中转量120万吨，总投资4300万元。2004年，转让给长兴发电有限责任公司，改扩建为浙江长兴捷通物流有限公司码头。

10月　浙江新光源集团有限公司被科技部认定为国家火炬计划重点高新技术企业。之后，县内又有7家企业获认定。2010年，科技部重新制定《国家火炬计划重点高新技术企业管理办法》，全县已被认定的8家国家火炬计划重点高新技术企业至2011年3月全部失效。2011年10月，天能电池集团有限公司、超威电源有限公司成为首批按新办法认定的国家火炬计划重点高新技术企业。2012年10月，浙江诺力机械股份有限公司获认定。

同月　经省市考核确认，长兴达到消除碘缺乏病的标准。1991年，长兴通过省市考核达到基本消除碘缺乏病的标准。

11月　县政府制定《城乡居民最低生活保障线制度暂行办法》，规定城乡居民最低生活保障线按社会人均收入的适当比例和城乡居民基本生活必需品的物价指数确定标准，1998年正式实施城乡最低生活保障制度。2000年，出台《长兴县城乡居民最低生活保障实施办法》，全面推行城乡居民最低生活保障制度。

12月16日　杭宁高速公路一期工程黄芝山至王家浜段开工建设,至2000年12月27日建成通车,共8.84千米。二期王家浜至父子岭段于1999年9月28日开工建设,2002年10月2日建成通车,共21.51千米。长兴境段全长30.35千米,全程4车道,为县境内首条高速公路。

同年　全县大中专毕业生安置工作由县人事部门接收分配改为人才市场派遣机制,实行“双向选择”,各用人单位自主择人、大中专毕业生自谋职业。1988—1997年,全县累计接收分配大中专毕业生3139人,其中大专及以上1134人、中专生2005人。

同年　长兴通过省考核验收获“浙江省卫生县城”称号。

1998年

1月1日　全县统一使用“中华人民共和国残疾人证”。长兴县于1997年3月印发《长兴县统一核发中华人民共和国残疾人证的实施方案》,开展残疾人集中体检、评定、发证工作。2012年年末,全县有残疾人39618人,占全县总人口6.4%,其中持证残疾人14594人,涉及全县五分之一家庭,包括听力残疾1866人、言语残疾207人、智力残疾1117人、视力残疾1890人、肢体残疾8426人、精神残疾891人、多重残疾197人。

1月　县质量技术监督局、县农业局制定实施《长兴乌梅》,为全县第一个县级农业标准。3月,制定实施《长兴紫笋茶》,2000年通过省质量技术监督局、省农业厅审定,成为湖州市农副产品第一个省级地方标准,也是湖州市历史名茶第一个省级地方标准。

2月17—20日　中共长兴县第十次代表大会召开,提出进一步解放思想,抢抓机遇,务实创新,团结奋进,把全县改革开放和社会主义现代化建设事业全面推向21世纪,基本形成“太湖西南岸新兴工贸城市”框架,努力使长兴在21世纪的发展中处于全市领先地位的奋斗目标和任务。

3月2日　由国家环保局和水利部率领的国务院太湖流域检查团到长兴检查。

3月5日　国家女篮在长兴体育馆分别与县邮电局男篮和浙江横店女子篮球俱乐部队举行友谊赛。

3月20日　全县出现罕见降雪天气,降雪深度达3厘米。

4月14日　香港同胞、浙江省政协港澳委员、叔蘋奖学金基金会常务副主席顾家麒及夫人到长兴,看望“叔蘋奖学金”获奖学生。

4月19日　最高人民检察院检察长、中央纪律检查委员会副书记韩杼滨到长兴考察调研。

4月　县公安局“110”指挥中心开始承担全县接报警、指令处警的任务。1997年12月,筹建以“110”指挥中心为龙头的快速反应机制。2004年3月,成立县110社会联动工作领导小组,县政府授权县公安局110指挥中心为全县110社会服务联动工作网络的指挥中心,按照“统一接警、分别处警”和“谁主管,谁负责”的原则接处警。2005年1月12日至4月20日,根据上级统一部署,实行“110”“119”“122”三台合一,“119”火灾报警和“122”交通事故报警统一纳入“110”报警。1998年“110”接处警3800起,2005年开始接警数呈数倍增长,2012年接警数达330547起,属有效公安接警占17%,社会联动警情占21%。

5月　长兴火车站由县城城南1.5千米柏家浜村,西迁至金陵路南端重建。

7月6日　人民广场改造拆迁动员大会召开,12月15日人民广场改造扩建工程正式动工,配套建设长兴会展中心(博物馆、文化馆)、喷泉,2002年1月投入使用。该广场位于金陵路与县前街交叉口,始建于长兴解放初期,1978年进行第一次改造。

7月7日　全国政协常委、民革中央副主席朱培康考察浙江长征财经进修学院湖州分院。

7月14日　省委书记李泽民到长兴考察调研。

9月底　全县有60周岁及以上老年人8.29万人,占全县总人口的13.5%,高于全国3.78个百分点，高于全省1.32个百分点，属全省老龄化程度较高的县。

9月　长兴县委托中国城市规划设计研究院修编第三轮长兴城市总体规划。1999年9月《长兴城市总体规划(1999—2020)》编制完成，2000年8月经市政府批准实施，2003年9月作修订。

同月　林城镇方山村集体滥伐林木案由长兴森林公安侦查后移送县人民法院起诉。方山村向县林业局申请采伐村林场12立方米杉木，获批后分2次共砍伐杉木105.65立方米，实际滥伐93.65立方米。

10月25日　煤山镇西山煤矿(属桐乡)发生瓦斯爆炸事故，9名工人遇难。

10月30日　以国家环境保护总局局长解振华为团长的国家环保执法检查团到夹浦镇父子岭村检查。

10月31日　全县首次无偿献血在人民广场举行，湖州市中心血站对来自县卫生、教育等单位188名志愿者进行采血，献血量3.76万毫升，同年共由521人参加无偿献血。10月1日《中华人民共和国献血法》开始实施，县政府成立献血工作领导小组，正式启动长兴县无偿献血工作。2012年，无偿献血3962人次，无偿献血量达112.5万毫升，无偿献血占临床用血量的121.2%。自无偿献血工作开展以来，全县卫生系统医务人员献血率连续十余年是县内公民年平均献血率的16倍。

11月中旬　全县以土地承包期再延长30年为核心，坚持“大稳定，小调整”和土地所有权、承包权、经营权“三权分离”原则，开展第二轮农村土地承包责任制。下半年开始，先在长桥乡、水口乡试点。至1999年12月，除国家基本建设尚未明确征用土地田块以外，全县二轮土地承包完成3.32万公顷，发放“浙江省农村集体土地承包权证”13.26万本，占应发户98.5%，年底通过湖州市检查验收。2002年8月，《中华人民共和国农村土地承包法》正式把农村土地承包制度纳入国家法律，规定“耕地的承包期为30年，林地的承包期为30年至70年”，“承包期内，发包方不得收回承包地”和“不得调整承包地”。

11月26日　县社会福利有奖募捐委员会第一次在人民广场集中销售中国福利彩票，奖票面值2元，实物兑奖，共发行销售彩票1500万张，总销售额达3000万元。2004年后，传统型彩票销售形势回落，大型集中销售福利彩票活动停办，2005年县内开始电脑网点彩票发行。

12月12日　长广煤矿公司发生瓦斯爆炸事故，33名工人遇难。

12月16日　县政府启动实施太湖水污染“零点行动”计划，至1999年共对全县123家废水排放企业进行整治。“零点行动”由国家环保总局于同年10月发起，旨在禁止一切排污单位向太湖流域水体超标排放水污染物。

12月25日　新(沂)长(兴)铁路开工建设，至2005年4月1日全线正式贯通。北起东陇海线江苏省新沂站、南至浙江省长兴县与宣杭铁路接轨，全长561.03千米，其中长兴段20.75千米。

同年　浙江金宇实业股份有限公司进驻长兴成立分公司，为县内第一家外来房地产开发企业。

同年　太湖大道开工建设，西起长州路，东至环湖大堤，全长8200米，路宽36米。2001年竣工。

同年　长兴被科技部授予“全国科技工作先进县”称号。

同年　全县个私经济在商业中的占比首次超过国有、集体经济，国有经济在社会消费品零售总额中占11.2%、集体经济占4.5%、个体私营经济占66.8%、股份制经济占5.2%、其他经济占12.2%。1988年，国有、集体所有制经济占74.2%，其他商业(含个体)占15.8%。1998年，全县商贸流通部门全面改制，个私经济成为市场主体。2002年始，集体经济退出流通领域。

同年　国家外贸经营权放开，县内浙江三狮水泥集团公司、长兴县高温耐火器材有限公司、长兴县华宝宠物用品厂、湖州父子岭耐火集团公司、湖州威达纺织集团公司、湖州海圣实业集团公司、长兴县佳胜皮件厂7家生产企业首次取得自营进出口权，同年全县出口商品远销31个国家和地区。2004年6月，商务部颁布《对外贸易经营者备案登记办法》，规定外贸经营由审批制全面转为登记制，标志着中国企业外贸经营权完全放开。长兴民营外贸企业迅速发展成为全县对外贸易的重要经营主体。2012年，全县商品出口的国家和地区扩大到153个。

1999年

1月1日　县委、县政府制定《关于进一步加快泗安地区经济发展的若干政策意见》。

1月　全县部分行政区划调整完成,撤销下箬寺乡、包桥乡、后漾乡建制,并入雉城镇;撤销管埭乡、仙山乡建制,并入泗安镇;撤销畎桥乡、天平桥乡建制,并入林城镇;撤销长城乡建制,并入和平镇;撤销横山乡建制,并入洪桥镇;撤销里塘乡建制,并入虹星桥镇;撤销白阜乡建制,将原白阜乡8个行政村划归小浦镇管辖,将原白阜乡12个行政村划归长桥乡管辖。调整后,全县辖10镇10乡。

2月7日　全省煤炭行业关井压产现场会在白岘乡方岘村举行,依法关闭白岘乡李志洪煤矿,打响全省正式关闭小煤矿"第一炮"。至5月,长兴关闭矿井24处,压减煤炭产量6.6万吨,顺利完成省下达的任务,占全省压减量的三分之一。1998年年末,全县有小煤矿矿井40处。2004年7月,县内最后的5家小煤矿被依法关闭。

2月9日　省委副书记、省长柴松岳到长兴走访慰问有关单位和企业。

2月　县委、县政府印发《关于国有、城镇集体企业产权制度改革的若干补充规定》,对全县国有、城镇集体企业开展以"企业产权、职工身份"双置换为核心的深化改革,至2001年基本完成,2003年10月底全面完成。涉及企业破产126家,核销债务近12亿元。

3月6—8日　参加由中国地质大学承办的《泛大陆及古、中生代元转折》国际学术会议的德国、日本、英国、波兰和中国的11名地质专家,到长兴考察"长兴灰岩"。

4月3—4日　首届"长兴·中国陆羽茶文化旅游节"在长兴举行。由中国国际茶文化研究会等4个单位主办,湖州陆羽茶文化研究会协办,长兴县人民政府、湖州市旅游局承办,旨在将弘扬茶文化作为"让世界了解长兴,让长兴走向世界"的突破口。国内外茶文化专家、学者等400多人参加节庆活动。3日晚,在县体育馆举行"茶乡之夜"大型文艺晚会。

4月5日　由团县委、县教委、县关工委、县新四军研究会联合主办的"长兴18岁成人仪式"在古城公园举行,长兴中学、雉城中学等8所中学的500多名青年学生参加成人宣誓。

4月27—29日　县纪委监察局、县委组织部、县妇联联合举办首期"廉内助"培训班,96名乡镇部门正职领导干部的配偶参加培训。

4月　在洪桥镇试点的基础上,全县推广学习"枫桥经验",强化就地化解矛盾的工作机制,共建立村级综治办67个、治调会356个,建立护村队452支、护厂队115支,发展"好事伯伯""好事妈妈"等治安积极分子组成的信息员队伍4800余人。2002年,推广洪桥镇矛盾纠纷"五步调解法",建立和完善乡镇、村居人民调解委员会。

同月　县委、县政府印发《长兴县拥军优属若干规定》,规定每年元旦、春节和"八一"建军节前夕,县、乡镇对驻长兴部队及重点优抚对象进行走访慰问,为驻军办实事。

5月9日　县委召开全县党员领导干部会议,传达贯彻中央和省委精神,强烈抗议以美国为首的北约轰炸中国驻南斯拉夫联盟大使馆的野蛮暴行,坚决拥护支持党和政府维护国家主权,主持正义、反对侵略的严正立场。

5月14—15日　1949年南下接管长兴的华东党校第八大队第四中队的部分老干部会聚长兴,纪念长兴解放50周年。

6月3日　县经济发展环境投诉中心成立。

6月4日　长兴百姓房地产服务有限公司成立,开展房屋交易中介服务,为县内首家房地产中介机构。

6月5日　全县第一次政府采购招标在县招标交易中心落下"第一锤",总金额为1920万元的货物采购，中标金额为1820万元。4月15日成立县政府采购中心，制定《长兴县政府采购制度管理办法》，开始实行政府采购制。

6月27日　省委书记张德江一行赴虹星桥镇港口村检查指导抗洪抢险，强调要采取措施，确保安全度汛，确保人民生命财产安全；要树立全局观念，科学调度，通盘考虑，夺取抗灾胜利。7月4日，省委副书记、省长柴松岳到到夹浦镇丁家渚村等地察看灾情，到父子岭村一带察看太湖水情和环湖大堤堤防，强调要组织广大干部群众发扬连续作战精神，自力更生，艰苦奋斗，开展生产自救，重建家园，努力把灾害造成的损失降到最低限度。

6月30日　全县紧急动员抗击“6·30”特大洪涝灾害。长兴于6月7日入梅，7月20日出梅，梅雨期比常年偏多20天，其间共出现8次暴雨过程，梅雨量多达922.3毫米，是常年梅雨量3.8倍，创梅雨量和历史同期雨量之最，太湖水位创历史最高纪录，暴发百年未遇特大洪灾。6月30日，县防汛防旱指挥部发布关于全县进入紧急防洪期的公告。全县受灾严重，涉及全县20个乡镇452个村，倒圩沉圩64只，受灾人口48.5万人，洪水围困并转移人口6.7万人；受灾农田34700公顷，损坏房屋8.75万间；工农业直接经济损失17.29亿元。

7月10日　中央政治局委员、国务院副总理、国家防汛防旱总指挥温家宝，在水利部部长汪恕诚和浙江省委书记张德江、省长柴松岳等陪同下，到长兴视察灾情，了解长兴抗洪抢险和生产自救情况，实地踏看环湖大堤，到夹浦镇叶家村农户丁建良家，察看受灾情况，慰问受灾群众。温家宝指出，要树立必胜的信心，打一场抗洪救灾的硬仗、恶仗和持久仗，夺取抗灾斗争的全面胜利；要发扬自力更生精神，抓紧时机，做好排涝工作，抢修水毁工程，妥善安置灾民创造条件，尽快恢复生产与生活。

7月14日　县委举行第12次常委会议，学习温家宝在浙江视察工作时的讲话精神，研究下一步抗洪救灾工作。7月15日，县防汛防旱指挥部发布通告，从即日起全县解除紧急防汛期。7月16日，抗洪赈灾文艺晚会在县体育馆举行，共捐款124万元。8月6日，县委、县政府召开赈灾救灾工作会议，部署受灾群众家园重建工作。

7月17—18日　位于泗安水库西北的安徽省广德县有机合成化工厂排放大量红褐色污水，致泗安水库受污染水面约200公顷，死亡鱼2万千克、虾0.4万千克，直接损失25万元，天然渔业资源损失76万元，为特大跨省环境污染事故。长兴县人民法院一审判被告安徽省广德县有机合成化工厂停止侵害、赔偿直接损失25万元。被告不服上诉，2000年湖州市中级人民法院二审维持原判。正当判决尚处执行中，2001年4月底，泗安水库746.67公顷水面再次遭受重大污染，死鱼1.5万千克，直接经济损失61万元。调查证明，水库污染源仍为水库上游的广德县有机合成化工厂。2002年3月，长兴县法院一审判被告广德县有机合成化工厂停止污染侵害、赔偿经济损失61.75万元。被告不服上诉，6月28日湖州市中级人民法院二审维持原判。

7月18—25日　长兴中学男子篮球队在山东淄博参加全国体育传统项目学校比赛中获男子篮球赛冠军。1997年，长兴中学被评为全国群众体育先进单位。

8月　全县第一家污水处理厂由长兴兴长污水处理有限公司开工建设，位于县开发区新塘路口，占地6.4公顷，设计日处理污水6万吨，一期处理污水3万吨，投资1.2亿元。2002年5月竣工投入运行，覆盖城区、县开发区部分区域。

同月　县内首次开征污水处理费并随自来水价格一并收取。

9月5日　318国道长兴段改建工程二期(高家墩至泗安界牌)开工建设。该工程是省重点工程，全长34千米，总投资3.96亿元。2001年12月全部完工并交付使用。

9月　国务院批准浙江省长兴县和河南省11个县(市)为对外国人开放地区，至该月，全国对外国人开放地区达1405个。同年，全县共办理外国人旅行证46人次，查验入境人员证件100余人次。1996年9月19日，县政府向省政府报送《关于要求实现对外国人开放的请示》。

同月　全县开展“爱心献功臣”活动。9月22日，召开中华人民共和国成立50周年革命功臣代表座谈会,28 日举行颁发"中华人民共和国成立 50 周年纪念章"暨形势报告会,向中华人民共和国成立前入伍的 312 名离退休老干部颁发纪念章。

10 月 17 日　中国人民解放军工程兵原副司令员马苏政一行重访新四军苏浙军区纪念馆。

12 月　长兴中学暴发结核病疫情,有 19 名学生发病。其后对该校 1667 名住校学生做 PPD 试验,阳性 1161 人、强阳性 37 人、阴性 469 人,对 37 名强阳性学生做 X 线胸透和痰检,未发现新病人。2000 年 4 月起,县内结核病由县人民医院治疗管理改为归口县卫生防疫站管理。

同月　全县举行庆祝澳门回归、奔向新世纪活动。12 月 14 日,由县委统战部、县政府侨务办公室、县文体局联合举办的迎接澳门回归大型文艺演出在长兴体育馆举行;17—18 日晚,全县举办文艺联欢晚会、巡回演唱会等活动庆澳门回归;30 日,举行千人象征性长跑活动。

2000 年

1 月 18 日　长兴农副产品综合批发市场一期工程开始试营业,位于雉城镇海兴路与经一路交口处,隶属长兴县市场开发中心。总投资 1.3 亿元,总占地面积 14 公顷,其中一期 7.33 公顷、二期 6.67 公顷。2001 年 4 月 26 日,二期工程举行开业典礼,12 月被农业部授予国家级重点农副产品批发市场,是全省获得该称号的 2 家单位之一,同年市场成交额 14.7 亿元。

2 月 8 日　长兴被建设部授予"全国城市环境综合整治优秀县"称号。

2 月 28 日　全县"三讲"(讲学习、讲政治、讲正气)教育动员大会召开,对在县级领导班子和领导干部中开展"三讲"教育活动进行部署。历时 2 个月,4 月 28 日召开总结大会。

3 月 8 日　由县公安局、县妇联、长兴报社联合举办的首届长兴县"十佳警嫂""五朵警花"评选活动揭晓。

3 月 30 日　县政府召开旧城改造拆迁动员大会,部署对雉城镇东鱼巷长春北路以西、西米行弄、皇家湾原家具厂周围地块、米行弄花园弄以南地块进行拆迁改造。

同日　县政府召开森林防火指挥部成员紧急会议,颁布长兴林业防火史上第一张《长兴县人民政府关于加强清明森林防火工作的紧急通告》。

3 月 31 日　《湖州市人民政府和长兴县人民政府联合勘定的行政区域界线协议书》签订。吴长线北起 1 号界桩,南至吴长安三交点(吴兴区埭溪镇、长兴县和平镇、安吉县昆铜乡的交会点,即原菱湖长兴安吉三交点),全长 57.41 千米,埋设界桩 5 个,长兴管理 1 号、2 号和三交点界桩,涉及长兴县洪桥镇、李家巷镇、吕山乡、和平镇共 10 个乡镇(街道)。

同日　《长兴县人民政府和安吉县人民政府联合勘定的行政区域界线协议书》签订。两县界线于 1997 年 7 月开始勘界,1999 年 8 月结束。长安线西起浙皖线与长安线交会点(长兴县的泗安镇、安吉县的高禹镇与广德县的东亭乡交会点),东至吴长安三交点(吴兴区的埭溪镇、长兴县的和平镇、与安吉县的梅溪镇交会点,原菱湖长兴安吉三交点)。全长 68.41 千米,埋设界桩 3 个,长兴管理 3 号、4 号界桩,涉及长兴县的泗安镇、林城镇、虹星桥镇、和平镇。

4 月 8 日　新长铁路长兴段麒麟山隧道全线贯通,南起夹浦镇月明村,北止江苏省宜兴市界,以穿越麒麟山得名,长约 1.5 千米。

4 月 25 日　参加由市政府主办的陆羽《茶经》问世 1220 周年纪念活动的日、韩两国茶文化界嘉宾,到长兴顾渚山参观考察。

4 月 28 日　湖州市首家私营企业党委——中共湖州金三发集团党委挂牌。

4 月　长兴实行雨污分流制,开始有规划建设城市污水管网。之后,将污水管网建设列入城市建设重点项目每年规划建设,雨水、生活污水和工业废水合流排放状况逐步改变。2008 年起污水管网向乡镇集镇延伸,并实行雨污分流。

同月　县内开始办理住房公积金贷款，当年发放67户、470万元。

5月10日　全县“双思”（富而思源、富而思进）集中教育动员会召开。3—4月，在煤山镇开展试点。5月11日起，2000干部进村入户开展为期一个月的“双思”集中教育。6月8日，县委召开全县“双思”教育活动总结大会。

6月10日　农业银行长兴县支行解放路储蓄所获全国“青年文明号”称号。

6月15日　首批重庆市奉节县三峡移民54户243人落户长兴，分别安置在5个乡镇16个村。1999年12月16日，国务院三峡建设委员会办公室率三峡工程移民外迁考察组专程到长兴检查并布置三峡库区移民外迁安置工作。2002年8月，第二批奉节县移民41户186人落户长兴。2004年8月，第三批丰都县十直镇、镇江镇移民47户182人落户长兴。至该月，全县先后接收三批三峡库区移民共计142户611人，安置在11个乡镇38个行政村。

6月20日　在雉城镇辖区内新成立的仓前街街道办事处、古城街街道办事处、台基山街道办事处挂牌，同时建立街道党委。

同日　全县对2771株百年以上古树名木实行挂牌保护。

6月24日　长兴煤田职工地质学校归属地方管理交接仪式举行；8月，与长兴职业技术学校、长兴县职业高级中学合并，组建长兴县职业技术教育中心学校。该校创办于1979年秋，位于雉城镇清文路52号，为中等专业教育学校，隶属于煤炭部煤田地质总局，受煤田地质总局和浙江省煤炭工业总公司双重领导，面向全国煤田地质系统招收初中毕业以上文化程度的在职职工。

6月　长兴“举全县之力，建设开发区”，县政府印发《关于县批特色工业园区建设的若干意见》，加快县经济技术开发区和工业园区建设。12月7日，雉城、煤山、李家巷、夹浦、洪桥、林城6个县首批新兴工业园区规划通过省规划设计院的成果评审；以县经济技术开发区为龙头的“一区六园”发展格局初步形成。2003年2月，县政府印发《关于加快特色工业园区建设实施意见(试行)》，推动6个县级特色工业园区加快发展。后增设和平、泗安2个县级工业园区。其后，乡镇工业园区建设发展进入高潮，“一区八园”逐步发展为全县工业经济重要载体和产业集聚区。

同月　长兴金陵大酒店经改造后创建成为国家三星级饭店，成为全县第一家旅游涉外星级饭店。

7月　长兴先后有3万只鸭作为灭蝗“战士”，赴新疆参加灭蝗救灾行动。5月，新疆北部发生特大蝗灾。在组织灭蝗战役中，新疆除采取化学药物外，还准备动用50万只鸡，并首次动用10万只鸭灭蝗。经浙江省农业科学院牵线搭桥，7月4日至7月25日，林城镇天平村养鸭大户杨大元所饲养的3万只“樱桃谷”鸭仔，被分批空运至新疆。

同月　县内出现第一家注册网吧“长兴超靓网吧”。2007年，共注册网吧78家，达到峰值。2010年，颁布实施《长兴县网吧从业人员管理办法》。2012年，全县注册网吧数49家，其中公司制3家、个体经营46家。

8月8日　新华社播发长篇人物通讯《生命不息，拥军不止的好干部蒋松琪》，介绍泗安房管所所长蒋松琪几十年如一日致力“双拥”事业的事迹。

8月11日　县计经委等7部门联合出台《关于简化引进国内(县外)资金项目手续的操作办法》，向客商提供高效服务：投资效益农业，一周内办好手续。

8月　长潮、李家巷、煤山、水口、吴山5个乡镇撤销最后的小学复式班，县内复式班教学彻底退出历史舞台。同年，根据《长兴县农村中小学布局调整规划》，开始新一轮农村小学布局调整工作，改善农村小学布局散、规模小的状况。1988年，全县有小学425所，教学班1540个，其中复式教学班422个。至1999年9月，全县尚有农村和山区复式班74个，学生近2000人。

同月　全县乡镇广播电视站进行体制改革，由县广电局全部接管20个乡镇广播电视站的人员、资产、债权债务，同时成立乡镇广播电视总站，负责全面管理。

9月18—19日　国家经贸委到长兴召开部分省市国有企业三年改革脱困与经济效益分析座谈会。

9月27日　全县首家引进资金以股份制形式组建的华盛高级中学奠基。

9月29日　在雉城镇进行首次防空音响警报试鸣。同年9月,县人防办在长广集团公司大楼安装1台防空警报器,之后,全县每年组织一次防空警报试鸣,2010年后警报试鸣音响信号中增加防灾警报,并将试鸣时间从9月改为5月12日。

10月6日　县境内发生一起特大交通事故,一辆由温州开往河南途经长兴的大客车与集装箱货车发生碰撞,造成6人死亡,1人重伤,5人轻伤。

10月17日　浙江省广播电视大学长兴分校揭牌。

11月28日　县法律援助中心成立。

12月5日　长兴民间舞蹈《百叶龙》在台州椒江区参加文化部举办的全国第十届"群星奖"广场舞蹈大赛上获金奖。

12月　根据劳动和社会保障部等七部门《关于进一步开展农村劳动力开发就业试点工作的通知》精神,省政府在长兴、义乌两县市开展农村劳动力开发就业试点。之前,由于跨省流动的农民工还受到政策限制,到长兴务工的外省农民工有限,同年迅速增至1.13万人,比上年增长1.26倍。之后,全县劳动就业工作开始从城乡分类管理向城乡统筹就业过渡,逐步取消对农民和外来务工人员进城就业的限制性政策规定,打破城乡劳动力的身份界限,实行统一的劳动保障政策,农村和外来劳动力参与市场平等竞争就业。

同月　全县部分行政区划调整完成,撤销雉城镇、新塘乡、长桥乡建制,合并建立新雉城镇;撤销泗安镇、长潮乡建制,合并建立新泗安镇;撤销林城镇、太傅乡建制,合并建立新林城镇。调整后,全县辖10镇6乡。

同年　全国第五次人口普查显示,全县登记常住人口618403人,其中男性人口占总人口比重52.1%、女性为47.9%,男女性别比为108.7:100;汉族人口占总人口的99.5%。有少数民族22个。

同年　城网改造开始启动。随着城镇工业和居民生活用电量不断攀升,城镇电网存在着设备陈旧、落后、配电能力严重不足且单向辐射供电的问题,无法保障电压质量和供电可靠性。同年,投入资金8700万元,对县城电网进行改造。2001年,对城镇电网和居民住宅小区供配电系统分批改造,启动"一户一表"改造工程,使供电能力达到每户4千瓦～10千瓦。至2005年年末,完成城镇居民"一户一表"改造18.17万户。之后,城镇逐步采用占地面积小、容量大,操作维护方便、新颖美观的箱式组合配电装置,城区主要道路架空线路也改成地下电缆。

同年　长兴获"婚育新风进万家"活动全国先进县称号。

同年　泗安等地广大群众转变思想观念,"革番薯命",发展苗木产业。同年,地处泗安镇三里亭村原长岗岭牧场部分下岗工人,合伙斥资60万元成立长岗园林绿化工程有限公司,开始绿化苗木生产培育和经营。2003年,县内相继出台《关于进一步加快发展农业产业化的若干政策意见》《关于加快泗安镇经济社会发展意见》等系列扶持苗木花卉产业发展的政策措施。之后,全县花卉苗木产业迅速发展,特别是以泗安七里亭为中心的花卉苗木基地逐步形成规模效应,带动周边乡镇和农户发展花卉苗木产业。至2009年,全县已形成以泗安镇为中心,以林城镇和二界岭乡为两翼,辐射和平、水口、夹浦、雉城等乡镇的特色苗木基地群,苗木生产经营基地达190个,长兴成为华东地区中大规格绿化苗木集散地,其中大规格香樟、桂花等乡土树种绿化大苗和红梅种植面积居全国之首。

2001年

1月　县委、县政府下发《2000—2020年长兴县教育现代化建设纲要》,提出在巩固九年制义务教育成果的基础上,全面实施教育现代化。11月,被评为"浙江省教育强县"。自1996年10月通过省政府

“两基”评估验收后，1997 年起至 2000 年年底全县乡镇分三批先后实现高标准“普及九年制义务教育”。

同月　无线市话(小灵通)在县城试开通，5 月在长兴启用，信号覆盖雉城镇范围。2003 年 6 月，李家巷镇成为首个开通小灵通业务的乡镇，2005 年全县小灵通容量达到 53256 门、用户 39293 户。2008 年，推出小灵通全县单向虚拟网，同年 10 月进行 PAS 转 CDMA 的过渡和升级。

2 月 4 日　全县“三个代表”(中国共产党代表中国先进生产力的要求、代表中国先进文化的前进方向、代表中国最广大人民的根本利益)重要思想学习教育动员大会召开，共有 67 个县级机关部门、16 个乡镇、30 个基层站所，2000 多名党员干部参加。至 8 月 23 日，县级机关部门学习教育活动告一段落。11 月 27 日，启动全县村级“三个代表”重要思想学习教育活动。至 2002 年 2 月结束，6 月长兴被评为省学教活动先进县。

2 月 18 日　国家环保总局率太湖流域污染防治检查组就太湖流域水污染防治第二阶段目标完成情况到长兴检查。

同日　德国威尔堡市市长汉斯-彼得•希克应邀到长兴访问。

2 月　《长兴城市总体规划(1999—2010)》获市政府批准。根据规划，2010 年长兴中心城区人口控制在 20.5 万人以内，城市建设用地规划不超过 20.5 平方千米；城区建设龙山行政中心、龙山商贸中心、文化教育中心、体育中心等。

3 月 7 日　长兴灰岩煤山 D 剖面被国际地质科学联合会正式确认为全球二叠系—三叠系全球层形剖面和点位，俗称“金钉子”。8 月 10 日，“二叠—三叠系界线层型及重大事件”国际学术会议在长兴召开，其间举行长兴“金钉子”纪念碑揭牌仪式，国际地层委员会副主席 Richard Lane 及来自美国、奥地利等 17 个国家的近百位古生物学、地质学家与会。2005 年 12 月，国际地质科学联合会正式批准长兴煤山 D 剖面为二叠系乐平统吴家坪阶—长兴阶全球界线层型的和长兴阶单位层型的剖面，意味着长兴灰岩煤山 D 剖面拥有两颗“金钉子”。

3 月 26 日　全县农业农村面源污染状况调查工作启动。农业农村面源污染即农业自身污染，主要包括农业生产中的化肥、农药、农膜及家畜粪便等污染。调查至 5 月结束。

3 月　煤山工业园被农业部授予“全国乡镇企业科技园区”称号。该工业园始建于 1992 年，科研投入累计达 8.4 亿元，先后开发出包括天能蓄电池、“铁鹰”牌光缆等在内的多个国家级新产品。

4 月初　县委统战部联合县旅游局、文体局等 8 家单位成立“修复谢安墓筹建委”，启动重修谢安墓工作。谢安，东晋宰相，淝水之战东晋方的指挥者，逝世后被追赐太傅。曾出任吴兴(今湖州)太守，逝后迁葬长兴三鸦岗，位于林城镇太傅村。

4 月 16 日　全国人大常委会原副委员长陈慕华到长兴考察扬子鳄保护区。

4 月　长兴紫笋茶在全省“会稽杯”第十四届名茶评比暨精品名茶展示会上获金奖。5 月，在农业部、省农业厅等联合主办的中国国际名优茶、茶文化展览会上，被评为无公害名优茶特别推荐茶品。

同月　湖州金三发集团被中国服装协会评选为全国服装行业年销售额、年利税“双百强”企业。

同月　县文物保护部门在县体育馆北侧、新长兴中学施工现场，抢救性发掘出宋代薰炉、铜镜等多件文物。

5 月 10—13 日　浙皖两省勘界工作领导小组办公室在浙江省宁波市签订两省行政区域界线协议书。2000 年 2 月 25 日，浙皖线勘定工作第一次会议在安徽省合肥市召开，拟定《浙江省和安徽省联合勘定行政区域界线实施方案》，3 月 9 日民政部批准两省联合实施方案。浙皖线长兴广德段北起苏浙皖三省交会点，南至长兴县泗安镇、广德县东亭乡与安吉县高禹镇交会点，全长 55.431 千米，埋设界桩 2 个，长兴管理 1 号界桩，涉及长兴县煤山镇、泗安镇。

5 月　长兴县教育局印发《关于教育券使用办法的通知》，规定从 2001 年秋季起，在县职教中心、长兴技校、清泉武校和社会力量办学举办的义务教育学校中使用“教育券”；职业教育“教育券”一张面值 300 元，义务教育“教育券”一张面值 500 元，每学年发放一次。2002 年 9 月，将“教育券”功能向义务教育阶段贫困学生延伸,2005年9月起在高中段全面实施“教育券”制度,2008年对义务教育阶段全部实行免费教育,至2012年共发放教育券16.68万张,面值共计1.41亿元。长兴“教育券制度”在全国具有开创性,2002年教育部部长陈至立专门做出批示,2006年1月获“第三届中国地方政府创新奖”入围奖。

6月18日　长兴县审批办证服务中心成立,实行“一个门受理、一座楼办事、一个窗收费、一条龙服务”的政府服务新模式。首批进驻联合办公的部门22个,涉及审批、核准项目194个,开设窗口30个。6月20日试运行,2005年2月,更名长兴县行政服务中心。2002年、2005年、2009年先后进行三轮行政审批制度改革,2012年进行第四轮行政审批制度改革,全县315项行政许可项目有278项进驻行政服务中心窗口办理,集中办理率为88.3%。

6月25日　新四军苏浙军区旧址(含15个点)被国务院批准列为第五批全国重点文物保护单位,10月11日举行全国重点文物保护单位揭牌仪式。之前,即6月20日,新四军苏浙军区司令部旧址对外开放,并举行《光辉的历程——中国共产党长兴历史史迹图片展》首展仪式。

6月　苏浙两省勘界办公室组织完成苏浙线埋桩测绘、勘界成果检查验收及资料汇总,苏浙线勘界工作全面结束。1999年6月5日,江苏、浙江两省勘界工作领导小组办公室签订《江苏省与浙江省联合勘定行政区域界线实施方案》,至2000年9月苏浙线勘界实现全线贯通。其中,苏浙线长兴吴中段西起6号界桩往东242米,东至湖州市吴兴区、长兴县、苏州市吴中区交汇点,全长28.56千米,涉及长兴县夹浦镇、太湖街道、洪桥镇;苏浙线长兴宜兴段北起苏浙皖三省交会点,南至6号桩,全长62.87千米,埋设界桩6个,长兴管理1号、3号、5号界桩,涉及长兴县煤山镇、水口乡、夹浦镇。

7月25日,省委副书记、省长柴松岳考察调研长兴电厂四期技改工程建设。

7月　浙江浙能长兴发电有限公司(简称浙能长兴电厂)成立,注册资本金6.1亿元人民币,由浙江东南发电股份有限公司、浙江省能源宏发投资有限公司和浙江省电力开发公司、浙江长兴县经济投资公司共同组建。1998年6月经国家经贸委批复同意,由浙江华能长兴电厂四期(技改)工程出资组建而成,隶属浙江省能源集团有限公司。装机总容量为4×30万千瓦,年发电量70亿千瓦时。2000年12月30日一期工程动工。2002年12月,首台30万千瓦发电机组投产。2003年5月,第二台30万千瓦发电机组发电,至8月一期工程全部建成投产。二期工程扩建2台30万千瓦发电机组作为浙江省“十五”期间电源建设抢建项目,列入《浙江省2003—2010年电力发展规划》。2003年11月机组烟气脱硫工程开工,至2005年11月,二期工程首台30万千瓦发电机组并网发电,装机总容量增至90万千瓦。

同月　县文保部门在长兴污水处理厂1号泵站建设工地,发掘出150多件唐宋时期陶瓷器、铅笔、石砚、陶砚、漆器及少量新石器时代、商周时期文物。

8月14日　县十二届人大常委会第29次会议审议通过《关于将“银杏树”立为县树的议案》,决定将银杏树确定为长兴县县树。长兴县于1999年将“古生态旅游区”列为全县旅游区域布局与开发重点之一,2001年起,启动十里古银杏长廊旅游区开发建设,同年6月,十一位县人大代表在县十二届人大第四次会议上提出《关于将“银杏树”立为县树的议案》。

8月18日　全国第十次银杏学术研讨会暨银杏研究会2001年年会在长兴举行,来自全国各地的300多名专家学者与会。

8—12月　长兴县第七届体育运动会举行,参加比赛的有102个体育代表团,运动员总数6000余人。县级人民体育运动会始于1951年,至2000年共举办过6届。2001年后,分别于2008年、2012年举办第八届、第九届体育运动会。

9月7日　“长兴古生态一日游”首发式举行,景点包括全省首个扬子鳄自然保护区、八都岕银杏长廊、长兴“金钉子”生态公园等。

9月7—8日　《江苏省人民政府与浙江省人民政府联合勘定的行政区域界线协议书》正式签订。规定:两省太湖段行政区域界线的具体走向,西端从长兴县夹浦镇父子岭起,沿浙江段环湖大堤迎水坡脚向湖内垂直延伸70米，东端至吴兴区织里镇胡溇止；从父子岭直线经大雷山北侧、小雷山北侧至胡溇止，接两省太湖段行政区域界线所构成的水域范围内，浙江方享有开发利用的权益并承担相应的责任，相关事项的管理维持现状。9月30日，《关于报批江苏省人民政府与浙江省人民政府联合勘定的行政区域界线协议书的请示》，经国务院批复同意。历史上，太湖属江、浙两省共有。中华人民共和国成立后，为统一太湖地区的剿匪，1950年11月，经中央人民政府内务部核准，由华东军政委员会下令，将浙江省所辖太湖部分划归苏南行署太湖办事处管辖。之后，苏南行署太湖办事处所辖区域经几次区划调整，至1960年1月并入吴县，太湖水面遂全部归属江苏省。

9月10日　新长兴中学落成典礼举行，位于雉城镇金陵北路208号，占地面积14.4公顷，建筑面积6.1万平方米。1997年被评为全国群众体育先进单位，1998年12月被省教委确定为“省一级重点中学”，2009年1月被中央文明委授予“全国文明单位”称号。

9月　全县29家乡镇卫生院(含4家地区医院、1家伤牙科诊所)分两批改制成为民营医院，到2003年6月改制全部结束，资产转让实际成交价总额2586.54万元，510名在编职工实行身份置换(买断工龄)，按有关政策给予一次性经济补偿，其中离岗退养36人、提前退休25人、身份置换449人。改制后的乡镇卫生院属非营利性民办医疗机构，承担区域社会公共卫生服务。2011年起，县政府全资回购乡镇卫生院，至2012年年末基本完成。

同月　县内第一个人防工程竣工投入使用，面积1400平方米，为战时可用于防空地下室，2001年开工建设。

同月　长兴迎宾大道改造工程启动。位于城区东部入口处，北起长海路，南至冯家湾立交桥，原为104国道过境段，2001年7月建成。2002年8月改造工程完工，总投资3700万元，全长3.9千米。2003年10月启动绿化改造，2004年4月竣工，道路绿化面积16.8公顷，绿化覆盖率61.5%，为县内首个道路绿化精品工程。2012年更名图影大道。

同月　中央电视台第10套节目《走近科学》摄制组到长兴拍摄以《长兴灰岩》为主题的科教专题片。节目于10月上旬播出。

同月　县历史文化遗产普查小组在二界岭乡初康村发现新石器晚期至春秋战国时期文化遗址。

10月27—28日　长兴举办第一届房地产交易展览会，17家房地产开发企业进场参展交易。当年销售商品房27.84万平方米，其中个人购房比重达98.1%。

10月　湖州先登特种线缆有限公司的“复合层漆包铜圆线开发”项目被列入国家级星火计划。

11月　全县16个乡镇全部建立财务指导服务中心，并受到新华社浙江分社、浙江广播电台、钱江晚报等中央和省级媒体关注，认为是从源头上遏制腐败的有益尝试。

12月29日　长兴举办首届音乐会，上海交通大学交响乐团受邀到长兴演出。

12月　在杭州举办的中国浙江国际农业博览会上，长兴吊瓜、白果、紫笋茶获金奖，青梅获银奖，另有14只农产品获优质农产品称号。

同年　和平镇成为全市首家浙江“东海文化明珠”达标单位。至2008年，全县共有11个乡镇获浙江“东海文化明珠”称号。2011年起，省文化厅取消浙江“东海文化明珠”创建，开始推进省级文化强镇创建。

同年　县纪委(监察局)被中纪委、人事部、监察部授予“全国纪检监察系统先进集体”称号。

同年　浙江三狮水泥股份有限公司成为县内首个获国家免检产品资格认证的企业。国家免检产品资格认证制度始于2000年，至2007年，全县共有11家企业有关产品获国家免检。2008年，因“三鹿奶粉”事件，国家免检产品认证废止。

同年　全县非公经济在工业中的占比首次超过国有、集体经济，全县规模工业企业(国有及年销售收入500万元以上工业企业)完成工业总产值52.14亿元，其中国有、集体企业工业产值占37.1%，股份制及其他经济类型企业产值占62.9%。1988年，全县国有、集体经济在工业中的占比达96%以上。20世纪90年代中期后,全县混合经济、外向型经济和私营、个体经济发展速度加快,乡镇企业、城镇集体企业和国有企业产权制度改革加速推进,至2001年国有、城镇集体企业改制基本完成,所有制结构发生根本性变化。

2002年

1月1日　长兴会展中心正式对外开放,位于人民广场,总投资6000万元,建筑面积8000平方米,由县博物馆、县文化馆、县广场办3家单位组成,其中二层、四层、五层为县博物馆用房,一层为县文化馆用房,三层、六层为县广场办用房。2010年1月31日,因旧城改造需要,会展中心大楼被拆除。县文化馆租借县建筑勘察设计院场地临时办公,并异地新建,2011年9月新馆竣工,位于雉城街道台基路9号,建筑面积11048.45平方米,11月通过国家一级文化馆复评(2004年被文化部评为一级文化馆);县博物馆租借县档案馆部分馆舍办公,2011年11月后迁县文化馆办公。

1月31日　省委副书记、省长柴松岳到长兴新明华化工建材有限公司、林城镇新星村、雉城镇走访慰问部分困难职工和群众。

1月　长兴经济技术开发区被评为"全省十强经济技术开发区"。

同月　县委常委会审议通过《关于常委会讨论决定干部任免实行票决制的试行办法》,首次实施干部任免票决制,全县86名县管干部任免全部实行县委常委会票决制。

同月　全县经营类文化事业单位改制全面完成,涉及长兴剧院、泗安影剧院、电影公司等经营类事业单位3家、职工78人,所有职工与原单位均签订解除劳动关系合同。

同月　水利部联合江浙沪三省正式启动"引江济太"工程,规划同年引25亿立方米长江水入太湖流域,其中10亿立方米入太湖,以改善长兴水质及水环境。

2月　县检察院被最高人民检察院授予全国检察机关"人民满意的检察院"称号。

3月18日　2002年中国·长兴国际投资贸易洽谈会开幕。全国人大常委会副委员长费孝通致贺电,中外嘉宾1000余人参加。中国·长兴国际投资贸易洽谈会,简称"长洽会",该次为首届。同年9月举办第二届"长洽会"。2003年后,每年举办一届,至2012年共举办12届。每届长洽会主体活动,一般包括开幕式、招商推介与项目签约、项目开竣工仪式等,与会嘉宾、客商来自海内外。有的年份,同期还举办或承办国内大型主题论坛或研讨会,扩大长兴的知名度和美誉度。

同日　全省首家县级科技孵化器——长兴科技创业园举行开园仪式。位于县经济开发区内,2001年5月启动一期工程建设,由长兴民营科技园发展有限公司运营管理,首期入园企业23家。2004年,被认定为省级科技企业孵化器,同年一期扩建工程竣工投入使用。2008年12月,被科技部评为国家高新技术创业服务中心(国家级科技企业孵化器),同年启动二期工程建设。2010年3月,被科技部评为国家级大学生创新实验基地。2011年,二期工程完工,一、二期工程合计占地8.3公顷,建筑面积4.4万平方米。至2012年年末,累计入园孵化科技企业126家,累计毕业孵化企业42家,其中6家被认定为国家重点扶持高新技术企业。

3月28日　全县创建省级文明城市动员大会举行,要求围绕"中等城市规模、区域城市功能、山水城市风格、文明城市品质"定位,争创省级文明城市。同年年末,被授予"浙江省文明县城"称号,为全市第一个省级文明城市。

4月22日　部分行政村区域调整工作动员大会举行,调整涉及349个行政村,调整后减少至198个,涉及雉城、小浦、虹星桥、泗安、和平、洪桥、水口、吕山等多个乡镇。

5月18日　省委副书记、省长柴松岳出席浙江三狮水泥股份有限公司投产仪式。该次投产的生产线日产水泥2500吨,是全省最先进、单机规模最大的生产线,投产后该公司年生产水泥1000万吨,占全省年产量的四分之一。

5月30日　全县第一家农民专业合作社——长兴太湖蔬菜水产专业合作社注册成立。有社员120人，拥有土地面积153.3公顷，经营蔬菜种植和河蟹、虾养殖，为社员提供产、供、销一条龙服务。合作社生产的“新塘一尺红”茄子被认定为无公害农产品，生产基地被认定为无公害农产品基地。合作社年生产“新塘一尺红”商品茄3万吨，总收入5000万元。

5月　小浦镇八都岕方一村和大岕口村2户农户率先开办农家乐。随后，八都岕其他农户及水口乡顾渚村、水口村也相继开办农家乐。2005年9月，县政府印发《关于促进农家乐发展的若干意见》，首次提出长兴农家乐定义。9月，印发《长兴县农家乐星级评定标准(试行)及实施细则的通知》，推进农家乐标准化建设。2006年编制完成《长兴“新乡村游”(农家乐)发展战略总体规划》，确定县域内水口茶文化乡村游、八都岕健康休闲游等富有特色的农家乐发展重点区域，以及其他次重点区域、一般区域、限制区域等，引导农家乐的区域化发展。至2012年年末，全县有农家乐354家，其中重点区域325家。

同月　浙江联合拍卖有限公司长兴分公司成立，是全县第一家成立的拍卖公司，主要从事企业产权，有形和无形资产，私有财产，旧车辆，通信设施，土地合用的抵押，罚没资产、税款的物资和罚没物品、艺术品及其他的拍卖。8月，举行长兴县首次出租车经营权拍卖。

6月8日　《长兴县农民合作医疗大病统筹暂行办法》颁布，自7月1日开始实行农民合作医疗大病统筹。全县农村合作医疗工作于1998年起步，在里塘乡试点后逐步扩大范围。2004年7月1日开始，改为新型农村合作医疗，实施个人缴费、集体扶持和政府资助相结合的筹资机制。2012年，新型农村合作医疗人均筹资480元，其中农民个人出资150元、中央财政和省财政补助66元、县乡财政配套264元；全县筹资总额为16062.72万元，其中参合农民个人出资额为4164.06万元；参合农民33.46万人，参合率为97.5%。

6月　全县教师工资统一发放。2001年，《国务院关于基础教育改革与发展的决定》颁发，明确农村义务教育实行“在国务院领导下，由地方负责、分级管理，以县为主”的体制。2002年，县政府下发《关于基础教育改革与发展的若干意见》，明确县乡(镇)两级办学责任，教师工资全部纳入县财政预算，设立教师工资财政专户。2007年，根据国务院办公厅《关于完善农村义务教育管理体制的通知》精神，县政府印发《长兴县深化农村教育管理体制改革实施意见的通知》和《长兴县义务教育经费保障机制改革实施方案》，明确义务教育实行“以县为主”的管理体制，县政府负责统筹全县教育工作，教育经费实行“以县为主”的财政保障制度。

同月　长兴首次面向社会公开招录公务员人选。

同月　长兴四通港务联运有限公司与日本O.S.S株式会社签约成立长兴综合物流中心有限公司，总投资60亿日元，占地18公顷，经营范围包括保税仓库、冷藏、物流咨询、国际货物代理等。

7月15日　长兴用电负荷达15.8万千瓦，创历史新高。16日，根据上级电网调度命令，长兴首次拉闸限电，9条供电线路被限电。

8月9日　中国驻德国前大使卢秋田应邀到长兴作题为《中国入世后如何与欧美人打交道——谈东西思维方式差异》的专题报告。

9月30日　中国工程院院士、联合国世界卫生组织(WHO)职业卫生顾问何凤生应邀到长兴作职业病防治专题讲座。

9月　县委、县政府出台《关于加快农村改水工作的意见》，决定利用5年至10年时间，推进农村区域供水，使全县农村饮用水通村率100%，入户率95%，彻底解决全县农村群众饮水问题。

同月　长兴县诚信中小企业担保有限责任公司成立，是全县第一家为中小企业融资提供担保服务的专门机构。同年，共为5家中小企业提供贷款担保8笔，担保总额1335万元。之后，融资性担保公司得到快速发展，至2011年累计达到23家。2011年起，全县对小额贷款公司进行规范整治。至2012年年末，全县融资性担保公司减少至2家。

同月　长兴紫砂艺人吴宝根制作出壁厚0.81毫米的紫砂茶壶，并获上海大世界吉尼斯总部证书确认。

10月16日　中央统战部和北京新四军研究会联合发起的“沿着革命先辈的足迹前进——新四军成立65周年纪念行”活动在长兴举行。

10月　长兴紫笋茶被省政府授予“省名牌产品”称号。全县种茶面积2000公顷，年产值5000多万元，其中紫笋茶533.33公顷，年产值超1000万元。

同月　小浦镇光耀村考古发掘出汉代古窑址，将在制陶业史上被称为“南窑”(“北窑”为江苏鼎蜀山)的光耀历史从史书记载的唐宋时期前推1000年。

11月6日　长兴大剧院、图书馆、档案馆建设工程奠基仪式在龙山新区举行。长兴大剧院于2005年8月建成运营，位于锦绣路2号，占地面积4.67公顷，建筑面积1.65万平方米，分剧场和影城两个功能区，是浙江小百花越剧团、上海越剧院的授牌演出基地；县档案馆于2005年12月建成使用，位于植物园路2号，占地3.33公顷，建筑面积7000平方米，由中国书法家协会原主席启功题写馆名，2009年1月晋级国家一级综合档案馆，为全国首家晋级国家一级馆的县级档案馆；县图书馆于2006年5月整体迁植物园路2号新馆，9月对外开放，占地面积8公顷，建筑面积1.1万平方米，2010年2月被文化部评定为国家一级图书馆。

11月8日　县委党校、县行政学校迁建工程奠基仪式在雉城镇高山岭村举行。2003年3月开工建设，年底基本完工。2004年3月，由县前街道园里1号迁至新址画溪大道801号，占地面积8.4公顷，建筑面积1.5万平方米。

11月13日　南方十二省(区)十五县(市、区)人大工作研讨会在长兴举行。

11月22日　杭州肯德基有限公司长兴分店举行开业典礼，为县内首家外餐连锁店，位于雉城镇解放西路76号，主要经营生产销售美国肯德基国际公司认可的食品和冷热饮及相关促销用品，有员工30人。

11月　长兴万亩优高青梅建设项目通过国家级星火项目验收。该项目于1999年申请通过，并列入国家级星火项目，同年全县种植面积达3466.67公顷。

同月　考古专家组在长兴境内发现18处旧石器时代人类生活遗迹。遗迹包括石核、石片、石球、石斧，范围涉及雉城、泗安、林城、白岘、槐坎、小浦、水口、夹浦、李家巷、二界岭等10乡镇。该发现填补浙江省旧石器历史考古空白，同时将古人类在浙江省境内生活时间前推至10万年前。

同月　中国科学院院士、南京地质古生物研究所学者盛金章、李星学到长兴考察“金钉子”。

12月5日　省委书记、代省长习近平到长兴宣讲十六大精神，并着重调研外向型经济。上午，习近平首先考察杭宁高速公路长兴段，随后到长兴经济技术开发区，听取长兴县开放型经济以及开发区规划建设情况汇报，实地考察长兴科技创业园和浙江诺力机械股份有限公司、浙江亨达超微科技有限公司两家企业；考察长兴会展中心，了解长兴城市总体发展规划，参观长兴新四军苏浙军区纪念馆展区。习近平对长兴经济快速发展尤其是开放型经济工作予以充分肯定，要求认真贯彻落实十六大精神，立足已有成绩，充分发挥优势，加快经济社会发展。

12月17日　县内首家引进的民营非营利性专科医院长兴骨科医院正式开展业务，院址雉城镇人民北路33号。2002年起，根据国家鼓励多种形式兴办医疗机构的精神，全县医疗市场逐步开放，对设置符合条件的民办医疗机构予以准入登记。同年年初，引进长兴骨科医院；10月，长兴博济医院成立，为民营非营利性综合医院(2008年10月更名长兴金陵医院)；2011年6月28日长兴口腔医院开业，系民营非营利的二级口腔专科医院。除上述3家医院外，还先后引进5家门诊部。

12月　全国最大的石英砂生产基地——长兴华林石英砂有限公司投产，由江苏华尔润集团、林城镇资产经营公司联合组建，投资近亿元。

同年　长兴被科技部授予“全国科技进步先进县”称号。

2003年

1月9—10日　长兴环太湖开发带国际咨询评审会召开，由国家旅游局、省旅游局、清华大学、东南大学、同济大学等专家学者组成的评审团，以投票方式评定美国KOLL公司方案为最佳方案。2002年10月，长兴组织环太湖开发带规划国际咨询首期考察活动，与3家咨询单位签订环太湖开发带规划国际咨询合作协议，12月咨询方向长兴提交咨询成果。2003年春，《长兴环太湖开发带概念规划》经国内专家论证通过，提出实施“三点一线”的开发策略，即突出图影区块、新塘区块、香山区块和滨湖景观大道四个重点，以点带面，逐步推进，科学、合理开发长兴环太湖资源。8月，县委、县政府对环太湖旅游开发提出必须坚持“科学规划、合理布局、体制创新、基础先行、精品启动、滚动开发”的总体要求。9月，明确近期重点开发图影区块、新塘区块和滨湖景观大道“两点一线”。长兴环太湖开发带北起兰香山，南至弁山，岸线总长34千米，涉及夹浦、雉城和洪桥三个乡镇，陆域面积约160平方千米。

1月21—23日　中共长兴县第十一次代表大会召开，提出加快建设山水园林型的现代化中等工贸城市、全面实现小康社会的目标。同年起，长兴县以省委“八八战略”为指引，精心谋划、组织实施工业立县、开放兴县、科教强县、城市化和可持续发展五大战略，开启改革开放和现代化建设新征程。

2月14日　长兴百叶龙应邀赴新西兰参加奥克兰市举办的第四届中国新年灯会开幕式。

2月　在借鉴外地经验基础上，长兴决定在县级机关中开展“一讲二评三服务”活动。“一讲”即讲服务承诺，“二评”即基层群众评、部门互评，“三服务”即服务经济、服务基层、服务群众。

同月　百叶龙故乡林城镇被文化部正式命名为全国91个“中国民间艺术乡”之一。

同月　县境内报告首例艾滋病感染者，为输入性病例。从2004年起，对公共服务行业从业人员等实施HIV抗体免费检测。2005年1月，成立县防治艾滋病工作委员会，确定县人民医院为全县艾滋病指定治疗机构。至2012年，共检测样本264292份，发现病例60例。累计管理艾滋病病毒感染者及病人80例，县内报告共17例。

3月1日　长兴县人民政府行政投诉咨询服务中心建立，又称县长热线办公室，开通热线电话“12345”，办公地点在县政府大院一楼，当年共受理市民来电1678件。2012年起，将每月第二周周六定为县长接听日。至2012年年末，共受理社会各界投诉39678起，其中市政府热线交办1976起；年办结率100%，理解满意率93%以上。

3月21日　全县召开“四张名片”创建动员大会，部署之后五年全国卫生城市、全国双拥模范城市、国家园林城市、全国文明城市四张国家级城市名片的创建工作。

3月　长兴紫砂艺人陈士良、叶亚琴创作的《金钉子茶壶》获国家专利。

4月21日　全县部署“非典”疫情防控工作。2002年11月中旬，广东省部分地区发生“传染性非典型肺炎”(简称“非典”，又称SARS)疫情。2003年2月初，县内个别地区因广东发生非典疫情等传言，出现抢购板蓝根、米醋的现象。2月17日，县卫生局下发《关于非典型肺炎的诊断标准、临床表现和防治措施的通知》。同年春，国内局部地区非典疫情暴发。中共中央、国务院高度重视，专题进行研究部署，要求全国上下必须进一步动员起来，坚决打好同非典型肺炎疫情作斗争硬仗。4月，县委、县政府成立非典防治领导小组，下设办公室，从14个部门抽调23人集中办公，设立综合协调、控制救治、宣传报道、后勤保障、督查5个工作小组，负责协调和研究预防非典措施，组织消毒、防疫及医疗工作，供应、储备非典物资、负责市场监管，以及宣传和新闻报道等工作。同时，另抽调31人专司督查。4月21日，召开全县非典型性肺炎预防控制工作会议，部署非典防治工作。24日，向各乡镇政府、县直属各单位下发《关于加强传染性非典型肺炎防治工作的通知》。26日，发布《关于进一步加强非典型肺炎预防控制工件的通告》。28日，专门发布《关于加强农村地区和城市社区非典防治工作的通告》。5月1日，出台《长兴县防控非典实施方案(试行)》《长兴县非典紧急处置预案(试行)》。5月11日,针对薄弱环节,再一次发布《关于进一步加强农村地区和城市社区非典防治工作的通告》。5月16日,发布《关于加强来长、返长人员申报制度的通告》。全县构筑起一张严密的城乡一体化防控网络。同时,县卫生局、县防疫站先后成立非典防治工作领导小组、专家指导小组和应急处置工作小组等,制订预防预案和救治预案。4月初开始,在县人民医院、县中医院内科建立非典疫情监测点,实行疫情每日报告和零报告制度。4月24日,全县建立19个非典监测点,县卫生机构24小时疫情值班制度,实行疫情每日报告和零报告制度,全县医疗机构发热和呼吸道专科门诊,做到逢"热"逢"咳"必查。4月26日开始,建立流行病学队伍,全面掌握全县外出务工、求学人员名单和外来经商、务工人员名单,了解每日外来人员的流动情况。4月26日、28日、30日,先后启用县扬子鳄度假村、民政局养老中心和花园宾馆为医学观察点。"五一"期间,县内歌舞厅、网吧、营业演出场所、录像放映和影院暂停营业。6月1日,县人民医院突击完成新的发热门诊、隔离病区工程建设并投入使用。同年夏,全国非典疫情得到控制。由于防控工作做到位,县内未有非典型肺炎病例报告。2004年1月1日起,全国启动法定传染病监测信息网络直报系统,长兴县共有42家乡镇卫生院以上医疗单位及部分其他医疗单位实施网络直报。

4月23日　金陵高级中学举行奠基仪式,占地20公顷,规划建设60个班级,由县教育局与南京聚恒(建设)有限公司共同建设,投资1亿元。

5月　县委出台《关于开展打造"平安长兴"活动的实施意见》。2004年5月起,贯彻省委建设"平安浙江"的决定,开展宽领域、大范围、多层面的"大平安"建设,推动全县形成齐抓共建、广泛参与的创建氛围,"平安长兴"建设取得明显成效。2006—2012年,长兴县刑事发案率相对较低,为全省发案最少的县区之一;安全生产事故死亡人数连续7年下降;群众安全感始终保持在96%及以上;长兴县连续七年被省委、省政府授予"平安县"称号,实现平安长兴"七连冠"。2012年3月,长兴县获颁象征平安县建设六连冠的"平安铜鼎"。

7月28日　长兴启动城市道路交通"畅通工程",至9月底完成,12月通过省城市道路交通管理验收组验收,被确定达到城市道路交通管理国家C类城市三级管理水平。

7月29日　长兴日用电量和最高用电负荷分别达到470万千瓦时、23.4万千瓦,县政府决定在全县实施避峰、错峰用电紧急措施。7月31日起,雉城镇范围内城区大楼亮化工程暂停用电。8月1日,2家企业因违规用电被责停用电7天处罚,40家企业被责令整改。8月下旬,因高温天气重现,再次实施避峰错峰用电措施。

8月1日　《城市生活无着的流浪乞讨人员救助管理办法》实施,对流浪乞讨人员由原来的收容遣送改为临时救助,同年长兴县改建救助用房设施,2004年成立县救助管理站,负责县城区街头流浪乞讨人员的劝返、劝导和救助工作。

8月7日、9日　由于旱情严重,县内开展人工影响天气作业,由省飞机人工增雨作业现场指挥部2次在长兴空域成功实施增雨作业。2006年9月,县气象局首次开展人工影响天气业务,实施火箭人工影响天气作业,增加降水15毫米～20毫米,受益面积600平方千米。

8月　县委、县政府印发《长兴县全面接轨上海暨2003年工作的实施意见》,提出认真贯彻省委"八八战略",树立接轨上海就是接轨机遇的理念,从思想观念、产业发展、生产要素、基础设施和政策措施五个方面推动全面接轨上海工作。

同月　在全县露天矿山中淘汰传统落后的扩壶崩落爆破方法,推广应用中深孔爆破开采技术,规范实施"自上而下,分台阶开采"方式。至2007年,全县矿山企业基本实现台阶式开采,其中50家实施中深孔爆破技术,占具备条件企业数的80.6%。2008年,58家矿山企业实施中深孔爆破技术,占具备条件企业的93.5%。

同月　台基山遗址公园建设正式开工,占地4.9公顷,绿化面积4.1公顷,总投资2700万元,2004年3月建成开放。

9月2日　全县全面启动以改造提升乡村公路路况为重点的“乡村康庄工程”建设。2004年9月29日，全县首条通车的康庄大道——虹星桥镇“康庄工程”通车仪式举行。至2005年11月，“乡村康庄工程”建设全面完成，共投资2.1亿元，实现226个行政村公路通达率和路面硬化率均100%，村村通达四级(含准四级)以上公路目标，被省交通厅评为2005年乡村康庄工程提前实现“双百”县。

9月12日、15日、19日　长兴分别在美国洛杉矶、旧金山、纽约等地举行中国太湖明珠•长兴投资说明会。会上，长兴聘请美国美林证券公司原西部总裁Brian、百傲药业公司总裁Jackon为县经济发展顾问。

9月16日　长兴行政办公综合楼开工建设。2001年7月县委、县政府批准建造，2002年7月长兴行政办公综合楼设计获省计经委评审通过。位于龙山新区，包括4幢主楼及裙房，占地4.78万平方米，由日本RIA设计公司应招中标，工程由浙江大学建筑设计研究院设计。2006年3月竣工。

9月27日　中韩经济交流会国际促进大会在长兴举行。其间，长兴县政府、中国县镇经济交流促进会、外交部中韩经济发展协会、在中国韩国人会共同签署“中韩经济交流基地合作”备忘录；县人大常委会与韩国安山市议会签订友好交往意向书。同时举行“中韩经济交流基地”授牌仪式。

同日　县政府与深圳水务(集团)有限公司举行《长兴县城市水务投资经营合作协议》签约仪式。2004年4月合资成立长兴县水务有限公司，下辖长兴第一水厂、第二水厂，供水覆盖雉城镇及李家巷镇部分区域，供水面积89平方千米，服务人口25万人。

9月　落实省委“八八战略”，启动生态县建设规划编制，创建国家生态县，打造“绿色长兴”。2004年6月，县十三届人大常委会审议通过生态县建设规划并作出决议。2005年3月，县委、县政府制定《关于生态县建设的实施意见》，明确创建总体目标。同年起，贯彻“绿水青山就是金山银山”理念，指导生态县建设，推动生态、经济、环境逐步进入良性协调发展阶段。至2009年，长兴县创建成为第二批省级生态县，2012年12月通过国家生态县考核验收。

同月　《长兴城市总体规划(2003—2020)》经市政府批准实施，规划将长兴城市定位为山水园林型中等工贸城市，区域交通枢纽和物流中心。形象定位为园林城市、山水城市、绿色城市、艺术城市、家园城市。第四轮城市总体规划修编于2002年委托杭州市城市规划设计研究院启动。

同月　县政府邀请美国国际合作委员会主席、著名美籍华人陈香梅担任陈霸先研究中心名誉主席。陈香梅是陈武帝后裔，是二战期间中国空军美籍志愿大队(即著名的“飞虎队”)指挥官陈纳德将军的夫人，著名侨领，是中美邦交正常化的积极促进者，台商投资大陆的促进者。

同月　县国税局被授予“全国税务系统文明单位”。

10月8日　长兴在全国率先实施“河长制”。同日，县委办、县政府办印发通知，决定借鉴“路长制”管理经验，建立“河长制”，对长兴港、黄土桥港、护城河、长水港4条城区主要河道实施“河长制”保洁管理，分别由县水利局主要负责人和县城建局分管负责人担任“河长”。2005年，开始对乡镇级河道、村级河道实施“河长制”管理。2008年开始向县级河道延伸，并逐步向全县推广，初步形成县、乡镇、村三级“河长制”管理体系，全县已有147条河道有了“河长”。2012年，全县共有191条河道实行“河长制”管理，占全县河道总数的44.2%。次年，全县河道实现“河长制”管理全覆盖。

10月15日　“神舟五号”载人飞船成功发射，长兴电子厂为该飞船提供8个系统共500余件产品。自1998年始，长兴电子厂承担解放军总装备部、国防科工委、信息产业部军工产品的科研、生产，1999年开始相继为“神舟一号”“神舟二号”“神舟三号”“神舟四号”生产配套的微电子元器件。

10月21日　全县今冬明春城市绿化工作动员大会召开，明确之后一个时期和今冬明春城市绿化工作的目标任务，部署从该月开始，每年利用冬春两季，开展城市七大绿化工程建设，力争通过三年使长兴环境面貌有一个根本性转变，基本建成山水园林城市，打造“绿色长兴”。会后，万亩森林围城工程、城市绿化精品工程、道路绿化改造工程、百家花园式单位工程、农村康庄大道工程、花园式社区工程、生态式停车场工程等七大工程先后启动，并于次年4月完工。

10月　根据全省“千村示范、万村整治”工作部署,长兴县出台《关于深入开展村庄示范整治工程的实施意见》,启动村庄示范整治。至2007年共完成21个省级“全面小康建设示范村”创建和112个整治村建设,人口受益面达80%,全县农村面貌得到极大改善。

同月　全球乐平统与古生代末生物大灭绝学术研究现场会在长兴召开。

同月　根据中共中央《关于完善社会主义市场经济体制若干问题的决定》,全县进一步转变政府经济管理职能,计划管理调整为研究提出全县国民经济和社会发展战略、规划、总量平衡、结构调整及调节全县国民经济运行,为市场主体服务和创造发展环境。

11月27—30日　中国·长兴——陈武帝诞辰1500周年国际学术研讨会暨文化经贸系列活动在长兴举行。开幕式后,举行“太湖韵·帝乡情”专场民乐音乐会。28日上午,“陈武帝的历史作用及南朝史”国际学术研讨会举行,陈霸先研究中心、陈皇后裔联谊会成立。28日下午,举行中国·长兴——陈武帝诞辰1500周年经贸洽谈会。29日下午,举行陈霸先铜像揭幕仪式。

11月28—29日　台湾高盈贸易有限公司董事长雷祖纲回家乡长兴省亲。雷祖纲是国民党要员、长兴吴山中心学校(原名“长安小学”)创办人、长兴人雷震的侄孙,10月下旬应国务院台湾事务办公室邀请回大陆作经贸考察。

11月底　根据省建设厅《关于印发<村庄规划编制导则>(试行)的通知》,县建设局委托市城乡规划设计院编制《长兴县县域村庄布局规划》,加快城乡一体化进程,加大“建设中心村、撤并自然村、改造空心村”力度,指导村庄建设合理、科学、健康和有序开展。2005年11月对规划进行修编,2006年10月经县政府批准实施。规划范围为县域内除城镇规划建设区用地以外区域(不包括开发区、工业园区),共16个乡镇、224个行政村、2273个自然村,农村人口46.3万人。规划确定村庄等级结构为中心村、一般村两级,规划撤并自然村1783个,其中并入镇区359个、并入中心村494个、多村合并930个,至规划期末县域内村庄为549个,其中一般村443个,中心村106个。

12月　长兴县慈善总会正式成立,通过《长兴县慈善总会章程》《长兴县慈善总会资金募集使用管理办法》和《长兴县慈善总会救助发放办法》。县慈善总会于2003年6月3日召开筹建暨募捐动员会。2007年7月19日,首次启动全县“慈善一日捐”活动,并确定每年7月的第一周为“慈善一日捐”活动周。2009年12月,印发《关于建立乡镇(街道)慈善分会的意见的通知》。2010年11月22日,举行长兴县首届慈善大会,开展现场举牌认捐活动,30家企业现场共认捐545万元。至2011年,全县16个乡镇(街道)均成立慈善分会。

同月　申苏浙皖高速公路长兴段施工现场、洪桥镇碧岩村附近抢救性考古发掘出15座汉墓,其中一座结构呈“前堂后室”结构,墓砖有“万岁”“万岁不死”铭文,被省考古专家初步确定为全省首例。

同月　花菇山公园、古城公园二期工程建成开放。两项工程分别于2002年10月、2003年9月开工建设。

同月　天然气“西气东输”正式向长兴县城市管网输送,长兴成为浙江省率先使用天然气的城市,年末有城区居民用户1200户。长兴于2001年被列为2003年年底接轨“西气东输”首批供应天然气城市之一。2010年,“川气东送”天然气利用工程启动,长兴成为“西气”“川气”双气源供应城市。

同月　长兴县第二期电网改造工程经市电力局等部门验收合格,全县“两改一同价”(改造农村电网、改革农电体制,实行城乡同网同一电价)农村电网改造工程全面完成,农村低压电网供电半径平均缩短到0.5千米,城、乡生活照明及非、普工业用电全部实行同网同一电价。长兴是全省第二批网改县,农村电网改造于1999年启动,在徽州庄村试点基础上,3月一期工程开始动工,2001年9月经省计委、省电力公司等部门验收合格。农电体制改革于2003年开始启动,2004年9月实现城乡电网统一管理、统一核算、直接抄表收费到户。

同月　长兴被全国爱国卫生运动委员会命名为“国家卫生县城”。

同年　长兴县财政总收入增幅居全省第一位。

2004 年

1 月 2 日　县四套班子领导集体调研长兴自来水包漾河取水口、盛家漾保护区，以及附近区域内企业治污、排污情况。2 月，县十三届人代会第二次会议通过《关于开展喷水织机水污染整治、切实保护水资源人大议案的决议》。3 月起，县政府在包漾河饮用水源保护区开展喷水织机水污染专项整治。7 月 9 日，长兴县包漾河饮用水源保护区调整论证会召开，经讨论分类确定一、二、三级保护区。9 月，包漾河水源保护取得阶段性成果，水源地一、二级保护区内的 1005 台喷水织机全部搬迁或关停，1210 台喷水织机迁入工业区或集聚地集中治污，6703 台喷水织机并入夹浦污水处理厂管网，自上治污设备的喷水织机 1547 台，杜绝喷水织机污水直排现象。

1 月 14 日　长兴在全省率先出台城乡一体化行动纲要。2003 年以来，长兴县落实省委“八八战略”，将统筹城乡发展、加快推进城乡一体化作为重大战略任务来抓，并在泗安镇开展城乡一体化工作试点。在该基础上，同日，县委印发《长兴县城乡一体化行动纲要》，2 月 13 日召开全县推进城乡一体化行动动员大会。确定总体目标是通过 20 年左右的努力，基本完成一体化行动，重点实现“五个一体化”，即城乡布局一体化、城乡经济一体化、城乡基础设施一体化、城乡劳动就业和社会保障一体化。同年起，先后以城乡一体化八大工程、新农村建设十大工程、中国魅力乡村建设为抓手，全面推进城乡一体化发展。2011 年，长兴被评为浙江省城乡一体化十大优秀示范城市。

1 月 30 日　与长兴西部接壤的安徽省广德县发现疑似高致病性“禽流感”，县政府召开紧急会议布置疫情防控工作。

1 月　长兴县举办首届“廉政长兴”文艺晚会。之后，每年举办“廉政长兴”文艺晚会，至 2012 年共九届。内容以“廉政长兴”建设过程中涌现出来的人和事为素材，每年确定一个主题，通过歌舞、小品、朗诵、快板、情景剧等多种艺术表现形式，树新风、扬正气、颂勤廉、反腐败。

2 月 18—19 日　长三角暨环太湖区域经济发展论坛在上海国际会议中心和长兴先后举行。该活动由《财富》(中文版)、中国国际贸易促进委员会上海分会、长兴县人民政府共同主办。

3 月 3 日　全县农村工作指导员选派工作会议召开，部署向全县 224 个行政村选派 224 个农村指导员，其中省、市、县选派 75 人，乡镇选派 149 人。农村工作指导员有六项职责，即村情民意调研、政策法规宣传、群众信访调解、富民强村服务、民主制度监督和组织建设督导。3 月 31 日，县委、县政府在中心广场举行欢送仪式。

3 月 16 日　长兴青少年艺术学校在青少年宫挂牌成立，面向全省初中毕业生招生。2006 年 6 月更名为长兴艺术高级中学。

3 月 27—28 日　纪念新四军杭村大捷主题活动在槐坎乡举行，由上海新四军研究会、浙江省新四军研究会及新四军后代委员会组织。

3 月　全省首批 224 个知名商号公布，长兴县“金三发”“天能”入选。

4 月 1 日　全县公推直选部分正职领导干部动员大会召开，目标职位为白岘乡党委书记、虹星桥镇镇长、团县委书记。至 4 月 19 日，公推直选活动结束。

同日　香港《文汇报》在“浙江制造专刊”(两整版)中刊发有关长兴的两篇文章，其中《去长兴喜仰四宝》一文介绍长兴金钉子、扬子鳄、银杏、新四军苏浙军区旧址群，《江浙皖交叉闪亮点:长兴电池产业显山露水》一文报道长兴电池产业发展情况。

4 月 2 日　长兴县“双对口”暨“山海协作”工作领导小组第一次成员会议召开，根据省委、省政府统一安排，长兴县与庆元县结对，煤山镇与磐安县磐峰乡结对。该领导小组于 2003 年 6 月成立，办公室设在县计经委。

4月29日　长兴县“百叶龙”艺术培训基地授牌仪式举行，标志全县12个基地、12条“百叶龙”启动建设和编排。

4月　县政府出台《长兴县社会保险费征管办法(试行)》，从2004年1月1日起，对社会保险费用采取“五费合一”的征缴方式，即对企业基本养老保险费、企业基本医疗保险费、失业保险费、工伤保险费、女工生育保险费合并费率统一向企业征收。该项改革在全省属首创。

5月8日　长兴实验初中正式对外招生。该校为全日制民营初级中学，位于龙山新区南侧，占地20.1公顷，总投资约1.5亿元，2004年在全县招收20个班1000名新生。

5月10日　全县执业律师法律援助接待日制度正式实施，根据县法律援助中心安排，每周一有2名律师值班，负责接听12348法律援助咨询电话。

5月14日　全县第一笔粮油直补全部到位，共58.04万元。对全年水稻、油菜累计种植面积1.33公顷及以上的大户，每公顷补贴225元；对早稻种植面积0.33公顷及以上的种植大户，每公顷另行补助300元；对粮油繁育基地种植农户，每公顷补助225元。

5月　县政府制定特困家庭危房改造工程实施办法，开始实施农村特困家庭危旧房改造工程，改造补助资金以县财政为主、乡镇为辅。当年共有315户农村特困家庭危房完成改造，下拨补助资金279.29万元。

同月　和平镇新港村刘武力荣获“全国种粮大户”荣誉称号，获国家补贴基金5000元。获该称号的全国共1000人，其中湖州市3人。2003年，刘武力承包土地16公顷，粮食总产量14万千克，净收入5万余元。

同月　县物价局发布《长兴县应对市场价格异常上涨工作预案》，以处置经济社会紧急情况及应对市场价格异常上涨。

6月2日　省委书记习近平到长兴调研深入实施“八八战略”，建设“平安浙江”，加强机关效能建设，建立健全为民办实事长效机制等工作。上午，习近平抵达夹浦镇父子岭村调研，参观该村建设规划，在村民费新平家座谈。随后，又分别考察长兴经济技术开发区、浙江畅通有限公司、长兴县福利院、长兴县委党校和长兴县职教中心。强调要按照科学发展观的要求，进一步深化对“八八战略”的认识，切实加强机关效能建设，建立健全为民办实事长效机制，把“八八战略”的各项任务落到实处，让群众得到实实在在的利益。

6月8日　县委、县政府召开生态县建设动员大会，下发《长兴县环境违法行为责任追究办法》，在全县范围推行危害生态干部问责制。9日，举行生态县建设新闻发布暨推行生态危害干部问责制情况介绍会，《人民日报》、中央电视台、《解放日报》、《浙江日报》等媒体记者参加。

同日　长兴县二界岭中心小学推广卫生部、国际儿童基金会预防农村小学生意外伤害促进项目启动。该校为全市唯一参加该项目的农村试点学校。

6月16日　县政府向长兴籍留美博士张云飞颁发“长兴信息化工作首席顾问”聘书。8月3日，“云飞信息学奖学金”捐赠仪式在长兴中学举行，张云飞将县政府给予的顾问经费捐赠母校，设立该奖学金。

6月20日　全县首个农事节庆活动——首届中国·雉城渚山杨梅节开幕，持续至7月10日。同年，长兴建立“政府引导、农民唱戏，文化搭台、经济唱戏”的“一乡一品”“一月一节庆”农事节庆机制，以拓展农产品销售渠道，各农事节庆活动由各乡镇举办，开幕式上举行多形式文化活动，逐渐形成地方特色的农事节庆文化。至2012年，全县共设立农事节庆文化活动14种，累计举办58届。同年，长兴农事节庆项目被评为浙江省十大民生实事工程之一。

6月30日　中国长兴—瑞典卡尔马友好交流关系签字仪式在长兴举行，为长兴首个正式结交的国际友好城市。至2012年，长兴县结交的友好城市或建立友好交流关系的国外城市有8个，其中与瑞典卡尔马省、德国巴特基辛根市、西班牙特鲁艾尔市和沙温多市、法国威廉塞纳市5个城市(地区)缔结或签订友好城市意向协议，与德国辛德芬根市、韩国安山市、日本岛原市3个城市开展友好往来。另有4

所学校与国外学校结为友好学校，其中长兴中学与澳大利亚威仕途高中结为友好学校；长兴县实验小学与英国盖茨海德拉文斯沃思露台小学结为友好学校；长兴中学、长兴技师学院与瑞典卡尔马省 Vastervik 中学签订友好交流意向协议；长兴县第一小学与马来西亚帝沙再也华人学校签订友好交流关系意向协议。

6月　长兴“忘不了中华鳖”“南沙河蟹”获国家级无公害产品称号。

7月15日　长兴第二实验小学向面向全县招生。该校由长兴教育发展有限公司投资改建，位于雉城镇解放东路54号(原雉城中学校址)，秋季面向全县招收一年级至五年级学生720人。

7月30日　长兴县困难职工“一证二卡”发放仪式举行，35名困难户、困难职工代表分别拿到“特困职工优惠证”和“特困职工医疗优惠卡”。

7月31日　全县5家小煤矿被依法关闭，县域内小煤矿开采历史宣告结束。4月，县委、县政府作出对全县5家小煤矿实施停产、继而关闭的决定。5月，县政府在煤山召开关闭小煤矿动员会。之前，经关井压产及企业改制，至2002年年底，全县共余小煤矿5家。

7月　国务院印发《关于投资体制改革的决定》，确立企业的投资主体地位，对企业不使用政府投资建设的项目，不再实行审批制，随后，全县建立企业投资项目备案和核准制的基本制度框架。2006年，出台《长兴县企业投资项目核准和备案暂行办法》《长兴县项目审批服务暂行办法》，明确企业投资的自主权；同年，全县固定资产投资首次超百亿元。

同月　按照市环保局与市卫生局联合下发的《关于加强我市医疗废物处置工作的通知》要求，全县医疗废弃物统一送湖州世纪清固体废物处置中心集中处理，县内各医疗卫生单位配备专职人员负责医疗废物的收集、转移、回收登记和记录。

8月9日　根据《中国共产党长兴县委员会全体成员民主推荐提名领导干部人选试行办法》，县委十一届四次全体(扩大)会议首次对李家巷镇镇长人选进行全委会成员民主推荐提名。

8月10日　长兴县义工中心举行成立大会，对18个社区义工服务站授牌，由团县委发起组建。

8月23日　长兴新闻网(http://www.zjcxnews.com.cn)正式开通，经省新闻办公室批准成立，由县宣传信息中心主办，浙江在线提供技术支持。

8月27日　华润万家生活超市(浙江)有限公司长兴生活超市开张营业，是国有控股企业华润(集团)有限公司旗下的零售连锁企业品牌。位于雉城镇长海路348号，经营面积6000余平方米，主要以食品、日用消费品、生鲜等快速消费品为主。

8月　长兴籍女排运动员周苏红、男子标枪运动员李荣祥参加第28届希腊雅典奥林匹克运动会。8月29日，周苏红获冠军，成为湖州历史上首个奥运冠军。

同月　长兴被命名为“中国栝楼之乡”，全县栝楼种植达5426.67公顷，总产值约5000万元。2008年12月，长兴吊瓜子取得“地理标志产品”称号，实施原产地标志保护。同时，栝楼加工产品、加工企业快速发展，建成浙江省长兴泰明食品有限公司等50多家栝楼加工企业，形成全国性栝楼炒制产品品牌中心和销售中心。栝楼产业在快速发展的同时，一些问题也越来越突出。由于采用棚架式栽培，栝楼极易受灾害性天气影响；田间病害积累，在恶劣天气影响下连年暴发，打击种植户积极性，造成栝楼种植规模连年下降。至2012年，田间种植基本结束，品牌中心和销售中心仍发挥作用。

9月1日　全县首条城乡公交线路——101线(长兴至新塘)开通。同年起，全面推进城乡公交一体化，逐步停运原有班车。继新塘线后，年内又开通长兴至泗安、畎桥、天平、新塘公交线路，并在长兴至水口、丁甲桥班线推行城乡公交改造。至2005年，共开通城乡公交线路11条，日发882班次，设港湾式停靠站186个，城乡公交线路覆盖全县16个乡镇、226个行政村。

9月3日　韩国企业长兴投资合作推介会在长兴国际大酒店举行，县政府向六位韩国客商颁发首批驻韩高级经济顾问聘请证书。

9月6日　国际花园项目奠基仪式举行，为全县首个规模型高层住宅楼盘。

9月10日　首届长三角地区县(市)级党校校长论坛在县委党校举行,与会各方共同签署《长三角地区县(市)级党校合作备忘录》。

9月16日　中国新能源产业发展研讨会在长兴举行,由县政府与中国电池工业协会联合举办,中科院院士何祚庥应邀作《新能源产业发展展望》报告。17日,何祚庥应县委、县政府邀请作《以人为本、科学发展》报告。

9月20日　印度驻上海总领事馆商务领事华纳率印度IT行业跨国企业代表到长兴考察。

同日　中国工程院院士姚福生应邀到长兴作《信息化带动工业化暨信息时代的先进制造技术》的专题报告。

9月25日　国家统计局发布2003年全国百强县(市)社会经济综合发展指数测评结果,长兴县列"全国综合发展百强县(市)"第63位。该次为国家统计局2001年恢复百强县评选以后,长兴首次进入全国综合发展百强县(市)行列。2002年长兴列第107位。

10月1日　长兴县在建筑领域建立欠薪保障金制度,从源头上防止拖欠农民工工资现象的发生。规定在长兴县行政区域内从事建筑施工的各类建筑施工企业,均要建立工资预留保障金制度,保障金额以合同价为基数,按一定比例预留,最高额度不超过30万元。2005年起,实施范围扩大至从事交通、水利建设的施工单位及租用场地或承包经营企业,并开通12333投诉举报电话。2006年1月,完善建设领域工资支付保障金制度,规定建设单位在项目开工前缴付工资支付保障金,并存入指定银行专户,一旦发生拖欠,将从保障基金中直接支付劳动者工资。至2012年年末,欠薪保障金余额为7626万元。

10月25日　斯里兰卡国家种植部部长亚帕率茶叶代表团到长兴考察,洽谈茶叶销售合作。

10月30日　国家统计局公布2003年全国工业重点行业效益十佳企业名单,浙江山鹰集团名列水泥制造行业第七名。

同日　全县首届残疾人体育比赛在县体育馆举行,共有34名残疾人参加比赛。

10月　全县首例涉外劳动合同纠纷案审理终结,作为外籍劳动者,申诉人彼得•林趣在中国从事教学劳动的合法权利得到公正维护。

11月1日　长兴县婚姻登记处(设在县民政局)举行揭牌仪式,全县开始实行集中办理婚姻登记,婚姻登记处设在雉城镇人民南路226号县妇保院内,实行婚前咨询、婚检和婚姻登记一站式服务,各乡镇不再承办婚姻登记工作。自2003年10月1日《中华人民共和国婚姻法》颁布实施起,办理结婚登记只凭当事人身份证、户口簿,不再需单位和所在居(村)委会出具"婚姻状况证明"。

11月20日　滨海•水木花都开盘,该楼盘80万平方米,为浙北最大楼盘,首期开发15万平方米。

11月29日　长兴县政府驻卡尔马省办事处挂牌仪式在瑞典卡尔马省举行。

11月30日　白溪朱家祠堂(朱氏宗祠)维修工程启动。始建于明代崇祯年间,为杭嘉湖地区仅有的保存较为完整的乡村明代宗祠建筑,占地4000余平方米。2003年8月被列入县级文物保护单位,2005年3月被列入省级文物保护单位。

11月　紫笋茶农业部农业行业标准通过审定并发布实施,为全省首个地方名茶部级标准。

同月　人民网•长兴专题频道开通,由县委宣传部与《人民日报》新闻中心合作,县宣传信息中心承办,设聚焦长兴、城市掠影、投资环境、投资政策四个主题栏目。

12月20日　长兴县招标中心建成运行暨授牌仪式举行,该中心是长兴县进行建设项目交易、国土资源交易、产权交易、政府采购四大类政府性公共资源交易及公共采购活动的有形市场,成立于2004年11月,与审批办证服务中心实行"两块牌子、一套班子"的模式运作。2005年,成立乡镇招投标中心,实现招投标平台向乡镇延伸。2012年12月,更名为县公共资源交易中心。

12月21日　胥仓大桥合龙,西苕溪两岸居民渡船过河历史结束。该桥于2003年7月动工兴建,长416米、宽12米,总投资1400万元。

12月23日　新四军苏浙军区成立60周年纪念活动在长兴槐坎举行,省委原书记薛驹,江苏省及浙江省新四军研究会会长，市县领导及粟裕后代等出席。同日下午，省新四军研究会合唱团在槐坎仰峰村慰问演出。

12月　全县第一座乡镇污水处理厂——长兴县夹浦污水处理有限公司投入运行，总投资1.32亿元，日处理污水4万吨。至2012年，全县共有11座乡镇污水处理厂，在全省率先实现镇镇建有污水处理厂目标。

同年　全县首家博士后工作站在天能集团成立。之后，长兴经济技术开发区、超威电源有限公司、诺力机械股份有限公司分别于2006年、2008年、2010年成立博士后工作站，其中天能集团、超威电源有限公司博士后工作站分别于2008年7月、2010年12月升格为国家级。博士后工作站创办始于2001年。同年7月，省政府办转发《省人事厅等部门关于加快我省博士后事业发展若干意见》，鼓励创办省级企业博士后科研工作站，使之成为企业发展的"智囊团"和提高企业科技含量的服务站。

同年　县内Ⅱ类水开始消失，至2006年水质达到最差，14个监测断面中水质为Ⅳ类的占85.7%，劣Ⅴ类占14.3%，内河以泗安塘为最好，夹浦港为最差。20世纪80年代，县内地表水以Ⅱ类水为主，之后受工业废水和生活污水污染，水质呈逐年下降趋势。2007年后，加大环境治理力度，严格控制排污单位排污总量，境内地表水水质出现改善。

同年　城区居民家用马桶彻底消失。20世纪90年代，随着城镇居民生活水平提高和住房条件逐步改善，居民家庭开始增设卫生间，家用马桶逐步减少。进入21世纪，部分老住宅小区经过改造，均增设卫生间。

同年　全县停征农业税。2005年12月29日，十届全国人大常委会第十九次会议决定，自2006年1月1日起废止《中华人民共和国农业税条例》。之后，国家不再针对农业单独征税，一个在中国存在两千多年的古老税种宣告终结。2006年2月，全县废止农业特产税。

同年　全县农村居民恩格尔系数为38.5%，首次降至40%以下，农民生活进入富裕生活水平区间。恩格尔系数，指居民家庭中食物消费支出占消费总支出的比重。国际上常用恩格尔系数来衡量一个国家和地区人民生活水平的状况。根据联合国粮农组织提出的标准，恩格尔系数达到59%以上为贫困，50%～59%为温饱，40%～50%为小康，30%～40%为富裕，低于30%为最富裕。长兴农村居民恩格尔系数1988年为51.3%，2012年为36.2%。

2005年

1月1日　长兴对农村"五保"对象(对基本丧失劳动能力、无依无靠、无生活来源的农村老年人、残疾人和未成年孤儿，给予吃、穿、医、住、葬五个方面的保障；未成年人还包括教育)和城镇"三无"对象(无劳动能力、无生活来源且无法定赡养、抚养、扶养义务人，或者其法定赡养、抚养、扶养义务人无赡养、抚养、扶养能力的老年人、残疾人以及未满16周岁的未成年人)全部采用城镇居民低保标准给予补助，标准为每人每月230元，成为全省第一个以城镇低保标准实施"五保""三无"集中供养的县。

1月25日　浙江省蓄电池行业协会在长兴成立，总部设在长兴。2009年4月20日，浙江省耐火材料行业协会成立大会在长兴召开，会议决定将协会总部设在长兴。

1月26日　省委书记习近平专程到长广煤矿，下到千米深井慰问一线采煤工人。上午10时，习近平到长广煤矿七矿区(开采范围达12平方千米，是全国屈指可数的千米深井之一)，换上矿工服、戴上安全帽和矿灯后，乘罐笼到离地面920多米深的井底。井洞灯光暗淡，巷道高低不平。习近平一行弓背弯腰，沿狭窄的斜井摸索前进1500米，到采煤三队一班，看望在井下生产的23名采煤工，向他们询问井下生产、安全等情况，和他们一一握手，致以新春的祝福。中午，习近平在七矿职工食堂与煤矿工人同吃快餐。下午到长广公司调研，听取工作汇报。

1月27日　根据中央和省委统一部署,县委召开保持共产党员先进性教育活动工作会议,部署在全县党员中分批开展教育活动。教育活动历时一年半,至2006年6月结束。

1月　西苕溪午源、便民、胥仓、吴山、葛泾最后5处渡口撤销,县境内实现“零渡口”目标。长兴地处太湖之滨,水网密布,渡运历史悠久,历史上渡口一度多达78处。1988年,全县尚有渡口26处。

同月　周吴水库水电站报废停用,至同年年末,全县仅有泗安、和平、二界岭3座水电站继续发电,装机总容量640千瓦。20世纪70年代起至1982年,县水利部门先后兴建小水电站11座,安装发电机组19台,装机总容量948千瓦,其中泗安水库、和平水库、周吴水库、二界岭4座水电站并网接受县供电局统一调度。

同月　浙江京兴天然气发电有限公司成立,9月在雉城镇五里桥开工奠基,2006年12月投产运营,总装机容量75兆瓦,为县内唯一天然气发电企业。2007年9月更名浙江琥珀京兴天然气发电有限公司,为琥珀国际投资的中国港澳台法人独资企业,注册资本1666万美元,总投资2900万美元。同年发电量272990兆瓦时。输送至湖州电网。

2月1日　长兴县级领导班子被评为全市首批“六好”班子。

3月8日　文化散文卷《品味长兴》首发仪式在长兴举行,由著名作家黄亚洲、王旭烽、陈源斌和8位中国作协、省作协会员撰文14篇,涉及长兴历史人物、红色文化、史前文化、考古发现、民俗民情、扬子鳄、古银杏、长兴灰岩、长兴风光、太湖四宝等内容。

3月24日　申苏浙皖高速公路李家巷陈家浜段造桥工地发生临时工作用船与长兴货2129空船相撞,造成临时工作用船上9名民工落水,5人死亡。

3月　中央文明办评选未成年人思想道德建设工作创新奖,长兴中学德育导师制获一等奖,是浙江唯一一个入选全国十个“一等奖”的创新典型。5月25日,央视《新闻联播》播发长兴中学德育导师制的报道;5月30日,中宣部、中央文明办在北京召开“改进创新未成年人思想道德建设工作”座谈会,长兴中学作为浙江省唯一一个入选全国十佳的创意单位应邀参加。2004年5月19日,《光明日报》曾以头版刊发《以心交心,叩开学生心扉——浙江省长兴中学实施班级德育工作导师制纪实》,介绍长兴中学德育工作导师制情况。

4月17日　国内著名探险勇士王龙祥单骑国产摩托车“重走抗战路”活动首发仪式在县中心广场举行。

5月8日　由海信集团和浙江先科电器有限公司共同投资3亿元组建的海信(浙江)空调有限公司,在县经济技术开发区举行成立庆典仪式。该公司于4月22日成立,注册资本1.1亿元,从事家用空调器、空气净化器及关联产品的制造,主要生产的产品有家用挂壁式空调、柜机及空气净化器,占地面积33万平方米,年产400万套变频空调、20万台空气净化器,是海信集团在长三角的主要生产基地。

5月20日　由县人民政府主办的太湖流域水泥工业发展研讨会在长兴召开,来自中国水泥行业协会、省市行业协会和行业管理部门的专家以及苏浙皖地区的16家水泥工业企业负责人,共同探讨有序竞争、健康发展、联合共赢的战略和决策。

5月21日　包括国际地层委员会主席Or chard.Mike和国际地层委员会秘书长Ogg.jime在内的,参加三叠纪年代地层生物复苏国际地质大会的26名外国地质专家到长兴考察金钉子地质遗迹保护,认为保护区“是全世界地质遗迹保护得最好的地方之一”。

5月30日　由印尼华商投资总商会主席维嘉雅·戴维、马来西亚青年交流中心会长涂鸿博带队的马来西亚著名企业考察团到长兴考察。

5月　全县首批公开选任的20名人民陪审员正式参与审判工作。2005年之前,县法院尚未正式选举人民陪审员,而是由乡镇推选的1名工作人员担任人民陪审员职务,主要参与刑事案件的审判工作。2005年《全国人民代表大会常务委员会关于完善人民陪审员制度的决定》正式施行,2月县法院出台人民陪审员选任、培训工作方案,3月对外发布《长兴县人民法院选任人民陪审员公告》,在全县范围内选任人民陪审员20人,4月经培训考核合格后提请县人大常委会任命。

6月26日　著名经济学家周其仁应邀到长兴作《经济大时代与县域经济》的专题报告。

6月28日　由上海市文明办、上海市科教工委、上海市教委、黄浦区委和湖州市文明委、长兴县委等6家单位联合举办的“历史的印痕”——《新四军苏浙军区抗战纪实》主题展览在上海市黄浦区图书馆首展。

6月　县政府出台《长兴县雉城镇城区经济适用住房管理实施细则》,明确经济适用住房申请家庭申请人标准和条件。同年,首个经济适用房小区——清溪家园交房,共2万平方米,有200户城镇低收入户率先解决住房困难。

同月　县政府出台《长兴县城镇廉租住房保障办法》,对城镇住房困难家庭提供廉租住房租赁补贴为主,实物配租和租金减免为辅的保障方式。保障范围为各建制镇,申请条件为城镇居民最低生活保障家庭、人均住房面积低于12平方米且总面积不超过36平方米。

7月4—5日　长兴通过国家中医药管理局组织的考核验收,被命名为“全国农村中医工作先进县”。

7月7日　长兴在韩国首尔举办投资推介会,韩国贸易振兴公社部长吴宰昊、韩国DTC社长朴允文等众多韩国政界、商界嘉宾出席推介会。

7月22日　欧盟作出终裁,将终裁倾销税率由初裁的35.9%降为7.6%,浙江诺力机械股份有限责任公司成为国内第一家扭转欧盟反倾销案件的初裁决定的外贸企业,该案也成为中国首个终裁结果改变初裁不公正判决的经典案例。2005年8月,商务部在长兴县召开“手动液压搬运车欧盟反倾销应诉总结会”,“诺力”打赢反倾销应诉反败为胜被商务部列为反倾销经典案例,并获得浙江省进出口公平贸易2004年度专项资金奖励100万元。诺力公司坐落在长兴经济技术开发区内,开发生产低位搬运车、电动堆高车、电瓶叉车等轻小型仓储物流搬运设备,为国内专业仓储搬运设备制造业。2004年4月29日,欧联执行委员会对中国输欧手推车(手动液压搬运车)及其主要部件进行反倾销立案调查,诺力公司成为涉案企业之一。

7月23日　国务院办公厅正式下文将长兴金钉子剖面列为新建的国家级自然保护区名录。8月9日,国家环保总局下发通知,对长兴地质遗迹国家级地质遗迹自然保护区的面积范围及功能分区作出明确。面积275公顷,为保护类型地质遗迹,主要保护对象为全球二叠—三叠系界线层型剖面和点(GSSP)、长兴阶标准地层剖面,以及赋存于地层中的华夏菊石动物群、蜓类动物群、牙形石动物群等。2008年,被评为国家AAAA级旅游风景区。

7月30日　县人民政府机关被全国双拥领导小组、中宣部、中央文明办、民政部、解放军总政治部评为全国军民共建社会主义精神文明先进单位。

8月5—7日　全县全力防御第9号台风“麦莎”。

8月20日　煤山镇发生一起因天能公司与周边群众环保纠纷而由少数人组织煽动的严重违法事件。省委、省政府有关领导对妥善处置该事件作出批示,市、县主要领导赴现场组织处置工作。10月,天能事件得以妥善处置。

8月31日　长兴举行纪念抗日战争胜利60周年暨新四军苏浙军区成立60周年大型歌会。

8月　全县首个企业冠名基金会——“诺力·阳光慈善助学基金”在县慈善总会设立。同年,县慈善总会设立“慈善爱心助学工程”,浙江诺力机械股份有限公司率先响应成立基金会,用基金利息定向资助某个特殊群体或捐给慈善总会。至2012年年末,全县先后建立“助老、助残、助医、助学”等各类企业冠名基金14个,冠名基金累计救助1775人次,支出救助款630.78万元。

9月3日　长兴无机非金属新材料产业基地通过科技部专家评审,升格为国家级火炬计划,成为国内第二个国家级无机非金属新材料产业基地。该基地位于县经济技术开发区,2002年6月创建,是全省9家省级高新技术特色产业基地之一。

9月　国家统计局在广东东莞举办2005全国强镇论坛，并发布“全国首届小城镇综合发展水平1000强”名单，长兴县雉城镇、李家巷镇、洪桥镇、和平镇、煤山镇5个镇入围全国综合实力“千强镇”。“千强镇”是国家统计局对全国近2万个建制镇，根据城镇发展水平、生活环境、发展潜力等方面近30个指标进行综合测评评定，由国家统计局农村社会经济调查总队、中国信息报社发布。

10月11日　粟裕将军塑像揭幕仪式在县新四军苏浙军区纪念馆隆重举行。该塑像由粟裕夫人楚青赠送。

10月18—20日　长兴县—庆元县“山海协作”工程签约暨项目捐赠仪式在丽水市庆元县举行，长兴出资120万元捐赠庆元县实验小学综合楼。2006年8月完工，建筑面积2400平方米，命名为“长庆楼”。

10月19日　夹浦镇父子岭村股份经济合作社、县开发区街道陈塘村股份经济合作社成立。同年，根据浙江省《关于全省农村经济合作社股份合作制改革的意见》，全县成立农村股份合作制改革指导小组，选择夹浦镇父子岭村、县开发区街道陈塘村开展村经济合作社股份合作制改革试点。2008年11月，县委办印发《长兴县推进农村经济合作社股份制改革实施意见》，要求完成以村改居、城中村、园中村、城郊村为重点以及经营性资产50万元以上村的农村集体资产股份合作制改革。至2012年年末，全县有95个村完成股份制改革，占38.3%。

10月22日　国家统计局公布全国百强县(市)社会经济综合发展指数结果，长兴跃居2004年度“全国综合发展百强县(市)”第51位，比上年度提升12位。

10月28日　全国文化先进县表彰大会在北京举行，长兴以综合评比分浙江省第一名的成绩获得“全国文化先进县”荣誉称号。

10月　县重大农业植物疫情防控指挥部成立，重点针对加拿大一枝黄花进行防控。同年，全县加拿大一枝黄花发生面积达320余公顷，涉及乡镇13个，其中比较严重的乡镇有雉城镇、小浦镇、洪桥镇、和平镇、林城镇、开发区。之后，通过每年春秋两次防控，发生面积逐年减少，蔓延趋势得到控制。

11月2日　长兴县举行外来投资企业“一卡通”服务卡发放仪式，首批39家外来投资企业拿到“一卡通”。根据《外来投资“一卡通”管理办法(试行)》，持卡者可在办证、交通、教育、医疗等方面享受优惠。

11月20—21日　由文化部社图司、中国文化报社、浙江省文化厅主办、长兴县人民政府承办的中国公共文化发展论坛在长兴举行。

12月28日　长兴铅酸蓄电池行业污染整治通过省验收组验收，达到省政府提出的“扶强汰劣，解决低、小、散、乱问题，企业全面达标排放”的整治要求。2006年6月，省环境污染整治领导小组发函同意长兴铅酸蓄电池行业污染整治通过省级验收并“摘帽”。2004年10月，由于长兴铅酸蓄电池企业“低、小、散、乱”问题突出，被省政府列入“省级环境保护重点监管区”，同年起，县委、县政府开展“摘帽”整治。蓄电池企业数量从175家减至53家，蓄电池行业发展步入良性轨道。

同年　长兴现象引起国内主流媒体的高度关注。10月16日，《人民日报》(华东新闻)头版以《长兴为何连升56位》为题，对长兴现象进行解读，并称之为“长兴速度”。11月25日，《光明日报》以《百强县排位凸显“长兴速度”》为题，对长兴近两年来的发展路径进行剖析，对“长兴速度”予以肯定。长兴在“全国综合发展百强县(市)”排名由2002年度的第107位提升至2003年度的第63位、2004年度的第51位，两年连升56个位次。

2006年

1月1日　长兴县—仪陇县扶贫结对暨捐赠仪式在四川省仪陇县举行，签订长兴县人民政府援建仪陇县日兴镇场镇饮水工程协议书，捐助50万元建设“长仪场镇饮水改造工程”，解决日兴镇1万多人饮用水安全问题。县农业、水利、教育、劳动保障、工商等部门还同仪陇县有关部门签订结对合作协议。

1月24日　由世界500强企业德国弗朗茨海涅尔集团全资子公司凯莱建材公司投资的浙江长兴伊通有限公司，在小浦镇举行开工奠基典礼。该项目于2005年10月批准落户，总投资2999万美元，注册资本1300万美元，为县内首家世界500强投资企业。

1月　长兴对城市主要道路开始实行18小时保洁制度。2003年起，对进城区工程车辆实行“水冲轮胎”管理，2004年3月起对城市道路实行“水冲路面”保洁。

3月14日　县十三届人大常委会第23次会议审议通过县人民政府提请的关于将梅花确定为长兴县县花的议案，决定将梅花确定为长兴县县花。

3月　县内首家汽车“4S店”——长兴昌盛汽车销售服务有限公司即大众汽车4S店正式开业。2009年，县内有大众、别克2家汽车品牌4S店。2010年，制定《长兴县汽车贸易集聚区规划方案》，明确汽车4S店北区和南区2个集聚区建设区块，规划用地面积达50.4公顷，引导汽车4S店集中落户。其中，汽车4S店集聚区北区位于开发区新交警大楼以东、长洪公路两侧地块，南区位于长兴综合物流园区C地块和经四路延伸线与104国道交叉处。2012年年底，集聚区内建成营业的4S店8家、在建4家。

4月21日　长兴县举行“城市一卡通”开通仪式，成为首个应用“建设部密钥管理系统”的县级城市。

4月24日　长兴双飞服装辅料有限公司投资12.5万美元与客户在瑞典卡尔马省设立SIMPOSEON公司，注册资本37.5万美元，双飞控股33.3%，是全县正式报批在境外设立的第一家分公司。长兴双飞服装辅料有限公司是一家从事服装辅料加工、销售和货物、技术进出口企业。

4月　县政府委托浙江省城乡规划设计研究院编制《长兴县域总体规划(2006—2020)》，适应统筹城乡发展、促进城乡一体化需要，重构城乡规划体系，2009年5月经省政府批准实施。

5月8日　县行政办公综合楼投入使用，县委、县政府在新落成的县行政中心广场举行县级机关公务员宣誓仪式。该办公楼于2003年9月开工建设。

5月　大唐贡茶院遗址及摩崖石刻被列入第六批全国重点文物保护单位。

6月9日　浙江体育职业技术学院长兴分校项目签约仪式在长兴举行。

6月20日　长兴县举行《做大时代的企业家》专题报告会，著名经济学家、北京大学中国经济研究中心教授周其仁应邀主讲。

6月　传统舞蹈“长兴百叶龙”被列入第一批国家级非物质文化遗产名录。

同月　浙江诺力机械股份有限公司“诺力NOBLIFT”经行政认定为中国驰名商标，成为全县首件中国驰名商标。至2012年年末，全县共有驰名商标10件，均为工业企业，其中经行政认定的驰名商标共3件、经司法认定的驰名商标共7件。

7月19日　省委副书记、省长吕祖善一行到长兴考察调研合溪水库工程项目情况。

7月　长兴县人民医院整体搬迁至太湖中路66号，占地面积7.43公顷，建筑面积4.26万平方米，床位600张。原址位于雉城镇县前街59号。2012年，由省卫生厅评定为三级乙等综合性医院。

8月2日　省委书记习近平到长兴考察调研南太湖综合治理和开发工作。先后考察华能长兴电厂、浙江长兴发电有限责任公司，考察长兴地质遗迹国家级自然保护区，沿途考察长兴新农村建设及龙山新区规划建设，在长兴县行政会议中心听取湖州市关于南太湖综合治理及开发工作情况汇报。强调“绿水青山就是金山银山”，要树立科学发展观，进一步做好科学治理环太湖流域、科学保护和开发水资源的工作。并就长兴环太湖开发理念和滨湖景观大道设计方案提出意见。

9月2日　“长兴大讲堂”开讲仪式在县图书馆新馆举行，邀请浙江大学教授作题为《“八荣八耻”与中国传统文化》的讲座。2009年起，“长兴大讲堂”成为全县党员干部理论学习与思想教育的重要平台。

9月5日　日本株式会社波路梦(长兴)食品有限公司项目签约仪式在长兴举行。由日本第三大食品公司日本波路梦株式会社投资，2007年1月批准落户县经济技术开发区，2008年10月26日举行开业典礼，从事饼干、糕点、巧克力等食品的生产加工和销售。

9月　国家统计局发布2005年度“全国综合发展百强县(市)”评选结果,长兴名列第56位。之后,国家统计局不再进行百强县评选。

同月　318国道长兴段停止收费并撤除。1993年9月,建立长兴县道路建设车辆通行费征收所,开始征收318国道车辆通行费,11月更名为318国道长兴通行费征收管理所,1996年12月撤销,建318国道长兴收费站。其后,县境内的2个收费站也先后撤除。2010年2月,10省道长兴收费站停止收费并撤除,建于2006年8月;2012年10月,104国道长兴收费站停止收费并撤除,建于1996年12月。

同月　县气象局首次实施人工影响天气作业。同年,县气象局开展人工影响天气业务,成立人工影响天气专业作业队,配备人工增雨火箭发射装置、设备,建立人工增雨作业点。

10月9日　由人民日报社和日本经济新闻社共同主办的第十一次中日经济讨论会在长兴举行,会议主题为“中国‘十一五’规划与中日经济合作”。人民日报社、日本经济新闻社分别代表主办单位致辞,商务部有关领导和日本前经济产业大臣作主旨演讲,省政府有关领导发表特别致辞。参加讨论会的中方嘉宾有中国建设银行、海尔集团、内蒙古蒙牛乳业(集团)股份有限公司负责人,日方发言嘉宾为大和证券集团、株式会社日立制作所、麒麟啤酒株式会社负责人。中日经济讨论会始于1984年,每两年举行一次,为中日两国经济界加深理解、促进交往与合作发挥积极的推动作用。该次会议为首次在县级城市召开。

10月14—15日　国家统计局在浙江萧山召开主题为“发展强镇经济,建设社会主义新农村”的全国强镇论坛,并发布第二届“全国小城镇综合发展水平1000强”名单,长兴县雉城镇、李家巷镇、洪桥镇、夹浦镇、林城镇、和平镇、小浦镇、煤山镇8个镇榜上有名,其中煤山镇跻身全国百强,位居第76位。比2005年第一届评选新增夹浦、林城、小浦3个镇。浙江省共有266个镇入围。

10月17—18日　全县共有35家企业赴广州第100届广交会参展,参展规模为历史之最。

10月18日　长兴金钉子地质博物馆开馆典礼举行。总建筑面积4512平方米,展示面积2600平方米,设有宇宙地球展厅、生物进化展厅、金钉子展厅、4D影院、古木化石展区,是一所现代化的地质科普教学馆。2003年5月,启动“金钉子”地质遗迹保护区建设工程立项,2004年9月起,动工兴建长兴金钉子地质博物馆。

10月25—26日　由瑞典卡尔马省与长兴县人民政府共同举办的第二届中国长三角与欧洲波罗的海地区合作、交流与发展论坛在瑞典卡尔马省隆重举行。

10月30日　申苏浙皖高速公路长兴境段全线建成通车,全长50.94千米。2003年7月一期工程开工建设,六车道,路基宽35米,路面宽30.5米;2005年8月2日二期工程开工建设,四车道,路基宽25.5米,路面宽22米。设计时速120千米/小时。

11月9日　德国辛德芬根市代表团到长兴进行友好访问。

11月26日　教育部部长周济带领参加全国高校服务地方发展工作会议的代表,包括北京大学、清华大学等30多所教育部直属高校的校长,到落户于长兴县泗安镇的浙江大学生命科学教学科研基地考察。

12月26—29日　中共长兴县第十二次代表大会召开,提出大力实施“六大战略”(工业立县、科教强县、生态优县、经济国际化、新型城市化和软实力优化战略)、全力打造“六个区”(长三角先进制造业重要集聚区、长三角绿色高效农产品主产区、长三角现代物流重要集散区、长三角生态休闲度假新选区和浙江省先进文化建设示范区、现代社会管理样板区),加快建设山水园林型现代化新兴城市的目标。

12月31日　全国开展第二次农业普查,普查标准时点为2006年12月31日,时期资料为2006年度。普查结果:2006年,全县农村户数130197户,人口495718人;年末企业数32055个,其中工业企业22608个;企业从业人员192528人,其中工业企业从业人员153792人。

同年　长兴取消公共厕所收费,全部实行免费开放。县环卫处于2003年始对二类标准以上公共厕所落实专人管理,并实行收费制度。

2007年

1月　全县508名村主职干部在县委党校参加“建设社会主义新农村”和“学习贯彻十七大精神，创业富民、创新强村”专题培训。同年起，县委将每年组织全县村主职干部进行专题培训作为一项长效机制加以坚持。

3月4日　全县农村学生班车启动仪式举行，16个乡镇共168辆学生班车顺利开通。

4月27日　“中日友好樱花林”揭碑仪式在龙山新区举行。“中日友好樱花林”由日本经济新闻社、日本麒麟啤酒株式会社、日本大和证券集团、日本日立制作所、日本波路梦株式会社等机构捐资，长兴县人民政府承建。樱花林由280多株樱花树组成，坐落于龙山新区，占地面积约0.67公顷。2006年10月在长兴举行的第十一次中日经济讨论会提议，由日方主要参会代表，为会议承办地长兴赠送一批樱花树，以示对第十一次中日经济讨论会的永久纪念和对中日友好的美好祝愿。

4月30日　县内有线电报业务取消。之前，根据省邮电管理局有关规定，长兴县于1998年6月停开短波电路，无线报房撤销。

6月4日　全县发展现代家庭工业和现代服务业暨全民创业动员大会召开，部署开展“人人创家业、户户达小康”的全民创业活动。

6月7日　全县“五城联创”动员大会召开，全面启动国家园林县城、国际花园城市、省级示范文明城市、全国生态县和中国人居环境奖“五城联创”。

6月11日　浙江天能电池有限公司在香港联交所挂牌交易，股票名称天能动力，股票代码00819。股票发行价格每股1.92港币，首次共募集资金5.76亿元港币。天能公司是县内首家上市企业、全市首批(共2家)上市企业之一，也是全市首家境外上市公司。

6月17日　长兴县首届龙舟大赛在龙山新区和睦塘举行，共有来自各乡镇、街道的12艘龙舟参赛，5万余人观看比赛。

6月29日　省委副书记、省长吕祖善到长兴调研太湖蓝藻防治工作。

7月7日　纪念粟裕100周年诞辰长兴瞻仰、参观活动在槐坎新四军苏浙军区纪念馆广场举行。

7月　长兴县启动第三次全国不可移动文物普查工作，历时两年完成。由县政府公布登记不可移动文物名录计1210处，其中古遗址212处、古墓葬361处、古建筑375处、石窟寺及石刻9处、近现代重要史迹及代表性建筑247处、其他6处。

同月　仙山显圣寺、顾渚山寿圣寺、城山清凉禅寺和弁山碧岩禅寺四大名山名寺建设全面启动，结合四大名山佛教旅游景点建设推进四大寺庙修复，至2008年5月，先后完成并对外开放。

8月1日　县内报告1例输入性登革热实验室确诊病例，为全县首例输入性病例。8月7日，患者症状消失，湖州市中心医院予以出院。3名密切接触者经过为期15天的医学观察均未出现异常状况。无后续病例发生。

8月10日　县委、县政府举行长兴籍大学生和复退军人创业形势报告会，向长兴大学生和复退军人创业指导服务团授牌。

8月24日　中国中钢集团公司和湖州市经济技术合作协议暨中钢集团上海新型石墨材料长兴有限公司项目入区签约仪式在长兴举行，注册资本2.3亿元，总投资23亿元。2009年6月正式开工，2012年8月国内第一个具有世界先进水平的特种石墨材料制造基地在长兴建成。

9月11日　2007年中国名牌产品暨中国世界名牌产品表彰大会在北京人民大会堂举行，浙江诺力机械股份有限公司“诺力”牌制造工程机械(规格型号液压搬运车)被国家质检总局认定为“中国名牌产品”，为县内首个、也是唯一一个中国名牌产品。

10月11日　全省精神文明建设“五个一工程”表彰大会召开，对一批在全国第十届精神文明建设“五个一工程”、浙江省第九届精神文明建设“五个一工程”评奖活动中获奖的先进单位和文艺项目进行表彰，儿童电影《亲亲鳄鱼》获第九届浙江省“五个一工程”奖。该影片由长兴县人民政府和杭州海空影视广告制作有限公司联合摄制，2005年7月18日在中国扬子鳄村开拍，2006年3月11日举行首映式。

10月15日　长兴广电中心大楼举行开工奠基仪式。该工程建设于2006年7月获县发改委批复同意，2009年12月28日正式启用。

10月16日　浙江省长兴体育训练基地暨国际射击中心举行开工仪式，位于画溪大道803号，由省体育局投资建设并管理。总投资3.6亿元，总建筑面积71562平方米。至2010年，完成自行车馆、射击馆、决赛馆、飞碟靶场、运动员公寓、食堂、综合训练馆室，综合教学大楼、新闻中心等建设。至2012年，完成场地自行车馆、400米标准田径场、运动员公寓、射击馆建设。

10月　全县第一家典当机构长兴盛源典当行开业，经营范围为动产和财产权利质押典当业务、房地产抵押典当业务、限额内绝当物品的变卖、鉴定评估及咨询服务等。2012年年末，全县持典当经营许可证企业5家。

11月9日　省委书记赵洪祝到长兴调研贯彻落实中共十七大精神和省第十二次党代会精神，实施“创业富民、创新强省”总战略情况。先后考察雉城镇工业集中区浙江天能电子电器有限公司、县开发区浙江诺力机械股份有限公司2家企业，考察夹浦镇月明村新农村建设。

11月13日　县委召开中共十七大精神宣讲活动动员大会，抽调1000名干部组成19个宣讲团，由县级领导带队，赴全县村、社区开展“一宣讲五推动”活动，至次年3月结束。“一宣讲五推动”，即宣传中共十七大精神，推动破解一批事关全局发展的难点问题、推动发展一批现代家庭工业和现代农业、推动攻坚一批促进又好又快发展的重点项目、推动解决一批农村和城镇社区的民生问题、推动化解一批影响稳定的各类社会矛盾纠纷。2008年，长兴“一宣讲五推动”活动入选“全省马克思主义大众化经典案例”，并在全省理论工作会议上作典型交流。之后，该活动完善调整为“一宣讲六推动”，并作为推动形势政策宣讲进村入户、推动全县中心工作的一项长效机制得以坚持。2011年3月17日，全省形势政策宣传教育现场会在长兴召开，长兴县委作典型交流发言。

12月24日　合溪水库工程开工典礼举行。该工程于2002年开始项目申报和前期工作，2003年7月被水利部列为国家“十五”时期重点水利工程之一，2006年11月20日召开合溪水库工程建设动员大会，2011年6月1日举行合溪水库下闸仪式，10月22日全面建成，2012年6月开始供水。

12月25日　由浙江省纪委、浙江省委宣传部、浙江省文化厅、浙江省广电集团、湖州市纪委、长兴县委联合举办的“清风之歌”——浙江省反腐倡廉暨2007廉政长兴文艺晚会在长兴大剧院举行。

同年　《长兴县工业用地招标、拍卖、挂牌实施试行办法》制定下发，规定工业用地实行公开出让。首宗公开出让的1宗工业用地位于虹星桥镇，面积1公顷，以180.2万元成交，比起始价增加43.6%。

同年　仿古县城城墙新建北门城墙，位于雉城街道鱼巷口社区，东接长水港，西近金陵路，北靠护城河，长约500米、高3米，因地处古县城北门得名。中华人民共和国成立之初，县城古城墙保存完好。1958年，城郊一带兴建工厂，建筑工人拆卸古城墙墙砖用作建筑材料，少数居民也加入拆砖行列，至1963年，千年古城墙竟一毁无遗。

2008年

1月14日　浙江大学—长兴共建农业科学试验站与农业科技示范园区签约仪式在湖州举行。

1月25日—2月5日　长兴发生有气象记录以来，持续时间最长、积雪深度最大的大雪冰冻灾害。持续降雪期间出现2次暴雪过程，第一次出现在1月27日至29日，累积积雪深度15厘米。第二次暴雪过程出现在2月2日，新增积雪25厘米，累积积雪深度35厘米，山区最大超70厘米，积雪持续时间长达19天。平均气温-0.8℃，比常年偏低4.2℃，列历史第2(历史同期最低为1977年，-2.2℃)，其间最低气温-7.7℃。全县因雪灾经济损失达24.8亿元，受灾人口达35.4万人。1月28日，县防御雪灾电视电话会议召开，部署抗雪救灾工作。

2月1日　省委副书记、省长吕祖善到长兴检查指导抗雪救灾工作。

3月30日　瑞典卡尔马省地区委员会主席雷夫•拉尔松一行到长兴考察。

4月16日　中国驻法使馆通过外交部向省委、省政府发来表扬函指出，长兴百叶龙表演团在巴黎演出期间克服天气寒冷、场地条件不完善、舆论环境复杂等困难，以精妙的技艺在现场营造出喜庆氛围，展示中华民间艺术的魅力，为火炬传递活动做出了贡献。

5月12日　四川省汶川县发生里氏8.0级大地震，长兴县按照中央统一部署，全力做好支援灾区抗震救灾各项工作。5月15日，举行县四套班子领导向四川地震灾区捐款仪式，16日向全社会发出抗震救灾募捐再动员。5月26日，县委常委扩大会议传达学习中共中央总书记胡锦涛在湖州视察时的重要指示精神，强调要坚决贯彻落实胡锦涛重要指示精神，全力做好支援灾区抗震救灾各项工作，全力促进长兴经济社会又好又快发展。5月27日，浙江省在萧山召开动员企业加快生产支援抗震救灾大会，浙江华鑫建设有限公司、多蒙佳乐服饰有限公司2家长兴企业参加。6月12日，县委、县政府将来自地震灾区四川广元的49名学生安排到县职教中心就读，并于当天举办简单而温馨的欢迎仪式。7月中旬，《浙江省支援青川县灾后恢复重建方案》公布，长兴县对口支援青川县七佛乡。9月9日，长兴县支援青川县七佛乡灾后恢复重建指挥部在青川县七佛乡挂牌成立。10月，印发《长兴县支援青川县七佛乡灾后恢复重建方案》，提出力争用三年左右的时间，使灾区群众的基本生产生活条件达到和超过灾前水平，并为可持续发展奠定坚实的基础。2010年10月，长兴县对口支援青川县七佛乡灾后恢复重建工作圆满完成。2008—2010年，全县拨付捐赠款物2394.63万元，其中捐赠款2174.84万元，捐赠物资折款219.79万元。长兴县对口支援七佛乡恢复重建资金每年按上年地方财政收入实际执行数的1%筹措安排，县财政设立财政资金专户管理，至2010年，长兴县对口援建七佛乡项目共11项，总投资3167万元。

5月28—30日　第十届国际茶文化研讨会暨首届浙江湖州(长兴)陆羽茶文化节、2008中国•太湖明珠——长兴国际投资贸易洽谈会在长兴举行。28日，全国政协副主席张榕明，中共中央政治局原委员、全国政协原副主席、中国国际茶文化研究会名誉会长杨汝岱，省委副书记、省长吕祖善等领导出席开幕式并参观大唐贡茶院。

5月28日　大唐贡茶院重建落成典礼暨陆羽铜像揭幕仪式举行。2004年9月，县政府成立贡茶院恢复工程领导小组，同时成立顾渚山大唐贡茶院恢复工程开发有限公司。2006年2月，大唐贡茶院保护性建设工程一期开工，主要包括吉祥寺大殿、东西耳房、东西展廊及月台、栈桥，为全木结构仿唐建筑，于12月竣工。二期项目于2006年11月开工，至2008年5月竣工，主要包括东西长廊、陆羽阁，东西栈桥及一、二期工程的绿化、布展工作，其中布展工作由北京世纪彩虹展览展示有限公司施工，陆羽雕像由著名雕塑家钱绍武设计制作。陆羽铜像，高3.5米，重2.5吨，背面由16根铜柱组成，上刻《陆羽文学自传》选段，《茶经》中茶之源内容。

6月15日　长兴中心农贸市场投入使用，位于雉城镇长安路长安桥南堍，总投资2.55亿元，于2006年12月12日开工，占地面积29807.18平方米，建筑面积43727.52平方米，内设944个摊位。有地下1层和地上3层共4层。

6月28日　长兴县中医院迁建工程开工奠基仪式举行。原位于解放东路68号，同日迁址新建，位于长吕路99号。2010年9月建成投入使用，占地面积4.02万平方米，建筑面积3.64万平方米。2012年被国家中医药管理局评定为三级乙等中医医院。

6月　长兴县抗日战争时期人口伤亡和财产损失课题调研全面完成，并通过省党史部门验收。据不完全统计，抗日战争期间全县人口伤亡总数2556人，其中直接死亡2199人，造成的难民在10万人以上,接近当时全县总人口的50%;全县财产损失总计相当于1937年7月法币价值1.82亿元。该项工作是根据中央和上级部署,于2006年6月启动,由县党史部门历时2年完成。

7月下旬　湖州金钉子境外就业服务有限公司组织长兴及湖州吴兴区、南浔区共502位农民赴瑞典采摘蓝莓,其中长兴499人。其间,由于项目合同外方准备工作不充分,宣传发动时未考虑可能出现的困难和问题,泰国及乌克兰等国采摘人员竞争激烈,特别是2008年为蓝莓低产年,因采摘量不足造成经济利益不能达到务工人员的期望值而诱发劳资纠纷。事发后,县政府领导赶赴瑞典现场处置,通过中国驻瑞典使馆、长兴驻瑞典办事处现场协调和县外经贸局、县公安局、县外事办在国内调解,于9月20日达成协议,纠纷得到解决,后期生产和劳务人员生活恢复正常。10月1—5日,所有劳务人员分9批陆续回国。

8月12日　长兴县电子行业协会成立大会举行,会上槐坎乡被授予“中国节能灯电容器之乡”称号。

8月28日　长兴县志愿者协会成立大会暨第一次会员代表大会召开。

8月　长兴籍女排运动员周苏红参加第29届北京奥林匹克运动会,并获铜牌。

同月　长兴人凌晨获第三届“文武中国·世界散打王争霸赛”男子48千克级冠军。

同月　长兴被中国经济林协会授予“中国红梅之乡”称号。长兴红梅同年种植面积达679.4公顷,占全省红梅种植面积的85%,年产值6000余万元。

同月　长兴垃圾焚烧发电厂建成投产发电,由长兴新城环保有限公司于2007年投资1.7亿元兴建,总装机容量9兆瓦,年发电量6480万千瓦时。全县生活垃圾全部转运至该厂进行焚烧无害化处置,同年共焚烧处理垃圾14.7万吨。

9月4日　海信惠而浦(浙江)电器有限公司举行奠基仪式。由国内电器龙头企业海信公司和世界500强企业惠而浦(香港)有限公司于4月签约组建合资公司,决定将总部设在长兴,主要研发、生产和组装洗衣机、冰箱及其部件。11月批准落户县经济技术开发区,总投资9750万美元,注册资本6750万美元。

9月10日　长兴县第一中学迁建项目竣工并启用,位于雉城镇双拥路608号,占地8.67公顷。前身为从长兴中学分离初中部组建的雉城镇城北初级中学,2001年更名,2004年雉城中学全体师生、下箬中学部分师生并入,2007年异地迁建,2012年8月更名长兴县龙山中学。

9月14日　县政府组织检查全县奶粉市场,未发现全县有因服用三鹿婴幼儿奶粉而引发的疑似病例。至22日,长兴确诊因食用含三聚氰胺奶粉而导致的泌尿系统结石病例41例,占筛查综述1%,住院治疗7例,出院5例,无重症病例。

9月28日　长兴综合物流园区A区正式开工建设。该园区位于县城东南,4月由县土地储备中心、县交通建设投资公司、县市场开发中心共同出资,组建长兴永畅物流建设开发有限公司,负责园区建设、开发和管理。总占地面积159.87公顷,总投资23.16亿元,建设分A、B、C 三个区、三个阶段进行,其中A区于2011年1月1日运营,B区于2009年启动建设,开发时间为3年至5年。

10月12日　长三角一体化与县域经济发展论坛暨2008年长兴接轨上海活动月启动仪式在上海国际会议中心举行,现场签订《中国科学院上海生命研究院长兴科技产业化中心协议》《上海—长兴技术转移接力中心协议》《上海漕河泾经济技术开发区—长兴经济技术开发区招商战略合作协议》《旅游热线(上海)联盟与长兴旅游合作协议书》。

10月23日　长兴县农民专业合作社联合会成立。至该月月初,全县共有合作社115家。

10月　长兴企业首次入围“中国民营企业500强”,其中天能电池集团有限公司列第230位、超威电源有限公司列第469位。

11月1日　全国政协副主席李金华到长兴先后考察浙江诺力机械股份有限公司、水口乡徽州庄村、大唐贡茶院。

11 月 4 日　土耳其伊斯坦布尔工业协会到长兴考察投资环境。

11 月 10 日　长兴在 2008 年国际花园城市总决赛上获“国际花园城市”金奖(D 类)和环境可持续发展奖第一名。“国际花园城市”竞赛活动全称“全球最适宜居住城市国际竞赛”，是世界城市建设与社区管理领域的最高荣誉之一。1996 年举办以来，英国伦敦、美国芝加哥、日本东京江户川等城市先后获得该称号。自 2000 年至 2007 年，中国先后获得该称号的城市有深圳、杭州等 16 个。

11 月 26 日　团中央第一书记陆昊到长兴调研团组织服务青年、促进农村青年创业就业工作。

11 月　长兴被中国金融网、中国金融研究院、世界能源金融研究院等机构授予“第四批中国金融生态县(市)”称号。

同月　长兴多蒙佳乐有限公司行政主管尹明成被国务院农民工办公室授予“全国优秀农民工”称号。

12 月 9 日　向家坝—上海 800 千伏特高压直流示范工程浙江段输电线路开工典礼在长兴举行。该线路西起于四川宜宾，终于上海奉贤，是国家“西电东送”的重要项目，浙江段涵盖湖州在内的 8 个市县(区)，总长 159 千米，2010 年 7 月 3 日建成投入使用。穿越长兴二界岭、泗安、林城、虹星桥和吕山 5 个乡镇，长度 36.95 千米。

12 月 16 日　浙江江森自控电池有限公司举行奠基仪式。由世界 500 强企业江森自控亚洲控股有限公司投资，总投资 9000 万美元，注册资本 2954 万美元，落户和平镇。10 月 15 日，美国江森全球副总裁 Jorge Guillen 曾到长兴作投资考察。2009 年 1 月动工，2010 年 6 月投产，年产 400 万只汽车蓄电池。

12 月 18 日　长兴县纪念改革开放 30 周年大会召开，评选出改革开放 30 年最具影响力的 30 件典型事例，包括 1979 年长城公社揭开浙江农村改革第一幕、2008 年长兴成功创建“国际花园城市”等。之前，即 12 月 1 日，由省委宣传部、浙江日报报业集团、浙江广电集团、浙江在线新闻网站等单位组织开展的“浙江省改革开放 30 周年典型事例 100 例”评选结果公布，《长兴：揭开全省农村改革序幕》位居首例。

同日　长兴诺力小额贷款有限责任公司举行开业典礼，是全县首家、也是唯一经省政府核准成立的小额贷款公司，注册资本 1.2 亿元。7 月，长兴被列为浙江省小额贷款公司试点县。至 2012 年年末，全县有小额贷款公司 4 家，累计发放贷款 37.96 亿元，总计 10081 笔，贷款加权平均年利率为 18.7%。

12 月 浙江长安仁恒科技股份有限公司成为全县首家被认定的国家重点扶持高新技术企业，同年共被认定 9 家。同年 4 月，科技部、财政部、国家税务总局联合出台《高新技术企业认定管理办法》，开始认定国家重点扶持高新技术企业。至 2012 年，全县共有国家重点扶持高新技术企业 45 家，均来自工业行业。

同月　长兴金钉子远古世界景区被评为县内首个国家 AAAA 级旅游风景区。

2009 年

1 月 6 日　2008 年长兴交通建设投资公司企业债券(简称“08 长兴债”)开始正式发行，是 2009 年国内第一只企业债，也是国内第一只由县级企业公开发行的抵押担保信用债券，开创了中国县级企业发行企业债券的先河。该期债券发行规模 15 亿元，为 7 年期固定利率债券，票面年利率为 8.13%，通过深圳证券交易所交易系统上网发行，由西部证券股份有限责任公司担任主承销商，所筹集资金将全部用于长兴合溪水库、长湖申航道浙境段、护城河改造和环太湖公路及大堤加固工程等基础设施建设。1 月 7 日，举行长兴县交通建设投资公司企业债券发行仪式。继“08 长兴债”后，长兴又先后发行“11 长兴债”“12 长兴债”。

1 月 15 日　湖州卫校新校启用仪式举行，位于雉城镇回龙山路 2009 号长兴技师学院内。该校前身为长兴县卫生进修学校,1979 年 11 月创办于环桥。1980 年迁至清文路 38 号新建,为湖州职工中等专业学校长兴教育点,1992 年 7 月改为长兴职工中等卫生学校,2006 年 4 月增挂湖州中等卫生专业学校牌子,由成人职业中专升格为普通中专,面向全省招收应届初中毕业生。2010 年 10 月,更名湖州中等卫生专业学校,建筑面积 6 万平方米。

1 月 30 日、2 月 4 日　澳大利亚新南威尔士州政府中小企业部和区域经济发展委员会亚洲代表、澳大利亚泽大投资集团两次到长兴考察投资环境。

1 月　县政府办公室印发《长兴县县长质量奖评定管理办法》,该奖项是全市内首创的县级政府质量奖项,也是全县的最高质量荣誉奖项,每年评选一次。主要授予实施卓越绩效管理模式,在质量管理和经营绩效上成绩突出、具有显著的行业示范带动作用、对长兴县质量建设做出积极贡献的组织。至 2012 年,共举办 5 届长兴县"县长质量奖"评选,有 10 家工业企业获奖。

2 月 6—8 日　长兴县第十四届人民代表大会第三次会议表决通过《长兴县图影高端休闲度假区规划方案决议》《长兴县龙山新区商务中心规划方案决议》。

2 月 13 日　环太湖公路(长兴段)开工典礼举行。环太湖公路(长兴段),是在 1992 年建成的环湖大堤基础上,建设滨湖景观大道。2008 年 3 月 8 日,召开长兴太湖滨湖景观大道建设工程征收拆迁工作动员大会,启动征迁工作。至 2011 年 8 月全面建成,全长 22.6 千米。

2 月 27 日　长兴县人民对外友好协会成立暨第一届理事代表大会召开,选举产生长兴县友协第一届理事会会长。

2 月　长兴国际大酒店创建成为全县首家国家四星级饭店。由温州民营企业家投资 2.8 亿兴建,2001 年 3 月开工,2004 年 1 月开业。

3 月 9 日　县委召开动员大会部署深入学习实践科学发展观活动。根据中央和省委部署,学习实践科学发展观活动分三批进行,长兴县党员干部涉及参加第二批、第三批学习实践活动,历时一年左右。至 2010 年 3 月结束,全县共有 1207 个党组织、26704 名党员参加。

3 月 16 日　长兴县被省政府命名为第二批省级生态县。省级生态县创建于 2004 年 6 月全面启动。5 月 15 日,长兴县召开省级生态县创建总结表彰暨全国生态县创建动员大会,制定实施《长兴县国家生态县创建工作方案》,全面启动国家生态县创建。2012 年 12 月通过国家生态县考核验收。

3 月 21 日　长兴县宁杭铁路工程建设工作动员大会召开。宁杭铁路于 2008 年 1 月 14 日批复立项,起自南京南站,终于杭州东站,全长 248.96 千米,其中长兴县境内长 29.1 千米,共征地 121.31 公顷,拆迁房屋 12.7 万平方米。至 2012 年长兴县境段工程建设基本完成。

3 月 28 日　"总部经济园"首个入驻项目明珠商务大厦举行开工典礼。

4 月 14 日　长兴县法院受理并审结新《中华人民共和国企业破产法》实施后的第一件企业破产案件——浙江巨能东方饮料有限公司破产清算案,并首次运用管理人制度替代清算组制度。该公司成立于 2001 年 12 月,2005 年 10 月受"巨能钙事件"影响而被迫停产,2008 年 11 月向县法院申请破产。

4 月 22 日　全省首个县级"国家大学科技园"——浙江大学国家大学科技园(长兴)开园仪式举行。4 月 25 日,《浙江日报》以《我省有了首个县级"国家大学科技园"》为题进行报道。2008 年,县政府与浙江大学签订合作共建协议,2009 年 4 月浙江大学 8 家研发机构入驻。

4 月 25 日　"中共中央党校三农问题研究中心社会实践基地浙江长兴基地"授牌仪式在长兴举行。

4 月　陈武帝故宫开工建设。陈武帝,即南北朝南朝陈的创立者长兴籍陈霸先。陈武帝故宫恢复工程建设于 2008 年启动,总投资 1.3 亿元,占地 8.4 万平方米,位于县经济开发区杨湾村,坐北朝南,回字形木结构建筑,南朝建筑风格,由陈武帝故居陈列馆、天居寺和遗址公园三部分组成。2012 年 12 月 29 日,举行陈武帝故宫天居寺开光启用仪式。

5 月 12 日　由中央财经领导小组办公室、中央农村工作领导小组办公室组成的中央调研组到长兴调研社会主义新农村建设。

5 月 26 日　中央农村工作领导小组办公室主任陈锡文到长兴考察调研新农村建设。

5 月　长兴新四军苏浙军区纪念馆入选第四批全国爱国主义教育示范基地。11 月，入选首批“国家国防教育示范基地”。

6 月 17 日　省委书记赵洪祝到长兴调研省委十二届五次全会精神贯彻落实情况，以及新农村建设、生态文明建设，先后考察长兴地质遗迹国家级自然保护区、大唐贡茶院、水口乡龙山村、海信惠尔浦公司、龙山新区和老城区城市夜景，观看长兴百叶龙表演。

6 月 19 日　《浙江日报》头版头条刊登《以最短时间最快速度推动大项目建设——长兴打造亚洲最大白色家电产业基地》的一文，报道海信惠而浦在长兴落户及投产情况，并配发《引进大企业、抓紧大项目》的短评，向全省推介长兴的做法与经验。

同日　法国高等教育暨高等职业教育访华代表团到长兴访问。

6 月 28 日　天能集团循环经济产业园奠基仪式在中国绿色动力能源中心产业基地——长兴经济开发区城南工业功能区举行。

6 月 29 日　县内发现首例甲流甲型 H1N1 流感病例，同年共报告 12 例病例，危重 1 例，重症 2 例，发病率为 1.77/10 万，无死亡病例报告。

6 月　城区 6 条特色商业文化街启动整治改造，包括和睦塘广场和金陵北路段、解放路段和西鱼巷、滨河大道皇家湾和轻纺城、新世界女人街、西鱼巷和米行弄、龙山大道段，总投资 4500 万元，12 月竣工。

7 月 1 日　长兴展览馆开馆仪式举行。位于市民广场，2 月起利用地下人防工程启动改建布展，建筑面积 8000 平方米，展览面积 6200 平方米，设序厅、3 个主展厅、一个临时展厅，合 5 个展厅，以“纪年”方式陈展长兴县历史。

7 月 11 日　《浙江日报》头版以《两大央企四十亿元投向长兴》为题，报道长兴两年引进中国建材集团和中国中钢集团两大央企，在长兴投资总额超过 40 亿元。

7 月 12 日　全国政协副主席、中国文联主席孙家正一行到长兴考察调研。

7 月 15 日　海信惠而浦(浙江)电器有限公司一期工厂落成暨大容积冰箱和滚筒洗衣机批量下线仪式举行。

7 月 26 日　中国地质大学(武汉)生物地质与环境地质教育部重点实验室野外研究基地揭牌仪式在长兴金钉子远古生态世界景区举行，中国科学院院士殷鸿福、中国地质大学地球科学学院教授童金南等参加。

8 月 24 日　中央政治局委员、上海市委书记俞正声，上海市委副书记、市长韩正率领上海市党政代表团到长兴，先后考察县经济技术开发区和浙江诺力机械股份有限公司、海信惠而浦(浙江)电器有限公司，考察龙山新区、新农村建设，参观大唐贡茶院。

8 月　中国建材集团湖州南方水泥有限公司注册成立，下属 15 家全资子公司，资产总额 62 亿元，是中国建材集团旗下的核心企业，国家大型水泥、熟料制造企业之一，也是湖州市最大的水泥生产制造企业。公司拥有 7 条日产 5000 吨、7 条日产 2500 吨和 2 条日产 1500 吨新型干法熟料生产线，年产优质水泥熟料 1800 多万吨，水泥 500 多万吨，所有熟料生产线均配备纯低温余热发电机组，总装机容量 80.3 兆瓦，所有生产线均采用先进的新型干法工艺，技术装备在国内同行中处于领先水平。2007 年至 2008 年间，中国建材集团南下大规模并购水泥企业，长兴县为重点收购目标，相继收购长兴水泥、小浦众盛、煤山众盛、浙江兴宝龙、浙江裕廊、浙江山鹰、浙江锦龙水泥、浙江三狮水泥 8 家水泥企业。2008 年 1 月 7 日，中国建材集团公司与长兴县政府签订战略合作协议。2010 年 2 月 11 日，长兴与湖州南方水泥有限公司举行合作签约仪式，签约后，湖州南方水泥有限公司税收以 1.5 亿元为基础，每年递增不低于 20%。

同月　根据中央和上级党史部门部署，长兴县完成党史胜迹普查。全县共有党史胜迹 29 处，其中土地革命时期1处、抗日战争时期19处、纪念馆与烈士陵园4处、社会主义革命与建设时期4处、人物故居1处。

9月8日　夹浦镇月明村成为全省新农村建设示范样板。该日,全省农村住房改造建设经验交流会第一天议程在长兴举行,分管副省长带领与会人员参观夹浦镇月明村,考察该村结合宅基地复垦建设新农村的做法。省委书记赵洪祝,省委副书记、省长吕祖善等省领导参加会议。

9月24日　全县首个残疾人工疗站——古城街道大西门社区"阳光之家"残疾人工疗站挂牌成立。

10月1日　长兴百叶龙艺术团参加"首都国庆60周年联欢晚会"演出获得成功。该团于6月初受到主办方邀请,是全国受邀的4个民间艺术表演团队之一。11月9日,县委作出《关于表彰长兴百叶龙参加"首都国庆60周年联欢晚会"演出的全体演职人员及有关单位的决定》。11月11日,长兴百叶龙参演"首都国庆60周年联欢晚会"庆功表彰大会召开,会议要求在全县上下大力弘扬团结拼搏、无私奉献、开拓创新、追求卓越的"百叶龙精神"。

10月　浙江广播电视大学长兴学院入选首批"全国示范性基层电大"。

同月　长兴被中国水泥协会命名为"中国水泥产业基地"。

11月9日　凌晨4时,长兴某理发店发型师助理、内蒙古青年胡守礼和长兴籍发型师盛银强为保护女顾客,勇斗持刀抢劫歹徒,其中胡守礼身中4刀,不幸牺牲,年仅21岁。2010年6月,在首届"长兴榜样"先进人物评选活动中,胡守礼和盛银强获"长兴榜样"最具感动人物奖。同年,胡守礼还先后被授予"湖州市第三届道德模范"称号、浙江省第十四届"见义勇为勇士"称号;2011年,被内蒙古自治区政府授予烈士称号。

11月25日　长兴通过国家三类城市语言文字工作评估。

11月29日　《浙江日报》头版头条以《长兴推广党员言行考评》为题,对长兴近年来加强基层党组织建设,在农村党员中推行闪光言行考评做法进行报道。

11月　长兴被评为"中国果蔬无公害十强县"。

同月　长兴县妇幼保健院整体搬迁至明珠路861号,占地面积1.74万平方米,建筑面积1.69万平方米,设床位200张。前身为县妇幼保健所,位于雉城镇人民南路108号,1993年12月经省卫生厅批准县妇幼保健所改为县妇幼保健院。2012年,由省卫生厅评定为三级乙等妇幼保健院,同年启动二期工程建设。

12月7日　浙江兴海能源有限公司以专利技术出资入股德国ECC电化学公司,成为湖州地区首个专利技术境外投资企业。项目总投资1000万美元,其中兴海能源以专利技术出资250万美元。

12月16日　湖州海关、湖州检验检疫长兴业务机构开关开检仪式在长兴综合物流园区举行。

12月　长兴分别获中国全面小康成长型百佳县、中国十大文化休闲旅游县、2005—2008年全国群众体育先进单位称号。

同年　县内服务外包业务开始起步,全县注册服务外包企业15家,服务外包执行额761.61万美元,其中离岸外包执行额758.68万美元、在岸服务外包执行额2.93万美元,长兴经济技术开发区成为省首批省级服务外包示范园区。

同年　长兴被确定为全省第一批中央财政小型农田水利建设重点县,建设项目分山塘综合整治、灌区改造和高效节水工程3大类,200多个子项目工程,分3个年度实施。

2010年

1月5日　欧尚超市长兴店正式开业,为欧尚在全国县级城市开的第一家门店。位于县经济技术开发区经一路238号,由法国欧尚集团公司投资成立湖州欧尚超市有限公司,总投资2300万美元,注册资金1000万美元。总用地3.33公顷，总建筑面积31450平方米，商铺54家，超市卖场面积9600平方米，经营商品4万余种。

1月10日　长兴县旅游咨询服务中心启用暨长兴列入世博游线路门票首发仪式举行。该中心集旅游咨询、投诉受理、票务服务等功能于一体，并取得2010年上海世博会门票代理权。

1月12日　合溪水库长牛铁路新线建成通车，新线全长10.36千米，历时1年半，投资9680万元。

1月23日　长兴汽车总站启用庆典仪式举行。位于太湖大道1288号，占地面积6.67万平方米，站房建筑面积约1.11万平方米，主要由长途客运和城乡公交区域、城市公交枢纽区域、出租车营运区域、汽车修理厂区域、加油站区域及商务办公区域等组成。原名长兴汽车站，位于县城东门大桥南堍，2008年8月迁址开工建设。

1月29日　长兴县青少年微笑基金成立，该基金由县青年企业家协会副会长单位共同发起，初始规模为120万元，每年以基金总额的20%～30%以及增值部分，专项用于扶持青年创业、奖励优秀青年及帮助低收入青年家庭等。

1月　按照中央和上级党史部门部署，长兴启动全县革命遗址普查工作，至6月完成，形成《长兴县革命遗址普查工作报告》。根据普查，全县共有47处革命遗址及12处其他遗址。

2月4日　老挝国家农村发展和反贫困委员会主任、内阁部长H.E Onneua Phommachan率领老挝国家农村发展和反贫困委员会代表团到长兴考察三农工作。

2月6日　《光明日报》刊登《抢抓"第一资源"促进转型升级 浙江长兴人才"年货"备得足》一文，报道长兴春节前举行硕博士和紧缺人才招聘会，并介绍长兴近3年引进500名硕博士及人才引进优惠政策等情况。

3月5日　长兴县企业融资服务网(www.cxrzw.com)开通，为全省首个面向中小企业的县域融资服务网站，是政府部门、银行、担保机构和企业四方参与的融资平台。

3月8—11日　长兴县第十四届人民代表大会第四次会议作出《关于进一步加强长兴生态文明建设的决定》《关于西太湖(长兴)科教生态城规划方案的决议》。

3月24日　中央电视台新闻频道《共同关注》栏目播出《楼伯余：两万张照片为市容挑刺》的报道，详细报道长兴退休老人楼伯余8年里坚持用相机给市容"挑刺"，推动全县文明创建工作。4月22日，中央电视台《今日说法》栏目以《义务"侦探"楼伯余》为题对楼伯余进行20分钟的专题报道，号召全社会向楼老伯学习，共同推进公民社会建设。9月，被称为长兴"文明创建第一人"的楼伯余荣登"中国好人榜"。

3月29日　全县深入学习实践科学发展观活动总结大会召开。从2009年3月开始，历时一年时间，全县596个单位、1207个党组织、26704名党员，先后参加第二、第三批深入学习实践科学发展观活动。

3月　长兴县委托市城市规划设计研究院编制《长兴县县域村庄布局规划(2010—2020)》，指导新一轮中心村建设规划编制。2011年11月，完成编制并经县政府批准实施。规划确定近期2010年至2015年，远期2016年至2020年。规划范围为县域内除城镇规划建设区用地范围以外区域。规划确定村庄等级结构为中心村、居住点两级，全县共92个中心村，301个居住点(其中集中居住区92个、居住点209个)，规划至2020年农村居住点由2219个撤并为301个，撤并居住点1977个。规划还确定中心村社会服务设施配置标准。

4月20日　县委、县政府制定出台《关于加快社会主义新农村建设 全力打造中国魅力乡村的实施意见》，提出到2019年全面完成魅力乡村建设。2011年1月20日，61个村被授予第一批"中国魅力乡村"荣誉称号。

4月24日　全县21个社区采取无候选人自荐海选和全体选民参与投票选举的"公推直选"两种方式，选举产生新一届社区居委会班子。

4月28日　“陈香梅社会活动65周年暨85华诞”庆典活动举行。庆典活动包括《陈香梅自选集》首发式、陈香梅网站正式开通仪式、《陈香梅》电视连续剧首映式。其间，重庆飞虎队展览馆专程到长兴县图书馆布置飞虎队抗战展览。

5月3日　全国人大常委会副委员长华建敏到长兴参观大唐贡茶院，考察长兴开发区建设、城市建设以及新农村建设的情况。

5月7日　中央政治局原常委、国家原副主席曾庆红到长兴参观新四军苏浙军区纪念馆，考察金钉子地质博物馆和古木博物馆，考察长兴开发区、龙山新区和新农村建设情况。

5月21日　在第二届中国湖州(长兴)陆羽国际茶文化节、第三届中国·长兴陆羽国际茶文化(旅游)节开幕式上，长兴县、紫笋茶被中国国际茶文化研究会分别授予“中国茶文化之乡”“中华文化名茶”称号。

5月31日—6月6日　《浙江日报》头版连续刊登3篇关于长兴县蓄电池产业转型升级的报道，较完整回顾长兴蓄电池产业2004年以来的成功转型之路。

5月　长兴获“2009中国商标发展百强县”称号。

同月　全县首件地理标志证明商标——“长兴吊瓜子”商标获国家工商总局商标局核准注册。

同月　国内首家以耐火材料为主业的上市公司——瑞泰科技股份有限公司(隶属中国建材集团)与长兴企业浙江圣奥耐火材料有限公司合作，组建浙江瑞泰圣奥耐火材料有限公司。

同月　人民广场第三次改造，整体北移至原长兴中学地块，占地4.6公顷，景观绿化面积1.5公顷，配套建设文化馆、艺术馆、博物馆、老干部活动中心，为集休闲、景观、文化、锻炼于一体开敞式广场。

6月3日　省政府新闻办公室召开“浙江省旧石器考古成果新闻发布会”，向全社会公布：七里亭遗址考古取得重大成果，浙江人类历史达100万年。6月12日，七里亭遗址考古成果在省博物馆孤山展区展出。七里亭遗址位于泗安镇白莲村西山自然村北侧陇岗上，面积约3万平方米。该遗址考古发掘，自2004年6月至2006年5月，历时9个月，发现并出土石制品800余件，经古地磁测定，该遗址的最早年代迄今已达100万年，是浙江省境内最早的古文化遗址。长兴七里亭遗址的考古发现把浙江人类活动的历史推到100万年前，为浙江文明史发展找到新的起点。2007年4月，七里亭遗址入围2006年全国“十大考古新发现”终评。

6月6日　央视《新闻联播》在专栏《“加快经济发展方式转变”调研行》中播出《浙江长兴：发展新能源 穿新鞋不走老路》，介绍长兴积极探索和实践经济转型升级与生态文明建设相互促进、良性循环的经验，并配发评论《长兴绿 人长留》，称长兴为“人与自然和谐相处的县域样本”。

6月7日　全县深入开展“党旗高扬 党徽闪亮”创先争优活动动员部署会召开，部署全县创先争优活动及创先争优活动宣传工作。6月4日，县委印发《关于深入开展以学习实践科学发展观建设服务型基层党组织为主要内容的“党旗高扬党徽闪亮”创先争优活动的实施意见》。活动分两个阶段实施，第一阶段从2010年5月到2011年7月，着重围绕迎接中国共产党成立90周年；第二阶段从2011年7月到中共十八大召开，着重围绕迎接中共十八大开展活动。

6月10日　县儿童福利院育弃婴、孤儿、儿童不再姓“路”，姓氏采用“赵、钱、孙、李”等百家姓，使儿童福利院孩子在姓氏上回归传统文化。

6月22日　首届“长兴榜样”先进人物评选颁奖典礼举行，沈富良、张群英、严根妹、薛成坤、楼伯余、吴晓红、百叶龙舞龙队、温暖2009爱心市民、援建指挥部、张天任被授予“长兴榜样”十大人物荣誉称号；胡守礼、盛银强获“长兴榜样”最具感动人物奖。

6月28日　中央政治局委员、中央组织部部长、中央创先争优活动领导小组组长李源潮批示肯定长兴在创先争优活动中实施的“党员闪光言行”考评制度。7月11日，《浙江日报》头版头条刊登《长兴万名党员自找闪光点》，报道长兴2007年以来在农村基层党员中推行闪光言行考评激励机制，保持农村党员先进性。8月4日，省委在嘉善县召开全省创先争优活动推进会，长兴县委作为嘉善县之外的唯一县作党员闪光言行考评交流发言。8月7日，省委要求将长兴做法在全省推开，并侧重抓好考评环节。2011年，长兴“党员闪光言行”考评工作被评为全省组织工作“十大新闻”之一、全省组织工作创新项目，并在全省进行推广运用。

6月　长兴县西太湖旅游度假区管理委员会成立，代管洪桥镇7个村、1个居委会。该度假区总面积23.8平方千米，于2008年启动开发建设。2011年3月，更名浙江太湖图影旅游度假区管理委员会。

7月7日　超威动力控股有限公司在香港联交所主板正式挂牌上市，是全县第2家上市企业。股票名称超威动力，股票代码00951。股票发行价格每股2.18港币，首次募集资金达港币4.8亿元。

7月　长兴成为长三角高效生态葡萄主产区，葡萄种植总面积从2006年的200公顷，发展到2010年2300多公顷，4年增长10倍。

同月　金陵路立面改造启动，至2012年1月竣工，总投资5000万元。金陵路立面改造北起太湖路，南至车站路，总长3000米，沿街建筑共102幢、20万平方米，其中营业房420户、住宅1200户。街景立面改造分重点改造、一般改造、立面清洗3种方式。

8月2日　宁杭铁路长兴东站暨“两路一广场”配套工程举行开工奠基仪式。“两路一广场”配套工程，即发展大道、站前大道及站前广场，2011年年底完工并投入使用，总投资11.8亿元，总占地面积14.33万平方米，其中站前广场面积8.7万平方米。长兴东站于2012年年末竣工，距离县城中心8.5千米，车站建筑面积8991平方米，其中候车室面积3465平方米，售票厅面积361平方米。共设2个站台，4股道。站房采用地面进出站，高架换乘模式，是宁杭客运专线全线唯一高架车站。次年7月1日，宁杭高铁正式投入运行，长兴东站同时启用并更名长兴站，位于长兴城南的长兴站更名为长兴南站。

8月8日　华能长兴电厂2台机组(1×12.5万千瓦、1×13.5万千瓦)实施永久性关停，9月16日冷却塔爆破拆除，异地新建2×600兆瓦级超超临界燃煤机组“上大压小”项目建设，是浙江省“十二五”能源规划开工建设项目。2012年4月23日，召开项目建设动员会，12月28日正式开工建设。新厂区位于吕山乡杨吴村，计划工期2年，总投资53.7亿元。

8月14日　长兴滨湖大道开工建设，道路北起夹浦镇东，南至湖州小梅口，途经洪桥、西太湖旅游度假区、太湖新城等地，总投资约10亿元，全长22.6千米，按二级公路标准设计，路基宽度15米、双向两车道，其中太湖大桥以百叶龙为主题，充分展示长兴的民俗文化。至2011年8月12日完工，9月30日举行通车典礼。

8月25日　八佰伴长兴购物广场举行项目奠基仪式，由华地国际控股集团有限公司长兴八佰伴商贸有限公司投资，位于雉城街道金陵中路与解放路交叉口的西北侧，占地面积1万平方米，建筑面积5.5万平方米，集购物、休闲、娱乐、餐饮等功能于一体，为县内营业面积最大的零售企业。2012年8月10日开业，同年销售额1.03亿元。

8月　中央政治局委员、中央组织部部长李源潮批示肯定长兴县探索大学生村官培养机制及做法。

同月　长兴县紫笋名茶开发公司的“紫笋茶”、长兴雉城殷氏书画舫的“殷氏书画舫”、浙江百叶龙文化发展股份有限公司的“百叶龙”3个品牌获“浙江省老字号”称号。

9月2日　全县首家院士工作站在天能集团揭牌成立，中国科学院院士陈洪渊、何祚庥和中国工程院院士郭孔辉、段宁分别领衔工作站工作，是全省蓄电池行业首家院士专家工作站。院士工作站创办始于2010年。同年5月，市委组织部、市经信委、市人力社保局、市科协联合发文《关于推进院士专家工作站建设的实施意见》，为“柔性引进”高端领军人才，促进企业与两院(中国科学院、中国工程院)院士等高层次人才及其创新团队建立产学研长效合作机制创造平台。同年7月，天能集团院士专家工作站成立，2011年7月被认定为市级院士工作站，2012年9月升格为省级院士工作站。2011年12月，浙江茶乾坤食品股份有限公司院士工作站被认定为市级，由中国工程院院士陈宗懋领衔工作站工作。

9月12日　中央政治局常委、全国政协主席贾庆林到长兴视察。先后考察浙江天能集团公司、浙江诺力机械有限公司，参观大唐贡茶院，鼓励企业绿色发展、创新发展，强调要加快转变经济发展方式，大力推进生态文明建设。贾庆林指出,建设生态文明是推进中国特色社会主义事业的重大战略任务,要深入贯彻落实科学发展观,坚持走绿色发展道路,以改善生态环境为目标,以培育生态产业为基础,以发展生态科技为支撑,以健全生态机制为保障,以建设生态文化为引领,大力发展绿色经济,不断把生态文明建设推向前进。全国政协副主席兼秘书长钱运录,省委书记赵洪祝、省长吕祖善等陪同考察。

9月18日　世纪百诚天龙家电广场开业,由长兴天龙家电和全国服务行业500强中位列第175位的省企品牌百诚集团共同创办,营业面积1.2万平方米。

9月20日　《人民日报》挂牌栏目《"加快经济发展方式转变"调研行》,以《长兴谋长兴》为题,对长兴近年来加快经济发展方式转变的成功做法给予报道。

9月28日　长兴县中医院整体搬迁至长吕路99号,占地4.02万平方米,建筑面积3.64万平方米。原位于雉城镇解放东路68号。2012年,由省卫生厅评定为三级乙等中医医院,同年通过国家级三级乙等评审验收。

9月　长兴县先后举办纪念座谈会、演讲比赛、文艺演出等活动,纪念中共中央《关于控制人口增长问题致全体共产党员、共青团员的公开信》发表30周年,彰显婚育文明,促进社会和谐。全县实行计划生育以来,少生18万人。

同月　城东工业功能区55.4平方千米被列入省政府批准的"南太湖产业集聚区"规划范围,晋级为省级大平台。

同月　全县旧城改造动迁历史上最大的地块张家村地块动迁工作正式启动,建设张家村住宅小区。占地面积6.87公顷,动迁房屋面积约12.1万平方米,户数1014户。

10月　"长兴紫笋茶"通过国家农产品地理标志登记保护,为全省首个。

11月11日　经国务院批准,长兴经济技术开发区升级为国家级,为全省首个县域国家级开发区。12月2日,长兴经济技术开发区被批准为全国首批光伏发电集中应用示范区(共13个),是全省唯一一家入围开发区。12月21日,"国家级长兴经济技术开发区"授牌暨国家首批光伏发电集中应用示范区启动仪式举行。长兴经济技术开发区于1992年启动建设,1994年被批准为省级开发区。

11月16日　长兴县党外知识分子联谊会成立,选举产生第一届理事会。全县有知识分子3万多人,无党派人士占50%以上。

同日　大润发超市长兴店开业,由台湾润泰集团全资子公司康成投资(中国)有限公司投资成立长兴润瑞商业有限公司,2008年5月16日正式签约落户,总投资800万美元,注册资金250万美元。位于雉城镇长海路310号,营业面积1.5万平方米,2011年、2012年销售额分别为1.78亿元和2.03亿元。

11月　中央政治局委员、中央组织部部长李源潮批示肯定长兴县创新人才引进机制集聚高层次人才的做法。

同月　长兴县被授予"全国残疾人社区康复示范县(市、区)"称号。

同月　长兴县职教中心获首批"国家中等职业教育改革发展示范学校"称号。

12月3日　全县志愿服务工作委员会第一次全体(扩大)会议召开。全年共有专业志愿服务队伍12支,开展志愿服务1.5万人次以上。

12月8日　环太湖公路长兴段太湖大桥主体合龙仪式举行。太湖大桥全长约1.5千米,宽24.5米,按一级公路标准建设,工程概算造价2.3亿元。大桥桥型以"百叶生龙"为主题,成为西太湖岸线滨湖景观大道的标志工程。

12月12日　中央电视台中文国际频道《城市1对1》栏目播出长兴专辑,围绕长兴与瑞典卡尔马省从2004年开始深化合作的历程,展现两个城市的经济文化风貌。

12月28日　县广播电视台《长视新闻》开始直播,为全省县级电视台首家对新闻节目进行直播的单位。

12月　长兴县培智学校揭牌仪式举行，该校于2009年8月筹办，办学性质为九年一贯制寄宿制公办学校，校舍由下箬中学校舍改建而成。2010年5月，正式命名为长兴县培智学校，招收县内智力中、重度残疾适龄少年儿童。2012年8月，迁址雉城街道人民南路218号（县妇幼保健院旧址），占地面积2200多平方米，有教学班4个，学生42人，教职工9人，其中专任教师8人。

同月　天能集团全年销售收入突破100亿元，成为全市企业销售收入率先突破百亿元的两家企业之一。

同年　全国第六次人口普查显示，全县登记常住人口623057人，其中男性人口占总人口比重50.6%、女性为49.4%，男女性别比为102.5；汉族人口占总人口的98.9%，有少数民族33个。

同年　县气象局开始有霾的数据记录。霾天气以轻微及轻度影响为主，全年霾日数共67天，其中轻微霾日数55天、轻度霾日数12天。以12月最多，共占总日数的18%，其次为4月、11月，6—10月较少。

2011年

1月20日　全县共有61个村被县委、县政府表彰为首批"中国魅力乡村"。

2月10日　省委副书记、省长吕祖善到长广集团和长兴县考察调研。

3月9日　全县农村宅基地和农房普查登记确权发证动员大会召开。全县于4月份前完成试点工作，12月前完成全县普查登记工作。

3月16日　受杭州、温州、绍兴等地食盐抢购影响，长兴各大商场（超市）出现食盐抢购现象。县有关部门及时应对，通过公开信息、加大供应量、发布价格提醒等措施迅速予以平息。

3月25日　全县28家乡镇卫生院和175家农村社区卫生服务站启动实施基本药物制度。

3月　长兴被卫生部、民政部、中国残联正式授予"全国残疾人社区康复示范县（市）"；被全国残疾人康复工作办公室命名为"全国白内障无障碍县"。

4月　长兴获"中国老年人宜居（宜游）城市"称号，是全省第一座、全国第二座获该称号的城市。

同月　长兴传媒集团组建，由长兴广播电视台、长兴宣传信息中心、县委报道组、"中国长兴"政府门户网站（新闻版块）等跨媒体整合而成。对外继续保留长兴人民广播电台、长兴电视台、《长兴新闻》报、《画溪》杂志、长兴新闻网、"中国长兴"政府门户网站、长兴网视的呼号和牌子。长兴传媒集团与长兴广播电视台合署办公，长兴传媒集团为事业集团、企业化运作，正科级单位，长兴广播电视台为县委、县政府直属事业机构，正科级单位。组建后，长兴传媒集团主要拥有长兴人民广播电台太湖之声、长兴电视台新闻综合频道、长兴电视台文化生活频道、《长兴新闻》报、《画溪》杂志、长兴新闻网、"中国长兴"政府门户网站、长兴网视等媒体平台。

5月4日　中央政治局原委员、国务院原副总理曾培炎到长兴扬子鳄自然保护区、大唐贡茶院考察调研。

5月9日　县委出台《关于开展"五五三"创建工程的实施意见》，提出"十二五"期间创建的工作目标和任务，即建成全国绿化先进集体、省级旅游度假区、国家科技进步先进县、国家卫生县城复评、全国文明城市、国家生态县、省级高新技术园区、省体育强县复评、省卫生强县、省级风景名胜区、中国人居环境奖、全国双拥模范城、省文明县。

5月21日　长兴气象部门成功实施人工增雨作业，有效缓解全县日益严重的旱情。自1月到5月20日止，全县总雨量仅191.1毫米，仅为常年的40%，比2010年减少70%左右，致使县内工农业缺水严重，部分山区生活用水发生困难。

5月31日　长兴妇女儿童关爱基金首发式举行。该基金作为对全县范围内困难妇女儿童进行救助的专项基金，自同年3月7日建立以来，已募集捐助资金196万元。

5月　长兴被中宣部、司法部授予“2006—2010年全国法制宣传教育先进县(市、区)”，是湖州市唯一获得该项荣誉的县(区)。

同月　长兴获“全国科普示范县”称号。

6月20日　入梅以来，全县降水量已达235毫米，洪涝灾害受灾乡镇达16个，受灾人口1.03万人，转移人口407人，直接经济损失0.58亿元。6月15日，西苕溪港口水位超过警戒水位，相关部门组织吴山乡小溪口集镇附近居民撤离。

7月1日　县四套班子领导到新四军苏浙军区纪念馆集体过“政治生日”，收看庆祝中国共产党成立90周年大会电视直播，开展向“粟裕将军骨灰敬撒处”敬献花篮、观看“江南小延安”展览、举行“长兴党史报告会”等系列活动。长兴县各机关单位也纷纷组织党员干部收看庆祝中国共产党成立90周年大会盛况。

同日　长兴县红色旅游经典景区“江南红村”正式对外开放。该项目于2010年12月5日开工建设，以新四军苏浙军区司令部旧址为依托，以“形式徽式、内容红色、环境绿色、服务特色”为原则，建成一个集旅游、参观、会议、培训等多功能为一体的红色旅游休闲地，打造长三角一流的爱国主义教育示范基地，总投资约3500万元，建筑面积7500平方米。

7月7—17日　全国第八届残疾人运动会自行车比赛在长兴举办。参赛人员有18支运动队335人，共决出金牌70枚，2人打破2项世界纪录，51人破11项全国纪录。12月，长兴县作为唯一一个县级单位被省委、省政府通报表彰，长兴赛区被全国第八届残疾人运动会组委会授予“最佳赛区”称号。

7月　教育部、国家发展改革委、财政部印发《关于举办内地新疆中职班的意见》，正式启动内地新疆中等职业教育班办学工作，长兴职教中心成为全国首批内地新疆中职班办班学校，也是湖州市唯一一所承办内地新疆中职班的学校。同年该校新疆中职班招收首批学生79人，设2个教学班，其中电子专业39人、汽修专业40人，学制3年。2012年共招收80人，设2个教学班，其中电子专业32人、汽修专业48人。

同月　长兴7家企业入围浙商全国500强榜单，其中天能集团、超威电源名列前100强，九川科技、威达纺织首次入围，另3家分别为诺力机械、昌盛电气和永达集团。

8月　长兴太湖滨湖景观大道全面建成。北起夹浦镇东，南至湖州小梅口，全长22.5千米，总投资12.5亿元，是一项集交通、生态、水利防洪、旅游观光于一体的综合性工程。全线采用路、堤结合方式，有沿湖、离湖、入湖三种形式，夹浦至洪桥镇杨家浦港、图影度假区小沉渎扶栏桥至鸭梅港桥共19.25千米借用太湖大堤，其余路段与太湖大堤并行。该工程是在1992年建成环湖大堤的基础上，建设滨湖景观大道。2008年3月8日启动征迁工作，2009年2月13日开工建设。

9月22日　全国电视外宣工作会议在长兴召开，中央外宣办、国家广电总局、国务院台办、中国侨联、中国广播电视协会以及中央电视台和全国40余家地方台的100多位代表出席会议。

9月23—24日　长兴国家生态县创建工作通过国家生态县技术评估组技术评估。

9月25日　长兴百叶龙大桥通车，该桥为长兴滨湖景观大道建设的重要组成部分，设计立意取自长兴的“百叶龙”。2009年2月开工建设，北起长兴港港口西北岸，南至港口东南岸，全长1441.2米。桥梁全宽24.5米，净宽19.5米，按照双向四车道设计，全桥41孔，每孔跨径均为35米，上部结构采用“碗形”断面连续现浇箱梁：桥两边各为4跨一联，其余均为3跨一联，共13联；下部结构采用柱式桥墩和V形实体墩，基础均为钻孔灌注桩。

9月26日　由农业部、国家旅游局联合举办的中国发展休闲农业与乡村旅游工作会议在山西召开，长兴作为全国唯一县级单位在会上作经验介绍。

9月　林城镇阳光村村民严根妹因“分肝救夫”事迹相继获第三届全国道德模范提名奖、第二届浙江省道德模范。

10月　县委宣传部发文实施《长兴县优秀文艺作品评奖办法(试行)》,每年组织一次评选活动,设特等奖、一、二、三等奖及优秀奖若干名。首届"长兴县优秀文艺作品奖"申报作品33件,评出获奖作品17件,其中二等奖3件、三等奖4件、优秀奖10件。

11月4日　长兴率先在全省县级层面实现区域工资集体协商全覆盖。

11月8日　长兴县社会科学界联合会成立暨第一次代表大会举行,是湖州市成立的第一个县级社科联。

11月18日　长兴县市民服务中心开工建设,项目占地面积1.47万平方米,建筑面积2.44万平方米,立项批准投资1.18亿元。

11月　长兴被评为"中国花木之乡"。

12月8日　浙江省唯一一支矿山抢险救援专业队伍——浙江省安全生产应急救援长广中心举行揭牌仪式。

12月20日　长兴县县乡两级人大代表换届选举顺利进行。该次换届选举,是根据新修改的选举法,首次实行城乡按相同人口比例选举人大代表。全县共有县级人大代表选区111个、乡级人大代表选区427个,有53.5万名登记选民参加选举,依法选出1305名县乡两级人大代表,其中县级代表261人、乡级代表1044人。

12月25—28日　中共长兴县第十三次代表大会召开,提出继续实施"六大战略",坚持科学发展、推进三升一改(产业升级、城市升值、文化升华、民生改善),建设县强民富景美人和的"太湖望县、锦绣长兴"的目标。

12月　长兴获"全国文明县城"称号,成为第三批全国文明城市;夹浦镇父子岭村获"全国文明村"称号。

同月　长兴获"全国科技进步先进县""全国绿化先进集体"称号。

同年　传统技艺"紫笋茶制作技艺"被列入第三批国家级非物质文化遗产名录。

2012

1月　长兴纺织服装行业被中国纺织工业联合会评为中国纺织服务行业十大产业集群。

2月　新四军苏浙军区旧址群红色旅游经典景区被国家旅游局授予国家AAAA级旅游景区。该景区于2011年12月23日通过创建AAAA级景区考核验收。

3月20日　中德合作湿地保护项目工作会议在长兴召开。中国湿地生物多样性保护项目于2010年12月6日在北京启动,国家林业局确定黑龙江、浙江和山东三省的4只项目为示范点,长兴仙山湖国家湿地公园入选,项目实施时间为4年。

3月　长兴县获象征平安县建设六连冠的"平安铜鼎"。2006年以来,长兴县连续七年被省委、省政府授予"平安县"称号,实现平安长兴"七连冠"。

同月　泗安镇入选全国发展改革试点城镇。

4月2日　和平衡山等地于同日夜遭受雷暴大风袭击,造成设施大棚倒塌或损毁、农作物倒伏等灾害,其中和平镇横山群叶荣场房屋倒塌,至3日上午共造成7人死亡,20余人受伤。

4月　长兴被国家发改委、农业部列为全市唯一的全国蔬菜重点生产县区。

5月　全县部分行政区划调整完成,撤销二界岭乡,并入泗安镇;撤销吴山乡,并入和平镇;撤销雉城镇建制,改由县政府直辖,设立雉城、画溪、太湖3个街道办事处。该次调整工作于2月底启动,调整后,全县设9镇4乡3街道。6月4日,新组建的泗安镇、和平镇、雉城街道、画溪街道、太湖街道正式挂牌成立。

6月1日　浙江比奇厨卫设备有限公司在台湾上市。

6月4日　太湖图影省级旅游度假区命名大会举行。该度假区于4月26日经省政府批复成立,为全县首个、全省第22个省级旅游度假区。辖区面积23.8平方千米，于2008年开发建设，2010年成立长兴县西太湖旅游度假区管委会，2011年更名浙江太湖图影旅游度假区管委会。

6月20日　按照《长兴县县级公立医院综合改革实施方案》要求，县人民医院、县中医院、县妇保院全面启动公立医院改革工作。

6月28日　全国创先争优表彰大会在北京召开，长兴县委获“全国创先争优活动先进县(市、区、旗)党委”称号，是浙江省获该荣誉的三个县区委之一。6月27日，长兴县委获“浙江省创先争优活动先进县(市、区)党委”称号。根据中央和省委部署，长兴于2010年6月启动创先争优活动。

6月　合溪水库开始供水，包漾河水源地改为备用水源。合溪水库位于小浦镇光耀村，距县城12千米，集雨面积235平方千米，总库容1.11亿立方米，总投资超13亿元，是县内唯一一座大(2)型水库，也是长兴有史以来最大的水利民生工程，于2002年开始项目申报和前期准备，2007年12月开工建设，2011年10月全面建成。包漾河作为城市居民饮用水水源，启用于1989年7月，至2012年一直为城市居民唯一饮用水水源，日供水近10万立方米。

同月　水口乡入选由省环保厅、省农办组织评选的首届浙江省“我心目中最美生态乡镇”。

7月8—9日　法国枫丹白露区威廉塞纳市市长夏伯涅率团到长兴考察文化产业和蓄电池产业发展，长兴县和威廉塞纳市2011年结为友好城市。

7月11日　省委书记赵洪祝到长兴先后考察天能循环经济产业园、浙江江森自控电池有限公司、超威集团总部、浙江诺力机械股份有限公司。

7月12日　浙江大学医学院附属第一医院与长兴县人民政府举行医疗合作签约仪式，由浙医一院托管长兴第二人民医院。

7月26日　湖州市“肖方兵”爱心基金启动暨助学结对仪式在长兴消防大队举行。“肖方兵”为消防兵谐音，从1994年长兴消防大队战士雷毅辉资助一位贫困学子开始，演变为整个长兴消防兵的爱心接力。新成立的基金由湖州市慈善总会管理，固定资金来源由长兴消防大队提供，并由长兴消防大队每年确定受助对象，标志着该项慈善活动走向制度化、规范化。

7月　省政府发文同意在湖州建设省际承接产业转移示范区，该示范区由长兴县和安吉县共同建设。长兴县区块规划控制区86.3平方千米，其中规划建设区33.8平方千米(2017年年前新开发建设10.2平方千米)，生态保护及生态农业区52.5平方千米。9月20日，县委、县政府印发《关于加快省际承接产业转移示范区开发建设的实施意见》，明确示范区“一年打基础、三年成规模、五年大发展”的建设思路，提出把示范区建设成为长三角承接产业发展重点区、浙江山区经济转型发展示范区和浙北地区“三化”同步发展先行区的目标。

同月　长兴县显圣稻米专业合作社被农业部认定为全国农民专业合作社示范社。该合作社成立于2003年3月，有社员151人，带动478户农户从事粮食生产，有核心示范基地面积394公顷。合作社实行订单种植、统一种植品种、统一施肥、统一防止病虫害、统一销售，生产的显圣牌大米被认定为省绿色农产品、国家级无公害农产品，并通过ISO 9000认证。

同月　中国农业大学与长兴签订“校地人才战略合作协议”，并与全县3家企业签订“校企人才合作协议”，授牌共建“中国农业大学就业创业实践基地”。

8月4—12日　全县动员防御台风“海葵”，至12日，台风造成全县受灾人口18.98万人，直接经济损失9.64亿元。8月10日晚，省委书记、省人大常委会主任赵洪祝到长兴检查指导抢险救灾工作，看望慰问受灾群众和部队官兵、公安干警、基层干部。

8月上旬　受台风“海葵”影响，全县最老古树黄连木(编号浙EB10005)主干被折断。该古树位于林城镇太傅村谢安墓前，树龄1310年。主干被折断后树高10米，胸围260厘米，平均冠幅8米。

8月13日　县委、县政府作出《关于加快工业强县建设的决定》，明确“奋斗两年，打造千亿级工业强县”的目标。

8月14日　中央政治局常委、国务院总理温家宝到长兴视察。下午，抵达长兴，先后参观浙江诺力机械股份有限公司、海信惠而浦(浙江)电器有限公司，并与海信集团、天能集团等10家省内企业负责人进行座谈。充分肯定诺力机械和海信惠而浦2家长兴企业，在面临很多困难和不小压力的情况下，能够迎难而上，主动调整，千方百计开拓市场，不仅取得良好效益，也提高了市场竞争力。座谈会结束后，温家宝重访长兴太湖大堤。1999年7月10日，时任国务院副总理的温家宝第一次到太湖大堤。时隔13年，再次到太湖岸边，得知长兴在太湖治理中成效初显，水质不断好转，他非常欣慰，并交代一定要保护好太湖水质。随后，到达洪桥镇太湖村。一下车，温家宝就走到村民中间，与村民徐树先老人拉起家常，详细地了解村民的生产和生活情况，还关心村里其他产业的发展，以及外出务工的情况。在七斗漾河蟹养殖中心，向养殖户杨月琴详细了解养殖情况。在漾荡牌太湖大闸蟹水上交易中心，向长兴河蟹专业合作社社长钱金元详细了解河蟹的养殖、销售情况。国家发展和改革委员会主任张平、工业和信息化部部长苗圩、财政部部长谢旭人、中国人民银行行长周小川等国家有关部委领导，省委书记赵洪祝、省长夏宝龙等省领导陪同考察。20日，县委召开全县领导干部会议，传达贯彻温家宝总理在长兴视察讲话精神。

8月24日　浙江大学国际设计研究院长兴设计中心正式成立，由浙江大学国家科技园、浙江大学国际设计院以及长兴县人民政府合作形成，主要为长兴企业提供工业产品设计，特别是结合长兴蓄电池、电动自行车、纺织、机械、家电等行业提供产品设计、产学研合作等服务。

8月26日　省委副书记、省长夏宝龙到长兴检查指导西苕溪流域治理工作，要求要下定决心，早上快上西苕溪流域治理项目。

8月28日—9月10日　百叶龙艺术团赴俄罗斯参加莫斯科国际军乐节，圆满完成15场演出任务。中国驻俄罗斯使馆专门致电表扬。

8月　杭宁高速公路增设北互通项目获省发改委立项批复，位于杭宁高速公路二期工程父子岭至王家浜段，项目采用单喇叭互通的形式，出口接经四线，设置互通收费站1处。

同月　长兴运动员吴云龙在第十四届伦敦残奥会上获赛艇LTA级男女混合四人单桨有舵手第四名，创下全县残疾人体育史上的最好成绩。

9月15日　受中日钓鱼岛争端影响，长兴八佰伴广场发生表达爱国热情的集聚活动，少数人以为该商场属日资而对商场及柜台实施打砸抢。县委、县政府高度重视并及时进行妥善处置。17日，《长兴新闻》刊发《爱国就应做理性守法公民》，次日刊发《共建和谐长兴才是真爱国》评论，引导全县人民理性爱国。

9月26日　县委、县政府向中国人民解放军海军“辽宁舰”舰长、大校张峥发出贺电。中国第一艘航空母舰“辽宁舰”首任舰长张峥，1969年生于长兴新塘。

9月28日　“太湖风情”实验示范带沿线村庄环境综合整治工作全面启动，从同月底到次年2月底，对“太湖风情”实验示范带沿线可视范围内夹浦、太湖图影、太湖新城、洪桥等四个乡镇(园区)所辖12个行政村、52个自然村进行集中整治。

10月27日　在泗安镇举行的中国(长兴)花木大会开幕式上，长兴被授予“中国花木之乡”称号。开幕式上，还启用华东花木电子商务平台。

10月　长兴进入“2012年度中国中小城市综合实力百强县”，位列第46位。

同月　仁恒科技、新世管道和永达电力3家长兴企业在新设立的浙江股权交易中心挂牌，在全省首批55家挂牌企业中，湖州市共有6家企业。

同月　长兴综合物流园区被中国物流与采购联合会正式评为“中国物流实验基地”，是全省唯一入选的物流基地。

同月　长兴县古树名木复查报告显示，全县共有古树名木3395株，涉及17科、29属、36种，其中国家一级保护古树(树龄500年以上)42株、国家二级保护古树(树龄300年～499年)67株、国家三级保护古树(树龄100年～299年)3286株，主要树种为银杏、榉树、樟树、枫香和朴树。与2002年普查相比，国家一级保护古树新增2株、国家三级保护古树新增23株。

11月9日　2012“安永中国企业家奖”在北京揭晓，包括长兴企业家天能集团董事长张天任在内的13位中国杰出企业家荣膺该奖。

11月23日　在全省工业强县(市、区)建设工作电视电话会议上，长兴县等20个县(市、区)被省政府授予浙江省工业强县(市、区)建设试点牌匾。

11月27日　浙能长兴电厂中水回用二期工程投运仪式举行。该工程每天可处理城市中水6万吨，每年可节约水资源2000万吨，减少化学需氧量排放660吨，减少氨氮排放70吨，为长江以南地区规模最大的中水回用工程。

11月　长兴绿色动力能源技术创新服务平台入选工业和信息化部第二批“国家中小企业公共服务示范平台”，成为全市唯一的国家级公共服务示范平台。

同月　长兴中学获得北京大学2013年“中学校长实名推荐”资质，成为全市首家获该资质的学校。校长可按分配名额向北京大学实名推荐符合条件的优秀高三学生，2013年推荐名额为1人。

同月　长兴被中国野生植物保护协会授予“中国金钱松之乡”称号。全县金钱松分布面积、个体数量分别为6230公顷、2.27万株。

同月　长兴茶产业被列入浙江省十县五十万亩茶产业升级转化工程项目。该项目总投入245万元，实施起止时间为2012年至2015年。

同月　台湾著名诗人、文学家、《乡愁》作者余光中到长兴大唐贡茶院参观游览，并在鸿渐楼题字留念。

12月3日　长兴首届“十佳好娘舅”颁奖典礼举行。

12月10日　浙江省内最大光伏发电项目——中钢集团新型材料(浙江)有限公司屋顶太阳能光伏发电项目正式并网运行，利用建筑屋顶约5万平方米，装机总容量4.2兆瓦。之前，县经济技术开发区10兆瓦屋顶光伏发电项目于11月30日并网发电。至2012年年末，全县有23家企业安装光伏发电，装机容量约14.438兆瓦，安装面积约23万平方米。

12月25日　长兴县综合福利中心奠基仪式举行，占地13.33公顷，总投资约2.4亿元，计划两年建成。

12月26日　“第三届答卷——浙江省2012年度十佳民生工程”颁奖典礼在杭州举行，长兴县农事节庆活动带动产业发展促进农民增收项目成功入围。

12月26—27日　长兴通过国家节水型城市考核。

12月　浙江永达集团建立首个安哥拉中国工业园。由浙江永达实业集团有限公司和安哥拉华丰建设有限公司共同出资成立安哥拉永达实业有限公司，投资4.5亿美元，在安哥拉共和国罗安达(Luanda)省维亚纳(Viana)市建立集产、贸一体化工业园，占地面积500公顷。永达集团位于长兴和平镇。

同月　洪桥镇被省海洋与渔业局命名为第一个“浙江省河蟹产业特色镇”，河蟹养殖面积496.7公顷，总产量597吨，产值3881万元。

同年　县卫生局按照“进出自愿、资产评估、协商谈判”的原则，回购乡镇卫生院资产，至年末，27家乡镇卫生院全部完成资产评估，其中签订协议26家；投入资金1.19亿元，完成23家乡镇卫生院收购并办理移交；同时启动规划选址新建乡镇卫生院。

同年　长兴通过国家生态县考核验收①。

① 2014年，环境保护部授予长兴“国家生态县”称号。

第一编 政 区

长兴县地处浙江省北部，属长江三角洲杭嘉湖平原地区。地理坐标为北纬30°43′12″—31°10′58″、东经119°33′18″—120°06′01″。东濒太湖，与江苏省苏州市吴中区为界，东南与湖州市吴兴区相邻、南与安吉县相连，西与安徽省宣城市广德县毗邻，西北、北与江苏省无锡市宜兴市接壤。县域总面积1431.31平方千米，东西宽53.2千米，南北长53.1千米，其中陆地占90.4%，水域占9.6%。

公元前514—前496年，吴王阖闾使弟夫概于该地筑长城。晋太康三年（282年）建县，时称长城县。后梁开平二年（908年）改称长兴县，并沿用至今。隋末、唐、元、明时升县为州。其间县境变动三次。清以后，建制、境域无变动。

基层建置，唐设乡、里；明设区、乡、都、里；清初设区、图、里、甲，后改为区、乡、庄、图；民国时始设区、镇、乡、闾、邻，后改为区、乡、保、甲。长兴解放后，废除保甲制，改为区、乡（镇）、村。1958年建立人民公社，实行政社合一，社以下设管理区、生产大队、生产队。1983年11月恢复乡（镇）村制。1987年，全县设6区、9镇25乡，辖450个村、36个居民委员会。1988年至2012年，先后进行四次乡镇区划调整。至2012年年末，设9镇4乡3街道，辖220个村、48个居民委员会、24个社区。

第一章 建 置

作为千年古县的长兴，1988—2012年的建置、县境均没有发生变化。其间，由于地处苏浙皖三省交界，根据上级部署，先后开展数次省界、县界界线勘察，共涉及省界2条、县界2条，界线总长272.68千米。2012年5月，县治雉城镇建制撤销。

第一节 沿 革[①]

春秋时属吴，吴王阖闾使弟夫概于该地筑城，城狭长，名长城。后属越，越为楚所败，遂属楚。秦始皇二十六年（前221年），分三十六郡，属会稽郡。汉高祖六年（前201年），立刘贾为荆王，属荆国；十二年（前195年），立刘濞为吴王，地又属吴。景帝三年（前154年），吴王濞谋反被诛，地属会稽郡乌程县。后汉永建四年（129年），分会稽置吴郡，地属吴郡。吴宝鼎元年（266年），分吴丹阳为吴兴郡，地属吴兴郡乌程。

晋武帝太康三年（282年），分乌程立长城县，属吴兴郡。永兴元年（304年），分长城的北乡为义乡县，属义兴郡。南朝宋、齐、梁、陈，属吴兴郡。梁敬帝绍泰元年（555年）于吴兴置震州，未几州废，仍名吴兴郡。隋开皇九年（589年）灭陈，罢吴兴郡，长城并入乌程县，属苏州。仁寿二年（602年），复立长城县，属湖

①长兴县志编纂委员会编，谢文柏主编：《长兴县志》，上海人民出版社1992年版，第10—11页。

州。大业二年(606年)州废,仍属吴郡(在苏州)。大业十四年(618年)沈法兴置长州。唐武德四年(621年)更置绥州,六年(623年)辅公柘更名雉州,并置原乡县属,七年(624年)废雉州,以安吉、原乡入长城。麟德元年(664年)复置安吉县。天宝元年(742年),改湖州为吴兴郡,乾元二年(759年)复为湖州,县名不改。

后梁开平二年(908年),吴越王钱镠避梁太祖父朱诚名讳,改长城县为长兴县。宋太平兴国三年(978年)吴越纳土,置两浙西路,州县名悉旧。宝庆元年(1225年)降湖州为安吉州,所领县如故。元至元十三年(1276年)平江南,改昭庆军安吉州为湖州安抚司,隶两浙都督府。十四年(1277年)为湖州路,属湖州路。元贞元年(1295年),升县为长兴州,仍属湖州路。至正十七年(1357年)耿炳文取长兴,改名长安州,以安吉县来属。二十二年(1362年)复名长兴州。明洪武二年(1369年),降长兴州为县,隶湖州府。弘治元年(1488年),知府王珣以安吉、孝丰等九乡山民立孝丰县,而割长兴南境顺零、晏子、荆溪三区入安吉。清顺治二年(1645年)六月,豫王征江南,总兵张士元定湖州,县属浙江布政司湖州府。

民国元年(1912年)2月,废府,长兴直属于省。3年(1914年)置道,长兴属钱塘道。16年(1927年)道废,长兴隶属于省政府。26年(1937年)11月25日,日本侵略军侵占长兴,县政府撤至西部山区,属浙西第二区行政督察专员公署。27年(1938年)年9月,日伪组织“长兴自治委员会”改组为“长兴县公署”,县长称知事,30年(1941年)县公署改为县政府,知事改为县长,隶属于伪浙江省第二区行政督察专员公署。32年(1943年)12月,苏南新四军十六旅由宜、溧进入郎(溪)、广(德)和长兴,在长泗线以北和杭宁线以西,开辟敌后抗日根据地。33年(1944年)4月,在槐花磡建立长兴县抗日民主政府,隶属于苏南行政公署郎广区。34年(1945年)8月19日,新四军收复长兴城,县抗日民主政府遂迁县城,隶属苏南区行政公署。同年9月底,县抗日民主政府机关随新四军北撤;10月10日,国民党县政府迁入长兴城,属浙江省第二区行政公署。

1949年4月26日,中国人民解放军解放长兴,5月16日成立长兴县人民政府,隶属于浙江省第一区专员公署(1951年4月改为嘉兴地区专员公署)。1967年11月,成立长兴县革命委员会,属嘉兴地区革命委员会。1980年7月,恢复长兴县人民政府,隶属于嘉兴地区专员公署。1983年10月,撤专署实行市管县,长兴隶属于湖州市。

第二节 县 境

一、境域

长兴县位于北纬30°43′12″—31°10′58″,东经119°33′18″—120°06′01″。地处浙江省北部,东濒太湖,与江苏省苏州市吴中区为界,东南与湖州市吴兴区相邻、南与安吉县相连,西与安徽省宣城市广德县毗邻,西北、北与江苏省无锡市宜兴市接壤。县域总面积1431.31平方千米,其中陆地1293.9平方千米、占90.4%,水域137.41平方千米、占9.6%。

二、勘界

长兴县位于苏浙皖三省交界处,涉及省界2条、县界2条,授权管理界桩9个,界线总长272.68千米。

苏浙线长兴吴中段、长兴宜兴段 1999年6月5日,江苏、浙江两省勘界工作领导小组办公室签订《江苏省与浙江省联合勘定行政区域界线实施方案》,商定苏浙线勘定工作的具体时间安排。经过一年多两省及有关市、县(市区)勘界办之间数十次的实地调查、协商定界,至勘定苏浙线太湖段

图1-1　苏浙线5号界桩,1999年埋设(县民政局提供)

协调会议止，苏浙线勘界实现全线贯通。2001 年 6 月，两省勘界办公室组织完成苏浙线埋桩测绘、勘界成果检查验收及资料汇总工作，苏浙线勘界工作全面结束。2005 年 3 月至 6 月，开展苏浙线宜兴长兴段、吴中长兴段省级界线第一轮联合检查。2010 年 4 月 22 日至 23 日，开展苏浙线宜兴长兴段、吴中长兴段第二轮省级界线联检工作。

苏浙线长兴吴中段　西起 6 号界桩往东 242 米，东至湖州市吴兴区、长兴县和苏州市吴中区交汇点，全长约 28.56 千米，涉及长兴县夹浦镇、太湖街道、洪桥镇和吴中区金庭镇共 4 个镇(街道)。

苏浙线长兴宜兴段　北起苏浙皖三省交会点(宜兴市太华镇三洲村、长兴县煤山三洲山村与安徽广德县新杭镇桃园村交会处)，南至 6 号桩(江苏宜兴市伏东镇前龙村境内，界桩未埋在界线上，距南侧的界线约 45 米)，全长 62.87 千米，埋设界桩 6 个，长兴管理 1 号、3 号、5 号界桩，涉及长兴县煤山镇、水口乡、夹浦镇和宜兴市太华镇、张渚镇、湖父镇、丁蜀镇共 7 个乡镇。

浙皖线长兴广德段　2000 年 2 月 25 日，浙江、安徽两省勘界工作领导小组办公室在安徽省合肥市召开浙皖线勘定工作第一次会议，拟定《浙江省和安徽省联合勘定行政区域界线实施方案》。3 月 9 日，民政部批准两省联合实施方案。2001 年 5 月 10 日至 13 日，浙皖两省勘界工作领导小组办公室在浙江省宁波市对浙皖线勘界测绘成果资料联合进行检查验收、资料汇总，签订两省行政区域界线协议书。2006 年 4 月 21 日至 5 月 10 日，开展浙皖线长兴广德段省级界线第一轮联合检查工作。2011 年 6 月 16 日至 17 日，开展浙皖线长兴广德段第二轮联合检查工作暨平安边界建设工作。浙皖线长兴广德段北起苏浙皖三省交会点，南至长兴县泗安镇、广德县东亭乡与安吉县高禹镇交会点，全长 55.43 千米，埋设界桩 2 个，长兴管理 1 号界桩，涉及长兴县煤山镇、泗安镇和安徽省宣城市广德县新杭镇、桃州镇共 4 个镇。

吴长线(原城长线和菱长线)　2000 年 3 月 31 日，签订《湖州市人民政府和长兴县人民政府联合勘定的行政区域界线协议书》。2005 年 11 月 22 日，吴兴、长兴、安吉对"吴长安"(原菱长安)三交点进行第一轮联合检查。2009 年 9 月，开展吴长线第二轮联合检查工作。吴长线北起 1 号界桩，南至吴长安三交点(吴兴区埭溪镇、长兴县和平镇、安吉县昆铜乡的交会点，即原菱湖长兴安吉三交点)，全长 57.41 千米，埋设界桩 5 个，长兴管理 1 号、2 号和三交点界桩，涉及吴兴区滨湖街道、仁皇山街道、龙溪街道、杨家埠街道、妙西镇、埭溪镇和长兴县洪桥镇、李家巷镇、吕山乡、和平镇共 10 个乡镇(街道)。

长安线　1997 年 7 月开始勘界，1999 年 8 月结束。2000 年 3 月 31 日，签订《长兴县人民政府和安吉县人民政府联合勘定的行政区域界线协议书》。2005 年 11 月 22 日，长兴、安吉对"长安线"进行第一轮联合检查。长安线西起浙皖线与长安线交会点(长兴县的泗安镇、安吉县的高禹镇与广德县的东亭乡交会点)，东至吴长安三交点(吴兴区的埭溪镇、长兴县的和平镇、与安吉县的梅溪镇交会点，原菱湖长兴安吉三交点)。全长 68.41 千米，埋设界桩 3 个，长兴管理 3 号、4 号界桩，涉及长兴县的泗安镇、林城镇、虹星桥镇、和平镇和安吉县的天子湖镇、梅溪镇共 6 个镇。

2012 年长兴县省际、县际界线界桩情况表

表 1-1　　单位：千米

类别	界线名称	简称	界线代号	界线长度	界线、界桩所在行政区划单位	界桩编号	备注
省际	浙江省与江苏省(长兴与宜兴段)	苏浙线	3233	62.87	煤山镇	3233001	长兴县管理
						3233002	宜兴市管理
						3233003	长兴县管理
						3233004	宜兴市管理
					水口乡	3233005	长兴县管理
					夹浦镇	3233006	宜兴市管理

续表1-1

类别	界线名称	简称	界线代号	界线长度	界线、界桩所在行政区划单位	界桩编号	备注
	浙江省与江苏省（长兴与吴中段）			28.56	夹浦镇、太湖街道、洪桥镇	3233006	宜兴市管理（为参照界桩）
	浙江省与安徽省（长兴与广德段）	浙皖线	3334	55.43	煤山镇	3334001	长兴县管理
					泗安镇	3334002	广德县管理
县际	湖州市吴兴区与长兴县	吴长线	050122	57.41	洪桥镇	050122001	长兴县管理
					李家巷镇	050122002	长兴县管理
					和平镇	050122003	吴兴区管理
					和平镇	050122004	吴兴区管理
	长兴县与安吉县	长安线	052223	68.41	泗安镇	052223001	未设界桩
					泗安镇	052223002	安吉县管理
					林城镇	052223003	长兴县管理
					和平镇	052223004	长兴县管理
	湖州市吴兴区、长兴县、安吉县	吴长安三交点			和平镇	吴长安三交点	长兴县管理（原菱长安三交点）

说明：资料来源于县民政局

三、苏浙太湖水域境界

2001年9月7日至8日，民政部在江苏南京召开勘定苏浙线太湖段协调会议，苏浙两省正式签订《江苏省人民政府与浙江省人民政府联合勘定的行政区域界线》协议。确定：苏、浙两省太湖段行政区域界线具体走向，西端从长兴县夹浦镇父子岭起，沿浙江段环湖大堤迎水坡脚向湖内垂直延伸70米，东端至吴兴区织里镇胡溇止。从父子岭直线经大雷山北侧、小雷山北侧至胡溇止，接两省太湖段行政区域界线所构成的水域范围内，浙江方享有开发利用权益并承担相应责任，相关事项的管理维持现状。根据该协议，浙江方享有开发利用的水域面积300平方千米。详见第6编、第1章、第2节。

第三节 县 治

1988年，县委、县政府驻地为雉城镇，办公地址位于雉城镇县前街。

2006年5月8日，县委、县人大常委会、县政府、县政协及部分县级机关入驻新建成的行政办公综合楼，地址雉城镇龙山新区广场路1号。

2012年5月，雉城镇建制撤销，改由县政府直辖，设立画溪、雉城、太湖3个街道办事处，县委、县政府驻地属雉城街道①。

第二章 区 划

1988年，长兴县设6区、9镇25乡，辖450个村、36个居民委员会。1988年至2012年，先后进行四次乡镇区划调整。至2012年年末，设9镇4乡3街道，辖220个村、48个居民委员会、24个社区。

①2015年5月，设龙山街道（为原雉城街道委托龙山新区管理的区域），县委、县政府驻地属龙山街道。

第一节　县城 集镇

一、县城

1988年，雉城镇城区主要有3个工业片、3个仓库堆场区、1个文教区、1个商贸区，主要街道解放路、人民路十字相交，建成区面积3.2平方千米，框架面积4.1平方千米，城区人口3.2万人。1999年，以老城区为核心，以国道、铁路、通航河流为轴线，向周边扩张，人口集聚速度加快，城区人口9.8万人。2001年7月，县委、县政府决定开发建设城市新区——龙山新区。2002年，建成区面积12平方千米，框架面积16平方千米，人均城市建设用地70.5平方米，形成小城市规模等级。2003年，长兴实施第四轮城市规划，城区采用“组团、开敞式”空间结构，实施“北延、东扩、南进、西控”城市发展战略，依托老城区，向北拉开城市框架，建设龙山新区；向东扩展县经济技术开发区；向南发展与县经济开发区相配套雉城工业园区。2005年，龙山新区一期建成，长兴县经济技术开发区、雉城镇工业园区快速发展，城区建设稳步推进，中等城市空间框架初步形成。2009年，城区规模东至经三路，南至雉城工业园区，西至新长铁路，北至合溪新港，建成区面积扩大到42平方千米，框架范围50平方千米，形成东南生产区、北部生活区、西部生态区，城市功能分区相对清晰。2012年，编制完成《长兴中心城区空间协调规划》，规划主城区范围北至盛家漾周边，东至太湖，南至宣杭铁路，西至新长铁路，框架规模为79平方千米，作为长兴未来发展主体区域。形成老城区、龙山新区、经济技术开发区、太湖新城、太湖图影度假区和南太湖产业集聚区“一中心五区块”格局。老城区是城市商贸、文教卫生集中区；龙山新区是全县政治文化中心，规划面积9平方千米；经济技术开发区是现代化工业新城区、科研生产孵化基地和高新技术生产密集区；太湖新城是未来长兴中心城市连接太湖的新城区，规划面积12.5平方千米；太湖图影旅游度假区是具有国际水准、国内一流高端旅游度假区，规划面积23.8平方千米；南太湖产业集聚区是长兴高新技术产业、出口加工产业发展基地。2012年5月，雉城镇建制撤销，分设为3个街道办事处，中心城区也相应划属3个街道管辖。其中，原雉城镇工业园区及园区内城中村属画溪街道，原中心城区主体的居民区和商业区属雉城街道，原县经济技术开发区部分(含建设经济技术开发区形成的城中村)属太湖街道。分界线为雉城街道与画溪街道原则以宣杭铁路为界，雉城街道与太湖街道以明珠路—长州路—图影大道为界。同年年末，中心城区建成区面积45平方千米，框架面积56平方千米，城区常住人口达到27.8万人。

二、中心镇集镇

和平镇集镇　1988年，镇区建成区面积1.3平方千米，常住人口4800人，设有供销社、粮站、银行、税务、邮电、工商、派出所等机构，沿街大多为2层以下建筑。同年5月，按照“自愿联建，统一布局，合理规划”原则，新建老街至汽车站的新兴街。1990年，新街竣工房屋4幢33间，老街按照城建规划进行综合治理。1994年，沿鹿唐线两侧开发建设商贸住宅区，总面积2.8公顷。1996年，实施第二轮《和平镇城镇总体规划》，加快新区开发建设。1997年，启动和平镇东街建设，部分联建房屋竣工。1999年，建成镇中街、镇东街、镇西街，打通横街，改善新街布局，拉开集镇框架。进入21世纪后，实施“南扩、东进、北延”城镇发展思路，启动华达工业园、福瑞工业园、永达工业园3个“园中园”建设，占地66.67公顷，镇区规模逐步扩大。2003年，编制实施第四轮《和平镇城镇总体规划》，镇工业园区形成东区、西区、南区三个功能区，规划总面积3.77平方千米。2005年，外地房地产开发企业进入和平，开发商贸住宅楼1.84万平方米。2006年，完成城镇基础设施投入1.2亿元，新建和兴街、和中街、华兴街，人均道路面积达14平方米，集聚人口9000人。之后，城镇建设不断加快，基础设施逐步完善。陆续建成镇政府办公楼、财税大楼、粮贸大厦、农电大楼、邮电大楼、镇文化中心等公共建筑，建成天然气门站、垃圾中转站、2万吨污水处理厂，配套建设污水管网，并扩建自来水厂、农贸市场。2010年，建成白茶街。2011年，完成《和平中心镇区整体城市设计》及控制性详细规划编制。开展矿山和道路粉尘治理、周坞山畜禽养殖污染治理、工业污染治理和矿山覆绿,城镇生态环境有效改善。至2012年,已形成较为完善的镇区道路网络和市政基础设施,商贸、金融、文教、医疗、娱乐及社会保障等公共设施一应俱全;建有和平广场、鑫和花苑、永和苑等住宅小区7个,商品房总量24.6万平方米;镇区建成区面积4.5平方千米,框架扩大到6.1平方千米,有绿地118.3公顷,常住居民9100户,集聚人口2.9万人。

泗安镇集镇 1988年,镇区建成区面积2.1平方千米,常住人口7600人,设有供销社、粮站、银行、税务、邮电、工商、派出所等机构,沿街大多为2层以下小型建筑。同年,以新建凤凰商厦为标志,加快推进城镇建设。1992年,实施《泗安镇总体规划》。1996年,启动兴安街、新街口建设。2000年,编制新一轮《泗安镇发展总体规划》,确定"东工、中城、西闲"小城市布局。同年,城西工业功能区建成,规划面积6.4平方千米,一期建设1.2平方千米,入驻企业69家。其间,投资8000万元,建成集商贸、办公功能为一体的泗安国际商贸城。2003年,县委出台《关于加快泗安镇经济社会发展意见》,专门成立县加快泗安经济社会发展领导小组和办公室,提出更加优惠的扶持政策,5年内仅县财政转移支付城镇发展等配套资金就达4000万元,泗安镇开始进入加速发展阶段,产业发展、人口集聚、城镇建设"三驾马车"全力驱动。2010年,泗安镇便民服务中心、新农贸市场建成投入使用。2011年,县委、县政府实施"确保重点、优先发展"战略,提出把泗安培育建设成为实力更强、集聚力更大、吸纳人口更多、功能健全的现代小城市。同年,启动建设集商业、休闲、娱乐于一体的天星广场,总投资9000万元,建筑面积1.9万平方米。2012年,编制实施第四轮《泗安城镇总体规划(2012—2030)》,城镇定位为"长兴县西部综合服务中心、长兴县承接转移新高地、长三角健康休闲之城"。至同年,建有污水处理厂、垃圾中转站和自来水厂,供水、污水处理和垃圾处理实现"城乡一体";建有天然气门站、110伏变电所、火车站、浙皖综合市场等重要公共服务设施,商贸、金融、文教、医疗、娱乐及社会保障等公共设施一应俱全;建有泗安大道、振兴大道、绿荫大道等24条镇区道路,形成"六横六纵"城镇路网体系,镇区道路总长71.4千米;镇区建成区拥有绿地123.7公顷,建有凤凰城、康城华府、天兴广场等住宅小区7个,商品房总量12.4万平方米;建成区面积达到6.9平方千米,框架9平方千米,常住居民1.3万户,集聚人口3.8万人。

煤山镇集镇 1988年,镇区建成区面积1.1平方千米,常住人口5600人,建有自来水厂、电影院、变电所等公共设施,设有供销社、粮站、银行、税务、邮电、工商、派出所等机构,有一条狭小街道,长645米,沿街大多为2层以下建筑。1991年,煤山医院建成投入使用,建筑面积2050平方米;陆续建成沙地桥、杨梅涧大桥、大园至新川公路,完成新川公路大园至杨梅涧3.2千米、杨梅涧至镇中学3.67千米砂改油工程,完成镇中心至悬脚岭5.3千米拓宽工程。1993年,建成煤山供销商厦,建筑面积1288平方米;启动新街建设。1994年,煤山银鹰宾馆建成,新街农贸市场竣工投入使用,建筑面积2000平方米;新街基本建成,新建商住楼2.4万平方米,总投资1.2亿元。1995年,新建供水管道22千米,全镇供水普及率100%;完成新川小镇、沿涧一条街建设,建成新川桥等5座桥梁;在煤湖公路新昇段建成煤山工业园,占地36公顷。1997年,征地10公顷,启动煤山镇新街二期开发,启动公园、停车场、绿化、涧滩砌石护岸、通信等配套设施建设。1998年,完成《煤山城镇建设总体规划》修编,启动煤山工业园二期工程建设;启动长牛线拓宽改造;镇自来水厂完成扩建,日供水量达8350立方米。2000年,煤山新街二期启动建成,当年共有4000平方米商业房投入使用。2002年,镇中心小学、中心幼儿园建成投入使用。2003年,长牛公路改建工程全面竣工,总投资8000万元;占地5公顷的生态文化广场启动建设。2004年,完成新一轮《煤山城镇建设总体规划》修编,实施每年一度的小城镇建设工程,镇中心文化广场、奥华农贸市场等一批城镇基础设施和公共设施相继建成。2005年,完成5条镇区市政道路建设。2006年,提出打造宜工宜居、长兴西部精致中心小城镇的目标,新街二期、工业园二期扩建等工程竣工,新建镇垃圾中转站,全镇生活垃圾实现统一收集处理。2008年,新煤山中学、煤山小学二期、天然气门站、自来水厂、煤青公路等一批重点工程相继建成,完成投资2.6亿元。2009年,开工建设安置房小区下沙花园、长广集团公司住宅小区金和嘉园,建筑面积16.9万平方米;丰泽苑小区竣工商品房面积1.7万平方米。启动迎宾大道和西环线建设，完成煤青公路、中学北路、新街北路建设，修通10条林区主干道。2010年，提出打造国际生态山城目标，实施“品质优镇”战略，园林绿化和生态环境建设加快推进，污水处理厂、山鹰大道延伸线等一批重点市政设施项目相继建成。同年，外地房地产开发企业进驻煤山镇，启动商品住宅建设，城镇功能进一步完善。2011年，按照以镇聚人、外拉框架、内增功能的思路，加快基础设施建设，完成城镇建设投入1.68亿元。长广生活小区二期、三期工程全面启动建设。2012年，完成迎宾大道、西环线、煤鑫街建设，镇南部老城区改造加快实施，便民服务中心、购物中心项目启动建设；北部新城区加快建设。至同年，镇区建成区面积4.1平方千米，框架拉大到6.8平方千米，常住居民7000户，集聚人口2.04万人，拥有比较完善的供电、商贸、文化、教育、卫生、娱乐、交通、环境卫生等配套公共设施体系，实现供水、污水处理、垃圾处理“一体化”，镇区建有恒丰苑住宅小区，商品房总量8.6万平方米，镇区绿地面积达到121公顷。

三、其他建制镇集镇

洪桥镇集镇　1988年，镇区有东街、镇前街，全长300米，有鸿桥、新洪桥等6座桥梁。1990年，编制实施《洪桥镇总体规划》。同年，建设东、西2条新街，总长420米，建成洪璋路、镇东路，总长3400米。1992—1994年，先后建成农贸市场、供销社商场、工业大楼、信用社大楼、粮油市场、医院、邵逸夫中学等，建设道路、给排水、路灯、环卫等市政基础设施。进入21世纪后，新街建设加快，集镇框架逐步拉开，陆续建成洪桥中学、中心小学、中心幼儿园、农村信用社大楼、洪桥派出所办公楼、镇政府办公楼、便民服务中心等，扩建农贸市场、自来水厂。2005年，铺设天然气管道，集镇居民用上管道天然气。2008年，建成镇污水处理厂，集镇生产、生活污水集中处理后达标排放。至2012年，集镇建成区面积3平方千米，常住居民1862户、5643人。有鸿运大道、弁山大道、洪长路等道路9条，总长10.2千米，有住宅小区2个、商品房6.4万平方米，建成区绿化覆盖率36%，主要街道实行每天10小时保洁，商贸、金融、文教卫生、医疗、娱乐等公共设施一应俱全。

李家巷镇集镇　1988年，镇区有老街3条，总长740米，天桥、大石桥、解放桥等桥梁4座，建有电影院、农贸市场、镇政府办公楼、供销社商场等。20世纪90年代初，随着矿产行业发展，集镇逐步向104国道两侧拓展，先后建成农业银行大楼、信用社大楼、中星楼、保险公司大楼等，扩建自来水厂、农贸市场等。进入21世纪后，镇区开始向东拓展，开辟新街，沿街建设商住楼，建成镇政府办公楼、派出所大楼、李家巷中学、中心小学、中心幼儿园。2006年后，陆续建成垃圾中转站、污水处理厂，镇区生活垃圾、生活污水实现集中处理。至2012年，镇区建成区面积3.2平方千米，常住居民1842户、5600人。有道路、巷弄14条，总长12.1千米，桥梁9座，有住宅小区2个、商品房8.3万平方米，建成区绿化覆盖率39%，商贸、金融、文教卫生、医疗、娱乐等公共设施一应俱全。

图1-2　1999年，建设中的李家巷镇新街一角（李家巷镇提供）

夹浦镇集镇　1988年，镇区有1条老街，长540米，桥梁3座，建有电影院、农贸市场、信用社、粮站、供销社等。1992年，与丁甲桥乡合并，迁址新建夹浦集镇。20世纪90年代初，随着轻纺印染业发展，设立环沉工业园区，沿104国道建设工业厂房。1992年起，新建占地2.2公顷的浙北轻纺市场，开设门市部566个。进入21世纪后，实施新一轮城镇总体规划，沿国道两侧延伸拓展，先后新建或改建镇政府办公楼、派出所办公楼、中学、小学、卫生院、自来水厂、敬老院、农贸市场、幼儿园等。2004年，率先建成镇级污水处理厂，镇区工业和生活污水实现达标排放。之后，又陆续建成长兴垃圾焚烧发电厂、垃圾中转站,镇区生活垃圾实现无害化集中处理。至2012年,镇区建成区面积4.1平方千米,常住居民1714户、5300人。有道路、巷弄21条,总长24.8千米,桥梁4座,建有滨湖景苑住宅小区,竣工商品房7.4万平方米,建成区绿化覆盖率37%,商贸、金融、文教卫生、医疗、娱乐等公共设施一应俱全。

虹星桥镇集镇 1988年,镇区有1条T形老街,长200米,桥梁4座,沿街设有供销社、信用社、卫生院、工商所、派出所、税务所、邮电所、食品站、粮站,有自来水厂、农贸市场等。20世纪90年代初,新建跨泗安港新桥,贯通长和公路,新建新星路,长450米,沿街建设商住房;老街逐步向南、向北延伸拓展,陆续新建改建镇政府办公楼、虹溪中学、小学、幼儿园等,建成北横街、南横街,并对虹星、恒通、人民、斜桥、邮电等道路进行拓宽、延伸改造。2008年,建成污水处理厂。2009年,建成长和公路桥,沿街建设派出所、国土所办公楼及变电所,镇区再次向东扩展。2012年,建成“川气东送”虹星桥枢纽站。至2012年,镇区建成区面积2.6平方千米,常住居民840户、2600人。镇区有道路24条,总长14.9千米,建有城南花都、虹星花苑2个住宅小区,商品房8.7万平方米,建成区绿化覆盖率36%,商贸、金融、文教卫生、体育、医疗、娱乐等公共设施一应俱全。

林城镇集镇 1988年,镇区建成区0.5平方千米,常住人口2000人,设有供销社、银行、税务、粮管所、邮电、工商、派出所等机构,有一条长200米小街,沿街大多为2层以下建筑。1990年,建成粮油路,长318米;浇筑林畎公路水泥路面,长882米。1991年,建成农贸市场,有摊位300个;扩建镇自来水厂,日供水能力600吨。1993年后,建成齐心新街、东光新街,开始铺设下水道。1999年,随着电炉行业的迅速发展,开始建设工业园区,镇区框架逐步拉开,建成区规模扩大。进入21世纪后,沿318国道建设新镇区,城镇建设快速推进。2003年,建设长兴浙北液化气有限公司渎东液化石油气储配站,储配量110立方米。2004年,实施小城镇建设工程,建成新林大道、三星级农贸市场、污水处理厂等一批市政基础设施和公共设施。至2012年,镇区建成区面积3.1平方千米,常住居民2310户、7000人。建成区污水处理覆盖率80%,垃圾无害化处理率99%,绿化覆盖率30%,主要街道实行每天10小时保洁。建有商贸新城住宅小区,商品房面积2.8万平方米,商贸、金融、文教、医疗、娱乐等公共设施一应俱全。

小浦镇集镇 1988年,镇区有1条老街及长牛公路过境段,设有工商所、财税所、派出所、粮管所、航管所、邮电所、变电所、供销社、银行,驻有省属企业小浦机械厂及部队,还有农贸市场、电影院、医院、学校等。1991年,实施《小浦镇总体规划》,分步启动城镇建设项目,先后新建扩建镇政府办公楼、供销商场、信用社大楼、农业银行营业所、建设银行营业所、财税大楼、中学、小学、成人文化学校、蝴蝶新桥、自来水厂、农贸市场等。进入21世纪后,实施新一轮城镇总体规划,加快推进基础设施建设,先后建设道路、污水处理厂等重大基础设施和公共设施,并沿长牛公路两侧建设工业厂房,推动镇区向东、北拓展,镇区规模进一步扩大。至2012年,镇区建成区面积3.8平方千米,常住居民1375户、4200人。有道路21条,总长21.8千米,商贸、金融、文教卫生、体育、医疗、娱乐等公共设施一应俱全。

四、其他集镇

水口集镇 1988年,集镇建成区面积3.5公顷,仅1条老街,沿街两侧设有供销社、粮站、银行、邮电等,多为2层以下建筑。20世纪90年代后,逐步向南扩展,开发建设新街,建有加油站、旅馆等。21世纪初,开始房地产开发,建设商住楼,集镇进一步向南拓展。2008年,建成大唐贡茶院,形成茶文化旅游景区,带动农家乐迅速发展;建设兴和路,与长水公路相接,形成新街,建有高档次的竺境茶语别墅小区。2012年,集镇建成区面积78.4公顷,常住居民370户、1200人。有道路9条,总长8.4千米,有初中、小学、幼儿园、医院、农贸市场、自来水厂等公共设施,污水处理统一纳入夹浦镇污水处理管网。

吕山集镇 1988年,集镇建成区面积3公顷,仅1条老街,沿长湖申航道,两侧设有供销社、粮站、信用社、邮电所等,多为2层以下建筑。1998年,开始跨长湖申航道开发新街,沿街建设商住楼。21世纪后,加速推进集镇建设,建成乡政府办公楼、吕蒙大桥等,开发建设新街,集镇规模逐步扩大。2012年,集镇建成区面积87公顷,常住居民450户、1500人。共有前进路、振兴路、长吕路等道路11条,总长10.5千米,有初中、小学、幼儿园、医院、信用社等公共设施,商贸、娱乐、文化等设施齐全,居民生活用自来水由和平镇水厂供应，污水处理统一纳入长兴第二污水处理厂管网。

槐坎集镇　1988年，集镇有1条老街，沿街有供销社、信用社等，有居民500人。20世纪90年代后期，沿公路拓展，建设乡政府办公楼等，集镇规模逐步扩大。2012年，集镇建成区面积76公顷，常住居民460户、1500人。集镇建有山水苑住宅小区，商品房建筑面积1.3万平方米。有道路9条，总长6.4千米，振槐路为主要道路，全长1.8千米。有卫生院、小学、幼儿园及农贸市场、邮政网点、公交站点等公共设施，超市等商贸设施齐全，供水、污水处理统一纳入煤山镇管网系统。

白岘集镇　1988年，集镇有1条老街。20世纪90年代后，陆续新建乡政府办公楼及商住房，新建凤凰路、全长650米，梧桐路、全长700米，集镇规模逐步扩大。2012年，集镇建成区面积69.5公顷，常住居民390户、1200人。有道路11条，总长7.8千米，有卫生院1所、小学3所、成人学校1所、幼儿园1所，有农贸市场、邮政网点、公交站点等公共设施，超市等商贸设施完善，供水、污水处理统一纳入煤山镇管网系统。

图1-3　白岘老街(白岘乡提供·2010年)

新塘集镇　位于长兴县东部，地处太湖西岸，距长兴县城7千米，驻地新塘村，原为新塘乡政府所在地，2000年撤乡并入县经济开发区，2010年并入太湖街道。集镇原有1条老街，直通太湖大堤，长600米，有邮电所、电影院、信用社、供销社等，常住居民380户、750人，渔业交易活跃。1995年，新建莫鸭港边新街，后延长老街至太湖大道。之后，随着太湖捕捞、渔业产业活跃，农家乐逐渐增多。2012年，集镇建成区面积34.5公顷，常住居民310户、1000人。有农家乐餐饮店30多家，供水、污水处理统一纳入长兴城区管网系统。

横山集镇　位于长兴县东南部，东邻太湖，南与湖州市交界，距长兴县城11千米，驻地横山村，原为横山乡政府所在地，1999年撤乡并入洪桥镇。集镇原有1条老街，设有供销社、信用社、医院、菜场、粮站等，沿街多为2层以下建筑。集镇驻地原有陈湾石矿，后逐步沿公路边发展，建有商住房。2012年，集镇建成区面积33.5公顷，常住居民240户、750人。有小学、幼儿园、信用社、农贸市场及超市等，供水、污水处理统一纳入洪桥镇管网系统。

丁甲桥集镇　位于长兴县北部，西与水口乡为界，距长兴县城20千米，长达公路穿境而过，驻地丁甲桥村，原为丁甲桥乡政府所在地，1992年撤乡并入夹浦镇。2012年，集镇建成区面积38公顷，常住居民120户、370人。集镇有2条道路，长1300米，有社区卫生服务中心、小学、幼儿园、信用社、农贸市场等公共服务设施及超市、餐饮等服务行业，供水、污水处理统一纳入夹浦镇管网系统。

后漾集镇　位于长兴县东北部，紧邻明珠北路，距长兴县城3千米，原为后漾乡政府所在地，1999年撤乡并入雉城镇，后又并入龙山新区。集镇原有2条小街，沿街设有供销社、信用社、加油站等。20世纪90年代后期，沿老104国道建设商住房，开设商店。2012年，集镇建成区面积28公顷，常住居民110户、400人。设有商店20多家，供水、污水处理统一纳入长兴城区管网系统。

包桥集镇　位于长兴县中南部、长和公路旁，距长兴县城5千米，驻地包桥村，原为包桥乡政府所在地，1999年撤乡并入雉城镇，后又并入画溪街道。集镇沿长和公路两侧而建，设有供销社、信用社。2012年，集镇建成区面积33.5公顷，南虹路、虹兴路2条街道全长1500米，常住居民236户、616人。有社区卫生服务中心、邮电所、中心小学、中心幼儿园及农贸市场等公共服务设施及超市、餐饮等各种服务行业，供水、污水处理统一纳入长兴城区管网系统。

长桥集镇 位于长兴中西部、老318国道旁,距长兴县城8千米,驻地长桥村,原为长桥乡政府所在地,2000年撤乡并入雉城镇,后又并入画溪街道。集镇原有2条街道,长750米,设有供销社、信用社、邮电所、粮站、医院等。20世纪90年代后期,随着耐火行业发展,集镇逐步向318国道旁发展,建设新街、道路以及工业厂房。2012年,集镇建成区面积60.5公顷,常住居民217户、564人。有兴姚路、文卫路2条街道、全长1500米,有社区卫生服务中心、中心小学、中心幼儿园和农贸市场等公共服务设施及超市、餐饮等各种服务行业,供水、污水处理统一纳入长兴城区管网系统。

白阜集镇 位于长兴县西部,距长兴县城10千米,宣杭铁路穿境而过,驻地白阜村,原为白阜乡政府所在地,1999年撤乡并入小浦镇。集镇原有2条老街,沿街设有供销社、信用社、粮站、邮电所等。20世纪90年代后期,逐步建设新街、道路,集镇房屋逐步增多,集镇规模有所扩大。2012年,集镇建成区面积26公顷,常住居民170户、510人。有社区卫生服务中心、小学、幼儿园、农贸市场等公共服务设施及超市、餐饮等各种服务行业,供水、污水处理统一纳入长兴城区管网系统。

长潮集镇 位于长兴县西南部,距长兴县城22千米,距泗安镇8千米,驻地长潮村,原为长潮乡政府所在地,2001年撤乡并入泗安镇。2012年,集镇建成区面积53公顷,常住居民150户、435人。有主次道路4条,总长800米,有小学、幼儿园、银行、超市、农贸市场、文化大礼堂、便民服务中心等公共设施,供水、污水处理统一纳入泗安镇管网系统。

管埭集镇 位于长兴县西南部,距长兴县城27千米,距泗安镇8千米,驻地管埭村,原为管埭乡政府所在地,1999年撤乡并入泗安镇。2012年,集镇建成区面积33公顷,常住居民270户、800人。集镇主街长700米,次街道2条,长400米。有小学、幼儿园、农贸市场、船运码头、健身活动中心、便民服务中心等公共服务设施,供水、污水处理统一纳入泗安镇管网系统。

二界岭集镇 位于长兴县西部,西与安徽省广德县毗邻,距长兴县城36千米,距泗安镇9千米,驻地罗家地村,原为二界岭乡政府所在地,2012年撤乡并入泗安镇。2012年,集镇建成区面积51.4公顷,常住居民238户、700人。有道路14条,总长7.5千米,有小学、幼儿园、信用社、自来水厂、农贸市场、垃圾中转站以及超市等,污水处理纳入泗安镇污水管网。

仙山集镇 位于长兴县西部,距长兴县城32千米,距泗安镇7千米,驻地仙山村,原为仙山乡政府所在地,1999年撤乡并入泗安镇。2012年,集镇建成区面积28.5公顷,常住居民130户、400人。集镇有街道4条,总长3.2千米,有小学、幼儿园、农贸市场及超市等,供水和污水处理统一纳入泗安镇管网系统。

天平集镇 位于长兴县西南部,距长兴县城16千米,距林城镇5千米,驻地天平村,2002年由原天平、新桥、仓里等3个村合并而成,原为天平桥乡政府所在地,1999年撤乡并入林城镇。集镇原有1条老街,长600米,沿街有供销社、邮电所、信用社等,常住居民210户、650人。天平是中国民间艺术百叶龙的发源地,2006年"百叶龙"被国务院列入首批国家级非物质文化遗产名录。20世纪90年代后,集镇逐步新建道路、开辟新街,基础设施不断完善,集镇规模有所扩大。2012年,集镇建成区面积36.7公顷,常住居民240户、710人。有道路9条,长4.3千米,有小学、幼儿园、信用社、邮电所、农贸市场等公共设施,超市等各类商店齐全,供水和污水处理纳入林城镇管网系统。

畎桥集镇 位于长兴县西南平原圩区,南与安吉县毗邻,距长兴县城18千米,驻地畎桥村,原为畎桥乡政府所在地,1999年撤乡并入林城镇。集镇原有1条老街,长540米,两侧设有供销社、信用社等。20世纪90年代后期,开始建设新街和道路,集镇规模有所扩大。2012年,集镇建成区面积31.9公顷,常住居民110户、315人。有道路11条,长6.4千米,有小学、幼儿园、农贸市场等,超市等各类商店齐全,供水、污水处理统一纳入林城镇管网系统。

大云寺集镇 位于长兴县西部、林城镇北部,紧邻老318国道,距长兴县城13千米,驻地大云寺村,原为大云寺乡政府所在地,后撤乡并入林城镇。集镇原有2条老街,长840米,设有供销社、信用社等,沿街多为2层以下建筑。20世纪90年代后期,依托318国道,村民开始逐步在集镇建造商住房,集镇规模有所扩大。2012 年，集镇建成区面积 23.5 公顷，常住居民 130 户、400 人。有道路 6 条，总长 8.4 千米，建有农贸市场、小学、幼儿园等，各类商店较为齐全，供水、污水处理统一纳入林城镇管网系统。

里塘集镇　位于长兴县南部，西与林城镇交界，南与和平镇接壤，距长兴县城 17 千米，驻地里塘村，原为里塘乡政府所在地，1999 年撤乡并入虹星桥镇。集镇原有 2 条老街，长 600 米，设有供销社、信用社、医院、菜场、粮站等，沿街多为 2 层以下建筑。20 世纪 90 年代后期，随着耐火行业发展和人口逐步增多，集镇开始向外拓展，建设新街、延伸道路，新建商住房屋及市政基础设施，集镇规模有所扩大。2012 年，集镇建成区面积 39.8 公顷，常住居民 285 户、885 人。有道路 3 条全长 1800 米，有小学、卫生院、信用社、农贸市场及超市，公交车直达，自来水由和平水厂供应，污水处理纳入虹星桥污水管网。

观音桥集镇　位于长兴南部，紧邻长和公路，西与林城镇交界，距长兴县城 15 千米，驻地观音桥村，原为观音桥乡政府所在地，1992 年撤乡并入虹星桥镇。集镇原有 1 条东西向老街，设有供销社、广播站、卫生院，建有电影院、菜场等。1995 年后，沿长和公路建设部分房屋。2012 年，集镇建成区面积 18.1 公顷，常住居民 110 户、350 人。居民生活用自来水厂由和平水厂供应，污水处理纳入虹星桥镇污水管网。

长城集镇　位于长兴县东南部，东与湖州市接壤，北邻吕山乡，距长兴县城 24 千米，驻地横山村，俗称北洋桥，原为长城乡政府所在地，1999 年撤乡并入和平镇。集镇原有 2 条老街，设有供销社、信用社、医院、小学。20 世纪 90 年代后期，在老街外围开发新街，建设部分商住房。2012 年，集镇建成区面积 23.2 公顷，常住居民 110 户、340 人。建有北洋桥农贸市场及超市等各类商店，供水、污水处理统一纳入和平镇管网系统。

吴山集镇　位于长兴县西南部，西与安吉县接壤，北邻虹星桥镇，距长兴县城 20 千米，驻地吴山村，原为吴山乡政府所在地，2012 年撤乡并入和平镇。集镇沿西苕溪而建，有 1 条“7”字形街道，长 900 米，设有供销社、信用社、医院、小学，有长安桥与安吉小溪口相连，沿街多为 2 层以下建筑。20 世纪 90 年代后期，随着吴山大桥建成，集镇逐步向东拓展，扩建新街、修建道路，新建小溪口农贸市场，沿街房屋逐步增多。2008 年，建成吴山污水处理厂。2012 年，集镇建成区面积 77 公顷，常住居民 320 户、710 人。有信用社、医院、农贸市场、公交站点，超市等各类商贸设施齐全，自来水供应纳入和平镇供水管网系统。

第二节　乡　镇

一、乡镇区划调整

1988 年，全县设 6 区、9 镇 25 乡①，实行县以下设区管乡镇的行政区划管理体制。

随着改革开放的深入和农村商品经济的发展，全省实行县以下区管乡镇体制弊端日益彰显。乡镇规模小，市场容量和经济承载量有限，区作为县级派出机关的设置不利于乡镇充分发挥职能，乡镇职能不全、功能不齐、权威不高，等等。1992 年，省委决定实施撤区扩镇并乡改革，调整部分行政区划，以实现对内搞活、对外开放。同年 5 月，省委、省政府下发《关于做好撤区扩镇并乡工作的通知》，决定实行县以下机构改革和部分区划调整，撤区扩镇并乡，把乡镇建设成为领导和管理各行政区域政治、经济、文化和各项事务的一级政权。根据中央精神和省、市要求，县委、县政府决定通过撤乡扩镇和并乡建镇，对当前行政区划做部分调整。9 月，长兴县行政区划调整申请经市政府转报省民政厅并获批准。同月，县委、县政府下发《关于部分乡(镇)调整行政区域的通知》，成立由县委副书记任组长的“撤并扩”工作领导

①6个区分别为城东区、和平区、虹溪区、泗安区、煤山区、鼎新区，1979年6月后设立，设区党委，未设区政府。1992年全县乡镇撤并扩结束后，随即启动撤区工作。1993年5月，县委下发《关于撤销我县区委机构的工作意见》。同月，上述6个区委建制撤销。

小组及办公室，启动撤并扩工作。其中，撤销便民桥乡建制，并入和平镇，镇政府驻和平街；撤销观音桥乡建制，并入虹星桥镇，镇政府驻虹星桥；撤销丁甲桥乡、夹浦乡建制，改建为夹浦镇，镇政府驻夹浦。共撤 2 乡、扩 2 镇、并 2 乡、建 1 镇。调整后，全县共有乡镇 31 个，其中镇 10 个、乡 21 个。

其后，至 2012 年，全县先后进行 3 次乡镇区划调整。1999 年 1 月，撤销下箬寺乡、包桥乡、后漾乡建制，并入雉城镇，镇政府驻雉城镇古城村；撤销管埭乡、仙山乡建制，并入泗安镇，镇政府驻泗安凤凰村；撤销畎桥乡、天平桥乡建制，并入林城镇，镇政府驻林城镇东岗村；撤销长城乡建制，并入和平镇，镇政府驻和平镇大勤村；撤销横山乡建制，并入洪桥镇，镇政府驻洪桥村；撤销里塘乡建制，并入虹星桥镇，镇政府驻罗家村；撤销白阜乡建制，将原白阜乡 8 个行政村（柏家、大岕口、许家、方一、施家、南俞、潘家、礼家）划归小浦镇管辖，镇政府驻中山路 1 号。将原白阜乡 12 个行政村（庄基墩、东埠、西埠、南阳、长圩、朱城、大一、上南、下埂、张家桥、大二、乌泥圩）划归长桥乡管辖，乡政府驻长桥乡阳南村。至 1999 年年末，全县辖 10 镇 10 乡。2000 年 12 月，撤销雉城镇、新塘乡、长桥乡建制，合并建立新雉城镇，镇政府驻人民南路；撤销泗安镇、长潮乡建制，合并建立新泗安镇，镇政府驻凤凰村；撤销林城镇、太傅乡建制，合并建立新林城镇，镇政府驻东岗村。至 2000 年年末，全县辖 10 镇 6 乡。2012 年 5 月，撤销吴山乡建制，并入和平镇，镇政府驻和平村；撤销二界岭乡建制，并入泗安镇，镇政府驻三里亭村；撤销雉城镇建制，改由县政府直辖，设立雉城、画溪、太湖 3 个街道办事处。至 2012 年年末，全县辖 9 镇 4 乡 3 街道①。

1988—2012 年长兴县四次行政区划调整情况表

表 1-2

1988年	1992年	1999年	2000年	2012年	乡、镇（街道）政府（办公）驻地
雉城镇	雉城镇	雉城镇	雉城镇	雉城街道	解放西路241号
后漾乡	后漾乡				
下箬寺乡	下箬寺乡			画溪街道	雉州大道558号
白阜乡	白阜乡				
包桥乡	包桥乡				
新塘乡	新塘乡	新塘乡		太湖街道	太湖大道1180号
长桥乡	长桥乡	长桥乡（其中白阜乡12个村并入）			
洪桥镇	洪桥镇	洪桥镇	洪桥镇	洪桥镇	鸿运大道588号
横山乡	横山乡				
李家巷镇	李家巷镇	李家巷镇	李家巷镇	李家巷镇	新街东路100号
夹浦乡	夹浦镇	夹浦镇	夹浦镇	夹浦镇	夹浦新街16号
丁甲桥乡					
林城镇	林城镇	林城镇	林城镇	林城镇	振兴西路8号
天平桥乡	天平桥乡				
畎桥乡	畎桥乡				
太傅乡	太傅乡	太傅乡			
泗安镇	泗安镇	泗安镇	泗安镇	泗安镇	泗安大道606号
仙山乡	仙山乡				
管埭乡	管埭乡				

①2015年5月，撤销煤山镇、槐坎乡、白岘乡建制，组建新的煤山镇；设立龙山街道。调整后，全县辖9镇2乡4街道。

续表1-2

1988年	1992年	1999年	2000年	2012年	乡、镇(街道)政府(办公)驻地
长潮乡	长潮乡	长潮乡			
二界岭乡	二界岭乡	二界岭乡	二界岭乡		
虹星桥镇	虹星桥镇	虹星桥镇	虹星桥镇	虹星桥镇	虹星路21号
观音桥乡					
里塘乡	里塘乡				
和平镇	和平镇	和平镇	和平镇	和平镇	镇前街296号
便民桥乡					
长城乡	长城乡				
吴山乡	吴山乡	吴山乡	吴山乡		
小浦镇	小浦镇	小浦镇(其中白阜乡8个村并入)	小浦镇	小浦镇	府前弄69号
煤山镇	煤山镇	煤山镇	煤山镇	煤山镇	煤鑫街1号
水口乡	水口乡	水口乡	水口乡	水口乡	金沙街166号
吕山乡	吕山乡	吕山乡	吕山乡	吕山乡	吕蒙路18号
白岘乡	白岘乡	白岘乡	白岘乡	白岘乡	梧桐路100号
槐坎乡	槐坎乡	槐坎乡	槐坎乡	槐坎乡	振槐路88号
9镇25乡	10镇21乡	10镇10乡	10镇6乡	9镇4乡3街道	—

说明:资料来源于县民政局

二、乡镇概况

洪桥镇　位于长兴县东部,太湖西南岸,弁山之北。东临太湖,东南与浙江太湖图影旅游度假区毗邻,南面隔弁山与湖州市白雀乡接壤,西南与李家巷镇交界,西部与长兴经济技术开发区相连,北面与太湖街道相接。1988年,总面积34平方千米,辖行政村21个、洪桥居委会1个,有自然村123个,村民小组227个,6447户、21330人;工农业总产值2471万元,其中农业产值1258万元、工业产值1213万元,农民人均收入881元。1997年2月,被命名为"湖州市首批小康乡镇"。1998年12月,撤销横山乡并入洪桥镇。新洪桥镇辖行政村44个,洪桥、横山居委会2个,有自然村227个,镇政府驻地洪桥集镇洪府路1号。2002年4月,44个行政村调整撤并为22个行政村。2005年10月,镇政府办公地迁至鸿运大道588号。2005年、2006年,先后获评首届、第二届全国综合实力"千强镇"。2010年10月,横山居委会、碧岩、陈湾、大荡漾、水产、横山桥、图影、小沉渎7个行政村划归浙江太湖图影旅游度假区管理。2012年,总面积48平方千米,有耕地面积2412.6公顷,其中水田2036.13公顷、旱地376.47公顷,年末有效灌溉面积2330.67公顷。辖行政村15个、洪桥居委会1个,有自然村164个,村民小组303个,常住人口9085户、32194人,其中外来人口4578人。工农业总产值67.03亿元,财政总收入1.27亿元,农民人均纯收入17062元。

李家巷镇　位于长兴县东部,为县东大门,东靠弁山与洪桥接壤,南与湖州市杨家埠镇相连,西、北与吕山乡、雉城镇毗邻。1988年,总面积56平方千米,辖行政村20个、居委会5个,有自然村116个,村民小组242个,9455户、31987人;工农业总产值6447万元,其中农业产值1036万元、工业产值5411万元,农民人均收入922元。1997年2月,被命名为"湖州市首批小康乡镇"。2002年行政村撤并为12个。2005年、2006年,先后获评首届、第二届全国综合实力"千强镇"。2006年,下属李家巷、龙华、白鹤岭、孙家园、杨家山5个居委会合并为1个居委会,即李家巷居委会。2008年9月,筹建城东工业功能区,总面积8平方千米。2011年3月,城东工业功能区更名为南太湖产业集聚区长兴分区。同年10月,李家巷镇和南太湖产业集聚区长兴分区实行"镇区分设"。2012年,总面积32平方千米,有耕地面积737.6公顷，其中水田512.8公顷、旱地224.8公顷，年末有效灌溉面积696公顷。辖行政村7个、李家巷居委会1个，有自然村134个，村民小组127个，常住人口6748户、17740人，其中外来人口1656人。农业总产值69.8亿元，财政总收入2.45亿元，农民人均纯收入19131元。另外，老虎洞、石泉、陈家浜、计家浜、广福桥5个村由湖州南太湖(长兴)产业集聚区代管。

夹浦镇 位于长兴县北部，是江浙门户，北邻江苏省宜兴市，南接长兴雉城镇，东傍太湖，西连长兴水口乡。1992年10月，由丁甲桥、夹浦两乡合并成立，总面积69平方千米，辖行政村19个，有自然村91个，村民小组316个，7465户、25986人；工农业总产值5.56亿元，其中农业产值3325万元、工业产值5.22亿元，农民人均收入1158元。1997年2月，被命名为“湖州市首批小康乡镇”。2002年，撤销水产村、韩家圩村、奕阜村，组建新的红旗村，驻地原奕阜村；撤销平桥村、长大村，组建新的长平村，驻地原平桥村；撤销饮泉村、环沉村、丁家渚村，组建新的环沉村，驻地原环沉村。同年，辖14个行政村。2006年，获评第二届全国综合实力“千强镇”。2012年，红旗村和西蒋村合并成立滨湖村。同年，总面积66平方千米，有耕地面积2205.73公顷，其中水田1712.07公顷、旱地493.67公顷，年末有效灌溉面积696公顷。辖行政村13个、居委会1个，有自然村106个，村民小组320个，常住人口9121户、29633人，其中外来人口3190人。农业总产值1.69亿元，工业生产总值101.5亿元，财政总收入2.55亿元，农民人均纯收入20988元。

泗安镇 位于长兴县西南部，镇政府距县政府30千米，东邻林城镇，南傍浙江省安吉县，西接安徽省广德县，北连槐坎乡，为浙、皖两省，长兴、安吉、广德三县结合部。1988年，总面积44平方千米，辖行政村12个、居委会5个，有自然村75个，村民小组149个，7065户、21517人；工农业总产值1069万元，其中农业产值509万元、工业产值560万元，农民人均收入571元。1999年撤销仙山乡、管埭乡并入泗安镇，同年镇域面积120平方千米，辖行政村37个，有村民小组390个，13495户、43568人。2000年撤销长潮乡并入泗安镇，镇域面积172平方千米，辖行政村51个，村民小组522个，16842户、55321人。2002年行政村撤并后，全镇辖行政村24个、居委会5个，有村民小组522个。2010年镇政府由驻地柴湾街318号迁至泗安大道606号。2012年，撤销二界岭乡并入泗安镇。同年，总面积235平方千米，有耕地面积8632.27公顷，其中水田5542.8公顷、旱地3089.47公顷，年末有效灌溉面积5766.8公顷。辖行政村31个、居委会5个，有自然村359个，村民小组410个，常住人口21822户、73105人，其中外来人口3618人。工农业总产值66.27亿元，财政总收入2.77亿元，农民人均纯收入17896元。

虹星桥镇 地处长兴县南部，东至吕山乡，南接和平镇，西连林城镇，北临画溪街道，镇政府所在地虹星桥集镇距县城8千米。1988年，总面积48.86平方千米，辖行政村20个、居委会1个，有自然村168个，328个村民小组，常住人口7410户、27542人；工农业总产值1755万元，其中农业产值981万元、工业产值774万元，农民人均收入762元。1992年9月，观音桥乡并入。1999年1月里塘乡并入，全镇总面积70.86平方千米，辖行政村29个、居委会1个，有自然村241个，村民小组440个，常住人口10315户、38549人。2002年行政村撤并后，全镇辖行政村17个、居委会1个，有自然村218个，村民小组860个。2012年，总面积72平方千米，耕地面积4614.73公顷，其中水田面积4123.67公顷、旱地面积491.07公顷。辖行政村17个、居委会1个，有自然村218个，村民小组459个，常住人口12077户、37128人，其中外来人口204人。农业总产值4.03亿元，工业总产值51.44亿元，财政总收入1.31亿元，农民人均纯收入15656元。

和平镇 位于长兴县南部，东与湖州市吴兴区妙西杨家埠镇接壤，南、西与安吉县梅溪镇相连，北隔西苕溪同虹星桥镇和吕山乡相望。镇政府驻地和平镇镇前街296号，距长兴县城22千米。1988年，总面积71.4平方千米，辖行政村21个、居委会2个，有自然村73个，村民小组174个，5555户、19098人；工农业总产值1211万元，其中农业产值764万元、工业产值447万元，农民人均收入608元。1992年便民桥乡并入和平镇，总面积87.3平方千米，辖行政村29个、居委会2个，总人口28095人。1999年长城乡并入和平镇，总面积118.8平方千米，辖行政村42个、居委会3个，总人口38854人。2005年、2006

年，先后获评首届、第二届全国综合实力“千强镇”。2012 年，吴山乡并入和平镇。同年，总面积 180.4 平方千米，耕地面积 5315.67 公顷，其中水田 4627.33 公顷、旱地 688.33 公顷。辖行政村 31 个、居委会 2 个，有自然村 269 个，村民小组 590 个，常住人口 17032 户、56176 人，其中外来人口 2673 人。农业总产值 5.84 亿元，工业总产值 78.51 亿元，财政收入 2.87 亿元，农民人均纯收入 16908 元。

林城镇　位于长兴县西南部，集镇距离县城 12 千米，东邻画溪，西倚泗安，南接安吉梅溪，北连小浦。1988 年，总面积 33 平方千米，辖行政村 14 个、居民区 1 个，有自然村 97 个，村民小组 229 个，5587 户、19211 人，镇政府驻地林城街；工农业总产值 2153 万元，其中农业产值 1333 万元、工业产值 820 万元，农民人均收入 558 元。1997 年 2 月，被命名为“湖州市首批小康乡镇”。1999 年 1 月撤销天平桥乡、畎桥乡并入林城镇，辖行政村 33 个、居委会 1 个，有自然村 219 个，村民小组 491 个。2000 年 12 月撤销太傅乡并入林城镇，区域面积 122 余平方千米，辖行政村 46 个，有自然村 266 个，村民小组 655 个，驻地林城镇东吴村。2002 年 4 月，行政村撤并为 20 个。2006 年，获评第二届全国综合实力“千强镇”。2010 年 10 月，镇政府驻地迁至振兴西路 3 号。2012 年，总面积 136 平方千米，有耕地面积 6513.47 公顷，其中水田 5374.27 公顷、旱地 1139.2 公顷。辖行政村 20 个、居委会 2 个，有自然村 251 个，村民小组 565 个，常住人口 17128 户、56341 人，其中外来人口 2204 人。农业总产值 4.57 亿元，工业总产值 42 亿元，财政总收入 1.47 亿元，农民人均纯收入 17518 元。

小浦镇　位于长兴县西北部，东邻雉城街道，南与林城镇、画溪街道接壤，西与槐坎乡、煤山镇相连，北与龙山新区毗邻。1988 年，总面积 52 平方千米，辖行政村 14 个、居委会 1 个，有自然村 93 个，村民小组 167 个，5044 户、17509 人；工农业总产值 2108 万元，其中农业产值 525 万元、工业产值 1583 万元，农民人均收入 727 元。1998 年 1 月，被命名为“湖州市第二批小康乡镇”。1999 年 1 月白阜乡所属方一村、礼家村、潘家村、南俞村、施家村、许家村、大齐口村、柏家村 8 个村并入小浦镇。同年年末，全镇总面积 96 平方千米，有行政村 22 个、居委会 1 个，有村民小组 265 个，常住人口 9326 户、26138 人。2002 年，行政村撤并后调整为 11 个。2006 年，获评第二届全国综合实力“千强镇”。2012 年，总面积 96 平方千米，耕地面积 1398 公顷，其中水田 1074.53 公顷、旱地 323.47 公顷。辖行政村 11 个、居委会 1 个，有自然村 130 个，村民小组 266 个，常住人口 9245 户、24413 人，其中外来人口 2660 人。农业总产值 2.14 亿元，工业总产值 53.6 亿元，财政总收入 1.64 亿元，农民人均纯收入 16544 元。

煤山镇　位于长兴县西北部，东邻水口乡，南傍小浦镇，西接安徽省广德县，北连江苏省宜兴市。1988 年，总面积 83.4 平方千米，辖行政村 16 个，南街、北街居委会 2 个，有自然村 40 个，村民小组 217 个，4632 户、16905 人，省属企业浙江长广煤矿公司、浙江三狮水泥厂有职工 39738 人；工农业总产值 3724 万元，其中农业产值 733 万元、工业产值 2991 万元，农民人均收入 857 元。1989 年，撤销西川村，组建西川、陈笪两村，调整后，辖行政村 17 个、居委会 2 个。1997 年 2 月，被命名为“湖州市首批小康乡镇”。2002 年，撤销 10 个村，组建新的 5 个村，调整后，辖行政村 12 个、居委会 2 个。2005 年、2006 年，先后获评首届、第二届全国综合实力“千强镇”。2008 年，撤销楼下村、涧下村、邱坞村、张坞村，组建新川村；撤销蒋笪村、桥里村，组建东川村；行政村数调整为 9 个。2012 年，总面积 80 平方千米，耕地面积 500.8 公顷，其中水田 279.87 公顷、旱地 220.93 公顷。辖行政村 9 个，南街、北街居委会 2 个，有自然村 38 个，村民小组 217 个，常住人口 8157 户、20398 人。农业总产值 1.15 亿元，规上工业总产值 102.8 亿元，财政总收入 5.63 亿元，农民人均纯收入 22410 元。2002 年至 2006 年，连续 5 年被评为浙江省百强镇，位次从 73 位升至第 39 位。2012 年被评为全国综合实力百强镇。

水口乡　位于长兴县北部，东北和东部与夹浦镇毗邻，南与雉城街道接壤，西与煤山镇相邻，北部啄木岭与江苏省宜兴市交界。驻地水口自然镇，距县城 14 千米。1988 年，总面积 80 平方千米，辖行政村 13 个、水口居委会 1 个，有自然村 81 个，村民小组 194 个，5092 户、18232 人；工农业总产值 1579 万元，其中农业产值 805 万元、工业产值 774 万元，农民人均收入 712 元。2002 年 4 月，后坟村、尧中村合并为后坟村；南山村、沉其岭村、市东村合并为水口村；徽州庄村、高阳村合并为徽州庄村；水东村、徐旺村合并为徐旺村。2012 年，总面积 80 平方千米，有耕地面积 1532.27 公顷，其中水田 1076.2 公顷、旱地 456.07 公顷，年末有效灌溉面积 1272.6 公顷。辖行政村 8 个、居委会 1 个，有自然村 90 个，村民小组 197 个，常住人口 5588 户、18264 人，其中外来人口 268 人。农业总产值 2.31 亿元，工业总产值 15.76 亿元，财政总收入 5242 万元，农民人均纯收入 16738 元。

吕山乡 位于长兴县东南部平原圩区，东接湖州吴兴区杨家埠镇，南临和平镇，西近虹星桥镇，北靠画溪街道及南太湖产业集聚区。1988 年，总面积 38.5 平方千米，辖行政村 17 个，有自然村 123 个，村民小组 217 个，5331 户、20963 人；工农业总产值 2602 万元，其中农业产值 1224 万元、工业产值 1378 万元，农民人均收入 901 元。2002 年行政村撤并后调整为 9 个。2012 年，总面积 40 平方千米，耕地面积 2296.93 公顷，其中水田 1913 公顷、旱地 383.93 公顷。辖行政村 9 个、居委会 1 个，有自然村 117 个，村民小组 217 个，常住人口 6086 户、20477 人，其中外来人口 945 人。农业总产值 2.7 亿元，工业总产值 6.6 亿元，财政总收入 4964 万元，农民人均纯收入 15619 元。

槐坎乡 位于长兴县西北部，东临小浦镇、南临泗安镇、西面是安徽省广德县新杭镇，北面与煤山镇、白岘乡接壤。乡政府驻地十月村，距县城 24 千米。1988 年，总面积约 87 平方千米，辖行政村 14 个、居委会 1 个，有自然村 47 个，村民小组 170 个，3663 户、14868 人；工农业总产值 3484 万元，其中农业产值 728 万元、工业产值 2756 万元，农民人均收入 945 元。1989 年，原六都村划分为六都村、西芥村 2 个村。1998 年 1 月，被命名为“湖州市第二批小康乡镇”。2002 年 4 月，行政村撤并后调整为 9 个。2012 年，总面积 83 平方千米，耕地面积 1048.73 公顷，其中水田 687.8 公顷、旱地 360.93 公顷。辖行政村 9 个、居委会 1 个，有自然村 40 个，村民小组 170 个，常住人口 6030 户、16831 人。工农业总产值 39.5 亿元，财政收入 2.03 亿元，农民人均纯收入 17307 元。

白岘乡 位于长兴县西北部，距县城 29 千米，西与安徽省广德县毗连，北与江苏省宜兴市交界，东南分别与煤山镇、槐坎乡相邻。1988 年，总面积 43 平方千米，辖行政村 8 个，有自然村 29 个，村民小组 69 个，2988 户、10928 人，乡政府驻地访贤；工农业总产值 1692 万元，其中农业产值 374 万元、工业产值 1318 万元，农民人均收入 846 元。1997 年 2 月，被命名为“湖州市首批小康乡镇”。2002 年 4 月，行政村撤并后调整为 6 个。2012 年，总总面积 43 平方千米，耕地面积 402.07 公顷，其中水田 165.67 公顷、旱地 236.4 公顷。辖行政村 6 个、居委会 1 个，有自然村 42 个，村民小组 69 个，常住人口 3672 户、11092 人。农业总产值 1.23 亿元，工业总产值 23 亿元，财政总收入 8241 万元，农民人均纯收入 15483 元。

三、其他区域概况

长兴县经济技术开发区 东至杭宁高速、西至明珠路、南至 104 国道、北至盛家漾以南。为国家级开发区。2012 年，总面积 31 平方千米，耕地面积 919.47 公顷，其中水田 755.13 公顷、旱地 164.33 公顷。代管新溪、晨光 2 个社区，王浜头、五里桥、陆汇头、杨湾、杨庄、上莘桥、陆家圩、白溪、陈塘、南庄、官圩、八字桥、留下 13 个居民区，祥符圩、霞城 2 个行政村，有自然村 95 个，村民小组 248 个，常住人口 10282 户、29547 人，其中外来人口 4051 人。在 2012 年度浙江省开发区综合考核评价中，位列全省 19 个国家级开发区的第 8 位。

龙山新区 位于太湖大道以北，104 国道以西，东连县经济技术开发区，西与小浦镇相邻，南依雉城街道，北与水口乡、夹浦镇相接。2012 年，总面积 49 平方千米，其中中心城区范围内 16 平方千米。耕地面积 1135.47 公顷，其中水田 916.87 公顷、旱地 218.6 公顷。代管齐北、龙山、体育场、双拥 4 个社区，新湖、高山岭、西峰坝、玄坛庙 4 个居民区，涧塘、渚山、川步、后漾 4 个行政村，有村民小组 214 个，常住人口 14858 户、40852 人，其中外来人口 9654 人，办公地址为原龙山街道办事处驻地。

太湖图影旅游度假区 位于县东南端，与湖州太湖度假区相毗邻。2012 年，总面积 25 平方千米，耕地面积 695.6 公顷，其中水田 509.07 公顷、旱地 186.53 公顷。代管碧岩、陈湾、大荡漾、水产、横山桥、图影、小沉渎 7 个村，横山 1 个居委会，有自然村 57 个，村民小组 125 个，常住人口 3252 户、11451 人，其中外来人口 26 人。

湖州南太湖(长兴)产业集聚区 2011 年 3 月成立。2012 年，总面积 21 平方千米，耕地面积 1028.93 公顷，其中水田 880.73 公顷、旱地 148.2 公顷。代管老虎洞、石泉、计家浜、广福桥、陈家浜 5 个村，有自然村 78 个，村民小组 115 个，常住人口 4230 户、11131 人，其中外来人口 786 人。

四、撤并乡镇简介

经多次区划调整，全县由 1988 年的 9 镇 25 乡，调整为 2012 年的 3 街道 9 镇 4 乡。以下按撤并时间先后逐一介绍撤并乡镇简况。

丁甲桥乡 位于长兴县北部，为半山区，东濒太湖，北与江苏省宜兴市接壤。乡政府驻地鼎甲桥自然镇，距县城 12 千米。1988 年，辖区总面积 44 平方千米，耕地面积 783.93 公顷，其中水田 723.87 公顷、旱地 60.07 公顷，林业用地 2906.13 公顷。辖行政村 7 个，有自然村 45 个，村民小组 121 个，2622 户、10231 人。农业总产值 562 万元，粮食总产量(含大豆)6984 吨，油菜籽产量 395 吨，蚕茧产量 0.3 吨，茶叶产量 24.2 吨，生猪年饲养量 15768 头。乡村工业总产值 1421 万元，其中乡办 472 万元、村办 674 万元、联户个体 275 万元，乡村企业 181 个，企业人数 2474 人，乡村企业总收入 1648 万元，利润总额 172 万元。农村经济总收入 2256 万元。农民人均纯收入 706 元。1991 年，农业总产值 1123 万元，粮食总产量(含大豆)6243 吨，油菜籽产量 396 吨，茶叶产量 52 吨。乡镇工业总产值 8723 万元。农民人均纯收入 1016 元。1992 年 9 月，乡建制撤销，与夹浦合并成立夹浦镇。

夹浦乡 位于长兴县北部，乡政府驻地夹浦自然镇，东边临太湖，距县城 12 千米。1988 年，辖区总面积 25 平方千米，耕地面积 1337.93 公顷，其中水田 1218.73 公顷，属滨湖平原地区。辖行政村 12 个，有自然村 46 个，村民小组 199 个，4228 户、15633 人。农业总产值 815 万元，粮食总产量(含大豆)11777 吨，油菜籽产量 746 吨，蚕茧产量 80 吨，茶叶产量 8.6 吨，生猪年饲养量 2.54 万头。乡村工业总产值 9583 万元，其中乡办 3032 万元、村办 335 万元、联户个体 6216 万元，乡村企业 1097 个，企业人数 5382 人，乡村企业总收入 4764 万元，利润总额 345 万元。农村经济总收入 4139 万元。农民人均纯收入 705 元。1991 年，农业总产值 2028 万元，粮食总产量(含大豆)1.18 万吨，油菜籽产量 776 吨，蚕茧产量 76 吨，茶叶产量 11 吨。乡镇工业总产值 2.27 亿元。农民人均纯收入 1010 元。1992 年 9 月，乡建制撤销，与丁甲桥合并成立夹浦镇。

观音桥乡 位于虹星桥南面，东至吕山乡，南至西苕溪，北接虹星桥，西至里塘乡。乡政府驻地观音桥，距县城 12 千米，距虹星桥集镇 4 千米，属平原地区。1988 年，辖区总面积 19.36 平方千米，耕地面积 1117.67 公顷。辖行政村 10 个，有自然村 80 个，村民小组 133 个，2855 户、11245 人。农业总产值 557 万元，粮食总产量(含大豆)9553 吨，油菜籽产量 652 吨，蚕茧产量 23.1 吨，生猪年饲养量 1.55 万头。乡村工业总产值 555 万元，其中乡办 348 万元、村办 72 万元、联户个体 135 万元，乡村企业 185 个，企业人数 1911 人，乡村企业总收入 861 万元，利润总额 68 万元。农村经济总收入 1616 万元。农民人均纯收入 774 元。1991 年，农业总产值 1579 万元，粮食总产量(含大豆)1.13 万吨，油菜籽产量 860 吨，蚕茧产量 39 吨，生猪年饲养量 1.71 万头。乡镇工业总产值 769 万元。农民人均纯收入 828 元。1992 年 9 月，乡建制撤销，并入虹星桥镇。

便民桥乡 东邻长城乡，南接和平镇，西靠吴山乡，北隔西苕溪与观音桥乡、吴山乡相望。乡政府驻地邵埠头，距县城 20 千米。1988 年，辖区总面积 23 平方千米，耕地面积 851 公顷。辖行政村 8 个，有自然村 48 个，村民小组 103 个，2499 户、8735 人。农业总产值 437 万元，粮食总产量(含大豆)7024 吨，油菜籽 390 吨，蚕茧 50.4 吨，茶叶 23 吨，生猪年饲养量 9867 头，淡水鱼 401 吨。乡村工业总产值 460 万元，其中乡办 320 万元、村办 122 万元、联户个体 18 万元，乡村企业 210 个，企业人数 1527 人，乡村企业总收入 1042 万元，利润总额 77 万元。农村经济总收入 1742 万元。农民人均收入 861 元。1991 年，农业总产值 1323 万元，粮食总产量 8578 吨，油茶籽 563 吨，蚕茧 64 吨，茶叶 16 吨，生猪年饲养量 12434 头。工业总产值 1259 万元，利润 119 万元，乡办企业 14 家。农民人均收入 1071 元。1992 年 9 月，乡建制撤销,并入和平镇。

长城乡 位于和平镇东北部,东与湖州弁南乡南埠乡毗邻,南与和平接壤,西隔和平港与原便民桥乡相邻,北隔西苕溪与吕山乡相望。乡政府驻地北洋桥,距县城25千米。1988年,辖区总面积31.5平方千米,耕地面积1093公顷,其中水田1024.8公顷。辖行政村13个,有自然村62个,村民小组145个,3204户、11444人。农业总产值637万元,粮食总产量(含大豆)9202吨,油菜籽450吨,蚕茧69.4吨,茶叶7.4吨,生猪年饲养量13243头。乡村工业总产值327万元,其中乡办219万元、村办68万元、联户个体40万元,乡村企业108个,企业人数1200人,乡村企业总收入725万元,利润总额66万元。农村经济总收入1753万元。农民人均收入659元。1998年,农业总产值5723万元,粮食总产量1.01万吨,油料产量576吨,蚕茧74吨,茶叶32吨,肉类产量219吨,水产品1146吨。工业总产值9556万元。第三产业增加值2712万元。农村经济总收入15000万元。农民人均收入3118元。1999年1月,乡建制撤销,并入和平镇。

后漾乡 位于长兴县北部,乡政府驻地陈家桥,距县城5千米。该乡东南部是平原水网地区,西北部为丘陵山区,平原与丘陵各占一半。1988年,辖区总面积60平方千米,耕地面积1945.2公顷。辖行政村16个,有自然村101个,村民小组316个,5762户、23708人。农业总产值1152万元,粮食总产量(含大豆)1.83万吨,油菜籽1039吨,蚕茧60.4吨,茶叶34.9吨,生猪年饲养量2.74万头。乡村工业总产值2135万元,其中乡办904万元、村办506万元、联户个体725万元,乡村企业531个,企业人数4067人,乡村企业总收入3178万元,利润总额347万元。农村经济总收入4800万元。农民人均收入722元。1998年,农业总产值8854万元。粮食总产量1.82万吨,油料产量1151吨,蚕茧15吨,茶叶67吨,肉类产量567吨,水产品1133吨。工业总产值6.98亿元。第三产业增加值3718万元。农村经济总收入4.62亿元。农民人均收入3647元。1998年1月,被命名为"湖州市第二批小康乡镇"。1999年1月,乡建制撤销,并入雉城镇。

包桥乡 位于长兴县南部,乡政府驻地南石桥,距县城4.5千米。系平原水网地区。1988年,辖区总面积19.5平方千米,耕地面积1416.33公顷,其中水田1342.13公顷。辖行政村13个,有自然村94个,村民小组183个,3421户、12324人。农业总产值730万元,粮食总产量(含大豆)1.19万吨,油菜籽856吨,蚕茧25.3吨,生猪年饲养量1.61万头。乡村工业总产值533万元,其中乡办333万元、村办101万元、联户个体99万元,乡村企业135个,企业人数1543人,乡村企业总收入881万元,利润总额133万元。农村经济总收入1854万元。农民人均收入801元。1998年,农业总产值5215万元,粮食总产量14256吨,油料产量1074吨,蚕茧30吨,茶叶2吨,肉类产量356吨,水产品502吨。工业总产值2.02亿元。第三产业增加值2241万元。农村经济总收入1.29亿元。农民人均收入3095元。1999年1月,乡建制撤销,并入雉城镇。

下箬寺乡 以南朝陈武帝故居下箬里命名。位于长兴县东部,地处箬溪下游。乡政府驻地下莘桥,距县城3千米。为平原水网地区。1988年,辖区总面积18平方千米,耕地面积1164公顷,其中水田1084.47公顷。辖行政村13个,有自然村66个,村民小组160个,3385户、13532人。农业总产值732万元,粮食总产量(含大豆)1.09万吨,油菜籽757吨,蚕茧50吨,茶叶0.3吨,生猪年饲养量1.93万头。乡村工业总产值1180万元,其中乡办438万元、村办545万元、联户个体197万元,乡村企业157个,企业人数2761人,乡村企业总收入1851万元,利润总额212万元。农村经济总收入2825万元。农民人均收入719元。1997年2月,被命名为"湖州市首批小康乡镇"。1998年,农业总产值5247万元,粮食总产量1.11万吨,油料产量592吨,蚕茧24吨,肉类产量315吨,水产品677吨。工业总产值5.04亿元。第三产业增加值5118万元。农村经济总收入5.77亿元。农民人均收入3095元。1999年1月,乡建制撤销,并入雉城镇。

横山乡 位于长兴县东部,北靠太湖,东以湖州白雀乡为界。乡政府驻地横山桥,距县城15千米。为平原水网地区。1988年,辖区总面积36平方千米,耕地面积1244.67公顷。辖行政村23个、陈湾居委会 1 个，有自然村 104 个，村民小组 218 个，5214 户、18621 人。农业总产值 919 万元，粮食总产量(含大豆)1.13 万吨，油菜籽 553 吨，蚕茧 174 吨，茶叶 2 吨，生猪年饲养量 2.52 万头。乡村工业总产值 1009 万元，其中乡办 433 万元、村办 347 万元、联户个体 229 万元，乡村企业 293 个，企业人数 2715 人，乡村企业总收入 2184 万元，利润总额 258 万元。农村经济总收入 3479 万元。农民人均收入 877 元。1997 年 2 月，被命名为"湖州市首批小康乡镇"。1998 年，农业总产值 8064 万元，粮食总产量 1.21 万吨，油料产量 549 吨，蚕茧 118 吨，茶叶 32 吨，肉类产量 890 吨，水产品 1761 吨。工业总产值 4.35 亿元。第三产业增加值 5959 万元。农村经济总收入 4.74 亿元。农民人均收入 4186 元。1999 年 1 月，乡建制撤销，并入洪桥镇。

里塘乡　位于长兴县中南部，地处泗安塘与西苕溪之间。东至观音乡，南至小溪口，北靠虹星桥、林城、长桥，西至畎桥乡。乡政府驻地蠡塘桥，距县城 14 公路，距虹星桥集镇 6 千米。属平原圩区。1988 年，辖区总面积 22 平方千米，耕地面积 1158.6 公顷。辖行政村 9 个，有自然村 73 个，村民小组 126 个，2668 户、10749 人。农业总产值 735 万元，粮食总产量(含大豆)9967 吨，油菜籽产量 806 吨，蚕茧产量 37.8 吨，生猪年饲养量 1.25 万头。乡村工业总产值 470 万元，其中乡办 275 万元、村办 152 万元、联户个体 43 万元，乡村企业 123 个，企业人数 1994 人，乡村企业总收入 827 万元，利润总额 95 万元。农村经济总收入 1985 万元。农民人均纯收入 725 元。1998 年，农业总产值 4983 万元，粮食总产量 1.13 万吨，油料产量 531 吨，蚕茧 46 吨，肉类产量 206 吨，水产品 1080 吨。工业总产值 1.59 亿元，乡办企业 15 家、村办企业 9 家，乡办企业主要有耐火厂、砖瓦厂。第三产业增加值 2375 万元。农村经济总收入 1.15 亿元。农民人均收入 3058 元。1999 年 1 月，乡建制撤销，并入虹星桥镇。

管埭乡　位于长兴县西南部，西邻泗安镇，南界安吉县梅溪镇，东接林城镇天平桥，北临林城镇太傅，乡政府驻地管埭街，距县城 21 千米。南部属半山区，北部属平原圩区。1988 年，辖区总面积面积 26 平方千米，耕地 1111.6 公顷(其中水田 1097.73 公顷)、林业用地 398.87 公顷。辖行政村 12 个，有自然村 46 个，村民小组 152 个，2810 户、10174 人。农业总产值 445 万元，粮食总产量(含大豆)7451 吨，油菜籽产量 539 吨，蚕茧产量 8.3 吨，茶叶产量 7.8 吨，生猪年饲养量 9882 头。乡村工业总产值 254 万元，其中乡办 204 万元、村办 47 万元、联户个体 3 万元，乡村企业 65 个，企业人数 870 人，乡村企业总收入 472 万元，利润总额 53 万元。农村经济总收入 1179 万元。农民人均纯收入 543 元。1998 年，农业总产值 4231 万元，粮食总产量 9595 吨，油料产量 950 吨，蚕茧 15 吨，茶叶 6 吨，肉类产量 433 吨，水产品 352 吨。工业总产值 1.12 亿元。第三产业增加值 1754 万元。农村经济总收入 4699 万元。农民人均收入 2275 元。1999 年 1 月，乡建制撤销，并入泗安镇。

仙山乡　位于长兴县西南部，东连泗安镇，西界安徽省广德县东亭乡，南临安吉县高禹镇，北接二界岭乡。全乡环绕泗安水库(仙山湖)，乡政府驻地仙山村枫树岗，距县城 30 千米，为黄土丘陵地区。1988 年，辖区总面积 50 平方千米，耕地 945.93 公顷(其中水田 851.53 公顷)、林业用地 960.87 公顷。辖行政村 13 个、居委会 1 个，有自然村 75 个，村民小组 89 个，2847 户、11615 人。农业总产值 394 万元，粮食总产量(含大豆)7629 吨，油菜籽产量 207 吨，蚕茧产量 0.2 吨，茶叶产量 10.2 吨，生猪年饲养量 1.04 万头。乡村工业总产值 275 万元，其中乡办 62 万元、村办 208 万元、联户个体 5 万元，乡村企业 52 个，企业人数 862 人，乡村企业总收入 591 万元，利润总额 34 万元。农村经济总收入 1307 万元。农民人均纯收入 481 元。1998 年，农业总产值 3352 万元，粮食总产量 7911 吨，油料产量 617 吨，蚕茧 11 吨，茶叶 23 吨，肉类产量 443 吨，水产品 222 吨。工业总产值 6162 万元。第三产业增加值 691 万元。农村经济总收入 9982 万元。农民人均收入 2508 元。1999 年 1 月，乡建制撤销，并入泗安镇。

畎桥乡　位于长兴县西南部，东邻里塘乡，南倚安吉县梅溪镇，西接天平桥乡，北连林城镇，乡政府驻地畎桥街桥东，距县城 17 千米。1988 年，辖区总面积 21.2 平方千米，耕地面积 1211 公顷。辖行政村 9 个，有自然村 61 个，村民小组 125 个，户数 2895 户、人口 11013 人。农业总产值 672 万元，粮食总产量(含大豆)1.02 万吨，油菜籽 769 吨，蚕茧 14.9 吨，茶叶 0.5 吨，生猪年饲养量 1.21 万头，水产品产量 450 吨。

乡村工业总产值205万元,其中乡办79万元、村办31万元、联户个体95万元,乡村企业149个,企业人数856人,乡村企业总收入362万元,利润总额29万元。农村经济总收入1421万元。农民人均纯收入621元。1998年,农业总产值6151万元,粮食产量1.06万吨,油料产量1207吨,蚕茧产量40吨,茶叶27吨,肉类245吨,水产品产量974吨。工业总产值10153万元。第三产业增加值2385万元。农村经济总收入1.55亿元。农民人均收入2986元。1999年1月,乡建制撤销,并入林城镇。

天平桥乡 位于长兴县西南部,东邻畎桥乡,南傍安吉县梅溪镇,西接管埭乡,北连太傅乡。乡政府驻地天平桥,距离县城20千米。1988年,辖区总面积21.2平方千米,耕地面积1080.27公顷。辖行政村10个,有自然村61个,村民小组134个,2630户、10240人。农业总产值569万元,粮食总产量(含大豆)9132吨,油菜籽618吨,蚕茧16吨,茶叶5.2吨,生猪年饲养量9970头。乡村工业总产值229万元,其中乡办165万元、村办45万元、联户个体19万元,乡村企业105个,企业人数1065人,乡村企业总收入384万元,利润总额57万元。农村经济总收入982万元。农民人均收入597元。1998年,农业总产值3920万元,粮食产量9654吨,油料产量790吨,蚕茧产量45吨,茶叶1吨,肉类318吨,水产品产量786吨。工业总产值1.45亿元。第三产业增加值952万元。农村经济总收入1.69亿元。农民人均收入2651元。1999年1月,乡建制撤销,并入林城镇。

白阜乡 位于长兴县西部,乡政府驻地白阜自然镇,距县城10千米。系半山区,全乡西北部为丘陵山地约60%,东南部属平原区占40%。1988年,辖区总面积57平方千米,耕地面积1028.6公顷(其中水田874公顷),林业用地3255.93公顷。辖行政村20个、白阜居委会1个,有自然村59个,村民小组222个,4394户、16757人。农业总产值892万元,其中种植业427万元、林业63万元、牧业111万元、副业37万元、渔业254万元。粮食总产量7776吨,油菜籽产量498吨,蚕茧产量45.9吨,茶叶产量55吨,生猪年饲养量13501头。乡村工业总产值497万元,其中乡办343万元、村办87万元、联户个体67万元,乡村企业105个,企业人数1346人,乡村企业总收入730万元,利润总额49万元。农村经济总收入1683万元。农民人均收入516元。1998年,农业总产值6157万元,粮食产量8570吨,油料产量729吨,蚕茧产量59吨,茶叶72吨,肉类326吨,水产品产量355吨。工业总产值1.32亿元。第三产业增加值920万元。农村经济总收入1.95亿元。农民人均收入3100元。1999年1月,乡建制撤销,方一村、礼家村、潘家村、南俞村、施家村、许家村、大岕口村、柏家村8个村(共9个自然村)划归小浦镇,庄基墩、东埠村、西埠村、南阳村、长村、朱城村、大一村、上南村、下埂村、张家桥村、大二村、乌泥村12个村(共50个自然村)划归长桥乡。

新塘乡 位于长兴县东部太湖沿岸,乡政府驻地新塘自然镇,距县城9千米。系平原水网地区。1988年,辖区总面积19.5平方千米,耕地面积1173公顷,其中水田1083公顷。辖行政村12个,有自然村60个,村民小组162个,3815户、15090人。农业总产值787万元。粮食总产量11041吨,油菜籽产量691吨,蚕茧产量105吨,茶叶产量4吨,生猪年饲养量2.07万头。乡村工业总产值611万元,其中乡办343万元、村办151万元、联户个体117万元,乡村企业164个,企业人数1949人,乡村企业总收入1023万元,利润总额52万元。农村经济总收入2421万元。农民人均收入733元。1997年2月,被命名为"湖州市首批小康乡镇"。1999年,工农业总产值5.18亿元,其中农业总产值12442万元、工业总产值3.93亿元,第三产业增加值8230万元。粮食产量8848吨,油菜籽产量760吨,蔬菜产量39737吨,蚕茧产量17吨,茶叶产量8吨,水果产量535吨;生猪全年饲养量5944头,羊年末存栏量2609头,家禽年末存栏量2.63万羽,肉类产量228吨,禽蛋产量57吨,水产品产量1453吨,其中鱼类产量1142吨。农村经济总收入2.22亿元,其中农业收入5220万元、工业收入1.41亿元。农民人均收入4446元。2000年12月,乡建制撤销,并入雉城镇。

长桥乡 位于长兴县西南部,乡政府驻地姚家桥,距县城7千米。系平原地区。1988年,辖区总面积18平方千米,耕地面积757.53公顷。辖行政村6个,有自然村46个,村民小组85个,1942户、7781人。农业总产值317万元。粮食总产量5818吨,油菜籽产量448吨,蚕茧产量10.4吨,生猪年饲养量

8933头。乡村工业总产值1579万元，其中乡办1016万元、村办467万元、联户个体96万元，乡村企业98个，企业人数1789人，乡村企业总收入1708万元，利润总额114万元。农村经济总收入2187万元。农民人均收入795元。1997年2月，被命名为“湖州市首批小康乡镇”。1999年1月，白阜乡建制撤销，12个村划归长桥乡。同年，辖区耕地面积1455.93公顷，其中水田1289.93公顷。辖行政村18个，有自然村96个，村民小组209个，5243户、17283人。工农业总产值4.16亿元，其中农业总产值6272万元、工业总产值3.53亿元，第三产业增加值1346万元。粮食产量11758吨，油菜籽产量1594吨，蔬菜产量3039吨，西瓜产量5600吨，蚕茧产量42吨，茶叶产量66吨，水果产量482吨，生猪全年饲养量12100头，羊年末存栏量1600头，家禽年末存栏量5.1万羽，肉类产量475吨，禽蛋产量112吨，水产品产量906吨，其中鱼类产量778吨。农村经济总收入5.13亿元，其中农业收入3986万元、工业收入4.38亿元。农民人均收入3890元。2000年12月，乡建制撤销，并入雉城镇。

长潮乡　位于长兴县西南部，东界太傅乡，南临管埭乡，西接二界岭乡，北与槐坎乡隔山相邻。乡政府驻地师姑岗，距县城24千米。乡名因境内长潮涧而得。属黄土丘陵地区，地势北高南低。1988年，辖区总面积52平方千米，耕地面积934.4公顷。辖行政村14个，有自然村43个，村民小组132个，3250户、11420人。农业总产值384万元。粮食总产量5756吨，油菜籽产量140吨，蚕茧产量14.6吨，茶叶41吨，生猪年饲养量1.02万头。乡村工业总产值271万元，其中乡办113万元、村办84万元、联户个体74万元，乡村企业159个，企业人数666人，乡村企业总收入363万元，利润总额44万元。农村经济总收入806万元。农民人均收入386元。1999年，工农业总产值1.29亿元，其中农业总产值5312万元、工业总产值7551万元，第三产业增加值1762万元。粮食产量7757吨，油菜籽产量1049吨，蔬菜产量5981吨，西瓜产量1427吨，蚕茧产量86吨，茶叶产量69吨，水果产量512吨，生猪全年饲养量1.01万头，牛年末存栏102头，羊年末存栏量1461头，家禽年末存栏量10.18万羽，肉类产量490吨，禽蛋产量224吨，水产品产量143吨，其中鱼类产量128吨。农村经济总收入6797万元，其中农业收入1580万元、工业收入3406万元。农民人均收入2750元。2001年，乡建制撤销，并入泗安镇。

太傅乡　位于长兴县西南部，东临林城镇，南连天平桥乡，西接长潮乡，北靠白阜乡。乡政府驻地贺家岗，距县城16千米。1988年，辖区总面积49平方千米，耕地面积1197.87公顷。辖行政村13个，有自然村47个，村民小组145个，3843户、14238人。农业总产值680万元。粮食总产量1.16万吨，油菜籽产量293吨，蚕茧产量14.7吨，茶叶134.5吨，生猪年饲养量1.4万头。乡村工业总产值479万元，其中乡办215万元、村办207万元、联户个体57万元，乡村企业240个，企业人数1483人，乡村企业总收入1012万元，利润总额76万元。农村经济总收入1962万元。农民人均收入709元。1999年，工农业总产值2.27亿元，其中农业总产值6177万元、工业总产值1.65亿元，第三产业增加值1118万元。粮食产量10034吨，油菜籽产量1406吨，蔬菜产量3237吨，西瓜产量5295吨，蚕茧产量14吨，茶叶产量193吨，水果产量1525吨，生猪全年饲养量9300头，牛年末存栏18头，羊年末存栏量2300头，家禽年末存栏量5.51万羽，肉类产量385吨，禽蛋产量121吨，水产品产量294吨，其中鱼类产量292吨。农村经济总收入2.36亿元，其中农业收入4439万元、工业收入1.66亿元。农民人均收入3095元。2001年，乡建制撤销，并入林城镇。

吴山乡　位于和平镇西部，东与和平镇相连，南与安吉县昆桐乡交界，西与安吉县梅溪镇毗邻，北与虹星桥镇接壤，乡政府驻地小溪口，距县城20千米。1988年，辖区总面积48平方千米，耕地面积1270.73公顷。辖行政村14个，有自然村83个，村民小组148个，4105户、15058人。农业总产值602万元。粮食总产量1.02万吨，油菜籽产量629吨，蚕茧产量14.1吨，茶叶23.6吨，生猪年饲养量1.31万头。乡村工业总产值941万元，其中乡办601万元、村办146万元、联户个体194万元，乡村企业138个，企业人数1813人，乡村企业总收入2069万元，利润总额216万元。农村经济总收入2973万元。农民人均收入693元。1998年1月，被命名为“湖州市第二批小康乡镇”。2011年，辖区总面积46平方千米，有行政村10个和居委会1个，有村民小组158个，5259户、17673人，耕地面积1428.47公顷，其中水田 1155.2 公顷、旱地 274.07 公顷，山林 1738.93 公顷，桑地及零星地 1391.47 公顷。农业总产值 13444 万元，粮食产量 11671 吨，油菜籽产量 337 吨，蔬菜产量 1130 吨，西瓜产量 915 吨，观赏和绿化苗木 169.87 公顷，蚕茧产量 47 吨，茶叶产量 137 吨，水果产量 3586 吨，生猪全年饲养量 4936 头，牛年末存栏 58 头，羊年末存栏量 575 头，家禽年末存栏量 14.51 万羽，肉类产量 559 吨，禽蛋产量 26 吨，水产品产量 2179 吨，其中鱼类产量 1756 吨；农业专业合作经济组织 21 个，成员 201 户。工业企业 369 个，从业人员 3016 人，税金总额 3718 万元。财政总收入 5270 万元。年末，居民储蓄存款余额 1.2 亿元。农村经济总收入 12.78 亿元，其中出售产品收入 10.96 亿元。农民人均纯收入 13685 元。2012 年 6 月，乡建制撤销，并入和平镇。

二界岭乡 位于长兴县最西部，东、南均与泗安镇相连，西、西北交界安徽省广德县，东北与槐坎乡隔山相邻。乡政府驻地罗家地，距离县城 35 千米。地形以山区和半山区为主，森林覆盖率 42%。1988 年，辖区总面积 81 平方千米，耕地面积 1148.67 公顷。辖行政村 11 个，有自然村 92 个，村民小组 195 个，3717 户、14598 人。农业总产值 487 万元。粮食总产量 7606 吨，油菜籽产量 383 吨，蚕茧产量 5.2 吨，茶叶 19 吨，生猪年饲养量 1.06 万头。乡村工业总产值 249 万元，其中乡办 129 万元、村办 113 万元、联户个体 7 万元，乡村企业 84 个，企业人数 753 人，乡村企业总收入 314 万元，利润总额 33 万元。农村经济总收入 1055 万元。农民人均收入 430 元。2002 年 4 月，行政村撤并后调整为 7 个。2011 年，辖区总面积 70 平方千米，有行政村 7 个，村民小组 95 个，4243 户、15416 人，耕地面积 1520.53 公顷，其中水田 1048.4 公顷、旱地 472.13 公顷。农业总产值 2.02 亿元，粮食产量 6415 吨，油菜籽产量 1426 吨，蔬菜产量 8649 吨，西瓜产量 65 吨，观赏和绿化苗木 1102.6 公顷，蚕茧产量 22 吨，茶叶产量 994 吨，水果产量 2022 吨，生猪全年饲养量 8591 头，牛年末存栏 67 头，羊年末存栏量 3094 头，家禽年末存栏量 421850 羽，肉类产量 1192 吨，禽蛋产量 1009 吨，水产品产量 551 吨，其中鱼类产量 550 吨；农业专业合作经济组织 21 个，成员 201 户。企业 715 个、从业人员 3547 人其中工业企业个数 263 个、从业人员 2041 人，税金总额 1170 万元。财政总收入 1901 万元。年末居民储蓄存款余额 6912 万元。农村经济总收入 4.78 亿元，其中出售产品收入 3.77 亿元。农民人均纯收入 13999 元。2012 年 6 月，乡建制撤销，并入泗安镇。

雉城镇 位于长兴县中偏东，太湖之西侧。地处 104 和 318 两条国道的交会点。为长兴县党政机关所在地。解放初建雉城区，后改为县属镇。1988 年，辖区总面积 37 平方千米(其中城区 4.5 平方千米)，耕地面积 1382.33 公顷。辖行政村 12 个、居委会 14 个，有自然村 99 个，村民小组 177 个，18800 户、48700 人。农业总产值 645 万元。粮食总产量 11078 吨，油菜籽产量 691 吨，蚕茧产量 8.5 吨，茶叶 4.7 吨，生猪年饲养量 20219 头。乡村工业总产值 1574 万元，其中镇办 483 万元、村办 473 万元、联户个体 618 万元，乡村企业 1675 个，企业人数 6405 人，乡村企业总收入 4345 万元，利润总额 393 万元。农村经济总收入 3546 万元。农民人均收入 867 元。1997 年 2 月，被命名为“湖州市首批小康乡镇”。1999 年后，后漾乡、包桥乡、下箬乡、新塘乡、长桥乡建制先后撤销，并入雉城镇。2005 年、2006 年，先后获评首届、第二届全国综合实力“千强镇”。2011 年，辖区(包括雉城、开发区、龙山、古城、太湖新城)总面积 195 平方千米，耕地面积 6914.33 公顷，其中水田 6006.13 公顷、旱地 908.2 公顷。有行政村 51 个、居委会 49 个，村民小组 1184 个，92463 户、227065 人，其中农村 20094 户、110542 人。农业总产值 7.12 亿元，粮食产量 4.99 万吨，油菜籽产量 3263 吨，蔬菜产量 52931 吨，西瓜产量 3268 吨，花卉 4.8 公顷，观赏和绿化苗木 581 公顷，蚕茧产量 117 吨，茶叶产量 252 吨，水果产量 2.062 万吨，生猪全年饲养量 5.74 万头，牛年末存栏 18 头，羊年末存栏量 3764 头，家禽年末存栏量 28.1 万羽，肉类产量 2917 吨，禽蛋产量 2040 吨，水产品产量 5965 吨，其中鱼类产量 5458 吨；农业专业合作经济组织 39 个，成员 2333 户。企业 8270 个、从业人员 94074 人，其中工业企业 7500 个、从业人员 73368 人，税金总额 91832 万元。财政总收入 17.75 亿元。农民人均纯收入 16186 元。2012 年 5 月，雉城镇建制撤销，辖区内改设画溪、雉城、太湖 3 个街道办事处。

第三节　街　道

一、街道设置

1988年，雉城镇辖14个居民委员会。2000年起，逐步将雉城镇建制改为街道办事处。同年10月，在雉城镇辖区内成立古城街、仓前街、台基山3个街道办事处。年末，雉城镇辖区共有28个居委会，其中古城街街道辖9个居委会、仓前街街道辖6个居委会、台基山街道辖13个居委会。2012年5月，经省政府批准同意，撤销雉城镇建制，其行政区域改由县政府直辖，并在该区域内设立雉城、画溪、太湖3个街道办事处。调整后，雉城街道辖22个社区、11个居委会、4个村，办事处驻小西门社区；画溪街道辖4个居委会、11个村，办事处驻三星𫭢居委会；太湖街道辖2个社区、13个居委会、8个村，办事处驻上莘桥居委会。

1988—2012年长兴县城区（原雉城镇）行政区划变更情况表

表1–3

年份	街道办事处	所辖居民委员会、社区
1988年雉城镇		县前街、米行弄、钟楼、东鱼巷口、西鱼巷口、皇家湾、大东门、大西门、小西门、南门、北门、仓前街、高阳桥、春楼弄
2000年10月雉城镇	古城街	南门、高阳桥、二虎头桥、三狮、长安桥、双龙、金陵、明珠路、马巾巷
	仓前街	皇家湾、大东门、仓前街、张家村、荣军路、所前街
	台基山	北门、钟楼、米行弄、东鱼巷、西鱼巷、县前街、小西门、大西门、春楼、体育场、台苑新村、步云桥、护城巷
2004年7月雉城镇		大西门、小西门、鱼巷口、北门、米行弄、台苑新村、体育场、皇家湾、三狮、金陵、南门、高阳桥、马巾巷、二虎头、明珠路、荣军、所前、仓前街
2012年5月雉城镇归县政府直辖	雉城	社区：北门、台苑新村、大西门、小西门、鱼巷口、米行弄、三狮、金陵、南门、高阳桥、马巾巷、二虎头、明珠路、荣军、所前、仓前街、皇家湾、水木花都、体育场、龙山、齐北、双拥 居委会：新湖、高山岭、西峰坝、玄坛庙、金莲桥、五峰、古城、上杨、高家墩、雉城、钮店湾
	画溪	居委会：柏家浜、明门、三星𫭢[1]、竹元村
	太湖	社区：晨光、新溪 居委会：杨湾、杨庄、陈塘、上莘桥、王浜头、陆汇头、五里桥、南庄、白溪、陆家𫭢、官𫭢、八字桥、留下

说明：资料来源于县民政局

二、街道概况

画溪街道　2012年5月设立。辖区位于长兴县中部，北靠雉城街道，东接南太湖产业集聚区，南与吕山乡、虹星桥镇相连，西与林城镇、小浦镇接壤。年末，辖区总面积75平方千米，耕地面积3882.2公顷，其中水田3329.33公顷、旱地552.87公顷。辖4个村改居，11个行政村，13323户，37240人，其中外来人口6159人，办事处驻三星𫭢居民区。农业总产值33991万元，工业总产值102.7亿元，财政收入53364万元，农民人均纯收入18047元。

雉城街道　辖区范围东至新104国道，南至宣杭铁路，西至新长铁路，北至太湖大道，分别与洪桥镇、画溪街道、小浦镇、太湖街道相邻。2007年4月成立，初名古城街道，常住人口95311人，由原隶属于雉城镇的三个街道办事处（仓前、台基山、古城）及原雉城镇部分居民区（村改居，以下均称居民区）组成，驻地解放西路241号。下辖金莲桥、五峰、古城、上杨、高家墩、雉城、钮店湾7个居民区，鱼巷口、南

①𫭢，长兴方言地名，音dǒu。

门、高阳桥、二虎头、三狮、金陵、明珠路、马巾巷、皇家湾、荣军、所前、北门、大西门、米行弄、台苑新村、小西门、仓前街 17 个社区。同年 9 月,成立水木花都社区。2012 年 5 月,撤销雉城镇建制,正式设立雉城、画溪、太湖 3 个街道办事处。年末,雉城街道辖区总面积 17 平方千米,耕地面积 205.67 公顷,其中水田 173.73 公顷、旱地 31.93 公顷。辖 22 个社区,11 个居民区,4 个行政村,常住住户 47021 户,108035 人(不含龙山新区管理区域)。农业总产值 941 万元,财政总收入 17436 万元,农民人均纯收入 18135 元。另外,有 4 个社区、4 个居民区、4 个行政村由龙山新区代管。

太湖街道 2012 年 5 月设立。年末,辖区总面积 23 平方千米,耕地面积 1343.93 公顷,其中水田 955.07 公顷、旱地 388.87 公顷。辖新开河、钱家圩、南张浜、彭城、沉渎港、新塘 6 个行政村(不含开发区管理区域),186 个村民小组,78 个自然村,7039 户,18881 人,其中外来人口 358 人。农业总产值 9631 万元,财政收入 1100 万元,农民人均纯收入 17845 元。另外,有 2 个社区、13 个居民区、2 个行政村由长兴县经济技术开发区代管。

第四节 村(居)社区

1988 年,全县设 450 个村民委员会。1988 年至 2012 年,几经撤并,县内行政村数量调整为 220 个。

1988 年,全县设 36 个居民委员会,其中雉城镇设 14 个。2000 年起,加快推进城市社区建设。同年 10 月,在雉城镇辖区内成立古城街、仓前街、台基山 3 个街道办事处,3 个街道下辖 28 个社区居委会。2004 年 7 月,将雉城镇辖区 28 个社区调整为 18 个。2012 年 5 月,雉城镇建制撤销,改设为 3 个街道,其中画溪街道辖 4 个居委会,雉城街道辖 22 个社区、11 个居委会,太湖街道辖 2 个社区、13 个居委会。

2012 年年末,全县辖 220 个村、48 个居民委员会、24 个社区。

2012 年长兴县乡镇(街道)所辖村、居民委员会和社区情况表

表 1-4　　单位:个

乡镇街道	村	居委会	社区	村居社区名称
雉城街道	4	11	22	村:涧塘、渚山、川步、后洋。居委会:金莲桥、五峰、古城、上杨、高家墩、雉城、钮店湾、新湖、高山岭、西峰坝、玄坛庙。社区:北门、台苑新村、大西门、小西门、鱼巷口、米行弄、三狮、金陵、南门、高阳桥、马巾巷、二虎头、明珠路、荣军、所前、仓前街、皇家湾、水木花都、体育场、龙山、齐北、双拥
画溪街道	11	4		村:姚家桥、长桥、三新、大圩、南石桥、徐家浜、曹家桥、包桥、白莲桥、新庄、白阜。居委会:柏家浜、明门、三星圩、竹园村
太湖街道	8	13	2	村:祥符圩、霞城、新开河、钱家圩、南张浜、彭城、新塘、沉渎港。居委会:杨湾、杨庄、陈塘、上莘桥、王浜头、陆汇头、五里桥、南庄、白溪、陆家圩、官圩、八字桥、留下。社区:新溪、晨光
洪桥镇	22	2		村:洪桥、亭子桥、古龙、南阳、排田漾、橡树下、陈家埭、陈桥、潼桥、中道、东王、弁山、万仕桥、金星、太湖、碧岩、陈湾、大荡漾、水产、横山桥、图影、小沉渎。居委会:洪桥、陈湾
李家巷镇	12	1		村:李家巷、青草坞、许家浜、章浜、西坝、刘家渡、沈湾、老虎洞、石泉、广福桥、计家浜、陈家浜。居委会:李家巷
林城镇	20	2		村:向阳、桥南、方山窑、姚洪、永丰、北汤、上狮、连心、周吴岕、午山岗、石英、天平桥、塘南、太傅、阳光、大云寺、畎桥、新华、泥圩、新星。居委会:林城、畎桥
泗安镇	31	5		村:新丰、仙山、五丰、双联、赵村、五里渡、长丰、庆丰、长中、三里亭、钱庄、禧祉、兴隆、玉泉、师姑岗、塔上、黄巢、管埭、杨湾、长潮、白莲、凤凰、皂山、新联、罗家地、邱峰、毛家、二界岭、东村、初康、太平。居委会:柴湾、影剧弄、中泗安、上泗安、平桥

续表1-4

乡镇街道	村	居委会	社区	村居社区名称
虹星桥镇	17	1		村:河桥、午山、后羊、谭家、西南、毕家、龙从、郑家桥、观音、罗家、宋高、厚全、港口、里塘、周村、刘井、白水。居委会:虹星桥
小浦镇	11	1		村:小浦、大岕[1]口、方岩、光耀、合溪、高地、中山、潘礼南、方一、画溪、五庄。居委会:小浦
和平镇	31	2		村:磔碛[2]、吴村、马家边、毛家店、长岗、回车岭、和平、新港、城山、长城、霅泉、庄里、便民桥、横山、东山、水产、周坞山、方家庄、滩龙桥、施家村、狄家圩、小溪口、独山、吴山、王村、红山、南淙、韦山、横涧、三矿、沙埠。居委会:影街、老街
煤山镇	9	2		村:煤山、尚儒、东川、西川、新川、新民、新安、五通、新源。居委会:南街、北街
夹浦镇	13	1		村:夹浦、长平、喜鹊、太平桥、环城、陶家湾、丁新、父子岭、北川、香山、月明、吴城、滨湖。居委会:夹浦
水口乡	8	1		村:水口、龙山、顾渚、徽州庄、金山、徐旺、江排、后坟。居委会:水口
吕山乡	9			村:吕山、杨吴、吕虹、圩门、雁陶、金村、南杨、胥仓、龙溪
白岘乡	6	1		村:访贤、五通山、三洲山、罗岕、白岘、和岕口。居委会:白岘
槐坎乡	9	1		村:新槐、祠山、六都、仰峰、东风、平丰、十月、抛渎岗、礼贤岕。居委会:槐坎

说明:资料来源于县民政局

第五节 自然村

2012年年末,全县共有自然村2542个。

2012年长兴县乡镇、街道所属村及自然村情况表

表1-5 单位:个

乡镇	行政村名	自然村个数	自然村名
洪桥镇(221)	洪桥村	10	洪桥、姚浜、章浜、卢家埭、草田埭、邵家浜、车家坝、屠家浜、施家浜、里荡
	亭子桥村	9	王家坝、下孙、石家浜、卫家浜、王家边、俞家荡、赵家浜、周家浜、袁家浜
	古龙村	17	吴家头、周家圩、石桥头、莫家渎、殷家渎、港南门、陈家渎、丁家渎、龙舌嘴、张家湾、陈家村、道古圩、徐家村、芦家荡、沈蒋圩、水荡、沈家荡滩
	南阳村	12	沈家潭、顾家潭、积善富、钟家浜、三家村、周二圩、朱家湾、东房、西华、清水浜、张家圩、北塘
	排田漾村	13	南孙、小南孙、石家埭、邱家桥、西孙、南庄湾、两乡浜、火烧潘、吴家浜、大兴桥、江心圩、马家浜、河北埭
	橡树下村	14	七圩里、陆家荡、橡树下、邱家坝、西洋浜、张庄、董家浜、路西圩、王家渡船口、钱家湾、管家湾、汤牛角、陈家角、倪家埭
	陈家埭村	8	濠上、陈家埭、李家里、杨家圩心、黄苟荡、钱家里、陈家浜、横水圩
	陈桥村	12	陈桥、蒋庄、吴家村、周山浜、石桥头、高桥、郎家浜、柳家荡、洞庭浜、汝家渎、小圩角、东杨浜
	潼桥村	13	梅家漾滩、潼桥、沈家荡滩、五福浜、北王大、汤家渎、桥北圩、坤杨寺、南许、北许、东王村、张家坝、西王村

① 岕,长兴方言地名,音kǎ。

② 磔,长兴方言地名,音xīn。

续表1-5

乡镇	行政村名	自然村个数	自然村名
	金星村	4	杨家浦、北孙、徐家浜、圩角村
	太湖村	10	邹家港、福元港、高村、杭家村、钱家渡、豆家浜、西付家浜、东付家浜、钱家大、芦圻港
	中道村	11	唐家浜、姚家坝、温家渎、陈家浒、沈家坝、窦家坝桥、林家汇角、张家坟、陈家渎、李家浜、丁家坝
	东王村	15	东王、吴家渎、练圩上、许家浜、王家浜、北施家舍、南施家舍、石牌头、小圩角、芦圻港、大圩坝、径山港、邹家渎、施家木桥、傅家渎
	弁山村	4	范湾里、李家浜、陈家浜、郑家浜
	万仕桥村	12	豆家汇、沈家圩、茆家浜、史家边、严家坝、春保圩、倪家田、扎门圩、徐家湾、沈上圩、盛家坝、清水坝
	横山桥村	14	仲家坝、陆家渎、包家渎、高大圩、西仁、北仁、东仁、草田港、四百亩圩、李家角、叶家角、温家圩、王家圩、温家桥
	大荡漾村	6	朱家浜村、姚潭村、仲家田村、邱家荡村、水荡村、孟家墩村
	图影村	7	顾家湾、北张、大公圩、陈胡圩、陈家港、万里桥、金家圩
	小沉渎村	12	板桥、荡湾、杭叶圩、宅里、田畈里、东墙门、北墙门、王家港、陆家渎、强家浜、扶栏桥、小沉渎
	陈湾村	7	蒋家墩、董家浜、陈湾、章家浜、杨家渎、火田墩、徐家田
	碧岩村	9	陈家巷、稻场、后城、涧湾、前城大、王家浜、徐加角、油车浜、竹桥
	水产村	2	洪桥新村、横山新村
李家巷镇(134)	刘家渡村	11	刘家渡、白漾头、彭家坝、冯家圩角、邵家渎、钮家桥、狭社桥、钱家坞、汇角、青竹圩、四角洋
	李家巷村	11	大石桥、垒珠圩、蚬子湾、钱家庄、西毛山、潘家庄、北大坞、路南、铁公山、中大坞、李家巷
	许家浜村	2	凌家浜、许家浜
	青草坞村	4	青草坞、长岭山、地洞寺、凤山
	西坝村	3	东坝里、庄桥头、西坝里
	章浜村	9	橡树下、大茅棚、东庄、章浜、圩界坝、杨家桥、师家浜、周家角、施家港口
	沈湾村	16	牛阿埭、曹家厂、南北石荡、茆家墙门、山西村、丁家荡、赵家桥、咫尺桥、小茆桥、倪家埭、陶家港、蒋家埭、许家渡口、沈湾村、白莲寺、施家漾
	老虎洞村	13	吉祥家园、庄基村、庄圩、泗洲堂、金田畈、白鹤岭、罗卜山、鸡山、太平桥、黄龙浜、庄前浜、孙家浜、张家村
	石泉村	16	高湾、前步庄、石山桥、强家滩、山背后、石泉、滩塘浜、北村、丁家荡、东塘、东湾村、上湾、塘桥、桃园里、杨家地、圩角村
	计家浜村	12	等孟埂、鲍家村、北塘村、杨家桥、放圩、三家村、水角村、吴家渎、西村、赵家渎、周家桥、计家浜
	广福桥村	7	广福桥、钱家渎、江家渎、周家渎、沈家圩、杨家圩、杨家湾
	陈家浜村	30	陆家圩门、邵家浜村、朱家坝村、箇箕圩村、黄南圩村、夏家门村、新西村、邱家渎村、鳝鱼湾村、刘家浜村、陈家浜村、朱砂桥、南塘、石灰圩村、跨塘桥村、周家浜、墙东浜、潘家桥、陈家门、章家圩门、蒋家村、港南村、石仙浜、盛家村、尖角圩、叶家村、钮家圩角、姜家渎、李家渎、龙家渎
夹浦镇(105)	滨湖村	20	韩家圩、薛家滩、西元、奕阜、蒋埠桥、周家浜、芦荡湾、北蒋、水产村、计家、杭家、臧家门、麟麒、李王殿、姬家下场、钱家门、西蒋村、史家村、袁家庄、青墩头
	香山村	5	大坞里、株树、金村、杨家园、新沟滩

续表1-5

乡镇	行政村名	自然村个数	自然村名
	父子岭	6	斯圻、上埠、响水涧、父子岭、杨家渎、敌楼湾
	吴城村	8	新㘵、庄上、谈度、横山、下渚埠、解元、刘家㘵、吴城
	丁新村	6	山下、牧马㘵、茅场兴、巷里、小桥头、丁甲桥
	长平村	15	唐杨、上周港、长大、张家村、邢家浜、岳嘴、蒋家浜、五庙桥、黄家、杨家、徐家桥、钦家浜、田畈、黄泥潭、敖头
	北川村	7	大平里、大平新村、南湾、新村、五福庙、四十里、张坞口
	夹浦村	15	溪南、芦家荡、会上、上沈、金家园、文家浜、桥西、叶家、桥东、乌桥、塘湾、北京㘵、道仁㘵、双港、徐家桥
	陶家湾村	4	吴家湾、固塘㘵、陶家湾、冯基㘵
	喜鹊㘵村	4	喜鹊㘵、管家浜、长㘵、六仁
	月明村	3	白漾塘、月明荡、茶庄
	环沉村	8	对丰浜、臧家、孙家浜、叶家浜、仙人浜、饮泉、丁家渚、环沉
	太平桥村	4	王长、下无胥、吴家㘵、上无胥
水口乡（90）	徽州庄村	17	徽州庄、大坞岭、木桥头、雪花山、平峰山、牌楼岕、船底、横市、下渚、汪土堪、朱埠、松毛墩、五福庙、高阳、高田、白泥墩、排上
	江排村	4	排岭脚、董家庄、施家、江排头
	金山村	7	同塔弄、下对塔、上对塔、董家村、金山、雷坞岕、外岗
	龙山村	8	横山、外渚、马山、烂泥、中心、龙山、渚山、珠沙
	顾渚村	14	罗家、包大、叙午、斜备、王塔、龙头、六十亩、下洞、元旧、苗山、尧王、前塔场、汪帝、石马头
	后坟村	11	黄家浜、姚步桥、上州、上马墩、后坟、严家庄、三涧、塘家㘵、胡林山、河上㘵、下沙湾
	徐旺村	9	赵家㘵、黄泥坝、赵家坝、仁乐、唐朝、黄家、赵家、坐㘵、徐旺
	水口村	20	南山脚、泥路口、茄茄树、木家庄、尧天堂、上吉街、紫笋街、金沙街、宁家弄、杨林塘、进士头、沉其林、闵家厂、竹园、市南、沉庄、响水、镇桥、蒋家滩、罗家屋
林城镇（251）	大云寺村	26	潘家卓、上㘵、小街、埠头浜、董村、高村、嵇村、大村、李家村、柏树庄、钱家庄、毕家村、小庄、李家湾、北徐、邵家、东岗、山岗、新门、㘵心、胡家、蒋家、西湖、龙潭村、泥家岗、下半㘵
	桥南村	17	桥南村、阳春、叶家村、费家、蝴蝶、西庄、包家村 、和南厂、太平、北家湾、徐家心、黄罗㘵、东徐、李家湾、官田、庙前、样桥
	上狮村	4	东棚、上阳、黄泥荡、石狮岗
	永丰村	9	杨家墩、方塘、邱家、㘵门、许村、杨树、白水、竹桥、魏家
	姚洪㘵村	13	油车、姚家㘵、北庄、南庄、双牌楼、曹家浜、戚家㘵、董村、大里村、小里村、沈家庄、荒田窠、南首角
	新华村	13	小俞村、大俞村、高田、塘里村、杨家村、陈家、贺家村、杨家湾、黄泥滩、上庄、庄里、余家湾、陈桥头
	北汤村	11	吉墩、杨树窠、互汤、徐庄木桥、上头村、孟㘵、泥桥、施家边、前汤、康家㘵门、北汤
	畎桥村	21	畎桥、石桥头、卢村、西㘵、后王、前王、南首、东厂、㘵埂边、横㘵浜、下㘵门、方家老湾、㘵角、庙墩、王家庄、老湾、牌坊、下管、中管、上管、赵村
	石英村	22	赵家桥、石坝、白云、五郭子、㘵角、尹家㘵、黄金、杨家湾、蔡家、李王庙、中湾、下湾、凤凰墩、金鸡膀、荆竹关、前志、石桥头、庞家基、龙坊、张家湾、高门、陈家湾
	泥㘵村	11	曹家、溪南、断桥、小㘵、孔家大湾、张家、乌焦山、下墅、泥司墩、㘵埂边、刘家
	天平桥村	11	仓里、小湾、杨湾、沈村、泥桥、老街、塘埂、牌楼、七亩荡、地铺㘵、㘵角

续表1-5

乡镇	行政村名	自然村个数	自然村名
	塘南村	15	罗村、姚村、老湾、小鱼桥、东圩门、坎龙、渎东、渎西、盛家、张家、杨家场、八叉口、华元、橡树、中圩埂
	新星村	7	大泉、下毕家、澄心寺、陈家庄、涧北、西岗、和尚桥
	阳光村	4	菖蒲桥、金田里、寺基里、阳光山
	太傅村	9	太傅、贺家岗、太傅庙、道班、胡小湾、东岗、计家岗、平阳、西姑庵
	周吴岕村	9	东庄、塘头、山门口、上庄、山脚下、石岕口、中潭里、三岔口、吴家头
	连心村	6	路东、路西、横涧、新山、孙家庄、陈村
	方山窑村	11	方山、后村、窑北、横街、华桥、西洋、叶家样、窑南、蒋家村、前村、杨家杆
	午山岗村	11	午山、下沈、李家弄、观音桥、观下、施家、伞顶、大畲、强家、环桥、塘北
	向阳村	21	石家里、钱家、何家、杨家里、杨家门、新圩、东洋、英桥、橡树下、圩门头、姚家里、荒田版、小夹、罗高、小罗、史家、后王、田圩、章家、李六、六头埂
泗安镇(359)	新丰村	10	杨府庙、西村、殷村、粉坊、凉亭、茅塔、娘娘庙、松树坝、李家边、六墩
	仙山村	15	陈家弄、陈家桥、石荡村、夹里头、老湾、枫树岗、七里棚、八里棚、三塘冲、大环桥、曹村、五金、坝埂、庙西沟、山下村
	五丰村	11	祠山、南岗、红星、干山坝、花门楼、草塔、八角、界牌、黄大、心和、前塘
	长丰村	22	鞋村、杨步湾、半边塘、新塘、新庄、油坊、光明、龙冲、下长明、骆马店、许家湾、西山冲、石头冲、十八店、马小湾、桃园、新村、丁大冲、前村、温州棚、乌小冲、太阳冲
	庆丰村	12	罗家湾、上宅、交界边、枣树湾、圩水冲、猴村、黄泥地、花冲、十里头、民主、上冲、长塘
	新联村	3	上泗安、杨家村、金竹头
	赵村村	11	汪家山、南华山、殿山冲、罐子窑、三里冲、吴家塘、七里棚、赵村庙、泉水冲、三家村、赵村
	五里渡村	13	塘湾、龙须、圩角、上潘滩、下潘、渡口、五星、西圩门、东圩门、独庄、大庄庙、新安塘、罗村头
	钱庄村	8	九里桥、刘家小湾、六房村、钱家塘、十房村、王家湾、纪元冲、西湖
	皂山村	11	皂山、关梢头、杨树湾、枣树湾、空山、湖埂、湖墩、林波一、木墙门、红庙、圩角
	凤凰村	12	新春、新安、新河、凤凰街、红村、沙地、三贞观、车站、蔬菜、梅场、太平塘、洋沟
	白莲村	12	后庄、薛家塘、金家村、五里亭、台塘、西山、下白莲、干塘、东白莲、上白莲、二里半、西山新村
	三里亭村	19	下安东、上安东、黄泥岗、岗尾、东阳岗、西阳岗、富塘、下棋、潘家山、棉花、西厂、上棋、钱家冲、桃园、营房、九龙、五里亭、九龙岗、吴家村
	双联村	4	长联、中泗街、中湾、方家墩
	长潮村	4	响水岕、陈涧里、朱家村、范家村
	长中村	8	子房里、山门口、李家村、俞家里、长元里、离界坎、东潮、东村
	师姑岗村	8	五鹅冲、百鸟冲、东西冲、杨子冲、前村、南水、胡家村、山岗上
	玉泉村	10	西沟、神堂、西山边、上观音庙、下观音庙、芝林、木桥头、羊毛狮、塘家岗、石水岗
	兴隆村	8	朱家园、上塘、百子庙、张家桥、柏树庙、陈家庄、李家庄、茅草岗
	杨湾村	11	木田杆、中阳湾、龙冲、上阳、张家湾、徐家湾、毕家湾、程家湾、避离岗庵、郑家湾、李家湾
	管埭村	15	堤埂、围村、熊家湾、水里、碗窑、庄圩、尹家边、官圩、南沟、红庙、罗家浜、圩角、任家老湾、沙古圩、管埭街
	黄巢村	9	黄巢岗、郭家边、小围子、吴家小山、郑家山、张家边、东村、塔山、龙山
	禧祉村	10	禧祉、西湾、新安、上窑、塔板、西庄、五庄、南岗、晓庄、空山边

续表1-5

乡镇	行政村名	自然村个数	自然村名
	塔上村	13	联合、长山、塔上、金家、十亩港、南庄、罗家圩、椅子、许塘、田畈、神塘、长友、楼家边
	初康村	16	三里棚、陈家岗、杉树湾、高瓜塘、竹墩、湾里、洋塘湖、柴亩山、初康桥、杨府庙、茭白宕、大拐湾、桂花村、瓦屋湾、西山岗、黄塘冲
	东村村	11	金塘、石马冲、东湾、大东村、中湾、小东村、高家冲、毛蜡塘、杨树湾、堰角、下庄
	二界岭村	13	牛王庙、蚂蚁岕、林家湾、秦家湾、平水塘、上杨、岗上、西阳、老虎窠、四季、西冲沟、燕子门、杨树湾
	云峰村	13	大木桥、太阳岕、坟墩岕、腾家冲、青东涧、西塘岕、钟场、邱家村、梅花涧、云峰寺、瞒王庙、栗树墩、桥横头
	毛家村	11	东沟、东洋岗、东洋村、毛家园、毛家、水东洋、大岭岕、周家村、下郎村、郎村、竹丝岕
	罗家地村	15	大娥口、枫树岗、湖北场、涧东、涧西、罗家地、茅草冲、南场、乔麦沟、三亩村、田沟、项家湾、窑上、椅树、竹子桥
	太平村	12	杠桥、西庄、凤山、玫瑰山、太平桥、毕家村、墙里、八里庙、柳塘、上盘塘、张家山、下盘塘
虹星桥镇（241）	河桥村	15	河桥圩门、东贺村、后贺村、彭家村、上观音堂、施家塘、朱家村、黄沙圩、旧圩、卢李家、周范村、二柏桥、钱贺村、上周浜、朱沙桥
	午山村	12	大午山、塔上村、桑园里、丁家大场、曹家圩、北山湾、南山湾、龙头桥、小午山、章家村、山田圩、山北圩
	西南村	7	西南村、都家村、魏家村、钱家村、徐爵桥、杨家浜、申家浜
	谭家村	19	章家村、谭家村、人文庄、西家庄、贺家村、蒋家圩、许家道场、董家村、篁墩村、姚家浜、河田里、后杨村、叶家村、下前村、旧石桥、祥里村、前龙沟、小庄村、南庄村
	龙从村	18	鲍家渎、龙从浜、上村、钦家渎、后庄村、南湾头、西煌村、竹窠里、圩里村、后庄浜、西庄村、南庄村、西周村、盛李门、费家渎、大庄村、港南、丈量
	郑家村	9	南庄村、塘湾里、高地村、毕家村、邱家村、潘家村、杭家村、沈家桥、义贺村
	毕家村	8	柴家村、张家村、叶家庄、毕家桥、刘家湾、双桥头、五里墩、南头张家村
	罗家村	26	罗家桥、高家圩角、刘家大湾、金家浜、南浜头、姜家村、王家村、界河头、泥桥头、访里村、计家桥、圩角里、蒋家、橡树下、石家坝、桥东、北张浜、麦滩、后场、西陈、章家村、中村、东徐、大德桥、吴家、前村
	观音村	15	观音桥、蒋家村、霸头桥、马家墩、钟林桥、小圩、陆家村、千金埂、殷家湾、圩心、彭家、桥西、西洋村、向家西埼、王家渡
	宋高村	17	宋高村、答家村、高家、田圩、前高村、丁村桥、北湾、张费村、陈家湾、吴家桥、杨家桥、施家浜、小施家浜、小观音桥、山岗、大湾、西湾
	厚全村	10	厚全村、吴庄、三新、朱庄、东城、西城、广丰、狮子桥、南泉、汪家湾
	港口村	12	港口、大湾、长园、荒田圩、徐家庄、麦塔、旧宅、李渎、刘家大湾、陈村、上洪、斐家
	刘井村	15	刘井村、圩里、陈家村、施家村、南湾、塘上、庙上、上溪、李家村、俞家浜、西庄、南庄、殷村、方家桥、桥东
	里塘村	14	蠡塘桥、庙湾、港北、刘家大湾、渎东、西村、桥东、庙西、大英村、小英村、贺家湾、大村、塘边、徐庄园
	周村村	16	会头村、庄头浜、后周村、东周、北圩门、横埂、大方村、小方村、杨川庙、桥北村、木桥头、北东、蚂蚁埂、吴家西、皋桥、金家村
	白水村	13	白水滩、三家村、南湾、东庄湾、大湾、谭家、横埂头、费家村、曹家圩、李家村、董家村、孙家角、塘边
	后羊村	15	后羊、杨家、上军村、石基郎、庄上、东头村、向界桥、庙湾、殿元桥、黄盖桥、五人圩、北店、圩角、西高、后棚子

续表1-5

乡镇	行政村名	自然村个数	自然村名
吕山乡（117）	雁陶村	19	港北、凌家、三家、庙上、柴家、西横塘、孙家、陶家、圩门、章家、周家、俞家、徐家、朱家、雁荡、竹乔、新门、杠埂、引南
	杨吴村	10	北台、王家坝、吴家、北杨、杜家湾、顾家、雉地、钮店桥、章湾圩、浦池湾
	金村村	5	金村埠、铺前、坐山湾、高家庄、东村
	吕山村	6	钱家舍、湾头、东周、井头浜、北圩埂、董家弄
	吕虹村	14	莫家渎、罗家渎、姬家渎、章家渎、沈家浜、刘家浜、傅大湾、傅小湾、安吉、祥里、大德桥、南圩角、郑家、独湾
	圩门村	18	施店桥、宗家桥、薛家、晒头、东庄、东湾、小湾、庙湾、圩里、上庄、大德桥、泥桥头、圩埂头、圣塘桥、环桥、渎南、石佛桥、东洋
	胥仓村	22	安头、北蒋、花墙门、姬家、罗家厂、门前、庙头、牧安、南蒋、乔南、青石桥、桑园、石里、孙家渎、午源渡、相家、姚家、叶家、殷家、鱼池埂、元里、庄里
	龙溪村	17	龙溪新村、俞任、沈家坎头、杨家桥、庄上、下目、枪埂、田圩、葛径、陈家渎、吴家、仲家、杨树窠、倪家渎、东南浜、罗陀湾、葛家坝
	南杨村	13	钱家庄、陆家村、中敖村、南敖村、北敖村、大中施、小中施、庄屋里、许家村、杨家村、下施村、谢家村、叶家塘
和平镇（268）	便民桥村	10	丁家老湾、后村、金家弄、石路、徐幕、许家村许、许家、严家、竹桥头、庄古
	长城村	15	东横头、黄良湾、毛家湾、牧湾、南埂、南庄、三房庄、腾家塘、王家塘、西埂、下半圩、徐家圩、严家角自、殷家圩、雉潭圩
	长岗村	8	白洋地、长岗岭、大陶里、旧宅里、来回桥、梁家里、石菩萨、天松庙
	城山村	11	城山沟、城山寺、城山、大昌、何家西、黄小冲、柳家老湾、毛家岭、瓦湾、五棵松、小西
	狄家圩村	6	狄家圩、泥船湾、上殷桥、下吴、下殷村、张家湾
	东山村	15	陈家圩、东山脚、东周、凡市、环桥、亮圩门、南塍头、南洋桥、七亩塘、箬坞、山子头、吴家弄、西周、姚墩、姚家
	独山村	9	南圩角、彭汇、邱村、山南、上彭、圣堂庙、宋家圩、下彭村、袁家墩
	方家庄村	6	方家庄、庙脚下、上村、上官、西方、下村
	和平村	13	戴家湾、丁家湾、高田、官庄、红庙、涧西、六家桥、山边、狮子山、十字港、奚家塘、绣球山、许家桥
	横涧村	7	郭家湾、七家、上涧、石灰厂、下涧、窑上、于家村
	横山村	9	横山边、横山、金墩桥、静山、山湾里、下庄、姚里、张家弄、竹桥头
	红山村	9	陈庙山、清桥墩、索山、塘前、塘子头、吴山边、羊家弄、周家圩、朱山头
	回车岭村	3	回车岭、吴山寺、杨府庙
	马家边村	6	旧宅村、马家边、树仙墩、松月庙、唐伯兴、下岗口
	毛家店村	4	毛家店、毛家山、殳村、杨家
	南淙村	8	圩角、陈家、东庄、郭墟渡、庙台、南淙、西湾、西庄
	三矿村	1	三矿
	沙埠村	4	茅草坞、三里沟、沙埠、乌龟墩
	施家村	8	曹家湾、关帝庙、后圩埂、施家、天车园、吴家、张家、朱家桥
	石泉村	13	圩角里、圩里塘、百果树、陈家、梅树弄、潘家山、彭家里、七草浜、山脚下、沈家里、寺姑墩、雪泉、章家里
	滩龙桥村	6	百步岭、叉头坞、大麦涧、滩龙桥、堂坞里、吴家冲
	王村村	8	大井村、范家村、上圩村、上圩、王家、吴山渡、张家湾、朱家湾
	韦山村	6	涧东、梨园村、毛家祥、宋家、新庙场、窑头村

续表1-5

乡镇	行政村名	自然村个数	自然村名
	吴村村	9	百亩洋、别家里、何家里、路头、潘家塘、汤岭、吴村、杨家湾、尹村
	吴山村	18	抖角、北淙、大丁、葛母墩、后河、李家、卢家、棉花地、南丁村、排登头、三六房、柿树村、王家小抖、小丁、羊家村、杨家滩、姚家墩、朱家庙
	小溪口村	14	抖门自然、抖心自然、曹家湾、大伦桥、东湾、罗村、罗家庄、麦塔、忙步桥、启伦桥、乔南、五官墩、小抖、新荷
	新港村	16	陈家坟、大路、大兴桥、港东、河湾、后山、螺山、清水港、上石桥、石家坞、乌盆山、西高地、羊毛山、椅子岭、竹窠、庄桥
	磔碛村	4	黄家湾、施村、阳龙里、磔碛里
	周坞山村	7	墙门里、石家坞、王家、小岭、样家坞、赵家边、朱家湾
	庄里村	14	北严堂、菖蒲湾、港西、何家老湾、南阳、邵埠头、西湾、杨家桥、仰月湾、袁家桥、扎网圩、张家老湾、张家桥、庄里
	水产村	1	水产村
小浦镇（130）	大岕口村	17	大岕、东山岕、坎头上、老屋里、狮子山、庙前岕口、李王岕、庙道场、中心、西横头、王家头、杨河潭、柏家车站、冯家头、柏家桥、长岭岕、先锋岭
	方岩村	6	施家村、吴家园、许家村、张家弄、周家桥、北村
	潘礼南村	6	潘家村、龙王岕、青山漾、礼家村、南俞村、许家墩
	方一村	2	乌川岕、杨岭两
	画溪村	14	寺西湾、尚三庙、袁家弄、谢家厂、罗家厂、乔家院、严家抖、朱家道场、卞村铺、周家抖、方家厂、马家厂、王家厂、泥桥头
	五庄村	14	东抖门、山冲里、双家坎、南村、大严家、小严家、青秀桥、五庄里、籴糠桥、竹桥头、抖埂上、台湾里、王家头、蝴蝶渡
	小浦村	13	周家、乔家、塘渚、毛场里、黄家地、新屋里、小柏路、殷家地、黄家头、上草路、下草路、孙家湾、石地弄
	中山村	25	雁塘、里港、山冲、鸡笼山、瓦家湾、钟家湾、麻雀墩、南庄、六渡、中山新村、中山、中山路路西、路西、路下、柞树弄、白塘沟、上吉、蝴蝶渡、山渚、姚家庄、大树下、西王村、柏树头、九女墩、破墩
	高地村	18	施家巷、杨山脚、汤家山、紫竹园、丁家村、高地、乔家村、黄泥潭、黄泥山岗、镇湾潭、钱家村、施家村、小山房、殷家地、张家村、蒋家梅地、桃园、北窑
	合溪村	8	黄泥山、市背后、孙家庄、合溪街、庄头、西山脚、龙头岕、箬岕
	光耀村	7	长牛新村、回龙新村、上窑头、叉路口村、富民村、里窑、塘家村
煤山镇（38）	煤山村	5	沙河、牛家湾、南皋、曹家村、上煤山
	新安村	4	新升、杨店、大元、大安
	新民村	3	新川、许家、麻园里
	新源村	5	二都上村、下沙花园、门前山、石庙、大干岕
	五通村	7	蒋家村、狮子山村、四都上村、四都下村、四都中村、火烧地、新庄村
	新川村	4	张坞、楼下、邱坞、涧下
	西川村	6	陈篁、发场基、亭子里、王家村、屋基场、旋子里
	尚儒村	2	尚儒、栊树下
	东川村	2	乔里、蒋篁
白岘乡（42）	访贤村	8	访贤、王家村、太平庙、凤凰亭、山岗上、西山岕、化树岕、千井湾
	五通山村	8	山冲里、东畲、小路里、西岗、洞口、庄头、大岕口、缠岭
	罗岕村	9	安头岕、长子岕、壮沙、下岕、里头岕、店上、西岕、园门中、东岕

续表1-5

乡镇	行政村名	自然村个数	自然村名
	白岘村	7	黄泥塘、锋口潭、下村、丁岕、庙头、桥西、上村
	三洲山村	5	尚阳、断岕、茅山、白岘岭、长青岭
	和岕口村	5	和岕口、水曲岕、横岭岕、岭脚底、蒋岕
槐坎乡（40）	新槐村	6	温塘新村、梓坊、桥下、葆青、新庭、青塘
	祠山村	6	茶窠地、青岘岭、小岕、祠山庙、南冲、花墙
	六都村	4	东岕、土地庙、西岕、岭脚底
	仰峰村	4	鱼塘头、香水冲 、新村 、村中心
	东风村	7	上马坎、殷家边、曹家村、小庄里、北山园、冲浜里、东风岕
	平丰村	3	何家弄、茅亭样、茅亭厂
	十月村	6	新街、台基、下泉院、青东、横岕、牛头岕口
	抛渎岗村	3	民丰、抛渎岗、坞山塘
	礼贤岕村	1	礼贤岕
画溪街道（188）	姚家桥村	27	阳南圩、浜头、李家村、吴家村、周家场、殷家厂、王家厂、前渚村、姚家圩、孙家门、桃园、蒋家门、蒋家村、先生门、三墩上、白米坎、压虎墩、许家渎、街西圩、陈家门、围里头、上泗、西村、利桥湾、小围子、姚家桥、曹家浜
	长桥村	21	巷里、火基、银匠弄、北庄、西庄、万家厂、陈家浜、塘古头、瓦屋、前途、江北厂、光华圩、关王圩、金鸡墩、南河、俞家浜、李家村、蒋家桥、姚家渎、水角桥、西蒋
	三新村	16	北厂、岗头上、莽松树、朱城、杨府庙、横岗、养鱼池、油麻岗、响水涧、祠山庙、张家桥、吴家冲、上庄、油车浜、王家园、西圩埂
	大圩村	18	南头、吴家渎、钱家门、荷叶地、荒田圩、蒋家渎、杨树窠、邱家湾、钱家渎、强家渎、弄里、张家浜、朱家渎、陈家浜、三家村、下埂、坞泥圩、牌楼桥
	南石桥村	17	夏和桥、柏家村、塘汇浜、吴家荡、邱家村、董家村、倪家湾、东铁圩、金吾浜、大汇、小汇、石祥里、太平桥、汤家荡、田石圩、朱家湾、贺杨村
	徐家浜村	15	章家圩、徐家浜、夏家地、洑家桥、榨甫村、邓家厂、钟家门、叶家村、细洋圩、周家浜、周家湾、何家湾、毕家浜、许红庙、郭家村
	曹家桥村	17	许鲍村、帅家村、傅家浜、温家厂、圣塘桥、曹家桥、北杨、吴家淡、上浜、南杨、渎北桥、石家圩、虹桥浜、董家厂、钦家浜、蒋家村、张汪渡
	包桥村	19	祝家坝、鸡甲浜、殷家村、杜家浜、沈家浜、钱塘村、章家浜、九房门、长浜、董家村、木桥头、铁板桥、许家浜、木其桥、王家庄、李知园、童家村、邵家村、包桥
	白莲桥村	21	北陈、蒋家村、匠人浜、锄家渡、圩门、杨家厂、薛家浜、蒋家浜、姚家、南村、北村、湾濠头、金家村、许家浜、南陈、上圩、钮家村、南姚、吴家村、东姚、贺家
	新庄村	8	新山、水角、蔡家湾、王家厂、南阳、杨家、庄基墩、丁家角
	白阜村	9	西埠、陈街头、坍树下、西桥、前潘、中潘、后潘、朱家渎、曹家渎
雉城街道（145） 居民区	新湖	9	齐山、下渚、甘家村、前村、顾家潭、后村、塘西、塘北、横塘桥
	高山岭	17	蜈蚣岭、上山岭、龙山、长青、白连冲、长岭、民乐、王山、东山、西山、杨南、杨北、狮虎弄、谭家桥、边家村、小林山、余山
	西峰坝	10	白石山、潘家庄、西峰坝、董家村、王家村、符家桥、南符村、进山门、毛竹园、四号桥
	玄坛庙	9	新港南、三家村、杨家桥、中心村、木桥头、古头港、长埂、三湾圩、古东桥
	金莲桥	8	西白溪、泥桥湾、邵家村、步云桥、双街、费家边、竹梗里、米西园
	五峰	18	梅花庄、青明山、青龙桥、高圩埂、吴家庄、杨树桥、东枉山、西枉山、五里亭、水车头、蒋家圩、东王村、顾家村、夏家庙、夏家塘、南山岭、新村、张家湾
	古城	5	马巾巷、黄土桥、古城圩、施家北门、杨柳湾

续表1-5

乡镇	行政村名		自然村个数	自然村名
		上杨	6	上杨、下杨、梅家桥、莫家墩、石桥头、龚家湾
		高家墩	7	塘东、泗水淹、黄土桥、徐家湾、张家漾、鹅头浜、高家墩
		雉城	7	大西门内、大西门外、南柏、大东门、小东门、何家桥、杨东
		钮店湾	9	方家浜、钮店湾、所前、蒋家、圩角、卢家村、金家村、大桥头、沈家弄
	涧塘村		20	曲塘、章家圩、许家庄、上庄、万担、下庄、永兴、桥南、桥北、郑家荡、埠头、陈家桥、邵家角、北岸上、新屋里、渡船湾、东木桥、东长圩、西长圩、西浜头
	渚山村		3	车渚里、前夹山、后夹山
	川步村		12	士林头、钦家、牛步墩、八十亩、王家、大庄、长桥涧、都家、古山庵、余家、杨家庄、李家
	后洋村		5	后洋、七百亩圩、陆家桥、新桥头、王家渡
太湖街道（173）	居民区	王浜头	6	王浜头、后陈浜、吴家渎、西湾新村、钱家弯、王家浜
		五里桥	8	严家桥、闵家圩、电厂新村、夏家浜新村、冯家墩、冯家湾、汤家圩门、严家圩门
		陆汇头	5	下落、许家桥、港南、港北、黄家桥
		杨湾	6	杨湾老村、庄前、吴家门前、愚田干、下莘桥、杨湾新村
		杨庄	6	沈家村、曹家庄、张家村、卜家村、宋家村、会同村
		上莘桥	5	上莘桥、唐汇、付家桥、鸡头圩、南高
		陆家圩	3	三河圩、孔家圩、陆家圩
		白溪	8	白溪、长埭里、和尚圩、戴家浜、小陆家圩、东浜、殷家浜、南头浜
		陈塘	5	下亩里、杨庄、董家门、韦家村、塘浜
		南庄	15	朱家庄、黄泥圩、潘家湾、易家湾、烘圩、李家湾、莫鸭湾、醉百圩、东盛头、南庄、小桥头、大圩、下渭、张家角、杀庄头
		官圩	3	官圩、鱼池埂、白云桥
		八字桥	8	八字桥、蒋家荡、东蒋、张家坝、张家道场、竹桥头、上庄、荡湾
		留下	8	留下、吴家渚、吴家南门、南阳、里桥、沈家角、章家浜、木桥头
	祥符圩村		6	祥符圩、殷家湾、栏皇圩、献荡头、亭子头、御驾舍
	霞城村		3	霞城、童庄殿、水产
	新开河村		11	新开河、徐家汇、董家桥、乌鸦圩、翁家浒、王家地、里浜头、外浜头、钱家湾、杨家角、龙塘圩
	钱家圩村		13	刘家圩、范家桥、圩门头、识荆桥、荡湾里、钱家圩、姬家渎、沈家渎、赵家圩、徐家汇、闵家达、姚家浜、西庄
	南张浜村		7	南张浜、钮家浜、沈家湾、唐家坝、杨家埭、周家汇、打鸟港
	彭城村		11	三湾圩、横塘上、彭城村、圣堂头、卢头港、沈家角、对峰浜、潘家浜、李家浜、王家桥、北张浜
	沉渎港村		16	大树下、石仙港、杭渎港、屠家浜、段家浒、高屋里、荷花浜、沉渎港、大圩、南蒋、里浜、周桥头、施家浜、王家浜、昌兴荡、东庄
	新塘村		20	竹小港、百步湾、计家角、张家头、徐家港、新塘、莫鸭港、东浜、袁家浜、西浜、石桥头、陈家浜、白泗、范家门、王家圩角、傅家潭、邵家坝、吴家坝、居仁村、费家坟

说明：资料来源于县民政局

第二编　自然地理

长兴县位于北纬 30°43′—31°11′、东经 119°33′—120°06′。地处浙江省西北部，属长江三角洲杭嘉湖平原地区，江南水乡。自然地貌概称“五山一水四分田”。

全县地势西高东低，三面环山、东临太湖，湖岸线 34.3 千米。境内有低山、丘陵、平原等多种地形，最高峰为县西北煤山镇与江苏省宜兴市张渚镇接壤的黄塔顶，海拔 611.5 米，最低位于东部太湖沿岸，海拔 3 米。水系发达，河网纵横交错，主流水系有西苕溪、泗安塘、箬溪和乌溪 4 大水系，大小河道 550 条，总长 1631.3 千米，诸水系均自西向东流入太湖。

境域地处北亚热带东亚季风气候区，季风显著，四季分明，气候温和，降水充沛。1988—2012 年，年平均气温 16.5℃，降水量 1265.3 毫米，日照时数 1660.7 小时。与 1955 年有气象记录以来至 1987 年的 33 年平均值相比，春季缩短 7 天、夏季延长 27 天、秋季缩短 3 天、冬季缩短 17 天，显现气候变暖特征。

境内物产丰富，环境优美，已发现矿产资源有 26 种，植物资源 126 科 725 种，动物资源 200 余种，还有被誉为“古生态三绝”的“金钉子”地质遗迹、古银杏和扬子鳄三个上亿年的珍稀自然遗产。建有长兴地质遗迹国家级自然保护区和长兴扬子鳄省级自然保护区。

第一章　地质 地貌

根据《浙江省情》全省地质图及《浙江地史概要》浙江地质略图记载，长兴地质三分之二为近代冲击层。县境内地表层从古生代的泥盆纪、石炭纪、二叠纪到中生代的三叠纪、侏罗纪、白垩纪直至新生代的第四纪（第三纪未发现）均有出露。长兴位居浙北低山丘陵向太湖西岸平原过渡的地区，地势西高东低，有平原、丘陵（包括山间盆地）、低山等多种地形。

第一节　地　质

长兴县位于扬子地块江南台褶带过渡带，以北东向、北西向断裂及褶皱构造为主，次为近东西向、近南北向断裂，自印支运动以来，长兴县境经受了多期构造运动和不同构造体系（方向）的联合、复合作用。境内断裂发育，并且纵横交错，正逆相伴；兼有水平错动，相互切割，其中逆断层以北北东向和近东西向两组为主，褶皱多较宽缓。在地质史上受区域大地构造控制，具有阶段性古环境变迁的特点。根据《浙江省情》全省地质图及《浙江地史概要》浙江地质略图记载，长兴县地质三分之二为近代冲击层。另据大量出土化石标本和地质资料，县境内地表层从古生代的泥盆纪、石炭纪、二叠纪到中生代的三叠纪、侏罗纪、白垩纪直至新生代的第四纪（第三纪未发现）均有出露。丘陵山区以沉积岩为主，平原区以第四系松散层为主。地震动峰值加速度为0.05克，对应地震基本烈度为Ⅵ度，属地壳稳定区域。

一、古生代

县境北部与江苏省宜兴市交界处及西部少量块土属泥盆纪下石炭纪千里岗砂岩。中国泥盆纪时代之海水自欧洲经喜马拉雅而达云黔桂湘等处，浙江省为大陆之范围，如东北起自湖州市、长兴西南直达江西交界之各县，有千里岗系（其最上部属下石炭纪）之堆积，厚度达千余米，下部为绿色或灰色之砂岩，上部为白色石英质砾岩，即证明当时为大陆边缘或大江中之沉积物。

二叠纪时期（距今2.85亿—2.5亿年）地壳升降频繁，时陆时海，形成海陆交相沉积环境至处于浅海相环境。县境西部安徽省广德县边境，属中二叠纪礼贤煤系，即长兴煤田所在地，位于县城西23千米，介于合溪、白岘之间，包括张家涧、蒋家村、千井湾、圣堂庙、槐花坎、南宝村、南皋村一带，合计面积23.56平方千米，考二叠纪之中期海水退出浙境，在以前海水浸入之地，地势低洼，植物繁茂，遂造成含煤地层，如北部之长兴，以至西南部之江山。在下二叠纪石灰岩之上，陆续每有煤层存在，当浙省煤系造成之后，海水又浸入，代表岩石为长兴煤系以上之石灰岩。晚二叠纪的栖霞灰岩广布煤山一带，出露完整，尤以葆青山具有多种海生动物化石的灰岩，早在1931年被国际地质学家葛利普命名为“长兴灰岩”。1980年，省人民政府立下“长兴灰岩标准地质剖面保护区”标志。2001年，经国际地质科学联合会核准，将象征永久性标志的“金钉子”立在“长兴灰岩”中的二叠纪与三叠纪分界线上，作为古生代与中生代的世界标准分界线。

二、中生代

中三叠纪末期（距今约2亿年）受印支运动影响，全面回返，强烈褶皱成山，上升为陆，结束海浸历史。在侏罗纪（距今约1.95亿年）以后，经历燕山运动强烈活动，继承并强化印支期形成的构造方向，随着东西向构造带的活动和发展，使早期的构造格局遭受改造而更趋复杂。在燕山期沿着构造薄弱部位曾发生酸性岩浆侵入、喷发和晚期基性岩浆的溢出，其褶皱、断陷低洼处，接受上侏罗与下白垩纪的陆相杂色碎相岩系沉积。县境东南部湖州市边境属白垩纪流纹岩。考白垩纪为中国地壳最不稳固之时期，浙省尤为火山活动之著名区域，如县境南之东、西天目山及莫干山等，亦为火山岩流所堆积。当时喷发之火山岩流造成西南与东北向的带状山岳与盆地。侏罗系和白垩系地层主要出露在泗安镇、仙山乡、和平镇等地。

三、新生代

距今0.7亿—0.02亿年，喜山运动对境内老构造表现出明显继承性，在泗安镇、洪桥镇的低洼带，在升降差异运动控制下，有断陷下降性质，从而接受一套陆相或部分滨海、泻湖相沉积。县境中部、南部及太湖沿岸皆属近代冲击层，面积几乎占全县三分之二。苕溪沿岸平原及太湖濒湖平原，均为近代山上风化之泥土冲击而成，其溪流中夹带之巨量泥沙流经远近，按颗粒大小依次堆积于各地，形成冲击地层。从地质构造而论，长兴县属钱塘江以北怀玉山系（北系），其分布区域为浙江古生代地层发育之区，山体成因为褶皱与侵蚀残余。全县滑坡、崩塌、地面塌陷等地质灾害隐患主要分布于西北部白岘乡、槐坎乡等低山丘陵区，及西部二界岭乡、泗安镇、林城镇、小浦镇等低山丘陵区；泥石流地质灾害隐患主要分布在煤山溪流域、杨林涧流域、长桥涧流域、合溪涧流域及东庄流域。另外，地质灾害隐患分布还与雨带分布有关，主要分布在北川—顾渚—尚儒和北川—桃花芥—诸道岗—周吴两个雨带范围，该范围为全县主要2个降雨中心带，历次梅暴雨或台风暴雨也基本发生在该区域。

第二节 地 貌

长兴位居浙北低山丘陵向太湖西岸平原过渡的地区，地势西高东低。县境西北部、南部、东南部被三个低山丘陵围绕。在西北和西南部山区之间，各有一山间盆地；境内中部和东北部展布两片平原。全县有平原、丘陵(包括山间盆地)、低山等多种地形。据估算,全县平原(海拔100米以下)10.36万公顷,占总面积72.8%(包括高平原29.1%),丘陵(包括盆地)3.85万公顷,约占27%;低山(海拔500以下)246.67公顷,约占0.2%。

一、山脉

山脉走向 北支山脉 位于长兴北部,发脉于西天目的广苕山(安吉县)。广苕山脉正干走向安徽广德和长兴交界处,即为北支山脉正干,自青岘岭向北,越过金钟岭、白岘岭至三州山,折向东沿苏浙两省交界处的襄王岭、茗岭、西川岭、白猫岭、黄龙头、琢木岭、乌峰岭、父子岭、入太湖至大雷山止。在长兴一侧还包括互通山、顾渚山、金山、西顾山等山为互通山分支脉。黄龙头山支脉,自黄龙头向南延伸一分支,经乌头山又分为九龙山、回龙山两支并行而南;西支至城北雉山、子山没入平原,东支至夹山、湖陵山没入平原。

龙山支脉 自广苕山在安吉、长兴、广德界上入境,向东伸展一支脉,至长泗平原西缘隆起为仙山,沿长兴与安吉分界线东至龙山。

岩山支脉 起自广苕山脉正干向东至青岘岭,再东至仙凤岭,被八都岕谷地切为南北两分支:北支岩山经黄茅(莽)岭、乌瞻山、龙头岕,没入平原;南支望岭、方山,经金鸡岭、朗山,尽于小浦平原。

南支山脉 属低山丘陵,发脉于东天目,由莫干山绵亘而北,至长兴、安吉、湖州两县一市交界点三山。入县境后分三支:一支向西北,经阴坑里、野山至青山,山脉被横涧谷地隔断,继之吴山、佛川山、独山,没入西苕溪平原,称吴山支脉;一支自三山向东北延伸,经周坞山、大岗山、青龙山、小洪山、磨盘山、大岭岗、城山没入西苕溪平原,称城山支脉;东境一脉绕长兴、湖州市界山霞雾山北走,过苕溪,便是弁山,弁山支脉呈东西走向,西起吕山,向东经白鹤岭、戚家山、金山、云峰顶、南云峰,向东北经黄龙洞至小梅山,入太湖。自弁山主峰云峰顶向西北,经天井岭至杨家山,没入城东平原。

山(峰) 境内有山体共254座,多为林地,产毛竹为主,有的设有航空地标和测量标志。其中,弁山山系32座、野山山系56座、龙山山系17座、方岩山山系53座、互通山山系39座、黄龙头山山系45座;最高峰为黄塔顶,海拔611.5米;山体最大为互通山,面积40平方千米。

海拔在500米以上的山峰有黄塔顶、互通山、黄龙头、三州山、乌头山、岩山、方山、三山、野山、白漾潭山、弁山11座。

黄塔顶(尖) 位于煤山镇西北12千米罗岕村,属互通山分支,海拔611.5米,地层年代为泥盆系中下统,为互通山分支群山主峰,岭颠设航空路标,在山脊线上为长兴、宜兴分界。

五通山 位于煤山镇西北3千米,东接新川村、大安村,南临煤山村,西近五通村、五通山村,北靠西川村、新民村。属互通山分支,地层年代为泥盆系上统。为县境内最大山体,海拔578米,跨煤山、白岘两地,周50千米,总面积约40平方千米,北坡和东坡陡峭,南坡和西坡平缓,自西麓五通山村有公路可盘旋至顶。山顶宽广平坦。产毛竹、茶、柴薪等。清同治《长兴县志》载:互通山在县西北七十里,其山最高大,有四十八陇,四通八达,故名。1980年以前,称互通山,后改称五通山。

图2-1 五通山全景(煤山镇提供·2012年)

黄龙头 位于水口西北10.5千米,属互通山分支,海拔536米,地层年代为泥盆系中下统。由黄龙头向乌头山分支南伸,称黄龙头山分支,峰峦挺拔险峻,是长兴与宜兴的界山。

三洲山　位于苏、浙、皖三省交界处，属互通山分支，海拔521.9米，地层年代为泥盆系中下统。古为湖州、常州、宣州（今安徽宣城）交界点，故得名。

乌头山　位于水口西北9.5千米，属黄龙头山分支脉，海拔500.1米，地层年代为泥盆系中下统。原名碣石山，山巅常云雾缭绕，实为雾头山，雾乌谐音。为黄龙头支脉，分回龙山、九龙山两支脉延续。

岩山　位于县城西19.5千米，属岩山分支脉，海拔525.2米。地层年代为泥盆系中下统。自小浦镇柏家村、槐坎乡六都岕有石阶路直达山顶，山腰有四方堂（庙宇）。产毛竹、茶。

方山　位于县城西16千米。属方山支脉，海拔575.4米。地层年代为泥盆系中下统。山体周27千米，山峰雄峻。其顶方而得名。

三山　位于和平南13千米。属吴山分支脉，海拔564.8米。地层年代为侏罗系上统。山面积4平方千米，居长兴、吴兴（今湖州市）、安吉三县交界得名。为县境至南点。

野山　位于和平西南8千米。属吴山分支脉，海拔561米。地层年代为泥盆系中下统。山体面积9平方千米，西南与安吉为界，是吴山分支脉次峰。产毛竹、木材。

白漾潭山　位于和平西南10千米。属吴山分支脉，海拔515米。地层年代为泥盆系中下统。因山麓一水潭，故名。山脊为安吉、长兴交界。

弁山　详见下文。

长兴历史久远，境内不少山体蕴含深厚的文化底蕴，如居于县境东部的弁山、南部的城山、西部的仙山、北部的顾渚山，在县内享有佛教文化四大名山之称。

弁山　是长兴县与吴兴区接壤地带山系总称，相传有七十二峰，统称弁山。主峰云峰顶，海拔521.6米，弁山山系自主峰向东南、正北、西南三方延伸。东南向长18千米，止长兴县与吴兴区接壤点太湖边小梅口；正北向长7千米，止李家巷镇赵家桥自然村；西南向长12千米，止吕山乡集镇。弁山群峰周约60千米，面积约80平方千米。弁山名称由来众多，其中以“主峰形如冠弁”说法最妥。弁山是湖州市主山，地方俗谚“湖州富山水，弁为众峰尊”。群峰自主峰云峰顶的南峰分界，分水线东南属吴兴区，西北属长兴县。长兴县辖区分属洪桥、李家巷、吕山三乡镇。旧传弁山古迹众多，有“三岩六洞九寺十三院七十二座土地庙”的说法。又弁山土地湿润，土质肥沃，山阴处盛产各种名贵药材，民间附会传有“吕纯阳弁山摔药箱”传说。弁山矿产资源丰富，已开采石灰石、石英石、硅灰石等多种矿产资源，临山乡镇建有众多石矿加工企业。弁山历史人文丰富，秦末相传西楚霸王项羽微时曾隐于该处，故又名项王山，后历代名人题咏无数。民国35年（1946年）12月14日，中国航空公司31号运输机坠毁于弁山西南麓，机上6人全部遇难，所载12亿法币等纷飞而下、广及数里。1965年浙江省造林事务所在弁山西麓创立弁山林场，后属小浦林场弁山林区。

城山　位于和平镇东南2千米，东接城山沟，南临城山自然村，西近殳村自然村，北靠官庄自然村。山顶古代筑有石城，古名石城山，简称城山。海拔265.5米，产毛竹、茶叶。城山具有丰富的历史文化底蕴，是长兴县古代四大名山之一。三国时乌程豪强严白虎据该山筑石城，与吕蒙相拒，后古石城多次重建，古城墙、弩台、烽火楼、走马道等遗址犹存。南朝时，山顶建清凉禅寺，后寺院屡毁屡建，尚保有清代庙宇三进18间，1991年庙宇重修。城山是和平镇一带主要旅游景点，石城、古寺、佛像等景观正被保护复原，数百年的银杏及老榆树郁郁葱葱。

仙山　位于泗安镇西北2千米仙山村，东、南接仙山村，西近泗安水库，北靠新建自然村，山以地势秀美险峻，为佛教地藏王菩萨道场，传说具有仙气得名。又以其四方平广，遥望如卓笔，称尖山，海拔162米。仙山山体形似金字塔，周5千米。仙山文化底蕴深厚，唐朝时山顶既建有寺院，清顺治十三年（1656年）僧孤标重建地藏大殿于山巅，更名仙山，1993年寺院重建，复名显圣寺。2000年后仙山连同泗安水库共建成仙山湖旅游景区。

顾渚山　位于水口乡西北8千米，东接顾渚水库，南临大唐贡茶院，北靠老鸭窝。顾渚山得名春秋时期，据清同治《湖州府志》载：“昔吴王夫概顾其渚次，原隰平衍，可谓都邑之所”，故名。山海拔352米，盛产茶叶、毛竹,已建成著名风景区。

香山　位于夹浦镇北4千米香山村,东枕太湖,南临鳌山,西近麒麟山,北靠迭楼湾自然村,104国道绕山而过。山因多生兰蕙,花季芳香扑鼻得名,海拔101.5米,山盛产杨梅,闻名四方。香山是苏浙两省界山,地理位置非常重要,山上有烽火墩,连绵而西,是古战场之一。民国12年(1923年)江苏、浙江军阀于该处交战;民国26年(1937年)日本侵略军偷渡太湖,在山侧登陆,长兴沦陷。

吕山　位于吕山乡集镇北侧,东接木龙冲,西南邻吕山集镇,属弁山西延支峰。以三国时名将吕蒙曾经屯驻戍守得名,海拔93.7米,周约2平方千米。古代是长兴县南著名山峰,景色秀丽,明时长兴籍著名学者吴琉曾题"吕山十二景":蒙山峙翠、葛皋遗丹、平冈走马、古渎舣舟、龟山烟雨、董坞松涛、茶磨晚岚、姑岭晴雪、星墩竹墅、掌峰朝雪、黄公石屋、白鹤仙坛,予以赞颂。

将军山　位于煤山镇西9千米白岘岭西北,紧邻301省道,南临广德界,西近白岘岭与长青岭,北靠茅山自然村。系战略要地,相传南宋时抗金名将岳飞曾于该处扎寨,用滚石重创金兵,故名。海拔255米,产毛竹、柴薪。

岳飞场　位于小浦镇西北6千米光耀村,东接四坞岭,南临石头山,西近葡萄岕,北靠龙山街道川步村。以相传南宋时名将岳飞曾于山顶屯戍练兵命名。海拔410米。山顶平旷,呈东西向条形,面积20余公顷,有池、井、田地等,种有经济作物。

县城范围内共有山体12座,均为低山丘。最高峰为架子山,海拔122米,最低为齐山,海拔24米。

花菇山　位于雉城街道双拥社区,东接金陵北路,南临双拥路,西近王山路,北靠龙山大道。旧名鼓吹山。由2座小山头组成,海拔南52米、北38米,周1千米。2003年建成花菇山公园,山顶各有亭1座,南峰皎然亭、北峰秋水亭。

龙山　位于雉城街道龙山社区,东接植物园路,南临龙山大道,西近画溪大道,北靠齐山路。古名陈墓山,以南朝陈开国皇帝陈霸先的祖墓所在得名。明清时期,由于山丘葬有陵墓,地方俗称老坟山。2000年后更现名。由南北2座小山头组成,海拔南53米、北67米,山上植有松杉,2008年建成龙山公园,山顶各有亭1座,南峰有光亭、北峰承恩阁。

齐山　位于雉城街道龙山社区,东接行政中心,西近龙山。齐山是古地名,海拔24米,周1千米,2004年建成齐山植物园。

西山　位于雉城街道龙山社区、画溪大道与齐山路交汇处西南侧,海拔63米,周1千米。

五峰山　位于雉城街道五峰居民区,山峰由县前西街北侧5座并列山丘组成。最高点为东第二峰,海拔53米。

灵山　位于雉城街道西南部高山岭居民区,东接画溪大道,南临省体育职业技术学院长兴分校。古以该山多达官贵人陵墓得名,又山体形似长龙,地方俗称小龙山。山体东南—西北向,长约1千米,海拔96米,山岭上筑有0.6米~1米高石墙,远望似"龙脊",另有高2米左右的土墩无数。灵山重要历史名人墓葬有南朝陈帝王瑞陵、明陵,宋章惇母罗夫人墓,明尚书顾应祥墓等。山上断碣残碑无数,皆无考籍。

鲤鱼山　位于雉城街道高山岭居民区、画溪湿地公园西侧,以形如鲤鱼得名,海拔43米,周0.5千米,1987年建成鲤鱼山公墓。

架子山　位于雉城街道西峰坝居民区,南临灵山,西近党校路,北靠回龙山大道,以形似架子得名。古名护龙山,后讹为回龙山,是城区众山丘的第一高峰,海拔122米。

獐山　位于小浦镇东南2千米五庄村,西近雉城街道,以古时常有野獐出没得名,也称掌山,海拔109米,面积1平方千米,生灌木,属主城区重点植被保护区。

大和山　又名大河山,位于小浦镇东2千米中山村,东接雉城街道四号桥自然村,南临新长铁路,北靠合溪新港。相传旧时当地有2座山,远看似合二为一,初名合山,后讹为和山、大河山,海拔87米,产柴薪。

青龙山　位于小浦镇东2千米中山村,相传从前曾有青龙从山顶飞过,故名青龙山,海拔63米,生灌木。

鸡笼山 位于小浦镇东 2 千米中山村，东、南接回龙山路，以形似鸡笼得名，海拔 102 米。出产白石，是重要的石矿开采基地，后山体基本被毁。

岕 即山谷，长兴俗称岕①。

罗岕 位于县城西北 29 千米，在长兴县最西北部。岕底直抵茗岭。与江苏宜兴交界。因村民多罗姓而得名。岕长 4 千米，居一个行政村。是全县毛竹重点产区之一，也是明代罗岕茶产地。

东川岕 位于煤山镇东北 4 千米。自邱坞至悬脚岭，长 4 千米。经楼下、桥里、蒋笪、尚儒，中有一支岕，有张坞村。盛产毛竹、笋、茶叶。民国 13 年(1924 年)12 月，郭沫若自宜兴至悬脚岭，调查江浙战场，住尚儒王家村。

西川岕 位于煤山镇东北 4 千米。自邱坞村至旋子里，长 4 千米。居新民、西川两个行政村。两侧竹林密布，产毛竹、笋、茶叶。

大干岕 原名大岕。位于煤山东 3 千米，岕长 3 千米。盛产毛竹、薪柴。属煤山石庙、新升村。

悬臼岕 别名原旧岕。古称明月峡。位于水口西北 8 千米，岕长 4 千米。为唐代紫笋茶主要产区之一。悬臼岕自悬臼岭起，沿顾渚山北麓向东南延伸至龙头上。两侧峰峦叠嶂，翠竹丛生，溪水潺潺，古称明月峡。中有霸王潭、巨人足迹。有唐湖州刺史杨汉公，宋龙图阁直学士汪澡等石刻多处。唐张文规诗赞："清风楼下草初茁，明月峡中茶始生。"属水口顾渚村。

斫射岕 别名竹茶岕。位于水口西北 10 千米，深 1.5 千米。中有狮、獳坞岕，系唐代贡茶的又一主要产区。岕底有唐张文规、斐汶等石刻。

叙午岕 原名獳坞岕。位于水口顾渚罗家西南侧，斫射岕分支，长 1.5 千米，在乌头山北麓。陆羽《茶经》中的狮、獳坞即该处。为紫笋茶的主要产区。

葛岭坞岕 位于水口西北 8 千米处。自外岗村至啄木岭(廿三湾)，长达 4 千米。山谷两侧竹林密布，间有古驿道石径。以姓氏得名。岕口的白羊山有唐代湖州刺史袁高、于頔、杜牧的石刻。

乌头岕 位于水口西北 10 千米。自江排头到乌头山，长 2 千米。产薪柴、毛竹，属水口乡江排头村。

江排岕 亦称北岕。位于水口西 8 千米。从川口至江排头，长 6.5 千米，夹南北大山间，居住一行政村。特产有毛竹、茶叶。为长桥涧的源头之一。属水口、后漾。

南岕 亦名川口。位于后漾陈家桥西 7.5 千米。从川口至杨家庄，长 3 千米。产茶叶、毛竹。

南川岕 位于丁甲桥西北 8.5 千米，长 1.5 千米，盛产毛竹，是常丰涧源头之一，属丁甲桥北川村。

北川岕 位于丁甲桥西北 4 千米。东起五福庙，西至岕底，全长 6 千米，居一个行政村。产毛竹、刚竹、茶叶、薪柴。中有一支岕——南川岕，为常丰涧的发源地。

仰峰岕 位于槐花磡西北 4.5 千米。长 2 千米，岕口有村，山路四通八达。为抗日战争后期新四军苏浙军区机关驻地，粟裕曾在该地居住。

东峰岕 又名东风岕。位于槐花磡西北 3.5 千米。长 2 千米，北通白岘乡。盛产毛竹。地下有煤，建有长广公司东风岕矿井。

山西岕 位于槐花磡西北 4 千米。至大阴山，长 2 千米。产毛竹、板栗。地下有煤，原有山西岕煤矿。

长岕 位于槐花磡西北 6 千米。东起仰峰岕西至大花岭，长达 2 千米。主产毛竹、板栗，尤以板栗出名。属槐坎乡勤胜村。

横岕 位于槐花磡西南 5 千米。由南北向的青东岕底以 90 度向东南延伸，故名横岕。长 1.5 千米。盛产径大毛竹闻名。为全县大毛竹主要产区之一。属槐坎乡十月村。

① 长兴方言地名，读音同“kǎ”。汉语拼音输入“jie”可生成该字。

六都岕　位于槐花磡南3千米。南北向,岕长3千米。内有两个自然村。向东越过四方堂或过仙凤岭通八都岕;南翻长岭下周吴岕通林城;西南翻张岭,经长潮岕通泗安。为抗日战争时期军事活动区域。属槐坎乡六都岕村,建有六都水库。

礼贤岕　位于槐花磡东南4千米。长1千米。三面环山,中间平广。抗日战争时期,曾为中共长兴县委(秘密)机关驻地。

乌川岕　位于小浦自然镇西4.5千米,在八都岕北侧。长2千米。谷底直达乌瞻山。盛产毛竹。

桃花岕　位于陈家桥西北4.5千米。在桃花岭下。长2.5千米。有桃花岕水库,为小浦林场一分场。

白杨岕　位于二界岭乡(今属泗安镇)驻地罗家地北6.5千米。岕短而平坦。宋代抗金名将韩世忠之子韩彦直葬该处。

长潮岕　位于泗安镇东北13千米长中、长潮二村,南北向,南起山门口自然村,北止张岭与响水岕,以长潮涧得名。岕长约5千米,内有响水岕、道士岕、张岭等数条支岕,产毛竹、柴薪、"太子茶"等。抗日战争时期,为长兴县抗日根据地活动范围。民国29年(1940年)4月,中共长兴县委在该地成立;31年(1942年)夏至32年(1943年)9月,长兴县国民政府设该地;32年(1943年)9月至34年(1945年)10月,为新四军领导的抗日根据地活动范围。

周吴岕　位于贺家岗西北8.5千米,在方山西麓。自山口至长岭,长4千米。内有四坞,三个村(周家村、吴家村、中漾里),一座水库。属太傅乡(今属林城镇)周吴村。盛产茶、白果。

小川岕　位于贺家岗西北7千米。长2.5千米。长兴解放前属"森森公司"。解放后归国有林场。产杉木、毛竹、水果。

八都岕　位于白阜乡北部(今属小浦镇),方山北麓。以方山、岩山两山脉构成。从毛长里岕口至仙凤岭,全长11千米。东西向。为县内最大的一个山谷。古县治行政区划属长兴县第八都,故名。岕内有塘渚村、周家村、杨岭村、礼家村、潘家村、南俞村、施家村、许家村、大岕口、柏家村等10个自然村,跨2乡。民国28年至30年(1939—1941年),浙西行署第二专区和县政府设在该地。是闻名国内外的长兴"合梅"、白果的主产区。梅园长达10千米,又是白果之乡。

二、丘陵

丘陵是山地与平原之间的过渡类型,切割破碎,构造线模糊,海拔高度在500米以下,相对高度在100米上下,地形起伏,坡度平缓。境内丘陵地貌主要分高丘、低丘、岗地、盆地4种类型。

高丘　海拔在250米~500米之间的山丘,分南北两片。南片有和平镇、吴山乡,北片有白岘、煤山、槐坎、夹浦、雉城、林城、泗安、水口、小浦、二界岭及东部的李家巷、洪桥等乡镇,是全县林业生产的重要基地。

低丘　海拔高度在60米~250米之间,是全县分布面积最广的地貌类型,除纯平原乡镇外,其余均有分布。以林业用地为主,兼营茶、干果类作物。

岗地　海拔高度在10米~60米,绝大部分是在古洪积扇上冲刷发育而成,主要分布在县境西部和西南部,山峦起伏,岗冲分明,地表水土流失严重。在第四纪红土上绝大部分为种粮用地,兼栽种茶叶、果木和药材类作物。

盆地　煤山盆地呈平行四边形,位于县境西北部。东为乌头山、九龙岗,南为岩山、乌瞻山,西为三州山、青岘山,北为互通山所环抱。中部有狮子山、稻堆山、大鹰山等高丘。盆地由沉积岩(砂岩、粉砂岩、泥岩)组成。高丘主要由石灰岩构成,岩溶地貌漏斗和地下洞穴发育。地下水资源丰富,故有白岘洞山风景区。煤山盆地蕴藏着丰富的石灰石、太湖石、煤炭等资源,享有"聚宝盆"之称。

三、平原

指海拔大致在10米以下,坡度小于2°的平坦区。长兴县地处太湖之滨,全域地势呈西高东低,地貌属平原过渡地区,主要分东部水网平原、中部坵区平原和谷口平原。

东部水网平原　位于县城以东太湖之滨，又名城东平原。全区地势西高东低，海拔 4 米～2.7 米。主要分布在 104 国道和张王塘港的东侧，包括夹浦镇、雉城镇、洪桥镇、李家巷镇、吕山乡、虹星桥镇、和平镇的部分地区。区内河港交错、荡漾星罗棋布，土层深厚，是全县的主要产粮区。

中部圩区平原　海拔高度为 7 米～4 米，地势也是西高东低，主要分布在泗安塘、西苕溪的两岸，是全县第二个重要产粮基地。

谷口平原　县境内因溪流源短，河谷地貌不甚发育，在溪流的出口处，形成许多谷口洪(冲)积平原，海拔在 10 米以下，主要为农业用地。

第二章　水系 水文

长兴县境内水系发达，河网纵横交错，主流水系有西苕溪、泗安塘、箬溪和乌溪 4 大水系，河流纵横。由于受季节雨量分布不均影响，洪、涝、枯水期分明。

第一节　水　系

县境内水系发达，河网纵横交错，主流水系有西苕溪、泗安塘、箬溪和乌溪 4 大水系。西苕溪为跨县河流，泗安塘上游在安徽省境内，箬溪和乌溪皆在县境内。县境南部为西苕溪过境河段，中部为泗安塘，北部为箬溪和乌溪。境内南、西、北均为丘陵山区，东部濒临太湖，河道流程短，东西地势落差大，上游为丘陵山区，中游为平原，下游东部为太湖。境内水网密布，上游丘陵山区为季节性溪流，中下游为平原水网地带，全县各种河流总计 550 条，全长 1631.3 千米，诸水系均自西向东流入太湖。

一、西苕溪

西苕溪又名龙溪港。发源于天目山北麓的安吉县姚村乡狮子山北的大沿坑，流经安吉、长兴、湖州，总流域面积 2274 平方千米。长兴段左岸西起吴山乡的小溪口，东至吕山乡的下目村，长 18.2 千米。原有泥桥港、深大港、午源渡港、胥仓港等河港与西苕溪相通，今存泥桥港、胥仓港两条。右岸西起吴山乡的大丁村，东至长城乡的下吴村，长 21.7 千米。支流有晓墅港、洪山港、和平港，汇集安吉县晓墅及长兴县吴山、和平、便民桥、长城 4 乡镇之水。西苕溪由长兴县出境后，经湖州市的塘口、霅水桥后分两支：一支由旄儿港到白雀塘桥；另一支至杭长桥与东苕溪汇合后经环城河到白雀塘桥。两支汇合后分别由长兜港、机坊港入太湖。

西苕溪是横穿长兴县南部的最大河流，正常水位 3 米时，河(水)面宽一般为 80 米～100 米，最窄处 69 米，最宽处 159 米。河底高程一般-1 米～-5 米。西苕溪在县境内有 10 处重要险湾，总长 7250 米。弯道处河底高程大多为-6 米～-8 米。最险的黄良湾达-9.7 米，最深的彭汇湾为-10.87 米。

县境内西苕溪右岸主要支流：

晓墅港　发源于安吉县境内，进入长兴县吴山乡南丁村，经南淙、塘前村、周家村、清桥墩，在吴山渡附近入西苕溪。主流长 19.2 千米，县境内长 5.2 千米。为排、灌和重要内河运输河道。

洪山港　位于吴山乡。发源于野山北麓，向北流，至横涧，汇洪山港东、西沟之水经陈庙山向北流，至吴山渡入西苕溪。主流长 8.9 千米，流域面积 13.7 平方千米，通航里程 4.5 千米。1973 年 12 月至 1975 年 5 月开挖。为运输和泄洪河道。

和平港　位于和平镇、便民桥乡。发源于周坞山北麓，向北流入和平水库。调蓄后再出水库，又北流至施家村汇左岸方家庄、深碛来水，北流经吴村、毛家山，在和平汇马家边、长岗岭来水，经邵埠头至便民桥入西苕溪。主流长 18 千米。和平水库以下长 14.6 千米。流域面积 106 平方千米。

二、泗安溪

泗安溪又名安溪,泗安镇以下至吕山又称泗安塘。北与长兴港、南与西苕溪相通,为长兴县中南部水网地区的主干河道。两岸圩堤险要,是长兴县的防洪重点。

该溪发源于安徽省广德县与浙江长兴县交界的青岘岭西麓,向西流至广德县祖宁,折向南流经赵庄、大王村,至朱湾折向东南流入长兴县,汇入泗安水库。调蓄后出水库向东流,经仙山北麓至鸭鱼桥,汇左岸清东涧之水。下经泗安镇、五里渡至许塘,右岸有赵村来水汇入。向东北流至管埭乡东红村,左岸有长潮涧来水汇入。向东流至郭家边,右岸有长山沟来水汇入。曲折东流经天平桥,折向东北流至双牌楼,左岸有小川岕来水汇入。向东北经林城分流:支流入姚家桥港;主流向东流经虹星桥、大德桥、横塘渡,汇胥仓港之水,折北流经吕山至小箬桥又分两支。其后,主流折向东,流经小箬桥港、石山桥、李家巷、大茆洋桥、赵家桥,再折向东北由杨家浦港入太湖;支流由张王塘港北流经五里桥汇入长兴港。自源头至杨家浦入太湖,主流长74.6千米。其中鸭鱼桥以下可通航,长48.5千米。另一支由横塘渡直向东流,出纽店桥汇入西苕溪。总流域面积565.5平方千米。其中泗安水库以上为108平方千米,安徽省境内55平方千米,长兴县境内为53平方千米。天平桥水文站以上的集雨面积为342平方千米。

泗安溪河道纵坡降:大王村以上为7‰,大王村至朱湾为2.3‰,朱湾至泗安水库为1.3‰,泗安水库至天平桥为0.25‰。天平桥以下至吕山,河底高程均为0.5米,坡度为零。

泗安溪的主要支流:

清东涧 位于二界岭乡。发源于二界岭乡的太阳岕,向南流至罗家地附近,汇右岸站岭、二界岭、逃牛岭等地来水,经涧西、扛桥附近汇左岸竹丝岕来水,由鸭鱼桥入泗安塘。主流长14千米。流域面积70.5平方千米。

长潮涧 位于长潮乡。发源于张岭南麓,向南流经范家村、李家村入长潮水库。调蓄后出水库向南流,经狮子山附近汇左岸东道岕西道岕来水,经玉泉、华丰,在和尚桥附近穿过318国道,至管埭入泗安塘。主流长15千米。流域面积44.1平方千米。

太傅1号港 位于太傅乡。由贺家岗西南向南流入泗安塘。长2.5千米。1976年12月开挖,至1978年10月竣工。为灌溉、运输河道。

泥桥港 自西苕溪吴山乡小溪口向北,经畎桥至天平桥乡曹姚家村入泗安塘。长15千米。

姚家港 位于畎桥乡、林城镇。自畎桥经林城镇姚北至泗安港塘。长5.1千米。

陈家港 位于里塘乡与畎桥乡之间。又名样桥港,自长安桥经陈桥头、样桥头至泗安塘。长7.7千米。

九里桥港 位于虹星桥镇、包桥乡。自虹星桥油车港,向北至钦汇桥,转经郑家圩至小箬桥,入张王塘港。长7千米。系泗安塘分洪支流。

蠡塘港 位于里塘乡,相传为范蠡所筑。自小溪口港口,经罗高村附近至泗安塘。长8.9千米。

深大港 位于观音桥乡。自港口经观音桥,至虹星桥、谢桥港入泗安塘。长6千米。为灌溉、航运河道。

胥仓港 位于吕山乡。又名胥塘,相传为伍子胥所筑。自胥仓桥至横塘渡。长3.5千米。为西苕溪分洪河道。

张王塘港 长湖申线之一段,南起吕山,北至雉城五里桥。长7千米。是主要通航河道。

横山港 又名南横港。位于洪桥镇、横山乡。由王家边杨家浦港分支东流,经陈桥、严家漾、横山桥、鸭卵漾、蔡浦港、图影桥入小梅港。长11.3千米。

北横港 又名太湖塘港。自长兴港袁家浜村东分支向南流,经柴鱼子漾、七斗漾、芦圻漾、小沉渎、清水漾、蔡浦港至小梅港。长14千米。

三、箬溪

该溪上游南北两涧在草子槽汇合而称合溪。合溪(小浦)以下又名画溪。自黄泥潭至画溪桥,古名筱浦港。从画溪至新塘口，古称箬溪。其中雉城龙潭湾东段称下箬，绕城西段称上箬。

箬溪主流发源于白岘乡襄王岭南麓，至槐坎乡草子槽汇右岸南涧来水，至小浦汇右岸杨林涧来水。分支向东流入新开的合溪新港；主流向东南流经画溪桥，汇右岸姚家桥港来水，东流经雉城、上莘桥、新塘入太湖。主流长46.3千米。总流域面积381.3平方千米。其中诸道岗水文站以上的集雨面积为235平方千米。

箬溪上游有北涧和南涧两支。2007年，合溪水库开始建设，2011年10月22日正式建成并开始蓄水，合溪南、北两涧水源汇入合溪水库。合溪水库下游至小铺镇镇湾村后水系一分为二，一路向东由合溪新港经太湖街道彭城村流入太湖，一路向南经小浦港到画溪桥汇入长兴港。

北涧　位于白岘乡、煤山镇。发源于白岘乡与江苏省宜兴市交界的襄王岭南麓，向南流经吴岕口、白岘，至访贤汇左岸东沟来水，东流经煤山大园，汇左岸东、西川来水，经石庙、二都至草子槽。主流长19千米。全流域由东西沟与东、西川两个小流域组成，总面积122.7平方千米。河道纵坡降为5‰，属砂卵石河床。为季节性溪流。

南涧　位于槐坎乡、煤山镇。发源于青岘岭东麓，向东流至槐花坎，汇左岸仰峰岕、东风岕来水，东流至新亭涧汇右岸横岕、六都岕来水，折向东南流经葆青、茅亭祥、何家弄、坞山塘、潭渡桥至草子槽与北涧之水汇合。主流长17千米。河道纵坡降为6‰。流域面积93.4平方千米。为季节性溪流。

箬溪　小浦镇以上属砂卵石河床，画溪桥以上多为砂质，画溪桥以下为泥砂。该溪上游河床坡陡，源短流急，遇暴雨易致洪水泛滥，遇干旱之年则断流。小浦以下属平原航道，涉及白岘、煤山、槐坎、小浦、白阜、太傅、后漾、雉城、长桥、下箬寺、新塘等乡镇。

箬溪干流河段分作：

合溪新港　位于县城北4千米处。由小浦黄泥潭向东分流合溪涧之水，流经西峰坝，汇左岸长桥涧之水，经玄坛庙、北南庄、过西庄漾、新塘沈家角入太湖。长14.7千米。该港于1970年冬新开挖，称合溪新港，是箬溪的分洪河道。该港允许泄洪流量为450立方米每秒。河底宽20米～25米，河面宽32米～40米，河底高程为1米～－1米，河道纵坡降为0.14‰。

长兴港　自小浦黄泥潭分合溪水之一股，向南流经小浦镇，汇右岸八都岕、杨林涧之水，经竹山潭至画溪桥，汇右岸姚家桥港之水折向东流，穿过雉城镇，经下箬寺直流新塘口入太湖。长19千米。为防止汛期洪水泛滥，经1975年冬开挖拓浚，河面宽40米～60米，河底高程1米～－2米，河道纵坡降为0.16‰，是主要的水上运输干线。长兴最早设立的水文站就在该港上。该港允许最大泄量为325立方米每秒。

箬溪主要支流：

姚家桥港　又名林城港。由林城镇西进口，东流经西河村、潘家桌、杨家杆，汇左岸周吴涧之水，流经环桥汇左岸白阜港之水，经姚家桥至画溪桥入长兴港。长11.7千米。是泗安溪的分洪河道。河道纵坡降为0.04‰。1976年春疏浚开挖。

杨林涧　又名八都岕。位于白阜乡、小浦镇。发源于岩山东麓的仙凤岭，东流经柏家村、大岕口、许家村、施家村、南俞村、潘家村，汇右岸龙王岕来水，流经礼家村、杨林村至小浦镇的周家村、乔家村、塘渚头，出小浦镇入长兴港。主流长13千米。流域面积39.3平方千米。河道纵坡降为14.6‰。属砂卵石河床，坡陡谷短，一遇暴雨，山洪湍急。

长桥涧　又名南北岕。位于水口乡、后漾乡。发源于水口乡北岕的乌头山南麓，向东南流经江排头、施家、董家庄、排岭脚和后漾乡的李家村，至川口附近汇右岸南岕来水，经长桥涧、黄金库、山广庙、牛步墩至士林头入合溪新港。出口处建有一跌水。主流长13千米。河道纵坡降为13‰。该涧为山区干河滩，平时径流潜入地下，至龙潭附近涌出为泉水。1970年之前，在牛步墩附近的涧港、横塘港、西峰坝3支流，一遇洪水就漫流泛滥。合溪新港开挖后才改变该状况。

周吴涧　位于太傅乡。发源于张岭东麓，向东流经石岕口，转向东南入周吴水库。调蓄后出流，经孙家庄、新山、路东，穿过318国道入姚家桥港。主流长12千米。流域面积20.4平方千米。

白阜港 位于白阜乡。自白阜街至环桥入姚家桥港。长4千米。1976年曾疏浚过，为灌溉、航运之河道。

重阳港 又名南箬溪。位于长桥乡、包桥乡。由姚家桥港重阳闸进口，经濮家桥、南石桥至帅家桥附近入张王塘港。长8千米。为灌溉、航运河道。

黄土桥港 位于雉城镇。由长兴港西黄土桥进口至三里桥，入长湖申线。长2.3千米。曾多次疏浚。

北塘港 位于后漾乡、雉城镇。由后漾乡包漾湖向南经陈家桥，穿过合溪新港，过塘西村、雉城镇的皇家湾、仓前街边入长兴港。长8.2千米。为航运、灌溉河道。

四、乌溪

合溪流域以北诸水为乌溪，位于县境最北部，涉及水口、夹浦和后漾等地。主要由金沙涧和常丰涧两流域组成，流域面积185平方千米，其中山区113平方千米，平原72平方千米。

常丰涧 发源于夹浦镇北川岕，向东流经北川涧，汇右岸南川涧之水到月明村、丁新村。历史上常丰涧到丁新村牧马圩后向南折到长平村田畈自然村后主流向东经上周港流入太湖，全长15.3千米。另一路向南折东经长大自然村流入太湖。流域西面积49平方千米。由于下游河段弯曲，排水不畅 ，每遇山洪暴发，冲堤毁田，常致灾害。2001年11月，常丰涧开挖工程开工，2002年完工。新开河道从丁新村牧马圩圣子庙坝开始向东穿104国道、杭宁高速直入太湖，全长1.6千米。

金沙涧 发源于水口乡黄龙头山南麓。向东流经竹茶岕至顾渚许公桥汇右岸悬臼岕之水，向东流经金山村、沉其岭至水口进入平原地区，经艺香桥分南北2支。北支经夹浦港、双港头港、丁家渚港入太湖。南支经包漾湖、盛家漾调蓄后分流经鸡笼港、沉渎港入太湖。主流长23.8千米，流域面积98平方千米。

五、太湖与溇港

太湖 太湖，古名震泽，又名笠泽，是中国仅次于鄱阳湖、洞庭湖的第三大淡水湖。湖泊面积2427.8平方千米，实际水域面积2338.1平方千米，平均水深2.06米，最大水深2.6米，平均蓄水量44.28亿立方米，在国内五大淡水湖中，太湖水域面积、蓄水容积均居第三位。长兴县位于太湖西南岸，为太湖上游。县境内有湖岸线34.3千米，北起与江苏省宜兴市交界处，南到小梅口。太湖在境内来水主要由两路水系汇入。南路是苕溪水系，西南路是长兴水系，通过沿湖溇港流入太湖。历史上太湖周边区域是洪涝多发地区，1991年6—8月，太湖流域发生百年未遇特大洪灾，国务院确定建设太湖大堤，并作为太湖流域综合治理十大骨干水利工程之一。太湖大堤长兴段土方工程分两期实施，一期于1991年12月建设，二期于1992年10—12月建设。大堤建成后，结束太湖有岸无堤的历史。见第6编环太湖综合治理与开发、第1章、第2章。

溇港 境内濒临太湖乡镇有夹浦镇、太湖街道、洪桥镇和太湖图影旅游度假区。沿线溇港纵横交错，地表水和上游来水均通过溇港入太湖，诸多溇港担负着排、灌、船运等作用。太湖沿线原有溇港34条，大多狭、浅、短，经过多年拓浚和治理，特别是合溪新港和长兴港开通后，部分溇港失去作用，并予以废弃。1992年太湖大堤建成后，沿线与之相配套设施逐渐建成，到2006年10月通过验收。主要担负排水、灌溉任务有长丰涧、夹浦港、合溪新港、长兴港、杨家浦港和横山港6条河道，尚能过水溇港有26条。见第6编环太湖综合治理与开发、第2章、第1节。

六、湖泊、漾荡

县境内湖泊、漾荡主要分布在滨湖的夹浦、新塘(今属太湖街道)、洪桥和横山(今属太湖图影旅游度假区)等地。它们旱时可灌溉，汛期可滞洪，又兼水产养殖之利。原有47个，其中老鸭塘、白水滩、燕子滩、晒虾滩已湮废，尚存43个，其中面积在13.33公顷(200亩)以上有盛家漾、大荡漾、陈湾漾、周渎漾、滩西漾、都家港、环沉漾、芦圻漾、鸭卵漾(鸭兰漾)、三乡漾、西港漾11个，位于夹浦的盛家漾是县境内最大滞洪调蓄湖泊，面积88.4公顷。

长兴县湖泊漾荡基本情况表

表 2-1

名称	位置	面积（公顷）	名称	位置	面积（公顷）
盛家漾	夹浦镇南部	88.4	梅家漾	洪桥镇东	3.9
滩西漾	夹浦镇陶家湾村西	66.0	七斗漾	洪桥镇东北	9.2
环沉漾	夹浦镇环沉村南	18.4	柴鱼子漾	洪桥镇北	2.2
西港漾	夹浦镇上无胥村西	13.6	潼桥漾	洪桥镇东	2.2
西庄漾	新塘乡西北部	12.3	黄荀荡漾	洪桥镇东南	5.2
曹家荡漾	新塘乡王家浜村西	4.5	金家漾	太湖图影横山桥北偏西	2.0
叙水漾	后漾乡霞城村东	11.2	芝麻漾	太湖图影横山桥西北	2.0
北漾	后漾乡与新塘乡交界处	4.6	长漾	太湖图影横山桥西北	2.0
高阳桥漾	下箬寺乡南高村北	7.2	盛家漾	太湖图影横山桥西北	4.0
三乡荡	洪桥镇北	14.1	大漾、面漾	太湖图影横山桥西北	7.5
都家港	洪桥镇西	18.9	严家漾	太湖图影横山桥西偏北	4.4
富家漾	洪桥镇北	12.0	东、西范湖	太湖图影横山桥西北	8.5
鱼家漾	洪桥镇北	8.4	清水漾	太湖图影横山桥东偏北	4.4
北阳墩漾	洪桥镇北	2.7	草田漾	太湖图影横山桥东偏北	6.8
南阳墩秋家漾	洪桥镇北	3.2	辽延漾(杭悦漾)	太湖图影横山桥东北	2.4
排田漾	洪桥镇东	8.9	叶家漾	太湖图影横山桥东北	6.4
朱家漾	洪桥镇东、王家坝村北	6.5	芦圻漾	太湖图影沈家坝村北	18.3
千丰漾(清风漾)	洪桥镇东南、陈家墩村东	10.9	周渎漾	太湖图影孟家墩村南	23.5
徐家漾	洪桥镇东南	7.4	陈湾漾	太湖图影陈湾村北	35.1
西漾	洪桥镇东南	2.0	鸭卵漾(鸭兰漾)	太湖图影横山桥东偏南	16.4
东漾	洪桥镇东南	1.5	大荡漾	太湖图影横山桥东南	70.3
杨家漾	洪桥镇东	12.0	—	—	—

说明：资料来源于《长兴县水利志》，裘维邦主编，中国大百科全书出版社 1996 年版，第 24—25 页

七、泉

清泉池　位于林城镇大云寺村林城中学内。池以泉水清澈得名。泉属天然形成，有 2 只小池，1 只大池（面积 390 平方米，深 2 米），池周已砌石，为学校师生饮用水源。清泉池历史悠久，清同治《湖州府志》记载："清泉池在县西南四十里清泉乡大云寺后，广半亩，清澈见底，久旱不涸，可灌千亩，唐湖州刺史于頔引方山水注西湖，疑即此"。但近 30 年来，尤其是自周吴岕建周吴水库后，泉池出水减少。

金沙泉　位于水口乡北 10 千米顾渚村顾渚山东南麓忘归亭侧，宋嘉泰《吴兴志》云："顾渚贡茶院侧，有碧泉涌沙，灿如金星"，故名。泉眼呈椭圆形，直径 120 厘米，泉水涌出，终年不竭。唐朝时已被列为贡泉，1987 年经国家级鉴定为含锶氡等微量元素的优质矿泉水。潜藏于花岗岩体，泉水补给面积达 100 平方千米，水温为 17℃，日出泉量为 207 立方米，含 40 种微量元素，对人体微量元素补充有益。金沙泉、紫笋茶、紫砂壶历代被誉为长兴"品茗三绝"。

霸王潭　位于水口乡顾渚村北部悬臼岕中段，古名明月峡。后地方相传，霸王项羽过该处，曾在水潭饮水，得名霸王潭。潭边石壁上有唐湖州刺史杨汉公、宋龙图阁直学士汪藻等题摩崖石刻三处，为全国重点文物保护单位。潭直径 1 米，深约 15 厘米，旁有两膝迹，相传是当年项羽经过留下。

沥泉水 位于白岘乡西北三洲山村,相传南宋岳飞曾在该处与金兵作战,所用之枪为沥泉枪,为纪念岳飞,村民定泉沥泉水。泉水从山肚石缝中流出,终年不竭。

东龙池 位于白岘乡西北3.5千米罗岕村茶叶岕山上,以与西北观山岭上的西龙池遥遥相望互相命名。泉池长约8米,宽5米,深1米,池水澄清,终年不涸。

西龙池 位于白岘乡西北4.5千米罗岕村观山岭上,名称由来见上文“东龙池”。泉池长约10米,宽6米,深1米,池水清澈见底。

第二节 水 文

长兴县属北亚热带东亚季风气候区,四季分明,雨量充沛,但分布不均,水旱灾害屡有发生。境内河流纵横,由于受季节雨量分布不均影响,洪、涝、枯水期分明。

一、降水量

县内各地平均年降水量一般为1250毫米~1550毫米,多年年平均值为1309毫米,降雨量随地势增高而增大。西北部煤山镇尚儒一带和南部和平镇南侧山区地势较高,是2个降水高值区,降雨量从中部平原向西北部和南部丘陵山区递增。

降雨量地域分布不均,年际分布相差很大。根据1988—2012年全县降雨量实测资料统计,丰水年降雨量是枯水年降雨量2倍以上。1999年年降雨量最大,全县9个雨量站降雨量均为25年中最大,有些站点该年降雨量为历史最高值,其中天平桥站年比值最大,比值为2.4。

长兴县是季风气候区,季节交替变化决定雨季起止时间和雨带南北移动,年中几个明显降雨期决定年降雨量多少。

春雨期 俗称桃花水。3—5月,受华南静止锋影响,形成绵绵连阴雨,多年平均雨日为28天~30天。

梅雨期 静止锋受冷暖气流强弱控制,决定入梅时间迟早和梅雨期长短。入梅时间一般为6月中旬,出梅为7月上旬,为期20余天。1996年梅雨期达到45天,6月2日入梅,7月17日出梅。1999年梅雨期达43天,6月7日入梅到7月20日出梅,梅雨量达903.3毫米,为历史最高。历史上也有梅雨期短,降雨量偏少,甚至出现“空梅”的现象,2000年和2006年,梅雨期均仅为5天。梅雨期降雨特征为雨量大、时间长、范围广,为洪涝灾害多发季节。

台汛期 7月中旬至10月初以晴热天气为主。其间受太平洋热带气旋影响,为台风多发期,往往伴有高强度降雨。台风降雨过程较短,雨量集中,但分布不均,极易造成局部地区洪涝成灾。1990年8月31日,15号台风致县境西北部山区暴雨成灾,煤山尚儒站24小时降雨量达446.3毫米,强降雨引发山洪。2012年8月8日,受“海葵”台风影响,全县平均降雨207毫米,造成和平镇清临圩堤防决口,圩内受淹,损失严重。

1988—2012年长兴县9个雨量站年降水量变化情况表

表2-2

单位:毫米

站 名	最大值	发生年份	最小值	发生年份	平均值	最大最小年比值
尚 儒	2376.8	1999	1232.4	1995	1631	1.9
访 贤	2052.9	1999	989.0	1997	1346	2.1
槐花坎	2026.2	1999	1058.2	2003	1341	1.9
诸道岗	1932.9	1999	977.2	1994	1320	2.0
长 兴	1894.7	1999	893.8	1994	1267	2.1
大界牌	1897.4	1999	944.5	1994	1281	2.0

续表2-2

站　名	最大值	发生年份	最小值	发生年份	平均值	最大最小年比值
天平桥	1916.2	1999	802.8	1994	1235	2.4
港　口	1889.2	1999	856.4	1994	1260	2.2
夹　浦	1869.9	1999	831.1	1997	1262	2.2

说明:资料来源于县水利局

二、水位

境内制约河流水位升降因素与流量、前期河网水位有关,同时受太湖水位影响很大。高水位大多发生在夏秋季节强降雨之后,冬春季节发生较少。1991 年,太湖流域发生特大水灾,长兴水文站最高水位是 3.0 米,发生在 7 月 13 日。1999 年"6•30"洪水,长兴水文站最高水位 3.73 米,发生在 6 月 30 日。最低水位一般发生在冬季,干旱年份春季和夏季也可能发生。如,1997 年,因春雨偏少,全县大部分河流在春、夏季出现历史罕见低水位。该年 6 月 21 日至 23 日之间,长兴、港口、太平桥、吕山 4 个水文站的水位均为 1988—2012 年间最低水位。

全县地势西高东低落差大,西苕溪上游安吉境内山高林密、集雨面积大,每逢强降雨大量洪水下泄,河流水位快速上涨,极易造成灾害。1991 年,太湖流域发生特大洪灾,太湖持续高水位,6 月 22 日—8 月 12 日,太湖夹浦口水位 52 天超危险水位,全县大面积农田、村庄受高水位压迫,城东平原受洪水长期围困,受灾最严重横山乡蒋家墩村被洪水围困 40 多天。2012 年"海葵"台风,西苕溪港口水文站从 8 月 8 日 7 时到 9 日 6 时,水位从 1.7 米上涨到 5.86 米,23 个小时水位上涨 4.16 米。

1988—2012 年长兴县各代表站水位情况表

表 2-3　　单位:米

站名	多年平均85高程	最高		最低	
		水位	日期	水位	日期
长　兴	1.37	3.73	1999.06.30	0.70	1997.06.21
港　口	1.39	5.86	2012.08.09	0.68	1997.06.22
夹　浦	1.36	3.19	1999.07.06	0.73	1996.03.10
天平桥	1.42	5.52	1999.07.01	0.60	1997.06.23
吕　山	1.39	4.03	1999.06.30	0.69	1997.06.21
诸道岗	3.75	9.48	1990.09.01	2.81	2007.12.30

说明:1. 原范家村站 1997 年后搬迁至港口大桥旁改为港口站,诸道岗 2007 年因建合溪水库后停测水位、流量;2. 资料来源于县水利局

三、流量

河道流量大小受降水强度影响,也与地表植被、地形地貌等有关。县境内建有大小水库、山塘 1080 座,起到调蓄作用,对河道流量影响较大。

据长兴水文站点实测,1988—2012 年,长兴港年平均流量为每秒 6.52 立方米。1990 年 9 月 1 日流量最大,为每秒 262 立方米。1988 年 8 月 8 日流量最小,为每秒-64.7 立方米,是长兴港引用太湖水最大流量年份。

1988—2012 年,港口站年平均流量为每秒 45.3 立方米。2009 年 8 月 11 日流量最大,为每秒 1000 立方米。2004 年 7 月 3 日流量最小,为每秒-110 立方米,是西苕溪引用太湖水最大流量年份。

1988—2012 年,诸道岗站年平均流量为每秒 4.79 立方米。1990 年 9 月 1 日流量最大,为每秒 1260 立方米。最小流量为 0,该现象多有发生,1990 年 8 月 9 日流量为 0。该处为合溪北涧和合溪南涧汇集处,上游为丘陵地区,水位暴涨暴落。

第三章　土壤 植被

长兴县土壤类型主要有红壤土类、岩性土类、潮土土类、水稻土土类。自然森林植被以青冈、苦槠、红楠、紫楠、石栎等为主组成的常绿阔叶林。由于人口密度较大和垦殖历史悠久,自然森林植被已不多见,人工森林植被及绿化树木分布较广。境内山体海拔不高,植被垂直分带不明显。

第一节　土　壤

境内土壤的成土母质主要由沉积岩、火成岩的风化物和第四纪松散堆积物组成。根据1984年第二次土壤普查表明,全县土壤类型主要分4个土类、9个亚类、32个土属、65个土种。土类分别为红壤土类、岩性土类、潮土土类、水稻土土类。其中,红壤土类分布在低山和丘陵地区,面积6.35万公顷;岩性土类分布在李家巷镇、煤山镇、槐坎乡、吴山乡等乡镇,常与石灰岩露头零星穿插分布,面积0.22万公顷;潮土土类分布在河、溪流两侧,平原地区及太湖沿岸,面积1.63万公顷;水稻土土类,分布于东部平原、中部平原及山垄的冲田和山坡的梯田,面积4.46万公顷。岩石类型以中酸性、酸性岩类为主,少量基性岩类,其时代主要属燕山早中期,少量属喜马拉雅期。

一、红壤土类

红壤土类分为棕红壤、黄红壤、粗骨石质土(又称侵蚀型土壤)3个亚类、9个土属、14个土种,面积6.35万公顷,占全县土壤面积的50.8%,主要分布在低山和丘陵地区。

棕红壤亚类　分布在全县低岗和山边缓坡地,面积0.31万公顷。是红壤化作用较深的土壤,土层深厚,红、酸、黏、瘠为其特征,大多数被开垦利用,种植旱粮、茶果和药材等经济作物。

黄红壤亚类　分布范围广,面积5.03万公顷。因红壤化作用较弱,土地呈黄红或黄棕(浅棕)色,黏粒含量较棕红壤亚类低,呈酸性反应,有较明显的砂性或砾质性。分布在低岗区的为农垦地,高丘低山区的多为林业用地,砾质性较强的土壤尚未开发利用。

粗骨石质土亚类　主要分布在高丘、低山陡坡或顶部,面积1.01万公顷。土壤侵蚀严重,土层浅薄,一般不足30厘米,裸露岩秃地表则没有表土,部分长有竹木外,大多不能为农垦利用,以开矿采石为多。

二、岩性土类

岩性土类只有1个亚类、2个土属、2个土种。面积0.22万公顷,占全县土壤面积的1.8%,主要分布在石灰岩地区或零星穿插分布于石灰岩露头之间。石灰岩土亚类,土壤质地黏重,呈黑色、棕色或黄色,土体结构以核粒状为主。土层上部呈酸性反应,下层因受母岩新风化物中的钙质的影响,高盐基作用明显,而呈石灰性反应,大多为农垦旱耕地。

三、潮土土类

潮土土类只有1个亚类、5个土属、7个土种。分布范围广泛,面积1.63万公顷,占全县土壤面积的13%。分布于河、溪流两侧的潮土,母质为近代冲积物、洪积物,土体中砂、砾、泥混杂,土壤质地多为砂性—轻壤,无石灰性反应,但渗漏严重,土壤有机质贫乏。分布在平原地区及太湖沿岸的潮土,母质为河湖相沉积物,土层深厚,土壤质地为中壤—轻壤,大多无石灰性反应,保蓄性能略好,有夜潮性,大多开垦为旱粮、蔬菜地及桑、茶园地。

四、水稻土土类

水稻土土类有4个亚类、17个土属、42个土种,为全县土壤种类最多的一个土类,面积4.46万公顷,占全县土壤面积的34.5%,各个乡镇均有大面积连片分布。是一种独特的土壤类型,其形成与发育深受人类生产活动的干预和控制，肥力水平不仅与成土母质的类型有关，更与人们的耕作、施肥、轮作、复种等生产技术措施有直接关系。

渗育型水稻土亚类　分布范围极少，为新开辟的水田，母质为各类岩石风化残坡积物，面积只有33公顷。土体剖面全层棕黄色，质地黏重，土壤贫瘠，因水耕年代尚短，尚未形成犁底层，靠天然降雨栽种水稻。

潴育型水稻土亚类　分布范围甚广，从山区到平原几乎有分布，拥有12个土属、29个土种，面积为3.14万公顷，占水稻土面积的70.4%。土壤通透性良好，质地一般以壤土为主，耕作层偏轻，肥力水平中等。平原圩区母质以河湖相沉积物为主，表层受近期河流泛滥物的影响较重；山冲田和山坡梯田的水稻土，母质为坡积一再积物，较前者质地更轻、肥力更差，为中等或偏下产量的水稻土。

脱潜潴育型水稻土亚类　主要分布在东部水网平原，少量分布在圩区平原，面积为1.31万公顷，占水稻土面积的29.5%。土壤母质以湖（沼）相沉积物为主，质地黏重，宜耕性差，但保蓄性良好，肥力水平较高而稳长。代表性土壤为青紫泥田，许多在1米土体内40厘米上下有塥或心的腐泥层和泥炭层，有的甚至露于地表。

潜育型水稻土亚类　分布在少数地区的局部位置，面积只有47公顷。土体内有一"灰黏层"，在潜水长期浸渍下经潜育化作用而形成，潜水面位高的则造成土壤通气不良，养分转化慢，土性冷湿，易产生硫化氢等有毒物质。土壤质地黏重，耕作困难，是一种典型的低产土壤。需降低水位，改善排水条件和土壤的理化性状。

第二节　植　被

长兴县在全国植被区划中属"中亚热带常绿阔叶林地带北部亚地带，浙皖山丘青冈、苦槠、栽培植被区"，在浙江省植被区划中属"天目山、古田山丘陵山地植被片"。自然森林植被以青冈、苦槠、红楠、紫楠、石栎等为主组成的常绿阔叶林。由于人口密度较大和垦殖历史悠久，自然森林植被已不多见。马尾松林、毛竹林和经济林等人工森林植被，以及"四旁"（村旁、路旁、水旁、宅旁）绿化树木分布较广。由于境内山体海拔不高，植被垂直分带不明显。全县可分为低山丘陵竹、木、灌、草复合林区，水网及圩区平原栽培植被区，滩地、水面植被区3个植被区。

一、低山丘陵竹、木、灌、草复合林区

海拔在500米～577.2米的低山地带，植被有高2米左右的禾本科芒草类、野竹类和灌木丛；地被植物有苔藓、地衣及蕨类等。方山、弁山顶部有人工栽培的马尾松、黑松等树木，互通山有块状分布的毛竹、杉木、茶叶和间作的旱地农作物。海拔在150米～500米的山坡、岗地、高丘，植被有以毛竹为主的竹类植物和以壳斗科青冈、苦槠及石砾为主的次生常绿阔叶林及以马尾松为主的针叶林。还有针叶、阔叶混交林，灌丛、灌草丛，以及人工栽培的松、杉、麻栎、檫树、金钱桦和茶叶等林木。竹类除毛竹外，还有冈竹、石竹、淡竹、苦竹、红壳竹等。其区域内约有300多个树种。海拔在50米～150米的低丘岗地区，其植被由于人为多次开发，原有的次生杉木林和马尾松林大多已砍伐利用，以人工栽培的松、杉、板栗、青梅、茶叶、果木所代替。野生树种有枫香、白栎、茅栗、黄檀、杜鹃、乌饭树、山胡椒、盐肤木、花椒、小竹丛等。地被植物有芒草类、蕨类、苔藓、地皮等。

二、水网及圩区平原栽培植被区

海拔在2.7米～50米的平原、圩区及低岗地带。由于长期轮番耕作，原生植被大部分已破坏或更替，以人工栽培的农作物、经济果木、农田防护林和"四旁"绿化树木为主。分为东部水网平原区、中部圩区平原区、低岗地区三种类型。东部水网平原区，以栽培作物植被为主，农作物为稻、麦、油菜、豆类、绿肥及蔬菜与瓜果类等作物，经济作物以桑、茶、果木为主。其余还有太湖边的防护林、路林、村边林等农

田防护林。中部圩区平原区,以栽培作物植被为主,农作物为稻、麦、油菜、豆类、绿肥、玉米及马铃薯等作物,经济作物以桑、茶、果木为主。圩堤塘边有竹丛、灌木丛保护带及"四旁"绿化树木。低岗地区,有水田类和旱地类的栽培作物植被,水田主栽作物有稻、麦、油菜,旱作以番薯、玉米、马铃薯等。经济作物有茶、桑、青梅、桃、李、板栗、白果、熟山笋和早园竹。

三、滩地、水面植被区

水生植物是该区的植被特征,喜水的木本植物也有较多分布。太湖边的水泛地段及湖岸边浅水滩上有芦苇及人工栽培的池杉防风林带,高滩地栽种桑树。大涧的涧滩地有成片的枫杨护滩林,开阔的涧滩地如小浦箬岕一带生长着大片的篱竹林。山谷滩地有块状分布的水冬瓜灌木丛。在低丘、平原地区的沼泽地有茭白、芦笋、莲藕、水烛、黑三棱、野菱等。内港中有莲子草、水堇。深水植物群落有细叶眼子菜、竹叶眼子菜、黑藻、轮叶弧尾藻、苦藻、茨藻等。

第四章　气候 物候

长兴地处北亚热带东亚季风气候区,境内气候特征和物候特征明显。与1955年有气象记录以来至1987年33年的平均值相比,1988—2012年全县平均四季特征显现气候变暖特征。

第一节　气　候

一、四季特征

长兴地处北亚热带东亚季风气候区,总的气候特征:季风显著,四季分明;雨热同季,降水充沛;光温同步,日照较多;气候温和,空气湿润。1988—2012年,年平均气温16.5℃,最冷月1月平均气温3.5℃,最热月7月平均气温28.7℃,极端最高气温39.8℃,出现在1988年7月20日,极端最低气温-8.9℃,出现在1991年12月29日(历史极端最低气温-13.9℃,出现在1977年1月31日);平均年降水量1265.3毫米,平均年降水日数140.9天,降水随季节变化较大,3月至5月、9月为春、秋雨季,6月上旬至7月上旬为梅汛期,雨量相对集中,7月中下旬到8月为盛夏高温少雨期;年蒸发量1322.2毫米,年日照时数1661.2小时,无霜期240天;风向季节变化明显,冬半年盛行西北风,夏半年盛行东南风,3月和9月是季风转换的过渡时期,一般以东北和东风为主,年平均风速每秒2.2米,年大风日数2.7天。

按照气候学连续5天日平均气温的平均值稳定小于10℃为冬季、大于22℃为夏季、介于10℃与22℃之间为春季和秋季的标准划分,1988—2012年长兴县平均四季特征情况,与1955年有气象记录以来至1987年33年的平均值相比,春季缩短7天、夏季延长27天、秋季缩短3天、冬季缩短17天,显现气候变暖特征。

春季　从3月中下旬开始,到5月下旬至6月上旬结束,历时64天,占全年总天数的17.6%,平均气温为16.4℃,降水量209.8毫米,雨日27天,日照297.0小时,是一年气温变化最大的季节,特别是在初春3月中下旬至4月上中旬,气温呈波浪回升,起伏较大,有的年份会有连续低温阴雨,或出现倒春寒天气。

夏季　从5月下旬至6月上旬开始,到9月中旬中后期结束,历时126天,占全年总天数的34.5%,平均气温26.3℃,降水量642.6毫米,雨日55.8天,日照665.1小时,是一年中降水最多的季节,也是出现严重洪涝、台风和干旱的季节。6月中旬至7月上旬,为梅雨降水集中期;7月中旬至8月中旬,是一年中最热的时段,晴热少雨,多午后局部雷阵雨天气,若无台风影响,易出现高温伏旱。

秋季　从9月中旬后期开始,到11月中旬后期结束,历时62天,是四季中最短的季节,占全年总天数的17.0%,平均气温为16.1℃,降水量121.9毫米,雨日17.8天,日照287.1小时。入秋以后,冷空气势力逐渐增强，气温逐渐走低，昼夜温差增大，降水逐渐减少。也有个别年份会出现秋季低温连阴雨，或受秋台风影响。

冬季 从11月中旬后期开始，到次年3月中下旬结束，历时113天，占全年天数的30.9%，平均气温5.6℃，降水量305.1毫米，雨日40.4天，日照393.3小时。初冬11月下旬至12月下旬，冷空气入侵频繁，多霜冻和骤冷天气，最低气温可下降到-5℃～-6℃；1月至2月上旬，是全年最冷时段，但气温变幅相对较小；2月中旬至3月中旬，严寒结束，气温开始缓慢回升。

1988—2012年长兴县平均四季时间与主要气象要素表

表2-4

季节	始日	终日	历期(天)	平均气温(℃)	雨量(毫米)
春季	3月19日	5月31日	63	16.4	209.8
夏季	5月21日	9月23日	126	26.3	642.6
秋季	9月24日	11月24日	62	16.1	121.9
冬季	11月25日	3月28日	114	5.6	305.1

说明：资料来源于县气象局

二、主要气象要素

气温 1988—2012年，全县平均气温16.5℃，年平均气温最高为2007年，17.6℃，最低为1993年15.4℃，年际气温极差为2.2℃，比前志所载年际气温极差上升1.0℃。最热月7月平均气温28.8℃，最高为1994年7月，平均气温为31.0℃；最冷月1月平均气温3.5℃，最低为2011年1月0.0℃。极端最高气温39.8℃，出现在1988年7月20日；极端最低气温-8.9℃，出现在1991年12月29日。≥35℃的高温日数，年平均23.6天，最多为2007年，有37天，最少的年份为1989年和1999年，仅为5天。

日照 1988—2012年，全县年平均日照时数为1660.7小时。年日照时数最多的年份为1994年，日照时数1936.6小时，比常年偏多16.6%；最少的年份为2008年，日照时数1437.7小时，比常年偏少13.4%。夏季光照充足，以7月最多，平均月日照时数为194.6小时；8月次之，平均月日照时数为171.6小时；月日照最多极值为313.3小时，出现在1994年7月。冬季日照时数相对较少，最少月为1月和2月，平均月日照时数为97.9小时和98.3小时；月日照最少极值为40.4小时，出现在2002年12月。梅雨充沛的年份，梅雨期间日照显著偏少，2008年6月为历年6月日照最少月，月日照仅52.1小时，比常年同期偏少60%。

降水 1988—2012年，全县年平均降水量1265.3毫米，降水年际与月际分布不均，最多为1999年，1936.1毫米，最少为1994年，947.3毫米。一年中，有两个降水相对集中期和两个相对少雨期。两个降水相对集中期，分别为6—7月的梅汛期和3—4月的春雨期，6—7月降水最为集中，2个月合计雨量约占全年总降水量30%；最多月为6月，平均月降水量198.2毫米；月雨量极值为789.8毫米，出现在1999年6月。两个相对少雨期，分别为盛夏和冬季，最少为12月，平均月降水量47.3毫米，仅占全年总降水量3.7%。但也有的年份冬季降水异常偏多，如：2002年12月，共降水139毫米，为12月降水之最；1998年1月，共降水190.8毫米，为冬季月降水之最。

气压 县内气压季节差异非常明显，冬季高，夏季低，逐月气压变化呈单谷型，1—7月呈逐月下降趋势，8—12月呈逐月上升趋势；1月最高，为1026.2百帕，7月最低，为1003.7百帕，高低差为22.5百帕。1988—2012年，极端最高气压为1044.9百帕，出现在2000年1月31日；极端最低气压为984.5百帕，出现在2012年8月8日。1988—2012年，平均气压1015.7百帕，年际变化较小，最高为1995年的1016.4百帕，最低为2012年的1013.6百帕，相差不足3个百帕。

相对湿度 1988—2012年，全县平均相对湿度为76%。季度变幅不大，8月最大，平均相对湿度为80%；月平均相对湿度最小为4月和5月，历史月平均为73%。平均相对湿度年际变化明显且呈现下降趋势，由 20 世纪 90 年代的 78%下降到近 10 年的 74%左右，年最大平均相对湿度为 1990 年的 81%，年最小平均相对湿度为 2011 年的 67%。

风 县内常年冬季多偏北风，春夏多东北—东南风。在北—东南风象限内，多年平均频率在 7%～9%之间（除东南为 5%外）。其余象限（东南—西—西北），多年平均频率在 3%～5%之间。常年年平均风速为每秒 2.7 米。月平均风速超过每秒 3.0 米的有 2 月、3 月、4 月和 8 月，其他月份平均风速均在每秒 3.0 米及以下。平均风速最大的风向有东北风、西北风和东南风，年平均值在每秒 3.6 米～3.7 米之间。最大风速为每秒 19.0 米。极大风速曾出现过大于等于每秒 40 米，其他大风是强对流雷雨大风或龙卷风造成，风力达 10 级～12 级或以上。该类大风范围虽小、为时短，但破坏力极强。4—9 月为大风多发月，3 月和 10 月偶见，冬季则常可有 7 级～9 级的偏北大风。

1988—2012 年长兴县各月主要气象要素情况表

表 2-5

月份	气温（℃）	日照（小时）	降水（毫米）	气压（百帕<hPa>）	相对湿度（%）	月份	气温（℃）	日照（小时）	降水（毫米）	气压（百帕<hPa>）	相对湿度（%）
1	3.5	97.9	80.0	1026.2	76	7	28.8	194.6	161.6	1003.7	78
2	5.7	98.3	76.0	1023.6	75	8	27.9	171.6	167.7	1005.5	80
3	9.8	123.8	115.2	1019.7	74	9	23.7	146.5	96.0	1012.0	79
4	16.0	146.1	95.1	1014.2	73	10	18.0	151.0	57.9	1018.9	77
5	21.1	158.1	112.0	1009.8	73	11	11.8	130.5	58.2	1022.8	77
6	24.8	127.2	198.2	1005.2	79	12	5.9	115.2	47.3	1026.2	75

1988—2012 年长兴县逐年主要气象要素情况表（一）

表 2-6

年份	气温					日照（小时）	降水			
	平均气温（℃）	最高气温（℃）	出现日期	最低气温（℃）	出现日期		年降水量（毫米）	雨（雪）日（天）	暴雨日（天）	最大日数降水（毫米）
1988	15.7	39.8	7月20日	-7.4	12月17日	1887.0	1003.3	132	3	71.6
1989	15.7	36.3	7月14日	-5.3	1月15日	1655.6	1481.4	148	7	81.8
1990	16.5	38.1	7月24日	-6.8	2月1日	1827.4	1344.1	155	3	165.6
1991	15.6	37.7	7月26日	-8.9	12月29日、30日	1737.1	1276.9	150	3	670.0
1992	15.6	38.3	7月30日	-4.9	1月15日、2月1日	1870.7	1180.1	128	2	92.9
1993	15.4	37.0	7月12日	-7.1	1月17日	1763.3	1791.2	148	8	136.4
1994	17.0	38.4	7月14日	-3.4	1月19日	1936.6	947.3	142	1	74.7
1995	15.9	39.0	9月7日	-5.4	2月5日	1896.8	1098.5	118	5	73.3
1996	15.9	37.2	7月24日	-5.7	2月18日	1607.2	1229.5	139	2	82.5
1997	16.5	38.0	6月5日	-6.3	1月8日	1534.1	981.7	154	2	67.1
1998	17.3	38.0	8月15日	-5.8	1月25日	1653.4	1654.0	146	5	99.7
1999	16.3	36.4	9月10日	-6.9	12月23日	1422.0	1936.1	145	12	131.9
2000	16.9	38.1	7月21日、22日	-5.9	1月27日	1563.0	1167.2	145	3	61.8
2001	16.6	38.1	6月30日、7月2日	-5.6	12月26日	1691.2	1237.3	146	3	89.7
2002	16.6	37.2	8月23日	-4.3	12月28日	1507.4	1225.6	153	0	40.9
2003	16.4	38.6	8月1日	-6.6	1月5日	1497.1	954.2	139	1	70.6

续表2-6

年份	气温					日照（小时）	降水			
	平均气温(℃)	最高气温(℃)	出现日期	最低气温(℃)	出现日期		年降水量（毫米）	雨(雪)日(天)	暴雨日（天）	最大日数降水(毫米)
2004	16.9	37.9	7月24日	-7.1	1月22日、25日	1668.6	1180.2	120	2	67.2
2005	16.6	37.5	7月5日	-7.1	1月2日	1655.5	1025.1	134	2	86.0
2006	17.4	39.3	7月3日	-5.6	1月8日	1625.7	1160.3	137	3	74.2
2007	17.6	39.6	7月29日	-4.7	2月2日	1578.9	1226.2	133	3	116.2
2008	16.5	39.0	7月6日	-7.7	2月4日	1437.7	1376.2	151	3	86.3
2009	16.9	38.7	7月20日	-8.1	1月25日	1594.4	1325.4	136	3	72.4
2010	16.4	39.4	8月12日	-6.8	1月14日	1628.0	1274.1	147	6	56.2
2011	16.2	38.7	7月25日	-8.3	1月16日	1592.8	1087.0	136	2	85.3
2012	16.2	38.9	7月5日	-5.3	1月26日	1687.1	1469.3	148	3	131.7

1988—2012年长兴县逐年主要气象要素情况表(二)

表2-7

年份	气压(百帕<hPa>)					相对湿度(%)		
	平均气压	最高气压	出现日期	最低气压	出现日期	平均相对湿度	最小相对湿度	出现日期
1988	1016.3	1039.4	2月17日	995.7	6月22日	76	6	11月12日
1989	1016.2	1039.6	1月28日	990.4	8月4日	81	14	3月31日
1990	1015.6	1038.3	12月3日	988.4	9月1日	81	14	4月5日
1991	1016.1	1037.9	11月25日	994.0	7月29日	80	17	11月18日
1992	1016.1	1036.9	12月23日	989.6	9月1日	78	11	2月24日
1993	1016.3	1041.9	12月17日	994.3	6月1日	79	17	2月6日
1994	1015.6	1039.7	12月19日	995.1	7月12日	77	13	5月29日
1995	1016.4	1043.2	12月25日	995.2	6月25日	76	13	12月24日
1996	1016.1	1042.4	2月20日	995.1	6月19日	77	15	5月9日
1997	1016.0	1040.5	1月8日	985.2	6月19日	78	14	2月20日
1998	1015.3	1038.7	1月29日	995.1	6月1日	80	18	5月30日
1999	1015.3	1039.8	12月22日	996.8	8月7日	78	11	12月23日
2000	1015.1	1044.9	1月31日	994.4	8月31日	77	16	3月27日
2001	1015.6	1041.1	12月25日	997.0	6月19日	78	14	3月4日
2002	1015.7	1039.6	12月26日	996.3	7月14日	80	12	1月8日
2003	1016.1	1042.9	1月5日	997.3	6月27日	78	15	10月24日
2004	1016.0	1039.0	3月7日	994.7	7月3日	73	14	2月13日
2005	1016.1	1037.9	12月18日	989.9	8月6日	70	15	3月7日
2006	1015.6	1042.6	2月4日	994.9	6月9日	71	14	3月29日
2007	1015.6	1036.2	12月5日	993.1	8月11日	75	14	2月1日
2008	1016.0	1041.7	12月22日	996.4	5月28日	76	13	5月20日
2009	1015.6	1040.4	1月12日	993.3	8月10日	76	13	1月25日
2010	1014.0	1034.6	1月22日	996.7	5月22日	71	12	4月29日
2011	1014.8	1037.2	1月30日	994.2	7月18日	67	12	3月27日

续表2-7

年份	气压(百帕<hPa>)					相对湿度(%)		
	平均气压	最高气压	出现日期	最低气压	出现日期	平均相对湿度	最小相对湿度	出现日期
2012	1013.6	1035.9	2月2日	984.5	8月8日	72	13	11月14日

说明:资料来源县气象局

三、主要天气现象

雪 以冬季(上年11月到当年3月)为统计时段,1988—2012年,全县年平均降雪日数为5天~6天,平均积雪天数4天~5天。降雪年际差异较大,最多的年份为2008年,降雪17天,积雪24天。最大积雪深度为35厘米,出现在2008年2月2日。降雪大多出现在1—2月,降雪日数占全冬季的80%。多数年份初雪始于1月上旬,1988—2012年平均初雪时间为1月2日。降雪较早的年份初冬11月中下旬就可见雪,1987—2011年25年中有3年;最早为11月17日,出现在2009年。2月下旬后降雪较少,平均终雪时间为2月12日。但3月降雪并不少见,1988—2012年25年中有8年;终雪最晚为3月21日,出现在1998年。出现积雪深度达5厘米以上大到暴雪的概率为28%,即25年中有7年;最大积雪深度为35厘米,出现在2008年2月2日。

1988—2012年长兴县冬季(上年11月到当年3月)历年降雪情况表

表2-8

起止年	降雪日数(天)	积雪日数(天)	最大积雪深度(厘米)	初雪	终雪
1987—1988	6	6	8	11月28日	3月16日
1988—1989	4	2	1	1月10日	2月25日
1989—1990	7	8	4	1月12日	2月25日
1990—1991	5	3	2	1月2日	3月1日
1991—1992	5	6	7	12月27日	3月18日
1992—1993	3	2	0	1月11日	1月15日
1993—1994	3	1	2	11月21日	1月18日
1994—1995	4	3	2	1月3日	1月12日
1995—1996	10	9	10	1月17日	3月9日
1996—1997	5	3	1	1月8日	2月4日
1997—1998	6	8	10	12月3日	3月21日
1998—1999	1	1	0	1月15日	1月23日
1999—2000	5	2	2	1月12日	2月3日
2000—2001	2	0	0	1月26日	2月8日
2001—2002	1	1	1	1月18日	1月18日
2002—2003	6	2	1	12月25日	3月4日
2003—2004	1	2	3	1月18日	1月18日
2004—2005	11	9	3	12月28日	3月12日
2005—2006	3	4	5	2月5日	2月18日
2006—2007	1	0	0	1月3日	1月3日
2007—2008	17	24	35	1月13日	2月6日
2008—2009	2	1	3	1月6日	1月7日
2009—2010	10	5	3	11月19日	3月9日
2010—2011	17	13	18	12月15日	2月15日

续表2-8

起止年	降雪日数(天)	积雪日数(天)	最大积雪深度(厘米)	初雪	终雪
2011—2012	4	0	0	1月21日	2月26日
平均	5.6	4.6	4.8	1月2	2月12日
最多(大)/最早(晚)	17	24	35	2009年11月17日	1998年3月21日

说明:资料来源县气象局,统计时段为上年11月到当年3月,如2011—2012为2011年11月—2012年3月

霜　1988—2012年,全县平均初霜日为11月13日,最早为2003年的10月12日,最晚为1994年的12月4日,初霜早晚相差一个半月。平均终霜日为3月18日,最早为2002年的2月24日,最晚为4月5日,出现在1996和2011年,终霜早晚也相差一个半月。平均无霜期为240天,最长为1998年的280天,最短为1991年的207天。年平均霜日为39.9天,有霜天各年差异较大,最多为1993年61天,最少为1998年26天。有霜日主要集中在11月下旬至次年3月上旬,尤以12月、1月为多。

1988—2012年长兴县逐年霜日情况表

表2-9　单位:天

年份	无霜期	初霜日	终霜日	年份	无霜期	初霜日	终霜日
1988	246	11月11日	3月9日	2001	241	11月15日	3月18日
1989	234	11月19日	3月29日	2002	252	11月4日	2月24日
1990	247	11月10日	3月7日	2003	248	10月12日	3月8日
1991	207	10月28日	4月3日	2004	227	11月18日	4月4日
1992	242	10月25日	2月25日	2005	233	11月24日	4月4日
1993	209	11月1日	4月5日	2006	223	11月8日	3月29日
1994	251	12月4日	3月27日	2007	226	11月3日	3月21日
1995	226	11月8日	3月26日	2008	229	11月11日	3月26日
1996	260	11月18日	3月2日	2009	232	11月3日	3月15日
1997	258	11月18日	3月4日	2010	232	11月26日	3月26日
1998	280	12月8日	3月2日	2011	232	11月24日	4月5日
1999	272	11月29日	3月1日	2012	257	11月27日	3月14日
2000	237	11月13日	3月20日	—	—	—	—

说明:资料来源于县气象局

雾　雾生消快,其日变化、月变化和年际变化均比较明显。1988—2012年,全县能见度小于1千米的大雾日,年平均有29.0天。最多为1993年的66天,最少为2012年的8天。由于近10年平均相对湿度明显下降,年大雾日数也呈现明显减少趋势。一年中,各月均有不同程度的大雾发生,但季节变化较明显。秋季最多;其次是冬季,11月至次年1月月平均3天以上;夏季较少,以盛夏的7月最少,月平均0.9天。

雷暴　1988—2010年,全县年平均雷暴日为32.5天,最多为2008年的44天,最少为2000年的22天。闪电日(有闪电无雷暴)年均3.8天,最多为1991年的9天。全年各月均可出现雷暴天气,初雷最早为2005年的2月3日,最晚为2000年的5月15日;终雷最早为2004年的8月17日,最晚为1993年的11月19日。一年中雷暴、闪电日主要集中在3—9月,以8月为最多,平均9.4天;其次是7月,平均8.9天。

霾　县气象局从2010年开始有霾的数据记录。霾天气以轻微及轻度影响为主,以12月最多,共占总日数的18%,其次为4月、11月,6—10月较少。2010年,霾日数共67天,其中轻微霾日数55天、轻度霾日数12天。2011年,霾日数共89天,其中轻微霾日数72天、轻度霾日数16天、中度霾日数1天。2012年,霾日数共112天,其中轻微霾日数79天、轻度霾日数23天、中度霾日数7天、重度霾日数3天。

第二节　物　候

一、常见物候和主要农事活动

境内物候特征明显，常见生物物候和主要农事活动按月份列表如下。

1988—2012 年长兴县常见物候和主要农事活动情况表

表 2-10

月份	物候现象	节令	主要农事活动
1	大小麦、油菜越冬	大寒 小寒	春花(大小麦、油菜)田开沟排水;施冬肥,改造老桑园,种植新桑;桃、梨等果树整枝修剪;整修畜禽棚舍,储备饲料,畜禽防冻保暖,蛋鸡加强光照,饲喂温水;鱼池清塘整修、河蟹塘种植水草
2	大小麦返青(中下旬)	立春 雨水	大小麦施拔节孕穗肥,油菜中耕除草;桑园开排水沟,取接穗;家畜春季配种,家禽春孵;河蟹苗种(扣蟹)起捕放养
3	大小麦拔节(中下旬),油菜抽薹(中旬);葡萄萌芽、花序生长;桃树开花(3月下旬至4月上旬);梨树芽鳞松动、叶芽萌发(3月上旬),开花(3月下旬至4月上旬);茶叶春稍生长(3月中旬至4月下旬);鱼虾蟹活动加强,开始摄食;乌鳢、青虾开始摄食(上旬),蛇出洞(上旬),黄鳝出洞开始觅食(下旬),青蛙始鸣、摄食	惊蛰 春分	大小麦病虫防治,油菜施抽薹肥;叶菜类、豆类、春播育苗(3下旬至5月底);桑苗嫁接(3月下旬至4月下旬),桑园白条治虫(下旬),桑园施第1次春肥(上、中旬);桃、梨人工授粉;春茶采摘;畜禽春季防疫,开始放蜂;鱼虾蟹开始投饵,青虾虾苗开始放养
4	大小麦开始抽穗扬花(上中旬),油菜开花(上中旬);桑树开叶,春蚕孵化(4月下旬);梨树新梢生长,葡萄开花;龟摄食,甲鱼出穴开始吃食(上旬),青蛙产卵	清明 谷雨	大小麦赤霉病、油菜菌核病防治;雪藕定植(4月中旬);桑园施第2次春肥,蚕室消毒,春蚕催青;葡萄定梢、摘芯、整花序、疏花、疏果、整穗;湖羊配种、剪毛。耕牛血吸虫病防治;鱼虾蟹开始防病;放养小龙虾虾苗
5	单季晚稻播种出苗(中旬至下旬),大麦成熟(下旬),小麦灌浆成熟(中下旬),油菜成熟(下旬);春蚕上山结茧(下旬);葡萄浆果生长期;梨幼果开始膨大;茶叶夏稍生长(5月上旬至7月上旬);蝌蚪脱尾(下旬)	立夏 小满	单季晚稻播种育秧,大麦、油菜收割;夏茭采收(5月上中旬至6月中旬);春蚕饲养,春蚕上山,采茧,售茧,桑树夏伐;梨疏果、套袋;桃夏季修剪;茶叶春稍修剪(4月下旬至5月上旬)、病虫害防治(5月上旬至10月上旬);青、草、鲢、鳙等鱼人工繁殖,青虾开始捕捞,甲鱼开始产蛋,河蟹苗种(扣蟹)开始培育,小龙虾开始捕捞上市,青虾产卵繁殖
6	小麦成熟(上旬),单季晚稻直播播种出苗、移植返青(上中旬);夏伐桑枝萌发新芽(上旬),夏蚕发种孵化(中旬);葡萄陆续成熟(6月至9月底),桃陆续成熟	芒种 夏至	小麦收割(上、中旬),单季晚稻移栽、除草;秋季茄果类、甘蓝、花菜播种,露地豇豆采收;夏蚕饲养;早熟葡萄成熟采收(6月初至7月中旬);桃成熟采收(6月上旬至10月上旬);早熟葡萄成熟采收(6月初至7月中旬);桃成熟采收(6月上旬至10月上旬);罗氏沼虾、南美白对虾开始捕捞,黄颡鱼鱼苗放养,甲鱼孵化,春季青虾捕捞完毕,青蛙捕捞上市
7	单季晚稻开始分蘖(上中旬);夏蚕上山结茧;梨果实成熟;茶叶秋稍生长(7月中旬至10月中旬)	小暑 大暑	单季晚稻搁田、施追肥;秋芹菜、花菜、豆类播种育苗,茭白定植(7月上中旬);夏蚕茧采收,桑园治虫;梨成熟采收(7月上旬至8月上旬);畜禽防暑,种植秋季饲料;蜜蜂采蜜;鱼类暴发性出血病预防,夏秋季青虾虾苗放养,黄颡鱼起捕,小龙虾虾苗放养,青虾产卵繁殖

续表2-10

月份	物候现象	节令	主要农事活动
8	单季晚稻开始幼穗分化(下旬),早熟单季晚稻抽穗(下旬)	立秋 处暑	单季晚稻上水施穗肥,五(3)代卷叶螟、三代稻飞虱、纹枯病防治;根菜类、芥菜类蔬菜播种,秋大豆直播(8月上旬),茄果类蔬菜采收(8月至11月);桑园治虫,早秋蚕饲养,采茧,中秋蚕饲养;中晚熟葡萄成熟采收(8月初至9月底);家禽秋孵,蜜蜂秋繁
9	单季晚稻抽穗(上旬至中旬),油菜播种出苗;中秋蚕上山结茧(下旬),晚秋蚕发种孵化(中下旬),晚秋蚕上山结茧(中下旬)	白露 秋分	晚稻六(4)代卷叶螟、四代稻飞虱、纹枯病和稻曲病、稻瘟病等穗期病害防治,油菜播种育苗、叶菜类秋季播种育苗(8月底9月初),莴笋播种(9月中下旬),秋季豇豆采收,雪藕开始采收(9月上旬);中秋蚕茧采收(下旬),晚秋蚕饲养;畜禽秋季防疫;家畜秋配,家禽秋孵;夏秋季青虾开始捕捞
10	晚稻灌浆成熟期,直播油菜播种;晚秋蚕上山结茧(中下旬);葡萄、梨落叶;螃蟹洄游到海水淡水交界处,交配、繁殖(中旬);青蛙蛰伏,甲鱼停食,入泥冬眠(下旬)	寒露 霜降	单季晚稻开始收割,大小麦开始播种,油菜移栽、直播油菜播种;菜类、秋甘蓝采收(10月上旬),秋茭白采收(国庆前后);晚秋蚕茧采收;果园施肥,清园;家禽配种,湖羊剪毛、选留种羔,畜禽感染呼吸系统疾病防治;河蟹开始捕捞
11	大小麦播种、油菜移植活棵(中上旬),晚稻成熟(上旬);桑树落叶;黄鳝进洞冬眠(上旬),乌鳢青虾停止摄食(中旬)	立冬 小雪	晚稻收割,大小麦大面积播种及除草;桑园越冬治虫;桑树落叶后进行剪梢、整枝、修剪;栽种桃、梨等果树(11月至2月);畜禽防冻保暖,培育后备种禽
12	大小麦、油菜开始越冬(12月下旬至翌年2月中旬)	大雪 冬至	大小麦施越冬肥、清沟排水;春甘蓝定植,叶菜类采收;桑园治虫,桑地冬耕施肥;葡萄整形修剪;茶叶封园(12月中旬);蜜蜂繁殖

说明:资料来源于县农业局

二、物候谚语

泥鳅跳,风雨到。
东虹日头,西虹雨。
久晴大雾必阴,久雨大雾必晴。
十雾九晴。
太阳现一现,三天不见面。
朝霞不出门,晚霞走千里。
云从东南涨,有雨不过晌。
雨中闻蝉叫,预告晴天到。
麻雀囤食要落雪。蚂蚁垒窝要落雨。
燕子低飞要落雨。
春起东风雨绵绵,夏起东风并断泉。
五月南风下大雨,六月南风井底干。
云在东,雨不凶;云在南,河水满。
蜜蜂归窠迟,来日好天气。
蜻蜓飞得低,出门带蓑衣。
咸物返潮天将雨。
柱石脚下潮有雨。
草灰结成饼,天有风雨临。
水里泛青苔,天有风雨来。
炸雷雨小,闷雷雨大。
雷轰天顶,虽雨不猛。
雷轰天边,大雨连天。
小暑一声雷,倒转做黄梅。
南闪火开门,北闪有雨临。

第五章　自然资源

长兴县土地总面积 14.31 万公顷,其中耕地和林地面积分别占到 30%以上。水资源组成有降水、西苕溪过境水和太湖回水,全县人均水资源量低于全国和浙江省人均水平。境内物产丰富,已发现的矿产资源有 26 种,植物资源有 126 科 725 种,动物资源有 200 余种。

第一节 土地资源

一、土地面积

1992年全县土地详查显示,全县土地总面积141871.85公顷。耕地面积49819.43公顷,占土地总面积的35.1%;林地面积47652.38公顷,占土地总面积的33.6%;园地面积7606.56公顷,占土地总面积的5.4%;城镇村及工矿用地面积13562.32公顷,占土地总面积的9.6%;交通用地面积1980.1公顷,占土地总面积的1.4%;水域及水利设施用地面积13419.71公顷,占土地总面积的10.1%;其他土地面积7831.35公顷,占土地总面积的5.5%。2012年,县域土地总面积143134.23公顷。耕地面积46769.87公顷,占土地总面积的32.7%;林地面积47544.67公顷,占土地总面积的33.2%;园地面积10969.54公顷,占土地总面积的7.7%;草地面积821.4公顷,占土地总面积的0.6%;城镇村及工矿用地面积18866.3公顷,占土地总面积的13.2%;交通用地面积5224.9公顷,占土地总面积的3.7%;水域及水利设施用地面积11994.2公顷,占土地总面积的8.4%;其他土地面积943.4公顷,占土地总面积的0.7%。

二、耕地状况

耕地地域分布 全县耕地分布广泛,遍布各个乡镇、村,但分布很不均匀且悬殊较大,东部明显大于西北部煤山地区,耕地面积最大的为雉城镇,最小的为白岘乡,人均耕地面积最大的为二界岭乡,最小的为煤山镇。从地域上看,耕地主要集中分布在东部水网平原、中部圩区平原和西南部低丘岗地。该区内耕地很多集中连片,是基本农田保护的重点地区。从乡镇来看,以洪桥、雉城、夹浦、和平、林城、泗安、虹星桥7个镇分布相对集中,其他乡、镇也有零星分布。

灌溉水田以集中分布为多,望天田和旱地则以零星分布为主。东部水网平原地势低洼,田面海拔2.7米~4米,地下水位高,渍害较重,土壤以青紫泥为主,质地黏重,保肥力强,潜在养分含量高,是粮油高产区。中部圩区平原土壤以黄斑田、汀煞白土田为主,肥力中等,磷钾速效养分含量较低,但优于西南部丘陵低岗的耕地,是全县的粮油商品基地。

耕地质量及其分布 水旱比 全县水田与旱地比例为1:0.17,水田面积大大超过旱地,且东部水网平原地区的水田比例明显大于西北部煤山地区,耕地利用的区域差异十分明显。西部丘陵地区,海拔较高,坡地资源丰富,土地垦耕率高,但利用水平低,旱地比例大,生产力低;中部河谷盆地地区,坡地垦耕率高,但因平地面积大,因此水旱比丘陵地区低;平原地区的耕地利用率最高。

平坡比 坡度是反映耕地质量的重要因素之一,根据农业生产可行性,地面坡度大于6°,耕作和水利条件均受一定限制,以6°作为界限划分平耕地和坡耕地,可大致区分耕地的农业适宜性。全县小于等于2°的平坡耕地占耕地总面积的87.7%左右,坡度大于2°、小于等于6°的微坡耕地占7.8%左右,6°以上耕地面积占4.6%左右,平坡比为1:0.05。

高程分布 高程是影响耕地适宜性和生产力的因素之一。全县耕地主要分布在海拔100米以下的农业耕作层,10米以下主要分布水田,兼有分布菜地和在村落附近的零星旱地;10米~100米的低丘岗地主要分布旱地,兼有分在山坡的梯田和冲田;100米~250米为农林过渡层,以林茶等经济林木集中分布为主,山芥之间偶有少量梯田和旱地分布;250米以上的高丘地区极少有耕地分布。

水利化程度 用旱涝保收田面积占水田面积的百分比和有效灌溉面积占耕地总面积百分比两个指标衡量。按统计口径,2004年全县耕地面积为45703.20公顷,有效灌溉面积40220公顷,占耕地总面积的88.0%;旱涝保收田面积40220公顷,占耕地总面积的88.0%。

耕地生产力 全县高产耕地占耕地总面积的14.3%,粮食亩产平原区在600千克以上,河谷盆地在450千克以上,丘陵山区在400千克以上;中低产耕地面积占耕地总面积的85.7%,低产田产量无论在何区,平均亩产均比全区平均产量低100千克,比高产要低150千克~200千克。

第二节　水资源

县境内水资源组成有降水、西苕溪过境水和太湖回水。全县多年平均水资源总量为8.84亿立方米，人均1426立方米，低于全国人均2200立方米和浙江省人均2100立方米。从水资源种类来分为地表水和地下水，其中地表水多年平均总量7.7亿立方米，地下水1.14亿立方米。

一、水资源类型

地表水　河川径流主要来源于降水，其时空分布趋势与降水有一定相似性，但径流除受降水影响外，地形、植被、土壤、蒸发和水利用等多种因素也会对其产生影响。多年平均年径流深的地域变化范围在400毫米～1200毫米之间，其分布基本与降水量相似，自东部向西北递增。低值区出现在东部平原，太湖沿线为450毫米。合溪以南、泗安以东是另一个低值区，为450毫米～500毫米。西北部地区为500毫米～600毫米。和平南部地区500毫米～700毫米。径流年际变化较降水更为剧烈，历年最大最小年径流比值达3.3倍～4.6倍，如诸道岗站为4.59倍，港口站为3.92倍。

地下水　县境内地下水分4类。松散岩类孔隙水：分布在雉城—泗安平原浅表部，地下水附着于“硬壳层”虫孔、根孔和裂隙孔隙中，含水量贫乏，民井日出水量少于10立方米。红层孔隙裂隙水：分布在泗安镇至雉城镇一带，岩性为紫红色砾岩、砂岩相向成层，含水量偏少，民井日出水量10立方米～100立方米。碳酸盐岩类裂隙岩洞水：分布于煤山盆地、李家巷南黄芝山、和平西南三矿、横涧一带，裸露区泉水流量每秒0.3升～1升。煤山地区至槐坎一带及仰峰岕南部相对为富水区域，枯水年日流量700多立方米，平水年最大日流量达4300立方米。基岩裂隙水：存于构造裂隙中，单井涌水量一般每日小于100立方米。在构造地貌条件有利部位林城镇北部一带，位于“边框”断裂一侧之构谷中，单井日出水量可达600余立方米。

二、水资源开发利用

进入21世纪，全县进一步加大对水资源管理，实行最严格水资源管理制度。在丘陵山区加大蓄水工程治理，在平原开展河道清淤工程提高水资源储备，开发蓄水工程，开辟新水源，从整体上提高水利用率。另外，在水资源利用上严格控制，针对各个行业用水特点，把节水工作落实到每个环节，用水系数逐年降低。农业用水方面，通过对农村灌区渠道全面硬化，将原来土渠改成U型混凝土渠道，并在一些地区进行高效节能灌溉新技术推广，农业用水系数有所降低。工业用水方面，通过节能减排、加大技改降低水资源消耗、对企业征收水资源费等政策和措施，用水总量下降明显。2005年，全县用水总量4.73亿立方米。其中，农业用水3.35亿立方米，占全年用水总量70.8%；工业用水0.98亿立方米，占全年用水总量20.7%；居民生活用水、城镇公共用水和生态环境用水三项用水总计0.4亿立方米，占全年用水总量8.5%。2012年，全县用水总量4.51亿立方米。其中，农业用水3.36亿立方米，占全年用水总量74.5%；工业用水0.69亿立方米，占全年用水总量15.3%；居民生活用水、城镇公共用水和生态环境用水三项用水总计为0.46亿立方米，占全年用水总量10.2%。

2005—2012年长兴县用水结构

表2-11

年份	合计（亿立方米）	农业（亿立方米）	比例（%）	工业（亿立方米）	比例（%）	生活（亿立方米）	比例（%）	城镇公共（亿立方米）	比例（%）	生态环境（亿立方米）	比例（%）
2005	4.73	3.35	70.8	0.98	20.6	0.27	5.6	0.12	2.5	0.02	0.4
2006	5.04	3.65	72.4	0.99	19.7	0.24	4.8	0.14	2.7	0.02	0.3
2007	4.71	3.39	72.0	0.95	20.2	0.25	5.3	0.10	2.0	0.02	0.4

续表2-11

年份	合计(亿立方米)	农业(亿立方米)	比例(%)	工业(亿立方米)	比例(%)	生活(亿立方米)	比例(%)	城镇公共(亿立方米)	比例(%)	生态环境(亿立方米)	比例(%)
2008	4.74	3.30	69.6	1.01	22.5	0.26	5.4	0.10	2.1	0.02	0.4
2009	4.46	3.57	80.0	0.48	10.9	0.28	6.3	0.11	2.4	0.02	0.4
2010	4.58	3.58	78.3	0.55	12.1	0.29	6.4	0.12	2.7	0.02	0.5
2011	4.47	3.32	74.3	0.64	14.3	0.33	7.5	0.15	3.2	0.03	0.8
2012	4.51	3.36	74.5	0.69	15.3	0.29	6.4	0.14	3.5	0.03	0.7

说明:资料来源于县水利局

第三节　矿产资源

县境内已发现矿产26种,其中金属矿产6种、非金属矿产17种、能源矿产2种、水汽矿产1种;探明储量的矿产有17种,其中金属矿产5种,非金属矿产10种,能源矿产1种,水汽矿产1种。开采利用的矿种主要有17种,主要是硅灰石、石灰石、方解石、大理石、煤、泥岩、陶瓷土、石英砂岩、玄武岩、凝灰岩、膨润土、矿泉水等。

一、主要矿种

石灰石　石灰石赋存于三叠系青龙群、二叠系长兴组、栖霞组、石炭系船山组和黄龙组五个层位中。主要分布在李家巷、煤山两地区,后漾、小浦、吴山、林城、长潮等地有零星出露。已探明矿产地11处,其中李家巷地区5处,煤山地区6处;2009年,查明资源储量11.94亿吨。产于不同时代、不同地区的石灰石,矿石品位高低不一,有明显的差异性。青龙群的灰岩:主要分布在煤山地区,在吕山、后漾等地有小规模出露,矿石品位不稳定,夹层及有害组分变化较大,氧化钙49.3%～55.2%、氧化镁0.1%～1.5%、游离二氧化硅2.5%～2.9%,适用作水泥灰岩。长兴组的灰岩:主要分布在吕山和煤山地区,两地矿石质量差异较大。吕山的长兴灰岩含游离二氧化硅偏高,高达6.6%,仅能用作建筑用骨料;煤山的长兴灰岩矿石质量较好,可用作水泥灰岩,但该区部分地段位于长兴地质遗迹国家自然级保护区。栖霞组、船山组和黄龙组等层位内的灰岩:主要分布在李家巷、煤山两地,质量较好,氧化钙平均含量54%以上且较稳定,氧化镁、游离二氧化硅等有害组分低,除可用作水泥原料外,部分尚可用作熔剂、化工用原料;黄龙灰岩经热接触变质重结晶形成的大理岩型方解石,为碳酸钙产品的优质原料。

硅灰石　境内硅灰石产于黄龙灰岩硅质层中,属热接触变质矿产,主要分布在李家巷青草坞,另在土黄洞、吕山、吴山(青山)、白岘长青岭亦有矿化点。已探明的矿床位于李家巷青草坞,该矿之硅灰石含量达69.2%,且以针状硅灰石为主,矿石质量较好,查明资源储量406.1万吨。

玻璃用石英砂岩　境内玻璃用砂岩主要为泥盆系五通组石英砂岩。矿石含二氧化硅96.8%～98.5%、铁2030.1%～0.01%。该矿产分布较广,在煤山、小浦、雉城、二界岭、林城、泗安、洪桥、青山等地均有赋存。已探明矿床3处,其中位于洪桥范湾的石英砂岩矿,查明资源储量421万吨;管埭石英砂岩矿,查明资源储量(332+333)3854.47万吨;另经概查远景产地8处,预测资源量31亿吨。

煤　长兴县是全省主要的产煤地,发现有泥盆系五通组、石炭系高骊山组、二叠系栖霞组、龙潭组及侏罗系温塘组等五个含煤层位。主煤层仅见于二叠系龙潭组之C煤层,为气肥煤—肥煤,发热量每千克4500大卡～6600大卡。在C煤层中已探明的矿产地有煤井岗、东风岕、千井湾、广兴、葆青、新槐、青冬、后漾、长潮、双板桥、冯家湾、虹星桥、吕山16处,控制经济基础储量985.6万吨,控制边际经济基础储量285.6万吨。总的查明资源储量为1271.4万吨,按照国家产业政策,自2005年起已终止煤炭开采。

方解石　境内方解石属大理岩型，为黄龙灰岩经热接触变质而成，已发现的产地主要分布在李家巷地区。矿石含氧化钙 55.1%～55.9%、氧化镁 0.1%～0.2%、三氧化二铁 0.04%～0.1%、二氧化硅 0.5%～0.7%、三氧化二铝 0.16%～0.2%，自然白度 90%～92%。探明产地 1 处，控制经济基础储量 5118.57 万吨，另经概查远景产地 4 处，预测资源量 1930 万吨。

高岭土　境内高岭土有 3 种类型。第一种属陆相建造沉积型高岭土矿床，产于白垩系上统金华组地层，呈粉砂质结构，灰白色，矿物以高岭石为主，另有少量的石英、长石。仅在环桥—午山桥发现一小矿体，预测资源量 100 万吨。第二种为含煤建造沉积型高岭土矿床，产于龙潭煤系中，为煤层底板，呈层状、块状构造，灰色，局部具微红色，矿物成分以高岭石为主，另外有少量的长石、石英，微量的铁质，主要分布在煤山、白岘、槐坎、后漾等地，预测资源量 7500 万吨。第三种为细粒酸性—中酸性岩脉风化型高岭土矿床，主要由霏细斑岩、安山玢岩经风化而成，又称瓷土。该类矿石质量往往在浅部较好，深部较差。矿物成分以高岭石为主，另有少量的石英、长石、水云母等。主要分布在煤山的东川、西川，白岘和芥口、罗芥及和平的狮子山等地；矿体厚度一般 8 米～25 米，预测资源量 1130 万吨。

膨润土　境内膨润土集中分布在泗安赵村，与安吉红庙膨润土矿为同一成矿带，产于上侏罗统寿昌组，系火山碎屑岩经晚期水解而成，矿石为粉红色、青灰色和暗绿色，属钙基土。吸蓝量(每百克 0.1 毫摩)：83.2～93.8，膨胀容达每克 9.5 毫升，脱色力 150～200，pH 值 6.00～7.98，胶质价每 15 克 40 毫升～50 毫升，矿石易于分选提纯，是生产活性白土、有机土的良好原料。查明资源储量 900 万吨。

矿泉水　境内矿泉水探明产地 3 处，位于水口顾渚，赋存在花岗闪长岩、闪长斑岩的构造破碎带内，含有 20 多种对人体有益的微量元素，为含锶偏硅酸重碳酸型天然饮用矿泉水。水温 18℃，矿化度每升 0.15 毫克～0.24 毫克，pH 值 7.1～8.4，硅酸为每升 32.5 毫克～63.5 毫克，锶每升 0.14 毫克～0.21 毫克，氡 7.6 马赫～11.57 马赫，允许日采量 500 吨。另外，尚有第四系孔隙承压水——泉水，在水口、小浦、青砚岭、和平等地出露，偏硅酸含量均达到国家标准。

建筑石　可作建筑用的岩石有安山凝灰岩、硅质石灰岩、砂岩等。其中，安山凝灰岩为主要建筑石料，呈青灰色，具熔结凝灰结构，结构致密，抗压强度 180 兆帕～230 兆帕，酸碱活性度小，属优质建筑石料，主要分布在和平地区，经概查产地 3 处，预测资源量 5 亿吨。

金属矿产　金属矿产有金、银、铜、铁、铅、锌等，但矿床规模均较小，有的仅为矿化点。其中，铁矿探明产地 1 处，控制次边际经济基础储量(矿石)54.5 万吨；铅锌为硼矿的伴生矿产，控制边际经济基础储量分别为 4358 吨(矿石)、3930 吨(矿石)；金、银为共生矿产，已探明产地 2 处，其中金矿查明的资源储量 900 千克，银矿储量 349 万吨(矿石)，另外，在李家巷土黄洞、和平马家边等地均有金矿化点。

二、大银山金矿①

20 世纪 90 年代，经浙江省第九地质大队勘察并测定，长兴县李家巷镇青草坞村大银山有金矿，资源储量 1000 余千克，其中 C 级金量 126 千克、D 级金量 330 千克、C+D 级金量 456 千克，属极小型，极难选氧化铁帽型金矿床，矿区面积 3600 平方米。1990 年 12 月，对大银山金矿进行试开采。1992 年 5 月，县计划经济委员会(含青草坞村股份)、省第九地质大队和湖州监狱三方以股份制形式，组建长兴县大银山金矿。同年 7 月 9 日，大银山金矿被批准正式开采，为湖州市第一个金矿。采取露天开采方式，采用贫金矿、氧化难选铁帽型金矿浸提金工艺。生产流程流程为“开采—破碎—制粒—筑堆—喷淋—吸附”，后续“解吸—提纯—电解—熔炼”由省第九地质大队独立进行。年加工金矿石 0.7 万吨，销安徽铜都铜业公司。1997 年加工矿石总金量 41 千克，2003 年产量 35.48 千克，2004 年 1 月至 9 月产量 13 千克。至 2004 年 9 月，累计加工矿石总金量 730 千克，实际销售金量 448 千克，产值 3500 万元，矿山利润 450 万元。2005 年年底，因资源枯竭，停止开采。

① 资料来源于《浙江日报》(1992 年 7 月 12 日第 1 版)、《湖州市志(1991—2005)》(湖州市地方志编纂委员会编，嵇发根主编，方志出版社 2012 年版，第 94 页、第 576 页)。

第四节　植物资源

县境内植物区系处于温带和亚热带过渡区，全县有种子植物126科457属725种，其中木本植物有222种，草本植物有503种。有国家一级保护植物银杏、南方红豆杉2种，国家二级保护植物金钱松、榉树、莲、鹅掌楸、香樟、杜仲、野大豆、榧属(4种)、凹叶厚朴、中华结缕草、金荞麦、野菱水蕨、花榈木、香果树14种，浙江省级保护植物牛逼栓1种。

一、蕨类植物门

木贼科(节节草)、里白科(芒萁)、海金沙科(海金沙)、鳞始蕨科(乌蕨)、蕨科(蕨)、凤尾蕨科(井栏边草)、铁线蕨科(铁线蕨)、蹄盖蕨科(江南短肠蕨)、金星蕨科(渐尖毛蕨、金星蕨)、铁角蕨科(铁角蕨)、乌毛蕨科(狗脊蕨)、鳞毛蕨科(贯众、阔鳞鳞毛蕨)。

二、种子植物门

裸子植物亚门　苏铁科(△*苏铁)、银杏科(△*银杏)、松科(*雪松、*白皮松、*湿地松、马尾松、*日本五针松、△金钱松)、杉科(*柳杉、杉木、△*水杉、*池杉)、柏科(*柏木、刺柏、*侧柏、*千头柏、圆柏、*球柏、*龙柏、*蜀桧、*铺地柏)、罗汉松科(*罗汉松)。

被子植物亚门　双子叶植物纲　三白草科(鱼腥草)、胡椒科(山蒟)、杨柳科(响叶杨、*小叶杨、*加杨、*垂柳、河柳、银叶柳、旱柳)、杨梅科(杨梅)、胡桃科(化香)、壳斗科(板栗、茅栗、甜槠、苦槠、青冈栎、麻栎、槲栎、小叶栎、白栎、短柄枹)、榆科(糙叶树、紫弹朴、朴树、山油麻、榔榆、榆树、△榉树)、桑科(小构树、构树、柘树、*无花果、薜荔、葎草、桑树)、荨麻科(苎麻、悬铃木叶苎麻、糯米团、花点草、紫麻、粗齿冷水花)、铁青树科(青皮木)、蓼科(金线草、萹蓄、虎杖、水蓼、蚕茧草、酸模叶蓼、棉毛酸模叶蓼、何首乌、杠板归、春蓼、无辣蓼、戟叶蓼、酸模、羊蹄)、藜科(藜、小藜)、苋科(牛膝、喜旱莲子草、凹头苋、*鸡冠花)、紫茉莉科(*紫茉莉)、商陆科(商陆、美洲商陆)、马齿苋科(马齿苋)、石竹科(蚤缀、粘毛卷耳、牛繁缕、漆姑草、繁缕、雀舌草)、睡莲科(△莲、*睡莲)、毛茛科(女萎、毛茛、天葵)、木通科(木通)、小檗科(*日本小檗、*阔叶十大功劳、*十大功劳、*南天竹)、防己科(木防己、金线吊乌龟)、木兰科(△*鹅掌楸、白玉兰、*广玉兰、*二乔玉兰、*含笑、*乐昌含笑)、蜡梅科(*蜡梅)、樟科(△香樟、乌药、狭叶山胡椒、山胡椒、山苍子、檫木)、罂粟科(刻叶紫堇、黄堇、博落迴)、十字花科(荠菜、碎米荠、臭荠、北美独行菜、蔊菜)、景天科(东南景天、珠芽景天、垂盆草)、虎耳草科(宁波溲疏、中国绣球、*绣球花、矩形叶鼠刺、虎耳草)、海桐花科(崖花海桐、*海桐)、金缕梅科(蜡瓣花、*蚊母树、△牛鼻栓、枫香、檵木、*红花檵木)、杜仲科(△*杜仲)、悬铃木科(*二球悬铃木)、蔷薇科(龙牙草、野山楂、蛇莓、*枇杷、白鹃梅、*垂丝海棠、*西府海棠、石楠、*红叶石楠、蛇含委陵菜、*紫叶李、迎春樱桃、*梅、*桃、*樱桃、李、*日本晚樱、*日本樱花、*火棘、棠梨、*月季、小果蔷薇、金樱子、野蔷薇、悬钩子蔷薇、寒莓、山莓、插田泡、蓬蘽、高粱泡、茅莓、红腺悬钩子、中华绣线菊、*粉花绣线菊、单瓣李叶绣线菊)、豆科(*银荆、合欢、山合欢、云实、*伞房决明、*紫荆、香槐、黄檀、小槐花、皂荚、△野大豆、宁波槐蓝、华东槐蓝、马棘、鸡眼草、胡枝子、截叶铁扫帚、美丽胡枝子、拟绿叶胡枝子、绒毛胡枝子、天蓝苜蓿、香花崖豆藤、常春油麻藤、野葛、*刺槐、*香花槐、*龙爪槐、*白三叶、大巢菜、紫藤)、酢浆草科(酢浆草、*红花酢浆草)、牻牛儿苗科(野老鹳草)、芸香科(松风草、*香圆、*柑橘、青花椒)、苦木科(臭椿)、楝科(*楝树、*香椿)、远志科(狭叶香港远志、瓜子金)、大戟科(铁苋菜、泽漆、斑地锦、算盘子、野桐、杠香藤、青灰叶下珠、*乌桕、*油桐)、黄杨科(*匙叶黄杨、*黄杨)、漆树科(盐肤木、野漆树)、冬青科(构骨冬青、*无刺枸骨、*龟甲冬青、毛冬青、冬青)、卫矛科(窄叶南蛇藤、肉花卫矛、扶芳藤、*冬青卫矛、华北卫矛)、省沽油科(野鸦椿)、槭树科(三角枫、秀丽槭、鸡爪槭、*红枫、*羽毛枫)、无患子科(*黄山栾、*栾树、无患子)、清风藤科(清风藤)、鼠李科(光叶毛果枳椇、猫乳、长叶冻绿、圆叶鼠李、*枣)、葡萄科(牯岭蛇葡萄、三裂蛇葡萄、乌蔹莓、异叶爬山虎、*爬山虎、蘡薁、葛藟、*葡萄、网脉葡萄)、杜英科

(*杜英)、椴树科(田麻、扁担杆)、锦葵科(*蜀葵、*木芙蓉、*木槿)、梧桐科(梧桐)、山茶科(毛花连蕊茶、*山茶花、油茶、*茶树、*茶梅、隔药柃、窄基红褐柃、木荷)、藤黄科(黄海棠、*金丝桃、小连翘、地耳草)、堇菜科(戟叶堇菜、心叶堇菜、蔓茎堇菜、庐山堇菜、*三色堇、堇菜、紫花地丁)、大风子科(柞木)、瑞香科(北江荛花)、胡颓子科(蔓胡颓子、胡颓子)、千屈菜科(*紫薇、紫薇)、石榴科(*石榴、*重瓣红石榴)、八角枫科(八角枫、毛八角枫)、桃金娘科(赤楠)、野牡丹科(中华野海棠)、柳叶菜科(丁香蓼)、小二仙草科(小二仙草)、五加科(五加、楤木、中华常春藤、*八角金盘)、伞形科(鸭儿芹、野胡萝卜、天胡荽、破铜钱、水芹、前胡、窃衣)、山茱萸科(*洒金东瀛珊瑚、*红瑞木)、杜鹃花科(毛果南烛、满山红、马银花、映山红、乌饭树)、紫金牛科(朱砂根)、报春花科(过路黄、珍珠菜、星宿菜、假婆婆纳)、柿树科(*柿、野柿)、山矾科(山矾、白檀、四川山矾、老鼠矢)、野茉莉科(白花龙、垂珠花、野茉莉、郁香野茉莉)、木樨科(金钟花、*探春、*云南黄馨、*迎春、女贞、小蜡、*金叶女贞、*桂花)、马钱科(醉鱼草)、夹竹桃科(*夹竹桃、络石、*花叶蔓长春花)、萝藦科(牛皮消、萝藦)、旋花科(打碗花、日本菟丝子)、紫草科(附地菜)、马鞭草科(白棠子树、老鸦糊、臭牡丹、大青、海州常山、豆腐柴、马鞭草、牡荆)、唇形科(细风轮菜、活血丹、野芝麻、益母草、硬毛地笋、石荠苧、紫苏、夏枯草)、茄科(枸杞、苦蘵、白英、龙葵)、玄参科(通泉草、白花泡桐、*紫花泡桐、阴行草、婆婆纳、阿拉伯婆婆纳)、爵麻科(九头狮子草、爵床)、车前科(车前、北美车前)、茜草科(细叶水团花、猪殃殃、栀子花、水栀子、金毛耳草、鸡屎藤、毛鸡屎藤、茜草、六月雪)、忍冬科(忍冬、接骨草、*珊瑚树、*锦带花)、败酱科(败酱)、葫芦科(绞股蓝、栝楼)、桔梗科(半边莲)、菊科(豚草、牡蒿、野艾蒿、三脉紫菀、大狼把草、天名精、刺儿菜、小飞蓬、*大丽菊、野菊花、鳢肠、一年蓬、泽兰、鼠麹草、革命菜、泥胡菜、全光菊、齿缘苦荬菜、抱茎苦荬菜、马兰、大头橐吾、山莴苣、蒲儿根、千里光、加拿大一枝黄花、一枝黄花、续断菊、蒲公英、苍耳、黄鹌菜)。

单子叶植物纲　香蒲科(水烛)、水鳖科(水鳖)、禾本科(翦股颖、看麦娘、荩草、野古草、野燕麦、*孝顺竹、菵草、扁穗雀麦、狗牙根、毛马唐、大画眉草、知风草、白茅、阔叶箬竹、假稻、*黑麦草、淡竹叶、柔枝莠竹、荻、芒、求米草、雀稗、䓛草、*芦苇、淡竹、水竹、雷竹、毛竹、河竹、刚竹、苦竹、早熟禾、鹅观草、斑茅、金色狗尾草、狗尾草、鼠尾粟、黄背草、*菰)、莎草科(短尖苔草、青绿苔草、香附子、水虱草)、棕榈科(*棕榈)、天南星科(石菖蒲)、鸭跖草科(鸭跖草、杜若)、雨久花科(梭鱼草)、灯芯草科(灯芯草、野灯芯草)、百合科(薤白、黄花菜、萱草、玉簪、紫萼、禾叶土麦冬、阔叶土麦冬、土麦冬、沿阶草、麦冬、吉祥草、菝葜、小果菝葜、土茯苓、缘脉菝葜、牛尾菜、油点草、凤尾兰)、薯蓣科(日本薯蓣、薯蓣)、鸢尾科(蝴蝶花、黄菖蒲、鸢尾)、芭蕉科(芭蕉)、美人蕉科(大花美人蕉、美人蕉)。

说明:学名前加注"*"者为栽培植物。加注"△"者为国家保护植物,珍稀、濒危、特有植物。蕨类植物按秦仁昌系统排列,裸子植物按郑万钧系统排列,被子植物按恩格纳系统排列,同一科中属、种名按英文字母顺序排列。

第五节　动物资源

境内动物资源丰富,野生动物有200余种。常见的有穿山甲、青蛙、野鸡、野猪、喜鹊、鼬獾、黄鼠狼、蟾蜍、麻雀、燕子、池鹭、老鼠、松鼠、刺猬等,丘陵地区偶尔出现獐、麂、鹿、野猪、夹板乌龟等。长兴是国家一级保护动物扬子鳄之乡。

一、鱼纲

鲱形目　鳀科(短颌鲚、刀鲚)。

鲑形目　银鱼科(太湖新银鱼、大银鱼)。

鲤形目　鲤科[福建棒花鱼、棒花鱼、逆鱼、短须刺鳑鲏、兴凯刺鳑鲏、大鳍刺鳑鲏、越南刺鳑鲏、无须鱊、中华细鲫、鳙鱼、鲫鱼、*银鲫、*白鲫、草鱼、红鳍鲌、鲤鱼、鳡鱼、戴氏红喜鲌(青梢红鲌)、翘嘴红鲌、蒙古红鲌、银色颌须鱼、杨花鱼、短头白鲦、白鲦、鲢鱼、青鱼、鳡鱼、鳊(长春鳊)、似刺鳊鮈、革条副鱊、彩副鱊、彩石鲋、麦穗鱼、高体鳑鲏、中华鳑鲏、黑鳍鳈、华鳈、蛇鮈、赤眼鳟、似鲚、银鲴]、鳅科(泥鳅、大鳞副泥鳅)。

鲶形目 鲶科(鲶鱼)、鮠(鲿)科(白边鮠鱼、岔尾黄颡鱼、黄颡鱼)。

鲻形目 鲻科(青鲻)。

合鳃目 合鳃科(黄鳝)。

鲈形目 鮨科(鳜鱼)、塘鳢科(黄肚皮、沙塘鳢)、攀鲈科(圆尾斗鱼)、鳢科(乌鳢)、刺鳅科(刺鳅)。

二、两栖纲

蝾螈目 蝾螈科(东方蝾螈)。

蛙形目 蟾蜍科(大蟾蜍中华亚种)、雨蛙科(无斑雨蛙、中国雨蛙)、蛙科(弹琴蛙、日本林蛙、泽蛙、黑斑蛙、金线蛙、虎纹蛙Ⅱ)、树蛙科(大树蛙、斑腿树蛙)、姬蛙科(小弧斑姬蛙、饰纹姬蛙)。

三、爬行纲

龟鳖目 淡水龟科(乌龟)、鳖科(鳖)。

蛇目 游蛇科(赤链蛇、红点锦蛇、水赤链游蛇、渔游蛇、虎斑游蛇、滑鼠蛇、乌梢蛇)、眼镜蛇科(银环蛇)、蝰科(蝮蛇)

鳄目 鼍科(扬子鳄Ⅰ)。

四、鸟纲

䴙䴘目 䴙䴘科(小䴙䴘、凤头䴙䴘)。

鹈形目 鹈鹕科(斑嘴鹈鹕Ⅱ)、鸬鹚科(鸬鹚)。

鹳形目 鹭科(苍鹭、池鹭、牛背鹭、白鹭、中白鹭、夜鹭、黄苇鳽、紫背苇鳽、栗苇鳽、黑鳽)、鹮科(白琵鹭Ⅱ)。

雁形目 鸭科(鸿雁、小天鹅Ⅱ、疣鼻天鹅Ⅱ、针尾鸭、绿翅鸭、花脸鸭、罗纹鸭、绿头鸭、斑嘴鸭、赤膀鸭、赤颈鸭、白眉鸭、琵嘴鸭、白眼潜鸭、青头潜鸭、鸳鸯Ⅱ、普通秋沙鸭)。

隼形目 鹰科(赤腹鹰Ⅱ、普通鵟Ⅱ、白尾鹞Ⅱ)。

鹤形目 秧鸡科(普通秧鸡、红胸田鸡、红脚苦恶鸟、白胸苦恶鸟、董鸡、黑水鸡、骨顶鸡)。

鸻形目 雉鸻科(水雉)、蛎鹬科(蛎鹬)、鸻科(凤头麦鸡、灰头麦鸡、金斑鸻、长嘴剑鸻、金眶鸻、环颈鸻)、鹬科(红脚鹬、青脚鹬、白腰草鹬、矶鹬、扇尾沙锥、丘鹬)、燕鸻科(普通燕鸻)。

鸥形目 鸥科(白翅浮鸥)。

佛法僧目 翠鸟科(冠鱼狗、普通翠鸟、蓝翡翠)

雀形目 鹡鸰科(灰鹡鸰、白鹡鸰普通亚种、水鹨)、莺科(小蝗莺、东方大苇莺)。

五、哺乳纲

食虫目 鼩科(大麝鼩、臭鼩)。

啮齿目 仓鼠科(东方田鼠)、鼠科(黑线姬鼠、褐家鼠)。

食肉目 犬科(貉)、鼬科(黄鼬、黄腹鼬、鼬獾、狗獾、猪獾、水獭Ⅱ)。

偶蹄目 鹿科[獐(河麂)Ⅱ]。

说明:学名前标有"*"者为引进养殖种,学名末标有"Ⅰ""Ⅱ"者分别为国家一、二级重点保护野生动物。

第六章 古生态"三绝"

长兴历史悠久,有"金钉子"地质遗迹、古银杏和扬子鳄三个上亿年的珍稀自然遗产,被誉为"古生态三绝"。建有长兴地质遗迹国家级自然保护区、长兴扬子鳄省级自然保护区。

第一节　“金钉子”

长兴“金钉子”[①]位于长兴地质遗迹国家级自然保护区内，在县境内槐坎乡和煤山镇的交接地段，距县城约 20 千米。该保护区总面积 275 公顷，其中核心区面积 17 公顷、缓冲区面积 43 公顷、实验区面积 215 公顷，主要保护对象为全球二叠系—三叠系界线层型剖面、长兴阶层型剖面及其内赋存的华夏菊石动物群、蜓类动物群、牙形石动物群和鱼类等古生物化石，是世界上唯一拥有两个全球界线层型剖面的自然保护区。保护区范围在东经 119°42′—119°43′，北纬 31°04′—31°05′之间，呈东西向不规则狭长条带状，北靠青塘山，南临 10 省道，其南界从西往东以 10 省道路面北侧为界，西距青塘坝约 200 米，东到葆青自然村和煤山镇煤山村分界线止，长度约 2500 米；西面由南界西侧起点向北到青塘山南坡等高线 78 米止，长度约 140 米；北面从西界北侧起往东，沿青塘山南坡山腰 70 米～150 米等高线顺山势延伸到葆青自然村和煤山镇煤山村分界线处止；东面从北界东侧向南，与南界东侧闭合，长度约 215 米。

一、长兴“金钉子”的发现与确立

长兴葆菁一带的山体，裸露一条灰黑色纹硅质或白云质石灰岩，具带状构造，岩层中含燧石结核和夹灰燧石层，为举世瞩目的古生物化石带，属于地质史上二叠系—三叠纪时期海相连续沉积的地层和最完整的化石带，是地球亿万年演化史的缩影，也是国际上最为标准的地质剖面。科学家将之定义为“长兴灰岩”。世界古生物科研成就表明：自 5.8 亿年前出现动物以来，地球上曾发生五次大规模生物大灭绝事件[②]。而“长兴灰岩”则完整记录了第三次即 2.5 亿年前古生代与中生代之交的超级生物大灭绝事件。2001 年，国际地质科学联合会确定长兴灰岩“金钉子”的地位。

从被发现到“金钉子”落户长兴，其背后是几代中国科学家历经近百年接力实施的研究成果。

1917 年，中国地质学家丁文江从到长兴采煤的商人处听说长兴有遍山的石灰石，遂踏上考察之路，沿着古驿道登上长兴境内的五通山，在长兴发现 4 亿年前的石英岩，他以地质专家的敏锐断定该处将有奇迹发生，并将该砂岩命名为“五通石英岩”。1923 年，国际著名地质学家、北京大学美籍教授葛利普开始关注和研究长兴煤山地区的腕足动物化石，并命名该一动物群的地层时代为长兴期。1931 年，葛利普正式提出“长兴灰岩”一词，是最早用中国地名命名的国际通用地层，拉开了长兴“金钉子”研究的序幕。随后，地质学家黄汲清也到达长兴，顺着葛利普的思路加以实证。长兴灰岩公之于世后，不断有各国地质学家、古生物学家到达中国，直奔长兴，做考察研究。

中华人民共和国成立后，科学家们对“长兴灰岩”的研究锲而不舍，并终获硕果。1955 年，中国科学院南京地质古生物所盛金章带领科考队员进驻煤山考察，采集各种化石样本，在论述长兴石灰岩中的蜓类化石时，建立了与长兴石灰岩相应的有孔虫化石带，代表中国乃至是全世界层位最高的一个蜓带。1959 年，第一届全国地质会议后，正式命名长兴灰岩为长兴组。1962 年，盛金章提出“长兴阶”，并一直

---

① “金钉子”一词源于美国铁路修建史。1869年5月10日，美国首条横穿美洲大陆的铁路钉下了最后一颗钉子，该钉子是用18k金制成，它宣告了全长1776英里的铁路胜利竣工。鉴于该条铁路的修建在美国历史上具有里程碑的意义，1965年7月30日美国建立了“金钉子国家历史遗址”。全球年代地层单位界线层型剖面和点位在地质年代划分上的意义与美国铁路修建史上“金钉子”的重要历史意义和象征意义具有异曲同工之处，因此，“金钉子”后来被地质学家所借用。地质学上的“金钉子”是全球年代地层单位界线层型剖面和点（GSSP）的俗称，是国际地质科学联合会和国际地层委员会以正式公布的形式所指定的年代地层单位界线的典型或标准。

② 地球上曾发生5次大规模生物灭绝事件，均在人类出现之前，分别发生于距今4.4亿年前的奥陶纪末期、3.75亿年前的泥盆纪末期、2.5亿年前的二叠纪—三叠纪过渡时期、2.08亿年前的三叠纪—侏罗纪过渡时期和6500万年前的白垩纪末期。其中，规模最大的一次是距今2.5亿年前的二叠纪—三叠纪过渡时期。在该次灾难中，全球生物总共约57%的科、83%的属、96%的海洋生物的种与约70%的陆地生物的种灭绝。

沿用至今。20世纪60年代初，中国科学院南京地质古生物所所长赵金科带领科考队员到达煤山，白天上山找石头，晚上煤油灯下研究，在煤山剖面共发现晚二叠世华夏菊石动物群25属102种。但由于近百年来二叠系—三叠系界线一直以耳菊石作为划分标准，赵金科对华夏菊石的发现，被国外学者否定，他们坚持以华夏菊石分布局限，应在世界范围内找对应的点为由，不承认以华夏菊石作为划分标准。1977年，中国科学院南京地质古生物所成立以赵金科、盛金章为组长的二叠系—三叠系界线工作组。1978年，中国地质大学教授殷鸿福与校长杨遵仪，联合中国科学院南京地质古生物所，成立二叠系—三叠系界线工作组。主持两期对该界线的"国际地质对比规划"项目，先后有25个国家的200多名专家参与研究。1983年，浙江大学教授、地层专家王安德在长兴发现牙形石化石，但来不及细作研究便因病去世。1985年，年轻学者张克信接过王安德的工作，在长兴剖面发现三叠系底部重要化石微小欣德牙形石。一种新的依据诞生。1986年，界线工作组提出以微小欣德牙形石取代菊石作为二叠系—三叠系界线标志化石，正式向国际地层委员会提出在长兴建立全球二叠系—三叠系界线层型和点的报告。

按国际地质科学联合会(IUGS)和国际地层委员会(ICS)的规定，全球统一地质时代(年代)表通过建立全球不同时代(年代)地层单位界线层型和点(GSSP,俗称"金钉子")的方式来建立，以便于按统一时间(时代)标准去理解、解释、分析和研究世界不同地区同一时间内发生的或形成的各类地质体(岩石、地层等)及地质事件及其相互关系。而年代地层单位界线层型和点(金钉子)，则由国际地质科学联合会和地层委员会正式公布。

1993年，国际地层委员会二叠系—三叠系界线工作组主席殷鸿福在加拿大主持召开界线工作组会议，首次确定4条全球二叠系—三叠系界线层型候选剖面，其中浙江长兴煤山剖面被列为第一候选剖面。同时，大量国内外地质学专家对浙江煤山剖面进行了包括岩石地层、生物地层、地质年代、生态地层、磁性地层、事件地层、层序地层、同位素地层等多学科、高分辨率的研究工作，取得了丰硕成果，使煤山剖面成为地学上研究程度最高的剖面之一。1996年，二叠系—三叠系界线工作组的中、美、俄、德等国9名委员联名推荐煤山剖面为二叠系—三叠系界线全球层型剖面。同年，部分国外专家因新疆大龙口剖面考察过程中发生不愉快事件，遂以长兴属未对外国人开放地区为由，寄函至国际地层委员会主席及各个工作组的全部投票委员，无端掀起抵制煤山剖面成为全球二叠系—三叠系界线层型和点的候选剖面的活动。在国内各单位共同努力下，并团结国际学术界的专家，1997年，国际地层委员会及各工作组先后宣布，不赞成抵制煤山剖面，但要求"金钉子"剖面必须符合对外开放的条件。同年，"长兴阶"被正式列入国际地层年代表。

1996年9月，长兴县政府向浙江省政府报送《关于要求实现对外国人开放的请示》。1997—1998年间，在多方努力下，尤其是在时任中国地质大学(武汉)校长殷鸿福等人的呼吁、奔走、争取下，浙江省政府及有关部门、南京军区、国土资源部等对长兴实现对外国人开放的要求均给予了支持。1999年8月，国务院同意将长兴列入对外国人开放地区;9月13日，公安部下发文件，宣布新增长兴等11个对外国人开放的县(市)。

长兴符合金钉子剖面必须对外开放条件后的第一时间，中国工作组即向国际地层委员会和国际地质科学联合会提交煤山剖面申请资料。1999年10月25日起，国际二叠系—三叠系界线委员会正式对煤山剖面进行第一轮投票，至2000年1月15日，以显著多数通过。其后，2000年4月至6月，国际地层委员会三叠系分会进行第二轮投票，也以显著多数通过;9月至11月，国际地层委员会进行第三轮投票并以全票通过。2001年3月，国际地质科学联合会在阿根廷召开会议，对全球二叠系—三叠系界线层型剖面和点(GSSP)在上述三轮投票的基础上进行了确认，3月7日向全世界宣布确认结果:正式通过全球二叠系—三叠系界线层型剖面和点确定在中国浙江省长兴县煤山D剖面的27c层之底，牙形石Hindedus(微小欣德刺)初现点上。[①]长兴获得的该枚"金钉子"，是国内第2枚，也是级别最高的一枚"金

① 殷鸿福:《全球二叠系—三叠系界线层型剖面和点确立在我国的浙江省长兴县煤山》,《科学技术与工程》2001年第1卷第1期。

钉子”[①]。为当时全球最完整的二叠系—三叠系界线层型剖面和点，是地球史上三个最重要的断代界线之一，也是地球历史上五次生物大绝灭中最大一次绝灭事件和全球变化相联系的点位，具有国际对比意义和极高的科学研究价值。同年8月10日，“全球二叠系—三叠系界线层型及重大事件”国际学术会议在长兴召开，并举行长兴“金钉子”纪念碑揭牌仪式及新闻发布会。浙江省政府、国土资源部、国家环保局、中国地质调查局、中国科学院南京地质古生物所、中国地质大学等单位有关领导、专家；国际地层委员会副主席 Richard Lane，来自17个国家的近百位古生物学、地质学家出席活动。地质科学史上的百年探索，于新世纪新千年尘埃落定，中国科学家的辛勤付出终见回报；前后有数以千计的科学工作者参与“长兴灰岩”之谜的破解[②]。

2004年后，长兴煤山D剖面再获一枚“金钉子”。同年，关于二叠系乐平统吴家坪阶—长兴阶界线层型的提案，先后通过国际地层委员会二叠系分会的投票表决和国际地层委员会的讨论表决。2005年9月3日，国际地质科学联合会又在长兴灰岩的同一剖面上确定全球长兴阶底界和吴家坪阶顶界的接触界线层型(即小“金钉子”)。12月，国际地质科学联合会正式批准长兴煤山D剖面为二叠系乐平统吴家坪阶—长兴阶全球界线层型的和长兴阶单位层型的剖面。2006年6月14日，全球吴家坪阶—长兴阶界线层型点揭牌仪式在长兴县“金钉子”保护区D剖面举行。标志着第二颗“金钉子”正式落户长兴，同时也使长兴成为全球唯一在同一剖面上拥有两颗“金钉子”的地方。

二、长兴“金钉子”博物馆

2004年9月起，长兴灰岩(金钉子)地质博物馆动工兴建，至2006年10月建成开馆。总建筑面积4512平方米，展示面积2600平方米，设有宇宙地球展厅、生物进化展厅、金钉子展厅、4D影院、古木化石展区，是一所现代化的地质科普教学馆。其中，宇宙地球厅展示宇宙和太阳系的形成与特征，地球的结构构造和物质组成，地质作用形成的矿产资源、地貌景观和地质灾害；生物进化厅展示地球历史上生物的起源、爆发、进化的各个重要阶段及其标志性的代表化石；金钉子展厅剖释2枚金钉子落户长兴的奥秘，阐述金钉子的研究历程及其重要意义，展示研究长兴“金钉子”专家的风采、“金钉子”界线标志性化石“牙形石”、地球史上五次生物大灭绝；4D影院播放的专题片《生命大灭绝》，片长12分钟，运用动感立体(喷气、捅背、挠腿、闪电、下雨、升降、气泡)的高科技手段，让游客身临其境地领略地球史上生物的演变、灭绝、进化的历程；古木化石展区展示不同时期经过地质作用而演绎成的千姿百态的硅化石树木。2007—2012年，该馆共接待各地游客36.14万人次，实现收入1297万元。

图2-2　长兴“金钉子”地质博物馆自开馆以来，吸引了众多海内外专家、学者和游客前往参观和游览(谭伟东、汪亚杰、王健俊摄·2006年)

三、长兴地质遗迹国家级自然保护区

1980年3月14日，省政府批准建立“长兴灰岩标准地质剖面保护区”。同年，省、县两级政府在D剖面立碑公示，作为省级地质遗迹保护区加以永久保护。1982年5月，省建委、文管会、博物馆等部门和长兴县及乡镇政府负责人，实地确定保护区范围，立下镌有中英两国文字的永久性标志。

自1980年建立省级保护区后，各级政府、社会各界为剖面的保护和管理做了大量基础工作。经省

①国内第一枚“金钉子”是1997年1月国际地质科学联合会确认的浙江省常山县黄泥塘剖面，为奥陶系达瑞威尔阶全球界线层型剖面。详见《地质遗迹：永远的地球“档案”》，刊于《浙江日报》2001年4月19日，第6版，作者沈土。

②张加强：《破解远古地球超级生物大灭绝之谜——中国灰岩》，《浙江日报》2001年7月29日，第3版。

政府多次协调,省属企业浙江三狮水泥有限公司在矿区范围内,将1亿多吨石灰石储量的矿区划入保护区范围,加以永久保护。县政府先后关闭剖面附近10多家矿山和保护区内4家企业,并禁止在保护区内挖石取土等。至1992年,保护区的雏形基本形成。1999年,《浙江省自然保护区发展规划》中,将长兴灰岩剖面保护区列入"拟建国家级自然保护区"重点项目之一。2001年起,按照总体规划、分步实施的原则,全县累计投资1.5亿元,征地50多公顷,搬迁农户40多户,拆迁房屋4500多平方米,实施以地质遗迹博物馆工程为核心,以相关辅助工程为支点、以完善景点规划布局为补充的专项建设。同年,修通A、B、C、D、E、Z六个剖面间的简易道路,完成金钉子纪念碑及其辅助设施主体工程;8月10日,长兴灰岩"金钉子"纪念碑在保护区内落成,为9米高的塔形建筑,是全球二叠系—三叠系界线层型剖面的标志性建筑。2002年7月,兴建长兴"金钉子"地质公园。在已建好"金钉子"纪念碑的基础上,对D剖面的保护性设施进行建设,初步完成D剖面上科学考察平台和台阶的修筑。2003年3月,制定《浙江长兴全球二叠—三叠系界线层型剖面国家级地质遗迹自然保护区总体规划》。同年5月,"金钉子"地质遗迹保护区建设工程启动立项。2005年5月21日,包括国际地层委员会主席和秘书长在内的,参加三叠纪年代地层生物复苏国际地质大会的26名外国地质专家到长兴考察金钉子地质遗迹保护,认为保护区"是全世界地质遗迹保护得最好的地方之一"。7月23日,国务院办公厅下发《关于发布河北柳江盆地地质遗迹等17处新建国家级自然保护区的通知》,长兴地质遗迹国家级自然保护区被列入新建国家级自然保护区名录。8月9日,国家环境保护总局下发通知,对长兴等新建国家级自然保护区的面积范围及功能分区等作出明确规定。面积275公顷,属保护类型地质遗迹,主要保护对象为全球二叠—三叠系界线层型剖面和点(GSSP)、长兴阶标准地层剖面,以及赋存于地层中的华夏菊石动物群、蜓类动物群、牙形石动物群等。2007年8月,保护区获全国李四光中队科普教育基地称号,10月被中国古生物学会命名为全国科普教育基地。2008年,被国家旅游局评为国家AAAA级旅游风景区。2011年,被国土资源部授予国土资源科普基地称号,并成为中国科学院南京地质古生物研究所和中国地质大学的野外教学与研究基地。

2009年5月,成立长兴地质遗迹国家级自然保护区管理处,为社会公益类事业单位,核定事业编制6人。2012年8月,县政府办公室印发《长兴地质遗迹国家级自然保护区管理办法》。

第二节　扬子鳄

一、保护与饲养繁殖

20世纪70年代,扬子鳄仅点状分布于浙江省、安徽省和江苏省三省交界的山地丘陵地区。野生种群数量仅100余条,被列入世界自然保护联盟(IUCN)极危目录,国家一级保护珍稀动物。

1978年,长兴县管埭公社尹家边大队(今泗安镇管埭村尹家边自然村)村民自发将11条野生扬子鳄放入"上八亩"池塘,以竹篱笆围墙圈养保护。1982年夏,尹家边扬子鳄首次产卵。但由于基础设施薄弱,鳄鱼对生境改变不适应,造成扬子鳄忌食、鳄卵不孕不孵化等问题。随后,保护区组织专人前往北京、宁波动物园参观学习,逐步形成大场放养、分池喂养模式。1984年9月14日,1号雌鳄首次成功孵化子一代幼鳄。《光明日报》《中国环境报》和《中国林业报》等报刊进行专题报道。1988—1996年,2号雌鳄连续8年成功繁殖小鳄鱼,共产蛋203枚,孵化184条,当年存活140条,被称为"英雄妈妈"。3号雌鳄于1991年、1994年各繁殖一窝小鳄鱼,2次共产蛋33枚,孵化18条,当年成活17条。1997年9月22日至23日,首次成功孵化子二代鳄15条。1998年,新孵二代鳄2窝,孵化28条,存活27条。1999年,新孵二代鳄2窝,孵化42条,存活41条,年末存有鳄鱼147条。2000—2002年,保护区进行浙江省扬子鳄种源扩大繁育项目建设,干扰过大,造成鳄鱼生活规律紊乱,无法进行正常的生长繁育,未发现新增扬子鳄。2003年后,随着保护区基础设施完善,扬子鳄繁殖情况得到改善。2003—2008年,总共做窝79窝,产蛋1754枚,孵化存活549条,其间有2条雏鳄送往浙江大学生物实验室。2006 年,引进的 12 条美国扬子鳄成功适应新环境。随着子二代鳄的开始繁殖,扬子鳄繁育进入高速增长期。同时,保护区也探索出更加科学的饲养方法。在苏醒后的 2 个月内,投放活体小鸭对扬子鳄进行诱食和野化训练。在鳄鱼最需要的产蛋期和冬眠准备期,增喂牛肉、黄粉虫、银鱼等高蛋白饲料以补充营养。2009 年,产蛋 969 枚,孵化 339 条。2010 年,产蛋 804 枚,孵化 506 条。2011 年,产蛋 793 枚,孵出幼鳄 522 条。2012 年,产蛋 890 枚,孵化 806 条。至 2012 年,保护区有扬子鳄 2948 条。

二、科学研究

长兴尹家边扬子鳄保护区由于其民办性质和经费问题,在科研方面缺少成就。直到 1988 年转为民办公助性质后,由县林业局牵头开展研究工作。同年 4 月,县林业局向中国野生动物保护协会提交课题申请书,名称为扬子鳄自然繁殖专池养护的研究。主要研究幼鳄养护所需鳄池的规模、容量及饲料的种类与喂法,研究成鳄产蛋、孵化所需最佳环境条件,观察幼鳄在一定条件下的生长发育情况。1994 年 8 月 22 日,浙江省科学技术委员会与长兴尹家边扬子鳄保护区签订项目合同书,名称为扬子鳄第二代的繁殖及其配合饲料的研究。研究、分析子一代扬子鳄不能生育的原因,观察、分析不同年龄扬子鳄对饲料种类、质量的需求,研制出取材方便、价格低廉又能满足生长发育的配合饲料。1995 年,完成扬子鳄第二代的繁殖及配合饲料的研究项目的阶段任务“一扩三改二试”。即扩大养鳄池面积,改喂多种饲料、改大池混养为大池分隔、改分阶段网养为分年龄网养,子母对同池试养、姐弟对同池试养。1997 年,长兴尹家边扬子鳄保护区完成扬子鳄第二代繁殖及其配合饲料的研究报告。2010 年 5 月,浙江大学科技人员入驻保护区进行基因谱系研究。在 150 条成年鳄鱼身上打上标记、抽取血样,注入标识芯片,抽取 300 份脐带血样本带回浙大实验室。至 2012 年,扬子鳄遗传谱系研究仍在持续进行中。

图 2-3 雉城镇第三小学在扬子鳄自然保护区建立观察点。图为保护区科研人员指导学生了解扬子鳄的形体结构(王健俊、周秀明、欣建摄·2001 年)

三、对外交流

国际交流 1988 年 5 月,中国科学院发育生物研究所邀请日本热川县热带植物园鳄鱼养殖场博士丹部节雄和美国纽约州动物园爬行动物馆馆长、博士约翰·彼勒参观长兴县尹家边扬子鳄保护区。该次外国专家访问是保护区成立以来首次有记录的中外交流,为随后开展扬子鳄国际交流研究奠定基础。1991 年 1 月,中国科学院邀请国际自然与自然资源保护联盟(IUCN)鳄类专家组副主席、博士 G 韦布(Grahame Webb)和 B 弗农(Brian Vernon)参观长兴县尹家边扬子鳄保护区,了解中国扬子鳄饲养注册和商品出口的提案。1992 年 3 月,《濒危野生动植物种国际贸易公约》成员国第八届公约会在日本东京召开,G 韦布和 B 弗农提出咨询意见,中国申请人工繁殖扬子鳄商业登记的提案一举获得通过。9 月,县林业局与中国科学院发育生物研究所达成协议,由长兴县尹家边扬子鳄保护区向该所提供 6 条第二代幼鳄,供其进行国际交流及科学研究;该所承诺,向长兴县尹家边扬子鳄保护区提供繁育扬子鳄新方法和手段,及 6000 元补偿实验材料费。2001 年 8 月,长兴尹家边扬子鳄保护区代表参加中国合肥扬子鳄保护及放归自然国际研讨会。9 月,参加中国广州鳄类养繁殖及经营管理国际研讨会。2002 年 10 月,参加第十六届 IUCN SSC CSG 鳄类保护(国际)研究会。2006 年 1 月,国家林业局发文同意长兴县尹家边扬子鳄保护区从美国引进扬子鳄 12 条(系早年从中国运到美国的扬子鳄的后裔),用于学术交流和科学实验。5 月,12 条从美国引进的扬子鳄运抵长兴尹家边扬子鳄保护区。其中,有 3 条成功通过野化驯化,于 2007 年 6 月在上海崇明岛湿地公园放归。

扬子鳄出租出售 20世纪90年代,长兴尹家边扬子鳄保护区第一代子鳄开始交配繁殖,扬子鳄种群数量大幅增加。由于饲养经费压力,保护区在省林业厅批准下通过转让、出租等方式,向一些具备资质的动物保护机构提供未有生育能力的二代子鳄,用于科研、观赏及生态宣教。1991年7月,保护区首批10条7龄扬子鳄,转让至淳安县新安江开发公司——千岛湖国家森林公园姥山林场。1992年,向杭州市青少年活动中心出售扬子鳄7条,用于联合发起保护珍稀动物扬子鳄的社会募捐活动。1993年,向安徽医科大学、赣州市园林管理处各出售扬子鳄2条。1994年后,扬子鳄对外出售改为对外租赁形式,即扬子鳄产权属长兴尹家边扬子鳄保护区,当年向上海东方水族世界发展有限公司出租扬子鳄6条。1995年,向上海动物园、济南大明湖公园出租扬子鳄共8条。1996年,向长兴扬子鳄度假村、舟山市林业局、广州动物园、无锡东方水族世界、环太湖农业开发区出租扬子鳄共21条。1997年,向太原市动物园爬行馆、江西临川爬行动物展览团、青岛市动物园管理处、杭州动物园出租扬子鳄共16条。1998年,向海南省国营新盈农场、长乐动物展览团、西安市动物爬行馆、吉林省牡丹江市人民公园出租扬子鳄共12条。1999年,向河南省济源市百花艺术团、河南省南阳市动物园爬行馆出租扬子鳄共3条。2000年,向烟台塔山游乐城出租扬子鳄10条。2001年,向湖州莲花庄公园游乐场、江阴市中山公园出租扬子鳄3条。同年起,经费逐步得到保障,对外出租、出售扬子鳄活动相应减少。

四、长兴扬子鳄省级自然保护区

1979年4月8日,管埭公社尹家边大队成立全国首个民办性质的长兴尹家边扬子鳄保护区。县政府和省林业厅给予保护区一定资金补助。1980年5月,经中国科学院动物研究所专家考察确定,管埭公社尹家边大队划为国家一类保护动物扬子鳄保护点。1988年11月2日,省政府同意以长兴县尹家边村为范围建立民办公助性质的长兴尹家边扬子鳄保护区,面积为122.67公顷,属长兴县人民政府领导。保护区事业费从1989年起,省财政每年固定补助1万元。1999年6月23日,县政府同意尹家边扬子鳄保护区更名为浙江省长兴扬子鳄保护区。属县政府领导,县林业局管理,性质由原民办公助调整为全民事业单位,定编6人。保护区事业费实行差额拨款,县财政每年补助2万元,不足部分由保护区自筹。2003年5月30日,原定编制6人精减为4人。2004年1月7日,浙江省机构编制委员会同意尹家边扬子鳄保护区管理处机构类别为公益类纯公益性事业单位。2007年5月,省政府建立长兴扬子鳄省级自然保护区。6月,长兴县成立浙江长兴扬子鳄省级自然保护区管理委员会。

第三节 古银杏

一、古银杏群

银杏是植物"活化石"。中科院化石专家在考察"长兴灰岩"时,将2亿多年前的"银杏化石"拿来同当前的长兴银杏比较,竟毫无变异,证明银杏"活化石"的美誉名不虚传。银杏因其种子"形似杏,色白如银"而得名,属雌雄异株的裸子植物。远在2.7亿年地球上就有银杏,因此有"世界上最古老的树"之称。

全县存百年以上的古银杏5924株,其中小浦镇八都岕的古银杏群落有2738株。树龄在500年以上的国家一级银杏有24株,树龄在1000年以上的国家一级银杏有9株,分布在水口乡寿圣寺2株、和平镇周坞山2株、小浦镇光耀村和画溪村各1株、煤山镇西川村和新源村各1株、槐坎乡抛渎岗村1株。

小浦镇光耀村(原白阜乡许家村)的1株银杏,是全县树龄最长的银杏,树龄约1200年,冠幅29×19米,主干空洞中生长着小的果树,被称为"怀中抱子"。白岘乡五通山村的1株银杏,是全县最高的古树,树高32米,树龄约360年。水口乡寿圣寺的雌雄银杏,一株为雄、一株为雌,树龄均约1010年,树高30米,胸围340厘米,平均冠幅16米,雌雄银杏周围有8株不同树龄的银杏树围绕,据树龄推测分为五代,被称"五世同堂"。

二、县树银杏

2001 年 6 月，十一位县人大代表在县十二届人大第四次会议上提出《关于将“银杏树”立为县树的议案》。8 月 14 日，县十二届人大常委会第二十九次会议审议通过该议案，将银杏树确定为长兴县县树。

三、十里古银杏长廊

小浦镇八都岕长 12.5 千米，宽 1 千米，依次相连岕内的方一、潘礼南、方岩、大岕口 4 个行政村，区域面积 1250 公顷，共有古银杏在内的银杏树 10 万余株，形成蔚为壮观的十里古银杏长廊。有百年以上古银杏 2738 株，均为未嫁接原生树。

图 2-4　水口寿圣寺的“五世同堂”古银杏群(县林业局提供·2012 年)

1996 年 1 月 13 日，《中国时报》(英文版)以《不怕冰川的银杏——从长兴传遍世界》为题对长兴十里古银杏长廊进行报道，后被 80 多个国家和地区报刊转载。1999 年，编制《浙江省长兴县旅游发展总体规划(1999—2010 年)》，将“古生态旅游区”列为全县旅游区域布局与开发重点之一。2001 年 8 月，全国第十次银杏学术研讨会暨中国银杏研究会 2001 年会在长兴召开，近 30 个省(区、市)的林学会和科研院所的专家、学者 250 余人参加。同年，启动古银杏长廊的开发。2002 年，委托浙江大学编制《古银杏长廊旅游区建设控制规划》，确定十里古银杏长廊“一廊一涧四景三配套”的开发建设思路。同年，完成十里古银杏长廊重点地区 1∶500 地形图测绘，启动十里古银杏长廊建设。2003 年，委托中国美术学院编制《十里古银杏生态园详细规划设计》，对外开展招商引资。2004 年，古银杏长廊被列入全县六大重点旅游建设项目之一。同年 7 月下旬起，对古银杏长廊进行环境整治，将入口处改造成公园，包括回廊、亭子等主体工程。2005 年，完成《八都岕旅游区建设控制规划》、八都岕入口处景观工程、12.5 千米主干道柏油路面铺设及景区内部标识系统建设。2006 年，小浦镇政府对景区内主干道路及沿线环境整治，对景区内涧滩治理和疏通改造，启动古银杏公园、太湖泉生态园、江南古山村建设。2008 年年底，完成古银杏公园、太湖泉生态园及涧滩景观建设，景区基本框架完成建设。2012 年，共接待游客 2 万人次，实现旅游收入 45 万元。

第七章　自然灾害

长兴县内自然灾害以洪涝、台风、干旱、冰雹和龙卷风为主，高温、严寒、大雪等灾害亦有发生，但远不及洪涝灾害发生的次数多、危害大。

第一节　台　风

1988—2012 年，对全县产生影响的台风平均每年 1.6 次，少数年份无影响，多的年份 3 次～4 次。影响频次以 8 月最多，9 月次之。影响台风最早的是 2006 年第 1 号台风“珍珠”，影响时间为 5 月 18—19 日；最迟的是 2007 年第 16 号台风“罗莎”，影响时间为 10 月 3—8 日。1988—2012 年，对长兴影响严重的台风过程主要有 11 次。

1988 年第 7 号台风，影响时间 8 月 7—9 日。长兴站过程雨量 12.0 毫米，最大风力 7 级(极大风速每秒 23 米)。致灾因素是大风，全县直接经济损失 483.92 万元。

1989 年第 23 号台风，影响时间 9 月 15—16 日。长兴站过程雨量 89.3 毫米，最大日雨量 78.5 毫米，最大风力 6 级(极大风速每秒 20 米)。致灾因素主要是暴雨，全县直接经济损失达 1500 万元。

1990 年第 15 号台风，影响时间 8 月 29—31 日。长兴站过程雨量 234.5 毫米，最大日雨量 165.6 毫米，雨量集中，最大风力 7 级(极大风速每秒 26 米)，8 级以上大风持续 9 小时。致灾因素是大风暴雨，全县作物受灾面积 15666.67 公顷，成灾 6200 公顷，绝收 686.67 公顷，损失粮食约 2450.2 万千克；沉塘 1186.67 公顷，失鱼 152 万千克；房屋倒塌 2016 间，损坏 2578 间；其他道路、桥梁、通信等均遭受严重损失；直接经济损失 6517.6 万元。

1997 年第 11 号台风，影响时间 8 月 18—19 日。长兴站过程雨量 67.1 毫米，最大日雨量 67.1 毫米，最大风力 6 级。致灾因素是大风暴雨，31 个乡镇、254 个行政村、12 万人口受灾；房屋损坏 23.65 万平方米，倒塌 260 间 6500 平方米；农作物受灾面积 6030 公顷，减产粮食 2650 吨；淡水养殖损失面积 27 公顷，数量 29 吨；部分停产工矿企业 441 家；公路中断 11 条；供电中断 36 次 20 小时，损失输电线路 1050 杆，长度 109 千米，损失通信线路 102 杆 30 千米。

2001 年第 2 号台风“飞燕”，影响时间 6 月 23—24 日。外围影响，普降大到暴雨，长兴站过程雨量 74.1 毫米，自动站最大过程雨量 95 毫米，全县平均降水量 81 毫米。由于正处梅汛期，前期降水量偏多，引发局部洪涝，受灾乡镇 6 个、人口 1.6 万人，受灾作物面积 410 公顷，毁坏路基 10 千米，毁坏护岸 6 处，直接经济损失 285 万元。

2004 年第 7 号强热带风暴“蒲公英”，影响时间 7 月 3 日。普降大雨，出现持续大风，长兴站雨量 32.8 毫米，最大风力 7 级(极大风速每秒 25.1 米)。全县被刮倒刮断树木 1.2 万余株、毛竹 6 万余株，刮倒吊瓜棚面积 80 余公顷、简易房屋 45 间，太湖大堤迎水坡抛石损坏 5.2 千米，直接经济损失 280 万元。

2005 年第 9 号台风“麦莎”，影响时间 8 月 5—7 日。全县普降大到暴雨，长兴站过程雨量 87.2 毫米，其中 6 日 8 时至 7 日 8 时 24 小时雨量 74.0 毫米，大风持续时间约 20 小时，最大风力 10 级(极大风速每秒 25.3 米)。全县 232 个村受灾，受灾人口 15.36 万人；房屋倒塌 1466 间；农作物受灾面积 14714.6 公顷，成灾面积 6624.8 公顷，绝收面积 671.67 公顷，减收粮食 5250 吨；树木受损 9166 株；水产养殖受灾面积 681.53 公顷；停产工矿企业 373 家；毁坏铁路、公路基面 40 千米，输电线路 184 千米，通信线路 92 千米；堤坝 24 千米，护岸、塘坝、桥、溢洪道 106 处，水闸 3 座，灌溉设施 74 处，机电泵站 43 座；直接经济损失 2.34 亿元。

2005 年第 15 号台风“卡努”，影响时间 9 月 11—12 日。全县普降大到暴雨，长兴站过程降水量 50.0 毫米，最大风力 9 级(极大风速每秒 21.1 米)。全县有 17 个乡镇成灾，受灾人口 3.07 万人；房屋损坏 293 间；农作物受灾面积达 5866.67 公顷，成灾面积近 2666.67 公顷，绝收面积 133.33 公顷，减收粮食 0.16 万吨；损坏输电线路 51.2 千米，通信线路 27.6 千米；直接经济损失 1970 万元，其中工业交通运输直接经济损失 110 万元。

2007 年第 13 号台风“韦帕”，影响时间 9 月 18—19 日。全县面雨量 88 毫米，最大雨量 166 毫米，长兴站过程降水量 112.2 毫米，最大日雨量 92.6 毫米，最大风力 7 级。全县受灾面积 3565.2 公顷，成灾面积 189.6 公顷，绝收面积 40.1 公顷，减收粮食 0.57 万吨，水产养殖受灾面积 186.2 公顷，农林牧渔业直接经济损失 2328 万元。

2007 年第 16 号台风“罗莎”，影响时间 10 月 7—8 日。全县面雨量 101.4 毫米，长兴站过程雨量 151.3 毫米，最大日雨量 116.2 毫米，最大风力 5 级(极大风速每秒 20.5 米)。全县农作物受灾面积 23192.53 公顷，成灾面积 16438.4 公顷，绝收面积 1305.67 公顷，减产粮食 5.43 万吨，水产养殖受灾面积 1775.33 公顷，农林牧渔业直接经济损失 1.66 亿元。

2012 年第 11 号台风“海葵”，影响时间 8 月 6—11 日。长兴过程雨量 202.6 毫米，最大日雨量 131.7 毫米，内陆最大风力 9 级(极大风速每秒 24.4 米)，太湖湖面及沿线最大风力达 12 级(极大风速每秒 33.3 米)。全县受灾人口 18.98 万人，直接经济损失 14.56 亿元；农作物受灾面积 2.2 万公顷，农作物成灾面积 7246.67 公顷，农作物绝收面积 1040 公顷，大棚等农业设施损毁面积 1202.67 公顷；林业受损面积 11540 公顷；死亡禽类 2235 头；停产工矿企业 851 家；冲毁公路路基 32220 立方米，公路中断 24 处，冲毁公路 23 千米、桥梁 17 座、护岸 38140 平方米，损坏行道树 7800 株，损坏供水排水设施 1150 米，城市道路受损 5430 平方米；冲毁电力塔杆 39 处，线路损坏 71 千米，配电箱损坏 33 只，供电中断 206 条次；损坏堤防 188 处、长度 31.25 千米，损坏护岸 92 处、水闸 15 座，冲毁塘坝 47 座，损坏灌溉设施 167 处、机电井 29 眼、机电泵站 140 座；房屋倒塌 605 间，严重损坏 87 间。

第二节　雨　涝

一、暴雨

1988—2012 年，全县总暴雨日（暴雨是指日雨量大于等于 50 毫米的降雨个例）87 天，年均 3.5 天，其中大暴雨日（日雨量大于等于 100 毫米）有 5 天，最大日雨量 165.6 毫米，出现在 1990 年 8 月 31 日。暴雨主要发生在 6—8 月，占全年总暴雨日的 58.6%，最多在 6 月，占暴雨日总数的 27.6%，其次 7 月，占暴雨日总数的 24.1%。大暴雨多发生在台汛期，在 5 次大暴雨过程中，3 次为台风降水，分别出现在 1990 年 8 月 31 日 15 号台风、2007 年 10 月 8 日"罗莎"台风和 2012 年 8 月 8 日"海葵"台风；1 次强雷雨，出现在 1993 年 7 月 20 日；梅汛大暴雨 1 次，出现在 1999 年 6 月 30 日。

1988—2012 年，典型的大暴雨灾害个例（台风降水和梅汛暴雨另见相关章节）为 1993 年 7 月 20 日大暴雨过程。7 月 19 日 20 时至 20 日 8 时，长兴站 12 小时雨量达 136.4 毫米。全县有 12 个乡镇，96 个村受灾，倒房 250 户、9500 平方米，农田受灾 5334 公顷、成灾 1734 公顷，圩堤被冲毁 26 处 850 米，公路被冲毁 21.6 千米，桥梁被冲毁 8 座，共计直接经济损失 1110 万元，死亡 1 人，伤数人。

二、梅雨、洪涝

县内洪涝多发生在汛期降水集中期，也有少数年份出现在春汛，或者盛夏。1988—2012 年，平均入梅日 6 月 16 日，出梅日 7 月 6 日。最早入梅 6 月 2 日，出现在 1991 年和 1996 年；最迟入梅 6 月 24 日，出现在 2004 年。最早出梅 6 月 18 日，出现在 2006 年；最迟出梅 7 月 20 日，出现在 1999 年。平均梅期 21.2 天，最长出现在 1996 年，45 天；最短出现在 2000 年和 2006 年，仅 5 天。平均梅雨量 222.4 毫米，最多出现在 1999 年，达 903.3 毫米；最少出现在 2006 年，仅 0.7 毫米，为空梅。1988—2012 年间，梅汛洪涝多出现在 1999 年之前，最严重的是 1999 年，全县发生百年不遇洪涝灾害；2000 年以后，梅雨最多的是 2008 年，偏丰的年份还有 2010 年和 2011 年。

1991 年太湖流域发生特大洪灾。进入梅雨期，长兴县普降大到暴雨，长兴站梅雨量 504 毫米，超过常年一倍多。出梅后又连续降雨，太湖水位居高不下。6 月 22 日—8 月 12 日，太湖夹浦口水位连续 42 天超危险水位，其中 7 月 13 日 3.06 米，超危险水位 0.7 米。县内大面积农田处于高水位压迫，特别是城东平原长期受洪水周困，受灾最严重的横山乡蒋家墩村被洪水围困 40 多天。洪水造成县内农田严重内涝，其中绝收 766.71 公顷，减产粮食 5.1 万吨，受淹鱼塘 1422.21 公顷；工矿企业停工停产，水上运输长期中断；全县工农业直接经济损失约 2.82 亿元。

1996 年梅汛洪涝。6 月 2 日入梅，7 月 16 日出梅，梅雨期长达 45 天，比常年偏多 23 天，梅雨量 595.3 毫米，是常年梅雨量的 2.7 倍。全县有 25 个乡镇、293 个行政村、27.5 万人口受灾，受灾面积 19246.67 公顷，减产粮食 17670 吨，养殖损失 204 公顷，损失房屋 3300 间，计 85625 平方米，工矿企业停产半停产 64 家，工农业直接经济损失 8530 万元。

1999 年梅汛特大洪涝。6 月 7 日入梅，7 月 19 日出梅，梅雨期 42 天，比常年偏多 20 天，其间共出现 8 次暴雨过程，梅雨量多达 903.3 毫米，是常年梅雨量的 4 倍，创梅雨量和历史同期雨量之最，太湖水位创历史最高纪录。灾情涉及全县 20 个乡镇、452 个行政村，倒圩5 只、沉圩59 只，受灾人口 48.5 万人,受灾农田34666.67公顷,其中成灾33933.33公顷,渔业损失近4666.67公顷;堤防损失1088千米,砌石护岸损失1052处178千米,堰坝毁坏186处,桥涵毁坏121处,机电泵站损坏97座;房屋损坏8.75万间,倒塌1.96万间;水路运输全部中断,公路运输大部分中断;5个集镇进水,多家粮库受淹,1000余家工矿企业停产半停产;直接经济损失17.29亿元。

2008年梅汛洪涝。6月8日入梅,7月4日出梅,梅雨期26天,梅雨量308.7毫米,比常年偏多40%,是1999年洪涝以后梅雨最典型的一年。6月17日到18日降水量125.0毫米。直接经济损失477.1万元,其中农林牧渔业直接经济损失216.4万元,农作物受灾面积4576公顷。

2009年盛夏洪涝。7月22日—8月11日,21天累计雨量353.6毫米,是常年的3倍多,雨量、雨日均创历史新高。由于上游泄洪,造成局部地区洪涝,河网水位居高不下,给全县工农业生产、交通、航运等造成一定损失。

2010年梅雨期30天,是县内10年来最长的一次梅雨期。降水集中,主要出现在7月4—5日和11—16日。4—5日的暴雨,造成全县直接经济损失2350万元,其中农作物受灾面积188公顷。13—16日连续大到暴雨,造成全县直接经济损失1167.2万元,其中农作物受灾面积4085.9公顷、成灾面积904.6公顷、绝收面积20公顷,水产养殖损失面积622.7公顷、产量1255.75吨。

2011年梅雨期间,出现4次集中降水过程。全县受灾范围涉及16个乡镇,受灾人口1.03万人,转移人口407人。造成直接经济损失5800余万元,主要损失集中在农业、水利、工业等方面,其中农业牧渔业直接经济损失4300余万元。

第三节 高温 干旱

县内干旱一般发生在盛夏少雨期。1988—2012年,全县共出现高温干旱天气10次。

1988年夏季高温干旱。7月1—24日持续高温少雨,该时段降雨量仅69.8毫米,比常年偏少50%,接近历史最低值,平均气温31.6℃,比常年偏高3℃,创历史新高,大于35℃的高温日21天,其中14天37℃,极端最高气温39.8℃,创历史新高。据不完全统计,早稻总产量减少1486.5千克,同时城乡用电量大增,7月用电比上年同期多381万千瓦时。

1988年罕见的秋冬大旱。1988年9月25日—1989年1月5日连续113天,总雨量仅26.5毫米,不足常年的20%,创历史新低。全县共有34个乡镇332个村受旱,春粮等受旱面积达14686.67公顷;由于河床水位低落,致使载量不足,或发生航阻,严重影响航运经济;山区部分地区发生用水困难。

1990年夏季高温干旱。由于当年梅雨期间显著偏少,水库蓄水和土壤含水量不足,进入盛夏后,高温少雨,7月3日—8月29日,雨日仅16天,总雨量112.6毫米,比常年偏少60%,35℃以上的高温日26天。全县水田受旱8880公顷,成灾24333.33公顷,绝收520公顷;旱地受灾3213.33公顷,成灾1520公顷,绝收326.67公顷;无水下种13506.67公顷,生长期受旱6853.33公顷;粮食减产约2025.3万千克;2.7万余人及2.04万头牲畜饮水困难;投入抗旱资金197.5万元,直接经济损失1871.3万元。

1991年夏季干旱。8月8日—9月1日25天中只有4个雨日,雨量仅12.6毫米,不足常年的10%,雨量、雨量日之少仅次于历史极值(1978年)。全县受旱面积3413.33公顷,其中旱地880公顷、水田2533.33公顷,断水2040.67公顷、干裂252.67公顷,粮食减产9.5万千克,直接经济损失625万元。

1994年夏季高温干旱连秋旱。6月28日出梅后持续高温少雨,6月28日—9月30日降水持续偏少,95天中雨日仅24天,雨量187.6毫米,比常年偏少60%～70%,接近历史最低值,其中6月18日—8月1日持续高温,其间大于35℃的高温日达30天,长时间持续高温少雨,导致夏秋严重干旱,全县受灾面积达27.1公顷,其中水田18.18公顷、旱地和园林8.92公顷,直接经济损失6789万元。

1995年夏旱连秋旱。该年虽梅汛降水偏丰,但阶段性干湿显著,出梅后持续高温少雨,7月8日—

10月2日，87天中雨日仅22天，雨量110.8毫米，比常年偏少60%～70%。其间，大于35℃的高温日达35天，极端最高气温39.0℃，出现在9月7日，创历史9月上旬同期新高。全县出现严重夏秋干旱，农田受灾面积7666.67公顷，其中成灾面积4533.33公顷，直接经济损失1091万元。

2000年空梅接夏秋高温少雨。6月5日—9月26日总雨量281.7毫米，比常年偏少50%。由于梅汛雨量不足30毫米，出梅后即进入高温少雨，盛夏无大范围强降雨，致使旱情蔓延，丘陵地区旱情严重。全县作物受旱面积达12566.67公顷，水田和旱地干枯达220公顷；淡水养殖受灾3133.33公顷；水源性缺水1.3万人，水质性缺水2.1万人；直接经济损失3850万元。

2003年夏季高温干旱。当年梅汛降水明显偏少，出梅后晴热高温显著。6月1日—8月31日，共出现33天35℃以上的高温天气，降水量281.7毫米，比常年偏少50%，致使部分地区特别是山区半山区出现旱情。全县农作物受旱面积1166.67公顷，其中水田833.33公顷，旱地333.33公顷；淡水养殖受灾220公顷，成灾33.33公顷；农作物受灾面积180公顷；直接经济损失420万元。

2006年空梅接高温少雨。当年汛期，全县平均降雨量642.3毫米，比常年同期降雨量849.4毫米少24.4%。梅雨期历时6天，6月13日入梅，18日出梅，出现历史上少见的“空梅”。出梅后高温少雨，连续31天高温天气，最高气温达39.3℃。河网水位普遍偏低，5月27日，长兴港长兴站水位0.98米，泗安塘天平桥站1.01米；6月21日，西苕溪港口站1.05米。山塘水库蓄水严重不足，小山塘大部分干涸。全县农作物受旱面积610公顷，山区乡镇旱灾较为严重。林城镇饮用水供应出现困难。

2011年冬旱连春旱。1—5月降水持续偏少，总雨量仅227.9毫米，比常年偏少50%～60%，创常年极端最低值。受旱总面积6000公顷，其中泗安1666.67公顷、二界岭1466.67公顷，主要是花卉苗木灌溉困难；平原、太湖沿线及丘陵山区等地水田作物受灾1813.33公顷；泗安宿子岭水库下游8个村2万多人用水停供，林城周吴水库下游及林城全镇近5万人用水紧张。

第四节　雷暴、大风与冰雹

强对流天气，即强雷暴，伴随的天气包括雷电、短时强降雨、冰雹、大风和龙卷风等。其中，大风为强雷暴造成的突发性大风，气象上一般称其为“雷雨大风”或“雷暴大风”。春季和夏季是雷暴的频发期，强雷暴常伴有短时强降雨和大风，而冰雹较少，龙卷风更为罕见，自1971年县内有气象记录以来，气象观测记录龙卷风仅1次。1988—2012年，全县共出现雷雨大风36次，年均1.4次，最多为1989年，共4次；盛夏7—8月是雷雨大风的高发期，占总次数的63.9%，其次是4—6月，占30.6%。共出现冰雹10次，多出现在春季或夏末初秋，以3月居多，是湖州市出现冰雹最多的县区。未出现龙卷风。另外，2006年出现气旋波大风，属非台风与雷暴大风灾害的典型个例。

1989年5月10日，虹星桥、下箬、吕山、白阜、李家巷等乡镇遭受雷暴大风袭击，房屋倒塌83间，刮断新竹21.5万株，倒毁砖坯30万块，倒伏麦田3773.33公顷，倒伏油菜籽353.33公顷。

1990年7月13日，畎桥乡凌坞、龙山、建阳、建民、龙四村遭雷雨大风袭击，房屋倒塌221间，电杆损坏400根(线路30千米)，早稻倒伏533.33公顷，成灾200公顷，直接经济损失72万元。

1991年5月23日，二界岭、长城、横山及后漾等地19个村遭受雷暴大风袭击，民房倒塌21间、损坏45间，企业公房损坏15间，损坏高压电杆22支、线路1050米，早稻受损60公顷，桑树碎叶60公顷，小麦倒伏30公顷，油采倒伏106.67公顷，春粮受淹33.33公顷，雷击烧坏50千伏变压器2台，雷击死亡2人，触电死亡1人。

1992年5月6日夜间，煤山、白岘、合溪、太傅、后漾、李家巷等地遭受雷暴大风袭击，房屋倒塌4户8间、损坏120户175间，损坏树木870株、毛竹920株、竹笋16000株、青梅10吨，刮断(倒)输电线路2.5千米、电杆80支，春粮受灾面积50公顷，粮食减产3.5万千克，伤1人，直接经济损失53.8万元。

1996年6月15日,梅汛期间遭遇强对流,共计损失29.3万元。

1996年7月20日14时10分至15时40分,煤山镇出现雷雨大风和短时冰雹,冲毁公路15处1600米、桥5座,房屋倒塌150间,冲坏电力线路1500米,山体滑坡一处40米,受淹农田80多公顷,直接经济损失350万元。

1997年4月29日17时至17时45分,畎桥、里塘、横山等乡镇受冰雹袭击,30多个村庄受灾,共倒房7间、损房440间,损坏公路7.1千米、电杆83根,供电线路中断4小时,农作物受灾面积2453.33公顷,其中成灾2013.33公顷,绝收粮食347.33公顷,减产粮食1552吨,直接经济损失713万元。

1997年5月27日16时30分至17时,7个乡镇遭受雷雨大风袭击,其中畎桥、里塘、横山、吕山等4个乡镇21个行政村遭遇冰雹,历时15分钟~30分钟不等,最大冰雹直径1厘米左右。受灾人口3.53万人,倒房53间,损房203间,农作物受灾面积112公顷,成灾27公顷,损失油菜籽等经济作物135吨,折断高压线杆2根、通信线路4根,供电线中断1根,损坏电杆35根、变压器3台,损失砖块80万块,拔起大树380余株,直接经济损失165万元。

1998年5月1日夜间,长兴遭受雷雨大风袭击,大风持续20分钟左右,风力达10级以上,19个乡镇264个行政村受影响,受灾人口15万人,成灾人口5.2万人,农作物受损严重,其中油菜受灾16666.67公顷,成灾面积达3466.67公顷,损失油菜籽2000余吨,倒折毛竹142万株,倒树木2万株,白果损失4吨,房屋损坏1266间,其中住房621间,倒低压电线杆80根,直接经济损失1778.2万元。

1999年5月10日下午,长兴遭受强对流冰雹袭击,冰雹平均直径7毫米,最大直径9毫米,密度较大,最强时地面有积雹,并伴有短时强降水。农作物受灾面积油菜6000公顷、大小麦1000公顷、杨梅受灾100公顷,西瓜成灾面积800公顷,绝收10公顷左右。

2002年8月26日14时20分至15时,虹星桥、吕山2个乡镇8个行政村遭到冰雹和雷雨大风袭击,最大风力在10级以上,大风持续约10分钟,部分地区还遭到冰雹袭击和雷击,冰雹最大直径在4厘米左右。农作物受灾面积200公顷,损失达20%~30%,房屋倒塌31间,其中民房4户11间,房屋损坏102间,生猪死亡27头、伤18头,通信和电力线路损坏5000米,损坏大棚8只、面积0.27公顷,烧坏电视机8台,直接经济损失394万元,其中农业直接经济损失297万元。

2003年9月7日下午,全县大部分地区出现冰雹、雷雨大风和暴雨等强对流天气,测站2小时雨量70.6毫米,大风持续时间36分钟,最大风力9级(风速每秒22米),冰雹最大直径10毫米,持续时间3分钟,强雷暴持续时间3个多小时。李家巷石城微粉厂在建厂房房顶被大风掀翻,1人致死,经济损失500多万元;一水泥厂成品库吊台因大风坠落,压断下方高压线,1人受伤,1辆汽车受损,经济损失数万元;另有2家单位的房顶被大风掀翻,损失8万元。

2006年5月27日早晨7时至16时,出现气旋波大风,持续时间长达11个小时,最大风力9级(风速每秒21.9米),为1988—2012年间非台风与雷暴大风灾害的典型个例。大风严重影响高空作业和航运安全,造成农业生产损失达8813.7万元,其中农林作物受灾面积分别为油菜17000公顷、蔬菜大棚34公顷、葡萄166.67公顷、西瓜5066.67公顷、桃林666.67公顷、梨树33.33公顷,牧业受灾生猪200头、家禽3000羽,畜禽栏舍损坏500平方米。

2006年7月8日夜间,小浦、水口、雉城、林城等乡镇遭受雷暴大风和短时强降雨袭击,民房倒塌25.5间,其中辅房19间,冲毁农作物75.33公顷、粮田1.67公顷,损坏涧滩砌石13处1000米,损坏桥梁6座,沥青路面严重损坏700多米,造成交通中断,直接经济损失约6200万元。

2007年8月19日,长兴县中山化工有限公司因雷电波侵入导致控制系统、监控系统、网络系统损坏,直接经济损失100万元,间接经济损失600万元。

2008年4月8日早晨,长兴局部地区遭受冰雹和强雷雨袭击,农作物受灾面积346.67多公顷,直接经济损失71万元。雷暴同时致一家纺织企业机械设备损坏,直接经济损失上万元。

2012年4月2日夜间至3日凌晨,和平衡山等地遭受雷暴大风袭击,造成设施大棚倒塌或损毁、农作物倒伏等灾害,其中和平镇横山群叶茶场因房屋倒塌造成7人死亡,20余人受伤。

第五节 低温 寒潮

一、寒潮与冻害

县内寒潮一般多发生在秋末、冬季、初春时节，其标准为过程(48 小时至 72 小时内)气温下降 10℃以上，或 24 小时气温下降 8℃以上，且最低气温下降到 4℃以下，因气温骤降或持续低温而造成冻害。另外，未达到寒潮强度的持续低温或春、秋的异常低温也极易致灾。

1998 年 3 月 19—21 日寒潮，过程普降中到大雪，并伴有大风、雷暴、冰雹等强天气，平均积雪深度达 2 厘米～3 厘米，过程降温达 11.7℃，最低气温 2.1℃，致严重冰冻，农作物生产遭受严重损失，直接经济损失 3818.5 万元。

2004 年 4 月 4 日晚霜冻，平原最低气温降至 2℃以下。受灾最重的是平坡缓坡地茶园，受灾面积 400 余公顷，直接经济损失 500 万元以上。

2005 年 3 月 10—12 日寒潮与大雪，过程降温幅度 16.7℃，测站最低气温-2.1℃，积雪 2 厘米。该次强降温和降雪天气过程给农业生产和交通都带来一定的影响。

2010 年 4 月 13—16 日倒春寒，13—15 日连续 3 天平均气温低于 10℃，14—16 日连续 3 天最低气温低于 5℃，16 日最低气温仅 2.3℃，创历史同期新低。低温与阴雨寡照对农、林、渔、牧业影响较大，气温骤降，导致河虾大量死亡。

二、大雪

以冬季(上年 11 月到当年 3 月)为统计时段，1987 年 11 月—2012 年 3 月 25 年中，全县积雪深度达 5 厘米以上的大雪和暴雪过程共 12 次，年均 0.48 次，其中积雪深度达 10 厘米以上的暴雪个例有 5 次，最大积雪深度为 35 厘米，出现在 2008 年 2 月 2 日。大到暴雪多出现在 1—2 月，1 月和 2 月各 5 次，共 10 次，占总个例的 83.3%。

1998 年 1 月 22—23 日，最大积雪深度 10 厘米。损坏房屋 1200 间，直接经济损失 24 万元；树木折断 13 万株，直接经济损失 125 万元。

2008 年 1 月 25 日—2 月 5 日，有气象记录以来，持续时间最长、积雪深度最大的大雪冰冻灾害。持续降雪期间出现 2 次暴雪过程，第 1 次出现在 1 月 27—29 日，累积积雪深度 15 厘米；第 2 次暴雪过程出现在 2 月 2 日，新增积雪 25 厘米，累积积雪深度 35 厘米，山区最大超 70 厘米，积雪持续时间长达 19 天。平均气温-0.8℃，比常年偏低 4.2℃，为历史第二低(历史同期最低为 1977 年，-2.2℃)，其间最低气温-7.7℃。全县因雪灾经济损失达 25.96 亿元；受灾人口达 35.4 万人，因灾转移 8460 人，因灾伤病人口 192 人；房屋倒塌 1395 间，其中居民住房 263 间、辅助房 795 间、厂房 337 间，损坏 875 间；农作物受灾面积达 27733.33 公顷，直接经济损失 32093.2 万元；损失畜禽 22423 头(羽)，倒塌畜禽养殖用房 39496 平方米、水产温室养殖大棚 6500 平方米、农资仓库 1000 平方米；林业直接经济损失达 3.08 亿元。

2011 年 1 月 19—21 日，最大积雪深度 19 厘米，山区普遍达 25 厘米～30 厘米，最大出现在林城周吴岕村，达 37 厘米，全县因灾直接经济损失达 2410.2 万元。油菜受灾面积 6900 公顷，损失 517.5 万元；露地蔬菜受灾面积 1073.33 公顷，损失 552 万元；大棚蔬菜受灾面积 86.67 公顷，损失 220 万元；果园受灾面积 966.67 公顷，损失 999 万元；牲畜死亡 200 头，家禽死亡 3320 羽，损失 68.6 万元；畜禽棚舍倒塌面积 1770 平方米，损失 37.7 万元；水产养殖损失 15 万元；林业部门统计因灾损失 6836 万元，其中毛竹受灾 120 万株、损失 720 万元，苗木受灾 4066.67 公顷、损失 4880 万元，杂竹受灾 733.33 公顷、损失 330 万元，阔叶林受灾 4266.67 公顷、损失 1280 万元，经济林受灾 1133.33 公顷、损失 340 万元，生产用房倒塌 6 间、损失 36 万元。

第三编　土　地

1988 年，长兴县土地面积 13.88 万公顷，其中耕地面积 4.12 万公顷。1992 年，开展全县土地资源详查。同年，开展土地使用制度改革，建设项目用地渐由行政划拨方式供地向有偿使用转变。1994 年始，按照“明晰产权、显化资产、区分类型、合理处理、规范管理、促进发展”原则，逐步建立统一开放、竞争有序的土地市场。1997 年、2004 年，先后启动两轮土地利用总体规划编制，强化用途管制和耕地保护。2000 年、2007 年和 2011 年，先后开展三轮矿产资源规划编制，逐步规范全县矿产资源的开发利用与保护。2002 年，土地储备制度正式实施。同年，制定《长兴县国有土地使用权招标拍卖挂牌出让规定》，规范全县国有土地使用权招标、拍卖、挂牌出让活动。2007—2009 年，开展全国第二次土地调查。2012 年，全县土地面积 14.31 万公顷，其中耕地面积 4.84 万公顷，基本农田保护面积 3.79 万公顷。

第一章　土地规划与耕地保护

1988 年 3 月，长兴县土地管理局（简称县土管局）成立，下设办公室、规划利用建设用地股、地籍管理股、土地监察股，统一管理全县土地和城乡地政。1997 年，县土管局内设办公室、监察室、地籍管理科、土地利用规划科、建设用地管理科 5 个职能科室，下设统一征地事务所、土地估价事务所、土地测量队、土地监察中队 4 个事业单位。同年 7 月，成立 14 个乡镇土地管理所。1998 年，长兴县地矿局（简称县地矿局）成立。2001 年 12 月，县土管局和县地矿局合并，成立长兴县国土资源管理局（简称县国土局），负责全县各级国土资源部门行政执法和土地、矿产资源规划，依法保护土地、矿产资源所有者和使用者的合法权益。2012 年，县国土局内设办公室、地籍管理科、矿产资源管理科、规划耕保科、法规监察科等 9 个职能科室，下设土地监察大队、统一征地事务所、土地估价事务所、土地市场管理所、土地开发整理中心、土地储备中心、地质环境管理站、矿产资源勘查管理站、金钉子国家级自然保护区管理处等 10 个事业单位，另有洪桥、夹浦、李家巷、虹星桥、林城、小浦、雉城 7 个国土资源管理所和泗安、和平、煤山、开发区 4 个国土资源管理分局。

第一节　土地利用总体规划

1991 年 4 月，县土地利用总体规划领导小组建立，负责全县土地资源详查、农田保护和总体规划编制。8 月，在横山乡开展调查试点。1992 年全面展开调查，至 1993 年 8 月完成全县土地资源详查，划定基本农田区，查清土地现状。1997 年 8 月，启动县、镇（乡）第一轮土地利用总体规划编制，于 1998 年获省、市政府批准实施，开始对全县土地利用进行用途管制。2000 年，《长兴县土地利用总体规划》获国土资源部优秀成果一等奖。2004年，启动县、镇(乡)第二轮土地利用总体规划编制，于2010年10月获省、市政府批准实施。

一、长兴县土地利用总体规划

第一轮土地利用总体规划　1997年8月，启动全县第一轮土地利用总体规划编制，至1998年，完成《长兴县土地利用总体规划(1997—2010年)》，获省政府、市政府批准实施。规划以1996年全县土地利用现状变更调查数据为基数，规划期1997—2010年。规划土地总面积143025.18公顷，并根据土地用途管制的要求划定土地用途区。耕地44444.02公顷，占全县土地总面积的31.1%，其中基本农田保护区面积38544.62公顷、占27%，一般农田区面积4899.4公顷、占4.1%；园地8972.32公顷，占6.3%；林地49661.43公顷，占34.7%；城镇建设用地1288.35公顷，占1%；村镇建设用地9808.26公顷，占6.9%；独立工矿用地1995.64公顷，占1.4%；交通用地3426.56公顷，占2.4%；水域(含水利设施)14543.64公顷，占10.2%。

1997—2010年长兴县土地利用结构调整规划情况表

表3-1

地类		规划基期年(1996年)		规划目标年(2010年)		其间面积增减
		面积(公顷)	比重(%)	面积(公顷)	比重(%)	(公顷)
土地总面积		143025.18	100.00	143025.18	100.00	0.00
耕地		44365.12	31.02	44444.02	31.07	78.90
园地		8933.82	6.25	8972.32	6.27	38.50
林地		48461.73	33.88	49661.43	34.72	1199.70
城镇村及工矿用地	城镇	986.35	0.69	1288.35	0.90	302.00
	村庄	10524.06	7.36	9808.26	6.86	-715.80
	独立工矿	1995.49	1.40	1995.49	1.40	0.00
	特殊用地	643.56	0.45	792.56	0.55	149.00
	小计	14149.46	9.89	13884.66	9.71	-264.80
交通用地	铁路	154.57	0.11	292.00	0.20	137.43
	公路	654.90	0.46	1230.44	0.86	575.54
	农村道路	1900.49	1.33	1904.12	1.33	3.63
	小计	2709.96	1.90	3426.56	2.40	716.60
水域	水利设施	689.50	0.48	689.50	0.48	0.00
	其他	13697.84	9.58	13854.14	9.69	156.30
	小计	14387.34	10.06	14543.64	10.17	156.30
未利用土地		10017.75	7.00	8092.55	5.66	-1925.20

说明：资料来源于《长兴县土地利用总体规划(1997—2010年)》

第二轮土地利用总体规划　2004年，开展新一轮土地利用总体规划修编，至2010年10月，完成《长兴县土地利用总体规划(2006—2020年)》，获省政府、市政府批准实施。新规划以2005年为基期年，规划期2006—2020年，其中中心城区规划范围包括雉城镇、小浦镇和李家巷镇，面积34401.30公顷。规划农用地面积由2005年的115668.24公顷上调为2020年年末118965.15公顷，净增3296.91公顷，占土地总面积比例由2005年的80.8%上升至83.1%，其中耕地由48365.72公顷增至49033.82公顷，占土地总面积的比例由33.8%增至34.3%；建设用地由2005年的20366.38公顷减少为2020年年末17223.6公顷，占土地总面积的比例由2005年的14.2%降为2020年年末12.6%，其中城乡建设用地由16825.13公顷减少为13712公顷，占土地总面积的比例由11.8%降为9.6%；交通水利用地2804.01公顷、占2%，风景名胜设施用地178.61公顷、占0.1%，水域5385.57公顷、占3.8%。

2006—2020 年长兴县土地利用结构调整情况表

表 3-2

地类			规划基期年(2005年)		规划目标年(2020年)		其间面积增减
			面积(公顷)	比重(%)	面积(公顷)	比重(%)	(公顷)
土地总面积			143135.86	100.00	143135.86	100.00	0.00
农用地	耕地		48365.72	33.79	49033.82	34.26	668.10
	园地		11771.48	8.22	13684.59	9.56	1913.11
	林地		48413.58	33.82	49316.74	34.45	903.16
	牧草地		0.00	0.00	0.00	0.00	0.00
	其他农用地		7117.46	4.97	6930.00	4.84	-187.46
	农用地合计		115668.24	80.81	118965.15	83.11	3296.91
建设用地	城乡建设用地	城市	0.00	0.00	0.00	0.00	0.00
		建制镇	4963.62	3.47	6839.17	4.78	1875.55
		集镇	710.99	0.50	1005.39	0.70	294.40
		村庄	8796.80	6.15	4178.46	2.92	-4618.34
		采矿用地	1137.07	0.79	219.58	0.15	-917.49
		独立建设用地	1216.65	0.85	1469.40	1.03	252.75
		小计	16825.13	11.75	13712.00	9.58	-3113.13
	交通水利用地	铁路用地	233.52	0.16	233.52	0.16	0.00
		公路用地	1304.70	0.91	1370.05	0.96	65.35
		机场用地	0.00	0.00	0.00	0.00	0.00
		港口码头用地	53.18	0.04	53.18	0.04	0.00
		管道运输用地	0.00	0.00	0.00	0.00	0.00
		水库水面	923.16	0.64	923.16	0.64	0.00
		水工建筑用地	224.10	0.16	224.10	0.16	0.00
		小计	2738.66	1.91	2804.01	1.96	65.35
	其他建设用地	风景名胜设施用地	104.55	0.07	178.61	0.12	74.06
		特殊用地	698.04	0.49	528.98	0.37	-169.06
		盐田	0.00	0.00	0.00	0.00	0.00
		小计	802.59	0.56	707.59	0.49	-95.00
	建设用地合计		20366.38	14.23	17223.60	12.03	-3142.78
未利用土地	水域	河流水面	5273.45	3.68	5210.51	3.64	-62.94
		湖泊水面	175.06	0.12	175.06	0.12	0.00
		小计	5448.51	3.81	5385.57	3.76	-62.94
	滩涂沼泽		255.94	0.18	253.75	0.18	-2.19
	自然保留地		1396.79	0.98	1307.79	0.91	-89.00
	未利用地合计		7101.24	4.96	6947.11	4.85	-154.13

说明:资料来源于《长兴县土地利用总体规划(2006—2020 年)》

二、乡镇土地利用总体规划

1997 年 8 月,第一轮乡、镇土地利用总体规划启动,至 1998 年,各乡镇根据县土地利用总体规划的主要控制指标耕地减少量不大于 800.97 公顷、补充耕地量不小于 879.87 公顷、基本农田保护面积不少于 38544.62 公顷,相继完成规划的编制和报批。

2004 年，开展新一轮乡、镇土地利用总体规划修编，至 2010 年，各乡镇根据县土地利用总体规划分解的耕地保有量不少于 44526.67 公顷、基本农田保护面积不少于 37760 公顷、标准农田保护面积不少于 27786.67 公顷、城乡建设用地规模不大于 13712 公顷等约束性控制指标，相继完成规划的编制和报批。

第二节　耕地保护

一、基本农田保护区划定

1991 年 4 月，全县启动基本农田保护划定，10 月在横山乡试点。1992 年 8 月，开始划定基本农田保护区，至年底，34 个乡镇 439 个行政村全面完成基本农田保护区的划定工作。规划到 2000 年，全县基本农田保护面积为 4.02 万公顷（二级），保护率 97.8%。桑地保护面积 2.08 万公顷，保护率 99.1%。1989—2000 年建设留用地面积 891.55 公顷。基本农田保护区划定后，全县设立基本农田保护标牌 34 块，埋设保护界桩 240 根。1993 年 4 月，通过市检查验收。

1997—1998 年，第一轮县及乡、镇土地利用总体规划编制完成。2000 年，依据第一轮土地利用总体规划，划定 31 个乡镇基本农田面积。经省政府批准，到 2010 年全县基本农田保护面积为 38544.62 公顷，基本农田保护率达 86.9%。基本农田保护区划定后，全县设立基本农田保护标牌 484 块，埋设保护界桩 304 个。

2006—2010 年，第二轮县及乡、镇土地利用总体规划编制完成，明确规划期内基本农田保护面积 37760 公顷。2012 年，依据第二轮土地利用总体规划，划定落实 16 个乡镇基本农田面积 3.79 万公顷，其中水田 2.96 万公顷，旱地 0.74 万公顷，可调整地类 0.09 万公顷。全县设立基本农田保护标牌 236 块，其中乡级保护标牌 16 块、村级保护标牌 220 块，埋设保护界桩 1845 个。

二、保护面积控制指标调整

1992 年，全县基本农田保护规划实施以后，由于规划指标偏高，建设留用地偏少，无法满足经济建设发展的需要。1994 年，根据浙江省《2000 年基本农田控制指标调整方案》，全县对基本农田保护规划进行调整完善。调整基期年为 1990 年，期末年为 2000 年。经调整，全县 2000 年基本农田保护控制面积为 3.77 万公顷，规划建设留用地面积为 0.25 万公顷，农业结构调整占用耕地面积为 0.08 万公顷，新建耕地面积为 0.04 万公顷，保护率降为 91.9%。1995 年，将保护指标分解落实到各乡镇、村，重新埋设保护标牌和界桩。

1998 年，在编制第一轮全县土地利用总体规划时，对基本农田保护面积作了调整，由 38544.62 公顷调整为 39211.12 公顷，其中县内调整数为 38544.62 公顷，县外代保数为 666.67 公顷。

2005 年，在编制第二轮全县土地利用总体规划时，对基本农田保护面积作再次调整，由 385440.62 公顷调整为 37760 公顷。

三、耕地占补平衡

进入 20 世纪 90 年代以来，全县经济发展加快，各类建设用地增加，导致农田实际保护率下降。县政府切实加强耕地保护，加大土地复垦、土地整理、造田造地，改变耕地逐年减少的状况。1992 年，全县耕地面积 49819.43 公顷。至 1996 年，全县耕地面积 44365.12 公顷。同年，第一轮县土地利用总体规划编制完成，规划期间 1997—2010 年建设占用耕地 733.5 公顷、灾毁 67.47 公顷，补充耕地 879.87 公顷，净增耕地 78.9 公顷，期末保有耕地面积 44444.02 公顷。

1999 年起，贯彻落实《中华人民共和国土地管理法》，实施耕地占补平衡，非农建设不得占用基本农田，重点建设项目占用基本农田的，必须按规定报批，并必须开垦或整理出数量和质量相当的耕地，做到先补后占，占补平衡。2006 年，第二轮县土地利用总体规划编制完成，规划基期耕地 48365.72 公顷，规划期间 2006—2020 年建设占用耕地 2033.55 公顷，补充耕地 2701.65 公顷，其中土地开发 70.28 公顷、建设用地复垦 2489.21 公顷、土地整理 142.16 公顷，净增耕地 668.1 公顷，期末耕地保有面积 49033.82 公顷。2012 年，全县耕地保有量为 46769.87 公顷，连续十三年实现耕地占补动态平衡。

1997—2010 年长兴县基本农田保护规划指标情况表

表 3-3

乡镇	1996年年末耕地面积（公顷）	期末基本农田保护面积（公顷）	保护率（%）	其他耕地					补充耕地（公顷）	净增耕地（公顷）	规划期末耕地面积（公顷）
				一般农田（公顷）	控制耕地减少量（公顷）						
					建设占用	退耕	灾毁	小计			
新塘乡	1139.31	980.67	86.1	145.91	12.73	0.00	0.00	12.73	5.67	-7.06	1132.25
洪桥镇	1593.85	1434.53	90.0	149.25	10.07	0.00	0.00	10.07	18.67	8.60	1602.45
横山乡	1109.74	977.20	88.1	129.34	3.20	0.00	0.00	3.20	21.27	18.07	1127.81
下箬寺乡	1083.43	925.93	85.5	100.30	57.20	0.00	0.00	57.20	10.00	-47.20	1036.23
李家巷镇	1920.13	1612.93	84.0	234.93	71.74	0.00	0.53	72.27	37.00	-35.27	1884.86
雉城镇	1318.44	858.87	65.1	284.76	174.08	0.00	0.73	174.81	24.67	-150.14	1168.30
水口乡	1535.53	1320.47	86.0	199.46	15.00	0.00	0.60	15.60	18.33	2.73	1538.26
后漾乡	2048.13	1782.80	87.1	236.93	28.40	0.00	0.00	28.40	5.67	-22.73	2025.40
夹浦镇	2077.57	1828.27	88.0	183.10	66.20	0.00	0.00	66.20	22.00	-44.20	2033.37
林城镇	1764.57	1588.13	90.0	166.57	9.87	0.00	0.00	9.87	15.33	5.46	1770.03
天平桥乡	975.53	844.67	86.6	126.66	4.20	0.00	0.00	4.20	19.00	14.80	990.33
畎桥乡	1124.35	1007.73	89.6	112.95	3.67	0.00	0.00	3.67	22.67	19.00	1143.35
太溥乡	1285.18	1142.87	88.9	130.64	7.47	0.00	4.20	11.67	37.00	25.33	1310.51
仙山乡	1566.57	1391.53	88.8	94.10	75.87	0.00	5.07	80.94	178.00	97.06	1663.63
二界岭乡	1869.58	1718.13	91.9	105.92	37.73	0.00	7.80	45.53	70.00	24.47	1894.05
长潮乡	1405.88	1280.73	91.1	103.80	3.73	0.00	17.62	21.35	52.00	30.65	1436.53
管埭乡	1268.90	1129.33	89.0	135.43	3.47	0.00	0.67	4.14	13.53	9.39	1278.29
泗安镇	1693.16	1523.87	90.0	158.62	10.67	0.00	0.00	10.67	31.33	20.66	1713.82
虹星桥镇	2974.54	2677.07	90.0	286.40	11.07	0.00	0.00	11.07	32.33	21.26	2995.80
里塘乡	1170.51	1018.07	87.0	148.64	3.80	0.00	0.00	3.80	21.67	17.87	1188.38
吕山乡	1651.39	1486.20	90.0	154.99	10.20	0.00	0.00	10.20	12.00	1.80	1653.19
包桥乡	1345.19	1108.47	82.4	227.19	9.53	0.00	0.00	9.53	9.00	-0.53	1344.66
长城乡	1019.88	928.27	91.0	86.08	5.53	0.00	0.00	5.53	11.13	5.60	1025.48
和平镇	2289.41	1968.87	86.0	295.55	15.73	0.00	9.26	24.99	45.67	20.68	2310.09
吴山乡	1438.28	1251.40	87.0	168.22	13.13	0.00	5.53	18.66	17.53	-1.13	1437.15
长桥乡	924.45	767.33	83.0	145.85	11.27	0.00	0.00	11.27	17.33	6.06	930.51
小浦镇	1369.15	1108.87	81.0	233.01	27.27	0.00	0.00	27.27	29.00	1.73	1370.88
白阜乡	1124.23	992.20	88.3	124.76	1.87	0.00	5.40	7.27	23.07	15.80	1140.03
煤山镇	804.10	618.80	77.0	169.36	12.07	0.00	3.87	15.94	16.00	0.06	804.16
白岘乡	405.84	341.00	84.0	59.58	2.60	0.00	2.66	5.26	16.33	11.07	416.91
槐坎乡	1068.30	929.41	87.0	121.23	14.13	0.00	3.53	17.66	26.67	9.01	1077.31
合计	44365.12	38544.62	86.9	5019.53	733.50	0.00	67.47	800.97	879.87	78.90	44444.02

说明：资料来源于县国土局

2006—2012 年长兴县耕地保护规划指标情况表

表 3-4

乡镇	基本农田(公顷)	基期耕地(公顷)	规划期间减少耕地(公顷)		规划期间补充耕地(公顷)				规划期末耕地保有量(公顷)
	指标		建设占用耕地	灾毁、生态退耕	小计	开发	复垦	整理	
雉城镇	4515.20	8294.41	905.30	0.00	308.72	22.33	262.83	23.56	7697.83
泗安镇	5916.60	6543.59	149.54	0.00	306.07	12.74	247.94	45.39	6700.12
和平镇	3205.81	3956.55	113.00	0.00	181.40	4.01	175.23	2.16	4024.95
煤山镇	240.02	576.85	70.01	0.00	181.66	1.89	179.77	0.00	688.50
小浦镇	990.84	1443.60	63.93	0.00	165.47	6.28	153.20	5.99	1545.14
夹浦镇	1800.20	2263.00	85.88	0.00	93.87	0.00	82.74	11.13	2270.99
虹星桥	4136.87	4708.67	55.36	0.00	209.99	0.00	209.99	0.00	4863.30
林城镇	6054.17	6559.58	101.64	0.00	434.59	0.00	389.71	44.88	6892.53
李家巷镇	1223.40	1864.80	99.38	0.00	168.73	0.00	168.73	0.00	1934.15
洪桥镇	2233.29	3271.93	163.35	0.00	115.49	4.89	110.60	0.00	3224.07
水口乡	1324.09	1532.50	28.07	0.00	68.30	8.50	57.22	2.58	1572.73
二界岭乡	1852.12	2174.01	11.58	0.00	104.06	0.00	97.59	6.47	2266.49
吕山乡	1993.95	2229.14	37.68	0.00	121.99	9.64	112.35	0.00	2313.45
吴山乡	1257.69	1539.04	68.32	0.00	71.70	0.00	71.70	0.00	1542.42
白岘乡	264.49	369.96	17.27	0.00	78.31	0.00	78.31	0.00	431.00
槐坎乡	882.34	1038.09	29.79	0.00	91.30	0.00	91.30	0.00	1099.60
县级预留	-131.08	0.00	33.45	0.00	0.00	0.00	0.00	0.00	-33.45
合计	37760.00	48365.72	2033.55	0.00	2701.65	70.28	2489.21	142.16	49033.82

说明：资料来源于县国土局

第二章　开发利用

20 世纪 80 年代以来，长兴县经济发展加快，人口逐年增长，城镇规模不断扩大，非农建设用地日益增加，加上农业内部结构调整等，带来耕地数量和人均耕地逐年减少。1992 年，全县开展第一次土地详查。1998 年，新《中华人民共和国土地管理法》出台后，全县开展实施土地开发、土地整理和建设用地复垦工作，全面落实耕地占补平衡制度。

第一节　土地整理与开发

一、土地开发

1998 年，新《中华人民共和国土地管理法》出台，鼓励开展实施土地开发，同年全县完成土地开发项目 13 个，新增耕地 460.93 公顷。2005 年，土地开发达到历史最高值，新增耕地 617.73 公顷。2012 年，完成土地开发项目 1 个，新增耕地 17 公顷。1999—2012 年，全县累计完成土地开发项目 236 个，新增耕地 3640.73 公顷，投入资金 10553 万元。

1999—2012 年长兴县土地开发情况表

表 3-5

年度	项目(个)	新增耕地(公顷)	年度	项目(个)	新增耕地(公顷)
1999	13	461.93	2006	20	416.73
2000	9	278.67	2007	23	275.27
2001	30	340.80	2008	21	188.67
2002	21	255.67	2010	13	133.27
2003	8	158.93	2011	11	90.00
2004	40	406.07	2012	1	17.00
2005	26	617.73	合计	236	3640.73

说明:资料来源于县国土局

二、土地整理

1999 年,全县开展农村宅基地专项治理和土地整理。同年,在虹星桥镇、二界岭乡、泗安镇、李家巷镇开展土地整理试点,完成土地整理项目 5 个,整理区域面积 310.45 公顷,新增耕地 35.45 公顷,投入资金 236.43 万元。2004 年,全县土地整理达到最顶峰,通过验收项目 65 个,整理区域面积 12949.21 公顷,整后耕地面积 8690.29 公顷,新增耕地 1756.85 公顷。2011 年,完成土地整理项目 18 个,整理区域面积 1982.3 公顷,新增耕地 199.61 公顷,投入资金 2272.02 万元。1999—2012 年,全县完成土地整理项目 323 个,整理区域面积 58272.98 公顷,整理后耕地面积 41067.73 公顷,净增耕地 7616.43 公顷,获得建设用地折抵指标 7616.43 公顷。土地整理总投资 39810.89 万元,其中县下拨补助资金 39810.89 万元。

图 3-1 土地整理现场。图为修筑道路和U形渠道现场(县国土局提供·2000 年)

1999—2012 年长兴县土地整理情况表

表 3-6

年度	项目(个)	整理区域面积(公顷)	整理后		投入资金(万元)
			整后耕地(公顷)	新增耕地(公顷)	
1999	5	310.45	226.71	35.45	236.43
2000	19	4831.74	3485.05	608.76	1823.66
2001	47	8238.04	6234.70	1326.37	4321.39
2002	59	13499.16	8860.32	1756.85	8503.51
2003	58	10307.49	6922.28	1279.83	5901.99
2004	65	12949.21	8690.29	1606.86	9894.31
2005	12	1531.73	1131.36	191.05	1304.73
2006	14	1172.64	1010.36	158.05	1489.35
2007	26	3450.22	2803.68	453.60	4063.50
2008	—	—	—	—	—

续表3-6

年度	项目（个）	整理区域面积（公顷）	整理后		投入资金（万元）
			整后耕地（公顷）	新增耕地（公顷）	
2009	—	—	—	—	—
2010	—	—	—	—	—
2011	18	1982.30	1702.98	199.61	2272.02
2012	—	—	—	—	—
总计	323	58272.98	41067.73	7616.43	39810.89

说明：资料来源于县国土局

三、标准农田建设

1999年始，全县启动标准农田建设，当年完成226.67公顷。1999—2007年，全县累计标准农田建设项目304个，面积35776.2公顷，其中储备标准农田60个，面积7201.67公顷，任务标准农田244个，面积28574.53公顷。2012年，长兴县入选全国500个高标准基本农田建设示范县、浙江省18个高标准基本农田建设示范县，按要求需完成20473.33公顷的标准农田建设任务，当年完成高标准基本农田建设14133.33公顷。

1999—2007年长兴县标准农田建设情况表

表3-7

年度	小计		储备		任务	
	项目个数（个）	面积（公顷）	项目个数（个）	面积（公顷）	项目个数（个）	面积（公顷）
1999	5	226.71	2	94.37	3	132.34
2000	18	3476.65	4	1483.98	14	1992.67
2001	48	6281.10	15	2222.35	33	4058.75
2002	58	8813.92	10	837.53	48	7976.39
2003	58	6781.88	15	1570.90	43	5210.98
2004	65	5973.33	7	401.90	58	5571.43
2005	11	759.00	3	216.00	8	543.00
2006	15	940.33	2	194.22	13	746.11
2007	26	2523.31	2	180.42	24	2342.89
合计	304	35776.22	60	7201.67	244	28574.55

说明：资料来源于县国土局

四、建设用地复垦

1988年11月，国务院发布《中华人民共和国土地复垦规定》，实行“谁破坏、谁复垦”的原则。1989年，全县启动对各类废弃的非农建设用地的平整复垦。1993年6月，根据《浙江省土地复垦办法》，明确全县土地复垦范围与内容，并在土地损失补偿费、造地费中各提取5%以建立土地复垦专项资金。1997年，全县复垦土地679.97公顷，其中垦造耕地81.03公顷、开发林地478.13公顷、园地93.47公顷、水域27.33公顷，共投入开发复垦资金154万余元。2005年，《长兴县建设用地复垦管理办法》正式印发，建设用地复垦工作全面铺开。当年完成建设用地复垦项目17个，复垦区域面积39.86公顷，新增耕地38.39公顷，获取用地指标38.39公顷，投入资金1109.1万元。2012年，完成建设用地复垦项目125个，复垦区域面积284.81公顷，新增耕地266.99公顷，获取用地指标214.58公顷，投入资金14874.64万元。2005—2012年，全县累计完成土地复垦项目476个，投入资金46073.69万元，土地复垦区域总面积1293.43公顷，新增耕地面积1183.49公顷，获得建设用地指标1066.12公顷。其中，独立工矿企业用地复垦项目122个，复垦区域面积444.85公顷，新增耕地面积399.26公顷，获得建设用地指标370.12公顷；农村宅基地复垦项目354个，复垦区域面积848.58公顷，新增耕地面积784.23公顷，获得建设用地指标696公顷。

2005—2012年长兴县建设用地复垦情况表

表3-8

年度	项目(个)	复垦区域面积(公顷)	复垦后新增耕地面积(公顷)	获取用地指标(公顷)	投入资金(万元)
2005	17	39.86	38.39	38.39	1109.01
2006	97	254.16	235.04	234.70	5758.60
2007	55	210.15	182.94	174.90	6390.16
2008	139	401.67	363.10	326.04	13081.12
2010	43	102.78	97.03	77.51	4860.16
2012	125	284.81	266.99	214.58	14874.64
总计	476	1293.43	1183.49	1066.12	46073.69

说明:资料来源于县国土局

第二节　土地利用

一、分类利用

1984年5月16日,国务院批准同意农牧渔业部、国家计委等部门《关于进一步开展土地资源调查工作的报告》,决定全面查清全国土地的类型、数量、质量、分布、利用状况并作出科学评价,开启全国土地详查序幕。1992年,全县开展土地详查。1996年8月,全县开展土地利用现状更新调查。1999年11月1日,国土资源部、国家统计局、全国农业普查办公室正式发布《关于土地利用现状调查主要数据成果的公报》。2003年4月,省政府办公厅下发《关于开展全省土地更新调查工作的通知》,决定在全省范围开展土地更新调查工作,全面更新土地详查与土地变更调查成果。同年,全县开始土地更新调查。2007—2009年,全国开展第二次土地调查。2009年始,每年开展土地变更调查。

耕地　1992年土地详查显示,全县有耕地49819.43公顷,占土地总面积的35.1%。其中,灌溉水田39461.97公顷,望天田2896.62公顷,旱地7323.35公顷,菜地137.49公顷。2009年全国第二次土地调查显示,全县有耕地46655.79公顷,占土地总面积的32.6%。其中,水田37078.68公顷,旱地9577.11公顷。至2012年,全县有耕地46769.87公顷,占土地总面积的32.7%。其中,水田36602.26公顷,旱地10167.61公顷。

林地　1992年土地详查显示,全县有林地47652.38公顷,占土地总面积的33.6%。其中,有林地41681.87公顷,包括用材林16573.19公顷、防护林37.17公顷、经济林919.06公顷、竹林13250.46公顷、薪炭林10901.6公顷、特殊用途林0.39公顷;灌木林881.16公顷;疏林地4369.17公顷;未成林造林地682.55公顷;迹地23.98公顷;苗圃13.65公顷。2009年全国第二次土地调查显示,全县林地面积47955.05公顷,占土地总面积的33.5%。其中,有林地40369.38公顷,灌木林地2069.78公顷,其他林地5515.89公顷。2012年,全县有林地47544.67公顷,占土地总面积的33.2%。其中,有林地40116.66公顷,灌木林地2056.81公顷,其他林地5371.2公顷。

园地　1992年土地详查显示,全县有园地7606.56公顷,占土地总面积的5.4%。其中,果园1738.63公顷,包括青梅园750.52公顷、桃园407.19公顷、杨梅园107.29公顷、柑橘园16.39公顷、其他果园457.24公顷;桑园3493.89公顷;茶园2352.87公顷,包括专业桑园3395.84公顷、花白桑园98.05公顷;其他21.17公顷。2009年全国第二次土地调查显示,全县园地11859.74公顷,占土地总面积的8.3%。其中,果园3135.63公顷,茶园4180.51公顷,其他园地4543.60公顷。2012年,全县园地10969.54

公顷，占土地总面积的7.7%。其中，果园2888.29公顷，茶园4050.69公顷，其他园地4030.56公顷。

草地　2009年，全县有草地884.14公顷，占土地总面积的0.6%。2012年，全县有草地821.41公顷，占土地总面积的0.6%。

城镇村及独立工矿用地　1992年土地详查显示，全县有城镇村及独立工矿用地13562.32公顷，占土地总面积的9.6%。其中，城镇用地469公顷，村庄10526.07公顷，独立工矿用地1925.99公顷，特殊用地641.26公顷。之后，全县建设用地逐年增加。2009年全国第二次土地调查显示，全县城镇村及独立工矿用地17958.99公顷，占土地总面积的12.6%。其中，建制镇2861.66公顷，村庄12402.58公顷，采矿用地2128.75公顷，风景名胜及特殊用地566公顷。至2012年，全县共有城镇村及独立工矿用地18866.29公顷，占土地总面积的13.2%。其中，建制镇2997.33公顷，村庄13210.09公顷，采矿用地2083.83公顷，风景名胜及特殊用地575.04公顷。

交通用地　1992年土地详查显示，全县有交通用地1980.1公顷，占土地总面积的1.4%。其中，铁路144.05公顷，公路414.62公顷，农村道路1418.43公顷，港口码头3公顷。2009年全国第二次土地调查显示，全县交通用地4839.02 公顷，占土地总面积的3.4%。其中，铁路用地275.35公顷，公路用地2216.95公顷，农村道路2296.07公顷，港口码头用地50.65公顷。2012年，全县共有交通用地5224.86公顷，占土地总面积的3.7%。其中，铁路用地326.31公顷，公路用地2431.86公顷，农村道路2416.19公顷，港口码头用地50.5公顷。

水域及水利设施用地　1992年土地详查显示，全县水域及水利设施用地面积13419.71公顷，占土地总面积的10.1%。其中，河流水面3800.42公顷，水库水面788.29公顷，坑塘水面6658.77公顷，苇地192.59公顷，沟渠1200.28公顷，水工建筑物636.48公顷。2009年全国第二次土地调查显示，全县水域及水利设施用地11982.13 公顷，占土地总面积的8.4%。其中，河流水面5117.78公顷，湖泊水面175.01公顷，水库水面1148.83公顷，坑塘水面4163.38公顷，内陆滩涂232.94公顷，沟渠492.50公顷，水工建筑用地651.69公顷。2012年，全县水域及水利设施用地11994.24公顷，占土地总面积的8.4%。其中，河流水面5044.81公顷，湖泊水面175.01公顷，水库水面1496.9公顷，坑塘水面3920.71公顷，内陆滩涂221.41公顷，沟渠484.87公顷，水工建筑用地650.53公顷。

未利用地　1992年土地详查显示，全县共有未利用地7831.35公顷，占土地总面积的5.5%。其中，荒草地5596.62公顷，沙地10.41公顷，裸土地22.18公顷，裸岩石砾地413.24公顷，矿渣堆积地94.67公顷，田埂（坎）1625.58公顷，其他未用地68.65公顷。2009年全国第二次土地调查显示，全县其他土地999.37公顷，占土地总面积的0.7%。其中，设施农用地100.72公顷，田坎471.03公顷，裸地427.62公顷。2012年，全县其他土地943.35公顷，占土地总面积的0.7%。其中，设施农用地115.91公顷，田坎527.99公顷，裸地299.45公顷。

1992—2012年长兴县土地使用分类情况表

表3-9　　单位：公顷

年份	土地总面积	农用地					建设用地				未利用地
		小计	耕地	林地	园地	草地	小计	城镇村及工矿用地	交通用地	水域及水利设施用地	
1992	141871.85	105078.37	49819.43	47652.38	7606.56	—	28962.13	13562.32	1980.10	13419.71	7831.35
1996	143025.18	101760.67	44365.12	48461.73	8933.82	—	31246.76	14149.46	2709.96	14387.34	10017.75
2003	143025.18	103217.56	47616.61	48061.81	7539.14	0.00	28976.11	16328.24	3463.23	9184.63	10831.51
2004	143025.18	105863.91	44994.68	49531.79	11337.44	0.00	27565.91	14814.41	4252.93	8498.57	9595.37
2005	143025.18	105550.99	45378.44	49201.09	10971.45	0.00	28202.64	15165.93	4094.90	8941.81	9271.55
2006	143025.18	105343.24	45421.48	49121.82	10799.94	0.00	28537.83	15435.71	4179.05	8923.07	9144.11
2007	143025.18	105072.40	45445.45	48906.25	10720.69	0.00	28871.84	15795.89	4172.11	8903.85	9080.94

续表3-9

年份	土地总面积	农用地					建设用地				未利用地
		小计	耕地	林地	园地	草地	小计	城镇村及工矿用地	交通用地	水域及水利设施用地	
2008	143025.18	104233.03	45543.01	48337.37	10352.65	0.00	29877.53	16056.85	4225.77	9594.91	8914.62
2009	143134.23	107354.72	46655.79	47955.05	11859.74	884.14	34780.14	17958.99	4839.02	11982.13	999.37
2010	143134.23	106969.64	46811.04	47802.68	11496.20	859.72	35158.93	18274.32	5056.73	11827.88	1005.66
2011	143134.23	106349.45	46814.54	47620.63	11087.41	826.87	35813.53	18621.01	5190.43	12002.09	971.25
2012	143134.23	106105.49	46769.87	47544.67	10969.54	821.41	36085.39	18866.29	5224.86	11994.24	943.35

说明:资料来源于县国土局

二、分布利用

2012 年,在全县 143134 公顷土地总面积中,雉城镇、林城镇、泗安镇、和平镇土地面积均超过 1 万公顷,其中雉城镇土地面积最多,为 19438.57 公顷;吕山乡土地面积最少,为 3956.75 公顷。农用地面积雉城镇、林城镇、泗安镇均超过 1 万公顷,其中泗安镇农用地面积最多,为 13615.45 公顷;吕山乡最少,为 2948.1 公顷。建设用地面积雉城镇最多,为 6006.07 公顷;白岘乡最少,为 537.97 公顷。未利用地雉城镇最多,为 1274.38 公顷;白岘乡最少,为 84.79 公顷。

2012 年长兴县各乡镇土地分布情况表

表 3-10

单位:公顷

分布地	分布量	其中			分布地	分布量	其中		
		农用地	建设用地	未利用地			农用地	建设用地	未利用地
雉城镇	19438.57	12158.12	6006.07	1274.38	小浦镇	9650.56	7966.02	1440.68	243.86
洪桥镇	7303.42	5292.60	1206.39	804.43	煤山镇	8024.39	6501.64	1358.37	164.38
李家巷镇	5312.18	3320.19	1684.49	307.50	水口乡	7975.62	7241.25	586.27	148.10
夹浦镇	6556.70	4978.01	1112.21	466.48	二界岭乡	6993.55	6219.08	642.95	131.52
林城镇	13592.09	11119.64	1958.98	513.47	吕山乡	3956.75	2948.10	607.63	401.02
泗安镇	16502.35	13615.45	2386.32	500.58	吴山乡	4573.57	3493.47	776.35	303.75
虹星桥镇	7206.83	5747.47	1008.28	451.08	白岘乡	4269.60	3646.84	537.97	84.79
和平镇	13468.60	11315.31	1506.41	646.88	槐坎乡	8309.45	7186.56	1003.02	119.87

说明:1. 资料来源于县国土局;2. 土地分布利用情况统计至 2012 年 5 月区划调整前

第三章　地籍管理

1988 年 10 月,长兴县启动城镇国有土地使用权初始登记,1990 年 5 月启动农村宅基地使用权申报登记,逐步建立起地籍管理制度。1992 年全县开展第一次土地详查,1996 年、2003 年分别开展土地利用现状更新调查,2007—2009 年开展第二次土地调查。2009 年后,每年开展土地变更调查。

第一节　土地调查

一、土地利用现状调查

1988 年,全县土地总面积 13.88 万公顷(1388 平方千米)。1996 年 8 月,全县开展土地利用现状更新调查，至12月基本结束。根据调查显示，全县土地利用现状变更涉及326个行政村，占行政村总数的76.7%；变更图斑数为6591个，占全县总图斑数的5.1%；变更土地面积1765.83公顷，占全县土地总面积的1.2%。其中，耕地减少850.19公顷，减1.71%；园地增加11.55公顷，增0.2%；林地减少132.85公顷，减0.3%；居民点及工矿用地增加678.56公顷，增5%；交通用地增加219.96公顷，增11.1%；水域增加103.82公顷，增0.8%；未利用土地减71.35公顷，减0.9%。根据调查，1996年，全县土地总面积为14.28万公顷（1428平方千米）。

2003年8月，依据省政府18号文件和国土资源部《关于浙江更新调查省级试点方案的批复》精神，全县及时开展土地更新调查工作，于2004年9月通过验收。

2007年至2009年，开展全国第二次土地调查，县政府成立领导小组，由县国土资源局负责实施，利用卫星正射影像图，结合土地更新调查、土地变更调查、用地审批资源和土地开发整理等资料，对全县土地开展全面调查。同时，汇总土地现状一级、二级分类面积，以及基本农田、土地权属等资料，建立县级土地调查数据库。据调查显示，全县区域面积143134.23公顷，其中农用地113994.28公顷、建设用地22302.46公顷、未利用地6837.49公顷。

二、权属调查

国有土地 1992年土地详查显示，全县共有国有土地14356.66公顷，占土地总面积的10%。其中，耕地653.33公顷，园地746.67公顷，林地5393.33公顷，居民点及工矿用地1713.33公顷，交通用地646.67公顷，水域4846.67公顷，未利用土地360公顷。

集体土地 2012年5月至12月，全县开展农村集体土地所有权确权登记发证工作。共设有集体土地4572宗，其中本村宗地2023宗，飞地2175宗，共用宗3宗，争议土地371宗。核发集体土地证书4176份，发证面积117048公顷。

第二节 土地登记发证

一、初始登记发证

城镇国有土地使用权登记发证 1988年10月，启动城镇国有土地使用权初始登记，于次年2月完成全县范围内国有土地使用权申报登记工作。1993年6月，成立县城镇国有土地使用权确权发证领导小组，7月组成地籍调查组，经雉城镇半年试点后，对泗安、煤山、小浦、洪桥、虹星桥、夹浦、林城、和平、李家巷9个建制镇进行逐个单位、逐块宗地调查核实。1995年4月，县政府发布《关于全面开展国有土地和集体土地建设用地使用权确权发证的通告》，规定县区域范围内的所有国有土地和集体建设用地（除已发证外），未取得国有土地和集体建设用地使用权的单位和个人（包括个体私营企业），经调查达到“权属合法、界址清楚、面积准确”的，确认土地使用权，核发土地使用证。1996年春，全县城镇国有土地地籍调查申报登记8080宗地，面积1148公顷（11480057平方米），其中省、市属独立工矿企业2390宗地，面积5919.98公顷（59199800平方米；其中长广煤矿87宗地、面积3422400平方米）。1998年，完成国有建设用地调查，国有土地1123宗，面积149.67公顷。至2000年，全县共核发国有土地使用证10946本，计10326宗地，面积4155公顷。

农村集体土地建设用地登记发证 1990年5月，县政府发布《关于全面开展土地使用权申报登记通告》，启动农村宅基地使用权申报登记。设立县、乡镇两级农村宅基地使用权申报登记办公室，11月经横山乡郑家浜村申报登记试点后在全县铺开。至1991年5月，全县农村宅基地申报登记基本完成。1996年3月，全县34个乡镇、452个行政村全面完成农村宅基地使用权的确权发证工作。同年年底，完成集体土地建设用地地籍调查，共核发农村集体土地建设用地使用证149077本，计163048宗地、面积4795公顷，其中农村宅基地使用证146065本，计160351宗地、面积3552公顷，发证率99.9%。

二、日常登记

初始土地登记 1988年,启动城镇国有土地初始登记,次年2月基本完成。至2000年,全县共颁发国有土地使用证10946本,计10326宗地,面积4155公顷。

1991年,开始农村住房土地确权发证申报,用三年时间完成全县农房办证工作。共核发集体土地建设用地使用证149077本,计163048宗地,面积4795公顷。其中,农村宅基地使用证146065本,计160351宗地,面积为3552公顷,发证率99.9%。1995年始,农村住房办理日常变更登记,每年农村住房土地登记作为县国土局对各国土所考核的一项内容,要求每年变更率必须达到95%。

变更登记 1994年,开始土地变更登记。1998年,全面完成初始发证扫尾任务和农村宅基地变更登记工作。完成农村宅基地变更登记16056宗,占应登记的75.7%。完成予登记发放临时证648宗,其中国有398宗、集体250宗。1994—2000年,全县共办理登记27161宗。2006年,完成登记16916宗,面积47.7平方千米。2011年,完成登记23203宗,面积97.26平方千米。2012年,完成登记18362宗,面积60.92平方千米。2001—2012年,累计办理登记64700宗,涉及土地面积297.10平方千米。

抵押登记 2003—2012年,全县共办理抵押登记43045宗,抵押总金额91951515.14万元。其中,2012年完成抵押登记9036宗,抵押金额971909.92万元。

第三节 土地测量与测绘

1993年4月,县土地测绘队成立。同年7月,在雉城镇开展城镇地籍调查试点,次年1月结束。共完成外业调查3126宗,其中实地测量2961宗,绘制1:500地籍图98幅,面积6.13平方千米。1994年3月,对其他9个建制镇进行测绘,完成1:1000地形图89幅,面积22.25平方千米;1:500地形图16幅,面积1平方千米。1996年12月,完成全县城镇地籍调查、测绘和初始登记。1993—2000年,完成全县统征、地籍、建设用地放样等测绘项目11500宗,面积212平方千米。2001—2006年,完成全县统征、地籍、市场、土地整理(开发)等测绘项目13600宗,面积292平方千米。2009年5月,县土地测绘队更名为县土地勘测中心。2007—2012年,完成全县统征、地籍、农村土地综合整治、建设用地放样等测绘项目38600宗,面积690平方千米。

图3-2 县国土局土地测绘队在野外作业(县国土局提供·2000年)

第四章 建设用地与管理

1988年,根据《中华人民共和国土地管理法》和《浙江省土地管理实施办法》,长兴县对建设用地进行管理,全年累计批准国有建设用地53.08公顷,集体建设用地43.43公顷,农村个人建房用地20.69公顷。20世纪90年代初,建设项目用地逐渐由行政划拨方式供地向有偿使用转变。2012年,共办理土地使用权出让257宗,面积422.44公顷。1988—2012年,全县累计批准国有建设用地7902.43公顷,集体建设用地636.51公顷,农村个人建房用地840.79公顷。1992—2012年,全县公开出让各类土地2785宗,面积6015公顷。

第一节 建设用地类型

一、国家建设用地

1988—1991 年，全县共批准国有建设用地项目 466 个，用地面积 257 公顷。1992 年，全年批准建设用地项目 200 个，用地面积 100.86 公顷。至 1999 年年底，先后完成华能长兴电厂等 341 个重点工程项目的征地任务，面积达 1024.47 公顷。2000 年，建设用地量明显增加，全年国家集体建设用地共计 76 项，总面积 232.81 公顷。2004 年，5 个项目被国家确认为急需重点建设项目，用地面积达 257.59 公顷。2012 年，通过包装项目争取、重大产业项目奖励、中期评估奖励、加快农村用地整治等途径多渠道筹措用地指标，全县共获取各类建设用地指标 5222.7 公顷。1988—2012 年，全县累计批准国有建设用地项目 5042 个，用地 7902.43 公顷。

二、集体建设用地

集体建设用地主要有乡镇、村企业用地和公共设施、公益事业用地，因使用集体经济组织土地，办理用地手续只需缴付相关税费。1988 年，全县共批准集体建设用地项目 404 个，总面积 43.43 公顷。20 世纪 90 年代初，集体建设用地以乡镇、村办企业为主，其次为村小学、集镇农贸市场建设。1992 年，批准集体建设用地项目 132 个，用地 27.58 公顷。1997 年起，乡镇、村企业改制，土地使用权在企业转制中按出让、租赁、入股办法处置，企业新增用地纳入国有土地使用权出让范围。2012 年，批准集体建设用地项目 225 个，用地 296.97 公顷。1988—2012 年，全县累计批准集体建设用地项目 2557 个，用地 636.51 公顷。

三、农村个人建房用地

1988—1991 年，全县批准农民个人建房 4514 户，面积 46.26 公顷。1992 年，批准农村个人建房 325 户，用地面积 13.18 公顷。之后，不断规范用地审批，强化全程监管，切实加强用地保障。2010 年，出台《长兴县农村住房建设管理办法(试行)》。2012 年，批准农村个人建房 736 户，用地面积 8.17 公顷。1988—2012 年，全县累计批准农村个人建房 74461 户，用地面积 840.79 公顷。

1988—2012 年长兴县批准建设用地情况表

表 3-11

年份	国家建设用地				集体建设用地				农村个人建房用地			
	项目（个）	批准面积（公顷）	耕地（公顷）	非耕地（公顷）	项目（个）	批准面积（公顷）	耕地（公顷）	非耕地（公顷）	户数（户）	批准面积（公顷）	耕地（公顷）	非耕地（公顷）
1988	195	53.08	24.62	28.46	404	43.43	1.73	41.70	1944	20.69	3.58	17.11
1989	131	160.09	69.82	90.27	56	29.18	15.71	13.47	2076	19.87	1.31	18.56
1990	80	22.19	16.67	5.52	43	8.15	0.93	7.22	189	2.09	1.73	0.36
1991	60	21.64	18.25	3.39	36	7.14	0.63	6.51	305	3.61	1.82	1.79
1992	200	100.86	62.79	38.06	132	27.58	5.19	22.39	22580	266.83	80.05	186.79
1993	362	120.85	82.70	38.14	369	52.79	27.53	25.27	18465	216.87	63.06	153.81
1994	447	147.02	60.49	86.53	354	33.17	6.25	26.92	2569	28.83	8.05	20.78
1995	485	260.79	23.43	237.35	519	44.87	6.97	37.90	1047	11.76	3.53	8.23
1996	80	11.65	3.18	8.47	—	—	—	—	809	8.18	2.45	5.72
1997	304	16.08	8.32	7.75	59	0.18	0.04	0.14	1183	12.08	3.62	8.45
1998	424	51.69	38.54	13.14	189	0.61	0.02	0.59	2946	30.38	9.11	21.27
1999	30	63.47	57.74	5.72	—	—	—	—	405	4.42	1.33	3.09
2000	59	78.42	12.29	66.12	—	—	—	—	2230	23.96	7.19	16.77

续表3-11

年份	国家建设用地				集体建设用地				农村个人建房用地			
	项目(个)	批准面积(公顷)	耕地(公顷)	非耕地(公顷)	项目(个)	批准面积(公顷)	耕地(公顷)	非耕地(公顷)	户数(户)	批准面积(公顷)	耕地(公顷)	非耕地(公顷)
2001	133	433.42	353.52	79.90	—	—	—	—	2502	26.63	7.99	18.64
2002	216	747.27	545.96	201.30	9	18.97	15.05	3.93	1478	15.72	4.72	11.00
2003	321	1033.03	685.68	347.35	86	31.74	27.71	4.03	1430	15.10	4.53	10.57
2004	6	54.15	38.40	15.74	—	—	—	—	1385	14.80	4.44	10.36
2005	76	266.27	161.18	105.08	12	2.89	2.85	0.03	1137	11.88	3.57	8.32
2006	102	301.90	219.04	82.86	—	—	—	—	1200	11.81	3.54	8.26
2007	165	1509.40	757.25	752.15	9	8.68	0.50	8.18	1700	18.32	5.50	12.83
2008	250	559.83	361.11	198.72	12	2.82	0.59	2.23	1483	16.51	4.95	11.56
2009	139	486.55	254.67	231.88	11	5.37	2.95	2.42	2100	23.48	7.04	16.44
2010	194	463.08	240.21	222.86	25	8.43	7.46	0.98	1613	17.99	5.40	12.59
2011	122	251.35	136.25	115.10	7	13.54	9.01	4.53	949	10.81	3.24	7.57
2012	461	688.35	405.30	283.05	225	296.97	166.85	130.12	736	8.17	2.45	5.72
小计	5042	7902.43	4637.41	3264.91	2557	636.51	297.97	338.56	74461	840.79	244.20	596.59

说明:资料来源于县国土局

第二节　土地有偿使用

20世纪90年代初,建设项目用地逐渐由行政划拨方式供地向有偿使用转变。1990年5月,国务院颁布《中华人民共和国城镇国有土地使用权出让和转让暂行条例》,实施城镇国有土地有偿使用。1992年3月,省政府颁布《浙江省城镇国有土地使用权出让和转让的实施办法》。同年,长兴县开展土地使用制度改革试点。

一、国有土地使用权出让

1992年5月,在雉城镇开展国有土地使用权有偿出让试点,首次协议出让金陵南路两侧国有土地使用权13宗,总面积1.11公顷,平均地价每平方米351.22元。1993年8月,县政府制定《关于加强土地管理深化使用制度改革若干问题规定》,规定商业、房地产业、金融业、旅游业等六类经营性用地均纳入出让范围,并推行招标出让、拍卖等方式,逐步改变单一的协议出让形式,出让地域也由雉城镇逐步向建制镇、乡扩展;工业等生产用地实行协议出让。1995年6月,煤山镇电影院前一块土地敲响长兴土地拍卖第一槌。2002年6月,制定《长兴县国有土地使用权招标拍卖挂牌出让规定》,对在全县国有土地使用权招标、拍卖、挂牌出让活动进行规范。2007年,制定《长兴县工业用地招标、拍卖、挂牌实施试行办法》,规定工业用地实行公开出让。同年,首宗公开出让的1宗工业用地位于虹星桥镇,面积1公顷,以180.2万元成交,比起始价增加43.6%。全县当年工业用地公开出让共成交81宗,面积293.07公顷,成交额4.71亿元。2012年,共办理土地使用权出让257宗,面积422.44公顷,收取土地出让金17.51亿元。1992—2012年,全县公开出让各类土地2785宗,面积6015公顷,收取土地出让金177.37亿元。协议出让土地1346宗,面积2187.53公顷,收取土地出让金37.02亿元;招标、拍卖、挂牌出让土地1439宗,面积3828公顷,收取土地出让金140.35亿元。

二、国有土地使用权转让

1996年,全县开始办理国有土地使用权转让变更过户登记,全年共办理土地转让变更登记501宗,面积27492.46公顷,资产总值1920.52万元。1998年,共办理土地转让99宗,其中转制企业27宗,面积

46 公顷。至 2000 年，全县共办理土地转让变更登记 1021 宗，面积 260.93 公顷，资产总值 5.6 亿元。2012 年，共办理土地使用权转让变更登记 33 宗，面积 40.48 公顷，资产总值 1 亿元。1996—2012 年，全县共办理土地使用权转让变更登记 2685 宗，面积 6339.47 公顷，资产总值 20.03 亿元。

三、国有土地使用权抵押

1994 年 10 月，全县首次办理长兴制革总厂、长兴皮革实业公司两宗土地抵押登记，面积 3.51 公顷，抵押权人为工行长兴县支行，资产总值 785.52 万元。同年，共办理 6 家企业 6 宗土地抵押登记，面积 4.84 公顷，资产总值 1003.07 万元。1998 年，开展抵押评估工作，共办理抵押登记 125 宗，抵押金额 2.27 亿元；办理土地评估 331 宗，总面积 166 公顷，评估总资产 3.54 亿元。至 2000 年，全县共办理 334 家企业 395 宗土地抵押登记，总面积 276.9 公顷，资产总值 6.21 亿元。最高宗地价每平方米 6916 元，最低宗地价每平方米 40.03 元，平均宗地价每平方米 227.17 元。其中，国有土地抵押 305 家，361 宗地，面积 214.51 公顷，资产总值 4.77 亿元；集体土地抵押 29 家，35 宗地，面积 62.39 公顷，资产总值 1.44 亿元。抵押期限最长为 5 年，最短 8 个月，绝大多数为 1 年，少数为 2 年。绝大部分属土地抵押贷款，抵押权人有农业银行、工商银行、建设银行、中国银行营业所、信用社等金融单位。2003 年，办理抵押登记 44 宗，面积 8.25 公顷，抵押总值 130 万元。2006 年，完善、规范土地抵押登记，拓宽中小企业财产抵押贷款渠道，增强中小企业的经济活力。全年土地抵押登记（包括备案）4688 宗地，面积 1173.45 公顷，资产总额 26.84 亿元。发放他项权利证书 252 本，面积 877.58 公顷。2012 年，全年办理抵押登记 10245 宗，面积 1652.5 公顷，其中土地抵押（发放他项权证）848 宗、面积 1490.59 公顷，抵押总值 97.9 亿元。2003—2012 年，全县累计办理抵押登记 43160 宗，面积 135608.46 公顷，抵押总值 4477.41 亿元。

四、国有土地使用权入股

1994 年，全县开展办理国有土地使用权入股。同年 10 月，办理 1 宗作价入股土地，面积 1.01 万平方米。2000 年 7 月，办理 1 宗作价入股土地，面积 76 平方米。2003 年 11 月，办理 1 宗作价入股土地，面积 27882 平方米。2006 年 1 月，办理 3 宗作价入股土地，面积 1033 平方米。2009 年 12 月，办理 3 宗作价入股土地，面积 2546 平方米。至 2012 年，共办理 9 宗作价入股土地，面积 41639 平方米。

1992—2012 年长兴县国有土地有偿使用情况表

表 3-12

年份	国有土地使用权出让			国有土地使用权转让			国有土地使用权抵押		
	宗地（宗）	面积（公顷）	金额（万元）	宗地（宗）	面积（公顷）	金额（万元）	宗地（宗）	面积（公顷）	金额（万元）
1992	30	20.65	2685.53						
1993	32	22.07	19227.80						
1994	38	7.85	1941.13						
1995	40	190.09	4466.47						
1996	151	28.32	8355.03	501	1920.52	27492.46			
1997	155	15.45	5684.32	179	686.17	9822.65			
1998	32	32.16	3110.47	102	391	5597.27			
1999	30	54.19	2255.17	108	414	5926.52			
2000	38	88.18	2400	131	502.17	7188.65			
2001	60	122.32	8277	133	508.80	7283.58			
2002	131	419.23	38945	112	430.53	6163.03			
2003	362	634.35	77809	92	352.25	5042.48	44	8.25	130
2004	247	368.49	67035	62	234.83	3361.65	65	45.07	100
2005	81	255.16	101499	102	391.39	5602.75	587	72.60	18400

续表3-12

年份	国有土地使用权出让			国有土地使用权转让			国有土地使用权抵押		
	宗地（宗）	面积（公顷）	金额（万元）	宗地（宗）	面积（公顷）	金额（万元）	宗地（宗）	面积（公顷）	金额（万元）
2006	69	172.07	77438	460	25.15	12360.69	2297	513.66	2224916
2007	174	491.08	231167	105	59.94	16024.58	4553	643.13	7123937
2008	303	1530.24	10663	321	106.72	17968.75	4260	1466.07	775821
2009	148	308.91	242994	112	42.45	15573.43	7499	2067.53	8368683
2010	151	322.27	250999	54	81.85	18502.14	10603	1277.67	558946
2011	256	509.27	441707	51	151.19	26346.50	12404	1534.56	24723695
2012	257	422.44	175096	33	40.48	10046.07	848	1490.59	978970

说明：资料来源于县国土局

第三节　征地补偿与安置

一、征地补偿

土地补偿费　1988年，根据《中华人民共和国土地管理法》(以下简称《土地管理法》)和《浙江省土地管理实施办法》的相关规定，征用耕地的补偿标准是征用前3年的平均年产值的4倍至5倍，征用非耕地的补偿标准一般不超过耕地标准的二分之一。1992年5月，根据中央和省、市规定，县政府发出《关于土地征用的有关规定的通知》，对征用耕地的土地补偿费，规定为年产值的5倍，年产值按该耕地被征用前3年的平均年产值计算；征用非耕地的土地补偿费，不超过耕地标准的二分之一。1995年6月，根据市政府文件规定，非农业建设用地的补偿费标准调整为水田每公顷69900元，旱地的补偿费标准为每公顷49950元，园地的补偿费标准为每公顷90000元，鱼塘的补偿费标准为每公顷97500元，蔬菜基地的补偿费标准为每公顷97500元，非耕地的补偿费标准为每公顷34950元。1996—1998年，全县土地补偿费标准为每公顷78000元，非耕地补偿费标准折半。根据1999年1月1日实施的《土地管理法》规定，征用耕地的土地补偿费，为该耕地被征用前3年平均年产值的6倍至10倍。全县土地补偿费标准调整为每公顷121200元，非耕地折半。青苗补偿费标准调整为每公顷12000元。

2009年，全县土地征收补偿实行区片综合地价，共分三级。一级区片：指古城街道的雉城、古城、金莲桥、钮店湾居委会，征收耕地(包括水田、旱地、菜地、园地、养殖水面、农田水利用地)和建设用地的土地补偿费标准为每公顷270000元，征收林地的土地补偿费标准为每公顷189000元，征收未利用地的土地补偿费标准为每公顷135000元；二级区片：指除一级区片外的城市规划控制区内(东至杭宁高速公路，南至申苏浙皖高速公路，西至新长铁路，北至合溪新港)和县开发区辖区的钱家圩、新开河、南张浜村，征收耕地和建设用地的土地补偿费标准为每公顷270000元，征收林地的土地补偿费标准为每公顷189000元，征收未利用地的土地补偿费标准为每公顷135000元；三级区片：除一级、二级区片以外的其他地方，征收耕地和建设用地的土地补偿费标准为每公顷270000元，征收林地的土地补偿费标准为每公顷189000元，征收未利用地的土地补偿费标准为每公顷135000元；收回国有农用地，参照所在区片范围征收农民集体的补偿标准进行补偿。

2012年，全县土地征收补偿实行统一区片综合价格，其中征收耕地(包括水田、旱地、菜地、园地、养殖水面、农田水利用地)和建设用地的土地补偿费标准为每公顷307500元，征收林地的土地补偿费标准为每公顷215250元，征收未利用地的土地补偿费标准为每公顷153750元，收回国有农用地参照征收农民集体土地的补偿标准进行补偿。

青苗补偿费　被征耕地青苗补偿费是用地单位(个人)对被征用土地者的地面种植之农作物,按有苗补偿、无苗不补的原则进行补偿。接到征地批准书后,抢种的农作物不予补偿。征用后尚未使用,乘间隙种植的农作物,施工时也不予补偿。青苗补偿费标准为当季作物的产值。1988—1995年,青苗补偿以当季作物的产值为依据进行补偿。1995年6月,根据市政府文件规定,青苗补偿费调整为水田、旱地、园地每公顷补偿7500元;鱼塘、蔬菜基地每公顷补偿12000元。1996—1998年,全县青苗补偿费每公顷12000元。1999年5月,根据市政府文件规定,青苗补偿标准调整为水田、旱地每公顷9000元,鱼塘每公顷12000元～24000元,蔬菜基地每公顷12000元。2012年,全县土地征收补偿实行统一区片综合价格,其中青苗补偿费每公顷75000元。

地面附着物补偿费　地面附着物补偿是对被征用土地上的树木、建筑物和构筑物等设施(包括房屋、村镇公用设施、坟墓和其他附着设施)需要移植、砍伐和拆除迁建的,给所有者一定的补偿。1988年,地面附着物补偿以地面附着物价值及实际损失为依据进行补偿。1992年,树木补偿(经济林)按树木的自身价值,加上当年产值进行补偿。房屋及构筑物设施的补偿标准,由县政府规定,予以折价补偿或迁建。征地方案议定后,擅自抢种的树木或抢建的设施,不予补偿。对林木的补偿标准,执行1994年市政府转发的《浙江省林地管理办法》的规定。1999年,经济林补偿标准为茶园每公顷27000元～36000元,桑园每公顷22500元～30000元,果园每公顷22500元～30000元,笋园每公顷36000元～48000元;用材林补偿标准为用材林每公顷9000元～12600元,特种防护林每公顷27000元～90000元,竹林每公顷18000元～36000元。2012年,全县区域范围内青苗及除房屋、大型水电设施(指闸门、桥梁、机埠、变压器)外的地面附着物补偿费,实行定额包干到被征地村集体经济组织,定额包干标准为每公顷75000元,具体由被征地村集体经济组织按实补偿给所有者。抢种的不予补偿。房屋、大型水电设施经评估机构评估后按评估价补偿。大型苗木、特种养殖由有资质的评估机构评估后按评估价补偿。

二、人员安置

补助安置　1988年,全县根据《中华人民共和国土地管理法》(以下简称《土地管理法》)及《浙江省土地管理实施办法》的相关规定,征用耕地需付给安置补助费的人数,按征用面积与被征地单位原人均耕地之比计算。每一个需要安置的农业人口的安置补助费,以人均耕地0.07公顷(1亩)为标准,其安置补助费为征用前3年平均年产值的2倍至3倍。按该办法计算,每亩安置补助费总额最高不得超过被征耕地征用前3年平均年产值的10倍。年产值和人均耕地数,以征用土地所在村上年上报乡(镇)政府的统计年报表为准。征用非耕地的,其安置补助费不超过当地耕地补助费标准的二分之一。已支付安置补助费的,不再安排招工。1999年春,县政府根据新《土地管理法》和市政府的规定,对征用耕地的安置补助费调整为每公顷181680元,非耕地折半。2009年,全县土地征收补偿实行区片综合地价,共分三级,其中安置补助费的标准:一级区片,征收耕地(包括水田、旱地、菜地、园地、养殖水面、农田水利用地)和建设用地的安置补助费每公顷270000元,林地每公顷189000元,未利用地每公顷135000元;二级区片,征收耕地和建设用地的安置补助费每公顷225000元,林地每公顷157500元,未利用地每公顷112500元;三级区片,征收耕地和建设用地的安置补助费每公顷180000元,林地每公顷126000元,未利用地每公顷90000元;收回国有农用地,参照所在区片范围征收农民集体的补偿标准进行补偿。2012年,全县土地征收补偿实行统一区片综合价格,其中征收耕地(包括水田、旱地、菜地、园地、养殖水面、农田水利用地)和建设用地的安置补助费每公顷307500元,林地每公顷215250元,未利用地每公顷153750元,收回国有农用地参照征收农民集体土地的补偿标准进行补偿。

招工安置　1988年,根据《土地管理法》及《浙江省土地管理实施办法》的相关规定,因国家建设征用耕地造成的多余劳动力,需用地单位安排就业的,安置补助费付给安排就业的单位,需安排就业的人数,按被征用耕地面积与原劳均耕地之比计算,其农业户口按省的有关规定转为非农业户口。1996年6月,雉城镇钮店湾的金家村(自然村)土地全部征完,铁抖浜(自然村)大部分土地被征用。经县政府审查,报省政府批准,金家村的农业人口除少数老龄村民外,均转为非农业户籍。铁抖浜多数农业人口转为非农业户籍。

社会保障安置 2003年,县政府出台《关于印发〈雉城镇城市规划控制区、县经济技术开发区被征地农民实施基本生活保障制度试行办法〉的通知》,对雉城镇城市规划控制区、县经济技术开发区被征地农民建立基本生活保障制度。2005年10月,出台《关于印发长兴县被征地农民基本生活保障制度实施办法的通知》,规定县域范围内,经县以上人民政府批准征用土地,1992年8月26日至2004年12月31日间征地的被征地农民,可自愿参加被征地农民生活补助制度。2005年5月1日后征地的被征地农民,参加被征地农民基本生活保障制度,符合参加城镇职工基本养老保险条件的,可参加城镇职工基本养老保险,第一次缴费应满一年。

第四节　土地储备与地价评估

一、土地储备

2000年8月,成立县土地储备中心,开展国有土地使用权收购、储备和出让前期开发等工作,加强对土地供应的宏观调控,规范和培育土地市场。当年,收储土地1宗,土地面积0.79公顷,收储金额200万元。2002年,县政府下发《长兴县土地储备管理暂行办法》,土地储备制度开始正式实施。同年,县土地储备中心储备土地14宗,土地面积121.98公顷,收储金额5003万元。2005年,储备土地21宗,土地面积77.7公顷,收储金额6971万元。2010年,储备土地30宗,土地面积50.03公顷,收储金额3.54亿元元。2011年,县政府下发《长兴县土地储备管理办法》,对全县土地收储工作作出规范,全年收储土地24宗,土地面积69.05公顷。2012年,共收储土地28宗,土地面积55.9公顷,收储金额2.08亿元。2000—2012年,县土地储备中心共收储土地234宗,土地面积822.65公顷,收储金额27.05亿元。在收储土地中,有42宗启动国有、集体土地征地拆迁程序,拆迁建筑总面积约52万平方米,拆迁总户数约2500户,征地拆迁资金累计约17.37亿元。

2000—2012年长兴县土地储备情况表

表3-13

年份	宗地(宗)	面积(公顷)	金额(万元)	年份	宗地(宗)	面积(公顷)	金额(万元)
2000	1	0.79	200	2007	27	71.34	81543
2001	5	12.09	2220	2008	31	178.91	33591
2002	14	121.98	5003	2009	22	148.54	31823
2003	8	4.47	1237	2010	30	50.03	35366
2004	9	5.34	4017	2011	24	69.05	44602
2005	21	77.70	6971	2012	28	55.90	20818
2006	14	26.51	3099	—	—	—	—

说明:资料来源于县国土局

二、地价评估

基准地价 1994年5月,开展雉城镇建成区及规划区21.3平方千米基准地价评估,形成《长兴县雉城镇土地估价成果报告》。雉城镇建成及规划区基准地价按商业、住宅、工业用途分别划分三个类别,首次建立以基准地价和宗地地价为核心的地价体系。1999年12月,开展首次基准地价更新工作,更新评估范围由雉城镇扩大到县域20个乡镇建成区和规划建设区,将县城区与乡镇纳入一个统一的估价体系,建立以城市规划、土地利用现状为基础的动态基准地价体系。同时建立对应于一级、二级、三级土地市场基准条件下的分类分指标基准地价和标定地价体系。之后,城镇基准地价按照一般每三年更新一次的原则,分别于2003年、2007年、2010年进行三轮基准地价的更新工作。

2010 年长兴县基准地价情况表

表 3-14　　单位：元/平方米

区域	商业用地				住宅用地				工业用地			
	一级	二级	三级	四级	一级	二级	三级	四级	一级	二级	三级	四级
城区	4830	3170	1950	1130	2650	2490	1620	830	380	310	270	240
泗安镇	900	580	390	330	620	520	360	310	220	210	190	170
煤山镇	930	610	400	340	650	530	360	310	225	210	200	180
和平镇	900	580	390	330	620	520	360	310	220	210	190	170
李家巷镇	1010	620	410	340	670	530	360	320	225	210	190	170
夹浦镇	800	500	370	330	575	430	330	300	220	210	190	170
洪桥镇	800	1420	510	370	600	950	450	340	220	220	210	195
小浦镇	770	510	370	320	580	430	330	300	210	200	190	170
林城镇	710	510	370	320	550	415	330	300	220	200	190	170
虹星桥镇	700	430	320	—	550	350	300	—	210	190	170	—
水口乡	630	320	—	—	530	300	—	—	180	150	—	—
槐坎乡	400	310	—	—	350	290	—	—	180	150	—	—
白岘乡	400	310	—	—	350	290	—	—	180	150	—	—
吕山乡	400	310	—	—	350	290	—	—	180	150	—	—
吴山乡	400	310	—	—	350	290	—	—	190	160	—	—
二界岭乡	360	310	—	—	320	290	—	—	180	150	—	—

说明：资料来源于县国土局

宗地地价　1993 年 9 月，成立县土地估价事务所，主要负责出让土地使用权地价评估，转让、抵押、出租土地使用权地价评估等业务。1999 年，评估土地 103 宗，面积 136.67 公顷，土地资产总值 2.46 亿元。2000 年，评估土地 280 宗，面积 136.32 公顷，土地资产总值 2.52 亿元。2002 年 4 月，县土地估价事务所与主管部门实行脱钩，成为自主从事经营活动的企业法人实体，开展中介服务性地价评估。同年，评估土地 110 宗，面积 190.82 公顷，土地资产总值 4.31 亿元。2005 年，评估土地 286 宗，面积 385.25 公顷，土地资产总值 17.06 亿元。2010 年，评估土地 265 宗，面积 288.06 公顷，土地资产总值 31.35 亿元。2012 年，评估土地 186 宗，面积 332.6 公顷，土地资产总值 17.5 亿元。1999—2012 年，全县共评估土地 3305 宗，面积累计 4352.32 公顷，土地资产总值累计 320.43 亿元。

1999—2012 年长兴县宗地评估情况表

表 3-15

年份	项目数(宗)	面积(公顷)	总资产(亿元)	年份	项目数(宗)	面积(公顷)	总资产(亿元)
1999	103	136.67	2.46	2006	315	431.82	30.95
2000	280	136.32	2.52	2007	256	476.22	52.12
2001	267	184.19	3.72	2008	336	374.98	45.14
2002	110	190.82	4.31	2009	281	315.21	42.16
2003	187	338.33	13.43	2010	265	288.06	31.35
2004	205	334.45	16.41	2011	228	427.40	41.30
2005	286	385.25	17.06	2012	186	332.60	17.50

说明：资料来源于县国土局

第五章　土地监察

1988 年 3 月长兴县土地管理局成立后,由下设的土地监察股负责开展土地法规宣传,依法查处违法用地案件。1990 年 2 月,设立土地监察中队。1998 年,成立县地质矿产局,负责全县矿产资源管理。1999 年,编制《长兴县矿产资源开发利用和保护规划》。2001 年 12 月,县土管局和地矿局合并,成立县国土资源管理局,负责全县各级国土资源部门行政执法和土地、矿产资源规划,依法保护土地、矿产资源所有者和使用者的合法权益。

第一节　法规宣传

1988 年,全县结合“土地宣传月”活动,借助会议、宣传窗、广播、放映幻灯片等方式,重点宣传《中华人民共和国土地管理法》(以下简称《土地管理法》),开展“十分珍惜和合理利用每寸土地”主题教育。1991 年 5 月,国务院决定每年的 6 月 25 日为全国土地日。全县开展“土地与国情”主题宣传教育,共印发公开信 6000 份,宣传袋 1.5 万只、宣传小册子 300 本,悬挂横幅 20 条,专题广播宣传 10 天。举办农村宅基地地籍调查、登记发证业务培训班,培训人员达 126 人。1992 年,浙江省将原定 9 月的“土地宣传月”改为 6 月,与 6 月 25 日“土地日”合并进行土地法规宣传。全县当年印发宣传品 2 万多件,张贴标语 1 万余条,专题广播 10 天,出动宣传车船 10 次。1993 年,县土管局与长兴电视台联合举办电视大奖赛,印发问答题目 200 余个。1996 年,开展浙江省第八个土地宣传月、第六个全国“土地日”和《土地管理法》颁布十周年宣传活动,重点宣传“土地与发展,保护我们的生命线”。还与县计生委联合举办“土地与人口”的专题宣传,组织宣讲团分赴各乡镇、村,宣传土地法律知识和土地统一管理政策。1998 年 8 月,结合新《土地管理法》颁布,举办学习宣传新法培训班,借助县级新闻媒体刊登学习宣传资料。2000 年,重点开展“保护耕地——为了美好的明天”主题宣传教育。2009 年,第 63 届联合国大会一致通过决议,决定将每年的 4 月 22 日定为“世界地球日”。同年,全县举行“世界地球日”公益宣传活动,开展国土知识咨询和问答、预防地质灾害宣传展示,发放各类宣传资料品、环保袋等 6000 余份。2012 年,县国土局在门户网站开辟专栏,制定“六五”普法规划,创新宣传载体,丰富宣传形式。1988—2012 年,在“全国土地日”“世界地球日”等主题活动期间,全县累计发表广播电视讲话 76 次,开办培训班 78 期,举办专题讲座 210 场次,印发单印本宣传小册子 16.2 万本,发放宣传资料、宣传物品 52.8 万份,宣传公告、公开信 4.3 万份,印刷、张贴永久性、临时性标语、宣传条幅 8.2 万条(张),出动宣传车船 128 辆(艘),广播、电视专题宣传 1500 余次。

第二节　执法监察

一、违法用地查处

1988 年下半年,全县组织首次土地执法大清查,查处土地违法案件 675 起,其中农民建房 504 起、乡镇企业和个私企业 171 起,违法用地面积 7.01 公顷,当年处理 505 起。1987—1996 年,全县共查处各类违法用地案件 7075 起,其中国家单位 126 起、集体单位 301 起、个人建房 6648 起,违法用地总面积 126.68 公顷。1997—2000 年,先后开展非农业建设用地大清查,农村宅基地专项治理,土地非法转让和炒卖土地工作专项治理,土地证书年检工作中发现的土地违法案件专项清理和省道、国道沿线的综合治理、土地执法大检查等工作。共立案查处土地违法案件 942 起，面积 67.09 公顷，拆除违法建筑面积 7.09 万平方米。2009 年，建立土地执法监察长效管理机制，完善村级土地协管员和土地执法报告制度，实现“网上管、地上查、天上看”，早发现、早报告、早制止。全年共立案查处违法案件 231 起，违法土地面积 148.81 公顷，拆除违法建筑物 73.06 万平方米，罚没款 361.72 万元。2012 年，针对矿产资源开采的违法行为，开展日常监管执法 210 余次，出动人员共计 2800 余人次，开展联合执法 19 次，制止涉嫌非法开采行为 38 起，取缔 19 个非法开采点，暂扣挖机等作业机械 35 台，立案查处 32 起，收缴和处罚金额 144.26 万元。2003—2012 年，通过日常巡查，全县共立案查处违法用地用矿案件 1609 起，违法土地面积 1281.56 公顷，没收违法建筑面积 414.9 万平方米，拆除违法建筑面积 702.9 万平方米，收缴罚没款金额 1484.26 万元。

图 3–3　土地执法监督先进单位(县国土局提供·1997 年)

2003—2012 年长兴县违法用地用矿案件查处情况表

表 3–16

年份	案件(起)	查处土地面积(公顷)	没收建筑物面积(平方米)	拆除建筑面积(平方米)	罚没款金额(元)	年份	宗数(宗)	查处土地面积(公顷)	没收建筑物面积(平方米)	拆除建筑面积(平方米)	罚没款金额(元)
2003	44	35.73	201537	89377	135059	2008	212	234.56	513782	1248605	63592
2004	61	20.92	53195	15864	47240	2009	231	148.81	641980	730619	3617203
2005	103	54.58	47844	454317	276643	2010	56	32.59	88984	236872	978690
2006	230	186.41	919165	541005	795445	2011	146	143.76	367760	1069285	4362980
2007	341	219.60	852258	1060362	537926	2012	185	204.60	462752	1582722	4027894

说明：1. 资料来源于县国土局；2. 1988—2002 年资料缺失

二、卫片执法检查

2009 年，开始对全县实施卫片图斑全覆盖检查，经初步分析实地伪变化 185 宗，面积 70.59 公顷；合法用地 576 宗，面积 612.07 公顷，其中耕地 411.67 公顷；违法用地约 140 余宗，面积 63.3 公顷，其中耕地 37.58 公顷。违法用地耕地占比 8.3%。2010 年度土地卫片执法检查，涉及全县图斑 1924 个，面积 687.9 公顷。增补图斑 43 个，面积 78.89 公顷。经初步分析处理，合法用地约 260 多宗，面积 443.8 公顷，耕地面积约 359.6 公顷；违法用地 110 宗，面积约 66.67 公顷，耕地面积约 44 公顷，违法用地耕地占比为 9%；伪变化约 69 宗，面积约 56.27 公顷。2011 年度土地卫片执法检查，全县新增建设用地面积 781.84 公顷，耕地面积 298.42 公顷；新增违法用地面积 85.46 公顷，耕地面积 269.43 公顷；违法面积、耕地的占比为 10.9%、9%。2012 年度土地卫片执法检查，全县新增建设用地 302.63 公顷；耕地 164.56 公顷。其中，违法用地 49 宗，面积 44.16 公顷，耕地 6.96 公顷；新增违法用地耕地占比约为 4.2%。

三、闲置土地清查

1995 年 5 月，县政府针对建设用地抛荒、闲置问题，组织力量开展土地执法大检查，并由乡镇政府或主管部门与建设单位签订“限期开工责任书”。1996 年 6 月，出台《关于切实保护耕地，依法查处违法用地和土地抛荒、闲置的意见》，明确对建设单位征而不用，造成土地荒芜和闲置的，要督促其开工建设或复耕，违者依法收取土地抛荒和闲置费。至2000年，全县收取土地抛荒和闲置费2.55万元。2008年，完成处置转而未供土地280.53公顷、闲置土地30.53公顷、低效利用土地20.93公顷。2012年，处置低效用地181.8公顷、闲置土地15.3公顷和转而未供土地292.4公顷，盘活存量建设用地80.5公顷。

第三节　矿产资源规划管理

一、矿产资源规划

1999年，长兴被列为全省矿产资源规划试点县，当年即启动编制《长兴县矿产资源开发利用和保护规划》，至年底完成。全县共规划6个矿业开发区、10个矿产品生产基地、2个限采区、4个资源储备区和5个禁采区，提出在规划期内建成全国性重钙生产基地及硅灰石出口基地，华东主要的石英砂生产基地及水泥、耐火材料生产基地，把长兴建设成浙江硅酸盐工业和原料基地。同年，还启动编制乡镇矿产资源规划，至2003年，完成全县16个乡镇矿产资源利用规划和31家企业的矿产资源开发利用方案编制。2007年，启动第二轮矿产资源规划，至2008年完成《长兴县矿产资源规划(2007—2020年)》。规划提出：到2010年年底，全县矿山生态环境治理率达到90%，所有矿山企业达到“绿色矿山”创建标准，矿产资源综合利用率达到95%以上，禁采区内矿山全部关闭，全县矿山数量控制在80个以内。2010年10月，启动第三轮矿产资源规划修编，至次年4月完成《长兴县矿产资源规划(2011—2015年)》。主要目标是实现矿业开发与生态环境协调发展，最大限度地降低矿产资源开发利用对矿山生态环境的影响和破坏；加强矿山生态(地质)环境保护与治理恢复，挖掘矿地综合利用潜力；不断调整矿山布局，优化产品结构，合理、高效利用矿产资源；建立高效有力的矿产资源宏观调控与管理体系，实现矿产资源开发利用与经济社会协调发展，加快发展生态经济，推进经济结构调整和发展方式转变。

二、采矿权管理

1997年之前，全县矿产资源管理较为粗放。同年，全县480家矿山企业中，3年未换证36家、无证开采23家、未缴纳矿山矿产资源补偿费132家。1998年，成立县地质矿产局，负责全县矿产资源管理。2001年11月，全县对矿山实行有偿出让。2003年，公开招标出让采矿权2家。2005年，全县采矿权出让统一由县招投标中心进行招标、拍卖、挂牌。同年，全县挂牌成交1家，成交额213万元；拍卖成交2家，成交额1545万元；收取采矿权价款3886万元。2006—2009年，全县实行招拍挂矿山23家，协议出让64家，其中自备矿山22家，对省属企业实行行政授予共4家。2010—2012年，全县严格采矿权审批，共出让采矿权5宗。

三、矿产开发与保护

1986年3月，《中华人民共和国矿产资源法》颁布施行。1987年9月，全县矿产资源开发利用由县计经委设立矿山资源管理办公室管理。同年12月至1989年年底，完成全县国营、集体、乡镇(包括个体)矿山划界工作，核发矿山生产许可证245份。由于管理人员少，矿山企业散、小、乱等情况，矿产资源开发秩序总体不规范，管理粗放。1994年6月，矿山资源管理办公室从县计经委划出独立设置。1998年，成立县地质矿产局，矿产资源管理工作开始逐步规范。同年，全县有矿产企业276家，矿山企业数量多，分布广，规模小，开采工艺较差。矿山及加工企业集中分布在煤山、和平、吴山、李家巷、吕山、洪桥等乡镇。2003年8月至12月，开展矿山企业综合整治，共查处非法开采6起，清缴各类规费近200万元，查处涉嫌非法转让采矿权3家，注销采矿权许可证16家(包括临时开采点)。同年年末，全县共有矿山企业186家，总开采量2811.56万吨，生产规模大幅增加，从原来的平均8.5万吨增加到15.1万吨。2004年，关闭矿山16家，超额完成市政府下达的关闭13家矿山的任务，生产规模继续增大。2005年，关闭矿山22家，矿山分布逐渐趋向合理化，矿产资源规划调控效应开始显现。2007年，关闭矿山6

家。2009年，全县矿山企业127家，开采总量为3848.26万吨，平均每家开采量为30.3万吨。其中，建筑石矿49家，开采量1820.3万吨；石灰石31家，开采量1774.67万吨；石英石6家，开采量158万吨；其他41家，开采量253.29万吨。另外，重点工程临时用料矿15家，总开采量342万吨。2010年，继续加大矿山整治，对不安全生产的矿山、不符合规划的矿山、严重影响环境的矿山，采矿权到期到量后坚决关闭。全年关闭矿山42家，其中建筑石10家。矿山年生产规模平均超50万吨，矿产企业呈现规模化生产，产能结构优化。2011年，全年关闭矿山18家。2012年，关闭矿山企业17家。同年年末，全县共有在册矿山50家，规模总量2854万吨。建筑石料矿山20家，规模总量1028万吨；石灰岩（用于水泥、熔剂）矿山19家，规模总量1588万吨；石英石矿山3家，总生产规模96万吨。石灰岩（用于水泥、熔剂）矿山主要分布在煤山、李家巷地区，石英石矿山主要分布在泗安、林城地区，建筑石料矿山主要分布在和平地区。

1998—2012年长兴县矿产资源开发情况表

表3-17

年份	矿产企业数（家）	开采量（万吨）	矿产企业总产值（万元）	年份	矿产企业数（家）	开采量（万吨）	矿产企业总产值（万元）
1998	276	1911.00	24843.00	2006	146	3600.02	52650.90
1999	245	1431.60	24093.82	2007	136	2597.46	55262.06
2000	228	1478.26	21070.03	2008	130	3861.89	72588.89
2001	188	1462.51	24075.06	2009	127	3848.26	87680.56
2002	174	1477.07	26880.20	2010	85	4351.56	108363.72
2003	186	2811.56	47650.61	2011	67	5233.16	116802.81
2004	170	3533.50	62487.26	2012	50	2854.00	65029.25
2005	148	2804.24	44641.99	—	—	—	—

说明：资料来源于县国土局

四、矿山生态治理

废弃矿山治理　2004年，全县启动22个废弃矿山治理工程，当年完成12个，完成治理面积25.83万平方米，投入治理费用1828.40万元，对3个废弃矿山治理工程实行公开招投标。在营矿山实施治理复绿102家，完成复绿面积58.53万平方米，投入资金432.8万元。2012年，完成1个废弃矿山治理工程，治理面积3.83万平方米，投入治理费用40万元。2004—2012年，全县共治理42家废弃矿山，完成治理面积111.17万平方米，投入治理费用约5189万元。

2004—2012年长兴县废弃矿山治理情况表

表3-18

治理时间	矿山面积（平方米）	宕面面积（平方米）	宕底面积（平方米）	治理费用（万元）	矿山名称
2004	14860	460	14400	35	六都石矿
	48830	8230	40600	44	董家浜石矿
	18690	690	18000	21	陈湾小矿
	22030	2030	20000	26	陈湾石矿
	8150	150	8000	18	蒋家坞紫泥矿
	18310	310	18000	41	蒋家坞石矿
	12860	860	12000	27	蒋家石矿

续表3-18

治理时间	矿山面积（平方米）	宕面面积（平方米）	宕底面积（平方米）	治理费用（万元）	矿山名称
	25650	650	25000	56	董家大队石矿
	2380	380	2000	40	前城石矿
	6190	1390	4800	48	鸡山岭石矿
	24720	3120	21600	15	横山郑家浜石矿
	55657	3657	52000	1458	齐山建筑石矿
2005	16180	1180	15000	30	黄泥山岗1宕口
	14150	3750	10400	50	黄泥山岗2宕口
	5610	710	4900	50	黄泥山岗3宕口
	23440	440	23000	132	张坞石矿
	15920	920	15000	65	东沟石英石矿
	43130	1130	42000	1	葆青粘土矿
	6530	930	5600	60	丰达有限公司粘土矿
	16140	1140	15000	65	和平狮子山白泥矿
	6310	310	6000	70	和平狮子山白泥矿
	4910	710	4200	72	吴山水泥厂粘土矿
	4670	870	3800	62	横涧村西矿
	50810	6210	44600	24	振兴黄石矿
	18200	200	18000	130	李家巷镇戚家山分矿
	22320	320	22000	168	长兴县恒德新型材料公司
	4640	640	4000	25	西丰坝石矿
	12610	610	12000	12	西丰坝紫泥矿
2006	68090	7090	61000	280	槐坎劳武石矿
	45607	3607	42000	230	槐坎葆青石子厂
	64000	0	64000	1350	槐坎葆青煤矿
	53530	1530	52000	38	李家巷青草坞村石灰石矿
	14290	2290	12000	40	章家浜石矿
	6780	2680	4100	30	陈家浜村石矿
2007	49490	11490	38000	30	仙山村凝灰岩石矿
	17670	4670	13000	15	仙山凝灰岩二矿
2008	4000	800	3200	33	眠牛山石矿
2009	18760	3760	15000	20	清明山石矿
2010	189760	9760	180000	200	磨盘山七〇砂厂矿山
2011	15700		15700	18	长兴县二界岭乡四达砖瓦厂粘土矿
	1800		1800	20	长兴县天达墙体材料厂
2012	38300		38300	40	长兴县长城杨桥建筑石矿

说明：资源来源于县国土局

绿色矿山创建　2003年，全县启动“绿色矿山”创建，推进资源利用集约化、开采方式环保化、生产工艺清洁化、道路运输无尘化、企业管理制度化、闭坑矿区生态化。2006年，对符合创建条件、年产量30

万吨以上的30家矿山企业分步实施创建，并确定省、市、县各1家创建单位，次年增加7家，2008年扩大到15家。2006—2012年，全县累计创建省、市、县三级绿色矿山企业24家，其中国家级绿色矿山企业3家、省级9家、市级2家、县级10家，累计投入资金1580万元。

第四节　地质灾害规划与防治

一、地质灾害防治规划

2003年，完成全县首个地质灾害防治规划《长兴县地质灾害防治规划(2003—2008)》。根据地质灾害防治规划组织编制《2003年长兴县地质灾害防治预案》，开展全县工程建设用地地质危险性评估，对易发区内的建设项目和重大建设项目实行地质灾害危险性评估。2008年12月，组织编制《长兴县地质灾害防治规划(2008—2015)》。规划基准年2007年，近期规划至2010年，远期规划至2015年。将全县划分为地质灾害中易发区19个、低易发区21个和不易发区1个，无高易发区。根据地质灾害易发区划分结果，综合考虑全县经济社会发展、城镇及重要工程建设布局、旅游开发、人类工程活动等，划分地质灾害重点防治区、次重点防治区和一般防治区。

二、地质灾害防治

2002年，完成地质灾害调查与区划工作，首次查明全县地质灾害现状、地质环境条件、地质灾害分布与发育特征。2003年，县政府颁布实施《长兴县地质灾害防治规划》。2005年，制定《2005年地质灾害防治方案》，确定10处重要地质灾害隐患点，明确防灾措施。2006年开始，建立县、乡(镇、街道)、村3级地质灾害群测群防防御体系，县土地联席会议通过采矿权出让金县留部分5%作为地质灾害防治专项资金，用于每年工程治理、搬迁、应急调查、农民切坡建房等工作。县财政局和县国土局下发《长兴县地质灾害防治专项资金使用管理暂行办法》。至2007年年底，全县共发现地质灾害及隐患52处，其中滑坡26处、崩塌9处、泥石流13处、地面塌陷4处。已发生地质灾害点共7处，其中滑坡4处、坡面型泥石流1处、地面塌陷2处，规模以小型为主，中型滑坡1处，未造成人员伤亡，直接经济损失471万元。52处地质灾害隐患点中，经工程治理、搬迁避让等，已有24处隐患点稳定或无威胁对象，尚有28处地质灾害隐患点，其中滑坡11处、崩塌1处、地面塌陷3处、坡面泥石流1处、沟谷泥石流12处，稳定性差的9处、稳定较差的7处、低易发泥石流隐患12处。共对79户346人及950万元资产构成威胁。2008—2012年，全县累计治理和搬迁30个，其中2012年工程治理5个。2010—2012年，全县通过监测预警和群测群防成功避险的共有10起，包括2011年泗安镇长中村山门口滑坡，2012年泗安镇长潮村范家朱云家泥石流、胡福如家滑坡、煤山镇新川村涧下李华屋后泥石流、白岘乡访贤村西山岕殷根松屋旁滑坡等。

第四编 人 口

1988年后，长兴县进入第三次人口生育高峰。同年，户籍总人口59.33万人，出生率12.6‰，自然增长率6.5‰。20世纪90年代起，计划生育逐渐成为自觉行动。1995年起出生率和自然增长率下降，2000年后出生率低于10‰、自然增长率低于3‰。2000年全国第五次人口普查显示，全县青年人口占总人口的11.3%，比1990年全国第四次人口普查降低10.7个百分点；老龄人口占总人口的12.3%，根据国际通行标准，已进入人口老龄化社会。2010年全国第六次人口普查显示，全县人口平均受教育程度为8.34年，每10万人中拥有大学生5398人，比1990年增加9.12倍；老龄人口占总人口的16%，人口老龄化呈加快发展的趋势。随着工业化和城镇化步伐的加快，人口快速向城镇集聚，外来人口也大幅度增加。该时期，居民迁移变动频繁，新的姓氏不断增多，不少姓氏也逐渐消失。婚姻家庭稳中有变，家庭户规模向小型化方向发展。同时，随着经济社会发展，居民生活水平、医疗水平提高和社会养老制度建立，全县人口平均预期寿命大大提高。2012年，全县户籍总人口62.6万人，出生率8.9‰，死亡率8.3‰，自然增长率0.6‰；外来暂住人口10.7万人。全县户籍人口中共有姓氏613个。居民平均期望寿命为77.72岁，其中男性75.75岁、女性79.85岁。

第一章 人口规模

1988年，长兴县总户籍16.71万户，总人口59.33万人；2012年年，全县总户籍21.99万户，总人口62.6万人。1988年，全县人口密度为每平方千米427人，2012年为每平方千米437人，比1988年增加10人。20世纪90年代起，随着城镇化、工业化步伐的加快，农村人口逐渐向城镇转移，非农业人口比重逐年增加。2012年，1988年，全县非农业人口占总人口比重为26.1%，比1988年上升6.9个百分点，城乡人口结构发生较大变化。

第一节 人口总量

1988年，全县总户籍16.71万户，总人口59.33万人。1988—1996年，人口增长较快，年均增加3650人；其中，1990年人口总量出现负增长，总人口比上年减少2446人。1997—2007年，人口增长呈现不稳定状态。其中，1997—1999年人口增长缓慢，1997年总人口比上年减少4843人，1998年比上年增加553人，1999年比上年增加712人；2000—2004年人口增长基本平稳，年均增加886人；2005—2007年人口增长进入低谷，三年人口总量均为负增长。2008年起至2011年，人口增长反弹，并保持平稳增长，年均增加2515人。2012年略有下降，总人口比上年减少126人。同年年末，全县总户籍21.99万户，总人口62.6万人，其中男性31.57万人，女性31.03万人。

1988—2012 年长兴县户籍人口情况表

表 4-1

年份	总户数(户)	总人口(人)	男(人)	女(人)	年份	总户数(户)	总人口(人)	男(人)	女(人)
1988	167070	593278	313397	279881	2001	210185	618384	321985	296399
1989	172726	598719	315549	283170	2002	206820	620640	322817	297823
1990	174752	596273	313044	283229	2003	201432	620067	320782	299285
1991	177639	601306	314837	286469	2004	207593	620463	320754	299709
1992	185810	604004	316633	287371	2005	210313	618663	318947	299716
1993	188770	607087	317400	289687	2006	208443	616387	315191	301196
1994	189651	610318	318736	291582	2007	211778	616027	313983	302044
1995	191770	613709	321171	292538	2008	213112	617940	314041	303899
1996	199355	619611	323558	296053	2009	213807	620516	314923	305593
1997	193989	614768	320980	293788	2010	215704	623057	315315	307742
1998	206276	615321	321609	293712	2011	218896	626086	316113	309973
1999	204503	616033	321501	294532	2012	219925	625960	315668	310292
2000	208397	618403	322082	296321	—	—	—	—	—

说明：资料来源于县统计局

第二节　人口密度与分布

一、人口密度

全县人口密度　1988—2012 年，全县人口密度总体平稳。其中，1988 年最低，为每平方千米 427 人；1996 年最高，为每平方千米 446 人。2012 年，全县人口密度为每平方千米 437 人，比 1988 年增加 10 人。

1988—2012 年长兴县户籍人口密度情况表

表 4-2

年份	总人口（人）	面积（平方千米）	人口密度（人/平方千米）	年份	总人口（人）	面积（平方千米）	人口密度（人/平方千米）
1988	593278	1388	427	2001	618384	1428	433
1989	598719	1388	431	2002	620640	1428	435
1990	596273	1388	430	2003	620067	1430	434
1991	601306	1388	433	2004	620463	1430	434
1992	604004	1388	435	2005	618663	1430	433
1993	607087	1388	437	2006	616387	1430	431
1994	610318	1388	440	2007	616027	1430	431
1995	613709	1388	442	2008	617940	1430	432
1996	619611	1388	446	2009	620516	1430	434
1997	614768	1428	431	2010	623057	1430	436
1998	615321	1428	431	2011	626086	1431	437
1999	616033	1428	431	2012	625960	1431	437
2000	618403	1428	433	—	—	—	—

说明：资料来源于县统计局

乡镇人口密度 2012年,全县有雉城镇、洪桥镇、吕山乡、虹星桥镇和李家巷镇5个乡镇的人口密度超过全县平均水平。其中,雉城镇人口密度最高,为每平方千米1026人,是全县平均水平的2.35倍。人口密度较低的有小浦镇、白岘乡、煤山镇、水口乡和槐坎乡5个乡镇,每平方千米在268人及以下。其中,槐坎乡人口密度最低,为每平方千米191人,是全县平均水平的43.7%。

2012年长兴县各乡镇户籍人口密度情况表

表4-3

乡镇	总人口(人)	面积(平方千米)	人口密度(人/平方千米)	乡镇	总人口(人)	面积(平方千米)	人口密度(人/平方千米)
雉城镇(原建制)	199525	194.4	1026	和平镇	53342	180.4	296
洪桥镇	42797	73.0	586	泗安镇	68865	234.9	293
吕山乡	20942	39.6	529	小浦镇	25878	96.5	268
虹星桥镇	37860	72.1	525	白岘乡	11176	42.7	262
李家巷镇	27868	53.1	525	煤山镇	19804	80.2	247
夹浦镇	28177	65.6	430	水口乡	18752	79.8	235
林城镇	55095	135.9	405	槐坎乡	15906	83.1	191

说明:1.资料来源于县统计局;2.2012年5月雉城镇建制撤销,设雉城街道、画溪街道、太湖街道3个街道

二、人口地区分布

1988年,全县有9个镇、25个乡,镇人口253384人、乡人口339894人,分别占总人口的42.7%、57.3%。之后,多次扩镇并乡,市区设立街道,城镇建设加快推进,人口向中心城市及小城镇加快集聚。2012年,全县有3个街道、9个镇、4个乡,街道人口199525人、镇人口359686人,分别占总人口的31.9%、57.5%。

1988年,列入人口前五位的依次为煤山镇56643人、占全县人口户籍人口的9.5%,雉城镇48700人、占8.2%,李家巷镇31987人、占5.4%,后漾乡23708人、占4%,洪桥镇21568人、占3.6%。2012年,列入人口前五位的依次为雉城镇(2012年5月撤销建制前)199525人、占全县人口户籍人口的31.9%,泗安镇68865人、占11%,林城镇55095人、占8.8%,和平镇53342人、占8.5%,洪桥镇42797人、占6.8%。与1988年相比,雉城镇(2012年5月撤销建制前)人口增幅最大,增长4.1倍;煤山镇人口变化最大,由首位56643人降至19804人,呈现负增长。

三、农业和非农业人口

1988年,全县非农业人口11.42万人,占总人口比重为19.2%。20世纪90年代起,随着城镇化、工业化步伐加快,农村人口逐渐向城镇转移,非农业人口比重逐年增加。1998年非农业人口占比超过20%,2000年快速上升至26.6%。2003年、2004年比重最高,均为27.3%。2005年后,非农业人口比重相对稳定,波动在1个百分点之内。至2012年年末,全县非农业人口16.32万人,比1988年增加42.9%;非农业人口占总人口比重为26.1%,比1988年上升6.9个百分点。

1988—2012年长兴县户籍农业、非农业人口情况表

表4-4

年份	农业人口(人)	非农业人口(人)	非农人口比重(%)	年份	农业人口(人)	非农业人口(人)	非农人口比重(%)
1988	479092	114186	19.2	1991	490592	110714	18.4
1989	484329	114390	19.1	1992	490855	113149	18.7
1990	485937	110336	18.5	1993	492946	114141	18.8

续表4-4

年份	农业人口(人)	非农业人口（人）	非农人口比重（%）	年份	农业人口（人）	非农业人口（人）	非农人口比重（%）
1994	495053	115265	18.9	2004	451010	169453	27.3
1995	498925	114784	18.7	2005	451929	166734	27.0
1996	501925	117686	19.0	2006	450720	165667	26.9
1997	498111	116657	19.0	2007	452218	163809	26.6
1998	491528	123793	20.1	2008	454342	163598	26.5
1999	490430	125603	20.4	2009	456868	163648	26.4
2000	453710	164693	26.6	2010	458841	164216	26.4
2001	452314	166070	26.9	2011	463053	163033	26.0
2002	452228	168412	27.1	2012	462768	163192	26.1
2003	450778	169289	27.3	—	—	—	—

说明:资料来源于县统计局

第二章　人口构成

20世纪80年代后,长兴县人口生产呈现男女性别比逐步趋于合理,少儿人口和青年人口占比下降,老年人口占比提高,大专及以上文化程度人口增长迅速,少数民族人口增长较快等特点。2000年,65岁及以上人口占全县人口的8.8%,根据国际通行标准,已进入人口老龄化社会。婚姻家庭稳中有变,家庭户规模向小型化方向发展。同时,随着经济社会发展,居民生活水平、医疗水平提高和社会养老制度建立,全县人口平均预期寿命大大提高。

第一节　性别 年龄

一、性别

1988年,全县户籍人口中,男性人口占总人口比重为52.8%,女性为47.2%,男女性别比(每100位女性所对应的男性数目,女性=100)为112.0,男性多于女性。1990年全国第四次人口普查,全县登记常住人口中,男性人口占总人口比重52.7%,女性为47.3%,男女性别比为111.5。2000年全国第五次人口普查,男性人口占总人口比重51.6%,女性为48.4%,男女性别比为106.8。2010年全国第六次人口普查,男性人口占总人口比重51.1%,女性为48.9%,男女性别比为104.6,分别比1990年、2000年下降6.9个百分点和2.2个百分点。男女性别比逐步下降,趋于合理。2012年,全县户籍人口中,男性315668人,女性310292人,男女性别比为101.7,比1988年降低10.3个百分点。

二、年龄

1990年第四次人口普查,全县少儿人口(0周岁～14周岁)共127128人,占总人口的21.4%。2000年第五次人口普查为121370人,占19.9%。2010年第六次人口普查为84776人,占13.2%,比1990年下降8.22个百分点。

1990年第四次人口普查,全县青年人口(15周岁～24周岁)共130494人,占总人口的22%。2000年第五次人口普查为69025人,占11.3%。2010年第六次人口普查为87360人,占13.6%,比1990年下降8.39个百分点。

1990年第四次人口普查,全县劳动力人口(男15周岁～59周岁,女15周岁～54周岁)共397735

人,占总人口的67.1%。2000年第五次人口普查为402508人,占65.8%。2010年第六次人口普查为432307人,占67.3%,比1990年提高0.28个百分点。

1990年第四次人口普查,全县老年人口(60周岁以上)共58077万人,占总人口的9.8%,其中65岁及以上人口为37304人,占6.3%。2000年第五次人口普查为75030人,占12.3%,其中65岁及以上人口为53669人,占8.8%。根据国际通行标准,已进入人口老龄化社会。之后,全县人口老龄化呈加快发展的趋势。至2010年第六次人口普查为102648人,占16%,比1990年上升6.2个百分点。其中,65岁及以上人口为68706人,占10.7%,比1990年上升4.41个百分点。

1990年、2000年、2010年长兴县人口普查年龄、性别构成情况表

表4-5

年龄组(周岁)	1990年"四普"				2000年"五普"				2010年"六普"			
	合计(人)	男(人)	女(人)	性别比(女性为100)	合计(人)	男(人)	女(人)	性别比(女性为100)	合计(人)	男(人)	女(人)	性别比(女性为100)
0岁～4岁	45336	23550	21786	108.1	33360	17198	16162	106.4	24485	12684	11801	107.5
5岁～9岁	37922	19676	18246	107.8	41768	21341	20427	104.5	27240	14006	13234	105.8
10岁～14岁	43870	23058	20812	110.8	46242	23974	22268	107.7	33051	17045	16006	106.5
15岁～19岁	59318	30865	28453	108.5	32525	16789	15736	106.7	43986	22772	21214	107.3
20岁～24岁	71176	37737	33439	112.9	36500	17486	19014	92.0	43374	21879	21495	101.8
25岁～29岁	62393	33688	28705	117.4	57467	28639	28828	99.3	39595	19356	20239	95.6
30岁～34岁	46226	24883	21343	116.6	70580	37038	33542	110.4	44235	21840	22395	97.5
35岁～39岁	50986	25369	25617	99.0	62794	33995	28799	118.0	61487	30962	30525	101.4
40岁～44岁	40569	21117	19452	108.6	43740	23792	19948	119.3	72505	37916	34589	109.6
45岁～49岁	28996	15588	13408	116.3	47926	24194	23732	101.9	62308	33524	28784	116.5
50岁～54岁	24555	13564	10991	123.4	37514	19341	18173	106.4	42219	22829	19390	117.7
55岁～59岁	23807	13516	10291	131.3	26072	13462	12610	106.8	44849	22598	22251	101.6
60岁～64岁	20773	11596	9177	126.4	21361	11327	10034	112.9	33942	17182	16760	102.5
65岁～69岁	16252	8657	7595	114.0	20479	11039	9440	116.9	23003	11370	11633	97.7
70岁～74岁	10630	5534	5096	108.6	15835	8334	7501	111.1	17531	8834	8697	101.6
75岁～79岁	6120	2844	3276	86.8	10373	4953	5420	91.4	14720	7450	7270	102.5
80岁～84岁	2991	1148	1843	62.3	4875	2123	2752	77.1	8737	4141	4596	90.1
85岁～89岁	1048	346	702	49.3	1687	617	1070	57.7	3755	1523	2232	68.2
90岁～94岁	230	59	171	34.5	362	88	274	32.1	826	284	542	52.4
95岁～99岁	32	3	29	10.3	55	12	43	27.9	127	44	83	53.0
100岁及以上	1	—	1	—	3	1	2	50.0	7	1	6	16.7
合计	593231	312798	280433	111.5	611518	315743	295775	106.8	641982	328240	313742	104.6

说明:资料来源于县统计局

第二节 民族 姓氏

一、民族

全县常住人口以汉族为主。1990年第四次人口普查,有汉族592109人,占总人口的99.8%;有少数民族22个1118人,未识别民族4人。其中,100人以上的有3个,分别为苗族323人、布依族312人、畲族 106 人。2000 年第五次人口普查，有汉族 608577 人，占总人口的 99.5%；有少数民族 22 个 2826 人，其他民族和未识别民族 115 人。其中，100 人以上的有 6 个，分别为苗族 871 人、布依族 797 人、水族 258 人、壮族 246 人、土家族 141 人、畲族 137 人。2010 年第六次人口普查，有汉族 616168 人，占总人口的 98.9%；有少数民族 33 个 6742 人，未识别民族和外国人加入中国籍 147 人。其中，100 人以上的有 10 个，分别为苗族 2233 人、布依族 1455 人、水族 655 人、壮族 636 人、彝族 460 人、土家族 420 人、侗族 174 人、畲族 138 人、回族 109 人、仡佬族 102 人。

1990 年、2000 年、2010 年长兴县少数民族人口变化情况表

表 4-6　　单位：人

民族	1990年“四普”	2000年“五普”	2010年“六普”	民族	1990年“四普”	2000年“五普”	2010年“六普”
苗族	323	871	2233	仫佬族	—	—	13
布依族	312	797	1455	藏族	6	10	13
水族	96	258	655	朝鲜族	1	3	10
壮族	88	246	636	哈萨克族	—	—	10
彝族	22	61	460	羌族	—	—	9
土家族	9	141	420	毛南族	—	—	8
侗族	17	75	174	傈僳族	1	—	7
畲族	106	137	138	纳西族	—	—	7
回族	79	68	109	维吾尔族	1	3	4
仡佬族		30	102	东乡族	4	—	4
白族	4	31	65	佤族	—	2	1
满族	29	30	64	独龙族	—	—	1
黎族	3	35	37	赫哲族	—	—	1
蒙古族	8	13	28	拉祜族	—	—	1
哈尼族	1	2	22	达斡尔族	—	—	1
瑶族	4	6	21	（外国人加入中国籍）	—	—	1
土族	3	5	18	其他少数民族	2	24	—
傣族	1	2	15	合　计	1122	2941	6889
未识别民族	2	91	146	—	—	—	—

说明：资料来源于县统计局

二、姓氏

境内的姓氏繁多。1987 年，全县有姓氏 633 个，其中有复姓上官、皇甫、端木、司徒、诸葛、申屠①6 个。1988 年后，随着经济的快速发展，因人才引进、工作调动、婚嫁、招工等，全县人口变动频繁，新的姓氏不断增多，不少姓氏也逐渐消失。2012 年，全县户籍人口中共有姓氏 613 个，其中有复姓上官、欧阳、申屠、皇甫、诸葛、司徒、司马 7 个。

1987 年，2 万人以上的有王、陈 2 姓，1 万人以上的有张、李、周、吴、徐、沈、朱 7 姓，0.5 万人以上的有钱、杨、刘、黄、胡、许、蒋、孙、施、郑 10 姓。上述 19 个姓氏共计 22.59 万人，占总人数的 54.8%。0.5 万人以下至 0.1 万人以上的有 56 姓，0.1 万人以下至 100 人以上的有 136 姓，100 人以下至 11 人以上的有 153 姓，10 人以下有 269 姓，其中 1 姓 1 人的有 115 姓。

① 《长兴县志》（1992 年上海人民出版社）第 134 页记载“申屠，1 人”、第 130 页记载“申，181 人”，无“申屠”。但彼时县内确有“申屠”姓氏的居民。推测可能是有关单位在统计或人口登记时将“申屠”误为“申”。本志时人口登记有“申屠”姓氏，故列入“新增姓氏”中。

2012 年,2 万人以上的有王、陈、李、张、周、吴 6 姓,1 万人以上的有徐、朱、沈、杨、钱、刘、黄、胡 8 姓,0.5 万人以上的有许、蒋、孙、郑、施、赵、丁、林、潘、高、金、叶、章、卢、何 15 姓。上述 29 个姓氏共计 40.64 万人,占户籍总人数的 64.9%。0.5 万人以下至 0.1 万人以上的有 68 姓,0.1 万人以下至 100 人以上的有 145 姓,100 人以下至 10 人以上的有 147 姓,10 人以下的有 224 姓,其中 1 姓 1 人的 86 姓。

与 1987 年相比,新增姓氏 85 个,其中一姓一人的姓氏有 53 个。分别为欧阳、申屠、洑、闫、庾、和、凃、幸、隆、磨、党、谯、柒、国、栗、广、令、戒、敬、檀、普、哲、锁、索、催、宴、巨、宛、阵、宾、揭、蹇、卡、攀、阿、将、瘳、度、喷、绕、亚、仝、薛、亣、充、间、库、释、塘、岩、犛、簿、揣、刀、皋、公、荷、横、沪、槐、接、君、坤、丽、麦、帽、母、念、殴、芶、品、位、霄、业、矣、犹、友、闸、著、卒、茚、萃、敫、耒、司马。

消失的姓氏有 102 个,其中一姓一人的姓氏有 70 个。分别为关、吏、扬、伦、六、茂、妙、未、玉、傲、庚、端木、刚、郜、绳、百、崇、察、钭、毁、列、乃、七、千、笋、戉、僧、纬、五、莘、召、渣、齿、财、采、才、重、懂、凤、熬、哀、爱、标、宝、奔、便、碧、邴、杠、茯、黑、海、桔、即、遽、厥、筐、旷、开、聊、疗、老、莉、礼、泥、凭、庆、其、闰、如、瘦、生、识、色、书、台、侗、涂、乌、修、筱、孝、形、信、雪、旬、须、泳、盐、雁、炎、英、倚、榆、亦、誉、中屠、子、自、幕、闽、泌。

2012 年长兴县姓氏数量及人数情况表

表 4-7 单位:人

姓氏	人数	姓氏	人数	姓氏	人数	姓氏	人数	姓氏	人数
王	39294	陈	38421	李	29203	张	29125	周	23982
吴	22796	徐	17843	朱	17367	沈	16842	杨	16381
钱	14617	刘	13641	黄	12510	胡	10847	许	9838
蒋	9084	孙	8970	郑	7903	施	7877	赵	7029
丁	7029	林	6383	潘	6360	高	6040	金	5722
叶	5543	章	5405	卢	5284	何	5029	董	4914
殷	4634	陆	4574	姚	4218	汪	4131	余	4213
宋	4147	俞	4053	曹	4012	范	3891	唐	3871
顾	3798	罗	3781	韩	3518	彭	3482	方	3439
倪	3346	蔡	3224	袁	3130	程	3099	冯	2988
严	2924	邱	2719	戴	2655	谢	2570	江	2570
臧	2547	马	2513	郭	2487	汤	2267	邵	2258
魏	2141	曾	2093	佘	2047	钦	2042	夏	1978
邹	1925	莫	1910	熊	1843	柏	1836	费	1787
陶	1742	姜	1673	肖	1655	韦	1608	雷	1496
葛	1486	付	1481	钟	1445	包	1378	傅	1348
温	1329	史	1312	吕	1310	任	1284	杜	1246
乔	1204	凌	1198	邓	1182	秦	1157	祁	1147
孔	1094	杭	1094	敖	1061	尹	1058	管	1058
薛	1023	茆	1010	梁	995	盛	963	苏	947
贺	946	于	934	洪	933	梅	888	鲍	867
廖	865	毛	857	万	857	泮	847	翁	838
石	824	庄	823	黎	803	闵	793	田	792
季	770	易	767	豆	754	毕	752	柳	717
卫	711	计	706	谈	699	鲁	680	应	679
左	670	童	638	宗	600	向	599	段	592
强	587	樊	570	龚	567	褚	560	文	549

续表 4-7

姓氏	人数	姓氏	人数	姓氏	人数	姓氏	人数	姓氏	人数
谭	542	颜	525	白	519	甘	509	邢	508
池	506	侯	492	宁	488	孟	487	翟	464
骆	459	姬	457	都	455	涂	444	祝	435
詹	428	岳	427	查	424	崔	423	卓	422
缪	419	司	410	项	406	虞	396	嵇	396
华	370	桂	370	阮	368	喻	368	齐	358
成	348	贾	347	耿	343	卞	326	尚	307
娄	306	屠	305	房	303	占	298	濮	287
舒	285	聂	284	芮	279	饶	275	奚	269
裴	264	师	262	单	257	仲	244	简	236
申	235	楼	234	戚	233	伍	231	胥	230
欧	223	候	221	荆	221	闻	220	纪	218
羊	209	晏	207	龙	203	窦	189	焦	189
常	188	霍	181	康	178	诸	178	卜	177
尤	174	柴	173	车	171	官	169	艾	169
柯	167	匡	165	席	162	冷	155	兰	153
开	152	况	147	解	144	干	144	仇	143
邰	141	吉	139	居	138	狄	133	欧阳	133
路	132	储	131	裘	127	蒙	119	相	118
钮	117	符	115	郎	114	乐	111	郝	111
滕	109	苗	108	赖	108	屈	106	庞	104
练	103	桑	101	武	99	宣	95	於	93
商	92	芦	90	连	90	岑	90	花	88
冉	86	别	86	洑	85	时	84	厉	83
竺	81	藏	81	覃	80	邬	79	昌	78
郁	76	水	76	沐	75	谷	74	宫	70
牟	70	阚	70	辛	68	上官	65	郜	62
浦	62	牛	62	贡	62	沙	62	代	62
仰	61	斯	59	游	59	勇	57	闫	57
步	54	荀	53	束	52	平	51	汝	51
凡	51	茹	50	慎	50	来	45	湛	45
麻	44	蓝	42	茅	41	祖	41	瞿	41
禹	39	戈	39	谌	39	安	38	边	36
蘧	36	智	36	戎	35	伊	35	景	35
明	32	封	32	笪	32	阳	32	刁	31
寿	31	阎	31	穆	31	鞠	29	过	28
古	28	申屠	28	支	27	鄢	27	苍	26
郏	26	冀	26	操	26	帅	26	糜	25
南	25	腾	24	密	24	巫	24	黄甫	24
侍	23	郦	23	燕	23	皮	23	靳	22
从	22	劳	22	臣	22	端	22	扶	22
皇	21	尉	21	栾	21	冲	20	宦	19
历	19	归	19	琚	19	荣	19	佐	18

续表4-7

姓氏	人数	姓氏	人数	姓氏	人数	姓氏	人数	姓氏	人数
巢	18	权	17	全	16	还	15	冒	15
弗	15	丰	15	昝	15	恒	15	巴	14
裔	14	仓	14	徒	14	后	14	衡	14
正	14	井	14	郗	14	咸	14	从	13
印	13	铁	13	壮	12	堵	12	暨	12
问	12	言	12	夷	12	蒲	12	雍	11
贝	11	云	11	求	11	廉	10	庚	10
亮	10	危	10	战	10	诸葛	10	曲	9
亓	9	征	9	树	9	望	9	贲	9
苟	9	富	8	潭	8	怀	8	元	8
晋	8	伏	8	原	8	经	8	佟	8
班	8	司徒	8	苑	7	恽	7	惠	7
稽	7	双	7	鱼	7	郤	7	有	7
姒	7	庹	7	扣	7	巩	6	环	6
励	6	漏	6	留	6	迟	6	潜	6
刑	6	力	6	殳	6	仁	6	和	6
凃	6	邝	6	阙	6	木	5	萧	5
隗	5	山	5	满	5	寻	5	幸	5
晁	5	楚	5	移	5	隆	5	漆	5
慰	5	尧	5	磨	5	忻	4	薄	4
沃	4	米	4	党	4	赏	4	朝	4
庙	4	东	4	竹	4	谯	4	但	4
化	4	续	4	宓	4	璩	4	弓	4
柒	4	隋	4	鄂	4	国	4	栗	4
习	4	广	4	盖	4	令	4	迁	3
芷	3	谬	3	辜	3	藤	3	吾	3
奕	3	缑	3	淡	3	玄	3	戒	3
闪	3	圣	3	閤	3	嘉	3	敬	3
旦	3	檀	3	普	3	庭	3	哲	3
沫	2	锁	2	鹿	2	溪	2	索	2
淳	2	催	2	寒	2	加	2	泰	2
胃	2	宴	2	院	2	蒯	2	慈	2
菊	2	巨	2	宛	2	伟	2	益	2
营	2	阵	2	直	2	宾	2	甫	2
勾	2	揭	2	慕	2	年	2	甄	2
纵	2	蹇	2	承	1	卡	1	攀	1
是	1	银	1	阿	1	将	1	瘳	1
度	1	里	1	喷	1	绕	1	亚	1
仝	1	薛	1	亣	1	伯	1	充	1
荡	1	光	1	红	1	记	1	间	1
库	1	绒	1	释	1	塘	1	旺	1
岩	1	辇	1	逼	1	博	1	簿	1
初	1	揣	1	传	1	翠	1	刀	1

续表 4-7

姓氏	人数	姓氏	人数	姓氏	人数	姓氏	人数	姓氏	人数
冬	1	皋	1	公	1	雇	1	荷	1
横	1	沪	1	槐	1	接	1	君	1
葵	1	坤	1	丽	1	麦	1	帽	1
敏	1	母	1	念	1	殴	1	芶	1
贫	1	品	1	青	1	淑	1	碗	1
位	1	昔	1	霄	1	晓	1	药	1
业	1	矣	1	引	1	犹	1	友	1
宇	1	羽	1	闸	1	展	1	著	1
卒	1	茆	1	萃	1	湫	1	敫	1
末	1	訾	1	司马	1	—	—	—	—

说明：资料来源于县公安局

2012 年长兴县主要姓氏分布情况表

表 4-8　　单位：人

姓氏	雉城街道	太湖街道	画溪街道	煤山镇	李家巷镇	和平镇	虹星桥镇	洪桥镇	夹浦镇	林城镇	泗安镇	小浦镇	吕山乡	水口乡
王	8642	2760	1868	3853	1603	2820	1785	3444	2510	2620	3328	1379	1121	1710
陈	6969	2156	1970	3033	1926	3401	2265	4152	998	3137	5336	946	1299	1313
张	5598	2354	1568	2354	1279	2100	1506	1911	1538	2143	4091	1226	711	838
李	4912	4116	1585	1452	1084	2415	2026	1245	684	3624	3917	891	532	554
周	4414	2147	1659	1612	1183	1419	1192	2366	1163	1754	1876	1826	512	871
吴	3960	1196	1841	1945	1784	1489	1298	1469	619	1843	1991	2138	978	259
徐	4059	1486	1529	1445	873	2241	755	937	460	938	989	659	753	728
朱	3905	2700	702	934	853	1838	1292	335	877	1098	1514	474	372	474
沈	2921	2077	1296	437	1273	1292	805	2474	1342	1424	440	241	671	159
杨	3010	846	870	1330	1309	1364	802	1036	854	1549	2390	503	646	490
钱	2324	1902	1285	1005	396	666	992	1532	528	1106	287	1271	1312	248
刘	2517	424	671	726	419	1594	1783	241	831	1397	2203	296	430	222
黄	1915	494	887	564	287	1956	503	349	364	1877	2650	326	133	281
胡	1920	274	449	1502	295	704	647	368	81	1411	2669	272	102	158
许	1691	550	540	892	464	875	377	379	525	533	1117	1456	115	325
蒋	1557	1852	831	848	220	330	241	681	746	412	249	447	429	244
孙	1971	449	662	332	212	504	625	1441	212	503	930	503	429	201
施	913	189	534	990	264	530	596	561	118	796	379	855	937	222
郑	1574	174	284	249	316	522	567	514	162	1364	1292	237	198	448
赵	1421	213	179	529	366	725	320	484	549	1128	521	337	114	143
丁	1371	502	317	178	291	603	593	191	1418	633	554	184	99	100
潘	1139	494	323	262	141	695	385	348	46	1048	562	698	160	61
林	958	73	220	502	211	810	143	62	315	703	1300	212	81	797
叶	1063	122	269	199	144	276	548	163	1051	593	393	223	208	290
金	1664	186	155	345	157	692	274	693	177	497	514	149	82	143
高	867	1389	211	94	737	477	824	280	129	499	246	123	121	46

续表4-8

姓氏	雉城街道	太湖街道	画溪街道	煤山镇	李家巷镇	和平镇	虹星桥镇	洪桥镇	夹浦镇	林城镇	泗安镇	小浦镇	吕山乡	水口乡
章	1218	272	377	693	198	197	847	156	56	219	282	72	738	85
卢	1037	822	190	123	227	499	194	745	64	342	387	416	148	91
何	819	131	307	511	104	896	440	56	35	861	607	59	170	34
董	834	209	611	292	213	373	379	108	353	349	828	85	76	209
殷	608	1278	425	214	153	385	51	627	264	86	103	170	138	142
陆	944	643	136	167	324	440	179	425	230	218	170	139	461	98
俞	618	50	100	1508	45	90	315	273	34	196	492	109	197	27
姚	818	361	542	180	121	245	299	192	71	697	356	89	120	130
汪	961	84	339	308	107	384	158	45	103	440	589	95	50	475
曹	658	179	280	624	27	214	232	65	389	504	462	246	37	98
宋	1394	529	159	155	122	133	543	59	191	278	364	37	71	116
余	817	170	193	170	431	354	277	68	72	664	578	129	182	108
顾	778	451	56	146	294	216	81	653	267	99	158	48	492	60
范	574	622	127	123	89	301	59	1519	117	81	115	48	63	52
唐	664	157	129	153	67	176	162	590	228	391	340	103	19	693
韩	511	78	110	1673	80	144	229	21	14	95	351	53	23	138
倪	517	373	130	80	137	60	83	1201	76	71	88	57	202	273
罗	555	122	237	546	141	395	168	109	84	334	417	176	330	172
方	745	122	230	181	26	580	218	42	103	468	387	166	64	114
蔡	693	74	157	192	174	157	112	65	220	229	838	104	56	156
彭	398	42	246	277	158	502	413	28	20	482	615	176	91	38
冯	570	480	159	125	388	113	81	74	452	91	160	149	55	97
程	579	66	153	260	79	317	207	34	15	248	1024	46	43	32
袁	476	248	165	168	147	178	281	219	232	465	352	59	59	84
严	644	157	270	79	85	236	127	161	40	388	354	223	109	55
邱	620	142	332	91	145	245	180	207	15	186	414	80	24	41
马	669	72	106	178	62	187	184	201	23	161	335	232	69	42
戴	494	211	220	136	52	252	111	35	164	199	184	80	42	473
谢	511	45	76	113	84	244	90	94	99	241	473	244	110	154
江	395	362	181	127	213	134	122	41	22	436	355	23	61	97
郭	624	120	207	54	92	492	154	43	28	95	268	67	193	48
臧	365	103	15	22	18	3	7	218	1502	65	23	114	0	94
汤	332	103	181	173	54	34	338	129	39	569	140	117	37	20
邵	614	450	92	155	249	113	62	165	59	35	42	51	22	150
魏	379	80	161	74	49	404	374	29	55	183	218	92	28	16
夏	410	62	196	156	112	176	121	22	57	201	199	84	69	115
钦	264	41	41	24	13	31	44	1345	40	3	28	5	153	11
曾	271	51	180	39	20	820	63	28	37	254	255	30	13	35
邹	265	25	132	42	32	196	111	539	9	255	285	18	12	4
费	483	168	68	102	42	205	216	51	50	256	46	23	57	23
莫	351	105	103	15	25	663	133	176	5	52	39	42	189	10
佘	194	13	15	1724	6	32	3	6	3	3	23	27	0	3

续表 4-8

姓氏	雉城街道	太湖街道	画溪街道	煤山镇	李家巷镇	和平镇	虹星桥镇	洪桥镇	夹浦镇	林城镇	泗安镇	小浦镇	吕山乡	水口乡
熊	210	45	87	19	64	322	314	25	12	218	469	13	39	7
姜	395	32	199	53	49	185	186	37	43	234	183	29	34	17
陶	369	46	173	72	72	70	91	26	477	70	119	24	57	78
柏	307	18	363	277	138	15	63	13	5	95	51	450	19	22
葛	253	18	33	68	14	445	245	10	40	78	50	65	122	46
肖	390	118	202	63	119	182	80	35	33	108	192	54	31	49
傅	213	149	115	289	41	45	103	46	5	48	126	15	152	1
吕	364	51	123	97	31	93	56	11	21	148	236	42	32	7
钟	336	68	192	87	115	88	67	265	18	98	51	45	10	9
韦	210	325	125	48	26	387	230	41	13	80	82	11	19	13
付	180	50	132	94	103	101	50	345	10	67	321	12	5	10
雷	167	42	52	34	32	488	267	21	7	213	132	28	11	1
包	184	28	47	36	27	164	63	175	3	504	135	5	3	8
任	313	38	33	35	36	112	69	8	26	62	360	11	175	5
史	233	56	11	65	62	10	28	92	535	93	70	12	9	38
杜	255	48	34	292	28	134	64	12	6	62	210	24	57	20
温	137	8	48	16	24	162	17	533	17	189	138	4	6	31
凌	245	62	7	12	461	51	16	63	151	21	15	16	63	16
孔	254	90	52	24	20	27	76	19	130	246	102	11	25	18
乔	165	9	48	165	4	13	31	10	1	32	23	697	3	1
杭	203	443	25	8	94	13	43	111	133	6	10	2	0	2
秦	204	28	85	31	57	83	22	18	32	103	325	120	47	2
薛	284	27	157	44	45	26	30	17	129	27	152	25	29	32
邓	194	34	167	120	257	49	34	11	26	125	100	44	15	6
祁	84	22	17	11	2	80	32	8	35	133	303	15	7	401
尹	199	50	106	36	28	71	171	7	8	137	102	27	109	7
管	99	12	34	21	33	60	13	370	129	148	40	36	47	16
敖	92	10	12	2	7	74	35	7	18	4	29	5	763	2
茆	107	32	28	74	434	11	17	272	16	1	1	15	1	2

说明:资料来源于县公安局

第三节　文化程度 职业

一、文化程度

20 世纪 90 年代以来,全县人口文化素质得到快速提高,尤其是具有大专及以上文化程度人口增速最快。2010 年,全县 6 岁及以上人口受教育平均时间 8.34 年,比 2000 年增加 1.1 年、比 1990 年增加 2.1 年。

据 1988—2012 年间全国三次人口普查统计,全县有大专及以上文化程度人口,由 1990 年 3513 人增至 2000 年 9237 人,2010 年增至 34657 人,比 2000 年、1990 年分别增加 3.77 倍和 9.87 倍。其中,2000 年首次出现 44 名研究生,2010 年增至 406 人。全县受大学(大专以上)教育人口在 6 岁及以上人口中所占比重,由 1990 年 0.7%增至 2000 年 1.6%,2010 年增至 5.7%。全县每 10 万人中,具有大专及以上文化程度人口由 1990 年 592 人增至 2000 年 1511 人,2010 年增至 5398 人,比 1990 年增加 9.12 倍。

全县受中等教育(包括各类初中、高中及中专、中技教育)人口,在6岁及以上人口中所占比重,由1990年34.3%增至2000年44.9%,2010年增至55.3%。受小学教育人口,在6岁及以上人口中所占比重,由1990年44.2%降至2000年43.2%,2010年降至33.1%。

全县文盲、半文盲(15岁及以上不识字和识字较少)人口,由1990年113149人减少至2000年58662人,2010年减少至36245人。占同龄人口比重,由1990年20.9%降至10.3%,2010年降至5.9%。文盲人口中,男性、女性占同龄人口比重均大幅下降,但女性文盲占文盲人口比重上升,由1990年66%增至2000年70.8%,2010年增至72.9%,比1990年上升6.96个百分点。

1990年、2000年、2010年长兴县6岁及以上人口受教育程度情况表

表4-9

受教育程度		1990年"四普"		2000年"五普"		2010年"六普"	
		人数(人)	占同龄人口比重(%)	人数(人)	占同龄人口比重(%)	人数(人)	占同龄人口比重(%)
6岁及以上人口		541739	100.0	569390	100.0	612073	100.0
不识字或识字很少		113149	20.9	58662	10.3	36245	5.9
	其中:文盲	108146	20.0	42398	7.5	32860	5.4
	男	36796	6.8	12377	2.2	8892	1.5
	女	71350	13.2	30021	5.3	23968	3.9
小学		239412	44.2	245687	43.2	202671	33.1
初中		150961	27.9	208887	36.7	254510	41.6
高中		28977	5.4	36445	6.4	83990	13.7
中专		5727	1.1	10472	1.8	—	—
大学专科		2554	0.5	7190	1.3	21848	3.6
大学本科		959	0.2	2003	0.4	12403	2.0
研究生		0	0.0	44	0.0	406	0.1

二、职业

产业构成 1990年第四次人口普查显示,第一产业在业人员占比最高,为61.7%,到2000年第五次人口普查降为45.0%,到2010年第六次人口普查降为28.2%,比重减少33.5个百分点;第二产业在业人员比重从1990年的23.9%,提升至2000年的34.1%和2010年的40.5%,比重提高16.6个百分点,成为吸纳就业最多的行业;第三产业在业人员比重从1990年的14.4%,提升至2000年的20.9%和2010年的31.3%,比重提高16.9个百分点,提升幅度最大。

1990年、2000年、2010年长兴县在业人口分产业构成情况表

表4-10

产业类别	1990年		2000年(10%人口抽样调查)		2010年(10%人口抽样调查)	
	人数(人)	比重(%)	人数(人)	比重(%)	人数(人)	比重(%)
合计	391445	100.0	35472	100.0	38304	100.0
第一产业	241405	61.7	15945	45.0	10801	28.2
第二产业	93719	23.9	12104	34.1	15528	40.5
第三产业	56321	14.4	7423	20.9	11975	31.3

行业构成　1990年第四次人口普查显示，在业人员分布集中于农、林、牧、渔、水利业和工业，在业人员比重分别为61.7%和21.6%，其次是商业、公共饮食业、物资供销和仓储业和交通运输、邮电通信业，在业人员比重分别为4.9%和4.7%。2000年第五次人口普查显示，在业人员分布集中于农林牧渔业和制造业，在业人员比重分别为45%和25.8%，其次是批发和零售贸易、餐饮业和交通运输、仓储和邮电通信业，在业人员比重分别为8.2%和5.8%。2010年第六次人口普查显示，在业人员分布集中于制造业和农林牧渔业，在业人员比重分别为30.5%和28.2%，制造业在业人员成为就业最多的行业，制造业在业人员比重较1990年的工业比重提高8.86个百分点，农林牧渔业在业人员比重较1990年的农、林、牧、渔、水利业比重降低33.47个百分点；其次是批发和零售业和建筑业，在业人员比重分别为10%和7.9%，建筑业在业人员数超过交通运输、仓储和邮政业。

1990年长兴县在业人口分行业分性别分布表

表4-11

行业名称	从业人口（人）	比重（%）	男（人）	比重（%）	女（人）	比重（%）
农、林、牧、渔、水利业	241405	61.7	121893	55.4	119512	69.7
工业	84714	21.6	54236	24.7	30478	17.8
地质普查和勘探业	55	0.01	42	0.02	13	0.01
建筑业	8950	2.3	8644	3.9	306	0.2
交通运输、邮电通信业	18361	4.7	15092	6.9	3269	1.9
商业、公共饮食业、物资供销和仓储业	19270	4.9	8865	4.0	10405	6.1
房地产管理、公共事业、居民服务和咨询服务业	4290	1.1	2402	1.1	1888	1.1
卫生、体育和社会福利业	2261	0.6	1064	0.5	1197	0.7
教育、文化艺术及广播电影事业	5904	1.5	2856	1.3	3048	1.8
科学研究和综合技术服务事业	76	0.02	49	0.02	27	0.02
金融、保险业	1009	0.3	559	0.3	450	0.3
国家机关、政党机关和社会团体	5056	1.3	4218	1.9	838	0.5
其他行业	94	0.02	64	0.03	30	0.02
合计	391445	100.0	219984	100.0	171461	100.00

2000年长兴县在业人口（10%抽样调查）分行业分性别分布表

表4-12

行业名称	从业人口（人）	比重（%）	男（人）	比重（%）	女（人）	比重（%）
农林牧渔业	15945	45.0	8716	42.5	7229	48.4
采掘业	1208	3.4	1026	5.0	182	1.2
制造业	9167	25.8	4747	23.1	4420	29.6
电力、煤气及水的生产和供应业	326	0.9	246	1.2	80	0.5
建筑业	1403	4.0	1349	6.6	54	0.4
地质勘查业、水利管理业	17	0.1	17	0.1	0	0.0
交通运输、仓储和邮电通信业	2058	5.8	1715	8.4	343	2.3
批发和零售贸易、餐饮业	2894	8.2	1317	6.4	1577	10.5
金融、保险业	173	0.5	83	0.4	90	0.6

续表 4-12

行业名称	从业人口(人)	比重(%)	男(人)	比重(%)	女(人)	比重(%)
房地产业	34	0.1	21	0.1	13	0.1
社会服务业	678	1.9	396	1.9	282	1.9
卫生、体育和社会福利业	329	0.9	147	0.7	182	1.2
教育、文化艺术及广播电影电视业	652	1.8	274	1.3	378	2.5
科学研究和综合技术服务业	19	0.1	11	0.1	8	0.1
国家机关、政党机关和社会团体	543	1.5	437	2.1	106	0.7
其他	26	0.1	22	0.1	4	0.0
合计	35472	100.0	20524	100.0	14948	100.0

2010 年长兴县在业人口(10%抽样调查)分行业分性别分布表

表 4-13

行业名称	从业人口(人)	比重(%)	男(人)	比重(%)	女(人)	比重(%)
农林牧渔业	10801	28.2	5766	26.0	5035	31.3
采矿业	465	1.2	393	1.8	72	0.4
制造业	11670	30.5	6366	28.7	5304	32.9
电力、燃气及水的生产和供应业	351	0.9	267	1.2	84	0.5
建筑业	3042	7.9	2774	12.5	268	1.7
交通运输、仓储和邮政业	1968	5.1	1708	7.7	260	1.6
信息传输、计算机服务业和软件业	139	0.4	96	0.4	43	0.3
批发和零售业	3825	10.0	1672	7.5	2153	13.4
住宿和餐饮业	1482	3.9	551	2.5	931	5.8
金融业	261	0.7	125	0.6	136	0.8
房地产业	482	1.3	261	1.2	221	1.4
租赁和商务服务业	424	1.1	335	1.5	89	0.6
科学研究、技术服务和地质勘查业	51	0.1	42	0.2	9	0.1
水路、环境和公共设施管理业	190	0.5	101	0.5	89	0.6
居民服务和其他服务业	734	1.9	441	2.0	293	1.8
教育	743	1.9	259	1.2	484	3.0
卫生、社会保障和社会福利业	401	1.0	159	0.7	242	1.5
文化、体育和娱乐业	235	0.6	102	0.5	133	0.8
公共管理和社会组织	1040	2.7	778	3.5	262	1.6
合计	38304	100.0	22196	100.0	16108	100.0

职业构成　在业人员的职业结构变化基本上与产业结构变化同步,表现为从农、林、牧、渔生产人员向生产工人、运输工人及有关人员和商业、服务业人员转化。1990 年第四次人口普查显示,在业人员的职业主要分布于农、林、牧、渔生产人员和生产工人、运输工人和有关人员,人数分别为 24.05 万人和 9.54 万人,比重分别为 61.4%和 24.4%。2000 年第五次人口普查显示,在业人员的职业主要分布于农林牧渔、水利业生产人员和生产、运输设备操作人员及有关人员,人数分别为 1.6 万人和 1.25 万人,比重分别为 45.2%和 35.1%,商业、服务业人员在业人员比重提高至 11.5%。2010 年第六次人口普查显示,在业人员的职业主要分布于生产、运输设备操作人员及有关人员,比重为 38.7%,其次是农、林、牧、渔、水利业生产人员,比重为 28.1%,商业、服务业人员在业人员比重提高至 19%。

1990 年长兴县在业人口分性别职业分布表

表 4-14

行业名称	从业人口(人)	比重(%)	男(人)	比重(%)	女(人)	比重(%)
各类专业技术人员	16563	4.2	8919	4.1	7644	4.5
国家机关党群组织、企事业单位负责人	5863	1.5	5570	2.5	293	0.2
办事人员和有关人员	4474	1.1	3423	1.6	1051	0.6
商业工作人员	16400	4.2	7959	3.6	8441	4.9
服务性工作人员	12128	3.1	6030	2.7	6098	3.6
农、林、牧、渔生产人员	240515	61.4	121059	55.0	119456	69.7
生产工人、运输工人和有关人员	95407	24.4	66961	30.4	28446	16.6
不方便分类的其他从业人员	95	0.02	63	0.03	32	0.02
合计	391445	100.0	219984	100.0	171461	100.0

2000 年长兴县在业人口(10%抽样调查)分性别职业分布表

表 4-15

行业名称	从业人口(人)	比重(%)	男(人)	比重(%)	女(人)	比重(%)
国家机关、党群组织、企业、事业单位负责人	546	1.5	498	2.4	48	0.3
专业技术人员	1532	4.3	681	3.3	851	5.7
办事人员和相关人员	812	2.3	627	3.1	185	1.2
商业、服务业人员	4073	11.5	2029	9.9	2044	13.7
农林牧渔、水利业生产人员	16040	45.2	8751	42.6	7289	48.8
生产、运输设备操作人员及有关人员	12456	35.1	7928	38.6	4528	30.3
不方便分类的其他从业人员	13	0.04	10	0.05	3	0.02
合计	35472	100.0	20524	100.0	14948	100.0

2010 年长兴县在业人口(10%抽样调查)分性别职业分布表

表 4-16

行业名称	从业人口(人)	比重(%)	男(人)	比重(%)	女(人)	比重(%)
国家机关、党群组织、企业、事业单位负责人	1225	3.2	952	4.3	273	1.7
专业技术人员	2465	6.4	1075	4.8	1390	8.6
办事人员和相关人员	1712	4.5	1230	5.5	482	3.0
商业、服务业人员	7283	19.0	3356	15.1	3927	24.4
农、林、牧、渔、水利业生产人员	10781	28.1	5756	25.9	5025	31.2
生产、运输设备操作人员及有关人员	14830	38.7	9822	44.3	5008	31.1
不便分类的其他从业人员	8	0.02	5	0.02	3	0.02
合计	38304	100.0	22196	100.0	16108	100.0

说明:本节资料来源于县统计局

第四节　婚姻 家庭

一、婚姻

从 2010 年第六次人口普查结果与 1990 年第四次人口普查结果比较来看,未婚人数占 15 岁以上人口比重有所下降,比重由 1990 年的 25.3%,降为 2010 年的 15.7%,降低 9.6 个百分点;有配偶人数占 15

岁以上人口比重有所提高,比重由1990年的68.2%,提高到2010年的76.8%,提高8.6个百分点;丧偶人数占15岁以上人口比重基本不变,2010年为5.9%,仅比1990年提高0.1个百分点;离婚人数占15岁以上人口比重略有提高,比重由1990年的0.8%,提高到2010年的1.6%,提高0.8个百分点。

1990年、2000年、2010年长兴县15岁以上人口婚姻情况表

表4-17

婚姻状况	1990年				2000年(10%人口抽样调查)				2010年(10%人口抽样调查)			
	人数(人)	比重(%)	男性(人)	女性(人)	人数(人)	比重(%)	男性(人)	女性(人)	人数(人)	比重(%)	男性(人)	女性(人)
15岁以上人口	466103	100.0	246514	219589	48250	100.0	24696	23554	54198	100.0	27603	26595
未婚	117723	25.3	74408	43315	7078	14.7	4550	2528	8491	15.7	5115	3376
有配偶	317837	68.2	159937	157900	37930	78.6	18971	18959	41640	76.8	21016	20624
丧偶	26853	5.8	8930	17923	2788	5.8	826	1962	3178	5.9	871	2307
离婚	3690	0.8	3239	451	454	0.9	349	105	889	1.6	601	288

二、家庭

户型规模 2010年第六次人口普查中,全县家庭户人口为608127人,占常住总人口的94.7%。平均每户家庭人口从1990年的3.65人减至2000年的3.23人,2010年减至2.92人。从家庭户规模来看,四人户数在1990年第四次人口普查时占比最高,为29.0%,到2000年第五次人口普查时降为21.4%,2010年第六次人口普查时降为14.9%,比重降低14.1个百分点;三人户数在1990年第四次人口普查时的占比为26.1%,2000年提高至33.8%,2010年降为30.9%;二人户数在1990年第四次人口普查时的占比为12.6%,2000年提高至18.7%,2010年攀升至27.7%,比重提高15.1个百分点。

1990年、2000年、2010年长兴县家庭户户型规模情况表

表4-18

户型	1990年"四普"		2000年"五普"		2010年"六普"	
	户数(户)	占比(%)	户数(户)	占比(%)	户数(户)	占比(%)
一人户	11995	7.6	18211	9.8	27738	13.4
二人户	19920	12.6	34631	18.7	57539	27.7
三人户	41170	26.1	62698	33.8	64115	30.9
四人户	45819	29.0	39760	21.4	31000	14.9
五人户	24713	15.6	21112	11.4	19478	9.4
六人户	9311	5.9	6870	3.7	5623	2.7
七人户	3325	2.1	1538	0.8	1203	0.6
八人户	1076	0.7	540	0.3	488	0.2
九人户	371	0.2	188	0.1	200	0.1
10人及以上户	223	0.1	122	0.1	247	0.1
合计	157923	100.0	185670	100.0	207631	100.0

户别类型 从家庭户户别类型来看,2010年第六次人口普查中,一代户明显增多,占比为37.4%,比2000年提高12.6个百分点,要明显高于1990年单身户及一对夫妻户13.2%的占比;二代户从1990年的63.9%,降为2000年的52.4%,到2010年为43.3%,比重减少20.6个百分点;三代户从1990年的17.4%,提高至2000年的21.5%,至2010年又降为18.3%,总体比重保持平稳;四代户与五代以上户占比基本稳定,到2010年,四代户数占比1%,五代以上户仅一户。

1990 年、2000 年、2010 年长兴县家庭户户别类型情况表

表 4-19

户型	1990年“四普”		2000年“五普”		2010年“六普”	
	户数(户)	占比(%)	户数(户)	占比(%)	户数(户)	占比(%)
单身户	9475	6.0	—	—	—	—
一对夫妻户	11446	7.2	—	—	—	—
一代户	—	—	46031	24.8	77637	37.4
二代户	100875	63.9	97349	52.4	89990	43.3
三代户	27523	17.4	40010	21.5	38017	18.3
四代户	1229	0.8	2277	1.2	1986	1.0
五代户	2	0.0	—	—	—	—
五代以上户	—	—	3	0.002	1	0.0005
一代户和其他亲属及非亲属	982	0.6	—	—	—	—
二代户和其他亲属及非亲属	2653	1.7	—	—	—	—
三代户和其他亲属及非亲属	1159	0.7	—	—	—	—
四代户和其他亲属及非亲属	58	0.0	—	—	—	—
五代户和其他亲属及非亲属	1	0.0	—	—	—	—
其他	2520	1.6	—	—	—	—
合计	157923	100.0	185670	100.0	207631	100.0

说明:本节资料来源于县统计局

第五节　人口寿命

一、寿命状况

随着生活水平的提高,医疗卫生事业的发展及社会保障的完善,居民生活习惯渐趋科学合理,全县城乡居民平均寿命不断延长。1990 年第四次人口普查,全县 60 岁及以上人口 58077 万人,占总人口的 9.8%,其中 65 岁及以上人口 37304 人,占 6.3%。2000 年第五次人口普查,全县 60 岁及以上人口 75030 人,占 12.3%,其中 65 岁及以上人口 53669 人,占 8.8%。2010 年第六次人口普查,全县 60 岁及以上人口 102648 人,占 16%,比 1990 年上升 6.2 个百分点,其中 65 岁及以上人口 68706 人,占 10.7%,比 1990 年上升 4.41 个百分点。全县居民平均期望寿命为 77.72 岁,其中男性 75.75 岁、女性 79.85 岁。

1990 年、2000 年、2010 年长兴县 60 岁及以上人口情况表

表 4-20　　单位:人

年份	项目	年龄分组				
		60 岁～64 岁	65 岁～69 岁	70 岁～79 岁	80 岁～89 岁	90 岁及以上
1990	总人数	20773	16252	16750	4039	263
	男性	11596	8657	8378	1494	62
	女性	9177	7595	8372	2545	201
2000	总人数	21361	20479	26208	6562	420
	男性	11327	11039	13287	2740	101
	女性	10034	9440	12921	3822	319
2010	总人数	33942	23003	32251	12492	960
	男性	17182	11370	16284	5664	329
	女性	16760	11633	15967	6828	631

说明:资料来源于县统计局

二、百岁老人

在世百岁老人 1988 年,县内尚无百岁老人。1997 年,有百岁老人 2 人。至 2012 年,全县在世百岁老人 18 人,其中男性 6 人、女性 12 人。雉城街道鱼巷口社区曹银林已 105 岁有余,为健在百岁老人中寿龄最长者。

2012 年长兴县百岁老人名录表

表 4-21

姓名	性别	出生年月	家庭地址	姓名	性别	出生年月	家庭地址
曹银林	男	1908.09	和平镇	包安姐	女	1911.12	雉城街道鱼巷口社区
杨根姐	女	1909.01	画溪街道南石桥村	吴杏林	男	1911.12	雉城街道小西门社区
黄小奶	女	1909.05	林城镇永丰村	左文魁	男	1912.09	和平镇东山村
王水珍	女	1909.11	夹浦镇	蒋杏珍	女	1912.11	小浦镇画溪村
王细毛	男	1910.08	洪桥镇弁山村	林声坤	男	1912.02	李家巷镇青草坞村
周毛姐	女	1910.08	雉城镇	吴富英	女	1912.10	白岘乡和岕口村
刘寸肖	男	1911.07	夹浦镇长平村	徐风珍	女	1912.02	太湖街道彭城村
张益珍	女	1911.07	夹浦镇环沉村	刘亚英	女	1912.05	雉城街道北门社区
卢道山	女	1911.08	画溪街道徐家浜村	沈彩英	女	1912.12	煤山镇东川村

故世百岁老人 1988—2012 年,全县故世百岁老人 16 人,其中男性 1 人、女性 15 人,寿龄最长为终年 104 岁。

1988—2012 年长兴县故世百岁老人名录表

表 4-22

姓名	性别	出生年月	逝世年月	享年	家庭地址
翁立顺	男	1897.03	1999.10	103 岁	太傅乡太傅村
唐福娜	女	1898.03	2001.10	104 岁	太傅乡任庄村
陈阿畏	女	1899.09	2000.02	102 岁	洪桥镇李家浜村
丁阿毛	女	1900.04	2003.05	104 岁	雉城镇阳南村
李小毛	女	1901.06	2003.10	103 岁	雉城镇川步村
秦松妹	女	1901.08	2001.11	101 岁	二界岭乡二界岭村
陈桂珍	女	1901.10	2002.01	101 岁	雉城镇钮店湾村
沈婉珍	女	1902.12	2003.01	102 岁	夹浦镇居民村
朱三妹	女	1903.09	2006.07	104 岁	雉城镇川步村
王吉娣	女	1903.10	2003.01	101 岁	虹星桥镇后漾村
柳秀英	女	1903.11	2003.01	101 岁	二界岭乡二界岭村
钦根姐	女	1906.12	2009.03	104 岁	洪桥镇万士桥村
王杏珍	女	1907.11	2009.03	103 岁	雉城镇南庄村
高　舫	女	1907.06	2008.03	102 岁	吴山乡独山村
樊水珍	女	1908.02	2011.03	104 岁	雉城镇白溪村
葛月美	女	1908.06	2009.10	102 岁	和平镇磔碛村

说明:百岁老人资料来源于县民政局

第三章　人口变迁

1988 年，长兴县人口自然增长率为 6.5%，2012 年降至 0.6%，呈现出人口规模不断扩大、人口自然增长率逐步下降的特点。1988 年以来，全县因工作调动、婚嫁、招工、升学、征兵、军人退伍复员和大、中专院校毕业生分配等，人口迁移较频繁，迁入与迁出人口基本持平。该时期，外来人口增长显著。

第一节　自然变动

1988—2012 年，全县年出生率从 12.6‰降至 8.9‰。25 年共出生人口 160220 人，年均出生人口 6408 人。共死亡人口 94964 人，年均死亡人口 3798 人。人口自然增加 65256 人，年均增加人口 2610 人。

1988—2000 年，全县人口出生率除 1999 年外，均在 10‰以上。其中，以 1990 年最高，为 14.3‰；2000 年次高，为 13.1‰；1999 年为 9.6‰，为唯一低于 10‰的年份。2001 年起降至 10‰以内。2012 年出生率为 8.9‰，比 1988 年减少 3.7 个千分点。

1988—1997 年，全县每年死亡人口差距不大，死亡率在 5.8‰左右。1998 年，全年死亡人口首次超过 4000 人，死亡率为 6.8‰。2002 年死亡人口最少，为唯一低于 3000 人的年份，死亡率仅为 4.7‰，为 25 年间最低。2010 年、2012 年死亡人口超过 5000 人，死亡率升至 8‰以上。2012 年全县人口死亡率为 8.3‰，比 1988 年增加 2.15 个千分点。

1988—2012 年，全县人口自然增长率总体呈下降趋势。1988—2002 年，全县年人口自然增长率维持在 3.9‰至 8.3‰之间，年自然增长人口均在 2000 人以上。其中，1990 年最多，为 4966 人；2001 年最少，为 2421 人。2003—2012 年，全县年人口自然增长率均在 2.5‰以下，年自然增长人口在 2000 人以下。其中，2004 年最高，自然增长率 2.5‰、自然增长 1565 人；有 4 个年份在千人以下，2010 年最低，自然增长率仅 0.3‰、自然增长 173 人。2012 年全县人口自然增长率比 1988 年减少 5.56 个千分点。

1988—2012 年长兴县人口自然变动情况表

表 4-23

年份	出生		死亡		自然增长	自然增长率	年份	出生		死亡		自然增长	自然增长率
	人口（人）	出生率（‰）	人口（人）	死亡率（‰）	（人）	（‰）		人口（人）	出生率（‰）	人口（人）	死亡率（‰）	（人）	（‰）
1988	7438	12.6	3631	6.2	3807	6.5	2001	5516	8.9	3095	5.0	2421	3.9
1989	7723	13.0	3244	5.4	4479	7.5	2002	5521	8.9	2881	4.7	2640	4.3
1990	8514	14.3	3548	5.9	4966	8.3	2003	5024	8.1	4488	7.2	536	0.9
1991	7567	12.6	3392	5.7	4175	7.0	2004	5628	9.1	4063	6.6	1565	2.5
1992	7633	12.7	3612	6.0	4021	6.7	2005	5140	8.3	3751	6.1	1389	2.2
1993	7464	12.3	3390	5.6	4074	6.7	2006	5050	8.2	3757	6.1	1293	2.1
1994	7140	11.7	3460	5.7	3680	6.1	2007	5118	8.3	4287	7.0	831	1.4
1995	7961	13.0	3558	5.8	4403	7.2	2008	5212	8.5	4118	6.7	1094	1.8
1996	7823	12.7	3443	5.6	4380	7.1	2009	5014	8.1	3992	6.5	1022	1.7
1997	6560	10.6	3527	5.7	3033	4.9	2010	5195	8.4	5022	8.1	173	0.3
1998	7409	12.0	4155	6.8	3254	5.3	2011	5021	8.0	3868	6.2	1153	1.9
1999	5921	9.6	3411	5.5	2510	4.1	2012	5569	8.9	5214	8.3	355	0.6
2000	8059	13.1	4057	6.6	4002	6.5	—	—	—	—	—	—	—

说明：资料来源于县统计局

第二节 人口迁移

1988年以来,全县因工作调动、婚嫁、招工、升学、征兵、军人退伍复员和大、中专院校毕业生分配等,人口迁移较频繁。1988—2012年,全县迁入人口285624人,平均每年迁入人口11425人。其中,1999年迁入46317人,是迁入人口最多的一年。2012年,迁入人口3472人,其中省内迁入998人,省外迁入2474人。省内迁入人口最多的城市是湖州334人,其他依次是杭州312人、宁波96人、温州52人、金华49人、嘉兴34人。

1988—2012年,全县迁出人口301368人,与迁入人口基本持平,平均每年迁出人口12055人。其中,1999年迁出48115人,是迁出人口最多的一年。2012年,迁出人口3953人,其中迁往县外省内1305人,迁往省外2648人,迁往省内最多的城市是湖州642人,其他依次是杭州394人、金华60人、宁波50人、嘉兴40人、温州34人、台州32人。

1988—2012年长兴县户籍人口迁移变动情况表

表4-24 单位:人

年份	迁入		迁出		年份	迁入		迁出	
	总人数	其中省外迁入	总人数	其中迁往省外		总人数	其中省外迁入	总人数	其中迁往省外
1988	12027	958	9696	544	2001	7972	1939	10412	1164
1989	10001	1730	9221	1160	2002	8285	1965	8669	1166
1990	9186	765	10457	430	2003	8863	2797	9972	2657
1991	9434	835	8968	729	2004	6950	2955	8119	2246
1992	9793	660	10434	685	2005	9895	3546	13084	2721
1993	8034	819	8782	652	2006	7526	2308	11095	4279
1994	8171	698	8847	636	2007	4038	2448	5229	1853
1995	7903	798	9013	611	2008	4471	2882	3652	1399
1996	34628	961	33278	535	2009	4336	2732	2782	1317
1997	31438	651	36010	1113	2010	5048	3503	2680	1214
1998	13918	1184	15254	834	2011	4146	2836	2270	1132
1999	46317	1125	48115	934	2012	3472	2474	3953	2648
2000	9772	1553	11376	974	合计	285624	45122	301368	33633

说明:资料来源于县统计局

第三节 暂住人口

1989年,全县将暂住人口管理纳入公安治安管理,同年核发暂住证4100余张。1990年,县公安机关依照《城镇暂住人口管理办法》,做到人来登记、人走注销,暂住3个月以上发给暂住证。同年年底,全县登记暂住人口8303人。其中,男6242人,女2061人;省内5087人,省外3216人;务工2223人,从事建筑运输业4076人,经商710人,从事服务业531人,投靠亲属96人,探亲65人,寄读培训143人,其他459人。2012年,全县共登记暂住人口107511人,比1990年增加11.95倍。其中,男68833人、女38678人,省内17794人、省外89717人。

1988—2012年长兴县暂住人口情况表

表4-25　　单位：人

年度	登记人口			来源		年度	登记人口			来源	
	总人口	男	女	省内	省外		总人口	男	女	省内	省外
1990	8303	6242	2061	5087	3216	2002	28445	21430	7015	8382	20045
1991	7960	5890	2070	5024	2936	2003	39012	26945	12007	10042	28970
1992	7691	5417	2274	4912	2777	2004	41115	28605	12510	6934	34181
1993	11836	8522	3314	7017	4819	2005	70446	44380	26066	23960	46486
1994	12318	8869	3449	7125	5193	2006	98373	59727	38646	33602	64771
1995	15288	11084	4204	6923	8365	2007	101068	62207	38861	34417	66651
1996	15945	11736	4209	6821	9124	2008	102040	62315	39725	31919	70121
1997	14872	10559	4313	6775	8097	2009	102212	62610	39602	23273	78939
1998	13447	9601	3846	6442	7005	2010	103006	64914	38092	15412	87584
1999	15724	11085	4639	6474	9250	2011	106693	68516	38177	13541	93152
2000	17940	13151	4789	6272	11668	2012	107511	68833	38678	17794	89717
2001	24360	17664	6696	8451	15909	—	—	—	—	—	—

说明：资料来源于县公安局

第四章　计划生育

1988年，长兴县计划生育委员会（简称县计生委）为县政府主管计划生育工作的职能部门。2001年，更名为县计划生育局。2005年更名为县人口计划生育局。2007年复更名为县人口和计划生育局。2012年，内设办公室、政策统计科、宣传技术科和流动人口管理科4个职能科室，另设有计划生育协会秘书处和下属事业单位县计划生育宣传技术指导站。

第一节　政策与宣传

一、计划生育政策

1990年7月，长兴县政府制定《长兴县计划生育有关政策的规定》，在《浙江省计划生育条例》的基础上对晚婚晚育、计划生育怀孕和出生、独生子女保健费发放等作出具体规定。提倡晚婚晚育，严禁非法同居及未婚先孕，未婚生育按计划外处罚，农村青年一方达到晚婚年龄一方达到婚龄的，规定9种特殊情况并经批准可以登记结婚，但必须与乡（镇）人民政府计生办签订晚育合同，缴纳一定数量的晚育保证金。对违反政策计划外生育的，规定罚款标准。实行“一胎放环，二胎结扎”，对拒不落实节育措施的国家工作人员、企事业单位职工，取消

图4-1　吕山乡计生干部（中）到农户家中宣传计生政策（吴建勋摄·1999年）

相关福利和待遇。对待业青年、上山下乡知青、个体工商户、停薪留职等人员的独生子女父母奖励费发放保障作相应规定。1993年,通过对符合政策的二胎收生育调节费引导群众放弃生育。1996年10月,县政府制定《长兴县计划生育实施办法》,对机关、团体和县以上企业、事业单位的青年男女晚婚晚育作出限制性规定,对晚婚晚育对象在婚产假期、住房分配等予以优先照顾。除第一个子女被确诊为非遗传性残疾外,对符合规定批准再生育一个子女的,按夫妻双方或一方是非农业户口的为800元、夫妻双方是农业户口的为500元的标准收取社会抚养费。2003年11月,县政府发布《长兴县人口与计划生育管理实施办法》,对《中华人民共和国人口和计划生育法》《浙江省人口和计划生育条例》相关问题作出细化规定。2007年,根据修订后的《浙江省人口与计划生育条例》,取消关于审批二孩生育4年以上间隔的规定。2010年,通过调整计划生育家庭奖励优惠政策方式,不再鼓励符合条件可以生育二胎的对象放弃生育二胎。

二、奖励扶助政策

除按照相关法规落实独生子女费发放、奖扶特扶金发放、独生子女在宅基地审批和村级集体经济收益分红享受双份待遇等计划生育奖励扶助政策外,长兴县先后实施免费参加城乡居民养老保险与医疗保险、农村独女户中考加分、绿色养老工程、家庭保险、养老帮扶、公益金等计划生育优先优惠政策。

奖励扶助与特别扶助 2005年,长兴县被列为全省11个农村部分计划生育家庭奖励扶助试点单位之一,按每人每年600元标准发放奖扶金。同年,扶助712人,发放奖扶金42.72万元。2006年起,延续对农村部分计划生育家庭实施奖励扶助政策,发放标准每人每月50元。2008年,对部分计划生育家庭实施奖励扶助制度,不再限制只有双方为农村居民或界定为农村居民可以享受。2009年,奖扶金发放标准提高到每人每月60元。2012年,提高到每人每月80元。2005—2012年,累计扶助16627人,发放奖扶金1197.58万元。

2008年起,实行计划生育家庭特别扶助政策,对独生子女死亡、伤残的父母,发放特别扶助金,分别是每人每月150元、120元。2012年,提高到每人每月200元、160元。同年,开始将三级以上计划生育手术并发症人员纳入计划生育特别扶助制度,扶助金每人每月不低于100元。2008—2012年,累计为1062人发放特别扶助金226.38万元。

城乡居民养老保险与医疗保险免缴 2002年11月,对1980年9月25日之后出生的农村独女户家庭,在参与长兴县农民大病统筹合作医疗时,独女户女儿父母二人应承担的个人缴款部分可以免缴,由县财政承担。2010年,调整为对具有长兴县户籍、年满45周岁独生子女死亡或伤病残达到三级以上的计划生育家庭的独生子女父母参加城乡居民社会养老保险时,应个人缴纳的经费由县财政承担;对农村独生女父母在参加长兴县新型农村合作医疗时,应个人缴纳的经费由县财政承担。2012年7月,独生子女死亡后未再生育或未合法收养子女的夫妻在参加长兴县新型农村合作医疗时,应个人缴纳的经费由县财政承担。

农村独女户中考加分 为鼓励符合再生育条件的农村独女户放弃生育,2003年开始实行父母双方均系农业户口的独女户女儿在参加长兴县管辖学校中考(初中升高中)时享受加3分政策,同年有54人享受加分政策。2010年起,因计划生育工作形势发生变化,政策导向为按政策生育,不鼓励符合条件对象放弃生育,取消该政策。2003—2009年,全县共2443人享受加分政策。

绿色养老工程 1996年,开展少生、快富的新家庭计划活动,在小浦镇2个村开展"绿色养老工程",县、乡、户各出三分之一经费为独生子女户及二女户购5株白果树苗,种植后以白果收益保障计划生育家庭。先后在煤山镇、和平镇、吴山乡、泗安镇、林城镇等乡镇推广,为计划生育家庭免费提供数万株白果树苗。

计划生育公益金 2003年设立,总额为100万元,其中县财政50万元、县慈善总会30万元、计划生育社会抚养费20万元,后续主要来源为每年从计划生育社会扶养费中按比例提取。同年11月,制定《长兴县人口与计划生育公益金管理办法》,明确公益金的设立、管理、救助对象及标准等事宜。2005

年，补助户数 165 户，发放补助资金 15.21 万元。2007 年 4 月，对救助对象及标准进行调整和细化。2010 年 5 月，将公益金管理办法纳入《长兴县人民政府关于计划生育家庭优惠奖励扶助的实施意见》。公益金补助对象为独生子女不幸死亡、意外伤残、患重大疾病、未成年独生子女父母死亡及由计划生育节育手术引起的后遗症患者等。每年年底按申报、审核、审批、发放的程序组织一次。2005—2012 年，累计补助 736 户，补助资金 151.7 万元。

三、新家庭计划

全县每年开展计划生育宣传活动，多形式宣传计划生育基本国策。同时，将"移风易俗、实行晚婚、计划生育好"，纳入评选"五好"家庭的五项内容之一。1988 年，全县评选"五好"家庭数占总户数的 8%以上。1993 年开始，浙江省逐步推行"新家庭计划"活动，倡导在党委和政府的领导下，各有关部门齐抓共管，加强生产、生活、生育等方面的服务，引导和组织育龄群众共同创建"少生优生、富裕文明"的新家庭。1996 年 3 月，长兴县印发《关于在全县开展新家庭计划活动的意见》，12 月印发《关于九五期间围绕社会主义新农村建设实施新家庭计划的通知》，部署在全县农村有计划有步骤开展新家庭计划活动，并提出到 1997 年、2000 年，全县农村家庭达到新家庭标准分别为 70%以上、80%以上。1998 年，全县开展"五好文明家庭"创建活动。详见第 23 编、第 4 章、第 3 节。

四、婚育新风进万家

1998 年开始，国家计生委推出"婚育新风进万家"活动，倡导"晚婚晚育""少生优生""生男生女一样好""女儿也是传后人""男女平等"和"计划生育丈夫有责"等科学、文明、进步婚育观念。1999 年 9 月，县委宣传部和县计生委联合发文《关于开展婚育新风进万家的实施意见》，要求从 1999 年到 2001 年分三个阶段实施，其间开展一份宣传品进家庭、上好一堂课、计生宣传一条街、电视台电台宣传一条线、组织好一次大型宣传活动"五个一"活动，宣传教育重点转向新型生育文化建设，将生育文明纳入新农村建设，促进乡风文明。2003 年后，随着新农村建设的推进，县计生部门将农村生育文明建设与村庄环境整治、生育文化与乡土文化相融合，通过设置生育文化长廊、生育文化园、公益广告等生育文化景观，先后建成小浦十里银杏生育文化长廊、金钉子生育文化园、雉城镇人民南路生育文化一条街，在北门、荣军、水木花都、大自然社区分别建立生育文化广场和生育文化楼道。2008 年开始，每年通过海选、网络投票、声讯投票等方式举办长兴计生年画之星评选，评选 1 名年画之星、12 名台历宝宝、18 名魅力宝宝，每年印刷 5 万份年画发放到全县计划生育家庭。2011 年，成立"三优讲师团"，推动全县优生优育优教工作。2012 年，举办"优生优育优教"工作推进会。与城区内蓓乐园、蒙特梭利 2 个早教机构合作建立长兴县"三优"指导中心，推动乡镇"三优"指导中心建设，其中和平镇、吕山乡与当地幼儿园合作建立三优指导中心，虹星桥镇、煤山镇、画溪街道与当地卫生院合作建立三优指导中心，和平镇被列入省级三优指导中心创建。年末，全县共建有生育文化园 36 个、生育文化长廊 59 个、大型计生公益广告 141 块。

第二节　管　理

一、目标责任制管理

1988 年，县委、县政府将计划生育工作列入全县农村工作七大指标之一实行目标责任制管理，34 个乡镇均调整充实计划生育领导小组，全县计划生育领导协调和综合管理由县计划生育部门协调会议小组负责。1989 年起，县政府与乡镇签订计划生育目标管理责任书，对乡镇进行计划生育目标责任制考核。1991 年，全县评选先进和文明单位时，实行计划生育"一票否决"制。1992 年 11 月，成立县人口与计划生育领导小组。1993 年，全县 31 个乡镇均单独设立计划生育办公室，部分乡镇调整充实计生工作人员。1996 年，对 13 个乡镇、12 个基层党组织和 12 名先进党员实行"一票否决"。1997 年，对 3 个乡镇实行“一票否决”。1998年，下发《关于实行计划生育一票否决的实施意见》，对实行计划生育“一票否决”的范围、标准和方法作出规定。2003年起，将工作细化分解到村、企业并层层签订责任书，推行联村责任制。2005年起，乡镇计生干部和乡镇计生服务站基本处于稳定状态，每个乡镇至少有专职从事计划生育工作人员1人。2007年，对“一票否决”实施办法进行修订，明确在评比先进和计划生育目标责任制考核中实行“一票否决”。

二、生育管理

20世纪80年代后期，全县主要以建立育龄妇女档案卡片进行生育信息管理。1991年，大部分乡镇完善七册一簿的计划生育管理基础档案。1992年9月，对34个乡镇计划生育基础档案账册进行检查。1994年，启用计划生育系统统计报表，各乡镇建立报表统计制度。1996年7月，进行统计质量抽查，发现漏报205人，瞒报57人。之后，每年组织抽查并形成制度性暗访检查，检查内容由统计质量扩展到计划生育管理服务各方面。1999年，各地以育龄妇女档案卡片为基础，结合户籍人口登记，将育龄妇女信息全部录入微机单机版。2003年，为全县20个乡镇和3个农场各配备2台～3台计算机，总数达61台，将单机版育龄妇女信息系统全部转入网络版育龄妇女信息系统，通过县、镇两级计算机联网，实现全县育龄妇女信息资源共享。

1990年7月18日，印发《长兴县计划生育有关政策的规定》，各乡镇、村对符合生育政策的夫妇在人口指标内安排生育。同年7月，在下箬乡陆汇头村为21对育龄夫妇办理计划生育合同公证。之后，在下箬寺、丁甲桥两个乡，与455对育龄夫妇签订计划生育合同，以生育合同规范生育秩序。1993年3月1日起实行生育证制度，凡申请生育二胎的育龄夫妇，必须在怀孕前经个人申请，村、乡镇核实，县计生委审批并发放生育卡，方可怀孕、生育。11月1日起，符合生育条件、要求生育的对象(包括计划内一胎和二胎)，必须办理审批手续并领取“生育证”后方可怀孕、生育，无证生育为计划外生育。1996年，加强婚姻登记管理规范一胎生育，凭结婚登记发一胎生育卡。1998年，取消下达人口计划。1999年，以“生殖健康服务证”取代生育卡，符合二孩生育政策的夫妇审批后发放“再生育证”。2004年7月，再生育审批被纳入行政许可的范畴，并对申请人要求提供相关证明材料，通过申请、受理、审批等环节发放“再生育证”。

1988—2012年长兴县出生人数、人口增长率与计划生育符合率情况表

表4-26　　单位:%

年份	晚婚率	一孩率	计划生育符合率	年份	晚婚率	一孩率	计划生育符合率
1988	62.9	85.4	97.1	2001	52.8	77.9	98.7
1989	57.0	87.7	97.6	2002	51.3	79.8	98.8
1990	62.4	84.2	98.1	2003	44.9	82.3	99.1
1991	57.8	81.0	98.0	2004	49.9	79.7	98.9
1992	54.8	77.3	97.5	2005	50.0	78.6	98.2
1993	60.3	76.2	98.1	2006	52.9	80.6	97.6
1994	61.8	76.1	98.6	2007	49.6	81.1	97.9
1995	58.9	76.8	98.6	2008	47.9	79.3	98.2
1996	61.4	72.1	97.8	2009	49.4	74.9	98.3
1997	60.7	74.5	98.9	2010	55.2	74.1	98.1
1998	56.5	76.3	98.5	2011	59.4	73.7	97.8
1999	53.9	77.2	98.2	2012	63.1	73.2	97.0
2000	52.3	78.2	98.3	—	—	—	—

说明:资料来源于卫计局

三、流动人口计生服务管理

全县流动人口计划生育管理服务工作始于 20 世纪 80 年代。之后，随着工业化和城市化进程加快，外来人员逐年增多。1989 年，规定流动人口计划生育考核工作中执行“凡流出一个计划外出生，在考核时，户籍地按 1 个计算，暂住地按半个计算”办法。1992 年年初，县政府与县级 9 个部门签订目标管理责任状，将流动人口流出发证、流入验证等列为考核指标。12 月，成立县流动人口计划生育管理小组，各建制镇相应成立管理小组，履行流动人口计划生育管理职责。1995 年，县计生委将流动人口计划生育工作纳入对乡镇计划生育专职干部考核。1998 年 3 月，雉城镇成立流动人口计划生育监察队，雉城镇计生办与镇派出所警务站合署办公，做好流动人口统一登记、统一办证、统一查验等管理与服务工作。2004 年 4 月，雉城镇政府联合公安建立流动人口管理服务中心，开展三证合一的“一证式”“一站式”试点工作，形成公安、计生两部门共同协作的管理机制。2005 年，县人口计生局设立流动人口管理科，和平、林城等乡镇成立流动人口管理与服务中心，为流动人口提供免费提供宣传资料、避孕药具、生殖健康等一条龙服务。2008 年 11 月，实现公安与计生信息采集、证件查验、数据应用、绩效考核“四统一”。2009 年，县人口计生局在全县范围内开展“计生服务进企业”活动。2011 年，先后与江苏省张家港市、安徽省淮南市潘集区等周边 6 个省的 9 个县区签订流动人口计划生育双向管理服务协议，落实协作做好查验证、免费提供避孕药具和生殖健康服务、落实补救工作、政策外生育社会抚养费的征收等工作机制。2012 年，全面落实计划生育基本公共服务均等化，将各乡镇(街道、园区)的流动人口均等化服务落实开展纳入考核，并在宣传教育、计生技术、优生优育、奖励优待、实施帮扶救助方面出台具有长兴县特点的均等化服务：免费提供一年至少两次的查孕查环生殖健康服务等九项基本服务；将流动人口纳入“三优促进工程”项目之中，为有需求的流动人口提供与户籍人口同等的婴幼儿早期教育和优生优育优教等服务。同年，全县各乡镇(街道、园区)为流入已婚育龄妇女免费提供计生技术服务 387 例，免费提供避孕药具 1.8 万余人次，免费查孕查环 19207 例，发放宣传资料 3 万余份，查验证 5 万余人次。同年 10 月，长兴被命名为省级流动人口计划生育基本公共服务均等化示范县。

四、协会与群众自治

计划生育协会　1988 年 4 月，成立县计划生育协会。2002 年，县计划生育协会秘书处设置 2 名事业编制专职工作人员。2005 年 5 月，转为参照公务员管理。2009 年 5 月，县计划生育协会列入群众团体序列。全县拥有计生协会组织 472 个，其中县级 1 个，乡级 20 个、村级 272 个，企事业 171 个(职工总数在 100 人或育龄妇女达 50 人以上的企业)。同时探索成立企业联合分会、流动人口公寓协会、外出人口聚居地协会等新型计生协会组织 8 个。至 2012 年年末，会员代表大会召开共 6 次，发展会员 6 万余人，建立会员小组 5000 余个，160 个人口在 1800 人以上的村均配备专职副会长。

群众自治　2003 年，在虹星桥镇周村村开展计划生育村民自治试点的基础上，推动全县 272 个村(居)、社区全部修订完善计生村规民约，修订率、符合率均为 100%，计生协议签订率为 98%。2007 年，建立县级“计生示范村”创建平台，先后有 109 个村(居)被评为县级计生示范村。2010 年，开展人口计生基层群众自治村(居)、企业“双示范”创建活动。至 2012 年年底，全县有国家级示范村(居)3 个，分别为龙山街道玄坛庙村、夹浦镇长平村和开发区街道南庄村；省级示范村(居)38 个，示范企业 17 家；市级示范村(居)61 个，示范企业 22 家。补助配套资金共 70 多万元。

第三节　服　务

一、服务机构

1989 年 11 月，筹备建立计划生育指导站。1992 年 12 月，县计划生育指导站正式成立。同年，仙山乡、太傅乡计划生育服务站试点运行。1998 年，将计划生育服务站列入各乡镇政府年度工作计划。同年8月，在天平乡召开乡镇计划生育服务站工作现场会。2000年起，全县各行政村（居）逐渐建立计划生育服务室，有设在村（居）行政办公区和卫生服务站内两种形式，配有检查床和计生药具橱等。至2005年，全县有乡镇计生服务站21个。除槐坎、二界岭、吴山3个服务站外，其他乡镇服务站均开展放取环手术、门诊、B超查环查孕等业务，仙山乡、太傅乡，泗安镇3个服务站开展早孕人流手术。2005年后，根据执业范围和执业资质要求，乡镇计生服务站不再开展计划生育手术。2008年，县计划生育宣传技术指导站按照“县级计生指导站标准化建设”要求完成一期工程改建，面积2200多平方米，开设计划生育手术、妇科、不孕不育、男性科、药具科及以避孕节育服务为重点的各项医疗保健服务。至2012年年末，全县有乡镇计划生育服务站16个，主要承担计划生育宣传教育、技术服务、优生指导、药具发放、信息咨询、随访服务、生殖保健即B超查环查孕、人员培训8项任务。

二、技术服务

1988年以来，全县计划生育技术服务主要依托县卫生系统各级医疗机构实施。每年，在宣传技术服务月期间，县卫生系统专门组织医疗技术人员下基层，协助具备技术条件的乡镇卫生院，开展计划生育技术服务工作。一些无技术条件的乡镇卫生院，则由县妇幼保健院、县人民医院、泗安地区医院、和平地区医院承担。1992年起，相继建立县、乡（镇）、村（社区）三级计划生育技术服务体系，计划生育技术服务逐渐拓展到避孕药具知情选择、生殖健康普查（“查环查孕查病”服务）。县计生指导站、乡镇计生服务站每年两次为农村妇女提供生殖健康检查服务，其中全县65%四项手术及生殖健康普查服务由计划生育技术服务机构承担。1994年起，加强孕前型管理，技术服务工作由集中式转入经常化、从孕后的补救措施转入孕前孕后的全程服务。县、乡镇两级计生服务机构开展一年两次B超查环查孕和妇女病普查普治服务，累计达数十万人次。对实行计划生育的育龄夫妇提供的避孕节育技术服务，所需经费全额列入县财政预算。项目包括发放避孕药具、孕环情况检测、放置和取出宫内节育器及技术常规所规定的各项医学检测、人工终止妊娠及技术常规所提供的各项医学检查、输卵管、输精管结扎及技术常规所规定的各项检查。

三、婚前孕前健康检查

1993年，全县根据《母婴保健法实施办法》开始实行婚前医学检查。2003年之前，婚前医学检查率最高达98.1%。2003年10月，按国家有关部门规定，取消强制婚前医检。2004年，全县婚检率急剧下降，最低达0.6%。针对婚前医检率下滑，出生缺陷率上升趋势，2004年9月，长兴县在全省率先实行免费婚前医学检查。2009年5月，根据省、市政府文件精神，县政府下发《关于实施“健康宝宝计划”的意见》，全面启动免费婚前医学检查和免费孕前优生检测（即“优生两免”）工作。成立县“健康宝宝计划”领导小组和专家小组，由专家小组专家在每个乡镇针对目标人群巡回进行每年两次的优生优育知识培训。村级计生服务员，对已经建立稳定恋爱关系、尚未办理婚姻登记手续的，按需提供服务，实行动态管理；动员准备结婚的男女，自觉进行免费婚前医检。乡镇计划生育服务站人员对领取“生殖健康服务证”或“再生育证”准备生育的夫妇，免费进行家族史、遗传史、既往生育史以及各类风险因素的筛查评估，提出相关健康生育建议以及有针对性的预防干预措施，指导选择适宜的妊娠时机，尤其是做好高危人群的指导和服务工作。县婚检机构（县妇幼保健院）在婚前医检基础上增加免费孕前优生检测。县计生宣传技术指导站为在县内领取“再生育证”的待孕妇女，免费提供孕前优生检测，对在检测中发现需暂缓或不宜生育的对象，及时提出相应的医学建议，开展跟踪随访服务。同年，全县婚前医学检查率81.6%，孕前优生检测率57.7%，孕前风险评估率77.2%，出生缺陷率16.4%。2010年，婚前医学检查率86.7%，孕前优生检测率88.3%，孕前风险评估率78.9%，出生缺陷率15.7%。2011年，婚前医学检查率95.6%，孕前优生检测率92.5%，孕前风险评估率96.6%，出生缺陷率13.1%。2012年，婚前医学检查率94.3%，孕前优生检测率93.3%，孕前风险评估率99.7%，出生缺陷率11.5%。

第五编　环境保护

长兴境内主要环境污染是水环境污染和大气环境污染。1988年，发生雉城镇水污染事故，开始加强对饮用水水源地保护。20世纪90年代后，随着经济社会的发展和工业化进程的加快，境内环境污染日趋严重，环境治理力度也逐步加大。1996年，开展全县乡镇工业污染源调查。1998年，实施治理太湖水污染“零点行动”。1999—2000年，开展环境保护“一控双达标”工作攻坚，有效遏制环境和生态破坏加剧的趋势。2001年，环评审批作为工商注册前置条件之一。2003年9月，落实省委“八八战略”，启动生态县建设规划编制，创建国家生态县、打造“绿色长兴”。同年10月，在全国率先实施“河长制”。2004年起，开展生态县建设，推进“七大”环境专项整治，开展“135”环境污染治理行动，建立生态保护补偿机制，改善和提高城乡生态环境质量。2005年后，以“绿水青山就是金山银山”理念指导经济发展与环境保护逐渐成为全县上下的自觉。2007年起，实施生态县建设“一票否决”制，开展生态环境综合整治“十三项工程”。2008年2月，获评国家园林县城。11月，被联合国环境规划署等授予“国际花园城市”荣誉称号，并获得国内首个“环境可持续发展奖”奖项。2009年3月，被省政府命名为全省第二批省级生态县。2010年，出台《关于加快推进生态文明建设的实施意见》。2012年12月，通过国家节水型城市考核验收。同年年末，全县市级、省级生态乡镇（街道）创建比例达到100%，国家级生态乡镇（街道）创建比例达87.5%，市级生态村创建比例达48%，空气环境质量良好，境内15个地表水监测断面均达Ⅲ类水标准，通过国家生态县考核验收。

第一章　环境质量

20世纪90年代后，随着经济社会的发展和工业化进程的加快，长兴境内环境污染日趋严重，环境质量下降。1996年，开始大气、地表水、道路交通噪声和功能区噪声监测。2004年开始，境内Ⅱ类水已消失。2007年后，地表水水质出现改善。2012年，境内15个地表水监测断面均达到Ⅲ类水标准，大气环境质量良好，噪声环境质量得到明显改善。

1988年，长兴县环境保护工作由县城乡建设环境保护局负责，内设责任科室环保办公室，下设全民事业单位县环境保护监测站，乡镇各有1名环保员。1990年11月，实行室站合署办公。1996年9月，县环境保护局（简称县环保局）成立，为县政府综合管理环境保护的职能部门，内设办公室、开发治理科、环境监理科3个职能科室，下设环境监测站1个事业单位。2001年2月，增设环境监理站1个事业单位；12月，内设机构调整为办公室、环境管理科、宣教法制科3个职能科室。2004年8月，环境监理站更名为环境监察大队；12月增设自然生态保护与污染控制科。2006年，设立雉城、煤山、和平、泗安、夹浦5个乡镇环保所，同时设立环境监察中队，与环保所实行一套班子、两块牌子，为财政拨款事业单位，隶属县环保局管理。2010年7月，撤销环境管理科，设立行政许可科。2011年5月，内设机构调整为办公室、宣教法制科、自然生态保护科、行政许可科、污染防治科5个职能科室；6月，增设环境应急处置中心，为公益类事业单位，与环境监察大队合署办公；7月，设立泗安、和平、煤山分局，为县环境保护局的派出机构，实行双重领导。2012年12月，增设李家巷环保所（环境监察中队），挂靠夹浦环保所。同年年末，内设办公室、宣教法制科、生态科、行政许可科、污染防治科、污染排放总量控制办公室、信息中心7个科室，下属环境监察大队、环境监测站2个事业单位和雉城、夹浦、李家巷、煤山、和平、泗安6个基层环保所（分局）。

第一节　大气环境质量

一、环境空气

1996年，县环保局开始监测环境空气质量。同年1月至2006年8月，采用人工采样方式定期监测城区大气环境质量，监测项目有二氧化硫、氮氧化物（2001年开始改为二氧化氮）和总悬浮颗粒物（TSP）。2006年9月起，开始利用环境空气自动站自动监测大气环境质量，监测项目调整为二氧化硫、二氧化氮和可吸入颗粒物（PM_{10}），按照年度均值进行评价，分为良好、较好、轻污染、中污染、重污染和严重污染6个等级。

二氧化硫　1996—1999年，城区二氧化硫年均值在每立方米0.06毫克至0.09毫克之间，不符合GB3095—1996《环境空气质量标准》年平均中二级标准（小于等于每立方米0.06毫克）。2000—2012年，二氧化硫年均值均符合二级标准。1996—2012年，大气中的二氧化硫浓度在经过前期的大幅下降后逐渐趋于稳定。

氮氧化物、二氧化氮　1996—2000年，城区氮氧化物年均值在每立方米0.03毫克至0.04毫克之间，符合GB3095—1996《环境空气质量标准》中年均值二级标准（小于等于每立方米0.05毫克）。2001—2012年，二氧化氮浓度在每立方米0.02毫克至0.06毫克之间，符合GB3095—1996《环境空气质量标准》修改单中年均值二级标准（小于等于每立方米0.08毫克），浓度在2001—2008年经历上升后于2009年开始呈现缓慢下降趋势。

颗粒物　1996—2006年，城区总悬浮颗粒物年均值在每立方米0.18毫克至0.45毫克之间，除2000年、2006年符合GB3095—1996《环境空气质量标准》中年均值二级标准（小于等于每立方米0.2毫克）外，其余年份不符合该标准。之后，开始监测可吸入颗粒物，总悬浮颗粒物不再监测。2007—2012年，可吸入颗粒物年均值在每立方米0.08毫克至0.11毫克之间，除2007年不符合GB3095—1996《环境空气质量标准》中年均值二级标准（小于等于每立方米0.1毫克）外，其余年份均符合该标准。

降尘　2006年6月起县内开始监测降尘，至2012年城区降尘总量在每月每平方千米2.97吨至6.53吨之间，最低年份是2006年，最高年份是2010年。2010年以后，城区降尘量趋于稳定。

1996—2012年长兴县大气质量指数及质量情况表

表5-1

年度	主要污染物									综合污染指数	污染级别
	二氧化硫		氮氧化物		总悬浮颗粒物		可吸入颗粒物		降尘（吨/平方千米·月）		
	污染负荷（毫克/立方米）	污染物分指数	污染负荷（毫克/立方米）	污染物分指数	污染负荷（毫克/立方米）	污染物分指数	污染负荷（毫克/立方米）	污染物分指数			
1996	0.07	1.10	0.04	0.49	0.34	1.68	—	—	—	3.27	轻污染
1997	0.09	1.50	0.04	0.46	0.24	1.18	—	—	—	3.14	轻污染
1998	0.07	1.10	0.04	0.44	0.45	2.26	—	—	—	3.80	轻污染
1999	0.06	1.03	0.03	0.41	0.39	1.94	—	—	—	3.38	轻污染
2000	0.05	0.78	0.03	0.36	0.18	0.90	—	—	—	2.04	较好

续表5-1

年度	主要污染物									综合污染指数	污染级别
	二氧化硫		氮氧化物		总悬浮颗粒物		可吸入颗粒物		降尘(吨/平方千米•月)		
	污染负荷(毫克/立方米)	污染物分指数	污染负荷(毫克/立方米)	污染物分指数	污染负荷(毫克/立方米)	污染物分指数	污染负荷(毫克/立方米)	污染物分指数			
2001	0.04	0.63	0.02	0.28	0.22	1.10	—	—	—	2.01	较好
2002	0.03	0.43	0.02	0.29	0.21	1.03	—	—	—	1.75	良好
2003	0.04	0.70	0.02	0.30	0.23	1.16	—	—	—	2.16	较好
2004	0.04	0.70	0.03	0.38	0.22	1.12	—	—	—	2.20	较好
2005	0.03	0.48	0.04	0.48	0.20	1.00	—	—	—	1.96	良好
2006	0.05	0.78	0.05	0.59	0.19	0.96	—	—	2.97	2.33	较好
2007	0.06	0.92	0.05	0.60	—	—	0.12	1.17	5.36	2.69	较好
2008	0.04	0.72	0.06	0.69	—	—	0.09	0.89	4.53	2.30	较好
2009	0.03	0.53	0.05	0.56	—	—	0.09	0.90	6.00	1.99	良好
2010	0.04	0.72	0.04	0.50	—	—	0.08	0.81	6.53	2.03	较好
2011	0.04	0.58	0.04	0.44	—	—	0.10	0.96	5.87	1.98	良好
2012	0.03	0.53	0.03	0.43	—	—	0.08	0.84	4.24	1.80	良好

说明:资料来源于县环保局

二、酸雨

酸雨是指pH小于5.6的雨雪或其他形式的降水。1991年1月,在雉城镇金陵中路706号环保监测站楼顶设置降水点后,开始监测降水和酸雨情况。按照逢雨必测的原则,测定pH值、电导率。另外,每月选择雨量较大的一次或每月的混合样做监测指标全分析。

1991—2012年,城区酸雨频率在21.2%至100%之间,降水pH值年均值在4.20至6.76之间。降水pH年均值低于5.6的年份有20年,2000—2001年pH值年均值高于5.6。酸雨率最低在2001年,为21.2%,pH值也较高。1993年、2008年和2009年酸雨率最高,均达到100%。

1991—2000年,全县降水酸雨率存在一定的波动变化,除1993年外,酸雨率在50%上下。2001—2009年,随着煤等大量化石燃料的使用,酸雨率不断提高,呈显著加重趋势。2010年起,酸雨率有所下降。

1991—2012年长兴县降水pH值及酸雨率监测情况表

表5-2

年度	酸雨频率(%)	降水pH值最小值	降水pH值年均值	年度	酸雨频率(%)	降水pH值最小值	降水pH值年均值
1991	54.8	4.34	5.02	2002	29.9	4.21	5.55
1992	57.7	3.87	4.75	2003	67.5	4.01	4.61
1993	100.0	5.30	5.36	2004	83.7	3.44	4.35
1994	53.7	4.86	5.33	2005	83.7	3.50	4.30
1995	38.2	4.61	5.53	2006	87.3	3.44	4.24
1996				2007	93.2	3.84	4.32
1997	41.7	3.94	5.07	2008	100.0	3.72	4.23
1998	58.6	4.10	4.77	2009	100.0	3.80	4.54
1999	67.4	4.10	4.75	2010	97.1	3.84	4.34
2000	52.2	4.71	5.67	2011	73.3	3.59	4.30
2001	21.2	4.03	6.76	2012	90.8	3.40	4.20

说明:资料来源于县环保局

第二节　水环境质量

一、地表水水质

1988 年，县内地表水以Ⅱ类水为主，主要监测污染因子有溶解氧、高锰酸盐指数、生化需氧量、氨氮等。之后，受工业废水和生活污水污染，水质呈逐年下降趋势。2004 年开始Ⅱ类水已消失，至 2006 年水质达到最差。14 个监测断面中水质为Ⅳ类的占 85.7%，劣Ⅴ类占 14.3%；内河以泗安塘为最好，夹浦港为最差。2007 年以后，随着环境治理力度的加大，以及严格控制排污单位的排污总量，境内地表水水质出现改善。监测断面中已无劣Ⅴ类水质，水质保持在Ⅱ类～Ⅳ类，其中以Ⅲ类为主，主要监测污染因子污染物高锰酸盐指数、氨氮、总磷和化学需氧量都有不同程度的下降。至 2012 年，境内 15 个地表水监测断面均达到Ⅲ类水标准。

1988—2012 年长兴县地表水环境质量情况表

表 5-3　　单位：毫克/升

年份	溶解氧	高锰酸盐指数	生化需氧量	氨氮	化学需氧量	总磷	年份	溶解氧	高锰酸盐指数	生化需氧量	氨氮	化学需氧量	总磷
1988	7.71	4.57	2.23	0.74			2001	6.64	4.03	2.02	0.78		
1989	6.24	4.27	2.41	0.44			2002	6.41	4.98	1.80	0.80		0.09
1990	7.97	3.33	2.67	0.83			2003	8.68	4.59	2.51	0.50	14.20	0.08
1991	6.05	3.84	3.36	1.01			2004	7.45	4.88	2.83	0.67	25.40	0.17
1992	8.28	3.91	4.56	0.80			2005	7.36	4.57	3.71	0.55	20.70	0.13
1993	6.76	4.33	2.66	0.58			2006	7.37	5.08	2.84	0.63	26.50	0.16
1994	6.54	4.11	2.31	0.88			2007	6.50	4.66	3.61	0.56	17.70	0.10
1995	7.41	4.66	1.66	0.39			2008	7.62	4.18	3.27	0.37	14.40	0.08
1996	8.04	3.39	1.28	0.61			2009	7.63	4.02	2.68	0.41	14.30	0.11
1997	7.38	4.57	2.04	0.50			2010	7.81	4.18	3.29	0.35	12.50	0.08
1998	6.57	4.12	1.94	0.43			2011	7.34	4.58	3.20	0.41	17.50	0.10
1999	6.80	4.18	2.18	0.31			2012	7.81	3.91	3.17	0.40	16.20	0.08
2000	7.21	4.12	2.06	0.51			—	—	—	—	—	—	—

说明：资料来源于县环保局

二、饮用水水质

城市生活饮用水水源地水质　包漾河饮用水水源地为河流类饮用水水源。1996 年开始水质监测，水质为Ⅱ类。后受上游工业及生活生产影响，水质有一定程度的变差。2003 年起，石油类超过Ⅲ类水标准限值。2006 年，生化需氧量和石油类两项监测因子均超过Ⅲ类水标准限值，当年水质为Ⅳ类。2007 年后水质出现好转，并稳定保持在Ⅱ类～Ⅲ类。2012 年，合溪水库饮用水水源地建成投入使用，开始水质监测，同年水质除总氮外均达到Ⅱ类水质标准。

乡镇生活饮用水水源地水质　乡镇饮用水水源主要分为河流类饮用水水源和湖库类饮用水水源。2000 年后陆续开始监测，青山水库由于土壤原因，pH 值为酸性；其他湖库类饮用水源几项主要监测污染因子除总氮外其他指标均能达标；河流类饮用水源主要监测污染因子均达到Ⅲ类水质要求。

三、地下水水质

从 2006 年开始，县环保局每年例行对地下水进行监测，其中深层地下水监测点位为铁公水码头深井水，浅层地下水监测点位为坍角村浅井水。同年，深层、浅层地下水水质监测结果均为Ⅴ类。2007—

2012 年，深层地下水水质监测结果 2007 年为Ⅲ类，2008—2011 年均为Ⅴ类，2012 年为Ⅳ类；浅层地下水水质 2007 年、2008 年、2012 年均为Ⅳ类，2009 年为Ⅲ类，2010 年、2011 年为Ⅴ类。主要超标因子为亚硝酸盐、高锰酸盐指数、氨氮、总硬度。

第三节 声环境质量

一、区域环境噪声

1996 年，县环保局开始每五年开展一次区域环境噪声监测。同年等效声级为 57.2 分贝，2000 年最高时平均等效声级为 58 分贝，均不符合标准要求(55 分贝)。2006 年起每年监测一次，当年等效声级为 57.5 分贝。2008 年为 53.9 分贝，符合标准要求。2011 年增大监测范围后，区域环境噪声大幅下降，平均等效声级为 46.6 分贝，为历年最低。2012 为 49.8 分贝，符合标准要求。随着城市建成区的扩大、道路增多等因素，区域环境噪声始终在 55 分贝上下。1996—2012 年，年平均等效声级 54.5 分贝，主要噪声源为交通噪声和社会生活噪声。

二、道路交通噪声

1996—2005 年，每五年监测一次道路交通噪声。2006 年后，每年监测一次。20 世纪 90 年代，汽车、拖拉机等是主要交通噪声源，全县交通噪声 2000 年最高，道路计权平均等效声级为 76.6 分贝，超过标准 6.6 分贝，监测道路金陵路为当时贯穿长兴城区的主干道，道路平均车流量大，交通噪声污染较严重。之后，随着交通干道增加，车辆分流及实行道路禁鸣，噪声污染得到一定控制。2012 年，最低时道路计权平均等效声级为 57.1 分贝，未超过国家标准。

1996—2012 年长兴县城区区域环境、道路交通噪声情况表

表 5-4

单位：分贝

年度	城区区域环境噪声	城区道路交通噪声	年度	城区区域环境噪声	城区道路交通噪声
1996	57.2	75.0	2009	55.5	61.9
2000	58.0	76.6	2010	54.9	59.4
2006	57.5	67.8	2011	46.6	65.0
2007	57.0	66.6	2012	49.8	57.1
2008	53.9	61.9	—	—	—

说明：1. 资料来源于县环保局；2.1996—2005 年，每五年监测一次，2006 年起每年监测一次

三、功能区噪声

县内功能区噪声从 2008 年开始监测，每年监测两次。2008—2010 年，监测点新世界女人街转盘处、长兴县机关幼儿园两处商业办公类功能区噪声点位在 2008 年昼间、2008—2010 年夜间噪声平均等效声级略超标。2008 年由于车流量的增加，监测点新金陵商城大门口、长安桥两处交通类功能区噪声点位夜间噪声等效声级略超标。其他年份均符合标准。

2008—2012 年长兴县城区各功能区噪声平均等效声级情况表

表 5-5

单位：分贝

功能区	监测时间	2008 年	2009 年	2010 年	2011 年	2012 年	执行标准
生活类	昼间	48.7	49.5	51.6	43.2	44.4	55
	夜间	39.1	40.4	43.4	40.2	40.7	45
商业办公类	昼间	60.5	57.0	56.6	54.1	54.9	60
	夜间	52.3	51.0	50.9	46.2	45.9	50

续表5-5

功能区	监测时间	2008年	2009年	2010年	2011年	2012年	执行标准
工业类	昼间	59.0	58.8	59.0	54.1	54.7	65
	夜间	53.3	52.0	52.5	53.3	52.6	55
交通类	昼间	61.3	60.7	60.7	61.6	60.9	70
	夜间	55.3	52.3	52.4	52.9	52.9	55

说明:资料来源于县环保局

第二章　环境管理与监测

20世纪80年代起,长兴县环境管理贯彻依法管理原则,控制新污染源产生,治理老污染源。1996年县环保局成立后,环境管理工作不断加强,对建设工程、城市建设及改造项目严格执行环境影响评价制度,对新建项目加强“三同时”管理,落实“一控双达标”任务,加强污染源管理,实施超标排污限期治理,加大企业排污费征收,加大环境执法力度,提高环境监测信息化水平,实现重点污染源污染物排放在线监测监控。1988—2012年,累计经环保审批的建设项目达8804项,环评率达到100%,否决不符合规定的项目383项;1996—2012年,累计征收排污费2.08亿元。

第一节　环境管理

一、建设项目管理

20世纪80年代到90年代初,建设工程、城市建设及改造项目执行环境影响评价,由县城乡建设环境保护局负责管理。1996年县环保局成立后,设立建设项目管理科,负责对县域内所有建设项目的环保审批管理。2001年,县行政服务中心成立,县环保局建设项目管理科改为行政许可科,作为窗口单位入驻行政服务中心,负责办理全县建设项目的行政许可事项。

环境影响评价制度　20世纪80年代至90年代初,全县建设项目环评审批数量不多,平均每年数量在30个左右。1996年县环保局成立当年共审批建设项目54个,1997年审批项目71个。1998—2000年,每年审批建设项目数量在100个左右。2001年起,将环评审批作为工商注册前置条件之一,全年审批项目数量上升到180个。2003年9月1日起,《中华人民共和国环境影响评价法》开始施行,县环保局成立重大项目环境保护联审小组,对县域内招商引资项目、重点推进项目、“大好高”项目的环保审批进行前置会商。同年,审批建设项目400个左右,全年建设项目环保投资金额约4000万元。2006年,执行《浙江省环境污染监督管理办法》要求,将投资小、无污染的小型非工业类建设项目审批,由行政许可科下放到基层环保所受理、审批。同年,审批建设项目608个,项目环保投资金额达到1.1亿元。2007年,严格落实国家环境保护“十一五”规划提出的削减化学需氧量、二氧化硫排放量,实行总量控制的要求,全年审批建设项目806个,否决农药草甘膦生产线项目等无法达到总量控制要求的建设项目34个,全年审批项目环保投资金额达1.9亿元。2008年,《浙江省人民政府关于进一步加强太湖流域水环境综合治理工作的意见》《长兴县人民政府关于进一步加强水污染防治工作的意见》《长兴经济开发区工业项目准入管理办法》相继实施,县环保局全年审批建设项目664个,落实规定否决化工、造纸等严格控制项目23个。2009年,国务院《规划环境影响评价条例》颁布实施,县政府对长兴经济技术开发区等重点区域的建设、开发利用规划编制环境影响评价。同年,《浙江省水污染防治条例》实施。县环保局依据《关于印发合溪水库集雨区限制和禁止类产业目录的通知》,对喷水织机等5类限制类项目和涂料、铅酸蓄电池等16类禁止类项目环保审批管理进行调整,全年共审批建设项目890个,否决不符合产业政策、工艺落后污染重及选址不合理，存在对饮用水源安全产生隐患的建设项目19个。2011年，《太湖流域管理条例》颁布，县环保局依法对太湖岸线内和岸线周边5000米范围内“新建、扩建向水体排放污染物的建设项目”等7项行为进行严格控制，禁止审批。同时，按照县政府颁布的《长兴县铅酸蓄电池行业转型升级实施方案》《长兴县粉体生产企业转型升级准入标准和工艺装备指导方案》，对两个行业转型升级准入标准进行严格把关。同年，共审批建设项目761个，否决违反《太湖流域管理条例》、不符合行业准入标准项目12个，审批项目环保投资金额达3.41亿元。1988—2012年，累计经环保审批的建设项目8804个，环评率达到100%，否决不符合规定的项目383个，审批建设项目累计环保投资约23.7亿元。

“三同时”制度 20世纪80年代中后期，全县新建建设项目“三同时”(建设项目中防治污染的措施，必须与主体工程同时设计、同时施工、同时投产使用，简称“三同时”制度)管理工作，由县城乡建设环境保护局下辖的环保办公室具体负责。1996年县环保局成立后，由建设项目管理科负责管理落实。2002年，县环保局出台《长兴县建设项目环境管理指导性意见》，明确全县建设项目环境保护竣工验收的流程和验收监测规范。对已批准建设项目加强“三同时”执行情况跟踪检查和指导，新建项目“三同时”执行率达100%，验收合格率达95%。2005年，县环保局成立“三同时”验收办公室，按照《长兴县环保局建设项目环保“三同时”管理办法》，落实专人具体负责执行，当年完成103个建设项目环保“三同时”验收，合格率达到90%。2007年，县环保局设立大气污染防治科、水污染防治科、固废与辐射管理科3个科室，分别负责大气、水、固体废物与辐射三方面的污染防治管理工作。2009年，省环保厅出台建设项目竣工环境保护验收技术管理规定，明确对建设项目竣工环境保护验收的基本条件和环境保护设施、措施及验收监测(调查)技术要求。同年，全县完成147个建设项目环保“三同时”验收，验收合格率达到95%。2010年，县环保局将负责污染防治管理工作的3个科室合并，成立污染防治科，负责行业整治验收、总量控制等环境管理工作。建设项目“三同时”验收工作重新归口行政许可科负责，并出台《长兴县环境保护局建设项目“三同时”跟踪管理及验收实施办法》。2012年，县环保局按照《浙江省建设项目环境监理试点工作实施方案》规定，对可能造成重大环境影响的建设项目，开展建设项目环境监理。同年，共完成132个建设项目环保“三同时”验收，验收合格率达到93%。

二、污染源管理

限期治理 1988年，“南阳化工厂”等废水污染事件发生后，县政府下达对长兴制革厂、长兴化肥厂和酿造、印染行业共33家企业必须在1988年年底前完成限期治理的任务。经整治后，县内废水污染加剧势头得到遏制。1998年10月，国家环保总局提出禁止一切排污单位向太湖流域水体超标排放水污染物，发起治理太湖的“零点行动”。1998年12月16日，县政府召开太湖水污染“零点行动”计划实施动员会。1998—1999年，先后对长兴制药有限公司等30家、湖州欢众酿酒集团等93家废水排放企业进行整治。1999年，县政府下达对全县超标排污企业的期限治理决定，对逾期未完成治理任务的157家耐火企业自2000年9月1日起实行停产整治。2003年，对耐火(陶瓷)企业倒焰窑、隧道窑、多孔窑实行限期治理。2004年，对长兴东风蓄电池厂等11家蓄电池企业停产整治，对长兴天力电池有限公司等70家蓄电池企业限期治理。2005年，对限期治理后的53家蓄电池企业进行验收。2009年6月，环境保护部公布《限期治理管理办法(试行)》(自2009年9月1日起施行)，明确规定：排放水污染物超过国家或者地方规定的水污染物排放标准的(简称“超标”)；排放国务院或省、自治区、直辖市人民政府确定实施总量削减和控制的重点水污染物，超过总量控制指标的(简称“超总量”)，适用限期治理。县环保局按照国家限期治理管理办法要求，依法组织开展限期治理工作，对经现场检查涉嫌排放水污染物超标或者超总量的污染源，经调查、监测、评估属实的，依法下达限期治理通知。同年，县环保局对长兴第一化工有限公司下达限期整改停产通知。2010—2011年，对10家蓄电池企业实行限期治理。

排污收费 对境内排污企业征收排污费始于1985年，以排污浓度超标量为标准，由县城乡建设环境保护局环保办负责征收。1988年第四季度，全县开始组建乡镇环保员队伍，负责各乡镇辖区环境管理工作,受县城乡建设环境保护局委托征收辖区内乡镇企业排污费。1995年,全县共征收排污费60万元。1996年9月后,由县环保局环境监理所负责排污收费工作,开征印染、化工、制革、酿造、耐火、水泥、砖瓦7个行业、70家单位的排污费,当年征收排污费90万元。2003年7月,县环保局设立排污费征收办公室,具体负责排污申报与收费工作,按照国务院新颁布的《排污费征收管理使用条例》,实行以污染物总量和排污浓度相结合的收费标准。之后,随着经济快速发展,排污企业增多,征收面扩大,收费额也逐年提高。2004年,全县包括三产娱乐行业在内,共征收企业936家,征收排污费1428万元。2005年开始,城区三产、娱乐、建筑行业的排污费划归县城管部门征收。2007年,县环保局排污费征收办公室撤销,排污申报与收费工作由县环境监察大队负责。该时期,随着城乡污水管网建设的推进,对缴纳污水处理费的排污企业不再征收污水排污费,同时由于产业结构调整、节能减排、污染控制等工作的有效开展,实际排污费征收企业数逐年减少;但因重点排污企业规模扩大,排污量的计算也更为精确,排污费数额仍旧逐年上升。2009年,征收排污费2314万元。2010年,逐步淘汰原来的手工申报与核定收费,开始使用国家申报收费软件开展工作。2011年,对已安装在线监测设备的火电、水泥企业逐步使用污染源自动监测数据来核定排污量。2012年,对县内排污企业和排污种类、数量等情况进行摸底排查,指导企业依法依规进行排污申报登记,全年征收企业246家,征收排污费2349.62万元。1996—2012年,全县累计征收排污费2.08亿元。

一控双达标 “一控双达标”是1996年《国务院关于环境保护若干问题的决定》中确定的到2000年要实现的环保目标。“一控”指的是污染物总量控制,要求到2000年年底,各省、自治区、直辖市要使各辖区主要污染物的排放量控制在国家规定的排放总量指标内;“双达标”指的是工业污染源要达到国家或地方规定的污染物排放标准,空气和地面水按功能区达到国家规定的环境质量标准。根据要求,长兴县“一控双达标”的目标是到2000年年底所有工业污染源达标排放,污染物排放总量控制在1995年水平,全县主要水系达到Ⅲ类水体要求。为使“一控双达标”工作顺利开展,针对长兴县水污染、大气污染任务重、难度大的特点,县政府于1996年成立“长兴县太湖流域水污染防治领导小组”,1999年又专门成立“长兴县大气污染防治领导小组”,统一协调解决“一控双达标”工作中的重大问题。1998年12月至1999年1月,完成太湖水污染治理的第一阶段任务,并通过国务院统一组织的“零点行动”达标验收(1998年10月,国家环保总局提出禁止一切排污单位向太湖流域水体超标排放水污染物,发起治理太湖的“零点行动”。详见第6编、第2章、第4节太湖水污染治理)。1999年,取缔104国道旁环境污染严重的无证石料加工企业20余家,35家石粉企业按期做到达标排放;列入省重点限期治理的30家企业中(不包括4家省属企业)有25家完成治理任务,实现达标排放,有5家企业停产或破产。同年,在新建项目审批中坚决不批政策所定范围内的“十五小”项目(小造纸、小制革、小染料、土炼焦、土炼硫、土炼砷、土炼汞、土炼铅锌、土炼油、土造金、小农药、小电镀、土法生产放射性制品、土法生产石棉制品、小漂染),否决建设项目7个。建设项目的环境评价审批和“三同时”执行率均达到100%,有效控制新污染源的产生。2000年,是实现“一控双达标”攻关之年,县委、县政府把“一控双达标”作为环保工作的重中之重,高度统一思想认识,使全县上下都充分认识到实现“一控双达标”不仅是一项政治任务,更是改善环境质量,促进经济社会可持续发展,提高人民生活质量的需要。通过几年的努力,特别是2000年的攻关,长兴工业污染源得到有效治理。至2000年年底,全县315家工业污染企业中,达标排放293家,实行关停并转22家企业。其中,水污染企业有51家,治理达标的有42家,关停并转9家;大气污染企业有264家,治理达标的有251家,关停并转13家。157家耐火企业中完成治理的有130家,关停并转27家。坚决淘汰污染严重的落后生产工艺与设备,关停窑径2.2米以下水泥机立窑生产线6条,关停小煤矿25处,原煤产量压产6.6万吨。在列入县以上重点控制的135家企业(其中省控以上34家)的治理设施建设中,全县累计共投入工业污染治理资金2.05亿元,污染物排放总量得到控制并有较大幅度下降。全县化学需氧量、二氧化硫等12项主要污染物排放总量都控制在国家下达的1995年排放指标以内,并且有大幅度削减。如,化学需氧量的控制指标是1300吨,实际排放总量967.96吨;二氧化硫的控制指标是33300吨，实际排放总量26648吨；烟尘的控制指标是5300吨，实际排放总量4763吨。

三、排污管理

排污许可证管理　1997年8月，根据国家环保局《关于全面推行排污申报登记工作的通知》要求，在全县范围内开展排污申报登记。1998—2002年，共审批发放排污许可证301份，发放范围包括化工、建材、耐火、轻纺、蓄电池、印染、三产和其他8类。2001年，根据国家环保总局《淮河和太湖流域排污重点水污染物许可证管理办法》要求，对重点水污染企业的排污口进行规范化整治。2008年，制定《长兴县深化排污许可证管理工作方案》，在2008年度国控、省控、市控、县控重点污染源和城市污水处理厂等重点排污单位范围内开展排污许可证发放工作，对废水和废气实行浓度和总量的双许可控制，一年一审。2012年，全县共审批发放排污许可证138份。

1998—2012年长兴县历年排污许可证发放情况表

表5-6　　单位：份

年份	发放数量	年份	发放数量
1998—2002	301	2008	102
2003	194	2009	92
2004	136	2010	96
2005	135	2011	99
2006	53	2012	138
2007	38	—	—

说明：资料来源于县环保局

排污权交易　2010年9月，县政府出台《长兴县主要污染物排污权有偿使用和交易管理暂行办法》。12月，县环保局印发《长兴县主要污染物排污权有偿使用和交易管理实施细则(试行)》，规定日排放生产废水10吨以上或年排放化学需氧量(COD)0.2吨以上的工业排污单位、二氧化硫(SO2)年排放1吨以上或配备1蒸吨/时以上燃煤锅炉的工业排污单位，对化学需氧量、二氧化硫2项指标，实施排污权有偿使用。新建、改建、扩建项目实施排污权交易，建立排污权有偿使用和交易制度，对主要污染物排污权有偿使用和交易指标数量及资金收入编制电子台账。同年，有4家企业实施排污权交易，其中化学需氧量交易18.88吨、二氧化硫交易67.5吨，交易总额138.3万元。2011年起，对符合申报条件的企业进行排污权审查核定工作。至2012年，完成102家企业排污权的有偿使用，对45个新建项目进行排污权交易，涉及化学需氧量555.9吨、二氧化硫4715.8吨，到位资金3761万元，其中有偿使用金额3222万元，交易金额539万元。完成印染、水泥两大主要污染行业企业排污权有偿使用，其中印染企业12家、有偿使用金额887万元，水泥企业9家、有偿使用金额1388万元。

四、环境执法

1996年之前，受全社会环保意识比较淡薄、全县经济社会发展条件制约等影响，环境执法工作相对薄弱。1996年县环保局成立后，严格的环境执法工作逐步展开。同年，立案2件，罚款0.4万元。1998—2000年，全县环境执法工作以太湖水污染防治工作为中心，三年共立案182件，罚款26.9万元。2001年，开展环境违法行为有奖举报、“110”联动，全年共奖励环境违法行为举报人3人，处理“110”联动转办案件98起。2002年，县环保局组成7个执法小组日夜巡回检查，加大对重点排污企业尤其是直排太湖的水污染企业和地处“三沿一部”(铁路沿线、公路沿线、河道沿线、城乡接合部)地区污染企业的执法检查，共查处各类环境违法行为159起，调处各类污染纠纷150起，处理环保“110”案件121起，污染事故2起。2008年，联合新闻媒体对重点污染企业进行突击检查，对17家企业进行媒体曝光。2009—2011年，加大对县域内重点排污企业监管力度，共出动执法人员2.48万余人次，检查企业1万余家次，对364家违法排污企业实施行政处罚，对1家企业生产负责人实施行政拘留。其间，于2010年开始飞行监测工作，至2011年共开展县级飞行监测20次、市级飞行监测11次、省级飞行监测1次，抽查企业325家次。2012年，县环保局组织开展系列环境执法专项行动，共出动检查人员1.45万余人次，检查企业6050余家次，立案107件，罚款485万元，行政拘留3人，下达限期整改决定书624份，对204家环境违法企业分别实行停电、停产或关停取缔措施。1996—2012年，共立案1975件，罚款3578.68万元。

第二节　环境监测

一、监测机构

县环境保护监测站成立于1984年6月，1996年9月后隶属于县环保局，为公益类事业单位。在全国环保系统监测站设置体制中属三级站，为省内35个重点监测站之一。2003年8月，通过省级计量认证，通过计量认证许可的监测项目共88项。监测站下设水质监测室、大气监测室和综合管理室，主要配有红外测油仪、智能冷原子荧光测汞仪、原子吸收分光光度计、离子色谱仪、紫外分光光度计、静压平衡烟尘采样器等大型精密分析仪器。2004—2008年，新增智能中流量大气采样器、双道原子荧光光度计、自动烟尘(气)测试仪等大型精密分析仪器。2008年，计量认证复审增加监测项目7项，经批准扩项后许可的监测项目共计95项。2009—2012年，新增微电脑烟尘平行采样仪、便捷式大气采样器、烟气分析仪、智能双路烟气采样器等大型精密分析仪器。2011年，计量认证复审增加监测项目1项，经批准扩项后许可的监测项目达到96项。至2012年，县环境保护监测站下设现场监测室、中心分析室和综合室，从事环境监测人员20人，均为大专以上文化程度，其中高级职称2人、中级职称1人、初级职称6人。拥有监测用房1200平方米，各类监测仪器120余台(套)，通过计量认证的项目有96项。

二、大气环境监测

1988—1990年，县环保监测大楼处于建设之中。1991年，设降水监测点1个，位于县环保监测大楼。1991—1995年，全县大气环境监测处于测点布设准备阶段，环境空气质量监测还未实施。1996年1月起，设大气常规监测点2个，位于县环保监测大楼和雉城镇古城公园。2000年1月起，大气常规监测点位减至1个，为县环保监测大楼常规监测点，监测项目为二氧化硫、氮氧化物、总悬浮颗粒物。2001年开始，大气常规监测项目中的氮氧化物调整为二氧化氮。2006年7月，设降尘监测点1个，位于县环保监测大楼。9月起，开始利用环境空气自动站自动监测大气环境质量，监测项目调整为二氧化硫、二氧化氮和可吸入颗粒物(PM_{10})。至2012年，全县共有环境空气自动站监测点2个，降水监测点位1个，降尘监测点位1个。

三、水环境监测

地表水监测　1988年起，县内设置地表水监测点位7个，监测项目有溶解氧、氨氮、高锰酸盐指数等。1996年起，设置地表水监测断面16个，监测点位细分为国控3个、省控1个、市控5个、县控7个。2006年起，监测点位调整为14个，其中县控由7个减为5个。2008年，监测点位调整为13个，其中县控减为4个。2012年，新增小浦水厂和合溪水库2个县控断面。至2012年年末，全县有地表水监测点位15个，其中国控断面2个、省控断面1个、市控断面5个、县控断面7个，监测项目已扩展至GB 3838《地

图5-1　环保工作人员在合溪水库进行采样(县环保局提供·2012年)

表水环境质量标准》中全部 24 项。

饮用水监测 1996 年开始，对城市生活饮用水水源地包漾河实施监测，每两月监测 1 次，监测项目为高锰酸盐指数、氨氮、五日生化需氧量、总磷等 29 项。2001 年开始，实施乡镇生活饮用水水源地监测，至 2004 年，有泗安水厂和小浦水厂 2 个监测点位。2004 年起，包漾河饮用水水源地开始每月监测。2005 年，乡镇生活饮用水水源地监测点位新增周吴水库、和平水库 2 个监测点位。2006 年，新增洪桥水厂、煤山水厂 2 个监测点位。2007 年，新增青山水库、二界岭水库和夹浦长丰涧 3 个监测点位。2009 年，新增泗安水库、水口金沙涧 2 个监测点位。2012 年 6 月，合溪水库作为城市生活饮用水新水源地启用，7 月起即每月实施监测。至 2012 年年末，全县乡镇生活饮用水水源地共有监测断面 11 个，每年监测 6 次，监测项目有溶解氧、高锰酸盐指数、氨氮、总磷等 10 项。

地下水监测 2006 年开始，每年例行监测地下水，监测点位有抖角村浅井水、铁公水码头深井水 2 个。每年 9 月中旬监测 1 次，监测项目为总硬度、硝酸盐氮、氨氮、高锰酸盐指数等 13 项。

四、声环境监测

区域环境噪声监测 1996 年，区域环境噪声监测点位共计 102 个，覆盖面积 6.38 平方千米。2000 年增至 103 个，覆盖面积 6.44 平方千米。2006 年调整为 102 个。2007 年起调整为 104 个，覆盖面积 10.27 平方千米。2011 年起，区域环境噪声监测点位增加到 149 个，覆盖面积 19.3 平方千米。

道路交通噪声监测 1996 年和 2000 年，分别开展道路交通噪声监测。2006 年，对 318 国道、金陵路和解放路 3 条道路设置监测点位 3 个。2007—2009 年，对 318 国道、金陵路、解放路、龙山大道和 104 国道 5 条道路设置监测点位 5 个。2010 年，对金陵路、解放路、龙山大道和 104 国道 4 条道路设置监测点位 4 个，道路总长度为 18.07 千米，测点均位于城中区。2011 年，根据 GB/T 15190—94《城市区域环境噪声适用区划分技术规范》具体要求，结合县情，调整县内监测点位。对 318 国道、金陵路、解放路、龙山大道和 104 国道 5 条道路设置监测点位 10 个，道路总长度为 46.35 千米，测点分布于城中区、城北区、城北新区、城东区。

功能区噪声监测 2008 年开始监测，每年监测 2 次，分别为 5 月和 10 月，每次连续监测 24 小时。2008—2010 年，设置功能区监测点位工商银行长兴县支行（四类区）、长兴县水木花都（一类区）、长兴县图书馆（一类区）、天能公司工作站（三类区）、香溢工业园（三类区）、中百一店南侧（二类区）。2011 年对功能区划分进行优化，点位设置为长安桥（四类区）、波路梦（长兴）食品有限公司（三类区）、新世界女人街转盘处（二类区）、龙山雅苑翠谷园 4 号（一类区）、新金陵商城大门口（四类区）、长兴县机关幼儿园（二类区）。优化后，功能区噪声测点实现城中区、城北区、城北新区、城东区全覆盖。

五、环境监测信息化

自动监测站建设 2005 年，根据全省环境污染整治行动总体要求和省环保局统一部署，全县共建立 2 座环境空气自动监测站、1 座地表水水质自动监测站和 1 座饮用水源地水质自动监测站。

环境空气自动监测站，第一座即县环境监测大楼环境空气自动监测站，于 2005 年 11 月开工兴建，2006 年 2 月，进入试运行；第二座即县经济开发区环境空气自动监测站，于 2006 年 7 月开始建设，2007 年 1 月，进入试运行，2010 年搬迁至县档案馆楼顶，建成长兴龙山新区环境空气自动监测站。空气站系统可对环境空气质量进行 24 小时连续自动监测，主要监测项目为二氧化硫、二氧化氮、可吸入颗粒物（PM_{10}）和气象要素（风向、风速、温度、湿度及压力）。

地表水水质自动监测站，由县环保局在西苕溪安吉县进入长兴县境内处建设，为浙江省地表水水质自动监测站——长兴吴山站，2007 年 1 月完成设备安装及调试后投入试运行。以在线自动分析仪器为核心，将西苕溪水质及其变化状况实时传输至中控系统，实现对西苕溪水质温度、pH 值、溶解氧、电导率、浊度、总磷、总氮、氨氮、高锰酸盐指数等 9 项水质指标自动在线监测。

合溪水库饮用水源地水质自动监测站，于 2011 年 5 月完成站房建设和仪器设备安装，6 月完成设备调试和单机测试，并同步完成中心管理控制系统建设进入试运行。次年 6 月完成验收。主要监测项目有温度、pH 值、溶解氧、电导率、浊度、氨氮、高锰酸盐指数、总磷、总氮、藻类分类及叶绿素 a 等，系统能进行 24 小时连续监测，及时掌握水质变化，实现合溪水库水质预测和预警。

污染源在线监测 2007 年，县环保局开展全县重点污染源在线监测监控系统建设，当年建成 1 个县级环境监控中心，完成 36 家重点污染源自动监控设施安装，其中火电企业 4 家、水泥企业 10 家、污水处理厂 4 家、纺织印染企业 13 家、其他企业 5 家。主要监测监控内容为化学需氧量、氨氮、二氧化硫、氮氧化物、烟尘等污染物排放浓度、排放量，以及排污口视频图像等。被监控企业与省、市、县三级环保监控中心联网，实现重点污染源污染物排放在线监测监控。2008 年，开展全县重点污染源自动监控设施比对监测及验收，全部验收合格并转入正常运行。依据《污染源自动监控设施运行管理办法》等规定，推行全县重点污染源自动监控设施社会化运行维护，实现全县统一运营维护，保障全县重点污染源自动监控系统长期稳定运行，设施正常运转率达到 100%。2010 年起，对全县重点污染源自动监控系统开展运行管理考核。每季度对重点污染源自动监控设施比对监测 1 次，现场检查不少于 1 次，季末开展自动监测数据有效性审核。全县重点污染源自动监控系统联网率和数据完整率均达到 90%以上。污染源自动监测数据逐步应用于达标排放、总量控制、环境统计、排污申报等环保管理工作。2012 年，县环保局环境监察大队增挂环境信息中心牌子，负责污染源自动监控系统建设与管理工作。至同年年末，全县有 36 家重点排污单位安装污染源自动监控设施，其中火电企业 3 家、垃圾焚烧 1 家、水泥企业 9 家、纺织印染企业 15 家、污水处理厂 8 家，国控 12 家、省控 8 家、市控 11 家、县控 5 家；污染源在线监测的排污量占当年度全县工业与城镇生活废水排放总量的 60%和废气排放总量的 70%。

第三章 环境污染与治理

20 世纪 80 年代之后，长兴工业经济和交通事业快速发展，工业生产过程中排放出来的废水、废气、废渣日益增多，一些企业的噪声和振动及交通噪声和机动车尾气排放非常突出。同时，随着城镇的扩大和人口增加，产生的生活污水和废弃物也在不断增加。给环境带来很大的压力，也引发一些环境污染事故和纠纷。之后，环境治理力度不断加大，大气污染、水污染、固体废弃物污染和噪声污染等治理成效明显。

第一节 污染与治理概况

一、概况

据 1994 年对全县 39 家主要污染企业统计，全年耗煤量达 188.91 万吨，年排工业废水为 1106.17 万吨，年排工业废气达 2322699 万标立方米，工业固体废弃物为 74.8 万吨，烟尘排放量达 6995 吨，工业粉尘排放量为 4.91 万吨。1996 年，全县 122 家重点污染企业年产生工业粉尘排放量 10.62 万吨、烟尘 64.36 吨、工业废水排放量 226.5 万吨、化学需氧量 620.53 吨、悬浮物 1024.44 吨。1998 年，全县 52 家重点企业年工业废水排放总量 666 万吨，COD 总量为 6404.8 吨、工业废气排放总量 208.8 亿标立方米、二氧化硫 36285 吨、烟尘 9314 吨、工业粉尘 37129 吨，废气治理设施 181 套，工业锅炉 89 台，工业窑炉 71 座。

2000 年，全县 43 家重点企业工业废水排放总量 517 万吨，其中达标排放 510 万吨，废水处理设施 35 套，处理废水 3812 万吨。全县工业废气排放总量 244.19 亿标立方米，二氧化硫排放量 2.87 万吨，烟尘排放量 1.27 万吨，工业粉尘排放量 2.56 万吨，废气治理设施 316 套，工业锅炉 36 台，工业窑炉 64 座。同年治理废气 18 个项目，总投资 1495 万元，新增废气治理能力 39.1 万标立方米/小时。2005

年，全县68家重点工业企业废水排放总量903万吨，工业废水达标排放量875万吨，达标率96.9%。废水治理设施59套，日处理能力6.48万吨。工业废水中污染物排放量中化学需氧量758吨，氨氮20.29吨。全县工业废气排放总量1141亿标立方米，二氧化硫排放量4.78万吨，烟尘排放量1.1万吨，工业粉尘排放量2.25万吨。废气治理设施609套，废气治理设施处理能力853.95万标立方米/小时，其中新增废气治理能力0.6万标立方米/小时。工业锅炉38台，共计3373蒸吨。同年全面实施环境整治工程，环保工作进一步加强，铅酸蓄电池企业整治、道路粉尘和码头整治、工业污染治理、城市污染防治等整治行动均取得明显成效。水环境质量基本稳定，空气环境质量明显好转，粉尘和二氧化硫含量分别下降10.7%和31%。工业污染治理项目完成投资14055万元，其中废水治理项目完成投资435万元。

2007年，根据全县第一次污染源普查，全县污染物中化学需氧量2.66万吨，其中工业源排放量为8569.52吨、农业源为9809.15吨、生活源为7912.28吨，集中式污染治理设施排放量为306吨，分别占32.2%、36.9%、29.8%、1.2%；重点污染物排放情况化学需氧量历年排放始终居首位；工业污水化学需氧量排放变动大，喷水织机、印染行业呈上升趋势。2010年，"十一五"污染减排任务超额完成，全县822家规模以上工业企业工业废水排放总量2940万吨，达标率91.2%；城镇生活污水排放量1642.5万吨，城镇生活污水处理率达81%。全县化学需氧量排放总量3457吨，比上年减少19.5%，累计比2005年减少31.8%；工业废气排放总量1060.81亿标立方米，二氧化硫排放总量为3.52万吨，比上年减少18%，累计比2005年减少29.2%；工业烟尘排放量为0.59万吨，比上年减少20.3%；工业粉尘排放量1.18万吨，比上年减少24.2%；工业固体废物产生量为128.16万吨，比上年减少15.1%，综合利用率达97.4%。废气治理设施412套，处理能力1499.71万标立方米/小时。2012年，全县化学需氧量排放6143.21吨，氨氮排放980.84吨。367家重点企业废水排放总量3145.95万吨，废水治理设施89套，日处理能力7.72万吨，工业废水中排放化学需氧量2065.19吨，氨氮83.37吨。全县工业固体废物产生量101.52万吨，综合利用量93.77万吨，处置量7.23万吨，危废处置量4.07万吨。

二、环境污染事故与纠纷

雉城镇水污染事故　1988年5—10月，雉城镇饮用水水源地长兴港连续发生5次水体污染事故，严重影响3万多县城居民饮用水安全。最终导致另辟水源地，将自来水厂水源地迁至包漾河，新建城市饮水工程。详见本章专记：1988年雉城镇水污染事故。

长兴县中山化工有限公司环境纠纷　1999年6月发生。该公司主要生产除草剂莠去净及其成品，改造污水处理设施时擅自闲置和拆除部分原设施，生产废水存放水池未采取防渗措施，渗漏污染农田266.67公顷。县环保部门责令停产整改，赔偿损失90万元，行政处罚18万元。

泗安水库污染事故　1999年7月17日、18日，泗安水库西北安徽省广德县有机合成化工厂排放大量红褐色污水，致泗安水库受污染约200公顷，死亡鱼2万千克、虾0.4万千克，直接损失25万元，天然渔业资源损失76万元，为特大跨省环境污染事故。长兴县人民法院一审判被告安徽省广德县有机合成化工厂停止侵害、赔偿直接损失25万元。被告不服上诉，2000年湖州市中级人民法院二审维持原判。正当判决尚处执行中，2001年4月底，泗安水库746.67公顷水面再次遭受重大污染，死鱼1.5万千克，直接经济损失61万元。调查证明，水库污染源仍为水库上游的广德有机合成化工厂。2002年3月，长兴县法院一审判被告广德县有机合成化工厂停止污染侵害、赔偿经济损失61.75万元。被告不服上诉，6月28日湖州市中级人民法院二审维持原判。

林城镇天力电池有限公司污染纠纷　2004年5月发生。涉及企业为长兴林城镇天力电池有限公司。详见第12编工业、第3章专记：长兴蓄电池产业的涅槃之路。

长兴泰格电源有限公司环境纠纷　2005年5月，该公司因卫生防护距离与环评要求不符，附近村民要求化验血铅、给予经济补偿造成纠纷。县环保部门给予立即停产处罚。后，公司搬迁。

煤山镇"8·20"天能事件　2005年8月发生，为一起因环保纠纷而由少数人组织煽动的严重违法事件。涉及企业浙江天能电池有限公司,坐落于煤山镇工业园区内。详见第12编工业、第3章专记:长兴蓄电池产业的涅槃之路。

第二节 大气污染与治理

一、大气污染

境内大气主要污染物有二氧化硫、烟尘、工业粉尘等,主要集中在建材、电力、印染等企业生产过程中产生的废气。20世纪90年代,建材行业是长兴的支柱产业之一,主要有水泥制造业、石矿开采及加工业、砖瓦制造业、耐火陶器制造业等。1998年,全县重点大气污染行业有水泥制造业18家、砖瓦制造业16家、纺织业6家、电力2家、耐火陶瓷157家等。至2000年,全县共有水泥企业19家,耐火企业157家、砖瓦陶瓷企业65家、火力发电企业3家、粉体加工企业263家,工业锅炉189台。全县水泥、耐火、砖瓦陶瓷、火电等企业耗煤230万吨,二氧化硫排放量8.5万吨。1999—2000年,共对全县315家大气污染企业开展整治。2003年,对矿山企业进行重点整治。经过一系列的整治,全县大气污染物的减排工作取得明显好转。至2012年,工业废气排放总量1132.5亿标立方米,二氧化硫排放量1.86万吨,烟尘排放量7272.8吨,废气治理设施708套,处理能力5577.08标立方米/小时。脱硫设施48套。工业锅炉54台,2561.3蒸吨。

二、大气污染治理

矿山污染治理 2003年,根据县政府开展矿山企业综合整治的实施意见,出台《关于确认矿山开采方式和产量核定办法的通知》,对分布在16个乡镇的315家矿山企业开展整治。通过5个月整治,查处各类违法案件272起,依法关闭30家,取缔无证石料加工企业98家,取缔轧石机石料加工设备194台,实行停产整改企业101家。2004年,查处有违法行为矿山及加工企业78家,未批先建或擅自扩建的企业52家,超标排放、偷排或闲置处理装置企业23家。2005年,根据县政府《关于矿山企业综合整治的工作意见》,对所有矿山企业进行整治,完成建筑石料矿山开采规模压缩7%,关闭矿山13家,完成废弃矿山治理项目5个,采用中深孔爆破的矿山企业40家达到30%以上。2009年,全面开展矿山企业环境整治,通过验收70家,关停6家,创建绿色矿山7家。2012年,全县矿山环境整治投入资金3244.8万元,创建国家级绿色矿山1家、省级2家、市级2家,创建市级星级矿山4家,关闭矿山企业6家。参见第3编土地、第5章、第3节。

铅酸蓄电池行业污染治理 2004年年初,全县共有工商注册登记的铅酸蓄电池企业175家。10月,因行业"低、小、散"问题突出,被省政府列入"省级环境保护重点监管区"。同年,县委、县政府开始对铅酸蓄电池企业进行整治。到2005年年底,完成铅酸蓄电池行业省级环境保护重点监管区整治任务。其中,6家冶炼企业,有3家停产、2家转产、1家通过验收;12家极板企业,有2家停产、10家通过验收;157家铅酸蓄电池组装企业,有114家关闭转产,43家通过验收。2006年6月,省环境污染整治领导小组发函,同意长兴县铅酸蓄电池行业污染整治通过验收。8月,为规范发展铅酸蓄电池行业,县委、县政府邀请由北京大学环境学院与地质研究中心组成的课题组编制《长兴县绿色动力能源中心发展战略规划》。同年,县政府在全省环境污染整治工作会议上,就铅酸蓄电池行业整治工作情况作典型发言。2008年,县环保局、发改委等8家部门联合下发《长兴县蓄电池企业深化整治管理办法》,加强铅酸蓄电池行业长效管理。同年,关闭5条铅酸蓄电池极板生产线,有50家铅酸蓄电池企业新建172套含铅废气处理设施、228套酸雾处理设施。2010年,按照"关停淘汰一批、搬迁入园一批、整治提升一批"的思路,开展铅酸蓄电池行业专项整治,全县共保留铅酸蓄电池企业30家,同时建设城南和郎山2个新能源产业园。城南工业功能区位于长兴县和平镇,被列入市级特色产业园;郎山园区位于小浦镇,是县新能源产业发展基地,园区总规划面积7平方千米。到2011年年底,完成61家铅酸蓄电池企业整治,关闭

31家、提升14家、搬迁入园16家，铅酸蓄电池企业全部集聚到园区。2012年，县政府制定《长兴县深化完善铅酸蓄电池行业长效管理具体办法》。同年，被列为全国20个重金属污染综合防治示范区之一，年度争取到重金属污染防治中央资金7220万元。参见第12编工业、第3章。

粉体行业污染治理　长兴石灰石矿产资源丰富，是全国最大的重质碳酸钙生产基地之一。由于粉体行业准入门槛低，行业“低、小、散、乱”问题突出，生产过程中产生的粉尘污染和职业病危害，严重影响全县生态、人居和投资环境。1999年，县政府印发《长兴县大气污染防治实施方案》。同年，李家巷镇取缔104国道两侧无证石料加工厂26家，完成石粉生产企业粉尘治理43家。列入省重点限期治理的34家企业中，13家达标排放完成治理任务，5家企业停产或破产，7家继续实施治理。2000年，全县有二氧化硫、粉尘污染企业264家，根据国家“一控双达标”要求，治理达标251家，关停并转13家。2006年，对104国道李家巷段、鹿唐线、长牛线3条道路及矿山、码头进行粉尘整治，查处企业170余家，立案处罚矿山石料加工企业24家，小浦镇经营性码头数量从40家减少到23家。2011年，按照“关闭淘汰一批，重组提升一批”的思路，开展粉体产业专项整治工作。到2012年，李家巷镇关闭235家石粉企业，在黄山、青草坞建成2个平台，重组9家规模化大型粉体企业；洪桥镇关闭108家石粉企业，完成60家，其余48家于次年完成关停，重组4家粉体企业。

耐火行业污染治理　1993年，全县有耐火企业155家，排放的烟尘和二氧化硫对周边环境造成污染。1999年，县政府下达对全县超标排污企业的期限治理决定，对逾期未完成治理任务的157家耐火企业自2000年9月1日起实行停产整治。同年，全县共拥有耐火倒焰窑168座，推板窑、隧道窑32座，烘窑15座，其他窑炉(不包括锅炉)24座。经过治理，168座倒焰窑中，通过改变窑型、改变燃料结构完成治理任务的有36座，通过治理实现达标的有8座，转产的有8座，关停或歇业的有17座，治理率为41.1%；32座推板窑、隧道窑中，治理达标的有18座，关停或歇业的4座，治理率为68.8%；15座低温烘窑全部完成治理工作，治理率达100%；24座其他窑炉治理中，达标的有11座，关停或歇业的有3座，治理率为58.3%。2003年，县政府制定《长兴县耐火企业专项整治工作实施意见》，对163家耐火材料生产企业开展整治，涉及各类窑炉292座，其中倒焰窑115座、推板窑57座、隧道窑12座、油电气窑78座、烘窑等其他炉窑30座。通过整治，到2004年，拆除倒焰窑115座，烟囱11根。2006年，完成5家砖瓦窑的关停拆除任务。165家耐火企业中有124家进行生产工艺调整，改造为煤气发生炉、燃油、燃气或电窑。2008年，对192家耐火企业的142座窑炉和223根砖砌烟囱进行整治。完成整改企业168家，拆除烟囱223根，完成窑炉改造109座。整治后，制定下发《长兴县耐火窑炉企业长效监管实施方案》，巩固整治成果，规范耐火企业管理。

化工行业污染治理　全县化工行业主要有长兴中山化工有限公司和长兴第一化工有限公司2家农药生产企业。21世纪初由于治理设施落后，经常发生污染纠纷。2007年，中山化工完成关闭原药合成项目，2008年一季度，完成原药合成项目设备拆除和人员安置，并开展环境修复。2009年6月，县环保局对一化公司下达限期整改停产通知，11月限期整治工作通过验收。2010年3月，一化公司生产“净”字类农药产品污染严重，周围群众投诉集中，县环保局对该企业开展限期治理。5月，县环保局组织对限期治理项目进行现场检查验收。至10月，完成对一化公司停止“净”字类农药产品生产线整治任务。

机动车尾气污染治理　2007年，制定《长兴县机动车尾气污染整治工作方案》，全年共检测汽车8000辆，摩托车2.4万辆。对机动车尾气排放检测不合格的机动车，劝告车主及时整改，尾气排放未达标的，一律不予办理年度检验手续。同时，根据《长兴县压缩天然气汽车改装实施方案》的部署，主要对出租车、公交车等开展CNG双燃料汽车改装工作。2008年，制定禁行路段、禁行时间、禁行车辆有关规定并公告社会。同年，555辆出租车、公交车、教练车已完成改装345辆。整治后，对城区周边主要道路的机动车尾气进行抽测，抽测合格率达到90%以上。2012年3月，长兴新城机动车排气检测有限公司成立，8月建设完成后进入试运行，12月取得省质监局资质认定计量认证证书，专门负责长兴县范围机动车排气检测业务。同年，建成5条简易瞬态工况法检测线和1条轻重柴油自由加速法、双怠速法检测线，并预留2条检测线场地，可每年检测6万辆机动车。

油气污染治理 进入21世纪以后，全县机动车保有量增长迅速，燃油消费也随之增长，油气污染问题日益加剧。2002年，全县加油站有44家，零星加油站有31家，其中经环保审批的有40家。经整治，除保留经环保审批的40家外，未经审批和所有零星加油站被全部取缔。2010年，根据上级部署，县政府在全县范围内开展储油库、油罐车及加油站油气污染治理。2011年，对中石油、中石化及民营等45家汽油加油站进行调查，掌握上述单位油气回收治理工作的基本情况。2012年6月，县环保局、商务局召集中石化、中石油及长兴县浙皖加油站等7家民营加油站代表，部署加油站油气回收综合治理验收工作。11月月底前，长兴境内45座有汽油经营项目的加油站(216把汽油枪)完成改造，通过验收。

餐饮油烟污染治理 进入20世纪90年代后，全县餐饮服务业快速发展，油烟等污染日趋严重。1999年，县工商局、环保局联合下发《关于加强餐饮娱乐服务企业环境管理的通知》，要求所有营业的餐饮企业补办环保审批手续，取得“排污注册证”后方可继续营业。2001年，县环保局对雉城镇餐饮企业油烟污染进行整治，要求97家餐饮单位必须在2001年8月30日前做到增添治污设施达标排放。2002年，县工商局、环保局、卫生局制定《雉城镇餐饮业整治方案》，对雉城镇582家大小餐饮单位进行治理。2003年，县城管、环保、卫生、工商四部门联合对130家存在问题的餐饮企业进行专项整治，年底共有265家安装油烟净化器。2004年，县政府印发《长兴县城区管理暂行办法》，城管、环保、消防、卫生等部门对780多家餐饮企业逐一进行排查，对存在问题的469家进行整治，其中25家被取缔、39家限期整改。至2005年，全县有368家餐饮单位安装油烟净化器，排烟管道通至楼顶的达75%。同年9月，城区饮食服务业环境污染管理移交县城管局行使处罚权。2007年，县城管局对县前街、米行弄两条街道进行集中整治，32家餐饮企业全部实行达标管理。2009年，整治小餐饮业36家，取缔8家。2010年，县城管局加大对油烟污染和占道经营餐饮企业的查处力度，共组织联合整治16次，共有10家不符合标准的餐饮企业进行整改。

第三节 水污染与治理

一、水污染

县内水污染物主要有化学需氧量、氨氮等，主要来自轻纺印染、化工、制革、酿酒食品等行业及农业面源污染。1988年，发生阳南化工厂污水泄漏事件、长兴化肥厂氨水及铜液泄漏事件、长兴制革厂污染纠纷等，水体污染导致境内水质性缺水矛盾日趋突出。1996年，全县122家重点污染企业排放工业废水226.5万吨，化学需氧量620.53吨，悬浮物1024.44吨。2000年，全县43家重点企业工业废水排放517万吨。2005年，全县68家重点企业废水排放总量903万吨，其中化学需氧量758吨，氨氮20.29吨。2007年，根据长兴县第一次污染源普查，全县污染物中化学需氧量2.66万吨，其中工业源排放量为8569.52吨、农业源为9809.15吨、生活源为7912.28吨、集中式污染治理设施排放量为306吨，分别占32.2%、36.9%、29.8%、1.2%。2010年，全县化学需氧量排放总量3457吨，氨氮295.51吨，全县822家重点企业工业废水排放总量2940万吨。2012年，全县化学需氧量排放量6143.21吨，氨氮排放量980.84吨。

二、水污染治理

工业废水治理 1988年，南阳化工厂等发生废水污染事件，县政府对县重点污水排放企业进行整治。投资40万元建造长兴制革厂污水处理系统、投资800万元建造长兴化肥厂造气废水和冷却水处理系统，其他酿造、印染等污水排放企业全部建成污水处理装置，废水污染加剧势头得到遏制。1998年10月，国家环保总局提出禁止一切排污单位向太湖流域水体超标排放水污染物，发起治理太湖的“零点行动”。1998年12月16日，县政府召开太湖水污染“零点行动”计划实施动员会。1998—1999年，先后对长兴制革厂、湖州欢众酿酒集团等123家废水排放企业进行整治。2004年对全县2万多台喷水织机进行整治。2006 年对 13 家印染企业进行整治。

印染行业污染治理　县内印染企业基本集中在太湖西岸的夹浦镇。20 世纪 90 年代出现企业生产废水超标排放现象，对太湖水质恶化造成影响。1998 年，长兴县以被列入省太湖治理任务的 13 家印染企业为重点，对全县 21 家重点水污染企业和 30 家非重点企业进行整改。至年底，13 家印染企业中，11 家实现废水达标排放，1 家停产调试，1 家关停；21 家重点水污染企业中，16 家实现达标排放，4 家关停，1 家停产整治；30 家非重点企业中，19 家实现达标排放，11 家停产整治。2000 年，长兴实施太湖治理第二阶段目标任务，经整治对 5 家不达标企业依法实行关闭。2002 年，实施太湖治理第三阶段目标，长兴污水处理厂一期工程（日处理污水 3 万吨）投入运行。2006 年，县印染行业被列入湖州市市级环保重点监管区，县政府成立印染行业专项整治领导小组，出台《印染行业专项整治工作方案》，对全县 17 家印染企业开展整治。在产的 13 家企业燃煤锅炉配备除尘设施，废水做到清污分流，开展清洁生产。废水排放口，按市环保局提出的“阳光排污口”建设要求进行改造，出口安装电磁流量计和废水在线监测系统，排污量实现实时联网在线监控。同年 6 月底，县印染企业生产污水在线自动监控设施建设完成。2011 年 10 月，县政府下发《关于印染行业综合整治提升实施方案的通知》。至 2012 年 2 月，在产的 12 家印染企业间歇式染色浴比大于 1:10 的生产设备和使用年限超过 10 年的前处理设备均完成淘汰。浙江盛发公司投资 1200 万元的废水中水回用工程完成，中水回用率达 60%以上。8 家企业通过省级安全生产标准化验收。

喷水织机行业污染治理　20 世纪 80 年代初，长兴纺织业萌发，到 80 年代中后期初具规模，铁木织机发展到 3000 台左右。1995 年，以喷水织机为主的全县织机数超过 1.5 万台。每台喷水织机每昼排放 2 吨至 2.5 吨废水，废水中所含的丙烯酸之类物质降解难度大，流入河流污染水体，城镇饮用水取水口受到威胁。2004 年，县人大常委会通过关于喷水织机污水治理的决定，全县 2 万余台喷水织机按照“相对集中治理与零星分散治理相结合”的原则，采取家庭喷水织机向工业园区集聚、废水纳入污水处理管网和集中点业主自上污水处理设施等方式集中处理废水，实现达标排放。包漾河饮用水源保护区一级和二级保护区 1005 台喷水织机全部搬迁或停机；三级保护区 7232 台喷水织机的生产废水全部纳入污水管网，由污水处理厂进行治理。2006 年，县政府加大对喷水织机监管，对饮用水源保护区内的 138 台漏排喷水织机进行锁机整治。对生产废水未按规定全部回用且有超标排放现象的新湖村横渡桥喷水织机集中点 12 户 106 台喷水织机，依法断电封存，并全部强制搬迁。2012 年，对夹浦地区喷水织机进行专项整治。2177 户喷水织机户通过整治验收，查处擅自新增 41 户 409 台，其中停电、锁机 28 户 193 台，搬迁 13 户 216 台。夹浦镇完成管网建设 100.1 千米，完成河道管网上岸工程建设 48.2 千米，砌石护岸 3.61 千米。吴城村、长平村、香山村等 8 座中水回用站建成投入使用，日处理喷水织机废水 6.7 万吨。

农业面源污染治理　化肥、农药等农业投入品过量使用，畜禽粪便、农作物秸秆和农田残膜等农业废弃物不合理处置，导致农业面源污染日益严重，加剧土壤和水体污染风险。

畜禽养殖污染治理　2000 年之前，全县畜禽养殖主要以家庭散养为主。2000 年后出现养殖大户，排泄物污染问题渐趋严重。2006 年，开展规模畜禽养殖场排泄物治理，湖州杭兴种猪有限公司、长兴宏梅养殖场、长兴吴新生养猪场、长兴县长岗岭牧场、长兴真元生态良种奶牛有限公司 5 家畜禽规模养殖场被列入排泄物治理对象进行治理，10 月下旬通过市验收组考核验收。2007 年，杭塔畜牧养殖有限公司、长兴平丰畜牧发展有限公司、金培健养猪场、张镇秋养猪场、吴克勤养猪场、倪树法养猪场和莫锦堂养殖场 7 家畜禽规模养殖场，被列入规模化畜禽养殖场排泄物治理对象，11 月通过考核验收。2008 年，对生猪存栏 100 头以上的养殖场开展治理，对完成治理任务的每家养殖场补助 2 万元～4 万元；对达到生态养殖标准的水禽规模养殖场，给予每家养殖场 1 万元～2 万元补助。至 2009 年，全县共有 124 家规模畜禽养殖场完成排泄物治理任务，投入资金 897.19 万元，新建畜禽粪便收集处理中心 1 家。投入 800 余万元，对常年存栏 3 万余头的 4 家规模猪场实施搬迁。2010 年，新建畜禽粪便收集处理中心 1

家,治理新增存栏200头以上规模猪场8家和存栏80头以上规模猪场37家。同年,县政府印发文件,划定全县畜禽禁养区、限养区、宜养区。2011年,畜禽养殖开始朝标准化、生态化发展。同年,新建畜禽粪便处理中心2家,全部完成31家治理任务。2012年,完成规模畜禽养殖场排泄物治理200家,率先在湖州市完成规模猪场治理任务,实现畜禽排泄物资源化利用。

农药污染治理 2002年,根据县政府文件要求,县农业执法部门开展甲胺磷等11种高毒高残留农药查禁,当年查获甲胺磷54千克。2005年,与江苏省宜兴市、安徽省广德县加强农业执法合作,召开农业执法联席会议,加强相邻三地农业执法协作与交流。与包漾河水源保护区周边乡镇30家农资店签订不销售甲胺磷等双高农药承诺书,防止高毒农药对包漾河水源造成污染。同年,查获高毒农药甲胺磷33千克,呋喃丹79千克。2006年,开展瘦肉精禁用药物专项整治,完成全县33家兽药经营点、9家饲料生产企业执法检查。同年,印发《长兴县开展连锁经营,全面推进农资信用体系建设实施意见》,推动长兴县惠多利农资连锁有限公司、长兴县浙北化肥农药有限公司等6家批发企业对乡镇农资店进行农资连锁经营。

化肥污染治理 20世纪90年代前,长兴有机肥主要以厩肥等农家肥为主,同时种植一定数量的冬绿肥以提高土壤肥力;无机肥以氮、磷和钾单质肥为主。90年代后,有机肥则以秸秆还田为主,逐步推广应用商品有机肥,改善土壤肥力,推广应用复合肥和配方肥。2006年,长兴县被列为浙江省第二批实施测土配方施肥县开始土壤测试,2007年组织开展"千社百万户"测土配方施肥服务工程,2008年建立示范乡镇、示范户和示范方,获得农业部认可,被推荐为全国测土配方施肥经验模式。2011年,长兴县测土配方施肥项目通过省农业厅验收。

生活污水治理 20世纪80年代前,城区居民主要用马桶及公厕,由环卫所专人收集粪便,城区还没有统一的污水配套管网。80年代后,城区出现张家村等现代意义上的居住小区,城镇住宅由平房变为四层或五层楼房,传统的马桶变为冲水式的厕所,冲入化粪池的配套污水管网随之开始铺设。至90年代,城镇及农村生活污水经简易化粪池厌氧沉淀处理后,通常直接排入河道污染河水。2002年,城区第一污水处理厂一期工程投入使用,日处理污水3万吨,采用的工艺是传统活性污泥工艺、生物硝化及反硝化工艺和生物除磷工艺的综合。2004年12月,全县第一座乡镇污水处理厂长兴县夹浦污水处理有限公司投入运行,日处理污水4万吨,覆盖夹浦镇及夹浦工业园区。2008年3月,第一污水处理厂二期工程投入运行,日处理污水3万吨。5月,执行《城镇污水处理厂污染物排放标准GB18918—2002》标准排放,将第一污水处理厂采用"强化生物处理+微絮凝过滤"方案进行升级改造。至2012年,全县有11座乡镇污水处理厂相继投入使用,集镇工业废水和部分生活污水经管网进入污水处理厂集中处理,在全省率先实现镇镇建有污水处理厂目标。同年年末,全县有污水处理厂12座,日处理污水21.3万吨。全县生活污水中化学需氧量排放4078.02吨、氨氮排放897.47吨,均经污水管网进入污水处理厂处理。排水管道、污水处理厂建设参见第7编城乡建设、第4章、第1节。

图5-2 夹浦污水厂中控系统(县环保局提供·2011年)

2005年,全县开始实施农村生活污水治理建设,主要推广地下厌氧池及人工湿地法,以及微动力处理技术为主。2008年,全县有105个行政村推广"人工湿地"生活污水单户处理模式,共建设生态式生活污水处理池2.3万座。至2012年年末,累计建造农村生活污水处理池5.6万余座,集中式生活污水处理池247座,投入资金达1.21亿元,覆盖全县221个行政村,受益人口达18.2万余人。

饮用水源保护　县内居民的饮用水都来自天然地表水和浅井水。自20世纪70年代起，城镇逐步实施自来水工程。1970年5月，在紫金港上游筹建长兴自来水厂，12月建成投产，取水口位于紫金港，日供水能力为2400立方米，为长兴居民首次用上自来水。1976年开挖长兴港时，河流改道，紫金港被填成平地，自来水厂取水口迁到水厂南侧新开挖的长兴港。1988年，长兴港连续发生水体污染事故，严重影响居民饮用水安全，最终选址包漾河另辟长兴自来水水源地，并于1989年7月25日开始供水。1996年，包漾河合格饮用水水源保护区通过市政府验收。1997年，加大包漾河合格饮用水源保护区监测力度，全年除6次常规监测外，还加强紧急情况和枯水期的水质监测，保障水源水质安全。1999年，以包漾河饮用水水源保护区建设为重点，加强对全县城镇集中饮用水水源保护区的建设工作，重点做好泗安水库的水源保护。2003年，全面实施农村改水工程，林城镇合格饮用水水源保护区通过市政府验收，和平镇完成合格饮用水水源保护区创建。2004年4月，县委、县政府成立包漾河饮用水水源保护区综合整治领导小组，开始分步整治。严格控制包漾河水水源保护区范围内工业污染项目，关停搬迁2000多台喷水织机；开展河道淤泥、水草垃圾、畜禽、水产养殖等专项治理，实施畜禽养殖原地圈养和搬迁，基本完成河道淤泥和水草垃圾清理。同年，全县已建成雉城、林城、和平3个合格饮用水水源保护区。2005年，县政府出台《长兴县包漾河饮用水水源保护区管理规定》，以取水口为中心，重新划定扩大为三级区域作为县水务有限公司的水源保护区，面积从原来的17平方千米扩大到67平方千米。2006年，加大对保护区内水源污染治理和监察执法力度，当年达到一级保护区内无任何工业企业，二级保护区内所有企业(含喷水织机户)生产废水经处理后全部回用或进入污水处理厂。同年11月，县政府印发《关于包漾河饮用水水源保护区实施生态养殖的通告》，以合溪新港为界，以北水域全部实施生态养殖，由政府主导并结合市场运作来投放鱼种，品种为鲢、鳙、草鱼，每年2月1日至10月31日为禁捕期，禁止渔(农)民在包漾河饮用水水源保护区内从事捕捞作业。

2006年12月，县政府办公室印发《关于〈长兴县乡镇集中式生活饮用水水源保护办法〉的通知》，划分泗安、和平等9个乡镇集中式饮用水水源保护区范围。县政府成立生活饮用水水源保护工作领导小组，组织有关部门对饮用水水源地的地形、地貌、水系、流域进行实地勘查，对工业、农业生产、生活污染源进行调查；统一协调全县饮用水水源保护工作，出台饮用水水源污染事故应急预案。各有关乡镇也开展集中式饮用水水源地及上游附近的水污染隐患情况排查。同年合溪水库动工建设，对合溪水库上游行政区划内煤山、白岘、槐坎、小浦4个乡镇的29个行政村、120个自然村、193家企业的工业、生活污染情况进行现场调查、采样监测，掌握水质、大气现状及受污染情况；对不能稳定达标的重点水污染企业进行限期治理，强化整改；对合溪水库上游可能造成水污染的新项目一律不予审批。2007年，完成乡镇集中式生活饮用水水源地污染调查工作，编制乡镇饮用水水源地污染防治规划。2008年，制定下发《合格饮用水水源保护区创建标准》，指导督促乡镇开展饮用水水源保护区的综合治理，拆除水库内所有网箱养殖，搬迁泗安水库内养鸭户(共3家、鸭2.5万羽)。同年4月，县政府印发《关于进一步加强水污染防治工作的意见》，对加强饮用水水源保护提出十一条意见。8月，在包漾河17平方千米保护范围内建成12座水闸。2009年，完成农村饮用水水源地环境基础调查及评估，指导有关乡镇有序推进乡镇合格饮用水水源保护区创建，泗安镇、和平镇、煤山镇3个合格饮用水水源保护区创建工作通过市验收，二界岭乡、水口乡、吴山乡3个合格饮用水水源保护区创建工作通过县验收，集中式饮用水水源地水质达标率100%。2010年，对包漾河饮用水水源上游水口的农家乐现状进行实地调查，出台《长兴县水口乡农家乐污水治理方案》。2011年，出台《长兴县饮用水水源地环境保护规划(2010—2020年)》和《长兴县合溪水库水源地保护办法》，加强饮用水水源保护工作。完成合溪水库上游奇达丝绸企业300余台喷水织机淘汰工作，对吴山、小浦等乡镇的饮用水水源地和拟建应急饮用水水源地进行实地踏勘。2012年，出台《长兴县合溪水库水源保护区管理办法》和《长兴县合溪水库饮用水水源保护区生态建设办法(试行)》，明确合溪水库饮用水水源保护区范围、有关要求等，县财政支付1000万元用于水库上游水源生态保护工作。完成合溪水库合格规范饮用水水源地创建工作，建成合溪水库饮用水水源水质自动监测站。同年6月,合溪水库开始供水,包漾河水源地改为备用水源。

第四节 固体废弃物污染与治理

全县固体废弃物的存储、转移、处置,涉及电力、耐火陶瓷、机械、化工、印染、污水厂和蓄电池行业。

一、固体废弃物污染

工业固体废物污染 主要来源是工矿企业使用燃料煤所产生的煤渣、粉煤灰等固体废物,集中在电力、煤炭开采、轻纺、耐火陶瓷、食品等行业。1998年,全县工业固体废物产生量70.7万吨,其中粉煤灰28.8万吨、炉渣13.9万吨、煤矸石2.1万吨。2000年,工业固体废物产生量51.37万吨,其中粉煤灰39.66万吨、炉渣9.47万吨、煤矸石2.16万吨。2005年,工业固体废物产生量154.1万吨,其中粉煤灰91.6万吨、炉渣32.3万吨。2010年,工业固体废物产生量128.16万吨,其中粉煤灰72.33万吨、炉渣14.08万吨。2012年,工业固体废物产生量101.52万吨。

生活垃圾污染 主要来源于居民家庭及三产服务行业生活废弃物、街道及公共场所、各种加工边角料及其他垃圾。1988年,全年生活垃圾产生量1.5万吨。2004年,生活垃圾产生量5.2万吨。2008—2009年,生活垃圾日均产生量576吨,年平均产生量10.5万吨。2011年,生活垃圾产生量16.68万吨。2012年,生活垃圾产生量19.13万吨。

二、固体废弃物污染治理

工业废弃物污染治理 主要方式为综合利用、填埋焚烧等无害化处理。全县燃料煤所产生的煤渣、粉煤灰等固体废物处置一直以来以制砖、建路、填埋为主。1998年,工业固体废物综合利用量49.78万吨,利用率达70.4%,其中粉煤灰23.5万吨、炉渣12万吨。2000年,工业固体废物综合利用量49.78万吨,利用率达96.9%,其中粉煤灰43.35万吨、炉渣6.36万吨。2005年,工业固体废物综合利用量151.9万吨,利用率达98.6%,其中粉煤灰91.6万吨、炉渣30.8万吨、煤矸石18.2万吨。2006年《浙江省固体废物污染环境防治条例》出台,县政府对全县1200家有固废产生的企业,逐个调查核实污染物排放种类和数量。2007年,督促58家有危险废物产生企业建立台账制,进行规范化管理。2009年,规范蓄电池企业含铅废物、废旧电池等管理,建立危险固废存储、转移、处置等台账并明确危险固废去向,同时开展年度排污申报登记。2010年,工业固体废物综合利用量132.64万吨,利用率97.4%,其中粉煤灰80.33万吨、炉渣13.7万吨。危险废物处置量2.64万吨,由湖州工业和医疗废物处置中心及外地有处置资质的单位进行处置。2011年,加强对铅酸蓄电池企业以及处理金属表面的机械行业、化工、电镀行业危险废物管理。2012年,对全县工业企业产生的固体废物进行汇总,全县固废产生量101.52万吨,利用率93.8%,其中工业固体废物综合利用量93.77万吨,利用率92.4%,涉及工业企业118家。危险废物处置量4.07万吨。

医疗废弃物处置 1988年,全县医疗废弃物采取就近填埋的方式进行处置。2001年,长兴县查处一起非法处置医疗废弃物案件。6吨多的外来医用一次性输液器等废弃物,被集中在李家巷镇沈湾村的一间破旧农舍里,经手工分拣后欲发往温州等地用于塑料制品加工。2003年,全县强化农村用药市场监管,检查近500家涉药单位,查处假药4批次、劣药277批次,均被销毁。2004年7月起,开展医疗废弃物制度化管理,长兴县按照市环保局与市卫生局联合下发的《关于加强我市医疗废物处置工作的通知》要求,医疗废物统一送湖州世纪清固体废物处置中心集中处理。全县各医疗卫生单位配备专职人员负责医疗废物的收集、转移、回收登记和记录。2012年,全县建成医疗废物收集点31个,221家医疗机构参与医疗废物集中回收,覆盖率100%,集中安全无害化处置率100%。同年,全县医疗废物产生量500吨,处置量500吨。

污泥无害化处置 污泥规范化处置一直是污水处理厂和纺织印染企业长效管理的一项重点工作。

2004年之后，随着夹浦等污水处理厂的投用，县环保等部门组织力量深入调查，摸清污泥的产生量、种类和处理情况，按照“先大后小”的原则，以污泥产生量较大的城市污水处理厂和夹浦轻纺园区为重点，配套建设处置设施。2012年之前，长兴县污水处理厂及纺织印染企业污泥处置主要采取委托县环卫处填埋、小锅炉焚烧和砖厂掺杂制砖三种方式。2012年8月，出台《长兴县污泥集中处置实施办法(试行)》，推进污泥无害化处置；南方水泥污泥焚烧制熟料项目通过《可行性研究报告》专家评审，日处理污泥400吨。10月，总投资2800万元的利用南方水泥日产1万吨水泥熟料生产线焚烧污泥的项目开始建设。同年，12家污水处理厂每天产生230多吨污泥，均得到处置。

生活垃圾污染处理　1988年，城区生活垃圾由县环卫处统一收集，堆放于黄土桥堆场，全年收集生活垃圾1.5万吨。1993年，位于雉城镇高山岭的垃圾填埋场建成投入使用，总容积18273立方米，城区生活垃圾全部进入垃圾填埋场进行覆土填埋处置。1994年，建成城东垃圾中转站，生活垃圾统一存放于中转站，经压缩后，由垃圾专用运输车辆统一转运至垃圾填埋场覆土填埋。2003年，位于雉城镇高山岭鸡笼山的长兴县垃圾处理厂建成投入使用，生活垃圾经发酵焚烧后生产有机肥料，日处理垃圾150吨。同年起，城区生活垃圾全部运至垃圾处理厂进行减量化、无害化、资源化处理。2004年，共清运处理垃圾5.2万吨，平均日清运处理垃圾142吨。之后，又陆续建成城北、南门、明珠路、五丰、太湖路、龙山一号等中转站，城区生活垃圾收集后，按区域就近转运至中转站，经中转站压缩后转运到垃圾处理厂进行处理。2007年，部分农村生活垃圾也转运至长兴垃圾处理厂处理，同年共转运处理垃圾2.1万吨。2008年8月，长兴新城环保有限公司建成，利用垃圾进行焚烧发电，全县生活垃圾统一转运至该公司进行无害化处置，当年全县共焚烧处理垃圾14.7万吨。2012年，全县共集中清运处置生活垃圾19万吨，平均每天收集处置生活垃圾520吨，其中城区共清运处置生活垃圾9.9万吨，平均每天271.2吨，全年供热量23万吨，发电量2621万千瓦时。全县生活垃圾实现减量化、资源化、无害化处理，垃圾处理率达到100%。生活垃圾收集处理详见第7编城乡建设、第5章、第3节。

第五节　其他污染与治理

一、噪声污染治理

噪声污染主要是工业噪声、建筑施工噪声、交通噪声和社会生活噪声。市区的区域环境噪声(白天)平均值在二类标准内。从2000年环境噪声普查的声源构成情况看，影响环境噪声的声源主要是交通、占36.9%，其次是生活噪声、占28.1%，两项共占65%。2003年，县政府出台《长兴县雉城镇城区噪声达标区管理办法》，在城区雉城镇禁止鸣按车辆喇叭，同时通过对工业噪声、建筑施工噪声、交通噪声和社会生活噪声的综合整治和强化管理，分别达到区域要求，交通噪声明显好转。2005年9月，县政府出台《长兴县雉城镇城区环境噪声管理暂行规定》，凡在长兴县城区范围内排放噪声的单位和个人，都必须遵守该暂行规定。包括：所有有噪声污染的企事业单位不得超过所在功能区的噪声排放标准；建筑施工产生的噪声应符合《建筑施工场界噪声限值》的要求，超标者应依法缴纳超标排污费并达标排放；位于居民区内经限期治理未能达标排放的，由县环保局依法责令停业、关闭或转产；新建、扩建、改建和技术改造工程项目其防治噪声污染的设施必须按相应的区域环境噪声标准与主体工程同时设计，同时施工、同时投产；禁止午间(12:00—14:30)和夜间(22:00—次日6:00)在城区内的居住区、医院、学校周围从事噪声、振动超标的活动；在商业经营活动中不得使用高音广播喇叭或采用其他发出高噪声的方法推销商品、招揽顾客，不得在居住区使用广播喇叭叫买叫卖；在餐饮、娱乐、城区街道、广场、公园等公共场所不得从事噪声超标、干扰周围居民生活休息的活动。2009年，长兴主要交通干道噪声排放达到功能区要求。2010年，道路交通噪声比上年下降2.5分贝，道路交通噪声状况有所好转。2012年，区域环境噪声出现反弹比上年上升3.2分贝，但在标准范围内。

二、辐射污染治理

辐射分为电离辐射和非电离辐射,主要运用在科研、医疗、工业、通信和输变电中。通常所说的辐射管理是指放射源管理和射线装置管理。20 世纪 90 年代,全县 19 家水泥生产企业使用放射源共计 46 枚,在拆除水泥窑时曾发生过丢失放射源的事故。之后,县公安、环保、卫生等部门对用源单位进行整治,共收缴报废或闲置的放射源 7 枚,并在全县加大辐射安全的宣传和教育。2002 年,全县使用放射源单位共 14 家,分布在 8 个乡镇,共有放射源 39 枚,涉及放射源 4 种(铯-137、钴-60、镅-241、钚-238)。通过专项行动,有 9 枚放射源被省辐射站收储,27 枚在正常使用,3 枚闲置。2008 年,全县开展环保专项行动,完成对 6 家放射源使用单位、36 家射线装置使用单位和水泥企业废旧放射源摸排清查,对不符合放射性同位素及射线装置管理要求的企业限期整改,收贮 2 家企业 7 个放射源。2010 年,开展"放心放射源县"和"放心放射源工作单位"创建,6 家放射源单位的储源室报警装置完成与当地公安"110"联网及 3G 手机配备,对 38 家医院 76 台套射线装置进行检查。2011 年,巩固创建成果,建立网络化放射源管理系统,完善放射源及射线装置企业的档案管理及动态更新。2012 年,全县有放射源使用企业 4 家,放射源 11 枚;有使用射线装置的单位 23 家,射线装置 46 台(套)。

〔专记〕

1988 年雉城镇水污染事故

1988 年,长兴县城所在地雉城镇饮用水水源地长兴港连续发生五次水体污染事故,严重影响 3 万多城市居民饮用水安全。最终导致另辟水源地,将自来水厂水源地迁至包漾河,新建城市饮水工程。

长兴港是雉城镇水运交通的重要命脉,是工农业生产的重要水源,同时也是长兴自来水厂唯一水源地。长兴港的水经长兴自来水厂处理,流进千家万户。由于历史的原因,长兴港沿岸建有不少化工厂,部分工厂位于自来水厂的上游,没有完善的污水及废弃物处理设施,乱排放导致污染事故时常发生。

1986 年 1 月,位于长桥乡(今属画溪街道)的阳南化工厂投产,生产苯二胺盐酸盐。7 月扩建间二硝基苯车间,未经合法程序审批。废渣、废气、废水等"三废"处理设施未按照相关规定同时设计、同时施工、同时投产,大量有毒废水未经处理就倾倒在长兴港堤坝处或就近排入池塘,污染外排引渠道。该厂投产以来,虽经环保部门多次检查督促,但车间内"跑、冒、滴、漏"现象严重。尤其是位于该厂东南方的污水池积聚了约 7000 立方米有毒废水,仅以堤坝与长兴港内河隔断。其间,污水池废水曾多次外溢,污染附近农田、鱼塘,但并未引起厂方和附近村民的重视,污染纠纷均以小额赔偿的方式协商解决。环保意识的淡薄,污染隐患的始终存在,最终酿成水体污染重大事故。

1988 年 5 月 19 日中午,阳南化工厂污水池废水不断上溢,流入相邻的某村民承包的鱼塘。该村民为保护自己的鱼塘,擅自在化工厂污水池与长兴港隔断的堤坝上开挖一个缺口,使污水池外溢废水流入长兴港。厂方发现后立即抢筑堤坝缺口,但由于流水冲击,堤坝缺口扩大,已有约 600 立方米(含有间二硝基苯 120 毫克/升)有毒污水排入长兴港。5 月 20 日上午,长桥乡发现长兴港水体污染,要求厂长立即向县城建环保局及县卫生防疫站电话报告,防疫站将污染事故报告县政府。下午,县环保部门开展调查并取样,由于防疫站和市环境监测站无法对样本进行化验,23 日取样才送达杭州检验。5 月 22 日 24 时左右,长兴自来水厂发现自来水呈黄绿色。24 日,检测结果表明自来水中硝基苯含量达 1.2 毫克/升(饮用水标准 0.1 毫克/升)。县委、县政府立即要求自来水厂中断供水,并随即采取紧急措施,组织运水解决 3 万多雉城镇居民的饮用水问题。至 5 月 30 日,水厂供水恢复正常。

然而,仅在恢复正常供水的第六天,即 6 月 5 日,位于水厂上游仅 200 米处的长兴化肥厂发生氨水泄漏事故,长兴港水源再次被污染。同日,上海市青浦县农资公司派船到长兴化肥厂装运氨水。因扎皮

图 5-3　长兴县城的居民饮用水从远处用汽车运送（徐斌摄·1988年）

管接头的铁丝锈蚀脱落，工作人员未正确处理，且在氨水装完后直接将皮管扔在水中，导致约26吨氨水直接排到长兴港，水中氨氮含量升高。6月6日，从长兴陶器厂到长运公司的1500米河道中，大量鱼虾死亡。6月9日，由于高温少雨，长兴港水位下降，太湖水倒灌，致使长兴化肥厂设备检修时排放的污水和其他工业、生活废水倒流，聚集到长兴自来水厂取水口，再度使水中氨氮和亚硝酸盐氮含量超过饮用水标准。经检测，水样中氨氮含量达2.4毫克/升，被确定为"能用不能吃"。雉城镇供水被迫再度中断。

连续三次污染，导致长兴自来水厂停止供水先后达41天。在县委、县政府的组织领导下，各单位全力配合，3万多居民度过了水荒，但排污问题没有彻底解决，污染事故再度发生。9月和10月，长兴化肥厂又发生两次污染事故。9月24日，该厂发生铜液外溢事故，外溢约5分钟，溢出铜液1立方米左右，浓度约140000毫克/升，溢出铜液流经排污沟后进入护城河。因长兴港水呈顺流状态，且流速流量较大，根据检测报告，自来水水源没有受到污染，但引发居民"拉水吃"风波。10月14日，该厂由于包装车间跟不上出产进度，造成碳化母液泄漏。氨氮含量达20毫克/升，严重超标，再一次严重污染自来水水源。17日下午，县政府作出长兴自来水不能饮用的决定。

连续多次的水体污染事故，使雉城镇居民在水荒中度过了157天，县城所有饮食、酿造等企业单位被迫停产，医院运行受到干扰，学校被迫停课，给居民造成了巨大的经济损失，影响了正常的生产生活秩序。3万居民不同程度饮用了有毒的自来水，造成了心理上的恐慌。同时，也引起了外界对长兴的关注。省内外先后有6家报纸报道该事，其中《浙江日报》连续四次跟踪报道长兴水体污染事故。7月11日，以《水乡何以闹水荒?》为题，详细报道"5·19"水污染和"6·5"氨水泄漏事故。报道称，经记者调查，发现长兴46个化工厂中，有5个建在自来水厂的上游，部分化工厂存在审批手续不完善等问题。11月11日，再次刊发《长兴自来水厂半年内四次受污染》报道，指出在9月和10月间，长兴化肥厂因设备故障导致水体受污染的事情，造成经济损失200多万元。1989年1月7日，刊登《长兴自来水引水工程设计通过会审》的消息。1月11日，又以《水乡的水啊!》为题，再度报道长兴水污染事件，指出20家化工企业治理污染达到国家环保要求的仅4家，其余16家都存在环保隐患。

自5月19日发生污染事故以来，县委、县政府高度重视，切实采取措施，保障居民饮用水安全，维护正常生产生活秩序，成立调查组调查污染事故，举一反三开展污染整治，并另辟新水源地，从根本上解决雉城镇居民饮用水安全问题。

"5.19"水污染事故发生后，县委、县政府立即采取紧急措施，要求县水利局、航管所等单位全力配合，动员所有运水车辆免费供应群众饮水，组织由15艘船组成的船队到吕山、小浦等地运水到水厂，力争水厂日供水量2000立方米以上，解决雉城镇的饮用水问题，直至5月30日水厂供水恢复正常。6月5日，为解决眼前饮用水困难，由县城建环保局的两辆洒水车和县消防大队的一辆消防车组织供水，保证十一所学校、三家医院、两所托儿所以及豆制品厂、酿造厂等单位的用水；有深井的单位全部开放，为居民提供饮用水；各单位自行组织运水；五保户、孤寡老人、无单位居民等由雉城镇政府组织供水。另外，湖州市环卫处连续三次主动派出水车赶到长兴帮助运水；长兴啤酒厂派出水车，每天运水20立方米，在街头免费向居民供应。在县委、县政府的有力领导，各单位的全力配合下，居民又一次度过了水荒。

在全力组织解决居民饮用水问题的同时,县委、县政府多次听取情况汇报,研究解决方案,要求县纪委、监察局及有关部门组成联合调查组,对水污染事故做全面调查,县检察院进行立案侦查,县人大常委会对调查结果作审议。事故发生后,县检察院对水污染事故直接责任人员立案侦查,依法追究其刑事责任。县环保局责令阳南化工厂停产整治,罚款1万元并通报全县。县政府成立阳南化工厂污水治理小组,解决污水处理的技术问题,投资10万元对阳南化工厂尚存污水进行妥善处理。6月10—15日,由县卫生、工业、环保、防疫等部门组成的调查组对长兴化肥厂氨水泄漏事故进行彻底调查,认为化肥厂未经城建和环保部门审批,擅自在自来水厂上游增设氨水码头是事故发生的根本原因,责令化肥厂立即拆除在水厂水源保护区内的氨水灌装码头,并从7月起对化肥厂加倍征收超标排污费,罚款3万元并通报全县。对化肥厂存在的技术问题,分两批投入114万元进行改造,兴建化肥厂污水净化工程和闭路循环工程,根除污染源。

针对水污染事故的教训,县委、县政府举一反三,部署对全县354家污染企业进行全面检查。对重污染企业如长兴制革厂、长兴化肥厂、长兴白水泥厂、白岘造纸厂、夹浦印染厂、长桥电镀厂等,有针对性的采取一系列治理措施。如,1989年,投资25万元对雉城镇环境污染严重的长兴制革厂进行治理,建设治污工程;返回排污费20万元,支持长兴水泥厂上三套袋式除尘器;对于国家明文禁办的企业予以关闭,先后关闭丁家桥乡香山酸夹板厂铅酸蓄电池车间、太傅乡电子元件厂铅酸蓄电池极板车间和小浦福利厂化铅炉。同时,严格把关新建设项目"三废"治理关口,对于有严重污染源又没有治理能力的,一律不得引进。加强环境保护宣传力度,组织学习《中华人民共和国环境保护法》《中华人民共和国水污染防治法》等相关法律法规,提高环保意识。

为防止自来水水源污染再次发生威胁城市居民饮用水,县委、县政府决定另辟自来水水源地。1988年12月5日,县政府召开会议讨论选择自来水新水源地问题,初步商定水口金沙涧汇入包漾河取水点和合溪涧下游镇湾潭取水点两处取水点为候选。12月16日,县委、县政府召开联席会议讨论自来水新水源问题,决定选择包漾河为新的自来水水源地。1989年1月4日,自来水厂扩建饮水工程项目规划设计通过初审。该项目新铺设管道9.5千米,架设管道桥9座,总投资约420万元。7月25日,新自来水工程接通供水。同日起,包漾河河水通过自来水水管流进了雉城镇千家万户。

(王云婷执笔)

第四章　生态保护与建设

20世纪90年代以后,长兴对生态保护与建设越来越重视。1997年,编制《长兴县"九五"环保规划和2010年远景目标》。2003年9月,落实省委"八八战略",开展生态县建设规划编制,创建国家生态县、打造"绿色长兴"。2005年起,贯彻"绿水青山就是金山银山"理念,指导经济建设与环境保护,推动产业结构日趋科学合理,循环经济发展壮大,生态环境不断改善,生态文化长足发展,生态、经济、环境进入良性协调发展阶段。2012年,通过国家生态县考核验收。

第一节　生态县建设规划

2003年9月,根据省委关于创建生态省、打造"绿色浙江"的战略部署,长兴县委托国家环保总局南京环境科学研究所开始编制生态县建设规划。2004年6月,县十三届人大常委会第8次会议审议通过《浙江省长兴生态县建设规划》。2005年3月,县委、县政府制定《关于长兴县生态县建设的实施意见》,明确生态县建设总体目标和主要任务。

一、生态县目标定位

立足于当地自然资源特色、生态环境状况及社会与经济发展基础，用20年左右的时间，基本实现社会、经济、文化、生态环境的协调发展，经济社会发展与资源、生态承载力和环境容量相适应，生态经济发达、生态环境优良、自然景观与人文景观和谐优美，生态文化繁荣，人民生活舒适富裕。

二、生态县规划目标

近期目标（2003—2007年） 围绕国家生态县指标体系，努力调整优化经济结构和转变经济增长方式，推进新型工业化发展，生态经济形成初步规模。完善生态环境基础设施建设，建成一批环境保护和生态建设重点工程，有效保护和改善区域生态环境，总体生态环境质量得到初步改善，各种自然资源得到有效保护和利用，居住和生活质量明显提高。到2007年，生态建设的各项指标达到或超过国家生态县相关指标的要求，全县自然资源和社会资源得到较为合理分配和充分利用，经济总量稳步增长，产业结构趋向合理，环境质量明显改善，人民生活水平不断提高。

中期目标（2008—2013年） 加大生态建设力度，继续实施一批环境保护和生态建设重点工程，加强生态工业园区和生态城市建设。生态环境不断改善，自然资源得到有效保护和合理利用，受损生态系统得到全面治理和恢复，稳定可靠的生态安全保障体系基本形成。以循环经济为特色支柱产业规模化，产业结构科学合理，经济运转优良。社会服务体系和基础设施健全，人与自然和谐相处，生态文化长足发展，生态、经济、环境进入良性协调发展阶段。到2013年，生态建设的各项指标达到或超过国家生态县全部指标的要求并通过验收。

远期目标（2014—2020年） 循环经济为特色产业体系基本形成，生态环境质量不断趋向更高水平，深化生态文化建设，全民生态环保意识显著提高。通过全县上下共同努力，到2020年，全民的物质、文化、精神生活水平不断提高，建成社会、经济和环境协调发展的经济高效、生产低耗、环境优美、居住舒适、具有特色的现代化生态城市。

三、生态县建设规划实施

2004年6月，县委、县政府成立生态县建设工作领导小组，根据生态县建设规划及生态县建设实施意见，组织实施环境污染治理工程、生态环境恢复工程、清水河道建设工程、工业产业升级工程、生态农业建设工程、生态旅游建设工程、城乡人居环境建设工程、生态文化建设工程八大工程。同年始，全县16个乡镇和50%以上的行政村编制生态乡镇（村）创建规划，县属相关部门编制完成系列配套专项规划，在城市建设、矿产开发、山林开发、水资源利用、风景旅游等方面出台专项控制性详规。农业、工业和旅游等产业的生态化调整规划也相继出台。农业方面，先后出台打造长三角绿色高效农产品主产区的实施意见，以及商品蔬菜、花卉苗木、茶叶、毛竹等七大特色产业的发展规划。工业方面，相继出台打造长三角先进制造业重要集聚区的实施意见，以及建材、纺织、蓄电池等传统优势产业的产业发展规划。旅游方面，出台《长兴县旅游发展总体规划》，出台打造长三角生态休闲度假新选区的实施意见，制定水口、二界岭等乡镇和环太湖图影旅游度假区、仙山湖等景区相关规划。2006年6月，县政府印发《长兴县生态县建设奖励、补助专项资金使用管理办法（试行）》，每年县财政拨付2200万元用于各类生态创建和农村生活污水治理的奖励。2007年，出台考核办法，实施生态县建设“一票否决”制。同年，印发《长兴县生态环境综合整治工作总体方案》，开展为期三年的生态环境综合整治“十三项工程”，包括耐火窑炉污染整治工程、矿山及水冲石子企业污染整治工程、道路粉尘污染整治工程、蓄电池及化工企业污染整治工程、城市扬尘污染整治工程、机动车尾气污染整治工程、农业面源污染整治工程、交通船舶污染整治工程、喷水织机及印染企业污染整治工程、主要污染物减排工程、城乡污水处理设施建设工程、清水河道及生态修复工程、饮用水水源保护及水环境质量达标工程。2008年11月，长兴县被联合国环境规划署和国际公园协会授予“国际花园城市”荣誉称号，并同时获得国内首个“环境可持续发展奖”奖项。2009年3月，长兴县创建成为浙江省第二批省级生态县。2011年9月，通过创建国家生态县技术评估。2012年12月，通过国家生态县考核验收。

第二节 生态建设

20世纪90年代以来，县委、县政府对生态建设越来越重视。1996年11月至1997年6月，根据省环境保护厅《关于开展乡镇工业污染源调查的通知》，开展全县乡镇工业污染源调查，共调查乡镇企业602家，6月底通过市级验收。1997年，县环境保护局编制《长兴县"九五"环保规划和2010年远景目标》。2004年开始，全面实施生态县建设规划，创建生态县，打造"绿色长兴"。2005年起，贯彻"绿水青山就是金山银山"重要理念，指导经济建设与环境保护。2007年，实施生态县建设"一票否决"制。1988—2012年，县财政累计投入资金89.61亿元，用于生态建设、重点行业整治、城镇环保基础设施建设等领域，推动生态农业、生态工业、生态旅游和生态文化加快建设。

一、生态农业

20世纪80年代初，生态农业开始兴起。1988年，全县规划7个农业商品基地，落实果木种植面积2600公顷，生态农业从传统农业中脱颖而出。1998年，大力推进农业产业化，涌现经营大户19650户，12条农业产业链全面启动，蔬菜、瓜果、畜禽、花木、特种水产等五大主导产业初步形成。2001年，根据《浙江省无公害农产品管理办法(试行)》，全县开始实施"绿色农产品行动计划"，实行无公害农产品基地认证和浙江绿色农产品认证相结合的"双认证"制度。2006年，成功创建农业部测土配方施肥试点县，测土配方施肥已覆盖全县，农业污染有效控制。至2008年，建成每公顷效益超7.5万元(亩产效益超5000元)的高效生态农业示范点44个，省级以上无公害、绿色、有机农产品42只，省级以上农业标准化示范项目3只，通过国家级无公害农产品认证25只。同年，长兴红梅面积已达800多公顷，年产值近1亿元，被中国花卉协会评为"中国红梅之乡"。2009年，在海南举办的第七届中国果菜产业发展论坛暨果菜经验交流会上，长兴被命名为"中国果菜无公害十强县"。同年，紫笋茶、白茶在第四届国际茶博会获金奖，和平城山沟被命名为"全国农业旅游示范点"。至2011年，初步建成2个省级现代农业综合园区，形成商品蔬菜、花卉苗木、特种水产、茶叶、水果、毛竹、蚕桑等七大特色产业，建成每公顷效益超7.5万元(亩产效益超5000元)的高效生态农业示范点103个，建成无公害、绿色、有机农产品基地42666.67公顷，完成225家存栏50头以上规模养殖场的排泄物治理工作。

二、生态工业

20世纪90年代开始，推进工业经济产业结构调整，发展新兴产业，对小石矿、小水泥、小丝厂、小砖瓦、小印染、小制革等企业进行严格调控。1998年12月起，从印染行业整治、喷水织机行业整治和饮用水水源保护三个方面开展水污染防治，对长兴化肥厂等全县21家重点水污染企业和父子岭耐火厂等30家非重点企业进行整治，至2000年，重点水污染企业整治中有15家实行达标排放、6家关闭，30家非重点企业整治中有19家实现达标排放、11家企业停产整治，水污染治理总投入3000多万元。1999年，实施《长兴县大气污染防治实施方案》，取缔104国道李家巷段两侧无证石料加工厂26家，完成石粉生产企业粉尘治理43家。2003年，制定《长兴县耐火企业专项整治工作实施意见》《长兴县关于开展矿山企业综合整治的实施意见》，依法关闭30家，取缔无证石料加工企业98家，取缔轧石机石料加工设备194台，实行停产整改企业101家。2004年，全县开展清洁生产试点工作，首批通过清洁生产审核企业2家，分别为浙江长兴第一化工有限公司和浙江恒鑫纺织印染有限公司。2004年10月起至2005年，完成全县175家蓄电池企业整治。2005年，启动创建省绿色企业工作，浙江小浦众盛水泥有限公司成为全县首家绿色企业。2006年，以建设资源节约型、环境友好型绿色生态工业为目标，重点做好水泥、印染、化工、医药、蓄电池等高消耗、高污染行业清洁生产，推进工业园区清洁生产试点。2008年，完成耐火企业整治，下发《长兴县耐火窑炉企业长效监管实施方案》，规范耐火企业管理。2007年，开展包括耐火、矿山、蓄电池、喷水织机及印染企业整治在内的生态环境综合整治"十三项工程"。2009年，县委、县政府先后编制《长兴县工业转型升级规划(2009年—2012年)》、出台《关于加快工业转型升级的实施意见》《关于进一步加快工业经济发展的若干意见》等政策性文件，明确产业结构调整方向。2011年，编制《长兴县生态环境功能区规划》和《长兴县循环经济发展"十二五"规划》，将区域划分为禁止准入区、限制准入区、重点准入区和优化准入区，完成长兴经济开发区生态化改造，新城环保生活垃圾焚烧热电项目、长广时代资源综合利用项目、长兴超日废旧蓄电池回收处置项目等3个省级循环经济重点项目投产。同年，制定《长兴县印染行业综合整治提升实施方案》，规范印染行业的发展，优化产业布局，加快转型升级，加大对落后产能和工艺设备淘汰力度，对14家企业实施强制性清洁生产。2012年8月，县质监局联合哈尔滨工业大学制定《铅酸蓄电池清洁生产联盟标准》，并获得浙江省省级标准化重点项目立项。至2012年，全县累计通过清洁生产审核企业153家，绿色企业12家。

三、生态文化

20世纪80年代，长兴开始重视生态文化建设，以茶文化、地质文化等为载体发展生态文化产业。县级新闻媒体每年开设专题栏目，普及生态文化知识和宣传生态建设成果。1988年，全县34个乡镇都建起综合文化站，推进公共文化体系建设，寓生态文化于百姓文化生活之中。2001年7月，长兴煤山灰岩剖面被确定为"金钉子"。2004年，县委、县政府出台《长兴县环境违法行为责任追究办法(试行)》，实施生态危害干部问责制度，对环境保护未能尽责的干部进行责任追究。2005年7月，长兴地质遗迹被列入新建的国家级自然保护区名录。2007年5月，长兴扬子鳄省级自然保护区建立。同年，投资拍摄的弘扬长兴生态文明的电影《亲亲鳄鱼》荣获第九届中国国际儿童电影节最高奖——"我最喜爱的电影"奖。同年，召开第十届国际茶文化研究会暨浙江首届陆羽茶文化节。2008年，围绕县第十二次党代会提出打造浙江省先进文化建设示范区的奋斗目标，着力推进公共文化服务体系建设，出台《关于打造浙江省先进文化建设示范区的实施意见》。同年，长兴县被文化部授予"全国文化信息资源共享工程建设示范县"。2010年，县委出台《关于加快推进生态文明建设的实施意见》，围绕加快建设生态经济发达、生态环境良好、生态文化繁荣、人民生活幸福的生态文明城市，使长兴成为全省乃至全国生态文明建设先行区和示范区的目标任务，提出致力转变发展方式，全面加强生态环境综合治理，切实保护生态环境的一系列保障措施。同年，县委、县政府出台《关于加快社会主义新农村建设 全力打造中国魅力乡村的实施意见》，全县有100个村建起"幸福乡村大舞台"。同年，县委宣传部举办"大唐茶都——长兴紫笋茶研讨网络征文大赛"，唱响"大唐茶都"品牌，弘扬茶文化、发展茶经济，发掘茶文化发源地的历史文化底蕴。2011年，中国扬子鳄村被浙江省命名为第一批省级生态文明教育基地。至2012年，全县累计培育生态文明示范工程30个。

四、生态旅游

长兴凭借深厚的帝乡佛国文化、茶文化底蕴，依托金钉子、扬子鳄、古银杏长廊等古文化、历史古迹和红色文化、湿地文化，合理配置要素，突出茶乡休闲、夼里度假、太湖风情等旅游区的规划与建设，推进全县旅游项目建设，打造长三角生态休闲度假首选区。1998年，县旅游局委托华东师范大学编制《浙江省长兴县旅游发展总体规划(1999年—2010年)》，1999年通过评审。之后，顾渚山、仙山湖、中国扬子鳄村、陈故宫及遗址公园、江南红村、太湖图影等42个涉及旅游项目的规划先后通过政府规划例会并实施。经过20年的开发建设，形成以顾渚山、仙山湖、弁山、古生态、西太湖、周坞山城郊游憩型旅游区和雉城镇综合旅游集散中心的"六区一中心"旅游区域布局。2007年，和平城山沟被命名为"全国农业旅游示范点"，次年获"浙江农家乐特色点""浙江省三星级乡村旅游点"等称号。2008年，水口顾渚村被评为"首届浙江魅力新农村"和杭嘉湖地区"最美的乡村"；金钉子被评为国家AAAA级旅游风景区。2009年，仙山湖景区获"浙江省生态旅游度假区"称号。至2012年，已建成金钉子远古世界、仙山湖景区、中国扬子鳄村、新四军苏浙军区旧址(江南红村)、城山沟景区、大唐贡茶院、十里古银杏长廊、陈武帝故宫、清泉自然科学探索园为代表的九大景区，其中金钉子远古世界、中国扬子鳄村、新四军苏浙军区旧址(江南红村)为国家AAAA级旅游风景区，城山沟景区为AAA级旅游风景区。

第三节　湿地保护

2009 年 11 月，县政府成立湿地保护管理领导小组，协调开展湿地资源监测、湿地保护规划编制以及湿地保护区和湿地公园管理。2012 年 11 月，成立县湿地保护委员会。年末，全县共规划建设重要湿地 9 个，其中国家级保护湿地 2 个、省级保护湿地 2 个、市级保护湿地 4 个、县级保护湿地 1 个。

一、湿地资源

根据 2009 年《长兴县湿地保护规划》，全县 2 公顷以上各类湿地总面积 57766.8 公顷，占全县土地总面积的 40.4%。各类湿地中，分布在西北部低山丘陵湿地区的面积为 18251.9 公顷、占全县湿地总面积的 31.6%，分布在中东部河谷平原湿地区的面积为 39120.1 公顷、占全县湿地总面积的 67.7%，分布在南部低山丘陵湿地区的面积为 5394.8 公顷、占全县湿地总面积的 9.3%；自然湿地的面积为 6171.1 公顷、占全县湿地总面积的 10.7%，人工湿地的面积为 51595.7 公顷、占全县湿地总面积的 89.3%。

全县自然湿地划分为河流湿地、湖泊湿地、沼泽湿地 3 类。其中，河流湿地面积 3513.9 公顷，全部为永久性河流；湖泊湿地面积 2570.1 公顷，全部为永久性淡水湖；沼泽湿地面积 87.1 公顷，有草本沼泽和森林沼泽 2 类，面积分别为 83.8 公顷和 3.3 公顷。人工湿地分为水库、淡水养殖场、灌溉用沟渠和稻田 4 类，其中水库湿地面积 1474.9 公顷，淡水养殖场面积 1232.5 公顷，2 公顷以上灌溉用沟渠面积 4.8 公顷，稻田面积 48883.5 公顷。

全县湿地维管束植物有 77 科 344 种，其中蕨类植物 6 科 6 种、种子植物 71 科 338 种，野荞麦、野大豆和野菱 3 种属国家二级重点保护野生植物。湿地两栖动物有 2 目 6 科 14 种，其中虎纹蛙属国家二级重点保护动物；湿地爬行动物有 3 目 6 科 12 种，其中扬子鳄属国家一级重点保护动物；湿地鸟类动物有 10 目 17 科 66 种，被列入国家二级重点保护的有斑嘴鹈鹕、白琵鹭、小天鹅、疣鼻天鹅、鸳鸯、赤腹鹰、普通鵟、白尾鹞 8 种；湿地哺乳动物有 4 目 6 科 13 种，其中水獭、獐 2 种为国家二级重点保护动物。

2012 年长兴县湿地面积分功能区情况表

表 5-7　　单位：公顷

湿地类型	合计	功能分区		
		西北部低山丘陵湿地区	中东部河谷平原湿地区	南部低山丘陵湿地区
一、自然湿地	6171.1	462.9	4881.9	826.3
1. 河流湿地	3513.9	267.4	2686.4	560.1
A. 永久性河流	3513.9	267.4	2686.4	560.1
2. 湖泊湿地	2570.1	131.4	2172.5	266.2
A. 永久性淡水湖	2570.1	131.4	2172.5	266.2
3. 沼泽湿地	87.1	64.1	23.0	0.0
A. 草本沼泽	83.8	60.8	23.0	0.0
B. 森林沼泽	3.3	3.3	0.0	0.0
二、人工湿地	51595.7	12789.0	34238.2	4568.5
1. 水库	1474.9	1379.2	11.1	84.6
2. 淡水养殖场	1232.5	61.2	1083.9	87.4
3. 灌溉用沟、渠	4.8	4.8	0.0	0.0
4. 稻田	48883.5	11343.8	33143.2	4396.5
合计	57766.8	13251.9	39120.1	5394.8

说明：资料来源于县林业局

二、湿地规划

根据《长兴县湿地保护规划》，长兴县湿地规划范围为县域范围，规划年限为2010—2020年，其中近期为2010—2015年、远期为2016—2020年。全县共规划建设县级以上重要湿地9个，合计面积3975.1公顷。其中，规划建设长兴扬子鳄自然保护区湿地和长兴仙山湖国家湿地公园湿地2个国家级保护湿地，保护湿地面积合计1704公顷；长兴大荡漾湿地和长兴盛家漾湿地2个省级保护湿地，面积合计814.4公顷；合溪水库湿地、和平水库湿地、二界岭水库湿地和西苕溪湿地4个市级保护湿地，面积合计1432.2公顷；长兴西庄漾湿地1个县级保护湿地，面积24.5公顷。全县共规划湿地功能区3个，合计面积57766.8公顷，其中西北部低山丘陵湿地区面积13251.9公顷、中东部河谷平原湿地区面积39120.1公顷、南部低山丘陵湿地区面积5394.8公顷。

2012年长兴县规划建设县级以上重要湿地情况表

表5-8　　单位：公顷

湿地名称	湿地类型	位置	保护湿地面积	规划级别	规划期
浙江扬子鳄自然保护区湿地	湖泊	泗安镇	30.6	国家级	远期
浙江长兴仙山湖国家湿地公园湿地	水库	泗安镇	1673.4	国家级	远期
长兴大荡漾湿地	湖泊	洪桥镇	403.4	省级	近期
长兴盛家漾湿地	湖泊	夹浦镇	411.0	省级	近期
长兴合溪水库湿地	水库	小浦镇	795.2	市级	远期
长兴和平水库湿地	水库	和平镇	67.4	市级	近期
西苕溪湿地	河流	和平镇等	344.0	市级	近期
二界岭水库湿地	湖泊	泗安镇	225.6	市级	近期
长兴西庄漾湿地	湖泊	雉城镇	24.5	县级	近期

说明：资料来源于县林业局

三、湿地保护

1988—2012年，先后设立顾渚山自然保护区、扬子鳄保护区和仙山湖湿地公园等。

顾渚山自然保护区　1996年，由县政府批准设立。位于水口乡顾渚村，面积250公顷。主要以保护和合理开发淡水泉为主，有唐代贡泉金沙泉，日流量1.3万立方米。

扬子鳄保护区　1979年设立。至2009年年末，建成浙江省扬子鳄省级湿地自然保护区，保护区面积122.67公顷。

仙山湖湿地公园　2006年，省林业厅批准仙山湖湿地公园为省级湿地公园。2007年，《浙江省湿地保护规划(2006—2020)》将仙山湖湿地列为省级重要湿地。2009年9月，国家林业局湿地保护管理中心组织专家对长兴2009年申报的拟建仙山湖国家湿地公园进行实地考察评估，于2009年年底批准仙山湖湿地公园为国家湿地公园试点。2010年，仙山湖湿地被列入中德技术合作“中国湿地生物多样性保护”项目全国4个点之一。同年10月，仙山湖湿地公园成为中国湿地类博物馆首届16家成员单位之一。

图5-4　仙山湖国家湿地公园(泗安镇提供·2010年)

大荡漾湿地和盛家漾湿地 2007年,长兴大荡漾湿地、盛家漾湿地修复工程被列入国家太湖流域水环境综合治理总体方案。至2012年,保护湿地面积分别为403.4公顷、411公顷。

第四节 农村环境连片整治

2009年2月,国务院办公厅下发《关于实行"以奖促治"加快解决突出的农村环境问题实施方案的通知》,全面启动中央农村环境连片整治工作,安排专项资金用于农村环境综合整治。环保部出台《中央农村环境保护专项资金环境综合整治项目管理暂行办法》,明确专项资金用于农村饮用水水源地保护、农村生活污水处理和垃圾处理、畜禽养殖污染治理、历史遗留的农村工矿污染治理、农业面源污染和土壤污染防治。2010年起,长兴县开展第一轮中央农村环境连片整治,成立工作领导小组,制定系列政策文件,编制年度实施方案,将农村环境连片整治工作纳入生态建设进行考核。针对饮用水源保护重点区域、太湖流域水污染防治重点区域、生态保护重点区域、重要水系环境问题相对突出地区及新农村建设、美丽乡村建设和中心村建设地区5个重点部分,开展农村生活污水治理和生活垃圾集中收集处理,有效解决局部环境突出问题。同年,重点开展农村环境连片整治项目19个,涉及泗安镇玉泉村、庆丰村、师姑岗村,槐坎乡新槐村、东风村、十月村,虹星桥镇西南村、龙从村、罗家村,煤山镇煤山村、新源村、新安村、五通村,水口乡龙山村、顾渚村、金山村,和平镇横山村、城山村、回车岭村。共投入资金2626.18万元,其中中央补助1000万元、县财政配套1500万元、自筹126.18万元,资金到位率100%。2011年,重点开展农村环境连片整治项目12个,涉及洪桥镇中道村、潼桥村、橡树下村,白岘乡和岕口村、白岘村、三洲山村,林城镇太傅村、上狮村、周吴岕村,二界岭乡毛家村、罗家地村、云峰村。共投入资金1375万元,其中中央补助550万元、县财政配套825万元,资金到位率100%。2012年,全县共实施农村环境连片整治项目9个,涉及小浦镇高地村、中山村、五庄村,画溪街道三星圩村、明门村、白莲桥村,吕山乡雁陶村、胥仓村、龙溪村。共投入资金1125万元,其中中央补助450万元、县财政配套675万元,资金到位率100%。至2012年,全县累计安排农村环境连片整治项目40个,涉及13个乡镇40个行政村,投入资金5126.18万元。其中,争取中央补助资金2000万元,县财政配套3000万元,自筹126.18万元。由乡镇组织实施,村级投工投劳,共建造和购买生活垃圾集中收集设施4792个,农村生活污水分散处理池8164座,微动力、人工湿地等集中式污水处理池78座,污水处理配套管网139.71千米,接入城镇污水处理系统管网7.6千米。受益人口72817人,农村生活污水处理率达60%,生活垃圾收集处理率达100%。2012年,长兴县农村连片整治通过省环保厅、财政厅考核验收。

第五章 生态环境创建

2003年1月,长兴县第十一次党代会提出创建全国卫生城市、全国双拥模范城、全国文明城市、国家园林城市"四张名片",并明确"锁定目标、坚韧不拔、志在必得"的创建工作总要求。2006年12月,县第十二次党代会提出开展省级示范文明城市、国家园林城市、国家生态县、中国人居环境奖、国际花园城市"五城联创"。2007年6月,县委、县政府下发《关于开展"五城联创"活动的实施意见》,全面启动"五城联创"活动。至2012年,先后成功创建省园林城市、省森林城市、省美丽乡村创建先进县、省示范文明县城、省生态县、国家园林县城、全国绿化先进集体、全国绿化模范先进县、全国文明县城、国际花园城市、环境可持续发展奖(第一名),通过国家节水型城市、国家生态县考核验收。文明城市创建见第37编精神文明建设、第2章文明创建、第1节文明城市创建。国家卫生县城创建见第31编卫生、第6章爱国卫生运动、第3节卫生城市创建。

第一节　国际花园城市创建

“国际花园城市”竞赛活动，始于1997年，是全球公认的“城市选美”和“绿色奥斯卡”大赛，是全球唯一涉及城市人居环境管理、生态建设、资源利用、人与自然、可持续发展等当代人类重要议题的国际竞赛，也是世界城市建设与社区管理领域的最高荣誉之一。该竞赛活动及奖项由联合国环境规划署认可和支持，联合国环境规划署与国际公园协会联合主办。经过11年来的全球开展，已有全球六大洲的100多座城市和地区获得“国际花园城市”的称号，其中中国城市（地区）有16个，深圳是中国首个、杭州是全省首个国际花园城市。

2007年3月，县委、县政府成立长兴县创建国际花园城市领导小组，县委书记、县长任组长，县委常委、宣传部部长和县委常委、分管副县长任常务副组长，县委宣传部、县建设局负责人任副组长，县级有关部门负责人为成员。领导小组下设立专家顾问组、景观改善组、遗产管理组、环境保护组、未来规划组、公共参与组和后勤联络组。同时，制定《长兴县创建国际花园城市实施方案》，分解落实工作责任，全面启动国家花园城市创建工作。6月6日，县委、县政府下发《关于开展“五城联创”活动的实施意见》，全面启动包括国际花园城市等在内的“五城联创”活动。2008年3月，先后组团赴江苏武进、常熟等城市调研、学习、取经，加大对外宣传力度（特别是英文媒体和主流网站）；加入国际公园与康乐管理协会（IFPRA），成为会员城市；组织人员收集汇总基础资料，启动创建国际花园城市竞选文本制作工作。4月10日，县委、县政府召开全县创建国际花园城市动员大会，围绕以园林景观再精美、遗产管理再系统、环境保护再加强、宣传引导再深入、未来规划再完善为主要内容，部署落实各项创建任务。同月，国际花园城市竞选电视片制作启动拍摄，经推荐、选拔11名参赛选手候选人，最终确定5名参赛选手。经四轮修改完善，并报县委、县政府主要领导审定，长兴县创建国际花园城市参赛文本中英文版定稿，进入版面设计及包装策划阶段。5月，长兴县创建国际花园城市竞选文本完成印刷制作，并与相关参赛注册材料一起，正式递交国际花园城市竞选委员会。同时，组织参赛选手赴广州、深圳等地观摩竞赛过程。6月，委托深圳市佳粹广告展览有限公司，作为长兴县参加国际花园城市竞赛的全程策划咨询和参赛辅导机构，辅导制作参赛材料（答辩、演讲演示材料）。7月，邀请国际花园城市评选委员会中国区负责人阿兰·史密斯到长兴考察指导。按照决赛要求，组建答辩团队，召开参赛选手会议，明确参赛要求、组织强化训练。8月20日，第十二届全球国际花园城市竞赛委员会书面通知，长兴县在全球近30个国家和地区的申报城市中通过初赛，正式入围总决赛。同月31日，县文明委办印发《关于深入开展“呵护我们共同的家园——我为争创国际花园城市添光彩”宣传实践活动的通知》，动员广大干部群众踊跃参与五个“一”（发放一封公开信、开展一次大家谈、开设一个专栏、开展一系列动态报道、宣传一批先进典型）媒体宣传活动，参与创建国际花园五个“万”（万名家庭学礼仪、万名市民签名、万名市民清扫、万名市民劝导不文明行为、万名市民查改陋习）活动，参与开展五个“一”（一次作品征集、一次微笑

图5-5　国际花园城市总决赛现场（县委宣传部提供·2008年）

进万家社区歌手大赛、一次文艺下乡、一台露天庆祝晚会、一场知识竞赛)群众文化活动,在全县掀起创建新高潮。9月,长兴参赛电视专题片完成后期制作、包装,经县委、县政府主要领导审定后,形成最终参赛专题片。同时,选拔和培训国际花园城市决赛城市代言人(陈述人),聘请厦门大学外籍教授参加竞赛。完成陈述报告撰写、幻灯片制作,准备1200多道模拟答题。10月,长兴县正式向国际花园城市评选委员会提交4000字以内英文材料、20张带有说明和日期照片,参加第一阶段同级别初选(预赛)。11月7日,2008年国际花园城市总决赛在广东东莞举行,县政府主要领导率县代表团参加现场答辩会。按照竞赛规则,以城市常住人口规模,比赛分5个级别,长兴参加D组竞赛。决赛城市共有55分钟讲解时间,其中10分钟音像放映,25分钟配有20张幻灯片讲解,最后用10分钟至20分钟时间回答评委提出问题,每个答辩城市最多2名代表向评审小组进行答辩。10日,国际花园城市总决赛在广东东莞市隆重揭晓,县委主要领导率团参加"2008国际花园城市评选决赛颁奖晚会"。该次总决赛共有包括中国、美国、加拿大、澳大利亚、新西兰、瑞士、比利时、南非等在内的17个国家和地区的43个城市参赛,长兴荣获第十二届(2008)"国际花园城市"金奖(D类),并获"环境可持续发展奖"第一名。同日晚,长兴县在行政中心广场举行盛大欢庆晚会。

第二节　国家和省级生态县创建

一、国家生态县创建

2003年,国家环保总局在全国范围内开展生态创建工作,浙江是全国第5个开展生态省建设试点的省份。2004年,县委、县政府提出"建设国家生态县,打造绿色长兴"目标。6月,成立由县委书记为组长、县长任常务副组长、分管副县长任副组长,有关乡镇部门主要负责人为成员的生态县建设领导小组,下设办公室。编制《浙江省长兴生态县建设规划》,出台《长兴县生态县建设的实施意见》。各乡镇部门按照规划和实施意见,细化工作措施,制定具体目标,层层分解,落实责任。2006年,出台《长兴县生态县建设奖励、补助专项资金使用管理办法》,对生态县建设中已通过环保部、省、市、县生态办命名的生态乡镇(街道)、村及绿色创建命名的单位和个人,对改善农村生态环境质量建设的农村生活污水处理设施和农村生活垃圾收集清运设施,给予一定奖励。2009年3月,长兴县通过省环保厅组织的专家组考核验收,成功创建省级生态县。5月,县委、县政府召开国家生态县创建工作动员大会,制定实施《长兴县国家生态县创建工作方案》,对创建国家生态县指标和年度创建任务细化分解,明确责任部门和责任人,全面启动国家生态县创建。2010年1月,县委、县政府再次召开生态创建大会,对创建国家级生态县进行全面部署。2006—2010年,县财政每年用于生态县建设奖励补助的资金达到2200万元,2011年生态创建投入达到6200万元。其间,先后出台《长兴县印染行业综合整治提升实施方案》《长兴县喷水织机行业专项整治标准》《"清水入湖"二年行动工业污染治理方案》《"清水入湖"二年行动污水管网建设方案》《"清水入湖"二年行动河道清淤实施方案》《长兴县合溪水库水源保护区管理办法》《长兴县饮用水水源地环境保护规划》等文件,开展印染行业整治等生态环境综合整治"十三项工程"和"清水入湖"行动,两次被评为"省河道保洁长效管理一等奖",2009年被省水利厅评为万里清水河道建设先进县。至2011年,全县森林覆盖率提高到51.3%,村庄村域范围的主要路湖渠堤绿化率达96%,城镇人均公共绿地面积提高到12.57平方米,单位GDP能耗下降到0.85吨标煤/万元,化学需氧量排放强度下降到2.71千克/万元,9个市控以上断面地表水环境功能区达标率提高到88.9%,环境保护投资占GDP的比重提高到4.4%,城镇污水集中处理率提高到83.2%,集中式饮用水源水质达标率100%。同年9月,国家生态县创建工作专家评估组同意长兴县国家生态县建设通过技术评估,评估组一致认为,长兴县创建国家级生态县的5项基本条件和22项考核指标达到国家生态县建设标准。2012年12月,通过国家生态县考核验收。

二、省级生态县创建

2004年，长兴县以“环境建设年”为抓手，全面启动省级生态县创建。成立由县委书记、县长分别任组长和常务副组长的省级生态县建设领导小组，抽调有关乡镇部门工作人员成立办公室集中办公，明确重点工程和重点工作，开展生态创建工作。根据创建标准，因地制宜，开展“十村示范、百村整治”工程和山水园林型现代化中等工贸城市创建等活动，着力抓好生态县、生态乡镇建设。同年，《长兴县生态县建设规划》经县人大常委会审议通过并作出《关于长兴县生态县建设的决议》，为生态县创建提供科学依据和行动方向。2008年，扎实推进县、乡镇、村三级联创，完成省级生态县创建可行性研究报告和创建方案，按照《2008生态建设和环境污染整治工作目标责任书》《2008年市县环保局目标责任书》要求，制定完善生态县建设工作考核标准和办法，明确年度目标，以开展“生态建设决战年”活动为载体，以生态创建和污染物减排工作为重点，全面推进各项工作。同年，县域环境质量得到改善，市控以上考核断面水质Ⅲ类以上达标率达到88.9%，空气环境优良天数达335天，累计创建美丽乡村109个，建成省级全面小康建设示范村29个。先后建成画溪湿地公园、梅花公园、陈武帝遗址公园等6座区域性公园和方家港绿地建设、人民广场扩建、黄土港绿地建设等一大批公园绿地，建成区绿地率、绿化覆盖率、人均公共绿地三大指标提高到41.2%、46.2%和15.98平方米，初步形成“城市区域，绿脉相通、绿廊环绕、公园棋布”的绿地系统格局。2009年3月16日，长兴县被省政府命名为全省第二批省级生态县。

三、生态乡镇创建

2002年，国家环保总局下发《关于深入开展创建全国环境优美乡镇活动的通知》。2003年，根据《浙江省长兴生态县建设规划》，长兴县出台《关于长兴县生态县建设的实施意见》《长兴县生态乡镇、村建设考核验收办法》，鼓励各乡镇（街道）结合各自区域特征开展创建全国环境优美乡镇活动。2005年1月，水口乡被命名为市级生态镇（乡），成为全县首个市级生态乡镇。之后，以水口乡作为生态示范乡镇试点，陆续推进全县生态乡镇创建。同年，洪桥镇、槐坎乡被命名为市级生态乡镇。2006年，雉城镇、二界岭乡、白岘乡、夹浦镇成为市级生态乡镇，水口乡、洪桥镇、槐坎乡被国家环保总局命名为全国环境优美乡镇，成为全县首批实现创建达标的国家级生态乡镇。2007年，雉城镇、泗安镇、二界岭乡、白岘乡、和平镇、煤山镇成为省级生态乡镇，水口乡、洪桥镇、槐坎乡成为国家级生态乡镇。2008年，林城镇先后成为市级、省级生态乡镇，小浦镇、虹星桥镇、吕山乡成为省级生态乡镇。2009年，小浦镇、虹星桥镇、吕山乡成为市级生态乡镇。2010年，和平镇、煤山镇、李家巷镇、吴山乡成为市级生态乡镇，李家巷镇、夹浦镇成为省级生态乡镇，雉城镇、泗安镇、林城镇、二界岭乡成为国家级生态乡镇。2011年，龙山街道成为省级生态乡镇，白岘乡、和平镇、煤山镇成为国家级生态乡镇。2012年，小浦镇、虹星桥镇、李家巷镇、夹浦镇成为国家级生态乡镇。至同年年末，全县创建市级、省级生态乡镇（街道）16个，国家级生态乡镇14个，创建比例达到87.5%。

四、生态村创建

2005年，根据《长兴县生态乡镇、村建设考核验收办法》，对生态县建设中已通过环保部和省、市、县生态办命名的生态乡镇（街道）、村及绿色创建命名的单位和个人，对改善农村生态环境质量建设的农村生活污水处理设施和农村生活垃圾收集清运设施，给予一定奖励。县生态办每年对已创建生态村进行复查，对未通过复查的创建村，限期整改，整改不合格的取消命名。12月，水口乡顾渚村、雉城镇渚山村、李家巷镇章浜村、煤山镇楼下村、夹浦镇北川村和父子岭村、小浦镇方一村、槐坎乡仰峰村8个村被命名为市级生态村。之后，长兴以创建国家生态县为契机，以“三级联创”为抓手，推进生态村创建工作。2006年，吴山乡横涧村、洪桥镇古龙村、夹浦镇香山村、水口乡徽州庄村、小浦镇大齐口村、槐坎乡六都村、二界岭乡罗家地村创建成为市级生态村。2007年，水口乡金山村、夹浦镇月明村、槐坎乡东风村、小浦镇潘礼南村、林城镇上狮村、泗安镇新联村、和平镇磺村、林城镇周吴齐村、白岘乡访贤村创建成为市级生态村。2008年，洪桥镇排田漾村、煤山镇邱坞村、龙山街道玄坛庙村、水口乡龙山村、夹浦镇吴城村、吕山乡胥仓村、虹星桥镇河桥村、煤山镇涧下村、小浦镇方岩村、泗安镇凤凰村创建成为市级生态村。2008 年 10 月，水口乡顾渚村获首届“浙江魅力新农村”、杭嘉湖地区“最美的乡村”的称号。2010 年，和平镇回车岭村与和平村、李家巷镇计家浜村、煤山镇新安村、槐坎乡礼夼村、吕山乡雁陶村、夹浦镇红旗村和长平村、泗安镇兴隆村和白莲村、水口乡江排村创建成为市级生态村。至 2012 年年末，全县累计创建市级生态村 105 个，占行政村总数的 48%。

第三节　国家和省园林城市创建

一、省园林城市创建

2003 年 3 月，县委、县政府下发《长兴县创建国家园林城市实施方案》，将《国家园林城市标准》8 大类 60 项考核指标，逐条逐项分解落实到各有关部门和单位，明确工作计划、实施步骤、主要任务、工作目标和保障措施。成立长兴县创建“四张名片”指挥部，由县委书记、县长担任指挥长。指挥部下设创建办公室，抽调 11 人专职负责创建日常组织、协调、指导工作，成立园林绿化、基础设施、环境整治等 7 个专门工作组，由县四套班子领导分别担任组长，形成“一办七组”的创建工作组织架构。县建设局成立以局主要负责人为组长的创建领导小组，组织协调创建任务落实、对上联络沟通、申报资料准备等工作，负责各项日常工作开展。各乡镇、街道及有关职能部门均相应成立创建领导小组，负责创建任务实施。2003 年 4 月，县委、县政府召开长兴县创建“四张名片”动员大会，创建“四张名片”活动全面开展。为保证创建国家园林城市各项任务按期完成，县创建“四张名片”指挥部多次召开创建国家园林城市现场会、推进会。县委、县政府把创建工作列为县委全体(扩大)会议和县政府全体(扩大)会议的内容之一，主要领导参与创建重大事项讨论和研究；将创建工作纳入对乡镇和部门的年度综合目标考核内容，形成完善的组织领导机制、目标管理机制、检查考核机制和长效管理机制。县人大常委会定期组织对创建工作进行督查。县政协组织政协委员，开展创建国家园林城市专题调研。县创建办建立周一创建工作例会制度，各专项工作组和有关职能部门通报每周创建工作进度，还以《长兴创建》简报形式，并以《创建督查专辑》方式，及时通报工作进度、查找存在问题、督促限期整改。长兴县电视台、长兴报社等新闻媒体及时进行宣传报道，对完成情况好、成绩突出的予以通报表扬，对工作不力、拖沓推诿的予以曝光和批评。

2004 年 2 月，建设部规定必须取得省级园林城市 2 年以上才能申报国家园林城市。4 月，县委、县政府决定调整创建时间表，2005 年先行创建浙江省园林城市，2007 年实现创建国家园林城市目标。5 月，县政府聘请上海同济大学 2 名专家担任长兴城市园林绿化规划师和设计师，并多次邀请有关专家到长兴指导创建工作。2005 年 3 月，县委常委会专门研究批准设立长兴县园林管理局。4 月，县建设局对照《国家园林城市标准》，编印完成《长兴县创建浙江省园林城市申报资料》6 册、《创建省园林城市宣传画册》、创建浙江省园林城市专题宣传片《湖畔绿城——长兴》，并制定完成迎检方案。5 月 10 日，省建设厅率专家考评组一行 10 人对长兴县申报省级园林城市进行实地考评验收。专家考评组分组查阅申报材料和实地察看城区各类园林绿地与市政设施建设状况，按照《国家园林城市标准》，对长兴县在组织管理、规划设计、景观保护、绿化建设、园林建设、生态建设、市政建设等 7 个方面工作进行考核评估，并以量化记分考评方式，对长兴创建省园林城市情况进行逐项记分统计。一致认为长兴各项指标符合或超过园林城市规定标准，最后评定长兴总分为 94.1 分。在全省 9 个参评城市中，长兴以得分列全省第二的成绩通过省级园林城市考评验收。

二、国家园林县城

2006 年 1 月，建设部提出国家园林城市实行申报制，评选标准共 14 项。12 月，县第十二次党代会提出开展包括国家园林城市在内的“五城联创”。2007 年 2 月，县委、县政府下发《长兴县创建国家园林县城实施方案》，将《国家园林县城标准》14 项考核指标，逐条逐项细化分解到各有关部门和单位，并制订年度工作计划。3 月，省建设厅同意将长兴作为全省 3 个县城(另 2 个为绍兴县、嘉善县)之一上报建设部，申报创建国家园林县城。4 月，县委、县政府召开长兴县创建国家园林县城动员大会。同时，自 3 月下旬起，县政府向省建设厅递交要求申报国家园林县城申请，并将《长兴县创建国家园林县城申报资料》（组织管理、宣传荣誉、规划设计、景观保护、绿化建设、园林建设、生态建设、市政建设）4 册以及相关创建情况说明（县城概况、基础设施及环境状况、绿化管理情况、绿化建设情况、园林绿化规划及实施情况、长兴县创建国家园林城市情况汇报）等申报资料报建设部。县建设局按照国家园林县城考核标准，查漏补缺，重点是植绿、补绿，增加绿化总量，提高绿化档次；邀请省建设厅城建处领导到长兴考察指导，邀请省园林城市专家考评组专家到长兴授课，对长兴创建工作进行指导。6 月，县建设局两次赴建设部，做好联络沟通工作，并制作完成长兴县创建国家园林县城专题宣传片，制作完成创建国家园林县城宣传画册——《诗画江南，园林长兴》。6 月 26 日，受建设部委托，省建设厅考评组领导和专家对长兴县创建国家园林县城进行实地考察评定。在分组考察长兴园林绿化和基础设施建设的基础上，召开长兴县创建国家园林县城资格评定会，专家组就长兴县创建国家园林县城考评情况进行意见反馈，长兴县创建国家园林县城通过资格评定验收。2008 年 2 月，建设部下文批准长兴为全国第二批国家园林县城。3 月，县委、县政府召开创建国家园林县城总结表彰大会。

第四节　国家节水型城市创建

国家节水型城市，由住房和城乡建设部、国家发展改革委员会于 2002 年设立，实行申报考核制，每两年进行一次。按照中国人居环境奖相关条件，申报城市必须已被命名为国家节水型城市。县委、县政府于 2010 年开展国家节水型城市创建，提出确保 2012 年创成国家节水型城市，次年获得中国人居环境奖。国家节水型城市考核标准，共有基本条件、基础管理指标、技术考核指标、鼓励性指标等四大类指标，分为 26 项考核指标、256 项考核子项。2010 年 1 月，县政府下发《长兴县创建国家节水型城市实施方案》，明确创建国家节水型城市分两个阶段推进，2012 年 6 月创建浙江省节水型城市，2012 年 12 月创建国家节水型城市，并制订创建工作计划、分解落实工作任务。同年 2 月，成立长兴县创建国家节水型城市领导小组，由县长任组长，县委常委、宣传部部长和县政府分管副县长任副组长，县级各部门主要负责人为成员。下设办公室，负责协调处理创建日常工作及准备创建资料、基础台账，指导、督促各相关责任单位开展创建国家节水型城市各项工作，掌握全县创建工作进度。5 月，县政府召开长兴县创建国家节水型城市动员大会。电视、报纸、网站等主流媒体开设“创建国家节水型城市”长期专栏，城区范围内设置宣传标语和广告。各责任单位按照要求，制订工作计划并组织实施。县创建国家节水型城市领导小组办公室建立例会制度，按计划推进各项创建工作。2011 年 4 月，举办创建国家节水型城市业务培训班，邀请有关专家对《节水型城市考核标准》等内容进行指导和业务辅导。6 月，组织有关专家对创建工作进行自查，发现问题及时督促整改。2012 年 8 月，完成浙江省节水型城市各项申报材料。省考核组对长兴创建浙江省节水型城市进行现场考核，长兴以高分通过浙江省节水型城市预考核。9 月，完成国家节水型城市各项申报材料，正式向住房和城乡建设部、国家发展改革委员会申报国家节水型城市。10 月，住房和城乡建设部城建司有关负责人专程到长兴，对创建国家节水型城市工作进行指导。11 月，中国供水排水协会专程到长兴指导创建工作。12 月 27 日至 28 日，国家节水型城市考核组领导和专家对长兴创建国家节水型城市进行现场考核，长兴以高分通过国家节水型县城（试点）考核验收。通过国家节水型城市创建，全县科学调控，引导市民科学用水、节约用水工作成效明显。2010 年、2011 年，建成区万元地区生产总值用水量分别为 46.54 立方米和 38.19 立方米，万元工业增加值用水量分别为 51.20 立方米和 32.00 立方米，节水专项资金投入占财政支出比例分别为 1.2‰和 1.1‰，城市污水处理率达到 85.1%和 85.6%，城市供水管网漏损率从 18.1%降低到 15.8%。

第六编　环太湖综合治理与开发

太湖是中国第三大淡水湖。长兴位于太湖的西南岸，地处太湖上游，沿湖岸线总长 34.3 千米，环太湖带总面积约 360 平方千米，属南太湖。太湖与长兴水系紧密相连，其水位变化与环境变迁无不影响着长兴。历代在太湖沿岸筑堤以挡洪水，围田筑圩发展农业，修建涵闸斗门调节水位，疏溇导流，控制蓄洪，世代相袭不断完善，使太湖滨湖平原成为农业经济最发达的地区。但限于历史条件，传统的圩堤难以抵御五年一遇以下的洪涝灾害，常常出现"禾稼淹没殆尽，颗粒无收"的水灾损失。中华人民共和国成立后，实行"上蓄、中疏、下泄"的治水方针，在上游兴建泗安水库、合溪水库等蓄水工程，有计划地拓浚溇港，开挖合溪新港、长兴港，建设环湖大堤，使滨湖地区的农业生产和人民生活有了保障。

在持续治理太湖水患的同时，长兴县不断提高环境保护意识，加强太湖水质保护，科学统筹推进环太湖综合治理与开发。1998 年起，以实施太湖水污染治理"零点行动"为起点，持续推动太湖水污染治理工作。2007 年太湖蓝藻污染事件发生后，全县加大水污染治理和防治，并于 2008 年 8 月启动箬溪"清水入湖"两年行动。2011 年，《太湖流域管理条例》颁布，县环保部门依法加大保护管理。同时，县内于 20 世纪 90 年代开始筹划环太湖旅游开发，2001 年成立县环太湖旅游开发办，2002 年成立县环太湖旅游开发领导小组，2003 年完成《长兴环太湖开发带概念规划》编制，启动图影区块、新塘区块和滨湖景观大道"两点一线"近期开发重点的工作。2006 年 8 月，按照省委书记习近平考察调研南太湖综合治理和开发工作时关于南太湖综合治理与开发的要求，进一步树立"绿水青山就是金山银山"理念，全面推进综合环境改善和优化，科学合理开发长兴环太湖旅游资源，推动环太湖保护开发步入新阶段。同月，新塘区块旅游开发概念总规完成中期成果。2008 年图影旅游度假区启动建设，2009 年滨湖景观大道开工建设。2012 年，长兴太湖图影省级旅游度假区成立。[①]

第一章　太湖及长兴环太湖概况

太湖，古名震泽，又名笠泽，是中国仅次于鄱阳湖、洞庭湖的第三大淡水湖。湖泊面积 2427.8 平方千米，实际水域面积 2338.1 平方千米，平均水深 2.06 米，最大水深 2.6 米，平均蓄水量 44.28 亿立方米。长兴位于太湖的西南岸，长兴位于太湖的西南岸，地处太湖上游，是天目山与太湖交融的地区，山水风光形貌绝佳。长兴环太湖开发带北起兰香山与江苏省宜兴市交界，南至弁山与湖州市太湖旅游度假区交接，西至杭宁高速公路，东至太湖之大雷山与小雷山的连线太湖范围，属南太湖。岸线总长 34.3 千米，沿线宽约 3 千米至 10 千米，总面积约 360 平方千米，其中陆域面积 160 平方千米，核心区块 45 平方千米。

---

① 守护绿水青山，做大金山银山。长兴致力践行"绿水青山就是金山银山"理念，切实加大对太湖水资源和环境的保护，产生了良好的经济和社会效益。2016 年 4 月 8 日，总投资 251 亿元的太湖龙之梦乐园项目在长兴太湖图影省级旅游度假区举行开工仪式，2019 年基本建成并投入运营，成为全国最具规模的综合性文化旅游休闲度假区。

第一节　太　湖①

一、太湖的形态特征

太湖，古名震泽，又名笠泽。中国最古老的地理著作《尚书·禹贡》记有“三江既入，震泽底定”。《史记集解》中有“震泽，古太湖名”。公元2世纪的《越绝书》中也有“太湖周三万六千顷”的记载。

太湖的形成和演变，曾有三种理论和观点，即潟湖论、构造论和低地积水成湖论，后一种理论得到近年来大量地质钻孔资料及有关古文化遗址发掘成果的支持。

太湖是中国仅次于鄱阳湖、洞庭湖的第三大淡水湖。位于长江三角洲南翼的太湖平原上，介于北纬30°55′40"—31°32′58"、东经119°52′32"—120°36′10"之间。太湖湖泊面积2427.8平方千米，实际水域面积2338.1平方千米；陆岸线(不计岛屿岸线)总长393.8千米，其中江苏334.4千米、浙江59.4千米；湖泊长度68.5千米，平均宽34.0千米；平均水深2.06米，最大水深2.6米。太湖平均蓄水量44.28亿立方米，在国内五大淡水湖中，太湖水域面积、蓄水容积均居第三位。

太湖湖底十分平坦，平均坡度为0°0′19.66″，湖底平均高程为1.1米。太湖水深小于1.5米的区域位于沿岸地带及东太湖湖区，面积452.3平方千米，占总面积的19.3%；水深大于2.5米的主要位于西太湖，最大水深位于西太湖平台山西部及北部，面积197.3平方千米，占总面积的8.4%；其余大部分水深为1.5米～2.5米，面积1688.6平方千米，占总面积的72.3%。

太湖湖泊形态特征表

表6-1

湖泊面积(平方千米)	实际水域面积(平方千米)	湖岸线总长(千米)	湖泊长度(千米)	平均宽(千米)	平均水深(米)	最大水深(米)	蓄水容积(亿立方米)	年水量交换系数
2427.80	2338.10	393.80	68.50	34.00	2.06	2.60	44.28	1.18

说明：湖泊面积不包括五里湖(面积8.7平方千米)，岸线长度393.8千米中不包括岛屿

太湖不同水深的面积分布表

表6-2

类别	水深					合计
水深(米)	<1	1～1.5	1.5～2.0	2.0～2.5	>2.5	
面积(平方千米)	131.6	320.6	719.3	969.3	197.3	2338.1
占总面积的百分比(%)	5.6	13.7	30.8	41.5	8.4	100

国内五大淡水湖情况表

表6-3

湖泊	鄱阳湖	洞庭湖	太湖	洪泽湖	巢湖
水域面积(平方千米)	3583	2740	2338	2152	760
蓄水容积(亿立方米)	249.0	178.0	44.3	41.0	19.0
平均水深(米)	7.0	6.5	2.06	1.9	3.0

说明：资料均来源于《太湖志》(中国水利水电出版社2018年版)

① 资料主要来源于《太湖志》，水利部太湖流域管理局、《太湖志》编纂委员会编，叶寿仁、吴志平主编，中国水利水电出版社2018年版。

二、太湖的分区

太湖湖面形状近似于一个手掌，其西面和南面岸线比较平顺，而东面、北面比较曲折，形成了大小不等的5个湖湾，宛如5个手指。从东段东太湖开始，按逆时针方向，依次是胥湖、贡湖、梅梁湖和竺山湖，在每两个湖湾之间又夹着山丘，依次为东山、凤凰山、峄嶂山和马迹山。按照自然条件和湖区水质研究的需要，一般将全湖划分为东太湖、东部沿岸区(含胥湖)、贡湖、梅梁湖、竺山湖、西部沿岸区、南部沿岸区和湖心区。

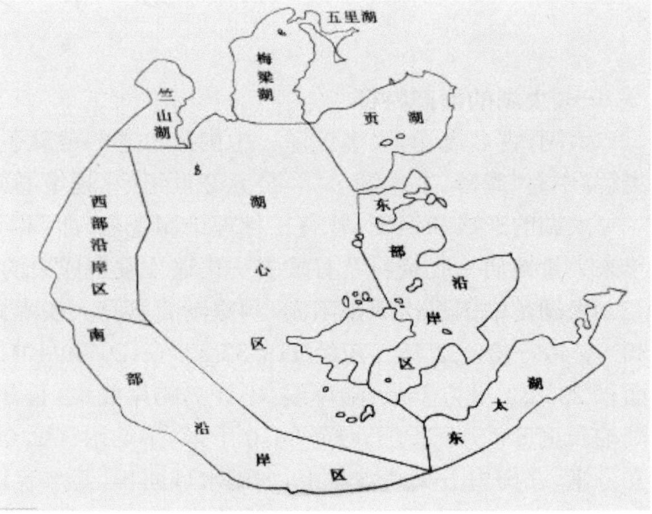

图6-1　太湖分区示意图

东太湖　面积156.7平方千米。以洞庭东山东茭嘴至太湖南岸的西浜、庙港一线为界，其原面积为185.4平方千米(包括东茭嘴血防圩4.5平方千米)，后围垦形成圩区50.5平方千米，还留有水面134.9平方千米，且其内围网养殖区一度曾达到112.6平方千米，亦即自由水面仅留下22.3平方千米。2008年后开始实施退垦还湖、退渔还湖等综合整治工程。其西岸为东山半岛，在18世纪东山岛还是湖中大岛，岛陆之间相距300米以上，后不断淤塞，变成只有20米宽的小河，即大缺港。东太湖自古就是太湖的主要出水通道，现东岸瓜泾口为吴淞江的主源。太湖流域一期治太工程完成后，太湖两条主要引排水通道之一的太浦河进口就位于东岸。按太湖防洪调度规定，东岸的瓜泾口、三船路、戗港、大浦口等四处口门需排泄太湖超标准洪水。

东部沿岸区　面积229.3平方千米，包括胥湖及其西部两个小湖湾。胥湖北端有胥江通达苏州市，胥湖和胥江均以春秋时吴国宰相伍子胥而得名。胥湖东岸为东山半岛，西岸为凤凰山，西南面为西山岛。至西山岛建有太湖大桥，从西山经叶山岛和长沙岛，连到胥湖西端徐家巷。

贡湖　面积147平方千米，东岸为凤凰山，西岸为峄嶂山。湖湾顶端望亭镇是太湖另一条主要引排水通道望虞河的口门所在。望虞河在望亭镇与江南运河立交，建有望亭水利枢纽工程，工程采用立交方式，运河在上，望虞河在下，运河航运和太湖引排水互不干扰。2002年太湖流域开始实施引江济太调水工程，从长江引水经望虞河并经望亭水利枢纽入太湖，以改善太湖水环境，并增加流域水资源量。

梅梁湖　面积129.3平方千米，东为峄嶂山，西为马山半岛，湖湾北端有梁溪河通达无锡市，西岸有武进港、直湖港与江南运河相通。在峄嶂山北麓有著名的风景区鼋头渚，被誉为太湖风景绝佳处。由于受到人湖河港的污染和湖湾水流交换缓慢的影响，该湖区水质相对较差，也是太湖最早暴发蓝藻的湖区。

竺山湖　面积56.7平方千米，东岸为马山半岛，北岸为常州市武进区，西岸属宜兴市，东岸有雅浦港通直湖港，西岸有太滆运河、漕桥河、殷村港通滆湖。水质情况与梅梁湖类似，是太湖水质较差的湖区之一。

西部沿岸区　面积187.8平方千米，北起竺山湖湾口，南至苏、浙两省交界处，湖区岸线平顺，无湖湾。近岸带湖底较浅，多生芦苇等水生植物。湖区西岸为宜兴市，入湖的河道有烧香港、湛渎港、城东港、大浦港等。

南部沿岸区　面积151.4平方千米，西起苏、浙两省交界处，东至东太湖口，沿湖岸线亦平顺，近岸带湖底多生芦苇。岸线西部属浙江省湖州市，东部属江苏省苏州市吴江区。南岸长兜港以东有众多溇港连通顿塘，包括大钱港、罗溇、幻溇、濮溇、汤溇和方溇等，均建闸控制；长兜港以西溇港有小梅口、杨家港、合溪新港、夹浦港等，长兜港及其以西有8处溇港敞开，承接苕溪水系和长兴西部山丘区来水。

湖心区　面积1274.2平方千米，其边界即为与上述各分区的分界。

太湖中有岛屿51座，大分位于湖心区，总面积89.7平方千米，其中面积居前四位的是西山、长沙、三山(亦称南三山,以区别于北三山岛)和漫山岛,面积分别为79.5平方千米、1.74平方千米、1.69平方千米和1.40平方千米,其余岛屿面积均小于1平方千米。最大岛屿西山,其最高峰海拔338.5米。

太湖水面面积2338.1平方千米,与20世纪50年代相比,减少160.2平方千米。主要是围垦所致,其中50年代围湖面积9.2平方千米,60年代围湖面积67.7平方千米,70年代围湖面积82.2平方千米,80年代围湖面积1.1平方千米。

三、太湖的来去水与沿湖溇港①

太湖的来水,主要由两个水系河流汇入,南路的苕溪水系与西南路的长兴水系,集水面积7000平方千米,总流量的70.0%水量通过沿湖73条溇港泄入太湖。西路的荆溪水系和洮漏水系,集水面积约800平方千米,总流量的90.0%水量分别由宜兴市的太浦港、百渎口及附近的诸港渎入太湖。另外,金坛等地水流有部分经运河流入长江,在汛期长江水位高涨时,也有部分江潮通过河港倒灌进来,成为太湖水源之一。

太湖的去水,历史上变化很大。古有淞江、东江、娄江为太湖宣泄尾,分东、东南、东北三向泄洪排涝。唐代,东江、娄江相继湮废,以东北东南各36条入江、入海港浦,替代东、娄两江排水;而吴淞江尚"阔二十里","深可敌千浦",排水通畅。宋、元时期,海岸线加速东伸,吴淞江海口段因淤积而渐趋浅狭,泄水日艰;而沿海各港浦,因岸塌士虚,挡潮闸屡筑屡圮,难以建置,改闸为堰,捺断港口,以绝海潮倒灌之害。明初,夏原吉治水,开范家浜接通大黄浦,导淀山湖水入海;浚治夏家浦、顾浦,导吴淞江之水入刘家港;又开福山白茅等大浦导昆承、阳澄湖及东北地区的水出长江。通过该次大治理,太湖下游水系发生了重大变化。开范家浜后不到半个世纪,自然冲刷深广的黄浦江替代吴淞江成为全流域最大的排水通道;而吴淞江下游虽经明清两代多次浚治,却屡浚屡塞,越开越狭,最后萎缩成现今的苏州河黄浦江目前的深广,虽足以承担太湖排洪,但自1958年以后,江苏省苏州地区在太湖下游大搞堵河并圩,尤以江浙交界的吴江县南境为最,堵塞的排水河道断面达70.0%。20世纪80年代初,原嘉兴地区组织力量开挖长山河,兴建长山闸,为杭嘉湖地区的排涝开辟了一条辅助出路,但水利矛盾依然存在。杭嘉湖地区的洪涝未能排除,太湖的水利问题尚待进一步解决。

太湖出入湖溇港数量众多。根据苏州、无锡、湖州三市水利志记载,20世纪50年代初,太湖沿岸有溇港306处,其中苏州141处、无锡89处、常州3处、湖州73处。为区域的防洪除涝和方便沿湖群众的生产、生活,后逐步进行并港建闸控制或封堵部分口门。1991年太湖大水后,为发挥太湖的调蓄作用,进行环湖大堤建设,加上1991年以前已建闸控制和封堵的口门,现状环太湖共有口门230处,其中建有涵闸的186处,仍保持敞开的44处。其中,江苏有171处口门,建有涵闸的146处,保持敞开的25处,敞开口门集中分布于宜兴市沿岸;浙江省有59处口门,建有涵闸的40处,保持敞开的19处,敞开口门分布在湖州市长兜港及以西地区。其中,望虞河是沟通太湖和长江的流域性骨干引排河道,入湖口门建有望亭水利枢纽;太浦河是承泄太湖洪水和区域涝水的流域性骨干河道,出湖口门建有太浦闸和太浦河泵站。

四、太湖的鱼类

据《太湖鱼类志》记载,太湖原有107种鱼类,隶属于14目、25科、73属,其生态类型主要有三种,即定居性鱼类,如鲤、鲫、鲂、鲍、银鱼和太湖湖鲚等;江海洄游鱼类,如刀鲚、鳗鲡、河鲑等;江河半洄游鱼类,如青、草、鲢、鳙等。随着自然环境的改变以及人类活动的干扰,鱼类品种不断减少。根据1984—2002年调查分析,除鲚产量从1984年的5153.7吨增加到2002年的19571吨以外,其余品种总体均呈下降趋势。2003—2004年调查结果发现,太湖的鱼类已减少到48种,只相当原有品种数量的44.9%。其中银鱼、白虾、梅鲚和清水大闸蟹,被称"太湖四珍"。银鱼、白虾、梅鲚同时又是历史上有名的"太湖三宝",因体色均呈淡水鱼中少见的白色或半透明状,而称"太湖三白"。均为小型水产品,最大的大银鱼体长仅十几厘米。"太湖四珍"详见第11编农业、第5章、第2节、第3目。

①《长兴县水利志》编委会编,裘维邦主编:《长兴县水利志》,中国大百科全书出版社1996年版,第19-20页。

五、太湖的水生植物

太湖水生植物较为丰富,其中挺水植物优势种为茭草、芦苇和水花生,浮叶植物优势种为荇菜、四角野菱、槐叶萍和水鳖,沉水植物优势种为菹草、马来眼子菜、苦草、黑藻、狐尾藻和金鱼藻等,浮游植物以蓝藻、绿藻、硅藻为主。太湖生态系统的变化也可从水生植物的变化看出,20 世纪 50 年代、60 年代沉水植物除在东太湖和西太湖沿岸大量生长外,在五里湖等其他湖区也有大面积生长;70 年代五里湖已几乎无水生植被;进入 90 年代,竺山湖原生长旺盛的沉水植物也几乎消失。据中科院南京湖泊和地理研究所卫星遥感调查结果,2001 年太湖大型水生植物覆盖面积为 454.6 平方千米,至 2007 年下降至 364.1 平方千米,降幅达 20%。同时,随着太湖富营养化,蓝藻水华逐年加重。20 世纪 80 年代中后期每年暴发 2 次～3 次,主要在五里湖、梅梁湖,90 年代中后期每年暴发 4 次～5 次,并向太湖湖心区发展,至 2000 年太湖湖心区已发生严重的蓝藻水华。太湖水生植物减少和消失以及蓝藻水华频发,是其生态系统退化的主要表现。

第二节　长兴太湖水域及环太湖开发带

一、长兴太湖水域[①]

太湖位于长兴东北部,距县城最近处 9 千米。《方舆胜览》载:"太湖在长兴东,东与乌程(今湖州)接境,东北与江南荆溪县(今属江苏省宜兴市)接境,以大雷山为界。"

历史上,太湖属江、浙两省共有。旧址均载乌程(今湖州)、长兴两县太湖水域占 2 万顷。

图 6-2　长兴太湖风光(付年红摄·2012 年)

清至民国时期,两省在太湖中的分界线:北起长兴县父子岭,经太湖中的大雷山、小雷山、泽山南至湖州市郊的湖溇。该线之南为浙江省管辖,面积 300 平方千米,俗称"南太湖"。其中,属长兴的太湖水域,北起长兴县父子岭(江苏宜兴荆溪口),经太湖中的大雷山、小雷山至蔡浦港以西,约 227 平方千米(约 34 万亩)[②]。

1949 年 7 月,为统一太湖地区的剿匪,华东军政委员会设立苏南军区太湖剿匪指挥部和太湖行政特派员办事处(简称太湖办事处),并下设南线和西线指挥所,湖州军分区参谋长任指挥部副指挥,兼任南线指挥所指挥和南线办事处特派员。1950 年春,苏南人民行政公署(简称苏南行署)成立太湖办事处。同年 11 月 6 日,经中央人民政府内务部核准,由华东军政委员会于 11 月 21 日下令,将浙江省所辖太湖部分划归苏南行署太湖办事处管辖;12 月 5 日,办理移交手续[③]。1951 年 6 月,太湖办事处撤销。1952 年 12 月,内务部同意苏南行署复建太湖办事处。1953 年 3 月 18 日,经内务部批准,改太湖办事处为震泽县。1960 年 1 月 7 日,国务院批准撤销震泽县,原区域并入吴县[④]。其时,太湖水面全部归属江苏省。

之后,关于太湖水域两省界线,国务院未下过文件予以划定。

1998 年 12 月,根据国务院 1986 年下发的《关于开展勘定省、县两级行政区域界线工作有关问题的

---

① 主要资料来源于《太湖,让我为你作证——苏浙线勘界纪实》,作者孙国平,《中国方域》2003 年第 1 期。

② 长兴县土地志编纂委员会编,潘忠兴、姚稚鳌(前)主编:《长兴县土地志》,中华书局 2002 年版,第 105 页。

③《太湖志》(中国水利水电出版社 2018 年版)第 659 页:1950 年 9 月,经中央人民政府内务部同意,华东军政委员会将浙江省所辖太湖区域划归苏南行政公署,在该地区土改完成后,于 1952 年 7 月 1 日办理了移交手续。

④ 1995 年 7 月,撤县设吴县市。2001 年 2 月,撤销建制,设苏州市吴中区、相城区。

通知》，民政部全国勘界工作办公室印发《关于下达1999年全国省界勘定任务的通知》，苏浙线被列入1999年度勘定任务的13条省级行政区域界线之一。1999年始，江苏、浙江两省对省界进行联合勘定，至同年12月3日止，除太湖水域界线外，苏浙线陆地边界线全部贯通。

2000年，浙江省、湖州市积极争取，多次赴北京向国务院、民政部汇报南太湖勘界问题。苏、浙两省就太湖水域界线多次协商，因分歧未达成协议。至2001年6月30日，经民政部会同农业部、水利部等部门4次协商，从考虑历史与现实情况、有利于之后双方对太湖共同开发利用和经营管理原则出发，初步确定确定苏、浙两省太湖段行政区域界线具体走向。9月7日至8日，民政部在江苏南京再次召开勘定苏浙线太湖段协调会议，《江苏省人民政府与浙江省人民政府联合勘定的行政区域界线协议书》正式签订。规定：两省太湖段行政区域界线的具体走向，西端从长兴县夹浦镇父子岭起，沿浙江段环湖大堤迎水坡脚向湖内垂直延伸70米，东端至吴兴区织里镇胡溇止；从父子岭直线经大雷山北侧、小雷山北侧至胡溇止，接两省太湖段行政区域界线所构成的水域范围内，浙江方享有开发利用的权益并承担相应的责任，相关事项的管理维持现状。9月30日，《关于报批江苏省人民政府与浙江省人民政府联合勘定的行政区域界线协议书的请示》，经国务院批复同意。根据协议，浙江方享有开发利用的水域面积300平方千米。

二、长兴环太湖开发带

长兴位于太湖的西南岸，地处太湖上游，是天目山与太湖交融的地区，山水风光形貌绝佳。1988年，太湖沿线涉及横山、洪桥、新塘、夹浦、丁甲桥5个乡镇，岸线总长34.3千米。1992年丁甲桥乡建制撤销，所辖区域归属新夹浦镇。1999年，横山乡并入洪桥镇。2000年新塘乡建制撤销，所辖区域归属新雉城镇。2010年6月，成立长兴县西太湖旅游度假区管理委员会（后更名为浙江太湖图影旅游度假区管理委员会）。2012年5月雉城镇建制撤销，原所辖环太湖区域隶属太湖街道。

长兴环太湖开发带北起兰香山与江苏省宜兴市交界，南至弁山与湖州市太湖旅游度假区交接，西至杭宁高速公路，东至太湖之大雷山与小雷山的连线太湖范围。太湖岸线总长34.3千米，宽约3千米至10千米，总面积约360平方千米，其中陆域面积160平方千米，核心区块45平方千米。开发带内南北两端均为天目山余脉所延伸覆盖（北端兰香山海拔268米，南端弁山海拔521米），中间为平原水网所连接，平均黄海高程3米。其东临太湖，西傍杭宁高速公路，南端紧邻申苏浙皖高速公路，交通方便。境内既有山体雄峻气势，又有浩瀚水景韵味，更具乡村田园气息，是一块未曾开发的原生态宝地，其自然生态资源愈来愈显示出可贵的价值。

第二章　长兴环太湖治理与水污染防治

太湖与长兴水系紧密相连，其水位变化与环境变迁无不影响着长兴。历代在太湖沿岸筑堤以挡洪水，但限于历史条件，传统的圩堤难以抵御五年一遇以下的洪涝灾害。中华人民共和国成立后，持续推进水利工程建设，使滨湖地区的农业生产和人民生活有了保障。在持续治理太湖水患的同时，长兴县不断提高环境保护意识，先后实施太湖水污染治理"零点行动"、"清水入湖"工程，推动太湖水污染治理，加强太湖水质保护，切实践行"绿水青山就是金山银山"理念。

第一节　太湖灾情

一、中华人民共和国成立前太湖灾情辑录

太湖流域的洪涝灾害主要是降雨造成的。其中6月中旬至7月上旬以梅雨型为主，8月至9月以台风暴雨型为主，个别年份如梅雨滞后而台风早发，两类也可能叠加造成严重的灾害。同时，少数年份梅雨期短,或梅雨期虽不短但降雨强度小,梅雨量也不大,尤其当受副高暖气团长期控制,久晴不雨,便形成空梅,再加高温时间长,蒸发量大,又逢农业用水高峰,便会出现干旱。据历史资料记载,从东晋至民国(317—1948年)的1632年中,太湖流域共发生水灾328次,其中大水灾和特大水灾98次,平均16年左右就发生一次;从东晋至清代(317—1911年)的1595年中,太湖流域共发生旱灾152次,其中大旱灾和特大旱灾44次。[①]以下选录长兴有记载的太湖水旱灾情况[②]。

汉惠帝五年(前190年),夏大旱,太湖涸。

吴太平元年(256年),八月朔大风拔木,太湖溢,平地水高八尺。

唐开成三年(838年),太湖决,苏、湖等州水溢入城。

宋太平兴国二年(977年),八月朔大风,太湖溢;太平兴国四年(979年),太湖溢,坏庐舍;咸平四年(1001年),九月太湖溢,坏庐舍;熙宁七年(1074年),大旱,太湖涸,见墓道、街市(遗址);熙宁八年(1075年),连大旱,民多殍死,夏太湖水退,数里内见邱道、街道(遗址),秋无稼;元丰元年(1078年),七月四日大风雨,太湖水高二丈余,深没塘岸;元丰五年(1082年),久雨,太湖溢,长兴受害;元丰六年(1083年),正月大雨至六月,太湖泛溢,芦舍漂荡,没田不播种,民无不卖田,四散走乞。南宋绍兴五年(1135年),长兴五月旱三十余日,八月大雨,太湖溢。

元大德十年(1306年),七月大风,太湖溢,漂浸民田无数;至顺元年(1330年),润七月湖州路水漂民庐,太湖水溢;至顺二年(1331年),恒阴,八月江浙诸路水淹,十月大风雨,太湖溢,漂民房凡三千,溺死男女几六千;至正二年(1342年),浙西大水,田禾淹没,大风驾太湖水汹涌而入,民庐顷刻荡,名曰湖翻。

明正统九年(1444年),七月十七日,大风暴雨昼夜不息,太湖水高一二丈,滨湖庐舍无存,渚山木尽拔,渔舟漂没,润七月湖州水,堤防冲决,淹没禾稼;天顺四年(1460年),四五月阴雨连绵,江湖泛溢,麦禾俱伤;天顺五年(1461年),七月大风雨,太湖溢,漂没居民,死者甚众;成化十七年(1481年),春夏大雨,七月有飓风,八月连大雨,太湖水溢,平地深数丈,九月朔大风,雨昼夜如注,至冬无日不雨,禾稼仅存者悉漂没,明年大饥,人相食;嘉靖二年(1523年),五月大旱,七月三日大风拔木,太湖溢,漂没居民;嘉靖二十四年(1545年),浙江旱,太湖涸,人食草根树皮,大疫;隆庆二年(1568年),大旱,太湖涸;万历十五年(1587年),秋大风拔木,太湖溢,平地水深丈余,饥疫死者弃道,河水皆腥;万历十六年(1588年),大风雨拔木,太湖溢,平地水深丈余,五月大旱,蝗饥,殍民茹草木;万历十七年(1589年),六月至八月不雨无禾,太湖水涸,饥殍疫死者无数;万历二十四年(1596年),五月不雨至七月,八月雨如注,狂风交作伤苗、拔木,屋瓦皆飞,经数日夜不息,山洪暴发,庐舍顷圮,圩岸崩颓,郊原皆成巨浸,冬大雨,溪湖冻冰,舟楫不通;万历二十九年(1601年),自春及夏,淫雨不止,江湖水溢,不能栽种,六月寒,飞雪成堆,故里无不病之家,家家无不病之人;天启四年(1624年),河流泛滥、舟行阡陌,秧苗尽没,秋禾不登;天启七年(1627年),大风拔木,太湖水溢。

清顺治八年(1651年),四月湖水大,麦无收;顺治九年(1652年),夏大水,太湖水溢;康熙四年(1665年),七月秋大水,冬大寒,太湖冰冻不通舟;康熙九年(1670年),水灾:五月淫雨旬,田畴尽没,六月二十日太湖水陡涨丈余,向以狂飙风,漂没人畜、坟墓庐舍无数;康熙二十二年(1683年),十月太湖冰冻月余,人履冰行;康熙四十七年(1708年),五月,湖州太湖水浮于岸。长兴五月、七月均有大雨,洪水陡发,漂溺人房无算,草根树皮食尽,受灾特重;雍正二年(1724年),七月大风,太湖溢,湖中飞蝗蔽天,食滨湖芦苇叶殆尽;乾隆九年(1744年),七月初四、初五两日,风雨骤至,天目山水冲溢,太湖泄不及,长兴田禾受灾独重;道光三年(1823年),淫雨自三月至五月不止,禾未插,秧大半被淹,六月初七大雨、雹,水势渐退,七月初二日大风骤雨,水复顷涨数尺,圩田仅存者皆没,太湖水溢,至冬初始平;咸丰十一年(1861

① 水利部太湖流域管理局、太湖志编纂委员会编,叶寿仁、吴志平主编:《太湖志》,中国水利水电出版社2018年版,第105页、第121—122页。

② 长兴县志编纂委员会编,谢文柏主编:《长兴县志》,上海人民出版社1992年版,第105—110页。

年)，十二月二十七日大雪至除夕，积深一丈，湖冻，人行冰上，至次年元宵始解。

民国 10 年(1921 年)，夏秋大水，太湖流域洪水为灾，八九两月雨量之旺盛，吴兴为 765.5 毫米。20 年(1931 年)，梅雨期较长，又遭遇 7 月两次台风，梅雨再叠加台风雨形成洪灾；7 月长兴站月总雨量 500 毫米～600 毫米；太湖水位最高达 4.46 米。23 年(1934 年)，汛期晴热少雨，4 月至 10 月太湖流域平均降雨量只有 604 毫米。长兴为受灾最重的 9 个县之一。

东晋至民国时期(317—1948 年)太湖流域水灾情况表

表 6-4

起讫年份	朝代	年数(年)	一般水灾		大水灾		特大水灾		合计	
			次数(次)	重现期(年)	次数(次)	重现期(年)	次数(次)	重现期(年)	次数(次)	重现期(年)
317—419	东晋	103	5	20.6	2	51.5			7	14.7
420—588	南朝	169	10	16.9	2	84.5			12	14.1
589—892	隋唐	304	9	33.8	7	43.4			16	19.0
893—978	吴越	86	3	28.7					3	28.7
979—1126	北宋	148	12	12.3	16	9.3			28	5.3
1127—1278	南宋	152	30	5.1	10	15.2			40	3.8
1279—1367	元	89	35	2.5	10	8.9	1	89	46	1.9
1368—1643	明	276	72	3.8	21	13.1	6	46	99	2.8
1644—1911	清	268	54	5.0	14	19.1	7	38.3	75	3.6
1912—1948	民国	37			1	37	1	37	2	18.5
合计		1632			83		15		328	

说明：1. 资料来源于《太湖志》(中国水利水电出版社 2018 年 9 月版)；2. 水灾分类：一般水灾指受灾范围为 1 府或 5 县以上，大水灾为 10 个～20 个县，特大水灾为 20 个县以上；3. 民国时期，地方志书少，缺乏一般水灾记载

东晋至清末(317—1911 年)太湖流域旱灾情况表

表 6-5

起讫年份	朝代	年数(年)	一般旱灾		大旱灾		特大旱灾		合计	
			次数(次)	重现期(年)	次数(次)	重现期(年)	次数(次)	重现期(年)	次数(次)	重现期(年)
317—419	东晋	103	1	103.0	2	51.5			3	34.3
420—588	南朝	169	3	56.3					3	56.3
589—892	隋唐	304	10	30.4	4	76			14	21.7
893—978	吴越	86		1.0						
979—1126	北宋	148	12	12.3	5	29.6			17	8.7
1127—1278	南宋	152	20	7.6	9	16.9			29	5.2
1279—1367	元	89	5	17.8					5	17.8
1368—1643	明	276	30	9.2	7	39.4	3	92.0	40	6.9
1644—1911	清	268	27	9.9	9	29.8	5	53.6	41	6.5
合计		1595	108		36		8		152	

说明：1. 资料来源于《太湖志》(中国水利水电出版社 2018 年 9 月版)；2. 旱灾分类：一般旱灾指受灾范围为 1 府或 5 县以上，大旱灾为 10 个～20 个县，特大旱灾为 20 个县以上；3. 民国时期，地方志书少，缺乏记载

二、中华人民共和国成立后太湖水灾

中华人民共和国成立后，由于太湖流域大量湖泊和河道水面被围圈圩垦殖，与水争地，导致洪灾加剧。泄洪容积减少和泄洪出路不足，洪水破堤泛滥。同时，由于电力工业发展提供动力，通过设站抽水，将涝水排入江河，提高圩区标准，但加剧了外河洪水压力，太湖洪涝灾害更加突出。如 1954 年、1962 年太湖流域发生两次比较严重的大洪水。1954 年梅雨期长达 62 天，太湖流域连续普降大雨，由于当时水利工程基础薄弱，全流域形成大灾，全流域约 1/4 的面积一片汪洋，太部分地区水位突破历史纪录。1962 年由于台风过境，引起流域大面积降雨，部分地区暴雨引发山洪，给太湖流域带来严重的灾害。进入 20 世纪 90 年代以来，太湖流域经历了 1991 年、1993 年、1999 年等几次较大洪水，其中尤以 1991 年洪水和 1999 年洪水最为典型。

1954 年 5 月至 7 月，长江、太湖、淮河发生 20 世纪以来屈指可数的大洪水。太湖流域从 6 月 1 日入梅，至 8 月 20 日才出梅，梅雨期长达 62 天，创 1949 年以来梅雨期最长纪录，大雨遍及全流域，尤以浙西雨量最为集中，全流域 90 天平均降雨 890.5 毫米，重现期为 43 年。太湖平均最高水位达 4.66 米，80%的圩区破圩。

1962 年 9 月 5 日至 7 日，受台风影响，造成短期内暴雨，最大 3 天降雨杭嘉湖为 276.2 毫米。太湖水位最高涨至 4.30 米。

1983 年 5 月至 7 月，由梅雨引起洪涝灾害。梅雨从 6 月 19 日开始，7 月 24 日结束。5 月至 7 月，杭嘉湖降雨 500 毫米～800 毫米。7 月 19 日太湖平均最高水位 4.43 米。

1991 年 6 月至 7 月，太湖流域发生大范围的集中暴雨，全流域最大 30 天、60 天、90 天雨量分别达到 381 毫米、628 毫米和 828 毫米，最大 30 天、60 天雨量均居历史首位。7 月 15 日，太湖水位达到当年最高水位 4.79 米，比之前历史最高纪录 1954 年 4.66 米还高 0.13 米。

1993 年 6 月至 8 月，太湖流域发生洪涝，汛期流域降雨量 941 毫米，浙西区和杭嘉湖区雨量更为集中，从 6 月 1 日至 8 月 21 日的降雨均超过 1991 年最大 90 天降雨。8 月 26 日太湖最高水位达 4.51 米。

1999 年 6 月至 7 月，太湖流域发生历史上最大的暴雨洪水，全流域 1 天、3 天、7 天、15 天、30 天、45 天、60 天、90 天各统计时段雨量全面超过历史纪录，均居 1922 年有记录以来的首位，流域最大 90 天降雨达 1025 毫米。流域南部杭嘉湖区和浙西区以及太湖湖区，雨量特别集中。全流域最大 30 天降雨超过 200 年一遇。7 月 8 日，太湖最大水位达 4.97 米。

第二节　溇港治理

一、溇港

县境内原有溇港 34 条，起着蓄水、泄洪、排涝、灌溉、航运等作用，乌溪、箬溪、泗安溪 3 条主要河流及过境的西苕溪的来水和区间径流，通过各溇港宣泄入太湖。旱时，沿湖地区通过各溇港引湖水灌溉。平时，又是航运通道。至 1949 年之前，有双桥港、沉渎港、卢渎港、般南港、福缘港、芦圻港 6 条溇港湮废。1949 年之后，新开合溪新港、长兴港、庙桥港（下接小沉渎港入太湖），并分期分批进行拓宽浚深治理。至 20 世纪 80 年代末 90 年代初，尚能通水的仅 20 条，主要担负排灌任务的溇港有夹浦港、合溪新港、长兴港、杨家浦港、横山港 5 条。另外，湖口段淤塞的有石仙港、竹小港、宋家港、花桥港、芦圻港、坍缺港、白茆港、蒋港、窦渎港、蔡浦港 10 条。1992 年年底，环湖大堤长兴段基本建设，至 2006 年 10 月通过验收，其间沿线与之相配套设施也逐渐建成。主要担负排水、灌溉任务有长丰涧、夹浦港、合溪新港、长兴港、杨家浦港和横山港 6 条，尚能过水溇港有 26 条。其中，敞开式入太湖河口有 17 条，入湖河口建节制闸有 4 条，建涵闸有 11 条。从北至南分布依次为，夹浦镇境内有斯圻港、金村港、观音港、上周港、长大港、双港、丁家渚港、鸡笼港；太湖街道境内有沉渎港、石仙港、金鸡港、莫家港、经家港、百步湾港、竹

小港；洪桥镇境内有邹家港、宋家港、花桥港、芦圻港；太湖图影旅游度假区境内有坍缺港、白茆港、蒋港、窦渎港、庙桥港、小沉渎港、蔡浦港。

斯圻港　位于鼎甲桥乡斯圻村（今属夹浦镇）。由山涧出水，流经斯圻村前，向东穿104国道入太湖。长1千米。河面宽12米，河底宽4米～5米，出口段河底高程1.8米。湖口原建有一闸，在1949年前已坍废。

金村港　位于鼎甲桥乡金村（今属夹浦镇）。发源于常丰涧，由牧马坞流经金村，向东穿104国道入太湖。长2.4千米。河面宽14米，河底宽4米～6米，河底高程2.3米～1.3米。湖口原建有一闸，1949年前已坍废。

观音港　又名蒋家港。位于鼎甲桥乡（今属夹浦镇）。发源于常丰涧，由牧马坞向东流经杨家村，穿104国道入太湖。长1.5千米。河面宽9米，河底宽4米，近湖口河底高程1.1米。离太湖边0.3千米处有座2米落差的跌水，原建有一闸已废。

上周港　位于夹浦乡（今属夹浦镇）。发源于常丰涧，由鼎甲桥乡的牧马坞向南流，经犀牛角折向东流，经太平村至上周港村，穿104国道入太湖。长2.6千米。河面宽14米，河底宽6米～8米，河底高程2.3米～1.6米。湖口原建有一闸已废。

长大港　位于夹浦乡（今属夹浦镇）。发源于常丰涧，由鼎甲桥乡的犀牛角，向南流经张家村，折向东流经尖角潭、长大村，穿104国道入太湖。长2.4千米。河面宽12米，河底宽6米，河底高程2.5米～1.8米。离湖岸0.35千米处筑有一坝，原建有一闸，已坍废。

夹浦港　位于夹浦乡（今属夹浦镇）。发源于金沙涧，有两个分支：西支由吴家湾向北流至夹浦，长1.75千米；东支由环城村向北，在夹浦与西支汇合入太湖，长1.9千米。河面宽30米，河底宽10米～15米，河底高程1.5米～1米。

双港　又名谢庄港。位于夹浦乡双港头村（今属夹浦镇）。发源于金沙涧，由夹浦港东支入口，向东流经道仁坞、双港头村入太湖。长1.3千米。河面宽15米，河底宽3米，河底高程2.3米～1.8米。近湖口处原建有一闸，已坍废。

丁家渚港　又名丁家港。位于夹浦乡丁家渚村（今属夹浦镇）。发源于金沙丁家渚港涧，由夹浦港东支流入，向东流经丁家渚村入太湖。长2.2千米。河面宽11米，河底宽5米，近湖口河底高程2米。原建有一闸，已坍废。

鸡笼港　位于夹浦乡（今属夹浦镇）。发源于金沙涧，由环沉漾向东流经李王殿、杭家村入太湖。长2.4千米。河面宽14米～20米，近湖口河底高程2米。原建有一闸，已坍废。

沉渎港　又名大沉渎港。位于新塘乡沉渎港村（今属太湖街道）。由合溪新港进沉渎港口向北流经沉渎村入太湖。长2千米。河面宽12米，河底宽5米，近湖口河底高程1.5米。原建有一闸，已坍废。

石仙港　又名石屑港。位于新塘乡（今属太湖街道）。由合溪新港分出，向北流经屠家浜村折向东流，经大树下村入太湖。长1.3千米。河面宽8米，河底宽2米，河底高程1米。原石仙桥下建有一闸，已坍废。近湖口段已淤塞。

金鸡港　位于新塘乡彭城村（今属太湖街道）。由太湖塘港（又名北横港）分出，向东流经金鸡港村入太湖。长1千米。河面宽10米，河底宽1.5米，近湖口河底高程1米。原金鸡桥下建有一闸，已坍废。

莫家港　位于新塘乡莫家港（今属太湖街道）。由太湖塘港分出，经莫家港入太湖。长0.6千米。河面宽8米，河底宽2米，近湖口河底高程1.5米。原太平桥下建有一闸，已坍废。

经家港　又名徐家港。位于新塘乡徐家港村（今属太湖街道）。由太湖塘港向东流经徐家港村入太湖。长0.8千米。河面宽8米，河底宽2米，河底高程1.5米。原近湖口的长安桥下有一闸，已废。

百步湾港　又名百步港。位于新塘乡百步湾村（今属太湖街道）。形如弦弓。由太湖塘港流入，向东流经百步湾村入太湖。长0.9千米。河面宽10米，河底宽2米，河底高程1.5米。原近湖口的万春桥下建有一闸,已坍废。

竹小港 又名竹筱港。位于新塘乡与鸿桥镇交界处(今属太湖街道)。由太湖塘港流入,向东流经竹小港村入太湖。长1.2千米。河面宽10米,河底宽2米。原近湖口万年桥下有一闸址,已废。近湖口段已淤塞。

邹家港 又名石渎港。位于洪桥镇邹家港村(今属洪桥镇)。由太湖塘港的七斗漾分出,向北流经邹家港村入太湖。长0.9千米。河面宽7米,河底宽4米,近湖口段河底高程2.5米。原建有一闸,已坍废。

宋家港 又名新开港。位于洪桥镇。由太湖塘港的七斗漾进口,向北流入太湖。长0.9千米。河面宽27米,河底宽3米,河底高程2.5米。原闸桥下建有一闸,已坍废。近湖口段已淤塞。

花桥港 又名钱家渡港。位于洪桥镇钱家渡村。由太湖塘港进口,向北流经钱家渡村入太湖。长0.85千米。河面宽30米,河底宽14米,河底高程1.5米。原闸桥下建有一闸,已坍废。近湖口段已淤塞。

芦圻港 位于洪桥镇与横山乡接壤处(今属洪桥镇)。由芦圻漾向北流经芦圻村入太湖。长0.75千米。河面宽29米,河底宽10米,河底高程1.5米。近湖口有一坝(原为闸,改作坝),坝顶高程4.1米。近湖口段已淤塞。

坍缺港 位于横山乡(今属太湖图影旅游度假区)。由芦圻漾入口,向东北流经石牌头入太湖。长0.8千米。河面宽7米,河底宽4米。近湖口段已淤塞。原建有一闸,已废。

白茆港 位于横山乡(今属太湖图影旅游度假区)。由芦圻漾入口,向东北流入太湖。长0.7千米。河面宽4米~5米,河底宽1米。近湖口段已淤塞。

蒋港 又名径山港。位于横山乡(今属太湖图影旅游度假区)。由太湖塘港入口,经施家舍(施家村)入太湖。长0.6千米。河面宽3米~5米,河底宽1米。近湖口段已淤塞。

窦渎港 位于横山乡(今属太湖图影旅游度假区)。由太湖塘港进口,流经张家浜入太湖。窦渎港长0.5千米。已淤塞。

庙桥港 位于横山乡(今属太湖图影旅游度假区)。由辽延漾入口,经荡湾里、田坂里(小沉渎)入太湖塘港。长1.5千米。河面宽8米,河底宽4米,河底高程2.35米。出口处原建有一闸,已废。

小沉渎港 位于横山乡小沉渎村(今属太湖图影旅游度假区)。接庙桥港出口,向东北流入太湖。长0.2千米。河面宽18米,河底宽16米,河底高程2.48米。

蔡浦港 又名琐家桥港。位于横山乡蔡浦港村北(今属太湖图影旅游度假区)。由太湖塘港进口,流经蔡浦港村向北入太湖。长0.4千米。河面宽20米,河底宽6米。1954年后逐渐淤塞,1974年疏浚小梅港时填塞。

二、溇港整治与管理

传统治理太湖的水利措施主要有沿湖筑堤,修建节制闸,禁止湖堤垦种,疏溇导流等。自宋以后,常大规模疏浚溇港,有史料记载,南宋规模较大的太湖溇港疏浚工程有数十次。宋淳熙十五年(1188年),湖州知府赵思委官访求遗迹,“开浚浦溇,不数月湖水通彻,远近获利”。次年,浙西提举詹体仁,开溇置斗门。宋绍熙二年(1191年),修太湖溇港34条。明清时期,太湖治理也较频繁。明弘治七年(1494年),疏浚溇港34条,于次年完工。正德十六年(1521年),浚溇港72条(长兴、乌程),于次年完工。嘉靖十六年(1537年),疏坍缺港。万历元年(1573年),重修坍缺港石堤并浚港口。清康熙四十六年(1707年)及次年,疏浚诸港,各建水闸一座。雍正七年(1729年)及次年,浚溇港23条,修诸港之闸。乾隆八年至十三年(1743—1748年),开浚长兴溇港。乾隆二十七年(1762年),开长兴溇港。嘉庆元年(1796年)及次年,开溇港64条(长兴、乌程)。道光四年(1824年),开浚乌程、长兴两县溇港。道光九年(1829年),开浚长兴溇港22条。同治五年至八年(1866—1869年),开浚长兴溇港29条,修闸12座。同治十一年(1872年),溇港岁修章程中第一条规定:“轮疏治,每年轮开六港,六年而周。”民国年间,有记载的疏浚有4次。

然而，溇港的泥沙淤积问题始终未能解决。每次山洪均携带大量泥沙而下，随水势的平缓淤积于港口和湖底。风浪扰动湖底泥沙并吹袭湖岸崩坍下来的泥沙，进而又在风力和水流作用下将泥沙搬移至河口和港道。又因两岸边坡上的不合理开垦种植，一遇大雨泥沙便直接冲入溇港。形成屡淤屡浚，屡浚屡淤的局面。即便如此，历史上形成的太湖溇港的整治工程措施，是经过长期实践的结果，适宜溇港的自然特点，其基本技术仍可作为当代治理太湖溇港的借鉴。

中华人民共和国成立后，县委、县政府实行“上蓄、中疏、下泄”的治水方针。在泗安溪、箬溪等河流上游兴建泗安水库等蓄水工程，在西苕溪上游也修筑大量的蓄水工程，并培修加固滨湖堤防，有计划地对溇港进行拓浚。通过该治理措施，拦蓄一定数量的洪水，减轻各溇港排泄洪水的压力。1949 年年底，筹划疏浚小沉渎港、琐家桥港、庙桥港、杨家浦港。其中，小沉渎、庙桥、杨家浦 3 溇港疏浚工程于 1950 年 4 月开工，6 月底全部竣工，琐家桥港因故未能疏浚。1957 年 11 月，开工治理城东涝区，拓浚杨家浦港湖口段及花桥、小沉渎、芦圻等溇港。除小沉渎港于 1959 年完工外，其余于 1958 年春完工。1962 年冬，开工疏浚莫家、长大、沉渎、宋家、小沉渎等溇港，至 1963 年春完工。1969 年冬，开工治理杨家浦港大茆洋桥至排田漾河段。1970 年 12 月初，开挖合溪新港。1971 年，疏浚夹浦港。1973 年 2 月，长兴、吴兴两县联合疏浚南横山港(鸭绿港)。1975 年 12 月下旬，开挖长兴港。至该时期，县境内各溇港基本完成拓浚，并在各主要河道上进行抛砌石护岸。各溇港达到安全排泄 10 年至 20 年一遇的洪水，在长兴港等主要航道上可通航 100 吨级的船舶，为发展繁荣长兴经济奠定了良好的基础。1980 年 8 月 15 日，成立太湖溇港管理所，加强河道整治管理。

第三节　环湖大堤建设

一、历代太湖沿岸筑堤概况

汉平帝元始二年(2 年)，皋伯通筑皋塘，“以障太湖之水”，是有记载的最早在太湖沿岸筑堤的历史。三国孙权时(222—228 年)，筑长兴堤。吴太元二年(252 年)，诸葛恪重修太湖堤。东吴孙休时(258—264 年)，筑青堤。宋仁宗康定二年(1041 年)，湖州太守胡宿筑石塘百里。熙宁四年(1071 年)，孙觉筑石堤。明弘治七年(1494 年)，工部侍郎徐贯奉令，浙江布政司参政周季麟修筑湖堤 70 余里，自乌程(今湖州)至宜兴。明万历元年(1573 年)，长兴知县顾其志在太湖沿岸修石堤等。然而，限于历史条件，湖堤堤顶高程大多在 5 米以下，难以抵御高水位风浪的袭击。太湖沿岸的水灾特征是湖堤砌石(大多为抛石)被冲走，堤岸坍塌，或湖水溢堤，泛滥成灾。故史料和地方志中多有“太湖溢，漂没堤岸”的记载。

二、长兴解放后环湖大堤建设

20 世纪 60 年代以来，由于太湖下游大搞堵河并圩，致使宣泄不畅，太湖水位逐步抬高。80 年代初，嘉兴地区虽组织开挖长山河、兴建长山闸等工程，但水利矛盾依然存在。1984 年，太湖下游出水河道由原来的 242 条减为 86 条，使得汛期湖水顶托更为加重，洪涝灾害频繁发生。

1985 年 8 月 8 日至 10 日，浙江省水利厅在杭州召开杭嘉湖地区水利工作规划会议，研究编制紧急工程任务书，列入十项骨干工程，以解决太湖流域的水利问题。环湖大堤建设为其中之一，堤顶高程湖西段按 1954 年的最高水位规划为 4.66 米，加 10 级风浪的安全超高设计，定为 7.8 米，堤顶宽 5 米。1991 年春夏季，太湖流域发生百年未遇特大洪灾，长兴县太湖沿线受太湖高水位围困 2 个多月。灾后，环湖大堤工程被国务院列入太湖流域综合治理十大工程之一，也被省列入“八五”期间六大水利工程之一。县委、县政府决定用五年时间分两步完成，即 1991 年至 1993 年完成土方工程、迎水面的砌石护坡工程和一些必须建造的小型建筑工程；1994 年至 1995 年完成配套及回水线内防洪设施工程。1991 年 11 月 2 日，成立长兴县太湖治理工程指挥部，并于次年 2 月 28 日设立工程技术组、宣传组、政策处理组、后勤组、治安保卫组。指挥部建立后,开展大堤放样、土地规划、筹备物资等前期准备工作,启动环湖大堤建设,分两期实施。同时,根据县指挥部要求,各区建立分指挥部,各乡镇建立民工团,各村建立民工连;各民工团下设施工技术、宣传、政策处理、后勤、治安保卫等5个小组,各小组都明确各阶段工作任务和要求。

第一期工程 1991年12月9日上午,县委、县政府在夹浦香山召开兴建环湖大堤誓师大会,并举行开工典礼,省委、省政府专门致电祝贺。12月10日,环湖大堤长兴段一期丁新段(夹浦镇父子岭村至夹浦村夹浦港口)土方工程率先开工。丁新段全长5.5千米,堤顶高程5.16米,宽度5米。丁甲桥乡、后漾乡和夹浦镇2万民工参加土方会战,驻湖部队1500余名官兵和2000余名机关干部也轮流参加劳动。12月18日,丁新段土方工程完工,比原计划提前10天,共完成土方工程量50万立方米,投工25万工日。其间,2万余名军民顶朔风、冒严寒,吃住在工地。夏季曾三次遭受洪涝袭击的丁甲桥乡父子岭村,原计划每天安排600人上工地,结果每天有千余劳力投入会战。后漾乡6对青年男女主动推迟婚礼,双双对对加入治水行列。曾6次参加太湖水利建设的南庄村71岁老农王阳春,带领儿子、孙子,一家三代6人走上工地。驻长兴空军某部队在军训任务繁重的情况下,先后抽出700余名官兵投入筑堤会战,仅4天就开挖土方2600立方米。全县各部门都通力协作,争为大堤工程做贡献。县供电局突击3天,架设1.5千米高压线路,保证工地用电需要;商业、供销部门设点到工地,做好民工生产、生活用品的供应;卫生、防疫部门派出小分队,做好工地防疫、民工防病治病工作;40多名施工技术人员日夜坚守工地,分段负责,巡回检查,严格把好工程质量关。12月10日开工的当天,长兴县前后四任县委书记丁文荣、徐明生、王志廷、茅临生,一起走上工地,参加劳动。12月14日,省委书记李泽民、常务副省长许行贯还专程赶到长兴段工地,慰问民工、部队官兵和机关干部。

12月18日,横山段大堤开工。7000民工投入施工。横山乡全乡有108户家庭推迟子女婚期,72户缓建住房,1695名务工经商人员回乡筑堤。曾被夏季洪水围困40多天的蒋家墩村,215户中有392个劳力上工地劳动。在抗洪抢险中被评为全国"三八红旗手"的王雪英和省青年抗洪抢险先进个人的蒋水琴,带领蒋家墩村90名妇女,创造了人均挑土1.5立方米的纪录。12月26日,天降大雪,气温降到零下9度,横山乡民工仍然坚持施工,保质保量完成填筑任务。1992年1月4日,横山段土方工程完工,共填筑土方14万立方米。

图6-3 1991年12月10日,环湖大堤长兴丁新段土方工程开工建设(县水利局提供)

一期土方工程完成后,随即建设挡墙砌筑工程。1992年2月,丁新段5.5千米大堤护坡挡墙砌筑工程开始施工,春节后横山段2千米大堤护坡挡墙砌筑工程施工。至4月底,环湖大堤长兴段一期7.5千米的挡墙砌筑工程全部完成。

第二期工程 1992年10月3日,鸿桥段土方工程开工,该镇21个村1.2万民工参加,拉开了环湖大堤长兴段第二期土方工程建设帷幕。11月16日,环湖大堤长兴段全线动工,全县有29个乡镇的10万民工在太湖沿线安营扎寨,以区、乡为基本单位组织施工大会战,其中妇女有4000余人。为了大会战,各单位顾全大局,通力协作。太湖沿岸横山、鸿桥、新塘、夹浦4个乡镇承担工程任务比例为100%,同时还为工程无偿提供土地200万平方米;该4个乡镇有20个村,除完成各自的土方任务外,还落实住房3663户、房间7536间，落实灶头2064个，担负起103212名民工的接待工作。县商业供销部门新增设生产和生活资料供应点8个；邮电部门为各分指挥部安装电话机9台，线路长58千米；供电部门借用变压器21台，新增变压器7台，架设诋压线路40多千米，保证全线通电和安全用电；卫生部门派出医生、卫生防疫人员100多人；保险公司为1.3万人作人身保险，700户家庭作财产保险；公安、交通部门努力维护好水陆交通秩序，做好治安、调解及后方的保卫工作；水利农机局抽调30余名工程技术人员上工地，配合县指挥部抓好工程标准质量，对各乡镇的300多名农村施工员进行技术培训，把施工质量要求落实到施工中去。由于前期准备工作充分，措施得力，各项工作有组织、有计划、有准备，从而为工程建设创造了良好条件。在土方开挖施工期间，省委副书记沈祖伦到环湖大堤长兴段工地，慰问筑堤民工。省委常委、常务副省长许行贯和省水利厅领导先后5次上环湖大堤，和民工们一起参加劳动。县委、县人大常委会、县政府、县政协领导和机关干部，均到工地参加劳动。区、乡镇干部除值班外，都吃住在工地，与民工同劳动，民工说“我们身上又多少泥，书记乡长身上也有多少泥”。至11月30日，经过10万“大军”的奋战，二期土方工程全部完成，共开挖土方300万立方米，二期大堤长28.8千米，堤顶高程5.16米，宽7米。土方工程完工民工离开时，太湖沿线乡镇村民纷纷燃放鞭炮送行。

至1993年6月，环湖大堤长兴段基本建成，为太湖“有岸无堤”历史划上句号。累计完成土石方393.3万立方米，其中浆砌块石4.07万立方米。总投资3621.5万元。其间，省计经委于1991年下达长兴“以工代赈”券1007万元，用于太湖大堤建设和水毁工程修复，为县内首次使用“以工代赈”券。1992年4月，“以工代赈”券被全部收回并销毁。1997年7月，长兴县环湖大堤工程指挥部被水利部太湖流域管理局评为治太工程建设管理优秀单位。

环湖大堤基本建成后，大堤迎水面斜坡护坡砌筑以及沿线涵、闸、桥等配套工程相继投入建设。1998年4月，砌石护坡工程完工。2003年2月，各河道入太湖口涵、闸等建筑完成施工。2004年12月，完成堤顶公路建设。2005年12月，完成沿线桥梁建设。2006年9月17日至18日，水利部太湖流域管理局会同省水利厅，在长兴主持召开环湖大堤浙江段工程竣工验收会议。同年10月，环湖大堤长兴段工程通过竣工验收。全长34.3千米，堤顶高程7米，上筑80厘米高、50厘米宽的浆砌块石防浪墙一座，共计高程7.8米。堤顶宽5米～7米（夹浦港以北顶宽5米，夹浦港以南顶宽7米）。背水坡坡度为1:3。迎水坡筑有浆砌块石挡墙一座，在挡墙顶筑2.5米～3米宽的平台，平台与堤顶连接段浇20厘米厚的混凝土护坡。在迎水坡挡墙前有3米宽的抛石护坡。全线直立挡墙和护坡砌石共34.3千米，建设4米水闸4座、涵闸11座、公路桥梁11座，大堤堤顶公路全线贯通并浇筑沥青路面，完成大堤抛石19万立方米，大堤全线绿化植树22万株。共完成投资1.26亿元。

图6-4　建成后的环太湖大堤长兴段（县水利局提供·1996年）

加固工程[①]　从2008年开始，对环湖大堤长兴东段（夹浦港以东）进行环太湖公路及环湖大堤加固工程建设，同时在挡墙外进行长兴段全线大块石抛石加固，抛石体顶高与原挡墙齐平，达3.16米，顶宽均1米，抛石体迎水坡1:1.5～1:1.2。工程至2012年完成。

① 水利部太湖流域管理局、《太湖志》编委会编：《太湖志》，中国水利水电出版社2018年版，第241页。

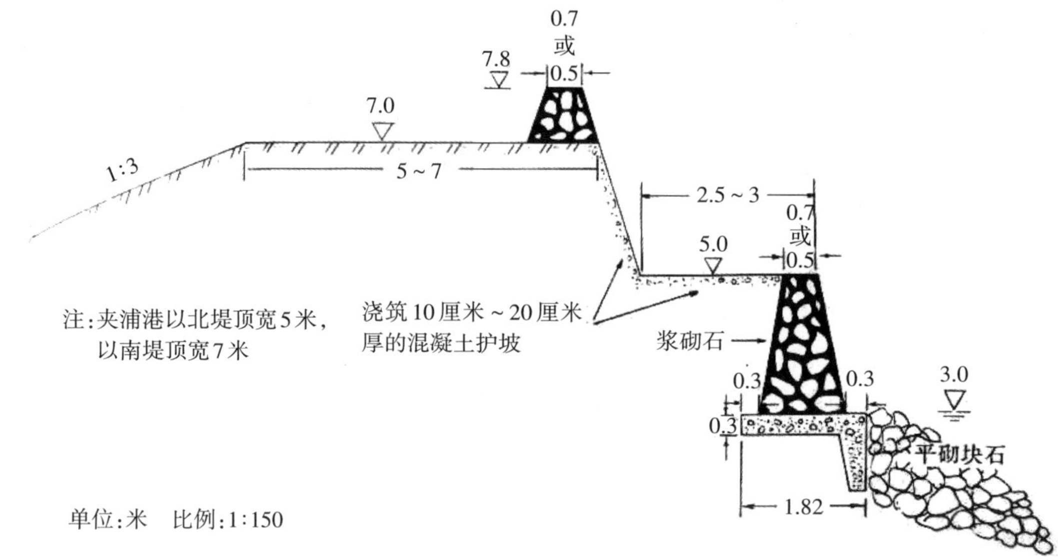

图6-5 环湖大堤长兴段断面图(《长兴县水利志》,中国大百科全书出版社1996年版,第205页)

第四节 太湖水污染治理

1988年,县政府对县重点污水排放企业及其他酿造、印染等污水排放企业进行整治,工业废水污染得到遏制。至20世纪90年代中期,由于太湖流域水体污染、水环境恶化不断加剧,太湖已达中、富营养化程度。1998年10月,国家环保总局提出禁止一切排污单位向太湖流域水体超标排放水污染物,发起治理太湖的"零点行动"。同月,省环保局决定建立杭嘉湖地区水污染防治工作情况报告制度。12月1日,县水污染防治领导小组印发《长兴县太湖流域水污染防治"零点行动"计划》,要求县境内所有超标排放水污染物的企业必须在1999年1月1日零点起保证达标排放,超标排放水污染物的企业一律停产治理或关闭;成立"零点行动"联合执法行动小组,联合执法行动为期2个月,自1998年12月1日至1999年1月31日止。同月16日,县政府召开太湖水污染"零点行动"计划实施动员会,以被列入省太湖治理任务的13家印染企业为重点,对21家重点水污染企业和30家非重点企业进行整改。至年底,13家印染企业中,有11家实现废水达标排放,1家停产调试,1家关停;21家重点水污染企业中,有16家实现达标排放,4家关停,1家停产整治;30家非重点企业中,有19家实现达标排放,11家停产整治。最终顺利通过国务院统一组织的"零点行动"达标验收,完成太湖水污染治理的第一阶段任务。

1999年,在巩固第一阶段太湖治污达标成果的基础上,进一步做好太湖流域水污染防治的第二阶段(1999—2001)的工作。重点做好城镇污水处理、大气污染治理、禁磷行动、生态村镇试点建设,组织县工商、环保等多部门进行联合执法检查。同年,对长兴污水处理工程环境影响评价进行重新论证,提高对入湖口(国控断面)的水质标准。1998—2000年,全县环境执法工作以太湖水污染防治工作为中心,三年共立案182件。2001年8月,县政府将长兴水处理工程二期、长兴雉城截污工程、长兴护城河截污整治工程、长兴垃圾处理场列入全县国民经济和社会发展"十五计划",以保障"治太"各阶段目标任务完成,改善长兴水环境质量,确保入太湖水质达到国家规定的要求,并向杭嘉湖水污染防治领导小组报告。同年,根据国家环保总局《淮河和太湖流域排污重点水污染物许可证管理办法》要求,对重点水污染企业的排污口进行规范化整治。

2002年,全面实施第三阶段(2002—2003)太湖流域污水排放治理行动,提高入太湖水质质量。国家、省控断面每月监测一次，市控断面每逢单月上旬监测，县控断面每年上、下半年各采样监测一次，监测项目共 22 项。全县继续落实环保目标责任制管理，加大环境保护与建设工作，坚决实行环保“一票否决”制，严控新污染源的产生；同时加大执法力度，严防关停企业死灰复燃和偷排行为，确保企业治污设施正常运转，做到达标排放。同年，县环保局组成 7 个执法小组日夜巡回检查，加大对重点排污企业尤其是直排太湖的水污染企业和地处“三沿一部”（铁路沿线、公路沿线、河道沿线、城乡结合部）地区污染企业的执法检查；长兴污水处理一期工程竣工并投入运行，日处理污水 3000 吨。

2004 年，对全县 2 万多台喷水织机进行整治。2006 年，对 13 家印染企业进行整治。2007 年太湖蓝藻污染事件发生后，全县进一步加大水污染治理和防治力度。2011 年，《太湖流域管理条例》颁布，县环保局依法对太湖岸线内和岸线周边 5000 米范围内“新建、扩建向水体排放污染物的建设项目”等 7 项行为进行严格控制，禁止审批。同时，进入 21 世纪以来，全县先后开展以畜禽养殖污染治理、农药污染治理、化肥污染治理为主要内容的农业面源污染治理，开展城镇及农村生活污水治理，至 2012 年，在全省率先实现镇镇建有污水处理厂目标。参见第 5 编、第 2 章、第 1 节和第 3 章、第 3 节。

第五节　“清水入湖”行动

1990 年 7 月，太湖梅梁湖蓝藻集中暴发，使无锡市沿湖自来水厂不能正常供水，116 家工厂停产。进入 21 世纪，太湖流域水污染防治虽取得一定成效，但水环境恶化的趋势并未得到有效遏制，湖泊富营养化仍在发展。2007 年 5 月，太湖蓝藻大规模暴发，致使无锡市太湖水源地水质严重恶化，当地近百万群众的饮用水安全和正常生活受到严重影响。6 月，国务院在无锡召开太湖水污染防治座谈会，要求加大综合治理力度，提出具体防治方案和措施。2008 年 5 月，国务院批复国家发改委上报的《太湖流域水环境综合治理总体方案》，部署开展太湖流域水环境综合治理工作。

2008 年 8 月，根据国务院关于太湖流域水环境综合治理工作会议精神和省政府新一轮“811”环境整治计划要求，长兴县印发《“清水入湖”二年行动总体实施方案》和《“清水入湖”二年行动工业污染治理方案》《“清水入湖”二年行动污水管网建设方案》《“清水入湖”二年行动农业污染治理方案》《“清水入湖”二年行动河道清淤实施方案》4 个子方案，从工业污染治理、农业面源污染治理、河道清淤和生态修复、污水管网建设四个方面，明确目标、任务和职责，实施“清水入湖”行动，深入推进太湖流域水环境整治。用两年时间全面改善长兴港、合溪港、夹浦港、杨家浦港 4 条主要入湖河流水质，使溶解氧（DO）、五日生化需氧量（BOD5）、高锰酸盐指数（CODMn）、挥发酚、氨氮（NH3-N）、总磷（TP）等 6 个污染物指标均能符合水功能区划要求，2008 年 4 条河流达标率达到 75%，2009 年达到 85%，至 2010 年全面达标，实现“清水入湖”的目标。

长兴港、合溪港、夹浦港、杨家浦港 4 条水系，涉及洪桥、李家巷、雉城、水口、夹浦、小浦、煤山、白岘、槐坎 8 个乡镇和龙山新区、县开发区，共 145 个行政村。自“清水入湖”行动实施以来，涉及乡镇及相关部门对照行动方案，制订整治工作计划，落实整治措施，全面开展整治，并取得成效。在工业污染治理方面，按照《长兴县淘汰喷水织机、深化印染企业整治实施方案》的统一要求，加快喷水织机整治与淘汰，加大对 54 家重点水污染企业的整治，严格控制印染、喷水织机等水污染企业工业废水的进管浓度和水量；对所有向 4 条主要入湖河流排放污水的企业实行总量控制与排污许可证制度，同时在重点水污染企业建设在线监控系统，并与县环保局联网；印染企业完成生产工艺和技术的更新改造，实行清洁生产审核；禁止审批向太湖水体排放含氮含磷污染物的建设项目，禁止审批在未配套管网区域新建、扩建、改建有生产性废水排放的建设项目，从源头上杜绝新污染源的产生。在污水管网建设方面，按照“一次规划、集中建设、同步到位”的工作思路，按一级 A 标准设计、建成 9 座乡镇污水处理厂，在全省率先实现镇镇建有污水处理厂的目标。并对 4 座污水处理厂进行脱氮除磷升级改造，全县污水处理厂全部达到一级 A 排放标准。共新建城乡污水管网 310 千米，城镇污水处理厂平均负荷率达到 73%，全县污水日处理量达到13.7万吨,全年COD消减量达到1.14万吨,中心城市生活污水集中处理率达85%,集镇生活污水集中处理率达50%以上。在农业面源污染治理方面,开展农业污染源普查,示范推广测土配方和肥药减量控污增效集成技术,减少化肥农药的使用量和提高利用率,最大限度减少对水环境的影响,2009年推广测土配方施肥技术6.7万公顷,实施农作物重大病虫综合防治5.7万公顷,建立农药减量控害增效示范区1.4万公顷,开展水稻统防统治1933.33公顷,测土配方施肥达到90%以上、病虫综合防治达到85%以上;发展生态循环型畜牧业,提高生产标准化水平,对区域内存栏100头以上的94家养猪场实行排泄物综合治理,对直接放养在外塘或与外塘相通水面的存栏500羽以上蛋禽和1000羽以上肉禽的15家水禽养殖场实行搬迁治理,并出台畜禽禁、限养管理办法,减少畜禽养殖污染;推广生态渔业养殖技术,实施保护区内渔业资源增殖放流,减少渔业生产对水环境的影响。在河道清淤方面,两年完成4条水系主河道及101条支流114.86千米,共130万立方米土方的清淤任务。同时,实施河道生态修复,采取在入湖河道及支流河道中种植挺水植物、浮水植物、漂浮植物、沉水植物以及放养水生动物等方式,通过动植物对富营养化水体的修复机理,提高水体的自净能力。

第三章　长兴环太湖开发与保护

20世纪90年代起,长兴县委、县政府开始筹划环太湖旅游开发工作。先后成立县环太湖旅游开发办公室、县环太湖旅游开发领导小组,组织编制《长兴环太湖开发带概念规划》,提出实施"三点一线"的开发策略,科学、合理开发长兴环太湖资源。2006年8月2日,省委书记、省人大常委会主任习近平考察调研南太湖治理开发工作,强调"绿水青山就是金山银山",要求要科学统筹推进南太湖综合治理与开发。之后,南太湖保护开发步入了新阶段。

第一节　长兴环太湖开发的筹划与规划

一、长兴环太湖开发的筹划

1991年,县城建局组织编制完成西太湖—兰香山旅游开发区规划。1992年,县委、县政府将香山风景区列入旅游发展重点规划。同年4月6日,县委常委会讨论香山风景区旅游开发规划、西太湖度假村旅游区建设、顾渚山文化景区与白岘洞山的开发。1996年,县旅游局成立。1998年,县旅游局委托华东师范大学编制完成《浙江省长兴县旅游发展规划(1999—2010年)》,将西太湖旅游度假区纳入全县旅游"六区一中心"(详见第14编、第6章旅游业)规划。1998年,大湖大道开工建设,至2001年竣工通车,宽36米,双向六车道,投资1亿元,县城至太湖的距离缩短至8千米,车程仅6分钟。2000年,县委、县政府开始筹划太湖旅游开发工作。2001年5月,开展南太湖风景旅游度假区的初期开发被列入当年全县第三产业重点工作任务。6月,在新塘口举行望湖山庄奠基仪式,标志长兴县南太湖风景旅游度假区正式启动建设。8月,县政府常务会议同意成立长兴县环太湖旅游开发办公室,隶属县经济技术开发区管委会(2003年12月分离单设),专门负责环太湖旅游开发带的基础建设。2002年7月,成立长兴县环太湖旅游开发领导小组,专门负责长兴县环太湖旅游开发领导工作。9月,县环太湖旅游开发办委托5家国际性规划公司,开展环太湖开发带规划咨询服务。2000年以后,环太湖开发带图影区块渐成投资热点,先后签约项目16个,总用地面积227.33公顷,其中已交付定金项目11个、用地面积73.6公顷。但由于规划、土地政策等方面的原因,至2005年2月,以上项目仍未实质性启动。

2003年,县委、县政府将环太湖旅游度假区列为全县四大景点加以重点规划建设,打响"西太湖"旅游品牌被列入《2003年县委、县政府工作要点》。同年1月,召开长兴环太湖开发带国际咨询评审会。2

月18日至19日，举办“长三角暨环太湖区域经济发展论坛”，重点宣传、推介长兴环太湖开发带。同月，县旅游部门加大旅游促销力度，推出“西太湖主题山谷游”“太湖西岸古生态之旅”等旅游形象宣传口号。同年春，《长兴环太湖开发带概念规划》获得国内专家论证通过。8月，县委常委会听取关于环太湖旅游开发带规划情况汇报，提出环太湖开发必须坚持“科学规划、合理布局、体制创新、基础先行、精品启动、滚动开发”的“二十四字”总体要求。9月8日，成立县环太湖旅游开发筹备组，由县政府分管副县长兼任组长，加快环太湖旅游开发的规划、环境建设、招商等工作。同时，明确近期重点开发图影区块、新塘区块和滨湖景观大道“两点一线”。2005年，将图影旅游度假区纳入全县“八大景点”(详见第14编、第6章旅游业)建设。

2006年8月2日，省委书记、省人大常委会主任习近平考察调研南太湖治理开发工作，强调“绿水青山就是金山银山”，要求要科学统筹推进南太湖综合治理与开发，同时就长兴环太湖开发建设提出意见和要求。随后，县委专题进行研究，并部署有关人员分组赴福建厦门、海南三亚亚龙湾、深圳华侨城学习考察。同年12月，县第十二次党代会提出打造“长三角生态休闲度假新选区”，将太湖图影旅游度假区纳入全县“十大景区”(详见第14编、第6章旅游业)重点规划建设。2008年，启动图影旅游度假区的开发建设。2010年，提出突出太湖图影旅游度假区等休闲旅游度假“四区”开发建设，打造休闲旅游功能集聚区。同年6月，成立长兴县西太湖旅游度假区管理委员会。9月27日，举行西太湖旅游度假区可行性研究报告论证会。2012年，完善提出包括太湖图影旅游度假区、太湖景区在内的“十大景区”建设。同年，经省政府批准，长兴太湖图影旅游度假区成为全省第22个省级旅游度假区。

二、长兴环太湖开发带概念规划

2002年9月，县环太湖旅游开发办发布《长兴环太湖开发带概念规划暨滨湖重点区块土地利用规划方案国际咨询文件》，委托美国EDSA事务所、澳大利亚HRP集团、美国HHCP公司、北京达沃斯景观设计研究院、美国ECG IUTERNATIIONAL公司5家国际性规划公司开展环太湖开发带规划咨询服务。县环太湖开发带北起兰香山，南至下山，岸线总长34千米，涉及夹浦、雉城、洪桥3个镇，其太湖岸线长度分别为夹浦镇13千米、雉城镇7.8千米、洪桥镇13.2千米，涉及行政村16个，住户约1.5万户、人口近4万人，规划总面积60平方千米。9月3日至4日、10月14日至17日，上述公司分别到长兴开展环太湖开发带规划国际咨询考察活动。12月，向长兴提交咨询成果。2003年1月9日至10日，召开长兴环太湖开发带国际咨询评审会。2003年春，《长兴环太湖开发带概念规划》获得国内权威专家论证通过。在规划评审基础上，以美国KOLL CONTRUCTION,L.P. 和ECG IUTERNATIIONAL衍生国际工程顾问公司编制的优选方案为基础进行规划成果整合，编制《浙江长兴环太湖旅游开发概念规划暨重点地区空间形态规划方案》。规划依托资源优势，迎合未来需求，坚持可持续发展的基本原则，提出“经贸上海、休闲长兴”的定位目标和“亚太旅游博览会城”的概念，囊括水上乐园、养生文化、生态教育、产业科研、中国风主题园五大功能，把长兴环太湖带建设成为一个面向长江三角洲和海内外市场，太湖沿岸最具魅力、最宜人，具有世界影响力、可持续发展的集度假、观光、居住、娱乐、商务、会议、教育、科研、运动于一体的综合型旅游度假和居住带。

第二节　重点区块的规划与建设

《长兴环太湖开发带概念规划》提出，实施“三点一线”的开发策略，即突出图影区块、新塘区块、香山区块和滨湖景观大道四个重点，以点带面，逐步推进，科学、合理开发长兴环太湖资源。2003年9月，县环太湖旅游开发筹备组按照县委常委会关于环太湖开发的“二十四字”精神，放眼长远、立足当前，在充分考察湖州太湖旅游度假区、无锡国家太湖旅游度假区、苏州太湖国家旅游度假区以及杭州之江国家旅游度假区的基础上，提出以“两点一线”(即图影区块、新塘区块和滨湖景观大道)作为近期发展的重点。下半年起,先后开展环太湖图影旅游度假区的控制性详细规划和城市设计工作、环太湖新塘区块旅游开发概念性总体规划工作。同时,坚持基础设施与环境改造先行的原则,重点实施环太湖滨湖景观大道工程。

一、长兴太湖图影旅游度假区

图影区块位于长兴环太湖开发带的东端。2004 年下半年起启动,2005 年编制完成《浙江长兴环太湖图影旅游度假区控制性详规及城市设计》,2009 年编制完成《长兴图影高端休闲度假区景观及生态湿地公园总体概念方案》,2012 年 8 月编制完成《长兴太湖图影省级旅游度假区旅游总体规划》。详见本章第 5 节。

二、环太湖新塘区块

新塘区块位于长兴环太湖开发带的中间地带,距县城最近,一期总面积约 2.3 平方千米。2003 年下半年起,根据《长兴环太湖开发带概念规划》总体要求,开展环太湖新塘区块旅游开发概念性总体规划工作。至 2006 年 8 月,新塘区块概念性总体规划已由上海同济大学完成中期成果。规划考虑到和谐社会建设的新要求以及旅游产品竞争的差异化、层次化原则,在协调处理旅游开发与当地的新农村建设的关系上,体现"自然、老百姓、新农村"的新型发展理念。提出把新塘区块建设成为环太湖新型度假旅游区、县域经济与生态保育的重要活力点、以发展"生态、康体、新农村游"为主的"体验型"旅游示范区。主要项目内容包括:多功能湿地生态游园、健身休闲俱乐部、度假与乡村花园、会展与游艇中心、田园风光与自由采摘区、原生态民间生活区、地方产品市场、区域与地方文化展示区、太湖楼建设等。

三、滨湖景观大道

2003 年 4 月起,根据《长兴环太湖开发带概念性规划》,开展环太湖滨湖景观大道的选线设计和论证工作。拟定位于距离环湖大堤西侧 800 米至 1000 米处按四级公路建设滨湖景观大道,其中图影至新塘段全长 14.6 千米,路基宽 8.5 米,路面宽 7.5 米;概算投资 9000 万元。至 2006 年 7 月,已完成初步设计工作,并通过市交通局组织的初步设计审查,着手施工图设计工作。

2006 年 8 月 2 日,省委书记、省人大常委会主任习近平考察调研南太湖治理开发工作,强调"绿水青山就是金山银山",要求要科学统筹推进南太湖综合治理与开发,并就滨湖景观大道设计方案存在的问题提出意见。随后,县委、县政府专门就环太湖开发进行研究,组织有关部门专门赴福建厦门考察。在以上工作基础上,由设计单位重新设计,适当调整线位。同年年底,由美国规划协会(简称 APA)负责设计的长兴南太湖滨湖大道景观工程设计工作全面启动。该大道景观规划设计包括道路延伸及影响范围的景观分析、道路沿线的景观走廊及控制区概念设计、道路沿线主要节点景观设计(入湖口、图影、新塘以及重要水、陆交接口等、含跨河桥梁景观效果设计)、与道路配套的基础设施设计(供水、供电、供热、燃气、通信、绿化等各项配套基础设施建设)等内容。2007 年 2 月中旬完成概念设计,确定方案;3 月上旬完成规划设计成果汇报并确定扩初方案内容;4 月底完成最终成果汇报。滨湖大道景观规划设计全长约 35 千米,主要体现三大特点,在功能上适应景观、旅游、水利等功能综合需要,是彰显滨湖城市魅力的岸堤结合的标志性景观大道;在设计上体现近湖、亲水、通透、生态等特色,是展示湖光山色的旅游观光大道;在建设上突出原生态特色,充分考虑与南太湖的整体生态环境相融合,把太湖沿线各个景点串联起来,使湖岸线通透起来。通过实施景观工程建设,形成沿湖城市特色景观,为城市旅游、市民休闲游憩提供最佳公共活动空间和场所,彰显长兴城市特有魅力和发展特色,提升城市品位和形象,增强城市活力。

2008 年 3 月,启动征迁工作。2009 年 2 月,滨湖景观大道开工建设。至 2011 年 8 月,全面建成。北起夹浦镇夹浦村双港自然村,南至图影度假区鸭梅港桥(湖州小梅口),全长 22.62 千米。按二级公路标准设计,路基宽度 15 米,设计速度为每小时 60 千米;沿线环湖大堤加固工程等级为二等,设计洪水标准为 100 年一遇。总投资 12.5 亿元,是一项集交通、生态、水利防洪、旅游观光于一体的综合性工程。全线采用路、堤结合方式,有沿湖、离湖、入湖三种形式,夹浦至洪桥镇杨家浦港、图影度假区小沉渎扶栏桥至鸭梅港桥共 19.25 千米借用太湖大堤,其余路段与太湖大堤并行。

四、百叶龙大桥

原名长兴港大桥，又名太湖大桥，位于太湖西岸环太湖公路，是长兴滨湖景观大道建设的重要组成部分。该桥于2009年2月开工建设，2011年9月25日通车。北起长兴港港口西北岸，南至港口东南岸，全长1441.2米。桥梁全宽24.5米，净宽19.5米，按照双向四车道设计，全桥41孔，每孔跨径均为35米，上部结构采用“碗形”断面连续现浇箱梁：桥两边各为4跨一联，其余均为3跨一联，共13联；下部结构采用柱式桥墩和V形实体墩，基础均为钻孔灌注桩。大桥的设计立意取自长兴民间艺术奇葩“百叶龙”的造型。太湖风光秀丽，采用“百叶生龙”的设计方案，将长兴的传统民间艺术与现代工程相互融合，实现与自然景观的完美协调。

图6-6　百叶龙大桥（县交通局提供·2012年）

第三节　综合环境改善和优化

2000年以后，县委、县政府在推进环太湖旅游开发的同时，坚持放眼长远、立足高起点，尊重客观、注重阶段性的原则，强化政府的宏观控制和管理，多种手段加强环太湖开发带的保护和开发工作，使开发带内的水环境、大气环境、村庄环境、交通环境等逐年得到改善。2002年，建立县环太湖旅游开发领导小组，并设立办公室，配备班子，加强对环太湖资源的保护、开发和管理工作。积极搭建运作平台，实行政府主导和市场运作相结合策略，组建成立旅游开发投资公司。同时，强化部门职责，把优化和改善环太湖地区的交通环境、水环境、村庄人居环境以及大气环境作为相关部门的工作重点，明确责任并落实到位。严禁在开发带内新办工业项目，严禁乱搭乱建和违法建房，严禁急功近利的低水平开发，特别是严格控制房地产开发。专项开展开发带内的中心村布局规划，开展清水河道工程，实施滨湖景观大道以及康庄工程建设等，使环太湖开发带的综合环境不断得到改善和优化。2010年起，结合美丽乡村建设，将东线环太湖实验示范带纳入全县美丽乡村建设“五区四带”（详见第7编、第6章城乡一体化）重点区域，至2012年，东线“太湖风情”实验示范带沿线4个乡镇（园区）、12个行政村、52个自然村的环境整治提升实现全覆盖，沿线环境面貌整体提升。

第四章　长兴太湖图影省级旅游度假区

2008 年,太湖图影旅游度假区正式启动开发建设。2010 年,成立长兴县西太湖旅游度假区管理委员会,2011 年更名为浙江太湖图影旅游度假区管理委员会。2012 年 4 月,经省政府批复成立长兴太湖图影省级旅游度假区,成为全县首个、全省第 22 个省级旅游度假区。

第一节　度假区沿革

长兴太湖图影省级旅游度假区位于县境东南端,与湖州太湖度假区相邻,东面是浩瀚的太湖,西、南、北环绕有秀丽的弁山,内含神秘、广阔的湿地,拥有"东临太湖,三面环山,腹拥湿地"的独特旅游优势。"图影"一名由来已久,相传古时太湖水患不断,老百姓因无法预测水患而蒙受损失,一位能工巧匠为当地百姓建造一座奇巧桥,能准确预测当年太湖水位。每年清明节前一天晚上,人们在桥下"图"上(当地方言习惯把"画"称作"图")水位印记,至清明后第三天晚上看水位变化,即可预测到当年水情。若不高不低,当年最高水位为三尺三寸;若高一寸,水位加一尺,若低一寸,水位减一尺。以之类推,十分灵验。时间久了,人们就将该桥称作图影(印)桥,地方也被称作图影。

2008 年,正式启动太湖图影旅游度假区的开发建设。2010 年 6 月,成立长兴县西太湖旅游度假区管理委员会,代管洪桥镇 7 个村、1 个居委会和 126 个村民组。2011 年 3 月,更名为浙江太湖图影旅游度假区管理委员会。2012 年 4 月 26 日,经省政府批复成立长兴太湖图影省级旅游度假区,成为全县首个、全省第 22 个省级旅游度假区。年末,度假区总面积约 23.8 平方千米,代管洪桥镇横山桥村、大荡漾村、图影村、小沉渎村、陈湾村、碧岩村、水产村 7 个行政村和 1 个居委会(横山居委会),126 个村民小组,3521 户,常住人口 11451 人。

图6-7　长兴太湖图影旅游度假区全景(太湖图影度假区管委会提供·2012年)

第二节　度假区规划建设

一、规划

2003 年下半年,根据《长兴环太湖开发带概念规划》和环太湖开发带"两点一线"重点开发策略,启动环太湖图影旅游度假区的控制性详细规划和城市设计工作。2004 年下半年开始,县环太湖旅游开发筹备组经过前期充分的论证、实地接触和分析比较,从上海万吉特建筑规划设计公司、杭州南方建筑设计公司、美国金石设计公司、香港嘉毅龙腾设计公司4家规划单位中择优选择美国洛杉矶LA-WAY(金石)建筑设计事务所(WINSTON YAN ARCHITECTS, INC.)作为规划设计单位。经过前期基础资料调查、初步方案汇报、中期成果部门论证、后期专家论证等环节，于2005年上半年组织终审。2005年8月，由美国洛杉矶LA-LYAA(金石)建筑设计事务所编制的《浙江长兴环太湖图影旅游度假区控制性详规及城市设计》通过县政府规划例会。提出图影区块的功能定位为湖漾山麓度假居住区和滨湖健身参与性现代新型游乐区，力求建设一个环境以自然生态野趣为特色、建筑以现代舒适为特征、功能以休闲运动健身为中心的新型旅游度假区。2009年，委托中建国际编制《长兴图影高端休闲度假区景观及生态湿地公园总体概念方案》，该方案以对当地生态系统充分保育、对湿地适度利用、对原生态环境和特色人文的把握获得专家评审会的一致认可。2012年8月，由上海奇创旅游景观设计有限公司编制的《长兴太湖图影省级旅游度假区旅游总体规划》经专家评审通过，10月经县政府规划例会通过，明确度假区将立足原生态，以当地文化为基底，通过健康医疗与养生产业的注入，打造以“健康”为主题特色的长三角滨湖高端休闲旅游度假第一目的地，成为现代康体休养之区、低碳运动娱乐之区、秀美生态观光之区和国际会议会展之区。

二、建设

招商引资　2010年，与上海朗诗集团正式签订长兴朗诗绿色建筑研发基地项目投资框架协议，长三角首个绿色建筑研发基地项目落户度假区。该项目总投资约2.2亿元，注册资金3000万元，占地面积4.09公顷，建筑面积约4.5万平方米。建设内容包括会议培训中心、布鲁克被动房体验中心、空气实验室、绿色材料实验中心、建材实验楼、综合办公楼等。项目建成后将着力打造成长三角一流的绿色建筑行业研发、检测、展示、交流基地。

2011年，与广州颐和集团有限公司签约，首个五星级酒店、国际会议会展中心、旅游房产项目落户度假区沿太湖区块。酒店项目总占地面积约4公顷，投资7843万美元。注册资金4000万美元，建设内容为五星级酒店、商务楼及配套设施。会展及旅游房产项目总投资23亿元，注册资金2亿元，占地面积约20公顷，建筑面积47万立方米，建设内容为会议会展中心和旅游地产。2012年，颐和项目参加湖州市旅游重大项目集中开工奠基仪式。

2011年，度假区完成合同外资4000万美元，实到外资1080万美元，内资注册2亿元。2012年，完成合同外资3000万美元，实到外资1557万美元，县外注册资本2.5亿元。

基础设施建设　2009年，开工建设环太湖公路及环湖沿路大堤加固工程(长兴段)、度假区1号至5号道路。2011年，建设度假区便民服务中心，实施长兴滨湖景观大道配套工程，完成环太湖公路及环湖沿路大堤加固工程(长兴段)建设。2012年，建设图影生态湿地文化园，完成长兴滨湖景观大道景观配套工程建设。2010—2012年，建设图影新社区、陈湾石矿安置房，安置原图影村、陈湾村拆迁群众。随着安置、交通、管网、景观等基础设施的建设完成，度假区建设成效初步显现。

三、长兴太湖图影生态湿地文化园

2012年10月，太湖图影旅游度假区核心景区《长兴图影生态湿地文化园一期设计方案》通过县政府规划例会，并启动建设。同月，成立长兴太湖图影景区经营管理有限公司，全面运营太湖图影生态湿地文化园景区。该景区属湿地景观，分陆地和荡漾两部分，其中陆地部分面积133.33公顷，荡漾部分200公顷，一期建设项目包括大地景观、码头区、生态岛(农耕岛、白鹭洲岛)，建成后成为度假区开发以来第一个正式对外经营的旅游项目。

第七编 城乡建设

1988年，长兴县城市化水平21%，有9个镇、25个乡。县城所在地雉城镇建成区面积3.2平方千米，框架面积4.1平方千米，城市道路总长13.4千米，房屋建筑面积125.2万平方米，7层高的钟楼饭店为城区最高建筑，常住人口3.2万人。33个乡镇集镇建成区总面积9.1平方千米，聚集人口3.4万人。农村人均住房面积31.3平方米，楼房户数占全县农村户数的21.8%。1990年起，县城旧城改造逐步展开。1992年，在县城东侧设立县经济技术开发区，规划面积8平方千米。2000年起，按照"中等城市"的目标定位，拉开框架，完善功能，掀起加快城市建设的热潮。2001年7月，县委、县政府启动龙山新区开发，规划面积9平方千米。2003年后，落实省委"八八战略"，以加快城乡一体化为指引，构建"一核心、三组团"城市空间布局，建设以雉城为中心、中心镇为支撑、一般城镇及中心村共同发展的城镇体系；在全县开展"千村示范、万村整治"工程。2005年，龙山新区一期建成，中心城市"中等城市"框架基本形成。2006年起，编制实施《长兴县域总体规划(2006—2020)》，大规模开展旧城改造，全面推进龙山新区、开发区、太湖新城、西太湖科教新城和城南新区开发建设，加快以城带乡、城乡一体化步伐。2007年，被授予"国家园林县城"称号。2008年，被授予"国际花园城市"金奖(D类)，并获环境可持续发展奖第一名。2009年，获评浙江省规划建设示范城市。2012年6月，雉城镇建制撤销，改设3个街道。至同年年末，全县先后编制实施五轮城市总体规划，全县城市化水平提高至58%。城区建成区面积45平方千米，框架面积56平方千米，城区常住人口27.8万人，城市道路总长132.58千米，人均道路面积13.88平方米，形成"二环十横九纵"城市道路交通路网体系。全县有乡镇政府所在集镇13个，建成区总面积37.41平方千米，聚集人口12.41万人。农村人均住房面积59.17平方米，楼房户数占全县农村户数的76.7%。美丽乡村建设成效明显，城乡一体化全面推进，经济繁荣、生活富裕、环境优美、管理民主、社会和谐的社会主义新农村面貌初步展现。

第一章 城乡规划

1988年，长兴县城乡建设工作由县城乡建设环境保护局负责。1996年9月，县城乡建设环境保护局分设为县建设局、县环境保护局。县建设局内设办公室、组织宣传部、财务企业管理科、建设管理科(节水办)、规划管理科、建筑业管理科、房地产管理科7个职能科室，办公地点搬迁至金陵中路257号长兴建设大厦。2011年4月，组建县住房和城乡建设局(简称县建设局)，为县政府综合管理全县城乡建设事业的行政职能部门，县规划局(县测绘与地理信息局)、县人民防空办公室与其合署办公。2012年，有内设办公室、组宣人事科、财务科(财务核算中心)、法制科、行政许可科、规划管理科(测绘与地理信息科)、城市建设管理科、公共事业管理科(节水办)、建筑业管理科、房地产管理科、人防工程科9个职能科室，下设派驻机构开发区、泗安、和平、煤山4个分局，下辖企事业单位23个。

第一节　县域总体规划

2006 年 4 月，县政府委托浙江省城乡规划设计研究院编制《长兴县域总体规划(2006—2020)》，重构城乡规划体系，以适应统筹城乡发展、促进城乡一体化的需要。2009 年 5 月，经浙江省人民政府批准实施。规划将中心城区定位为长三角省际枢纽与物流基地、环太湖山水园林的现代化新兴城市，县域功能定位为长三角先进制造业重要集聚区、绿色高效农产品主产区、现代物流重要集散区、生态休闲度假新选区和浙江省先进文化建设示范区、现代社会管理样板区。县域常住人口规划 2010 年为 81.5 万人，2020 年为 98 万人。城镇总人口规划 2010 年为 48.9 万人，2020 年为 72 万人。城市化水平规划 2010 年为 60%，2020 年为 73.4%。

《长兴县域总体规划》对县域行政区域面积进行整体规划，统筹布局县域范围内城镇建设发展空间、生态保护空间、农田保护空间和区域基础设施通道以及农村居民点，合理配置城乡基础设施和文化、教育等公共设施，实现城乡规划在县域全覆盖和空间管治，既有软性目标又有硬性指标，为营造优越县域空间结构、空间形态与功能布局，建设用地紧凑、混合、节约的城镇及村庄体系提供依据。

县域空间布局为“一核三组团多点、四大片区结构”，构筑中心城区+中心镇组团的县域城镇发展格局。一核为中心城市；三组团为依托煤山、泗安、和平 3 个中心镇，发展县域次区域；“多点”即培育一批中心村，以中心村为主体，加强新农村建设；四大片区为以中心城市、煤山、泗安、和平三个中心镇为核心的 4 片次区域。其中中心城市次区域包括小浦、夹浦、李家巷、洪桥、虹星桥、雉城、吕山、水口等乡镇；煤山次区域包括煤山、白岘、槐坎等乡镇；泗安次区域包括泗安、林城、二界岭等乡镇；和平次区域包括和平、吴山等乡镇。村庄分为三级，即中心村、一般村和城中村。中心村主要是原有乡驻地或已有相当规模并承担一定区域服务职能的村庄，使之成为城镇在镇域中的职能补充；一般村指因规模较大、发展条件较好而保留的自然村；城中村通过旧城改造，将现状已在长兴城镇建成区内以及根据规划将划入城镇建成区的村庄进行改造，按照城镇建设时序，把城中村改造为城市社区。确定 2020 年全县形成 111 个中心村(包括 6 个集镇型中心村)，通过迁村并点，全县规划一般村 443 个。

《长兴县域总体规划》确定中心城市形成东南工业与物流、中西北居住、中部公建的用地布局结构，总体结构为“一轴六片多中心”。一轴为南北向串联起多个中心的公建轴线；六片为龙山新区片、太湖新区片、老城片、经济开发区片、雉城工业区片、经济开发区二期片；多中心为老城中心、龙山新区行政中心、太湖新区中心等多个片区中心。规划区形成一个优化区、两个拓展区、两片整合区、五条生态廊道区，一个优化区即优化老城区，优化老城区商贸、商务、居住、旅游功能，展现良好的城市形象，促进老城区焕发活力；两个拓展区为东部环太湖旅游区和南部工业新城；两片整合区分别指城市远景向东南与西北片，东南片指李家巷和洪桥片，西北片为小浦镇；五条生态廊道区指规划在西苕溪、泗安塘、合溪新港、申苏浙皖高速公路和环太湖周边预留一定宽度防护绿地，形成五条生态廊道。

《长兴县域总体规划》近期用地发展方向依托旧城，向北充实龙山新区，向东扩展县经济开发区、建设站场新城，向南发展经济开发区二期，向西控制发展，建设少量一类住区，向东南建设图影区块。规划区范围确定为雉城、洪桥、李家巷、夹浦、小浦、虹星桥 6 个镇及水口、吕山 2 个乡，总面积 667 平方千米。预测远期(2020 年)城区人口规模 47 万人，近期(2010 年)为 31.6 万人。规划远期(2020 年)人均建设用地 119 平方米，城市建设用地规模 56 平方千米，城市控制建设用地框架 68.61 平方千米；近期(2010 年)人均建设用地 116 平方米，城市建设用地规模 36.64 平方千米，城市控制建设用地框架 43.85 平方千米。

《长兴县域总体规划》确定长兴城乡发展目标：形成城乡空间布局高度融合、城乡功能结构高度互补、城乡生态环境高度协调、城乡基础设施高度共享、城乡用地集约水平较高、城乡人口流动高度通畅、城乡政治文化平等和城乡生活水平共同提高。新农村建设目标：把农业建设成为具有市场竞争力、能使农民致富和可持续发展的高效生态农业;把村庄建设成为让农民能享受现代文明生活的农村新社区;把农民培育成为能适应分工分业发展要求的、有文化的、懂技术的、会经营的新型农民,形成城市和农村互补互促、共同繁荣的城乡一体化发展新格局。

第二节 城市总体规划及专项规划

一、城市总体规划

第一轮城市总体规划,由县城乡建设环境保护局于1984年开始编制实施。之后,随着经济社会和城市建设发展,长兴县又陆续对城市总体规划进行多轮修编调整。到2012年,共编制5轮城市总体规划。

第一轮城市总体规划 1986年11月,《长兴县雉城镇总体规划(1984—2000年)》经湖州市人民政府批准实施。规划将雉城镇定位为长兴县政治、经济、文化中心,上海经济区建筑材料基地,并以发展食品轻纺工业为主的轻型工业结构城镇,浙北地区水陆交通重镇。建成区人口规划近期1990年为5万人,远期2000年为6.5万人。建成区面积规划近期1990年为4.25平方千米,远期2000年为5.85平方千米。明确规划区范围包括雉城镇及原城郊乡部分,城市发展向西北和南拓展。将雉城镇分为三大工业片、三个仓库堆场区、一个文教区,并形成商业中心街。规划确定近期建设规划项目有新建古城公园、自来水厂工程,拓宽人民路南门桥以南路段,完成环城西路与解放路延伸,向南延伸金陵路,填埋州桥港,东侧建农贸小商品市场及菜场,西侧形成绿带,新建青少年游乐场所,开辟公墓墓地,筹建液化气储运站,新建北环路。

第二轮城市总体规划 进入20世纪90年代,长兴城市建设快速发展,第一轮城市总体规划确定的建设目标已提前实现。1993年9月,长兴县委托上海同济大学规划与设计研究所、上海城市建设学院修编第二轮城市总体规划。1994年4月11日,《长兴城市总体规划(1993—2010)》经湖州市人民政府批准实施。1998年9月,市政府办公室批复同意《长兴城市总体规划(1993—2010年)》作局部调整。规划确定雉城镇城市性质为县域经济、政治、文化中心,浙苏皖边区交通发达、工贸结合的现代化城市。明确城市规划区范围东到拟建杭宁高速公路,南至318国道南1千米,西到新长铁路,北达合溪新港以及包漾河水源保护区,总面积80平方千米。城区人口规划2000年11万人,2010年为20万人。城镇化水平规划2000年为30%,2010年为40%。确定城市总体布局铁路以北以生活为主,铁路以南以工业仓储为主,县前街、人民路交叉处为城市行政中心,金陵路、解放路、老318国道、城南路为商业街,人民路为步行商业街,东部为无害工业区,火车站广场附近为对外交通中心。将县级行政办公中心规划在人民路北端,以解放桥、人民路、经一路和金陵路为纽带,形成商业中心。以长兴火车站为核心,形成对外交通中心。确定近期重点加强城市基础设施建设,积极开发私营经济区和高新技术开发区建设,加速旧城改造,提高旧城居住质量,扩大城市绿地。安排近期主要开发护城河以北地块、体育馆附近地块、西环路高级住宅区部分地块和老104国道东侧。建设第二水厂、污水处理厂、长途汽车站、停车场、公共车辆保养场、城西北农贸市场、邮电大楼,扩建原液化气站;建设西环路、站前西路、经一路以西北环路,拓宽改造人民路、县前街、光明路、金陵路、老318国道、老104国道、铁路站场路;建设台基山公园、森林公园、滨湖公园,扩建古城公园。

第三轮城市总体规划 1998年9月,长兴县委托中国城市规划设计研究院修编第三轮长兴城市总体规划。1999年9月,《长兴城市总体规划(1999—2020)》编制完成。2000年8月,经湖州市人民政府批准实施。2003年9月,市政府批复同意《长兴城市总体规划(1999—2020)》修订和《长兴县近期建设规划》。规划确定长兴城市功能定位为浙苏皖三省边际区域交通枢纽、经济中心城市之一,并确定长兴城市空间布局结构为开放型、生态化山水城市。城市建设用地规划2010年不超过20.5平方千米,2020年不超过26平方千米,远景控制在30平方千米以内。明确长兴中心城市规划区范围为雉城镇、小浦镇、新塘乡行政辖区。确定县域城镇发展战略是形成以县城为中心城市、建制镇和集镇为纽带、广大农村为基础的城镇一体、城乡整体协调发展格局。将高速公路以西、合溪新港以南、318 国道以北、新长铁路以东地域划定为城市建设用地控制范围。城市建设用地发展方向，近期以雉城镇老城为中心向东、西双向扩展、远期向北扩展，远景开发东北部的用地。明确中心城区建设用地由中部旧城区、西北部龙山公共中心区、北部合溪片区构成。工业、仓储用地分布在西部、南部、东北部以及合溪片区。城区形成组合方格网道路系统，104 国道与 318 国道从东部、南部边缘通过，在电厂南部汇合向东连接宁杭高速公路；杭宣、新长铁路在老城区南部汇合，老客运站位置不变；长兴港通过老城南部河段改道三里桥港，拓宽三里桥港至 60 米，在城区东南部设铁水联运中心。规划建设龙山行政中心、商贸中心、文化教育中心、体育中心；东南部规划蔬菜批发中心；南部规划非公有经济工业用地，用于邻近乡镇工业集中开发。仓储用地规划在铁路和运河沿线。

第四轮城市总体规划　2002 年，长兴县委托杭州市城市规划设计研究院启动第四轮城市总体规划修编。2003 年 9 月，《长兴城市总体规划(2003—2020)》经湖州市人民政府批准实施。规划将长兴城市定位为山水园林型中等工贸城市，区域交通枢纽和物流中心。形象定位为园林城市、山水城市、绿色城市、艺术城市、家园城市。城市人口规划 2005 年为 20 万人，2020 年为 42 万人。城市建设用地规划 2005 年为 28.6 平方千米，2020 年为 53.1 平方千米。城镇化水平规划 2005 年为 44%，2010 年为 56%，2020 年达到 76%。明确城市规划区范围为雉城镇、洪桥镇、李家巷镇、夹浦镇铁路以东、小浦镇区及以东、虹星桥镇域北部地域，总面积 398 平方千米。确定城市发展目标为县域政治、经济、文化中心功能突出，以工业园区为载体，加快结构调整，力争成为长三角重要的制造业基地。确定形成四级县域城镇体系，一级为中心城市，即雉城镇；二级为中心镇，即泗安镇、煤山镇、和平镇；三级为一般镇，即李家巷镇、夹浦镇、洪桥镇、小浦镇、虹星桥镇、林城镇；四级为乡集镇，乡建制可视具体情形撤并。确定城市空间发展策略为“北延、东扩、南进、西控”，依托旧城，向北拉开城市框架，建设龙山新区；向东扩展县经济开发区；向南发展与县经济开发区相配套的雉城工业园区；向西控制发展，建设少量一类居住区。用地总体布局形成东南部工业与物流、中西北部居住、中部公建的城市用地结构，其特点为“十字公建轴、二片工业用地、五片三点居住用地、一纵四横三片绿地、三环四带五大湖水系”。公共设施形成一个主中心、“十”字形公建轴、四大功能区的用地结构。主中心为城北龙山新区形成的行政、文化、商业核心；“十”字形公建轴为南北以明珠路为主体的城市商业、办公、文娱发展轴，东西以太湖大道和中央大道为主体的城市行政、商贸、科研、文化、体育、发展轴，并与太湖旅游度假区相贯通。加强开发区内部道路网建设，连接城市现有道路与外环线，改善旧城区路网，使之形成完整的城市道路系统。城市道路路网系统为方格网形式，城区主骨架道路为“三纵四横”，城市道路分主、次、支三级。明确城市公共停车场网络，远期城市公共停车场用地面积 42 万平方米，其中机动车停车场规划用地面积为 33.6 万平方米。

第五轮城市总体规划　2009 年 5 月，长兴实施《长兴县域总体规划(2006—2020)》，按照“城市区域化、区域城市化”目标，大力推进城乡一体化发展，中心城市发展空间不断拓展，与周边城镇连片发展态势逐步显现，中心城镇群格局初步形成。2010 年 5 月，长兴县委托浙江省城乡规划设计研究所启动编制《长兴中心城区空间协调规划》，对主城区与组团功能定位、空间范围、人口及用地规模、基础设施、公共服务设施等进行统筹协调。2012 年 9 月，《长兴中心城区空间协调规划》经长兴县十五届人大常委会批准实施。规划明确长兴中心城区空间范围包括雉城街道、太湖街道、画溪街道、小浦镇、夹浦镇、洪桥镇、李家巷镇、水口乡全域及吕山纳入南太湖产业集聚区的部分，共 562.7 平方千米。中心城区用地规模 2015 年控制在 75 平方千米以内，2030 年控制在 105.6 平方千米内，建设用地框架规模控制在 185 平方千米左右(含区域旅游用地、区域交通设施用地、区域公用设施用地、乡建设用地以及工业发展备用地等)。中心城区常住人口规划 2015 年为 68 万人，2030 年为 94 万人。城镇化水平规划 2015 年为 70%，2030 年为 85%。确定城市功能定位为县域政治经济文化中心、新兴特色制造业基地、地区休闲旅游及服务中心。城市形象定位为县强、民富、景美、人和的“太湖望县、锦绣长兴”,富饶、活力、秀美、幸福的山水园林型现代化新兴城市。确定城市总体发展战略为城市现代化、品质化、多元化,功能复合化、区域化、极核化,交通枢纽化、便捷化、公交化,产业高端化、集群化、规模化,环境生态化、宜居化、园林化。确定长兴中心城区结构为“一主、四轴、八组团”。“一主”即长兴主城区,为长兴社会经济重心、长兴跨越式发展的主要载体;“四轴”即西部山体绿轴、东部水体蓝轴,以及山水之间两条沟通轴;“八组团”即由北至南分别引入夹浦组团、科教生态组团、水口组团、小浦组团、画溪组团、李家巷南太湖产业平台组团、洪桥组团以及图影组团。明确主城区范围北至盛家漾周边,东至太湖,南至宣杭铁路,西至新长铁路,框架规模为79平方千米。确定主城区划分为三大片,核心片包括老城区、龙山新区以及回龙山新区,作为城市发展的核心,综合行政办公、公共服务、居住商贸等功能;开发区片包括战略性新兴产业园、南太湖总部经济园、先进制造业集聚区、三河湾新区专业市场区“两园三区”,是长兴的产业强区与城市新区;太湖新城区片包括商务商贸片区、绿园区以及高新产业及配套区三个片区,以研发、商务、商贸与旅游功能为主。确定主城区周边卫星镇不再按照小城镇要求进行建设,在空间上与中心城市进行统一规划,协调各不同行政主体之间利益,优化区域资源配置,强化基础设施、公共设施共建共享,实现基础设施对接、城市功能协调和空间布局优化。明确八组团性质定位:夹浦组团为现代纺织强镇、新型商贸重镇;科教生态组团为生态绿洲、科教基地;水口组团为茶文化风情小镇;小浦组团为特色工贸、休闲旅游城镇;画溪组团为城南工贸新区;南太湖产业集聚区长兴分区及李家巷组团为产业新城、物流基地;洪桥组团为湖滨水乡特色城市组团;图影组团为滨湖高端休闲旅游度假区。

二、专项规划

围绕城市总体规划,政府和相关部门在公用事业、城市基础设施建设等方面陆续编制专项规划。1996年,县城乡建设环保局分别完成《长兴城市绿地系统规划》《长兴城市环境卫生设施规划》编制。1999年,由同济大学建筑与城市空间研究所完成《长兴护城河绿带规划》编制。2003年,由上海交通大学地景园林规划设计研究所完成《长兴县城市绿地系统规划》编制,杭州市城市规划设计研究院完成《长兴城市近期建设规划》。2004年,由上海同济城市规划设计研究院完成《长兴城区城市设计》编制。2006年,由浙江工业大学规划设计研究院完成《长兴城市排水专项规划》编制;县规划设计室完成《长兴城市住房建设规划(2006—2010)》编制。2007年,由杭州园林设计院完成《长兴县回龙山公园概念性规划方案》编制,由上海同济城市规划设计研究院完成《长兴城区整体城市设计及控制性详细规划》编制。2008年,由上海同济城市规划设计研究院完成《南太湖总部经济园城市设计》编制,由杭州市城市规划设计研究院完成《龙山新区二期水系规划方案》编制,浙江城建燃气热电设计有限公司完成《长兴县热力规划》编制,杭州市城市规划设计研究院、湖州市电力设计研究院完成《长兴县电力设施布局规划》编制。2009年,完成《太湖新区控制性详细规划及站前区城市设计》编制,中建国际(深圳)设计顾问有限公司完成《西太湖(长兴)科教生态城》编制,浙江工业大学建筑规划设计研究院完成《长兴县城区排水专业规划》编制。2010年,县规划设计室完成《长兴县城镇住房建设规划(2010—2012年)》编制,省城乡规划设计研究院完成《长兴县回龙山新区规划》编制。2012年,省城乡规划设计研究院完成《中心城区空间协调规划》编制,上海交通大学安地规划建筑设计有限公司和上海交通大学交通研究中心完成《中心城区综合交通规划》编制,省城乡规划设计研究院完成《长兴县城区供水专项规划》。

第三节　镇村规划

1982年起,全县开始启动前期调查摸底,着手开展村镇规划编制工作。1983年3月,县政府召开全县村镇规划工作座谈会,布置开展村镇规划编制。至1985年年底,完成31个乡镇、448个行政村、1960个自然村规划编制任务。规划主要确定村镇布局、发展方向、性质、规模和位置,村镇之间交通运输体系、电力、电信线路走向，以及主要公共建筑物和生产基地位置。同时，健全镇村规划建设队伍，各乡镇均设立村镇建设管理办公室，配备镇村规划管理员。至2012年，全县已编制完成城镇体系规划、乡镇总体规划、中心村规划及相关控制性详细规划等，形成完善的镇村规划体系。

一、县域村庄布局规划

2003年11月月底，根据浙江省建设厅《关于印发〈村庄规划编制导则〉(试行)的通知》，县建设局委托湖州市城乡规划设计院编制《长兴县县域村庄布局规划》，加快城乡一体化进程，加大"建设中心村、撤并自然村、改造空心村"力度，指导村庄建设合理、科学、健康和有序开展。2005年11月，根据新农村建设的新要求，委托市城乡规划设计院对规划进行修编，于2006年10月经县政府批准实施。规划范围为县域内除城镇规划建设区用地以外区域(不包括开发区、工业园区)，共16个乡镇，224个行政村，2273个自然村，农村人口46.3万人。规划确定村庄等级结构为中心村、一般村两级。规划期末(2020年)县域农村人口缩减为27.2万人。规划撤并自然村1783个，其中并入镇区359个、并入中心村494个、多村合并930个，至规划期末县域内村庄为549个，其中一般村443个，中心村106个。

2010年3月，委托市城市规划设计研究院编制《长兴县县域村庄布局规划(2010—2020)》，以有序引导中心村培育建设，合理控制中心村用地规模和人口规模，指导新一轮中心村建设规划编制。2011年11月，完成编制并经县政府批准实施。包括县域村庄布局规划、县域村庄社会服务设施规划、各乡镇村庄布局及撤并意向指引、各乡镇村庄公共设施布局导引的综合性、全面性规划。规划确定近期2010年至2015年，远期2016年至2020年。规划范围为县域内除城镇规划建设区用地范围以外区域。规划确定县域农村人口28.45万人，其中两栖人口2.5万人。村庄人口规模为平原地区中心村2500人，居住点500人；山区半山区中心村1500人，居住点不少于200人。村庄建设用地指标为新建村人均用地按照80平方米、新老结合村庄人均用地100平方米进行控制。村庄等级结构为中心村、居住点两级，全县共92个中心村，301个居住点(其中集中居住区92个、居住点209个)，依托现状发展条件较好、具有一定规模及服务功能的居住点作为中心村，引导周边人口逐步向中心村集聚。规划至2020年，全县农村总人口由42.77万人减少至28.53万人，农村居住点由2219个撤并为301个，撤并居住点1977个。规划确定中心村社会服务设施配置标准为社区综合服务中心(兼便民服务中心)、幼儿园、青少年活动室、老年活动室、应急消防室、党建活动室(兼村民学校)、社会保障服务站、社区卫生服务站、商业网点等，其他社会服务设施根据需求和实际情况设置。

二、中心镇总体规划

泗安镇总体规划　2012年，委托湖州市城市规划设计研究院编制完成《泗安镇总体规划(2012—2030)》。规划期限近期为2012－2017年，远期为2018－2030年。规划确定镇域范围总面积232平方千米，镇区规划控制范围：西起仙山湖湿地景区西边界，南至镇域南部行政边界，东接杭长高速、北临申苏浙皖高速，面积55.7平方千米。城市规划用地范围：南至镇界和高压走廊、东靠杭长高速、北临申苏浙皖高速、西接外环西路，面积32.2平方千米。规划确定至2017年，泗安镇域常住人口13万人，其中镇区常住人口6.5万人。至2030年，泗安镇域常住人口17万人，其中镇区常住人口13.5万人。至2017年，城镇建设用地控制在15.39平方千米，其中纳入用地平衡的城镇建设用地规模为6.83平方千米，人均105平方米。至2030年，城镇建设用地控制在23.39平方千米，其中纳入用地平衡的城镇建设用地控制为13.47平方千米，人均99.8平方米。规划确定泗安镇总体布局结构为依托新318国道、12省道、泗安港，以交通干线和自然水系相分隔，由核心区和若干功能片区构成。通过城市交通性干道网相联通，形成"两心三轴四组团"城市空间格局。两心为镇区北部城镇综合服务中心和南部产业服务中心，三轴为318国道发展轴、12省道发展轴和十五号路发展轴，四组团指12省道西部居住组团、东部居住组团、新318国道两侧工业组团。

和平镇总体规划　2010年，委托浙江大学城市规划与设计研究所、海口市城市规划设计研究院联合编制和平镇城镇总体规划。2012年8月，《长兴县和平镇城镇总体规划(2012—2020)》编制完成并经县政府批准实施。期限为基年2012年,近期至2015年,远期至2020年,远景2020年以后10年至20年。规划范围为镇域和镇区两个层次,镇域规划范围为原和平镇和吴山乡,面积180.42平方千米。镇区范围为和平镇区和城南工业区,北至申嘉湖高速公路,南至城南工业区纬五路,东至城山村,西至城南工业区窑头村,面积20平方千米。规划确定近期至2015年,镇区人口6.5万人,镇域人口11万人,城镇化水平60%;远期至2020年,镇区人口10.5万人,镇域人口13万人,城镇化水平80%。近期至2015年,城镇建设用地控制在7.8平方千米,人均建设用地120平方米;远期至2020年,城镇建设用地控制在12.8平方千米,人均建设用地119平方米。镇域空间形成"一心、三轴、六组团"结构,以城镇发展区为核心,以和平港西侧、11省道、长和公路为发展轴,形成东部居住、西部居住、南部居住、新能源工业、回车岭工业和无污染工业等6大组团。近期主要完成和平镇区与城南工业区对接,向西南沿老11省道向西延伸,在空间上拉近镇区与城南工业区距离,城南工业区通过发展大道向东延伸并拓展产业用地。

煤山镇总体规划 2007年,委托浙江大学城乡规划设计研究院、杭州市城市规划设计研究院编制完成《长兴县煤山镇总体规划(2007—2025)》。规划期限为近期2007年至2010年,远期2011年至2025年,远景2025年以后。镇域总人口近期2010年3.4万人,远期2020年6.4万人(包括槐坎、白岘两乡)。镇区总人口近期2010年2.5万人,远期2025年4.5万人。镇区规划建设用地规模为近期2010年3.93平方千米,远期2020年5.4平方千米。规划明确煤山镇在空间上形成"蝶形—双中心"用地布局形态,总体布局结构为"一城两区",一城即煤山城区;"两区"即东西两大功能区,东部功能区在现状基础上形成集行政、金融、居住、生产于一体的综合功能区,西部功能区为新建功能区,以文化体育、旅游接待、居住、生产为主要功能的新区。结构表现为"三心二片二区十字轴","三心"指行政文化中心、新区文体中心和旅游接待中心;"二片"指东片(现状镇区所在地)和西片(新区片)住宅片区;"二区"为东西两个工业小区;"十字轴"指沿合溪北涧两岸和东西两城中间绿化景观轴。

第二章 城市建设

1988—2012年,长兴县以实现城市现代化为目标,先后组织实施五轮城市总体规划,加快老城区改造,建设龙山新区,推动环境整治,市政基础设施和公用事业逐步完善,中心城区功能、形象、品质不断提升,规划、绿化、亮化渐成品牌,人居环境得到极大改善,城市现代文明气息日益浓厚,一座"出门见绿、抬头见景、树木葱茏、鸟语花香"的生态型、宜居型、可持续发展的山水园林型的现代化中等城市展现在世人面前,并刷新县域城市"颜值"新高度。2012年,城市建成区面积由1988年的3.2平方千米扩大到45平方千米,城市框架由1988年的4.1平方千米扩大到56平方千米,城区常住人口由1988年的3.2万人增加到27.8万人,城市化水平由1988年的21%提高到58%。城市建成区绿化覆盖率达45%,绿地率达41%,人均公共绿地面积达15.96平方米。

第一节 城市规划实施

1988年,县城雉城镇城区北依雉山,南临箬溪,主要有3个工业片、3个仓库堆场区、1个文教区、1个商贸区。城区有街道和里弄小巷98条,道路长度13.4千米,主要街道有解放路、人民路、金陵路、县前街、环城东路、环城南路等,实有房屋建筑面积125.2万平方米。城区建成区面积3.2平方千米,框架面积4.1平方千米,城区人口3.2万人。

1988年起,长兴组织实施第一轮城市总体规划。同年,新建自来水厂一期工程,启动宣杭铁路建设。1989 年 7 月，包漾河引水工程竣工，自来水日供水能力提高到 3 万立方米。1991 年，完成环城西路和解放路延伸；拓宽人民路南门桥以南路段；启动金陵南路建设。建成液化石油气储配站，总储气规模 400 立方米，煤气供应点遍布城乡。1992 年，农业银行大楼建成，为当时城区第一高楼；城南立交桥建成，完成长安桥拆除重建，启动金陵大桥建设，新建青少年游乐场所。至 1992 年，雉城镇建成区面积 3.8 平方千米，城市框架 4.5 平方千米，城区常住人口达到 4.1 万人，全县城市化水平 22%。

1993 年起，组织实施第二轮城市总体规划。先后建成第二自来水厂、长兴体育馆、长兴邮电综合大楼、长兴汽车客运中心、金陵大酒店、金陵商城、建设大厦、长兴大厦，长兴百货商场扩建竣工。完成人民北路改造，实施金陵路北延伸、县前街东段延伸、318 国道雉城过境段南移工程，建成台苑新村、城北小区、怡景苑等住宅小区，仓前街拆迁改造启动实施。长兴县经济技术开发区全面启动建设。至 1998 年，中心城市建成区面积 5.5 平方千米，城市框架 8 平方千米，城区常住人口达到 6.2 万人，全县城市化水平 26%。

1999 年起，组织实施第三轮城市总体规划，旧城改造与新区开发同步推进，城市建设进入“大投入、大项目、大发展”阶段。长兴垃圾处理厂一期、总投资 1.2 亿元的污水处理厂一期等重大工程建成运行，接轨“西气东输”天然气工程启动建设。长州路、龙山大道、画溪大道建成通车，金陵北路延伸线启动建设。第一轮大规模旧城改造启动，金陵现代城、时代广场、皇家湾、金陵菜场等地块实施改造开发，房屋拆迁面积达到 32.3 万平方米，新世纪花园、金临小区建成。实施五期城市亮化工程，金陵路、解放路等主要商业街区全部更换新式路灯。中心广场改建全部完成。龙山新区规划建设全面启动，城市框架逐步拉大。至 2002 年，共完成城市基础设施建设投资 6.4 亿元，中心城市建成区面积 12 平方千米，城市框架 16 平方千米，城区常住人口达到 13.2 万人，全县城市化水平 32%。

2003 年起，组织实施第四轮城市总体规划，实施“北延东扩、南进西控”城市发展战略，城市规模逐步扩大，城市功能进一步完善，城市品质提升。接轨“西气东输”天然气正式实现商业供气，生活垃圾焚烧发电项目启动建设。滨河大道、解放西路延伸线、县前街西延伸线启动建设。和睦塘公园、齐山植物公园、台基山公园、花菇山公园建成，画溪湿地公园启动建设。龙山新区一期建成，大剧院、图书馆、档案馆、行政中心办公楼、市民文化广场建成投入使用。水木花都小区启动建设，完成房地产开发投资 33.8 亿元，竣工商品房 115 万平方米。至 2005 年，完成城市基础设施建设投资 20.21 亿元，中心城市建成区面积 17 平方千米，城市框架 25 平方千米，中等城市框架基本形成，城区常住人口达到 16.3 万人，全县城市化水平 37%。

2006 年起，组织编制实施《长兴县域总体规划》，按照“区域城市化，城市区域化”要求，实现全域规划、统筹建设、协调发展。龙山新区二期、太湖新城、南太湖总部经济园启动建设，县经济技术开发区扩容升级，城市新区建设加速推进。启动中心商务区建设，中心广场移建改造完成，老干部活动中心、文化馆、艺术馆和长兴电视台新大楼建成启用，滨湖景观大道、滨河大道、画溪大道二期、明珠路三期改造工程竣工。启动污水处理厂二期扩建工程，建成垃圾焚烧发电厂、生态垃圾填埋场，“川气东送”天然气进入长兴。旧城改造和城市有机更新加速推进，完成张家村地块拆迁，共拆迁房屋 121.9 万平方米，金陵路、城北路、人民路改造完成，城市面貌不断改善、品位进一步提升。完成房地产开发投资 173.8 亿元，竣工商品房 416 万平方米。至 2011 年，中心城区建成区面积 41 平方千米，城市框架 50 平方千米，城区常住人口达到 26.6 万人，全县城市化水平 55%。形成东南生产区、北部生活区、西部生态区，城市功能分区相对清晰。长兴被评为浙江省规划建设示范城市。

2012 年 6 月，雉城镇建制撤销，设立雉城、画溪、太湖三个街道。同年，编制完成《长兴中心城区空间协调规划》，规划主城区范围北至盛家漾周边，东至太湖，南至宣杭铁路，西至新长铁路，框架规模为 79 平方千米，作为长兴未来发展主体区域。至 2012 年年末，城区建成区面积 45 平方千米，框架面积 56 平方千米，城区常住人口达到 27.8 万人，全县城市化水平 58%。形成老城区、龙山新区、经济技术开发区、太湖新城、太湖图影度假区和南太湖产业集聚区“一中心五区块”格局。

1988—2012 年长兴县城市化发展情况表

表 7-1

年份	中心城市建成区面积(平方千米)	城市框架面积(平方千米)	全县城市化水平(%)	年份	中心城市建成区面积(平方千米)	城市框架面积(平方千米)	全县城市化水平(%)
1988	3.2	4.1	21.0	2001	11.0	16.0	31.0
1989	3.3	4.3	21.0	2002	12.0	16.0	32.0
1990	3.5	4.4	22.0	2003	13.0	18.0	33.0
1991	3.7	4.5	22.0	2004	15.0	20.0	35.0
1992	3.8	4.5	22.0	2005	17.0	25.0	37.0
1993	4.3	4.7	23.0	2006	20.0	28.0	38.0
1994	4.2	4.7	23.0	2007	23.0	32.0	40.0
1995	4.5	5.0	24.0	2008	28.0	40.0	45.0
1996	4.7	5.0	24.0	2009	33.0	45.0	49.0
1997	5.0	6.0	25.0	2010	37.0	48.0	52.0
1998	5.5	8.0	26.0	2011	41.0	50.0	55.0
1999	8.0	12.0	28.0	2012	45.0	56.0	58.0
2000	15.0	23.0	31.0	—	—	—	—

说明:资料来源于县建设局

第二节　老城区改造与有机更新

一、老城区改造

1990 年,启动金陵南路地块拆迁。之后,随着城市建设和房地产开发,有计划地实施旧城改造拆迁。2007 年 3 月,县委、县政府召开全县旧城改造动员会,启动有史以来最大规模的旧城改造。至 2012 年,全县共实施旧城改造地块 189 个,动迁 298 家单位(企业)、6930 户居民,动迁房屋 266.1 万平方米,其中私房 198.2 万平方米。旧城改造资金初期主要依靠财政拨款,后采用商业贷款滚动开发,区块间综合平衡,封闭运作;1999 年之后,采用拆迁、安置及建设由相关部门先行垫付,待地面附着物及场地清理完毕净地出让(拍卖)回收的办法。

改造项目与动拆迁　1990 年起,按照“以路带房,以房养路,路房结合,综合发展”原则,主要以城市道路建设沿线房屋拆迁为主,重点实施金陵路、人民路、县前街、环城西路、火车站广场东路等道路改造拆迁。1995 年,启动仓前街整体拆迁改造,原为长兴最老居民住宅区,改建为仓前街商住小区。1990 年至 1995 年间,雉城镇先后实施 12 个房屋拆迁项目,共动迁单位(企业)34 家、居民 1467 户,拆除各类房屋 15.6 万平方米,其中直管公房 292 户、3.72 万平方米,单位自管房 293 户、2.83 万平方米,私房 859 户、5.95 万平方米,其他 57 户、3.1 万平方米。1996 年 9 月,实施县前街、环城西路、火车站广场东路沿线拆迁。1997 年,实施县前街东段延伸线拆迁,共动迁 324 户居民、11 家单位,拆除房屋 2.45 万平方米,建设樱花苑住宅小区等。1998 年 7 月,启动人民广场改造拆迁,配套建设会展中心(博物馆、文化馆)、喷泉。同年 10 月,新建长州路,动迁居民 115 户,拆除房屋 22771 平方米。1996—1998 年,共动迁单位 56 家、居民 1124 户,拆除房屋 42.1 万平方米。1999 年开始,实施以房地产开发为主的房屋拆迁,先后实施东鱼巷、石人弄、皇家湾、米行弄等地块拆迁改造,开发建设皇家湾名邸、新世界庄园等住宅小区。2000 年之后，先后实施米行西弄、中心农贸市场、中心商务区以及新世纪花园、金临花园、时代广场、金陵现代城、县前街东延伸线、轻纺城、建材城等地块改造拆迁。1999—2006 年，共动迁单位 84 家、居民 1985 户，拆除房屋 64.8 万平方米。2007 年起，启动有史以来最大规模旧城改造，先后实施北护城河东段北岸、北护城河东段南岸拆迁改造，复建长兴老城墙、老水闸；实施县前西街道路、望春南路拆迁改造，建设南门新天地等住宅小区。2008 年 3 月，实施 10 省道长牛线高家墩至上阳段北侧地块拆迁。同年 8 月，实施护城河东段、三小北侧、县前西街、西护城河、下箬中学宿舍、西环路二期、明珠路、龙山新区明珠北路西侧、陈武帝故宫等地块拆迁。同年 11 月，实施古城公园东侧地块拆迁，扩建古城公园。并相继实施环保局大楼、金宇花园东侧、消防大队周边、通宝城南侧、高阳桥西南、长安路西侧、紫砂厂等地块拆迁，主要用于住宅小区开发建设。2009 年，实施黄土桥油库西侧、电视塔西侧、中心幼儿园东侧等地块拆迁；实施公铁立交桥地块拆迁，新建雉州大桥，成为县城通往城南主要交通道路。2010 年 9 月，实施张家村小区地块拆迁，建设张家村住宅小区。2011 年 12 月，实施黄土桥钢材市场地块拆迁，拆除房屋 6437 平方米，建设紫金南苑小区。之外，还实施明珠北路、长兴县卫生学校、长兴一中、原耐火厂、明珠路东侧等地块改造拆迁，建设新中心广场、金色港湾、中地凯旋宫等住宅小区。2012 年，实施长日酒厂地块拆迁，动迁 4 家企业、74 户居民，拆除房屋 3.2 万平方米，建设经一路跨铁立交桥。2007—2012 年，共动迁单位 124 家、居民 2354 户，拆除房屋 143.6 万平方米。

金陵路改造拆迁　一期工程于 1992 年启动，改造拆迁范围为解放路至长兴港，共拆除房屋 25644 平方米，动迁居民 318 户，安置人口 1128 人，安置面积 22256 平方米。二期工程于 1995 年启动，工程范围第一段南自 318 国道与金陵路交叉口，北至金陵大桥南堍；第二段南自解放路与金陵路交叉口，北至长兴丝织厂路；共动迁安置 651 户，拆除各类房屋 4.2 万平方米。

长州路改造拆迁　1998 年启动经一路(2012 年更名长州路)改造拆迁，为长兴道路拆迁规模最大工程，列入 1998 年浙江省重点项目。改造拆迁范围为 104 国道长兴变电所西北侧，跨越长兴新港航道、长新公路，穿过钮店湾村，经长兴第二水厂西侧、金莲桥竹西村，终点到武警加油站，全长 3.31 千米。共动迁居民 110 家、单位 5 家，拆除各类房屋 22771 平方米。

张家村地块改造拆迁　2010 年启动，拆迁范围东至明珠路，南至美的花园，西至仓前街小区，北至解放东路，占地 6.87 公顷，共动迁居民 1014 户，拆除房屋 120981 平方米，是长兴历史上拆迁规模最大单个地块。拆迁补偿实行货币补偿或产权调换，产权调换安置房源为张家村拆迁地块内新建高层住宅及金莲花园小区住宅。

拆迁管理与实施　1991 年，长兴县实行房屋拆迁许可证制度。1992 年，成立长兴县人民政府旧城改造办公室，专职管理城市房屋拆迁安置工作。1994 年，改为长兴县城市房屋拆迁办公室，挂靠县城乡建设环境保护局。2000 年 1 月，县政府下发《长兴县城市房屋拆迁管理暂行规定》，明确县建设局为全县房屋拆迁主管部门，依法对全县房屋拆迁活动进行监督、检查、指导，负责全县城市规划区房屋拆迁的审批、协调、裁决等工作。2003 年，撤销长兴县城市房屋拆迁办公室，设立长兴县拆迁管理中心，按照国家、省、市有关城市房屋拆迁的法律法规和政策，制定一系列房屋拆迁政策措施，依法加强城市房屋拆迁监督管理，推行阳光拆迁、先安置后拆迁、模拟拆迁等。2011 年，明确长兴县建设局为长兴县国有土地上房屋征收部门，负责实施全县行政区域内国有土地上房屋征收与补偿。

2000 年之前，县城市房屋拆迁办公室按照城市房屋拆迁政策，具体组织实施城市房屋拆迁。2000 年 1 月，长兴县城市房屋拆迁实行“拆管分离”，县拆迁管理部门不再从事具体拆迁业务，设立长兴县拆迁事务所，为城市规划区内房屋拆迁实施单位；城市规划区内农户房屋拆迁由当地乡镇人民政府负责。2003 年，撤销长兴县拆迁事务所，设立长兴县建设拆迁事务所、长兴县诚信拆迁事务所，具体从事城市房屋拆迁补偿安置工作。2005 年，城市房屋拆迁全部进入市场化，撤销长兴县建设拆迁事务所，长兴县诚信拆迁事务所则进行改制，由新经营者重组，更名为长兴大成房屋拆迁有限公司。2006 年后，陆续成立长兴国信房屋拆迁有限公司、长兴永信房屋拆迁有限公司。至 2012 年，全县共有 3 家房屋拆迁公司，为房屋拆迁实施单位。

房屋拆迁补偿政策 20世纪90年代之前，长兴实行拆迁一个地块制定一个拆迁政策的办法。1991年，国务院颁布《城市房屋拆迁管理条例》。1996年7月，浙江省人民政府发布《浙江省城市房屋拆迁管理实施细则》。1997年后，县政府陆续下发《长兴县城市房屋拆迁管理暂行规定》《城市房屋拆迁管理补充规定》《长兴县城市房屋拆迁安置房源管理办法》《长兴县城市房屋拆迁装饰装修和其他附属物补偿标准》等城市房屋拆迁有关配套政策。1997年，县政府出台《长兴县城市房屋拆迁管理暂行规定》，明确凡在拆迁范围内具有合法房屋所有权的国家直管公房、单位自管公房、私房，实行作价补偿、产权调换或产权调换和作价补偿相结合形式，作价补偿金额按所拆迁房屋建筑面积重置价格结合成新结算。2002年，出台《长兴县城市房屋拆迁管理规定》，对拆迁补偿与安置方式作重要调整，补偿原则是补偿房屋所有人，兼顾安置使用人，取消产权调换与作价补偿相结合的办法，规定拆迁补偿、安置可以实行货币补偿，也可以实行产权调换，被拆迁人有权选择具体补偿形式，其中被拆迁房屋货币补偿金额根据房地产市场评估价格确定。房地产市场评估价格，由具有法定资格房地产评估机构以房屋拆迁许可证核发时政府公布货币补偿基准价为基本依据，结合该房屋具体区位、建筑结构、建筑面积、成新、层次、装修等因素评估确定。2007年开始，县政府出台《长兴县城市房屋重置价格及相关分项评估参照标准》《长兴县城市房屋拆迁装饰装修和其他附属物补偿标准》，作为房地产评估机构在房屋拆迁评估时参照依据，之后每年进行调整。同时，还对房屋用途认定作出规定，1990年4月1日前已改变房屋用途并以改变后用途延续使用的，可按改变后用途认定，改为商业用房的，应当持有合法有效营业执照。1990年4月1日后未经规划、土地管理部门同意改变房屋用途的，仍按原产权注明用途进行安置。

安置房建设 1992年，在金陵中路东西两侧建成安置房318套，建筑面积20694平方米，用于安置金陵路拓宽改造工程拆迁住户。1995年，在城北小区建成安置房115套，建筑面积7705平方米，安置金陵北路改造工程拆迁住户。1997年，城市房屋拆迁政策调整，拆迁补偿实行产权调换与作价补偿相结合方式，安置房建设有所减少。之后，根据城市房屋拆迁实际需求，通过建造、购买等方式，建设安置房，解决拆迁户安置问题。1992—2004年，共建造安置房714套，建筑面积5.76万平方米。2005年，在浙水阳光小区专门建造拆迁定销房120套、建筑面积1.02万平方米，定向供应给拆迁住户。2007年，县政府出台《长兴县城市房屋拆迁安置房源管理办法》，明确长兴县城市房屋拆迁管理中心负责长兴县城市规划区内国有土地房屋拆迁安置房源统一调配、统一使用。拆迁人在办理拆迁许可证时，应提供不低于该地块被拆迁房屋总面积60%的安置用房，并将安置房源地点、数量、竣工时间等上报备案。2008年，在县法院北侧地块建造金莲花园小区安置房800套，建筑面积7.3万平方米。2009年3月，在开发区白溪村集中新建朱渡桥小区安置房1100套、建筑面积11.55万平方米。2010年3月，在陆汇头村集中新建陆汇嘉园一期安置房350套、建筑面积3.5万平方米；在开发区陆家圩村集中新建陆河家园一期安置房350套、建筑面积3.5万平方米；在龙山新区集中新建新湖小区一期安置房700套、建筑面积7.35万平方米；在龙山新区集中新建新丰小区安置房700套、建筑面积7.36万平方米；在米西花园小区配建安置房340套、建筑面积3.1万平方米。2011年1月，在雉城镇杨庄村集中新建中兴花园安置房100套、建筑面积1万平方米；3月，在县委党校东侧地块建造画溪春天安置房291套、建筑面积2.27万平方米，在回龙山新区集中新建五峰花园一期安置房375套、建筑面积4.17万平方米；5月，在白鹭湾小区配建安置房436套、建筑面积4.93万平方米，在开发区陆家圩村集中新建陆河家园二期安置房560套、建筑面积5.76万平方米。2012年2月，在回龙山新区集中新建五峰花园二期安置房500套、建筑面积6万平方米，在陆汇头村集中新建陆汇嘉园安置房334套、建筑面积3.57万平方米；3月，在原钢材市场地块集中新建紫金南苑小区安置房400套、建筑面积4万平方米。至同年年末，长兴共建设安置房8170套、建筑面积82.14万平方米，城市房屋拆迁户基本居住需求得到保障。

二、城市有机更新

2006年7月，首次实施解放路更新改造工程。2009年4月，提出推进城市有机更新、走科学城市化道路，成立县城市有机更新办公室，对城市道路、街道建筑立面、公共建筑及住宅小区更新改造。至2012年，共完成6条特色文化街、3条城市道路、21个老住宅小区和中心广场更新改造，城市面貌得到较大改善，品质得到较大提升。

立面更新改造　2008年起，对特色商业文化街、金陵路、百草园路、城北路沿街建筑立面实施整治改造。

特色商业文化街整治改造　2009年6月，启动6条特色商业文化街的整治改造，12月竣工，总投资4500万元。第1条为和睦塘广场和金陵北路段：和睦塘广场营业面积2000平方米，对广场设施进行全面更新；金陵北路段南起新世纪花园小区，北至龙山大道，全长340米，对沿街店铺、住宅建筑立面包括保笼、空调外机和棚披进行改造提升，设立夜景光灯、门头硬件设施和市政辅助设施。第2条为解放路段和西鱼巷：解放路段东起解放桥，西至长春南路，全长280米；西鱼巷段东起人民北路，西至金陵中路，全长160米；沿街建筑外墙进行清洗、涂料，疏通雨水管口，更换晾衣架、窗户、商铺广告牌，安装遮阳板、空调保笼、格栅。第3条为滨河大道皇家湾和轻纺城：滨河大道皇家湾南起解放桥，北至盛源典当行，全长240米，主要对建筑外墙清洗，更换窗户和店招、安装空调外机隔板和空调格栅、灯光亮化；轻纺城2幢建筑进行外墙面装饰、电气照明、门窗更换。第4条为新世界女人街：沿街店铺、住宅立面改造提升，设立夜景光灯，清洗建筑外墙，更换商铺广告牌、空调隔栅。第5条为西鱼巷和米行弄：西鱼巷东起人民北路，西至金陵中路，全长160米；米行弄北临人民广场，东接金陵中路，西至护城河，全长368米；主要修复破损路面及人行道铺装，增设雨水管网、污水管网和路灯。第6条为龙山大道段：滨河大道至金陵北路段人行道改造，增设停车位、露天平台、露天休闲吧、移动花坛、管道井盖，加固管线，全部更换为同规格花岗岩侧石。

金陵路立面改造　2010年7月启动，2012年1月竣工，总投资5000万元。北起太湖路，南至车站路，总长3000米，沿街建筑共102幢、20万平方米，其中营业房420户，住宅1200户。街景立面改造分重点改造、一般改造、立面清洗3种方式。重点改造主要对一层、二层临街建筑店招、外墙包装及屋顶进行全面改造，统一安装空调百叶、装饰构件、雨棚，增设构造节点，丰富建筑细部景观，打造现代街景；一般改造主要针对立面较新建筑及次要部位建筑，以整治一层、二层临街店招、空调为主；立面清洗主要对新建及立面较新建筑，以清洗为主，修缮为辅。统一拆除所有临街住宅楼外置式保笼，每户住户窗洞安装红外线防盗报警装置，统一实施楼宇及店门店招亮化工程。

百草园路立面改造　2010年10月开工，2011年5月竣工，总投资1200万元。东起望春南路，西至人民路，全长200米，主要进行建筑外墙翻新、装饰构件和店招改造。车行道改造为沥青混凝土路面，人行道改为花岗岩铺装，对人民中路1幢、望春小区9幢建筑物进行立面改造、清洗。

城北路立面改造　2011年7月开工，2011年11月竣工，总投资260万元。东起明珠路，西至金陵路，全长823米。主要对建筑外墙进行翻新弹性涂料喷洒，外墙清洗，装饰构件和店招改造。对金宇花园1幢、城北路42间、城北小区15幢建筑外墙立面进行改造、清洗。

道路更新改造　2006年起，先后对解放路、人民路、金陵路3条城市主要道路进行全面改造更新。

解放路改造　2006年7月开工，2007年6月竣工，总投资1450万元。西起环城西路，东至明珠路，全长1648米，道路宽21米，环城西路至金陵路中段、解放桥至明珠路段由水泥混凝土路面改为沥青路面，金陵中路至解放桥段由水泥混凝土路面改为花岗岩路面，对人行道板进行改造。

人民路改造　分期完成人民南路、人民中路改造。人民南路改造，2007年10月开工，2008年6月竣工，总投资1000万元；南起火车站东路，北至长海路，全长815米，红线宽21米，为城市次干道，道路路面由混凝土改为沥青砼路面。人民中路改造，2010年7月开工，2011年1月竣工，总投资3000万元；北起县前中街，南至长海路，全长900米，红线宽度20米～28米不等，道路路面由混凝土改为沥青砼路面，并配套建设污水管、雨水管、给水管及通信管线，电力管线设施上改下。

金陵路改造　2007年12月开工，2008年5月竣工，总投资7000万元。南起车站路，北至龙山大道，全长3.5千米，按城市主干道标准改造，道路宽度按现状划定，标准段红线宽32米，人行道采用花岗岩铺装。对原破损板块及绿化带拆除后进行混凝土补强,伸缩缝进行沥青灌注,铺贴防裂胶带,全路幅铺设精编复合增强防裂布,采用SBS改性沥青进行道路面层铺摊。拆除1.5米宽绿化机非隔离带,采用花岗岩隔离墩,各类标志标杆及路灯进行优化设计,由双向两车道拓宽为双向四车道,人行道采用花岗岩铺装。

广场更新改造 即中心广场,原位于金陵中路与解放路西北交叉口。2008年,进行更新改造,整体北移至中心商务区C、F地块,即原长兴中学、党校及台基山南侧地块。东至金陵路,南至县前街,西至广场商业街,北至护城河,总用地8.6公顷,建筑面积4.5万平方米。建有大型集会广场,种植樱花林和大型乔木,配套建设文化馆、艺术馆、商业街、老干部活动中心、机关幼儿园、2座景观桥、地下车库以及市政、绿化、亮化、景观设施,集市民休闲、文化娱乐、广场集会、体育锻炼于一体,功能较为齐全。2008年6月启动拆迁,11月启动建设,2010年2月建成投入使用,总投资2亿元,其中征地拆迁1.2亿元。

老小区更新改造 长兴最早的住宅小区始建于20世纪80年代,由于当时建设标准较低,配套设施不全,加之年久失修,环境面貌较差,功能欠缺。1998年,首次对台苑新村、城北小区进行简易改造,封闭围墙,整修道路。2009年,正式启动老住宅小区改造工程,计划用10年时间,投资1.5亿元,完成城区老住宅小区改造,并列入政府为民办实事工程。老住宅小区改造实行“一区一策”,主要对道路、绿化、管道、市政设施进行综合改造提升,并封闭围墙,建设改造停车场,落实物业管理,改善小区人居环境。同年,完成杭铁小区、金铁小区、中兴小区、清风苑小区、海兴小区、长线弄6个老小区的改造提升,改造面积9.2万平方米,受益住户1710户,总投资950万元。其中,改造道路2.3万平方米,新建停车场2377平方米,改造雨污管道6219米,改造绿化3286平方米。2010年,完成今欢小区、高阳小区、古苑新村、怡景苑4个老小区的改造提升,改造面积6.76万平方米,受益住户840户,总投资900万元。其中,改造道路1.8万平方米,新建停车场1902平方米,改造雨污水管道8055米,改造绿化6339平方米。2011年,完成农贸市场外围、晨苑公寓、望春小区、经贸小区、长安小区5个老小区的改造提升,改造面积13.5万平方米,受益住户1579户,总投资1400万元。其中,改造道路2.5万平方米,改造雨污水管道1.1万米,改造绿化7946平方米,新建停车场1492平方米。2012年,完成站南小区、荣军小区、古城公寓、园丁小区、西鱼巷小区、老长途车站对面里弄共6个老小区的改造提升,改造面积5.8万平方米,受益住户603户,总投资900万元。其中,改造道路9933平方米,改造雨污水管道4370米,改造绿化2024平方米,新建停车场960平方米。2009—2012年,共完成老小区改造21个,总改造面积35.26万平方米,受益住户4732户,总投资4150万元。

三、不复存在的市政设施

随着城市建设推进,在旧城改造中,部分老城区道路、桥梁等市政设施及公共建筑被拆除或易地新建。

桥 州桥:位于人民北路,1985年因填河建路拆除,原址改建为道路,与县前街相接。高家墩立交桥:横跨长牛铁路,2010年拆除,原址新建雉州大桥,2012年竣工通车。护生桥:位于光明路,明知县熊明遇建,桥有数十洞,石板平筑如堤,清同治四年(1865年)善后局重修,1973年筑光明路时拆除。紫金桥:位于县城西门,清康熙六年(1667年)里人蒋宗耀等重建,雍正十年(1732年)知县鲍珍重建,乾隆四十年(1775年)知县李铨重建,原桥为三孔石板平桥,开挖长兴港时,河道改道而填平,桥被拆除。另,清河桥、军工桥于1985年后陆续拆除。

弄 盛昌弄:小东门桥—油厂,2006年建设滨河大道时被统一征用而消失。皇家湾弄:小东门桥—解放路,2006年建设滨河大道时被统一征用而消失。道园弄:党校—县前西街,2009年中心广场迁建时被统一征用而消失。西水关弄:县前西街—解放西路,2009年开发建设绿城长兴广场住宅小区时被统一征用而消失。广场弄:老广场—西水关弄,2009年开发建设绿城长兴广场住宅小区时被统一征用而消失。

环岛 龙山大道环岛:位于龙山大道与明珠路交叉口,2010年全县开展交通拥堵治理活动,在道路交叉口渠化改造时被拆除,改为十字交叉路。长海路与明珠路转盘环岛:位于长海路与明珠路交叉口,2010年全县开展交通拥堵治理活动,在道路交叉口渠化改造时被拆除,改为十字交叉路。

街　仓前街，北起解放东路，南至仓桥，东起张家村小区，西至护城河。街中间1条石板路，为民众进城必经之路，沿路两侧为商店及民居房屋，房屋大多为清或民国时期建造，旧时仓前街十分繁荣。20世纪80年代后期，随着城区不断扩大，仓前街逐步冷落。1995年，仓前街进行成片开发。1999年，建成仓前一街，长500米，宽11米；仓前二街，长500米，宽12米。

四、移建的公共建筑

机关幼儿园　位于老中心广场东侧。2008年迁建于新中心广场西北处，总建筑面积8456平方米，2010年1月竣工。

文化馆　位于东鱼巷居委会。2009年迁建于县农业局大楼西侧地块（北护城河北岸），有小剧场、排练厅、展厅、非遗展示中心、多功能厅、艺术长廊及配套辅助用房。总建筑面积11312平方米（其中地下室2968平方米），2011年9月竣工。

老干部活动中心　位于县前街。2009年迁建于新中心广场北侧，占地1488平方米，总建筑面积5154平方米，2011年3月竣工。

第三节　龙山新区建设

一、概况

龙山新区位于县城北部，东至明珠北路，西至新长铁路，南至龙山大道，北至合溪新港。规划总用地面积为9平方千米，其中一期面积2.6平方千米、二期面积3.4平方千米、三期面积3平方千米。一期于2005年基本建成。

2000年8月，《长兴城市总体规划（1999—2020）》经市政府批准实施，其中规划建设龙山行政中心。2001年7月，县委、县政府启动龙山行政中心建设，成立长兴县行政中心建设领导小组。8月，长兴县永兴建设开发有限公司（以下简称永兴公司）成立，作为县行政中心建设的项目业主，负责工程前期准备、资金筹措（有关地块的开发、置换）及建设。9月，拟建行政中心区域正式命名为龙山新区，省计委批准长兴行政办公综合楼项目建议书。11月，省计委组织专家论证会，批复《长兴县行政办公综合楼工程可行性研究报告》。2002年4月5日，永兴公司经县政府授权，成为龙山新区项目（新区道路、桥梁、会议中心、大剧院、图书馆、档案馆、市民广场等）业主，全权负责工程资金筹措（有关地块的土地开发、置换）及建设。7月，省发改委组织湖州市和长兴县职能部门以及专家，对长兴县行政中心办公楼工程初步设计进行审查，经省国土厅土地报批、省环保厅环保批准、省发改委党组会议通过，报省政府同意，省计委下发《关于长兴县行政中心办公楼工程初步设计的批复》文件，批准建设长兴行政办公综合楼。2003年6月11日，县行政中心建设领导小组调整为长兴县龙山新区建设领导小组。2005年2月28日，对龙山新区二期和长水路两侧土地（东至104国道、南至龙山大道、西至新长铁路、北至合溪新港）实施封闭运营，由永兴公司作为项目业主，负责拆迁征地和开发建设。

二、规划

永兴公司组建后，采用国际招标征集设计方案，邀请广州市设计院、美国龙安公司、日本RIA设计集团公司、同济大学城市设计院对龙山新区和行政办公综合楼方案设计。邀请现代设计集团林本立等10余名专家教授对方案进行比较论证，提交供县行政中心领导小组和县四套班子决策的方案。最终选取日本RIA设计集团公司设计的行政办公综合楼建筑方案，并由浙江大学设计院进行深化设计；选取美国龙安公司的会议中心设计方案；选取同济大学的龙山新区规划方案。

龙山新区规划用地布局由三大组团和绿化切入带共同构成。三大组团为东南部组团、西南部组团和北部组团。东南部组团位于新区东南部，包括行政中心、市政广场、大剧院、会展中心、广电中心、图书馆、迎宾馆等用地。西南部组团位于新区西南部，包括宾馆、博物馆、文娱中心、别墅生活区、农民新村等用地,配建幼托一所。北部组团位于新区北部,包括东西各两片居住区及其中央的呈南北展开的步行商业服务带等用地,其中西南片的居住区为别墅生活区,配建有幼托4所、小学2所、中学1所。绿化切入带位于新区南部两大组团与北部组团之间,由龙山、齐山、市政公园、景观水道等共同构成,该绿化切入带西段与长兴城区西北部的群山相连,东段则指向太湖西南岸生态区。

龙山新区规划功能结构由三条结构轴串联起各空间节点和功能团构成。三条结构轴为行政轴、文化轴和生活轴。行政轴(结构主轴之一),自南向北由市政广场、行政中心、市政公园、中学前广场、地标性高层住宅等空间节点呈南北向串联而成,强调空间的纪念性特征。文化轴(结构主轴之二),自西向东由地标性高层宾馆、文娱中心、博物馆、文化广场、图书馆、大剧院、市政广场、会展中心、地标性高层商办楼等空间节点呈东西向串联而成,强调空间的公共文化活动特征,并组成北环线沿线城市空间景观界面。生活轴(结构次主轴),自南向北由文化广场、龙山生态公园、步行商业服务带南中北3个广场等空间节点呈南北向串联而成,强调空间的公共生活休闲活动特征,并将文化娱乐空间、生态休闲空间、商业服务空间与生活组团有机结合在一起。空间节点,包括公共开发广场与地标性建筑物两类空间节点,其中市政广场是行政轴、文化轴两大结构主轴的转换点,是新区公共空间的核心,也是北环线沿线城市空间核心。而文化广场则是文化轴、生活轴的转换点。功能组团,包括行政组团、文化组团、商业组团、居住组团四大类。

三、重点项目建设

道路项目 2002年7月,龙山新区画溪大道一期龙山大道至忻湖路段开工建设,立项批准投资2800万元,道路全长1580米,宽51米。同月,忻湖路一期明珠路至画溪大道段开工建设,立项批准投资2500万元,道路全长1500米,宽50米。10月,兴国路一期龙山大道至忻湖路段开工建设,立项批准投资2000万元,道路全长1520米,宽32米。2003年4月,兴民路开工建设,道路全长1526米,宽32米,立项批准投资1500万元。5月,吴越路开工建设,道路全长630米,宽24米,立项批准投资1251万元。6月,齐山路一期明珠路至画溪大道段开工建设,道路全长1670米,宽24米,立项批准投资1300万元。12月,画溪大道一期与忻湖路一期竣工。2004年4月,润兴路一期齐山路至忻湖路段开工建设,道路全长782米,宽24米,立项批准投资1209万元;永兴路广场路至齐山路段开工建设,道路全长468米,宽12米,立项批准投资444万元;永兴北路开工建设,道路全长738米,宽24米,立项批准投资1141万元;广场路开工建设,道路全长566米,宽18米,立项批准投资536万元。9月,兴国路一期完工。12月,吴越路、齐山路一期、兴民路竣工。2005年6月,兴国路二期忻湖路至合溪新港路段开工建设,立项批准投资1360万元,道路全长816米,宽32米。7月,长水公路拓宽改造工程开工建设,道路长2220米,宽34米,立项批准投资2200万元。8月,永兴北路、润兴路一期完工。10月,广场路、永兴路完工。2006年7月,兴国路二期完工。12月,长水公路拓宽改造工程竣工。2008年3月,龙山新区画溪大道二期忻湖路至合溪新港路段开工建设,道路全长900米,宽36米,立项批准投资2400万元。7月,龙山新区明珠路(龙山大道至合溪新港段)开工建设,道路长2300米,宽36米,立项批准投资2.5亿元。12月,画溪大道二期项目完工。2009年4月,学苑路开工建设,道路全长1300米,宽30米,立项批准投资2700万元。5月,忻湖路二期开工建设,立项批准投资3750万元,全长1730米,宽34米。8月,士林路开工建设,道路全长2800米,宽34米,立项批准投资9000万元。9月,齐山路二期画溪大道至磨盘山路段开工建设。2010年4月,忻湖路二期竣工。5月,学苑路完工。6月,合溪新港路开工建设,道路长2900米,宽32米,立项批准投资9000万元。7月,齐山路二期竣工;磨盘山路开工建设,道路全长960米,宽34米,立项批准投资3300万元。12月,西峰坝路开工建设,道路全长1600米,宽18米～34米,立项批准投资4600万元。2011年4月,永兴北路(忻湖路至合溪新港路段)开工建设,道路全长900米,宽24米,立项批准投资3200万元。6月,齐山路三期(磨盘山路段至忻湖路段)开工建设。2012年1月,齐山路三期竣工。6月,永兴北路(忻湖路至合溪新港路段)竣工。7月,磨盘山路竣工。9月,合溪新港路竣工。同年,兴国路更名锦绣路、兴民路更名幸福路、吴越路更名植物园路。

办公及配套设施项目　2003年9月16日，行政办公综合楼开工建设，建设规模4.78万平方米，立项批准投资8362.62万元。2004年10月，行政会议中心开工建设，总建筑面积7700平方米，立项批准投资1350万元。2005年12月，餐饮中心开工建设，建设规模为3500平方米，立项批准投资1000万元。2006年3月18日，行政办公综合楼竣工。9月9日，行政会议中心竣工。2007年5月，110指挥中心和交通治安信息监控中心开工建设，占地6公顷，建筑面积3.6万平方米。6月30日，餐饮中心竣工。8月，消防大队设施用房开工建设，占地1.67公顷。10月，长兴传媒集团办公用房开工建设，项目立项投资1亿元，占地面积2万平方米，建筑总面积2.36万平方米。2009年1月，110指挥中心和交通治安信息监控中心竣工。5月，消防大队设施用房竣工。9月，长兴传媒集团办公用房竣工。2010年7月28日，县检察院"两房一中心"开工建设，总建筑面积13839平方米，立项批准投资4385.11万元。2011年11月18日，长兴县市民服务中心开工建设，项目占地面积14695.3平方米，建筑面积24422.5平方米，立项批准投资1.18亿元。2012年12月，县法院办案大楼开工建设，总建筑面积2万平方米，其中办案用房9000平方米、立案审批用房1.1万平方米，计划总投资8122万元。

文化、教育、休闲及大型商业项目　2003年，长兴县实验初级中学开工建设，占地20.13公顷，总投资1.7亿元。5月20日，长兴大剧院开工建设，建设规模1.8万平方米，立项批准投资6600万元。6月10日，图书馆与档案馆开工建设，建设规模1.85万平方米(含1900平方米地下室)，由少儿馆、图书馆、档案馆组成，立项批准投资5950万元。9月，和睦塘公园开工建设，立项批准投资1200万元，全长约1.5千米，占地3.6公顷，其中绿地面积3公顷，绿地率达80%，是一座集休闲、文化、生态、赏景于一体的开放型滨河生态公园。2004年9月，长兴县实验初级中学投入使用。同月，齐山植物公园开工建设，占地12公顷，投资1200万元。2005年6月，长兴市民文化广场开工建设，占地面积22.6公顷，其中绿地和水面面积达18公顷，绿地率达80%以上；同月，和睦塘公园、齐山植物公园竣工。9月6日，长兴大剧院竣工。9月21日，图书馆与档案馆竣工。2006年12月，长兴市民文化广场竣工。2007年7月，梅花公园开工建设，占地5万平方米，总投资约1000万元，绿化以梅花和大草坪为主，共种植梅花653株，草坪3.3万平方米。9月，长兴县龙山中学开工建设，占地面积8.65万平方米，建筑面积5.5万平方米，立项批准投资1.99亿元；同月，长兴技师学院开工建设，总投资2亿多元人民币，总建筑面积近8.5万多平方米。12月，梅花公园完工。2008年9月，长兴县龙山中学、长兴技师学院投入使用。11月，龙山幼儿园开工建设，立项批准投资3000万元，建筑面积1万平方米。2009年2月，长兴展览馆开工建设，利用地下人防8000平方米面积进行布展，立项批准投资3500万元。7月，长兴展览馆竣工。9月，龙山幼儿园竣工。2011年3月，长水港景观工程开工建设，南起龙山大道，北止合溪新港，全长约2400米，设计河面宽度约40米，两岸绿化带宽约25米，局部最大宽度为45米，立项批准投资6500万元。5月，长兴县第二实验小学开工建设，立项批准投资8198.37万元，内容包括教学实验楼、多功能报告厅、行政楼食堂及辅助用房，共计建筑面积2.5万平方米。7月，大型商业项目龙山泰景开工建设，项目由正泰集团长兴和泰置地有限公司开发建设。计划总投资17亿元，其中酒店与商业部分计划总投资11.2亿元，总用地面积6.8公顷，总建筑面积18.9万平方米，其中地上建筑面积14.2万平方米、地下建筑面积4.7万平方米。8月，大型商业项目浙北商业广场开工建设，项目由长兴美欣达房地产开发有限公司开发建设，计划总投资12亿元，其中商业部分计划总投资7.6亿元，占地面积约16万平方米，建筑面积约25万平方米，其中商业面积12.4万平方米、住宅面积7万平方米。2012年8月，长兴县第二实验小学整体迁入新校区。

安置房及商业住宅项目　2008年8月，君悦华府一期交付使用，建筑面积7.1万平方米。10月，新城丽景一期交付使用。12月，东盛华庭交付使用，建筑面积为5.87平方米。2009年6月，新湖小区(安置房)一期开工建设，用地面积3.4公顷，总建筑面积8万平方米，其中安置面积6.85万平方米，共计678套，立项批准投资2.6亿元；新丰小区(安置房)一期开工建设，用地面积4.8公顷，总建筑面积6.2万平方米，其中安置面积5.74万平方米，共计566套，立项批准投资2.85亿元。6月，君悦华府二期交付使用,建筑面积 4.3 万平方米。12 月,云海山庄交付使用,小区总建筑面积 6 万余平方米。2010 年 9 月,君悦华府三期交付使用,建筑面积 5.05 万平方米。12 月龙山庄园交付使用,小区占地面积 3 万平方米,总建筑面积 2 万平方米。2011 年 1 月,新城丽景二期、镜水蓝庭一期交付使用。7 月,画溪庄园交付使用,小区总占地面积 5.8 万平方米,总建筑面积约 8.55 万平方米。8 月,领域龙山交付使用,小区总占地面积约 6.59 万平方米,总建筑面积约 9.39 万平方米。10 月,新丰小区一期投入使用。12 月,新湖小区一期投入使用;卡地亚一期交付,占地面积 26 万平方米,建筑面积 27.4 万平方米。2012 年 9 月,景瑞望府开盘,建筑面积 5.16 万平方米;同月,龙山雅苑交付使用,小区占地面积 22 万平方米,总建筑面积 30 万平方米。

第四节　城市公共设施

一、城市道路

1988 年,城区共有城市道路、背街里巷 98 条,总长 13.4 千米。2012 年,共有城市主干道 22 条、次干道 23 条、支路 30 条、背街里弄 12 条,总长 132.58 千米,人均道路面积 13.88 平方米,形成“二环十横九纵”城市道路交通路网体系。

主干道　1988 年,县城有主干道人民路、解放路、金陵路、县前街、环城南路、环城东路、环城西路等 7 条。之后,随着新区建设和城市规模扩大,陆续新建和拓宽改造城市主干道路。2012 年,城市主干道增加到 22 条,总长 72724 米。

金陵路　南起火车站,北至龙山大道,从南到北贯穿老城区,全长 3500 米,双向四车道,其中太湖路以南宽 32 米,太湖路以北宽 36 米。1988 年,金陵路全长 1630 米,车行道 6 米～9 米,人行道 3 米～5 米。其中,金陵南路(解放路至长兴新港段)于 1984 年、1986 年分段建成,金陵北路(解放路至谭家桥)自县前街至古城垣北门段,旧称北街,1981 年建成水泥混凝土路面。1990 年,启动金陵南路(火车站至解放路)建设,1994 年建成,水泥砼路面,路面拓宽至 32 米。1994 年,启动金陵北路(解放路至长兴丝织厂段)拓宽改造,1995 年完成沿线房屋拆迁,1997 年完成道路改造。1999 年,启动金陵北路(长兴丝织厂段至龙山大道段)延伸线建设,2002 年建成,长 980 米。2007 年 12 月,实施道路改造,双向四车道,沥青砼路面,2008 年 5 月竣工。

解放路　东起长城路,西至画溪大道,全长 4900 米。2003 年 4 月,建设解放西路延伸线,东起紫金路,西至画溪大道,全长 2940 米,宽 21 米,沥青砼路面。2006 年 8 月,解放中路进行改造,明珠路至解放桥改造为沥青砼路面;解放桥至金陵中路,全长 850,宽 21 米,改造为花岗岩路面。2006 年 5 月,建设解放东路延伸线,东起长城路,西至明珠路,全长 1035 米,宽 21 米～36 米不等,水泥和沥青砼路面。

县前街　东起陈王路(经四路),西至画溪大道,全长 6380 米。县前西街段:东起金陵中路,西至画溪大道,全长 2730 米,宽 21 米～45 米不等,沥青砼路面。2002 年 5 月,完成紫金路至画溪大道(原五丰路)拓宽改造,长 1920 米,路宽 45 米,设置中央绿化隔离带。2008—2009 年,实施紫金路至金陵中路段改造,长 780 米,宽 24 米不等。县前中街段:2007 年 2 月建设,东起明珠路,西至金陵中路,全长 850 米,宽 21 米,水泥砼路面。县前东街段:1998 年 7 月建设,东起陈王路(经四路),西至明珠路,全长 2800 米,宽 36 米,水泥砼路面。

画溪大道　南起雉州大道(老 318 国道),北至忻湖路,全长 6600 米,宽 50 米,其中车行道宽 25 米、人行道宽 8 米、绿化带 17 米,设置中央绿化隔离带和机非隔离带,沥青砼路面,2000 年 12 月建设,2003 年竣工。2003 年北延至忻湖路,沥青砼路面。2007 年 10 月,建设雉州大道(老 318 国道)—五峰路段,长 2500 米,沥青砼路面。

明珠路　原名环城东路,为 104 国道过境段。南起图影大道,北至龙山大道,全长 3360 米,路宽 50

米，其中车行道 25 米、人行道 16 米、绿化带 9 米，双向四车道，沥青砼路面。2004 年 5 月建设，2005 年 10 月竣工，更名为明珠路。2006 年 4 月，开工建设明珠路北延伸段，南起龙山大道，北至合溪新港，全长 6000 米，路宽 30 米，其中车行道 24 米、人行道 6 米，沥青砼路面。2007 年竣工。

龙山大道　东起明珠路，西至长水公路，全长 2300 米，路宽 52 米，其中车行道 25 米、人行道 9 米、绿化带 18 米，水泥砼路面。2001 年 1 月建设，2003 年 2 月竣工。

长州路　原名经一路，为 104 国道过境段。南起图影大道，北至中央大道，2000 年 2 月建为城市道路。全长 3000 米，路宽 50 米，其中车行道 36 米、人行道 10 米、绿化带 4 米，双向四车道。水泥砼路面。2012 年更名。

长城路　原名经二路。南起新塘路，北至合溪新港，全长 4500 米，宽 36 米，其中车行道 26 米、人行道 6 米、绿化带 4 米，一期、二期为水泥砼路面，三期为沥青砼路面。2000 年 3 月建设，2003 年 10 月竣工。2012 年更名。

长兴大道　原名经三路。南起长洪公路，北至合溪新港，全长 5600 米，宽 52 米，其中车行道 30 米、人行道 8 米、绿化带 14 米，沥青砼路面，为 104 国道过境段。2003 年 2 月建设，2005 年 9 月竣工。2012 年更名。

长海路　东起明珠路，西至紫金路，原名环城南路，为 318 国道过境段。全长 1900 米，路宽 36 米，其中车行道 12 米、人行道 16 米、绿化带 8 米。2004 年建设，2005 年 10 月竣工，水泥砼路面。

中央大道　西起明珠路，东至陈王路，长 1850 米，宽 50 米，其中车行道 32 米，人行道 8 米，绿化带 10 米，沥青砼路面。2001 年 5 月建设，2003 年建成。

太湖中路　东起明珠路，西至双拥路，全长 1700 米，路宽 36 米，其中车行道 21 米、人行道 8 米、绿化带 7 米，水泥砼路面。1997 年 3 月建设，1998 年 8 月竣工。

太湖东路　东起长州路，西至明珠路，全长 500 米，宽 40 米，其中车行道 30 米、人行道 7 米、绿化带 3 米，水泥砼路面。1996 年 3 月建设，1997 年 12 月竣工。

太湖大道　西起长州路，东至太湖大堤，全长 8200 米，路宽 36 米，其中车行道 23 米、人行道 8 米、绿化带 5 米，沥青砼路面。1998 年开工建设，2001 年竣工。

发展大道　西起明珠路，东至杭宁高速公路，全长 3500 米，路宽 36 米，其中车行道 24 米、人行道 6 米、绿化带 6 米，沥青砼路面。2004 年建设，2006 年竣工。

图影大道　原名迎宾大道，为 104 国道过境段。北起长海路，南至冯家湾立交桥，全长 3900 米，路宽 50 米，其中车行道 36 米、人行道 9 米、绿化带 5 米，沥青砼路面。2001 年 7 月建设，2002 年 8 月完成改造，命名迎宾大道。2012 年再更名。

滨河大道　南起解放路，北至龙山大道，全长 2100 米，路宽 24 米，其中车行道 15 米、人行道 9 米，沥青砼路面。2004 年 3 月建设，2006 年 10 月竣工。

忻湖路　西起画溪大道，东至明珠路，全长 2160 米，路宽 50 米，其中车行道 30 米、人行道 8 米、绿化带 12 米，沥青砼路面。2002 年 4 月建设，2003 年 12 月竣工。

齐山路　西起画溪大道，东至明珠路，全长 1670 米，路宽 50 米，其中车行道 30 米、人行道 9 米、绿化带 11 米，沥青砼路面。2003 年 4 月建设，2004 年 12 月竣工。

锦绣路　原名兴国路。南起龙山大道，北至忻湖路，全长 1520 米，路宽 32 米，其中车行道 22 米、人行道 6 米、绿化带 4 米，沥青砼路面。2003 年 3 月建设，2004 年 9 月竣工。2006 年 5 月延伸至 17 号道路，长 815 米。2012 年更名。

紫金路　北起菱山路交叉口，南至长牛线，全长 1716 米，路宽 32 米，其中车行道 21 米、人行道 10 米、绿化带 1 米，沥青砼路面。2005 年 9 月建设，2007 年 11 月竣工。

长吕路　北起图影大道，南至 318 国道，全长 1868 米，路宽 32 米，其中车行道 19 米、人行道 10 米、绿化带 3 米，沥青砼路面。2009 年 7 月建设，2012 年 9 月竣工。

次干道　2012 年，共有城市次干道 23 条，总长 24491 米。

2012 年长兴县城市次干道情况表

表 7-2 单位:米

现名	曾用名	建成年份	起讫(走向)	长度	宽度	车道宽	路面铺设
振兴路	—	1996	东起长安路,西至画溪大道	450	32	22	水泥混凝土
明珠二路	—	2002	北起长海路,南至三里桥港	850	18	12	水泥混凝土
海兴路	城南路	2002	东起图影大道,西至长海路	1850	21	12	水泥混凝土
车站路	—	2003	东起长海路,西至人民南路	950	21	12	水泥混凝土
长州路南延伸段	—	2004	东起图影大道,西至轻纺城	400	32	12	水泥混凝土
狮虎路	—	2004	东起金陵北路,西至双拥路	432	13	7	水泥混凝土
植物园路	吴越路	2004	西起龙山大道,东至齐山路	630	24	14	沥青混凝土
幸福路	兴民路	2004	西起画溪大道,东至明珠路	2190	32	15	沥青混凝土
步云巷	—	2005	西起金陵北路,东至太湖中路	500	12	7	沥青混凝土
润兴路	—	2005	南起齐山路,北至兴民路	667	24	14	沥青混凝土
永兴北路	润长路	2005	南起齐山路,北至兴民路	738	24	14	沥青混凝土
广场路	—	2005	东起吴越路,西至兴国路	566	12	9	沥青混凝土
永兴路	兴长路	2005	南起齐山路,北至广场路	450	12	7	沥青混凝土
长牛线	—	2006	东起雉州大桥,西至画溪大道	3200	24	16	沥青混凝土
双拥路	—	2006	东起金陵路,西至画溪大道	1600	24	15	沥青混凝土
菱山路	青山路	2006	东起双拥路,西至紫金路	1500	32	18	水泥混凝土
人民路	—	2006	北起县前中街,南至车站路	1700	21	12	水泥混凝土
长安路	—	2006	北起县前西街,南至长海路	840	18	9	沥青混凝土
五丰路	—	2006	西起滨海小学,东至画溪大道	600	21	13	沥青混凝土
金莲桥路	体育馆东侧道路	2006	南起太湖中路,北至龙山大道	908	19	12	沥青混凝土
长水路	—	2006	南起龙山大道,北至铁路	2200	34	14	沥青混凝土
长水公路	—	2006	南起铁路,北至合溪新港	1000	10.5	10.5	沥青混凝土
画溪大道与解放路连接线	—	2006	西起画溪大道,东至解放路	270	19	12	沥青混凝土

说明:资料来源于县建设局

支路 2012 年,城区有支路 30 条、其他小支路 25 条,总长 19540 米。

2012 年长兴县城市支路情况表

表 7-3 单位:米

现名	曾用名	建成年份	起讫(走向)	长度	宽度	人行道宽	路面铺设
仓前一街	—	1994	北起解放路,南至长海路	550	12	5	水泥混凝土
仓前二街	—	1994	北起解放路,南至长兴港	450	12	5	水泥混凝土
望春南路	—	1987	北起解放路,南至长兴港	330	12	5	水泥混凝土
长春南路	—		北起解放路,南至望春南路	200	12	5	水泥混凝土
望春北路	—		北起县前街,南至解放路	400	8		水泥混凝土
长春北路	—		南起解放路,北至县前街	210	12	5	水泥混凝土
新世界路	—		东起人民中路,西至金陵中路	250	12		水泥混凝土

续表7-3

现名	曾用名	建成年份	起讫(走向)	长度	宽度	人行道宽	路面铺设
新塘路	—		西起明珠路,东至开发区	2000	12	3	水泥混凝土
百草园路	—		东起望春南路,西至人民中路	230	12	5	水泥混凝土
金铁路	建材市场北道路	2010	东起长洲路,西至金家滩路	400	7		水泥混凝土
金家滩路	金三发西侧道路		南起明珠路,北至老粮库	250	7		水泥混凝土
水文路	—		东起金家滩路,西至明珠路	500	7		水泥混凝土
古城东路	镇政府南路		东起光明路,西至人民路	400	3.5		水泥混凝土
小西门桥南路	—		北起米行弄,南至西护城河闸门	140	5		水泥混凝土
杨西路	—		东起长安路,西至紫金大桥	600	5		水泥混凝土
光辉路	—		北起长海路,南至海兴路	400	5		水泥混凝土
光明路	—		北起长海路,南至三里桥	1000	6		水泥混凝土
金陵大酒店南侧道路	—		西起金陵路,东至人民南路	300	5		水泥混凝土
青文路	—	1993	北起道园路,南至县前街	300	4		水泥混凝土
美的花园南侧道路	—		西起仓前二街,东至明珠路	330	7		水泥混凝土
城北路	—	2012	西起金陵路,东至明珠路	1200	12	5	水泥混凝土
高家墩徐家湾路	—		南起301省道,北至长兴港	1200	5.5		水泥混凝土
青陶路	陶器厂西侧道路		南起解放西路,北至县前西街	330	21	6	水泥混凝土
蚕丝路	至丝厂道路		西起光明路,东至长吕路	850	5		水泥混凝土
至新古城中学路	—		东起雉州大桥,西至古城中学	300	9		水泥混凝土
滨南路	轻纺城南侧道路		东起长吕路,西至明珠二路	650	12	7	水泥混凝土
花菇山路	—		东起金陵北路,西至花菇山	270	7		水泥混凝土
建行小区路	—		东起人民南路,西至金陵南路	300	6		水泥混凝土
至党校道路	—		东起画溪大道,西至党校	300	12	9	水泥混凝土
明门路	—		南起318国道,北至车站路	800	6	6	水泥混凝土
其他支路25条	—			4100	5		

说明:资料来源于县建设局

里弄　2012年,城区有巷弄12条,总长3590米。

2012年长兴县城市背街里弄情况表

表7-4　　单位:米

名称	位置	长度	宽度	名称	位置	长度	宽度
西鱼巷	东起人民北路,西至金陵中路	160	12	仁家弄	南起县前街,北至护城河城墙	140	3.5
东鱼巷	东起长春北路,西至人民北路	70	12	宜春弄	南起皇家湾小区,北至县前街	310	5
米行弄	东起人民中路,西至长安路	600	12	广场西弄	南起车站路,北至长兴港	250	4
米行南弄	北起米行弄,南至长兴港	240	4	马巾巷	北起古城东路,南至马巾巷社区	900	3.5
春楼弄	北起解放路,南至米行弄	130	6	总管弄	南起县前街,北至县前街小区	200	4
米行北弄	北起解放路,南至米行弄	90	6	步云巷	西起金陵北路,南至太湖中路	500	4.5

说明:资料来源于县建设局

回龙山新区主要道路 2001年,启动建设回龙山与解放路连接线,沟通城区与回龙山新区交通联系。2012年,回龙山新区共有9条道路,总长12232米。

回龙山路 原名回龙山大道。南起解放西路,北至长水路,全长5300米,宽18米~24米。2001年5月,建设回龙山与解放路连接线,东起解放西路,西至回龙山公园道路,全长2000米,宽24米,沥青路面。2008年12月,建设回龙山公园道路,南起五峰路,北至长水路,全长3300米,宽18米,沥青路面,2009年11月竣工。2012年更名。

五峰路 全长1800米,分2段建设。东段东起画溪大道,西至滨海小学,长600米,宽21米,沥青路面,2006年5月完成。西段东起滨海小学,西至新长铁路,长1200米,宽23米,沥青路面,2008年12月完成。

建设路 原名溪源路。南起回龙山大道,北至五峰路,全长592米,宽18米,沥青路面。2011年8月竣工。2012年更名。

夏家路 原名滨海路。南起回龙山大道,北至五峰路,全长723米,宽18米,沥青路面。2011年8月竣工。2012年更名。

花园路 南起回龙山大道,北至五峰路,全长880米,宽18米,沥青路面。2011年8月竣工。

嘉苑路 东起画溪大道,西至花园路,全长300米,宽13米,沥青路面。2011年8月竣工。

新风路 东起回龙山大道,西至溪源路,全长900米,宽18米,沥青路面。2011年8月竣工。

东王路 东起花园路,西至滨海路,全长300米,宽18米,沥青路面。2011年8月竣工。

育才路 东起画溪大道,西至回龙山公园道路,全长1437米,宽7米,沥青路面。2012年10月竣工。

二、城市桥梁

2012年,城区有7座大型桥梁、13座中型桥梁和21座小型桥梁,总长3902.19米。

大型桥梁 1988年,城区无大型桥梁。2012年,共有大型桥梁7座,总长2863米。

画溪大桥 位于画溪大道,跨长兴港,全长1246米,由主线桥及4个匝道桥组成。其中,跨长兴港为单索面矮塔斜拉桥,宽度为32米,跨长牛公路为单承重面系杆拱桥,宽度为20米。A、B匝道为机动匝道,平弯后接长牛公路,标准宽度为9.5米。C、D匝道为机动车与非机动共用匝道,沿主线桥方向布置,标准宽度13.5米。C、D匝道桥跨径布置为5×19.5米。2007年10月开工,2010年12月竣工。

雉州大桥 位于紫金路,原名高家墩立交桥,系多跨T形梁简支桥,桥长202米(包括引桥),宽9米,1994年4月建成。2011年拆除重建,半苜蓿叶形互通立交桥,有一座主桥和3座匝道组成,自南向北先后上跨宣杭铁路、长牛线地面道路,全长612米,双向六车道,标准宽度25米,是城区通往城南、城西交通要道。2012年更名。

海兴桥 位于海兴路,跨三里港,原名城南大桥,长199米,宽15.2米,预应力简支梁桥,荷载汽20,挂100。1993年建成使用。

金陵大桥 位于金陵路,跨长兴港,申承式钢筋混凝土钢架拱桥,长163米,其中引桥108米,桥面宽24米。1993年建成使用。

紫金大桥 位于紫金路,跨长兴港,长132米,宽32米,联系梁桥,荷载城A级。2007年建成使用。

长兴港大桥 位于长州路,跨长兴港,全长120米,宽24米,钢筋混凝土

图7-1 长兴高家墩立交桥(李正平摄·1992年)

钢拱架。2000年建成使用。

冯家湾立交桥　位于104国道，跨老318国道，长391米，宽19米，多跨T形简支梁桥，荷载汽20，挂100。2002年建成使用。

中型桥梁　2012年，城区共有中型桥梁13座，总长584.6米。

滨河大桥　位于滨河大道，跨长水港，长62米，宽24米，组合桥，荷载城A级。2006年建成使用。

仓桥　位于仓前街，跨长兴港，旁有古城粮仓，俗称仓桥，古名丰乐桥。明嘉靖归有光建，清嘉庆七年(1802)知县邢澍重修，3孔石拱桥。1978年，改建为单孔钢筋混凝土桁架拱桥，长55.4米，宽3.7米。1999年，改建为拱桥，长55米，宽12米，荷载汽-20、挂-100。

长安桥　俗称施家门桥，位于长安路，跨长兴港，钢筋混凝土圆形拱桥。1978年建设，名西门大桥。1992年拆除重建，长50米，宽12.5米，更名为长安桥，

东门大桥　位于明珠路，跨长兴港。1977年建设，长72米，跨径56米，宽7.7米。1990年，桥面拓宽至16.5米，钢筋混凝土箱形拱桥，荷载汽-15、挂-80。2000年，改建为箱形拱桥，长72米，宽27米，荷载城A级。

高阳桥　位于长海路，跨三里港，长25米，宽9米，双曲拱桥，荷载汽-15级，挂-80。1977年建成使用。

黄土桥　位于长安路，跨黄土港，全长35米，宽18米，钢筋混凝土平桥，1992年建成使用。

金莲桥　位于太湖路，跨金莲港，长38米，宽25米。1993年建成使用。

南门大桥　位于人民南路，跨长兴港，始建于元代，名嘉会门桥，清代乾隆年间谭肇基重修，为三孔石拱桥。1976年开挖长兴港时拆除，于原址重建，1978年5月建成，改名为南门大桥，双曲拱钢筋混凝土结构，桥长60米，净跨56米，桥面宽9.1米，两侧人行道各1米，荷载汽-13、挂-60。2011年，重修南门大桥，对原桥进行加固，两侧各拼宽4.5米，改造后桥长51米，桥宽20.1米，为单跨钢结构桁架拱桥，钻孔灌注桩基础。

古城桥　原名雉州桥。位于金陵路，跨黄土港，长31.6米，宽27.5米，连接金陵路，1992年建成使用。2012年更名。

城站桥　位于人民南路，跨黄土港，长25米，宽21米，简支梁桥，荷载城A级。2007年重建。

三里港桥　位于光明路，跨黄土港，长32米，引桥长170米，宽15米。1993年建成使用。

明门桥　位于长吕路，跨黄土港，全长28米，宽15米。2012年建成使用。

谢家荡桥　位于回龙山路，跨五峰水库，全长80米，宽18米，简支梁桥，荷载城A级。2010年1月建成使用。

小型桥梁　2012年，城区有小型桥梁21座，总长454.59米。

北门桥　位于金陵北路，跨护城河，长20米，宽32.6米，简支梁桥，荷载汽-20，挂-100。1996年建成使用。

大西门桥　位于解放路，跨西护城河，长11米，宽19.2米，简支梁桥，荷载汽-15级，挂-80。1983年建成使用。

红卫桥　位于县前街，跨西护城河，长20米，宽21米，简支梁桥，荷载城A级。2006年拆除重建。

画溪花园桥　位于画溪大道，长24米，宽36米，钢筋混凝土桥。2002年建成使用。

解放桥　位于解放路，始建于元代，名神武桥，明嘉靖元年(1522年)齐之鸾重建，更名望春桥。清乾隆十二年(1747年)知县谭肇基重修，咸丰十年(1860年)毁，同治四年(1865年)重建石桥。1968年，为改直解放路，拆除望春桥，北移26米新建，改名为解放桥，跨东护城河，桥长16.85米，净跨15米，桥面宽12米，梁底高程7.07米，钢筋混凝土T型梁桥，荷载汽-13级，挂-60。2004年重修。

金宇桥　位于城北路，跨东护城河，长20米，宽12米，简支梁桥，荷载城B级。1999年建成使用。

龙山大道1号桥　位于龙山大道，跨甘家港，长25米，宽52米，简支梁桥。2001年建成使用。

龙山大道2号桥　位于龙山大道，跨甘家港，简支梁桥，长16米，宽62米。2001年建成使用。

龙山大道3号桥　位于龙山大道,跨甘家港,长57米,宽52米,简支梁桥。2001年建成使用。

古金莲桥　位于金莲桥南侧,跨长水港,长25米,宽12米,钢筋混凝土桥。1993年建成使用。

鱼池桥　位于菱山路,跨画溪湿地公园河道,长12米,宽8米。2003年建成使用。

水岸华庭桥　位于水岸华庭小区,长25米,宽32米,简支梁桥,荷载城A级。2003年建成使用。

坛家桥　位于金陵路,跨坛家港,长10米,宽26米,简支梁桥,荷载汽-20,挂-100。1997年建成使用。

小东门桥　位于县前街西端,元代称长安门桥,跨东护城河。1970年重建,长25米,宽6米,钢筋混凝土双曲拱桥,荷载汽-8。1996年改建,双曲拱桥,长50米,宽20米。

小西门桥　位于米行弄,跨西护城河,长16米,宽15.8米,简支梁桥,荷载城A级。2009年拆除重建。

台苑新村桥　位于台苑路,跨坛家港,长12米,宽6米,钢筋混凝土桥。2009年建成使用。

高家墩桥　位于紫金路,跨黄土港,长25米,宽32米,简支梁桥,荷载城A级。2007年建成使用。

道园桥　位于道园路,跨西护城河,长18米,宽15米,钢筋混凝土桥。2010年建成使用。

夏家河桥　位于五峰路,跨夏家河,长16米,宽25米,简支梁桥,荷载城A级。2008年建成使用。

建设桥　位于建设路,跨夏家河,长14米,宽18.8米,简支梁桥,荷载城B级。2008年建成使用。

回龙山桥　位于回龙山新区,长21.74米,宽24.5米,简支梁桥,公路二级。2010年1月建成使用。

三、绿地

详见本章第六节城市绿化。

四、公园

1988年6月,城区第一座区域性公园古城公园一期建成对外开放。2003年,借鉴古典园林艺术手法,吸收现代园林风格,根据《公园设计规范》,建设城市公园。2012年年末,城区有公园10座,其中县级公园1座(齐山植物公园),专类公园3座(台基山遗址公园、画溪湿地公园、陈武帝遗址公园),区域性公园2座(古城公园、梅花公园),社区公园2座(花菇山公园、城北社区小公园),带状公园2座(和睦塘公园、长兴港公园),占地总面积97.6公顷,绿地面积80.1公顷。

古城公园　位于人民南路东侧,占地4公顷,其中绿地面积2.5公顷,总投资500万元。一期1985年开工建设,1988年6月建成开放,占地2.3公顷。二期2003年9月开工建设,同年12月建成开放,占地1.7公顷。该公园仿苏州园林模式,兼具杭州园林风格,为江南古典式园林。由古典园林、现代园林、现代游乐、聚景区、烈士纪念碑5部分组成。既有山(假山)、水、楼、台、亭、阁、桥、廊、榭的古典园林,也有桂香满园、秋林爱晚、竹林摆幽、西霞普照的现代园林,辟有龙吟化雨、瀛洲环碧、九雉迎辉、黄石飞瀑等主要景点,及高架车、游船等游乐设施。园内楹联、匾额均为当代著名书法家题词,东、西大门匾额"古城公园"由沙孟海、郭仲选题,无忧亭、大门楹联由费新成、陆俨少题,纪念碑"革命烈士永垂不朽"由全国人大常委会副委员长叶飞题。共种植乔灌木和花草50个品种,营造层次分明、景观丰富的植物群落,构成和谐流畅的园林景观。

齐山植物公园　位于龙山新区行政办公综合楼西侧,依齐山而建,占地12公顷,其中绿化面积10公顷,2004年9月开工建设,2005年6月建成开放,总投资1200万元。公园由主入口广场、齐山飞瀑、景观方亭和植物园区4大景区组成。建有入口景石、龙谷控幽、齐山飞瀑、景观方亭和塑石假山5处园林小品,跨虹桥、月虹桥和百虹桥3座景观桥。蜿蜒曲折3000米园路由5级结构组成,最宽入口干道宽4米,山脚下主园路宽3米,另有2米、1.2米和0.8米宽支园路和汀步。有入口模纹色块园区、桂花园区、樱花园区、月季园区、梅花园区、松竹园区6大园区,栽植乔木、灌木、地被植物、水生植物、藤本植物以及竹类植物100种,以红叶石楠、大银杏、大金桂、红花木莲等10种名贵树种为主,每个品种均有一块植物名称牌,注明种属科名和拉丁文。绿量充分、物种丰富、景观优美,是集休憩、科普教育功能于一体园林游览胜地。

花菇山公园　位于金陵北路西侧,紧邻龙山大道,占地10公顷,其中绿地面积9.8公顷,2002年10月开工建设,2003年12月建成开放,总投资400万元。该公园利用自然山体,辟建园路、亭子、平台,种植香樟、乐昌含笑、马褂木、桂花、桧柏、碧桃、蜡梅、孝顺竹、茶梅、臭椿、杜鹃、月季、红花榉木 61432 株，书带草、葱兰等地被植物 1909 平方米。安装投光灯 9 只、草坪灯 64 只、庭院灯 59 只。以花景为主题，以自然景观为特色，是一座集游览、休闲、锻炼为一体的充满自然野趣的生态公园。

台基山遗址公园　位于清文路东北，紧邻台苑新村小区，占地 4.9 公顷，其中绿化面积 4.1 公顷，2002 年开工建设，2004 年 3 月建成开放，总投资 2700 万元。该公园有古文化遗址 8000 平方米，中间突起于地面台地总面积 4500 平方米，文化层 0.5 米～2.6 米。文化发展序列为崧泽文化—良渚文化—马桥文化—商周文化—春秋文化—秦汉文化—隋唐元明清，是长兴县发现文化遗址中面积较大、内涵丰富、保存完整的典型古文化遗址，1983 年 3 月公布为县级文物保护单位。以天台为主题，吴越文化为主线，水杉成林为背景，色块为点缀，四季有花，常绿树与落叶树交错，体现既有古代文化内涵、又有现代思想理念、古今融为一体的建设风貌。

和睦塘公园　位于龙山新区，依和睦塘两岸而建，分南北两期建设，占地 7.5 公顷，绿地面积 6 公顷，绿地率 80%，总投资 2300 万元。南岸全长 1.46 千米，绿地面积 2.4 公顷，2003 年 9 月开工建设，2005 年 6 月建成开放。配有鹅卵石、青石板园路和假山造型，建有国际新潮张拉膜亭子 5 座，有景观 10 处。北岸全长 1.2 千米，绿地面积 3.6 公顷，2003 年开工建设，2005 年 5 月建成开放。砌筑河道栏墙 6000 米，堆景观黄石 800 立方米，修筑木板园路 1200 米。该公园绿地沿河依水而建，以绿化造景为主，依次呈现多层次、多形式、充满情趣园林景点 34 处。入口是天心广场天心瀑，为长兴第一个人工循环瀑布。园内建有十二生肖黄铜浮雕；月流桥、烟水桥、万渡桥、水明桥、水漾桥、香波桥、流水桥、流方桥、归真桥、竟渡桥、木栈桥、返朴桥、清水桥共 13 座景观小桥，风格各异，其中用铜管制作的红色拱门型园桥——香波桥，造型独特，色泽醒目；清风亭、飞晚亭、自闲亭、两宜亭、胜春亭、悠然亭、构架组亭共 7 座园林亭子；跌水瀑、悠然茶座、自闲台、秋雨台、江北渚、碧水廊、杨柳渚、钓鱼台、木平台、临水木跳台、碧水临风、晚风秋月、天心瀑和清和台共 14 处园林小品，其中挺立在水面的木质平台碧水廊、秋雨台、自闲台、清风亭，为休闲、观赏湖水景观最佳场所。景观沿河依水展开，设置木栈道、平台、亭、廊、桥、榭，布置蜿蜒、环境优雅、园路通幽、景石点缀、绿量充沛。

画溪湿地公园　位于菱山路西侧，占地 32 公顷，其中绿地面积 27.5 公顷，2007 年开工建设，2009 年 12 月建成开放，总投资 3500 万元。公园主要有山谷溪滩景观区、生态休闲湖景区、水生植物景观区 3 大功能区。山谷溪滩景观区位于公园西部，有密林寻幽、问水亭、闻莺榭、探梅亭、暗香浮动、松谷秋涛等景点；生态休闲湖景区位于园区中部，有芦湾渔乐、竹径通幽、杏林金叶、银芦轩、映波亭、翠薇亭等景观；水生植物景观区位于园区东部，河道顺地势，弯曲而下，直至护城河，河岸两侧种植水生植物，体现“林间花溪”意境。植物品种繁多，以乡土树种为主，大量配植湿生及水生植物，有香樟、银杏、梅花、桂花、水杉、池杉、紫薇、毛竹等。以湿地生态保护为前提，以湿地生态景观为主要特色，保护原有生物种群、鸟类和其他生物，体现人与自然和谐共生。

长兴港公园　位于解放西路延伸段南侧，沿长兴港河岸线展开，长 2100 米，占地 12.2 公顷，其中绿地面积 10.7 公顷。分三期建设，一期、二期于 2005 年开工建设，2006 年 5 月建成开放；三期于 2006 年 7 月开工建设，2007 年 6 月建成开放；总投资 1200 万元。该公园绿地呈带状，由东西向滨河散步道贯穿，共设置流波溢彩、江介遗风、峥嵘岁月 3 个主要景点，以及海棠报春、江天览胜、湖山真意、梨花伴乐、霓裳舞韵、孤香傲雪等 6 个次要景点。设置供市民晨练的小广场和步道，供游人凭眺长兴港的观光木平台、亭廊和亲水台阶。在绿地较宽处，设置蜿蜒通幽园路、点缀景石，3 米高太湖石耸立其中，突出“瘦、皱、漏、透”四大特征，展现大自然鬼斧神工，将自然山野景观引入城市，激起对自然山水遐思和向往。绿地以植物造景为主，营造多种形态各异、色彩丰富的小森林、树丛、疏林灌草丛、林荫带。绿化选择当地乡土树种、常绿地和阔叶树相结合，与灌木、地被、水生植物形成多层次植物群落，以分隔竖向空间，创造植物群落整体美。

梅花公园　位于龙山东麓，面对齐山植物公园，占地 5 公顷，绿地面积 4 公顷，绿地率 80%，2007 年

7月开工建设,2008年10月建成开放,总投资500万元。该公园由新开河道、入口广场、园桥、园路、浇灌系统、亮化系统及绿化组成。突出梅花和大草坪,供游人入园赏梅休憩。植有长兴红梅、古梅、绿梅和美人梅共653株。园内有小河1条,面积1公顷;绿化4公顷,其中草坪3公顷。视野开阔、景色优美、逢节假日游人众多,为休闲赏梅佳地。

图7-2 梅花公园(县建设局提供·2012年)

陈武帝遗址公园 位于城区东部,占地9.5公顷,其中绿化面积5.2公顷,2008年启动,2009年4月开工建设,2011年8月建成开放,总投资1.3亿元。该公园分故宫区、遗址区两部分,故宫区由故居、广场、山门、宝塔、金堂讲堂以及连廊、水池组成,遗址区由陈霸先铜像、圣井亭、碑林、旧石板道及绿化组成。公园以还原和营造原生态环境为指导,以乡土树种为主,尽量保留原生树木、树林,使其更具历史文物价值。乡土树种主要有榉树、银杏、水杉、朴树、石榴、香樟、女贞、桂花。有草坪2.2公顷,乔木、色块灌木3公顷。

城北小公园 位于城北小区中心,占地0.5公顷,绿地率75%,投资150万元,1995年9月开工建设,1996年6月建成开放。铺植马尼拉草坪3500平方米,并配有乔灌木,建有人工小丘,用鹅卵石、碎花岗岩铺成园路,配有园林亭子、花廊各1座,健身器材11件,安装草坪灯、庭院灯12只,建有"生活的旋律""孔融让梨"等2座雕塑,为集休闲、纳凉、健身、娱乐为一体的综合性活动场所。

五、广场

1988年,城区仅人民广场一处,建于长兴解放初期。1998年,建成火车站广场。其后,两次改建、迁建人民广场,并先后建成市民文化广场、高铁站前广场。

市民文化广场 位于龙山新区中央地段,2005年建成。占地22.6公顷,其中绿地和水面面积18公顷,绿地率80%,绿化投资2000万元。空间布局突出两条轴线、三大区块和一个河道水系。建有景观大道、林荫景观大道、中央主题雕塑广场、万人集会广场、亲水广场、礼仪广场,东西各建有一座景观拱桥。观赏区有入口喷泉、"龙"文化浮雕墙、"蛟龙戏水"雕塑喷泉、名人文化广场、文化浮雕柱、名人单体雕塑及植物造景。四面环水,与龙山新区水系相通。河岸采用自然式草坡或结合块石、卵石护岸,营造自然和谐、亲水自然生态结构。绿地以乡土树种为主,适当引进外来驯化树种,植物品种110种。常绿与落叶、乔木与灌木、地被、草皮及藤本植物、竹类植物有机合理搭配,季相分明,四季常绿。设置多种景观灯、背景音响、休闲长椅、电话亭。是集文化生活、休闲观赏、集会活动于一体综合性活动场所。

中心广场 位于金陵路与县前西街交叉口,始建于长兴解放初期,原名人民广场。1978年,进行第一次改造,四周成片种植香樟、悬铃木、水杉、广玉兰、枫杨。1998年7月,进行第二次改造扩建,总投资2800万元,种植草坪2.7公顷,植乔木450株,主要有红枫、香樟、龙爪槐、雪松、樱花、紫荆、广玉兰、棕榈、罗汉松等20余种。2010年5月,进行第三场改造,整体北移至原长兴中学地块,占地4.6公顷,景观绿化面积1.5公顷,种植银杏、栾树、大叶女贞、无患子、金枝垂柳、榉树、红梅、樱花、琵琶、山楂800株;植灌木、地被、草坪1.4公顷,主要有丛生紫薇、山茶、迎春、火棘、丁香、棣棠、鸢尾、红花酢浆草、玉簪、窄叶麦冬、矮生百慕大等15余种,并建有较大规模樱花片林。同时,保留香樟27株,建为香樟大道,作为古代、现代风格分隔;保留始建于北宋庆历四年(1044年)的古建筑大成殿明伦堂,铺装、绿化种植延续古典园林风格。其他部分体现明快、开阔、流畅、大气的现代风格,配以园路庭院灯、景观草坪灯、高杆灯,交相辉映、流光溢彩,是集休闲、景观、文化、锻炼于一体的开敞式广场,成为长兴市民休憩的最佳场所。

高铁站前广场 位于发展大道与高铁路交叉口,2012年12月建成。占地9.32公顷,其中道路3公顷、广场 6.32 公顷(绿化 2.67 公顷),绿地率 28.7%,总投资 6500 万元。绿化采用乔木、灌木、草坪合理搭配,种植大规格树木 1168 株,其中直径 30 厘米榉树 93 株,20 厘米银杏 188 株,16 厘米广玉兰 246 株,10 厘米桂花 485 株,晚樱 156 株。种植灌木 20 个品种,狗牙根草坪 2600 平方米。广场花岗岩地面铺装,建有景观廊架 2 座、景观水池 1 个、四特亭 4 座、停车位 272 个。配有高杆灯塔 2 套、高杆庭院灯 12 套、庭院景观灯 86 套及智能化监视器和音响。具有集散、景观、休闲功能。

火车站广场　位于长兴火车站北侧,占地 0.7 公顷,其中绿地 0.22 公顷,园林小品 206 平方米,绿地率 32%,1998 年建成。2004 年 8 月,委托浙江林学院园林设计院重新进行景观设计,对绿地进行全面改造。广场体现"门厅"统率、生态和自然意像,为"一岛、二轴、三带"生态广场景观结构。建有 1 座盆景交通岛,突出绿化功能;开辟景观大道,强化广场轴线,精心配置植物群落,营造山花烂漫植物景观,体现水之韵、绿之意的景观主次轴。建有两条停车带、一条绿化隔离带。选栽常绿树与落叶树搭配,乔灌花草有机组合,利用各种植物形态、花果以及季相、色相变化,创造疏密有致、层次丰富的观赏特性。共栽黄山栾树、广玉兰、桂花、日本五针松等常绿大规格乔木 810 株,梅花、红枫、日本晚樱等落叶乔木 145 株,小叶栀子花、茶梅、马尼拉等地被植物 0.2 公顷。地面铺装花岗岩、青石、马克波罗砖、卵石、文化石,广场中心配有喷水池及"人欢鱼跃"雕塑。

六、雕塑

1987 年,古城公园纪念碑设立长兴第一块雕塑——"敬礼！少年队员"。20 世纪 90 年代后,随着城市公共建筑设施不断增加,城区陆续建成一批造型新颖、简洁明快、形象生动、寓意丰富、生活气息浓厚的雕塑,装饰和美化城市。1998 年,长兴雕塑设计院专家设计制作的"长兴之光"雕塑,设立在新建的中心广场。之后,和睦塘天心广场雕塑"戏水"、火车站广场喷水池不锈钢与铜雕制成 6 人手拉手围着 6 条鱼的雕塑"人欢鱼跃"、城北小区小公园内用汉白玉制成的美丽姑娘抱着弯弯月亮的雕塑"生活的旋律"、城北小区内汉白玉雕塑"孔融让梨"等一批特色雕塑建成。2005 年建成的"和睦桥传说"雕塑,讲述康熙年间禾木兄弟故事,并刻有长兴民谣"城北和睦桥、康熙年间造、手足情义深、功德传世表"。至 2012 年,城区公园、广场、道路和住宅小区共有雕塑 22 座。

2012 年长兴县城区主要雕塑情况表

表 7-5

雕塑名	设立地点	设立年份	材质	雕塑名	设立地点	设立年份	材质
敬礼！少年队员	古城公园	1987	钢砼	良渚玉器	台基山遗址公园	2003	花岗岩
人欢鱼跃	火车站广场	1995	不锈钢	石器复制	台基山遗址公园	2003	石材
孔融让梨	城北小区小公园	1996	汉白玉	陶器复制	台基山遗址公园	2003	陶制
生活的旋律	城北小区小公园	1996	汉白玉	春秋古道	台基山遗址公园	2003	木制
雉	长海路与长安路交叉口	1996	不锈钢	齐山飞瀑	齐山植物公园	2004	石材
李时珍	长兴中医院	1997	汉白玉	生肖柱	和睦塘公园天心广场	2004	黄紫铜
长兴之光	中心广场	1998	紫钢	春芽	和睦塘公园天心广场	2004	紫铜
吴越风情	台基山遗址公园	2003	花岗岩	骏马	新世界庄园	2004	钢砼
良渚文化	台基山遗址公园	2003	花岗岩	风水球	国际大酒店	2004	不锈钢
青铜饶复制	台基山遗址公园	2003	青铜	和睦桥的传说	和睦塘公园	2005	钢砼
玉锥	台基山遗址公园	2003	花岗岩	浮雕	长兴大剧院主入口	2007	浮雕

说明:资料来源于县建设局

七、城墙

长兴解放之初,县城古城墙保存完好。1958 年,城郊一带兴建工厂,建筑工人拆卸古城墙墙砖用作建筑材料。少数居民也加入拆砖行列。至 1963 年,千年古城墙竟一毁无遗。

2007年,仿古县城城墙新建北门城墙。位于雉城街道鱼巷口社区,东接长水港,西近金陵路,北靠护城河,长约500米、高3米。因地处古县城北门得名。

八、停车场

1988年,城区范围内无专门停车场,主要是单位内部院内停车,或在城区次干道两侧随意停车。20世纪90年代初,新建住宅小区也未专门划设停车位,小区道路两侧供车辆停放。1996年,新建的建设大厦设置地下停车场。之后,城区高层公共建筑均建有地下停车场。进入21世纪后,城区小高层、高层住宅均按比例建设地下车库。但随着城区小汽车拥有量不断增加,停车难矛盾日益突出。2007年,州桥小商品市场改造为公共停车场,新增停车泊位260只。2007年后,陆续在28条城市道路划设占路停车位1118只。2009年起,结合住宅小区改造,扩建小区停车位,共新增停车位985只。2010年起,县政府连续3年将新增公共停车位作为为民办实事项目,通过道路、闲置地块改造等形式,增加公共停车位数量。2010年5月中心广场改造竣工后,新建中心广场地下停车场、商业街地下停车场、文化馆地下停车场,共增加公共停车泊位400只。同时,辟建原古龙大酒店地块等5个临时公共停车场。2012年,城区共有停车位9777只,其中单位内部停车场泊位2900只、公共建筑配建停车场泊位2700只、占路临时停车泊位2100只、占人行道临时停车泊位900只及路外公共停车场11个、泊位1177只。另外,城区有住宅小区停车泊位2.16万只。

第五节　城市建筑

一、公共建筑

1988年,城区范围内公共建筑主要有县政府办公楼、长兴汽车站、长城宾馆、钟楼饭店、春楼饭店、县政府招待所、长兴广播电视台、长兴电影院、县工人文化宫、长兴文化馆、长兴剧场、县人民医院门诊楼、县中医院门诊楼、县供销贸易中心等。受经济发展、人口集聚等因素所限,标准不高、容量不够、式样单调,以多层砖混结构为主,大多为4层以下,高度在5米~20米,最高为7层的钟楼饭店。20世纪90年代,随着城市规模不断扩大,城市人口快速增加,长兴先后建成建设银行大楼、金陵农贸市场、烟草公司大楼、农业银行大楼、保险公司大楼、新华书店大楼、人民银行大楼、中国银行大楼、双龙大厦、金陵商城、财税大楼、青少年宫、长兴火车站等一批城市公共建筑,并对不适应发展需要的城市公共建筑进行拆建。1992年,县农业银行大楼建成,11层,高36米,建筑面积3800平方米,为当时最高公共建筑。1995年,公共建筑结构开始由多层砖混结构向混凝土框架结构转型。1996年,长兴建设大厦竣工,高13层,框架结构。1988—1999年,共新建公共建筑31幢,建筑面积10.4万平方米,总投资6410.51万元,其中高层建筑9幢。进入21世纪后,长兴旧城改造和新区开发步伐加快,新建城市公共建筑楼宇也不断增多。2000—2012年,相继建成县行政办公综合楼、大剧院、档案馆、国际大酒店、新紫金大酒店、火车站、长途汽车站、体育馆、工商银行、建设银行、县人民医院、妇幼保健院等公共建筑47幢,建筑面积31.85万平方米,总投资4.89亿元,其中高层建筑21幢。该时期建筑从主体结构、外观色彩到内部装饰,在传承江南风格的基础上,大胆吸收和引进国外先进技术及建筑艺术,造型新颖、装修精致、色彩明快,改变了长兴城区景观和环境面貌,展现了长兴经济发展、富庶繁华的现代化气息。

办公建筑　1988年,除少数在位于县前街的县委、县政府大院办公外,县级机关部门大都分散单独建造办公楼或多个部门同楼办公,办公楼为20世纪70年代建造,建筑较为简陋,多为砖混结构、4层以下。1994年,县财税大楼建成,9层,高29米,建筑面积3215平方米,为当时条件最好、层数最高的办公建筑。随着城市规模扩大,政府管理部门数量增多、人员增加,办公建筑日渐增加。1996年,县建设大厦建成,位于金陵中路,主楼13层,高45米,建筑面积5100平方米。2003年,县国税局在县前街与滨河大道交叉口新建办公楼,框架结构,主楼8层,建筑面积7400平方米。2006年5月,县行政办公综合楼投入使用，位于龙山新区，共4幢，高15层，建筑面积4.78万平方米，会议中心建筑面积1.02万平方米，另有食堂、停车场等附属设施。2010年，长兴传媒集团在齐山路新建传媒中心，主楼4层，框架结构，建筑面积2.37万平方米。1988—2012年，城区新增办公用房建筑面积56.8万平方米。

图7-3　建设中的总部经济园区（县建设局提供·2012年）

商业服务建筑　1988年，城区主要商业服务建筑有长兴汽车站、长兴电影院、长兴供销贸易中心、钟楼饭店、长城宾馆、春楼饭店、县政府招待所、长兴旅游服务公司、中百一店、工商银行、农业银行等。后随着商贸服务业发展，商业服务建筑也随之不断增加。1991年后，建设银行、中国银行、保险公司等金融办公建筑陆续建成。1994年，位于城南路的金陵商城竣工开业，高3层，建筑面积达到3万平方米。1995年，中百一店扩建重新开业，建筑面积增加到9000平方米。1998年，金陵大酒店建成，位于金陵路，主楼16层，框架结构，建筑面积1.1万平方米，是长兴第一家按三星级标准设计、建造的涉外旅游饭店，成为当时长兴城市标志性建筑。2002年，长兴国际大酒店建成营业，位于明珠路与太湖路交叉口，框架结构，主楼高20层，建筑面积2.1万平方米，总投资1.2亿元，为长兴第一家四星级涉外旅游饭店。2006年，长兴长途汽车站迁建于太湖大道与长兴大道交叉口，主楼6层，建筑面积8400平方米。2007年，浙北大厦长兴购物中心竣工，位于金陵北路，框架结构，高5层，建筑面积4100平方米。2011年，位于城区中心地段的中心商务区竣工，八佰伴、商业街等商贸新业态投入营业。

教科文卫建筑　1988年，城区有长兴中学、东方红小学、长兴文化馆、长兴工人文化宫、人民医院、中医院、妇幼保健院、长兴广播电视台等教科文卫建筑。随着全县教育、文化、体育、卫生事业发展，长兴陆续新建、扩建教科文卫建筑。2002年，位于太湖路的长兴体育馆建成，框架结构，总投资3100万元，有固定座位840个。2003年，长兴中学迁建于金陵北路东侧；新建金陵高级中学，位于太湖大道北侧；长兴人民医院迁建于太湖路。2004年，位于龙山新区的大剧院、档案馆、图书馆竣工，长兴妇幼保健院迁建于明珠路。2010年，长兴中医院迁建于图影大道。2011年，文化馆、艺术馆、老干部活动中心迁建于中心商务区。

1988—2012年长兴县城区部分新增公共建筑情况表

表7-6

类别	建筑物名称	高度（层、米）	建筑面积（平方米）	造价（万元）	开工年月	竣工年月	地址
办公建筑	财税大楼	9层	3215			1994	县前中街
	长兴建设大厦	13层	5100			1996	金陵中路
	国税大楼	8层	9255		2001	2003	县前中街
	行政办公综合楼	15层	47800	6569	2003.09	2006.05	广场路
	长兴传媒集团大楼	4层	23660			2010	植物园路
	市政公用服务楼	6层	6847	1068	2009.12	2010.08	明珠路
	检察院大楼	10层	14450	2228	2010.12	2012.04	忻湖路
	兴国商务楼	13层	63682	13889	2012.04	—	锦绣路
	行政服务中心	9层	24023	10026	2012.08	—	锦绣路

续表7-6

类别	建筑物名称	高度（层、米）	建筑面积（平方米）	造价（万元）	开工年月	竣工年月	地址
	法院大楼	10层	20718	4507	2012.10	—	忻湖路
商业服务建筑	邮电综合大楼	4层	4080			1990	人民中路
	烟草公司大楼	8层	4100			1992	海兴路
	保险公司营业大楼	6层	3000			1992	人民南路
	金陵商城	3层	30000			1994	金陵南路
	长兴火车站(老)	2层	8663			1994	人民南路
	双龙大厦百货商场	4层	8050			1995	人民南路
	新华书店大楼	6层	2150			1995	金陵中路
	永乐门浴室	5层	3600			1995	金陵大桥东
	人行长兴支行大楼	6层	2210			1995	金陵中路
	中国银行大楼	10层	3650			1995	金陵南路
	农业银行大楼	11层	3800			1995	解放中路
	中百一店商场大楼	5层	9000			1995	解放中路
	金陵大酒店	16层	11000			1998	金陵南路
	国际大酒店	20层	21000	12000	2000	2002	明珠路
	建设银行综合楼	13层	9924		2003	2004	县前西街
	长兴长途客运中心	6层	8400			2006	长兴大道
	浙北大厦长兴购物中心	5层	4100			2007	金陵北路
	欧尚超市	2层	31056	6780	2009.05	2009.11	县前东街
	明珠商务大厦	17层	23548	4000	2009.10	2010.05	明珠北路
	水木花都超市	3层	25704	4000	2010.11	2011.08	县前西街
	中心广场商业街	13层	34777	5598	2010.03	2011.10	县前西街
	八佰伴购物中心	8层	54525	5300	2010.10	2011.12	解放西路
	农村合作银行综合楼	23层	30857	9935	2010.04	2012.03	明珠北路
	新紫金大酒店	22层	29996	3500	2010.07	2012.07	明珠北路
	世贸大厦	24层	53317	13022	2011.09	—	明珠北路
	长兴建设商务楼	24层	27000	22500	2012.11	—	中央大道
	长兴交投商务楼	24层	73420	13894	2012.12	—	中央大道
科教文卫建筑	青少年宫	4层	2575		1994.11	1997.01	太湖中路
	长兴中学	6层	61000			2001.09	金陵北路
	长兴实验小学	5层	21000	5500		2001	金陵北路
	长兴体育馆	3层	35000	3100		2002	太湖中路
	古城中学	6层	47246		2003.08	2004.09	紫金路
	长兴金陵高级中学	6层	80000		2003	2004.09	太湖大道
	长兴实验中学	6层	66600	17000	2003.09	2004	忻湖路
	长兴大剧院	23米	17000	2196	2003.05	2005.09	锦绣路
	长兴图书馆	4层	18500	2090	2003.06	2005.09	植物园路
	长兴档案馆	4层	18500	2090	2003.06	2005.09	植物园路
	长兴八小教学楼	6层	7770	856	2008.03	2008.10	林荫路
	长兴县机关幼儿园	3层	8456	1552	2008.11	2009.07	道园路
	长兴县龙山幼儿园	3层	12765	1985	2008.11	2009.09	润兴路
	长兴妇保院综合楼	7层	14727	1953	2008.03	2009.11	明珠路
	卫生监督业务大楼	4层	5128	488	2009.07	2010.01	双拥路

续表7-6

类别	建筑物名称	高度（层、米）	建筑面积（平方米）	造价（万元）	开工年月	竣工年月	地址
	长兴体育训练基地教学楼	6层	13245	2195	2009.05	2010.02	画溪大道
	长兴技师学院图书馆	6层	14547	1750	2009.06	2010.04	长水路
	长兴中医院综合楼	11层	36400	8543	2008.06	2010.09	长吕路
	长兴县文化馆	3层	10919	1763	2009.09	2011.09	金陵中路
	长兴开发区中学	6层	61715	11706	2012.07	—	白溪大道

说明：资料来源于县建设局

二、居民住宅

1988年，城区共有建设桥、仓前街、平底塘、中箸弄、三十六间（金陵北路）等21个居民住宅小区和居住点，多为2层以下砖混、砖木结构，共有住房建筑面积41.03万平方米，人均建筑面积8.86平方米。同年，竣工住宅建筑面积1.03万平方米。1992年，张家村小区建成，总建筑面积3.9万平方米，为城区第一个规模型纯住宅小区。1992年后，陆续新建北门、台苑、怡景苑、长安、紫金、古城、金贸、海兴、东鱼巷、米行弄等13个住宅小区和组团，绝大多数为混合型结构，其中20世纪90年代后期为钢混结构，均为6层以下建筑，怡景苑为长兴第一个纯别墅型小区。1999年，城区共有住宅建筑面积170万平方米，人均住房面积14.99平方米。进入21世纪后，城区居民住宅面积快速增长，住宅结构由单一多层住宅向商住楼、小高层、高层、公寓、排屋、别墅等多种形式发展，建筑结构采用钢筋混凝土框架结构，建筑质量进一步提高。2002年，总投资1.5亿元开发的耀圣•通宝城，成为城区首个由高层、小高层和多层及沿街商铺组成的楼盘。同年，城区竣工住宅33.39万平方米。之后，陆续建成大自然城市花园维多利亚、风铃绿洲、水木花都、茗桂华庭、皇家湾名邸等住宅小区。2006年后，高层住宅大量出现，位于古城街的古城大厦高26层，时为长兴居民住宅最高建筑。2008年后，城区陆续开发建设御景园、云海山庄、龙山雅苑、画溪玫瑰园等联排、叠墅、别墅等高端住宅小区，并出现景瑞望府、香堤雅墅等纯别墅高端住宅小区。长兴住宅结构普遍采用混合建筑技术，由原来的砖混结构发展到钢筋混凝土多层框架结构和预制构件、砖混、钢混结构，以适应高层住宅安全需要。2012年，城区共有居民住宅小区（组团）163个，住宅建筑面积770万平方米，有居民住宅70722套，其中经济适用住房2320套、建筑面积16.48万平方米，公共租赁住房4165套、建筑面积18.84万平方米，拆迁安置房2805套、建筑面积42.84万平方米。详见第13编建筑业房地产业、第2章、第1节。

图7-4　居民住宅小区（县建设局提供•2012年）

第六节　城市绿化

1988年，城区仅解放路、县前街、人民路两侧种植悬铃木行道树，人民广场四周成片种植香樟、悬铃木、水杉、广玉兰、枫杨，建成区绿地面积4.8公顷，绿地率1.5%，绿化覆盖率2.1%，人均公共绿地4.5平方米。同年，成立县古城公园管理处，负责古城公园、城区街道行道树养护管理。之后，人民路、解放路、县前街、金陵路陆续栽植梧桐、榆树、枫杨等行道树。1992年,长兴实行城市绿化与建设工程同步设计、同步建设、同步验收制度,开始建设道路绿地、河道绿化带和街旁小绿地,城市绿地逐步增加。1995年8月全县绿化普查时,城区有绿地面积163公顷,其中公共绿地15.3公顷,人均公共绿地2.6平方米,植树63.9万株。1997年9月,成立县园林管理处,负责全县城镇园林绿化行业管理、城市建成区园林绿化规划建设和养护管理等职能。随后,县政府出台《长兴县城市绿化管理办法(试行)》,并编制《长兴县城区园林绿地规划》,长兴园林绿化建设进入依法建绿、依法治绿阶段。进入21世纪后,随着城市建设发展,县委、县政府对园林绿化和生态环境建设越来越重视,按照城市园林绿地规划,通过拆房建绿、拓路建绿、退硬还绿、见缝插绿、拆墙透绿等形式,多渠道、全方位开展城市园林绿化建设,绿地总量快速增加。2002年下半年,开展"万株乡土树种进城"工程,重点对城市主要出入口和老住宅小区进行绿化建设。同年年末,城区绿地总量增至443公顷、比2001年增长1.01倍,城市绿化覆盖面积480公顷、比2001年增长0.87倍,绿地率28.6%、比2001年提高13.8个百分点,人均公共绿地面积7.6平方米、比2001年增加1.71倍。

2003年,以争创国家园林县城为目标,利用冬春之际开展万亩森林围城工程、城市绿化精品工程、道路绿化改造工程、百家花园式单位工程、农村康庄大道工程、花园式社区工程和生态式停车场工程七大城市绿化工程,当年新增改造城市绿地103公顷。同年起,每年均利用冬春之际,按照"增量、造景、经济、严管"和"春花、夏绿、秋色、冬枝"的要求,实施一年一度的城市(城乡)园林绿化建设工程。2004年,编制实施《长兴县城市绿地系统规划》,确立"一山一湖四楔二环六带"城市园林绿化系统,实行规划建绿、规模建绿,加快道路绿化、小区绿化、单位绿化、城中村绿化、河道绿化、公园和小游园建设、绿地改造等,年均新增改造绿化超过150公顷。2005年,县园林管理处升格为县园林管理局,长兴获浙江省园林城市称号。至2006年,新建台基山遗址公园、花菇山公园、齐山植物公园,完成古城公园二期改造。1988—2006年,共新增城市绿地1178公顷,建成区绿地总面积1183公顷,绿地率41.2%,绿化覆盖面积1280.3公顷,绿化覆盖率45.1%,人均公共绿地13.88平方米,一座"出门见绿、抬头见景、树木葱茏、鸟语花香"的生态型、宜居型、可持续发展的山水园林城市展现在市民眼前。2007年,长兴获国家园林县城称号,成为全省首批4个国家园林县城之一。2008年,被授予国际花园城市(金奖)称号,并获城市可持续发展奖(第一名)。之后,长兴园林绿化建设更加注重园林绿化的景观性、艺术性、生态性,先后建成梅花公园、三河湾公园、中央大道绿化等一批景观性与生态性相融合的精品绿地。2012年,获全国绿化模范县称号。至同年年末,城市建成区绿化覆盖面积2162公顷,绿化覆盖率45%;绿地面积1927公顷,绿地率41%,人均公共绿地面积15.96平方米。新建居住小区绿化占总用地面积30%以上,老城区住宅小区绿化面积占总用地面积26%。全县有专业绿化工程、养护企业9家,其中外地入驻企业4家;具有二级资质1家,三级资质8家。

一、公园、广场绿化

详见本章、第四节、第四目至第五目。

二、道路(城市出入口)绿化

城区原有道路绿化数量不多、品种单一,主要为法国梧桐(悬铃木)。1992年,以金陵路绿化为标志,全面实施道路绿化工程,将绿化与道路同步规划、同步设计、同步建设,路通树成。2000年,重点增加城市道路绿量,凡分车隔离带道路,种植两排行道树、植连片绿化,并在分车隔离带内种植两排乔木、植满灌木,既增加绿量,又增加景观效果,逐步形成"四纵四绿"道路绿化新模式。同时对原有城市道路绿化进行改造提升,新建城市道路两侧均预留充足绿化用地,建设分车绿化隔离带。2002年下半年,开展"万株乡土树种进城"工程,重点对城市主要出入口进行绿化建设。2003年起,实施"一路一树一景"工程,形成解放路悬铃木、龙山大道银杏树、长州路香樟树、明珠路合欢树、发展大道黄花槐等各具特色、四季分明的道路绿化景观。突出物种配置多样性,绿化品种发展到悬铃木、香樟、广玉兰、银杏、杜英、合欢、含笑、栾树等10多个品种,间植构骨球、龙柏、雪松、枫香等,搭配协调、层次分明,构筑优美景观和生态环境。实行道路绿线控制制度，城区主要道路两侧都划定绿线控制范围，专门用于绿化建设。2012年，城市道路绿化普及率100%。

图影大道绿化　原为迎宾大道，2012年更名。位于杭宁高速公路长兴出入口，全长3.9千米。2003年10月启动绿化改造，2004年4月竣工，道路绿化面积16.8公顷，绿化覆盖率61.5%。通过植物造景、植物配置、地形起伏，组成各种自然、生态植物顶级群落，营造生态景观带。绿化以当地乡土树种为主体，主要有银杏、香樟、榉树、竹、梅花、樱桃、红梗木、慈孝竹、紫鹃、红花继木、金边黄杨、龟甲冬青、吉祥草、高羊茅，并配之以灌木、草坪，景观布局具有强烈层次感和韵律感，营造动态观赏效果，为县内首个道路绿化精品工程。

龙山大道绿化　东起明珠路，北至长水公路，全长2.3千米，绿地率69.3%，2003年竣工。绿化以乡土树木香樟、银杏为主，首次在道路中央建设12米宽绿化带，以高大乔木配地被植物，两侧加设3米宽分车绿带。道路南侧建设3.1公顷成片银杏林带，为城区第一条高标准绿化主干道。

画溪大道绿化　南始龙山大道，北至忻湖路，全长7.49千米，宽51米，绿地面积18.6公顷，绿化覆盖率53.7%。绿化为一路一基调树种，并与骨干树种相结合。行道树以落叶乔木为基调，与常绿乔木混植；隔离带以常绿乔木为基调，与灌木、地被、草本植物相结合，为长兴道路绿化样板。

长州路绿化　原为104国道过境线。南起图影大道，北至中央大道，全长3200米，宽50米。行道绿化以香樟为主基调树种，间植广玉兰、乐昌含笑、合欢。中央绿化隔离带以红花继木、金叶女贞、茶梅、书带草、高羊茅草坪铺底，间植杜英、雪松、枫香等，道路绿地率达到66%。道路两侧各建有20米绿化带，以香樟、银杏等乡土乔木为主，绿量充分、景观优美。

忻湖路绿化　位于龙山新区北侧，东起104国道，西至画溪大道，全长2.16千米，宽50米，道路绿地面积2.6公顷，绿地率24%，2004年建成。绿化设计采用高、中、低三个层次，道路绿化层次分明、季相分明、错落有致，栽植植物21个品种。

锦绣路绿化　原为兴国路，2012年更名。位于龙山新区大剧院两侧，南起龙山大道，北至忻湖路，全长2.92千米，宽32米，道路绿化面积1.33公顷，绿地率14.2%，2004年建成。共有绿化品种8个，其中乐昌含笑、银杏、香樟600株，紫薇、桂花500株，红花继木、金边黄杨、狭叶十大功劳3500平方米，构筑高低起伏、富于变化的自然形态，显现良好的景观效果。

三、河岸绿化

1988年，城区河岸除长兴港、护城河沿岸等少量绿化外，均为自然野生状态。20世纪90年代初，在仓前街整体改造开发时，对护城河沿岸进行绿化。2001年10月，启动东护城河整治工程，建设沿河绿化景观带。2003年，对全长4250米的护城河进行全面整治，共拆除沿岸建筑4.3万平方米，陆续完成西护城河、东护城河及滨河大道绿化景观带建设，随河造型，新建和改造绿化23.4公顷，使护城河成为城区水绿相融、河清岸美的景观带。2008年起，启动城内水系整治工程，对和睦塘、坛家港、黄土港等城内8条水系实施“清淤、蓄水、增绿、造景”综合治理。2012年，城区河道两岸绿化覆盖率达100%，共建设河道绿化64.8公顷，形成“一河碧水，两岸绿色”的河岸绿化景观带。

护城河绿化景观带　由东护城河游乐休闲带、长兴港滨河绿带、西护城河文化休闲带、北护城河健身休闲带及金莲桥、小西门、长兴港、台基山4座公园组成。2001年10月至2004年，按照“统一规划、综合整治、分期实施”要求，在分段启动实施护城河综合整治中建成，形成环绕老城区的绿色“城墙”。该绿化景观带宽12米～40米，总长4.25千米，总面积36.08公顷，其中河道水面7.79公顷，绿带16.12公顷，4个主题公园共8.04公顷，总投资3.23亿元。绿带岸边设置芬兰木护栏400米、垂柳68株，其间从植和点植榉树、栾树、广玉兰、香樟、珊瑚礁、银杏、无患子、二乔玉兰、鹅掌楸、合欢、木槿、夹竹桃、金桂、棕榈、红叶李、无刺构骨、龙爪槐、蜡梅、凌霄、红花继木、龙柏球。采用带状模纹花坛，利用不同植物色彩构成色块、线条图案，有芭蕉、云南黄馨、红花继木、金叶女贞、杜鹃、栀子花、六月雪、茶梅、金丝桃、火棘、丰花月季、小叶栀子、大花宣草、龟甲冬青等，地面铺马尼拉草坪1.15万平方米，共植各类乔灌花草40个品种,4.7万株。青石板与鹅卵石镶嵌、碎花岗岩铺设园路980米,沿河岸砖铺休闲小道,芬兰木制成亲水平台2座,设花廊架、青石板汀步、3个2.5米高片林文化石制成的景观柱点缀草坪中,木制、砖砌花坛14个,供不同季节摆放时令鲜花,沿路设置草坪灯、双挑园路灯,形成疏林草坪、花团锦簇、河岸黄馨垂柳、景观宜人的景观风光带,体现长兴传统"水"文化精髓,形成极具亲和力滨水绿化长廊。

滨河大道绿化景观带 2006年12月,随滨河大道同步建成,全长2100米,绿化面积2.5公顷。该绿化景观带体现功能轴线、生态网络、绿化长廊三大部分,形成城市文化活动广场、银杏园、亲水漫步段、城市休闲活动广场,其间采用绿化过渡段柔化各功能之间差异。城市文化活动广场具有地标性建筑效用,银杏园含景观墙、银杏树、毛竹架,反映地域生态文化特征;亲水漫步段含滨水岸线设计、亲水栈道,反映江南生活特征;城市休闲活动广场含休闲茶室、餐饮建筑等,反映城市生活特征。成为城市中心一条绿色走廊、一处生态景观。

四、单位绿化

1988年,大多数单位限于财力、办公条件等客观因素,绿化较少,少数单位有少量庭院绿化,但仅以种树为主,品种单一、规模较小。随着经济发展和办公条件改善,单位绿化发展较快。2003年后,长兴以创建国家园林城市为契机,对单位绿化实行绿色图章制度,对新老城区不同单位分别控制绿地指标,新建办公场地的单位要求达到规定绿化率。2004年起,县政府专门下发文件,每年组织开展"园林式单位"创建活动,进行绿化达标验收。长兴中学3年内共投入100多万元进行校园绿化,绿地率达43%;县工商局在建造新办公大楼时,专门留有较高比例绿化用地,投资30万元,绿地率达41.7%;县邮政局单位绿地率达63.5%;县卫生防疫站绿地率达50%;县委党校迁建后,利用山体造型,大规模建设单位绿化,绿化品种达87种,绿地率达63.5%。至2006年,城区209家单位共有附属绿地面积181公顷,占建成区绿地总面积13.2%,绿化达标单位125家,园林式单位52家。2007年后,单位绿化更加注重景观效果,绿化种类趋于多样化,乔灌花草均有栽植。2012年,城区单位绿化面积384.4公顷,医院、学校等单位和文化体育场所绿地率均达到35%以上。

长兴实验小学绿化 位于金陵北路与太湖中路交叉口,占地5.46公顷,绿地面积1.86公顷,绿地率34.1%,人均绿化面积9.9平方米。栽植银杏、香樟、杜鹃、茶花、红枫、樱花、广玉兰、桂花、紫薇、龙柏球、茶梅、迎春、慈孝竹、冬青、金含欢、凌霄、五针松等品种。银杏叶为该校校徽标志性图案,校园内落叶乔木与常绿植物和谐搭配,田径场旗杆两侧栽种两棵胸径40厘米以上银杏,花坛栽种22株胸径20厘米以上银杏,形成银杏走廊。

长兴职教中心绿化 位于职教路,占地28.4公顷,绿地面积12公顷,绿地率达42.3%。校园内平面绿化与垂直绿化相交,树木与花卉并存,盆栽与地栽互补,大片绿化与小景布置相结合。共培育盆花300多盆,种植各类树木10万多株,草坪1.2公顷,绿篱3000米,园林小品25处,乔、灌、花、草配置得当,校园四季常青、月月飘香。

长兴中学绿化 位于雉城镇金陵北路,占地面积14.4公顷,绿化面积6.2公顷,绿化率达43%。校园绿化设计结合各个功能因地制宜地配植近60个品种的植物,有棕榈、石榈、雪松、龙柏、银杏、香樟、水杉、茶花、蜡梅、广玉兰、早园竹、迎春、芭蕉、杨梅、枫树、含笑、樱花、桂花、红绿梅、红叶李、金钱松、红粳木、黄馨、二月兰、瓜子黄杨、红叶小蘖、红花继木、火棘、无患子、凤仙花、龙柏球、女贞球、桃叶珊瑚、铺地柏、盘槐、垂丝海棠、慈孝竹、丰花月季、杜鹃、紫薇、红枫、白玉兰、杜英、构骨、金边黄杨、金叶女贞、朋红、海桐、五针松、木芙蓉、映山红、羽毛枫、洒金柏、花桃、桔子树、铁树、朴树和铺植草坪。

长兴县图书馆、档案馆绿化 位于县行政办公综合楼西侧,占地8公顷,绿化面积4.6公顷,绿地率达57.5%,总投入绿化建设资金1193.1万元。共配植植物65种,其中乔木有银杏、湿地松、池杉、罗汉松、垂柳、香樟、枫香、广玉兰、大叶榉、三角枫等。花灌木有玉兰、含笑、红叶李、日本晚樱、山茶、红枫、栀子花、杜鹃、迎春、探春、云南黄馨、桂花、紫薇等。地被、竹类及水生植物有麦冬、红花榨浆草、高羊茅、常春藤、凌霄、荷花、阔叶真竹、睡莲等,色彩鲜艳、季相分明、错落有致。绿地中配建园椅、垃圾箱、铺地木板、观景梯、浅滩石雕、庭院石级、停车场铺地、水池喷泉等及园林小品。

长兴大剧院绿化　位于县行政中心东侧，占地面积6.11公顷，绿地面积3.56公顷，绿地率58.3%。总植绿化品种65种，其中乔木有银杏、湿地松、池杉、水杉、罗汉松、垂柳、青冈栎、香樟、枫香、乌柏、枫杨、广玉兰、无患子、石楠、大叶榉、三角枫，花灌木有玉兰、含笑、垂丝海棠、红叶李、日本晚樱、碧桃、山茶、红枫、栀子花、木芙蓉、夹竹桃、胡颓子、六月雪、杜鹃、迎春、探春、云南黄馨、桂花、构骨、木槿、紫薇、鸡爪槭，地被、竹类及水生植物有麦冬、红花榨浆草、高羊茅、凹叶景天、长春藤、络实、凌霄、鸢尾、荷花、千屈菜、菖蒲、菲白竹、孝顺竹、阔叶真竹、睡莲等，花草树木有机结合。

长兴县委党校绿化　位于画溪大道以西，占地面积7.72公顷，绿地面积5.3公顷，绿地率达68.7%，投入绿化建设资金200万元。栽种香樟、樱花、女桢、榉树、冬青、银杏、桂花、杨梅、橘树、梨树、白玉兰、碧桃、紫薇、茶花、金合欢、火棘、杜鹃、红枫、黄杨、黄馨、红梅、珊瑚朴、杨柳、金叶女贞、红花继木等植物50余种，常绿树与落叶树搭配得当，层次分明有序，石景、水景、园林、运动休闲与建筑群融为一体，景观绿化效果达到“校在园中、楼在树中，人在绿中”。

长兴县国家税务局绿化　位于县前街与滨河大道交叉口，建于2002年2月，占地面积0.67公顷，绿地面积0.14公顷，绿地率20.7%。绿化突出植物造景，适当点缀建筑小品，院内种植香樟、广玉兰、榆树、三角枫、鸡爪槭、高脚黄杨球、茶花、茶梅、桂花、银杏、山茶、杜鹃、柏树、大叶黄杨、小叶黄杨等20多种乔灌木品种。2003年投入资金10余万元，对后院场地进行绿化改造，种植香樟、银杏、茶花、桂花等乔木和花灌木，绿化面积达到0.24公顷，绿地率35.8%。

长兴县质量技术监督局绿化　位于高山岭村，占地面积0.67公顷，绿地面积0.22公顷，绿地率32.8%。专门请专家进行高标准设计，共种植桂花、含笑、茶花、红枫、红叶李、罗汉松、香樟、棕榈、红花继木、金叶女贞、早园笋、杜鹃、红梅、紫薇等树木300株，竹子350余棵，草坪900平方米，花卉色块300平方米，达到四季有花、有绿、有草、绿化成型成片效果。

长兴县疾病预防控制中心绿化　位于高山岭，占地面积1.26公顷，绿地面积0.3公顷，绿化投资12万元，绿地率达23.7%。绿化主要以灌木植物造景为主，品种有红花继木、月季、桂花、金叶女贞、杜鹃、迎春、凤尾竹、南天竹、垂丝海棠、茶梅、月季、金丝梅、紫荆等，沿路配植香樟、白玉兰、樱花、盘槐、海桐球、枸骨球等乔木和球类植物，并以马地兰草坪满铺。2003年进行改造，投入资金3万元，配植香樟、珊瑚、紫薇、广玉兰、桂花等。2004年7月，投入资金2.5万元，对大门入口处、院内部分地方进行绿化改造，大门新做三只花坛，增植天竹、灌木，对原有草坪进行修补。

五、居住区绿化

1988年，城区居住区大都为20世纪70年代建筑，建设标准低，建筑密度高，绿地较少，面积0.3公顷，仅栽植数量不多的乔木。1999年，城区启动大规模住宅开发建设，将绿化与住宅小区同步设计、同步建设、同步验收，居住区绿化建设快速发展。2002年，城区共有23个居住区，居住区绿地面积92.8公顷。2003年起，长兴对居住区绿化建设提出更高标准，明确新建住宅小区绿地率必须达到30%以上，对绿量偏少、绿化档次偏低的老居住区实施改造，挖潜扩绿、退硬还绿、立体绿化，使绿地率达到27%以上。同时，建立小区绿化配套验收制度，从绿化设计、绿化品种、苗木规格层层把关。居住区绿化形成大绿量、美景观、高品位的特点，植物丰富多样，乔灌花草合理配置，有小公园、小游园。2004年起，县政府每年组织开展“园林式居住区”创建活动，君悦华府、云海山庄、龙山雅苑等住宅小区绿地率均超过40%，建成一批环境优美、舒适宜人的花园式居住区。2006年，城区73个居住区中，共建成“园林式居住区”48个，占居住区总数65.6%，居住区绿地面积达到245.6公顷。2007年后，城区新建住宅小区绿地率均超过35%，居住区绿量增加，植物配置合理，生态环境良好。2012年，城区居住区绿地总量达到624.8公顷。

水木花都小区绿化　位于雉城五峰村，占地面积76.4公顷，绿地面积26.8公顷，绿地率35%。共栽植桂花、含笑、茶花、红枫、红叶李、罗汉松、香樟、银杏、红花继木、金叶女贞、红梅、紫薇、月季、玉兰、海棠等50多种植物。几何形园林、三维景观布局，与建筑外观相呼应。高大挺拔的乔木，葱翠欲滴的小乔木与灌木,盘根错节的藤本植物,各种地被植物覆坡盖地,丰富的植物多样性使住户仿佛置身于大自然,充分感受到四季更替与变幻,体现“水”“木”“花”带来的舒适体验效果。采用自动喷灌,保证植物良好存活。科学的植物配置,艺术的植物造景,使小区优越的自然环境得以充分展现。2004年获“全国人居经典综合大奖”。

龙山雅苑绿化 位于龙山大道以北,画溪大道以东,占地面积22公顷,绿地面积9.8公顷,绿地率为44.5%。一级道路旁边种植整齐的大树以组织车行的流线,形成视觉廊道。建筑旁边有机种植不同的树木,结合灌木及地被形成丰富的层次。各类植物按其自身特性精心配置,常用品种有香樟、广玉兰、乐昌含笑等常绿大乔木,桂花、杨梅、柑橘等常绿小乔木大灌木,银杏、榉树、合欢等落叶大乔木,樱花、红叶李、紫薇等落叶小乔木大灌木,乌哺鸡竹、慈孝竹等竹类,栀子花、红花继木、杜鹃等常绿中低灌木,绣线菊、月季、八仙花等落叶中低灌木,大花萱草、花叶蔓长春花、亚菊等观花色叶地被,旱伞草、千屈菜、美人蕉等水生植物,金银花、鸡血藤、西番莲等滕蔓植物。

大自然城市花园绿化 位于解放东路,占地面积21.5公顷,绿地面积7.5公顷,绿地率35%。以乡土植物为主,同时选用部分观赏价值高的外地植物。有雪松、鹅掌楸、红枫、青枫、桂花、乐昌含笑、棕榈、五针松、红花继木、合欢、杜英、樱花、香樟、杨梅树、冬青树、枣树、茶花、孝顺竹、紫薇、白玉兰、广玉兰、海棠、无患子、榉树、构骨球、橘子树、红梅、茶梅、金边黄杨、瓜子黄杨、金叶女贞、杜鹃、小叶栀子、八角金盘、洒金珊瑚、金丝桃、月季、火棘、梧桐树、苏铁、龙柏、龟甲冬青、黄馨、书带草、高羊茅、马尼拉草坪等40余种植物品种,建有旱喷广场、假山、木花架走廊、游泳池等,与乔灌花草科学搭配,模拟自然生态,打造出“春花、夏荫、秋实、冬青”四季景观。

金宇花园绿化 位于金宇桥东,占地面积8公顷,绿地面积2.8公顷,绿地率35%,其中中心游园面积0.15公顷。绿化采用乔灌草结合、复层混交配植配景的方法,乔木大量采用观叶开花结果乡土树种,如广玉兰、白玉兰、银杏、桂花、紫薇、雪松、红枫等,地被采用马尼拉草坪,配植红花继木、金叶女贞、杜鹃、月季、松柏树等观叶观花色块。

城北小区绿化 位于金陵北路东侧,占地面积5.5公顷,绿地面积1.35公顷,绿地率24.5%。绿化配置上,因地制宜结合小区原有环境及地形,营造出宜人环境。植物品种选择上,充分考虑物种多样,绿化品种主要有桧柏、剑麻、碧桃、海桐球、紫薇、桂花、红叶李、紫荆、火棘球、龙爪槐、紫玉兰、金叶桧、樱花、垂柳、黄馨、桂花、夹竹桃等品种。小区中心地段建有小游园,占地5000平方米,充分考虑居民休闲健身的实际需求,设置休息的亭、廊、主题性雕塑及小型健身广场等。2003年,增植大规格乔木,品种有银杏、香樟、广玉兰、湿地松等。

三狮苑小区绿化 位于振兴路北侧,占地面积5.4公顷,绿地面积2公顷,绿地率为37%,绿化总投资130万元。植物品种为香樟、桂花、广玉兰、银杏、雪松、多层龙柏、紫藤、美人蕉、杜鹃、金叶女贞、小叶女贞、紫薇、海桐球、黄杨球、月季、茶花、含笑、茶梅、葱兰、海棠、红花继木、红枫、马尼拉草坪等30余种。

皇家湾名邸绿化 位于滨河大道东侧,占地面积3.5公顷,绿地面积1.1公顷,绿地率31%。以体现闲适为主题,植物配置上采用复层混交、乔灌花草合理搭配,形成错落有致、层次分明的造景效果。植物品种选择上主要有海棠、杜鹃、香樟、桂花、萱杨、茶梅、梅花、山茶花、杜美、银杏、合欢、木槿、碧桃、木芙蓉、红花酢浆草、马尼拉草坪等20余种。

风铃绿洲绿化 位于龙山大道以南,明珠路以西,占地面积12.17公顷,绿地面积4.14公顷,绿地率为34%。以乡土植物为主,注重植物群落的构建,树种的选择上采用合欢、朴树、白玉兰作为特色树种,配以钻石花、桂花、杨梅、梅花、紫薇、红枫、樱花等作为主要基调,小乔、花灌木等约50种。

御景园绿化 位于王山北路以东,双拥路以北,龙山大道以南,占地面积4.62公顷,绿地面积1.53公顷,绿地率为33.2%。植物种植群落有层次结构:上层大乔木以落叶阔叶树种为主,保证夏季的浓荫与冬季充足的阳光,多采用银杏、黄山栾树、珊瑚朴、白玉兰、无患子等;中层乔灌木以常绿阔叶树种为主，结合观花、叶、果、杆及芳香物种，形成主要植物景观感受界面空间，多采用樟树、胡柚、广玉兰、桂花、樱花、海棠、棕榈等；下层是耐荫的低矮灌木、地被及缀花草地，多采用春鹃、茶梅、金丝桃、红花檵木、金叶女贞、红叶石楠、龟甲冬青等。水体的植物配置选用灌木、蕨类、爬藤类或挺水类植物以丰富水景。灌木多采用茶梅、海棠、美人蕉、栀子、春鹃、迎春、南天竹、萱草、时令鲜花等。

领域龙山绿化 位于齐山路以北，润兴路以西，占地面积为6.59公顷，绿地面积为2.89公顷，绿地率为43.9%。绿化以“房与木共生，人与自然和谐”为设计理念，以道路为脉络，以中心水景为核心，总体呈蜂窝状结构布局。主要树种为杜英、桂花、合欢、枫香、银杏、红叶李、白玉兰、日本晚樱、广玉兰、西府海棠、红枫、紫薇、香樟、无患子、春鹃、茶梅、八角金盘、大叶栀子、刚竹等。

绿城百合园绿化 位于道园路西侧，县前街西街两侧，占地面积6.8公顷，绿地面积2.6公顷，绿地率为38%。绿地设置小区周边绿化、中心绿化和组团绿化三个层级。主要树种有香樟、桂花、珊瑚朴、银杏。基调植被有沙朴、广玉兰、苦楝、高干女贞、榉树、结香、石楠、黄山栾树、紫薇、春鹃、栀子花、黄杨、金森女贞、兰花三七、紫藤、八角金盘。主景植被有多头苏铁、枫香、无患子、琵琶、香花槐、鸡爪槭、香橼、木芙蓉、木槿、日本早樱、榔榆、水杉、含笑、八仙花、十大功劳、溲疏、木绣球、荚迷、水栀子、夹竹桃、薰衣草、常夏石竹、葱兰、玉簪、月见草、矮牵牛、花时络石、凌霄、萱草等。

六、街旁绿化

20世纪90年代起，在建设道路绿地、公园绿地同时，利用空闲地块、道路节点，根据地块规模、位置，采用多样设计手法，建设街旁小绿地、小游园。2005年，城区共建设街旁小绿地34处，绿地面积1.1公顷。2006年后，采取见缝插绿、破墙插绿、拆违建绿等方法，在桥边、路旁、河边、街旁推进小绿地、小游园建设，布局灵活、形状各异、大小不等，半径500米内均建有小绿地、小游园、小绿岛，开拓城市空间、点缀市容市貌。2012年，城区共有街旁绿化271处，绿地面积24.9公顷。

雉州大桥绿地 位于县城西南，跨越宣杭铁路，是城市主要出入口景观节点，绿地面积7.6公顷，2012年10月建成。该绿地采用新设计思路和设计理念，打破国内大部分立交桥绿化通常做法，采用大气、粗放绿量，通过丛林式绿化布置手法，以小丛林绿化为主体，使立交桥坐拥浓密厚重绿树丛。以植物造景为主，大量选用色叶植物，体现强烈季节变化和春花秋色景观，四季有绿，季相变化丰富。桥匝道圆形大绿地内，以中央组团式丛植高大乔木，沿匝道环状布置有一定厚度乔木、灌木带，形成自然群落状绿化景观，中央分隔带和两侧人行道、道路种植香樟、紫薇和常绿灌木。

金陵大桥绿地 位于金陵大桥南堍东侧，绿地面积0.3公顷，原为临时借用绿地，2004年11月投资1000万元征用建设。该绿地植物主要为马尼拉草坪铺地，配植雪松和黄杨球、小叶女贞球。采用现代园林手法，以植物造景为主，根据半埋式商场特色，保留原有1幢建筑，使其成为商业街一部分。在商业街一侧，堆土700立方米，堆起2米高小土丘，形成起伏地形，增加立体感。东侧由一片红竹、普济竹筑起绿色屏障，中间铺植绿色高羊茅草坪，草坪配植八角金盘、月季、洒金珊瑚、毛鹃、紫鹃、茶花、金丝桃、红花继木、时令草花等色块，形成随地造型、自然得体大花坛。广场地坪四周及沿路一侧种植树冠完整、造型优美落叶大乔木作为行道树。共植乔木216株，灌木2万株，地被2000平方米。

明珠路三角绿地 位于迎宾大道、明珠路、经一路交叉口，绿地面积1.1公顷，2001年建成，2004年12月重新设计、全面改造。该绿地以植物造景为主，设置3个装饰性极强灌木色带路口，在明珠路与迎宾大道交叉口栽种3株大银杏树为主景，其他两个路口分别以落叶树无患子、雪松为主景，配花灌木樱花、桂花、杜鹃、龟甲冬青、金叶女贞组景。园路内栽植香樟林、水杉林、雪松林、榉树林为绿地背景，园路外以流畅大曲线配以季节植物主题树种，以树林、树形、树块营造不同植物景观，达到最佳视觉效果。共植64个品种，其中乔木652株、灌木10万株、地被3443平方米。

县前街绿地 位于原县委、县政府大院前，为城市中心地段，2007年9月建成。绿地保留水杉、香樟等高大树木，树下构筑木制花坛，植绿化20个品种，乔灌木、地被、花草合理搭配，修剪规范整齐。种植高度一致、树型树冠优美的银杏片林，用太湖石垒起花坛，并配置射灯和靠椅。秋天来临，层林尽染，满地黄叶,季相分明。

画溪大道交叉口绿地 位于画溪大道与长水路交叉口,绿地面积1.35公顷,2004年5月建成。该绿地以植物造景为主,充分体现城市地域特色,中间构筑圆形游园广场,由三条主园路组成。2011年11月进行改造,种植大规格、树形优美的银杏、香樟、黄山栾树、日本晚樱共196株,红叶石楠、八角金盘2521平方米,马尼拉草坪4300平方米,乔灌花草搭配合理、层次分明、错落有致、景观丰富。

冯家湾立交桥绿地 位于杭宁高速公路入口南北两侧,绿化面积4.7公顷,2002年建成,2004年6月进行改造提升。该绿地运用现代园林手法,以大面积绿化为主,观赏性植物较多,绿化品种28种。用大色块、大线条、大型植物材料,营造植物群落,与周围道路绿地系统有机地融为一体,作为线性开放空间融入城市绿地网络,绿量充足、环境优美,是长兴城市出入口绿化窗口。

1988—2012年长兴县县城建成区园林绿化情况表

表7-7

年份	城市绿化覆盖面积(公顷)	园林绿地面积(公顷)	人均公共绿地面积(平方米/人)	建成区绿地率(%)	建成区绿化覆盖率(%)	年份	城市绿化覆盖面积(公顷)	园林绿地面积(公顷)	人均公共绿地面积(平方米/人)	建成区绿地率(%)	建成区绿化覆盖率(%)
1988		4.05				2001	257	220	2.80	14.8	17.3
1989		4.05				2002	480	443	8.30	28.6	31.0
1990		4.50	0.84			2003	607	562	8.30	29.6	32.0
1991		4.50	0.84			2004	832	720	8.90	34.3	39.7
1992		4.50	0.80			2005	966	840	9.70	35.0	40.3
1993	5	4.50	0.80			2006	1070	945	11.09	37.2	42.2
1994	103	60.00	1.30			2007	1300	1134	11.30	37.8	42.8
1995	226	189.00	0.90			2008	1634	1444	12.08	38.0	43.0
1996	226	190.00	2.37	20.3	24.2	2009	1800	1600	15.03	40.0	45.0
1997	226	189.00	3.71	20.2	24.2	2010	1932	1722	15.49	41.0	46.0
1998	227	190.00	3.44	20.3	24.3	2011	2079	1854	15.98	41.2	46.2
1999	238	201.00	3.49	19.5	23.1	2012	2162	1945	15.96	41.0	45.0
2000	243	206.00	3.97	16.9	20.0	—	—	—	—	—	—

说明:资料根据《风雨历程铸辉煌——中华人民共和国成立以来长兴统计资料汇编》(长兴县统计局2002年11月编印)整理,其中1991年至1996年中的城市绿化覆盖面积、园林绿地面积、人均公共绿地面积数据统计有误,改用当年《长兴统计年鉴》

第七节 城市亮化

20世纪80年代,城区少数商店自发开始安装霓虹灯店招。1999年,长兴启动实施第一期城区亮化工程,投资600万元,对城区沿街63幢建筑立面进行亮化改造。之后,又连续实施5期城市亮化工程,逐步对城区建筑立面、道路、桥梁、广场、公园等进行亮化改造,采用射灯、高杆灯、庭院灯、投光灯、草坪灯、地埋灯、冷光灯、变色灯、数码灯、线条灯、光带等多种亮化样式和光源。部分住宅小区也进行亮化改造,主要有庭院灯、草坪灯、彩虹灯、地灯和大刀片投光灯具等。至2012年,城区实施景观亮化建筑物220处(幢),主要道路、桥梁、广场均完成亮化改造,共安装各类亮化设施2.13万盏(套),基本形成以店面霓虹灯为基础、建筑立面亮化为主体、道路桥梁亮化为线、公园广场亮化为点的城市亮化体系,城市夜间面貌大为改观。

一、立面亮化

1999年，实施城区第一期亮化工程，对金陵路、解放路、人民路等主要街道两侧63幢建筑进行亮化改造，在建筑物外墙安装轮廓灯、线条灯、投光灯、射灯等，亮化、美化沿街建筑立面。2006年，实施“百幢大楼亮化提升”工程，城区各机关事业单位、学校、银行、医院、商店、酒店、宾馆等大楼及部分沿街小区，由产权人或使用者负责对建筑外墙进行亮化改造，并自行管理。实施建筑立面亮化重点单位包括建设局、林业局、农业局、城管局、工商局、财政局、国税局、交通局、教育局、中国银行、工商银行、农业银行、建设银行、长兴中学、实验小学、职教中心、人民医院、国际大酒店、金陵大酒店、红玫瑰大酒店、紫金大酒店等，火车站、客运中心等公共交通场所和中国移动铁塔也进行亮化改造，城区共132幢大楼完成立面亮化安装改造，光源主要由LED线条灯、射灯、轮廓灯和投光灯等。2010年12月至2011年11月，对金陵路南起火车站，北至太湖路段沿街店面、建筑物进行立面景观亮化改造，采用LED线条灯带，为建筑立面框架亮化，采用射灯灯光对建筑物点射，门头及店名则用彩色灯管、灯带、筒灯进行亮化装饰，共亮化建筑立面102幢，设置控制系统49套。至2012年，城区主要街道两侧建筑全部完成亮化改造，实施景观亮化建筑物共220处(幢)，城市夜景更加亮丽。

二、道路亮化

长兴城市道路原为路灯照明。2004年8月，首次对长兴高速出入口的迎宾大道进行亮化改造，共安装草坪灯、地埋灯、冷光灯等1434套，灯光与绿化相得益彰，成为城市道路亮化精品工程。2008年3月，滨河大道实施亮化改造，安装射灯134盏、投光灯14套，配合沿河景观亮化，形成一侧店面立面亮化、一侧河道景观亮化效果。5月，实施金陵路亮化提升工程，仿照巴黎香榭丽舍大街亮化式样，沿路440棵银杏树共安装LED满天星(线条)7920米，LED滴水灯串4400条，整条道路流光溢彩，美不胜收。2010年7月，完成解放路亮化改造，沿路460棵法国梧桐树共安装红色小灯笼和五角星状亮化设施5000盏。至2012年，城区主要道路全部完成亮化改造，安装草坪灯、投光灯、雪花灯、数码灯、螺旋灯、椰树灯、地球灯、不锈钢球和地灯等。开发区道路安装双叉挑路灯、双太三光源路灯、投光灯、草坪灯、庭院灯和地埋灯等。

三、桥梁亮化

1999年之前，城区桥梁主要以功能性照明为主，满足通行照明需要。2000年，首次对金陵大桥进行桥梁亮化，桥拱两侧安装亮化光带180米，勾勒桥梁轮廓。2003年8月，实施城区桥梁亮化工程，对城区主要桥梁进行亮化改造。金陵大桥增设投光灯72套、光带260米；长安桥安装投光灯50套、光带70米；南门桥安装投光灯60套，采用投光灯与光带相结合的亮化形式。2007年，对金宇桥、金莲桥、古金莲桥进行亮化，共安装亮化光带360米。2009年，新建画溪大桥时，桥两侧安装灯带及射灯。2011年4月，雉州大桥新建后，共安装LED亮化灯光4000套。2012年9月，冯家湾立交桥完成亮化改造，全部由光带组成。至同年，城区主要桥梁全部完成亮化改造，安装庭院灯、投光灯、草坪灯等，进行灯光装饰美化。

四、广场亮化

1998年5月，长兴火车站搬迁重建后，对火车站广场实施景观亮化建设，广场四周安装12米路灯4柱，光源为高压钠灯250瓦×12/柱，中央喷水池雕塑水下安装彩色射灯点射，周围绿地安装蘑菇形草坪灯，其他硬化地块安装地埋灯。2000年，中心广场改扩建工程完工，投资200万元进行亮化建设，喷水池建造罗马柱托起半圆形景观，亮化以线条灯、光带为主体，配以喷水池下射灯，安装20米高杆灯柱，树枝安装火树银花灯珠串，草坪安装5套立柱球形放射状线条礼花灯，其他地块分别安装草坪灯和地埋灯，成为当时城市景观亮化标志性工程。2005年5月，龙山新区市民广场A区安装广场礼仪灯22套、网球场灯5套、投光灯12套、各种地埋灯120套、各种草坪灯255套、庭院灯27套；B区安装广场礼仪灯14套、各种地埋灯140套、草坪灯67套；C区安装各种地埋灯81套、草坪灯130套、投光灯16套、庭院灯18套。行政办公综合楼轮廓灯和点缀灯交相辉映，市政广场、市民广场的草坪灯、投光灯、雪花灯、数码灯、螺旋灯、椰树灯、地球灯和地灯一应俱全，成为长兴城区高品位广场。2007年9月，长兴火车站广场实施亮化改造，安装投光灯32套、地埋灯16套、庭院灯12套。2010年，中心广场北迁扩建改造后，共安装立柱双挑路灯 8 套，步行道两侧安装步道灯 85 套、壁灯 14 套、庭院灯 113 套，建筑立面安装灯带 1230 米、瓦楞灯 1600 套、射灯 180 套，其他地块安装地埋灯 340 套、投光灯 78 套、草坪灯 468 套。至 2012 年，城区所有广场均完成亮化建设改造。

五、节点景点亮化

在对建筑立面、道路、桥梁和广场进行亮化的同时，长兴还注重城市节点、景点亮化建设。2001 年，在明珠路与海兴路交界处安装椰树灯 6 株、地球灯 3 柱；在明珠路与长兴路三角绿地安装 25 米高杆灯 1 柱、高压钠灯 12 盏、地球灯 3 套、绿地射灯 59 盏。2003 年，金陵大桥东侧长兴港河畔进行亮化建设，共安装地埋灯、冷光灯、变色草坪灯、变色邮码灯 1000 盏，与长兴港亮化交相辉映，被誉为“长兴小外滩”。2003 年，在长海路与长安路交界环岛绿地（雉鸡）安装投光灯 20 套。同年 7 月，在画溪大道与长水公路交界绿地安装雪花灯 18 套、邮码灯 24 套、螺旋灯 3 套。2008 年 5 月，投资 170 万元，对金宇花园小区（南）内烟囱进行整体亮化改造，在 2697 平方米烟囱外体共安装 LED 投光灯 32 套、LED 点光源 120 套、探照灯 1 套、金属钠灯 1 套，设计师通过材质、灯光巧妙运用，突出烟囱标志性、纪念性，灵动变幻的自然曲线与记忆中工业平直僵硬的线条印象形成鲜明对比，成为长兴城市新的亮化景点，也开创了县内保护、利用工业遗产的先河。

第三章　镇村建设

20 世纪 80 年代开始，长兴县部署开展镇村规划编制，引导镇村加快建设发展。90 年代开始，各建制镇相继实施城镇化改造建设，逐步拉开城镇框架，完善城镇功能。2003 年，以省委“八八战略”为指引，开始长兴城乡一体化发展试点。之后，全县小城镇建设进入快速、有序发展时期。市政基础设施和公共事业加快完善，小城镇产业和人口加快集聚，小城镇建设水平和品质较快提升。继 20 世纪 80 年代长兴农村兴起的第一轮“建房热”后，90 年代出现第二轮“建楼房热”，进入 21 世纪，又兴起建设农民新村的热潮。农民住房条件得到较大改善，农村基础设施、公共设施和公共服务体系逐步强化，农村面貌焕然一新。

第一节　集镇建设

1988 年，除县城雉城镇外，全县 33 个乡镇政府所在集镇大多建起一条街道，多数沿河或东西、南北一字展开，两侧建筑、主要商店也集聚于该处。建制镇均有供销社、粮站、卫生院、邮电所、工商所、派出所、信用社、文化站、广播站、中小学校等公共设施，并建有电影院、自来水厂、菜场等公共建筑。33 个乡镇政府所在集镇建成区总面积 9.1 平方千米，聚集人口 3.4 万人。2012 年，全县有乡镇政府所在集镇 13 个，其中建制镇 9 个、乡政府所在地集镇 4 个，建成区总面积 37.41 平方千米，聚集人口 12.41 万人。另外还有大小集镇 18 个，均为乡镇撤并后原乡镇政府所在地。

一、建制镇建设

1988 年，除县城雉城镇外，全县还有洪桥、李家巷、和平、虹星桥、泗安、林城、小浦、煤山 8 个建制镇，建成区总面积 4.1 平方千米，集聚人口 2.5 万人。1992 年乡镇区划调整，撤销夹浦乡和丁甲桥乡建制，合并建立夹浦镇，镇政府所在地为迁址新建。时有一条老街，沿街主要有供销社、粮站、银行、税务、邮电、工商、派出所等公共建筑，大多为 2 层以下小型建筑，道路、给排水、环卫等基础设施不完善，镇区面积 0.3 平方千米，常住人口 1600 人。

20 世纪 90 年代开始，各建制镇相继实施城镇化改造建设，先后建成一批银行、信用社、中小学校、幼儿园、医院、农贸市场、小商品市场，以及机关、单位办公用房和住宅小区。1993 年，夹浦镇建成占地面积2.2万平方米浙北轻纺交易市场，镇区向外拓展。1995年9月，县政府召开全县村镇建设工作会议，出台《关于加快小城镇建设的实施意见》，提出之后一个时期全县建制镇建设重点扩规模、强功能。其后，各建制镇陆续编制实施城镇建设规划，纷纷开发建设新街、新建拓宽道路，建设农贸市场、商场、自来水厂等。1996年，泗安、和平、煤山等建制镇开始建设工业园区，逐步拉开城镇框架，迎来第一轮建设高潮。1997年，根据浙江省"百镇示范工程"建设要求，长兴县按照"统一规划、合理布局、集中建设"要求，加快建制镇基础设施建设。进入21世纪后，各建制镇加大基础设施建设投入力度，每年安排资金项目建设市政设施，改造、新建镇区道路，新建、改建桥梁，新建一批公共建筑，新街开发快速推进。同时，各建制镇工业园区建设全面启动，道路、给排水等市政基础设施向外延伸，新区建设速度进一步加快，镇区框架快速拉开，人口集聚速度明显加快。至2003年，全县9个建制镇建成区总面积11.3平方千米，集聚人口6.7万人，共有银行、医院、学校、商贸、交通、邮电、办公等公共建筑145幢，总建筑面积23.9万平方米，共有镇区道路、老街、弄、巷143条，总长71.9千米，有桥梁84座、路灯2100盏。

2003年，长兴县以省委"八八战略"为指引，开始城乡一体化发展试点。之后，全县小城镇建设进入快速、有序发展时期。2004年起，除县城雉城镇之外的全县9个镇根据《长兴县城乡一体化行动纲要》总体部署，按照"改善基础设施、完善城镇功能、优化城镇环境、提升城镇品位"的要求，全面实施小城镇建设工程三年行动计划，分年度编制小城镇建设工程实施方案及工作计划，每年安排基础设施建设项目，重点建设道路、桥梁、供水、燃气、地下管网、通信、供电、文教卫生、商贸娱乐等功能性基础设施，完善各类市政设施配套，加快医院、敬老院、幼儿园等公益性社会服务设施建设。9个镇均依托老镇区，开发新街，建设工业园区，以往一街一镇、沿河而建的小城镇格局彻底改变，集镇区域不断扩大，城镇化率加速提高。2005年，外来房地产企业开始进入建制镇从事房地产开发。2006年，县政府出台《关于加快小城镇建设的若干政策意见》，从户籍管理、简化办事程序、加大财政扶持等7个方面支持小城镇发展。同年，各建制镇实施农村生活垃圾集中收集处理工程，每个镇至少建有1座垃圾中转站，配套建设垃圾收集房，生活垃圾统一由县垃圾处理厂进行无害化处理。至同年年末，全县9个建制镇共启动基础设施和公共设施项目156项，完成投资21.9亿元，9个镇建成区总面积21平方千米，集聚人口7.6万人。

在基本完成小城镇建设工程三年行动计划的基础上，2007年起，长兴提出"小城镇建设学德国"的理念，9个建制镇深入实施"精致小城镇建设工程"，重点完善基础设施和公共设施，促进小城镇产业和人口集聚，提升小城镇建设水平和品质。2012年，李家巷、小浦、夹浦、洪桥4个镇被列入卫星镇，重点加快与主城区接轨的建设步伐。至同年，全县9个建制镇共完成基础设施和公共设施项目297项，完成投资63.5亿元，共有镇区道路、老街、弄、巷462条，总长396千米，镇区内学校、医疗、文化体育、娱乐、商场、邮电、金融、宾馆等公共设施俱全。各建制镇均有房地产开发项目，共有住宅小区(组团)21个，住宅总建筑面积55万平方米；均有自来水供应系统，日均供水22.7万立方米；均建有污水处理设施，配套建设污水管网，实现雨污分流，镇区绿化覆盖率35%～43%，人均公共绿地面积9平方米～15平方米。

2004—2012年，全县9个建制镇累计完成基础设施和公共设施项目384项，完成投资85.4亿元，建成区面积由2003年的11.3平方千米扩大至2012年的34.3平方千米，集聚人口由2003年的6.7万人增至2012年的11.77万人。建制镇概况详见第1编政区、第2章、第1节。

二、省级中心镇建设

1999年12月，省委、省政府印发《浙江省城市化发展纲要》，提出择优培育中心镇。2000年，雉城镇、泗安镇被确定为省级中心镇。2004年1月，《长兴县城乡一体化行动纲要》印发，提出以中心城市为核心，以泗安镇、和平镇、煤山镇3个中心镇为组团，形成"一核心、三组团"总体设想，实现城乡空间布局一体化。同年，启动实施小城镇建设工程，其中3个中心镇完成基础设施建设投资4.1亿元。至2006年，3个中心镇累计实施基础设施和公共设施项目82项，完成投资15.9亿元，建成区面积总计10.6平方千米，集聚人口4.3万人。2007年，出台《关于加快三个中心镇发展的若干意见》，提出通过5年重点培育，使3个中心镇成为特色明显、经济发达、功能齐全、环境优美、生活富裕、辐射能力强、带动效应好、集聚集约水平高的精致小城镇,实现生产、生活、生态协调发展。2010 年,和平镇被列入第 2 批省级中心镇。2012 年 3 月,泗安镇被列为第 3 批全国发展改革试点小城镇。9 月,雉城镇建制撤销,煤山镇被确定为省级中心镇。2004—2012 年,泗安、和平、煤山 3 个中心镇累计实施基础设施和公共设施项目 186 项,完成投资 59.5 亿元,建成区面积由 2003 年的 6.2 平方千米扩大至 2012 年的 14.5 平方千米,集聚人口由 2003 年 4.3 万人增至 2012 年的 8.74 万人。中心镇概况详见第 1 编政区、第 2 章、第 1 节。

三、其他集镇建设

2012 年年末,全县除 9 个镇政府所在集镇以外,还有 4 个乡政府所在集镇,以及 18 个其他大小集镇(均为乡镇撤并后原乡镇政府所在地)。其他集镇概况详见第 1 编政区、第 2 章、第 1 节。

第二节　村庄建设

一、农房建设

1988 年,全县共有农户 13.69 万户,新建和改建房屋的有 5400 户,建筑面积 65.25 万平方米,其中楼房 3900 户,建筑面积 58.76 万平方米,但仍有少数低收入困难家庭,破旧不堪、年久失修的住房还占有一定比例,极少数农户还居住草房,全县共有农房面积 1499.58 万平方米。楼房一般为 2 层,少数 3 层。层高一般为 3.3 米,进深 8 米～11 米,为砖木混凝土结构,部分楼房为空斗墙,泥灰砌筑,式样单一。外墙一般为石灰粉刷,少数贴马赛克,有的未粉刷砖墙外露。室内基本为石灰粉刷,少数油漆粉刷。20 世纪 90 年代起,长兴农村出现继 20 世纪 80 年代后的第二次"建房热",农民开始拆平房建楼房,拆旧房建新房,草房已基本绝迹,新建住房基本以 2 层楼房为主,讲究美观、宽敞,住房条件得到较大改善。进入 21 世纪后,长兴农村出现第三轮农民建房高潮,建房规模迅速扩大、质量明显提高,在注重实用的同时,更加讲究造型美观。至 2003 年,全县农房总建筑面积为 2243.24 万平方米,其中楼房建筑面积 1175.39 万平方米,占农房总面积 52.4%,楼房户均使用面积 162.57 平方米。

2003 年 10 月,长兴县出台实施意见,部署"千村示范、万村整治"工作,实施村庄示范整治工程,规划建设农民新村,鼓励农民建房向中心村、农村新社区集中。按照"外形美观、功能合理、经济实用"的原则,县建设局委托设计单位编印《长兴县农村住宅建筑施工通用图集》,免费提供给农村建房户,有建筑效果图、平立剖、建筑施工图、结构施工图、水电施工图,共 30 套户型,包括适用型、山庄型、别墅型、庭院型、四合院型、乡土风俗型等,造价从 5 万元到 20 万元不等,并对房屋造型、外墙用料、色彩、装饰构件、通风采光、室内空间布局、使用功能配置等均进行优化配比,提出"强基础、打圈梁、砌实墙、有立柱、现浇板"的建房基本要求,引导农户按图施工。2004 年,全县共有 1400 户农户新建、翻建住房,建筑面积 22.9 万平方米,总投资 1.15 亿元,新建楼房农户达到 90%以上,其中 85%农户采用县建设局提供的建筑施工图集,无砌空斗墙现象,基本为砖混结构,房屋质量大为提高。2005 年后,农村开始大量建造式样新颖的公寓、别墅型住房,并对原有砖木结构住房进行翻修改造。2004—2008 年,全县累计投入资金 20.9 亿元,先后建设夹浦镇月明村、和平镇横涧村等集中型社区、农民新村 47 个,新建农民住房 2320 户,总建筑面积 42.9 万平方米,自建、改建农民住房 7080 户、117.3 万平方米,改造农村困难群众危房 2183 户、22.9 万平方米,基本为砖混结构住房,楼面板均采用现浇钢筋混凝土,水泥预制板已全部取消,窗户大都采用铝合金或塑钢窗,室内功能分区,厨房和卫生间墙面贴墙面砖,卫生间有抽水马桶、浴缸、洗脸盆,室内涂内墙涂料。

2009 年,按照省委、省政府统一部署,长兴全面实施农村住房改造建设,推进以农民新村集聚点建设和农村危旧房改造。同年,全县启动 46 个农民新村建设,改造建设农村住房 2266 户、55.3 万平方米,投资 3.6 亿元,改造农村困难群众危房 356 户、4.03 万平方米,投资 0.2 亿元。之后,每年按计划推进农村住房改造建设。2009—2012 年,全县共建设农民新村 86 个,改造建设农村住房 17080 户、261.4

万平方米，投资21.3亿元，改造农村困难群众危房1034户、15.3万平方米，投资1.6亿元。在该期间集中建设的农村住房，均为2层以上，高的有4层，式样新颖、设施配套、集中联排建设，房屋进深、宽度、高度、窗台、外墙涂料、盖瓦颜色、户型、庭园面积、辅房面积、化粪池、污水处理池统一按标准建设，屋顶和楼层均为现浇钢筋混凝土结构，外墙为墙砖贴面或涂料，室内地面为花岗岩或地面砖，室内墙面为瓷砖或墙纸，卫厨分设，功能齐全、设施配套。并统筹安排、配套建设供水、垃圾处理、污水治理、医疗卫生、文化教育体育等设施，基本形成方便生产生活的农村基础设施、公共设施和公共服务体系。2012年4月，长兴开展农房示范村建设，洪桥镇太湖村、虹星桥镇港口村被列入浙江省第一批农村住房改造建设示范村，农房统一运用现代中式建筑设计，特色更显、标准更高，并与文化产业、特色产业园建设相结合。至年底，太湖村、港口村已建成联排住宅171套、社区服务中心1200平方米、农民公寓1幢10套，总建筑面积5.6万平方米，铺设雨污管网5千米，种植绿化1万平方米。同年年末，全县有农村住户13.22万户，农房总建筑面积为2737.89万平方米，人均59.17平方米，其中楼房住户10.14万户、占全部农村住户的76.7%，楼房建筑总面积1580.02万平方米、占农房总面积的57.7%，楼房户均使用面积155.82平方米。

1988—2012年长兴县农村住户房屋情况表

表7-8

年份	总户数（万户）	年末拥有住房		其中楼房		当年新建房屋		其中楼房	
		面积（万平方米）	人均（平方米）	户数（万户）	面积（万平方米）	户数（万户）	面积（万平方米）	户数（万户）	面积（万平方米）
1988	13.69	1499.58	31.30	2.98	509.80	0.54	65.25	0.39	58.76
1989	13.84	1578.39	32.58	3.40	581.94	0.62	78.81	0.42	72.14
1990	13.88	1655.72	34.08	3.80	641.52	0.58	77.33	0.40	59.58
1991	14.02	1741.33	29.98	4.12	697.56	0.50	85.61	0.36	71.04
1992	14.04	1808.79	36.81	4.43	752.57	0.45	67.46	0.37	58.01
1993	14.08	1859.52	37.73	4.65	793.01	0.31	50.73	0.24	43.44
1994	14.14	1905.80	38.51	4.93	836.13	0.41	46.28	0.35	40.12
1995	14.25	1950.80	39.11	5.24	879.57	0.39	45.00	0.33	38.44
1996	14.34	1998.41	39.82	5.59	925.45	0.41	47.61	0.38	44.58
1997	14.23	2043.15	41.02	5.87	969.10	0.37	44.74	0.35	42.65
1998	14.04	2085.45	42.44	6.13	1010.18	0.31	42.30	0.29	40.08
1999	14.01	2127.06	43.38	6.39	1051.29	0.28	41.61	0.26	40.11
2000	12.96	2163.19	47.69	6.66	1086.93	0.29	36.13	0.27	34.64
2001	12.92	2190.00	48.43	6.87	1123.53	0.22	26.81	0.21	25.60
2002	12.92	2218.21	49.05	7.09	1151.65	0.23	28.21	0.22	27.12
2003	12.88	2243.24	49.76	7.23	1175.39	0.15	25.03	0.14	23.74
2004	12.82	2266.14	50.50	7.36	1197.14	0.14	22.90	0.13	21.75
2005	12.91	2300.94	50.92	7.56	1230.82	0.21	34.80	0.20	33.68
2006	12.87	2326.25	51.64	7.70	1255.00	0.15	25.31	0.14	24.18
2007	12.92	2364.35	52.28	7.91	1291.75	0.22	38.10	0.21	36.75
2008	12.98	2403.47	52.89	8.12	1330.63	0.22	39.12	0.21	38.88
2009	13.05	2485.57	54.42	8.59	1410.73	0.48	82.10	0.47	80.10
2010	13.11	2583.67	56.31	9.20	1495.46	0.62	98.10	0.61	97.21
2011	13.23	2671.09	57.68	9.73	1514.64	0.54	87.42	0.53	86.11
2012	13.22	2737.89	59.17	10.14	1580.02	0.41	66.80	0.41	65.38

说明：资料来源于县建设局

二、中心村建设

1988年,全县有李家巷镇许家浜、夹浦镇父子岭村等人口相对集中、村庄规模相对较大的村庄,但农村村庄普遍规模小而散、基础设施不完善。1994年,开展村庄建设试点,确定夹浦镇父子岭村、吕山乡陶家村为县级村庄建设试点村。同年,有建房农户463户,新建房屋10.4万平方米。2006年,编制第一轮《长兴县域村庄布局规划》,确定全县有计划、有步骤培育建设106个中心村。2010年9月,省委、省政府下发《关于加快培育建设中心村的若干意见》,要求进一步完善城乡体系规划和村庄布局规划,引导农村人口、产业和公共服务集聚,培育建设"人口集中、产业集聚、要素集约、功能集成"的中心村。2011年2月,县委、县政府出台《关于加快中心村培育建设的实施意见(试行)》,成立中心村培育建设工作领导小组,建立县领导联系中心村培育建设工作制度,全面启动中心村培育建设工作。按照"政府主导、市场推动,乡镇负责、农民参与,统筹规划、节约集约,整合资源、合力共建"原则,引导交通不便、经济落后、规模偏小村庄向中心村集聚,需拆迁、搬迁村庄进行统一规划,集中安置建设,重点向中心村集聚。4月,全县选择5个区位条件好、经济基础强、土地综合整治潜力大,在重要景观节点、实验示范带沿线的中心村先行试点。6月,完成试点中心村集中居住区选址和总布设计。规定中心村分搬迁型、整合型、整治型三种类型,宜撤则撤、宜并则并、宜利用则利用、宜复垦则复垦。明确中心村由1个集中居住区和1个至2个居住点组成,集中居住区人口占中心村总人口50%以上。中心村实现工业集聚区、生活居住区、公共服务区、现代农业园区相对集中、相对分离,合理布置居住建筑、公共建筑等,推行联立式住宅,人均建设用地指标控制在100平方米以内。对中心村培育建设实行政策支持,每个中心村补助规划设计费10万元,按规划要求联立式建房的联建户,每户奖励1万元,县政府每年统筹不少于1.5亿元用于中心村建设。并将中心村培育建设与集镇建设、产业布局、城市建设、村庄整治、农房改造相结合。在建设标准上,中心村配套建设社区综合服务、教育、文化、卫生、商业等公共服务设施。至2012年,全县共建设中心村62个,共有12880户住房改造建设农户移居小城镇和中心村。中心村全部建有社区服务中心、幼儿园、托儿所、文体俱乐部、卫生室及商业服务网点。

三、农民新村

1988年,为解决土地制约与经济发展、农民居住条件改善的矛盾,长兴县在李家巷镇许家浜村开展农村宅基地归并试点,按规划统一建设农民住房,时为全县第一个别墅型农民新村。之后,建成夹浦镇父子岭农民新村。2004年,长兴全面实施城乡一体化战略,提出"工业向园区集中、农民向城镇集中、居住向社区集中"的城乡统筹发展思路。2005年起,夹浦镇月明村开展宅基地复垦,建设农民新村,至2007年全村536户、1427人搬入新社区,成为全省新农村建设示范样板。2006年,编制实施《长兴县域村庄布局规划》,规划建设农民集中居住点。同年,利用工业平台建设契机,和平镇横涧村建成大型农民新村,104户农民进入新村;以农村土地综合整治项目形式,泗安镇建设兴隆、庆丰等6个农民新村,共有425户农民进入新村。2009年8月,下发《关于加快全县农村住房改造建设的实施意见》,按照"科学规划、因地制宜、典型引路"思路,推进以农民新村集聚点建设为主要任务的农村住房改造建设。同年,建设煤山镇下沙花园等18个较大规模农民新社区。城镇规划建设用地范围内的农村居民点,按照城镇社区建设要求,统一规划、集中建设,推行多层公寓式安置,实施社区化管理;中心村、经济强村则按照农村社区建设标准,统一规划、统一改造、统一建设,形成具有相当规模、功能齐全的农村新社区。之后,结合中心村建设、农村住房改造建

图7-5　月明村(夹浦镇提供·2007年)

设、土地复垦、拆迁安置等，先后集中建设和平镇和平村、水口乡徽州庄村、槐坎狮古岗等一批拆迁安置、土地复垦安置、农房建设等较大规模农民新村。该时期建成的农民新村在环境、功能、管理上与城镇居民小区基本相同，均配有休闲小广场、健身娱乐等设施，社区服务中心、幼儿园、托儿所、保洁队、卫生室及商业服务网点等一应俱全。自来水、有线电视配套到位，生活垃圾统一集中收集处理，生活污水进入乡镇污水处理厂管网进行集中处理，或采取生态式污水处理池处理。农民新村的农民告别传统生活方式，实现农民变市民。2012 年 4 月，洪桥镇太湖村、虹星桥镇港口村列入全省第一批农村住房改造建设示范村，农房建设“一户一图”，房屋进深、宽度、高度、窗台、外墙涂料、盖瓦颜色、户型、庭园面积、辅房面积、污水处理池“十统一”。1988—2012 年，全县共建设农民新村 135 个，累计有 8.3 万户农村居民通过自然过渡和搬迁，进入城镇和农民新村的商品房和公寓房、联体房居住。

四、村庄环境整治

1994 年，全县实施第一轮村庄环境整治，在夹浦镇父子岭村、吕山乡陶家村开展试点，共有 231 户农民新建房屋，建筑面积 3.87 万平方米，村庄环境面貌有所改善。但当时仅进行试点，未在面上推开，加之资金投入不足，村庄环境整治效果不够理想。之后，随着农村环境污染越来越严重，污水横流、垃圾乱倒、房屋乱建现象十分普遍，农村环境面貌不佳，影响农村可持续发展，迫切需要对农村环境进行整治。2001 年，县委、县政府成立长兴县村庄环境建设领导小组，在全省率先开展以“六改一长效”(改路、改水、改厕、改房、改善卫生、改善村容，长效管理)为主要内容的第二轮村庄环境整治，计划用三年时间完成全县村庄环境建设。按照“因地制宜、整合资源、突出重点、分步推进”原则，每个行政村确定 1 个自然村，以先带后、逐步推进。重点是白化外墙、硬化道路、治理坟墓、消灭露天粪坑，整治村庄环境，并建立长效管理制度。至 2002 年年底，全县 456 个自然村完成村庄环境建设，受益人口 16.65 万人，农村村庄环境面貌得到初步改善。

2003 年 6 月，省委、省政府召开全省“千村示范、万村整治”工作会议，部署在全省开展“千村示范、万村整治”工作。10 月，县委、县政府出台《关于深入开展村庄示范整治工程的实施意见》，提出以城乡一体化为目标，以“村美、户富、班子强”为标准，用 5 年时间，完成全县 100 个行政村环境整治，并重点建设 21 个省级“全面小康建设示范村”，受益人口达到 80%以上。村庄示范整治是 2001 年村庄环境建设的延续和深化，要求更高、时间更长、投入更大、范围更广，由原来每个行政村 1 个自然村向整个行政村全面整治转变，涵盖基层组织建设、精神文明建设、物质文明建设、村级经济建设、村庄环境建设、农村改水等方面。县委、县政府将村庄示范整治作为全县城乡一体化行动“八大工程”之一，各乡镇均相应成立领导小组和工作班子。县财政每年用于村庄示范整治专项资金不少于 1000 万元，2006 年提高到 2000 万元，乡镇按 50%比例配套投入。同年，完成夹浦镇父子岭村示范村和 20 个行政村全面整治。至 2007 年，全县完成 21 个省级“全面小康建设示范村”创建和 112 个整治村建设，人口受益面达到 80%，全县村庄示范整治目标任务全面完成，农村环境面貌得到极大改善。

2006 年 12 月，中共中央、国务院出台《关于推进社会主义新农村建设的若干意见》。2007 年 1 月，根据中央和省、市要求，县委、县政府下发《关于加快推进社会主义新农村建设的实施意见》，部署包括村庄示范整治工程在内的新农村“十大工程”建设。由分散整治转向连线成片、整镇整乡整治，转向高速公路、铁路、国道、省道、县道沿线环境整治，提升村庄示范整治成效。当年完成小浦镇、水口乡全面整治，完成城区—水口乡—夹浦镇实验示范带的村庄环境整治，并实施杭宁高速、申苏浙皖高速、104 国道、11 省道、04 省道、长洪公路等主要交通干道沿线村庄环境整治，完成包漾河水源保护区内 17 个行政村整治。2008 年，完成长水公路连线成片整治。2009 年，实施村庄示范整治扩面提质工程，推进村庄环境成片连线整治，完成 10 个示范村创建、6 个示范村提升和 30 个行政村全面整治，完成槐坎乡、二界岭乡全面整治。2010 年，结合“魅力乡村”建设，以“村道硬化、垃圾处理、卫生改厕、污水治理、村庄绿化”为重点，继续深入推进村庄示范整治。2011 年，完成夹浦镇整治和 20 个省级整治村、12 个市级整治村建设。至 2012 年年末，全县共创建省级“全面小康建设示范村”61 个、省级整治提升村和生态提升村 45

个,建设整治村167个,完成小浦等6个乡镇、八都岕和顾渚2个风景区、太湖风情等3条实验示范带以及县域内主要交通干道沿线村庄的连线成片全面整治,村庄环境整治覆盖面达到100%,累计投入资金6.2亿元。共硬化道路748万平方米,砌筑河道驳岸277千米,白化外墙954万平方米,拆除旧房屋面积1.7万平方米,拆除露天粪坑15680只,治理坟墓2361座,新建公厕2177座,新装路灯4852盏,设置垃圾箱12322只,新增绿化面积138公顷。达到"道路硬化、河道净化、外墙白化、四旁绿化",实现供水、垃圾处理、污水处理、公交、服务设施"五个一体化"。农村环境面貌得到极大改善,并逐步建立村庄环境治理体系,实现村庄环境整治长效管理。

第四章　市政公用事业

1988年,长兴县共有县自来水厂1座,乡镇自来水厂9座。之后,全县逐步加大对市政基础设施投入,给排水、供气、供热、公共照明等公用事业逐步完善发展。1999年8月,全县第一家污水处理厂开工建设。2003年开始,兴建集中供热设施。同年12月,天然气"西气东输"正式向长兴县城市管网输送,长兴成为浙江省率先使用天然气的城市。2012年,境内有供水企业12家、自来水厂16座,建有污水处理厂13座,供水范围覆盖中心城区及全县各乡镇,比较完善的排水网和污水处理网基本形成,城区照明覆盖所有道路、广场、住宅小区、里弄,乡镇路灯照明覆盖所有乡镇集镇以及农村社区。

第一节　给排水

一、供水

自来水厂　1988年,县城有自来水厂1座,日供水能力6800立方米,供水范围为雉城镇。乡镇共有李家巷、泗安、和平等9座自来水厂,日供水能力6280立方米。2012年,境内有供水企业12家、自来水厂16座,日供水规模24.3万立方米,全年生产自来水8800万立方米,供水范围覆盖中心城区及全县各乡镇。其中,城区和洪桥自来水厂水源来自河网水,其他水厂水源均来自水库水和涧水。河网水质为地表水三类水质以上,水库水质在地表水二类水质以上,源水水质达到饮用水源标准,源水水量充足。

城区自来水厂　1988年之前,县城雉城镇有长兴自来水厂1座,采用长兴港河水作水源,日供水规模6800立方米。1988年5—10月,由于长兴港数次遭受工业废水污染,长兴自来水厂被迫停止供水,并另辟包漾河为新饮用水水源。1989年7月,长兴自来水厂扩建饮水工程完工并投产,日供水规模提高到3万立方米,取水口移至距雉城镇9.5千米处包漾河,城区自来水入户率达100%。1993年5月,长兴自来水厂更名为长兴县自来水公司。1994年,随着城区规模进一步扩大,人口迅速增多,生产、生活用水需求量快速增加,县政府决定择址在太湖路建设长兴第二水厂。1995年12月,长兴第二水厂一期建成投产,投资3200万元,分别铺设2条直径800毫米引水管道7.7千米,从包漾河取水,分别为第一水厂、第二水厂提供原水,新增日供水能力6万立方米,使城区日供水能力达到9万立方米,供水覆盖率达到100%。1999年8月,长兴县自来水公司更名为长兴县给排水总公司,下设自来水公司、安装工程公司和污水处理厂。2003年9月,县政府与深圳水务(集团)有限公司签订《长兴县水务投资经营合作协议》,2004年4月合资成立长兴县水务有限公司,下辖长兴自来水厂、第二水厂。2008年12月,长兴水务有限公司启动长兴第二水厂二期工程建设,以满足城区及周边乡镇用水需要。2011年2月,长兴第二水厂二期建成投产,投资3500万元,新增日供水能力6万立方米。至2012年年末,城区有供水企业1家,自来水厂2座,总供水规模达到15万立方米,其中长兴自来水厂日供水规模3万立方米,第二水厂日供水规模12万立方米。供水范围覆盖雉城街道、画溪街道、太湖街道及李家巷镇部分区域,供水面积89平方千米，服务人口25万人。

乡镇自来水厂　20世纪80年代前，县内各集镇及农村居民生活饮用水主要取之于井水及湖水、港水、河水，既不卫生又不安全。1981年，李家巷镇建成第一座乡镇自来水厂，日供水500立方米，供水范围为李家巷集镇。至1985年，林城、煤山、泗安、和平、洪桥、虹星桥等建制镇陆续建成自来水厂，日供水规模达到5680立方米，基本满足集镇居民生活用水需要。之后，乡集镇也陆续建设自来水厂。小浦镇居民生活用水原由小浦机械厂提供，1995年小浦镇投资120万元新建1座自来水厂，日供水能力1000立方米。至1999年，全县共建成11座乡镇自来水厂，均为政府投资建设、经营和管理，日供水能力达到5.5万立方米，覆盖全县所有乡镇，集镇居民饮用水问题得到解决。但是，多数乡镇自来水厂因年久设备老化、工艺落后、管道漏损严重，且供水能力有限，供水范围较小，全县自来水普及率仅27%，农村居民饮用水问题亟待解决。进入21世纪后，随着经济发展和城镇建设步伐加快，自来水需求量快速增加，部分乡镇自来水厂进行扩建改造，扩大供水规模。2004年，长兴实施区域供水工程，规划将全县分为雉城、和平、林城、泗安、煤山、小浦等6大供水区域，重点对既有乡镇自来水厂进行扩建改造，建设供水管网，通过一级、二级供水管网延伸，提高供水覆盖率。2004—2012年，共扩建、新建乡镇自来水厂11家，铺设各类供水管网2528千米，投入建设资金3.98亿元，其中县财政投入5162万元，新增受益人口45.3万人。至2012年，共有乡镇供水企业11家，自来水厂12座，日供水能力达到9.3万立方米，自来水通村率100%。

2012年长兴县城区和乡镇水厂建设情况表

表7-9

供水企业	自来水厂	日供水规模（万立方米）	供水范围	建成时间	服务人口（万人）
长兴水务有限公司	长兴自来水厂	3.0	雉城街道、画溪街道、太湖街道、李家巷镇	1970.1	25.0
长兴水务有限公司	长兴第二水厂	12.0		1995.12	
长兴永清水务有限公司	长兴水口水厂	0.3	水口乡、夹浦镇	2005	1.3
长兴永达水务有限公司	永达水厂	2.0	和平、虹星桥、吕山、李家巷部分村	2001.5	8.5
长兴永达水务有限公司	永达水库水厂	1.0		2001.5	
长兴乐泉供水有限公司	吴山水厂	1.5	吴山集镇	1994	1.5
长兴洪桥自来水有限公司	洪桥水厂	0.5	洪桥镇	2004	3.0
长兴小浦自来水供应有限公司	小浦水厂	0.8	小浦镇、雉城镇	2003.1	3.1
长兴林城林兴自来水有限公司	林城水厂	0.5	林城镇	2000.11	5.8
长兴天源制水有限公司	天源水厂	0.5	二界岭	2005.12	0.8
长兴泗安仙山湖水务有限公司	仙山湖水厂	1.0	泗安镇	2007.6	3.5
长兴煤山永旭水务有限公司	辛龙水厂	0.5	煤山镇	2011	2.0
长兴白岘贤德自来水有限公司	白岘水厂	0.2	白岘集镇	2008.7	0.3
长兴德兴水务有限公司	德兴水厂	0.5	槐坎集镇	2007.12	1.5

说明：资料来源于县建设局

供水管网　1988年，城区有直径100毫米供水管道7.4千米，直径200毫米管道11.2千米。乡镇有直径100毫米供水管道31.2千米。1989年，长兴自来水厂扩建饮水工程完工，新增直径600毫米管道9.6千米。之后，随着供水范围扩大，逐年铺设新供水管道，并逐步更新原有老旧管道。1995年，长兴第二自来水厂一期建成投入使用，分别铺设2条直径800毫米管道7.7千米，使城区直径150毫米以上供水管道达到63.7千米，该时多为预应力混凝土管。1998年开始，城区自来水管网逐步向包桥、后漾、长桥等城郊乡村延伸，每年新铺设供水管道50千米以上。进入21世纪后，随着长兴经济技术开发区和城市建成区规模逐步扩大,城区人口快速增加,生产和生活用水需求量急剧增加。2000年起,每年实施供水管网建设工程,逐步向企业、新建住宅小区延伸。并大量使用直径800毫米以上大口径供水管道,管径最大达到1400毫米。2003年起,每年安排计划,分期分批对城区老旧自来水管道进行更新,逐步以球墨铸铁管、PE管取代预应力混凝土管,以降低自来水漏损率。其中,直径100毫米~300毫米采用PE管,直径400毫米以上采用球墨铸铁管。2004年,长兴实施区域供水工程,共铺设各类供水管网2528千米。2008年,实施长兴第二水厂二期工程,铺设直径800毫米~1200毫米原水管道7.5千米,投资3850万元。2012年6月,合溪水库原水管网工程竣工,铺设直径1600毫米钢管10.5千米,投资2521万元。同年年末,城区共有供水管道总长827.62千米,其中直径100毫米~200毫米管道494.1千米、直径300毫米以上管道333.52千米,建成区供水管道密度为每平方千米17.61千米。乡镇共有各类供水管网2528千米,其中一级管网412千米,二级、三级管网2116千米。

“一户一表”改造 2002年之前,城区自来水计量收费采用以单元表计量式为主,兼有幢表计量式。家用计量水表使用年限较长后,容易造成计量失准,加上表后供水管道渗漏、水龙头破损和水箱溢漏等原因,出现总水表抄见数与分表合计数不一致的情况,引起用户之间、用户与自来水厂之间的矛盾。2002年,县自来水厂采用“一户一表”计量收费供水制。同年,制定“一户一表”配套政策,在长安小区率先进行“一户一表”改造,采用明管方式和新型管材,重新配置进水管道,实行用户申请、单户施工方式,当年完成“一户一表”改造1500户。2003年起,新建住宅小区直接安装自来水“一户一表”。2008年,城区自来水供应“一户一表”改造全部完成。2010年起,自来水供应“一户一表”改造逐步向周边供水区域延伸。至2012年,长兴水务公司供水范围内全部完成“一户一表”改造。

用水 1988年,长兴自来水厂年供水量225.91万立方米,售水量191.8万立方米,其中工业用水97.1万立方米,生活用水94.7万立方米。最高日供水0.81万立方米,平均日供水0.62万立方米,漏损率15.1%。2012年,长兴自来水厂供水量1904.44万立方米,其中工业用水715.79万立方米,生活用水1188.65万立方米,自来水用户73496户。1988—2012年,长兴城区总供水量22454万立方米,其中工业用水9096.23万立方米,生活用水13357.77万立方米。

1988—2012年长兴县城区供水情况表

表7-10 单位:万立方米

年份	工业用水	生活用水	年份	工业用水	生活用水
1988	97.10	94.70	2001	351.43	409.84
1989	139.46	218.93	2002	341.23	448.32
1990	142.03	226.99	2003	356.11	512.58
1991	181.46	301.45	2004	351.81	587.34
1992	207.78	336.40	2005	361.23	643.47
1993	356.47	191.95	2006	349.59	745.64
1994	336.80	310.92	2007	415.88	823.63
1995	350.10	330.24	2008	486.71	934.22
1996	349.21	351.32	2009	514.70	994.71
1997	351.49	361.81	2010	602.44	1044.27
1998	355.17	378.54	2011	700.45	1153.15
1999	333.97	377.25	2012	715.79	1188.65
2000	347.81	391.45	—	—	—

说明:资料来源于县建设局

二、排水、污水处理

排水管道 1988年,城区排水管道总长13.6千米,排水管道直径大多为300毫米,窨井1160口,服务面积3.5平方千米，雨水、生活污水和工业废水合流排放，未经处理就近排入长兴港、护城河。1994年，金陵路工程共铺设排水管道2290米，其中直径1000毫米管道771米、直径800毫米管道188米、直径450毫米管道719米、直径300毫米管道612米，设雨水井116座。之后，推进城市建设、旧城改造，排水系统与城市道路同步设计、同步施工、同步验收，新建城市道路全部铺设排水管道。1995年，城区共有排水管道36千米，最大管径1200毫米，最小管径300毫米，窨井2500口。2000年4月起，随着长兴污水处理厂启动建设，长兴实行雨污分流制，开始有规划建设城市污水管网，列入城建重点工程项目，每年建设。同年，共铺设直径1200毫米进厂污水管道1200米。2002年，夹浦镇启动污水处理厂建设，并同步配套建设污水管网。至2004年，共建成污水管道18.7千米。2005年，新建居民小区分别铺设雨水、污水管道，雨污分流排放。同年，城区共有污水管道121千米、雨水管道147.5千米、窨井3700口。至2007年年底，全县共建成污水管网174.5千米，其中中心城区污水管网107.7千米(包括老城区40.5千米、龙山新区19千米、开发区48.2千米)，中心城区污水集中处理率平均为65%(其中老城区为50%、龙山新区为80%、开发区为85%)；镇级污水管网66.8千米，主要分布在夹浦(污水收集处理率约90%)、洪桥(污水收集处理率约80%)、雉城(污水收集处理率约60%)3个建制镇。2008年8月，实施"清水入湖"二年行动污水管网建设计划，启动建设乡镇污水处理厂7座，同步推进污水主管网、二级管网建设，污水管网向乡镇集镇延伸，并实施雨污分流。同年，共配套建设乡镇污水管网112.4千米。至2010年年底，共建设城乡污水管网310千米，中心城区污水集中处理率达85.1%。2011年10月，煤山污水处理厂建成，铺设污水管道31.2千米。至该时，全县所有乡镇集镇实现污水管网全覆盖。至2012年年末，建成区建成排水管道总长565.9千米，其中污水管道293千米、雨水管道210千米、雨污合流管道62.7千米，窨井6120口，排水管道密度为每平方千米12.04千米，污水管道密度为每平方千米16.8千米；排水管道直径300毫米以下274.5千米，300毫米及以上291.4千米；中心城区污水集中处理率达88.5%。集镇建成排水管道总长285千米，污水管道338千米。全县基本形成比较完善的排水网和污水处理网。

污水处理厂　1999年8月，长兴兴长污水处理有限公司建设全县第一家污水处理厂，位于县经济开发区新塘路口，占地6.4公顷，设计日处理污水6万吨，一期处理污水3万吨，投资1.2亿元。2002年5月，该厂竣工投入运行，覆盖城区、县开发区部分区域。同年7月，夹浦污水处理厂开工建设，位于夹浦镇丁家渚村，占地4.67公顷，2004年12月投入运行，总投资1.32亿元，日处理污水4万吨，覆盖夹浦镇及夹浦工业园区，重点对轻纺企业工业污水进行处理。之后，洪桥、虹星桥、林城、李家巷、泗安、小浦、和平、煤山等建制镇及吴山乡陆续建成污水处理厂，长兴在全省率先实现镇镇建有污水处理厂目标。2011年5月，长兴深长污水处理有限公司开工建设城区第2座污水处理厂，总投资1.4亿元，日处理污水3万吨，覆盖龙山新区、太湖街道、县开发区部分区域，计划于次年7月投入运行。在建设污水处理厂同时，长兴还对4座污水处理厂进行脱氮除磷升级改造，全县所有污水处理厂全部达到一级A排放标准。至2012年年末，全县共建有污水处理厂13座，总设计日污水处理能力31.8万吨，总投资6.62亿元，建成污水管网727千米，总投资12.9亿元。已投入运行12座，日污水处理能力23.3万吨，实际日污水处理能力15.61万吨，其中城区6.03万吨，全县污水处理率86.3%。

2012年长兴县污水处理企业情况表

表7-11

污水处理厂名称	竣工年月	规模(万吨/日)		投资额(亿元)	处理范围
		设计	建设		
长兴兴长污水处理有限公司	2002.05	6.00	6.00	1.20	老城区、县开发区部分
长兴县夹浦污水处理有限公司	2004.12	4.00	4.00	1.32	夹浦镇及夹浦工业园区
长兴新源污水处理厂	2005.12	2.30	1.55	0.30	洪桥镇集镇及工业园区
长兴城关污水处理厂	2007.02	2.00	2.00	0.26	画溪工业园区

续表7-11

污水处理厂名称	竣工年月	规模(万吨/日)		投资额(亿元)	处理范围
		设计	建设		
长兴李家巷新世纪污水处理有限公司	2008.08	2.00	2.00	0.18	李家巷镇集镇及工业园区
长兴林盛水质净化有限公司	2008.08	1.00	1.00	0.16	林城镇集镇及工业集中区
长兴泗安利民污水处理有限公司	2008.09	1.00	0.50	0.22	泗安镇集镇及工业园区
长兴新天地污水处理有限公司	2009.08	1.00	1.00	0.15	虹星桥镇城南片区
长兴浦源污水处理有限公司	2009.12	1.00	0.50	0.24	小浦镇集镇及工业园区
长兴县和盛污水处理有限公司	2010.08	1.00	0.50	0.05	和平镇集镇及工业园区
长兴吴盛水质净化有限公司	2010.12	1.00	0.50	0.11	城南工业园区
长兴永平水务有限公司	2011.10	1.50	0.75	0.40	煤山、槐坎、白岘集镇及工业园区
长兴深长污水处理有限公司	在建(2011年5月开工)	8.00	3.00	1.40	龙山新区、太湖街道、县开发区部分

说明:资料来源于县建设局

第二节 供 气

一、瓶装气

1989年,长兴煤气公司成立,开始筹建液化石油站。1991年,长兴煤气公司在雉城镇高山岭村俞山冲建成全县第一座液化气站,并到上海、南京等地组织气源,向单位和居民供应瓶装液化石油气。1993年,长广液化气站建成,位于槐坎乡十月村,瓶装液化石油气供应逐步扩大到各乡镇。1994年,建成长兴商业煤气公司液化气站,位于后漾乡104国道旁。至该年,全县有3家液化气储配供应站,共有100立方米卧式贮气罐7只、20立方米卧式贮气罐1只、32立方米卧式残液罐1只,槽车运输能力60立方米;全县城乡共有瓶装液化石油气用户1.76万户,全年供应液化石油气6800立方米,城区居民液化石油气普及率100%。之后,乡镇瓶装液化石油气用户迅速增长。至1999年,瓶装液化石油气已覆盖全县各乡镇集镇,全县共有液化石油气储配站3座、供应点67个,储气规模0.1万立方米,年供应量1.2万立方米。2000年之后,又陆续成立湖州广和石油液化气有限公司、长兴金鑫液化气有限公司、长兴煤山新川液化气储配站、长兴浙北液化气有限公司、长兴安康液化气站等瓶装液化石油气经营企业,分别在李家巷镇、太湖街道、煤山镇新川村、林城镇、泗安镇二界岭初康村设立瓶装液化石油气储配站,储配量795立方米,年供应量6100立方米。2003年,天然气进入长兴后,城区瓶装液化气供应量相应减少。至2005年,乡镇集镇居民瓶装液化石油气基本普及,乡镇用气居民为10.8余户。2012年,全县有瓶装液化气储配站7座、供应点136家,液化石油气储配站储气能力600立方米;年瓶装液化气供应量8300立方米,其中城区1773立方米;有用户13.8万户、其中城区用户11452户。气源主要来自扬子石化南京炼油厂。

二、管道气

1998年,北京市液化石油气公司与县建设局合资建设长兴县管道液化气工程。1999年4月,浙江京兴天然气有限公司成立,注册资本5500万元,位于长兴县雉城镇金陵北路134号,供气范围为长兴县域,按照城区25万人所需的生活、公建及部分工业用气并留有适当余地的天然气专项规划,近期总供气规模为每年2.5亿立方米。同年,启动天然气门站、气化站及供气管网等配套工程建设。2001年,长兴县被列为2003年年底接轨"西气东输"首批供应天然气城市之一。同年,建成空混中心气化站1座,铺设中压管道26千米、庭院管道16千米,在天然气未接入过渡期内,采用液化石油气参混空气方式作替代气源。2003年,城区接轨天然气门站建成,位于雉城镇五里桥村,占地2公顷,总投资4000万元。同

图7-6 2003年3月18日，省重点工程杭州至湖州天然气管道长(兴)湖(州)段正式开工建设。图为建设者们正在紧张施工中(朱将云摄)

年12月，天然气“西气东输”正式向长兴县城市管网输送，空混气成功置换成天然气，长兴成为浙江省率先使用天然气的城市。同年年末，城区有居民用户1200户。2004年，长兴天然气供应逐步向住宅小区、工商企业延伸，有居民用户3500户、商业用户71户、工业用户11户，年供气230万立方米。2006年8月，启动建设长兴县压缩天然气中心加气站，位于长兴县经济开发区长兴大道西侧雉城镇杨湾村，占地1.47公顷，投资2100万元。同年，天然气供应范围进一步扩大，供应量达到651万立方米。2007年5月，天然气配套设施建设开始向乡镇延伸，长兴县压缩天然气煤山卸气站启动建设，位于煤山镇工业开发区，占地1.06公顷，投资1300万元。2007年10月，压缩天然气中心加气站竣工投入运营，日供天然气2万立方米，满负荷运载供气能力达到12万立方米，既可对汽车进行油改气改造，又可通过压缩天然气槽车运输至乡镇供气。2008年10月，压缩天然气煤山卸气站建成，为首个乡镇天然气供应站，日供天然气6万立方米。2009年，长兴城南天然气门站启动建设，位于吴山乡三矿村，占地0.65公顷，投资1500万元，2010年年底建成投入使用，日供气规模36万立方米。2010年，“川气东送”天然气利用工程启动实施。2011年，泗安镇天然气气源站建成使用，位于泗安镇五里渡村，占地0.93公顷，作为CNG卸气站和高中调压站使用。2012年1月，雉城镇五里桥村液化天然气加气站建成使用，占地0.43公顷，主要对全县物流货运车和新能源公交车加气。同年，“川气东送”虹星桥枢纽站建成使用，占地0.55公顷。至2012年，城市天然气工程累计投资5.52亿元，共建成煤山、城南、泗安和虹星桥4个天然气门站，铺设天然气管网780千米，其中城区514.3千米，长兴成为“西气”“川气”双气源供应城市，天然气管网覆盖城区、10个乡镇、县经济技术开发区、太湖图影旅游度假区及12个工业功能区，储气能力15.75万立方米。全县共有居民用户4.27万户、商业用户547户、工业用户58户，用气人口20.76万人，拥有天然气汽车加气站2座，全年供气量4849.5万立方米。

2012年长兴县供气企业情况表

表7-12

储配站名称	站址	成立年份	储气规模(立方米)	年周转量(吨)
浙江京兴天然气有限公司	雉城街道金陵北路134号	1994	2.5亿	
长广液化气站	槐坎十月村	1993	300	700
长兴县兴浦液化气有限公司	小浦五庄村	1995	300	1500
湖州广和石油液化气有限公司	李家巷长岭山	2000	110	1000
煤山新川液化气储配站	煤山新川金鸡山	2001	140	1500
长兴县金鑫液化气有限公司	太湖街道留下村	2002	330	2500
长兴县浙北液化气有限公司	林城渎东村	2003	110	600
长兴安康液化气站	二界岭初康村	2009	105	500

说明：资料来源于县建设局

第三节　供　热

2003年之前，长兴无集中供热设施。2003年4月，长兴县经济技术开发总公司、长兴长风能源有限公司合资成立浙江长兴东南热力有限公司。2004年1月，开始向县经济技术开发区企业供热。同年，有工业用户8家，年供热3.12万吨。之后，供热管网逐步向县经济技术开发区工业企业延伸，供热规模不断扩大。2005年、2006年，供热量分别为5.4万吨、7.86万吨。至2007年，有工业用户19家，供热量增加到9.42万吨。2008年，编制实施《长兴县热力规划》，规划建设两类热力区，一类为雉城镇—李家巷镇—洪桥镇、小浦镇、夹浦镇等三大区块，实施区域集中供热；其他乡镇为二类热力区，主要是企业利用自备锅炉供热或以后新建区域锅炉房集中供热。同年，投资1700万元，完成雉城工业园区供热管道建设，铺设供热管网10千米，全县供热总管网达26千米，发展用户33家，年供热达12.34万吨。2009年，浙江长兴东南热力有限公司股权转让，浙江浙能长兴发电有限公司出资850万元、占85%，长兴县经济技术开发总公司出资150万元、占15%。同年，全年供热量达17.04万吨。2010年，投资2000万元，陆续建成供热3号主干管线，区域空调、丽湖名居、惠德新材、创鑫纺织、海联纺织等5条支干线及富客莱、利佳运动、长兴丝厂、华辰纺织等4条支线，铺设供热管道11千米，年供热量达27.72万吨。至2011年，共铺设供热管道49千米，形成3条供热线路，其中长兴县经济技术开发区线，总长18千米，入网用户50家，覆盖半径8千米；雉城镇工业园区线，总长8千米，入网用户17家；李家巷工业园区线，总长6千米，入网用户3家，拥有工业用户70家，全年供热33.75万吨。2012年，新增浙江三志纺织有限公司、浙江泽源植物科技有限公司、浙江金指科技有限公司等8家供热用户。至同年年末，全县共建设供热管道51千米，累计投资5650万元，供热范围覆盖长兴经济技术开发区、雉城工业园区及李家巷工业园区，涵盖工业企业、酒店宾馆、服务等行业，共有用户70家，年供热总量达到36.57万吨。

第四节　公共照明

1988年，全县共安装有路灯510盏，均为道路路灯照明，其中城区280盏，为撑杆式路灯，光源采用50瓦和125瓦汞灯。乡镇路灯主要分布在泗安、和平、虹星桥等建制镇，有路灯230盏，为汞灯和白炽灯的简易路灯。年用电量13.2万千瓦时，占全县全社会用电量的0.6%。

1989年11月，县城区张家村小区首次安装路灯，铺设架空路灯线400米，安装简易路灯15套。1994年11月，首批100套150瓦高压钠灯、110瓦高压钠灯双挑光源立柱路灯在104国道雉城过境段通电亮灯，道路照明条件得到改善。之后，路灯向城区次干道、里弄、小区延伸，并向所有乡镇覆盖，路灯的样式、光源也不断改进。至1995年，城区共有路灯808盏，其中104国道过境段198盏、主要街道234盏、里弄和住宅小区332盏、桥梁44盏，总功率101千瓦。全县9个建制镇共有路灯468盏，总功率44千瓦。其后，随着城区规模扩大、城区道路增加，路灯建设改造步伐明显加快，路灯与道路、住宅小区、公共场所、桥梁等建设实行同步规划、同步建设、同步验收，新光源、新式样路灯逐渐增多。各乡镇集镇也加快路灯照明建设，街道、小区全部安装路灯。2001年，城区长州路改建后，中央隔离带安装双挑路灯80套，光源为250瓦+250瓦钠灯；明珠路原有路灯全部拆除，改装不锈钢双挑路灯140套。2003年1月，画溪大道建成后，共安装新式双挑路灯124套，光源为3×250瓦钠灯。同年8月，对城区主要桥梁进行亮化改造。金陵大桥增设投光灯72套、光带260米；长安桥安装投光灯50套、光带70米；南门桥安装投光灯60套，采用投光灯与光带相结合的亮化形式。2005年5月，龙山新区市民广场A区安装广场礼仪灯22套、网球场灯5套、投光灯12套、各种地埋灯120套、各种草坪灯255套、庭院灯27套；B

区安装广场礼仪灯 14 套、各种地埋灯 140 套、草坪灯 67 套;C 区安装各种地埋灯 81 套、草坪灯 130 套、投光灯 16 套、庭院灯 18 套。2006 年,城区实施“百幢大楼亮化”工程,各机关、企事业单位、学校、银行、医院、商店、酒店及部分小区沿街建筑共 132 幢大楼外墙进行亮化改造,广场、火车站、客运中心等公共场所也同步完成亮化改造,光源主要由 LED 线条灯和投光灯组成。2008 年 5 月,金陵路进行亮化提升,沿街 440 棵银杏树共安装 LED 满天星 7920 米、LED 滴水灯串 4400 条,两侧人行道安装 250 瓦高压钠灯单挑路灯 231 套。2002—2009 年,长兴城市路灯建设实行多主体投资、多元化建设模式,县交通局、龙山新区、县经济开发区等按照城市总体规划要求,配套建设道路路灯,共在太湖大道、图影大道、中央大道等 10 条城市道路安装路灯 4346 套,统一由县路灯管理处管理维护。2010 年 7 月,对解放路进行亮化改造,460 棵法国梧桐树共安装红色小灯笼和五角星状亮化设施 5000 盏。同年,完成中心广场改造,共安装立柱双挑路灯 8 套,步行道两侧安装步道灯 85 套、壁灯 14 套、庭院灯 113 套,建筑立面安装灯带 1230 米、瓦楞灯 1600 套、射灯 180 套,其他地块安装地埋灯 340 套、投光灯 78 套、草坪灯 468 套。同年 12 月,对金陵路南起火车站,北至太湖路段沿街店面、建筑物进行立面景观亮化改造,采用 LED 线条灯带,为建筑立面框架亮化,采用射灯灯光对建筑物点射,门头及店名则用彩色灯管、灯带、筒灯进行亮化装饰,共亮化建筑立面 102 幢,设置控制系统 49 套。2011 年,长兴建立城市路灯智能化管理系统,对路灯实现遥测、遥控、遥信、GPS 校时和路灯地理信息功能、故障报警,设施被盗报警及路灯节能控制功能,实现自动化监控和智能化管理。

至 2012 年年末,县路灯管理处有路灯维护管理人员 31 人,有路灯高空作业车 1 辆、应急抢修车 3 辆;全县共有路灯 2.56 万盏,比 1988 年增加 50 倍,其中城区 1.6 万盏,亮灯率 98%以上,乡镇及农村 0.96 万盏;全县路灯用电量 1743.1 万千瓦时,比 1988 年增长 132 倍,路灯用电量占全年全社会用电量的 0.4%,其中城区路灯照明用电量为 1093.7 万千瓦时,占全年全社会用电量的 0.2%。城区照明覆盖所有道路、广场、住宅小区、里弄,乡镇路灯照明覆盖所有乡镇集镇以及农村社区。城区实施景观亮化建筑物 220 处(幢),主要道路、桥梁、广场均完成亮化改造,共安装各类庭院灯、地埋灯、草坪灯、投光灯、数码灯等亮化设施 2.13 万盏(套)。完成城区路灯 LED 改造 6100 盏,计划再用三年时间全部完成城区路灯 LED 改造。

第五章 城乡管理

1988 年,长兴县城乡建设环境保护局负责管理雉城镇规划区内一切建设活动和环境卫生,负责全县测绘管理和承担测绘任务。1991 年,成立县城市管理办公室,主要负责城区范围内市容秩序管理。1996 年 9 月,组建县建设局,为县政府综合管理全县城乡建设事业的行政职能部门。2004 年 6 月,成立县城市管理局,主要承担县政府在城市管理中的协调、监督职能。2011 年 4 月,组建县住房和城乡建设局,县规划局(县测绘与地理信息局)与其合署办公。2012 年 9 月,县城市管理行政执法局挂牌成立,下设城市管理执法分局 3 个,乡镇城管中队 14 个。

第一节 规划与测绘管理

一、规划管理

1988 年,县城乡建设环境保护局负责管理雉城镇规划区内一切建设活动。1989 年,成立规划管理股和规划设计股,分别负责全县城乡规划管理和城乡规划设计,逐步运用行政管理、社会管理、经济管理、法律管理等措施,从制度到程序、从日常管理到行业规范,加强全县城乡规划管理。1991 年 2 月,成立县城建管理监察中队、县村镇建设管理服务站,负责城市规划监察管理、全县村镇规划管理。1996 年

9月,组建县建设局,内设规划管理科,承担全县城乡规划管理职能,参与重大建设项目选址,参加规划设计(方案)会审,依法发放建设项目“一书两证”(即建设项目选址意见书、建设用地规划许可证、建设工程规划许可证),监督检查违法违章建筑。2011年5月,组建县住房和城乡建设局、县规划局,并合署办公。县规划局设立和平分局、煤山分局、泗安分局3个派出机构,负责和平镇、煤山镇、泗安镇和林城镇规划管理。

1990年之前,县内建设工程项目实行施工许可制度,建设工程项目经县城建局审批并办理施工许可证后,方可开工建设。全县9个建制镇规划区范围内和25个乡集镇规划区内一切建设以及县境内一切公用建设和国道、省道两旁建设,由各乡镇村镇建设办公室审查,长兴县规划管理部门审批。1990年4月《中华人民共和国城市规划法》颁布,县内开始实施“一书两证”制度;建制镇规划区范围内的各类建设项目,也需办理“一书两证”手续;农村建房实行“一书一证”(选址意见书、村镇建设工程许可证)制度。1998年起,实施工程竣工规划验收制度,经验收认可后,由县建设局核发建设工程竣工规划验收合格证。1999年4月,县政府实行规划例会审批制度,对全县重大建设项目规划实行审批。全县各乡镇及园区重要规划、城市规划区内重要建设项目、开发区及三个中心镇的非工业类重要建设项目、其他各建制镇规划区内重要建设项目、各旅游景区内重要建设项目、交通要道沿线建设项目列入规划例会审批范围。至2003年12月,共查处违章建设案件362起、面积14.8万平方米,强制拆除41起、3621平方米,查处重大违法建设案件8起、罚款11万元。2004年1月起,由县城市管理局负责城乡规划管理执法。2004年6月,建立规划例会审批反馈制度,所有建设项目统一纳入规划监控网络,一直跟踪至项目竣工。2005年3月,出台《“阳光规划”实施办法》,对规划编制成果、重大公建项目和住宅项目实行“批前公示、批后公告”制度,接受社会监督。2008年1月《中华人民共和国城乡规划法》实施后,城乡规划管理从“一法一条例”、城乡“二元结构”转变为“城乡一体”的规划管理体系。2010年9月,出台《关于建立长兴县城市规划管理执行机制的若干意见》,完善规划审查制度,建立专门审图机构,加强设计方案、初步设计和施工图审查,重点审查方案可实施性、容积率、建筑高度等技术指标,建立外立面用材报审制度。1991—2012年,共核发建设项目选址意见书709份、建设用地规划许可证2496份,建设工程规划许可证4031份。共召开县政府城市规划例会145次,共审议选址类项目1452项、方案类项目1281项。

1990—2012年长兴县“一书两证”核发情况表

表7-13　　单位:份

年份	建设项目选址意见书		建设用地规划许可证		建设工程规划许可证		年份	建设项目选址意见书		建设用地规划许可证		建设工程规划许可证	
	城区	乡镇	城区	乡镇	城区	乡镇		城区	乡镇	城区	乡镇	城区	乡镇
1990							2002					131	
1991			1		118	2	2003			121	352	128	83
1992			5		140	3	2004			108	103	172	74
1993			150	20	113	9	2005	15		105	110	146	80
1994			135	43	241	39	2006	58	234	117	110	126	86
1995			121	33	126	27	2007	65	124	63	25	129	75
1996			56	15	105	8	2008	83	34	94	26	108	74
1997			39	9	84	6	2009	25	11	55	25	219	324
1998			34	10	85	2	2010	12	13	52	30	145	133
1999			43	3	93	4	2011	6	2	50	26	113	77
2000			73	3	141	6	2012	10	17	19	24	99	91
2001			81	7	63	3	—	—	—	—	—	—	—

说明:资料来源于县建设局

二、测绘管理

县城乡建设测绘队成立于1986年，隶属县城乡建设环保局，负责全县测绘管理和承担测绘任务。1993年，长兴县土地勘测中心成立，主要从事工程测量、地籍测绘。1997年，长兴县测绘管理办公室成立，负责全县城乡测绘管理，与规划管理科、城乡建设测绘队合署办公。2009年，湖州国合勘测设计有限公司成立，主要从事工程测量、地籍测绘。2010年，长兴银河测绘有限公司成立，主要从事工程测量、房产测绘。2011年，实行测管分离，撤销县城乡测绘队，成立县测绘与地理信息局，重点对测绘单位进行资质审查、项目备案、成果汇交、保密检查以及地图和测绘市场监督检查。2012年年末，全县有测绘资质单位3家，均为丁级资质，有测绘专业技术人员31人，其中高级职称1人、中级职称8人、初级工程师16人。

1988年，全县城乡测绘主要是地图、地形测量及部分工程测量。1991年11月，县城建局组织完成1∶500比例尺数字化测图1平方千米和1∶1000比例尺数字化测图3平方千米。1993年11月，组织完成1∶500比例尺数字化测图11.875平方千米，1∶1000比例尺数字化测图7.75平方千米，为全县规划、建设、土地和交通等部门科学决策提供现状资料。1998年12月，完成中心城区1∶500比例尺数字化测图6.75平方千米，为中心城市建设提供现状图。2003年，完成县经济技术开发区地形图重测和旧城区地形图修测、夹浦镇和吕山乡地形图更新修测，并提供基础测绘图160幅，实现城市规划区55平方千米地形图数字化。2004年7月，县建设局委托华东勘测设计研究院测绘研究分院在全县布设D级GPS控制网，共选埋D级平面控制点154点，其中利用C级GPS点10个，测区内国家三角点17个，新选埋127个，选埋四等水准点49个，四等水准测量距离合计565千米；D级GPS观测共计820条基线边，满足后续数字化基础测绘、地籍测绘需要。2006年，完成城区数字地形测绘，测图比例尺1∶500，东起长兴大道，西至画溪大道，南始318国道，北至忻湖路，施测面积30平方千米。同年，完成中心城区35平方千米范围内各种地下管线普查及数据建库，累计普查管线长度624.16千米。2007年12月，结合全县第二次土地调查，新测、补测1∶500数字地形图城镇94平方千米、农村91平方千米，将基本农田保护地块(区块)落实到土地利用现状图。2009年，完成吕山乡1∶500数字地形测绘，测绘1∶500数字地形图5.2平方千米。2010年，完成1∶10000数字线划图79幅，1∶500数字线划图106幅，更新1∶500数字线划图8幅。2012年5月，完成长兴城区1∶500数字测绘工程，西至新长铁路，东至太湖，南至G50，北至后漾村，总测绘面积108平方千米。其中，县经济技术开发区范围44平方千米，城区34平方千米。太湖新城30平方千米在原有1∶500数字地形图进行修测。同年12月，省测绘与地理信息局批复同意设立“数字长兴”地理空间框架建设项目，长兴成为省级数字城市地理空间框架建设与应用试点城市。

三、违法建设查处

1990年4月后，县内严格执行“一书两证”制度，查处违法建设项目。1991年2月，成立县城建管理监察中队，开展执法检查。1994年，共查处违章建设案件150起、面积6.2万平方米，强制拆除5起、150平方米。1995年，共查处违法违章建设案件100起，建筑面积4.6万平方米，其中拆除27起、移送法院强制执行12起。2000年，共查处违法建设案件114起，拆除3782平方米，申请法院强制执行31起。2005年，为合理引导城市规划区内农民建房和农民拆迁安置房建设，组织拆除违法建筑109户、建筑面积1.37万平方米，其中申请法院强制拆除75户、建筑面积1万平方米。2006年，继续开展违章建筑专项整治，全年立案查处违法建设案件26起，查处违法建设面积3万平方米，其中补办规划手续14起、补办建筑面积约2500平方米。2007年，查处城区违法建房80多起，面积达5000多平方米；查处8个城中村的违法建设75起，面积1.85万平方米。2008年，共查处违法建设案件115起，查处违法建设面积2.51万平方米，移交国土部门违法占地建设98起、面积1.68万平方米；涉及雉城镇、古城街道、龙山街道13个城中村123起，违法建筑面积达2.11万平方米。2010年，县城管局通过组织巡查和群众举报等途径，现场制止违法建设行为150余起。2012年，县城管执法局共依法立案查处违法建设19起，未取得“建设工程规划许可证”擅自违法建设10起，拆除违法建筑面积达2519平方米。1991—2012年，查处违法建设1503起，违章建筑面积53.31万平方米，其中拆除违法建筑面积4.8万平方米。

第二节　市容秩序管理

1988年,县城市容市貌由县城建局负责。1991年,县城建局下设县城建监察中队,主要履行城区房地产监察管理和城市规划管理工作。同年,县政府下设县城市管理办公室,主要负责城区范围内市容秩序管理。1994年,城建监察中队更名为县城建监察大队。2000年6月,县城管办下设城管联合执法大队,对城区街道和社区实行综合管理,主要包括占道经营、乱设摊点、市政设施、园林绿化等方面。2002年,县城管办对城区店面招牌广告进行规范,共拆除不规范和破旧的招牌近千块,统一制作900多块新的店面招牌。2003年,要求犬主领证挂牌圈养,对无证无牌犬只实施捕杀。同年,在城区范围内实施"禁大、禁拖、禁农、禁鸣",并加强对施工场地的源头管理,对115辆工程车辆进行密封改装,加大对"抛、洒、滴、漏"车辆的查处力度,对进城工程车辆实施水冲轮胎。同年5月,县城建监察大队划归县城市管理办公室。2004年6月,成立县城市管理局,主要承担县政府在城市管理中的协调、监督职能,下设4个科室和长兴城市管理大队。2005年,县政府出台《长兴县餐饮业管理暂行办法》和《长兴县修理业、洗车业管理办法》,加强对"五小"行业的管理和整治。同时,对临街摊位实行"退位让路",逐步取缔临街的固定摊位,对暂不能取缔的临街摊位向里弄后退20米;对农民自产自销的季节性流动摊贩实行堵疏相结合的管理办法,规范其行为。同年起,除重大节假日和特殊情况经批准外,雉城镇建成区从周一至周五全天禁止燃放烟花爆竹。2007年,县政府办印发《长兴中心城区户外广告管理办法》,进一步明确和规范城区户外广告设置。2008年,增设行政许可科,主要负责城区户外广告设施的设置审批及管理。2009年,县政府成立犬类管理办公室,办公室设在城管局。制定《长兴县城区"五小行业"管理暂行办法》,明确餐饮业、加工业、修理洗车业、娱乐休闲业及其他行业的布局及要求。同年,县城管局成立城管治安警察大队,全年对人行道板上的机动车乱停乱放进行抄牌,共抄牌8000多辆。2012年9月,县城市管理行政执法局挂牌成立,为县政府主管城市管理行政执法工作的行政机关,主要承担城市管理综合执法职能,行使城市管理相对集中行政处罚工作。同年,县城管执法局开展各项市容秩序大整治,全年共查处乱停乱放机动车3.6万辆,现场教育劝告1.5万人,严管区域违法停车查纠率达80%以上,控制区域违法停车查纠率达70%以上,规范区域违法停车查纠率达60%以上,同时为缓解城区停车难的现状,设置4个临时停车场新增加停车泊位400余只。

2005年之前,乡镇集镇市容市貌主要由乡镇政府负责管理。2005年年底,除县城雉城镇以外的15个乡镇均成立城管中队,隶属县城管局。同年,各乡镇城管中队对所在集镇开展市容秩序集中整治。其中,清理、拆除临街建筑物立面吊挂的各种有碍市容观瞻的物品2600余件;拆除并限期整改不规范设置的灯箱广告、广告牌、宣传横幅2100余处;取缔、清除违法占道3200多处,摊位260余只,面积1.2万平方米;拆除棚披及遮阳棚3350余只,近9000平方米;查处泄露、抛洒污染道路车辆860起;清除违法占道堆放的建筑垃圾和生活垃圾380余堆,动用车辆清运100余辆。2010年,成立县经济开发区城南工业功能区城管中队。2011年7月,县城管执法局重心下移,在泗安、和平、煤山3个中心镇挂牌成立城市管理执法分局。2012年6月,县城管执法局在小浦镇挂牌成立小浦行政执法中队,全面行使相对集中行政处罚。至年末,有城市管理执法分局3个,乡镇城管中队14个。

第三节　环境卫生管理

1988年,雉城镇环境卫生管理所有职工109人,负责雉城镇垃圾清扫清运处理、粪便清运处理、公共厕所保洁管理及公共场所环境卫生管理等。1994年4月,更名长兴县环境卫生管理处,仍隶属县城建局管理，下设城东、城北、城南3个环境卫生管理所，在职人员增加到300人。2003年4月，招收一线保洁人员297人，以适应城市创建和提升城市卫生质量需求。2007年6月，更名长兴县市政环境卫生管理处，负责城市规划区市政和环境卫生管理，负责城市垃圾处置核准、生活垃圾特殊经营权核准审批、城市环卫设施搬动和拆除核准，组织对城区道路、公共场所等实施保洁作业，指导乡镇环境卫生工作，负责环卫设施管理运营与维护、城市市容环境卫生监察等。2012年，县市政环卫处内设综合科、生产计划管理科、督查与安全管理科、收费管理科、环卫监察中队、清扫管理所、清运管理所、市政管理科、市政养护管理所，下设长兴恒畅管道疏通服务有限公司，共有在职职工803人。

一、环卫设施

公共厕所　1988年，县城雉城镇有公共厕所48座，大多为简易厕所、旱厕，环卫工人每天上、下午各保洁一次。各集镇共有公共厕所161座。1989年，根据省建设厅制定的公共厕所等级标准，县建设局投资建设5座等级公共厕所，对部分旱厕、简易公共厕所进行拆除或改造。新建、改建后的公共厕所布局合理、设计新颖、卫生实用。1992年，投资20.3万元，在人民广场新建长兴第一座三星级公共厕所，按标准配有残疾人无障碍设施、母婴专座及清洗用具等，并在县人民医院、龙潭湾市场各建造1座水冲式二类标准公共厕所。1995年，编制实施《长兴城市环境卫生设施规划》，公共厕所按规划设置、按标准建设。2003年，县环卫处对二类标准以上公共厕所落实专人管理，并实行收费制度。2005年11月，长兴购置首座移动公共厕所，安放于明珠路，供附近施工人员和路人使用。2006年，长兴取消公共厕所收费，全部实行免费开放，并按规划新建一批生态式、星级公共厕所。同年年底，城区共新建公共厕所34座，均为二类以上水冲式公厕，其中三星级公厕10座。2010年5月，太湖中路建设生态型三星级公共厕所1座。至2012年，城区共有公共厕所38座，其中三星级公共厕所10座，一类标准公共厕所15座、二类标准公共厕所12座，一类标准移动公共厕所1座，总建筑面积3151平方米，总投资1125.7万元，有专职管理人员15人、兼职管理人员21人。其他单位自行管理公共厕所19座。各乡镇集镇共有公共厕所64座。

垃圾箱　1988年，城区有垃圾箱(桶)580只，主要分布于街道两侧、小区和公共场所。各集镇有垃圾箱(桶)230只。其后，随着城区道路、住宅小区及公共场所不断增多，逐年新增和更新垃圾箱(桶)。2004年，长兴实行垃圾箱(桶)定点清洗制度，县环卫处每天派出专人，配备电动车和清洗工具，对垃圾箱(桶)进行清洗保养。2005年，新增垃圾箱(桶)550只，更换金陵路全线垃圾箱(桶)120只。2006年9月，城区街道统一更换成生态垃圾箱(桶)740只，并在次街道新设垃圾桶360只。同年，实施农村生活垃圾集中收集处理工程后，各集镇大量添置垃圾箱(桶)，共新增垃圾箱(桶)1950只。至2007年，城区共有垃圾箱(桶)1485只。之后，根据垃圾箱(桶)使用情况，定期进行维护保养和更新，每年均更换一批垃圾箱(桶)。至2012年，城区共有垃圾箱(桶)4020只，各集镇共有垃圾箱(桶)2850只。

垃圾中转站　1994年之前，城区生活垃圾收集后，均由车辆运送至垃圾填埋场填埋。随着城区保洁面积不断扩大，再采用收集直运方式，既易造成二次污染，又不利提高效率。1994年12月，城东垃圾中转站在张家村小区建成并投入使用，为长兴首座天车吊装式垃圾中转站，建筑面积195平方米，日转运垃圾31吨。生活垃圾收集后送至该中转站，经压缩后由密闭垃圾运输车转运至垃圾填埋场。之后，又陆续新建6座垃圾中转站。其中，城北小区垃圾中转站建于1995年6月，建筑面积335平方米，日转运垃圾39吨；南门垃圾中转站建于1998年7月，建筑面积202平方米，日转运垃圾45吨；明珠路垃圾中转站建于2003年8月，建筑面积132平方米，日转运垃圾15吨；五丰垃圾中转站建于2004年11月建，建筑面积265平方米，日转运垃圾20吨；太湖路垃圾中转站建于2006年8月，建筑面积251平方米，日转运垃圾100吨；龙山一号垃圾中转站建于2006年8月，建筑面积620平方米，日转运垃圾100吨。2006年后，根据环境卫生规划，重新布局垃圾中转站设置。其中，城北、城东、龙山一号3座垃圾中转站分别于2006年10月、2007年9月、2010年5月拆除；南门垃圾中转站于2006年7月改为立式压缩式；五丰垃圾中转站于2009年6月迁至紫金大桥西堍，改为卧式压缩；明珠路垃圾中转站于2009年8月改为卧式压缩。2012 年，城区共有南门、明珠路、五丰、太湖路 4 座垃圾中转站，建筑面积 850 平方米，日中转垃圾 180 吨。

垃圾填埋场 1992 年 8 月，县环卫处在长水公路西侧高山岭村畚斗山征荒山地 2 公顷，投资 21 万元，建设垃圾填埋场。1994 年建成启用，总容积 18273 平方米，日填埋处理垃圾 100 吨。2002 年长兴垃圾处理厂建成后，该垃圾填埋场停用。2009 年，县环卫处在雉城镇白阜村礼顺岕，启动建设长兴县生态应急垃圾填埋场，总投资 4000 万元，设计总容量 100 万立方米。2010 年一期工程竣工，库容 65 万立方米，日填埋处理生活垃圾 50 吨～300 吨，主要为垃圾焚烧发电厂配套应急处理使用。

垃圾处理厂 随着城区垃圾产生量不断增加，高山岭垃圾填埋场已基本处于饱和状态。同时，垃圾填埋产生大量污水渗漏和恶臭气味，对城市环境和居民生活带来严重影响。2001 年，县建设局择址雉城镇高山岭鸡笼山，与玉环县垃圾处理厂合资成立长兴新城环保有限公司，建设长兴县第一座垃圾处理厂。2003 年建成启用，总投资 3000 万元，日处理垃圾 150 吨。垃圾处理采用生物发酵焚烧技术，生活垃圾经发酵焚烧后生产有机肥料，解决生活垃圾直接填埋带来二次污染的问题。2008 年垃圾焚烧发电厂建成，该厂停止运行。

垃圾焚烧发电厂 2007 年，由长兴新城环保有限公司投资建设长兴县垃圾焚烧发电厂，位于夹浦镇环沉村夹浦轻纺工业园区，占地 3.96 公顷，总投资 1.7 亿元。2008 年 8 月投入运行，设计日处理生活垃圾 500 吨。工程采用浙江大学自主研发的异重循环流化床焚烧专利技术，建设两台日处理垃圾 250 吨的循环流化床焚烧炉和一台 6 兆瓦抽凝汽轮发电机组及一台 3 兆瓦背压汽轮发电机组，同步建设 2 套烟气处理系统，以及垃圾过滤处理系统和飞灰处理系统，年发电量 6480 万千瓦时，供汽量 50 吨/小时。垃圾焚烧发电厂采用连续运行方式，城区各中转站垃圾及各乡镇生活垃圾全部转运至长兴垃圾焚烧发电厂，其中城区新建小区垃圾压缩直运，不仅可以处理长兴县当下全部生活垃圾，二期投产后能满足长兴县之后 30 年垃圾处理需要。2012 年，长兴垃圾焚烧发电厂共焚烧处理生活垃圾 17.54 万吨，年供热量 23.1 万吨，发电 2621.34 万千瓦时。

养护场 1994 年 5 月，县环境卫生管理处在双街村建成环卫设施养护场，占地 3000 平方米。2008 年，养护场迁址龙山街道西丰坝潘家庄自然村，建造环卫专用车辆修理车间及停车库 800 平方米、管理用房 1000 平方米、服务用房 200 平方米，负责县环卫处所有车辆、设备等维修保养，总投资 500 万元。

车辆 1988 年，全县共有小型垃圾装卸车 7 辆、吸粪车 2 辆、洒水车 1 辆，环卫机械总功率 369 千瓦，固定资产原值 85.11 万元。之后，陆续购置大中型封密压缩式垃圾车、垃圾装卸车、吸粪车、垃圾收集车等环卫日常作业车辆。1993 年，购置 1 台推土机，环卫作业车辆达到 18 辆，环卫作业从清运到填埋、覆土实现一条龙机械化操作。2004 年，县环卫处首次购置 2 辆扫地车，结束扫地全靠人工的历史。购置 1 辆 10 吨洒水冲洗两用车，开始对城市道路路面进行冲洗，保洁质量和工作效率大为提高。2006 年，购置洒水车 5 辆、扫地车 4 辆、封密压缩式垃圾运输车 4 辆、桶收式压缩收集车 1 辆、电瓶收集车 6 辆，加快垃圾收集运输速度。购置疏通车 1 辆、吸污车 1 辆，下水管道疏通实现机械化作业。2011 年，购置垃圾转运压缩车等环卫车辆 59 辆，用于采购环卫专用车辆资金 380 万元。1988—2012 年，共购置环卫作业车辆 179 辆。2012 年年末，县环卫处正常使用的环卫作业车辆达到 153 辆，其中垃圾收集车 12 辆、垃圾装卸车 14 辆、推土机 1 台、洒水车 17 辆、扫地车 18 辆、洗扫一体车 2 辆、封闭压缩式垃圾运输车 30 辆、电动垃圾收集保洁车 54 辆，形成门类齐全、配置合理的环卫作业车辆结构。各乡镇共有垃圾收集车 136 辆、封闭压缩式垃圾运输车 38 辆、洒水车 3 辆，用于集镇卫生保洁。

二、道路保洁

1988 年，县城雉城镇道路清扫保洁范围主要为城区主要道路、州桥菜场、金陵菜场、龙潭湾菜场及张家村小区、海兴小区、马军巷小区和仓前街住宅小区，采用人工作业方式，道路保洁面积 13.4 万平方米，道路清扫保洁采用一日二扫 7 小时工作制。1992 年，104 国道过境段、318 国道过境段纳入城市道路保洁范围，道路保洁面积增加到 25.34 万平方米。1994 年起，道路清扫保洁作业实行 14 小时巡回保洁制。1995 年,县环境卫生管理处全面接管雉城镇范围内道路、住宅小区及公共场所环境卫生工作,道路清扫保洁面积 51.2 万平方米。进入 21 世纪后,城市建成区规模不断扩大,环卫保洁范围随之扩大,2001 年城区道路清扫保洁面积达到 113 万平方米,其中人行道保洁面积 12 万平方米。2002 年 9 月,实行"分段包干、定人员、定岗位、定责任"的清扫保洁承包责任制,并推行"道路泥尘称量法",在 1 平方米路面测定灰尘重量,以 20 克、30 克、50 克灰尘分三档考核路段清洁质量。2003 年 7 月,推行"20 分钟保洁法",城市道路出现垃圾,必须在 20 分钟内予以清除。2004 年 3 月,县环卫处配置 2 辆洒水车、3 辆冲洗车,实施"水冲路面"保洁,对城市道路实行定时冲洗,一级道路每 3 天冲洗 1 次,二级、三级道路每 5 天冲洗 1 次,降尘保洁。2004 年,购置第一辆垃圾清扫车,开创城市道路保洁机械化作业历史,全年清运生活垃圾 5.93 万吨。2005 年,安排 1 辆冲洗车白天进行 1 天 2 次以上专门洒水降尘作业,2 辆冲洗车由原来夜间冲洗作业改为昼夜 18 小时循环冲洗,保持道路路面清洁。2006 年 1 月起,城市主要道路实行 18 小时保洁制。同年 5 月,雉城镇五峰环卫保洁公司成立,为长兴县首家进入环卫保洁行业民营保洁公司。10 月,长兴实行环卫作业市场化改革,通过公开招标方式,明确保洁范围、车辆配备、作业人数、保洁标准、经费核定等,将城市道路保洁承包给民营保洁公司,县环卫处对其进行定性定量考核,考核结果与保洁经费挂钩,推动环卫保洁质量稳步提高。2010 年,在龙山新区实行生活垃圾"桶车对接、垃圾不着地"清洁直运作业试点,减少垃圾收集运输途中"二次污染"。2011 年 8 月,推行城市道路"快速保洁法",专门购置 30 辆电瓶收集车,配备专人,实行 20 小时巡回清捡垃圾,随时保持路面清洁。同年,金陵路、解放路、县前街、龙山大道等城市主街道保洁时间延长到 20 小时以上。2012 年,环卫保洁覆盖城区所有道路、住宅小区、广场、公园、绿地,道路清扫保洁面积 596.21 万平方米,其中人行道保洁面积 104 万平方米,主街道实施 20 小时以上保洁,机械化作业率 46%,城区主街道机械化作业率 100%。同年年末,全县共有民营保洁企业 31 家,城区有五峰、为民、靓洁等 11 家公司承担保洁作业,清扫保洁人员 760 人。

三、垃圾与粪便清运

垃圾收集、清运与无害化处理 1988 年,城区生活垃圾由雉城镇环卫所统一收集。垃圾收集采用垃圾桶和垃圾池,铁皮垃圾桶放置在城区主要街道两侧和公共场所,砖砌垃圾池分布在巷弄。环卫工人用密封吊装式垃圾收集车沿街道收集垃圾,巷弄砖砌垃圾池内垃圾,由人工撬装收集至小拖拉机运输车,小拖拉机无法通行的巷弄及自然堆放点垃圾,采用人力手拉车收集。20 世纪 80 年代后,砖砌垃圾池全部取消,改用铁皮或塑料垃圾桶。城区街道、住宅小区、里弄小巷、公共场所仍然放置垃圾桶、果壳箱,采用垃圾收集车辆定时定点收集。1996 年,县环卫处在居民住宅小区试行生活垃圾袋装化,拆除露天垃圾箱,封砌烟道垃圾箱,建造封闭式垃圾收集房,设置垃圾桶,后在城区逐步推广。1997 年年底前,城区所有门店、单位、居民全面实施垃圾袋装化。2003 年,在城区 20 条主要路段实行"垃圾袋装化"试点,增配垃圾收集员、清洗员 28 人,取消垃圾桶,仅设置果壳箱。沿街店铺、单位定时投放垃圾,垃圾车定时上门收集。2006 年,城区街道实行机械化收集垃圾,里弄、小区仍采用人工收集方式,由环卫工人定时用手拉车收集,但增加收集次数,减少和缩短垃圾暴露时间。2009 年,城区主要道路和部分开放式小区实行"垃圾不着地"办法,由垃圾收集车定时巡回收集,沿街店家将垃圾装袋后直接投入垃圾收集车。2010 年 5 月,在通宝城小区开展生活垃圾分类收集试点,将垃圾分为生活垃圾、可回收垃圾、不可回收垃圾和有毒有害垃圾,分袋投放到相应垃圾桶。2011 年,县环卫处采用垃圾循环收集办法。

1988 年,城区生活垃圾由雉城镇环卫所统一收集后,用手拉车清运堆放于黄土桥堆场,全年清运生活垃圾 1.5 万吨。1993 年,位于雉城镇高山岭的垃圾填埋场建成启用,城区生活垃圾全部运至垃圾填埋场处理。1994 年,县环卫处在张家村小区建成第一座垃圾中转站,生活垃圾收集后,统一存放于中转站,再按区域划分转运,集中转运至高山岭垃圾填埋场。2003 年,长兴县垃圾处理厂建成投入使用,城区生活垃圾按区域分别转运至东门、城北、南门、明珠路、五丰、太湖路、龙山一号 7 座垃圾中转站,经中转站压缩后转运到长兴县垃圾处理厂。城区街道袋装垃圾直运至垃圾处理厂,高山岭垃圾填埋场主要堆放建筑垃圾。2004 年,清运垃圾 5.2 万吨,平均日清垃圾 135 吨。2007 年起,农村生活垃圾也统一转运至长兴垃圾处理厂。2008 年 8 月,长兴垃圾焚烧发电厂建成后,全县生活垃圾全部转运至该厂统一处理。2011 年,县市政环卫处在龙山新区 6 平方千米区域内实行生活垃圾“桶车对接”清洁直运作业试点,推行“垃圾不着地”,减少垃圾“二次污染”。之后,生活垃圾清洁直运作业开始向新建住宅小区、老城区、老住宅小区延伸。

1994 年之前,尚无垃圾处理设施,生活垃圾收集后堆放于黄土桥,大部分再转运农村作肥料处理。1994 年,高山岭垃圾填埋场建成启用,城区生活垃圾收集后,全部运至填埋场,按照指定位置倾倒,进行垃圾平整、覆土填埋,并实施消杀处理,定期喷洒药水、灭蚊蝇。同年,平均日填埋处理垃圾 98 吨,全年处理垃圾 3.5 万吨。2003 年,长兴县垃圾处理厂建成启用,采用垃圾焚烧处理方式,集堆肥、填埋、回收于一体,为全省第 2 座采用焚烧处理生活垃圾的县级城市。2008 年 8 月,长兴垃圾焚烧发电厂建成投入运行,城区及全县农村生活垃圾全部转运至该厂统一处理,全年共焚烧处理垃圾 14.7 万吨。2012 年,共焚烧处理生活垃圾 17.54 万吨。

粪便收集、清运　1988 年,环卫工人分别采用 1 吨、2 吨、3 吨真空吸粪车,收集城区 48 座公共厕所化粪池粪便,并为 1 万多户居民家庭清倒马桶、清运粪便。粪便收集后,按照区域就近运至宜春弄、黄土桥等 3 座总容积 1075 立方米的贮粪池集中存放,再转运至全县各乡镇,用于农村施肥。全年收集清运粪便 2.2 万吨。20 世纪 90 年代后,随着城镇居民生活水平提高和住房条件逐步改善,居民家庭开始增设卫生间,家用马桶逐步减少,而公共厕所和单位自用厕所则逐步增多,每年清运粪便保持在 1.8 万吨。1995 年,除部分老住宅小区外,马桶使用量快速减少,同年清运粪便 1.2 万吨。进入 21 世纪后,部分老住宅小区经过改造,增设卫生间,马桶使用量大大减少。2002 年,长兴污水处理厂运行后,城区实行雨污分流,粪便统一进入城区污水管网。至 2004 年,城区居民家用马桶已完全消失,粪便清运主要是公共厕所化粪池。同年清运粪便 1 万吨。2012 年年末,粪便清运主要是公共厕所、单位自用厕所化粪池堵塞清掏,全年清掏清运粪便 3000 吨。

第四节　建设企事业单位改革

1997 年,全县部署开展企事业单位体制改革。1998 年,全县建设系统体制改革正式启动,按照把企业推向市场、职工推向市场和产权置换、职工身份置换“双推双置换”的要求,以产权制度改革为核心,以职工身份置换为重点,全面实施建设系统体制改革。9 月,县建设局成立改制领导小组,下设改制办公室,先行在下属房地产开发和建筑施工企业启动改制。1999 年 3 月,在下属事业单位中推行中层干部竞聘、工作人员聘用、未聘人员留职待岗的“双聘一待”改革。10 月,各改制企业完成资产评估,并结合自身实际情况,制定改制方案,明确企业资产情况、经营者持大股等事项,先后获县体制改革办公室批复,企业改制完成阶段性工作。11 月,长兴建筑工程公司、长兴金中房地产开发公司、长兴浙北建筑工程公司、长兴中发建筑工程公司 4 家企业完成改制;长兴第八建筑工程公司歇业,13 名职工全部分流;长兴第三建筑工程公司和长兴县城乡建设开发公司因多种原因未完成改制。12 月,县委要求必须全部按“双置换”要求,进行彻底改制。至 1999 年年底,县建设系统 8 家下属事业单位“双聘一待”改革全面完成,62 人上岗担任中层干部,比原来减少 30%,169 名职工签订固定期限聘用合同,234 名职工签订无固定期限聘用合同,8 名职工留职待岗 6 个月。

2000 年 2 月,县建设局调整和充实改制领导小组,并成立 3 个改制指导组。各改制企业相应成立改制领导小组和工作班子,召开多层次、多形式会议,广泛宣传有关改制政策。3 月起,所有下属企业进行清产核资,委托中介机构对企业进行资产评估,并按县委文件规定,进行核销、提留、剥离,界定产权,企业资产情况报县国有资产管理办公室核准。同时,理清在编在职职工年龄、工龄等情况,列表造册。

根据企业资产情况，确定职工身份置换的经济补偿标准，测算补偿总额。在该基础上，重新拟订企业改制方案(包括企业概况、资产负债情况、资产核销提留和剥离情况、经济补偿标准、资产处置情况、改制形式、职工和退休工人安置等)，提交职代会或职工大会通过，报县体制改革办公室审批。2000年7月，长兴浙北建筑工程公司、长兴中发建筑安装有限公司、长兴县第八建筑工程公司3家企业按“双置换”要求，通过产权交易、公告等程序，新经营者受让资产，职工全部买断工龄，企业走向市场；12月，长兴县建筑工程公司完成“双置换”改制。2001年3月，长兴金中房地产开发公司、长兴县城乡房地产开发公司完成“双置换”改制；10月，长兴县第三建筑工程公司按“双置换”要求完成改制；11月，县建设局下属事业单位长兴县建筑勘察设计院也按“双置换”要求完成改制。2002年1月，长兴宏泰监理有限公司完成改制。2003年10月，长兴市政工程公司按“双置换”要求完成改制；12月，长兴县环境卫生管理处物业公司、长兴县园林管理处服务部、长兴县园林管理处园林绿化工程公司、长兴县招投标交易中心、长兴县房地产管理处房地产价格评估事务所完成脱钩改制。2004年1月，长兴县政府与深圳水务集团公司合作经营，长兴县给排水总公司(长兴县自来水厂、长兴县安装公司、经营分公司、污水处理厂)完成改制，人员、资产一并转入组建后的新公司——长兴水务公司；7月，长兴县房地产管理处长兴澳利安市场发展服务有限公司完成脱钩改制；9月，长兴县房地产管理处长兴县房地产经营公司完成脱钩改制。至同年，县建设系统体制改革全面完成，425名职工转换劳动关系，实行一次性经济补偿，其中236名职工由新企业返聘；通过县产权交易所进行产权置换，签订《产权转让合同》，由新经营者买断企业资产，分别组建新的有限责任公司，共置换产权2376万元。

一、“双置换”改制

企业实行整体资产转让，实现产权置换；在职职工与企业解除劳动关系，企业给予职工一次性经济补偿，人均最高不超过2.5万元，个人最高不超过3万元，由新组建企业聘用上岗，聘用率原则上不低于80%，新公司聘用职工重新签订劳动合同，实现职工个人身份置换。新经营者受让企业后，按《中华人民共和国公司法》要求，设立新的有限责任公司，制定公司章程，重新变更注册资本和工商登记。按该形式改制的有7家。长兴县建筑勘察设计院，为县建设局下属事业单位，净资产为206万元，整体资产进行公开出让，以底价230万元整体转让给原经营班子，新单位更名为长兴建筑勘察设计院有限公司。长兴浙北建筑工程公司，企业净资产为负220.3万元，经公司原经营班子推荐，以零资产转让个人经营，新公司更名为长兴长海建筑工程有限公司。长兴中发建筑安装有限公司(含长兴县第五建筑工程公司)，企业净资产为负131.4万元，经公司股东会、职工联席会议商议，以零资产整体转让个人经营，新公司更名为长兴天工建筑工程有限公司。长兴县第八建筑工程公司，已歇业多年，至1998年11月月底，公司净资产为负21.9万元，以零资产整体转让个人经营。长兴县宏泰建设监理公司，企业净资产为39.8万元，转让底价46万元，实际投标出让价为148.8万元，由个人受让经营；经公司股东会决议，将高于出让底价资产的50%，返回给公司，用于弥补企业亏损，其余50%上缴县财政按规定处理。长兴市政工程公司，企业净资产为186.3万元，按比例上缴雉城镇政府、县建设局，经职工代表一致推荐，整体转让个人经营，新公司更名为浙江长兴市政工程有限公司。长兴金中房地产开发公司，企业净资产为负269.5万元，以零资产整体转让4人经营，县建设局同意免缴所欠配套费75.6万元。

二、资产重组、职工身份置换

按该形式改制的，为长兴县给排水总公司，系国有全民企业，由长兴县自来水公司、长兴县安装工程公司、长兴自来水经营分公司、长兴县污水处理厂4家法人单位组成。2003年9月底，企业净资产为1395.7万元，提留改制资金608.6万元，在职166名职工全部置换身份。同年9月27日，长兴县人民政府与深圳水务(集团)有限公司签订《长兴县城市水务投资经营合作协议》，由长兴县给排水总公司以净资产与深圳水务(集团)有限公司下属丰源投资公司合资组建两家新公司，共同投资合作经营长兴城市水务(包括给排水和污水处理业务)，股份分配为深圳方占70%、长兴方占30%。县政府将长兴县给排水总公司下属4家企业全部资产(含负债)和账外供水管道资产，统一划拨到长兴清源市政资产管理中心。2004年1月,长兴县政府、深圳水务集团分别指定由长兴清源市政资产管理中心与深圳丰源投资发展有限公司签订《长兴县城市供水投资合同》,共同经营长兴县城市供水业务。

三、脱钩改制

按照“政企分开”要求,将原事业单位所属独立核算、自负盈亏的法人实体实行脱钩改制,经资产评估、县国资部门确认后,对外公开出让。以该形式改制的,有长兴县环境卫生管理处物业公司、长兴县园林管理处服务部、长兴县园林管理处园林绿化工程公司、长兴县招投标交易中心、长兴县房地产管理处房地产价格评估事务所、长兴县房地产管理处长兴县房地产经营公司、长兴县房地产管理处长兴澳利安市场发展服务有限公司。

第六章　城乡一体化

2003年始,长兴县落实省委“八八战略”,将统筹城乡发展、加快推进城乡一体化作为党委、政府重大战略任务来抓。2004年起,在上年试点基础上,全面实施《长兴县城乡一体化行动纲要》,先后以“城乡一体化八大工程”、“新农村建设十大工程”、中国魅力乡村建设为抓手,全面推进城乡一体化发展。2011年,长兴被评为“浙江省城乡一体化十大优秀示范城市”。

1988年之前,县农村工作委员会为县委、县政府主管农村工作的综合机构,属县政府序列。1988年8月,县农村工作委员会更名县农村经济委员会。1994年1月,更名县农村经济委员会(县委农村工作委员会),为县委和县政府双重领导的主管农业和农村工作的综合部门。2001年12月,更名县委农业和农村工作办公室,和县经济体制改革办公室一起与县委政策研究室合署办公,机构全称为县委政策研究室(县委农业和农村工作办公室、县经济体制改革办公室)。2007年7月,县委农业和农村工作办公室单列,挂县政府农业和农村工作办公室牌子。2012年,内设秘书科、综合科2个职能科室,下属县农业和农村工作指导站1个事业单位。

第一节　城乡一体化“八大工程”

2004年1月,县委在全省率先出台《长兴县城乡一体化行动纲要》,提出以城市化为龙头,以工业化为支撑,以改革创新为动力,立足长兴实际,分步推进农村建设和发展,争取通过20年左右的努力,重点实现城乡空间布局、城乡经济、城乡社会事业“五个一体化”目标。从2004年至2006年,在全县范围内组织实施小城镇建设工程、农业“510”工程、村庄示范整治工程、乡村康庄工程、农村劳动力转移工程、农村社保工程、农村“园丁”工程和乡镇“创卫”工程,简称“八大工程”。

一、农业“510”工程

即吊瓜、苗木花卉、人造林、特种水产、商品蔬菜五大类十万亩特色优势农产品基地建设。2003年起,全县采取规划先行、典型示范、群众自愿、政策扶持和抓好产前、产中、产后服务等措施,推进农业产业化进程。至2006年,全县五大特色农产品基地面积达到3.06万公顷。龙头企业由2003年的45家发展到2006年的145家,其中市级以上农业龙头企业12家,销售额由2003年的5.5亿元,增加到2005年的15.8亿元。农民合作经济组织发展到71家,联系农户达到28700户,其中省级示范专业合作社3家。到2006年,建成国家级农业标准化示范区1个,省级农业标准化示范项目8只;4年中新增市级以上名牌产品12只、著名商标49件,省级以上无公害、绿色、有机农产品106个。获“中国青梅之乡”“中国银杏之乡”“中国栝楼(吊瓜)之乡”,申请“吊瓜原产地”并获得成功,连续2年获得“中国茶叶产业发展政府贡献奖”。

二、小城镇建设工程

2003年起，开展小城镇建设规划，抓好基础设施建设和工业园区整合，改革小城镇建设管理体制，积极探索户籍制度和用地政策的改革，推进“城中村”改造，加快小城镇发展进程，促进城镇产业和人口集聚。至2006年，全县9个建制镇共启动基础设施和公共设施项目156项，以县城为核心，煤山镇、泗安镇、和平镇3个中心镇为组团的“一核三组团”城市空间布局初步形成。9个建制镇镇区规模达到21平方千米，集聚人口达到7.6万人。其中，泗安镇通过3年发展，2006年财政收入达到2300万元，是2002年的近4倍，农民人均纯收入3年平均增长14%，并先后被评为省教育强镇、省级卫生镇，环境面貌得到较快改变。全县城市化水平由2003年33%提高到2006年38%。

三、农村劳动力转移工程

2003年起，按照建立台账、摸清底数，提供信息、开展培训，完善政策、强化考核的要求，加快农村劳动力转移；巩固完善县人力资源市场，在泗安镇、煤山镇、和平镇、夹浦镇、李家巷镇建立劳动力分市场，其他各乡镇建立劳动力市场服务窗口，逐步健全全县劳动力市场信息网络；实行“农民素质教育券”制度，发挥城乡各类职业培训教育机构作用，开展多层次、多形式、全方位的职业技能培训。全县农村劳动力从事农林牧渔与从事二、三产业劳动力的比率，由2003年的46.7:53.3发展到2006年的28:72。2004年至2006年，共免费培训农村劳动力8.1万人，向二、三产业转移农村劳动力7.5万人，向国外输出劳务2500多人，培训转移率达到85.3%，农民人均工资性收入2005年达到2765元，占农民总收入的38%。

四、农村社保工程

2003年起，从长兴县实际出发，加快建立与经济发展水平相适应的社会保障体系，实施以城乡一体化最低生活保障、农村基本养老保险、被征地农民基本生活保障、农村大病医疗保险、农村“五保”对象和城镇“三无”对象（农村“五保”、城镇“三无”详见第34编民政事务、第3章、第2节）集中供养为主要内容的“新五保”。至2006年，敬老院建筑面积新增14000多平方米，总床位数达到1100张，农村五保对象和城镇三无对象集中供养率由2003年年末的60%提高到2006年的95.8%。城乡居民最低生活保障制度进一步完善，对低保对象实施动态管理，做到能进能出、应保尽保。教育救助、住房救助、医疗救助、康复救助广泛开展，共发放教育券7252张、爱心营养券3762张，救助金额达到248.9万元，1227户危房改造全面完成，救助金额1030万元。建立医疗救助专项资金，共救助99户。在全省率先实施“五险合一”政策，建立失地农民生活保障制度和城镇职工基本养老保险制度间的衔接通道，11901人参加被征地农民养老保险，10572名在各类企业工作农民工参加城镇职工养老保险，3400个农村劳动力以个体工商户形式参加城镇职工养老保险。农村合作医疗参与率由2002年年底的72.3%提高到2006年的92.4%。

五、乡村康庄工程

2003年起，按照每个行政村有一条通村公路原则，以四级公路技术标准，通村公路等级化改造和路面硬化完成700千米，消除等外级公路，使公路通村率、路面硬化率、班车通达率达到“三个100%”；按二级加宽标准完成长洪公路、长和公路等重点县道改造。至2006年，完成农村道路路基等级化改造322千米，路面硬化338.3千米，开通城乡公交线路71条，提前完成等级公路通村率和行政村公交通达率两个百分之百。全县等级公路里程由2003年年初的637.8千米增加到2006年年底的1210千米，公路网密度由每百平方千米44.5千米提高到84.6千米。

图7-7　虹星桥镇“康庄工程”通车仪式（县交通局提供·2004年）

六、村庄示范整治工程

2003年起，坚持因地制宜、整合资源、突出重点、分步推进原则，高标准高质量地编制并实施县域村庄布局规划和行政村建设规划。按照“扩网延伸，进村到户，合理配置，逐步集中”的改水思路，推进农村区域供水，使全县农村饮用水通村率100%，入户率95%。至2006年，共创建市级以上全面小康建设示范村20个，其中省级11个。完成64个行政村环境整治工作，60%农村生活垃圾得到集中处理，16个村开展农村生活污水处理试点，149个行政村完成改水任务，94个行政村实现区域集中供水，受益面达到65%以上。

七、乡镇“创卫”工程

2003年起，按照中心城市“创建卫生城市”经验向乡镇延伸的要求，加强城镇管理，改善城镇环境卫生面貌，不断提高城镇居民的居住条件和生活质量。2004年至2006年，创建国家级卫生镇1个，省级卫生镇9个，市级卫生乡镇6个，有3个镇被命名为省级生态乡镇，2个乡镇被命名为市级生态乡镇。所有整治村全部按照全面小康示范的要求，建设农村连锁放心超市、卫生服务室、文体活动室、老年活动中心等服务设施。

八、农村“园丁”工程

2003年起，按照农村教师数量满足、素质提高、结构优化、待遇改善的要求，全面实施农村“园丁”工程。至2006年，基础教育和职业教育发展明显加快，调整农村教育网点，改善农村教育硬件设施，加大财政转移支付力度，其中20%用于农村职业教育，农村初中、镇小、村完小生均公用经费标准分别比原来标准提高一倍。2005年、2006年两年共投入农村学校基础设施建设9700万元。建设农村教师单身公寓172套，在建100套，农村教师福利条件得到有效改善。两年新增农村教师287人，农村初中、小学教师学历合格率达到96%和98%。对农村家庭贫困学生发放教育券和爱心营养券。全县16个乡镇全部成为省教育强乡镇。

在实施“八大工程”过程中同步推进基层民主政治建设。2004年至2006年，全县共创建五好村党组织72个，三星级民主法制村120个，全面推进村级组织公开推选、公开决策、公开村务、公开评议等四公开制度，群众反映村干部村务不公开、管理不民主的上访数3年来逐年下降。

第二节　新农村建设“十大工程”

2006年12月，中共中央、国务院出台《关于推进社会主义新农村建设的若干意见》。在八大工程基本完成基础上，面对新形势，按照中央和省、市要求，2007年1月县委下发《关于加快推进社会主义新农村建设的实施意见》，部署新农村建设“十大工程”，全方位解决农村经济、社会、文化、生态环境、基层组织建设等“三农”问题，实现“生产发展、生活宽裕、乡风文明、村容整洁、管理民主”目标，推进产业新发展、建设新农村社区、培育现代新农民、树立文明新风尚、构建“三农”新体制，到2010年全县基本实现全面小康目标，到2020年，把长兴农村基本建设成为经济繁荣、生活富裕、环境优美、管理民主、社会和谐、城乡一体化的现代社会主义新农村。

一、现代农业建设工程

2007年起，巩固扩大农业“510”工程建设成果，通过规划引导、政策扶持、典型示范、科技服务，集中力量推进商品蔬菜、花卉苗木(鲜切花)、特种水产、优质茶叶、高产竹林、水果、蚕桑等七大特色产业发展，建设一批以“提高亩产效益”为核心的现代农业示范基地(点)，培育扶持一批规模大、带动面广、竞争力强的农业龙头组织，推进农业标准化和品牌建设，发展休闲观光农业。至2011年，全县建成每公顷效益超7.5万元(亩产效益超5000元)的高效生态农业生产示范点105个，逐渐形成“一乡一业”“一村一品”特色；新增省级骨干农业龙头企业5家、市级12家，新增年销售收入超过5000万元的农业龙头企业

12 家；在规范化的基础上，新增农民专业合作组织 30 家，全县农户入社（会）率达到 15%；新增无公害农产品基地 2000 公顷、省级农业标准化示范项目 10 个，新增市级以上名牌 7 只、省级名牌 3 只。

二、精致小城镇建设工程

2007 年起，建设一批标志性工程，形成小城镇的亮点和亮区，丰富城镇景观，提升城镇建设的人文底蕴，推动小城镇管理提档升级，形成高品质、富有地方特色的小城镇形象，健全投资体制、强化基础设施、加大建设力度，加快三个中心镇的建设步伐，增强小城镇对农村经济社会发展的承载能力、对农村人口的吸纳能力和对农村公共事业的辐射带动能力。至 2011 年，全县镇区规模扩大到 35 平方千米，绿地率达到 35%以上，绿化覆盖率达到 40%以上，人均公共绿地面积达到 9.5 平方米以上，其中三个中心镇镇区面积扩大到 1800 万平方米。

三、村庄示范整治工程

2007 年起，按照“布局合理、资源集约、内迁外聚、环境优美”的要求，开展村庄示范整治和中心村建设，对全县各自然村进行科学定位，实施《县域村庄布局规划》，落实中心村建设规划并分期分批进行建设，建成一批设施配套、功能完善、环境优美、服务健全的中心村，将村庄建成环境优美、生活健康、乡风文明的农村新社区。至 2011 年，建成市级以上小康示范村 55 个；区域供水通村率达到 100%，入户率达到 95%；行政村生活垃圾集中收集率达到 85%以上、处理率达到 100%；农村生活污水处理率达到 60%以上，基本完成主要交通干道沿线村庄整治。

四、农村公路建设工程

2007 年起，按照“提升档次、完善结构、拓展深度”的要求，完善农村公路路网建设规划，提升农村路网档次，优化农村路网结构，完善农村公路管养体制。至 2011 年，完成重要县道二级公路标准改造 38 千米，完成主要乡道三级公路标准改造 20 千米，完成农村联网四级公路新建和改造 300 千米，完成按公路 II 级载重标准的低等级桥梁改造 126 座，新建、改建道路的交通安全设施、站点、绿化同步完成，形成道路通畅、设施完备、绿化成景的新农村路网格局。

五、农村劳动力技能提升工程

2007 年起，开展农村劳动力就业技能培训，强化以中青年为主体的职业技能培训，加快富余农民的转移就业；强化以专业农户为重点的农业实用技术培训，促进实用技术的应用和主导产业的发展；强化企业新农民工的岗位业务能力培训，促进岗位技能提高和企业发展；强化农民就业的综合服务，营造良好的就业环境，逐步建立城乡一体的劳动就业新机制。同时，开展多种类型的技能证书培训，通过培养“农民技工”“农民技师”，加快农村“人力资源”向“人才资本”转化。至 2011 年，完成农村劳动力素质提升培训 7 万人，其中转移就业技能培训 2 万人，农业专业技能培训 2 万人。发放各类技能等级证书 3.25 万本，其中职业资格证书 2 万本，农函大证书 1 万本，绿色证书 2500 本。初步建立一支以初级工为主体、中级工为骨干、高技能人才为龙头的技术工人队伍。

六、农村社保工程

2007 年起，按照“加大保障力度、提高保障水平、完善保障体系”的要求，提高农村最低生活保障标准，开展农村居民养老保险试点扩面工作，完善以社会救助、社会福利、社会优抚、被征地农民基本生活保障、新型合作医疗为主要内容的农村社会保障体系。至 2011 年，农村最低生活保障标准达到城镇的 60%，基本完成农村危房改造，全县 14 家敬老院全部达到星级标准（其中四星级 3 家、五星级 1 家），80%以上行政村建立老年活动室，合作医疗人均筹资额达到 100 元以上，农民参与率达到 95%以上；开展农村居民养老保险试点扩面工作。

七、农民健康工程

2007 年起，开展农村健康教育，深化农村卫生改革，调整网点布局，加大监管力度，提高服务能力，建立健全县、乡、村三级公共卫生管理体系和卫生服务网络，提升农村卫生服务水平。坚持以农村卫生工作为重点，建立和完善新型农村合作医疗制度、农民健康体检制度、农村公共卫生服务项目管理制度，全面提高农民的健康水平和生活质量;以农村社区卫生服务机构为依托,开展预防控制传染病、地方病、老年病以及合理用药的健康教育与健康促进工作;普及慢性疾病防治知识,倡导健康文明的卫生习惯和生活方式,提高农民自我防病保健能力。至2011年,规范化社区卫生服务中心覆盖率达75%;农民健康体检建档率达90%以上;农村公共卫生服务项目达标率达95%;农民健康知识知晓率和健康行为形成率达85%和75%。

八、农村文化教育满意工程

2007年起,以创建省级体育强镇和文化示范村、文化示范户为抓手,以新农村文化信息服务三级网络建设和示范性"村民会馆"建设为重点,发掘民俗文化,开展群众文体活动,组织具有当地特色的文体竞赛和"十佳书香家庭"评选等活动,繁荣社会主义新农村文化。至2011年,完成"三组团"教育发展规划,建成3所区域性初中和5所区域性成校,村完小学生数占乡镇中心小学人数的比例控制在30%以下,所有乡镇中心幼儿园全部达到市级及以上等级幼儿园(其中省级示范幼儿园2所、市级示范幼儿园3所);新增农村教师420人,教师学历达到或超过省平均水平。

九、村风文明建设工程

2007年起,开展社会主义荣辱观教育,提高农民思想道德素质;围绕"增强法制观念,依法维护权益"主题,推进农村法制宣传教育工作,增强农村干部群众的法制观念,依法维护正当权益;引导行政村依法制定"村规民约",发挥"村规民约"在村民自我管理中作用,塑造"遵纪守法好、环境卫生好、崇尚科学好、尊老爱幼好、团结互助好、勤劳致富好"的六星级农户,创建一批基础设施完善、社会风尚良好、文化活动丰富、村容村貌整洁的文明典型。至2011年,建成"六星级"农户5万户、乡风文明示范村50个,80%的行政村达到县级文明村标准,建成一批省市级文明村,创建全国文明村1个,"民主法制村"创建率达100%。

十、农村基层组织"先锋工程"

2007年起,推进农村基层组织建设,增强农村基层组织在社会主义新农村建设中的创造力、凝聚力和战斗力,发挥农村基层组织在构建社会主义和谐社会中凝聚人心、推动发展、促进和谐的作用。选好配强村级领导班子,制定和落实定期培训、考评激励、待遇保障等措施,调动农村基层干部的积极性。加强民主管理,全面推行"公开推选、公开决策、公开村务、公开评议"等四项制度,落实和保障农民群众的知情权、参与权、决策权和监督权,规范村干部工作,提高科学决策、民主决策、依法决策的水平,提高农民群众投身社会主义新农村建设的自觉性和主动性。提高农村基层干部做好新形势下群众工作的本领,构建和谐的党群干群关系。加强农村法制宣传和教育,增强农民群众学法、用法和守法意识,提高村民自治的自我管理、自我拓展、自我服务水平。健全和完善农村矛盾化解工作机制,确保农村平安。至2011年,全县50%以上的村级党组织达到"五好村党组织"(详见第19编中国共产党、第5章、第2节)标准;"村务公开民主管理"示范村创建率达到60%,村民对村务公开的满意度达到90%以上。

第三节　美丽乡村建设

2010年,县委出台《关于加快社会主义新农村建设 全力打造中国魅力乡村的实施意见》,以10年(2010—2019年)为实施期限,其中前三年建成魅力村庄100个。2012年,魅力乡村更名为美丽乡村,出台《关于进一步深入推进美丽乡村建设的实施意见》,按照"村民富、村庄美、村风好"要求,推进美丽乡村创建。

一、美丽乡村创建

2010年,县委、县政府作出建设"中国魅力乡村"的战略决策,针对全县村庄的不同特色,统筹考虑生产发展、生态环境、特色文化、历史传承等综合因素,打造"一村一品、一村一韵"的魅力乡村建设新格局。文化特色上，挖掘村庄民俗文化、生态文化和古民居、古村落、古栈道、古桥梁等历史遗迹，做好文化遗产保护工作，彰显村庄文化特色，建设文化特色型魅力乡村。百叶龙、林城狮舞、泗安旱船等民间艺术享誉中外，十里古银杏长廊、仙山湖湿地公园、金钉子地质博物馆等生态文化带动一大批生态特色村，小浦镇方岩村的京剧艺术、白岘乡白岘村的《十番锣鼓》、三洲山村的红色文化、泗安新联村的特色文化墙、水口徽州庄村的民俗展示馆，各具特色。产业特色上，现代农业是美丽乡村的产业基础，产业发展是美丽乡村建设规划的首要内容，在现代农业特别是七大农业特色产业的发展带动下，长兴县发展形成一大批产业发展型魅力乡村。洪桥太湖村、泗安白莲村大力发展特种水产、花卉苗木等特色产业，水口顾渚村、小浦方一村大力发展乡村旅游业，该类魅力乡村既有自身的特有品牌，又促进农民增收。地域特色上，在山区半山区，打造山村自然型魅力乡村，如小浦镇潘礼南村、和平镇䃰碛村；在平原圩区打造田园风光型魅力乡村，如林城北汤村、夹浦月明村；在水系发达的地区打造水乡风情型魅力乡村，如洪桥古龙村、中道村发展特色水产。至 2012 年，根据“连线成片、整体推进”的要求，成功创建魅力乡村 109 个，获评“浙江省美丽乡村创建先进县”。累计创建省级全面小康建设示范村 61 个、整治村 178 个，星级绿色村庄 164 个，市级以上生态乡镇 16 个、生态村 54 个。

二、实验示范带建设

2010 年，全县魅力乡村建设的工作重点区域为“五区四带”，其中四带为北线茶文化实验示范带（长水线、顾水线、长达线）、西线古生态实验示范带（城区—八都岕银杏长廊—金钉子国家地质公园—中国扬子鳄村）、东线环太湖实验示范带（太湖大道、滨湖景观大道、长洪公路）和南线景观农业实验示范带（长和公路、新 318 国道）。至 2011 年，形成东线“太湖风情”、南线“希望田野”、西线“岕里人家”、北线“江南茶乡”和新 318 国道沿线“农园新景”5 条实验示范带。“太湖风情”实验示范带依托滨湖大道沿线自然景致和人文风情，打造成集田园风光秀丽、生态环境优美、村庄风貌独特的环太湖景观带。“江南茶乡”实验示范带依托茶文化、大唐贡茶院等沿线特色文化和旅游景点，发挥特色农产品、农家乐、休闲观光农庄的优势作用，打造成为山清水秀、茶香飘逸、风景怡人的旅游休闲胜地。“岕里人家”实验示范带依托仙山湖湿地公园、扬子鳄生态保护区等古生态文化和独特的地形地貌，结合山林水库和古朴的山间民居，打造成为体验生态特色和探究古老民俗的休闲场所。“农园新景”实验示范带依托新 318 国道沿线的区域特色农业和规模设施农业，推进农业“两区”建设，打造成为宏大的现代农业景观长廊。“希望田野”实验示范带依托沿线 1333.33 多公顷葡萄精品园，开发葡萄采摘等农事体验活动，打造成为适宜城镇居民体验田园生活的休闲乐园。2012 年，在巩固提升北线“江南茶乡”、西线“岕里人家”、南线“希望田野”3 条实验示范带的基础上，启动东线“太湖风情”实验示范带的建设。南起太湖图影旅游度假区的图影村，北至夹浦镇的夹浦村，全长 20 多千米，沿线共涉及 4 个乡镇（园区）、12 个行政村、52 个自然村、5000 多户，近 1.4 万人。2012 年 10 月开始，针对沿线村庄及路边、河边脏乱差的问题，投入 1 亿多元资金，集中开展村庄环境整治提升工作，新建“水映杉林”“水镜逐日”和“观日平台”等高标准景观节点 10 个、村指示牌 18 个，创建美丽乡村 6 个，实现全覆盖，52 个自然村环境面貌得到整体提升。

第八编　交通 邮电

1988年，长兴县有县乡以上公路总里程410.01千米，有各类机动车5153辆、船舶3426艘，客运总量481.72万人，其中水路客运38万人、陆路客运364万人、铁路客运79.72万人；货运总量1463.85万吨，其中水路货运681.31万吨、陆路货运695万吨、铁路客运87.54万吨。1991年，实现乡乡（镇镇）通公路。1993年起，长湖申线长兴航道完成两次大扩建。2000年，实现高速公路零的突破，内河客运全部终止。2005年，境内最后5处渡口撤销，全县实现村村通公路，通村公路等级化和路面硬化率均达100%。20世纪90年代以来，境内公路、航道建设快速发展，交通工具发生很大变化，道路客运从单一班线客运发展到班线客运、出租客运、包车客运和公交客运等多种运输方式，民营水运企业及个体运输船户逐渐占据水运业主导地位。2012年，全县公路总里程2152.23千米，其中高速公路89.48千米、一级公路156.36千米、二级公路161.09千米、三级公路96.05千米、四级公路1514.36千米、等外公路134.90千米，公路密度150.51千米/百平方千米，34.54千米/万人；有定级航道40条，航道总里程263.5千米；有各类机动车15.94万辆、船舶2226艘，过长兴境站客运列车22对（44趟）。全县客运总量1558万人，比1988年增加2.23倍，其中陆路客运1478万人、水路客运14.3万人、铁路客运172.33万人；货运总量7593万吨，比1988年增加4.19倍，其中陆路货运2135万吨、水路货运5248万吨、铁路货运124万吨。

1988年，长兴县邮电局统一经营全县邮政业务，当年全县邮政业务总量284.59万元，总收入357.56万元。1998年，邮政、电信分业经营。之后，邮政、电信业务不断拓展，移动通信业务快速发展。1999年，“长兴信息港”启用，县电信局启动宽带接入建设。2002年，全县信息网络建设初具规模，信息技术应用迅速推广。2012年，全县邮政业务收入比1988年增加10.91倍，固定电话用户发展到14.18万户，移动电话用户发展到52.59万户，互联网用户发展到13.74万户。

第一章　交通基础设施

1988年，长兴县境内公路里程410.01千米，通航里程264.44千米，有铁路1条，里程45.29千米。之后，交通基础设施建设实现飞速发展，城乡交通基础设施条件得到全面改善。2012年，全县有各类等级公路945条，总里程2152.23千米；有定级航道40条，总里程263.5千米；境内建成和在建的铁路有4条，总里程118.78千米。

第一节　公　路

1988年，全县公路里程410.01千米，其中国道72.22千米，省道59.39千米，县道122.51千米，乡道105.89千米，专用道50千米。1991年年末，全县已实现乡乡通公路。1992年12月，省政府出台《关于加快交通基础设施建设的通知》，明确支持地方政府实施“四自”（自行贷款、自行建设、自行收费、自行还贷）公路工程。1993年2月，318国道长兴至泗安段被列为全省首批“四自”工程项目。至该时起，全县公路建设开始进入快速发展时期。1995年起，农村公路建设进一步加快，公路等级得到提升，实现乡乡通油路（砂石路面改造为沥青路面）。2003年起，开展乡村康庄工程建设，至2005年年底，全县通村公路等级化率和路面硬化率均达100%，实现村村通公路。2006年起，实施农村联网公路建设和农村低等级桥梁改造，至“十一五”期末，共完成农村联网公路建设360千米、改造农村低等级桥梁244座。同年村道纳入公路里程统计，当年里程912.91千米。2012年，全县公路总里程2152.23千米。按公路行政等级分，有国道4条，里程156.78千米；省道4条，里程64.24千米；县道42条，里程429.24千米；乡道89条，里程305.73千米；村道798条，里程1157.51千米；专用道8条，里程38.73千米。按公路技术等级分，有高速公路89.48千米，一级公路156.36千米，二级公路161.09千米，三级公路96.05千米，四级公路1514.36千米，等外公路134.9千米。按路面类型分，有铺装路面（高级）1774.04千米，其中沥青混凝土1044.54千米、水泥混凝土729.5千米；简易铺装路面（次高级）112.43千米；未铺装路面（中低级）265.75千米。公路绿化里程1814.52千米，占公路总里程的84.3%。公路密度150.51千米/百平方千米，34.54千米/万人。

一、国道

1988年，境内有104国道、318国道2条，里程72.22千米。1993年2月，318国道长兴至泗安段被列为全省首批“四自”工程项目，国道改建步伐加快，公路等级大幅提升。1997年12月长深高速一期开工建设。2002年，国家公路网行政级别调整，长深高速和沪渝高速纳入国道等级，线路编号分别为G25、G50。2012年，全县有G25长深高速公路长兴境段（父子岭至黄芝山）、G50沪渝高速公路长兴境段（K148.284至界牌）、G104京福线长兴境段（父子岭至黄芝山）、G318沪聂线长兴境段（黄芝山至浙皖界牌）国道4条，国道里程156.78千米，占全县公路总里程7.3%。其中，高速公路81.29千米、一级公路75.49千米，均为沥青混凝土路面。国道桥梁235座，28492.08延米。

长深高速（G25） 又称杭宁高速。长兴境段父子岭至黄芝山段起于K2191+000，止于K2221+350，全长30.35千米，路基宽34.5米，路面宽24.5米，全程四车道（预留6车道）。平原微丘区高速公路标准设计，设计时速120千米/小时，路面采用沥青混凝土铺筑。全线桥梁51座，4902.34延米，桥涵设计荷载汽-超20，挂-120。绿化里程30.35千米。1997年12月16日，一期工程黄芝山至王家浜段开工建设，共8.84千米，2000年12月27日建成通车；1999年9月28日，二期工程王家浜至父子岭段开工建设，共21.51千米，2002年10月2日建成通车。

沪渝高速（G50） 又称申苏浙皖高速。长兴境段弁山至界牌（K148+284—K199+225），全长50.94千米。一期工程六车道，路基宽35米，路面宽30.5米；二期工程四车道，路基宽25.5米，路面宽22米。按平原微丘区高速公路标准设计，设计时速120千米/小时，路面采用沥青混凝土铺筑。全线桥梁59座，8441.52延米，桥涵设计荷载汽-超20，挂-120。绿化里程50.91千米。2003年7月，一期工程开工建设，2005年8月2日二期工程开工建设，2006年10月30日全线建成通车。

京福线（G104） 1988年，104国道长兴父子岭至黄芝山段全长34.12千米，路面宽9米～12米（其中父子岭至雉城镇路面宽9米、雉城镇至黄芝山路面宽12米），路面厚22厘米，水泥砼路面。桥梁26座，桥梁总长679.62延米，桥面净宽12米，其中大桥2座，城镇附近桥梁加行人道，设计荷载均为汽-20，挂-100。1994—2012年，104国道长兴段先后实施改造工程10项，线形改道3次，其中于1997年拓宽为四车道水泥砼路面。第1次改道：2000年9月，104国道长兴雉城过境段改建工程（经一路）竣工通车后，104国道从雉城北无限转盘（K1328+591）至雉城东钮店湾（K1331+618），分流线全长3.14千米，原104国道雉城过境段改为城市道路。第2次改道：2004年7月104国道长兴雉城过境段（经三线新建工程）、2004年12月104国道长兴雉城过境段（经三线北延工程）、2008年12月104国道长兴雉城过境段

(经三路南延工程)、2011年9月104国道长兴雉城过境段改建工程竣工通车,104国道改道北起陶家湾(K1322+751),跨长兴港(VI级航道),南至陆汇路相交后继续往南与长洪公路口和104国道(K1331+504)相接,原104国道雉城过境段(经一路)改为城市道路。其中,2003—2006年104国道全线进行沥青砼路面改造。第3次改道:2012年10月,104国道长兴(李家巷)段改建工程(原城东工业园区大道工程)建设竣工通车后,104国道李家巷段走向从汤家圩门桥(K1333+354)至李家巷老虎洞新318国道交叉口(K1338+840),路线全长6.1千米,双向六车道,一级公路标准,设计时速80千米/小时,原104国道雉城至李家巷段改为城市道路。至2012年年末,104国道长兴段经过3次改道后,路线起于浙苏交界夹浦镇父子岭村,经夹浦镇、太湖街道、开发区、南太湖、李家巷镇5个乡镇(街道、园区)16个行政村,终点至与湖州市交界的黄芝山,全长33.7千米。一级公路标准。桥梁59座,7894.68延米,其中大桥20座。绿化里程33.7千米。

沪聂线(G318)　1988年,318国道长兴至界牌段全长40.05千米。公路线形从李家巷青草坞入境,经李家巷、雉城、林城、泗安、仙山、二界岭6个乡镇30行政村,至浙皖界牌出境,其中李家巷青草坞至雉城镇长兴汽车站段与104国道线形重叠。其中,雉城过境段自104国道岔口接点起,至黄土桥北堍浙北毛纺厂门口止,长1.36千米,路基宽15米,路面宽12米,水泥混凝土路面;318国道其他路段宽7米,其中出入城镇路段宽12米～14米,路面为沥青或水泥混凝土。桥梁14座,桥梁总长276.14延米,其中大桥1座。1994—2012年,318国道长兴段实施改建工程,线形先后有4次调整。第1次线形调整:1994年7月至1996年6月,雉城城市路段南移,从雉城南长兴电厂西侧起至三星圩村接回318国道,新建里程4.47千米,其中建设连续跨越宣杭铁路正线、长湖申航道的特大立交桥1座(建成时名浙北大桥,2002年更名长兴大桥)、全长1167.9米,中桥2座40米,路基宽24.5米,横断面按平丘二级(加宽)布置,桥梁荷载汽-20、挂-100,中小桥涵与路基同宽,大桥用分离式方案(上、下行分开)单线桥面宽11.75米,路面设计标准轴载采用BZZ100KN,24厘米水泥砼路面,设计时速为80千米。第2次线形调整:1999年7月至2001年10月,318国道新建工程,起点为雉城过境段一期,经林城、泗安、仙山,终点二界岭浙皖界牌出境,新建里程全长33.93千米,路基宽为25.5米,一级公路标准。原318国道改为县道三界线。第3次线形调整:2005年8月至2011年10月,因新建申苏浙皖高速公路(G50沪渝高速)长兴三星圩村至浙皖交界界牌段设计与318国道重叠,故该段国道改建为高速公路,318国道线形回到老318国道(县道三界线进行路面改造升级)。第4次线形调整:2008年6月至2011年10月,新建318国道,从104国道李家巷处接入,途经李家巷镇、吕山乡、虹星桥镇、林城镇、泗安镇、二界岭乡与安徽广德县交界,一级公路标准,路基宽24.5米,设计时速80千米/小时,总投资11.8亿元。原南移的318国道雉城过境路段改为城市道路,三星圩村至浙皖交界界牌段改为县道三界线。经过4次线形调整后,318国道长兴李家巷至泗安界牌段,路线起于104国道李家巷(K168+319),经李家巷镇、吕山乡、虹星桥镇、林城镇、泗安镇5个乡镇27个行政村,终点为浙皖两省边界的界牌(K214+246),全长45.93千米,其中李家巷青草坞段K168+319—K171+019、K171+910—K173+351与104国道线形重叠。一级公路标准,沥青混凝土路面。桥梁66座,7250.54延米,其中大桥16座。绿化里程45.93千米。

二、省道

1988年,全县有省道S10长牛线、S11鹿唐线、S04孝泗线3条,里程59.39千米。2002年,全国第二次公路普查对原省道公路重新编号,S10长牛线改为S301、S11鹿唐线改为S306、S04孝泗线S204。同时,将杭长高速公路规划定位为省道公路S14。2012年,全县有省道S14杭长高速(安吉安城至长兴泗安段)、S301长牛线(雉城至牛头山)、S306鹿唐线(凡市至安吉石龙村)、S204余安孝泗线(县界至泗安),里程64.24千米,占全县公路总里程3%。其中,高速公路8.19千米、一级公路20.78千米、二级公路23.96千米、四级公路11.32千米,均为沥青混凝土路面。省道有桥梁54座,3441.92延米。

杭长高速(S14)　杭长高速公路是连接杭州、南京的便捷通道,在浙江省境内成为杭宁高速公路的复线。杭长高速(S14)起自杭长延伸线(吉鸿路),经三墩镇、良渚镇、瓶窑镇、径山镇、黄湖镇、百丈镇,安吉县递铺镇、安城镇、天子湖镇，长兴县泗安镇、煤山镇，终于长兴县白岘乡与江苏省宜兴市茗岑镇交界处的葡萄岭，与江苏省规划的宜长高速相接，全长 86 千米。2002 年，杭长高速公路列入《浙江省公路水路交通建设规划纲要(2003—2010)》中"两纵两横十八连三绕三通道"高速公路主骨架中的"十八连"之一，分三期建设，一期工程为安吉安城至长兴泗安段，二期工程为杭州三墩至安吉安城段，三期工程为泗安至浙苏界段。一期工程安吉安城至长兴泗安段 19 千米，其中长兴县境内起于 K77+794，止于 K85+979，全长 8.19 千米，路基宽 25.5 米，路面宽 18 米，四车道。平原微丘区高速公路标准设计，设计时速 120 千米/小时，路面采用沥青混凝土铺筑。全线有桥梁 7 座，872.4 延米，其中大桥 3 座、中桥 4 座，桥涵设计荷载汽-超 20，挂-120。绿化里程 8.19 千米。2005 年 5 月 1 日开工建设，2008 年 1 月 1 日建成通车。二期工程杭州至安吉安城段 66 千米，2009 年 4 月开工建设，2012 年 12 月建成通车。三期工程为杭(州)长(兴)高速公路北延(泗安至浙苏界)，全长 30.25 千米，高速公路标准，设计速度 100 千米/小时，其中起点泗安枢纽至主线收费站采用双向四车道，路基宽度 26 米，主线收费站至省际终点段采用双向六车道，路基宽度 33.5 米，连接线按二级公路标准，路基宽度 12 米。2011 年，工程前期工作启动。

长牛线(S301)　1988 年，长牛线高家墩至青岘岭段全长 35.6 千米，路面宽 5.5 米～7.5 米，四级公路，其中高家墩至煤山段 22 千米为水泥砼路面，其余为沥青路面。桥梁 14 座，全长 352.15 延米。1991—2012 年，长牛线走向经过 3 次调整。原走向从雉城镇、小浦镇、草子槽、煤山镇、新槐乡、浙皖交界青岘岭至安徽广德牛头山镇汽车站，全长 41.09 千米，其中长兴县境内 34.6 千米。第 1 次改道：1994 年 4 月至 1996 年 6 月，长牛线高家墩至草子槽段 15 千米实施改建，设计为平原微丘二级公路标准，路基宽 12 米，路面 9 米，双向四车道，水泥砼路面，长兴至小浦(K0—K8+500)采用路基半幅拓宽，局部地段截弯取直，小浦至草子槽(K8+500—K15)采用经合溪、光耀改线，大桥 2 座，工程总投资 3700 万元。第 2 次改道：2002 年 3 月至 2003 年 11 月，长牛线草子槽至煤山段 8.08 千米实施改建，设计为平原微丘二级公路标准，路基宽 18.5 米，沥青路面，双向四车道，总投资 1.12 亿元。第 3 次改道：2004 年 6 月至 2007 年 6 月，长牛线雉城至草子槽段 14.586 千米实施二期改建，起自雉城镇高家墩村，终于小浦镇光耀村，其中 K0+000—K10+900 按平丘二级公路标准，在原公路右侧新拓宽 12 米路基，与老路形成双向四车道，K10+900—K14+586 因受合溪水库规划控制，采用改线方案，按二级加宽标准设计，路基宽 18.5 米，工程总投资 1.29 亿元。2012 年，长牛线经雉城镇、小浦镇、煤山镇、新槐乡 4 个乡镇，终点止于安徽省广德县交界的青岘岭，全长 35.37 千米。其中，雉城镇至煤山镇 22.129 千米为一级公路，路面宽 19.5 米～21.9 米，路基宽 22.5 米～25.2 米；煤山镇至新槐乡 7.59 千米为二级公路，路面宽 10.5 米，路基宽 12 米；新槐乡至青岘岭为四级公路，路面宽 6 米，路基宽 7.5 米。全线有桥梁 25 座，1959.24 延米，其中大桥 5 座。绿化里程 35.366 千米。

鹿唐线(S306)　鹿唐线是湖州市至安吉县主要公路。1988 年，鹿唐线长兴段自长城乡凡市入境，经和平镇、回车岭、三矿至吴山乡沙埠村出境，全长 18.3 千米，路基宽 7 米，路面宽 6 米。设计标准公路四级，沥青路面。1996 年，鹿唐线和平段改建工程建设，长 8.359 千米，路基宽 12 米，路面宽 9 米。平原微丘二级标准，投资 1300 万元，新建公路比原路缩短 1.54 千米，减少弯道 30 个。1999 年 10 月至 2001 年 9 月，鹿唐线长兴县境内公路进行全面改建。改建后，鹿唐线长兴段自和平镇凡市入境，经和平镇至吴山乡石龙村出境(K13+643—K30+015)，县境内全长 16.37 千米，路基宽度 19.5 米，路面宽度 16 米。二级公路标准，设计时速 80 千米/小时，沥青砼路面。桥梁 14 座，237.6 延米，其中中桥 2 座。绿化里程 16.37 千米。

孝泗线(S306)　自安吉县孝丰起，至长兴县泗安 318 国道岔口止，县境内长 4.17 千米。1991 年起，逐段改建公路路面，至 1998 年 10 月完成全线沥青路面摊铺改建。同年 12 月，孝泗线安吉良朋至长兴泗安段纳入 210 省道改造，全长 14.55 千米，其中长兴县境 4.28 千米，中桥、小桥各 1 座。一级公路标准，路基宽 24.5 米，路面宽 16 米，双向四车道，设计时速 80 千米/小时。1994 年 4 月 28 日开工建设，2000 年 11 月 6 日竣工通车。

三、县道

1988年，全县县道里程122.51千米。2005年年末，县道全部实现高级、次高级路面铺装，同年县道总里程313.05千米。2012年，全县有县道42条（其中主要县道10条），里程429.24千米，占全县公路总里程19.9%。按技术等级分，有一级公路60.09千米，二级公路119.08千米，三级公路63.78千米，四级公路186.28千米。按路面类型分，有铺装路面（高级）372千米，其中沥青混凝土路面328.93千米、水泥混凝土路面43.07千米，简易铺装路面（次高级）57.24千米。县道桥梁210座，14909.82延米。12条主要县道简介如下。

小槐线（X245）　2009年7月开工建设，2011年12月建成通车，投资2.1亿元。起于小浦镇三狮水泥厂附近与301省道相接，经合溪村、箬岕、窑岗岭、沈家村、涧南村、抛渎岗、礼贤岕终点止槐坎乡，全长16.75千米，路基宽12米，路面宽10.5米。二级公路标准，设计时速60千米/小时，沥青砼路面。有中桥3座、小桥1座，涵洞通道77道。

长达线（X219）　1988年，由雉城镇经高山岭经水口乡到丁甲桥村与104国道相接，全长19.56千米。其中，长水公路由雉城镇经高山岭、车渚里到水口乡，长13.06千米，路基宽8.5米，路面宽6米，三级公路标准，泥结碎石路面；水口乡到丁甲桥村公路属机耕路改建而成，长6.5千米，路基宽6.5米，路面宽4.5米，四级公路标准，泥结碎石路面。2005年11月至2006年9月，建设长达公路原长水公路与新长铁路交叉口至水口段9.89千米。2007年7月至2008年5月，建设水口至长达段7.7千米。2012年，长达公路起于龙山街道太湖西路与菱山路平交口经高山岭、西丰坝村、川步村、渚山村、水口乡水口村、丁甲桥村至夹浦镇长达村与104国道相接，全长21.14千米。其中，起点至新长铁路交叉口，长3.68千米，属城市道路；新长铁路交叉口至长达段，长17.16千米，路基宽12米，路面宽10.5米。二级公路标准，设计时速60千米/小时，沥青砼路面。有中桥3座、小桥4座。

长和线（X209）　1987年7月，全线建成，起于雉城镇高家墩经虹星桥镇、观音桥村、港口大桥至和平镇与省道鹿唐线连接，全长19.6千米，三级公路标准，泥结碎石路面。1991—1992年，实施“砂改油”改造，路面加宽，部分弯道改建，是县境内首条全线铺装沥青路面县道。2001—2002年，因雉城工业园区开发建设需要，长和线K0+000—K1+100段改建，全长1.1千米，配套建设路灯。2004年10月至2007年5月，长和线K1+100—K20+812.956段改建，改建工程全长19.73千米，配套建设路灯、绿化，投资1.8亿元。至2012年，长和公路起于雉城镇高家墩与老318国道平交经虹星桥至和平与306省道鹿唐线连接，全长20.83千米，二级公路标准，沥青砼路面。其中，高家墩至开发区段，长1.1千米，路基宽24.5米，设中央分隔带；开发区至虹星桥段，长6.1千米，路基宽24.5米，设中央分隔带，设计行车时速80千米/小时；虹星桥至和平段，长11.66千米，路基宽18.5米，设中央双黄线，设计时速60千米/小时；和平过境段，长1.96千米，路基宽40米，设中央分隔带、两侧非机动车道及人行道，按市政道路标准建设。全线有大桥5座、中桥3座、小桥3座。

合川线（X244）　2010年8月开工建设，2011年10月竣工通车，投资4500万元。起于小浦镇合溪村与301省道长牛线相接，由西向东，终点至雉城镇川步村与县道长达线连接，全长5.54千米，路基宽12米，路面宽10.5米。二级公路标准，设计时速60千米/小时，沥青砼路面。有中桥1座。

滨湖大道（X247）　原称环湖公路。利用环湖大堤分两期实施，第一期小梅口至新塘乡，由县交通局实施，1995年建成，路线长14千米，东侧路面边线靠防洪墙；第二期新塘至环沉，路线长8.62千米，由县水利局负责实施，1997年建成沥青路面。2009年2月，滨湖大道开工建设，至2011年8月完成。起于夹浦镇东，路线沿环湖大堤经夹浦镇、雉城镇和洪桥镇，与湖州太湖旅游度假区段小梅口相接，全长22.62千米，路基宽15米。二级公路标准，设计时速60千米/小时，沥青砼路面，配套建设路灯和绿化。全线有桥梁12座，其中特大桥1座、大桥2座、中桥7座、小桥2座，中小桥梁与路基同宽，大桥桥宽24.5米。总投资7.12亿元。

三界线（X222）　原称长界线、318国道，起自雉城，经林城、泗安至浙皖界牌。2001年10月，新318

国道改建通车后，原318国道三星圩至界牌段降级为县道三界线，途经雉城镇、林城镇、泗安镇、二界岭乡4个乡镇。2005年8月，新318国道改建为申苏浙皖高速公路，县道三界线又改回318国道。2011年10月，新建318国道竣工通车后，三星圩村至浙皖交界界牌段仍改为县道三界线，全长35.73千米。至2012年，三星圩至初康段、张亩山至石亩村、东村至界牌，全长32.18千米，路基宽9米，路面宽7.5米。三级公路标准，设计时速40千米/小时，沥青砼路面。其中，初康至张亩山、石亩村至东村段3.551千米路基宽24.5米，路面宽19米，四车道，一级公路标准，设计时速80千米/小时。全线有桥梁12座，其中大桥3座、中桥1座、小桥8座。

长洪线(X202)　1988年11月，改建通车，起于华能长兴电厂经王家浜、许家村至洪桥镇，全长5.2千米，路基宽6.5米，路面宽6米，四级公路标准，全线有桥梁4座，其中中桥2座、小桥2座。2002年9月至2004年10月，拓宽改建，起于104国道华能长兴电厂，经王家浜、许家村、洪桥镇、赵家桥与杨家山至小梅口公路相接，全长6.4千米。二级公路标准，4车道，设计时速80千米/小时，沥青砼路面，配套建设路灯和绿化。其中，长兴电厂至洪桥段5.127千米，路基宽18.5米，路面宽17米，设中央分隔带；洪桥至赵家桥段1.273千米，路基宽18.5米，路面宽17米，设中央双黄线。全线有桥梁5座，其中大桥1座、中桥4座。投资4800万元。

洪图线(X248)　2009年9月开工，2011年10月竣工通车，投资3.06亿元。起于洪桥与长洪公路相连，自西向东经王家坝、李家里、钱家里、横水圩、柳家荡、桥北圩、严家坝、存保圩、徐家湾、扎门圩至图影，上跨杨家浦港、横山港，下穿杭宁城际铁路，全长9.04千米，路基宽24.5米，路面宽20米。一级公路标准，设计行车时速80千米/小时，沥青砼路面，设中央分隔带。全线有桥梁13座，其中大桥2座、中桥9座、小桥2座。

初台线(X221)　原称泗槐线。1999年，云峰岭降坡打通，初台线建成通车，路线起于泗安镇初康，经西山岗、二界岭乡、云峰岭、槐坎乡十月村至台基，全长20.77千米，路基宽7米，路面宽6米，四级公路标准。2007年7月至2008年5月，初台线初康至毛家村段改建，起于318国道初康，经二界岭乡罗家地至毛家村路口，全长6.65千米，投资2861万元。2011年，初康至老318国道0.35千米、K6+725—K15+516段8.791千米改建。至2012年，初台线全长20.4千米，沥青砼路面。其中，初康至K7+919段为二级公路标准，路基宽10.5米，路面宽9米，设计时速60千米/小时；K7+919段至台基，三级公路标准，路基宽7米，路面宽6米，设计时速40千米/小时。全线有桥梁10座，其中中桥1座、小桥9座。

长吕线(X220)　1996年，在原机耕路2米～3米宽的基础上开工建设，起于雉城镇三里桥，止于吕山乡前进桥，全长9.14千米。2009年9月至2011年10月，长吕公路长兴至泗安塘段改建，起于雉城工业功能区，往南沿长吕公路进行改造，终点止吕山乡井头浜与泗安塘桥桥头接线相连，建设里程7.07千米，投资2.17亿元。至2012年，长吕线起于长兴雉城工业功能区与老318国道平交，与经一路延伸线相连，经曹家桥、吕虹村、泗安塘至吕山乡，上跨长湖申航道，下穿申苏浙皖高速公路，全长10.6千米，沥青砼路面。其中，长兴至318国道段6.04千米，路基宽24.5米，一级公路标准，设计时速80千米/小时，设中央分隔带；318国道至吕虹村段0.53千米，路基宽18.5米，二级公路标准，设计时速60千米/小时；吕虹村至泗安塘段1.97千米，路基宽12米，二级公路标准，设计时速60千米/小时；泗安塘至吕山段2.06千米，路基宽7米，路面宽6米，四级公路标准。全线有桥梁9座，其中大桥3座、中桥2座、小桥4座。

杨小线(X203)　原称李陈公路，起自104国道李家巷镇杨家山，经王家坝、陈桥、横山至陈湾，长15.5千米。一期工程于1977年开始，1987年9月1日李家巷至横山段竣工验收，10月1日通车；二期工程于1988年1月10日验收，1月15日通车至陈湾。路基宽8.5米，路面宽6米，四级公路标准。挖填土石方23.56万立方米，全线有小桥涵10座，总跨长50.5米，投资71.99万元。2008年，杨小线李桥至连心路(K5+029—K6+196)、周山涧桥至横山桥(K7+602—K9+069)进行改建，共2.63千米，路基宽8米，路面宽6米。2010年9月，从起点至规划中的图影大道，总长9千米，按二级公路标准建设，路基宽

12 米，路面为沥青砼，2012 年 12 月完工，总投资 7065 万元。至 2012 年，杨小线自李家巷镇杨家山大茆洋桥，经赵家桥、陈桥、横山、陈山至小梅口，全长 16.15 千米，沥青路面。其中，赵家桥至陈桥为二级公路标准，路基宽 12 米，路面宽 10.5 米；其余为四级公路标准，路基宽 7 米～8 米，路面宽 6 米，设计时速 20 千米/小时。全线有桥梁 4 座，其中中桥 1 座、小桥 3 座。

五八线（X214） 原由五庄至葡萄齐，长 10.52 千米，1972 年修建，泥结碎石路面，路基宽 6 米～7 米，路面宽 4.5 米～5 米，四级公路标准。1994 年修建，起于雉城镇五峰，止于林城镇八三，长 13.57 千米，路基宽 6.5 米，路面宽 5 米，四级公路标准。2009 年 9 月，五八线 K9+996—K13+566 段拓宽改建工程开工，路基宽 21 米，路面宽 15 米，二级公路标准。2011 年 10 月完工，投资 2.37 亿元。全线有桥梁 3 座，其中大桥 1 座、小桥 2 座。

2012 年长兴县县道公路情况表

表 8-1

序号	公路编号	起点	终点	建成年份	改建年份	里程（千米）	路基宽度（米）	路面宽度（米）	公路等级	路面结构	所经乡镇
1	X201	长兴	新塘	2002		8.13	32	8	1	沥青	雉城街道
2	X202	长兴电厂	赵家桥	2005		6.38	24.5	16	1	沥青	洪桥镇
3	X203	杨家山大茆洋桥	小梅口	1990	2008 2012	16.15	7～12	6～10.5	2、4	沥青	李家巷镇
4	X207	回车岭	吴山渡	1995		4.05	6	5	4	沥青	和平镇
5	X208	凡市	回车岭	1990		8.12	6～10	5～8	1、2	沥青 水泥	和平镇
6	X209	高家墩	和平	2007		20.89	18.5～24.5	16.5～22.5	2	沥青	画溪街道、虹星桥镇、和平镇
7	X211	涧下	省庄	1990	2011	5.42	7～8.5	6～7	3、4	沥青	煤山镇
8	X212	观音桥	青山	1994	2011	15.71	6～10.5	5～8.5	4	沥青	虹星桥镇、和平镇
9	X213	大云	畎桥	1994		8.30	6.5	5～6	4	沥青	林城镇
10	X214	五峰	八三	1994	2011	13.57	6.5～21	5～15	2、4	沥青	小浦镇、林城镇
11	X217	大元	悬脚岭	1994		11.26	8	7	3	沥青	煤山镇
12	X218	煤山	白岘岭	1990		9.98	6	5	4	沥青	煤山镇
13	X219	长兴	长达	2007		21.14	12～14	10.5～12	2	沥青	画溪街道、水口乡夹浦镇
14	X220	长兴	吕山	1990	2011	10.60	7～24.5	6～23	1、2、4	沥青 水泥	画溪街道 吕山乡
15	X221	初康	台基	1999	2011	20.40	7～10.5	6～9	2、3	沥青	泗安镇、煤山镇
16	X222	三星圩	界牌	1975 1986	2011	35.73	9～24.5	7.5～19	1、3	沥青	画溪街道、林城镇、泗安镇
17	X223	钮店湾	杭宁高速长兴出口	2003		1.34	30	15	1	沥青	太湖街道
18	X225	虹星桥	林城	1986 2004	2011	6.81	7～24.5	6～19	1、4	沥青 水泥	虹星桥镇、林城镇
19	X226	里塘	畎桥	1997	2011	4.69	6.5～11	5～9	2、4	沥青 水泥	虹星桥镇、林城镇
20	X227	林城	天平	2004		4.48	6～12	5～10.5	2、4	沥青 水泥	林城镇

续表8-1

序号	公路编号	起点	终点	建成年份	改建年份	里程（千米）	路基宽度（米）	路面宽度（米）	公路等级	路面结构	所经乡镇
21	X228	畎桥 龙坊村	梅溪	2005	2008	5.29	6～7	5～6	4	沥青 水泥	林城镇
22	X229	水口	夹浦	2000		6.16	7	6	4	沥青 水泥	水口乡、夹浦镇
23	X230	方家庄	䃢碛	2005		5.40	5.5	4.5	4	沥青	和平镇
24	X231	农场	王岗岭	2005		5.70	6	5	4	沥青	泗安镇
25	X232	和平	䃢碛	2000	2012	6.30	7.5～12	5～10.5	2、4	沥青	和平镇
26	X233	吕山 陆家圩	和平 许家村	2000		10.75	6～7	5～5.5	4	沥青 水泥	吕山乡
27	X234	大云寺	八三	1994		5.38	7	6	4	水泥	林城镇
28	X235	七里亭	王岗岭	1970		7.25	6.5	5	4	沥青	泗安镇
29	X236	洪桥 亭子桥	横山图影	1999 2005		10.05	7	6	4	沥青 水泥	洪桥镇
30	X237	四号桥	长牛线	1999		6.75	7～11.5	6～10	3、4	沥青 水泥	小浦镇、 雉城街道
31	X238	煤山	新杭	2008		11.49	20	18	1	沥青	煤山镇、白岘乡
32	X239	丁甲桥	北川	1994		8.87	7～9	6～7	3、4	沥青	夹浦镇
33	X240	04省道	澄心寺	1995 2004		16.93	6～9	5～6	4	沥青 水泥	泗安镇
34	X241	太傅	畎桥	1994 1999 2004	2011 2012	9.03	6.5～8	5～7	3、4	沥青 水泥	林城镇
35	X244	合溪	川步	2011		5.54	12	10.5	2	沥青	小浦镇、 雉城街道
36	X245	小浦	槐坎	2011		16.75	12	7	2	沥青	小浦镇、煤山镇
37	X246	冯家湾	环桥	2003		11.11	9～24.5	7.5～24	1、3	沥青	太湖街道、 画溪街道
38	X247	夹浦镇	杨家山	2011		22.62	9～16	7.5～15	2、3	沥青	夹浦镇、太湖街道、洪桥镇
39	X248	洪桥	图影	2011		9.04	24.5	201		沥青	洪桥镇
40	X249	钮家浜	高铁站	2011		1.95	40	28	2	沥青	太湖街道
41	X251	汤家圩门	李家巷	1997	2012	6.43	28.8	28.8	1	沥青	李家巷镇
42	X252	槐坎	煤山	2012		8.69	12	10.5	2	沥青	煤山镇

说明：资料来源于县交通局

四、乡道

1988年，全县乡道里程105.89千米。1995年，乡道里程121.62千米，实现乡乡通油路（砂石路面改造为沥青路面）。2003年9月起，全面启动以改造提升全县乡村公路路况为重点的康庄工程建设，至2005年11月全面完成，226个行政村公路通达率和路面硬化率均为100%，实现村村通达四级（含准四级）以上公路目标，被省交通厅评为2005年乡村康庄工程提前实现“双百”县。累计完成乡村公路路基等级改造工程89项、322.4千米，路面硬化工程99项、304.1千米，新、改建桥梁73座，投资2.1亿元。2005年年末，全县乡道里程329.96千米，乡道公路高级、次高级路面铺装率100%。2012年，全县有乡道

89条,里程305.73千米,占全县公路总里程的14.2%。按技术等级分,有二级公路13.67千米,三级公路11.3千米,四级(含准四级)公路280.76千米。按路面类型分,有铺装路面(高级)279.3千米,其中沥青混凝土路面139.81千米、水泥混凝土路面139.5千米,简易铺装路面(次高级)26.43千米。可绿化里程304.09千米,已绿化296.31千米。乡道桥梁149座,3421.84延米。

五、村道

村道又称机耕路,由于连接公路,成为实际上的"村级简易公路"。机耕路一般都是在农村手车道及村间小路基础上改建而成,路基宽度在2.5米~4米不等。部分有块石承重层及碎石路面,已具公路雏形。至1990年年末,全县机耕路659条,全长1198.79千米,其中与干支公路连接的有478条,长910.66千米。2003年9月起,乡村康庄工程全面启动,村道路况得到提升,至2005年11月,全县通村公路等级化和路面硬化率均达100%,实现村村通公路。2006年起,实施农村联网公路建设和农村低等级桥梁改造。同年,村级公路纳入公路统计,共912.91千米。2012年,全县有村道798条,里程1157.51千米,占公路总里程53.8%。按技术等级分,有二级公路4.38千米,三级公路20.96千米,四级(含准四级)公路997.27千米,等外公路134.9千米。按路面类型分,有铺装路面(高级)862.99千米,其中沥青混凝土路面317.17千米、水泥混凝土路面545.83千米;简易铺装路面(次高级)28.77千米;未铺装路面(中低级)265.75千米。可绿化里程979.84千米,已绿化里程855.52千米。桥梁285座,6417.29延米。

六、专用道

1988年,全县专用道里程50千米。2001年,长广矿区公路纳入县内公路统计,专用道63.97千米。2009年,驻长兴部队3条专用道改为县乡道。2012年,县境内有专用道8条,里程38.73千米,占全县公路总里程1.8%。按技术等级分,均为四级(含准四级)公路。按路面类型分,均为有铺装路面(高级),其中沥青混凝土路面37.62千米、水泥混凝土路面1.11千米。可绿化里程38.7千米,已绿化里程36.76千米。桥梁6座,171.2延米。

1988—2012年长兴县公路里程情况表

表8-2　　单位:千米

年份	公路行政等级						合计
	国道	省道	县道	乡道	村道	专用道	
1988	72.22	59.39	122.51	105.89	—	50.00	410.01
1989					—		
1990	74.17	58.07	127.21	105.87	—	50.00	415.32
1991	74.17	53.26	122.33	105.89	—	38.92	394.57
1992	74.39	53.93	117.95	121.62	—	38.92	406.81
1993	74.39	53.93	117.95	121.62	—	38.92	406.81
1994	74.82	53.50	117.95	121.62	—		367.89
1995	74.40	53.90	117.91	121.62	—		367.83
1996	74.40	53.90	138.11	118.32	—		384.63
1997	74.40	53.90	156.40	113.10	—		397.80
1998	74.39	53.23	172.33	111.09	—		411.04
1999	74.39	53.23	177.33	115.96	—		420.91
2000	74.39	53.23	177.33	115.96	—		420.91
2001	81.52	57.98	246.16	106.35	—	63.97	555.98
2002	103.04	57.98	280.36	146.85	—	63.97	652.19

续表8-2

年份	公路行政等级						合计
	国道	省道	县道	乡道	村道	专用道	
2003	103.04	57.98	279.33	146.85	—	63.98	651.18
2004	103.04	57.98	278.76	353.50	—	63.97	857.19
2005	103.04	57.98	313.05	329.96	—	58.57	862.59
2006	153.89	57.98	311.66	328.49	912.91	58.55	1823.47
2007	153.89	57.98	312.16	328.49	948.28	58.55	1859.35
2008	153.89	57.00	397.78	280.45	963.60	62.69	1915.40
2009	153.89	64.32	403.29	289.74	1012.92	53.07	1977.24
2010	152.68	65.64	403.29	289.74	1065.51	53.07	2029.93
2011	158.35	65.64	429.85	302.03	1095.69	38.73	2090.29
2012	156.78	64.24	429.24	305.73	1157.51	38.73	2152.20

说明:资料来源于县交通局

第二节　水　路

1988 年,全县通航里程 264.44 千米,其中属省市干线航道 87.8 千米、县属支线航道 35 条,共计 176.64 千米。20 世纪 90 年代至 21 世纪初,长湖申线长兴段航道历经两轮大的扩建工程,航道条件得到显著改善,通航能力由 100 吨级船舶提升至 1000 吨级船舶。基本形成以长湖申线航道长兴段为主干,梅湖线、李湖南线、泗湖线等主要支线航道为骨架,连接众多五级以下支线及矿区航道为支脉的航道网络。2012 年,全县有定级航道 40 条,航道总里程 263.5 千米(重复里程 2.68 千米),其中三级航道 11.83 千米、四级航道 31.76 千米、五级航道 13.56 千米、六级航道 21.55 千米、七级航道 38.3 千米、七级以下级航道 146.5 千米,干线航道 1 条、支线航道共 39 条。

一、干线航道

境内干线航道为长湖申航道,素称"东方小莱茵河",是交通部《长江三角洲地区高等级航道网规划》中 23 条航道组成的"两纵六横"高等级航道网中骨干航道之一。长湖申线航道长兴段,起点长兴县合溪大桥,经小浦镇、雉城镇、李家巷镇、吕山乡,迄于与湖州市交界的毛柴园矿区航道,全长 26.8 千米,其中三级航道 11.7 千米、四级航道 15.1 千米。1993—2012 年,经历两轮拓宽改造。

1993 年,启动长湖申线航道第一轮拓宽改造。9 月,长兴吕山乡—湖州雪水桥段开工建设,工程起于吕山桥北侧,终于与湖州市区交界处的毛柴园,全长 5.79 千米。由七级航道拓宽至五级航道,总投资 2397.6 万元。1996 年 3 月,长兴吕山乡—杨湾段航道开工建设,全长 8.24 千米。按五级航道标准改造,总投资 3925 万元,改造后通航能力由 100 吨级提升到 300 吨级。1998 年 12 月 28 日,长湖申线五里桥—小浦镇湾桥开工建设,全长 12.35 千米,总投资 1.87 亿元,其中镇湾桥至黄土港口 8.15 千米,按五级航道标准改造。2002 年 3 月 20 日,长湖申航道黄土港口—杨湾航段开工建设,按六级航道标准改造,总投资 503.73 万元。长湖申航道第一轮拓宽改建工程各施工段从 1998—2002 年年底陆续完工,分段通过交工验收。

2008 年,启动长湖申线航道第二轮扩建改造工程,五级航道按三级、四级航道标准改造,改造总里程 26.8 千米,其中三级航道 11.7 千米、四级航道 15.1 千米。同年 11 月,长湖申线长兴段第二轮扩建工程一期工程开工建设。按四级航道标准新开挖小浦镇大树下至雉城镇帅家村段航道 9.13 千米;按三级航道标准拓宽改造雉城镇帅家村至铁水中转港区支线航道 2.56 千米,完成总投资 53746 万元。2010

年8月,二期工程开工建设,全长15.11千米。按四级航道标准拓宽改造长兴合溪桥至小浦镇大树下段航道5.97千米;按三级航道标准拓宽改造申苏浙皖高速公路桥附近至长兴吕山乡北杨村9.14千米,工程总投资34404万元。2012年12月,完成改造通航。

二、支线航道

1988年,全县有支线航道35条,航道总里程176.64千米。2012年,县境内有支线航道39条,航道总里程236.7千米,其中四级航道18.09千米、五级航道13.56千米、六级航道20.25千米、七级航道38.3千米、七级以下航道146.5千米。

主要支线航道 2012年,境内主要支线航道有梅湖线航道、李湖南线航道和泗湖线航道3条,合计59.57千米。

梅湖线航道 县境内重要的内河水运通道,属于浙江省内河骨干航道之一。始于安吉县安城镇灵芝塔上游的黄埔圩,途经梅溪镇、长兴港口,止于湖州霅水桥,全长61千米。其中,长兴县境内18.09千米,航道等级四级。2004年4月,县港航管理处委托安吉县中盛水利水电工程有限公司和湖州市交通工程公司对梅湖线石泉湾段进行疏浚,投资30万元,疏浚航道里程312米,水下土方2.03万立方米。

李湖南线航道 位于李家巷镇,依托长湖申线,沟通矿区航道。始于赵家桥岔口,经大茆桥、李家巷镇南侧、石山桥、鲍家村至小箬桥,全程9.8千米。下游出小箬桥口进入干线航道长湖申线,上游连接李湖北线、杨家浦支线汇入太湖。2009年,李湖南线鲍家村—小箬桥2.6千米航道按五级航道标准进行改造,总投资3940万元,分3年实施,于2011年完工。

泗湖线航道 位于县城西南,呈东西走向,横贯县中南部。始于吕山乡,经虹星桥镇、林城镇,终点泗安镇兴安桥,全程31.70千米,属七级以下航道。20世纪90年代前期,泗湖线航行繁忙,既是湖州的客运航线,又是安徽广德黄砂货运线。同时因受航道条件影响,大吨位货运船舶进得去、出不来,且航道两边堤岸高,疏浚加宽困难,严重制约泗湖线水上运输发展。2000年,县水利部门将泗安港整治列入规划,按水利防洪与抗旱体系要求,拓宽加深河道断面,设计底宽为20米,河底标高为吴淞零点。2003年12月至2012年12月,县港航管理处和县水利局对泗湖线航道先后进行3次河道整治。其中,2003年12月至2005年12月,实施管埭桥至天平桥、天平桥至林城桥段整治工程,拓浚河道7.46千米,砌石护岸全长7.56千米,工程总投资1767万元;2009年,实施大云砂场矿区航道疏浚工程,疏浚航道1.8千米,疏浚水下土方3.8万立方米,工程总投资60万元;2012年12月,完成泗安塘绿洲大桥—管埭大桥段整治工程,加固堤防11.31千米,疏浚河道6.72千米,工程总投资2822万元。

其他支线航道 2012年,境内其他支线航道有长兴新港航道、合溪新港航道、杨家浦支线航道及和平矿区航道、青山矿区航道等36条,合计177.13千米。

长兴新港航道 东临太湖,自西向东穿越县城,横贯全县中部,是1975年全县人工开挖的泄洪河道。上接泗湖线,下入太湖,起点新塘沿途下箬寺、雉城,在画溪桥穿越杭牛线、宣杭铁路,经姚家桥、环桥穿318国道,终点抵达林城镇。全长24.44千米,航道定级等级为六级。沿线有过河建筑物23座,其中桥梁22座(长湖申重复段另有9座)、管道1座,临河设施12处,包括临河码头8处、船厂4处。该航道中下游通航条件较好,上游段较差,水深与航道宽度均达不到六级航道技术要求。

合溪新港航道 流经县城北部,上连长湖申,下通太湖,是1971年全县人工开挖的泄洪河道。起点沈家角,经东庄、西庄,横穿104国道、水口支线航道和新长铁路,终点到达小浦节制闸。全长14.5千米,航道定级等级为六级。沿线有过河建筑物24座(处),其中桥梁18座、管道2座、架空电线4处。该航道位于长湖申线上游的资源腹地,20世纪70年代到90年代初期,沿岸有石矿数十家,运输繁忙。90年代后期,地面石料资源减少,加之航道狭浅,大吨位船舶难以进出,货物运输量逐渐萎缩。

杨家浦支线航道 位于县城东部,自南向北流,连通太湖,始于杨家浦,止于洪桥镇排田漾,全长3千米,航道状况良好,水深2.5米,航道宽度15.0米,定级为六级航道。沿线有过河桥梁6座,桥梁跨径(通航孔)16米~35米,净高2.46米~4.16米。航道状况良好,面宽、水深、顺直,基本符合六级航道技术标准。杨家浦河段，包括李湖南线全程和李湖北线一部分，是浙江省水利部门太湖治理十大工程之一，也是西苕溪（梅湖线）工程的分洪道。20 世纪 90 年代中期，上自小箬桥，下至杨家浦，实行全程浚疏，部分河段拓宽，进行砌石护岸。沿线李家巷航段矿山、临港企业较多，是全县重要的水上运输通道。

和平矿区航道　位于县境最南端，源头是和平水库，呈南北走向。汇入梅湖线干线航道。起点便民桥，终点和平镇长桥，全长 4.5 千米，其中五级航道 3.35 千米、六级航道 1.15 千米，航道等级六级。沿线有桥梁 4 座，临河码头 20 多处，年通过量 280 万吨左右。1990 年投资 120 万元，按六级航道标准拓宽改造便民桥至毛家湾约 700 米瓶颈航段，改建便民桥 1 座，砌石护岸 700 米。2007 年，通过航道改造养护工程，达到五级标准，基本满足大吨位货船（300 吨）的装载和进出，沿线石料加工企业猛增，船舶密度增大，水上运输繁忙。

青山矿区航道　位于县境南部，与安吉县毗邻。1972 年由上海冶金局投资 117 万元（青山石矿为定点生产单位），人工开挖而成。航道南北走向呈 L 形，流入梅湖线干线航道。起点吴山渡，终点青山，全长 4.4 千米，其中五级航道 2 千米、六级航道 2.4 千米，定级为六级航道。沿线有桥梁 4 座，临河企业码头有韦山石矿、青山石矿、吴山水泥厂等，年通过量约 260 万吨，桥梁通航孔跨经 20 米～25 米，净高 3.2 米～4.5 米。

2012 年长兴县内河航道等级情况表

表 8-3　　单位：千米

序号	航道名称	起点终点名称	技术等级	航道里程	备注
1	长湖申线航道	合溪—镇湾大桥	六级	1.30	
		镇湾大桥—帅家村	四级	13.67	
		帅家村—毛柴园	三级	9.23	
2	梅湖线	小溪口—下目村	四级	18.09	
3	和平矿区航道	和平长桥—便民桥	五级 六级	3.35 1.15	
4	青山矿区航道	青山—吴山渡	五级 六级	2.00 2.40	
5	泗安线	兴安桥—吕山	七级及以下	31.70	规划五级
6	李湖南线	小箬桥—赵家桥	七级	9.80	
7	李湖北线	赵家桥—小梅口	七级	13.00	
8	长兴新港	林城—画溪	七级及以下	11.60	
		画溪—杨湾	五级	5.74	
		杨湾—新塘	六级	7.10	
9	合溪新港	小浦—沈家角	七级	14.50	
10	新火线	新开河—火烧潘	七级及以下	7.40	
11	杨家浦支线	排田漾—杨家浦	六级	3.00	
12	黄龙浜矿区航道	黄龙浜矿—石山桥	七级及以下	0.40	
13	老虎洞矿区航道	老虎洞矿—荷瓣桥	七级及以下	0.60	
14	陈桥矿区航道	陈桥—丁字桥	七级及以下	0.70	
15	石英矿区航道	范湾里—范湾桥	七级及以下	0.40	
16	陈湾矿区航道	章家浜—鸭蛋漾	七级及以下	3.80	
17	金村埠矿区航道	金村埠矿—金村埠	六级	0.60	
18	座山湾矿区航道	座山湾矿—座山湾	六级	0.60	

续表8-3

序号	航道名称	起点终点名称	技术等级	航道里程	备注
19	毛柴园矿区航道	毛柴园矿—毛柴园	六级	1.30	
20	长城支线	北杨桥—下殷闸	六级	2.10	
21	长城矿区航道	长城矿—狄家兜	六级	2.00	
22	高阳桥支线	高阳桥—三里桥	七级及以下	1.00	
23	黄土港	黄土港—五里桥	七级及以下	3.90	
23	黄土港	黄土港—五里桥	七级及以下	3.90	
24	水口支线	水口—仓桥	七级及以下	14.00	
		仓桥—杨湾	五级	1.61	与长兴新港重
		杨湾—浙北大桥	五级	2.47	
		浙北大桥—帅家村	三级	2.6	
25	长洪支线	太平桥—火烧潘	七级及以下	6.80	
26	李家巷支线	盛家桥—李家巷	七级 七级及以下	2.07 4.40	七级重复里程1.07
27	老鸭塘航道	管埭砖瓦厂—五里渡	七级及以下	1.80	
28	管埭矿区航道	管埭石矿—郭家边	七级及以下	2.80	
29	大云砂场航道	太傅—双牌楼	七级及以下	2.50	
30	畎桥支线	畎桥—林城	七级及以下	6.40	
31	白阜支线	白阜—环桥	七级及以下	5.00	
32	里塘支线	西庄—午山渡	七级及以下	6.00	
33	赵丁线	赵家坝—丁甲桥	七级及以下	5.20	
34	赵夹线	赵家坝—夹浦	七级及以下	4.30	
35	车渚里支线	后漾村—车渚里	七级及以下	2.60	
36	东新线	东庄—新开河	七级及以下	4.10	
37	东庄线	东庄—新塘	七级及以下	2.80	
38	潼钱线	潼桥港口—钱家渡口	七级及以下	2.80	
39	钦汇港	虹星桥—吕山	七级及以下	6.40	九里塘港
40	观音桥支线	虹星桥—大德桥	七级及以下	7.10	

说明:资料来源于县交通局

第三节 铁 路

1988年,县境内有杭牛铁路县境线,里程45.29千米(不含支线)。之后,相继新建宣杭铁路县境线(单线)、宣杭铁路复线、新长铁路县境线、宁杭客运专线县境线。至2012年年末,县境内建成的铁路有宣杭铁路县境线、长牛支线、新长铁路县境线,里程89.68千米;在建的宁杭客运铁路专线长兴段,境内段长29.1千米。其中,宣杭铁路为普通干线铁路,运行客、货运火车;长牛支线、新长铁路为货运支线;宁杭客运铁路专线为高铁。境内铁路里程118.78千米,在全县综合交通网络里程中占4.7%。

一、宣杭铁路县境线

杭牛铁路县境线 杭牛铁路起自杭州经余杭、德清、湖州跨西苕溪,穿过白鹤岭隧道,经长兴、煤山过青岘岭达安徽省广德县牛头山站止。全长152.5千米,长兴县境内长45.29千米(不含支线),设有白鹤岭、长兴、小浦、煤山、新槐、青岘岭6个车站。1990年，宣杭铁路在长兴站接轨，原线相应更换50千克/米标准轨，以适应与宣杭线接轨。至1996年4月，宣杭铁路建成通车后，原“杭牛线”称谓取消。

宣杭铁路县境线(单线)　宣杭铁路是国家“七五”计划内“中取华东”战略部署之一。从安徽省宣城市出发，途经郎溪县、广德县，在长兴县二界岭乡东村进入泗安镇、长潮乡、太傅乡、林城镇、白阜乡、长桥乡，经湖州终于杭州。在长兴站与杭牛铁路接轨，原线相应更换标准轨。1988年开始建设，至1990年，境内线完成土石方基础与公铁立交桥主体工程。1992年10月1日在长兴站接通，由铁道部第四工程局负责临时运营。1994年6月30日18时，宣城至长兴段交付上海铁路局管理，纳入全国铁路营运网。其余湖州市境线至1996年4月1日建成，全线通车。县境内全长35.9千米，沿线设泗安、大云2个车站及小东村乘降所，长兴火车站向西移位，新建为二等站，并设长兴二级编组站。在新线建设同时，对杭牛铁路长兴—杭州段相应改造。县境内铺轨长度47千米。长兴境内段共征用土地110.88公顷，其中耕地面积为106.35公顷，拆迁房屋1.3万平方米。

图8-1　1992年10月1日下午，一列身披彩旗、前挂大红花的火车徐徐驶进长兴车站，宣告宣(州)杭(州)铁路全线开通运营(周同起摄)

宣杭铁路复线　宣杭铁路复线为铁道部与浙江省重点建设项目，以方便煤炭、石油等能源输送。始于安徽省宣城市，在长兴县泗安镇入境，经长兴、湖州南、德清站点，终至杭州。2003年4月22日动工建设，2005年9月28日，宣杭铁路复线全线通车。宣杭铁路复线工程长兴段长44.78千米，途径8个乡镇27个行政村。项目建设共征用土地73.45公顷，拆迁房屋19660平方米。沿线桥涵共设置307处，其中大桥、中桥、小桥42座，包括公跨铁17座；涵洞265处，其中排灌涵200处，交通涵65处。307座桥涵设置中，属新增设32处，变更设计23处。

二、长牛支线

长兴县雉城至安徽省广德县牛头山村，全长42.8千米，原属“杭牛线”组成部分。1996年，宣杭铁路通车后，原杭牛线取消，其中长兴—牛头山铁路成为长牛支线，为长广煤矿运输专线。随着煤炭产量逐年减少，2008年9月30日8时上海铁路局撤除牛头山站，相关货运业务移至煤山站办理，拆除牛头山站有关线路及牛头山—煤山区间线路。2012年，长牛支线实际为从长兴火车站到煤山站，剩余20.75千米。尚有水泥、石料等运输，每天有2对4班货车。

三、新长铁路县境线

1998年12月25日开工，2005年4月1日全线正式贯通，纳入全国铁路网运营。新长铁路是铁路“十五”规划八纵八横路网中沿海大通道重要组成部分，北起东陇海线江苏省新沂站、南至浙江省长兴县与宣杭铁路接轨。全长561.03千米，其中长兴段24.15千米。建设标准为1级，单线，限制坡度为4‰，牵引种类为内燃。

四、宁杭客运专线县境线

2008年1月14日批复立项，起自南京南站，经长兴，终于杭州东站，全长248.96千米。其中，长兴县境内段长29.1千米，途经夹浦镇、太湖街道、洪桥镇和李家巷镇4个镇(街道)、21个行政村。宁杭铁路工程长兴段共征用土地121.31公顷，其中项目建设用地53.65公顷，临时用地67.67公顷，拆迁房屋12.7万平方米。2012年年末，宁杭铁路长兴县境段工程建设基本完成，列车联调联试已完成，进入试运行。次年7月1日，正式投入运行。

第四节 桥梁 路亭 隧道 互通

一、公路桥梁

1990年,全县有公路桥梁134座,共3124.93延米。其中,国道桥梁40座,共955.76延米;省道桥梁19座,共483.69延米;县道桥梁42座,共1126.69延米;乡道桥梁27座,共450延米;专用公路桥梁6座,共119.8延米。2012年,全县有公路桥梁931座,共56481.47延米。其中,特大型桥梁3座,大型桥梁97座,中型桥梁332座,小型桥梁499座。按公路性质分:国道桥梁235座,共28492.08延米;省道桥梁46座,共3069.24延米;县道桥梁210座,共14909.82延米;乡道桥梁149座,共3421.84延米;专用公路桥梁6座,共171.2延米;村道桥梁285座,共6417.29延米。

2012年长兴县国道、省道、县道公路桥梁情况表

表8-4

公路线名	桥梁(座)	总长(米)	公路线名	桥梁(座)	总长(米)
G50沪渝高速	59	8444.52	X217大元—悬脚岭	10	178.10
G25长深高速	51	4902.34	X218煤山—白岘岭	4	119.80
G104京福线	59	7994.68	X219长兴—长达	7	246.15
G318沪聂线	66	7250.54	X220长兴—吕山	9	1078.75
S14杭长高速	7	872.40	X221初康—台基	10	212.50
S301长牛线	25	1959.24	X222三星圩—界牌	12	840.10
S306鹿唐线	14	237.60	X223钮店湾—杭宁高速长兴出口	1	28.00
X201长兴—新塘	11	404.00	X226里塘—畎桥	3	69.00
X202长兴电厂—赵家桥	5	490.00	X227林城—天平	1	40.00
X203杨家山—小梅口	2	18.00	X228畎桥—梅溪	1	34.00
X208凡市—回车岭	3	83.72	X229水口—夹浦	8	247.80
X209高家墩—和平	11	1799.76	X230方家庄—碟碛	1	26.00
X211涧下—省庄	3	48.90	X231农场—王岗岭	2	14.00
X212观音桥—青山	9	454.90	X232和平—碟碛	4	104.80
X213大云—畎桥	3	120.00	X233吕山—和平	6	541.80
X214五峰—八三	3	450.24	X234大云寺—八三部队	1	9.80

说明:资料来源于县交通局

特大公路桥梁 境内特大桥梁有李家巷1#立交桥、百叶龙大桥、长兴大桥3座。

李家巷1#立交桥 位于沪渝高速公路(G50),起点桩号K158+754.65,终点桩号161+153.35,全长2398.7米。桥梁全宽33.5米,净宽30.5米。设计荷载公路-I级。是沪渝高速公路(G50)与长深高速公路(G25)的连接桥梁。2003年6月设计,2006年11月30日建成通车。

百叶龙大桥 原名长兴港大桥,又名太湖大桥,位于太湖西岸环太湖公路。北起长兴港港口西北岸,南至港口东南岸,桥梁起点桩号K8+036.9,终点桩号为K9+478.1,全长1441.2米。桥梁全宽24.5米,净宽19.5米。设计荷载公路-I级。2009年2月开工,2011年9月25日通车。

长兴大桥 原名浙北大桥。位于原318国道K176+657.64—K177+855.54,跨越宣杭铁路、长湖申线长兴铁水中转港,全长1197.9米。桥面全宽24.5米,桥面净宽21.5米,设计荷载汽-20、挂-100级。1994年7月5日开工建设,1995年12月20日竣工,是长兴县首座特大公路桥梁。2002年,更名长兴大桥。2010年10月16日至2011年4月12日,对长兴大桥实施大修。2012年12月,因新318国道南移，原318国道雉城过境段降为县道冯环线(冯家湾至环桥)，更名为县道冯环线长兴大桥，起点桩号K0+112.05，终点桩号K1+291.05。

大型公路桥　1988年，境内有大型公路桥梁5座，桥梁总长391.99延米。2012年，有大型公路桥梁97座，桥梁总长28832.12延米。

长湖申大桥　位于沪渝高速公路(G50)。起点桩号K162+939.75，终点桩号K163+636.25，桥梁结构类型为预应力连续箱梁，全长696.5米。桥梁全宽33.5米，净宽30.5米。设计荷载为汽-超20，挂-120。2003年12月设计，2006年10月30日建成通车。

冯家湾立交桥　位于G104(京福线)。起点桩号K1332+124.5，终点桩号K1332+515.5，全长391.08米。桥宽19米，净宽15.8米，设计荷载汽-20，挂-100。2001年6月10日开工，2002年10月28日建成通车。

吕山大桥　位于G318(沪聂线)。起点桩号K177+301.3，终点桩号K177+758.7，全长439.16米。桥梁全宽2×12.5米，净宽2×10.75米。设计荷载公路-I级。跨长湖申航道，通航净高7米。2008年8月22日开工，2011年10月30日建成通车。

白鹤岭立交桥　位于G318(沪聂线)。起点桩号K177+004，终点桩号K177+454，全长457.4米。桥梁全宽2×11.75米，净宽2×10.75米。设计荷载公路-I级，跨宣杭铁路净高8.16米。2008年8月开工，2011年10月30日建成通车。

泗安塘大桥　位于G318(沪聂线)。起点桩号K184+189.3，终点桩号K184+666.7，全长477.4米。桥梁全宽2×11.75米，净宽2×10.75米。设计荷载公路-I级。2011年10月30日建成通车。

画溪大桥　位于S301(长牛线)。起点桩号K2+805.697，终点桩号K3+287.737，全长482.04米。桥梁全宽24米，净宽2×10米。设计荷载公路-I级，跨长湖申航道。2009年8月6日开工，2010年12月30日建成通车。

蝴蝶大桥　位于县道五八线(五峰至八三)。起点桩号K0+687.9，终点桩号K1+112.1，桥梁全长424.2米。桥梁全宽12米，净宽11米。设计荷载公路-I级。主跨跨越长湖申航道，通航净空55米×7米。2009年12月8日开工，2011年10月30日建成通车。

耿村圩大桥　位于县道长吕线。起点桩号K1+370.875，终点桩号K1+197.125，桥梁全长608.25米。桥梁全宽32.5米，净宽23米。设计荷载公路-I级。主跨跨越长湖申航道，桥梁通航标准等级为四级。2009年12月开工，2011年10月30日建成通车。

长桥大桥　位于原318国道、县道三界线，后改为县道冯环线，起点桩号K7+149.23，终点桩号K7+476.77。桥梁全长327.54米，桥梁全宽24.5米，净宽22米。设计荷载公路-I级。跨越长湖申航道。2009年9月27日开工，2010年12月20日建成通车。

杨家浦大桥　位于县道滨湖大道(环太湖公路)。起点桩号K10+804.2，终点桩号K11+445.8，桥梁全长641.6米，桥梁全宽24.5米，净宽19.5米。设计荷载公路-I级。跨越太湖水系。2009年6月10日开工，2011年10月30日建成通车。

亭子桥　位于县道洪图线(洪桥镇至图影)。起点桩号K0+692.226，终点桩号K0+918.466。桥梁全长226.24米，桥梁全宽25.5米，净宽22米。设计荷载公路-I级。2011年10月30日建成通车。

中型公路桥　1988年，全县有中型公路桥梁32座，桥梁总长1280.99延米。其中，国道桥梁7座，326.7延米；省道桥梁7座，283.59延米；县道桥梁14座，535.7延米；乡道桥梁3座，93延米；专用公路桥梁1座，42延米。2012年，长兴县有中型公路桥梁332座，桥梁总长14687.88。其中，国道桥梁123座，5780.62延米；省道桥梁14座，724.76延米；县道桥梁85座，3822.1延米；乡道桥梁42座，1639.24延米；专用公路桥梁1座，90.8延米；村道桥梁67座，2630.36延米。

小型公路桥　1988年，全县有小型公路桥梁97座，桥梁总长1435.86延米。其中，国道桥梁30座，435.06延米；省道桥梁12座，173延米；县道桥梁26座，393延米；乡道桥梁24座，357延米；专用公路桥梁5座，77.8延米。2012年，全县有小型公路桥梁499座，桥梁总长7953.57。其中，国道桥梁56座，

1213.58 延米;省道桥梁 24 座,296.24 延米;县道桥梁 100 座,1646.15 延米;乡道桥梁 104 座,1592.6 延米;专用公路桥梁 5 座,80.4 延米;村道桥梁 210 座,3124.6 延米。

二、路亭

路亭,俗称凉亭。历史上多为民间筹募兴建,与修桥、铺路同为乡人义举。长兴解放后,本着民办公助原则,新建和重修凉亭 26 座。1987 年,全县有凉亭 22 座。之后,有些年久失修,逐渐废弃。同时,在实施道路和城市建设过程中,新建一批凉亭。

雉山亭　位于中心城区长兴县职业教育中心学校校园东北角,以位处古雉山得名。2000 年,长兴县古代名山雉山被改造成职教中心校园,山的最高点建成瞭望亭,得名雉山亭。

承恩亭　位于中心城区龙山北峰。2008 年规划建设龙山公园时,在龙山南、北峰各建一座亭,纪念明朝两位著名文学家归有光、吴承恩同治长兴一县的文坛佳话。承恩亭建在北峰,以纪念曾任长兴县丞的吴承恩命名,主体 2 层,高 10.5 米。

有光亭　位于中心城区龙山南峰。2008 年建造,以纪念曾任长兴知县的归有光命名,主体 2 层,高 9.8 米。

皎然亭　位于中心城区花菇山公园南峰,以长兴籍唐朝著名诗僧皎然曾题鼓吹山大雄寺诗命名。2004 年建造,属四方凉亭,周 10 米,高 3 米。

秋水亭　位于中心城区花菇山公园北峰,名称出自《庄子·秋水》篇。2004 年建造,属四方凉亭,周 10 米,高 3 米。

耕耘亭　位于太湖街道陆家圩居民区三河圩自然村南侧光阳桥南堍,以村里百姓前往田间耕耘闲暇时休息场所得名。亭呈四边形,边长 5.45 米、高 2.8 米,庑殿顶,清末建筑,1983 年同光阳桥一起被列为县文物保护单位。

亭子头亭　位于太湖街道祥符圩村,以位处亭子头自然村得名。名称源于长兴民间传说刘秀逃难故事。民间相传,汉光武帝刘秀做太子时逃难曾至该处停憩,村民建凉亭示纪。20 世纪末恢复重建,居于路中,高丈余,内有明人题写的石碑一通嵌于墙体。

碧岩凉亭　位于洪桥镇碧岩村王家浜自然村,以位处碧岩山道得名。凉亭东侧两根石柱题:"中华民国拾贰年岁次癸亥三月"(北),"吴兴眠佛寺街沈门陆氏仝子乃煌康建立"(南)。

接官亭　位于夹浦镇丁新村丁甲桥自然村。为恢复古代长兴县北鼎甲桥大族臧氏的"接官亭"遗迹新建,故仍沿袭旧名。2012 年重建,为六角仿古凉亭。

前哨亭　位于和平镇东南 3 千米上城山顶半山腰。以古城山瞭望警戒的前哨口得名,属四方凉亭,周 10 米、高 3 米,亭旁有摩崖一方。

七里凉亭　位于和平镇回车岭村回车岭自然村,以距古和平镇 7 里得名。坐西北朝东南,周约 3 丈,民国时期建筑,已废弃。

毛家山三里亭　位于和平镇毛家店村,以位处毛家山自然村得名。亭傍大路,属方便行人休憩避雨场所,民国建筑。

施村凉亭　位于和平镇硃碛村,以位处施村自然村得名。位处和平镇南往南部周坞山、滩龙桥、方家山等地大道分岔口,旧为行路之人重要休憩场所,形呈长方形,面宽三间,阔 6.3 米,进深 4 米。

周家凉亭　位于虹星桥镇郑家村南庄自然村东北部,以附近大姓周姓修建得名。亭歇山顶,抬梁式,南北五架梁,东西长 6.3 米、南北长 5.4 米,南北两侧有过廊。2001 年,被公布为县文物保护单位。

大岕口四方亭　位于小浦镇大岕口村仙凤(先锋)岭岭头,以隶属大岕口村得名。亭处八都、六都两齐合拢上振天寺的必经山道旁,是行路人歇息避雨场所,坐北朝南,边长 4 米,亭上有匾,题"四方亭,一九九八年重建"。

毛场里凉亭　位于小浦镇小浦村,北距小浦电厂 50 米,以位处毛场里自然村得名。凉亭呈四方"回"字形,边长 6.4 米,高 3.75 米,题"清道光廿九年冬三院会奏钦旌孝",属古代旌表忠孝建筑。为县文物保护单位。

施家凉亭 位于煤山镇三洲山村尚阳自然村。是全国重点文物保护单位苏南行政公署旧址的附属建筑，以旧属村中大姓施姓建造命名，周10米，高2米。

望归亭 位于水口乡顾渚村龙头上自然村南侧茶园中，以茶圣陆羽在顾渚山焙茶，醉而望归故事命名。1984年恢复，内有碑刻数通，亭旁即金沙泉。

枕流亭 位于水口乡顾渚村霸王潭山谷中，霸王潭古名明月峡，传说唐朝时谷深涧大，水流湍急，亭子正当大涧，得名枕流亭。为复古凉亭，20世纪末建造，亭旁有多处唐宋及现代人摩崖石刻。

三、隧道

弁山隧道 2006年建成，位于沪瑜高速公路(G50)与湖州交界处，起点K+148+341.5，终点K149+356.5，全长1015米，隧道净宽7米，隧道净高8米。

排旗岭隧道 位于画溪街道白阜村，以穿越排旗岭得名，地方以贯通八都岕交通，俗称八都岕隧道。南北向，南起画溪街道白阜集镇北侧五八线，北止小浦镇方一村杨岭自然村。为方便原白阜乡八都岕中的八个大队至公社驻地白阜镇的通行而修建，1970年动工，1980年建成通车，长835米、宽3.8米，高4.2米，系钢筋混凝土结构，可通小型机动车辆。隧道已基本弃用。

麒麟山隧道 位于夹浦镇北4千米月明村麒麟山，通新长铁路，南北向，南起月明村，北止江苏省宜兴市界，以穿越麒麟山得名，长约1.5千米。

大毛山隧道 位于夹浦镇北4千米月明村大毛山，通杭宁高铁客运专线，南北向，南起大毛山脚，北止江苏省宜兴市界，以穿越大毛山得名，长约2.7千米。

弁山隧道 位于洪桥镇碧岩村，通申苏浙皖高速公路，东西向，东起吴兴区，西止碧岩村，以穿越弁山得名，长约1.2千米，长兴界约占0.7千米。净宽7米，净高8米，2006年建成。

三天门隧道 位于洪桥镇陈桥村，跨杭宁高铁客运专线，南北向，南起吴兴区杨家埠街道三天门，北止陈桥村，以南起点三天门得名，全长7千米，长兴界长约3千米。

白鹤岭隧道 位于李家巷镇老虎洞村，通宣杭铁路，南北向，北起长湖监狱，南入吴兴区界，以穿越白鹤岭得名，长186.7米。

四、互通 立交 道口

长深高速公路(G25)长兴段互通 长深高速公路在长兴境内设有2个互通立交，分别是长兴互通立交、夹浦互通立交，并设有高速公路收费站，荷载标准为公路-1级，1999年9月28日开工，2002年11月28日建成通车。

沪瑜高速公路(G50)长兴段互通 沪瑜高速公路在长兴境内设有4个互通立交，分别是李家巷枢纽、长兴西互通立交、林城互通立交、泗安互通立交，互通立交处设有高速公路收费站，荷载标准为公路-1级，2004年8月开工，2006年10月30日建成通车。

318国道长兴段互通立交 318国道长兴李家巷至泗安界牌段有2个互通立交，分别是李家巷互通式立交为单喇叭型，虹星桥互通式立交为菱形，荷载标准为公路-Ⅰ级，2008年6月开工，2011年10月建成通车。

大园道口 位于在煤山镇新源村，属大悬线跨长牛铁路，以位处大圆自然村得名，1958年建成。

六都道口 位于在煤山镇新槐集镇上，属槐六公路跨长牛铁路，以新槐集镇达六都穿越铁路道口得名，1972年建成投入使用，2008年8月30日随煤山至牛头山铁路停开废止。

十月道口 位于煤山镇十月村台基自然村，属初台线跨长牛铁路，以位处十月村得名，1972年建成投入使用，2008年8月30日随煤山至牛头山铁路停开废止。

八都岕道口 位于小浦镇集镇西部，属小柏线跨长牛铁路，以达八都岕穿越长牛铁路道口得名，1958年建成投入使用。

鸡笼山道口 位于龙山街道西峰坝居民区，属乡村公路跨新长铁路，以紧邻鸡笼山得名，2005年建成投入使用。

山下村道口 位于夹浦镇丁新村，属乡村公路跨新长铁路，以位于山下自然村得名，2005年建成投入使用。

五、古桥梁

县境内湖泊漾荡密布，塘港河浜纵横交错，桥梁众多，古桥文化源远流长。长兴民谚"高，高不过太平桥；低，低不过塌水桥；长，长不过五里桥；短，短不过跨塘桥"，形象地描绘了长兴桥梁的多样性。清代以前桥梁，多为石墩梁桥和石拱桥，建造年代最早可追溯至南宋嘉泰年间(1201—1204年)建造的和平镇庄里村嘉泰桥(石梁桥)，清时修建。尚存桥梁多以宋明清各朝所建且风格各异的石桥为主，主要有单孔、多孔木桥、拱桥、梁桥等。2012年，县内有各类民间古桥梁196座，60%为县级文保单位(点)，其中有石拱桥29座、石梁桥165座、木结构桥1座、现代风格梁桥1座。保存最大最长的石拱桥为光阳桥，单拱，全长33米；最长石梁桥为畂桥，全长34米。

嘉泰桥 位于和平镇庄里村庄里自然村。弧形石板梁。南北向横跨泥桥港，4墩5孔，总长19.7米，宽2米，材质有武康石、花岗岩。南宋嘉泰年间(1201—1204年)始建，清朝时进行修建，是县内建造年代最早的桥梁。为县级文保点。

三登桥 位于画溪街道曹家桥村北杨自然村西，两墩三孔石梁桥，东西走向，横跨吴家坦港(历史上曾称白田港)。是吕山至南石桥主要通道中的必经之桥。桥面长9.57米，宽1.74米，高约3.12米，中孔净跨3.8米；中孔桥面平直，两侧略向桥台倾斜，立面呈微弧形；桥面分三段，每段桥面由2块长石梁纵向并列铺筑构成；桥墩由2块排柱石并排竖立构成，两侧桥台条石错位砌置。桥体构件所用石材有2种，桥面6块石梁及桥墩2块排柱石为武康石，桥墩另2块排柱石为花岗岩。桥额楷书阳刻"三登桥"，款"民国乙丑年三月重建"。桥墩中一块武康石排柱上刻有荷叶莲花字堂，叶、花、框均为浅浮雕，字堂内铭文"旹癸未嘉定十六年十二月，己巳朔二十二日庚寅重建"，其字为阴刻，正书。三登桥字堂内所刻年款已清晰记载该桥始建于宋嘉定十六年十二月，即1223年12月。该桥是县内唯独有明确记载的两座宋代建造的桥梁之一。2010年被公布为县级文保单位。

光阳桥 别名高漾桥。位于太湖街道陆家圩居民区原三河圩自然村。单孔人行石拱桥，南北走向，桥北原是新塘乡，桥南原是下箬寺乡，横跨光阳桥漾(东塘漾、菱塘漾、长箬河交汇处)。该桥历史上曾是新塘、后漾等乡村去县城通道上的必经之桥。桥长33米，宽2.65米，矢高6米，单孔径跨9.97米；桥面两侧各18级台阶，石级起步处宽3.66米。平面呈八字梯形。桥台用规整条石错缝砌筑，其中心桥台用料为花岗岩，两侧辅助桥台用料多为太湖石。桥面中央有方形大石，边长0.82米，上有圆形漩涡纹图案，直径0.74米；桥台两侧有天盘石4块，天盘石突出处，雕饰成4个衔珠龙头，造型栩栩如生；天盘石下方的4块桥联石，镌有两幅桥联，东侧："碧浪平堤向太湖东去，玉栏倒影看箬水西来。"西侧："夹岸跨长虹民歌利涉，中流飞鹢鸟人庆安澜。"桥额楷书阳刻"光阳桥"，款"光绪壬寅""里人重建"，即公元1902年重建。桥北堍有一座同代凉亭，人称"耕耘亭"。1983年被公布为县级文保单位。

图8-2 光阳桥(县交通局提供·2012年)

鼎嘉桥 位于夹浦镇丁新村原丁甲桥集镇南侧，单孔石拱桥。东西走向，横跨光竹涧。桥面长18.5米，桥面宽度最窄1.75米、最宽3.2米，中孔径跨9.5米。横联分节并列拱券，桥面由中段平直桥面加两侧桥台各18级台阶构成，立面呈八字形；桥面(包括台阶部分)南北两侧由仰天石围成边框；桥心石刻有漩涡形图案，桥额楷书阴刻"鼎嘉桥"，款"民国三十六年""里人重修"；该桥用材杂乱，桥身砌石可见紫红色武康石、灰白色太湖石、米黄色花岗岩等。东侧桥台南侧壁嵌有题刻一方，记载该桥桥史及明嘉靖、万历年间里臧氏捐资修桥情况。1983年被公布为县级文保单位。

畎桥　位于林城镇畎桥村老街道，六墩七孔石梁桥，以花岗岩、武康石为桥体主用石材；东西走向，横跨畎桥港（也称泥桥港，北通泗安塘，南接小溪口，汇入西苕溪），桥面长34米，宽2.05米，高约4.8米，桥面各孔分别由3块至4块长石梁纵向并排铺筑而成；桥面由中间向两侧桥台缓缓倾斜，立面略呈弧形，两侧有石板护栏，间以12根莲花形望柱；桥墩由4块排柱石并排竖立构成，两侧桥台条石错位砌置。有两档横帽石梁顶端雕有吞水兽面纹图案；桥额楷书阳刻“重建□□桥”，款“龙飞乾隆岁次乙卯年”（1795年），“同治庚午”（1870年）、“孟春月□□公助重修”。在桥墩的两块排柱石上有两处荷叶莲花字堂，荷叶莲花及字堂线框均为精细浮雕，面向朝东的字堂内铭文：“都劝缘檀越卢□□宣义国男卸六□元。”面向朝西的字堂内铭文：“□小□土叶华施聪重建。”1983年被公布县级文保单位。

兴隆桥　也称“大乌桥”，位于夹浦镇夹浦村老街，三孔石拱桥，东西走向，连接桥东、桥西两个自然村，横跨夹浦港。桥总长32.8米，宽3.46米，矢高4.6米，中孔径跨8.88米，次孔径跨5.93米，中段平直桥面长3.4米；横联分节并列拱券，石材以花岗岩和太湖石两种。桥面由中段平直桥面加两侧各20级台阶构成，立面呈微弧形；每级台阶由两排石板铺设；有座椅式桥栏，整体厚重结实。望柱有石狮造像；两侧桥台设置吞水兽面纹饰四个；桥额楷书阳刻“兴隆桥”，款“嘉庆庚申”（1800年）、“仲冬重建”。桥南北两侧各有天盘石与对联石两块，天盘石雕饰龙头，对联石附桥联两幅。南侧：“水咽鳌峰回抱夹呈明镜，矼联鸟翼飞填齐落彩虹。”北侧：“邻阳羡而通衢灵长永镇，对洞庭而作锁利涉有功。”1983年3月被公布为县级文保单位。

石佛桥　位于吕山乡圩门村石佛桥自然村，两墩三孔石梁桥，南北走向。桥北是虹星桥镇的六合圩，南是圩门村所在的联合圩，横跨两圩间的外河道。桥面长10米，宽1.9米，高约3米。桥面平直，南、北两孔桥面由3根长石梁纵向并排构成；中孔桥面为板梁结合，桥面两侧为长石梁中间镶嵌横向石板。桥墩均由3根排柱石并排竖立构成，墩底有两层槽磐石。两侧桥台为条石错缝直接砌置；南桥台西侧还筑有一块揽船石。石佛桥花岗岩石材为主，但桥墩处保留四根武康石质的旧排柱。南边桥墩东侧排柱，刻有荷叶莲花字堂，其荷叶莲花及字堂框线为精细浮雕，款为“当邑舍钱弟子王敢同妻罗氏十二娘子发心建造，岁次嘉定十二年十月初九日辛未朔旦，谨题”。字款内容说明该桥始建于南宋嘉定十二年（1219年），已有近800年历史。桥额楷书阳刻“石佛桥”，款“同治十三年”“冬月重建”即1874年冬重建。2002年被公布为县级文保点。

大路桥　位于槐坎乡抛渎岗村抛渎岗自然村。为清晚期单孔石拱桥。东西向，横跨村中小溪。桥长9.45米，宽2.9米，径跨6.9米，矢高2.6米。桥面分三段，中段凸起，由东西两侧各8级石板台阶及中段平直桥面构成。米黄色花岗岩石质。桥额楷书“大路桥”，北侧款“壬戌年立”，南侧款“民国十一年重建”。横联分节并列拱券，用材规整。桥台用不规则乱石砌置。该桥保存较好，形态优美，为长兴为数不多的典型山区石拱桥。2003年8月被公布为县级文保单位。

锁界桥　位于太湖图影区小沉渎村宅里自然村，单孔拱桥，东北至西南走向，横跨太湖大堤内侧的大桥港，水入太湖。桥长20米，净跨7米，桥宽2米；拱券采用分节并列砌置法，桥拱立面呈半圆形；两侧桥台各有15级台阶；桥面两侧由石板护栏，护栏间各有6根望柱。石材为花岗岩、太湖石并用。桥心有太极图案。桥额均刻“锁界桥”。桥台两侧的肩壁石均镌刻桥联：北侧“锁南北以成梁山湖竞盛”“界东西而作砥苕箬交通”；南侧：“不假丹青远瞩近瞻胥是画”“非关色相欸声德颂咏诸诗”。桥台西侧金刚墙嵌石刻一方，记述该桥始建于明万历，重建于民国初。该桥用材规整，形态优美，与太湖西南岸仅存的石砌湖堤连为一体。2003年8月被公布为县级文保单位。

乌桥　当地俗称“小乌桥”，位于夹浦镇夹浦村小乌桥自然村。单孔花岗岩石拱桥，东西走向，跨乌桥港。桥面长20.5米，宽3.18米，径跨7.75米，矢高5.29米。横联分节并列拱券，用材规整。桥面由中段平直桥面加东、西两侧各17级石板台阶构成，桥孔呈半月弧形。有座椅式石护栏板。东西护栏尾部各有两个石雕兽,石兽三面圆雕,扭头相对,伏于地面;桥心石刻有漩涡形图案,桥洞拱顶龙门石雕有鲤鱼跳龙门的圆形图案;桥台两侧面天盘石顶端,各周有两对吞水兽兽面,其中桥耳(桥台稍上假天盘)的一对与天盘石的一对,兽面纹饰不同。桥额楷书阳刻“乌桥”(当地人俗称“小乌桥”),款“中华民国八年”“岁次己未重建”;桥台南北两侧对联石皆刻有对联,南侧:“合浦环流四通八达称小小,分支双港扁舟归处唱乌乌。”北侧:“山明水秀半弯新月锁环溪,人杰地灵双落彩虹翔右翼。”两幅桥联将处在太湖边夹浦老集镇古老的环境,描绘得栩栩如生。该桥主体为清代建筑,造型优美,用材规整大方,护栏独具特色,保存较好,且与大乌桥相连。2003 年 8 月被公布为县级文保单位。

盛家桥 位于太湖街道五里桥居民区冯家墩自然村南,南塘港与长湖申港交汇处,单孔木梁桥,桥南属李家巷陈家浜村,桥北属五里桥居委会冯家墩自然村,南北走向,横跨南塘港(古时称盛家湾港)。桥面长 12.6 米,宽 2.4 米,高约 5.4 米,净跨 12 米。该桥梁由 4 根粗大杉木并列搭接而成,桥面横铺木板,桥背两端下侧分别由 4 根木柱支撑。金刚墙由规整花岗岩块石砌筑,两端桥台各有 15 级台阶。该桥是县内唯一保存较完整的一座木梁桥,2010 年被公布为县级文保单位。

鸿桥 位于洪桥镇洪桥老街,两墩三孔石梁桥,东西走向,横跨洪桥港。桥长 25.8 米,宽 2.7 米,高约 3.8 米;中孔桥面平直,两侧略向桥台倾斜,立面呈微弧形;桥面分三段,每段桥面由 5 块石梁纵向并排构筑,有石板护栏,桥面东侧有 8 级台阶,西侧有 12 级台阶;每个桥墩由 5 块排柱石并排竖立构成。除西侧桥台石材为紫色武康石,其余石材为米黄色花岗岩。桥额楷书阳刻“重建鸿桥”,款“民国二十年”“冬月时立”,即 1931 年冬重建。2010 年 1 月被公布为县级文保单位。

太平桥 位于二界岭乡(今属泗安镇)太平村太平自然村北侧,为清中期单孔石拱桥。东西向,横跨太平涧。桥面长 16 米,径跨 7.4 米,矢高 4.2 米,桥面宽 2.2 米至 2.82 米,两侧略呈喇叭形,横联分节并列拱券。桥面南北两侧由长石板连接,中间铺设横向条石。石质较杂,既有武康石,又有太湖岩。桥额楷书阳刻“太平桥”,款为道光三年。金刚墙为大块条石砌置,外形规整。桥心石有风轮形图案。该桥用材规整、硕大,为县境最西端保存良好的石拱桥。2010 年 1 月被公布为县级文保单位。

广安桥 又名“塌水桥”,位于泗安镇上泗安村上泗安自然村,俗称“上泗安街”,系两墩三孔花岗岩石梁桥。南北走向,横跨泗安塘。桥长 14 米,宽 2.53 米,净跨 11.6 米;桥面平直,三孔桥面北侧两孔分别由 4 块石梁纵向并列铺筑,抗日战争时期南侧一孔有三块石梁被损毁,直至 20 世纪 50 年代初,村民另搬用 5 块牌坊条石填补桥面,因此南侧一孔的桥面由 6 块石梁纵向并列铺筑。桥面石梁厚 0.4 米;桥墩与上游“寿星桥”的设计,均采用顶端半圆的长块条石叠筑,颇具宁绍地区桥梁建造风格;桥额楷书阳刻“重建广安桥”,款“光绪丙戌年”即 1886 年。该桥历史上曾是安徽广德县连接古镇泗安通道途中的主要桥梁,所以命名为“广安桥”,因该桥坐落较低,与南北两岸落差数米,洪水暴发,河床与桥孔持平,又称“塌水桥”。

第五节　车站 加油站 收费站

一、汽车站

汽车客运站 1988 年,全县有等级汽车客运站 11 个,其中三级 2 个、四级 9 个。2012 年,有等级车站 7 个,其中二级 2 个、三级 2 个、四级 3 个。

长兴汽车总站　原名长兴汽车站。1988 年,位于县城东门大桥南堍 104 国道与 318 国道交叉处,隶属湖州市汽车运输总公司长兴分公司。有客车 63 辆,日始发班车 123 次,其中跨省班车 29 次、跨市地班车 5 次、跨县班车 20 次、县内班车 69 次,日平均发运旅客 3800 余人。2000 年,县政府决定迁址新建长兴汽车总站。2008 年 8 月,长兴汽车总站开工建设,2010 年 1 月建成启用。位于太湖大道 1288 号,占地面积 66667 平方米,站房建筑面积 11087 平方米,其中售票厅、候车厅面积 5285 平方米,停车场及回车道面积 26680 平方米。2012 年年末,有班线客车 84 辆,旅游包车 39 辆,班线 57 条,日发 474 班次。其中,跨省班线24条,跨市班线23条,跨县班线10条。日平均发送旅客4000人。

客运中心站 1996年8月,长兴县公用型汽车客运中心启用,隶属长兴汽车客运公司。位于雉城镇金陵南路77—79号,占地面积6941平方米,停车场面积3800平方米,候车室面积720平方米,站房面积3736平方米。2012年,客运中心站主要经营城乡公交班线,进站车辆71辆,客运班线10条,日发班次365次,日发送旅客6712人。

图8-3 长兴汽车站(县交通局提供·1994年)

乡镇客运站 1988年,全县有乡镇客运站43个。2012年年末,全县有乡镇客运站28个,其中泗安、和平为三级客运站,煤山、水口、畎桥3个站为准四级客运站。

城乡公交停靠站点 1988年,有城乡公交停靠站点74个。2005年,186个港湾式停靠站建成启用。2012年,共有城乡公交停靠站点833个。

城市公交枢纽站、停靠点 1995年,长兴第一条城市公交线正式营运,有停靠站点10个。2010年1月,长兴汽车总站公交枢纽站启用,位于长兴县汽车总站内,占地面积3584平方米,属二级公交枢纽场站,有4条公交线路。同年3月,水木花都公交枢纽站启用,位于城西,占地面积1748平方米,属一级公交枢纽场站,有5条公交线路。2012年,县内公交枢纽站2个,均拥有独立停车场,隶属县建设局;共有公交停靠点242个。

汽车货运站 1988年,县内无营业性公共汽车货运场站。1991年,建立公路货运配载中心,属全民运输服务性企业,隶属县交通局。1993年,县政府在华能长兴电厂住宅区西侧征用土地15365平方米,由县公路运输管理稽征所负责筹建东门停车场。2012年,全县有营业性公共货运场站144家,其中三级营业性货运场站3家,平均日换算货物吞吐量达到0.8万吨。

湖州广和物流货运站 2002年5月建成,属三级货运场站。位于长兴县李家巷镇104国道边,占地面积15931平方米,其中露天停车场8000平方米,货物堆存面积8000平方米,仓储面积6264平方米。2012年年末,完成公路货物运输量23285吨。

长兴捷通物流货运站 2006年建成。占地面积295462平方米,其中露天停车场15388平方米,建筑面积508平方米,堆存面积15387平方米。2012年年末,完成公路货物运输量197万吨。

长兴综合物流园区货运站 2010年建成。占地面积237467平方米,其中露天停车场46667平方米,建筑面积156326平方米,室内停车场4600平方米,仓储面积68956平方米。2012年年末,完成公路货物运输量300万吨。

二、火车站

1988年,杭牛线在县境内设青岘岭站、新槐站、煤山站、小浦站、长兴站、白鹤岭站6个火车站,其中长兴站、煤山站为三等车站,其余为四等车站。1992年10月,宣杭铁路通车后,在县境内设泗安、大云、长兴站。1996年4月1日,青岘岭、新槐、白鹤岭、小浦站废止停用。2005年4月,新长铁路通车后,设置夹浦站。2012年,县境内共有6个火车站,分别为宣杭铁路县境线泗安站、大云站、长兴站,长牛支线煤山站,新长铁路县境线夹浦站,宁杭客运专线长兴县境段车站。

长兴站 1988年,位于县城城南1.5千米柏家浜村,为三等区段客货运站,所属铁路宣杭线、长牛线和新长线。客运、售票、行包房面积1224平方米,其中候车室729平方米,有1号、2号旅客站台、雨棚与地道。货运仓储面积共795.8平方米,其中整车仓库368.5平方米、货位3个,零担仓库427.3平方米、货位3个。车站工作人员42人。1990年旅客发送量17.91万人次,货物到发量35.50万吨。1998

年5月,西迁至金陵路南端重建,距原址约0.5千米。2009年4月,宁杭客运专线湖州段开工后,湖州火车站改建成枢纽站,原湖州火车站客运业务移到长兴站办理,开通从湖州到长兴火车站17路公交车。2012年,长兴火车站旅客发送量85.18万人次,货物到发量80.2万吨。车站工作人员127人。

图8-4　长兴火车站(县交通局提供·1994年)

煤山站　位于煤山镇,为三等货运站,所属铁路长牛线。占地面积23.6万平方米,其中客运旅客站台940平方米,货物站台12道2300平方米,货位16个。车站有下属广兴货场1处,距煤山站3.8千米,有3股道及装车线2股,有效长度1217米。千井湾货场1处,有4股道,有效长度742米,第3股道有跨线货仓1座,专供装煤用。1990年,全年旅客发送量5.79万人次,货物发送量103.06万吨,占长兴车务段货物总发送量47.4%。货物发送原以运煤为主,逐步发展以水泥、石料为主。车站工作人员82人。2005年,煤山站取消客运业务。2012年,货物到发量133.2万吨,车站工作人员29人。

泗安站　位于泗安镇,为四等中间、非营业站,所属铁路宣杭线。设有旅客站台800平方米,货物站台1道3000平方米。车站有工作人员12人。

大云站　位于林城镇,为四等中间、非营业站,所属铁路宣杭线,有叉线连接到部队专用线。设有旅客站台2110平方米。车站有工作人员12人。

夹浦站　位于水口乡徐旺村,为五等中间、非营业站,所属铁路新长线。设有货物站台1道2000平方米。车站有工作人员9人。

长兴东站　即宁杭客运专线长兴县境段车站。设计、施工阶段名为长兴东站。位于太湖街道,毗邻太湖,距离县城中心8.5千米。车站站房采用地面进出站,高架换乘模式,是宁杭客运专线全线唯一高架车站。车站雨棚面积11557平方米,建筑面积8991平方米(原设计5900平方米,新增部分由县政府出资4500万元),其中候车室面积3465平方米,售票厅面积361平方米。车站共设2个站台,4股道。站房南侧为社会车辆停车场,有小型车车位160个,旅游大巴车位12个。站前配套工程总占地14.33万平方米,主要包括站前广场、广场道路、长兴经济开发区发展大道东延伸线道路工程。车站站前广场总面积8.7万平方米,周边道路2.2万平方米。站前广场由县政府委托太湖街道实施管理,下设站前广场管理办公室,负责站前广场及周边道路环境卫生、绿化养护、车辆营运、治安、交通和秩序长效管理。2010年8月开工建设,至2012年年末竣工①。

三、加油站

20世纪90年代开始,对县内加油站网点布局加强规划。1992年,建成投产17座加油站,在建、规划9座,基本满足过往车辆用油需要。其中,长兴境内104国道长兴至湖州26千米内,已建成投产5座加油站,在建3座,共有8座加油站;104国道长兴至江苏界牌24千米内,已建成投产加油站5座,计划筹建城北加油站,共有6座加油站,平均4千米有1座加油站;318国道长兴至泗安28千米内,已建成投入使用加油站2座,石油公司筹建的城西加油站动工,计划筹建3座加油站,共有6座加油站;县境内省级公路长兴到煤山、槐坎,已建小浦加油站,在草子槽规划设置1座加油站;另有水口加油站、便民桥加油站、天平桥加油站,李家巷大木洋桥加油站等。

1990—1998年,县境内除长兴石油公司外,先后由个人、商业以及多部门组建成立华兴石油公司、

① 2013年7月1日,宁杭高铁正式投入运行,车站同时启用,并更名为长兴站。位于长兴城南的长兴站更名为长兴南站。

东方石油公司、兴源石油公司、祥兴石油公司、浙江省联运石油公司、金陵石油公司、新萧石油公司、嘉禾石油公司等10家石油批发企业，有28座加油站，遍布长兴县境内公路及河道口岸。1998年年底，长兴县石油公司、长兴县金陵石油公司上划，人、财、物统一由浙江省石油公司接收。多数企业由于石油市场无序竞争，经营陷入困境，先后关闭、破产。2005年，县内有加油站(点)78座。其中，核准经营汽油、柴油、煤油的加油站49座，隶属中石化系统25座、隶属中石油系统13座、社会投资11座；核准经营柴油、煤油的加油点29座，隶属中石化系统3座、隶属中石油系统3座、社会投资23座。2009年，共有加油站55座、加油点28座，其中隶属中石化系统加油站点31座(包括4座高速加油站)、隶属中石油系统加油站点18座、社会投资加油站点34座。2012年，共有加油站(点)83座，其中加油站58座、加油点25座，隶属中石化系统34座、隶属中石油系统19座、社会投资30座。

四、收费站、服务区

318国道长兴收费站　1993年9月，建立长兴县道路建设车辆通行费征收所，开始征收318国道车辆通行费。11月，更名为318国道长兴通行费征收管理所。1996年12月，撤销318国道长兴通行费征收管理所，建318国道长兴收费站。2006年9月，318国道长兴段停止收费并撤除。累计征收车辆通行费26155万元。

104国道长兴收费站　1996年12月建立，1997年10月15日正式开始收费，2012年10月14日停止收费并撤除。累计征收车辆通行费49591万元。

301省道长兴收费站　2006年8月建立，2007年11月18日正式开始收费，2010年2月28日停止收费并撤除。累计征收车辆通行费1695万元。

长深高速公路长兴段收费站、服务区　设有收费站3个、服务区1个，2003年8月开始收费和营运[①]。其中，长兴收费站，位于李家巷冯家湾村，设11个车道，包括4个进口车道和7个出口车道；夹浦收费站，位于夹浦镇夹浦村，设5个车道，包括2个进口车道和3个出口车道；浙苏省界收费站，位于夹浦镇父子岭村，设20个车道，包括10个进口车道和10个出口车道；太湖服务区，地处江浙两省交汇处的太湖之滨，占地面积10公顷，建筑面积5000平方米，是集加油站、停车场、汽车维修站、餐厅、商场为一体的综合服务区。

申苏浙皖高速公路长兴段收费站、服务区　设有收费站4个、服务区1个，2006年10月30日开始收费和营运。其中，长兴西收费站，位于画溪街道长桥村，设7个车道，包括3个进口车道和4个出口车道；林城收费站，位于林城镇石狮村，设6个车道，包括3个进口车道和3个出口车道；泗安收费站，位于泗安镇太平村，设6个车道，包括3个进口车道和3个出口车道；浙皖主线收费站，位于泗安镇大东村，设14个车道，包括5个进口车道和9个出口车道；长兴服务区，位于林城镇阳光村，占地面积10公顷，建筑面积5049平方米，是集加油站、停车场、汽车维修站、餐厅、商场为一体的综合服务区。

第六节　内河港口 渡口

一、客运码头

1988年，全县客运码头有雉城客运码头、雉城小客船码头2座。之后，由于公路客运的快速发展，水上客运迅速衰退。2000年，客运码头停止使用。2012年，全县有仙山湖旅游客运码头1座。

雉城客运码头　由地方国营长兴县运输公司客运站于1961年新建，位于雉城望春桥南。包括候船室在内，房屋建筑面积467平方米，阶梯式踏步码头1座，长10米，前沿水深2.3米，能靠泊100吨级船

① 2014年5月18日新增收费站1个，名长兴收费站；位于李家巷冯家湾村的长兴收费站更名长兴南收费站，夹浦收费站更名长兴北收费站。

舶。另有场地 200 平方米,仓库 210 平方米。1963 年移交嘉兴地区航运局,停泊长湖客轮及零担货运班船。1972 年航管体制下放到县后,该码头由湖州航运总公司经营水上客运业务。1993 年 8 月,湖州航运总公司水上客运业务终止,雉城客运码头停止使用。

雉城小客船码头 1988 年 4 月,在雉城镇仓前街中段建造小客船码头 1 座。长 75.6 米,码头平台宽 2.7 米,前沿河底标高+1 米,可同时停靠 25 艘小客船。总造价(包括值班亭)4.07 万元,市交通局补助 1 万元,县水利局 1.12 万元,其余由县航运管理所支付。凡到雉城镇的小客船均于该码头靠泊。2000 年,县航运管理所对农村小客船进行专项整顿,仅剩的 10 艘小客船被停航,雉城小客船码头也随之停用。

仙山湖游船码头 2009 年 3 月正式投入使用。位于泗安镇仙山湖畔,由长兴仙山湖旅游投资开发有限公司委托安吉森大景观工艺有限公司设计施工并建造完成。该码头前沿设计水深 1.5 米,岸线长度 56 米,拥有 22 客普通游船泊位 4 个,旅客年通过能力 12 万人次。2012 年 7 月,开工建设浮箱码头一个,投资 60 万元,于次年 10 月完成并投入使用。

二、货运港口

1986 年开展全国第一次港口普查,长兴县雉城、泗安、李家巷、小浦、和平被列为内河港口。1990 年,全县内河港口共有码头 198 座,总延长 2605 米,泊位 442 个,最大靠泊能力 100 吨级。1994—1997 年,建成年吞吐量 120 万吨的长兴县铁公水中转港码头,一期工程建 100 吨级泊位 10 个。1997 年全国第二次港口普查数据显示,全县共有小浦港、李家巷港、雉城港、泗安港、和平港、陈湾港、座山湾港 7 个内河港口,码头单位共 132 家,码头泊位数 288 个,生产库场总面积 35.6 万平方米,装卸机械 108 台,最大靠泊能力 100 吨级。2004 年《中华人民共和国港口法》颁布实施后,港口设施建设逐步规范,码头建设投资规模逐年增大,港口面貌得到提升。2008 年第三次全国港口普查数据显示,全县有码头单位 153 家,其中港口企业 131 家、船厂 20 家;码头泊位 228 个,其中 300 吨级以下泊位 127 个,300 吨级～1000 吨级泊位 101 个,岸线长度 22030 米。2012 年年末,长兴港区共拥有港口企业 115 家,码头总长度 17334 米,泊位 337 个,最大靠泊能力 500 吨级,泊位年通过能力 6139 万吨。

长兴港区 2008 年 1 月,《湖州港总体规划》出台,长兴港区正式列为湖州港的六大港区之一,由雉城、泗安、李家巷、小浦、和平、陈湾、座山湾 7 个港口整合而成,包括小浦作业区、雉城综合作业区、李家巷作业区、泗安老鸭塘作业区、下潘滩作业区、雉城潘家浜公用危险品作业区 6 个作业区,其中小浦、李家巷作业区为国家重点港口。分为小浦、雉城、李家巷、泗安、和平、吕山、洪桥 7 个作业片。

雉城港 1988 年,雉城港区东至杨湾桥,西达黄土桥港口,南到长湖线盛家桥口,北迄金莲桥,岸线长 4.15 千米,形成解放桥、东门、南门、三里桥、五里桥 5 个装卸作业区,拥有码头泊位 122 个,可靠泊 40 吨级～100 吨级船舶。装卸机械 47 台,单机最大起重能力 10 吨。有堆货场地 31 处,计 12.06 万平方米,仓库 61 座,2.92 万平方米。港区内有专业装卸运输企业二个,职工 287 人,镇、村办 10 个,从业人员 621 人,年货物吞吐量 53.78 万吨,其中进口 22.94 万吨,旅客吞吐量 27.6 万人次。2005 年,雉城港有码头单位 18 个,码头长度 2378 米,泊位 62 个,最大靠泊能力 100 吨级船舶,泊位年通过能力 310 万吨,全年完成货物吞吐量 205.07 万吨,其中出港 23.57 万吨,进港 181.5 万吨。

泗安港 1988 年,泗安港区上自鸭鱼塘桥起,下至老鸭塘,岸线长 1.83 千米,有码头泊位 74 个,装卸机械 15 台,其中输送机 1 台,最大起重能力 5 吨。货场 19 处,面积 11.4 万平方米,仓库 18 座,面积 0.8 万平方米。其中交通运输部门自有码头泊位 8 个,总长度 121 米,装卸机械 12 台(其中输送机 1 台,长 80 米;翻斗车 3 辆;起重机 8 台,最大起重能力 3 吨);货场 3 处,面积 0.91 万平方米;仓库 3 座,面积 0.25 万平方米。其余均为物资部门自备。港区内有专业装卸企业 1 个,职工 122 人,镇办企业 2 个,从业人员 21 人。年全港货物吞吐量 166.74 万吨,其中进港 2.02 万吨,出港物资以黄沙为主。2005 年,泗安港有码头单位 9 个,码头长度 1187 米,泊位 35 个,最大靠泊能力 60 吨级船舶,泊位年通过能力 129 万吨,全年完成货物吞吐量 125.24 万吨,均为出港。

李家巷港　为建材专业港口，港区西起石山桥，东至赵家桥，岸线长6.52千米。1988年，有石山桥、牛埡太、新开河、大茆桥4个装卸作业区。拥有码头泊位190个，靠泊能力60吨级～100吨级。有货场73处，面积19.55万平方米；仓库53座，计1.58万平方米。装卸机械37台，最大起重能力3吨。无专业装卸企业，码头、场地、仓库均为各厂矿自建自用，1990年货物吞吐量311.10万吨，其中进港为14.73万吨，以燃料煤为主；出港以石灰石、石灰、水泥等建筑材料为主。2005年，李家巷港有码头单位26个，码头长度3060米，泊位78个，最大靠泊能力120吨级船舶，泊位年通过能力386万吨，全年完成货物吞吐量535.45万吨，其中出港514.44万吨，进港21.01万吨。

小浦港　上自镇湾桥起，东至合溪新港四号桥，南至人民桥下游1000米处，岸线长度3.7千米。1988年，有码头泊位123个，能泊60吨级船舶。有装卸机械9台，最大起重能力3吨。货场43处，面积14.4万平方米；仓库10座，面积0.33万平方米。其中，交通运输部门拥有码头泊位6个，总长89米；起重能力为2吨的起重机3台；货场3处，面积1.32万平方米。有专业装卸企业1家，职工21人。全年港口货物吞吐量183.92万吨。其中，进口2.88万吨，以煤炭、石膏等水泥生产用燃料、材料为主，出口以石灰石等建筑材料为主。2005年，小浦港有码头单位50个，码头长度5679米，泊位159个，最大靠泊能力300吨级船舶，泊位年通过能力439万吨，全年完成货物吞吐量736.79万吨，其中出港599.32万吨，进港137.47万吨。

和平港　上始于市河起端，岸线长1.11千米。有码头泊位24个，能泊60吨级船舶。1988年，有装卸机械4台，其中起重机3台，最大起重能力3吨，吸谷机1台。货场13处，面积3.77万平方米；仓库6座，0.49万平方米。其中，交通运输部门码头1座，长度17米。起重机3台(其中2台设在物资部门专用码头)。港区内有专业装卸企业1个，职工13人。全年货物吞吐量77.76万吨，出口以建筑石料为主，进口2.88万吨，以煤及农用物资为主。2005年，和平港有码头单位50个，码头长度4300米，泊位102个，最大靠泊能力300吨级船舶，泊位年通过能力586万吨，全年完成货物吞吐量859.35万吨，其中出港858.61万吨，进港0.74万吨。

陈湾港　1990年，有泊位4个，常年可泊100吨级船舶。2005年，陈湾港有码头单位9个，码头长度1563米，泊位35个，最大靠泊能力120吨级船舶，泊位年通过能力167万吨，全年完成货物吞吐量77.09万吨，其中出港73.4万吨，进港3.69万吨。

座山湾港　1990年以前，随着矿山开发而产生，陆续有吕山、港口、里塘、包桥、虹星桥、白阜、白岘、林城等乡镇，开办副业石矿。该港经过两次拓宽疏浚，有自建简易码头，能泊60吨级船舶。2005年，座山湾港有码头单位18个，码头长度1140米，泊位27个，最大靠泊能力300吨级船舶，泊位年通过能力316万吨，全年完成货物吞吐量239.21万吨，其中出港238.64万吨，进港0.57万吨。

主要码头简介　20世纪80年代，县内港口码头多为企业自备，以满足企业自身货物装卸需求为目的，投资少、规模小、装卸设备落后，大多采用“船—码头吊—堆场”的简单装卸工艺流程，管理水平低，生产效率不高。2004年后，港口设施建设逐步规范，码头建设投资规模逐年增大。2012年年末，长兴港区共拥有港口企业115家，码头总长度17334米。

长兴捷通物流码头　原长兴县铁公水中转港码头。位于雉城镇东南约2千米五里桥附近，处于长湖申航道上游。1994年至1997年历时三年建成，有100吨级泊位10个，年吞吐量80万吨、中转量120万吨，总投资4300万元。2004年，转让给长兴发电有限责任公司。同年起，分两期进行改扩建，占地规模约30公顷，其中当年现有的码头占地18公顷。一期工程改建于2006年6月竣工，拥有165米×62米开挖式港池一个，500吨级泊位8个，岸线总长750多米。二期工程于2010年4月开工，新建3个煤炭泊位(300吨级兼靠500吨级)、2个多用途泊位(500吨级兼靠1000吨级)，泊位总长度251米。同时建设长兴地区物流交易信息平台，总投资约2.3亿元。

华能长兴电厂码头　位于长湖申线五里桥航段，1992年8月投产。装卸货种煤炭及制品，码头泊位8个，泊位长度300米，靠泊能力为300吨级，泊位年通过货物能力为120万吨，批准岸线使用长度为

240米。2010年8月,华能长兴电厂实施“上大压小”项目,异地新建后,该码头一直处于停用状态。

湖州南方水泥有限公司码头(李家巷) 位于湖州南太湖产业集聚区长兴分区石泉村,2008年9月投入生产运行。占地面积约3.33公顷,码头泊位17个,岸线453米,装卸货种煤、石膏、水泥及熟料4种,年通过能力630万吨,主要通过水运销售至嘉兴、上海等地。

长兴新明华化工建材有限公司码头 位于李家巷李家巷村,始建于1981年。共有泊位3个,岸线210米,主要用于企业生产的产品原料进入和产品出口,年通过能力18万吨。

长兴玻璃有限公司码头 位于李家巷镇沈湾村,南侧紧邻李湖南线,2008年建成投产。码头长度327米,500吨级普货泊位5个,重油泊位1个,泊位长度456米,占用岸线长度130米,年通过能力90万吨。

桐昆集团浙江恒腾差别化纤维有限公司码头 位于湖州南太湖产业集聚区长兴分区,距下游李湖大桥约148米。码头采用挖入式港池形式,新建6个300吨级泊位,其中煤炭泊位1个、乙二醇泊位2个、PTA泊位3个,年吞吐量达140万吨,设计年通过能力为157万吨。一阶段施工完成港池一的3个泊位,年吞吐量60万吨,设计年通过能力为67万吨。该工程于2012年2月20日开工,8月10日完工。

湖州南方水泥有限公司码头(小浦) 位于小浦镇合溪村,2002年7月创建,2003年6月投产。共有泊位6个,岸线300米,主要装卸货种为煤炭、熟料,年通过能力460万吨,主要通过水运销售至湖州、嘉兴、苏南以及上海等地。

浙江长广(集团)有限责任公司永兴码头 位于小浦镇,1982年7月建成投产,为浙江长广(集团)有限责任公司下属永兴水泥分公司所有。设计靠泊能力300吨级泊位有3个,泊位长度120米,年通过能力为70万吨,装卸货种为水泥,水泥销售遍及上海、南京、湖州、嘉兴等地区。

港口生产 1994年,开始统计全县港口生产情况。同年完成货物吞吐量789万吨,其中出港777万吨、占98.5%,进港12万吨、占1.5%。2012年年末,长兴港区全年完成货物吞吐量4350万吨,其中出港3723万吨、进港627万吨,分别占85.6%、14.4%。出港物资以矿建材料、水泥、熟料和非金属矿石为主,进港物资以煤炭、非金属矿石为主。

1994—2012年长兴港区货物吞吐量情况表

表8-5

单位:万吨

年份	货物吞吐量			年份	货物吞吐量		
	进港	出港	合计		进港	出港	合计
1994	12	777	789	2004	267	2190	2457
1995	86	723	809	2005	345	2433	2778
1996	124	791	915	2006	393	2632	3025
1997	113	785	898	2007	442	3002	3444
1998	100	723	823	2008	673	2909	3582
1999	99	1081	1180	2009	763	2953	3716
2000	108	754	862	2010	859	2995	3854
2001	155	1301	1456	2011	889	3198	4087
2002	215	1397	1612	2012	627	3723	4350
2003	192	1509	1701	—	—	—	—

说明:1.长兴港口生产统计始于1994年;2.资料来源于县交通局

三、渡口

长兴地处太湖之滨,水网密布,渡运历史悠久,历史上渡口一度多达78处。1988年,全县尚有渡口26处。至1990年,先后撤销雪泉渡、都家渡、徐家汇渡3处。1995年后,随着乡镇公路发展,渡运逐渐萎缩,全县逐步开展建桥撤渡工作。1999年,县交通部门对撤销渡口乡(镇)实施补助政策。2002年2

月，全县尚存渡口10处，分别是郭墟渡（1990年后新增）、南淙渡、吴山渡、午源渡、便民渡、胥仓渡、葛泾渡、管渡（1990年后新增）、钱家渡、管家浜渡。同年，启动“撤渡建桥”工程。2002年7月，撤销郭墟渡口、南淙渡口。2003年1月，撤销管家浜渡口、午源渡口。9月，撤销太湖村钱家渡口。2004年12月，胥仓大桥建成通行。2005年1月，西苕溪午源、便民、胥仓、吴山、葛泾5处渡口撤销，境内实现“零渡口”目标。

1988年长兴县渡口分布情况表

表8-6　　单位：艘

序号	渡口名称	所在乡村	河流名称	渡船数量	渡船操作方式
1	长安渡	吴山乡	西苕溪	2	简易渡船1艘、手摇1艘
2	吴山渡	吴山乡王村村	西苕溪	1	手摇
3	便民渡	吕山乡南蒋村	西苕溪	1	手摇
4	午源渡	吕山乡门前村	西苕溪	1	手摇
5	胥仓渡	长城乡徐家𰀁门村	西苕溪	1	手摇
6	葛泾渡	吕山乡下目村	西苕溪	1	手摇
7	南淙渡	吴山乡南淙村	晓墅港	1	手摇
8	跨塘渡	雉城镇竹园村	长湖航道	1	手摇
9	张王渡	包桥乡下墅村	长湖航道	1	手摇
10	许家渡	包桥乡钮家村	长湖航道	1	手摇
11	小午山渡	虹星桥镇郑家桥村	泗湖航道	1	手摇
12	三河叉港渡	林城镇洋河村	泗湖航道	1	手摇
13	西坝里渡	李家巷镇西坝里村	李湖南线	1	手摇
14	无胥渡	水口乡水东村	丁甲桥支线	1	手摇
15	许家浜渡	李家巷镇许家浜村	洪桥支线	1	手摇
16	祥符𰀁渡	下箬寺乡祥符𰀁村	洪桥支线	1	手摇
17	吴家𰀁渡	夹浦乡太平桥村	丁甲桥支线	1	手摇
18	韩家𰀁渡	夹浦乡韩家𰀁村	—	1	手摇
19	水产村渡	夹浦乡水产村	—	1	手摇
20	管家浜渡	夹浦乡喜鹊𰀁村	丁甲桥支线	1	手摇
21	外浜渡	下箬寺乡祥符𰀁村	长兴新港	1	手摇
22	雁桥渡	新塘乡南张浜村	长湖客运线	1	手摇
23	钱家渡	洪桥镇太湖村	—	1	手摇
24	霅泉渡				
25	都家渡				
26	徐家汇渡				

说明：资料来源于县交通局

第七节　航标 锚地

一、航标

1988年，境内共设航标12座，其中岸标9座，浮标3座。2003年，共有航标12座。长湖申线有小箬桥、杨湾各1座，梅湖线有石泉、吴山渡及吴山渡粮库3座，李湖北线2座，泗湖线有4座，赵夹线有夹浦太湖口1座。至2012年，全县共有航标7座。

梅湖线2号航标 1991年,在吴山渡处右岸设置钢结构4米双体灯船右侧面标,标身颜色为红色,顶标型号为钢架,灯标能源为6伏锌空电池1组,输出功率5瓦,灯器规格为HB155型,灯质为FL(1)4S, 4秒单闪0.5+3.5,灯色为红色。

梅湖线右侧浮标 1991年,在港口船厂处右岸设置钢结构4米双体灯船右侧浮标,标身颜色为白色,顶标型号为钢架,灯标能源为6伏锌空电池1组,输出功率5瓦,灯器规格为HB155型,灯质为FL(1)4S,4秒单闪0.5+3.5,灯色为红色。

梅湖线3号航标 1991年,在吴山渡处左岸设置砼杆结构单立柱左侧面标,标身颜色为黑白横纹,顶标型号为锥A型,灯器规格为HB155型,灯质为FL(1)4S,4秒单闪0.5+3.5,灯色为白色。

梅湖线1号侧面浮标 2006年,在便民桥下游处右岸设置钢结构4米双体灯船侧面浮标,标身颜色为白色,顶标型号为钢架,灯标能源为6伏锌空电池1组,输出功率5瓦,灯器规格为HB155型,灯质为FL(1)4S,4秒单闪0.5+3.5,灯色为白色。

梅湖线2号航标 2008年,在吴山渡处左岸设置钢结构5.5米单立柱沿岸标,标身颜色为黑白横纹,顶标型号为球A,灯器规格HB155型,灯质为FL(1)4S,4秒单闪0.5+3.5,灯色为绿色。

梅湖线1甲航标 2010年,在独山处左岸设置钢结构5.5米单立柱左侧面标,标身颜色为黑白横纹,顶标型号为锥A型,灯器规格为HB155型,灯质为FL(1)4S,4秒单闪0.5+3.5,灯色为白色。

杨家浦支线示位标 2012年,在杨家浦处右岸设置玻璃钢结构8.5米立柱示位标,标身颜色为红白横纹,灯标能源为太阳能,输出功率5瓦,灯器规格MWZHB155B型智能一体化,灯质为莫D,8秒三闪1.5+0.5+0.5+0.5+0.5+4.5,灯色为红色。

二、锚地

太湖避风锚地是长兴航运历史上首座锚地,位于洪桥镇杨家浦支线航道排田漾航段。按五级通航标准、停泊300吨级船舶设计建设,最高通航水位2.66米,最低通航水位0.66米。锚泊区总面积4.97万平方米,设计停泊300吨级船舶100艘。该工程被列入2007年度省港航局港航养护重点工程,概算总投资514万元。2007年11月开工建设,2008年8月完成锚地建设,11月由省港航局组织竣工验收并交付使用。

第二章 交通运输

长兴县交通运输基本方式为公路运输、铁路运输和内河运输。1988年,全县客运总量481.72万人,其中公路客运占75.6%,铁路客运占16.5%,水路客运占7.9%;货运总量1463.86万吨,其中公路货运占47.5%,铁路货运占6%,水路货运681.32占46.5%。20世纪90年代以来,境内公路建设快速发展,交通工具发生很大变化,公路客运从单一班线客运发展到班线客运、出租客运、包车客运和公交客运等多种运输方式,公路客运业务快速增长。该时期,民营水运企业及个体运输船户逐渐占据水运业主导地位。2012年,全县客运总量1664.63万人,其中公路客运占88.8%,铁路客运占10.4%,水路客运占0.9%;货运总量7507.16万吨,其中公路货运占28.4%,铁路货运占1.7%,水路货运占69.9%。

第一节 交通工具

一、车辆

机动车 1988年,全县拥有汽车2126辆,其中大型汽车804辆、小型汽车1149辆;运输拖拉机4612辆;摩托车1245辆,轻骑151辆。2001年,轿车开始进入城乡居民家庭,同年全县家庭轿车约1500

辆。2007 年，个人小型汽车拥有量突破 1 万辆，达 12369 辆。2012 年，全县拥有有证机动车 159376 辆，其中汽车 68943 辆，摩托车 83950 辆，轻骑 1073 辆。

载客汽车　1987 年，全县共有载客汽车 323 辆，其中营运载客汽车 78 辆、非营运载客汽车(小汽车)245 辆，属单位 311 辆、属农村联户和个体户 12 辆(其中小汽车 11 辆)。1992 年，客车拥有量 613 辆，其中营运客车 169 辆、非营运客车 444 辆，属单位 458 辆、属联户个体 87 辆。1995 年，客车拥有量 1116 辆，其中单位 885 辆、个体私营 231 辆。2000 年，客车拥有量 1833 辆，其中营运客车 499 辆、非营运客车 1334 辆。2001 年，私人轿车开始进入城乡居民家庭。2008 年，客车拥有量 18687 辆，其中营运客车 664 辆、非营运客车 18023 辆。之后，陆路交通工具不再纳入统计范围。

1987 年，全县有营运载客汽车(大客车)78 辆，客位 3375 座。1992 年，有营运客车 169 辆，客位 4747 座，其中大型营运客车 87 辆，客位 3893 座。1993 年，7 座～17 座农用中巴车进入客运市场。1995 年，投入 30 座以上之江牌营运空调大客车 1 辆，客位 41 座。同年，有营运客车 247 辆，客位 5370 座。1999 年 12 月，全县 345 辆农用中巴车退出客运市场，由长兴万宏汽车运输有限公司和长兴晶鑫客运服务有限公司 2 家运输企业收购后，投入 19 座“友谊牌”中巴车 147 辆，客位 2793 座，实行公司化经营。2000 年，长湖线 21 辆中巴车报废，更新为 7 辆空调“依维柯”。2001 年 9 月，长兴至湖州便捷巴士开通，为湖州市首条便捷巴士线路，共投放 7 辆双开门带空调大巴。2009 年 3 月，全省首辆压缩天然气节能环保型公交车在长兴至湖州城际班线投放。2012 年 2 月，全县首批 30 辆液态天然气新能源公交车在城市公交 1 路～13 路公交线上投入营运，至 12 月县内新能源公交车更新至 50 辆。同年年末，全县有营运客车 703 辆，客位 16840 座。其中，班线客车 210 辆，客位 8056 座(高级客车 86 辆、客位 3175 座，中级客车 124 辆、客位 4881 座)，全部安装全球定位系统及行车记录仪；包车客车 39 辆，客位 1392 座；出租车 345 辆，客位 1380 座；城市公交车 109 辆，客位 6012 座，其中新能源公交车 64 辆。

1987 年，全县有非营运载客汽车(小汽车)245 辆，属单位 234 辆、属农村联户和个体户 11 辆。1992 年，全县有非营运载客汽车 444 辆，客位 2963 座，其中大型非营运客车 16 辆，客位 720 座；大多数为单位所有。2001 年，私人轿车开始进入城乡居民家庭，当年全县家庭轿车有 1500 辆。2003 年，全县个人小型汽车拥有量为 3370 辆。2007 年，个人小型汽车拥有量突破 1 万辆，达 12369 辆，其中家庭轿车 8127 辆。2008 年，个人小型汽车拥有量 16075 辆，其中家庭轿车拥有量突破 1 万辆，达 10983 辆。之后，家庭轿车拥有量迅猛增长，2009 年达 1.58 万辆，2010 年达 2.23 万辆，2011 年达 3.3 万辆。2012 年，全县个人小型汽车拥有量约 5.38 万辆，其中家庭轿车达 4.14 万辆。

载货汽车　1988 年，全县有营运载货汽车 545 辆，2088 吨位。1990 年，全县有货车 1343 辆，4392 载重吨。其中，营运货车 863 辆、3365 载重吨，非营运货车 480 辆、1027 载重吨，营运货车数量占货车总量的 64.3%；个体及联户拥有货车 459 辆，1706 载重吨。2000 年，全县有货车 2285 辆，7381 载重吨。其中，营运货车 2166 辆、7121 载重吨，非营运货车 119 辆、260 载重吨，营运货车数量占货车总量的 94.8%；个体私营营运货车 1269 辆、3429 载重吨，分别占营运货车的 58.6%和 48.2%。2012 年年末，县内有各类货车 5408 辆，41483 载重吨，其中营运货车 5082 辆，38392 载重吨。

拖拉机　1988 年，全县有运输拖拉机 4612 台。2008 年，有轮胎式拖拉机 2650 台。之后，不再纳入统计范围。2012 年，全县用于运输拖拉机 828 台。农用拖拉机详见第 11 编农业、第 7 章农业机械。

摩托车、轻骑　1988 年，全县有摩托车 1245 辆，轻骑 151 辆。1995 年，有摩托车 2559 辆，轻骑 392 辆。1997 年，摩托车拥有量突破 1 万辆，达 10920 辆。2012 年年末，全县摩托车拥有量 83950 辆，轻骑 1073 辆。

非机动车　自行车　20 世纪 80 年代，自行车成为县内居民主要代步工具。1987 年年末，全县自行车拥有量达 122602 辆，其中城乡居民自备车 115601 辆，户均 0.71 辆。1990 年，登记发照自行车数量为 16.06 万辆，其中公用车 8900 辆，城乡居民自备车 15.17 万辆。1998 年 4 月开始，县公安机关在全县范围内换发启用自行车分合式牌照，当年换发分合式牌照 99367 辆。之后，摩托车、燃油助动车、电动自行车、家庭汽车等代步工具兴起，自行车逐渐退出城乡居民家庭。2012 年，全县每百户农村居民家庭拥有自行车 4 辆。

独轮车　俗称“羊角车”。丘陵地区的主要运输工具。20世纪末,山区尚有少量遗存。

双轮车　俗称“双轮橡皮车”“钢丝车”“手拉车”,车厢分木质、铁质两种。一度成为民间运输和装卸作业的主要工具,遍及城乡。20世纪90年代后,随着货运车辆的增多,双轮车逐渐退出市场,数量锐减。

人力三轮车　俗称“三轮车”。1990年年末,登记发证人力三轮车217辆。1993年有390辆,1994年发展到790辆。1995年起,县公安机关开始将雉城镇人力三轮车纳入管理,进行统一编号、统一喷漆、统一车篷,登记发证,制定服务守则。1998年年末,人力三轮车有980辆。2012年年末,县内人力三轮车有350辆左右。

机动三轮车　俗称“三卡”。1986年开始办理营业执照,被批准装货运输。1987年年底,有80辆,主要是安吉产“天目山”牌。之后,因县乡公路客运班次少,满足不了客运需求,出现“三卡”载客现象,并日益增多。“三卡”不受时间、运距、地点限制,随叫随到,招手即停,客货兼载,十分方便,但票价要比国营客车高,特别是安全性差,事故频繁。1990年年末,县内“三卡”有1200多辆,其中经登记发证同意从事货运的“三卡”有700多辆,但绝大多数擅自加篷载客。1993年起,机动三轮车逐步退出客运市场。

电动车　20世纪90年代,县内电动自行车开始发展。进入21世纪,随着电动自行车性能的不断提升,以及快捷、环保、方便的特点,电动自行车迅速在城乡家庭中普及,成为摩托车和自行车的替代产品。至2010年,全县电动自行车拥有量突破10万辆,约12.95万辆。2012年,全县有电动自行车19.08万辆。除电动自行车外,还有以电瓶为动力的电动三轮货车(俗称电瓶车)和电动残疾车,未要求办理上牌手续。

1988—2012年长兴县各种车辆拥有量情况表

表8-7

年份	汽车(辆)	其中:个人小型汽车(辆)	轮胎式拖拉机(台)	摩托车(辆)	轻骑(辆)	电动自行车(辆)	年份	汽车(辆)	其中:个人小型汽车(辆)	轮胎式拖拉机(台)	摩托车(辆)	轻骑(辆)	电动自行车(辆)
1988	2126		4612	1245	151		2001	4686		1763	29985		
1989	2312		4703	1376	163		2002	6091		2094			
1990	2597		4560	1521	175		2003	11265	3370	2375	41960	637	
1991	2750		4561	1635	183		2004	14938	4643	2605	77733	1053	
1992	2941		3651	1701	196		2005	14821	6122	2644	87087	1190	
1993	3338		3677	1735	212		2006	16639	9299	2635	76274	1058	
1994	3459		4003	1799	244		2007	20034	12369	2648	82459	1145	
1995	3737		4064	2559	392		2008	24286	16075	2650	86263	1176	
1996	3924		3957	7692	856		2009	32238	22363		89519	1188	63513
1997	4198		1264	10920	938		2010	43674	31617		92084	1191	129465
1998	4431		1564	14381	990		2011	56633	42360		93486	1186	160995
1999	3172		1264				2012	68943	53784		83950	1073	190751
2000	4118		1036	19643			—	—	—	—	—	—	—

说明:1988—1998年资料来源于《长兴公安志》(中华书局2000年版),2003—2012年资料来源于县公安局,1999—2002年资料和历年轮胎式拖拉机资料根据《长兴统计年鉴》整理

二、船舶

机动船　1988年,县内有机动船舶2207艘,其中客船20艘、货船2078艘、拖轮109艘;客位785座,56139载重吨、单船平均吨位26载重吨。1993年7月,县航运管理所停止对新增营运水泥船入籍登记和发证,对水泥质船进入主干线航道实施通行证制度;同月,开始出现钢质挂桨机船。2000年7月,整顿个体经营的水上小客船,县内仅存的10艘营运小客船全部停航、注销。同年起至2002年年末,在

全省率先完成营运水泥船舶淘汰。2001 年，停止对新建挂桨机船舶检验发证，2002 年起启动挂桨机船淘汰工作，至 2006 年 11 月 17 日长兴航区最后一艘营运挂桨机船——浙长兴挂 03521 解体，宣告全县 2130 艘营运挂桨机船全部退出水运市场。2009 年，长兴仙山湖旅游投资开发有限公司筹建，有普通客船 6 艘，客位 132 座。2012 年年末，全县有在册营运机动船舶 2203 艘。其中，货船 2190 艘，拖船 2 艘，货船总运力 633552 载重吨，单船平均吨位 289 载重吨，最大吨级船可载货 1049 吨；客船 11 艘，客位 306 座，均为木质船体。

非机动船　1988 年，县内有在册营运非机动船（驳船）1219 艘，71468 载重吨，单船平均吨位 59 载重吨。1991 年，非机动船达 3534 艘，74487 载重吨，占全县水运总运力的 55%。随着航道的改善和大吨位船舶渐增，驳船数量大幅减少。2001 年，非机动船有 465 艘，35222 载重吨，相比 20 世纪 90 年代初，数量下降 87%，运力规模下降一半，占全县水运总运力的 22%。之后，县内加快驳船淘汰，一大批船龄长、船质差、吨位小的驳船逐渐退出水运市场，但因航道条件的差异性，驳船运输还保留一定的市场份额。至 2012 年年末，全县有在册营运非机动船有 23 艘，4915 载重吨，占全县运输船舶总量的 1%。

1988—2012 年长兴县交通船舶拥有量情况表

表 8-8

年份	机动船										驳船	
	合计			客船		货船			拖船			
	艘	吨位	千瓦	艘	千瓦	艘	吨位	千瓦	艘	千瓦	艘	吨位
1988	2207	56139	28670	20	176	2078	56139	20985	109	7509	1219	71468
1989	2719	69563	34762	19	168	2594	69563	27825	104	6754	1239	72735
1990	2383	60718	32287	13	132	2273	60718	25548	97	6607	1119	70010
1991	3054	60075	38251	13	124	2943	59883	31570	95	6534	3534	74487
1992	2365	68835	35497	14	132	2246	68835	27730	105	7634	1099	72019
1993	3022	109661	53666	15	141	2890	109661	43897	117	9626	1157	75998
1994	2209	93249	46077	15	264	2081	93249	36296	113	9517	1082	76728
1995	2711	111467	55762	14	296	2577	111467	45259	120	10257	1060	76467
1996	2295	100589	49265	14	246	2166	100589	38848	115	10171	1130	76212
1997	1991	81376	45317	14	246	1862	81376	34925	115	10146	1094	77815
1998	2273	105753	53942	10	161	2154	105753	43826	109	9955	1036	74409
1999	2271	112575	55081	10	161	2221	112575	51030	40	3890	450	34214
2000	2305	120593	56135	—	—	2253	120593	50844	52	5291	480	35914
2001	2435	156742	73336	—	—	2387	156742	68465	48	4871	465	35222
2002	2809	220892	113176	—	—	2759	220892	108078	50	5098	486	36279
2003	2851	246775	134053	—	—	2792	246775	127758	59	6295	637	53614
2004	2985	332849	187667	—	—	2924	332849	180863	61	6804	596	52825
2005	2237	333301	206012	—	—	2185	333301	200180	52	5832	501	46548
2006	2065	266596	239815	—	—	2037	265426	236561	28	3254	273	25197
2007	2122	285773	252328	—	—	2103	284992	250110	19	2218	194	17686
2008	2081	282977	248115	—	—	2066	282369	246383	15	1732	159	14694
2009	1995	312766	260928	—	—	1978	312260	259812	9	1100	96	8380
2010	2271	432581	331551	8	40	2256	432158	330646	7	866	74	6552
2011	2210	470715	347455	11	52	2194	470305	346561	5	842	51	9504
2012	2203	476504	348368	11	52	2190	476238	347978	2	338	23	4915

说明：资料来源于县交通局

第二节　公路运输

一、客运

客运方式　1988—2012年，全县公路旅客运输从单一班线客运发展到班线客运、出租客运、包车客运和公交客运等多种运输方式。1988年，开通客运班车线路52条，运营里程7801千米，日发108班次。其中，跨省客运班车14条，运营里程1567千米，日发36班次；跨市(地)6条，运营里程3436千米，日发8班次；跨县10条，运营里程921千米，日发32班次；县内22条，运营里程1877千米，日发32班次。1989年，人力三轮车投入短程客运。1994年，出租车投入运行。1995年11月，城市公交线正式营运。2000年，出现旅游包车出行。2004年起，城乡公交班车开通。至2012年，共开通客运班车线路146条，运营里程11494千米，日发1705班次。其中，跨省客运班车24条、运营里程4106千米、日发77班次；跨市(地)23条、运营里程5634千米、日发70班次；跨县(市)12条、运营里程756千米、日发249班次；县内87条、运营里程998千米、日发77班次。

跨省班车客运　1988年，长兴县有跨省路线14条，日发36班次。1995年，新增江苏班线2条。1997年，新增上海班线3条。2000年，新增江苏班线3条。2003年新增安徽班线3条。至2012年年末，有跨省线路24条，日发77班次。

跨市班车客运　1988年，长兴有市际线路6条，日发8班次。1992年湖州市汽车运输总公司体制改革，各县分公司下放至地方，市际班线快速发展。2001年10月，开通长兴至杭州快客。2005年5月，开通长兴至宁波快客。至2012年年末，全县有市际班线23条，日发70班次。

跨县班车客运　1988年，全县有县际线路10条，日发32班次。2000年6月，开通长兴至湖州快客；同年9月，开通长兴至湖州便捷巴士。2007年8月，开通长兴至安吉快客。至2012年年末，全县有县际班线12条，日发249班次。

县内城乡客运　1988年，全县开通县内客运班车22条，日发37班次。1991起至1999年，农用三轮车和农用中巴进入客运市场。2000年年初，全县288辆农用三轮车和农用客车全部更新为17座中巴客车155辆，实行公司化经营。2004年起，推进城乡公交一体化，原有班车逐步停运。同年，在长兴至泗安、畎桥、天平、新塘班线开通城乡公交班车，年末在长兴至水口、丁甲桥班线推行城乡公交的改造工作。2005年，开通城乡公交线路11条，日发882班次，设186个港湾式停靠站，城乡公交线路覆盖县内16个乡镇226个行政村。2012年，全县有县内城乡公交线路65条，日发1237班次。

县内城市公交客运　1993年2月，湖州汽车运输总公司长兴分公司下属长兴汽车客运公司成立城市公交车队。1995年6月，长兴万宏汽车运输有限公司投放6辆大客车成立全县第一家公交公司，属承包经营。1995年11月28日，第一条城市公交线正式营运，由城西立交桥至长兴电影院。1996年，新增2路、3路公交车。1999年，改称浙江长兴万宏汽车运输有限公司长兴万宏公交公司。2003年，长兴万宏公交公司进行内部经营体制改革，由承包经营转向集体经营。2004年，新增5路公交车。2006年5月，新增7路、8路、9路公交车。2008年，新增10路公交车、开发区专线。2010年1月，新增11路、12路、13路公交车。2012年，新增131路、432路公交车。同年年末，全县开通城市公交线路17条，城市公交线路总长155千米，公交线网密度8分钟～30分钟，日发4096班次。

出租客运　1994年4月，长兴汽车客运公司注册成立全县第一家出租车公司长兴出租汽车旅游公司。1998年体制改革，长兴出租汽车旅游公司更名为长兴万宏汽车运输有限公司出租汽车旅游分公司。2000年，全县有出租小轿车20辆、出租面包车138辆，其中桑塔纳轿车10辆、夏利轿车9辆、昌河面包车75辆、其他车型64辆，经营业户10家，从业人员158人。2004年，新增投放客运出租车30辆，更新改造21辆。同年，投入1500万元，将105辆出租面包车全部更新为桑塔纳出租车。2006年3月，新增长兴远通汽车客运出租服务有限公司、长兴万顺汽车客运出租服务有限公司2家出租车公司，投放60辆出租车。同年，全县345辆客运出租车全部实现公司化经营。2007年1月，引进长兴万豪汽车客运出租服务有限公司，在长兴万宏汽车运输有限公司出租汽车旅游分公司285辆出租车中转买100辆从事出租车经营。2008年，全县345辆客运出租车全部实施汽油改天然气，采用压缩天然气标准双燃料车型。2012年年末，全县有出租车公司4家，出租汽车345辆。其中，长兴万宏汽车运输有限公司出租汽车旅游分公司185辆，长兴万豪汽车客运出租服务有限公司100辆，长兴远通汽车客运出租服务有限公司30辆，长兴万顺汽车客运出租服务有限公司30辆；有现代索纳塔轿车60辆，桑塔纳轿车262辆，捷达轿车23辆；从业人员626人，持服务资格者588人。客运量1385.2万人次，运营里程5032.7万千米，其中载客里程4100万千米。

包车客运　2000年，县内有包车旅游客运车辆3辆，客位95座。2002年10月，长兴万宏汽车运输有限公司与湖州市中大运输有限公司、湖州市鑫达运输有限公司合作组建具有二级客运资质的浙江天成运输有限公司，开展旅客运输业务。2008年，长兴万宏汽车运输有限公司成立长兴旅游汽车服务中心。2010年，长兴旅游汽车服务中心推出长兴至杭州服装市场旅游专线，与中国中钢集团公司等10多家单位签订员工上下班长期接送协议，全年完成旅游包车业务995.6万元。2012年年末，全县有包车旅游客运车辆29辆，客位1100座。

人力三轮车客运　2012年年末，县内人力三轮车有350辆左右，客位700座。

1988—2012年长兴县开通客运班车线路及运营里程情况表

表8-9

年份	跨省		跨市（地）		跨县（市）		县内		合计	
	线路（条）	运营里程（千米）	线路（条）	运营里程（千米）	线路（条）	运营里程（千米）	线路（条）	运营里程（千米）	线路（条）	运营里程（千米）
1988	13		13		18		22		22	
1989										
1990										
1991										
1992	17	2049	13	3436	21	1074	88	2394	139	8953
1993	17	2108	15	3866	29	1435	32	880	93	8289
1994	19	2399	18	4600	24	1128	23	600	84	8727
1995	19	2399	21	5318	25	1218	23	600	88	9535
1996	19	2399	21	5318	25	1218	23	600	88	9535
1997	20	2710	21	4786	25	1474	23	482	89	9452
1998	21	3022	21	4786	25	1474	23	482	90	9764
1999	21	3040	21	4863	25	1451	24	516	91	9870
2000	24	3409	20	4455	19	1106	27	679	90	9649
2001	25	3668	20	4455	14	795	26	606	85	9524
2002	27	4322	21	4899	14	795	30	701	92	10717
2003	24	3855	23	5342	11	598	40	622	98	10417
2004	24	3589	25	6001	13	764	44	685	106	11039
2005	28	4278	26	6045	16	779	53	824	123	11926
2006	28	4278	26	6045	16	779	94	1461	164	12563
2007	28	4278	26	6045	16	779	85	980	155	12082
2008	28	4278	27	6345	16	779	85	980	156	12382

续表8-9

年份	跨省		跨市(地)		跨县(市)		县内		合计	
	线路(条)	运营里程(千米)	线路(条)	运营里程(千米)	线路(条)	运营里程(千米)	线路(条)	运营里程(千米)	线路(条)	运营里程(千米)
2009	28	4469	26	6345	15	1002	87	998	156	12814
2010	28	4469	25	5900	12	721	87	998	152	12088
2011	28	4469	25	5900	12	721	87	998	152	12088
2012	24	4106	23	5634	12	756	87	998	146	11494

说明:资料来源于县交通局

客运企业 1988年,全县道路旅客运输主要由湖州汽车运输总公司长兴分公司经营。2012年,县内有道路客运企业4家。

长兴万宏汽车运输有限公司 原名嘉兴地区汽车运输公司长兴中心站。1988年3月,更名湖州汽车运输总公司长兴分公司,属全民所有制企业。位于雉城镇东门大桥南堍,104国道与318国道交会处。占地总面积13469.55平方米,其中停车场、回车道面积8656平方米,售票厅、候车室建筑面积957.28平方米。有职工405人,客车65辆,客位2980座。1992年3月,湖州汽车运输总公司长兴分公司分为长兴汽车客运公司、长兴汽车货运公司和长兴汽车配件维修公司。10月,长兴汽车配件维修公司划归长兴汽车客运公司。1996年1月,长兴汽车客运公司和长兴汽车货运公司合并成立长兴汽车运输总公司。1998年8月,长兴汽车运输总公司、长兴汽车客运货配中心、长兴县交兴公司合并成立长兴汽车运输总公司。12月,改制成为民营企业。1999年1月,长兴万宏汽车运输有限公司注册成立。2012年,长兴万宏汽车运输有限公司下辖长兴万宏客运分公司、长兴万宏客运中心、长兴万宏公交公司、长兴万宏出租旅游公司、长兴万宏交通广告公司、长兴万宏机动车大修厂、长兴万宏房屋开发分公司、长兴万宏综合经营公司8家二级单位和长兴公路运输服务有限公司、长兴万宏交通旅行有限公司、长兴联合万宏商贸有限公司、长兴晶鑫客运服务有限公司、长兴宏讯科技有限公司5家控股、参股企业,经营范围主要是公交客运、出租客运、包车客运、班线客运、汽车维修与检测等道路旅客运输相关业务。总资产1.5亿元,员工1226人。拥有营运车辆581辆,其中客运车辆396辆、出租轿车185辆,客运班线网络覆盖长三角地区,综合营业收入1.29亿元。

长兴万顺汽车客运出租服务有限公司 2006年3月成立,位于雉城镇轻纺城,注册资金300万元。主要经营出租车客运。2012年,有出租车30辆,车身颜色浅绿。

长兴远通汽车客运出租服务有限公司 2006年3月成立,位于雉城镇人民中路,注册资金300万元。主要经营出租车客运。2012年,有出租车30辆,车身颜色红色。

长兴万豪汽车客运出租服务有限公司 2007年成立,位于雉城镇长海路,注册资金300万元。主要经营出租车客运。2012年,有出租车100辆,车身颜色深绿。

客运量 1988年,全县公路客运量364万人,公路旅客周转量11224万人千米,其中营业性公路旅客客运量249万人,周转量10976万人千米。20世纪90年代起,全社会公路旅客运输量快速增长。1995年,全县公路客运量1048万人,公路旅客周转量43988万人千米,其中营业性公路旅客客运量701万人,周转量28677万人千米。2000年,全县公路客运量1096万人,公路旅客周转量37829万人千米,其中营业性公路旅客客运量860万人,周转量28861万人千米。2005年,全县公路客运量1101万人,公路旅客周转量41087万人千米,其中营业性公路旅客客运量731万人,周转量25389万人千米。2010年,全县公路客运量1830万人,公路旅客周转量70031万人千米,其中营业性公路旅客客运量1524万人,周转量48121万人千米。2012年,全县公路客运量2124万人,公路旅客周转量91543万人千米,分别比1988年增长5.83倍和7.16倍。其中,营业性公路旅客客运量1478万人,周转量49351万人千米,分别比1988年增长4.94倍和3.5倍。

1988—2012 年长兴县公路客运情况表

表 8-10

年份	全社会公路旅客运输量		其中：营业性公路旅客运输量		年份	全社会公路旅客运输量		其中：营业性公路旅客运输量	
	客运量（万人）	旅客周转量（万人千米）	客运量（万人）	旅客周转量（万人千米）		客运量（万人）	旅客周转量（万人千米）	客运量（万人）	旅客周转量（万人千米）
1988	364	11224	249	10976	2001	940	35663	690	26163
1989	365	12213	251	11001	2002	1010	39380	710	26980
1990	367	13134	256	11369	2003	990	39015	675	24840
1991	368	13685	258	11836	2004	1055	40815	695	25337
1992	483	19728	341	14447	2005	1101	41087	731	25389
1993	720	47150	138	8847	2006	1226	44787	826	28689
1994	908	34170	646	22747	2007	1316	48526	1200	35135
1995	1048	43988	701	28677	2008	1407	51394	1073	37579
1996	898	34169	583	20350	2009	1662	59993	1387	69164
1997	984	30521	805	21295	2010	1830	70031	1524	48121
1998	999	28465	809	19483	2011	1955	82976	1558	49060
1999	1027	37256	791	26110	2012	2124	91543	1478	49351
2000	1096	37829	860	28861	—	—	—	—	—

说明：资料来源于县交通局

二、货运

货运企业　1988 年，全县货运主要由国营专业企业湖州汽车运输总公司长兴分公司独家经营。1990 年起，非公路交通部门的货运汽车增多，国营、集体和个体及联户的汽车货运经营户大量进入。2000 年，湖州汽车运输总公司长兴分公司转型取消货运。进入 21 世纪，非公路交通部门的货运汽车成为货运市场运输工具的主体，公路货运走向规模化、集约化。2012 年，全县道路货物运输经营业户 3628 家，其中普通货运 3613 家，专用运输 15 家；货运（物流）企业 575 家。

长兴汽车货运公司　1992 年，湖州汽车运输总公司长兴分公司成立长兴汽车货运公司，主要经营汽车货运业务和石油对外经营业务，有货车 40 辆。1994 年 8 月，改称浙江省长兴汽车联合运输总公司。1995 年 12 月，长兴汽车运输总公司和浙江省长兴汽车联合运输总公司合并成长兴汽车运输总公司。1999 年，长兴汽车运输总公司改制后成立长兴万宏汽车运输有限公司，有 5 吨东风牌中型货车 8 辆。2000 年，公司转型，取消货运。

长兴顺达汽运有限公司　1997 年 7 月成立，位于长兴县雉城开发区。注册资金 300 万元。占地面积 14600 平方米。主要经营公路货运、汽车修理、汽车配件、停车场、货物装卸。2012 年，有货车 65 辆。

湖州广和物流有限公司　2002 年 5 月成立，位于李家巷镇长岭山村。注册资金 2000 万元。占地面积 16000 平方米。主要经营普通货运、危险货物运输、货运场站经营、液化气、金属材料销售。2012 年，有货车 37 辆。

长兴捷通物流有限公司　2004 年 12 月成立，位于雉城镇二虎头桥。注册资金 12700 万元，占地面积 30 万平方米。主要经营仓储、货物中转、货物联托运、集装箱中转、货物配载，代办财务结算，场地租赁、码头和其他港口设施经营。2012 年，有货车 4 辆。

危险品运输企业　2001 年，县公路运输管理稽征所开始对道路危险货物运输开展专项整治和年度资质审查。2002 年 3 月，成立全县第一家危险品运输企业湖州实华运输有限公司长兴分公司。2005 年，开始对危险品运输车辆实行 GPS 监控。2012 年 8 月，危险品运输企业注销 1 家。同年年末，县内危险品运输企业有6家，危险运输车辆109辆，761吨位。主要运输燃油、液化气运输、液氨运输、蓄电池和爆炸品。

湖州实华运输有限公司长兴分公司　2002年3月成立，位于雉城镇黄土桥油库。主要运输汽油、柴油、煤油、润滑油等各类成品油。2005年11月，改制成民营性质的有限责任公司，湖州公司为总公司，德清、长兴、安吉设立分公司。2008年，长兴分公司有运输车辆9辆，驾押人员18人，全年运输汽、柴、煤油和润滑油等各类成品油约15万吨。2012年8月，湖州实华运输有限公司长兴分公司注销。

广和危险品运输有限公司　2002年5月成立，位于李家巷镇长岭山。主要运输柴油和液化气。2012年年末，有危险品运输车辆200余辆，运力2000余载重吨，是湖州地区规模最大的危险品运输企业之一。

长兴天能汽车运输有限公司　2005年5月成立。位于煤山工业园区。隶属天能集团下属全资子公司，主要运输蓄电池、废电池。2012年年末，有各类货运车辆5辆，押运人员5人，专业驾驶员5人，管理人员5人。

浙江物产长鹏化工实业有限公司　2005年12月成立，位于煤山镇二都村。为浙江物产民用爆器材专营有限公司下属企业，前身为长广民爆器材制造有限责任公司，主要运输爆炸品。2012年年末，有危险品运输车辆10辆，从事危化品在岗员工59人，其中危险品从业驾驶人员15人，押运人员20人。

浙江华冠化工有限公司　2006年12月成立，位于雉城镇工业园区。主要运输液化氨气。2012年年末，有液氨运输专用车辆36辆，是浙北地区最大的专业从事液氨物流的企业。

长兴安顺物流有限公司　2009年3月成立，位于雉城镇解放西路71号。隶属浙江长兴安顺化建民爆有限公司，为国有全资企业，主要运输炸药、雷管。2012年年末，有配送车辆10辆，驾驶人员12人，押运人员12人。

长兴县制氧有限公司　公司前身成立于1981年，1991年改制更名长兴县制氧有限公司，位于画溪街道长桥村。主要运输氧气、乙炔。2007年，成立危险品运输车队。2012年年末，有危险品运输车辆9辆。

普通货运量　1988年，全县公路货运量为695万吨，公路货运周转量9864万吨千米。其中，营业性货运量695万吨，营业性货运周转量9864万吨千米。2000年，全县完成公路货运量555万吨，货运周转量25765万吨千米，其中营业性公路货运量525万吨，货运周转量23065万吨千米。进入21世纪，非公路交通部门的货运成为货运市场运输的主体。2007年12月，浙江长兴万宏汽车运输有限公司成立长兴万宏快递有限公司，初步建立农村物流快运小件网络。2008年，采取“快运小件”经营模式，12月建成乡镇村配送站点90个，在湖州市首先完成县内城乡物流配送体系建设。同时，现代物流业开始发展，2008年物流园区建设启动，现代物流在货运行业的重要性日益显现。2012年，完成货运量2135万吨，货运周转量13876万吨千米，其中营业性货运量2059万吨，营业性货运周转量129342万吨千米。

1988—2012年长兴县公路货运情况表

表8-11

年份	公路货物		其中：营业性公路货物		年份	公路货物		其中：营业性公路货物	
	运输量（万吨）	运输周转量（万吨千米）	运输量（万吨）	运输周转量（万吨千米）		运输量（万吨）	运输周转量（万吨千米）	运输量（万吨）	运输周转量（万吨千米）
1988	695	9864	695	9864	1993	935	22262	935	22262
1989	718	9965	718	9965	1994	662	29252	534	19788
1990	728	10281	728	10281	1995	904	30853	691	25374
1991	756	11285	756	11285	1996	975	33248	959	32430
1992	843	13399	843	13398	1997	748	28740	622	20034

续表 8-11

年份	公路货物		其中:营业性公路货物		年份	公路货物		其中:营业性公路货物	
	运输量（万吨）	运输周转量（万吨千米）	运输量（万吨）	运输周转量（万吨千米）		运输量（万吨）	运输周转量（万吨千米）	运输量（万吨）	运输周转量（万吨千米）
1998	769	30711	651	20176	2006	1163	50480	1088	48480
1999	552	24981	521	22090	2007	1307	58482	1207	56282
2000	555	25765	525	23065	2008	1435	64213	1359	60868
2001	585	28923	552	23644	2009	1459	64758	1387	69164
2002	601	29302	596	29092	2010	1686	95431	1579	84856
2003	708	32340	700	32004	2011	1898	113656	1735	107569
2004	816	37905	795	37275	2012	2135	138576	2059	129342
2005	1047	42656	1022	41906	—	—	—	—	—

说明:资料来源于县交通局

第三节　铁路运输

一、客运

过站客列　1988 年,开通从杭州经长兴至牛头山客运列车,每天上、下午各开 1 对(2 趟),另煤山至牛头山区段有客运列车 1 对(2 趟),均为硬座普客。1996 年 3 月 20 日,开通首趟南京西站至金华快客 381/382 次旅客列车,长兴可直达南京、金华。宣杭铁路全线通车后,过长兴境站客运列车 15 对(30 趟)。2012 年,过长兴境站客运列车 22 对(44 趟),上行方向至兰州、乌鲁木齐、太原、西安、郑州、南昌、徐州、沈阳、北京、哈尔滨等,下行至杭州、宁波、温州。

1997 年 12 月 9 日,“湖州—长兴”往返公交化小列车正式投入营运,为华东地区首列公交化小列车。2000 年后停运。

客运量　1988 年,杭牛铁路县境线客运量 79.72 万人。1994 年,杭牛铁路县境线、宣杭县境线客运量 99.3 万人。1996 年,宣杭县境线、长牛支线客运量 110.99 万人。2012 年,长兴段客运量 172.33 万人,其中到达 87.15 万人、发送 85.18 万人,占全县旅客运输量的 11.1%。

1988—2012 年长兴县铁路客运量情况表

表 8-12　　单位:万人

年份	长兴段客运量		年份	长兴段客运量	
	到达	发送		到达	发送
1988	—	79.72	1998	—	87.30
1989	—	79.94	1999	—	88.40
1990	—	73.42	2000	—	96.50
1991	—	67.85	2001	—	96.40
1992	—	64.67	2002	—	89.90
1993	—	73.90	2003	—	96.10
1994	—	99.30	2004	49.04	48.73
1995	—	105.10	2005	35.63	34.96
1996	—	110.99	2006	24.77	28.19
1997	—	84.50	2007	32.10	35.46

续表8-12

年份	长兴段客运量		年份	长兴段客运量	
	到达	发送		到达	发送
2008	31.10	42.50	2011	88.73	91.09
2009	56.56	59.25	2012	87.15	85.18
2010	79.30	79.97	—	—	—

说明:1.资料来源于县交通局;2.1988—2003年数据为客运总量,发送量、到达量基本相当

二、货运

1988年,杭牛铁路县境线长兴段货物发送量87.54万吨,其中长兴站发送14.21万吨、煤山站发送73.33万吨。1990年,杭牛铁路县境线长兴段货物发送量117.78万吨,其中长兴站发送11.77万吨、煤山站发送103.01万吨。1994年,杭牛铁路县境线、宣杭县境线货物发送量160.75万吨。1996年,宣杭县境线、长牛支线货物发送量181.5万吨。2012年,长兴段货物发送量124.16万吨,其中长兴站发送4.36万段、煤山站发送119.8万吨,占全县货运量的1.6%。

1988—2012年长兴县铁路货运量情况表

表8-13 单位:万吨

年份	长兴站货运量		煤山站货运量		长兴段合计货运量	
	到达	发送	到达	发送	到达	发送
1988	25.71	14.21	17.94	73.33	46.35	87.54
1989	25.76	12.82	23.86	91.77	49.62	104.59
1990	23.80	11.77	31.37	103.01	55.17	114.78
1991	30.02	15.65	30.07	120.85	60.09	136.50
1992	34.51	15.15	38.40	128.86	72.91	144.01
1993	36.77	14.82	37.57	140.01	74.34	154.83
1994	37.72	13.65	40.29	147.10	78.01	160.75
1995	54.80	13.50	49.26	159.10	104.06	172.60
1996	53.07	10.90	60.45	170.60	113.52	181.50
1997	46.96	9.70	36.96	112.80	83.90	122.50
1998	43.44	10.70	50.83	136.10	94.27	146.80
1999	40.76	9.40	57.67	176.70	98.43	186.10
2000	47.76	7.80	59.43	152.50	107.19	160.30
2001	41.48	7.20	67.39	176.60	108.87	183.80
2002	58.67	7.10	85.53	174.80	144.20	181.90
2003	176.80	4.90	103.63	169.70	280.43	174.60
2004	239.06	13.99	97.45	137.90	336.51	151.89
2005	252.03	9.58	62.43	147.54	314.46	157.12
2006	282.48	10.06	53.94	168.77	336.42	178.83
2007	196.62	7.88	44.22	150.00	240.84	157.88
2008	187.70	7.41	38.72	118.32	226.42	125.73
2009	169.03	13.99	32.93	79.05	201.96	93.04
2010	153.79	5.92	35.65	99.92	189.44	105.84
2011	117.00	6.07	20.68	130.97	137.68	137.04
2012	75.91	4.36	13.95	119.80	89.86	124.16

说明:资料来源于县交通局

三、长兴车务段

由上海铁路局杭州分局于1978年10月设立。1988年,位于县城城南1.5千米柏家浜村,有职工519人,管理湖州境内141.17千米铁路线和16个站点。1996年,宣杭铁路正线135.8千米,长牛支线40千米,站点20个。1998年5月,西迁至金陵路南端重建。2003年,车务段职工增至701人。2005年5月24日撤销,并入嘉兴车务段,驻嘉兴市南湖区宣公路2号。

第四节　水路运输

一、客运

客运企业及个体船户　1990年,湖州市航运总公司在长兴经营的客运航线尚有长(兴)湖(州)线、林(城)湖(州)线、梅(溪)湖(州)线3条航线。其中,长湖线经过站点金家浜、顾家台、洪桥、社塔塘桥、双板桥、丁字桥、范湾桥、横山桥、邱家塘、红卫桥(王家桥)至湖州,客轮817号,客位120座,主机功率47.04千瓦;林湖线经过站点午山桥、午山渡、虹星桥、大德桥、横塘渡、吕山、金村埠至湖州,客轮3艘,803号客位95座,805号客位93座,810号客位95座,主机功率均为47.04千瓦;梅湖线在长兴境内设站点吴山渡、霅泉、港口、午源渡、便民桥、胥仓桥、下殷桥,客轮2艘,812号客位150座、主机功率47.04千瓦,823号客位120座、主机功率58.8千瓦。1993年,随着乡镇公路建设加快,水路客运量萎缩,湖州市航运总公司在长兴经营的3条客运航线全部停航。

1988年,全县有个体经营农村小客船20艘,客位815座。同年12月,成立县小客船服务管理办公室,对小客船的航线、班次、票价、安全等进行全面管理。1990年,有农村小客船13艘,功率132.46千瓦,客位725座,经营航线13条,分别为洪桥至长兴、潼桥由北线至长兴、潼桥由南线至长兴、杨家浦至长兴、抖角村至长兴、横山至长兴、沈家坝至长兴、南蒋村至长兴、永隆桥至长兴、沈家坝至湖州、杨家浦至湖州、钱家渡至湖州、前城至湖州。1999年,有农村小客船10艘,客位545座。2000年7月,县航管部门对个体经营的水上小客船进行专项整顿,禁止个体户经营客位30座以上客船,县内10艘营运小客船全部停航、注销,长兴水上客运中断。之后,随着休闲旅游业的兴起,水上旅游客运作为旅游配套项目开始发展。2006年12月,长兴仙山湖旅游投资开发有限公司成立,经营仙山湖景区普通客船运输。2009年2月,仙山湖景区普通客船运输获批,经营规模为普通客船6艘,客位132座。2012年年末,县内有水上客运企业长兴仙山湖旅游投资开发有限公司1家,船舶11艘,客位306座。

客运量　1988年,全县内河客船客运量38万人次,客运周转量为415万人千米。1999年,完成客船客运量7万人次,客运周转量为78万人千米。2000年至2009年,县内营运小客船全部停航、注销,长兴水上客运中断。2010年,仙山湖旅游景区完成客运量9.51万人次,客运周转量为38.04万人千米。2011年,仙山湖旅游景区客运量10.4万人次,客运周转量41.7万人千米。2012年,完成客运量14.3万人次、比上年上升37%,客运周转量57.2万人千米、比上年上升37%。

1988—2012年长兴县内河客船客运量情况表

表8-14

年份	客船(艘)	载客量(客位)	客运量(万人次)	客运周转量(万人千米)	年份	客船(艘)	载客量(客位)	客运量(万人次)	客运周转量(万人千米)
1988	20	815	38	415	1992	14	765	24.2	267
1989	19	785	29	317	1993	15	825	26	289
1990	13	725	28	304	1994	15	857	29.3	322
1991	13	725	21	229	1995	14	797	21.9	241

续表8-14

年份	客船（艘）	载客量（客位）	客运量（万人次）	客运周转量（万人千米）	年份	客船（艘）	载客量（客位）	客运量（万人次）	客运周转量（万人千米）
1996	14	797	18.4	202	2000～2009	0	0	0	0
1997	14	797	11.8	130	2010	8	216	9.51	38.04
1998	10	545	11	119	2011	11	306	10.43	41.74
1999	10	545	7	78	2012	11	306	14.3	57.2

说明：1.资料来源于县交通局；2. 2000—2009年，长兴县水上客运中断

二、货运

货运企业和个体船户 20世纪80年代末90年代初，水上运输经营仍以县属国有、集体水运企业和乡镇水运企业为主；个体船户在运力规模、船舶吨位、市场份额占有率上都无法与专业水运企业抗衡，且以短途运输为主；长途货运主要由水运企业一列式拖带船队承担。1999年，县属及乡镇水运企业完成改制，全部退出水运市场，由独资或合资组建的民营水运企业开始出现。2000年，个体船舶运输开始替代专业水上运输企业，占据主导地位。2012年，全县有水路货运企业15家，水上个体运输船户1318户。

货运企业 1988年，全县有长兴县运输公司、第二航运公司、第三航运公司、第四航运公司、第五航运公司、第六航运公司、长兴县装卸运输公司、小浦装卸运输公司、泗安装卸运输公司9家县属集体水运企业，其中兼营企业(装卸运输)3家；共有轮驳船750艘，46557载重吨，拖轮功率5226千瓦，除4艘钢丝网水泥船外，其余均实现钢质化。同年，全县有雉城镇运输队、后漾乡运输队、小浦镇第二运输队、洪桥镇运输队、横山乡运输队、李家巷镇运输队、管棣乡运输队、里塘乡运输队、里塘乡第二运输队、里塘乡第三运输队、吕山乡运输队、吕山乡第二运输队、吕山乡郑家村运输队、港口乡运输队、和平镇运输队、便民桥乡运输队、长城北杨桥运输队、李家巷镇龙华运输队等21个乡(镇)村办副业运输队。共拥有机动船舶52艘、1464载重吨，其中拖轮19艘、功率1217.46千瓦，分别占全县拖轮及功率总量的18.3%和18%，挂浆机33艘、功率423.79千瓦、1464载重吨，分别占全县拖轮、功率及载重吨总量的约0.1%、1.5%和2.1%；有货驳船312艘，16512载重吨，分别占全县货驳船及载重吨总量的25.2%和22.8%。1998年，县属水运企业共有各类船舶307艘，19603载重吨，其中拖船24艘、2077千瓦，货驳船233艘、16518载重吨。1999年，县属集体及乡镇水运企业陆续完成改制，全部退出水运市场。同年起，由独资或合资组建的民营水运企业开始出现，并逐步发展成为水运市场的重要力量。当年，长兴县鸿运航运有限公司、浙江省长兴县长运船务有限公司2家民营水上货物运输企业率先成立。2005—2007年，长兴县兴源航运有限公司、长兴申兴物流有限公司、长兴康盛物流有限公司、浙江兴一物流有限公司4家水上货物运输企业先后成立。2008—2011年，长兴天顺物流有限公司、长兴平安物流有限公司、长兴华顺物流有限公司、长兴林海物流有限公司、长兴顺通物流有限公司、长兴祝三潭物流有限公司、长兴众一物流有限公司、长兴天平物流有限公司、长兴恒鑫物流有限公司9家民营水上运输企业陆续成立。2012年年末，全县有水路货运企业15家，拥有船舶总数277艘、124455载重吨。其中，运力3万吨以上公司1家，1万吨以上公司3家；获水路运输企业信用等级6家，包括AAA级4家、AA级2家；湖州市5家“浙江省水路运输诚信企业”中，长兴占4家；浙江兴一物流有限公司获“全国百强物流企业”称号。县属集体水运企业改制详见本编第4章。

2012年长兴县水路货运企业情况表

表8-15

企业名称	成立年份	经济类型	普通货船(艘)	载重吨(吨)
浙江省长兴县长运船务有限公司	1999	有限责任公司	49	27881
长兴县鸿运航运有限公司	1999	有限责任公司	37	12168

续表8-15

企业名称	成立年份	经济类型	普通货船(艘)	载重吨(吨)
长兴县兴源航运有限公司	2005	有限责任公司	10	4720
长兴申兴物流有限公司	2005	有限责任公司	16	6304
长兴康盛物流有限公司	2007	有限责任公司	4	1399
浙江兴一物流有限公司	2007	有限责任公司	71	43007
长兴天顺物流有限公司	2008	有限责任公司	46	17170
长兴平安物流有限公司	2010	有限责任公司	15	5406
长兴林海物流有限公司	2010	有限责任公司	2	1027
长兴华顺物流有限公司	2011	有限责任公司	2	752
长兴顺通物流有限公司	2011	有限责任公司	3	1008
长兴众一物流有限公司	2011	有限责任公司	2	917
长兴太平物流有限公司	2011	有限责任公司	3	767
长兴恒鑫物流有限公司	2011	有限责任公司	3	876
长兴祝三潭物流有限公司	2012	有限责任公司	3	1053

说明：资料来源于县交通局

个体运输船户　1987年年末，全县有22个乡镇成立水上个体运输管理服务站，水上个体运输船户有个体船、联户船1924艘，其中挂浆机船1768艘，功率17680千瓦，51587载重吨。全县个体(联)船户拥有各类船舶2747艘，功率27205.23千瓦，75501载重吨、客位725座，分别占全县总数的69.5%、78.4%、53.1%。其中，拖轮2艘，功率58.88千瓦，驳船161艘，6610载重；挂浆机船2251艘，60131载重吨。运力规模虽较之当时的国有、集体水运企业相对较弱，但个体运输船户具有经营灵活、营运成本低廉的优势。1995年，全县个体(户)运输船舶增至2517艘，106547载重吨，平均单船42载重吨。1998—1999年、2001—2004年，是全县水运业发展相对较快的两个阶段。水上个体运输船户自发形成船舶更新换代的热潮，一大批新建船舶投入营运，航区运力总规模快速提升，营运船舶单船平均吨位开始呈跳跃式发展。2000年，个体船舶运输开始替代专业水上运输企业，占据主导地位。2006年，出现个体船舶公司化经营管理模式，主要类型为公私联营、委托经营和成立不同类型水运企业。同年，全县船舶总数2338艘、291793载重吨，其中个体运输船舶2070艘、258779载重吨，个体船舶平均净载重吨125吨位。2009年以后，长兴水运业进入第三次加速发展阶段，长兴航区大吨位标准化船舶快速增长。至2012年年末，全县船舶总计2226艘、638467载重吨，其中个体运输船舶1949艘，占全县总船舶量87.5%；个体船舶总运力514012载重吨，占全县水上总运力的80.5%；完成货物运输量4228万吨，占全县内河货运量的80.6%，完成货物周转量66.3亿吨千米，占全县水运货物周转量的81.7%。个体船户成为全县水路运输业的主力军。

货运量　长兴航区水路主要运输建筑石料、水泥、非金属矿石、煤炭、木材和钢材。货物主要流向上海市、江苏省及省内杭州市、嘉兴市、湖州市。20世纪80年代前，境内货物出运主要依靠外地船舶协助，货物外运多为竹、木、粮食和柴炭等。80年代后，随着水上运力迅速发展，县内船舶的货运量逐年增加。同时，随着县内采矿业及加工企业兴起，货物出运改为以石灰石、石灰等为主。1988年，境内完成货物发送量1287.27万吨，其中粮食6.04万吨、竹木柴炭0.47万吨、煤38.38万吨、石料230.98万吨、非金属矿石609.26万吨、黄砂299.11万吨、石灰57.27万吨、水泥12.88万吨、其他32.97万吨。县内船舶完成货运量681.32万吨、占总发送运量的52.9%；货运周转量94689万吨千米。1995年，县内船舶完成货运量1124万吨，货运周转量170229万吨千米。2000年后，周边大中城市建设加快，建筑石料、水泥、非金属矿石逐渐成为长兴水路运输的主要货种。2005年，县内船舶完成货运量3262万吨，其中建筑石料达2721万吨，占83.0%；全年货运周转量194938万吨千米。2010年，县内船舶完成货运量4838万吨，货运周转量696386万吨千米。2012年，县内船舶完成货运量5248万吨，货运周转量81.21亿吨公路,分别为1988年的7.7倍和8.5倍;县内船舶发送量占总发送运量的87%以上,比1988年提高34个百分点;建筑材料、水泥、非金属矿石的运输量达3841万吨,分别占货运量的53.6%、15.2%和4.4%。

1988—2012年长兴县内河货运情况表

表8-16

年份	货运量(万吨)	其中:个体、联户(万吨)	货运周转量(万吨千米)	其中:个体、联户(万吨千米)	年份	货运量(万吨)	其中:个体、联户(万吨)	货运周转量(万吨千米)	其中:个体、联户(万吨千米)
1988	681	123	94689	11954	2001	1306	1201	194938	177817
1989	706	178	93969	17605	2002	1794	1708	263331	250648
1990	568	116	77600	13158	2003	2231	2135	334454	321227
1991	613	132	81822	14231	2004	2661	2572	366274	353912
1992	730	160	103221	19776	2005	3262	3011	490579	447864
1993	907	336	153248	59747	2006	3817	3361	531837	472410
1994	1121	575	180551	88399	2007	4258	3619	612337	525269
1995	1124	593	170229	81477	2008	4240	3647	606938	531126
1996	989	524	147679	71113	2009	4302	3648	638684	545345
1997	974	669	146266	97906	2010	4838	4017	696386	579272
1998	847	583	126772	84768	2011	5611		826189	
1999	808	555	116111	75688	2012	5248		812081	
2000	1136	839	157219	115563	—	—	—	—	—

说明:资料来源于县交通局

第五节 搬运装卸

一、专业装卸

1988年,县内有长兴县装卸运输公司、长兴县小浦装卸运输公司和长兴县泗安装卸运输公司3家县属专业搬运装卸企业,职工322人,当年完成装卸量188.9万吨,营收125.09万元。1989年,县公路运输管理稽征所成立雉城镇搬运、装卸业管理服务站,规范雉城镇搬运装卸企业开票、税收代征、搬运装卸质量检查和监督。之后,伴随运输市场逐步放开,计划物资运输的装卸量大幅减少,社会企业逐步自建码头自行装卸,专业装卸企业经营业务不断萎缩,开始转向水路货物运输为主。1996年12月,泗安装卸运输公司完成改制。1999年,长兴县装卸运输公司集体和职工共同出资组建长兴万方运输有限公司,在职职工392人,主要从事水陆货物装卸、运输、修理等业务。2004年,长兴万方运输有限公司、小浦装卸运输公司先后完成改制。

二、社会装卸

县内社会装卸行业主要以乡(镇)、村办及私营联户搬运装卸企业为主,个体搬运装卸为辅。1988年,有社会搬运装卸企业21家,职工893人,工人797人,手拉车462辆。乡(镇)、村副业搬运装卸站、队,一般以附近厂矿为主要作业点,承担煤运站、电厂、麦芽厂、水泥制品厂、建材厂、酒厂、酿造厂等单位的搬运装卸业务。1990年后,社会企业自备装卸机械化逐步加强,电瓶三轮车增多,物流企业、快递企业兴起发展,社会搬运装卸行业的经营业务逐渐滑坡。2005年12月,修订后的《浙江省道路运输条例》出台,搬运装卸不再列入道路运输经营范畴,管理部门取消该类行政许可事项。至2012年,社会搬运装卸逐步转型为货运代理、货运配载、仓储配送等新兴货运服务方式。

第三章　交通运输管理

1988年，长兴县交通局内设办公室、交通运输管理股、工程股、路政办公室4个职能股室，下属企事业单位18个。1998年，办公地址由雉城镇解放东路64号迁至明珠二路58号。2011年5月，更名为县交通运输局，内设办公室、组宣人事科、财务科、法制科、运输安全科（交通战备办公室）、工程建设科（行政许可科）、铁路建设办公室7个科室，下辖公路管理局、港航管理局、道路运输管理局、交通建设发展中心、县乡公路管理组、交通工程质量安全监督站、交通勘测设计所7个事业单位。

第一节　公路运输管理

1987年9月，县公路运输管理稽征所成立，隶属县交通局，在编职工29人，汽车8辆。下设泗安公路运输管理站、和平公路运输管理站、小浦公路运输管理站、夹浦公路运输管理站、李家巷公路运输管理站、长广公路运输管理站。1992年，在雉城镇、林城镇、虹星桥镇设立交管站。1994年，在水口乡设立交管站。1999年12月，撤销林城公路运输管理站、虹星桥公路运输管理站、水口公路运输管理站3个乡级站。2006年，撤销长广公路运输管理站。

一、运输车辆管理

1988年，县公路运输管理稽征所开始规范客运线路审批、治理整顿及换证工作，成立“地方客运服务部”。同年5月，发放“公路运输营运许可证”，凡从事客、货运输的车辆，一律凭证参加运输。1989年，对水泥运输实行试点计划配载工作，成立道路货物运输配载组。至20世纪90年代初，全县基本形成长途客运以专业运输企业为主、短途客运以个体（联户）为主的道路运输市场格局。1990年，会同联运公司筹建长兴县雉城镇水陆货物运输中心调度室。1991年，在道路货物运输配载组的基础上成立县公路货运配载中心，为县属全民运输服务性企业，隶属县交通局管理。1995年，成立客运管理站，主要负责对汽车客运站的监督检查和指导。同年，根据《湖州市农用运输车管理实施意见》，对县内中巴型农用车从事客运的车辆一律实行先审批、后购置，并规定专业运输企业不得购入中巴型农用车从事客运。1998年，成立客货运服务中心，属国有经济性质，并设立客货运输服务部，开展货运代理业务。2000年，完成对县内345辆短途班线农用车更新改造工作，长兴汽车客运公司建立长兴县公用型汽车服务中心。2001年，对长湖线普客完成公车公营模式改造。2003年，对县内客运线路经营权进行重新配置，所有线路经营权在经营年限到期或相差两个以上资质等级的线路车辆经营权均无条件终止。2009年，县政府办公室下发《关于进一步规范道路货物运输业发展的若干规定》，完善道路货运车辆市场准入和退出机制。至2012年年末，全县道路运输经营业户4090家，从业人员8619人，其中客运企业4家，货运企业3628家，汽车维修企业256家，运输服务业12家，信息配载企业173家。

二、汽车维修业管理

1987年，县公路运输管理稽征所设机动车维修行业管理股，负责全县机动车维修行业的整顿工作。同年年底，县内汽车维修企业有长兴汽车站大修厂和长兴煤炭汽修厂2家，其余企业的修理车间基本不对社会开放，只服务于企业汽车的修理。至1990年年末，全县机动车维修业户达242家（不包括农村拖拉机维修业）。20世纪90年代起，长兴居民汽车需求量增长，汽车保有量增加，汽车维修业的规模和数量也相应得到发展。1993年，督促车辆依照交通部13号令实施强制维修和实施汽车维修合同制，并加强对维修业户的开业管理。1995年起，对维修行业管理由交通系统内部转向全行业，管理重点是一类、二类维修业户，降级或取消不合格经营业户。2000年起，加大维修行业硬件设施投入和人员培训力度,逐渐杜绝不靠检测设备仅靠经验试车的现象。全年举办培训班3期,其中培训中级工187人、初级工45人,办理上岗证247人,一类、二类维修厂持证上岗率达到90%以上。同年,全县机动车维修业户151家,其中一类维修企业3家、二类维修企业24家、三类维修企业68家、摩托车维修企业56家,维修行业从业人员841人。2002年,县车辆维修行业协会成立,首批成员75户。2005年起,开展维修行业专项整治活动,对辖区内一类及二类维修企业、三类专项维修业户和摩托车维修业户的经营资质、经营行为和安全生产情况进行专项检查,共检查一类、二类维修业户37家,发出整改通知书6份;检查三类专项修理业户和摩托车修理业户217家,发出整改通知书86份。同年,全县机动车维修业户247家,其中一类维修企业5家,二类维修企业29家,三类维修企业89家,摩托车维修企业124家;维修行业从业人员994人。全年完成维修工作229900辆次,其中整车大修380辆次,总成大修1806辆次,二级维护9105辆次,专项修理218609辆次。2006年3月,县内首家"4S店"——长兴昌盛汽车销售服务有限公司即大众汽车4S店正式开业。5月1日浙江省地方标准《机动车维修业开业条件》颁布实施,至12月,按新标准核定全县汽车整车维修企业一类5家、二类30家,汽车专项维修业户三类158家,摩托车维修业户35家。2010年,县公路运输管理稽征所开启维修企业信用考核及《汽车维修服务质量规范》贯标工作。同年,全县有各类进口、国产系列车型的汽车4S店8家。2012年年末,全县有各类维修业户316家,其中二类及以上维修企业70家、三类维修业户225家、摩托修理业户21家,维修行业从业人员1330人。全年完成维修工作230730辆次,其中整车大修395辆次,总成大修652辆次,二级维护7790辆次,专项修理221900辆次,维修救援78辆次;维修质量投诉回复率达到100%,维修质检人员持证上岗率达100%。

三、汽车驾驶员培训管理

1986年3月,交通主管部门取消有车单位"以运代训"的培养方式。11月,成立"湖州市汽车驾驶员培训中心",加强对驾驶员培训的管理,规定学习汽车驾驶一律通过驾校培训,长兴居民学车全部转至湖州培训学习。1987年8月,车辆监理工作划归公安交警,驾驶员培训管理工作一并移交。1991年,长兴公安驾校成立,是长兴县第一家驾驶员培训机构。2001年3月,湖州市驾驶员培训和行业管理职能正式划归交通部门负责,长兴县境内驾校全部由县公路运输管理所核发"道路运输经营许可证"。2003年9月,全县第一家民办驾校长兴利民驾驶培训学校成立。2004年8月,长兴长安驾驶培训中心与县公安局脱钩,转制成立长兴长安驾驶培训有限公司。12月,《中华人民共和国机动车驾驶员培训教学大纲》正式印发。2005年12月,长兴县实施驾培指纹IC卡"计时制"管理,以确保培训质量。2007年11月1日,新修订《中华人民共和国机动车驾驶员培训教学大纲》施行,长兴县驾校在驾驶培训教学中使用驾驶培训模拟器,累计配备驾驶培训模拟器22台。2008年,长兴县各驾校在驾驶培训教学中全面使用驾驶培训模拟器,每个学员使用驾驶培训模拟器不少于3个学时,各驾校按照每10辆教练车配备1台模拟器的规定,累计配备驾驶培训模拟器22台。2011年,长兴县道路运输管理稽征所开启每年度对驾校的诚信考核工作。2012年2月,由县公路运输管理稽征所牵头,8家驾校自愿组织成立长兴佳瑞机动车理论培训中心,中心配备有理论教室1个、模拟教室2个、电脑模拟训练室1个,拥有26台驾校模拟器,开展集中一站式机动车驾驶理论培训。同年年末,全县有普通机动车驾驶员培训学校8家,教练车270辆,教练员270人,管理人员80人,全年培训各类机动车驾驶员13691人次。

长兴长安驾驶培训有限公司 属二类汽车驾驶培训机构,可培训大货(B2)、小车(C),摩托车(E、D)。1991年由县公安局成立,位于长兴航校内,名称为长兴县长安驾驶培训中心。有大货教练车6辆、小型教练车28辆,教练及管理人员52人。2004年8月与县公安局脱钩,转制成立长兴长安驾驶培训有限公司,迁至龙山新区。拥有大货教练车1辆、桑塔纳教练车28辆,教练及管理人员42人。2008—2009年,每年购置安装3台驾驶模拟器。2012年,有桑塔纳32辆,教练及管理人员44人。

长兴利民驾驶培训学校 属二类汽车驾驶培训机构,可培训大货(B2)、小车(C1、C2),摩托车(E、D)。2003年9月成立,位于小浦镇。拥有训练场地1.3万平方米,大货教练车2辆、小型手动挡18辆,教练及管理人32人。2006年1月,拥有大货教练车1辆、桑塔纳(手动挡)23辆、桑塔纳(自动挡)2辆,教练及管理人 43 人。2008—2009 年，每年购置安装 3 台驾驶模拟器。2009 年 8 月，在训练场地安装 2 辆电动倒桩。2012 年，有教练车 35 辆车，其中桑塔纳（手动挡）33 辆、桑塔纳（自动挡）2 辆，教练及管理人 43 人。

长兴天工驾驶培训学校　属二类汽车驾驶培训机构，可培训大货（B2）、小车（C1、C2）。2003 年 11 月成立，位于林城镇太傅贺家岗。训练场占地面积 1.07 万平方米，拥有大货教练车 4 辆、北京吉普 3 辆、桑塔纳 22 辆。2009 年 8 月，迁至雉城镇三星圩长桥村。总占地面积 3.7 万平方米。2008—2009 年，每年购置安装驾驶模拟器 4 台。2012 年，拥有桑塔纳教练车 40 辆、大型货车教练车 1 辆，教练员及管理人员共 55 人。

长兴长日驾驶培训有限公司　属二类汽车驾驶培训机构，可培训小车（C1），摩托车（E、D）。2004 年 4 月成立，位于雉城镇新兴工业园区。有小型教练车 29 辆，操作教练员 33 人。2005 年，迁至长兴国际轻纺城 26 幢 5—6 号，训练场地位于雉城镇曹家桥高速公路北侧，占地面积 1.8 万平方米，场地硬化面积 1 万平方米，绿化面积为 2000 平方米。2008—2009 年，每年购置安装 3 台驾驶模拟器。2012 年，拥有桑塔纳教练车 29 辆、摩托车教练车 5 辆，教练及管理人员 46 人。

长兴大众驾驶培训学校　属二类汽车驾驶培训机构，可培训大货（B）、小车（C1），摩托车（E、D）。2004 年 11 月成立，位于李家巷镇龙华蚕种场内。拥有教练车 20 辆，教练及管理人员 30 人。2008 年 8 月，迁至雉城镇渚山夹山村，占地面积 1.47 万平方米，教学用房 700 平方米，训练场地 1.2 万平方米。2008—2009 年，每年购置安装驾驶模拟器 3 台。2012 年，拥有教练车 29 辆，教练及管理人员 39 人。

长兴白云驾驶培训学校　属二类汽车驾驶培训机构，小车（C1、C2），摩托车（E、D）。2007 年 1 月成立，位于雉城镇新兴工业园区长兴酿造厂内，占地面积 1.07 万平方米。2008—2009 年，每年购置安装 3 台驾驶模拟器。2012 年，有教练车 28 辆，教练及管理人员 35 人。

长兴平安驾驶员培训学校　属二类汽车驾驶培训机构，小车（C1、C2），摩托车（E、D）。2007 年 1 月成立，位于雉城镇新兴工业园区长兴酿造厂内。占地面积 1.07 万平方米，拥有桑塔纳手动挡教练车 20 辆，教练及管理人员 35 人。2008—2009 年，每年购置安装 3 台驾驶模拟器。2012 年，拥有教练车 28 辆，其中桑塔纳手动挡教练车 27 辆、捷达自动挡 1 辆，教练及管理人员 40 人。

长兴顺达机动车驾驶员培训有限公司　属二类汽车驾驶培训机构，可培训小车（C1）。2011 年 2 月成立，位于龙山新区长川路 74 号。训练场地面积 1.5 万平方米，其他场地面积 1600 平方米。2011 年，购置安装模拟器 4 台。2012 年，拥有桑塔纳教练车 33 辆，教练员及管理人员 49 人。

长兴佳瑞机动车理论培训中心　2012 年 2 月成立，位于长兴轻纺城 23 幢 11 号。建筑面积 1000 余平方米，有理论教室 1 个、模拟教室 2 个、电脑模拟训练室 1 个；10 个报名点，其中 8 个驾校报名点、1 个学员办卡报名点和 1 个预约报名点。有教员 7 人，其中理论教员 3 人，模拟操作教员 4 人。2012 年 2 月，各家驾校共向该培训中心提供互动模拟器 26 台，购置投影机 2 台。

2002—2012 年长兴县驾培行业发展情况表

表 8-17

年份	驾培机构（家）	从业人员（人）	教练车（辆）	培训人数（人）	教练场地面积（平方米）	年份	驾培机构（家）	从业人员（人）	教练车（辆）	培训人数（人）	教练场地面积（平方米）
2002	1	37	15	750	15000	2008	7	201	147	6917	58015
2003	3	137	74	1902	22000	2009	7	201	147	6917	58015
2004	3	118	88	3737	21300	2010	7	308	230	10234	74243
2005	5	215	141	4049	54800	2011	8	350	270	13691	99323
2006	5	165	122	4248	51610	2012	8	350	270	13691	99323
2007	7	201	147	6917	58015	—	—	—	—	—	—

说明：资料来源于县交通局

四、运输安全管理

1990年，依据交通部颁布的《汽车运输业车辆技术管理规定》，全县对营运车辆的维护分为日常维护、一级维护、二级维护，建立健全车辆技术管理的各级岗位责任制，明确车辆技术管理人员的职责和权限。1991年，县公路运输管理稽征所成立春运办公室，建立24小时值班制度。2002年，与辖区内各危险品运输企业100%签订安全生产综合目标管理责任书，督促运输企业与承包经营者100%签订安全责任书。2004年，县道路运输管理局成立创安领导小组，制定实施方案，落实各项创安措施，并强制推行营运客车承运人责任保险。2005年，建立行业管理安全基础台账，实行一车一档，确保营运客车、危险品运输车辆的营运资质、技术状况达到法定要求。2006年起，对县内营运载客车辆、危险品运输车辆强制要求安装全球卫星定位系统(GPS)或行车记录仪。2008年，共组织安全检查248次，出动检查人员1195人次，重点检查客运、危险品运输企业13余家，整改安全隐患8处。至2012年年末，全县营运客车均安装GPS设备或行车记录仪，危险品运输车辆的GPS设备和行车记录仪的安装率达到100%;县交通系统从职能管理部门到运输企业均设置安全生产管理机构，层层签订安全生产目标责任书，自上而下落实安全生产责任制。

五、公路稽查管理

1987年，县公路运输管理稽征所设立稽征股和运管股，当年共查处违章车辆4108辆。1993年，成立城区交管稽征站，管理雉城镇交通秩序，限制三卡等简易车进城。2000年起，建立夜间值班巡查制度，结合运政百日打黑行动，开展整治工作。2001年，《浙江省道路运输管理条例》正式施行。2003年，在全县范围内经常性地开展养路费专项稽查活动，全年共开展汽车养路费专项稽查12次，摩托车专项稽查5次。2004年7月1日，《中华人民共和国道路运输条例》正式施行。2008年，重点稽查出租车违章行为，成立3个定点检查组和2个巡查组，在重点路段、重点场所进行定点监督和不定时巡查。2010年，成立城南、城北客运管理站。2011年，县公路运输管理稽征所实行“路长制、网格化”管理模式，每天在城区重要部位、重点路段、重要场所进行巡查管理。2012年，共查处违章车辆1222辆。

六、客货运价格管理

公路客运班车运价 1988年，客运运价调整，每人每千米为0.031元，跨省、市高靠背座椅班车每人每千米0.033元。1990年1月7日起，大型普通客车每人每千米0.036元、高靠背软座大客车0.046元、跨省固定高靠背宽座大客车0.052元，中型普通客车每人每千米0.055元、中型普通空调车0.07元、中型豪华空调车0.08元，小型普通客车每人每千米0.075元、小型空调客车0.11元。1996年1月30日起，长途普通大客车每人每千米运价为0.06元，高靠背软座大客车为0.072元。2月20日起，调高豪华客车运价。其中，大型客车(30座以上):普通客车0.06元、高靠背客车0.072元、普通空调大客车0.09元、豪华高级空调客车0.11元;中型客车(16座～30座):普通客车0.10元、普通空调客车0.12元、豪华高级中型客车0.14元;小型客车(15座以下):普通客车0.11元、空调客车0.014元;卧铺客车普通客车0.16元、空调客车0.18元。1998年起，每年春运汽车客运运价实行临时性上浮。1999年12月1日起，公路快客班车运价以现行普通豪华车运价为基价，允许企业在上下10%内浮动。2005年9月，跨省、市、县道路班车客运经营者根据运输成本变化和市场供需等情况，上浮幅度不得超过基准运价20%，下浮后运价不低于运输成本。其中，大型客车(30座以上)每人每千米0.1元～0.28元，中小型客车(30座及以下)每人每千米0.12元～0.22元，卧铺每人每千米0.16元～0.28元。2007年起，春运客运价格停止上浮。2009年5月1日起，客运车辆执行儿童半票新规，儿童身高线由原来的1.1米～1.4米提高到1.1米～1.5米，同时，对县内跨县和县内道路班车客运基准运价进行调整，30座以上(大型车)每人每千米0.125元～0.305元、30座(含30座)以下每人每千米0.145元～0.245元、卧铺每人每千米0.185元～0.305元。

客运出租车运价 1996年6月，县物价局联合县交通局共同制定《关于长兴县客运出租汽车收费标准的通知》，天津华利面包车每车每3千米5.00元，超起步里程后每车每千米1.10元;夏利轿车每车每

3 千米 5.00 元，超起步里程后每车每千米 1.40 元；桑塔纳轿车每车每 3 千米 6.00 元，超起步里程后每车每千米 1.60 元；7 千米不准收取空驶费。2006 年 8 月，县内客运出租车起步价调整为每车每 2.5 千米 5.00 元，超起步里程后每车每千米 1.80 元；单程租车超过 4 千米以上部分可加收运价的 50%空驶费，4 千米以内（含 4 千米）或往返租车不得收取空驶费。2011 年 9 月，客运出租车起步价调整为每车每 2 千米 6.00 元，超起步里程后每车每千米 2.00 元；空驶费收取标准不变。

货运运价　1990 年 9 月，根据省物价局、省交通厅通知，汽车货物基本运价每吨千米调整为 0.26 元。市物价局、交通局补充通知规定：山区支线及平原支线的货物运价在省定运价的基础上，分别上浮 20%，即一等货物为每吨千米 0.31 元、二等货物 0.35 元、三等货物 0.37 元，其余特种货物、小型货车费率类推；市内集装箱（含国内、国际箱）汽车短途运价，暂按省定运价上浮 20%执行，即一般货物 20 英尺箱为每箱千米 6.48 元，40 英尺箱为每箱千米 9.27 元；零担普通货物每吨千米 0.38 元，特种货物每吨千米 0.50 元，快件零担每吨千米加 20%计费，县乡零担加 30%计费。1990 年起，公路货运市场放开和市场机制初步形成。1993 年 7 月开始，除抢险、救灾、军运等重点物资运输实行政府定价，其他货物运价均以政府指导性价格为基准，依据市场行情及运输淡旺季差异，实行上下浮动市场调节价格，由承、托运双方依法签订运输合同，协议商定价格。

汽车维修收费　1999 年 12 月，省交通厅、省物价局颁发《浙江省汽车维修行业工时定额和收费标准》规定，维修费由工时费、材料费、其他费用组成，汽车维修工时单价标准：一类维修企业每工时 10 元，可上下浮动 30%；二类维修企业每工时 8 元，三类维修业户每工时 5 元，机加工、车辆急修每工时 14 元，可上下浮动 20%。其中，一类、二类维修工时单价不含辅料费，三类和机加工、车辆急修含辅料费。2005 年后，由于汽车保有量增加，维修市场逐步实现市场化，由承、托修双方协商定价。

汽车综合性能检测费　2004 年 12 月，机动车安全技术检验机构在对机动车进行定期安全技术检验时，收取机动车安全技术检验费汽车每车次不超过 100 元，三轮汽车、低速货车、摩托车、拖拉机每车次不超过 60 元；没有检测设备而进行人工检验的，减半收费；机动车安全技术检验机构对第一次检验不合格的机动车进行复检时不得收费。机动车安全技术检验实行社会化的，机动车安全技术检验机构对机动车检验收取的检验费按照经营服务性收费管理。2006 年 3 月，汽车检测线检测每车次 100 元，手工检测每车次 50 元，不合格机动车复检不得收费，在同一个检验周期内，对同一辆车只能收取检测线检测费或手工检测费，不得重复加收；摩托车、三轮货车、低速货车检测线检测每车次 60 元，手工检测每车次 30 元。

七、汽车检测

1993 年，全县第一家运输车辆检测站开始筹建，投资 330 万元，命名为长兴县车辆综合性能检测站。1995 年 10 月正式开张营业，属于 B 级检测站，位于杭长路 158 号的长兴汽车修理二厂内，占地面积 7000 平方米。配备 2 条汽车检测线，工作人员 22 人，每年可检测车辆 4600 辆次，年均营业收入 70 万元。2001 年，县车辆综合性能检测站由 B 级站升为 A 级站。2002 年，根据省交通厅关于实行“政企分离”的相关规定，县运管部门从县检测站撤资退出。同年，县检测站重新选址，并于 2004 年 9 月完成扩建、技术改造和搬迁，转制成立长兴县旺鑫车辆综合性能检测有限公司。新址位于雉城镇工业园区柏家浜地段，总占地面积 2.4 万平方米，其中建筑面积 4200 平方米，待检区、试车道、停车场地总计 1.1 万平方米，绿化 7000 平方米，车辆检测设备有大小车安全检测线、大小车综合检测线各 2 条，外部检测线 2 条，大小车复测线 2 条，年设计检测能力为汽车 6 万辆次。2007 年 11 月，县公安部门开始借用旺鑫检测站的场地、设备，对所有车辆根据 18565 技术标准进行安全性能和综合性能的检测。2008 年 12 月，县机动车安全技术检测站（行驶证验审）搬迁至旺鑫车辆检测公司内，行驶证、营运证验审及新车上牌、二手车过户等手续都能在该处办理。2009 年 3 月，旺鑫车辆检测公司筹建大小车安全检测线 2 条，共有安全检测线 4 条，为省内首家有 4 条安全检测线的县级车辆检测站。2012 年，旺鑫车辆检测公司新建机动车尾气环保检测车间，新建 3 吨小车环保线 4 条、13 吨大车重柴环保线 1 条，投产后主要从事机动车尾气环保检测，年最大检测车辆达 6 万辆次。

第二节　航运管理

1988年,县航运管理所下辖7个航运管理站及2个航管工作组,负责全县水路运输,航政、航道管理及规费稽征。1997年1月,县航运管理所增挂港航监督所、船舶检验所、航道管理所3块牌子。2000年11月,成立长兴航政管理大队。2002年11月,浙江省长兴县航运管理所和长兴县港务管理所合并更名为长兴县港航管理处,港航监督所、航道管理所、船舶检验所和航政管理大队更名为浙江省长兴县地方海事处、航道管理处、船舶检验所、水上交通执法大队。2012年11月,更名为浙江省长兴县港航管理局、地方海事局、航道管理局。

一、航道(航政)管理

1990年,省政府规定,在航道上修建码头、桥梁、水闸等临、跨航道建筑物由市、县级航道机构审批。其中,在干线航道上由市级航道管理机构审批,在支线航道上由县级航道管理机构审批。1992年,县航运管理所与县水利局共同审批临河建筑物,有上杨、农垦、城西中转站、南周、杨树湾、计家浜加油站、雉城水利加油站、便民船厂、顺风船厂、金陵路菜场10处。1995年,省政府出台《浙江省航道管理办法》,进一步明确航道管理机构主要职责。1997年,省交通厅发布《关于印发加强航道行政管理工作意见的通知》,湖州市航道管理部门对市境内临、跨(拦)航道建筑物审批权限进行调整。四级以上航道报省航道管理局审批,五级航道由市级航道管理机构审批,五级以下航道由县级航道管理机构负责审批。2000年11月,长兴航政管理大队成立,与长兴航运管理所合署办公。2002年11月,长兴航政管理大队更名长兴县水上交通执法大队。2011年1月1日起,施行《浙江省航道管理条例》,原《浙江省航道管理办法》废止。2012年,县航道管理处共组织航道检查40次,巡查航道2714千米。

二、水路运输管理

水运业及水运服务业市场管理　1988年,根据《中华人民共和国水路运输管理条例》规定,凡从事水上客货运输的船舶需具有水路运输服务许可证、船舶营业运输证,方能在批准水域内参加营运和开展服务业。1989年,长兴航运管理所下属各航管站对进入辖区装运货物个体挂桨机船试行统一调配、统一开票制度。1990年起,随着市场经济体制改革的不断深化,水路运输市场实现向市场经济为主导的市场自主调节模式的转变。2000年,取消水路货运月度平衡衔接会议,改为每季度召开重点物资运输计划检查和水路运输信息分析会议,强化行业管理部门的市场信息服务功能。同年起,根据市港航管理部门要求,三年淘汰营运水泥质船、五年淘汰挂桨机船。2001年4月1日,交通部《国内船舶运输经营资质管理规定》实施,全县加大水运市场整治力度,重点查处无自有运力、无办公场所、无管理人员、只靠委托管理他人船舶生存的企业。2003年1月1日起,《浙江省水路运输管理条例》施行,规范水路运输市场经营活动,建立统一开放、公平竞争、规范有序的水运市场体系。2006年,全县启动京杭运河船型标准化的推广工作。2008年,交通运输部颁布实施《国内水路运输经营资质管理规定》《浙江省水路运输管理条例》完成修订并重新颁布实施。

水路运输服务业包括水路客货运站经营、船舶代理、客货运代理和船舶管理等,县内水路运输服务市场主要以船舶代理和货运代理为主。1996年之前,县内水运服务业自发形成,服务单一,管理无章可循。1996年6月,《中华人民共和国水路运输服务业管理规定》颁布实施后,水运服务业开始实行行业许可证制度,企业经营、行业管理有了明确法律依据,全县水运服务业逐步进入规范有序的轨道。2000年后,服务业经营快速发展、日趋活跃,但总体仍滞后于全县水运业发展。2005年年末,全县有水路服务企业2家,分别是长兴盛达物流有限公司和长兴县龙舟水运有限公司,总资产391.51万元,负债总额611.96万元,全年货运代理量6.1万吨,船舶代理量1036艘,全年实现利润34.98万元。2012年年末,全县在册水路运输服务企业5家,分别为长兴申兴物流有限公司、兴源航运有限公司、长兴县长运船务有限公司、长兴天顺物流有限公司、浙江兴一物流有限公司。

港口经营管理　2004年1月1日《中华人民共和国港口法》和《港口经营管理规定》颁布施行后，长兴港口经营管理工作随之启动。县港航部门负责港口经营行政许可和港口经营资质监管。2005年9月，向长兴捷通公司发放首张“港口经营许可证”。2007年，开展“港口经营许可证”换发工作，共受理换发证123家，其中换证76家、换证率100%，新办47家。2008年，将港口企业经营行为纳入监管内容，建立港口企业经营行为检查台账。共受理港口岸线行政许可8起，港口经营许可证5起。2010年3月，启动“港口经营许可证”换发工作。按照“保留一批，整改一批，注销一批，取缔一批”的换证原则，通过换证对辖区内港口企业进行全面清理，至2011年全面完成换证工作。

三、船舶检验管理

船舶管理　1987年，成立长兴县乡镇船舶安全管理机构，设25个乡镇船舶管理站，由乡镇政府聘用乡镇船舶管理员。同年年初，在里塘乡进行乡镇船舶安全生产制度试点，并在全县推广。1993年，国务院明令取消乡镇船舶管理费，因失去经费来源，乡镇船舶管理机构撤销。1990年年末，全县设立三里桥、泗安、林城、和平、便民桥、座山湾、李家巷、陈湾、小浦等9个签证点，负责各签证点的船舶进出港口签证工作。1993年7月起，停止对新增营运水泥船入籍登记和发证，对水泥质船进入主干线航道实施通行证制度，2000年起至2002年年末完成营运水泥质船的淘汰。2000年7月，开展农村小客班专项整治，注销辖区小客船营运航线，关闭仓前街3处小客班码头及其他小客班停靠点，淘汰县内仅存的10艘小客船。2001年9月，县港航处设船舶办证服务窗口，受理各类船舶办证申请。同年，停止对新建挂桨机船舶检验发证，2003年起至2006年完成辖区内营运挂桨机船舶的淘汰。2006年12月，全县开展乡镇非运输船舶专项整治，印发整治通告3000份，乡镇与1049艘船舶的船主签订安全责任书。2008年，开展运输船舶污染防治，印发2期、5000余份《告船员书》，向过往船舶投放2700套《垃圾记录簿》《告示牌》和垃圾桶，在200余座码头设置垃圾回收箱、配发船舶垃圾回收印鉴。2012年，县港航管理处继续做好乡镇非运输船舶管理和运输船舶的污染防治工作。

船舶检验　长兴县船舶检验站于1984年在县航管所挂牌，负责辖区内营运船舶的定期检验、监督，及小型船舶（包括40马力以下机动船）的制造检验、丈量、发证等工作。至1990年，共检验各类船舶2088艘，计33660总吨。其中，初次检验（包括制造检验）31艘，计613吨；年度检验（即营运中船舶的定期检验）1893艘，计27711总吨；特别检验164艘，计5336吨。1993年3月，改称长兴船舶检验所，全年共完成建造检验6艘，计183吨；营运检验2832艘，计92431吨，其中特别检验553艘、计24399吨，中间及年度检验2279艘、计68032吨。2001年，设船检办证股，推行“办证一条龙”服务，对3艘以上船舶，预约赴现场检验，全年完成特别检验114艘次，计3943吨；其间年度检验2250艘，计3177吨；受理审批新增船舶493艘，计47536载重吨。2007年，取消浙江省船舶检验局长兴县检验所，改为长兴签证点，统一以浙江省船舶检验局湖州检验处的名义开展辖区内的船舶检验及签证工作。2008年，在长湖申线、梅湖线、李湖南线三条航道分别设吕山、和平、洪桥三个点，为船户提供定点检验服务。同年共完成制造检验发证8艘，营运检验1477艘，其中现场营运检验船舶803艘。2012年，完成营运船舶检验2031艘，计459386吨；建造船舶检验24艘，计8122吨。

船员管理　1988年9月，对全县货驳船驾长进行技术、业务培训，经考核合格后发放驾长证书。至1989年，专业运输企业驳船驾长全部培训合格。1990年年末，全县共有持证机动船船员4621人，其中200总吨以下机动船驾驶员503人；200千瓦以下机动船司机375人，30千瓦以下机动船司机、驾驶130人；挂桨机船驾驶员3615人。1993年之前，内河船员的任职职务职称分为正驾驶、副驾驶，正司机、副司机。1993年后，内河船员的任职职务名称按五个等级划分船员职务资格。2010年，船舶船员五个等级改为按三类划分船员职务资格。2012年年末，全县注册船员有4834人，其中二等船长621人、二类驾驶员598人，三等船长1104人、三等驾驶员85人，二类轮机长318人、二等轮机员333人，三类轮机长588人、三等轮机员81人。

四、水上运输安全管理

行船管理 1988年,长兴航区因受运输船舶质量和通航条件等因素影响,海损事故时有发生,全年共发生各类事故144次,死亡6人,受伤2人,沉船35艘1222吨,直接经济损失17.21万元。1992年,针对船舶日益增多,停泊秩序、渔网、鱼簖设置混乱,影响船舶安全航行等现象,县航管部门相继出台《长兴港船舶停泊的暂行规定》《台风汛期船舶停泊规定》,设立99处供船舶停泊区域和码头,严禁超航道等级船舶进入长兴港。与公安、渔政部门联合颁发《关于在县境航道内设置网具有关规定的联合通告》,对县境航道内碍航捕鱼网具进行整治,拆除违章网具11处。2000年,根据交通部统一部署,开展"水上安全统一执法行动",对严重妨碍水运畅通和船舶安全、水运企业和船主反映强烈的过河鱼簖实施强制拆除。2002年,开展整治农用机动船载运西瓜违章载客工作,当年共出动检查人员86人次,发放有关安全宣传资料400余份,未发生农挂船安全事故。同年,共检查船舶1万余艘次,查处纠正违章船舶2267艘次,实施行政处罚4万余元,船员参加违章教育培训1000余人次,接警、处警80余次,其中紧急抢险13次。2005年4月1日起,进入长兴县范围内航行、停泊、装卸的危险货物运输船舶,须提前24小时向湖州地方海事处环城港航管理检查站报告。同年,长兴地方海事处与苏州、无锡、宜兴、吴江、湖州地方海事处建立环太湖海事搜救联动机制,共同协商太湖水上交通安全管理、船舶防污染、突发事件搜救等。2008年,湖州市水上交通指挥中心开通水上搜救专用电话"12395"覆盖全航区,船员报警、咨询不再通过"110"转接受理。2012年,共上报水上交通事故3起,经济损失19.06万元,未发生死亡、沉船事故。1988—2012年,全县共上报水上交通事故523起,死亡33人,受伤24人,直接经济损失431.64万元。

事故 1988年3月30日,江苏省滨海县苏滨挂2520号水泥质挂桨机船承运长兴县姚家桥化工厂生产的23.25吨液体泡花碱至苏州许墅关纸浆厂。6时30分,驶至仓桥下游三叉河口转弯时,因船舶航速过快及自由液面作用,倾侧沉没。船上货物落失,船主全家5人落水,2女1男死亡。

1989年10月2日14时15分,长江10号钢质货轮与长兴县包桥乡下士村李长武驾驶挂机船在李家巷小箬桥航段相遇,未按规定控制船舶航速,致使船舶兴浪较大,挂机船遇长江10号货轮余浪沉没,船上5人全部溺水死亡。

1990年7月9日,长兴县虹星桥南庄村1艘5吨水泥质无证农用挂桨机船,从虹星桥开往李家巷途中因船体触损未及时检查,在李家巷小箬桥航段水域沉没。船上11人全部落水,经抢救8人脱险,3人死亡。

2002年1月12日18时20分,浙长兴挂01039号(钢质、48载重吨、26.46千瓦)船重载下行,途径梅湖线航道长兴县和平镇便民桥村航段,未沿该船右舷一侧航道行驶,夜航灯未显示号灯。与上行空载浙安吉挂02093号(钢质、79载重吨、35.2千瓦)船在弯道处对驶相遇,发生碰撞。浙长兴挂01039号船沉没,4人落水,3人溺水死亡。

2005年3月24日7时30分,长湖申航道长兴县境内陈家浜石灰厂航段。浙长兴货2129号货船与申苏浙皖高速公路第九标段项目部"三无"人力船发生碰撞,造成人力船上8人落水,5人溺水死亡重大水上交通事故,直接经济损失100万元。

1988—2012年长兴县水运事故情况表

表8-18

年份	次数(起)	死亡(人)	伤人(人)	损失折款(万元)	年份	次数(起)	死亡(人)	伤人(人)	损失折款(万元)
1988	144	6	2	17.21	1993	27	0	0	10.15
1989	83	6	0	17.25	1994	33	1	0	10.32
1990	21	3	0	9.63	1995	32	2	0	20.93
1991	20	0	0	11.03	1996	29	3	0	14.18
1992	29	0	0	7.80	1997	29	2	0	7.33

续表8-18

年份	次数（起）	死亡（人）	伤人（人）	损失折款（万元）	年份	次数（起）	死亡（人）	伤人（人）	损失折款（万元）
1998	8	0	0	7.67	2006	6	0	3	8.90
1999	9	1	0	16.02	2007	1	0	1	8.43
2000	5	1	0	18.88	2008	1	0	1	4.70
2001	10	0	0	2.53	2009	2	0	2	11.30
2002	11	3	3	16.62	2010	5	0	5	19.00
2003	5	1	2	11.65	2011	3	0	0	15.15
2004	4	2	0	24.50	2012	3	0	0	19.06
2005	3	2	5	121.40	—	—	—	—	—

说明：根据历年《长兴统计年鉴》整理

五、运价管理

1988年7月，货船从长兴出运物资空船回程向发货方收取回空费，标准为30千米～50千米，按全程运费加收15%；51千米～80千米，加收25%；81千米以上加收30%。运往上海货物，收取到沪货物附加费每吨0.5元，随同运费一并计收。1989年9月5日，小客船运价按《关于调整省管水上客运票价的通知》调整，内河客票基数统一为每张0.2元，每人千米按0.035元计算。1991年，杭嘉湖航区内河停泊基价每吨3元。航行基价150千米以内（含）每吨千米0.03元，150千米以上部分每吨千米0.024元。货物运价等级执行八级制，货物运价级差率一级货物100%、二级货物110%、三级货物120%、四级货物130%、五级货物150%、六级货物170%、七级货物230%、八级货物300%。2001年5月1日，除军费开支和财政直接支出的军事、抢险救灾运输价格外，放开水运客货运输价格，实行市场调节价，具体价格由水运企业根据经营成本和市场供求情况自行确定。中央直属水运企业客货运输价格则由企业报国家计委、交通部备案，其他水运企业运输价格报相关省（区）价格、交通主管部门备案。

第三节 路政管理

1988年，由县交通局路政办公室负责做好路政日常巡查，发现并制止、查处各种违法利用、侵占、污染、毁损和破坏公路路产行为，控制公路“红线”建筑，对公路过境集镇路段脏乱差现象进行突击整治。1995年，拆除公路建筑控制区违章建筑6708平方米、非公路标志牌14块。1997年12月，成立长兴公路路政管理大队，与县公路管理段合署办公，负责全县公路路政管理工作。1998年7月，公路标志标线由县公安局交警大队移交县公路路政管理大队管理。2002年6月，成立104国道超限运输检测站。同年，检查车辆13115辆，查处超限运输车辆7481辆，超限率57%。2004年6月，成立318国道长兴治理车辆超限超载联合检查点，2008年2月改为318国道长兴超限运输检测站。2011年8月，成立10省道长兴超限运输检测站。2012年，检查车辆681366辆，查处超限运输车辆937辆，超限率0.1%；拆除违章建筑164平方米，拆除非公路标志牌706块；县内国省道干线公路设置交通标志2267块、标线151444平方米，重要县道设置标志牌2156块、标线91931平方米。2002—2012年，累计治理超载超限15938件。2003—2012年，累计办理行政许可476件。

1995年开始，开展104国道文明样板路创建活动，并连续6年被省政府评为创建文明样板路活动优胜单位。2005年起，按省交通厅要求开展文明公路创建，至2010年年末，全县有4条国省道和1条县道创建成为文明公路。2008年10月起，开展“五型公路”（五型即品质型、平安型、生态型、服务型、阳光型）创建，至2011年完成“五型公路”创建任务。2012年9月起，开展公路边“三化”（洁化、绿化、美化）

行动,对公路沿线生态景观环境、公路用地外缘建筑控制区整治,对公路用地范围外(高速 200 米、国省道 100 米、县道 50 米)的可视范围内全面整治。

第四节　规费征收

一、公路规费征收

公路规费主要有公路养路费、车辆购置附加费、公路运输管理费、公路建设专用基金(客货运附加费)4 类。其中,公路养路费、公路运输管理费和公路建设专用基金随着 2009 年国家成品油价格和税费改革停征,车辆购置附加费 2001 年取消改征车辆购置税。

公路养路费　1988 年,长兴县根据《浙江省公路养路费征收和使用实施办法的通知》,向按费额计征公路养路费的车辆征收养路费附加费,同年,全县征收公路养路费 421 万元。1994 年,省政府发布《浙江省公路养路费征收管理办法》,为养路费征收提供法律依据。同年,停止征收养路费附加费。2004 年 1 月 1 日,货车和非营运客车公路养路费征收标准由每月每吨 165 元调整到 200 元。2009 年 1 月 1 日,国家实施成品油价格和税费改革,停征养路费,以税费形式加入燃油价格中。

车辆购置附加费　1985 年,根据国务院《车辆购置附加费征收办法》,开征车辆购置附加费。1992 年,根据湖州市交通系统收费标准,国内生产、组装车以实际销售收入 10%费率征收,国外进口车以计算增值税后的计费组合价格 15%费率征收。1996 年 5 月 1 日,实施《浙江省车辆购置附加费征收管理业务规定实施细则》,规范车辆购置附加费征收。1997 年,长兴县成立车辆购置附加费征收管理办公室。2001 年 1 月 1 日起,车辆购置附加费取消,改征车辆购置税。

公路运输管理费　1986 年 10 月 1 日,向从事营业性公路客货运输、搬运装卸、运输服务的单位和个人,以及部队车辆参加地方营业性运输车辆征收公路运输管理费。对出租汽车和从事营业性运输的农用三轮车、农用拖拉机免收该费。对乡村从事营业性运输的其他农用汽车收费标准降低 30%。1998 年,根据国家计委、财政部《关于第一批降低 22 项收费标准的通知》,公路运输管理费调整,最高不超过营运(营业)收入的 0.8%。2009 年 1 月 1 日,公路运输管理费停征。

公路建设专用基金(客货运附加费)　1988 年 7 月 1 日,向旅客和托运单位征收公路建设专用基金,客运每人千米 0.007 元,货运每吨千米 0.01 元。1992 年,湖州市交通系统收费新标准出台,客运每人每千米调整成 0.01 元,货运每吨千米收费不变。1997 年,公路建设专用基金调整到客运每千米和货运每吨千米 0.025 元。2009 年 1 月 1 日,公路建设专用基金停征。

1988—2008 年长兴县公路运输规费征收情况表

表 8-19　　单位:万元

年份	公路养路费	公路建设专用基金	运输管理费	养路费附加费	手托摩托车规费	车辆购置附加费	其他代收税金	总计
1988	398.00	46.70	33.50	23.00	45.00	17.00	29.90	593.10
1989	491.70	148.20	64.00	115.60	65.00	12.40	24.40	1032.90
1990	504.00	159.00	63.00	113.00	74.00	12.00	150.00	1075.00
1991	597.00	142.00	84.00	113.00	110.00	11.00	246.00	1303.00
1992	643.00	153.00	80.00	119.00	118.00	17.00	394.20	1524.20
1993	995.00	556.00	152.00	156.00	152.00	15.20	1004.40	3030.60
1994	1324.00	670.00	212.20	58.30	266.40	82.00	1998.80	4611.70
1995	1445.00	708.00	231.00	—	257.00	195.00	2351.00	5187.00

续表8-19

年份	公路养路费	公路建设专用基金	运输管理费	养路费附加费	手托摩托车规费	车辆购置附加费	其他代收税金	总计
1996	1689.00	730.00	234.00	—	335.00	475.00	2310.00	5773.00
1997	1947.00	949.00	226.00	—	298.50	161.30	1518.10	5099.90
1998	1961.00	977.00	204.00	—	308.90	125.50	1444.90	5020.40
1999	2718.00	1008.00	212.00	—	419.00	55.70	1385.00	5797.70
2000	2847.93	1018.61	224.21	—	455.19	191.23	1557.15	6294.32
2001	2501.71	1102.37	211.36	—	326.77	95.28	516.08	4753.57
2002	2226.14	1229.39	224.82	—	364.02	4.82	341.61	4390.80
2003	3450.00	1400.00	323.10	—	397.45	3.01	179.78	5753.34
2004	4952.80	1573.04	372.65	—	441.76	21.54	—	7361.79
2005	4395.74	1248.22	334.25	—	406.00	—	—	6799.59
2006	5249.00	1222.17	325.53	—	249.50	—	—	7046.20
2007	6064.00	1125.00	472.20	—	334.53	—	—	7995.73
2008	6986.23	1048.66	411.43	—	358.05	—	—	8804.37

说明:资料来源于县交通局

二、航政规费征收

1988—2012年,全县先后征收的港航规费种类共有13项,其中属1988年以前开征的航政规费主要有航道养护费、货物港务费、船舶港务费、船舶检验、丈量费等。至2012年年末,仍执行征收的规费有船舶港务费、船舶及船用产品检验费、水上安全监督收费、船舶过闸费、浙北干线航道通行费5项;陆续取消的规费有航道养护费、水路运输管理费、货物港务费、水路货运附加费、水路交通建设费、内河航道建设费、港口设施建设资金、乡镇船舶管理费8项。

船舶港务费 1988年5月1日起开征,船舶每进或出港一次征收每载重吨0.10元(拖轮按千瓦,客渡船按总吨,排筏按立方米),拖轮船队按拖轮与驳轮分别计征。国营和集体所有制专业运输企业,按拥有的船舶总数,每吨、每千瓦每月0.7元计征(拖轮按千瓦,驳船按载重吨,客轮、客驳按总吨)。1994年9月1日起,实行按月定额计征,营运船舶每月每净吨3元,拖轮每月每千瓦4元。

船舶及船用产品检验费 1993年9月1日起,长兴县执行经国家物价局批准的《船舶检验计费规定》和《船用产品检验计费规定》,《船舶检验计费规定》计算公式中"K"值,浙江省取1.0。1998年9月24日,浙江省物价局、交通厅转发国家发展计划委员会《关于发布船舶及船用产品检验计费标准的通知》,同时根据浙江省具体情况,重新确定《船舶及船用产品检验计费标准》中的"K"值,其中河船为0.76。

水上安全监督收费 1992年4月25日,国家物价局、财政部下发《关于发布交通部水上安全监督收费项目及标准》,明确水上安全监督收费名录及标准,内容包括船舶港务费、港务监督管理费(船舶登记费、船员适任证书申请考试发证费、船员服务簿申请及证书费、海员单项专项训练发证费、海员证费、油污水化验费、海事调解费、水上危险货物监督管理费、船舶证明签证费、特种船舶和水上水下工程护航费、清除污染管理费、水上水下作业许可证费、船舶申请安全检查复查费、浮油回收费)、海岸电台无线电报电话费和船舶吨税。

船舶过闸费 1991年6月15日起,代征湖州市河船闸船舶过闸费。货物托运单位或船户,按托运货物计费吨每吨每次0.1元,装载易燃、易爆、危险的船舶每吨每次0.3元;承运船舶或运输船户,按船舶载重吨每月每吨0.5元。洪水期间或关闸期,重载船舶过闸时,每吨加收0.3元。1993年1月1日,从每吨次0.1元调整为0.2元,作为港口建设专项资金。2003年12月25日,原开征的长湖申线湖州市河船闸的船舶过闸费并入该收费项目,不再重复征收。

浙北干线航道通行费 2005年11月1日起,凡通过浙北干线航道(三堡船闸以北)的船舶均应缴纳浙北干线航道通行费。标准为月度定额统缴标准每吨(千瓦、客位)3元,航次缴纳标准每吨(千瓦、客位)1元。实行月度足额统缴的船舶,全年按月度定额统缴标准缴纳10个月的通行费。

航道养护费 航道养护费的征收始于1953年。1988年9月1日起,载重吨位40吨及以下的每吨每月2.4元,载重吨在40吨以上的每吨每月3元。1992年8月4日,营业性运输船舶按运费收入8%计征,难以准确反映运费和水上作业收入的船舶、非营业性船舶、竹木排筏和浮运物体,比照计征。1992年10月1日起,内河航养费按8%计征。1996年4月1日起,改为按定额征收,载重40吨以下船舶每载重吨每月4元,载重40吨及其以上船舶每增加1载重吨(不足1吨按1吨计算)增收0.1元,载重100吨以上船舶按100载重吨费率标准计算。1998年1月1日起,内河航道养护费按运费收入6%计征。为加速淘汰挂桨机船,推广使用标准船型,2005年1月1日起,标准船型船舶的内河航道养护费在原征收标准基础上降低30%;挂桨机船舶的内河航道养护费在原征收标准基础上加收10%,2006年1月1日起加收20%,2007年1月1日起加收30%。2008年12月22日,航道养护费取消,长兴停止征收。

水路运输管理费 1990年4月10日,长兴县根据《浙江省水路运输管理费征收和使用实施办法》的规定,统一个体(联户)的水路运输管理费定额标准:船舶载重吨在60吨及以上,每月每载重吨的营收测定标准为60元,运输管理费定额标准为每月每载重吨0.9元;船舶载重吨在40吨以上、60吨以下的,每月每载重吨的营收测定标准为50元,运输管理费定额标准为每月每载重吨0.75元;船舶载重吨在40吨及以下的,每月每载重吨的营收测定标准为40元,运输管理费定额标准为每月每载重吨0.6元。1991年10月5日,浙江省交通厅、浙江省财政厅、浙江省物价局联合颁发《浙江省水路运输管理费征收和使用实施办法》,规定凡浙江省从事营业性水路客货运输(包括轮渡)、水路运输服务的企业、单位、个人和浙江省注册核发水路运输(服务)许可证的外省市企业、单位、个人以及长期(半年以上)固定在浙江省从事运输的船舶,均按该实施办法的规定缴纳水路运输管理费,征收标准按水路运输(服务)企业、前单位、个人营运(营业)收入的1.5%计征。对难以准确反映营运收入的运输企业、单位和个人,其运管费按船舶核定载重吨(客位或千瓦)定期、定额计征。1996年4月1日起,载重40吨以下船舶征收水路运输管理费每月每载重吨0.8元,载重40吨及其以上船舶,按载重40吨以下船舶的标准计费外,每增加1载重吨(不足1吨按1吨计算),水路运输管理费增收0.02元;对载重100吨以上船舶每载重吨增收的费率均按100载重吨费率标准计算。2008年12月22日,财政部、国家发改委、交通运输部、监察部、审计署等五部门联合下发通知,明确取消水路运输管理费等6项收费。

货物港务费 1988年起,省航运管理局下文,个体、联户船货物港务费调整为每吨每月1.2元。1994年,浙江省物价局、浙江省交通厅印发《浙江省港口费收规则》,自1994年9月1日起施行,原《浙江省海港费收规则》同时废止。新规则规定凡经浙江省沿海、内河各港口的国内进出口货物(包括在货主或企业专用码头进出口货物、客运附货、竹木排等),分别按货物进口或出口向货主(托运人或收货人)征收货物港物费。货物港物费率按重量吨计费,每吨0.35元,按体积吨计费,每吨0.25元;国标2吨集装箱每箱0.72元,国标5吨集装箱每箱1.15元。厂矿企业自备船(包括水产运输船)的货物港物费,按船舶载重吨每月每吨4元计征,由船籍港所在地的港航管理部门负责征收。经营产运销结合难以按其进、出口货物运量计收货物港务费的船舶,实行按月统缴。各市(地)物价、交通部门按其营运情况测定出各市(地)按月统缴的平均定额标准。1995年4月22日,浙江省物价局、浙江省交通厅批复核定在杭、嘉、湖、绍内河(江)经营运销,结合难以按其进、出口货物运量计收货物港务费的船舶,其货物港务费自1995年4月起,统一按每月每载重吨2.5元计征。各市(地)物价、交通部门按其营运情况测定各市(地)按月统缴的平均定额标准。1995年7月1日起,湖州市港航管理部门规定,外省两户船的航次货物港务费定额统一按每吨0.5元标准计征。2005年8月1日起,根据浙江省《关于调整货物港务费征收标准的复函》精神,浙江省向航行国内航线船舶及国内进出口货物收取的货物港务费标准调整为沿海港口每吨0.5元,内河港口每吨1元。对于经营运销结合难以按其进出口货物运量计收货物港务费的内河运输船舶，其货物港务费月度定额标准按每载重吨 4 元计征。根据浙财综〔2011〕126 号文件规定，长兴县自 2012 年 1 月 1 日起，停止征收货物港务费。

水路货运附加费　1993 年 1 月 1 日起征收。征收标准：内河货运按全程运费的 5%计收，其中在市内运输的货物按全程运费 3%计收；内河 40 吨以下的每吨 2 元；40 吨及其以上 60 吨以下的每吨 3 元；60 吨及其以上 80 吨以下的每吨 4 元；80 吨及其以上的每吨 6 元。1999 年 9 月停止征收。

水路交通建设费　1999 年 9 月 1 日开征，根据省财政厅、省物价厅、省交通厅《浙江省水路交通建设费征收暂行管理办法》，原水路航道建设费、水运附加费、沿海港口基础设施费同时停止征收。2002 年 5 月长兴停征水路交通建设费。

内河航道建设费　1993 年 9 月起在杭嘉湖开征内河航道建设费，义务缴纳人为开采和生产石料、黄砂、石灰石、砖瓦、水泥预制品的单位和个人。征收标准：石料、石灰石、砖瓦每吨不超过 1 元；黄砂每吨不超过 0.5 元；水泥预制品每吨不超过 2 元。该项收费专款专用，用于建设内河干线航道建设。2002 年 12 月 31 日起长兴停止征收。

港口设施建设资金　1992 年 9 月，市交通局颁布《港口设施建设资金征收管理办法》，凡在湖州市范围内起运和市外到达的水路运输物资均按每吨 0.2 元收取港口设施建设资金。厂矿自备船按实计征；个体船按船吨标每月 1.2 元。1998 年 8 月 6 日起长兴停止征收。

乡镇船舶管理费　1993 年 7 月 22 日，根据中共中央办公厅、国务院办公厅发布的《关于涉及农民负担项目审核处理意见的通知》，长兴县取消乡镇船舶管理费征收项目。

1988—2012 年长兴县水路运输规费征收情况表

表 8-20　　单位：万元

年份	航道养护费	货物港物费	船舶港务费	水路运输管理费	船舶及船用产品检验费	货物附加费	交通建设费	浙北通行费	合计
1988	328	—	162	—	8	—	—	—	498
1989	348	133	164	—	8	—	—	—	653
1990	304	114	82	—	9	—	—	—	509
1991	306	172	95	—	47	—	—	—	620
1992	439	191	69	79	5	—	—	—	783
1993	903	311	154	138	20	485	—	—	2011
1994	1265	435	216	195	40	523	—	—	2674
1995	1271	407	202	233	52	565	—	—	2730
1996	1149	443	182	217	83	449	—	—	2523
1997	1007	406	146	163	40	415	—	—	2177
1998	772	363	122	182	82	358	—	—	1879
1999	931	289	151	214	46	232	119	—	1982
2000	1215	377	256	202	33	—	560	—	2643
2001	1167	496	342	272	37	—	612	—	2926
2002	1585	602	374	373	55	—	240	—	3229
2003	1674	623	372	423	138	—	—	—	3230
2004	2608	926	515	665	99	—	—	—	4813
2005	2738	922	474	692	122	—	—	165	5113
2006	3067	1026	492	778	134	—	—	1231	6728
2007	3418	1387	527	840	209	—	—	1358	7739
2008	3157	1770	517	723	262	—	—	1347	7776

续表8-20

年份	航道养护费	货物港物费	船舶港务费	水路运输管理费	船舶及船用产品检验费	货物附加费	交通建设费	浙北通行费	合计
2009	—	1984	581	—	399	—	—	1514	4478
2010	—	2360	725	—	507	—	—	1795	5387
2011	—	2750	917	—	502	—	—	2132	6301
2012	—	3	812	—	384	—	—	1868	3067
合计	29652	18490	8649	6389	3321	3027	1531	11410	82469

说明:资料来源于县交通局

三、“四自”公路车辆通行费征收

1984年,国务院作出贷款修路、收费还贷决定,允许通过集资或银行贷款修建收费公路(桥梁、隧道),对通过收费公路的车辆收取过路(过桥、过隧道)费。1992年12月1日,省政府印发《关于加快交通基础设施建设的通知》,提出公路建设“自行贷款、自行建设、自行收费、自行还贷”的“四自”方针,开启浙江省交通基础设施建设的新格局。1996年,省政府颁布《浙江省公路“四自”工程管理暂行办法》,对“四自”工程规模和筹资方式等提出要求。

1993年2月25日,318国道长兴至泗安段(界牌)经省政府批准为“四自”工程,是浙江省第一批公路“四自”工程之一,分两期进行建设。1994年7月,一期工程318国道雉城过境段开工建设,1996年6月完工;1998年11月,二期工程长兴高家墩至界牌段经省计经委批准,立项为重点工程建设项目,为“四自”工程,总投资3.7亿元,于2001年年底完工。该工程采取边建设边收费的方法,于1993年9月18日建立长兴县道路建设车辆通行费征收所,开始收费。

1996年,104国道长兴段改造工程经省政府批准为第五批公路“四自”工程项目,1997年7月完成建设;2001年104国道长兴段冯家湾分离立交工程列入省“四自”工程建设项目,总投资约3718.39万元,于2002年10月完工。1996年12月,建立104国道长兴收费站,1997年10月15日正式开始收费。

2002年,长和公路改建工程经省政府批准列为“四自”工程建设项目,2004年10月开工建设,2007年7月完工。长和公路在318国道收费站设收费(补票)点征收通行费,与318国道共同收费还贷。318国道长兴收费站撤除后,长和公路通行费由相关联的杭宁高速公路长兴站和申苏浙皖高速公路长兴西站2个收费站口对下高速的外地车辆代征。

2004年,301省道长牛线长兴段被省政府列入省“四自”工程,投资总概算1.29亿元,于2007年6月完成建设。2006年8月,建立301省道长兴收费站,2007年11月18日正式开始收费。

2006年9月,318国道长兴段停止收费并撤除收费站。2008年,国务院发出《关于实施成品油价格和税费改革通知》,改革涉及交通部门取消公路养路费、航道养护费、公路运输管理费、公路客货运附加费、水路运输管理费、水运客货运附加费等6项收费和取消政府还贷二级公路收费。同年省政府发布《关于贯彻成品油价格和税费改革的实施意见》,规定浙江省内政府还贷二级公路收费站点一律在2010年2月28日24时前撤销。长兴县开始逐步部署取消政府还贷二级公路收费工作。2010年,根据《长兴县取消政府还贷二级公路收费实施方案》,2月28日23时58分起,长兴县取消境内301省道长牛线长兴段、长兴至和平公路政府还贷二级公路收费项目,撤除301省道长兴收费站。2012年,根据省政府办公厅《关于我省公路收费项目收费年限有关事项的复函》的规定,10月14日24时,104国道长兴收费站到达规定征收年限,停止收费并撤除。至该时,县境内普通收费公路收费站全部撤销。

1993年9月至2012年10月,全县普通“四自”公路收费站累计征收车辆通行费77441万元。其中,1993年9月至2006年9月,318国道收费站累计征收车辆通行费26155万元;1997年10月至2012年10月,104国道收费站累计征收车辆通行费49591万元;2007年11月至2010年2月,301省道收费站累计征收车辆通行费1695万元。

1993—2012 年长兴县普通“四自”公路车辆通行费征收情况表

表 8-21　　单位:万元

年份	合计	收费站			年份	合计	收费站		
		318 国道	104 国道	301 省道			318 国道	104 国道	301 省道
1993	348	348	—	—	2004	6529	5170	1359	—
1994	961	961	—	—	2005	5717	4525	1192	—
1995	1035	1035	—	—	2006	4802	3263	1539	—
1996	773	773	—	—	2007	1770	—	1662	108
1997	2966	1337	1629	—	2008	2651	—	1677	974
1998	7651	1254	6397	—	2009	2018	—	1461	557
1999	8429	1075	7354	—	2010	1892	—	1836	56
2000	8603	1128	7475	—	2011	1786	—	1786	—
2001	7754	1274	6480	—	2012	990	—	990	—
2002	7072	1422	5650	—	合计	77441	26155	49591	1695
2003	3694	2590	1104	—	—	—	—	—	—

说明:资料来源于县交通局

第五节　公路、航道养护

一、公路养护

县内国道、省道干线公路和主要县道的养护管理,由县公路管理段负责。县道以下农村公路由各乡镇政府负责养护,村道由村级组织负责养护。高速公路由其业主负责养护,湖州市公路管理处实施行业管理与监督。1988 年,县公路管养体制为条块结合、以条为主垂直的管理模式,由湖州市公路管理处管理,设长兴公路段,公路养护以人工为主,设 9 个道班。1991 年 5 月,道班改称公路管理站,共设 4 个公路管理站。8 月,长兴公路段改称长兴公路管理段。1995 年,公路网技术等级提升,公路养护实现机械化,养护方式开始改变,桥梁养护日益重视。1999 年 9 月,公路管理体制下放到县,设长兴县公路管理段。2012 年,县公路管理段设置城区中心公路管理站、318 公路管理站、城西公路管理站、和平公路管理站、长广公路管理站 5 个公路管理站和 1 个桥梁养护管理站。

1988 年,全县公路以泥结碎石路面为主,养护生产方式以人工扫砂、匀砂、回砂为主,泥结碎石路料由手扶拖拉机运输。同年投入养护经费 139.63 万元,公路好路率 68.6%。之后至 1994 年,伴随公路建设开始砂改油,逐渐从单一公路养护生产发展到公路养护管理。1995 年起,公路养护机械化投入加快,路面养护方式采用多功能养护车、路面沥青灌缝设备、小型压路机、小型拌和机、平板夯、割草机、切割机。同年,投入养护经费 467.44 万元,县内国省道干线公路好路率 84.2%。1996 年,按新考核标准评定,公路平均优良路率为 62.1%。2006 年,公路平均优良路率为 79.3%。2008 年,为 89.8%。2012 年,养护里程 2152.23 千米,投入养护经费 2000.3 万元,公路平均优良路率 94.3%,列全省第一。同年年末,有各类公路养护施工机械设备 24 台(套)。

1988 年,全县国省道公路绿化 65 千米,公路绿化率 47%。县公路管理部门自 1983 年开始在 104 国道长兴段父子岭路段试种 370 株香樟树苗,至 1999 年已累计种植香樟树 2 万株。1999 年起,318 国道、省道鹿唐线、长牛线等公路先后推广香樟绿化。2002 年,全县开展绿色通道建设,在公路两侧按标准建设绿化带 59 千米。2005 年,针对公路绿化以香樟为主、树种单一、效果欠佳问题,先后引进银杏、朴树、黄山栾树等多种品种用于公路绿化，丰富绿化树种，确立以“上乔、中灌、下花草”为主框架的绿化模式。至2012年年末，全县公路绿化2152.23千米，累计绿化面积56.17万平方米，公路绿化率100%。

二、航道养护

1989年，县航运管理所实施《长兴县民办小挖泥船施工管理试行办法》，加强对全县18艘民办小挖泥船的施工管理。1993年，小浦闸上游弯道截弯拓宽工程、小浦四号桥暗礁清除工程、吕山控制点锚地拓宽工程、和平支线石灰厂下游段拓宽疏浚工程、陈湾站码头疏浚工程相继完工。1996年，完成李湖北线范湾桥—横山粮库土方疏浚、横山郑家浜石矿码头拓宽工程、小浦镇湾航段及小浦镇人民桥上游土方疏浚。1997年，省交通厅下发《关于印发〈浙江省航道管理、航道养护三级分工职责〉的通知》，明确省、市、县三级港航部门航道养护职责。同年8月，县航运管理所与县水利局联合发布《关于加强挖泥船施工管理的通知》，对县内34艘挖泥船统一实行规范管理。2001年，完成和平港航道拓宽改造及疏浚工程、泗安航道疏浚、小浦合溪港土方疏浚。2002年，许家桥闸门便民桥航段按五级航道标准疏浚。2004年，省政府出台《浙江省内河“四自”航道管理暂行办法》，规定“四自”航道养护职责。同年，长兴县完成李湖北线横山段、梅湖线石泉湾航道疏浚单项工程及青山港矿区航道改造工程。2005年，完成和平支线航道改造工程完成改造航道里程3.5千米。2008年8月20日，长兴太湖避风锚地建设工程完工，为省港航养护重点工程，位于洪桥镇杨家浦支线航道排田漾航段，按五级通航标准、停泊300吨级船舶设计建设，锚泊区总面积为4.97万平方米。2010—2012年，历时3年，完成李湖南线鲍家村至小箬桥段航道养护工程。

第四章　交通企事业单位改革

1988—1993年，长兴县交通局先后对全县交通系统内以水路运输（装卸）为主的企业，实施两期内部承包经营责任制，以促进水运企业提高经济效益、调动承包者和职工的积极性。1994年以后，因市场环境发生变化，企业经济效益连年下降，大部分企业承包经营责任制难以为继。1998年起，对运输企业和其他企事业单位全面实施改制，至2004年改制任务基本完成。同时，推动投融资体制改革，加快交通事业发展。

第一节　运输企业改革

1988年，全县交通系统运输企业有10家，其中县属集体水路运输企业9家，市交通局隶属陆路运输国有企业湖州汽车运输总公司长兴分公司1家。年末，9家县属集体水运企业账面固定资产原值3536.67万元，固定资产净值2662.34万元，有机动船76艘、834.49千瓦，非机动船658艘、44913载重吨，全年完成货运量430.7万吨，货运周转量65326.86万吨千米，实现利润423.9万元。1988—1993年，县交通局根据县政府于1987年9月下发的《关于长兴县公交企业承包经营责任制试行办法》，对全县交通系统内以水路运输（装卸）为主的企业，按照“包死基数、确保上交、超收多留、歉收自补”原则，采取“利润递增、包干核定税前还贷和入库所得税承包”的形式，实施内部承包经营责任制，每期3年，共实施两期。1988—1990年为第一期承包经营期，总利润承包指标1168.51万元（除泗安装卸运输公司外），经考核审计共实现利润1387.99万元，为承包指标的118.8%。其中，完成全部指标的5个企业，共兑现承包奖金150894.7元。1991—1993年为第二期承包经营期，总利润承包指标959.77万元（除泗安装卸运输公司外），经考核审计共实现利润1261.34万元，为承包指标的131.4%。其中完成全部指标的7个企业，共兑现承包奖金367779.22元。实施承包经营责任制，对促进水运企业加大运输船舶更新改造力度、开拓生产经营、提高经济效益、调动承包者和职工的积极性起到积极的作用。1994 年以后，因市场环境发生变化，企业经济效益连年下降，大部分企业承包经营责任制受阻。1996 年 6 月，泗安装卸运输公司歇业解体。至 1998 年 12 月，县交通局所属 8 家集体水运企业共有在职职工 2668 人，拥有拖轮 83 艘、7653.19 千瓦，货驳 683 艘、49191 载重吨，全年实现利润-1149 万元，累计实现利润-2968 万元。长兴汽车运输总公司有在职职工 579 人，退休职工 149 人，拥有客车 208 辆、3552 客位，货车 40 辆、171 载重吨，全年实现营业收入 1051 万元，经营利润 1 万元。同年起，县交通局对运输企业全面实施企业改制。其中，1998 年 12 月，长兴汽车运输总公司以入股重组的形式改制成为民营企业；1999 年，县第二航运公司、第四航运公司、第五航运公司、第六航运公司、小浦装卸运输公司先后歇业解体，长兴华通实业总公司以歇业重组的方式完成企业改制；2000 年，县源头运输有限公司、万方运输有限公司先后歇业解体。

一、长兴汽车运输总公司

1988 年年初，全县陆路运输企业共 1 家，为嘉兴地区汽车运输公司长兴中心站。3 月 28 日，省体制下放改称湖州汽车运输总公司长兴分公司，全民所有制企业，隶属市交通局，位于雉城镇东门大桥南堍。1992 年 3 月，湖州汽车运输总公司长兴分公司下放属地管理。县交通局按专业拆分成长兴汽车客运公司、长兴汽车货运公司、长兴汽车配件维修公司，为县属国营交通运输企业。10 月，长兴汽车配件维修公司划归长兴汽车客运公司。1996 年 1 月，长兴汽车客运公司和长兴汽车货运公司合并成立长兴汽车运输总公司。1998 年 8 月，长兴汽车运输总公司、长兴汽车客运货配中心和长兴县交兴公司合并成立长兴汽车运输总公司。至 12 月，企业有在职职工 579 人，退休职工 149 人；企业账面总资产 4138 万元，净资产 1224 万元；拥有客车 208 辆、3552 客位，其中大型客车 11 辆，有货车 40 辆、171 载重吨；当年完成客运量 266.6 万人，完成客运周转量 13610.9 万人千米，实现营业收入 1051 万元，经营利润 1 万元。同年 12 月，经县体改办批准，长兴汽车运输总公司以入股重组的方式改制成为民营企业。1999 年 1 月，原长兴汽车运输总公司改制后成立长兴万宏汽车运输有限公司。2000 年 9 月，召开股东代表大会和职工代表大会，通过《长兴万宏汽车有限公司深化企业改革方案》。2001 年，经县体改办批准，长兴万宏汽车运输有限公司按方案提留剩余剥离资产，全部 579 名在职职工与原国有企业解除劳动合同，身份置换。149 名退休工人纳入改制后的长兴万宏汽车运输有限公司日常管理。

二、长兴县运输公司

系县属集体所有制水运企业，位于雉城镇环城南路高阳桥西堍，主要经营水路货物运输。1988—1993 年，实施每期 3 年的两期企业内部承包经营责任制，企业职工积极性得到调动，生产经营全面开拓，运输生产和经济效益达到历史高峰。至 1993 年 12 月，企业净资产 1348 万元，拥有拖轮 30 艘、4017 千瓦，货驳 256 艘、18153 载重吨。1994 年 12 月，更名为长兴华通实业总公司，经济性质、隶属关系等不变。1994 年起，由于国家经济转轨、水运市场环境发生变化、企业体制和内部管理方面原因，运输生产量连年下滑，经营综合成本逐年增加，经营亏损额连年上升，企业净资产逐年下降。至 1998 年 12 月，累计亏损 1840 万元，企业账面反映总资产 2561 万元，净资产-393 万元，有在职职工 1290 人，拖轮 28 艘、2796.3 千瓦，货驳 224 艘、16705 载重吨。1999 年 9 月 8 日，长兴华通实业总公司召开公司职工代表大会，通过企业解体改制方案，上报县体改办审批。9 月 29 日，县体改办下达《关于长兴华通实业总公司企业解体、自由重组的批复》。企业全部在职职工 1234 人领取一次性经济补偿金后，解除与企业的劳动合同关系，自谋职业、自由重组。企业解体后，资产和债权债务处理以及 462 名退休职工、精减下放职工等人员按企业改制文件规定提留相关费用后，纳入县交通局改制企业清算组、退休职工管理办公室予以管理。至 2004 年 6 月，长兴华通实业总公司体制改革工作基本完成。

三、长兴县第二航运公司

系县属集体所有制水运企业，主要经营水路货物运输，位于泗安镇新河岸，共有职工 384 人，其中退休职工 148 人。1988—1993 年，实施每期 3 年的两期企业内部承包经营责任制。至 1993 年 12 月，企业净资产 377.58 万元,拥有拖轮 10 艘、678.6 千瓦,货驳 86 艘、5781 载重吨。1994 年起,企业经济效益滑坡,连年亏损。至 1998 年 12 月,累计亏损 360 万元,账面反映总资产 592 万元,净资产 78 万元,有在职职工 245 人,拖轮 11 艘、815.48 千瓦,货驳 85 艘、5906 载重吨。1999 年 9 月 8 日,长兴县第二航运公司召开公司职工代表大会,通过企业解体改制方案,上报县体改办审批。10 月 27 日,县体改办下达《关于同意长兴县第二航运公司歇业解体、职工领取一次性经济补偿费后解除劳动合同的批复》。企业全部在职职工 236 人领取一次性经济补偿金后,解除与企业的劳动合同关系,自谋职业。企业解体后,资产和债权债务处理以及 148 名退休职工、精减下放职工等人员,按企业改制文件规定提留相关费用后纳入县交通局改制企业清算组、退休职工管理办公室予以管理。2004 年 6 月,长兴县第二航运公司体制改革工作基本完成。

四、长兴县第三航运公司

系县属集体所有制水运企业,主要经营水路货物运输,位于小浦镇人民桥西堍北侧。1988—1993 年,实施每期 3 年的两期企业内部承包经营责任制。至 1993 年 12 月,企业净资产 668.69 万元,拥有拖轮 10 艘、677.12 千瓦,货驳 82 艘、5734 载重吨。1994 年起,企业经济效益逐年下滑。至 1998 年 12 月,累计亏损 154 万元,账面反映总资产 1136 万元,净资产 585 万元,有在职职工 247 人,拖轮 10 艘、677.12 千瓦,货驳 79 艘、5530 载重吨。1999 年 6 月,经县体改办批准进行企业内部改革,并更名为长兴县源头运输有限公司。2000 年 1 月 7 日,长兴县源头运输有限公司召开公司股东和职工代表大会,通过企业解体改制方案,上报县体改办审批。3 月 6 日,县体改办下达《关于同意长兴县源头运输有限公司解散、职工解除劳动合同自谋职业或自由重组的批复》。企业全部在职职工 241 人领取一次性经济补偿金后,解除与企业的劳动合同关系,自谋职业。企业解体后资产和债权债务处理以及 109 名退休职工、精减下放职工等人员,按企业改制文件规定提留费用后纳入县交通局改制企业清算组、退休职工管理办公室予以管理。至 2004 年 6 月,长兴县源头运输有限公司体制改革工作基本完成。

五、长兴县第四航运公司

系县属集体所有制水运企业,主要经营水路货物运输,位于和平镇。1988—1993 年,实施每期 3 年的两期企业内部承包经营责任制。至 1993 年 12 月,企业净资产 329 万元,拥有拖轮 7 艘、500.48 千瓦,货驳 66 艘、4509 载重吨。1994 年起,企业连年亏损。1997 年 3 月,分设为第一分公司和第二分公司,各自独立核算,其中第一分公司在职职工 84 人、退休职工 16 人,第二分公司在职职工 144 人、退休职工 27 人。至 1998 年 12 月,累计亏损 210 万元,账面反映总资产 878 万元,净资产 99 万元,有在职职工 199 人,拖轮 8 艘、619.81 千瓦,货驳 83 艘、5737 载重吨。1999 年 9 月 18 日,长兴县第四航运公司召开第一分公司和第二分公司职工代表大会,通过企业解体改制方案,上报县体改办审批。12 月 28 日,县体改办下达《关于长兴县第四航运公司企业解体、职工自谋职业、自由重组的批复》。企业全部在职职工 185 人领取一次性经济补偿金后,解除与企业的劳动合同关系,自谋职业、自由重组。企业解体后资产和债权债务处理以及 43 名退休职工等人员,按企业改制文件规定提留相关费用后,纳入县交通局改制企业清算组、退休职工管理办公室予以管理。2004 年 6 月,长兴县第四航运公司体制改革工作基本完成。

六、长兴县第五航运公司

系县属集体所有制水运企业,主要经营水路货物运输,1988 年 5 月由李家巷运输一站更名而来,位于李家巷镇石板圩。1988—1993 年,实施每期 3 年的两期企业内部承包经营责任制。至 1993 年 12 月,企业净资产 308.44 万元,拥有拖轮 5 艘、355 千瓦,货驳 40 艘、2448 载重吨。1994 年起,企业连年亏损。至 1998 年 12 月,累计亏损 56 万元,账面反映总资产 959 万元,净资产 271 万元,有在职职工 84 人,拖轮 7 艘、677.12 千瓦,货驳 45 艘、3346 载重吨。1999 年 11 月 21 日,长兴县第五航运公司召开公司职工代表大会,通过企业解体改制方案,上报县体改办审批。12 月 20 日,县体改办下达《关于同意长兴县第五航运公司解体的批复》。企业全部在职职工 84 人领取一次性经济补偿金后,解除与企业的劳动合同关系，自谋职业。企业解体后资产和债权债务处理以及18名退休职工等人员，按企业改制文件规定提留相关费用后，纳入县交通局改制企业清算组、退休职工管理办公室管理。2004年6月，长兴县第五航运公司体制改革工作基本完成。

七、长兴县第六航运公司

系县属集体所有制水运企业，主要经营水路货物运输，1988年5月由李家巷运输二站更名而来，位于李家巷镇石板桥。1988—1993年，实施每期3年的两期企业内部承包经营责任制。至1993年12月，企业净资产208.53万元，拥有拖轮6艘、564千瓦，货驳41艘、2817载重吨。1994年起，企业连年亏损。至1998年12月，累计亏损158万元，账面反映总资产662万元，净资产42万元，有在职职工99人，拖轮5艘、556千瓦，货驳41艘、3155载重吨。1999年6月23日，长兴县第六航运公司召开公司职工代表大会，通过企业歇业解体改制方案，上报县体改办审批。6月22日，县体改办下达《关于同意长兴县第六航运公司歇业解体、职工分流安置的批复》。企业全部在职职工99人领取一次性经济补偿金后，解除与企业的劳动合同关系，自谋职业。企业解体后资产和债权债务处理以及23名退休职工等人员，按企业改制文件规定提留相关费用后，纳入县交通局改制企业清算组、退休职工管理办公室管理。2004年6月，长兴县第六航运公司体制改革工作基本完成。

八、长兴县装卸运输公司

系县属集体所有制水运企业，主要从事水陆货物装卸、运输、修理等经营业务，位于雉城镇望春南路8号。1988年5月，下属小浦、泗安搬运站从县装卸运输公司划出，分别更名长兴县小浦装卸运输公司、长兴县泗安装卸运输公司。1988年后，搬运装卸业逐年滑坡，主要经营项目转向水路货物运输。1988—1993年，实施每期3年的两期企业内部承包经营责任制。至1993年12月，企业净资产353万元，拥有拖轮9艘、773.04千瓦，货驳72艘、5035载重吨。1994年起，企业连年亏损。至1998年12月，累计亏损35万元，账面反映总资产1361万元，净资产390万元，有在职职工392人，拖轮10艘、1022.6千瓦，货驳95艘、6798载重吨。1999年1月，企业进行内部改革，由原长兴县装卸运输公司集体及职工共同出资组建长兴万方运输有限公司，但运输生产继续滑坡，经济效益欠佳，至1999年12月资不抵债316.57万元。同年12月30日，长兴万方运输有限公司召开公司股东代表大会，审议通过长兴万方运输有限公司（长兴县装卸运输公司）解体改制方案，上报县体改办审批。2000年3月，县体改办下发《关于同意长兴万方运输有限公司解散、职工解除劳动合同自谋职业或自由重组的批复》，企业392名全部在职集体合同制职工和农村合同工领取一次性经济补偿金后，解除与企业的劳动合同关系，自谋职业。企业歇业后资产及债权债务处理和215名退休职工及精减下放职工等人员，按企业改制文件规定提留相关费用后，纳入县交通局改制企业清算组、退休职工管理办公室管理。至2004年6月，长兴万方运输有限公司体制改革工作基本完成。

九、长兴县小浦装卸运输公司

系县属集体所有制水运企业，主要经营搬运装卸，位于小浦镇。原为小浦搬运站，1988年5月从县装卸运输公司划出，更名为长兴县小浦装卸运输公司。1988年后，搬运装卸业逐年滑坡，主要经营项目转向水路货物运输。1988—1993年，在实施每期3年的两期企业内部承包经营责任制中，企业经济效益较差，连年完不成承包经营指标。1992年4月至1993年10月，由长兴县第五航运公司兼并经营。1993年11月恢复原体制。1994年起，企业连年亏损，严重资不抵债。至1998年12月，累计亏损97万元，账面反映总资产274万元，净资产-42万元，有在职职工92人，拖轮3艘、242.8千瓦，货驳31艘、2162载重吨。1999年6月16日，长兴县小浦装卸运输公司召开职工代表大会，通过企业歇业解体，职工分流安置改制方案，并上报县体改办。6月22日，县体改办下达《关于同意长兴县小浦装卸运输公司歇业解体、职工分流的批复》，82名在职集体合同制职工和10名农村合同工分别领取一次性经济补偿金后，解除与企业劳动合同关系，自谋职业。企业歇业后资产及债权债务处理和30名退休职工按企业改制文件规定提留相关费用后，纳入县交通局改制企业清算组、退休职工管理办公室管理。2004年6

月,长兴县小浦装卸运输公司体制改革工作基本完成。

十、长兴县泗安装卸运输公司

系县属集体所有制水运企业,主要经营搬运装卸,位于泗安镇新河岸。原为泗安搬运站,1988 年 5 月从县装卸运输公司划出,更名长兴县泗安装卸运输公司。1988 年以后,搬运装卸业逐年滑坡,主要经营项目转向水路货物运输。从 1990 年开始,水路货物运输的市场机制和外部环境发生变化,加之企业内部管理混乱,致使运输应收账款拖欠较多,运输生产连年亏损,至 1995 年已资不抵债超过 100 万元,企业难于生存,面临倒闭。同年 10 月全面停产,县交通局组织对长兴县泗安装卸运输公司调研,并于 1995 年 11 月向县政府作《关于长兴县泗安装卸运输公司资不抵债、面临倒闭的情况汇报》。1996 年 5 月 4 日,召开长兴县泗安装卸运输公司职工大会,通过企业解困方案,决定企业解体,通过变卖资产补助安置分流职工,缺额资金由县交通局负责解决。在县有关部门和泗安法庭的支持下,县交通局派出体制改革工作组,开展长达 8 个月的企业解体改制工作。通过清理企业资产、分流安置 140 名在职职工和 40 名退休工人。至 1996 年 12 月,长兴县泗安装卸运输公司解体解困工作基本完成。

第二节　其他企(事)业单位改革

一、长兴四通港务联运有限公司

长兴四通港务联运有限公司由长兴县联运公司、长兴港务有限公司合并组建,性质为国有独资。长兴县联运公司于 1990 年 6 月组建,1990 年 11 月 9 日开业,位于雉城镇光明路三里桥北堍,注册资金 14.67 万元,性质为国有。长兴港务有限公司于 1997 年 10 月因长兴铁公水中转港工程竣工投入营运,县政府授权县交通局组建,位于 318 国道浙北大桥西桥堍北侧,注册资本 1500 万元,性质为县属国有独资。1998 年 8 月,县交通局根据长兴县联运公司、长兴港务有限公司当时的生产经营情况,决定将长兴县联运公司与长兴港务有限公司合并,实行一套班子、两块牌子管理。1999 年 3 月,由长兴港务公司和长兴县联运公司联名请示县交通局,并经县政府授权,组建长兴四通港务联运有限公司,位于 318 国道浙北大桥西桥堍北侧,注册资本 1508 万元,企业性质为国有独资,主要经营范围为办理铁、公、水货物联托运、中转、仓储、货配、车船调度、集装箱及快件托运等。至 2001 年 7 月,企业账面资产经审计累计亏损 1043.29 万元,总资产 6091.19 万元,净资产 2297.32 万元。2001 年 8 月,长兴四通港务联运有限公司召开公司职工代表大会,通过解体改制方案,并上报县体改办等部门。因公司整体资产一时难以处置,企业体制改革分两步实施。同年 12 月,县财政局(国资办)作出《关于对长兴四通港务联运有限公司职工身份置换经济补偿的批复》,同意长兴四通港务联运有限公司以企业资产对 111 名在职职工进行身份置换,给予一次性经济补偿费后终止劳动关系。同时提留 3 名退休人员门诊医药费、大病统筹金等费用后,纳入县交通局改制企业退休职工管理办公室管理。2004 年 9 月,县交通局对长兴四通港务联运有限公司整体资产评估,并请示县政府要求整体转让公司资产。11 月 15 日,县政府召开长兴四通港务联运有限公司(长兴铁公水码头)资产转让专题会议。11 月 18 日,报县国资办批准资产转让手续。11 月 24 日,资产转让方、资产受让方、鉴证方三方签署长兴四通港务联运有限公司整体资产(长兴铁公水码头)转让协议。至 2004 年 12 月,长兴四通港务联运有限公司体制改革工作基本完成。

二、长兴县泗安交通中转仓库

系小型全民所有制企业,主要经营黄砂、煤炭中转业务,1988 年位于泗安镇柴湾村西河坝街,工业仓储用地 1.07 万平方米。1994 年 3 月,更名为长兴县运通公司。1994 年开始,县运通公司经营业务逐年减少,企业发展艰难。至 1998 年年底,经营业务基本消失,仅靠出租房屋维持职工基本生活。同年,营业收入 11 万元,利润-5 万元,账面反映总资产 95 万元,净资产 69 万元。1999 年 6 月,长兴县运通公司向县体改办申请,要求企业歇业解体,职工分流安置。6 月 8 日,县体改办作出《关于同意长兴县运通公司歇业、职工分流安置的批复》，企业全部16名在职职工领取一次性经济补偿金后，解除与企业的劳动合同关系，自谋职业。企业歇业后资产及债权债务处理和7名退休职工、职工遗属，按企业改制文件规定提留相关费用后，纳入县交通局改制企业清算组、退休职工管理办公室管理。至2004年6月，长兴县运通公司体制改革工作基本完成。

三、长兴县桥梁工程队

系县交通局下属生产经营类集体事业单位，从事县内以小型桥梁为主的修理和建造任务，位于雉城镇米行弄203号，在职职工28人，退休人员16人。1997年开始，县桥梁队内部桥梁修建专业技术职称人员逐年缺乏，工程技术力量逐年减弱，原有的公路建设四级资质未能通过年检，至2001年10月累计亏损60.4万元，经营状况处于勉强维持和滑坡状态。同年11月，根据县委、县政府《关于事业单位改革的若干意见》，县桥梁队成立改制工作领导小组，拟定改制方案，向县国资办申报资产评估立项，并经确认至2001年10月账面净资产127.6万元。2002年3月，县桥梁队召开职工代表大会，通过改制方案，并上报县体改办审批。10月，县体改办作出《关于同意长兴县桥梁工程队改革的批复》，单位全部28名在职职工领取一次性经济补偿与单位解除劳动人事关系。企业解体后，资产及债权债务处理和16名退休职工等人员，按改制文件规定提留相关费用后，纳入县交通局改制企业退休职工管理办公室管理。2004年12月，长兴县桥梁工程队体制改革工作基本完成。

第三节　交通建设投融资管理

一、交通建设投融资机构

1994年6月，成立长兴县交通建设投资公司，由县政府授权县交通局出资组建，注册资金为人民币1000万元。2006年12月，由县交通局以国有土地使用权出资，增加注册资金2.9亿元，变更后的注册资金增加至3亿元。主营交通建设项目策划、经营和管理，交通建设项目经济技术咨询服务、土地储备和开发、房地产开发、城市基础设施建设。2008年6月24日，长兴县土地储备中心持有的长兴县永兴建设开发有限公司90%的股权划转给长兴县交通建设投资公司。2009年4月1日，长兴县贸粮与粮食局所持有的长兴县物资化建民爆公司股权全部划转给长兴县交通建设投资公司。2009年8月21日，长兴利源污水处理厂所持有的长兴建设房屋开发有限公司约88.2%的股权划转给长兴县交通建设投资公司；2012年5月15日浙江长兴滨河实业有限公司对长兴建设房屋开发有限公司增资2.4亿元，长兴交投持股比例降为约51.1%。2012年5月3日，长兴县太湖水利工程综合开发管理局持有的长兴县永兴建设开发有限公司10%的股权划转给长兴县交通建设投资公司。同年年末，长兴县交通建设投资公司在合并范围内共有子公司18家，其中一级子公司12家。

18家子公司：长兴县永兴建设开发有限公司，2001年8月1日成立，注册资本7.18亿元，经营范围为城市基础设施建设与开发，房地产开发，下设长兴县顾渚建设开发有限公司、长兴龙山建设开发有限公司、浙江长兴龙山物业管理有限公司和长兴县合溪水库工程建设开发有限责任公司4家子公司；长兴长和公路发展经营有限公司，2002年5月15日成立，注册资本6250万元，主营长兴长和公路建设、投资、运营和养护管理，兼营公路沿线服务设施开发；长兴长牛公路经营有限公司，2005年12月8日成立，注册资本1000万元，经营范围为10省道长牛线长兴段公路建设、维修养护及按照“四自”公路政策规定范围内的收费业务、公路沿线附属设施开发；长兴互通建设开发有限公司，2007年5月30日成立，注册资本3亿元，经营范围为城市基础设施、交通基础设施及公用设施建设；长兴莱茵建设开发有限公司，2007年12月24日成立，注册资本3亿元，经营范围为城市基础设施、交通基础设施及公用设施建设；长兴滨湖建设开发有限公司，2009年3月25日成立，注册资本3亿元，经营范围为城市基础设施、交通基础设施及公用设施建设、房地产开发；浙江长兴安顺化建民爆有限公司，1985年12月21日成立,2011年12月改制更名为浙江长兴安顺化建民爆有限公司,注册资本1000万元,经营范围为民用爆炸物品、危险化学品批发、零售,一般经营项目为化工产品、塑料制品、建筑材料、有色金属(除贵、稀金属)、橡胶制品、家用电器、建筑五金、钢材、木材、摩托车批发、零售,拥有长兴安顺物流有限公司、长兴安顺化工销售有限公司2家全资子公司;长兴宁杭铁路投资有限公司,2009年4月16日成立,注册资本1亿元,经营范围为宁杭铁路及附属设施投资、建设、开发;长兴建设房屋开发有限公司,2007年8月1日成立,注册资本5.7亿元,经营范围为房地产开发;浙江长兴江南山乡旅游开发有限公司,2010年5月12日成立,注册资本5000万元,经营范围为景区开发,城市及交通基础设施建设,实业投资,房地产开发,农村基础设施建设;长兴顺通建设开发有限公司,2011年10月27日成立,注册资本8.77亿元,经营范围为城市基础设施、交通基础设施及公用设施建设;浙江长宜高速公路有限公司,2012年6月19日成立,注册资本1亿元,经营范围为高速公路的投资、建设、运营管理,公路沿线服务设施及广告设施的开发管理。

2012年长兴县交通建设投资公司子公司情况表

表8-22　　单位:%

纳入发行人合并范围的子公司全称	权益比例	级数	纳入发行人合并范围的子公司全称	权益比例	级数
长兴县永兴建设开发有限公司	100.00	一级	浙江长兴江南山乡旅游开发有限公司	90.00	一级
长兴长和公路发展经营有限公司	60.00	一级	长兴顺通建设开发有限公司	68.42	一级
长兴长牛公路经营有限公司	51.00	一级	浙江长宜高速公路有限公司	100.00	一级
长兴互通建设开发有限公司	100.00	一级	长兴县合溪水库工程建设开发有限责任公司	45.45	二级
长兴莱茵建设开发有限公司	100.00	一级	长兴龙山建设开发有限公司	100.00	二级
长兴滨湖建设开发有限公司	100.00	一级	长兴县顾渚建设开发有限公司	100.00	二级
浙江长兴安顺化建民爆有限公司	100.00	一级	浙江长兴龙山物业管理有限公司	100.00	二级
长兴宁杭铁路投资有限公司	100.00	一级	长兴安顺物流有限公司	100.00	二级
长兴建设房屋开发有限公司	51.05	一级	长兴安顺化工销售有限公司	100.00	二级

说明:资料来源于县交通局

二、公路经营性机构

杭宁高速公路股份有限公司　2004年4月21日成立,注册资本1亿元,其中长兴县交通建设投资公司占比约8.7%,是浙北地区首家民营高速公路营运管理公司。主要经营管理G25长深高速浙江段(又称杭宁高速公路浙江段)。内设综合部、财务部、运营部、工程养护部、巡查拯救部,下辖余杭、南兜庄、德清、青山、湖州、湖州北、长兴南,长兴、夹浦、父子岭10个收费站和太湖、湖州2个服务区。公司地址位于湖州南门鹿山。

浙江长宜高速公路有限公司　2012年6月19日,长兴县交通建设投资公司出资1亿元成立,经营范围为高速公路的投资、建设、运营管理,公路沿线服务设施及广告设施的开发管理。

湖州通沪公路发展有限公司　2002年12月成立,公司股东2家,其中湖州市国有资产经营总公司持60%股份,长兴县交通建设投资公司持40%股份。2003年2月,湖州通沪公司与浙江省交通投资集团有限公司成立浙江申苏浙皖高速公路有限公司,其中湖州通沪公司持51%的股份,浙江省交通投资集团有限公司持49%股份。2006—2008年,长兴县交通建设投资公司与湖州市交通投资集团有限公司通过签订2次《股权转让协议》,将长兴县交通建设投资公司持有的40%的股权转让给湖州市交通投资集团有限公司。

长兴长和公路发展经营有限公司　2002年5月15日成立,注册资本6250万元,其中长兴县交通建设投资公司占比60%、长兴县经济投资公司占比40%,经营范围为长兴长和公路建设、投资、运营和养护管理,兼营公路沿线服务设施开发。2010年2月28日,长兴至和平公路停止收费。

长兴长牛公路经营有限公司　2005年12月8日成立，注册资本1000万元，经营范围为301省道长牛线长兴段公路建设、维修养护及按照“四自”公路政策规定范围内的收费业务、公路沿线附属设施开发。2007年11月8日301省道长牛线长兴段正式开征运营，2010年2月28日停止收费。

长兴县公路开发经营有限责任公司　2001年3月5日成立，注册资本1000万元，其中浙江省公路管理局占比55%、长兴县交通建设投资公司占比45%，下辖104国道收费站和318国道收费站，主要经营长兴国道建设、运营和养护管理。根据浙发改设计〔2004〕11号批复，2005年6月29日与浙江申苏浙皖高速公路有限公司签订《318国道长兴县雉城镇高家墩至泗安界牌段道路资产之转让协议》，将318国道以56280万元转让给浙江申苏浙皖高速公路有限公司。2006年9月，318国道收费站停止收费。2012年10月14日，104国道收费站停止收费。

第五章　邮　政

1988年，长兴县邮政业务有函件、包件、汇兑、报刊发行、邮政储蓄、集邮、机要等，由县邮电局统一经营，当年全县邮政业务总量284.59万元，总收入357.56万元。1998年实行邮政、电信分营，县邮政局成立，独立经营全县邮政业务。分营后县邮政局重点发展邮政代理业务，代理金融业务、速递业务、保险业务和电子商务业务。2012年，全县邮政业务总量3908.3万元，总收入4257万元。

第一节　邮政网络

一、邮政机构

1988年，全县共有35个邮电局(所)。1994年，县邮电局下设18个邮政支局、13个邮政代办所，内设邮政股。1998年8月，县邮政局成立，下辖20个邮政支局(所)、4个邮政代办所、12个班组，共有员工213人。同年9月，成立邮政速递礼仪公司和邮票公司。2000年7月，成立报投公司和报刊零售公司。10月，成立报刊投递公司、邮送信息公司、商业信函公司。2001年1月，成立速递、包裹递送公司。2006年7月，成立雉城分局。2009年4月，设金融业务部，2011年更名为金融业务局。2012年，县邮政局内设综合办公室、人力资源部、市场部、大客户部，辖商函公司、邮票公司、报投公司(含零售公司)、金融业务局、电子商务局、分销业务局、雉城分局7个经营单位；下辖李家巷、泗安、煤山、新槐、夹浦、小浦、和平、洪桥、人民路、金陵路、广场11个支局，虹星桥、长桥、林城、水口、访贤、北门、县前街、东门、农批、陈家桥、合溪、城东12个邮政所，1个代办邮政所41所；共有职工321人。

二、邮运邮路

县外邮运邮路　1988年，县内通往境外的邮路仅1条，长兴—牛头山—泗安，约160千米。1993年，延伸湖杭两班邮运班次至长兴。1997年9月，新增湖州至长兴二班、三班干线汽车邮路(原湖州至长兴邮路为一班)，调整杭州至长兴干线汽车邮路。1999年4月，取消湖州至长兴班车邮路。2003年7月，湖州至煤山、丰城、武康、新市4条市、县票据快速邮路开通，形成区域性快速邮运网络。

县内邮运邮路　1988年，县内邮路共3条214千米，汽车邮路长度214千米，农村投递线路1577千米。1989年，开通长兴至城东，城北；长兴经牛头山至泗安2条自办邮路，总长331千米。除白阜外，全县各支局所邮件均由自办邮车投送。1992年，新增城北邮路73千米，城东邮路93千米。1997年6月，开通县邮政局至白阜邮电代办所汽车邮路，形成“乡乡有机构，村村通邮路”网络。11月起，对县内部分邮路进行调整，开通和平支局邮路。同年，全县邮路调整为6条，自办汽车邮路里程377千米。2012年，县内邮路共4条，2条市内转趟，市内转趟邮路总长70千米；2条农村邮路，农村转趟邮路总长235

千米。自办汽车邮路4条,合计邮路总长305千米。

三、邮件投递

邮件分发 1988年,城区各邮电(代办)所和各乡镇、村共设信筒信箱184只。1998年邮政、电信分营后,有信筒信箱206只。2003年6月起,对从日本、韩国、美国、澳大利亚4个国家和中国香港地区的部分小包和包裹实行按址投递到户。2006年1月起,实现国际包裹全部投递到户。2007年,配备专职邮路检查员。2009年,改造投递生产场地,调整投递道段、城市投递段道22条。至2012年,全县有信筒信箱276只。

县城邮件投递 1988年,全县有城市投递道段22段、总长214千米,实行逐日班投递,每天投递2次。城区设置信筒信箱184只,每天10时、15时左右开箱。1997年10月,城市住宅楼房设置信报箱、信报箱群、信报箱间(或信报收发室),实行插箱投递。1998年11月,试行点对点邮件直投业务。同年,在北门小区和台苑新村开展"户箱工程"试点,发展单户信报箱310户,平均每户流转额160元。1999年逐步向全县推广,共有310幢住宅楼安装信报箱。2000年,县邮政局为雉城镇范围内居民用户安装信报箱,邮政信筒信箱共108个。2011年,投入专用电瓶车31辆用于城镇城区内投递。2012年,有邮政信筒信箱276个,城市投递道段23段,城市投递段道长度合计739千米。城区每日开箱2次,每日平均投递次数2次,投递总次数41次。

农村邮件投递 1988年,全县有农村投递段道48段,投递线路总长1577千米,实行一班投递,一周投递6次,周六班,按址投递。1998年,有农村投递段道42段,投递线路总长1494千米。2005年,有农村投递段道43段,投递线路总长1900千米。2012年,全县有农村投递段道42段,投递线路总长2153千米。每周平均投递次数6次,每周投递总次数252次。

四、邮政编码

1986年6月,邮电部核定长兴县邮政编码为313100。同年11月,省邮电管理局核定全县各乡镇邮政编码。1987年9月始,推行邮政编码。1988年1月1日起,对信件实行人工按邮政编码分拣,用户寄信使用标准信封。1990年11月1日起,浙江省实行信函按码分拣。1997年后,县内乡镇多次撤并,但邮政编码仍按原行政区域划分。2012年,县内邮政编码(在用支局)分别为雉城镇313100、李家巷镇313102、和平313103、虹星桥313104、洪桥313106、水口313108、夹浦313109、四十一所313111、林城313112、泗安313113、小浦313116、煤山313117、白岘313118。

1988—2012年长兴县主要邮政网络情况表

表8-23

年份	邮政局所(个)	其中		邮路(条/千米)	汽车邮路长度(千米)	农村投递线路(千米)	邮筒信箱(个)	城市投递段道(段)	农村投递段道(段)	邮票代售处(处)
		邮政支局、所(个)	邮政代办所(个)							
1988	35	19	16	3/214	214	1577	184	8	48	135
1989	34	18	16	3/329	329	1359	194	8	48	135
1990	35	19	16	3/329	329	1414	194	8	48	138
1991	33	17	16	3/329	329	1414	194	8	48	145
1992	33	17	16	3/329	329	1414	194	8	48	145
1993	31	18	13	3/329	329	1428	194	8	49	146
1994	31	18	13	3/329	329	1428	206	8	49	—
1995	31	18	13	4/334	334	1330	206	8	49	—
1996	31	18	13	6/377	377	1494	206	8	49	—
1997	31	18	13	6/377	377	1494	206	8	49	—

续表 8-23

年份	邮政局所（个）	其中		邮路（条/千米）	汽车邮路长度（千米）	农村投递线路（千米）	邮筒信箱（个）	城市投递段道（段）	农村投递段道（段）	邮票代售处（处）
		邮政支局、所（个）	邮政代办所（个）							
1998	24	20	4	6/380	380	1494	206	20	42	—
1999	36	21	15	6/398	398	1494	102	20	42	—
2000	30	18	12	6/398	398	1494	108	20	42	—
2001	32	18	14	6/448	448	1437	104	20	42	—
2002	35	21	14	6/448	448	1653	104	20	42	—
2003	34	20	14	6/448	448	1352	104	20	42	—
2004	30	20	10	5/466	466	1967	104	20	42	—
2005	28	21	7	6/541	541	1900	68	23	43	—
2006	28	22	6	6/541	541	1900	68	23	43	—
2007	27	21	5	6/501	501	1900	68	23	43	—
2008	25	21	4	6/501	501	2142	68	23	43	—
2009	25	17	8	7/478	478	2142	68	22	43	—
2010	24	22	2	4/300	300	2391	64	22	44	—
2011	24	23	1	4/300	300	2153	45	23	42	—
2012	24	23	1	4/305	305	2153	276	23	42	—

说明：资料来源于县邮政局

第二节　邮政设施

一、邮政用房

1991 年 5 月，县邮政综合大楼落成，建筑总面积 4315 平方米，总投资 270 万元，位于雉城镇人民路 235 号。1999 年 1 月，县邮政大厦投入使用，占地 9000 多平方米，高 13 层，总资产 5400 余万元。1998 年邮政、电信分营后，全县邮政用房 26726 平方米。2001 年，全县邮政用房 28831 平方米。2012 年，全县邮政用房 23436 平方米。

二、邮运车辆

1988 年，县邮电局有邮运汽车 1 辆，摩托车 3 辆，邮用自行车 65 辆。1990 年，有邮政汽车 6 辆，摩托车 4 辆，自行车 60 辆。1998 年邮政、电信分营后，邮政汽车共 9 辆。2010 年，有邮政汽车 14 辆。2011 年，新增投递专用电瓶车 31 辆。2012 年，有邮政汽车 5 辆，代理邮政储蓄汽车 5 辆，投递用车 4 辆，邮政摩托车 1 辆，城市投递用电动车 30 辆，农村投递用自行车 186 辆。

三、邮政设备

1990 年，县邮电局有报刊捆扎机 1 台、包件收寄机 2 台。1992 年 2 月，县邮电局邮政储蓄窗口率先运用计算机，1998 年邮政、电信分营后新增小浦、新槐、林城、虹星桥、长桥等联网网点，全县邮储微机联网网点 15 个，大部分乡镇实现通存通兑。1995 年 8 月，县邮电局邮政营业窗口使用计算机，至 1999 年 9 个支局所营业窗口实现微机操作。1997 年 9 月，报刊发行微机联网工作相继完成。2000 年，有 ATM 自动柜员机 2 台、邮资机 1 台、过戳机 2 台。2010 年，有 ATM 自动柜员机 14 台、邮资机 1 台、过戳机 2 台、计算机 78 台、终端机 77 台。2012 年，有计算机 99 台、商业信函制作系统 1 台、ATM 自动柜员机 20 台、邮资机 1 台、过戳机 2 台、终端机 110 台。

第三节　邮政业务

一、邮政寄递

函件　1988年,全县各类函件业务268.32万件。1989年1月,推行标准信封。1991年,开办国际及中国港澳台函件业务,同年全县各类函件业务229.7万件,其中国际函件0.63万件。1993年始,贺年(有奖)明信片作为邮政正常业务发行,同年发售邮电部首次发行的1993年贺年(有奖)明信片9万张。1998年,函件业务293万件。2000年11月,设立商业函件公司,函件业务拓展为电信、银行等账单类商业信函,开展邮送广告、邮资明信片、会员卡、文艺晚会体育赛事门票等函件业务,开通“邮寄纳税申报专用信封”“法院专递”业务。2012年,全年收寄国内平常函件30.76万件,国内平常印刷品132.84万件,国内挂号函件5.1万件,国际及中国港澳台函件2790件。

包件　1988年,全年收寄包件3.03万件。1993年,恢复烟草及其制品的邮寄业务。1996年12月起,收寄包裹不再分商业、民用,统一按包裹业务收费标准收寄。2002年,推出快递包裹业务,同年收寄包件2.9万件,其中快递包裹0.4万件。2005年,全年收寄包件2.8万件。2012年,全年收寄国内包件2.6万件,代理国际及中国港澳台包裹522件。

快件　1988年5月起,办理国内邮政快件业务。同年,办理国内邮政快件业务0.07万件,业务收入0.06万元。1989年,银行联信纳入快件业务,邮政快件达12.49万件,业务收入10.2万元。1990年,邮政快件14.25万件,业务收入11.6万元。1998年7月起,取消邮政快件业务,引导使用特快业务。同年,特快业务1.8万件,业务收入26万元。

特快专递　1993年3月,开办邮政特快专递(EMS),每日封发2次。同年,特快专递业务量达5268件,业务收入达7.79万元。1997年7月,开办邮政礼仪特快专递业务。同年,全年代理速递业务1.48万件,其中国际及中国港澳台特快专递399件、业务收入50万元。1998年,从“门到门”投递向“面对面”过渡。1999年起,大中专院校录取通知书实行特快专递。2001年,设立速递、包裹递送公司。2002年,首次尝试航空快递业务。2010年1月,长兴邮政速递物流分公司独立运营,全年特快专递17.26万件,其中国际及中国港澳台特快专递45件。2012年,全年特快专递4.09万件,其中国际及中国港澳台特快专递100件。

机要邮件　1988—2012年,县邮政局机要组负责全县党政军机关及企事业单位机要文件收寄和投递,实行双人封发,绝密文件双人投递。1988年,全年累计机要邮件量1200件。1999年,全县机要投递点60个,全年累计机要邮件量706件。2003年,增设和平支局为机要邮件投递点。2011年5月,县邮政局机要组更名为县邮政局机要室。2012年,全县机要投递服务数55户,邮路3条,邮路总长150千米,全年机要邮件量共903件。

二、报刊发行　代办业务

报刊发行　1988年,县邮电局报刊发行1606.7万份,报刊流转额124万元。1998年,报刊发行864.2万份,报刊流转额534.4万元。2000年,县邮政局接入报刊全国计算机联网系统,全年报刊发行664.89万份,报刊流转额760万元。2001年,报刊发行902万份,报刊流转额605万元。2011年,报刊收订覆盖到县城全部10个营业网点。2012年,全年报刊发行1310.8万份,其中报纸期发5.1万份、报纸流转额1393.4万元,杂志期发1.5万份、杂志流转额375.4万元。

报刊零售　1988年,全县报刊门市部2处,农村信报站45处。1997年6月,县邮电局报刊批零公司成立,当年报刊零售业务54万元。1999年,在雉城镇设置10个报刊零售亭。同年,零售邮发报刊23.3万份,零售邮发杂志5万份,报刊流转额616万元。2000年,报刊零售亭14个,基本覆盖雉城镇主要街道和居民区。2011年,开展报刊亭规范经营及专项整治活动。2012年,全县有报刊零售点39个,报刊零售48.9万份、报刊流转额1018万元，杂志零售29.6万份、杂志流转额375.4万元。

代办业务 1998年后，县邮政部门发挥网点优势开拓邮政代理业务，先后发展代收代缴中间业务，代理金融业务、速递业务、保险业务、电子商务业务等。1998年8月，分别与电信局、移动公司、寻呼公司签订代收代缴话费和月租费的协议。1999年，与国税局签订代征业务。2002年8月始代理保险业务，2008年始代理邮政储蓄业务，2010年始代理速递业务，2011年始代理销售航空票务业务。2012年，县邮政部门共代理各类保费7266.5万元，代理邮政储蓄期末余额14.61亿元，代理速递业务41759件，代理出售飞机票5698张、汽车票1716张。

图8-5 雉城镇街头报刊零售亭营业场景(县邮政公司提供·2001年)

三、邮品 集邮

邮票、邮品 1989年10月，县邮电局、县集邮协会等单位联合举办中华人民共和国成立40周年暨长兴解放40周年纪念集邮展览。1997年7月，在全县5个点公开发售“香港回归”纪念邮票。1999年10月，举办庆祝中华人民共和国成立50周年邮展。12月，举办“澳门回归”纪念邮品展销。之后，先后为政府机关和企事业单位开发纪念封、纪念册、纪念邮折、个性化邮品等。1999—2012年，县邮政局共开发制作邮品1.2万册，总金额约120万元。

集邮、集邮协会 1988年，浙江水泥厂集邮协会成立。10月，县集邮协会首次举办邮品拍卖会，成交216套，金额2644.4元。1989年，县供销社集邮协会成立。1990年，全县集邮13.57万枚。1991年6月，县邮电局集邮协会组织首次集邮票品交换活动。7月，县邮电局集邮信托部开业。9月，县集邮协会获评“全国集邮先进集体”。同年，李家巷镇农民集邮协会成立。1996年12月，县邮电局集邮门市部营业。1997年，全县集邮294万枚，为历史最高。2006年，全县集邮业务管理系统上线使用。2012年，全县集邮29.3万枚。

四、邮政汇兑 邮政储蓄

邮政汇兑 1988年5月，县邮电局办理国内邮政快件业务，包括汇兑快件。同年，全县开具汇票10.2万张。1994年，邮政代办所开发汇票金额从原来最高300元调整为最高500元(不含500元)，兑付汇款最高300元不变。1996年6月起，邮政汇票每笔最高限额由5000元调整为1万元；邮电代办所办理汇兑业务的限额，收汇、兑付每张汇票最高限额1000元。2012年，全县开具汇票10万张，金额3.1亿元；兑付汇票0.5万张，金额1753.8亿元。

邮政储蓄 1988年之前，县邮电局开办邮政储蓄业务有整存整取、零存整取和活期储蓄3种。1988年始，办理定、活两便邮政储蓄业务，全县城乡设邮政储蓄所1个，储蓄年末余额396万元。1989年9月，开办“双定”(定期、定额)储蓄业务，年末储蓄余额240万元。1990年，全县有邮政储蓄点3个，邮政储蓄年末余额238万元。1996年，有邮政储蓄点28个，邮政储蓄年末余额首次突破亿元，达到1.06亿元，比上年增长98.5%。1998年，代发工资单位6个，代发工资户达756户。2000年，开通中心内异地交易业务。2002年，邮政储蓄年末余额达3.6亿元，新增余额1.1亿元。2006年11月，邮政金融客户管理系统上线。同年，邮政储蓄开办小额质押贷款业务，邮政储蓄从“只存不贷”转向“可存可贷”，年末余额达6.73亿元。2008年5月，中国邮政储蓄银行浙江省长兴县支行成立，共设24处网点。2009年，有邮政储蓄点22个，邮政储蓄年末余额首次突破10亿元，达到11.15亿元。2012年，邮储银行长兴县支行共有网点22个，邮政储蓄年末余额14.61亿元。

1988—2012 年长兴县邮政业务情况表

表 8-24

年份	国内函件(万件)	国际函件(万件)	包件(万件)	其中:国际包件(件)	汇票(万张)	特快专递(件)	其中:国际特快专递(件)	集邮(万枚)	机要邮件量(件)	报刊发行(万份)	报刊征订流转额(万元)	邮政储蓄余额(万元)	邮政储蓄点(处)
1988	268.32	—	3.03	—	10.19	—	—	—	1200	1606.70	124.00	396	1
1989	258.06	—	2.84	—	9.39	—	—	—	1200	1052.31	167.33	240	1
1990	246.80	—	3.04	—	9.29	—	—	13.57	1400	1093.00	172.20	238	3
1991	229.70	0.63	3.10	—	9.50	—	—	61.50	1000	1161.10	181.97	319	5
1992	292.00	0.70	2.30	—	10.33	—	—	78.40	1008	1212.00	203.00	826	5
1993	210.00	0.73	1.93	—	10.85	5268		88.70	—	1114.50	269.00	1197	7
1994	193.00	0.97	2.28	57	10.66	9682	182	85.30	706	1148.60	380.00	2565	21
1995	214.00	0.67	1.96	50	11.61	10429	252	85.46	1015	984.10	341.70	5320	28
1996	223.00	0.59	2.16	62	11.89	13800	278	135.10	819	971.30	541.00	10560	28
1997	235.00	1.71	2.17	65	10.43	14800	399	294.00	772	856.10	554.00	9742	29
1998	293.00	1.47	2.02	52	9.82	18101	269	198.00	693	864.20	534.40	11851	29
1999	167.40	0.80	2.30	373	9.61	19400	231	121.90	706	616.34	664.90	12793	30
2000	101.10	0.08	2.23	267	9.38	28800	421	253.60	857	664.89	760.00	15051	29
2001	111.40	0.17	2.50	381	9.30	33000	949	151.50	903	902.00	605.00	21847	15
2002	119.90	0.18	2.90	319	9.70	27000	904	39.80	488	924.20	784.10	30436	31
2003	128.10	0.19	4.00	631	9.40	30000	518	9.60	642	1074.50	869.00	43174	22
2004	797.10	0.23	2.90	704	9.40	34000	295	14.70	449	1066.00	861.30	47687	26
2005	135.90	0.26	2.80	1163	7.20	35000	292	11.70	448	1140.30	966.60	53938	26
2006	92.37	0.34	2.70	1556	6.20	51400	492	7.08	499	1125.20	984.50	67347	24
2007	67.62	0.38	2.60	1471	10.00	59500	901	11.66	636	1232.90	1039.60	76341	24
2008	79.49	0.28	2.40	1366	11.92	103800	1444	22.41	685	1248.10	1057.50	87178	24
2009	100.39	0.44	2.25	955	13.50	137000	5971	21.22	693	1227.10	1148.80	111501	22
2010	69.72	0.12	2.18	748	13.40	172600	45	13.22	734	1324.00	1205.80	107292	22
2011	68.37	0.60	2.40	581	12.40	32243	50	13.10	760	1310.50	1354.30	123364	22
2012	30.76	0.28	2.60	522	10.00	40909	100	29.30	903	1310.80	1393.40	146124	22

说明:资料来源于县邮政局和《浙江省邮电统计资料汇编》

第六章　电　信

1988 年,长兴县电信业务主要为电报和固定电话,由县邮电局经营。1991 年 12 月,固定电话开通程控自动电话,电话通信开始进入数字化时代。1993 年,无线寻呼和移动通信业务起步发展。1995 年,新增互联网业务。1997 年 6 月,移动通信业务从县邮电局剥离,并组建浙江移动长兴县分公司(简称移动长兴分公司)。1998 年 8 月,实行邮政、电信分营,成立县电信局(后改制为浙江电信股份有限公司长兴分公司,简称电信长兴分公司),经营除移动通信以外的县内所有通信业务。11 月,中国联合通信有限公司湖州分公司长兴办事处成立(2000 年重组后成立中国联通有限公司长兴分公司,简称联通长兴分公司)。2001 年,小灵通启用。2002 年,无线寻呼网络关闭。2002 年、2003 年,中国铁通集团有限公司长兴分公司(简称铁通长兴分公司)、中国网络通信集团长兴分公司(简称网通长兴分公司)先后成立,发展固定电话、互联网等业务。2007 年 4 月,有线电报业务取消。2008 年,铁通、网通分别并入移动长兴分公司、联通长兴分公司,电信长兴分公司收购联通 CDMA 网络,重新经营移动电话业务。该时期,伴随移动网络的快速发展,全县信息化建设得到加快推进。2005 年 2 月,县政府出台《"数字长兴"总体实施纲要》,全面启动包括信息化基础设施建设和电子政务、公共领域信息化、企业信息化、农村信息化四大应用领域在内的"数字长兴"工程建设,推动区域信息化普及和应用加速发展。2012 年,全县有电信企业 3 家,电信业务有固定电话、移动电话、无线市话、数据通信和互联网等,全县固定电话用户由 1988 年的 2784 户发展到 2012 年的 141831 户,移动电话用户由 1993 年的 181 户发展到 2012 年的 525930 户,互联网用户由 2001 年的 228 户发展到 2012 年的 137398 户。

第一节　电　报

一、有线电报

电路　1988 年,县邮电局新开通长兴—泗安、长兴—小浦、长兴—和平的电传电路。至年底,全县有有线电报 8 路,电报业务营业网点 17 个。1989 年,开通长兴—牛头山电传电路 1 条。1994 年,新增长兴—长桥、长兴—水口、长兴—新槐、长兴—虹星桥有线电报。1995 年,新增长兴—洪桥、长兴—横山有线电报,至年底全县有线电报电路共 16 路。1999 年,有线电报传真分集器划归湖州市邮电局,县邮电局有线电报电路撤销。2001 年年末,全县电报业务营业网点只剩 6 个支局。

设备　1988 年,县邮电局电报设备有载报机 6 部、插报机 1 部、电传打字机 16 部。1991 年,新增全电子电传机 2 部、传真机(真迹传真)1 部。1997 年,县邮电局启用传真机。1999 年,全县所有电报终端改为传真机。

业务　1988 年,县邮电局电报业务主要有天气、水情、公益、政务、新闻、普通、汇款和公电等 8 类,开放特急、加急和邮送 3 种电报特别业务。同年,全县有线电报业务量 19.64 万份。之后逐年下降,1989 年为 18.77 万份,1990 年为 15.85 万份。1992 年,新增礼仪电报和请柬电报业务。1993 年业务量为 11.14 万份,1994 年下降至 6.59 万份,下降约 70%。1995 年为 4.29 万份,2000 年为 0.88 万份。2001 年,国内公众电报业务调整为天气、水情、公益、新闻、普通公电 5 种,取消各类电报加急业务。同年 12 月,县电信局电报业务移交湖州市公司中心报房和电信营业窗口。2005 年业务量仅 300 份。2007 年 4 月 30 日起,有线电报业务取消。

二、无线电报

1988 年,县内无线电报电路仅 1 路。1998 年 6 月,根据省邮电管理局有关规定,长兴县停开短波电路,设备报废、销毁,人员分流安置,无线报房撤销。

1988—2005 年长兴县有线电报业务量情况表

表 8-25　　单位:万份

年份	业务量	年份	业务量	年份	业务量	年份	业务量
1988	19.64	1993	11.14	1998	1.31	2003	0.49
1989	18.77	1994	6.59	1999	1.05	2004	1.39
1990	15.85	1995	4.29	2000	0.88	2005	0.03
1991	15.68	1996	2.92	2001	0.71	—	—
1992	15.80	1997	1.63	2002	0.13	—	—

说明:根据历年《长兴统计年鉴》整理

第二节　固定电话

一、城乡电话

市内电话　1988年，长兴市话交换机总容量2000门。1989—1992年，长兴市话交换机总容量稳定在3000门，1993年增加到6392门，1995年增加至18000门，1999年增加至28400门，2003年为257470门。1988年，市内电话用户数1537户，2003年增加到55533户。1988年10月，长兴县电话号码由4位升至5位。1991年12月程控电话开通，电话号码升至6位。1993年6月，电话号码升至7位，统一使用“0572”长途区号；11月，建成市县本地程控电话网。

图8-6　1993年6月，长兴县电话号码升至7位(县邮政公司提供)

农村电话　1988年，全县有农话载波机12路6部、3路25部，电话杆路664杆千米，架空明线2136对千米，电缆280.5皮长千米。1990年，16个支局所完成农村电话半自动联网工作，共有电话杆路684杆千米，架空明线2132对千米，电缆323.8皮长千米。1992年1月，开始发展农村程控电话，全县第一个农村程控电话自动局在小浦镇成立。同年年底，全县7个乡镇实现程控数字联网。1994年，全县所有乡镇开通程控电话，实现全县程控数字联网，农话交换机总计11564门。1995年，全县主要集镇电话普及达到一户一线，程控电话通达各行政村。1997年12月，后漾乡川口村开通程控电话后，全县452个行政村实现“村村通电话”。1998年，李家巷建成全县第一个“电话镇”。2000年乡镇区域调整后，全县16个乡镇均通电话，建成“电话村”224个。

固定电话　2003年始，市内电话、农村电话统称固定电话。同年，固定电话用户165915户。2005年12月起，全县实现固定电话移机不改号，增设彩铃等业务。同年，完善传输网络改造建设。2006年，交换端口数总容量达到235202门，实装175271门。2008年，全县共建5个交换母局，134个模块局和接入网，程控交换机和接入网逐渐被EPON节点取代。2009年，以光缆接入方式新建各类住宅小区、商务楼、企业及市场建设，完成300余个EPON项目建设。2009年后固话业务有所下降，至2012年年末共136488户。

二、长途电话

电路、设备　1988年，县邮电局增开煤山—湖州长途人工话路1条，上海电路2条。年底，自行设计、安装长途全自动设备，开通长话直拨业务。同年，全县程控自动长途交换机总容量40门，长话电路52路，可直通上海、杭州、嘉兴、湖州等地。1991年11月，新增湖州至长兴数字电路480路。同年，雉城、小浦、李家巷开通程控电话，新增长话电路75条，程控长途交换300线。1994年10月起，城乡所有程控电话用户开放长途直拨功能。同年年底，全县程控长途自动交换机总容量480路端，长途人工交换机容量12门，长话业务电路长兴254路(省际5路、省内249路)。1995年，国家重点工程SDH制式的“宁—杭”光缆建成，长兴出口电路总数5340路端。同年8月起，长兴人工长话由湖州市邮电局“113”台统一集中受理。1998年，全县程控自动长途交换机总容量480路端，长途数字终端复用设备容量长兴4740路。

业务量　1988年，县邮电局办理长途电话种类有特种、紧急调度、政务、普通、公务和业务电话6种。同年，全县首批32户长途授权进入全国长途自动网。年末，全县有长途电话卡47.07万张，其中国际和中国港澳台长话卡141张。2005年，有长途电话卡1374万张，其中国际和中国港澳台长话卡3.41万张。

三、公用电话

1988 年，县城长途汽车站开通第一部公用电话。同年，县城有公用电话 3 部。1990 年，县城公用电话共 4 部。1993 年，县城设置无人值守公用投币电话 2 部。1994 年，全县有公用电话 23 部。1995 年，在县城设置第一部无人值守磁卡电话，1997 年增至 6 部。1998 年，全县公用电话达 1093 部。1999 年，县电信局在县城主要街道设立 13 处双面式 IC 卡话亭。2000 年，各类卡式业务发展迅速，新增 IC 卡电话 177 部，新增 IC 卡公用电话亭 60 个。2002 年，全县无人值守公用电话（包括 701 卡机）达 737 部。2003 年，全县公用电话达 5180 部。同年，取消磁卡电话和投币电话业务。2004 年，开展“电信公话一条街”和“公话满天星”工程，加快发展有人值守公话放号工作，至年末全县公用电话达 10983 部。2005 年，全县公用电话达 11210 部，为历史最高值。2006 年后，公话业务持续下滑。2012 年，全县共有公用电话 2083 部，其中 IC 卡电话 408 部。

1988—2012 年长兴县固定电话情况表

表 8-26

年份	城乡电话用户（户）			公用电话（部）	年份	城乡电话用户（户）			公用电话（部）
	总数	市话户数	农话户数			总数	市话户数	农话户数	
1988	2784	1537	1247	3	2001	127123	52679	74444	2009
1989	3076	1738	1338	3	2002	160664	67363	93301	2181
1990	3405	1948	1457	4	2003	165915	—	—	6000
1991	3832	2277	1555	2	2004	179663	—	—	10983
1992	4769	2725	2044	2	2005	178383	—	—	11210
1993	8187	5086	3101	2	2006	175271	—	—	10934
1994	12958	7575	5383	18	2007	166433	—	—	9616
1995	19978	11858	8120	174	2008	160346	—	—	8182
1996	25314	14625	10689	411	2009	165029	—	—	4733
1997	30817	17420	13397	777	2010	145538	—	—	2412
1998	36259	19870	16389	1093	2011	141737	—	—	2234
1999	52669	23732	28937	1521	2012	136488	—	—	2083
2000	90296	32252	58044	1758	—	—	—	—	—

说明：资料来源于历年《长兴统计年鉴》和电信长兴分公司

四、会议电话

1985 年起，长兴实现由湖州传真会议电话。1990 年，全县有会议电话汇接机 3 部。1995 年 9 月，浙江省至长兴会议电视电话网开通。同年，湖州引进第二期会议电视电话设备，组建三县三区 6 个电视电话会议室，并连接全省、全国会议电视电话网，长兴电视电话会议室位于县邮电局综合大楼四楼。该系统配有大屏幕彩电、彩色监视器、图文摄像机，采用数字压缩编码技术，进行图像语音双向同步传输。2005 年，县行政办公综合楼投入使用，电信长兴分公司在行政中心安装高清晰度电视电话会议系统。

第三节　无线寻呼　无线市话

一、无线寻呼

1993 年 7 月，县邮电局开办无线寻呼业务，设发射机一部，启用设备先进的数字和中文兼容无线寻呼系统。12 月，“126/127”无线寻呼系统实现湖州市三县联网。同年，全县有无线寻呼用户 1190 户。

1995 年 12 月,“128/129”全省联网无线寻呼开通,同年全县发展无线寻呼 4544 户,累计 9479 户。1997 年 6 月,长兴县“126/127”寻呼系统割接到湖州市寻呼系统,寻呼号码由五位升至七位。同年,新增牛头山 127 两个频点寻呼发射台;在雉城、煤山、泗安、李家巷、和平新增 129 第二频点五套寻呼发射台;泗安新增 PCM 设备一套。同年,全县有无线寻呼用户 22242 户。1998 年 5 月,市邮电局收购市国安寻呼台,长兴县寻呼专用号码改为“999”。11 月,电信寻呼业务、设备从电信系统中剥离,建立浙江省电信寻呼有限责任公司长兴分公司。同年年底,全县有无线寻呼基站有 9 个,无线寻呼用户 27170 户。2000 年有 30700 户。2001 年为 18144 户。2002 年年末,无线寻呼网络关闭。

二、无线市话(小灵通)

2001 年 1 月,市电信局启动建设无线市话网。同月,无线市话(小灵通)在长兴县城试开通。5 月,小灵通在长兴启用,信号覆盖雉城镇范围。同年,新建 7 个无线市话接入网点和 361 个大小基站,容量 12000 门,放号 8354 户。2003 年 3 月,第二代小灵通网络在长兴启用,网络接通率网络提高 8%。同年,在乡镇推广小灵通业务,6 月李家巷镇成为首个开通小灵通业务的乡镇。至年底,全县小灵通容量达到 32000 门,用户 22048 户。2004 年小灵通容量达到 36000 门、用户 33854 户,2005 年小灵通容量达到 53256 门、用户 39293 户。2007 年,投资 6000 多万元优化小灵通网络。2008 年,推出小灵通全县单向虚拟网,同年 10 月进行 PAS 转 CDMA 的过渡和升级。至 2012 年年末,全县共有小灵通基站 802 个,容量达 1 万门,用户 7568 户。

第四节　移动电话

一、网络

电信网络　1993 年,县邮电局兴建移动模拟 A 网基站 1 个。1995 年新建李家巷基站,A 网与全国其他省市实现自动漫游。1997 年,新建夹浦、煤山、林城基站。1995—1996 年,兴建 B 网交换机、基站及无线信道。1995 年,浙江省建立数字公用陆地蜂窝移动通信系统 GSM 网(全球通)。同年,县邮电局启动 GSM 网建设,至 1997 年完成 1 期至 4 期工程,共建设基站 26 个、频点 39 个。1997 年,实施 B 网用户转网,至 9 月分别转至 A 网或 C 网,9 月底关闭 B 网所有基站。2008 年 5 月,收购中国联通 CDMA 网(包括资产和用户),10 月起正式运营 CDMA 移动业务,长兴分公司同步承接 C 网运营。同年,全县有 CDMA 基站 84 个。至 2012 年年末,全县 CDMA 基站共 289 个,信号覆盖全县城乡。

移动网络　1997 年移动长兴分公司成立后,加快 GSM 网建设,至 2004 年年底建设基站 113 个,网络覆盖到县内所有交通干线。2006 年,启动室内分布系统建设,增强室内、地下室、电梯的信号覆盖。2009 年 9 月,启动 3G 网络建设,第一期网络覆盖主城区。同年年末,开通宏站 20 个,室内分布系统 4 个。至 2012 年年末,共有基站 454 个,开通宏站 97 个,室内分布系统 41 个,全县数字移动网络覆盖率达 100%。

联通网络　1998 年联通长兴办事处成立,至年末开通 GSM 网基站 6 个。2009 年,启动 3G 网络建设,当年底开通 WCDMA 一期工程 42 个基站,新建 3G 室内分布系统 45 个。至 2012 年年末,共有基站 247 个,3G 基站 152 个,室内分布系统 2G、3G 共 100 个。

二、业务

县邮电局、电信公司　1993 年,全县移动电话业务由县邮电局运营,同年推出第一部模拟移动电话。至年末,全县有移动电话用户 181 户。1994 年 3 月 20 日起,移动电话号码由 6 位升至 7 位,5 月 17 日实现全省漫游。1995 年 12 月,推出 GSM(全球通)制式的第一代数字电话。1997 年 6 月,移动业务从县邮电局剥离。2008 年,电信长兴分公司收购联通 CDMA 网络,重新经营移动电话业务,使用号段为 133、153、177、180、181、189。

移动公司　1999 年 7 月起,数字移动电话号码由 7 位升 11 位。1999—2012 年,移动公司在长兴先后使用135、136、137、138、139、150、151、152、158、159、182号段。1998—2012年，移动公司先后收取选号费、开户费、SIM卡费、入网费等，资费标准多次调整。1998年，SIM卡费每户50元，开户费每户50元。1999年1月，“全球通”入网初装费每户1280元，“限制漫游”入网初装费每户780元。

联通公司　1998年11月，联通GSM网络130号段在长兴放号，同年发展用户1083户。2002年9月，CDMA网络开通运营，133号码段启用。同年，发展GSM网用户49037户，CDMA网用户1500户。2004年7月，发展GSM网用户70046户，CDMA用户8474户。2008年11月，联通公司向电信公司出售CDMA网络资产。2009年9月，联通3G业务在长兴启用，专用号码段为186。

第五节　电信企业

一、电信长兴分公司

1998年8月，县电信局成立，员工289人。2000年7月，省电信系统完成改制，县电信局为浙江省电信公司湖州市分公司下属单位，不作为独立财务核算单位。9月，更名为浙江省电信公司长兴电信局。2001年3月，实行主附、主辅分离。2003年2月，省电信有限公司成立，长兴电信局改制为浙江省电信有限公司长兴县分公司，下辖6个自办电信支局，同期保留非上市存续公司浙江省电信公司长兴电信局。2008年2月，变更为中国电信股份有限公司长兴分公司(简称中国电信长兴分公司)，10月实现全业务运营。2012年年末，中国电信长兴分公司下辖7个自办电信支局，员工180人。

1988年全县电信业务收入295万元，1998年电信业务收入6486万元，2012年达13736万元。1988年全县固定电话用户2784户，2012年年末发展到136484户；1993年移动电话用户181户，2012年年末发展到77883户；2001年ADSL宽带用户228户，2012年年末发展到69772户。

二、移动长兴分公司

1997年6月，移动电话业务从县邮电局剥离，组建中国移动长兴分公司，隶属中国移动(香港)通信集团浙江有限公司湖州分公司，职工13人。1999年12月，中国移动通信集团长兴分公司成立。2000年3月，启用“中国移动通信”CIS标识。2012年年末，中国移动长兴分公司下辖6个营业部、18个营业厅，通信基站400余个，员工151人。

2005年，公司移动业务收入1.46亿元，2012年达3.33亿元。至2012年年末，共发展数字电话用户15万余户，发展3G用户41万余户，发展宽带用户2万户。

三、联通长兴分公司

1998年11月，中国联合通信有限公司湖州分公司长兴县办事处成立，有员工5人。2000年10月，与浙江国信通信有限公司长兴分公司重组，成立中国联通有限公司长兴分公司，有员工18人。2003年年底，正式更名为中国联通有限公司长兴分公司。2008年12月，与中国网络通信集团公司长兴县分公司融合重组，成立中国联合网络通信有限公司长兴县分公司。2012年辖4个经营部，员工101人。

2003年，公司营业收入为5100万元，2012年为8456万元。至2012年年末，共发展GSM网络用户3.6万户，3G用户1.8万户。2002年9月开通CDMA网络，2008年11月CDMA网络资产出售给电信长兴分公司。2008年新增固网宽带业务，至2012年年末发展宽带用户6742户。

四、铁通长兴分公司

2002年，长兴铁通公司成立，以发展固定电话、宽带为主要业务。2008年并入中国移动集团，成为中国移动下属的全资运营子公司。至2012年，有固定电话用户2万户，宽带用户1.2万户。

五、网通长兴分公司

2003年，中国网通长兴分公司成立，主要业务为固定电话、宽带。2008年并入中国联通长兴县分公司。至2012年年末，有固定电话用户5191户，宽带用户15322户。

1988—2012 年长兴县无线寻呼、无线市话、移动电话情况表

表 8-27　　单位:户

年份	无线寻呼	无线市话	移动电话	年份	无线寻呼	无线市话	移动电话
1988	—	—	—	2001	18144	8354	102819
1989	—	—	—	2002	—	13687	137219
1990	—	—	—	2003	—	22048	179618
1991	—	—	—	2004	—	33854	209843
1992	—	—	—	2005	—	39293	278684
1993	1190	—	181	2006	—		329435
1994	4930	—	640	2007	—		373612
1995	9479	—	2012	2008	—		382786
1996	13533	—	3470	2009	—		388070
1997	22242	—	6164	2010	—		578419
1998	27170	—	11383	2011	—		628867
1999	25765	—	26080	2012	—	7568	616232
2000	30700	—	60840	—	—	—	—

说明:根据历年《长兴统计年鉴》整理

第六节　网络与信息化建设

一、窄带网络

数字数据网　数字数据网(DDN)是中高速数字数据传信道,用户可用以组织计算机通信网,也可用以传输压缩的数字话音或传真信号。1995 年 7 月,数字数据网节点在长兴县开通,采用 IDNX/20 小节点机,首期容量 46 个,并与全省、全国数字数据网互联,标志公众数据通信网在长兴建成。1996 年,数字数据网节点机端口 50 个,全县数字数据用户 19 户。1997 年新增李家巷、泗安、和平、煤山共 4 个节点,网节点机端口容量达 176 个,用户 51 户。1998 年,用户数增至 104 户。2000 年新增夹浦和林城 2 个节点,用户达 285 户。之后用户逐年下降,至 2012 年仅 3 户。

分组交换网　分组交换网是继电路交换网和报文交换网之后一种交换网络,主要用于数据通信,可开发电子信箱、电子数据交换、可视图文、传真存储转发、数据库检索等。1995 年 8 月,县邮电局增设 DPN—100 分组交换机,端口容量为 42 个,为用户提供点到多点的通信服务。1997 年,分组交换机端口容量增加到 174 个,用户 22 户。2000 年,分组交换用户为 298 户。之后逐年下降,2005 年为 69 户,2012 年仅 2 户。

综合数字网　综合数字网是采用数字交换和数字传输的电信网,简称 IDN,又称“一线通”。1999 年,综合数字网在长兴开通,上网速率为 1 兆(128Kbps),用户能在一条 ISDN 线上同时上网和拨打电话。同年年底“一线通”用户 8 户,2000 年 105 户,2012 年仅 1 户。

二、宽带网络

宽带网络一般指带宽超过 155kbps 以上的网络,可分为宽带骨干网和宽带接入网。长兴县为宽带接入网,主要由县电信局(电信公司)、移动公司、联通公司等组织实施。

电信宽带　1999 年始,县电信局启动宽带接入建设,新建接入网点 41 个,容量为 33936 线。2000 年,新建接入网点 66 个,累计建成 107 个,新增接入网接入能力 7 万线,接入网设备容量为 103656 线。

2002年，完成两批接入网和模块扩容，新增网点7个，新增容量2.56万线。2005年，完成26个接入网点2.5G传输设备升级改造，完成煤山、泗安、夹浦、和平4支局接入网2.5G传输改造工程，接入网设备容量达197728线。至2008年，电信长兴分公司共建有5个交换母局、134个模块局和接入网，通信网络遍布各乡镇、村。同年12月，启动“光进铜退”(EPON建设)铜缆网改造，程控交换机和接入网逐渐退出市场。至2012年年末，全县宽带用户数为69772户。

联通宽带　2000年始，联通长兴分公司新增互联网业务，用户采用电话线拨号方式接入联通互联网。2002年，长兴3家网吧使用联通互联网专线。2003年发展拨号上网用户4000户，专线用户10户。2008年新增固网宽带业务，接入方式为ADSL。2012年完成百兆光纤专线接入改造。至2012年年末，共发展宽带用户6742户。

移动宽带　2009年，移动长兴分公司启动宽带网建设，2012年启动光宽带网建设，至年末实现光纤到户5万户，覆盖119个小区，接入用户1万余户，政企接入710家，城市光纤覆盖率为97%，行政村光纤覆盖率为60%，其中城市家庭光纤用户平均速率为4兆～6兆。至2012年年末，共发展宽带用户20000户。

广电宽带　2008年始，长兴广播电视台网络公司新增互联网业务，用户采用EPON+LAN方式接入联通互联网，到2010年实现全县宽带接入网络全覆盖。2012年起，在原有EPON+LAN网络的基础上，向用户侧延伸光缆，进行光纤入户改造。至2012年年末，共发展宽带用户13562户。

三、信息化建设

1993年起，国家大力推进信息化，长兴信息化建设随之起步。同年，长兴轻工机械厂引进CAD(计算机辅助设计)工作平台，实现县内工业企业设计数字化零突破。浙江裕廊水泥有限公司、长兴新明华化工建材有限公司等企业相继采用计算机配料系统，通过信息化手段应用，提高配料准确度。1994年，全县所有乡镇开通程控电话。1999年，“长兴信息港”启用，县财政投入资金70余万元，先后购置ISDN设配器、网络设备等，建立县内首家专业网络演示厅。

进入21世纪，长兴移动网络实现快速发展。2000年，中国移动长兴分公司投建数字移动网络县域覆盖率达95%以上，同时拥有全球通、全省通、神州行、大众通4大品牌。2001年3月，长兴网(www.changxing.net)开通使用，12月被省计算机行业协会、省计算机学会和家庭教育导报社评为浙江省知名特色网站。2002年9月，长兴县人民政府门户网站正式开通。政务信息工程“三网一库”加快建设，即长兴县政府部门上网工程(外网)、长兴县党政机关办公自动化系统(内网)和与省、市政府及部门内网互联互通(专网)。同年，全县信息网络建设初具规模，信息技术应用迅速推广，信息产业稳步增长。长兴电信信息网络最高速率2GPS的光纤通信C3网遍及县城，C4网覆盖各乡镇，实现包括分组交换网、DDN数据交换网、帧中继网、中国因特网，以及移动通信网和无线寻呼等多种数据网络及各种业务综合，形成覆盖全县信息服务网络。广电宽带信息网光缆通达所有乡镇和行政村。全县乡镇建立以农情政务信息、农业统计信息为主要内容的信息服务体系，形成以产前、产中、产后服务为纽带的信息网络平台，先后开通长兴农业信息网、农技110服务电话，长兴农副产品商务信息中心与省内外50多个农业网站建立相互链接。全县企业上网、电子商务兴起，具备国际一级域名企业20多家。机关事业单位计算机普及和应用加速，办公自动化得到推广，部门、乡镇在因特网建立网站或网页，长兴科技经济信息网、长兴农业网等在省内外具有一定知名度。全县拥有通信光缆、电缆、电子元器件、鼠标器元件等信息产品制造企业30多家，年产值超4亿元。全县信息服务业快速增长，固定电话完成普及，移动通信和无线寻呼系统实现全县覆盖。县内电子信箱用户2户，国际互联网用户22362户，IP网拨号用户12804户，ADSL宽带用户1828户，移动电话用户137219户，有线电视用户8万多户。个私信息服务企业100多家，其中软件开发、二次开发及服务成为信息服务发展最快领域，长兴金陵电子有限公司、长兴计算中心、长兴科慧软件有限公司等企业同行业领先。

2005年2月，县政府出台《“数字长兴”总体实施纲要》，全面启动“数字长兴”工程建设。“数字长兴”

包括信息化基础设施建设和电子政务、公共领域信息化、企业信息化、农村信息化四大应用领域,分为全面启动、深化建设进程和初步实现宏伟蓝图三个阶段实施,到2008年年底完成,并初步实现国民经济和社会发展信息化,基本建设全县信息应用体系主体框架,信息化应用程度达到省内先进水平。同年,长兴信息化建设进展顺利,网络建设进一步完善,供给能力覆盖全县,光纤通信网遍及县城,形成覆盖全县的新业务、多功能信息服务网络。党政机关、事业单位进行信息化设施改造,区域信息化普及和应用呈现加速趋势,行政效率显著提高。企业信息化方兴未艾,上网企业300多家,具备国际一级域名企业150多家,信息技术在改造传统产业中的作用日趋明显。全县重点企业ERP(企业信息资源管理系统)技术应用覆盖率占制造业企业60%以上,90%以上机械行业使用CAD、CAM等计算机辅助技术,利用信息化带动工业化资金投入超2000万元。至同年年末,全县固定电话交换机用户量24.8万门,宽带网普及各乡镇并延伸至行政村,互联网出口总带宽2.5G,上网用户数超4万户。移动电话用户数26万户,广电光缆传输网络1300多千米,电视无线网覆盖率达100%。全县有线电视用户数140970户,入户率92%以上。2006年,县党政信息网络完成搬迁,电子政务建设取得重大进展,县政府网站与“新浪网”首页成功链接,长兴县“十一五”信息化规划工作全面启动。7月,以三维网络城市为技术平台的城市信息化项目与县政府签约,并于9月建成,长兴县成为全国首个以三维网络城市为技术平台实现城市信息化的县级城市。同年,企业信息化、农村信息化、公共领域信息化有序推进。2008年,实施“农村中小学现代远程教育工程”等农村教育信息化建设,并将“为农村学校配备多媒体设备”列入政府为民办实事工程。全县计算机生机比从2005年的11.3∶1提升到2008年的6∶1,教室多媒体班套比从5.1∶1提高到1∶1。计算机网络、远程教育平台、教育资源网从无到有,省教育资源网和远程教育平台开通,构建农村学校与城市名校、名师交流通道,突破时空限制,促进优质资源共享。至同年年底,全县规模以上工业企业中,配有计算机企业661家,占95.9%。拥有网站企业102家,占14.8%。应用电子商务采购企业35家,电子商务销售企业39家。全年电子商务采购金额10.76亿元,电子商务销售金额16.44亿元。2010年11月,长兴综合物流园区信息化项目正式上线并试运行。该园区是浙江“省县共建”重点物流基地,是浙江省公共交通物流信息平台软件试点基地之一,平台建成后,在浙江范围物流基地间实现信息交换以及共享,提高物流行业信息化水平。2011年11月,县农业局制定《农业信息化建设“十二五”发展规划》。至年底,全县信息化工作步入快车道,农村数字电视网络改造和整体平移工作全面完成,城乡每百户家庭拥有计算机数量分别为57台和80台,宽带网络基本实现全覆盖。

2012年3月,出台《关于在全县工业企业中探索开展“三化建设”的实施意见》,在全省首创工业企业“三化建设”“5211工程”。即通过5年持续推进,每年树立工业企业“三化建设”(信息化、精益化、人文化)典型企业20家左右,树立“三化建设”典型企业100家左右,提高工业企业效益1个百分点,以点带面,推进全县工业企业“三化建设”。4月,召开“三化建设”启动会,确定27家企业为试点单位,聘请2家中介机构进行为期9个月的现场指导和专业辅导。同月,超威电源有限公司、浙江汉维通信器材有限公司机械股份有限公司、浙江永达实业集团有限公司等11家企业列入市首批“两化融合”试点企业。同年,天能电池集团有限公司、浙江诺力机械股份有限公司、浙江三志纺织有限公司3家企业列入2012年度市“两化融合”示范企业。同年9月,长兴县蓄电池产业集群列入省产业集群“两化”深度融合第二批5个试验区之一。

第九编 水利 电力

长兴东临太湖，三面环山，上游为丘陵山区，中下游为平原水网地带，地势西高东低，易旱涝。1988年以来，全县重点围绕农业保丰收、防洪保安全目标，开展大规模水利建设，整治圩圩区，改造排灌设施，完善渠系配套，改善农业生产条件，促进农业高产、稳产。1991年下半年开始，经两冬一春的奋斗，基本建成环湖大堤，长兴告别太湖有岸无堤的历史。进入21世纪，全县坚持建设与管理并重，统筹发展城乡水利，逐步实现由为农业服务转为向全社会经济发展服务，由农村水利向全社会水利的转变。2002年，对加强水土治理和保护工作作出规划。2003年起，实施城市水利工程，引水入城，建立"河长制"，整治城区河道，绿化美化河岸，改善城区水环境。同年，开始实施区域供水、农村改水工程和千库保安工程。2004年起，实施万里清水河道整治工程。2007年，大型水库合溪水库开工建设。2008年，城市防洪工程基本建成，"河长制"向全县推广。2009年，长兴被确定为全省第一批中央财政小型农田水利建设重点县。随着水利事业的不断发展和大批骨干水利工程的建成，易灾区域逐步缩小。2012年，全县有河道550条，总长1631.3千米，水域面积42.55平方千米。大中小型水库35座、山塘1080座，总库容2.09亿立方米。全县排灌机械有效灌溉面积3.82万公顷，旱涝保收面积3.46万公顷。

1988年，全县供电量约3亿千瓦时。20世纪90年代起，县供电部门在加强计划用电、节约用电的同时，千方百计增加电量，缓解城乡用电量与日俱增、电量供应严重不足的矛盾。之后，加快能源建设步伐，开展农村电网和城市电网改造，实现电力基础设施和电网建设质的飞跃，全县形成以220千伏为支撑、110千伏为骨干，结构合理、技术先进、安全可靠、经济适用的供电网络。2012年，全县供电量达39.41亿千瓦时，是1988年的13倍多。

第一章 蓄水工程

长兴县内水库、山塘大多建于二十世纪中后期，建造目的是为解决丘陵山区农业灌溉用水。1990年，全县建成并发挥效益的水库、山塘共1113座，总库容4348.62万立方米，灌溉农田面积8710.13公顷。其中，中型水库3座，正常库容2193万立方米，灌溉农田2706.67公顷；小(1)型水库5座，正常库容650万立方米，灌溉农田1170公顷；小(2)型水库25座，正常库容495.9万立方米，灌溉农田1329.73公顷；山塘1080座(塘坝245座、灌溉塘835座)，正常库容1009.72万立方米，灌溉农田3503.73公顷。不仅灌溉农田，水库、山塘还担负着所处地区的防旱、防洪重任，效益显著。21世纪初开始，乡镇相继建成自来水厂，水厂水源也大部分取自于水库。随着经济建设的快速发展，水库作用越来越大，历年来政府投入大量资金，开展不同程度治理。2003年，在全县范围内开展"千库保安"工程建设，分年度分批对34座中型、小型水库进行除险加固，实施水库安全标准化建设。2007年12月，大型水库合溪水库开工建设，至2011年10月，基本建成并投入运行。2012年，全县建有大型水库1座、中型水库3座、小(1)型水库6座、小(2)型水库25座①,山塘1080座,总库容2.09亿立方米。

第一节 水库 山塘

一、大型水库

县境内唯一一座大型水库为合溪水库,大(2)型,位于小浦镇光耀村,2011年10月建成。集雨面积235平方千米,总库容量11062万立方米。主要功能为防洪和供水,建成后有效拦御上游洪水,减轻下游平原以及县城区防洪压力,并向县城及周边乡镇提供优质水源,受益人口38.6万人。主要建筑物设计防洪标准为500年一遇,校核标准为5000年一遇,水库大坝总长752米,坝顶高程32.2米,顶宽6米,总投资14.08亿元。2012年8月8日至9日,"海葵"台风影响长兴,煤山地区强降雨387毫米,合溪水库发挥削峰调峰作用。

项目申报和前期工作 2002年,开始项目申报和前期工作。2003年6月19日,项目建议书和可行性研究报告通过水利部水规总院审查,并在浙江省《杭嘉湖地区防洪规划》中明确为地区防洪工程重点项目之一。7月,被水利部列为国家"十五"时期重点水利工程项目之一。年底,水土保持方案编制大纲和环境影响评价大纲通过水利部和国家环保总局技术审查,《工程建设用地地质灾害危险评估报告》通过国土资源部评审,《工程建设用地项目矿产资源分布情况调查报告》报省国土资源厅。2003年6月,组建长兴县合溪水库工程建设开发有限责任公司,作为独立法人,进行工程立项、建设,开展招商引资、融资工作。同期,完成淹没区内人口、民房和附属物等实物调查登记以及企事业单位固定资产、从业人员、企业利税、人均收入等情况调查。长牛铁路改线复建项目取得铁路部门书面承诺。2004年4月,国务院总理办公会议确定合溪水库为《"十五"期间全国大型水库建设规划建设项目》之一。2005年6月,国家发改委批复合溪水库工程项目建议书,年底合溪水库建设工程指挥部组建。2007年12月19日,省水利厅批准合溪水库工程可择日开工。

工程建设 合溪水库工程由拦河坝、溢洪道、供水建筑物和放空洞组成,等别为Ⅱ等。主要建筑物拦河坝、泄水簸箕供水放空建筑均为2级,次要建筑物如岸坡保护等级为3级,临时建筑物为4级。主要建筑物设计防洪标准为500年一遇,校核标准为5000年一遇,消能防冲建筑物设计洪水标准为50年一遇。拦河坝总长752米,坝顶高程32.2米,宽6米,由重力坝段和黏土心墙砂砾石坝段组成,两种坝型之间采用混凝土挡墙分隔。混凝土重力坝段布置在河床右侧现状主河槽位置,总长39.5米,由溢流段和非溢流段两部分组成,最大坝高47.2米。黏土心墙砂砾石坝分布在混凝土重力坝两侧,总长712.5米,其中左侧长550.5米,右侧长162.0米。水库日供水规模20.7万立方米。

图9-1 2009年10月1日,合溪水库工程截流仪式举行(县水利局提供)

2006年11月20日,召开合溪水库工程建设动员大会。2007年12月24日,举行合溪水库工程开工典礼。2008年5月7

① 根据水利部规定,水库等级按总库容大小划分,总库容在1亿立方米以上的为大型水库,1000万立方米~1亿立方米的为中型水库,100万立方米~1000万立方米的为小(1)型水库,10万立方米~100万立方米的为小(2)型水库。

日，导流明渠通水。12 月 30 日，重力坝非溢流坝分部工程开工。2009 年 8 月 23 日，重力坝下游消力池施工完成。10 月 1 日，工程实现二期截流。2011 年 3 月 12 日，开始安装弧形闸门。4 月 29 日，库区蓄水安全通过鉴定。6 月 1 日，举行下闸仪式，弧形闸门进入试运行。8 月 16 日，通过蓄水验收。8 月 27 日，导流底孔实现成功封堵。10 月 22 日，举行工程建成仪式，合溪水库工程基本建成并投入运行。2012 年 6 月，合溪水库向县城供水。

安置搬迁 合溪水库工程建设共征收土地面积 877.93 公顷。库区移民安置采取后靠、外迁集中安置、搬迁安置方式，迁移人口 3032 人，共 1163 户，规划建设 5 个移民安置点。库区搬迁工业企业 51 家。其他补偿项目包括交通、通信、广播、电力设施等专业项目搬迁、改建及文物古迹处理。其中，长牛铁路改建总长 10.36 千米，县道小槐线搬迁 7.5 千米，10 省道搬迁 7 千米，输变电设施搬迁 33.05 千米。还涉及部队军事设施和省属企业长广集团、三狮集团企业供水管道、变电线路搬迁改建等。由合溪水库工程建设指挥部会同县民政局、水利局、建设局、国土局和库区乡镇，抽调人员组建工作专班，负责征地拆迁和移民安置。

二、中型水库

2012 年，全县有库容在 1000 万立方米以上、1 亿立方米以下的中型水库 3 座，分别为泗安水库、二界岭水库、和平水库，均于 20 世纪 50 年代开始兴建或建成。总集雨面积 155.08 平方千米，总库容 7376 万立方米，正常库容 2693 万立方米，设计防洪标准为 100 年一遇，灌溉面积 2066.7 公顷，防洪面积 12000 公顷。

泗安水库 位于泗安镇仙山村。1959 年 1 月开工，1960 年 10 月中断，1963 年 11 月复工，至 1964 年 8 月竣工。坝顶高程 19.47+防浪墙 1.05 米，坝高 10.3 米，坝长 1550 米，顶宽 5.0 米。1996 年，实施水库增容工程，征用库区 12.67 米至 13.97 米高程之间耕地，面积 183.81 公顷，增容后正常库容由原来的 860 万立方米增加到 1360 万立方米，工程总投资 1670 万元，1998 年完成。集雨面积 108 平方千米，总库容 5000 万立方米，正常库容 1360 万立方米，设计防洪标准为 100 年一遇，灌溉面积 1000 公顷，影响人口 15 万人，防洪面积 6000 公顷。

二界岭水库 位于泗安镇二界岭村。1955 年建成。水库大坝高程 48.79 米，坝高 20.65 米，长 227 米，顶宽 5 米。2009 年 5 月，开展除险加固建设，投资 3339 万元，2010 年年底完成。集雨面积 5.68+迎水面积 21.2 平方千米，总库容 1220 万立方米，正常库容 840 万立方米，正常水位 46.15 米，设计防洪标准为 100 年一遇，灌溉面积 533.33 公顷，影响人口 4 万人，防洪面积 3333.33 公顷。

和平水库 位于西苕溪支流和平港上游和平镇滩龙桥村。1957 年开始兴建。水库大坝长 250 米，坝顶高程 68.17+防浪墙 0.9 米，坝顶宽 4.0 米。1974 年，利用冬季放干水库开展修复工程，于 1980 年年底完成。1989 年，完成水库除险加固工程，大坝加高 2.5 米，大坝套井回填防渗处理，溢洪道由 8 米拓宽至 16 米，并加筑二级消力池。2006 年，开展水库安全鉴定，大坝定级为“三类坝”。2008 年，开展除险加固工程建设，投资 3040 万元，2010 年 12 月完成。总库容 1045 万立方米，正常库容 493 万立方米，设计标准为 100 年一遇，集雨面积 20.2 平方千米，灌溉面积 533.33 公顷，影响人口 4.5 万人，防洪面积 2666.67 公顷。

三、小型水库

小(1)型水库 1988 年，全县共有库容在 100 万立方米以上、1000 千万立方米以下的小(1)水库 5 座，分别为周吴、宿子岭、桃花岕、青山、长潮水库。同年，横岕水库因资金等原因停建。1997 年横岕水库续建工程开工，至 1999 年汛前竣工。2012 年，全县有小(1)水库 6 座，总集雨面积 40.37 平方千米，正常库容 755 万立方米，总灌溉面积 1060.81 公顷。

周吴水库 位于姚家桥港左岸支流周吴涧上游，地处林城镇周吴村。1959 年冬开工建设，之后工程断断续续，直至 1978 年 11 月完工，大坝筑至 111 米高程，并加做 1.0 米高防浪墙。2006 年开始“千库保安”工程治理，2007 年冬完成，投入资金 290 万元。总库容 280 万立方米，正常库容 240 万立方米，设计防洪标准为50年一遇,集雨面积10.02平方千米,灌溉面积306.67公顷,影响人口3000人,防洪面积266.67公顷。

宿子岭水库　位于泗安塘左岸支流长潮涧上,地处泗安镇长中村。1964年冬开工建设,后时建时停,1984年主体工程完工,大坝加高至22.5米。主坝为均质土坝,坝底高程48.20米,坝顶72.6米,坝长200米;输水涵洞位于大坝左侧,进出口底高程均为51.2米,铸铁闸门以手摇螺杆启闭。2010年开始"千库保安"工程治理,2011年完成,投入资金612万元。总库容140.31万立方米,正常库容120.50万立方米,设计防洪标准为50年一遇,集雨面积9.05平方千米,灌溉面积204.67公顷,影响人口1070人,防洪面积88公顷。

桃花岕水库　位于合溪新港左岸,龙山新区川步村。1956年3月开工建设,1960年建成。主坝为均质土坝;输水涵洞为混凝土圆管,长100米,洞口进口2个,直径各0.3米,洞身单个直径0.6米,最大输水量1.56立方米/秒,铸铁闸门;溢洪道位于左坝头,浆砌块石侧溢式溢流堰,宽36米,底高程42.6米。2004年开始"千库保安"工程治理,2005年完成,投入资金130万元。总库容126万立方米,正常库容10.5万立方米,设计防洪标准为50年一遇,集雨面积3.55平方千米,灌溉面积100公顷,影响人口3200人,防洪面积200公顷。

青山水库　位于西苕溪右岸晓墅港支流上,地处和平镇沙埠村,距鹿塘公路300米。1971年12月开工建设,1986年5月总体工程完成,大坝筑至高程30.6米,防浪墙高1.0米。2003年开始"千库保安"治理工程,2004年完成,投资100万元。治理后的青山水库,坝顶高程30.2+1米,坝顶长178米。总库容127.5万立方米,正常库容103.5万立方米,设计防洪标准为50年一遇,集雨面积3.4平方千米,灌溉面积306.67公顷,影响人口2300人,防洪面积166.67公顷。

长潮水库　位于泗安塘左岸支流长潮涧上游,地处泗安镇长中村,距老318国道12千米。1959年9月开工建设,1972年完成。坝顶高程133.2米,坝长232米,宽5米;输水涵洞用钢筋混凝土圆管,洞长81米,进口洞经0.6米,进口底高程121.2米,出口高程120.2米,最大输水量每秒2.1立方米。2010年完成"千库保安"工程,投入资金609万元,坝顶高程131+1米,坝长232米,宽5米。总库容116万立方米,正常库容83万立方米,设计防洪标准为50年一遇,集雨面积9.7平方千米,灌溉面积209.47公顷,影响人口2960人,防洪面积229.33公顷。

横岕水库　位于合溪南涧上游原槐坎乡十月村。1978年10月开始动工兴建,1984年停工,1985年再次开工建设,建至坝顶高18.2米、宽3米,大坝尚未堵口合龙,因资金缺乏等原因于1987年停建。二期工程于1996年完成初步设计,1997年冬开工建设,投资140万元,于1999年汛前全面竣工,在1999年"6•30"洪水中充分发挥调洪拦蓄作用。2003年开始"千库保安"工程建设,2004年完成,投入资金90万元。总库容126万立方米,正常库容103万立方米,设计防洪标准为50年一遇,集雨面积4.65平方千米,灌溉面积33.33公顷,影响人口2600人,防洪面积80公顷。

小(2)型水库　1988年,全县有库容在10万立方米以上、100万立方米以下的小(2)型水库25座,分别为五峰水库、林山水库、朱城水库、牛角冲水库、云野水库、西道水库、逃牛岭水库、西岕水库、桐芦岕水库、六都水库、东风水库、大岕水库、仰峰水库、胜利水库、东冲水库、东风岕水库、白西冲水库、蒋板岕水库、顾渚水库、虎塘水库、海家冲水库、中冲水库、迴龙山水库、平桥水库、三八水库。分别于20世纪50年代至80年代兴建,分布在雉城镇、小浦镇、和平镇、林城镇、泗安镇、二界岭乡、槐坎乡、白岘乡、水口乡等乡镇的丘陵地区。按流域划分,箬溪流域15座,泗安塘流域7座,西苕溪流域2座,乌溪流域1座。水库大坝均质土坝有6座,黏土心墙坝18座,黏土斜墙坝1座。1990年,25座小(2)型水库控制集雨面积37.87平方千米,正常库容495.9万立方米,占全县蓄水工程正常库容的11.5%,总灌溉面积1329.73公顷,占全县蓄水工程灌溉面积的15.3%。2003年,小(2)型以上水库开始列入省水利厅"千库保安"工程建设项目,至2012年治理完毕,共投入资金6772万元。总集雨面积34.18平方千米,正常库容492.62万立方米,总灌溉面积1392.67公顷,影响人口1.97万人。

2012 年长兴县小(2)型水库情况表

表 9-1

水库名称	所在地	集雨面积(平方千米)	大坝(米)				正常库容(万立方米)	开竣工年份	灌溉面积(公顷)	影响人口(人)
			坝底高程	坝顶高程	坝顶长	坝顶宽				
五峰	雉城镇五峰村	0.51	14.00	24.5+0.8	215	5	27.20	1964—1971	70.67	1100
林山	雉城镇高山岭村	0.51	16.00	25	125	2.5	8.90	1969—1984	40.00	500
朱城	雉城镇三新村	0.38	38.10	48.8	224	5	15.80	1969—1984	40.00	600
牛角冲	泗安镇狮古岗村	0.20	39.70	55+0.9	128	5.5	26.88	1973—1982	73.33	800
云野	泗安镇长山村	1.75	15.00	27.1+0.8	77	5	22.60	1956—1962	53.33	1100
西道	泗安镇长中村	2.31	126.20	141.4+0.9	170	6	12.80	1965—1983	21.33	400
逃牛岭	二界岭乡云峰村	2.75	97.30	113+0.9	120	5	50.00	1966—1974	100.00	700
西岕	二界岭乡毛家村	1.00	36.60	51.5	117	5	17.60	1970	53.33	700
桐芦岕	二界岭乡云峰村	2.728	148.70	162.2+0.9	62	5	10.40	1964—1967	40.00	400
六都	槐坎乡六都村	2.47	119.10	136+0.9	100	5	36.00	1958—1977	80.00	1200
东风	槐坎乡东风村	1.10	87.80	98.6	160	5	23.50	1958—1964	74.00	800
大岕	槐坎乡祠山村	0.66	99.75	112.75+0.75	89	5	20.80	1959—1967	66.67	800
仰峰	槐坎乡仰峰村	2.40	87.00	100.1+0.9	145	4	17.00	1964—1965	66.67	1200
胜利	槐坎乡仰峰村	1.73	85.10	102.3+0.9	79	5	15.30	1966—1975	33.33	800
东冲	槐坎乡新槐村	0.18	61.30	70.7	185	5	10.40	1971—1980	33.33	500
东风岕	槐坎乡东风村	1.75	107.70	124.3	126	5	8.81	1968—1972	33.33	1000
白西冲	白岘乡访贤村	0.35	103.00	118	166	5	29.10	1957—1960	90.00	800
蒋板岕	白岘乡五通山村	1.17	125.80	141.9+0.8	68	5.3	12.43	1958—1963	73.33	1000
顾渚	水口乡顾渚村	2.97	112.00	128.5+0.5	170	5	24.30	1970—1975	26.67	700
虎塘	林城镇阳光村	0.72	8.90	16	385	5	13.20	1962—1976	46.67	600
海家冲	林城镇太傅村	0.12	32.40	41.6	260.7	8	15.00	1962—1967	40.00	400
中冲	林城镇上狮村	0.17	22.30	29.5	330	5	10.60	1967—1970	53.33	700
迴龙山	小浦镇光耀村	2.62	77.30	96.5+1	90	5	11.00	1958—1968	60.00	1200
平桥	和平镇城山村	3.26	50.00	61.5	195	5	46.00	1958—1979	90.00	1400
三八	和平镇回车岭村	0.37	58.60	68	87	5	7.00	1958—1959	33.33	300

说明:资料来源于县水利局

四、山塘

1988 年,全县有库容 1 万立方米～10 万立方米的山塘 245 座,正常库容 737.72 万立方米,占全县蓄水工程正常库容的 17%,灌溉农田面积 2131.53 公顷,占全县蓄水工程灌溉面积的 24.5%。库容 1 万立方米以下山塘 835 座,正常库容 272 万立方米,占全县蓄水工程正常库容的 6.3%,灌溉农田面积 1372.2 公顷,占全县蓄水工程灌溉面积的 15.6%。2011 年全国第一次水利普查统计,全县有库容 1 万立方米～10 万立方米的山塘 368 座,总库容 981.87 万立方米,灌溉面积 2131.53 公顷。库容 1 万立方米以下的小山塘 712 座,总库容 206 万立方米,灌溉面积 1372.2 公顷。其中,山塘总数在 10 个以上的乡镇 5 个。泗安镇有山塘 223 个,库容 603.96 万立方米,其中屋顶、饮用水水源山塘 31 个;和平镇有山塘 59 个,库容 118.55 万立方米,其中屋顶、饮用水水源山塘 43 个;槐坎乡有山塘 26 个,库容 69.1 万立方米,其中屋顶、饮用水水源山塘 10 个;水口乡有山塘 19 个,库容 86.95 万立方米,其中屋顶、饮用水水源山塘 5 个;林城镇有山塘 11 个,库容 24.1 万立方米。

2011年长兴县1万立方米～10万立方米山塘情况表

表9-2

乡镇	山塘总数（个）	库容（万立方米）	其中屋顶、饮用水水源山塘（个）	乡镇	山塘总数（个）	库容（万立方米）	其中屋顶、饮用水水源山塘（个）
李家巷	3	7.50	1	白岘	5	13.66	3
夹浦	2	8.00	0	小浦	7	15.10	1
和平	59	118.55	43	水口	19	86.95	5
虹星桥	1	1.00	0	雉城	1	2.40	0
泗安	223	603.96	31	龙山新区	2	7.00	0
林城	11	24.10	0	画溪街道	4	10.65	0
煤山	5	13.90	2	合计	368	981.87	96
槐坎	26	69.10	10	—	—	—	—

说明：资料来源于县水利局

第二节　千库保安工程

20世纪80年代起，全县先后对403座1万立方米以上山塘、水库进行不同程度整治，特别是小(2)型以上水库，均进行除险加固治理。2003年3月，浙江省出台《在全省实施水库千库保安工程建设若干意见》，要求实施水库安全标准化建设，项目主体是中小型水库。同年起，全县对3座中型水库和31座小型水库分年分批组织实施千库保安工程建设。其中，2003—2007年，完成横岕、青山、桃花岕、周吴4座小(1)型水库和林山、牛角冲、顾渚、三八、白西冲、仰峰、六都、云野、五丰、东风岕、西岕11座小(2)型水库治理，总投资3488.2万元。2008—2009年，完成宿子岭小(1)型水库1座和平桥、廻龙山、朱城、胜利4座小(2)型水库治理，总投资1230万元。2010—2012年，完成长潮小(1)型水库1座和大岕、中冲岕、海家冲、桐芦岕、西道、虎塘、东风、东冲、逃牛岭、蒋板岕10座小(2)型水库治理，总投资4349万元。3座中型水库中，和平水库于2007年经省发改委批准立项，2008年11月开工建设，2012年年底完成治理，投入资金3040万元；二界岭水库于2009年经省发改委批准立项投入治理，2010年年底治理完毕，投入资金3339万元；泗安水库于2012年年末编制完成除险加固初步设计报告，项目列入“十三五”水利建设规划。至2012年年末，累计完成2座中型水库和31座小型水库的千库保安工程治理任务，投入资金1.54亿元。

2003—2012年长兴县中小型水库千库保安工程情况表

表9-3　　单位：万元

库名	水库类型	千库保安年份	投入资金	库名	水库类型	千库保安年份	投入资金
和平	中型水库	2008—2012	3040	宿子岭	小(1)型	2010	612
二界岭	中型水库	2009—2010	3339	平桥	小(2)型	2006	235
横岕	小(1)型	2003—2004	90	廻龙山	小(2)型	2007	95
青山	小(1)型	2003—2004	100	朱城	小(2)型	2007	299
桃花岕	小(1)型	2004—2005	130	胜利	小(2)型	2009	305
周吴	小(1)型	2006	290	长潮	小(1)型	2010	609
林山	小(2)型	2003—2004	45	大岕	小(2)型	2010	286

续表 9-3

库名	水库类型	千库保安年份	投入资金	库名	水库类型	千库保安年份	投入资金
牛角冲	小(2)型	2003	439	中冲	小(2)型	2011	384
顾渚	小(2)型	2004—2005	120	海家冲	小(2)型	2011	350
三八	小(2)型	2005—2006	75	桐芦岕	小(2)型	2011	344
白西冲	小(2)型	2004—2005	100	西道	小(2)型	2011	439
仰峰	小(2)型	2006	245	虎塘	小(2)型	2012	435
六都	小(2)型	2006	180	东风	小(2)型	2012	359
云野	小(2)型	2006	85	东冲	小(2)型	2012	302
五丰	小(2)型	2005	85	逃牛岭	小(2)型	2011	468
东风岕	小(2)型	2006	253	蒋板岕	小(2)型	2011	381
西岕	小(2)型	2005—2006	85	—	—	—	—

说明：资料来源于县水利局

第二章　河道整治

长兴县内有河道 550 条，总长 1631 千米，水域面积 42.55 平方千米。20 世纪 80 年代，由于农民不再捻河泥清淤肥田、水利疏浚规模小范围小、船舶航行冲刷，导致河道淤泥增多、河床普遍抬高、引水排涝能力下降。90 年代后期开始，加大河道治理工作力度。2003 年起，按照“河畅、水清、岸绿、景美”的总体目标，启动河道整治工程，对县域内河道实施拓宽浚深，加固加高堤防，进行砌石护岸，推动河道保洁。同年，首次对城区主要河道创新实施“河长制”管理，建立河道保洁长效管理机制。至 2012 年，全县范围内各河道清淤疏浚任务全部完成，其中大部分河道得以轮回清淤，水环境得到改观。该时期，“河长制”逐步向全县推广延伸，形成县、乡(镇)、村三级“河长制”管理体系。

第一节　河　道

一、平原河道

全县平原有河流 448 条，总长 1186 千米，水域面积 34.52 平方千米，分布在 13 个乡镇和街道，其中省级河道 1 条、市级河道 5 条、县级河道 24 条、县级以下河道 418 条。20 世纪 70 年代以前，农田施肥主要以有机肥料为主，其中河泥是河网地带的主要有机肥源之一。捻河泥成为农民重要的积肥途径，也成为河道清淤的重要方式。每年冬至到春分时期，村民都会在河道里捻河泥。随着化肥的使用，至八九十年代，县内捻河泥清淤肥田的习俗已基本绝迹。该时期的河道清淤主要是由水利疏浚队承担，规模小，疏浚范围也仅限于各入太湖河口。2002 年 2 月，县水利局编制《长兴县河道疏浚“十五”计划》。2003 年 10 月，全省开始实施“万里清水河道”工程。同年起，县政府把河道清淤整治列入为民办实事项目之一，写入年度政府工作报告，县财政每年安排河道清淤专项资金。2004 年 7 月，成立万里清水河道工作领导小组，编制《长兴县河道整治规划》，出台《长兴县河道整治工程实施细则》，每年年初由县水利局把清淤任务指标落实到乡镇，由乡镇组织实施，县水利局组织专门人员进行逐段验收考核。根据验收完成情况，县级专项资金以奖励的形式落实到具体工程。2001—2005 年，全县共完成清淤 338.7 千米。2006 年，计划完成 500 千米，实际完成 550 千米。之后，每年完成 100 千米至 300 千米不等，从 2007 年至 2012 年共完成 1161 千米。十年间，全县范围内各河道全部得到清淤疏浚，其中大部分河道又得以轮回清淤，全县的水环境得到改观。

2012年长兴县平原河流情况表

表9-4

分类	水系/流域	乡镇名称/河道等级	数量(条)	长度(千米)	正常水位面积(平方千米)	正常水位容积(万平方米)	水域面积(平方千米)	水域容和(万平方米)
分乡镇	长兴平原	雉城街道、太湖街道、画溪街道	113	349.23	7.05	1002.24	9.29	2860.15
	长兴平原	小浦镇	4	14.38	0.41	48.61	0.59	271.88
	长兴平原	林城镇	28	114.39	1.92	247.92	3.16	1002.39
	长兴平原	泗安镇	5	31.65	0.56	42.19	1.09	233.07
	长兴平原	虹星桥镇	34	107.82	1.45	266.55	2.39	791.62
	长兴平原	和平镇	37	115.78	4.40	1349.29	5.69	2691.42
	苕溪	洪桥镇(含图影)	91	144.45	3.47	551.74	4.19	1288.96
	苕溪	李家巷镇	36	80.75	1.57	255.79	2.02	657.37
	长兴平原	夹浦镇	62	86.19	1.24	146.96	1.69	416.21
	长兴平原	水口乡	13	27.53	0.47	58.87	0.59	146.69
	—	吕山乡	42	114.13	3.14	581.42	3.83	1438.42
	—	小计	448	1186.31	25.67	4551.58	34.52	11818.18
分等级	—	省级	1	27.79	2.80	1367.64	3.56	242.90
	—	市级	5	82.81	3.06	552.62	4.68	1838.40
	—	县级	24	214.77	6.59	1048.33	8.63	3164.53
	—	县级以下	418	860.94	13.23	1582.99	17.66	4352.35
	—	小计	448	1186.31	25.67	4551.58	34.52	11818.18
分片	西苕溪片	—	30	115.64	4.93	165.46	6.19	3202.75
	乌溪片	—	75	113.71	1.71	205.83	2.28	562.90
	箬溪片	—	71	247.20	5.10	716.77	6.78	2178.65
	泗安溪片	—	272	709.76	13.93	1963.52	19.28	5873.88
	—	小计	448	1186.31	25.67	4551.58	34.52	11818.18
分水系	苕溪	—	30	115.64	4.93	1665.46	6.19	3202.75
	长兴平原	—	418	1070.67	20.75	2886.12	28.33	8615.43
	—	小计	448	1186.31	25.67	4551.58	34.52	11818.18

说明:资料来源于县水利局

省市级河道 全县有西苕溪1条省级河道,泗安塘、杨家浦港、八三航道、胥仓港、泥桥港5条市级河道,总长110.6千米,水域面积8.24平方千米。1988—2012年,共开挖疏浚5条次,总长61.07千米,总投资1981.8万元,完成总土方193.28万立方米。

西苕溪 2007—2012年,纳入标准堤防建设,加固加高堤防12.8千米。2012年,开展苕溪清水入湖河道整治工程,其中西苕溪干流长兴段整治河道长20.5千米,包括拓浚河道15.87千米,河道底宽60米,河底高程-4.0米至-4.5米,堤距不小于140米,加高加固堤防12.1千米、退建堤防26千米、新建护岸工程32千米、新建防汛道路38.1千米;拆建节制闸7座、新建1座,拆建泵站7座。至年末,新建护岸0.95千米,加固加高堤防0.95千米,完成土方4.5万立方米。

泗安塘 2003年12月,泗安塘林城镇至泗安镇管埭段拓浚工程开工,全程7.46千米,采用机械施工,至2006年年底竣工并通过验收,共开挖及拓浚土方108万立方米。疏浚后,泗安塘河底宽12米,河底高程-1.84米，防洪标准提高到20年一遇。2011年12月，泗安塘泗安绿洲大桥至管埭大桥段拓浚工程开工，全程6.72千米。该工程列入国家中小河流整治项目，工程内容包括河道拓至底高-1.84米，底宽12米，加固加高堤防11.31千米，其中左岸6.42千米、右岸4.89千米，通过河道疏浚达到20年一遇防洪标准。计划工期2年，总投资2822.3万元，其中中央资金657万元、省级财政453万元、市县财政250万元、其他投资1462.3万元。

图9-2　泗安塘拓浚工程施工现场（许金芳、黄曙林、钟昊摄·2004年）

杨家浦港　杨家浦港拓浚是省重点工程，也是太湖大堤配套工程，由省水利水电设计院设计。1997年开工，西起李家巷镇石山桥，东至洪桥镇杨家浦太湖口，全程12千米，水面土方采用人力投工投劳，水下土方采用机械施工。至2003年工程完成，总土方量112万立方米，其中水上33万立方米，水下79万立方米。疏浚后，杨家浦港河面宽60米，河底宽9米，河底高程-1.84米。该项工程的完成，有效增加杨家浦港至整个上游地区洪水下泄流量，疏导上游地区来水入太湖。

八三航道　1993—1996年，县交通部门整治吕山港吕山大桥北侧至与吴兴区交界处，长5.79千米，按五级航道标准疏浚河道，疏浚土方45万立方米。疏浚后，吕山港河面宽60米，河底宽35米，河底高程-1.84米。

胥仓港　1988—2012年，吕山乡整治胥仓港，长4.9千米，疏浚土方1.6万立方米，加高加固堤防11.3千米。疏浚后，胥仓港河底宽6米，河底高程-1.0米。

泥桥港　2005—2007年，开展泥桥港全线段清淤工程，长15.46千米，开挖土方4.64万立方米。2010—2012年，开展城镇段两岸堤防加高加固工程，加固加高堤防30.92千米。

1988—2012年长兴县市级以上河道疏浚情况表

表9-5

年月	河道	起点	终点	长度（千米）	开挖土方（万立方米）	投入资金（万元）	疏浚后	
							河底宽（米）	河底高程（米）
2003.12—2006.12	泗安塘	林城	管埭	7.46	18.10	146.00	12	-1.84
2011.12—2013.12	泗安塘	绿洲大桥	管埭大桥	6.72	11.80	202.00	12	-1.84
1997.12—2003.12	杨家浦港	石山桥	太湖口	12.00	112.00	1120.00	9	-1.84
1993.09—1996.10	八三航道	吕山大桥	毛柴园港	5.79	40.50	405.00	35	-1.84
2010.03—2012.12	胥仓港	胥仓桥	横塘渡	4.90	1.60	16.00	6	-1.00
2005.07—2007.12	泥桥港	泗安塘	西苕溪	15.46	4.64	46.40	6	-1.0
2010.12—2012.12	泥桥港	泗安塘	西苕溪	15.46	4.64	46.40	6	-1.0

说明：资料来源于县水利局

县级河道　全县有县级河道北横港、北横港、夹浦港、菖蒲港、九亩桥港、姚家港、泥桥港、长洪港（都家漾—杨家浦港）、长洪港（王浜头—庄前村）、长洪港、九里塘港、重阳港、北横港、将军桥港、姚家桥港、和平港共24条，总长214.77千米，水域面积8.63平方千米。除人工新开挖河道外，通常4年至5年疏浚一次，河口、闸口等常淤地段适时疏浚。2004—2012年，共疏浚县级河道45.22千米，投入资金132.33万元，完成土方37.2亿立方米。

1988—2012 年长兴县县级河道疏浚情况表

表 9-6

年份	河道	起点	终点	长度（千米）	开挖土方（万立方米）	投入资金（万元）	疏浚后	
							河底宽(米)	河底高程(米)
2004	北横港	夹浦港	双港	1.00	2995	6.00	2～8	-0.84～0.50
2005	北横港	小沉渎村段	小沉渎村段	1.00	5829	2.00	3～6	-0.80
2005	夹浦港	艺香桥	北塘	1.65	15728	4.40	3～6	-0.84
2005	菖蒲港	长兴港	百家桥	2.45	23511	6.70	1.5～4	-0.44
2005	九亩桥港	钱庄村	塔山村	2.00	15060	4.00	2～4	-0.84
2005	姚家港	姚洪圩	北汤村	5.41	31791	8.00	4	-1.00～-1.34
2005	泥桥港	李王港入口	畎桥村	5.45	72218	18.77	4	-0.34
2006	长洪港	都家漾	杨家浦港	2.75	21532.6	6.00	17	-1.30
2006	长洪港	王浜头	御驾舍	3.82	35175	12.31	10～21	-0.84
2006	长洪港	王浜头	庄前村	1.30	15597	3.00	4.5～14.5	-0.50
2006	九里塘港	长湖申线	虹星桥界	2.35	12800	4.25	2～8	-0.54
2007	重阳港2	百丈厅港口	关王圩门	4.48	13725	9.00	3～7	-0.50
2007	北横港	北张	震泽桥	1.60	11412.5	3.50	2～9	-0.5
2007	将军桥港	泥桥港	里塘港口	2.40	12660	4.80	3	0.54～0.74
2009	姚家桥港	姚家桥港	殿仙桥港	4.56	51889	26.10	13	-1.00
2012	和平港	和平新大桥	七号桥	3.00	30124	13.50	1～4	3.50～5.50

说明：资料来源于县水利局

乡镇及村级河道 全县有县级以下河道418条，总长860.94千米，水域面积17.66平方千米。镇级河道由所在乡镇负责疏浚，县水利局负责进行业务指导。1988—1999年，共投资1355.1万元，疏浚河道477条，总长456.2千米，完成土方155.4万立方米。2000—2009年，共投资4277.5万元，疏浚河道1032条，总长1054.6千米，完成土方388.3万立方米。2010—2012年，共投资2370万元，疏浚河道467条，总长474千米，完成土方180.1万立方米。

1988—2012 年长兴县县级以下河道疏浚情况表

表 9-7

年份	条数（条）	总长度（千米）	总土方（万立方米）	投入资金（万元）	年份	条数（条）	总长度（千米）	总土方（万立方米）	投入资金（万元）
1988	17	12.30	3.60	36.90	2001	91	80.90	25.50	311.50
1989	15	11.50	3.20	34.50	2002	73	63.10	22.80	239.80
1990	13	10.70	3.00	32.10	2003	82	80.50	27.40	305.90
1991	21	18.50	5.40	55.50	2004	43	39.30	14.30	149.30
1992	52	50.80	18.50	152.40	2005	76	73.00	24.60	292.00
1993	26	28.70	8.70	100.40	2006	212	255.00	96.90	1020.00
1994	32	30.10	10.20	105.50	2007	53	50.20	19.10	200.80
1995	64	66.80	23.20	233.80	2008	173	180.60	68.60	812.70
1996	54	57.00	19.70	199.50	2009	132	143.00	54.50	643.50
1997	51	46.30	17.50	162.00	2010	148	155.20	59.00	776.00
1998	39	37.30	12.10	112.00	2011	208	214.80	81.60	1074.00
1999	93	86.20	30.30	130.50	2012	111	104.00	39.50	520.00
2000	97	89.00	34.60	302.00	合计	1976	1984.80	723.80	8002.60

说明：资料来源于县水利局

二、丘陵山区河道

俗称涧滩。县境内有102条，总长445.27千米，水域面积8.03平方千米，主要分布在泗安镇、煤山镇、小浦镇、水口乡4个乡镇和夹浦镇、雉城镇、和平镇、林城镇4个镇部分区域。山区河道源短流急，纵坡大，流速快，洪水汇流时间短，对两岸冲刷大。山区乡镇把涧滩治理作为冬修水利重点，积极开展小流域治理，合理利用土地资源，防治水土流失。涧滩防洪堤建设设计标准，农田按10年～20年一遇，城镇、工业区按50年一遇。在治理过程中坚持工程措施、林草措施相结合，具体做法上采取治理与开发并举，以开发促治理，以治理服务于开发。从20世纪90年代开始加大治理力度，疏浚河道、加固堤防、修建堰坝，特别是将流经距离大、影响范围广的合溪北涧、南涧以及金沙涧、常丰涧、杨林涧、青东涧、缩子岭涧、长潮涧、周吴涧、和平涧作为整治重点。在治理过程中结合魅力乡村和新农村建设，充分利用土地资源，防治水土流失。1996年，开始规划合溪北涧和金沙涧两个小流域治理，并先后列入“十五”“十一五”浙江省小流域治理项目。至2003年，共治理涧滩10.5千米，修建防洪埂2.4千米，修建堰坝3处，治理两岸荒滩地共植树造林62公顷，封山育林1600千米，工程总投入460万元。其中，合溪北涧位于合溪水库上游，在治理过程中加强水土保护，工程与非工程措施相结合，在清涧修堤过程中，不但修建沿线公路，还围垦造地，修建公园和工业园区。2001年11月，夹浦镇常丰涧下游新开挖入太湖河道，提高防洪标准并新建堰坝，配套沿河两岸排灌体系；上游月明村以上河段，结合新农村建设试点，进行全面治理。1988—2012年，全县丘陵山区河道治理共投入资金3.6亿元，疏浚涧滩136千米，修建堤防77.6千米，修建堰坝56条，桥梁13座，道路55千米，造地160公顷，完成土石方113万立方米。

2012年长兴县丘陵山区河道情况表

表9-8

分类	水系/流域	乡镇名称/河道等级	数（条）	长度（千米）	水域面积（平方千米）	水域容积（万立方米）
分乡镇	长兴平原	煤山镇	46	163.17	2.59	429.61
—	长兴平原	水口乡	12	52.29	0.74	108.10
—	长兴平原	泗安镇	20	101.27	1.79	318.38
—	长兴平原	小浦镇	15	45.36	1.33	289.17
—	苕　溪	和平镇	6	28.21	0.44	92.26
—	长兴平原	林城镇	5	25.19	0.30	32.70
—	长兴平原	夹浦镇	1	15.89	0.48	150.56
—	长兴平原	雉城街道、画溪街道	1	13.90	0.35	43.34
—	—	小计	102	445.27	8.03	1464.12
分等级	—	县级	11	156.53	4.64	893.51
—	—	县级以下	91	288.74	3.39	570.61
—	—	小计	102	445.27	8.03	1464.12
分流域	西苕溪片	—	6	28.21	0.44	92.26
—	乌溪片	—	12	68.18	1.22	258.66
—	箬溪片	—	60	222.43	4.27	762.12
—	泗安溪片	—	24	126.46	2.09	351.08
—	—	小计	102	445.27	8.03	1464.12
分水系	苕　溪	—	6	28.21	0.44	92.26
—	长兴平原	—	96	417.06	7.59	1371.86
—	—	小计	102	445.27	8.03	1464.12

1988—2012 年长兴县山区河道疏浚治理情况表

表 9-9

年份	条数(条)	总长度(千米)	总土石方(万立方米)	折抵土石方(万立方米)	投入资金(万元)	年份	条数(条)	总长度(千米)	总土石方(万立方米)	折抵土石方(万立方米)	投入资金(万元)
1988	25	5.40	4.40	4.40	71	2001	22	4.00	3.20	3.20	45
1989	18	4.60	3.60	3.60	52	2002	23	4.50	4.00	4.00	53
1990	19	4.20	3.70	3.70	61	2003	62	7.40	6.80	6.80	102
1991	23	4.10	3.60	3.60	56	2004	65	6.00	5.30	5.30	91
1992	27	5.20	4.60	4.60	78	2005	32	5.00	4.20	4.20	64
1993	14	4.00	3.30	3.30	46	2006	46	5.50	4.90	4.90	80
1994	32	5.60	4.90	4.90	81	2007	31	5.20	4.20	4.20	75
1995	15	4.00	3.10	3.10	36	2008	43	4.90	4.10	4.10	74
1996	19	4.70	4.10	4.10	56	2009	44	5.40	4.50	4.50	86
1997	22	4.80	4.20	4.20	60	2010	32	4.80	4.30	4.30	78
1998	26	5.60	4.90	4.90	78	2011	69	8.60	7.70	7.70	120
1999	55	5.70	5.20	5.20	86	2012	77	11.00	8.40	8.40	136
2000	43	5.30	4.80	4.80	74	合计	884	136.00	113.00	113.00	1839

说明:资料来源于县水利局

三、城区河道

2000 年,拓浚西护城河小西门桥南端至长兴港共 300 米,采用机械施工,疏浚土方 0.36 万立方米。该河段原为小河汊,按长安桥北端河道标准,新拓河道南端,与长兴港连通后并在相接处新建一座水闸,名长安闸。2001 年,疏浚甘家港河道,西起和睦塘,东至北塘港,全长 1.8 千米。该河道清淤比较彻底,首先将河道水抽干,由机械清除河内淤泥,再对河底清洗后用吸泥设备吸清河底淤泥,共清除土方 21.6 万立方米。同时对两侧用条形石块进行护砌,安装石雕护栏,两岸按城市园林标准进行绿化。2002—2003 年,对护城河进行全面清淤,从长兴港仓前街入口处向北至解放桥。其中,小东门桥后向左转向西到第三小学北左转向南到长安桥,该段为老护城河,全长 2.87 千米,由水利疏浚队使用挖泥船清淤疏浚,共疏浚土方 28.7 万立方米。同时,还对黄土桥港边清淤疏浚,从黄土桥港两端与长兴港相接处向东到三里桥,全长 3.84 千米,共疏浚土方 30.7 万立方米。2004 年,对坛家桥港进行清淤,西起原长兴卫校,向东穿金陵路到城北小区,全长 1.4 千米。该河道两岸是城区人口居住密集区,施工难度较大,通过机械结合人力施工,共清除土方 11.2 万立方米。其间,对县行政中心区域内各河道,结合行政办公综合楼建设和附近商业区、居住区建设,进行清淤、整治和改造。2005 年开始,由县建设部门负责对林山水库下游画溪大道以东至老卫校段水域进行整治,将原小沟渠改造成为较宽阔的水面,结合园林景观建设,建成居民休闲、散步的湿地公园,水域下游连接坛家港,与城市水域连通。通过 10 多年综合治理,至 2012 年,县城区水域的水系得以理顺,环境得到美化。而且,在河道各入口处和一些关键节点,均配备建造一些水闸、排灌两用泵站,使城区水系既自成一体,又与外围河道相连接。洪涝季节可关闭与外围相接水闸,启动排涝设备往外排水;枯水季节可向城区灌水,保持城区水域水体流动,水质清净,防洪防旱标准得到提高。

第二节　河道护岸

自 20 世纪 60 年代开始,全县平原地区对主要河道尤其是险湾险段进行有计划的抛石砌石护岸,以稳固河道两岸堤防，保障圩区安全。80年代开始航运事业快速发展，船舶航行对河道两岸堤防冲刷影响较大，砌石护岸主要从该时期开始进行。以主要行洪河道为重点，泗安塘两岸护砌量最大，从吕山往上，除泗安上游部分地段外，河道两岸均以浆砌块石护岸。抛石坡度一般为1:2。西苕溪险湾段每米平均抛石量为5立方米左右，有的达10立方米以上。待堤身稳定后，再根据不同要求砌石，有的有一定的边坡，有的是直立式挡墙，大多是浆砌块石，顶宽在50厘米左右，内填以碎石或黏土。至1990年，西苕溪流域共抛石6.25千米，砌石90.68千米，其中西苕溪砌石14.68千米、泗安塘砌石44千米、张王塘港砌石10千米、吕山港砌石10千米、小箬桥港砌石12千米。1991—1992年，完成航道砌石护岸12.35千米。80年代至90年代时期的河道砌石护岸，主要以河道专项护岸砌石工程的形式开展，工程安排以主要行洪河道为主，护砌河道为泗安塘、西苕溪、长兴港和城东部分主要行洪河道，经费主要来源于航运费提取，到90年代末航运费中水利建设部分资金停征，河道专项砌石护岸工程也基本不再安排。90年代后，全县平原河道砌石护岸力度进一步加大，主要以专项工程类项目配套工程的形式开展。1993年春开始，环湖大堤外侧34.3千米全线进行砌石护岸，该项目为太湖治理配套项目。1997—2003年开展的杨家浦港拓浚工程，从李家巷镇石山桥至洪桥镇杨家浦太湖口12千米，两岸堤防均进行砌石护岸。2003年12月至2006年年底开展泗安塘拓浚工程，林城镇至泗安管埭段7.46千米，加固后的堤防迎水面进行砌石护岸。2011年12月开始泗安塘绿洲大桥河段拓浚，全程6.7千米，新建堤防同时进行护砌加固，老堤防原护砌进行修整。2012年8月，苕溪清水入湖工程开工建设，其中西苕溪干流砌石护坡32千米，长兴港砌石护坡35.96千米，杨家浦港砌石护坡39.07千米。

丘陵山区护砌工程主要是溪涧的防洪埂。20世纪60年代中期至80年代，建成一批干砌块石护岸。从90年代开始，防洪埂建设与小流域治理相结合，最突出的是合溪北涧和金沙涧流域治理。合溪北涧上游煤山镇东川、西川等地利用疏浚涧滩，对堤防进行浆砌块石护岸，中游地段煤山集镇一带通过涧滩治理修建高标准护砌防洪埂，将原来洪水漫溢荒滩建成工业园区、公园等。水口乡金沙涧对两岸堤防进行护砌，有些重点地段以混凝土浇筑护岸。90年代后，防洪埂建设由原来的干砌块石改成浆砌块石，重点地区以混凝土护岸。2007—2012年，夹浦镇对常丰涧月明村至北川村段5.5千米的两岸堤防进行浆砌块石护岸，保障两岸村庄安全，同时又美化环境。

第三节 河道保洁

2003年3月，县政府决定按照“河畅、水清、岸绿、景美”的总体目标，启动河道整治工程，对县域内河道全面开展清淤和保洁工作，并将之列为当年政府为民办实事十二项工程之一。10月，对城区内河道开展全面保洁，并首次对长兴港、护城河等4条城区主要河道实施“河长制”管理。2004年，县环卫处专门购置5条打捞船及相关工具，成立由18人组成的河道打捞保洁队，负责城区河道清捞保洁作业，并对河道水域保洁提出质量要求：河道无漂浮废弃物、无暴露垃圾及乱堆积物；一级水域保洁每天不少于2次，二级水域保洁每天不少于1次；水面漂浮垃圾不超过《水域漂浮垃圾控制指

图9-3 河道保洁（县建设局提供·2005年）

标》,桥洞、河滩、弯道无垃圾积尘死角,驳岸侧面无杂草;上游垃圾及时拦截清捞,不流入主河道;码头、浮桶锚链无垃圾漂浮物;保洁河道区域做到水面无成片漂浮物,港滩、河岸无成堆垃圾,吊卸垃圾日产日清。县环卫处每天对河道保洁情况进行督查考核,保证河道清捞保洁效果。同年5月,县政府出台《长兴县万里清水河道建设工程实施细则》,决定利用5年时间完成全县的河道整治工作。并建立河道清淤与河道保洁专项基金,从2004年起县财政每年安排河道清淤基金100万元、河道保洁基金120万元作为河道综合整治奖励基金,根据河道治理难易、治理长度,以奖代补到各乡镇。同年,全县集中开展水面保洁整治行动,共出动人员7.2万人次,动用船只2.27万艘次,清垃圾13.6万吨、清理水面460公顷。2005年,开始对乡镇级河道、村级河道实行"河长制"管理。2006年,完成河道清淤整治和河道两岸绿化549千米。2005—2006年,陆续出台《长兴县河道综合整治验收办法》《长兴县河道清草保洁考核管理办法》《长兴县河道长效保洁考核管理办法》,完善河道治理长效管理机制,乡镇成立专门保洁队伍,专职负责日常水面保洁。2005年、2007年,长兴县两次被省水利厅评为全省河道保洁长效管理一等奖。2008年8月,全县开展"清水入湖"专项整治行动,对入太湖的4条主要河道及支流河道全面开展清淤工作,至2009年年底,完成4条主河道及101条支流114.86千米,共130万立方米土方的清淤任务。同年起,在全县逐步推广"河长制"管理,至年末,全县有147条河道有了"河长"。2009年,全县共建有河道长效保洁队18支,每天投入保洁船只73艘,保洁人员217人,对801千米的河道进行长效保洁。同年,长兴被省水利厅评为"万里清水河道"建设先进县。2010年5月,县财政局、水利局联合印发《长兴县河道长效保洁"以奖代补"资金管理办法》。2012年,长兴县获省河道保洁管理先进单位。

〔专记〕

长兴在全国率先实施"河长制"[①]

2003年,长兴县在开展全县河道整治中,首次对城区主要河道实施"河长制"管理。

同年10月8日,县委办、县政府办印发《关于调整城区环境卫生责任区和路长地段、建立里弄长制和河长制并进一步明确工作职责的通知》,决定借鉴"路长制"管理经验,建立"河长制",对长兴港、黄土桥港、护城河、长水港4条城区主要河道实施"河长制"保洁管理,分别由县水利局主要负责人和县城建局分管负责人担任"河长"。工作职责包括负责做好河道日常保洁工作,确保水面无漂浮物、河道两边无垃圾污物;教育市民和河道两岸居民规范生活行为,不乱排污水,不随意向河道周边乱扔垃圾;协助城市管理部门对所负责的河道两岸的乱搭乱建、乱堆乱放等行为实施监督管理。

2005年,借鉴城区河道"河长制"工作经验,开始尝试对乡镇级河道、村级河道实施"河长制"管理。同年5月,水口乡政府印发《关于任命包漾河上游水口港河道河长的通知》,明确对包漾湖上游水口港实施"河长制"管理,由该乡乡长担任河长,负责做好水面保洁、清淤疏浚、河岸绿化、沿线工业污染治理等的监督、协调、推进和跟踪工作,确保实现包漾河"水清、岸绿、河畅、景美"的河长制管理目标。7月,县水利局印发《关于落实包漾河支流河道河长制管理的通知》,明确对包漾湖3条支流河道实行河长制管理,其中七百亩圩港由后漾村村主任担任河长、渚山港由渚山村村书记担任河长、夹山港由渚山村村主

① 2003年,长兴首次建立"河长制",至2013年实现全县河道"河长制"管理全覆盖。2013年11月,省委、省政府要求至年底实现全省"河长制"管理全覆盖。2016年11月,中共中央办公厅、国务院办公厅印发通知,要求在全国江河湖泊全面推行"河长制"。至该时,肇始于长兴的"河长制",走出浙江,走向了全国。2019年,长兴"河长制"入选《新中国的第一》。同年9月9日,中央电视台《新闻联播》在纪念新中国成立70周年专栏《新中国的第一》中,以《湖州长兴县:率先实施"河长制"》为题介绍了长兴的首创经验。

任担任河长。2005 年、2007 年，长兴两次被评为全省河道保洁长效管理一等奖。

2008 年开始，“河长制”管理向县级河道延伸，并逐步向全县推广。同年 8 月，围绕太湖流域水环境综合治理“清水入湖行动”，明确县政府 4 名副县长分别担任合溪新港、长兴港、杨家浦港、夹浦港 4 条入太湖的主要河道的“河长”。同年起，开始在全县推广“河长制”管理，明确各乡镇除乡镇党委书记外，其余党委、政府领导均分别担任所辖区域内各河道的“河长”。共有 147 名乡镇领导担任 147 条河道的“河长”，各河道所属行政村负责人任协管员，并在河道显要位置设立告示牌，接受群众监督。至该时，县、乡镇、村三级“河长制”管理体系在长兴初步形成，而长兴“河长制”管理的创新经验也开始被县外关注和推广。2008 年 8 月，省水利厅主要负责人带队，专程到长兴考察河道保洁和长效管理工作，并就完善河道长效保洁机制在长兴水口乡政府召开民主恳谈会。同时，省内湖州、衢州、嘉兴、温州等地陆续开始试点推行“河长制”管理。

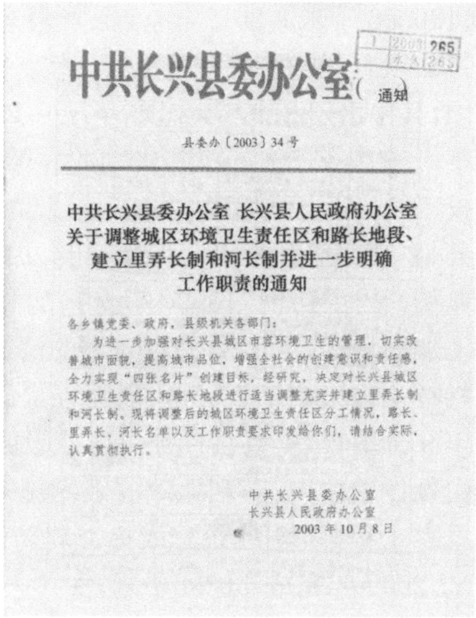
中共长兴县委办公室（通知）

县委办〔2003〕34 号

中共长兴县委办公室 长兴县人民政府办公室
关于调整城区环境卫生责任区和路长地段、
建立里弄长制和河长制并进一步明确
工作职责的通知

各乡镇党委、政府，县级机关各部门：

为进一步加强对长兴县城区市容环境卫生的管理，切实改善城市面貌，提高城市品位，增强全社会的创建意识和责任感，全力实现“四张名片”创建目标，经研究，决定对长兴县城区环境卫生责任区和路长地段进行适当调整充实并建立里弄长制和河长制，现将调整后的城区环境卫生责任区分工情况，路长、里弄长、河长名单以及工作职责要求印发给你们，请结合实际，认真贯彻执行。

中共长兴县委办公室
长兴县人民政府办公室
2003 年 10 月 8 日

图 9-4　2003 年 10 月长兴开始建立河长制的文件(县委办提供)

2012 年，全县共有 191 条河道(总长 801 千米、面积 2726.67 公顷)实行“河长制”管理，占全县河道总数的 44.2%。次年，全县河道实现“河长制”管理全覆盖。

(吴连意整理)

第三章　农田水利

长兴县在多年的农田水利建设过程中，坚持洪、涝、旱、渍综合治理，田、沟、渠、林、路统一安排，桥、闸、涵、站(泵站)成龙配套，实现田块大小统一、方向一致，一头引水、一头排水，排灌分系。20 世纪 80 年代后期开始，重点开展圩圩区治理[①]，改造泵站、修建涵闸，高标准推进田间渠系配套工程。

第一节　圩圩区整治

全县圩圩区主要分布在长泗平原和长兴东部滨湖地区，历史上大都是自然形成，规模小，堤防标准低。中华人民共和国成立后，通过不断改造，标准逐步提高。之后，全县历年都把培修加固圩堤列入兴修水利的主要项目，使圩堤得到稳固。20 世纪 80 年代开展圩区治理工程，圩区全长 794.65 千米的圩堤得到不同程度的加高加宽，并放缓边坡。堤顶宽大都达 1 米以上，有的达 2 米～3 米。堤顶高程平均加高至洪水位以上 0.7 米～1 米。大都能抵御 5 年一遇的洪水，有的达到 10 年～20 年一遇的防洪标准。1990 年，全县共有 228 只圩，分布在 21 个乡镇，包围水田面积 2 万公顷。其中，包围水田面积在 666.67 公顷以上的圩有 2 只，共包围水田 1593.33 公顷；包围水田面积在 333.33 公顷～666.67 公顷的圩有 12 只，共包围水田 5166.67 公顷；包围水田面积在 66.67 公顷～333.33 公顷的圩有 63 只，共包围水田 9633.33 公顷；包围水田面积在 66.67 公顷以下的圩有 149 只，共包围水田 3846.67 公顷。2001 年，全县圩区调查统计，共有圩圩261 只，包围总面积 50052.8 公顷，其中水田 30842.07 公顷、旱地 2420.4 公顷，圩堤总长

① 圩：长兴方言地名，读音同“dǒu”，意等同于“圩”(南方低洼地区防水护田的堤称圩，以圩所围的田也叫圩)。

1130.86千米。2012年,全县圩圩有241只,包围总面积5.01万公顷,其中水田2.82万公顷、旱地2.12万公顷,圩堤总长1130.86千米。包围面积在66.67公顷以上的圩圩有122只,包围总面积4.58万公顷,其中水田2.37万公顷、旱地0.20万公顷,圩堤总长907.1千米。

20世纪80年代至90年代,兴修水利实行劳动积累工制度。每至冬春修水利季节,各地发动群众投工投劳,培修圩堤。1990年太湖流域发生特大洪涝,充分暴露长兴平原圩区圩堤标准偏低的现状,县、乡镇两级都把培修圩堤、加高加固圩堤作为冬春修水利重点内容,每年召开冬春修水利现场会,树立典型,全面推广。1992年,全县加高加固圩堤503处,长622.6千米。进入21世纪,各地引入机械化施工加固堤防,同时加大对河道的清淤改造,对清出的淤泥,充填圩堤内塘,巩固圩堤基础,在堤防加固的材料上多采用矿山矿渣,以增强堤防的强度。2007年7月,出台《长兴县标准堤防建设实施办法》,2008年9月出台《长兴县标准堤防建设验收考核办法》,开展标准堤防建设。首先由县水利部门落实任务,再由设计单位设计,当地政府组织施工单位按图施工,完成后由县水利部门组织验收。2007—2012年,除重点工程外,全县共完成标准堤防建设286.61千米,其中2007年完成33.37千米,2008年完成30千米,2009年完成43.24千米,2010—2012年年均完成60千米。

1991年,国务院明确加大太湖流域综合治理力度,确定水利治理十大骨干工程项目,长兴平原圩区建设作为配套项目被列入工程。同年12月,省水利厅批复长兴县1991—1993年中格局圩区整治规划,为全县第一批圩区整治项目,共15片区域10666.7公顷。圩区改造建设内容主要是堤防建设以及相配套涵闸和泵站建设。整治范围是长兴东部平原太湖沿线和城南部分地区,包括曹大圩区、南龙导圩区、五星圩区、凤字圩区、六村联合圩区、莲花圩区、屠金圩区、新塘北片圩区、杨乌圩区、龙潭圩区、大祥圩区、丁安联圩区、包桥圩区、城南圩区、塘河圩区15片区域。1992年工程开始动工,至1994年完成12片9866.7公顷,共加固加高圩堤323.7千米,完成土方322.18万立方米,石方1.35万立方米,浆砌块石6.31万立方米,新建改造闸门78座,排涝站162座5265千瓦,农桥24座,涵闸36处,三面光渠道17千米,河道砌石护岸14.5千米。未完成的3片区域,分别为屠金圩和新塘北片圩、大祥圩,面积为800公顷。1995年2月,经省水利厅批准改在吕山乡益多圩圩区实施,至年底完成,共新建、改建排涝站4座250千瓦,机埠2座20千瓦,闸门2座以及堤防加高加固。2000年,经省水利厅批准,3600公顷中格局圩区改造项目投入实施,共7片区域,其中虹星桥镇西南圩、李家巷镇午家坝、雉城镇北片于2001年年底完成,吴山乡独山片、雉城镇后新片于2002年完成,水口片和林城东岗片于2004年完成。经过对圩圩区近十年的治理和改造,各圩圩区抵御自然灾害的能力和对农业生产的水利配套设施条件有了根本提高。"十二五"期间,启动新一轮圩区改造工程,共有12个圩区改造项目立项并投入建设,至2012年,虹星桥镇三村联合圩圩、泗安镇官庄圩圩、龙山街道沙塘圩圩、太湖新城沉渎圩、洪桥镇金星西南圩、和平镇南淙圩和独山圩圩、画溪街道大圩圩8个整治项目,共整治面积4306.7公顷,总投资9189万元,另有5个南淙、沙塘圩等6个圩区改造项目尚在进行中。

第二节　农田排灌

一、机电泵站

县内电力排灌泵站从20世纪60年代后开始普及,经多年运行,设备老化,效率逐渐低下,同时也有部分机械动力需更新。从1987年开始,县水利部门对泵站分期分批进行更新改造,并淘汰部分机械动力。至1990年年底,全县19个乡镇有122座装机100千瓦以下排灌泵站完成改造,受益农田4930公顷,其中泵房拆建66座,维修泵站56座,更新、新增水泵87台,改造水泵35座;装机100千瓦以上排灌泵站改造44座,总装机7415千瓦,受益面积10317公顷。同年年末,全县有泵站2069座,其中排涝站327座、装机13439千瓦,灌溉泵站1431座、装机10310千瓦,其他泵站311座、装机1026千瓦,老式机械动力基本淘汰，泵站平均效率为 42.8%，灌溉面积 33804 公顷，排涝面积 25935 公顷。

1991 年后，农村泵站改造力度进一步加大。其间，在省水利厅下达的专项泵站改造项目、圩区改造项目、小型农田水利重点县建设项目和国土资源局的土地整理项目、县农业综合开发项目等农田基本建设项目中，农村泵站改造和渠系配套工程都是主要内容之一。1991 年 9 月，省水利厅批复同意将全县 19 个乡镇 183 座泵站列入泵站改造计划，受益面积为 8087 公顷，当年更新改造 137 座泵站、1992 年完成 155 座、1993 年完成 105 座。同年 12 月，省水利厅批准的曹大圩等 15 片 10666.67 公顷圩区改造项目中，就有一大批泵站作为配套项目进行改造。之后，泵改项目大多作为其他工程的配套内容立项投入改造。1994 年 12 月，印发《长兴县农田水利建设"九五"规划》，其中"九五"期间全县泵改任务为 200 座。2000 年，省水利厅批准投入实施 3600 公顷中格区圩区整治项目和"十二五"期间规划整治的 12 个 4306 公顷圩区整治项目，均完成一大批泵改项目。2009 年，长兴县被列为第一批中央财政小型农田水利建设"重点县"，至 2011 年共新建、改造泵站 358 座。1991—2011 年，通过 20 年的治理改造，全县 2000 多座排灌泵站均完成改造更新，为有史以来全县在提水工程项目中投入最大，设备更新最快、工程内容最多的一段时期。2011 年，根据全国第一次水利普查统计，全县有泵站 2291 座，总覆盖面积 3.37 万公顷。其中，装机 50 千瓦以上泵站 122 座（200 千瓦以上有 18 座，其中有 3 座非农业用），装机 15466 千瓦，流量每秒 241.4 立方米；装机 50 千瓦以下泵站 2169 座，装机 22861.2 千瓦，流量每秒 305.16 立方米；泵站平均效率达到 61.6%。全县装机容量最大泵站为和平镇橡树浜排涝站，建于 1990 年 12 月，装机 775 千瓦，受益面积 1013 公顷，在 2011 年县农业综合开发项目中重新拆建改造。

图 9-5　橡树浜排涝站（县水利局提供·1995 年）

2011 年长兴县排涝灌溉泵站情况表

表 9-10

乡镇	装机50千瓦及以上泵站			装机50千瓦以下泵站		
	泵站数量（座）	装机流量（立方米/秒）	装机功率（千瓦）	泵站数量（座）	装机流量（立方米/秒）	装机功率（千瓦）
洪桥镇	8	14.79	744	263	49.27	3008
李家巷镇	3	8.22	525	218	29.22	1621
夹浦镇	1	0.48	60	162	19.44	1928
雉城镇	21	48.13	2699	463	70.02	4713
林城镇	26	45.58	2722	213	35.89	2338
泗安镇	8	11.32	972	79	8.74	1066
虹星桥镇	14	43.42	2452	299	33.42	3218
和平镇	14	37.58	2332	122	18.12	1195
煤山镇	2	0.35	143	6	0.66	172
小浦镇	0	0.00	0	47	4.61	699
水口乡	4	2.02	385	49	3.34	529
吴山乡	12	13.30	1090	67	10.77	866

续表9-10

乡镇	装机50千瓦及以上泵站			装机50千瓦以下泵站		
	泵站数量（座）	装机流量（立方米/秒）	装机功率（千瓦）	泵站数量（座）	装机流量（立方米/秒）	装机功率（千瓦）
吕山乡	8	16.10	1231	151	19.06	1047
二界岭乡	0	0.00	0	23	2.10	367
白岘乡	0	0.00	0	6	0.47	53
槐坎乡	1	0.14	111	1	0.04	45
合计	122	241.43	15466	2169	305.17	22865

说明:资料来源于2011年全国第一次水利普查

二、涵闸工程

平原圩区涵闸工程便于排水、引水和防洪。20世纪80年代前,受技术、资金、材料、设备影响,县内涵闸工程结构简单,闸墙和翼墙较短,以干砌块石为主,门叶也大多采用木叠梁,闸门宽大多在3米以内,以人力启闭。80年代起,闸门建设有很大发展。该时期兴建的节制闸,控制面积一般在几百公顷,也有上千公顷以上,闸门建设有成套图纸,按图施工,以浆砌块石、混凝土策略式挡墙或钢筋混凝土浇筑闸墙,闸门以钢筋混凝土浇筑为主。1988年,全县有水闸598座,其中闸孔净宽3米以上水闸有65座。90年代后,随着圩区建设、泵站改造等项目的投入实施,建成大量的节制闸。同时,随着联圩并圩,单圩的面积增大,圩内的小河小浜增多,而有的村庄位于圩区中心,为方便船只进出,在通往外港的主要河道上修建水闸。另外,修建机埠因排水、引水需降低或升高内河水位,一般在修建机埠的附近也建水闸,有的和交通闸建在一起,一闸多用。该时期的圩区水闸在结构上比原来有很大的改进,修建闸门时按照设计图纸施工,闸墙和翼墙的长度增加,底板采用整块浇筑,防渗安全系数大大提高。闸门和启闭设施也有很大改进,一部分闸门已将原插板木闸门改成钢丝网水泥闸门,或钢板闸门。进入21世纪,铸铁闸门开始应用,有防腐蚀、不变形、密封程度高等特点,闸门启闭设备采用电力横向启闭,螺杆竖向启闭,既保证安全,又减轻劳动强度。2011年全国第一次水利普查统计,全县有水闸238座,其中闸孔净宽3米以上水闸有108座,分布在12个乡镇,分别为洪桥镇28座、雉城镇26座、虹星桥镇13座、李家巷镇12座、和平镇7座、吕山乡6座、林城镇4座、夹浦镇3座、泗安镇2座、小浦镇2座、水口乡2座、吴山乡1座。

三、渠系工程

全县田间渠系配套大规模建设始于20世纪70年代,至80年代末田间排灌条件已得到改善。至1990年,平原圩区共有各类渠道2699条,长2004千米,其中干渠432条753千米、支渠1317条882千米、斗渠950条369千米;滨湖区共有各类渠道928条,长689千米,其中干渠48条259千米、支渠453条303千米、斗渠327条127千米。但以上渠道均为土渠,经多年运行,大多管理不善,坍损、淤塞、渗漏严重。

图9-6 夹浦田间工程(县水利局提供·1995年)

1988年始,全县在李家巷镇计家浜村开始采用三面光混凝土衬砌渠道方法试验进行渠道治理,以减少渗漏,提高水的利用率,三年时间建成4.2千米。1991年,经省水利厅批准,开展第一批10666.67公顷圩区改造,相继建成一批完整田间渠系配套工程。同年,建成和平、泗安、长潮、周吴、二界岭5座水库的配套渠道,三面光混凝土衬砌渠道 2.3 千米，改善灌溉面积 533.33 公顷。1992 年，全县整修排灌渠道 466 条，长 465.1 千米，建成三面光混凝土衬砌渠道 28 处，长 9.74 千米。1999—2007 年，县国土部门完成整理耕地面积 56290.7 公顷，建成一大批完整渠系配套工程体系，各灌排渠道均采用“U”形三面光渠道。2000—2005 年，又有后漾乡、吴山乡、李家巷镇、林城镇田间工程项目投入建设。其间，完成县农业综合开发项目 4000 公顷中低产田改造。2006 年后，全面开展灌区排灌改造工程。同年，槐坎乡抛渎岗村自流排灌工程完成改造。2007 年 4 月，洪桥镇洪桥片灌区改造项目，新建灌渠 6.0 千米，排灌两用渠 4.0 千米。2008 年，先后完成雉城关王圩灌区改造工程、林城永丰灌区改造工程、泗安韩村灌区改造工程。2009—2011 年，完成小型农田水利重点县工程。一系列田间工程投入，大量高标准排灌渠道建成，形成一个个大大小小灌区，灌区内渠系配套完整，灌溉利用系数高。2011 年，全国第一次水利普查统计，全县有 133.33 公顷(2000 亩)以上灌区 47 个，实现耕地有效灌溉面积 24230.8 公顷，占灌区耕地面积的 99.99%。

2011 年长兴县灌溉面积在 133.33 公顷及以上灌区情况表

表 9-11　　单位:公顷

灌区名称	灌区范围	耕地面积	设计灌溉面积	总灌溉面积	耕地有效灌溉面积
二界岭水库灌区	二界岭乡	733.33	800.00	733.33	733.33
长城灌区	和平镇	1340.00	1080.00	1340.00	1340.00
和平水库灌区	和平镇	740.00	973.33	733.33	733.33
三乡联合圩灌区	和平镇	826.67	798.20	826.67	826.67
新港圩灌区	和平镇	150.40	150.40	150.40	150.40
曹大圩灌区	洪桥镇	1377.13	1126.67	1672.73	1377.13
凤字圩灌区	洪桥镇	221.07	255.93	255.93	221.07
南龙导圩灌区	洪桥镇	209.60	227.27	227.27	209.60
五星圩灌区	洪桥镇	279.93	338.00	338.00	279.93
观音桥联合灌区	虹星桥镇	1166.67	1160.00	1166.67	1166.67
虹星桥灌区	虹星桥镇	1733.33	1733.33	1733.33	1733.33
里塘联合圩灌区	虹星桥镇	1157.20	1066.67	1157.20	1157.20
罗家灌区	虹星桥镇	636.67	636.67	636.67	636.67
莲花圩灌区	李家巷镇	826.67	824.00	826.67	826.67
大云寺村圩灌区	林城镇	637.33	637.33	637.33	637.33
后六圩灌区	林城镇	334.33	334.33	334.33	334.33
龙康池灌区	林城镇	625.07	625.07	625.07	625.07
泥司墩灌区	林城镇	634.67	634.67	634.67	634.67
双牌楼灌区	林城镇	513.00	513.00	513.00	513.00
太平桥灌区	林城镇	260.00	260.00	260.00	260.00
塘河灌区	林城镇	569.67	569.67	569.67	569.67
下汤灌区	林城镇	541.33	541.33	541.33	541.33
新星灌区	林城镇	160.00	160.00	160.00	160.00
许公桥灌区	林城镇	267.47	267.47	267.47	267.47
颜村灌区	林城镇	376.67	376.67	376.67	376.67
周吴水库灌区	林城镇	973.33	973.33	973.33	973.33
大施圩灌区	吕山乡	470.20	470.20	470.20	470.20
联合圩灌区	吕山乡	443.13	443.13	443.13	443.13
益多圩灌区	吕山乡	426.93	426.93	426.93	426.93

续表9-11

灌区名称	灌区范围	耕地面积	设计灌溉面积	总灌溉面积	耕地有效灌溉面积
郑家坞灌区	吕山乡	305.20	305.20	305.20	305.20
姚步桥灌区	水口乡	164.67	164.67	164.67	164.67
长潮水库灌区	泗安镇	213.33	213.33	213.33	213.33
官庄坞灌区	泗安镇	173.33	173.33	173.33	173.33
管埭坞灌区	泗安镇	242.67	242.67	242.67	242.67
黄巢灌区	泗安镇	733.33	733.33	733.33	733.33
空山坞灌区	泗安镇	134.67	134.67	134.67	134.67
宿子岭水库灌区	泗安镇	200.00	200.00	200.00	200.00
泗安水库灌区	泗安镇	866.67	1333.33	866.67	866.67
红山村庆丰朱山坞灌区	吴山乡	133.40	133.40	133.40	133.40
南淙村灌区	吴山乡	196.93	196.93	196.93	196.93
吴山村清临坞灌区	吴山乡	158.40	158.40	158.40	158.40
小溪口村独山坞灌区	吴山乡	192.67	192.67	192.67	192.67
沿山片灌区	西太湖	325.67	367.07	367.07	325.67
包桥圩灌区	雉城镇	645.53	820.00	715.87	645.53
城南圩灌区	雉城镇	401.60	1275.33	401.60	398.27
雉城大坞灌区	雉城镇	327.60	327.60	327.60	327.60
新庄村灌区	雉城镇	186.67	186.67	186.67	186.67

说明:资料来源于县水利局

四、节水灌溉

喷滴灌工程 县内喷灌工程于20世纪70年代末开始,仅处于实验性阶段,1986年停顿。1988年12月,李家巷龙华蚕种场建成固定喷灌工程,泵站动力35马力(机械动力),埋设干、支管道5687米,装有B-60喷头228只,投资10万元,喷灌桑园面积13.33公顷。其后,喷灌工程略有发展,投入主体为国有农场,用于旱地经济作物。2002年后县属国有农场逐渐改制,作为政府和单位集体为投资主体用于农林业生产上的喷灌工程告一段落。之后,随着农业产业化不断推进,开始在种植大户中推广和普及农业节水灌溉技术。2008年,省水利厅下达高效节水喷滴灌实施项目,长兴县推广245.7公顷,分布4个乡镇,其中水口乡165.53公顷石斛种植采用微喷技术,和平镇13.33公顷梨、虹星桥镇23.55公顷葡萄和李家巷镇44.61公顷葡萄采用滴灌技术。2009,长兴县被省水利厅定为中央财政小型农田水利重点县建设第一批实施单位,建设喷滴灌工程为其重点内容,至2011年共有14个乡镇(街道)完成742.7公顷农田节水工程改造。该节水工程项目基本上为葡萄连片大棚种植,也有少许芦笋、蓝莓等经济作物,大部分采用滴灌,少部分采用喷灌。2011年,县水利局又落实3个乡镇119.37公顷面积的节水工程改造项目,包括林城镇85.03公顷芦笋,虹星桥镇11.33公顷葡萄和吕山乡23公顷葡萄,均采用滴灌。

低压管道灌溉 2011年,水口乡后坟村280公顷水稻采用低压管道灌溉,为第一批中央财政小型农田水利高效节水项目,也是全县首次应用低压管道灌溉技术。项目于当年开始施工,至2012年完成。

第三节 小型农田水利建设

2009年,长兴被确定为全省第一批中央财政小型农田水利建设重点县,建设项目分山塘综合整治、灌区改造和高效节水工程3大类,200多个子项目工程,分3个年度实施。其中,2009年,完成山塘整治

21 座，完成高效节水工程 15 处，受益面积 172 公顷，其中喷灌 62.7 公顷、微灌 109.3 公顷。新建泵站 16 座，改造灌区 19 处，新建和改造泵站 69 座。总投入资金 1896.53 万元，其中中央财政投入 900 万元、省级财政 288 万元、县级财政 504.67 万元、乡镇自筹 203.86 万元。2010 年，完成山塘整治 28 座，完成高效节水 14 处，新建喷滴灌面积 229.2 公顷，新建泵站 21 座，蓄水池 2 座。完成灌区改造 22 处，新建改造泵站 95 座。总投入资金 3018.48 万元，其中中央财政投入 900 万元、省级财政 502 万元、县级及以下投入资金 1616.48 万元。2011 年，完成山塘整治 39 座，完成高效节水灌溉工程 9 处，新建喷滴灌 643.1 公顷，新建泵站 58 座。完成灌区改造 36 处，新建改造泵站 115 座。总投入资金 5028.46 万元，其中中央财政投入 900 万元、省财政投入 777 万元、县级及以下投入 3351.46 万元。2012 年 8 月，湖州市组织专家对 2009 年度和 2010 年度工程进行验收。

第四章 防汛防旱

长兴县每年 4—10 月的主汛期，梅雨、台风、暴雨易引发洪涝灾害。遇到枯水年份，也会发生旱灾。20 世纪 90 年代初，开始编制防御洪水方案。进入 21 世纪，全县防汛防旱组织体系进一步完备，各类防汛防旱应急预案相应制定，各项防汛防旱准备工作更科学、更完善。全县各级人民政府和各重要水利工程都设立专门防汛抗旱组织与管理机构。日常以防为主，做好防灾工作，遇灾全力以赴抢险抗灾，灾后发动修复水毁工程，恢复生产。随着水利事业不断发展，大批骨干水利工程建成并投入运行，易灾区域逐步缩小，成灾比例相应降低。

第一节 组织体系

1988 年之前，县政府防汛防旱指挥部在汛期前建立，汛期结束后撤销。每年的设防和撤防时间，由省防汛抗旱指挥部统一规定。1988 年，根据国家防汛防旱总指挥部规定，县政府防汛抗旱指挥部改为常设机构，全权负责全县防灾抗灾工作。实行常年值班，设指挥 1 人，由分管水利副县长担任，副指挥 3 人至 4 人，分别由县人武部领导、县政府办副主任和县水利局局长担任，防指各成员单位为县级机关有关部门。指挥部下设办公室作为常年办事机构，设在县水利局，由县水利局分管防汛副局长担任办公室主任。2001 年，县政府防汛防旱指挥部办公室定为行政机构并核定编制，实行全年值班，汛期(4 月 15 日至 10 月 15 日)实行 24 小时值班，时刻掌握雨情、汛情，做好上情下达、下情上报。非汛期(10 月 16 日至次年 4 月 14 日)督查冬春修水利工作及时掌握进度，做好统计上报。2007 年开始，冬春修水利督查统计工作职能移交县水利局，指挥部办公室在非汛期主要从事水毁工程修复督查，防汛防旱监测设备系统维护以及防汛物资设备补充、维护。同时，乡镇(街道、园区)也于 1990 年起成立防汛防旱组织机构，每年汛前各指挥部组成人员名单、联系电话以及由领导带班防汛值班安排表均报县防汛防旱指挥部备案。各行政村、各圩管会也均落实防汛值班人员和抢险队伍。各水库、各重要堤防、各重点水利工程均落实防汛防旱组织、抢险队伍和民兵应急分队。

防汛防旱工作实行行政首长负责制，签订责任状，落实责任追究制。县防汛防旱指挥部负责全县防汛防旱工作，各级防汛组织负责各自区域防汛防旱工作，责任分工明确，各项管理责任措施落实到位。2009 年 12 月，县防汛防旱指挥部印发《长兴县基层防汛防台体系建设实施方案》。2010 年 5 月，县委办、县政府办联合印发《切实加强基层防汛防台体系建设的通知》，县政府成立工作领导小组，由县长和常务副县长任组长，县政府办、县人武部、县水利局负责人任副组长，县级机关各部门和各乡镇主要负责人为成员。至同年汛前，全县基层防汛防台体系初步建成，各乡镇(街道、园区)成立防汛防台指挥部，下设监测预警组、人员转移组、抢险救援组、宣传报道组、后勤服务组，指挥部设立日常办事机构防汛防台办公室，配备专职工作人员2人以上。村级设立防汛防台工作组，村主要负责人任组长，村干部为成员；乡镇负责人分工包片，组织村级划定自然村、居民区、企事业单位、水库山塘、堤防等防汛防台责任区以及山洪与地质灾害易发区、危房、船舶、公路和避灾场所，明确责任人，落实联络员、巡查员、预警员、监测员、管理员。各个岗位，责任明确，张榜公布，接受群众监督，同时接受组织考核，并作为年终工作考核的一项重要内容。2010年汛前，全县基层防汛防台体系建设分别通过省、市、县三级防汛防旱指挥部验收。之后，每年11月开始，由三级防汛防旱指挥部按省政府防汛防旱指挥部印发的《浙江省基层防汛防台建设考核验收办法》，组织对基层防汛防旱防台体系建设进行考核。

第二节　汛情测报

全县通过天气预报与水文预(测)报，及时掌握天气与水文要素，为防汛防旱、抗灾救灾指挥调度提供可靠依据。每逢水灾、旱灾和台风灾害，气象部门时刻关注天气变化，提前做好各项预报，灾害来临及时将降水、风力及路径进行通报；水文部门安装在各地的遥测系统时刻监视着各河网、水库水位和上涨、下降情况，以及各地降水情况；县防汛防旱部门根据天气及水文预(测)报情况，合理调度、指挥防汛防旱、抗灾救灾。

一、天气预报

20世纪80年代，县气象站负责天气预报与信息传递，同时县内设9个气象哨(站)，各乡镇开始安装气象警报器。1990年1月，县气象站更名为县气象局，下设有专业气象台1个。至同年年末，全县34个乡镇均安装气象警报器。90年代后期开始，逐步通过传真、电话、网站、信息发布平台等多种渠道开展决策服务。2005年6月，建成重大气象服务短信预警网。2010年，加强对短历时强降水、雷雨大风、冰雹、雷电等强对流天气进行监测、预报、警报、预警和联防。详见第26编、第6章、第2节。

二、水文预(测)报

从20世纪50年代起至80年代初，县内相继设立19处雨量站、水文站(代办站)及临时报汛站，分布不同河流的代表性区域。其中，国家站有长兴港的长兴水文站、箬溪的诸道岗水文站、合溪新港的合溪新港水文站，国家基本站有西苕溪的范家村水文站，国家专用站有泗安塘的天平桥水文站；代办站有箬溪的访贤、尚儒、大园、槐花坎、仰峰岕、许家村、横岕、草子槽代办站，泗安塘的大界牌代办站(属省管辖)，夹浦港的夹浦代办站，合溪新港支流的江排代办站，吕山港的吕山代办站；汛期报汛站有泗安塘的虹星桥汛期报汛站、长湖航道的洪桥汛期报汛站。1987年4月，草子槽代办站撤销，同年天平桥水文站改级为水位站。1988年12月，仰峰岕代办站撤销。1989年12月，合溪新港水文站撤销。其间，二界岭毛家村、泗安镇、和平镇、小溪口、胥仓桥、礼贤岕曾设过代办站，后又撤销。至1990年，县内有国家水文站5处，代办站2处，报汛站2处。1997年，水利部太湖流域管理局在县内夹浦点、港口点和泗安水库安装水、雨情监测自动遥测设施。2002年起在全县开始安装，至2008年建成26个自动遥测站点，2009年年底进行全部更新升级和增装站点。至2012年，全县建成水、雨情自动测报系统监测站点43个，共54套自动监测设备投入使用。其中，有长兴港长兴站、西苕溪港口站、合溪流域诸道岗站3个国家基本水文站，夹浦站、天平桥站和吕山站3个国家基本水位站，访贤站、尚儒站、槐花坎站、大界碑站4个国家基本雨量站，另有33个水雨情自动遥测站点。

20世纪80年代初，采用降雨、径流过程预(测)报，并以暴雨洪水相关、上下游洪峰水位相关作为补充，相互参证。长兴港的长兴站还采用多元线性诺谟图法和多元线性回归分析法，建立预报诺谟图和定系数预报方程，进行作业预(测)报。1987年以来，开展中长期雨情、水情预报。至1990年，预(测)报的水文(位)站有范家村、长兴、太平桥、诸道岗，预(测)报的范围已扩展到时段雨量、日(旬、月)雨量、暴雨

(30毫米每小时、50毫米每2小时)、起涨水位、洪峰水位、日平均流量、起涨流量和洪峰流量。3座中型水库每年汛期进行水位、雨量观测和水文情报拍报。进入80年代以来,防汛防旱测报系统已由原来人工监测发展到电子技术、超声波技术应用。90年代后,随着计算机网络信息技术普及转变为信息化应用。1995年,县指挥部办公室首次应用计算机接收卫星云图,分析天气趋势。1997年起,开始安装水、雨情监测自动遥测设施。遥测系统采用浙江省水文局语润遥测系统,每个站点雨量、水位数据经服务器处理在网络平台上展示,水位数据每15分钟一更新,雨量每5分钟一更新。除外,天气趋势分析和测报也全面实行信息网络平台、信息媒体,及时向大众发布有关讯息。县防汛防旱指挥部根据水文测报情况,及时准确向全县发布防汛防旱信息,协调指挥全县防汛防旱工作。

第三节 应急储备

一、应急预案

20世纪90年代初,根据省防汛防旱指挥部统一部署,县水利农机局编制《长兴县防御洪水方案》,并于1991年8月由县政府予以批复。进入21世纪,全县防汛组织体系进一步完备,各类防汛应急预案相应制定,各项防汛准备工作更科学、更完善。2005年6月,县政府编制完成《长兴县防洪抢险预案》《长兴县防洪抢险救灾指挥工作预案》《长兴县圩区防御洪水预案》《长兴东部平原(滨湖)地区防汛抗洪抢险预案》《长兴县防御洪水应急预案》《环湖大堤(长兴段)工程防洪抢险预案》。2006年11月,编制完成《长兴县防汛防台防旱应急预案》《长兴县重大洪涝台旱灾应急处置预案》《长兴县重大水事纠纷应急处置预案》《长兴县水利工程防汛抢险预案》。2007年,编制完成泗安、二界岭、和平3座中型水库的《防汛防台预案》。2008年5月,乡镇(街道、园区)均编制完成《防御洪涝台灾害人员避险转移预案》,丘陵山区乡镇编制《小流域防御山洪灾害应急预案》《小型水库抢险应急预案》,太湖大堤和西苕溪沿线乡镇编制《沿太湖大堤、西苕溪防洪应急预案》,防指成员单位均编制《防汛防台预案》。2011年,编制完成合溪水库《防汛防台预案》。至2012年,各临河建筑物、在建工程均编制《临时度汛预案》。全县从总体防汛应急预案到专项应急预案、年度应急预案、基层应急预案,各项预案齐全,措施完备,体系完整,为防汛防旱工作决策、科学合理调度提供依据。

二、物资储备

全县实行防汛防旱物资县、乡、村三级储备制度,一级为县防汛防旱指挥部,二级为各乡镇政府,三级为各行政村和圩管会。1988年,县水利农机局内防汛仓库储备水泵250台套、桩木260立方米,县供销社储备草包5万只、桩木400立方米,各重要圩区均自备一定数量的铜锣、石榔头、桩箍。1989年,在雉城镇长安桥西侧、长兴港南岸新建900平方米的防汛仓库。1990年,县防汛仓库储备5.88千瓦柴油机70台,10千瓦~30千瓦电动机23台,各种型号水泵257台,6英寸~12英寸铁水管1995米,新购水泵80台套。储备桩木31960支、折2110立方米,其中木材公司存6060支、折400立方米(每年固定),各乡镇供销社村1.17万支,各圩自备1.42万支。草包9.59万只,其中县土产公司库存7万只,乡镇供销社存1.17万只,各圩自备1.42万只。县水利农机局储备柴油32吨,县商业、供销部门还储备较多的圆钉、铅丝(市下拨指标1吨)、铁丝、柴油、胶质线、灯泡、电筒、电池、绳索、桅光灯、汽油灯、铜锣、石榔头等。县物资局备有3.68千瓦~11.03千瓦柴油机148台,1.5千瓦~5.5千瓦电动机370台,5英寸~14英寸水泵50台,8英寸以上水管1700米等。各圩自备铜锣527面,桩箍692只,石榔头2171柄,麻袋7220只。2000年,县防汛仓库储备水泵400台套、桩木560立方米、编织袋10万只、救生衣400套以及铁锹、桩箍、石榔头等,县供销社储备草包5万只、桩木400立方米。之后,根据实际需要,县防汛储备物资和机电设备不断更新。2012年,以8寸潜水泵为主,共储备400台,混流泵250台套,编织袋储备57万只、冲锋舟3艘、应急发电照明设备4套以及救生衣500套。

第四节 调度指挥

全县防灾抗灾工作按照统一指挥、分级分部门负责原则,编制和落实各项防御洪水预案、方案,制订并严格执行重要水利工程控制运行计划,做好科学合理调度。县防汛防旱指挥部负责对全县防灾抗灾工作实行统一指挥。紧急防汛期,按防汛抗洪实际需要,在全县范围内调用一切抢险物资、设备、交通运输工具和人力等。

一、灾害应急响应

每逢灾害性天气,在县委、县政府的统一领导下和县防汛防旱指挥部的统一指挥下,按照《中华人民共和国防洪法》等法律法规,实行政府主导、部门联动、公众参与、军民结合的防御体系,迅速反应,及时启动应急处置预案,组织力量全力抢险救灾,尽最大努力避免和减少人员伤亡及财产损失。根据水旱灾害的特别重大、重大、较大和一般等不同等级,防汛防旱应急预案相应确定为Ⅰ级、Ⅱ级、Ⅲ级和Ⅳ级应急响应行动。应急响应行动等级的启动由县防汛防旱指挥部根据雨情、水情和灾情严重程度的大小而发布调度指令,在实施过程中视情况变化而调整。如,2012 年 8 月影响长兴县的"海葵"台风,随着台风中心逐渐临近,8 月 6 日县防汛防旱指挥部启动防台预案Ⅳ级应急响应并发布防汛调度指令。8 月 7 日,台风中心移动至近海,中午 12 时防台应急响应升级至Ⅲ级,随着影响逐渐加大,傍晚 18 时 30 分防汛应急响应升级至Ⅱ级,县防汛防旱指挥部正副指挥全部到岗发布各项防台抗险指令,及时向社会发布有关信息,指导采取防范措施。县防指各成员单位立即行动,按照各自职责指导、支持、帮助各乡镇(街道、园区)开展应急处置工作;县防汛防旱指挥部及时向灾害发生地派出工作组,指导抢险救灾工作;各乡镇防汛防旱指挥机构启动相应应急响应,部署各自辖区防汛防台工作,全力以赴处置洪涝台灾情。随着台风影响逐渐减弱,8 月 12 日 12 时,县防汛防旱指挥部发出防汛调度指令,防台Ⅱ级应急响应调整为Ⅳ级,8 月 14 日晚 20 时解除防台应急响应。

二、灾害应急处置

不同的灾害采取不同应急响应措施。台风灾害,主要是加强船舶安全管理,紧急召回太湖各类船舶回港避险,全面停止内陆航运,做好固船避汛工作;停止高危地区和设施的生产运行,关闭各类危险区域商业旅游设施;停止各类建筑工地、矿山施工作业;停止各类人群集中的大型社会活动;各中、小学停课;做好人员安全转移,紧急疏散转移各旅游景点、危房、建筑工地、矿山和地质灾害易发区域人员;开放各类公共设施,妥善安置被转移群众;紧急检查并加固各类市政、电力、通信、交通等设施,及时修复被损坏设施,保障供电、供水、通信和交通通畅;加强水利工程安全管理,科学调度水利工程,特别是山塘、水库,台汛前合理预排预泄,影响期间合理拦截洪水,充分发挥水利工程防洪减灾效益。

河道、小流域洪水,主要是加强以水库为重点防洪工程值守,实行 24 小时驻库巡查,重点水利工程和重要堤防巡堤查险人员按规定上堤巡查,各排涝设施管理人员进岗值守;加强山地灾害监测预警和避险,对山区地质灾害和小流域山洪易发区监测预警,及时转移住在危险区域的群众。当发生地质灾害时,迅速调集力量,抢救转移危险地区的群众;加强洪水调度,按照防御洪水方案和工程调度方案,科学调度水库、环湖大堤、城防工程,确保重点防洪对象安全;组织应急抢险,当出现堤防决口、水闸垮塌、水库溃坝等前期征兆时,迅速调集人力、物力全力组织抢险,全力解救被洪水围困群众;当群众受到洪水威胁时,迅速调集人力、物力,全力解救转移被洪水围困或威胁地区群众,保证生命安全。

干旱灾害,主要是加强水源统一调度和管理,停止水库发电,限制或停止一般工业、农业用水,确保生活用水,集中山塘水库水权,统一调度;加强节水工作,采取定额管理,督促商业、娱乐业、工业企业节约用水,大力推广农业抗旱节水新技术和旱作农业新技术;开展抗旱应急工程措施,发动群众全面疏浚平原河道,提高平原引水能力,指导帮助山区群众采取打井措施,广拓水源;组织和发动各级政府、部门向无水地区群众送水，保证饮水需要，及时组织实施人工增雨作业；加强水质监测、限制、关停企业排污，加强卫生防疫工作，保证水质安全。

三、水库调度

各类水库调度，主要按控制运行计划执行。合溪水库，2011 年建成投入运行后，随即编制控制运行计划，由省政府防汛防旱指挥部批准执行。梅汛期(4 月 15 日至 7 月 15 日)限制水位 19.0 米，当水位高于限制水位低于 24.56 米，控制水库下泄流量不超过每秒 220 立方米，当水位高于 24.56 米，水位敞泄，以保证大坝安全；台汛期(7 月 16 日至 10 月 15 日)，限制水位 21.0 米，当水位高于 25.71 米，控制水位下泻流量不超过每秒 220 立方米，当水位高于 25.71 米，水库敞泄；非汛期，水库遵循兴利调度规则，控制水位不超过 22.0 米。2012 年 8 月 7 日至 8 日受“海葵”台风影响，合溪水库上游普降暴雨，煤山尚儒站降雨 387 毫米，山洪暴发。县防汛防旱指挥部先后发出 3 份调度令，及时合理调度水库下泄流量，维持水库水位平稳，保证下游县城城区和乡镇安全。

泗安水库，梅汛期限制水位 12.62 米，台汛期限制水位 13.02 米，非汛期控制水位 13.57 米。洪水调度方式：涨水期，库水位低于 16.52 米，下游天平桥水位不到 3.66 米时，水库按下游河道安全流量泄洪，天平桥超过 3.66 米时，水库总闸拦洪；库水位达到 16.52 米时，视水库上游来水情况开闸泄洪，尽量控制水位不再上涨；库水位超过 16.52 米时，泄洪闸全开泄洪；库水位超过 17.47 米，启用非常溢洪道，自溃坝投入运行。1999 年 6 月下旬，泗安水库库区受长时间强降雨影响，上游大量来水聚集于水库，特别是 6 月 30 日晚水库严重超蓄，而水库下游各河道均超过危险水位，情况十分危急，县防汛防旱指挥部按水库控制运行计划，充分发挥水利专家集体智慧，对泗安水库蓄泄科学调度，不但保住水库不溃坝，同时也将下游地区损失降到最低。7 月 19 日《浙江日报》刊文，报道 6 月 30 日长兴充分发挥泗安水库调蓄作用，调度合理，决策科学的整个过程。

和平水库汛期水位控制 61.67 米，二界岭水库汛期水位控制 45.15 米。控制运行计划由市防汛防旱指挥部批准执行。

小(1)、小(2)型水库控制运行计划由县防汛防旱指挥部批准，控运计划对各水库按季节控制水位都有明确规定，并通知各水库所在乡镇(街道、园区)按计划执行。

第五节　抗灾抢险

1988—2012 年，全县共发生较大旱灾 3 次，暴雨和洪水灾害 4 次，台风灾害 3 次，雪灾、冰雹、龙卷风 3 次。

一、1988 年抗御 7 号台风

1988 年 8 月 7 日 23 时，7 号台风在浙江省象山县登陆。8 日 14 时，经湖州市安吉县入安徽省境内，长兴县受外围影响。刮倒房屋 178 户，损坏房屋 2378 户，刮倒电杆 3865 支、电话线杆 597 支、广播线杆 2384 支，刮倒大量树木、毛竹，刮掉梨、桃、板栗、白果 50 万千克，损坏砖瓦坯 1985 万块，以及大量粮食作物。7 号台风影响遍及全县，其中和平镇、泗安镇地区受灾最重。灾情发生后，县政府立即组织抗灾救灾，下拨救灾物资钢材 45 吨、汽油 24 吨、柴油 24 吨、木材 45 立方米、救灾款 7.15 万元。县保险公司立即进行灾情调查并进行理赔，共计理赔 14.33 万元。

二、1990 年抗御 15 号台风

1990 年 8 月 31 日 9 时，15 号台风在浙江省临海县登陆。9 月 1 日，经湖州市练市镇与嘉兴市桐乡县(今桐乡市)交界处入太湖，长兴受其影响，风力 10 级，局部地区达到 12 级，并伴有强降雨。24 小时 11 个雨量站平均降雨 269.4 毫米，降雨最大煤山尚儒站 446.3 毫米。强降雨引发山洪，诸道岗站超危险水位 1.82 米，西苕溪、泗安塘均超危险水位，长兴港接近危险水位。全县受灾面积 15667 公顷，受灾人口19.2万人,死亡3人,受伤16人,倒塌房屋2016户,损坏房屋2578户。倒圩9只,包括白阜乡官庄圩、乌泥圩,太傅乡独冲圩、漾西圩、下岸圩,管埭乡北小圩,林城镇四方圩、长城乡唐元圩、里塘乡尹家圩。长牛铁路二都段多处冲毁,致火车停运22天。水利设施毁坏严重,水口乡牌楼岕山塘坝体冲开缺口2处,冲毁下游防洪埂147米、滚水坝9条,损坏机耕路39.7千米,冲走电动机2台。台风造成全县直接经济损失6517.6万元。灾情发生后,县领导、机关各部门、乡镇工作人员、群众、部队迅速抢险救灾,省、市、县各界捐款捐物支援。至10月31日,共有195个单位和数万人向灾区捐献财物,共收到捐款41.8万元,粮票40779.93千克,大米5930千克,稻谷1500千克,面粉1000千克,衣物32612件,被面20条,布匹5091.9米,水泥100吨,玻璃270平方米。省、市、县下达灾区救灾柴汽油149吨,钢材24吨,水泥930吨。县保险公司理赔2093户农户、24家供销企业和136家乡镇企业损失共162.2万元。

三、1991年抗洪抢险

1991年,太湖流域发生特大洪灾。长兴县太湖沿线受太湖高水位围困2个多月,造成县内农田严重内涝,工矿企业停工停产,水上运输长期中断,全县工农业直接经济损失2.82亿元。灾情发生后,全县各级党组织领导干部群众奋起抗灾,组织生产自救,驻长兴部队、武警官兵也全力投入抗洪救灾工作中,并出动军车运送抢险救灾物资。全国各地伸出援助之手,北京市、上海市、山东省、广东省等12个省市自治区及省内各地191个单位致电慰问并捐资捐物。灾后,国务院确定包括环湖大堤建设在内的太湖流域治理十大骨干水利工程项目。同年12月,长兴环湖大堤第一期工程开工建设。参见第6编、第2章、第2节。

图9-7 1991年7月5日,受灾严重的横山乡蒋家墩村党支部组织村民加固加高圩堤,增设排涝机埠,力保成片晚稻秧田(张环清摄)

四、1997年抗旱抢险

1997年入春后,长兴一直少雨。1—6月,全县平均降雨361.1毫米,比常年同期650.6毫米减少44.5%,是中华人民共和国成立以来同期降雨量最少的一年。6月23日,长兴港水位仅0.74米,据7月5日统计,全县33座小(2)型以上水库蓄水量仅380万立方米,是正常库容的11.2%,1080座山塘基本干涸。5—7月,是农业用水高峰期,严重干旱使农业用水发生困难。全县受灾水田13350公顷,其中断水、晒白、干枯中早稻面积4960公顷,因缺水而无法插种中稻和单季晚稻340公顷,有16个乡镇的6万名群众生活用水困难。6月16日,县政府召开电话会议,动员全县人民投入抗旱救灾工作,17日县防汛防旱指挥部发出《全县人民行动起来,全面投入当前抗旱防汛工作中去》的通知。各乡镇自力更生,疏浚引水河道,架设临时提水设备,进行二级或多级翻水。县防汛防旱指挥部460台套水泵全部调用,县政府及时调集平价电量100万千瓦时,支援灾区。在抗旱期间,全县每天有8万人在一线奋战,投入提水机泵设备近4000台套。

五、1999年“6·30”抗洪抢险

1999年6月7日入梅,长兴县普降大到暴雨,暴发百年未遇特大洪灾,各河网水位均创历史最高。西苕溪范家村站洪峰水位6.15米,超危险水位0.99米。泗安塘天平站5.51米,超危险水位0.85米。长兴港长兴站3.73米,超危险水位0.57米。全县洪灾严重,倒圩沉圩64只,受灾人口48万人,洪水围困并转移人口6.7万人。受灾农田34700公顷,损坏房屋8.75万间。工农业直接经济损失17.29亿元。全县各行各业全力以赴协同作战,在大灾之年没有发生人员伤亡,没有发生疫情,组织生产自救,把损失降到最低限度。

六、2006年抗旱抢险

2006年出梅后高温少雨，连续31天高温天气，最高气温达39.3度。河网水位普遍偏低，5月27日，长兴港长兴站水位0.98米，泗安塘天平桥站1.01米；6月21日，西苕溪港口站1.05米。山塘水库蓄水严重不足，小山塘大部分干涸。全县各地出现不同程度旱情，特别是山区乡镇旱灾较为严重，农作物受旱面积610公顷。全县各泵站全部投入抗旱，日均抗旱人数有7.38万人。降雨量少、高温、河网水位低，对农作物影响大，但没有出现大范围旱情，只是部分山冲田受灾，主要分布在丘陵山区乡镇。抗旱效益明显得益于自2003年以来开展的大规模河道清淤整治，使原先淤积严重、蓄泄能力差河道河床高程明显降低，河网蓄水能力增加，抗旱水源有保障，变多级提水为一级提水。

七、2008年抗御雪灾

2008年1月25日至2月2日，长兴县出现强降雪，降雪量达76.2毫米，全县平均积雪深度0.35米，创有气象记录以来的最大值，持续降雪时间为9天，也是有记录之最，出现历史罕见低温冰冻大雪天气。强降雪给群众生产生活带来严重影响，2月5日上午9时统计，全县受灾人口36.5万人，因灾经济损失25.96亿元。由于积雪过厚，气温偏低，冰冻期长，工农业生产及设施损失严重，电力线路损坏，农业种植大棚压塌现象普遍，大片林木、毛竹被大雪压断，农村区域供水基本瘫痪。据统计，供水支管冻裂9.5千米，分裂冻裂245千米，冻坏家用水表1.35万只，农村排灌设施泵房坍损300余座，全县水雨情遥测站26个站点不同程度地受到损坏，有的太阳能板损坏，蓄电池不能及时充电，影响水位测报。灾情发生后，县委、县政府组织全县人民全部行动起来，铲除积雪，抢修设备，第一时间恢复正常秩序，没有造成群众挨饿受冻，没有造成人员伤亡。

八、2012年抗御“海葵”台风

2012年8月8—9日，第11号强台风“海葵”影响长兴县。由于台风影响半径大，移动速度慢，影响长兴持续时间达44小时。全县受灾人口18.98万人，转移群众24167人。农作物受灾面积2.2万公顷，成灾7247公顷，绝收1040公顷。大棚农业设施损毁1203公顷，损坏堤防188处31.25千米，损坏水闸15座。和平镇清临圩堤防决口，洪水冲入堤内，农作物、村庄受淹。台风造成全县直接经济损失14.56亿元。县委、县政府先后22次召开防台工作会议，县四套班子领导和300多名县级机关部门科级干部赴挂钩乡镇协助防台抗灾，解放军部队和武警官兵先后出动5000余人次协助防台抢险。灾后，出台《关于灾后恢复救（补）助工作若干政策意见》。8月11日，抽调县级机关各部门1152名党员干部与受灾最重的吴山村576户受灾农户，采取“二对一”包户方式结对帮扶，做好灾后恢复生产工作。

第六节　城市防洪工程

1999年10月，完成长兴县城市防洪规划（即县城区防洪规划）编制。范围54平方千米，包括合溪新港以南、318国道以北、杭宁高速公路以西、新长铁路以东，全区域划分为城中区、城北区、城南区、电厂区。2000年8月，可行性研究报告通过专家会议审查。2001年春，西护城河小西门桥至长兴港300米河段开通，城防工程开始投入兴建。2002年3月，初步设计方案经湖州市发改委批复后，开始对4个区防洪配套设施进行规划设计，设计防洪标准50年一遇。后因城区建设规划变动，城防规划原设计作相应调整，也有部分工程结合城建工程进行组合建设。至2007年，一期工程基本成型，新建排涝站4座，拆建和新建水闸4座，同时完成大量河道清淤和护砌工程，以及地面填高工程，共投入资金1.28亿元。

城中区面积79.9公顷，采用填高地面方案，控制地面最低设计高程4.2米。2001年，开通西护城河小西门桥南端300米河段，连接长兴港，并对两岸混凝土护坡，在连接长兴港处建4米宽节制闸和2台600ZLB泵站1座，名长安闸。2002年至2003年，疏浚护城河，从北塘港与长兴港相交处向北经小东门桥向左到小西门桥。2007 年,仓前闸用于控制调节护城河水位和水质。

城北区面积 3793 公顷,以北塘港为界分东、西 2 片。西片面积 2048 公顷,其中西侧为山区 1300 公顷,东侧为平原,龙山新区坐落其间。结合龙山新区的商业和房地产开发,一直向北至合溪新港,对内部水系同时进行疏理。东片面积 1745 公顷,面积大、水系复杂,南侧是县开发区,北侧合溪新港沿线,有企业也有居民区,对区域内建筑控制地面最低设计高程 4.2 米,疏通理清内部水系。2003 年,对北塘港与合溪新港相交处的红旗闸进行重建。2007 年,在合溪新港董家村建闸站 1 座,装 900ZLB 水泵 3 台,2011 年因道路建设将该闸站南移 50 米。

图9-8　城防工程董家村闸站建成(县水利局提供·2007年)

城南区面积 893 公顷,由河道分成 3 片,古城片 127.5 公顷、老汽车站片 176.5 公顷、南片 589 公顷。由于黄土桥港和三里桥港承担长兴港上游分洪任务,所以南片自成一体,采用填高地面方案;古城片也采用相同措施,2003 年在古城公园建装机 3 台 500ZLB 水泵排涝站 1 座。老汽车站片以长兴港、黄土桥港、三里桥港、张王横塘港四面相围,采用抬高地面,控制高程为 3.96 米,疏通河道,并规划在低洼地区建泵站 3 座。

电厂区地面控制不低于 3.96 米～4.06 米高程,疏浚河道,2002 年建电厂水闸 1 座,2003 年在陆汇头建装机 400ZLB 排涝站一座。

第五章　水利管理

1988 年,长兴县水利农机局为县政府承担水利工作的职能部门。2001 年 12 月,县水利农机局更名为县水利局,农机管理职能划归县农业局。2012 年,内设办公室、财务审计科、计划建设科、行政许可科(水政资源科)4 个职能科室,下属水政监察大队、防汛防旱办公室、太湖水利工程综合开发管理局、合溪水库管理局、泗安水库管理所、和平水库管理所、二界岭水库管理所、水文站、机电排灌站、水利水电勘测设计所、水资源办公室(水土保持监督管理站)、苕溪河道管理所、农村水利管理所、河道管理站、农村饮用水管理办公室、水利水电工程质量监督站 16 个事业单位(参公事业单位)。

第一节　工程设施管理

一、水库山塘管理

合溪水库,由县合溪水库管理局管理,成立于 2009 年 11 月,为公益二类副科级事业单位,额定编制 12 人,归口县水利局;泗安水库,由泗安水库管理所管理,隶属于县水利局,为公益二类事业单位,2012 年 7 月额定编制 8 人;二界岭水库,由二界岭水库管理所管理,隶属于二界岭乡政府,2007 年 6 月起划归县管,隶属于县水利局,定为公益二类事业单位,2012 年 7 月额定编制为 5 人;和平水库,由和平水库管理所管理,隶属和平镇政府,2009 年起划归县管,隶属于县水利局,2012 年定为公益二类事业单位,额定编制5人;6座小(1)型水库,均成立水库管理所,隶属所在乡镇政府,有专职管理人员1人,兼职人员1人至2人,水库负责人由所在乡镇负责人兼任;25座小(2)型水库和1080座山塘均由所在行政村管理,负责人由村经济合作社主任担任,按照规定配备有管理人员。

各座水库日常控制运行计划严格按规范实施,在确保安全前提下,根据工程设计目标和兴利主次关系进行调度。大中型水库运用中的实时调度是以汛前编制的控制运用计划为依据,运用计划根据工程设计目标和水库工作状况,按梅雨期和台风雨期分别控制水位。合溪水库控制运用计划由水库管理局编制经县、市水利主管部门审查后报省水利主管部门批准后执行。详见第4章、第4节。

二、圩圩管理

各圩设有圩长,一般建立以行政村为单位的水利委员会,或以圩为单位成立圩管会。圩管会是民间组织,配有管理人员3人至5人,下设巡逻组、打桩组、抢险组和后勤组,有固定人员,防洪时招之即来。圩管会的日常管理,包括安排每年冬春两季圩堤培修加固,申报圩区内水利工程设施建设和维护管理以及正常运行。涉及两个村或者两个乡镇以上的圩圩则由双方共同管理。1996年12月1日,县政府印发《长兴县圩(圩)区水利工程管理暂行办法》,明确圩圩区管理委员会由所属工程管理单位和受益乡镇、村负责人组成,由乡镇行政领导或受益村主要负责人任主任委员,圩圩区管理委员会下设圩区专管机构,称圩圩管理站,管理站业务上受所属乡镇水利农机管理站指导,并明确该管理办法适用于县内受益水田200公顷以上圩圩,200公顷以下参照执行。

三、河道管理

随着人口的剧增,乡村企业的发展,一些单位、企业及个人擅自在行洪河道上设置水箭、河埠、码头、围墙、房屋等阻水建筑物,倾倒石渣、泥土和垃圾。20世纪80年代起,县水利农机局加大集中整治力度,保护水利工程。1988年汛前检查时,对发现的36座阻水码头进行拆除。1990年汛前检查,发现观音桥乡港口村村民违章建临河阻水建筑物,后漾乡砖瓦厂在合溪新港2号桥至3号桥方向违章取土等,县水利农机局即组织人员督促拆除港口村村民的违章建临河阻水建筑物,督促指导后漾乡砖瓦厂修复取土地段。

该时期,还出现在河道违章滥采河砂现象。河道采砂主要在西苕溪、长湖申航道小浦至画溪桥段,以及部分丘陵山区溪涧。20世纪50年代至70年代,主要在河道中人工捞砂和在河弯凸岸砂滩人力挖砂。80年代起,采用吸砂机和推土机配合采砂,在河弯滩地大面积、大量采砂。曾一度出现管理失控,危及圩堤安全。1984年春,吴山乡吴山渡至吕山乡五里渡的西苕溪干流河段上,共有73台吸砂机(其中吴山乡28台、便民桥乡31台、观音桥乡港口村12台、吕山乡五里渡村2台)、200余艘船、500余人(不包括运沙人员),每天吸砂4000余吨,发生抢砂卖钱、损坏圩堤事件,县政府组织力量进行查处①。由于大量吸砂,破坏河床结构,造成多处圩堤裂缝、塌方,有的地方沙滩、桑地滑坡,水利工程设施遭到破坏,范家村水文站的正常测量工作也受到影响。1988年6月,由和平区政府设立和平区西苕溪黄砂管理委员会,在不影响两岸圩堤及有关水利设施安全的前提下,划定地段捞取黄砂,明确禁止挖捞黄砂区域。但违章吸砂仍时有发生。到90年代初,一度出现乱采乱挖现象,部分群众受利益驱使在未经批准地段偷采,夜间尤为严重。最多时日出动采砂船只四五十艘,影响河势稳定和两岸堤防安全。县水利、航管部门会同当地政府,组织多次联合行动,打击一批带头开采者,并没收设备,乱采乱挖得到控制。90年代起,长湖申航道小浦至画溪桥段河道发生非法采砂,经过水利部门制止和处理,到90年代末基本销迹。1992年10月,县水利农机局、县矿产资源管理办公室联合印发《关于加强全县河道采砂和溪滩采挖卵石管理及收费的规定》,明确河道采砂及溪滩采挖卵石采点必须经过所在乡镇初审后,由河道主管部门审定批准,涉及航道、土地则由各自主管部门共同审核批准,领取"浙江省河道采砂许可证"和"采矿许可证"才能开采。1993年2月,县政府设立西苕溪黄砂管理委员会,有关乡镇的农业副乡镇长

① 苕溪运河志编委会编:《苕溪运河志》,中国水利水电出版社2010年版,第1018页。

为委员，办公室设在和平镇，主要职责是日常巡查、管理、协调，审批采砂申请，制止非法采砂。1995—2000年，年采砂量约4万吨。2001年4月，县水利农机局印发《关于切实加强河道涧滩采砂(卵石)管理的通知》，进一步规范砂石开采。2003年后，西苕溪采砂点停止审批，之后采砂现象基本销迹。2007年，合溪水库建设在即，库区储贮大量黄沙和卵石资源，随着树木、竹林清除，村庄搬迁，地表裸露，非法开采砂石资源现象严重。合溪水库工程指挥部多次组织县公安、国土、水利和当地政府开展联合行动打击，没收工具，处以罚款，对情节严重者进行刑拘，非法开采砂石得到阻止。2008年，全县境内河道采砂停止审批。

四、其他工程管理

1993年1月，经县政府批准，成立长兴县太湖水利工程综合开发管理局。2011年7月，更名为长兴县太湖水利工程建设管理局，为县水利局下属副科级事业单位，主要负责以太湖大堤为主体的长兴县境内太湖水利工程的建设和管理。

2008年9月，成立长兴县城市水利工程管理所，承担县城区防洪工程的运行和管理，为县水利局下属事业单位。

第二节　水政水资源管理

一、水政执法

水行政执法是水利管理的一项重要内容，水利部门作为水行政执法主体，全权负责水行政执法。1992年3月，成立县水利执法体系领导小组。10月，转发《浙江省河道管理范围内建设项目管理的有关规定》。1993年3月，县政府颁布《长兴县水利工程管理范围和保护范围的暂行规定》。11月，县水利农机局设立水政股，对水利系统依法行政工作督查和管理。1997年5月，县水政监察大队成立，为县水利农机局下属事业单位，负责对全县河道、水资源、水利工程、河道采砂等各类水事案件进行执法查处。2005年6月，县水利局印发《贯彻实施行政许可法配套制度(试行)》。至2012年年末，共开展巡查4000余次，查处水事违法案件127件，调处水事纠纷586起。其中，涉水违章建筑案件28件，水域倾倒废土、垃圾案件37件，河道非法采砂案件24件，污染水质案件21件，其他案件17件。

二、水土保持

1989年10月，长兴县出台《开征水利·水土保护费的若干规定》，水土保持管理工作列入政府部门工作日程。1991年6月，《中华人民共和国水土保持法》颁布。之后，水土治理和保护在县内得到进一步重视。1999年5月，成立水土保持监督管理站，为县水利农机局下属事业单位，负责区域内水土保持监督与管理。水土保持工作也开始从原偏重于工程建设，逐步向监督管理和工程措施并举局面发展。2000年9月，长兴污水处理厂按照要求编报水土保持方案。2001年，长兴锦鹏石英石有限公司矿区建设项目编报水土保持方案。2002年，长兴县金沙泉山庄建设、长广水泥分公司矿区建设项目等7家企业编报水土保持方案。同年2月，县政府批复《长兴县水土保持生态环境建设规划》。根据规划要求，同年4月编制完成以水土保持治理为主要内容的合溪北涧和金沙涧小流域治理规划，并投入治理。合溪南涧、长丰涧、长湖涧、青草涧、杨林涧、和平涧等均开展水土保持治理和改造。2003年3月，县水利局转发省水利厅《浙江省开发建设项目水土保持方案实施监督管理暂行办法》，明确开发建设项目水土保持设施与主体工程同时设计、同时施工、同时投入使用的“三同时”制度。2003—2005年，对矿山企业开展综合整治，督促全县209家矿山企业补编水土保持方案，征收水土保持补偿费。2009年1月，县政府下发《关于进一步加强水土保持工作的通知》，对开发建设项目水土保持工作严格审批、强化管理、规范程序予以明确规定。2009年，方案编报审批达到34个，2010年35个，2011年42个，2012年46个。其间，定期对各开发建设项目进行督查，对照项目水土保持方案要求检查水土保持设施落实情况。2012

年年末，全县水土保持监督管理能力通过省水利厅组织达标验收。

三、取用水管理

水费征收　1991 年 1 月，县水资源办公室成立，负责水资源管理和河网水费征收。1992 年 12 月，浙江省印发《水资源费征收管理暂行办法》，水资源费和水费征收分农业、工业两块，工业水资源费按每立方米 0.02 元计收，水费按每立方米 0.03 元计收。县内征收对象仅限于电厂和水泥企业以及自来水企业，农业水资源费尚未开征。2004 年 7 月，工矿企业自备取水水资源费调整为每立方米 0.1 元，自来水制水企业调整为每立方米 0.08 元。之后，水利规费征收力度不断加大。2007 年，对全县 11 家印染企业全部征收水资源费，发电行业、水泥行业征收面达到 100%，当年共征收水费、水资源费 297 万元。2010 年，对用水企业开始安装实时监控系统，至 2012 年年末，额定年取水量 10 万立方米以上的 42 家企业全部安装完毕，并开始对年取水量 5 万～10 万立方米的企业进行安装。取水监控数据 1 小时一更新，准确记录企业用水情况，为主管部门随时掌握企业用水动态，下达年度用水指标提供依据，也为水利规费征收提供依据。2012 年，水费作为经营性项目停止征收。同年，水资源费共征收 415.59 万元。

取水许可管理　1993 年起，国务院颁布《取水许可制度实施办法》。1994 年 9 月，县政府转发《关于启用和发放中华人民共和国取水许可证的通知》，10 月 19 日在长桥乡召开取水许可现场会，当年向 125 家单位发放取水许可证 125 份，其中农业 72 家、企事业单位 53 家。1995 年 8 月，《浙江省取水许可制度实施细则》出台。全县对发电、水泥、印染、自来水、桶装水等主要用水企业，实行取水申请，开展水源论证，核定企业用水量，发放取水许可证。至 2012 年年末，共向 65 家单位发放取水许可证 65 份，其中自来水行业 13 家、发电企业 5 家、建材行业 11 家、印染行业 11 家、其他行业 25 家，总取水许可量 1.36 亿立方米。

四、地下水保护

境内地下水开采起于二十世纪六七十年代，当时开采规模比较小，主要开采城镇范围浅层地下水，极少量为承压水和西部山区熔岩水。至八九十年代，随着工农业发展和水环境影响，地下水开采呈蔓延趋势，年开采量逐年递增。虽然开采总量不大，但开采无序，引起政府重视。2005 年，县国土部门编制《长兴县城区地下水资源开发利用规划》。2009 年，县政府印发《长兴县县城规划区自备井管理办法》。县水利、建设部门建立联动机制加强管理，严格限制单位和个人在县城规划区内开采地下水。2010 年 1 月，县政府印发《长兴县地下水资源管理办法(试行)》，对县域内地下水开采和监督管理作出明确规定，实行有计划开采。对农村、城镇供水管网覆盖区停止审批新凿水井，除特殊行业留作监测、战备用以外，县城区预留水井 27 口。地下水取水比较集中的是金沙涧流域，区域内有 5 家桶装水水厂，对地下水开采均安装计量装置，实行计划开采，每月上报取水情况。2005 年开始，不再审批地下水新取水口。之后，随着农村自来水普及，供水管网不断延伸，供水范围不断扩大，对原地下水井进行逐步落实回填、封停。到 2012 年年末，全县封停各类水井 1015 口。

五、农村饮用水管理

2003 年，浙江省开展“千万农民饮用水工程”。长兴县成立区域供水和农村改水工作领导小组，林城镇自来水厂列入首批省“千万农民饮用水工程”项目，投入建设。2004 年年初，县政府出台《长兴县区域供水实施意见》，划分雉城、泗安、和平、城东、丁新、煤山 6 大供水区，提出分步实施意见。2003—2012 年，全县有 19 项饮水工程项目列入省“千万农民饮用水工程”和“农村安全饮水工程”，总投资 1.95 亿元，其中争取中央、省补资金 2960 万元，日供水规模达到 8.96 万立方米。全县 180 个行政村受益，改善和解决 42 万农村人口饮用水问题，占全县农村人口 93%。至 2012 年年末，全县共有横岕水库、二界岭水库、青山水库、合溪北涧、周吴水库、合溪新港、和平水库、西苕溪、晓墅港、水口港、泗安水库、宿子岭水库等饮用水水源取水点 12 个，分别分布在煤山、泗安、和平、林城、小浦、水口等乡镇。东部洪桥水厂取水口在河网，北部山区水口、煤山、白岘 3 个水厂取水口在溪涧，其余地区均选用水库作为取水水源。

2012年长兴县饮用水水源情况表

表 9-12

水源名称	水源地址	铺设管网长度(米)	受益区域	受益人数(人)	水源类型	水源名称	水源地址	铺设管网长度(米)	受益区域	受益人数(人)	水源类型
横岕水库	煤山镇	5500	煤山镇	15435	水库	和平水库	和平镇	100	和平镇	150000	水库
二界岭水库	泗安镇	280	泗安镇	13953	水库	西苕溪	和平镇	100	和平镇		河流
青山水库	和平镇	560	和平镇	13558	水库	晓墅港	和平镇	55	和平镇	13291	河流
合溪北涧	煤山镇	1500	煤山镇	10000	河流	水口港	水口乡	600	水口乡	48000	河流
周吴水库	林城镇	50	林城镇	45000	水库	泗安水库	泗安镇	3000	泗安镇	40000	水库
合溪新港	小浦镇	100	小浦镇	50318	河流	宿子岭水库	泗安镇	500	泗安镇		水库

说明:资料来源于县水利局

六、包漾河水源地保护

包漾河位于合溪新港北长水河道龙山新区与夹浦镇交界处。上游西北方向水系为金沙涧,南路水系为北塘与合溪新港相通。1989年7月,包漾河启用为城区居民饮用水水源,至2012年6月合溪水库供水前,一直为城区居民唯一饮用水水源,日供水近10万立方米。1996年,包漾河合格饮用水水源保护区通过市政府验收。1997年,加大包漾河合格饮用水水源保护区监测力度,全年除6次常规监测外,还加强紧急情况和枯水期的水质监测,保障水源水质安全。2005年,县政府出台《长兴县包漾河饮用水水源保护区管理规定》,以取水口为中心,重新划定扩大为三级区域作为县水务有限公司的水源保护区,面积从原来的17平方千米扩大到67平方千米。详见第5编环境保护、第3章、第3节。

第六章　电　力

1988年,长兴县供电局为全县电力管理机构,内设7个职能部门,下辖线路工区、营业所、110千伏长兴变电所、独山变电所。1989年9月,成立线路队和雉城、城郊、和平、泗安4个供电所。1992年,雉城、城郊供电所合并后成立城郊供电所,增设长兴县电力实业总公司。1993年,9个内设机构调整为1室4股,下辖7个直属生产单位。1998年5月,成立电力稽查队。2000年,成立农电管理科,与县农电管理总站合署办公,设立"两改一同价"工作办公室。2001年,撤销17个乡镇电管站,设置14个供电营业所,另增设煤山供电营业所。2003年对营业所实行撤销兼并,重组后成立雉城、和平、吕山、林城、泗安、洪桥、夹浦7个供电营业所、1个煤山供电营业所。2012年年末,内设7个职能部门,下辖县客户服务中心(营销部)、安全运检部、县物流服务中心。

第一节　发　电

1988年,全县有火力发电厂1座,小水电站11座,发电量0.92亿千瓦时。2005年年末,全县有火力发电厂11座,其中公用火力发电厂5座;水力发电站3座。2006年12月,浙江琥珀京兴天然气发电有限公司投产运营。2007年5月,长兴新城环保有限公司生活垃圾焚烧发电厂建成投产发电。2009年起,县内企业开始实施屋顶光伏发电项目,至2012年年末有23家企业安装光伏发电,装机总容量约14.44兆瓦。2012年,全县形成火力发电、余热发电、天然气发电、垃圾发电、水力发电、光伏发电、风力发电等丰富的发电类型,全年发电量73亿千瓦时,其中火力发电量71.5亿千瓦时。

1988—2012 年长兴县发电量情况表

表 9-13　　单位:亿千瓦时

年份	发电量	其中:火力发电量	年份	发电量	其中:火力发电量	年份	发电量	其中:火力发电量
1988	0.92		1997	19.83	19.83	2006	101.95	101.95
1989	0.70		1998	18.86	18.86	2007	104.70	104.70
1990	0.88		1999	21.68	21.68	2008	97.30	97.30
1991	2.67	2.26	2000	25.37	25.37	2009	97.60	97.60
1992	10.28	10.28	2001	26.17	26.17	2010	92.20	91.70
1993	18.87		2002	29.96	29.96	2011	87.60	85.70
1994	20.43		2003	58.50	58.50	2012	73.00	71.50
1995	18.64		2004	67.72	67.72	—	—	—
1996	20.37		2005	70.68	70.68	—	—	—

说明:根据历年《长兴统计年鉴》整理

一、公用发电

火力发电　1988 年,县内有公用火力发电厂 1 座,全年发电量 9234.67 万千瓦时。2005 年,县内有公用火力发电厂 4 座,全年累计发电量 70.68 亿千瓦时。2010 年,华能长兴电厂实施“上大压小”项目,关停现有机组,异地新建新厂区。2011 年,长广煤矿发电厂、山鹰综合利用发电有限公司先后停产、关闭。2012 年,全县火力发电量 71.5 亿千瓦时。

华能国际电力股份有限公司长兴电厂　简称华能长兴电厂。建于 1959 年,为长广煤矿公司自备电厂,1963 年 4 月划为省属电厂,1965 年 1 月更名浙江省长兴发电厂,位于下箬寺乡秤沟浜村(雉城镇东南约 2 千米五里桥处)。1988 年,全厂发电机组装机总容量 2.4 万千瓦,发电量 9234.67 万千瓦时。同年 1 月 1 日起,由市属改划归省属企业隶属。1990 年,2 台 12.5 万千瓦燃煤发电机组项目扩建工程开工建设,工程占地面积 19 万平方米,总投资 2.45 亿元。1992 年 1 月、8 月,2 台 12.5 万千瓦发电机组并网发电,同时更名为浙江华能长兴电厂。同年,发电量 9.53 亿千瓦时。1997 年年末,根据国家电力公司关、停 10 万千瓦以下小机组的决定,浙江华能长兴电厂 2 台 6000 千瓦及 1 台 1.2 万千瓦发电小机组退出运行。同年,累计发电量 15.86 亿千瓦时。1999 年 1 月 1 日,浙江华能长兴电厂经资产置换,划归中国华能集团公司管理,属中国华能集团公司全资企业。2002 年 7 月 1 日,资产重组后成为华能国际电力股份有限公司全资电厂,更名华能国际电力股份有限公司长兴电厂(简称华能长兴电厂)。2003 年,对 12.5 万千瓦发电机组进行技术改造,经技术改造后的发电机组容量增至 13 万千瓦,当年发电量 17.88 以千瓦时。2005 年,装机总容量 26 万千瓦,发电量 19.21 亿千瓦时。2010 年 8 月 8 日,华能长兴电厂 2 台机组(1×12.5 万千瓦、

图 9-9　华能国际电力股份有限公司长兴电厂(县供电公司提供·2005 年)

1×13.5千瓦)实施永久性关停,9月16日冷却塔爆破拆除。至2010年12月31日,华能长兴电厂共有在册职工967人,退休职工197人。机组关停过渡期间,设有8个主业部门(行政部、财经部、人资部、政工部、策划部、安监部、运行业务部、检修业务部)、综合服务中心和华信电力实业总公司。另设有玉环项目部,为非独立法人单位,挂靠华信电力实业总公司,负责承接华能玉环电厂4×1000兆瓦机组燃料脱硫脱硝的运行及检修维护工作。在对老厂区实施关闭的同时,华能长兴电厂开始实施异地新建2×600兆瓦级超超临界燃煤机组"上大压小"项目,并列入浙江省"十二五"能源规划开工建设项目。2012年4月23日,项目建设动员会召开,12月28日正式开工建设,位于吕山乡杨吴村。计划工期2年,总投资53.7亿元,用地面积约100公顷。

长广煤矿发电厂　简称小浦电厂。位于小浦镇,占地总面积16.45万平方米,厂区占地面积15.2万平方米,发电机组装机总容量为10万千瓦。1986年,省计经委印发《关于建设长广坑口电厂项目建议书的批复》,同意兴建容量为2台5万千瓦凝汽式火力发电机组,总投资1.2亿元。由长广煤矿公司、浙江省电力开发公司、长兴电力投资公司按50%、47%、3%共同出资兴建。工程由湖南电力勘测设计院设计。发电机型号QF-2.5/2,汽轮机型号CN25-3.43-1型,配2×130吨/时煤粉炉。1990年6月26日,首台发电机组并网发电,当年发电量为1088万千瓦时。翌年9月,第二台发电机组并网发电。1994年,根据省计经委《关于长广煤矿发电厂二期扩建工程项目建议书的批复》,兴建二期5万千瓦凝汽式高温高压发电机组。该项目由湖南电力勘测设计院和湖州电力局设计室共同设计。发电机型号QFQ-50-213,汽轮机型号N50-8.33。1999年5月竣工,次月移交试生产,当年发电量为1.95亿千瓦时,2000年1月投入商业运行。二期工程总投资2.61亿元,由长广煤矿公司与湖州华光电力有限公司按60%和40%比例共同投资,项目竣工后,经营与长广煤矿发电厂分离,定名长广煤矿第二电厂(小浦二厂)。长广煤矿发电厂自投运以后,发电机组运行稳定,安全可靠,年平均发电设备利用小时达7000小时,年发电量约7.5亿千瓦时。2003年始,向小浦镇5千米半径范围内供热,供热量约20吨/时。最大供汽量可达80吨/时。至2005年年末,累计发电量74亿千瓦时。2011年停产,有员工200余人。

浙江浙能长兴发电有限公司　由浙江华能长兴电厂四期(技改)工程出资组建而成,隶属浙江省能源集团有限公司。1998年6月,国家经贸委批复同意长兴电厂四期技改2台30万千瓦机组工程的项目建议书,2001年7月成立浙江浙能长兴发电有限公司,注册资本金6.1亿元,由浙江东南发电股份有限公司、浙江省能源宏发投资有限公司和浙江省电力开发公司、浙江长兴县经济投资公司共同组建,装机总容量为4×30万千瓦,年发电量70亿千瓦时。一期工程设2台30万千瓦国产燃煤发电机组,由浙江省电力设计院按照2000年示范电厂标准设计,其技术、性能、经济实用性均处于国内同类型电厂前列,工程总投资24.1亿元。2000年12月30日动工,2002年12月首台30万千瓦发电机组投产,当年发电量2.76亿千瓦时。2003年5月,第二台30万千瓦发电机组发电,至8月一期工程全部建成投产。同时,二期工程扩建2台30万千瓦发电机组作为浙江省"十五"期间电源建设抢建项目,列入《浙江省2003—2010年电力发展规划》。2003年11月,机组烟气脱硫工程开工,总投资5亿元,采用石灰石—石膏湿法脱硫工艺,脱硫效率不小于90%。工程竣工后,每台发电机组二氧化硫排放量从原来的5500吨降到550吨以下,全厂二氧化硫排放量减少1万多吨,电厂区域环境得到保护。2005年11月,二期工程首台30万千瓦发电机组并网发电,装机总容量增至90万千瓦,当年发电量为44.08亿千瓦时。

山鹰综合利用发电有限公司　1995年,经省经委批准,山鹰建材集团公司出资兴建火力发电厂,位于煤山镇草子槽。利用当地煤矸石和劣质煤作燃料,定名为山鹰综合利用发电有限公司一厂,设3台发电机组,装机总容量2.7万千瓦,采用抽凝式汽轮发电机组,配置4台35吨/时循环流化床锅炉。1996年9月,首期2台6000千瓦发电机组建成正式发电。1998年7月,第三台容量为1.5万千瓦发电机组投运。3台发电机组初期均与系统解列运行(自发用电),2002年并网运行成为公用电厂。因发电厂厂址位于筹建中的长兴县合溪水库库区范围内,根据水库建设需要及国家鼓励煤矸石资源综合利用的有关政策,经过反复论证,2004年12月,省经贸委批准,同意山鹰综合利用发电有限公司实施异地搬迁技改项目，选址煤山镇新安村。工程由辽宁高科能源集团有限公司设计、安装容量为2台2.45万千瓦抽凝式汽轮发电机组，总投资2.36亿元。由浙江山鹰集团有限公司、浙江省长兴电气工程有限公司和长兴县小浦农业综合服务站三方按40%、29.41%、30.59%比例共同投资兴建山鹰综合利用发电有限公司二厂。同时，该厂被省经贸委定为公用电厂。电厂发电机型号QFK-30-2和QFW-30-2C；汽轮机型号C_{25}-4.9/0.98和C_{25}-4.9/0.981-4，配1台130吨/时和2台75吨/时循环流化床锅炉。燃料采用当地的煤矸石和劣质煤。2004年6月异地搬迁工程动工，2005年9月首台2号发电机组建成并网发电，发电机组容量2.45万千瓦，至年末发电量9.3亿千瓦时。2011年，顺应国家淘汰高能耗企业政策要求，关闭停业。

1988—2005年长兴县公用火电厂装机容量及发电量情况表

表9-14

年份	华能长兴电厂		浙能长兴电厂		长广煤矿发电厂		山鹰电厂综合利用发电有限公司	
	装机容量（万千瓦）	发电量（万千瓦时）	装机容量（万千瓦）	发电量（万千瓦时）	装机容量（万千瓦）	发电量（万千瓦时）	装机容量（万千瓦）	发电量（万千瓦时）
1988	2.40	9234.67	—	—	—	—	—	—
1989	2.40	6953.08	—	—	—	—	—	—
1990	2.40	7954.51	—	—	2.50	1088.00	—	—
1991	2.40	9098.81	—	—	2.50	13503.63	—	—
1992	27.40	95266.41	—	—	2.50	19368.33	—	—
1993	27.40	153678.18	—	—	5.00	34968.00	—	—
1994	27.40	168363.73	—	—	5.00	35928.76	—	—
1995	27.40	152192.23	—	—	5.00	34214.76	—	—
1996	27.40	165597.85	—	—	5.00	36750.72	1.20	1343.28
1997	27.40	158577.31	—	—	5.00	35772.52	1.20	3976.11
1998	25.00	146274.00	—	—	5.00	37107.16	2.70	5175.03
1999	25.00	154014.00	—	—	10.00	55661.00	2.70	7134.28
2000	25.00	174351.00	—	—	10.00	70221.00	2.70	9117.50
2001	25.00	178315.00	—	—	10.00	72597.00	2.70	10756.11
2002	25.00	186515.00	30	27576.00	10.00	73115.00	2.70	13275.53
2003	25.00	178812.00	60	365158.89	10.00	73409.00	2.70	15341.06
2004	26.00	202255.00	60	403599.80	10.00	72578.00	2.70	17798.40
2005	26.00	192145.00	90	440771.00	10.00	74547.00	2.7+2.45	12644+5063.2

说明：1.1997年浙江华能长兴电厂小机组拆除。小机组发电量根据《湖州市电力工业志》电力统计资料，大机组发电量由电厂提供；2.2005年山鹰综合利用发电有限公司发电量为一厂、二厂合计发电量；3.表中华能长兴电厂数据，1990年至1991年为浙江省长兴发电厂，1992年至1998年为浙江华能长兴电厂，1999年后为华能长兴电厂；4.资料来源于《长兴县电力工业志（1914—2005）》

水力发电　20世纪70年代起至1982年，县水利部门先后兴建小水电站11座，安装发电机组19台，装机总容量948千瓦，其中泗安水库、和平水库、周吴水库、二界岭4座水电站并网接受县供电局统一调度。1990年，11座小水电站全年发电量总计115万千瓦时，其中4座并网水电站发电量81万千瓦，其他7座发电量34万千瓦时。2005年1月，周吴水库水电站报废停用。同年年末，全县仅有泗安、和平、二界岭3座水电站继续发电，装机总容量640千瓦。其余均报废停用。

泗安水库水电站　泗安水库位于泗安塘干流上游仙山乡。1974年11月建成坝后式水电站1座，安装75千瓦发电机组2台，装机总容量150千瓦。设计流量2.5立方米/秒，水头8米。1990年，全年发电量25万千瓦时。1991年至1998年,年平均发电量23.4万千瓦时。1998年电站更新改造,将2台75千瓦发电机组报废,重新安装2台160千瓦发电机组,经10千伏仙山145线至35千伏泗安变电所并网。1999年至2012年,年平均发电量为44.3万千瓦时。

和平水库水电站　和平水库位于西苕溪支流和平港上游周坞山。1973年建坝后式水电站1座,装有75千瓦发电机组2台,工作水头13米。流量1.5立方米/秒。1990年,全年发电量25万千瓦时。2000年,2台75千瓦发电机组报废,新装1台160千瓦发电机组,通过10千伏水库136线至35千伏和平变电所上网。2008年,和平水库实施除险加固工程,电站搬迁隧道出口处,并对电站运行设备进行更新改造,引进江西玉山电气设备厂智能化并网设备,效率提高40%,当年发电量30万千瓦时。

二界岭水库水电站　二界岭水库位于泗安塘上游左岸支流青东涧所在地二界岭乡。1982年12月建成坝后式水电站,落差16米,流量0.9立方米/秒,设发电机组2台(75千瓦、40千瓦机组各1台),装机总容量115千瓦。1990年,全年发电量15万千瓦时。2002年,原2台发电机组报废,新装160千瓦发电机组1台,经泗安变电所二界144线并网。2005年,二界岭水库建成自来水厂供应下游群众生活用水。之后,随着供水量增加,发电用水水源不足,逐步停止发电。

周吴水库水电站　周吴水库地处太傅乡山泉村,位于姚家桥港左岸支流周吴涧上。1975年,建成坝后式小水电站1座,装机容量130千瓦(1×75千瓦和1×55千瓦)。落差18米,流量1.3立方米/秒,年发电量10万千瓦时。1990年,全年发电量16万千瓦时。1998年10月停用,2005年报废。

2005年长兴县小水电站情况表

表9-15

电站名称	所在地		所在河流	集雨面积(平方千米)	正常库容(万立方米)	开发形式	设计水头(米)	设计流量(立方米/秒)	初建时装机容量(台/千瓦)	建成日期	备注
	乡镇	村									
顾渚水电站	水口	顾渚	金沙涧	2.97	20	引水	21	0.30	2×30	1978.10	1981年7月停止发电
二界岭水电站	二界岭	二界岭	清东涧	21.68	840	坝后	16	0.90	1×75 1×40	1982.12	2002年旧机报废,改建1台160千瓦
云峰水电站	二界岭	云峰	清东涧	0.90	1	引水	58	0.08	1×40	1977.12	1996年3月停止发电
邱家村水电站	二界岭	邱家村	清东涧			引水	22	0.22	2×40	1978.12	1995年5月停止发电
泗安水库水电站	仙山	下金	泗安塘	108.00	860	坝后	8	2.50	2×75	1974	1998年旧机报废,改建2台160千瓦
长潮水电站	长潮	长中	长潮涧	10.15	84	引水	16	0.70	1×75 1×30	1981.08	报废
宿子岭水库水电站	长潮	高潮	长潮涧	2.00	105	坝后	18	0.60	1×40 1×30	1977.06	1979年停止发电
周吴水库水电站	太傅	山泉	周吴涧	10.50	230	坝后	18	1.30	1×75 1×55	1975	1998年10月停止发电,2005年报废
和平水库水电站	和平	坍龙桥	和平港	20.20	493	坝后	13	1.50	2×75	1973	2000年旧机报废,改建1台160千瓦
坍龙桥水电站	和平	坍龙桥	和平港	1.20	3	引水	18	0.15	1×18	1973	1975年停止发电
唐伯兴水电站	和平	唐伯兴	和平港	20.20		引水	13	0.40	1×30	1978.11	1976年停止发电

说明:资料来源于《长兴县电力工业志(1914—2005)》

天然气发电 县内有天然气发电企业1家，为浙江琥珀京兴天然气发电有限公司。前身为浙江京兴天然气发电有限公司，2005年1月成立，9月在雉城镇五里桥开工奠基，2006年12月投产运营，总装机容量75兆瓦。采用联合循环燃气蒸汽机发电系统，包括一个装机容量55兆瓦的普拉特•惠特尼公司(美国)进口燃气轮机发电机组、一个余热锅炉及一个输出功率20兆瓦的蒸汽轮机。同年发电量28140兆瓦时。2007年9月更名，为琥珀国际投资的中国港澳台法人独资企业，注册资本1666万美元，总投资2900万美元。同年发电量272990兆瓦时。2008年发电量183203兆瓦时。输送至湖州电网。

垃圾发电 县内有垃圾发电企业1家，成立于2007年，由长兴新城环保有限公司总投资1.7亿元，建设生活垃圾焚烧发电厂，总装机容量9兆瓦，年发电量6480万千瓦时。2008年8月建成投产发电，取代工业集中区内小锅炉，向园区内集中供热，年节约标准煤3.4万吨。

太阳能光伏发电 县内太阳能光伏发电应用始于2010年。至2012年年末，全县有23家企业安装光伏发电，装机容量约14.44兆瓦，安装面积约23万平方米，年发电量约1400万千瓦时。详见第12编工业、第3章、第5节。

二、企业自备发电

自备发电厂 县内有长湖余热发电厂、长兴互通余热发电厂、煤山众盛建材有限公司余热电站、小浦众盛水泥有限公司余热电站4座余热发电厂，其中长湖余热发电厂于1997年建成发电，其余3座于2005年建成，均为企业自备发电厂，运行方式为并网电量不上网，自发自用。

长湖余热发电厂 位于李家巷长湖建材总厂内。1997年4月建成投产，利用该厂生产18.53万吨普通硅酸盐水泥生产线回转窑余热发电。发电机型号为QF3-2，额定功率3000千瓦，额定电压6000伏。发动机为N_3-24冷凝式汽轮机，锅炉型号为QC57/800-20-2.5/400。运行方式为并网电量不上网，自发自用。并网线路为110千伏李家巷变电所的35千伏长湖3224线。

长兴互通余热发电厂 经省经贸委批准，由浙江三狮水泥有限公司兴建。总投资6200万元，利用新型干法水泥回转窑排放的废气余热发电。设纯低温凝汽式汽轮发电机组2台，装机总容量9000千瓦(3000+6000)。2005年8月30日、9月15日，2台发电机组分别投产发电。余热发电厂6千伏侧采用线路—变压器组接线，通过2回6千伏电缆线路分别接入三狮水泥厂总降变电站1号、2号主变压器6千伏母线并网，电量自发自用。当年，累计发电量2137.5万千瓦时。

煤山众盛建材有限公司余热电站 位于煤山镇，经省经贸委批准，由长兴煤山众盛建材有限公司投资兴建。利用日产4000吨水泥生产线窑头熟料冷却机及窑尾预热器废气余热的纯低温余热发电。发电机型号为QF6-2，额定功率6000千瓦，额定电压6千伏，汽轮机选用N6-1.25。工程由天津水泥工业设计研究院设计、安装。所发电力与水泥厂总降压变电站的6千伏母线采用电缆联结并网。运行方式为并网电量不上网，自发自用。2005年7月建成发电，当年发电量为1813万千瓦时。

小浦众盛水泥有限公司余热电站 经市经贸委批准，长兴小浦众盛水泥有限公司利用日产2000吨水泥熟料生产线窑头。窑尾余热建设纯低温余热发电站，总投资1777万元。设低压(1.2兆帕)、低温(290摄氏度)、3000千瓦凝汽式汽轮发电机组1台及窑尾余热锅炉(SP)、窑头余热锅炉各1台。所发电力经单回电缆线路与厂内总降压变电站6千伏母线连接并网。其运行方式为并网电量不上网自发自用。2005年9月竣工发电。

自备发电机组 县内企事业单位自备发电机始于20世纪60年代。初为流动放映电影和工厂备用。1978年后，乡镇工业异军突起，电力紧缺，电网避峰拉电频繁。为保证正常生产，企业自备发电机逐渐增多。其后，个体、农村家庭联户作坊式纺织业兴起，自备发电机剧增。1984年，全县有自备发电机484台，装机总容量1.02万千瓦，最大装机容量200千瓦。90年代中后期，随着新建电厂的相继建成投产，供电形势好转，企业自备发电机组大多停机或拆除。2002年后，电力供需矛盾再次突显，为鼓励企业自发电，缓解电力供需矛盾，县政府对购买自备发电机企业实行奖励政策，自备发电机的数量和单机容量大量增加。2004 年，全县共有自备发电机 264 台，装机总容量为 3.88 万千瓦，装机容量创历史新高，其中装机容量在 200 千瓦以上有 71 家，最大单机容量为 1050 千瓦。另外，人民医院、电信部门等一些重要用户基于用电可靠性的需要，备有自备发电机作为保安电源。2005 年，由于用电形势好转和汽（柴）油价格上扬，自备发电机数量锐减。银行系统、电信公司、大酒店、商场、医院和部队等单位的自备发电机组作为保安备用电源保留。同年年末，全县共有自备发电机 152 台，装机总容量 2.29 万千瓦，其中容量在 200 千瓦及以上的有 45 户，最大单机容量为 800 千瓦。

第二节　供　电

一、供电量

1988 年，全县供电量 3 亿千瓦时，供电最高负荷 3.87 万千瓦，年平均负荷率 83.4%。20 世纪 90 年代初，随着国民经济的快速发展，供电负荷与供电量也快速增长。1994 年，全县供电最高负荷达到 6.8 万千瓦，供电量 5.67 亿千瓦时，分别比 1993 年增长 41.7%和 20.8%。同年，全县分得统配电量 2.32 亿千瓦时，仅占全县总用电量的 40.9%，缺口电量达 3.35 亿千瓦时。1997—2001 年，由于国家加快能源建设，新建电厂陆续建成投产，电力供需矛盾缓解，全县未出现系统限电现象。2002 年，供电量突破 10 亿千瓦时，达 10.65 亿千瓦时，供电最高负荷 16.7 万千瓦，年平均负荷率 84.9%。2003 年起，能源供给再次出现紧缺，同年全县系统限电 3942 条次，少送电量 4875 万千瓦时。2004 年紧缺状况加剧，全县系统限电 6956 条次，少送电量 1.17 亿千瓦时。同年，县供电局和县“三电”办公室在做好计划用电的同时，从安徽省宣城电网购电，通过 35 千伏浙皖线向长兴煤山众盛水泥有限公司供电，至 2005 年共购电量 7938 万千瓦时。2005 年，全县系统限电减至 711 条次，电量供需矛盾开始缓解。同年，供电量达 18.38 亿千瓦时，供电最高负荷 28.09 万千瓦，年平均负荷率 88.7%。2010 年，供电量达 31.78 亿千瓦时，供电最高负荷 51.16 万千瓦，年平均负荷率 92.9%。2012 年，全县供电量达 39.41 亿千瓦时，供电最高负荷 69.6 万千瓦，年平均负荷率 89.2%。

1988—2012 年长兴县供电负荷、供电量情况表

表 9-16

年份	供电最高负荷（千瓦）	年平均负荷率（%）	年供电量（万千瓦时）	年份	供电最高负荷（千瓦）	年平均负荷率（%）	年供电量（万千瓦时）
1988	38700	83.4	29955.17	2001	109000	82.8	88664.25
1989	35000	79.7	30804.46	2002	167000	84.9	106469.72
1990	39900	79.4	33561.57	2003	212000	86.2	141985.47
1991	39900	80.2	36762.45	2004	267000	87.9	166229.40
1992	41700	83.3	40075.95	2005	280900	88.7	183796.17
1993	48000	85.7	46978.71	2006	311200	88.3	207146.45
1994	68000	82.1	56731.05	2007	334000	88.8	236006.09
1995	75000	81.4	61379.35	2008	376800	88.7	242160.84
1996	75000	81.2	63309.14	2009	441300	89.5	278250.52
1997	78000	82.1	61281.06	2010	511600	92.9	317840.28
1998	84000	82.0	65037.06	2011	677000	91.2	378214.78
1999	93000	81.1	67604.51	2012	696000	89.2	394141.55
2000	101000	81.5	80666.39	—	—	—	—

说明：资料来源于县供电公司

二、供电设施

供电线路　1988年，全县有10千伏配电线路49条，长度1167.67千米；35千伏输电线路19条，架空线路回路长度241.61千米；110千伏线路3条，架空线路回路长度80.01千米。2012年，全县有10千伏配电线路328条，长度为3493.43千米；35千伏线路19条，架空线路回路长度136.08千米；110千伏线路33条，线路回路长度420.44千米；220千伏线路13条，线路回路长度303.16千米。另有过境500千伏及以上超高压输电线路7条。

配电线路　1988年，全县有10千伏配电线路49条，长度1167.67千米，配电变压器1809台，容量118857千伏安。20世纪90年代，居民用电量猛增，县供电局围绕优化网络结构、缩短供电半径，对全县10千伏电网进行调整。2000年，启动全县农村电网改造，实现城乡同网同价。2001年9月，农村电网改造一期工程通过验收。同年，全县有低压线路5873.86千米，配电变压器2800台，总容量31.07万千伏安。至2003年，全县农网改造完成。2010年6月，启动城区电网“生命线”工程，将县行政中心、县广播电台和电视台划为二级配电网生命线，将居民小区、其他公共设施、公共事业单位，学校、大型超市、大型商场等划为三级配电网生命线，确保突发情况下能够保证供电；12月完工，总投资2331.6万元，建设改造“生命线”12条。2012年2月，启动配电自动化建设项目，总投资789.2万，至12月完成，实现运行监视、调度指挥、遥控操作、事故抢修等业务的集中管理。同年6月，成立长兴配网运行抢修指挥中心；11月，完成浙江省首台城网智能台区试点建设。同年年末，全县有10千伏配电线路328回，长度为3493.43千米，其中公用线路280回、长度3342.92千米，用户专线48回、长度150.51千米，10千伏配变7897台，容量2063.15兆伏安，其中公用变4188台、容量838.25兆伏安，用户专用变3709台、容量1224.9兆伏安，10千伏开闭所224座，10千伏柱上开关1689台。城网低压共有0.4千伏线路2270回，长度为268.5千米，其中架空线路55.04千米，低压电缆213.46千米；城网共有公变687台，容量335.37兆伏安，其中台架式变154台，低压配电房100座，箱式变367台；低压电缆分支箱1646台。

高压输电线路　即35千伏～220千伏的输电线路。1988年，全县有110千伏线路3条，架空线路回路长度80.01千米；35千伏输电线路19条，架空线路回路长度241.61千米。2004年11月，220千伏昆太2P88线（220千伏昆仑变至220千伏太傅变）建成，全长11.63千米，是长兴首条为县域提供电力供应的220千伏输电线路。1988—2012年，新增220千伏线路13条，110千伏线路28条。至2012年年末，全县有220千伏线路13条，线路回路长度303.16千米；110千伏线路33条，线路回路长度420.44千米；35千伏线路19条，架空线路回路长度136.08千米。

过境超高压输电线路　2012年年末，县内共有过境500千伏及以上超高压输电线路7条。依次为1987年竣工、1989年9月单极供电的500千伏葛南线（湖北省葛洲坝至上海市南桥直流超高压输电线路），途经长兴境内塔号为2195号-2294号共100基塔，穿越二界岭乡、泗安镇、林城镇、虹星桥镇、吕山乡5个乡镇；1996年3月投运的瓶武5905线（杭州市电力局500千伏瓶窑变电所至江苏省常州武南变电所）、2002年5月投运的窑武5915线2条500千伏超高压交流输电线路，途经长兴境内雉城镇、夹浦镇、水口乡、虹星桥镇、吕山乡、和平镇6个乡镇；2006年10月28日投运的500千伏宜华线（500千伏宜都至华新直流超高压输电线），长兴境内塔号2023号-2119号，穿越二界岭乡、泗安镇、林城镇、虹星桥镇、吕山乡5个乡镇，长度为36.95千米；2010年7月3日正式投产的直流800千伏复奉线（四川向家坝至上海输电线路），长兴境内途径泗安镇、林城镇、和平镇、吴山乡4个乡镇，共有塔基74基；2011年5月2日投运的直流500千伏林枫线（葛洲坝至枫泾），长兴境内塔号1899号-2027号，穿越二界岭乡、泗安镇、林城镇、虹星桥镇、吕山乡、和平镇6个乡镇，长度为53.59千米；2012年12月12日正式投产的直流800千伏锦苏线（四川省锦屏县至江苏省苏南输电线路），长兴境内途径泗安镇、林城镇、和平镇、吴山乡4个乡镇，共有塔基74基。除500千伏葛南线由嘉兴电力局运行管理外，其余超高压输电线路在长兴境内段均由湖州电力局送电工区运行管理。

1988—2012 年长兴县电网线路情况表

表 9-17

年份	220千伏线路		110千伏线路		35千伏线路		10千伏线路	
	条	总长度(千米)	条	总长度(千米)	条	总长度(千米)	条	总长度(千米)
1988	—	—	3	80.01	19	241.61	49	1167.67
1989	—	—	3	80.01	20	243.56	52	1172.73
1990	—	—	5	135.57	22	233.98	52	1173.23
1991	—	—	6	145.91	22	231.03	52	1180.45
1992	—	—	6	145.91	23	239.03	57	1201.10
1993	—	—	5	101.57	24	239.99	58	1216.84
1994	—	—	5	101.57	25	238.53	61	1235.98
1995	—	—	6	109.61	25	239.53	61	1244.00
1996	—	—	6	109.61	28	240.18	72	1247.42
1997	—	—	6	109.61	28	240.18	73	1292.96
1998	—	—	6	109.61	29	235.75	80	1291.92
1999	—	—	6	109.61	29	235.75	80	1299.13
2000	—	—	8	117.02	29	235.40	81	1323.09
2001	—	—	8	127.35	29	281.88	105	1415.05
2002	—	—	10	156.14	24	230.20	118	1501.33
2003	—	—	10	174.30	25	223.79	135	1616.87
2004	1	26.83	15	282.74	27	254.87	172	1960.35
2005	9	200.71	18	345.06	28	261.00	194	2286.04
2006	11	298.71	25	358.62	28	248.90	222	2334.36
2007	11	282.95	25	363.17	29	255.26	238	2500.46
2008	11	287.56	26	359.83	26	216.42	252	2683.87
2009	12	340.38	30	411.09	24	159.32	288	2897.11
2010	13	321.94	31	380.70	20	154.91	296	3045.97
2011	13	302.74	33	426.91	20	154.91	312	3271.88
2012	13	303.16	33	420.44	19	136.08	328	3493.44

说明:资料来源于县供电公司

变电所 1988 年,全县共有 110 千伏变电所 3 座,其中公用变电所 2 座、主变压器 2 台、总容量 5.15 万千伏安,用户变电所 1 座、主变 2 台、总容量 3.2 万千伏安;35 千伏变电所 14 座,主变 26 台,总容量 8.42 万千伏安,其中公用变电所 7 座、主变 13 台、总容量 5.29 万千伏安,用户变电所 7 座、主变 13 台、总容量 3.13 万千伏安。1992 年 9 月,35 千伏夹浦变电所建成投产。1994 年 7 月,35 千伏城东变电所建成投产。1996 年 7 月,35 千伏吕山变电所建成投产,为县供电局第一座按综合自动化标准设计、施工的变电所。1998 年 4 月,35 千伏合溪变电所建成投产。2000 年 11 月,110 千伏金陵变电所建成投产,变电容量为 4 万千伏安。2001 年 3 月,35 千伏横山变电所建成投产。2001 年 9 月,35 千伏长桥变电所建成投产,新增主变 1 台,变电容量 0.8 万千万伏安,主供中心城区西南农村用电,是长兴首座采用新型内桥接线变电所。同月,35 千伏里塘变电所也建成投产。2002 年 10 月,110 千伏水口变电所建成。2003 年 7 月,110 千伏煤山变电所建成投产。2004 年 11 月,220 千伏太傅变电所建成投产,主变 1 台,总容量 15 万千伏安,是长兴县首座 220 千伏级枢纽变电所。同年 11 月、12 月,110 千伏洪桥变电所、包桥变电所先后建成投产。2005 年 10 月,110 千伏和平变电所第一台主变建成投产。2006 年 5 月,110 千伏大云变电所建成投产。11 月,220 千伏昆仑变电所建成投产,位于雉城镇,占地 34646.67 平方米。12 月,110 千伏新塘变电所、龙山变电所建成投产。2007 年 4 月,110 千伏下箬变电所建成投产。2008 年 11 月,110 千伏夹浦变电所建成投产。2009 年 4 月,110 千伏泗安变电所建成投产,变电容量 5 万千伏安。2010 年 6 月,220 千伏甘泉变电所建成投产,位于吕山乡,占地 9300 平方米。1988—2012 年,共建成 220 千伏变电所 3 座、110 千伏变电所 13 座、35 千伏变电所 7 座,共有李家巷、夹浦、洪桥、和平、城东、林城、泗安、后漾、虹溪 9 座 35 千伏变电所和 1 座 110 千伏变电所独山变电所退出运行。至 2012 年,全县共有 220 千伏变电所 3 座,总容量 90 万千伏安;110 千伏变电所 20 座,总容量 127.75 万千伏安,其中公用变电所 14 座、总容量 108.3 万千伏安,用户变电所 6 座、总容量为 19.45 万千伏安;35 千伏公用变电所 16 座,总容量 19.58 万千伏安,其中公用变电所 5 座、总容量 9.2 万千伏安,用户变电所 11 座、总容量为 10.38 万千伏安。

1988—2012 年长兴县电网变、配电设备容量情况表

表 9-18

年份	220千伏变电所		110千伏变电所				35千伏变电所				10千伏配电变压器	
			电力企业		用户		电力企业		用户			
	座/台	容量（千伏安）	座/台	容量（千伏安）	座/台	容量（千伏安）	座/台	容量（千伏安）	座/台	容量（千伏安）	台	容量（千伏安）
1988	—	—	2/2	51500	1/2	32000	7/13	52850	7/13	31300	1809	118857
1989	—	—	2/2	51500	1/2	32000	7/14	56000	7/13	31300	1845	124535
1990	—	—	2/2	51500	1/2	32000	7/14	58400	7/13	31300	1864	127035
1991	—	—	2/3	83000	1/2	32000	7/14	58400	9/17	42800	1890	131115
1992	—	—	2/3	83000	1/2	32000	8/16	64750	9/17	42800	1905	129958
1993	—	—	2/3	83000	1/2	32000	8/16	75850	11/20	49150	2064	156396
1994	—	—	2/3	83000	1/2	32000	9/17	88650	11/20	49150	2189	177220
1995	—	—	3/4	114500	1/2	32000	9/17	102100	11/20	49150	2254	185320
1996	—	—	3/5	146000	1/2	32000	9/17	111200	11/21	52300	2378	211156
1997	—	—	3/5	146000	1/2	32000	9/17	111200	11/21	53800	2469	222212
1998	—	—	3/5	146000	1/2	32000	10/18	117500	11/21	53800	2541	237262
1999	—	—	3/5	146000	1/2	32000	10/18	117500	11/21	53800	2590	254243
2000	—	—	4/6	186000	1/2	32000	10/19	125500	11/21	53800	2588	254897
2001	—	—	4/6	186000	1/2	32000	13/22	149500	11/21	53800	2800	310708
2002	—	—	4/6	206000	1/2	41000	12/20	133500	9/17	61550	3192	385823
2003	—	—	5/9	309000	1/2	56500	12/21	153500	10/18	77950	3645	489601
2004	1/1	150000	7/11	406000	1/2	56500	11/21	167900	10/18	104950	4046	647961
2005	1/1	150000	8/13	486000	3/5	156500	10/19	157900	11/18	94900	4585	784534
2006	2/3	480000	11/16	626000	3/5	156500	10/19	157900	12/18	119350	4660	817412
2007	2/3	480000	12/18	716000	3/5	156500	9/17	141900	11/17	117050	5210	1040145
2008	2/3	480000	13/19	803000	4/7	188500	8/15	130600	11/16	109050	5707	1196646
2009	2/3	480000	14/21	903000	4/6	129500	6/11	104600	11/16	104550	6274	1513545
2010	3/4	720000	14/21	903000	5/7	149500	6/11	104600	11/16	104550	6829	1639359
2011	3/5	900000	14/21	903000	5/7	169500	6/11	104600	11/16	104550	7446	1868619
2012	3/5	900000	14/24	1083000	6/8	194500	5/9	92000	11/15	103800	7897	2063154

说明:资料来源于县供电公司

三、电网改造

农网改造 1999年，根据国家电力公司和省政府部署，县供电局全面启动“改造农村电网、改革农电体制、实行城乡同网同一电价”(简称“两改一同价”)工作。同年，农网改造一期工程开始动工，总投资1.35亿元，新增配电变压器208台，总容量2.18万千伏安，变压器由小换大257台，总容量1.30万千伏安，改造低压线路1406千米，建成农村电网改造合格村291个；2001年9月经省计委、省电力公司等部门验收合格。其间，长广煤矿供电区长兴县地域农村电网改造工程也动工建设，投资5000万元，新建、改建10千伏线路168千米，改造低压线路592千米，新增配电变压器96台，总容量8700千伏安，增加配电变压器48台，总容量3360千伏安；于2002年7月经省电力公司、市电力局等部门验收合格。在一期工程完成的同时，二期电网改造工程随即启动，投资4535万元，改造低压线路875千米。新增配电变压器85台，总容量6155千伏安，增加配电变压器151台，总容量7750千伏安，建成农村电网改造合格村73个；2003年12月二期工程经市电力局等部门验收合格。至该时，全县“两改一同价”农村电网改造工程全面完成，农村低压电网供电半径平均缩短到0.5千米，供电质量和安全可靠性明显改善，尤其是原长广转供的3个半乡镇的高压电网设施得到彻底改造，电网设备差、线损高、用电管理混乱的现状得以改变。城、乡生活照明及非、普工业用电全部实行同网同一电价，农村居民生活照明到户由1999年年底的每千瓦时电价0.76元，降至2003年年底的每千瓦时0.53元，降幅达29.9%。随着新农村建设不断推进，原电力网架又满足不了农村用电需求，2006年开始，结合“三通一标”和电气化村典型供电模式，全面推进建设电气化精品工程，全县农网硬件水平、管理水平提升明显。2007年，省经贸委授予长兴县“新农村电气化县”。2011年，市经信委授予全县11个乡镇“农村电气化乡镇”。2012年，县经信委授予全县246个村“农村电气化村”。

图9-10 长兴县农电“两改一同价”工作会议(县供电公司提供·1999年)

在农村电网改造完成的基础上，随即启动农电体制改革。2003年开始，按照《浙江省乡(镇)农电体制改革实施意见(试行)的通知》精神和全县乡镇农电体制改革实施方案，组建营配合一的供电营业所，实现城乡电网统一管理、统一核算、直接抄表收费到户，实行城乡同网同价。撤销原有的5个供电所和14个乡镇供电营业所，设立雉城、和平、吕山、洪桥、林城、泗安、夹浦和煤山8个供电营业所，管辖全县16个乡镇的供用电工作。县及乡镇农电管理站组织随之撤销，人、财、物由县供电局归口管理。解除在职电管员与农电管理总站的劳动关系，在职村电工全部返村。新录用的电管员、专职和兼职电工实行综合劳务代理。经改革后，全县共聘用电管员64人、专职电工171人、兼职电工219人，分布在各供电营业所继续服务农电工作。2004年9月，全县实现城乡电网一体化管理。2012年，全县共聘用电管员37人、专职电工230人、兼职电工96人，分布在8个供电营业所继续服务农电工作。

城网改造 2000年起，全县城镇工业和居民生活用电量不断攀升，而城镇电网存在着设备陈旧、落后、配电能力严重不足且单向辐射供电的问题，无法保障电压质量和供电可靠性。同年，投入资金8700万元，对县城电网进行改造，重点优化城市10千伏网络结构和完成配电变压器增容、合理布点。2001年，对城镇电网和居民住宅小区供配电系统分批改造，启动一户一表改造工程，使供电能力达到每户4千瓦～10千瓦。至2005年，共新建、改造和分流城市10千伏线路32条，总长136.2千米；建设环网站17座；新增配电变压器529台，总容量13.66万千伏安。同年年末，完成城镇居民一户一表改造18.17

万户。2005 年后，每年结合电网基建和技改进行城网的新建和改造，城镇逐步采用占地面积小、容量大，操作维护方便、新颖美观的箱式组合配电装置，城区主要道路架空线路改成地下电缆。至 2012 年年末，用于配网改造投资累计 6.71 亿元，其中城网改造专项投资为 1.14 亿元。

四、电力调度管理

1997 年之前，县供电局依靠各变电所电话报告负荷实施全县电力调度。1997 年 2 月，启用调度自动化系统打印县调负荷。2000 年 5 月 1 日起，110 千伏变电所主变压器 35 千伏、10 千伏断路器及以下设备和 35 千伏变电所设备由县供电局调度管辖。2005 年 1 月，长兴电网电压无功优化控制系统投入运行。2010 年 9 月，建设智能电网调度技术支持系统，实现对电网的状态估计、潮流计算等高级应用。2011 年 9 月，启动建设电压无功自动优化控制系统，至 2012 年 1 月完成 220 个供区 14 座 110 千伏变电所、6 座 35 千伏变电所的闭环接入，实现全电网电压及力率的自动控制。2012 年年末，长兴调度控制中心管辖长兴电网内 22 座 35 千伏～220 千伏公用变电所、8 座 35 千伏用户变电所和 3 座小水电站。

第三节　用　电

一、用电量

1988 年，全县全社会用电量为 29955 万千瓦时，其中城乡居民生活用电 1822 万千瓦时，全县用电总户数 10.54 万户。20 世纪 90 年代起，全县电源和电网建设同步快速发展。通过国民经济结构调整，实行标准化、规范化用电管理，采取计划用电、节约用电等一系列措施，缓解电力供应短缺矛盾。2005 年，全社会用电量 238554 万千瓦时。2012 年，全县全社会用电量达 462986 万千瓦时，比 1988 年增长 14.46 倍。全县用电总户数 255467 户，用电设备容量 2756815 千瓦。其中，农业用电 2115 户，用电设备容量 30396 千瓦；工业用电 12983 户，用电设备容量 1341439 千瓦，建筑业用电 1955 户，用电设备容量 108723 千瓦；交通业用电 110 户，用电设备容量 27627 千瓦；商业、住宿、餐饮业用电 11281 户，用电设备容量 146245 千瓦；城乡居民用电 216924 户，用电设备容量 815252 千瓦。

1988—2012 年长兴县全社会用电量情况表

表 9-19　　单位：万千瓦时

年份	全社会用电量	农业用电	工业用电	建筑业	交通邮电业	贸易业、餐饮业	其他用电	第一产业	第二产业	第三产业	城乡居民生活
1988	29955	3982	22565	208	284	425	647	—	—	—	1822
1989	30804	3594	23510	249	348	412	539	—	—	—	2130
1990	33562	4185	24151	174	347	387	577	—	—	—	3741
1991	36762	3872	26739	266	381	566	652	—	—	—	4286
1992	40076	3864	29250	386	495	704	993	—	—	—	4384
1993	46979	4454	35533	201	524	773	913	—	—	—	4581
1994	56731	4891	43687	420	568	1028	884	—	—	—	5253
1995	61379	5536	46688	529	611	1102	1117	—	—	—	5796
1996	63309	4610	47861	719	525	1224	1804	—	—	—	6566
1997	61281	5414	45225	552	728	1206	1609	—	—	—	6549
1998	65037	6177	47166	490	704	1226	1964	—	—	—	7310
1999	67605	5448	48400	519	598	886	2252	—	—	—	9500
2000	89784	5269	68398	539	792	1147	—	5269	68937	15578	11019

续表9-19

年份	全社会用电量	农业用电	工业用电	建筑业	交通邮电业	贸易业、餐饮业	其他用电	第一产业	第二产业	第三产业	城乡居民生活
2001	100220	4748	78668	553	843	1276	—	4748	79222	4785	11466
2002	117010		92905	516	1511	1239	—	5852	93422	4988	12748
2003	175367		142266	1368	545	2005	—	6213	143634	8021	17299
2004	203309		176801	2139	786	3203	—	1155	178940	10376	12837
2005	238554	1140	210928	1973	627	3876	—	1140	212901	10332	14181
2006	273154	1878	239399	1648	866	4304	—	1878	241047	12774	17455
2007	300432	2025	260034	1721	3159	5113	—	2025	261775	17297	19356
2008	307365	2203	259835	2269	3557	5961	—	2203	262104	19457	23601
2009	352555	2263	295839	4491	3998	7398	—	2263	300331	21710	28252
2010	360284	2625	325975	5959	4808	9020	—	2625	331934	25725	33234
2011	453308	2810	381574	5545	5555	10632	—	2810	387120	27568	35809
2012	462986	2740	383925	5741	3477	12289	—	2740	389666	28503	42076

说明：1. 资料来源于历年《长兴统计年鉴》；2. 表中数据不含省直供省属企业用电

二、生产用电

第一产业用电 1988年，全县农业用电量3982万千瓦时，占全社会用电量的13.3%。20世纪90年代起，随着第二产业的快速发展和第三产业的逐步兴起，第一产业占全社会用电量比重逐年下降。2000年，第一产业（农林牧渔业）用电量4290万千瓦时，占全社会用电量的4.8%。2012年，第一产业用电量2740万千瓦时，仅占全社会用电量的0.6%。其中排灌用电1081万千瓦时，占第一产业用电量的39.5%。

第二产业用电 1988年，全县第二产业用电量22773万千瓦时，占全社会用电量的76%。其中建材制品工业用电6603万千瓦时、占第二产业用电量的28.9%，煤炭工业用电量5061万千瓦时、占第二产业用电量的22.2%、建材开采业用电量2331万千瓦时、占第二产业用电量的10.2%，居第二产业用电量的前三位。建筑业用电量仅为208万千瓦时，占第二产业用电量的0.9%。之后，工业用电量逐年增长，全县纺织工业发展迅猛，用电量以年均30%以上的速度增长，其中1994年、2000年的用电增幅分别高达173.7%、77.1%。2000年，全县工业用电量68398万千瓦时，其中建材制品工业用电量28806万千瓦时、占工业用电量的42.1%，建材开采业用电量9632万千瓦时、占工业用电量的14.1%，纺织工业用电量8053万千瓦时、占工业用电量的11.8%，纺织工业用电量跃居工业用电量的第三位。进入21世纪后，全县加大经济结构调整力度，压缩高能耗产能，加快培养新兴产业，原占工业用电量比重较大的建材、水泥用电量大幅度下降。2005年，交通设备电子电气用电量9665万千瓦时，占工业用电量4.6%，居纺织业、非金属矿采选业之后，成为工业用电量第三位的制造业。2012年，全县第二产业用电量389666万千瓦时，占全社会的84.2%，其中工业用电量383925万千瓦时，比1988年增长16倍。纺织业用电量130437万千瓦时、占工业用电量的33.9%，非金属矿物制品业用电量128366万千瓦时、占工业用电量的33.4%，交通设备电子电气用电量43751万千瓦时、占工业用电量的11.4%，居工业用电量的前三位。

第三产业用电 1988年，全县第三产业用电量1348万千瓦时，占全社会用电量的4.5%。其中，交通邮电业276万千瓦时、占第三产业用电量的20.5%，贸易业、餐饮业425万千瓦时、占第三产业用电量的31.5%，其他用电647万千瓦时、占第三产业用电量的48%。90年代中后期，商业、住宿和餐饮业迅速发展，用电量快速增长。2000年，全县第三产业用电量15578万千瓦时，占全社会用电量的17.4%，比1988年增长10.6倍。进入21世纪后，县内金融、房地产、物流仓储等新兴产业快速崛起，用电量倍增。2012年，全县第三产业用电量28503万千瓦时，占全社会用电量的6.2%，比1988年增长20.1倍。其中，商业、住宿和餐饮业12289万千瓦时、占第三产业用电量的43.1%，交通仓储邮政业3477万千瓦时、占第三产业用电量的 12.2%，金融、房地产业 3015 万千瓦时、占第三产业用电量的 10.6%，公共事业及管理组织 8026 万千瓦时、占第三产业用电量的 28.2%。

三、生活用电

1988 年，全县城乡居民生活用电量 1822 万千瓦时，占全社会用电量的 6.1%，年人均生活用电量 30.71 千瓦时，其中城镇居民生活用电 823 万千瓦时，农村居民用电 999 万千瓦时。2000 年，城乡居民生活用电量首次超过 1 亿千瓦时，达 11019 万千瓦时，年人均生活用电量 178.19 千瓦时。之后，随着生活水平的提高，家用电器的普及，城乡居民生活用电持续较快增长。2012 年，全县城乡居民生活用电量 42076 万千瓦时，占全社会用电量的 9.1%，其中城镇居民用电量 20578 万千瓦时，农村居民用电量 21498 万千瓦时。全年人均生活用电量 672.18 千瓦时，比 2000 年增长 2.8 倍，比 1988 年增长 20.9 倍。

1988—2012 年长兴县全社会用电结构情况表

表 9-20　　单位：万千瓦时

年份		1988年	1990年	1995年	2000年	2005年	2010年	2012年
全社会用电量		29955	33562	61379	89784	238554	360284	462986
其中	第一产业				5269	1140	2625	2740
	第二产业				68937	212901	331934	389666
	第三产业				15578	10332	25725	28503
	城乡居民生活	1822	3741	5796	11019	12837	33234	42076
按行业分类	农林牧渔业	3982	4185	5536	5269	1140	2625	2740
	排灌					106	974	1081
	工业	22565	24151	46688	68398	210928	325975	383925
	煤炭工业	5986	6221	5061	5169	3011	3213	5929
	建材开采业	7912	2647	2331				
	非金属矿采选业				9632	8289	11546	7801
	纺织业	3448	499	478	8053	46976	89783	130437
	服装业					1506	3325	4564
	化学纤维制造业	2782	1992	1921	60	46	12842	15022
	橡胶塑料制品业	23	8	28	472	637	3771	5999
	建材制品工业	6603	6276	15614	28806			
	非金属矿物制品业					105799	131162	128366
	通专用设备制造业					1162	6052	8060
	交通设备电子电气	647	199	233		9665	28342	43751
	建筑业	208	174	529	539	1973	5959	5741
	交通仓储邮政业	284	347	611	792	627	4808	3477
	商业和住宿餐饮业	425	387	1102	1147	3876	9020	12289
	金融、房地产	—	—	—	—	326	3899	3015
	公共事业及管理组织	—	—	—	—	5503	6786	8026
	城镇居民生活	823	1923	3126	4547	6150	15696	20578
	乡村居民生活	999	1818	2670	6472	8031	17538	21498

说明：1.根据历年《长兴统计年鉴》整理；2.表中数据不含省直供省属企业用电；3.工业用电部分选取用电比重较大的部分工业行业情况，未列出所有工业门类

第十编　经济总情

1988 年，长兴县以中共十二大确立的十一届三中全会后中国经济建设“三步走”①发展战略为指引，在解决温饱问题后，继续朝着人民生活总体达到小康水平的目标奋进。同年，被国务院列为沿海经济开放区，对外开放步伐开始加快，全年工农业总产值达到 10.23 亿元，地区生产总值 10.63 亿元，财政收入 7018 万元。1992 年，在邓小平南方谈话精神和中共十四大确立的建立社会主义市场经济体制改革目标指引下，全县进一步解放思想，经济建设和改革开放全面加速。1995 年 10 月，长兴首次跻身国家统计局发布的中国综合实力百强县(市)，列第 81 位。1997 年 1 月，被省委、省政府命名为第二批“小康县”，实现从温饱到小康的历史性跨越。之后，全县以市场取向的改革力度进一步加大，至 2000 年，社会主义市场经济体制初步建立。进入 21 世纪后，全县以建设全面小康社会为目标，抢抓加入世界贸易组织机遇，不断深化经济体制改革，全方位扩大对外开放，加快产业结构调整，转变经济发展方式，经济实力显著增强，人民生活水平日益提高。长兴再次入围国家统计局发布的 2003 年度全国综合发展百强县(市)，并由 2002 年度的第 107 位跃升至第 63 位。2004 年度上升至第 51 位，两年攀升 56 个位次，被《人民日报》《光明日报》誉为“长兴速度”。2010 年，长兴获评中国全面小康成长型百佳县。2012 年，全县实现地区生产总值 370.75 亿元，财政总收入 62.17 亿元，分别比 1988 年增长 33.88 倍、87.59 倍。

第一章　经济概貌

1988—2012 年，长兴县以经济建设为中心，加大以市场为取向的改革，加快对外开放步伐，实现从温饱到小康的历史性跨越，人民生活总体达到小康水平，社会主义市场经济体制初步建立，并朝着建设全面小康社会目标迈进。

第一节　经济发展

一、五年计划

1988—2012 年，全县先后实施、编制长兴县国民经济和社会发展第七个五年计划(简称“七五”计划)至长兴县国民经济和社会发展第十二个五年规划(简称“十二五”规划)共 6 个五年计划(从“十一五”

① 1987年10月，中共十二大正式确定了十一届三中全会后中国经济建设“三步走”的发展战略：第一步，从1981年到1990年，国民生产总值翻一番，解决人民温饱问题；第二步，从1991年到20世纪末，国民生产总值再翻一番，人民生活水平达到小康水平；第三步，到21世纪中叶，人均国民生产总值达到中等发达国家水平，人民生活比较富裕，基本实现现代化。

起，“五年计划”改为“五年规划”）。其中，“七五”计划在本志期限内实施 3 年，“十二五”规划在本志期限内实施 2 年。

“七五”计划时期（1986—1990），全面推行经济体制改革，完善农村第一轮土地承包工作，工业企业开展经济责任制（厂长负责制）、承包经营责任制改革，开始推行劳动用工和工资分配改革。商业企业按“所有权与经营权分离”原则，逐步推行多种形式的承包经营责任制。1990 年，全县生产总值比 1985 年增长 1.34 倍，第一、第二、第三产业占生产总值的比重分别为 36.1%、44.3%和 19.6%。

“八五”计划时期（1991—1995），坚持稳定农村家庭联产承包制，推行“双田制”改革。工业企业实施第二轮承包经营，全面实行劳动用工和工资分配“两项制度”，逐步推行股份合作制改革。商业企业实行经营、价格、用工、分配“四放活”改革，实施和完善第二轮承包经营责任制，并试行股份制改革。1995 年，全县生产总值比 1990 年增长 3.18 倍，第一、第二、第三产业占生产总值的比重分别为 19.2%、54%和 26.8%。

“九五”计划时期（1996—2000），农村完成第二轮土地承包，开展土地承包经营权流转。国有、城镇集体企业全面推进“企业产权、职工身份”双置换改革。2000 年，全县生产总值比 1995 年增长 43.5%，第一、第二、第三产业占生产总值的比重分别为 16.1%、52.3%和 31.6%。至 2000 年，社会主义市场经济体制初步建立。

“十五”计划时期（2001—2005），开展农村集体经济股份制改革试点。开展国有、城镇集体企业及商贸流通企业“双置换”改革攻坚，推进重点工业骨干企业建立现代企业制度。2005 年，全县生产总值比 2000 年增长 98.3%，第一、第二、第三产业占生产总值的比重分别为 11.5%、54.3%和 34.2%。

“十一五”规划时期（2006—2010），深化农村综合改革，推进村经济合作社股份制合作制改革。加快结构调整，转变经济增长方式。整顿和规范市场经济秩序，营造有利于公平竞争的市场环境。2010 年，全县生产总值比 2005 年增长 1.13 倍，第一、第二、第三产业占生产总值的比重分别为 9%、55.5%和 35.5%。

二、主要经济指标

地区生产总值　1988 年，全县实现地区生产总值(GDP)10.63 亿元。1996 年，地区生产总值突破 50 亿元，达到 53.05 亿元。2004 年，地区生产总值突破 100 亿元，达到 115.47 亿元。2008 年，地区生产总值突破 200 亿元，达到 218.94 亿元。2011 年，突破 300 亿元，达到 334.7 亿元。2012 年，地区生产总值达到 370.75 亿元。1988—2012 年，全县生产总值年均增长 15.3%。

1988 年，全县实现人均生产总值（按户籍人口计算）1800 元。1999 年，人均生产总值突破 1 万元，达到 10309 元。2012 年，全县人均生产总值达到 59229 元，按当年汇率折算，为 9423 美元。1988—2012 年，全县人均生产总值年均增长 15%。

财政收入　1988 年，全县财政总收入 0.7 亿元。1993 年首次超过 1 亿元，2003 年突破 10 亿元，2006 年突破 20 亿元，2008 年突破 30 亿元。同年起受经济危机影响，财政增速放缓。2010 年起财政收入快速增长，同年突破 40 亿元，2011 年突破 50 亿元，至 2012 年突破 60 亿元，达 62.17 亿元，年均增长 21%。

1994 年实行分税制改革时，全县地方财政收入 0.5 亿元，至 1999 年首超 1 亿元，2006 年突破 10 亿元，2010 年突破 20 亿元，2011 年突破 30 亿元，至 2012 年达 35.5 亿元，为 1994 年的 71 倍，年均增长 27%。

固定资产投资　1988 年，全县全社会固定资产投资 2.53 亿元，2006 年突破 100 亿元，2011 年跨越 200 亿元，2012 年达 248.81 亿元，年均增长 21%。

进出口总额　1988 年之前，县内除外商投资企业进口自用办公设施及原材料外，只有少量间接进口。同年，全县外贸收购总额人民币 2846 万元。1996 年起全县对外贸易转向以扩大自营出口为主。1999 年，全县进出口贸易总额 854 万美元。到 2012 年，全县进出口贸易总额 145947 万美元，年均增长 48.5%。

社会消费品零售总额　1988 年，全县社会消费品零售总额 4.19 亿元。2010 年突破 100 亿元，2012 年实现 148.38 亿元，年均增长 16%。

1988—2012 年长兴县主要经济指标情况表

表 10-1

年份	地区生产总值(万元)	人均生产总值(元)	财政总收入(万元)	地方财政收入(万元)	全社会固定资产投资(万元)	社会消费品零售总额(万元)	进出口贸易总额(万美元)	实际外资(万美元)
1988	106250	1800	7018		25296	41862	2846	
1989	118218	1984	7006		27421	44924	3080	
1990	121214	2029	7104		24031	41287	4466	
1991	132685	2216	7153		33223	45858	6007	
1992	175989	2920	7929		61705	57395	6985	49
1993	276481	4566	10032		75281	81744	7489	459
1994	404725	6704	11883	5038	112032	125149	9399	859
1995	485170	7993	13566	6006	136870	176738	5321	257
1996	530480	8603	15008	6646	142034	218130	1178	840
1997	574957	9316	16899	7010	117699	230963	1510	459
1998	610327	9923	19449	8319	122538	250258	989	81
1999	634644	10309	21663	10108	148995	276186	854	69
2000	671610	10882	32008	15388	204341	304498	1824	1217
2001	750529	12137	50068	28756	407979	335710	3110	4600
2002	837040	13512	68333	34180	458148	370520	7224	7655
2003	970728	15648	103166	45751	580560	372200	8558	10009
2004	1154711	18616	135200	68290	767831	431040	15520	10129
2005	1331756	21495	175066	93959	903929	489230	21959	13006
2006	1593279	25801	220066	120443	1058053	562616	31329	14512
2007	1886599	30616	280018	153620	1035046	655208	47189	15325
2008	2189391	35485	308066	163039	1216560	785594	71108	17101
2009	2406609	38815	338916	184703	1577058	911496	60653	15857
2010	2843290	45664	400988	223602	1952296	1081054	99307	18506
2011	3347029	53542	545366	307492	2019732	1273825	149284	17004
2012	3707506	59229	621718	355087	2488125	1483830	145947	19212

说明:资料来源《长兴统计年鉴》。进出口贸易总额数据来源县商务局,1988—1998 年为外贸出口总额,其中 1988—1995 年为外贸收购价(人民币万元),1996—1998 年为海关统计的自营出口额(万美元),1999—2012 年为进出口总额(万美元)

第二节 小康县和小康乡镇、村

“小康社会”是由邓小平于 1979 年首先提出的战略构想,并随着中国特色社会主义建设事业的深入,其内涵和意义不断地得到丰富和发展。1987 年 10 月,中共十二大正式确定了十一届三中全会后中国经济建设“三步走”的发展战略。2000 年 10 月,十五届五中全会宣布,中国已经胜利地实现了“三步走”战略的第一步、第二步目标,人民生活总体上达到了小康水平,人均 GDP 达到 848 美元,实现了从温饱到小康的历史性跨越。2002 年 11 月,十六大报告进一步提出要在 21 世纪头二十年,集中力量,全面建设惠及十几亿人口的更高水平的小康社会，使经济更加发展、民主更加健全、科教更加进步、文化更加繁荣、社会更加和谐、人民生活更加殷实。2012 年 11 月，十八大报告明确提出了“全面建成小康社会”的目标。

1991 年，省委依据浙江经济和社会发展情况，提出在全省开展九十年代农村奔小康、建设社会主义新农村，在全国率先进入小康的总目标；并根据全国的农村小康 16 项指标，制定浙江省小康县达标具体标准。1992 年 4 月，市委印发《湖州市九十年代奔小康建设社会主义新农村规划》，提出把全市农村建成经济繁荣兴旺、思想健康向上、社会安定团结、生活达到小康的有中国特色的社会主义新农村；并制定了湖州市小康乡镇、小康村达标具体标准。1993 年 6 月，县委印发《长兴县九十年代奔小康建设社会主义新农村规划》，1994 年 6 月印发《长兴县农村奔小康工作四年规划(1994—1997 年)》，推动农村奔小康工作在全县扎扎实实地开展起来。

一、小康县

根据《浙江省县(市、区)级农村小康达标标准》，县级小康达标标准共有 6 大体系 16 项指标。一是收入分配，包括人均纯收入、尼基系数 2 项指标；二是物质生活，包括恩格尔系数、人均每日蛋白质摄入量、人均衣着消费支出、钢木结构住房比重 4 项指标；三是精神生活，包括百户电视机拥有量、服务消费支出比重 2 项指标；四是人口素质，包括人口平均预期寿命、劳动力平均受教育年限 2 项指标；五是生活环境，包括已通公路行政村比重、已通电话行政村比重、用电户比重、安全卫生饮用水普及率 4 项指标；六是社会安全保障，包括享受社会保障人口比重、万人刑事案件立案数 2 项指标。另外，县级小康达标有一个必要条件，“基本达到小康村比重”大于等于 60%，该指标实行一票否决制。

1996 年 5 月开始，省、市组织考核验收组对长兴县 2015 年度达标情况进行考核验收。1997 年 1 月，省委、省政府作出《关于命名表彰浙江省第二批小康县的决定》，长兴县等 17 个县(市、区)被命名为“浙江省第二批小康县”①。

二、小康乡镇

乡镇级小康达标标准共有 12 项指标，分别为人均纯收入、人均经济总收入、人均纯收入低于 500 元人口比重、已通公路行政村比重、已通电话行政村比重、享受社会保障人口比重、安全卫生饮用水普及率、使用卫生厕所人口比重、九年制义务教育普及率、万人刑事案件立案数、村厂一类党支部比重、基本实现小康村比重。其中，先决条件是必须有 70%以上的村实现小康。

1997 年 2 月，市委、市政府作出《关于命名表彰湖州市首批小康乡镇的决定》，长兴县新塘乡、洪桥镇、李家巷镇、横山乡、雉城镇、下箬寺乡、夹浦镇、林城镇、长桥乡、煤山镇、白岘乡 11 个乡镇被命名“湖州市首批小康乡镇”。

1998 年 1 月，市委、市政府作出《关于命名表彰湖州市第二批小康乡镇的决定》，长兴县小浦镇、后漾乡、槐坎乡、吴山乡 4 个乡镇被命名为“湖州市第二批小康乡镇”。

三、小康村

村级小康达标标准共有 14 项指标，分别为人均纯收入、人均经济总收入、人均纯收入低于 500 元人口比重、人均拥有村级集体可支配资金、钢木结构住房比重、百户电视机拥有量、享受社会保障人口比重、安全卫生饮用水普及率、使用卫生厕所人口比重、用电户比重、九年制义务教育普及率、万人刑事案件立案数、拥有文化或体育活动场所、村级组织建设(包括党支部、村委会、经济合作社)。

经考核验收，全县 1993 年度实现小康目标的行政村共 80 个，占全县 452 个行政村总数的 17.7%；1994 年度实现小康目标的行政村共 69 个，占 15.3%；1995 年度实现小康目标的行政村共 157 个，占 34.7%。

四、全面小康建设示范村

2006 年 1 月，省委、省政府作出《关于命名表彰浙江省第三批“全面小康建设示范村”的决定》，长兴

① 1996年1月，省委、省政府作出《关于命名表彰浙江省首批小康县的决定》，有33个县(市、区)被命名为“浙江省首批小康县”。

县小浦镇方一村、雉城镇渚山村、李家巷镇章浜村、煤山镇楼下村、水口乡顾渚村、槐坎乡仰峰村、夹浦镇北川村7个村被命名表彰为浙江省第三批“全面小康建设示范村”。

2007年1月，省委、省政府作出《关于命名表彰浙江省第四批“全面小康建设示范村”的决定》，长兴县小浦镇大岕口村、吴山乡横涧村、水口乡徽州庄村、槐坎乡六都村、夹浦镇香山村、洪桥镇古龙村、二界岭乡罗家地村7个村被命名表彰为浙江省第四批“全面小康建设示范村”。

2008年1月，省委、省政府作出《关于命名表彰浙江省第五批“全面小康建设示范村”的决定》，长兴县林城镇上狮村和周吴岕村、水口乡金山村、虹星桥镇河桥村、夹浦镇月明村、泗安镇新联村、小浦镇潘礼南村、白岘乡访贤村、槐坎乡东风村、和平镇倸碛10个村被命名表彰为浙江省第五批“全面小康建设示范村”。

2009年1月，市委、市政府作出《关于表彰第六批“全面小康建设示范村”的决定》，长兴县洪桥镇排田漾村、吕山乡胥仓村、水口乡龙山村、夹浦镇吴城村、煤山镇新川村5个村被表彰为湖州市第六批“全面小康建设示范村”。

2010年2月，市委、市政府作出《关于命名第七批“全面小康建设示范村”的决定》，长兴县夹浦镇长平村和红旗村、煤山镇新安村、李家巷镇计家浜村、和平镇和平村和回车岭村、吕山乡雁陶村、槐坎乡礼岕村、泗安镇塔上村和兴隆村10个村被命名表彰为湖州市第七批“全面小康建设示范村”。

2011年2月，市委、市政府作出《关于表彰第八批“全面小康建设示范村”的决定》，长兴县和平镇横山村和城山村、虹星桥镇港口村和西南村、李家巷镇石泉村、水口乡后坟村、水口村、江排村、徐旺村，槐坎乡新槐村、祠山村，洪桥镇中道村，夹浦镇丁新村，泗安镇庆丰村、禧祉村、玉泉村16个村被命名表彰为湖州市第八批“全面小康建设示范村”。

第三节　百强县和“长兴速度”

一、首次进入全国百强县

1992年年底，国家统计局、中国农村评价中心开始评选中国综合实力百强县(市)。1994年未开展评选，中断一次。1995年，开展第三届中国综合实力百强县(市)评选。经过对各县(市)22项指标的综合评价，10月12日在江苏省张家港市举行发布会，公布1994年度中国综合实力百强县评选结果，并颁发“中国综合实力百强县(市)”证书。长兴首次跻身中国综合实力百强县行列，列第81位。全省共23个县(市)入选，其中义乌、长兴、象山、奉化为首次入围，长兴列全省第18位。1995年后，百强县评选再次中断。

图10-1　1995年10月，长兴入围第三届“中国综合实力百强县(市)”(县档案馆提供)

二、长兴速度

进入21世纪，长兴经济社会发展进入快车道。2001年开始，国家统计局恢复百强县评选。每年根据全国2000多个县上一年的社会经济统计资料，采用33项指标从发展水平、发展活力、发展潜力三个方面对县域社会经济综合发展指数进行测算，根据测算和统计结果，每年发布社会经济发展综合指数前100名县(市)(简称“最发达100县”)，并颁发“全国综合发展百强县(市)”证书。

2004年9月，由国家统计局农村社会经济调查总队、中国信息报社联合发布2003年度社会经济综合发展指数测评结果，长兴自评选恢复后首次入围全国综合发展百强县(市)，排名第 63 位，比 2002 年度排名提升 44 位；全省共有 30 个县(市)入围，长兴列全省第 23 位。

2005 年 10 月，国家统计局农村社会经济调查总队、中国信息报社联合发布 2004 年度全国综合发展百强县(市)，长兴排名第 51 位；全省入围县(市)30 个，与上一年持平，长兴列全省第 21 位。

连续两年名列全国百强县，两年连升 56 个位次，“长兴现象”引起了国内主流媒体的高度关注。2005 年 10 月 16 日，《人民日报》(华东新闻)第一版以《长兴为何连升 56 位》为题，对长兴现象进行解析，并称之为“长兴速度”。11 月 25 日，《光明日报》以《百强县排位凸显“长兴速度”》为题，对长兴近两年来的发展路径进行剖析，对“长兴速度”予以肯定。

2006 年 9 月，国家统计局农村社会经济调查总队、中国信息报社联合发布 2005 年度全国综合发展百强县(市)，长兴继续保持强劲发展势头，名列全国综合发展百强县(市)第 56 位；全省入围县(市)30 个，长兴列全省第 22 位。

之后，国家统计局不再进行百强县评选。

三、千强镇

2005 年 9 月，国家统计局在广东东莞举办 2005 全国强镇论坛，并发布“全国首届小城镇综合发展水平 1000 强”名单。长兴县有雉城镇、李家巷镇、洪桥镇、和平镇、煤山镇 5 个镇入围全国“千强镇”行列。“全国小城镇综合发展水平 1000 强”，简称全国综合实力“千强镇”，是国家统计局对全国近 2 万个建制镇，根据城镇发展水平、生活环境、发展潜力等方面近 30 个指标进行的综合测评评定。由国家统计局农村社会经济调查总队、中国信息报社发布。

2006 年 10 月，国家统计局在浙江萧山举办主题为“发展强镇经济，建设社会主义新农村”的全国强镇论坛，并发布第二届全国小城镇综合发展水平 1000 强名单。长兴县有雉城镇、李家巷镇、洪桥镇、夹浦镇、林城镇、和平镇、小浦镇、煤山镇 8 个镇入围全国综合实力“千强镇”行列，其中煤山镇跻身全国百强，位居第 76 位。比第一届新增夹浦、林城、小浦 3 个镇。

之后，国家统计局不再进行千强镇评选。

第二章　经济结构

随着改革开放的深入，长兴县经济结构发生深刻变化。所有制结构从国有、集体经济为主，逐步形成以公有制为主体、多种所有制经济共同发展的格局。产业结构从“二一三”逐步向“二三一”演变，逐步形成以第二产业、第三产业为主共同带动经济增长的新格局。投资主体也发生较大的变化，由计划经济体制下的国家单一投资，转变为多元化、多层次的投资。

第一节　所有制结构

一、农业所有制结构

1988 年，继续推行家庭联产承包责任制和统分结合的双层经营体制，土地集体所有，个人承包经营。全县 28.5 万名农村劳动力中，有农林牧渔业劳动力 20.3 万人，其中农业 18.16 万人、占 89.5%，林业 0.8 万人、占 4.4%，牧业 0.54 万人、占 3%，渔业 0.56 万人、占 3.1%。有国有农场 9 个，从业人员 1245 人，耕地面积 270 公顷。1998 年，全县全面开展土地二轮承包工作，将土地承包期再延长 30 年。2004 年，全县全面完成二轮土地承包完善工作。2007 年，全面完成山林延长承包期签订合同和核发经营权证工作。2012 年，全县农林牧渔业从业人员 6.16 万人，其中农业 4.42 万人、占 71.8%，林业 0.77 万人、占 12.5%,牧业 0.43 万人、占 7%,渔业 0.54 万人、占 8.8%。全县有农民专业经济合作社 353 家,社员 9146 人,经营土地面积 1.78 万公顷,带动农户 3.9 万户。全县共建立土地股份合作社 40 家,其中 39 家属单纯土地入股、内股外租类型。县良种繁育场、长岗岭牧场、茶场、姚家桥农牧场、蚕种场、农业科学研究所采取承包经营。

二、工业所有制结构

1988 年,全县乡及乡以上工业企业 514 家,其中国有企业 59 家、占 11.5%,集体企业 450 家、占 87.5%,其他经济类型 5 家、占 1%。乡及乡以上工业总产值 7.92 亿元,其中国有企业 4.12 亿元、占 52%,集体企业 3.56 亿元、占 45%,其他经济企业 0.24 亿元、占 3%,国有、集体经济在工业中的占比达 96%以上。20 世纪 90 年代中期后,全县混合经济、外向型经济和私营、个体经济发展速度加快,乡镇企业、城镇集体企业和国有企业产权制度改革加速推进,所有制结构发生根本性变化。2001 年,国有、城镇集体企业改制基本完成。同年,全县规模工业企业(国有及年销售收入 500 万元以上工业企业)完成工业总产值 52.14 亿元,其中国有、集体企业完成工业产值占 37.1%,股份制及其他经济类型企业产值占 62.9%,非公经济在工业中的占比首次超过国有、集体经济。2012 年年末,全县年销售收入 2000 万元以上工业企业 580 家,工业总产值 817.08 亿元。其中,国有工业企业 4 家,实现工业产值 29.64 亿元,占全县工业总产值的 3.6%;集体企业 6 家,工业产值 2.37 亿元,占全县工业的 0.3%;私营工业企业 429 家,工业产值 420.97 亿元,占全县工业的 51.5%;有限责任公司 61 家,工业产值 158.08 亿元,占全县工业的 19.4%;股份有限公司 12 家,工业产值 39.54 亿元,占全县工业的 4.8%;中国港澳台商投资企业 31 家,工业产值 103.74 亿元,占全县工业的 12.7%;外商投资工业企业 37 家,工业总产值 62.76 亿元,占全县工业的 7.7%。国有、集体经济在工业中的占比由 1988 年的 97%降至 2012 年的 3.9%。

1988—2012 年长兴县工业企业按登记注册类型分组情况表

表 10-2

年份	工业企业(家)	工业总产值(万元)	国有企业		集体企业		有限责任公司		股份有限公司		私营企业		港澳台商投资企业		外商投资企业	
			企业(家)	工业产值(万元)	企业(家)	工业产值(万元)	企业(家)	工业产值(万元)	企业(家)	工业产值(万元)	企业(家)	工业产值(万元)	企业(家)	工业产值(万元)	企业(家)	工业产值(万元)
1988	514	79173	59	41156	450	36893									1	413
1989	530	100696	64	58070	461	40564										
1990	510	107466	68	57955	438	48520									1	818
1991	480	128362	66	66387	412	60643							1	128	1	1204
1992	473	179697	66	87456	405	90533							1	307	1	1401
1993	554	440915	73	145234	456	284111									13	7370
1994	501	508315	71	147111	401	286859			9	58117			6	6375	6	5697
1995	522	434450	75	169733	415	212032			5	37171			12	9518	10	4271
1996	466	472873	72	179413	363	246455			9	33939			8	5332	10	6939
1997	419	403458	64	178343	329	192144			9	22217			6	3739	8	6654
1998	116	403596	27	158872	56	125496	16	43892	8	38838	1	585	2	8227	3	22556
1999	133	410912	22	134369	63	133957	22	51686	9	37095	7	6474	2	9923	3	30664
2000	137	450869	14	119620	46	128220	42	90212	6	35022	12	11654	3	24130	2	23297
2001	159	521419	6	60487	39	133115	37	159713	7	34381	60	1000684	2	2015	7	30746
2002	185	644967	5	64338	29	127782	48	258826	11	38998	82	137312	3	9425	6	8007
2003	223	984154	4	63941	14	63693	62	539145	13	48524	111	209300	6	30037	8	17359

续表 10-2

年份	工业企业（家）	工业总产值（万元）	国有企业		集体企业		有限责任公司		股份有限公司		私营企业		港澳台商投资企业		外商投资企业	
			企业（家）	工业产值（万元）	企业（家）	工业产值（万元）	企业（家）	工业产值（万元）	企业（家）	工业产值（万元）	企业（家）	工业产值（万元）	企业（家）	工业产值（万元）	企业（家）	工业产值（万元）
2004	287	1361643	4	71334	15	82971	72	712352	19	77794	147	299422	11	78669	14	34021
2005	370	1839472	3	235795	25	71487	59	601686	14	159160	236	608801	7	34440	18	75624
2006	456	2439619	3	349204	17	69118	70	729381	8	174097	317	845943	20	112952	20	156315
2007	530	3161513	3	378320	34	66817	71	612557	10	216445	360	1243236	23	153259	29	490378
2008	689	4051067	6	180130	24	35957	65	1263238	10	276966	508	1473455	30	489421	46	331900
2009	760	4619009	6	196113	22	34220	67	1216778	9	320084	572	1863954	34	560868	50	426992
2010	831	5745886	4	227909	18	31254	71	1347645	9	358259	643	2547782	36	667810	50	565227
2011	529	6468714	4	285392	6	21831	56	1653748	9	435277	384	2832368	30	704574	40	535525
2012	580	8170848	4	296366	6	23627	61	1580825	12	395373	429	4209658	31	1037361	37	627639

说明：1. 根据历年《长兴统计年鉴》整理；2. 1988 年为乡及乡以上工业企业，1998 年起为全部国有及年销售收入 500 万元以上非国有工业企业，2011 年起为年销售收入 2000 万元以上工业企业

三、商业所有制结构

1988 年，全县实现商品零售额（含农业生产资料零售额）5.21 亿元，其中国有、集体所有制经济占 74.2%，其他商业（含个体）占 15.8%，呈现国营（含供销社）、集体商业为主，个体商业起步发展的格局。1993 年起，社会商品零售总额剔除农业生产资料零售额，改为社会消费品零售总额。1998 年起，全县商贸流通部门全面改制，同年全县社会消费品零售总额中，国有经济 2.8 亿元、占 11.2%，集体经济 1.12 亿元、占 4.5%，个体私营经济 16.72 亿元、占 66.8%，股份制经济 1.3 亿元、占 5.2%，其他经济 3.06 亿元、占 12.2%，个私经济占比首次超过国有、集体经济。1999 年起，不再按社会消费品零售总额分经济类型，改用限额以上批零贸易业商品销售总额。2002 年始，集体经济退出流通领域。2012 年，全县限额以上批发零售贸易企业 101 家，其中国有企业 1 家，占 1%；有限责任公司 31 家，占 30.7%；私营企业 65 家，占 64.4%；外商投资企业 1 家，占 1%。全县限额以上批发零售贸易业商品销售总额 393.46 亿元，其中国有、集体企业 1.66 亿元，占 0.4%；有限责任公司 300.27 亿元，占 76.3%；私营企业 65.05 亿元，占 16.5%。

1988—2012 年长兴县商业企业按登记注册类型分组情况表

表 10-3

年份	社会商品（消费品）零售总额（万元）	国有企业		集体企业		股份合作企业		有限责任公司		个私企业	
		企业数（家）	零售额（万元）	企业数（家）	零售额（万元）	企业数（家）	零售额（万元）	企业数（家）	零售额（万元）	企业数（家）	零售额（万元）
1988	52112	127	14838	1181	23812					7917	
1989	55383	115	15575	1308	22193					8021	
1990	51101	115	13891	1237	20115					8754	
1991	56036	126	15053	1278	20991					8278	
1992	68617	129	18352	1157	26289					8144	
1993	81744	87	28188	195	15525					8164	24238
1994	125149	74	30162	104	17152	1	2836			88	48621
1995	176738	108	31730	147	20405	1	3783			1	80610

续表10-3

年份	社会商品(消费品)零售总额(万元)	国有企业		集体企业		股份合作企业		有限责任公司		个私企业	
		企业数(家)	零售额(万元)	企业数(家)	零售额(万元)	企业数(家)	零售额(万元)	企业数(家)	零售额(万元)	企业数(家)	零售额(万元)
1996	218130	83	32979	50	16615	2	7989			190	134234
1997	230963	97	24026	65	20860	8	11233			2	144250
1998	250258		28019		11156		13000				167206
1999	92221	14	65916	3	12417	2	11615	1	2272		174715
2000	81082	11	58060			1	8875	4	14146		229867
2001	85471	6	45411	2	2263			8	36125	3	268718
2002	92250	4	46001			1	8702	7	23754	7	296470
2003	94585	2	44488					8	17541	11	311745
2004	130177	3						12		13	328231
2005	146817	3	80992					11	42929	14	353685
2006	164907	2	71461					22	74380	19	396434
2007	248703	2	82222					22	40620.4	11	454622
2008	421231	2	96273					21	181632	33	527137
2009	410200	3	19794					34	280134	40	109819
2010	847126	3	17591					33	577925	42	222211
2011	2303769	1	6823					37	1887590	45	183860
2012	3934564	1	165668					36	3002701	80	650531

说明:1.根据历年《长兴统计年鉴》整理;2.1988—1992年统计全县社会商品零售总额,1993年起为社会消费品零售总额,1999年起不再按社会消费品零售总额分经济类型,改用限额以上批零贸易业商品销售总额。其中,个私企业统计1988—1992年为全县社会商品零售总额,1993—2008年为社会消费品零售总额,2009年起社会消费品零售总额不再分个体、私营,改用限额以上批零贸易业商品销售总额统计私营企业;3.以上统计包括饮食服务业(住宿餐饮业),1998年起统计限额以上批发、零售贸易业和餐饮业法人企业

第二节　产业结构

1988年,全县实现地区生产总值10.63亿元。其中,第一产业增加值3.84亿元,第二产业增加值4.70亿元,第三产业增加值2.09亿元,三次产业结构比例为36.1∶44.3∶19.6,产业结构排序呈现“二一三”格局。1992年,全县实现地区生产总值17.6亿元,其中第一产业增加值4.33亿元,第二产业增加值9.61亿元,第三产业增加值3.66亿元,三次产业结构为24.6∶54.6∶20.8。1993年,产业结构排序继1984年由“一二三”向“二一三”演变后,发生第二次演变。该年,全县实现地区生产总值27.65亿元,其中第一产业增加值5.48亿元,第二产业增加值15.92亿元,第三产业增加值6.25亿元,三次产业结构为19.8∶57.6∶22.6;与上年相比,第一产业增加值比重由24.6%降至19.8%,第三产业增加值比重由20.8%提高至22.6%,第三产业增加值比重首次超过第一产业,实现“二一三”向“二三一”转变。2012年,全县地区生产总值370.75亿元。其中,第一产业增加值30.48亿元,第二产业增加值196.34亿元,第三产业增加值143.93亿元,三次产业结构为8.2∶53.0∶38.8。与1988年相比,第一产业比重下降27.9个百分点,第二产业比重上升8.7个百分点,第三产业比重上升19.2个百分点,以第二产业、第三产业为主共同带动经济增长的新格局逐步形成,第三产业成为全县经济中举足轻重的组成部分和发展动力。

1988—2012 年长兴县产业结构情况表

表 10-4

年份	地区生产总值(万元)	第一产业		第二产业		第三产业	
		总值(万元)	占比(%)	总值(万元)	占比(%)	总值(万元)	占比(%)
1988	106250	38355	36.1	47028	44.3	20867	19.6
1989	118218	40391	34.2	56197	47.5	21630	18.3
1990	121214	38179	31.5	60856	50.2	22179	18.3
1991	132685	40216	30.3	66682	50.3	25787	19.4
1992	175989	43316	24.6	96115	54.6	36558	20.8
1993	276481	54792	19.8	159165	57.6	62524	22.6
1994	404725	84147	20.8	227482	56.2	93096	23.0
1995	485170	97625	20.1	257482	53.1	130063	26.8
1996	530480	105992	20.0	272140	51.3	152348	28.7
1997	574957	110044	19.1	289530	50.4	175383	30.5
1998	610327	108672	17.8	316461	51.9	185194	30.3
1999	634644	106241	16.7	332602	52.4	195801	30.9
2000	671610	110737	16.5	355332	52.9	205541	30.6
2001	750529	115595	15.4	394918	52.6	240016	32.0
2002	837040	119672	14.3	444469	53.1	272899	32.6
2003	970728	127903	13.2	525528	54.1	317297	32.7
2004	1154711	141788	12.3	631039	54.6	381884	33.1
2005	1331756	153242	11.5	722650	54.3	455864	34.2
2006	1593279	158962	10.0	894145	56.1	540171	33.9
2007	1886599	174896	9.3	1059700	56.2	652002	34.5
2008	2189391	196731	9.0	1255760	57.3	736900	33.7
2009	2406609	221080	9.2	1341665	55.7	843864	35.1
2010	2843290	255665	9.0	1577404	55.5	1010221	35.5
2011	3347029	288423	8.6	1802573	53.9	1256033	37.5
2012	3707506	304807	8.2	1963415	53.0	1439284	38.8

说明：资料来源于县统计局，历年数据已按各次经济普查数据调整

一、第一产业结构

1988 年，全县农林牧渔总产值 5.07 亿元，其中农业 2.85 亿元，占 56.1%；林业 0.52 亿元，占 10.2%；牧业 1.23 亿元，占 24.3%；渔业 0.48 亿元，占 9.4%。1995 年，农业占 66.7%，林业占 6.8%，牧业占 17.1%，渔业占 9.4%。2000 年，农业占 65.2%，林业占 9.7%，牧业占 11.4%，渔业占 13.7%。2005 年，农业占 56.7%，林业占 11.5%，牧业占 16.1%，渔业占 14.9%。2010 年，农业占 67.7%，林业占 9.5%，牧业占 12.5%，渔业占 9.6%，农林牧渔服务业占 1.8%。2012 年，全县农林牧渔总产值 54.87 亿元。其中，农业产值 37.7 亿元，占 68.8%，比 1988 年增加 12.7 个百分点；林业产值 5.2 亿元，占 9.4%，比 1988 年下降 0.8 个百分点；牧业产值 6.0 亿元，占 11%，比 1988 年下降 13.3 个百分点；渔业产值 4.9 亿元，占 8.9%，比 1988 年下降 0.5 个百分点；农林牧渔服务业总产值 1.06 亿元，占 1.9%，比 2006 年增加 1.1 个百分点。1988—2012 年，第一产业中农业产业占据最重要的地位，占比在 55%以上。1997—1998 年，占比达到 73%。2000 年之后处于逐年下降趋势。2005 年下降至 56.7%。2008 年，农业产业占比又呈现上升的势头。经过多次产业结构调整，农业产业结构不断得到优化，产品优质化取得较为迅速的发展，传统农业向现代农业转变的趋势增强。

1988—2012年长兴县第一产业构成情况表

表10-5

年份	农林牧渔总产值(万元)	农业		林业		牧业		渔业		农林牧渔服务业	
		产值(万元)	比重(%)	产值(万元)	比重(%)	产值(万元)	比重(%)	产值(万元)	比重(%)	产值(万元)	比重(%)
1988	50739	28462	56.1	5172	10.2	12340	24.3	4765	9.4	—	—
1989	57324	34037	59.4	4167	7.3	14203	24.8	4917	8.5	—	—
1990	56716	35307	62.3	3880	6.8	12810	22.6	4719	8.3	—	—
1991	59953	36257	60.5	3945	6.6	14330	23.9	5421	9.0	—	—
1992	66127	39109	59.1	5249	7.9	14980	22.7	6789	10.3	—	—
1993	80984	46406	60.7	7427	8.4	17658	20.1	9493	10.8	—	—
1994	132137	79721	62.6	10691	7.6	27207	19.4	14518	10.4	—	—
1995	155878	100066	66.7	11315	6.8	28713	17.1	15784	9.4	—	—
1996	159405	99474	66.4	12014	6.7	27247	15.3	20670	11.6	—	—
1997	163300	111981	73.0	13012	6.9	18093	9.5	20214	10.6	—	—
1998	166797	114574	73.1	12751	6.6	17667	9.1	21805	11.2	—	—
1999	174283	108245	66.8	19148	9.6	21886	11.0	24994	12.6	—	—
2000	192673	118392	65.2	20692	9.7	24264	11.4	29325	13.7	—	—
2001	201513	124323	61.7	21115	10.5	25947	12.9	30128	14.9	—	—
2002	208752	129447	62.1	19304	9.3	27563	13.2	32258	15.5	—	—
2003	227642	141501	62.2	23384	10.3	29270	12.9	33487	14.7	—	—
2004	266025	164125	61.7	26758	10.1	38311	14.4	36831	13.8	—	—
2005	272212	154309	56.7	31337	11.5	43889	16.1	40677	14.9	—	—
2006	293061	168419	57.5	33229	11.3	46030	15.7	43178	14.7	2205	0.8
2007	335061	193644	57.8	37342	11.1	54215	16.2	47376	14.1	2484	0.7
2008	360224	223814	62.1	40248	11.2	53748	14.9	35876	10.0	6538	1.8
2009	400148	260821	65.2	44209	11.0	50468	12.6	37633	9.4	7017	1.8
2010	463252	313467	67.7	43854	9.5	57982	12.5	39778	8.6	8170	1.8
2011	523600	356160	68.0	46714	8.9	67577	12.9	44103	8.4	9046	1.7
2012	548696	377331	68.8	51667	9.4	60090	11.0	49012	8.9	10596	1.9

说明:资料来源于县统计局

二、第二产业结构

1988—2012年,工业和建筑业是全县第二产业的两大构成部分,其中工业始终占据主导地位。1988年,全县第二产业增加值4.7亿元,其中工业4.14亿元,占88.1%;建筑业0.56亿元,占11.9%。2012年,第二产业增加值196.34亿元,其中工业172.72亿元,占88%,比1988年下降0.1个百分点;建筑业23.62亿元,占12%,比1988年增加0.1个百分点。

1988—2012年长兴县第二产业构成情况表

表10-6

年份	第二产业增加值(亿元)	工业		建筑业		年份	第二产业增加值(亿元)	工业		建筑业	
		增加值(亿元)	比重(%)	增加值(亿元)	比重(%)			增加值(亿元)	比重(%)	增加值(亿元)	比重(%)
1988	4.70	4.14	88.1	0.56	11.9	1989	5.62	4.98	88.6	0.64	11.4

续表10-6

年份	第二产业增加值（亿元）	工业增加值（亿元）	工业比重（%）	建筑业增加值（亿元）	建筑业比重（%）	年份	第二产业增加值（亿元）	工业增加值（亿元）	工业比重（%）	建筑业增加值（亿元）	建筑业比重（%）
1990	6.09	5.39	88.4	0.70	11.6	2002	44.45	38.28	86.1	6.17	13.9
1991	6.67	5.78	86.7	0.89	13.3	2003	52.55	45.30	86.2	7.25	13.8
1992	9.61	8.09	84.2	1.52	15.8	2004	63.10	54.03	85.6	9.07	14.4
1993	15.92	14.43	90.6	1.49	9.4	2005	72.27	65.36	90.4	6.91	9.6
1994	22.75	20.41	89.7	2.34	10.3	2006	89.41	80.30	89.8	9.11	10.2
1995	25.75	21.51	83.5	4.24	16.5	2007	105.97	96.52	91.1	9.45	8.9
1996	27.21	22.55	82.9	4.66	17.1	2008	125.58	114.49	91.2	11.09	8.8
1997	28.95	25.49	88.0	3.46	12.0	2009	134.17	118.29	88.2	15.88	11.8
1998	31.65	28.18	89.0	3.47	11.0	2010	157.74	138.57	87.8	19.17	12.2
1999	33.26	29.30	88.1	3.96	11.9	2011	180.26	157.51	87.4	22.75	12.6
2000	35.53	31.11	87.6	4.42	12.4	2012	196.34	172.72	88.0	23.62	12.0
2001	39.49	34.41	87.1	5.08	12.9	—	—	—	—	—	—

说明：资料来源于县统计局

三、第三产业结构

1988—2012年，全县第三产业在规模不断壮大，国民经济占比日趋增大的同时，内部结构也发生明显变化，呈现内涵更加丰富，发展水平持续提高的势头。20世纪80年代，第三产业主要集中在商业、饮食、居民服务、交通运输、邮电等传统产业领域。经过20多年的发展，旅游、信息、咨询、科技服务、社区服务、金融保险、房地产、教育、文化等新兴行业得到较快发展，占比逐年提高。1988年，全县第三产业实现增加值2.09亿元，其中第一层次增加值1.47亿元、占70.6%，第二层次增加值0.45亿元、占21.7%，第三层次增加值0.1亿元、占4.9%，第四层次增加值0.058亿元、占2.8%。1993年起，全县对统计归类进行调整，当年第三产业增加值6.25亿元，其中交通仓储邮政及信息传输业计算机服务和软件业2.12亿元、占33.9%，贸易住宿餐饮业1.91亿元、占30.6%，金融保险业0.67亿元、占10.7%，房地产业0.6亿元、占9.6%，教育卫生社会保障和社会福利业0.39亿元、占6.2%。2012年，全县第三产业增加值140.74亿元。其中，交通仓储邮政及信息传输业计算机服务和软件业23.63亿元，占16.8%，下降10.3个百分点；贸易住宿餐饮业38.64亿元，占27.5%，下降3.18个百分点；金融保险业18.70亿元，占13.3%，增加2.64个百分点；房地产业16.18亿元，占11.5%，增加1.86个百分点；教育卫生社会保障和社会福利业15.77亿元，占11.2%，增加5.05个百分点。

1988—2012年长兴县第三产业构成情况表

表10-7

年份	第三产业增加值（亿元）	交通仓储邮政及信息传输业计算机服务和软件业 增加值（亿元）	比重（%）	贸易住宿餐饮业 增加值（亿元）	比重（%）	金融保险业 增加值（亿元）	比重（%）	房地产业 增加值（亿元）	比重（%）	教育卫生社会保障和社会福利业 增加值（亿元）	比重（%）	其他服务业 增加值（亿元）	比重（%）
1988	2.09	—	—	—	—	—	—	—	—	—	—	—	—
1989	2.16	—	—	—	—	—	—	—	—	—	—	—	—

续表10-7

年份	第三产业增加值（亿元）	交通仓储邮政及信息传输业计算机服务和软件业		贸易住宿餐饮业		金融保险业		房地产业		教育卫生社会保障和社会福利业		其他服务业	
		增加值（亿元）	比重（%）	增加值（亿元）	比重（%）	增加值（亿元）	比重（%）	增加值（亿元）	比重（%）	增加值（亿元）	比重（%）	增加值（亿元）	比重（%）
1990	2.22	—	—	—	—	—	—	—	—	—	—	—	—
1991	2.58	—	—	—	—	—	—	—	—	—	—	—	—
1992	3.66	—	—	—	—	—	—	—	—	—	—	—	—
1993	6.25	2.12	33.9	1.91	30.6	0.67	10.7	0.60	9.6	0.39	6.2	0.56	9.0
1994	9.31	3.29	35.3	2.73	29.3	0.89	9.5	0.88	9.5	0.60	6.5	0.92	9.9
1995	13.01	4.51	34.7	4.68	36.0	0.44	3.4	1.19	9.2	0.80	6.2	1.38	10.6
1996	15.23	5.84	38.4	5.11	33.6	0.47	3.1	1.29	8.5	0.97	6.4	1.55	10.2
1997	17.54	5.95	33.9	6.35	36.2	0.57	3.2	1.40	8.0	1.11	6.3	2.16	12.3
1998	18.52	6.79	36.7	6.62	35.8	0.52	2.8	1.42	7.7	1.14	6.2	2.03	11.0
1999	19.58	8.24	36.4	8.12	35.9	0.32	1.4	1.64	7.2	1.50	6.6	2.42	12.4
2000	20.55	9.50	36.1	9.41	35.8	0.79	3.0	1.70	6.5	1.65	6.3	2.54	12.4
2001	24.00	8.64	32.0	9.44	35.0	2.03	7.5	1.76	6.5	1.83	6.8	2.93	12.2
2002	27.29	11.98	32.6	13.03	35.4	2.41	6.6	2.86	7.8	2.55	6.9	2.95	10.8
2003	31.73	11.95	33.0	12.05	33.2	2.34	6.5	2.88	7.9	2.51	6.9	3.96	12.5
2004	38.19	12.65	29.1	11.94	31.3	2.62	6.0	3.69	8.5	2.71	7.1	6.89	18.0
2005	45.59	9.83	21.2	14.03	30.8	3.01	6.5	6.49	14.0	3.74	8.2	8.77	19.2
2006	54.02	14.75	26.8	13.10	23.8	4.26	7.7	7.24	13.2	5.01	9.1	10.51	19.5
2007	65.20	16.98	25.6	14.72	22.2	6.21	9.4	7.63	11.5	6.08	9.2	14.41	22.1
2008	73.69	15.20	20.0	17.86	23.6	7.70	10.2	7.60	10.0	0.00	0.0	26.71	36.3
2009	84.01	15.27	18.2	19.12	22.8	13.23	15.8	10.80	12.9	8.27	9.8	17.32	20.6
2010	99.63	18.23	18.3	23.47	23.6	16.09	16.2	11.63	11.7	10.76	10.8	19.45	19.5
2011	123.72	21.80	17.6	31.12	25.2	18.37	14.9	14.10	11.4	13.32	10.8	25.01	20.2
2012	140.74	23.63	16.8	38.64	27.5	18.70	13.3	16.18	11.5	15.77	11.2	27.82	19.8

说明:1. 资料来源于县统计局;2. 1988—1992年第三产业按照第一层次、第二层次、第三次层次、第四层次划分,故未列出相关数据

第三节　投资结构

1988—1991年,受国家治理整顿和压缩投资规模政策的影响,全县固定资产投资增长较慢。1988年,全县完成全社会固定资产投资2.53亿元,1991年完成3.32亿元。1992—1994年,注重基础设施建设和技术改造,尤其是房地产业开始发展,固定资产投资迅速升温。1992年,全社会固定资产投资总额6.17亿元,比上年增长85.7%。1994年,全社会固定资产投资突破10亿元,达到11.2亿元,比1988年增长3.43倍。1995年后,全县进一步加大结构调整力度,加大招商引资和加大技改投入,固定资产投资快速攀升。2000年,全社会固定资产投资突破20亿元,达到20.43亿元,比上年增长37.1%。2001年,全社会固定资产投资突破40亿元,达到40.8亿元,比上年增长99.7%。2003年,全社会固定资产投

资突破 50 亿元，达到 58.06 亿元，比上年增长 26.7%，比 1988 年增长 21.95 倍。2004—2006 年，全县通过推进“项目推进年”“经济结构调整年”，实现“十一五”的良好开局。至 2006 年年末，全社会固定资产投资突破 100 亿元，达到 105.81 亿元，比 1988 年增长 40.82 倍。2007—2012 年，全县通过“大项目攻坚年”“大项目引进推进拼搏年”等活动，加大对工业先进制造业的投入，加快城市建设步伐。2011 年，全社会固定资产投资突破 200 亿元，达到 201.97 亿元，2012 年，全社会固定资产投资达 248.82 亿元，比 1988 年增长 97.35 倍。

一、投资主体

1988—2012 年，全县投资主体发生较大的变化。由计划经济体制下的国家（政府）单一投资主体，转变到吸收大量有利社会建设的个体经济、私营经济等补充型经济以及吸收国（境）外资金兴办的中外合资企业、中外合作企业、外资企业等投资主体，进而逐步发展成国有（政府）投资主体（包括中央级和地方各级政府投资主体）、城镇集体投资主体、农村集体投资主体、城乡个人投资主体、私营投资主体、国（境）外投资主体等，构成整个国民经济中的多元化、多层次的投资主体。

1988—2002 年，全县固定资产投资大幅增加，基础设施建设保持增长，房地产投资、农村投资增长迅猛，累计完成投资 209.76 亿元。全县投资主体中国有经济明显下降，农村集体经济较快上升，房地产开发和其他经济都有较大增幅。1988 年，全社会固定资产投资中，国有经济投资 1.03 亿元，占比为 40.8%；城乡个人投资 0.98 亿元，占比为 38.8%；农村集体经济投资 0.39 亿元，占比为 15.5%；城乡集体投资 0.12 亿元，占比为 4.9%。2002 年，全社会固定资产投资中，国有经济投资 6.71 亿元，比 1988 年增长 5.5 倍，占比下降为 14.6%，比 1988 年减少 26.2 个百分点；农村集体经济投资 19.46 亿元，比 1988 年增长 48.64 倍，占比上升为 42.5%，比 1988 年增加 26.98 个百分点，成为主要支柱；城乡个人投资 1.68 亿元，比 1988 年增长 71.6%，占比为 3.7%，比 1988 年下降 35.1 个百分点；城乡集体投资 0.24 亿元，比 1988 年增长 95.6%，占比为 0.5%，比 1988 年下降 4.4 个百分点；其他经济投资 12.86 亿元、房地产开发投资 4.85 亿元，成为新的投资主体，占比分别为 28.1%和 10.6%。

2003—2009 年，全县累计完成投资 722.18 亿元。投资主体中，限额以上投资主体一直占有绝大比重，除 2003 年外，其余年份占比均在 90%以上。2003 年，全社会固定资产投资中，限额以上投资 49.03 亿元，占比为 84.5%；限额以下非农户投资 7.22 亿元，占比为 12.4%；农村私人投资 1.07 亿元，占比为 1.8%；城镇限额以下投资 0.41 亿元，占比为 0.7%；城镇和工矿区私人建房投资 0.34 亿元，占比为 0.6%。2009 年，限额以上投资 148.85 亿元，比 2003 年增长 2.04 倍，占比为 94.4%，比 2003 年增加 9.93 个百分点；限额以下非农户投资 4.83 亿元，比 2003 年下降 33.1%，占比为 3.1%，比 2003 年减少 9.37 个百分点；农村私人投资 3.85 亿元，比 2003 年增长 2.61 倍，占比为 2.4%，比 2003 年上升 0.61 个百分点；城镇限额以下投资 0.38 亿元，比 2003 年下降 6.2%，占比为 0.2%，比 2003 年减少 0.46 个百分点；2006 年开始，城镇和工矿区私人建房投资为零。

2010—2012 年，全县累计完成投资 646.02 亿元。2010 年，全县投资主体中有限责任公司和股份有限公司投资占比最大。2010 年，有限责任公司和股份有限公司投资 70.9 亿元，占比为 36.3%；国有经济投资 44.21 亿元，占比为 22.7%；房地产开发投资 31.87 亿元，占比为 16.3%；私营经济投资 13.26 亿元，占比为 6.8%；中国港澳台商投资和外商投资 0.18 亿元、集体经济投资 0.05 亿元，占比分别为 0.1%和 0.03%。2012 年，有限责任公司和股份有限公司投资 87.95 亿元，比 2010 年增长 24.1%，占比为 35.4%，比 2010 年下降 0.97 个百分点；国有经济投资 47.61 亿元，比 2010 年增长 7.7%，占比为 19.1%，比 2010 年下降 3.15 个百分点；房地产开发投资 12.87 亿元，比 2010 年下降 59.6%，占比为 5.2%，比 2010 年下降 11.15 个百分点；私营经济投资 36.1 亿元，比 2010 年增长 1.72 倍，占比为 14.5%，比 2010 年上升 7.36 个百分点；集体经济投资 4.41 亿元，比 2010 年增长 87.1 倍，占比为 1.8%，比 2010 年上升 1.74 个百分点；中国港澳台商投资和外商投资 0.45 亿元，比 2010 年增长 1.54 倍，占比为 0.2%，比 2010 年上升 0.09 个百分点。

1988—2002 年长兴县固定资产投资主体构成情况表

表 10-8

年份	合计（万元）	国有经济单位		城镇集体		其他经济		农村集体		房地产开发企业		城乡个人	
		投资额（万元）	比重（%）	投资额（万元）	比重（%）	投资额（万元）	比重（%）	投资额（万元）	比重（%）	投资额（万元）	比重（%）	投资额（万元）	比重（%）
1988	25296	10315	40.8	1246	4.9			3921	15.5			9814	38.8
1989	27421	10231	37.3	808	3.0			3526	12.9			12856	46.9
1990	24031	13035	54.2	690	2.9			2151	9.0			8155	33.9
1991	33223	16800	50.6	1190	3.6			3253	9.8	487	1.5	11493	34.6
1992	61705	32845	53.2	3457	5.6			10411	16.9	1540	2.5	13452	21.8
1993	75281	19836	26.4	6424	8.5			26615	35.4	7207	9.6	15199	20.2
1994	112032	30166	26.9	4981	4.5	2434	2.2	38548	34.4	10339	9.2	25564	22.8
1995	136870	39630	29.0	7646	5.6	4695	3.4	42827	31.3	15546	11.4	26526	19.4
1996	142034	48972	34.5	3825	2.7	10064	7.1	38345	27.0	8216	5.8	32612	23.0
1997	117699	32698	27.8	3817	3.2	6713	5.7	33960	28.9	13314	11.3	27197	23.1
1998	122538	50133	40.9	3207	2.6	2374	1.9	31272	25.5	12096	9.9	23456	19.1
1999	148995	66945	44.9	2398	1.6	9663	6.5	32189	21.6	10699	7.2	27101	18.2
2000	204341	69593	34.1	1876	0.9	10537	5.2	66476	32.5	32108	15.7	23751	11.6
2001	407979	95058	23.3	883	0.2	114484	28.1	125475	30.8	48344	11.9	23735	5.8
2002	458148	67065	14.6	2437	0.5	128638	28.1	194619	42.5	48546	10.6	16843	3.7

2003—2009 长兴县固定资产投资主体构成情况表

表 10-9

年份	合计（万元）	限额以上投资		限额以下非农户		农村私人投资		城镇限额以下投资		城镇和工矿区私人建房	
		投资额（万元）	比重（%）	投资额（万元）	比重（%）	投资额（万元）	比重（%）	投资额（万元）	比重（%）	投资额（万元）	比重（%）
2003	580560	490267	84.5	72185	12.4	10653	1.8	4055	0.7	3400	0.6
2004	767831	691199	90.0	58986	7.7	12199	1.6	2017	0.3	3430	0.5
2005	903929	835773	92.5	40164	4.4	18440	2.0	2684	0.3	6868	0.8
2006	1058053	975612	92.2	45629	4.3	34300	3.2	2512	0.2	—	—
2007	1035046	959953	92.7	43597	4.2	29369	2.8	2127	0.2	—	—
2008	1299308	1216560	93.6	45354	3.5	35456	2.7	1938	0.2	—	—
2009	1577058	1488471	94.4	48277	3.1	38504	2.4	3803	0.2	—	—

2010—2012 年长兴县固定资产投资主体构成情况表

表 10-10

年份	合计（万元）	国有		集体		有限责任公司和股份有限公司		中国港澳台商投资和外商投资		私营		房地产开发投资	
		投资额（万元）	比重（%）	投资额（万元）	比重（%）	投资额（万元）	比重（%）	投资额（万元）	比重（%）	投资额（万元）	比重（%）	投资额（万元）	比重（%）
2010	1952296	442133	22.6	500	0.03	709008	36.3	1775	0.1	132552	6.8	318662	16.3
2011	2019732	532850	26.4	9899	0.5	834955	41.3	13422	0.7	103080	5.1	145997	7.2
2012	2488125	476107	19.1	44050	1.8	879524	35.4	4500	0.2	361011	14.5	128697	5.2

说明：资料来源于县统计局

二、投资产业构成

1988—2002 年，全县累计完成投资 209.76 亿元。1988 年，全县基建技改项目投资在 100 万元以上的项目有 11 个，全年完成投资 1113 万元，占年度计划的 83.7%。同年，工业投资 0.96 亿元、占比为 38.1%，服务业投资 0.15 亿元、占比为 5.9%。2002 年，全社会固定资产投资中，工业投资 12.34 亿元，比 1988 年增长 11.8 倍，占比为 26.9%，比 1988 年回落 11.16 个百分点。服务业投资 7.48 亿元，比 1988 年增长 48.95 倍，占比为 16.3%，比 1988 年增加 10.4 个百分点。15 年间，随着国家宏观政策的调整和国民经济的发展，全县投资结构进一步调整，投资结构进一步改善，重点建设项目进展顺利，能源、运输邮电部门建设等基础产业投资得到加强。

2003—2012 年，全县累计完成投资 1359.91 亿元。其间，第二产业投资一直占主导地位，第三产业也占有较大份额，第一产业比重均未超过 1%。2003 年，第一产业投资 0.49 亿元，占比为 0.8%；第二产业投资 27.84 亿元，占比为 48%；第三产业投资 20.71 亿元，占比为 35.7%。2012 年，第一产业投资 1.32 亿元，比 2003 年增长 1.69 倍，占比为 0.5%，比 2003 年下降 0.31 个百分点；第二产业投资 133.41 亿元，比 2003 年增长 3.79 倍，占比为 48%，比 2003 年上升 5.67 个百分点；第三产业投资 114.08 亿元，比 2003 年增长 4.51 倍，占比为 35.7%，比 2003 年上升 10.19 个百分点。10 年间，第二产业投资比重一直在 50%以上，第三产业投资比重稳步增长，全县固定资产投资按产业构成与全县三次产业结构“二三一”格局基本一致。

1988—2012 长兴县固定资产投资产业构成情况表

表 10-11

年份	投资总额（万元）	工业		服务业		第一产业		第二产业		第三产业	
		投资额（万元）	比重（%）	投资额（万元）	比重（%）	投资额（万元）	比重（%）	投资额（万元）	比重（%）	投资额（万元）	比重（%）
1988	25296	9636	38.1	1497	5.9	—	—	—	—	—	—
1989	27421	9634	35.1	990	3.6	—	—	—	—	—	—
1990	24031	11798	49.1	1165	4.9	—	—	—	—	—	—
1991	33223	12907	38.9	1853	5.6	—	—	—	—	—	—
1992	61705	25976	42.1	4787	7.8	—	—	—	—	—	—
1993	75281	11753	15.6	13049	17.3	—	—	—	—	—	—
1994	112032	16451	14.7	20400	18.2	—	—	—	—	—	—
1995	136870	25330	18.5	26576	19.4	—	—	—	—	—	—
1996	142034	24675	17.4	36691	25.8	—	—	—	—	—	—
1997	117699	23480	20.0	19638	16.7	—	—	—	—	—	—
1998	122538	29249	23.9	25967	21.2	—	—	—	—	—	—
1999	148995	23213	15.6	55651	37.4	—	—	—	—	—	—
2000	204341	21309	10.4	60337	29.5	—	—	—	—	—	—
2001	407979	119990	29.4	90115	22.1	—	—	—	—	—	—
2002	458148	123367	26.9	74773	16.3	—	—	—	—	—	—
2003	580560	—	—	—	—	4860	0.8	278357	48.0	207050	35.7
2004	767831	—	—	—	—	2316	0.3	507474	66.1	258041	33.6
2005	903929	—	—	—	—	8217	0.9	548300	60.7	347412	38.4
2006	1058053	—	—	—	—	900	0.1	546395	51.6	428317	40.5
2007	1035046	—	—	—	—	760	0.1	506200	47.8	521200	50.4
2008	1216560	—	—	—	—	1620	0.1	620835	51.0	594105	48.8

续表10-11

年份	投资总额（万元）	工业		服务业		第一产业		第二产业		第三产业	
		投资额（万元）	比重（%）	投资额（万元）	比重（%）	投资额（万元）	比重（%）	投资额（万元）	比重（%）	投资额（万元）	比重（%）
2009	1577058	—	—	—	—	550	0.03	737949	46.8	749972	47.6
2010	1952296	—	—	—	—	1230	0.1	906720	46.4	963019	49.3
2011	2019732	—	—	—	—	1540	0.1	1098619	54.4	919573	45.5
2012	2488125	—	—	—	—	13220	0.5	1334090	53.6	1140815	45.9

说明：1.资料来源于历年《长兴统计年鉴》；2.1988-2002年服务业中不包括房地产业；3.从2003年开始投资产业构成不按国民经济行业分，按一、二、三产分

第三章　经济体制改革

长兴县经济体制改革基本覆盖农业、工业、商贸流通业、金融业以及各个综合经济调控部门及相关领域。20世纪80年代中期，全县主要是继续推行和完善农村家庭联产承包责任制；扩大工业企业经营管理自主权，改革分配关系，进行企业利改税改革。1988年，国有工业企业全面推行“工效挂钩”，“递增上交，超收分成”的财政包干新体制开始实行，价格改革分期分批推进。1991年起，征收固定资产投资方向调节税，以管理和引导全社会投资运行。1992年，商业企业实行经营、价格、用工、分配“四放活”改革；县属工业推行劳动用工和工资分配制度改革。1993年，粮油、物资放开价格，放开经营，开始通过市场进行资源配置，初步建立了以市场形成价格为主的价格形成机制。企业改革开始转向企业产权制度改革。1994年，实行分税制财政管理体制，并逐步建立起以流转税和所得税为主体，其他税种辅助配合，多税种、多层次、多环节的复合税制体系。1998年起，商业、粮油、供销、物资系统企业产权制度改革全面启动，乡村集体企业改制基本完成。开始施行综合财政预算，对县级预算外资金实施还所有权于国家、还调控权于政府、还管理权于财政的“三个还权”。1999年，全面推进国有、城镇集体企业开展以“企业产权、职工身份”双置换为核心的深化改革。同年，开始政府采购制度改革。至2000年，社会主义市场经济体制初步建立。之后，围绕完善社会主义市场经济体制，不断深化改革。2002年，农村税费改革开始推行；“国家统一所有、政府分级管理、企业自主经营”企业国有资产管理体制逐步建立。2003年，全县金融实现“监”与“管”分离。2004年起，加快推进国有商业银行股份制改革。2006年，取消农业税。该时期，全县改革投资体制，企业投资自主权逐步扩大。土地、劳动力、技术、产权、资本等要素市场进一步发展，水、电和天然气等重要资源价格的市场化步伐加快。社会保障体系不断完善，社会保障覆盖面不断扩大。

第一节　计划体制改革

1988—1992年，全县实行有计划的商品经济，政府调控经济以指令性计划为主。1993年始，根据中共中央《关于建立社会主义市场经济体制若干问题的决定》，转变计划管理职能，坚持以市场为基础，全面实行指导性计划。1994年起，减少对经济活动主体的直接干预，实行间接调控，推动产业结构调整。1995年起，不再下达工业产品指导性计划。1997年起，不再下达大、中专学生需求计划及毕业生分配计划。1999年起，不再下达农业生产主要产品产量指导性计划。至2002年，全县计划管理实现从宏观调控向全面市场调节的转变。2003年10月，根据中共中央《关于完善社会主义市场经济体制若干问题的

决定》，进一步转变政府经济管理职能，计划管理调整为研究提出全县国民经济和社会发展战略、规划、总量平衡、结构调整及调节全县国民经济运行，为市场主体服务和创造发展环境。

第二节　财税体制改革

一、财政体制改革

县级财政体制　1988年起，浙江省对长兴县实行“递增上交、超收分成”财政包干新体制。以1987年财政决算中参与分成的收入为基数，核定长兴县财政收入基数为5442.6万元，年递增上缴比例为6.5%。当年财政收入超过6.5%到12%的部分，90%留给县、10%上交省；收入递增上交比例超过12%的部分，80%留给县、20%上交省；收入增长幅度未达到省核定递增上交比例的，由县级自有财力补足递增上交数。

1994年1月起，实行分税制财政管理体制。财政收入按税种划分为中央财政固定收入、地方财政固定收入、中央和地方共享收入3类。中央和地方共享收入主要为增值税，其中中央分享75%，地方分享25%。同时，实行中央对地方税收返还制度。1995年起，省取消对长兴县的上解递增。1997年开始，实行“两保两联”，在确保实现当年财政收支平衡和确保完成消化历年赤字任务前提下，省财政将县地方财政收入增收上解省级的收入同给县得技改补助和奖励挂钩。地方财政总收入减去专项收入，应提退税务经费和罚没收入后，比上年增收上缴省部分，省财政给予一次性技改补助16%和奖励4%。2002年起，中央对分税制财政体制进行调整，企业所得税改为中央和地方各分享50%。2003年起，分享比例调整为中央60%、地方40%。2003年10月，省政府印发《关于进一步完善地方财政体制的通知》，对市县实行在确定市县财政收入基数的前提下，采取按行业税种以及按比例分享等规范办法，进一步划清省与市县政府收入来源，明确分成办法。对长兴县实行“两保两挂”，即在确保实现当年财政收支平衡、确保完成政府职责任务的前提下，实行省补助和奖励与地方财政收入增长、增收额挂钩。

乡镇财政体制　1987年，县财政税务局印发《长兴县1987年乡镇财政体制管理办法》，规定乡镇范围内的预算内、预算外资金及乡镇自筹资金实行统一管理，采用“划分收支，核定基数，收支挂钩，增收分成”的管理体制。1989年，实行“确定基数，收支挂钩，定额上交(补助)，增收分成”体制。对当年收入超过基数12%以上的，再增加分成5%，同时对乡镇财政组织征收的零星税收中的“三税”分成10%，农林特产税增收部分分成50%，生猪稳定发展基金分成50%，乡镇财政收入范围的教育费附加全部返回乡镇。1990年起，将全县乡镇划分为三类，对超过基数部分乡镇三税和固定收入按不同的比例分成。其中，对经济欠发达地区范围的9个乡镇实行“确定基数、收支挂钩、超收全留、短收减支、一年一定”的财政管理体制；对两个工业卫星镇实行“核定基数、递增上交、超收全留、歉收自补、一定三年”的财政管理体制；对其余21个乡镇实行“确定基数、收支挂钩、递增包干、超收分成、歉收自补、一定三年”的财政管理体制。

1994年实行分税制后，对乡镇财政管理体制也逐步进行调整。1996年，实行“划分收支、核定基数、分类包干、超收分成、短收赔补、一定三年”的乡镇财政政策。2002年起，实行新一轮乡镇财政管理体制，结合农村税费改革，重新划分收支范围，核定收支基数。乡镇财政收入范围按属地管理为主，支出范围依据事业和行政单位的隶属关系划分，其中农村中小学教师工资及公用经费上划由县财政支出，小型农田水利补助、支援农业生产专项支出、自然灾害救济、挖潜改造资金等专项支出不列入乡镇财政支出范围，而由县财政专项拨款。2005年5月，县政府印发《长兴县乡镇财政管理体制的通知》，核定财政收支基数，按照2002年至2004年3年收入实绩的平均数作为收入基数。乡镇财政支出范围，实行零基预算法，即：按照每年元月乡镇行政机关公务员实有在册人数，以及现行国家规定的支出标准和财政负担范围核定的支出数为基数。对教师工资按县教育局、县人事局和县财政局核定的工资实际数每月拨付。结合各乡镇经济发展状况和经济基础，将全县16个乡镇划分三类，实行“分类递增包干、增收比例分成”;对乡镇范围内的增值税、水利建设基金、资源税、城建税、乡镇个体织机税收、农村教育费附加采取单向结算进行考核。其中,一类乡镇为雉城、煤山、李家巷、夹浦、和平5个镇,实行按收入基数每年递增20%作为当年的收入包干数,超收二八分成。二类乡镇为槐坎、小浦、白岘、洪桥、林城5个乡镇,实行按收入基数每年递增15%作为当年的收入包干数,超收二八分成。同时,新体制将继续实行“两保一联”及奖励政策。2012年,按照“大稳定、小调整”的总体思路,拟定新一轮乡镇(街道、园区)财政体制,总体保持与前一轮体制的连贯和稳定,在新一轮调整原则表述、体制内包干基数、乡镇分类等方面作适当调整,发挥财政体制对乡镇发展经济的引导和激励作用。

二、税收体制改革

1988年,县财政税务部门征收的税种有产品税、增值税、营业税、集体企业所得税、个体工商户所得税等22个税种,以税务部门征收为主,少量由财政部门征收。1994年1月实行分税制后,开始全方位的税制改革,涉及流转税制、企业所得税制、个人所得税制和大部分地方税税种。改革流转税制,将原来对企业征收的产品税、增值税、营业税和对外资企业征收的工商统一税调整合并,形成以增值税为主体,增值税、消费税、营业税三税并立、双层调节的流转税制;改革企业所得税制,将原来分别设置的国营企业所得税、国营企业调节税、集体企业所得税、私营企业所得税合并为统一的企业所得税;改革个人所得税制,将原个人收入调节税、适用于外籍人员的个人所得税和城乡个体工商户所得税合并为统一的个人所得税;调整、撤并和开征其他一些税种,取消产品税,将产品税的农林牧水产品部分应税品目改为征收农业特产税,将烟叶、牲畜产品列入农业特产税的征税范围。调整资源税、城市维护建设税和城镇土地使用税,取消集市交易税、牲畜交易税、燃油特别税、奖金税和工资调节税,新开征土地增值税、证券交易税,将盐税并入资源税、特别消费税并入消费税等。经过1994年税制改革和几年的逐步完善,初步建立起适应社会主义市场经济体制需要的税收制度。1997年9月县国税、地税机构分设后,县地方税务局征收税种有消费税、营业税、个人所得税、企业所得税、外商投资企业和外国企业所得税、城市维护建设税、车船使用税、房产税、屠宰税、资源税、城镇土地使用税、印花税、固定资产投资方向调节税,以及由县财政征收的农业税、农林特产税、耕地占用税、契税等,共17种。县国家税务局征收税种有增值税、消费税、中央企业所得说、金融保险企业部分营业税、外商投资企业和外国企业所得税等。1999年起,恢复征收储蓄存款利息所得税。2000年起,暂停征收固定资产投资方向调节税。2001年起,停征屠宰税,车辆购置附加费改为车辆购置税(由交通部门代征,2005年起由国税部门征收)。2003年起,停征金融保险企业营业税。2004年,对建筑石开采开征资源税,同年起停征农业税。2006年起,废止农业特产税。2008年后,停征储蓄存款利息所得税。2012年8月,长兴县试点“营改增”,即对部分征收营业税的应税对象改征增值税。12月1日完成新旧税制转换,从事交通运输、研发和技术服务、文化创意服务、物流辅助服务、有形动产租赁服务和鉴证咨询服务的,由征收营业税改为征收增值税。

第三节 金融体制改革

一、监管体制改革

1985年5月,中国人民银行长兴县支行和中国工商银行长兴县支行分设,分设后的中国人民银行长兴县支行开始专司中央银行职能,对辖区银行、非银行金融机构(保险、证券、农村信用社)行使组织、领导、管理、协调等职能,实现管理与业务分离,原承担的存款、贷款业务划归中国工商银行长兴县支行经营。1998年起,证券业、保险业金融机构监督管理职能分别从人民银行分离。2003年12月,中国银行业监督管理委员会湖州银监分局长兴办事处与人行长兴县支行分设,银监会长兴办事处专职从事辖内银行业的监督管理,全县金融实现“监”与“管”分离。2004年5月,国家外汇管理局长兴县支局筹建完成,与人行长兴县支行合署办公,行使外汇管理监督职能。

二、国有商业银行改革

全县国有商业银行体制改革经历国有专业银行、国有商业银行和商业银行股份制改造三个阶段。1988年，全县国有专业银行有中国农业银行长兴县支行、中国工商银行长兴县支行、中国建设银行长兴县支行3家。1993年3月，中国银行长兴县支行成立。1994年开始，辖内4家专业银行根据上级银行统一部署，开始向商业银行转轨。1997年1月，中国农业发展银行长兴县支行成立，成为县内唯一一家政策性银行分支机构，辖内4家国有专业银行全部脱离政策性金融业务，成为真正意义上的商业银行。2004年起，4家国有商业银行相继进行股份制改革，至2005年年末，3家股份制商业银行完成改造。2009年，县内最后一家国有商业银行中国农业银行长兴县支行完成股份制改造，更名为中国农业银行股份有限公司长兴县支行。

三、非国有商业银行改革

邮政储蓄银行　2008年5月19日，中国邮政储蓄银行有限责任公司长兴县支行成立。2012年7月9日，更名为中国邮政储蓄银行股份有限公司长兴县支行。

城市信用社　1988年9月，长兴县雉城镇城市信用合作社成立。2001年5月11日，长兴县雉城镇城市信用社被湖州市商业银行收购，更名为湖州市商业银行长兴县支行。2010年12月2日，湖州市商业银行更名为湖州银行，支行机构更名为湖州银行长兴县支行。

信用合作社　1987年，长兴县信用合作社联合社建立。成立初期，长兴县信用合作社联合社对外是独立机构，对内是中国农业银行长兴县支行的一个科室，直接受中国农业银行长兴县支行领导。1996年10月，正式与农业银行脱钩，成为独立的法人机构，负责全县农村信用社的人事、金融业务、结算、资金调剂、电脑、现金调度等方面的管理和服务工作，由中国人民银行长兴县支行负责信用社的监督管理。1997年，长兴县信用合作社联合社成立全县农村信用社体制改革工作小组和县联社贷款管理委员会2个工作小组，开展深化信用社体制改革工作。2004年，中国人民银行颁布《农村信用社改革试点专项中央银行票据操作办法》，以专项中央票据置换信用社的不良贷款和历年挂账亏损。根据文件要求，中国人民银行长兴县支行向长兴县信用合作社联合社发放6739万元央行票据，置换不良贷款和历年亏损6739万元，其中置换呆账贷款5270万元，置换历年挂账亏损1469万元。县政府成立深化农村信用社改革试点工作领导小组，并将价值4000万元的县计划经济委员会综合大楼无偿划拨给信用联社。2005年3月26日，统一法人的长兴县农村信用合作社联合社正式挂牌营业，设立三会一层，即社员代表大会、理事会、监事会和经营管理层。2007年1月17日，长兴农村信用合作社联合社被批准组建为浙江长兴农村合作银行。

第四节　投资体制改革

1988年7月，国务院颁布《关于投资管理体制的近期改革方案》，提出实行分层次管理、扩大企业自主权、建立基本建设基金制、成立投资公司、改进计划管理等举措。同年，根据中央和省、市要求全县通过深化企业改革和开展“双增双节”（增产节约、增收节支），适当控制固定资产投资规模。1989年，贯彻治理整顿方针，继续控制固定资产投资规模。1992年始，深化投资体制改革，明确以企业为投资主体，初步形成投资主体多元化、资金来源多渠道、投资方式多样化、建设实施市场化的格局。同年11月，全县下放部分经济管理权限，突出企业投资的主体地位。1993年，实行投资项目审批一条龙服务，固定资产投资规模扩大。1995年，实行固定资产投资项目登记备案制。1996年11月，对经营性投资项目实行资本金制度。2004年7月，国务院印发《关于投资体制改革的决定》，确立企业的投资主体地位，完善政府投资体制等。对企业不使用政府投资建设的项目，不再实行审批制；其中，政府仅对重大项目和限制类项目从维护社会公共利益角度进行核准，其他项目无论规模大小均改为备案制。随后，全县建立企业投资项目备案和核准制的基本制度框架。2006年,出台《长兴县企业投资项目核准和备案暂行办法》《长兴县项目审批服务暂行办法》,明确企业投资的自主权。同年,全县固定资产投资首次超百亿元。2009年,出台《关于进一步加强政府投资工程项目招投标管理工作的意见》《长兴县政策投资项目储备库管理暂行办法》。2011年,制定《长兴县政府投资项目管理办法》,对于政府投资的项目实行项目储备制度。2012年10月,成立县政府投资项目监管服务中心。

第五节 价格体制改革

1987年之前,全县绝大多数商品和服务实行政府定价。1987年起,物价管理采取直接管理与间接控制相结合的原则,价格逐步由计划价格向市场价格转变。1988年年初,全县实行分期分批价格改革,物价管理逐步从“调放结合,以调为主”转入“放调结合,以放为主”。1989年起,对粮食、棉花、能源、交通及重要原材料等计划内部分商品价格实行国家定价,对工业消费品、国家定购以外农产品及部分工业生产资料价格逐步放开,形成国家定价、国家指导价、市场调节价多种形式并存。1992年5月,提高粮油统销价格,取消肉食品凭票供应办法。1993年,放开粮油购销价格,调高燃料、电、自来水价格,放开部分工业品价格。至该年,五大类产品价格和服务收费项目中95%以上价格由政府定价转变为企业自主定价。五大类产品:农副产品;煤制品、液化气、自来水、电力等资源性产品;房地产业、房屋重置、物业管理费;交通运输中县内客运票价;其他收费、社区服务、游览参观等。1997年,实行粮食收购保护价,进行医疗收费改革试点。1998年,对关系国计民生重要商品实行国家直接定价,对人民生活必需品价格实行监审办法进行控制,对绝大部分商品实行由市场形成价格,市场调节价的比重达92%左右。之后,全县物价管理职能主要为执行中央、省所制定价格规则,创造和维护公平竞争的市场价格环境,加强价格法制建设和市场监管。1999年8月,开征污水处理费。2003年12月,实现全县城乡电费同网同价。2004年6月,县物价局首次对居民生活用自来水销售价格调整举行价格听证会。2005年,实施煤电价格联动。2007年,加大医药价格改革力度。2010年,对储备粮食出库价格、房屋拆迁补偿基准价等9项商品和服务价格实行市场调节,城市供水销售价格、管道燃气终端销售价格等14项定价项目由县级物价部门定价。2012年6月,对县人民医院、县中医院、县妇幼保健院实施医药价格改革。

第六节 农村经济体制改革

一、家庭联产承包责任制

一轮土地承包 1979年9月,中共中央发布《关于加强农业发展若干问题的决定》,县委根据决定的精神允许生产队在统一核算和分配的前提下包工到组,联系产量计算报酬,并在后漾公社白溪大队进行试点。同年11月冬种时,长城公社狄家圩二队、里塘公社黄公生产队、二界岭公社郎村五队、和平公社官庄七队、长潮公社兴隆十四队、泗安公社赵村大队等先后自发地将油菜、春粮承包到户。特别是长城公社狄家圩二队,将集体的2公顷油菜包干到户,翌年春又将全部水稻包到产到户。狄家圩二队的自发行动在周边引起的争议很大,长城公社党委和狄家圩大队党支部给予坚定的支持,认为狄家圩二队的做法符合中共中央〔1980〕75号文件的精神。但同时,长兴其他地方的包产或包干做法也受到质疑。1981年4月,县委书记丁文荣先后到7个公社实地调查,向县委提交《关于“关于统一经营、联产到劳”生产责任制的调查报告》,经县委批转后向全县印发,肯定各地的做法,指出当前农村工作的中心环节就是“全面落实各业生产责任制”。其后,全县各种形式的联产承包责任制便迅速建立起来。5月28日,《浙江日报》以“联产到劳真灵”为题,发表县委书记丁文荣的5篇下乡日记;29日刊载《怎样搞好联产到劳责任制——长城公社党委书记宋忠孝答本报记者问》，以问答的形式，详细介绍狄家圩的具体做法。8月18日，《人民日报》刊登"长兴县干群齐心协力落实生产责任制"的消息，还配发"不能和群众顶牛"的短评。12月月底，全县有5001个生产队实行联产承包责任制，占生产队总数的89.8%，其中包产到组的有398个队，联产到劳的有1896个队，包干到户的有2716个队。1982年，一部分经济发达地区的生产队，也建立了家庭经营承包责任制，原来实行联产到组、联产到劳的生产队，都先后改成为包产到户。同时，渔业、山林等各业承包责任制也相应建立起来。1983年1月，中共中央发出《关于〈当前农村经济政策的若干问题〉的通知》，要求全面推行家庭联产承包责任制。而该时的长兴已基本完成。①

家庭联产承包责任制的推行，调动了广大农民群众的劳动积极性，农业生产出现前所未有的大好形势。1982年，全县农业获得全面丰收，粮食产量首次突破3.5亿千克大关，油菜籽、蚕桑、茶叶、生猪、水产等多种经营均比上年大幅增长，超过之前历史最高水平。1983年3月，县委、县政府召开全县劳动致富多贡献表彰大会，对1982年全县农业战线上创高产、多贡献和劳动致富的农户进行表彰，包括售粮万斤的农户922户、售猪10头的农户8户、亩产吨粮户22户、纯收入万元户5户。5户万元户分别为吕山公社的莫水梅、泗安公社的邱水荣、长城公社的徐子祥、太傅公社的彭存延、丁甲桥公社的臧楚明，其中邱水荣既是售粮万斤户，又是纯收入万元户。

图10-2　1983年3月22日至23日，长兴县劳动致富多贡献表彰大会召开。图为受表彰的农户代表合影(县档案馆提供)

1983年至1984年，全县稳定和完善家庭承包责任制，普遍延长土地承包期，从原来的3年延长到15年；大力扶持专业户、重点户，夹浦、李家巷、雉城、煤山、丁甲桥等乡镇兴起家庭工业和联户工业。1987年，继续完善家庭承包责任制，鼓励农民发展商品生产，农村工业、副业迅速发展。全县450个行政村，村办工业的覆盖率占84%；根据自然条件，先后建立名茶、竹笋、青梅、板栗、杉木、食用菌、水产、乳品等10多个商品基地。

1989年开始，根据上级统一要求，全县开展一轮土地承包完善。同年，针对第一轮土地承包普遍没有签订书面合同而造成土地公有制无法体现、双方权利与义务不明、承包金无法收取和土地细碎化等问题，全县在试点基础上，依法依规，统一承包合同样式，补充、完善、签订书面合同，并按"大稳定、小调整"原则，根据人口增减调整承包土地。至1990年，全县共调整3858.53公顷，8.88万户农户与村经济合作社签订合同，占应签户70.2%；各乡镇成立合同管理委员会，村成立合同管理小组，收取两年承包金726万元，占应收款66%。出台《关于完善农业承包合同的几点意见》《关于完善各业承包合同和收缴承包金额度的通知》，解决承包合同不完善、平均分包造成土地细碎化和因人口、劳力变动造成的矛盾，稳定完善大田承包制。

"双田制"改革　20世纪80年代中后期，县内一些经济发达地区出现"有田无人种"和"有人缺田种"并存局面及粮田抛荒现象。同时，农户之间开始自发流转土地，一些农、林、渔场逐步转向大户承包经营。1989年，全县选择和平镇狮子山村开始尝试"口粮田"与"任务田"分别承包的"双田制"改革，探

① 2008年，省委宣传部、浙江日报报业集团、浙江广电集团、浙江在线新闻网站等组织开展"浙江省改革开放30周年典型事例100例"评选活动，"长兴：揭开全省农村改革序幕"位居首例。

索粮食生产适度规模经营新途径,并在狮子山村召开推广"双田制"改革试点经验现场会。同年,夹浦镇父子岭村针对农忙时企业劳力不够用的矛盾,进行"双田制"改革。32户种田能手承包21.33公顷"任务田",负责15万千克任务粮,集体大力扶持,每0.07公顷(1亩)补贴100元。在试点的同时,长兴另外一些村农户自发转包现象规模逐步加大,至20世纪90年代初已有2000公顷。1994年12月,全县开始新一轮"双田制"改革试点,李家巷镇章浜村被选为首个试点村。全村261户农户种53.28公顷"口粮田",9户种粮大户承包31.15公顷"任务田",承担交售国家粮食定购任务16.98万千克、公粮3.11万千克,"双田制"暂定5年。承包粮田最多者5.36公顷,最少的1.47公顷。试点过程中,签订合同,规范原农户、村合作社、承包大户三者权益行为,建立奖罚激励机制。1995年,在坚持稳定家庭联产承包制基础上,继续由点到面,分类指导,逐步推行"双田制"改革。同年,全县种粮大户3000户,经营粮田3333.33公顷,承担国家任务粮1875万千克。1996年8月,长兴县出台《关于建立农村土地使用权流转机制,进一步完善双层经营体制的实施意见》,在全县范围内全面推行"双田制"改革。11月,全县31个乡镇、452个村、5496个承包组,除没有国家商品粮任务和人均占有耕地0.04公顷~0.05公顷以下的农村外,应推行"双田制"29个乡镇、362个村、4669个承包组全部完成"双田制"改革。全县有125115户农户承包1.83万公顷"口粮田",76021户农户承包1.6万公顷"任务田",972户农户承包经济田138.38公顷,推行"双田制"面积占总面积93.6%。1997年8月27日,中共中央办公厅、国务院办公厅发出《关于进一步稳定和完善农村土地承包关系的通知》,叫停"双田制"。

二轮土地承包 1998年下半年开始,全县以土地承包期再延长30年为核心,开展第二轮农村土地承包责任制。改革的主要内容为延长承包期,落实土地承包权;规范土地承包合同,健全和完善积累机制;核发土地承包权证;建立和完善土地经营权流转机制,稳定种粮大户;妥善处理历史遗留问题;健全机构,加强土地承包合同管理。同年11月中旬开始,全县在长桥乡、水口乡试点结束后,全面开展二轮土地承包,坚持"大稳定,小调整"和土地所有权、承包权、经营权"三权分离"原则,全县5239个承包组签订合同13.13万份,完成应签合同95.2%,14个乡镇完成核发土地承包权证,共核发9.3万本。1999年,开展查漏补缺,规范档案管理和国家基本建设征地结束后的乡村承包土地扫尾工作。至12月,全县除国家基本建设尚未明确征用土地田块以外,已完成3.32万公顷,发放浙江省农村集体土地承包权证13.26万本,占应发户98.5%,年底通过湖州市检查验收。2001年10月,县农经委被评为全省二轮土地承包工作先进集体。2002年8月,《中华人民共和国农村土地承包法》正式把农村土地承包制度纳入国家法律,规定"耕地的承包期为30年,林地的承包期为30年至70年","承包期内,发包方不得收回承包地"和"不得调整承包地"。2004年,全县全面完成二轮土地承包完善工作,新签或修订承包合同12.36万份,核发全国统一的农村土地承包经营权证12.36万本。同年10月,二轮承包完善工作通过湖州市考核验收。2007年4月,山林延长承包期签订合同和核发经营权证工作全面完成,共核发林业承包经营权证3.2万份,发证承包林地面积6.47万公顷。长兴县被评为浙江省山林延包工作先进县。

二、土地承包经营权流转

1988年10月,省政府颁发《关于经济发达地区推行土地适度规模经营的若干政策规定》,强调推进农业规模经营,必须同生产力发展水平相适应,必须坚持群众自愿的原则。1989年开始,全县通过"双田制"形式在一些发达乡村试行粮田适度规模经营。1994年12月,按照全省粮田适度规模经营工作会议精神,选择6个乡镇开展试点,积极稳妥地推进粮田适度规模经营。1995年,全县推行粮田和其他各业适度规模经营后,农业专业大户达19745户,其中种粮大户2145户、蔬菜种植大户3078户、水产养殖大户2670户、水果种植大户2880户、畜禽养殖大户1042户。1996年以后,粮田规模经营加速推进。同年,种粮0.67公顷(10亩)以上农户达4102户,承包农田4600公顷,平均每户承包1.12公顷,承包国家任务粮2.25万吨。大户占全县农户总数的2.9%,承包农田占总数的12.9%,承担国家任务占33%。全县承包2公顷以上农田有522户,承包农田1373.33公顷。

1999年年底第二轮土地承包工作结束后,全县初步建立农村集体土地使用权流转机制。土地流转重点向发展经济作物和养殖业倾斜，着力发展效益农业和建设商品基地，调整产业结构，推进农业产业化进程。同年，通过土地流转，初步形成粮油、蔬菜、瓜果、禽畜、特种水产和花卉苗木等六大主导产业。各类专业大户19242户，占总农户13.8%；连片66.67公顷（千亩）以上果园基地32个，果类开发7333.34公顷，特种水产基地880公顷，蔬菜种植8720公顷。2000年，全县各乡镇按照《关于进一步稳定土地承包关系，建立健全土地使用权流转机制的若干意见》的要求，以粮食购销体制市场化改革为契机，以农业结构调整、发展效益农业为重点，完善土地使用权流转机制，在坚持“依法、自愿、有偿”原则下，加快土地使用权依法有序流转，推进土地向效益农业大户转移，在承包权不变原则下，通过土地使用权合理流转，将土地要素重新进行配置，促进产业结构规模调整。同年4月，全县粮田改种经济作物1.45万公顷，比上年增加8.5%；经济作物面积与上年同比增加3040公顷，增长26.5%，土地流转面积已达1513.33公顷。至同年年末，全县土地流转面积达6666.67公顷。2001年下半年，根据市农经委《关于进一步规范土地使用权流转手续，完善土地使用权流转合同管理的通知》，全县规范流转合同管理，使土地使用权流转依法、规范、有序。2005年7月，全县土地流转总面积5661公顷，其中水田4774公顷、旱地418公顷。涉及农户26566户，签订流转合同7939户，合同面积1797公顷。土地流入总户数9173户，其中流入规模6.7公顷～33.3公顷的大户有97户，面积971公顷，户均10公顷。2007年，出台《关于加快推进农村集体土地承包经营权流转的实施意见（试行）》，开展新一轮土地流转。2008年，全县土地流转面积17119.2公顷，占全县土地总面积的16.1%。2009年，建立县土地流转指导中心、乡镇土地流转服务中心和村级土地流转服务站三级土地流转服务平台，实现土地流转信息联网与快捷对接，开展土地流转信息发布、合同签订鉴证、政策咨询、纠纷协调等服务。同年12月成立农村土地承包仲裁委员会，在农业局设办公室和仲裁庭，年内共接访有关农村土地承包纠纷102人次，配合乡镇调处重大土地承包纠纷5起。同时，不断完善“政府引导、市场调节、农民自愿、依法有偿”的土地流转机制，鼓励农户通过出租、转包、转让、互换、入股等多种方式参与流转，至2010年11月，全县流转面积达2.33万公顷，其中出租1.36万公顷，占58.1%。2011年，开始实施土地承包经营权流转工作奖励政策，对农村土地承包经营权连片流转3.3公顷以上项目，乡镇按每公顷300元、行政村按每公顷750元的标准奖励。同年，全县有165片、1587公顷的流转面积共获得奖补资金166.8万元，其中乡镇47.65万元，村119.15万元。2012年，共接访农村土地承包纠纷122人次，协助乡镇调处重大土地承包纠纷4起。至同年年末，全县土地流转总面积达到30813公顷。

2010年4月，长兴县出台《长兴县农村土地承包经营权抵押贷款管理办法（试行）》，规定经营流转土地面积在0.67公顷（10亩）以上或基础设施投入10万元以上，具有规范有效的农村土地承包经营权流转合同，并具备持续生产能力的农业种养业、现代休闲农业和高效设施农业项目可申请土地承包经营权抵押贷款。明确土地承包经营权抵押价值评估的中介机构尚未健全前，暂由县农业行政主管部门组织有关专家对土地承包经营权抵押价值进行测算并出具相关证明。同年，水口乡、夹浦镇、虹星桥镇、和平镇、雉城镇有54户农户从银行取得农村土地承包经营权抵押贷款512.5万元，土地承包经营权抵押面积89.2公顷。至2012年，全县共有108户农业规模经营业主从银行取得抵押贷款1710.5万元，土地承包经营权抵押面积9333公顷。

三、农村集体经济管理

1989年开始，全县把强化集体经营层次、完善统分结合的双层经营体制作为深化农村改革重点，内容包括建立村经济合作社，建立“两金一积累”制度，发展集体经济，壮大村级经济，加强集体经营管理，推行农村财务管理体制改革，加大农业投入。

“两金一积累”制度　农业发展基金　1987年5月，长兴县出台《关于建立乡（镇）村农业发展基金制度的意见（试行）》，提出各乡（镇）、村两级提留基金的渠道和标准以及重点使用的内容。至1989年，先后有7个乡（镇）、49个村建立农业发展基金，筹集资金109.24万元。1989年，根据省政府《关于建立县级农业发展基金制度的通知》，成立县级农业发展基金委员会，落实筹集资金的具体方案，制定农业发展基金的使用、管理制度。1991—1993年，县级农业发展基金共筹集443.38万元，实际支出450.9万元，全部用于支持农业发展，其中用于水利、粮食专项资金和农业综合开发等项目配套资金336.47万元。1993年11月开始，全县增辟新的资金筹措渠道，进一步完善农业发展基金的筹集、使用、管理制度，该资金逐年增加。1996年9月，长兴县出台《关于进一步完善农业投入机制，增加农业投入的决定》，调整县、乡镇、村三级农业发展基金筹集渠道、筹集办法，实行专款专用，严格财务管理制度，做到筹足、管严、用好基金，使其发挥最大的使用效益。

农业承包金和劳动积累工制度 1989年10月，县农经委在鼎新村开展完善农田承包合同试点，解决农田承包没有书面合同、双方权利义务不明和承包金收取没落实等问题。同年，全县推广试点村经验，基本补交当年承包金440万元，建立承包金收取制度。1996年11月，全县在“双田制”改革完成后，建立农田使用权流转机制，全县农村收齐农业承包金、承包风险抵押金，全部建立劳动积累工制度，每个农村劳动力每年承担15个～20个工(日)，一般以出劳为主，有困难的可以以资代劳，资金用于农田水利建设、农业综合开发等。全县共收取农田承包金852.88万元，占应收款的99.6%，加上旱地、桑地、山林、鱼塘、经济林承包金，全县农业各业承包金单项达2000万元。2002—2005年，全县开展农村税费改革，取消农村劳动积累工制度。2006年开始，实行村级集体生产、公益事业“一事一议”筹资筹劳制。详见本节第4目“农村税费改革”。

集体经济发展 1988年，全县452个行政村集体经济总收入524万元。同年起，全县各部门、各乡镇结对帮扶贫困村、欠发达乡镇开发农业资源、矿产资源，发展多种经营，兴办企业和集体农林场，发展集体经济。至1990年，全县村级集体经济总收入2165万元，其中10万元以上的村23个、10万元以下3万元以上的村98个、3万元以下1万元以上的村124个、1万元以下5000元以上的村86个、5000元以下的村121个。1992年，对全县10个经济欠发达乡实施扶持项目33个，贷款234.2万元，其中工业项目23个、贷款219.5万元，农业项目10个、贷款14.7万元。1988—1992年，扶持129个贫困村开发农业和兴办企业，其中59个村脱贫。据1995年6月县农经委组织的调查显示，全县123个村集体经济较雄厚，积累资金共1018.8万元，平均每村8.2万元，57个负债村累计负债52.74万元。煤山、小浦、吕山、雉城等乡镇，村级经济实力较强，以煤山镇为最，村级经济累计达528万元，占全县一半略多。但薄弱村、空壳村、负债村仍多，地区差异仍大，其中新塘11个、林城9个、畎桥12个、仙山11个、二界岭11个、长潮11个、管埭11个、泗安11个、虹星桥20个、吴山14个、里塘9个、包桥12个、和平14个、长城10个、白阜20个，以上15个乡共有186个，占调查总数村352个的80%。1996年，县委下发《关于扶持欠发达乡镇发展集体经济的意见》，划定仙山乡、长潮乡、二界岭乡、白阜乡、管埭乡、天平桥乡、太傅乡、里塘乡、畎桥乡、虹星桥镇为10个经济欠发达乡镇，建立挂钩扶贫制度，出台十大措施，从税收、贷款、用电、项目审批、技术培训、科技下乡、劳务输出等方面帮扶欠发达乡镇。1997年5月，县委、县政府连续下发《关于加快经济薄弱乡镇、村发展的若干政策意见》《关于加快乡村集体企业改革，完善产权制度改革工作的意见》《关于开展发达村和企事业单位与集体经济薄弱村结对帮扶活动的通知》，促进农村集体经济发展。1999年，全县确定24个集体经济薄弱村作为整顿转化的重点，通过领导联系示范村、部门乡镇共同支持、选派干部驻村、政策倾斜等方式，多管齐下进行帮扶，至2002年年底，24个薄弱村集体经济年可支配收入全部达到3万元以上，总量达到82.5万元。1999年起，重点扶持泗安地区欠发达乡镇，连续3年从政策、资金等方面加大扶持，对泗安、二界岭、长潮、林城、太傅等乡镇的专业大户和重点农业企业进行贴息、贷款扶持，平均每年贴息120万元、贷款1400万元，其中当年落实大户(企业)131户，贷款1049.3万元、财政贴息100万元。同年年末，泗安地区形成吊瓜面积1000公顷，占全县总量的35.9%；苗木面积366.67公顷，占全县总量的42.3%；奶牛养殖业成为一种新兴产业，出现饲养20多头的典型规模专业大户；泗安地区特色农业主导产业和优势农产品迅速形成。2000年，全县村级集体经济总收入5717万元，其中1万元以下的村21个、1万元～5万元的村155个、5万元～10万元的村106个、10万元～20万元的村111个、20万元以上的村59个、100万元以上的村6个。

2005 年开始，全县从贷款贴息、建设用地、招商引资方面加大政府扶持力度，重点扶持经济薄弱村；推行村经济合作社股份合作制改革，管好老企业，深挖资源，拓展增收渠道。至 2007 年，村集体经济总收入 13210 万元，村均 53.05 万元，人均 256 元。年收入 5 万元以下 99 个，占 39.8%；5 万元～30 万元 118 个，占 47.3%；30 万元～50 万元 15 个，占 6%；50 万元以上 17 个，占 6.8%；年收入在平均水平以下村占 93.2%。2008 年，制定《振兴村级集体经济三年发展规划和工作目标》，将发展村级集体经济纳入县级机关、乡镇（街道）、行政村及驻村干部年度工作考核，通过政策扶持、结对帮扶、规范管理等提高经营性稳定收入，变单纯输血式为造血帮扶式。2011 年，全县 247 个行政村（不含和平镇水产村）村级集体经济总收入 23625 万元，比 2007 年增长 78.8%，村均 94.78 万元，年增长率在 10%以上。其中，村级集体经济经常性收入在 30 万元及 30 万元以上的村 63 个，占 25.5%；村级集体经济经常性收入在 15 万元及 15 万元以上至 30 万元以下和经常性收入在 15 万元以下但经营性收入在 10 万元及 10 万元以上的村 66 个，占 26.7%；村级集体经济经常性收入在 15 万元以下且经营性收入在 10 万元以下和经常性收入在 15 万元以上但经营性收入在 5 万元及 5 万元以下的村 118 个，占 47.8%。2012 年，出台《进一步发展壮大村级集体经济的实施意见》，县、乡两级财政每年安排 1500 万元用于扶持薄弱村和一般村物业项目、资源盘活项目与有偿服务项目，共结对帮扶 68 个后进薄弱村发展“造血式”增收项目 40 个。同年年末，全县村集体经济总收入 25701 万元。

农村财务管理　1988 年，全县 34 个乡镇都建立农村经营管理服务站，负责村级财务管理，分期分批开展财务整顿，收回部分旧欠款。1989 年，全县在恢复和建立村经济合作社中，高地村等部分典型村建立并健全村级财务管理制度，每年年终由群众选派村民代表进行审计，公布村财政预算方案，实行民主监督。同年，全县根据省农村财务会计制度改革要求，改变原来“钱物收付记账法”为“借贷记账法”，编报月（季）余额表、年终资金平衡表和收支结算表，并组织对 450 个村的财会人员进行培训。1991 年，根据《浙江省农村合作经济组织财务管理制度》和《浙江省村合作经济组织会计制度》，全县建立健全村社财务管理制度。建立健全收支预决算、民主理财、现金管理、财产物资管理、会计档案管理等制度，加强会计核算，提高财务管理水平；各村社建立财务管理小组，配齐并稳定财会人员，加强业务培训，逐步实行凭证上岗；逐步开展农村合作经济审计工作，建立健全审计制度；做到收支有据，审批有序，定期公布账目，建立财务档案，接受社员监督。1998 年，按照村务公开要求，各村建立财务民主管理小组，经济发达村每季公开一次，经济薄弱村每半年公开一次。全县统一于 7 月 10 日为上半年度财务公布日，次年 1 月 20 日为上年度的年终财务公布日。

2000 年，在新塘乡、和平镇开展村级集体资金所有权不变、资金使用权不变、财务审批权不变、民主理财监督机制不变、以村为基本核算单位不变的“五不变”前提下，实行“村账委托乡镇代管”的村级财务管理模式试点。同年，新塘乡、和平镇成立乡镇农村财务指导服务中心（简称村财中心），代管村级集体资金。2001 年，全县 16 个乡镇全部成立农村财务指导服务中心并挂牌运行，全县 452 个行政村的集体资金委托乡镇村财中心实行“乡管”。4 月，县政府出台《长兴县乡镇农村财务指导服务中心账务管理暂行办法》，制定收支预决算制度、账簿票据管理制度、现金管理制度、开支审批制度、财产物资管理制度、民主理财与财务公开制度、档案管理制度、财务人员管理制度和财务监督管理制度共 9 项财务管理制度。2005 年 5 月，出台《长兴县严格控制村级招待费支出的若干规定（试行）》，规定各行政村招待费支出限额与村集体经济可支配资金挂钩，按累进制方法设定支出限额，招待费支出最高不得超过 10 万元。2006 年 7 月，县农业局、县监察局、县政府纠风办出台《关于认真做好村干部任期和离任经济审计的通知》，提出“三年一轮审”“一审审三年”的审计制度，审计资金由乡镇财政保障，当年完成审计 92 个村，审计金额 15823.7 万元。同年起，全县推行电算化记账，有 8 个乡镇村财中心涉及 124 个村实行电算化记账。至 2008 年，全县 19 个乡镇（街道）中，有 14 个乡镇（街道）村财中心涉及 173 个村实行电算化记账。2009 年，出台《长兴县村级财务指导服务中心财务规范管理工作实施意见》，乡镇“农村财务指导服务中心”更名为“村级财务指导服务中心”。7 月，出台《关于规范村级非生产性支出管理的意见》，完善村级非生产性支出管理制度,由各乡镇(街道)根据当年村级集体可支配收入,合理确定村级招待费、办公费、差旅费、交通费限额标准,建立村(居)购置非生产性交通工具、办公设施等重大支出审批制度。

2010年,在和平镇开展农村集体"三资管理"试点。在原资金委托管理基础上,将村级集体资产、资源纳入委托乡镇农村财务指导服务中心管理范围。2011年,县政府出台《关于加强农村集体资金、资产、资源管理的实施意见(试行)》,明确县及各乡镇(街道)成立农村集体"三资"管理领导小组,负责县级和乡镇级农村集体"三资"管理的指导。"村级财务指导服务中心"更名为"农村集体'三资'管理服务中心"。5月,县政府出台《长兴县农村集体资金、资产、资源管理办法(试行)》。8月,县财政投入资金270万元,建立农村"三资"信息化管理系统,村级财务通过该系统按月公开,公开的内容包括村资金总额、资金往来原始凭证、资产价值、资源面积、资产、资源出租发包合同和工程项目合同。11月,全县21个乡镇(街道、园区)的248个村"三资"数据全部录入"三资"管理系统,实行网络做账,电子触摸屏查询,实现农村集体"三资"管理县、乡、村三级联网,农村集体"三资"运行全程监督。

四、农村新经济组织

村经济合作社 全县以生产大队为范围建立村合作经济组织始于1987年。至1992年,452个村基本建齐村经济合作社。同年,《浙江省村经济合作社组织条例》颁布实施。2002年4月,全县行政村区域调整,全县452个村经济合作社撤并调整为254个。2005年,开展村经济合作社股份合作制改革。2012年,全县共有248个村(股份)经济合作社。

股份合作制改革 2005年,根据浙江省《关于全省农村经济合作社股份合作制改革的意见》,全县成立农村股份合作制改革指导小组,选择夹浦镇父子岭村、县开发区街道陈塘村开展村经济合作社股份合作制改革试点。10月19日,夹浦镇父子岭村股份经济合作社成立,折股量化经营性资产2666.28万元,设个人股3315股,集体股606股,每股6800元,人均2股。同日,县开发区街道陈塘村股份经济合作社成立,折股量化经营性资产200.20万元,设集体股241股,个人股964股,每股初始股金1658元。2006年,雉城镇明门村、开发区街道杨湾村、李家巷镇青草坞村、和平镇狄家圩村、泗安镇凤凰村5个村完成股份制改革。2007年,泗安镇白莲村完成股份制改革。2008年11月,县委办制定《长兴县推进农村经济合作社股份制改革实施意见》,要求完成以村改居、城中村、园中村、城郊村为重点以及经营性资产50万元以上村的农村集体资产股份合作制改革。2008年,完成15个村股份制改革。2009年,完成18个村股份制改革。2010年,完成16个村股份制改革。2011年,完成16个村股份制改革工作。2012年,完成22个村股份制改革。至2012年年末,全县有95个村完成股份制改革,尚有153个村未完成。

五、农村税费改革

1988年,全县农村税费种类有农业税、农业税附加、农林特产税、耕地占用税、契税、屠宰税、畜牧集市交易税以及集体土地承包金、集体提留和其他一些收费。同年,实征农业税422万元、农业税附加40万元,农村人均纳税10元、承包金及提留1元。1989年后,农民恢复承担劳动积累工和义务工。

1990年,国务院下发《关于切实减轻农民负担的通知》,第一次将减轻农民负担纳入各级党委、政府议事日程。1992年,全省开展检查执行国务院《农民承担费用和劳务管理条例》情况工作,长兴建立县、乡(镇)两级检查组。同年,全县农民承担费用中村提留1238万元、乡统筹1200万元,两项占上年农民人均纯收入4.5%,人均负担50元,其中村提留占2.3%、乡统筹占2.2%;扣除乡村企业承担部分费用后,农民直接负担1905万元,占上年农民人均纯收入3.6%。全县涉农收费有按省政府1991年3号文件收费的36项、超目录范围由省准许的5项和超目录范围由市、县准许收费的多项,合计1347万元,占上年农民人均纯收入2.5%,连同村提留、乡统筹合计3785万元,占上年农民人均纯收入7.1%。其中,部分向农业专业户收费,专业户负担更重。虽然长兴的村提留、乡统筹收费未超5%红线,但各项收费叠加后实际负担仍重。1993年,全县成立农民负担监督管理领导小组,下设办公室。1999年5月,县农经委出台《关于农民承担费用和劳务规范化管理的实施意见》,针对一些部门、乡镇仍有乱收费、乱集资、乱摊派、乱罚款现象和不使用全省统一涉农收费收据等问题,制定农民承担费用和劳务标准及收取办法:农民承担费用(村提留、乡统筹)按1996年以村为单位农民人均纯收入的3%～5%提取，一定3年不变。劳动积累工、义务工仍采取男女劳力承担一定工日或以资代劳形式收取。各项行政事业性收费，只收取法律法规和政策允许项目，凭“收费许可证”“复核证书”收取，中央和地方已取消的项目坚决不收。同年，农民纳税人均65元，为历年最高。2000年，全县对涉农经营服务性收费进行清查整顿，重点突出用电、用水、有线电视安装视听等服务性收费，对存在的问题进行整改。同年，农村人均纳税42元，比上年减少23元。2001年，省政府农民负担调查组暗访查处吴山乡教育收费不规范问题。事件公开后，县委、县政府专门设立农民负担监督管理办公室，从农业、监察、物价等部门抽调人员增强力量，及时指导乡镇清退向中小学生收取的教育附加费，在一周内清退110.1万元。对教育收费、电网改造、农民建房、达标升级等7个方面部署专门检查，深入乡(镇)、村、户明察暗访，查处不规范收费行为，进一步规范向农民收费。2001年，农民人均纳生产税降到22元，比上年减少近一半；农民人均负担92元。

2002年，按照浙江省《关于全面进行农村税费改革的通知》，全县开展以“减调改稳、合理负担、转移支付、配套进行”为主要内容的农村税费改革。取消村提留乡统筹、屠宰税、农村劳动积累工和义务工及农业特产税，全县农村教师工资统一由县财政发放。同时，实行农民负担“一票否决”制，对乡镇部门因增加农民负担，引发群体性事件、恶性案件造成重大影响的实行一票否决。通过税费改革，2002年农民税费总额比改革前的2001年减少42.2%，人均减少42.4%，农民人均负担从92元下降到53元。2003年，对全县16个乡镇的财政转移支付情况和行政村村提留制度、村公益事业资金制度的建立情况进行调查。全县财政转移支付1607.77万元，农民税费总额比改革前的2001年减少63.9%，农民人均负担33元。2005年，全县免征农业税、村提留、乡统筹，共计3200万元，农民人均减负65元，农民人均负担仅纳生产税27元。之后，历年农民税费支出仅有生产税。2010年为零元，为历年最低。2011、2012年分别为5元、8元。

2006年起，根据《浙江省村内“一事一议”筹资筹劳实施办法》规定，全县实行村级集体生产、公益事业“一事一议”筹资筹劳制。同年，全县印制15万张农民负担监督卡发到农户。2007年，县农民负担监督管理办公室下发《关于公布长兴县2007年村内“一事一议”筹资标准的通知》，规定全县村内筹资每工标准在30元～40元之间。2008年1月，下发《关于公布长兴县2008年村内一事一议筹资筹劳标准的通知》，规定全县筹资工价每工35元。2011年，下发《关于公布长兴县2011年村内一事一议筹资筹劳标准的通知》，公布2011年长兴县村民筹资筹劳每工50元，筹资每人不超过1工，筹劳每个劳动力不得超过3工的标准。2010—2012年，根据《浙江省村级公益事业一事一议省级财政奖补项目和资金管理暂行办法》，全县开展一事一议财政奖补工作。共申报一事一议财政奖补项目37个，省财政补助1327万元、县财政补助资金2049万元。项目涉及14个乡镇37个行政村，总受益人口65254人。

第七节　工业经济体制改革

1979年全国推行经济体制改革后，按上级部署，长兴县对工业经济体制的改革也开始逐步进行。全县工业企业先后经历1979年开始的放权让利改革、1983年开始的利改税、1983年至1992年的经济责任制和承包经营责任制等经营方式改革、1993年开始的产权制度改革、1999年开始的国有和城镇集体企业“双置换”改革等改革历程。

一、工业体制改革概况

管理体制改革　1988年，全县有县属国有、二轻集体、乡村办及农村个体等不同所有制工业企业3819家。其中，国有和二轻集体工业企业131家，分别由12个主管部门管理，属于工业局、建材工业公司、二轻工业总公司等纯工业性企业主管部门管理的企业69家，包括工业局下属的24家、建材工业公司下属的6家、二轻工业总公司下属的39家。

1989年9月,建材公司并入工业局,其下属6家企业(其中老虎洞石矿未并入,移交给长湖建材厂)同时并入县工业局。1990年5月,成立丝绸公司(1997年,明确按正局级设置为县政府直属公司),主管从工业局归属的丝厂、丝织厂,以及从丝织厂独立出来的经编厂。20世纪90年代初到中后期,工业局、二轻总公司、丝绸总公司的大部分企业先后经历了欠税、债务、应收账款增多、亏损,生产经营不能正常进行,欠发职工工资,陷入困境的过程。1994年6月,制革总厂划归县经济技术协作办公室。1995年8月,麦芽厂划归粮食局,9月酿造厂划归商业局。至1995年年底1996年年初,工业局所属企业减少到17家,二轻总公司所属企业减少到32家。

1993年起,企业改革逐步转向产权制度改革。至2001年年末,企业改制任务基本完成,撤销工业局、丝绸公司、乡镇企业局、协作办、商业局、物资局等部门机构(因一些改制后企业中有联社资产成分,二轻工业总公司未撤销),粮食局、教育局、交通局、供销社、城建局、农业局等部门原有的对附属、挂靠工业企业管理职能也全部剥离,不复存在。2003年10月,全县国有、城镇集体企业全部完成产权制度改革。2011年5月,县经济和信息化委员会成立,挂中小企业局牌子,为全县工业主管部门。原工业局、丝绸公司、二轻工业总公司所属企业职工遗留问题,由县经信委的原工业局系统企业改制小组、新天地丝绸有限公司和二轻工业总公司处理。

经营机制改革 以增强企业活力为中心,推行厂长负责制,实施和完善承包经营责任制,落实企业内部经济责任制,进行人事、分配、用工"三项制度"改革,同时试行股份制、企业兼并等办法。改革的目的是在不改变国家所有权的前提下,按照两权分离的原则,通过利润承包的方式,将经营权完全下放给企业,逐步把企业推向市场。

经济责任制 工业企业经营方式,最早的改革是实施经济责任制。1980年10月,建材工业公司下属企业试行超产分成、利润分成奖,矿山金额计件制、产品质量奖、超产补工奖等多种经济责任制。1983年2月,县委工作会议要求积极推行各种形式的经营责任制。1985年1月,县委扩大会议学习中央关于经济体制改革决定,要求清"左"破旧,破除恐"资"怕"修"心理,推行经济责任制;改革计划体制,搞活经济。会上,杨家山水泥厂等12个单位介绍整顿企业,扩大自主权,推行经济责任制做法。1986年9月,工业局与所属工业企业落实完善经济责任制,奖金与加班费、利润总额、产值挂钩,同步上下浮动。1988年11月,县国有工业企业实行工资总额同经济效益挂钩办法,经省批准实施,实行增人不增工资总额,减人不减工资总额的改革。1992年5月,工业局与陶器厂、酿酒总厂、制革厂、陈湾石矿、化工总厂、青东煤矿、麦芽厂、农机厂等8个企业签订扭亏责任书。7月,县政府批转县体改办《关于部分企业试行投入产出总承包的实施意见》,长兴白水泥厂是投入产出总承包试点企业。试点核心内容:核定基数,递增包干,超包全留,歉收自补。12月,县二轻工业总公司对下属煤炭机械厂、制锁厂、橡胶塑料制品厂、特种灯泡厂、长兴轻工机械厂、节能材料厂、输送机械厂、服装厂、气门嘴厂、塑料包装厂、塑料彩印厂、林城木器厂实施经营责任制审计考核。

1993年之前,城镇工业企业实行包利润、包产值与工资奖金挂钩的经济责任制。1993年12月,建立县国有资产经营总公司,由县政府委托财政局代管。1994年2月,县国有工业企业实行资产经营责任制签约仪式,县财政局、工业局将2400多万元国有资产委托白水泥厂经营,期限5年。同月,二轻总公司举行资产经营责任制招标演讲。1995年5月,工业局与所属的耐火器材厂、皮件厂、方解石微粉厂、化工总厂、酿酒总厂、陈湾石矿、硅灰石矿等7家企业签订经济责任制协议书。

厂长负责制 1984年7月,长兴酒厂从党委领导下的厂长负责制改为以厂长为中心的厂长负责制,为全市试点。1985年年末,工业局系统6个厂实行厂长负责制试点。1986年,工业局系统全面实行厂长负责制,初步改变企业党政不分,职责不清状况。1987年,工业局22家企业中,有14家实行厂长承包制,3家实行租赁制;建材公司5家企业中4家实行厂长承包制,1家实行租赁制;二轻有44家企业经营实行厂长承包制。全县乡镇企业有321家建立各种形式的厂长(经理)经济承包责任制,占乡镇企业总数的97.8%,其中招标承包的占25%、招聘承包的占64.3%、租赁承包的占7.7%。后漾水泥厂、后漾石矿首先试行风险抵押承包责任制，风险金各为8万元和6万元。1988年7月起，县工业局对在任实职的企业厂长级领导干部试行职务浮动工资制。1989年，工业局有5家企业实行厂长承包经营，分别为长兴煤炭建材厂、长兴青东煤矿、长兴白水泥厂、长兴麦芽厂、长兴汽修厂。1991年6月前，煤矿机械厂、酿酒总厂、白水泥厂、煤炭机械厂、气门嘴厂、塑料包装厂6家企业实行厂长目标责任制。同时，各工业企业自1983年起先后恢复职工代表大会制度，实行对企业的职工民主管理。

承包经营责任制　工业企业经营方式改革，范围最大，影响最广的改革，当推承包制。1985年，县二轻系统全面实行经营承包责任制，15家合作工厂与二轻工业总公司签订承包经营合同。1987年1月，二轻工业总公司率先在1986年承包方案基础上适当调整，制定承包方案，26个合作工厂、过渡工厂（规模较小，无手工业联社资产）实行经济承包责任制。按承包利润与奖金及加班工资挂钩，计算超额及欠赔奖金，职工2609人，承包利润222万元、奖金及加班工资79.26万元。9月，县政府印发《长兴县工交企业承包经营责任制试行办法》，全县召开承包制试点企业签订合同大会，在司法公证下，工业局、建材公司、二轻总公司、商业局分别与长兴制革、长兴石灰厂、长兴家具厂、长兴五交化公司法人代表签订承包合同，承包期3年。1987年年底，全县实行承包经营责任制的有44家工业企业，其中全民企业22家，集体企业22家。承包采取基数利润递增包干、超收入分成的36家，基数利润递增包干，超收全留的3家。同年，全县实行第一轮承包的共91家，占承包计划的83.6%。

1987年至1988年一季度，县工业局、建材工业公司将竞争机制、风险机制引入承包中，公开招标选择经营制，与所属企业先后签订为期3年的第一轮承包，其中承包经营18家、租赁经营4家。1988年8月，县计经委、县审计局转发省计经委、省审计局《关于工业企业承包经营责任审计的通知》。同年年底，建材工业公司的长兴石灰厂、陈湾石矿、长兴建材厂、长兴白水泥厂实行承包制。同年，县二轻工业总公司引入竞争机制，通过演讲、民意测验公开招聘企业承包者，输送机械厂、家具厂、煤炭机械厂、通用机械厂、节能材料厂、长兴服装厂、橡胶厂、第一塑料厂、第二服装厂、七〇砂厂等16家企业签订承包经营合同，承包产值2835万元，利润200万元。1990年，县二轻工业总公司对16家一轮承包到期的企业审计后兑现，11家企业获得承包奖共92863元，6家企业罚款共5847.8元。

1990年年底，全县企业第一轮承包到期，91家承包企业（含工业商贸企业）1988年、1989年两年，实现利润5942万元，超合同标的490.6万元，增长5.96%，比承包前的1986年、1987年增加1729万元，增长41%；上缴税金5704万元，比承包前两年多交1517万元，增长36%；企业留利和提成7573.7万元，比前两年增加2145.7万云，增长41%；职工工资奖金、福利支出9577万元，比前两年增加3169万元，增长49.5%。但存在合同不规范，部分企业承包有短期行为，奖易罚难，内部人控制和软约束现象。有的企业未经审计就兑现承包合同。同年，县属全民所有制独立核算工业企业，全年实现税利总额1467万元，比上年下降31.4%，其中实现利润下降51%。

1990年6月，县政府印发《长兴县县属全民、集体企业第二轮承包经营责任制实施意见》，承包的主要内容为包上缴利润、包技术改造，工资总额和经济效益挂钩，提倡集体承包或全员承包，不个人承包，建立风险基金制度，试行风险抵押承包或全员风险抵押承包，实行工资总额与经济效益挂钩，建立后备基金用于以丰补歉。二轮承包首先在税利增长幅度较大的长兴皮件厂和经济效益起伏波动较大的制革厂试点，试点中采用集体承包和双保（保障经营者和职工双方合法权益）制，把应得的奖金当作厂长奖金专项存储并经考核后兑现，合理确定承包基数，力求改变一轮承包中奖易罚难的状况。8月，县体改办、县计经委、县财税局、县劳动人事局联合印发《长兴县全民所有制工业企业第二轮承包经营责任制承包经营者奖惩试行办法》，考核项目包括利润、质量指标、上缴利润、工业总产值、消耗指标、资金利税率、职工全员培训、技术进步、企业升级、安全生产、固定资产增值、出口创汇、精神文明建设等13项内容，考核以实现利润为主，其他指标以加扣分形式考核。1990年下半年，全县工业企业二轮承包全面铺开，二轮承包期为1991年1月1日起到1993年12月31日止。国有和城镇集体企业实施二轮承包71家，比一轮减少17家，实施集体承包或全员承包，规范合同文本，完善承包指标，建立风险机制，完善对承包经营者的考核奖罚办法，增加企业内部改革和民主管理内容，完善规范考核和审计要求。至1991年2月底，全县乡镇、村两级工业企业1080家(其中乡办457家、村办623家)，落实二轮承包798家(其中乡办386家、村办412家)，其中实施全员风险抵押金制度的345家(乡办231家、村办114家)。

1992年7月，县政府批转县体改办《关于在部分企业试行投入产出总承包的实施意见》，对企业试行投入产出总承包。承包的条件之一是列入县重点骨干企业。核心内容是承包期限同技术改造周期相衔接，通过合理确定承包基数和递增比例，使企业有足够的财力，完成承包期限内的技术改造任务和归还技改贷款。实行"核定基数、递增包干、超包全留、歉收自补"的原则，并出台相关配套政策。同时，确定长兴白水泥厂为全县"投入产出"总承包试点企业之一。

1993年，县政府成立国有企业和集体企业两个体制改革指导组，对全县工商企业二轮承包后推行和实施新的经营形式，实行分类指导。按照《全民所有制工业企业转换经营机制条例》的精神，全面落实国有企业14项经营自主权和企业资产保值增值以及自负盈亏的责任，推进各项改革举措。对于1993年承包期满的企业，可以搞资产经营承包，也可以实行经济责任制形式，不搞一刀切，并开展股份制试点工作。在老企业或新办企业中，组建一批由法人持股、内部职工持股的有限责任公司，按照股份制的机制运行；在城镇小企业和乡镇企业中普遍推行股份合作制。要求工业局、二轻总公司、交通局、粮食局等工业经济部门组建成2家～3家有限责任公司或股份合作制企业。同时进一步完善以承包制为主的各种经营责任制，抓好长兴白水泥厂、长兴油厂等企业投入产出总承包的试行工作，继续扩大投入产出总承包的试点面。

1993年年底，第二轮承包经营到期，根据国家财税体制改革不能再将所得税承包的要求，全县工交粮贸商业企业没有进行第三轮承包的改革。虽然1994年10月10日县工业局、财税局印发国有工业企业第三轮承包经营和承包考核中若干问题的说明，1995年5月工业局与生产经营状况较好的白水泥厂、石灰厂、青东煤矿也签订第三轮承包的合同，但事后不久，该三家企业均先后中止第三轮承包经营合同。

租赁、合并、兼并　在工业企业改革中，对于生产经营状况不很好的企业，实施的是租赁、合并、兼并。1983年9月，长兴钢铁厂(1979年停办)的一部分并入县燃化公司，另一部分并入县工业局所属的杨家山白水泥厂。1988年至1992年，长兴白水泥厂兼并长兴建筑材料厂(原长兴砖瓦厂)，长兴制革厂兼并长兴明胶厂，长兴酿酒总厂兼并皮鞋厂，长兴方解石微粉厂兼并荞麦岗煤矿。1991年12月，已停产两年余，总负债250万元，资不抵债的长兴明胶厂被长兴制革厂兼并。1992年9月，二轻工业总公司的长兴塑料包装厂兼并长兴标牌厂，和平五金厂兼并石粉五金厂。同年，二轻系统先后有20余家企业实施撤并兼并。1993年12月，紫砂厂兼并长兴面砖厂。1994年，二轻总公司的天和建筑公司兼并煤山木器厂，工业陶瓷厂由特种灯泡厂兼并，煤机厂新厂区部分划归特种灯泡厂，泗安耐火厂、变形纱厂、节能材料厂被兼并。至1994年上半年，二轻系统共合并、兼并小企业34家，妥善安置职工412人。1995年3月，煤机厂并入新光源集团。1995年3月，长兴硅灰石矿兼并长兴振昌化工厂。9月，华丽针织厂实行租赁，麦芽厂被酿酒厂重组。1995年12月，新昌绸厂实行租赁。1996年4月，转轮集团承租机械设备。1997年12月，长兴县七〇砂总厂由个人承租，签立租赁协议。1999年9月，陈湾石矿实行租赁经营，租赁期至2002年12月31日。

1994年1月，出台《长兴县国有、城镇集体工业企业租赁经营试行办法》，规定租赁的形式包括整个企业的全部资产或固定资产净值出租、企业的部分资产净值出租，租赁经营期限一般为3年～5年，可续租。

1993年年底到1994年6月，县二轻系统分别兼并长兴第二塑料厂、长兴工业陶瓷厂、泗安耐火厂、长兴节能材料厂和新兴变形纱厂等五家困难企业。到1994年上半年，该系统共兼并小企业34家。县工业局对经济效益较好的企业实行资产承包经营，如长兴白水泥厂、石灰厂、青东煤矿；对"小微亏"企业扭亏有望的实行资产租赁经营，如长兴农机厂、酿造厂、麦芽厂、振昌化工厂；对经济效益和管理基础都较好的企业实行股份合作制改造，如长兴煤机厂；对多年亏损、资不抵债的企业实行兼并，如光耀陶器厂被青东煤矿兼并；对部分企业资产存量较大、经济效益偏低或负担过重，受政策制约较强，难以采取以上办法的，采用资产经营经济责任制，如陈湾石矿、耐火厂、皮件厂、化工总厂等。同年10月，县委、县政府召开全县个体私营经济工作会议，鼓励个体私营企业租赁、承包国有、集体小企业，鼓励个体私营企业向国有、集体企业投资参股，形成混合所有制经济。

企业劳动用工与工资分配改革　1988年，县政府及主管部门重视搞活固定工制度，开展深化劳动制度改革的调查、宣传指导工作。先后到中百公司、丝织厂、长岗岭牧场等企业进行专题调研，并总结宣传中百公司、长岗岭牧场优化劳动组合、搞活固定工制度的经验，召开八个企业主管部门参加的座谈会，统一认识，交流情况。1989年，逐步在有条件的单位推行优化劳动组合，采取精简机构、压缩二、三线人员，充实一线，优化组合以及调剂消除等措施，使劳动力资源得到合理配置。

1985年，县工业局同意长兴麦芽厂实行工资总额与经济效益挂钩(简称工效挂钩)。1988年8月，县政府要求在全县全民企业中全面推行“工效挂钩”，实行效益工资制；集体企业参照逐步展开。企业“工效挂钩”是在建立承包制或租赁制的基础上，根据核定的基数，实行工资总额随经济效益浮动。同时，加强对企业工资的管理和宏观调控，克服工资分配中的平均主义，调动企业和职工的积极性。同年，全县全民所有制企业实行工效挂钩的有81家，占全民所有制企业的96.7%，职工人数13839人，占全部职工人数的94.4%。另有城镇集体企业34家，全民与集体挂钩职工人数共17407人。到1989年6月，全县工效挂钩与部门1988年结算工作结束。据全县结算统计，81家全民企业人均创税利2592元，34家集体企业人均创税利2112元，比核定基数分别增长36.3%和38.9%。全民企业核定提取效益工资284.22万元，集体企业核定提取效益工资98.2万元，职工收入比原人均年工资水平分别增加272元和232元。1989年全县新增工效挂钩企业114家，其中全民所有制6家、职工133人，城镇集体所有制108家、职工6411人。

1992年2月，县政府转发县劳动人事局《关于深化企业劳动用工与分配制度改革的试点意见》，在二轻工业总公司的长兴煤炭机械厂、工业局的酿酒总厂先行试点，推行劳动用工和工资分配“两项制度”改革，建立企业自主用工、实行全员劳动合同制度，建立企业自主分配、适当拉开差距，将现行等级工资制改为岗位技能工资制为主的分配制度。4月，县劳动人事局转发湖州市劳动局《关于<企业全员劳动合同制试行办法>的通知》，全县全面启动试行企业全员劳动合同制，在企业内部打破干部与工人、固定与合同制工人的身份界限。企业职工的劳动报酬，按照企业内部分配制度改革方案有关规定考核和实施。国家对全员劳动合同制职工退休养老实行社会保险制度。

企业产权制度改革　中共十四大以后，中共中央、国务院明确提出中国经济体制改革的目标是建立社会主义市场经济体制。1993年，中共十四届三中全会正式确定，把建立现代企业制度作为国有企业改革的方向和目标。1993年起，全县在国有、城镇集体及乡镇(村)集体工业企业开展产权制度改革，经历三个阶段。第一阶段自1993年起，在乡镇(村)、二轻工业系统开展股份合作制试点基础上，乡镇(村)企业全面进行股份合作制改革；第二阶段自1997年起，工业、二轻国有、集体工业系统全面推行股份合作制；第三阶段自1999年起，深化工业企业产权制度改革，将股份合作制企业改组为由经营者和骨干控股，经营者持大股的有限责任公司，同时转换国有、城镇集体企业职工身份，不再保留原有身份。

1993年，县委、县政府按照社会主义市场经济体制目标推进工业企业改革，工业企业改革的重点为转换企业经营机制、加快市场体系建设和社会保障制度等方面改革，并开始转向企业产权制度改革。同年10月，先后出台《关于国有小型工业企业股份合作制试行办法》《长兴县城镇集体企业股份合作制实行办法》《乡镇(村)集体企业推行股份合作制的试行意见》，推进股份合作制企业改革。12月，县政府出台《关于出售国有、城镇集体小型工交企业产权试行办法》，明确资不抵债和接近破产企业，可以整体出售，部分(即某一车间、分厂)出售，也可以折股分散出售。到1993年年底，全县组建企业集团3家，入股单位9家，股本金3168万元；成立有限责任公司4家，入股单位20家，股本金432万元；城镇集体股份合作企业4家，入股单位13家，股本金401万元；乡镇股份合作企业201家，其中乡镇集体入股35家，股本金7498万元；出售、破产企业8家，拍卖企业6家。1994年2月，县政府成立县工业企业产权制度改革领导小组,原县企业股份制试点指导小组和县转换企业经营机制工作领导小组的职能由县工业企业产权制度改革领导小组承担。1995年6月,《长兴县国有小型工业企业租售结合试行办法》出台,首次提出采用租赁经营与出售资产相结合的形式,实现国有资产的优化配置,最终达到资产的合法转移。该办法适用于县属国有小型工业企业,国有小型商业、交通等企业和城镇集体企业可参照执行。办法出台后,县二轻总公司对下属的长兴华丽针织厂实行转制解困,对职工实行重新安排就业和"买断工龄"相结合的形式进行妥善分流。在对企业资产进行妥善处理后,由职工本人自愿选择分流方式。28名职工中10人选择安排到长兴气门嘴厂工作,18人选择"买断工龄"。9月二轻总公司举行"买断工龄"签字仪式,并进行公证。1996年5月,对一些严重资不抵债、经营不善的国有工业企业实行破产改革试点。同时县体改办、二轻工业总公司制定《关于二轻集体企业资产产权界定实施办法》,全县国有、城镇集体工业企业产权制度改革酝酿启动。

1997年2月,全县企业改革会议研究部署工业企业改制工作。会后,以产权制度改革为核心的企业改制工作先试点后全面铺开,各工业主管部门及乡镇确定1个至3个第一批转制试点企业,首批试点从3月份开始至6月份结束。4月,县委、县政府出台《关于加快国有和城镇集体企业改革,加速企业经营机制转换的暂行规定》,就国有和城镇集体企业以有限责任公司和股份合作制为主要形式的改革作出规定。长兴第一机械厂、长兴方解石微粉厂、长兴皮件厂3家转制试点企业在县转制试点工作组的指导下,抓紧抓好转制试点。5月,出台《关于加快乡村集体企业改革完善产权制度改革工作的意见》,提出积极探索乡村企业改革的多种形式,对具有一定经营规模、生产发展正常、经济效益较好的乡村集体企业,一般应逐步改造成为股份合作制企业;对适宜家庭、个体经营的小企业和经营不善效益较差的微利、亏损企业,应大胆地实行转让、拍卖、租赁或兼并;对引进外资和技术而组建的中外合资(合作)企业,一般不宜搞股份合作制;凡是符合公司制条件的企业,要按照《公司法》组建有限责任公司或股份有限公司。至同年年末,全县国有、集体企业改制539家,其中乡镇、村集体企业495家,乡镇改制面达64.7%、村改制面达65.6%,国有、城镇集体企业共44家,改制面达35%,吸纳股本金总额2.85亿元。在产权制度改制企业中,股份制和股份合作制占44%,转让拍卖占25%,动产转让拍卖不动产租赁占31%。1998年5月,县委、县政府印发《长兴县关于进一步加快企业改革步伐的意见》,要求作为现代企业制度试点的新光源集团有限公司6月底前挂牌运行,尚未实施改制的乡镇、村企业在6月底前全部完成改制任务,国有和城镇集体企业改制年底前基本完成。同月,召开全县企业改革工作会议,对前一阶段企业改革工作作评估,对下一步工作具体部署,加大力度推进企业改制工作。1998年上半年,全县股份制企业工业产值1.24亿元,比上年同期增长24.9%,产销率98.9%,比上年同期增长1.1%,改革后的工业企业显现出较强的竞争活力。同年年末,共完成改制企业346家,其中乡镇113家,村办企业115家,城镇企业118家,完成年初的改制目标。

1999年起,企业深化改革的重点是国有、城镇集体企业的"双置换"(指企业产权、职工身份双置换)工作。2月,县委、县政府印发《关于国有、城镇集体企业产权制度改革的若干补充规定》,调整职工社会保险费提留办法,解决职工身份置换问题;对有净资产可转换的企业,允许对职工身份进行适当经济补偿后,解除其与原企业的劳动关系,重新组建企业;进一步拓宽改革路子,让国有资产从除应由国家垄断和专营的行业以外的领域逐步退出,鼓励探索其他新的改制形式;改制有困难的小企业,对企业有效资产以公有民营(或称个人租赁)形式转换经营机制;对破产、歇业解体企业职工身份置换后进行安置分流。到1999年10月,县属36家国有工业企业有22家完成"双置换",其余企业的改制工作也全面展开。在已完成改制的22家企业中,19家组建有限责任公司,3家实施破产。同年年底,国有、城镇集体企业改革继续大力推进,改制率达到84%,9家企业依法破产。2000年1月,县委、县政府印发《关于国有、城镇集体企业改制和破产中一些具体问题的补充规定》,对国有、城镇集体企业破产、歇业或解体,县委县政府有关文件未涉及的作出明确;改制原则上要求解除职工与原企业的劳动合同关系,原国有或城镇集体企业改制后未解除的也要解除;允许国有、城镇集体企业以土地出让的收入安置职工,不足的用可以返回的土地出让金弥补。同年，国有、城镇集体企业改制率达 92.1%。168 家国有、城镇集体企业中，有 107 家实行资产和职工身份置换，占 63.7%；法院受理破产申请企业 47 家，已结案 35 家，其中当年受理 29 家、已结案 20 家。2001 年，改革进入攻坚破难阶段。3 月，县委、县政府印发《关于在国有、城镇集体企业改制中部分具体问题处理的补充意见》，同意特困企业改制中，向县政府补交的出让金一般不得低于评估价的 40%，县政府将收取的出让金视情况按最高不超过 80%返回企业用于职工的身份置换，允许雉城建成区外的县房管处直管公房过户给企业主管部门，由主管部门将变现收入用于职工安置，要求歇业而未清算的企业，均应破产或解散清算。企业改制以后，各企业主管部门均应建立退休人员管理办公室。7 月，工业局、丝绸公司和二轻总公司改制率分别达到 62.5%、100%、82.8%。同年，粮食局、城建局、商业局、物资局、供销社、交通局、教育局、农业局等部门的 62 家附属、挂靠工业企业，基本以解散解体、破产、改为民营形式完成改制。348 家乡办企业、586 家村办企业，全部改制成为民营企业。至 2002 年，“双置换”工作基本完成，进入扫尾阶段，法院累计接受破产申请企业 107 家，总资产 7.82 亿，总负债 12.04 亿，结案 75 家，依法核销债务 7.11 亿元。2003 年 10 月底，工业局、丝绸公司、二轻集体工业所属的 51 家企业改制任务全部完成，其中改制成为股份制和三资企业 9 家、零资产改制成为民营企业的 1 家（长兴白水泥厂）、解散解体 16 家、破产 26 家，共有 8332 名企业职工解除原职工身份，占应解除原有职工身份的 99.5%。至该时，全县 177 家国有、城镇集体企业全部完成产权制度改革，转换劳动关系人数 19648 人，转换比率达 99.7%，留余 59 人未转换劳动关系，其中原茧丝绸总公司 53 人、原工业局 6 人。2003 年后，工业企业体制改革工作主要为“查漏补缺”，以及推进全县重点工业骨干企业建立现代企业制度。先后完成 26 家企业改制，转换职工劳动关系 1000 余人。在企业改制中，涉及企业破产 126 家，核销债务近 12 亿元。

二、工业局系统体制改革

经营机制改革　1987 年至 1990 年，县工业局系统企业实行第一轮承包经营。至 1990 年，29 家承包企业中，有 20 家完成承包指标，对完成承包指标的厂长兑现奖金，厂长奖金起底 500 元，最高 1200 元。1991 年至 1993 年，进入第二轮承包，按照“两自三结合”的指导原则进行。即自愿参加，自费改革；两项制度改革与完善内部经济责任制相结合，与综合配套措施相结合，积极大胆与稳步推进相结合。1992 年 7 月，县政府批准县体改办《关于部分企业试行投入产出总承包的实施意见》，其核心是承包期限与技术改造周期相衔接，通过合理确定承包基础和递增比例，使企业有足够的财力完成承包期限的技术改造任务和归还技改贷款，以该核心为出发点实行“核定基础，递增包干，超包全留，歉收自补”的原则，并确定长兴白水泥厂为县投入产出承包试点企业。同年，由企业领导班子集体承包的有长兴皮件厂、长兴化肥厂、长兴皮鞋厂、青东煤矿、长兴陶器厂 5 家，实行厂长负责制的有麦芽厂、白水泥厂、煤炭建材厂、长兴汽修厂 4 家。

1994 年开始，企业经济经营承包有四种形式，长兴白水泥厂、长兴石灰厂、长兴青东煤矿 3 家实行企业资产保值增值；长兴农机厂、长兴麦芽厂、长兴酿造厂实行租赁制；长兴耐火器材厂、长兴皮件厂、长兴方解石微粉厂、长兴石灰厂、长兴化工总厂、长兴酿酒厂、长兴陈湾石矿 7 家企业实行经济责任制；煤矿机械厂实行股份合作制。同时，为改变前两轮承包中出现的“包盈不包亏，国有资产流失无人管”的问题，对承包经营者实行承包风险金抵押责任制，共交风险保证金 46.8 万元。对车间实行二级风险保证，车间交纳 3000 元～10000 元不等的风险金。

产权制度改革　1994 年 5 月，长兴煤矿建材厂改组为股份合作制企业，更名为长兴矿山机械有限公司，公司总股金 406 万元，每股 100 元，共计 40600 股。其中，国有股 25600 股，256 万元；个人股 4600 股，46 万元。1996 年 10 月，长兴县电熔耐火材料厂破产（原长兴陶器厂），职工 187 人，解除劳动合同，妥善分流安置。1997 年 7 月，长兴方解石微粉厂改组为股份制合作企业，总股本 102.9 万元，更名为长兴方解石有限公司。10 月，长兴皮件厂以零资产形式组建股份制企业，总股本 64.15 万元，经营者一次性交足 5.6 万元，更名为长兴皮件有限公司。同月，长兴石灰厂也以零资产改制，组建股份制企业，由职工内部持股,总股本132.4万元,更名为浙江湖州天泰建材有限公司。1999年9月,长兴印刷厂宣布破产。12月,长兴白水泥厂以零资产改制,更名为浙江新明华建材有限公司,股金192.4万元,董事长股金2.8万元,45名核心人员现金出资68.4万元,职工现金出资124万元。2000年1月,长兴青东煤矿歇业解体,职工45人,农民工15人,解除劳动合同,分流到明华公司;7月,长兴煤矿机械厂歇业解体,职工108人,解除劳动合同,妥善安置;8月,长兴光耀制陶有限公司解体,职工71人解除劳动合同,妥善安置;9月长兴第一机械厂歇业解体,职工141人解除劳动关系,妥善安置。2001年10月长兴农用运输车制造总厂破产,职工115人解除劳动合同,妥善安置;11月,长兴美亚紫砂有限公司停产歇业、解体,职工198人解除劳动合同,妥善安置。2002年9月,长兴陈湾石矿破产,职工94人解除劳动合同并妥善安置;长兴化工有限公司(长兴化肥厂)破产,职工598人解除劳动合同,妥善安置;湖州欢众酿酒集团有限公司破产职工542人解除劳动合同,妥善安置。12月,长兴硅灰石矿业有限公司改制成立长兴白象硅灰石有限公司,职工114人解除劳动合同,妥善安置。至2002年,工业局系统19家国有企业全部完成产权改革,其中改制企业3家、实施破产的5家、歇业解体的11家。各企业共与3987名职工解除劳动合同关系,并通过托管、分流、再就业培训和自谋职业等形式妥善安置;安置离退休人员1538人、精减下放人员及遗孀1783人、土地工31人、工伤人员11人。县委、县政府通过各种方式与渠道总共安置7350多名各类职工。

三、二轻系统体制改革

经营体制改革 1988年,县二轻总公司根据省政府《关于企业改革推行和完善承包经营责任制的通知》,与县财税局签订承包企业交纳企业经营承包税的目标管理责任合同,之后由二轻总公司先后与长兴输送机械厂、煤炭机械厂、通用机械厂、长兴锁厂、长兴服装厂、第二服装厂、七〇砂厂、长兴塑料包装厂等16家主要企业签经营承包合同,占二轻工业企业39家的41%。1991年年底,第一轮承包结束,根据包死基数、确保上交、超产多留、歉收自补的原则,16家承包企业中11家完成和超额完成承包基数,按合同兑现奖金92863元,同时对6家未能完成承包基数的企业罚款5847.8元。1992年,二轻总公司开始第二轮承包,先后与11家亏损企业签订扭亏增盈承包合同,并把“行政指挥权,生产经营权,人事调配权,收益分配权”全部交给企业。长兴家具厂实行全额计件工资制。

1992年,长兴灯泡厂兼并长兴家具厂,长兴表牌厂、变形纱厂、针织厂、第二塑料厂、节能材料厂、泗安印刷厂、泗安耐火厂、兴昌绸厂、林城开关厂、洪桥木业社等企业相继兼并,整体转让。1994年2月,长兴节能材料厂倒闭。5月,长兴特种灯泡厂,长兴天和工贸实业公司联合兼并长兴工业陶瓷厂,长兴变形纱厂倒闭,全部职工转入气门嘴厂。10月,长兴兴昌绸厂、长兴泗安印刷厂、长兴第二服装厂同时宣布倒闭,全部职工与原企业解除劳动合同关系,并得到妥善安置。

1994年9月,二轻总公司成立全县第一家省级企业集团浙江长兴新光源集团有限责任公司,是一家集灯管、灯具、家具、机械制造于一体的跨行业企业。其后,湖州金三发服装辅料集团、湖州转轮机械集团、湖州新大力轻工集团相继成立。

产权体制改革 1993年,二轻总公司制定《二轻集体所有制股份制合作制企业试行条例》。同年,成立德兴实业股份公司和长兴华美丝绸服装股份等5家股份合作制企业。1994年5月,泗安耐火器材厂破产。1998年,长兴橡胶塑料制品厂,长兴高温元件厂改制成股份合作制企业,140多名职工实行一次性安置,与企业解除劳动合作关系。1999年,长兴华美丝绸服装厂由外商投资50万美元,实行不动产租赁,组成外商独资企业。同年,长兴服装厂、长兴制锁厂、长兴第一塑料厂实施破产,501名职工得到妥善安置,与原企业解除劳动关系。2000年3月,湖州新大力轻工集团有限公司完成改制。同月,长兴诺力机械厂改制成为诺力机械有限公司。两企业职工与原企业解除劳动合同关系,或置换身份到新企业,或买断工龄自谋出路。8月,长兴建材机械厂破产,88名职工解除劳动合同关系,29名退休职工都得到妥善安置。10月,新光源集团破产,454名职工解除劳动合同关系,其中412名职工转换身份,208名退休职工、16名精减职工的遗属都得到妥善安置。

四、丝绸工业体制改革

1990年2月，县丝绸公司成立，是兼有行政与经营职能的国营企业，属德清县蚕茧丝绸联合公司的独立法人全资子公司。1990年5月，长兴丝厂、长兴丝织厂同时划归丝绸公司归口管理。1995年，长兴丝厂实行保值、增值经营管理；丝织厂公开招聘厂长，建立以厂长负责制经营。但由于种种原因，两家企业连年亏损，越亏越大。在资不抵债的情况下，2000年12月27日，市中级人民法院裁定宣告浙江省长兴县茧丝绸总公司（含下属非独立分支企业长兴丝厂）破产。396名职工解除劳动合同关系，连同退休职工230人，一起得到妥善安置。

五、乡镇工业体制改革

1988年，全县有乡镇集体企业353家、村办集体企业586家。同年8月，县委、县政府决定在有条件的乡镇进行乡镇企业管理体制改革，建立资产经营公司，实行资产经营责任制。1990年至1993年，全县乡镇企业全面推行经济承包责任制和厂长（经理）负责制。1992年，县政府颁发《长兴县关于鼓励专业技术人员到乡镇企业工作的若干规定（试行）》，鼓励专业人员通过遣派、调动、借用等各种形式到县内乡镇企业以及技术或承包、租赁创办乡镇企业，推动乡镇企业以及经营制度改革。1993年，全县乡镇企业314家，完成股份制企业改造的达200多家，改制率达64%。1994年3月，县委、县政府印发《关于保证乡镇企业转制工作顺利进行的若干意见》，要求在改制工作中增加透明度，坚持公开、公平竞争的原则，强化法制意识，坚持依法办事的原则，切实加强领导，坚持集体研究的原则。4月，将31家乡镇企业组建成为浙江铁鹰集团、浙江山鹰集团、浙江中星集团、浙江金鹤集团四大省级集团公司，同时对“小、微、亏”企业实行租赁、拍卖、兼并，共组建13家企业集团。同年，乡村两级企业改制495家，占65%，新建股份合作制企业56家。1997年，《中华人民共和国乡镇企业法》颁布实施。4月，县委、县政府制定《关于加快乡村集体企业改革，完善产权制度改革工作的意见》。5月，按照《中华人民共和国公司法》，金鹤集团长兴丝绸厂率先改制成为浙江省长兴丝绸有限公司，职工认购173.1万元的股本金。1998年，全县乡村企业818家，其中乡镇企业334家、村办企业484家，已完成改制590家，改制率达72.3%；夹浦镇、李家巷镇、煤山镇、槐坎乡的乡镇企业全部改制，林城镇、洪桥镇、和平镇改制率达到90%以上。1999年，全县改制42家成股份合作制。2000年，全县55家企业完成股份合作制改制。2001年，全县最后36家企业完成股份合作制改制。至该年，全县348家乡镇集体企业、586家村办集体企业公退民进，重组产权，全部转为民营企业。

图10-3　1994年4月18日，铁鹰、山鹰、中星、金鹤四大省级集团公司成立大会举行（蒋剑亮摄）

六、部门工业企业改革

经济协作系统企业改革　1988年至1990年，长兴制革厂实行第一轮承包。1990年至1993年为厂长负责制承包，厂里实行分级承包，承包任务分解到车间、班、组，把原材料、能耗、质量要求、用工时耗明确到班组、岗位。同时，实行风险承包，厂长级风险金1万元至2万元、车间3000元至5000元、班组500元；完成有奖，完不成要罚。长兴制革厂1992年超额完成承包基数，受到工业局表彰并奖励。1994年2月，长兴制革厂划归县协作办，更名为长兴皮革实业总公司，并办合资企业兴旺达制革有限公司，实行一套班子管理。1998年后，因污染难以治理，公司负债沉重，2000年宣布歇业清除，以破产结束。全厂职工有30人提前退休,296人买断工龄。

其他部门管理企业改革 至2001年,粮食、商业、物资、供销系统及城建、交通、教育、农业等其他部门管理的62家附属、挂靠工业企业,基本以解散解体、破产、改为民营形式完成改制。详见本志相关篇章。

第八节 商贸流通体制改革

一、粮油体制改革

管理体制改革 1988年,县粮食局是承担全县国家粮油收购、销售、调拨、保管等职能的行政管理机构。1998年,县粮食局下属32家国有粮食企业开始改制,至2006年8月结束。2001年11月,撤销县粮食局,组建县贸易与粮食局。2011年5月设立县粮食局,与县商务局合署办公,主管全县粮食流通和县级储备粮行政管理。

1987年年末,县粮食局下属3个公司,11个粮管所,9个粮、油、食品、配合饲料厂,1个粮油装具管理站,1所粮校。粮管所以下设25个常年粮油购销站,16个常年供应站,28个季节性收购站。全县粮食系统共有职工1621人。1988年5月,成立国营长兴县面粉厂。7月,长兴县粮油装具管理站改名为长兴县粮油包装公司。1992年1月,撤销长广矿区粮管所,并入煤山粮管所。12月,成立长兴县金谷实业公司。1993年1月,原长兴县粮油议购议销公司变更为“长兴县粮油贸易公司”,东门粮库从雉城粮管所划出,成立“长兴县粮食局直属粮库”。3月,成立长兴粮食(集团)总公司。6月,成立虹溪粮油公司。10月,成立长兴县八达生化公司和长兴线厂。1994年3月,成立长兴县粮油建筑装潢工程公司和长兴县晨光织造厂。6月,虹溪米厂并入虹溪粮油公司(虹溪粮管所)。1995年8月,长兴麦芽厂整体从工业局系统划转到粮食局系统。1996年1月,长兴粮油食品厂、长兴粮油运输公司并入长兴金谷实业公司,长兴粮油汽车运输公司并入长兴粮油包装公司,林城饲料厂并入林城粮管所。1997年2月,成立金陵大酒店(同年11月28日试营业)。4月,和平粮管所、和平粮油厂合并,成立和平粮油有限公司。6月,成立宝龙实业有限公司。1998年8月,成立长兴县粮食收储有限公司,承担长兴县粮食收储业务,同时确定县直属粮库、雉城粮管所、鼎新粮管所、小浦粮管所、泗安粮管所、林城粮管所、李家巷粮管所、和平粮管所为粮食收储企业。至1998年年初,县粮食系统共有独立核算国有企业32家,包括托管的县政府招待所,职工总数2156人,其中政策性粮食企业10家、职工870人,经营性粮食企业22家、职工1286人。

经营机制改革 收购体制 1988年,国家粮食收购继续实行合同定购政策。1990年,从秋粮收购开始,改合同定购为国家定购。1993年,放开粮食购销和价格,国家粮食定购任务改为指导性计划,实行合同订购。农业税(公粮)按夏秋各50%的比例征收现粮,由财政部门委托粮食企业代征。放开食用油脂、油料的收购和价格。同年,实行粮食合同收购保护价制度。1996年,县粮食系统将粮食政策性业务和商业性经营分开,实施两条线运行(简称“政企分开、二线运行”),县粮食局内设立结算中心,负责全县政策性粮食业务的盈亏结算。1998年,实行粮食流通体制改革,县粮食局行政管理职能与粮食企业经营彻底分离。同年8月,粮食收储企业附营业务与收储业务实现分开。2000年7月,建立县军粮供应站,承担驻长兴部队的粮食供应,与县粮食收储有限公司两块牌子、一套班子。2001年,国家放开粮、油购销,粮油购销全面市场化,粮食企业、个体工商户经工商登记注册或变更登记后均可从事粮食收购,多种所有制粮油经营体制开始形成。2004年,实施“粮食收购资格许可”制度,全县共有粮食收购企业和个体工商户19家。2012年年末,全县有粮食收购单位22家,其中国有企业1家、民营企业12家、个体工商户9家。

销售体制 1988—1992年,城镇居民的口粮和口油继续凭证凭票供应。1993年,取消粮食和食用油脂统销制度,实行在需求总量计划指导下的市场供应。放开粮食和食用油脂、油料销售价格,实行随行就市。城镇居民的购粮证和口粮定量档案关系继续保留，实行保量不保价。城镇居民粮户关系也继续保留，迁移管理办法不变。2001 年，改革粮食户籍制度，取消“市镇居民粮食供应转移证明”“农村粮食关系转移证明”。2012 年，除军粮供应外，县内粮油销售全部市场化。

产权制度改革　1998 年开始，全县国有粮食企业实行“双置换”改制，对企业职工买断工龄，解除劳动合同，同时通过破产、解体清算注销企业主体。2000 年，太湖麦业总厂、八达生化公司、泗安米厂、粮油贸易公司 4 家企业先后破产。2001 年，长兴粮油包装公司改造为股份制企业长兴县粮油贸易包装有限公司，晨光织造厂破产，粮食集团总公司歇业，长兴线厂、粮油建筑装潢工程公司、宝龙实业有限公司解体清算。至 2002 年 4 月，32 家国有粮食企业的 2156 名职工全部置换身份，解除劳动关系。之后，企业破产解体步伐进一步加快。同年，雉城米厂、长兴面粉厂、和平粮油有限公司、煤山粮管所破产，金谷实业公司、金穗储运公司清算，粮食局直属粮库、粮食收储有限公司撤并重组为粮食收储有限公司。2003 年，泗安粮管所、粮油化工总厂破产，金陵大酒店整体转让后更名长兴金陵大酒店。2004 年，林城粮油厂、小浦粮管所破产，雉城粮管所解体清算。2005 年，鼎新、和平粮管所破产。至 2006 年 8 月，全县国有粮食企业完成改制，破产 21 家、解体清算 6 家、股份制 1 家、整体转让 1 家、撤并重组 2 家、歇业 1 家，其中破产企业已依法终结 15 家。2008 年，县政府招待所完成破产终结。2011 年，桑迪油脂公司和城东粮油公司 2 家破产企业完成破产终结。至 2012 年，尚有李家巷粮管所、林城粮管所、虹溪粮油公司 3 家破产企业未完成破产终结。

二、商业体制改革

管理体制改革　1988 年，县商业局位于解放西路 58 号，是县政府所属主管全县商业工作的行政机构，管理归口国有企业、集体企业，饮服业、商办工业。1993 年 3 月，成立县商业（集团）总公司，系全民所有制企业，与县商业局两块牌子、一套班子，下设办公室、组宣人事科、企业管理科、财务科。1996 年 10 月，办公地点迁至人民北路 71 号长兴大厦 6 层至 7 层。1998 年开始，县商业系统全面改制。12 月，撤销县商业局、县粮食局、县物资局建制，合并成立县贸易与粮食局。县商业（集团）总公司作为独立的企业集团仍依法存在，归口县贸易与粮食局，继续负责处理原所属企业的改革、改制遗留工作。2003 年 5 月，县市场中心并入县贸易与粮食局。县贸易与粮食局承担商业、物资、粮食、市场中心四大系统行政管理和行业管理职能，办公地址为县前街 251 号综合大楼 4 层至 5 层。2004 年成立商贸发展科，2005 年全县物流行业管理划归县贸易与粮食局，2006 年增设物流发展科。2007 年，县服务业发展办公室设在县贸易与粮食局，负责全县服务业发展协调工作。2011 年 4 月，县贸易与粮食局与县外经贸局合并，设立县商务局，与县粮食局、县招商局合署办公，实行三块牌子、一套班子，主管全县国内外贸易、粮食流通和县级储备粮行政管理、外商投资、对外经济合作工作和招商引资管理工作。

1988 年，县商业系统国有商业企业有百货、五交化、烟糖、医药、食品、石油、饮食服务、旅游服务，商业综合（集体）9 个专业公司，1 个人民商场和 1 个商办食品厂，各企业下属有 55 家“三小”（指人员规模、资产规模、经营规模比较小）企业。1989 年 1 月，从县糖业烟酒公司划出卷烟业务，成立县烟草公司。同时成立县烟草专卖局，强化烟草专卖管理，与烟草公司两块牌子、一套班子。县烟草公司为县属企业，委托县商业局代管，并受上级公司领导。1991 年 3 月，成立长兴百货、纺织品、五交化、糖业烟酒 4 个批发公司，在商品作价上享受二级站待遇。4 月，成立长兴县盐政检查站，与县商业局计划业务股合署办公，糖业烟酒公司增挂盐业公司牌子。8 月，食品厂因资不抵债，实行倒闭。1992 年 3 月，长兴医药公司更名为长兴医药批发公司，在商品作价上享受二级站待遇。1994 年 5 月，百货公司改制为股份制有限公司，为规范化股份制企业，并作为无主管部门企业试点，划出县商业局。1997 年 4 月正式成立盐业公司。1991—1997 年，县商业局先后组建成立泗安商业批发公司、龙达股份有限公司、长兴旅行社、兴达汽修厂、文化娱乐公司、兴源石油公司、商业煤气公司、商业房地产公司、商业财务公司、商业招商租赁公司、双龙大厦、商业能源物质公司、金陵石油有限公司、金沙泉饮料有限公司、装饰有限责任公司、永乐门有限公司、天奥酿酒有限公司、商业外贸有限责任公司、华联超市等企业。设立驻浦东联络站、驻上海办事处。国营商业企业发展到30家，职工人数达2200人，商业网点不断扩大，拓展多元化经营，国有商业的市场份额增加。1998年开始，县商业系统全面推行“双置换”改制，对企业职工实行买断工龄，解除劳动合同，自谋职业，同时通过破产、解体清算，注销企业。2001年年底，国有商业基本完成历史使命，退出流通服务领域。

经营机制改革 1987年，根据县政府《关于〈长兴县商业局一九八七年商业体制改革方案〉的批复》，对大中型企业实行承包经营责任制为主；“三小”企业实行租赁制为主；老集体企业实行合股经营为主；饮食服务行业以提成工资制为主，多种改革形式并存。下半年开始，在不改变企业所有制性质的前提下，按照所有权和经营权分开的原则和“包死基数，确保上交、超收多留，歉收自补”的16字改革方针，县商业局首先在县五交化公司、县百货公司等企业进行第一轮（1988—1990年）承包经营责任制试点工作，之后逐步在其余企业中推行多种形式的承包经营责任制（主要是承包经营、经理任期目标和提成工资制等）。同时，对华伦棉布商店、雉城饭店实行租赁制，利群百货商店实行股份制改革试点工作，逐步在55家“三小”企业中推广租赁制和股份制改革，探索企业所有权和经营权分开的新形式，深化流通体制改革，使“三小”企业真正成为自主经营、自负盈亏的市场竞争主体。1988年，全县商业系统11家大中型企业，推行承包经营8家、提成工资2家、经理任期目标制1家；21家“三小”企业基本实行租赁经营；34家集体企业中实行股份制2家，实行租赁制经营13家。其余分别实行内部岗位责任制，其中不论实行何种经营责任制的饮服行业企业在分配上都实行提成工资制，在整个改革过程中引入竞争机制，对百货、五金、烟糖、医药、旅游、石油公司、商场，食品厂，先后实行公开招标承包。1990年，在11家商业企业中继续推行第二轮承包，至1992年年底第二轮承包期结束。1992年3月开始，在百货公司率先进行“四放活”（放活经营、放活价格、搞活用工、搞活分配）改革试点。7月，在烟糖公司、饮服公司、食品厂3家企业开展“四放活”改革。至年底，县商业局系统其他单位均开展以“四放活”为主要内容的改革工作。1995年，开始建立现代企业制度。对县商业局新办实体的国有资产明确其产权身份，由县商业（集团）总公司代表其产权拥有者进行企业改制，在组建的15家有限责任公司中，全资公司有3家、控股公司有8家、参股公司有4家，初步实现公司集团化；对食品厂采用现代企业制度模式，使系统内其他优势企业参与困难企业的重组，在国有资产保值、增值基础上，成立4家有限责任公司，其中五金、医药公司参与组建长兴装饰公司，烟酒公司、商业公司参与组建长兴冷藏冷饮公司，龙达公司参与组建食业公司，利用原食品厂的资产组建永乐门公司。同时，接管县工业局困难企业酿造厂，借助食品厂的经验，进行人员分流，财产划分，实行企业内部重组，成立酿造厂小区开发办、县调味品厂、天奥酿酒公司等单位。

产权制度改革 1993年，县商业局系统在第二轮承包结束后，试行产权制度改革，先后进行有限责任公司、股份合作制、国有民营等改革试点。食品厂和烟糖公司合资成立恒泰食品有限公司；集体商业零售企业裕翔棉布商店实行股份合作制试点，成为全县第一家流通领域集体企业规范化股份合作制企业。1994年，开展国有商业企业股份制试点工作，县百货公司改制为股份有限公司。1998年起，县商业（集团）总公司全面推进企业“双置换”改制工作，对企业职工买断工龄，解除劳动合同，同时通过破产、解体清算注销企业主体。对商业系统企业的改制，采取有限责任、股份合作制及资产转让、先股后租、公有民营、承包经营、资产租赁、资产返租等多种形式进行。其中，金都房地产开发公司、糖业烟酒公司、金沙泉饮料公司、饮服公司，按规定提留、核销、剥离后，以零资产或负资产进行改制，改制后企业的注册资本由职工个人入股，成立股份制合作企业；泗安商业公司（华龙公司）、双龙大厦、长兴大厦，按照规范有限责任公司形式，通过吸纳个人入股，把单一的资产结构改造为产权多元化企业；华联超市长兴公司，因欠华联总部货款，将华联超市长兴公司所属的绿宝石、双龙2家门店返租给华联总部经营，两店人员如数划入，租金用于冲抵所欠货款，盘活资产，核销债务，在该基础上，通过个人入股，商业（集团）总公司参股成立长兴华联超市有限公司；食品公司、商业煤气公司、五交化公司，采取先股后租的办法，明确新组建企业的产权关系及所应承担的义务和责任。县五交化公司根据企业实际，不仅实行先股后租形式改制，同时采取资产转让、公有民营、资产租赁等形式进行改革。食品公司资产脱壳组建肉类禽蛋有限公司，解决食品公司“点多面广”改制难度大的问题。1998 年 9 月，县金都实业有限公司经重组改制更名为县金都房地产开发有限公司。2000 年 6 月，龙达公司破产。2001 年，长城商业经贸大厦、上海华联超市长兴有限公司、长兴文化娱乐公司、长兴兴源石油公司、长兴天奥酿酒公司、长兴福星调味品公司、长兴县兴达汽修厂、长兴商业煤气公司、长兴大厦、长兴县食品公司、长兴商业物资能源公司先后破产。2002 年，县糖业烟酒有限公司、永乐门有限公司、商业大厦、百货大楼先后破产。2003 年，县旅行社、旅游服务公司先后破产，县肉类禽蛋有限公司、龙达食品有限公司、泗安商业有限公司（泗安华龙有限公司）、装饰有限公司、双龙大厦有限责任公司、商业物资公司、饮食服务公司先后解体清算，县医药药材有限责任公司重组后更名浙江亿升药业有限公司，县五交化公司清算重组后更名长兴联合利华超市有限公司。2004 年，县商业财务开发公司、商业房地产开发公司、商业招商租赁有限公司、商苑开发中心先后解体清算，县商业公司破产。2005 年 1 月，县三城商厦有限公司、通达商贸公司解体清算，10 月县盐业公司破产。至该时，县商业系统国有、集体商业企业完成改制 36 家，其中破产企业总数 20 家，解体清算企业总数 14 家，重组企业 2 家。涉及置换身份职工 2103 人，进入退管委管理的退休人员 624 人，精减下放职工人数 4 人。

三、供销流通体制改革

管理体制改革　1987 年年底，全系统有工业品公司、日用杂品公司、农资公司、土特产公司、木材公司、副食品公司、食用菌公司等 8 家县级公司，1 家工厂（冷冻食品厂），24 家基层供销社。1993 年 2 月，成立房屋建设开发公司，7 月成立县药材公司、粮油公司，11 月成立畜产再生物资总公司，12 月成立三通建筑公司。1997 年企业改制时，有县级公司 14 家、工厂 2 家、基层供销社 13 家。

经营机制改革　1988 年，是县供销社系统开始第二轮经营承包责任制的第一年。县级公司（厂、中心）实行税务目标包干，按“公开、平等、竞争、择优”原则选定承包经营者。基层供销社全面推行主任负责制，任期目标责任制和离职审计制，任期内工作业绩考核与承包者职务工资进档、年终工作责任奖挂钩。次年，总结经验，采取工资总额基数和利润奖金双控制的工效挂钩考核办法，按季下达各企业工资和利润基数。1991 年，第三轮经营承包责任制开始，按“基础、管理、效益、实力”方针，完成第二轮承包审计及三轮承包指标和工效挂钩方案分解落实。1995 年，推行所有权和经营权分离的资产经营承包责任制，以资产增值率或增值额为考核指标，19 个县级公司（厂）和 14 个基层社签订责任状。1996 年，全面推行经理、厂长目标经济责任制。1997—1998 年，15 个县级公司（厂）逐步改制为有限责任和股份制公司。

1988—1991 年，供销社部门有租赁经营、招标承包、招聘承包经营、抽本承包、风险抵押承包、租赁承包、联利联销计酬、核定基数分成、固定费用自负盈亏等多种承包形式。1992 年，国合商业实行经营放活、用工放活、价格放活、分配放活的“四放活”改革，在保证集体资产完整和增值前提下，放开一部分小、亏、边、微企业和部门，实行“全员一部门一柜组”风险抵押承包；借鉴农村统分结合双层经营体制，实行大包干、抽本承包、门店租赁承包、个人风险承包和职工集资办店、集资改造网点设施的合资合股经营承包模式。1993 年，“四放活”过渡到更加开放的“社有个营”，城区、槐坎等 6 个基层供销社率先试点，完成承包门点 248 个，占基层社门点总数的 42%，涉及职工 710 人，占职工总数的 37%。1994 年，除农资、农副产品、石油、

图 10-4　20 世纪 80 年代的长兴县供销合作社联合社（县供销社提供）

房地产业务外，全系统工业品、棉百、五金、副食、中小农具零售门店全面推行“社有个营”。至1996年，除农资供应门店外，全部实行“社有个营、抽资承包”经营责任制，涉及职工917人，占在职职工总数的三分之二，铺底资金全部抽回。至企业改制结束，“社有个营”一直是基层供销社经营承包责任制的主要形式。

1989年，全系统试行全员风险责任制，具体实施办法由各企业自定。1991年，县供销社出台指导性意见，实行风险承包责任制的企业，企业领导风险抵押金不少于700元，中层干部不少于500元，职工不少于300元。全员风险承包责任制仅木材和农资两家公司和小浦供销社试行过一年，其他单位未真正实行。

产权制度改革 1993年，县供销社对农资经营、农副产品收购传统业务，新发展的药材、石油经营业务实行统一管理，相继成立跨企业的化肥农药公司、白果购销集团公司、供销社粮油公司、营养保健品有限公司(后更名三通药材公司)、石油经营集团公司共5家股份合作制公司，以统购分销、分购联销方式形成规模优势。至1997年，因业务经营日渐衰落，除三通药材公司改制为有限责任公司外，其余4家股份合作公司全部解散。1997年起，县级公司全面推行股份制改造，16家县属公司(厂)改制重组为10家有限责任公司。应入股职工1001人，实际入股619人，入股金额418.7万元，其中联社股、社会法人股230万元。三通药材公司、房屋开发公司2家公司经批准改组为民营有限责任公司，农资公司、三通药材公司职工参股率100%。至1998年，全系统共组建有限责任公司8家，股份制企业2家，法人股东20个(次)，股额339.63万元，职工自然人股东433人(次)，股额482.71万元。

1997年1月，县木材公司率先实施以“身份置换、产权置换”为核心内容的“双置换”改制，城区、泗安2家基层供销社也随后实施，当年3家单位解除劳动合同35人。1998年，在总结3家单位改制工作的基础上，县供销社规范分流办法，出台经济补偿办法，确定解除劳动合同职工补偿标准由补偿基数、工龄补偿额、养老保险补偿额三块组成。同年，槐坎、煤山、夹浦3个基层社改制，共解除劳动合同223人。1999年起，“双置换”改制全面铺开，职工身份置换完成后的企业也随即进入破产或清算解体程序。同年，县精制粮油厂申请破产，成为供销社系统第一家进入破产程序的企业。1999—2000年，共有15家企业与2792名职工陆续解除劳动合同。2000年11月，县石油化工公司破产。2001年，共解除劳动合同225人，县土特产总公司、县农业生产资料有限公司2家企业破产。2002—2004年，累计解除劳动合同68人，破产或清算解体企业21家。其中，2000年，县日用杂品总公司、畜产再生物资总公司、供销社、粮油公司、三通家交电公司、三通建筑工程公司及李家巷、夹浦、城区、和平、小浦、泗安6家基层供销社先后破产，供销商业公司清算解体；2003年，虹星桥供销社、县工业品公司先后实施破产。2004年，煤山供销社最后一批职工解除合同。至该年，县供销系统身份置换工作结束，共置换职工身份3343人，置换率100%。企业解除劳动合同给予职工的一次性经济补偿金，主要通过出售资产、产权转让方式筹措资金，共有企业资产折价抵补偿金、资产拍卖款、土地出让收入和出让金返还、经营权抵补偿金、拆迁补偿款和县土地储备中心收购6种形式。同年，县木材公司、糖酒果菜副食品公司、冷冻食品厂、林城供销社先后破产，煤山、洪桥、白岘、槐坎供销社清算解体。2009年6月，最后一家基层社林城供销社申请破产并依法终结。至该月，县供销系统“双置换”工作结束。29家集体企业中，县级公司(厂)16家、基层供销社13家；实施股份制改造2家，清算解体5家，破产22家。通过企业产权制度全面改革，总计处置、核销各类债务20150万元，置换职工身份3343人，职工人均置换身份一次性经济补偿金1万元，解除遗属供养关系300余人，清欠社员股金和集资款3803万元。

四、物资体制改革

管理体制改革 县物资局是县政府所属主管物资工作的行政管理机构，对全县物资系统实行行业管理，在计划指导下，对全县日常生产和重点建设所需各类物资进行申报、调拨、分配、组织供应。1987年年底，县物资局共有8个公司、1个站、1个厂，有职工258人，年销售额5788万元。1990年10月，县物资局内设办公室、组宣科、财务科，办公地点在雉城镇解放东路8号。下属有金属材料公司、机电设备公司、化工建材公司、农业机械公司、生产资料服务公司、物资再生利用公司、物资综合公司(集体)、燃料总公司、泗安物资供应站、煤球厂10家企业,共有在职职工400余人。1993年3月,成立县物资(集团)总公司,为全民所有制企业。与县物资局为两块牌子、一套班子,继续对原属各企业行使政府领导职能,1994年1月正式挂牌。1996年9月,撤销县物资局,组建县物资(集团)总公司,为县政府直属国有企业。1997年下半年开始,县物资系统全面开展企业转制工作。2001年12月,撤销县物资局,物资行业管理和行政职能移交县贸易与粮食局,继续保留县物资(集团)总公司,归口县贸易与粮食局,处理企业改制遗留问题。

经营机制改革 1988年,县物资局对物资经营管理从主要采取指令性计划的体制,转变为扩大指导性计划和市场调节为主,政企职责分开,实行企业承包经营责任制,推行工资总额与经济效益挂钩的办法,人、财、物三权全部下放给企业。县物资系统企业拓展综合经营,发展生产资料市场;拓宽销售渠道,开展物资串换,调剂物资余缺;改变经营方式,扩展经营网点和对外增设窗口。1992年,县物资局设立上海长兴物资贸易总公司、上海长兴三环贸易公司;县金属材料公司在云南禄丰设立生铁供应基地,以生铁串换钢材的形式与上钢三厂、五厂、马鞍山钢铁公司、鞍山钢材公司等建立长期供应各种型号钢材;县燃料总公司在上海市、山东省、河北省秦皇岛市等地设立办事处,组织煤炭供应;县农业机械公司开展农机产品送货下乡服务;泗安供应站与周边安徽省、江苏省邻近县、市开展物资调剂、产品供应等经营活动;县化工建材公司从上海、福建等地组织轮胎、高标水泥投放长兴市场;物资综合公司参加浙北交易会,扩展物资交易市场。同年,县物资系统在全县新增经营部10个,新开拓经营项目16项。1993年,成立县物资(集团)总公司,作为一级企业法人,进入市场。1996年开始,全国物资行业出现全面亏损,长兴县物资系统企业亏损面达70%。物资(集团)总公司下属10家独立核算企业,有4家企业资不抵债,濒临破产边缘;3家企业潜亏;3家企业略有盈利。

产权制度改革 1997年下半年开始,全县物资系统10家企业开始转制。1998年1月,泗安物资供应公司歇业解散,以出售企业的形式完成改制。3月,县金属材料公司以歇业破产的形式完成改制。5月,县物资再生利用公司采用租售结合形式改制。11月,县物资公司歇业破产。12月,上海三环贸易公司实行股份制改造,新组建股份制企业长兴县物通燃料有限公司。1999年3月,县燃料总公司歇业破产。6月,长兴煤球厂实行股份制改造,新组建股份制企业长兴物资煤制品有限公司。11月,县农业机械公司歇业破产。12月,县机电设备公司实行股份制改造,新组建股份制企业长兴县物资机电设备公司。2000年6月,县化工建材公司在保留国有独资企业的情况下,进行职工劳动关系转换改革,改革后企业更名为长兴县物资化建民爆公司。2001年8月,县物资再生利用公司由国有独资企业县物资化建民爆公司控股重组,完成企业改制,更名为长兴县物资再生利用有限责任公司。至该月,县物资系统企业全部完成企业改制,新组建股份制企业3家,破产企业4家,歇业解散企业1家,租赁重组企业1家,组建国有独资企业1家。分流职工335人,自愿解除劳动合同222人,借资经营87人,内部退养17人,留职停薪9人。

第十一编　农　业

20世纪80年代后期以来，长兴县农业生产贯彻落实“决不放松粮食生产，积极发展多种经营”的方针，稳定粮食种植面积，扩大水产养殖面积，发展牧业生产，实现农业稳定发展。1988年，继续强化农业基础，稳定粮食生产，全面发展高效益的商品农业和创汇农业。同年，全县粮食产值占农业产值的比重为65.8%，粮经比为77.3∶22.7。进入90年代后，农业结构中粮食占比逐渐下降，经济作物占比不断提高。1990年，实施以吨粮田（全年亩产粮食达到或超1吨）建设为重点的“四个十万亩”规划。1992年起，发展“一优两高”（优质、高产、高效）农业，提出“哪样挣钱干哪样，哪样挣钱种哪样”。1994年，积极稳妥推进粮田适度规模经营，实施“一优两高”农业“115工程”，即1条环湖经济带、10个县级“一优两高”农业示范点（片）和5个农业龙头企业，大力推动商品农业发展。1995年，按照省委、省政府“横下一条心，打好粮食翻身仗”的要求，促使粮食生产升温，完成粮食生产责任制指标，受到省委、省政府的表彰。1997年起，积极推进农业产业化经营，加快建设粮、油、畜禽、特种水产、蔬菜、茶叶、青梅、银杏、瓜果、花木、蚕桑、药材等12条农业“产业链”。至1999年，初步培育形成粮油、蔬菜、瓜果、禽畜、花木和特种水产六大主导产业。至该年，粮食产值占农业产值中的比重降至30.2%。2001年起，实施“绿色农产品行动计划”，推进农产品质量建设。同年年末，粮经比为45.4∶54.6，首次出现粮经种植面积倒挂。2002年5月，全县第一家农民专业合作社长兴太湖蔬菜水产专业合作社成立。2004年起，实施农业“510”工程，建设商品蔬菜、食用吊瓜、特种水产、花卉苗木、人造林等五个十万亩特色优势农产品基地。2007年后，以“高效生态、休闲观光”为主攻方向，集中力量推进商品蔬菜、花卉苗木（含鲜切花）、特种水产、优质茶叶、高产竹林、水果、蚕桑七大特色产业，重点发展葡萄、紫笋茶、白茶、毛竹、大棚茄子、食用菌、花卉苗木、红梅、生态鳖和河蟹九大特色农产品，启动休闲观光农业实验示范带建设，启动粮食生产功能区和省级现代农业综合区“两区”建设，打造长三角绿色高效农产品主产区，加快推动农业大县向农业强县转变。2012年，全县实现农林牧渔业总产值54.87亿元，其中农业产值37.73亿元、牧业产值6.01亿元、渔业产值4.9亿元，粮食总产量28.91万吨，水产品总产量3.93万吨，蔬菜总产量25.86万吨，水果总产量13.44万吨，生猪存栏14.9万头，家禽存栏数213.6万羽，牛存栏数1228头，羊存栏数5.9万只。全县农业结构明显优化，综合生产能力显著提高，农产品市场供给总量平衡，品种丰富。

第一章　农业总情

1988—2012年，长兴县农业结构明显优化，粮食作物与经济作物结构逐步调整，畜牧业和渔业产量稳中有升，农业特色产业和特色优势农产品基地建设快速发展，农业效益稳步提高。25年中，全县平原、山区通过产业结构调整，均规划形成符合自身特色的农作物分布，区位发展优势和竞争力显现。

第一节　农业规模

一、种植业规模

1988 年，全县农作物复种面积 93570 公顷，农作物复种指数 227.4%。其中，粮食复种面积 72330 公顷，粮食复种指数 175.8%；经济作物复种指数 51.6%。随着经济作物逐步发展，至 1999 年，农作物复种面积 93090 公顷，农作物复种指数 234.7%。其中，粮食复种面积 56400 公顷，粮食复种指数 142.2%；经济作物复种指数 92.5%。2000 年，粮食播种面积调减，经济作物快速发展。至 2005 年，农作物复种面积 90928 公顷，农作物复种指数 196.1%。其中，粮食复种面积 39595 公顷，粮食复种指数 85.4%；经济作物复种指数 110.7%。2006—2012 年，小麦面积增加，油菜面积减少，粮食面积保持基本稳定。2012 年，农作物复种面积 84764 公顷，农作物复种指数为 177.2%。其中，粮食复种面积 45675 公顷，粮食复种指数 95.5%；经济作物复种指数 81.7%。

1988—2012 年长兴县农作物播种面积、复种指数情况表

表 11-1

年份	耕地面积（公顷）	农作物播种面积（公顷）	粮食		经济作物		农作物复种指数	粮食复种指数	经济作物复种指数
			面积（公顷）	占比（%）	面积（公顷）	占比（%）			
1988	41150	93570	72330	77.3	21240	22.7	227.4	175.8	51.6
1989	41070	94020	71320	75.9	22700	24.1	229.0	173.7	55.3
1990	41040	95730	71210	74.4	24520	25.6	233.2	173.5	59.7
1991	40930	97040	71340	73.5	25700	26.5	237.1	174.3	62.8
1992	40490	95260	67770	71.1	27490	28.9	235.3	167.4	67.9
1993	40240	87030	59730	68.6	27300	31.4	216.2	148.4	67.8
1994	39980	87650	57110	65.2	30540	34.8	219.2	142.8	76.4
1995	39920	94200	59810	63.5	34390	36.5	235.9	149.8	86.1
1996	39890	93850	61510	65.5	32340	34.5	235.3	154.2	81.1
1997	39900	93680	63210	67.5	30470	32.5	234.8	158.4	76.4
1998	39580	96670	59760	61.8	36910	38.2	244.3	151.0	93.3
1999	39660	93090	56400	60.6	36690	39.4	234.7	142.2	92.5
2000	40130	86730	44620	51.4	42110	48.6	216.1	111.2	104.9
2001	41720	84230	38220	45.4	46010	54.6	201.9	91.6	110.3
2002	43540	85002	38384	45.2	46618	54.8	195.3	88.2	107.1
2003	43850	85778	37433	43.6	48345	56.4	195.7	85.4	110.3
2004	44350	89003	39249	44.1	49754	55.9	200.7	88.5	112.2
2005	46360	90928	39595	43.5	51333	56.5	196.1	85.4	110.7
2006	46180	93713	41607	44.4	52106	55.6	202.9	90.1	112.8
2007	46210	92731	44447	47.9	48284	52.1	200.7	96.2	104.5
2008	48920	93918	47678	50.8	46240	49.2	192.0	97.5	94.5
2009	49458	88419	42381	47.9	46038	52.1	178.8	85.7	93.1
2010	49646	84560	43419	51.3	41141	48.7	170.4	87.5	82.9
2011	47848	84523	42930	50.8	41593	49.2	176.6	89.7	86.9
2012	47820	84764	45675	53.9	39089	46.1	177.2	95.5	81.7

说明：资料来源于历年《长兴统计年鉴》

二、畜牧业规模

1988—2012 年，全县畜牧业除部分畜产品外，总体呈上升发展趋势。1988 年，生猪年末存栏数 27.19 万头，牛存栏数 3042 头，羊存栏数 1.95 万只，家禽存栏数 160.2 万羽，蚕种全年饲养量 39377 张。2012 年，生猪年末存栏数 14.9 万头，牛存栏数 1228 头，羊存栏数 5.9 万只，家禽存栏数 213.6 万羽，蚕种全年饲养量 22199 张。

1988—2012 年长兴县畜牧业生产情况表

表 11-2

年份	年末生猪存栏数（万头）	年末牛存栏数（头）	年末羊存栏数（万只）	年末家禽存栏数（万羽）	年蚕种饲养量（张）	年份	年末生猪存栏数（万头）	年末牛存栏数（头）	年末羊存栏数（万只）	年末家禽存栏数（万羽）	年蚕种饲养量（张）
1988	27.19	3042	1.95	160.21	39377	2001	20.92	2144	8.51	216.74	35879
1989	28.51	2911	2.52	151.20	44264	2002	22.87	2051	8.48	191.10	34729
1990	29.06	2832	3.04	167.04	49796	2003	23.44	2687	8.33	221.71	32548
1991	30.97	2829	3.68	167.81	50086	2004	25.2	2677	8.65	261.82	35086
1992	31.76	2887	4.28	170.96	53093	2005	26.97	3363	8.91	241.37	34370
1993	31.39	2768	5.66	230.36	61738	2006	33.56	2899	8.31	252.44	33150
1994	29.53	2602	6.23	278.08	55154	2007	28.64	2924	8.53	208.85	36071
1995	32.01	2369	6.90	262.98	52418	2008	15.40	2923	6.50	219.00	29929
1996	30.99	2413	7.57	278.89	41129	2009	16.10	2486	6.40	194.10	26556
1997	15.02	2149	6.03	135.43	35195	2010	18.60	1552	6.00	196.80	24027
1998	16.77	2011	6.42	146.53	37721	2011	17.30	1329	6.30	237.20	23788
1999	18.06	1597	6.96	225.53	35569	2012	14.90	1228	5.90	213.60	22199
2000	19.07	1836	8.44	219.75	28618	—	—	—	—	—	—

说明：资料来源于历年《长兴统计年鉴》

三、渔业规模

1988—2012 年，全县淡水鱼养殖规模持续扩大，成鱼养殖面积和淡水产品产量总体呈现逐年上升趋势。1988 年，全县成鱼养殖面积 5280 公顷，淡水产品产量首次突破万吨关，1989 年达到 10691 吨，成为全省 7 个年产万吨淡水商品鱼的市、县(区)之一。1990 年 5 月，被省政府授予 1989 年度“渔业丰收奖”。2012 年，成鱼养殖面积 9813.5 公顷，淡水产品总产量达到 39257 吨，其中鱼类产量为 30483 吨、甲壳类产量为 4613 吨、贝壳类产量为 1235 吨、其他水产品(甲鱼、淡水珍珠等)产量合计 2926 吨。

1988—2012 年长兴县渔业规模情况表

表 11-3

年份	成鱼养殖面积(公顷)	淡水产品产量(吨)	年份	成鱼养殖面积(公顷)	淡水产品产量(吨)	年份	成鱼养殖面积(公顷)	淡水产品产量(吨)
1988	5280	10019	1997	4940	20652	2006	8366	33924
1989	5280	10691	1998	4982	22530	2007	8461	35217
1990	4946	10875	1999	5206	24165	2008	8800	36059
1991	4915	12362	2000	6881	26396	2009	9070	37695
1992	4972	13604	2001	7890	27440	2010	9237	38101
1993	4935	14885	2002	7923	28334	2011	9309	38548
1994	5060	15859	2003	7975	29950	2012	9814	39257
1995	5233	16759	2004	8070	30768	—	—	—
1996	4914	18746	2005	8228	32485	—	—	—

说明：资料来源于历年《长兴统计年鉴》

第二节　农业分布

一、种植业分布

粮油　作为全县主要农作物种植品种，粮油作物在全县各乡镇均有种植，相对集中在洪桥镇、林城镇、李家巷镇、吕山乡等平原圩区。1988 年，洪桥镇、李家巷镇、后漾乡、吕山乡、林城镇、虹星桥镇 6 个乡镇粮食产量占全县粮食总产量 28%。洪桥镇、李家巷镇、后漾乡、林城镇、虹星桥镇、里塘乡、吕山乡、包桥乡 8 个乡镇油菜籽产量占全县油菜籽总产量 40%。2012 年，洪桥镇、泗安镇、林城镇、虹星桥镇、和平镇、画溪街道 6 个乡镇(街道)粮食产量占全县粮食总产量 65%。林城镇、泗安镇、和平镇 3 个乡镇油菜籽产量占到全县油菜籽总产量 51%。

蔬菜　产业发展始于 20 世纪 80 年代，从雉城镇城郊的蔬菜基地转移到新塘乡开始。1993 年，初步形成新塘乡蔬菜等一批农产品商品基地。90 年代末期，随着效益农业的推进，全县蔬菜种植规模及范围逐步扩大。2006 年，全县形成六大商品蔬菜生产基地、环太湖万亩蔬菜生产基地，主要分布在洪桥镇金星村和雉城镇新塘村、彭城村、南张浜村，是长兴蔬菜种植主要产区。茭白生产基地，主要分布在林城镇午山岗村和水口乡后坟村、徐旺村。早春大豆生产基地，主要分布在和平镇吴村、东山村，林城镇畎桥村，吕山乡雁陶村、吕山村，虹星桥镇观音村、西南村、龙从村等地。豇豆生产基地，主要分布在林城镇上狮村、太傅村、路东村和泗安镇杨湾村等地。夏秋蔬菜生产基地，以泗安镇杨湾村、二界岭乡初康村为主。零星商品性蔬菜生产基地，主要是各乡镇集镇所在地的村，规模不大，以零星种植为主。2012 年年末，全县蔬菜种植总面积达到 11947 公顷，洪桥镇、林城镇、泗安镇、和平镇、吕山乡等 6 个乡镇蔬菜种植面积占全县蔬菜种植总面积 71.5%，其中泗安镇种植面积最大，达 1825.13 公顷。

水果　主要集中在泗安镇、和平镇、二界岭乡等山区丘陵地带。1988 年，全县水果种植面积 2067 公顷，初步建立以水口乡为主的黄桃果品加工和饮料基地，以后漾乡、丁甲桥乡为主的杨梅基地。同时，里塘乡开始规模种植西瓜，以露地栽培为主，面积 666.7 公顷。20 世纪 90 年代，随着“一乡一品、一村一品”的推进，生产基地规模逐渐壮大。1993 年，太傅乡青梅基地成为初具规模的农产品商品基地。进入 21 世纪后，水果种植呈现出明显的地域分布特点。2001 年，实施市级“长兴县九万亩西瓜开发项目”，全县西瓜种植面积达到顶峰，达 6154 公顷，其中设施西瓜 3000 公顷，总产量 18 万吨。栽培区域以虹星桥镇为主，雉城镇、小浦镇、泗安镇、二界岭乡少量种植。2006 年，全县青梅主要分布在西部多个乡镇，杨梅主要分布在北部多个乡镇，早熟桃集中种植在和平镇，晚熟桃主要分布在雉城镇后漾村及全县零星种植，葡萄主要分布在雉城镇及县开发区，李主要在林城镇，梨连片种植主要在吴山乡韦山村。葡萄作为主要的水果品种得到大力发展，到 2008 年，全县已有雉城镇、龙山街道、虹星桥镇、和平镇、夹浦镇、小浦镇 6 个葡萄面积在 66 公顷以上乡镇。2012 年年末，全县水果种植总面积 8696 公顷，其中夹浦镇、泗安镇、林城镇、和平镇、水口乡、画溪街道、龙山新区为主要种植区域，占全县水果种植总面积 79%。

茶叶　长兴县是浙江省重点产茶县之一，茶叶种植呈现“北紫南白”格局。紫笋茶主要集中于水口乡等北部乡镇，白茶主要集中于和平镇等南部乡镇。1988 年，全县茶叶种植面积 1640 公顷，总产量 1122 吨，水口乡、太傅乡、和平镇 3 个乡镇茶叶产量占全县总产量 30%以上。1989 年，建立以张岭为中心的紫笋名茶基地。1993 年，在长潮乡、水口乡初步形成一批紫笋茶生产基地。进入 21 世纪，随着安吉白茶的迅速发展，长兴县和平镇也开始有茶农零星种植白茶。至 2006 年，全县茶叶种植总面积达到 3494 公顷，其中白茶 800 多公顷，主要集中在和平镇、吴山乡等南部乡镇，紫笋茶 2640 公顷，主要集中在水口乡、小浦镇等北部乡镇，“北紫南白”的种植格局初步形成。之后，除行政区划调整略有变动外，长兴茶叶种植基本维持该区域布局。2012 年年末，全县茶叶种植面积 6732 公顷，其中泗安镇、和平镇、水口乡茶叶种植 5333.33 公顷，占全县茶叶种植总面积的 78.7%。

二、畜牧业分布

畜禽养殖 主要集中在和平镇、泗安镇等山区丘陵地带以及吕山乡、林城镇等重点地区。1988年,全县建有以县良种场、姚家桥农牧场为主,包括包桥乡、虹星桥镇、长桥乡在内的瘦肉型出口猪基地,以长岗岭牧场为主的奶牛乳品基地,家禽饲养量达到600万羽。2012年年末,全县畜牧业区域化格局初步构建,形成和平镇、林城镇、吕山乡的生猪,龙山新区、画溪街道、林城镇的樱桃谷种鸭,泗安镇、和平镇的优质土鸡,吕山乡、和平镇的特色湖羊,林城镇、泗安镇的蜜蜂,吕山乡、李家巷镇的朗德鹅养殖加工等产业发展区(带)。

蚕茧 主要集中在洪桥镇、横山乡、吕山乡。1988年,全县共有桑园面积2000公顷,建有以城东、苕溪两岸为主的蚕茧基地,全年蚕茧总量1515吨,其中吕山乡产茧292吨,为产茧最多的一个乡镇,占全县蚕茧量19.3%。20世纪90年代中期,受丝绸行业不景气、茧价连续下跌等影响,蚕茧饲养量逐步减少。2010年开始,蚕桑产业作为七大农业特色产业重点推进。2012年年末,全县蚕茧总产量达到1123吨,其中洪桥镇、林城镇、虹星桥镇、和平镇、吕山乡、画溪街道6个乡镇(街道)蚕茧产量占全县总产量72.4%。

三、渔业分布

水产养殖主要集中于洪桥镇、雉城镇、吕山乡等平原水网地带。1988年,建立以东部、中部平原为主的淡水鱼养殖基地。1999年,成鱼养殖总面积达5280公顷,水产养殖区域主要集中在洪桥镇、雉城镇、林城镇、虹星桥镇、吕山乡、和平镇,产量占到全县水产品总产量71%。2012年年末,成鱼养殖总面积达9814公顷,主要集中在洪桥镇、林城镇、泗安镇、虹星桥镇、和平镇、吕山乡,产量占全县水产品总产量69%。

第三节 农业结构

一、种植业结构

粮油 20世纪80年代末,全县农业产业以粮食种植为主。1988年,全县粮食产值占农业产值的比重为65.8%。进入90年代,农业结构中粮食占比逐渐下降。1999年,全县粮食产值占农业产值中的比重下降到30.2%。进入21世纪后,粮食在农业结构中占比已经远远低于之前规模。2012年,仅为20.1%。

在20世纪80年代末,油料作物是主要农作物之一。1988年,全县油菜播种面积15467公顷,在农作物播种面积中占比为16.5%。90年代,油料作物在农作物中结构占比重进一步提升。1995年,全县油菜种植面积23380公顷,占比增长为24.8%。2000年,油菜种植面积在全县农作物播种面积中的比重提高至28%,之后上涨趋势有所减缓。2012年,全县油菜种植面积仅余8259公顷,占比跌至9.7%。

蔬菜 1988—2012年,蔬菜在全县农业产业中占比总体呈现上升趋势。1990年,蔬菜种植面积在全县农作物播种面积中占比4.5%;1995,提高至6.7%。21世纪初,蔬菜种植面积在全县农作物种植面积中占比继续上涨,占比最高为2003年的16.4%。2012年略有下降,为14.1%。同年,全县蔬菜(含菜用瓜)播种面积11947公顷。

水果 二十世纪八九十年代,水果产业产值在全县农业产值中占比重较少。90年代末,水果产业开始快速发展。1999年,全县果园面积达3508公顷,水果总产量为11592吨,水果产值为2907万元,占当年种植业总产值27.9%。2012年年末,全县果园面积达8696公顷,其中桃园873公顷、杨梅园1329公顷、葡萄园1999公顷、西瓜面积2307公顷,是1988年果园面积的4.2倍,全县水果产值达到46791万元,在全县农业产值中占比12.4%。

茶叶 茶叶是长兴农业的传统产业,20世纪80年代,茶叶在农业结构中占比不高。1988年,茶叶产值仅占全县农业产值的5.1%。90年代初,茶叶产业进一步发展,但由于其他产业也同样快速发展,所以 1990 年茶叶产值在农业总产值中的占比反而有所下降，为 4%。之后，茶叶产值在农业总产值中的比重逐步攀升。2012 年，全县茶园总面积达到 6732 公顷，茶叶总产量 4517 吨，茶叶产值 51381 万元，占农业产值的比重为 13.6%。

1988—2012 年长兴县种植业结构情况表

表 11-4

年份	农作物播种面积（公顷）	粮食		油菜		蔬菜		果用瓜	
		面积（公顷）	占比(%)	面积（公顷）	占比(%)	面积（公顷）	占比(%)	面积（公顷）	占比(%)
1988	93570	72330	77.3	15467	16.5	3480	3.7	767	0.8
1989	94020	71320	75.9	15787	16.8	4320	4.6	860	0.9
1990	95730	71210	74.4	17573	18.4	4327	4.5	913	1.0
1991	97040	71340	73.5	18207	18.8	4540	4.7	1627	1.7
1992	95260	67770	71.1	19413	20.4	4747	5.0	2413	2.5
1993	87030	59730	68.6	17580	20.2	5410	6.2	3050	3.5
1994	87650	57110	65.2	19330	22.1	6860	7.8	3210	3.7
1995	94200	59810	63.5	23380	24.8	6300	6.7	3720	4.0
1996	93850	61510	65.5	21280	22.7	6620	7.1	3490	3.7
1997	93680	63210	67.5	20000	21.3	6570	7.0	2880	3.1
1998	96670	59760	61.8	23951	24.8	7679	7.9	4463	4.6
1999	93090	56400	60.6	22078	23.7	8723	9.4	4860	5.2
2000	86730	44620	51.4	24286	28.0	10653	12.3	5015	5.8
2001	84230	38220	45.4	23109	27.4	12160	14.4	6517	7.7
2002	85002	38384	45.2	23476	27.6	13443	15.8	5442	6.4
2003	85778	37433	43.6	21850	25.5	14038	16.4	5090	5.9
2004	89003	39249	44.1	21177	23.8	13846	15.6	4905	5.5
2005	90928	39595	43.5	21588	23.7	13278	14.6	4632	5.1
2006	93713	41607	44.4	20411	21.8	13531	14.4	5014	5.4
2007	92731	44447	47.9	16517	17.8	13319	14.4	4450	4.8
2008	93918	47678	50.8	15681	16.7	12946	13.8	3928	4.2
2009	88419	42381	47.9	15609	17.7	13746	15.5	3780	4.3
2010	84560	43419	51.3	12675	15.0	13273	15.7	3132	3.7
2011	84523	42930	50.8	10703	12.7	13556	16.0	2906	3.4
2012	84764	45675	53.9	8259	9.7	11947	14.1	2506	3.0

说明：资料来源于历年《长兴统计年鉴》

二、畜牧业结构

全县畜牧业主要有家畜、家禽、蚕桑、蜂蜜等养殖。1988 年，全县畜牧业产值 12340 万元；生猪全年饲养量 56.18 万头，牛年末存栏数 3042 头，羊年末存栏数 1.95 万头；家禽全年饲养量 160.2 万羽；蜂蜜养殖年末存箱数 3626 只，蜂蜜产量 292 吨。2012 年，全县畜牧业产值 60090 万元，其中养猪产值 30037 万元，养羊产值 4161 万元，养蚕产值 4017 万元。

三、渔业结构

1988 年，全县渔业产值 4765 万元，淡水鱼总产量 10019 吨，其中鱼类产量为 9371 吨，甲壳类产量为 89 吨，贝壳类产量 199 吨，淡水珍珠 8468 千克。2012 年，全县渔业产值 49012 万元，淡水产品总产量

39257 吨,其中鱼类产量为 30483 吨,甲壳类产量为 4613 吨,贝壳类产量 1235 吨,其他水产品(甲鱼、淡水珍珠等)产量合计 2926 吨。

1988—2012 年长兴县渔业生产情况表

表 11-5　　单位:吨

年份	淡水产品产量	鱼类产量	甲壳类产量(虾蟹)	贝壳类产量	珍珠产量	年份	淡水产品产量	鱼类产量	甲壳类产量(虾蟹)	贝壳类产量	珍珠产量
1988	10019	9731	89	199	0.85	2001	27440	21748	4015	1484	1.69
1989	10691	10341	65	285	0.52	2002	28334	21243	4262	1657	2.05
1990	10875	10503	73	299	0.55	2003	29950	23109	4793	1793	2.43
1991	12362	11995	89	278	0.39	2004	30768	23413	4849	2093	2.56
1992	13604	13273	91	240	0.50	2005					
1993	14885	14490	63	262	1.20	2006					
1994	15859	15364	153	230	2.13	2007	35217	26593	6484	1490	
1995	16759	16017	248	366	2.30	2008	36200	30079	6270		1.90
1996	18746	17665	445	441	1.74	2009	37499	30125	6136	427	1.81
1997	20652	19046	627	799	1.24	2010	38098	30960	4754	1358	2.42
1998	22530	21040	895	595	1.40	2011	38579	31104	4618	1729	1.04
1999	24165	21740	1713	699	1.27	2012	39257	30483	4613	1235	0.70
2000	26396	21889	3473	899	1.42	—	—	—	—	—	—

说明:资料来源于历年《长兴统计年鉴》

第四节　农业效益

1988 年,全县农林牧渔业总产值 50739 万元,其中农业产值 26252 万元,占总产值比重 51.7%。20 世纪 80 年代末至 90 年代初,全县农林牧渔业总产值增长平稳。1994 年,全县农林牧渔业总产值出现一次大幅提升,达 140178 万元,比 1993 年增长 59.4%。90 年代中后期,农林牧渔各产业呈平稳发展态势。1999 年,农林牧渔业总产值 198708 万元,比 1998 年的 194167 万元增长 5.3%。2000 年,全县农林牧渔业总产值 213428 万元,比 1999 年增长 8.7%。2007 年,农林牧渔业总产值 320000 万元,比 2006 年增长 10%,实现农业增加值 180000 万元,增长 4.8%。至 2012 年,全县实现农林牧渔业总产值 548700 万元。其中,农业产值 377331 万元,增长 5.9%;牧业产值 60090 万元,下降 11.1%;渔业产值 49012 万元,增长 11.1%。

1988 年至 2012 年,全县种植业产值快速增长。从 1988 年的 44879 万元,到 2012 年的 373986 万元,增长 8 倍多。种植业在农业产值中的占比总体来说一直很高,农业产值在农林牧渔总产值中占比则是逐渐上升:从 1988 年占比 51.7%,到 2012 年的 68.8%,农业在全县农林牧渔发展中占据重要位置。

1988 年,全县牧业产值占农林牧渔副总产值中比重为 24.3%。之后,畜牧业在农业结构中占的份额逐渐减少。20 世纪 90 年代末,畜牧业产值仍旧持续上升,但在农林牧渔总产值中所占比重却仍旧保持下降态势。进入 21 世纪,畜牧业占农林牧渔总产值中比重呈现先攀升后下降趋势。从 2000 年占比重 11.4%到 2006 年占比重 15.7%,后逐渐下降,2011 年、2012 年比重分别为 12.9%和 11%。

1988 年,全县渔业产值占全县农林牧渔副总产值中 9.3%。在当时的农业结构中,渔业生产所占到的份额并不高。20 世纪 90 年代末,渔业占比重有较大提升。1999 年,渔业产值占农林牧渔总产值比重 12.6%。2012 年,渔业生产在农业结构中份额下跌,全县农林牧渔总产值 548696 万元,渔业产值 49012 万元,渔业产值仅占农林牧渔总产值 8.9%。

1988—2012 年长兴县农林牧渔业产值情况表

表 11-6　　单位:万元

年份	农林牧渔业总产值	农业		林业	牧业	渔业	年份	农林牧渔业总产值	农业		林业	牧业	渔业
		合计	种植业						合计	种植业			
1988	50739	26252	—	5172	12340	4765	2001	201513	124323	120719	21115	25947	30128
1989	57324	31083	—	4167	14203	4917	2002	211656	129452	127068	22383	27563	32258
1990	56716	32177	—	3880	12810	4719	2003	227642	141501	—	23384	29270	33487
1991	59953	33746	—	3945	14330	5421	2004	246722	142972	139893	26758	38311	36831
1992	66127	36460	—	5249	14980	6789	2005	272212	154309	151345	31337	43889	40677
1993	87930	53352	44879	7427	17658	9493	2006	293061	168419	165256	33229	46030	43178
1994	140178	87762	77604	10691	27207	14518	2007	323848	193644	188314	37342	54215	33163
1995	167544	111732	97540	11315	28713	15784	2008	360224	223814	218535	40248	53748	35876
1996	178092	118161	96921	12014	27247	20670	2009	400148	260821	256057	44209	50468	37633
1997	190298	138979	109009	13012	18093	20214	2010	463252	313467	310230	43854	57982	39778
1998	194167	141944	111036	12751	17667	21805	2011	523600	356160	352908	46714	67577	44103
1999	198708	132680	104355	19148	21886	24994	2012	548696	377331	373986	51667	60090	49012
2000	213428	139147	115344	20692	24264	29325	—	—	—	—	—	—	—

说明:资料来源于历年《长兴统计年鉴》

第二章　农业开发与产业化

1987 年,长兴县在发展多种经营基础上,把科学开发农业资源作为发展农村经济的战略重点和振兴长兴经济的突破口。先后建立鲜笋、青梅、板栗、名茶、淡水鱼、乳品、蚕桑等十大基地,使开发农业向规模化、专业化、商品化方向发展。20 世纪 90 年代,加强对农业的引导、扶持、保护,加大科技投入,以市场为导向,调整农业的生产结构,积极发展优高农业、外向型农业,促进全县农林牧副渔全面发展。1997 年 10 月,根据中共十五大提出的"积极发展农业产业化经营"的要求,县委、县政府制订《长兴县 1998—2005 年农业产业化规划》,组建各级农业产业化经营领导小组和服务机构。1998 年 5 月,制定《关于加快农业产业化发展的若干政策意见》,出台一系列扶助政策。之后,每年都调整完善规划,出台扶助政策和实施细则,采取切实措施,培育兴办农产品加工企业,建立农业"产业链",扶持发展外向型农业,大力发展效益农业,建设特色农产品基地,加快发展贸工农一体化农业合作经济组织,加强农业标准化和农产品质量安全工作,推进农业大县向农业强县加快转变。

第一节　农业开发

一、农业综合开发

1987 年 5 月,县农委制定《1987—1990 年长兴县农业资源开发规划提纲》,根据土地资源概查,全县有待开发利用或开发利用不充分的荒山、荒丘、荒滩、荒水约 2 万公顷,低产田、塘、茶、桑 1.47 余万公顷。《规划》提出农业资源开发的重点放在 2 万公顷"四荒"的开发利用上,同时对"四低"进行改造提高。大力发展水果、水产、名茶、名干果、竹笋和加工业,即以发展青梅为主的水果生产;发展以淡水养鱼、珍珠为主的水产养殖业;发展以白果、板栗为主的名特干果生产;发展以紫笋茶为主的中高档名茶生产,并大力发展农副产品的加工业、食品工业、饲料工业等配套产业。至1989年,全县开发农业总面积累计达4300公顷,商品粮、水产、水果、用材林等8个基地初具规模。同年,在充分调查研究的基础上,县委、县政府确定“确保粮食生产,以集体为主,联户、大户为辅,大力开发长兴农业资源”的战略措施。至1990年2月,以杉木、水果、茶叶为骨干产品的基地迅速形成,全县乡村林场发展到111个,年收入万元以上的村达77个,国家级名茶“长兴紫笋”恢复到133.33多公顷,年产瘦肉型猪1万多头,初步形成10多个农副产品基地。

1990年,县农经委为摸清全县开发农业资源的家底,向开发农业的深度和广度进军,对9个乡镇的21个村开展农业资源开发利用调查,形成《长兴县农业资源摸底调查汇总表》《现有桑园情况及今后五年发展规划汇总表》,撰写调研报告,初步掌握全县农村资源开发利用状况、发展潜力和存在问题,为县政府作出下一步农业开发决策提供依据。1991年起,长兴抓住先后被列为国家农业综合开发区和世界银行贷款浙西北红壤开发项目的机遇,专门成立红壤开发和农业综合开发两个办公室,统筹指导全县农业开发。至1993年,全县涌现出一批333.33公顷(5000亩)至666.67公顷(1万亩)的茶乡、杨梅乡、青梅乡、板栗乡、杉木乡、毛竹乡、蔬菜乡、水产乡,以及全省著名的食用菌乡、白果乡,全县共开发面积1万公顷,初步建成10个“一乡一品”的区域经济示范乡。1994年开始,全县强化农业基础,坚定不移地稳定发展粮食生产,大打粮食生产翻身仗;同时加快农业结构调整,发展“一优两高”农业,实行农业综合开发,抓好专业村、专业大户建设,逐步形成专业化生产。到1995年,全县开发优质名茶333.33公顷,以青梅、杨梅为主的水果1400公顷,以板栗为主的干果类1280公顷,种植蚕桑960公顷,笋竹两用林1533.33公顷,熟山笋420公顷,早园竹213.33公顷,用材林3600公顷,巩固和发展乡村林场113个,发展规模经营大户104户,管理经营面积达7803.87公顷。经过农业综合开发,长兴已成为国家、省商品粮大县、基地县,年粮食收购总量和向省上调粮食居全省第四和第三位;商品油占全省四分之一,是全省最大的油菜籽生产县,也是全国100个产油大县之一;是全省15个淡水鱼基地县之一;白果、青梅产量居全省首位;成为长江三角洲蔬菜、瓜果商品大县。

1997年5月,在深入调研基础上,总结经验,编制“九五”期间农业综合开发规划。主要内容有巩固开发紫笋名茶基地(顾渚山、张岭),扩建姚家桥农畜场万头瘦肉型与良种猪场基地,扩建新增蔬菜生产基地,建立长兴太湖滩渔业基地和白阜食用菌生产基地及青梅、白果、板栗、竹笋、家禽等生产基地,兴办龙头加工企业和市场。

二、农业“两区”建设

2001年,根据《浙江省无公害农产品管理办法(试行)》,全县开始实施“绿色农产品行动计划”,实行无公害农产品基地认证和浙江绿色农产品认证相结合的“双认证”制度。2010年,浙江省全面实施粮食生产功能区和现代农业园区的“两区”建设,全县编制粮食生产功能区和省级现代农业综合区建设规划,制定主导产业示范区、特色农业精品园实施方案,并启动“两区”建设。

粮食生产功能区 2010年,成立县粮食生产功能区建设工作领导小组,负责粮食生产功能区建设协调、推进和认定。2011年1月,县政府颁布《长兴县粮食生产功能区建设规划(2010—2018年)》,规划2010—2018年建设粮食生产功能区16668公顷,涉及雉城镇、泗安镇、和平镇、小浦镇、夹浦镇、虹星桥镇、林城镇、李家巷镇、洪桥镇、水口乡、二界岭乡、吕山

图11-1　浙江省粮食生产功能区(林城镇提供·2012年)

乡、吴山乡共 13 个乡镇 121 个区块。

2010—2012 年，全县共验收认定粮食生产功能区 44 个，面积 7284.6 公顷。其中，2010 年，验收认定 9 个粮食生产功能区，面积 1729.9 公顷；2011 年，验收认定 21 个粮食生产功能区，面积 3144.3 公顷；2012 年，验收认定 14 个粮食生产功能区，面积 2410.4 公顷。林城镇姚洪圩村县级粮食生产功能区、虹星桥镇后羊村县级粮食生产功能区、林城镇桥南村县级粮食生产功能区和洪桥镇东王南片县级粮食生产功能区 4 个粮食生产功能区通过省级粮食生产功能区验收认定。

2010—2012 年长兴县粮食生产功能区建设验收认定情况表

表 11-7

建设年份	功能区名称	编号	面积(公顷)	地点
2010	林城镇姚洪圩村县级粮食生产功能区	CHX-10-001	196.70	姚洪圩村
	吕山乡益多圩县级粮食生产功能区	CHX-10-002	246.70	雁荡村、杨吴村
	洪桥镇五星片县级粮食生产功能区	CHX-10-003	257.10	排田漾村陈桥村
	洪桥镇橡树下片县级粮食生产功能区	CHX-10-004	163.70	橡树下村万仕村
	洪桥镇中道片县级粮食生产功能区	CHX-10-005	328.30	潼桥村中道村
	和平镇长城村县级粮食生产功能区	CHX-10-006	208.10	长城村
	和平镇横山村县级粮食生产功能区	CHX-10-007	134.20	横山村
	虹星桥镇后羊村县级粮食生产功能区(1)	CHX-10-008	51.70	后羊村
	虹星桥镇后羊村县级粮食生产功能区(2)	CHX-10-009	143.50	后羊村
2011	林城镇桥南村县级粮食生产功能区	CHX-11-001	187.70	桥南村
	林城镇新华村县级粮食生产功能区	CHX-11-002	288.00	新华村
	林城镇永丰村县级粮食生产功能区	CHX-11-003	209.00	永丰村
	吕山乡郑家圩县级粮食生产功能区	CHX-11-004	253.30	吕山村吕虹村
	洪桥镇东王南片县级粮食生产功能区	CHX-11-005	233.10	东王村
	夹浦镇喜鹊圩县级粮食生产功能区	CHX-11-006	91.10	喜鹊圩村
	夹浦镇环沉村县级粮食生产功能区	CHX-11-007	84.90	环沉村
	和平镇便民桥村县级粮食生产功能区	CHX-11-008	153.90	便民桥村
	和平镇庄里村县级粮食生产功能区	CHX-11-009	155.50	庄里村
	虹星桥镇周村村县级粮食生产功能区	CHX-11-010	123.80	周村村
	虹星桥镇白水村县级粮食生产功能区	CHX-11-011	144.30	白水村
	虹星桥镇龙从南片县级粮食生产功能区	CHX-11-012	137.10	龙从村
	虹星桥镇龙从北片县级粮食生产功能区	CHX-11-013	85.90	龙从村
	雉城镇新庄县级粮食生产功能区	CHX-11-014	139.40	新庄村
	雉城镇姚家桥白米县级粮食生产功能区	CHX-11-015	93.30	姚家桥村
	泗安镇黄巢钱庄片县级粮食生产功能区	CHX-11-016	395.50	黄巢村、塔上村
	二界岭乡二界岭村县级粮食生产功能区	CHX-11-017	72.40	二界岭村
	吴山乡独山圩县级粮食生产功能区	CHX-11-018	104.30	小溪口村
	小浦镇徐和圩县级粮食生产功能区	CHX-11-019	44.50	徐和圩
	小浦镇许家圩县级粮食生产功能区	CHX-11-020	47.20	许家圩
	水口乡下桥片县级粮食生产功能区	CHX-11-021	100.00	水口村
2012	和平镇东山村县级粮食生产功能区	CHX-12-001	244.70	东山村
	和平镇南淙村灌区县级粮食生产功能区	CHX-12-002	177.10	南淙村
	林城镇向阳村县级粮食生产功能区	CHX-12-003	313.30	向阳村

续表11-7

建设年份	功能区名称	编号	面积(公顷)	地点
	林城镇东吴县级粮食生产功能区	CHX-12-004	118.30	大云寺村
	吕山乡大施圩县级粮食生产功能区	CHX-12-005	353.30	南杨村、龙溪村
	夹浦镇丁新县级粮食生产功能区	CHX-12-006	174.20	丁新村
	虹星桥镇里塘县级粮食生产功能区1	CHX-12-007	102.40	里塘村
	虹星桥镇里塘县级粮食生产功能区2	CHX-12-008	67.10	里塘村
	虹星桥镇谭家村县级粮食生产功能区	CHX-12-009	193.00	谭家村
	画溪街道三新村县级粮食生产功能区	CHX-12-010	66.10	三新村
	画溪街道白阜(东埠)县级粮食生产功能区	CHX-12-011	51.10	白阜村
	水口乡后坟姚中畈县级粮食生产功能区	CHX-12-012	73.30	后坟村
	小浦镇中山圩县级粮食生产功能区	CHX-12-013	181.20	中山圩
	泗安镇管埭空山片县级粮食生产功能区	CHX-12-014	295.10	管埭村、禧祉村

说明:资料来源于县农业局

省级现代农业园区 2010年,启动省级现代农业园区建设,成立全县现代农业园区建设领导小组和省级现代农业综合区管理委员会,编制和平、泗安2个省级现代农业综合区规划和一批主导产业示范区、特色农业精品园实施方案,并向省现代农业园区领导小组办公室申报创建省级现代农业园区。2011年,对泗安综合区规划进行修编,补充申报洪桥省级现代农业综合区创建点。2012年年末,3个现代农业综合区累计投入30290.5万元,占计划总投资90.9%。6个主导产业示范区累计投入3392万元,占计划总投资111.5%,其中洪桥七圩漾河蟹示范区、雉城葡萄主导产业示范区通过省级验收。14个特色农业精品园累计投入15767万元,占计划总投资100.6%,其中虹星桥生态鳖精品园、和平镇生态鳖精品园、水口恒德生态精品园通过省级验收。

2012年长兴县省级现代农业园区创建点情况表

表11-8

类别	名称	规划面积(公顷)	计划总投资(万元)
现代农业综合区	和平省级现代农业综合区	2418.67	7606.55
	泗安省级现代农业综合区	1646.67	9921.50
	洪桥省级现代农业综合区	1646.67	15915.00
	小计	5712.01	33443.05
主导产业示范区	洪桥七圩漾河蟹示范区	120.00	463.00
	洪桥古龙生态河蟹养殖区	80.00	349.00
	雉城镇葡萄主导产业示范区	200.00	396.00
	长兴雉城彭城蔬菜产业示范区	200.00	1106.00
	泗安特种水产示范区	133.33	273.00
	林城北汤翘嘴红鲌示范区	66.67	455.00
	小计	800.00	3042.00
特色农业精品园	虹星桥生态鳖精品园	26.13	213.58
	和平镇生态鳖精品园	33.33	212.70
	吴山乡生态鳖精品园	26.00	216.00
	泗安镇福丰河蟹精品园	20.00	211.20
	恒德生态精品园	72.00	5000.00

续表11-8

类别	名称	规划面积(公顷)	计划总投资(万元)
	槐坎乡六都村中药材精品园	80.00	888.25
	夹浦葡萄精品园	68.11	2500.00
	吕山乡蔬菜精品园	83.33	2500.00
	渚山杨梅精品园	80.00	500.00
	水口高阳特色蔬菜精品园	113.33	2500.00
	吴山乡韦山茶叶精品园	80.00	282.00
	二界岭乡木龙岕茶叶精品园	66.67	156.00
	洪桥太湖河蟹精品园	13.33	293.00
	夹浦陶家湾名优鱼类精品园	21.20	206.00
	小计	783.43	15678.73
总计		7295.44	52163.78

说明:资料来源于县农业局

第二节　农业产业化

一、规模经营与农产品基地建设

20世纪80年代后期以来,全县农业生产贯彻落实“决不放松粮食生产,积极发展多种经营”的方针,稳定粮食种植面积,扩大水产养殖面积,发展牧业生产,实现农业稳定发展。1988年,推进农业适度规模经营,建设一批名、优、特农业商品基地。全年实现粮食总产量28.67万吨,水产品总产量1万吨,蔬菜播种面积3480公顷、总产量7.17万吨,水果种植面积2067公顷、总产量3759吨,生猪存栏27.19万头,家禽存栏数160.21万羽,牛存栏数3042头,羊存栏数1.95万只。有农业各类专业大户307户,其中从事种植业235户、从事林业2户、从事畜牧业60户、从事渔业10户。1990年,部署用三年或更长时间,实施以吨粮田(全年亩产粮食达到或超1吨)工程建设为重点的农业“四个十万亩”规划。即:建设5万亩吨粮田,改造5万亩低产田;建设5万亩高产园地,改造5万亩低产园地;建设5万亩高产油菜田,改造提高5万亩杉木林;绿化8万亩荒山,开发2万亩旱粮和桑园。

1992年,国务院在广东召开全国高产优质高效农业会议,9月下发《关于发展高产优质高效农业的决定》,正式提出发展高产优质高效农业的战略目标。9月,省委、省政府召开全省农村经济工作会议,要求积极稳妥地调整农业生产结构,使全省“一优两高”农业来一个大突破。9月27日,县委、县政府召开全县农村工作会议,学习贯彻中央和省委、省政府农业会议精神,强调“把农业、农民推向市场”,实现“一优两高”农业大突破,全方位调整农业产业、产品结构,包括转变农业工作思路,改革粮食购销体制,加大农业资金和科技投入,以及兴修水利、提升社会化服务等。1993年,全县降低粮食种植比例,提升满足市场需要的经济作物生产比例。其中,蚕茧饲养量和产量创1949年以来长兴历史最高纪录;新塘乡三分之一面积的水田改种蔬菜,建成南张浜村“亩产吨粮、千元”示范片、新塘乡高效蔬菜示范片,出现彭城村等蔬菜种植专业村。1994年,积极稳妥推进粮田适度规模经营,实施“一优两高”农业“115工程”,即1条环湖经济带、10个县级“一优两高”农业示范点(片)和5个农业龙头企业,大力推动商品农业。1995年,县委、县政府提出“优化提高东部,强化发展中部,加速开发西部”,实施区域性农业产业开发战略,全县逐渐形成以粮油、畜禽、水产、瓜果、经特、花卉等主要产业为主的十大基地,开始专业化生产、产业化经营,社会化服务,粮食、油菜籽成为全国重点基地县,水产成为省重点基地县,西瓜、蔬菜、名茶、花卉苗木等产业形成相当规模。同年年末,全县农业各类专业户发展到19745户,其中种粮大户2145户、蔬菜种植大户3078户、水产养殖大户2670户、水果种植大户2880户、畜禽养殖大户1042户。1996年后，粮田规模经营加快推进。同年，全县种粮0.67(10亩)公顷以上农户达4102户，共承包农田4600公顷，平均每户承包1.12公顷。其中，承包2公顷以上农田有522户，承包农田1373.33公顷。

1997年9月，中共十五大提出继续发展高产优质高效农业，积极发展农业产业化经营，形成生产、加工、销售有机结合和相互促进的机制，推进农业向商品化、专业化、现代化转变。10月，县委、县政府成立长兴县农业产业化领导小组，制定发展规划，确定加快建设粮、油、畜禽、特种水产、蔬菜、茶叶、青梅、银杏、瓜果、花木、蚕桑、药材等12条农业“产业链”。由21位县级领导分头负责抓好12条“产业链”，并确定27个县级部门参与和服务农业产业化建设的目标和任务。1998年9月，下发《长兴县1998—2005年农业产业化发展规划》，决定建立以市场为导向、以龙头企业为核心、生产基地为依托的贸工农一体化经营模式，集中发展蔬菜、瓜果、畜禽、特种水产、花卉(苗木)、粮油、竹木笋、茧丝绸、名优茶叶、食用菌等十大主导产业，着力建设粮油、蔬菜、瓜果、畜禽养殖、水产品养殖、花卉(苗木)，竹木笋、蚕桑、出口茶和名茶、食用菌等十大农产品商品基地，培育100家龙头企业，建设35个农业品交易市场等目标。至1998年年底，全县有粮、畜禽、茧丝绸、茶叶、水产品、林特产品、蔬菜、瓜果、食用菌、银杏、青梅、花卉等12条农业产业经济链全面启动，并形成粮油、畜禽、特种水产、蔬菜、瓜果、花卉6大主导产业。1999年，县委、县政府继续动员千家万户参与农业产业化经营，开展“百村百业百品”竞赛活动，培育和扩大蔬菜、瓜果、特种水产、花木、畜禽等5大主导产业规模。至同年年底，全县各类农业专业户达19242户，其中蔬菜大户4038户、经济林果大户1203户、农产品营销大户4680户。形成农副产品交易市场34个，年成交额达16.5亿元。

2003年开始，根据省委“八八战略”的要求，长兴县将统筹城乡发展、加快推进城乡一体化作为党委、政府的重大战略任务来抓。2004年1月起，根据《长兴县城乡一体化行动纲要》，部署“八大工程”，其中在农业领域全面实施农业“510”工程。即，建设商品蔬菜、食用吊瓜、特种水产、花卉苗木、人造林等五个十万亩具有区域特色优势的农产品生产基地，发展高效生态农业，提高优质化生产、标准化管理和产业化经营水平，增强农业综合生产能力。至2006年，全县五大特色农产品基地面积达到3.06万公顷，先后获评“中国青梅之乡”“中国银杏之乡”“中国栝楼(吊瓜)之乡”，申请“吊瓜原产地”并获得成功，连续2年获得“中国茶叶产业发展政府贡献奖”。2006年12月，中共中央、国务院出台《关于推进社会主义新农村建设的若干意见》。在基本完成城乡一体化“八大工程”基础上，面对新形势，2007年1月县委下发《关于加快推进社会主义新农村建设的实施意见》，部署新农村建设“十大工程”。其中，在农业领域部署实施“现代农业建设工程”，全力打造“长三角绿色高效农产品主产区”。2007年起，全县以“高效生态、休闲观光”为主攻方向，通过规划引导、政策扶持、典型示范、科技服务，集中力量推进商品蔬菜、花卉苗木(鲜切花)、特种水产、优质茶叶、高产竹林、水果、蚕桑等七大特色产业发展，重点发展葡萄、紫笋茶、白茶、毛竹、大棚茄子、食用菌、花卉苗木、红梅、生态鳖和河蟹九大特色农产品，建设一批以“提高亩产效益”为核心的现代农业示范基地(点)，培育扶持一批规模大、带动面广、竞争力强的农业龙头组织，推进农业标准化和品牌建设，发展休闲观光农业，加快推动农业大县向农业强县转变。至2009年，全县七大特色产业面积达6.27万公顷。同年，长兴被列为“中国果蔬无公害十强县”，白果、紫笋茶获首届中国农业产品区域公用品牌价值百强产品。至2011年，基本建成长和公路高效葡萄示范带、新318国道绿色农业产业带、长达公路和南太湖滨湖大道沿线规模设施农业带与休闲农业观光带，建成亩产效益超5000元的高效生态农业生产示范点105个，逐渐形成“一乡一业”“一村一品”特色；长兴被评为“中国花木之乡”，葡萄种植面积全省第一。2012年，全县实现粮食总产量28.91万吨，水产品总产量3.93万吨，蔬菜播种面积1.19万公顷、总产量25.86万吨，水果种植面积8696公顷、总产量13.44万吨，生猪存栏14.9万头，家禽存栏数213.6万羽，牛存栏数1228头，羊存栏数5.9万只。全县农业结构明显优化，农业综合生产能力显著提高，农产品市场供给总量平衡，品种丰富。

二、农业龙头企业

1988年,农业适度规模经营产生,县内出现农业龙头企业。1990年,长兴长林哺坊种鸭场注册成立,开展养殖、孵化、种苗繁育、种鸭销售一条龙服务,成为长兴县早期农业龙头企业的代表。之后,随着农业产业化的推进,农业龙头企业逐步发展、壮大,经营类别多为食品加工、竹木加工、粮油加工、花木、茶叶、水产、畜禽等。1998—2001年,长兴天源禽料有限责任公司、浙江金巴开植物制品长兴基地公司、长兴艾格生物制品有限公司、长兴梅源食品有限公司、长兴英特茶业发展有限公司、长兴泰明食品有限公司等规模化农业龙头企业先后建成投产。2002年,全县有年销售额1000万元以上农业龙头企业10家。2005年,全县有年销售额1000万元以上农业龙头企业54家,年销售额3000万元以上11家,外向型农业龙头企业10家,出口创汇2382.4万美元。2009年后,休闲农业与乡村旅游快速兴起,以休闲观光农业为主业的综合开发类农业龙头企业不断增加。至2012年年末,全县拥有年销售额1000万元以上农业龙头企业135家,固定资产16.1亿元,年销售额33亿元,带动农户10.8万户,联结种养基地2.5万公顷。其中,省级农业龙头企业5家,市级农业龙头企业31家,县级农业龙头企业99家。总体呈现小企业多、大企业少,低档产品多、高端产品少,松散型多、紧密型少的特点。

2012年长兴县市级以上农业龙头企业情况表

表11-9　　单位:万元

企业	主营业务	注册资本	级别	获评年份
长兴农副产品综合批发市场	农副产品批发	500	省级	2001
长兴梅源食品有限公司	青梅加工出口	528	省级	2007
浙江茶乾坤食品股份有限公司	袋泡茶加工	1000	省级	2012
长兴县荣耀鹅业有限公司	鹅肥肝	500	省级	2012
长兴华宝宠物玩具有限公司	宠物玩具制造	500	省级	2012
浙江金巴开植物制品长兴基地有限公司	麦绿素	1500	市级	2004
浙江省长兴艾格生物制品有限公司	免疫球蛋白	1000	市级	2004
浙江省长兴泰明食品有限公司	吊瓜子	300	市级	2004
长兴顺裕人造板有限公司	纤维板制造	1200	市级	2004
长兴县丁富禽业有限公司	肉鸡	50	市级	2005
长兴长日食品有限公司	食品	516	市级	2005
长兴东方梅园有限公司	红梅	300	市级	2006
浙江湖州威达纺织集团有限公司	绢纺和丝织加工	2000	市级	2006
长兴大洋生物饲料有限公司	饲料加工	358	市级	2007
长兴县天禾粮油有限公司	大米加工	1000	市级	2007
长兴意蜂蜂业科技有限公司	蜂产品	100	市级	2007
长兴经纬竹制品有限公司	竹地板	736	市级	2008
浙江农晨饲料有限公司	饲料加工	500	市级	2008
长兴县和平基隆坞茶场	精制茶加工	50	市级	2008
浙江景盛农业科技有限公司	脱水蔬菜	1457	市级	2008
长兴瑞泰实业有限公司	速冻肉制品	320	市级	2008
长兴金良竹木工艺品厂	竹木工艺制品	200	市级	2008
波路梦(长兴)食品有限公司	饼干	17244	市级	2009
长兴城山沟桃源山庄生态农业开发有限公司	休闲农业	150	市级	2009
长兴县和平旭升茶场	茶叶种植、加工、休闲农业	10	市级	2009
浙江冠龙园林绿化有限公司	园林绿化	2260	市级	2009

续表11-9

企业	主营业务	注册资本	级别	获评年份
浙江晶凯食品有限公司	食品	300	市级	2009
长兴炎字木业有限公司	木制容器制造	100	市级	2010
长兴丰盛畜禽食品有限公司	鹅肥肝	205	市级	2010
长兴县桃花岕有机茶厂	精制茶加工	18	市级	2010
浙江长兴万兴酒业有限公司	果酒	500	市级	2011
浙江味之源食品有限公司	蜜饯制作	1000	市级	2011
长兴农产品营销有限公司	农产品营销	100	市级	2011
湖州大山丰蜂产品有限公司	蜂产品	56	市级	2011
长兴龙湖农业发展有限公司	休闲农业	50	市级	2012
长兴振华粮油有限公司	大米加工	100	市级	2012

说明:资料来源于县农业局

三、农民专业合作社

2002年5月,全县第一家农民专业合作社——长兴太湖蔬菜水产专业合作社诞生。2004年《浙江省农民专业合作社条例》和2006年《中华人民共和国合作社法》施行后,农民专业合作社得到迅速发展。2004年,开始实施规范化农民专业合作社创建活动。2006年1月,县政府出台《大力推进农业产业化的若干政策意见》,对被认定为国家、省、市级示范性专业合作社的,分别奖励5万元、2万元和1万元。同年年末,农民合作经济组织发展到71家,联系农户2.87万户,其中省级示范专业合作社有3家。2012年年末,全县共有农民专业合作社353家,社员9146人,经营土地面积1.78万公顷,带动农户3.9万户;年销售额超100万元的合作社109家;注册商标105个;认定无公害农产品81只,认定绿色食品13只。共创建县级规范化农民专业合作社89家,被认定为国家级示范性农民专业合作社1家、省级示范性农民专业合作社15家、市级示范性农民专业合作社17家。

长兴太湖蔬菜水产专业合作社 2002年5月成立,为全县第一家农民专业合作社。有社员120户,土地面积153.3公顷。经营蔬菜种植,河蟹、虾养殖,为社员提供产、供、销一条龙服务。生产的"新塘一尺红"茄子被认定为无公害农产品,生产基地被认定为无公害农产品基地。年生产"新塘一尺红"商品茄3万吨,总收入5000万元。

长兴县显圣稻米专业合作社 2003年3月成立。有社员151户,带动478户农户从事粮食生产,有核心示范基地面积394公顷。实行订单种植、统一种植品种、统一施肥、统一防止病虫害、统一销售。合作社收购社员稻谷每百千克高于市场价10元,社员每公顷产量高于其他农户750千克,每公顷生产成本低于其他农户465元,每公顷收益高于其他农户2400元。生产的"显圣牌"大米被认定为省绿色农产品、国家级无公害农产品,并通过ISO 9000认证。2007年12月,被认证为有机大米。2012年,有稻米生产基地面积373.33公顷,其中有机大米6.67公顷、绿色大米100公顷、无公害大米266.67公顷,生产大米2606吨,销售收入1941.36万元,同年被认定为国家级示范性农民专业合作社。

长兴雉城涧塘种鸭养殖专业合作社 2006年成立。有社员7户,带动165户农户从事种鸭饲养。实行统一供应种鸭、统一供应饲料、统一防疫、统一销售种蛋。年饲养种鸭14万羽,年产"涧塘牌"种蛋2600吨,年产值3000万元,销往山东、江苏、安徽省等地。成立当年被认定为首批浙江省示范性农民专业合作社。至2012年,经营服务收入1923万元,亏损132万元。

长兴洪桥漾荡牌河蟹专业合作社 2008年成立。有社员50户,带动农户118户,有标准化河蟹养殖面积400公顷。实行统一养殖技术、统一包装、统一销售、统一注册"漾荡牌"商标。成立当年被认定为省级示范性农民专业合作社。2011年,产河蟹510吨,销往杭州市、上海市和江苏省苏州市等周边城市。2012年,经营服务收入2576万元,盈利249万元。

2012 年长兴县市级以上示范性农民专业合作社情况表

表 11-10 单位:万元

合作社名称	主营业务	注册资本	级别	认定年份
长兴县显圣稻米专业合作社	稻米生产加工	30	国家级	2012
长兴雉城涧塘种鸭养殖专业合作社	种鸭养殖	30	省级	2006
长兴三河葡萄专业合作社	葡萄种植	50	省级	2008
长兴雉城彭城蔬菜专业合作社	蔬菜种植	5	省级	2008
长兴洪桥漾荡牌河蟹专业合作社	河蟹养殖	5	省级	2008
长兴农丰粮油专业合作社	稻米生产加工	5	省级	2009
长兴蠡塘渔村渔业专业合作社	中华鳖养殖	5	省级	2009
长兴夹浦粮食生产全程机械化服务专业合作社	稻米生产加工	5	省级	2010
长兴和平神塘甲鱼养殖专业合作社	甲鱼养殖	500	省级	2010
长兴绿美苗木专业合作社	苗木种植	50	省级	2011
长兴紫山红杨梅专业合作社	杨梅种植	180	省级	2011
长兴红稔葡萄专业合作社	葡萄种植	160	省级	2011
长兴塘天农机服务专业合作社	稻米生产加工	120	省级	2012
长兴县吕山乡胥仓雪藕生产专业合作社	莲藕种植	700	省级	2012
长兴佛川寺蜜梨专业合作社	梨的种植	200	省级	2012
长兴太平桥特种水产专业合作社	水产养殖	30	市级	2004
长兴金星蔬菜专业合作社	蔬菜种植	50	市级	2008
长兴永旺茭白专业合作社	茭白种植	20	市级	2008
长兴彩林青梅专业合作社	青梅种植	5	市级	2008
长兴七里亭奶牛养殖专业合作社	奶牛养殖	5	市级	2009
长兴金土地测土施肥合作社	测土配方服务	5	市级	2009
长兴艺香粮油专业合作社	稻米生产加工	5	市级	2010
长兴绿萌苗木专业合作社	苗木种植	30	市级	2010
长兴西南农机服务合作社	农机服务	5	市级	2010
长兴南庄农机服务专业合作社	农机服务	200	市级	2011
长兴长益食用菌专业合作社	食用菌种植	18	市级	2011
长兴林梅苗木专业合作社	苗木种植	100	市级	2012
长兴许长蔬菜专业合作社	芦笋种植	180	市级	2012
长兴丰收园茶叶专业合作社	茶叶种植	5	市级	2012
长兴水口徽州杨梅专业合作社	杨梅种植	30	市级	2012
长兴惠农花卉专业合作社	鲜切花	100	市级	2012
长兴林城北汤蔬菜专业合作社	芦笋种植	100	市级	2012

说明:资料来源于县农业局

四、农业标准化建设

2001 年 6 月,在之前先后制定紫笋茶、乌梅、银杏、青梅、栝楼等产品标准和系列标准基础上,县质监局、县农经委、县科委、县农业局、县林业局和县水利农机局,根据全省农产品安全与市场竞争力会议精神和全市农业标准化工作会议要求,制定《关于加快我县农业标准化建设的意见》。2002 年,全面实施农业标准化生产,建立长兴县农业标准化和农产品质量安全会议制度,制定出台一系列推进农业产业化的奖励政策,成立长兴县农业标准化和农产品质量安全协调会议办公室。同时,实施无公害农产品、绿色食品、有机农产品和农产品地理标志(统称为“三品一标”)发展战略,制定出台“三品一标”发展扶持政策。同年,全县已建成绿色(无公害)农产品基地16个,涉及蔬菜、瓜类、水产、水果、稻米、吊瓜、畜禽、茶叶8大类产业,累计面积4900公顷,年产生猪2万头,禽30万羽,奶牛600头,蜂2000群,无公害农业中心示范区10个,面积866.67公顷,首批浙江省无公害农产品紫笋茶叶基地536.67公顷,第二批浙江省无公害农产品基地新塘一尺红牌茄子333.33余公顷,显圣牌稻米666.67公顷,长明牌吊瓜533.33余公顷。长兴农产品获浙江农业博览会金奖5只、银奖5只、优质奖4只,省级绿色农产品7只,省级名牌产品1只,市级名牌产品2只,国家级农产品1只。全年制定长兴地方标准6个,省标准1个,农副产品新注册商标25只,八大无公害生产基地中心示范园区均制定无公害生产操作规程,并要求生产者严格按操作规程实施。

2003年,县委、县政府制定出台《关于进一步加快发展农业产业化的若干政策意见》,继续扶持无公害、绿色、有机农产品基地建设,加快制定农业标准,推进农产品商标注册工作,开展农产品名牌创评工作。至2003年年底,全县共有7个农产品获国家级绿色食品或有机食品称号,15个农产品获国家级无公害农产品称号,建立省级无公害农产品基地27个,获省级绿色农产品称号15个,获省级名牌农产品称号1个,获省级著名商标称号1个。全县累计注册农产品商标71个,制订各级农产品生产标准10个,建设无公害和绿色农产品生产基地1.2万公顷,投资104.5万元建立农产品质量检测中心。2004年6月,农业部推行“统一规范、简便快捷”无公害农产品认证工作机制,无公害农产品认证由地方认证向全国认证转换。同年,新增浙江省无公害农产品产地9个,面积1290公顷;国家级无公害农产品11个,绿色食品2个,有机食品9个。2005—2007年,全县新增浙江省无公害农产品产地60个,面积14415公顷。新增国家级无公害农产品50个,绿色食品16个,有机食品35个。国家级无公害农产品复查换证1个。2008年6月,浙江省农业厅开展无公害农产品便捷式复查换证。7月,推进无公害农产品产地与产品一体化认证。同年,全县新增浙江省无公害农产品产地26个,面积2900公顷;新增国家级无公害农产品22个、绿色食品2个;新增有机食品6个。复查换证3个。2009年,农业品牌战略和标准化建设深入推进,新增省级以上无公害、绿色、有机农产品25只,长兴成为“中国果蔬无公害十强县”,白果、紫笋茶获首届中国农产品区域公用品牌价值百强产品。2010年,全县制定并有质量技术监督部门发布的农产品地方标准32项,新建省级标准化园区16个。获浙江省农业名牌称号7只,湖州市农业名牌称号10只,获省著名商标11件,市著名商标19件。77个农产品通过省级无公害农产品认证,21个农产品通过省级绿色食品认证,38个农产品通过有机产品认证,累计建成“三品”基地136个。2011年8月,浙江省开展粮食生产功能区、现代农业园区无公害农产品产地整体认证。2012年,全县新增无公害农产品产地52个,面积2950公顷。和平省级现代农业综合区无公害农产品产地整体认证1个,面积2420公顷。同年年末,全县有效期内的无公害农产品产地共有192个,面积28121公顷;国家级无公害农产品246个,绿色食品41个,面积4004.6公顷;有机食品3个,面积65.3公顷。

第三节 农业特色产品

一、种植业名品

显圣牌大米 由长兴县显圣稻米专业合作社生产。选用优质水稻品种,通过农业技术部门的全程监督和指导,采用测土施肥、饼肥基施、控氮增磷、氮肥前移、壮苗强株等栽培技术,结合杀虫灯、种植蜜源植物、性诱剂、寄生蜂等绿色防控措施,生产的稻谷无污染、无农药残留。2012年,该合作社加工、销售显圣牌大米171.36吨。同年,显圣牌大米获浙江省农业博览会金奖。

紫笋茶 原产于水口乡顾渚山一带。经唐代茶圣陆羽推荐成为贡茶。清末失传,1979年春试制成功,逐步恢复生产并再次跻身全国名茶行列。2012年,全县紫笋茶基地面积2827公顷,产量3463吨。

详见本编、第3章、第3节。

“新塘一尺红”茄子　“新塘一尺红”茄子主要以杭茄一号为主，品种早熟，果实生长快，品质优、商品性好。茄果长35厘米～38厘米，皮薄、肉色白，外表呈紫红色透亮，口感糯而嫩。始于20世纪80年代初的新塘乡。2001年，新塘村注册“新塘一尺红”茄子商标。2002年，长兴县制定地方标准《无公害茄子生产技术规程》，新塘一尺红茄子被认定为绿色农产品，获浙江省农业博览会金奖。2004年被评为湖州市名牌产品，2005年被评为浙江省名牌产品、浙江省著名商标。2012年，种植面积400公顷，产量2400吨。

格兰德F1芦笋　2008年11月，水口乡首先引进格兰德F1芦笋，大棚种植2公顷，至2010年，发展到53.3公顷。2011年，大棚芦笋种植区域逐步向和平镇、吕山乡、林城镇、李家巷镇、虹星桥扩展，面积增加至280公顷。2012年，全县大棚芦笋种植面积350公顷，投产面积280公顷，总产量5300吨，总产值5040万元。

小兰西瓜　“小兰”西瓜，皮厚0.3厘米～0.5厘米，皮色淡绿，覆墨绿色条纹。单果重1.5千克～2.0千克，果肉黄色而晶亮。肉质极细，汁多味甜，口感好、风味佳，中心含糖量12度左右。1997年，由虹星桥镇从台湾农夫种苗有限公司引进，生产过程中采用大棚栽培，实行统一品种、统一标准、统一管理、统一包装和统一品牌等“五统一”技术规程。种植高峰时年种植面积666.67公顷。产品通过农业部无公害产地、无公害农产品和ISO质量、环境体系认证。在省内外市场上拥有较高的知名度，畅销江、浙、沪市场。2012年，种植面积133.33公顷，总产量5000吨。

胥仓雪藕　胥仓雪藕，因藕体细腻、洁白似雪而得名。藕身肥大，外表细嫩光滑，呈银白色，肉质脆嫩多汁，甜味浓郁。夏季嫩藕可作水果消暑，冬春老藕洗净孔穴嵌入糯米、糖，蒸煮成“糖藕”可作点心，软糯香甜，十分可口。雪藕又可加工制成藕粉，蜜饯和罐头食品等，是群众喜爱的食品。原产于吕山乡胥仓桥村花墙门前的湾鱼池。2003年，成立长兴县吕山乡胥仓雪藕生产专业合作社和长兴欣欣食品加工厂，合作社有社员400多户，主栽品种有大头漂花、3725、美人红、东河早藕等。“胥仓雪”牌新鲜雪藕和莲藕种子，先后获无公害农产品、浙江省农博会金奖、浙江省优质农产品银奖、湖州市优质农产品金奖等。2012年，胥昌雪藕种植面积约366公顷，其中主产地吕山乡233公顷。

樱桃　樱桃是春夏之交上市最早的果品，素有“春果第一枝”的美称，在调节鲜果淡季市场供应中起到重要作用。果实色泽鲜艳、晶莹美丽、营养丰富、外观和内在品质俱佳，被誉为“果中珍品”，特别受妇女儿童喜爱。长兴樱桃主栽于生态环境好、气候湿度佳，适宜樱桃生长的二界岭乡毛家村、朗村(今属泗安镇)。2006年通过《“无公害樱桃”长兴县地方标准》，注册“早红”樱桃商标。2012年，全县樱桃面积260公顷，总产量800吨。

二、养殖业名品

湖羊　长兴县饲养湖羊始于南宋时期，已有800多年历史。宋室南渡时，北方黄河流域的民众带来蒙古羊，在长期受到太湖平原自然条件影响和人为选育后逐渐育成，因产区在浙江、江苏间的太湖流域，故称“湖羊”。湖羊体格中等，公、母均无角，头狭长，鼻梁隆起，多数耳大下垂，颈细长，体躯狭长，背腰平直，腹微下垂，尾扁圆，尾尖上翘，四肢偏细而高。被毛全白，腹毛粗、稀而短，体质结实。是中国一级保护地方畜禽品种，也是世界著名的多胎绵羊品种，2000年、2006年先后被农业部列入《国家畜禽遗传资源保护目录》。1988年之前，湖羊养殖为“皮主肉从”，1988年后转为肉用。湖羊肉蛋白质含量高于猪肉，脂肪含量介于猪肉与牛肉之间，钙、铁含量高于牛肉和猪肉。肉质细嫩，膻味轻淡，味道鲜美，营养丰富且容易消化吸收。可制成许多种风味独特、醇香无比的佳肴，红烧、白烧、烤、涮、煲、炸、爆、酱都行，是老少皆宜的美味食品。湖羊肉还有疗疾功能，《本草纲目》记载，羊肉“暖中补虚、补中益气、开胃健健身，治虚劳寒冷”。2012年起，长兴县每年举办“长兴湖羊美食文化节”，主产区吕山乡先后被授予“浙江省湖羊之乡”“中国湖羊美食名乡”等多项荣誉称号。同年，“吕山湖羊”荣获全国“十大魅力农产品”称号，全县湖羊饲养量达9.91万头。

河蟹 学名“中华绒螯蟹”。长兴俗称“蟹”或“毛脚蟹”。长兴河蟹养殖相对集中在太湖沿岸,因水质、水生藻类等水生资源条件近似太湖,出产的河蟹背壳坚隆凹纹似虎色青黑,腹青白色,腹下有脐,雄尖雌团,内有硬毛,个大体重,蟹黄肥厚,肉质细嫩,腴美异常。长兴河蟹最具代表性的是洪桥漾荡牌河蟹专业合作社生产的“漾荡牌”河蟹,先后被评为湖州市名牌产品、湖州市著名商标,浙江省名牌产品、浙江省著名商标,获历届浙江省农业博览会金奖。参见本编第5章、第2节。

生态甲鱼 甲鱼,学名“中华鳖”,长兴俗称“鳖”或“王八”。长兴生态甲鱼养殖是模拟最适甲鱼生长习性的自然生态环境,低密度放养(每公顷4500只左右),以当地淡水鱼虾为主食,全程露天养殖,养殖周期一般4年以上。生态甲鱼的品质近似野生甲鱼,脂肪含量低、蛋白质含量高、肉质紧密、营养丰富、味道鲜美。参见本编第5章、第2节。

“天照”牌鹅肥肝 “天照”牌鹅肥肝是长兴县荣耀鹅业有限公司生产的特色产品,品优、味醇,获评“浙江省名牌产品”“浙江省著名商标”,多次荣获“浙江省农业博览会优质产品金奖”“中国食品博览会金奖”。通过无公害农产品认定,产品销往上海、深圳、广州、香港等十多个大中城市,年销售额近千万元。长兴县荣耀鹅业有限公司被农业部命名为“国家现代水禽产业体系长兴示范基地”。2012年,生产“天照”鹅肥肝68吨。

蜂产品 长兴县蜂产品以“蜂状元”牌、“汝民”牌和“蜂硕”牌系列产品为代表。长兴意蜂蜂业科技有限公司生产的“蜂状元”牌和“汝民”牌系列活性蜂王浆、蜂胶软胶囊、蜂王浆冻干粉、蜂花粉等产品,通过无公害农产品认证,是浙江名牌农产品,曾荣获浙江省农业博览会金奖(4次)、中国国际农产品交易会金奖、湖州市农产品质量奖等荣誉,“蜂状元”牌蜂王浆获“浙江省蜂产品十大名品”称号。2012年,饲养蜜蜂7711箱,生产蜂蜜724吨、蜂王浆46.3吨、花粉38吨、蜂胶软胶囊19吨。

第三章 种植业

1988年,长兴县种植业产值2.63亿元,占农林牧渔业总产值的51.7%。县内种植业主要有水稻、大小麦、玉米、豆类、薯类等粮食作物,油菜、蔬菜、水果、茶叶、蚕桑、药材等经济作物。进入20世纪90年代后,粮食占比逐渐下降,经济作物占比不断提高。至2001年年末,粮经比由1988年的77.3∶22.7调整到45.4∶54.6,经济作物种植面积首次超过粮食作物。2003年,粮食作物播种面积3.74万公顷,为25年间最低。之后,逐步回升。2012年,粮经比为53.9∶46.1。同年,全县种植业产值37.4亿元,占农林牧渔业总产值的68.2%。

第一节 耕作制度

1999年之前,农作物以粮油作物为主,双季稻面积较大,农作物复种指数较高。主要为早稻—晚稻连作、麦—稻轮作、油—稻轮作,耕作上以翻耕为主。2001年,经济作物占比重首次超过粮食作物,豆—稻轮作、菜—稻轮作得到发展,大小麦、油菜免耕技术得到推广应用。

一、种植制度

间作套种 1988—1999年,县内主要利用田埂、地边、沟渠边间作大豆、豇豆、豌豆等豆类作物;在大小麦播种时预留西瓜种植的间隙,进行大小麦—西瓜套种;利用桑园等套种蔬菜等作物。2000年后,在葡萄园实施蚕豆、蔬菜等作物套种。

轮作 1988—1998年,全县水稻主要为早稻—晚稻连作、麦—稻轮作、油—稻轮作。1988年,麦—稻轮作面积12667公顷;油—稻轮作面积15467公顷。之后,水稻连作和麦—稻轮作面积下降,至2004

年麦—稻轮作面积为1005公顷，2006年开始上升，2012年达到15200公顷；油—稻轮作逐年上升，1995—2006年，油—稻轮作面积稳定在20000公顷以上，其中2000年达到24267公顷，2007年开始下降，2012年为8268公顷。

20世纪90年代中期，大棚茄子—水稻、大豆—水稻等水旱轮作模式开始发展。2005年，全县大棚茄子—水稻轮作种植面积达671公顷，2007年发展到1033公顷，2012年回落到400公顷。

二、农田耕作

翻耕　县内农作物种植耕作以翻耕为主。1988—1999年，逐步由人力、畜力翻耕向机械化翻耕转变，小型拖拉机犁耕得到应用。2000年，随着旋耕机的发展，农田耕作效率提高。2005年，实施大中型农业机械购置以奖代补政策。2007年，实施农业机械购置补贴，大中型拖拉机在粮食生产的机耕中逐步应用。

免耕　2000年，随着农业机械化水平的提高和化学除草剂的发展，免耕技术在大小麦、油菜和水稻上得到应用。大小麦免耕，采用在水稻收割后的稻畈上直接播种，再机械开沟覆土；油菜免耕，采用机械开沟后进行油菜定植；水稻免耕，采用大小麦收割后直接在麦畈上播种，结合化学除草技术，实施水稻免耕生产。2012年，全县大小麦、油菜基本实现免耕生产，水稻免耕生产面积不大。

第二节　粮食作物

一、水稻

面积和产量　1988年，全县水稻种植面积57007公顷，总产量286733吨，由于双季稻面积的减少，水稻生产呈下滑趋势。至1999年，水稻种植面积减少至41349公顷。1999年6—7月遭遇特大洪涝灾害，早稻大面积受灾减产，每公顷产量仅为1665千克，总产量减少至247298吨。1999年后，水稻种植结构调整，减少早稻、连作晚稻种植面积。早稻面积由1999年的6040公顷减少至2000年1407公顷，连作晚稻由16840公顷减少至3213公顷，单季稻由18467公顷增加至28707公顷。2006年后无早稻种植，连作晚稻减少至1193公顷，单季稻面积增加至30847公顷。同年，水稻总产量246544吨。2007—2012年，连作晚稻种植面积由1367公顷减少至267公顷，单季稻面积由30380公顷调整至26410公顷，总产量228741吨减少至205417吨。

品种推广　1988年，长兴县种子公司承担全县良种繁育、收购及供应，以县良种场、姚家桥农牧场和县农科所为良种繁育中心，发展种子专业户500余户，建立良种繁育基地267公顷。在有条件的村建立新品种示范方，组织全县农技人员开展良种评选活动，推动新品种推广应用。2005年，在雉城镇南庄浜村、洪桥镇排田漾村、吴山乡韦山村、泗安镇老河道良种场及洪桥镇俞家荡村建立“加991”等水稻新品种示范方18个，面积393公顷，平均每公顷增产1380千克。2006年，在洪桥镇排田漾村建立省“0406”计划新品种“加优2号”推广示范方。1995—2006年，累计繁育水稻良种4630吨。结合调入良种，向农户供应商品良种10500吨，其中早籼稻1710吨、晚粳稻8010吨、糯稻250吨、杂交稻540吨。2007年，依据《中华人民共和国种子法》和国务院办公厅《关于推进种子管理体制改革加强市场监管的意见》，将种子生产经营活动从农业行政主管部门脱离，撤销长兴县种子公司，全县良种繁育、收购及供应由浙江勿忘农种业股份有限公司长兴分公司承担。2012年，引进浙粳88高产品种，示范方单产每公顷10750.5千克。

早籼稻　1988—2006年，全县推广应用早籼稻品种24个，主栽品种有浙935、G94-48、94-207、加兴8号、加早935、加育948等。其中，1988—1996年，推广应用H凡4、加育293、浙辐218、早莲31、浙935等；1997—2002年，推广应用G94-48、94-207、加兴8号、加早935等；2003—2006年，推广G143、加育21等。

晚粳稻　1988—2012 年,全县推广应用晚粳稻品种 48 个,主栽品种有丙 92-528、丙 390、丙 93-63、丙 95-59、丙 98-101、武运粳 7 号、秀水 03、加 991、加 33 等。其中,1988—1999 年,推广应用丙 91-17、丙 92-528、丙 93-63、丙 93-31、春江 06 等;2000—2012 年,推广应用丙 95-59、丙 96-50、丙 98-101、武运粳 7 号、秀水 03、加 991、嘉 33、秀水 114 等,其中武运粳 7 号、加 991 种植时间 10 年以上,累计面积 66700 公顷,是长兴接茬春粮作物最适熟期的品种类型。

糯稻　1988—2012 年,全县推广应用糯稻品种 15 个,其中主栽品种有丙 93-02、浙农大 454、加 65、丙 9914、丙 0301、祥湖 914 等。其中,1988—1994 年,推广应用丙 92-148、丙 93-02、丙 92-35、浙农大 454 等;1995—2004 年,推广应用丙 97-48、加 63、加 65、丙 9914 等;2005—2012 年,推广应用丙 9914、祥湖 914、加 65、浙糯 5 号等。

杂交稻　1988—2012 年,全县推广应用杂交稻品种 13 个。其中,1988—2003 年,以杂交籼稻为主,主栽品种有汕优 10 号、汕优 63、协优 46、汕优 64 等;2004 年后,杂交籼稻被粳型杂交逐步取代,主栽品种有秀优 5 号、中浙优 1 号、嘉优 2 号等。

技术推广　1987 年,全县开始水稻重点推广模式栽培技术。1993 年,开始进行直播、抛秧和旱育秧等轻型栽培技术小面积试验、推广。1994 年,单季晚稻直播技术试验获得成功,单产达到每公顷 7345.5 千克,比移栽稻每公顷增 70.5 千克。1995 年,抛秧技术单产平均每公顷 5443.5 千克,比手栽田每公顷增产 400.5 千克,其中攻关田单产每公顷达 7462.5 千克。1997 年,轻型栽培推广面积为 7810 公顷,其中旱育秧面积 2920 公顷,抛秧 380 公顷,直播 4510 公顷。1995 年,开始推广“吨粮双千”高产高效技术。在新塘乡南张浜村建立示范方,全年粮食单产每公顷 11967 千克,每公顷增加 109.5 千克,平均每公顷产值 33052.5 元。2000 年后,推广应用单季稻由穗粒兼顾改为壮个体攻大穗,由早播迟栽改为适期迟播早栽,由合理密植改为适当少本稀植,由化肥为主重前期施用改为增施有机肥、分蘖肥与穗肥并重,由水层深灌改为浅湿灌溉的“五改”技术,和精确定量栽培技术,单产逐年提高。

1988—2012 年长兴县水稻播种面积和产量情况表

表 11-11

年份	面积(公顷)	单产(千克/公顷)	产量(吨)	年份	面积(公顷)	单产(千克/公顷)	产量(吨)
1988	57007	5030	286733	2001	30566	7561	231120
1989	55667	5616	312651	2002	32084	7696	246934
1990	56480	5495	310340	2003	30949	7679	237643
1991	56666	5421	307208	2004	32475	7633	247885
1992	55093	5819	320580	2005	32106	7276	233591
1993	48870	5957	291103	2006	32138	7671	246544
1994	47880	6087	291469	2007	31746	7205	228741
1995	49940	6064	302846	2008	31428	7394	232391
1996	49870	6020	300235	2009	29367	7458	219008
1997	49020	6284	308057	2010	28776	7648	220080
1998	45814	6803	311662	2011	26946	7637	205778
1999	41349	5981	247298	2012	26480	7757	205418
2000	33327	7296	243142	—	—	—	—

说明:资料来源于历年《长兴统计年鉴》

二、大小麦

面积和产量　1988 年,全县大麦种植面积 7940 公顷,总产量 22266 吨;小麦种植面积 4707 公顷,总产量12610吨。因种植结构调整，大小麦种植面积逐年下降。1995年，大麦减少为2370公顷，总产量7883吨；小麦减少为1400公顷，总产量4304吨。1996年开始，大小麦种植面积回升。1999年，大麦面积3082公顷，总产量10776吨；小麦面积达到4106公顷，总产量为14459吨。2000年，随着农业结构调整和效益农业发展，大小麦种植面积逐年减少。2005年，大麦面积减少为845公顷，总产量3408吨；小麦面积减少为493公顷，总产量1813吨。2006年，随着农业机械化和大小麦免耕技术推广应用，农作物良种补贴政策实施，大小麦种植面积逐年回升。2012年，大麦面积1011公顷，总产量4208吨；小麦面积14194公顷，总产量65085吨。

品种推广 大麦 1988—2012年，全县推广应用大麦品种8个，有浙农大3号、浙农大6号、秀麦3号、89-51、浙8214、花30、秀96-11、秀96-6。其中，主栽品种有浙农大3号、秀麦3号、花30。

小麦 1988—2012年，全县推广应用小麦品种6个，有浙麦3号、扬麦158、895004、苏麦6号、扬麦12、扬辐麦2号。其中，主栽品种有扬麦158、扬麦11、扬麦12。

技术推广 20世纪90年代开始，全县推广大小麦高产模式栽培技术，主要通过选用良种，适时播种，开好“三沟”（田间横沟、直沟、田外渠道沟），低“三水”（地表水、浅层水、地下水）。小麦推广应用以有机肥为主、施足基肥、早施促蘖肥、攻施穗粒肥的施肥技术；大麦推广应用施足基肥、早施重施苗肥、争取早分蘖、看苗巧施拔节肥、争穗数的施肥技术。并重点推广深沟排水技术，做到雨停田沟不滞水，以防止渍害，同时避免早衰的发生，达到后期青秆黄熟。2000年，开始推广大、小麦免耕栽培技术。主要通过晚稻收割田及时通过拖拉机旋耕开沟或开沟机开沟，开好丰产沟，合理确定畦沟比例，施足基肥，撒播或条播大、小麦，适时追肥，做好病虫害防治。

1988—2012年长兴县大小麦播种面积和产量情况表

表11-12

年份	小麦			大麦			年份	小麦			大麦		
	面积（公顷）	单产（千克/公顷）	产量（吨）	面积（公顷）	单产（千克/公顷）	产量（吨）		面积（公顷）	单产（千克/公顷）	产量（吨）	面积（公顷）	单产（千克/公顷）	产量（吨）
1988	4707	2679	12610	7940	2804	22266	2001	872	3557	3102	1165	3192	3719
1989	5167	2562	13238	7666	2603	19953	2002	500	3098	1549	941	2758	2595
1990	4827	2847	13743	7073	2879	20361	2003	353	3567	1259	728	3310	2410
1991	4640	2793	12961	7267	2875	20893	2004	317	3505	1111	688	3642	2506
1992	3607	3131	11292	6473	3188	20637	2005	493	3677	1813	845	4033	3408
1993	3250	3108	10102	4610	3218	14833	2006	1452	4304	6250	1559	4047	6309
1994	2310	2974	6871	3350	2995	10032	2007	4219	5082	21442	2093	4558	9539
1995	1400	3074	4304	2370	3326	7883	2008	7279	5081	36987	1830	4565	8354
1996	2170	3605	7822	4040	3797	15338	2009	8110	4671	37880	1840	4119	7579
1997	4250	3872	16454	4560	3827	17451	2010	8920	4655	41526	2194	4174	9157
1998	4313	2638	11378	2809	2603	7313	2011	10699	4923	52676	1454	4420	6427
1999	4106	3521	14459	3082	3496	10776	2012	14194	4585	65085	1011	4162	4208
2000	1920	3503	6726	1759	3399	5979	—	—	—	—	—	—	—

说明：资料来源于历年《长兴统计年鉴》

三、旱杂粮

面积和产量 玉米 1993年，全县开始种植，当年种植面积180公顷，单产每公顷1922千克，总产量 346 吨。2000 年,随着鲜食玉米的引进、推广,玉米生产不断发展,面积逐年扩大。2008 年,种植面积 622 公顷,总产量达到 3251 吨。2012 年年末,种植面积 394 公顷,总产量 2094 吨。

大豆　1988 年,全县大豆种植面积 307 公顷,总产量 416 吨。1988—1993 年,种植面积保持稳定。1993 年,随着高产栽培技术推广,单产达到每公顷 3120 千克,比 1988 年每公顷 1785 千克增加 1635 千克。1994—2008 年,因市场需求扩大及种植水平提高,大豆种植面积逐年扩大,产量逐年提高。2008 年,种植面积 2707 公顷,产量 6624 吨。2009—2012 年,随着市场需求回落和效益农业发展,种植面积有所下降。2012 年,种植面积 1493 公顷,产量 3800 吨。

豌豆　1988 年,全县豌豆种植面积 513 公顷,至 1992 年,种植面积较为稳定。随着种植技术提高,单产逐年增加。1993 年,豌豆单产每公顷 1590 千克。1994—2012 年,种植面积有所下降。2012 年,种植面积 453 公顷,总产量为 888 吨。

番薯　1988 年,全县番薯种植面积 1640 公顷。至 1994 年,种植面积保持稳定。1995—2000 年,随着番薯新型技术推广及普及,种植面积也逐年扩大。2000 年,种植面积 3853 公顷,总产量 22727 吨。2001—2008 年,种植面积有所下降。2008 年,种植面积 2600 公顷,总产量 13398 吨。2009—2012 年,种植面积下滑较快。2012 年,种植面积 907 公顷,总产量 5368 吨。

品种推广　玉米　20 世纪 90 年代初,全县推广杂交玉米,用于畜牧饲料。主要有临双一号、旅曲、丹玉六号等。2000 年,鲜食玉米逐渐取代杂交玉米,苏玉糯 1 号、苏玉糯 2 号、浙凤甜 2 号、浙凤糯 2 号、浙凤糯 3 号等逐渐在县内种植。

大豆　二十世纪八九十年代,全县主要种植品种为兰溪大青豆、萧山五月拔等。2000—2012 年,主要种植品种有春风早、台湾 74、青酥二号、日本清、95-1、辽鲜一号、9701 等。

豌豆　1988—2012 年,全县主要推广品种为中豌 4 号、中豌 6 号。

番薯　20 世纪 80 年代,全县开始推广徐薯 18、浙薯 60-2 和 73 半二。90 年代引进浙薯 2 号,适宜套种,产量高。2000 年,引进质地细腻、商品性佳的浙 6025、浙薯 78。

技术推广　玉米　20 世纪 90 年代,全县主要有育苗移栽和直播两种栽培方法,采用前促、中控、后改穗和人工辅助授粉技术。2000 年,采用大棚种植和选用良种提高产量。

大豆　20 世纪 90 年代,全县种植较为粗放,以露天种植为主。2000 年,主要推广早熟棚膜覆盖栽培技术和早熟地膜覆盖技术,通过大棚和地膜,提早上市和增加产量。

豌豆　1988—2012 年,全县栽培技术采用开行条播或点播、免耕撒播。采取“施足基肥,早施苗肥,重 3 施花荚肥”的施肥模式,后期防旱防渍,除草防病虫。

1988—2012 年长兴县主要旱杂粮面积、产量情况表

表 11-13

年份	合计			玉米			豆类			薯类		
	面积(公顷)	单产(千克/公顷)	产量(吨)	面积(公顷)	单产(千克/公顷)	产量(吨)	面积(公顷)	单产(千克/公顷)	产量(吨)	面积(公顷)	单产(千克/公顷)	产量(吨)
1988	2676	7847.5	21000	—	—	—	1036	1878.4	1946	1640	11618.3	19054
1989	2820	7509.9	21178	—	—	—	967	1479.8	1431	1853	10656.8	19747
1990	2833	6266.5	17753	—	—	—	913	1359.3	1241	1920	8600.0	16512
1991	2766	6846.7	18938	—	—	—	846	1424.3	1205	1920	9235.9	17733
1992	2601	8195.3	21316	—	—	—	781	1622.3	1267	1820	11015.9	20049
1993	3000	7131.0	21393	180	1922.2	346	960	2092.7	2009	1860	10235.5	19038
1994	3570	5388.2	19236	60	2416.7	145	1380	1632.6	2253	2130	7905.2	16838

续表11-13

年份	合计			玉米			豆类			薯类		
	面积（公顷）	单产（千克/公顷）	产量（吨）	面积（公顷）	单产（千克/公顷）	产量（吨）	面积（公顷）	单产（千克/公顷）	产量（吨）	面积（公顷）	单产（千克/公顷）	产量（吨）
1995	6100	5442.8	33201	60	3833.3	230	2010	2216.9	4456	4030	7075.7	28515
1996	5430	5562.6	30205	80	4325.0	346	1960	2168.4	4250	3390	7554.3	25609
1997	5380	4764.5	25633	40	6050.0	242	2070	2059.9	4264	3270	6460.9	21127
1998	6824	4812.4	32840	170	3976.5	676	2430	2038.7	4954	4224	6441.8	27210
1999	7863	4698.1	36941	270	3596.3	971	2954	1859.5	5493	4639	6569.7	30477
2000	7614	4158.8	31665	541	4698.7	2542	3219	1987.0	6396	3854	5897.0	22727
2001	5612	3907.5	21929	325	4600.0	1495	3084	1929.0	5949	2203	6575.1	14485
2002	4857	3448.8	16751	322	3375.8	1087	2724	1871.5	5098	1811	5834.3	10566
2003	5395	4024.3	21711	355	6067.6	2154	3200	1894.7	6063	1840	7333.7	13494
2004	5758	3789.3	21819	395	4698.7	1856	3440	2073.8	7134	1923	6671.3	12829
2005	6134	3752.5	23018	434	4801.8	2084	3803	2097.0	7975	1897	6831.3	12959
2006	6433	3627.5	23336	517	5001.9	2586	3824	2215.7	8473	2092	5868.5	12277
2007	6370	4031.6	25681	575	5104.3	2935	3807	2262.4	8613	1988	7109.2	14133
2008	7111	3608.2	25658	622	5226.7	3251	3890	2315.7	9008	2599	5155.4	13399
2009	3060	3432.4	10503	216	4861.1	1050	1712	2254.1	3859	1132	4941.7	5594
2010	3527	3633.7	12816	368	5663.0	2084	1963	2280.2	4476	1196	5230.8	6256
2011	3824	3654.0	13973	400	5807.5	2323	1996	2387.8	4766	1428	4820.7	6884
2012	3990	3613.5	14418	394	5314.7	2094	2136	2398.4	5123	1460	4932.2	7201

说明：资料来源于历年《长兴统计年鉴》

第三节　经济作物

全县经济作物主要种类有油菜、水果、蔬菜、茶叶、蚕桑、药材。1988—2012年，栽培面积扩大、品种丰富、种植模式优化，区域布局合理，经济效益提高，建成多个高标准生产示范基地。

一、油菜

面积和产量　1988年，全县油菜种植面积15467公顷，单产每公顷1286千克，总产量19895吨。1988—2000年，种植面积稳定增长。2000年，种植面积24286公顷，单产每公顷2006千克，总产量48725吨。2001年，随着大小麦机械化生产水平的提高，种植面积逐年减少。2012年，种植面积8259公顷，单产每公顷2028千克，总产量16751吨。

品种推广　1988—2012年，全县推广应用的油菜主要品种9个，包括58系、九二13系、浙油758、农大605、双72、汇油50、沪油15、油研8号、浙双6号，其中58系最受欢迎。2000年后，被优质高产“双低”油菜品种“浙双72”和“沪油15”陆续取代。

技术推广　20世纪90年代，全县油菜栽培技术主要是适时播种，培育壮苗，施足基肥，早施活棵冬肥，重施腊肥、畜肥，铺畦盖泥防冻，促冬壮春发。春后施好苔肥，根外喷施硼肥。1997—1998年，推广“秋发”油菜栽培技术，适时早播早栽，充分利用冬前的温、光资源，培育成冬壮早发油菜，增强抗寒力。2000—2012年，推广油菜免耕栽培技术，免耕直播油菜选取浙双72、浙油18、中双11等高产“双低”油菜。栽培方法主要是晚稻收割后田块不翻耕，经杂草扑杀和机械开沟后直接栽植油菜。

1988—2012 年长兴县油菜面积和产量情况表

表 11-14

年份	面积(公顷)	单产(千克/公顷)	产量(吨)	年份	面积(公顷)	单产(千克/公顷)	产量(吨)
1988	15467	1286.3	19895	2001	23109	1907.3	44076
1989	15787	1542.1	24345	2002	23476	1493.0	35050
1990	17573	1580.7	27778	2003	21850	1765.5	38576
1991	18207	1527.2	27806	2004	21177	2127.8	45061
1992	19413	1729.6	33576	2005	21588	1976.9	42677
1993	17580	1732.7	30460	2006	20411	1971.1	40233
1994	19330	1562.8	30209	2007	16517	2136.7	35292
1995	23380	1702.3	39800	2008	15681	2143.7	33615
1996	21280	1810.5	38528	2009	15609	2046.2	31939
1997	20000	1824.4	36488	2010	12675	1999.4	25343
1998	23951	1070.1	25630	2011	10703	2085.8	22324
1999	22078	1998.9	44132	2012	8259	2028.2	16751
2000	24286	2006.3	48725	—	—	—	—

说明:资料来源于历年《长兴统计年鉴》

二、水果

全县水果种类有葡萄、西瓜、杨梅、梅、桃、梨、樱桃、猕猴桃、草莓、李、火龙果、无花果、蓝莓等,种植面积最大的是西瓜和葡萄。1988 年,全县水果种植面积 2067 公顷,产量 3759 吨,产值 410 万元。2012 年,种植面积 8696 公顷,产量 13.44 万吨,产值 4.68 亿元。

葡萄 1979 年,县内开始发展酿酒葡萄。长兴酒厂引进以“北醇”为主的酿酒葡萄,主要种植在和平镇、吴山乡、后漾乡、水口乡、小浦镇、丁甲桥乡和长兴茶场、红山林场、小浦林场、长兴县农科所,作为长兴酒厂葡萄原料基地。1988 年,全县葡萄栽培面积为 91 公顷,产量 367 吨。1990 年,长兴酿酒总厂生产的“欢众”牌原汁葡萄酒被评为部优产品。之后,由于长兴酒厂效益不佳,酿酒用葡萄栽培面积逐步减少直至消失。新发展的葡萄都是鲜食葡萄。县内引种鲜食葡萄始于 1987 年,主要品种为“巨峰”“红富士”等巨峰系。1993 年,县农业局从浙江农业大学引进“藤稔”葡萄试种成功,栽培面积逐步扩大。2000 年,栽培面积达到 82 公顷。2003 年后,葡萄设施栽培技术逐步推广,栽培农户逐年增多,至 2006 年,面积达 281 公顷。2007 年起,葡萄被列入全县农业七大特色产业、九大特色优势农产品之一,加以扶持发展,至 2010 年,面积突破 1000 公顷,达到 1797 公顷。栽培品种也从单一的“巨峰”“藤稔”扩大到“醉金香”“夏黑”“甬优一号”“红地球”和“美人指”等多个品种。2012 年,葡萄栽培面积 1999 公顷,占全县水果种植面积 23%,产量 4.23 万吨。

2000 年之前,全县葡萄基本为露地栽培,病害严重,果实品质差,易裂果。2000 年,雉城镇明门村调整产业结构,通过承包田流转,集中连片规划 13.3 公顷水田,转包给陆家斗村 10 户农户种植葡萄。同时,在竹元村流转 13.3 公顷水田,建立双十字架避雨栽培葡萄生产基地。2007 年,进行葡萄保温促成栽培技术研究,与普通避雨栽培相比能提前 20 天上市。2012 年,推广双膜保温技术,葡萄上市时间提前到 6 月 10 日。同年,葡萄保温栽培面积 933.3 公顷。扣除生产成本,葡萄保温栽培模式每公顷净收入 62970 元,比普通避雨栽培每公顷净收入增加 22470 元。

西瓜 20 世纪 80 年代后期,里塘乡开始规模种植西瓜,以露地栽培为主。1988 年,种植面积 553 公顷。90 年代末,开始大棚栽培,并向周边乡镇辐射。2002 年,实施市级“长兴县九万亩西瓜开发项目”，全县西瓜种植面积达到5211公顷，总产量13.69万吨，其中设施西瓜3000公顷。栽培区域以虹星桥镇为主，雉城镇、小浦镇、泗安镇、二界岭乡少量种植。2003年，成立长兴县天地瓜类研究开发中心，注册“虹观”商标。2004年，建立西瓜种苗嫁接技术试验示范基地，研究与推广大棚西瓜嫁接技术。2005年，发展大棚西瓜15公顷。2007年，有大棚西瓜73公顷，分布在虹星桥镇、雉城镇、林城镇、和平镇、泗安镇、二界岭乡、吴山乡。2009年后，受技术、劳动强度、生产成本、连作障碍等多种因素影响，露地种植面积逐年下降，大棚西瓜面积逐年增加并趋于稳定。2012年，西瓜种植面积2307公顷，占全县水果种植面积26.5%，产量5.39万吨，其中大棚西瓜233公顷，种植品种以早佳、小兰为主。

杨梅 1988年，全县共有杨梅498公顷，产量43吨，初步建立以后漾乡、丁甲桥乡为主的杨梅基地。进入21世纪后，全县水果种植呈现出明显的地域分布特点，杨梅主要分布在北部多个乡镇，种植面积逐步扩大。2009年，突破1000公顷，达1101公顷，产量4247吨。2012年，杨梅面积1329公顷，占全县水果种植总面积15.3%，产量5518吨。

桃 在长兴县栽培历史悠久，是农村房前屋后栽种的主要果树。20世纪80年代，长兴水蜜桃在湖州及周边地区较为有名，品种主要为“玉露”。1988年，水口乡连片栽种加工用黄桃，面积133.3公顷，当地成立罐头食品加工厂加工黄桃。后由于黄桃罐头滞销，栽种面积逐步减少，至1995年，县内已基本无黄桃栽种。1989年，和平镇大面积引进早熟桃“沪005”。1998年，县农业局从省农科院引进早熟桃新品种“早霞露”“玫瑰露”“雪雨露”“大观1号”等，“沪005”逐步被淘汰。2005年后，引进“朝晖”“湖景蜜露”“白风”“早凤王”“新川中岛”等优质桃品种。2010年，夹浦镇农户从江西引进“枣油桃”，种植面积2公顷，采用避雨栽培技术获得成功。2012年，桃栽种面积873公顷，占全县水果种植面积10%，产量1.7万吨。

梨 20世纪80年代末，县内丘陵地区农民习惯在房前屋后种梨树，产量1000吨～1250吨，主要分布在和平镇、长城乡、太傅乡、小浦镇、横山乡一带，其中和平镇唐伯兴村年产梨150吨，为全县产梨最多的村。品种有20多种，早熟品种有“苹果梨”“灯泡梨”“铁头梨”“汤甘梨”等，中熟品种有“花红梨”“黄金梨”“青小梨”“蒲萝梨”“五瓜梨”等，迟熟品种有“黄皮酸梨”“黄板梨”“猪蒲梨”等，其中以中熟品种为主，占40%左右。长兴梨产业由于品种老旧、栽培方式落后，一直没有发展起来。至20世纪末，随着农业产业结构调整及南方适栽品种的培育成功，中国南方早熟梨产业得以蓬勃发展，以吴山乡为主的长兴蜜梨生产开始起步。2000—2001年，吴山乡韦山村农户承包荒山20公顷，连片开发种植“翠冠”“秋月”“420”“清香”等南方早熟水蜜梨。2006年5月，注册登记长兴县佛川寺蜜梨合作社，是专业从事果品(梨)种植、培育苗木、兼营批发、零售为一体的多种经营型农业企业，生产规模100公顷，主要分布吴山乡韦山村、横涧村、三矿村，种植“翠冠”“新世纪”“日本秋月”“518”等名优梨品种。2012年，全县梨种植面积470公顷，产量2800吨，产值1020万元。

樱桃 原二界岭乡郎村(今泗安镇毛家村)农民一直就有在房前屋后种植樱桃的传统，主要品种为“中国樱桃”。2006年，郎村组建长兴早红樱桃专业合作社，从余杭区、诸暨市引进“乌皮樱桃”“短柄樱桃”和“樱子樱桃”等优良樱桃品种，种植后“乌皮樱桃”比当地老品种挂果时间提早。2010年，该合作社发展设施樱桃4公顷，栽种“乌皮樱桃”，尝试通过建设大棚设施，起到防冻、防裂、防鸟等作用。2010年，毛家村樱桃种植户有500余户，种植面积超过66公顷，其中连片面积达到40公顷。同年，樱桃种植区域从泗安镇扩大到洪桥镇、夹浦镇、水口乡、虹星桥镇等地。2012年，全县樱桃种植总面积260公顷，其中泗安镇166公顷(连片种植面积73公顷)；产量800吨，产值1600万元。

猕猴桃 又名羊桃、藤梨等。1987年，水口乡市东村从浙江省农科院园艺所引进新西兰“海沃德”“阿利森”2个品种，种植面积2.5公顷。2009年，李家巷镇陈家浜村农民成立长兴中法农业科技有限公司，引进红心猕猴桃新品种“红阳”，种植面积20公顷。2010年，长兴五果农业科技有限公司在泗安镇新丰村新发展猕猴桃13.3公顷，主栽品种“徐香”“金魁”“红阳”等。2012年，全县猕猴桃种植总面积68.2公顷，产量700吨，产值900万元。

草莓 1988年,白阜乡东阜村引进种植草莓,品种为“宝交早生”,面积为3.3公顷。由于栽培技术落后,露天栽培经济效益不高,规模未扩大。1992年,县农业局从省农科院引进“丰香”草莓品种,经县农科所试验保温栽培成功后在全县推广种植,发展较为平稳,种植区域主要位于东阜村,公路沿线村庄有零星种植。2010年,县农业局从建德市引进新品种“红颊”育苗试验成功并推广。2011年10月,长兴县《无公害草莓》地方标准通过专家审定。长兴草莓栽培模式从单一的露地及简单的毛竹大棚,发展到全钢管大棚保温促成栽培。2012年,全县草莓种植面积达到53.3公顷,产量1200吨,产值1600万元。主栽品种为“红颊”,占85%以上,其他栽培品种为“章姬”“晶瑶”等。

李 县内主要栽培在房前屋后,主要品种为“小麦李”“红心李”,比较有名的是“槜李”。长兴“槜李”产于李家巷,后在抗日战争时期被破坏,幸存无几。1984年,泗安镇汪家山村青年农民从桐乡市引种“槜李”36株,1986年开花见果,1989年投产,单株产量7.5千克。另外,“槜李”在夹浦镇父子岭也有种植,后由于产量不稳、栽培难度大而逐步消亡。1990年,县农科所从浦江县引进“桃形李”,由于不适应种植,引种失败。1993年,后漾乡陆家圩村农民从临安市引种“天目蜜李”,种植面积1.3公顷,引种成功,后因开发区征地而消亡。2012年,长兴李的栽培主要还是零星种植,没有规模种植基地。

火龙果 2010年,长兴龙湖农业发展有限公司从上海松江购入红心火龙果幼苗,种植面积0.2公顷。2011年,长兴晨曦农业发展有限公司新发展面积4.7公顷。2012年,县内火龙果栽培面积达到5.7公顷。

无花果 2011年,长兴盛源水果专业合作社负责人引进无花果,主要品种为“布兰瑞克”“波姬红”。位于槐坎乡礼齐村,面积约33.3公顷,是集采集、加工、销售为一体的无花果种植基地。

蓝莓 2011年,林城镇上狮村引进种植蓝莓,面积2公顷。2012年,种植范围扩大至和平镇、泗安镇、水口乡、夹浦镇等地,面积26.7公顷。

三、蔬菜

20世纪80年代,县内蔬菜以千家万户小生产为主,仅新塘乡初具规模,成片面积10公顷。1988年,全县蔬菜播种面积3480公顷,产量7.17万吨,产值3144万元。90年代,新塘乡开始引入简易毛竹大棚设施生产。2000年,全县蔬菜播种面积10653公顷,产量22.23万吨,产值4.82亿元。2001年,全县推进优高蔬菜基地建设,建成无公害规模蔬菜基地33.3公顷,蔬菜总面积达12160公顷,产值达4.23亿元。2003—2006年,长兴实施农业“510”工程,提出全县发展商品性蔬菜面积6666.67公顷(10万亩),对连片2公顷以上大棚设施实施补助政策。2007年,下发《关于加快商品蔬菜等七大农业产业若干政策的通知》,明确商品蔬菜为重点发展的农业七大特色优势产业之一,提出建成规模在6.67公顷(100亩)以上、每公顷效益超7.5万元(亩效益超5000元)的蔬菜高效示范基地8个,商品蔬菜得到提质增效。2012年,全县蔬菜播种面积1.19万公顷,总产量25.86万吨,总产值6.19亿元。种植品种较多,以叶菜类、茄果类、瓜类、豆类、水生类蔬菜为主。

设施蔬菜 县内设施栽培蔬菜始于20世纪90年代,主要为简易毛竹大棚,面积100公顷,种植区域集中在环太湖沿岸新塘片,品种以大棚茄子为主。90年代中期,开始用毛竹大棚种植西瓜。2000年,开始推广钢管大棚,全县大棚设施蔬菜面积发展到640公顷。2007年起,蔬菜产业化进程加快,设施水平化提高。2012年,全县有大规模、高标准大棚设施蔬菜面积1533公顷,设施蔬菜总产量达8万吨,总产值2.7亿元。种植品种主要为大棚茄子、大棚芦笋、大棚西瓜。

大棚茄子 始栽于20世纪80年代初的新塘乡,以小拱棚为主。90年代初发展为毛竹中棚,90年代中期开始毛竹大棚越冬种植。1999—2001年,在环太湖沿岸雉城镇新塘村、彭城村、南张浜村实施万亩蔬菜星火技术园区建设工程,推广应用“三棚四膜”多层覆盖保温技术和“茄—稻水旱轮作栽培模式”。2001年,新塘村注册“新塘一尺红”茄子品牌商标。2002年,制定长兴县地方标准《无公害茄子生产技术规程》,“新塘一尺红”茄子被认定为绿色农产品,获浙江省农业博览会金奖,2004年被评为湖州市名牌产品,2005年被评为浙江省名牌产品、浙江省著名商标。2007年,全县大棚茄子面积1033公顷,每公顷产量基本稳定在60吨左右,每公顷产值达15万元。2008年,实施“长兴县环太湖现代设施蔬菜基地建设项目”，总投入358万元，其中中央和省级资金230万元，建成大棚茄子示范基地核心区2个。同年，稻—菜(茄)轮作模式被评为湖州市农业“十大创业创新”典型。2009年，种植区域向吕山乡、吴山乡等乡镇扩张，当年新增面积66.7公顷。2010年，出台《长兴县大棚茄子产业发展指导意见》，举办“紫色欢乐节”活动。2012年，受城镇化建设、劳动力成本等因素影响，种植面积缩减至400公顷，种植区域集中新塘村和洪桥镇金星村，多为小户生产型和茄—稻轮作栽培模式。

大棚芦笋 2008年11月，水口乡种植大棚芦笋2公顷。2010年下半年，县政府引导、推进芦笋产业，年末发展到53.3公顷。2011年，全县大棚芦笋种植面积增加到280公顷，种植区域由水口乡向和平镇、吕山乡、林城镇、李家巷镇扩展，主栽品种格兰德F1。同年，林城镇北汤村创建湖州市首个全国蔬菜标准园，建设大棚芦笋高标准核心基地20公顷，推广种植面积266.7公顷，中央补助资金50万元。该年年末，长兴县制定《无公害绿芦笋大棚生产技术规范》，成立长兴县芦笋行业协会，建立“芦笋秸秆—湖羊—有机肥”循环模式。2012年，该模式获浙江省生态循环示范农业创新奖。同年，虹星桥镇开始种植大棚芦笋，全县大棚芦笋种植区域扩展到6个乡镇，总面积达350公顷，位列浙江省第二，仅次于富阳；投产面积280公顷，总产量5300吨，总产值5040万元。

露地蔬菜 叶菜类 全县叶菜类蔬菜主要有大白菜、青菜、甘蓝、花菜、芹菜、莴笋、菠菜、空心菜。以零星种植为主，种植面积常年稳定在4000公顷。大白菜品种主要有早熟5号、黄芽14等。青菜品种主要有当地矮脚菜、早油冬、四月慢、五月慢、抗热605、上海青等；甘蓝有春丰、京丰1号。花椰菜有珊瑚65天、松雪65天。芹菜有上海黄心芹、四季香芹。苋菜有一点红苋菜、花红米苋。莴笋有四季二青皮、耐热二白皮。菠菜有全能菠菜。空心菜有泰国柳叶空心菜、吉安大叶空心菜等。

茄果类 2000年，全县露地茄果类蔬菜面积2667公顷。其中，番茄种植面积较少；茄子和辣椒种植较多，面积1200公顷。茄子主要是红茄品种，有引茄一号、杭丰一号等。2003年，引茄一号在泗安镇丘陵地区进行夏季栽培，面积200公顷，后在管埭村、兴隆村等有一定规模种植。辣椒中尖椒和泡椒品种均有种植，尖椒品种有杭椒一号，泡椒有苏椒5号等。番茄品种为大果型，分两种，粉红果品种一般为浙粉系列，大红果品种有钱塘旭日、浙杂203等。

瓜类 全县露地菜用瓜主要有丝瓜、苦瓜、黄瓜、冬瓜、南瓜和瓠瓜等，种植面积在2000公顷左右。其中，南瓜集中在雉城镇、洪桥镇和泗安镇。2004年前后，冬瓜在泗安镇、二界岭乡有规模种植，面积266.7公顷，品种以广州黑皮冬瓜为主。

豆类 全县范围内均有豆类蔬菜种植。主要品种有菜用毛豆、豇豆、四季豆、豌豆、蚕豆、春扁豆。

菜用毛豆2005年种植面积1000公顷。2007年，价格高，经济效益好，种植面积扩大，在2000公顷以上，和平镇、吕山乡和林城镇均有大面积规模种植。毛豆常被作为主要套种作物种植。2008年，种植面积达到峰值，共2706公顷，总产量6625吨。2009年，由于市场批发价较低，种植面积萎缩至979公顷。2010年后，市场行情走高，种植面积开始增加。2012年，面积增加到1495公顷，总产量3800吨。品种主要有春丰早、青酥2号、台湾75、绿宝石。

豇豆种植面积2004年达到顶峰，共533公顷，并在泗安镇杨湾村和林城镇上狮村形成规模基地。2008年后，受苗木效益影响，两个村豇豆基地受到冲击，面积逐年下降。2012年，仅余10公顷左右的零星种植。

蚕豆、豌豆20世纪80年代中期以地方老品种为主，大多种在田头、路旁、渠旁。种植后一部分提前采摘青豆，当蔬菜或粮食，部分收获老豆。1988年以前，作口粮计算，面积、产量均统计在夏粮内。90年代中期，引进日本大白皮、海安青皮蚕豆等品种。2002年起，种植面积均在730公顷以上。2006年，全县蚕豆豌豆种植面积最大，达840公顷，总产量1644吨。2012年，主要零星种植，面积减少，约451公顷，总产量888吨。

水生蔬菜 全县水生蔬菜品种有雪藕、茭白、芡实、菱角、慈姑。种植规模一直比较平稳未得到扩展，面积仅占全县蔬菜播种面积的0.1%左右。

雪藕主栽品种有大头漂花、3725、美人红、东河早藕。采用浅水光合双季藕种植模式,商品藕亩产值达4000元。2003年,成立长兴县吕山乡胥仓雪藕生产专业合作社和长兴欣欣食品加工厂,合作社联结农户400多户,生产的“胥仓雪”新鲜雪藕和莲藕种子,先后获无公害农产品、省农博会金奖、省优质农产品银奖、市优质农产品金奖等。2012年,种植面积366.67公顷,产量7500吨,其中生产地吕山乡种植面积233公顷。

茭白种植主要分布在林城镇、虹星桥镇、李家巷镇、和平镇。2000年,林城镇午山岗村开始种植茭白。2006年3月,成立长兴永旺茭白合作社,面积66公顷,以种植双季茭白为主,品种为矮胖子、浙茭2号,注册“自家”商标,主要销往江苏省、杭州市等周边省、市。2010年后,茭白种植面积下降。2012年,全县茭白种植面积200公顷。

芡实主要分布在林城镇和吴山乡。2000年,种植面积约67公顷。曾磨成粉作为中药材进行销售,有比较稳定的产量。2012年,种植面积较少,平均每公顷产值在9万元以上。

菱角主要分布在洪桥镇陈湾村。高峰时面积有266公顷,后因水污染整治,面积下降近半。

慈姑主要是零星种植。

1988—2012年长兴县水果、蔬菜面积、产量和产值情况表

表11-15

年份	水果			其中								蔬菜		
	面积(公顷)	产量(吨)	产值(万元)	葡萄面积(公顷)	葡萄产量(吨)	西瓜面积(公顷)	西瓜产量(吨)	桃子面积(公顷)	桃子产量(吨)	杨梅面积(公顷)	杨梅产量(吨)	面积(公顷)	产量(吨)	产值(万元)
1988	2067	3759	410	91	367	553	13100	356	965	498	43	3480	71675	3144
1989	2103	4411	466	84	265	573	12900	390	1189	497	203	4320	88900	3999
1990	2113	4138	452	49	250	773	19800	345	1558	645	54	4327	65500	3255
1991	1862	3371	337	19	80	2533	37100	208	528	645	210	4540	74400	4117
1992	1805	4673	664	27	150			208	1695	648	80	4747	90800	6381
1993	1953	6770	974	42	231	3050	79587	267	2570	652	424	5410	125902	10969
1994	1966	8423	1283	49	468	5000	92139	293	4238	621	49	6860	143554	22020
1995	1975	8663	1311	44	832	3510	86020	279	3130	623	554	6300	144258	27952
1996	1997	9745	1509	46	940	3120	56783	332	4228	552	192	6620	144331	29725
1997	2918	11719	1845	49	1325	2680	69256	371	4824	441	581	6570	149953	34808
1998	2958	10632	1705	61	1669	4303	124604	560	5721	461	372	7679	150856	39973
1999	3508	11592	2907	68	953	4769	61718	617	5860	466	815	8723	179614	40447
2000	3721	11794	3467	82	617	4789	141366	517	5943	485	220	10653	222274	48211
2001	3713	215864	20959	88	1809	6154	186091	608	7185	428	1432	12160	243754	42340
2002	8925	159097	15706	88	1799	5211	136908	608	7182	428	381	13443	283678	50495
2003	9148	154734	17399	240	2630	4736	126901	849	10970	497	1124	14038	292384	51920
2004	9201	165917	19034	234	2819	4624	133036	904	10781	487	5275	13846	280332	53263
2005	8681	152128	22135	285	3832	4416	117425	905	12840	397	5563	13278	286858	37577
2006	9903	164235	22384	281	3776	4779	129995	881	13574	404	2885	13531	294596	38923
2007	8583	157836	24276	308	5111	4290	122499	870	14318	746	4630	13319	284944	40404
2008	8377	138795	28482	674	8182	3694	98846	861	13996	807	4598	12946	271036	44594
2009	8608	137459	33926	874	15677	3609	93113	886	14062	1101	4247	13746	291637	48262

续表11-15

年份	水果			其中								蔬菜		
	面积（公顷）	产量（吨）	产值（万元）	葡萄面积（公顷）	葡萄产量（吨）	西瓜面积（公顷）	西瓜产量（吨）	桃子面积（公顷）	桃子产量（吨）	杨梅面积（公顷）	杨梅产量（吨）	面积（公顷）	产量（吨）	产值（万元）
2010	9424	135182	38928	1797	22385	3021	83645	928	14765	1689	6237	13273	290438	59910
2011	9335	145697	43715	1905	38277	2761	70168	973	19752	1268	4368	13556	284617	61545
2012	8696	134393	46791	1999	42273	2307	53942	873	16986	1329	5518	11947	258582	61946

说明：根据历年《长兴统计年鉴》整理

四、茶叶

1988 年，全县茶园总面积 1640 公顷，茶叶总产量 1122 吨，总产值 1334 万元。20 世纪 90 年代，茶产业一直作为全县农业的主导产业之一加以扶持，实现平稳发展。2007 年起，全县集中推进包括优质茶叶在内的七大特色产业，重点发展包括紫笋茶、白茶在内的九大特色农产品，茶园面积、茶叶产量和产值均实现大幅增长。同年，全县茶园总面积 5105 公顷，比上年增长 46.1%；茶叶总产量 3761 吨，比上年增长 32.6%；总产值突破 1 亿元，达 1.56 亿元，比上年增长 42.5%。2012 年年末，茶园总面积 6732 公顷，茶叶总产量 4517 吨，总产值 5.14 亿元，其中紫笋茶种植面积 2827 公顷，白茶种植面积 3905 公顷；20 公顷以上种植规模基地有 23 个。

紫笋茶　1988 年，全县紫笋茶种植面积 1640 公顷，产量 1122 吨，建有以长潮乡张岭村为中心的紫笋名茶基地。1989 年，经农业部复评，紫笋名茶再次被评为部优产品，并被列为部优农产品基地开发项目。1999 年，紫笋茶在农业部举办的首届国际农博会上紫笋茶被评为名牌产品。2000 年，紫笋茶种植面积 2039 公顷，产量 2347 吨。同年 10 月，紫笋名茶的省级地方标准通过审定。2004 年，长兴县紫笋茶生产标准被批准为农业行业标准。2005—2007 年在中国国际茶博会连续三届获金奖。2010 年，成为浙江省首个通过农业部农产品地理标志登记的产品，被列入中国第三批非物质文化遗产名录；被省商务厅授予“浙江老字号”称号，成为上海世博会特许经营产品，在北京吴裕泰茶庄的 200 多个门店进行销售。2011 年，紫笋茶在“2011 中国茶叶区域公用品牌价值”评估中达 7.76 亿元。2012 年，全县紫笋茶种植面积 2827 公顷，主要集中在水口乡、泗安镇和小浦镇等乡镇，主要品种有龙井 43、浙农 117、浙农 139、鸠坑早（又名鸠坑原种）和鸠坑群体种。长兴是浙江省茶厂改造重点示范县之一，有省级示范茶厂 2 家，省级著名商标 2 个，市级农业龙头企业 3 家，通过 QS 认证的加工厂 15 家。

白茶　1999 年，最早在和平镇䃅碛村开发 4 公顷山地种植白茶，选用品种为白叶一号。2000 年，该村引进种植白茶 26.7 公顷，成立长兴县东山坞茶厂、长兴县和平基隆坞茶场。2004 年，以长兴县和平基隆坞茶场为主的 200 公顷白茶，率先通过浙江省无公害农产品和产地认证。2005 年，长兴和平白茶协会成立。县政府开始推动和平白茶产业发展，组建白茶专业合作社 6 个，注册“兰芽”牌集体商标。提高白茶机械化水平，优化改造茶厂 23 家，新增鲜茶加工机械 375 台。2004—2006 年，和平镇享受政府补助奖励资金 351 万元，其中白茶种植 230 万元，茶厂优化改造 86 万元，无公害认证奖励 35 万元。2007 年，白茶产业扩展到全县 11 个乡镇，其中以和平镇种植白茶最多，面积达到 1867 公顷。该镇有白茶规模茶场和加工厂 28 家，其中 12 家通过国家食品准入制 QS 认证，19 家茶场注册产品商标。2009 年，和平镇举办第一届霞幕山和平白茶节。同年，建设白茶街茶叶专业市场，占地 3.3 公顷，建筑面积 1.3 万平方米，成为和平白茶集散地。2010 年，长兴县和平基隆坞茶场、长兴县和平旭升茶场建成为 2 家省级示范茶厂，引领白茶清洁化加工。2011 年 12 月，长兴茶乾坤食品有限公司聘请院士陈宗懋为技术顾问，成立院士专家工作站。2012 年，全县白茶种植面积 3905 公顷，主要分布在和平镇、泗安镇、林城镇、画溪街道、李家巷镇，其中和平镇种植规模最大、从业人员最多。全县茶树无性系良种比例达 77%，先后 4 次被评为全省茶树良种化先进县。

1988—2012 年长兴县茶叶生产情况表

表 11-16

年份	面积(公顷)	产量(吨)	产值(万元)	年份	面积(公顷)	产量(吨)	产值(万元)
1988	1640	1122	1334	2001	2231	2316	5327
1989	1662	1125	1077	2002	2232	2412	5789
1990	1680	1069	1298	2003	2518	2543	6362
1991	1722	1183	1420	2004	2603	2669	6673
1992	1768	1239	795	2005	3494	2558	7038
1993	1780	1369	878	2006	3494	2836	8117
1994	1783	1251	802	2007	5105	3761	11567
1995	1788	1390	892	2008	5267	4431	13470
1996	1786	1701	1092	2009	5495	4498	39964
1997	1829	2134	1368	2010	5974	4165	43542
1998	1874	2296	1474	2011	6707	4562	47501
1999	1916	2297	5216	2012	6732	4517	51381
2000	2039	2347	5330	—	—	—	—

说明:资料来源于历年《长兴统计年鉴》

五、药材

长兴中西部为山区半山区,东临太湖,四季分明,气候温润,适宜中药材生长,属浙江省重点中药材产区。20 世纪 80 年代,主要品种有党参、桔梗、青皮、勾藤、白术、红花、香根、白菊花,年产值 15 万元~30 万元。1988 年,全县药材产值 28 万元。90 年代,以栝楼、太子参、白术、玫瑰花种植面积最大,种植区域广,成为农户致富主要途径之一,但加工技术传统,太子参采用太阳晒干、白术直接出售鲜货、玫瑰花用木炭烘干。栝楼有当地营销队伍和龙头企业,其他药材主要靠外地客户上门低价收购,无专业营销队伍和龙头企业。2000 年,长兴苗木产业快速发展,由于中药材种植效益低、人工成本高,农户开始改种经济效益更好的苗木。2004 年、2005 年,药材年产值分别为 1226 万元、2011 万元,属增长较快的年份。之后,药材年产值基本在 2000 万元左右。2008 年,泗安镇中药材基地通过"浙江省现代化中药材 GAP"认证,创建长兴众乐药材合作社、长兴花仙子菊花专业合作社,建立长兴金诺农林开发有限公司、浙江益康生态科技产业园,推广应用中药材标准化生产技术,提高种植水平和规模经济效益。随着药材价格市场不断波动,全县药材种植面积也大起大落,至 2012 年,维持在 343 公顷,总产量 1009 吨,年产值 2226 万元。

栝楼 长兴县在清代就有瓜蒌子(即栝楼、吊瓜)的种植记载。开始只在白岘乡罗岕村、白岘村等部分山区的房前屋后、庭院和菜园篱笆边种植。秋后采其果,取其籽,炒制休闲食品,招待宾客。20 世纪 90 年代中后期,在政策和市场双重推动下,白岘乡农民率先在溪滩、岗地、旱耕地上进行搭架试种栝楼。之后,种植面积不断扩大,栽培技术越来越高,形成栝楼基地。1999 年,全县栝楼种植面积 73.3 公顷。2000 年,栝楼经济效益明显,农民种植积极性提高,产业跳跃式发展,种植面积达 666.7 公顷,建成长兴万亩栝楼种植基地,被省农业厅列为"浙江省优质高效农业示范基地",产品被认定为绿色农产品,获"浙江质量信得过产品"证书。同年,长兴县把栝楼产业作为全县发展效益农业新的增长点,邀请浙江大学、南京药科大学、上海食品研究所等大专院校、科研院所的学者、专家,专题研讨栝楼生产、加工及市场开拓。2003 年,栝楼种植面积达到 3466.7 公顷,总产值超 5000 万元。同年,长兴县出台栝楼产业发展扶持政策,编制到 2007 年栝楼种植面积目标达 6666.7 公顷(10 万亩)的发展规划,并成立长兴县栝楼协会。2004 年,栝楼种植面积 4733.3 公顷。同年 8 月,长兴被中国特产之乡命名委员会命名为

“中国吊瓜(栝楼)之乡”。9月17日,举办中国长兴(白岘)吊瓜节。2005年,全县栝楼种植5706.7公顷,总产值5600万元。2007年,县农业局编制栝楼省级地方标准。2008年12月,长兴吊瓜子取得“地理标志产品”称号,实施原产地标志保护。栝楼加工产品、加工企业快速发展,建成浙江省长兴泰明食品有限公司等50多家栝楼加工企业,年销量占全国90%,形成全国性栝楼炒制产品品牌中心和销售中心。在迅猛发展的同时,栝楼产业的问题也越来越突出,并危及自身发展。由于栝楼采用棚架式栽培,极易受灾害性天气影响。且栝楼田间病害积累,在恶劣天气影响下连年暴发,打击种植户积极性。加上苗木产业快速发展的挤压,造成栝楼种植规模连年下降。到2012年,田间种植基本结束,但品牌中心和销售中心仍然发挥作用。

白术　长兴县传统药材之一,主产区位于原太傅乡、长潮乡、白阜乡。有近百年的种植、加工历史,年产量15吨左右。2000年,白术种植面积27.3公顷。2001年,白术种植面积35.3公顷。2002年,白术种植面积发展到52公顷,为历史最高值。2005年,白术种植面积46.7公顷,总产量210吨,总产值21万元。2007年,受市场影响,种植面积减少到8公顷,总产量30吨,总产值15万元。之后,白术面积萎缩。2012年,县内无白术种植。

玫瑰花　县内有百余年栽培历史。20世纪80年代初,李家巷镇一带有少量种植。80年代后期,西南丘陵地区陆续引种,太傅乡发展较快。1987年,全县共种植玫瑰花46.7公顷,其中太傅乡39.5公顷,重点产区在该乡石狮村。其余分布在白阜乡白阜村、二界岭乡二界岭村。因经济收益较好,其后几年呈上升趋势。到2005年,种植面积增加到87.7公顷,为历史最高,总产量66吨,总产值276.36万元。后价格下降,成本提高,经济效益转低,玫瑰花种植面积逐年减少。2007年,降到81公顷,总产量48.8吨,总产值279.68万元。2012年,基本被苗木取代。

太子参　又名孩儿参。县内原无太子参野生资源,属引进药材品种。自留种越夏难题解决后,发展较为迅速,在白阜乡、泗安镇、二界岭乡、仙山乡、水口乡均有种植。泗安镇白莲村出产的太子参最为有名,曾参加浙江省中药材产品展览会。2005年,种植面积18.4公顷,产量3.6吨,产值82.65万元。2012年,太子参种植面积稳定在13.3公顷,产量3吨,产值64.4万元。

金银花　县内金银花种植零星分布。2007年,全县种植面积46.7公顷,总产量80吨,总产值224万元。2009年9月,槐坎乡东风村投资60万元成立长兴金诺农林开发有限公司,种植金银花面积16.7公顷,种植品种为蒙金一号,每公顷产值21万元。经济效益高带动金银花快速发展,种植面积增加。2009年,全县种植面积66.7公顷,主要分布在槐坎乡东风村、六都村、十月村。2012年,全县金银花种植总面积85.3公顷。

杭白菊　2009年,虹星桥镇港口村引进桐乡市杭白菊的湖菊和小洋菊进行杂交种植,命名“长白菊”,种植面积3.3公顷,随后成立长兴花仙子菊花专业合作社。2011年,全县长白菊种植面积106.7公顷。2012年,价格下降,经济效益低,长白菊种植面积减少到18.2公顷,长兴花仙子菊花专业合作社解体。

铁皮石斛　2011年,水口乡引进农业产业项目,在金山村建成浙江益康生态科技产业园,种植铁皮石斛,面积7公顷,140个大棚。2012年,种植面积保持在7公顷。

帝皇菊　2012年,画溪街道河桥村引进“太湖一品帝皇菊”,建立浙江长兴吉祥现代农业发展有限公司,种植面积1公顷。实行统一管理,使用有机肥,保障绿色环保和品质。

第四章　畜牧业

1988年,长兴县畜牧业产值1.23亿元,占农林牧渔总产值的24.3%。县内畜禽养殖主要有猪、奶牛、湖羊、鸡、樱桃谷种鸭、朗德鹅、蜜蜂等。千家万户散养多,2000年前后发展规模养殖,出现养殖大户。同时,县内一直有种桑养蚕的传统。随着农村工业化的兴起,蚕桑生产规模逐步下降。1996年后,太湖沿岸长兴蚕桑重点区域甚至出现“家家织机响、户户不养蚕”现象。2007起,长兴县将蚕桑产业列入现代农业七大特色产业之一,加以扶持发展。2012年,全县畜牧业产值6.01亿元,占农林牧渔总产值的11%。

第一节 家畜养殖

一、猪

1988年,县内畜牧业以养猪为主,饲养量56.18万头,出栏27.19万头,存栏27.19万头,饲养量占畜牧业85.2%。长桥、姚家桥2家养猪场为产业龙头,另在长桥乡、包桥乡、虹星桥镇等乡镇建有1万头出口瘦肉型商品猪基地。1991年,引进良种公猪69头,大约克、太湖猪等良种母猪364头。1993年,生猪饲养量62.95万头,为长兴县历年最高值,其中存栏31.56万头,出栏31.39万头。1995年,形成长兴姚家桥农畜场示范点,生猪存栏1938头,年出口肉猪538头,创汇80万港币,年自产自销饲料1082吨,实现年利润18万元。1997年,对67户种公猪经营户核发“种畜禽生产经营许可证”。1998年,全县饲养公猪209头,外来瘦肉型公猪占90%,嘉兴黑猪占10%;饲养母猪8900头,二元母猪占71%,嘉兴黑猪占28.4%,良种长白猪占0.6%。2000年,规模养殖进一步发展,规模养殖场出栏肉猪占全县总出栏数33.6%。2001年,长兴宏丰牧业有限公司成为全县规模最大的养猪场,获种猪生产经营资格。2002年,共引进良种母猪670头,种公猪35头,二元杂交母猪比例达到86%,比1997年高48%,肉猪头均效益增加100元以上。2004年,全县生猪规模养殖户580户,出栏生猪9.48万头,占全县总出栏数42.7%。2007年,国家建立能繁母猪补贴制度,补贴标准为每头50元,全县发放补贴资金565950元,共有2545户农户受益。2008年,全县开展人工授精母猪6263头,占全县能繁母猪55%,补贴农户540户,全年申报良种补贴11.2万元。2010年,全面推广使用人工授精母猪11363头,发放补贴资金20万元。2012年,全县生猪存栏9.8万头,出栏14.9万头。

二、牛

1988年,全县牛存栏数3042头,其中水牛2112头、奶牛680头,牛奶产量1430吨。1990年,奶牛每头年均产奶量4218千克。1995年,牛存栏数2369头,其中水牛1408头,奶牛233头。2003年年末,县政府将发展奶牛业作为全县农业重点项目之一,围绕“接轨大上海、融入长三角”,助推奶牛产业发展。同年,作为全县传统的奶牛生产基地,长岗岭奶牛场存栏奶牛1280头,每头年均效益3000元左右。2004年,由于受到安徽阜阳劣质奶粉事件等因素的影响,奶制品销售行情大幅下降。2005年,长兴县长岗岭奶牛养殖示范小区建设项目被列入年度“浙江省特色优势农产品生产基地”项目建设计划,总投资156.27万元。2007年,由于鲜奶价格提升缓慢、饲料持续涨价、奶牛品种老化、人工工资高涨等原因,奶牛养殖出现亏损,长兴真元生态良种奶牛有限公司于下半年转产。同年,国家对奶牛养殖实行后备母牛补贴、良种奶牛补贴和奶牛扑杀补贴。2008年,在国家扶持政策带动下,奶价回升,生产逐步恢复。至2009年年末,槐坎乡仰峰村一带形成自然放牧型绿色黄牛饲养基地,黄牛存栏量达到815头。2011年,长兴县首次开展并完成中国荷斯坦

图11-2 20世纪80年代的长岗岭牧场奶牛场(县农业局提供)

奶牛品种登记，对符合条件的220头奶牛分别进行拍照、牛只编号、填写登记表和完善系谱等工作。2012年，全县牛存栏数1228头，其中奶牛218头。

三、羊

1988年，全县羊存栏数1.95万只，其中湖羊1.27万只。1991年，羊出栏头均产肉量由14.4千克增加到16.5千克，单产上升14.6%。1995年，羊存栏数6.9万只，羊出栏数3.99万只，其中湖羊存栏3.54万只。1999年，畜牧业区域化发展初步形成，山区丘陵的山羊主要分布在水口乡、小浦镇、和平镇、吴山乡等地。2002年，引进良种山羊530只，存栏10只以上的养殖户有380户，羊存栏数6863只。全县形成"城东湖羊、城西山羊"的养殖格局。养羊专业村吕山乡南杨村全年出栏湖羊4000只。2003年，全县羊饲养量13万只，存栏10只以上的养羊户有416户，占总存栏数9.1%。吕山乡全年湖羊饲养量超3万只，全乡种植优质牧草133.33公顷。2011年，长兴县"芦笋秸秆—羊—肥"循环模式获浙江省十大生态循环农业模式创新奖，夹浦昌达湖羊养殖场被评为"2011年省、市级畜禽标准化示范场"。2012年，湖羊饲养快速发展、存栏增加，价格居高不下，肉羊价格涨至每千克最高3000元，种羊价格涨至每千克4800元。长兴县下发《关于加快湖羊产业发展的若干政策（试行）的通知》，每年安排200万元资金，对重点区域湖羊产业进行扶持，用于良种引进、良种培育、标准化羊场建设、规模补助和市场拓展。吕山乡每年安排资金60万元用于扶持湖羊产业。同年，湖羊良种引进能繁母羊3432只、种公羊218只；在全省第四届湖羊赛羊会中，长兴县参赛的种公羊荣获特等奖；1月18日至19日在吕山乡龙溪村举办"2012中国·长兴（吕山）首届湖羊美食文化节"，以湖羊为主题，举办湖羊争霸赛、红烧羊肉烹饪赛、冻羊肉品尝会以及湖羊养殖技术研讨会。同年年末，全年羊饲养量13.5万只，其中湖羊饲养量9.91万只。

第二节　家禽养殖

一、鸡

1991年，县内引进优良品种AA鸡，在全县推广56万羽。1992年，全县鸡存栏114.23万羽。引进快速型大江AA肉用苗鸡59.1万羽，饲养49天，体重均2千克以上，料肉比1.98∶1。2000年，蛋鸡生产规模化发展，虹星桥镇养殖户江玉金饲养蛋鸡2万羽，实现产值120万元，创利20多万元。2002年，雉城镇养殖户丁锦全出栏肉鸡120万羽，产值达1200多万元，成为湖州地区最大的肉鸡养殖户。2005年，受外地禽流感疫情影响，下半年全县禽业生产出现回落。2008年，鸡存栏148万羽，其中专用型蛋鸡13.2万羽，专用型肉鸡89.8万羽，兼用型鸡45万羽，鸡出栏404.9万羽。蛋鸡最大规模场存栏2.3万羽，鸡蛋产量345吨。2010年，通过发放贴息贷款等政策引导，新增存栏土鸡20多万羽。2012年，鸡存栏157.6万羽，其中专用型蛋鸡11.2万羽，专用型肉鸡76.7万羽，兼用型鸡69.7万羽。鸡出栏386.6万羽，其中专用型蛋鸡6.8万羽，专用型肉鸡282.5万羽，兼用型鸡97.3万羽。

二、鸭

1992年，全县鸭存栏29.41万羽。1994年，天平桥乡华元村养鸭大户杨大元，饲养樱桃谷核心种鸭3350羽，年产种蛋5.7万千克，全年生产苗禽122万羽。横山乡蒋家墩村成为养鸭专业村，全村有180户养鸭专业户，占总户数80%以上，全年饲养肉鸭117万羽，养鸭净收入占全村农业净收入80.3%。1999年，林城镇周家银、杨大元改良樱桃谷种鸭，培育的"长兴大白鸭"苗鸭畅销国内市场。2001年，全县饲养蛋鸭200羽以上的养殖户有210户，15万羽，比上年增加3万羽，主要集中在林城镇、雉城镇一带；饲养肉鸭500羽以上的养殖户有108户，8.6万羽。全县12家哺坊全年共生产优质樱桃谷苗鸭约2500万羽，90%以上销往外地。2003年，全县20余家哺坊生产苗禽2400万羽，销往全国各地。2004年，种鸭生产形势良好，种蛋平均价格在每千克14.4元，高峰时超过20元。2007年，平均每羽种鸭在一个产蛋期可赚200元左右；与之相关的哺化企业获得较好效益，但麻鸭基本上无利润。2012年2月，长兴恒通种鸭养殖合作社与浙江省农科院畜牧兽医研究所联合成立长兴肉鸭良种繁育中心。同年年末，全县鸭年末存栏81.5万羽，出栏101.7万羽。

三、鹅

1992年，全县鹅存栏15.06万羽，比上年增长2.4%。2004年，长兴县荣耀鹅业有限公司3.6公顷朗德鹅养殖场地和1000多平方米加工房投入使用。2006年，该公司全年养殖朗德鹅5万羽，销售鹅肥肝50吨，加上鹅体、鹅毛等，年产值达到1500万元，实现利润200万元。2012年，依托湖州市畜禽产业联盟，该公司与浙江省农科院畜牧兽医研究所联合成立"国家水禽产业技术体系长兴示范基地"。同年，全县鹅存栏6.1万羽，出栏13.5万羽，鹅肉产量337.5吨。

〔专记〕

长兴三万鸭"兵"赴新疆灭蝗救灾①

2000年7月，长兴先后有三万只鸭子作为灭蝗"战士"，赴新疆参加灭蝗救灾行动。

同年5月，新疆北部发生特大蝗灾。也是新疆连续第三年发生大规模蝗灾。据当地有关部门统计，至5月25日，新疆遭受蝗灾的总面积为200余万公顷，其中重度灾害面积近106余万公顷。由于当时还未到蝗虫卵的孵化盛期，受灾面积还会继续扩大。

新疆以往多采用农药灭蝗的手段，在灭蝗的同时，也带来了严重的环境污染。由于地形特征比较适应生物灭蝗，20世纪80年代开始，新疆积极推广农户养鸡灭蝗。在蝗灾不重的年份，靠鸡可以完成50%以上的灭蝗任务。但鸡的抗灾和抗疫能力太差，每年灭"蝗"战役下来，最少要损失10%以上。经过实际考验，新疆治蝗灭鼠指挥办公室发现，鸭子的灭蝗能力强过鸡，而且抗灾抗病力也很强，两个月治蝗期下来，损耗不足5%。由于用鸭灭蝗比用鸡灭蝗的效果好，因此，2000年新疆在组织灭蝗战役中，除采取化学药物外，共准备动用50万只鸡，并首次动用10万只鸭参战。

但是，新疆养鸭的历史不长，规模也不大，要动用10万只鸭子不是一件容易的事。而作为江南水乡的浙江，每年有5000万只鸭子出栏。一些精明的商人马上把目光投向了浙江。不仅前和浙江省农业科学研究院建立合作关系的长兴县养鸭大户杨大元一下"跳"进了众人的视野。

长兴县内一直有养鸭传统，主要集中在林城镇、雉城镇一带，其中林城镇是当时湖州市最大的种苗鸭养殖基地。杨大元是林城镇天平村人，是该县有名的养鸭大户，也是种苗鸭养殖基地带头人，人称"鸭司令"，创办有农业企业长兴天源禽料有限责任公司。2000年2月份，杨大元和省农科院建立了合作关系，由他负责孵化饲养，对方提供信息、技术、销售渠道。只是他没想到，第一次的"科""农"合作经历竟这么"神奇"。他的鸭子不是作为肉鸭出售，而是作为"战士"出征。

图11-3 "鸭司令"杨大元在察看哺坊(霍霏摄·2000年)

就这样，7月4日至7月25日，经省农科院研究员牵线搭桥，杨大元的3万只鸭"兵"作为灭蝗"战士"，从杭州萧山机场

① 资料来源于《三万鸭"兵"灾区扫蝗非常得力》，作者霍霏，《长兴报》，2000年9月8日。该文以《浙江三万鸭"兵"空运新疆灭蝗》为题刊发在同月10日《浙江日报》；《特大蝗灾袭新疆 十万鸭军赴疆赈灾》，《钱江晚报》，2000年9月18日。

分批登机，空降至新疆灾区。3万只鸭“兵”，是杨大元饲养的“樱桃谷”鸭仔，“年龄”仅为45天。“樱桃谷”鸭原产英国，是一种白色肉鸭。

由于生意上的保密原因，杨大元只知道自己的鸭子通过中间商运到新疆灭蝗，但他并不知是哪个当地农民买走他的鸭仔，鸭仔们在哪个草场战斗，他只是希望他的鸭仔对新疆灭蝗有贡献。很快，到8月底，当年首次投入新疆草原灭蝗的10万鸭“兵”部队，就以辉煌的战绩得到了新疆治蝗灭鼠指挥办公室的首肯。他们在考察后认为：鸭子捕蝗能力强、捕食量大、“军”纪严明，出动鸭子是草原清剿蝗虫、保护生态最为行之有效的好办法。

虽然杨大元不知道自己的鸭仔到底立下了多少“战功”，不过一想到在新疆草原上作战的“鸭子大军”，有数万是自己提供的，他就非常自豪，认为是他养鸭一生中碰到的最为奇特的故事。

（吴连意整理）

第三节　种桑养蚕

一、种桑

桑苗　1988年，全县桑树品种有荷叶白、湖桑197、团头荷叶白和桐乡青，四大良种面积占桑园面积63.5%。2007年，全面推广农桑14、丰田二号等优质高产桑品种。

种植面积　20世纪80年代后期，全县集体桑园普遍承包到户，蚕农有生产经营自主权，在房前屋后，零星隙地种植桑树，蚕桑生产稳步发展。1988年，全县有桑园面积2000公顷，分布于34个乡镇，其中200公顷以上重点桑区有吕山乡、洪桥镇、横山乡3个乡镇，桑园面积占全县的33%。1989年起，全县把发展蚕桑作为开发农业的重点，桑园种植面积发展较快。至1995年，全县桑园面积达2905公顷。1996年起，由于农村织机快速发展带动劳动力转移，同时丝绸行业发展下滑，茧价波动大，导致蚕桑生产规模开始下降。而该年全县实行的“双田制”，引发毁桑砍树，全年毁桑面积达347.2公顷，其中林城镇、吕山乡、里塘乡3个乡镇毁桑133.3公顷。1997年，全县桑园面积2433公顷，比1995年减少472公顷。2001年，全县桑园总面积1972公顷，其中新发展桑园面积105公顷，改造老桑园面积118.7公顷，共种桑苗330.7万株，是1997年以来种桑最多一年。2002年，初步建成吕山乡南江村、林城镇渎东村、泗安镇长潮村、吴山乡南淙村等10个蚕桑园区，面积133.3公顷。2007年起，长兴县将蚕桑列入现代农业七大特色产业之一，财政每年安排资金200万元，用于扶持蚕桑产业的发展。同年，全县发展新桑、改造老桑425.4公顷，建设优质高产蚕桑示范方3个，建设亩效益超5000元现代农业示范点4个。2008年后，劳动力价格逐年上升，蚕桑经济效益下降，同时受养蚕房屋的制约，蚕茧生产无法形成规模大户，桑园面积逐年下降。2012年，全县桑园面积1272公顷，比2008年减少411公顷。

二、养蚕

蚕种　1988—1996年，春蚕用种为浙蕾、春晓，夏秋蚕用种为蓝天、白云。1997—1999年，春蚕用种春蕾、镇珠，秋蚕用种丰1、54A。2000—2007年，春蚕用种为春蕾、镇珠，秋蚕用种夏6、夏7。2008—2011年，春用品种重用改良后的菁松、皓月，秋用品种夏6、夏7、明丰、春玉。2012年后，春用品种春华、秋实，秋用品种为明丰、春玉。

繁育技术　20世纪80年代，推广方格蔟技术，改革簇具，引进纸质方格蔟上蔟营茧。1987年，引进使用方格蔟1.2万片。1995年，增加到14万片，其中吕山乡10万片、长城乡4万片。1999年，推广方格蔟18.5万片，集中在吕山乡、长潮乡、和平镇3个乡镇。2007年，达40万片，上蔟蚕种2061.5张。2002—2012年，年使用方格蔟上山蚕种稳定在1500张。

20世纪80年代起，农村工业化发展迅速，劳动力大量转移，养蚕劳力日趋紧张，县内开始推广省力化养蚕技术。1989年，在重点蚕区推广薄膜覆盖少回育（1龄～3龄三回育）试验成果。1990年，在李家巷镇石山桥村开展小蚕立体一回育、在长城乡徐家圩村开展小蚕平面二回育试验,取得成功。1993年,全县10500张蚕种实行一日二回育,占总饲养量17%,并配套二回育开展养蚕基础设施建设。1995年,推广到全县20个乡镇136个村,40%蚕种推广一日二回育,其中长城乡3699张蚕种100%实行小蚕二回育饲养。1996年起,开展大蚕少回育技术的研究。2003年后,全县普及春期小蚕共育、小蚕薄膜覆盖二回育、大蚕少回育、简易条桑育、大棚养蚕省力化技术,节约养蚕工时,降低劳动强度。

蚕种生产 1990年之前,全县蚕种由省蚕种公司统一计划生产经营。1990年后,由市、县自主经营。长兴县年生产量保持17万张,除满足县内蚕桑生产发展用种外,还供应安徽省、湖北省、重庆市、贵州省等省市。1990年,省蚕种公司选定长兴县龙华蚕种场开始饲养原原种584克,生产原种10318张,完成计划181%。之后,每年由长兴县龙华蚕种场承担饲养原原种工作。1995年,因国际丝绸市场持续疲软,茧价下降,农民种桑养蚕积极性下降,蚕种需求量减少,生产量逐年下降,2001年降到115980张。2001年10月,长兴县蚕种场和长兴县龙华蚕种场实行事业单位改制,合并成立长兴县蚕种总场。改制后蚕种计划生产,专供湖州市、长兴县使用,蚕种生产量逐年稳定在7万张。2003年,长兴县蚕种总场更名为长兴宝宝蚕业有限公司。2006年,长兴宝宝蚕业有限公司解体,成立长兴通宝蚕业有限公司、长兴龙华蚕业有限公司。

蚕种饲养量和产茧量 1988—1995年,是长兴县蚕茧生产历史上的黄金时期。其中,1991—1995年蚕种年均饲养量54497张,年均产茧量1977吨;1993年蚕种饲养量、产茧量最大,为61738张、2152吨,创长兴县解放后历史最高纪录。1996—2005年,丝绸市场持续疲软、茧价下跌,而农村织机的快速发展带来劳动力、蚕室紧张,原太湖沿岸的蚕桑重点区域出现"家家织机响、户户不养蚕"的局面,蚕种饲养量逐年下降。至2005年,饲养量34370张,产茧量1531吨,比1995年蚕种减少18048张,产茧量减少399吨。2006—2012年,随着茧价的波动,蚕种饲养量、蚕茧产量出现每3年增减的周期规律。2007年,蚕桑产业得到扶持发展,蚕种饲养量增加到36071张,产茧量1640吨。2008年后,蚕种饲养量降到30000张以下。2012年,蚕种饲养量22199张,比2005年减少12171张,蚕茧产量1123吨,比2005年减少408吨。

1988—2012年长兴县种桑养蚕情况表

表11-17

年份	桑园总面积(公顷)	饲养蚕种量(张)	蚕茧总产量(吨)	蚕茧产值(万元)	年份	桑园总面积(公顷)	饲养蚕种量(张)	蚕茧总产量(吨)	蚕茧产值(万元)
1988	2000	39377	1515	1223	2001	1972	35879	1471	2794
1989	1989	44264	1610	2057	2002	2281	34729	1427	1593
1990	2098	49796	1652	1856	2003	2110	32548	1418	1985
1991	2132	50086	1830	2066	2004	2157	35086	1526	2671
1992	2717	53093	1923	1934	2005	2111	34370	1531	3218
1993	2910	61738	2152	2164	2006	1896	33150	1537	4175
1994	2924	55154	2052	2064	2007	1829	36071	1640	3224
1995	2905	52418	1930	2722	2008	1683	29929	1388	2264
1996	2721	41129	1621	2317	2009	1644	26556	1292	2719
1997	2433	35195	1423	2136	2010	1587	24027	1197	3753
1998	2353	37721	1548	2419	2011	1338	23788	1179	4811
1999	2206	35569	1391	1808	2012	1272	22199	1123	4017
2000	1957	28618	1205	2409	—	—	—	—	—

说明:根据历年《长兴统计年鉴》整理

第四节　特种养殖

一、蜜蜂

1988年，全县蜂蜜养殖年末存箱数3626箱，蜂蜜产量292吨。1989年，共有蜂群4400箱，其中改良蜂群2860箱，占总蜂箱65%。改良后蜂王浆产量提高52.6%，一年增产蜂王浆983.84千克，增加经济收入18.69万元。1995年，全县改良蜂群3000箱，每箱蜂王浆从改良前25克提高到100克，每箱蜜糖年产量从改良前0.5千克提高到3.5千克～4千克。2000年，饲养量7953箱，养蜂效益突出，定地饲养每箱年均获利600元，流动饲养每箱年收益800元。2001年，“长兴意蜂王浆高产性能的选育项目”获长兴县科技进步一等奖。2002年，全县蜂农200多户，主要集中在林城镇、泗安镇、和平镇等乡镇，长兴意蜂种蜂场被省农业厅定为一级意蜂种蜂场。2010年，依托长兴意蜂良种场扩建项目，争取中央资金150万元，引进种蜂王100只、意蜂700群。2012年，长兴县蜂业协会制定《长兴县养蜂业风险救助办法》，全县有16户蜂农的2460箱蜜蜂自愿参加养蜂业风险救助，并以每群蜂2元的标准向协会交纳风险救助资金。同年，由长兴意蜂蜂业科技有限公司合作研发的汝民牌蜂胶西洋参软胶囊获保健食品批准号，其产品配方及工艺申请国家发明专利，属于国内首创。同年年末，全县有蜜蜂7711箱，蜂蜜产量724吨。定地饲养每箱年均获利1500元，流动饲养每箱年收益2000元。

二、鹌鹑

20世纪90年代，县内珍禽饲养以被誉为“动物人参”的鹌鹑为主。1991年，开始规模饲养，至1995年共饲养出栏2000万羽以上。2008年，出栏162万羽，年末存栏9.2万羽。2012年，出栏192万羽，年末存栏27万羽。

三、梅花鹿

2000年，二界岭乡初康农场饲养梅花鹿56只。2004年，初康农场开发鹿胎胶囊、鹿血胶囊。2005年，初康农场梅花鹿存栏数为150只，在宁波、舟山、金华等地建立5个分场，鹿产品销路稳定，每年利润稳定在30万元左右。2008年，梅花鹿存栏165只。2012年，出栏19只，存栏106只。

第五章　渔　业

1988年，长兴县淡水产品总产量10019吨，其中水产养殖产量9256吨，占92.4%，成鱼养殖面积5280公顷；捕捞产量763吨，占7.6%。渔业产值4765万元，占农林牧渔总产值的9.4%。2012年，全县淡水产品总产量39218吨，其中水产养殖产量36428吨，占92.9%，成鱼养殖面积9814公顷；捕捞产量2790吨，占7.1%。渔业产值4.9亿元，占农林牧渔总产值的8.9%。

第一节　水产养殖

一、常规水产

全县常规水产养殖主要有鲢鱼、鳙鱼、草鱼、青鱼、鲤鱼、鲫鱼、鳊鱼等品种。1992年，全县常规水产总产量13250吨，占水产品总产量的97.4%。2012年，总产量增至25839吨，占比却下降至65.9%。1992年，长兴县在长桥乡姚家桥村长农特种水产养殖场，建有模拟江河激流涌浪的孵化环道，可进行“四大家鱼”人工繁殖。常规水产中鲤鱼、鲫鱼在长兴县能够自然繁殖。鳊鱼只需借助简单的辅助设施，可在长兴县自然繁殖。

草鱼 全县大多数池塘和稻田等养殖水域的主要品种。2000年之前，草鱼是长兴县水产养殖的主养鱼类，年产量4901吨，占水产品总产量18.6%。2012年，草鱼产量6756吨，占水产品总产量17.2%。在养殖方式及饵料选择上，20世纪80年代，以人工割草或捞水草养殖为主。21世纪后，普遍实行精饲料养殖，在配套良好的标准化鱼塘，每公顷精养池草鱼产量达到10吨以上；只有部分小型养殖者采取投喂青料。

图11-4 20世纪80年代为发展渔业生产，聘请17名湖州菱湖技工，到乡镇指导养鱼技术。图为菱湖技工合影(县农业局提供)

鲢鱼及鳙鱼 长兴人称为白鲢与黄鲢，渔民习惯统称为“黄白鲢”，也有称鳙鱼为花鲢或胖头鱼。县内大多数水面有鲢鱼、鳙鱼放养。鲢鱼是21世纪初全县产量最高的养殖品种之一，2008年总产量8546吨，在所有养殖的水产品种中量最大，占水产品总量22.7%。鳙鱼是全县水库、湖泊、漾荡等天然水体的主要养养殖品种，也是精养池塘水体清洁的最佳帮手之一，养殖比重由20世纪80年代占水产品总量4%左右，增至2012年的9%。2012年，全县鲢鱼总产量7595吨，产值3797万元；鳙鱼总产量3439吨，产值3095万元。

青鱼 因其喜食螺蛳被称为螺蛳青。长兴天然水域盛产贝类，但很少养殖青鱼。1993年，全县青鱼总产量62吨，占水产品总产量0.5%。2000年后，县农业局在全县开展青鱼养殖技术培训，吸引外地青鱼养殖户到长兴示范带动，使得青鱼养殖在长兴迅速发展。2002年，全县青鱼总产量1026吨。2012年，青鱼总产量1457吨，产值2914万元。长兴青鱼养殖普遍采取配合饲料与投喂螺蛳相结合的养殖技术。

鲫鱼 1988—2012年，县内养殖鲫鱼品种主要有本鲫、白鲫及异育银鲫等。1995年后，养殖鲫鱼全部为杂交品种异育银鲫。鲫鱼在自然界能自然繁殖，极易获得种苗，是全县养殖范围最广的水产养殖品种之一。民间流行产妇以鲫鱼煮汤补身催奶。1992年，全县鲫鱼总产量920吨，占水产品总产量6.8%。2000年，达到2656吨，占全县水产品总产量10.1%。2012年，鲫鱼总产量2934吨，占全县水产品总产量7.5%。

鲤鱼 能自然繁殖，便于养殖。1992年，全县鲤鱼总产量920吨，占水产品总产量6.8%。2012年，总产量1068吨，占比下降到2.7%，且呈不断下降趋势。

鳊鱼 主食水草。长兴养殖的鳊鱼有团头鲂与长春鳊，统称鳊鱼，一般作为搭配养殖品种。1992年，全县鳊鱼总产量1326吨。2008年，达到2725吨。2012年，鳊鱼总产量1699吨。进入21世纪，少数小规模养殖户尚割草喂养，大多数养殖户均投喂配合饲料。

二、特种水产

全县特种水产养殖主要有甲鱼、河蟹、青虾、黄颡鱼、鲌鱼、加州鲈鱼、黑鱼、黄鳝、泥鳅、牛蛙、鳜鱼、罗氏沼虾、南美白对虾、花鲭、小龙虾及淡水珍珠等品种。1992年，全县特种水产总产量354吨，占水产品总产量2.6%。2012年，特种水产总产量增加到13379吨，占全县水产品总产量34.1%；特种水产总产值达到5.72亿元，占全县水产品总产值69.5%。

甲鱼 学名中华鳖。长兴人俗称鳖或王八。在长兴县主养的甲鱼品种多为中华鳖太湖品系，部分为日本品系或中国台湾品系。养殖方式多为生态养殖，少数采用温室越冬养殖法。2007年，长兴将生态甲鱼养殖列入发展现代农业产业的九大特色农产品之一加以扶持。2012年，甲鱼生态养殖发展成为全县水产养殖的一项特色产业，并在甲鱼养殖中处于主导地位。同年，全县生态甲鱼养殖面积396.3公顷，产量446吨，产值1.25亿元，占水产品总产值15.6%；工厂化甲鱼养殖温室面积11500平方米，配套池塘 10 公顷，温室甲鱼产量 170 吨，产值 0.1 亿元。长兴县甲鱼生态养殖采用自然孵化、室外越冬、天然饵料投喂、生态防病等纯生态养殖技术，经 4 年至 5 年养殖达到商品规格上市销售。经多年培育和发展，“忘不了”“神塘”等创建成为浙江省名牌产品。

河蟹　学名中华绒螯蟹。长兴人俗称蟹或毛脚蟹。1991 年，下箬乡祥符圩村朱立明人工养殖河蟹获得成功。2007 年，长兴将生态河蟹养殖列入发展现代农业产业的九大特色农产品之一加以扶持，河蟹养殖逐渐成为全县渔业支柱产业之一，并培育出“漾荡牌”等品牌为代表的省优、市优河蟹品牌。2011 年，洪桥镇举行首届“长兴大闸蟹节”。2012 年，河蟹养殖面积达到 1628.3 公顷、总产量 1223 吨，产值 7950 万元。其中，洪桥镇河蟹养殖面积 496.7 公顷、总产量 597 吨、产值 3881 万元，被省海洋与渔业局命名为全省第一个“浙江省河蟹产业特色镇”。

青虾　学名日本沼虾。在长兴水域中能自然繁殖，容易取得苗种。1996 年，夹浦镇太平桥村许炳云人工生态养殖 2.0 公顷青虾成功。21 世纪初，青虾渐成为长兴水产养殖的主要品种之一。2012 年，全县青虾养殖面积 2063.6 公顷，总产量 2542 吨，产值 1.83 亿元，占水产品总产值 22.2%，在所有水产养殖品种中产值最高。青虾养殖方式有专养与套养两种，以套养为主，2012 年套养面积 1942.8 公顷，占青虾养殖总面积 94.1%。主养甲鱼及河蟹的养殖池均有青虾套养。

黄颡鱼　长兴人称为汪丁或汪刺鱼。2009 年，县内开始大规模养殖，养殖面积 25 公顷，产量 736 吨，占全县水产品总产量 2.2%。2012 年，位于和平镇南淙村的长菱水产专业合作社，养殖黄颡鱼 6.1 公顷，总产量 179.5 吨，总产值 380.5 万元；每公顷产量 29.43 吨，平均每公顷 62.38 万元，创下全县规模养殖的单位产值最高纪录。黄颡鱼在长兴以主养为主，要求池塘面积大于 0.5 公顷、蓄水深度大于 2.5 米，水源充足、底部增氧机配套，养殖基地交通便利，投喂高蛋白配合颗粒饲料。以长途远销东北、华北等地区为主。

鲌鱼　学名翘嘴红鲌，长兴人俗称白鱼或翘嘴巴。在长兴的天然水域及太湖，为自然增殖品种。养殖方式通常为主养或与黄颡鱼套养，适宜高密度精养。2009 年，县内始有规模化养殖，当年养殖面积 96.3 公顷，总产量 310.8 吨，占全县水产品总产量 0.1%；总产值 362.2 万元，占全县水产品总产值 0.6%。2012 年，发展到 134.7 公顷，总产量 983 吨，占全县水产品总产量 2.5%；总产值 1600 余万元，占全县水产品总产值 1.9%。

加州鲈鱼　源自北美洲，长兴人称为鲈鱼。20 世纪 90 年代引入，2003 年开始在县开发区新开河村规模养殖。加州鲈鱼没有肌间刺，适合各年龄层次消费者食用。2008 年，全县养殖面积 20.2 公顷。2010 年，达到 228 公顷，总产量 719 吨，产值 3163.6 万元。一般采用高密度养殖，主要投喂冰鲜鱼。排污强度较大，容易造成水产养殖与生态环境及周边居民的矛盾，导致养殖面积迅速萎缩。2012 年，县内仅有零星养殖。

黑鱼　学名乌鳢。野生黑鱼在长兴天然水域有广泛分布。20 世纪 90 年代，有县外养殖户在洪桥镇道古圩村开展黑鱼精养。黑鱼人工养殖方式易造成环境污染，遭当地居民反对，始终形不成规模化养殖。为控制野生杂鱼而搭配放养成为黑鱼养殖的主要方式。

黄鳝　长兴人称鳝鱼。用鳝笼捕鳝，在长兴有百年历史。20 世纪 80 年代，雉城镇出现黄鳝人工网箱养殖。1985 年，养鳝业最旺盛时曾发展到 15 个乡、35 个村，有 48 户养殖户和 1 个养殖场，养殖面积 2922 平方米，放养鳝苗 9 万尾。几经试养，效果均不理想。1991 年，停止人工养殖。至 2012 年，县内始终未能形成黄鳝规模养殖基地。长兴市场供应的黄鳝，每年上市量约 30 吨～40 吨，多为野生，少量为外地购入。

泥鳅　长兴当地泥鳅背青肚白，是泥鳅中的优质品系，分布广泛。1988—2012 年，县内有养殖户尝试养殖或参照外地经验养殖泥鳅，也有引进外地技术人员实施泥鳅人工养殖，无成功记录。

牛蛙　1991 年，县内开始引进牛蛙养殖，规模较小，效益一般，未能形成规模产业。2006 年，雉城镇霞城村朱法祥将 0.7 公顷承包农田开发成牛蛙养殖基地，当年销售成蛙 11 吨，产值 21 万元。2007 年，霞城村有牛蛙养殖户9户,养殖面积10.3公顷。同年,牛蛙养殖发展到水口乡、夹浦镇、吴山乡、林城镇、虹星桥镇等乡镇,养殖面积20.4公顷,全年牛蛙总产量320.4吨,总产值535.71万元。2012年,全县牛蛙养殖面积77.8公顷,总产量829吨,总产值1824万元。

鳜鱼 长兴人称剑鱼、桂花鱼或桂鱼。县内鳜鱼养殖主要与河蟹混养,间或出现鳜鱼专养,但持续时间短,未形成产业化规模。长兴人在养河蟹时,每公顷搭配养殖200尾～300尾鳜鱼苗,控制因蓄水而从外河进入蟹池的野生小杂鱼。随着河蟹成为全县大力发展的特色农产品之一,鳜鱼养殖也得到同步发展,总产量从1988年的2吨发展到2012年的846吨。

淡水小龙虾 学名克氏原螯虾,长兴人称龙虾。盛产于长兴各地水域,2000年之前鲜有食用,2000年后才逐渐成为百姓常用食材。主要养殖方式是蟹塘套养。随着河蟹养殖的大力发展,淡水小龙虾总产量也持续增加。2009年,全县淡水小龙虾总产量505吨,产值808万元。2012年,总产量762吨,产值1372万元。

淡水珍珠 1985年,河蚌育珠成为全县水产养殖业的主导产业之一,共有1200公顷漾荡、池塘养殖育珠蚌,品种以鸡冠蚌为主。鸡冠蚌珍珠1984年每千克售价到1800元,1987年降至250元。1988年,全县珍珠总产量达到8468千克。1997年,县内养殖户全部改养三角帆蚌。1998年,全县珍珠总产量达到13982千克,产值5000余万元。进入21世纪,受市场、环保等因素影响,河蚌育珠已不再是水产养殖的重点。2012年,全县河蚌育珠产值1000万元。

罗氏沼虾与南美白对虾 罗氏沼虾,又名马来西亚大虾,原产东南亚;南美白对虾,学名凡纳对虾,原产于南美洲太平洋沿岸。均为热带虾类,在长兴不能自然越冬。1994年,长兴县特种水产苗种场首先引进罗氏沼虾养殖。2005年,江苏省吴江市、湖州市南浔区的多名承包户在长兴养殖南美白对虾及罗氏沼虾,其中罗氏沼虾60公顷,南美白对虾210公顷。因采用高密度、高投入的池塘养殖方式,大量排放未经处理的污水,受到养殖基地周围居民抵制,停业转行。之后,县内再没有罗氏沼虾及南美白对虾的养殖和繁殖记录。2012年,浙江省淡水水产研究所在和平镇南淙村建立拥有相应环保设施的罗氏沼虾育种繁殖基地。

其他特种水产 1988—2012年,在县域内曾经养殖过的其他特种水产有花鲭、革胡子鲶、鳄龟、太阳鱼、虹鳟、鮰鱼、乌龟、水蛭、澳洲淡水虾、青蛙等。其中,被长兴人称为"尖格朗"的花鲭,搭配黄颡鱼及翘嘴红鲌养殖,曾形成一定的养殖规模。2009年,全县花鲭养殖面积43公顷,总产量300吨,产值720万元。之后,养殖面积逐年减少。其余品种经试养,多因效果不佳而止于试养。2012年,和平镇城山村村民吴传意经数年试养,人工全生态养殖青蛙取得成功,并领取省林业厅颁发的全省首张青蛙驯养证。

第二节 水产捕捞

一、专业渔民

长兴县的水产捕捞有悠久的历史。1987年,全县有5个专业水产捕捞村,分别为洪桥镇渔民村、横山乡渔民村、夹浦乡渔民村、后漾乡渔民村、长城乡渔民村,共有专业渔民194户、593人。2001年撤乡扩镇,洪桥镇渔民村与横山乡渔民村合并,成立新的洪桥镇渔民村,2008年改属太湖图影旅游度假区,办公地点迁至横山桥村;夹浦镇渔民村并入红旗村,成为夹浦镇红旗村水产组;后漾乡渔民村并入龙山街道霞城村,成为龙山街道霞城村水产组,2010年又改属太湖街道,成为太湖街道霞城村水产组;长城乡渔民村改称和平镇渔民村,与和平镇北洋桥居民会合署办公,2006年又改为保留和平镇渔民村牌子,与和平镇横山村合署办公。专业渔民的作业方式主要是承包水域增殖捕捞及天然水域捕捞。

二、捕捞产量

1988年,全县水产捕捞产量763吨,占水产品总产量的7.6%。其中,太湖捕捞产量464吨,占

60.8%;内河捕捞产量299吨,占39.2%。之后,在捕捞强度调控及太湖、外河生态环境逐渐恶化的影响下,捕捞产量增长缓慢,其中1993年捕捞产量835吨,占全县水产品总产量的占比下降至5.6%,占比为历年最低。2000年起,在环境整治等措施作用下,太湖及外河水质呈好转趋势,天然渔业资源数量不断恢复,捕捞产量和占比逐渐上升。同年,水产捕捞产量5178吨,占全县水产品总产量的19.6%,占比为历年最高。2006年,捕捞产量达到5604吨,为历年最高,其中太湖捕捞产量2784吨、占捕捞产量的49.7%,内河捕捞产量2820吨、占50.3%。2007年太湖蓝藻事件后,为加强生态环境建设,控制捕捞强度,取缔部分捕捞作业方式,捕捞产量和占比开始回落。2012年,全县水产捕捞产量2790吨,占水产品总产量的7.1%。其中,太湖捕捞产量1158吨,占41.5%;内河捕捞产量1632吨,占58.5%。捕捞管理详见本编第8章、第3节。

三、太湖四珍

长兴东临太湖,太湖盛产银鱼、白虾、梅鲚和清水大闸蟹,被称为"太湖四珍"。其中,银鱼、白虾、梅鲚是历史上有名的"太湖三宝",又因体色均呈淡水鱼中少见的白色或半透明状,而称"太湖三白"。是大水面增殖性鱼类,均为小型水产品,个体较小,最大的大银鱼体长仅十几厘米。集中捕捞和上市期在每年9月上旬,太湖西南侧新塘口为主要销售集散地,占太湖长兴口岸总产量90%。至2012年年末,尚无池塘养殖成功的报告。

太湖银鱼　包括大银鱼和新银鱼两个品种,大银鱼尤为珍贵。太湖银鱼主要是鲜活食用,少数被制成鱼干。体长略圆,形如玉簪,似无骨无肠,细嫩透明,色泽似银,肉质细嫩,营养丰富,无鳞、无刺、无腥味,可烹制各种佳肴。宋代诗人张先的"春后银鱼霜下鲈",把银鱼与鲈鱼并列为鱼中珍品。清康熙年间,银鱼被列为"贡品"。银鱼是传统外贸产品,冷冻银鱼更是久负盛名,销往中国台湾,出口日本、韩国。2012年,全县捕捞太湖银鱼650吨,其中大银鱼250吨、新银鱼400吨。

太湖白虾　学名秀丽白虾,又名水晶虾,长兴人俗称"白壳弯转"。是太湖的主要虾类,产量占太湖虾类50%以上。与其他虾煮熟后虾壳通常变红不同,太湖白虾煮熟后虾壳仍呈白色,壳薄、肉嫩、味鲜美。清《太湖备考》有"太湖白虾甲天下,熟时色仍洁白"的记载。由于保鲜困难,历史上除当地民众食用鲜活虾,外地消费者只能食用白虾干。白虾剥出虾肉,加工成虾干,太湖周边民众称"湖开"。20世纪90年代起,随着交通的便捷和冷藏技术的广泛应用,太湖鲜活白虾进入上海、杭州、南京等邻近大中城市。捕捞渔船靠岸后,白虾首先上岸销售,达到一定数量后,冷藏运输车销往外地市场。至2012年年末,太湖白虾仅存活于太湖,尚未发现在其他地区存在,未发现可以在池塘或其他水域养殖。全县太湖白虾总产量400吨。

刀鲚　长兴人俗称"梅鲚鱼",是太湖水产品的当家产品,占总产量的70%以上。梅鲚肉嫩味鲜、营养丰富,含有丰富的蛋白质、钙质和人体所需要的多种元素,是人脑和骨髓的滋补佳品,尤其适合青少年。梅鲚在明朝作为"贡品",在《万历野获编》中就有"从明朝洪武年起,太祖命每年岁贡梅鲚万斤"的记载,故又称"贡鱼"。梅鲚鲜食可清炖、红烧,也可制成鱼干食用。20世纪90年代初,太湖开始实施封湖保繁殖措施。每年9月6日,太湖大型渔具开捕。太湖梅鲚鱼每年总产量约1万吨,其中95%在新塘口上岸销售或加工。晒制梅鲚鱼干是长兴太湖沿岸地区一个特殊产业,是当地村民最重要的收入来源之一。在正常之年,新塘口梅鲚鱼干年总产量约1500吨,产值4000万元以上,户均净收入10万元以上。2012年,全县捕捞梅鲚1万吨,制成鱼干2500余吨。

太湖蟹　中国有名的淡水蟹之一。肉嫩,味美,黄多脂肥,历来被誉为蟹中之珍品。太湖蟹体形大,青背白肚,黄毛金钩,完全可与阳澄湖大闸蟹媲美。一般净重200克～250克左右,肉质细腻,营养丰富,含有丰富的蛋白质、脂肪、钙、磷、铁、维生素A、核黄素、硫胺素等。药用价值较高,能散瘀血,舒筋接骨,解毒,蟹爪还有催产下胎的功能。

其他有名的太湖特产还有太湖鲌鱼、鲢鱼、鳙鱼等。太湖鲌鱼,包括翘嘴红鲌、蒙古红鲌,主要摄食太湖梅鲚鱼。太湖贝类及其他小型水产品,品种多,数量大,也是太湖特色水产。

1988—2012年长兴县渔业产量、产值情况表

表11-18

年份	淡水产品产量（吨）	养殖产量（吨）	捕捞产量（吨）	其中		渔业产值（万元）	年份	淡水产品产量（吨）	养殖产量（吨）	捕捞产量（吨）	其中		渔业产值（万元）
				内河捕捞产量（吨）	太湖捕捞产量（吨）						内河捕捞产量（吨）	太湖捕捞产量（吨）	
1988	10019	9256	763	299	464	4765	2001	27440	22923	4517	2590	1927	30128
1989	10691	9807	884	220	664	4917	2002	28334	23696	4638	2544	2094	32258
1990	10875	9878	997	185	812	4719	2003	29950	25125	4825	2685	2140	33487
1991	12362	11471	891	221	670	5421	2004	30768	25738	5030	2683	2347	36831
1992	13604	12689	915	217	698	6789	2005	32485	27229	5256	2988	2268	40677
1993	14885	14050	835	192	643	9493	2006	33924	28320	5604	2820	2784	43178
1994	15859	14930	929	227	702	14518	2007	35217	29639	5578	2985	2593	33163
1995	16759	15646	1113	344	769	15784	2008	36059	31707	4352	2011	2341	35876
1996	18746	16957	1789	614	1175	20670	2009	37695	34189	3506	1859	1647	37633
1997	20652	18291	2361	1118	1243	20214	2010	38101	34834	3267	2008	1259	39778
1998	22530	19801	2729	1031	1698	21805	2011	38548	35494	3054	1690	1364	44103
1999	24165	20156	4009	2155	1854	24994	2012	39218	36428	2790	1632	1158	49012
2000	26396	21218	5178	2988	2190	29325	—	—	—	—	—	—	—

说明：资料来源于县农业局、历年《长兴统计年鉴》

第六章　林　业

长兴是浙江省林业大县，林业资源丰富，林业特产众多，是中国花木之乡、中国银杏之乡、中国红梅之乡、浙江省青梅之乡。青梅、板栗、白果久负盛名，被誉为“长兴三宝”。1989年，全县有林地面积6.11万公顷，森林覆盖率为35.5%，林业产值5172万元，占农林牧渔总产值的10.2%。2007年，有林地面积7.64万公顷，森林覆盖率为51.3%。2012年，全县林业产值5.17亿元，占农林牧渔总产值的9.4%。

第一节　林木资源

1989年，全县在1984年二类资源调查基础上进行复查。1999年、2007年，全县开展森林资源二类调查。调查报告数据显示，全县林地面积由1989年61140公顷，增加到2007年76402.87公顷。林木蓄积量由1989年772900立方米，增加到2007年1789801立方米。

一、林地面积

1989年，全县林地面积为61140公顷，森林覆盖率为35.9%。有灌木林面积1866.67公顷，疏林地4720公顷，未成林造林地986.67公顷，另有荒山6206.67公顷，开垦山1620公顷。1999年，全县林地面积64274.73公顷，森林覆盖率39.4%。有林地55843.93公顷，疏林地288.27公顷，灌木林地5493.07公顷，未成林造林地1102.47公顷，苗圃地44.67公顷，无立木林地1502.33公顷。2007年，全县林地面积 76402.87 公顷，森林覆盖率 51.3%。有林地 65657.27 公顷，灌木林地 8068.67 公顷，未成林造林地 193.13 公顷，苗圃地 437.40 公顷，无立木林地 1810.20 公顷。

全县林地分为公益林地和商品林地。2007 年，公益林地面积 21846.6 公顷，占 28.6%。其中，重点公益林地（包括国家级公益林地和省级公益林地）19993.53 公顷，一般公益林地（县级公益林地）1853.07 公顷。商品林地面积 54540.11 公顷，占 71.4%。

长兴县森林资源调查面积变化情况表

表 11-19

调查年份	林地面积（公顷）	森林覆盖率（%）	其中					
			有林地（公顷）	疏林地（公顷）	灌木林地（公顷）	未成林造林地（公顷）	苗圃（公顷）	无立木林地（公顷）
1989	61140.00	35.5	45660.00	4720.00	1866.67	986.67	4.93	7834.60
1999	64274.73	39.4	55843.93	288.27	5493.07	1102.40	44.67	1502.33
2007	76402.87	51.3	65657.27	0.00	8068.67	193.13	437.40	1810.20

说明：资料来源于县林业局

二、活立木蓄积

1988 年，全县活立木总蓄积量为 772900 立方米。其中，乔木林分蓄积 557700 立方米，占 72.2%；疏林蓄积 52600 立方米，占 6.8%；散生木蓄积 36000 立方米，占 4.7%；四旁木蓄积 126600 立方米，占 16.3%。1999 年，活立木总蓄积量 1333250 立方米。其中，乔木林分蓄积 1000662 立方米，占 75.1%；疏林蓄积 2165 立方米，占 0.2%；散生木蓄积 36816 立方米，占 2.7%；四旁木蓄积 293607 立方米，占 22.0%。同年，全县总立竹量 5074.57 万株。2007 年，活立木总蓄积量 1789801 立方米。其中，乔木林分蓄积 1530023 立方米，占 85.5%；散生木蓄积 19224 立方米，占 1.1%；四旁木蓄积 240554 立方米，占 13.4%。同年，全县总立竹量为 6008.12 万株。

1999—2007 年，全县林木总蓄积量增幅较大，从 1333250 立方米上升到 1789801 立方米，增加 456551 立方米，年均净增率达到 4.3%。林业用地平均蓄积量从 1999 年 1.38 立方米，增加到 2007 年 1.56 立方米，增加 0.18 立方米，增幅为 12.9%。乔木林分平均蓄积量从 1999 年 2.34 立方米，增加到 2007 年 2.46 立方米，增加 0.12 立方米，增幅为 5.1%。四旁木平均蓄积量从 1999 年 0.24 立方米，增加到 2007 年 0.28 立方米，增加 0.04 立方米，增幅为 17.0%。人工林平均蓄积量从 1999 年 1.60 立方米，增加到 2007 年 2.79 立方米，增加 1.19 立方米，增幅为 74.7%。毛竹平均立竹量，从 1999 年每公顷 3090 株，减少到 2007 年每公顷 2820 株，每公顷减少 270 株，减幅为 8.7%。

长兴县森林资源调查林木蓄积变化情况表

表 11-20

调查年份	林木蓄积									毛竹株数（万株）
	合计（立方米）	乔木林分（立方米）	占比(%)	疏林（立方米）	占比(%)	散生（立方米）	占比(%)	四旁木（立方米）	占比(%)	
1989	772900	557700	72.2	52600	6.8	36000	4.7	12660	16.3	3249.89
1999	1333250	1000662	75.1	2165	0.2	36816	2.7	293607	22.0	5074.57
2007	1789801	1530023	85.5	0	0.0	19224	1.1	240554	13.4	6008.12

说明：资料来源于县林业局

三、古树名木

分布 根据 2002 年长兴县古树名木普查报告，全县共有古树名木 3370 株，分 17 科、29 属、36 种。

其中,树龄500年以上的国家一级保护古树40株,树龄300年～499年的国家二级保护古树67株,树龄100年～299年的国家三级保护古树3263株。2012年10月,长兴县古树名木复查报告显示,全县国家一级保护古树新增2株,国家三级保护古树新增23株,共计3395株。其中,国家一级古树42株,包括银杏24株、朴树2株、苦槠4株、麻栎2株、重阳木3株、柏木1株、紫藤1株、构骨1株和榔榆1株;国家二级古树67株;国家三级古树3286株。

全县古树名木主要生长在西南、西北部的平原和丘陵地区,分布于全县16个乡镇。其中,数量最多的是小浦镇2773株,其次是煤山镇134株,白岘乡120株,槐坎乡78株,和平镇60株。全县古树名木主要分布于单位庭院、个人宅院、村旁、路旁、水旁、田旁和山坡。其中,生长在村旁有2317株,所占比重最大,为68.8%;路旁916株,占27.1%。

2012年长兴县国家一级保护古树基本情况表

表11-21

编号	中文名	树龄(年)	树高(米)	胸(地)围(厘米)	平均冠幅(米)	所在地
0522100001	银杏	810	10	420	12	雉城镇钮店湾村
0522100002	银杏	1010	22	320	16	水口乡寿圣寺
0522100003	银杏	1010	30	340	17	水口乡寿圣寺
0522100004	银杏	510	20	300	7	水口乡钱玉良
0522100005	黄连木	1310	10	260	8	林城镇太傅村
0522100006	朴树	710	10	260	12	林城镇太傅村
0522100007	苦槠	810	15	220	6	林城镇连心村
0522100008	苦槠	810	14	225	6	林城镇连心村
0522100009	朴树	660	20	540	25	林城镇北汤村
0522100010	银杏	610	28	580	26	林城镇周吴岕
0522100011	柏木	1010	14	210	8	二界岭乡云峰寺
0522100012	银杏	510	25	410	18	二界岭乡邱峰村2组
0522100013	麻栎	510	27	210	8	泗安镇长潮村
0522100014	苦槠	510	22	210	13	泗安镇长潮村
0522100015	苦槠	510	21	215	13	泗安镇黄巢村
0522100016	银杏	1210	28	570	15	和平镇周坞山2组
0522100017	银杏	1010	18	475	14	和平镇周坞山2组
0522100018	银杏	660	25	370	8	和平镇回龙寺
0522100019	榉树	510	12	360	4	和平镇周坞山2组
0522100020	银杏	810	28	650	23	和平镇石泉村
0522100021	紫藤	510	8	165	8	和平镇庄古村
0522100022	构骨	510	5	170	5	和平镇石泉村
0522100023	银杏	1200	27	490	24	小浦镇光耀村
0522100024	银杏	1000	14	260	8	小浦镇画溪村
0522100025	苦槠	810	20	290	8	小浦镇方一村
0522100026	榔榆	510	25	260	16	小浦镇方一村
0522100027	银杏	1010	31	670	25	煤山镇西川村
0522100028	银杏	510	22	370	16	煤山镇新安村
0522100029	银杏	510	28	460	28	煤山镇新民村
0522100030	银杏	1010	26	475	26	煤山镇新源村

续表 11-21

编号	中文名	树龄(年)	树高(米)	胸(地)围(厘米)	平均冠幅(米)	所在地
0522100031	银杏	510	21	340	18	煤山镇施正泉
0522100032	银杏	510	26	365	17	煤山镇新源村
0522100033	银杏	510	30	495	32	白岘乡三洲山村
0522100034	银杏	510	25	360	17	白岘乡罗岕村
0522100035	银杏	510	29	340	10	白岘乡罗岕村
0522100036	银杏	510	28	355	18	白岘乡罗岕村
0522100037	银杏	710	35	469	28	白岘乡罗岕村
0522100038	银杏	1010	22	467	16	槐坎乡抛渎岗村
0522100039	麻栎	510	22	380	19	槐坎乡抛渎岗村
0522100041	重阳木	1100	12	515	13	洪桥镇洪桥村
0522100042	重阳木	1000	12	215	7	洪桥镇洪桥村
0522100043	重阳木	1000	12	210	7	洪桥镇洪桥村

说明:资料来源于县林业局

古树群、古树 小浦镇八都岕内的古银杏群 编号为浙EB40282。长12.5千米,宽1千米,区域面积1250公顷,共有银杏10万余株。其中,100年~299年古银杏2730株,300年~499年4株,500年以上4株。

林城镇周吴岕村金钱松群 编号为浙EB40210。共有5株古树,平均树龄约200年,平均树高28米,平均胸围150厘米,平均冠幅8米。

泗安镇枫香群 泗安镇长中村和长潮村中,保留着连片约200年树龄的枫香群。其中,长中村有13株(浙EB40217),平均树高26米,平均冠幅9米。长潮村有7株(浙EB40215),平均树高24米,平均冠幅5米。

全县最粗古树 香樟(浙EB30155),位于林城镇太傅村。树龄约160年,树高22米,胸围750厘米,冠幅占地0.2公顷。树根之处分为两杈,两根树干枝叶环抱,被当地村民称之为"百年好合"。

图11-5 谢安墓前1310年树龄的黄连木,为全县最老古树(县林业局提供·2003年)

全县最老古树 黄连木(浙EB10005),位于林城镇太傅村谢安墓前,树龄1310年。2012年受台风"海葵"影响,古树主干被折断后树高10米,胸围260厘米,平均冠幅8米。

全县最高古树 银杏,位于白岘乡罗岕村。树龄约710年,树高35米,胸围469厘米,平均冠幅28米。

第二节 造林育林

一、采种育苗

1988年,因消灭荒山造林需要,县林业局组织火炬松母树林和杉木种子园的采种,经育苗后主要用于山地造林。20世纪80年代,主要以民间采集和育苗专业户方式进行良种育苗。90年代,随着荒山面积减少、产业结构调整,长兴县加大经济林育苗面积,并依托林场和育苗基地种苗培育。

良种育苗 1988—2000年,每年6月下旬至7月中旬,民间年均采集青梅良种1.5万千克用于播种育苗。每年9月至10月,民间年均采集银杏良种5000千克用于播种育苗。每年10月下旬至11月上旬,民间年均采集板栗良种150千克用于播种育苗。1988年,采集、调进育苗种子1341.5千克,实际完成育苗45.4公顷,其中新育苗7.53公顷。1989年,完成育苗43.6公顷,可供当年造林的苗木达985万株,其中杉木苗480万株,杉木一级苗占60%。1990年,完成育苗面积39.66公顷。1991年,完成林木育苗33.33公顷计1007万株。1992年,经实测验收可出圃的合格苗达1158.2万株。1993年,随着全县荒山面积减少、林业产业结构调整,育苗品种、数量相应调整,减少荒山造林用苗(如马尾松、杉木)面积,加大白果、板栗、青梅等经济林育苗面积,并注重品种优良化。2001年,完成育苗52.5公顷,是省定任务的26.3倍。2010年,县政府制定《长兴县珍贵树种资源发展实施方案》,县林业局开展珍贵树种资源发展培育,计划通过5年时间(2010—2014年),全县新增珍贵树种面积666.7公顷,其中建设珍贵树种用材林基地333.3公顷、村庄绿化发展珍贵树种266.6公顷、城镇绿化发展珍贵树种40公顷、通道绿化发展珍贵树种26.6公顷。经培育发展建成珍贵树种用材林示范基地1个,珍贵树种特色示范村4个。2010年,发展珍贵树种133.33公顷。2011年,新育苗8.66公顷。2012年,新育苗6.67公顷。

育苗基地 1995年,小浦林场建立长兴银杏苗繁育基地,占地2公顷,投入资金225万元,计划用4年时间培育高2米以上银杏树大苗15万株。1998年,长兴县林木良种基地建成,基地位于县林业局实验林场内,占地面积12.33公顷,共收集各地良种17个。1999年,选择长兴县青梅、萧山大青梅、"长农"17、8817、8820、A0青梅良种,引进泰兴佛手、郯城马铃果、邳州先锋五号、徐州龙眼、临沂先锋1号外地银杏良种和日本幸水梨等新品种,在长兴县林木良种基地进行栽植、培育。其中,青梅240株,银杏8040株,幸水梨150株。2000年,从河南省、山东省引进乌克兰大樱桃、冬枣和凯特杏3个新品种,在长兴县林木良种基地栽植、培育。2004年,拥有30.5公顷苗圃、100多万株紫薇的长兴佳美苗木园艺场被国家林业局授予"全国特色种苗基地"。2012年,浙江兰特园艺有限公司在水口乡水口村建成2个专业化育苗连栋大棚,共计6627平方米,其中玻璃大棚3000平方米,用于进口种苗培育,年培育各类容器苗100万株。

二、造林绿化

1988—2012年,全县累计完成高标准乡村公路绿化661千米,河道绿化256千米,农田林网298千米。建成省级森林城镇2个,省级绿化示范村10个,省级森林村庄13个,省级森林通道3条,市级森林城镇6个,市级绿化示范村17个,市级森林村庄32个,市级森林单位12个,县级星级绿色村庄250个。先后获全国绿化先进集体、全国国土绿化突出贡献单位、中国花木之乡、浙江省森林城市称号。

乡村绿化 2003年,按照"森林进城,园林下乡"要求,县林业局编制"万株乡土树种进城"和村庄绿化、康庄大道绿化工程规划。共有22888株银杏、金钱松、青梅、榉树、香樟、桂花苗木,从小浦镇、泗安林场移至雉城镇金陵路、太湖大道、城北小区、新长中及城区公园。同时,在和平镇、虹星桥镇和小浦镇先行进行康庄绿化工程试点。2004年,城乡绿化一体化工程加速推进,新建林带村庄绿化178.8公顷,规划完成绿化示范村6个,夹浦镇父子岭村获首批省级绿化示范村称号。2005年,县政府投入230万元,结合村庄整治、四旁植树、示范村和中心村建设,在建成区内主要道路、河道两旁、农户庭院进行绿化,完成村庄绿化240公顷。2006年,按照"千村示范、万村整治"总体部署,完成村庄绿化197.4公顷。2007年,组织开展全县村庄绿化调查规划,规划水口乡徽州庄村省级绿化示范村和小浦镇潘礼南村市级绿化示范村创建。2008年,加大农村绿化示范村建设力度,建成省级绿化示范村5个。2009年起,开展县级星级绿色村庄创建工程,至2011年全县250个行政村(含村改居)全部达到星级绿色村庄建设标准,其中2009年完成75个、2010年完成89个、2011年完成86个,县财政投入资金1000余万元,免费配送苗木110万株。2010年,新增村庄绿化面积368.3公顷,创建市级绿化示范村31个,夹浦镇月明村、龙山街道渚山村被命名为首批浙江省森林村庄。2011年,全县完成全省首批《平原绿化规划》和全省第一个《森林长兴建设规划》,创建省级森林村庄5个、市级森林城镇1个、市级森林村庄12个、市级森林单位

5个、市级绿化示范村11个。同年，全省平原绿化工作座谈会在长兴召开。2012年，新增城乡绿化1433.3公顷。

通道绿化　2001年，长兴编制完成《长兴县高标准平原绿化建设总体规划》。规划由农田防护林、城镇村庄绿化、平原山地绿化、绿色通道4个类型组成，其中绿色通道总长度为148千米，称百里绿色通道。2002年，全县建成绿色通道236.4千米，其中公路绿化208.1千米，河道绿化28.3千米；老318国道两侧及古银杏长廊等地栽植县树银杏，同时栽植速生杨，共计2.5万株。2003年，继续在老318国道两侧等地植树5万株，延伸绿色通道17千米。2004年，在长兴—洪桥、煤山—白岘公路等重点地段，完成绿色通道和康庄大道绿化77.61千米。2005年，以树立绿色乡镇形象为目标，在乡镇主干道出入口及道路两侧营造高标准人工片林77.2千米，长兴被评为浙江省高标准平原绿化达标县。2006年，开展千里清水河道整治绿化工程，主要对雉城镇、水口乡河道清淤后两侧和包漾河沿岸进行高标准绿化，选择速生杨、垂柳、水杉等乡土乔木树种种植，营造集防风护堤、景观休闲于一体的河堤防护林154.3千米。2007年，主要完成包漾河水源保护林带适宜区和其他清水河道绿化126.6公顷，完成康庄大道绿化93.2千米。2009年，开展长兴—水口、长兴—牛头山、长兴—李家巷3条公路沿线两侧绿化工程，总长度25千米，绿化总量138.9公顷，实施范围主要涉及雉城镇、小浦镇、水口乡、龙山街道、古城街道等。2010年，完成清水河道整治绿化工程22.47千米，乡村道路绿化工程34.85千米，长达线(水口—夹浦段)道路可宜绿化面积25.8公顷。2011年，完成申苏浙皖高速及新318国道沿线绿化82.6公顷，合溪流域绿化70公顷，乡村公路绿化74.8千米，清水河道整治绿化62.8千米。

平原农田林网绿化　1994年，全县完成平原农田林网绿化长度52千米，共植树21万株，折合面积86.6公顷。全县已林网(间作)控制面积达28308.2公顷，占适宜林网(间作)面积78%。1995年，完成平原农田林网绿化87千米，折合面积44公顷，植树7.7万株。1996年，完成平原农田林网绿化148.2千米，折合面积75.1公顷，植树7.9万株。2000年，全县共完成农田林网绿化25千米，折合面积达24.6公顷。2001年，完成平原林网林带绿化57.5千米，折合面积59.5公顷。

四旁植树　1988年，全县完成"四旁"(村旁、路旁、水旁、宅旁)植树285万株。1990年，完成四旁植树160万株，对1992年春所造的集中成片工程林补植、松土、除草和追肥，幼林生长良好。1994年，平原绿化成绩显著，超过平原绿化先进县规定标准，四旁植树52万株。2000年，全县共完成四旁植树124万株，绿化长度25千米，折合面积24.6公顷。2004年，在虹星桥镇康庄大道和104国道等处，组织四旁植树27.1万株，全年四旁植树93万株。2005年，全县共完成四旁植树80万株。2012年，全县四旁植树共65万株。

义务植树　1988年，全县参加义务植树15511人次，投入经费4.6万元，实际完成义务植树37.6万株。1989年，从人力财力投入上都有所提高，参加义务植树10.3万人次，投入经费23.8万元。1990年，义务植树逐步走上制度化轨道，共完成植树160.9万株。1992年，参加植树10.2万人次，栽种树木数量多，并集中成片，共完成工程造林110.9公顷，其中县级层面组织实施的三片林计34.7公顷。1993年，完成义务植树77.7万株，长兴被评为"市级义务植树先进县"。2001年，全县参加义务植树超过15万人次，完成义务植树60.3万株。2007年，全民义务植树45万株，尽责率达86.6%。2010年，组织开展"千校万人同栽千万棵树行动"和"春季全民义务植树行动"，全年义务植树达62万株。2012年，组织"万人低碳出行"义务植树活动，全县参加义务植树6.1万人次，共种植桂花、榉树、朴树、无患子、黄山栾树等苗木近18万株，义务植树尽责率达到87%。

三、植树造林

荒山造林　1989—1990年，全县完成荒山造林1916.1公顷。1990年，县委、县政府提出"五年消灭荒山、十年绿化长兴"的目标。同年6月，县林业局编制《长兴县限期绿化宜林荒山的调查规划》《长兴县八万亩杉木基地建设规划》《长兴县万亩板栗基地建设规划》《长兴县十万株白果基地建设规划》《长兴县五万亩笋用林建设规划》和《长兴县平原绿化规划》。9月，县政府制定《关于绿化荒山、振兴长兴林业的若干意见》,出台9项经济扶持政策。1991年,出台1991—1995年林业生产规划,5年共人工造林3633公顷,其中荒山造林2567公顷。1992年,受特大洪涝灾害影响,省林业厅为支援灾区,将横山乡飞播列入省定计划,邀请东方航空公司合肥分公司派飞机实施飞播作业,在该乡长山岗和锅子顶两个播区的400公顷荒山疏林中,共撒下马尾松种子1150千克。经封山育林,成效率达98%。1993年,开展“绿化造林月”活动,县、乡两级领导带头在仙山乡茅塔等地兴办绿化造林点25个,全年实际完成造林面积744.7公顷,其中荒山造林面积538.3公顷。1994年,全县基本消灭荒山,实际完成人工造林面积561.3公顷,其中荒山造林287.3公顷。同年8月,省验收组根据《浙江省县级消灭荒山达标标准及验收办法》和《县级消灭荒山达标省检查验收操作细则》,抽查11个乡镇,合格率为95.5%。省政府授予长兴为“荒山绿化达标县”。2000年6月,“十年绿化长兴”通过省级达标验收。

更新造林 1995—1998年,完成迹地更新造林面积264.1公顷,每年均超额完成省计划任务。2000年,县林业局下发《关于迅速开展火烧迹地更新工作的紧急通知》,要求采取紧急措施,迅速组织火烧迹地的更新造林,严格执行采造挂钩政策。2001—2012年,全县完成迹地更新面积2019.5公顷。

防护林 1988年,在太湖沿岸完成防护林20千米,植树2万株。1994年,完成防护林长度52千米,其中环湖大堤30千米,长洪公路、长和公路17千米,太傅新港5千米。2002年,长兴县编报的长防林工程国债项目经省林业局批准立项,总投资150万元,其中中央投资100万元、地方配套50万元,工程规模为1806.6公顷。2003年,首次完成长防林国债项目1133.3公顷。2004年,在长防林一期工程补植的同时,实施长防林二期工程667.3公顷。2006年,主要对雉城镇、水口乡等10个乡镇河道清淤后两侧和包漾河岸进行高标准绿化,营造河堤防护林154.3千米,完成长防林405.8公顷。2007年,完成长防林三期国债项目333.3公顷封育和66.7公顷人工造林任务,完成包漾河水源保护林带适宜区的种植任务126.7公顷和其他清水河道74.8千米。2009年,按照“因害设防、生态优先、兼顾经济”的原则,以保护河流、重要交通干线和国防设施为重点,并且与农民增收相结合,将三期长防林国债项目落实于9个乡镇和1个国有林场。2011年,完成长防林66.7公顷,均为平原人工造林。2012年,规划实施第7次重点防护林工程建设项目,实现平原林带林网造林173.3公顷的建设目标。县林业局下拨1066.7公顷重点防护林工程建设项目补助资金350万元,涉及洪桥镇、太湖图影度假区、李家巷镇、夹浦镇、小浦镇、龙山街道、水口乡和永绿中心。

用材林 1988年,全县完成造林面积1856.2公顷,其中用材林534.2公顷。同年,全县林业用地6.13万公顷,其中用材林面积1.56万公顷。1989年,完成造林面积101.6公顷,其中用材林550.8公顷。杉木造林中,连片在0.67公顷以上的面积达227.3公顷,列为省级商品材基地林的达154.2公顷。1990年6月,县林业局编制完成《长兴县八万亩杉木基地建设规划》。1992年,实际完成造林面积1256公顷,其中用材林1094公顷。1993年,全年实际完成造林面积744.6公顷,其中用材林为388.3公顷。1995年,制订长兴林业“九五”规划和2010年计划。1997—2000年,完成用材林面积682.2公顷。2003年,采用厂农联合的办法扩建速丰林基地,在吴山乡、林城镇、李家巷镇建基地36.7公顷。2003年以后,基本都是阔叶化造林和森林抚育,不再进行杉木、国外松等用材林的造植。

经济林 1988—1990年,全县共完成经济林总面积10659.9公顷。1990年6月,县林业局完成《长兴县万亩板栗基地建设规划》和《长兴县十万株白果基地建设规划》编制。1993年,小浦林场规划在全场形成“三个一千”经济林基地(1000亩名茶、1000亩板栗和1000亩青梅)。2月,省林业技术开发服务中心与县林业局签订联合开发早园竹示范基地合同。1994年,全县调整林种结构,发展“一优两高”林业,营造经济价值较高的板栗林205.9公顷,种植白果8000株,新发展毛竹、早园竹105.7公顷。同年,长兴果木“三宝”(白果、板栗和青梅)面积达到2231.65公顷,其中白果333.5公顷、板栗1147.24公顷、青梅750.91公顷。1996年,全县将毛竹、早园竹、白果、板栗和青梅作为优高林业发展的主要产品。1998年9月,编制《1998—2005年农业产业化发展规划》。1999年,全县新增经济林示范基地8个。2000年,全县经济林产品产值达到12744万元,比上年增加941万元。2001年,编制《特色林业基地建设工程规划》，规划基地总面积 2.87 万公顷。同年，长兴县双万亩青梅园区列入省林业特色基地，并获浙江省青梅之乡和中国银杏之乡称号。2003 年，小浦镇、泗安镇银梅牌银杏基地，二界岭乡云野牌板栗基地，林城镇、小浦镇银梅牌青梅基地被认定为首批浙江森林食品基地。2005 年，浙江省特色青梅基地通过省级验收。2006 年，银杏、青梅、金钱松被确定为全县 3 只种质资源保护品种。2008 年，全县完成产业化造林 2710.6 公顷，其中杨梅和青梅共 1037.5 公顷。10 月，长兴县被授予中国红梅之乡称号。2009 年，完成产业化造林 2232.2 公顷，其中水果（青梅、杨梅）536.7 公顷。2010 年，完成干鲜果（杨梅、青梅）340 公顷，启动实施《长兴县泗安省级现代农业综合区建设总体规划》和《长兴县和平省级现代农业综合区建设总体规划》。2010 年后，产业化造林不再以任务形式下达，主要通过市场导向由农户自主种植，政府主要以推进森林长兴建设、平原绿化和花卉苗木产业为主。

四、封山育林

林地封育　1988 年，全县林地封山育林面积 15467 公顷。1990—1992 年，新增封山育林面积 4988.6 公顷。1993 年，完成林地封育面积 606.3 公顷，全部是荒山定点封山。1994 年，完成新封面积 425.3 公顷，其中计划封山的面积部分已改为人工造林。1995 年，完成新封山面积 1120 公顷。1998 年，封山育林 5466.7 公顷，其中续封 4533.3 公顷，新封 933.4 公顷。1999 年，完成浙江省定点封山育林面积 1013.3 公顷。2000 年，全县封山育林 946.7 公顷，其中新增 393.3 公顷、1995 年年前续封山 553.4 公顷。2001 年，落实生态公益林封山育（护）林面积 19707.6 公顷，长兴县被列入国家、省生态公益林建设工程扶持县。同年，下达封闭育林计划 1.93 万公顷，实际完成 1.93 万公顷，下拨第一批补助费 21.59 万元。2004 年，在已界定的 3.27 万公顷公益林中，将水系源头、自然保护区和国道两侧等生态重要地区和生态脆弱地区，划为重点公益林 2 万公顷，其中国家级 1333.33 公顷、省级 18333.33 公顷、县级 333.33 公顷，并落实封山育林管护措施，建成发挥作用的公益林 4666.7 公顷。2005 年，完成实施阔叶林改造面积 180.80 公顷。2006 年，新增封山育林 495.3 公顷，李家巷镇、洪桥镇 1322.7 公顷山林被纳入县级生态公益林管理。2007—2008 年，完成封山育林 913.6 公顷。2009—2010 年，每年新增封山育林面积 500 公顷。2011 年，累计完成封山育林面积 2250 公顷，其中新封 336.7 公顷。

中幼林抚育　1990 年，按照“砍小留大，砍歪留直，砍密留疏，砍病虫木留健壮木”原则，完成中幼林抚育面积 1.65 万公顷。1991 年，采取“以耕代抚”、全垦、打穴、块状松土、补苗、除荫等方法，完成抚育面积 3873.3 公顷。1992 年，完成林木抚育 14993.3 公顷，其中幼林龄抚育 2500 公顷，中成林龄抚育 12493.3 公顷。1993 年，对幼龄林采取“以耕代抚”，除草松土、追施肥料、抹芽保壮等方式进行培育，对中龄林采取间伐抚育，完成林木抚育 9526.7 公顷，其中幼龄林抚育 3360 公顷，中龄林抚育 6166.7 公顷。1994 年，全年完成林木抚育 3666.7 公顷，其中幼龄林抚 1666.7 公顷，中龄林抚育 2000 公顷。1995 年，完成抚育面积 11333.33 公顷，其中幼龄林 2000 公顷。1996—1997 年，每年完成林木抚育面积 10000 公顷。1999 年，完成幼龄林抚育 3600 公顷，中龄林抚育 10400 公顷。2001 年，完成林木抚育 1.12 万公顷，其中中幼龄林抚育 1800 公顷，成龄林抚育 9300 公顷。2007 年，完成中幼林抚育 2200 公顷。2009—2010 年，完成中幼龄林抚育 580.03 公顷。2011 年，累计完成林木抚育面积 2200 公顷，其中幼龄林抚育 800 公顷。2012 年，主要开展生态公益林抚育和国有商品林抚育，由小浦镇、槐坎乡、夹浦镇、煤山镇、白岘乡、林城镇、泗安镇、长兴县林场组织实施，具体分布在全县 23 个行政村（林区）。

1988—2012 年长兴县植树造林情况

表 11-22

年份	造林面积（公顷）	育苗面积（公顷）	零星（四旁）植树（万株）	迹地更新革命（公顷）	幼林抚育面积（公顷）	成林抚育面积（公顷）	低产林改造面积（公顷）	封山育林面积（公顷）
1988	1860	454	285			19133		15467
1989	1013	43	247			19133		15733

续表11-22

年份	造林面积(公顷)	育苗面积(公顷)	零星(四旁)植树(万株)	迹地更新革命(公顷)	幼林抚育面积(公顷)	成林抚育面积(公顷)	低产林改造面积(公顷)	封山育林面积(公顷)
1990	893	40	160			16667		15267
1991	860	13	170		1800	13353		13860
1992	1256	15	126		1760	12467		11637
1993	711	15	54	122	2400	11747		9528
1994	570	16	52		2458	12963		2247
1995	424	30	73		1800	13667		4316
1996	390	30	13	104	2067	10000		1566
1997	471	30	37		1367	10494		4975
1998	776	38	11	105	2063	10393		5440
1999	1118	57	75	157	3559	12945		7893
2000	1487	185	124	176	3963	16179		6966
2001	1548	140	149	256	4952	14394	378	19143
2002	233	255	44	114	5246	14417	340	21949
2003	210	1230	28	36	2470	13780	812	19373
2004	458	460	93	59	3738	15830	184	20255
2005	254	703	80	117	4213	15998		19570
2006	91	16	87	295	3241	11655	170	495
2007	1090	1410	59	237	2568	12239	1521	7868
2008	1098	1474	104	647	3109	11642	3008	8117
2009	1417	1713	117	207	2400	7441	564	7137
2010	1057	1665	94	141	1404	7656	355	5933
2011	1095	440	93	112	2400	7441	73	7269
2012	1217	386	65	224	2263	8768	103	7109

说明：资料来源于历年《长兴统计年鉴》

第三节　林业产品

一、木材

县内木材以松、杉、硬阔杂木居多。木材资源以林城、煤山、泗安片最为丰富，年产材量占总量75%。1988年，全县木材采伐量5612立方米，按规格大小杉原木每立方米600元至1000元，松原木规格材每立方米500元。2012年木材采伐量23536立方米，杉原木每立方米1280元，松原木规格材每立方米650元。1988—2012年，全县共采伐木材543974.8立方米，年均20922立方米。其中，集体林区采伐量占63%，国有林区占37%；出县木材占4.7%，县内自用占95.3%。县内自用材中，农民建房占40.8%，流入市场占26.6%，国营林场加工厂加工占10.1%，生产建设占8.9%，烧窑制茶占4.8%。

2012年年末，全县有一般木材加工企业52家，年总产值4.7亿元，主要产品为木胶合板、木制刨花板、细木工板、实木地板、包装箱、木家具、纸制品等。木材制品品种多样，有建筑用木工制品(梁、椽、木瓦)、脚手架、木制模板、木地板。木家具年产2.5万件左右。

二、竹材

县内竹材有刚竹、淡竹、箭竹、方竹、毛竹、绿竹、刺竹、麻竹、紫竹、凤尾竹等。毛竹为主要竹材，长兴是全国的23个"百万株毛竹基地县"之一。竹制品主要有竹碗、竹勺、竹筷子、竹案板、竹凉席、竹窗帘、竹地毯、竹地板等系列产品。

1988年，全县毛竹采伐量247万株，毛蒿竹46万株，杂竹5463万株，总产值9645吨，商品率82.1%，商品产值8762万元。1992年，县实验示范林场等地推广梅季栽种早竹成功，毛竹产量增多，全县采伐量达201万株。2007年，新建和平、水口、槐坎、煤山、白岘五大高效笋竹产区基地，新增毛竹林1008.87公顷，毛竹低产低效林改造2405.53公顷。2012年，全县毛竹采伐量594.89万株，毛蒿竹163.6万株，杂竹10913万株，总产值31075吨，商品率87.8%，商品产值27876万元。1988—2012年，毛竹采伐量年均396.62万株。槐坎、煤山、白岘、和平等12个乡镇的采伐量占全县的98%。销往外地的竹材当中，竹材、毛竹占83%，毛篙占17%。

1988年，毛竹每50千克平均收购价为9.5元。之后，竹制品由单一向多样、从低档向中高档发展，毛竹价格亦得到稳固上升。2008年至2010年间，毛竹每50千克收购价35元至41元。2012年，达到每50千克45元。

1988—2012年，白岘乡依托2666.67多公顷毛竹资源做好竹材加工文章，发展起竹扫把产业。1988年，白岘乡竹扫帚多为家庭作坊生产制作，采用竹篾捆扎，工艺较为简单，年产值700万元。2012年，白岘乡竹扫帚产业年产值达8000万元，带动当地2000人就业，占据长三角95%的市场份额，外销竹扫帚数量达到40万把，产值300多万元。

2012年年末，全县注册竹制品企业有51家，其中龙头企业有2家，为浙江长兴森大竹木制品有限公司、长兴经纬竹制品有限公司。全县各类竹地板产销达到100万平方米，产值1.5亿元。

1988—2012年长兴县竹木材采伐量情况表

表11-23

年份	木材采伐量（立方米）	毛竹（万株）	毛蒿竹（万株）	杂竹（万株）	总产值（吨）	商品率（%）	商品产值（万元）
1988	5612	247	46	5463	9645	82.1	8762
1989	4231	213	41	5231	8736	82.3	9379
1990	4785	232	42	5478	8938	82.7	9789
1991	6411	168	24	5689	9763	87.6	10754
1992	10756	201	14	10674	10453	82.2	14739
1993	10500	197	16	10765	10235	83.8	17125
1994	10467	206	21	10878	10324	82.5	17787
1995	14510	231	19	11685	10689	83.4	18719
1996	14140	362	18	11890	10454	83.5	18987
1997	9498	356	21	7653	9986	85.7	8653
1998	8104	324	50	7123	9745	85.8	8512
1999	15978	295	63	8762	9075	84.2	14879
2000	23291	305	72	9781	11346	84.2	16723
2001	17959	332	86	7266	9086	82.1	8760
2002	47302	369	106	13020	11389	82.3	9375
2003	47883	368	109	13152	11827	82.6	9769
2004	44506	364	117	14190	12433	87.6	10894
2005	41760	375	125	13939	17926	82.2	14729
2006	37922	410	65	14347	20415	83.9	17123
2007	40478	375	101	9882	21517	82.5	17747

续表11-23

年份	木材采伐量（立方米）	毛竹（万株）	毛蒿竹（万株）	杂竹（万株）	总产值（吨）	商品率（%）	商品产值（万元）
2008	37511	409	93	9140	22671	83.4	18769
2009	25471	433	152	12170	23175	83.5	18987
2010	19763	487	153	11542	24876	85.7	19765
2011	21601	471	167	12151	26798	85.8	21496
2012	23536	595	164	10913	31075	87.7	27876

说明：资料来源于县林业局

三、花卉苗木

20世纪80年代，泗安一带丘陵地区少数农民利用当地丰富土地资源和交通便利条件，栽植香樟、广玉兰、银杏等苗木，县内也有少数农户栽种庭院花卉树木，尚无成规模花卉苗木基地。90年代初，由于城市建设和农业产业结构调整需要，县委、县政府采取多种优惠政策，鼓励发展生产绿地和花卉苗木产业，主要分布在泗安、林城、二界岭、水口等乡镇。2000年，县委、县政府号召广大群众转变思想观念，调整农业产业结构，“革番薯命”，发展苗木产业。同年，地处泗安镇三里亭村原长岗岭牧场部分下岗工人，合伙投资60万元成立长岗园林绿化工程有限公司，开始绿化苗木生产培育和经营，第2年利润就达到30余万元。2002年，全县有苗木基地1个，面积10公顷。2003年，县内相继出台《关于进一步加快发展农业产业化的若干政策意见》《关于加快泗安镇经济社会发展意见》等系列政策措施，对苗木产业从种子种苗、基地建设、招商引资、营销中介组织和种植大户等方面予以政策补助和奖励。同年，全县花卉园艺产值7919万元。在政策助推下，全县花卉苗木产业迅速发展，特别是以泗安七里亭为中心的花卉苗木基地逐步形成规模效应，带动周边乡镇和农户发展花卉苗木产业。到2006年，仅泗安镇已有苗圃200家，花卉苗木基地面积684.7公顷，泗安镇七里亭村一带已形成全县绿化苗木集散中心，苗木品种有桂花、银杏、栾树、红梅以及鲜切花、盆景、盆花等100余种，花卉园艺产值达2.3亿元。随着苗木市场走俏，以及政府政策持续支持，至2009年，全县花卉苗木产值达5.56亿元，已形成以泗安镇为中心，以林城镇和二界岭乡为两翼，辐射和平、水口、夹浦、雉城等乡镇的特色苗木基地群，苗木生产经营基地有190个。花卉苗木销售范围也由原来以上海、杭州、南京、苏州、绍兴等长三角地区为主，拓展到北京、江西、重庆、成都、武汉、无锡、合肥等地区，成为华东地区中大规格绿化苗木集散地，其中大规格香樟、桂花等乡土树种的绿化大苗和红梅种植面积居全国之首。2012年，全县花卉苗木生产基地(苗圃)300家，其中苗木生产基地201家；总面积达17133.33公顷，其中绿化苗木面积15700公顷，红梅面积1266.67公顷，花卉面积166.67公顷；花卉苗木产值11.67亿元，全年实现销售额25.4亿元，其中苗木销售额18.7亿元。全县有绿化苗木企业1000多家，苗木协会、专业合作社近50家，苗木经纪人3000多人，从业人员达3.16万余人。长兴相继获得国家珍贵树种培育示范县、中国花木之乡、中国红梅之乡、中国银杏之乡等称号。

四、林业特产

茶叶 见本编第3章、第3节。

青梅 为“长兴三宝”之一。长兴是著名的“浙江省青梅之乡”，青梅品种优良，梅果外观鲜艳，无病斑，核小肉厚，优质高产，主要有“长农17”“A0”“A18”“8816”“8820”“8810”等优良品种，并引进萧山大青梅和日本优良品种“白加贺”“莺宿”“半边红”“南高”，分布在二界岭乡、泗安镇、林城镇、小浦镇等乡镇。1988年，全县青梅面积811公顷，年产果量499吨。1997年，长兴乌梅制假被曝光，导致青梅价格暴跌，梅农开始砍伐梅树。之后，县委、县政府大力推进农业产业化经营，青梅产业逐步走出低谷。1998年1月，《长兴乌梅地方标准》由省技术监督局发布，于2月起在全县范围内实施。2001年，长兴青梅和银杏共同注册“银梅牌”商标，青梅实行无公害标准化和“基地”化生产。同年，长兴县被省林业厅命名为“浙江省青梅之乡”。2002 年 11 月，《无公害青梅省级地方标准》经省技术监督局发布在全省范围内实施。2003 年，全县 16 个乡镇和 3 个林场共有梅园 2297 公顷，年产果量 4908 吨。2001—2003 年，长兴银梅牌青梅连续三年获得浙江省农业国际博览会金奖和银奖。2004 年，长兴青梅获得农业部绿色无害农产品认证。2008 年，长兴梅源食品有限公司的梅源香青梅获浙江省森林博览会金奖。2012 年年末，全县共有青梅面积 2846.67 公顷，其中投产面积 2280 公顷，年总产量 4800 吨，总产值 2437 万元。青梅协会 5 家，其中县级青梅协会 1 个、乡级青梅协会 4 个，青梅专业合作社 2 家。

板栗　为“长兴三宝”之一。栽培历史悠久，享有盛名，主要有油光栗、马齿青、处署红三种品种，具有香、糯、甜等特点，含有丰富的蛋白质、脂肪、糖及淀粉，并具有药用价值，是长兴著名的传统特产。长兴西部丘陵地区土质瘠薄，多砾石，气候温和湿润，宜于栽种板栗。1988 年，全县板栗产量为 253 吨。1991 年，受病虫害及自然条件因素影响，减产至 64 吨。经品种选育与技术支持，1998 年增产至 850 吨。2003 年，二界岭乡云野牌板栗基地被认定为首批浙江森林食品基地。2005 年、2006 年、2007 年三年丰收，年均产量 1485 吨。2012 年，全县共有板栗面积 780 公顷，年产量 1199 吨。主要产区分布在槐坎、白岘、煤山、二界岭、小浦、长潮、太傅、吴山等乡镇丘陵地区以及泗安、小浦、红山等国有林场。其中，成片在 66.67 公顷（1000 亩）以上的产区有槐坎勤胜村、泗安林场，6.67 公顷（100 亩）以上的有槐坎的十月、仰峰及白岘乡的茅山、白岘、访贤、罗岕等村。

银杏　为长兴“三宝”之一。学名银杏，俗称白果，亦称公孙树。长兴是“中国银杏之乡”，种源丰富，有大佛手、中佛手、小佛手、大梅核、小梅核、眼珠子，其中约有 60%属大佛手。1988 年，全县银杏产量 176 吨，有银杏树 7939 株（不包括未结果的幼树）。其中，八都岕白阜乡方一、礼家、潘家、南俞、施家、许家、大岕口、柏家村及塘渚等 10 个村，共有银杏树 6004 株，占全县总数的 76.7%，占银杏总产量的 80%。2003 年，长兴县实验林场的银梅牌银杏被认定为首批浙江森林食品，并获准使用浙江森林食品标准，同年获浙江农业博览会金奖。2007 年，全县银杏投产总面积 798.09 公顷，总产量 759 吨，产值 386 万元。2010 年，银杏产量丰富，投产总面积 554.28 公顷，总产量 1002.5 吨，产值 446 万元。2012 年，银杏树种植面积共计 1460 公顷，投产面积 533.33 公顷，银杏产量 855 吨。

1988—2012 年长兴县青梅、板栗和银杏产量情况表

表 11-24

年份	青梅		板栗产量（吨）	银杏产量（吨）	年份	青梅		板栗产量（吨）	银杏产量（吨）
	面积（公顷）	产量（吨）				面积（公顷）	产量（吨）		
1988	811	499	253	176	2001	2297	4650	817	525
1989	845	583	373	95	2002	2297	4968	889	603
1990	821	539	259	183	2003	2297	4908	753	727
1991	679	506	64	136	2004	2305	5001	681	735
1992	682	578	328	210	2005	2000	4810	1401	660
1993	692	901	108	262	2006	2000	4800	1481	737
1994	729	1080	358	289	2007	2000	4500	1573	759
1995	751	1680	367	278	2008	2724	5100	817	770
1996	810	1964	380	343	2009	2781	3300	1254	880
1997	1221	2083	512	252	2010	2800	4500	1347	1002
1998	1535	775	850	161	2011			1321	985
1999	1873	1803	773	420	2012	2846	4800	1199	855
2000	2380	3232	742	485	—	—	—	—	—

说明：资料来源于历年《长兴统计年鉴》，其中 2008—2012 年青梅资料来源于县林业局

观赏梅　1998 年，长兴以东方梅园公司吴晓虹为代表的一批弄梅艺人，利用已淘汰的青梅桩，通过高枝嫁接，形成观赏性、艺术性俱佳的观赏梅，被广泛用于各大城市园林建设，取得良好经济效益和社会效益。至 2012 年，长兴观赏梅（红梅）种植面积达 1333.33 公顷，全县观赏梅绿化苗年出圃 20 万株，年总产值 6000 万元，主要品种有美人梅、朱砂梅、墨梅、绿梅、垂枝梅等 10 种，生产大小梅苗、整形苗、大盆景、精品小盆景等多种类型观赏梅产品。林城镇“林城梅苑”观赏梅基地拥有玉蝶、美人梅、南京梅、绿萼、长兴红等梅花新品种 10 多种，占地 213.33 公顷，被评为“浙江省林业观光园区”，先后举办过 6 届长兴红梅节，年接待游客 3 万多人次。长兴被评为“中国红梅之乡”“浙江省青梅之乡”。

其他特产　县内其他林副产品有人造板原料、毛料、箬叶、油菜籽、棕片、竹壳等。1988 年，全县人造板原料产量为 3589 吨，毛料 3493 吨，箬叶 11 吨，油菜籽 39 吨，棕片 5.2 吨，竹壳 2487 吨。之后，油菜籽逐年减产，人造板原料、毛料、箬叶、竹壳逐年增加，棕片维持一定水平。2012 年，全县人造板原料产量为 19793 吨，毛料 29794 吨，箬叶 23 吨，油菜籽 1 吨，棕片 3.6 吨，竹壳 7423 吨。

1988—2012 年长兴县其他林副产品产量情况表

表 11-25　　单位：吨

年份	人造板原料	毛料	箬叶	油菜籽	棕片	竹壳	年份	人造板原料	毛料	箬叶	油菜籽	棕片	竹壳
1988	3589	3493	11.0	39	5.2	2487	2001	12757	20779	23.0	1	4.0	3806
1989	7942	4169	10.4	119	8.3	3895	2002	19217	21595	22.0	1	4.0	4463
1990	5783	4285	6.2	34	2.9	3487	2003	17747	25944	30.0	2	3.8	5541
1991	3862	6653	15.0	8	6.0	2876	2004	43044	24055	25.0	1	3.8	3545
1992	1247	6029	5.0	8	8.0	2578	2005	45615	26763	25.0	1	5.0	6006
1993	4600	4918	5.0	5	3.0	2789	2006	54681	31069	27.0	1	4.0	7477
1994	15106	9809	35.0	7	4.0	3890	2007	16823	38202	25.0	1	4.3	7250
1995	17775	10456	40.0	7	4.0	4276	2008	23955	41576	28.0	1	4.0	8973
1996	15077	15777	41.0	6	3.6	4159	2009	21850	38554	26.0	1	4.0	7176
1997	13456	16368	18.0	6	4.0	4123	2010	23563	42731	25.0	1	3.8	7168
1998	5674	13380	24.0	6	3.0	3321	2011	21990	29950	25.0	1	3.8	7400
1999	14026	12635	20.0	14	4.3	4267	2012	19793	29794	23.0	1	3.6	7423
2000	11925	13847	23.0	12	3.7	3458	—	—	—	—	—	—	—

说明：资料来源于县林业局

五、长兴乌梅制假事件

长兴是中国重点产梅区，县内小浦镇、白阜乡（今属小浦镇）、太傅乡（今属林城镇）、水口乡、丁甲桥乡（今属夹浦镇）等丘陵地区的村民有种植青梅传统。长兴青梅果形中等，酸度高，宜于加工乌梅。1932 年，“合梅”牌乌梅干在浙江省举办的农产品展览会上获乙等奖。1933 年，乌梅干产量达到 75 吨。

由青梅烟熏而成的乌梅干，是药食同源的制品，功效用途广泛，是青梅经过加工后的中药材之一。其性温，味酸涩，有生津、止渴、敛肺、涩肠、安蛔虫等功效，可治疗肺虚久咳、口干烦渴、痢疾、慢性腹泻、胆道蛔虫等病症。每年 5 月中旬，长兴的梅农在梅果果色由青绿转青黄色约八成熟时开始采摘。将采摘的青梅按大小分开，均匀地放入备好的焙炕中，用木炭作燃料，慢慢烘烤，直至梅果肉起皱缩，呈棕褐色为止。长兴乌梅干曾出口东南亚，享有盛誉。1996 年，因有人使用墨汁浸泡制作假乌梅干，使得该传统产业遭到毁灭性打击。

1996 年，有个别私人承包企业从四川等地收购“白梅”，用明矾、白醋、墨汁等原料加工泡制“乌梅”，销往顶新国际集团、“康师傅”等企业。墨汁中含有 10 多种化学成分，其中的苯酚是致癌物，对人体十分有害。为利所驱，该“事半功倍”的做法，引得不少乌梅加工户纷纷效仿。一时间，以严格的传统工艺熏制，以质量赢得百年声誉的“合梅”牌乌梅干，被假乌梅干所取代。在接到举报后，1997 年 6 月 18 日晚，中央电视台、《中国质量报》记者会同湖州市技术监督局稽查大队稽查人员，在制假的长兴雉城中药材加工厂内，当场查封近 23 吨用墨汁泡制加工的乌梅干。7 月 28 日，中央电视台《晚间新闻》播出“长兴乌梅制假”消息，国内多家媒体刊播，形成较大影响。长兴人引以为豪的乌梅干再无市场，青梅价格从当年的每吨 700 多元，降至 200 元。梅农开始砍伐梅树。之后，县委、县政府大力推进农业产业化经营，青梅产业逐步走出低谷。但直至 2012 年，传统乌梅干在市场上仍不见踪迹。

第七章 农业机械

1988 年，长兴县农业机械以小型农机具为主，农机经营以户营为主，农机化服务主要以机械化耕作为主要作业，农业机械总动力 20.83 万千瓦。20 世纪 90 年代起，随着新型农机和技术的推广应用，农业机械化在种植业中不断拓展。2005 年起，实施农机购置补贴政策。同年，全县农业机械总动力 32.69 万千瓦。2005—2012 年，全县新增各类农业机械补贴农机具 12866 台套，大中型拖拉机、水稻插秧机、粮食烘干机、联合收割机、增氧机、茶叶生产与加工机械、植保机械等明显增长，全县农业机械装备由多种高性能大中型农业机械逐步取代传统的小型农业机械，以农机专业合作社为主的新型农机服务主体成为农业社会化服务主导力量。至 2012 年年末，全县粮食生产步入全程机械化，水稻耕作、排灌、收获机械化水平达 98.5%以上，植保基本实现机械化，水稻机械化栽植率 16%；全县农业机械总动力 35.53 万千瓦，其中耕作机械总动力 6.41 万千瓦，排灌机械总动力 9.69 万千瓦，植保机械总动力 5077 千瓦，收获机械总动力 3.09 万千瓦，运输机械总动力 8.79 万千瓦，其他机械总动力 7.04 万千瓦。

第一节 农业机具

一、耕作机械

拖拉机 1988 年，全县有大中型拖拉机 215 台、手扶拖拉机 7788 台、小四轮拖拉机 358 台，耕作机械总动力 82649 千瓦，机耕面积 3.73 万公顷。大中型拖拉机主要从事翻耕、整地等田间作业。手扶拖拉机和小四轮拖拉机主要从事犁田、开沟等田间作业。水田耕作主要靠手扶拖拉机和小四轮拖拉机。1995 年，全县小四轮拖拉机 656 台，为 25 年间最多的年份。1996 年，全县手扶拖拉机 10329 台，为 25 年间最多的年份。同年，耕作机械总动力超过 10 万千瓦，达 10.01 万千瓦，为 25 年间最大的年份。2001 年，全县大中型拖拉机 371 台，为 25 年间最多的年份。随着种植业结构调整和农业新技术的推广应用，拖拉机保有量呈逐年减少的趋势。2008 年，小四轮拖拉机全部淘汰。至 2012 年，全县有大中型拖拉机 62 台、手扶拖拉机 6214 台，耕作机械总动力 64067 千瓦，机耕面积 5.64 万公顷。

开沟机 1989 年，全县引进推广圆盘开沟机 31 台，并召开规模较大的开沟冬种现场会。1990 年，推广圆盘开沟机 27 台，全县开沟机拥有量达 71 台。1994 年，组织实施《IKHF-18 型组合式开沟机试验运用和推广》项目，获长兴县 1993—1994 年度科技进步奖星火奖二等奖。1995—1998 年，共引进、推广后置式开沟机 2354 台。1997 年冬种，全县应用开沟机械作业面积达 13806.67 公顷。

秸秆还田机械 1990 年，全县引进并改制与手扶拖拉机配套的旋耕埋草机，推广应用 19 台。1995 年，引进、推广适应县内农艺的秸秆还田旋耕埋草机 20 台。1997 年，全县完成机械秸秆还田面积 5400 公顷。2012 年，全县秸秆还田机械 185 台，完成机械秸秆还田面积 5804 公顷。

水稻插播机械 1998 年，全县首次引进水稻直播机 2 台，在虹星桥镇、里塘乡试种 6.67 公顷获得成功。2006 年，省政府提出在巩固提高水稻机收、机耕率的基础上，以水稻机插为重点，推进水稻生产全程机械化。同年，全县推广插秧机17台，实施《长兴县水稻机械化插秧配套育秧技术示范基地》项目。2007年6月，浙江省农业厅、浙江省财政厅联合制定水稻生产机械化作业环节补贴实施政策，同年全县推广插秧机5台，机械插秧示范340公顷。2012年，建设育秧中心9个。2008—2012年，全县共推广水稻插秧机261台，推广水稻机插面积累计15092公顷。

二、排灌机械

农用水泵 主要用于农田灌溉和排涝。1988年，全县有农用水泵9455台，排灌机械总动力3.91万千瓦，灌溉面积3.64万公顷。2012年，全县有农用水泵29126台，排灌机械总动力9.69万千瓦，灌溉面积6.17万公顷。

微喷滴灌设备 1988年，全县有喷灌机械2套。2012年，全县有节水灌溉机械32套。

三、植保机械

人力喷雾(粉)器 1988年，全县有人力喷雾(粉)器57887架。由于操作方便，发展较快。1999年年底，全县有人力喷雾(粉)器88679架，仍然是主要的植保机械。2000年后，人力喷雾机不列入农业机械统计范畴。

机动喷雾(粉)器 适合于大范围农药喷洒。1988年，全县有机动喷雾(粉)器214台，总动力446.37千瓦。受适应性和操作便利性的影响，发展较慢。2007年6月，浙江省农业厅、浙江省财政厅出台《关于对水稻生产机械化作业环节实施补贴的通知》，对全省全季病虫统防统治面积20公顷以上的植保合作社等“统一防治”服务组织，实行病虫统防统治环节的财政补贴。2008年，部分农民专业合作社大量购置植保机械，开展“统一防治”服务，全年新增机动喷雾(粉)器194台。2010年，全县机动喷雾(粉)器保有量比往年翻一番。2012年，全县有机动喷雾(粉)器2222台，总动力5077千瓦，主要用于粮油作物统防统治。

四、收获机械

脱粒机 1988年，全县有人力脱粒机709台，电动脱粒机20800台，总动力50691千瓦。2000年，全县有电动脱粒机41865台，人力脱粒机基本消失。随着联合收割机的推广和发展，小麦、水稻的收割、脱粒同步完成，电动脱粒机逐年减少。2008年，减至25195台。2009年，减至16428台。2010年，锐减至4129台。2012年，全县有电动脱粒机2507台，总动力4300千瓦。

油菜收获机 2008年，全省实施粮油生产机械化提升工程，对油菜机械收获作业环节实施补贴。同年，吴山乡首次引进碧浪牌油菜收获机1台。2012年，全县有油菜收获机22台，油菜机械化收割面积571公顷。

稻麦联合收割机 1988年，全县有稻麦联合收割机1台，属长兴良种场国有资产，主要用于良种场良种繁育试验田收获。1990年，引进闵拖产农友一90型联合收割机1台。1995年，全县有6个乡镇有联合收割机8台，机械脱粒面积100公顷。1996—1998年，共引进、推广联合收割机334台，机械割脱面积累计5436.67公顷。2000年11月，县农机技术管理站在新塘乡召开斜挂式收割机推广现场会。2003年，推广新式联合收割机7台。2008—2012年，全县共推广联合收割机324台，推广稻麦机收面积累计195066.76公顷。

图11-6 机械化收割机(县农业局提供·2008年)

五、农副产品加工机械

1988年，全县有碾米机978台、茶叶揉捻机126台、饲料粉碎机781台，农副产品加工机械总动力

18977 千瓦。2008—2012 年，随着茶叶产业的发展，全县茶叶加工机械逐年上升。2012 年，全县有茶叶揉捻机 485 台，扁形炒茶机、多功能理条机等茶叶加工机械 1166 台，粮食加工机械 690 台。

六、运输及其他农用机械

运输机械　1988 年，全县有运输型拖拉机 64 台，农用运输车 339 台，农用机动船 1596 艘，总动力 33650 千瓦。2000 年后，农用机动船不列入农业机械统计范畴。2012 年，全县有运输型拖拉机 3016 台，农用运输车 1466 台，总动力 87875 千瓦。

其他农用机械　1988 年，全县其他农用机械总动力 19832 千瓦。随着农业产业结构调整，传统农业向效益农业发展，一些新型农业机械被逐步引进，主要有水产养殖增氧机、池塘清淤机，果树修剪机、茶树修剪机等。2012 年，全县有水产养殖增氧机 1124 台，池塘清淤机 376 台，果树修剪机 8 台，茶树修剪机 836 台，总动力 70372 千瓦。

1988—2012 年长兴县主要农机具推广使用情况表

表 11-26

年份	农机总动力（千瓦）	耕作机械				排灌机械		植保机械		收获机械			运输机械			其他机械	
		总动力（千瓦）	大中型拖拉机（台）	手扶拖拉机（台）	小四轮拖拉机（台）	总动力（千瓦）	农用水泵（台）	总动力（千瓦）	机动喷雾（粉）机（台）	总动力（千瓦）	联合收割机（台）	机动脱粒（打稻）机（台）	总动力（千瓦）	农用运输车（台）	运输型拖拉机（台）	总动力（千瓦）	台数
1988	225983	77793	215	7788	358	39094	9455	446	214	55168	1	20800	33650	339	64	19832	1883
1989	241694	83691	197	8502	363	40598	10610	396	193	60029	1	23324	36653	44	71	20327	1948
1990	248067	87500	161	9026	383	42057	11901	79	52	60535	1	23846	38192	40	88	19704	1983
1991	258473	88042	135	9130	419	43500	13661	62	37	67022	2	26155	39280	53	119	20567	2129
1992	278071	89767	124	9340	418	43683	14307	91	49	66770	3	27697	56488	149	128	21272	2041
1993	293692	93753	110	9635	583	44607	14766	74	47	68354	3	28459	65636	167	123	21268	2070
1994	313825	98447	108	10112	645	46801	15473	67	47	70187	4	29189	73728	282	118	24595	1853
1995	320538	98998	111	10144	656	47177	15724	55	44	75700	9	31676	74385	320	108	24223	2371
1996	329589	100125	96	10329	643	48428	16289	103	82	79170	68	32302	76572	408	110	25191	2496
1997	332355	98886	90	10221	647	48985	16961	137	113	82770	171	33599	76764	395	113	24813	2410
1998	333987	97578	89	10154	567	49163	17191	145	117	84122	180	34062	77533	433	146	25446	2480
1999	352212	94344	89	9765	588	50393	17217	147	118	98519	193	39848	83222	710	298	25587	2491
2000	355934	93335	119	9545	543	50854	17602	141	118	104714	194	41865	81210	1496	516	25680	2272
2001	353549	89975	371	8799	477	50899	17582	25	18	104803	189	41976	80766	1507	692	27081	2332
2002	346832	79795	213	7717	301	52265	17244	103	95	105215	194	41484	86639	1982	1531	22815	2254
2003	338784	68620	228	6931	227	51223	16924	136	111	106774	182	42150	83811	1610	1977	28220	2391
2004	310938	63771	188	6645	113	50578	16609	40	25	100947	185	39859	68609	1600	1977	26993	2298
2005	326928	60149	81	6554	49	51140	16673	40	25	107976	300	40568	76701	1712	2161	30922	2283
2006	366378	54552	2	5770	165	89630	33767	216	113	115052	372	19012	71799	1328	2819	35129	2077
2007	364517	54404	6	5788	128	89642	33087	250	138	116012	423	46192	69611	1405	2561	34598	1782
2008	346545	53508	4	5708		88503	31773	741	332	67668	488	25195	85003	1366	2923	51122	3797
2009	345553	59314	18	6402		90749	30998	1368	558	52482	572	16428	85667	1540	2817	55973	3986
2010	350744	61777	23	6519		102078	31864	3015	1364	32378	645	4129	89779	1433	2824	61717	4857
2011	353941	63123	33	6612		101168	30563	4123	1879	32003	705	2728	89911	1431	2927	63613	5502
2012	355257	64067	62	6214		96941	29126	5077	2222	30925	747	2507	87875	1466	3016	70372	9217

说明：资料来源于历年《长兴统计年鉴》

第二节　农机作业与服务

一、农机作业

1988年,全县平均百亩(6.67公顷)耕地拥有农机动力40.44千瓦,平均百亩水田拥有拖拉机动力13.9千瓦。1989年起,农业机械从单一从事农田耕作作业服务向从事运输、养殖、加工等多项农机作业服务扩展。至1997年年末,全县平均百亩耕地农机动力60.2千瓦,平均百亩水田拥有拖拉机动力17.6千瓦,耕作机械化程度达90%以上。农机运输占全县农村总运输量80%以上。1998年起,全县机械化收获面积逐年增加,机械化开沟和化肥深施基本实现机械化。至2004年年末,全年推广机耕面积2.88万公顷,推广机收面积1.74万公顷,机械化收获率60%以上。2005年起,农业机械开始跨地区作业,农机化新型主体得到培育和发展,农机社会化服务体系基本确立,农机化水平稳步提高。同年跨地区作业的总机械数189台,参加人数875人。2012年,全县农机专业合作社发展到49家,农机专业户1503个。全县机耕面积5.64万公顷,其中水稻机耕面积2.67万公顷、机插4552公顷、机收2.64万公顷,油菜机收571公顷,机械化植保面积1.71万公顷,粮食生产耕种收机械化率达73.5%。植保基本实现机械化,水稻机械化插秧和油菜机械化收获技术得到推广应用。

二、农机管理与服务

1988年,县水利农机局涉及农机管理的有农机技术管理站、农机监理站、农机研究所、农机技术培训站4个事业单位。2012年,有农业机械监督所、农机技术管理站、农机技术推广站。年末,全县有在册拖拉机2671台,在册拖拉机驾驶员5082人;在册数联合收割机423台,在册联合收割机操作员386人。

1988年,全县有乡镇农机修理点26个,村级农机修理点5个,个体农机修理户146户,全年修理农机具56041台(次)。1990年,全县共213个机械维修点,办理维修许可证111个,其中农机管理部门办理66个,交通部门办理45个。2000年,根据长兴县大中型农机具分布情况,在泗安镇、林城镇、雉城镇、小浦镇设立4个特约维修网点。农机维修网点技术许可证办理由审批制改为核准制。2012年年末,全县共有各类农机维修点42个,从事农机维修人员96人。

第八章　行政执法与管理服务

1988年,长兴县农业局是主管全县农业和农村经济发展的县政府工作部门。2012年,内设办公室、农业科教信息科、行政许可科(政策法规科)、农场管理科、农业产业发展科5个职能科室,下属县农业行政执法大队、农机机械监督所、畜牧兽医局、农村经营管理站、农产品质量安全监督管理站、农业技术推广服务总站、水产技术推广站、科教综合站、农机技术管理站9个事业单位。

1988年,长兴县林业局设行政人秘股、林政股,设机关事业单位营业股、林场管理股、竹木种苗管理站、森防检疫站、公安局森林派出所、林业技术推广中心站。下辖金村、雉城水上、泗安、悬脚岭4个木材检查站;小浦、泗安、红山3个国有林场;长兴尹家边扬子鳄保护区管理处。2012年,内设办公室、人事教育科、行政许可科(森林资源科)、绿化造林科、长兴县林业局森林公安局(挂长兴县公安局森林警察大队牌子)5个职能科室;有长兴县林业技术推广中心、长兴县林权管理中心、长兴县森林消防指挥部办公室、长兴县营林站(长兴县国有生态公益林保护站)、长兴县森林病虫防治检疫站、长兴县仙山湖国家湿地公园管理处6个直属事业单位;下辖长兴尹家边扬子鳄保护区管理处、木材检查总站、长兴县永绿林业发展中心(长兴县国有林场)3个企事业单位。同年,被人力资源和社会保障部、国家林业局授予"全国林业系统先进集体"称号。

第一节　植物保护与检疫

一、植物保护

全县水稻病虫害主要有螟虫、稻飞虱、稻纵卷叶螟、稻蓟马、纹枯病、病瘟病、白叶枯病、条纹叶枯病、恶苗病、稻曲病，其中以稻飞虱、稻纵卷叶螟、纹枯病为害较重；麦类病虫害以赤霉病为主；油菜病虫害以菌核病为主。

病虫监测　县病虫测报站负责全县粮油作物病虫害测报工作，下设 1 个县级测报点和泗安镇、洪桥镇、和平镇、水口乡 4 个基层测报点。2007 年，争取到省级病虫观察区域站建设项目，选址在长兴县农业科学研究所，于 2009 年完成并投入使用。2012 年，县病虫测报站下设 1 个县级测报点和泗安镇、洪桥镇 2 个基层测报点。

病虫防控　1988—1999 年，全县主要以防控水稻“三虫三病”（螟虫、稻纵卷叶螟、稻飞虱、纹枯病、稻瘟病、白叶枯病）、麦类赤霉病和油菜菌核病为主。1988 年，针对三代三化螟重发趋势，县农业局全面布置晚稻破口期的二次防治，控制三化螟的发生。1989 年，推广简化防治技术，促进科学用药规范化。1994 年，水稻病虫综防简化规范化技术的研究和推广项目，被县委宣传部和县科学技术委员会评为中华人民共和国成立以来长兴县十大科技成果之一。2000 年后，主要以防控水稻“二虫二病”（稻纵卷叶螟、稻飞虱、纹枯病、稻曲病）、麦类赤霉病、油菜菌核病和草害为主。2004—2010 年，水稻条纹叶枯病作为重要病害进行防控。2004 年水稻条纹叶枯病发生流行后，县内开展省重点攻关项目“单季晚稻条纹叶枯病防控关键技术研究课题”攻关，形成一套“抗、避、断、治”综合防控技术，控制其蔓延。2005 年，稻飞虱连续三代大发生，至 9 月 25 日全县供应敌敌畏 1.4 万件。同年，稻虱危害造成零星倒伏面积 673 公顷（折纯倒伏面积 130 公顷），其他田块稻虱得到有效控制。2007 年，浙江省开始实施统防统治财政补贴，水稻病虫统防统治工作不断推进。至 2012 年，全县统防统治面积达到 4000 公顷。

化学除草　1989 年，全县推广丁西除草剂。1995 年，开始推广应用水稻秧本田化学除草和秧田化学调控技术，秧田幼禾葆和大田乐草隆的推广达 6667 公顷。1996 年后，推广应用直播水稻化学除草技术。1997 年，大小麦推广应用 10%甲黄隆可湿性粉剂除草剂。小麦推广应用 6.9%骠马胶悬剂除草剂。油菜上推广应用 5%精禾草克、12.5%盖草能乳油、15%精稳杀得乳油和 10%高效盖草能乳油除草剂。2000 年后，化学除草技术在农田、果园、茶园、苗木生产上广泛应用。

农田灭鼠　1988—1993 年，全县继续开展农田灭鼠保粮试点工作，改变灭鼠毒饵使用浓度，改毒鼠磷浓度 0.5%降低为 0.1%，改毒鼠钠浓度 0.1%降低为 0.05%，灭鼠效果显著。2003—2006 年，开展全县春季农田统一灭鼠工作，共投放 4%氯敌鼠钠盐和 0.5%溴敌隆毒饵 106.6 吨，投放农田面积 75828 公顷，投放农户 68.74 万户，鼠密度等到有效控制。

1988—2012 年长兴县粮食作物病虫草鼠发生及防治情况表

表 11-27

年份	主要病虫害	累计发生面积（公顷）	粮食损失（吨）	累计防治面积（公顷）	挽回粮食损失（吨）	挽回粮食损失占总产量比例（%）
1988	螟虫、稻纵卷叶螟、稻飞虱、纹枯病、稻瘟病、赤霉病	243580	8227	204610	19905	5.8
1989	螟虫、稻纵卷叶螟、稻飞虱、纹枯病、稻瘟病、白叶枯病、赤霉病	237880	12134	249810	36723	10.0

续表11-27

年份	主要病虫害	累计发生面积（公顷）	粮食损失（吨）	累计防治面积（公顷）	挽回粮食损失（吨）	挽回粮食损失占总产量比例（%）
1990	螟虫、稻纵卷叶螟、稻飞虱、纹枯病、白叶枯病、赤霉病	206250	4087	245160	21006	5.8
1991	稻纵卷叶螟、稻飞虱、纹枯病、稻瘟病、白叶枯病、赤霉病	289430	2854	298920	13791	3.8
1992	稻纵卷叶螟、稻飞虱、纹枯病、稻瘟病、赤霉病	224660	3287	229930	10917	2.9
1993	稻纵卷叶螟、稻飞虱、纹枯病、稻瘟病、赤霉病	225710	10239	251380	27860	8.3
1994	螟虫、稻纵卷叶螟、稻飞虱、纹枯病、稻瘟病	280240	9695	345470	29633	9.1
1995	螟虫、稻纵卷叶螟、稻飞虱、纹枯病、稻瘟病、赤霉病	359700	13716	373930	47735	13.7
1996	螟虫、稻纵卷叶螟、稻飞虱、纹枯病、稻瘟病	361870	16582	406920	57724	16.3
1997	螟虫、稻纵卷叶螟、稻飞虱、纹枯病、稻瘟病	331030	12535	373120	45769	12.5
1998	稻纵卷叶螟、稻飞虱、纹枯病、稻瘟病	358000	11541	462730	55684	15.3
1999	稻纵卷叶螟、稻飞虱、稻瘟病、纹枯病	313860	6223	420310	46975	15.2
2000	稻纵卷叶螟、稻飞虱、稻瘟病、纹枯病、稻曲病	205540	4594	336910	39191	13.6
2001	稻纵卷叶螟、稻飞虱、纹枯病、稻曲病	272170	4719	326560	49054	18.9
2002	稻纵卷叶螟、稻飞虱、纹枯病、稻曲病	287080	2538	288240	31785	11.9
2003	稻纵卷叶螟、稻飞虱、纹枯病、稻曲病	248730	2549	415600	44127	16.8
2004	稻纵卷叶螟、稻飞虱、纹枯病、稻曲病	292350	2960	410230	54517	19.9
2005	稻纵卷叶螟、稻飞虱、纹枯病、稻曲病	325710	11514	513910	137435	52.5
2006	稻纵卷叶螟、稻飞虱、纹枯病、稻曲病	326240	3444	490070	125246	44.3
2007	稻纵卷叶螟、稻飞虱、纹枯病、稻曲病	278690	2340	352170	121348	42.5
2008	稻纵卷叶螟、稻飞虱、纹枯病、稻曲病	289270	2332	386070	86872	28.6
2009	稻纵卷叶螟、稻飞虱、纹枯病、稻曲病	277640	1725	329510	62999	22.9
2010	稻纵卷叶螟、稻飞虱、纹枯病、稻曲病	255540	1615	325010	54624	19.3
2011	稻纵卷叶螟、稻飞虱、纹枯病、稻曲病	208980	1196	280610	28143	10.1
2012	稻纵卷叶螟、稻飞虱、纹枯病、稻曲病	238830	1473	303000	42689	14.8

说明：资料来源于县农业局

二、植物检疫

调运植物检疫 长兴县植物调运检疫以农作物种苗调运检疫为主。调入农作物种子主要种类有水稻、大麦、小麦、油菜等。县植物检疫站对违反《植物检疫条例》有关调运检疫规定行为作出行政处罚。1990年4月，对泗安镇白莲桥村一村民未办理植物检疫手续擅自调运杂交水稻种子进行处罚。2000年10月，对长兴三通药材有限责任公司未办理植物检疫手续调运带有检疫对象的中药材给予警告，并处罚。2005年3月，开通鲜活农产品运输“绿色通道”检疫签证。同年，检疫签证车辆420辆、签证农产品总量1266吨。2008年，检疫签证车辆2200辆、签证农产品总量4200吨。2010年，检疫签证车辆数下降至1500辆、签证农产品总量下降至1600吨。2011年，因公路收费站对装载鲜活农产品车辆是否持有植物检疫证书均不收费，“绿色通道”检疫签证停止办理。

产地植物检疫 县内产地检疫的主要农作物种类有水稻、小麦、大麦等，个别年份有少量油菜繁种。1989年，对全县桑黄化型萎缩病开展调查，主要发生在洪桥镇、横山乡等城东太湖沿线乡镇的桑树上。1995—2000年，重点对水稻细菌性条斑病、稻水象甲开展调查。2001—2006年，对美洲斑潜蝇、蔗扁蛾、三叶斑潜蝇开展调查。其中，2001 年，美洲斑潜蝇在油菜、茄子、番茄等蔬菜上发生危害，全县各乡镇均有发生，豚草在泗安镇三里亭、雉城镇长桥的路边荒地有零星发生；2002 年，蔗扁蛾在泗安镇、雉城镇的苗木基地少数巴西木、发财树上有发生；2006 年，三叶斑潜蝇发生范围涉及全县各乡镇，主要危害芹菜等蔬菜的叶片。2007—2012 年，重点对橘小实蝇、梨树病害、葡萄根瘤蚜、红火蚁、扶桑绵粉蚧、黄瓜绿斑驳花叶病毒开展调查。2007 年，桔小实蝇在柑橘、桃树、梨树等作物果实上发生危害，涉及雉城镇、洪桥镇、和平镇等乡镇。

2005 年 10 月，成立县重大农业植物疫情防控指挥部，重点防控加拿大一枝黄花。同年，全县加拿大一枝黄花发生面积达 320 余公顷，涉及乡镇 13 个，比较严重的有雉城镇、小浦镇、洪桥镇、和平镇、林城镇、开发区。通过每年春秋两次防控，发生面积逐年减少，蔓延趋势得到控制。2012 年秋季，全县发生面积为 32.82 公顷，涉及乡镇（街道、园区）12 个。

第二节　动物防疫与检疫

一、动物防疫

县境内畜禽主要疫病有 36 种（不包括普通病），其中畜病 21 种、禽病 11 种，其他动物疫病 4 种。1989 年，结合春秋两季防疫工作贯彻实施《家畜家禽防疫条例》。1990 年，共有 215 名农村兽医经考核合格获兽医卫生许可证。2003 年，全县推行基层畜牧兽医体制改革，实行动物检疫员聘任派驻制，动物疫病免疫工作县、乡分级负责制，动物诊疗活动实行市场化运作，各乡镇建立中心动物诊疗所。2005 年，长兴县动物疫病监测诊断中心通过省畜牧兽医局的审核验收并投入使用。2010 年，全县 17 个乡镇（街道、园区）共设立 17 个防疫小组，聘用村防疫员 245 人，投入防疫工作经费 120 万元，对牲畜口蹄疫、高致病性禽流感、高致病性猪蓝耳病、猪瘟、羊痘等重大动物疫病实行强制免疫。同年共免疫禽流感 481.96 万羽，猪口蹄疫免疫 24.71 万头，牛（双价）口蹄疫 0.3 万头，羊（双价）口蹄疫 8.98 万只，猪瘟 24.6 万头，高致病性猪蓝耳病 18.6 万头，鸡新城疫 344.1 万羽，羊痘 8.5 万只。2011 年 3 月，出台《2011 年长兴县重大动物疫病应急预警风险评估办法》，首创“三色预警法”，将重大动物疫病应急预警的风险等级分为黄色预警（较高风险）、橙色预警（高风险）、红色预警（极高风险）等三个级别，预警结果列入乡镇年度农业综合考核内容。2012 年，全县对高致病性禽流感、猪口蹄疫、牛羊口蹄疫和高致病性猪蓝耳病实行强制免疫，应免畜禽免疫密度实现 100%。

二、动物检疫

集市肉品检疫　1988 年，雉城镇检出病死猪 37 头，变质狗肉 32.5 千克，查处违反肉检规定的屠工 27 人次。1989 年 12 月开始，凡无“兽医卫生合格证”的经营单位和个人，不办理营业执照或临时营业执照。1990 年，全县开展肉品兽医卫生检疫的农贸市场增加到 20 个。1991 年，全县共检疫苗猪 68478 头，检出病猪 27 头，检验猪 30896 头，检出病猪 32 头。检验杀白家禽 7 万羽。1992 年，全县开展贸易集市白肉检疫和小猪市场检疫。全年检疫市场猪肉 2362.8 吨，禽肉 172.7 吨，牛羊肉 354 吨，狗肉 66.75 吨，兔肉 2.5 吨，检出病害猪肉 39 吨，全部作无害化处理。2002 年，共检疫生猪 4.8 万头，牛 0.16 万头，羊 0.2 万只，禽 134 万羽。之后，检疫方式主要为产地检疫和定点屠宰检疫。

产地检疫　2007 年，实施产地检疫。同年，生猪产地检疫 15.1 万头，检疫率 80%，家禽 1271 万羽（含苗禽），检疫率达到 70%。2008 年，全县设立 6 个动物检疫报检点，共实施产地检疫生猪 15.2 万头，家（苗）禽 1232.28 万羽。2011 年起，实现产地检疫全覆盖，全县设立 21 个动物产地检疫申报点，同年共实施产地检疫生猪 14.7 万头，家禽（含苗禽）1134 万羽。2012 年，全县实施产地检疫生猪 13.17 万头，家禽（含苗禽）1011 万羽，检出不合格生猪 19 头、不合格家禽 391 羽，全部作无害化处理。

定点屠宰检疫　1996 年 9 月，在和平镇设立全县第一个生猪定点屠宰场，开始实行生猪定点屠宰管理。2000年,全县有10个生猪定点屠宰场,全年共屠宰检疫生猪9万头,检出不合格生猪41头,不合格产品1100千克。2004年5月,全县有17个生猪定点屠宰场(点)和1个肉牛定点屠宰场。6月,对肉牛实施定点屠宰。2011年4月,撤并5个国有屠宰场(点)。2012年,屠宰检疫生猪22.12万头,屠宰检疫牛3843头,检出不合格产品3438千克,全部作无害化处理。至2012年年末,全县有15个生猪定点屠宰场(点)和1个肉牛定点屠宰场。2000—2012年,生猪定点屠宰检疫220.7万头。

运输检疫 1988年,流经长兴县的动物及动物产品较少,县农业局聘请夹浦镇的金村村、平桥村的2名村兽医在金村汽车站对流经动物及动物产品的车辆进行不定时运输检疫。1992年,在丁甲桥乡金村和江苏省宜兴市交界处设立专门检疫机构,对进出境动物进行运输检疫。全年运输检疫活猪6195头、活鸡1.68万只、雏鸭2.96万只,检出病死猪71头。1996年年初,在金夹、泗安2处设立临时畜牧交通检查点。2000年,金夹、泗安2处检查站全年共查验动物运输车辆60308辆。其中,生猪车辆51262辆,检疫生猪374.2万头;查验出违章车辆1552辆;检出病、死大(中)型动物677头,全部作无害化处理。2003年4月,泗安动物检疫检查站完成整体搬迁,改为二界岭动物检疫检查站。2004年6月,杭宁高速公路长兴临时动物防疫监督检查站建成投入使用。同年,杭宁高速公路、长兴金夹、长兴二界岭3个动物检疫检查站共查验动物及其产品车辆29457辆。其中,生猪车辆19020辆,检疫生猪254.87万头,检出死猪、羊199头,全部作无害化处理。2006年10月,申苏浙皖动检站建成并投入使用。2007年9月,对进出长兴县的生猪、猪肉、家禽及其他动物性产品等车辆检疫免收消毒费。2008年,县境内4个省际公路动检站共检验车辆2.81万车次,对查验出的不合格动物按农业部规定进行处理。2011年,4个省际公路疫病检查站查验动物及其产品车辆16592辆,查验畜禽899.17万头(羽)和动物产品7.87万吨。2012年,县境内4个省际公路动物检查站共查验动物及其产品车辆31295辆,查验畜禽832.99万头(羽)、动物产品9.54万吨及动物副产品15.3万吨。

第三节　渔政管理

一、水域养殖管理

1985年6月,根据浙江省人民政府《关于外荡水面定权发证的通知》精神,长兴县成立外荡水域定权发证办公室,由县农业局牵头,抽调农业、水利、财政等部门共7名人员共同办公。发证工作以夹浦乡作为试点,由点到面。自1985年7月10日开始到12月底完成水面申请验收。全县27个乡(镇)725只外荡水域,面积1770.23公顷,发放外荡水面使用权证216份。

1985年,全县有5个专业从事水产捕捞的渔民村(均建于1968年,时称水产大队,共181户、713人,分布在夹浦、后漾、洪桥、横山和长城5个公社。1983年乡镇人民政府恢复后,水产大队改称渔民村),有专业渔民194户、593人。之后,洪桥镇渔民村与横山乡渔民村合并,成立新的洪桥镇渔民村,并于2008年划归长兴县太湖图影旅游度假区。2011年,太湖图影旅游度假区管委会按照县政府文件精神,收回太湖图影旅游度假区渔民村水面使用权证4张,收回国有水面379.8公顷,失渔渔民享受失地农民社会保障。

二、捕捞许可证管理

内河捕捞管理 由县渔政部门进行许可管理。捕捞许可分为3种:专业捕捞证对象为长兴县专业渔民;兼业捕捞证对象为长兴县农民;临时捕捞证对象为到长兴临时作业的外县渔民。一般每年发放(年审)数量为50张左右。随着天然渔业资源的不断恢复,从事捕捞作业的渔(农)民逐渐增加,捕捞许可证的发放数量也随之增加,2003年达到89张。之后,有部分养殖船转为捕捞船,并有少数在外打工的专业渔民再次回村从事捕捞作业,捕捞证数量有所上升。至2012年年末,全县发放捕捞许可证121张。

太湖捕捞管理　由江苏省太湖渔业管理委员会管理。1988年,全县仅洪桥镇水产村有8张太湖捕捞专业证,没有兼业捕捞证。经湖州市政府与江苏省太湖渔业生产管理委员会办公室协商,1995年,江苏省太湖渔政监督管理站核发长兴县兼业捕捞证365张,使长兴沿湖乡镇的群众能合法入湖捕捞,主要捕捞方式为小型抄网。同年起,县渔政站受江苏省太湖渔政监督管理站委托,在长兴县濒临的太湖水域行使渔政监督管理权。之后,随着银鱼资源衰退、市场萎缩及长兴县捕捞方式落后、产量较低,群众入湖捕捞动力不足,申请捕捞人员数量急剧减少。2003年,全县有太湖捕捞证52张,其中夹浦镇24张,洪桥镇28张。2007年起,江苏省太湖渔政监督管理站不再委托县渔政站管理,直接派出人员、船艇在长兴太湖新塘港口进行驻点管理。2012年年末,全县有太湖捕捞证52张,其中洪桥渔民村28张、夹浦镇红旗村渔民组24张[①]。参见本编第5章、第2节水产捕捞。

三、渔业船舶检验

1996年,全县开始对机动渔船进行管理,主要是对船舶进行登记和法定检验。先对长兴县沿太湖从事太湖渔业运销的机动船舶进行管理,再逐步对养殖机动渔船和捕捞机动渔船进行管理。1996年,对太湖沿岸群众从事收购太湖水产品的机动渔船进行管理,全年检验机动渔船90余艘。2003年,对用于外荡、湖泊、河流水域从事捕捞生产的捕捞机动渔船进行管理,同年检验89艘。2006年,对用于外荡、水库等水域从事养殖生产的机动养殖渔船进行管理,同年机动养殖渔船有95艘。2012年,全县检验机动养殖渔船76艘、机动捕捞船121艘、运销船121艘。

四、渔业资源增殖

20世纪80年代初,县农业局采购河蟹苗种、鲤鲫鱼夏花鱼种,在西苕溪长兴水域、长兴港、泗安港、合溪新港、太湖长兴滩水域、包漾河饮用水水源保护区等国有水域,实施人工放流,以增加天然水域中的渔业资源种群数量。一般每年增殖河蟹蟹苗30千克～50千克,鲤鱼、鲫鱼夏花鱼种100万尾～200万尾。90年代初期,因天然蟹苗资源衰退,数量剧减,停止蟹苗放流。2001年,在长兴港、西苕溪等水域放流青虾、鲤鱼夏花鱼种150万尾。2005年后,增殖品种增加为鲢鳙鱼、鲤鲫鱼、草鳊鱼、太湖白鱼、太湖花鲭、河蟹、甲鱼。至2011年,在西苕溪、包漾河、合溪港、太湖长兴滩水域累计投放鲌鱼、太湖花鲭、鲤鱼等夏花鱼种1848.9万尾,鲢鳙草鳊鱼、太湖鲌鱼、太湖花鲭等冬片鱼种26.81万千克,河蟹苗种12.3万只,甲鱼苗种14980只。2012年,在包漾河放流鲢鳙草鳊鱼种2.85万千克,河蟹8万只,甲鱼1.5万只。在西苕溪放流太湖鲌鱼30万尾,太湖花鲭20万尾,鲢鳙鱼20万尾。

第四节　农业投入品监管

1988年,全县共有农资生产经营单位96家,其中生产企业5家、经营农作物种子1家、化肥43家、农药43家、兽药2家、饲料及饲料添加剂2家。1988—1998年,全县农业生产资料由长兴县供销合作社联合社专营,其他单位和个人均不得从事农资商品经营。全县农资商品流通体系由县供销合作社联合社的农业生产资料公司和基层供销社的农业生产资料部(店)组成,负责组织、调拨、储运、供应以化肥、农药为主的农业生产资料。农资经营资质由工商部门监管,农资价格由物价部门监管,经营行为实行行业自律。

1999年,长兴县成立农业行政执法大队。当年,出动执法人员450人次,对各类农资经营单位进行检查。2002年8月,开展甲胺磷等11种高毒高残留农药查禁,当年查获甲胺磷54千克。2003年,组织

① 2020年7月,国务院办公厅印发《关于切实做好长江流域禁捕有关工作的通知》,自2021年1月1日起长江干流和重要支流、大型通江湖泊(即"一江、两湖、七河")等重点水域实行十年禁捕。同年8月,江苏省农业农村厅发布第12号公告,决定于2020年10月1日收回太湖渔业生产者捕捞权,对太湖核心保护区实行常年禁捕、其他区域实行十年退捕政策,渔民转产上岸。

开展“绿剑保农业”执法行动,出动执法人员 280 人次,检查农资生产经营网点 320 个。2005 年,查获高毒农药甲胺磷 33 千克,呋喃丹 79 千克,并与包漾河水源保护区周边乡镇 30 家农资店签订不销售甲胺磷等双高农药承诺书,防止高毒农药对包漾河水源造成污染。同年起,每年 3 月至 5 月,开展以种子、化肥为重点的绿剑春季集中执法行动;6 月至 8 月,开展以卫生杀虫剂为重点的绿剑夏季集中执法行动;9 月,开展以兽药、饲料和饲料添加剂为重点的绿剑秋季集中执法行动。2006 年,根据浙江省《关于开展瘦肉精专项整治工作的通知》,对全县 33 家兽药经营点、9 家饲料生产企业进行执法检查,未发现经营禁用药物行为。2007—2012 年,根据省农业厅安排,县农业局每年开展农业投入品质量监督抽检,抽检农业投入品品种 50 个,其中种子 15 个、肥料 10 个、兽药 10 个、农药 10 个、饲料和饲料添加剂 5 个。2010 年,开展地沟油和餐厨废弃物专项整治,与 92 家 50 头以上生猪养殖户签订餐厨废弃物使用承诺书。2011 年,组织监督抽样农药及兽药 25 个,共计抽样检验农业投入品 325 个,检出不合格农业投入品 55 个,其中种子 8 个、农药 5 个、饲料 12 个、肥料 10 个、兽药 20 个。2012 年年末,全县共有农资生产经营单位 421 家。其中,农资生产企业 12 家,包括化肥生产企业 2 家、农药生产企业 2 家、饲料及饲料添加剂生产企业 8 家;农资批发经营单位 9 家、零售单位 400 家,包括经营农作物种子 1 家、化肥农药综合经营 393 家、兽药 10 家、饲料及饲料添加剂 5 家。全县年均化肥使用量 15 万吨、农药使用量 2000 吨。1999—2012 年,共出动执法人员 4808 人次,检查种子、农药、肥料等农资经营单位 4277 家次。

第五节　农产品质量安全

2004 年,全县开始水产品质量安全监管。同年,县农业局对水产苗种生产企业和部分规模养殖场进行执法检查,重点检查饲料、鱼药等渔业投入品。2005 年开始,每年开展水产品药残检测,检测对象为养殖水产品、渔药、饲料和苗种。2007 年,一个罗氏沼虾苗种样本药残超标,由县渔政渔港监督管理站对苗种生产企业长兴绿色阳光特种水产有限公司给予 1 万元行政处罚。2010 年,一个青虾产品样本药残超标,由县渔政渔港监督管理站对养殖户王某给予 2000 元行政处罚。

2006 年,县畜牧兽医局开展“瘦肉精”监测。当年检测尿样 7591 份,阳性数 44 份,退回生猪 18 批 1522 头。2007 年,开展“瘦肉精”专项整治。同年对生猪屠宰环节,强化宰前尿样抽检,按照 10%～15% 的比例进行尿样抽检,共检测尿样 8584 份。其中,4 批阳性,20 份尿样可疑,退回生猪 585 头。对 6 个生猪养殖场进行“瘦肉精”尿样抽检,未发现使用“瘦肉精”现象。2008—2012 年,瘦肉精监测均未发现阳性样本。

2010 年,县农产品质量安全监督管理站成立,主要承担全县农产品质量安全的监管、监测、组织协调及体系建设、农产品质量安全知识宣传和培训、参与农业标准化生产和国家质量认证产品的标识管理职能。2011 年,全县共确定农业企业、合作社、生产大户 108 家重点监控对象,跟踪质量安全动态,全面开展农产品质量监控。由县财政投入 40 万元,在县农业局和 14 个重点涉农乡镇建立农产品农残快速检测室,配备农产品定性快速检测仪器及设备和检测人员。同年,抽检蔬菜、茶叶、水果、水产品等 211 批次,合格率 100%;农业部和省级、市级检测单位例行检测蔬菜水果 196 批次,合格率 100%。全年累计定量检测 407 批次,定性快速检测 260 批次。同年,还开始农产品质量安全可追溯制度建设。开展初级食用农产品生产主体调查,建立农产品生产主体基本信息档案库,完成全县 1459 家生产主体产地编码,在雉城镇白阜村馨意草莓专业合作社推出持“产地编码”上市试点,将编码印制在包装上。2012 年,开展茶叶、桃、葡萄、蔬菜、水稻、水产品等 7 个专项抽检活动。全年共完成对 281 个农业企业、合作社、生产大户的 85 个品种 6198 批次农产品检测。其中,种植业农产品抽检 6054 批次(定性抽检 5656 批次、定量 398 批次),合格率 99.3%;畜产品抽检 48 批次,合格率 100%;水产品抽检 96 批次,合格率 100%。年末,全县产地编码的使用主体有 170 家。

第六节　林政管理

一、林地管理

林地保护　20 世纪 90 年代起，全县加强对林地管理，推动林地管理工作逐步走上法制化、规范化轨道。1994 年 8 月，成立林地征占用管理办公室，清理非法征用、占用林地的单位或个人。1999—2000 年，办理林地征占用项目 45 起，审核林地面积 77.88 公顷，发放“使用林地许可证”22 份。2003 年，取消林地保护建设费、森林资源补偿费 2 项收费项目。2004 年，根据省林业厅《关于开展征占用林地清理整顿大检查的通知》，对全县 2000 年 1 月以来各类建设项目征占用林地（包括临时占用林地和直接为林业生产服务的设施占用林地）以及违法占用林地的情况进行清理整顿。全县共办理林地征占用手续 155 起，审核面积 82.96 公顷，其中 2003 年 93 起，审核面积 12.52 公顷，主要为二十世纪七八十年代未纳入林地审批范围的老矿山企业补办林地征占用手续；依法查处乱占滥用林地 14 起，查处非法占用林地面积 2.66 公顷，罚款 24.23 万元。2005—2007 年，办理征占用林地项目 211 起，审核面积 733.49 公顷。2008 年 6 月至 9 月，在全县范围内开展林地违法行为专项整治活动，重点为李家巷等乡镇的矿山企业、和平镇白茶种植大户及其他林地使用重点单位，办理征占用林地项目 93 项，审核面积 145.57 公顷。2009—2011 年，开展毁林开垦和乱占林地专项检查，征占用林地审核率和林地规费收缴率均达 100%。2012 年，办理征占用林地项目 42 项，审核面积 154.47 公顷。其中，征收占用林地 21 项，审核面积 85.57 公顷；临时占用林地 17 项，审核面积 65.98 公顷；林业生产服务设施占用林地 4 项，审核面积 2.92 公顷。

林地规划　受县林业局委托，省林业调查规划设计院完成《长兴县林地保护利用规划（2010—2020 年）》的编制。根据规划，全县林地面积规划增加 234.87 公顷，林地转建设用地面积控制在 526.6 公顷，增减相抵后林地保有量至期末规划为 76111.13 公顷，较期初减少 291.73 公顷。全县公益林地面积期初 20597.33 公顷，其间规划自然增加林地面积 222.87 公顷，调整增加面积 636.8 公顷，期末公益林地面积规划调整到 21457 公顷，较期初增加 859.67 公顷。全县商品林地面积期初 55805.53 公顷，其间规划转为建设用地减少 526.6 公顷，调整减少面积 636.8 公顷，退耕还林增加林地面积 12 公顷，期末商品林地面积规划调整到 54654.13 公顷，较期初减少 1151.4 公顷。林地转建设用地面积规划控制在 1423.67 公顷，其中近期规划控制在 526.6 公顷。全县林种结构面积规划至 73627.33 公顷，其中防护林 20231.87 公顷，较期初增加 79.4 公顷。特殊用途林 3265.13 公顷，较期初增加 808.93 公顷。用材林 34982.33 公顷，较期初减少 1907.73 公顷。薪炭林 243.4 公顷，面积保持不变。经济林 14904.6 公顷，较期初增加 920.8 公顷。

二、森林采伐管理

限额采伐　全县从 1985 年起执行毛竹限额采伐制度，实行凭票采伐、投售、运输。1988 年，根据《森林采伐管理办法》规定，县林业局要求凡全民、集体、承包山、自留山采伐的林木都要纳入采伐指标之内，农村居民采伐自留地和房前屋后个人所有的零星林木除外。根据毛竹采伐量低于新竹留养量的原则，继续推行“砍四（每 2 年为 1 度）留三（度）加听空”，提倡砍伐冬竹，严禁一年四季砍伐。林木采伐期为当年 10 月至翌年 3 月。1989 年，根据省林业厅要求，县林业局规定凡人为采伐胸高直径 5.0 厘米及以上立木，均须纳入年森林采伐限额。实行限额采伐制度后，全县林业生产得到较大发展。1992 年，毛竹面积增加到 1.33 万公顷，立竹量从 20 世纪 80 年代每公顷 1650 株增加到每公顷 2460 株，总立竹量达 3250 万株。2004 年，浙江省取消毛竹限额采伐管理制度，改毛竹采伐限额为毛竹采伐计划，每年由县级林业主管部门根据毛竹使用量及生长量控制。

“七五”期间，全县年森林采伐限额为 11000 立方米。“八五”期间，为 17651 立方米，毛竹 302 万株。“九五”期间为 22550 立方米，毛竹 315 万株。“十五”期间为 50170 立方米，毛竹 287.09 万株。“十一五”

期间,年森林采伐限额为42460立方米。其中,2008年,因雨雪冰冻灾害受损林木清理,省林业厅追加长兴县14000立方米森林采伐限额,当年实际采伐林木蓄积29139立方米。2011—2012年,年森林采伐限额为42000立方米。

珍贵树木采伐 2003年,因申苏浙皖高速湖州南浔区至长兴姚家桥段工程建设,采伐涉及征用林地范围内天然金钱松59株。2005年8月,受9号台风"麦莎"影响,全县采伐被刮倒金钱松66株,其中槐坎乡抛渎岗村20株、十月村11株、祠山村2株。2007—2008年,因合溪水库工程建设,采伐移民安置点范围内金钱松151株,其中槐坎乡抛渎岗自然村141株、涧南自然村10株。对水库淹没区内的林木进行清理,采伐库区内金钱松764株,其中槐坎乡564株、煤山镇181株。2009年,因水口乡水顾公路路基修建,移植涉及乡村道路的24株金钱松,作为水顾公路的绿化行道树。至2012年年末,全县依法采伐珍贵树木1095株,其中天然金钱松1092株、银杏2株、榉树1株。

三、野生动植物保护

保护管理 1988年以来,县林业局依法加大对全县野生动植物的保护管理。2000年,对全县持有"陆生野生动物经营利用核准证"的98家饭店、宾馆及蛇类、鸟类经营户进行年度考核,对全县165份狩猎证进行年检。放归二级野生保护动物8头(只)。2002年,完成关于"长兴县古树名木普查"外业工作。2003年,完成全县3370株古树名木建档和挂牌保护工作。对生长条件差的古树采取填土、复壮抢救措施,和平镇庄古村一株500多年古紫藤得以恢复生机。2004年,吕山乡规划白鹭自然保护区27.47公顷。2005年5月起,设立为期4个月"禁捕期",其间查处猎捕鸟蛋案件2起,放归鹭鸟及鸟蛋1500余只(个)。2006—2010年,制定《长兴县湖泊湿地野生动物资源保护综合治理实施方案》,开展以打击破坏野生鸟类为主要目标的"候鸟行动""绿盾行动"和"利剑行动",共查获非法猎捕、收购、运输野生动物案件10起。其中,刑事案件2起、抓获犯罪嫌疑人5人,批准逮捕2人、行政罚款3人,收缴野生鸟类800余只,捣毁非法猎捕窝点4处。同时,每年4月10日至16日浙江省爱鸟周期间,县林业局根据省林业厅、省野生动植物保护协会要求,开展爱鸟周宣传活动。2012年4月,浙江省野生动植物保护宣传月(爱鸟周)启动仪式暨扬子鳄放归自然活动在长兴举行。其间进行扬子鳄放归、扬子鳄科普展、鸟类摄影展、动物铜雕展、动植物绘画展等野生动植物保护科普活动。动物铜雕展展出90余件动物铜雕作品,其中鸟类铜雕32件,作品来自东南亚、欧洲、美洲等地区。鸟类摄影展展出全省摄影爱好者拍摄的鸟类作品40余件,有蜂鸟、苦恶鸟、白鹭等珍贵鸟类。

利用管理 20世纪90年代起,随着全国野生动植物保护和自然保护区建设工程的实施,以及国家出台政策支持并规范人工驯养繁殖野生动物,县内野生动物驯养繁殖及经营利用开始发展。1999年,县林业局规定凡经营利用陆生野生动物及其产品的宾馆、饭店、个体工商户须申请核发"陆生野生动物经营利用核准证"。2008年8月,县林业局对养殖、经营国家二级以上野生动物的44家经营管理单位进行走访,重新审核原有证照。11月,集中收缴野生动物狩猎征,审核后换发新证。至2012年年末,全县相关企业数量从最初3家发展到22家。其中,长兴尹家边扬子鳄保护区等驯养繁殖单位15家,长兴果圣生态农业开发有限公司等经营利用单位7家。野生动物种类从一两种发展到10余种,有扬子鳄、梅花鹿、暹罗鳄、河麂、蓝孔雀、大雁、野猪、华南兔、环颈雉、鹌鹑、野鸭等,经营规模发展到70公顷。

四、山林纠纷处理

农村实行家庭联产承包责任制后,山林权属划分到户管理,农民拥有山林管理使用权,政府颁发相应的使用证或承包合同书。因历年山林地形地貌的改变及山林使用权管理经验不足,证界不符、四至不准、权属不清、重复填证等问题长期存在,引发山林纠纷。1988—2012年,全县共发生山林纠纷115起,成功调处107起,多为山林界线纠纷。

2007年9月24日,二界岭乡罗家地村茅草冲承包组向县处理山林纠纷领导小组办公室提出申请,要求撤销罗家地村集体林场(涧西林场)的山林所有权证,将山林所有权还给承包组。茅草冲组认为1973年涧西大队兴办集体林场的土地是向其借用的,而1982年县政府颁发的山林所有权证所记载的坐落地名应该是“天堂”，不是“长木岭”。经县处理山林纠纷领导小组办公室工作人员与双方当事人现场踏勘，查明涧西林场在坐落地名“长木岭”“猴子洼”的2块山林与茅草冲组在坐落地名“天堂”的山林四至界线清楚，无重复情况。根据《浙江省森林管理条例》第43条、第44条及《林木林地权属争议权属处理办法》第6条规定，二界岭乡罗家地村涧西林场持有的山林所有权证合法有效。罗家地村茅草冲承包组提出的“长木岭”“猴子洼”共6.67公顷山林的权属归罗家地村集体林场所有。

2008年5月22日，小浦镇小浦村8组向长兴县处理山林纠纷领导小组办公室提出申请，认为小浦镇南周自然村8组在塔山西垦种的地块应归小浦村8组所有。理由是该地块在1982年县政府颁发的山林所有权证记载的范围内，且林地所有权人为小浦村8组。南周自然村8组成员认为，该地块原为荒山，20世纪60年代其组成员就在该地块上进行垦种，垦种的权益应归其组所有。争议发生后，小浦村村委会、小浦镇政府组织双方当事人进行调解，但调解未果。县处理山林纠纷办公室受理该案后，查明1982年县政府将该地块确权给合溪公社小浦大队第8生产队，即当时的小浦镇小浦村8组和13组，林权证上记载明确，四至清楚。根据《浙江省森林管理条例》第43条和《林木林地权属争议处理办法》第6条、第8条规定，小浦镇小浦村8组所持的山林所有权证合法有效，小浦镇小浦村南周自然村提出的争议地块归小浦镇小浦村8组所有。

五、林政执法

1988年，县公安局森林派出所设在县林业局，下设小浦林场值勤室、泗安林场值勤室。1997年，更名为县公安局林业公安科。2001年12月更名为县公安局森林公安科，至2009年5月撤销，设县公安局森林派出所。2011年5月，更名为县林业局森林公安局、县公安局森林警察大队。县公安局森林公安科于2005年被省森林公安局授予集体三等功，“4•22”非法运输珍贵濒危野生动物虎、熊案专案组于2010年被省森林公安局授予集体三等功。

1988—2012年，长兴森林公安共开展“打击盗伐、滥伐林木违法犯罪”“森林火灾大会战”“毁林开垦整治”“春雷”“林地专项整治”“禁种铲毒”“木材加工企业清理整顿”“打击破坏森林资源违法犯罪”“绿盾一号”“绿盾二号”“打击非法经营利用野生动物”10次专项整治行动，共办理森林刑事案件28起，其中盗伐林木案件13起，滥伐林木案件8起，非法采伐、毁坏珍贵树木案件3起，失火案（森林火灾）案件3起，非法运输珍贵、濒危野生动物案件1起；50人受到刑事处罚，4个村集体单位受到判处罚金处罚。

林城镇方山村集体滥伐林木案。1998年9月，方山村向县林业局申请采伐村林场12立方米杉木，获批后分2次共砍伐杉木105.65立方米，实际滥伐93.65立方米。案件经长兴森林公安侦查后移送起诉，法院审后判决：一、被告单位长兴县林城镇方山村经济合作社犯滥伐林木罪，判处罚金人民币5000元；二、被告单位长兴县林城镇方山村村民委员会犯滥伐林木罪，判处罚金人民币5000元；三、被告人贺某犯滥伐林木罪，判处有期徒刑3年，缓刑4年，并处罚金人民币2000元；四、被告人吴某犯滥伐林木罪，判处有期徒刑3年，缓刑4年，并处罚金人民币2000元；五、犯罪所得赃款人民币41332.4元，予以追缴，上缴国库。

林某非法运输珍贵、濒危野生动物案。2009年4月22日，林某非法运输一只虎和一只黑熊，由安徽省宿州市前往福建省漳州市，途径杭宁高速长兴父子岭路段时，被高速交警查获。案件经长兴森林公安侦查后移送起诉，法院判决被告人林某犯非法运输珍贵、濒危野生动物罪，判处有期徒刑6年6个月，并处罚金人民币50000元。

六、森林防火

森林火灾　森林火灾发生主要受天气和人为活动因素影响，绝大多数森林火灾是人为用火不慎引起。1988—1993年，全县共发生森林火灾61起，森林受灾面积118.8公顷，火灾发生比较平稳。1994年8月5日，由于夏季天气异常高温干旱，和平碜碛发生一起森林火灾，过火面积95.6公顷，其中荒火面积94公顷，毛竹等有林山受灾面积1.6公顷。1995—2003年，共发生森林火灾62起，火警较少，受灾面积约 79.36 公顷。2004—2008 年,因发展白茶种植开垦炼山人为用火增加,森林火灾发生次数较多,共发生 191 起,受灾面积约 66.84 公顷。2009—2012 年,加大对毁林开垦种植白茶行为打击力度,人为野外用火活动减少,森林火灾呈下降趋势,共发生 69 起,受灾面积约 31.93 公顷。1988—2012 年,全县共发生森林火灾 437 起,受灾森林面积 308.43 公顷,出动扑火人工 2 万人次,刑事处罚 2 人。

1988—2012 年长兴县森林火灾情况表

表 11-28

年份	火灾次数(次)		受灾面积(公顷)	年份	火灾次数(次)		受灾面积(公顷)
	合计	其中大火	合计		合计	其中大火	合计
1988	8	3	80.00	2001	12	1	5.20
1989	18	3	15.30	2002	8	2	8.00
1990	7	1	5.00	2003	16	2	8.00
1991	10	1	4.50	2004	48	4	20.73
1992	10	3	8.00	2005	42	5	24.60
1993	8	1	6.00	2006	30	2	6.72
1994	9	1	3.50	2007	40	1	3.46
1995	8	3	13.30	2008	31	2	11.33
1996	11	3	14.00	2009	21	2	10.53
1997	14	2	8.30	2010	16	1	6.50
1998	9	2	12.96	2011	17	2	8.30
1999	12	2	11.00	2012	15	3	6.60
2000	17	1	6.60	合计	437	53	308.43

说明:资料来源于县林业局

火灾预防 1989 年 11 月,《浙江省森林防火实施办法》实施,确定森林防火期为每年 11 月 1 日至次年 4 月 30 日。森林防火期内,全县重点林区控制火源,禁止野外吸烟、烤火、野炊、玩火、上坟烧纸、烧山驱兽、烧灰积肥、烧田坎。造林炼山、烧荒开垦、烧牧场、烧防火线和施工等生产性用火,必须经县政府或授权部门批准,领取"用火许可证"。1998 年,对 17 个山区乡镇和 3 个国有林场实行森林火灾综合治理,建立全县森林消防责任机制。2008 年,森林火灾远程视频监测系统建成使用。之后,全县以贯彻落实《浙江省森林消防条例》为契机,推动森林火灾各项预防措施落实。日常加大森林消防宣传,对半专业扑火队进行扑火演练,对全县各乡镇灭火器械进行统一维修和使用技术指导。森林防火期内,加强对入山人员的管理。森林防火重点时期,对森林火灾多发地段,增设临时防火检查站和临时护林员,加大巡护密度;行政交界处加强联防联守,林区、公墓区和旅游景区等重点部位严防死守;强化应急处置,及早储备防火物资,全面检修扑火设备。

火灾扑救 1987 年 10 月,成立县护林防火委员会,由县政府分管副县长兼任主任,下设办公室负责日常工作。同时,县政府决定 11 月 1 日至次年 4 月 10 日为森林防火期。1988 年,建立县、乡、村三级护林防火组织,分别建立森林火灾军民联防制度和苏浙皖护林防火联防制度。1997 年起,针对历年森林火灾 5 月份发生的频率较高的实际情况,全县防火期延长为 11 月 1 日至次年 5 月 31 日。2002 年,修订防火预案、建立防火地理信息指挥系统。2008 年起,贯彻《浙江省森林消防条例》,全县各涉林乡镇先后成立乡镇长担任组长的森林消防领导小组。

1988 年,全县有场、乡、村护林防火领导小组 174 个、共 641 人,义务扑火队 22 个、共 425 人。1998 年起,县政府分别与全县 17 个山区乡镇、3 个国有林场签订森林火灾综合治理责任状,森林防火工作逐步走上制度化、规范化道路。2006 年 3 月,全县武警森林消防队开展扑救森林火灾实战演习,全县 16

个乡镇的林技员观摩演习。2008年，各涉林乡镇成立半专业森林消防队伍，每支队伍有20人～30人；县级层面建立由县武警中队组成的专业扑火队伍，有55人。同时，在全县范围内组建民兵森林消防队，承担各自乡镇范围内的森林火灾扑救任务。至2012年年末，全县建立义务森林消防队伍114支，约2000人；半专业森林消防队伍21支，534人。消防物资设备主要有远程视频监控点6个，森林消防指挥车4辆、森林消防车运兵车1辆，森林消防水车20辆，灭火弹225枚，风力灭火机279台，GPS2只，对讲机23只。全县林区开辟森林防火隔离带总长292千米、总面积40.89公顷，建设生物防火林带总长110千米。基本建成森林火灾隔离网、森林防火指挥网、森林火险天气测报网和森林火险现代通讯网。

图11-7　森林消防演练(县林业局提供·2005年)

七、林业有害生物防控

县内森林病虫害种类繁多。松林主要病虫害有马尾松毛虫、松材线虫病等，毛竹主要病虫害有竹舟蛾、竹螟、竹叶涓夜蛾、竹长白蚧、竹卵圆蝽、一字竹象甲、毛竹枯梢病、毛竹基腐病，青梅主要病虫害有梅瘿蜂、太谷桃仁小蜂、蚜虫、灰霉病和疮痂病，板栗主要病虫害有桃蛀螟、栗瘿蜂。苗木病虫害主要包括香樟的有樟颈曼盲蝽、樟脊网蝽和枯枝病，银杏的超小卷叶蛾和蓟马，红梅的红蜘蛛，无患子的溃疡病，合欢的枯萎病，樱花的冠瘿病。

机构队伍　县森林植物检疫站于1984年成立，与县森林病虫害防治站合署办公，全称为县森林病虫防治检疫站，属事业性单位。1989年，国务院颁布《森林病虫害防治条例》，县森林病虫防治检疫站全面开展森林植物检疫、病虫害预测预报、推广防治技术等工作。同年，有专职检疫员4人，各乡镇场及木检站配备兼职检疫员16人。1995年1月，在泗安、金夹、青岘、悬脚岭设立4个木材检查站，3月设立雉城临时森林植物检疫检查站，每站派驻2名～3名经省林业厅批准、持有“森林植物检疫员证”的专兼职森检员，开展森林植物检疫。2009年，县森林病虫防治检疫站确定为社会公益类纯公益性事业单位。2012年，全县有森林植物检疫员23人，其中属于林业部门森林植物检疫站专职检疫员14人，其余9人为乡镇专职检疫员。全县设立金夹木检站、泗安木检站、白岘乡、和平镇、槐坎乡、煤山镇、小浦镇、夹浦镇和水口乡9个森林植物检疫办证点。

监测和普查　1988—2012年，全县在病虫害常发区设立森林病虫虫情测报点，对特定虫情监测预报，全面掌握全县林业有害生物发生和发展动态，提早发现和控制虫情。至2012年，全县共设立林业有害生物固定测报点20个，其中竹螟9个、松褐天牛8个、马尾松毛虫1个、樟颈曼盲蝽2个。

1988年以来，每年对全县范围内松林开展春、秋季松材线虫病疫情普查，监测覆盖率100%。1989年，组织森林植物检疫对象普查，调查确定境内森林植物检疫对象有板栗疫病、泡桐丛枝病。1990年，对松材线虫病及其他森林植物检疫对象再次调查，发现检疫对象有板栗疫病、泡桐丛枝病，未发现毛竹枯梢病、松材线虫病。1995年至1996年，开展森检对象、补充森检对象和危险性病虫普查，成立调查小组实施调查工作，采用线路踏查为主、标准地调查为辅的方法，在全县范围内对应施调查的林地进行详查，全县共设立标准地90块，其中毛竹病虫60块、泡桐10块、板栗20块。发现在县内分布且已造成程度不等的危害的有板栗疫病、栗瘿蜂、栗实象、松针褐斑病、松褐天牛、松纵坑切梢小蠹、吹绵蚧、日本龟蜡蚧、大叶黄杨叶斑病、卵圆蝽等。

2004年3月，全县开展林业有害生物普查，历时一年半时间。共采集昆虫标本10000余号，病害标本1500余号，有害植物标本200余号；发现昆虫种类10目98科534种，病害190余种，有害植物85种。2010年，全县开展林业有害植物普查，该次调查人员达30余人，野外调查时间累计150多个工作日,覆盖18个乡镇(街道)、太湖图影旅游度假区和长兴县永绿林业发展中心,全面查清长兴县林业有害植物种类、危害对象和程度。全县共调查登记林业有害植物9科21种,其中外来有害植物6种,为空心莲子草(苋科)、加拿大一枝黄花(菊科)、豚草(菊科)、假高粱(禾本科)、互花米草(禾本科)、凤眼莲(雨久花科);当地有害植物有15种,为葛藤(豆科)、葎草(桑科)、苍耳(菊科)、黄花蒿(菊科)、一年蓬(菊科)、小飞蓬(小蓬草)(菊科)、钻形紫菀 (菊科)、野塘蒿(菊科)、车前草(车前科)、阿拉伯婆婆纳(玄参科)、窄叶野豌豆(豆科)、白香草木樨(豆科)、大狗尾草(禾本科)、狗尾草(禾本科)、菟丝子(旋花科)。上述有害植物在县内除葛藤、葎草、空心莲子草、加拿大一枝黄花和苍耳有一定面积分布危害外,其余种类均为零星散状分布,对树木生长不构成影响。

林业有害生物防治 全县林业有害生物无公害防治措施,主要以营林管理为基础,提高育苗、造林技术,加强抚育管理,预防控制病虫害。以生物防治和物理防治为调控和辅助,采用释放天敌昆虫,挂设人工鸟巢、人工捕杀、引诱剂及灯光诱杀等防治手段。以化学防治为应急,合理使用化学杀虫剂和杀菌剂。1988年,在和平镇磜碛村、滩龙桥村进行竹腔注射甲胺磷防治卵圆蝽,防治面积58.7公顷。1994年,在10个乡镇开展营林措施,共清理病竹约15万株,防止毛竹枯梢病的扩散和蔓延。1997年,在煤山镇、白岘乡和水口乡安装黑光灯37盏,喷洒农药,有效控制竹螟危害。2007年4月,在白岘乡使用1000只白僵菌粉炮防治竹篦舟蛾;7月,在槐坎乡仰峰村使用敌马烟剂防治竹篦舟蛾。2009年,在全县挂设频振式光控杀虫灯350台,在永绿林业发展中心、泗安镇、水口乡森林挂设人工鸟巢400只,推广无公害防治。

马尾松毛虫防治 1988年,县森林病虫防治检疫站与泗安林场生产技术人员共同制定各代松毛虫具体防治方案,先后采用幼虫期喷药防治、成虫期点高压触杀灯、卵期放蜂等措施。1991年至1992年,泗安林场采用微生物杀虫剂BT固体、25%灭幼脲III号喷雾防治马尾松毛虫。1994年,对泗安林场赵村等林区第一代松毛虫进行点高压触杀灯诱杀,防治面积为160公顷,虫灾级由预测的7级以上降为4级以下,有效避免发生死树现象。同时还组织将赵村分场单一马尾松林逐步改造成由杉木、毛竹、国外松、阔叶林组成的混交林,改造面积5.3公顷。经多年综合防治,松毛虫危害于1997年得到有效控制,至2012年年末没有发生灾情。

松材线虫病综合防治 主要有清理枯死松树、松树注药、喷药防治、诱捕器防治、疫情普查和封锁5种方法。1995—2002年,防治措施主要以清理枯死松树为主。1995年3月,县森林病虫防治检疫站会同槐坎乡林业站,组织民工对与广德县独山镇毗连的六个小班中18棵死松树采取连根挖除、整株烧毁处理。1995年冬至1996年年初,组织实施以“彻底清理发病山场、建设隔离带”为主要内容的首期除治工程,清理销毁全部病死松树,就地烧毁枝丫75万千克,成片皆伐松树活立木1496立方米,熏蒸木材1679.49空间立方米,完成除治面积207.2公顷。2006—2008年,在长兴县永绿林业发展中心桃花岕林区实施三期松材线虫病绩效承包治理,投入除治经费83.1万元,通过对204公顷松林绩效承包,清理蓄积逐年减少。2006年,在桃花岕林区挂设天牛诱捕器65只。2009年,在全县挂设天牛诱捕器150只。2009年、2011年,对县委党校内所有松树采取打孔注射药物松线虫防治。2011年和2012年6月至7月,使用1%噻虫啉微胶囊粉剂对泗安镇仙山湖景区周围约86公顷松林喷粉防治松褐天牛。2011—2012年,在泗安镇仙山湖景区挂设天牛诱捕器160只。2011年起,用3年时间,分3期实施泗安镇松材线虫病疫点拔除。对作为综合防治区的仙山湖景区,采用化学防治、仿生物防治和常年清理病、枯死木措施;对综合防治区以外松林,加大枯死松树清理力度,常年清理,覆盖面积1222.8公顷。

植物检疫 1992年开始,县森林病虫防治检疫站对森林植物、林产品、苗木开展产地和调运检疫。同年,全县产地检疫植物面积10公顷,调运检疫木材8556.7立方米、毛竹89.92万株。之后,每年种苗产地检疫率均在96.8%以上。2003年起,加强对全县疫木定点加工企业的监督管理,规范疫木加工及使用行为。2007年起,每年组织开展“绿盾护林”松木及其制品检疫执法专项行动,打击违法收购、加工、销售、使用松木及其制品行为,强化松木及其制品检疫监管,防止松材线虫病扩散蔓延。2010年起,开展林业重点工程种苗花卉检疫专项检查,实施林木种苗花卉繁育单位(个人)检疫登记制度,防止检疫性、危险性林业有害生物扩散。2012 年，全县产地检疫植物面积 2419.1 公顷，调运检疫木材 15.93 万立方米、苗木 72.3 万株。至 2012 年年末，全县累计开展疫木定点加工企业定期检查 40 次、不定期检查 60 次；"绿盾护林"专项行动累计查处违法案件 12 起；全县共有木材加工企业、木材经营单位和其他涉木企业 145 家。

八、木材运输检查

凭证运输　1985 年起木材市场放开，允许多渠道经营。1988 年，省政府规定毛竹(毛篙竹、竹片、竹杠)运输出县、出省的，必须向县及县以上林业主管部门办理出运证明。1989 年，省林业厅规定运输木材、毛竹出省，均由林业厅资源林政管理处签发"出省木材运输证"，出省木材实行总量控制，不得超过省林业厅下达的控制指标。1990 年 12 月，县政府明确木材运输管理范围，凡运输木材、木制成品、半成品、木柄木棍、杉木梢、旧屋料、商品性柴(炭)，全部列入木材运输管理范围，需办理木材运输证明。

检查监督　1990—1991 年，县林业局设立长兴木材检查站、泗安木材检查站和青岘木材检查站，在国道、省道公路干线挂牌，依法实施运输检查监督任务。1992 年，增设悬脚岭、初康木材检查站和水上木材检查站，并开展夜间巡回检查。1996 年，设置雉城水上木材检查站。1997 年，金夹木材检查站被省林业厅评为"文明木材检查站""省级文明检查站"，1998 年被林业部评为"全国木材检查站标准化建设达标站"。2000 年，经省林业厅批准，县林业局成立长兴县木材运输巡查大队，有木材运输巡查人员 12 人，分为雉城、金夹、泗安、悬脚岭 4 个巡查组。当年共查处违章采伐运输木材案件 1500 多起，没收木材 2144 立方米，木材变价款 123.4 万元，罚款 33.4 万元。2003 年，根据国家、省林业部门的有关文件精神，下发《长兴县关于规范我县树木采挖管理有关问题的通知》，规范林木采挖管理。同年成立县木材运输检查总站，将青岘岭、悬脚岭、金夹木材检查站和雉城木材运输巡查中队人员进行合署办公。2008 年，县政府办公室下发《关于进一步规范树木采挖管理的通知》，加强对大规格树种出县外运的管理。1988—2012 年，县内固定木检站平均每年检查车辆 16715 辆，查处违章车辆 1590 辆，没收木材 1487 立方米，没收毛竹 103416 株，变价罚没款 34.9 万元。

第七节　农业技术服务

一、农业标准

2000 年，全县农业标准化工作起步。至 2012 年年末，在 18 种动植物 24 个品种(类型)方面，共制定县级农业地方标准 62 项、省级农业地方标准 4 项和行业标准 1 项，其中废止 63 项，有效 4 项；实施农业标准化示范项目 34 个，其中国家级 2 个、省级 25 个、市级 2 个、县级 5 个；有 276 个农产品通过无公害农产品认证，63 个农产品通过绿色食品认证，73 个产品通过有机食品认证，其中有效期内的无公害农产品 246 个、绿色食品认证数量 41 个、有机食品 3 个，总面积 32125.6 公顷。

二、科技成果

1988—2012 年，获部、省级农业科技(推广)成果奖项共 8 个，其中一等奖 4 个、二等奖 1 个、三等奖 2 个、其他奖项 1 个(部级科普奖 1 个)。获部、省级农业(粮食)丰收奖项 14 个，其中一等奖 2 个、二等奖 7 个、三等奖 5 个。获湖州市农业科技(推广)成果奖项共 6 个，其中一等奖 1 个、三等奖 3 个、其他奖项 2 个。获县农业科技(推广)成果奖项共 18 个，其中一等奖 3 个、二等奖 5 个、三等奖 10 个。获县农业(粮食)丰收奖项共 2 个(二等奖)。

三、农技推广

1988 年，全县共有乡镇农业技术服务站 34 个，各乡镇农业技术服务站有各类技术人员 5 人至 8 人。2002 年后，各乡镇、街道农技站更名为农业服务中心。2006 年 9 月，启动乡镇农技推广体系改革，建立"县—乡—村"农技推广网络体系。整合农业、林业、水利及科技部门农技推广资源，县设农业技术推广中心，下设种植业、渔业、畜牧业、农机、林业、水利 6 个专业技术指导组；乡镇(街道)设农技推广服务中心；226 个村设农技指导站，有村级农技人员 678 人。2009 年，实施基层农技推广体系改革与建设示范县项目，在农技人员队伍中实行聘用制度，培育科技示范户、建设农业科技试验示范基地、开展基层农技人员知识更新培训，建立农业科技成果转化应用快捷机制。2010 年，建立长兴县现代农业技术推广联盟，拓展农技推广服务渠道，实行“1+1+n”农技推广运行方式，建立“首席专家+农技指导员+示范基地”的农技推广机制。2012 年 8 月，县政府出台《长兴县基层农业公共服务中心建设实施方案》，在全县 16 个乡镇(街道)建立 16 个基层农业公共服务中心，其中示范性服务中心 3 个，分 3 年实施完成。1988—2012 年，共有示范推广新品种、新技术、新机具 150 多项，其中重点推广项目 47 项。

四、农业信息化

农技 110 2001 年，省政府发出《关于加快建设浙江省农村经济信息网的通知》，县政府即成立县农村信息化工作领导小组，制定工作方案，由县农业局建立“长兴农村经济信息网”“农技咨询 110 服务热线”，县科技局建立“乡镇信息服务站”。至 2002 年年末，全县 16 个乡镇和 224 个行政村均建立信息服务站和农技 110 咨询热线系统，投入建设资金 448 万元。农技 110 采取人机结合、坐诊咨询与现场指导结合方式，开展信息服务。2005 年，升级“农技 110”咨询服务热线，开通农业局农技专家座席热线。至 2012 年，农技“110”专家共坐班 5880 人次，共接受电话咨询 2100 人次。

农民信箱 2005 年 10 月，全县组织实施“农民信箱”工程，并成为市首批创建示范单位。2008 年，“农民信箱”开通农机、粮油、畜牧 3 个业务管理子平台。至 2012 年，全县“农民信箱”注册用户 5.4 万人，其中农业经济主体用户占 12%，普通农户占 83%，机关和非涉农用户占 5%。共有农机子平台主体用户 2106 人，其中农机大户 2037 人、农机专业合作社 42 家、农机维修站点 26 个、农机培训机构 1 家，共发布市场信息 145 条，其中成交信息 26 条、交易额 260 万元；粮油子平台主体用户 1937 人，其中粮油种植大户 1808 人、粮油企业 8 家、粮油专业合作社 48 家、育种烘干服务中心 6 家、农作管理人员 67 人，共发布各类粮油信息 27 万条；畜牧子平台主体 447 个，其中 395 家规模养殖场、23 家专业合作社、5 家饲料生产经营企业、11 家兽药生产经营企业、13 家屠宰加工企业，共发布各类畜牧信息 12 万条。

农业信息网络与服务 2004 年，《长兴县“数字长兴”建设纲要》出台，县农业局负责并建成全县 16 个乡镇、254 个行政村的二级网络联络体系。根据“平台上移、服务下延”的信息联络服务模式，投入 60 万元升级县农业局局域网和“长兴农村经济信息网”。2006 年，将 16 个乡镇信息服务站和“农民信箱”工程系统进行整合，建成县、乡镇、村三级网络联络体系。2008 年，全县开始实施“万村联网工程”，农村信息化网络服务体系“三电合一”模式得到完善，信息服务覆盖率达 90%以上。2011 年，根据省农业厅《关于做好农业电子政务内网组建工作的通知》要求，县农业局建成农业电子政务内网，接入省农业厅视频会议系统、现代农业地理信息系统、农业动植物预警系统，实现县农业局和省农业厅数据共享。2012 年，县财政投入 300 万元，由县纪委、县农业局牵头建立全县农村“三资”管理平台，平台建设达到“组织网络化、监督多元化、运作阳光化、管理信息化”目标。2004—2012 年，“长兴农村经济信息网”门户网站累计访问量 175 万次，农业科技类服务信息覆盖全县 16 个乡镇 254 个村。“农民信箱”服务信息(邮件、短信)9742.55 万条。“农技 110” 咨询电话 1.2 万次。至 2012 年年末，长兴县“农民信箱”已建立县级联络室 42 个，乡镇联络站 29 个，村联络点 360 个，管理人员 431 人；“农民信箱”网上农博会、“每日一助”助农服务、农村村级财务三资平台、村级就业用工电子屏平台，共发布信息 2060.1 万条；全县有 367 家农业企业参与线上线下设摊、询盘，交易金额 7647 万元。建有乡镇(街道、园区)网站 20 个、村级网站 268 个、各类农业经济主体网站 120 个、农家乐网站 22 个，各类网站累计发布信息 39731 条。创建“浙江省农村信息化示范创星‘十百千’工程示范村”1 个、“湖州市农村信息化示范村”68 个、“长兴县农村信息化示范村”49 个。

五、农业技能培训

绿色证书培训 1998 年，全县启动“绿色证书”培训，县农业局负责编制实施方案和工作计划，乡镇成人文化技术学校承担具体培训任务。2005 年 9 月，出台《长兴县农村实用人才培养计划》，将“绿色证书”培训纳入农村实用人才培养内容，规定“绿色证书”培训班每期设置 3 门～5 门课程，培训时间累计 30 天～40 天。至 2012 年年末，全县绿色证书培训累计发证 6579 份，涉及农学、蔬菜、果树、水产、畜牧、茶叶等专业。

农业专业技能培训　2007 年 3 月，制定《长兴县农业专业技能培训方案》，以适应加快推进社会主义新农村建设的需要，提升农村劳动力技能。明确农业专业技能培训以农业基础理论，农业实用技术，有机、绿色、无公害农产品生产，区域内主导产业，农业信息化，相关特色技能为重点，整建制推进。至 2012 年年末，全县累计完成农业专业技能培训 40474 人次。

第八节　林业科技

一、科技推广

1988—2012 年，县林业局引进推广多项林业项目，包括板栗、早园竹、山楂、杉木等。1990 年，从板栗矮秆密植试验、早园竹丰产试验、山楂丰产试验、杉木模式栽培及推广使用化学除草剂 5 个方面，进行科学试验和科技推广。1991 年，重点推广杉木速生高产模式栽培、杉木短期轮伐期高产林栽培、老头松杉林改造、毛竹低产改高产培育技术以及板栗、白果等名特优经济林模式栽培项目。1992 年，在县实验示范林场等地推广梅季栽种早竹 59.2 公顷，成活率达 90%以上。在煤山镇等地推广陡坡竹山改笋山 266.7 公顷。在小浦林场和泗安林场推广名茶加工技术，2 个林场精制的“古寺紫笋”和“云峰翠芽”被评为部级名、优茶。在煤山镇、小浦镇、白阜乡等 14 个乡镇推广毛竹林免耕施肥 666.7 公顷。

1998 年，在全县重点推广银杏优质高产、银杏人工授粉、笋竹两用林丰产、早园竹笋早发高效、毛竹林免耕施肥等科技兴林新技术，共计推广面积 4886.7 公顷，新增产值 2932 万元。1999 年，县林业局重点推广早园竹覆盖、银杏硬枝扦插育苗、青梅疮痂病防治、银杏高位嫁接、毛竹免耕施肥、毛竹扩鞭造园、松材线虫病除治 7 项技术。2001 年 9 月，长兴双万亩青梅示范基地被列为浙江省省级林业特色基地。2002 年，推广银杏人工授粉、青梅良种造林等 8 项适用新技术，新增产值 1719 万元。2003 年，推广适用技术 8 项，其中白果产量由 603 吨增至 727 吨，苗木花卉产值由 7210 万元增至 12027 万元。2004 年，组织实施林业科技项目 17 项，涉及花卉种苗、造林抚育、退耕还林、森林防火、森林病虫害防治、湿地和生物多样性保护、森林食品开发、林产品加工、野生动物驯养繁殖、林业宏观发展研究等。2005 年，引进 5 个园林绿化新树种，组织实施各类林业科技项目 15 项，涉及花卉种苗、造林抚育、退耕还林、森林防火、森林病虫害防治、湿地和生物多样性保护、森林食品开发、林产品加工、野生动物驯养繁殖、林业可持续发展研究等方面。2007 年，实施《绿化苗木标准化推广》项目 1 个，建立标准化基地 666.7 公顷，辐射面积 1200 公顷。2008 年，出台《长兴县竹子现代示范园区建设实施意见》，在水口乡、槐坎乡、煤山镇、白岘乡、和平镇 5 大片 11 个乡镇(单位)建立 4000 公顷竹子现代示范园区；20 公顷以上的示范点有 6 个，其中核心区水口乡顾渚村 66.7 公顷。2009 年，在煤山镇建立材用林示范基地 20 公顷，在和平镇、水口乡建立两用林基地 2 处共 40 公顷，辐射推广 2333.3 公顷，为竹农年度增收 5582.5 万元。2011 年，推广毛竹“春笋冬出”高效覆盖技术，建立示范基地 8 个，覆盖面积达 8 公顷。同年，《无公害板栗省级标准》获浙江省农业科技成果转化推广奖，推广面积 4800 公顷，农民年均增收 3558 万元。

二、林业标准化

技术标准　2001 年 12 月，县林业技术推广站制定《无公害银杏省级系列标准编制》，由省质量技术监督局发布并实施，2006 年经修订后重新发布并实施。2002 年 12 月，制定《无公害青梅省级系列标准编制》，由省质量技术监督局发布并实施，2006 年经修订后重新发布并实施。2003 年 10 月，制定《长兴无公害优质早园笋栽培技术规程》《长兴无公害优质板栗栽培技术规程》，由县质量技术监督局发布并实施。2004年11月,制定《长兴优质无公害毛竹笋用林栽培技术规程》,由县质量技术监督局发布并实施。12月,制定《无公害食用香椿头栽培技术》,由县质量技术监督局发布并实施。2007年11月,制定《无公害笋、竹两用毛竹林》,由县质量技术监督局发布并实施。2001—2012年,全县共制定和编制银杏、青梅、早园笋、板栗、毛竹笋用林、香椿、笋竹两用林7项林业技术标准。

推广应用 2003年起,全县先后在林城镇、和平镇、仙山乡、后漾乡和泗安镇进行技术推广应用,累计推广面积8510公顷。2003—2008年,推广《长兴无公害优质早园笋栽培技术规程》,在林城镇、和平镇、仙山乡、后漾乡、泗安林场共推广面积166.7公顷,每公顷产值12万元。2003—2009年,推广《长兴无公害优质板栗栽培技术规程》和《无公害板栗》,在泗安镇、小浦镇、二界岭乡、吴山乡、白岘乡共推广面积1866.7公顷,每公顷产值6150元。板栗主产区二界岭乡733.3公顷低产板栗林,年增效益410万元。2004—2010年,推广《无公害食用香椿头栽培技术》,在二界岭乡、仙山乡共推广面积43.3公顷,每公顷产值16.5万元。2004—2012年,推广《长兴优质无公害毛竹笋用林栽培技术规程》,在水口乡、和平镇、小浦镇、横山乡推广面积800公顷,每公顷产值1.95万元。2007—2012年,推广《无公害笋、竹两用毛竹林》,在泗安镇、水口乡、二界岭乡、煤山镇、白岘乡、槐坎乡、小浦镇、和平镇、夹浦镇、横山乡推广面积1466.7公顷,其中毛竹主产区笋竹产业建立核心示范点7处,共186.7公顷。2008—2012年,推广《无公害杨梅》,经县级产业化政策引导和杨梅丰产培育技术的实施,全县杨梅面积达到3433.3公顷,年产值14592万元。建立渚山杨梅观光园,示范推广面积266.7公顷,农民人均增收923元。

第九节　农村能源开发与推广

一、沼气

1987年之前,全县农村户用沼气池由于技术和质量问题,不能有效提供沼气池发酵物,经济效益不高。至20世纪90年代末,全县农村户已不再利用沼气。2006年2月,省农业厅、财政厅、环保局联合出台《关于进一步推进畜禽养殖场排泄物治理工作的若干意见》,把规模化畜禽养殖场排泄物治理作为浙江省"811"环境污染整治的重要内容。长兴县宏梅养殖场被列入浙江省第一批规模畜禽养殖场排泄物治理,项目总投资60余万元,其中财政补贴10万元、自筹资金50万元;新建厌氧池400立方米,水解酸化池50立方米,储肥池1200立方米,储气水封池70立方米,储气柜50立方米。2006—2008年,和平镇横山村周小忠养殖场等18家小型畜禽养殖场被列入浙江省畜禽养殖场排泄物治理,项目总投资111.6万元,其中财政补贴36万元、自筹资金75.6万元;新建厌氧池770立方米,沉淀池与养化塘1800立方米,干粪堆积房330立方米。

二、省柴灶

1988年,全县有11.2万农户使用省柴灶,占农户总数的95%,省柴灶的热效率提高到37.3%,节能省钱效果明显。农民改灶积极性高,出现"造新房打新式灶,住旧房改老式灶"的现象。20世纪90年代,家用电器、煤气灶进入农户,形成省柴灶、家用电器、煤气灶并用格局。随着新农房的建造,部分农户不再建造省柴灶,占比逐步降低。2009年,全县有13.73万户使用省柴灶,为省柴灶建造数量最多的一年,但在全县农户总数的占比下降至81.6%。2012年,全县有12.75万农户使用省柴灶,占农户总数的72.3%。

三、太阳能

太阳能热水器 1998年之前,太阳能热水器在县内农户家中已开始应用。由于受到供水条件、经济条件限制,至1998年年末,全县安装太阳能热水器仅198台。2000年3月,省农业厅、建设厅联合下发《关于进一步加强村镇建设中太阳能利用工作的通知》。同年年末,全县农村户用太阳能热水器数量894台。进入21世纪,随着农村经济的快速发展和新农村建设的推进,太阳能热水器得到广泛应用。2010年,全县农村太阳能热水器安装数量28710台。2012年,全县农村户用太阳能热水器数量37510

台、8.03万平方米，年可替代标煤11253吨，年节电3128万千瓦时。

太阳能路灯　2010年，泗安镇兴隆村安装70盏太阳能路灯。2011年9月，省农业厅、财政厅联合下发《关于2011年生态循环农业示范工程项目建设计划的通知》，泗安镇玉泉村列入项目建设计划。2012年，完成项目要求，安装太阳能路灯60盏。2012年年末，共安装太阳能路灯130盏，年可节约电能4.7万多千瓦时，节省电费2.8万元。

第九章　国有农林场

1988年，长兴县有良种繁育场、农业科学研究所、长岗岭牧场、茶场、姚家桥农牧场、蚕种场、龙华蚕种场等7个国有农场，有小浦、泗安、红山3个国有林场，103个集体林场。2000年前后，分别完成国有农林场改制。

第一节　国有农场(所)

一、长兴县良种繁育场

1988年，长兴县良种繁育场(简称良种场)有职工139人，水田43公顷，山地10公顷。1995年8月，实施良种实验基地建设。同年12月，下属长兴县羽绒厂破产。1993年9月，开始以劳动合同制为主要内容的改革，实行工资与效益挂钩。1997年7月，推行承包、核算、盈亏、风险"四到户"和职工生产费用、生活费用"两费自理"的经营体制改革。2003年1月，实行企业产权、职工身份双置换改制。至2002年10月31日评估时点，良种场总资产591.8万元，总负债365.6万元，所有者权益226.2万元。在职职工96人，其中距法定退休年龄5年内有10人，退休职工56人，遗属1人，精减人员6人，内退人员9人。身份置换基准日为2002年12月31日，所有干部职工均与单位签订解除劳动(人事)关系协议，单位给予职工一次性经济补偿。职工自行办理失业登记和续办养老保险手续。2003年1月月底改制结束，良种场停止经营，县农业局聘用人员管理土地、房屋等国有资产。2011年9月，良种场出让0.78公顷土地给浙江省勿忘农集团公司。2012年，良种场实施国有农场危旧房改造项目，利用生活区原木门厂旧址建成住宅房一幢5户，每户58平方米。同年，良种场27公顷土地(包括县土地收储中心尚未使用的土地)全部承包给个人经营，以繁育种子为主。

二、长兴县农业科学研究所

1988年，长兴县农业科学研究所(简称农科所)有职工35人，土地68.24公顷，是县内唯一的农业科学研究机构。同年2月，县农科所与县林业局花木公司联营小型苗圃场，1991年苗圃场与县林业局花木公司脱钩；5月，兴办长兴油脂厂，生产二级菜油和菜饼，该厂于1994年破产。1990年11月，县农科所接收原属于长广公司的坐落于七都斗7幢27间637.85平方砖木结构房屋。1992年，在雉城镇新建综合商场和"浙江省长兴丝绸工艺厂"。1993年11月，兴办长兴百味饮料食品公司，注册资金60万元，年产大豆蛋白粉1500吨，固体饮料300吨和乳饮料。1991—1994年，县农科所引进培育示范栽培青梅苗、桃形李苗、新品种茶叶；试种高档保健蔬菜——日本肉葫芦获成功；开展桑苗基地建设；银杏快速育苗研究；油菜秧苗喷施多效唑试验；"浙春二号"春大豆示范推广；优化"汕优10号"杂交制种试验；吨粮田试验；示范推广配方施肥模式；草莓促成栽培试验研究；浙北银杏早实丰产技术推广研究。1994年7月，根据全县创建粮食大县总要求，建设名、特、优果木生产及繁育基地。1996年1月，开展叶用银杏良种选育及丰产研究，当年被列入浙江省科技计划。2001年11月，县农科所改制，在职职工37人，退休人员9人，经评估(评估基准日为2001年9月30日)总资产191万元，总负债为210万元，净资产负19万元。同年年底,改制完成,农科所集体经营结束,土地和房屋国有资产由县农业局聘用人员代管。2006年,日资高田(长兴)汽车安全气囊装置项目征用农科所土地7.13公顷。根据国家相关安全规定,该企业厂区外部设置500米范围的安全防控区,防控区内禁止有人居住和再建项目。2009年,根据安全防控区要求,农科所拆除原办公楼及仓库等建筑物,实施建设用地复垦,复垦面积1.07公顷。2010年9月,日本独资企业长兴光美农业科技有限公司,在农科所试种日本越光大米成功,并进入国内市场。2012年,农科所有水田27公顷、鱼塘6.3公顷,全部由个人承包经营。

三、长兴县长岗岭牧场

1988年,长岗岭牧场有奶牛场2个,饲养奶牛600头,有乳品加工厂、机械配件厂、运输公司、长岗花木公司、长岗建筑工程公司、商业供销公司、后勤服务公司7家下属单位,职工700人,年末固定资产总额810万元,工农业生产总值838.38万元。生产的"长岗牌"全脂加糖奶粉1988年获全国首届食品博览会银奖,1989年在全国奶制品统检中被定为B级产品,1990年被农业部认定为优质产品,1991年12月通过农业部优质产品复评。1989年9月,经省计经委批准的日处理10吨鲜奶乳品加工厂生产线竣工投产。同年,由于市场行情滑坡,企业亏损75.5万元。1990年,亏损28.07万元。1991年,投资30.2万元,实施3.63千米输水管道改扩建工程。1992年5月,企业内部实行工效挂钩分配制度。1995年8月,实行劳动合同制。同年,建立木本花卉、草坪、观叶盆栽、鲜切花4个示范基地。2001年,实行企业产权、职工身份双置换改制。全场在职职工188人,离退休28人,内招退休17人,内招在职5人,挂靠在职2人,土地面积160公顷,资产变现共计441万元,年底企业改制结束。改制后,牧场职工发展绿化苗木种植。2002年,新发展苗木66.67公顷。2003年,被省农业厅农场管理局评为浙江省农场系统精品农业(苗木)示范基地。2012年,长岗岭牧场土地面积182.3公顷,全部承包到户种植绿化苗木,产值235万元。股份制养奶牛365头,全年鲜奶产量581吨。

四、长兴县茶场

1988年,长兴县茶场土地面积211.33公顷,其中茶园面积134.4公顷。茶场总收入201.54万元,净利润23.04万元;干毛茶总产量188.1吨,精制茶产量为87.5吨。1989年,投资10万元新建采茶工宿舍273平方米,青叶摊青间677平方米。1989年,与湖州市食品公司联办养猪基地。1993年10月,企业内部实施优化组合、逐级聘用的体制改革。2000年8月,实行企业产权、职工身份双置换改制。全场职工98人,退休人员12人,职工遗属9人。经资产评估,总资产605万元,总负债92万元,所有者权益513万元。同年10月,茶场出让部分资产,日本外商受让和承租茶场部分资产,成立外资公司长兴英特茶叶发展有限公司,引进一条蒸青茶生产流水线,产品全部返销日本。2000年年末,改制结束,全体职工解除劳动关系。茶场133.33公顷的专业茶地中,105.33公顷承包给日资企业经营30年,28公顷茶地实行个人承包,茶场集体经营结束。土地和房屋国有资产由县农业局代管。2010年,为配合城南工业功能区开发建设,长兴英特茶叶发展有限公司整体搬迁。2012年,长兴县茶场专业茶园面积56.67公顷,全部实行个人承包经营。

五、长兴县姚家桥农牧场

1988年,长兴县姚家桥农牧场有土地80公顷,职工335人,工农业总产值344.55万元。同年,姚家桥农牧场兴办农垦汽车修配厂;实施粮食专项资金项目,建立制种繁种中心。1989年10月开始,在姚家桥云田庙处实施职工集资建房,一期先建2幢16户,累计完成7幢72户。1990年5月,下属长兴农垦全价饲料厂投产。1991年1月,实施节能沼气及综合利用示范工程。1996年3月,下属长兴县永强化工厂歇业。2000年8月17日,长兴酿酒厂宣告破产。2001年,姚家桥农牧场实行改制。全场职工251人,资产3049.9万元,负债4227:75万元,资不抵债1177万元。年底改制完成,农场停止经营。土地及房屋国有资产由县农业局聘用人员代管。2004年,杭州灯塔养殖场落户姚家桥农牧场,年出栏生猪10万头。后因对环境造成影响,于2007年整体搬迁。2008年,长兴青青水产养殖场租赁姚家桥农牧场农田15.29公顷,2012年关闭。2012年,全场37.33公顷水田继续由个人承包经营。

六、长兴县蚕种场

1988年，长兴县蚕种场有职工36人，专业桑园41.42公顷，养蚕用房6364.8平方米，生产一级蚕种普通种。1993—1995年，被省农业厅评为蚕种质量管理先进单位。1996年，以生产组为核算单位，养蚕与栽桑一条龙，实行经济承包责任制。1997年，成建制并入长兴蚕丝绸总公司管理。1998年，开展精减人员、优化组合和“两费自理”改革。2001年10月18日，与长兴县龙华蚕种场合并成立长兴县蚕种总场，合并后进行事业单位改制。至2001年10月底，总资产687.34万元，在职职工93人，离退休31人，提前5年退休22人，病退1人。改制采取净资产转换职工身份，对在职职工进行一次性经济补偿。2002年年末改制完成，脱离长兴县蚕丝绸总公司，划归县农业局，由县农业局代管改制前退休人员及相关国有资产。2003年，长兴县蚕种总场更名长兴宝宝蚕业有限公司。2006年，长兴宝宝蚕业有限公司一分为二，原长兴县蚕种场部分分离后，成立长兴通宝蚕业有限公司，股东35人。2009年年底，县农业局启动对长兴蚕种场国有土地确权发证，至2010年上半年完成。长兴蚕种场农用地82.47公顷，建设用地7.2公顷，合计总面积89.67公顷。因蚕种行业不景气，长兴通宝蚕业有限公司真正从事蚕种生产的股东为8人，其他均承包土地种植绿化苗木或外出打工。至2012年，公司年均生产蚕种2.5万张，产值100万元。

七、长兴县龙华蚕种场

1988年，长兴县龙华蚕种场有职工38人，专业桑园36.14公顷，养蚕用房7091平方米。生产二级蚕种即原蚕种、普通种。1996年，以生产组为核算单位，养蚕与栽桑一条龙，实行经济承包责任制。1997年，开始生产四级蚕种即母种、原原种、原种、普通种，是浙江省饲养四级蚕种的4个基地之一。同年，成建制并入长兴蚕丝绸总公司管理。2001年10月18日，与长兴县蚕种场合并成立长兴县蚕种总场，合并后进行事业单位改制。2003年，长兴县蚕种总场更名长兴宝宝蚕业有限公司。2006年，原长兴县龙华蚕种场部分从长兴宝宝蚕业有限公司分离，成立长兴龙华蚕业有限公司，股东37人。年均产普通种2万张，原种0.6万张，产值150万元。2010年，完成对龙华蚕种场国有土地确权发证，农用地130公顷，建设用地6.73公顷，合计总面积136.73公顷。2011年6月，龙华蚕种场地生产区建设用地3.75公顷(包括生产区资产)出让给浙江省原蚕种场，资产变现1000万元。浙江省原蚕种场收购龙华部分资产后，成立浙江和顺现代农业有限公司，租赁龙华蚕种场15.6公顷桑园地，进行改桑培桑。长兴县龙华蚕种场(长兴龙华蚕业有限公司)停止蚕种生产和经营，土地及房屋等国有资产由县农业局聘用人员代管。

第二节　林　场

一、国有林场

1988年，全县有小浦、泗安、红山3个国有林场，总面积5400多公顷。同年起至1995年，3个国有林场调整产业结构，发展加工业，共成立竹木、茶叶加工企业9家，商场3家。1993年3月，省林业厅批准成立长兴桃花芥森林公园，与小浦林场实行两块牌子一套班子管理。1996年，3个国有林场调整林种结构，发展优、高、新经济林，种植毛竹、早竹、茶叶、青梅、板栗、银杏和柿共800公顷，占林场总面积14.8%。1998年，泗安林场推出“小型家庭林场”长期承包模式，打破“中锅饭”“小锅饭”现象，将林区零星不易管理的毛竹和土地承包给职工，直到退休。1999年，长兴县成立国有林场改革与发展领导小组，林场破除对内承包模式，引进外来人员进场承包。同年，3个国有林场经济林面积发展至1133.33公顷，占林场总面积16.2%。2002年5月，3个国有林场改制全面开始。229名干部职工与林场统一签订解除人事劳动关系协议，林场给予一次性经济补偿。职工承包经营的土地无论到期与否全部解除，重新签订基本条款一致的合同。12月31日，职工身份全部置换。2003年1月，62名提前退休职工在县社会劳动保险委员会办公室领取退休金，承包土地全部退还给林场，改制结束。

2003年3月，县林业局出资100万成立长兴县永绿林业发展中心，统一管理3个国有林场。永绿中心场部设在葡萄岕，在3个国有林场原有林区的基础上划分15个营林区、33个护林点，分布在全县10个乡镇，额定管理人员31人，护林人员38人。2003—2008年，发展林业产业，建成商品用材林、银杏青梅、毛竹、绿化苗木、茶叶5大林业特色基地。共营造毛竹林333.33公顷，改造毛竹低效林200公顷，营造杨梅100公顷，发展青梅银杏产业面积200公顷，茶叶产业面积153.33公顷，绿化苗木产业133.33公顷。2006，永绿中心建设生态林业，3年建立生物防火林带67.6千米。2008年，完成阔叶化改造217.2公顷、长防林国债项目239.2公顷。2009年8月，经省林业厅批准，将3个国有林场撤并为长兴县林场，与永绿中心实行两块牌子一套班子管理。2010年，调查实测长兴县林场总面积5107.53公顷，其中界定公益林3393.27公顷、商品林1714.26公顷。2009—2012年，永绿中心在百亩山实施珍贵树种造林试验，种植光皮桦、紫楠，共建立59.6公顷珍贵树种示范林。

二、集体林场

1988年，全县有集体林场103个。1990年，有集体林场111个。2002年1月，长兴县森林分类区划界定，52个集体林场划入生态公益林。2006年7月—2007年4月，长兴县实行山林延包，40个集体林场发包到农户。至2012年，全县有集体林场19个。以下选介5个。

洪桥碧岩村林场　原为横山乡后城林场。经营面积5.8公顷。其中，毛竹3.33公顷、茶叶2.13公顷、梨子树0.33公顷(5亩)。1999年1月，横山乡并入洪桥镇，林场更名为洪桥镇后城林场。2002年4月，后城村并入碧岩村，林场更名为洪桥镇碧岩村林场。1988—1998年，年均收入1.8万元，除上交村集体0.41万元外，人均收入1158元。1999—2012年由个人承包，每年上交村0.8万元。

泗安镇毛家村西岕林场　原属二界岭乡。经营面积50.8公顷。1984—2004年，由个人承包，除去上交村部分，年收入从1984年5.71万增加到2004年的12万元。2004年12月，由村收回，再次承包给个人。2011年，转包给上海艳阳集团，开发旅游山庄。2012年6月，二界岭乡并入泗安镇，原二界岭乡毛家村西岕林场更名为泗安镇毛家村西岕林场。

雉城街道西峰坝村林场　原属后漾乡。经营面积76.6公顷。1988—2001年，由村统一管理经营。1999年2月，后漾乡并入雉城镇。2002年，将3.33公顷土地对外发包发展绿化苗木。2006年11月13日，龙湖山庄项目征用土地3.91公顷。2007年10月18日，小山部分征用10.61公顷。2008年，又有8公顷土地发包给西峰村农户种植杨梅。

小浦镇林场　经营面积39.87公顷。1988—1999年，林木蓄积726立方米，林木资产及固定财产共20余万元。2000年，实行承包责任制，所有林地面积承包给林场职工经营。2005年，发展毛竹8公顷，苗木6.67公顷。2010年，合溪水库建设及水库辅助工程建设征用林场土地面积18.13公顷。2012年年末，共有林地经营面积21.67公顷，其中毛竹3.47公顷、苗木9.47公顷、茶叶8.73公顷。

泗安镇林场　原为长潮乡林场。林地总面积240公顷。1988—2000年，成林杉木53.33公顷，松木80公顷，毛竹13.33公顷，茶叶4公顷。小班面积123.8公顷，宿子岭水库25.33公顷，清水沟53.8公顷，大塘沟70公顷，兴隆村58公顷，杨湾村73.33公顷。1990—2000年，以销售林木为主，上缴乡政府后，年均收益6万元～7万元。2000年12月，长潮乡并入泗安镇，林场更名为泗安镇林场，设宿子岭、清水沟2林区。2001—2011年，上缴镇政府后，年均收益12万元～13万元。其中，2009年为减轻镇政府和林场负担，取消上缴款，转为自负盈亏。2012年，以经营茶叶和毛竹为主，年收益40万元。

第十二编　工　业

20世纪80年代，随着经济体制改革的深入和产业结构的调整，长兴县工业逐步形成全民、集体、个体并存，以建材和煤炭开采为主的28个门类，并有一定规模和技术管理水平的格局。1988年，全县有工业企业3849家，全部工业总产值10.93亿元，其中乡镇工业产值占54.4%，成为全县经济重要支柱。90年代初，全县工业以市场为导向，加快经营机制转换，加快科技改造力度，兴办三资企业，行业结构发生较大变化，建材、耐火、轻纺等成为支柱产业，尤其是轻纺业快速发展，成为全县主要工业行业。1993年起，推进国有、城镇集体及乡镇(村)集体工业企业产权制度改革。1994年，出台政策鼓励和引导个体私营经济发展。1996年，全部工业产值在全市三县中率先突破百亿元大关。1998年起，大力培育发展医药、化工、机电等新兴产业，加快引进港澳台商与外商投资工业领域。2001年，国有、集体规模工业企业产值占全县规模工业总产值37.1%，股份制及其他经济类型企业产值占62.9%，非公经济在工业中的占比首次超过国有、集体经济。至2003年，全县工业企业改制基本完成，大量乡村集体企业转化为县域民营经济基本骨干和有生力量。同年起，落实省委"八八战略"，确立"工业立县"战略，加快先进制造业基地建设，走新型工业化道路，推进工业大县建设。2007年，提出打造"长三角先进制造业重要集聚区"，加快建设工业强县。同年，机械电气成长为第一大产业，全市首个境外上市企业在长兴诞生。2008年，蓄电池产业跻身"中国产业集群品牌50强"，长兴2家企业入围"中国民营企业500强"。2009年，长兴被命名为"中国水泥产业基地"，新能源产业被列入全省21个"块状经济向现代产业集群转型升级示范区"之一。2010年，县经济技术开发区升格成为全省首个县域国家级开发区。历经多年的结构调整优化，全县工业逐步形成以新型电池、现代纺织、特色机电、新型建材为主导的四大支柱产业。2012年，编制实施《长兴县工业强县建设规划》，全面启动工业强县建设试点①。同年，全县规模工业企业580家，规模工业总产值817.08亿元。工业增加值占全县生产总值的46.7%，比1988年增长40.84倍。全县工业企业中，亿元产值及以上工业企业168家，其中销售收入超200亿元企业2家、上市企业2家，拥有国家免检产品11个、中国名牌产品1个、中国驰名商标10件、省级名牌产品52个、省著名商标48件、市级名牌产品36个。

第一章　工业总情

1988年，长兴县有乡及乡以上工业企业514家，实现工业总产值7.92亿元，销售产值7.08亿万元，利税总额9902万元，利润总额6394万元。20世纪90年代后期起，全面推进企业改制，至21世纪初基本完成。2005年，全县有规模以上工业企业(全部国有及年销售收入500万元以上非国有工业企业)370家，实现工业产值183.95亿元，销售产值180.34亿元，利税总额21.02亿元。2012年，全县有规模以上工业企业(年销售收入2000万元以上工业企业)580家，实现工业产值817.08亿元，销售产值

① 2013年，长兴县完成规模工业总产值1003.1亿元，成为全市首个、全省第15个千亿级工业强县。

801.92 亿元元,利税总额 67.13 亿元。

第一节 工业规模

一、企业及从业人员

1988 年,全县有工业企业 3849 家,其中乡及乡以上工业企业 514 家(其中乡及乡以上独立核算工业企业 470 家),年平均从业人员 65890 人。1993 年,全县工业总量扩张较快,有乡及乡以上工业企业 554 家,年平均从业人员 105126 人。20 世纪 90 年代后期起,企业改制全面推进。至 1998 年,全县有规模以上工业(全部国有及年销售收入 500 万元以上非国有工业企业)116 家,年平均从业人员 38165 人。21 世纪初,全县工业企业基本完成改制,进入稳定发展期。2005 年,全县规模以上工业企业 370 家,比 1998 年增加 254 家。2010 年,增加至 831 家,年平均从业人员 76514 人。2012 年年末,全县有规模以上工业(年销售收入 2000 万元以上工业企业)580 家,年平均从业人员 70818 人。

二、产值

1988 年,全县全部工业总产值 10.93 亿元,其中省属工业总产值 2.05 亿元、占 18.7%,县及县以下工业总产值 8.89 亿元、占 81.3%;乡及乡以上工业总产值 7.92 亿元、占 72.4%,村及村以下工业总产值 3.01 亿元、占 27.6%。20 世纪 90 年代起,全县工业开始以转换经营机制为重点的企业改革,县委、县政府先后出台《关于进一步鼓励发展个体私营经济的意见》《关于乡(镇)村集体企业推行合作制的试点意见》等文件,推动全县各类工业企业转换经营机制。1994 年,全县乡及乡以上工业总产值突破 50 亿元,为 50.83 亿元。1998 年,全县工业企业改制任务基本完成,同年规模以上工业(全部国有及年销售收入 500 万元以上非国有工业企业)总产值 40.36 亿元。进入 21 世纪,全县进一步抓好工业经济结构调整,增强发展后劲。2004 年,全县规模以上工业总产值突破 100 亿元大关,为 136.16 亿元。“十一五”末,全县规模以上工业总产值达 574.95 亿元。2012 年,全县规模工业(年销售收入 2000 万元以上工业企业)总产值 817.08 亿元。

1988—2012 年长兴县工业企业及总产值情况表

表 12-1

年份	企业(家)	年平均从业人员(人)	工业总产值(万元)	年份	企业(家)	年平均从业人员(人)	工业总产值(万元)
1988	514	65890	79173	2001	159	35203	521419
1989	530	64608	100696	2002	185	36119	644967
1990	510	62846	107466	2003	223	40828	984154
1991	480	61492	128362	2004	287	46758	1361643
1992	473	63478	179697	2005	370	48657	1839472
1993	554	105126	440915	2006	456	54282	2439619
1994	501	72465	508315	2007	530	58817	3161513
1995	522	73856	434450	2008	689	63111	4051067
1996	466	60720	472873	2009	760	69180	4619009
1997	419	52719	403458	2010	831	76514	5745886
1998	116	38165	403596	2011	529	66981	6468714
1999	133	37577	410912	2012	580	70818	8170848
2000	137	36301	450869	—	—	—	—

说明:1. 资料来源于历年《长兴统计年鉴》;2.1988 年起为乡及乡以上工业企业,1998 年起为全部国有及年销售收入 500 万元以上非国有工业企业,2011 年起为年销售收入 2000 万元以上工业企业

三、主要产品产量

1988年，全县工业主要产品有原煤、化肥、水泥、石料、石灰、砖瓦、陶瓷、耐火材料、粮油加工、食品、饮料酒、丝、丝织品、服装、皮革制品、电子元件、电力等列入统计大宗产品50余种，尤以建材产品为主导。1998年，全县规模以上工业主要产品列入统计范围产品种类有60余种。2000年起，随着改革开放深入推进，多种经济成分活跃兴起，招商引资全方位拓展，一些新兴产业、科技型企业异军突起，长兴工业经济结构出现极大变化，产品结构更趋于综合性、多样化。2012年，全县规模以上工业主要产品有原煤、发电量、大米、饮料酒、纱、布、印染布、无纺布、服装、皮革服装、中成药、化学农药原药、化学纤维、水泥熟料、水泥、商品混凝土、平板玻璃、钢化玻璃、耐火材料制品、石墨及碳素制品、钢材、铅酸蓄电池、锂离子电池、电光源、通信及电子网络电缆、光电子器件、电子元件、房间空气调节器、家用电冰箱、家用洗衣机等列入统计范围产品种类80余种。与1988年相比，全县工业主要产品列入统计范围的产品种类增加三分之一。一些传统型产品如面粉、食用植物油、乳制品、丝、丝织品、合成氨、农药化肥、石料、石灰、瓦、日用陶瓷制品等逐渐退出；一些资源型产品逐步缩减或增幅减弱，如原煤下降6.54倍、砖下降2.23倍、水泥增长3.5倍、耐火材料制品增长9.54倍、民用钢质船增长3倍；一批传统型产品得到优化提升，如发电量增长1041.86倍、布增长23.65倍、印染布增长180.5倍（比1990年）、化学农药原药增长74.5倍、塑料制品增长62.22倍、钢材增长37.31倍、电光源增长35.64倍、电子元件增长186.78倍；一批新兴高技术产品得以培育并快速发展，如水泥熟料增长3.22倍（比1995年）、商品混凝土增长32.34倍（比2005年）、通信及电子网络用电缆增长11.24倍（比1995年）、光缆增长7.22倍（比2005年）、铅酸蓄电池增长643.1倍（比1990年）、房间空气调节器增长4.66倍（比2005年），还有锂离子电池、家用电冰箱、家用洗衣机等新产品产量也迅速增长。

1988—2012年部分年份长兴县主要工业产品产量情况表

表12-2

名称	单位	1988年	1990年	1995年	2000年	2005年	2010年	2012年
原煤	万吨	113.06	110.70	88.68	64.80	31.31	15.10	15.00
发电量	亿千瓦时	0.07	0.80	18.64	25.37	70.68	92.20	73.00
合成氨	万吨	0.13	1.16	1.87	1.07			
农药化肥	万吨	0.92	0.84	1.75	0.86			
大米	万吨	6.23	6.00	7.97	2.63	4.02		3.11
面粉	万吨	0.58	0.55	1.88	0.23			
饲料	万吨	2.95	2.90	3.57	0.08	0.42	1.21	2.75
食用植物油	万吨	0.82	1.18	2.51	1.36	0.22		
乳制品	吨	195.00	166.00	173.00				
饮料酒	万千升	1.81	2.10	3.62	2.14		7.92	4.63
精制茶	吨			391.00		264.00	2125.00	1845.00
纱	亿米			304(吨)			3.77	5.30
丝	吨	121.00	138.70	423.30	1160.00	6820.00	3342.00	
丝织品	万米	210.00	273.00	63677.00	16967.00	95872.40		
布	万米	112.00	97.90	18473.00		9224.76	15402.00	2761.00
印染布	亿米		0.08	1.10	2.10	0.66	13.30	14.52
无纺布	万吨					2.25	5.26	6.19
服装	万件	83.64	74.10	157.17	9.52	1184.57	1787.00	1331.00
皮革服装	万件	4.36	4.90	48.12	48.92	27.25	10.50	4.50
化学农药原药	万吨	0.06		0.03	0.36	2.49	1.62	4.53
炸药	吨	3051.00	2940.00	3970.00	4778.00			

续表12-2

名称	单位	1988年	1990年	1995年	2000年	2005年	2010年	2012年
雷管	万支	326.70	376.00	312.00	250.68			
化学纤维	万吨			0.02		1.91	10.98	25.12
涂料	万吨			0.65		0.71	2.34	3.61
化学试剂	吨						741.00	4566.00
中成药	吨			24.50	8.13	25.00	38.00	56.00
塑料制品	万吨	0.09	0.06	0.59	0.45	0.28	3.34	5.69
皮革(折牛皮)	万张	11.23	6.20	28.34				
水泥熟料	万吨			262.43		992.86	1168.20	1108.40
水泥	万吨	109.61	121.30	270.67	393.94	459.71	515.00	493.00
石料	万吨	1499.81	1194.00	1521.40	534.00			
石灰	万吨	104.00	106.00		6.52			
水泥电杆	万根	2.54	1.90	6.47	4.70	7.39	13.00	12.50
商品混凝土	万立方米					6.06	195.10	202.10
砖	亿块	4.94	3.83	5.17		1.08	1.43	1.53
瓦	万片	617.60	327.00	440.50			927.00	
平板玻璃	万重量箱						515.90	521.50
钢化玻璃	万平方米			28.34		75.80	76.10	541.60
耐火材料制品	万吨	8.38	7.45	47.16	11.94	28.02	66.60	88.30
石墨及碳素制品	吨		132.00	1086.00		2249.00	5768.00	1981.00
日用陶瓷制品	万件	137.00	193.00	204.24			209.00	
日用玻璃制品	万吨		38吨	0.03			4.82	2.85
输送机械	台	553.00	941吨	4033吨/11893米	1190米	968米	1448米	
工业用电炉	只		14.00	573.00	103.00	294.00	468.00	
汽车配件	万件			24.13				
农用运输车	辆			198.00				
电动自行车	台						2607.00	
民用钢质船	载重吨	93只/3827吨	23只/1286吨	360只/28350吨		14147总吨	30636.00	15314.00
电力电缆	万千米		0.21	0.09	0.11	0.15	2.80	3.22
通信及电子网络用电缆	万对千米			1.22万公里	1.51万公里	18.99	11.72	14.93
光缆	万芯千米					22.05	134.46	181.32
铅酸蓄电池	万千伏安时		4.30	41.58	1.68	343.78	1678.60	2769.60
锂离子电池	万自然只						933.40	1093.60
电光源(灯泡)	万只	214.00	413.10	1000.60	458.00	1988.00	12019	7842.00
光电子器件	亿只						0.92	1.15
电子元件	亿只	0.27	0.22	1.06	1.61		62.60	50.70
电子管	万只	143.00						
房间空气调节器	万台					12.96	67.27	73.35
家用电冰箱	万台							0.94
家用洗衣机	万台						76.08	79.55
家用电热水器	万台						15.27	

说明:1.资料来源于《长兴统计年鉴》《湖州统计年鉴》;2.1998年起为规模以上工业产品产量

第二节　工业效益

一、增长速度

1988 年，全县实现工业增加值 4.14 亿元，占全县生产总值的 39%，其中乡及乡以上独立核算工业企业工业增加值 2.43 亿元，工业增加值率为 31.5%。受宏观经济紧缩影响，1990 年全县工业增加值比上年增幅下降至 8.2%。1992 年起经济形势复苏，全县工业增加值比上年增长恢复至 37.2%。1993 年，全县实现工业增加值 15.87 亿元，占全县生产总值的 53.2%，增幅为 25 年内最高，比上年增长 1 倍。1997 年起，随着全县工业企业改革深度推进，同时受亚洲经济危机影响，全县工业经济增幅开始回落和波动，进入低速增长期。进入“十五”时期以来，全县工业增加值快速增长，至 2010 年年末，工业增加值由 2000 年的 13.44 亿元增至 102.13 亿元，增长 6.6 倍。2012 年，全县实现工业增加值 173.19 亿元，占全县生产总值的 46.7%，比 1988 年增长 40.84 倍，年平均增幅 16.8%。其中规模以上工业企业工业增加值 142.95 亿元，比 1988 年增长 57.88 倍，年平均增幅 18.5%。

二、主要经济效益指标

1988 年，全县乡及乡以上独立核算工业企业实现销售产值 7.08 亿元，利税总额 9902 万元，利润总额 6394 万元。受宏观经济紧缩影响，1990 年，全县工业企业效益开始下滑，工业企业实现利税总额、利润总额比 1988 年分别下降 44.2%和 73.5%。1991 年，走出低谷，开始回升。1992 年，全县工业企业实现销售产值 17.15 亿元，利税总额 1.03 亿元，利润总额 3813 万元。1993 年，全县工业经济全面好转，实现利税总额、利润总额分别比上年增长 3.28 倍和 5.43 倍。1994 年，全县工业经济除销售产值外其他指标均开始滑坡，并于 1996 年起连续 3 年经济效益低迷，企业销售收入下降，利税总额减少，利润大幅度缩减。经过 20 世纪 90 年代中后期的工业经济体制改革和坚持开放发展，全县工业经济顺利度过调整期，在 21 世纪呈现持续稳定快速发展的势头。其间，2008 年受国际金融危机影响，工业经济效益一度滑坡，持续向好势头有所减缓。但在混合经济、私营经济、外商投资强力推动下，全县以市场为导向，以科技为依托，培育发展新兴产业，改造提高传统产业，加快工业结构调整步伐，经济运行质量和工业经济效益不断提高。2012 年，全县工业实现销售产值 801.92 亿元，利税总额 67.13 亿元，利润总额 44.66 亿元，分别比 1988 年增长 112.31 倍、66.80 倍和 68.84 倍，年平均增长分别为 21.8%、19.2%和 19.4%。企业产销率 98.1%，资产负债率 62.3%，成本费用利润率 5.1%，每百元固定资产原值实现利税 23.32 元，每百元销售收入实现利税 7.31 元。亏损企业 33 家，亏损面 5.7%，亏损企业亏损总额 16259 万元，亏损率 4.1%。

1988—2012 年长兴县工业经济效益主要指标情况表

表 12-3

年份	工业增加值（万元）	工业销售产值（万元）	利税总额（万元）	利润总额（万元）	产销率（%）	资产负债率（%）	成本费用利润率（%）	全员劳动生产率（万元/人）
1988	24277	70770	9902	6394				
1989	26950	91326	9423	5515				
1990	25740	82683	5526	1692				
1991	30034	103464	6883	2064	83.0		2.2	
1992	41457	171540	10266	3813	98.3		3.3	
1993	142167	347691	43897	24509	97.8		8.0	
1994	120093	452975	38184	17823	91.6		6.2	
1995	116239	412693	36054	14365	94.9		4.0	16190

续表12-3

年份	工业增加值（万元）	工业销售产值（万元）	利税总额（万元）	利润总额（万元）	产销率（%）	资产负债率（%）	成本费用利润率（%）	全员劳动生产率（万元/人）
1996	120160	437622	27398	5253	94.7		2.2	18032
1997	101596	381749	21625	1035	97.7		0.8	19366
1998	108635	381730	26655	5609	94.6	58.9	1.7	28465
1999	117260	395662	36352	10284	96.3	57.2	3.2	31205
2000	134396	443415	49766	17108	98.3	55.2	4.5	37023
2001	151318	511146	61535	26347	98.0	54.2	6.0	42985
2002	181187	634825	81306	39223	98.4	50.8	6.7	50164
2003	287131	971474	171696	110709	98.7	54.8	11.8	70283
2004	376356	1329632	206353	120533	97.7		9.1	84975
2005	507089	1803370	210239	109732	98.0	58.9	6.3	104217
2006	671196	2406725	289222	161754	98.7	58.5	7.2	123650
2007	689057	3079317	319101	180423	97.4	56.5	6.1	117153
2008	814700	3919250	276396	123699	96.8	60.1	3.1	
2009	923300	4440405	435230	263958	96.1	60.5	6.0	
2010	1021300	5572202	609735	393861	97.0	58.9	6.7	
2011	1297500	6286829	659769	451369	97.2	61.1	7.0	
2012	1429500	8019187	671312	446578	98.1	62.3	5.1	

说明：1.资料来源于历年《长兴统计年鉴》；2.1988年为乡及乡以上工业企业，1998年起为全部国有及年销售收入500万元以上非国有工业企业，2011年起为年销售收入2000万元以上工业企业；3.1988—1991年、1993年、1995年工业销售产值由产品销售收入代替

第三节　工业能耗

一、综合能耗

县内工业能源消耗以煤炭、电力、油料等为大宗。1988年，全县全民、集体、乡镇、村办工业企业消耗原煤71.62万吨，焦炭1351吨，电力25156万千瓦时，汽油3487吨，煤油43吨，柴油3917吨，重油753吨。1990年，国家计委颁布《节约能源监察管理暂行规定》，开展能耗监测管理，进行制度性监测。1995年起，长兴县建立工业能源消耗考核体系。同年，全县工业万元产值综合能耗降低率-1.4%。1997年11月，《中华人民共和国节约能源法》颁布。同年，全县工业万元产值综合能耗降低率8.8%。1998年，全县综合能耗消费量87.98万吨标准煤。其中，原煤185.49万吨，柴油1880吨，汽油1932吨，燃料油2688吨，电力6.66亿千瓦时。工业万元产值综合能耗2.21吨标准煤，万元产值综合能耗降低率6.4%。进入21世纪，在经济增长减速和环境保护压力升级背景下，全县在加快推动工业经济“稳增长、调结构、促转型”同时，扎实做好节能降耗工作。2000—2007年，全县综合能耗消费量节节攀升，而工业产值单位能耗逐步得以控制并呈现下降趋势。2000年，全县综合能耗消费量94.48万吨标准煤。其中，原煤234.54万吨，柴油2853吨，汽油1270吨，燃料油1089吨，电力7.95亿千瓦时。工业万元产值综合能耗2.27吨标准煤，万元产值综合能耗降低率11.3%。2007年，全县综合能耗消费量400.83万吨标准煤。其中，原煤686.79万吨，焦炭1330吨，柴油782万吨，汽油1655吨，煤油13238吨，热力274.61万百万千焦，电力26.41亿千瓦时。工业万元产值综合能耗降低率17.9%。2008年起，开始实施综合能耗监测，全县综合能耗消费量继续得以控制，并逐年下降。同年，全县工业综合能耗消费量

383.00 万吨标准煤。万元产值综合能耗降低率 24.2%，万元工业增加值能耗降低率 9.3%，万元 GDP 能耗降低率 4.7%。2012 年，全县工业综合能耗消费量 333.29 万吨标准煤。其中，原煤 485.79 万吨，焦炭 3091 吨，柴油 10412 万吨，汽油 780 吨，液化石油气 2346 吨，热力 113.69 万百万千焦，电力 32.11 亿千瓦时。万元工业增加值能耗降低率 12.7%，万元 GDP 电耗降低率 8.3%，万元 GDP 综合能耗 1.15 吨标准煤，万元 GDP 能耗降低率 8.5%。

1995—2012 年长兴县工业企业能源产品消费量情况表

表 12-4

年份	综合能耗消费量（万吨标准煤）	原煤（万吨）	焦炭（吨）	原油（吨）	汽油（吨）	柴油（吨）	液化石油气（吨）	热力（万百万千焦）	电力（亿千瓦时）	万元产值综合能耗降低率(%)	万元工业增加值能耗降低率(%)	万元GDP能耗降低率(%)
1995										-1.42		
1996										14.79		
1997										8.83		
1998	87.98	185.5	252	860	1932	1880	738 吨（煤油）	2688 吨（燃料油）	6.66	6.37		
1999	91.83	210.4	801		1372	2611	2 吨（煤油）	3378 吨（燃料油）	7.36	8.91		
2000	94.78	234.5	688		1270	2853	4 吨（煤油）	1089 吨（燃料油）	7.95	11.28		
2001	102.8	247.0	382		1368	3585	6 吨（煤油）	741 吨（燃料油）	8.75	9.50		
2002	124.4	283.5	602		1442	8867	10 吨（煤油）	1305 吨（燃料油）	10.00	5.43		
2003	249.9	437.7	374		8118	13195	487 吨（煤油）	1641 吨（燃料油）	14.88	8.35		
2004									17.68	9.47		
2005	251.3	528.4	544		5538	2E+05	77 吨（煤油）	58.55	20.27	15.51		
2006	378.3	676.7	626		1609	12341	167 吨（煤油）	73.03	23.82	9.15		
2007	400.8	686.8	1330		1655	782	13238 吨（煤油）	274.60	26.41	17.90		
2008	383	646.9	1783		1747	14726	2197	380.30	26.61	24.20	9.30	4.7
2009	393.1	642.3	5314		1314	16060	2194	449.00	28.53		6.00	3.1
2010	362.4	558.8	2628		1322	19498	2245	100.90	29.07		10.22	4.3
2011	367.8	565.5	2033		760	14926	2052	102.10	29.57		9.00	4.1
2012	333.3	485.8	3091		780	10412	2346	113.70	32.11		12.70	8.5

说明：资料来源于历年《长兴统计年鉴》和《湖州统计年鉴》

二、工业用电

20 世纪 80 年代中后期，随着工业经济快速发展，全县能源消耗量和用电量迅速增加。1988 年，全县工业用电量 2.26 亿千瓦时，占全社会用电量 75.3%。其中，原煤、非金属矿开采业 7844 万千瓦时，约占 34.8%；非金属矿物制品业 6603 万千瓦时，约占 29.3%；化学原料制造业 1921 万千瓦时，占 8.5%。

1991—1995年,全县工业用电量年均增长约15%。其间,轻重工业均实现快速发展,总体上轻工业增长快于重工业,轻工业用电量年均增长25.9%,重工业用电量年均增长约14.5%。1996—2000年,随着全县工业产业结构调整,节能降耗得以有效促进,工业用电量年均增长9.3%。其中,纺织行业快速发展,用电量年均增长39.7%;全县轻工业增长明显快于重工业,轻工业用电量年均增长14.8%,超过重工业7%的年均增长率。2003年,结合县内高能耗企业占用电量主体情况,长兴从源头上遏制高能耗项目,暂停或缓批高电耗项目电力增容,引导高能耗企业自觉错峰、避峰,优化用电设备,淘汰国家明令禁止低规格、高能耗设备,鼓励加大投入节能节电,技术改造,采用先进节电技术,推广环境污染少,电能效率高技术和产品,大力推广冰蓄冷空调技术。当年,全县工业用电量14.23亿千瓦时,占全社会用电量81.1%,比1988年增长5.3倍。其中,非金属矿物制品业4.68亿千瓦时,占32.9%;原煤、非金属矿采选业2.1亿千瓦时,占14.8%;纺织、服装业1.89亿千瓦时,占13.3%。2005年,出台《长兴县关于发展循环经济建设节约型社会的实施意见》,提出围绕九大重点领域、九个一批抓手、100家企业和单位、100个重点项目,实施循环经济"9911工程"。当年,全县工业用电量21.08亿千瓦时,占全社会用电量88.4%。2008年,全县工业用电量25.98亿千瓦时,比上年下降约0.1%。2009年,全县万元地区生产总值能耗下降率累计完成"十一五"目标任务的17%,万元工业增加值能耗下降率累计完成"十一五"目标任务的27%。2010年起,全县能耗和电耗总量增速趋缓,能效水平提升。2012年,全县工业用电量38.39亿千瓦时,占全社会用电量82.9%,比1988年增长16.01倍。其中,纺织、服装业13.5亿千瓦时,占35.2%;非金属矿物制品业12.84亿千瓦时,占33.4%;交通设备电子电器业4.38亿千瓦时,占11.4%。

1988—2012年长兴县工业用电情况表

表12-5 单位:万千瓦时

年份	工业用电量	其中:主要行业用电量										
		原煤、非金属矿采矿业	食品饮料制造业	纺织、服装业	化学原料制造业	医药制造业	化学纤维制造业	橡胶塑料制造业	非金属矿物制品业	金属制品业	通专用设备制造业	交通设备电子电器业
1988	22565	7844	839	478	1921	30	28	111	6603	177	779	233
1989	23510	8565	696	422	2061	19	22	75	6600	115	778	250
1990	24151	9725	748	499	1992	29	8	72	6276	89	764	199
1991	26739	10149	937	696	2218	26	18	84	7777	84	715	296
1992	29250	10520	982	1035	1737	42	13	144	9358	32	763	313
1993	35533	13689	1023	1191	1560	24	18	238	11215	47	970	450
1994	43687	14429	1129	3260	2438	22	9	280	14329	203	1030	541
1995	46688	14914	1147	3448	2782	17	23	276	15614	139	1112	647
1996	47861	15739	1198	2115	3445	13	2	268	16084	180	1355	604
1997	45225	13128	1394	3045	3245	19	22	385	14975	233	1359	518
1998	47166	14078	1561	4194	4443	48	94	426	13504	164	1242	591
1999	48400	14684	1513	4547	4395	134	44	484	14543	116	1103	396
2000	68398	15630	2502	8053	2252	251	60	472	28806	72	1492	487
2001	78668	17526	1925	9911	958	266	122	495	34211	80	1950	491
2002	92905	19900	2066	17845	1501	92	376	533	34469	344	3012	706
2003	142266	21009	1978	18905	393	37	52	756	46798	605	3868	4517
2004	176801	17255	933	31755	2032	66	33	981	87225	813	1117	7212
2005	210828	11331	1371	48482	2460	288	46	637	105799	523	1162	9665
2006	239399	14274	1313	53837	2948	430	1290	1083	119176	770	2336	11293

续表12-5

年份	工业用电量	其中:主要行业用电量										
		原煤、非金属矿采矿业	食品饮料制造业	纺织、服装业	化学原料制造业	医药制造业	化学纤维制造业	橡胶塑料制造业	非金属矿物制品业	金属制品业	通专用设备制造业	交通设备电子电器业
2007	260034	15060	1614	62227	3707	603	6320	1586	119717	845	3117	13526
2008	259835	13521	1643	67129	3479	634	8652	2349	117020	992	3390	14802
2009	295839	14938	1693	79511	3215	732	11643	3083	128968	1454	4195	19176
2010	325975	14879	1770	93108	3293	670	12842	3771	131162	2168	6052	28342
2011	381574	19947	2221	124079	4085	787	15024	5296	138094	2381	8289	34064
2012	383925	13891	2192	135001	4322	730	15022	5999	128366	2631	8060	43751

说明:资料来源于历年《长兴统计年鉴》

第二章　经济结构

1988年,长兴县国有、集体企业产值占全县乡及乡以上工业企业产值的97%,其他经济类型仅占3%。2001年,国有、城镇集体企业改制基本完成,非公经济在工业中的占比首次超过国有、集体经济。25年间,经过多年结构调整、技术改造,全县逐步形成以新型电池、现代纺织、特色机电、新型建材为主导的四大支柱产业。至2012年,四大支柱产业规模以上工业企业占全县规模企业的80.7%,工业总产值占全县规模以上产值的83.8%。

第一节　所有制结构

1988年,全县乡及乡以上工业企业产值中,国有、集体企业占97%,其他经济类型在工业中仅占3%,2001年,国有、城镇集体企业改制基本完成,同年全县规模工业企业(国有及年销售收入500万元以上工业企业)中,国有、集体企业完成工业产值占37.1%,股份制及其他经济类型企业产值占62.9%,非公经济在工业中的占比首次超过国有、集体经济。2012年年末,全县规模工业企业(年销售收入2000万元以上工业企业)580家,工业总产值817.08亿元。其中,国有、集体工业企业10家,实现工业产值32.01亿元,占全县工业总产值的3.9%;私营工业企业429家,工业产值420.97亿元,占全县工业的51.5%;有限责任公司和股份有限公司73家,工业产值197.62亿元,占全县工业的24.2%;中国港澳台和外商投资工业企业68家,工业产值166.5亿元,占全县工业的20.4%。国有、集体经济在工业中的占比由1988年的97%降至2012年的3.9%。工业企业改制内容见第10编经济总情、第3章、第7节。

一、国有工业

1988年,全县全民所有制工业企业59家,工业总产值4.12亿元,其中省属全民工业企业8家、工业总产值1.91亿元,县属全民工业企业51家、工业总产值2.21亿元。县属工业企业主要隶属于县工业局24家、建材公司6家、粮食局14家、其他部门7家。全县独立核算全民所有制工业企业51家,全年实现工业总产值4.04亿元、固定资产原值4.92亿元、利税总额4828万元、利润总额3002万元、年平均职工人数28642人,分别占全县工业的52.4%、73%、48.8%、47%和43.5%。1992年,全县国有工业企业加快外向开拓发展,工业结构不断优化,经济运行质量和产业层次得到提升。至1993年年底,全县国有工业企业73家,全年实现工业总产值突破10亿元大关,为14.52亿元。其中,独立核算国有工业企业43家,全年实现工业总产值13.62亿元、固定资产原值12.14亿元、利税总额1.06亿元、利润总额6181万元、年平均从业人 29925 人，分别占全县工业的 31.6%、63.1%、24%、25.2%和 28.5%。1996 年，全县独立核算国有工业出现全行业亏损，亏损面为 42.2%，利润总额为-3684 万元。并连续 6 年持续亏损。其中 1998 年，亏损面达 59.3%，利润总额为-4020 万元。至 20 世纪 90 年代末 21 世纪初，全县工业企业体制改革和企业产权制度改革基本完成，原全民所有制工业退出历史舞台，新兴的多元混合经济体制下的国有企业，以新面貌活跃于县域工业经济快速发展大格局之中。2002 年，全县国有工业扭转全行业亏损局面，全部 5 家国有工业企业全年实现工业总产值 6.43 亿元、资产总计 9.32 亿元、利税总额 9596 万元、利润总额 2831 万元、年平均从业人员 2504 人，分别占全县工业的 10%、13.7%、11.8%、7.2%和 6.9%。2012 年，全县规模以上国有工业企业为上海长兴石灰石矿、湖州白岘南方水泥有限公司、浙江长兴东南热力有限责任公司、长兴县供电局 4 家全资国有企业，全年实现工业产值 29.64 亿元、资产总计 12.45 亿元、利税总额 2.44 亿元、利润总额 1.33 亿元、年平均从业人 1556 人，分别占全县工业的 3.6%、1.9%、3.6%、3%和 2.2%。

1988—2012 年长兴县国有工业企业情况表

表 12-6

年份	企业（家）	工业总产值（万元）	其中：独立核算工业					
			企业（家）	工业总产值（万元）	资产总计（万元）	利税总额（万元）	利润总额（万元）	年平均从业人员（人）
1988	59	41156	51	40432		4828	3002	28642
1989	64	58070	52	55932		5126	3159	28737
1990	68	57955	52	56078		2060	77	29420
1991	66	66387	50	64513		2344	29	30488
1992	66	87456	48	84199		2778	84	31171
1993	73	145234	43	136230		10554	6181	29925
1994	71	147111	43	133758	204011	5718	98	27629
1995	75	169733	43	150249	216524	7723	749	24878
1996	72	179413	45	166053	235237	3648	-3684	24306
1997	64	178343	42	171839	262353	4404	-3037	22739
1998	27	158872	27	158872	263683	2907	-4020	18610
1999	22	134369	22	134369	241756	7428	-3167	17323
2000	14	119620	14	119620	211927	10826	-2246	14784
2001	6	60487	6	60487	98514	4677	-1610	3270
2002	5	64338	5	64338	93249	9596	2831	2504
2003	4	63941	4	63941	84423	14026	7450	2414
2004	4	71334	4	71334	92766	12756	5539	2311
2005	3	235795	3	235795	455316	35803	19333	1100
2006	3	349204	3	349204	492135	62451	32268	1207
2007	3	378320	3	378320	457506	50819	22762	1183
2008	6	180130	6	180130	77670	12535	6040	855
2009	6	196113	6	196113	80261	10543	5633	908
2010	4	227909	4	227909	104333	25073	17147	692
2011	4	285392	4	285392	104622	37283	27457	770
2012	4	296366	4	296366	124510	24379	13323	1556

说明：1. 资料来源于历年《长兴统计年鉴》；2.1988 年为乡及乡以上工业企业。1998 年起为全部国有及年销售收入 500 万元以上非国有工业企业。2011 年起为年销售收入 2000 万元以上工业企业

省属国有工业　1988年，县内有长广煤矿公司、小浦机械厂、煤山矿灯厂、长湖建筑材料厂、浙江水泥厂、长兴电力电杆厂、长兴供电局、长兴发电厂和长兴石棉厂9家省属国有工业，年平均职工人数19085人，固定资产原值3.91亿元，全年完成工业总产值1.89亿元，占全县工业总产值46.8%，利税总额0.26亿元，利润总额0.14亿元。主要产品有原煤、水泥、电力、工业泵、雷管、炸药、电力电杆等。20世纪90年代，省属国有工业企业逐步进行改制或搬迁。2000年年底，有省属国有工业企业5家，职工人数13637人。2001年年底，省属国有工业企业3家，职工人数2750人。

县属国有工业　20世纪80年代，县属国有工业企业主要隶属于县工业局、建材公司、茧丝绸总公司和粮食局系统等。1988年，全县有县属独立核算国有工业企业45家，年平均从业人员9557人，固定资产原值1.01亿元，总产值2.15亿元，占全县工业总产值53.2%，利税总额2276万元，利润总额1592万元，企业留利483万元。主要产品化肥、耐火材料、水泥、石料、陶器、酒、白厂丝、丝织品、大米、植物油等。1993年年末，全县县属国有企业37家，工业总产值4.84亿元，利税总额3681万元，利润总额2291万元，分别比上年增长34.9%、56.9%和67.7%。同年起，工业企业逐步转入产权制度改革。至2003年，通过股份合作制和股份制改造、企业集团、整体转让、出售、零资产转制、解散、解体、破产等多种形式，县属国有工业企业产权制度改革基本完成。同年，全县县属国有工业企业3家，年平均从业人员201人，资产总值1.15亿元，总产值2554万元，占全县工业总产值比重仅0.3%，利税总额161万元。

1988—2003年长兴县县属国有工业情况表

表12-7

年份	企业(家)	其中:亏损企业(家)	工业总产值(万元)	资产总计(万元)	利税总额(万元)	利润总额(万元)	亏损企业亏损额(万元)	年平均从业人员(人)
1988	45	3	21495		2276	1592	24	9557
1989	46	4	25733		2137	1384	132	9414
1990	46	13	26655		1467	678	499	9085
1991	44	7	30566		2061	1170	176	8910
1992	42	2	35887		2346	1366	65	9119
1993	37	3	48403		3681	2291	138	8791
1994	38	6	57633	52696	2337	656	770	8592
1995	38	12	59592	70792	-115	-2007		
1996	40	16	70759	81624	1179	-1003	1902	8456
1997	37	19	77713	82180	804	-1346	2095	7620
1998	22	13	65057	66578	234	-1625	1775	3748
1999	20	5	38207	18744	703	-687	857	3357
2000	9	1	13812	23327	619	-204	219	1147
2001	3	1	3250	18973	29	-271	274	520
2002	3	1	1931	10925	-101	-243	247	200
2003	3		2554	11501	161			201

说明：资料来源于《长兴统计年鉴》

二、集体工业

1988年，全县城乡集体独立核算工业企业415家，工业总产值3.56亿元，产品销售收入3.25亿元，利税总额4958万元，利润总额3320万元，年平均从业人员36690人。其中，县属集体企业51家，工业总产值5860万元，产品销售收入5928万元，利税总额597万元，利润总额321万元，年平均从业人员3617人。乡镇办企业350家，工业总产值2.88亿元，产品销售收入2.53亿元，利税总额4236万元，利润总额 2941 万元,年平均从业人员 31847 人。20 世纪 90 年代中后期,随着企业改制加快进行,集体工业开始减少。至 1997 年,集体企业减少为 319 家,工业总产值 18.97 亿元,年平均从业人员 25873 人。2003 年,全县规模以上集体企业 14 家,年平均从业人数 2419 人,资产总计 4.34 亿元,工业产值 6.37 亿元,利税总额 7168 万元,利润总额 3309 万元。2012 年,全县规模以上集体企业仅 6 家,工业产值 2.36 亿元,资产总计 1.53 亿元,利税总额 5488 万元,利润总额 3451 万元,年平均从业人数 234 人。

1988—2012 年长兴县集体工业情况表

表 12-8

年份	企业(家)	工业总产值(万元)	其中:独立核算工业					
			企业(家)	工业总产值(万元)	资产总计(万元)	利税总额(万元)	利润总额(万元)	年平均从业人员(人)
1988	450	36893	415	35624		4958	3320	36690
1989	461	40564	416	38362		4304	2434	35238
1990	438	48520	394	46479		3469	1649	32927
1991	412	60643	371	58814		4426	1958	30690
1992	405	90533	375	88520		7201	3503	31942
1993	456	284111	446	283884		32271	17721	72936
1994	401	286859	391	286582	170586	23507	12265	39517
1995	415	212032	398	210163	191145	19010	8049	32673
1996	363	246455	354	245729	234782	17652	6150	31842
1997	329	192144	319	189733	252010	14910	4073	25873
1998	56	125496	56	125496	122689	13147	5639	10113
1999	63	133957	63	133957	139660	15602	7474	10257
2000	46	128220	46	128220	112412	14206	7004	7643
2001	39	133115	39	133115	108219	15200	8169	7146
2002	29	127782	29	127782	107466	15555	8063	5897
2003	14	63693	14	63693	43384	7168	3309	2419
2004	15	82971	15	82971	48572	9564	4895	2529
2005	25	71487	25	71487	42890	9704	4715	2247
2006	17	69118	17	69118	39835	8970	4430	1358
2007	34	66817	34	66817	50677	10042	4450	1863
2008	24	35957	24	35957	26476	4919	1996	1076
2009	22	34220	22	34220	22695	4928	1777	717
2010	18	31254	18	31254	20823	5324	1969	599
2011	6	21831	6	21831	11749	5005	1629	26
2012	6	23627	6	23627	15275	5488	3451	234

说明:1.资料来源于历年《长兴统计年鉴》;2.1988 年为乡及乡以上工业企业。1998 年起为全部国有及年销售收入 500 万元以上非国有工业企业。2011 年起为年销售收入 2000 万元以上工业企业

县属、省属集体工业 1988 年,全县县属、省属集体工业企业 97 家,全年实现工业总产值 8089 万元。其中县属集体工业企业 75 家,工业总产值 6685 万元,主要隶属于县二轻公司 39 家、供销联社 13 家、教育局 11 家、交通局 7 家、其他部门 5 家。全县独立核算集体工业企业 65 家,全年实现工业总产值 6841 万元、固定资产原值 1972 万元、利税总额 722 万元、利润总额 379 万元、年平均从业人员 4843 人,分别占全县工业的 8.8%、2.9%、7.3%、5.9%和 7.4%。1992 年,全县独立核算集体工业企业 61 家,实现工

业总产值首次突破亿元，为13047万元，占全县工业的7.5%。拥有固定资产原值3786万元、利税总额926万元、利润总额370万元、年平均从业人员5632人，分别占全县工业的2.6%、9%、9.7%和8.9%。1994年9月，县二轻系统组建浙江新光源集团有限公司（省级集团），并相继组建湖州金三发服装辅料集团、湖州转轮机械集团和湖州新大力轻工集团等市级集团。1995—1996年，全县县属、省属集体工业出现全行业亏损，亏损面分别为38%和44.1%，利润总额分别为-482万元和-40万元。1997年后，集体工业企业陆续改制，集体资本逐步从企业中退出。1998年，全县规模以上集体工业企业5家，全年实现工业总产值7747万元、资产总计6573万元、利税总额1005万元、利润总额719万元、年平均从业人员726人，分别占全县工业的1.9%、1.1%、3.8%、12.8%和1.9%。至2003年，全县集体工业企业完成改制。同年年底，全县规模以上集体工业企业2家，全年实现工业总产值2209万元、资产总计1817万元、利税总额61万元、利润总额-29万元、年平均从业人员101人，分别占全县工业的0.2%、0.2%、0.04%、0%和0.3%。2012年，全县规模以上县属、省属集体工业企业1家，为湖州昆仑电力设备有限公司，全年实现工业总产值8211.2万元、资产总计6224.6万元、利税总额2958.6万元、利润总额2227.5万元、年平均从业人员64人，分别占全县工业的0.1%、0.1%、0.4%、0.5%和0.1%。

乡镇集体工业　1988年，全县乡镇集体工业企业353家，工业总产值2.88亿元。其中，独立核算工业企业350家，全年实现工业总产值2.88亿元、固定资产原值1.48亿元、利税总额4236万元、利润总额2941万元、年平均从业人员31847人，分别占全县工业的37.3%、22%、42.8%、46%和48.3%。镇办5家，工业总产值583万元、固定资产原值383万元、利税总额64万元、利润总额24万元、年平均从业人员491人。乡办345家，工业总产值2.82亿元、固定资产原值1.44亿元、利税总额4172万元、利润总额2917万元、年平均从业人员31356人。1992年起，县委、县政府在乡镇企业中逐步推开以股份合作制为主要形式的产权制度改革，相继出台5项政策加快乡镇企业发展。1993年，乡镇集体企业增加至377家，全年实现工业总产值26.72亿元、利税总额3.14亿元、利润总额1.75亿元。1994年4月，组建浙江山鹰建材集团、浙江铁鹰集团、浙江金鹤集团、浙江中星集团。1995年，湖州章浜集团公司、湖州金燕集团公司、湖州长兴印染集团公司、湖州杭兴丝绸印染集团公司、湖州青龙集团公司、湖州父子岭耐火集团公司、湖州弁山建材集团公司、湖州威达集团等相继成立。年末，全县乡镇集体企业331家，全年实现工业总产值19.22亿元、资产总计18.05亿元、利税总额1.92亿元、利润总额8686万元，分别占全县工业的46.6%、37.2%、53.2%和60.5%。1996年后，随着县域混合经济份额不断增加，乡镇办工业总量、比重开始回落。1997年5月，县委、县政府印发《关于加快乡村集体企业改革，完善产权制度改革工作的意见》，乡镇工业企业产权制度改革逐步推进。1998年，乡镇集体企业由上年的268家减少至34家，全年实现工业总产值9.17亿元、利税总额8905万元、利润总额3550万元。至2003年，全县乡镇集体工业企业全面完成改制，集体资本全部从企业退出，大量乡镇集体企业转化为县域民营经济基本骨干和有生力量。年末，全县规模以上乡镇集体企业5家，全年实现工业总产值4.38亿元、资产总计3.23亿元、利税总额4507万元、利润总额2209万元、年平均从业人员1394人，分别占全县工业的4.5%、2.7%、2.6%、2%和3.4%。其中，镇属4家，工业总产值4.32亿元，资产总计3.2亿元，利税总额4428万元，利润总额2209万元，年平均从业人员1326人。乡属1家，工业总产值576万元，资产总计264万元，利税总额79万元，利润总额为零，年平均从业人员68人。2012年，全县规模以上乡镇集体企业有长兴县第二水泥厂、长兴县煤山石矿、长兴县李家巷第二石矿3家，全年实现工业总产值8489.8万元、资产总计7536.2万元、利税总额1303.2万元、利润总额609.7万元、年平均从业人员125人，分别占全县工业的0.1%、0.1%、0.2%、0.1%和0.2%。其中，长兴县第二水泥厂全年实现工业总产值2424.3万元、资产总计4046.1万元、利税总额158.8万元、利润总额54.9万元、年平均从业人员63人；长兴县煤山石矿全年实现工业总产值2030万元、资产总计929万元、利税总额598.3万元、利润总额332.9万元、年平均从业人员30人；长兴县李家巷第二石矿全年实现工业总产值4035.5万元、资产总计2561.1万元、利税总额546.1万元、利润总额221.9万元、年平均从业人员32人。

1988—2003 年长兴县乡镇集体工业情况表

表 12-9

年份	企业(家)	工业总产值(万元)	利税总额(万元)	利润总额(万元)	年平均从业人员(人)	年份	企业(家)	工业总产值(万元)	利税总额(万元)	利润总额(万元)	年平均从业人员(人)
1988	350	28783	4236	2941	31847	1996	295	206260	16312	6190	26187
1989	352	31016	3635	2098	30443	1997	268	153714	13185	3993	21008
1990	329	38881	3021	1508	27528	1998	34	91675	8905	3550	6840
1991	309	49799	3899	1826	25330	1999	36	91455	9769	4499	6526
1992	314	75473	6275	3133	26310	2000	23	65486	6650	2888	4298
1993	377	267220	31401	17458	88440	2001	14	72467	9625	5322	3351
1994	333	270172	22394	12232	35425	2002	13	78038	11256	5338	3864
1995	331	192238	19193	8686	—	2003	5	43801	4507	2209	1394

说明:1. 资料来源于历年《长兴统计年鉴》;2. 1988—1997 年为独立核算工业企业。1998 年起为销售收入 500 万元的规模以上工业企业

村办集体工业 1988 年,全县村及村以下(包括村办工业、城镇农村合作工业、个体工业)工业企业 3335 家,工业总产值 3.01 亿元,占全县工业总产值 27.6%。吸纳农村富余劳动力 2.5 万余人,创利税 2300 余万元。其中,村办集体工业企业 586 家,工业总产值 1.73 亿元,占全县工业的 15.8%,固定资产原值 4602 万元,利税总额 2385 万元,利润总额 1267 万元,从业人员 22759 人。1994 年,全县村级经济急剧扩张,村及村以下工业企业 14876 家,工业总产值 23.95 亿元,占全县工业总产值 32.0%,从业人员 64497 人,创利税 6800 余万元。其中,村办集体工业企业 771 家,工业总产值 8.46 亿元,从业人员 26473 人。联营和个体工业企业 14105 个,工业总产值 15.49 亿元,从业人员 38024 人。1997 年,县委、县政府实施发展经济"四轮驱动"(全民、集体、私营、个体)战略,村级经济得到极大发展。全县村及村以下工业企业 18505 家,工业总产值 84.22 亿元,占全县工业总产值 67.6%,从业人员 74210 人,创税 3.29 亿元。其中,村办集体工业企业 606 家,工业总产值 20.07 亿元,利税总额 1.89 亿元,利润总额 7556 万元,年平均从业人员 24111 人;联营和个体工业企业 17899 个,工业总产值 64.16 亿元,上缴税金 2.16 亿元,从业人员 50099 人。全县村办集体工业企业主要涉及 18 个统计行业大类,其中以非金属矿物制品业为最多,为 263 家,工业总产值 6.75 亿元,占全部村属工业 33.7%;其次为非金属矿采选业 125 家,工业总产值 1.99 亿元,占 9.9%;纺织业 43 家,工业总产值 5.7 亿元,占 28.4%;电气机械及器材制造业 23 家,工业总产值 1.05 亿元,占 5.2%。同年 5 月,县委、县政府印发《关于加快乡村集体企业改革,完善产权制度改革工作的意见》,村办集体企业产权制度改革逐步推进。1998 年,全县规模以上村办集体工业企业 17 家,工业总产值 2.61 亿元,利税总额 3237 万元,利润总额 1371 万元,年平均从业人员 2547 人,分别占全县工业的 6.5%、2.5%、12.1%、24.4%和 6.7%。至 2003 年,全县村办集体工业企业全面完成转制,大量村办集体企业转为县域民营经济基本骨干和有生力量。年底,全县规模以上村办集体工业企业 6 家,全年实现工业总产值 1.63 亿元,资产总计 8136 万元、利税总额 2348 万元、利润总额 1015 万元、年平均从业人员 862 人,分别占全县工业的 1.7%、0.7%、1.4%、0.9%和 2.1%。2012 年,全县规模以上村办集体工业企业有长兴县金星耐火材料厂、长兴县城东锅炉耐火材料厂 2 家,全年实现工业总产值 6926 万元、资产总计 1513.9 万元、利税总额 1225.7 万元、利润总额 613.7 万元、年平均从业人员 45 人,分别占全县工业的 0.1%、0.02%、0.2%、0.1%和 0.0%。其中,长兴县金星耐火材料厂全年实现工业总产值 3142 万元、资产总计 1194.5 万元、利税总额 478.5 万元、利润总额 282.8 万元、年平均从业人员 20 人;长兴县城东锅炉耐火材料厂全年实现工业总产值 3784 万元、资产总计 319.4 万元、利税总额 747.2 万元、利润总额 330.9 万元、年平均从业人员 25 人。

1988—2003年长兴县村办集体工业情况表

表12-10

年份	村及村以下工业企业		村办集体企业				
	企业(家)	产值(万元)	企业(家)	产值(万元)	利税总额(万元)	利润总额(万元)	年平均从业人员(人)
1988	3335	30134	586	17279			
1989	3556	35668	597	19875			
1990	5299	39516	587	19000			
1991	5522	42090	560	21467			20574
1992	7899	73321	577	28840			21916
1993	2319	33580	151	11365			5349
1994	14876	239474	771	84558			26473
1995	13022	392842	754	98671			
1996	13898	606702	704	124807	14944	5874	23343
1997	18505	842251	606	200694	18886	7556	24111
1998			17	26074	3237	1371	2547
1999			18	29377	4162	1789	2773
2000			13	40319	5246	2851	2116
2001			9	12494	1489	631	1173
2002			8	12070	1403	548	1071
2003			6	16329	2348	1015	862

说明:1.资料来源于历年《长兴统计年鉴》;2.1998年起为销售收入500万元的规模以上工业企业

三、私营个体工业

私营工业　1988年,全县仅1家全民与私人联营企业,年工业产值26万元,在全县工业总产值的占比不足0.1%。1989年,全县工商登记私营工业企业109家,注册资本金687万元,从业人数1752人,其中城镇101家、农村8家,年工业产值26万元。1994年4月,县委、县政府出台《关于进一步鼓励发展个体私营经济的意见》,并于12月召开全县个体私营经济动员大会,进一步鼓励和引导全县个体私营经济健康发展。同年,全县工商登记私营工业企业215家,注册资本金2487万元,从业人数3105人,其中城镇26家、农村189家。1998年4月,县委、县政府印发《关于进一步鼓励发展个体私营等非公有制经济的若干意见》。同年,全县工商登记私营工业企业442家,注册资本金1.67亿元,从业人数8445人,其中规模以上私营企业1家,工业总产值585万元、利税总额36万元、利润总额11万元、年平均从业人员20人。2003年8月,县委、县政府下发《关于进一步加快发展个体私营经济的实施意见》。同年,全县工商登记注册私营工业企业1385家,注册资本金10.93亿元,从业人数15763人,其中采矿业44家、制造业1332家;规模以上私营工业企业111家,工业总产值20.93亿元,资产总计17.16亿元,利税总额2.32亿元,利润总额1.31亿元,年平均从业人员10097人;私营独资企业15家,工业产值1.79亿元,私营合伙企业9家,工业产值0.95亿元,私营有限责任公司83家,工业产值18.38亿元,私营股份有限公司4家,工业产值0.56亿元。2007年6月,县委、县政府出台《关于加快现代家庭工业发展的若干意见》,召开全县发展现代家庭工业和现代服务业暨全民创业动员大会,设立家庭工业发展扶持基金,县财政每年安排1000万元,用于家庭工业发展的创业扶持、贴息补助、各项奖励等,全县出现全民自主创业的高潮。2008年,工商登记注册私营企业比上年增加114家。2009年7月,县委、县政府出台《关于进一步加快现代家庭工业发展的若干意见》,至年末全县工商登记注册私营工业企业2317家,注册资本金50.21亿元,从业人数52119人。规模以上私营工业企业572家,全年实现工业总产值186.4亿元、资产总计125.03亿元、利税总额17.95亿元、利润总额11.28亿元、年平均从业人员29843人，分别占全县工业的40.4%、29.5%、41.2%、42.8%和43.1%。其中，私营独资企业55家，工业总产值9.13亿元；私营合伙企业26家，工业总产值6.07亿元；私营有限责任公司491家，工业总产值171.19亿元。至2012年年末，全县工商登记私营工业企业2669家，注册资本金104.07亿元，从业人数68038人，其中采矿业34家、制造业2635家。规模以上私营工业企业429家，全年实现工业总产值420.97亿元、资产总计238.57亿元、利税总额33.2亿元、利润总额23.16亿元、年平均从业人员33856人，分别占全县工业的51.5%、49%、49.6%、51.9%和47.8%。其中，私营独资企业23家，工业总产值11.6亿元；私营合伙企业10家，工业总产值5.19亿元；私营有限责任公司394家，工业总产值400.57亿元；私营股份有限公司2家，工业总产值3.61亿元。

1988—2012年长兴县私营工业企业情况表

表12-11

年份	私营工业企业			规模以上私营工业企业					
	家数（家）	注册资本金（万元）	从业人员（人）	企业家数（家）	工业总产值（万元）	资产总计（万元）	利税总额（万元）	利润总额（万元）	年平均从业人员(人)
1988									
1989	109	687	1752						
1990	142	802	2300						
1991	143	861	2347						
1992	160	1007	2465						
1993	215	2487	3105						
1994	295	6936	5364						
1995	326	8650	5601						
1996	394	12282	5354						
1997	392	12618	5293						
1998	442	16727	8445	1	585	122	36	11	20
1999	525	19201	7664	7	6474	3027	472	225	752
2000	666	28161	9246	12	11654	8265	1302	599	1194
2001	837	40151	10776	60	1000684	79035	11382	6386	5215
2002	1011	56185	12475	82	137312	98088	13987	7256	6862
2003	1385	109332	15763	111	209300	171608	23216	13105	10097
2004	1452	141013	16620	147	299422	215263	35520	19994	12040
2005	1551	153855	18353	236	608801	355328	69076	37317	16916
2006	1825	222349	21169	317	845943	503353	95739	55276	22231
2007	1963	295028	33638	360	1243236	753472	122033	74017	25730
2008	2077	377749	53241	508	1473455	901746	138646	81023	26705
2009	2317	502132	52119	572	1863954	1250328	179487	112843	29843
2010	2547	713141	60813	643	2547782	1653743	264414	169989	26347
2011	2612	851490	64493	384	2832368	1866002	252510	170835	30270
2012	2669	1040667	68038	429	4209658	2385722	332012	231590	33856

说明：资料来源于历年《长兴统计年鉴》

个体工业 1988年，全县工商登记注册城乡个体工业1402家，注册资金599万元，从业人员3616人，其中城镇199家、注册资金82万元、从业人员692人，农村1203家、注册资金517万元、从业人员

2924人。1994年4月，县委、县政府出台《关于进一步鼓励发展个体私营经济的意见》，12月召开全县个体私营经济动员大会，进一步鼓励和引导全县个体私营经济健康发展。至1997年年底，全县工商登记在册城乡个体工业6178家，注册资金9135万元，从业人员144885人，全年实现工业总产值27.84亿元，占全县工业总产值的69%。其中，城镇个体工业265家，农村个体工业5913家。进入21世纪，全县个体经济进入较快增长发展期。2003年，全县城乡个体工业4294家，注册资金1.7亿元，从业人员11130人。其中，采矿业5家、注册资金127万元、从业人员53人，制造业4099家、注册资金1.67亿元、从业人员10965人；城镇1099家、注册资金4425万元、从业人员2269人，农村3195家、注册资金1.25亿元、从业人员8861人。2007年起，县委、县政府鼓励全民创业，推进现代家庭工业发展。至2009年，全县城乡个体工业7593家，注册资金7.77亿元，从业人员17355人。其中，采矿业8家、注册资金87万元、从业人员17人，制造业7585家、注册资金7.76亿元、从业人员17338人；城镇2637家、注册资金2.65亿元、从业人员6862人，农村4956家、注册资金5.12亿元、从业人员10493人。至2012年年末，全县共有城乡个体工业8943家，注册资金9.67亿元，从业人员20223人。其中，采矿业6家、注册资金52万元、从业人员13人，制造业8937家、注册资金9.67亿元、从业人员20210人；城镇3279家、注册资金3.74亿元、从业人员8595人，农村5664家、注册资金5.94亿元、从业人员11628人。

1988—2012年长兴县个体工业情况表

表12-12

年份	城乡个体工业				其中		年份	城乡个体工业				其中	
	家数（家）	注册资金（万元）	从业人员（人）	工业总产值（万元）	城镇（家）	农村（家）		家数（家）	注册资金（万元）	从业人员（人）	工业总产值（万元）	城镇（家）	农村（家）
1988	1402	599	3616	2137	199	1203	2001	3760	9344	8933		943	2817
1989	784	348	1992	1433	101	683	2002	3824	12327	9985		1138	2686
1990	946	461	2481	1879	—	—	2003	4294	16967	11130		1099	3195
1991	970	376	2337	2097	—	—	2004	3531	19887	9061		1213	2318
1992	848	505	2101	1937	—	—	2005	2356	23865	8759		674	1682
1993	3578	3126	11434	10359	99	3479	2006	3758	41594	11614		1500	2258
1994	4809	4597	12957	7347	129	4680	2007	4929	56430	10956		1899	3030
1995	4889	5041	13053	165873	177	4712	2008	6336	66378	14221		2289	4047
1996	5252	5387	13479	211962	225	5027	2009	7593	77720	17355		2637	4956
1997	6178	9135	14885	278377	265	5913	2010	5624	56522	11554		3043	2581
1998	6565	9310	15220		329	6236	2011	8885	93159	19960		3218	5667
1999	6159	7576	11261		1548	4611	2012	8943	96724	20223		3279	5664
2000	5485	9462	12508		1748	3727	—	—	—	—	—	—	—

说明：资料来源于历年《长兴县统计年鉴》

四、有限责任公司和股份制工业

有限责任公司　1994年4月，全县先后以煤山水泥厂、长兴电缆厂、李家巷镇石矿、长兴特种灯泡厂等县属重点骨干企业为核心层组建14家企业集团，其中浙江山鹰建材集团、浙江铁鹰集团、浙江金鹤企业集团、浙江中星集团被列为省级企业集团。至1996年年底，全县198家国有、集体企业中，组建有限责任公司42家。1997年5月，县委、县政府印发《关于加快乡村集体企业改革，完善产权制度改革工作的意见》，要求凡是符合公司制条件的企业，要按照《中华人民共和国公司法》组建有限责任公司或股份有限公司。11月，长兴丝绸有限公司改制成为浙江省长兴丝绸有限公司，职工认购173.1万元股本金。12月，长广煤矿公司转制成立浙江长广（集团）有限责任公司。1998年起，该公司所属七〇一厂、机械厂、汽运公司、工程建设公司、物资供应公司、煤炭销运公司、商业局等7家二级单位及一号井、二号井、千斤湾井等9个矿实行改制，分别组建为独立核算、自主经营、自负盈亏有限责任公司(子公司)，集团公司内部形成以资产为纽带的母子公司框架结构，现代企业制度初步建立。同年，全县组建有限责任公司109家，新光源集团公司被确定为省级现代企业制度试点企业。其中，规模以上有限责任公司16家，工业总产值4.39亿元、利税总额3714万元、利润总额1951万元、年平均从业人员3020人，分别占全县工业的10.9%、6.5%、13.9%、34.8%和7.9%。1999年年底，县工业局系统完成产权制度改革，组建有限责任公司7家。至年底，全县规模以上有限责任公司22家，工业总产值5.17亿元。2000年3月，长兴诺力机械厂改制为长兴诺力机械有限责任公司，注册资本200万元。2002年，随着全县工业企业产权制度改革基本完成，现代企业制度逐步建立，以及“开放、搞活”加快工业发展，有限责任公司作为现代企业组织架构形态得以较快发展，并取得良好经济效益。至2004年年底，全县规模以上有限责任公司达72家，全年实现工业总产值71.24亿元、资产总计89.84亿元、利税总额11.56亿元、利润总额6.82亿元、年平均从业人员22639人，分别占全县工业的52.3%、58.8%、56%、56.6%和48.4%。2008年，全县规模以上有限责任公司65家，工业总产值126.32亿元，资产总计131.02亿元；利税总额3.09亿元，其中利润总额-1.42亿元，年平均从业人员13635人。其中，国有独资有限责任公司4家、工业总产值12.80亿元，其他有限责任公司61家、工业总产值113.65亿元。2012年，全县规模以上有限责任公司61家，全年实现工业总产值158.08亿元、资产总计193.13亿元、利税总额12.77亿元、利润总额7.01亿元、年平均从业人员14861人，分别占全县工业的19.4%、39.7%、19.4%、15.7%和21%。其中，国有独资公司有浙江长广(集团)有限责任公司、湖州李家巷南方水泥有限责任公司、长兴天达环保建材有限公司3家，工业总产值8.99亿元；其他有限责任公司58家，工业总产值149.09亿元。

股份有限公司 县内股份合作制工业起步于20世纪90年代初期。1992年起，股份制改革开始步入正轨。同年，颁发《贯彻<全民所有制工业企业转换经营机制条例>的若干意见》，进一步明确工业企业14项经营自主权，在乡镇企业中积极稳妥开展股份合作制试点。至1994年年底，全县有股份合作企业9家，全年实现工业总产值5.81亿元，全部职工2862人，占全县工业的7.8%和2.1%。1993年8月，在乡(镇)村集体企业中积极推行股份合作制，全县共创办乡镇股份合作制企业200余家，累计引进资金5000万元。同年，长兴县转发《浙江省股份制试点工作协调小组关于股份制试点企业审批权限的通知》，县二轻总公司制定《二轻集团所有制股份合作制企业试行条例》，成立德兴实业股份公司和长兴华美丝绸服装股份公司2家股份合作制企业。1994年，全县创办和改造各类股份制、股份合作制企业112家，新办企业和新上项目基本上都按股份制形式运转。1997年，企业改革以产权制度作为重要突破口，以股份制和股份合作制为主要形式，采取兼并、租赁、拍卖等多种方式，共组建股份合作制企业255家。1998年，全县推行股份制和股份合作制企业380家，其中乡镇企业转制面62.5%以上，股金到位和资产转让拍卖收入到位现金总额达2.28亿元。全县规模以上股份合作企业7家，工业总产值1.67亿元，利税总额1374万元，利润总额325万元，年平均从业人员1458人。规模以上股份有限公司1家，工业总产值2.21亿元，利税总额2823万元，利润总额1061万元，年平均从业人员2183人。2000年，全县规模以上股份合作企业5家，工业总产值1.08亿元，利税总额1010万元，利润总额404万元，年平均从业人员879人。规模以上股份有限公司1家，工业总产值2.42亿元，利税总额3379万元，利润总额1401万元，年平均从业人员1906人。2004年，全县规模以上股份合作企业10家，全年实现工业总产值1.11亿元、资产总计1.04亿元、利税总额1361万元、利润总额684万元、年平均从业人员711人。规模以上股份有限公司9家，全年实现工业总产值6.67亿元、资产总计11.94亿元、利税总额8787万元、利润总额4830万元、年平均从业人员2032人。股份合作企业和股份有限公司工业总产值分别占全县工业的0.8%和4.9%。2012年，全县规模以上股份有限公司12家，全年实现工业总产值39.54亿元，资产总计41.1亿元，利税总额3.24亿元，利润总额1.85亿元，年平均从业人员4400人。分别占全县工业的4.8%、8.4%、4.8%、4.2%和6.2%。

1994—2012 年长兴县有限责任公司和股份制工业企业情况表

表 12-13

年份	有限责任公司						股份制(合作)企业		股份有限公司	
	企业（家）	工业总产值（万元）	国有独资公司		其他有限责任公司		企业（家）	产值（万元）	企业（家）	产值（万元）
			企业（家）	工业总产值（万元）	企业（家）	工业总产值（万元）				
1994							9	58117		
1995							5	37171		
1996							9	33939		
1997							9	22217		
1998	16	43892			16	43892	7	16714	1	22124
1999	22	51686			22	51686	8	13579	1	23516
2000	42	90212			42	90212	5	10824	1	24198
2001	37	159713			37	159713	6	7496	1	26885
2002	48	258826			48	258826	10	11195	1	27803
2003	62	539145			62	539145	9	10981	4	37543
2004	72	712352			72	712352	10	11074	9	66720
2005	59	601686			59	601686	9	14956	5	144204
2006	70	729381			70	729381	4	5568	4	168529
2007	71	612557			71	612557	5	7859	5	208586
2008	65	1263238	4	128046	61	1135192	2	2237	8	274729
2009	67	1216778	3	107319	64	1109459	1	790	8	319294
2010	71	1347645	2	71935	69	1275711	1	752	8	357507
2011	56	1653748	2	97322	54	1556426			9	435277
2012	61	1580825	3	89928	58	1490897			12	395373

说明：资料来源于历年《长兴统计年鉴》，1998 年起为规模以上工业企业

五、中国港澳台投资与外商投资工业

中国港澳台投资企业　1991 年，全县外向型经济按照“积极引进，从小起步，从头开始，迎头赶上”要求，积极引进外资，发展“三资企业”（即在中国境内设立的中外合资经营企业、中外合作经营企业、外商独资经营企业三类外商投资企业）。全年新办独资、合资企业 3 家，分别为中国台商独资企业浙江缘航竹制品有限公司，中国大陆和香港投资商合资企业浙江长邦氟塑料有限公司、浙江远洋皮革有限公司 2 家。同年年底，县内有中国港澳台投资工业企业 1 家，全年工业总产值 128 万元。1992 年，新办浙江新荣兴灯泡照明器材有限公司（中国大陆和香港合资），协议外资 9.9 万美元。浙江尚香制品有限公司（中国台商独资），协议外资 11 万美元。浙江建达五金制品有限公司（中国大陆和香港合资），协议外资 5.47 万美元。长兴汇宝建材有限公司（中国大陆和台湾合资），协议外资 15 万美元。浙江奥兴电子有限公司（中国大陆和香港合资），协议外资 10 万美元。浙江隆兴汽车修配有限公司（中国大陆和台湾合资），协议外资 7.3 万美元。4 月，县委批准简化“三资”企业审批手续方案。8 月，首次向境外投资商出让国有土地，出让土地属经济技术开发区金贸小区，受让者为中国台湾投联工程公司林景胜。11 月，湖州兴华噪声控制设备有限公司落户李家巷镇，由北京陶粒厂长兴分厂、中国广播电影电视部设计院和台商蔡光南等三方合资，注册资金 275 万元。1994 年，全县有港澳台投资企业 6 家，工业总产值 6375 万元，全部职工 938 人，其中中国香港、台湾与大陆合资经营企业 4 家、工业总产值 2881 万元、全部职工 424 人，中国香港、台湾独资经营企业 2 家、工业总产值 3494 万元、全部职

工 514 人。1995 年,中国港澳台投资企业发展较快,增至 12 家,全年工业总产值 9518 万元,其中中国香港台湾与大陆合资经营企业 9 家、工业总产值 7982 万元,中国香港、台湾独资经营企业 3 家、工业总产值 1536 万元。之后,港澳台投资企业发展迟缓,规模缩小,同时经济效益下降,亏损严重。1997 年,全县港澳台投资企业减少为 6 家,工业总产值 3739 万元、利税总额-315 万元、利润总额-464 万元、年平均从业人员 505 人,其中亏损企业 4 家、亏损企业亏损额 480 万元。1998 年 7 月,县政府印发《长兴县发展开放型经济优惠政策及奖励办法》的通知。同年,全县规模以上港澳台投资企业 2 家,工业总产值 8227 万元,利税总额 308 万元,利润总额-120 万元,年平均从业人员 549 人。2003 年,规模以上港澳台投资企业 6 家,工业总产值首次超亿元,达 3 亿元,比上年增长 2.17 倍,资产总计 4.5 亿元、利税总额 1.03 亿元、利润总额 0.77 亿元、年平均从业人员 783 人,其中中国大陆与港澳台合资经营企业 3 家、工业总产值 2.16 亿元,港澳台独资经营企业 3 家、工业总产值 0.84 亿元。2004 年起,全县港澳台投资企业进入较为快速发展阶段。至 2006 年,全县规模以上港澳台投资企业 20 家,工业总产值 11.3 亿元,首次超 10 亿元。其中,中国大陆与港澳台合资经营企业 2 家,工业总产值 1.25 亿元;中国大陆与港澳台合作经营 16 家,工业总产值 9.40 亿元;港澳台商独资经营企业 2 家,工业总产值 0.64 亿元。2009 年,全县规模以上港澳台投资企业 34 家,完成工业总产值 56.09 亿元,资产总计 54.7 亿元、利税总额 6.13 亿元、利润总额 4.50 亿元、年平均从业人员 8161 人,其中中国大陆与港澳台合资经营企业 14 家、工业总产值 14.9 亿元,港澳台商独资经营企业 20 家、工业总产值 41.19 亿元。2012 年年底,全县规模以上港澳台投资企业 31 家,工业总产值突破百亿大关,达 103.74 亿元,资产总计 106.64 亿元、利税总额 8.42 亿元、利润总额 6.15 亿元、年平均从业人员 8043 人,分别占全县工业的 12.7%、16%、12.5%、13.8%和 11.4%。其中,中国大陆与港澳台合资经营企业 14 家、工业总产值 29.49 亿元,港澳台商独资经营企业 17 家、工业总产值 74.24 亿元。

外商投资 1988 年,全县有中外合资经营企业 1 家,全年工业总产值 413 万元。1989 年,水口乡引进外资开发金沙泉矿泉水项目。1992 年 11 月,长兴酿酒总厂与美国国际远景公司合作经营成立浙江远景天然饮料有限公司,注册资金 220 万元。1993 年 2 月,县工商局出台《关于要求受理外资企业登记初审的报告》,设立外资企业登记管理股,加强对外资企业登记初审工作和管理。6 月,长兴石英矿与新加坡长运企业私人有限公司、新加坡奕发运输私人有限公司合资经营,成立长兴锦鹏石英石有限公司,总投资 570 万元人民币。9 月,长兴紫砂厂与加拿大美亚企业有限公司合资经营成立长兴美亚紫砂有限公司,总投资 50 万美元。12 月,长兴水泥厂与上海宝钢集团、新加坡双龙洋灰有限公司合作创办中外合资浙江兴宝龙建材有限公司,注册资本 4700 万元,其中长兴水泥厂占 57.2%、上海宝钢集团占 17.8%、新加坡双龙洋灰有限公司占 25%(以美元出资)。同年,县内首家私营中外合资企业长兴飞龙印刷有限公司成立;全县发展三资企业 44 家,其中新增 26 家,协议引进外资 432 万美元和 1254 万元人民币。1994 年 7 月,全县最大中外合资企业,总投资 2.4 亿元的浙江裕廊水泥有限公司落户煤山镇。1995 年,全县中外合资经营企业 10 家,工业总产值 4271 万元。1997 年 5 月,县委、县政府出台《关于鼓励外商投资的若干规定》。至 1998 年年底,全县有规模以上外商投资工业企业 3 家,工业总产值 2.26 亿元,利税总额 1952 万元,利润总额 592 万元,年平均从业人员 1592 人。2001 年,全县规模以上外商投资工业企业 7 家,工业总产值 3.07 亿元,利税总额 6242 万元,利润总额 3620 万元,年平均从业人员 1900 人。2003 年,全县实到外资 1 亿美元,比上年增长 46%,成为全市第一个实到外资超亿美元县。同年,全县规模以上外商投资工业企业 8 家,工业总产值 1.74 亿元,资产总计 1.51 亿元,利税总额 0.17 亿元,利润总额 0.08 亿元,年平均从业人员 1184 人。其中,中外合资经营企业 4 家,工业产值 1 亿元;中外合作经营企业 1 家,工业产值 0.41 亿元;外商独资经营企业 3 家,工业产值 0.33 亿元。2009 年,全县规模以上外商投资工业企业 50 家,工业总产值 42.70 亿元、资产总计 42.21 亿元、利税总额 3.68 亿元、利润总额 1.98 亿元、年平均从业人员 10421 人,其中中外合资经营企业 22 家、工业总产值 13.44 亿元,外商独资经营企业 28 家、工业总产值 29.26 亿元。2012 年年末,全县规模以上外商投资工业企业 37 家，工业总产值 62.76 亿元、资产总计 73.81 亿元、利税总额 6.51 亿元、利润总额 4.80 亿元、年平均从业人员 7868 人，分别占全县工业的 7.7%、11.1%、9.7%、10.8%和 11.1%。其中，中外合资经营企业 14 家、工业总产值 18.67 亿元，外商独资经营企业 23 家，工业总产值 44.09 亿元。

1988—2012 年长兴县港澳台和外商投资企业情况表

表 12-14

年份	港澳台投资		外商投资		年份	港澳台投资		外商投资	
	企业(家)	工业产值（万元）	企业（家）	工业产值（万元）		企业（家）	工业产值（万元）	企业（家）	工业产值（万元）
1988	—	—	1	413	2001	2	2015	7	30746
1989	—	—	1	769	2002	3	9425	6	8007
1990	—	—	1	818	2003	6	30037	8	17359
1991	1	128	1	1204	2004	11	78669	14	34021
1992	1	307	1	1401	2005	7	34440	18	75624
1993			13	7370	2006	20	112952	20	156315
1994	6	6375	6	5697	2007	23	153259	29	490378
1995	12	9518	10	4271	2008	30	489421	46	331900
1996	8	5332	10	6939	2009	34	560868	50	426992
1997	6	3739	8	6654	2010	36	667810	50	565227
1998	2	8227	3	22556	2011	30	704574	40	535525
1999	2	9923	3	30664	2012	31	1037361	37	627639
2000	3	24130	2	23297	—	—	—	—	—

说明：1. 资料来源于历年《长兴县统计年鉴》；2.1988 年为乡及乡以上工业企业，1998 年起为全部国有及年销售收入 500 万元以上非国有工业企业，2011 年起为年销售收入 2000 万元以上工业企业；3. 企业按登记在册类型统计

第二节　主管部门分类结构

1988 年，全县工业主管部门有工业局、建材公司、粮食局、城建局、商业局、物资局、农业局、供销联社、二轻公司、交通局、教育局、乡镇企业局 12 个部门，乡镇、村工业受乡镇和乡镇企业局双重管理。全县有工业企业 3819 家，全年实现工业总产值 6.6 亿元。县属工业 131 家，归口工业局管理有 24 家，产值 7275 万元、占全县工业总产值的 11%；二轻公司 39 家，产值 4033 万元、占 6.1%；建材公司 6 家，产值 1924 万元、占 2.9%；其他包括粮食局 14 家、商业局 1 家、物资局 1 家、供销联社 13 家、城建局 5 家、农业局 10 家、交通局 7 家、教育局 11 家，合计产值 7266 万元，占全县工业总产值的 11%。乡镇企业局管理工业企业 3489 家，产值 4.52 亿元、占全县工业总产值的 68.6%，其中镇办工业企业 5 家、产值 527 万元，乡办 348 家、产值 2.02 亿元，村办 586 家、产值 1.19 亿元，农民联户工业 1348 家、产值 1.01 亿元，农村个体工业 1202 家、产值 2582 万元。城镇个体工业企业 199 家，工业总产值 214 万元。

1989 年 9 月，建材公司并入工业局，其下属 6 家企业（其中老虎洞石矿未并入，移交给省劳改单位长湖建材厂）同时并入县工业局。1990 年 5 月，成立丝绸公司（1997 年，明确按正局级设置为县政府直属公司），主管从工业局归属的丝厂、丝织厂，以及从丝织厂独立出来的经编厂。1994 年 6 月，制革总厂

划归县经济技术协作办公室。1995 年 8 月,麦芽厂划归粮食局,9 月酿造厂划归商业局。至 1995 年年底 1996 年年初,工业局所属企业减少到 17 家,二轻总公司所属企业减少到 32 家。1993 年起企业改革逐步转向产权制度改革,至 2001 年 7 月,工业局、丝绸公司和二轻总公司改制率分别达到 62.5%、100%、82.8%。同年,粮食局、城建局、商业局、物资局、供销社、交通局、教育局、农业局等部门的 62 家附属、挂靠工业企业,基本以解散解体、破产、改为民营等形式完成改制。348 家乡办企业、586 家村办企业,也全部改制为民营企业。同年年末,各工业主管部门机构撤销(二轻工业总公司,因一些改制后企业中有联社资产成分,未撤销),统一由县经济和信息化管理委员会管理。

第三节　行业结构

1988 年,全县工业行业涉及 28 个行业大类,乡及乡以上工业企业 514 家,工业总产值 7.92 亿元。其中,非金属矿物制品业企业 154 家,工业总产值 2.71 亿元,占绝大比重,为 34.2%;煤炭开采和洗选业企业 8 家,工业总产值 0.97 亿元,占 12.3%;食品加工和制造业企业 31 家,工业总产值 0.9 亿元,占 11.4%;非金属矿采选业企业 83 家,工业总产值 0.66 亿元,占 8.3%;纺织业企业 38 家,工业总产值 0.48 亿元,占 6.1%。1990 年,全县工业以市场为导向,加快经营机制转换和产业结构调整,加大技术改造力度,行业结构发生较大变化。纺织业快速发展,成为全县主要工业行业,有工业企业 33 家,工业总产值 1.54 亿元,占全县比重 14.4%,比 1988 年增长 8.34 个百分点。其次为煤炭开采和洗选业,有工业企业 10 家,工业总产值 1.53 亿元,占全县比重 14.2%,比 1988 年增长 1.97 个百分点。2000 年,全县工业行业涉及 20 个行业大类,全县规模以上工业企业 137 家,工业总产值 44.94 亿元。其中,非金属矿物制品业企业 40 家,工业总产值 13.53 亿元,占 30.1%;纺织业企业 27 家,工业总产值 8.26 亿元,占 18.4%;煤炭开采和洗选业企业 1 家,工业总产值 5.19 亿元,占 11.6%;电力、热力生产和供应业企业 2 家,工业总产值 4.7 亿元,占 10.5%;电气机械和器材制造业企业 12 家,工业总产值 4.35 亿元,占 9.7%。进入 21 世纪,建材、采掘、机械制造、服装制造、医药化工、食品等传统产业经过多年结构调整、筛选优化、科技改造,逐步形成以新型电池、现代纺织、特色机电、新型建材为主导的全县四大支柱产业。2012 年,全县工业行业涉及 33 个行业大类,年销售收入 2000 万元以上工业企业 580 家,工业总产值 817.08 亿元。其中,电气机械和器材制造业企业 58 家,工业产值 267.38 亿元,占 32.7%;纺织业企业 214 家,工业产值 204.77 亿元,占 25.1%;非金属矿物制品业企业 92 家,工业产值 95.4 亿元,占 11.7%;电力、热力生产和供应业企业 5 家,工业产值 53.52 亿元,占 6.6%;化学纤维制造业企业 10 家,工业产值 30.25 亿元,占 3.7%。

1988—2012 年若干年份长兴县工业总产值分行业结构情况表

表 12-15　　单位:亿元

行业	1988年	1990年	1995年	2000年	2005年	2010年	2012年
煤炭开采和洗选业	0.97	1.53	3.76	5.19	8.90	6.95	7.56
有色金属矿采选业			0.03	0.03			
非金属矿采选业	0.66	0.54	1.66	1.49	7.62	14.33	9.61
农副食品加工业	0.70	0.96	4.45	1.27	1.62	3.18	7.25
食品制造业	0.20	0.21	0.2	0.19	0.68	0.92	0.26
酒、饮料和精制茶制造业	0.22	0.36	0.85	0.33	0.76	1.29	1.37
纺织业	0.48	1.54	6.31	8.26	35.84	133.73	204.77
纺织服装、服饰业	0.11	0.10	0.68		3.89	7.91	8.64

续表12-15

行业	1988年	1990年	1995年	2000年	2005年	2010年	2012年
皮革、毛皮、羽毛及其制品和制鞋业	0.31	0.32	0.98	0.92	0.88	1.75	2.01
木材加工和木、竹、藤、棕、草制品业	0.02	0.01	0.52		0.97	2.22	3.78
家具制造业	0.03	0.06	0.01		0.82	2.28	3.17
造纸和纸制品业	0.07	0.06	0.38	0.25	0.44	3.21	2.57
印刷和记录媒介复制业	0.05	0.07	0.05			0.40	1.69
文教、工美、体育和娱乐用品制造业	0.01	0.02			0.17	0.73	2.24
石油加工、炼焦和核燃料加工业			0.02				
化学原料和化学制品制造业	0.26	0.29	0.85	1.72	9.14	13.83	21.91
医药制造业	0.03	0.03	0.03	0.18	0.60	1.61	2.20
化学纤维制造业	0.03	0.03			1.55	16.64	30.25
橡胶和塑料制品业	0.09	0.07	0.60	0.75	1.05	7.61	15.29
非金属矿物制品业	2.71	3.33	12.18	13.53	42.7	91.33	95.40
黑色金属冶炼和压延加工业	0.05	0.01	0.11		0.86	6.75	12.40
有色金属冶炼和压延加工业	0.04	0.02	0.16		1.31	1.97	3.91
金属制品业	0.08	0.11	0.49	0.28	0.66	2.07	3.44
通用设备制造业		0.08	0.55	0.77	6.32	21.37	16.96
专用设备制造业	0.29	0.29	0.52	0.57	1.24	7.30	12.36
汽车制造业							12.09
铁路、船舶、航空航天和其他运输设备制造业	0.07	0.08	0.52		0.42	7.02	1.31
电气机械和器材制造业	0.22	0.34	2.60	4.35	24.93	157.82	267.38
计算机、通信和其他电子设备制造业	0.05	0.06	0.14		0.56	6.65	5.49
仪器仪表制造业	0.01					0.34	3.09
其他制造业		0.02	0.03	0.07	0.45	1.31	0.20
废弃资源综合利用业					0.08	1.17	2.73
电力、热力生产和供应业	0.15	0.21	4.71	4.70	29.29	48.64	53.52
燃气生产和供应业						1.39	1.59
水的生产和供应业	0.01	0.01	0.04	0.09	0.20	0.87	0.64
合　计	7.92	10.75	43.45	45.09	183.95	574.59	817.08

说明：资料来源于历年《长兴县统计年鉴》。1988年为乡及乡以上工业企业，1998年起为全部国有及年销售收入500万元以上非国有工业企业，2011年起为年销售收入2000万元以上工业企业

第四节　轻重工业结构

1988年，全县乡及乡以上工业总产值7.92亿元，轻、重工业比30.93:69.07。1998年，全县工业企业改制基本完成，同年全县规模以上工业总产值中，轻工业为13.05亿元、占32.3%，重工业产值27.31亿元、占67.7%。2007年，全县规模以上工业总产值316.15亿元，其中轻工业产值160.48亿元、占50.8%，重工业产值155.67亿元，占49.2%。轻重工业结构发生根本性逆转，县域经济中轻工业比重首次超过重工业，占据主导地位。之后，轻工业比重占全县工业经济总量份额逐步加大。2012年，全县规模

以上工业总产值817.08亿元，其中轻工业产值535.43亿元、重工业产值281.66亿元，轻、重工业比65.53:34.47。

1988—2012年长兴县工业总产值轻重工业结构情况表

表12-16

年份	工业总产值（亿元）	轻工业		重工业		年份	工业总产值（亿元）	轻工业		重工业	
		产值（亿元）	比重（%）	产值（亿元）	比重（%）			产值（亿元）	比重（%）	产值（亿元）	比重（%）
1988	7.92	2.45	30.9	5.47	69.1	2001	52.14	15.18	29.1	36.96	70.9
1989	10.07	3.03	30.1	7.04	69.9	2002	64.49	20.1	31.2	44.38	68.8
1990	10.75	4.05	37.7	6.70	62.3	2003	98.42	32.34	32.9	66.08	67.1
1991	12.84	5.19	40.4	7.65	59.6	2004	136.16	46.84	34.4	89.32	65.6
1992	17.97	6.92	38.5	11.05	61.5	2005	183.95	72.33	39.3	111.62	60.7
1993	44.09	18.36	41.6	25.73	58.4	2006	243.96	102.99	42.2	104.98	43.0
1994	50.83	24.49	48.2	26.34	51.8	2007	316.15	160.48	50.8	155.67	49.2
1995	43.45	16.02	36.9	27.43	63.1	2008	405.10	218.44	53.9	186.66	46.1
1996	47.29	17.36	36.7	29.93	63.3	2009	461.90	257.34	55.7	204.56	44.3
1997	40.35	12.69	31.5	27.66	68.6	2010	574.59	331.78	57.7	242.81	42.3
1998	40.36	13.05	32.3	27.31	67.7	2011	646.87	368.20	56.9	278.67	43.1
1999	41.09	11.44	27.8	29.65	72.2	2012	817.08	535.43	65.5	281.66	34.5
2000	45.09	13.18	29.2	31.91	70.8	—	—	—	—	—	—

说明：资料来源于历年《长兴县统计年鉴》。1988年为乡及乡以上工业企业，1998年起为全部国有及年销售收入500万元以上非国有工业企业，2011年起为年销售收入2000万元以上工业企业

第三章　工业门类

1988—2012年，长兴县在各历史发展阶段，坚持遵循经济发展规律，调整优化产业结构，扶持推动优势支柱产业，加快工业经济持续、稳定、协调、快速发展。1988年，全县提出积极调整工业产品结构，抓好建材、食品、轻纺三大支柱工业，促进工业进一步发展。1991年，长兴县国民经济和社会发展十年规划及“八五”计划提出，工业发展要在深度上发挥建材工业优势；努力发展轻纺工业；粮油、食品饮料工业要有新突破；加快机械电子工业发展步伐；有计划地发展化工及节能等其他新技术产品。1996年，长兴县国民经济和社会发展“九五”计划和2010年远景目标规划纲要提出，按照国家产业政策导向，适应国际国内市场要求，加强基础工业，改造提高传统工业，培育发展新兴工业，依靠科技进步，引进开发，促进产业更新和升级，努力培育和形成建材、轻工、纺织、机械、电子、粮油食品、化工、电力等八大优势产业。2001年，长兴县国民经济和社会发展第十个五年计划纲要提出，依靠科技进步，加快行业结构调整。着力应用先进技术和高新技术改造提高纺织、建材、特色轻工三大优势产业，加快发展医药、化工、机电三大新兴产业，同时有选择地发展高新技术产业，力争在电子信息产业有大突破。2006年，长兴县国民经济和社会发展第十一个五年规划纲要提出，加快推进以“六大工程”产业为主的制造业发展，重点培育电子电源、新型材料、家居服饰、机械制造、食品医药、特色化工等优势产业。2011年，长兴县国民经济和社会发展第十二个五年规划纲要提出，紧紧抓住国家和全省大力发展战略性新兴产业、实施产业振兴规划的契机，以调整优化结构为主线，以培养大产业和现代产业集群为目标，加快推进纺织服装、蓄

电池、机械汽配、电子电器、新型建材五大优势产业转型升级，大力培育新能源、现代纺织、装备制造、新材料、生物医药五大战略性新兴产业，着力培育以十大产业为主导的现代工业产业体系。同年，全县工业经济基本形成以新能源、现代纺织、新型建材、机械装备和电子电器五大支柱产业为主的现代产业体系，五大支柱产业工业总产值占全部规模以上工业总量的84%。2012年，出台《长兴县工业强县建设规划（2012—2016年）》，提出围绕建设“工业强县”目标，依托长兴现有产业基础，发挥长兴资源优势，集中力量培育和发展以铅酸蓄电池为核心的新型电池、以织造（非织造）为主的现代纺织、以物流机械与电子电器为重点的特色机电等三大支柱产业。同时，加快推进耐火、水泥等传统行业转型升级，加快培育生物医药、新材料等新兴产业，努力形成支柱产业与其他产业互补发展的产业格局。同年，全县初步形成新型电池、现代纺织、特色机电和新型建材等4大产业体系，共有规模以上工业企业468家、占全县规模企业的80.7%，工业总产值684.98亿元、占全县规模以上产值83.8%。其中，新型电池规模工业企业38家，工业产值220.03亿元，占全县总量的26.9%；现代纺织规模工业企业222家，工业产值241.54亿元，占全县总量的29.7%；特色机电规模工业企业93家，工业产值117.65亿元，占全县总量的14.4%；新型建材规模工业企业115家，工业产值105.76亿元，占全县总量的12.9%。

2012年长兴县工业主要行业经济指标情况表

表12-17

行业	企业（家）	工业总产值（亿元）	销售收入（亿元）	利税（亿元）	利润（亿元）
总　计	468	684.98	770.73	56.56	38.19
新型电池	38	220.03	325.78	14.49	10.85
现代纺织	222	241.54	228.95	18.29	13.06
化纤	11	31.32	29.68	0.74	0.41
纺织业	203	202.59	192.23	16.96	1.24
纺织服装服饰业	8	7.62	7.04	0.59	0.21
特色机电	93	117.65	113.04	8.79	5.59
家用电器	7	26.60	25.70	0.63	0.22
电子电容（节能灯）	23	11.69	11.42	1.26	0.76
机械汽配	63	79.36	75.92	6.90	4.60
新型建材	115	105.76	102.96	14.99	8.69
非金属矿采选业	24	9.95	9.71	1.61	0.59
非金属矿物制品业	91	95.81	93.25	13.38	8.10
其中：水泥	13	32.86	32.15	5.48	3.64
耐火材料制品	43	27.71	27.32	3.82	1.85

说明：资料来源于县经信委

第一节　新型电池

长兴蓄电池行业起步于20世纪70年代，主要生产矿灯用蓄电池。20世纪90年代后期至21世纪初，随着国内电动助力车兴起，县内蓄电池产业开始迅速发展，并逐步成长为全县工业经济增长亮点与主导特色优势产业之一。之后，长兴以铅酸蓄电池、锂电池、镍氢电池和太阳能光伏电池等为重点，集中优势力量做强企业，做强产品，做强产业载体和创新平台，并通过技术创新实现新型电池产业快速发展，成为全国蓄电池转型升级示范区和绿色能源产业基地、中国绿色动力能源中心。

1976 年 2 月,县内首家蓄电池企业长广蓄电池厂开始筹建,6 月投产,为省属企业煤山矿灯厂下属小集体企业,生产矿灯用蓄电池,年产值 15 万元。1986 年 4 月,长兴首家蓄电池企业成立,为煤山镇楼下村村办企业长兴煤山蓄电池厂(后更名长兴蓄电池厂),主要产品为应急灯极板、摩托车电池极板、汽车发动机电池极板。1988 年,全县有蓄电池生产企业 6 家。其中,有省属长广蓄电池厂和八三蓄电池厂,工业产值合计 346 万元,固定资产原值 67 万元,产品销售收入 518 万元,利润总额 33 万元,年平均从业人员 202 人;有乡办白阜电瓶厂,工业产值 77.79 万元,销售收入 76.8 万元,税金 5.98 万元,利润 2.85 万元,年末职工 54 人;村办煤山镇楼下蓄电池厂、二都蓄电池厂和槐坎乡民丰蓄电池厂,工业产值 31.57 万元,销售收入 74.94 万元,税金 4.92 万元,利润 1.6 万元,年末职工 65 人。产品均为普通铅酸蓄电池。

1989 年,长兴蓄电池厂在煤山工业园区成立。同年,全县蓄电池产量 10.4 万千伏安。1992 年后,长兴蓄电池厂转向摩托车蓄电池、船舶蓄电池和汽车蓄电池产品开发,研发出一种容量大、重量轻的"干荷电池"。产品投放市场后,受到上海、杭州、郑州等地企业的青睐,并成为"济南轻骑"等著名厂家的配套电池供应商。1995 年,全县蓄电池制造企业 7 家,工业总产值 1732 万元,年产蓄电池 41.58 万千伏安时。1998 年 1 月,长兴县电子电源有限公司(2002 年 9 月更名为长兴县超威电源有限公司)成立,落户雉城镇新兴工业园区,注册资本 820 万元。1998 年 3 月,长兴天能电源有限责任公司(2002 年 2 月更名为长兴天能电源有限公司)落户煤山工业园区,注册资本 300 万元。该时期,长兴企业成功研发出免维护新型铅酸蓄电池,较好解决铅蓄电池的漏液、失水问题,使其能够作为动力电池应用在电动自行车上。之后,伴随国内电动自行车的兴起,长兴蓄电池产业进入快速发展阶段。2002 年,全县蓄电池及相关生产企业共 112 家,主要分布于雉城、煤山等 9 个乡镇,其中极板生产企业 22 家、组装企业 67 家、铝合金生产企业 13 家、配套塑壳企业 10 家,规模以上企业 10 家,全部工业总产值 8.5 亿元,实现利税 2.2 亿元,产品基本涵盖电动助力车蓄电池、密封阀控式蓄电池、启动蓄电池、锂离子电池、电池极板及各类配套整机等 6 大特色系列。与 1999 年相比,2002 年全县蓄电池行业规模以上企业工业总产值、销售收入、利税、利润分别平均增长 76.2%、63.3%、93.5%和 134%。2004 年 10 月,长兴铅蓄电池行业由于"低、小、散、乱"问题突出,被省政府列入省级环境保护重点监管区。同年起,县政府对全县蓄电池行业开展"摘帽"整治,推动蓄电池行业规范化发展。至 2005 年通过省市验收,蓄电池企业数量从整治前 175 家削减到 53 家,蓄电池行业发展步入良性轨道。

2006 年,编制《浙江省长兴县绿色动力能源中心发展战略规划》。县内蓄电池龙头企业积极开展产学研合作,天能集团与航天部、浙江大学、复旦大学等合作,建立省级企业技术中心、省级博士后科研工作站。超威集团与清华大学、沈阳蓄电池研究所合作,建立省级环保型蓄电池研究中心。兴海能源与"浙江大学材料与化学工程学院"共建锂离子动力电池技术研发中心。振龙电池与北京大学合作研发锂电池。长兴诺力电源公司与哈尔滨工业大学合作共建诺力高能电源研究所。同年,全县蓄电池企业 53 家,工业总产值 44.8 亿,比上年增长 111.4%。2007 年 6 月,天能国际集团在香港联交所成功上市。12 月,省科技厅批准建立长兴电动车用蓄电池省级高新技术特色产业基地,骨干企业为浙江天能电池有限公司、浙江长兴天能电源有限公司和浙江超威电源有限公司。2008 年,天能集团循环经济产业园奠基,拉开长兴铅酸蓄电池循环经济产业序幕。12 月,浙江江森自控电池有限公司落户县经济开发区城南工业区,为美国江森自控有限公司投资 2.15 亿美元组建全资子公司。同年,全县蓄电池规模以上工业企业 34 家,工业总产值 92.86 亿元,占全县工业总产值 22.9%;行业税收 2.74 亿元,占县级工业税收 15.5%;利润 5.85 亿元,占全县规模以上工业利润 43.3%。蓄电池组装年产量由 2003 年的 800 万只上升到 2008 年的 7000 万只,年均增长 53.7%;销售收入由 9.0 亿元上升到 120.8 亿元,年均增长 68.1%;税收由 3867 万元上升到 2.74 亿元,年均增长 47.9%。工业产值 10 亿元以上蓄电池企业 3 家,产值占全部蓄电池产业 69.9%;产值 1 亿元~10 亿元企业 6 家,占 15.8%。生产企业主要分布于煤山镇、小浦镇、雉城镇、槐坎乡、县开发区等 5 个乡镇(园区)。电动助力车用高容量密封型免维护铅酸蓄电池基本实现机械化、半自动化，技术水平、产品质量、品牌市场国内领先，成为全国电动助力车用铅酸蓄电池产品生产基地，占国内市场份额45%左右。天能公司、超威集团双双入围“中国民营企业500强”。2009年6月，长兴县蓄电池产业被省政府列为省产业集群转型升级新能源产业示范区，成为全省块状经济发展最为显著产业之一，列入全省21个块状经济向现代产业集群转型发展试点，为湖州市唯一入选产业。同年，联合浙江大学编制《长兴县新能源产业转型升级实施方案》，实施天能循环经济园、超威绿色能源科技园等一批新能源大项目。全县规模以上新能源企业完成工业总产值突破百亿，达104.86亿元，比上一年增长12.9%，占全县规模以上工业23%；销售收入126.7亿元，增长16.2%，占27.3%；利税8.82亿元，增长7.9%，占21%。2010年7月，浙江超威集团有限公司在香港联交所成功上市。10月，浙江长兴汉能光伏有限公司落户县经济开发区，注册资金11.5亿元，用地66.67公顷，总投资120亿元，为太阳能光伏电池及电池组件研发、非晶硅锗三结薄膜太阳能电池生产企业，硅基薄膜太阳能电池研发制造基地项目一期投资28亿元，属国家大力发展和扶持新能源项目。同年，全县蓄电池行业已形成以天能集团、超威集团为龙头的产业集群，共有生产及配套企业125家，其中规模以上44家，主要集中在雉城镇、吴山乡、小浦镇、煤山镇4个乡镇。

图12-1　天能集团生产车间机器人机械臂（县经信委提供·2012年）

2011年9月，根据环保部和省政府要求，县政府印发《长兴县蓄电池产业转型升级实施意见》，开展第二轮铅蓄电池行业整治。由政府投资基础设施建设7.39亿元，在小浦、吴山分别规划郎山、城南两大新能源高新园区，鼓励企业入园发展，禁止在园区外新批新建蓄电池项目。共涉及全县蓄电池企业61家，其中原地整治提升14家、拟搬迁入园16家、关停31家。保留的30家蓄电池企业全部集聚到城南工业功能区和郎山新能源产业集聚区。11月，县政府印发《长兴县加快新能源产业发展实施意见(2011—2015年)》。2012年10月，县委、县政府出台《长兴县工业强县建设规划(2012—2016年)》，把以蓄电池为核心新型电池行业列为工业三大支柱产业之一。同年，全县共有铅酸蓄电池企业(集团)16家，均为亿千企业，年生产能力1.75亿只，占全国助力电动车用铅酸蓄电池市场份额70%以上。县内规模以上新型电池制造企业38家，工业总产值220.03亿元，占全县规模工业产值的26.9%；销售收入325.78亿元，占全县规模工业销售收入的40.6%；利税总额14.49亿元，占全县规模工业利税总额的21.6%，利润总额10.85亿元、占全县规模工业利润总额的24.3%。全年生产铅酸蓄电池2769.6万千伏安时，锂离子电池1093.61万只。有中国驰名商标4只，国家免检产品5只，省著名商标4只，省名牌产品8只；“中国民营企业500强”企业2家；上市企业2家。

第二节　现代纺织

1988年，全县有纺织、服装企业48家，工业总产值5954万元。其中，棉纺织企业7家，工业总产值542万元；毛纺织企业4家，工业总产值551万元；丝纺织企业18家，工业总产值3545万元；针织品企业7家，工业总产值161万元；服装生产企业10家，工业总产值1122万元。全年生产丝121吨，丝织品210万米，化纤布112万米，呢绒12万米，服装88万件。较大企业(工业产值100万元以上)15家，其中全民所有制企业有长兴丝厂、长兴丝织厂2家，集体所有制企业有长兴服装厂、长兴第二服装厂、泗安丝织厂、新兴变形纱厂 4 家，乡镇企业有下箬丝厂、浙北毛纺厂、后漾绸厂、夹浦丝织厂、夹浦浆经厂、长兴印染厂、长桥棉纺厂、长桥无纺布厂、泗安毛纺厂 9 家。

1990 年起，县内纺织行业出现发展高潮，全县织物机量成倍增加、范围不断扩大。同年，组建县丝绸公司，对全县丝绸行业进行管理。至年末，全县拥有织机 3000 台，年生产丝 138.7 吨，丝织品 273 万米，棉布 9.9 万米，化纤布 88 万米，印染布 786 万米，呢绒 15 万米，服装 79 万件。至 1995 年年底，全县纺织、服装、化纤制品企业 58 家，工业总产值 6.99 亿元，其中棉纺织企业 5 家、工业总产值 3691 万元，毛纺织企业 3 家、工业总产值 620 万元，丝绢纺织企业 35 家、工业总产值 5.86 亿元，针织品企业 3 家、工业总产值 216 万元，服装及化纤制品企业 11 家、工业总产值 6797 万元，形成纺织、印染、销售一条龙产业体系，逐步由低档次向高档次发展，产品种类约 20 余种。全年生产丝 423.3 吨，丝织品 6.37 亿米，印染丝织品 306 万米，丝绸绣花手绘被面 2000 条，纱 304 吨，线 165 万米，布 1.85 亿米，印染布 1.1 亿米，毛巾 10 万条，毛巾被 1.5 万条，被罩 3.95 万个，枕套 79.5 万个，缝纫线 78 万个，毛纱 42 吨，毛线 7.7 吨，呢绒，18.32 万米，萱麻布 96 万米，服装 157.17 万件，化纤地毯 1400 平方米。同时，全县拥有个私织机约 2 万台(套)，工业总产值 1.6 亿元。

1996 年，浙江湖州金三发服装辅料集团有限公司组建，总资产 2.8 亿元，职工 5000 余人，喷胶棉、粘胶棉年生产能力 1000 吨，为国内最早生产服装黏合衬主要厂家之一，拥有省名牌产品、省著名商标等，“无甲醛绿色环保综合技术”获国家专利。1997 年 11 月，浙江省长兴丝绸有限公司成立，注册资本 3600 万元，拥有进口经编机 66 台，加弹机 8 台，喷水织机 400 余台，获市进出口贸易先进企业。1998 年，全县纺织业实现工业总产值 50.4 亿元，实现利税 1.92 亿元。规模以上纺织企业 14 家，工业总产值 2.98 亿元，利税总额 1752 万元，利润总额 864 万元，年平均从业人员 2073 人。服装及其他纤维制品企业 1 家，工业总产值 563 万元。年丝产量 1056 吨，丝织品 8427 万米，印染丝织品 1.54 亿米，服装 6.01 万件。个私纺织业实现利润 1.61 亿元，交纳税收 1062.2 万元，成为全县工业经济重要部分，县属工业领域中增长最快行业。1999 年 6 月底，全县纺织行业拥有固定资产 7.4 亿元，有梭织机 46486 台，无梭织机 1379 台，纤经车 1177 台，浆经车 108 台，无梭前道准备 8 条，经编机 10 台，针织横机 202 台。个体私营纺织工业迅猛发展，遍布全县 72.8%的行政村，从业人员 35852 人，占全县农村劳动力 11.4%。

2000 年，县政府提出淘汰落后、重复的生产能力，扶持发展新型纺织，扩大有效生产，满足市场需求。同年，全县规模以上纺织企业由 1998 年 14 家增至 27 家；工业总产值由 2.98 亿元增至 8.26 亿元，年均增长 66.5%；利税总额由 1752 万元增至 9276 万元，年均增长 130%，利润总额由 864 万元增至 6205 万元，年均增长 168%；丝织品产量由 8427 万米增至 1.7 亿米，年均增长 41.9%；长兴成为全国服装辅料、里子料主要供应基地。至 2001 年，全县拥有纺织企业 17743 家(包括私营、轻纺户)，纺织机械 64844 台(套)，以有梭织机为主。产品以春秋丁、春夏纺、涤塔夫居多。从业人数 4.1 万人，占全县总人口 6.6%。同年，纺织业各项经济指标达新峰值，工业总产值 108.6 亿元，占全县工业总产值 42.8%；利税 5.6 亿元，占 30.5%。其中，规模以上企业 42 家，工业总产值 11.48 亿元，销售收入 10.84 亿元，利税总额 9940 万元，利润总额 5580 万元，年平均从业人员 4032 人。

进入 21 世纪后，以个体、私营、家庭工业为基础的纺织业逐步向规模化、集团化发展。2001 年 9 月，湖州凯恩涂层有限公司落户县经济开发区，注册资本 70 万元，为涂层织物、纺织

图 12-2　浙江多蒙佳乐服饰有限公司(县开发委提供·2007 年)

品生产企业。2002年8月，湖州纳尼亚实业股份有限公司成立（前身为浙江恒鑫纺织印染有限公司），注册资本200万元，为集织造、印染、家纺为一体的科技型企业。2003年3月，浙江多蒙佳乐服饰有限公司落户县经济开发区，注册资金500万欧元，占地9.67公顷，为法商独资企业。同年6月，长兴盛发纺织印染有限公司落户夹浦轻纺工业园区，注册资本600万元，建筑面积1.5万平方米，为集织造、印染、家纺为一体的民营企业。9月，浙江东鑫纺织有限公司落户虹星桥镇工业集中区，为中国香港富亿达家纺有限公司旗下子公司，注册资本308万美元，总投资1758万美元，占地5.6万平方米，于2004年11月投产，为家用纺织品研发生产企业。2004年11月，浙江盛邦化纤有限公司落户县经济开发区，注册资本8000万元，占地10公顷，为研发生产差别化纤维和差别化织物高新技术企业。2005年年初，浙江湖州金三发服装辅料集团有限公司改制为民营股份制企业，5月进入全国服装企业500强。2006年，湖州威达纺织集团有限公司率先在国内同行中开发以纤维素纤维—粘胶纤维为原料高档针织纱产品，填补国内气流纺设备生产针织粘纤纱空白。至2007年，湖州威达纺织集团有限公司用5年时间完成落后国产设备和产能的淘汰，累计投资1.5亿元，引进德国赐来福和瑞士立达气流纺生产线15条。

2008年，实施《长兴县纺织产业发展规划》，打造长三角先进制造业重要集聚区。同年，浙江长兴滨江实业有限公司、长兴三山实久纺织染整有限公司、浙江长兴豪丰服饰有限公司、纬仁（长兴）毛纺织有限公司、浙江莎拉服饰有限公司、土耳其杜拉克纺织公司、浙江正宇纺织印染基地有限公司、湖州景兴纺织印染有限公司等一批现代纺织企业陆续建成投产。全县纺织企业完成工业产值248亿元，利税15亿元，拥有喷水织机33558台，剑杆机743台，经编机135台（大多为德国进口设备），共生产各类织物近35亿米，生产纺织原料近18万吨，服装（含皮革服装）近700万件，印染布近12亿米，无纺布近5万吨，黏合衬3亿米，棉纱、细丝近2万吨。长兴成为全国里子布、服装辅料主要供应地之一，金三发集团成为全国黏合衬与无纺布行业龙头企业。2010年2月，按照国务院《关于进一步加强淘汰落后产能工作的通知》要求，至年底全县共淘汰印染落后生产能力37台，落后产能共计1.1亿米。全面完成国家、省市纺织印染落后产能设备淘汰工作。12月，浙江益南纤维科技有限公司落户泗安镇工业区，总投资16亿元，注册资本2亿元，建筑面积16.5万平方米。同年，湖州威达纺织集团有限公司投入3000多万元，引进日本村田公司涡流纺纱设备，开发生产成纱结构内松外紧、光洁度好、毛羽少的新颖针织用纱，形成年产各类新颖针织纱线3万余吨生产规模，主要产品有气流纺粘纤系列混纺色纺针织纱、气流纺桑蚕桑蚕细丝、涡流纺粘纤针织纱、环锭纺精梳棉纱系列产品。全县规模以上纺织企业242家，工业产值133.73亿元，生产企业包括化纤、纺纱、织造、染整、服装加工及无纺布（黏合衬），初步形成从纺织原料、织造、印染后整理到纺织服装生产相对完整产业链，产品涵盖涤塔夫、提化麻纱、经编织物、涤棉、全棉织物、家纺、服装（针织）、棉纱、细丝、加弹丝、箱包等近30多个品种。2011年9月，县政府出台《长兴县纺织产业转型升级实施意见（2011—2015年）》，加快纺织产业集群向附加值高、技术含量高、产业集聚度高、能耗低、污染低的现代纺织产业集群转型，实现从纺织大县向纺织强县的跨越。同年，长丝织造特色明显，产量超50亿米，占全国长丝织造产量20%以上，被中国长丝织造协会授予首个中国长丝织造名城称号，同时荣获2011年中国纺织服装行业十大产业集群称号。2012年5月，昆桐集团浙江恒腾差别化纤维有限公司落户湖州南太湖产业集聚区长兴分区，注册资本9000万美元，总投资36亿元，占地42.67公顷，为差别化纤维及聚酯纤维生产企业。10月，县委、县政府出台《长兴县工业

图12-3　威达集团引进的日本涡流纺生产线（县经信委提供·2010年）

强县建设规划(2012—2016 年)》,将以织造(非织造)为主的现代纺织产业列为全县工业三大支柱产业之一,加快形成千亿级现代纺织产业集群,建设纺织产业转型升级示范区。同年,中国纺织工业联合会发布《2011—2012 纺织行业企业竞争力 500 强》报告,浙江金三发集团有限公司、浙江三志纺织有限公司、浙江盛发纺织印染有限公司、浙江长兴丝绸有限公司、长兴丽伟纺织有限公司、长兴锦茂昌纺织有限公司、长兴县永丰纺织品有限公司、长兴鸿运织造有限公司、湖州纳尼亚实业股份有限公司 9 家纺织企业上榜。中国纺织工业联合会授予长兴县"中国衬布名城"称号。年末,县内有规模以上现代纺织企业有 222 家,工业总产值 241.54 亿元,利税总额 18.29 亿元,利润总额 13.06 亿元。其中,化纤企业 11 家,工业总产值 31.32 亿元,利税总额 0.74 亿元,利润总额 0.41 亿元;纺织企业 203 家,工业总产值 202.59 亿元,利税总额 16.96 亿元,利润总额 12.44 亿元;纺织服装服饰企业 8 家,工业总产值 7.62 亿元,利税总额 0.59 亿元,利润总额 0.21 亿元。年生产纱 5.30 亿米,布 2716 万米,印染布 14.52 亿米,蚕丝及交织机织物 43 万米,无纺布 6.19 万吨,服装 1330 万件,其中梭织服装 1264 万件、针织服装 66 万件。

第三节　特色机电

长兴机电产业起步于二十世纪七八十年代,产业门类涵盖机械制造、电气机械及器材制造、电子电容、工业电炉、汽车配件等。1988 年,全县机械制造、交通运输设备制造(除船舶制造业)、电气机械及器材制造、电子及通信设备制造、仪表仪器及计量工具制造企业 72 家,工业总产值 6066 万元。机电行业技术装备较落后,自动化程度较低,产品粗加工较多,科技含量不高,省级以上名牌产品较少,一些企业长期从事贴牌生产。2003 年,县政府提出坚持一厂一策,培育机械电子等新兴产业和高新技术产业。之后,全县机电行业得到迅速发展。2012 年,全县规模以上特色机电生产企业 93 家,工业总产值 117.65 亿元,利税总额 8.79 亿元,利润总额 5.59 亿元。其中,家用电器企业 7 家,工业总产值 26.60 亿元,利税总额 0.63 亿元,利润总额 0.22 亿元;电子电容(节能灯)企业 23 家,工业总产值 11.69 亿元,利税总额 1.26 亿元,利润总额 0.76 亿元;机械汽配企业 63 家,工业总产值 79.36 亿元,利税总额 6.90 亿元,利润总额 4.60 亿元。

一、通用、专用机械设备制造业

20 世纪 80 年代,长兴机械制造业抓住市场机遇,成功开发输送机械、农用机械、皮革机械、矿山(煤矿)机械设备、仓储机械、电炉元件等产品。1988 年 11 月,长兴煤炭机械厂在环城东路 165 号创办,为县内首家装备制造企业,生产煤炭机械阀类系列产品和液压搬运机械。同年,全县机械制造企业 39 家,工业总产值 2928 万元。其中,通用设备制造企业 4 家,工业总产值 1019 万元;通用零部件制造企业 5 家,工业总产值 133 万元;工业专用设备制造企业 5 家,工业总产值 1147 万元;农业机械制造业 2 家,工业总产值 244 万元。年生产输送机械 553 台,给料机械 186 台,机动脱粒机 438 台,输送包装机 229 台,工业泵 2212 台,电炉元件 2203 件,矿车 110 辆,刮板运输机 25 台,矿山设备 107 台/393 吨,其中装载机械 40 台/348 吨,提升设备 67 台/45 吨。较大企业 9 家,其中有省属小浦机械厂,县属全民所有制企业长兴煤矿机械厂,县办集体所有制企业长兴通用机械厂、长兴输送机械厂、长兴煤炭机械厂,乡镇办林城电炉厂、红星桥精密件厂、吕山农机厂等。

20 世纪 90 年代,长兴煤炭机械厂进入轻小型搬运车生产领域。1996 年,该厂获德国莱茵公司 GS、CE 证书,生产各类仓储输送车辆。县内普通、专用机械设备制造行业进入较好生产期,企业具有较好设备、产品和市场基础,开发生产多种类型通用、专用设备,主要有纺织机械、染整机械设备、针织机械设备、制革机械、橡胶加工机械、水泥设备、建材设备、化工设备、环保设备、水纯化设备、起重设备等。同年,浙江长兴巨源机械有限公司落户雉城镇新兴工业园区,注册资本 300 万元,占地 5.41 公顷,厂房 18670 平方米,为国内大型轴类盘类生产制造基地之一,汽轮机、汽轮机辅机系统、汽轮发电机组、水轮发电机组及零部件研发、设计、生产的国家高新技术企业。1999年11月，长兴精盛液压机械有限公司（前身为浙江小浦煤矿机械厂）创建，注册资本50万元，为全自动极板包片配组机、极板称重分选机、自动装槽机、蓄电池解剖机、极板自动刷片机等铅酸蓄电池自动化生产设备制造企业。同年年末，全县规模以上普通机械制造、专业设备制造企业7家，工业总产值7593万元，利税总额1100万元，利润总额13万元，年平均从业人员1333人。年生产起重设备4505吨，升降移动机械5台，输送机械5041米，给料机械15台，装卸机械26台，工矿车辆307辆，泵546台，矿山设备553吨，工矿配件256吨，工业用电炉100台。湖州兴浩电炉有限公司等骨干企业成立"长兴县电炉企业协会"，组建"中国林城电炉集团"，统一注册品牌，提高林城电炉全国知名度。

2000年3月，长兴煤炭机械厂改制为长兴诺力机械有限责任公司；5月，整体搬迁落户县经济开发区。12月，长兴县正达电炉研究所成立，从事各类工业电阻炉的研究开发、技术转让、咨询服务。2003年6月，长兴精工电炉制造有限公司（原长兴县工业电炉厂）成立，落户林城镇特色工业园区，是省机械厅定点电炉专业制造厂，省科技型中小企业、市高新技术企业，也是国家工业电阻炉生产最早基地之一。同年9月，长兴县长虹路桥矿山机械设备有限公司落户和平镇工业园区，注册资本120万元，为国内破碎筛分机械产业技术骨干企业，国家火炬计划重点高新技术企业和省专利示范企业。同年，长兴诺力机械有限责任公司改造为浙江诺力机械股份有限公司，生产低位搬运车、电动堆高车、电瓶叉车等轻小型仓储物流搬运设备，成为国内专业仓储搬运设备制造企业，拥有中国名牌产品、中国驰名商标、国家免检产品，成为国家火炬计划重点高新技术企业。2004年，全县机械制造类企业共计570家，工业总产值18.84亿元，实现利税超2亿元以上，初步形成仓储机械、煤矿机械、皮革机械、输送机械、工业电炉、金属铸锻等具有一定特色工业产品体系。2005年，林城镇有电炉制造企业64家，销售收入2.4亿元，利润1500万元，形成特色明显的长兴块状经济之一。2006年，浙江丰帆数控机械有限公司落户泗安镇绿洲工业区，注册资本500万元，占地4.33公顷，建筑面积3.5万平方米，生产各种规格多功能全电脑横机及零配件，为国家高新技术企业。同年，湖州博技机械有限公司在泗安镇工业区建成投产，浙江金鸟压滤机有限公司在泗安镇工业区建成投产。2007年11月，浙江中德自控阀门有限公司落户县经济开发区，注册资本6000万元，占地近6.67公顷，为阀门、执行器、仪器仪表、工业自动化控制系统成套设备研发、生产，工业装置中系统软件研发的企业，拥有国家A级特种设备制造许可证，产品广泛应用于石油、化工、天然气、煤化工等领域。2009年4月，浙江海悦自动化机械设备有限公司落户县经济开发区，注册资本1000万元，为专业研发生产铅酸蓄电池自动化设备企业。2012年，全县有规模以上通用、专用机械设备制造企业28家，工业总产值29.32亿元，利税总额4.10亿元，利润总额2.94亿元，年平均从业人员4648人。年生产金属切削机床1071台，齿轮7181吨，钢铁铰接链1.7万吨，矿山专用设备1628吨，环境污染防治专用设备823台（套）。

图12-4 诺力公司生产的轻小型仓储物流搬运设备（县开发委提供·2012年）

二、汽车零部件及配件制造业

1988年，全县有交通运输设备制造（不包含船舶制造）企业12家，工业总产值339万元。较大企业为长兴农机厂，工业总产值189万元，固定资产原值179万元，利润2万元，年平均从业人员231人，生产农用拖车321辆。1993年，长兴农用运输车总厂开发生产长兴牌CXN2815系列农用运输车，当年生产

116 辆。1995 年达 198 辆,全县汽车配件产值 24.13 万元。1996 年 7 月,长兴县浙北宏宇汽车摩托车配件有限公司在下箬寺乡创建投产,注册资本 58 万元,为汽车及摩托车配件(除发动机)、附件、五金制品制造、加工企业。同年,县内有改装汽车制造企业 1 家,工业总产值 332 万元,年产农用运输车 65 辆,汽车配件产值 223.3 万元。2000 年,全县乡镇企业汽车配件产值 4060 万元。2005 年 12 月,高田(长兴)汽车安全装置有限公司成立,由全球汽车安全装置第二大生产商日本高田株式会社投资 2862 万美元,注册资本 545 万美元,占地 10 多公顷,生产汽车安全气囊用气体发生器及气体发生器产气药,有汽车安全气囊气体发生器组装生产线 11 条,产品用于大众、通用、马自达、尼桑、本田、日产、丰田等知名汽车厂家。2006 年 1 月,浙江凯迪汽车部件工业有限公司落户县经济开发区 C 区,注册资本金 1200 万元,生产等速万向节和传动轴及二、三代轮毂轴承单元,产品覆盖丰田、本田、三菱、日产、大众、标致、奔驰、福特等 600 多款车型的 2000 多个型号。同月,浙江新诚汽车部件有限公司落户县经济开发区,注册资本 800 万元,为汽车配件、摩托车配件及零部件等制造企业。5 月,浙江瑞虹空调配件有限公司落户林城镇工业集中区,注册资本 1500 万元,占地 3.13 公顷,为空调配件、汽车配件制造企业。8 月,化药(湖州)安全器材有限公司落户和平镇,由日本化药株式会社独资设立,注册资本 500 万美元,总投资 6050 万美元,占地 7 万平方米,生产汽车安全气囊用气体发生器和安全带收紧器用气体发生器。2007 年 7 月,百利得(湖州)汽车安全系统有限公司落户和平镇,由美国 KSS 公司投资设立的独资子公司,注册资本 3500 万美元,占地 10 万平方米,为开发、生产、组装汽车安全系统及其零部件,2009 年,投入生产。同年,全县规模以上汽车零部件及配件制造企业 4 家。全年工业总产值 1.67 亿元。2009 年 10 月,浙江达峰汽车技术有限公司项目开工,落户县经济开发区,至 2010 年 10 月竣工投产,为专业从事汽车尾气处理的国家级高新技术企业。2012 年,引进培育康迪电动汽车(长兴)有限公司,从事纯电动汽车投资、研发、生产、营销,是康迪电动汽车集团在浙江省重要生产研发基地之一。同年,县内有规模以上汽车零部件及配件制造企业 11 家,工业总产值 12.09 亿元,利税总额 0.54 亿元,利润总额 0.41 亿元,年平均从业人员 1416 人。

三、电子元器件和电光源制造业

20 世纪 80 年代,长兴主要生产电子元件和初级电子元器件及灯泡、灯具等。初时从上海引进薄膜电容器生产技术,为传统节能灯产品配套,进而逐步开发电子电容,形成长兴地方特色产业之一。1988 年 9 月,长兴特种灯泡厂(前身长兴灯泡厂)异地搬迁投产,主产 CL16D 型三色基双曲荧光灯管。同年,全县电子元器件和电光源制造企业有槐坎电子厂、槐坎电容器厂、牛头山灯泡厂 3 家,工业总产值 628 万元,生产电子元件 2719 万件,电子管 143 万只,灯泡 214 万只。1992 年 6 月,浙江新荣兴照明器材有限公司成立,为长兴特种灯泡厂与香港新光灯饰制品有限公司合资兴建。年内,兼并长兴家具厂和长兴水泥制品厂(部分),异地新建,占地 1.68 公顷;参加全国节能产品博览会,获全国适用新技术博览会金奖。同年,全县电子元器件和电光源制造企业 5 家,工业总产值 1720 万元,年生产电子元件 5628.6 万只,半导体分立器件 72.98 万只,灯泡 619.33 万只,灯具 21.06 万只。1993 年,长兴电子厂投资 640 万元,开发多层陶瓷集成电路等,产品为山山牌有机薄膜电容器系列。1994 年 8 月,长兴七星电容器有限公司落户槐坎乡工业小区,注册资金 2000 万元,占地 4.2 万平方米,建筑面积 5.5 万平方米,为集薄膜电容器研发生产一体的地方龙头企业。1994 年 9 月,长兴特种灯泡厂改制组建浙江新光源集团有限公司。1997 年 10 月,长兴电容器有限公司完成股份制改造,注册资本 158 万元。1998 年起,长兴电子厂承担解放军总装备部、国防科工委、信息产业部军工产品科研、生产,相继为“神舟一号”“神舟二号”“神舟三号”“神舟四号”配套生产微电子元器件。2000 年 9 月,浙江新光源集团有限公司由长兴昌盛集团整体收购,成立长兴昌盛新光源有限公司,注册资本 200 万元,占地 7 万平方米,为省高新技术民营企业,生产太极牌紧凑型节能荧光灯。

进入 21 世纪,槐坎乡薄膜电容器产业群体迅速扩大,并向白岘、煤山、小浦等周边乡镇扩散,同时衍生出磁环、电感等生产企业,产业规模迅速扩张。2001 年 2 月,长兴华强电子有限公司成立,注册资本

50万元，占地3.6万平方米，建筑面积2.5万平方米，为专业从事电子元器件制造与研发的高新技术企业。10月，长兴泛亚照明电器有限公司落户雉城镇新兴工业园区，注册资本502万元，占地3.33公顷、厂房建筑面积2万平方米，为生产节能灯、电子镇流器及照明类产品的自营进出口企业。2003年10月15日，"神舟五号"载人飞船成功发射，长兴电子厂提供8个系统共500余件产品。2007年，槐坎乡薄膜电容器产量占全国节能灯用薄膜电容器总量40%强。2008年，槐坎乡规划建设电子工业园，面积1.5平方千米，分3期开发建设，入驻电子元件企业22家。中国电子元件行业协会电容器分会授予"中国节能灯电容器之乡"称号，并获"浙江省电子元件电容器专业商标品牌基地"称号。同年，全县电子企业53家(规模以上14家)，其中拥有自营出口权4家，省级高新技术企业7家，通过质量管理体系国际认证企业14家；部分企业进入飞利浦、欧普等知名电光源企业供应商行列。2009年，全县规模以上电子元器件和电光源工业总产值10.28亿元，其中电子元件4.12亿元、电子器件0.27亿元、电光源5.98亿元，年产电子元件51.14亿只，光电子器件5388万只，电光源3.61亿只。2010年1月，长兴众成电子有限公司落户县经济开发区，注册资本1280万元，为晶体硅、电子元器件制造、晶体硅及其制品、电子元器件及新型节能材料开发企业。2012年，县内规模以上电子元器件和电光源制造企业23家，工业总产值11.69亿元，销售收入11.41亿元，利税总额1.26亿元，利润总额7600余万元。年生产电子元件50.7亿只，光电子器件4.45亿只，电光源7842万只。

四、电气机械和器材制造业

1988年，全县电气机械和器材制造主要为电线、小型电机、输配电设备等(除蓄电池、电光源)，有工业企业14家，工业总产值1785万元。较大企业为煤山电线厂，工业产值1061万元，年生产电线1.6万千米。1989年，开发电缆产品，年生产电力电缆65千米，电线1.69万千米。1991年3月，长兴农机厂与南京机电部第十四研究所联合研发长兴卫星直接天线。5月，组建江苏华宁电子集团长兴卫星天线厂。7月，开发0.8MKU频段卫星直播单收站天线。1993年，开发卫星地面站配套设备，全年生产320套。同年，浙江铁鹰集团长兴电力电缆厂投资3500万元实施电缆光缆线技术改造，从普通电缆进入发展光缆。至1996年，全县电器机械和器材制造企业14家，工业总产值2.36亿元。年生产电力电缆1918千米，通信电缆6052千米，电线2.01万千米，电磁线225吨，低压开关面板295面。

进入21世纪，随着长兴产业结构调整和招商引资大力推进，一批大好高项目相继落户县内。2001年10月，浙江铁鹰集团长兴电力电缆厂改制为浙江汉维通信器材有限公司，落户雉城镇经济开发区，注册资本3804.79万元，为专业从事通信光缆、通信电缆、宽带数据电缆和特种光电线缆传输产品生产制造的省级科技型企业。2005年4月，海信(浙江)空调有限公司落户县经济开发区，注册资本1.1亿元，由青岛海信空调有限公司和浙江先科电器制造有限公司共同投资创办，从事家用空调器及关联产品制造，为国内技术先进变频空调第二大生产基地。同年，全县规模以上工业企业生产电力电缆1462千米，通信电缆189905对千米，绝缘制品1107吨，房间空气调节器129559台。2006年3月，九川集团浙江科技股份公司落户县经济开发区，注册资本3000万元，由九川集团有限公司投资设立，属国家星火项目，总投资5亿元，占地14公顷，为数控机床设计、制造高科技企业。11月，浙江长兴威尔鹰电缆科技有限公司落户县经济开发区，是威尔鹰集团核心企业，注册资金5000万元，占地63206平方米，为浙北地区生产电缆电线系列产品规模最大专业生产企业。2007年7月，红旗仪表

图12-5　海信惠尔浦公司洗衣机生产线(县开发委提供·2010年)

(长兴)有限公司落户县经济开发区,注册资本2000万元,总投资2.5亿元、占地4.61公顷,建成1200万只各类仪表生产能力。2008年11月,海信惠而浦(浙江)电器有限公司落户县经济开发区,注册资本4.5亿元,由海信、惠而浦共同投资组建,总投资9亿元,占地10.07公顷,建筑面积8万平方米。2012年,县内有规模以上电气机械和器材制造企业58家,工业总产值267.38亿元,利税总额16.83亿元,利润总额12.18亿元,年平均从业人员18064人。年生产交流电动机87262千瓦,变压器1326683千伏安,电力电缆32160千米,通信电缆149278对千米,光缆1813160芯千米,房间空气调节器129559台,家用电冰箱93751台,家用洗衣机795468台,家用电热烘烤器具49409个。

第四节　新型建材

20世纪80年代,长兴矿产资源丰富,石灰石、硅灰石、方解石、煤、膨润土、石英石产量均占全省1/4以上,被称为浙江省建材大县,主要产品包括水泥、耐火材料、砖瓦、石灰、水泥预制件、非金属矿及其制品等。1988年,全县建材及非金属矿开采和制品企业237家,工业总产值3.37亿元。90年代起,长兴建材产业由传统石料、石灰、砖瓦逐步调整为以水泥、耐火、新型建材为主。2012年,全县规模以上新型建材生产企业115家,工业总产值105.76亿元,利税总额14.99亿元,利润总额8.69亿元。

一、非金属矿采选业

县内开采利用的非金属矿产主要有石灰石、硅灰石、石英砂、煤、方解石、高岭土、膨润土、矿泉水、建筑石等。1988年,全县有非金属矿开采企业83家,工业总产值6620万元,年生产石料1499.81万吨,石英石6.64万吨,硅灰石3023吨。较大企业有县属全民所有制企业长兴硅灰石矿、陈湾石矿,县属集体所有制企业青山石矿,乡镇办李家巷石矿、李家巷第三石矿、后漾第一石矿、吕山石矿、吴山黄砂合作社、小浦石矿。全县非金属矿开采多集中于乡镇和村办企业,同年,有乡镇、村办石矿185家,工业总产值9438万元,其中乡镇办78家、总产值6142万元,村办107家、总产值3296万元。1993年7月,中外合资浙江长兴锦鹏石英石有限公司落户横山乡,注册资本400万元,从事建筑用石料、石英石开采加工。1995年,全县非金属矿开采企业63家,工业总产值1.66亿元。其中,土砂石开采业60家,工业总产值1.5亿元,其他非金属矿开采业3家,工业总产值1572万元。年生产石灰石1521.4万吨,建筑业石块83.1万吨,萤石4万吨,耐火黏土成品矿3万吨,铁铝矾土0.75万吨,瓷土2.02万吨。1998年5月,县委、县政府印发《长兴县矿业企业改制实施意见》的通知。11月,长兴硅灰石矿改制为长兴县硅灰石矿业有限公司,注册资本171.75万元,资产1056万元,占地3.2公顷,生产硅灰石粉、方解石粉等品种90余个,其中改性针状硅灰石超细粉获评省科技厅高新技术产品、国家新产品。2000年12月,长兴仁恒精制膨润土有限公司落户泗安镇,注册资本200万元,从事膨润土制品生产、加工,膨润土开采。2001年10月,长兴长杭石英有限公司落户林城镇,注册资本100万元,从事玻璃用石英岩开采,石英砂加工生产。至2002年,全县有矿山企业177家,其中石灰石矿54家,石英石矿9家,粘土矿(点)49家,建筑石矿65家,石灰石开采量859.39万吨,建筑用石料474.70万吨。工业总产值53.7亿元,占全县21.1%,实现利税5.53亿元,占29.9%。2004年4月,长兴福莱建筑材料有限公司落户吕山乡,为合资企业,注册资本250万美元,从事建筑用砂岩露天开采、石子加工。2008年12月,长兴仁恒精制膨润土有限公司更名为浙江长安仁恒科技股份有限公司,注册资本1200万元。2010年8月,浙江山鹰集团长兴矿业有限公司更名为湖州南方矿业有限公司,注册资本240万元,从事水泥用灰岩、建筑石料用灰岩、水泥用黏土开采。2012年,全县关闭矿山企业6家,累计关闭矿山企业322家。至2012年年末,县内有规模以上非金属矿采选企业24家,工业总产值9.95亿元,利税总额1.61亿元,利润总额0.6亿元。

二、非金属矿物制品业

1988年,全县有非金属矿制品企业(不含水泥、耐火制造)116家,工业总产值9463万元。其中,水泥制品企业34家，工业总产值958万元；砖瓦、石灰制造企业67家，工业总产值7505万元；玻璃及制品企业5家，工业总产值75万元；陶瓷制品企业6家，工业总产值774万元。年生产砖49368万块，瓦618万张，石灰104万吨，日用陶瓷137万件，大理石板材2万平方米，水磨石板材5.43万平方米，水泥预制品2937立方，邮电标准杆25373支，泡沫石棉1153立方米。较大企业有县属全民所有制企业长兴陶器厂、长兴光耀陶器厂、长兴石灰厂，县属集体所有制企业长兴七〇砂厂，乡镇办李家巷镇石粉厂、后漾第二砖瓦厂、吕山石灰厂、煤山石料加工厂、槐坎陶器厂、槐坎大理石厂等。全县非金属矿物制品企业多集中于乡镇和村办企业。同年，乡镇、村办砖瓦厂56家，工业总产值2946万元，其中乡镇办26家、2339万元，村办30家、607万元。乡镇、村办石灰厂45家，工业总产值5784.12万元，其中乡镇办18家、2405.47万元，村办27家、3378.65万元。乡镇、村办石子、石粉厂47家，工业总产值1039.1万元，其中乡镇办14家、445.98万元，村办33家、593.12万元。

1995年，全县非金属矿物制品行业进入较快发展时期，有工业企业85家，工业总产值2.76亿元。工业产品涉及统计门类26种类。年生产大理石板材4.96万平方米，花岗岩板材19.08万平方米，水磨石板材12.49万平方米，水泥电杆6.47万根（1.99万吨），砖51704万块，釉面砖6万平方米，墙地砖16.66万平方米，耐酸砖2650吨，瓦440.5万片，石灰83.1万吨，日用陶瓷204.24万件，钢化玻璃18.34万平方米，弯型钢化玻璃10万平方米，镀膜玻璃2.5万平方米，玻璃马赛克3.42万平方米，日用玻璃制品265吨（141.3万个），石墨及碳素制品1086吨。1997年年底，长兴县电力电杆厂完成集体企业初步改制。1998年4月，成立长兴县电力电杆有限公司，年底盈利100余万元，实现扭亏转盈。同年，全县规模以上非金属矿物制品企业8家，工业总产值1.59亿元，利税总额1790万元，利润总额539万元，年平均从业人员1760人。年生产水泥电杆2.15万吨，水泥预制件177立方米，建筑用石灰14.06万吨，日用陶瓷400余件。1998年，县政府出台《长兴县砖瓦用黏土采挖管理暂行规定》，限制砖瓦用黏土无序采挖。2002年2月，县政府办公室转发县墙改领导小组办公室等5部门《关于在本县新建建筑中禁止使用实心黏土砖（瓦）的实施意见》，规定县城雉城镇（城市规划区范围内及县经济技术开发区）自2002年下半年起、建制镇规划区范围内（包括工业园区）自2003年7月1日起，凡新建、扩建、改建的各项建筑工程，禁止使用实心黏土砖（瓦），鼓励使用非黏土类新型墙材材料。同年，长兴县电力电杆有限公司实行股份制改造，并于2003年注资发展电杆核心产业，成为产能和销售量全国排名第三的电力电杆生产基地。2004年2月，台荣建材（湖州）有限公司落户洪桥工业区，由中国台湾化学板股份有限公司投资，总投资1750万美元，注册资本500万美元，占地7.67公顷，生产硅酸钙板和纤维增强低碱度水泥建筑平板系列产品。5月，浙江特拉建材有限公司落户小浦镇工业区，为葡萄牙信博投资有限公司独家投资，总投资1700万欧元，注册资本1333万欧元，占地14.7公顷，引进欧洲先进全自动烧结非黏土空心、保温砌块生产线，拥有2条国内外最大程控宽截面隧道窑，生产节能、环保、无辐射新墙体页岩烧结空心砌块，年产量4.5亿块（折标）烧结空心、保温砌块，为国内非黏土烧结空心、保温砌块行业生产规模最大、产品种类最多企业之一。同年5月，瑞高（浙江）文化石有限公司（2005年4月更名为瑞高〈浙江〉建筑系统有限公司）落户县经济开发区，注册资本300万美元，为在中国香港注册的美国瑞高集团有限公司独家投资的环保型墙体材料研发生产高科技企业。2005年，长兴县电力电杆有限公司更名浙江永达电力实业股份有限公司，注册资本2700万元。11月，长兴伊通有限公司落户小浦镇，为德国凯莱公司投资，引进德国伊通加气混凝土生产技术，总投资2999万美元，注册资本1300万美元，占地14.87公顷，年产砂加气混凝土砌块38万立方米。2006年2月，浙江长兴玻璃有限公司落户李家巷镇，为浙江玻璃股份公司控股子公司，注册资本5000万元。4月，浙江长广时代新型墙材有限公司落户槐坎乡，由富阳客商出资75%与长广公司以土地入股25%共同兴建，总投资3800万元，注册资本1280万元，项目用地3公顷，年产煤矸石烧结砖6000万块，列入2005年浙江省发展改革委员会发展循环经济“991行动计划”重点项目及示范企业、省科技厅2007年重大科技项目和省新墙材示范生产线，为省内最大规模生产新型墙体材料煤矸石烧结砖企业。9月，浙江长兴诺万特克玻璃有限公司落户县经济开发区，为意大利摩尔菲公司和浙江昌盛玻璃有限公司共同投资,注册资本300万美元,占地44550平方米,生产零膨胀微晶玻璃,年设计生产能力40万平方米。同年,瑞高(浙江)建筑系统有限公司建成亚洲第一条陶板生产线。同年,全县新墙材企业29家,其中规模以上企业5家,砖类企业18家、瓦类企业3家、轻板类企业6家、砌块类企业2家,初步形成砖、板、块、瓦门类齐全,高、中、低档兼有的长三角地区新型墙体生产基地。2007年10月,中钢集团新型材料(浙江)有限公司落户雉城镇,为中国中钢集团公司直属国有控股子公司,注册资本4000万元,占地33.33多公顷,从事特种石墨、核石墨、有色金属、材料石墨、炭末粉类、碳基复合材料、天然石墨材料、半导体石墨生产。2008年,浙江永达电力实业股份有限公司跻身"浙商全国500强"行列,"永达"商标获省著名商标。2009年8月,更名为浙江永达实业集团有限公司,注册资本5000万元。2010年10月,县政府办公室印发《长兴县2010—2011年淘汰黏土砖瓦窑工作实施意见》。至2011年年底,县内黏土砖瓦窑企业共5家,计112窑门。2012年,全县有规模以上非金属矿物制品企业35家,工业总产值35.24亿元,利税总额4.08亿元,利润总额2.61亿元。年产商品混凝土202.11万立方米,水泥混凝土电杆12.52万根,砖15279万块,陶质砖42.50万平方米,平板玻璃521.53万重量箱,钢化玻璃54.16万平方米,日用玻璃制品28518吨,玻璃包装容器11415吨,纤维增强塑料制品14473吨,石墨及碳素制品1981吨。

三、水泥制造业

长兴水泥从20世纪50年代土立窑开始生产发展,至2012年,经历土立窑、半机械化立窑、机械化立窑、湿法回转窑、带余热发电干法中空窑和带纯低温余热发电新型干法窑外分解窑,先后6次生产设备提升和生产工艺发展的过程。

1988年,全县有水泥生产企业12家,工业总产值1.53亿元,年产水泥109.61万吨,其中白水泥2.87万吨。拥有省属浙江水泥厂、长湖建材厂,县属长兴白水泥厂、沪兴特种水泥有限公司,乡镇办横山水泥厂、李家巷镇水泥厂、后漾水泥厂、吕山水泥二厂、吴山水泥厂、煤山水泥厂等一批龙头企业。

1993年,煤山水泥厂改制。1994年4月,注册成立浙江山鹰建材集团公司。同年,在原有白水泥基础上开发彩色水泥、装饰水泥、道路水泥等特种水泥系列产品,开始散装水泥生产。全年特种水泥产品产量5.54万吨,生产散装水泥31.15万吨。1995年3月,浙江兴宝龙建材有限公司投资6000多万元,日产600吨、年产20万吨五级旋风预热器窑建成,水泥熟料生产线投产,为湖州市乡镇企业中第一家水泥回转窑企业,并成为上海宝钢集团水泥粉磨站熟料基地。同年,全县水泥熟料产量262.43万吨。1996年,浙江山鹰建材集团公司日产1000吨窑外分解窑投产。1997年,国务院颁布《进一步加快发展散装水泥的意见》。7月,浙江山鹰建材集团公司与新加坡新长安投资有限公司合资成立浙江裕廊水泥有限公司,注册资本2300万元。同年,全县生产散装水泥42.46万吨。1998年,长兴率先建成省内第一条新型干法水泥生产线。同年,全县规模以上水泥制造企业12家,工业总产值6.74亿元,利税总额4828万元,利润总额-339万元,年平均从业人员7657人,年生产水泥300.59万吨,其中散装水泥53.31万吨。1999年,国家多部委颁布文件规定,9月1日后禁止新建和扩建湿法窑、立窑等生产线,鼓励发展窑外分解窑。2000年,浙江山鹰建材集团公司年产40万吨新型干法回转窑高标号水泥生产线投产,为湖州市第一条新型干法回转窑水泥生产线。至2003

图12-6　浙江山鹰建材集团公司(县经信委提供·2004年)

年，全县水泥生产企业26家，各种水泥窑型49台(条)，生产水泥744.5万吨，实现利润33615万元。其中，新型干法水泥生产线14条，机立窑22台，其他回转窑14条。生产能力1263.5万吨，其中新型干法回转窑737.5万吨、其他回转窑203.1万吨、机立窑190.4万吨、粉磨站132.5万吨。同年，编制《长兴县水泥熟料生产基地发展规划》，加快发展新型干法水泥熟料。

2004年年初，县委、县政府出台《关于加快工业经济发展的若干意见》，提出在2004年12月月底前主动拆除机立窑的水泥企业，给予一定奖励。至2005年年底，全县拆除水泥机立窑38座，淘汰小型干法回转窑4条，大型湿法回转窑5条，关停并转企业15家。通过结构调整，长兴水泥生产工艺和产品等级有较大改变和提高，对水泥企业降低能耗、减少污染、提高效益起到积极作用。水泥熟料总生产能力1650.8万吨，新型干法水泥熟料产量占总量80%以上。2008年，长兴县出台《关于加快淘汰水泥落后生产能力若干措施的通知》，当年拆除带余热发电干法中空窑，给予每条50万元奖励，磨机给予每台10万元奖励(2009年淘汰奖励减半)。两次整治共奖励资金1067万元，其中机立窑905万元。

2007年至2008年，中国建材集团南下大规模并购水泥企业，相继收购长兴水泥、小浦众盛、煤山众盛、浙江兴宝龙、浙江裕廊、浙江山鹰、浙江锦龙水泥、三狮水泥8家水泥企业。2009年8月，湖州南方水泥有限公司成立，属中国建材旗下南方水泥有限公司核心企业，下属15家全资子公司，拥有资产62亿元。拥有新型干法熟料生产线日产5000吨7条、日产2500吨7条、日产1500吨2条。可年产水泥熟料1800余万吨，水泥500余万吨。10月，长兴县被中国水泥协会命名为“中国水泥产业基地”。2010年，全县水泥产量一度达515万吨，为历史最高年份。2011年9月，县政府印发《长兴县水泥产业转型升级实施意见(2011—2015年)》。2012年，县内有规模以上水泥制造企业13家，工业总产值32.86亿元，利税总额5.48亿元，利润总额3.64亿元。年生产水泥493万吨，其中散装水泥430.5万吨，水泥熟料1108.4万吨，其中窑外分解窑熟料1100.7万吨。拥有14条新型干法回转窑，熟料总产能为1394万吨，8家企业建有纯低温余热发电设施，9家企业拥有水泥磨机17台，年生产能力645万吨，其中普通水泥620万吨，特种水泥25万吨。水泥加商品熟料年产能为1708万吨，其中1000万吨左右优质熟料外销杭嘉湖及上海、江苏等地区。

图12-7　浙江裕廊水泥有限公司。图为1000吨窑外分解炉(董波、王利森摄·2005年)

四、耐火材料制品业

1988年，全县有耐火材料制品企业26家，工业总产值2303万元，年生产耐火材料8.44万吨，其中高级耐火材料606吨、九五瓷制品56.2万件、刚玉炉管3839支、远红外元件0.74万件。较大企业有县属长兴耐火器材厂，乡镇办李家巷电瓷耐火厂、长兴镁质材料厂、长桥保温厂、长桥耐火厂等。全县耐火材料制品企业以乡镇、村办居多，有57家，工业总产值2204.12万元，其中乡镇12家、工业总产值1012.5万元，村办45家、工业总产值1191.62万元。

进入20世纪90年代，耐火行业得到蓬勃发展。1993年，全县有耐火材料制品企业46家，工业总产值3.61亿元，年生产耐火材料制品30.65万吨，成为全县四大支柱产业(建材、耐火、轻纺、粮油)之一。

同年,曾经有着光辉历史的老国有企业长兴耐火器材厂关停(2001 年 4 月 30 日宣告破产)①。1994 年 8 月,长兴煤山耐火有限公司落户煤山工业园,注册资本 300 万元,占地 3.33 公顷。1998 年 4 月,长兴县宏丰炉料有限公司落户夹浦镇,注册资本 50 万元,产品为镁碳砖、钢水净化剂。6 月,长兴县锦诚耐火材料有限公司落户雉城新兴工业园区,注册资本 80 万元,占地 30600 平方米,建筑面积 25130 平方米。1999 年起,耐火材料由传统普通黏土砖、高铝砖、轻质砖为主,转变为以高级耐火材料、优质镁碳砖和不定型耐火材料,其中纯刚玉砖、氧化铝空心砖、氮化硅结合碳化硅制品、真空油浸轻烧镁碳砖和高温浇注料等产品均达国内先进水平。2002 年,全县耐火材料制品企业 166 家,工业总产值 11.08 亿元。其中规模以上企业 18 家,工业总产值 4.08 亿元,利税总额 5156 万元,利润总额 2201 万元,年平均从业人员 1476 人。年生产耐火材料制品 12.12 万吨。2003 年 9 月,长兴明天炉料有限公司落户煤山工业园,注册资本 50 万元,占地 2.67 公顷,生产炼铁高炉出水沟浇注料系列产品。2005 年 5 月,长兴煤山耐火有限公司更名为长兴铁狮耐火材料有限公司,为集中间包锆质水口系列、铝碳三大件和氧化锆新材料研发生产民营股份制高新技术企业。

2007 年年底,实施《长兴县耐火、琉璃瓦等炉窑企业污染防治方案》,明确 2008 年年底前,淘汰所有采用明焰燃煤隧道窑、推板窑、倒焰窑等落后生产工艺,对明焰燃煤窑炉企业拆除烟囱给予 1000 元~15000 元的奖励;对拆除砖砌烟囱、购置清洁燃烧设备,经验收合格、达标排放的,给予设备投资额的 15%补助。至 2008 年年底,全县 203 家耐火企业的 223 个砖砌烟囱全部拆除,142 座直接燃煤窑炉全部完成改造。同年,出台《长兴县耐火产业发展规划》。5 月,被中国耐火材料行业协会授予“中国耐火材料之乡”称号。7 月,长兴父子岭特种耐火有限公司成立,注册资本 1308 万元,总投资 4360 万元,占地 6.67 公顷,为集炼钢炉用耐火材料研发生产、砌筑维护于一体综合性企业,年产镁碳砖、铝镁碳砖和镁铝碳砖 4.5 万吨、不定型耐火材料 3000 吨。至年底,长兴耐火材料生产企业 273 家,工业总产值 33.6 亿元,产品销售收入 32.86 亿元,净利润 1.78 亿元,上缴税收 1.88 亿元。2010 年 5 月,浙江瑞泰圣奥耐火材料有限公司落户洪桥镇工业区,由瑞泰科技股份有限公司和浙江圣奥耐火材料有限公司共同出资,注册资本 7500 万元。2011 年 7 月,更名为浙江瑞泰耐火材料科技有限公司。从事水泥窑配套项目总承包(包括设计、施工、安装)、各种定型、不定型耐火材料生产,年产各种定型、不定型耐火材料超 10 万吨,产品有优质高铝制品、高档碱性制品、轻质隔热制品、不烧制品、不定型耐火材料制品等 6 大系列、60 个标准、300 个牌号。2012 年,全国耐火材料工业生产运行受到上游行业影响,全行业整体生产经营状况困难,相关企业受到较大冲击,业务量较上年同期减少 10%~15%。长兴耐火行业通过加强行业自律和企业间合作,加强企业内部管理等措施,发展较为稳定。同年年末,全县有耐火企业 346

图 12-8 耐火企业整治场景。图为正在拆除的烟囱(许金芳摄·2003 年)

①该厂于1954年9月由长兴22名复员军人创办,是长兴县也是浙江省第一家耐火材料工业企业。1956年2月,转为地方国营。1958年5月,厂长李兴发作为特邀代表,出席中共八大二次会议,并作大会发言,被树为全国艰苦创业、技术创新典型。1959年,在全国普演的话剧《烈火红心》,即根据该厂事迹创作。参见《〈中国共产党长兴历史〉第二卷(1949—1978)》,长兴县委党史研究室著,吴连意主编,中共党史出版社2014年版,第245—247页。

家，年产耐火材料制品110万吨，产量约占全国3%、全省70%。其中规模以上耐火材料制品企业43家，实现工业总产值27.71亿元，利税总额3.82亿元，利润总额1.85亿元，年产耐火材料制品88.3万吨。

第五节 其他产业

一、医药、化工制造业

1988年，全县有医药、化工企业13家，工业总产值2814万元，其中医药企业4家、工业总产值257万元，化学企业9家、工业总产值2557万元。年生产合成氨13336吨，氮肥9204吨，碳酸氢铵47332吨，农用氨水8916吨，化学农药566吨，酒精550吨，硝84吨，碳分子筛13.6吨，明胶81吨，炸药3051吨，雷管326.7万发，硅酸铝纤维281.3吨。较大企业有县属长兴化肥厂，乡镇办小浦化工厂、泗安微生物厂等。

1991年，长兴第一化工厂50%扑草净可湿性粉剂获市金牛奖。1992年7月，长兴中山化工股份有限公司成立，为国家发展和改革委员会核准的农药定点生产企业，专业生产农药和杀虫剂，三嗪类农药莠灭净列入国家火炬计划项目。20世纪90年代中后期，长兴医药、化工产业有新发展，以长兴化工总厂为代表的医化企业开发碳分子筛、阿洛欣中间体、双氧哌嗪中间体、美洛西林中间体等一批医化产品，成为产业亮点。1995年，全县有医药、化工企业20家，工业总产值8779万元，其中医药制造企业2家、工业总产值299万元，化工原料及化学制品制造企业18家、工业总产值8480万元。产品统计涉及36种类。1998年8月，长兴制药厂(原1984年创建的长兴药用微生物厂)完成股份制改造，组建长兴制药有限公司，注册资本1380万元，占地4.5万平方米。1999年6月，长兴第一化工有限公司成立，注册资本530万元，生产规模合成能力1.5万吨、可湿粉加工1万吨、胶悬剂1.5万吨、乳油与水剂各5000吨，是国家经贸委核准"三嗪"类除草剂生产省高新技术企业，"山水"商标为省著名商标。同年，浙江金巴开植物有限公司形成年产30吨麦绿素生产能力，项目填补国内空白。长兴化工总厂碳分子筛产品产量和质量均处于国内领先水平。同年，全行业有规模以上企业10家，工业总产值2.01亿元，其中医药制造业1家、工业总产值1504万元，化工原料及化学制品制造业10家、工业总产值1.86亿元。

2003年4月，浙江兄弟路标涂料有限公司在虹星桥工业园区成立，注册资本500万元，占地16公顷，为集路标涂料研发生产、道路标线设备开发与制造、道路标线工程施工于一体国家高新技术企业。同年，长兴中山化工有限公司和长兴第一化工厂开发生产三嗪类农用除草剂、莠灭净农药产量15943吨，比2000年增长442%。莠灭净系列产品成为全县出口主要商品，出口交货值1.71亿元，占全县出口交货值7.2%，成为全县出口产品大户。2005年10月，长兴县获科技部"国家火炬计划长兴无机非金属新材料产业基地"称号。同年，全县规模以上医药、化学原料及化学制品企业16家，工业总产值9.75亿元，利税总额1.08亿元，利润总额0.74亿元。年生产化学农药24943吨，其中杀虫剂196吨，除草剂24927吨，油漆7142吨，建筑涂料63吨，化学原料药82吨，中成药25吨。中山化工、长兴一化、华达化工、兄弟路标等龙头企业完成产值6.8亿元，占规模以上医药、化工企业70%。2006年3月，长兴云娜可丽化学科技有限公司落户李家巷镇工业区，为合资企业，总投资1000万美元，注册资金500万美元，用地3.87公顷，生产新型绿色阳离子染料、染料中间体、纺织助剂、医药中间体及相关精细化工化学产品研究开发。同年，浙江巨龙化肥有限公司落户雉城镇，总投资1.5亿元，注册资金500万元，用地8.33公顷，年产高浓度硫酸钾复合肥20万吨。至2008年，全县医药、化工行业产品涉及制药、保健品、碳分子筛、农药、膨润土、涂料、增塑剂、电缆料等多个种类。中山化工、第一化工生产三嗪类农用除草剂，在国内、国际市场拥有较高市场占有率，国际市场排名前5位。长兴制药有限公司研发的至灵胶囊被列为国家中药保护品种，产品占国内市场50%左右。全县5家碳分子筛企业年产碳分子筛2000多吨，产值1.2亿元，占国内市场产量80%以上。长兴艾格生物制品有限公司为国内唯一生产免疫球蛋白企业。浙江远大高分子有限公司生产电缆料在国内同行业排名前3位。2009年8月,浙江省长兴县中山化工有限公司更名为浙江中山化工集团有限公司,注册资本5000万元。2012年,全县有规模以上医药、化工制造企业21家,资产总计20.84亿元,年平均从业人员1586人,工业总产值24.11亿元,利税总额1.97亿元,利润总额1.43亿元。其中,医药制造业3家,资产总计2.56亿元,年平均从业人员274人,工业总产值2.2亿元,利税总额0.22亿元,利润总额0.17亿元;化工原料及化学制品制造业18家,资产总计18.28亿元,年平均从业人员1312人,工业总产值21.91亿元,利税总额1.75亿元,利润总额1.26亿元。年生产化学农药原药45275吨,其中除草剂原药4095吨、涂料36122吨、化学试剂4566吨、中成药56吨。

二、食品、饮料制造业

食品、饮料业主要包括农副产品加工、食品制造、饮料制造和饲料制造业。1988年,全县有乡及乡以上食品、饮料生产企业42家,工业总产值1.12亿元。其中,食品制造企业31家,工业总产值8053万元;饮料制造企业9家,工业总产值2209万元;饲料工业企业2家,工业总产值934万元。全年生产大米6.23万吨,面粉5800吨,食用植物油8168吨,饮料酒(混合量)18065吨,其中,白酒1700吨,啤酒2445吨,葡萄酒723吨,黄酒7458吨,无酒精饮料1481吨,机制饲料2.95万吨,酱油2372吨,酱菜176吨,蜜饯1145吨,罐头1145吨,乳制品195吨,麦芽3548吨。较大企业有全民所有制企业长兴酿酒总厂、长兴酿造厂、泗安米厂、和平米厂、虹溪米厂、林城粮油厂、雉城米厂、长兴油厂、长兴饲料厂、林城饲料厂、湖州牛奶公司、长兴食品厂等12家,集体所有制企业长兴饮料厂和长兴麦芽厂,乡办水口精制茶厂。

1992年12月,中外合资上海长青饮料食品有限公司以金沙泉矿泉水为原料生产的“大唐贡泉”,在上海国内美化生活商品评选中获金奖,并被上海希尔顿饭店指定为招待外宾饮品。1993年9月,县委印发《关于鼓励食品加工业发展的若干意见(试行)》。至1995年,全县有食品、饮料生产企业54家,工业总产值5.5亿元。其中,食品加工企业29家,工业总产值4.45亿元;食品制造企业11家,工业总产值1969万元;饮料制造企业14家,工业总产值8524万元。产品涉及38种类,年生产大米7.97万吨,小麦粉1.88万吨,小麦粉制品1.77万吨,混合饲料1.29吨,配合饲料2.26万吨,预混合饲料209吨,食用植物油2.51万吨,精炼食用植物油3.58万吨,饮料酒3.62万吨。1998年10月,长兴艾格生物制品有限公司落户雉城镇,注册资本1000万元,投资700万元,建成年产5吨鸡蛋免疫球蛋白项目,为省高新技术企业。蛋黄免疫球蛋白项目经国家经贸委批准立项建设,列入国家重点科技创新项目,是科技部创新基金资助项目。公司采用生物膜分离、冷冻升华干燥等多项高新技术,建成国内外大规模蛋黄免疫球蛋白工业化生产线,生产工艺达到国际水平,产品填补国内外空白,分别获2000年国家新产品、2001年浙江省高新技术产品和2002年浙江省绿色农产品,2002年被列入国家火炬计划。至2002年,全县全民、集体食品粮油企业完成企业产权制度改革。

2003年,全县有规模以上食品、饮料生产企业12家,资产总计1.37亿元,年平均从业人员423人,工业总产值1.93亿元,利税总额2047万元,利润总额1379万元。其中,农副产品加工企业8家,工业总产值1.24亿元,资产总计6294万元,利税总额938万元,利润总额682万元,年平均从业人员208人;食品制造企业2家,工业总产值4411万元,资产总计3189万元,利税总额864万元,利润总额631万元,年平均从业人员100人;饮料制造业2家,工业总产值2443万元,资产总计4183万元,利税总额245万元,利润总额66万元,年平均从业人员115人。年生产大米4.48万吨,食用植物油0.27万吨,精制茶316吨。2006年11月,浙江茶乾坤食品股份有限公司落户泗安镇,注册资本2500万元,拥有茶叶基地2333.33公顷,生产茶叶(绿茶、花茶、红茶、乌龙茶、袋泡茶)、代用茶、含茶制品等。2007年1月,波路梦(长兴)食品有限公司落户县经济开发区,为日本波路梦株式会社在中国投资成立的首家公司,总投资2.1亿美元,注册资本800万美元,从事饼干、糕点生产,至2008年10月投产。2009年6月,长兴通过浙江省食品安全示范县验收。2010年5月,茶乾坤食品和渚山茶果场在浙江绿茶博览会上分别获得白茶和紫笋茶两个金奖。7月，湖州老恒和酒业有限公司落户林城工业园区，注册资本3800万元。2011年9月，长兴茶乾坤食品有限公司获2011年省级专利示范企业。2012年，长兴创建成为省级出口食品质量安全示范区。年末，全县有规模以上食品、饮料制造企业14家，资产总计5.86亿元，年平均从业人员640人，工业总产值8.88亿元，利税总额4200万元，利润总额1800万元。其中，农副食品加工企业11家，资产总计3.1亿元，年平均从业人员439人，工业总产值7.24亿元，利税总额5100万元，利润总额3700万元；食品制造企业1家，资产总计1.83亿元，年平均从业人员91人，工业总产值2600万元，利税总额-3300万元，利润总额-3300万元；酒、饮料和精制茶制造企业2家，资产总计9300万元，年平均从业人员110人，工业总产值1.37亿元，利税总额2400万元，利润总额1400万元。年生产大米3.11万吨，饲料2.75吨，饮料酒4.63万吨，精制茶1845吨。

〔专记〕

中国历史名酒“箬下春”

长兴古酒“箬下春”是中国历史名酒之一，产于长兴下若（后作下箬）。因长兴西晋建县前地属乌程（今湖州的古称），故史称乌程若下酒。

长兴的箬下酒，因取水于箬溪而得名。箬溪，在长兴县南五十米。南朝顾野王《舆地志》记载：“夹岸丛生箭箬，南岸曰上箬，北岸曰下箬，二箬皆村名，村人取下箬水酿酒，醇美胜于云阳，俗称箬下酒。”①宋胡仔在《苕溪鱼隐丛话后集·楚汉魏六朝上》中也记载：“县南五十步有箬溪，夹溪悉生箭箬，南岸曰上箬，北岸曰下箬，居人取下箬水酿酒，醇美，俗称箬下酒。”

关于箬下春酒的酿造历史及地位，文献也多有记载。明方以智《通雅》云：“秦时有乌巾、程林二家，善酿。南岸曰上若，北岸曰下若，均名若下酒。”清雍正《浙江通志》引《西吴里语》云：“秦有乌氏程氏，各善造酒，合其姓为乌程县。”公元前223年，秦灭楚后，将湖州由“菰城”更名为“乌程”。之所以更名乌程，是因境内的乌巾、程林两氏善酿酒得名，乌巾氏居东乡即今吴兴八里店乌山，而程林氏居西乡即今长兴雉城。因此，当时乌程有两大名酒，一是乌山的乌乡酒，一是长兴的若下酒。

这说明，大约从秦时起，乌程的酒就名声不凡。同时也说明，今天的长兴在秦朝时已有若下名酒了。

到了汉代，若下酒已是名列前茅了。中华人民共和国成立后第一部记载酒的比较权威的大型资料书和工具书——《中国酒经》，在其第六章“历史名酒”关于“汉代的名酒”记述中，列举了当时著名的10余种酒，有百味旨酒、菊花酒、兰英酒、洪梁酒、金浆醪、椒柏酒、乌程若下酒、关中白薄等，其中若下酒被列为第七。②

到了唐代，若下酒的地位更显赫了。唐代李肇在《国史补》记录了当时最有名的十五种酒，若下酒占据了第二的位子。“酒则有郢州之富水，乌程之若下，荥阳之土窟春，富平之石冻春，剑南之烧春，河东之乾和薄萄，岭南之灵谿、博罗，宜城之九酝，浔阳之湓水，京城之西市腔，虾蟆陵郎官清、阿婆清。又有三勒浆类酒，法出波斯。三勒者谓庵摩勒、毗梨勒、诃梨勒。”在唐代，郢州“富水春”、长兴“若下春”、荥阳“土窖春”、富平“石冻春”、剑南“烧春”皆为名酒，号称“五春”，而“箬下春”列为“五春”第二。可以说，至唐代，箬下春的声誉达到了顶峰。

始于秦，名于汉，盛于唐，箬下春酒由于用料精良、制艺独特、品质优良而历代流芳。

“箬下春”选料和制作技术非常精良。明代长兴知县熊明遇曾专门研究箬下春的酿造方法。撰写《箬下酒疏》，详细记载箬下春的制作方法。仅制酒用到的香药就不下数十种，酿造用水取自雉城镇箬下

① (陈)顾野王著，顾恒一等辑注：《舆地志辑注》卷十五，上海古籍出版社2011 年，第291页。

② 朱宝镛、章克昌主编：《中国酒经》，上海文化出版社2000年版，第58—59页。

里箬溪水,历经制曲、凿秫、浸米、作饎、拌曲、入瓮、发酵、养酒、开耙、滤酒、贮酒等数十道工序制成(具体制法详见本志第28编、第4章、第2节、第4目"箬下春酒制作技艺")。清康熙《长兴县志》中也记载:若下三白,投香药不下数十种,而以福橘头、二蚕沙、梅花、松节为最佳。

箬下春作为全国的名酒,是当时达官贵人的馈赠佳品。古代文豪对"箬下春"的赞美不绝,更是赋予了该品牌深厚的文化底蕴。

唐朝诗人杜牧就曾为箬下酒所倾倒。在任湖州太守时,走进一家酒家,喝到箬下酒,连夸"好喝",并写下《入茶山下题水口草市绝句》:"倚溪侵岭多高树,夸酒书旗有小楼。惊起鸳鸯岂无恨,一双飞去却回头。"陆龟蒙在《自遣诗四首》之三云:"一派溪从箬下流,春来无处不汀洲。漪兰未碧蒲犹短,不见鸳鸯正自由。"他退职后不愿归苏州,却愿留在箬溪边,不仅是由于环境优美,而且有美酒——箬下酒,使自己能够在后半生享乐。唐代大诗人白居易更偏爱该酒,在《钱湖州寄下若酒》一诗中写道:"劳将下若忘忧物,寄与江城爱酒翁"。诗中的"钱湖州"是祖籍长兴的湖州刺史钱徽。崔元亮任湖州刺史时,也经常以紫笋茶、箬下春酒寄赠白居易,而白对紫笋茶和箬下春酒是赞不绝口。时隔几年,白居易的另一首诗《早饮湖州酒寄崔使君》又说:"一榼扶头酒,泓澄泻玉壶。十分蘸甲酌,潋滟满银盂。捧出光华动,尝看气味殊。手中稀琥珀,舌上冷醍醐。瓶里有时尽,江边无处沽。不知崔太守,更有寄来无?"这"崔使君"应是湖州刺史崔元亮。作为对应的考证,这酒是否是箬下酒,可从白居易的另一首诗《湖上招客送春泛舟》中找到:"欲送残春招酒伴,客中谁最有风情?两瓶箬下新开得,一曲霓裳初教成。(时崔湖州寄新箬下酒,乐妓按《霓裳羽衣曲》初毕)。排比管弦行翠曲,指麾船舫点红旌。慢牵好向湖心去,恰似菱花镜上行。"这首诗写明了"崔湖州"所寄的是新酿的箬下酒。能够与好朋友同喝的东西,肯定是有名的好酒,所以箬下酒肯定是佳酿。在苏州任上,白居易还用箬下春酒和清蒸松江鲈鱼招待客人,并在《郡斋旬暇命宴》一诗中写道:"萍醅箬溪胥,水鲙松江鳞"。除了杜牧、陆龟蒙、白居易外,有名的还有刘禹锡的《洛中送韩中丞之吴兴口号五首》之四:"骆驼桥上蘋风急(一作起),鹦鹉杯中箬下春。水碧山青知好处,开颜一笑向何人?"更是让"箬下春"家喻户晓。至清代,文人吴溶在《箬溪竹枝词》中写道:"汲泉酿酒酒盈瓶,春社扶归醉不醒;上箬水连下箬水,沿溪飏得酒旗青!"

"箬下春"酒失传于抗日战争时期,战前上箬、下箬都盛产该美酒。长兴解放后,"箬下春"鲜为人知,更无规模化批量生产。1986年,长兴姚家桥酒厂曾试制开发"箬下春"酒,但受当时条件限制,产品滞销,无果而终。1997年,长兴酿酒厂(原姚家桥酒厂)以施晓时、潘弘祺等人为主,牵头组织一批技术人员,重新开发"箬下春"酒。走访沿箬溪两岸的农户,询问老者,请他们回忆箬下春酒的酿造技法。在掌握大量的第一手资料的基础上,挖掘"箬下春"酒的传统配方,并对历史上传统的酿造技法进行改进。经过近两年的时间,开发出"箬下春"酒系列产品,并注册商标"箬下春",成功打入上海、苏南、宁波等市场,深受消费者青睐。1999年,不到半年时间销量就达到近500吨。2000年,由于经营不善,长兴酿酒厂破产倒闭,"箬下春"酒停产。

2008年10月1日,位于煤山镇工业园区的湖州箬下春酒业有限公司的瓶装酒投产。

(吴连意整理)

三、船舶修造业

1988年,吕山乡工业公司投资30万元,在长湖申线航道北岸金村村新建船舶修理厂,配备60吨龙门吊1座,为乡办专业对外船舶修理厂。同年,全县有船舶制造企业2家,工业总产值318万元,年生产民用钢质船舶93艘、3827吨。较大企业有长运公司造船厂,工业产值275万元,固定资产原值86万元,利润14万元,年平均从业人员220人。同时,有第二航运公司船舶修造船厂、第三航运公司船舶修造船厂、第四航运公司船舶修造船厂、装卸运输公司船舶修造厂、小浦装卸运输公司船舶修造厂、粮油运输公司船舶修造厂、李家巷镇运输社船舶修造厂等一批交通运输企业附属船舶修理厂和后漾造船厂、新塘造船厂、吕山修造船厂、便民桥船舶修造厂等乡镇船舶修理厂。

1996年，全县有船舶制造、修理企业12家，工业总产值2103万元。其中船舶制造企业4家，工业总产值1227万元，船舶修理企业8家，工业总产值876万元。年产民用钢质船舶114艘，9360吨。1998年起，县属集体和乡镇修造厂企业陆续进行产权制度改革，至2001年年末均改制为私营企业。2002年，全县有船舶修造厂18家，其中造船厂7家、修船厂11家；7家造船厂中，乙级船厂3家、丙级船厂4家。全年造船200艘，每艘吨位400吨～600吨之间，平均售价50万元左右，工业总产值1亿多元。2004年，长兴进入船舶修造行业高峰期，全年船舶产量22415综合吨。2006年，全县有船舶修造企业20家，比2002年增2家，其中造船厂11家，规模以上企业2家。11家造船厂中乙级造船厂10家，比2002年增加7家。全县造船能力500艘左右，比2002年扩大一倍。造船吨位数从2002年400吨～600吨，扩大到400吨～1200吨。同年，全县规模以上企业生产民用钢质船舶8479总吨。2009年，全县有船舶修造企业20家，其中造船厂10家、修船厂10家。造船企业从最初创业建造40吨上下木质运输船、水泥船，发展到建造1000吨及以上钢制货船生产能力，配置龙门吊等先进设备及各类技术人员。长兴港口造船厂投资400万元，建成湖州市内最大船体预制装配车间，成为全市首家具有数控切割技术船厂。同年，全县规模以上企业生产民用钢质船舶1.83万载重吨。2010年达鼎盛期，年产船舶30636载重吨。2011年，长兴港口造船厂建造探矿船1艘，出口菲律宾。2012年，长兴大河造船有限公司改造集装箱船3艘，其中首艘集装箱船舶船长53.2米，船宽10.59米，型深3.15米，主机功率350千瓦，可装载集装箱36标箱。同年，县内有长兴大河造船有限公司、湖州港口船业有限公司、长兴浙北船业有限公司、长兴县申兴船业有限公司、长城船业有限公司、长兴立昌造船有限公司、长兴邵氏船舶修造有限公司、长兴海明船舶有限公司、长兴全发船厂、长兴宏达船厂、长兴天平船舶修造厂、长兴石城修船厂、长兴南许船厂、长兴伟业船厂等船舶修造企业14家，其中长兴邵氏船舶修造有限公司、长兴海明船舶有限公司、长兴全发船厂3家处于停业状态。同年年末，全县规模以上船舶修造企业为湖州港口船业有限公司1家，工业总产值4040.5万元，利税总额759.5万元，利润总额588.2万元，年平均从业人员46人。生产民用钢质船舶15314载重吨。

四、煤炭开采业

1987年，全县煤炭开采企业有7家，其中县属国营3家（长兴青东煤矿、长兴乔麦岗煤矿、长兴王村煤矿），乡办3家（煤山1家、白岘2家）、村办1家（白岘），工业总产值147.5万元，原煤产量5.93万吨、石煤产量7691吨，共有职工931人。另外，县境内有省属长广煤矿公司（有千井湾、新槐、广兴、东风岕4家煤矿），工业总产值3292万元，原煤产量105.85万吨，职工14838人；还有桐乡县在煤山设立的地方国营桐乡西山煤矿1家。①

图12-9　长广煤矿公司（长广煤矿公司提供·1988年）

1988年10月，长兴王村煤矿由于井下地质变化，产量逐年下降而停办，12月迁至雉城镇高家墩转产水磨石项目，次年调整为生产纸箱。1990年起，长兴乔麦岗煤矿由于受当地农村小煤矿干扰影响，被

① 1958年全省大炼钢铁运动、夺煤运动和1969年全省夺煤大会战中，嘉兴、海宁、海盐、桐乡、嘉善、德清等地因境内无煤矿资源，纷纷到长兴找煤办矿，一时间，煤山、白岘、槐坎等地井架林立（详见《〈中国共产党长兴历史〉第二卷（1949—1978）》，长兴县委党史研究室著，吴连意主编，中共党史出版社2014年版）。至1985年，仅剩桐乡的西山煤矿1家在开采。

迫停产;1991 年 6 月进行方解石开采,年生产规模为方解石微粉 1 万吨,9 月煤矿撤销,1992 年 5 月被长兴方解石微粉厂兼并。1994 年,县工业局对经济效益较好青东煤矿实行资产承包经营。

1989—1995 年,长兴煤炭开采出现原煤产量缓慢下降,而石煤产量逐年攀升的态势。其中,1989 年原煤产量 115.2 万吨,石煤 2.6 万吨;1990 年原煤产量 110.7 万吨,石煤 1.2 万吨;1992 年原煤产量 112.8 万吨,石煤 1.21 万吨;1993 年,原煤略微下降至 112 万吨,石煤猛升至 15 万吨;1995 年,原煤产量 88.68 万吨,石煤 20.50 万吨。1998 年年底,全县有乡镇煤矿井 40 处,全年原煤产量 83.5 万吨,产值 4.29 亿元。伴随煤炭开采,安全问题也日益突出。1998 年之前,县内煤矿企业年平均死亡人数均在 10 人以上。之后,通过整顿,全县煤矿安全情况虽稍有好转,但 2000 年至 2003 年的 4 年间仍有 10 人死亡,平均每年死亡 2.5 人。

1999 年 2 月 7 日,全省关井压产现场会在白岘乡方岘村举行,有关部门依法关闭白岘乡李志洪煤矿,打响全省正式关闭小煤矿的"第一炮"。至 5 月,全县共关闭矿井 24 处,压减煤炭产量 6.6 万吨,占全省压减量的三分之一。2000 年 1 月,青东煤矿因资源匮乏、矿井陈旧无资金修复而歇业,职工分流 45 人,解除劳动合同自谋职业 64 人。其他煤矿企业在全县企业产权制度改革过程中相继歇业,职工解除劳动合同。至 2002 年年底,全县尚保留的小煤矿有 5 家,包括长兴青东煤矿 1 家国营煤矿和白岘 4 家个体私营煤矿。2004 年 4 月 29 日,县委、县政府作出"五一"长假后立即对 5 家小煤矿实施停产、继而关闭的决定。5 月 1 日起,县公安部门停止对煤矿企业火工品供应并收缴所有矿井库存火工品。5 月 9 日,县煤炭行业管理办公室向各矿井通报继续停产,继而实施关闭的决定。5 月 10 日,县政府在煤山召开关闭小煤矿动员会。6 月 4 日,青东煤矿签订关闭协议。6 月 5 日,白岘乡低热值煤矿签订关闭协议。6 月 7 日,访贤村煤矿一分矿 3 号井和三分矿、四分矿签订关闭协议。7 月 9 日,访贤村煤矿一分矿 10 号井签订关闭协议。至 7 月 31 日,5 家小煤矿按照《关井压产检查验收标准》实施关闭,县域内小煤炭开采历史结束。

该时期,桐乡西山煤矿因资源枯竭等原因也关闭。1991 年,该煤矿有职工 719 人,产值 1532 万元,开采原煤 4.02 万吨,销售收入 1471 万元,利润总额 39 万元。1993 年,产值 3236 万元,采煤 4.7 万吨,为历年最高。1995 年,随着优质资源枯竭,开采深度增加,瓦斯涌出量增大,开采难度日趋增加。浙江省煤炭总公司同意西山煤矿暂停开采,核销其每年 5 万吨生产能力,部分员工分流至西山煤矿所办企业。当年生产原煤 3.36 万吨。1996 年 8 月,西山煤矿关闭,当年生产原煤 1.74 万吨。1997 年 5 月,浙江省地质矿产厅注销西山煤矿采矿证。1998 年 1 月,桐乡市政府批复撤消西山煤矿建制。①

2012 年,县境内煤炭开采企业为浙江长广(集团)有限责任公司 1 家②,工业总产值 7.56 亿元,资产总计 14.43 亿元,利税总额 0.87 亿元,利润总额 0.26 亿元,年平均从业人员 2256 人,原煤产量 15.01 万吨。

五、电力、热力生产和供应业

长兴电力生产为火力和天然气发电。1988 年,全县电力生产和供应企业为长兴发电厂和县供电局 2 家,工业总产值 1512 万元,其中长兴发电厂工业总产值 1030 万元,年发电量 9232 万千瓦时。1990 年 6 月,长广煤矿发电厂首台发电机组并网发电,当年发电量 1088 万千瓦时。1991 年,第二台发电机组并网发电。1992 年 1 月,长兴发电厂更名为浙江华能长兴电厂。1994 年,省计经委批复长广煤矿发电厂

① 西山煤矿资料来源于《桐乡市志(1991—2010)》,中华书局 2019 年版。

② 2013 年 8 月 9 日,长广公司最后一个矿井长广煤矿七号矿井宣布闭坑。至该时,长广公司历经半个世纪的采煤主业正式画上句号,浙江省(长兴县)也彻底结束了产煤的历史。根据安徽省人民政府与浙江省人民政府签署的《关于长广集团整体撤出牛头山矿区并移交资产及社会管理和服务职能框架协议》要求,2019 年 11 月 29 日,广德市人民政府、长兴县人民政府、浙江长广(集团)有限责任公司共同签署《资产及社会管理和服务职能移交协议》,自 2019 年 12 月 1 日零时起,广德市全面履行长广公司所属牛头山矿区的公共服务、社会管理及司法管辖等职能,长兴县、长广公司不再履行前述职能。

二期扩建工程。总投资2.61亿元,兴建二期5万千瓦凝汽式高温高压发电机组。1995年5月,竣工。同年,经省经委批准,山鹰建材集团公司兴建山鹰综合利用发电有限公司,为利用当地煤矸石和劣质煤作原料火力发电厂,定名为山鹰综合利用发电有限公司一厂,共设计3台抽凝式汽轮发电机组,装机容量2.7万千瓦,配置4台35吨/时循环流化床锅炉;1996年,建成发电;1998年7月,第3台容量为1.5万千瓦发电机组投运,3台发电机组初期均与系统解列运行自发自用。2001年7月,浙江浙能长兴发电有限公司成立,注册资本金6.1亿元,由浙江东南发电股份有限公司、浙江省能源宏发投资有限公司和浙江省电力开发公司、浙江长兴县经济投资公司共同组建,装机容量为4×30万千瓦,年发电量70亿千瓦时。2002年,山鹰综合利用发电有限公司一厂并网运行成为公用电厂。2004年12月,山鹰综合利用发电有限公司实施异地搬迁技改项目,装机容量为2台2.45万千瓦抽凝式汽轮发电机组,定名为山鹰综合利用发电有限公司二厂,为公用电厂,至2005年9月建成并网发电。2006年12月,浙江琥珀京兴天然气发电有限公司投产运营,总装机容量75兆瓦,同年发电量28140兆瓦时,输送至湖州电网。2010年8月,华能长兴电厂现有机组实施永久性关停,并启动“上大压小”项目建设,2012年12月正式开工建设,新厂区位于吕山乡杨吴村,总投资53.7亿元。

该时期,长兴抓住发展时机,鼓励水泥企业发展余热发电,走在全国前列。至2006年8月,全县有三狮五通、小浦众盛、煤山众盛4台余热发电机组(共1.8万千瓦)正常发电。其中,长兴煤山众盛水泥有限公司为国内第一座装机容量为6000千瓦纯国产设备、纯低温余热电站,总投资4000万元,年发电4500万千瓦时,可满足企业用电量35%以上,每吨熟料可节约生产成本15元,取得明显经济效益;相当于减少电网煤耗2万吨,其中每年减少燃煤锅炉发电废气中烟尘排放量285.5吨,减少二氧化硫排放量362吨,减少二氧化碳排放量4.5万吨以上。

2012年,全县有电力、热力生产和供应业企业5家,工业总产值53.53亿元,资产总计43.71亿元,利税总额3.39亿元,利润总额1.33亿元,年平均从业人员1696人。年发电量73亿千瓦时,其中火力发电量71.5亿千瓦时。

六、光伏产业

太阳能光伏发电应用始于20世纪70年代,快速发展于80年代,21世纪初迎来加快发展新阶段。2009年7月,财政部、科技部、国家能源局联合发布《关于实施金太阳示范工程的通知》。2010年9月,浙江光普太阳能科技有限公司落户县经济技术开发区,注册资本5000万元,为太阳能电池及组件制造、太阳能系统工程安装高新技术企业,拥有世界先进光伏电池片生产线和先进生产工艺及精密质量检测系统。同年11月,省发改委、物价局、电力工业局联合印发《关于我省太阳能光伏发电示范项目扶持政策的意见》。12月,中钢集团新型材料(浙江)有限公司屋顶光伏发电项目列入全国金太阳示范工程项目,装机容量2022.3千瓦;浙江长兴正泰太阳能光伏发电有限公司落户县经济开发区,注册资本1400万元,投资1.3亿元,实施4.2兆瓦屋顶光伏并网发电项目。同月,县经济技术开发区成为省内唯一国家级太阳能光伏发电集中应用示范区,作为国家金太阳示范工程,实施10兆瓦屋顶太阳能并网发电项目,总投资2亿元,占地约15.4万平方米,分布于区内20家企业屋顶,年均发电量1000万千瓦时,每年可节约标准煤1390吨。11月30日,该项目建成发电申请并网。12月10日,省内最大光伏发电项目中钢集团新型材料(浙江)有限公司屋顶太阳能光伏发电项目正式并网运行,平均年发电量420万千瓦时,较火电节约燃煤1528.5吨。该项目利用公司约5万平方米建筑屋顶设置太阳能发电装置,装机总容量4.2兆瓦,通过10千伏等级接入电网,所有发电量全部上网销售。2011年12月,长兴县出台《加快新能源产业发展实施意见(2011—2015年)》,明确光伏产业是发展重点,提出至规划期末,实现光伏产值200亿元,初步形成以开发区为主的光伏综合产业园及产业链较完善的产业集群。同时,提出对各安装太阳能发电项目的企业由县财政按每平方米15元一次性补助,要求有条件上太阳能发电项目企业和新建年综合能耗超3000吨标煤以上项目必须安装太阳能光伏发电。至2012年年末,全县共有23家企业安装光伏发电,装机容量约14.44兆瓦,安装面积约23万平方米,年发电量约1400万千瓦时。

第六节 行业管理

20世纪90年代初期,长兴县以乡镇企业局为主管单位,开始工业行业协会建设,推进工业企业行业规范化管理。1990年,成立第一个工业行业协会——长兴石灰协会。1997年8月,县委、县政府印发《关于长兴县工业企业实行行业管理的实施意见》,成立长兴县工业企业行业管理委员会和酿酒、水泥、耐火3个行业管理办公室。之后,耐火、蓄电池、纺织等工业行业协会相继成立。2010年,长兴县工业企业行业管理委员会变更为长兴县工业企业行业管理办公室。至2012年年末,全县有工业行业协会9家,均与行政机关脱钩,属非营利性、以经济类为主社团法人组织,具有独立社团法人地位,其中省级协会2家、县级协会7家,拥有会员(单位会员)743人。

一、省级协会

浙江省蓄电池行业协会 2005年1月25日,经省经贸委和省民政厅批准,由省内蓄电池生产企业、蓄电池工程配套公司等53家单位,于长兴正式成立。选举浙江天能国际集团公司董事长张天任为首任会长。协会地址位于长兴县经济技术开发区经一路2号。至2012年年末,拥有会员单位150多家。同年,长兴蓄电池行业转型升级进入关键一年。相继出台《铅酸蓄电池行业准入条件》和《长兴县经济技术开发区城南功能区新能源产业园区蓄电池企业行业准入标准》,集中一年时间,对蓄电池行业第二轮大规模集中整治,通过搬迁、入园、整合、收购,全县蓄电池企业从53家减至30家。在蓄电池行业集中整治基础上,协会积极参与20多家蓄电池企业5S现场管理后续跟踪指导,先后组织培训3场200多人次。

浙江省耐火材料行业协会 2009年4月20日,经省经贸委和省民政厅批准成立。协会地址位于雉城镇丽湖名居中央大厦1018号。协会会长由浙江湖州父子岭耐火集团公司董事长王柏成担任,湖州、上虞、杭州等地区12家单位为副会长单位。至2012年年末,拥有会员单位178家,其中县内企业166家、县外企业12家。同年,县政府对传统耐火材料行业进行调整提高,促进耐火企业节能减排、转型升级。协会通过参加协调会和座谈会,积极建言献策,帮助会员企业顺利完成节能减排和转型升级任务。同年7月,浙江省耐火材料行业协会联合河南、辽宁、山东、山西4省耐火材料行业协会,承办"第九期耐火材料新知识讲座——促进耐火材料行业健康发展高峰论坛"。

二、县级协会

长兴石灰协会 1990年6月25日,经县计经委和县民政局批准成立,共有会员单位20家。第一任理事长茆甫明。之后,随着石灰窑逐步淘汰,协会于2000年自行解散。

长兴县耐火材料行业协会 1992年7月7日,经县计经委和县民政局批准,成立长兴县耐火材料协会。地址位于长兴县父子岭耐火集团有限公司内。第一任会长王柏成。2010年,名称变更为长兴县耐火材料行业协会,办公场所变更为长兴县雉城镇工业园区(浙江锦诚耐火材料有限公司内)。2012年年末,拥有会员单位53个。

长兴县水泥行业协会 1992年10月12日,经县计经委和县民政局批准成立。协会地址位于雉城镇金陵北路维多利亚旺角大厦33号商务楼4层。共有会员单位60个(含个人会员)。第一任会长周绍昌。2011年换届选举,由湖州南方水泥有限公司总经理林国荣任会长。2012年年末,拥有会员单位55个。

长兴县纺织行业协会 2001年1月10日,经县计经委和县民政局批准成立。协会地址位于雉城镇龙山大道174号2楼。共有团体和个人会员69个。第一任会长由湖州威达纺织集团有限公司董事长姚锄强担任。2010年,办公地点变更为长兴县经济技术开发区经一路(浙江湖州威达纺织集团有限公司内)。2012年年末,拥有团体和个人会员197个。

长兴县机械行业协会　2007年12月21日,经县发改委和县民政局批准成立。协会地址位于浙江诺力机械股份有限公司内。共有团体会员41个。第一任会长由浙江诺力机械股份有限公司董事长丁毅担任。2012年年末,拥有会员单位42个。

长兴县电子行业协会　2008年8月28日,经县发改委和县民政局批准成立。协会地址位于长兴县七星电容器有限公司内。共有会员单位40家。第一任会长由浙江七星电容器有限公司董事长杨文荣担任。2012年年末,拥有会员单位37个。

长兴县即热式热水器行业协会　2009年2月25日,经县发改委和县民政局批准成立。协会地址位于长兴县瑞琪仕电器有限公司内。共有团体会员28个。第一任会长由浙江瑞琦仕电器有限公司董事长宋建新担任。2012年年末,拥有会员单位28个。

长兴县蓄电池行业协会　2010年4月16日,经县发改委、县民政局批准成立。协会地址位于长兴县经济开发区科技创业园2号楼。共有团体会员70个。第一任会长杨元玲。协会在浙江省长兴绿色动力能源技术创新服务平台下设秘书处办公室。2012年年末,拥有会员单位52个。注册"长兴蓄电池"集体商标,获浙江省区域名牌,并制订实施集体商标、区域名牌使用和监督管理办法。

〔专记〕

长兴蓄电池产业的涅槃之路

从1976年第一家蓄电池企业成立至2012年,蓄电池产业发展在长兴已走过了36年的历史。从起步时的1家集体企业、15万元产值,到2012年长兴蓄电池已经成长为一个拥有220亿元产值,包括2家上市企业、2家"中国民营企业500强"在内的16家亿千企业,融铅酸蓄电池、锂电池、镍氢电池和太阳能光伏电池一体发展的绿色能源新兴产业。其间,由于一哄而上,投资过热,低水平重复,企业环保及劳动保护意识淡薄,因污染引发群体性事件,一度带来产业的生存危机。县委、县政府痛定思痛,坚持以科学发展观为指导,深入贯彻落实省委"八八战略",牢固树立"绿水青山就是金山银山"理念,正确处理好环境保护与经济发展的关系,以污染事件为契机,以环保为倒逼机制,先后开展两轮大规模的整治提升,有效解决了产业环境污染问题,推动了蓄电池行业的规范健康发展和产业的转型升级,打响了区域品牌,实现了绿色生产、做大做强,完成了涅槃式的华丽转身。

一、蓄电池产业发展的起步与污染事件

长兴蓄电池产业起步于1976年。同年2月,第一家蓄电池企业长广蓄电池厂成立,为省属企业煤山矿灯厂小属小集体企业,主要生产矿灯用蓄电池,年产值15万元。1988年,全县蓄电池企业发展到6家,其中省属企业2家、乡办企业1家、村办企业3家,产品均为普通铅酸蓄电池,累计工业产值470万元,从业人员300余人。1995年,全县有蓄电池制造企业7家,工业产值1732万元,年产蓄电池41.58万千伏安时。20世纪90年代后期起至21世纪初,伴随国内电动自行车的兴起和快速发展,长兴蓄电池行业突飞猛进,形成了区域块状经济,成为浙江乃至全国有一定影响的特色产业。2002年,全县新增蓄电池企业33家,累计已发展到112家,工业产值8.5亿元。2003年,新增蓄电池生产企业85家。至2004年,全县有工商注册登记企业共175家,其中蓄电池极板生产企业24家、蓄电池组装企业135家、铅冶炼生产企业16家,主要有电动助力车蓄电池、极板、摩托车用蓄电池及精炼铅合金,形成从蓄电池原辅材料加工、极板生产、零配件制造到组装和销售的产业链,全年实现产值17.3亿元,占全县规模工业产值的12.7%。

蓄电池行业对长兴经济发展做出一定贡献的同时,也带来了环境问题。造成环境问题的原因主要有企业规模较小,在175家蓄电池企业中,60%属小型、作坊式和家庭式企业,规模以上企业只有8家,最大的企业年销售只有7.67亿元,多数企业实力不强,环保设施的投入明显不够;企业分布较散,蓄电池产业规划相对滞后,没有蓄电池产业集中区,175 家蓄电池企业分布在县开发区和 10 个乡镇(全县共 16 个乡镇),造成环境保护的管理工作难度大;企业证照发放不够规范,部分企业存在未经有关部门审核直接获取营业执照、擅自选址建设等情况;环保"三同时"制度执行情况较差,部分企业对污染防治工作认识不足、污染防治措施滞后,影响和污染周边村庄生活环境,特别是直接熔铅企业有 40 家,生产过程中易形成铅雾、铅尘排放,直接危害环境;企业对环保、职业病防治工作重视程度不够,环保设备运行不规范,对职工劳动防护监督不力、劳动用工及操作不规范等现象不同程度地存在,多数职工自我保护意识淡薄,在工作中未按环保要求进行操作。

行业发展存在的"低、小、散",企业环保及劳动保护意识淡薄,带来的环境问题越来越突出。2004 年、2005 年,长兴先后发生两起因蓄电池企业污染而引发的群体性事件,导致蓄电池产业发展一时遭遇生存危机,陷入困境。

2004 年 5 月,发生天力公司污染纠纷事件。涉及企业为长兴林城镇天力电池有限公司(简称天力公司),系兼并原林城镇红旗蓄电池厂后扩建而成。扩建后生产规模比原来扩大约 3 倍,但环保设备未跟上,对周边环境造成影响,引起村民不满,尤其是个别养殖户要求天力公司赔偿损失。林城镇党委、政府多次召集双方当事人进行调解,但终因双方赔偿数额差距太大未达成协议。在索赔未果的情况下,以周边儿童血铅超标为由,天力公司周边三个村的部分村民,共同去找天力公司解决污染问题。其间,企业个别负责人工作方法不当,致使双方矛盾加剧,少数村民因情绪激动做出了一些过激行为。包括冲进天力公司,砸坏部分办公桌和办公用品;以县环保局没有公正执法、偏袒天力公司为由,掀翻 1 辆环境监测车;与镇干部发生冲突,打砸村办公室财物,到镇派出所闹事等。6 月 12 日上午,又有约 350 人到县政府上访。事件发生后,县委、县政府及时采取措施,依法依规,公开公正,妥善解决了纠纷和上访事件。

2005 年,发生一起因环保纠纷而由少数人组织煽动的严重违法的"8·20"天能事件。该次事件涉及企业浙江天能电池有限公司始建于 1986 年,坐落于煤山镇工业园区内,占地面积 18 万平方米,主要从事蓄电池极板生产和蓄电池组装,是县内蓄电池龙头企业,也是国内最大的电动车用蓄电池生产企业,产量和销量居全国同行业第一位。4 月初,天能公司附近新安村大安自然村有个别儿童和孕妇因身体不适到医院检查化验,发现血铅超标,引起村民疑虑,并波及周边涧下、邱坞等村,引发群众对企业的环保诉求,随之发生纠纷。其间,虽经县、镇工作组多方努力,但村民情绪越来越激动,少数村民不断有过激行为,致村民与企业、企业职工的关系越来越紧张。6 月 27 日,涧下村、新安村大安自然村 100 余名村民用石块将天能公司大门堵死,切断自来水水源,严重影响公司生产和职工生活。7 月 29 日,发生涧下村少数村民到天能公司强行破坏水塔和水管事件。8 月 14 日,涧下村村民用障碍物再次封堵天能公司大门,拦截进出车辆。20 日下午 1 时,新民村部分村民到天能公司门口拆除障碍物,与现场封堵大门的村民发生冲突,致互相殴打和投掷石块。随后,冲突矛盾逐渐转向赶到现场开展处置工作、制止村民互殴的公安民警,对民警进行围攻和殴打。鉴于现场地理环境特殊、村民情绪激动且涉事村民越聚越多的情况,现场指挥部根据上级意见,决定撤出参与现场处置的警力。至 17 时许,参与处置工作的公安民警、武警官兵全部安全撤离现场,撤出途中有 2 辆警车被烧。当晚 8 时,又有少数人乘着夜黑进入天能公司打砸物品,放火焚烧部分生产车间和办公大楼,造成企业直接经济损失五六百万元。事件发生后,县委、县政府在省、市指导下,坚持科学发展观,按照"依法依规、科学公正"的原则,成立法制宣传、环保检测、卫生治疗、协商调解等 10 个组,进村入户驻企,有序开展法制宣传、卫生知识宣传、血铅检测治疗、环境卫生监测、依法处理违法犯罪分子等工作,妥善处置了该次事件,将损失和影响降到了最低限度。

二、坚决整治倒逼产业实现转型升级

连续的群体性事件,对长兴蓄电池产业、对长兴企业家发展信心造成了沉重打击,对长兴的发展环境也造成了极大的负面影响。何去何从,到了生死攸关的十字路口。面对抉择,县委、县政府没有简单处置,一关了之。而是痛定思痛,以科学发展观为指导,深入贯彻落实省委"八八战略",牢固树立"绿水青山就是金山银山”理念，正确处理好环境保护与经济发展的关系，变压力为动力、变挑战为机遇，变被动为主动，变坏事为好事，以群体性事件为契机，以环保为倒逼机制，以“壮士断腕”“凤凰涅槃”之志，开展蓄电池行业专项整治活动。

在长兴蓄电池产业迅速发展之初，县委、县政府及有关部门就关注其存在的“低、小、散”问题，并部署开展整治、规范和提升。2003 年起，在行业普遍利好的情况下，县委、县政府坚决对带有污染的铅酸蓄电池、耐火、矿山、喷水织机 4 大行业开展专项整治行动，其中当年停产整改铅酸蓄电池企业 8 家、关闭 32 家，同时明确原则上不再新批蓄电池企业。2004 年伊始，部署开展“环境建设年”活动，启动生态县建设。并于年初专门布置由县计经委牵头，对全县蓄电池行业发展现状、存在问题及对策措施开展全面、彻底的调查。至 4 月底，形成了比较翔实的调查报告，为年内开展大规模的铅酸蓄电池企业综合整治活动，着手彻底解决铅酸蓄电池发展过程中的问题奠定了基础。

2004 年 5 月天力污染纠纷事件发生后，县委常委会、县政府常务会议专题听取汇报，要求以铁的决心、铁的手腕、铁的措施，彻底整、整彻底，实现蓄电池行业的规范、有序发展，整出一个新兴产业，整出一个优良的发展环境。6 月 7 日，县政府召开全县铅酸蓄电池企业综合整治动员大会。7 月，国务院副总理曾培炎就全国蓄电池行业发展及存在问题作出批示，要求有关部门建立生产许可证制度。10 月，长兴铅酸蓄电池行业被省政府确定为省级环境保护重点监管区。长兴县根据国务院和省、市要求，综合运用法律、经济、行政等手段，开展“摘帽”整治，推动蓄电池行业规范化发展。2005 年“8·20”天能事件发生后，县委、县政府深入贯彻落实中央和省、市精神，痛定思痛、痛下决心，正确处理好环境保护与经济发展的关系，以污染事件为契机，以环保为倒逼机制，采取更严厉的措施，在 2004 年铁腕整治的基础上，按照“彻底整治、整治彻底”的要求和“环保优先、优胜劣汰、达标排放”的目标，限小扶大、限劣扶优，集中布局、集聚发展，继续强势推动蓄电池行业专项整治活动。至 2005 年年末，全县蓄电池企业数量从整治前的 175 家减至 53 家，削减 70%，保留的蓄电池企业均配置完善的环保治理设施，实现达标排放，通过省级环境保护重点监管区“摘帽”验收。全年实现产值 21.19 亿元，比 2004 年增长 22.5%。

在完成“摘帽”整治、规范提升的基础上，县委、县政府乘势而上，全面推动蓄电池产业绿色发展、创新发展，调整转型、做大做强。2006 年，编制《浙江省长兴县绿色动力能源中心发展战略规划》，指导蓄电池企业实施科学集中布局、产业层次升级、推动自主创新，促进蓄电池产业升级，打造全国绿色动力能源中心。2007 年 6 月，蓄电池龙头企业天能集团在香港联交所成功上市。12 月，省科技厅批准建立长兴电动车用蓄电池省级高新技术特色产业基地。同年，长兴县被中国电池行业协会授予中国绿色动力能源中心，并相继获得国家绿色动力能源高新技术产业化基地、中国产业集群品牌 50 强、中国新能源产业百强县、浙江省现代产业集群转型升级示范区、电动助力车用蓄电池省级高新技术特色产业基地、浙江省蓄电池专业商标品牌基地等国家级、省级称号。2008 年，天能集团循环经济产业园奠基，拉开了长兴铅酸蓄电池循环经济产业发展序幕。同年，全县蓄电池规模以上工业企业 34 家，工业总产值 92.86 亿元，占全县工业总产值 22.9%，生产企业主要分布于煤山镇、小浦镇、雉城镇、槐坎乡 4 个乡镇和县开发区。电动助力车用高容量密封型免维护铅酸蓄电池基本实现机械化、半自动化，技术水平、产品质量、品牌市场国内领先，成为全国电动助力车用铅酸蓄电池产品生产基地，占国内市场份额 45%左右。2009 年 6 月，长兴蓄电池产业被省政府列为全省产业集群转型升级新能源产业示范区，成为全省块状经济发展最为显著产业之一，列入全省 21 个块状经济向现代产业集群转型发展试点，为湖州市唯一入选产业。同年，编制《长兴县新能源产业转型升级实施方案》，实施天能循环经济园、超威绿色能源科技园等一批新能源大项目，全年规模以上蓄电池企业工业产值首次突破百亿，达 104.86 亿元，比上年增长 12.9%，占全县规模以上工业产值的 22.7%。2010 年，全县蓄电池规上企业 44 家，主要集中于雉城镇、吴山乡、小浦镇、煤山镇 4 个乡镇，其中超威集团年内在香港联交所上市。同年 6 月 6 日，央视《新闻联播》以《浙江长兴：发展新能源，穿新鞋不走老路》为题，报道长兴蓄电池产业转型升级之路，介绍长兴积极探索和实践经济转型升级与生态文明建设相互促进、良性互动的经验,并配发短评称长兴为“人与自然和谐相处的县域样本”。

2011年,国务院正式批复《重金属污染综合防治“十二五”规划》,其中明确要开展铅酸蓄电池产业综合防控。9月,根据环保部和省、市部署,县政府印发《长兴县蓄电池产业转型升级实施意见》,以全国铅酸蓄电池行业专项整治行动为契机,对全县铅酸蓄电池行业开展第二轮根本性、革命性的整治。由政府投资基础设施建设7.39亿元,规划郎山和城南两大新能源高新园区,鼓励企业入园发展,禁止在园区外新批新建蓄电池项目。对环评审批年生产规模不足10万千伏安时(折合12AH蓄电池70万只),年极板生产不足300万套,卫生防护距离达不到要求,或环保、职业卫生、质量管理验收不达标企业一律实行关停清理。共涉及全县蓄电池企业61家,其中原地整治提升14家、拟搬迁入园16家、关停31家。保留的30家蓄电池企业全部按照《县经济技术开发区城南功能区新能源产业园区企业行业准入标准》,集聚到城南工业功能区和郎山新能源产业集聚区。同时,专门出台一系列专项扶持政策,在税收、土地、规费、设备投入等多个方面,鼓励保留企业原地提升、搬迁入园,扶持关停淘汰企业转产转行等,共投入政府资金近2亿元。11月,县政府印发《长兴县加快新能源产业发展实施意见(2011—2015年)》。2012年10月,县委、县政府出台《长兴县工业强县建设规划(2012—2016年)》,将以蓄电池为核心新型电池行业列为工业三大支柱产业之一。

通过两轮蓄电池产业专项整治,全县综合运用法律、经济、行政等手段,至2012年先后淘汰159家落后生产企业和320条落后生产线,蓄电池企业由整治前“低、小、散”的175家不断整合、重组提升为16家亿千企业,由整治前的分布11个乡镇的分散布局调整为集中至郎山、城南2个新能源高新园区的园区化发展;产品由整治前单一的铅酸蓄电池,向镍氢电池、锂离子电池、储能电池、硅胶电池等新型电池类转型拓展;工艺装备由整治前的多数小型、作坊式和家庭式企业生产,转型为所有蓄电池企业基本实现机械化、自动化。同时,企业环保、职业卫生意识明显增强,室内作业场所空气质量全面达标,职工身体健康有效保障,企业周边环境重金属浓度总体达标,环境安全风险进一步降低,行业可持续发展能力进一步增强,全县采用远低于国标的排放标准(国标每立方米0.7毫克,县标每立方米0.25毫克),严格把关企业的废水处理和废弃除尘设施,严格控制铅排放,排放总量从整治前的6670千克减少至2012年的2726.8千克,削减59.1%。行业管理也在整治过程中总结出一套行之有效的长效机制,得到省环保厅的认可并向全省推广,为电镀、印染、化工、造纸、制革等重污染高能耗行业整治提升之后的长效管理提供了示范。通过整治,全县蓄电池产业的生产规模增长7.5倍,工业产值增长11.7倍,全员劳动生产率提高29倍,亩均产出提高21.6倍,万元增加值能耗下降76.6%。

至2012年年末,全县共有铅酸蓄电池企业(集团)16家,均为亿千企业,年生产能力1.75亿只,占全国助力电动车用铅蓄电池市场份额60%。县内规模以上新型电池制造企业38家,工业总产值220.03亿元,占全县规模工业产值的26.9%;销售收入325.78亿元,占全县规模工业销售收入的40.6%;利税总额14.49亿元,占全县规模工业利税总额的21.6%,利润总额10.85亿元、占全县规模工业利润总额的24.3%。全年生产铅酸蓄电池2769.6万千伏安时,锂离子电池1093.61万只。有中国驰名商标4只,国家免检产品5只,省著名商标4只,省名牌产品8只;上市企业2家,“中国民营企业500强”2家。

长兴蓄电池产业不仅走出了困境,获得了发展,而且实现了传统产业的成功转型,涅槃重生焕新姿。

(吴连意执笔)

长兴县蓄电池产业转型升级质量效益指标变化情况表

表12-18

序号	内容	转型升级前(2004年)	转型升级后(2012年)	比例
1	企业家数(家)	175	16	-90.9%
	其中:规上企业(家)	76	16	-79.0%

续表12-18

序号	内容	转型升级前(2004年)	转型升级后(2012年)	比例
	规下企业(家)	99	0	100.0%
	亿千企业(家)	2	16	100.0%
	百亿企业(家)	0	2	100.0%
	从业人员(人)	13100	7478	-42.9%
2	生产规模(万只/年)(按12AH标准计算)	2063	17518	749.2%
	其中:企业平均规模(万只/年)	11.80	1095	9187.6%
	人均产出(万只/人/年)	0.16	2.34	1387.6%
3	产值(万元)	173100	2200276	1171.1%
	其中:人均产值(万元)	13	294	2126.7%
4	销售额(万元)	213000	3200000	1402.4%
	其中:人均销售额(万元)	16	428	2531.8%
5	增加值(万元)	19570	335900	1616.4%
6	全员劳动生产率(万元/人)	1.50	44.90	2906.8%
7	利润(万元)	16300	108500	565.6%
	其中:人均利润(万元)	1.20	14.50	1066.1%
8	税收(万元)	7530	66200	779.2%
	其中:人均税收(万元)	0.60	8.90	1440.1%
9	万元工业增加值能耗(吨标准煤)	1.19	0.28	-76.6%
10	用地面积(亩)	5200	2930	-43.7%
	其中:亩均产出(万元)	33.30	750.90	2155.9%
11	企业分布	11个乡镇、园区	郎山、城南两个新能源高新园区	
12	工艺装备	以手工作业为主	全自动密封生产	
13	废水处理设施	人工加药沉淀	全自动加药沉淀+过滤	
14	废气除尘设施	脉冲布袋+水喷淋	滤筒+高效除尘器+水喷淋	
15	铅排放标准(毫克/立方米)	0.70(国定标准)	0.25(县定标准)	64.3%
16	铅排放(千克)	6670	2726.78	-59.1%
17	区域名称	重金属污染防治重点区	重金属污染防治示范区	
18	政府性投入:其中园区基础设施投入7.39亿元;转型升级奖励资金2.1亿元 企业投资:总投资49.5亿元;注册资金21.6亿元			
19	“腾笼换鸟”企业159家,“换鸟”企业行业性质:装备制造、现代纺织、新材料、通用机械、塑料制品			

说明:资料来源于县经信委

第四章　企业与名优产品

20世纪80年代,长兴县属企业规模普遍较小。1988年,全县有年工业产值100万元以上县属企业94家,其中工业产值超1000万元企业有9家。之后,出台工业企业扶优扶强政策,引导和鼓励企业加大技改投入,开发新产品,发展高新技术产业,提高自主创新能力。1998年,全县规模以上工业(全部国有及年销售收入500万元以上非国有工业企业)共计116家,其中有5家企业跨入“亿千企业”行列。2012年,全县有规模工业企业(年销售收入2000万元以上)580家,其中亿元以上(主营业务收入)企业168家,工业总产值623.87亿元,占全县规模工业总产值的76.3%。有上市企业2家,中国民营企业500强2家。有中国名牌产品1只,浙江省名牌产品19只;中国驰名商标11件,浙江省著名商标28件。

第一节 企 业

一、规模企业

20 世纪 80 年代,全县工业企业规模均不大,省属企业浙江水泥厂、长广煤矿公司、长湖建材厂、小浦机械厂、长兴发电厂等规模略大,县属企业规模普遍较小。1988 年,全县有年工业产值 100 万元以上企业 100 家,工业总产值 5.9 亿元,占全县乡及乡以上独立核算工业企业的 76.5%,其中省属企业 6 家、县属企业 94 家。县属企业中,年工业产值超 1000 万元企业有 9 家,其中长兴化肥厂 1214 万元、长兴制革厂 1766 万元、长兴丝织厂 1191 万元、长兴酿酒总厂 1364 万元、长兴白水泥厂 2315 万元、林城粮油厂 1687 万元、长兴油厂 1543 万元、煤山水泥厂 1023 万元、煤山电线厂 1061 万元。1991 年,全县工业企业规模快速扩张,工业总产值 1000 万元以上企业 22 家,工业总产值 7.57 亿元,占全县工业总产值的 60.7%。其中工业总产值 1 亿元以上企业 3 家,分别为长广煤矿公司 1.54 亿元、杭兴印染厂 1.35 亿元、浙江水泥厂 1.17 亿元。1993 年 5 月,浙北工贸(集团)公司进入全国经协企业“百强”之列。1996 年,出台《长兴县工业企业扶优扶强若干意见》等政策。1998 年,5 家企业跨入“亿千企业”行列。同年,全县规模以上工业(全部国有及年销售收入 500 万元以上非国有工业企业)共计 116 家。其中,大型企业 2 家,工业总产值 6.42 亿元,占全县规模工业总产值的 15.9%;中型企业 16 家,工业总产值 16.67 亿元,占 41.3%;小型企业 98 家,工业总产值 17.27 亿元,占 42.8%。1999 年 7 月,铁鹰集团、山鹰集团等 8 家企业被列为全县第一轮“重中之重”企业。2003 年,推进大企业战略,出台《关于工业企业扶优扶强实施意见(试行)》。2008 年 8 月,浙江天能电池有限公司名列浙江省百强民营企业榜单第 77 位。同年 10 月,天能集团、超威集团首次入围中国民营企业 500 强,分列第同 230 位、第 469 位。2009 年,天能电池有限公司、超威电源有限公司分列中国民营企业 500 强第 152 位、第 258 位。2010 年,深入实施“131”行业龙头创建计划、“百企超亿行动”“大企业大集团三年超百亿计划”。7 月,天能集团、超威电源、诺力机械进入 2009 年浙江省制造业百强榜,分列第 46、第 63、第 92 位。同年,天能集团销售收入超 100 亿元,成为全市首批两家“百亿企业”之一;天能、超威分列中国民营企业 500 强第 195 位、第 302 位。2011 年 7 月,全县有 7 家企业入围浙商全国 500 强榜单,其中天能集团、超威电源名列前 100 强。同年,超威电源有限公司销售收入超 100 亿元;天能、超威分列中国民营企业 500 强第 195 位、第 302 位。2012 年,天能电池集团、超威电源有限公司、浙江昌盛电气有限公司 3 家企业入选浙江省“百强”外商独资企业称号;天能、超威分列中国民营企业 500 强第 176 位、第 209 位,销售收入均超 200 亿元。同年年末,全县有规模工业企业(年销售收入 2000 万元以上)580 家。其中,大型企业 5 家,工业总产值 64.29 亿元,占全县规模工业总产值的 7.9%;中型企业 41 家,工业总产值 260.13 亿元,占 31.8%;小微型企业 534 家,工业总产值 492.66 亿元,占 60.3%。全县规模企业中,亿元以上(主营业务收入)企业 168 家,工业总产值 623.87 亿元,占全县规模工业总产值的 76.3%。其中,50 亿元～100 亿元企业 1 家,工业总产值 11.42 亿元;10 亿元～50 亿元企业 12 家,工业总产值 231.94 亿元;5 亿元～10 亿元企业 13 家,工业总产值 92.07 亿元;1 亿元～5 亿元企业 142 家,工业总产值 288.44 亿元。

1988—2012 年长兴县工业企业规模结构情况表

表 12-19

年份	全部企业		大型企业		中型企业		小、微型企业	
	企业(家)	产值(亿元)	企业(家)	产值(亿元)	企业(家)	产值(亿元)	企业(家)	产值(亿元)
1988	470	7.72	—	—	—	—	—	—
1989	473	9.64	1	1.02	1	0.10	471	8.52

续表 12-19

年份	全部企业		大型企业		中型企业		小、微型企业	
	企业(家)	产值(亿元)	企业(家)	产值(亿元)	企业(家)	产值(亿元)	企业(家)	产值(亿元)
1990	450	10.35	2	1.25	2	0.27	446	8.83
1991	423	12.47	1	1.17	4	0.81	418	10.49
1992	453	18.03	2	2.36	5	1.70	446	13.97
1993	514	43.17	2	2.62	6	2.83	506	37.72
1994	463	49.47	2	2.69	8	5.44	453	41.34
1995	470	41.28					450	20.91
1996	427	45.82	2	7.53	18	15.39	407	22.9
1997	386	39.43	2	5.97	17	15.53	367	17.93
1998	116	38.17	2	2.65	16	15.61	98	16.37
1999	133	41.09	2	7.01	16	15.47	115	18.61
2000	137	45.08	2	7.61	15	14.81	120	22.66
2001	159	52.14	2	8.41	11	14.80	146	28.93
2002	185	64.51	2	9.11	10	16.10	173	39.30
2003	223	98.42	1	6.65	18	45.66	204	46.11
2004	287	136.16	1	8.49	21	60.17	265	67.50
2005	370	183.95	2	19.43	23	79.39	345	85.13
2006	456	243.95	3	31.35	26	106.28	427	106.32
2007	530	316.15	3	51.04	23	117.65	504	147.46
2008	689	405.11	2	23.20	34	168.97	653	212.94
2009	760	461.90	3	38.47	34	172.86	723	250.57
2010	831	574.59	3	45.61	45	223.00	783	305.98
2011	529	646.67	6	78.40	42	207.20	481	361.27
2012	580	817.18	5	64.29	41	260.13	534	492.66

说明：资料来源于历年《长兴统计年鉴》。1988 年为乡及乡以上独立核算工业企业，1998 年起为全部国有及年销售收入 500 万元以上非国有工业企业，2011 年起为年销售收入 2000 万元以上工业企业

二、高新技术企业

2012 年，全县有在册的国家火炬计划重点高新技术企业 3 家、国家重点扶持高新技术企业 45 家，被认定为省科技型中小企业 101 家、省创新型试点企业 7 家。见第 26 编科学技术、第 3 章、第 1 节。

三、上市企业

至 2012 年年末，全县有天能动力国际有限公司、超威动力控股有限公司 2 家上市企业。详见第 16 编金融、第 3 章、第 1 节。

四、中央及省属企业选介

中建集团湖州南方水泥有限公司　为中国建材集团旗下的核心企业，是国家大型水泥、熟料制造企业之一。2007—2008 年，中建集团南下大规模并购水泥企业，长兴为其重点收购目标，相继收购的长兴县内水泥企业有长兴水泥、小浦众盛、煤山众盛、浙江兴宝龙、浙江裕廊、浙江山鹰、浙江锦龙水泥、浙江三狮水泥等 8 家。2009 年 8 月注册成立，下属 15 家全资子公司，资产总额 62 亿元，总占地面积 666.67 公顷，员工 3700 余人，是湖州市最大的水泥生产制造企业。拥有 7 条日产 5000 吨、7 条日产 2500 吨和 2 条日产 1500 吨新型干法熟料生产线。可年产优质水泥熟料 1800 多万吨，水泥 500 多万吨。所有熟料生产线均配备纯低温余热发电机组，总装机容量 80.3 兆瓦。公司所有生产线均采用先进的新型干法工艺，技术装备在国内同行中处于领先水平。2012 年，共生产熟料 1407.38 万吨、水泥 335.36 万吨；销售熟料 1191.51 万吨、水泥 330.61 万吨；实现销售收入 34.34 亿元、净利润 5 亿元，上缴

税收5.84亿元。

中钢集团新型材料(浙江)有限公司 成立于2007年10月,位于画溪工业功能区中钢大道9号,注册资本2.31亿元,实际投资规模超过10亿元。占地面积34.47公顷,员工近400人。主要从事特种石墨、核石墨、有色金属、石墨材料、炭末粉类、碳基复合材料等新型材料方面的业务,是国内唯一一家同时具备生产高品质、大规格的等静压石墨以及核级石墨材料条件的高科技生产及研发公司。2009年6月正式开工,2012年8月产业化项目全工序贯通,生产出第一炉高端等静压石墨产品,标志着中国第一个现代化的国际领先的全工序高端等静压石墨产业化基地建成。2012年下半年,产品经过市场使用,已经完全替代进口,产品物理性能及使用性能均已与国外竞争对手的同类产品水平持平,达到国际领先水平。产品逐步广泛应用于核电、光伏、冶金、电火花、航空航天以及精密机械加工等行业领域。该项目是财政部、科技部、国家能源局"第一批金太阳示范工程"(在厂房屋顶加盖太阳能发电装置)、国家发改委2009年度重点产业振兴和技术改造项目、浙江省2009年"三个千亿工程"项目、浙江省2009年度技术改造"双千工程"、浙江省第一批工业转型升级项目、湖州市2009年重点建设项目,同时还是浙江省2008年"三个千亿工程"中千亿产业提升工程高技术产业项目和浙江省2008年高技术产业发展项目,2009年、2010年、2011年连续三年入选浙江省重点项目。

浙江长广(集团)有限责任公司 创建于1958年8月,前身为长广煤矿公司,属国家直供重点煤矿,为省属重点企业,业务受中国统配煤矿总公司和省煤炭工业总公司领导。位于浙江省与安徽省交界的广德县境内,矿区中心在广德县牛头山。矿区东西长约23千米,南北宽约17千米,建筑面积71.29万平方米,含煤面积112平方千米,储煤量1亿吨左右。1987年,有职工14838人,其中工程技术人员315人;拥有动力机械总能力58569千瓦,固定资产原值达1.64亿元;全矿开采原煤105.85万吨,工业总产值3292万元,销售税金247.4万元。1990年,全公司有生产矿井11对,产原煤103万吨;有直属非矿井生产厂7家,集体企业70余家,集体企业职工5000余人。1991年后,多种经营企业保持稳定,涉及电力、建材、火工品、机械、建筑、纺织等。1993年12月,千井湾矿关闭转产创办长广第二水泥厂。1996年,有生产矿井9对,产原煤约80万吨。之后,随着煤矿资源的枯竭和经济结构转型,长广煤矿的矿井逐步进入关停程序,年产原煤保持在60万吨左右。1997年12月22日,长广煤矿公司转制成立浙江长广(集团)有限责任公司。1998年4月,公司总部迁驻长兴县雉城镇金陵南路2号。2004年年末,生产矿井保留一矿、七矿、新槐矿、查扉矿4对,全年原煤产量43.29万吨。2005年,原煤产量31.31万吨。同年年底,新槐矿、查扉矿关闭。2012年,浙江长广(集团)有限责任公司实现工业总产值7.56亿元,资产总计14.43亿元,利税总额8700万元,利润总额2600万元,年平均从业人员2256人,年生产原煤15.01万吨。

浙江水泥厂 创建于1983年,位于煤山镇火烧地,是省属最大的水泥企业,采矿、运输、生产水泥一体化,年生产能力为100万吨水泥。1987年,全厂占地面积49.2万平方米,建筑面积19.31万平方米。有职工1438人,其中工程技术、经济管理等各类专业人员380人、工程师22人。生产水泥40.02万吨,工业总产值达2789万元,实现利税1871万元。1988年,新建二期工程竣工投产,当年工业产值5201万元,年生产水泥52.09万吨。1994年8月,整体改组成浙江三狮水泥股份有限公司。1998年3月,成立浙江三狮集团,由27家企事业单位组成,母公司(核心企业)为浙江三狮集团有限公司。主要生产设备为4条

图12-10 浙江省规模最大的水泥生产企业—浙江三狮集团(三狮集团提供·2003年)

湿法生产工艺线，主机配备 Φ3.5×145 米回转窑 4 座，Φ2.4×13 米和 Φ2.6×13 米原料磨机各 2 台，Φ3×9 米水泥磨机 5 台，回转式 140 嘴包装机 3 台，分别组成原料、烧成、制作、包装等工艺线。有年产石灰石百万吨以上的机械化矿山 1 座，采石、烧水泥一条龙生产。固定资产原值 8461 万元。主要产品有"三狮牌"525#硅酸盐水泥和 525#早强硅酸盐水泥。产品用于秦山核电站、宝山钢铁厂、金山石化总厂、宁波北仑港、上海电信大楼、杭州工业大厦等国家重点工程建设。2008 年，被湖州南方水泥有限公司收购。

华能国际电力股份有限公司长兴电厂　1988 年，工业产值 1030 万元，年发电量 8541 万千瓦时。1992 年，更名为浙江华能发电厂。1999 年 1 月，经资产置换，划归中国华能集团公司，属中国华能集团公司全资企业。2002 年 7 月，资产重组后成为华能国际电力股份有限公司全资电厂。2010 年 8 月 8 日，2 台机组(1×12.5 万千瓦、1×13.5 千瓦)实施永久性关停，9 月 16 日实施冷却塔爆破拆除。同年起，异地新建 2×600 兆瓦级超超临界燃煤机组"上大压小"项目。2012 年 12 月，异地新建项目开工建设，新厂区位于吕山乡杨吴村。参见第 9 编、第 6 章电力。

浙江浙能长兴发电有限公司　简称浙电长兴电厂，由浙江华能长兴电厂四期(技改)工程出资组建而成，隶属浙江省能源集团有限公司。2001 年 7 月成立，注册资本金 6.1 亿元人民币。装机总容量为 4×30 万千瓦，年发电量 70 亿千瓦时。参见第 9 编、第 6 章电力。

浙江省长湖建筑材料厂　创建于 1974 年 1 月，厂址位于李家巷白鹤岭，隶属于省司法厅劳改局，是一家综合性的建材工业企业。有两家水泥分厂、白鹤岭和戚家山采石分厂、水泥预制品厂、岩棉厂、轻质保暖材料厂，还有机修厂、计量仪器厂、汽车队、副业队等。全厂占地面积 116.35 万平方米，建筑面积 8.2 万平方米。1987 年年末，有职工 1270 人，技术人员 34 人，拥有动力机械总能力 6644 千瓦，固定资产原值 1384 万元。1988 年，工业产值 2645 万元，年生产水泥 15.12 万吨，石料 51.81 万吨。1998 年，长湖建材厂完成扩建 18.5 万吨水泥回转窑生产线一期工程。后隶属于 1994 年 10 月成立的浙江省长湖监狱。2003 年 7 月脱钩转制为长湖水泥有限公司。

浙江小浦煤矿机械厂　1988 年，工业产值 754 万元，年生产工业泵 2212 台，矿山设备 393 吨。2001 年 5 月，省能源集团组建以后，浙江小浦煤矿机械厂企业改制正式启动。2002 年 8 月，改制为长兴小浦机械制造有限公司(股份有限公司)，注册资本 160 万元。主要产品 ZC 系列电动侧卸装岩机，煤矿调度绞车，大型螺旋开线皮革脱脂转鼓，30 万吨级成套水泥机械设备，运输机械，雷蒙磨粉机械等设备。

五、县属明星企业选介

天能电池集团有限公司　综合实力位居中国民营企业 500 强、中国电池工业十强第 1 位、全球新能源企业 500 强第 36 位、世界环保与新能源产业中国影响力企业 100 强。位于画溪工业功能区(画溪街道包桥路 18 号)。前身是长兴蓄电池厂，创办于 1986 年 4 月。1995 年，研发免维护新型铅酸蓄电池，填补当时国内空白。1998 年 3 月，成立长兴天能电源有限公司。1999 年至 2000 年，天能牌全密封阀控式蓄电池被评为浙江省高新技术产品，天能牌电动助力车用蓄电池被评为浙江省高新技术产品、国家级重点新产品。2002 年，"天能"商标被评为浙江省著名商标。2003 年 3 月，天能电池有限公司注册成立。2006 年，"天能牌"电动助力车用蓄电池全系列产品，荣获国家免检产品殊荣。2007 年 6 月，天能动力在香港主板上市，成为中国动力电池第一股。2008 年 8 月，天能集团名列浙江省百强民营企业榜单第 77 位，同年 10 月首次入围中国民营企业 500 强，列第 230 位。2009 年，列中国民营企业 500 强第 152 位。2010 年 7 月，列 2009 年浙江省制造业百强榜第 46 位，列中国民营企业 500 强第 195 位。同年，天能集团销售收入首次突破百亿元，成为全市首批两家"百亿企业"之一。2011 年 7 月，天能集团列浙商全国 500 强前 100 强，列中国民营企业 500 强第 195 位。2012 年，入选浙江省"百强"外商独资企业，列中国民营企业 500 强第 176 位。同年，集团拥有四省八大生产基地，30 家国内全资子公司、3 家境外公司，2 万余名员工，总资产超 100 亿元，已发展成为一家以电动车用高性能环保型蓄电池制造为主，集新能源镍氢电池、锂离子电池、风能、太阳能储能电池等绿色能源的研发、生产、销售为一体的综合性集团公司。全年实现销售收入379亿元,税金6.3亿元,利润7.8亿元。①

2012年天能电池集团有限公司情况表

表12-20

公司名称	企业性质	地址	成立年月	内部关联情况	主营业务
天能电池集团有限公司	有限责任公司	浙江省长兴县煤山工业园区	2003.03	母公司	蓄电池、电动自行车配件生产、制造
浙江省长兴天能电源有限公司	有限责任公司	浙江省长兴县煤山工业园区	1998.03	全资子公司	货物进出口、技术进出口
浙江天能能源科技股份有限公司	股份有限公司	浙江省长兴县画溪工业功能区	2004.07	全资子公司	锂离子电池、镍氢电池、电池模组等研发、生产、销售
浙江天能电源材料有限公司	有限责任公司	浙江省长兴县经济技术开发区	2009.07	全资子公司	废铅酸蓄电池的收集、贮存、利用
浙江天能动力能源有限公司	有限责任公司	浙江省长兴县吴山城南工业功能区	2009.07	全资子公司	蓄电池(注有酸液)生产
浙江赫克力能源有限公司	有限责任公司	浙江省长兴县吴山城南工业功能区	2009.11	全资子公司	三包电池维护、新能源加护开发、技术服务、技术转让
天能电池集团(安徽)有限公司	有限责任公司	安徽省界首市田营工业园区	2010.11	全资子公司	极板、蓄电池生产组织、铅零件制造
安徽中能电源有限公司	有限责任公司	安徽中能电源有限公司	2008.04	全资子公司	蓄电池组装、蓄电池极板、蓄电池塑壳生产
天能电池(芜湖)有限公司	有限责任公司	安徽省芜湖市西凯湖工业园	2005.10	全资子公司	蓄电池、极板、电动自行车配件
天能集团(河南)能源科技有限公司	有限责任公司	河南省濮阳工业园区	2011.11	全资子公司	蓄电池、极板制造
天能集团(濮阳)再生资源有限公司	有限责任公司	河南省濮阳工业园区	2011.11	全资子公司	废铅酸蓄电池、含铅制品、蓄电池生产下脚料的回收、处理
浙江天能电池(江苏)有限公司	有限责任公司	江苏沭阳开发区安全天能工业园	2005.05	全资子公司	蓄电池、极板生产、销售
浙江天能电池江苏新能源有限公司	有限责任公司	江苏省沭阳经济开发区	2008.01	全资子公司	纳米储能蓄电池(极板)研发、生产、销售
天能集团江苏科技有限公司	有限责任公司	江苏省沭阳经济开发区	2010.04	全资子公司	蓄电池研发、生产、销售
天能集团江苏特种电源有限公司	有限责任公司	江苏省沭阳经济开发区	2010.04	全资子公司	特种车辆用蓄电池生产销售
浙江天能物资贸易有限公司	有限责任公司	浙江省长兴县画溪工业功能区	2009.03	全资子公司	金属材料、建筑材料、蓄电池配件销售
长兴天畅电源有限公司	有限责任公司	浙江省长兴县画溪工业功能区	2012.08	全资子公司	铅酸蓄电池批发,货物进出口,技术进出口
长兴天能汽车运输有限公司	有限责任公司	长兴县煤山工业园区	2005.05	全资子公司	货运

说明:资料来源于县经信委

浙江超威集团有限公司 国家重点高新技术企业,位列中国民营企业500强。位于画溪工业功能区(画溪街道城南路18号)。前身是创建于1998年的长兴电子电源公司,后更名为长兴超威电源有限公司。2003年,变更为中外合资企业。2008年10月,首次入围中国民营企业500强,列第469位。

① 2016年8月,天能电池集团有限公司首次入围"中国企业500强",列第191位。

2009 年，列中国民营企业 500 强第 258 位。2010 年 7 月，在香港主板上市。同年，列浙江省制造业百强榜第 63 位，列中国民营企业 500 强第 302 位。2011 年，入围浙商全国 500 强前 100 强，列中国民营企业 500 强第 302 位。同年，销售收入超百亿元。2012 年 5 月，成立超威集团。公司总占地面积 19 公顷，建筑面积 9.44 万平方米。职工 1.8 万余人。集团下设浙江、江西、山东、河南、安徽、江西、河北等 7 省 18 家子分公司。同年，销售收入 375 亿元，利税 15 亿元。同年，入选浙江省“百强”外商独资企业，列中国民营企业 500 强第 209 位。①

2012 年浙江超威集团有限公司情况表

表 12–21

公司名称	企业性质	地址	成立时间	内部关联情况	主营业务
超威电源有限公司	有限责任公司	浙江省长兴县	1998.01	母公司	蓄电池(注有酸液)组装(仅限分支机构经营)，直流UPS电源组装，电子传感器、电子灯具、蓄电池原辅材料及零配件制造
浙江超威动力能源有限公司	有限责任公司	浙江省长兴县	2010.11	全资子公司	铅酸蓄电池、硫酸、丙酮、三氯甲烷、环氧树脂批发(票据)。蓄电池原材料(不含危险化学品、易制毒化学品)、锂电池、电动三轮车、电动两轮车、电动助力车销售
河南超威电源有限公司	有限责任公司	河南省沁阳市	2004.02	控股子公司	生产销售蓄电池、极板、充电器及相关产品的来料加工；废旧蓄电池回收；电池技术开发及服务
河北超威电源有限公司	有限责任公司	河北新河县	2012.04	全资子公司	括MF铅酸蓄电池；新能源电池制造
江西新威动力能源科技有限公司	有限责任公司	江西上高县黄金堆开发区	2011.02	全资子公司	蓄电池及极板、蓄电池原辅材料及零配件、蓄电池生产设备制造销售
山东超威电源有限公司	有限责任公司	山东省宁阳县	2005.10	控股子公司	蓄电池及极板、蓄电池原辅材料及零配件、蓄电池生产设备制造销售
江苏超威电源有限公司	有限责任公司	江苏滨海县	2006.05	控股子公司	铅酸蓄电池、极板生产并销售本公司自产产品，经营本企业自产产品的出口业务和本企业所需的机械设备、零部件、原辅材料的进口业务
江苏永达电源股份有限公司	有限责任公司	江苏泗洪县	2007.01	控股子公司	蓄电池、极板生产销售，自营和代理各类商品和技术的进出口业务
安徽超威电源有限公司	有限责任公司	安徽青阳县	2007.05	控股子公司	铅酸蓄电池及铅酸蓄电池材料生产、销售，电源极板生产、销售
安徽永恒动力科技有限公司	有限责任公司	安徽省怀宁县	2005.06	全资子公司	铅酸蓄电池及铅酸蓄电池材料生产、销售，电源极板生产、销售
广西鑫锋新能源科技有限公司	有限责任公司	广西河池市	2006.05	控股子公司	铅酸蓄电池、锂离子电池、镍氢电池、燃料电池生产及销售
浙江长兴金太阳电源有限公司	有限责任公司	浙江省长兴县	2007.10	控股子公司	蓄电池(注有酸液)生产

说明：资料来源于县经信委

浙江诺力机械股份有限公司　位于县经济技术开发区。公司注册资本 1.6 亿元，占地 33.33 多公顷。2000 年 3 月，长兴诺力机械有限责任公司成立。2001 年，销售额首次突破亿元大关。公司产品 90%左右出口欧美等发达国家。2003 年，公司名称变更为浙江诺力机械股份有限公司，注册资本变更

① 2013 年 8 月，超威集团有限公司首次入围“中国企业 500 强”，列第 300 位。

为1900万元。同年7月,成立长兴诺力进出口有限公司。2004年,在欧盟反倾销案中胜诉,成为中国反倾销反败为胜第一案。2006年,"诺力NOBLIFT"商标被国家工商行政管理总局认定为"中国驰名商标"。同年,在境外设立(并购)诺力美国有限公司和诺力欧洲有限责任公司2家境外全资子公司。2010年7月,入选2009年浙江省制造业百强榜,列第92位。同年,公司销售收入首次突破10亿大关。通过十余年的发展,公司已成长为国内知名的仓储物流搬运车辆制造企业,产品线从轻小型搬运车辆扩大至电动仓储车辆,在工业车辆中端及中高端市场占据领先地位,主要产品销量已连续多年排名国内同行业第一位。2012年,公司实现销售收入12.09亿元,利润7217万元,上缴税收1.23亿元。

浙江永达实业集团有限公司 位于和平镇永达工业园,占地16公顷,生产厂房6万平方米。前身为乡镇企业和平电杆厂,始建于1981年。1986年,更名为长兴县电力电杆厂。1997年年底改制,更名为长兴电力电杆有限公司。2001年,投资500万元收购上海路桥公司石料加工生产线,投资500万元新建和平自来水厂,投资300万元建成年产200万桶野山泉生产线;投资130万元,建立白茶基地;投资300万元收购和平农贸市场。2002年,控股收购和平地区医院。2005年,实行股份制改造,组建浙江永达(集团)电力实业股份有限公司。2007年集团拥有控股、参股企业13家,员工人数达1800余人,年产、销值分别超5亿元,成为华东地区最大规模电力电杆生产基地。2009年,正式注册成立浙江永达实业集团有限公司。2010年,全年销售收入突破15亿元。2012年12月,永达集团在安哥拉共和国罗安达(Luanda)省维亚纳(Viana)市,建立集产、贸一体化工业园,占地500公顷,投资4.5亿美元。同年,公司完成工业总产值13.93亿元,实现利税7351万元。

浙江金三发集团有限公司 位于县经济技术开发区。创建于1987年,是专业生产高档服装黏合衬、非织造布(无纺布)、无纺布护理制品的全国高新技术企业。生产的服装黏合衬主要用于名牌服装企业,军警、公安等制式服装企业;非织造布产品主要应用于婴儿卫生用品、妇女卫生用品、医疗卫生用品、成人卫生用品以及其他生活卫生用品;无纺布护理制品覆盖婴儿、医疗、女性、家庭及更多用途的个人护理用品。集团下设浙江金三发黏合衬有限公司、浙江金三发非织造布有限公司、浙江金三发新材科技有限公司、浙江优全护理用品科技有限公司、长兴金科进出口有限公司等子公司。2012年年末,集团总占地面积157070平方米,建筑面积68192平方米,注册资本合计1.5亿元,总资产5.4亿元,职工人数661人,工业总产值11.8亿元,上缴税收3280万元,实现利润4650万元,出口创汇1500万美元。

浙江中山化工集团股份有限公司 1998年改制更名为浙江省长兴县中山化工有限公司,系工信部核准的农药定点生产企业,主要生产三嗪类农用除草剂。为国内生产三嗪类除草剂品种规格全、产量规模大、产品质量优的国家高新技术企业,年生产能力达到12万吨以上。产品多次被列为国家重点新产品、国家火炬计划项目、浙江省科技进步奖、省级高新技术产品等,销售覆盖山东、辽宁、广西、云南等国内20多个省市,并远销东南亚、美洲、澳洲、东欧等国家和地区。2008年,公司"BUGAO"商标被认定为中国驰名商标,"BUGAO"牌除草剂被认定为浙江省名牌产品。2009年,更名为浙江中山化工集团有限公司。2008年年初在安徽新建成的生产基地,拥有全国最大的7万吨三嗪类除草剂原药的生产能力。2012年,公司资产总计6.99亿元,全年销售收入8.56亿元,利润4918万元,上缴税收1296.22万元。

浙江湖州威达纺织集团有限公司 前身是1985年成立的长兴棉纺厂,1994年成立浙江湖州威达纺织集团有限公司。拥有县经济技术开发区经一路508号和画溪街道姚雉路158号2个厂区。占地面积6万平方米,建筑面积3.6万平方米,有员工260余人,总资产2亿多元。拥有世界先进的瑞士立达的气流纺生产线20条和日本村田公司的涡流纺纱生产线17条,主要产品有气流纺粘纤系列混纺、色纺针织纱、涡流纺粘纤针织纱。形成年产各类色纺纱线近20000吨的生产能量。"威达"企业商号被认定为浙江省知名商号,为中国纺织服装500强企业。2012年,公司销售收入达5.59亿元,利税7080万元。

海信(浙江)空调有限公司 位于县经济技术开发区。成立于2005年4月22日,注册资本为1.1亿人民币。从事家用空调器、空气净化器及关联产品的制造,主要生产的产品有家用挂壁式空调(171

个品种)、柜机(12 个品种)及空气净化器(18 个型号)。整个园区占地 33 万平方米,厂房面积 9 万平方米,生产线 9 条;南区主要从事空调器外机和空气净化器生产,北区主要从事空调器内机生产,还配套有两器生产、管路生产等。总投资 3 亿元人民币,是海信集团在长三角的主要生产基地。公司拥有先进的全自动氦检漏装置等设备,并配套国内先进的整机成套生产检测线、换热器、钣金喷涂、焓差实验室及空气净化器实验室,拥有 400 万套变频空调、20 万台空气净化器的年生产能力。2008 年被评为“安全生产标准化市级企业(机械)”和“2007 年度湖州市 50 强民营企业”。2012 年,公司有在职员工 691 人,年产 100 万套(台)变频空调和空气净化器,产值 10 亿元,销售收入 11 亿元,上缴税收 3877 万元。

海信惠而浦(浙江)电器有限公司　位于县经济技术开发区。成立于 2008 年 4 月,由海信、惠而浦共同投资组建,总投资 9 亿元,一期投资 6.5 亿元。公司占地面积 10.07 万平方米,建筑面积 8 万平方米,年产全自动滚筒洗衣机、高端全自动波轮洗衣机 200 万台,是国内设备最先进、规模最大的高端洗衣机生产基地之一。2012 年,公司实现销售收入 12.83 亿元。参见第 15 编、第 2 章、第 3 节。

浙江益南纤维科技有限公司　位于泗安镇工业功能区。成立于 2010 年 12 月,由浙江益南化纤集团有限公司和自然人共同投资组建而成。总投资 16 亿元,注册资本 2 亿元,建筑面积 16.5 万平方米,是一家集纺织化纤原料研发、生产制造与销售为一体的科技型生产企业。一期项目总投资 10 亿元,其中设备投资 5.6 亿元,主要包括 4 万吨锦纶纺丝项目、3 万吨新型纺纱项目和 3.5 万高压电力专线及公用设备投资。

浙江江森自控电池有限公司　位于城南工业功能区。成立于 2008 年 12 月,由美国江森自控有限公司投资、组建的全资子公司。总投资 21522.88 万美元,年组装 800 万只高容量全密封免维护铅酸蓄电池及 150 万只新型大容量密封铅酸蓄电池(AGM),产品适用于汽车、工程车、农用车、工程机械、柴油机、柴油车、发动机、船舶及工业等领域。2012 年,公司实现销售收入 13.62 亿元,利润 7254 万元。参见第 15 编、第 2 章、第 3 节。

第二节　技术创新与名优新产品

一、技术创新与企业技术中心

1988 年 2 月,长兴耐火器材厂在原实验室基础上,成立长兴耐火材料研究所。5 月,长兴白水泥厂成立长兴建筑材料研究所。1989—1994 年,长兴酿酒总厂“38 度低度酒创优小组”获市优秀质量管理小组二等奖;长兴制革厂“攻关 QC 小组”、长兴耐火器材厂“95 瓷排蜡工艺 QC 小组”获三等奖;长兴县先后与哈尔滨工业大学、中国科大、浙江大学、北京钢铁研究所、省机械公司等建立长期科研协作关系;长兴煤炭机械厂被评为全县唯一市级科技先导型企业;长兴耐火器材厂九五瓷氩弧焊喷嘴项目、长兴制革厂铬鞣黄牛半粒面苯胺革项目获湖州市 1991 年度科技进步奖二等奖;长兴耐火器材厂九五瓷氩弧焊喷嘴项目获 1991 年度省冶金科学技术进步三等奖,纲玉莫来石(AC)制品项目获四等奖。1994 年 5 月,长兴金三角服装材料有限公司成立金三角服装辅料研究所。

1995 年,印发《长兴县科教兴县战略实施意见》,出台《长兴县厂办科研所管理暂行规定》等一批优惠政策,以促进新产品开发。全年组织实施各类科技开发计划 88 项,经验收星火计划 8 项,通过鉴定科技项目 18 项。1996—2000 年,长兴县举办全国耐火材料研究会年会和 1996 长兴科技成果洽谈会,组织实施科技开发项目 81 项。全县厂办科研所发展到 13 家,共有 58 家企业与大专院校、科研院所建立稳定技术合作关系。2001 年,长兴县与浙江大学合作,建立新材料博士生实践基地,投入 1800 万元建设科技创业园,新建市级以上企业技术中心和高新技术研发中心 10 家。至 2005 年,全县建立硕博研究生实践基地、企业技术(研发)中心等市级以上人才载体 13 个。2006 年,浙江清华长三角研究院长兴粉体与新材料工程中心在县科技创业园成立,超威环保型蓄电池省级高新技术企业研究开发中心被认定为省级高新技术研究开发中心。2007 年 2 月,县科技局认定浙江兄弟路标涂料与标线机械研究开发中心、长兴微电子元器件高新技术研究开发中心、长兴县中科兴输送机械研究开发中心、长兴县虹沪铸造研究开发中心、长兴意蜂种蜂研究开发中心为首批县级企业研发中心。4 月,长兴诺力电源有限公司与哈尔滨工业大学合作共建诺力高能电源研究所。11 月,长兴一化环保新农药省级高新技术企业研究开发中心和华峰热喷涂防腐新材料省级高新技术企业研究开发中心列入省高新技术企业研究开发中心。2008 年,长兴县与浙江工业大学合作共建浙江大学国家大学科技园(长兴园),与清华大学长三角研究院共同成立长兴粉体与新材料工程技术中心,与上海科技开发交流中心共同筹建上海—长兴技术转移服务接力中心,与瑞典卡尔马地区共同筹建中国长三角•欧洲波罗的海地区国际技术转移中心。2009 年,全县 2 家企业技术中心被认定为省级中小企业技术中心,2 家企业研究开发中心被列入省级高新技术企业研究开发中心,8 家企业被列入省高新技术企业。2010 年,全县争取国家重点产业振兴和技术改造项目 1 项(振龙电源年产 30 万组动力型聚合物锂离子电池建设项目),省级重点创新项目 5 项,省级应对技术性贸易壁垒技术攻关项目 1 项、省级高技术产业化项目 1 项,市级技术创新项目 14 项。获省优秀工业新产品、新技术二等奖产品 1 只、三等奖产品 2 只。2 家企业技术中心被认定为省级中小企业技术中心,3 家企业研究开发中心被列入省级高新技术企业研究开发中心,7 家企业被列入省高新技术企业,15 家企业被列入省科技型企业。

2012 年 7 月,全县有 9 家企业获国家科技型中小企业技术创新基金立项项目,立项支持金额 720 万元。浙江诺力机械公司高端仓储物流机械研究院入选省级企业研究院立项建设名单,超威电源研究院成为全省首批 55 家省级重点企业研究院之一。9 月,超威集团被列入浙江省纯电动汽车产业技术创新综合试点企业之一。11 月,天能集团被认定为国家级企业技术中心。国家动力电池产品质量监督检验中心启动建设,长兴绿色动力能源技术创新服务平台入选工业和信息化部“国家中小企业公共服务示范平台”,成为全市唯一国家级公共服务示范平台。同年,全县获省优秀工业新产品、新技术二等奖产品 2 只,有 1 家企业技术中心认定为省级中小企业技术中心,4 家企业研究开发中心被列入省级高新技术企业研究开发中心,8 家企业被列入省高新技术企业。至 2012 年年末,全县拥有企业技术中心 14 家,其中国家级 1 家、省级 5 家、市级 8 家。拥有省级高新技术企业研究开发中心 23 家。参见第 26 编科学技术、第 1 章、第 1 节。

2012 年长兴县企业技术中心情况表

表 12-22

单位:人

级别	机构名称	成立年份	批准部门	人数	其中:专职研究与试验发展人员	工作职能
国家级	天能电源集团有限公司企业技术中心	2012	国家发改委、科技部、财政部、海关总署、国家税务总局	368	262	动力与储能电池及相关产品方向
省级	浙江金三发新纺织集团有限公司企业技术中心	2005	浙江省经济和信息化委员会	86	68	无纺布、黏合衬方向研发
省级	浙江诺力机械股份有限公司企业技术中心	2005	浙江省经济和信息化委员会	303	263	物流堆垛仓储设备研究
省级	长兴制药有限公司企业技术中心	2007	浙江省经济和信息化委员会	65	25	生物医药产品研发
省级	浙江昌盛玻璃有限公司企业技术中心	2007	浙江省经济和信息化委员会	56	40	钢化玻璃生产
省级	浙江兄弟路标涂料有限公司技术中心	2012	浙江省经济和信息化委员会	68	33	道路反光涂料研究

续表12-22

级别	机构名称	成立年份	批准部门	人数	其中:专职研究与试验发展人员	工作职能
市级	长兴海华化工有限公司企业技术中心	2007	湖州市经济和信息化委员会	45	30	碳分子筛研究
市级	长兴亚泰新型材料有限公司技术中心	2007	湖州市经济和信息化委员会公告	35	30	电力电缆护套管生产
市级	长兴欧德申机械有限公司技术中心	2008	湖州市经济和信息化委员会	70	10	蓄电池制造设备生产研发
市级	浙江湖州威达纺织集团有限公司技术中心	2008	湖州市经济和信息化委员会	38	30	气流纺纱、涡流纺纱生产研发
市级	浙江盛帮化纤有限公司技术中心	2009	湖州市经济和信息化委员会	26	23	化纤丝化纤布生产研发
市级	浙江七星电容器有限公司技术中心	2011	湖州市经济和信息化委员会	76	35	薄膜电容器、金属电容蒸镀薄膜研究
市级	长兴县长虹路桥矿山机械设备有限公司技术中心	2012	湖州市经济和信息化委员会	41	35	破碎机械、振动筛、给料机械、输送机械生产
市级	浙江永达电力实业股份有限公司技术中心	2012	湖州市经济和信息化委员会	50	14	电力电杆、水泥制品、电力线路保护管等研发

说明:资料来源于县经信委

二、新产品开发

20 世纪 80 年代末,县内技术创新能力比较突出企业集中在建材、食品加工等历史较为悠久行业。1988 年,“长岗”牌全脂加糖奶粉获首届中国食品博览会银奖,“永达”牌预应力电杆获省优产品,“三涧”牌醉仙酒、“工星”牌黄牛修饰面革等 6 只产品获市“金牛奖”,紫砂茶具、浙江白兰地酒等 6 只产品获省“四新产品”开发奖,硅灰石粉等 31 只产品获市“四新产品”开发奖。1989 年,长兴硅灰石矿白象牌 400 目硅灰石粉获全国“星火计划”成果展览银质奖和湖州市“四新产品”一等奖;针状硅灰石粉填补国内空白,达到国际同类产品水平;高品位超细硅酸钙被列入 1989 年国家新产品。长兴石英矿因峰牌建筑石子被评为省建材行业优良产品。长兴酿酒总厂欢众牌蜜斯醇酒(复评)、长兴白水泥厂明华牌 425 白色硅酸盐水泥获省优质产品。

1990 年,全县拥有部优产品 5 只,分别是长兴紫砂厂金鼎牌紫砂茶壶,长岗岭农牧场长岗牌全脂奶粉,长兴油厂“双蝶”牌二级菜籽油,李家巷镇水泥厂中星牌 525 普通硅酸盐水泥,长兴酿酒总厂欢众牌原汁葡萄酒。省优产品 10 只,分别是长兴酿酒总厂欢众牌密斯醇酒,李家巷镇水泥厂中星牌 525 普通硅酸盐水泥,长兴电力电杆厂永达牌Φ150 毫米×10 米预应力混凝土拨梢电杆、Φ300 毫米×6 米等径电杆,长兴白水泥厂明华牌 325、425 白色硅酸盐水泥,长兴电线厂铁鹰牌 PWB 阻燃聚氯乙烯绝缘连接软电线,长兴皮件厂金牛牌山羊皮男式夹克,长兴煤炭机械厂太极牌 ZC 组合操作阀,煤山水泥厂山鹰牌 425 普通硅酸盐水泥,长兴药用微生物厂长牌冬虫夏草头孢菌丝体原料药。市“金牛奖”产品 21 只,分别是长兴皮件厂金牛牌山羊皮男式上衣,长兴酿酒厂箬溪牌加饭酒,长兴制革厂工星牌黄牛修饰鞋面革,长兴酿酒总厂三涧牌醉仙乐酒,长兴电容器厂山兴牌涤纶电容器,吕山第二水泥厂安固牌 425 普通硅酸盐水泥,长兴制冷机电配件厂凌海牌电冰箱干燥过滤器,长兴酿酒总厂欢众牌甜白葡萄酒,长兴制革厂工星牌铬鞣山羊皮仿旧服装革,后漾水泥厂金牛岭牌 425 普通硅酸盐水泥,李家巷镇水泥厂中星牌 425 矿渣硅酸盐水泥,长兴丝厂梅花牌 20/22 白厂丝,长兴输送机械厂转轮牌 SZC400 振动输送机,长兴耐火器材厂方圆牌纲玉砖,吕山水泥厂强人牌 425 普通硅酸盐水泥,龙华水泥厂裕昌牌 425 普通硅酸盐水泥,李家巷镇石灰厂白鹤牌建筑石灰,长兴酿酒总厂三涧牌一级白酒,长兴皮件厂金牛牌女式山羊皮腈棉夹克衫,长兴造纸厂洁翔牌再生牛皮纸,长兴制革厂工星牌黄牛皮苯胺鞋面革。同年,长兴服装材料厂第四代新型服装衬布-TR412X-2热轧粉黏衬获市新产品一等奖。

1991年,县内企业加快产品结构调整,积极开发市场适销对路、具有发展前景的新产品。全县列入省级新产品开发计划13项,主要有长兴化工总厂碳分子筛、长兴制革厂铬鞣黄牛正软面革、长兴酿酒总厂原汁葡萄酒、长兴硅灰石矿高品位超细硅酸钙等;市级新产品开发计划10项,列入省、市、县三级星火计划4项。同年,长兴耐火器材厂刚玉砖获省优质产品。11月,长兴煤炭机械厂煤矿液压支架系列控制阀获全国“七五”星火成果博览会金质奖,长兴丁新面砖厂薄型毛面砖和长兴制药厂草虫菌粉宁心宝分别获银奖。1992—1998年,全县共组织开发新产品105只,其中市级新产品72只、省级21只。长兴化工总厂采用大连理工学院最新科研成果,使碳分子筛质量达到国际先进水平,国内市场占有率70%以上。长兴锅炉耐火厂开发的省星火计划新产品氮化硅结合碳化硅耐火材料,物理性能超过美国标准ASTMC704。长兴县林城粮油厂开发蒜黄油。长兴龙达股份有限公司营养保健品酒厂幸福春保健酒、灰树花保健酒、营养米酒获国家科委、外经贸部联合主办的第一届中国国际医药保健科技精品博览会金奖。长兴化工总厂开发的高科技产品炭分子筛在国内市场的占有率达50%以上,产品覆盖全国20多个省、市及东南亚地区。1996年,金三角牌黏合衬获市级名牌产品,长兴化工总厂条型碳分子筛和长兴兴华噪声控制设备公司阻抗复合式消声器及低频型消声弯头获市优秀新产品奖。1998年,全县规模以上工业新产品产值4.54亿元,新产品产值率11.3%。1999年,全年开发市级以上新产品94只,其中省级51只、国家级3只。长兴粮油工业致力于优质、名牌产品开发,创立“双蝶”牌二级菜籽油、“钟楼”牌小麦粉、“百叶龙”牌特制麦芽醇、“兴牌”酸性蛋白酶制剂、“长环”牌工业用线、“康心”牌蜜饯系列、“久益”牌饲料系列等新产品。长兴艾格生物制品有限公司与无锡轻工大学签订联合新产品开发研究协议,成为无锡轻工大学新产品开发基地,鸡蛋免疫球蛋白项目经国家经贸委批复,列入国家重点技术创新新项目。

2003—2007年,全县新产品开发步伐加快,列入省级新产品215只,国家级新产品22只,国家火炬计划项目1只,新增省高新技术产品8只(累计28只)。2004年4月,长兴仁恒精制膨润土有限公司膨润土助留助滤剂(BT系列),湖州柏瑞莱卫浴有限公司恒温阀门控制器,浙江省长兴县中山化工有限公司80%特丁净可湿性粉剂和90%扑草净水分散粒剂,浙江天能电池有限公司SYX-180型永磁有刷(整体式)直流电动机和SYX-180A型永磁有刷(辐条式)支流电动机,浙江省长兴第一化工有限公司55%敌隆•2甲•莠灭可湿性粉剂和42%异丙甲•莠悬乳剂列入省新产品试制计划(第一批)。2007年,全县规模以上工业新产品产值78.5亿元,新产品产值率24.7%。2008年6月,有9家企业的21项产品被省科技厅列为首批省级新产品试制计划,其中浙江兄弟路标涂料有限公司6项、长兴华虹电炉有限公司1项、长兴昌盛电气有限公司2项、浙江特拉建材有限公司1项、长兴三伟热熔胶有限公司4项、湖州长攀新型耐火材料有限公司2项、长兴中建耐火材料厂2项、长兴立峰电子有限公司2项、湖州百特电子有限公司1项。2010年5月,实施《浙江省优秀工业新产品、新技术评定办法》。当年,超威电源有限公司电动车用智能型铅酸蓄电池项目获二等奖,天能电池集团有限公司18650型磷酸铁锂高功率锂离子电池、浙江湖州威达纺织集团有限公司转杯纺本色及麻灰系列粘纤针织纱项目获三等奖。2011年,浙江金三发集团有限公司抗菌纳米水刺无纺布、浙江中科兴环能设备有限公司zwls800无轴螺旋输送机项目获三等奖。2012年,浙江超威创元实业有限公司电池级磷酸铁正极材料、长兴云峰炉料有限公司GCY高炉吹氧管项目获二等奖。同年,全县规模以上工业新产品产值160.97亿元,新产品产值率19.7%。参见第26编科学技术、第3章、第2节。

三、名牌产品与著名商标

2001—2007年,浙江三狮水泥股份有限公司、浙江天能电池有限公司、浙江超威电源有限公司、浙江诺力机械股份有限公司、浙江湖州父子岭耐火集团有限公司、浙江金三发新纺织集团有限公司、浙江湖州威达纺织集团有限公司、浙江金三发新纺织集团有限公司、长兴昌盛电气有限公司、浙江金三发新纺织集团有限公司包含分公司(浙江新需能电源有限公司)、浙江振龙电源股份有限公司11家工业企业的有关产品先后被认证为“国家免检产品”。

至2012年年末，全县工业企业拥有中国名牌产品1只，为浙江诺力机械股份有限公司“诺力”牌制造工程机械（规格型号液压搬运车）；有19家工业企业拥有“浙江省名牌产品”19只。浙江诺力机械股份有限公司、浙江湖州父子岭耐火集团有限公司、浙江金三发新纺织集团有限公司、浙江省长兴县中山化工有限公司、浙江新大力电光源科技股份有限公司、浙江铁鹰电缆有限公司、浙江振龙电源股份有限公司、长兴昌盛电气有限公司、天能电池集团有限公司、超威电源有限公司10家企业拥有“中国驰名商标”10件，有28家企业拥有“浙江省著名商标”28件。详见第18编经济管理、第7章、第2节和第6章、第4节。

第五章　工业园区

1992年7月，长兴经济技术开发区正式成立，为县内首个工业园区。1994年8月，经省政府批准为省级开发区。1999年，县内工业园区平台建设开始兴起，并逐步发展为全县工业经济重要载体和产业集聚区。至2012年，全县初步形成“三区五园”特色发展格局，其中有国家级开发区1个、省级开发区2个，企业集聚、产业集群、资源集约水平不断提高。

第一节　国家级长兴经济技术开发区

1992年6月，县委、县政府决定成立长兴经济技术开发区（以下简称县开发区）。7月，建立长兴经济技术开发区管理委员会，下设办公室，办公地址设在县政府大院内。1994年8月，县开发区经省政府批准为省级开发区。2010年11月，经国务院批准升级为国家级开发区，为浙江省首个县域国家级开发区。

图12-11　2010年11月11日，国务院批准长兴经济技术开发区升格为国家级（开发区提供）

县开发区位于城区东侧，北接夹浦镇，西倚龙山新区、雉城街道，南靠画溪街道、李家巷镇，东临太湖街道。1992年，县开发区规划面积8平方千米，由工业技术开发小区、金贸开发小区和香山旅游开发小区组成，东至104国道雉城段，西至立交桥，南至电厂，北至318国道，包括部分旧机场及香山、父子岭滨湖区。1996年，由浙江省对外开放办公室确定县开发区面积为6.5平方千米，东起经二路，南至火车站，西起104国道，北至环城北路。2006年，由国土资源部审核确定县开发区面积调整为19平方千米，东至杭宁高速，南至104国道，西至明珠路、长兴城区，北至合溪港。2012年，县开发区规划范围南延、北拓，覆盖面积35平方千米，其中重点区域26平方千米，四至范围调整为东至杭宁高速、西至明珠路、南至104国道、北至盛家漾以南。年末，县开发区共有规模以上工业企业70家，实现规模工业产值167.6亿元，完成财政收入7.06亿元，工业性投入30亿元，自营出口3.1亿美元；在2012年度浙江省开发区综合考核评价中，位列全省19个国家级开发区的第8位。

一、基础设施

规划设计　1994年2月，浙江省城乡规划设计研究院完成县开发区分区规划设计。主要职能是以开发工业、商贸、仓储及居住等项建设为主的城市综合新区，其中北偏西为居住用地，北偏东为工业用地，南偏西为商贸、工业、仓储用地，南偏东为工业、仓储用地。2000年，委托浙江省城乡规划设计院对县开发区规划进行调整，新规划总面积7.03平方千米，分两期实施，首期启动2.5平方千米。

2003年4月，上海同济城市规划设计研究院、同济大学风景科学与旅游系共同完成县开发区分区规划设计。主要职能是以特色工业为主导，二、三产业协调发展，具有产业创新能力的地域经济综合体，规划总用地面积为 26.8 平方千米，规划范围为西以旧 104 国道为界，东至宁杭高速公路，北以盛家漾为界，南至长兴新港和长兴商贸区，结构为“一心、一环、一网、两轴、七组团”。区内以河流和道路划分七个工业小区，西、西北居住区形成规模较大的居住区，规划道路由北向南依次为纬一路、齐山路、中央大道、太湖大道、县前街、纬二路、环南路，由西向东依次为环东路、经一路、经二路、经四路。公共设施规划用地 0.92 平方千米，规划新建一座水厂（第三水厂）、一座日处理规模为 10 万吨的污水处理厂、一处 110 千伏的变电站，对已有的 110 千伏长兴变电所进行扩容。逐步实现燃气管道化，采用建立液化石油气气化站的方式实行管道供气，以瓶装液化气作为补充。

2005 年 9 月，浙江大学城乡规划设计研究院完成长兴中心城市开发区分区规划设计，适用年限为 2005—2020 年。主要职能是发展外向型工业、吸引区域核心城市部分产业转移、具有产业创新的地域综合体，规划总用地面积为 19 平方千米，规划范围为东以宁杭高速公路为界，南到 104 国道，西至明珠路，北以合溪新港为界，结构为“一心、一网、三轴、五组团”。区内以河流划分五个工业小区，规模工业用地共 8.27 平方千米；规划居住用地为 2.55 平方千米，规划主要居住安置点 4 处。规划在西南、西北和陆汇头居住片区各布置一座小学，用地面积共计 0.09 平方千米。规划公共绿地面积 0.4 平方千米，防护绿地 1.58 平方千米。规划在开发区东部设一处杭宁高速公路出入口，在中央大道与经三路相交处布置长途汽车客运站。规划主干道由北向南依次为中央大道、发展大道、太湖大道，由西向东依次为经一路、经二路、经三路、经四路。扩大自来水规模，2020 年日供水能力达到 12 万立方米，采用环状管网系统供水；采用雨污分流制排水，规划新建一座日处理规模为 10 万吨的污水处理厂，对原雉城污水处理厂扩建。规划新建一座 110 千伏变电站，对已有的 110 千伏长兴变电所进行扩容。规划新建一座城东液化石油气气化站，扩建城北小区气化站，采用中压一级管网系统供气。

2012 年，根据《长兴中心城区空间协调规划（2011—2030）》，县开发区按照“生产生活分离、产业相对集中”的原则，形成“两园三区”的空间布局，整合提升先进制造业集聚区、加快推进南太湖总部经济园、启动建设三河湾新区、规划拓展战略性新兴产业园、培育壮大专业市场区，规划面积拓展到 35 平方千米。

基础设施建设 1992 年，县开发区确定“集中资金、两路先行”（金陵南路、城南东路）的开发方针，基础设施投入 2100 万元，启动 104 国道两侧建设，基本完成金陵南路“三通一平”，长兴港大桥竣工，农贸市场开启使用。1993 年年末，县开发区累计开发面积 1 平方千米，累计投入 2.6 亿元。1994 年，基础设施投入 9500 万元，启动建设 1.2 平方千米，完成区内 8 条道路建设，安装开通 2 万门程控电话，电射发射塔、3.5 万城东变电所相继建成交付使用，120 万吨内陆铁水中转港码头、318 国道改道等工程相继动工。1998 年，基础设施投入 2100 万元，110 千伏城北变电所启动建设，环城北路两侧的人行道、绿化带、路灯管道埋设完成。1999 年，农副产品综合批发市场一期完工并投入使用。

2000 年，县委、县政府提出“举全县之力，建设开发区”。同年，县开发区基础设施投入 3000 万元，经一路建成通车，经二路和县前街延伸线完成路基工程，太湖大道开始征地和拆迁工作，110 千伏城北变电所竣工，污水处理厂一期动工建设，达到路、水、电、通信、有线电视“五通一平”和雨污分流等要求。2002 年，建成区面积达 8 平方千米，1 座 110 千伏变电所、1 座日产 6 万立方米自来水厂和 1 座日处理 3 万吨污水厂均已完工并投入使用，完成公用绿化 14 万平方米，基础设施建设实现“八通一平”。2003 年，基础设施投入 3.09 亿元，建成区面积拓展至 12 平方千米，经二路、经三路、经四路、齐山路四条道路开始路基建设，三座桥梁动工。2004 年，基础设施投入 3.5 亿元，改造电力线路 50 多千米，建成供热管网，新铺设自来水管道 10 千米、雨污水管 30 千米，实现“九通一平”。2006 年，基础设施投入 5.63 亿元，完成日资工业园道路、发展大道二期、希望大道一期、白溪大道等 10 千米道路、污水泵站工程、经三路自来水管及污水管工程、110 千伏下箬变电所等市政配套工程的建设。2007 年，基础设施投入 5.32 亿元，希望大道一期工程、经四路圣旨庙港桥梁、发展大道二期、中央大道三期等 11 项重点工程建设完成。2009 年，基础设施投入 9.54 亿元，启动第二水厂扩建，合溪路一期、D 区陆汇西路、开发区绿化景观工程等 16 只项目竣工,新增道路 3.5 千米,新建(改造)管线 14 千米,新增绿化面积 20 万平方米。2010 年,基础设施投入 10 亿元,朱渡桥三期四标五标、陆家圩一期、许家桥一期等公寓房通过验收,全年交付用房 14.28 万平方米;总部经济园区管线搬迁基本完成,非电空调机房全面竣工;园区绿化超过 130 万平方米。2011 年,基础设施投入超 10 亿元,陆家圩公寓房二期主体结顶,汉能 3.5 千伏专线、绿化景观工程全面竣工,“两路一园”(中央大道、明珠路及总部经济园)商务走廊初具雏形;首期“金太阳”工程全面启动,完成铺设 4 家、试运行 2 家;非电空调系统投入使用。2012 年,基础设施投入 10 亿元,发展大道二期建成通车,许家桥二期工程完工,陆家圩二期交付使用,开发区中学全面完工,第二水厂扩建工程通过验收,日供水量提高至 12 万立方米。至 2012 年年末,县开发区内已建成“四纵四横”的道路格局,4 条南北走向的主干道路,从西到东依次为长州路、长城路、长兴大道、陈王路,4 条东西走向的主干道路,从北到南依次为发展大道、中央大道、太湖大道、县前街延伸段。区内建有 3 座 110 千伏的变电所、2 座 220 千伏变电所,1 座日产量 12 万立方米的自来水厂和 2 座日处理规模 6 万吨的污水处理厂,公共绿化面积超过 100 万平方米。

二、项目引推

招商引资　1992 年县开发区成立之初,即组织人员前往北京、深圳、杭州、湖州开展招商活动和参加外资洽谈会。同年 8 月末,县开发区落户企业 17 家,投资额 1.08 亿元,其中中外合资企业 3 家,投资额 3770 万元;金融贸易开发区落户企业 20 家,投资额 6339 万元,其中中外合资企业 2 家,投资额 1900 万元。至 1993 年年末,累计批准进区项目 83 个,总投资 6.07 亿元,其中“三资”企业 25 个,合同利用外资 1296 万美元,实到外资 330 万美元。1994 年,县开发区重点针对深珠线、京津线、川渝线、温州线、宁波线、锡常线进行招商。1999 年,长兴被批准为对外国人开放地区,开发区开始利用网络招商、委托招商等方式,开展有针对性、有意向、有目的的招商活动,实现招商信息化,共引进企业 9 家,其中外资企业 1 家,合同利用外资 245 万美元,实到外资 39 万美元。

2000 年起,开始“举全县之力,建设开发区”,县开发区内抓改善投资环境,外抓招商引资,到 2002 年,共引进 64 个项目,总投资在 1000 万美元以上项目 6 个,项目涉及机械电子、新型轻纺、生物医药等产业。其中,2000 年共引进 7 家企业,合同利用外资 565 万美元,到位 220 万美元;2001 年合同利用外资 7200 万美元,实到外资 2200 万美元,名列全省 52 个省级开发区第七位;2002 年合同利用外资完成 6251 万美元,实际利用外资 3110 万美元。2003 年,县开发区以“招商引资年”为主题,开展“万众亲商、千人招商”百日竞赛活动。2004 年,新批外资项目 18 个,其中超 1000 万美元的项目有 5 个。

2005 年,是全县实施专职驻点招商的第一年,县开发区“大好高”项目引进、促进、推进取得突破,新引进项目 42 个,其中“大好高”项目超过 80%,共完成合同外资 1.66 亿美元,实到外资 7040 万美元。2006 年,完成合同外资 2.50 亿美元,实到外资 1.08 亿美元,其中新签约的 30 余个“大好高”项目,外资项目的平均投资规模达到 3076 万美元,平均注册资本 1306 万美元;内资项目平均投资规模 1.3 亿元人民币,平均注册资本 3505 万元人民币。2007 年,县开发区相继出台《长兴经济开发区项目评审规程》《长兴经济开发区项目准入标准》等政策文件,到上海、苏南、广东等区域开展驻点招商工作,新签约项目 29 只,其中外资项目 13 只,合同利用外资 1.07 亿美元,项目平均投资额 1621.5 万美元。2008 年,大力实施“招商兴区”战略,实施“大项目攻坚年”活动,配强招商队伍,重点引进资本密集型和技术密集型的高端制造业项目。2009 年,开发区突出“新兴产业为主、总部项目为主”的招商特色,以世界 500 强企业、著名跨国公司和行业龙头企业为主攻方向,推进产业集聚。全年共引进项目 62 只,其中外资项目 6 只,总投资 1.82 亿美元;内资项目 56 只,总投资 46.6 亿元。

2010 年,县开发区全面开展“大招商、招大商”活动,成立 7 个招商分局、选派 34 名招商干部,实施产业招商和驻点攻坚,共实现签约项目 76 只,其中落户开发区项目 60 只,亿元以上项目 32 只,10 亿元以上项目 6 只,百亿元以上项目 1 只,总投资超过 250 亿元。2011 年,全年实现签约项目 52 只,落户开发区项目 40 只,其中内资项目 31 只,总投资约 89.8 亿元;外资项目 9 只,总投资约 2.15 亿美元。2012 年,县开发区继续坚持招商引资“一把手”和“一号工程”不动摇,探索委托招商、合作招商、后台招商、主题招商等多种招商模式,完成县外内资注册10.3亿元、合同外资2.38亿美元、实到外资8000万美元,共引进项目34只。

项目建设 1992年,县开发区批准新建项目63个,开发征用土地100公顷,总投资超过4亿元,其中投资工业项目2亿元,第三产业1.8亿元。1999年,县政府出台优化投资软环境的文件,实行一个窗口对外、一站式管理、一条龙服务的管理体制,推行项目审批政务公开制度。2004年,新开工项目47个,新建成投产项目24个,其中新签约项目项目动工率达80%,投产率达53%。2005年,新开工项目32个,新建成投产项目26个,其中“大好高”项目15个。2006年,推进项目达89个,包括盛邦化纤、努奥罗、三山实久、海信二期、爱侣科技、瑞高建筑、九川电器、汇元箱包、豪丰服饰、威达二期等,其中前期报批办证项目25个,新开工项目26个,竣工项目15个,投产或试生产项目8个。2007年,新开工项目44个,新竣工、投产项目29个,在建项目包括九川电器、努奥罗、福尔富邦等15个重点项目。2009年,完成工业性投入11.3亿元,新开工项目43个,新竣工投产项目37个,其中海信惠而浦、爱侣科技等16只项目竣工投产,红旗仪表、茗熔科技、天衣钢塑等21只项目主体完工。2010年,推进项目91只,完成工业性投入20.3亿元,实现新开工项目43只,新竣工投产项目48只,建成各类厂房103万平方米,其中振龙电源、新世管道等24只项目主体竣工;达峰汽车、三志纺织、利佳健身器材等24只项目投入生产(试生产)。2011年,完成工业性投入26亿元,推进项目103只,其中主体在建及辅助工程施工项目71个、新开工项目28只、竣工投产项目51只,汉能光伏、华欣纺织、光普太阳能、新世管道、木克斯洁具、德凌电器等重点工业项目投入生产。2012年,县开发区完成工业性投入30亿元,推进二、三产业项目74只,其中新开工项目22只、竣工项目18只、投产项目20只,三志纺织二期、金指科技一期、金三发等14只工业项目投产,雪佛兰、冀超等汽车4S店正式营业。

三、产业经济

综合实力 2002年,县开发区实现财政收入0.6亿元。2003年,首次入选浙江省“十强开发区”。2005年,实现财政收入1.6亿元。2006年,被省政府评为外经贸工作省级优秀经济开发区,被评为“长三角最具投资价值开发区”。2007年,获批浙江省首批开发区(园区)生态化建设与改造试点。2008年,再次被评为“长三角最具投资价值开发区”。2009年,实现财政收入4.8亿元,入选浙江省首批“国际服务外包示范园区”,连续第7年入选浙江省“十强开发区”并被评为浙江省开发区工作优秀单位。2010年,实现财政总收入5.65亿元,完成经济总量27.3亿元,升级为国家级经济技术开发区,并入选全国首批“太阳能光伏发电集中应用示范区”。2011年,实现财政总收入6.2亿元,完成经济总量30.8亿元,被评为省级生态化建设与改造示范区。2012年,县开发区实现财政总收入7.1亿元,完成经济总量34.1亿元,被认定为浙江省首批外商投资新兴产业示范基地(新能源),被省经信委评定为浙江省工业循环经济示范园区,获评浙江省开发区优秀工作单位。

工业规模 1994年,县开发区共有工业企业46家,实现工业总产值4.8亿元,完成销售收入4.5亿元。2005年,实现工业总产值45.3亿元,规模以上工业企业37家,实现规模工业总产值22.9亿元。2010年,实现工业总产值163.4亿元,规模以上工业企业达到86家,实现规模工业总产值120.7亿元。2012年,县开发区共有工业企业377家,其中规模以上工业企业70家,实现规模工业总产值167.6亿元。

主导产业 1992年,县开发区规划建设2.5平方千米的工业技术小区。到1998年,已形成通信电缆、节能灯具、粮油食品、轻工机械、耐火紫砂、农副产品六大产品系列。2004年,韩资工业园开园,成为浙江省首家韩资工业园;2005年,日资工业园开园。经过多年的产业招商和产业培育,到2008年,初步形成新型纺织服装、电子电源电器和机械汽配制造三大主导产业,实现销售收入73.3亿元,占全部工业销售收入的91.7%。到2012年,县开发区已经形成新能源汽车及关键零部件产业、家电产业、装备制造产业、纺织服装产业的“3+1”主导产业,共有高新技术企业19家。

新能源汽车及关键零部件产业 早期落户开发区的主要是蓄电池企业,经历原始资本积累和技术积淀后转变发展方向,积极发展新能源。2005年,努奥罗(中国)有限公司落户开发区努奥罗工业园,专业生产散热器等太阳能综合利用设备。2008年,振龙电源新认定为高新技术企业。2009年,昌盛电气、昌盛新光源、兴海能源新认定为高新技术企业。2010 年，浙江长兴汉能光伏有限公司落户开发区，被列入“浙江省 2011 年重大工业项目”及长兴县“大好高”项目。2012 年，县开发区新能源产业规模以上企业有 10 家，主要产品为锂电池、太阳能电池及组件，该产业完成规上产值 27.3 亿元，约占全区规上工业总产值的 16.3%。

汽车关键零部件产业是开发区后期发展起来的新型行业。2007 年，县开发区汽配工业园开始建设，今朝电气、凯迪汽车部件工业有限公司开工。2009 年，凯迪汽车新认定为高新技术企业。2012 年，县开发区汽配产业规模以上企业有 5 家，分别为凯迪、新诚、新能、亿兴、今朝电气，主要产品为外壳、等速万向节、总成、悬挂、汽车空调系统、滤清器、扭杆、轮毂、排气、尾气催化剂及内外装饰等，主要销售渠道为国内品牌主机厂配套、向一级配套企业做二级配套和出口欧美、中东、东南亚等市场，该产业完成规上产值 6.1 亿元，约占全区规上工业总产值 3.6%。

家电产业　2005 年，由海信科龙电器股份有限公司和长兴经纬建设开发有限公司共同投资创办海信（浙江）空调有限公司，填补长兴家电制造产业的空白。2008 年，海信惠而浦（浙江）电器有限公司开工，批量生产大容积冰箱和滚筒洗衣机。2009 年，海信惠而浦（浙江）电器有限公司一期竣工投产。2012 年，县开发区家电产业相关企业（包括配套企业）规模以上 10 家，完成规上产值 34.7 亿元，占全区规上工业总产值的 20.7%。其中，龙头企业两家，海信空调和海信惠而浦，2012 年实现产值 23.2 亿元，占开发区规上产值的 13.8%。另有浙江长兴诺万特克玻璃有限公司、浙江长兴众成电子有限公司 2 家企业，生产与家电产业有关的产品，2012 年完成规上产值 2.95 亿元。

装备制造产业　2000 年，县开发区装备制造产业的龙头企业浙江诺力机械股份有限公司成立，主要从事轻小型搬运车辆及电动仓储车辆的研发、生产和销售。2007 年，威尔鹰电缆开工。2009 年，明德自动化、神耀运动器材新认定为高新技术企业。2010 年，浙江中德自控阀门有限公司整体搬迁至开发区，是集研发、生产、销售、服务与一体的专业控制阀供应商。2011 年，海悦自动化新认定为高新技术企业。2012 年，森富机电、中德自控 2 家企业新认定为高新技术企业，浙江诺力机械公司的高端仓储物流机械研究院入选省级企业研究院。2012 年，县开发区装备制造业共有规模以上企业 12 家，主要涉及 3 个大类、9 个中类，该产业完成规上产值 34.7 亿元，占全区规上产值的 20.7%。

纺织服装产业　该产业在县开发区起步较早，基础较好。1999 年，湖州金三发集团公司被列为全县第一轮“重中之重”企业，湖州金三发服装辅料集团有限公司被认定为区外高新技术企业。2003 年，多蒙佳乐服装有限公司开工建设，主要承担牛仔系列服饰和时装的设计、生产、销售等业务。2005 年，金三发服装辅料集团被认定为国家级高新技术企业，三山实久纺织染整有限公司动工。2007 年，三山实久纺织染整有限公司和长兴乐雅鹭针织有限公司投产。2008—2012 年，金三发黏合衬、盛邦化纤、永能化纤、凯恩涂层、三志纺织先后被评为省级高新技术企业。2012 年，县开发区纺织服装产业共有规模以上企业 19 家，完成规上产值 54.2 亿元，占全区规上工业总产值的 32.3%。

四、管理机构

1992 年 7 月，建立长兴经济技术开发区管理委员会，下设办公室。1995 年 2 月，县开发区管理委员会改为开发区领导小组，开发办改为开发区管理委员会。2000 年 8 月，为进一步加强招商引资工作力度，县开发区管理委员会与县招商处合署办公，实行一套班子两块牌子。2001 年 11 月，县开发区管理委员会、县对外贸易经济合作局、县招商局、县环太湖旅游开发办公室四个单位合署办公，办公地点迁至太湖大道与经一路交叉处的县开发区大楼。2003 年 12 月，县开发区管理委员会与县对外贸易经济合作局、县招商局分离，单独设立长兴县经济技术开发区管理委员会。2006 年 7 月，湖州长兴经济开发区更名为浙江长兴经济开发区；湖州长兴经济开发区管理委员会更名为浙江长兴经济开发区管理委员会。2007 年 4 月，县经济开发区管理委员会与县招商局合署办公。2011 年 4 月，县经济开发区管理委员会与县招商局分设，更名为长兴经济技术开发区管理委员会。2012 年，长兴经济技术开发区管理委员会迁址于县前东街 508 号。

第二节 省级开发区

一、湖州南太湖产业集聚区长兴分区

2011年3月,湖州南太湖(长兴)产业集聚区管理委员会成立,与李家巷镇实行"镇区合一"的运作模式。2011年10月,经市编委研究同意,设立湖州南太湖产业集聚区长兴分区管理委员会,为县政府派出机构,机构规格为正科级。湖州南太湖(长兴)产业集聚区管理委员会随即更名为湖州南太湖产业集聚区长兴分区管理委员会(以下简称南太湖长兴分区),办公地址设在长兴综合物流园区大楼内。同月,南太湖长兴分区与李家巷镇实行"镇区分离",李家巷镇老虎洞村、石泉村、广福桥村、计家浜村、陈家浜村5个村和长兴综合物流园区隶属南太湖长兴分区管辖。2012年3月,长兴永畅物流建设开发有限公司整体划入南太湖长兴分区。

根据《湖州南太湖产业集聚区发展规划》,规划控制区东至杭宁高速、北至杨家浦港、西至长湖申航道、南至新318国道。规划面积为55.4平方千米;规划范围涉及李家巷、雉城、虹星桥和吕山四个乡镇;其中"十二五"期间,长兴分区重点规划面积10.41平方千米,重点开发建设区面积4.86平方千米。2012年年末,南太湖长兴分区管委会设综合办公室、经济发展办公室(招商引资办公室)、社会事业和保障办公室(社会治安综合治理办公室)、规划建设办公室、项目推进办公室5个职能科室,核定行政编制15人,事业编制14人。南太湖长兴分区共有规模以上工业企业6家,全年实现工业总产值9.07亿元,工业增加值3.12亿元,主营业务收入8.77亿元,利税总额1.21亿元,利润总额6927万元。

二、湖州省际承接产业转移示范区长兴分区

湖州省际承接产业转移示范区长兴分区(以下简称省际示范区)位于县域西部,地处长兴、安吉、广德三县交界处,规划面积86.3平方千米,南邻安吉县天子湖镇,东接林城镇老镇区,北至槐坎乡,西接安徽省广德县。规划区内涉及仙山、凤凰、三里亭等11个行政村,人口11.6万人。

省际示范区按照生态化、高端化、集群化产业选择原则,逐步承接发展以装备制造业、新材料、纺织业和电子信息制造业为主的先进制造业,以现代物流、生态旅游和文化创意的现代服务业,以及以湿地生态养殖和特色苗木花卉为主的高效生态农业,实现三次产业融合发展。按照"生态优先、产城融合、组团布局、共建共享"的布局原则,形成"一核心两组团"的总体架构,实现空间载体与产业发展的良性互动。其中,泗安区块重点发展现代纺织业和装备制造业,林城区块重点发展特色机电,加速培育产业集群。2012年年末,省际示范区共有规上工业企业23家,全年实现工业总产值28.61亿元,工业增加值5.93亿元,主营业务收入27.14亿元,利润2.27亿元。

第三节 专业园区平台

1999年,县内工业园区平台建设开始兴起,并逐步发展为全县工业经济重要载体和产业集聚区。同年12月,县政府批准建立林城镇工业电炉特色工业园区。之后,相继规划建设长兴轻纺工业园区、雉城镇新兴工业园区、洪桥镇工业科技园区、李家巷新世纪工业园区、煤山镇工业园区。2000年6月,县政府印发《关于县批特色工业园区建设的若干意见》。12月,雉城、夹浦、煤山、洪桥、李家巷、林城6个县批新兴工业园区规划通过省规划设计院成果评审。2001年,全县6个特色工业园区落户项目106个,总投资5.99亿元,完成投资4.13亿元,基础设施完成投资2260万元。至2002年6月底,全县累计投入基础设施资金10亿元,进园企业222家,总投资22亿元。

2003年,全县开展"工业园区建设年"活动。2月,县政府印发《关于加快特色工业园区建设实施意

见(试行)》,园区建设发展进入高潮期,在原有6个特色工业园区基础上,增设和平、泗安2个园区。同年,全县乡镇园区规划总面积46.9平方千米,通过评审面积32平方千米,入区企业410家,竣工投产企业276家。总投资52.24亿元,实现产值33亿元。同年下半年起,按照国务院治理整顿土地市场秩序要求和省、市对各类工业开发(园)区"禁、撤、整、改、扩"整体部署,全县对工业开发(园)区进行调整,除保留"一区一园"(县开发区和煤山工业园区)外,撤销其余工业园区称谓和机构,改为工业集聚区。2004年,县内利用荒地荒坡设立一批村级工业孵化器,初步形成县开发(园)区、乡镇工业集聚区和村级孵化器三级工业平台格局。2005年,出台《关于加快长兴县工业经济平台建设的实施意见》,继续加强县开发区、乡镇工业集聚区和个私经济孵化器三级工业平台规划、建设与管理。全县14个乡镇工业集聚区开发面积14.2平方千米,基础设施投入累计11.88亿元,其中2005年投入4.2亿元。

2007年起,推动开发区与工业集聚区整合,以盘活存量土地资源,提高土地利用效益,拓展项目落地空间和引导产业集聚。相继建立县开发区五大工业功能区(城南工业功能区、城西工业功能区、城东工业功能区、城北工业功能区、雉城工业功能区),实施统一规划、合理布局、集聚开发、集约发展。同年,城南工业功能区启动建设。2008年,利用低丘缓坡、废弃矿山和闲置建设用地,推进城南、城东和城西工业区建设。同年,乡镇工业集中区新开发面积866.67公顷、新入园企业99家、产值266.9亿元。2009年6月,县政府印发《关于加快推进乡镇工业平台建设的实施意见》,全面推进乡镇工业平台建设,有条件的乡镇新拉开框架20公顷以上,加快完成已确定的基础设施项目。一般乡镇工业平台基本实现"六通一平"(道路、桥梁、供电、供水、排污、通信和土地平整),城南工业园、城东工业园、城西工业园基本实现"八通一平"("六通一平"基础上增加通广电、通宽带)。同年,安排财政扶持资金8073.9万元,带动全县工业平台基础设施投入10.4亿元。2010年,平台建设扩容升级,城东工业园55.4平方千米被列入"南太湖产业聚集区"规划,城南工业园(新能源)列入市级特色产业园区,全县工业平台完成基础设施投入11.7亿元,新拉开框架431.13公顷。2012年10月,县政府印发《长兴县工业强县建设规划(2012—2016年)》,实施"三区五园"工业平台提升工程。围绕"国家级长兴经济技术开发区""南太湖产业集聚区长兴分区""省际承接产业转移示范区"3个重点园区及5个特色工业园(新能源高新园、城东工业园、画溪工业园、城北工业园、煤山工业园),进行科学合理产业定位,形成园区建设专业化、特色化,提高平台承载力和吸引力,打造推进工业强县建设有效载体。至年末,全县5个工业园区规划面积4233.33公顷,建成面积1973.33公顷,基础设施投入累计17.59亿元,工业投入累计57.09亿元,进区企业838家,规模以上工业企业208家,工业总产值409.38亿元。

一、新能源高新园

包括城南工业功能区和郎山工业功能区,集聚发展新型电池、装备制造等产业。城南工业功能区位于和平镇,2007年9月启动建设,规划面积12平方千米。至2012年,园区拉开框架8平方千米,开发面积6平方千米,累计投入建设资金约7.5亿元。落户企业78家,其中10亿元以上投资企业2家,亿元以上投资企业27家,外资企业10家,聚集江森自控、天能国际为代表行业龙头企业。郎山工业功能区位于小浦镇,2010年启动建设,主导产业为新能源和机械制造。距杭宁高速公路、申苏浙皖高速公路、104国道、318国道均5千米以内,长湖申航道、301省道穿境而过。园区总规划面积7平方千米,计划总投资10亿元,2012年年末落户企业15家,亿元以上投资企业10家,聚集超威、浦能、铁鹰、志超为代表行业龙头企业。

二、城东工业园

2000年动工建设,位于李家巷镇章浜村、沈湾村、许家浜村和西坝村境内。距县城中心6千米,规划面积3.7平方千米,集聚发展现代纺织、新型建材等产业。12月,工业园区规划通过省规划设计院的成果评审,空间分布采用"一心四轴四区块"方式,由四条主干道将工业区划分为一个服务中心、四个区块,分别是轻纺工业区、玻璃制造区、新型建材区、高新产业区。2003年2月,李家巷工业园区成为全县6个特色工业园区之一。4月,成立李家巷新世纪投资开发服务有限公司,以独立法人形式实行工业园区开发公司化、市场化运作。2005 年,园区更名为李家巷工业集中区,2008 年改为现名。至 2012 年年末,开发面积 223.33 公顷,入园企业 129 家,园区基础设施累计投入 2.12 亿元。

三、画溪工业园

2000 年动工建设,原为雉城新兴工业园区,位于县城南部,毗邻县城中心区。2012 年 5 月,雉城镇建制撤销,工业区属画溪街道管辖,遂更名。总规划面积 17.65 平方千米,分三期组织实施。一期、二期开发完毕,三期完成控制性详细规划。该工业园入选省首批百家智慧小企业创业基地。结合画溪新城规划,以“现代产业与生态人居融合的实力新城、活力新城、魅力新城”为发展目标,以“长兴城市副中心,综合配套齐全、生态宜居的南部产业新城”为总体定位,以“产业发展基地、综合服务平台、物流集散中心、生态宜居新城”为功能定位进行建设。形成以超威动力和天能动力 2 家上市企业为代表新能源产业,以中钢集团子公司中钢新型材料有限公司为代表新材料产业,以湖州威达纺织有限公司为代表现代纺织产业等三大主导产业。

四、城北工业园

2009 年 6 月动工建设。12 月,夹浦镇结合新一轮土地利用总体规划,对环沉村、夹浦村、太平村共征土地 66.67 公顷,实施长兴经济开发区城北工业功能区建设。2010 年 10 月,基础设施建设工程经县发改委立项审批,采用 BT 项目由江苏通达建设集团有限公司建设。该工业园遵循“高起点规划、高标准建设、严把入驻关、精筛选项目”原则,注重结合地区纺织产业特点,打造“浙北现代纺织产业园”,成为纺织产业转型升级示范区。2010—2012 年,园区基础设施投入累计 5500 万元,落户工业项目 20 只,总投资 17.3 亿元,其中亿元以上项目 9 只,大好高项目 5 只,外资项目 1 只。

五、煤山镇工业园区

1992 年动工建设。规划面积 5.8 平方千米,入园企业 130 余家,形成新能源、新型建材、新型耐火、现代纺织为主导产业格局,具有一定产业规模和集聚效应。2001 年获农业部全国乡镇工业科技园区,2004 年获省级工业园区。园区东北区块规划建设两个“园中园”:中国新材料(耐火)科技创业园,为新材料产业发展提供平台,打造生态化新材料产业集聚区;煤山镇青年科技创业园,为创二代提供优质创业平台,培养创业人才,实现长远发展。“园中园”建设总用地约 33.3 公顷,一期建设 13.3 公顷。工业园区累计投资 4.85 亿元,建成面积 4 平方千米,基础设施实现“八通一平”,即道路、水、电、天然气、排水、排污、通信、多媒体和土地平整。基本形成四纵四横总长 8.7 千米道路框架结构,拥有 110 千伏变电所 1 座,日产 3 万立方米水厂 1 座和中水回用厂 1 座,日供气 3 万立方米天然气站 1 座,建有日处理 1.5 万吨污水处理厂 1 座,宽带、有线电视、无线网络等多媒体接入系统全面到位。

2012 年年末长兴县工业园区建设发展情况表

表 12-23

名称	规划面积(公顷)	建成面积(公顷)	拉开框架面积(公顷)	土地平整面积(公顷)	基础设施投入(亿元)	平台融资余额(亿元)	进区企业(家)	建设项目(只)	工业性投入(亿元)	全部工业产值(亿元)	规模以上工业企业(家)	规上工业产值(亿元)
新能源高新园	1466.67	740.00	160.00	128.67	6.81	0.09	206	48	24.86	183.40	64	128.70
城东工业园	500.00	466.67	24.67	20.00	0.65	1.00	130	15	5.43	61.48	38	50.23
画溪工业园	1433.33	426.67	20.80	11.33	5.05	1.77	270	28	12.95	73.19	53	61.26
城北工业园	833.33	273.33	28.00	28.00	5.09	0.40	95	35	8.31	83.40	53	68.15
煤山镇工业园区	646.67	473.33	28.67	23.33	4.05	0.00	137	29	5.55	110.70	38	101.00

说明:资料来源于县经信委

第十三编　建筑业 房地产业

1988年，长兴县有建筑设计单位1家；建筑施工企业32家，房屋施工面积21.4万平方米，房屋竣工面积11.7万平方米，完成建筑施工产值4138万元。2012年年末，全县有建筑设计单位3家；县内和县外在长兴的等级以上建筑施工企业有185家，房屋施工面积440.04万平方米，房屋竣工面积282.92万平方米，完成建筑施工产值58.94亿元。受理工程质量监督483项，办理、监督招投标发包385项。

1984年，长兴房地产业开始起步，商品房开发建设实行计划开发、政府定价销售办法。1988年，长兴县房地产交易所建立。同年，全县有房地产开发企业2家，投资额577万元，商品房竣工面积1.14万平方米，销售面积1.08万平方米，销售额300万元。1992年，取消商品房开发销售指导性计划，由房地产开发企业根据市场情况自行开发建设。之后，随着城镇住房制度的改革和城镇化的不断推进城镇化的不断推进，房地产开发建设规模不断扩大，房地产业发展成为全县重要支柱产业之一。2012年年末，全县有房地产开发企业95家，房地产开发项目85个，投资额59.42亿元，商品房竣工面积50.12万平方米，销售面积53.21万平方米，销售额34.2亿元。

1993年，全县实施城镇住房制度改革和住房公积金制度，由福利性实物分房逐步向货币分配转变，并通过缴纳住房公积金，享受公积金提取、贷款政策。2005年，实施住房保障政策，建成第一个保障性经济适用住房小区，逐步解决低收入家庭住房问题。2012年，住房公积金政策覆盖全县党政机关、事业单位和国有企业，逐步扩大覆盖面，全年新增住房公积金扩面1427家。至同年年末，住房公积金归集累计总额26.89亿元，住房公积金贷款发放累计9041户、19.3亿元。建设各类保障性住房168.1万平方米，全县低保标准2.5倍以下住房困难家庭廉租住房实现应保尽保，以廉租住房、经济适用住房、公共租赁住房为核心的住房保障体系形成。

第一章　建筑业

1988年，长兴县有建筑施工企业32家，房屋施工面积21.4万平方米，房屋竣工面积11.7万平方米，完成建筑施工产值4138万元。实现建筑业增加值5600万元，占第二产业的比重为11.9%，占全县生产总值的比重为5.3%。1994年9月，县政府出台《关于加快发展长兴建筑业的决定》以及促进建筑业发展相关奖励政策，提出要将建筑业发展成为全县国民经济支柱产业。2001年后，县建设系统下属建筑施工企业完成改制，企业活力进一步激发。2003年，实施“走出去”战略，鼓励县内建筑施工企业到县外开拓市场。2012年，全县有等级以上建筑施工企业有185家，房屋施工面积440.04万平方米，房屋竣工面积282.92万平方米，完成建筑施工产值58.94亿元。实现建筑业增加值23.62亿元，占第二产业的比重为12%，占全县生产总值的比重为6.4%。该时期，县内建筑勘察设计水平不断提高，新材料、新技术、新设备和新工艺得到普遍推广和应用,建筑工程招投标管理、施工许可管理、质量监督、安全管理、工程监理等各项制度逐步建立和完善,建筑业市场运行规范。

第一节 勘察设计

1988年,全县有长兴建筑勘察设计室、长广煤矿公司设计研究院2家建筑勘察设计单位。长兴建筑勘察设计室除承接全县工业及民用建筑设计外,还承担工程地质勘查业务,有勘察设计人员18人,其中工程师2人、助理工程师4人、技术员4人,主要设备有设计微机、工程钻机、静力触探仪、土工试验仪等。同年,全县完成建筑项目设计86项,建筑面积7.76万平方米,完成工程地质勘查2500标准米。完成工程项目设计305个,总建筑面积33.2万平方米,主要项目有长兴电影院、长兴人民医院门诊楼、东门公路桥、长兴汽车站候车楼、春楼饭店、工商银行办公楼、古城电影院、雉城百货商场、长兴旅游公司办公楼、县档案馆、县物资大楼、老干部活动室、县科委办公楼、古城公园。1989年,国家压缩基本建设项目,建筑勘察设计业务逐步减少,全年完成设计项目43个,建筑面积2.6万平方米,设计费收入10.3万元。

20世纪90年代,随着城市建设规模扩大,建筑勘察设计业务量逐步增加。1993年,全年共完成项目设计89个,建筑面积18万平方米。1994年起,外地勘察设计企业开始进入长兴承接业务,浙江省建筑设计研究院、浙江大学建筑设计研究院、浙江工业大学建筑设计院、湖州市建筑设计研究院等勘察设计单位在长兴设立办事机构,承揽工程项目设计业务。1997年,全县完成勘察项目62项,总进尺7500标准米,完成项目设计223项,建筑面积24.3万平方米,实现产值258万元。同年,长兴建筑勘察设计所撤所建院,成立长兴建筑勘察设计院,资质由丙级晋升为乙级,并增加市政设计和园林设计两项丙级资质。1998年,实施外来勘察设计单位注册登记管理制度、勘察设计合同签证管理制度,3家违规勘察设计单位被通报批评。

进入21世纪,长兴城市建设和住宅建设快速推进,外地勘察设施单位也纷纷进驻长兴抢占勘察设计市场。2001年,长兴建筑勘察设计院实行体制改革,40名股东出资重组,成立长兴建筑勘察设计院有限公司,有技术人员45人,其中一级注册建筑师2人、一级注册结构工程师2人、一级注册岩土工程师2人。同年,长广煤矿公司设计研究院重组更名为长兴友好建筑设计有限公司,有一级注册建筑师7人、一级注册结构工程师7人、一级注册设备工程师3人,高级工程师20人,在省内多地设有分公司。2003年,长兴建筑勘察设计院有限公司设计的浙江省农村住宅联立式大户设计荣获省建设厅建设奖二等奖。2004年,长兴恒信建筑工程咨询有限公司成立,为房屋建筑一类资质和市政二级资质,专业从事工程施工图审查,有15年以上从业经验且又有多项高职称人员26人,其中一级注册建筑师3人、一级注册结构工程师8人、一级注册岩土工程师2人、注册水设备工程师3人、注册电设备工程师2人、注册暖设备工程师2人,还有4名市政道路桥梁高级工程师专门从事道路桥梁工程图纸审查。同年,原菱湖建筑设计所(丙级资质)重组更名为湖州诚信建筑设计有限公司,升为乙级资质,有一级注册工程师3人、一级注册建筑师2人、高级工程师8人、工程师16人。2006年后,长兴城市基础设施建设和住宅建设进入新一轮快速发展阶段,高层建筑逐步增加,设计标准不断提高,中建国际(深圳)设计顾问有限公司、中铁工程设计院有限公司、中国美术学院风景建筑设计研究院及浙江省工程勘察院等一批甲级资质的勘察设计单位陆续进入长兴。2009年,外地勘察设计单位在长兴备案64家,全县勘察设计单位达到67家,勘察设计项目195项。2011年,完成长兴农村合作银行、香缇雅墅小区、新紫金大酒店、南方大厦、长兴汽车总站等项目建筑设计。同年,长兴友好建筑设计有限公司更名为浙江天辰建筑设计有限公司,资质晋升为甲级。2012年,全县有建筑勘察设计单位3家,包括甲级1家、乙级2家,专业审图机构1家;外地勘察设计单位在长兴备案44家,包括勘察单位8家、设计单位36家,甲级40家、乙级4家;

有设计人员528人；完成建筑勘察设计项目376项、建筑面积84万平方米，完成施工图审查121项、建筑面积117万平方米。1988—2012年，共完成勘察设计项目4109项，建筑面积920.7万平方米。

第二节　建筑施工

一、施工设备与技术

施工设备　1988年，全县建筑施工企业拥有各种建筑机械设备438台，主要有载重汽车、平板震动机、拌和机、推土机、磨石子机、卷扬机等，固定资产净值217.3万元，人拉肩扛、手工拌和的原始施工方式开始被各种机械设备所替代，施工作业以机械操作为主。1995年，建设10层高的中国银行长兴县支行大楼时，首次使用塔式起重机，用于建筑材料垂直输送等，挖土机、夯实压路机、打桩机、弯曲机、切断机、对焊机、井字架等进入施工现场。1998年，建设16层高的金陵大酒店时，开始使用塔吊、大型混凝土搅拌机等机械设备。同年，施工企业拥有各种施工机械设备1375台套，总功率35860千瓦。2000年后，建筑施工企业实力逐步增强，开始配备挖土机、震动打桩机、弯曲机、切断机、对焊机等，木工设备主要有压刨式平刨机、开榫机、木工铣床等，测量设备主要有水准仪、经纬仪等。2006年明珠路改造时，长兴市政工程公司开始采用沥青摊铺机浇筑沥青，施工效率和工程质量大为提高。之后，因建设高层建筑的需要，企业开始大量配备塔吊等大型起重机械和大型混凝土搅拌机、挖土机等主要机械设备。至2012年，全县建筑施工企业拥有各类施工机械设备4782台套，总功率119124千瓦，固定资产净值2.09亿元，其中施工塔吊112台。

施工技术　1988年，全县低层住宅基础工程以砖基础和块石基础为主，建筑施工模板基本采用杉木支撑，施工采用竹木脚手架。之后，逐步推广钢模板、毛竹支架和钢管脚手架。施工过程采用预制空心楼板，柱钢筋采用绑扎施工，钢筋连接采用点焊搭接技术。1990年后，广泛应用现代建筑技术，砂浆和混凝土用拌和机操作，混凝土浇捣采用机械振动技术。1994年后，长兴建筑技术又有新发展，钢模板全面使用，模板支撑开始使用钢管排架支撑技术，预应力钢筋混凝土桁条和屋架得到普遍运用和推广；钢筋混凝土现浇技术得到较大改进，现场混凝土集中搅拌和输送泵等新技术得到运用；基础工程开始采用打桩机，建筑技术已能满足13层楼房建筑需要。进入21世纪后，根据建设部要求，全县范围内（农村除外）房屋建筑工程不再使用预制空心楼板，均采用楼板和屋面现浇技术措施，并改用单块面积大、拆装方便、维护成本低的木质胶合板和钢管排架支撑技术。建筑结构上，多层建筑以钢筋混凝土条形基础和独立基础为主，部分多层和高层建筑采用桩基础和钢筋混凝土筏板基础，软土地基浅层处理常采用沙石垫层换填或水泥搅拌桩，普遍采用现浇钢筋混凝土多层框架，预应力预制构件、平顶屋等。高层建筑采用钢筋混凝土剪力墙、筒体结构，单层厂房较多采用轻钢结构，屋面有轻钢、钢木屋架檀条。跨度超过60米的大型厂房采用网架结构。轻钢结构大量采用后，预应力大梁和屋架已较少采用。2003年起，住宅建设普遍采用商品混凝土。2011年，开始实施建筑工业化，采用工业化生产、装配式建设。

二、建筑材料

1988年，全县墙体建筑材料主要使用实心黏土砖，房屋楼板为预制单孔或多孔楼板，屋面为黏土小瓦、平瓦或预制平瓦，防水用纸胎油毡，门窗主要为钢筋木框、钢筋水泥框或钢门窗，给排水管主要为镀锌铸铁管或塑料管。1996年，根据省建设厅要求，县政府下文规定在房屋框架结构建筑严禁使用实心黏土砖作墙体材料。空心黏土砖、多孔黏土砖等节能墙材开始替代实心黏土砖，同年使用新型节能墙体材料的房屋建筑面积达到11.4万平方米。之后，水泥瓦大量应用于民用建筑，工业厂房主要使用波纹金属瓦，屋面防水开始使用有机硅、聚氯乙烯、聚氨酯等性能稳定的防水材料。进入21世纪，大量新型材料应用于建筑工程，建筑外立面采用的技术、材料日新月异，建筑幕墙开始被广泛采用。作为融建筑技术、建筑艺术为一体的外围护结构，建筑幕墙分为玻璃幕墙、金属板幕墙、非金属板幕墙，与传统墙体材料相比,在建筑效果上更具有现代感,工期大量缩短,质量稳定,易于维护及更换构件,能较好适应旧建筑立面更新的需要。2000年,建筑工程开始使用硬聚氯乙烯排水管,住宅逐步淘汰镀锌铸铁管,改用铝塑或交联聚乙烯给水管,塑钢门窗开始大量采用。2001年起,全面推广混凝土小型空心砌块、混凝土标准砖和粉煤灰砌块等新型墙体材料,黏土类砖基本退出墙体材料领域。同年,全县新型墙体材料产量折标准砖3.9亿块,占墙体材料总量72.3%。2006年,城区建筑工程项目新型墙体材料应用率达到100%,乡镇建筑工程项目应用率为75%。2010年后,太阳能光伏幕墙、通风道呼吸幕墙、感应风雨智能幕墙等智能型幕墙进入建筑领域。2012年,新型墙体材料折标准砖8.6亿块,占当年墙体材料总量的95.1%,使用新型墙体材料的建筑面积达到411.3万平方米。

三、建筑企业

1988年,随着国家基建投资压缩,建筑市场竞争越来越激烈,长兴县采取调整企业体制、撤并小企业办法,部分规模较小的乡镇建筑队或撤销或合并,建筑施工企业数量减少。同年年底,全县有建筑施工企业32家,乡镇建筑队23个,有建筑施工人员1540人,其中专业技术人员420人。1990年,长兴县第三建筑工程公司晋升为二级资质企业,乡镇建筑队均更名为建筑工程公司,全县共批准35家建筑企业,其中等级企业9家,注销3家。1993年,全县建筑施工企业增加到43家,其中等级施工企业增加到22家。1994年,水口乡、泗安镇、煤山镇建筑工程公司分别更名为长兴县第二、第四、第五建筑工程公司。同时,外地建筑施工企业开始进入长兴承揽施工业务。1995年,全县共有建筑施工企业55家,其中二级资质1家、三级资质3家、四级资质22家、等外29家,有水泥预制构件厂55家。1998年,核定长兴当地等级建筑施工企业36家。2000年年末,县建设局下属6家建筑施工企业改制,由新经营者买断产权,长兴建筑工程公司更名为长兴汇丰建筑工程公司,长兴中发建筑工程公司更名为长兴天工建筑工程公司,长兴浙北建筑工程公司更名为长兴中海建筑工程公司,长兴县市政工程公司更名为浙江长兴市政工程公司,长兴县第三建筑工程公司更名为长兴越兴建筑工程公司,长兴县第八建筑工程公司歇业。2005年,建设部明确不再新批建筑施工企业四级资质,同年全县当地四级以上建筑施工企业共27家。至2012年年末,全县共有当地等级建筑施工企业23家,其中一级5家、二级7家、三级11家;外地在长兴备案建筑施工企业162家,其中特级10家、一级87家、二级65家。全县有建筑从业人员20890人,其中专业技术人员10064人,有国家一级注册建造师118人、省二级注册建造师522人。

2012年年末长兴当地建筑施工企业情况表

表13-1

企业名称	成立年月	资质等级		办公地址
		房屋	市政	
长兴县雉城建筑工程公司	1978.10	三级		雉城镇人民南路18号
浙江长兴市政工程有限公司	1993.03	三级	一级	雉城镇城南路1号
长广工程建设有限责任公司	1999.01	一级	二级	雉城镇明珠北路9号明珠商务大厦18楼
浙江长兴云达建设工程有限公司	1999.11	三级	三级	夹浦镇环沉村新村商业街
浙江龙闯建设工程有限公司	2000.07	二级	二级	雉城镇火车站广场西路南侧
浙江长兴汇丰建设工程有限公司	2000.09	二级		雉城镇县前中街59号商务楼507-509、515-520
浙江长兴天工建设有限公司	2001.04	一级	二级	雉城镇长桥村
浙江越兴建设工程有限公司	2001.10	一级	二级	雉城镇海兴小区12号楼
浙江长虹建设工程有限公司	2002.02	二级	二级	长兴经济技术开发区县前街东延伸段北侧
浙江湖州森大建设工程有限公司	2004.02	三级	三级	雉城镇菱山路427号-801号
浙江华鑫建设有限公司	2002.04	二级	三级	林城工业集中区
浙江申湖建设工程有限公司	2002.04	二级	三级	雉城镇火车站广场西路南侧(铁鹰大楼二楼)

续表13-1

企业名称	成立年月	资质等级		办公地址
		房屋	市政	
浙江长兴荣欣建设工程有限公司	2004.08	一级	一级	雉城镇锦绣花苑12幢1201
长兴越烽建设工程有限公司	2005.05	二级	三级	雉城镇丽湖中央大厦14楼
浙江长兴恒达建设工程有限公司	2006.03	三级	二级	泗安镇禧祉村
浙江恒亿建设有限公司	2006.11	三级	三级	长兴县国际商务大厦5F32
长兴中海建设工程有限公司	2010.03	三级	三级	雉城镇通宝城14幢205
长兴万达建设有限公司	2010.10	三级	三级	泗安镇浙皖大道202号
浙江长兴精诚建设有限公司	2010.11	三级	三级	雉城街道阳光家园3幢301
浙江长兴盛大建设有限公司	2010.11	三级	三级	长兴经济技术开发区县前东街801号12楼
长兴天畅建设工程有限公司	2010.11	三级	三级	雉城镇包桥路18号
长兴鑫海建设工程有限公司	2010.12	三级	三级	煤山镇工业园区
浙江长兴乐华建设有限公司	2011.02	三级	三级	雉城镇阳光家园3幢302

说明:资料来源于县建设局

四、建筑施工规模

1988年,全县有建筑施工企业32家,房屋施工面积21.4万平方米,房屋竣工面积11.7万平方米,完成建筑施工产值4138万元,实现建筑业增加值0.56亿元。1992年,全县有等级建筑施工企业9家,房屋施工面积21.97万平方米,房屋竣工9.49万平方米,完成建筑施工产值5605万元。1993年,长兴县第三建筑公司承接业务量首次突破亿元大关。同年,全县等级建筑施工企业增至22家,全年完成建筑施工产值1.85亿元,比上年增1.25倍,房屋施工面积58.64万平方米,房屋竣工面积20.71万平方米,分别比上年增长92.5%和42.7%。1994年9月,县政府出台《关于加快发展长兴建筑业的决定》以及促进建筑业发展相关奖励政策,提出要将建筑业发展成为全县国民经济支柱产业。2000年年末,长兴建设系统下属建筑施工企业完成改制,企业活力进一步激发。2003年,县政府出台政策措施,鼓励建筑企业"走出去",开拓县外建筑市场。长兴当地建筑企业大力拓展县外业务,业务范围扩大到上海、江苏、安徽、河南等地。2005年,全县等级建筑施工企业房屋施工面积162.2万平方米,竣工77.3万平方米,完成建筑施工产值突破10亿元,达13.75亿元,实现建筑业增加值6.91亿元。2009年1月,县政府出台《关于加快建筑业持续健康发展的若干意见》,鼓励长兴建筑施工企业向县外、省外拓展建筑市场。2012年,全县等级建筑施工企业房屋施工面积440.04万平方米,房屋竣工282.92万平方米,完成建筑施工产值58.94亿元,实现建筑业增加值23.62亿元。

1988—2012年长兴县建筑业情况表

表13-2

年份	企业数(家)	资质等级(家)					期末从业人数(人)	产值(万元)	房屋建筑面积(万平方米)	
		一级	二级	三级	四级	等外级			施工面积	竣工面积
1988	32	0	0	3	6	23	1540	4138	21.40	11.70
1989	32	0	0	3	6	23	1670	3890	15.67	6.07
1990	35	0	1	1	7	26	1623	3630	16.74	8.97
1991	35	0	1	2	6	26	1690	3857	14.13	7.86
1992	35	0	1	2	6	26	4037	5605	21.97	9.49
1993	43	0	1	2	19	21	10665	18484	58.64	20.71

续表13-2

年份	企业数(家)	资质等级(家)					期末从业人数(人)	产值(万元)	房屋建筑面积(万平方米)	
		一级	二级	三级	四级	等外级			施工面积	竣工面积
1994	49	0	1	2	17	29	7700	9171	55.49	33.15
1995	55	0	1	3	22	29	8500	28779	54.27	32.15
1996	42	0	1	3	22	16	8800	33954	55.98	29.07
1997	41	0	2	10	22	7	9300	34853	58.36	32.71
1998	36	0	3	14	10	9	18400	28393	49.28	27.15
1999	31	0	1	8	22	0	8300	32749	58.70	29.29
2000	34	0	1	8	25	0	9400	48936	77.20	24.30
2001	33	0	4	18	11	0	11700	76024	97.00	47.00
2002	20	0	2	10	8	0	11573	85631	114.05	58.53
2003	21	0	4	17	0	0	9249	92456	128.65	51.80
2004	27	0	7	13	7	0	8950	89600	16.18	79.84
2005	27	0	6	21	0	0	10300	137523	162.15	77.30
2006	28	1	5	6	16	0	15003	201010	258.79	149.46
2007	30	0	6	24	0	0	16841	267101	289.51	201.90
2008	30	2	11	17	0	0	19650	300146	287.83	172.82
2009	36	2	18	16	0	0	20517	386646	333.49	185.66
2010	41	2	19	20	0	0	18348	440653	327.48	180.00
2011	47	4	17	26	0	0	21470	619422	452.16	279.64
2012	23	5	7	11	0	0	20890	589444	440.04	282.92

说明:1996—2011年资料根据历年《长兴统计年鉴》整理,其余年份资料来源于县建设局

五、县外施工

1988年,县内建筑企业施工业务以长兴当地为主,少数在湖州市范围内承接业务。1989年,长兴县第三建筑工程公司率先进入上海建筑市场,当年即承建中山北路1033号谈桥3幢13层高层住宅工程,施工面积2.6万平方米,总造价1352万元,是湖州市唯一一家在上海开展业务的建筑施工企业,也是浙江省进沪建筑施工企业首次承建高层建筑。1992年,长兴县第三建筑工程公司承建上海汽车工业培训中心干部培训综合楼工程,之后又先后承建上海新泾七村28号住宅工程、康新花园小区工程、昭化路住宅3号楼工程、高28层鸿发苑大厦等工程。1994年,以长兴县第三建筑工程公司为龙头,后漾乡建筑公司、白阜乡建筑公司、水口乡建筑公司陆续进入上海建筑市场。1996年,长兴县第三建筑工程公司承建新华路鸿发苑高层工地被评为上海市"标准化管理达标工地"。1998年,浙江省对在上海施工的400家建筑施工企业进行年度考核,长兴县第三建筑工程公司列第22名。2003年,全县实施"走出去"战略,鼓励县内建筑施工企业到县外、省外拓展建筑施工市场,以长兴市政工程公司、长广建筑工程公司为龙头的二级以上企业,先后到江苏省、安徽省、河南省承揽建筑施工业务。2005年后,长兴天工建筑工程公司、长兴汇丰建筑工程公司等一批县内三级资质以上建筑施工企业也纷纷走出长兴,赴县外、省外承揽建筑施工业务。2008年,长兴市政工程公司、长兴中海建筑公司赴四川省青川县七佛乡援建学校、卫生院。2009年4月,根据省、市政府文件精神,县政府出台《关于进一步改进对建筑企业服务的若干意见(试行)》,扶持和引导建筑业持续健康发展,鼓励长兴建筑施工企业向县外、省外拓展建筑市场。2012年,县内建筑企业施工业务已拓展到全国18个省(市、区),共在县外承揽施工项目69项,建筑施工面积89.6万平方米,建筑施工产值达10.79亿元。

第三节　建筑装饰

1988 年，全县建筑装饰业仅太平洋装潢公司 1 家，从业人员 12 人，业务量 36 万元。县内部分建筑公司也具备建筑装潢资质，主要从事建筑装饰。1992 年，随着全县城镇建设发展和人民生活水平提高，家庭装潢开始升温，带动全县装饰业逐步发展。2000 年，全县有装饰资质企业 8 家，从业人员 270 人，其中建筑装饰施工资质企业 4 家。还有大量以包工头形式出现的小型装修队，主要从事家庭装饰。2002 年起，以杭州装饰企业为主的县外装饰企业开始进入长兴建筑装饰市场，主要从事家庭装饰业务。2004 年，杭州武林建筑装潢公司承接长兴行政办公综合楼装饰工程。之后，一些外地品牌装饰企业陆续进驻长兴。2009 年，全县共有建筑装饰企业 16 家，其中外地在长兴装饰企业 11 家。2012 年，全县注册登记的装饰企业 53 家。其中，建筑装饰装潢企业 12 家，从业人员 496 人，三级资质装饰装潢企业 2 家；家庭装饰企业 41 家，从业人员 1180 人，年均家庭装饰 1100 户；建筑装潢和家庭装饰实现年产值 3.1 亿元。

一、公共建筑装饰

20 世纪 90 年代前，全县公共建筑装潢样式较为普通，装饰工艺也较为简单。房屋建筑外立面装饰一般采用马赛克、洗石子贴面，部分建筑用玻璃片在洗石子中拼凑出不同形状，用水泥固定以增加美感。内墙壁一般用石灰水、涂料、油漆粉刷，或用发泡壁纸进行装饰。墙裙用胶水粘贴保丽板进行装饰。吊顶用木笼骨支撑，用三夹板贴面。大部分公共建筑室内采用水磨石地面，部分酒店、宾馆采用地毯、木质地板。90 年代中期起，长兴公共建筑装饰风格和造型趋于多样化，房屋装饰上有很大突破，仿瓷涂料开始替代石灰水，大理石、地砖和铝合金材料广泛运用于建筑装饰，由清水外墙、灰砂抹面，发展到粘干粘石、刷水刷石，到喷面涂料、条形瓷砖、马赛克和大理石贴面，玻璃吊顶开始运用于会议室和大厅装潢。但外墙条形瓷砖贴面也暴露出不足，长时间受热后瓷砖易脱落和爆裂，且经长期雨水后表面容易出现脏痕，影响美观，后建筑外立面多改用涂料粉刷。内部墙面装饰由石灰刷浆改用加刷涂料、彩色漆，贴塑料墙布、瓷砖等。地平面由水泥砂浆到水磨石、大理石、拼木地板等。天棚由竹篾板条到用钙塑板、五夹板、空心楼板等。该时期，县建设大厦、县环保大楼、农业银行大楼、中国银行大楼等建筑外立面开始采用玻璃幕墙装饰，天然石材、铝塑板等材料也开始进入公共建筑外立面装饰。室内轻钢笼骨吊顶逐步代替木笼骨。内墙面开始使用胶面壁纸，或使用各种材质夹板进行装饰。1999 年，工商银行大楼装潢装饰时，外墙首次采用花岗岩干挂。2000 年后，随着建筑装饰新材料、新工艺的广泛运用，长兴公共建筑装潢装饰也越来越现代化，室外装饰材料一般采用釉面墙砖、茶色玻璃、激光玻璃幕墙，铝合金、不锈钢门窗，室内地面大量采用陶瓷抛光砖、花岗岩、大理石、金刚砂及塑胶地板、拼木地板等，内墙墙面用胶合板、塑料板、墙裙、墙纸、多彩涂料等，并采用环保型建材和成品建材，装饰施工效率大幅提高。2005 年后，外立面装饰广泛使用玻璃幕墙、干挂石材、真石漆及天然防锈的铝单板饰面。2010 年后，随着绿色建筑推行，部分建筑开始采用页岩、煤矸石、保温砂浆等保温材料作外立面装饰。

二、居民住宅装饰

1988 年后，县内不少居民开始住宅装饰，使用石膏板、钙塑板吊顶，并用墙布和聚氯乙烯墙纸贴壁，水泥磨石地面，一般家庭装饰较为简单，每平方米花费约 100 元。1993 年后，家庭装修改用复合三夹板吊顶、三夹板或油漆粉刷墙面、地砖或拼木地板铺地，卫生洁具已开始进入家庭。1995 年后，一些住户除木板吊顶、地板铺地外，还开始使用名牌油漆、不锈钢装饰，大理石铺地，考究的住户采用组合式、立体式进行装潢，配有各种灯具装饰。2003 年后，家庭装修公司开始进入长兴，住户专门请设计师设计住宅装潢方案，配有装潢效果图。装修材质更加讲究，铺地使用高档地砖、优质地板或大理石，墙面使用高档油漆或高档墙纸，卫生洁具开始使用进口产品，一般每平方米装修费用约为 600 元，多的达到 1000 元以上。2007年起,装饰装潢更加注重设计理念,施工工艺和新颖的装饰材料家装以简洁大方、美观为主,部分家庭内墙和地面大量采用花岗岩、大理石,或用高档木质地板。同时,家装企业纷纷推出家装样板房。2010年,全县装饰市场形成多元格局,家庭装饰追求绿色环保,装潢材料更加新颖,装饰更加美观,整体厨房、整体衣柜、集成厨房、集成吊顶开始进入家庭装饰,部分家庭还配有中央空调、地暖系统等,人工费用大大增加。至2012年,城镇居民住宅装修比例达到98%以上,平均每平方米装修费用1500元以上,排屋、别墅等装饰费用达到每平方米3000元以上。

第四节 建筑中介

一、工程监理

1998年,国家实行建设工程监理制度,建设工程监理机构受建设单位委托,对建设工程质量、进度、安全进行全方位监督。1999年10月,长兴县宏泰建设监理公司成立,为全县首家建设工程监理企业。2001年1月,国家规定重点建设工程、大中型公用事业工程、成片开发建设住宅小区工程、利用外国政府或者国际组织贷款、援助资金的工程以及国家规定的其他工程必须实行监理。2002年4月,长兴县宏泰建设监理公司改制,由新经营者重组,更名为浙江宏泰工程项目管理有限公司。随着长兴建设工程规模不断扩大,工程监理业务量也逐步增加。2003年,浙江东南建设管理有限公司、湖州宏大建设监理有限公司先后进入长兴承揽工程监理业务,有监理人员46人。之后,外地监理企业开始陆续进入长兴建设市场开展监理业务。2005年后,长兴县先后成立长兴天元建设工程监理有限公司、湖州中强工程管理有限公司,承接住宅、道路和公共建筑工程监理业务。2012年,全县共有当地工程监理公司3家,共有监理执业人员720人,其中国家注册监理工程师92人、国家注册造价师9人、国家一级注册建造师23人、注册人防工程师21人、国家注册结构工程师1人,浙江省注册监理工程师141人、高级工程师14人、工程师173人;外地在长兴备案的监理企业29家;监理备案的建设工程面积475万平方米。1999—2012年,监理备案的建设工程面积达2680万平方米。

二、造价咨询

1988年,建设银行长兴县支行根据湖州市建筑工程定额管理站发布的工程造价指数和材料预算价格,提供工程造价咨询服务。1995年后,长兴陆续成立造价咨询公司,按照湖州市建筑工程定额管理站发布的材料预算价格、建筑工程万元材料消耗定额等,编制工程造价,提供工程造价咨询服务。1997年后,外地工程造价咨询机构相继进入长兴,参与工程造价咨询服务。2012年,全县共有当地工程造价咨询公司3家,分别为湖州正立工程咨询审价有限公司、湖州广信工程咨询有限公司、湖州建宁工程咨询有限公司,其中造价咨询甲级资质1家、乙级资质2家;外地在长兴备案造价咨询公司19家,其中造价咨询甲级资质15家、乙级资质4家,主要有浙江华夏工程造价咨询事务所有限公司、杭州广厦建筑咨询有限公司、杭州慎和工程造价咨询事务所有限公司、湖州天方造价咨询有限公司等。同年年末,全县完成工程造价咨询项目512项,建筑面积335.6万平方米,总投资额58.71亿元。1988—2012年,全县完成工程造价咨询项目8124项,建筑面积637.4万平方米,总投资额818.6亿元。

三、招标代理

2004年,县内开始实行建设工程招标代理制,工程招标代理机构接受招标人委托,从事工程的勘察、设计、施工、监理,以及与工程建设有关的重要设备、材料采购招标的代理业务。县内部分造价咨询机构也申请招标代理资质。2007年,实施招标代理机构备案制度,县招标投标管理站与招标代理公司签订《长兴县工程建设项目招标代理行业自律公约》,实行不良行为记录和公示,凡有不良行为记录的招标代理机构一律不准进入长兴市场。2008年,建立《长兴县招标代理机构信用手册》登记制和《长兴县建设工程招投标代理人员工作手册》登记制,对招标代理机构代理业绩、依法代理、职业道德、服务质量、社会信誉情况进行量化考评，加强招标代理公司监督管理，要求编制清单准确、全面、不漏项、不多算、不少算，把清单量风险降到最低。2010 年，开展招标代理机构人员培训教育，4 人获得招标师资格证。2012 年，全县共有备案招标代理公司 48 家。其中，当地代理公司 3 家，均为造价咨询乙级资质，分别为湖州建宁工程咨询有限公司、湖州正立工程咨询审价有限公司、长兴县广信建设投资咨询有限公司；外地进入长兴的招标代理机构 45 家，主要有浙江建设投资咨询公司、浙江省成套工程有限公司、杭州中成工程设备招标代理有限公司、宁波方圆招标咨询有限公司等。同年年末，全县招标代理机构共代理建设工程招标项目 385 项，中标价 56.27 亿元，建筑面积 341.6 万平方米，建设工程招标代理面达到建设工程招标总量的 100%。2004—2012 年，当地招标代理机构共代理建设工程招标项目 690 项，建筑面积 548.3 万平方米。

四、建筑材料检测

1988 年，长兴县建筑工程质量监督站设立试验室，配备专职人员，添置测试仪器设备，增建标准养护室，对工程建筑材料进行见证取样检测，并赋予仲裁检验工作职能，开始实行第三方认证制度。1996 年，县质监站试验室加大建筑材料检测频次，加强建筑材料质量管理，禁止工程使用不合格建筑材料，确保建筑工程质量和安全。2003 年 8 月，实施对混凝土预制构件及预拌混凝土质量监督检查。2005 年 9 月，国家明确规定工程质量检测机构依据国家有关法律、法规和工程建设强制性标准，对涉及结构安全项目的抽样检测和进入施工现场的建筑材料、构配件，在建设单位或监理单位监督下现场取样检测，检测机构及时出具检测报告。2006 年 4 月，县质监站与浙江大合建设工程检测有限公司合资成立长兴县兴合建设工程检测有限公司，负责建设工程建筑材料和构配件见证、取样、检测。2009 年，长兴县兴合建设工程检测有限公司完成建筑材料常规检测试验 4.9 万项、专项检测 3524 批次，建筑材料检测纳入规范化、制度化轨道。2012 年，完成建筑材料常规试验 3.2 万项、专项检验 2920 批次（组），出具检测报告 4.2 万份。

第五节　建筑管理

一、招投标管理

1986 年之前，全县建设工程主要采取双方协商方式，建设单位与施工企业商定工程造价，由施工企业负责工程建设。1986 年，县城建局实行建筑业改革，提出实施建设工程招标投标制，提高质量、缩短工期、降低造价。1995 年 7 月，县政府出台《长兴县建设工程招标投标管理办法》，规定建筑面积在 1000 平方米以上或工程造价在 50 万元以上建设项目必须实行招投标，一般工程仍可由建设单位和施工企业协议承包施工。1996 年 10 月，县政府成立长兴县建筑工程招标投标领导小组，开始实行建设工程招标投标管理制度，建设单位通过报刊、电视等媒介发布工程招标文件，向社会公开招标，建筑施工企业按照工程量编制投标文件。同时，设立长兴县建筑工程招标投标管理站，为全县建设工程招标投标行业管理机构，归口县城建局管理。负责招标投标单位资格审查，办理招标项目审批和登记，监督开标、评标、定标和议标，并对建设工程招投标全过程进行监督管理。1998 年 9 月，县建设局成立县招标投标交易中心，与县建筑工程招标投标管理站合署办公，为全县建设工程招标投标交易提供平台和服务。2000 年 7 月，县建筑工程招标投标管理站更名为县建设工程招标投标管理站。至同年年末，累计办理工程招投标项目 264 项，工程总建筑面积 197.4 万平方米，标底造价 10.37 亿元，中标价 9.76 亿元，节约造价 6100 万元，已办理报建手续应招标项目招标率 100%，公开招标率 98%。2002 年，根据建设部关于招标投标监督机构和有形建筑市场机构分设、职能分离的要求，县建设工程招标投标管理站与县建设工程招标投标交易中心分设，实行独立核算。2003 年，县政府建立建设工程招投标联席会议制度，实行招投标投诉统一受理、联合查处制度，推行无标底招标和有标底评标办法。2004 年，县政府成立招标投标管理办公室,并设立县招标投标中心,县建设工程招投标交易中心统一进入县招投标中心,招投标平台建设基本实现管办分离、职能部门依法监管、县招管办统一管理和协调的目标,形成统一、开放、竞争、有序的现代市场体系。2006年,县招投标管理站共办理招投标项目190项,中标价11.4亿元,其中公开招标132项、中标价5.7亿元,邀请招标46项、中标价4.8亿元,直接发包12项、发包价0.9亿元,节约资金0.68亿元,办理工程报建72项,办理招投标备案手续190项。2008年,出台《进一步规范长兴县建设工程招标投标活动的若干规定》《长兴县建设市场不良行为记录和公示暂行办法》,强化招投标事前监督和过程监管。2009年,成立县政府投资工程项目招标事务处,形成县招投标中心提供服务、职能部门依法监管、县招管办统一管理协调机制。2012年,全县共办理、监督招投标发包项目385项,建筑面积341.6万平方米,总金额56.27亿元。其中,公开招标273项,建筑面积187.2万平方米,中标合同价25.89亿元,应公开招标项目招标率100%;邀请招标50项,建筑面积113.2万平方米,中标合同价23.21亿元;直接发包备案62项,建筑面积41.2万平方米,发包价7.17亿元。1995—2012年,累计招投标项目3711项,建筑面积2849.3万平方米,总金额316.32亿元,其中公开招标2825项、中标价192.22亿元,邀请招标594项、中标价94.9亿元,直接发包292项、发包价29.2亿元。

二、市场准入管理

1992年,县内实行建设工程施工许可证制度,建筑施工企业取得施工许可证才能进行建筑施工,否则不得开工。1994年11月,省建设厅发布《浙江省建筑业管理条例》,规定未取得施工许可证的建设单位不得擅自组织开工。申领施工许可证需具备下列条件,并提交相应证明文件:设计图纸已完成,征地拆迁手续已完成,施工单位已确定,已办理工程用地批准手续,已取得建设工程规划许可证,施工场地已基本具备施工条件,按规定完成工程招投标,有满足施工需要技术资料并施工图设计文件审查合格,有保证工程质量和安全的具体措施,按规定已委托监理,建设资金已落实等。2001年7月,规定工程投资额30万元以下或建筑面积300平方米以下建筑工程,可不申请办理施工许可证。2009年,县建设局出台《长兴县建筑业企业诚信备案管理办法》,规定凡在长兴县行政区域内从事房屋建筑、安装、装饰装修、市政基础设计、园林绿化等工程建设施工活动的建筑业企业,均进入诚信备案库,未进入诚信备案库的,不能在长兴参与工程招投标、承揽施工业务。至2012年,进入长兴县建筑业诚信备案库施工企业共167家。

三、质量管理

1988年,全县建筑工程质量监督管理由县城建局下属县建筑工程质量监督站负责,规定凡县域范围内新建工程800平方米或造价20万元以上项目均须接受质量监督。同年,实行建筑工程质量检验评级制度,工程竣工验收后,评定工程质量等级。1998年,实施建设工程监理制度,以第三方形式对建设工程质量进行全方位监督,形成政府监督和社会监理“双管齐下”的质量监督保证体系。1999年3月,实行施工图设计文件审查制度,对施工图涉及公共利益、公众安全和工程建设强制性标准内容进行审查。2000年1月,实行建设工程竣工验收备案制度,全县建设工程竣工验收备案制度覆盖面100%。2001年,县建筑工程质量监督站更名为县建设工程质量监督站,内设质量监督室、巡查室、备案登记室、投诉受理室。2004年,全县受理质监工程项目108项,工程质量优良率达100%,6项工程获湖州市“飞英杯”优质工程奖,3项工程获浙江省“钱江杯”优质工程奖,1项工程获“全国市政金奖”。2006年8月,实施建设工程结构实体质量检验制度,对所有新建、扩建和改建的建筑工程进行结构实体质量检验。2007年5月,实施住宅工程质量分户验收制度,按单位工程总户数不少于5%进行分户质量监督抽查,全县住宅工程分户验收率达100%。2008年,县建设局制定《房屋质量通病治理有关规定》,专项治理勾缝粗细不均、线条不直、外墙渗水、地面漏水、管道渗水等住宅工程质量常见问题。2009年,推行基础、主体、竣工“三到位”监督模式,受监项目达到462项、361万平方米。2010年,县质监站以政府投资项目、保障房、市政桥梁等工程以及地基基础和主体结构为重点,加强深基坑支护、高层结构、大跨度结构、钢结构的质量监督检查。2011年9月,创新工程质量监督方式,实行月巡查与周巡查并举、质量行为与实物质量并重，推行差别化质量管理。2012 年，共受理工程质量监督 483 项、243 万平方米，竣工备案项目 117 项、161 万平方米，签发《工程实体质量监督检查记录》1036 份。1999—2012 年，县质监站共受理质量监督工程 4345 项，面积 2232.2 万平方米，共发出整改通知书 1420 份，查处质量事故 32 起。

四、安全管理

1988 年，全县建筑工程安全监督工作由县城建局建筑工程股、县建筑工程质量监督站负责。1990 年后，县城建局在落实安全责任、强化安全管理基础上，逐步规范建筑施工操作规程，提高事故预防能力。1991 年，县城建局出台《建筑施工现场安全生产管理暂行规定》，明确建筑面积 2000 平方米以上工程必须配备 1 名持证专职安全员，新开工工地脚手架、井字架、塔吊、施工用电验收合格后挂牌，加强施工“四口”（洞口、楼梯口、出入口、电梯口）围护，脚手架工作面外侧设围护栏。1998 年起，县建设局要求建筑施工企业每月组织一次安全自查，并开展定期不定期巡查、抽查和检查，推动安全生产检查形成制度化、常态化。2000 年起，与全县所有房屋开发企业、建筑施工企业及下属事业单位签订安全生产责任状。结合每年一度“安全生产月”等主题活动，加强安全生产宣传教育和培训，每年组织两三次安全生产培训教育，开展《中华人民共和国安全生产法》等法律法规和《建设工程强制性标准条文》等新规范、新标准宣传学习，每年受训人员超过 300 人。2002 年，根据《中华人民共和国安全生产法》，县建设局全面编制安全生产应急预案，覆盖建筑施工、拆迁、公用事业、园林、路灯等各领域，以提升安全生产突发事件应急能力。2003 年，全县建筑施工企业普遍建立民工学校，使之成为普及安全知识、提升安全技能重要场所。2004 年，实行建筑施工企业安全生产许可证和安全生产保证金制度，要求工程预算中按 0.2%单列安全生产设施费用。2005 年，实行企业主要负责人、项目负责人、专职安全员“三类人员”培训考核上岗制度，当年共培训“三类人员”284 人。2007 年 5 月，县建设局专门设立安全管理科，成立县建设工程安全监督站，负责建筑施工安全监督管理、安全生产条件审查等日常管理工作。2008 年，对建筑起重机械租赁、安装、拆卸、使用实施监督管理，结合全县开展“迎奥运安全隐患大排查”活动，对建筑工地、燃气、供水、公共设施进行拉网式、地毯式检查，共检查企业 596 家，发现安全隐患 789 个，全部督促限期整改。2009 年 5 月，实施安全生产专项方案制度，要求施工单位对危险性较大的分部分项工程编制安全生产专项方案。同年，开展“百日安全隐患排查整治”活动，组织安全生产大检查 9 次、塔吊机械设备等专项检查 7 次，检查施工工地 371 个，发出限期整改意见书 349 份、停工整改通知书 22 份，召开预警约谈会 12 次。2010 年，规定 1 万平方米以上新开工项目全部安装施工现场在线监控系统、新安装塔吊全部安装黑匣子管理系统，为全县建筑施工安全提供技术保障，提升施工现场安全生产及文明施工管理水平。同年，组织开展 8 次大规模隐患排查、安全检查活动，共检查工地 78 个次、抽查企业 328 家次，36 家企业被责令停工整改和通报批评。2012 年 7 月，组织开展“安全生产月推进会暨基坑坍塌应急救援预案演练活动”，78 家施工企业、26 家监理企业共 330 人参加。同年，组织开展施工现场起重设备、民工宿舍及临时设施、施工现场等“五大危险源”大检查，开展起重机械、脚手架、高支模、深基坑等危险性较大分部分项工程和预防高处坠落、物体打击等安全检查，共检查施工单位 43 家、监理企业 27 家，检查项目 371 个，发出限期整改意见书 349 份，停工整改通知书 22 份。同年年末，全县有 43 家企业取得建筑施工企业安全生产许可证；建筑施工企业共建立应急预案 9 类 1665 件；有 47 个项目安装在线监控系统，安装黑匣子管理系统 138 台。

五、名优工程

1988 年，县内建筑工程质量实行核查验收制度，确定优良、合格、不合格 3 个工程质量等级。1990 年，全县共评出优良工程 42 项。1992 年，长兴县第三建筑工程公司承建上海汽车工业培训中心干部培训综合楼工程，获上海市“白玉兰杯”优质工程奖，是长兴历史上首次获得建筑施工最高质量奖。1994 年，长兴县第三建筑工程公司承建长兴县保险公司营业楼获湖州市“十佳工程”奖。1997 年，湖州市“十佳工程”奖改为“飞英杯”优质工程奖。2002 年，长兴县设立“银杏杯”优质工程奖，由长兴县建筑业协会组织评选，当年全县有 6 项工程获该奖项。2003 年，长兴电厂 4 期（技改）主体工程、长兴国税办公大楼、长兴县北环线等3项工程获浙江省“钱江杯”优质工程奖。2004年,长兴县市政工程有限公司承建长兴县北环线工程,获全国市政金奖。至2012年,全县共获全国市政金奖1项、上海市“白玉兰杯”优质工程奖5项、浙江省“钱江杯”优质工程奖9项、浙江省市政金奖1项、湖州市“飞英杯”优质工程奖58项、长兴县“银杏杯”优质工程奖104项(含湖州市“飞英杯”优质工程奖58项)。

1992—2012年长兴县建筑工程获省以上优质工程奖情况表

表13-3　　单位:平方米

优质工程奖名称	获奖年份	获奖工程	结构层次	建筑面积	建设单位	施工企业
全国市政金奖	2004	长兴县北环线工程(龙山大道)	长2300米、宽52米	119600	长兴县城市建设发展总公司	长兴县市政工程有限公司
上海市“白玉兰杯”优质工程奖	1992	上海汽车工业培训中心干部培训综合楼工程	框架7层	4560	上海汽车工业培训中心	长兴县第三建筑工程公司
	1993	上海市新泾七村28号房	框架6层	3767		长兴县第三建筑工程公司
	1994	上海昭化路住宅3号房	框架6层	4100		长兴县第三建筑工程公司
	1995	上海康新花园小区				长兴县第三建筑工程公司
	1996	上海鸿发苑大厦	框架18层	24048	上海鸿发房地产发展有限公司	长兴县第三建筑工程公司
浙江省“钱江杯”优质工程奖	2003	长兴电厂4期(技改)主体工程	框架3层	4800	浙能长兴发电厂	浙江省电力建设总公司、浙江省火电建设公司、浙江省二建建设集团有限公司、浙江省建工集团有限责任公司、宁波华丰建设集团股份有限公司、杭州市园林绿化工程有限公司
	2003	长兴国税办公大楼	框架8层	7400	长兴县国税局	浙江省一建建设集团有限公司、杭州萧山建筑装饰实业有限公司
	2003	长兴县北环线工程	长2300米、宽52米	119600	长兴县城市建设发展总公司	浙江省长兴市政工程公司
	2006	长兴县大剧院	框架3层	17000	长兴永兴建设开发有限公司	龙元建设集团股份有限公司
	2007	长兴县会议中心	框架4层	11480	长兴永兴建设开发有限公司	龙元建设集团股份有限公司
	2008	长兴县滨河大道工程	长2100米、宽24米	50400	长兴县城市建设发展总公司	浙江长兴市政工程有限公司
	2010	长兴县传媒中心建安工程	框架4层	23660	长兴县广播电视台	中厦建设集团有限公司、浙江湖州市建工集团装饰有限公司、深圳市瑞华建设股份有限公司

续表13-3

优质工程奖名称	获奖年份	获奖工程	结构层次	建筑面积	建设单位	施工企业
	2011	长兴县中医院病房综合楼工程	框架11层	36400	长兴县中医院	浙江大东吴集团有限公司
	2012	浙江长兴农村合作银行综合楼	框架11层	5300	长兴县农村合作银行	宁波建工股份有限公司
浙江省市政金奖	2011	长兴县龙山新区12号道路工程	长1770米、宽36米	63700	长兴永兴建设开发有限公司	浙江长兴市政工程有限公司

说明:资料来源于县建设局

第二章　房地产业

1987年,长兴县房地产业真正开始起步,全年完成房地产开发投资302万元,商品房施工面积1.75万平方米,竣工商品房面积1.33万平方米,销售商品房面积0.77万平方米,实现销售额241.55万元。1995年,随着城镇住房制度的深化改革,住房商品化、社会化速度加快。1999年,兴起旧城改造和房地产开发热潮,外地开发企业开始陆续进入长兴。进入21世纪后,住房建设由单一多层商品住宅向商住楼、小高层、高层、公寓、排屋、别墅等多种形式发展,以满足多层次消费人群需求。2012年,全县房地产市场总体保持平稳发展态势,全年完成房地产开发投资59.42亿元,商品房施工面积414.21万平方米,竣工面积50.12万平方米,销售面积53.21万平方米,销售额34.2亿元。该时期,全县落实各项政策和措施,不断加强房地产市场监管,保障房地产行业健康有序发展。

第一节　房地产开发

1984年之前,全县居民住宅均为自建或单位联建。1984年起,长兴房地产业开始起步,商品房开发建设实行计划开发、政府定价销售办法,县计划经济委员会下达年度商品房开发销售指导性计划,房地产开发企业按计划开发建设,按县物价局核定价格销售。同年,县房管处住宅经营公司开发建设第一个商品房住宅小区——龙潭湾建设桥小区。

1987年,是长兴房地产业真正起步之年,全县完成房地产开发投资302万元,商品房施工面积1.75万平方米,其中住宅面积1.4万平方米,竣工商品房面积1.33万平方米,其中住宅面积1万平方米,销售商品房面积0.77万平方米,其中住宅面积0.43万平方米,销售额241.55万元。1988年,根据国务院《关于在全国城镇分期分批推行住房制度改革的实施方案》的要求,县政府出台《长兴县城镇房屋产权登记发证实施办法》,建立长兴县房地产交易所,助推长兴房地产业发展。1992年,取消商品房开发销售指导性计划,由房地产开发企业根据市场情况自行开发建设。1995年,县政府出台《长兴县深化城镇住房制度改革实施方案》,将住房实物福利分配方式改变为按劳分配为主的货币工资分配方式,建立公积金制度,发展住房金融,建立规范化房地产交易市场。1999年,长兴迎来房地产开发建设第一波高潮,外地开发企业陆续进入长兴,房地产投资开发快速增长,商品房销量、价格呈现快速上升趋势,市场交易活跃。2004年,受国家房地产市场调控政策影响,长兴商品房销售同比下降30%。2005年,国务院发布《关于切实稳定住房价格的通知》(简称"国八条"),进一步加大宏观调控力度,央行连续两年上调金融机构存贷款基准利率。2006年,全国房地产市场由卖方市场向买方市场、由以增量市场为主向以存量市场为主转变,长兴房地产市场受到一定冲击,房地产业主要指标增幅明显收窄。2007年年初,长兴启动大规模旧城改造,住房刚性需求明显增加,呈现住房供不应求、房价快速上涨现象,引发市民较大关注。同年7月,县政府成立房价联合调控执法办公室,从县物价局、县建设局、县国土局、县工商局、县国税局、县地税局等部门抽调人员集中办公,负责旧城改造期间房价调控,提出稳定房价对策和措施,指导房地产开发企业合理确定商品房销售价格。同时对23家房地产开发企业进行集中检查,规范房地产开发企业预售、广告、合同、价格等管理,强化房价综合调控,房价上涨势头得到遏止。2008年年初,在国家宏观调控政策相继出台和全县综合调控房价双重作用下,长兴房地产市场渐趋平稳,商品房销量明显回落,房地产市场再遇周期性下行。下半年,央行多次降息及4万亿资金拉动内需等多项政策出台。同年年底,为活跃房地产市场,县政府出台《关于促进房地产市场健康发展的若干意见(试行)》,在奖励购房券、收费减免、金融信贷支持等多项优惠措施助推下,商品房销售一路直线上升,长兴房地产市场再次迎来热潮。2010年,为抑制全国部分大城市房价过快上涨态势,国家先后3次出台房地产调控政策。2011年,"新国八条"、房产税试点改革先后实施,限购、限价、限贷政策全面升级,楼市出现疲软,销量明显回落,长兴房地产市场再次进入低迷。同年10月,县政府再次出台《关于促进长兴县房地产市场健康发展的若干意见》,积极引导住房理性消费,鼓励房地产企业做大做强创品牌。

2012年,全县商品房施工面积414.21万平方米,其中新开工面积136.22万平方米,共有85个房地产项目,其中中心城区64个、乡镇21个。全年完成房地产开发投资59.42亿元,比上年增长56.6%,竣工面积50.12万平方米,比上年下降约31%,销售面积53.21万平方米,比上年下降1.4%,销售额34.2亿元,比上年下降0.7%;中心城区普通商品房销售均价为每平方米6427元。1987—2012年,全县共完成房地产开发投资261.88亿元,竣工商品房684.24万平方米;销售商品房719.75万平方米,销售额268.18亿元。

一、商品房建设

住宅商品房 1984年,长兴房地产业开始起步,县房管处住宅经营公司开发建设第一个商品房住宅小区——龙潭湾建设桥小区。1985年,开发建设金陵北路36间住宅房。1986年,开发建设解放东路南端2幢商品房。1987年,是长兴房地产业真正起步之年,全县住宅商品房施工面积1.4万平方米,住宅商品房竣工面积1万平方米。1988年,完成住宅商品房投资400万元,竣工面积1.03万平方米。同年,全县商品住宅均为6层以下单一多层,主要满足居民基本居住需求。

20世纪90年代初,长兴启动首个老住宅区——仓前街拆迁改造,建成仓前街住宅小区,总建筑面积达到9.77万平方米。1992年,张家村小区建成,是全县第一个规模型住宅小区,住户616户,建筑面积3.9万平方米。该时,城区居民住房每套建筑面积增加到60平方米~100平方米,套内结构布局调整到两室一厅一卫一厨、三室一厅一卫一厨、三室二厅二卫一厨等,有线电视、电话同步配套到位,部分住宅配有半地下室停车库。之后陆续新建北门、怡景苑、台苑、长安、紫金、古城、金贸、海兴、东鱼巷、米行弄、建设等13个住宅小区和组团,并按规划建设幼儿园、小学、医务站、老年活动室、菜场、邮电、银行、商场、娱乐场所、修理服务业、垃圾中转站等配套设施,同时改造钟楼、金陵北路、东门新港等老住宅小区。1995年,城镇住房制度改革推动住房商品化速度加快,县内开始出现商住楼、公寓、别墅等,同年竣工住宅商品房15.67万平方米。1998年,浙江金宇实业股份有限公司进驻长兴成立分公司,成为长兴县第一家外来房地产开发企业,由其开发建设的金宇花园小区为外地房地产开发企业在长兴开发建设的第一个房地产项目,占地7.67公顷,建筑面积11万平方米,总投资2亿元。1999年12月,引进外来资金进行旧城改造和房地产开发,先后建成大自然城市花园、新世界庄园、长春花苑3个规模住宅小区,共建商住楼面积46万平方米,总投资达3.9亿元。

进入21世纪后,长兴住宅建设由单一多层商品住宅向商住楼、小高层、高层、公寓、排屋、别墅等多种形式发展,以满足多层次消费人群需求。2002年,总投资1.5亿元开发的耀圣·通宝城,成为全县首个由高层、小高层和多层及沿街商铺组成的楼盘。2003年,杭州海威置业有限公司设立长兴滨海房地产开发公司，开发建设水木花都小区，总面积达 80 万平方米，由别墅、多层、高层、沿街商铺组成，为浙北地区首个大盘。2005 年后，陆续建成维多利亚、风铃绿洲、水木花都、茗桂华庭、皇家湾名邸等住宅小区，居民居住条件进一步改善。同年，和平镇首开乡镇房地产开发建设的先河，浙江华兴房地产开发有限公司进驻该镇开发房地产。随后，外地及长兴当地房地产开发企业陆续进驻乡镇从事房地产开发建设。2008 年后，为适应居民改善型居住需要，长兴陆续开发建设御景园、云海山庄、画溪玫瑰园等联排、叠墅、别墅等高端住宅小区，并出现景瑞望府、香堤雅墅等纯别墅小区。2012 年，完成住宅商品房投资 30.84 亿元，住宅商品房施工面积 414.2 万平方米，竣工面积 24.72 万平方米。至同年年末，中心城区有住宅小区（组团）163 个，住宅面积 770 万平方米；乡镇有住宅小区（组团）21 个，住宅面积 55 万平方米。城镇居民住房条件明显改善，户均建筑面积 130.7 平方米，人均建筑面积 45.8 平方米，住宅结构以多层为主，形式多样、结构合理。1988—2012 年，全县住宅商品房开发投资累计 177.7 亿元，竣工面积 503.65 万平方米，占商品房竣工总面积的 73.8%。

2012 年长兴县主要住宅小区情况表

表 13-4

小区名称	总建筑面积（平方米）	总户数（户）	首次交付年份	小区名称	总建筑面积（平方米）	总户数（户）	首次交付年份
紫金新村	18954		“六五”	金诺花园	22000	144	2006
电厂生活区	65000	398	1986	国际商务大厦	28000	180	2006
张家村	39000	616	“七五”	凤凰商业街	59757	508	2006
台苑新村	56000	1029	“七五”	茗桂华庭	64010	448	2006
怡景苑	8000	50	“八五”	旺角维多利亚	108354	992	2006
建设小区	11000	178	“八五”	滨海水木花都	730000	5691	2006
米行弄小区	12000		“八五”	旭日大厦	4215	22	2007
城南小区	15760	257	“八五”	明花苑	8975	64	2007
海兴小区	20000	250	“八五”	紫霞苑	24737	270	2007
东鱼巷新村	20309	265	“八五”	古城大厦	30500	399	2007
长安小区	63263	733	“八五”	玲珑山庄	35970	200	2007
城北小区	156685	2232	“八五”	扬子山庄	50507	140	2007
金贸小区	19684		“八五”后	国际花园	56768	539	2007
台苑新村	70000	1173	1994	金临小区	96250	1012	2007
总管弄小区	30000	290	1995	水岸华庭	97000	595	2007
城北小区	182000	2342	1996	风铃绿洲	187200	998	2007
县前街小区	18000	258	1997	龙山雅苑	374700	2040	2007
中马小区 2-8 号楼	26825	195	1998	维多华庭	5906	72	2008
明珠花园	33550	263	1998	景峰小区	9431	70	2008
三狮苑	82598	862	1998	五丰福地	17100	49	2008
建行别墅区	12000	36	1999	金成广场	24000	94	2008
商苑北区	16800	148	1999	云海山庄	59862	231	2008
古苑新村	17500	155	1999	洪桥馨苑	65000	112	2008
坛家桥小区	22000	36	2000 前	丽湖名居	117437	1165	2008
城南东路	5000	36	2000	君悦华府 东盛华庭	185636	1312	2008

续表13-4

小区名称	总建筑面积(平方米)	总户数(户)	首次交付年份	小区名称	总建筑面积(平方米)	总户数(户)	首次交付年份
荣军小区2#、3#楼	5560	54	2000	翡翠名都	193400	1350	2008
荣军小区1#楼	8511	23	2000	新城丽景	218000	1334	2008
荣军小区	10000	99	2000	龙山庄园	20664	76	2009
环西花园	20000	158	2000	金宇丽苑	20667	80	2009
高阳花园	5000	80	2001	槐坎商贸中心	36900		2009
宏达小区	5350	66	2001	凤凰城	77351	195	2009
古城公寓	9000	87	2001	金莲花园	78958	785	2009
晨苑公寓	18000	174	2001	金汇家园	14500	147	2010
长春花苑	45123	386	2001	锦绣花园	20300	46	2010
新世纪花园	93000	765	2001	东润名邸	29447	225	2010
金宇花园	102000	726	2001	滨河家园	33500	335	2010
大自然城市花园	250000	1182	2001	陆汇嘉园	37600	274	2010
清风苑小区	12000	81	2002	鑫城绿苑一期	45100	399	2010
新世界庄园	49663	491	2002	湖滨花园	52598	305	2010
新雅花园	11601	83	2003	云宇•财富城	64722	269	2010
金陵现代城	78088	582	2003	长兴中心广场百合园	91284	500	2010
金球花园	8200	92	2004	镜水蓝庭	105000	856	2010
静苑小区	10500	44	2004	兴业大厦	25631		2011
宜春小区	24960	160	2004	御景园	46045	279	2011
海陆新都汇	44615	553	2004	画溪春天	69503	662	2011
皇家湾	56880	192	2004	画溪庄园	76408	385	2011
金鼎时代广场	62896	474	2004	佳镜名城	77246	679	2011
朱渡桥公寓	93477	1089	2004	新湖小区	82366	678	2011
通宝城	148498	1044	2004	国际金座	55722	469	2011
浙水阳光	185199	1345	2004	领域龙山	94586	486	2011
西鱼巷小区	11000	87	2004	竹境茶语	26000	47	2012
光辉小区	7293	118	2005	滨河国际	27535	179	2012
金铁小区4-9幢	10000	76	2005	阳光家园	38232	364	2012
双街小区	13500	24	2005	万宏花园	43560	266	2012
清溪家园	20545	300	2005	画溪玫瑰园	55975	127	2012
皇家湾名邸	130000	1056	2005	蓝天嘉苑	67654	520	2012
金江大厦	7300	66	2006	丹桂名园	84951	1012	2012
今欢小区二期	18000	170	2006	—	—	—	—

说明:1.资料来源于县建设局;2."六五""七五""八五"为第六个、第七个、第八个五年计划简称,分别指1981—1985年、1986—1990年、1991—1995年

非住宅用房 1988年,全县共有非住宅用房191.1万平方米,其中工业交通用房124.2万平方米,商业服务用房32.95万平方米,教育卫生用房16.9万平方米,文化娱乐用房5.05万平方米,机关办公用房8.8万平方米,其他用房3.2万平方米。20世纪90年代,随着城市规模不断扩大,城市人口快速增加,先后新建金陵农贸市场、烟草公司大楼、农业银行大楼、保险公司大楼、新华书店大楼、人民银行大

楼、中国银行大楼、双龙大厦、金陵商城、财税大楼、青少年宫、长兴火车站、中百一店等一批城市公共建筑，拆建部分城市公共建筑。1998年，金陵大酒店建成，主楼16层，建筑面积1.1万平方米。进入21世纪后，长兴旧城改造和新区开发步伐加快，相继建成大剧院、档案馆、图书馆、体育馆、文化馆、人民医院、中医院、妇幼保健院等文体卫生用房，建成国际大酒店、新紫金大酒店、红玫瑰大酒店、浙北大厦、八佰伴、欧尚超市、火车站、长途汽车站等一批商业餐饮交通服务用房，并建成县行政办公综合楼、农业局、林业局、交通局、公安局等机关单位办公用房。2012年，非住宅用房竣工面积25.38万平方米。至同年年末，全县共有非住宅用房面积1496.5万平方米。参见第7编城乡建设、第2章、第5节。

1987—2012年长兴县房地产开发情况表

表13-5

年份	投资额（亿元）	施工面积（万平方米）	新开工面积（万平方米）	竣工面积（万平方米）	住宅		办公用房	商业用房	其他
					投资额（万元）	竣工面积（万平方米）	竣工面积（万平方米）	竣工面积（万平方米）	竣工面积（万平方米）
1987	0.03	1.75		1.33		1.00			
1988	0.06	3.72		1.14	0.04	1.03	0.11	0.24	0.21
1989	0.09	3.64		1.94	0.06	1.81	0.12	0.22	0.31
1990	0.04	2.43	2.03	1.61	0.03	1.48	0.08	0.42	0.33
1991	0.05	2.04	1.35	1.36	0.03	1.36	0.21	0.88	0.00
1992	0.15	5.09	4.72	0.76	0.12	0.71	0.00	0.05	0.00
1993	0.72	17.83	12.83	7.78	0.55	7.34	0.23	0.21	0.00
1994	1.03	14.09	7.94	10.11	0.74	7.46	0.84	1.64	0.17
1995	1.55	21.18	12.55	15.67	1.21	12.23	0.71	1.69	1.04
1996	0.82	11.92	7.16	6.12	0.58	4.09	0.51	0.87	0.65
1997	1.33	16.49	6.94	8.53	0.95	7.26	0.20	0.85	0.22
1998	1.21	20.81	9.60	14.97	0.91	11.94	0.49	1.78	0.74
1999	1.07	12.25	6.34	7.51	0.74	6.64	0.22	0.41	0.24
2000	3.21	45.96	34.95	12.84	2.65	11.43	0.62	0.55	0.24
2001	4.83	82.69	41.71	30.72	3.54	27.44	0.52	2.15	0.61
2002	4.85	89.78	43.48	40.81	3.61	33.39	0.50	6.66	0.94
2003	6.16	97.81	46.91	35.80	4.18	27.82	1.78	4.96	1.23
2004	9.07	118.23	58.43	42.68	6.87	25.80	4.90	10.11	1.87
2005	17.07	154.20	79.18	58.67	13.78	46.40	0.28	10.29	1.70
2006	15.40	169.04	80.46	59.32	13.35	47.28	0.00	8.61	3.43
2007	14.50	162.03	49.40	46.50	11.40	32.77	0.13	11.23	2.38
2008	23.83	190.55	62.34	40.92	16.29	33.14	0.00	5.47	2.31
2009	22.70	255.56	121.24	34.07	15.65	23.09	0.84	5.64	4.50
2010	34.74	301.10	105.34	80.37	24.43	50.96	1.35	20.48	7.58
2011	37.95	329.33	108.13	72.59	25.15	56.06	2.18	6.96	7.39
2012	59.42	414.21	136.22	50.12	30.84	24.72	0.64	8.12	16.62

说明：资料来源于县建设局

二、商品房销售

1987年，全县共销售商品房面积0.77万平方米，其中住宅商品房面积0.43万平方米，销售额241.55万元。1988年，商品房开发销售进入市场化轨道，由各房地产开发企业自主销售，县城建局加强管理。同年,共销售商品房面积1.08万平方米,销售额约300万元,其中住宅面积0.92万平方米、销售额200万元,商业用房面积0.16万平方米、销售额100万元。1995年,随着城镇住房制度改革实施,住房商品化、社会化速度加快,长兴房地产开发规模扩大。1997年,长兴县实施商品房预售登记和许可制度,开发企业凭“商品房预售许可证”销售商品房。2000年,长兴进行第一轮大规模旧城拆迁改造,建成商品房12.84万平方米,销售达到13.31万平方米,市民购房需求旺盛,市场交易活跃。2001年10月,长兴举办第一届房地产交易展示会,17家房地产开发企业进场参展交易,当年销售商品房27.84万平方米,其中个人购房比重达98.1%。之后,长兴房地产开发投资稳步增长,房地产开发销售规模不断扩大。2002年后,随着住宅小区增多,沿街商业用房销售也快速增长。2004年,在招商引资推动下,外来企业逐步增多,带来办公用房需求大幅增加。同年,销售办公用房4.48万平方米。2005年,商业用房销售规模达到11.67万平方米,比上年增长1.22倍。2006年后,外地及长兴当地房地产开发企业陆续进驻乡镇从事房地产开发。2007年1月,长兴县数字化房地产管理(透明售房)系统试运行,商品房预售报批、合同备案、信息发布等均在该系统完成。同年,国家实施一系列房地产新政,县政府出台房地产市场调控政策,全县房地产市场步入低迷状态,商品房开发面积减少、销售下降、房屋空置面积增加。2008年,县政府出台《关于促进房地产市场健康发展的若干意见(试行)》,采取奖励购房券、收费减免、金融信贷支持等多项优惠措施。2009年,在县政府各项政策措施推动下,房地产市场企稳回暖,当年销售商品房83.15万平方米,比上年增长153.4%。2010年后,县政府又先后两次出台促进房地产业健康稳定发展政策措施,全县商品房销售保持基本稳定。2011年后,随着南太湖总部经济园建成,办公写字楼销售迅速增加。2012年,全县销售商品房3591套,面积53.21万平方米,其中办公用房面积1.93万平方米,商业用房面积6.16万平方米。1988—2012年,全县共销售商品房面积718.98万平方米,销售额268.16亿元,其中住宅面积600.12万平方米、销售额208.25亿元,办公用房面积17.69万平方米、销售额5.25亿元,商业用房面积82.73万平方米、销售额47.67亿元,其他用房面积18.46万平方米、销售额4.61亿元。

图13-1 长兴房地产展示交易会(县建设局提供·2012年)

1987—2012年长兴县房地产销售情况表

表13-6

年份	小计		住宅		办公用房		商业用房		其他	
	面积(万平方米)	销售额(亿元)	面积(万平方米)	销售额(亿元)	面积(万平方米)	销售额(亿元)	面积(万平方米)	销售额(亿元)	面积(万平方米)	销售额(亿元)
1987	0.77	0.02	0.43							
1988	1.08	0.03	0.92	0.02	0	0	0.16	0.01	0	0
1989	1.44	0.05	1.39	0.04	0	0	0.05	0.01	0	0
1990	1.57	0.60	1.40	0.58	0.06	0.01	0.11	0.01	0	0
1991	0.68	0.03	0.68	0.03	0.00	0.00	0.00	0.00	0.00	0.00
1992	2.44	0.11	2.34	0.10	0.00	0.00	0.10	0.01	0.00	0.00

续表13-6

年份	小计		住宅		办公用房		商业用房		其他	
	面积（万平方米）	销售额（亿元）	面积（万平方米）	销售额（亿元）	面积（万平方米）	销售额（亿元）	面积（万平方米）	销售额（亿元）	面积（万平方米）	销售额（亿元）
1993	5.71	0.46	5.61	0.44	0.00	0.00	0.10	0.02	0.00	0.00
1994	7.89	0.71	7.16	0.40	0.24	0.09	0.49	0.22	0.00	0.00
1995	11.76	0.81	9.43	0.55	0.23	0.03	1.09	0.14	1.01	0.09
1996	7.23	0.81	6.26	0.66	0.00	0.00	0.67	0.09	0.30	0.05
1997	6.37	0.63	5.78	0.51	0.04	0.002	0.42	0.07	0.13	0.03
1998	8.64	1.11	7.64	0.87	0.09	0.01	0.91	0.22	0.00	0.00
1999	9.91	1.08	9.00	0.87	0.20	0.02	0.71	0.18	0.02	0.01
2000	13.31	1.66	12.02	1.25	0.06	0.01	1.19	0.38	0.04	0.02
2001	27.84	3.86	24.38	3.03	0.52	0.03	2.20	0.70	0.74	0.05
2002	33.41	6.20	28.50	4.32	0.15	0.03	3.80	0.78	0.96	0.21
2003	37.61	6.26	32.38	4.59	1.40	0.28	3.10	1.34	0.73	0.05
2004	25.1	5.05	15.11	2.88	4.48	0.80	5.25	1.33	0.26	0.04
2005	74.33	19.13	60.55	14.14	0.22	0.04	11.67	4.69	1.89	0.26
2006	62.53	19.27	52.40	15.33	1.01	0.32	4.88	2.23	4.24	1.39
2007	71.50	26.35	62.37	22.30	0.98	0.24	7.13	3.59	1.02	0.22
2008	32.82	13.39	28.90	11.34	0.14	0.05	3.26	1.86	0.52	0.14
2009	83.15	44.64	71.95	37.66	1.19	0.45	8.84	6.29	1.17	0.24
2010	77.33	45.12	60.78	33.75	1.95	1.04	12.99	9.62	1.61	0.71
2011	62.12	36.60	50.46	26.79	2.80	1.80	7.45	7.55	1.41	0.46
2012	53.21	34.20	42.71	25.80	1.93	1.43	6.16	6.33	2.41	0.64

说明：资料来源于县建设局

三、开发企业

1984年11月，长兴县房地产管理处成立长兴县住宅经营公司，从事住宅经营建设。1986年8月，组建长兴县房屋建设开发公司，为长兴第一家房地产开发企业。1987年10月，雉城镇政府组建长兴县城市建设综合开发公司。至同年，全县共2家房地产开发企业，均为公有制企业，开发规模较小。1990年9月，长兴县城市建设综合开发公司因资质不达标，被取消房地产开发经营资格。1992年7月，成立县房地产经营公司、泗安镇房屋综合开发公司和县经济房建设开发公司3家房地产开发企业。1993年，伴随全国出现的房地产开发热潮，长兴房地产业开始升温，房地产开发企业增加至17家。1998年，浙江金宇实业股份有限公司进驻长兴成立分公司，成为全县第一家外来房地产开发企业。1999年，长兴实施大规模旧城改造，房地产开发建设迎来第一波高潮，外来房地产开发企业陆续进入长兴，与长兴县当地开发企业合资，分别成立长兴华瓯房地产开发有限公司、长兴新世界房地产开发公司、长兴金中房地产开发有限公司。进入21世纪，随着长兴房地产市场不断升温，房地产开发规模不断扩大，外地房地产开发企业纷纷抢滩长兴市场。2002年，浙水房地产开发有限公司、浙江滨海房地产开发有限公司、浙江云厦集团有限公司进驻长兴，房地产企业继续得到较快发展，2005年达到52家。2008年，浙江绿城房地产开发有限公司进驻长兴，长兴当地有实力企业也成立房地产开发企业，如长兴振宇房地产开发公司、长兴金源置业有限公司、长兴诺力新金都有限公司等。2012年年末，全县有等级房地产开发企业71家，有暂定级房地产开发企业24家。在71家等级房地产开发企业中，有三级资质企业4家，其中当地房地产开发企业、外地入驻长兴房地产开发企业各2家；有四级资质企业67家，其中当地房地产开发企业30家、外地入驻长兴房地产开发企业37家。

2012年长兴县当地房地产开发企业情况表

表13-7　　　　单位:万元

企业名称	注册年月	资质等级	注册资本	开发主要楼盘
长兴华昌房地产开发有限公司	2007.06	三级	1000	泗安凤凰城
长兴中兴房地产开发有限公司	2009.06	三级	5000	东方绿洲
长兴诺力兴金都房地产开发有限公司	1998.09	四级	5000	龙山庄园、金诺花园
浙江省长兴万宏汽车运输有限公司	1999.01	四级	500	万宏花园
长兴县金中房地产开发有限公司	1999.12	四级	500	金色港湾、城北小区滨河苑
长兴县振宇房屋开发有限公司	2000.01	四级	5000	莱茵河畔、画溪玫瑰园
长兴县华裕房地产开发有限公司	2000.03	四级	1000	银河大厦、明花苑、金汇家园
长兴县市场房地产开发有限公司	2001.07	四级	1000	金球花园、铁鹰公寓
长兴五洋房地产开发有限公司	2002.10	四级	2000	憩园郡、朱渡桥公寓
长兴金源置业有限公司	2005.07	四级	6000	新城丽景
长兴华银房地产开发有限公司	2005.12	四级	1200	银都丽景
湖州兴和房地产开发有限公司	2006.06	四级	1250	兴和广场
长兴绿宇房地产开发有限公司	2007.06	四级	500	中央公馆
长兴建设房屋开发有限公司	2007.08	四级	57000	紫金南苑、画溪花园、米西花园
长兴金荣房地产开发有限公司	2009.03	四级	500	鑫荣大厦
长兴众盛置业有限公司	2009.07	四级	500	阳光家园
长兴格兰置业有限公司	2009.07	四级	1000	格兰国际大厦
长兴欣诺房地产开发有限公司	2009.09	四级	48885	卡地亚庄园、香缇花园
长兴富盛房地产开发有限公司	2009.10	四级	1000	泗安富盛花苑
长兴长海房地产开发有限公司	2009.12	四级	1000	明珠佳园
长兴恒通房地产开发有限公司	2010.02	四级	10000	玉兰花园
长兴五通房地产有限公司	2010.02	四级	500	槐坎迎新苑
长兴明达房地产开发有限公司	2010.02	四级	1000	紫藤花墅
长兴康盛置业有限公司	2010.06	四级	500	白溪景苑
长兴康城置业有限公司	2010.08	四级	500	泗安康城华府
长兴金地置业有限公司	2011.01	四级	1000	滨湖锦苑
浙江森富置业有限公司	2011.08	四级	2000	森富大厦
长兴金地轻纺市场开发有限公司	2011.09	四级	2000	夹浦长兴轻纺城一期
浙江长兴绿洲房地产开发有限公司	2011.10	四级	2000	虹星桥城南花都
长兴同人置业有限公司	2011.11	四级	500	同人大厦
长兴开拓置业有限公司	2012.03	四级	1000	国贸大厦
长兴恒源房地产开发有限公司	2012.09	四级	560	恒丰苑

2012年长兴县入驻房地产开发企业情况表

表13-8　　　　单位:万元

企业名称	入驻长兴年月	资质等级	注册资本	开发主要楼盘
浙江振力房地产开发有限公司	2004.09	三级	5121	通宝城

续表13-8

企业名称	入驻长兴年月	资质等级	注册资本	开发主要楼盘
浙江盛地房地产开发有限公司	2009.09	三级	2000	西城时代
长兴县华瓯房地产开发有限公司	2000.03	四级	6500	大自然城市花园
长兴万山世琥置业有限公司	2003.07	四级	514(美元)	维多利亚、金陵现代城
长兴滨海房地产开发有限公司	2003.09	四级	8000	水木花都
浙江长兴港龙置业有限公司	2003.11	四级	9200	风铃绿洲
长兴宏发实业发展有限公司	2005.05	四级	2500(美元)	丽湖名居
浙江湖州信利房地产开发有限公司	2005.05	四级	1000	翡翠名都
长兴环宇置业有限公司	2006.07	四级	2000	镜水蓝庭
长兴大家置业有限公司	2006.12	四级	100	领域龙山
湖州晟泰实业投资有限公司	2007.08	四级	3000	林城商贸街
长兴绿城房地产开发有限公司	2008.01	四级	10000	长兴中心广场
长兴万城房地产有限公司	2008.04	四级	1000	李家巷湖滨花园
长兴画溪房地产开发有限公司	2008.04	四级	2000	小浦银杏景苑
湖州广泰置业有限公司	2009.07	四级	1200	鼎城
长兴万华房地产开发有限公司	2009.08	四级	4000	金御湾
浙江和地置业有限公司	2009.10	四级	5000	南门新天地
长兴万嘉房地产有限公司	2009.11	四级	500	香溪美庭
长兴美欣达房地产开发有限公司	2009.11	四级	5848	浙北商业广场
长兴越都房地产开发有限公司	2010.01	四级	8000	琥珀嘉苑
长兴和泰置地有限公司	2010.07	四级	20000	龙山泰景
长兴景珑置业有限公司	2010.08	四级	15000	橡树庄园
长兴靖宸置业有限公司	2010.08	四级	4000	白鹭湾
长兴振力龙溪御庭置业有限公司	2010.11	四级	12900	龙溪御庭
浙江长兴万禾置业有限公司	2011.01	四级	1000	泗万禾欣城
长兴佳源房地产开发有限公司	2011.01	四级	9001	英伦都市
长兴德信置业有限公司	2011.01	四级	500	泊林公馆
长兴星龙置业有限公司	2011.02	四级	2000	星龙湾
长兴中地房地产开发有限公司	2011.03	四级	500	凯旋宫
长兴昆仑置业有限公司	2011.03	四级	10000	龙山公馆
湖州景尚置业有限公司	2011.05	四级	5100	景瑞望府
长兴水木清华置业有限公司	2011.07	四级	1000	泗安天兴广场
长兴利时建设开发有限公司	2011.08	四级	5000	利时广场
浙江禾峰置业有限公司	2011.11	四级	2000	禾峰乾庄
长兴吕缘房地产开发有限公司	2012.03	四级	500	吕山吕蒙广场
长兴和盛房地产开发有限公司	2012.03	四级	4000	和平广场
长兴金马房地产开发有限公司	2012.06	四级	1000	泗安丹桂公寓
湖州嘉兆实业有限公司	2012.08	四级	8125	海洋城
长兴龙成房地产开发有限公司	2012.10	四级	2000	和平新港嘉苑

说明：资料来源于县建设局

第二节 房地产交易

1988年10月,县房管处设立长兴县房地产交易所,对买卖房屋历史资料进行核实、产权认定、代办契税、过户,并根据房屋结构、新旧成色,在双方议定基础上,进行评估鉴证,由县公证处公证,改变全县房产交易"有市无场"局面,规范全县房产交易行为。

一、房地产转让

1988年,县房地产交易所成立后,登记二手房和新建商品房转让,收取交易管理费,并代征房产税和契税。全年房地产交易250户,交易建筑面积1.53万平方米,交易额327.98万元,均为存量房。1995年后,随着住房商品化速度加快,房地产开发规模逐步扩大,房产交易日趋活跃。1998年,省建设厅转发《关于降低房地产交易手续费标准的通知》,取消房地产交易管理费,大幅降低房地产交易手续费,降低转制企业房地产交易收费标准。同年,省建设厅印发《房地产交易、房屋所有权登记申请审批表》,规定凡房屋发生买卖、赠予均应使用审批表。之后,尽管长兴房地产市场发生变化,但房地产交易量保持基本稳定。2002年,建设部明确住房交易手续费标准最高限额,新建商品住房每平方米3元,存量住房每平方米6元。省物价局规定住房以外房产转让手续费为新建商品房每平方米6元,存量房每平方米12元。2012年,全县房地产交易9054户,交易建筑面积238.78万平方米,交易额152.04亿元。其中,商品房交易户数5245户,建筑面积138.14万平方米,交易额90.44亿元;存量房交易户数3809户,建筑面积100.64万平方米,交易额61.59亿元。1988—2012年,全县房地产交易138545户,交易建筑面积2400.09万平方米,交易额984.07亿元。其中,商品房交易户数60544户,交易建筑面积1242.04万平方米,交易额589.87万元;存量房交易户数78001户,交易建筑面积1158.05万平方米,交易额394.2万元。

1988—2012年长兴县房地产转让情况表

表13-9

年份	交易户数(户)			交易建筑面积(万平方米)			交易金额(万元)		
	总数	商品房	存量房	总数	商品房	存量房	总额	商品房	存量房
1988	250	0	250	1.53	0	1.53	327.98	0.00	327.98
1989	539	0	539	4.70	0	4.70	1510.17	0.00	1510.17
1990	730	0	730	5.65	0	5.65	2046.13	0.00	2046.13
1991	973	0	973	8.89	0	8.89	2579.17	0.00	2579.17
1992	1350	0	1350	11.84	0	11.84	4977.38	0.00	4977.38
1993	1800	0	1800	16.98	0	16.98	13266.51	0.00	13266.51
1994	3250	61	3189	22.75	0.43	22.32	19609.89	379.42	19230.47
1995	3415	348	3067	27.66	2.74	24.92	21798.96	2137.61	19661.35
1996	4730	621	4109	36.63	5.24	31.39	39936.20	5749.96	34186.24
1997	4908	308	4600	44.64	2.66	41.98	43574.96	2461.44	41113.52
1998	5130	486	4644	47.79	4.92	42.87	59488.78	6171.45	53317.33
1999	5257	1134	4123	53.92	12.74	41.18	59136.12	14281.38	44854.74
2000	5614	2351	3263	63.75	21.36	42.39	75230.50	26298.66	48931.84
2001	5581	2411	3170	63.91	29.25	34.66	83834.49	38734.55	45099.94
2002	5908	2133	3775	67.26	26.35	40.91	116766.33	46346.22	70420.11

续表 13-9

年份	交易户数(户)			交易建筑面积(万平方米)			交易金额(万元)		
	总数	商品房	存量房	总数	商品房	存量房	总额	商品房	存量房
2003	5280	2562	2718	62.09	32.38	29.71	105652.79	56219.90	49432.89
2004	5603	2064	3539	70.94	27.05	43.89	136112.72	53758.01	82354.71
2005	5900	2894	3006	86.03	39.64	46.39	201563.90	97809.42	103754.48
2006	6040	4621	1419	122.34	98.26	24.08	360033.20	293597.44	66435.76
2007	6791	3215	3576	122.96	59.18	63.78	440317.59	222064.66	218252.93
2008	8285	4451	3834	145.98	82.62	63.36	598229.50	345463.14	252766.36
2009	19825	12413	7412	543.28	341.36	201.92	2825440.08	1876679.17	948760.91
2010	8566	5301	3265	254.82	159.03	95.79	1484939.69	952220.75	532718.94
2011	13766	7925	5841	274.97	158.69	116.28	1623962.12	953919.55	670042.57
2012	9054	5245	3809	238.78	138.14	100.64	1520358.13	904416.37	615941.76
合计	138545	60544	78001	2400.09	1242.04	1158.05	9840693.29	5898709.10	3941984.19

说明:资料来源于县建设局

二、房地产租赁

1988 年,建设部、国家物价局和国家工商行政管理局联合发布《关于加强房地产交易市场管理的通知》,对房产租赁市场进行规范。同年,全县办理房产租赁 2 户,建筑面积 0.02 万平方米。2002 年,建设部下发《关于规范住房交易手续费有关问题的通知》,规定住房租赁手续费,按套收取,每套 100 元。省物价局规定租赁合同确定租金 1 万元以下手续费为 100 元,1 万元～3 万元为 200 元,3 万元～10 万元为 300 元,10 万元～50 万元为 600 元,50 万元以上为 1000 元。由于国家对房产租赁登记备案无强制性规定,除极少数工商办证需要外,均由租赁双方自行签订租赁合同,确立租赁关系。

三、房地产抵押

1997 年,省建设厅下发《关于规范房地产抵押登记的紧急通知》,明确房地产抵押活动纳入房地产交易市场管理,县房管处对抵押人房地产产权进行查档核实,依法颁发“房屋他项权证”,并在原“房屋所有权证”上填注他项权摘要。同时规定房地产抵押必须房屋连该房屋占用的土地使用权一起抵押,否则不予办理有关手续。同年,办理各类房产抵押登记 253 户,建筑面积 12.78 万平方米,抵押金额 760 万元。2001 年后,随着长兴经济快速发展,企业和个人因融资需要,房产抵押业务不断增多。2009 年,全县共办理房产抵押登记达到 14578 户,抵押建筑面积 364.37 万平方米,抵押金额 46.7 亿元。之后,房产抵押规模有所缩小。2012 年,办理各类房产抵押登记 9223 户,建筑面积 508.5 万平方米,抵押金额 62.72 亿元。1997—2012 年,累计办理各类房产抵押登记 88599 户,建筑面积 3025.03 万平方米,抵押金额 306.83 亿元。

1997—2012 年长兴县房地产抵押登记情况表

表 13-10

年份	户数(户)	抵押建筑面积(万平方米)	抵押金额(万元)	年份	户数(户)	抵押建筑面积(万平方米)	抵押金额(万元)
1997	253	1.40	1200	2002	1508	13.57	31200
1998	308	1.85	2280	2003	2309	25.06	69700
1999	580	4.03	4060	2004	3907	42.97	78056
2000	957	6.89	7708	2005	5773	60.75	107950
2001	1367	10.93	13808	2006	7828	260.03	160366

续表13-10

年份	户数(户)	抵押建筑面积(万平方米)	抵押金额(万元)	年份	户数(户)	抵押建筑面积(万平方米)	抵押金额(万元)
2007	9694	350.68	230587	2010	11817	507.59	450321
2008	7315	320.72	256025	2011	11182	545.69	560835
2009	14578	364.37	467028	2012	9223	508.50	627165

说明:资料来源于县建设局

四、房地产中介

房地产评估 1995年11月,县房管处设立长兴县房地产估价事务所,经省建设厅核准为B级。1999年1月,成立长兴县房地产中介事务所,隶属县房地产交易中心,主要从事房地产咨询、房地产评估,规范房地产转让过程中成交价申报、审查、核实和登记管理工作。2001年12月,实施房地产评估机构脱钩改制,县房地产估价事务所与县房管处脱钩,原经营班子合伙成立长兴联信房地产估价事务所,专业从事房地产评估,为房地产交易提供依据。2002年后,随着旧城改造拆迁大规模实施,长兴推行拆迁地块房屋评估"3选1"办法,推荐3家房地产评估公司供被拆迁户选择,最后确定1家评估公司。随后,外地房地产评估公司进入长兴。2012年,全县共有房地产评估公司11家,其中长兴当地3家。1995—2012年,共完成各类房屋评估10462处,面积254.7万平方米。

房地产经纪 1998年,全县成立第一家民间房地产经纪人中介——长兴百姓房地产中介所,办理贷款、过户、办证等手续。1999年1月,县房地产中介事务所成立。之后,随着房产交易日益频繁,社会中介机构逐渐增多。2006年10月,县房地产经纪人协会成立,有单位会员25家、个人会员42人。至2012年,全县共有房地产经纪人中介215家。

第三节 房地产市场管理

1988年,县城建局负责全县房地产市场管理。1996年8月,经省建设厅批准,县房管处设立房地产监察中队,对外挂牌为长兴县房地产管理处监察股,负责查处房地产开发企业违法违规行为。1997年,县建设局设立房地产管理科,为全县房地产市场行业管理职能机构,根据国家、省、市有关房地产管理的法律法规和规章,落实各项政策和措施,加强全县房地产市场监管,合理引导住房消费,保障全县房地产市场健康有序发展。

一、开发企业资质管理

1990年9月,根据建设部《城市综合开发公司资质等级标准》,长兴县房屋建设开发公司被核定为四级资质,成为长兴第一家等级房地产开发企业。1993年11月,建设部发布《房地产开发企业资质管理规定》,对房地产开发企业实行资质管理,规定房地产开发企业必须按资质等级范围进行开发。1997年4月,县建设局对全县房地产开发企业实施资质年检制度,结束无资质开发、无秩序竞争现象。至2012年年末,全县有房地产开发企业95家,其中三级14家、四级67家,暂定级24家。1990—2012年,曾有房地产开发业绩但已被注销资质的企业有长兴县城市建设综合开发公司、长兴机关房地产开发公司2家。其中,长兴县城市建设综合开发公司,成立于1986年10月,注册资本200万元,资质等级四级,主要开发项目为张家村小区,于1991年5月注销;长兴机关房地产开发公司,成立于1994年3月,注册资本150万元,资质等级四级,主要开发项目为总管弄职工住宅,于1997年5月注销。

二、商品房预售管理

1995年1月,《中华人民共和国城市房地产管理法》颁布实施。1997年,长兴县实施商品房预售登记和许可制度,规定房地产开发项目已交付全部土地使用权出让金,取得土地使用权证书,持有建设工程规划许可证，投入开发建设资金达到工程建设总投资 25%以上，且已确定施工进度和竣工交付日期后，企业可申领“商品房预售许可证”，凭证预售商品房。同年，发证 21 家次，预售面积 9.33 万平方米。2008 年，长兴县启用房地产透明售房系统，对取得预售许可或者办理现房销售备案的房地产开发项目，在 10 日内一次性公开全部销售房源，保证现场销售进度与网上房地产信息一致。2010 年，为保护购房者权益和防范金融风险，实施房地产开发企业商品房预售资金监管制度，定期检查商品房预售资金入账、使用情况，商品房预售资金实行“专款专户、专款专用”。2012 年，发证 39 家次，预售面积 94.5 万平方米。1997—2012 年，发证 614 家次，预售面积 794.83 万平方米。

1997—2012 年长兴县商品房预售证核发情况表

表 13-11

年份	发证数（家次）	预售建筑面积（平方米）	年份	发证数（家次）	预售建筑面积（平方米）	年份	发证数（家次）	预售建筑面积（平方米）
1997	21	9.33	2003	39	27.39	2009	54	79.05
1998	25	15.46	2004	42	36.87	2010	46	79.53
1999	24	14.45	2005	46	63.73	2011	45	89.21
2000	27	17.33	2006	44	61.34	2012	39	94.5
2001	32	32.43	2007	47	60.51	合计	614	794.83
2002	43	38.41	2008	40	75.29	—	—	—

说明：资料来源于县建设局

三、房地产价格管理

1984 年，全县对商品房开发建设实行按计划开发、政府定价销售办法，县计划经济委员会下达开发计划，县物价局核定商品房销售价格。1990 年，经县物价局、县城乡建设环境保护局共同审核，雉城镇台苑新村 3 号、4 号楼每平方米销售价格为 361.12 元，成为全县第一批由政府审核定价商品房。1992 年 5 月，县城建局、县物价局下发《关于调整商品房组价的通知》，规定银行贷款利息由原来按率计算调整为每平方米建筑面积 15 元纳入组价，开发管理费由原来 5%调整为 2.5%，计算基数以建筑安装工程费和基础设施费 2 项组成，增设开发利润按 3.5%计列，计算基数为建筑安装工程费、基础设施费、勘察设计及前期工程费组成；地租级差在规划区范围内暂按每平方米建筑面积 10 元，列入商品房组价。1994 年，取消价格审核制，由房地产开发企业根据市场供求情况自主定价。2007 年，实行商品住宅价格申报审批制度，所有商品住宅价格预售前统一报县政府规划例会审批，并报县建设局备案。备案销售价格在 6 个月内不能提高，售价降低 10%以上或备案 6 个月后需提高售价，须提前 10 天向价格主管部门和建设行政主管部门申报、备案并公示。房地产开发企业按照向主管部门备案价格，明码标价，一房一价对外销售。2011 年，县政府出台政策，要求当年新建住宅商品房价格增幅不高于当年地区生产总值增幅。

1987—2012 年长兴县县城（城区）住宅商品房均价情况表

表 13-12　　单位：元/平方米

年份	均价	年份	均价	年份	均价
1987	252	1993	799	1999	1090
1988	289	1994	897	2000	1247
1989	345	1995	692	2001	1372
1990	384	1996	1119	2002	1856
1991	301	1997	984	2003	1662
1992	441	1998	1285	2004	2012

续表13-12

年份	均价	年份	均价	年份	均价
2005	2574	2008	4080	2011	5892
2006	3082	2009	5369	2012	6427
2007	3692	2010	5795	—	—

说明:资料来源于县建设局

四、房屋产权登记发证

1988年3月,县政府发布《长兴县城镇房屋所有权登记发证实施办法》,在雉城镇皇家湾居民区和泗安镇、李家巷镇进行城镇房屋所有权登记试点,共登记物件、勘丈绘图私产房510户,32个单位房371幢,公产房111幢。6月,经产权审核、公告确权,向小浦机械厂、长广煤矿公司、雉城镇居民私房颁发首批房屋所有权证共539本。9月,全面开展城镇房屋登记发证。由房屋产权人提出登记申请,按房屋占有、使用、产别、结构、面积、质量、建造年代等逐项登记,经过房屋登记收件、实地勘丈绘图、产权审查和复审、绘制房屋所有权证、张榜公布、颁发房屋所有权证等6项基本程序。1989年12月,雉城镇、泗安镇、李家巷镇及长广公司、长兴水泥厂、长湖建材厂、小浦机械厂等房屋登记发证结束,产权证统一由县政府颁发。至1992年5月,全县城镇房屋登记发证全部结束,历时4年。全县首次城镇房屋所有权登记共发证14917件,面积313.95万平方米,发证率142.9%。其中,房管部门直管房发证1070件,面积13.34万平方米,发证率100.4%;单位自管房发证8910件,面积260.81万平方米,发证率158%;私房发证4937件,面积39.8万平方米,发证率96.2%。在房管部门直管房发证的1070件中,雉城镇737件,面积94.97万平方米;泗安镇293件,面积34.7万平方米;其他镇40件,面积3.7万平方米。

全县首次城镇房屋所有权登记发证后,房屋所有权登记发证转入日常管理,由县房管处负责城镇房屋所有权登记发证。房屋产权登记分为初始登记、转移登记、变更登记、注销登记、他项权利登记和补证登记等。产权登记发证实行属地管理原则,产权人限期到县房管处登记,由县房管处统一颁发房屋产权证。2007年,市政府颁发《湖州市农村住房抵押借款暂行办法》,开始受理县行政区域内农民申请农村住房抵押登记,并向银行颁发"房屋他项权证"。2008年7月,建设部《房屋登记办法》颁布实施,当年全县办理房地产登记发证21056件,其中房屋产权发证8285件、抵押登记7315件、变更和注销登记5456件。2009年11月,省建设厅明确长兴县唯一法定房屋产权登记机构为县房管处。同年,全县办理房地产产权登记达到41589件,其中抵押登记(包括按揭)14578件,建筑面积364.37万平方米;注销登记7186件,建筑面积52.11万平方米;各类产权登记19825件,建筑面积543.28万平方米。2012年,全县共办理房地产登记发证29746件,其中抵押登记 9223件,建筑面积508.50万平方米;注销登记8479件,建筑面积440.79万平方米;预告登记2990件,建筑面积40.12万平方米;各类产权登记9054件,建筑面积238.78万平方米。

五、公房管理

县房管处负责全县公有房地产的管理,做好公房的维修、出租和出售等工作,归口县城乡建设局。1987年,全县实有公房13.3万平方米。1988年,全县房管部门有直管公房总面积11.37万平方米,用户2641户,其中住宅8.51万平方米,非住宅2.86万平方米。1989年2月,县政府发布《长兴县城镇公有房产管理暂行办法》,明确全县城镇公有房产新建、维修、分配等具体管理办法。随着城镇住房制度改革、按政策出售公房、城市建设中公房拆除及危房拆除等,直管公房面积逐渐减少。至2012年年末,全县共有直管公房13005.26平方米,其中住宅8512.5平方米,租户246户,出租营业用房4492.76平方米。另有原长兴陶器厂、酒厂等国有企业破产后职工宿舍14949平方米纳入直管公房管理。

公房建设 1989年7月,县政府委托县房管处代建机关干部住房,在金陵北路兴建住宅楼一幢,建筑面积1415平方米,共25套。同年8月,县房管处对属于危房的位于金陵北路(36间)660平方米直管公房进行拆除，在原址新建住宅楼 1 幢 16 套，建筑面积 880 平方米，总投资 26 万元。1990 年 7 月，拆除危旧住房 400 平方米，原址建造住宅 12 套，建筑面积 600 平方米，总投资 16 万元。1992 年 1 月，拆除泗安镇柴湾街太白糖 5 间 150.5 平方米危房，建造 2 层住宅用房，面积 260 平方米。同年 3 月，拆除雉城镇仁家弄(黄酒车间边)砖竹简易结构危房 7 间 350 平方米，新建 3 层砖混结构住宅 12 套，建筑面积 600 平方米。8 月，在金陵北路坛家桥处建造拆迁周转用房 7500 平方米，其中一类住宅 30 套、900 平方米，二类住宅 90 套、4500 平方米，三类住宅 30 套、2100 平方米；拆除县前街中山弄处危房 8 间，新建住宅 8 套、560 平方米。1995 年起，县房管处不再建设公房，拆迁安置用房由县房地产经营公司建设商品房，县拆迁办统一调配。至 1994 年，县房管部门共新建公房 82191 平方米，投资 1273 万元。

公房租赁　1988 年，全县共有直管出租公房 11.37 万平方米，其中营业用房 2.86 万平方米；全年收缴租金 317520 元。住房租金平均每平方米 0.07 元，非住房租金平均每平方米 0.33 元。住宅按使用面积，分楼房、阁楼、平房、偏房、披屋分别定租；非住宅房按建筑面积、结构和使用性质定租；新建住宅均以平方米面积计租。随着商品房开发规模扩大，公房租赁也进入市场化，公房租金不断调整。1990 年 7 月，非住宅用房实行商品租金标准，按房屋结构等级分为 8 等，租金每平方米 1.37 元～2.19 元不等，泗安、李家巷镇按 90%收费，其他集镇按 80%收费。1991 年 7 月，调整雉城镇公有住宅房屋租金标准，砖混结构一等、二等按层次，月租金每平方米 0.19 元～0.25 元不等，砖木一等、二等租金每平方米 0.19 元，砖木三等租金为每平方米 0.12 元，简易结构租金每平方米 0.10 元，其他集镇按雉城镇标准 80%执行。1994 年 7 月，调整雉城镇非住宅房屋租金标准，按地段类别和房屋结构，月租金调整至每平方米 6 元～18 元不等。1994 年 12 月，再次调整公有住房租金标准，按照房屋结构和设施，月租金提高到每平方米 0.25 元～0.9 元不等。2003 年 7 月 1 日起，调整公房租金标准，砖混成套公有住房每平方米月租金 2.4 元，最高钢混成套公有住房每平方米月租金 3.5 元，最低简易住房每平方米月租金 0.90 元，李家巷、小浦、泗安、煤山、和平镇按 95%，其他乡镇按 90%。2012 年，共收缴公房租金 401127 元。

公房维修　1988 年，县直管公房维修继续由县房管处负责，房屋维修与危房拆建，主要采用包清工办法，由县房管处组织建筑队施工。在直管公房维修时，注重改善房屋内部条件，增设供水、厨房、卫生间等设施。同年 11 月，县房管处对雉城镇金陵北路 36 间直管公房进行大修翻建，面积为 600 平方米；当年全县直管公房维修费用共计 15.42 万元。1995 年 7 月，县房改办、县城建局下发《长兴县公有住房售后维修养护管理实施办法》，对直管公房维修养护管理作出具体规定。每逢台风、洪涝灾害和大雨雪天气，县房管处均组织干部职工对直管公房进行全面检查，对危房进行支撑加固、抢修，并作出记录，列入返修或拆除重建计划项目。2005 年 1 月，县房管处组织力量，开展为期 15 天直管公房拉网式集中检查，共排查各类安全隐患 71 处，全部进行整改落实。至 2012 年，县房管处定期对直管公房进行排查，发现问题及时维修，全县直管公房全部得到妥善维修，保证正常安全使用。同年，全县直管公房维修费用共计 5.65 万元。

1988—2012 年长兴县直管公房租金收缴及维修费用情况表

表 13-13　　单位：元

年份	实收租金	维修费	年份	实收租金	维修费	年份	实收租金	维修费
1988	317520	154200	1994	830743	1036900	2000	396424	110791
1989	431908	136700	1995	651200	316000	2001	324122	65445
1990	613423	449000	1996	641331	255000	2002	353714	119914
1991	682854	435700	1997	630398	271000	2003	88080	86136
1992	714406	330200	1998	630057	202100	2004	494436	46424
1993	325210	206200	1999	621957	157535	2005	496999	246700

续表13-13

年份	实收租金	维修费	年份	实收租金	维修费	年份	实收租金	维修费
2006	314981	80923	2009	267019	355222	2012	401127	56500
2007	300979	72000	2010	525762	77953	—	—	—
2008	297275	324200	2011	320051	65529	—	—	—

说明:资料来源于县建设局

公房出售 20世纪70年代起,按照上级有关规定,全县各部门、单位开始对外出售公有住房。至1995年,全县共出售公有住房5820套、340151平方米,售房款收入4847.36万元。其中,各机关部门出售公房4442套、259552方米、3837.89万元,直属镇出售公房71套、4550平方米、66.27万元,直管公房出售533套、31158平方米、466.23万元,省市在长兴单位出售公房521套、30439平方米、279.57万元,其他253套、14452平方米、197.41万元。

2003年6月,县房改办、县物价局下发《关于公布2003年出售公有住房价格的通知》,对公有住房出售价格作出调整。2004年起,县房管处开始出售直管公房。2004—2012年,县房管处共出售直管公房316套,建筑面积12726.23平方米。

2004—2012年长兴县直管公房(住宅)出售情况表

表13-14

年份	雉城镇		其他镇		小计	
	套数(套)	面积(平方米)	套数(套)	面积(平方米)	套数(套)	面积(平方米)
2004	248	9664.23	6	304.69	254	9974.92
2005	18	764.64	12	511.11	30	1287.75
2006	11	472.43	5	310.08	16	787.51
2007	5	193.71	1	43.20	6	237.91
2008	3	141.95	2	74.08	5	218.03
2009	1	61.83	0	0.00	1	61.83
2010	0	0.00	0	0.00	0	0.00
2011	0	0.00	0	0.00	0	0.00
2012	2	53.52	2	100.76	4	156.28

说明:资料来源于县建设局

六、私房政策落实

1984年,根据省政府和省建设厅关于落实城镇私房政策有关问题的文件精神,长兴县对私房改造政策落实工作进行复查。对复查中发现的遗留问题,根据原房主住房情况和要求、改造房的住房情况以及城建改造规划,分别作价收购、公房调换,带住户退还和建房腾迁住户退还原房等方法,查清一户、落实一户。至1985年,审定工作基本结束。1986年后,根据国家关于进一步处理好城镇私房遗留问题的有关文件精神,继续落实私房政策。至1994年年底,雉城、泗安、和平3镇共落实私房政策136户,房屋面积4352平方米,其中作价收购75户、调房退还12户、带住房退还15户、退还原房34户。至该年,全县落实私房改造政策工作全面完成。

七、白蚁防治

白蚁,俗称白蚂蚁。长兴地处浙北半山区,长江三角洲杭嘉湖平原,地质土壤和气候条件均适合白蚁滋生繁殖。1985年以来,县境内先后发现家白蚁、散白蚁、黄胸散白蚁和黑翅土白蚁等4种白蚁,泗安地区多为家白蚁,煤山地区一带主要为黄胸散白蚁和黑翅土白蚁,其他地区间有多种白蚁。白蚁在长兴呈现分布广、种类多、密度集中特点,其中家白蚁和散白蚁对房屋建筑危害最为严重。1987年,浙江水泥厂幼儿园砖混结构的门窗、地板及家具被散白蚁腐蚀80%以上。1988年，雉城镇东鱼巷一户木结构私房梁柱被散白蚁腐蚀而倒塌。1989年，泗安中学砖木结构房屋的门窗与部分家具腐蚀70%以上。城区20世纪60年代以前房屋均为砖木结构，普遍遭受白蚁侵蚀。另外，白蚁对树木、图书、档案及水泥构件都有不同程度危害。据对1986年之前建造房屋统计，长兴城区每年受白蚁危害房屋达2000平方米。

20世纪70年代后期，县内白蚁防治工作一度中断。1985年9月，县房管处恢复白蚁防治工作，安排2人专门负责白蚁防治。1987年1月，县城建局批准成立长兴县白蚁防治站，隶属县房管处，设正副站长各1人，办事人员3人，负责全县白蚁防治工作。之后，县白蚁防治站贯彻"预防为主、防治结合、综合治理"方针，重点加强城区新建房屋白蚁预防、旧房白蚁灭治工作，有效控制白蚁扩散和危害。至1995年，共灭治白蚁面积3.55万平方米，预防白蚁面积79.26万平方米。1997年4月，省建设厅发布《浙江省房屋建筑白蚁防治工程质量管理实施细则》。同年7月，省政府颁发《浙江省房屋建筑白蚁防治管理办法》，明确白蚁防治实行"预防为主、防治结合"原则，对新建(含改建、翻建、扩建)房屋建筑，实行白蚁预防处理；对已建成房屋建筑，采用药物方式实行白蚁灭治。1998年5月，县工商与物价局调整新建房屋白蚁治防费，单位建房每平方米2元，个人建房每平方米1.8元。2012年，县白蚁防治站有工作人员7人，专业白蚁防治器械和防治药物配备齐全，白蚁防治覆盖全县城乡，全年灭治白蚁2.2万平方米，预防面积175.3万平方米。1987—2012年，县白蚁防治站共灭治白蚁面积31.38万平方米，预防白蚁面积1294.88万平方米，防治合计面积达到1326.26平方米。全县白蚁防治实现早预防、早发现、早灭治，基本消除白蚁危害。

第四节 物业管理

一、物业管理企业

1995年10月，长兴京兴物业管理有限公司成立，为县内第一家物业管理企业。1997年10月，县环境卫生管理处成立长兴城市物业管理公司。1998年，县房地产管理处成立众益物业管理公司。1999年，按照"谁建设、谁管理"原则，长兴金中房地产开发公司、长兴今朝房地产开发公司、长兴宏大房地产开发公司分别成立物业管理公司，负责所开发住宅小区物业管理。至2001年，城区新建住宅小区均实行前期物业介入，房地产开发企业大部分专门成立物业管理公司，对开发建设住宅小区实行物业管理。2004年9月，长兴县物业管理协会成立。同年，引进浙江金都物业管理有限公司、珠海格力物业管理有限公司2家国家一级资质物业管理企业参与长兴物业管理，以提升住宅小区物业管理水平。2005年，物业管理企业开始进入办公楼、医院、学校、工厂，物业管理呈现多元化。2006年，全县所有物业公司均和建设单位分离，完全进入市场化运作。2007年9月，县物业管理协会更名为长兴县物业管理行业协会，与行业主管部门脱钩，实行行业自律。同年，县房地产管理处设立物业管理科，将物业管理纳入规范化管理。2009年，长兴昌达物业管理有限公司在泗安镇成立，为县内第一家乡镇物业管理企业。2012年，全县共有物业服务企业42家，其中一级资质企业6家(其中外地5家)、二级资质1家、三级资质18家、暂定级资质17家，从业人员2812人；管理住宅物业面积696万平方米，管理其他物业面积218.4万平方米。

2012年长兴县物业服务企业情况表

表13-15

企业名称	资质等级	成立年份	管理小区(家)	从业人员(人)
浙江京兴物业管理有限公司	一级	1995	15	1476
浙江金都物业管理有限公司	一级	2004	1	86
珠海格力物业管理有限公司长兴分公司	一级	2006	2	45

续表13-15

企业名称	资质等级	成立年份	管理小区(家)	从业人员(人)
绿城物业服务集团有限公司长兴分公司	一级	2010	1	30
杭州大家物业经营管理有限公司长兴分公司	一级	2011	1	30
广东中奥物业管理有限公司	一级	2012	前期介入	25
杭州泛亚物业服务有限公司长兴分公司	一级	2012	前期介入	31
上海景瑞物业管理有限公司	一级	2012	前期介入	14
怡城物业管理有限公司长兴分公司	一级	2012	前期介入	21
浙江永成物业管理有限公司	一级	2012	前期介入	33
盛全物业服务有限公司长兴分公司	一级	2011	前期介入	28
长兴大自然物业管理有限公司	二级	2003	12	258
上海优联物业管理有限公司长兴分公司	二级	2012	1	25
浙江新峰物业管理有限公司	二级	2012	前期介入	11
浙江钱江物业管理有限公司长兴分公司	三级	2004	5	22
绍兴市新安物业有限公司长兴分公司	三级	2009	1	20
湖州恒盛物业管理有限公司	三级	2009	1	10
杭州卓越物业管理有限公司	三级	2011	1	10
绍兴市东厦物业管理有限公司长兴分公司	三级	2011	1	26
杭州绿野物业管理有限公司长兴分公司	三级	2012	前期介入	10
长兴金宇物业管理有限公司	暂定级	2001	5	96
长兴华胜物业管理有限公司	暂定级	2000	3	26
长兴成兴物业管理有限公司	暂定级	2003	16	102
长兴县太湖物业管理有限公司	暂定级	2004	1	10
长兴光明物业管理有限公司	暂定级	2004	0	
长兴金中物业管理有限公司	暂定级	2005	3	24
长兴凤华物业管理有限公司	暂定级	2009	2	15
长兴昌达物业管理有限公司	暂定级	2009	1	10
长兴聚鑫物业管理有限公司	暂定级	2009	1	20
长兴怡新物业管理有限公司	暂定级	2010	9	80
长兴安顺物业管理有限公司	暂定级	2010	3	36
长兴丽湖名居资产管理服务有限公司	暂定级	2010	1	24
长兴平安物业管理有限公司	暂定级	2010	3	35
长兴顺鑫物业管理有限公司	暂定级	2010	2	20
长兴百和物业管理有限公司	暂定级	2010	1	10
长兴金诚物业管理有限公司	暂定级	2010	0	
长兴中晟物业管理有限公司	暂定级	2011	前期介入	13
长兴国联物业管理有限公司	暂定级	2011	4	40
长兴汉阳物业管理有限公司	暂定级	2011	1	10
长兴龙新物业管理有限公司	暂定级	2011	1	15
长兴珈立物业管理有限公司	暂定级	2011	1	15
长兴中兴物业管理有限公司	暂定级	2012	1	10

说明:资料来源于县建设局

二、住宅小区管理

20 世纪 90 年代前，县内住宅小区无专门人员管理，环境卫生由县环境卫生管理处统一清扫保洁。1994 年 3 月，建设部出台《城市新建住宅小区管理办法》，要求达到一定规模的住宅小区必须实施物业管理，明确对住宅小区内房屋建筑及其设备、市政公用设施、绿化、卫生、交通、治安和环境容貌等管理项目进行维护、修缮与整治。1995 年 10 月，长兴京兴物业管理有限公司成立，主要负责卫生保洁，承接清理下水道、清洗油烟机、屋面防水等业务。1997 年 10 月，由县环境卫生管理处成立的长兴城市物业管理公司，接管城北小区等 10 个住宅小区，探索实施小区物业有偿服务。同年，全县 2 家物业企业管理面积 25 万平方米，从业人员 30 人。1998 年，县建设局在城北小区、台苑新村进行物业管理试点，砌筑围墙、清扫保洁、绿化养护、道路整修、保安值班等，受到小区居民欢迎。同年，仓前街小区建立管理委员会，由社区、派出所、业主代表组成。1999 年，按照“谁建设、谁管理”原则，由开发商成立物业管理公司负责管理各自开发的住宅小区。2001 年，全县所有新建住宅小区均实行前期物业介入制度，物业管理覆盖到所有新建住宅小区。2002 年，全县小区以单元或幢为单位，推选产生业主代表，选举产生业主委员会，实行业主自治管理。2005 年 4 月，县物业管理协会被中国物业管理协会吸收为会员单位。2009 年起，分期分批对城区 2000 年之前建成、规模较小、设施不全的老住宅小区进行综合改造提升，通过砌筑围墙，改造管网、道路、绿化等，逐步将老住宅小区纳入物业管理范围。同年，住宅物业管理开始向乡镇延伸。2010 年，全县实施物业管理住宅小区(组团)101 个，管理住宅物业面积 580 万平方米，物业管理覆盖面达到 75.3%。2012 年，城区实施物业管理住宅小区 103 个，管理住宅物业 696 万平方米，物业管理覆盖率达到 78%。城区 90 个住宅小区成立业主委员会。大自然城市花园、水木花都、绿城长兴广场•百合园分别被评为 2006 年度、2008 年度和 2012 年度全省物业管理示范住宅小区；龙山雅苑被评为 2010 年度湖州市物业服务示范住宅小区，大自然城市花园小区、风铃绿洲小区被评为 2010 年度湖州市物业服务优秀住宅小区。

1997—2012 年长兴县城区住宅小区实施物业管理情况表

表 13-16

年份	实施物业管理小区(个)	管理面积(万平方米)	物业管理企业(家)	从业人员(人)	年份	实施物业管理小区(个)	管理面积(万平方米)	物业管理企业(家)	从业人员(人)
1997	2	25	2	30	2005	73	250	20	886
1998	6	30	5	80	2006	87	325	19	1000
1999	8	40	7	100	2007				
2000	10	45	11	180	2008				
2001	15	50	14	250	2009	101	400	20	1560
2002	21	115	15	400	2010	101	580	35	2322
2003	48	151	16	451	2011	102	687	38	2459
2004	63	192	19	500	2012	103	696	42	2636

说明：资料来源于县建设局

三、物业管理监督

1997 年 12 月，县建设局设立房地产管理科，负责全县物业监督管理。1998 年，仓前街小区成立管理委员会，由社区、派出所、业主代表组成，实行小区业主自治管理。2001 年 11 月，全县住宅小区第一个业主委员会在城北小区成立。2004 年 9 月，长兴县物业管理协会成立，先后制定《规范物业管理的有关规定》《物业管理服务等级标准》等，规范物业管理行为。2007 年 9 月，长兴县物业管理协会更名长兴县物业管理行业协会，与行业主管部门脱钩，实行行业自律。11 月，全县住宅小区物业行业管理职能由县建设局房地产管理科转至县房管处,并专门设立物业管理科,指导住宅小区按规范成立业主委员会,查处物业管理企业违规行为,处理物业管理各方投诉等。2012 年 5 月,县政府出台《关于加强住宅小区物业管理工作的实施意见》,提出建立联席会议制度、“县、街道(乡镇、园区)、社区”三级物业管理机制、物业管理纠纷快速处理机制等 3 项物业管理新机制,健全业主大会、业主委员会运作机制,规范前期物业管理行为,并在龙山雅苑、台苑新村 2 个新老小区试点。同时,县政府加大对物业管理支持力度,出台对老住宅小区物业管理扶持政策。县房管处制定老小区物业管理考核办法,每半年进行一次考核。同年 7 月,首次兑现县政府对老小区奖励补贴政策,共核拨 83 个老小区(组团)半年度物业管理补贴 145.1 万元。

1996 年,国家计委、建设部发布《城市住宅小区物业管理服务收费暂行办法》,明确物业服务收费区分不同物业的性质和特点分别实行政府指导价和市场调节价。1997 年,长兴物业管理服务实行政府定价、按户收取办法,每户 10 元～15 元。2002 年 5 月,县物价局下发《长兴县城镇住宅物业管理服务收费管理暂行办法》,明确全县城镇住宅物业管理综合服务费实行分等级收费,具体划分为甲、乙、丙、丁 4 种等级;最低为台苑新村等老小区,每户每月 10 元,最高为别墅等高档住宅小区,每月每平方米 5 元,城区住宅小区平均物业服务费收缴率为 72%。2012 年 4 月,长兴调整普通住宅小区前期物业服务收费指导价标准。高层(小高层):服务等级为一级的基准价为每平方米 1.20 元,服务等级为二级的基准价为每平方米 1.0 元,服务等级为三级的基准价为每平方米 0.8 元;多层:服务等级为一级的基准价为每平方米 1.0 元,服务等级为二级的基准价为每平方米 0.8 元,服务等级为三级的基准价为每平方米 0.6 元。同时,区别小区规模,适度拉开上下浮动幅度。10 万平方米以上的小区上下浮动幅度为 15%;10 万平方米～5 万平方米小区上下浮动幅度为 20%;5 万平方米～3 万平方米的小区上下浮动幅度为 25%;3 万平方米以下的小区上下浮动幅度为 30%。

2001 年,县政府下发《关于贯彻〈浙江省住宅区物业维修专项资金管理暂行办法〉及有关实施意见》,明确长兴县物业维修资金专项资金缴交比例标准为多层商品房住宅、非住宅物业维修专项资金暂按上年度综合平均建设安装工程造价 3%比例按每平方米 20 元缴交;高层建筑、别墅等物业,包括住宅、非住宅,物业维修专项资金缴交比例为 5%暂按每平方米 35 元缴交,不再收取成套房屋共用部位、共用设施和设备维修费。

第三章　城镇住房制度改革

计划经济体制下,全国实施“统一管理,统一分配,以租养房”的公有住房实物分配制度,分配对象为城镇居民,住房由政府和居民所在单位统一按照国家的基本建设投资计划住房建设,建设资金主要源于靠政府拨款,少量由单位自筹。1991 年,根据中央关于积极稳妥推进城镇住房制度改革的精神和省、市部署,长兴县成立住房制度改革领导小组。1993 年,制定《长兴县雉城镇住房制度改革实施方案》,启动房改工作。1994 年,国务院下发《关于深化城镇住房制度改革的决定》,明确房改根本目的是改革计划经济体制下的福利性住房体制,实现住房商品化、社会化,全面推行住房公积金制度,推进租金改革,稳步出售公有住房,加快经济适用住房的开发建设。同年,财政部、国务院住房制度改革领导小组、中国人民银行联合下发《建立住房公积金制度的暂行规定》。1995 年,省委、省政府制定《浙江省深化城镇住房制度改革实施方案》。同年,县委、县政府制定《长兴县深化城镇住房制度改革实施方案》,明确长兴住房建设投资体制由国家、单位统包改变为国家、单位、个人三者合理负担,住房实物福利分配方式改为按劳分配为主的货币工资分配方式,建立公积金制度,发展住房金融,建立规范化的房地产交易市场,等等。该方案为长兴实现住房商品化、社会化,加快住房建设,改善居住条件,满足城镇居民不断增长的居住需求,提供了政策支持。1998 年 7 月,国务院下发《关于进一步深化城镇住房制度改革加快住房建设的通知》,再次明确停止住房实物分配,逐步实行住房分配货币化,建立和完善以经济适用住房为主的多层次城镇住房供应体系，同时发展住房金融，培育和规范住房交易市场。根据该文件精神和省、市要求，1999年8月，县委、县政府制定《长兴县进一步深化城镇住房制度改革实施意见》，正式废除福利分房制度，停止住房实物分配，建立货币化住房分配制度，实行公积金制度，并决定加快经济适用住房和普通住宅建设，开发房地产市场。

第一节　房改房出售

1991年，长兴县住房制度改革领导小组成立。1993年，设立长兴县住房基金管理中心和长兴县住房制度改革办公室，实行一套班子两块牌子，为副局(科)级全民事业单位。同年3月，出台《长兴县城镇住房制度改革实施方案》，实施“提租补贴、认购建设债券、缴提公积金、建立住房基金”的房改政策。1993年10月1日起优惠出售公有住房，并推行集资合作建房。当年出售房改房1726套，10.29万平方米。出租公房月租金每平方米0.11元提高到0.35元；购房综合价定位每平方米450元，对一次性付清房款的给予实际售价25%折扣优惠，各种折扣优惠后出售新房，最低价不得低于每平方米180元。职工根据自身实际情况采取租售比较，自主选择。按照全县房改政策“一次出台、分步到位”的原则，对公有住房租金住房补贴，公积金缴存额度作逐步调整。1998年12月31日，停止住房实物分配。1999年1月1日后，未开工的集资建房项目全部停止。同年，出售房改房1545套，面积10.2万平方米，集资建房237套，面积1.9万平方米。2003年6月，县房改办、县物价局下发《关于公布2003年出售公有住房价格的通知》，规定公有住房出售价格，砖混结构成套成本价为每平方米建筑面积690元，最低限价(按成本价出售公房时，扣除工龄折扣、成新折扣及各项调节因素后砖混结构成套公房的最低限价)为每平方米200元。购买公房面积超过省规定标准上限部分，执行商品房价格，其中属购买商品房的按单位购入价打成新折扣计价；属自建房、腾空旧房按每平方米950元打成新折扣计价，现住房折扣一律取消。至2012年年末，全县累计出售房改房12074套，建筑面积71.85万平方米，其中直管公房1361套、销售面积6.02万平方米，单位公房10713套、销售面积65.83万平方米；集资建房3051套，建筑面积25.2万平方米。

1993—2012年长兴县房改房出售情况表

表13-17

年份	直管公房		单位公房		年份	直管公房		单位公房	
	售房面积(平方米)	套数(套)	售房面积(平方米)	套数(套)		售房面积(平方米)	套数(套)	售房面积(平方米)	套数(套)
1993	4715.28	78	98254.32	1648	2004	12693.08	300	143542.12	2349
1994	26493.46	458	175545.94	2917	2005	4485.28	170	6408.94	140
1995	460.97	7	47891.44	799	2006	782.51	16	2940.09	57
1996	68.00	1	13911.65	185	2007	236.91	6	593.06	10
1997	0.00	0	12486.90	176	2008	5252.74	208	7259.53	146
1998	904.55	13	20635.87	285	2009	675.81	20	1508.90	37
1999	1189.6	23	101994.10	1545	2010	1986.99	56	1935.38	41
2000	0.00	0	8029.75	127	2011	0.00	0	0.00	0
2001	0.00	0	5622.11	93	2012	277.87	5	0.00	0
2002	0.00	0	2522.37	59	合计	60223.05	1361	658266.31	10713
2003	0.00	0	7183.84	99	—	—	—	—	—

说明：资料来源于县建设局

第二节　住房分配货币化

1999 年 8 月,《长兴县进一步深化城镇住房制度改革实施意见》出台,规定自 1999 年 1 月 1 日起,逐步实行住房分配货币化,住房补贴分为住房公积金补贴、一次性住房补贴和工龄住房补贴。按照“新人新制度、老人老办法”平稳过渡,综合配套,1999 年 1 月 1 日以后参加工作的由单位按月给予职工工资 8%的住房公积金补贴;对 1998 年 12 月 31 日前参加工作的无房和住房面积未达到规定标准的职工(包括离退休职工)由单位按规定发给一次性购房补贴和工龄住房补贴。2000 年,共发放住房补贴 910 人,补贴金额 751.89 万元。2012 年,发放住房补贴 38 人,补贴金额 47.76 万元。1999—2012 年,全县累计发放住房补贴 10924 人,补贴金额 15574 万元;发放新职工住房公积金补贴单位 254 个、5990 人,补贴金额 220.88 万元。

第三节　住房公积金

1993 年 7 月,县住房基金管理中心成立,挂靠在县城建局,与县住房制度改革办公室实行两块牌子一套班子合署办公。1997 年 9 月,更名为县住房资金管理中心。2000 年,增设县住房公积金管理中心,实行三块牌子一套班子管理。2004 年 12 月,撤销县住房资金管理中心和县住房公积金管理中心,设置湖州市住房公积金管理中心长兴县分中心,为市住房公积金管理中心分支机构,业务上受市中心领导,行政上实行县政府与市中心双重领导,以县政府为主的领导体制,直属于县政府领导。2011 年 6 月,参照公务员法管理。

一、公积金归集

1993 年起,全县实行住房公积金制度,缴纳对象为国家机关、事业单位和国有企业在职人员。1994 年,开始住房公积金归集,缴存标准为上年度月平均工资 4%。1996 年 4 月,缴存标准调整到上一年二季度末职工月工资 5%(外商投资企业中方人员为 7%)。2001 年,缴存标准调整为单位和职工各按职工月平均工资总额 10%。2004 年 1 月,全县行政事业单位按 10%标准计提住房公积金。6 月,缴存标准调整为单位和职工各按职工月工资总额 8%～10%,其他单位可按 12%标准执行。同年 4 月,实行住房公积金扩大覆盖面,全县城镇非公有制企业开始建立住房公积金制度。2006 年 10 月,全县为 74 名新就业大学生和引进人才建立住房公积金。2010 年 2 月,全县个体工商户及从业人员、自由职业者及已分配保障性住房未缴存住房公积金企业职工,可以个人名义缴纳住房公积金,并享受公积金提取、贷款政策。1993—2012 年,全县有 2190 个单位建立住房公积金制度,缴存住房公积金 82224 人,累计归集总额为 26.89 亿元。其中,机关、事业、集体企业单位 748 个、4.8 万人;私营企业 1295 个、2.9 万人;外资企业 56 个、0.63 万人。住房公积金职工月均缴存额由 1993 年的 39.6 万元增加到 2012 年的 3655 万元,增长 85.6 倍;年归集金额由 1993 年的 472 万元提高到 2012 年的 4.39 亿元,增长 85.6 倍。1993—2012 年,住房公积金归集累计总额为 26.89 亿元。2012 年年末,住房公积金归集余额 9.69 亿元。

二、公积金使用

1995 年,全县住房公积金提取业务全面展开。2000 年 4 月起,开始办理住房公积金贷款,当年发放 67 户、470 万元。2004 年 8 月,住房公积金贷款最长年限调整为 30 年。2007 年 10 月,全县开展城镇低收入住房公积金贷款家庭贴息工作,以年度为单位,运用住房公积金运作所产生收益,对低收入住房公积金借款职工家庭,每月发放适当贷款利息补贴,减轻借款家庭还贷压力。2012 年 6 月,住房公积金贷款额度单职工调整到 40 万元，双职工调整到 50 万元。同年，住房公积金提取种类已涉及购房建房、还贷款、离退休、出境、解除劳动关系、户口迁出、低保特困、疾病、支付房租等社会生活多方面。至 2012 年年末，全县住房公积金累计提取 15.15 亿元；累计发放住房公积金贷款 9041 户、19.3 亿元，其中向购买经济适用房职工发放 80 户、929 万元，向 520 户新就业大学生和引进人才发放公积金贷款 1.88 亿元；累计有 149 户低收入公积金贷款家庭获得贷款贴息 26.11 万元。

1994—2012 年长兴县住房公积金归集使用情况表

表 13-18

年份	归集					提取		贷款		廉租住房资金（万元）	贴息	
	缴存人数（万人）	归集金额（万元）	最高缴存比例		最高缴存工资基数	人数（人）	金额（万元）	贷款户数（户）	贷款金额（万元）		贴息户数（户）	贴息额度（元）
			单位（%）	个人（%）								
1994	—	—	4	4	—	—	—	—	—	—	—	—
1995	—	—	—	—	1500	—	—	—	—	—	—	—
1996	—	—	—	—	1600	—	—	—	—	—	—	—
1997	—	—	—	—	—	—	—	—	—	—	—	—
1998	2.25	862.15	—	—	—	—	68.56	—	—	—	—	—
1999	2.25	967.67	10	10	—	—	50.29	—	—	—	—	—
2000	2.25	1780.81	10	10	—	—	274.05	67	470.00	3.14	—	—
2001	2.98	3474.57	10	10	—	—	563.81	379	1699.00	17.24	—	—
2002	1.87	3783.97	10	10	—	—	519.31	356	3991.50	83.59	—	—
2003	1.86	6463.08	10	10	4000	—	1078.39	341	3010.00	70.46	—	—
2004	1.57	9961.63	10	10	5000	—	4227.10	525	6330.00	40.71	—	—
2005	1.92	15435.34	10	10	5568	—	6586.77	1018	17286.00	128.77	—	—
2006	2.24	23929.97	10	10	5517	—	13606.81	889	17593.10	108.76	—	—
2007	2.31	22416.55	10	10	6157	—	23379.66	751	15101.00	48.37	10	10680
2008	2.58	27145.63	12	12	6480	—	10372.58	669	11454.80	214.36	10	11592
2009	2.75	31951.6	12	12	6870	—	25222.62	1018	26486.80	335.84	16	21919
2010	3.03	34832.38	12	12	7640	—	21737.42	920	26780.70	366.71	26	56943
2011	3.54	40424.53	12	12	8932	—	20829.86	1199	34361.70	266.99	42	40926
2012	3.81	43865.53	12	12	10021	—	2333.04	909	28371.90	837.21	45	92828

说明：资料来源于市公积金中心长兴分中心

第四节　保障性住房

二十世纪八九十年代，全县主要通过投资新建住房、加大危房维修改造等方式，解决城镇低收入家庭住房困难问题。2005 年 6 月，县政府出台《长兴县雉城镇城区经济适用住房管理实施细则》《长兴县城镇廉租住房保障办法》和公共租赁住房政策，全面启动保障性住房建设。主要采取政府主导、企业配建形式，经济适用住房、城镇廉租住房全部由政府投资建设，公共租赁住房大部由企业配建，拆迁安置住房由拆迁主体负责建设。2005 年后，经济适用住房、城镇廉租住房采取在住宅小区配建方式，不再单独建设保障性住房小区。2010 年 7 月，县政府出台《长兴县城镇住房保障以及解决其他住房困难家庭居住问题发展规划及年度计划(2010—2012年)》。2011年3月,出台《“新长兴人”公寓管理办法(试行)》,首次将住房保障政策覆盖到“新长兴人”;4月,出台《长兴“十二五”住房保障规划(2011—2015)》。住房保障逐步覆盖到全县城镇居民人均可支配收入80%以下、人均住房面积18平方米以下住房困难家庭。至2012年,按照“建房市场化、租购房自主化、补贴货币化、运作规范化”原则,全县共建设各类保障性住房168.1万平方米,受益家庭21141户,形成以廉租住房、经济适用住房、公共租赁住房为核心的城镇住房保障体系。另外,还有限价商品房、拆迁安置房、人才公寓、农民工公寓、“新长兴人”公寓、棚户区综合改造、旧居住区(危旧房)综合整治等多种保障形式,城镇住房保障实现全覆盖,全县低保标准2.5倍以下住房困难家庭廉租住房实现“应保尽保”。

一、经济适用住房

2005年6月,县政府出台《长兴县雉城镇城区经济适用住房管理实施细则》,明确经济适用住房申请家庭申请人须具有雉城镇城区非农常住户口并实际居住2年以上,家庭人均住房面积不超过20平方米,家庭收入不超过3.2万元。主要采取经济适用住房实物配售保障形式,以中小套为主,中套80平方米左右,小套60平方米左右。经济适用住房购买标准按每户67.5平方米控制,家庭人均不足20平方米,可按家庭人均20平方米控制。并明确经济适用住房结算价格为每平方米1513.2元,取得“房屋所有权证”满5年后可上市交易。同年,首期清溪家园小区2万平方米经济适用住房交房,200户城镇低收入户率先解决住房困难。2010年4月,县政府出台《长兴县经济适用住房管理办法》,规定经济适用住房建筑面积控制在60平方米左右、80平方米左右和100平方米左右3种套型。并对申请条件作细化调整:申请家庭中至少有1人具有长兴县常住城镇居民户口5年以上并实际居住,家庭人均住房面积不超过18平方米,家庭上年度人均收入不超过1.4万元;购有家用小轿车不得申请。明确经济适用住房保障标准为按符合条件实际常住人口计算,3人及以下家庭60平方米,4人家庭80平方米,5人及以上家庭100平方米。经济适用住房在取得房屋所有权证和土地使用证满5年后,允许上市交易,但应按届时同地段普通商品住房价格与原购买价格差价的50%交纳土地收益等价款。同时确定当年购买标准以内经济适用住房基准价为每平方米2300元,超标准外购买按市场基准价每平方米4600元。2011年,县政府出台《长兴县经济适用住房上市交易土地出让金和收益分配管理实施办法》,规定2010年1月1日前取得“房屋所有权证”且满5年及以上的经济适用住房上市交易时,按规定补缴10%土地出让金和30%增值收益金,2010年1月1日后取得“房屋所有权证”者按规定补缴同地段普通商品房和原购买价格差价的50%。至2012年年末,全县已建成经济适用住房2510套,建筑总面积17.91万平方米,其中县城城区910套、煤山镇(长广集团公司)1600套。全县已累计分配经济适用住房2320套(含长广集团公司),建筑总面积16.48万平方米。基本满足人均可支配收入80%以下、人均住房面积不足18平方米城镇住房困难家庭购买经济适用住房需要。

图13-2 2005年建成的长兴县第一个经济适用房小区清溪家园(县建设局提供·2009年)

二、廉租住房

2005年6月,县政府出台《长兴县城镇廉租住房保障办法》,对城镇住房困难家庭提供廉租住房租赁补贴为主,实物配租和租金减免为辅的保障方式。保障范围为各建制镇,申请条件为城镇居民最低生活保障家庭、人均住房面积低于12平方米且总面积不超过36平方米。廉租住房租赁补贴标准为雉城镇每月每平方米 6 元，泗安镇、李家巷镇、煤山镇 5.4 元，林城镇、夹浦镇、洪桥镇、和平镇、虹星桥镇、小浦镇 4.8 元。实物配租原则上配租给夫妻双方年龄均在 60 周岁以上、烈属、重残级或有其他特殊困难家庭。2007 年，廉租住房保障范围扩大到全县所有乡镇、街道、园区。申请对象不变，补贴标准调整为雉城镇每月每平方米 8 元，泗安镇、煤山镇、小浦镇、李家巷镇 5.6 元，林城镇、夹浦镇、洪桥镇、和平镇、虹星桥镇 5.2 元，水口乡、吕山乡、吴山乡、槐坎乡、白岘乡、二界岭乡 4.8 元。2008 年 7 月，县政府出台《2008 年度长兴县城镇廉租住房租赁补贴实施细则》，申请对象调整为已依法取得“长兴县城乡居民最低生活保障金领取证”或“长兴县特困职工优惠证”，且符合户籍、住房条件的申请家庭。户籍条件为申请人须具有城镇居民户籍（非农户口）；住房条件为申请家庭系无住房或按家庭成员计算人均（含独生子女）现有住房建筑面积不足 12 平方米，以及按户计算每户现有住房建筑面积不足 36 平方米。低收入户廉租住房租赁补贴申请家庭除满足低保户廉租住房租赁补贴申请条件外，还应达到以下条件：申请人具有长兴县范围内城镇常住居民户籍并实际居住 3 年以上，且家庭其他成员具有长兴县范围内城镇常住居民户籍并实际居住 1 年以上；申请家庭成员上年度人均总收入不足 6000 元；申请人及配偶子女不是企业法定代表人或私营企业主、不属长兴县行政区域范围内行政机关或事业单位正式工作人员及上述人员收入相当者；申请人及配偶的已婚子女已有住房建筑面积在人均 30 平方米以下。廉租住房保障面积及租赁补贴标准作调整，廉租住房保障面积标准按户计算为 36 平方米，按人均计算为 12 平方米，最高不超过 50 平方米。低保户廉租住房租赁补贴标准为古城街道、龙山街道体育场社区每月每平方米 8 元，雉城镇、龙山街道、泗安镇、煤山镇、小浦镇、李家巷镇 5.6 元，林城镇、夹浦镇、洪桥镇、和平镇、虹星桥镇和原撤并给泗安镇的乡 5.2 元，水口乡、吕山乡、吴山乡、二界岭乡、槐坎乡、白岘乡和原撤并入林城镇、夹浦镇、洪桥镇、和平镇、虹星桥镇的乡 4.8 元。低收入户廉租住房租赁补贴标准为同街道、乡镇低保户补贴标准的 60%。2010 年 7 月，县政府出台《长兴县城镇廉租住房保障办法》，对原有廉租住房保障办法进行修改完善，实物配租实行轮候制并进行抽签，也可自愿申请住房租赁补贴，廉租住房实物配租租金标准为每平方米 0.6 元。并明确廉租住房申请家庭至少有 1 人具有长兴县常住城镇居民户口 5 周年以上且实际居住；申请家庭人均现有住房面积 15 平方米（含）以下，或 3 人及以上家庭现有住房面积 45 平方米（含）以下；申请家庭成员持有“长兴县城乡居民最低生活保障金领取证”或“长兴县特困职工优惠证”，或申请家庭人均年收入低于县人民政府划定的低收入线标准（10800 元）该 3 个条件。并再次提高补贴标准，雉城街道和龙山街道低保家庭 10 元，泗安镇、煤山镇、小浦镇、李家巷镇 6.7 元，林城镇、夹浦镇、洪桥镇、和平镇、虹星桥镇 6.2 元，水口乡、吕山乡、吴山乡、槐坎乡、白岘乡、二界岭乡 5.8 元，其他低收入保障家庭补贴标准为同街道、乡镇低保家庭补贴标准 60%。2012 年，在保廉租住房家庭 991 户，其中租赁补贴保障 439 户、实物配租 552 户，补贴金额 103.2 万元。2005—2012 年，全县累计有廉租住房家庭 1041 户，共补贴金额 4888941 元。2006—2012 年，共有 114 户廉租住房家庭被清退。

三、公共租赁住房

2005 年，全县启动实施公共租赁住房保障工作，采取企业建设、政府给予税收优惠政策办法，建设公共租赁住房、人才公寓、农民工公寓，逐步解决引进人才、外来务工人员、新就业大学生住房困难。同年，建成 40 套、面积 1600 平方米，分配 40 套、面积 1600 平方米。2011 年，出台《“新长兴人”公寓管理办法（试行）》，政府主导的画溪花园小区公共租赁住房开工建设，重点解决城镇中等偏下收入家庭、外来务工人员、新就业大学毕业生和引进人才“四个层次”家庭住房困难。2012 年，共建成 585 套，分配 585 套，建筑总面积 2.66 万平方米。2005—2012 年，全县已建成公共租赁住房 4165 套，建筑总面积 18.84 万平方米；已累计分配公共租赁住房 4165 套，建筑总面积 18.84 万平方米。

第十四编　商贸 服务 旅游

20世纪80年代末90年代初，长兴县商品流通处于计划管理向市场调节的转轨时期，国营商业和供销商业继续发挥市场主渠道作用，国有商业、集体商业、联营商业、私营个体商业等多渠道流通的竞争格局正在形成。1988年，全县社会商品零售总额4.19亿元，其中国有、集体分别占26.3%、43.7%，其他占30%；商品交易市场成交额1.4亿元。1998年开始，全县物资、供销、粮食、商业等流通部门全面改制，国有和集体商业逐步退出，私营商贸企业和个体商业逐步成为商贸服务业的主体。同年，国有、集体商业社会消费品零售总额占全县社会消费品零售总额15.7%，个体私营经济占66.8%，个私经济占比首次超过国有、集体经济。2002年，集体经济退出流通领域。之后，各种专业市场、购物中心、连锁超市、专卖店等新型业态应运而生，住宿餐饮业快速发展，社会服务业渐趋完善，现代服务业快速崛起，全县商贸服务呈现前所未有的繁荣景象。2012年，全县社会消费品零售总额148.38亿元，亿元以上市场成交额134.7亿元。

长兴旅游业发展起步较晚，但较快实现了从无到有、从小到大，继而成为旅游经济强县的跃升。1996年成立县旅游局，1998年编制第一个全县旅游发展总体规划，2003年起规划推进重点旅游项目建设，2006年提出“十大景区”建设，打造长三角生态休闲度假新选区。至2012年年末，各景区相继建成并开放，其中国家级AAAA级景区3个、AAA级景区1个。全县接待游客人数从1996年的19.3万人次增至2012年的948.12万人次，实现旅游收入由1996年的3500万元增至2012年的71.78亿元，长兴先后被评为省旅游经济强县、全国休闲农业与乡村旅游示范县。

第一章　商业总情

1988年，长兴县国有、集体商业在全社会商品零售总额的占比超过70%，在商品流通中仍发挥主渠道作用。20世纪90年代开始，随着经济体制改革的深入，国有和集体商业逐步退出，有限责任公司、私营经济快速成长成为商业经济主要类型。2012年，限额以上有限责任公司、私营企业的商品销售额占全县限额以上批零贸易业销售总额分别为76.3%、16.5%。同年，全县社会消费品零售总额148.38亿元，其中批发和零售贸易业134.04亿元、占90.3%，住宿和餐饮业14.34亿元、占9.7%。

第一节　商业规模

1988年，全县有商业行业机构9225个，从业人员18393人，其中零售商业6416个、从业人员13261人，饮食业1490个、从业人员2649人，服务业1319个、从业人员2483人，社会消费品零售总额41862

万元。1998 年开始，全县国有、集体流通企业全面改制，私营商贸企业和个体商业快速发展。同年起，限额以上批发、零售贸易业和餐饮业的法人企业、产业活动单位纳入统计。2012 年，全县有限额以上批发、零售贸易业和餐饮业法人企业 122 家，产业活动单位 178 个，从业人员 6548 人，社会消费品零售总额 1483830 万元，分别为 2002 年的 6.47 倍、4.68 倍、4.31 倍、33.11 倍。其中，限额以上批发贸易企业 59 家，产业活动单位 67 个，从业人员 1572 人；限额以上零售贸易企业 41 家，产业活动单位 89 个，从业人员 2762 人；限额以上住宿餐饮企业 22 家，产业活动单位 22 个，从业人员 2214 人。

1988—2012 年长兴县商业机构及社会消费品零售总额情况表

表 14-1

年份	机构（个/家）	网点（个）	从业人员（人）	社会消费品零售总额（万元）	年份	机构（个/家）	网点（个）	从业人员（人）	社会消费品零售总额（万元）
1988	9225	9225	18393	41862	2001	26284	26284	57130	335710
1989	9444	9444	18008	44924	2002	19	38	1521	370520
1990	10112	10112	18890	41287	2003	22	41	1868	372200
1991	9682	9682	19679	45858	2004	28	70	2191	431040
1992	9430	9430	18326	57395	2005	31	78	2719	489230
1993	7782	7782	14949	81744	2006	21	62	1593	562616
1994	9910	9910	17413	125149	2007	25	142	1676	655208
1995	10511	10511	18004	176738	2008	68	88	4483	785594
1996	6721	6721	12812	218130	2009	80	14	4507	911496
1997	25814	25814	51155	230963	2010	83	17	5172	1081054
1998	28188	28188	57687	250258	2011	89	27	5554	1273825
1999	27643	27643	52530	276186	2012	122	178	6548	1483830
2000	28808	28808	58628	304498	—	—	—	—	—

说明：1. 根据历年《长兴统计年鉴》整理；2.1988—1996 年，机构、网点、从业人员为零售商业、饮食服务业数据；机构数即网点数，行政机关和批发部门未统计在内；1997—2001 年为私营企业和个体工商户数据，从业人员中含投资者人数；2002 年后数据为限额以上批发、零售贸易业和餐饮业法人企业个数和从业人数，网点指产业活动单位数，2006 年起餐饮业机构、人员中含住宿业。限额以上批发、零售、住宿餐饮企业指年主营额分别为 2000 万元、500 万元、200 万元以上企业

第二节 经济类型

1988 年，全县国有、集体所有制经济共实现商品零售额 3.87 亿元，占全社会商品零售总额的比重为 74.2%，在商品流通中仍发挥主渠道作用。1993 年起，社会商品零售总额剔除农业生产资料零售额，改为社会消费品零售总额，同年全社会消费品零售总额 8.17 亿元，其中国有商业占 34.5%，集体商业占 19%，个体经济占 29.7%，外商和中国港澳台投资经济、联营经济及其他经济共占 16.9%。1994 年，股份制商业经济开始出现。1998 年起，全县商贸流通部门全面改制。2002 年始，集体经济退出流通领域。之后，有限责任公司、私营经济快速成长成为商业经济主要类型。2012 年，限额以上有限责任公司、私营企业的商品销售额占全县限额以上批零贸易业销售总额分别为 76.3%、16.5%。全县商贸流通部门改制内容见第 10 编、第 3 章、第 9 节流通体制改革。

一、国有商业

1988 年，全县国有商业主要分布在商业、粮食、医药、燃料、农机、书店、外贸、水产等行业。同年，全县国有商业零售贸易业、饮食业、服务业机构（网点）139 个（含工业部门附设零售门市部 12 个），其中零

售贸易业 107 个、饮食业 6 个、服务业 14 个、工业部门附设零售门市部 12 个，从业人员 1441 人（含工业部门附设零售门市部 114 人），实现社会商品零售额 1.48 亿元，分别占全县商业机构、商业从业人员和社会商品零售总额的 1.5%、7.8%和 28.5%。20 世纪 90 年代起，随着改革开放力度的加大，所有制多元化格局逐步形成，国有商业比重逐年下降。1993 年起，社会商品零售总额剔除农业生产资料零售额，改为社会消费品零售总额，同年国有商业社会消费品零售额 2.82 亿元，占全社会消费品零售总额的 34.5%。1998 年起全县流通部门全面改制，国有商业、粮食、物资部门逐渐从商业流通领域退出。同年，国有商业实现社会消费品零售额 2.8 亿元，占全县社会消费品零售总额的 11.2%。1999 年起，社会消费品零售额不再按经济类型分类统计。同年，全县限额以上国有批零贸易企业有 13 家，实现销售额 6.59 亿元，占全县限额以上批零贸易业销售总额的 71.5%。限额以上国有餐饮企业 1 家，实现商品零售额 1013 万元。2012 年，全县有限额以上国有商业企业长兴县物资化建民爆公司 1 家，为批发贸易企业，从业人员 82 人。国有控股企业主要有南方水泥销售服务有限公司、浙江长广物资贸易有限责任公司、浙江长兴县新华书店有限公司等。全县限额以上国有及国有控股贸易业销售额 16.57 亿元，占全县限额以上批零贸易业销售总额的 4.2%。

1988—2012 年长兴县国有商业情况表

表 14-2

年份	零售额（销售额）（万元）	小计			批发			零售			饮食服务（餐饮住宿）		
		机构/法人企业（个/家）	网点/产业活动单位（个）	人员（人）	机构/法人企业（个/家）	网点/产业活动单位（个）	人员（人）	机构/法人企业（个/家）	网点/产业活动单位（个）	人员（人）	机构/法人企业（个/家）	网点/产业活动单位（个）	人员（人）
1988	14838	127		1327				107		1068	20		259
1989	15575	115		1260				96		1018	19		242
1990	13891	115		1403				104		1164	17		239
1991	15053	126		1464				107		1171	19		293
1992	18352	129		1437				114		1216	15		221
1993	28188	87	267	3349	69	218	2582	18	49	767			
1994	30162	74	231	2084	61	187	1646	13	44	438			
1995	31730	108	309	2281	82	265	1862	26	44	419			
1996	32979	83	329	3203	67	278	2527	16	51	676			
1997	24026	97	246	2662	77	213	2268	20	32	378		1	16
1998	28019												
1999	65916	14	32	1156	9	25	770	4	6	276	1	1	110
2000	58060	11	24	780	7	20	545	3	3	125	1	1	110
2001	45411	6	15	497	3	12	182	3	3	315			
2002	46001	4	14	423	2	12	97	2	2	326			
2003	44488	2	12	158	2	12	158						
2004		3	5	265	2	2	216	1	3	49			
2005	80992	3	4	407	3	3	352		1	55			
2006	71461	2	2	236	2	2	236						
2007	82222	2	2	222	2	2	222						
2008	96273	2	1	258	2	1	258						
2009	19794	3		255	2		204	1		51			

续表 14-2

年份	零售额（销售额）（万元）	小计			批发			零售			饮食服务（餐饮住宿）		
		机构/法人企业（个/家）	网点/产业活动单位（个）	人员（人）	机构/法人企业（个/家）	网点/产业活动单位（个）	人员（人）	机构/法人企业（个/家）	网点/产业活动单位（个）	人员（人）	机构/法人企业（个/家）	网点/产业活动单位（个）	人员（人）
2010	17591	3		251	2		200	1		51			
2011	6823	1	0	107	1	0	107	0	0	0			
2012	165668	1		82	1	1	82	0	0	0			

说明：1. 根据历年《长兴统计年鉴》整理；2.1988—1992 年统计全县社会商品零售总额，1993 年起为社会消费品零售总额，1999 年起不再按社会消费品零售总额分经济类型，改用限额以上批零贸易业商品销售总额；3.1998 年起统计限额以上批发、零售贸易业和餐饮业法人企业

二、集体商业

1988 年，全县供销社和其他集体所有制零售商业、饮食业、服务业机构（网点）1181 个，从业人员 5608 人，实现社会商品零售额 2.38 亿元，分别占全县商业机构、商业从业人员和社会商品零售总额的 12.8%、30.5%和 45.7%。其中，供销社系统集体商业为主体，共实现社会商品零售额 1.23 亿元。20 世纪 90 年代起，随着改革开放力度的加大，所有制多元化格局逐步形成，集体商业比重逐年下降。1993 年起，社会商品零售总额剔除农业生产资料零售额，改为社会消费品零售总额，同年集体商业社会消费品零售额 1.55 亿元，占全社会消费品零售总额的 19%。1997 年，基层供销社开始改制。1998 年起，全县流通部门全面改制，集体商业逐渐从流通领域退出。同年，集体商业实现社会消费品零售额 1.12 亿元，仅占全社会消费品零售总额的 4.5%。1999 年起，社会消费品零售额不再按经济类型分类统计。同年，全县限额以上集体批零贸易企业有 3 家，其中批发 1 家、零售 2 家，实现销售额 1.24 亿元，占全县限额以上批零贸易业销售总额的 13.5%。至 2001 年，全县限额以上集体批零贸易企业 2 家，均为零售集体企业，从业人员 41 人，零售额 2263 万元，占全县限额以上批零贸易业销售总额的 2.7%。2002 年，集体经济退出商贸流通领域。

1988—2001 年长兴县集体商业情况表

表 14-3

年份	零售额（销售额）（万元）	小计			批发			零售			饮食服务（餐饮住宿）		
		机构/法人企业（个/家）	网点/产业活动单位（个）	人员（人）	机构/法人企业（个/家）	网点/产业活动单位（个）	人员（人）	机构/法人企业（个/家）	网点/产业活动单位（个）	人员（人）	机构/法人企业（个/家）	网点/产业活动单位（个）	人员（人）
1988	23812	1181		5608				942		4236	239		1372
1989	22193	1308		5879				1058		4443	250		1436
1990	20115	1237		5584				1015		4360	222		1224
1991	20991	1278		5702				1059		4483	219		1219
1992	26289	1157		4423				1015		3712	142		711
1993	15525	195	952	5746	55	132	2082	131	782	3560	9	38	104
1994	17152	104	1042	4523	51	373	1942	42	615	2172	11	54	409
1995	20405	147	981	4277	70	406	2082	63	519	2017	14	56	178
1996	16615	50	685	2932	24	75	685	24	566	2013	2	44	234
1997	20860	65	849	3637	34	41	521	31	800	2922		8	194

续表14-3

年份	零售额(销售额)(万元)	小计			批发			零售			饮食服务(餐饮住宿)		
		机构/法人企业(个/家)	网点/产业活动单位(个)	人员(人)	机构/法人企业(个/家)	网点/产业活动单位(个)	人员(人)	机构/法人企业(个/家)	网点/产业活动单位(个)	人员(人)	机构/法人企业(个/家)	网点/产业活动单位(个)	人员(人)
1998	11156												
1999	12417	3	7	698	1	2	78	2	5	620			
2000													
2001	2263	2	2	41				2	2	41			

说明:1.根据历年《长兴统计年鉴》整理;2.1988—1992年统计全县社会商品零售总额,1993年起为社会消费品零售总额,1998年起统计限额以上批发、零售贸易业和餐饮业法人企业,1999年起不再按社会消费品零售总额分经济类型,改用限额以上批零贸易业商品销售总额,2002年始,集体经济退出商贸流通领域

三、股份制经济

1992年年底,县商业局在长兴酒家基础上投资200万元成立长兴龙达股份有限公司。1993年,开展集体商业股份合作制试点,经县商业局、县体改办、县财税局批准,长兴县裕翔棉布商店(集体零售贸易企业)成为全县首家流通领域集体企业规范化股份合作制企业。1994年5月,全县开展国有商业企业股份制试点,县第一百货公司改组为股份制有限公司,并作为无主管部门划出县商业局。7月12日,全县第一家经省体改委批准的规范化股份制企业浙江省长兴县百货股份有限公司正式成立。由原长兴百货公司、长广煤矿公司、浙江水泥厂、长兴电厂等4家单位发起,17家社会法人参股组建,总股本2000万元。同年,该股份制企业有从业人员375人,网点3个,实现社会消费品零售额2836.1万元,占全社会消费品零售总额的2.3%。1997年,股份制商贸企业增至8家,从业人员643人,其中批发贸易5家、从业人员514人,零售贸易3家、从业人员129人。1998年,股份制商贸企业实现社会消费品零售额1.3亿元,占全社会消费品零售总额的5.2%。1999年起,社会消费品零售额不再按经济类型分类统计。同年,有限额以上股份制企业2家,均为批发贸易企业,从业人员486人,实现商品销售额1.16亿元,占全县限额以上批零贸易业销售总额的12.6%。2000年后龙达股份有限公司破产关闭,限额以上股份制企业减为1家。2010年,全县有限额以上股份制商贸企业1家,为长兴县第一百货商店股份有限公司,实现商品销售额2068.4万元(批发),占全县限额以上批零贸易业销售总额的0.2%。2011年起,股份制商贸经济不再列入统计。

1992—2012年长兴县股份制商业情况表

表14-4

年份	零售额(销售额)(万元)	机构(个)/法人企业(家)	网点/产业活动单位(个)	人员(人)	年份	零售额(销售额)(万元)	机构(个)/法人企业(家)	网点/产业活动单位(个)	人员(人)
1992					2000	8875	1	1	396
1993					2001				
1994	2836	1	3	363	2002	8702	1	2	410
1995	3783	1	3	375	2003	12284	1	2	47
1996	7989	2	4	510	2004				
1997	11233	8	24	643	2005	6798		1	20
1998	13000				2006				
1999	11615	2	5	486	2007			1	16

续表 14-4

年份	零售额（销售额）（万元）	机构(个)/法人企业（家）	网点/产业活动单位（个）	人员（人）	年份	零售额（销售额）（万元）	机构(个)/法人企业（家）	网点/产业活动单位（个）	人员(人)
2008	12149				2011				
2009					2012				
2010	2068				—	—	—	—	—

说明：1. 根据历年《长兴统计年鉴》整理；2.1988—1992 年统计全县社会商品零售总额，1993 年起为社会消费品零售总额，1998 年起统计限额以上批发、零售贸易业和餐饮业法人企业，1999 年起不再按社会消费品零售总额分经济类型，改用限额以上批零贸易业商品销售总额

四、有限责任公司

1995 年，全县国有商业组建有限责任公司 15 家，其中全资公司 3 家、控股公司 8 家、参股公司 4 家，县商业(集团)有限公司初步实现公司集团化。1998 年，商贸流通领域全面改制。1999 年，全县有限额以上有限责任公司 1 家，为批发贸易企业，从业人员 18 人，实现商品销售额 2272 万元，占全县限额以上批零贸易业销售总额的 2.5%。2001 年，全县有限额以上有限责任公司 8 家、网点 17 个、从业人员 973 人，其中批发贸易业 4 家、零售贸易业 2 家、餐饮业 2 家，实现商品销售额 3.61 亿元，占全县限额以上批零贸易业销售总额的 42.3%。随着个私经济的迅猛发展，到 2012 年，全县限额以上有限责任公司共有 36 家、从业人员 2623 人，其中批发贸易业 19 家、从业人员 1014 人，零售贸易业 12 家、从业人员 1023 人，餐饮住宿业 5 家、从业人员 586 人。限额以上有限责任公司实现商品销售额 300.27 亿元，占全县限额以上批零贸易业销售总额的 76.3%。

1995—2012 年长兴县有限责任公司商业情况表

表 14-5

年份	零售额（销售额）（万元）	小计			批发			零售			饮食服务(餐饮住宿)		
		机构/法人企业（个/家）	网点/产业活动单位（个）	人员（人）	机构/法人企业（个/家）	网点/产业活动单位（个）	人员（人）	机构/法人企业（个/家）	网点/产业活动单位（个）	人员（人）	机构/法人企业（个/家）	网点/产业活动单位（个）	人员（人）
1995													
1996													
1997													
1998													
1999	2272	1	1	18	1	1	18						
2000	14146	4	7	326	4	7	326						
2001	36125	8	17	973	4	10	143	2	5	383	2	2	447
2002	23754	7	14	533	4	10	167	1	1	46	2	3	320
2003	17541	8	14	818	2	8	113	3	3	100	3	3	605
2004		12	43	862	4	13	374	5	27	396	3	3	92
2005	42929	11	38	1078	3	3	131	5	30	768	3	5	179
2006	74380	22	58	2356	6	14	293	5	26	743	11	18	1320
2007	40620.4	22	83	2272	6	14	197	6	53	905	10	16	1170
2008	181632	21	31	2693	13	8	406	8	21	1581		2	706
2009	280134	34		2138	17		332	11		1004	6		802
2010	577925	33		2075	18		238	11		1060	4		777

续表 14-5

年份	零售额(销售额)(万元)	小计			批发			零售			饮食服务(餐饮住宿)		
		机构/法人企业(个/家)	网点/产业活动单位(个)	人员(人)	机构/法人企业(个/家)	网点/产业活动单位(个)	人员(人)	机构/法人企业(个/家)	网点/产业活动单位(个)	人员(人)	机构/法人企业(个/家)	网点/产业活动单位(个)	人员(人)
2011	1887590	37		2772	20		792	13		1203	4		777
2012	3002701	36	87	2623	19	26	1014	12	56	1023	5	5	586

说明:1.根据历年《长兴统计年鉴》整理;2.1988—1992 年统计全县社会商品零售总额,1993 年起为社会消费品零售总额,1998 年起统计限额以上批发、零售贸易业和餐饮业法人企业,1999 年起不再按社会消费品零售总额分经济类型,改用限额以上批零贸易业商品销售总额

五、私营和个体商业

1988 年,全县个体零售商业、饮食业、服务业发展较快,共有机构(网点)7917 个,从业人员 11458 人,分别占全县商业机构、商业从业人员的 85.8%、62.3%。其中,零售商业机构 5367 个、从业人员 7957 人;饮食业机构 1356 个、从业人员 1991 人;服务业机构 1194、从业人员 1510 人。1993 年,个体商业纳入统计,同年全县有个体商业机构(网点)8164 个,从业人员 12553 人,实现社会消费品零售额 2.42 亿元,占全县总额的 29.7%。1994 年,私营商业经济纳入统计,同年实现社会消费品零售额 4800 万元,个体私营商业经济社会消费品零售额共计 4.86 亿元,占全社会消费品零售总额的 38.9%。1998 年,全县商贸企业全面改制,个私商业经济加快发展。同年,个体私营商业经济实现社会消费品零售额 16.72 亿元,占全社会消费品零售总额的 66.8%,其中个体商业经济 13.16 亿元,私营经济 3.56 亿元。2003 年商贸企业改制基本完成后,个私经济社会消费品零售额占全县总额的 83.8%,其中个体占 47.6%,私营占 36.1%。2008 年,个私商业社会消费品零售额 52.71 亿元,占全社会消费品零售总额的 67.1%,其中个体 29.79 亿元、占 37.9%,私营 22.92 亿元、占 29.2%。2009 年起,不再统计个私商业消费品零售额。2012 年,全县限额以上个私批零贸易企业、住宿餐饮企业共 80 家、从业人员 2717 人,分别占全县限额以上商业企业和从业人员的 65%、41.5%,其中批发贸易企业 38 家、从业人员 411 人,零售贸易企业 27 家、从业人员 827 人,餐饮住宿企业 15 家、从业人员 1479 人。限额以上私营商业实现商品销售额 65.05 亿元,占全县限额以上批零贸易业销售总额的 16.5%。

1988—2012 年长兴县个体和私营商业情况表

表 14-6

年份	零售额(销售额)(万元)	小计			批发			零售			饮食服务(餐饮住宿)		
		机构/法人企业(个/家)	网点/产业活动单位(个)	人员(人)	机构/法人企业(个/家)	网点/产业活动单位(个)	人员(人)	机构/法人企业(个/家)	网点/产业活动单位(个)	人员(人)	机构/法人企业(个/家)	网点/产业活动单位(个)	人员(人)
1988		7917		11458				5367		7957	2550		3501
1989		8021		10569				5667		7666	2354		2903
1990		8754		11903				6201		8576	2553		3327
1991		8278		12513				6000		9002	2278		3511
1992		8144		12466				6194		9328	1950		3138
1993	24238	8164		12553	1410		2041	5643		8163	1111		2349
1994	48621	88	9280	14763	87	87	733	1	7943	11496		1250	2534

续表 14-6

年份	零售额（销售额）（万元）	小计			批发			零售			饮食服务（餐饮住宿）		
		机构/法人企业（个/家）	网点/产业活动单位（个）	人员（人）	机构/法人企业（个/家）	网点/产业活动单位（个）	人员（人）	机构/法人企业（个/家）	网点/产业活动单位（个）	人员（人）	机构/法人企业（个/家）	网点/产业活动单位（个）	人员（人）
1995	80610	1	9976	15093		88	88	1	8691	12500		1197	2505
1996	134234	190	10530	17475	95	4611	7497	95	4610	7538	4	1309	2440
1997	144250	2	11208	17950	2	1077	2478		8771	12902		1360	2570
1998	167206												
1999	174715												
2000	229867												
2001	268718	3	4	81				2	3	23	1	1	58
2002	296470	7	8	155	1	1	11	5	6	104	1	1	40
2003	311745	11	12	787				6	7	91	5	5	696
2004	328231	13	24	956	2	1	11	6	18	234	5	5	711
2005	353685	14	31	812	2	3	33	7	23	147	5	5	632
2006	396434	19	37	1589	2	4	32	6	15	273	11	18	1284
2007	454622	11	72	336	4	6	86	7	66	250			
2008	527137	33	31	814	13	11	250	12	20	227	8		337
2009		40	1	1396	12		205	13	1	272	15		919
2010		42		1657	17		233	13		275	12		1149
2011		45	26	2465	16	0	185	17	4	388	12	22	1892
2012		80	84	2717	38	38	411	27	31	827	15	15	1479

说明：1. 根据历年《长兴统计年鉴》整理；2. 1988—1992 年统计全县社会商品零售总额，1993—2008 年起为社会消费品零售总额，2009 年起社会消费品零售总额不再分个体、私营，改用限额以上批零贸易业商品销售总额；3.1998 年起统计限额以上批发、零售贸易业和餐饮业法人企业

六、中外合资及外商投资

1994 年 4 月，县内中外合资企业金陵商城发展有限公司开业，占地 2.53 公顷，市场摊位 694 个。1995 年，成交额 7.36 亿元，1996 年增长至 10.9 亿元。2000 年 1 月，合作开发建设新金陵商城，占地 10.8 公顷，营业房 350 间，以经营副食品批发为主。2012 年，金陵商城成交额为 33.74 亿元。

2002 年 11 月，县内首家美国外餐连锁店肯德基长兴店开业。2004 年，有从业人员 108 人。2005 年，有网点 2 个，从业人员 357 人。2009 年，从业人员 96 人。之后未列入限额以上餐饮企业统计。

2010 年，县内外商投资企业欧尚超市和台商投资企业润瑞商业有限公司大润发超市先后开业，从业人员共 952 人。2011 年，2 家超市销售额分别为 1.74 亿元和 1.78 亿元，2012 年分别为 1.9 亿元和 2.03 亿元。

第三节 行业结构

1988 年，全县社会商品零售总额（包括消费品零售额和农业生产资料零售额）5.21 亿元，其中商业系统零售额 3.59 亿元、占 69%，饮食业零售额 972 万元、占 1.9%，工业零售额 8408 万元、占 16.1%，农民

对非农民零售额5600万元、占10.8%,其他行业零售额1203万元、占2.3%。1993年起,剔除农业生产资料零售额,改统计社会消费品零售总额,按批发零售贸易业、餐饮业、制造业、农民对非农民、其他行业分类。同年,全县社会消费品零售总额8.17亿元,其中批发、零售贸易业5.65亿元、占69.2%,餐饮业2362万元、占2.9%,制造业9254万元、占11.3%,农民对非农民1.36亿元、占16.6%。1998年起,限额以上批发、零售贸易业和餐饮业的法人企业、产业活动单位纳入统计。同年,全县社会消费品零售总额25.03亿元,其中批发、零售贸易业18.69亿元、占74.7%,餐饮业1.01亿元、占4%,制造业2.19亿元、占8.7%,农民对非农民3.06亿元、占12.2%,其他行业786万元、占0.3%。2003年起,制造业零售额和农民对非农民零售额不再单独列项统计。2012年,全县社会消费品零售总额148.38亿元,其中批发和零售贸易业134.04亿元、占90.3%,住宿和餐饮业14.34亿元、占9.7%。

一、批发业

1987年,全县有国有商业批发机构14个。1992年,商品流通进入全市场化运作,原批发企业开始开展零售业务,零售商场也兼营批发业务,以农村市场为主体的个体批发业快速兴起,批发网点激增,竞争加剧。1993年,批发贸易业纳入统计,同年全县有各类批发机构(网点)1886个、从业人员5897人,其中国有批发机构69个、网点218个、从业人员2582人,集体批发机构55个、网点132个、从业人员2082人,个体批发机构1410个、从业人员2041人。1998年,全县有限额以上批发企业16家,产业活动单位7个,从业人员1548人。2000年始,集体经济退出批发贸易业。2012年,全县有限额以上批发业法人企业58家、产业活动单位65个、从业人员1507人,实现消费品零售额8.29亿元,占当年全社会消费品零售总额的5.6%。其中,国有企业1家、产业活动单位1个、从业人员82人,有限责任公司19家、产业活动单位26个、从业人员1014人,私营企业38家、产业活动单位38个、从业人员411人。

二、零售业

1988年,全县有零售商业机构6416个、从业人员13261人,其中国有零售机构107个、从业人员1068人,集体零售机构942个、从业人员4236人,个体零售机构5367个、从业人员7957人。1993年,全县有各类零售机构(网点)6624个,从业人员12496人。其中,国有零售机构18个、网点49个、从业人员767人,集体零售机构131个、网点782个、从业人员3560人,个体零售机构5643个、从业人员8163人。1998年,限额以上零售法人企业6家,产业活动单位4个,从业人员1041人。2002年始,集体经济退出零售贸易业。2012年,全县有限额以上零售业法人企业40家、产业活动单位88个、从业人员2419人,实现消费品零售额125.76亿元,占当年全社会消费品零售总额的84.8%。其中,有限责任公司12家、产业活动单位56个、从业人员1023人,私营企业27家、产业活动单位31个、产业人员827人,外商投资企业1家、产业活动单位1个,从业人员569人。

三、餐饮住宿业

1988年,全县有饮食业商业机构1490个、人员2649人,其中国有饮食业机构6个、从业人员42人,集体饮食业机构128个、产业人员616人,个体饮食业机构1356个、从业人员1991人。同年,饮食业实现商品零售额972万元,占全县社会商品零售总额的1.9%。1993年,集体餐饮业机构有9个、网点38个、从业人员104人,个人餐饮业机构1111个、从业人员2349人,国有经济从饮食业全部退出。同年,餐饮业实现消费品零售额2362万元,占全县社会消费品零售总额的2.9%。1998年起,商贸流通企业全面改制。1999年,全县有限额以上餐饮业法人企业1家、产业活动单位1个,限额以下法人企业8家、产业活动单位8个,个体餐饮业活动单位1342个。其中,限额以上餐饮国有企业1家、产业活动单位1个、从业人员110人,集体经济退出餐饮业。2001年,住宿和餐饮业限额以上有限责任公司2家、从业人员447人,私营企业1家、从业人员58人。2012年,全县有住宿和餐饮业限额以上法人企业22家、产业活动单位22个、从业人员2214人,其中有限责任公司5家、私营企业15家。住宿和餐饮业零售额14.34亿元,占当年全社会消费品零售总额的9.7%,其中住宿业零售额2.62亿元、占住宿和餐饮业零售额的18.3%,餐饮业零售额11.72亿元、占81.7%。

1988—2012 年长兴县社会消费品零售总额分行业情况表

表 14-7

单位：万元

年份	社会消费品（商品）零售总额	其中					年份	社会消费品（商品）零售总额	其中				
		商业（批发、零售贸易业）	餐饮业（住宿餐饮业）	制造业	农民对非农民	其他行业			商业（批发、零售贸易业）	餐饮业（住宿餐饮业）	制造业	农民对非农民	其他行业
1988	52112	35929	972	8408	5600	1203	2001	335710	248088	19088	20295	39834	8405
1989	55383	39257	1021	7666	6117	1322	2002	370520	277262	24146	20663	42707	5742
1990	51101	35552	1087	7068	6104	1290	2003	372200	328010	30330	—	—	13860
1991	56036	36904	1652	8083	7500	1897	2004	431040	376800	39540	—	—	14700
1992	68617	43413	1930	10746	9460	3068	2005	489230	428055	44806	—	—	16360
1993	81744	56523	2362	9254	13604		2006	562616	492418	53126	—	—	17072
1994	125149	76974	4661	7162	26206	10146	2007	655208	575781	61654	—	—	17773
1995	176738	114190	7549	15208	36836	2955	2008	785594	692516	74385	—	—	18693
1996	218130	149390	8578	22820	26091	11251	2009	911496	806225	85702	—	—	19569
1997	230963	170200	10100	20261	30402		2010	1081054	980955	104606	—	—	
1998	250258	186918	10097	21879	30578	786	2011	1273825	1149843	123982	—	—	
1999	276186	208861	12833	18500	35373	619	2012	1483830	1340431	143399	—	—	
2000	304498	227395	15271	19351	41686	795	—	—	—	—	—	—	—

说明：1. 根据历年《长兴统计年鉴》整理；2.1988—1992 年按全县社会商品零售总额分行业统计，1993 年起改为社会消费品零售总额；2003 年起，制造业、农民对非农民零售额未单独列项；2009—2012 年餐饮业含住宿业

第四节　商业布局

1988 年，全县有商业机构（网点）9225 个，从业人员 18393 人。同年，城区商业实现社会消费品零售额 2.25 亿元，占全县社会消费品零售总额的 53.7%；农村商业实现社会消费品零售额 1.94 亿元，占全县社会消费品零售总额的 46.3%。1998 年起，全县商业、物资、供销、粮食部门全面改制，国有资本有序退出竞争性商贸领域，私营贸易企业和个体工商户成为主体。2004 年，编制城区和乡镇商贸发展规划，对城乡商贸进行总体布局。2012 年，全县有各类商贸法人企业、网点（户）28563 家，其中零售业 23883 家，住宿餐饮业 2928 家，分布在城区和各镇、村，构成全县商贸流通网络，每千人拥有商业网点 44 个，人均商业面积 1.77 平方米。同年，城镇商业实现社会消费品零售额 86.28 亿元，占全县社会消费品零售总额的 58.1%；乡村商业实现社会消费品零售额 62.1 亿元，占全县社会消费品零售总额的 41.9%。

一、城区商业网点

1988 年，县城区商业实现社会消费品零售额 2.25 亿元，占全县社会消费品零售额的 53.7%。同年，商业局有全民、集体机构网点 121 个（不含医药、水产，下同），其中全民机构网点 70 个，包括企业管理机构 6 个、工业品批发机构 1 个、农副产品采购批发机构 31 个、零售网点 23 个、饮食服务网点 8 个，集体企业机构网点共 51 个，包括纯管理机构 1 个、工业品批发机构 1 个、零售网点 30 个、饮食服务网点 18 个。工业部门附设零售门市部 12 个，从业人员 114 人。城镇个体商业 914 家 1183 人，饮食业 221 家 475 人，服务业 50 家 70 人，修理业 88 家 151 人。长广矿区商业 438 家 451 人，饮食业 192 家 205 人，服务业 33 家 36 人，修理业 47 家 53 人。县物资局在城区有 8 大公司供应网点和 1 个煤球厂门市部，在泗

安城区有物资供应站,职工400余人(含机关)。县粮食局在城区、泗安和长广矿区建有粮油购销网点和议购议销公司(城区)。1998年起全面改制后,私营商业企业和个体工商户成为商贸流通主体。同年,城镇商业有私营企业223家2529人,其中从事批零贸易、餐饮业132家1276人,社会贸易业13家122人,制造业71家1055人。有个体工商户3251家4764人,其中从事批零贸易餐饮业1871家,从业人员2768人,社会服务业770家873人,制造业195家522人,运输、仓储业414家600人;长广矿区1516家1829人,其中从事批零贸易、餐饮业1123家1259人,社会服务业156家188人,运输、仓储业92家114人,制造业134家252人。城镇商业网点中有限额以上批发企业16个1548人,零售企业6个1041人,营业面积11317平方米,其中百货商店1个、超级市场1个、专业(专卖)店1个。2012年,全县城镇商业有私营贸易企业4020家44857人,其中从事批零业、住宿餐饮业1375家14360人,制造业1303家14669人,房地产业256家2681人,农林牧渔业96家1008人,运输、仓储业165家1844人。有个体工商户30277家51346人,其中批发零售贸易业、住宿餐饮业20043家30209人,运输、仓储业2999家4566人,制造业3274家8584人,农林牧渔业761家1582人。有限额以上批发企业60家、网点67个、从业人员1572人,限额以上零售业41家、网点89个、从业人员2762人,限额以上住宿餐饮业22家2214人。有各类交易市场43个,其中生产资料交易市场6个、农产品交易市场32个、日用工业品市场3个、其他商品交易市场2个。年成交额超10亿元的市场有3个,超亿元的市场有13个。全县有5000平方米以上的商贸零售企业9家,营业面积最大的零售企业是八佰伴长兴购物广场,营业面积达到5万平方米。全县拥有国际品牌连锁企业肯德基长兴分店、欧尚、大润发、八佰伴4家,拥有国内知名连锁企业12家。拥有各品牌专卖店92家,其中鞋服类72家、餐饮类9家、眼镜类5家、珠宝类6家。各类茶室108家、酒吧7家、足浴休闲中心63家。同年,全县城镇实现社会消费品零售额86.28亿元,占全县社会消费品零售额的58.1%。

二、农村商业网点

1988年,全县县以下(乡镇)社会消费品零售额1.94亿元,占全县社会消费品零售额的46.3%。同年,全县农村从事商业、饮食业3700人,服务业2300人,其中个体商业2847家3845人、饮食业802家1523人、服务业684家864人,联户商业26家138人、饮食业8家30人、服务业13家25人,乡镇企业中有商业58家1317人、饮食业12家241人、服务业27家367人。各乡镇基层供销社、合作商店是农村商业的主体,全县基层供销社有23个2780余人,其中以经济区域建社5个,以乡建社18个,购销服务网点800余个,农村代购代销店300余个300人,归口集体商业、饮食服务业网点300余个1000余人。1998年,供销社企业全面进入改制,农村商业经营全部放开,个体私营商业形成主体,代购代销店全部转为自营或歇业。同年,农村私营贸易企业505家10214人,其中批发零售贸易业、餐饮业119家1372人,制造业369家8479人,运输、仓储业9家158人。农村个体工商户22693家38351人,其中批零贸易、餐饮业8644家12784人,社会服务业3371家3662人,制造业5895家14012人,运输、仓储业4412家7380人。2003年,开展"千镇连锁超市"工程,健全农村商品流通体系,长兴联华超市和中百一店2家连锁龙头企业向农村集镇发展,相继在各乡镇开设连锁超市。2005年,长兴成为首批全国"万村千乡市场工程"试点县,联华超市为首批试点企业,同年联华超市和中百一店被确定为"浙江省千镇连锁超市龙头企业"。2006年5月,联华超市二界岭店开张营业,全县乡镇连锁超市覆盖率达到100%,累计建有乡镇连锁超市22家。至2011年,共开设村级连锁便利店220家,千镇连锁超市行政村覆盖率达100%。2011—2012年,泗安镇、和平镇创建浙江省城乡统筹现代商贸服务示范镇。2012年,全县农村有私营贸易企业2617家70866人,其中批发零售贸易业、住宿餐饮业710家7148人,制造业1332家57829人,运输、仓储业64家1057人,农林牧渔业86家871人,房地产业37家295人。有农村个体工商户15209家25314人,其中批发零售贸易业、住宿餐饮业7352家10499人,制造业5663家11626人,农林牧渔业543家5405人,运输、仓储业967家1178人。同年,乡村商业实现社会消费品零售额62.1亿元,占全县社会消费品零售总额的41.9%。

1988—2012 年长兴县社会消费品零售总额按销售地区分类情况表

表 14-8

单位:万元

年份	社会消费品零售总额	县(城镇)零售额	县以下(乡村)零售额	年份	社会消费品零售总额	县(城镇)零售额	县以下(乡村)零售额
1988	41862	22485	19377	2001	335710	139038	196672
1989	44924	24541	20383	2002	370520	153650	216870
1990	41287	21675	19612	2003	372200	154900	217300
1991	45858	25032	20826	2004	431040	176580	243470
1992	57395	27859	29536	2005	489230	205727	283503
1993	81744	40254	41490	2006	562616	236960	325656
1994	125149	59527	65623	2007	655208	276676	378532
1995	176738	65997	110741	2008	785594	334915	450579
1996	218130	90049	128081	2009	911496	393174	518322
1997	230963	95136	135827	2010	1081054	658842	422211
1998	250258	101991	148267	2011	1273825	776326	497499
1999	276186	111828	164358	2012	1483830	862837	620993
2000	304498	126030	178468	—	—	—	—

说明:1.根据历年《长兴统计年鉴》整理;2.1988 年销售地区按县、县以下分类统计,2011 年起按城镇、乡村分类统计

第二章 商业经营

20 世纪 80 年代起,至 21 世纪初,长兴县粮油购销、农副产品购销、生产资料和生活资料销售,都经历了从计划供应到市场逐步放开的过程。之后,各种专业市场、购物中心、连锁超市、专卖店等新型业态应运而生,大市场、大流通格局初步形成,城乡商贸呈现前所未有的繁荣景象。

第一节 粮油购销储备

一、粮油收购

粮食收购 1988 年,国家粮食收购继续实行合同定购政策;县粮油贸易公司专营粮食议价收购。1990 年,从秋粮收购开始,改合同定购为国家定购。2001 年,取消粮食定购任务,放开粮食购销市场和价格。

合同定购 1988 年,国家粮食收购继续实行合同定购政策,全县粮食定购任务为 9.08 万吨,一包 3 年。粮食合同定购采用与化肥、柴油、预购定金“三挂钩”办法,每 100 千克定购粮食,供应平价尿素 13 千克、柴油 2 千克、按定购粮食价格 20%发放预购定金。同年,粮食定购任务完成 8.66 万吨。1989 年,粮食定购“三挂钩”尿素奖售标准调整为 15 千克,其他不变。1989 年 3 月,全面调整粮油收购价格,早籼谷定购价格调整到每 100 千克 44.4 元,晚粳谷定购价格调整到每 100 千克 53.6 元,小麦定购价格调整到每 100 千克 53.6 元。同年,全县粮食定购任务完成 100%。

国家定购 1990 年,从秋粮收购开始,合同定购改为国家定购,全年粮食定购任务、收购价格及“三

挂钩”政策不变。另外,每 100 千克定购粮供应长化碳铵 16 千克。1992 年 3 月,全面提高粮食定购价格,每 100 千克定购粮奖售平价尿素 16 千克(其中调拨补助 2 千克)、平价柴油 2 千克,退平价配合饲料 4 千克。1993 年,放开粮食购销和价格,国家粮食定购任务改为指导性计划,实行合同收购,县粮食部门与全县 11.45 万户余粮户签订粮食收购合同 6.8 万吨。收购价格按市场价随行就市,同时实行粮食合同收购保护价制度,早稻谷合同收购保护价为每 100 千克 49.2 元。合同收购粮食挂钩化肥、柴油由兑现实物改为实行合同收购价外加价,每 100 千克稻谷 7.48 元、小麦 8.4 元,对种粮大户继续发放 20%的预购定金。1994 年,晚籼谷、晚粳谷合同收购价外加价提高到每 100 千克 20 元。1995 年,恢复粮肥挂钩政策,每 100 千克定购粮奖售平价尿素 16 千克,对定购粮早稻部分再奖售半价长化碳铵 6 千克。2000 年,全县粮食定购任务调减为 2.6 万吨,实际完成 1.54 万吨。

订单收购　2001 年,取消粮食定购任务,放开粮食购销市场和价格。同年,国有粮食收储企业与 523 户种粮大户签订“订单粮食”6934 吨,收购“订单粮食”5350 吨,履约率为 77.2%。2002 年,国有粮食企业完成转制,县内粮食收购完全市场化。2004 年,实施“粮食收购资格许可”制度。2012 年,全县经工商登记持有“粮食收购许可证”粮食收购单位 22 家,其中国有企业 1 家、民营企业 12 家、个体工商户 9 家。

议价收购　1988 年,县粮油贸易公司专营粮食议购议销,全县议购粮食 1.4 万吨。1989 年和 1990 年,全县粮食丰收,晚粳谷议购价(每 100 千克)分别为 100 元和 78 元,晚籼杂交谷议购价(每 100 千克)分别为 92 元和 73 元,议购粮数量分别为 4.4 万吨和 4.5 万吨。1997 年,议价粮收购 5.7 万吨,达历史最高值。1998 年 9 月开始,议价粮统一由县粮食收储公司按不低于省政府确定的粮食收购保护价敞开收购。议购价确定的原则是当市场价低于保护价时,执行保护价;当市场价高于保护价时,根据购得进销得出的原则调整议购价。1998 年,早稻议购保护价为每 100 千克 118 元,晚粳谷议购保护价每 100 千克 138 元,当年收购议价粮 2.36 万吨。2001 年起,县内粮食议价收购完全市场化。

1988—2001 年长兴县国家粮食收购情况表

表 14-9

年份	收购方式	合计(吨)	定(订)购收购			议价收购(吨)
			任务数(吨)	实际收购数(吨)	完成比例(%)	
1988	合同定购	100534	90750	86570	95.4	13964
1989		134768	90750	90750	100.0	44018
1990	国家定购	132589	90750	87574	96.5	45015
1991		130000	90750	94300	103.9	35700
1992		114700	90750	90800	100.1	23900
1993		75800	68000	68100	100.1	7700
1994		88000	68000	58600	83.1	29400
1995		91400	68000	69300	101.9	22100
1996		104300	68000	77700	114.3	26600
1997		121100	62000	64100	103.4	57000
1998		85800	62000	62200	100.3	23600
1999		70700	45000	38500	85.6	32200
2000		40700	26000	15396	59.2	25328
2001	订单收购	6181	6934	5350	77.2	831

说明:资料来源于县商务局

油料收购　县内食用油料以油菜籽为主。1988 年,油菜籽继续实行合同定购,每 100 千克定购油菜籽挂钩奖售平价尿素 11 千克,定购油菜籽 5750 吨。1989 年,定购油菜籽按“六、四”混合价收购(“六、四”混合价指60%按定购价收购、40%按统购价收购），混合价格为每100千克132.6元，定购油菜籽4600吨。1990年，油菜籽定购价提高到每100千克140.8元，定购油菜籽1.28万吨。1991年，定购油菜籽4140吨。1992年，每100千克定购油菜籽奖售优惠价尿素5千克，定购油菜籽4590吨。1993年，取消油料合同定购，放开油料收购和价格，实行多渠道市场化收购，全县油料收购量逐年减少。2012年，县内已基本无油料收购。

二、粮油销售

粮食销售　1988—1992年，全县城镇居民口粮实行统销，按照居民年龄大小、工作种类，实行以人定量、归户计算、凭证凭票供应粮食的办法，农村缺粮人口实行统（定）销，工商行业用粮按计划供应。1993年，粮食购销和价格放开，城镇居民、农村缺粮人口口粮及行业用粮全部进入市场。

图14-1　1991年、1992年浙江省定额粮票（史雅雯提供）

城镇居民口粮　1988年，全县城镇居民口粮定量标准：工人根据劳动轻重，月定量14千克～27.5千克；国家机关、企事业人员及脑力劳动者13.5千克～14.5千克；大中学生13.5千克～15.5千克；10周岁以上居民12.5千克；10周岁以下儿童则根据年龄大小而定。上述标准执行到1992年。1993年1月1日起，放开粮食购销和价格，取消粮食统销，并对城镇职工实行一次性补贴，除军用粮票外，不再使用其他各种粮票。

农村用粮　1988年，全县农村粮食统销指标5947.1吨，其中蔬菜基地1129.5吨，水产渔业村186.6吨，山区缺粮村4631吨，用于制酱、酱油、米醋、腐乳等行业用粮计划1460吨。1989年，农村粮食统销指标5964.5吨，5个专业渔业村压缩50%定销粮计划，压缩的定销粮部分改按议销价供应，另50%按新定购价加费用供应。1990年，农村粮食统销指标5967.6吨。1991年5月1日，调整粮油统销价格，每100千克标二早籼米调整到50元，标二杂交晚籼米调整到54元，标二晚粳米调整到58元，标准面粉调整到54元。同年，农村粮食统销指标5983吨。1992年4月1日，粮食定购价格提高后，相应提高统销价格。每100千克标二早籼米调整到72元，标二杂交晚籼米调整到80元，标二晚粳米调整到90元，标准面粉调整到78元。同年，农村粮食统销指标5916.5吨。

行业用粮　行业用粮供应分商业和工业两类。1988年，县内除用于制酱、酱油、米醋、腐乳等酿造行业用粮按统销价供应外，其他均放开改供议价粮。1988—1999年，全县行业用粮计划分别为1460吨和1450吨。1990年10月1日起，酿造行业内计划商业用粮由统销价供应改按议价供应。1993年起，全省放开粮食购销和价格，行业用粮全部退出统销，由企业自行采购。

军粮供应　1988—2000年，驻长兴县部队、武警部队的军用粮食由部队所在地的粮管所负责供应，部队凭“军用粮油豆供应证”和军用粮票按统销价到定点军供粮站购买。2000年7月，建立县军粮供应站，负责全县军粮供应。2007年1月1日，取消军用粮纸质粮票，采用计算机管理软件刷卡供应。

食油销售　1988年之前，全县城镇居民和农村专业蔬菜队、渔业队人口食油实行定量供应，行业用油，按核定计划供应，议价食油敞开供应。1988年，全县城镇居民和渔业队人口定量食油供应标准为每人每月200克（井下工居民250克），农村专业蔬菜队食油定量供应标准每人每月100克。同年4月1日起，除油条、副食和大众化食品外，其他行业用油退出平价供应，改供议价。1988—1989年，全县行业用油计划245吨。1991年5月1日，调整食油统销价格，每100千克二级菜油调整到470元、二级豆油调整到430元。1990—1991年，全县行业用油计划246吨。1992年，全县行业用油计划255吨。1993年起，全省放开食油购销和价格，取消油票，食油销售完全市场化。

三、粮食安全应急

1993年1月1日起,全县粮食价格和粮食经营全面放开后,不再实行计划供应,但城镇居民的购粮证和口粮定量档案关系继续保留,实行保量不保价,县政府主要做好粮食宏观调控。1993年年底至1994年,市场粮价上涨,县粮食部门积极组织粮源,严格执行挂牌价格,增加挂牌品种,稳定县内粮食市场。1993年,外购粮食85000吨。1994年,外购粮食125000吨。1995年5月,出台定购粮食供应办法,对城镇居民一次性发放粮食供应券,城镇居民凭粮食供应券和市镇居民粮食供应证到当地粮管所购买粮食。1998年,实行粮食批发准入制度,严格规定企业经营粮食批发业务应具备条件。1999年,全县销售政策性粮食56228吨。2000年,全县销售政策性粮食45314吨。2001年,放开粮食销售市场,鼓励超市、便民连锁店从事粮食零售业务,常年开放粮食集贸市场。2003年年末,全县共有粮食零售点130个,其中雉城镇85个。同年"传染性非典型肺炎"疫情发生期间,全县粮食市场平稳,无抢购现象。2006年,县政府制定《长兴县粮食安全应急预案》,设粮食应急供应点10个。2009年,实行粮食安全行政首长负责制。2012年,全县设粮食应急供应点21个,粮食零售以超市、副食店为主,专门经营粮食的商店极少。

四、粮油储备

1988年,全县有粮食仓点73个,各种类型仓库376座,建筑面积10.96万平方米;有油池88只。1990年,国家建立专项粮食储备制度。2005年5月,县政府出资统一收购虹星桥一库、林城粮站、吕山粮站、天平粮站、天居庄粮站划拨给县粮食收储公司。2006年,全县国有粮食企业共有中心粮库、中心二库、和平粮站、林城粮站、吕山粮站、天平粮站、天居庄粮站、南石桥粮站等国有粮食库点10个。2011年,因长湖申航道拓宽工程吕山大桥建设,吕山粮站拆除。2012年,全县有国有粮食库点8个,油池5只。

第二节　农副产品购销

一、供销社购销

茶叶　县土特产公司负责全县茶叶收购、调拨业务,各基层社茶叶收购站负责当地茶叶收购业务,收购品种主要有紫笋茶、长炒青、长烘青,其中长炒青、长烘青为出口茶原料。1987年,供销社共有茶叶收购站16个,是茶叶收购主渠道,全年收购量230吨。1988年,全县茶叶市场基本放开,国营茶林场和茶农自销量上升,供销社收购量则呈下降趋势,同年收购量165吨。次年,收购量也仅为175吨。同年,县计经委和县供销社对全县国营茶林场下达出口茶(毛茶)收购计划,收购量挂钩奖励平价标准化肥、平价煤炭,减半征收农林特产税,以完成出口茶原料任务。1993年,收购量35.7吨。同年起,县政府取消茶肥换购优惠政策,茶叶收购全面放开。1988—1993年,县供销系统累计收购828.7吨。

蚕茧　县土特产公司负责全县蚕茧代收代烘业务及与县丝绸公司结算业务费用,各产区供销社负责具体收烘业务和茧站日常养护。1988年,全县共有茧站16座,其中洪桥、吕山重要产区各设有2座茧站,全年收购量740.3吨。1990年,收购量达到历史最高的1332吨,占全年总产量的82%。1991年,实行干茧质量同收烘费挂钩办法,当年收购量1076吨。1995年,实行一体化管理,12个茧站负责人划归县土特产公司管理,同年收购量824.6吨。1996年,全省茧丝绸行业实行贸工农一体化改革,同年收购608.1吨。1997年,蚕茧收购量548.8吨。同年,县土特产公司、各基层社所属的50名收烘业务人员、303万元账面净值茧站资产及收烘业务全部划归县丝绸总公司,历时45年的供销社蚕茧"三代"(代收、代烘、代运)业务结束。1988—1997年,县供销系统累计收购蚕茧8956.6吨。

油菜籽　1990年之前,县内菜籽收购业务由粮食系统独家收购,供销社系统受粮食部门委托开展代收购业务。1990年,县政府首次规定5月20日至6月15日粮食系统收购后,供销社系统可开展菜籽收购(含换油)业务,当年收购2500吨。1991年,全县菜籽产量远超国家定购任务,县政府同意供销社与粮食部门同时开展菜籽购销业务。全系统14个基层社、3个县级公司，设收购点48个，“以销定购”，投放资金584万元，收购菜籽3450吨。1993年，组建粮油公司，负责系统菜籽分购统销业务；系统收购菜籽企业共同投资780万元筹建精制粮油厂，开展菜籽加工业务。1994年，油厂投产，重点产区基层社和3家县级公司设点收购菜籽2900吨，县外调入3600吨。1995年，严禁个人承包收购业务，允许上交70%收购任务后，企业自行销售一部分。1996年，供销系统收购7560吨。1997年，全县全面放开菜籽收购业务，个体户踊跃参与收购。同年，供销系统收购菜籽仅1970吨。之后企业改制，收购业务陆续终止。

山茹干 1987年，县内山区农民在山茹干抵充粮食任务后，出现卖难问题。县供销社系统以泗安、林城两个基层社为主要收购单位，按政府指导价开展收购业务，同年共收购9226吨。1988年，供销系统继续开展收购业务，当年共收购10269吨。1990年，山茹干再现卖难问题，供销社投放货款500万元设点收购，解决销路。1991年，县政府取消指导价，全面放开收购业务。1993年，供销系统实行分购联销办法，下达收购计划，分解到收购单位，收购企业上缴风险金，分头收购，粮油公司一头对外销售，经营利润按县基二八分成。同年，共有8个基层供销社、2个县级公司参与分购联销，收购量达到历史最高的1.6万吨。1994年，因经济效益原因，山茹干种植面积锐减，产量逐年下降，至企业改制结束，系统仅少数单位开展收购业务，年收购量较小。1994年收购量仅为4000吨，至改制前的1997年、1998年收购量也仅为800吨和2000吨。1988—1992年，县供销系统累计收购山茹干8.63万吨。

二、小宗农副产品

白果 1987年之前，县供销社平均每年收购白果73.5吨。1988年，市场放开搞活，县内个体、县外收购人员增多，供销社收购业务受到冲击。供销社稳定国内销售渠道，开拓外销渠道，重点开拓日本市场，年收购量维持在100吨左右。1993年，以县土特产公司为龙头，小浦经济区供销社为基地，参与白果购销的县级公司组成股份制形式的白果购销集团，采取统购统销办法。县级公司不直接到基层收购，由小浦供销社统一组织收购，收购的白果全部上交集团。1995年，完善白果购销办法，各企业按县土特产公司制定价格自行组织收购，销售则采取自行销售或调拨给公司的方式；县外货源由县土特产和糖酒果菜副食品两家公司统一组织收购，其他单位一律不得外出收购。执行分购联销政策后，每年白果收购量稳定在160吨。1997年，共收购50吨。之后，县供销社企业未再开展收购业务。

蜂蜜 县内主要以油菜花蜜、紫云英和槐树花蜜为主，蜂蜜产量主要依靠外来放蜂产蜂蜜。1992年后，油菜和紫云英种植面积减少，农药大量使用，外来放蜂人员减少，蜂蜜收购量基本维持在10吨左右。

毛竹、毛料、毛笋 毛竹、毛料、毛笋一直是供销社经营商品。1988年，县供销社系统毛竹收购量占到全县总收购量的65.5%。之后，个体收购在毛料收购业务中逐渐占据主导地位，收购量逐年提高。供销社收购量尽管维持原有水平，但在全县收购总量中所占比重逐年下降；毛笋收购呈上升趋势，主要是毛笋受保鲜期和销售期短，以及运输影响，个体收购存一定风险，只在春笋期短期抢购销售。同时，供销社在毛笋收购期实行县级公司和基层社联营、厂商挂钩、横向推销等措施，得以保证销量有所增加。1992年，市场进一步放开，个体购销更加活跃，供销社业务开展越来越困难。同年，供销社收购量占全县的比重降至30.8%，其中毛篙竹由垄断经营发展到只占全县收购总量的18.2%。1993年后，县供销社已基本不从事毛竹、毛料、毛笋收购业务。

第三节 生产资料销售

一、农用生产资料

化肥 化肥销售实行平价、议价两种价格机制。平价化肥主要用于兑现粮食栽培、高产试验、配方施肥、粮挂奖售，生猪、蚕茧、茶叶以及其他农副产品换购奖励政策。同时，扶贫救灾和蔬菜、蚕桑、食用菌、中药材、名茶生产阶段性扶持化肥也是平价化肥供应重要部分。1989 年,农业生产资料实行专营政策,全县 12 只化肥、58 只农药、3 种农膜产品列为专营商品。县供销社会同农业部门,根据全县农业生产规划总体布局,制订化肥购销计划,县农资公司统一调拨至基层供销社,基层社可自行组织供应非专营化肥。1993 年,县农资公司与 8 大经济区供销社组成化肥农药股份公司,对化肥和大宗农药实行“进销一体,价格一致,管理一本账”的联统经营。1994 年,农资批发由三级批发一级零售改为一级批发一级零售,农业“三站”及生产企业不得从事批发业务,但可自销。1997 年,供销社成立组织机构,建立奖励基金,推行定连锁品种、统一领导、统一计划、统一进货、统一价格、统一管理、统一纪律的“一定六统”连锁经营办法。1998 年,奖售化肥因尿素平议价格倒挂,奖售政策自行消失。1999 年,省政府深化化肥流通体制改革,取消农资专营政策,供销社农资供应主渠道作用不变,允许农业和乡镇农技部门涉足农资经营。2000 年,县农资公司改制,原职工自由组合组建 3 家有限公司,承担组织、储备、调拨和 58 家农资经营点零售供应任务。1988—1999 年,供销社系统供应各类化肥 79.63 万吨。2000—2012 年,县供销社归口管理的 3 家农资批发企业供应各类化肥 100.18 万吨,是全县农资供应主渠道。

农药 1988 年,县内农药需求矛盾突出。县农资公司对甲胺磷、乐果、氧化乐果、敌百虫、敌敌畏、杀虫双、叶蝉散、呋喃丹、杀螟松、甲基托布津、多菌灵、除草醚、草甘膦实行计划调拨,开展替代农药品种宣传和使用方法辅导。全年组织供应各类农药 894.3 吨,其中主要品种甲胺膦 211.2 吨,基本满足各个农时季节用药需要。1989 年,58 只农药实行专营。同年,建立农资服务站 27 个、配药站 60 个、农资代销店 27 个,配备农资信息员 55 人,培训农民 19 期近 1500 人,技术咨询 3.5 万人次,配合农业部门开展病虫综合防治面积 1600 公顷。1990 年,农药调拨改为全年要货计划一次性下达、按月分批提货办法,甲胺磷、乐果、杀螟松、甲基 1605 大类农药实行平价或计划内综合价销售。1993 年,县农资公司与基层社实行以统为主、以放搞活、统放结合的农药联统分销办法。2005 年,华东三省一市爆发水稻褐稻虱虫害,县供销社联合惠多利农资连锁有限公司、浙北化肥农药有限公司、丰登农资有限公司 3 家农资公司,启动应急机制,调入敌敌畏农药 1.4 万箱,满足虫害防治需要。

农用薄膜 农用薄膜是季节性很强的农资商品,由县供销社负责供应,经供销社农资部门推广,逐渐广泛应用于农业生产。农用薄膜组织供应采取“编报计划,分批下拨,统一售价,凭卡供应”方法,销售价格由县物价部门审核确定,计划内农用薄膜价格执行保本微利政策,计划外农膜实行最高限价销售。1988 年,农膜商品被列为国家指令性计划商品。1989 年,农膜生产、供应采取边生产、边收购、边调运、边供应办法。根据“保证重点、照顾一般”原则,优先保证粮、棉、菜用膜需要,统筹考虑蔬菜、食用菌生产用膜。1998 年,农膜经销政策放开,供销社农膜经营业务受到影响。2000 年,县农资公司改制,公司原职工合股组建公司从事全县农膜批零业务。

1988—2012 年长兴县供销社系统化肥、农药、农膜销售情况表

表 14-10　　单位:吨

年份	化肥	农药	农膜	年份	化肥	农药	农膜
1988	81600	894	325	1997	48817	340	7
1989	84000	946	230	1998	150944	757	235
1990	84400	1061	192	1999	63343		405
1991	93989	1009	249	2000	66390		495
1992	84895	787	277	2001	72547		544
1993	48101	905	166	2002	79802		690
1994	45370	481	62	2003	80303		710
1995	59705	728	54	2004	84338		715
1996	58468	656	12	2005	105530	5430	351

续表14-10

年份	化肥	农药	农膜	年份	化肥	农药	农膜
2006	83895	4283	329	2010	68161	1049	379
2007	82914	3676	310	2011	62590	883	517
2008	81949	2459	342	2012	65832	644	841
2009	72508	895	353	—	—	—	—

说明:资料来源于县供销社

二、工业生产资料

20 世纪 80 年代,全县工业生产资料销售以县物资局系统为主,商业、供销、协作系统为辅,实行国家调拨和市场购销两种渠道,计划和市场两种价格购销体制。销售商品主要有石油、煤炭、钢材、木材、金属、机电、化工原料、建筑材料等。1988 年,全县物资企业销售额 8527 万元,比上年增长 40.9%;销售煤炭 22.61 万吨、生铁 6158 吨、钢材 5907 吨、水泥 11907 吨、炸药 1718 吨。1997 年,县物资系统企业改制,并逐步退出商贸领域,工业生产资料销售实现市场化。

金属材料　1988 年,全县金属材料供应主要为钢材、生铁,以国营物资企业销售为主。同年,全县生产资料需求旺盛,部分生产资料供应不足,其中钢材供应缺口较大,全县物资企业销售 5907 吨,比上年下降 2.7%,钢材中包括中型钢 595 吨、小型钢 2082 吨、线钢 1006 吨、薄钢 683 吨、中厚钢 785 吨。生铁销售量猛增,全年销售 6158 吨,为上年 2785 吨的 2.2 倍。1989 年,通过治理整顿,全县供需矛盾趋缓,钢材销售 5761 吨,比上年下降 2.5%;生铁销售 3310 吨,比上年下降 46.3%。1992 年,销售钢材 1.22 万吨,比 1988 年增长 106.5%。1988—1992 年,全县物资企业供应钢材 3.84 万吨,年均 7674.8 吨。1992 年生铁销售 1672 吨,比 1988 年下降 72.9%。1995 年,钢材、生铁放开经营,全县销售钢材 14974 吨,比 1992 年增长 22.8%。县及县以上工建交单位消费生铁仅 1337 吨,并逐年下降。同年,全县批发零售贸易企业批发销售金属材料 1.07 亿元,零售销售 1801 万元。1996 年,全县物资企业全面亏损,亏损面达 70%。1997 年,物资企业开始改制并逐步退出商贸领域,改由市场销售。1996 年、1997 年,全县重点行业生产消费钢材 1.98 万吨和 1.89 万吨。1998 年,全县大中型商贸企业销售钢材 307 吨。1998 年后,钢材销售量不再统计。2008 年、2009 年,全县市场钢材成交量 8980 吨、1.03 万吨,成交额 3795 万元、3957 万元。2009 年后,钢材成交情况退出统计。

机电产品及设备　1988 年,全县机电产品及设备由县物资局系统机电公司经营,共销售工业泵 121 台、金属切削机床 31 台、工业锅炉 3 台(6.5 吨)、电力电缆 1 千米、控制电缆 1 千米、交流电动机 1929 台(8116 千瓦)、钢芯铝绞线 12 吨、电焊条 64 吨、工业轴承 13 万套、变压器 31 台(2450 千伏安)、裸铝线 18 吨、轮胎 5486 套、内胎 424 条、外胎 65 条。1992 年,全县机电设备销售 5398 万元,其中县物资局机电公司销售额 2951 万元,销售工业泵 140 台、金属切削机床 12 台、电力电缆 6 千米、风机 33 台、电动葫芦 140 台、手动葫芦 106 台、台钻 201 台、压缩气体钢瓶 301 只、电焊条 124 吨、电磁线 28 吨、布电线 440 吨、交流电动机 4332 台(13360 千瓦)、工业轴承 7 万套、变压器 32 台(10770 千伏安)、钢芯铝绞线 260 吨、裸铝线 6 吨、轮胎 8649 套、内胎 2636 条、外胎 2410 条、空调器 64 台。之后,机电产品及设备全部放开经营,各种经济成分多渠道竞争,销售量退出统计。1993—1997 年,全县批发零售贸易企业累计销售机电产品及设备 2.44 亿元,年均销售 4876.72 万元。1998 年后,工业生产资料由市场销售。1998—2002 年,全县大中型贸易企业或限额以上批发零售贸易企业销售机电产品及设备 1.5 亿元,年均 2996.6 万元。2002 年后,机电产品及设备销售额退出统计。

建筑材料　1988 年,全县建材产品由物资系统的化工建材公司、工业系统的建材公司、乡镇企业局的矿产和地产公司、二轻系统的供销公司等单位交叉经营,多渠道流通。全年全县社会消费品零售额中建筑材料类值 2314 万元,其中物资系统销售水泥 1.19 万吨。1992 年,全县建材商品社会零售额 2844 万元,比 1988 年增长 22.9%,物资系统销售水泥 6629 吨。1988—1992 年,全县社会消费品建材零售额累计 1.14 亿元,年均销售 2281.4 万元;物资系统销售水泥累计 4.44 万吨,年均 8877.8 吨。1993 年,全县物资供销系统建材商品销售额 1.75 亿元,其中零售 79.8 万元;矿产品批发企业销售 74.4 万元;合计 1.76 亿元。同年,国内商业批发零售销售水泥 9912 吨,国有物资供销企业销售水泥 1.32 万吨。1994 年,全县批发零售贸易企业销售建材、矿产品总额 1.23 亿元,其中矿产品 617 万元;大中型批发零售贸易企业销售水泥 3.32 万吨。1996 年,全县批发零售贸易企业销售建材、矿产品总额 4.85 亿元,其中矿产品 1225 万元;大中型批发零售贸易企业销售水泥 4.11 万吨。1993—1996 年,累计销售建材、矿产品 9.07 亿元,年均 2.27 亿元;其中矿产品 3240.1 万元,年均 810.03 万元。1997 年,矿产品退出统计,全县批发零售贸易企业建筑材料销售类值 1.1 亿元,其中大中型批发零售贸易企业销售 645.8 万元,小型(附营)企业 1.04 亿元;大中型商贸企业销售水泥 2.77 万吨。1998 年,大中型批发零售贸易企业建材销售类值 1138 万元,销售水泥 4.49 万吨;小型(附营)企业退出统计。1994—1998 年,全县同口径累计销售水泥 16.45 万吨,年均 3.29 万吨。1999 年起水泥退出统计,同时建材销售类值统计口径改为限额以上批发零售贸易企业建筑及装潢材料类商品销售类值。1999—2001 年,分别为 399 万元、77 万元、51 万元。2002—2006 年建材退出统计。2007 年起,恢复统计,口径为矿产品、建材及化工材料类值。2012 年,全县矿产品、建材及化工材料类值 203.66 亿元。

化工材料 1988 年,全县化工材料主要由县物资局化建公司组织供应,其中生活用化工原料、油漆由县商业局五交化公司经营。同年,全县物资企业供应化工材料有硫酸 78 吨、烧碱 149 吨、纯碱 404 吨、炸药 1718 吨、雷管 395.5 万发、导火线 2975 千米。1992 年,全县化工材料消费总额 2430 万元,共销售硫酸 11 吨、烧碱 58 吨、纯碱 12.5 吨、炸药 1560 吨、雷管 382.8 万发、导火线 3105 千米。1993 年,全县批发零售贸易企业销售烧碱 34 吨、纯碱 287 吨、炸药 1808 吨、雷管 634.6 万发、导火线 4427 千米,县物资供销系统化工材料批发企业销售额 2316.9 万元。1994 年后,炸药、雷管、导火线退出统计,同年大中型批发零售贸易企业销售烧碱 9 吨、纯碱 194 吨。1995—1997 年,累计销售硫酸 5 吨、烧碱 44 吨、纯碱 1392 吨。1998 年,销售烧碱 2 吨、纯碱 240 吨。1994—1997 年,全县大中型和小型(附营)贸易企业化工材料销售类值累计 7.17 亿元,年均 1.79 亿元。1998 年,大中型贸易企业化工材料及制品类销售类值 9287 万元,小型企业退出统计。1999 年,限额以上贸易企业化工材料销售类值 8522 万元,限额以上批发零售贸易企业销售烧碱 13 吨、纯碱 109 吨。2000—2006 年,全县限额以上贸易企业化工材料销售额累计 4.81 亿元,年均 8017.17 万元。2007—2012 年,化工材料纳入矿产品、建材一并统计销售额。

石油 1988 年,成品油(汽油、柴油、煤油、润滑油)属国家计划管理商品,由县计经委、县商业局按年度计划切块供应,县石油公司为主营单位。同年,共销售各类成品油 18254 吨。销售汽油 4749 吨,其中平价销售 1260 吨,工业生产用 1582 吨、农业生产用 1381 吨、交通运输用 327 吨、基本建设用 46 吨;煤油销售 545 吨,其中平价 482 吨;柴油销售 12213 吨,其中平价 6236 吨,工业生产用 298 吨、农业生产用 6666 吨、交通运输用 5034 吨;润滑油销售 747 吨。1990 年,县内成品油供应打破石油公司独家经营局面,形成商业、供销、协作办,以及民营经济共同参与格局,同年全县销售 15162 吨。1995 年,石油及制品放开经营。1998 年,县境内有石油批发企业 10 家,加油站 28 座。年底,县石油公司、县金陵石油公司上划,人、财、物统一由省石油公司接收。由于石油市场无序竞争,多数企业经营陷入困境,先后关闭、破产。同年,全县石油及制品销售 19839 吨,比 1996 年同口径减少 66316 吨,只占 1996 年的 23%。1999 年全县限额以上贸易企业石油及制品销售类值 7419 万元,比 1998 年 5841 万元增长 27%。销售汽油 5567 吨、柴油 22277 吨,分别比上年增加 685 吨、7369 吨。2000—2001 年,同口径销售类值分别为 1442 万元和 176 万元,销售汽油 716 吨和 244 吨,柴油 5078 吨和 360 吨。2002 年后,退出统计。2005 年,全县共有成品油批发企业 2 家,共有加油站(点)78 家,成品油批发零售总量为 20.9 万吨,其中包括杭宁高速公路加油站 3 万吨。2011 年 10 月,县商务局加强成品油市场监测,建立生产资料企业经营数据直报分析制度,掌控商品流通状况与消费动态。2012 年,全县有加油站(点)83 家,成品油销量 27.2 万吨,其中汽油 9.3 万吨（中石化 5.5 万吨、中石油 1.4 万吨、高速公路 2.1 万吨、民营加油站 0.3 万吨），柴油 17.9 万吨（中石化 11.7 万吨、中石油 2.6 万吨、高速公路 2.9 万吨、民营加油站 0.7 万吨），其中批发柴油 7 万吨左右。

煤炭　境内煤炭资源丰富，县内产煤在计划经济时代划入统配计划供应，全县煤炭及制品由县商业局燃料公司、煤球厂组织供应。1985 年后，燃料公司和煤球厂划归县物资局管理。1988 年，县物资局企业销售煤炭 2.17 万吨，其中统配煤 8.63 万吨、市场调节煤 11.22 万吨、省内小窑煤 1.85 万吨，用于工业生产 11.26 万吨、市场用煤 10.43 万吨，全县社会消费品零售额中燃料类为 361 万元。1992 年，全县销售煤炭 32.21 万吨，全县社会消费品零售额中燃料类为 740 万元。1988—1992 年，累计销售 143.81 万吨，年均 28.76 万吨。全县社会消费品零售额中燃料类累计 3699 万元，年均 739.8 万元。1993 年，第二产业的高速增长带来对生产资料需求旺盛，煤炭销量有较大增长，全县批发零售贸易企业销煤 84.23 万吨。其中，国内纯销售 34.59 万吨，比上年增长 7.4%；市场调节煤销售 34.44 万吨，比上年增长 23.3%；工业用煤 2.73 万吨，比上年增长 21.4%。物资供销企业煤炭零售总值 1.25 亿元。1995 年，煤炭放开经营。1999 年，全县销售煤炭 5.67 万吨。1993—1999 年累计销售 202.46 万吨，年均 28.92 万吨。1994—1997 年，全县大中小型贸易企业煤炭销售类值 2.15 亿元、2.19 亿元、1.2 亿元、7606 万元。1998 年，小型（附营）贸易企业退出统计，大中型贸易企业销售类值 2428 万元。1999 年，限额以上贸易企业煤炭销售类值 1501 万元。2000 年后，煤炭销售量和销售类值均退出统计，全县工业生产企业用煤自行购进。2000 年原煤消费量为 234.5 万吨，2012 年为 485.79 万吨，2000—2012 年，工业生产消费原煤 6449.41 万吨，年均消费 496.11 万吨。

1988—2012 年长兴县批发零售贸易业部分工业生产资料销售情况表

表 14-11

年份	钢材（吨）	水泥（吨）	煤炭（吨）	石油及制品（吨）	煤炭及制品（万元）	化工材料（万元）	机电设备（万元）	石油及制品（万元）	矿产品、建材及化工材料（万元）
1988	5907	11907	216989	18254	361（燃料）				2314（建材）
1989	5761	10324	229702	17481	920（燃料）				2295（建材）
1990	6135	7218	335891	15612	811（燃料）				1846（建材）
1991	8372	8832	333326	18774	867（燃料）				2108（建材）
1992	12199	6629	322147	22522	740（燃料）				2844（建材）
1993	48592	13165	842317	81994	125339	2316.9	1565.5	29270	17608（建材、矿产品）
1994	23057	33182	485564	26300	21459	2358	1357	19295	12317（建材、矿产品）
1995	14974	17669	190000		12867	2469	3093	17930	27836（建材、矿产品）
1996	19804	41069	250000	86155	12001	15132	12294	15159	48490（建材、矿产品）
1997	18924	27703	110000	11673	7606	25748	6074	6384	11050（建材）
1998	307	44857	90000	19839	2428	1777	1108	5841	1138（建材）
1999		—	56743	27844	1501	2063	1797	7410	399（建材）
2000		—	—	5794	—	2342	7815	1442	77（建材）
2001		—	—	604	—	3099	2055	176	51（建材）
2002		—	—	—	—	3879	2208	—	

续表14-11

年份	钢材(吨)	水泥(吨)	煤炭(吨)	石油及制品(吨)	煤炭及制品(万元)	化工材料(万元)	机电设备(万元)	石油及制品(万元)	矿产品、建材及化工材料(万元)
2003		—	—	—	—	5097	—	—	
2004		—	—	—	—		—	—	
2005		—	—	—	—	23176	—	—	
2006		—	—	—	—	24927	—	—	
2007		—	—	—	—	—	—	—	63375
2008	8986	—	—	—	—	—	—	—	199418
2009	10302	—	—	—	—	—	—	—	272933
2010	—	—	—	—	—	—	—	—	638511
2011	—	—	—	—	—	—	—	—	1188481
2012	—	—	—	—	—	—	—	—	2036576

说明:1. 资料来源于历年《长兴统计年鉴》;2.1988—1995 年钢材、水泥、煤炭、石油为物资、石油企业数;1996 年、1997 年为重点行业生产消费量,1998 年为大中型商贸企业数,2008 年、2009 年为市场成交量;3.1988—1992 年煤炭及制品销售额、建材销售额为社会消费品零售额中的燃料类和建材类,1992 年化工材料、机电设备销售额为物资企业数,1993—1997 年为批发零售贸易业销售额,1998 年起为大中型企业或限额以上企业销售额;4.2007—2012 年化工材料归入矿产品、建材及化工材料类统计

三、废旧物资

1987 年 3 月,县内废旧有色金属经营放开,供销社废旧物资计划管理体制结束。同年,县物资局成立县金属回收公司。1988 年,县金属回收公司回收废旧物资总额 13 万元。1990 年,更名县物资再生利用公司,当年回收废钢铁 1100 多吨,报废汽车 95 辆、摩托车 15 辆、飞机 8 架,串换钢材 240 吨,回收废钢铁量为 1989 年的 50 倍,比前 3 年回收总数增长 3 倍,创利润 6.77 万元。1991 年,县物资再生利用公司回收废钢铁 2140 吨,比上年增长 94.5%。1992 年 10 月,市政府规定生产性废旧金属收购由物资、供销部门委托集体企业经营,经公安、工商部门审查同意,领取行业许可证与营业执照经营;非生产性废旧金属收购,经乡政府审查同意,公安、工商部门核准。同年,县物资再生利用公司在泗安设分公司,在挂钩乡新塘乡钱家圩村设金属回收站,在雉城镇南门设门市部,全年回收废钢铁 2279 吨,比上年增长 6.5%。1993 年,长兴县废旧钢材市场建成并投入使用,当年废旧物资成交额达 819 万元,翌年高达 1.16 亿元。1996 年县物资局撤销,成立县物资(集团)总公司。同年,全县物资系统企业亏损面达 70%。1998 年,县物资再生利用公司采取租赁形式改制,由国有独资企业县物资化建民爆公司控股重组,于 2001 年 8 月成立长兴县物资再生利用有限责任公司。2002 年,废旧金属回收特种行业管理取消后,金属回收企业及摊点剧增,形成“小、散、乱、差”经营局面。同年,县物资再生利用有限责任公司回收(拆解)报废机动车 210 辆。2003 年 4 月,改制为湖州物资汽车设备更新回收有限公司长兴分公司,为全县唯一一家从事报废机动车回收拆解业务的企业。至 2012 年年末,共回收拆解报废机动车辆 3302 辆;最高年份为 2010 年,回收 573 辆。

第四节　生活资料销售

1988 年,全县城乡生活资料销售除粮油外,主渠道由县商业局系统、供销社系统和农村合作商店承担,个体私营户经营逐步发展。1993 年,以生活资料流通为主体的第三产业较快发展,市场建设全面加快,人民生活需求高涨,生活消费品全面旺销,零售额比上年增长 42.3%,达 8.17 亿元。2001 年,全县初

步形成大市场、大流通格局，生活消费品经营进一步放开，形成以个体私营户经营为主、多种经济成分共同经营局面。吃、穿、用等生活资料供应日益充裕，购销两旺，部分传统消费品退出市场，高档生活消费品逐年更新与增多。商贸企业完成改制后，生活资料销售网点大增，生活消费品市场稳中趋旺，限额以上大中型商贸企业逐年增多。2007 年起，全县大力发展第三产业，实施“扩城建市活商”战略，开展丰富多彩的生活消费品促销活动，开展“千镇连锁超市”和“万村千乡市场工程”建设。至 2012 年，全县限额以上大中型商贸企业快速发展，一批国内外知名品牌商厦、超市、连锁店和亿元以上大中型市场入驻长兴，连锁超市覆盖所有行政村，城乡生活消费品市场繁荣活跃。

1988—2012 年长兴县批发零售贸易业部分生活资料销售额情况表

表 14-12　　　　单位：万元

年份	食品、饮料、烟酒	服装鞋帽、针纺织品	日用百货与杂品	五金家电、音响器材	书报杂志	文化办公、体育娱乐用品	药品及医疗器械	化妆品	金银珠宝	汽车、摩托车及零配件
1988	22369	8020	4305	—	336	2349	1276	—	—	—
1989	24498	8333	3953	—	315	2767	1155	—	—	—
1990	22687	8022	3501	—	351	2253	1262	—	—	—
1991	24359	9218	3952	—	508	2756	1458	—	—	—
1992	29152	12562	5648	—	582	3867	1782	—	—	—
1993	54060	14759	34936	26088	92	—	3365	—	—	5829
1994	72416	23713	7064	11805	897	1302	4256	1333	1448	6272
1995	80147	12277	10578	12274	960	2083	7117	1359	1962	7602
1996	112421	15252	20539	14821	1474	2176	8050	1698	1532	54（零售额）
1997	132488	26115	14275	25657	2007	1624	8860	1646	854	6475（含自行车）
1998	56863	3512	1880	6200	1523	402	7038	639	429	2198（含自行车）
1999	48021	2865	1460	4475	1586	397	9903	736	744	—
2000	43998	2711	1852	2575	1602	250	11033	908	696	—
2001	40802	2725	1580	1587	1677	249	9214	650	685	2336（不含汽车）
2002	38883	182628	11320	2381	18068	3157	8803	—	—	8791
2003	39391	211895	108173	4805	2360	—	5300	—	—	12351
2004	49768	1089	—	3286	—	—	12777	—	—	—
2005	56311	183019	80912	760	2344	—	16603	—	—	7148
2006	63826	211692	78475	2908	2740	—	16944	—	—	3830
2007	76504	182960	80436	6489	2821	—	13898	—	—	12482
2008	94913	214667	68841	10484	3268	—	13224	—	—	17807
2009	5709	337523	71910	12333	3246	—	9890	—	—	20911
2010	14955	11835		19610	3207	3207	14405	—	—	53137
2011	16582	11137		34184	3270	3270	12648	—	—	60183
2012	7519	100776		4540	3689	3689	10689	—	—	91661

说明：1. 资料来源于历年《长兴统计年鉴》；2.1988—1992 年为社会消费品零售额分类数据，1993 年为国内商业、物资、供销业批发零售商品销售总额，1994—1997 年为大中型和小型（附营）批发零售企业商品销售额，1998 年为大中型批发零售企业商品销售额，1999 年起为限额以上批发零售企业销售额；3.2002 年起服装鞋帽针纺织品为市场成交额中服装布匹，日用品为小百货，2010—2012 年为纺织、服装及日用品批发额；4.2004—2005 年的“五金家电、音像器材”一项中只指家用电器类

一、日用工业品

服装鞋帽与针纺织品 1988年,全县社会消费品零售额中,衣着类8020万元,占19.16%,比上年增长79.6%,其中棉布增长8.6%、呢绒增长50.6%、绸缎增长19.2%。全县社会消费零售量中,棉布240万米、化纤布198万米、呢绒24.4万米、绸缎33.91万米、毛巾103.76万条、汗衫背心29.49万件、棉毛衫裤34.76万件、床褥单6.79万条、毛线148.8吨、絮棉97吨、皮鞋24.58万双、胶鞋82.25万双、卫生衫裤1.72万件、各种服装59.32万件。1993年,全县纺织品、服装鞋帽批发贸易企业批发销售总值1.24亿元、零售企业销售2387万元。1998年,全县大中型贸易企业服装、鞋帽、针织品销售额3512万元,其中各种服装销售额1652万元。1999年,全县限额以上贸易企业服装、鞋帽、针织品销售额2865万元,其中各种服装销售额1662万元。1999—2001年,全县限额以上贸易企业同类商品销售额为2865万元、2711万元、2725万元,其中各种服装销售额1999年1662万元、2000年175万元。2002—2009年,全县服装、布匹市场成交额从18.26亿元增至33.75亿元,年均成交额21.78亿元。2010—2012年,全县限额以上贸易企业纺织、服装及日用品批发额为1.18亿元、1.11亿元、1.01亿元,年均4.12亿元。

日用百货 1988年,全县日用百货商品零售额4305万元,比上年增长20.2%。日用百货商品零售量中,火柴3.19万件、肥皂4.69万箱、保温瓶36.12万只,缝纫机5456架、手表2.35万块、自行车2914辆、洗衣粉238吨。1990年12月,肥皂、火柴取消凭票限量供应,实行敞开供应。1991年,对肥皂、火柴、洗衣粉等15种生活日用品仍实行计划管理,由县国营商业统一安排供应,草席、铁锅、陶瓷制品和烟花爆竹等日用杂品主要由供销社系统经营。12月1日开始,肥皂、火柴、缝纫机等商品允许个私商业户经营零售业务。同年,全县日用百货及杂品零售额3952万元,零售量中火柴1.52万件、肥皂1.91万箱、保温瓶10.68万只、手表1.44万块、自行车15561辆、缝纫机2673架、洗衣粉312吨。1993年,生活日用品价格全部放开,企业可根据成本和市场供求情况自主定价。同年,日用百货及杂品零售额3.49亿元,其中日用百货批发企业4155.5万元(批发3934.8万元、零售220.7万元),零售企业2.96亿元(批发2.05亿元、零售9111.6万元);日用杂品批发企业479.6万元(批发392.3万元、零售87.3万元),零售企业696万元(批发597万元、零售99万元)。之后,随着个私经营店发展,国营商业、供销系统日用百货及杂品销售比重日益下降。1994—1997年,大中型和小型(附营)批发零售贸易企业日用百货及杂品销售额为7064万元、1.06亿元、2.05亿元、1.43亿元。1998年,小型(附营)企业退出统计,大中型商贸企业销售额为1880万元。1999—2001年,限额以上商贸企业销售额为1460万元、1852万元、1580万元。2002年起,日用品销售额为市场小百货成交额代替,当年成交额为1.13亿元。2003年,为1.08亿元。2005—2009年,市场小百货成交额累计38.06亿元,年均成交额7.61亿元。2010—2012年,限额以上贸易企业日用品批发额纳入纺织服装及日用品类一并统计。

五金家电与音响器材 1988年,全县耐用消费品零售量超常增长,其中电风扇零售33883台、增长63.6%,电视机17912台(彩电1896台)、增长47%,录音机11215台、增长近1倍,洗衣机10142台、增长1.4倍,电冰箱4256台、增长2.6倍。1989年,全县整顿彩电供应市场,由商业局五交化公司专营,下设五金公司、人民商场零售点。1991年12月1日,开始允许个私商业经营黑白电视机、洗衣机、电冰箱等商品的零售业务,但仍限制经营彩电和录放像机。1992年4月,停止彩电专营,取消凭票凭证供应。同年,全县社会消费零售电视机11688台、比1990年增长5%,其中彩电4832台,翻了一番多;电风扇24830台,比1990年增长15.7%;洗衣机5765台,增长44%;电冰箱2652台,增长8.3%;而录音机、收音机需求量减少,分别为5767台、1654台。1994—1997年,全县大中型和小型(附营)贸易企业五金家电、音响器材销售额为1.18亿元、1.23亿元、1.48亿元、2.57亿元。1998年,小型(附营)贸易企业退出统计,大中型贸易企业全年销售额6200万元。2001年起,全县形成以个私经营户为主、多种经营成分共同经营局面,城乡商品经营放开,现代化高档生活消费品增多。2003年,五金家电、音响器材同口径销售额达4805万元,比2001年增长2倍多。2007—2012年,全县开展各类生活消费品促销活动,其中2009—2012年开展家电下乡、以旧换新活动,家电下乡网点56个,累计销售16.68万台、4.26亿元;以旧换新产品销售 12.5 万台、4.4 亿元。2012 年，全县限额以上贸易企业家用电器零售额 3.44 亿元，五金家具及装修材料零售额 4539.9 万元。

汽车摩托车及零配件　1988 年，全县物资企业销售摩托车 1132 辆，比上年的 709 辆增长 59.7%；汽车销售 156 辆，比上年减少 40 辆，以载重汽车为主。1992 年，国营物资企业销售摩托车 1821 辆、汽车 224 辆。1993 年，据物资、供销企业销售统计，汽车、摩托车及零配件批发企业销售额 5828.6 万元，其中汽车 5762 万元，摩托车及零配件批发企业 66.6 万元；销售汽车 350 辆、摩托车 2931 辆。同年，全县批发零售贸易企业销售汽车 380 辆、其中零售 101 辆，摩托车 4540 辆、其中零售 1888 辆。1994—1997 年，大中型及小型(附营)贸易企业销售额为 6272 万元、7602 万元、54 万元(批发额未统计入内)、6475 万元(含自行车)；销售汽车 241 辆、139 辆、201 辆、224 辆，摩托车 2276 辆、3185 辆、3793 辆、2957 辆。1998 年，小型(附营)贸易企业退出统计，全县大中型企业销售额 2198 万元(含自行车)，销售汽车 133 辆、摩托车 818 辆。2002 年后，汽车、摩托车销售量退出统计，只统计限额以上贸易企业汽车、摩托车及零配件销售额，当年销售额为 8790.9 万元。2005—2012 年，汽车、摩托车及零配件限额以上贸易企业累计销售额 26.72 亿元，年均 3.34 亿元。2012 年，据抽样统计，全县农村居民每百户拥有汽车 46 辆、摩托车 49 辆。

二、食品与副食品

1988 年，全县社会消费品零售额中，食品类零售额为 2.24 亿元，比上年增长 26%，其中水产品增长 78.6%、食糖增长 38.1%、糕点增长 46.3%、食盐增长 17.3%，部分商品因受通货膨胀和抢购风影响而超常增长，带来市场秩序的不稳定。同年起，全县通流领域开展治理整顿，商业、供销部门积极组织货源，扩大商品销售，抓好“米袋子”“菜篮子”工程，满足人民生活需求。至 1991 年年底，全县市场平稳，商品充足，疲软现象基本消除。1992 年，全县已有粮油商店 33 个，其中县城 4 个；副食品店 380 个，其中县城 32 个；其他食品店 29 个，其中县城 21 个；社会消费品零售额中食品类 2.92 亿元，比 1988 年增长 30.3%，比 1991 年增长 19.7%。商贸企业完成改制后，限额以上大中型商贸企业和网点增多。2005 年，限额以上贸易企业食品、饮料及烟草批发企业销售额 5.63 亿元，至 2008 年达 9.49 亿元，增长 68.6%。之后逐年下降，2012 年为 7519 万元，比 2008 年下降 92.1%。

肉、禽、蛋　1988 年，全县肉禽蛋类商品主要由县商业局和供销社系统组织供应，全年全县社会消费零售量中，猪肉及制品 7.1 万头、牛肉 1900 头、羊肉 900 头、家禽 4900 只、禽蛋 1204 吨。1989 年，县食品公司解决农民“卖猪难”问题，实行让利销售猪肉，7 月份日销量增长 1.8 倍。1991 年 8 月，针对灾后猪肉供应量少价贵情况，增加网点，上门收购，解决淡季猪肉供应问题，销量比上年增长 34%。1992 年，同口径零售量猪肉 7.94 万头、3269 吨，牛肉 1900 头、174 吨，羊肉 3600 头、36 吨，鲜蛋 1281 吨。同年，鲜蛋和猪肉先后放开经营，购销价格随行就市。1999 年后，随着县食品公司及下属各食品站完成企业改制，国营食品商业从肉、禽、蛋零售市场渐行退出。同时，全县陆续建成 28 个农副产品交易市场。2009 年，猪肉成交额 5.51 亿元，成交量 2.14 万吨；禽蛋成交量 2.27 万吨；家禽成交量 2.28 万吨。全县市场肉禽蛋类成交额 10.62 亿元，比 1999 年的 5.39 亿元增长 97.3%，10 年翻了近一番。2010 年起，肉禽蛋销售情况退出统计，县贸粮局、商务局、市场监管局加强食品安全监管检测，不断推进“放心肉”工程，优化城乡生猪定点屠宰场设置和改造提升，开展县级生猪活体储备，常年储备 4000 头，保证肉禽蛋类食品市场安全、平稳经营。

水产品　全县水产品类商品以淡水鱼和海产品中的咸鱼、海带、紫菜、冰鲜带鱼等为主。1988—1998 年，水产品由县商业局水产品公司和供销社经营，价格逐步放开，实行市场调节。1988 年，受通货膨胀和抢购风影响，水产品(混合)零售量 4617 吨，比 1987 年的 2585 吨增长 78.6%，集市贸易成交额 3313 万元，比 1987 年的 1136 万元增长 191.6%。经持续整顿，至 1992 年，水产品市场交易平稳，国合商业水产品供应充裕，在给居民适当补贴前提下，价格基本放开，进一步扩大市场调节比重。全年水产品国合商业销售 2282 吨，比 1988 年减少一半；集市贸易成交额 4364 万元，比上年增长 26.7%，比 1988 年增长31.7%。1993年,全县批发零售贸易企业批发销售水产品45.7吨、零售58.8吨。之后退出统计,以集市贸易成交数据代替。同年,全县成交量5811吨、成交额9536万元,均比上年翻了一番多。1994年起,水产品市场销售趋旺,同年销售11775吨,销售额2.05亿元,均比上年翻了一番多。2009年,成交量8.93万吨,成交额达18.75亿元,比2002年增长169.7%。2009年后,水产品类市场成交数据也退出统计。

食糖 1987年,全县食糖恢复敞开供应,零售量2524吨。1988年,食糖零售量3486吨,比上年增长38.1%。1989年,食糖供应实行县商业局、公司二级管理,凭票供应,并组织计划外食糖经营。经治理整顿,流通秩序好转,同年零售2112吨,比上年减少1374吨。1990年,降至1777吨,市场销售出现疲软。1991年,县商业部门扩大食糖销售,取消凭票限量供应,加强市场建设和管理,实行计划供应与市场调节相结合,管住批发,放活零售,食糖零售量稍有增幅,市场疲软现象消除。1992年,食糖社会零售量达3141吨,比1990年增长76.8%。1988—1992年,全社会消费品食糖零售量累计1.24万吨,年均2486.4吨。1993年,全县批发零售贸易企业食糖批发销售2917.1吨,零售177.9吨,合计3095吨。1994年,大中型批发零售贸易企业食糖批发售量286吨,零售1吨。1995—1997年,同口径销售食糖分别为1903吨、2234吨、535吨。1998年、1999年,大中型批发零售贸易企业销售退出统计。2000年、2001年,限额以上贸易企业销售食糖分别为1746吨、16吨。2002年后退出统计。

酒 1988年,全县社会消费品零售量中酒为8700吨,县属酒厂产销白酒1700吨,生产啤酒2445吨、葡萄酒723吨投放市场。1992年,允许个私商业户零售经营黄白酒。1988—1992年,全县社会消费品酒类零售量累计3.23万吨,年均6454.2吨。1993年,全县批发零售贸易企业批发销售各类酒3537.1吨、零售1580.6吨,合计5118吨。1994年,大中型批发零售贸易企业批发销售各类酒223吨、零售2吨,合计225吨。1995年、1996年,同口径销售分别为788吨和3634吨。1997年酒类销量退出统计,只统计食品、饮料、烟酒类销售类值。

蔬菜、果品 县内干鲜蔬菜和干鲜果类主要由县供销社蔬菜公司、食用菌开发公司和一些集体、个私商户经营。1988年,国合商业收购价值663万元的干鲜果品和价值421万元的干鲜蔬菜投放市场。城乡居民和个私小贩大部分从境内小菜市场、集贸市场购买,农民自产自销也在菜市场内交易。同年,集贸市场干鲜菜类、干鲜果类成交额为1927万元、1779万元。之后逐年快速增长,1989年分别为2778万元、2019万元。至1994年,干鲜蔬菜类成交额达8041万元,为1988年的4.17倍;干鲜果类成交额4855万元,为1988年的2.73倍。1995年后,全县加大对现代市场建设和传统市场改造提升,各种超市也布点经营果蔬,使得果蔬类市场成交量(额)成倍增长。同年,干鲜蔬菜类成交量13.82万吨、成交额3.72亿元;干鲜果类成交量3.05万吨、成交额1.01亿元。1998年,国合商业企业改制,至2001年基本退出流通领域,私营商贸企业和个体工商户快速发展,大型连锁超市快速引进和市场培育建设加快。2003年,市场成交额蔬菜类7.57亿元、成交量35.83万吨,比改制前的1997年增长2.46倍、26.74倍。干鲜果类成交额6.14亿元、成交量11.36万吨,比1997年增长10.69倍、3.61倍。2009年,全县蔬菜类成交量20.06万吨,比2002年增长44.5%,干鲜果类成交量23.79万吨,比2002年增长7.36倍。2010年后,干鲜蔬菜、干鲜果品退出统计。

1988—2009年长兴县主要食品副食品零售或市场成交情况表

表14-13

年份	猪肉		禽蛋	家禽	水产品	食糖	酒	蔬菜类		干鲜果类	
	(万元)	(吨)	(吨)	(吨)	(吨)	(吨)	(吨)	(万元)	(吨)	(万元)	(吨)
1988	710(百头)	4198	1204	49(百只)	4617	3486	8700	1927		1779	
1989	896(百头)		1074	176(百只)	4330	2112	6465	2778		2019	

续表14-13

年份	猪肉		禽蛋	家禽	水产品	食糖	酒	蔬菜类		干鲜果类	
	(万元)	(吨)	(吨)	(吨)	(吨)	(吨)	(吨)	(万元)	(吨)	(万元)	(吨)
1990	808(百头)	4725	1060		4144	1777	6881	2765		1602	
1991	1089(百头)	5747	1603		4298	1916	5777	2979		1990	
1992	794(百头)	3269	1281		2282	3141	4448	2781		2160	
1993		10245	2900	3688	5811	3095	5118	5154		2867	
1994		6514	3430	4402	11775	287	225	8041		4855	
1995		14086	9492	10877	18877	1903	788	37171	138163	10129	30539
1996		16458	11527	12723	43653	2234	3634	22949	109978	12378	32957
1997		12139	9909	8761	34894	535	—	21882	12917	5253	24642
1998		12383	10873	10023	40064	—	—	24133	92440	7942	35689
1999	15367	13486	10518	11266	52620	—	—	18316	84622	6594	26430
2000	30733	25950	13099	19307	49407	1746	—	61384	157995	48968	121992
2001	34796	29292	9615	14318	41727	16	—	39744	103216	52365	97624
2002	13062	11767	21459	18165	88884	—	—	77614	451207	39999	13704
2003	33360	27054	19176	19589	64018	—	—	75745	358260	61404	113560
2004	36706	23676	19246	15884	86295	—	—	95418	739300	35136	107535
2005	36702	25728	24090	22267	93969	—	—	108702	693442	53300	165037
2006	29883	23803	22445	18665	91143	—	—	98132	556032	48490	134755
2007	40143	22488	18551	20754	79565	—	—	45894	215805	77562	135997
2008	38840	20995	19594	22234	75038	—	—	34170	105936	91967	156345
2009	55080	21365	22715	22823	89305	—	—	40127	200635	139928	237878

说明:1. 资料来源于历年《长兴统计年鉴》;2. 猪肉、水产 1992 年年前为国合商业零售量,1993 年起以市场成交量代替;3. 食糖、酒 1992 年年前为社会消费品零售量,1993 年为批发零售贸易企业数,1994—1997 年为大中型贸易企业数,1997 年酒退出统计,1998 年、1999 年食糖退出统计,2000 年、2001 年为限额以上贸易企业数,2002 年后退出统计;4. 蔬菜类和干鲜果类为市场成交情况;5.2010 年后表格内商品项目全部退出统计

第五节　医药购销

1988 年,县商业局所属医药公司纯购进药及医疗用品 276 万元,销售总额 1414 万元,有职工 104 人,独立核算单位 3 个,实现销售利润 92 万元,销售税金 19 万元。全县收购中药材 567 万元,其中国合商业收购 466 万元。全县社会消费品零售额中药及医疗用品类 1276 万元,比上年增长 44%。1990 年,县医药公司有批发部 5 个、职工 198 人。1991 年,成立医药行业管理办公室,以加强医药行业监管。1992 年,县医药公司更名长兴县医药批发公司,商业作价享受二级站待遇。全县有雉城药店等医药商店 39 个、职工 227 人,其中县城 5 个、职工 92 人。同年,县医药批发公司购进总额 1993 万元,纯购进 693 万元,比上年分别增长 34.3%、31.8%。全县收购中药材 444 万元,其中国合商业收购 409 万元。全县社会消费品零售额中药及医疗用品类 1782 万元,比 1988 年增长 39.7%。1993 年,县商业(集团)总公司成立,所属县医药批发公司成立滋补品批发公司和参茸药行,并投资 80 万元建造医药商场。同年 7 月,原雉城供销社医药商店升级为县药材公司,新增药品批发业务。8 月,以县药材(保健品)公司为龙头,李家巷、和平、虹星桥、煤山、小浦、洪桥、林城、白阜、吕山等 9 家独立核算医药商店为主要股东,采取股份合作、合并、联营方式组建成批零兼营的药品药材经营集团公司。中药材实行分购统销、药品采取

统购分销进货模式,对基层单位实行“确保基数、超额分成”经营责任制模式和进价加费用的内部调拨机制。同年,全县药品及医疗器械批发企业购进总额2162.2万元,其中从生产者购进958.9万元;销售总额2303.9万元,其中批发702.6万元、零售1601.3万元;零售企业购进1096.6万元,其中从生产者购进91.5万元;销售总额1060.9万元,其中批发525.3万元,零售535.6万元;全县合计购进3258.8万元,销售3364.8万元。1994—1996年,全县医药批发零售企业销售中西药品类值分别为4256万元、7117万元、8050万元;购进总额分别为3729万元、6266万元、6615万元;销售总额分别为4132万元、6748万元、7774万元。1997年7月,县供销社药材公司改制为民营企业浙江长兴三通药材有限责任公司,医药经营业务退出供销社经营范围;县商业局医药批发公司改制并更名为长兴县医药药材有限责任公司。2003年4月,县医药药材有限责任公司改制重组为浙江亿升药业公司。之后,全县医药药材及医疗用品经营业务全部走向市场。2012年,全县限额以上医药贸易企业购进总额为1.01亿元,销售总额为1.07亿元。

1988—2012年长兴县药品及医疗器械购销情况表

表14-14　　单位:万元

年份	购进总额	中药材收购	销售总额	社会消费品零售额	中西药品类值	年份	购进总额	中药材收购	销售总额	社会消费品零售额	中西药品类值
1988	276	567	1414	1276		2001	8699		9214		8571
1989	329	155	1317	1155		2002	8950		8803		
1990	389	204	1484	1262		2003	5596		5300		
1991	1484	314	1649	1458		2004			12777		
1992	1993	444	2166	1782		2005	15235		16003		
1993	3259		3365			2006	12497		16944		
1994	3729		4132		4256	2007	10295		13898		
1995	6266		6748		7117	2008	11865		13224		
1996	6615		7774		8050	2009	8869		9890		
1997					8860	2010	12605		14405		
1998	6078		6884		7038	2011	12666		12648		
1999	8592		9903		7598	2012	10147		10689		
2000	9652		11033		10388	—	—	—	—	—	—

说明:1.根据历年《长兴统计年鉴》整理;2.1988—1992年购销总额指医药公司数,1988—1990年为公司纯购数;3.1993—1996年为批发零售贸易企业数据,1997年为大中型与小型(附营)贸易企业数,1998年起为限额以上贸易企业数,其中购进额2003—2009年不含零售企业数,销售额2003年、2008年、2009年不含零售企业数

第六节　商品专卖专营

一、烟花爆竹①

1998年10月,烟花爆竹业务从改制的县日用杂品公司中单独划出,成立控股的长兴县烟花爆竹有限公司,继续负责全县烟花爆竹批发业务。注册资金200万元,其中县供销社占股51%,员工占股49%,实行承包经营责任制。2001—2002年,县烟花爆竹有限公司由原职工承包经营。2003年起,县供销社收回职工股份,同年7月公司变为县供销社独资企业,同年销售额320.6万元。2004年,投资500万元

① 2018年1月,《湖州市禁止销售燃放烟花爆竹规定》实施。同月1日起,长兴县对城区和部分重要区域内实行烟花爆竹“双禁”(禁止销售和燃放);6月1日起实行全域“双禁”,长兴人告别燃放烟花爆竹千年习俗。

建造标准化仓库2幢，面积500多平方，同年销售额540.9万元。2005年，销售额551.3万元。2006年，烟花爆竹实行批发零售许可证制度，商品实行配送制，同年销售额587.2万元。2007年、2008年、2009年销售额分别为644万元、780.9万元、916.8万元。2010年销售额突破千万，达1064.2万元。2011年销售额1210万元。至2012年，已有连锁加盟店237家，所有门店烟花爆竹商品均实行配送，全年销售额1382.8万元。2003—2012年，全县烟花爆竹销售总额7998.7万元。

二、烟草专卖

市场管理　1988年12月，长兴县烟草专卖局、浙江省烟草公司长兴县公司成立，1989年2月正式挂牌运行，2008年11月变更为长兴县烟草专卖局、湖州市烟草公司长兴分公司（简称县烟草专卖局〈分公司〉）。2012年，内设5个科室，下辖专卖稽查大队、6个专卖管理所、市场营销服务部、配送服务部。

1988年，全县卷烟业务由县商业局下属县糖业烟酒公司负责经营。1989年1月，卷烟业务划出，由县烟草专卖局（分公司）统一管理县境内卷烟经营、烟草市场，并开始实施县境内烟草专卖品批发、零售业务许可证管理。同年，全县共发放烟草专卖委托批发许可证28份，零售许可证3204份（其中集体168份、个体3036份）。2000年6月，完成全县专卖户籍化管理。2002年4月，出台《专卖户籍化管理实施办法》，当年注销不符合经营条件零售许可证1071户。2004年7月，县烟草专卖局根据国家烟草专卖局下发的《关于核发烟草专卖零售许可证适用合理布局规定的通知》要求，向社会公布辖区卷烟零售点合理布局规定，烟草专卖零售许可证发放总量控制在辖区人口的0.3%以内。2012年，全县持有许可证的商店、商场、超市（含连锁店、便利店）和零售户网点共计6692个，有烟草专卖零售许可证6776份（含长广地区）。

1988年，县工商管理等部门按照省工商局和省烟草专卖局《关于对卷烟市场开展全面检查整顿的通知》，对批发环节以及个体户套购、批量销售非法倒卖卷烟行为和无证经营卷烟问题进行查处，全年共查处卷烟案件210起，查获卷烟8.26万条，罚没金额11.62万元。1989年，县烟草专卖局开展烟草专卖检查286人次，查处案件622起，查获卷烟33.48万条，总案值311万元。之后，随着卷烟营销规模扩大，专卖管理对象发生变化，原以路查路检为主转变为以市场监管为主。1996年3月，成立县烟草专卖局专卖管理巡逻检查队。同年，全县开展检查602人次，查处案件197起，查获卷烟9.9万条，总案值282万元。1998年10月，按照省烟草专卖局《关于设立全省烟草专卖稽查机构有关问题的通知》，建立泗安镇、夹浦镇、李家巷镇、和平镇烟草专卖管理所。1999年5月，增设煤山专卖管理所。2001年3月，增设雉城专卖管理所。同年，县烟草专卖局专卖管理巡逻检查队更名为县烟草专卖局稽查大队。1989—2012年，全县共开展烟草稽查13.05万人次，查处案件1.55万起，查获卷烟219.51万条，总案值8800.67万元。

卷烟销售　1988年，全县卷烟销售量2.33万箱，其中国合商业销售量1万箱。1989年起，由县烟草局（分公司）负责全县卷烟货源组织与分配，农村委托给供销社销售，城镇直接批发给零售户。同年，卷烟销售2.08万箱，卷烟销售额3393万元，利润55.76万元，人均年消费卷烟8.68条。1994年2月，建立浙北卷烟调剂中心（1996年更名为浙江省卷烟调剂中心长兴分中心）。随着市场经济的深入，供销社卷烟委托批发点逐步萎缩。1995年，县烟草局（分公司）在泗安镇、煤山镇、水口乡、虹星桥镇设立自营批发网点，采用“坐销”方式。1996年，增设小浦镇、林城镇、和平镇、夹浦镇4个自营批发网点。1997年，撤销小浦镇和水口乡2个网点，开设城东、洪桥镇、李家巷镇3个网点。同年，在各网点设置省产烟专柜，使卷烟送货量达到销售量60%以上。1999年7月，关闭浙江省卷烟调剂中心长兴分中心。2000年，撤销林城镇、洪桥镇、虹星桥镇3个网点，保留城东、泗安镇、煤山镇、和平镇、李家巷镇、夹浦镇6个网点。2001年，将6个网点所辖范围的卷烟经营户划分为27片，按定时、定线、定人、定量、定面、定车的“六定”标准送货上门。2002年3月，县城卷烟销售实施访销分离，采取电话订货、集中配送模式。2003年，撤销乡镇网点，建立卷烟配送中心，全县实行集中电话订货、一库制配送、电子结算，卷烟配送中心有工作人员33人和卷烟配送专用车辆16辆，负责全县7条路线的卷烟配送。2005年6月，卷烟配送中心卷烟仓库与湖州卷烟仓库进行并库,融入全市一库制大配送。2012 年,全县卷烟销售 3.73 万箱、销售额 11.49 亿元、利润 2.69 亿元,分别是 1989 年的 1.8 倍、33.86 倍和 482.42 倍。人均年消费卷烟 14 条,比 1989 年增加 5.32 条。主要销售品牌有利群、雄狮、双喜、黄鹤楼、芙蓉王、云烟、白沙、南京、中华、黄山、红塔山等。代表中高档类型的卷烟消费比重远高于全省平均水平。

1988—2012 年长兴县卷烟销售情况表

表 14-15

年份	销售量(箱)	销售额(万元)	利润额(万元)	年份	销售量(箱)	销售额(万元)	利润额(万元)
1988	23338			2001	24146	25543	4001
1989	20791	3393	56	2002	25070	29884	5938
1990	22039	4743	100	2003	26183	33666	6931
1991	20234	5278	135	2004	28943	42536	9533
1992	22419	9414	405	2005	29055	46000	10621
1993	35518	22650	565	2006	29728	54552	12830
1994	32300	19830	410	2007	32177	78836	18783
1995	21500	13800	620	2008	33370	77456	21843
1996	24100	21400	1400	2009	34085	84342	24466
1997	25494	23221	1516	2010	35695	94200	22100
1998	20152	20500	1514	2011	37046	109384	26698
1999	22091	24968	2508	2012	37330	114900	26900
2000	22536	25897	3352	—	—	—	—

说明:资料来源县烟草专卖局(分公司),其中 1988 年销售量来源于《长兴县统计年鉴(1988)》

三、盐业专营

1988 年,全县食盐销售量 6543 吨。1991 年 4 月,县盐政检查站成立,与县商业局计划业务股合署办公,县糖业烟酒公司增挂县盐业公司牌子。1997 年 4 月,县盐业公司正式成立。2005 年 6 月,浙江省盐业集团长兴盐业有限公司成立,是省盐业集团独家出资注册的国有企业,也是全县唯一食盐专营主体,负责辖区内食用碘盐、食品加工盐、其他工业用盐、农牧渔业用盐等保障供应,与浙江省长兴县盐务管理局两块牌子一套班子,合署办公。长兴盐业采取直接配送的供货方式,选择近千家销售户为终端供应点,覆盖全县各乡镇行政村。2012 年,供应盐产品品种 26 种,其中小包装口食盐 18 种。组织调运各类盐产品 7600 吨,销售供应各类盐产品 7148 吨,其中销售供应小包装绿色盐 3058 吨、食品加工用盐 2700 吨、其他工业用盐 1300 吨,销售收入 1500 万元。碘盐合格率 98.6%、碘盐覆盖率 98%、合格碘盐食用率 96.7%。

第七节　商品交易活动

二十世纪八九十年代,全县先后举办商品展销会、订货会和商品交易会。进入 21 世纪后,随着县内城乡商贸流通市场逐步完善,商品货源日渐充裕,一大批大中型超市相继开业,消费者购物习惯由集中转向分散,商品交易活动改为家电下乡和以旧换新活动、节庆消费活动、品牌车展活动等,搭建促销费平台、拉动内需,繁荣全县消费市场。

一、地方物资商品交流会

1989 年,县商业系统所属的百货、五金、烟糖、医药等专业公司,邀请上海市、江苏省、浙江省杭州市等地厂家、企业、客商,到长兴举办联销、展销、直销 50 余次,批零金额 2606 万元,其中县商业局系统大型展销会 2 次,成交金额 540 万元。同年,国庆节期间,县商业局系统投放市场货源 600 万元,比上年同期增长20%，呢绒、洗衣粉、彩电、缝纫机、食盐、食糖、火柴、肥皂、猪肉等重要商品数量众多，供应充足。

1990年5月23日至27日，首届“农民文化节”在杭州、长兴举行，由长兴县发起，省文化、农业、新闻等单位联合举办。23日晚在省体育馆揭幕，24日起移地长兴，至27日在雉城闭幕。农民文化节以“文化搭台，经济唱戏”的自身特点，取得良好的社会效益和经济效益。其间，近百场次的文艺演出和丰富多彩的活动吸引20万人次观看，大型浙北商品交易会汇聚苏浙两省14个市、县20大类近万种商品入会交易，成交总额8000余万元。12月10日至17日，县商业系统企业参加县政府在人民广场举行的“浙北(冬季)商品交易会”，商业局系统企业展销摊位60个，销售额800万元，其中零售额200万元。1991年，长兴县举办夏季、冬季2次浙北商品交易会。其中，6月11日至17日举办的夏季浙北商品交易会，参展单位有3省14县市的工商界代表和长兴县内600多家工商企业，交易会采取“文化搭台，经济唱戏”的形式，开展看样订货、洽谈业务，横向协助和技术交流，交易会成交额达7527万元；12月9日举办的冬季浙北商品交易会，设974个摊位，参展单位有河北省、辽宁省、福建省、安徽省、江苏省、浙江省等7省9市15县约千家企业和个体工商户，展销30余大类上万种商品，交易会成交额达1.18亿元，其中回笼现金2100万元。

图14-2　夏季浙北商品交易会长兴县供销社展区(县商务局提供·1991年)

至20世纪90年代末，随着全县城乡商贸流通市场逐步完善，商品货源日渐充裕，一大批大中型超市在城乡相继开业，消费者购物习惯由集中转向分散，不再举办城乡物资交流会。

二、消费促进活动

家电促销活动　2009年，长兴响应国家促销费政策，启动“家电下乡”“以旧换新”活动。2009—2012年，全县设立备案家电下乡网点56个，累计销售“家电下乡”产品16.68万台，实现销售额4.26亿元，累计拨付补贴资金5345.6万元。设立以旧换新销售网点15个，回收网点4个，网点设置覆盖全县各乡镇，累计销售家电以旧换新产品12.5万台，实现销售额4.4亿元，累计发放补贴资金3454万元。县商务局被省商务厅授予家电“以旧换新”政策实施工作先进单位。

节庆消费活动　2010年，县内举办“2010中国·太湖明珠——长兴美食节”，评选出“长兴十大风味名菜”和“长兴十大名小吃”，以及二十道长兴风味菜和八大特色小吃(详见本编第6章、第3节)。2012年，组织以“欢乐休闲消费，感受品质生活”为主题的“金秋购物节”活动，24家定点监测商贸企业实现销售额2亿元，比上年增长5.7%。2005—2012年，结合长兴独特的人文旅游资源和特种农业产业优势，举办葡萄节、杨梅节、湖羊节、红梅节、花木节、采桃节、蜜梨节、草莓节、垂钓节、银杏节、大闸蟹节等系列农事节庆活动(详见本编第6章、第4节)，并形成长效机制，全县累计组织70场次，吸引游客300万人次，直接受益农户3.8万余户，促进各类农产品销售70多亿元。

品牌车展活动　2006年，县内举办首届秋季商品交易会暨汽车博览会，设120个展位，总成交额800多万元，销售汽车48辆。2010年，开始举办专项主流品牌汽车展活动，发展汽车会展经济。其中，2010年3月27日，长兴县首届主流品牌汽车展在欧尚超市广场举行，共有来自湖州地区的28家品牌汽车200个车型参展，销售汽车324辆，交易额5000万元。2012年，举办春秋两季车展，累计销售车辆1081台，销售额2.2亿元。2010—2012年，连续举办六届主流品牌车展，累计销售汽车3600多台，销售额6亿元。

第三章　市　场

1988 年,长兴县有各类市场 51 个,全年集市贸易总成交额 1.4 亿元,其中生活消费品成交额 1.34 亿元,农业生产资料成交额 552 万元,废旧品成交额 13 万元。1991 年,国家宏观经济好转,市场建设加快,市场交易活跃,年内新建扩建面积 9050 平方米,投资 200 多万元,市场成交额 2.05 亿元,比上年增长 24.3%。1992 年,加快建设边贸市场,沿国道或集散区建竹木、粮油、果品、农副产品、工业品等专业市场,形成省际相连、城乡贯通、信息灵敏的集贸市场网络。同年投入 1500 多万元,兴建夹浦轻纺市场、浙北果品批发市场、雉城木材市场、张家村副食品市场、雉城粮油市场、泗安综合市场、新塘蔬菜市场、金陵小商品市场等专业市场 10 个,面积近 7 万平方米。1997 年,开展"建市兴商",投资 6865 万元新建市场面积 18.32 万平方米,市场成交额 29.21 亿元。1990—1999 年,全县市场建设共投资 1.01 亿元。至 1999 年,已拥有亿元市场 8 个、超 5 亿元 2 个、超 10 亿元 1 个;同年年末,省重点工程长兴农副产品综合批发市场一期竣工。2005 年,全县有各类市场 47 个,其中消费品综合市场 6 个、农副产品市场 29 个、工业消费品市场 6 个、工业生产资料市场 6 个,市场成交额 75.5 亿元。2012 年,全县建成大型专业市场的面积达 58 万平方米。经过 25 年的撤并、移位、改扩、提升、淘汰、新建和引进培育建设,建成木材、轻纺、建材、家居、汽车、农批和综合市场等一大批大中型专业市场。至 2012 年年末,全县有各类市场 41 个,总成交额 134.7 亿元,是 1988 年的 96 倍多。成交额超 10 亿元的 3 个、超亿元的 13 个,其中长兴农副产品综合批发市场达 40.8 亿元。

1988—2012 年长兴县商品交易市场与成交额情况表

表 14-16

年份	市场总数(个)	分类市场数(个)					成交总额(万元)	分类成交额(万元)				
		工业生产资料市场	工业消费品市场	农副产品交易市场	消费品综合市场	其他市场		粮油类	肉禽蛋类	水产品类	蔬菜类	工业品类
1988	51	—	—	—	—	—	14000	246	4073	3313	1927	825
1989		—	—	—	—	—	16993	380	4119	4049	2778	1328
1990	48	—	—	—	—	—	16481	438	4912	2981	2765	1108
1991	53	—	—	—	—	—	20480	914	7011	3444	2979	902
1992		—	—	—	—	—	23206	1313	7254	4364	2781	1330
1993	53	—	—	—	—	—	45346	2658	14795	9536	5154	1919
1994	57		9	42		6	274102	4025	22060	20497	8041	177785
1995	57	8	10	27	11	1	452263	18570	87862	41119	37171	251803
1996	55	6	9	28	12	0	470026	8633	55667	51110	22949	237076
1997	48	3	10	29	6	0	292087	3343	39650	40455	21882	157330
1998	39	2	6	25	6	0	299205	3619	49481	45081	24133	136380
1999	43	5	5	29	6	0	429881	3715	53852	54446	18316	282800
2000	43	4	5	28	6	0	533403	4754	64823	50036	61384	289840
2001	45	5	5	29	6	0	582994	10431	70343	49661	39744	354724
2002	48	5	6	31	6	0	601132	47264	50752	69542	77614	285866
2003	46	5	6	29	6	0	604270	11843	76074	40521	75745	320112
2004	46	5	6	29	6	0	728968	49672	119772	81976	95418	325562

续表14-16

年份	市场总数（个）	分类市场数（个）					成交总额（万元）	分类成交额（万元）				
		工业生产资料市场	工业消费品市场	农副产品交易市场	消费品综合市场	其他市场		粮油类	肉禽蛋类	水产品类	蔬菜类	工业品类
2005	47	6	6	29	6	0	755007	64835	100671	84578	108702	286043
2006	49	6	7	27	6	0	771180	44164	83654	105155	98132	346081
2007	46	6	6	27	6	0	726458	40869	79808	175422	45894	277437
2008	41	6	7	22	6	0	796785	34622	84589	150076	34170	345262
2009	41	6	7	22	6	0	1006231	50086	106229	187540	40127	409433
2010	46	5	7	32	6	2	1123000	—	—	—	—	—
2011	39	6	3	28		2	1236200	—	—	—	—	—
2012	41	8	32			1	1347000	—	—	—	—	—

注：1. 资料来源于历年《长兴统计年鉴》；2. 市场数含长广，农副产品交易市场中含农贸市场，1988—1993 年市场分类情况未列入统计，2010—2012 年成交额分类未列入统计；3. 不包括商厦、超市情况

第一节　专业市场

一、综合交易市场

浙北综合交易市场　1992 年年初，在泗安镇新建北街口兴办浙北综合交易市场，占地面积 3000 平方米，隶属于长兴县泗安商业批发公司。2010 年，市场被拆除。

泗安浙皖市场　位于泗安镇，2011 年、2012 年市场成交额分别为 2 亿元、2.06 亿元。

城北综合市场　位于县城北，2011 年、2012 年市场成交额分别为 1.81 亿元、1.96 亿元。

金陵商城　由市场开发中心与瑞典籍外商合资组建长兴金陵商城发展有限公司，分为老金陵商城和新金陵商城。老金陵商城位于海兴路 81 号-83 号，1993 年由县工商局投资筹建，占地 2.53 公顷，1994 年 4 月 18 日开张营业。市场占地面积 2.31 公顷，建筑面积 2.7 万平方米，以经营副食、小百货、服装为主，共计摊位 694 个。1995 年成交额 7.36 亿元，1996 年成交额 10.9 亿元。2000 年，县市场开发中心与外商合作开发新金陵商城，位于长兴县迎宾大道北侧，陆汇西路南侧。规划用地 21.33 公顷，总投资 1.37 亿元，分两期开发，其中一期占地 10.8 公顷，建筑面积 2.36 万平方米，营业房 350 间（套），以经营副食品批发为主。2004 年，市场成交额 20.96 亿元。2011 年、2012 年长兴金陵商城发展有限公司市场成交额分别为 33.4 亿元、33.74 亿元。

图 14-3　1993 年浙北最大的商贸市场金陵商城竣工使用（县商务局提供）

二、木材市场

长兴木材市场原位于雉城镇县前西街红卫桥北侧，拥有 350 个摊位，从业人员 600 人，经营杉、松、杂、旧料等 4 大类原木和各种规格锯料，日平均吞吐量 350 立方米，获评 1991—1992 年度“全国文明市场”、1993—1995 年度“浙江省文明市场”。后因城市建设需要，该市场迁至光明路 330 号（长兴三里桥

北侧长兴港西面),商业出让土地面积0.97公顷;另租用古城村马南生产队村集体土地0.8公顷、古城村马北生产队村集体土地0.4公顷、万宏运输公司商业出让土地0.2公顷、古城村锯板厂3家商业出让占地0.47公顷、个私企业煤场商业出让土地约0.4公顷作为市场材料堆场;共计占地约2.83公顷。经营户数106家,地上建筑面积7000余平方米。

三、服装日用品市场

百草园综合市场 位于雉城街道人民南路,占地600平方米。1992年5月,县烟糖公司利用食糖仓库场地设施,投资20万元进行改造,开办百草园综合市场,主要经营项目服装、日用工业品等。

双龙大厦 位于雉城街道古城街。1994年10月,县商业局与雉城镇政府签订《关于联合组建"双龙大厦"的协议书》,联合组建浙江省长兴县双龙大厦有限责任公司,投资建成双龙大厦,面积7746.04平方米,共4层,其中1层面积2772.2平方米、2层面积2571.8平方米、3层面积2023.42平方米、4层面积378.62平方米。主要经营百货、针纺织品、五金、交电、化工、建筑材料、石油制品、金银饰品、烟、糖、酒、副食品等。因地段较偏,经营不善,1998年改为双龙服装加工城,投入20万元在双龙大厦门口建造300平方米营业房,开辟鞋城。双龙服装加工城更名为双龙服装市场,逐步发展为专业服装市场。2005年4月6日,双龙大厦整体拍卖给长兴新双龙置业有限公司。

州桥小商品一条街 位于雉城街道县前街南侧。原为州桥农贸市场和州桥小商品市场,始建于1986年。其中,州桥农贸市场占地面积2420平方米、棚顶面积1960平方米,州桥小商品市场占地面积1280平方米,全部有顶棚。1998年改建为州桥小商品一条街,产权属县市场开发中心。占地面积3800平方米,建筑面积2820平方米,分东西二区,采用钢架结构、彩钢板构造而成。内有营业房96间,每间12平方米;摊位88只。每年采取租赁方式对外招租。2005年3月,营业房出租率100%,摊位出租34只,出租率38.6%;有经营户126户,主要为雉城镇人,其中约70%为下岗工人、20%为无业人员、10%为农村富余劳动力。主要经营范围有服装、鞋类、小百货及日用小商品,批零兼营。2005年后,改建为生态式停车场。

四、轻纺市场

浙北轻纺市场 位于"轻纺之乡"夹浦镇,地处环沉104国道西侧。规划面积1.49公顷,其中一期0.8公顷。1991年,采取对乡内外、县内外企事业单位及个体户集资200万元建造,市场房产权归投资者,土地产权归乡办集体所有。1992年11月8日开业,开设门市部566个,进场经营范围以轻纺为主,包括涤纶丝、纺机机配件、布匹、服装及其纺针织制品和有关服务配套行业。1993年,共投资600万元启动二期建设。同年,市场成交额达5亿元,次年达9亿元。之后,由于市场监管力度不够,经营户缺乏诚信经营,坑害客商的现象较严重,同时因当地印染设备、工艺技术不高以及市场选址不当等原因,1996年起,浙北轻纺市场逐渐走向萧条。1998年,县政府专门出台《关于振兴长兴轻纺城(原浙北轻纺市场)的若干意见和措施》,成立由县政府办、工商与物价局、计经委、国税局、地税局、公安局、建设局及夹浦镇政府等为成员单位的长兴轻纺城振兴领导小组,把轻纺城作为县级市场来抓,振兴轻纺城,繁荣长兴商贸经济。尽管采取多种振兴措施,但收效不明显。2011年起,对原浙北轻纺市场实施综合改造,由长兴金地置业有限公司投资开发建设,总投资约9.6亿元,出让面积9.93公顷,建筑面积约20万平方米。同年10月21日,举行浙北轻纺市场综合开发项目奠基仪式。

长兴轻纺国际城 位于雉城街道海兴路口东南侧,2011年、2012年市场成交额分别为11.89亿元、11.78亿元。

五、家居装饰市场

长兴县浙北建材市场 位于县城环城南路,2011年、2012年市场成交额分别为2.28亿元、2.21亿元。

长兴金顶建材城 位于图影大道与长吕大道交叉口,2011年、2012年市场成交额分别为1.05亿元、8620万元。

金百尚家居 位于长兴经济技术开发区太湖大道和经三路交叉口,长洪路88号。由浙江金百尚实业有限公司投资兴建,总投资1.8亿元,占地3.73公顷,建筑面积5万平方米。是以家具为主题,集商业、购物、休闲、商务于一体的大型家居购物中心。2011 年 9 月 30 日开张试营业，入驻国内知名家居品牌达 150 余个，商户 80 余家。

长兴家之窗现代家居生活广场　位于长兴经济技术开发区，经三路与陆汇路交叉口。是由宁波伟立投资集团在长兴投资 6 亿元建设的中高端建材家居市场，项目占地面积 9.67 公顷，建筑面积 16 万平方米，其中地下建筑面积约 2 万平方米，经营商户 310 家，2012 年 12 月 29 日正式营业。

六、农副产品市场

长兴农副产品综合批发市场，位于海兴路与经一路交口处。2000 年 1 月 18 日创办，隶属长兴县市场开发中心。总投资 1.3 亿元，总占地面积 14 公顷，其中一期 7.33 公顷，二期 6.67 公顷，经营户 1300 户。拥有 5090 立方米高低温及速成冻组合式冷库 1 座，800 平方米地下香蕉库 1 座，淡水产交易码头。市场内设蔬菜、果品、粮油、家禽蛋、淡水产、干鲜果、海产冷冻品、副食土特产 8 大交易区，及专业银行、邮电、商务信息发布中心、大型电子显示屏幕、警务站等配套服务项目。市场经营户 1300 户，日交易人数达 2 万余人次。产品辐射上海市、杭州市、南京市、苏州市、常州市等大中城市，是浙江省重点市场，华东地区大型农副产品集散中心之一。先后获评农业部定点农产品批发市场、浙江省区域性重点市场、浙江省重点农副产品批发市场、浙江省三星级文明规范市场、湖州市商贸 50 强、长兴县第三产业重点发展单位等。2012 年，市场成交额 40.79 亿元。

七、机动车市场

浙北二手车交易市场　位于县城东五里桥，2011 年、2012 年市场成交额分别为 4.15 亿元、5.21 亿元。

汽车 4S 集聚区　2009 年，县内有大众、别克 2 家汽车品牌 4S 店。2010 年，制定《长兴县汽车贸易集聚区规划方案》，明确汽车 4S 店北区和南区 2 个集聚区建设区块，规划用地面积达 50.4 公顷，目标引进建设汽车 4S 店 40 至 50 家，引导汽车 4S 店集中落户。其中，汽车 4S 店集聚区北区：位于开发区新交警大楼以东、长洪公路两侧地块；南区位于长兴综合物流园区 C 地块和经四路延伸线与 104 国道交叉处。2012 年年底，集聚区内建成营业的 4S 店 8 家，包括大众、别克、现代、起亚、本田、雪佛兰、尼桑、比亚迪等品牌，在建 4 家，包括斯柯达、五菱、福特、奥迪等品牌。

第二节　农贸市场

1988 年，全县有城乡农贸市场 34 个，市场成交额 1.09 亿元。1990 年，全县有城乡农贸市场 42 个，总投资 0.05 亿元，总建筑面积 6.8 万平方米。1991 年，根据省政府《关于进一步办好城乡市场的通知》，新建 2 个永久性砖瓦结构和 2 个砖瓦、棚顶结合的中型农贸市场，在规模和设施上改变过去“搭棚躲雨”的简陋状况。1993 年，全县市场建设基本形成“政府决策、统一规划、多方兴建、工商监管”的格局，并开始对重点集镇农贸市场进行改造提升。到 2000 年，全县有农贸市场 28 个。2001 年开始，着力培育现代化农贸市场。2007—2012 年，重点改造提升城乡农贸市场，形成以长兴中心农贸市场为骨干、乡镇农贸市场为基础、农村小菜场为补充的农贸市场网络。2011 年，县政府出台《长兴县农贸市场改造提升实施方案》，决定改造提升省文明示范农贸市场 10 家，改造提升市、县级示范农贸市场 14 家。到 2012 年，有 12 家农贸市场通过县级验收，4 家农贸市场创建成为省级文明示范农贸市场，长兴被省政府确定为 2011 年全省农贸市场改造提升成绩突出县。同年，全县有农贸市场 25 个，占地面积 25.24 万平方米，建筑面积 18.08 万平方米，市场成交额 72.68 亿元。投资主体形成长兴县市场开发中心（浙江长兴市场经营发展有限公司）、有关乡镇和社会法人多元化格局。

一、城区农贸市场

长兴中心农贸市场　前身为金陵菜场，始建于 1986 年，位于雉城街道金陵路金陵大桥南堍西侧，占地面积 3276 平方米，棚顶面积 1358 平方米。2006 年 12 月 12 日迁址长安路长安桥南堍开工新建，总投资2.55亿元,2008年6月15日建成投入使用,占地面积2.98万平方米,建筑面积4.37万平方米,内设944个摊位。有地下1层和地上3层共4层。其中,地下层为小汽车、摩托车、电瓶车停车场、超市及设施设备机房;一层为家禽、水产、豆制品、水果干鲜果、花鸟观赏鱼等区域;二层为肉类、肉类加工、蔬菜、冷冻制品、自产自销等区域;三层为休闲中心、办公区域、停车场。采用大型彩色电子液晶显示屏和视频监控系统。2010年,创建成为省四星级文明规范市场,被省工商局授予省星级示范农贸市场。2012年,市场成交额14.2亿元。

长兴城北综合市场 位于雉城街道金陵北路。市场建于1997年,2000年3月投入使用,占地面积1.39万平方米,建筑面积6540平方米。2008年年初,特大雪灾导致市场内的钢结构大棚整体垮塌。2009年投入近5000万元进行重建,2010年1月开张。市场根据标准化、规范化和现代化的要求进行装修,按商品种类划行归市设置交易区。2010年,被省工商局命名三星级文明规范市场。2012年,市场有摊位490个,商铺90个,经营范围覆盖肉类、禽类、水产、海鲜、蔬菜、豆制品、水果等十几个大类。设有市场管理办公室、农残检测室,配有电子显示屏、广播设施、顾客休息处、公平秤、投诉电话等。同年,市场成交额达1.96亿元。

长兴县仓前街市场 位于雉城街道解放中路仓前街商贸小区。市场建于1999年,10月开始投入使用,占地面积4000平方米,建筑面积4000平方米。2003年市场进行改制,由长兴仓前街综合市场发展有限公司举办并负责经营管理。2012年,投入150万元进行改造提升,有肉类、禽类、水产、海鲜、蔬菜、豆制品、副食等摊位220个,覆盖居住人口6万余人。同年,市场成交额3600万元。

长兴县水木花都农贸市场 位于雉城街道县前西街,是城区农贸市场规划布局中的六大社区农贸市场之一,也是城西唯一的大型社区农贸市场。市场总投资200万元,占地面积2000平方米,建筑面积1480平方米,2010年10月投入使用。市场总共一层,设有家禽、水产、豆制品、水果干鲜果、卤菜等摊位192个。场内设有消防室、值班室、市场管理办公室、检测室等管理服务机构,并配备专业的物业公司和保洁队伍。2011年,市场进行改造提升。同年,被省工商局命名为省三星级文明规范市场。2012年,市场成交额295万元。

长兴翡翠名都综合农贸市场 位于太湖街道林荫路,由长兴蓝科网络工程有限公司举办。2011年4月投入使用,总投资700万元,占地面积616.16平方米,建筑面积1050.23平方米,内设生猪肉、牛肉、杀白禽类、水产、蔬菜、熟食、豆制品等交易摊位。市场内根据需要设置当地农民自产自销交易区,有北、西主入口,南北设有电瓶车停放区,市场管理人员2人,保安2人,保洁2个,场内设有管理办公室、监控室、保安夜间值班室、公平秤、宣传栏、监控系统等市场公共配套设施。2012年,市场成交额500万元。

二、乡镇农贸市场

和平农贸市场 位于和平镇。始建于1985年12月,1990年改建,占地面积7390平方米,建筑面积5290平方米,总投资480万元。2001年下半年转制由长兴县永达农贸市场物业管理有限公司经营,转制后公司投资百万余元用于市场扩建和整体布局,将原来露天经营场所全改为顶棚和室内营业,对布局不合理的冷库房、配电房和卫生设施重新建造和布局。2008年,被认定为二星级文明规范市场。2012年,投入资金700余万元再次对市场进行大规模重建与改造,全年市场成交额2.8亿元。

小浦综合农贸市场 位于小浦镇市场路。2009年竣工验收投入使用,总用地面积8000平方米,建设规模为2400平方米,共两层,其中一层大厅设有家禽、水产、豆制品、干货、蔬菜、卤菜等专区共182个摊位。另外,市场外围还有66间营业房。市场共有121户经营户,市场北侧、西侧设有专用停车位,东侧设有临时自产自销区,是全县乡镇较大的综合性农贸市场。场内设有顾客休息室,管理员值班室,市场管理办公室,农残检测室等服务机构,并配备专业保洁队伍。2010年,创建成为市二星级文明规范市场。2012年,市场成交额710万元。

虹星桥农贸市场 位于虹星桥镇街北。于1991年8月建成投入使用,市场总投资32万元,占地面积2000平方米,建筑面积800平方米,共有摊位120个,设有肉禽蛋、水产品、家禽、豆制品、干鲜果、蔬菜等各类农副产品交易区。2012 年，市场成交额 1100 万元。

煤山综合市场　位于煤山镇新街商贸区。由长兴煤山永鑫综合市场有限公司举办，于 2004 年重建，占地面积 3604 平方米，建筑面积 2854 平方米，总投资 280 万元。2012 年，有固定摊位 288 个，营业房 16 间，经营范围包括肉类、水产类、家禽类、果蔬类、豆制品等农副产品及日用百货，年成交额超过 1.5 亿元，担负着煤山中心镇及周边居民 2 万余人的“菜篮子”供应任务，是省二星级文明规范市场。

2012 年全县城乡农贸市场情况表

表 14-17

市场名称	创办年月	投资总额（万元）	占地面积（平方米）	建筑面积（平方米）	摊位数（个）	2012年成交额（万元）	市场举办单位
长兴农副产品综合批发市场	2000.08	1300	146000	86450	890	407900	浙江长兴市场经营发展有限公司
长兴中心农贸市场	2008.06	25500	29807	43728	944	142000	长兴县龙山建设开发有限公司
长兴县城北综合市场	2000.03	844	13900	6540	490	19600	长兴县城北综合市场发展有限公司
长兴县仓前街市场	1999.10	800	4000	4000	220	3600	长兴仓前街综合市场发展有限公司
长兴水木花都农贸市场	2010.10	200	2000	1480	192	295	长兴县市场开发中心
长兴翡翠名都综合农贸市场	2011.04	700	616	1050	44	500	长兴蓝科网络工程有限公司
洪桥集贸市场	2006.11	1000	3641	2052	220	260	长兴洪桥富邦农贸市场开发有限公司
横山农贸市场	1991.02	12	600	300	75	200	长兴衡山农贸市场发展有限公司
李家巷农贸市场	1994.03	200	5865	2600	237	10699	长兴县益龙农贸市场有限公司
夹浦农贸市场	1999.03	143	2500	2800	40	350	
泗安浙皖综合市场	1994.03	262	5716	5703	637	20600	长兴县泗安浙皖综合市场服务有限公司
管埭农贸市场	1998.01	37	1700	1340	58	200	长兴金乡实业有限公司
虹星桥农贸市场	1994.03	32	2000	800	120	1100	长兴市场服务中心
里塘农贸市场	1994.03	6	1000	820	60	150	村办
和平农贸市场	1998.04	480	7390	5290	237	28000	长兴县永达农贸市场物业管理有限公司
吴山综合市场		10	700	300	42	180	
林城农贸市场	1991.03	42	1333	666	140	1800	浙江长兴市场经营发展有限公司
畎桥农贸市场	1994.03	11	1870	1870	170	220	村办
小浦综合农贸市场	1994.03	299	6400	1100	277	710	长兴县市场开发中心
白岘综合市场		67	2400	2400	108	800	
槐坎诚鑫综合市场	2010.01	800	2005	1688	186	600	长兴诚鑫综合市场发展有限公司
煤山综合市场	2004.10	380	3000	2855	260	15000	长兴煤山永鑫综合市场有限公司
水口综合农贸市场	2010.01	100	5800	2989	120	62	浙江长兴绿宇经营管理有限公司
吕山农贸市场	1994.03	2	130	130	40	150	长兴连惠农贸市场物业管理有限公司
长广农贸市场		30	2000	1820	300	1300	长广集团公司

说明：资料来源于县市场监管局

第三节　商厦超市 商业街区

一、主要商厦

长兴县第一百货商店有限责任公司　位于雉城街道解放中路,创办于1956年,隶属于长兴县百货公司。1991年,公司有5个管理机构,14个经营部门,其中百货公司、纺织品批发公司、第一百货商店3个大中型企业和劳保商店、人民棉布商店、思美商场3个小型企业为独立核算单位。营业面积4000平方米、仓库面积4500平方米,主营纺织、针织、百货、文化、劳保用品,兼营家电、副食品,有职工339人,离退休职工78人,销售总额4859万元,实现税利196万元。1994年7月,经省体改委批准,县百货公司改制为股份有限公司,是全县首家规模化股份制企业,由长兴百货公司、长广煤矿公司、浙江水泥厂、长兴电厂等4家单位发起,17家社会法人参股组建的规模化股份制企业,总股本达到2000万元。2005年后,连续获得浙江省工商企业信用AA、AAA级守合同重信用单位,湖州市第七届、八届、九届消费者信得过单位,湖州市服务业百家优强企业和长兴县现代服务业龙头企业、重点企业、平安商场等称号。2012年,长兴中百一店经数次调整改造,商场营业区共有5层,营业面积达1.2万平方米,经营品种3万多种,成为长兴县中高档购物场所之一。主要经营各类食品、名烟名酒、日用百货、化妆洗涤用品、黄金珠宝、钟表玉器、鞋帽皮具、男女服饰、运动服饰、儿童服饰、床上用品、家用电器、数码类等商品,设有一楼超市、化妆、钟照、鞋类商场,二楼男装商场,三楼女装商场,四楼运动、童装商场,五楼家电、床用商场等十个经营部门。同时发展新型业态,开设中百一店便利连锁店以及中百一店珠宝连锁店。2012年,销售额2.49亿元。

图14-4　长兴中百一店(县商务局提供)

龙达商场　位于雉城街道解放东路。系县商业局所属批零兼营的大型骨干企业,为全县三大零售商场之一。1992年年底,在长兴酒家的基础上投资200万元成立长兴龙达股份有限公司,商场营业面积1800平方米。1993年10月,投资100万元对相邻的妇儿商场进行改建,最终形成营业面积2300平方米(二层)的大中型商场。主要经营百货、针纺织品、金银首饰、交电、副食品,同时开发儿童游乐场设施,成为集商品批发销售和娱乐为一体的综合性商业企业。2000年6月,破产关闭。

商业大厦　位于雉城街道解放东路解放桥西南堍。隶属县商业公司。1993年9月,县商业公司投资140万元对下属照相馆、副食门市部、实体批发部、饭店进行改造,连成一体建成营业面积1100平方米(底层)的商业大厦,开业7个月,销售额2150万元,创税利30万元。后追加投资60万元,于1995年建造营业面积5000平方米(五层)的大型零售商场。2002年6月,破产关闭。

长兴大厦　位于雉城街道人民北路71号。在原五交化公司五金商场、五金仓库名下的土地上拆建而成,共7层,1层至2层为长兴大厦商场,1995年开业。主要经营金银饰品、百货、针纺织品、服装、副食品、家电、化妆品等。1998年,长兴大厦对3层仓库、4层办公室进行调整,腾空场地1660平方米,引进资金创办长兴最大的保龄球场和歌舞城。2001年5月,破产关闭。

长兴县烟糖公司　1961年9月成立,系国营商业系统专业公司,主管糖酒盐副食品,兼营干鲜果蔬、日用杂品等。经营方式以批发、零售为主。1993年,公司下设盐业南门综合、烟草3个大批发部及1个百草园市场,归口3个小型企业。1993年,公司实现销售1156万元。2002年4月,破产。

长兴浙北大厦购物广场 位于雉城街道金陵北路258号。是湖州市浙北大厦有限责任公司在长兴投资经营的大型综合百货商场,占地面积1.23万平方米,建筑面积3.02万平方米。2007年正式进驻长兴,先后获长兴县服务业重点企业、长兴县现代服务业龙头企业、湖州市物价诚信单位、第九批省级"百城万店无假货"示范单位称号。2012年,销售额3.44亿元。

长兴八佰伴百货 位于雉城街道金陵中路与解放路交叉口的西北侧。由华地国际控股集团有限公司投资成立长兴八佰伴商贸有限公司,占地面积1万平方米,建筑面积5.5万平方米,建筑总高度为40.7米。八佰伴百货集购物、休闲、娱乐、餐饮等功能于一体。2010年8月25日八佰伴百货在长兴奠基,2012年8月10日开业,当年实现销售额1.03亿元。

二、主要连锁超市

杭州采芝斋有限公司长兴连锁店 位于雉城街道金陵路。1995年12月由长兴县商业(集团)总公司与杭州采芝斋食品商店联合组建。后经营陷入困境,1998年改为华联超市。

上海华联超市长兴有限公司 1996年1月,上海华联超市长兴有限公司与上海华联超市公司合作,在长兴开办"上海华联超市长兴连锁店",企业实行独立核算,自负盈亏。经营范围按照上海华联超市公司注册的范围开展经营。在长兴雉城开设2家上海华联超市长兴分店,分别为位于人民北路的绿宝石店门店和位于人民南路的双龙二期门店。2001年5月,国有上海华联超市长兴有限公司破产。

长兴联合利华超市 位于雉城街道金陵中路8号—12号。主要经营副食品、烟、酒、交电、百货零售。2005年,长兴联合利华超市有限公司被确定为商务部"万村千乡"市场工程试点企业,被浙江省人民政府确定为"浙江省千镇连锁超市龙头企业",开展连锁经营,构建全县农村现代流通网,至2008年累计直营、加盟连锁超市有180家,其中村级连锁便利店有130家。2012年,销售额2357.4万元。

华润长兴生活超市 位于雉城街道长海路348号。是国有控股企业华润(集团)有限公司旗下的零售连锁企业品牌。华润万家生活超市(浙江)有限公司长兴生活超市于2004年8月27日开张营业,经营面积6000余平方米,销售2万种商品,主要以食品、日用消费品、生鲜等快速消费品为主,引进先进的食品加工、陈列、储藏等设备,提供优质、新鲜、低价的商品和便利、齐全的一站式购物服务。2008年,销售额8668万元。

欧尚超市长兴店 位于长兴经济开发区经一路238号。由法国欧尚集团公司投资成立湖州欧尚超市有限公司,总投资2300万美元,注册资金1000万美元。总用地3.33公顷,总建筑面积3.15万平方米,商铺54家,超市卖场面积9600平方米,经营4万余种商品。2010年1月5日正式开业,成为欧尚在全国县级城市开的第一家店。2011年、2012年销售额分别为1.74亿元和1.89亿元。

大润发超市长兴店 位于雉城街道长海路310号。由台湾润泰集团全资子公司康成投资(中国)有限公司投资成立长兴润瑞商业有限公司,2008年5月正式签约落户,总投资800万美元,注册资金250万美元。2010年11月16日正式开业。超市营业面积1.5万平方米,吸纳就业人员400人,提供商品3万余种。2011年、2012年销售额分别为1.78亿元和2.03亿元。

三、城区商业街区

1988年,县城雉城镇有东西、南北两条商业街。解放路东至老汽车站,西至西门桥,主要商业网点有百货公司人民商场、石油公司经营部、饮服公司长兴酒家、雉城旅馆、商业公司糖果店、人民棉布店、照相馆、钟表刻字店等。人民路北至老县政府,南至黄土桥主要商业网点有食品公司门市部、禽蛋商店、哺坊、百货针纺批发部、烟糖公司烟酒糖果商店、饮服公司华强商店、人民旅馆、长城旅馆、黄土桥旅馆、南门饮食店、旅游公司长兴宾馆等。1992年,随着旧城改造,城区市政建设逐步展开,城市主干道加快新建和改建。金陵路、环城南路、明珠路、县前街、太湖路等相继建成,商业街随之增加。2003年,城区主要商业活动基本集中在8条综合商业街区,自西向东:环城西路、金陵路、人民路、明珠路;自北向南:县前街、解放路、长海路、海兴路。金陵路商业整体呈现交通便利、配套设施相对齐备、商业功能较为完善;无论在购物环境、配套设施,还是人气指数上,金陵中路是雉城镇最为繁华的路段之一。人民路曾经是老城区的主干道和商业中心路段,其地位逐渐被金陵路所取代;人民北路店铺集中,以经营服饰、鞋类为主,有敖啸鞋城、女人街等大型商业设施,人民中路店铺以经营男士正装和鞋类为主,有大世界鞋城等专业卖场。解放路是雉城镇东西向的主干道,其中解放东路是雉城镇的最重要的商业路段,是一条较为成熟的商业街。县前街是县委、县政府及其职能部门的主要办公区域,商铺主要以餐饮和文印服务为主,县前东街主要有紫金宾馆及其周边的餐饮企业。特色商业街道:古城街因古城公园而得名,店铺经营以廉价的小商品和日杂为主,街道中央为简单搭建的铁皮摊位,是当地居民购物的主要场所;海兴路商铺以销售手机和经营典当为主;米行弄是典型的社区商铺,依托晨苑小区,以餐饮业为主,形成餐饮一条街。2012 年,城区主要商业街"四纵五横"共 9 条,其中有西鱼巷童装街、龙山大道旅游休闲商业街、解放中路品牌服饰特色街、新世界女人服饰街、水木花都特色餐饮街、长海路电子信息商业街、明珠北路总部商务街等特色商业街区 7 条。四纵,自西向东为长安路、金陵路、人民路、明珠路;五横,自北向南为龙山大道、县前街、解放路、长海路、海兴路。

2012 年长兴县城区主要商业街区业态情况表

表 14-18　　单位:千平方米

序号	项目名称	位置	体量	所属街道
商业综合体	长兴中心商务区商业综合体(八佰伴百货)	长兴中心商务区	150(55)	雉城街道
大型卖场	大润发超市	长海路	8	雉城街道
	华润万家超市	长海路	5	雉城街道
	大统华超市	八佰伴内	6	雉城街道
	欧尚超市	经一路以东,县前东街以北	9.6	开发区
社区商贸中心	城中社区商贸中心(县域中心农贸市场)	长安路	20	雉城街道
	城北社区商贸中心(区域中心农贸市场)	金陵中路太湖大道	6	雉城街道
	仓前街社区商贸中心	仓前街	2	雉城街道
	水木花都社区商业商贸中心	县前西街	2	雉城街道
专业市场	金百尚	太湖大道以北,经三路以东	50	开发区
	金陵商城	海兴路	28	雉城街道
	金顶建材城	迎宾大道以北	50	开发区
	农副产品综合批发市场	迎宾大道以北	100	开发区
	太平洋商贸城	迎宾大道	138	雉城街道
	家之窗	陆汇西路以北,经三路以西	160	开发区
	汽车贸易集聚区北区	长洪公路两侧	191(含在建)	开发区
特色商业街区	西鱼巷童装街	西鱼巷	—	雉城街道
	龙山大道旅游休闲商业街	龙山大道	—	龙山新区
	解放中路品牌服饰特色街	解放路	—	雉城街道
	新世界女人服饰街	新世界庄园	—	雉城街道
	水木花都特色餐饮街	县前西街水木花都	—	雉城街道
	长海路电子信息商业街	长海路	—	雉城街道
	明珠北路总部商务街	明珠北路	—	开发区

说明:资料来源于县商务局

第四章　社会服务业

随着改革开放的深入，长兴县服务业领域也开始发生深刻变化。20世纪90年代起，个体私营餐饮业、住宿业快速发展，国营和供销社餐饮业、住宿业企业逐渐退出。21世纪初开始，西式快餐及中式快餐连锁店陆续落户长兴，住宿业发展迅猛，代表高端需求的星级宾馆、中端需求的商务酒店以及满足低端消费的小型宾馆逐步兴起，农家乐开始发展并逐步壮大，乡村旅游住宿成为住宿业新的亮点。该时期，休闲娱乐、美容美发、家政服务、物业服务、广告婚庆等居民生活服务业和其他服务业迅速发展，新型服务业态不断呈现，涉及人们生活的方方面面。

第一节　餐饮业

20世纪80年代后期，全县个体餐饮业发展迅速，小饭店、快餐店、早餐店遍及县内城镇。1988年，全县餐饮业共有机构1490个，从业2649人，营业额972万元。其中，全民所有制6个，从业42人，营业额184万元，占18.9%；供销社10个，从业25人，营业额18万元，占1.9%；其他集体所有制118个，从业591人，营业额251万元，占25.8%；个体1356个，从业1991人，营业额519万元，占53.4%。集体和个体餐饮单位营业额占全县餐饮业营业额79.2%。90年代起，个体私营餐饮发展迅猛，国营和供销社餐饮业逐渐萎缩并逐步退出。1995年，全县有餐饮业单位1267家，其中集体企业(网点)70家(个)、个体网点1197家(个)，从业人员2683人，其中集体178人、个体2505人，营业额11064万元，其中个体餐饮的家数、从业人员和营业额占全行业比重分别为89.3%、78.2%和78.7%。2000年，全县有餐饮业单位1380家，营业总收入16188万元，其中限额以上餐饮企业2家、营业总收入2848万元，限额以下餐饮企业20家、营业总收入2690万元，个体户1358家、营业总收入10650万元。21世纪初开始，西式快餐及中式快餐连锁店陆续落户长兴，农家乐特色餐饮迅速崛起。2002年11月，杭州肯德基有限公司长兴分店在雉城镇解放西路76号金陵北路口注册成立，主要经营生产销售美国肯德基国际公司认可的食品和冷热饮及相关促销用品，有员工30人。2006年9月，澳门豆捞(豆佬)长兴店(第48家分店)登陆长兴。同月，长兴友平饮食娱乐有限公司(友平四季料理)开业。2007年，全市首家餐具消毒机构方林餐具消毒中心落户长兴，总投资40多万元，厂房位于县开发区内，整个餐具消毒流水线包括粗洗、精洗、远红外线消毒、380度高温烘干和灭菌包装等10道工序，餐具统一选用耐摔的强化瓷产品，经过消毒后统一包装。每套餐具6件，租赁给酒店使用，每套1元，并允许餐具有千分之三的破损率。2010年，全县农家乐从2002年的2家发展至300家，全年接待游客225万人次。2012年，有肯德基店3家，中式快餐有老娘舅、来必堡、江南小厨等连锁店，有农家乐354家、拥有餐位1.6万余个。同年年末，全县餐饮业共有限额以上法人企业12家、限额以上餐饮业活动单位和个体户19家，从业人员710人，全年营业总收入1.76亿元，其中餐费收入1.58亿元、客房收入962.6万元、其他收入806.9万元。

第二节　住宿业

1988年，全县有宾馆、旅馆、招待所35家，从业315人，其中县城雉城镇有19家。2000年之前，县内没有星级饭店，接待游客的场所主要是县政府招待所、烟草宾馆、金陵大酒店等3家规模型社会饭店。进入21世纪后，伴随经济和旅游业的迅猛发展，长兴住宿业也得到快速发展，代表高端需求的星级宾馆、中端需求的商务酒店以及满足低端消费的小型宾馆逐步兴起,农家乐开始发展并逐步壮大,乡村旅游住宿成为住宿业新的亮点。2000 年 6 月,长兴金陵大酒店经改造成功创建国家三星级饭店,成为全县第一家旅游涉外星级饭店。之后,先后有长兴香溢大酒店、长兴紫金大酒店、长兴华达和平宾馆、长兴红玫瑰大酒店、长兴国际大酒店、长兴维多利亚大酒店 6 家被评为三星级及以上,其中四星级 1 家。同时,作为住宿业中端需求的商务酒店也稳步发展,先后有兴悦大酒店、新世界大酒店、华辰大酒店、浙江皇冠假日大酒店等一批酒店兴建并陆续投入使用,其中浙江皇冠假日大酒店是按五星级标准设计建造的集餐饮、娱乐、休闲为一体综合性豪华中外合资酒店。2006 年起,限额以上住宿业纳入统计,同年全县住宿业共有限额以上法人企业 6 家、限额以上住宿业活动单位 12 个,全年营业总收入 8221 万元,其中客房收入 1788 万元、餐费收入 6087 万元、其他收入 266 万元。2012 年,有星级饭店 6 家,其中四星级饭店 1 家、三星级饭店 5 家,拥有客房数共计 700 个,床位数 1116 张。有农家乐 354 家,拥有客房 6200 余间,床位 1.4 万余个。同年,全县住宿业共有限额以上法人企业 10 家、限额以上住宿业活动单位和个体户 1 家,从业人员 1504 人,全年营业总收入 2.96 亿元,其中客房收入 6882.4 万元、餐费收入 2.04 亿元、其他收入 2277.6 万元。星级饭店详见本编第 6 章、第 3 节。

第三节　居民生活服务业

一、家政服务

县内家政服务以家庭及其成员为主要服务对象,服务内容从传统的保洁、理家、照顾老人、孩子到筹办婚丧礼事、寿宴和家庭庆典、商品配送、家电维修、服装裁剪、送餐上门、庆典用品出租、房屋维修、家庭教育等,涉及人们生活的方方面面,为众多的家庭和个人带来方便。2012 年年末,全县经工商部门登记注册的居民服务业个体户有 17 家。

二、美容美发

1988 年,全县有理发店 18 家,从业人员 72 人。人们以传统理发为主,主要有国营理发和供销系统合作理发店等单位,同时一批个体理发店因设施完善、技术先进、服务周到而得到快速发展。20 世纪 90 年代末期,国营理发和供销系统合作理发店相继转制或关闭,个体理发店相应得到长足发展。随着人们消费水平日益提高,理发业由单纯理发逐步引入美发、美容,为面部皮肤护理、文眉、新婚化妆,进而拓展为丰胸、塑身、减脂等专业美容。2012 年年末,全县经工商部门登记注册的理发机构有 7 家,美容美发机构有 4 家,个体户有 667 家。

三、沐浴足浴

1988 年,县内有县饮食服务公司浴室 3 家,其中雉城镇 1 家,提供池浴、淋浴、擦背、修脚等大众服务。20 世纪 90 年代后期,个体、私营浴室逐渐兴起,服务项目增多,设备渐趋完善,除一般沐浴外,增加干蒸、湿蒸、按摩等。进入 21 世纪后,随着人们居住条件的改善,家用热水器的普及,公共浴室的传统功能逐渐弱化,一些集休闲健身、棋牌、上网等服务于一身的新型沐浴中心开始出现。足浴也在长兴渐次兴起,除传统中药足浴外,增加牛奶浸泡、鲜花精油等按摩项目。碧浪池、半岛水疗会、仙人居休闲娱乐、巴厘岛足浴会所、佳优子足道养生会所、红雨足浴休闲会所、行易堂等一批沐浴、足浴场所相继营业。2006 年 11 月,良子健身足浴店落户雉城镇,是良子健身集团在全国的第 230 家足浴连锁店。2012 年年末,全县经工商部门登记注册的洗浴场所有 4 家,足浴休闲中心有 63 家,洗浴服务个体户有 117 家。

四、咖啡、茶馆

伴随改革开放的深入,县内各类咖啡厅、茶馆如雨后春笋般逐渐涌现,上岛咖啡、两岸咖啡等大型企业集团的入驻,南方嘉木、清风茶楼等连锁品牌的引进,为人们的生活提供休闲聚会的新场所。2012 年年末,全县经工商部门登记注册的咖啡厅有 2 家,休闲茶座类有 10 家。

五、照相业

县内照相馆主要为人们提供照相，摄影摄像、冲洗相片，光盘刻录，制作电子相册和视频，照片美化、彩扩、个人写真等服务。各类照相馆不断开拓市场，丰富服务项目，引进先进的数码设备，更替日渐落伍的旧设备。巴黎春天、金夫人、龙摄影等一些知名连锁摄影店也相继登陆长兴，满足人们的多样选择。2012 年年末，全县经工商部门登记注册的摄影扩印服务个体户有 48 家。

六、修理业

县内修理业包括修理汽车、船舶、电机、计算机，修缮房屋，修理自行车、家用电器和其他日用生活品等等，涉及日常生活的各个方面。2012 年年末，全县经工商部门登记注册的修理业个体户有 564 家。

七、文化娱乐

1988 年，全县有电影放映单位 46 个，34 个乡镇及主要厂矿企业、学校也建有电影放映队，歌舞厅、卡拉 OK 厅、娱乐城开始出现，台球及电子游戏活动开始流行，录像放映、出租快速发展。2012 年年末，全县有电影放映单位 2 个，有登记注册的综合型歌舞娱乐场所、电子游戏机娱乐经营场所、音像制品经营单位、网吧共 169 家，有业余文艺团队和民间艺术团队 100 支 2000 余人。详见第 32 编、第 6 章、第 1 节文化市场。

八、物业服务

1995 年 10 月，长兴京兴物业管理有限公司成立，为全县第一家物业管理企业。1997 年 12 月，县建设局设立房地产管理科，负责全县物业监督管理，并在城北小区、台苑新村进行物业管理试点。2004 年 9 月，长兴县物业管理协会成立。2005 年，物业管理企业开始进入办公楼、医院、学校、工厂，物业管理呈现多元化。2009 年，住宅物业管理开始向乡镇延伸。2012 年年末，全县共有物业服务企业 42 家，管理住宅小区 103 个，管理住宅物业 696 万平方米，物业管理覆盖率达到 78%，管理其他物业 218.4 万平方米。县城城区 90 个住宅小区均成立业主委员会。详见第 13 编、第 2 章、第 4 节物业管理。

第四节 广告 婚庆礼仪

一、广告业

1987 年，县内允许个体工商户经营广告业务，经营许可证由市一级工商管理部门核发。1988 年，长兴县首家个体工商户广告经营部成立，主要开展路牌广告业务活动。同年，全县有广告经营单位 2 家，共登记广告发布单位 214 户 2735 张。1989 年，全县广告经营单位经清理整顿后，由年初的 5 家减少到 2 家，从业人员 5 人，年经营额 3.6 万元，新建路牌广告 20 块。1990 年后，全县广告经营单位、经营额和路牌广告稳步增长。至 1994 年年底，全县有广告经营单位 21 家，年经营额 201 万元，发布路牌广告 86 块。1995 年起，实行户外广告登记制。1999 年，全县有广告经营资格的单位 14 家，广告经营额 1031 万元，审查办理户外广告登记 189 份。2000 年，全县有广告经营单位 18 家，经营额 1440 万元，办理户外广告登记 251 份。2001 年 9 月，成立湖州广告协会长兴分会。同年年底，全县有广告经营单位 25 家，从业人员 153 人，年经营额 1665 万元。2004 年，国家降低准入门槛，取消“广告经营许可证”“广告审查员证”“广告专业技术岗位资格证书”等广告经营审批前置条件。同年，全县有广告经营单位 35 家，从业人员 198 人，年经营额 2650 万元。2005 年，有 2 家广告公司被认定为中国二级广告企业。同年起至 2012 年，全县广告经营单位进入快速发展时期，累计新增 169 家，年均增长 28%以上。2011 年，制订《关于促进长兴县广告产业发展的意见》。2012 年，成立长兴县广告协会。同年年末，全县有广告经营单位 204 家，从业人员 1786 人，年经营额 1.65 亿元。其中，国有事业单位 2 家，私营企业 104 家，个体户 95 户，其他主体 3 家；具有国家二级经营资质的广告企业 11 家。

20 世纪 90 年代以前，县内广告主要依靠电视台、广播站、文化馆、印刷厂等发布。90 年代后，逐渐拓展到户外广告、条幅广告、灯箱广告、霓虹灯广告等形式。进入21世纪后,电子显示屏广告、充气物广告、交通工具广告、互联网广告等形式兴起。同时,弘扬社会新风尚、文化品位较高、创意设计水平新颖的公益广告也逐渐增多。2011年,长兴广告网开始商业运营,是全县唯一一家广告传媒行业门户网站。2012年,县工商部门共登记条幅广告235条,灯箱广告59件,公交载体广告59件,其他户外广告347件。

二、婚庆礼仪

2010年3月,全县首家专业经营婚庆礼仪业务的单位长兴恒嘉婚庆礼仪服务有限公司成立,注册资金10万。经营范围包括信息咨询、企业形象策划、承办展览展示、设计制作、代理发布广告、图文设计制作、技术开发、会议服务、婚庆服务、婚纱摄影、销售日用品、针纺织品、工艺品、礼品及电子产品等。拥有资深专业策划师、主持人、督导、摄影师、摄像师、灯光师、音响师、化妆师、花艺造型师等。2012年年末,全县经工商部门登记注册的婚庆礼仪机构共有13家。

2012年长兴县中国二级广告企业情况表

表14-20

广告单位	资质	广告单位	资质
长兴广告有限公司	综合服务类	长兴新天地数码喷绘有限公司	设计制作类
长兴天工装饰广告有限公司	综合服务类	长兴龙腾盛世广告有限公司	综合服务类
长兴恒嘉广告有限公司	综合服务类	长兴质感广告有限公司	综合服务类
长兴县经纬广告装饰有限公司	设计制作类	长兴卫示广告传媒有限公司	综合服务类
长兴海燕广告有限公司	综合服务类	长兴领秀广告有限公司	综合服务类
长兴泓天凯广告有限公司	综合服务类	—	—

说明:资料来源于县市场监管局

第五节　中介服务业

一、公证、律师服务

公证服务　2012年,县公证处有公证员4人、公证助理员1人。见第24编政法、第4章、第3节。

律师服务　2012年,全县共有律师事务所7家,其中合伙制5家、个人律师事务所2家,有执业律师59人。见第24编政法、第4章、第3节。

二、会计、审计服务

2003年10月,湖州天衡联合会计师事务所成立。2007年9月,湖州金平会计师事务所成立。10月,湖州立天会计师事务所成立。2009年2月,湖州金陵永达会计师事务所成立。至2012年年末,全县有会计师事务所4家。

2012年,全县有社会审计组织14家。见第18编经济管理、第4章、第2节。

三、拍卖服务

1989年3月,国务院批转国家体改委《1989年经济体制改革要点》中明确,要在若干个中心城市试办拍卖市场,开展各类公物的拍卖业务。随后,国家体改委在沈阳、北京、广州、天津、上海、哈尔滨、大连、重庆等城市进行试点,恢复拍卖业。1992年,县物价局、工商局组建长兴县联合拍卖行,负责对全县拍卖市场进行管理,主要开展房屋、房租、库存商品、电话号码等拍卖业务。1996年7月,《中华人民共和国拍卖法》颁布施行。2000年,设立价格事务所,隶属县物价局,主要从事价格认证、价格评估和价格服务,是法院、检察院、公安机关的扣押、追缴、没收物品估价机构,具有丙级资质。同年,共受理价格鉴定案件197件,涉案标的130余万元,抵押物评估12起,标的金额320万元,企业产品价格审核认证3起。2002年5月，浙江联合拍卖有限公司长兴分公司成立，是长兴县第一家成立的拍卖公司，也是建立网络拍卖平台的专业拍卖机构。主要从事企业产权，有形、无形资产，私有财产，旧车辆，通信设施，土地合用的抵押，罚没资产、税款的物资和罚没物品、艺术品及其他的拍卖。8月，举行长兴县首次出租车经营权拍卖。2004年2月，举行长兴县首宗国有土地使用权拍卖。2008年1月，在长兴举行公务车专场拍卖会，7辆二手公务用车总成交价达43.65万元，比起拍价高出22万余元。2012年，建立与中国拍卖行业协会网络拍卖平台对接的浙江联合网络拍卖平台，实现传统举牌竞价、互联网竞价与移动式网络竞价相结合的方式，充分满足各类竞价需求。至2012年年末，举办各类拍卖会600余场，累计成交金额超50亿元。

四、房产中介服务

进入20世纪90年代，随着房地产市场兴起，县内房产中介行业应运而生，快速发展。1999年6月，县内首家房产中介公司百姓房产服务有限公司成立，属私营有限责任公司，开展房屋交易中介服务。2004年1月，湖州我爱我家房产经纪有限公司长兴分公司成立，主要经营范围有房产销售代理、房产销售贷款代理、房屋买卖、租赁信息咨询及中介服务，一般商品信息中介服务和家政服务。2007年10月，县内第一家个人独资的房产中介企业长兴泽兴房产经纪服务所成立。2012年年末，全县有从事房地产经纪业务的房地产中介机构19家。

1999—2012年长兴县房产中介机构情况表

表14-21

企业名称	成立时间	企业性质
长兴百姓房地产服务有限公司	1999.06.04	私营有限责任公司(自然人控股或私营性质企业控股)
长兴县东兴房地产开发有限公司	2001.09.11	私营有限责任公司(自然人控股或私营性质企业控股)
湖州我爱我家房产经纪有限公司长兴分公司	2004.01.08	有限责任公司分公司(自然人投资或控股)
长兴吴氏房地产中介服务有限公司	2004.11.17	私营有限责任公司(自然人控股或私营性质企业控股)
长兴佳业房产经纪有限公司	2007.09.17	私营有限责任公司(自然人控股或私营性质企业控股)
长兴泽兴房产经纪服务所	2007.10.09	个人独资企业
长兴新城房地产开发有限公司	2007.10.25	私营有限责任公司(自然人控股或私营性质企业控股)
长兴畅想房产经纪有限公司	2007.10.30	私营有限责任公司(自然人控股或私营性质企业控股)
湖州国地不动产勘测规划咨询有限公司	2007.11.22	私营有限责任公司(自然人控股或私营性质企业控股)
长兴雉城友帮信息服务部	2009.04.27	个人独资企业
长兴益友房地产中介服务有限公司	2009.07.27	私营有限责任公司(自然人控股或私营性质企业控股)
长兴互帮房地产经纪有限公司	2009.10.14	私营有限责任公司(自然人控股或私营性质企业控股)
长兴金明家园房产经纪有限公司	2009.12.02	私营有限责任公司(自然人控股或私营性质企业控股)
长兴顺达房地产经纪有限公司	2009.12.11	私营有限责任公司(自然人控股或私营性质企业控股)
长兴蜗居房地产经纪有限公司	2010.03.13	一人有限责任公司(自然人独资)
长兴嘉和房地产经纪有限公司	2010.04.20	私营有限责任公司(自然人控股或私营性质企业控股)
长兴友好房产经纪有限公司	2010.06.11	私营有限责任公司(自然人控股或私营性质企业控股)
浙江长兴市场经营发展有限公司	2011.07.25	一人有限责任公司(内资法人独资)
长兴百姓房地产服务有限公司北门店	2011.07.27	有限责任公司分公司(自然人投资或控股)

说明：资料来源于县发改委

五、职业介绍服务

1988年，县人事劳动局下设的县劳动服务公司和基层服务站负责全县社会劳动力组织管理工作。1990年4月，县劳动服务公司更名为县就业管理服务处，不从事经营活动，主要履行劳动就业服务的基本职责,完成全县就业安置任务。1992 年 11 月,县中心职业介绍所成立,与县就业管理服务处实行一套班子、两块牌子,主要为用人单位提供劳动力资源信息,为待业人员进行求职登记、就业指导、用工介绍,为县就业训练中心反馈求职与用工信息、推荐所需的培训人员。同年,有私营职业中介 2 家。之后,各类社会职业中介机构不断增加。2001 年,全县职业中介机构发展到 15 家。2002 年,发展到 60 余家,同年制定《长兴县人力资源市场职业中介机构管理办法》,将 17 家职业中介机构统一在县人力资源市场集中经营,由市场统一提供用工信息。17 家分别为新希望、众业、林芳、万兴、友谊、百乐、天成、城联、阳阳、永誉、好心情、维博、城意、永兴、称心家政服务、青年就业服务(集体)和中兴劳务咨询有限公司。2003 年,在县人力资源市场集中经营的新增加阳光家政服务部 1 家。2004 年,取缔非法职业介绍机构 7 家。2006 年 10 月,全县开展"放心职介"评选活动。长兴诚联职业介绍所、长兴雉城阳阳职业介绍所、长兴诚意职业介绍所 3 家职业中介机构被县劳动保障局授予"放心职介"匾牌,长兴雉城阳光家政服务部被中国就业促进会授予 2005 年度全国优秀民办职介机构。2009 年 9 月,全县 18 个乡镇(街道)均成立劳动保障事务所,各行政村成立劳动保障工作站,就业信息网络覆盖到所有乡镇(街道),并实时联网。2012 年,在县人力资源市场集中经营的职业中介机构增加到 21 家。参见第 33 编劳动人事、第 1 章、第 2 节。

第五章　现代物流

2002 年 3 月,长兴县首次提出积极发展现代物流业,加快建设 1.5 平方千米商贸物流中心。2006 年,全县已有物流企业 14 家,初步形成城东南 4 平方千米的市场物流区。2006 年 12 月,县第十二次党代会提出打造"长三角现代物流重要集散区"目标。2007 年,编制《长兴现代物流业发展专项规划(2007—2020)》,出台鼓励发展物流业政策。2008 年 9 月,长兴综合物流园区启动建设,2011 年 6 月被省发改委列为重点支持园区。2009—2010 年,长兴首次奖励物流仓储设施建设、集装箱运输及中小物流企业;出台全市首个专项政策性文件《关于加快推进现代物流业发展的意见》。2010 年,全县拥有国家 AA 级以上企业 11 家(其中 AAA 级物流企业 6 家),占全市国家 AA 级以上企业的 73.3%,成为全省拥有国家 AA 级以上物流企业最多的县。2012 年,综合物流园区 A 区完成货运量 360 吨,经营额 9 亿元,入驻企业 139 家,引进多家国内外知名企业、世界 500 强企业仓储业务。

第一节　规划政策

一、物流业规划

2002 年、2003 年,长兴先后两次提出积极发展现代物流业,以加快建设商贸物流中心为重点,把长兴建成三角现代物流重要集散区和上海物流副中心,加快发展仓储业、运输业,推动现代物流健康发展。2004 年 9 月,长兴举办现代物流高级论坛,研究发展措施与方向。2005 年,县委、县政府确定县贸易与粮食局履行全县现代物流业管理职能。2006 年,县贸粮局委托浙江树人大学中国服务经济中心编制《长兴现代物流业发展专项规划(2007—2020)》,并于翌年 1 月经县政府常务会议讨论通过。2006 年 12 月,县第十二次党代会提出打造"长三角现代物流重要集散区",要求发挥长兴在长三角省际枢纽的独特优势,构建立足长兴、辐射长三角、服务全国乃至世界的物流平台,打造以枢纽型、国际化、信息化、网络化为基本模式的长三角现代物流重要集散区。2008 年 1 月底,面向社会公开征集设计方案,选择上海交通大学中建国际黄建云工作室、浙江省建筑设计院、中国联合工程公司 3 家单位编制《长兴综合物流园区控制性规划与建筑设计方案》。经两轮评标,县政府规划例会两次审议,7 月初最终定稿。该规划立足于国内外现代物流发展现状和趋势，结合长兴县发展现状，对长兴物流园区的功能定位、形态布局、用地规模等进行总体规划，并提出物流园区建设的近期、中期和远期项目。2010 年，县政府出台全市首个现代物流业发展专项政策性文件《关于加快推进现代物流业发展的意见》，对全县加快物流业发展作出规划布局和出台鼓励扶持政策。2011 年，现代物流业管理划归县交通运输局，该局又出台《长兴县乡镇现代物流业发展工作考核办法》，对全县乡镇物流业发展作出规划布局。

二、物流业鼓励扶持政策

2005 年，县委、县政府出台《关于进一步加快发展第三产业的若干意见》，设立专项引导资金，大力发展物流等特色服务业。2007 年 8 月，出台《长兴县加快服务业发展若干意见》，其中第 4 条对扶持现代物流业发展制定专项鼓励政策：对现代物流企业用地，其投资强度达到有关规定要求的，按工业用地政策执行。首次被国家物流与采购协会平定为 AA、AAA、AAAA、AAAAA 的物流企业，分别给予一次性奖励 5 万元、10 万元、15 万元、20 万元。物流企业营业额在 1000 万元、4000 万元、1 亿元以上，同上年比增幅在 10%以上的，每家奖励 5 万元、10 万元、15 万元。中小物流企业（包括货代）在政府规划的物流中心进场营业，年营业收入首次达到 100 万元、300 万元、500 万元以上的，分别奖励 2 万元、5 万元和 10 万元。积极推广物流技术和设备标准。仓储面积达到 1 万平方米、2 万平方米、4 万平方米及以上的，一次性奖励 5 万元、10 万元、20 万元；当年新购集卡车辆（含更新）的，每辆补助 5000 元；集装箱业务年标箱量首次达到 1 万标箱、1.5 万标箱、2 万标箱、2.5 万标箱、3 万标箱以上的，分别奖励 10 万元、20 万元、30 万元、40 万元、50 万元。承运国际集装箱业务的分别再增加 1 倍。同时享受扶持发展现代服务业的其他政策，如税收、用电、用地、项目引进、民间资本投入物流企业、企业诚信评级、行业协会评级、商标品牌建设、质量环境管理体系认证等方面的奖励政策。通过物流企业考核，县财政每年从服务业发展专项资金中安排资金用于现代物流业发展。同年，全县 11 家物流企业获得专项资金 112 万元扶持。2009 年，首次对物流业仓储设施、集装箱运输及中小物流企业经营实行奖励。2010 年，县政府出台全市首个现代物流业发展专项政策性文件《关于加快推进现代物流业发展的意见》，对入驻企业给予租金减免、税收奖励等扶持。同年，捷通二期建设项目和综合物流园区配送工程项目分别获得物流业调整和振兴项目 2010 年中央预算内投资扶持资金 400 万元和 500 万元扶持。长兴永畅物流管理有限公司、湖州广和物流有限公司等 7 家企业等建设项目被列入浙江省现代物流业“十二五”发展规划项目，并得到政策扶持。长兴综合物流园区货运场站部分获浙江省交通建设资金 70 万元支持。

第二节　物流管理

一、管理机构沿革

2002 年 3 月，县内提出积极发展现代物流业。2005 年，全县物流业管理正式划归县贸粮局。2007 年，县政府按照打造“长三角现代物流重要集散区”的目标，加强物流业行业管理，再次明确县贸粮局为全县物流行业管理部门。2009 年，成立长兴综合物流园区管理领导小组。2010 年，成立长兴县现代物流业发展工作领导小组。2011 年，现代物流业行业管理从县贸粮局划至县交通运输局。2012 年 3 月，永畅物流建设有限公司行政管辖权划入南太湖产业集聚区长兴分区，并明确该公司在南太湖行政管理体制下实行有效独立运作。

二、物流业管理

行业行政管理　2002 年以来，全县坚持把现代物流业作为现代商贸流通服务业的新兴产业来培育。县贸粮局和其他相关部门按照“加快建设长兴商贸物流中心，推动现代物流健康发展”的要求，加强行业管理，培育建设 4 平方千米的商贸物流中心区，帮助中外合资物流企业——长兴综合物流中心做好交通部、商务部、国家工商总局的审批注册工作；扶持香溢配送中心、联合万宏商贸等物流企业投入运作,举办培训班,请专家讲课;做好第三方物流企业引进工作,促进社会化、现代化物流体系尽快形成。2005年,制定《关于进一步加快发展第三产业的若干意见》,设立专项引导资金发展现代物流业,从行业行政管理方面,做好浙江长兴联合物流有限公司和长兴物流联合体两大物流项目的前期工作。2006年,针对全县现代物流业的发展状况和"十一五"规划的新形势,县贸粮局委托浙江树人大学中国服务经济研究中心编制《长兴县服务业发展规划》和《长兴现代物流业发展专项规划》。2007年,县政府按照把长兴打造成"长三角现代物流重要集散区"的目标,加强物流业行业管理,再次明确县贸粮局为全县物流行业管理部门。2008年,县贸粮局完成《跨越发展我县现代物流业的研究及建议》的调研报告,就推进物流业发展,降低规费、税负等提出建议。组织综合物流园区申报省服务业重大建设项目,组织企业参加湖州市现代物流信息化建设高级研修班,组织企业负责人参加上海交通大学物流知识培训班,提高现代物流管理水平。制定《长兴县加快服务业发展若干意见》,出台鼓励发展政策,给予物流企业用地、经营、物流技术和设备推广、物流车辆购置奖励,通过物流业考核,县财政每年从服务业发展专项资金中安排资金用于现代物流业发展。2009年,制定政策、奖励物流业仓储设施建设、集装箱运输及中小物流企业经营。2010年,出台《关于加快推进现代物流业发展的意见》,进一步扶持入驻物流企业发展。先后成立长兴综合物流园区管理领导小组和长兴现代物流业发展工作领导小组,进一步加强物流行业管理。2011年,县交通运输局制定《长兴县乡镇现代物流业发展工作考核办法》,加强对乡镇物流业的行政管理。

项目管理 2002年,县内引进中外合资项目长兴综合物流中心。2003年,总投资1500万元的香溢配送中心和总投资1.8亿元的长兴联合万宏商贸发展有限公司两个物流企业建设运行。2004年、2005年,引进浙江长兴联合物流有限公司落户开发区,投资1亿元,占地7.87公顷;引进长兴物流联合体项目,投资1.5亿元,注册2000万元。2004年12月,组建国有股份公司浙江长兴捷通物流有限公司,2006年12月竣工并通过验收,投资1.3亿元,占地18公顷,是浙北地区最大的集仓储、货物中转、货物联托运等一体的现代物流企业。同时,一批具有一定规模的货物运输、中转和仓储企业也积极拓宽服务领域,向现代物流业迈进。至2006年,全县拥有物流企业14家,初步形成城东南4平方千米的市场物流区。2007年,举办"中国·太湖明珠——长兴现代物流项目推介会",组织浙江长兴捷通物流有限公司与中海集团签约,向参会人员推介包括长兴物流园区在内的10个项目;组织部分企业负责人赴香港参加现代物流发展洽谈会。同年,重点开发建设浙北综合物流中心(浙江荣达物流)、港口物流中心和开发区物流中心,引进宏发实业物流项目。2008年,以物流园区为重点组织招商,参加"第三届上海物流经理人沙龙暨首届物流人节日庆典活动",举办接轨上海物流推介会。重点培育捷通物流、兴一物流、长运船务、鸿运航运、申兴物流、龙门物流、广和物流等企业,推进物流信息管理平台建设、码头建设等。加快推进县域乡镇村"小件快运"物流配送及煤山组团、和平组团、泗安组团的城镇货运站网络节点和小浦码头建设,加快构建新农村物流服务体系,实现物流园区、专业物流中心、县域乡镇村配送和城镇货运站之间的有机衔接、合理分工,推进物流区域网络建设。2009年,做好长兴综合物流园区直接纳入南太湖特色新兴产业集聚区规划范围工作。同年,县贸粮局物资化建民爆公司出资230万元组建长兴安顺物流有限公司。2010年,捷通二期多式联运物流码头扩建工程和综合物流园区配送工程项目分别获得物流业调整和振兴项目2010年中央预算内投资扶持资金400万元和500万元扶持。长兴永畅物流管理有限公司、湖州广和物流有限公司等7家企业等建设项目被列入浙江省现代物流业"十二五"发展规划项目,长兴综合物流园区货运场站部分获浙江省交通建设资金70万元支持。同年,长兴与上海共同举办"第十一届物流经理人沙龙暨物流业战略合作启动仪式",县内3家企业与上海企业签订专线运输合作协议。2012年,引进惠而浦、巴斯沃、海信等多家国内外知名企业和世界500强企业的仓储业务项目。

企业培育管理 全县广泛宣传发动,精心组织活动,多方争取支持,加快现代物流业培育发展,做大做强物流企业,支持物流企业创建国家A级物流企业。2007年,浙江长兴捷通物流有限公司、长兴盛达物流有限公司、长兴鸿运航运有限公司3家企业成为长兴县首批通过中国物流与采购联合会认证AA级以上物流企业，其中捷通成为全国第98家AAA级物流企业、省物流与采购协会常务理事单位和“中国物流诚信品牌建设示范企业”。2008年，有4家企业成功入围“2008—2009年度浙江省现代物流业发展重点联系企业”，是全省获该称号最多的县。同年，全县拥有6家国家A级物流企业，其中AAA级4家、AA级2家。是全省拥有A级企业最多的县。2009年，全县AA级以上企业增至8家，规模以上企业12家，新培育2家营业收入超5000万元的第三方物流企业。10家重点物流企业营业额6.1亿元，比上年增长61.3%，上缴税收2623.3万元，比上年增长33.8%。2010年，全县拥有国家AA级以上企业11家，其中AAA级物流企业6家，占全市国家AA级以上企业的73.3%，成为全省拥有国家AA级以上物流企业最多的县，浙江兴一物流有限公司被评为全市唯一一家省服务业重点企业。长兴综合物流园区先后成为中央和省重点物流建设支持项目、中国物流实验基地。还有一批物流企业先后获评省级诚信企业、ISO 9001质量体系认证企业和省消费者最满意金牌物流企业等称号。

第三节　物流园区

2002年，长兴引进最早的现代物流项目综合物流中心。2004年12月成立长兴捷通物流有限公司，开始建设捷通物流中心。2008年，根据把长兴打造成“长三角现代物流重要集散区”的要求，将长兴“十一五”期间重点建设项目的长兴物流联合体和长兴联合物流有限公司调整为大型物流中心，即长兴综合物流园区项目，并被列为浙江省、湖州市服务业重大建设项目。同年9月，长兴综合物流园区开工建设，至2011年1月1日，A区竣工开园营业。

一、长兴综合物流中心

2002年7月，长兴引进由日本O.S.S株式会社总投资60亿日元，占地18公顷的长兴综合物流中心有限公司项目。落户在长兴经济技术开发区，由长兴四通港务联运有限公司和日本O.S.S株式会社共同投资，经营范围包括保税仓库、冷藏、冷冻、恒温仓库，卡车停车场、物流加工仓库、国际货物代理业务等，为长兴引进的最大综合性服务项目。日本O.S.S株式会社是日本最早从事现代物流业的一家公司，在国际上具有较高的知名度。投资双方以长兴综合物流中心有限公司为平台，逐步引进其他相关项目，使之成为大型现代物流中心。2003年，通过交通部和商务部审批、国家工商总局注册，2004年启动建设。

二、浙江长兴捷通物流中心

2004年12月，浙江兴源投资有限公司、浙江浙能长兴发电有限公司、浙江浙能富兴燃料有限公司3家公司投资设立浙江长兴捷通物流有限公司，出资8100万元收购长兴县交通局所属长兴四通港务联运有限公司所有铁公水码头全部资产，组建国有股份公司。2005年3月，捷通物流码头改建项目获湖州市发展计划委员会批复。6月26日，捷通公司码头改建（一期）工程正式开工建设。9月28日，捷通公司取得长兴县第一张“港口经营许可证”。2006年8月30日，总投资4827.17万元改建工程（一期）全部完成，环保、水利、消防陆续通过单项验收，12月1日捷通公司整体工程通过市发改委竣工验收。同年，公司实现收入4028.57万元，利润1236.87万元，净利润1000.14万元。2007年，通过中国物流与采购联合会“AAA”标准评审，成为全国第98家获得AAA级认证综合型物流企业，浙江省物流与采购协会常务理事单位，先后获“2007年度中国物流诚信品牌建设示范企业”和“2007年湖州市服务业百家优强企业”称号。2008年，与上海海兴（香港鹏达）战略合作，集装箱业务取得零的突破。2009年，通过ISO 9001质量体系认证，全年完成集装箱运输2088标箱，实现营业收入14522.19万元，利润总额939.98万元，税后净利润701.14万元。同年，还开展国际采购物流业务，10月份完成第一批出口几内亚水泥业务1万吨，业务范围由内河运输扩展到海洋运输，全年完成市场物流销售利润

321.42 万元。2010 年 4 月 18 日,捷通码头扩建工程水运主体开工,12 月 30 日按期进行 A2 电煤中心重载调试。同年,获“中央扩大内需、促进经济增长政策”400 万元中央补助资金。2011 年 1 月 2 日,码头扩建工程投入试生产,9 月 21 日通过湖州交通工程质量安全监督站交工质量鉴定。10 月 19 日公司组织召开码头扩建工程交工验收会议,整改项目落实完成。2012 年,捷通公司全年实现市场化业务收入 7582 万元,并加快由“企业物流”向“物流企业”“物流中心”转型。

三、长兴综合物流园区

长兴综合物流园区立足建设集“物流配载、仓储配送、生产资料展示交易、物流金融、物流信息、配套服务”等六大服务为一体的区域性综合物流园区,融入环保、节能、绿色、生态的理念,打造绿色环保型、节能减排型、节约用水型、节约用地型、现代智能型、冷链支农型等低碳经济示范区。

图 14-5　长兴综合物流园区全景图(县交通局提供·2012 年)

规划建设　位于县城东南,地块西靠长湖申航道,东面与新 104 国道相接,北邻老 318 国道,南侧以城市支路与新 104 国道“丁”字相接。被列为浙江省运管局与长兴县人民政府共建项目等。2008 年,县贸粮局编制完成《长兴县综合物流园区控制性规划与建筑设计方案》。同年 4 月县政府批复成立长兴永畅物流建设开发有限公司,负责园区建设、开发和管理,由县土地储备中心(占股 40%)、县交通建设投资公司(占股 20%)、县市场开发中心(占股 40%)共同出资 1 亿元组建,6 月 10 日完成注册登记。总占地面积 159.87 公顷,总投资 23.16 亿元,建设分 A、B、C 三个区、三个阶段进行。第一阶段为 A 区,称“公路港区”。占地 25.67 公顷,总投资 4.83 亿元,主要功能为零担配载中心、仓储加工中心、综合服务中心和信息中心。8 月,完成土地征用、环境评估、地质勘查钻探、施工图设计招标、场地平整、通电通水等项目前期工作。9 月 28 日正式开工,至 2011 年 1 月 1 日 A 区开园运营,6 月被省发改委列为省重点支持的 20 家物流园区之一,该项目获中央预算内投资资金 500 万元支持。第二阶段工程为 B 区,称“多式联运区”。占地 109.27 公顷,总投资 13.5 亿元,主要功能为钢材区、有色金属区、农资配送区、建材区、粮食仓储区、河岸作业区、工业及原材料仓储区和配套服务区等,开发时间为 3 年至 5 年。2009 年,B 区启动建设,2010 年完成投资 5302 万元,中央商贸大道竣工使用,2012 年在建。项目先后被列为湖州市交通物流基地重点项目建设、浙江省重点建设项目、中国物流实验基地等。第三阶段未来发展区为 C 区,称“汽贸中心”。占地 37.33 公顷,总投资 5 亿元,主要功能为汽车贸易区。

运营管理　2010 年 3 月,成立长兴永畅物流管理有限公司,作为长兴永畅物流建设开发有限公司全额投资子公司,负责长兴综合物流园区的经营、管理及维护。设置总经理室、办公室、财务部、运营部、信息部、销售部,收入来源主要是物业管理收入,注册资金 3000 万元,以货币资金 1000 万元和停车场、海关监管点仓库土地资产及汽修厂房产资产 2000 万元注册。11 月,长兴综合物流园区信息化平台上线试用,通过实现信息交换以及共享,提高物流行业信息化水平。年底,长兴综合物流园区 A 区试运营,配载中心 66 家物流企业入驻,81 套经营用房完成对外出租,2 万平方米仓库以及 1 万平方米二期仓库出租给惠而浦,海信科龙仓储业务进入园区。2011 年 1 月 1 日,长兴综合物流园区 A 区开园营业。6 月,省发改委将长兴综合物流园区列为浙江省重点支持的 20 家物流园区之一。同年,长兴永畅物流公司制定《薪酬管理制度》《信息管理制度》《消监控室管理制度》《人事行政制度》《长兴永畅物流建设开发有限公司应聘员工处理办法》等管理制度，从人、财、物等方面规范管理。2012 年 3 月，永畅物流建设有限公司行政管辖权划入南太湖产业集聚区长兴分区，并明确该公司在南太湖行政管理体制下实行有效独立运作。2012 年，长兴综合物流园区 A 区完成货运量 360 万吨，经营额 9 亿元，园区经营性收入 1000 万元，利税超 4000 万元，吸纳 2000 余人就业，园区社会集聚效应初步显现。年底，配载中心入驻企业 78 家，信息交易大厅入驻企业 43 家，租用仓库企业 9 家，2 家汽修厂，1 家洗车场，综合配套楼入驻企业 6 家，共计 139 家。3 幢通用仓库、1 幢海关商检库和 1 幢冷库共计 2.56 万平方米全部对外出租，加工包装区 2.2 万平方米对外出租，引进惠而浦、巴斯夫、海信等多家国内外企业、世界 500 强企业仓储业务。综合配套楼一楼引进汽车配套服务企业，信息交易大厅 LED 物流信息实施发布系统共发布货源、车源信息 4944 条。

第四节　物流企业

一、概况

县内物流企业出现较晚，大多由托运部、联运公司转型发展。2002 年，长兴引进第一家物流企业——中外合资长兴综合物流中心。2003 年，扶持香溢、万宏商贸 2 家物流企业投入运作。2004 年、2005 年，加快长兴联合物流有限公司、长兴物流联合体两大项目建设，组建浙江长兴捷通物流有限公司。2006 年，全县有 14 家物流企业，初步形成 4 平方千米物流中心区，扶持建设连锁龙头企业配送中心。2007 年，开发建设浙北综合物流中心（浙江荣达物流）、港口物流中心和开发区物流中心，引进宏发实业物流。全县物流业增加值达 13.7 亿元，比上年增长 14.7%，增幅为全市第一。至 2008 年 6 月，全县冠名物流企业 16 家，个体运输户 2194 户。同年，重点培育捷通、兴一、长运船务、鸿运航运、申兴、龙门、广和等物流企业；加快构建新农村物流服务体系，实现物流园区、专业物流中心、县域乡镇村配送和城镇货运站之间的有机衔接、合理分工，实现城乡物流一体化。2009 年，全县规模以上物流企业有 12 家，其中国家 AA 级以上企业 8 家，新增 2 家营业收入超 5000 万元的第三方物流企业，10 家重点物流企业营业额达 6.1 亿元，比上年增长 61.3%。同年，县贸粮局物资化建民爆公司组建长兴安顺物流企业。2010 年，引进大项目渤海现代物流企业，总投资 29 亿元。全县国家 AA 级以上物流企业增至 11 家，占全市总数的 73.3%，是全省拥有国家 AA 级及以上物流企业最多的县。2012 年，全县冠名物流企业达到 75 家，国家 AA 级及以上物流企业共 14 家。

二、物流企业选介

浙江兴一物流有限公司　2007 年 1 月成立，时名长兴欣益运输有限公司，注册资本 200 万元。有普通货船 10 艘，3500 载重吨，公司住所在小浦镇杨树湾，主要经营长江干线中下游及支流省际普通货物运输，专注水运物流，承运水泥熟料、煤炭、石料等大宗建材类货。2008 年，新建船舶 16 艘，法人代表个体船舶转户到公司 20 艘，自有船舶运力 39 艘，载重吨运力达 2 万吨，被中国物流与采购协会评为国家运输型 AAA 级企业，获评湖州市服务业优强企业和长兴县服务业龙头企业。2010 年，注册“兴一”商标，获浙江名牌、湖州名牌称号，企业注册资本增至 1000 万元。同年还获评浙江省重点物流企业。2011 年，新建 800 吨级船舶 12 艘，长兴众盛运输队转入船舶 18 艘，自有运力 4 万吨，成为湖州市第一家自有运力超过 3 万吨的物流企业。2012 年，公司自备普通货船载重吨运力 5 万吨，长期代理外挂运力 3 万吨，实际长期可支配总运力 10 万吨，其中长江干线运力 5 万吨，全年完成总业务量 200 万吨。员工总数 249 人，内设市场部、财务部、航管部、营运部、行政部。

长兴天顺物流有限公司　2008 年 10 月成立，注册资本 100 万元。同年，获湖州市交通重点物流企业、长兴县现代服务业重点企业称号，通过 ISO 9001 质量管理体系认证。2009 年，新建投产船舶 12 艘、新增运力 5617 载重吨，总运力达 13148 载重吨。12 月，成为第九批国家 AA 级物流企业，获 2009 年度浙江省水路运输诚信企业称号。2011年5月,获评国家AAA级物流企业。9月,新增重型货车22辆,租赁承包五庄码头(凯凯建材)经营使用权,用于商品熟料运输中转。2012年12月,拥有500吨~800吨级内河货船53艘,运力33562吨,重型货车36辆,社会合作货车21辆,运力1900吨,小浦港区配套码头2座。设业务部、企管部、财务部和货运车队,物流员工180人,其中管理人员24人。2012年,完成水路货物运输量419.14万吨,货物周转量55425万吨千米;道路货物运输量185万吨,货物周转量5739万吨千米。完成物流主营收入1.11亿元,上缴税收583.95万元。

浙江天跃物流有限公司 是一家集装备物流、仓储物流、物流管理、金融物流、冷链物流、配载运输物流企业人员培训为一体的综合型现代物流服务企业。注册资金1100万元,物流专业高端人才25人。自有箱式货车、半挂车辆100余辆,挂靠协议车辆500余辆,配有11万平方米的标准大型仓库和6000平方米的冷链仓储。2012年,获评国家AAA级物流企业。

浙江越顺物流有限公司 2011年5月成立,注册资金500万元。有员工近200人,拥有和整合各种运输车辆80多辆,固定资产800多万元,仓库、分拨场地共计4万平方米,年吞吐量共计30万吨。以浙江、江苏、山东、天津、吉林、黑龙江、辽宁为主干线,全面开拓全国各地的整车、零担业务,在全国多个省、市、自治区近16个大中城市设立分公司、办事处,包括无锡、临沂、杭州、邯郸、锦州、天津、济南、盐城、扬州等;其中长兴分公司仓储面积2000余平方米,员工36人。

长兴宝丰货物配载部 2012年6月成立,注册资金60万元。主营国内新能源蓄电池业务,主要为新能源产业客户提供"一体化、一站式、个性化"的第三方物流服务,主营天津、河北、江西、山西等专线。建有行业领先水平的物流信息化管理平台,拥有运输车辆40余辆,员工30多人,大型储存仓库1个。

长兴吉祥货物配载经营部 2007年成立,注册资金200万元。是一家集仓储物流整车运输配载托运城乡配送为一体的现代化物流企业,位于长兴综合物流园区1区40号—41号。配备物流专业员工21人,自备厢车、仓栏车14辆、协议车辆50台,主营南方线:浙江、福建、湖南、广东、广西、云南、海南、江西;西南线:四川、重庆、陕西;北方线:河北、山东;安徽省皖南各地区。2011年被评为长兴县首批青年创业示范基地。

浙江湖州鹿富物流有限公司 2010年成立,注册资金100万元。是一家专业从事第三方物流服务的物流企业,以浙江长兴县长兴综合物流园区为中心枢纽,铺设有长兴至温州、长兴至江苏全境、长兴至杭州、长兴至嘉兴、长兴至上海、长兴至安徽全境等中短途公路运输干线达10多条。

第六章 旅游业

长兴县旅游业发展起步较晚。20世纪90年代后期旅游部门成立,先后组织开展旅游资源普查,编制《浙江省长兴县旅游发展总体规划(1999—2010年)》和《长兴县旅游业发展"十二五"规划》等县域旅游发展规划,编制或指导编制环太湖旅游开发带、顾渚山等重点区域旅游规划及重点旅游景区(点)、旅游项目规划,推动"十大景区"建设,使得旅游业发展日益壮大,旅游产品日趋多样,较快实现从无到有、从小到大,继而成为旅游经济强县、长三角生态休闲度假新选区的跃升。至2012年,全县接待游客人数从1996年的19.3万人次增至948.12万人次,实现旅游收入由1996年的3500万元增至71.78亿元,从业人员从1996年的2604人增至1.43万人。先后被评为省旅游经济强县、全国休闲农业与乡村旅游示范县。

1996年8月,县旅游局成立,为县政府直属正科级事业单位,由县建设局代管。2001年12月单列,内设办公室、综合科、市场开发科3个职能科室。2010年3月,更名为县风景旅游管理局。2011年6月,更名为县风景和旅游管理局。内设办公室、市场科、规建科、行管科4个职能科室,下属旅游质量监督管理所、乡村旅游事业发展中心2个事业单位。

1996—2012 年长兴县旅游业发展情况表

表 14-22

年份	游客人数（万人次）	其中		旅游收入（亿元）	其中			从业人员数（人）
		国内游客（万人次）	境外游客（万人次）		主要景点门票收入（亿元）	星级宾馆饭店收入（亿元）	旅行社收入（亿元）	
1996	19.30	19.20	0.10	0.35	0.01	0.13	0.02	2604
1997	22.00	21.80	0.20	0.36	0.01	0.13	0.02	2716
1998	31.00	30.80	0.20	0.38	0.01	0.14	0.02	2758
1999	23.00	22.70	0.30	0.26	0.01	0.14	0.02	2833
2000	16.00	15.70	0.30	0.34	0.02	0.18	0.04	2901
2001	22.20	21.80	0.40	0.33	0.02	0.23	0.05	2987
2002	67.00	66.60	0.40	1.60	0.02	1.01	0.26	3064
2003	62.00	61.50	0.50	1.60	0.03	1.23	0.28	3154
2004	78.00	77.50	0.50	2.10	0.03	1.33	0.29	3257
2005	127.00	126.40	0.60	7.40	0.03	1.40	0.30	3319
2006	146.60	146.00	0.60	8.70	0.04	1.48	0.31	3455
2007	220.80	220.00	0.80	13.00	0.04	1.50	0.33	3618
2008	351.30	316.00	1.30	20.00	0.05	1.52	0.35	3856
2009	461.70	460.00	1.72	31.00	0.11	1.55	0.36	4000
2010	609.30	607.00	2.30	41.70	0.16	1.57	0.39	6120
2011	758.32	755.28	3.04	54.36	0.20	1.60	0.42	10500
2012	948.12	881.16	3.85	71.78	0.26	1.63	0.47	14300

说明：资料来源于县旅委

第一节 旅游普查与规划建设

一、旅游资源普查

2003 年 7 月，县旅游局委托浙江大学开展旅游资源普查，普查组按照国家标准《旅游资源分类、调查与评价》(GB/T18972—2003)对长兴旅游单体进行定位、定类、定性、定量、定级，系统掌握全县旅游资源状况。

旅游资源丰度 根据普查，境内旅游资源单体有 270 个，类型覆盖 8 个主类。有 25 个亚类，拥有率 80.7%；67 个基本类型，拥有率 43.2%；地文景观、水域风光、生物景观和天象与气候景观 4 个主类的自然旅游资源单体共 57 个，占所有单体 21.1%。遗址遗迹、建筑与设施、旅游商品、人文活动等 4 个主类的人文旅游资源单体共 213 个，占所有单体 78.9%。

2004 年长兴县各层次旅游资源数量情况表

表 14-23

项目	国标数目（个）	长兴数目（个）	比例(%)
主类	8	8	100.0
亚类	31	25	80.7
类型	155	67	43.2

2004年长兴县旅游资源单体数量及构成情况表

表 14-24

主类	亚类(个)	单体数目(个)	所占比例(%)	
地文景观	AA综合自然旅游地	17	6.3	10.0
	AB沉积与构造	4	1.5	
	AC地质地貌过程形迹	5	1.9	
	AD自然剧变遗迹	1	0.4	
	AE岛礁	0	0.0	
水域风光	BA河段	4	1.5	4.8
	BB天然湖泊与池沼	8	3.0	
	BC瀑布	0	0.0	
	BD泉	1	0.4	
	BE河口与海面	0	0.0	
	BF冰雪地	0	0.0	
生物景观	CA树木	15	5.6	5.9
	CB草原与草地	0	0.0	
	CC花卉地	0	0.0	
	CD野生动物栖息	1	0.4	
天象与气候景观	DA光现象	1	0.4	0.4
	DB天气与气候现象	0	0.0	
遗址遗迹	EA史前人类活动场所	8	3.0	9.3
	EB社会经济文化活动遗址遗迹	17	6.3	
建筑与设施	FA综合人文旅游地	56	20.7	59.6
	FB单体活动场馆	3	1.1	
	FC景观建筑与附属性建筑	16	5.9	
	FD居住地与社区	21	7.8	
	FE归葬地	13	4.8	
	FF交通建筑	31	11.5	
	FG水工建筑	21	7.8	
旅游商品	GA地方旅游商品	10	3.7	3.7
人文活动	HA人事记录	9	3.3	6.3
	HB艺术	1	0.4	
	HC民间习俗	7	2.6	
	HD现代节庆	0	0.0	
合　计		270	100.0	

说明:资料来源于县旅委

全县旅游资源总体储量丰度为平均每100平方千米土地面积上有18.9个旅游资源单体。其中,人文旅游资源储量丰度为平均每100平方千米土地面积上有14.92个资源单体,包括遗址遗迹1.75个、建筑与设施11.28个、旅游商品0.7个、人文活动1.19个,占全县旅游资源总体储量的78.9%;自然旅游资源储量丰度为平均每100平方千米土地面积上有3.99个资源单体,包括地文景观1.89个、水域风光0.91个、生物景观1.12个、天象与气候景观0.07个,占全县旅游资源总体储量的21.1%。

2004 年长兴县旅游资源储量丰度情况表

表 14-25

类型	自然资源				人文资源			
	地文景观	水域风光	生物景观	天象与气候景观	遗址遗迹	建筑与设施	旅游商品	人文活动
丰度	1.89	0.91	1.12	0.07	1.75	11.28	0.70	1.19
	3.99				14.92			
序位	2	6	4	8	3	1	7	5

说明:资料来源于县旅委

旅游资源品质　根据旅游资源评价赋分标准,全县旅游资源单体等级评赋结果为五级旅游资源单体 4 个,四级旅游资源单体 9 个,三级旅游资源单体 23 个,二级旅游资源单体 73 个,一级旅游资源单体 146 个,15 个未获等级。其中,三级以上的优良级旅游资源单体占全县旅游资源单体总数 13.3%。普通级旅游资源单体占全县旅游资源单体总数 86.8%。优良级旅游资源单体 35 个,分属 23 种旅游资源基本类型。其中 11 种基本类型为自然景观类,12 种为人文景观类。34 个单体中,15 个为自然景观旅游资源,19 个为人文景观旅游资源。

2004 年长兴县旅游资源优良级单体情况表

表 14-26

单体名称	基本类型	类型代码	等级
长兴金钉子	地层剖面	ABD	5
南太湖	观光游憩湖区	BBA	5
八都岕古银杏长廊	林地	CAB	5
尹家边扬子鳄保护区	陆地动物栖息地	CDB	5
顾渚山	山丘型旅游地	AAA	4
长兴灰岩剖面(长兴阶层型剖面)	地层剖面	ABD	4
新四军苏浙军区纪念馆	名人故居与历史纪念建筑	FDD	4
顾渚紫笋茶	农林畜产品及制品	GAB	4
长兴紫砂壶	传统手工产品与工艺品	GAE	4
太湖石	其他物品	GAG	4
陆羽	人物	HAA	4
陈霸先	人物	HAA	4
百叶龙	民间演艺	HCC	4
弁山碧岩	山丘型旅游地	AAA	3
泗安仙山	山丘型旅游地	AAA	3
北川岕	谷地型旅游地	AAB	3
浙苏皖三省交界点	自然标志地	AAF	3
陈湾漾	观光游憩湖区	BBA	3
盛家漾	观光游憩湖区	BBA	3
环湖大堤池塘群	沼泽与湿地	BBB	3
水口金沙泉	冷泉	BDA	3
八都岕银杏王	独树	CAC	3

续表14-26

单体名称	基本类型	类型代码	等级
太湖日出	日月星辰观察地	DAA	3
贡茶院吉祥寺遗址	废弃生产地	EBD	3
寿圣寺	宗教与祭祀活动场所	FAC	3
仙山显圣寺	宗教与祭祀活动场所	FAC	3
林城万亩青梅观光长廊	建设工程与生产地	FAF	3
泗安吊瓜基地	建设工程与生产地	FAF	3
陈武帝故宫	楼阁	FCC	3
城山石刻造像	摩崖字画	FCG	3
顾渚山摩崖题记	摩崖字画	FCG	3
泗安栝楼籽	农林畜产品及制品	GAB	3
长兴银杏(白果)	农林畜产品及制品	GAB	3
太湖三宝	水产品及制品	GAC	3
吴承恩	人物	HAA	3

说明:资料来源于县旅委

旅游资源空间分布 全县270个旅游资源单体分布在16个乡镇,其中以雉城镇、泗安镇居多。

2004年长兴县各乡镇旅游资源单体分级情况表

表14-27

乡镇	外(个)	一级(个)	二级(个)	三级(个)	四级(个)	五级(个)	单体数目(个)	比例(%)
雉城镇	2	31	18	6	2	1	60	22.2
泗安镇	1	23	4	4	—	1	33	12.2
小浦镇	—	16	4	2	—	1	23	8.5
槐坎乡	—	12	6	—	2	1	21	7.8
水口乡	—	10	4	4	3	—	21	7.8
夹浦镇	—	11	4	2		—	17	6.3
白岘乡	1	1	12	1	1	—	16	5.9
洪桥镇	2	8	4	2	—	—	16	5.9
林城镇		10	4	1	1	—	16	5.9
二界岭乡	2	4	5	—	—	—	11	4.1
煤山镇	2	5	3	—	—	—	10	3.7
和平镇	2	1	5	1	—	—	9	3.3
吴山乡	1	6	—	—	—	—	7	2.6
虹星桥镇	1	4	—	—	—	—	5	1.9
吕山乡	1	2	—	—	—	—	3	1.1
李家巷镇	—	2	—	—	—	—	2	0.7
总计	15	146	73	23	9	4	270	100.0

说明:资料来源于县旅委

二、旅游规划

县内先后编制《浙江省长兴县旅游发展总体规划(1999—2010年)》《长兴县旅游业发展"十二五"规划(2011—2015年)》等县域旅游发展规划,编制或指导编制环太湖旅游开发带、顾渚山等重点区域旅游规划及重点旅游景区(点)、旅游项目规划。

《浙江省长兴县旅游发展总体规划(1999—2010年)》 1998年1月,县旅游局委托上海华东师范大学编制全县旅游发展总体规划。1999年2月,《浙江省长兴县旅游发展总体规划(1999—2010年)》通过评审。《规划》明确未来一个时期长兴旅游发展总目标和区域布局,推动旅游资源优势转化为经济优势,形成以自然山水为依托,以资源保护和开发利用为中心,以弘扬茶文化、生态文化、宗教文化为重点,旅游各要素配置合理、协调发展,有影响力的旅游胜地。同时提出"六区一中心"旅游区域布局与开发重点。"六区"指顾渚山旅游区、仙山旅游区、弁山旅游区、古生态旅游区、西太湖旅游度假区、周坞山城郊游憩型旅游区,"一中心"指雉城镇综合旅游集散中心。

《长兴县旅游业发展"十二五"规划(2011—2015)》 2011年9月,经县政府同意,县发改委、县风景与旅游管理局印发《长兴县旅游业发展"十二五"规划(2011—2015)》。提出未来5年全县旅游业发展以休闲度假和乡村旅游为发展重点,以"长三角生态休闲度假首选区"为目标,以"一心六区一廊"为空间发展布局,实施"四五六"旅游发展战略。"一心六区一廊"的空间发展布局,"一心"即以长兴县城城区为中心,以建设旅游经济强县的标准,将长兴县打造为旅游服务和集散的中心;"六区"即太湖图影旅游度假区、顾渚山茶文化风景区、古生态旅游区、二界岭—仙山湖生态休闲旅游区、城南农业观光旅游区、江南红村旅游区;"一廊"即乡村休闲观光绿色廊道。"四五六"旅游发展战略,即突出四个转变:景点建设向景区建设转变,单一投入向多元化投入转变,单调旅游产品向旅游综合体转变,旅游资源小县向旅游经济强县转变;塑造五大主题:探远古生态、品唐代贡茶、访帝乡佛国、赏太湖风光、享农家乐趣;建设六大区块:太湖图影旅游度假区、顾渚山茶文化风景区、古生态旅游区、二界岭—仙山湖生态休闲旅游区、城南农业观光旅游区、江南红村旅游区。

环太湖旅游规划 见第6编环太湖综合治理与开发、第3章、第1节。

三、开发建设

景区景点建设 1979年,白岘乡政府开始对洞山进行开发,得到县政府及有关部门的支持和当地群众的拥护。该乡庄头村主动停掉影响资源和景观的石灰窑和石料场作业;县文化局赴省旅游、文化主管部门寻求支持;县城建局和县民盟支部协助开展洞山地质、地貌考察和地形图测量等工作。洞山的开发,一度在长兴掀起旅游开发的热潮。

1993年,仙山寺院重建,复名显圣寺。1994年,水口乡顾渚村农民集资40万元,办起全县首家股份合作旅游企业——陆羽山庄,开业营运后经济和社会效益明显。1996年,县粮食局在原陆羽山庄的基础上投入170万元,成立由其控股的长兴县顾渚山旅游度假中心,至1999年年底发展成为集观光、度假、会议、娱乐、餐饮等多种功能于一体的综合性旅游实体,占地3.2公顷,建筑面积2373平方米,拥有固定资产600多万元,年接待能力达到6万人次。同年,扬子鳄度假村开始兴建,在个人投资500万元的基础上,通过多种渠道吸纳单位参股及银行贷款等方式筹资,至1997年年底首期竣工开业,完成投资3000多万元,拥有扬子鳄观赏池、盆景园、奇石根雕馆、保龄球馆和网球场、室内游泳池等,成为集餐饮、住宿、娱乐、购物于一体的旅游度假地。1997年,仙山显圣寺在原有寺庙建设的基础上,投入100多万元,建设仙山停车场、旅游小商品房等配套设施。1999年年初,由个人投资280万元的桃花岕森林公园水上乐园启动建设,并于年内竣工试营运。

在引导推动形成多元化旅游开发格局的同时,长兴县也在积极研究和探索长兴旅游业发展的方向和路径。1991年,由县城建局组织编制完成西太湖—兰香山旅游开发区规划。1992年4月,县委常委会专题研究香山风景区旅游开发规划、西太湖度假村旅游区建设、顾渚山文化景区和白岘洞山的开发工作。1994年,县政府批准建立"长兴县白岘洞山自然保护区",成立长兴县白岘洞山自然保护旅游开发管理委员会。1995年,由县城建局委托省规划设计研究院编制完成《顾渚山茶文化风景区总体规划暨陆羽山庄中心景区详细规划》,同年由县政府批准实施。1996年8月,正式成立县旅游局,将长兴旅游资源的开发建设和旅游业发展纳入规范化管理的轨道。1998年1月,开始编制《浙江省长兴县旅游发展总体规划(1999—2010年)》,提出顾渚山旅游区、仙山旅游区、弁山旅游区、古生态旅游区、西太湖旅游度假区、周坞山城郊游憩型旅游区和雉城镇综合旅游集散中心等“六区一中心”旅游区域布局与开发重点。2001年8月,成立长兴县环太湖旅游开发办公室,专门负责环太湖旅游开发带的基础建设。2003年,提出重点规划建设环太湖旅游度假区、古生态景区、陆羽茶文化景区和陈武帝故宫四大景点。2004年9月,明确中国扬子鳄村、长兴灰岩“金钉子”地质公园、古银杏长廊、水口顾渚茶文化景区、陈朝文化公园和陈武帝故宫恢复工程六大重点旅游建设项目。2005年年初,提出加快中国扬子鳄村、“金钉子”国家级地质遗迹自然保护区、古银杏长廊、水口顾渚茶文化景区、陈武帝故宫恢复工程等五大重点旅游项目建设,启动环太湖旅游开发。年内,又进一步完善提出建设中国扬子鳄村、“金钉子”国家级地质遗迹自然保护区、八都岕古银杏长廊、水口顾渚山茶文化景区、图影旅游度假区、陈武帝故宫恢复工程、朱家祠堂、仙山湖景区“八大景点”,掀起旅游景区建设热潮。同年,泗安镇政府启动仙山湖旅游景区建设,5月扬子鳄保护区建成正式对外开放。2006年1月,大唐贡茶院重建工程启动建设,10月长兴金钉子地质博物馆建成开放。

2007年起,按照打造“长三角生态休闲度假新选区”的目标,加快中国扬子鳄村、长兴灰岩“金钉子”地质公园、十里古银杏长廊、太湖图影旅游度假区、顾渚茶文化景区、陈武帝故宫恢复工程、朱家祠堂、仙山湖景区、新四军苏浙军区旧址群和弁山、城山、仙山、顾渚山四座文化名山“十大景区(点)”建设。同年6月,县旅游局成立长兴金钉子景区旅游发展有限公司,正式接管长兴金钉子景区,负责景区的日常经营和管理,景区正式命名为“金钉子远古世界”。7月,全面启动四大文化名山(名寺)建设。2008年,太湖图影旅游度假区、陈武帝故宫恢复工程启动建设。同年5月,大唐贡茶院景区建成开放,县旅游局于6月成立长兴顾渚茶文化旅游发展有限公司,正式接管大唐贡茶院,负责景区的经营管理;同月,仙山显圣寺、顾渚山寿圣寺、城山清凉禅寺和弁山碧岩禅寺四大名山名寺建设先后完成并对外开放;10月,仙山湖景区对外开放进行试营业,共投入2000多万元,建设停车场、游客中心、索桥、上山游步道、临湖茶吧、游船码头、候船大厅等设施,完善游览线路。2009年,按照打造中国“普罗旺斯”目标定位,完成二界岭生态休闲观光农业园区规划并启动建设;启动图影湿地文化园、中国扬子鳄村二期“扬子鳄放归自然”项目建设。2010年2月,县林业局成立长兴扬子旅游发展有限公司,负责中国扬子鳄村的经营管理;9月,仙山湖景区投资3000多万元,建设仙山湖景观大道、荷博园、古潮观鱼、仙柳湾、仙鹤渡、烟雨滩等“一路五园”。同年,提出突出图影高端休闲度假区、水口陆羽茶文化旅游度假区、仙山湖旅游度假区和二界岭休闲观光农业园区等休闲旅游度假“四区”开发建设,积极打造一批特色鲜明的休闲旅游功能集聚区。年内,长兴被省政府评为省旅游经济强县。2011年3月,县政府出资兴建大唐贡茶院三期工程,建成鸿渐楼、桑苎台、御羁园、燕乐园等建筑;12月,中国扬子鳄村二期项目竣工。2012年3月,大唐贡茶院三期工程竣工并对外开放;4月,长兴太湖图影旅游度假区被省政府批准为省级旅游度假区;9月,中国扬子鳄村二期项目工程“扬子鳄野外放归”建成对外开放,图影湿地文化园一期建成对外开放。10月,陈武帝故宫建成。同年,完善提出建设中国扬子鳄村、二界岭休闲旅游区、顾渚山茶文化风景区、太湖图影旅游度假区、金钉子远古世界、八都岕古银杏长廊、城山沟景区、仙山湖国家湿地公园、江南红村旅游区、太湖景区“十大景区”。年内,长兴被评为全国休闲农业与乡村旅游示范县。至同年年末,经过多年发展,长兴旅游业发展日益壮大,旅游产品日趋多样,并逐步实现“长三角生态休闲度假新选区”向“长三角生态休闲度假首选区”的转变。1996年,全县接待游客人数19.3万人次、实现旅游收入3500万元、旅游行业从业人员2604人,2012年全县接待游客人数948.12万人次、实现旅游收入71.78亿元、旅游行业从业人员1.43万人。

农家乐休闲旅游开发 2001年,借助全县推进新农村建设契机,县旅游局开始谋划农家乐旅游业展。同年6月,组织小浦镇有关人员及八都岕部分农户,到安吉县大溪村考察学习兴办农家乐的经验。2002年5月,小浦镇八都岕方一村蒋明堂和大岕口村柏成兴2户农户率先开办农家乐。随后,八都岕其他农户及水口乡顾渚村、水口村也相继开办农家乐。同年年底,全县农家乐发展到30家。2005年9

月，县政府印发《关于促进农家乐发展的若干意见》，首次提出长兴农家乐定义。同时，成立县农家乐发展综合协调小组，成员由26个单位组成，共同开展对农家乐的培育发展。领导小组办公室设在县旅游局，负责农家乐规划指导、规范管理。9月，印发《长兴县农家乐星级评定标准（试行）及实施细则的通知》，提出农家乐按星级进行规范化管理，推进农家乐标准化建设。2006年4月，成立县农家乐评定委员会，评委会办公室设在县旅游局，具体负责牵头开展农家乐星级评定。同时，编制完成《长兴"新乡村游"（农家乐）发展战略总体规划》，确定县域内水口茶文化乡村游、八都岕健康休闲游等富有特色的农家乐发展重点区域，以及其他次重点区域、一般区域、限制区域等，引导农家乐的区域化发展。同年，全县有农家乐101家，其中重点区域92家。2008年1月，省农办开展全省农家乐星级认定工作，全省首批五星级农家乐经营户共5家，其中长兴2家，首批四星级农家乐经营户42家，其中长兴4家。2007—2009年，长兴县农家乐休闲旅游工作连续3年获省农家乐休闲旅游工作考核一等奖。至2012年年末，全县有农家乐354家，其中重点区域325家，省农家乐特色村5个、省农家乐特色点1个，省五星级农家乐2家、省四星级农家乐经营户9家，形成一批富有长兴乡村特色的农家乐休闲旅游村和旅游点。

图14-6　水口乡农家乐（水口乡提供·2004年）

第二节　景区景点

2012年年末，县境内建成金钉子远古世界、仙山湖、中国扬子鳄村、新四军苏浙军区旧址群（江南红村）、城山沟景区、大唐贡茶院、十里古银杏长廊、陈武帝故宫、清泉自然科学探索园等景区，其中国家AAAA级旅游风景区3个，国家AAA级旅游风景区1个。

一、国家AAAA级旅游风景区

金钉子远古世界　位于煤山镇辖区内，地处苏浙皖三省交界，占地50公顷。长兴"金钉子"为世界地质遗迹，1980年3月14日，省政府批准建立长兴灰岩标准地质剖面保护区，并与县政府共同立碑。2001年3月和2005年9月，国际地质科学联合会正式确定长兴灰岩剖面为全球二叠—三叠系和长兴阶底界的界线层型和点位。按国际地质科学联合会（IUGS）和国际地层委员会（ICS）的规定，全球统一地质时代（年代）表通过建立全球不同时代（年代）地层单位界线层型和点位（GSSP）（俗称金钉子）的方式来建立。1999年，《浙江省自然保护区发展规划》中，将长兴灰岩剖面保护区列入"拟建国家级自然保护区"重点项目之一。2001年3月，被国际地质科学联合会正式确定为全球对比标准点位，是地球史上3个最重要的断代界线之一，完整保存的2.5亿年前地球史上最大的一次生物灭绝事件信息。2003年5月，"金钉子"地质遗迹保护区建设工程启动立项。2005年8月，被批准为国家级地质遗迹自然保护区。2007年6月，景区建成开放。2008年，被评为国家AAAA级旅游风景区。2012年，被评为全国科普教育基地、全国李四光中队科普教育基地、中国地质大学长兴野外教学与研究基地。2008—2012年，共接待游客52.61万人次，实现旅游收入1195.67万元。详见第2编自然地理、第6章、第1节。

中国扬子鳄村　位于泗安镇尹家边村，苏浙皖三省交界处。距318国道2千米，横跨林城镇和泗安镇，总面积33.4公顷。景区设科普文化区、休闲观光区、保护区（繁殖科研区、扬子鳄野外放归区）。

2010年,被评为省生态环境教育示范基地、四星级森林旅游区。2011年,被评为省科普教育基地、省生态文明教育基地。2012年,被评为全国科普教育基地,省生态文化基地。2012年10月,被评为国家AAAA级旅游风景区。2008—2012年,共接待游客总数42万人次,实现旅游收入336.5万元。详见第2编自然地理、第6章、第2节。

新四军苏浙军区旧址群(江南红村) 以新四军苏浙军区司令部旧址为中心,星状分布在苏浙皖三省交界的槐坎乡和白岘乡80平方千米绵延山区之中。旅游区内的新四军苏浙军区旧址群大都是清末民初建筑,具有浓郁的地方特色。共有革命旧址18处,其中15处为全国重点文物保护单位、3处为县级文物保护单位,总建筑面积1.03万平方米,是中国抗日战争时期江南保存最为完整、内涵丰富且规模最大的一处革命旧址群。1995年,浙江省公布为爱国主义教育基地。2001年6月,国务院公布为全国重点文物保护单位。2011年12月,创建国家AAAA级旅游风景区。是全国重点文物保护单位、全国爱国主义教育示范基地、全国青少年教育基地、浙江省爱国主义教育基地、浙江省国防教育基地、浙江省党史教育基地、浙江省青少年红色之旅经典景区。1988—2012年,共接待游客318万人次,旅游收入250万元。详见第29编新四军苏浙军区旧址群。

二、国家AAA级旅游风景区

城山沟景区,位于和平镇。总体规划面积66.7公顷,分水上活动区、服务中心、游客接待中心、果园采摘区、城山寺庙文化区5个功能区。房屋建筑群面积3800平方米、大型停车场配套设施3000平方米,对外开放面积35.2公顷。景区以农家乐、农业生产、休闲旅游为基础,以农耕文化展示、农事活动体验和宗教文化活动为核心,以休闲度假、餐饮垂钓、农事体验、果园采摘、乡村节庆活动为主要内容。每年3月举办桃花节、5月举办休闲垂钓节、6—9月举办采桃节、8月举办乡村音乐啤酒节。1991年,景区负责人陈小究承包城山村荒山种植1400株水蜜桃桃苗,种植面积由最初的3.33公顷扩大到2012年的33.33公顷。2005年,开办景区内城山沟桃源山庄农家乐。2007年,注册成立长兴城山沟桃源山庄生态农业开发有限公司。同年12月,国家旅游局命名长兴城山沟桃源山庄为全国农业旅游示范点。2007年,城山沟景区接待游客11万人次,实现总产值380万元,纳税97万元。2008年,城山沟景区获湖州市市级现代农业示范园区、浙江省农家乐特色点、浙江省三星级乡村旅游点荣誉。2009年12月,创建成为国家AAA级旅游景区。2012年,启动桃源山庄二期项目建设,对景区入口道路、停车场、桃园游步道、桃园休闲设施进行开发建设,全年接待游客6.3万人次,实现旅游收入58.5万元。至同年年末,累计举办桃花节5届、采桃节9届、乡村音乐啤酒节4届。

三、长兴太湖图影省级旅游度假区

位于县域东南端,毗邻湖州太湖度假区,东临浩瀚的太湖,西、南、北有秀丽的弁山环绕,内含神秘、广阔的湿地,拥有"面朝太湖,三面环山,腹拥湿地"的独特旅游优势,区域总面积约23.8平方千米。2006年12月,县十二次党代会提出"建设长三角生态休闲度假新选区"的目标,2008年启动图影旅游度假区的开发建设。2010年6月,成立长兴县西太湖旅游度假区管理委员会。2011年3月,更名为浙江太湖图影旅游度假区管理委员会。2012年4月,经省政府批复成立长兴太湖图影省级旅游度假区,成为全县首个、全省第22个省级旅游度假区。详见第6编环太湖综合治理与开发、第4章。

四、其他景区景点

仙山湖景区 位于泗安镇,地处苏浙皖三省交界处。总面积50平方千米,沿湖核心区面积10平方千米,主要由仙山显圣寺和仙湖湿地组成。仙山原名四安山,又称小九华,海拔162米,建有古刹显圣寺。仙山湖原是一条古河道,为安徽省通往浙江省交通要道,1959—1964年,建泗安水库后形成水面。2005年,启动仙山湖景区旅游开发项目建设,水库更名为仙山湖。2008年10月,建成开放。景区设形象入口、道路景观、浮云索桥、游船码头、集散中心、停车场、长堤、广场,其中集散中心包括售票大厅、九华阁酒店、土特产商店等游览接待区域。2009年,获国家湿地公园试点单位、省生态旅游度假区称号。2012年,获省科普教育基地称号。2008—2012年,共接待游客58.31万人次,实现旅游收入1514.24万元。

大唐贡茶院　位于水口乡顾渚村。始建于唐大历五年(770 年),是中国历史上第一座专门为朝廷加工制作贡茶的皇家茶厂。大历元年(766 年),陆羽推荐兴建贡茶院。史料记载,唐代在贡茶院侧,建有清风楼、忘归亭、枕流亭、息躬亭、木瓜堂等建筑,在金沙泉旁建有金沙亭,在长兴、宜兴两地茶山分界处还建有境会亭;宋、元、明时也重修、新建一些建筑。唐会昌五年(845 年),贡茶院遭遇唐武宗灭佛运动,贡茶院内吉祥寺毁于大火。20 世纪 40 年代初,贡茶院再次遭火焚毁,仅留三楹寺遗址。2006 年 2 月,长兴县出资重建。同年 5 月,大唐贡茶院遗址及摩崖被国务院批准列为第六批全国重点文物保护单位。2008 年 5 月,大唐贡茶院重建工程建成开放。占地面积 10 公顷,木结构仿唐建筑,由陆羽阁、吉祥寺、东廊、西廊、御羁园、燕乐园、鸿渐楼、桑苎台 8 个部分组成。其中,陆羽阁分三层,以展示茶圣陆羽生平和《茶经》为主。第一层展示大唐贡茶院历史演变过程,第二层展示《茶经》茶之源、茶之具、茶之造等 10 个部分内容,第三层立陆羽铜像,高 3.5 米,重 2.5 吨。背面由 16 根铜柱组成,上刻《陆羽文学自传》选段,《茶经》中茶之源内容。2011 年,被评为长三角城市群茶香文化体验之旅示范点、长三角城市群茶香文化体验之旅礼茶品牌。2012 年,被评为“醉美乡村”——杭州都市经济圈百佳乡村旅游点、省十大老年养生旅游示范基地。2008—2012 年,共接待游客 56.52 万人次,实现旅游收入 1228.54 万元。参见第 39 编茶文化。

十里古银杏长廊　位于小浦镇八都岕。在 12.5 千米长的银杏林中,有树龄在 100 年以上古银杏 2730 株,300 年以上 4 株,500 年以上 2 株,1000 年以上 2 株。2002 年,委托浙江大学编制《古银杏长廊旅游区建设控制规划》,确定十里古银杏长廊“一廊一涧四景三配套”的开发建设思路。同年,完成十里古银杏长廊重点地区 1∶500 地形图测绘,启动十里古银杏长廊建设。2003 年,委托中国美术学院编制《十里古银杏生态园详细规划设计》,对外开展招商引资。2005 年,完成《八都岕旅游区建设控制规划》、八都岕入口处景观工程、12.5 千米主干道柏油路面铺设及景区内部标识系统建设。2006 年,小浦镇政府对景区内主干道路及沿线环境整治,对景区内涧滩治理和疏通改造,启动古银杏公园、太湖泉生态园、江南古山村建设。2008 年年底,完成古银杏公园、太湖泉生态园及涧滩景观建设,景区基本框架完成建设。2012 年,共接待游客 2 万人次,实现旅游收入 45 万元。

陈武帝故宫　位于县经济技术开发区内杨湾村。紧邻 104 国道,距太湖 6 千米,杭宁高速长兴出口 3 千米。是长兴城市人文旅游标志性景区(点),省级文物保护单位。总占地面积 8.4 公顷,坐北朝南,回字形木结构建筑,南朝建筑风格。由陈武帝故居陈列馆、天居寺、遗址广场 3 部分组成。景区设休闲、购物、品茗、娱乐、修学、观光综合体验服务区。陈列馆:主要展示陈武帝生平事迹、陈朝历史、陈氏文化、皇家文化、佛教文化的溯源与发展。内有部分文物展示,分为千秋门、太极殿、云龙门、宣福殿、神虎门 5 个展厅。太极殿内悬有元朝书画家赵孟頫所书“帝乡佛国”题匾一块。庭院中心有红梅树一株,2010 年为著名社会活动家陈香梅所栽。天居寺:又称下箬寺,为南朝陈武帝故宅。1994 年 8 月,由下箬寺乡政府重建。2008 年启动陈武帝故宫恢复工程建设,2009 年 4 月开工,2012 年 12 月建成启用。主要包括山门、陈皇塔、东西回廊、讲堂、金堂、东西厢房。山门处摆列陈霸先少年时期练武石一块,重达 150 千克。陈皇塔以纪念陈霸先命名,是天居寺的主体建筑之一,高 5 层,周约 60 米。遗址广场:立有陈武帝平民半身铜像、圣井、明清时期部分石碑遗址。圣井碑亭,为陈武帝临世沐浴的“圣井”,石砌井壁,深约 15 米,直径 1.5 米。井侧立明隆庆元年(1567 年)10 月长兴知县归有光撰文、县丞吴承恩书《圣井铭并序》碑。参见第 40 编丛录、第 3 章、第 1 节。

清泉自然科学探索园　位于夹浦镇父子岭兰香山。2006 年,湖州清泉文武学校扩征土地 2 公顷,成立长兴县清泉山庄旅游开发有限公司,投入资金 3000 万元建成。地下面积 3500 平方米,地面面积 1.55 万平方米,由麒麟山溶洞、雪山峡谷、地理生态园、生态科技馆、生态图书馆、生物标本馆、太空馆、海洋馆、矿石馆、化石馆、奇石馆、海贝馆、蝴蝶馆、书画艺术馆、世界文化长廊组成。其中,生态标本馆展示从非生物到生物、从无脊椎动物到脊椎动物、从 12 亿年前的远古生命到现代生物共 2 千种。地理生态园展示奇山怪石、风蚀地貌、黄土地貌、雅丹地貌、雪山地貌、海岸地貌、热带特有植物。是长兴县中小学生科普教育基地、湖州市级生态文明教育基地、浙江省级社会科学普及示范基地、浙江省运动休闲旅游优秀项目、全国人文科学普及基地。2008—2012年,共接待中小学生20万人次,社会游客8万人次。

桃花岕森林公园 位于县城西北12千米川步桃花岕。1993年3月,由省林业厅批准建立,为县内唯一森林公园。共有林地面积420.47公顷,森林植被茂盛,已知植物计144科470属667种,动物计43种。内有桃花岕水库一座,库容量128万立方米,汇水面积超过1000公顷。1994年,公园内车行道为简易的机耕路,从公园东南入口至林区管理用房及东部、北部的茶园为机耕路,山体分布有多条护林道。同年,省林业调查规划设计院完成《长兴桃花岕森林公园总体规划》,2008年进行修编。2008年起由长兴县永绿林业发展中心管理,2011年投入资金117.3万元用于基础设施和旅游设施建设。尚处于待开发阶段,游客多为自由组织,年均游客量约1万人次。2012年全年接待旅客3.5万人次。

公园、广场、雕塑 见第7编城乡建设、第2章、第4节。

第三节 经营服务

一、星级饭店

2000年开始,县旅游部门开始引导发展星级饭店。同年6月,金陵大酒店经过改造创建国家三星级饭店,成为全县首家旅游涉外星级饭店。2001年,烟草宾馆开展硬件设施改造,更名为长兴县香溢大酒店,2002年创建成为国家三星级饭店。2004年,县政府招待所改制后新建的紫金大酒店创建三星级饭店,国际大酒店、和平华达宾馆、红玫瑰大酒店、维多利亚大酒店、兴悦大酒店、新世界大酒店、华辰大酒店先后建成并投入使用。2005年5月,长兴和平华达宾馆创建三星级饭店。2006年11月,长兴红玫瑰大酒店创建成为三星级饭店。同年,县旅游局成立长兴旅游饭店星级评定委员会,具体指导星级饭店评定和复核,并以明查、暗访形式对星级饭店进行常态化监管,对不具备星级条件的旅游饭店摘星处理。2009年2月,长兴国际大酒店创建成为全县首家国家四星级饭店。12月,长兴维多利亚大酒店创建成为三星级饭店。2012年7月,新紫金大酒店建成营业。至同年年末,先后取消长兴华兴宾馆、长兴兴悦大酒店、长兴新世界大酒店3家二星级酒店和长兴香溢大酒店三星级酒店的称号。全县共有星级饭店6家,其中四星级饭店1家、三星级饭店5家;从业人员580人;拥有客房702间、床位1110张、餐位4900个;累计接待游客103.69万人次,营业收入总额2.12亿元。

长兴国际大酒店 四星级饭店。位于太湖街道太湖东路1号,由长兴奥基经济发展有限公司投资2.8亿元兴建。2004年1月开业,酒店主楼高21层(含地下一层),占地面积4.3万平方米,有296间客房。获评湖州市十大旅游品牌饭店,2009年2月被评定为四星级饭店和浙江省绿色饭店。2012年,营业总收入8134.1万元。

长兴金陵大酒店 三星级饭店。位于雉城街道金陵南路89号。始建于1995年4月,1997年11月开张试营业,为县粮食局下属国有企业。2000年被评为三星级饭店和浙江省绿色饭店。2003年10月改制,由天能集团收购。2007年8月,天能集团投资5000多万进行整体装修,2009年9月重新开业。主楼共17层,高70米,副楼4层,建筑面积2万平方米,拥有客房108间。2012年,营业总收入3305.6万元。

长兴紫金大酒店 三星级饭店。位于雉城街道县前中街328号。酒店前身为县政府招待所,成立于1997年,为县粮食局下属国有企业。2004年改制后,由长兴紫金实业有限公司投资3000万元新建长兴紫金大酒店。占地0.15公顷,主楼高12层,建筑面积达1.2万平方米,拥有客房76间。2004年被评为三星级饭店和浙江省绿色饭店。2012年,营业总收入4583.4万元。

长兴维多利亚大酒店 三星级饭店。位于雉城街道龙山大道179号。由个人投资2000万元兴建,2009年9月开业,是一家集餐饮、客房、足浴、商场于一体的多功能商务酒店。占地面积2000平方米,建筑面积8000平方米,设有商务中心、商场、美容美发,特色豪华套房、商务单间、度假型标准房、豪华型景观房共 75 间。2010 年被评为三星级饭店和浙江省绿色饭店。2012 年，营业总收入 1682.1 万元。

长兴红玫瑰大酒店 三星级饭店。位于雉城街道明珠二路 298 号，由长兴振宇公司投资建设。占地面积 4000 平方米，建筑面积 1 万平方米，拥有客房 96 间。2006 年 11 月被评定为三星级饭店，2009 年被评为浙江省最佳品质饭店。2012 年，营业总收入 2513.9 万元。

长兴华达和平宾馆 三星级饭店。位于和平镇集镇，由杭州华达公司于 2002 年投资 4000 万元兴建，是一家集餐饮、娱乐、休闲、住宿为一体的综合性旅游宾馆。建筑面积 1.04 万平方米，拥有客房 53 套。2005 年被评为三星级饭店，2012 年被评为银叶级绿色饭店。2012 年，营业总收入 955 万元。

长兴香溢大酒店 三星级饭店。位于雉城街道金陵南路 1 号。前身为长兴烟草宾馆，1994 年由县烟草局投资建成，2001 年进行内部全面装修，拥有客房 46 个。2002 年评定为三星级饭店。2007 年，营业总收入 1235.4 万元。2008 年 4 月，中国联合村镇银行租用香溢大酒店为办公场所，酒店停止营业并取消星级称号。

2012 年长兴县星级旅游饭店情况表

表 14-28

饭店名称	星级	地址	开业年月	星级评定年月	客房间数（间）	床位数（个）	餐位数（个）	接待游客人数（人次）	营业收入（万元）
长兴国际大酒店	四星级	太湖街道太湖东路1号	2004.01	2009.02	296	436	1500	245825	8134
长兴金陵大酒店	三星级	雉城街道金陵南路89号	1997.11	2000.06	106	171	1000	231476	3306
长兴紫金大酒店	三星级	雉城街道县前中街328号	2002.07	2004.04	76	131	1500	276871	4583
华达和平宾馆	三星级	和平镇和兴小区58号	2002.06	2005.05	53	92	300	32584	955
长兴红玫瑰大酒店	三星级	雉城街道明珠二路298号	2004.01	2006.11	96	161	300	182748	2514
长兴维多利亚大酒店	三星级	雉城街道龙山大道179号	2009.09	2010.11	75	119	300	67390	1682

说明：资料来源于县旅委

二、旅行社

1993 年 5 月，县商业局出资成立长兴旅行社，为全县首家国内旅行社。1995 年 3 月，县交通局出资成立长兴交通旅行社。1997 年 5 月，长兴驻北京办事处出资成立长兴京兴旅行社。6 月，县铁路车务段出资成立长兴铁路旅行社。9 月，县旅游局出资成立长兴旅游开发中心。1999 年 6 月，华能国际电力股份有限公司控股长兴京兴旅行社。2001 年，推进国有企业体制改革，实行政企分离。长兴旅行社和长兴旅游开发中心改制合资组建长兴天马旅行社。至 2002 年年末，全县有京兴旅行社、天马旅行社、交通旅行社、铁路旅行社 4 家国内旅游社，经营总收入 1568 万元，纳税 27.8 万元，较 2001 年分别增长 24%和 25%，其中长兴京兴旅行社进入省旅行社 50 强。2003 年，长兴交通旅行社改制更名为长兴万宏交通旅行社；浙江新世纪康辉国际旅行社控股长兴京兴旅行社，组建长兴京兴康辉旅行社有限责任公司(2007 年 2 月法人变更，企业更名为长兴京兴旅行社)。2004 年，长兴阳光旅行社成立。2005 年，杭州大厦旅行社长兴分公司成立(2012 年更名为长兴山农旅行社)。2005 年，长兴春秋假日旅行社成立。2007 年，长兴新国际旅行社长兴分社、长兴光大旅行社成立。2008 年，长兴新世界旅行社、长兴信天旅行社、长兴恒星旅行社成立。2009 年，湖州交通旅行社长兴分社成立。2010 年，长兴五一旅行社成立，长兴恒星旅行社注销。2011 年，长兴国信旅行社成立，长兴新国际旅行社长兴分社、长兴信天旅行社注销。2012

年,长兴天宏旅行社、长兴锦绣旅行社、中国旅行社长兴分社成立,湖州交通旅行社长兴分社注销。2012年,全县共有旅行社17家,均为国内旅行社。其中,省四星级品质旅行社2家、三星级4家;从业人员150人;实现国内旅游营业收入1.26亿元,组织游客15.83万人次,接待游客1.26万人次,上缴税收190.59万元。

2012年长兴县旅行社情况表

表14-29　　单位:万元

名称	成立年月	类别	2012年国内旅游营业收入	地址	等级
长兴京兴旅行社	1997.05	国内社	467.00	雉城街道解放西路77-79号	三星级
长兴天马旅行社	2001.11	国内社	2000.86	雉城街道县前街20号	四星级
长兴万宏交通旅行社	2003.06	国内社	2560.00	雉城街道县前中街49号	四星级
长兴阳光旅行社	2004.05	国内社	436.00	雉城街道花菇山路5号	—
杭州大厦旅行社长兴分社	2005.02	国内社	207.00	雉城街道解放西路87号	—
长兴春秋假日旅行社	2005.03	国内社	1889.10	雉城街道狮虎路52号	三星级
长兴新国际旅行社长兴分社	2007.02	国内社	1485.19	雉城街道金陵北路现代城兴盛里6号	—
长兴光大旅行社	2007.05	国内社	954.00	雉城街道金陵中路450-452号	—
长兴新世界旅行社	2008.05	国内社	323.76	雉城街道县前中街299-301号	—
长兴信天旅行社	2008.05	国内社	197.50	雉城街道浙水阳光县前西街497号	—
长兴恒星旅行社	2008.09	国内社	165.92	雉城街道解放东路73号	—
湖州交通旅行社长兴分社	2009.06	国内社	289.00	雉城街道县前西街浙水阳光南幢537号	—
长兴五一旅行社	2010.02	国内社	200.00	雉城街道龙山大道215-217号	—
长兴国信旅行社	2011.03	国内社	1252.00	雉城街道金陵北路70号	四星级
长兴天宏旅行社	2012.02	国内社	211.00	雉城街道明珠二路14-16号	—
长兴锦绣旅行社	2012.05	国内社	35.50	雉城街道金陵北路188号	—
中国旅行社长兴分社	2012.05	国内社	41.60	雉城街道龙山大道211-213号	—

说明:资料来源于县旅委

三、农家乐

县内农家乐发展始于2002年。同年5月,小浦镇八都岕2户农户率先在家开办农家乐,并取得明显的经济效益。其他农户也相继开办农家乐,至年底小浦镇八都岕农家乐发展到12家。同时,水口乡顾渚村、水口村在参观学习小浦镇八都岕农家乐发展经验的基础上,开始兴办农家乐。至同年年末,全县农家乐发展到30家,其中小浦镇八都岕有12家、水口乡顾渚村和水口村有18家。2005年起,以农家乐为特色的长兴乡村旅游在政策的引导推动下开始蓬勃发展,同年年末全县共有农家乐98家,全年共接待游客60万人次,实现经营收入5400万元。之后,通过星级评定的方式,推进全县农家乐标准化、规范化发展,提高农家乐经营户旅游服务质量。2010年,全县共发展农家乐300家,全年共接待游客225万人次,实现经营收入3.1亿元。2012年年末,全县有农家乐354家,从业人员2000余人,拥有客房6200余间、床位1.4万余个、餐位1.6万余个,全年共接待游客人310万人次,实现经营收入3.9亿元。全县有星级农家乐58家,其中省五星级农家乐经营户2家、四星级9家;省级农家乐特色村5个,分别为水口乡顾渚村、水口村、金山村及小浦镇方一村、槐坎乡仰峰村。参见本章、第1节、第3目。

和平城山沟桃源山庄　位于和平镇城山风景区。1991年创建,2006年被认定为省农家乐特色点,2008年被认定为省首批五星级农家乐经营户,是一家集休闲、住宿、餐饮、棋牌、垂钓、水上活动、农事参与、果园采摘等多位一体的农业旅游观光基地。拥有标准间500间(套),设有餐饮大厅及18个包厢,可容纳450人同时就餐。2012年,共接待游客33.3万人次,实现经营收入2300万元。

水口茅草屋农家乐　位于水口乡金山村。2004年开始营业,从业人员20人。2006年被认定为市农家乐休闲旅游特色点,2008年被认定为省首批五星级农家乐经营户。餐厅可容纳80人就餐,客房可接待游客60人。2010年、2011年、2012年接待游客均达3万人次,年均旅游收入150余万元。

水口百翠园农家乐　位于水口乡水口村。2012年开始营业,从业人员9人。百翠园农家乐是国内首家限量会员制私人农场,为客人提供农场产品配送服务。总占地面积达186公顷,分为一期民宿、二期村舍、蔬菜种植基地3个区域,配有生态停车场,绿化面积70%以上。餐厅可容纳50人用餐,客房12间,提供会务、烧烤,篝火,露天KTV活动设施。2012年,共接待游客1500人次,实现经营收入120万元。

四、旅游交通

旅游交通设施　2012年年末,县境内有三条高速(长深、沪渝、杭宜)、两条国道(104国道、318国道)、三条省道(204省道、301省道、306省道)等交通干线,有长湖申线、梅湖线、李湖线、泗湖线等水运航道,有宣杭客运铁路和新长、长牛货运铁路,县内有直达长三角大中主要城市的汽车客运站1个,通往县内各景区(点)的公交车近10路,汽车租赁公司1家。航空方面,长兴距长三角主要机场均在2小时车程以内。全方位的交通路网,拉近与上海、南京、杭州、苏州、无锡、常州等大中城市的距离。

旅游线路　2005年,县内古生态旅游景点开发初具规模,重点推出"古生态之乡二日游"线路,第一天:十里古银杏长廊—古银杏天泉景区—金钉子远古世界景区—新四军苏浙军区旧址群;第二天:城山沟景区—仙山湖景区—中国扬子鳄村—太湖风光。2008年,重新调整长兴旅游线路,第一天:大唐贡茶院—水口乡村旅游—城山沟景区;第二天:仙山湖景区—中国扬子鳄村;第三天:十里古银杏长廊—古银杏天泉景区—金钉子远古世界景区—新四军苏浙军区旧址群。长兴旅游营销发展有限公司承担长兴旅游线路对外的宣传推广和外来游客接待。

主要景区旅游公交专线　2010年起,县内结合城乡公交,逐步开通城区至各主要景区的旅游公交专线4条。分别是城区至水口寿圣寺、大唐贡茶院;城区至煤山金钉子国家地质公园、新四军苏浙军区纪念馆;城区至泗安中国扬子鳄村、泗安仙山湖国家湿地公园;城区至小浦十里古银杏长廊。

五、风味名菜与特色小吃

2008年,县政协组织出版的《走进长兴》一书,收录长兴传统特色农家名菜16种:一味飘雪鸡、银杏蜂涌、酥皮银鱼盅、蟹黄汤包、茶圣千张、清蒸咸蹄、松仁黑蚁、椒盐鲫鱼串、长兴爆鳝丝、洪桥河蟹、夹浦大肠、红烧青鱼头尾、稻草肉、银杏竹筒饭、白岘驴肉火锅、李家巷白切鹅肥肝。其他非名菜美食还有泗安酥糖、泗安小馄饨等。

2010年,在"2010中国·太湖明珠——长兴美食节"期间,长兴县举办首届特色小吃和风味名菜评比活动,有34个候选小吃参加特色小吃评选,60家餐饮企业报名参加长兴风味名菜评比。上报参赛菜品126只,共评选出长兴十大风味名菜和二十道长兴风味菜。同年,根据《第三届中国(长兴)陆羽国际茶文化节暨中国县域金融论坛总体方案》,为宣传和推荐长兴名小吃,组织开展长兴十大名小吃评选活动。参评小吃27个,评选出长兴十大名小吃及八大特色小吃。

长兴十大风味名菜　山里人家土鸡煲(长兴雉城川口酒店)、长兴爆鳝丝(长兴紫金大酒店)、紫砂羊肉汤(浙江皇冠假日大酒店)、生涮桂花鱼(长兴雉城玲园饭店)、金桂蟹酿橙(浙江皇冠假日大酒店)、硕果累累(长兴槐坎民乐农家乐饭店)、鲜露杏鲍菇(长兴新世界大酒店)、鹅肝酿芙蓉(长兴国际大酒店)、鱼羊鲜(长兴凤辉渔家乐)、银杏连心(长兴小浦陈家小院饭店)。

长兴二十道风味菜　红烧肉(长兴顾渚紫茗阁)、粒粒丰盈(长兴县金陵大酒店)、香酥金蝉(长兴大圆酒家)、特色招牌老鸭(长兴金贵酒家)、八宝金钱鸭(长兴国际大酒店)、金汤甲鱼(长兴雉城青青鱼味馆)、紫笋问茶(长兴红玫瑰大酒店)、桃花鸡(长兴城山沟桃源山庄)、竹筒扎肉(长兴月明良缘农家乐)、太湖双珍(长兴红玫瑰大酒店)、肚包鸭(长兴紫笋农家乐)、八珍仙山湖鱼头(长兴紫金大酒店)、生态银杏葵花肉(长兴紫金大酒店)、笋干风味扣肉(长兴凤辉渔家乐)、泗安原生态汤鸡(长兴泗安溪畔居农家乐饭店)、林城汤鸡(长兴林城新荣华大酒店)、霸王别姬(长兴县蠡塘渔村休闲农庄)、葱香肉饼(长兴县白岘访贤酒家)、河塘争艳(长兴雉城老味道餐馆)、竹海蒸鸡(长兴县紫竹山庄饭店)。

长兴十大名小吃 特色小锅面(长兴雉城小乔面馆)、阿香干挑面(长兴雉城香香小吃店)、方方烧卖(长兴雉城方方烧卖店)、王记水饺(长兴雉城王记水饺店)、小张青团子(长兴雉城育才点心店)、仓桥小笼(长兴仓桥小笼包店)、大草包(长兴雉城大草包餐饮店)、阿平粽子(长兴和平雪凤食品厂)、谈记生煎包子(长兴雉城谈记生煎包子店)、许记馄饨(长兴雉城许记小吃店)。

长兴八大特色小吃 紫笋问茶(长兴紫金大酒店)、家乡麦饼(长兴红玫瑰大酒店)、银杏蜂窝巢(长兴紫金大酒店)、百果鲍鱼酥(长兴县金陵大酒店)、脆皮湖鲜盅(长兴县金陵大酒店)、太湖蟹粉灌汤包(长兴紫金大酒店)、国际糯米团(长兴国际大酒店)、桃源糍粑(长兴城山沟桃源山庄)。

六、旅游商店、商品

2006 年、2008 年,县内均出台关于促进旅游业加快发展的优惠政策,鼓励企业开发地方特色商品。对开发并生产附加值高、市场份额大、工艺精致、携带便利、游客喜爱、影响力大的旅游商品企业,给予 1 万元～5 万元奖励。鼓励开设适应旅游发展需求和规划的旅游特色商品店,根据规模、档次给予 1 万元～5 万元奖励。在旅游政策扶持引导下,县内旅游商品起步发展。2009 年 5 月,县旅游局组织 5 家旅游单位,参展“第一届·中国(义乌)国际旅游商品博览会”。2012 年 4 月,县政府出台《关于促进旅游业加快发展的若干政策》,鼓励旅游商品店开展星级创建,对被评定为省五星级、四星级、三星级、二星级旅游商品店的,给予 2 万元～15 万元的奖励。同年 6 月,市旅游局举办湖州市首届旅游商品大赛,县风景和旅游管理局推选的长兴东方梅园有限公司的中国香·香薰系列、长兴冶陶居紫砂工艺美术工作室的微刻《吴兴赋》紫砂壶 2 件旅游商品获金奖,长兴富硒谷农业科技有限公司提供的富硒饼茶获银奖,浙江中帛服饰有限公司的手工跑步绣真丝睡衣、长兴县和平镇城山沟桃源山庄的桃花酒 2 件旅游商品获铜奖,长兴金乐田旅游商品有限公司的土鸡蛋包装获创意奖。9 月,省旅游局举办浙江省旅游商品大赛,长兴梅花香薰获铜奖,是长兴旅游商品首次在全省旅游商品大赛中获奖。至 2012 年,县旅游局共组织 28 家企业参加 4 届中国(义乌)国际旅游商品博览会。

长兴东方梅园有限公司 注册成立于 2004 年,注册资金 300 万元,集梅花苗木及盆景培育销售、梅园林造景施工、种质资源保护、梅花香料香水产品研发生产等于一体,是省级农业科技先进单位、湖州市重点农业龙头企业。有梅花苗木培育基地 200 余公顷,各类优良梅花品种 60 余个,以培育供园林绿化用的大规格红梅苗木、盆景盆栽以及香料香水系列产品为主打产品。利用高新科技成功提取出天然新鲜梅花中的香味精华,研发出梅花香料香水,形成系列产品,并通过权威机构认证,梅花泰斗、中国工程院院士陈俊愉将其命名为“中国香”。

浙江长兴古银杏食品科技有限公司 注册成立于 2008 年,是集银杏果粉的系列研发、生产、销售为一体的专营企业。公司基地坐落于长兴八都岕十里银杏长廊,拥有独一无二的纯天然绿色古银杏资源,引进国外先进生产线和管理经验,在天然古银杏果粉生产领域取得一系列的成果。被评为浙江省农业科技型企业、长兴县农业龙头企业,先后承担多项国家级、市级星火计划和科技计划项目。

浙江中帛服饰有限公司 专业生产丝绸服饰与家纺产品,旗下有“御帛 1851”“忆泊”2 个子品牌,拥有一支具有先进设计理念的设计团队,产品追求柔软舒适健康品质,体现华贵纤美的丝绸文化与时下流行元素的完美结合,具浓郁的地域风情和特色,设计制作的真丝睡衣、特级蚕丝被、四件套受到游客的喜爱。

长兴意蜂蜂业科技有限公司 是一家集种蜂王、种蜂培育和蜂产品生产、研究、销售为一体的省级农业科技企业。公司联合长兴蜂府养蜂专业合作社 265 户,饲养蜜蜂 1.9 万群(箱)。蜂状元牌系列产品味道鲜美、营养丰富,市场前景良好,深受消费者青睐,在同行内享有盛誉。

浙江省长兴农产品营销有限公司 公司总店位于雉城街道龙山大道 59 号(滨河大道与龙山大道交

汇处)，由县农业局下属长兴蚕种服务站和浙江省长兴泰明食品有限公司共同出资组建。利用长兴丰富的农副产品资源，以佰味农特产连锁店为平台，将长兴的各类农产品整合一起，以打造“佰味农”一流农产品品牌为目标，把长兴县农产品推向周边市场。注重品牌建设和市场开拓，相继开发出吊瓜子、白果、紫笋茶、笋制品、山核桃等系列产品，特色旅游装、礼品装、组合大礼包等系列产品得到社会的认可。

中国香·梅花香薰　由长兴东方梅园有限公司生产。利用高新科技成功提取出新鲜梅花中的香味精华，开发出梅花香薰、梅花眼枕系列产品，通过权威专家论证。产品按照艺术品标准打造，融合四大中国元素，具有中国特色。有红梅、绿萼梅和蜡梅3个香系品种，梅花散发的香味具有清甜、幽雅等特点。

微刻《吴兴赋》紫砂壶　由长兴冶陶居紫砂工艺美术工作室制作。使用优质紫砂矿料，设计创作，造型如船，线条柔和，制作工艺精细，刻字字迹清晰，以太湖水乡、船、桥为元素。壶身两侧行书微刻有元赵孟頫撰写的《吴兴赋》。紫砂壶不仅携带方便，更承载着地方文化、艺术。

富硒饼茶　由长兴富硒谷农业科技有限公司生产。原料采用明前一芽一叶的细嫩茶芽，使用石臼、木棍等原始加工工具，纯手工制作。茶饼外形圆饼状、紧实、香浓纯、滋味醇厚，汤色嫩黄明亮，叶底幼嫩均匀。经过茶饼制作的轻发酵过程，茶性变得温和，内含物中的氨基酸高于其他散茶的30%，具有耐泡、易贮藏、便于运输等特点。

手工跑步绣真丝睡衣　由浙江中帛服饰有限公司生产。原材料选用重磅素绸缎，运用手工跑步绣针法装饰袖边与领边，摆脱传统刺绣易摩擦、伤害皮肤的缺点。结合真丝特有的二十几种氨基酸起到保护皮肤、清洁皮肤作用，所用染料与助剂均符合欧盟环保标准，并选用特殊固色剂，色牢度高于普通丝绸产品，达到4级以上。

长兴品茗三绝　紫笋茶、金沙泉、紫砂壶。详见第39编茶文化。

长兴四宝　银杏、青梅、板栗、栝楼。详见第11编农业、第3章第3节、第6章第3节。

太湖四珍　银鱼、白虾、梅鲚、太湖蟹。详见第11编农业、第5章、第2节。

第四节　旅游营销

一、旅游品牌

2004年开始，县旅游部门根据旅游产品及市场需要，先后向外推广“古生态之乡”“帝乡佛国”“江南小延安”“古生态奇观”“茶文化圣地”旅游品牌形象，提升长兴知名度和美誉度。

古生态之乡　根据旅游资源概况及古地质、古扬子鳄、古银杏资源特色，长兴提出太湖西岸古生态之乡旅游品牌口号。2004年，县政府专题研究旅游业发展工作，提出打响古生态、环太湖两大旅游品牌工作目标。同年，长兴旅游形象口号确立为古生态之乡。2005年，县旅游局推进古生态之乡旅游形象宣传推广，包装推出长兴古生态二日游特色旅游线路。路线为，第一天，长兴县城接站，上午游十里古银杏长廊，古银杏天泉景区用中餐，餐后参观金钉子远古世界景区、新四军苏浙军区旧址群，县城酒店住宿。第二天，上午参观城山沟景区农家乐用中餐，餐后参观仙山湖景区、中国扬子鳄村，乘车参观太湖美景。推出“赏古生态奇观，走长寿之旅”“顾渚品茶，享受绿色人生”“稀奇古怪看长兴”(稀:扬子鳄;奇:金钉子;古:银杏长廊;怪:陈霸先钓鱼台)特色旅游线路产品，向长三角客源市场推广。2007年10月，《解放日报》刊登《长兴“三石”拉动旅游》一文，报道长兴通过开发扬子鳄、金钉子、古银杏“三块化石”拉动旅游发展。2008年5月，《钱江晚报》刊登图文报道，长兴县形成以十里古银杏长廊、国家一级保护动物扬子鳄和金钉子远古世界景区为代表古生态旅游景区，被誉为中国古生态之乡。

帝乡佛国　帝乡，指长兴是南北朝时期陈朝开国皇帝陈霸先诞生地。陈霸先故居位于下箬寺乡,1994 年 8 月 15 日,县政府批准重建并改称陈武帝故宫。2003 年,县旅游局开始组织整理“帝乡佛国”文化资源,开展“帝乡佛国”旅游产品挖掘和宣传。2010 年,开始在长兴大道杨湾大桥北建陈武帝故宫旅游项目,景区占地 8.4 公顷,由陈武帝故居、天居寺、遗址公园 3 部分组成。佛国,指南北朝至唐宋时期,长兴共有寺院 200 座。尤其是被称为长兴四大文化名山的仙山、弁山、城山、顾渚山,均建有名寺,历史悠久,佛教文化积淀深厚。仙山显圣寺,始建于唐天宝年间(742—756 年),被佛教界称为“小九华”。弁山碧岩寺,始建南宋淳佑年间(1241—1252),明代有空谷禅师在该寺说法。城山城山寺,始建于南朝宋文帝元嘉元年(424 年),明景泰年间,无碍禅师任住持。顾渚山寿圣寺,始建于三国赤乌年间,有 1700 余年历史,被誉为浙北第一寺。

江南小延安 长兴是革命老区,保存有新四军苏浙军区革命旧址群。1943 年 12 月,苏南新四军第六师第十六旅进驻长兴。1945 年 1 月,粟裕率部到达长兴与十六旅会合,成立苏浙军区,统一指挥苏南、浙西、浙东、皖南的抗日斗争,并建立浙西抗日根据地。其间,新四军先后在长兴建立苏浙公学、银行兑换所、兵工厂、修枪所、被服厂、鞋子厂、后方医院、报社,集政治、军事、经济、文化于一体,使之成为苏浙皖边区党政军的指挥中心和后方基地,后被誉为“江南小延安”。1976 年,新四军苏浙军区纪念馆建成开放,馆内陈列抗日战争时期新四军十六旅和粟裕南下建立苏浙军区后的革命文物。2003 年,新四军苏浙军区旧址群经修缮整理后,成为浙江最大的爱国主义教育基地,长兴“江南小延安”红色文化旅游产品开始形成。2005 年,县旅游局完成“江南小延安”旅游品牌宣传画册。2011 年 7 月,新四军苏浙军区纪念馆配套设施“江南红村”对外开放。2012 年,新四军苏浙军区旧址群景区被批准为国家 AAAA 级旅游景区。

古生态奇观 茶文化圣地 长兴金钉子远古世界景区、中国扬子鳄村和十里古银杏长廊构成长兴独特的古生态奇观。同时,长兴又有“茶文化圣地”美誉。长兴顾渚山是中国茶文化发祥地之一,也是中国历史上第一座皇家贡茶院(大唐贡茶院)所在地,茶圣陆羽根据在长兴的经历修改完成中国第一部茶学专著《茶经》。1999 年,长兴县举办长兴——中国陆羽茶文化旅游节。2001 年,县旅游局整体向外推介长兴茶文化,承办纪念陆羽《茶经》问世 1220 周年“长兴问茶”一日活动,活动主题口号是“游茶乡长兴、品紫笋贡茶、吃金陵茶宴、购品茗三绝”。2007 年 3 月,县旅游局通过《中国旅游报》《浙江日报》《江南游报》《华东旅游报》,公开征集长兴旅游形象标识和主题口号,确定长兴旅游主题口号为“古生态奇观,茶文化圣地”。2009 年 4 月,新华网浙江频道刊登《浙江长兴:古生态奇观,茶文化圣地》称长兴旅游围绕打造长三角生态休闲度假新选区,主打“古生态奇观 茶文化圣地”旅游品牌形象。2011 年,县旅游局加强与旅游市场营销策划机构合作,强化长兴旅游品牌形象宣传,推广“古生态奇观 茶文化圣地”旅游品牌形象,利用天目山生态旅游联盟、宁杭旅游合作带、长广宜旅游金三角等长三角旅游联盟合作平台,将长兴旅游精品线路融入长三角黄金合作线路中。同年,围绕“古生态奇观 茶文化圣地”旅游品牌,长兴旅行社推出长兴经典红色生态品质之旅二日游精品路线。第一天,上午出发,前往仙山湖景区,中午吃特色农家菜,下午游览新四军苏浙军区革命旧址群,晚上入住县城酒店。第二天,上午游览禅茶福地——大唐贡茶院,中午品特色农家乐,感受农家风情,下午自由活动,可参加各种农事活动。

二、旅游节庆

中国·长兴陆羽茶文化(旅游)节 长兴曾建有中国历史上第一座贡茶院,出产的紫笋茶、金沙泉从唐代起被列为贡品。1999 年,长兴县举办长兴——中国陆羽茶文化旅游节,包括广场文艺、祭陆羽、茶会、茶文化研讨、寻觅茶圣踪迹、摄影书法比赛和招商会,开创具有长兴特色旅游节庆活动。2008 年 5 月 27—30 日,举办第十届国际茶文化研讨会暨浙江湖州(长兴)首届陆羽茶文化节,以弘扬茶文化、发展茶经济为主题。2010 年 5 月 21 日,举办第二届中国·湖州(长兴)陆羽国际茶文化节,突出弘扬茶文化、发展茶经济主题,推进茶文化和茶产业交流合作,打响“大唐茶都”品牌。同年,“中国湖州(长兴)陆羽国际茶文化节”以 69.4 的影响力指数位列中国农事节庆影响力指数排行榜第 10 位。详见第 39 编茶文化、第2章、第4节。

乡村旅游节庆 2004年，县内通过举办农事节庆活动推动旅游观光，形成一乡一品，一月一节。至2012年，全县有梅花节、桃花节、樱桃节、杨梅节、采桃节、葡萄节、乡村音乐啤酒节、蜜梨节、河蟹节、银杏文化节、湖羊节、中国花木大会、太湖捕捞节、生态花鳖节14种农事节庆活动，吸引来自江苏省、安徽省、上海市和省内各地游客累计达800万人次。

图14-7 中国·长兴(雉城)首届葡萄文化旅游节开幕式在长兴雉城镇曹家桥举行(画溪街道提供·2009年)

2004—2012年长兴县乡村旅游节庆活动情况表

表14-30

活动名称	举办单位	举办地	举办时间	主要内容	开始年份
杨梅节	龙山新区、县旅游局	龙山新区渚山村	6—7月	摄影、美术写生、欢乐采摘等	2004
采桃节	和平镇政府、城山沟桃源山庄	城山沟桃源山庄	6—8月	开幕式、采摘体验、农产品展销、摄影和文体活动等	2005
梅花节	林城镇政府	林城镇万亩梅海	2—3月	开幕式、赏梅游园、品梅、采梅、梅花摄影及作品展等	2006
樱桃节	泗安镇政府	二界岭毛家村	4—5月	开幕式、文艺表演、鸣锣巡园、采摘体验、推独轮车、农副产品展销会及民俗表演等	2007
桃花节	和平镇政府、县旅游局	和平城山沟景区	3—4月	赏桃花、看表演、千人相亲亮点活动、桃花摄影大赛、亲子游	2009
葡萄节	雉城镇政府	雉城镇曹家桥村	7—9月	精品葡萄采摘、评选、展销、摄影展等	2009
乡村音乐啤酒节	和平城山沟桃源山庄	和平城山沟桃园山庄	8月	文艺表演、参与体验、形象展示、商品促销、文娱活动、竞技游戏、幸运抽奖等	2009
银杏文化(旅游)节	县旅游局、小浦镇政府	十里古银杏长廊	10—11月	民俗表演、祭树王活动、烘炒白果、吊瓜表演、景区寻宝等	2009
蜜梨节	和平镇政府	和平镇吴山村	7—8月	蜜梨品种展示、梨文化系列活动、蜜梨欢乐采摘游等	2010
河蟹节	洪桥镇政府	七圩漾	10月	开幕式、文艺表演、划菱桶接力赛、钓河蟹比赛、捆河蟹比赛、蟹完食大赛等	2010
中国花木大会	省林业厅、中国花卉协会绿化观赏苗木分会	泗安镇	10月	开幕式、花卉展览	2010
太湖捕捞节	太湖街道	新塘村	9月	品尝太湖三白(白虾、白鱼、银鱼)、捕捞太湖鱼虾体验、码头现场交易	2012
生态花鳖节	虹星桥镇政府	虹溪休闲垂钓长廊	11月	趣味活动竞技秀、休闲垂钓	2012
湖羊美食节	吕山乡政府	吕山乡	12月	湖羊美食大赛、羊争霸赛、剪羊毛比赛、赶羊大赛、及湖羊产业发展论坛	2012

说明：资料来源于县旅委

三、宣传营销

图14-8　在上海举行"金猪旺旺·农家过年"专题旅游推介会(县旅委提供·2007年)

2000年开始,县旅游局开始与媒体签约,通过报纸、电视、广播、网络和新媒体有针对性宣传推介长兴。至2012年,先后与长三角地区8家知名媒体合作整体宣传长兴旅游形象,塑造长兴旅游品牌,扩大长兴旅游知名度,与7家国内旅游类媒体合作重点推介长兴旅游产品和线路,加强与旅游爱好者的联系并宣传报道长兴旅游新闻。同时,借助手机短信、公交广告、高炮广告渠道宣传长兴旅游。每年邀请不同媒体的记者到长兴采风,有针对性宣传推介长兴旅游资源,提升长兴旅游美誉度。

2003年起,县旅游局组织企业通过"走出去"推介方式,对不同城市进行定向营销。同年4月,组织长兴旅游景点、旅行社、星级宾馆在上海举办长兴旅游推介活动,通过现场推介方式向旅游投资商、游客宣传推介长兴。2003—2012年,共组织长兴旅行社、酒店、景区在上海、杭州、宁波、金华、台州、南京、无锡、苏州、扬州、南通、常州等地举办旅游推介会61场。其中,旅行社恳谈会13场,与目的地城市当地接轨活动11场、旅游券派送会4场、旅游政策说明会2场、广场展示推介会31场。

2007年开始,县旅游局每年制作不同类型旅游宣传品面向游客营销推广,包括宣传单页、折页及地图、书籍画册、明信片、视频资料以及其他物品。至2012年,累计发放宣传单页1.5万余份,折页及地图1.9万份,各类书籍画册4万册。

第五节　行业管理

一、旅游管理机构

1996年8月,县旅游局成立,为正局级全民事业单位,事业编制10人。1998年,与县建设局合设一个党委,具体负责旅游规划建设、行业管理和市场开发。2001年12月,县政府印发《长兴县旅游局职能配置、内设机构和人员编制方案的通知》,明确县旅游局具体负责旅游资源普查、旅游规划制订、行业规范管理、旅游市场宣传和旅游人才培养,事业编制6人,领导职数3人,内设综合科和市场开发科2个职能科室,并专设党组。2010年10月,县旅游局更名为县风景旅游管理局,事业编制6人。2011年6月,县风景旅游管理局更名为县风景和旅游管理局。至2012年,县风景和旅游管理局工作人员13人。

二、行业协会

2005年,县内旅游行业协会开始发展,到2012年有长兴县旅游协会、长兴县农家乐行业协会、长兴县水口乡农家乐行业协会、长兴县小浦镇农家乐协会4个旅游协会。

长兴县小浦镇农家乐协会　2005年7月,由小浦镇6位村民发起并筹备成立。10月,召开成立大会,50名会员参加会议。协会成立后,负责小浦农家乐经营户的对外宣传、促销,规划指导和监督农家乐经营户的接待,组织对农家乐经营户培训,提高服务质量,并配合旅游部门等做好农家乐规范管理。2012年年末,有会员36人。

长兴县水口乡农家乐行业协会　2005年5月,由水口乡7位村民发起并筹备成立。12月,召开成立大会,32名会员参加会议。协会成立后,推进水口农家乐规范发展,调解游客纠纷,开展农家乐服务质量提升、建立行业自律。至2012年年末,会员发展到330人。

长兴县农家乐行业协会　2008年11月，由长兴县水口农家乐协会、长兴水口竹楼农家乐饭店、长兴城山沟桃源山庄生态农业开发有限公司3家单位发起并筹备成立。12月，召开成立大会，45家会员单位参加会议。协会成立后，主要开展全县农家乐规范管理、行业自律以及农家乐从业人员培训。2012年年末，会员增到59家，其中单位会员1家、个人会员58人。

长兴县旅游协会　2012年6月，由国际大酒店、紫金大酒店、金陵大酒店、红玫瑰大酒店、万宏旅行社、天马旅行社6家单位发起并筹备成立。9月，召开成立大会，55家会员单位参加会议，下设旅游景区、旅行社、农家乐、旅游饭店、旅游商品5个分会。协会成立后，全面开展旅游行业调研，帮助会员单位解决实际问题，加快推进行业自律发展。

三、从业人员管理

2003—2007年，县旅游局开展校地合作，借助浙江旅游职业技术学院、湖州旅游职业技术学院教学资源，组织旅游企业总经理、部门管理人员、讲解员、导游员、农家乐业主参加服务质量提升培训。2008年开始，每年组织举办星级饭店服务技能大赛、导游(讲解员)服务技能大赛。2009年，制定《长兴县旅游景区讲解员等级考核及评定总则(试行)》，对景区讲解员开展服务质量等级考核。2011年，组织星级饭店开展外语培训。2011—2012年，有5人获评湖州市金牌导游、1人获评省级优秀导游，县旅游局连续2年获湖州市旅游人才培养工作优秀单位。2012年，全县有旅游从业人员(含农家乐)1.5万人。

四、旅游市场管理

2000年9月，长兴建立县假日旅游协调小组，定期召开假日旅游会议。县四套班子领导带队开展假日安全大检查，联合各部门排查安全隐患，对各旅游点动态监管，掌握旅游点安全情况，处理各类投诉，及时处理掌握各类安全问题。2004年开始，县旅游局建立健全重大旅游安全事故紧急处理及报告制度，每月及黄金周定期向市旅游局、县安监局报送重大安全隐患情况。2005年，制定《长兴县旅游安全事故处理应急预案》，完善旅游安全生产例会制度，掌握旅游企业安全生产动态。2007年5月，县旅游质量监督管理所设立，为县旅游局下属事业单位，事业编制3人，负责对全县旅游行业的生产经营进行监督管理，受理、审理辖区内旅游单位的旅游投诉和理赔案件。2008年，县旅游质量监督管理所联合工商部门，首次开展旅游市场超范围经营和旅游合同专项整治检查，调解游客投诉1件。同年，设立并对外公布全县旅游投诉电话6039770，接受游客的投诉监督。2009年，在旅游系统中组建旅游质监员队伍，开展旅游企业服务质量及质监员业务培训班，联合工商、交通、卫生部门开展旅游质量检查12次，重点突出黄金周节前、重要活动前的旅游服务质量监管，全年处理旅游投诉19件。2010年开始，每季度印发《长兴县旅行社专项检查情况通报》，对旅行社游客档案管理、旅游合同签订、内部管理制度存在问题公开曝光，同年处理旅游投诉4件。县政府还印发《长兴县旅游安全应急预案》，指导完善全县旅游安全监管、应急处理相关规定。同年，长兴创建浙江省旅游强县，根据创建要求，由县旅委在全县旅游企业设置旅游投诉牌，统一在各旅游企业、农家乐公布6039770旅游投诉电话。2011—2012年，不定期编制《长兴旅游质监工作简报》，对旅游企业超范围经营、虚假广告、违规用车、未签订旅游合同情况进行通报，组织典型案例学习，提升企业内部服务质量和质监员投诉处理能力。其中，2011年处理旅游投诉8件，调解补偿及赔偿金额3600元；2012年处理旅游投诉23件，调解补偿及赔偿金额6898元。至2012年，全县未发生过旅游安全责任事故。2007—2012年，全县处理旅游投诉55件，调解补偿及赔偿金额1.05万元，结案率100%。

第十五编　对外及对港澳台经济与合作

20世纪80年代后期，长兴对外设立联络处，开展对外经济技术联系，扩大对外开放。1988年3月，长兴县被国务院列为沿海经济开放区。同年，全县外贸出口总额2846万元。1991年，全县合同利用外资125万美元，实有“三资企业”（即在中国境内设立的中外合资经营企业、中外合作经营企业、外商独资经营企业三类外商投资企业）3家。1992年，分别设立上海办事处、浦东办事处。1995年，长兴开始拥有自营进出口权。1999年9月，长兴县被批准对外国人开放。之后，随着中国对外开放力度加大，并加入世贸组织，长兴的开放型经济迅猛发展，对外贸易快速增长，利用外资成效显著，境外投资步伐不断加快。同时，国内经济合作也不断深化。2002年，首届中国·太湖明珠长兴国际投资贸易洽谈会（简称长洽会）举办。2003年，落实省委“八八战略”，发挥区位优势，主动接轨上海、积极参与长三角地区合作与交流，不断提高对内对外开放水平。2004年，诺力公司打赢国际反倾销反败为胜“中国第一案”。2005年，引进首家世界500强投资企业。2006年，县内企业在境外投资设立第一家分公司。2012年，全县有进出口实绩企业174家，实现进出口总额19.16亿美元，商品贸易扩展到153个国家和地区；累计引进合同外资23.67亿美元，实际利用外资12.73亿美元，创办“三资企业”249家；境外投资企业13家，投资额0.31亿美元。至同年年末，长兴县按照中央和省、市关于加强“双对口”（即对口支援、对口帮扶）工作和国内合作交流工作的要求，与浙江省庆元县全面开展山海协作工程，先后做好省内景宁县、龙游县和省外重庆市涪陵区龙桥街道、四川省仪陇县的对口支援以及援青援藏援疆工作，完成支援四川省青川县七佛乡灾后恢复重建工作。

第一章　对外及对港澳台贸易

1988年，长兴县对外贸易按照全省外贸收购调拨计划组织出口商品，县内进口原材料和机械设备，均通过国家专业进出口总公司和省专业进出口公司代理进口。1995年，县外贸公司被经贸部授予自营进出口权。1998年国家外贸经营权放开后，全县对外贸易经营主体结构扩增至县外贸公司、县内自营进出口生产企业和外商投资企业，进出口业务开始稳步攀升，进出口总额逐年增长。2012年，全县自营出口总额13.37亿美元，进口贸易总额1.23亿美元。

第一节　外贸经营企业

一、专业外贸公司

县外贸局于1984年4月从县商业局划出单列，改称公司（局级）。次年开始，外贸逐步开放，可以自营收购，组织货源，供口岸公司出口。1988 年，县外贸公司通过连云港供货单位组织饲料出口 1.1 万吨，出口额达 830 万元。1995 年，县外贸公司被经贸部授予自营进出口权，当年自营出口完成 0.57 亿元，全县出口商品交货值达 2.62 亿元，比上年增长 4%。2004 年 6 月，外贸流通企业增加到 4 家。2012 年，全县有进出口实绩的外贸流通企业共 25 家，完成进出口额 8884 万美元，占全县比重为 6.6%。其中，进出口总额超 300 万美元的共 11 家。

2012 年长兴县自营进出口总额超 300 万美元专业外贸公司情况表

表 15-1　　单位：万美元

企业名称	出口额	进口额	进出口总额	企业名称	出口额	进口额	进出口总额
湖州博明进出口有限公司	1119	4	1123	长兴县进出口有限公司	453	1	454
长兴金科进出口有限公司	914	3	917	长兴中宇进出口有限公司	386	0	386
长兴伟尔德进出口有限公司	793	1	794	浙江长兴金辉物资贸易有限公司	371	0	371
长兴慧德进出口有限公司	586	0	586	湖州东沛进出口有限公司	349	1	349
浙江浩华进出口有限公司	569	0	569	长兴瑞德进出口有限公司	310	0	310
浙江长兴惠丰国贸有限公司	0	535	535	—	—	—	—

说明：资料来源于县商务局

二、自营进出口生产企业

1998 年，国家外贸经营权放开。同年，浙江三狮水泥集团公司、长兴县高温耐火器材有限公司、长兴县华宝宠物用品厂、湖州父子岭耐火集团公司、湖州威达纺织集团公司、湖州海圣实业集团公司、长兴县佳胜皮件厂 7 家企业首次取得自营进出口权。2004 年 6 月，商务部颁布《对外贸易经营者备案登记办法》，规定外贸经营由审批制全面转为登记制，标志着中国企业外贸经营权完全放开。同月，全县外贸主体队伍中有民营企业 35 家。之后，长兴民营外贸企业迅速发展壮大，成为全县对外贸易的重要经营主体。2006 年，有出口实绩的自营进出口企业 115 家，其中全年出口 1000 万美元以上企业 5 家、年出口额 500 万美元以上企业 12 家。2012 年，全县有出口实绩的民营企业 111 家，完成进出口 98048 万美元，占全县比重 69.6%。其中，进出口总额超 1000 万美元的共 27 家。

2012 年长兴县自营进出口总额超 1000 万美元生产企业情况表

表 15-2　　单位：万美元

企业名称	出口额	进口额	进出口总额	企业名称	出口额	进口额	进出口总额
浙江诺力机械股份有限公司	14256	133	14389	湖州纳尼亚实业股份有限公司	1350	65	1416
浙江中山化工集团有限公司	10504	0	10504	长兴鸿运织造有限公司	1368	0	1368
浙江省长兴丝绸有限公司	5810	0	5810	长兴木克斯洁具有限公司	1363	0	1363
长兴华隆丝绸有限公司	3270	0	3270	长兴东正纺织有限公司	1354	0	1354
湖州凯恩涂层有限公司	3180	59	3239	湖州亿恒化纤纺织有限公司	1245	0	1245
长兴县超强丝绸有限公司	2490	0	2490	浙江长兴家宝电子有限公司	1222	0	1222
湖州市长兴隆昌丝绸有限公司	1797	0	1797	浙江奇达纺织有限公司	1215	0	1215
长兴锦茂昌纺织有限公司	1696	0	1696	长兴县鑫发化纤有限公司	1131	0	1131
浙江省长兴第一化工有限公司	1652	28	1680	长兴县鑫盛轻纺有限公司	1124	0	1124
浙江利帆家具有限公司	1428	197	1625	长兴金发纺织有限公司	1112	0	1112
长兴县晨茂织造有限公司	1617	0	1617	浙江盛发纺织印染有限公司	1056	32	1088

续表 15-2

企业名称	出口额	进口额	进出口总额	企业名称	出口额	进口额	进出口总额
浙江凯迪汽车部件工业有限公司	1565	1	1565	长兴盛泰纺织品有限公司	1054	0	1054
浙江慧德新材料有限公司	1531	0	1531	长兴县蓉峰纺织有限公司	1052	0	1052
长兴冠峰丝绸有限公司	1496	0	1496	—	—	—	—

说明:资料来源于县商务局

三、外商及中国港澳台投资企业

随着 1998 年国家外贸出口经营权进一步放开,长兴对外贸易经营主体结构扩至外贸公司、自营进出口生产企业和外商投资企业三大类。至 2004 年 6 月,全县外贸主体队伍中有外资企业 23 家。2012 年,全县有进出口实绩的外商及中国港澳台投资企业共 38 家,完成进出口 34266 万美元,占全县比重 23.8%。其中,进出口总额超 500 万美元的共 16 家。

2012 年长兴县自营进出口总额超 500 万美元投资企业情况表

表 15-3

单位:万美元

企业名称	出口额	进口额	进出口总额	企业名称	出口额	进口额	进出口总额
高田(长兴)汽车安全装置有限公司	2611	2525	5135	海德箱包(浙江)有限公司	952	2	953
浙江多蒙佳乐服饰有限公司	4780	3	4783	长兴乐雅鹭针织有限公司	844	3	848
化药(湖州)安全器材有限公司	246	2546	2792	长兴如龙纺织有限公司	840	0	840
浙江东鑫纺织有限公司	2567	0	2567	湖州峰华时装有限公司	548	208	756
浙江长兴诺万特克玻璃有限公司	1577	5	1583	长兴县王发建材炉料有限公司	654	0	654
长兴贵龙布业有限公司	1562	0	1562	湖州吉豪非织造布有限公司	420	158	579
长兴峰鸿纺织有限公司	1219	0	1219	爱侣健康科技有限公司	528	35	563
浙江远大高分子材料有限公司	501	497	998	长兴华众玻璃有限公司	520	13	533

说明:资料来源于县商务局

第二节　出口贸易

一、出口总额

1988 年,全县外贸收购总额 2846 万元。之后,全县外贸收购总额有增长较快。至 1994 年,全县外贸收购总额 9399 万元。1995 年,全县外贸收购总额为 5321 万元,比上年下降 43.4%,为 1988 年以来首次下滑。1988—1995 年,年均递增 9.4%。1996 年起,全县对外贸易开始转向以扩大自营出口为主,同年自营出口总额 1178 万美元。1997 年,为 1510 万美元。1998 年、1999 年,受东南亚金融危机的影响,全县外贸出口大幅下滑,自营出口分别跌至 989 万美元和 842 万美元。2000 年,又迅速回升至 1401 万美元。2001 年,中国加入世贸组织,全县积极培育外贸经营主体。同年,自营出口总额 2662 万美元,比 2000 年增长 90%。其后至 2008 年,全县对外贸易持续进入高速增长期,2008 年全县自营出口总额达 66810 万美元,年均增长 58.4%;其中,2004 年突破 1 亿美元,达到 1.37 亿美元,比上年增长 74.4%。2009 年,受国际金融危机影响,全县完成自营出口总额 5.68 亿美元,比 2008 年下降 15%。2010 年,出口迅速回升,当年完成出口总额 8.94 亿美元。2011 年,出口总额突破 10 亿美元,达到 13.3 亿美元。2010—2012 年,全县外贸出口实现平稳增长,年均递增 22.2%。2012 年,全县自营出口总额 13.37 亿美元,比 1996 年增长 113.5 倍。1996—2012 年,全县自营出口总额年均递增 34.4%。

1988—2012 年长兴县外贸出口情况表

表 15-4

年份	出口总额	年份	出口总额	年份	出口总额
1988	2846 万元	1997	1510 万美元	2006	29028 万美元
1989	3080 万元	1998	989 万美元	2007	44645 万美元
1990	4466 万元	1999	842 万美元	2008	66810 万美元
1991	6007 万元	2000	1401 万美元	2009	56790 万美元
1992	6985 万元	2001	2662 万美元	2010	89442 万美元
1993	7489 万元	2002	4429 万美元	2011	133013 万美元
1994	9399 万元	2003	7850 万美元	2012	133680 万美元
1995	5321 万元	2004	13692 万美元	—	—
1996	1178 万美元	2005	19392 万美元	—	—

说明：资料来源于县商务局；1988—1995 年为外贸收购额（人民币万元），1996 年起为海关统计的自营出口额（万美元）

二、出口商品

20 世纪 80 年代，全县出口商品主要有大米、板栗、咸毛笋、水煮笋、蜂蜜、白果、皮衣产品、小湖羊皮、服装、兔毛、活性炭、紫砂、珍珠、大理石、中药材、机械等。1991 年，全县粮油食品类出口额 4095 万元、纺织品服装类 500 万元、土畜产类 228 万元、工艺品类 53 万元、五金矿产类 871 万元。90 年代起，出口商品结构逐步由农副产品为主向轻纺、皮革、轻工、机电、化工、建材类转变。1998 年，长兴开始调整出口商品结构，全县一般贸易出口商品达到 7 个大类 25 个品种。2012 年，全县出口产品包括托板车、电动叉车、汽配、电机、运动器材、五金工具、节能灯、蓄电池、面料、家纺、服装、箱包、卫浴、耐火、家具、化工、茶叶，形成纺织服装、机械汽配、精细化工三大出口产业，其中纺织服装在全县出口总额中占比 57.1%、机械汽配占比 20.2%、精细化工占比 9.9%。

2012 年长兴县出口商品分类情况表

表 15-5　　单位：万美元

商品名称	金额	商品名称	金额
一、活动物；动物产品	3	十、木浆及其他纤维状纤维素浆；纸及纸板的废碎品；纸、纸板	21
二、植物产品	311	十一、纺织原料及纺织制品	75910
其中：食品；饮料、酒及醋；烟草、烟草及烟草代用品的制品	226	其中：化学纤维长丝	39015
五、矿产品	3	十二、鞋、帽、伞、杖、鞭及其零件；已加工的羽毛及其制品	204
六、化学工业及其相关工业的产品	12979	十三、石料、石膏、水泥、石棉、云母及类似材料的制品；陶瓷	3155
其中：有机化学品	5390	十五、贱金属及其制品	1590
杂项化学产品	7354	十六、机器、机械器具、电气设备及其零件；录音机及放声机	19674
七、塑料及其制品；橡胶及其制品	1619	其中：核反应堆、锅炉、机器、机械器具及其零件	15494
其中：塑料及其制品	1554	十七、车辆、航空器、船舶及有关运输设备	5680
八、生皮、皮革、毛皮及其制品；鞍具及挽具；旅行用品、手提箱	2137	其中：车辆及其零件、附件，但铁道及电车道车辆除外	5678

续表15-5

商品名称	金额	商品名称	金额
其中:皮革制品;鞍具及挽具;旅行用品、手提包及类似容器	2137	十八、光学、照相、电影、计量、检验、医疗或外科用仪器及设备	919
九、木及木制品;木炭;软木及软木制品;稻草、秸秆、针茅	1620	二十、杂项制品	6652
其中:木及木制品;木炭	1428	其中:家具;寝具、褥垫、弹簧床垫、软坐垫及类似的填充制品	5079
		合　计	132477

说明:资料来源于县商务局

三、出口国家和地区

1997年,县内出口企业与17个国家和地区建有贸易关系。1998年,全县出口商品远销31个国家和地区。随着出口企业的壮大,2006年,全县外贸企业与全球113个国家和地区开展贸易往来,新兴市场20个。出口市场中欧洲占36.3%、亚洲占3.8%、北美洲占13.6%,主要集中在美国、印度和欧盟、东盟的国家和地区。2008年,通过实施市场多元化和"走出去"战略,县内企业加快开拓国际市场步伐,在巩固传统市场的同时,开拓中东、非洲和欧美市场,与全球130个国家和地区建立贸易关系。2009年,亚洲超过欧洲成为全县最重要的出口市场,同年亚洲市场出口额2.11亿美元,占出口总额的37.1%;欧洲市场出口1.66亿美元,占29.2%;拉丁美洲超越北美,成为长兴县的第三大贸易伙伴,出口额为7581万美元,占13.3%。2012年,全县商品出口的国家和地区扩大到153个,其中超过1000万美元的国家和地区达到30个。出口国家和地区主要集中在亚洲、欧洲和拉丁美洲。其中,亚洲市场份额4.8亿美元,占全县出口总额35.9%,出口前3位国家是印度、泰国和阿联酋。

2012年长兴县主要出口市场情况表

表15-6

国别、地区	出口额(万美元)	占全县出口总额比重(%)	国别、地区	出口额(万美元)	占全县出口总额比重(%)
美国	11720	8.8	德国	5445	4.1
印度	10115	7.6	俄罗斯	5039	3.8
巴西	7683	5.8	阿联酋	4832	3.6
墨西哥	7302	5.5	日本	4055	3.1
法国	6430	4.9	合计	68494	51.6
泰国	5873	4.4	—	—	—

说明:资料来源于县商务局

第三节　进口贸易

一、进口总额

1999年之前,县内进口原材料和机械设备,均通过国家专业进出口总公司和省专业进出口公司代理进口,进口数据未有专门统计。1999年,全县自营进口业务开始起步,同年金三发集团公司完成进口12万美元。之后,全县自营进口总额稳步攀升。2001—2005年,进口总额由448万美元增加到2567万美元,年均增长54.7%。2006—2010年,进口总额由2301万美元增加到9865万美元,年均增长43.9%。其间,受金融危机影响,2009年进口总额比2008年下降10.2%。2012年,全县进口贸易总额1.23亿美元,比1999年增长1021倍。

1999—2012 年长兴县进口情况表

表 15-7　　单位：万美元

年份	进口额	其中：设备进口	年份	进口额	其中：设备进口
1999	12	12	2007	2544	785
2000	423	0	2008	4298	2042
2001	448	35	2009	3863	602
2002	2795	1920	2010	9865	2003
2003	708	269	2011	16271	4626
2004	1828	919	2012	12267	1463
2005	2567	2019	合计	57889	16695
2006	2301	646	—	—	—

说明：资料来源于县商务局

二、进口商品

1999 年，县内纺织企业开始从国外引进先进设备，进行技术改造，进口主要设备为日本产喷水织机。2008 年，全县加工贸易企业 17 家，进口原料主要分布在机械、化工、纺织、服装、箱包、茶业等行业。2012 年，全县机电设备进口 1500 万美元，占总进口额 12.2%；加工贸易原料进口 2980 万美元，占 24.3%。

2012 年长兴县主要进口产品情况表

表 15-8　　单位：万美元

商品名称	金额	商品名称	金额
四、食品；饮料、酒及醋；烟草、烟草及烟草代用品的制品	2	十三、石料、石膏、水泥、石棉、云母及类似材料的制品；陶瓷	42
五、矿产品	495	十四、天然或养殖珍珠、宝石或半宝石、贵金属，包括贵金属及其制品	4
矿砂、矿渣及矿灰	162	十五、贱金属及其制品	915
矿物燃料、矿物油及其蒸馏产品；沥青物质；矿物蜡	329	其中：钢铁	180
六、化学工业及其相关工业的产品	2042	钢铁制品	97
其中：无机化学品；贵金属、稀土金属、放射性元素及其同位素	124	铜及其制品	224
炸药；烟火制品；火柴；引火合金；易燃材料制品	1775	锌及其制品	314
七、塑料及其制品；橡胶及其制品	2088	十六、机器、机械器具、电气设备及其零件；录音机及放声机	3563
其中：塑料及其制品	2067	其中：核反应堆、锅炉、机器、机械器具及其零件	2868
八、生皮、皮革、毛皮及其制品；鞍具及挽具；旅行用品、手提箱	8	十七、车辆、航空器、船舶及有关运输设备	1672
九、木及木制品；木炭；软木及软木制品；稻草、秸秆、针茅	61	其中：车辆及其零件、附件，但铁道及电车道车辆除外	1672
十、木浆及其他纤维状纤维素浆；纸及纸板的废碎品；纸、纸板	89	十八、光学、照相、电影、计量、检验、医疗或外科用仪器及设备	464

续表15-8

商品名称	金额	商品名称	金额
十一、纺织原料及纺织制品	811	其中:光学、照相、电影、计量、检验、医疗或外科用仪器及设备	464
其中:棉花	149	二十、杂项制品	10
化学纤维长丝	212	合　计	12267
化学纤维短纤	250	—	—

说明:资料来源于县商务局

三、进口国家和地区

1999—2012年,全县进口设备主要来源国家为日本、韩国、德国,加工贸易及其他原料进口国家和地区包括日本、美国、伊朗、沙特、韩国、俄罗斯、墨西哥、秘鲁和东盟、欧盟等。2012年,全县主要进口国家和地区为日本、美国、韩国、意大利、新加坡、英国、德国、伊朗,进口总额合计达9182亿美元,占全县进口总额的74.9%,其中日本进口额占全县进口额的29.2%,美国进口额占17.5%,韩国进口额占10.4%。

2012年长兴县主要进口市场情况表

表15-9

国别、地区	进口额(万美元)	占全县进口总额比重(%)	国别、地区	进口额(万美元)	占全县进口总额比重(%)
日本	3586	29.2	英国	437	3.6
美国	2147	17.5	德国	363	3.0
韩国	1272	10.4	伊朗	360	2.9
意大利	528	4.3	合计	9182	74.9
新加坡	489	4.0	—	—	—

说明:资料来源于县商务局

第四节　境内外参展

20世纪90年代开始,县内企业通过参加境内外展会拓展业务,参展涵盖机械、电子电器、纺织面料、服装、汽配、化工等行业。

一、境内展览会

中国进出口商品交易会　1996年,县外贸公司组织长兴诺力机械厂和县外贸公司下属分公司首次参加中国进出口商品交易会(简称"广交会"),主要展出液压搬运车和宠物用品等。1999年10月,县外经贸局组织诺力机械公司和长兴进出口公司2家企业参加第86届广交会,主要展出液压搬运车、宠物用品和工艺品等。2005年,全县广交会展位分配企业增加到6家。2006年4月,全县涉外部门、乡镇、街道及出口企业代表230人赴第99届广交会参观展,共有15家企业参展。2007年,在第102届广交会上,县外经贸局组织全县35家纺织面料企业,在330余平方米的展区集中亮相、整体布展,打造长兴区域品牌。2012年,在第112届秋季广交会上,全县共有139家企业、320人参观展,展出产品为小型机械、五金、工具、电动车、汽车配件、热水器、蓄电池、卫浴、节能灯、建筑材料、化工产品。

中国华东进出口商品交易会　2005年,县内有3家外贸企业参加中国华东进出口商品交易会(简称"华交会"),主要展出纺织面料、工艺品等。2008年,在第18届华交会上,县内企业展览产品主要以服装、纺织品、日用消费品及装饰礼品为主。2009年,在第19届华交会上,全县组织乡镇、部门、企业代表共160人参观展。其中参展企业18家,展位19个,共接待外商1300余人次,意向性成交额3200多万美元，均比上届华交会有明显增长。2012 年，全县有 21 家企业参展、100 多家企业观展，主要展出纺织面料、床上用品、工艺品等。

二、境外展览会

1993 年，县紫砂工艺厂赴美国纽约，参加由美籍华人举办的中华工艺品大展销，展销商品为 23 类 1904 件紫砂茶具。2004 年，省、市组织在德国、南非、日本、意大利、法国等国家举办消费品、文具、电子、礼品、纺织服装国际知名专业展览活动，全县有 40 多家企业参加。2006 年，县内有 30 家(次)企业参加德国纽伦堡宠物展、意大利卫浴展、中国香港电子展等 10 余个专业展会，主要参展商品有宠物用品、卫浴用品、电子节能灯。2009 年，有 61 家(次)企业参加美国五金展、俄罗斯轻工纺织展、巴拿马国际贸易博览会、越南面料展、德国工业展、美国出口品牌展、意大利蓄电池展等 23 个批次的境外知名展会参观展，主要参展商品有纺织面料、蓄电池、物流搬运车、园林用品，品种达到 133 个，是 2006 年的 4 倍。2010 年，有 130 家(次)企业赴越南、阿联酋、墨西哥、美国等地参加各种专业展会，累计展位 170 个，主要参展商品有纺织面料、蓄电池、户外家具。2012 年，有 188 家(次)企业赴 28 个国家和地区参加国际展会，累计展位 220 个，主要参展商品有物流搬运车、纺织面料、蓄电池、户外家具、电子节能灯。

第五节　国际反倾销

2001 年之前，长兴出口企业未涉及国际贸易摩擦。2001 年，中国加入世贸组织后，长兴遭遇国际贸易摩擦案例开始出现。国外反倾销涉及长兴的出口产品主要有纺织面料、机电产品、木地板。长兴出口企业主要涉及案件包括 2004 年欧盟对华手动液压车反倾销调查，2008 年土耳其对华无纺布反倾销调查，2008 年秘鲁对华纺织面料鞋类反倾销调查，2010 年美国对华复合地板反倾销、反补贴调查。其中土耳其对华无纺布反倾销调查、秘鲁对华纺织面料鞋类反倾销调查和美国对华复合地板反倾销、反补贴调查因涉案金额小，没有长兴企业提起应诉。在 2004 年欧盟对华手动液压车反倾销调查中，浙江诺力机械股份有限公司主动提起应诉，并获得较低税率。该公司成为国内第一家扭转欧盟反倾销案件初裁决定的外贸企业，该案件也成为中国首个终裁结果改变初裁不公正判决的案例。

〔**专记**〕

诺力公司打赢国际反倾销反败为胜“中国第一案”

浙江诺力机械股份有限责任公司(以下简称“诺力”或诺力公司)，新址坐落在长兴经济技术开发区内，原址为长兴县雉城镇环城东路 165 号，前身是煤炭部定点生产企业长兴煤炭机械厂，1953 年 3 月 1 日始创。20 世纪 90 年代初，该厂进入小型搬运车生产领域。1996 年，获德国莱茵公司 GS、CE 证书。2000 年，改制为长兴诺力机械有限责任公司。同年，开发油路结构手动液压搬运车。2001 年，生产各类仓储输送车辆 11.6 万台，销售收入 1.11 亿元。2002 年，实行技改，增加年产电动仓储搬运车 2000 台、手动液压仓储搬运车 5 万辆生产能力。次年，进行股份制改制，变更为股份有限责任公司，开发生产低位搬运车、电动堆高车、电瓶叉车等轻小型仓储物流搬运设备，为国内专业仓储搬运设备制造业，当年生产手动液压托盘搬运车 35 万台，销售量名列全球第一，产值 3.95 亿元。先后被评为中国名牌产品、中国驰名商标、国家免检产品，成为国家火炬计划重点高新技术企业。2004 年，在欧盟反倾销案中胜诉，成为中国反倾销反败为胜第一案。

一、“诺力”涉案

2001 年，中国加入世贸组织(WTO)。之后，随着中国融入国际经济大循环进程的加快，国际贸易争端日渐显现,对外贸易的不断扩大,引起不少国家采取反倾销等措施提高进口税额,以削弱中国产品国际竞争力。2004年,仅湖州全市即遭遇11起反倾销调查案,涉及木业、化纤、医药、机电(含手动液压车)、纺织品等18类产品,百家民营企业,案值4732万美元。同年4月29日,欧联执行委员会在《官方公报》发布2004/C103/05号通告,对中国输欧手推车(手动液压搬运车)及其主要部件进行反倾销立案调查,诺力公司为涉案企业。

二、抗辩败诉

得到消息的第一时间,诺力公司从"震惊""愤怒",到"一筹莫展"和"担忧",最后"又重新鼓起勇气"。召开高层会议,董事长、总裁丁毅为未来工作定下基调:事在人为,坚决应诉。

5月2日,商务部、中国机电商会在宁波召集涉案企业参加紧急会议,研究应诉事宜。根据欧盟委员会的规定要求,涉案企业可以参加行业无损害抗辩,也可以提出申请分辨裁决和争取自身市场经济地位,还可以两者同时进行。经过慎重考虑,"诺力"决定两者同时参加。遗憾的是承担高额的律师费用后,行业的无损害抗辩,最终因25国代表投票的票数少而未获成功。

同时,该公司第一时间内聘请的北京锦天诚律师事务所和比利时VBB律师事务所作为反倾销应诉代理律师,已按照欧盟的要求递交有关文件资料,9月6日通过欧盟核查员的现场审核。然而,9月30日,诺力公司接到欧盟"拒绝给予4家应诉企业市场经济地位"的初裁结果。欧盟在公布的初裁决定中,以诺力公司会计实践不符合国际会计准则的牵强理由,决定不给予市场经济地位,并裁定35.9%的高额倾销税率。其余应诉的3家公司也得到类似的结果。放弃应诉的企业,则被裁定49.6%的倾销税率。历史上还没有任何一家企业(行业)扭转过欧盟的初裁,继续抗诉将投入更多人力、物力、财力。锦天诚律师事务所的律师劝"诺力"停止申诉,但"诺力"决定:哪怕只有百分之一的希望也要继续抗诉。

三、反败为胜

2004年11月28日,"诺力"通过机电产品进出口商会向商务部提交一份申请,请求国家出面,启动WTO争端解决程序,向欧盟讨回公道。针对欧盟的裁决,"诺力"在申请书中提出如下反驳意见:第一,欧盟立法上要求企业的财务制度符合国际会计准则,但是立法上对国际会计准则并没有用大写,因此不是特指的,只是指在国际上被普遍公认的一些国际会计准则;第二,如果欧盟标准中的国际会计准则确实是特指"国际会计准则",那么,欧委会并没有要求欧盟的企业执行该准则,欧委会也没有用该准则来衡量其他市场经济国家的企业是否符合市场经济地位;第三,从1998年至今,在欧盟反倾销案中,已经有20多家中国企业得到市场经济地位,都是按照中国法律要求执行中国会计制度,无一执行特定的"国际会计准则"。欧盟以"诺力"不执行特定的"国际会计准则"否定其市场经济地位,完全是任意的,违反WTO透明度和公正性原则;第四,欧委会可以凭空否定中国会计制度,也可以任意否定中国的法律制度,是不能被接受的。

商务部对该案高度重视,在多次与欧盟的双边磋商中,就"诺力"的问题提出严正交涉,给欧委会施加了非常大的压力。财务部则为诺力公司专门出具重要而权威的解释,有力地支持企业的抗辩观点。长兴地方政府为坚定企业的信心做了大量工作,并为企业解决许多实际困难。机电产品进出口商会在协调企业与政府的关系上发挥重要作用,他们丰富的实战经验保证了"诺力"在整个应诉过程中一直能够把握正确的策略和方向。该次由国家、涉案企业、社会力量和当地政府的合力抗诉,事后被称作"四体联动"机制。

2005年7月22日,欧盟作出终裁,将终裁倾销税率由初裁的35.9%降为7.6%。"诺力"成为全国同行业唯一被欧盟给予市场经济地位的企业,成为国内第一家扭转欧盟反倾销案件的初裁决定的外贸企业。该案成为中国首个终裁结果改变初裁不公正判决的经典案例。

反倾销胜诉后,专程到诺力公司考察的商务部进出口公平贸易局局领导说,诺力是欧盟委员会首次在终裁决定中,改变其在初裁决定中对中国企业市场经济地位的裁决,第一次实现了企业在反倾销应诉中由被动转主动。"诺力"应诉并取得最后胜利,成功使欧盟改变了初裁对其市场经济地位的否决,成为全国范围内欧盟对中国手动叉车反倾销调查案唯一胜诉企业。在欧盟对中国反倾销调查频多且胜诉极少的当下，“诺力”胜诉引起了新华社、《人民日报》《中华工商时报》《国际商报》等媒体的高度关注。各大报纸纷纷报道永不言弃、执着抗诉、反败为胜的国际反倾销“中国第一案”。众多出口型企业纷纷邀请“诺力”去介绍经验。在该次案件中发挥关键作用的“四体联动”机制得到政府和法律界的高度重视。2005年8月，商务部在长兴县召开“手动液压搬运车欧盟反倾销应诉总结会”，“诺力”打赢反倾销应诉反败为胜被商务部列为反倾销经典案例，并获得浙江省进出口公平贸易2004年度专项资金奖励100万元。

图15-1　手动液压搬运车欧盟反倾销应诉总结会(县商务局提供·2008年)

四、企业发展

“诺力”反倾销胜诉，为该企业占领欧盟市场扫除了贸易壁垒障碍，提高了企业知名度和竞争力，促进了企业外贸出口持续稳定发展。同时，诺力公司进行深刻反思，清醒地意识到：虽然自2003年以来，“诺力”先后聘任过一些专家来指导，起到了一定的促进作用，但企业要立于不败之地，尚须拥有自主知识产权，以国际化的视野和思维开拓经营。只有不断提高产品的国际市场竞争力，努力做到领先于国际市场，才能在残酷的竞争中发展壮大。“诺力”胜诉后，更加注重企业形象，在企业财务管理、员工待遇、高层次人才和新设备引进，以及产品研发投入等方面，都加大了力度，以提高企业的管理意识和应对国际贸易争端的能力，为提升企业层次打下基础。2005年年底，公司主要产品已有手动系列和半电动、全电动系列托盘车，堆高车及具有自主知识产权的智能型产品，95%以上出口，销往亚、欧、美等65个国家和地区，出口额达3857万美元。2006年10月，诺力公司董事长丁毅被浙江省民营经济研究会、浙江省民营经济专家委员会评为“浙江省杰出民营企业家”。2012年，经过6年的持续发展，诺力公司已成长为国内知名的仓储物流搬运车辆制造企业，产品线从轻小型搬运车辆扩大至电动仓储车辆，在工业车辆中端及中高端市场占据领先地位，主要产品销量已持续多年排名国内同行业第一位。全年自营进出口总额达14389万美元，名列全县外贸进出口企业首位。其中，出口额达14256万美元，为2005年的3.7倍，进口额133万美元。

(许虔东执笔)

第六节　服务外包

2009年，县内服务外包业务开始起步。同年，全县注册15家服务外包企业，服务外包执行额761.61万美元，其中离岸外包执行额758.68万美元、在岸服务外包执行额2.93万美元，长兴经济技术开发区成为浙江首批省级服务外包示范园区。2010年，服务外包执行额为468.89万美元，均属离岸服务外包业务。2011年，新增注册5家，服务外包执行额948.71万美元，其中离岸服务外包执行额348.21万美元，在岸服务外包执行额600.5万美元。2012年年末，全县有服务外包企业30家，其中落户县开发区28家、泗安镇1家、李家巷镇1家。服务外包执行额1876.39万美元，其中离岸外包执行额806.73万美元、在岸外包执行额为1069.66万美元。主要企业有海信惠而浦(浙江)电器有限公司、海信空调有限公司、浙江诺力机械股份有限公司、浙江爱侣健康科技发展有限公司。

第二章 利用外资及港澳台资

长兴县利用外资及中国港澳台资金起步于1985年，至2012年，累计批准外商投资企业及港澳台资企业249家，注册资本25.71亿美元，合同利用外资及中国港澳台资23.67亿美元，实际利用外资及中国港澳台资12.73亿美元。资金来源地以亚洲国家和地区为主，中国香港和台湾地区最多；投资项目以第二产业为主，占全县投资项目总数89.5%；实际利用资金额前5位的行业分别为电子行业、建材行业、汽配行业、服装行业、纺织行业；引进企业遍布各乡镇及工业园区，长兴经济技术开发区为主要落户地。其间，引进6家世界500强企业和一批知名外资企业。2012年，全县外资及中国港澳台资企业销售收入占全县工业销售的22.2%，利润占全县工业利润的27.4%。

第一节 外资及港澳台资引进

1985年，全县第一家合资企业沪兴特种水泥有限公司成立，由浙江省长兴白水泥厂、上海市对外贸易公司、湖州市经济协作公司与香港建国发展有限公司合资兴办。1991年，县内第一家台商独资企业浙江缘航竹制品有限公司成立，由台湾缘航公司独资兴办，总投资100万美元，注册资本85万美元，台资85万美元。1992年5月，县外商投资服务公司成立。1992—1996年，全县批准外商投资企业及中国港澳台资企业68家，总投资7777万美元，注册资本6879万美元，合同利用外资及中国港澳台资3660万美元，实际利用外资及中国港澳台资2464万美元。1997年起，受东南亚金融危机等因素影响，全县引资数量有所减少。1997—1999年，全县批准外商投资企业及中国港澳台资企业8家，总投资4401万美元，注册资本1953万美元，合同利用外资及中国港澳台资2383万美元，实际利用外资及中国港澳台资609万美元。2000—2005年，全县批准外商投资企业及中国港澳台资250家，总投资19.9亿美元，注册资本13.3亿美元，合同利用外资及中国港澳台资12.5亿美元，实际利用外资及中国港澳台资4.7亿美元。其间，于2005年引进首家世界500强企业投资企业长兴伊通有限公司。2006年起，全县着力提高引进外资质量和优化产业结构，专攻“大好高”项目，引进世界500强及知名外资企业。2006—2012年，全县批准外商投资企业及中国港澳台资企业210家，总投资46.3亿美元，注册资本28.3亿美元，合同利用外资及中国港澳台资26.1亿美元，实际利用外资及中国港澳台资11.8亿美元。其间，引进5家世界500强企业和一批知名外资企业。

1988—2012年长兴县利用外资及港澳台资情况表

表15-10

年份	企业数（家）	总投资（万美元）	注册资本（万美元）	合同利用外资及港澳台资金额（万美元）	实际利用外资及港澳台资金额（万美元）	年份	企业数（家）	总投资（万美元）	注册资本（万美元）	合同利用外资及港澳台资金额（万美元）	实际利用外资及港澳台资金额（万美元）
1988						1993	30	2885	2299	1221	459
1989						1994	9	3368	3304	1850	859
1990						1995	4	186	153	87	257
1991	3	183	144	125	0	1996	5	219	192	98	840
1992	20	1119	931	404	49	1997	1	1662	888	927	459

续表15-10

年份	企业数（家）	总投资（万美元）	注册资本（万美元）	合同利用外资及港澳台资金额（万美元）	实际利用外资及港澳台资金额（万美元）	年份	企业数（家）	总投资（万美元）	注册资本（万美元）	合同利用外资及港澳台资金额（万美元）	实际利用外资及港澳台资金额（万美元）
1998	3	772	210	405	81	2006	44	61631	33498	32711	14513
1999	4	1967	855	1051	69	2007	41	67279	38599	35615	15325
2000	12	3587	2016	1623	1217	2008	27	58213	37228	33008	17101
2001	17	15099	11592	11811	4600	2009	23	47591	33707	30467	15857
2002	40	30634	15973	22633	7655	2010	27	58116	39337	37109	18506
2003	69	55147	34146	28476	10009	2011	29	76625	48860	47512	17004
2004	57	47904	36027	30003	10129	2012	19	93473	52209	44594	19212
2005	55	46666	33018	30073	13006	合计	249	430372	257128	236745	127333

说明：资料来源于县商务局

第二节 外资及港澳台资结构

一、来源结构

1988—2012年，全县批准外商和中国港澳台商投资企业中，资金来源地为亚洲、欧洲、美洲和大洋洲的31个国家和地区，以亚洲国家和地区为主，中国香港和台湾地区企业最多。其中，中国港商投资企业94家，占37.8%；中国台商投资企业27家，占10.8%；美资企业25家，占10%；韩资企业14家，占5.6%；日资企业13家，占5.2%。

1988—2012年长兴县利用外资及港澳台资分国家（地区）情况表

表15-11

资金来源地	企业数（家）	总投资（万美元）	注册资本（万美元）	合同外资（万美元）	实到外资（万美元）	资金来源地	企业数（家）	总投资（万美元）	注册资本（万美元）	合同外资（万美元）	实到外资（万美元）
中国香港地区	94	221848	135315	132536	50813	吉尔吉斯斯坦	1	935	568	568	568
中国台湾地区	27	14727	8763	7723	4442	加拿大	4	7001	3406	3271	2384
中国澳门地区	4	1400	1155	877	148	开曼群岛	1	2844	1633	735	685
马来西亚	9	2178	1909	1590	336	葡萄牙	2	4193	3453	2914	1912
新加坡	8	7719	5670	5483	4042	瑞典	1	365	210	147	291
日本	13	19397	11099	10518	11021	瑞士	1	3994	1727	2848	1669
韩国	14	4569	3509	2786	1525	萨摩亚	1	27000	9000	1040	283
美国	25	30912	19968	16830	8370	塞舌尔	1	92	80	80	80
德国	2	3028	1320	1320	1321	土耳其	3	3186	1662	1662	1462
法国	4	3945	2081	2069	1903	维尔京群岛	11	48997	32077	30238	28550
荷兰	1	855	428	107	0	西班牙	4	1561	1071	1046	1078

续表15-11

资金来源地	企业数（家）	总投资（万美元）	注册资本（万美元）	合同外资（万美元）	实到外资（万美元）	资金来源地	企业数（家）	总投资（万美元）	注册资本（万美元）	合同外资（万美元）	实到外资（万美元）
澳大利亚	4	3540	2014	1789	89	希腊	1	776	388	139	248
阿联酋	4	7224	3263	3263	1705	意大利	3	2967	1958	1779	1124
波兰	1	44	32	16	16	印度	1	1850	800	800	938
菲律宾	2	2700	2200	2200	309	印度尼西亚	1	26	20	20	20
哈萨克斯坦	1	500	350	350	0	—	—	—	—	—	—

说明：资料来源于县商务局

二、产业结构

1988—2012年，全县批准外商及中国港澳台商投资项目中，以第二产业为主，投资项目223个，占全县投资项目总数89.5%；合同利用外资19.75亿美元，占全县合同利用外资总数83.4%；实际利用外资11.3亿美元，占全县实际利用外资总数90%。第一产业投资项目13个，占全县投资项目总数5%，合同利用外资9675万美元，占全县合同利用外资总数4%；实际利用外资4574万美元，占全县实际利用外资总数3.6%。第三产业13个，占全县投资项目总数5%；合同利用外资9183万美元，占全县合同利用外资总数12.6%；实际利用外资5963万美元，占全县实际利用外资总数6.4%。

三、行业结构

1988—2012年，全县批准外资及中国港澳台资企业中，纺织行业41个，占16.5%，居第一位；建材行业32个，占12%，居第二位；服装行业26个，占10.4%，居第三位。实际利用外资及中国港澳台资金额前5位的行业中，电子行业为4.06亿美元，占实际利用外资及中国港澳台资金总额的31.9%；建材行业为1.39亿美元，占10.9%；汽配行业为1.14亿美元，占8.9%；服装行业为1.03亿美元，占8.1%；纺织行业为9638万美元，占7.6%。

1988—2012年长兴县利用外资及港澳台资分行业情况表

表15-12

行业	企业数（家）	总投资（万美元）	注册资本（万美元）	合同利用外资（万美元）	实际利用外资（万美元）	行业	企业数（家）	总投资（万美元）	注册资本（万美元）	合同利用外资（万美元）	实际利用外资（万美元）
电子	18	77201	48437	52661	40563	化工	6	4762	4070	3748	755
纺织	41	65526	31781	21819	9638	塑胶	4	4392	2176	2170	1294
建材	32	49843	28270	24399	13920	旅游开发	4	3913	1804	1583	427
汽配	12	44861	22768	22633	11384	保健用品	1	3800	3100	3100	3110
服务业	17	28091	20618	20305	3545	家具业	4	6268	4720	3869	1162
机械	15	26690	20357	19946	3119	箱包	2	2650	1885	1210	1220
服装	26	20334	12180	10435	10311	工艺品	7	2084	1244	1198	1620
新能源	5	14263	9823	9527	2388	商贸业	3	1960	1200	1200	30
机电	9	13679	9012	4995	4565	饲料	1	1800	1000	1000	0
市场开发	5	12344	5336	6381	5506	体育用品	1	1000	500	140	140
信息技术	3	10196	3580	3580	579	包装	1	763	763	610	10
基础设施	2	7900	5900	4700	2620	供水业	5	923	667	547	611
食品医药	7	7701	4078	3968	3908	宠物用品	1	300	215	140	75
种植	11	6910	5516	4976	1954	生物研发	1	28	20	20	0

续表15-12

行业	企业数（家）	总投资（万美元）	注册资本（万美元）	合同利用外资（万美元）	实际利用外资（万美元）	行业	企业数（家）	总投资（万美元）	注册资本（万美元）	合同利用外资（万美元）	实际利用外资（万美元）
厨卫	1	5256	4040	4040	999	玩具	1	15	15	15	14
热电	2	4903	2041	1816	1851	仪器	1	14	14	14	14

说明：资料来源于县商务局

四、乡镇分布

1988—1990年，境内无引进外资企业及中国港澳台资。1991年，引进中国港商、台商投资企业3家，分布在3个乡镇。其中，台资企业浙江缘航竹制品有限公司总投资100万美元、注册资本85万美元，落户雉城镇；港资企业浙江长邦氟塑料有限公司，总投资57万美元、注册资本40万美元，落户李家巷镇；港资浙江远洋皮革服装有限公司，总投资140万元人民币、注册资本100万元人民币，落户后漾乡。至2012年年末，全县引进外商投资及中国港澳台商投资企业遍布各个乡镇、园区，其中以工业园区居多，长兴经济技术开发区为主要落户地。

1988—2012年长兴县各乡镇（街道、园区）利用外资及港澳台资情况表

表15-13

所在地	企业数（家）	总投资（万美元）	注册资本（万美元）	合同利用外资（万美元）	实际利用外资（万美元）	所在地	企业数（家）	总投资（万美元）	注册资本（万美元）	合同利用外资（万美元）	实际利用外资（万美元）
长兴经济技术开发区	83	204757	119868	117483	58781	夹浦镇	13	12200	8498	7597	3878
太湖图影旅游度假区	2	10743	6000	4800	1555	林城镇	11	9093	5395	5363	2376
南太湖产业集聚区	1	27000	9000	1040	283	洪桥镇	13	6460	5194	4929	2604
太湖街道	1	1000	1000	1000	0	虹星桥镇	7	10437	4440	4218	2812
画溪街道	26	50026	28334	25828	23193	水口乡	8	6461	4660	4473	1911
泗安镇	18	18531	14584	14584	5122	吕山乡	6	5510	2719	3719	2308
和平镇	24	30546	17677	16153	7793	白岘乡	8	3048	1868	1818	810
煤山镇	6	12810	11205	9226	9227	槐坎乡	4	1114	955	928	119
李家巷镇	9	8583	7886	7478	775	龙山新区	1	855	428	107	0
小浦镇	8	11197	7418	6002	3788	—	—	—	—	—	—

说明：资料来源于县商务局

第三节　外资及港澳台资企业

一、企业结构

县内引进外商及中国港澳台商投资企业，为中外及中国大陆和港澳台合资企业、外商及中国港澳台独资企业两种。至2012年，全县累计实有外商及中国港澳台投资企业249家。其中，中外及中国大陆和港澳台合资企业 86 家,总投资 13.9 亿美元、占全县总投资总数的 34.5%,合同利用外资及中国港澳台 5.2 亿美元、占全县合同利用外资及中国港澳台资总数的 32%,实际利用外资及中国港澳台资 3.98 亿美元、占全县实际利用外资及中国港澳台资总数的 31%;外商及中国港澳台独资企业 163 家,总投资 29.1 亿美元、占全县总投资总数的 65.5%,合同利用外资及中国港澳台 18.5 亿美元、占全县合同利用外资及中国港澳台资总数的 68%,实际利用外资及中国港澳台资 8.72 亿美元、占全县实际利用外资及中国港澳台总数的 69%。

二、企业运行

2003 年,全县规模以上"三资企业"销售额 3.79 亿元,占全县工业销售的 38.4%;利润 1624 万元,占全县工业利润的 14.8%;出口交货值 5612 万元;主营业务税金及附加 141 万元。2012 年,全县外资和中国港澳台资企业实现销售收入 205.69 亿元,占全县工业销售的 22.2%;利润 11.85 亿元,占全县工业利润的 27.4%;出口交货值 21.33 亿元;主营业务税金及附加 7153 万元,就业人员 1.96 万人。2003—2012 年,全县外资和中国港澳台资企业累计实现销售收入 957.63 亿元,利润 63.38 亿元,出口交货值 124.26 亿元,主营业务税金及附加 3.08 亿元。

2003—2012 年长兴县外资和港澳台资企业规模以上工业企业运行情况表

表 15-14

年份	销售(万元)	占全县工业销售比重(%)	利润(万元)	占全县工业利润比重(%)	出口交货值(万元)	主营业务税金及附加(万元)
2003	37855	38.4	1624	14.8	5612	141
2004	199251	13.8	29358	24.4	30346	981
2005	326233	17.6	21787	19.6	61723	1630
2006	476436	19.7	35879	22.3	71078	1317
2007	860796	27.2	58778	32.4	136462	1830
2008	1282676	31.00	73296	54.2	169842	3675
2009	1284147	27.7	67947	26.9	146952	4217
2010	1588523	16.1	104799	18.4	197267	3944
2011	1463400	21.1	121815	27.5	210017	5947
2012	2056977	22.2	118489	27.4	213321	7153
合计	9576294	—	633772	—	1242620	30835

说明:资料来源于县商务局

三、世界500强及知名外资投资企业

1988—2012 年,共引进世界 500 强投资企业 6 家,其中 2005 年引进首家世界 500 强投资企业、2008 年引进 3 家、2009 年引进 1 家、2012 年引进 1 家,德国投资企业 1 家、中国香港投资企业 3 家、法国投资企业 1 家、中国大陆投资企业 1 家。另外,还引进一批世界知名企业和行业领军企业。投资方来自德国、法国、日本、美国、瑞士等国家,主要涉及商业、建材、汽配、食品、家用电器等行业。

长兴伊通有限公司 由世界 500 强企业德国弗朗茨海涅尔集团全资子公司凯莱建材公司投资,2005 年 10 月批准,落户小浦镇。总投资 2999 万美元,注册资本 1300 万美元。生产、销售砂加气混凝土砌块、板材、水硬胶凝材料、干粉及其相关产品。承担装饰施工工程、机电设备安装工程,货物进出口及技术进出口(不含分销业务)。2012 年,实现销售收入 1.23 亿元。

海信惠而浦(浙江)电器有限公司 由世界 500 强企业惠而浦(香港)有限公司与海信科龙电器股份有限公司共同投资,2008 年 11 月批准,落户长兴经济技术开发区。总投资 9750 万美元,注册资本 6750 万美元,海信科龙电器股份有限公司与惠而浦(香港)有限公司各出资 50%。主要开发、生产和组装洗衣机、冰箱及其部件。2012 年,实现销售收入 12.83 亿元。

浙江江森自控电池有限公司　由世界500强企业江森自控亚洲控股有限公司投资，2008年12月批准，落户和平镇。总投资8862.1万美元，注册资本2954.1万美元。2010年11月30日增资，增加到总投资15737.4万美元，注册资本5245.9万美元。从事高容量全密封免维护铅酸蓄电池、其他动力蓄电池及其零部件的制造、销售、研发，并提供相关的技术支持和服务。2012年，实现销售收入13.62亿元。

长兴润瑞商业有限公司　由世界500强企业康成投资(中国)有限公司投资，2008年10月批准，落户雉城镇长海路288号。总投资500万美元，注册资本250万美元。从事批发、零售各类食品、饮料、日用百货等业务。2012年，实现销售收入2.03亿元。

湖州欧尚超市有限公司　由世界500强企业欧尚(中国)投资有限公司投资，2009年3月批准，落户长兴经济技术开发区。总投资2500万美元，注册资本1000万美元。从事批发、零售各类百货业务。2012年，实现销售收入1.89亿元。

中钢集团新型材料(浙江)有限公司　由中国世界500强企业中钢集团投资，2007年10月成立，落户画溪工业功能区。详见第11编工业、第4章企业与名优产品、第1节企业。

高田(长兴)安全装置有限公司　由日本高田株式会社投资，2005年11月批准，落户虹星桥镇午山岗。总投资1362万美元，注册资本545万美元，2009年6月1日增资，增加到总投资2862万美元，注册资本1145万美元，2011年9月14日增资，增加到总投资4862万美元，注册资本2037万美元。从事开发、设计、生产、组装汽车安全气囊系统(汽车安全气囊气体发生器、汽车安全气囊电子控制装置、汽车安全气囊)及其零配件。2012年，实现销售收入2.39亿元。

化药(湖州)安全器材有限公司　由日本化药株式会社投资，2006年8月批准，落户和平镇。总投资1000万美元，注册资本500万美元。2008年12月31日增资，增加到总投资1800万美元，注册资本1300万美元；2009年6月30日增资，增加到总投资2600万美元，注册资本1300万美元；2010年7月6日增资，增加到总投资4800万美元，注册资本2180万美元；2012年5月28日增资，增加到总投资6050万美元，注册资本2680万美元。从事IF(安全气囊用气体发生器)、MGG(安全带收卷固定器用气体发生器)、GG剂(安全气囊用气体发生器用气体发生剂)的生产。2012年，实现销售收入1.69亿元。

波路梦(长兴)食品有限公司　由日本波路梦株式会社投资，2007年1月批准，落户长兴经济技术开发区。总投资2000万美元，注册资本800万美元。2008年3月25日增资，增加到总投资2100万美元，注册资本900万美元；2008年9月4日增资，增加到总投资2240万美元，注册资本1000万美元；2008年11月17日增资，增加到总投资2520万美元，注册资本1200万美元；2009年4月15日增资，增加到总投资2620万美元，注册资本1270万美元；2009年6月25日增资，增加到总投资3320万美元，注册资本1620万美元；2010年4月30日增资，增加到总投资3920万美元，注册资本1920万美元；2011年11月21日增资，增加到总投资4520万美元，注册资本2220万美元。从事饼干、糕点、巧克力、口香糖等食品的生产加工、销售，葡萄干加工、研究开发及包装材料的生产和销售。2012年，实现销售收入2497万元。

百利得(湖州)汽车安全系统有限公司　由百利得汽车安全系统香港有限公司投资，2007年7月批准，落户和平镇。总投资2500万美元，注册资本1000万美元。2010年2月26日增资，增加到总投资2500万美元，注册资本1750万美元；2012年11月21日增资，增加到总投资3000万美元，注册资本2000万美元。从事开发、设计、生产、组装汽车安全系统及其零配件。2012年，实现销售收入9245.7万元。

空气化工产品(长兴)有限公司　由空气化工产品(中国)投资有限公司投资，2008年9月批准，落户长兴经济技术开发区。总投资500万美元，注册资本250万美元。生产、加工用于电子化工及其他高科技领域的精细化学品(氧气)，销售自产产品并提供相关服务。2012年，实现销售收入145万元。

长兴欧米亚钙业有限公司　由欧米亚(瑞士)股份有限公司投资，2010年3月批准，落户吕山乡。总投资710.3万美元，注册资本355.16万美元。2012年4月23日增资，增加到总投资934.46万美元，注册资本552万美元；2012年8月20日，增加到总投资4052万美元，注册资本1756.5万美元。从事超细碳酸钙、脱硫石膏粉生产、加工、销售。2012 年,实现销售收入 3252.5 万元。

1988—2012 年长兴县总投资超 3000 万美元的外资和港澳台资企业情况

表 15-15　　单位:万美元

企业名称	投资来源地	投资总额	注册资本	首次批准落户日期(年月)
高田(长兴)安全装置有限公司	日本	4862	2037	2005.11
浙江锦龙水泥有限公司	开曼群岛	4601	2000	2006.10
化药(湖州)安全器材有限公司	日本	6050	2680	2006.08
波路梦(长兴)食品有限公司	日本	4520	2220	2007.01
浙江天能电池有限公司	中国香港地区	9045	9001	2007.06
百利得(湖州)汽车安全系统有限公司	中国香港地区	3000	2000	2007.07
中钢集团新型材料(浙江)有限公司	中国、美国	14213	7475	2007.12
海信惠而浦(浙江)电器有限公司	中国香港地区	9750	6750	2008.11
浙江江森自控电池有限公司	中国香港地区	15737	5246	2008.12
长兴欧米亚钙业有限公司	瑞士	4052	1757	2010.03
超威电源有限公司	英属维尔京群岛	28728	16279	2010.07
浙江颐兴置业有限公司	中国香港地区	7843	4000	2011.11
桐昆集团浙江恒腾差别化纤维有限公司	萨摩亚	27000	9000	2012.04
碧淑黛芙(中国)有限公司	法国	4803	2356	2012.08

说明:资料来源于县商务局

第三章　对外及对港澳台经济技术合作

2006 年,长兴县企业开始对外及对中国港澳台投资。至 2012 年,全县有 13 家企业赴境外设立办事处、销售公司、生产厂家。至同年年末,全县累计外派劳务 1968 人次,外派国家由最初的日本发展到 14 个国家和地区,从事行业也由初期的加工行业发展到技术性较强的技术工种。

第一节　对外及对港澳台投资

一、投资合作概况

2006 年,长兴双飞服装辅料有限公司投资 12.5 万美元与客户在瑞典合作成立公司,是全县正式报批在境外设立的第一家分公司。2009 年,浙江兴海能源有限公司以专利技术出资入股德国 ECC 企业,是湖州地区首个专利技术境外投资企业。2010 年,浙江永达实业集团有限公司与安哥拉华丰建设有限公司共同出资成立安哥拉永达实业有限公司,投资总额 1500 万美元,主要生产经营水泥制品、电力线路器材等。2012 年,安哥拉永达启动安哥拉永达工业园。同年 7 月,长兴爱侣健康科技有限公司通过美国分公司收购美国生殖健康用品五大制造商之一的 Topco Sales 公司,成为长兴境外投资历史上第一个并购项目。至同年年末,全县有 13 家企业赴境外设立办事处、销售公司、生产厂家,中方投资总额 3060.05 万美元。

二、主要投资项目

双飞服装辅料在瑞典设立公司　长兴双飞服装辅料有限公司位于雉城新兴工业园区,是一家从事服装辅料加工、销售和货物、技术进出口企业。2006 年 4 月，双飞服装辅料有限公司与客户在瑞典卡尔马省设立 SIMPOSEON 公司，注册资本 37.5 万美元，双飞服装辅料出资三分之一，是长兴境外投资历史上第一个正式报批项目。

兴海能源以专利技术入股德国公司　浙江兴海能源科技有限公司位于长兴经济技术开发区，主要研发生产圆柱形锂离子动力电池，产品出口欧洲。ECC 是德国吕贝克市一家电极材料制造商，母公司 OMT 是大众、奔驰等企业供应商。2012 年，双方达成合作协议，在欧洲合作建立磷酸铁锂电池工厂，总投资 1000 万美元，其中兴海能源以专利技术出资 250 万美元。ECC 负责固定资产投入和经营管理，兴海能源负责提供专利技术和生产工艺，包括设备选购及安装调试、确定工艺路线等。

永达安哥拉工业园项目　2010 年，位于和平镇的浙江永达实业集团有限公司与安哥拉华丰建设有限公司共同出资成立安哥拉永达实业有限公司。2012 年，安哥拉永达正式规划建设安哥拉永达工业园项目，投资总额 4.5 亿美元。同年 6 月，该项目被安哥拉政府列为安哥拉新投资法出台后的第 001 号外资投资项目，填补在安哥拉没有中国工业园的空白。

爱侣公司并购项目　2006 年 5 月，爱侣健康科技有限公司在长兴经济技术开发区成立，注册资本 2.73 亿元，是全县首家获得国家药品监督管理局批准生产、销售成人性康复医疗器械的企业，产品销往日本、欧美地区 27 个国家，被路透社和美国《时代周刊》《华尔街日报》评估为世界同类产品产销量最大的企业之一。2012 年 7 月，通过美国分公司并购美国生殖健康用品五大制造商之一的 Topco Sales 公司，收购其品牌、销售渠道、研发团队等，逐步发展成为集研发、设计、制造和终端销售渠道全产业链的生殖健康、性感亲密用品的全球领军企业。同年 7—10 月，爱侣美国公司销售为 500 万美元左右。国内公司全年出口 528 万美元，比上年度增长 161%。

2006—2012 年长兴县对外及对港澳台投资企业（项目）情况表

表 15-16

投资企业名称	投资目的地	投资项目名称	设立方式	投资方出资额（万美元）	投资方控股（%）	批准时间（年月日）
长兴双飞服装辅料有限公司	瑞典	SIMPOSEON 公司	新设	12.50	33.3	2006.04.24
浙江诺力机械股份有限公司	德国	诺力欧洲有限责任公司	新设	3.55	100	2008.10.17
	美国	美国诺力有限公司	新设	20.00	100	2008.12.09
浙江昌盛电气有限公司	美国	美国昌盛科技控股公司	新设	20.00	100	2009.06.18
长兴立业进出口有限公司	中国香港	力福国际有限公司	新设	15.00	100	2009.10.11
浙江兴海能源有限公司	德国	德国 ECC 电化学公司	并购	250.00	25.0	2009.12.07
浙江东鑫纺织有限公司	阿联酋	晓东纺织有限公司	新设	50.00	100	2010.04.15
	捷克	捷克维科国际贸易有限公司	新设	100.00	100	2010.04.15
浙江永达实业集团有限公司	安哥拉	安哥拉永达实业有限公司	新设	249.00	50.0	2010.11.24
	安哥拉	安哥拉永达实业有限公司	增资	500.00	50.0	2011.10.28
浙江长兴加泰尔汽车部件有限公司	加拿大	加泰尔北美有限公司	新设	80.00	100	2011.05.17
长兴华海纺织有限公司	阿联酋	华昌纺织贸易有限公司	新设	200.00	100	2011.09.01
浙江中山化工集团有限公司	中国香港	中山化工有限公司	新设	200.00	100	2012.02.21
湖州纳尼亚实业有限公司	中国香港	恒鑫国际（香港）有限公司	新设	285.00	100	2012.03.30
浙江森莱特科技有限公司	加拿大	森莱特企业有限公司	新设	85.00	100	2012.04.15
爱侣健康科技有限公司	美国	理想资源股份有限公司	新设	990.00	100	2012.09.13

说明：资料来源于县商务局

第二节 劳务输出

一、输出目的地和劳务工种

1993年7月下旬,通过市外经贸委,长兴获得由劳动部下拨的10个赴日本研修生的名额。1994年1月23日,9名畎桥农家姑娘从北京飞往日本茨城县执行服装加工研修任务,成为全县首批境外劳务输出人员。1996年,县外经贸局设立对外经济技术合作科,以劳务输出为工作重点,在各乡镇、企业建立各类劳务输出人员档案材料,同时与县职业高中挂钩建立服装、电子、制塑、食品加工等培训基地,对劳务输出人员开展针对性培训。同年,县外经贸局与劳动部技能培训中心建立合作关系,发展劳务输出业务,实现劳务输出2批次,共8人。2000年,全县外派劳务120人,行业涉及纺织、服装、食品加工、建筑、餐饮、电子等,外派国家为美国、日本、新加坡、津巴布韦、柬埔寨,全年创汇105万美元。2004年,全县外派劳务154人,行业涉及纺织、服装、食品加工、建筑和机械等,外派国家主要为日本、新加坡、美国、柬埔寨、缅甸等国家。2005年,派遣出国研修生和境外劳务人员205人。至2012年年末,全县累计外派劳务1968人次,外派国家由最初的日本发展到美国、日本、韩国、新加坡、瑞典等14个国家和地区,从事行业由初期的服装、食品、建筑、农业等加工行业,发展到技术性较强的焊接、冲压、喷涂、车床、注塑、印染等技术工种。

1993—2012年长兴县外派劳务人数情况表

表15-17 单位:人

年份	外派劳务人数	年份	外派劳务人数	年份	外派劳务人数
1993	9	2000	120	2007	130
1994	—	2001	—	2008	688
1995	—	2002	—	2009	—
1996	8	2003	—	2010	130
1997	22	2004	154	2011	131
1998	46	2005	205	2012	73
1999	80	2006	172	—	—

说明:资料来源于县商务局

二、主要劳务输出服务企业

县内有长兴县中兴劳务咨询有限公司、长兴广通商务信息有限公司、长兴县朝华职业技术培训学校、长兴中新企业管理服务有限公司4家劳务输出服务企业,均为中介公司,无对外派遣劳务资质。通过介绍到杭州市、上海市等地有资质的劳务公司派遣出国,手续操作上不完备,均发生过劳务纠纷。2012年,基本不从事外派劳务。

三、瑞典蓝莓采摘劳资纠纷事件

瑞典卡尔马省是长兴县友好城市,每年蓝莓采摘量约2万吨,奥利·斯文森(Olle Svensson)公司的蓝莓制品在瑞典市场占有70%以上份额。瑞典人均收入高,剩余劳动力少,尤其是蓝莓基地人迹罕至。因而,每年7月末至9月末,有1万多名外籍劳务人员汇集瑞典蓝莓产区从事蓝莓采摘。2007年7月,应瑞典卡尔马省斯文森公司之邀,长兴县中兴劳务咨询有限公司组织26位长兴农民走出国门,赴瑞典进行为期2个月的蓝莓采摘工作,平均每人净挣人民币1万元。

2008年7月下旬,湖州金钉子境外就业服务有限公司组织长兴及湖州吴兴区、南浔区共502名农民赴瑞典采摘蓝莓,其中长兴499人。其间,由于项目合同外方准备工作不充分,宣传发动时未考虑可能出现的困难和问题，泰国及乌克兰等国采摘人员竞争激烈，特别是2008年为蓝莓低产年，因采摘量不足造成经济利益不能达到务工人员的期望值而诱发劳资纠纷。事发后，通过中国驻瑞典使馆、长兴县政府领导和长兴驻瑞典办事处在现场协调，县外经贸局、县公安局、县外事办在国内调解，于9月20日达成协议。由金钉子公司补偿每人1.38万元，并且退回每人出国前所缴纳的保证金和相关费用。劳务人员表示比较满意，纠纷得到解决，后期生产和劳务人员生活恢复正常。10月1日至5日，所有劳务人员分9批陆续回国。

〔专记〕

长兴首批境外研修生赴日研修纪实①

1994年1月23日，长兴县畎桥乡（今属林城镇）9名农家女从北京乘坐飞机飞往日本，开始研修生的生活，成为长兴首批境外劳务输出人员。

1993年6月25日，劳动部下属中国职业技能开发交流中心下拨10名赴日研修生名额给湖州市外经贸委。研修项目为服装加工，时间从1994年1月至1995年10月，计一年零九个月。要求所选研修生的学历必须在高中学历以上，年龄在18岁至25岁之间，未婚，有一年以上专业岗位经历。经宣传、发动工作无果后，7月下旬，市外经贸委将名额转拨给长兴县外经贸委。接到该指标的县外经贸委，无论是领导，还是普通干部，头脑里还是懵懂的。"研修生"是什么意思？为什么要到日本去？日本是个什么样子？人人都一知半解。但有一点大家都认识一致，发达国家的工资比国内高，到国外去打工多挣些钱回来，是件不错的好事。更何况，是劳动部下拨的指标。基于上述认识，出于帮助结对贫困乡的"私心"，县外经贸委将10人指标全部给了畎桥乡。

畎桥乡位于长兴县西南部，集镇距县城约17千米，总面积约20平方千米，9个村、61个自然村，3127户、11084人，属平原圩区，以种植水稻、麦类、油料为主，兼营种桑养蚕、畜禽养殖。1993年工农业总产值3198万元，其中农业总产值2071万元，农民人均收入1293元，是长兴县最贫困的地区之一，也是县外经贸委结对帮扶的乡镇。

指标下达后，县外经贸委立即启动相关工作。主任吴学民、副主任俞雷达和科长刘桂英一起到畎桥乡，开展宣传、发动工作。走家串户，苦口婆心劝说，晚上10点至夜半，再摸黑走田埂，返回住地。一不小心，跌一跤，翻到水田，一身泥水。没想到，历经十几天的辛苦工作，一无所获，村民都不愿意让自己的孩子去。原因很简单，祖祖辈辈都没有离开过脚下的土地，现在要让自己的孩子一下子走出国门，漂泊异乡，不舍得，不放心。特别是，要去的国家是日本，让上了年纪的老人们和了解抗日战争历史的村民们在感情上难以接受。同时，县外经贸委的工作人员认为，既然是出国，要代表中国人的

图15-2　1993年9月23日，9名长兴赴日研修生在培训地北京中医学院招待所前合影。左一为县外经贸委工作人员（刘桂英提供）

①资料来源于人力资源和社会保障部、《生命里有了研修的历史——长兴赴日研修生纪实》（王颖著，中国青年出版社2006年版）、《1994年长兴县委大事记》，以及原长兴县外经贸委科长刘桂英和1994年赴日研修生的口述资料。

形象、长兴人的形象,在相貌和身高等方面当然要有要求。不曾想,反而成为村民们的话柄,流言蜚语顿时而起,一些想报名的村民也动摇了念头。所以,问讯的多,报名的也不算少,但报了名又后悔,在报名表上划去名字也不少。眼看离劳动部规定的时间越来越近,10个人还没有凑齐。

情急之下,县外经贸的干部想出了个点子,让乡干部带头。先找到该乡副乡长、县机关下派干部邱建平,说服他去动员其表妹报了名。随后,又说服畎桥乡小学教师叶玉琴,动员其二女儿报了名。给村民吃了"放心丸",打消了村民们的疑虑,10人的名额居然很快完成了。

9月6日,劳动部中国职业技能开发交流中心下发《关于对赴日研修生进行强化培训的通知》,决定于9月20日至12月18日,在北京对赴日研修预备人员进行强化培训,提高研修人员在日期间的语言、生活及工作能力,成绩合格者方能派出。9月14日,劳动部正式批准包括浙江省长兴县畎桥成校服装厂9人在内的52人组团前往日本执行研修任务,时间1年9个月。

9月19日早上,10名女青年在畎桥坐车去县城,再改乘火车赴北京。遗憾的是,其中一位女青年因爷爷的坚决反对,被父母拉下车。最后,只有9人成行。同日晚8时,在长兴火车站乘坐火车,于次日上午10时到达北京站。经劳动部中国职业技能开发交流中心专车接送,至培训地点北京中医学院招待所,与其他研修人员一起,接受了约3个月的封闭式强化培训。培训结束后,9位女青年返乡准备启程。由于她们家庭贫穷,交不起培训费、车船费,也没有一件好看的衣服。县外经贸委为她们先行垫付了费用,还让服装厂给每个人做了一身出国的套装。

县委、县政府非常重视该次出国研修活动。出国之日恰逢春节临近,因而1994年1月18日晚,县外经贸委在县政府招待所(后改制为长兴紫金大酒店),举行由赴日研修生及其家长、畎桥乡干部、研修生所在村村干部参加的新年欢送会。县委书记和县五套班子有关领导出席,与9位研修生及其家人一起提前过年。长兴电视台、长兴广播电台等媒体专门做了新闻报道。

1月20日,9人再次登上北上的列车。23日,从北京启程,飞往日本茨城县高萩市。在三原商事株式会社,在异国他乡,从未离开过父母和家乡的长兴农家姑娘,开始了她们从未经历过的生活。她们是潘雪英、卢叶华、刘元香、赵学香、董红霞、李冬勤、赵芳琴、赵剑利、闻鸦琴①。

1993年,在改革开放浪潮的推动下,长兴,位于浙江省北部、太湖西南岸的一座既开放又封闭的城市,勇敢地迈出了又一步。

(吴连意执笔)

第四章　国内经济协作

20世纪80年代开始,长兴县推动与国内地区间开展资金、技术、人才等横向经济联合。1984年,成立县经济协作办公室,负责指导和协调全县经济协作工作。1988—1989年,先后在深圳、上海、杭州、海口、南京等地设立联络处,发展横向经济技术协作。1992年,在浦东设立办事处。之后,加大接轨上海力度,加快融入长三角经济圈。2001年起,将招商引资提升为全县"一号工程",加大行政推动招商引资力度。2003年起,落实省委"八八战略",成立长兴县全面接轨上海工作领导小组,实施全面接轨上海战略,长兴接轨上海开始步入相对快速的轨道,双向交往日益增多,合作关系日趋紧密,合作领域不断拓宽。该时期,长兴县按照中央和省、市统一部署,相继做好省内景宁县、龙游县和省外重庆市涪陵区龙桥街道、四川省仪陇县的对口支援,做好援青、援藏、援疆工作。2002年开始,与浙江省庆元县开展"山海协作"工程。2008年开始,对口支援四川省青川县七佛乡。

①3个多月后,日方企业破产。在劳动部的协调下,长兴9名研修生每人获薪金补偿人民币7万元。同年7月14日提前回国,在县内引起轰动。

第一节　县外内资引进

1988年4月，县政府印发《关于开展横向经济联合的规定(试行)》，鼓励为县有关单位、企业提供经济技术信息、引进资金、提供紧缺物资服务。同年6月，成立县政府驻深圳联络处、驻上海联络处，8月先后成立驻杭州联络处和驻海口市联络处，1989年4月成立驻南京联络处，发展横向经济技术协作。该时期，又先后在上述城市设立长深贸易公司、长兴县物资开发公司、宝兴实业公司经营部、兴海技工贸开发公司经营部、长海工贸公司，推动物资交流。1990年5月，长兴与杭州联合举办首届“农民文化节”，实行“文化搭台、经济唱戏”，推动周边地区的横向联合。同期在县人民广场举行浙北商品交易会，吸引江苏省、浙江省两省14个市、县参展团开展商品展销、经济技术协作和业务洽谈，交易会现场人流量日均达5万人次，5天总成交额达8000多万元。同年8月，县政府批转县协作办公室《关于加强对县府驻外地联络(办事)处管理的意见》，明确各驻外地联络(办事)处任务是负责开展与驻地的政府部门、工商企业、科研单位等有关方面的联络协调、沟通信息、加强协作，为发展长兴经济和各项社会事业服务。至1991年初，县政府各驻外地联络处一年中共引进信息1000余条，引进资金50万元，为县内企业寻找合作对象200余家，经过洽谈建立意向合作的项目有35个，其中正式签约16个。同时，根据得到的市场信息，全县工业技改项目随之调整，全年共安排技改项目77项，总投资4358万元。

1990年4月，国务院正式宣布开发开放浦东。同年11月，县政府驻上海联络处设立代办服务部，帮助县内企事业单位办理原材料采购和工业产品及农副产品的销售。其他协助开展横向联合的机构也陆续成立，帮助县内的企事业单位加强与上海企业的业务往来。1992年，成立县政府驻上海浦东办事处。之后，加大接轨上海力度，加快融入长三角经济圈。1998年6月，成立县政府招商处，各乡镇及主要经济主管部门均建立招商引资办公室。2001年起，将招商引资提升为全县“一号工程”“一把手工程”，加强行政推动招商引资。同年12月，成立县招商局，管理并指导全县对外招商。年末，全县引进县外内资协议资金16.2亿元，到位资金7.5亿元。2002年，引进县外内资到位资金12.6亿元，比2001年增长68%。自2011年起，县外内资引进统计口径从资金实到转为注册资金。2012年，县外内资统计从县经信委转为县招商局。同年，引进县外内资注册资本金33亿元。2001—2010年，全县共引进县外内资实到资金312.31亿元；2011—2012年，全县引进县外内资注册资本金64.9亿元。

2001—2012年长兴县引进县外内资情况表

表15-18

年份	县外内资(亿元)	增长率(%)	年份	县外内资(亿元)	增长率(%)	年份	县外内资(亿元)	增长率(%)
2001	7.50		2005	30.45	30.0	2009	43.61	-6.2
2002	12.60	68.0	2006	35.30	15.9	2010	53.00	21.6
2003	16.00	27.4	2007	41.05	16.3	2011	31.90	—
2004	26.31	64.4	2008	46.49	13.2	2012	33.00	1.4

说明：2011年以前为县外内资实到资金数据，2011—2012年为县外内资注册资金数据

第二节　接轨上海

1988年4月，县政府在上海举行经济技术恳谈会，签订经济技术协作项目13个，意向书4项。1990年11月，县政府驻上海联络处设立代办服务部，帮助县内企事业单位加强与上海企业的业务往来。

1992 年,长兴呼应上海浦东新区开发开放,分别设立上海办事处、浦东办事处,作为接轨上海的重要桥梁。1996 年,参加上海招商会,合理调整出口商品结构。1998 年,加大与上海接轨力度,在沪举办长兴投资环境恳谈会。2000 年 11 月,在上海举办开发与发展——长兴接轨上海经济技术合作恳谈会。2002 年 11 月,组织参加湖州市接轨上海活动周。至同年年末,长兴接轨上海开始步入相对快速的轨道,双向交往增多,合作关系日趋紧密,合作项目启动实施,合作领域不断拓宽。县内新型建材、精细化工、高性能耐火材料、机电、服装、酒类、茶叶、矿泉水、竹木制品等 40 多种产品进入上海市场,年销售额超 20 亿元。其中,水泥、石料在上海市场的销量占全县生产总量比例分别达到 60%和 30%左右。全县有 50 多家企业与上海的大专院校、科研单位及大型企业建立长期的技术协作关系,依托其先进技术联合开发新产品,有近百名上海科技人员为长兴工业企业提供各类技术服务。上海在长兴投资合作办企业 18 家,总投资近 3 亿元。2003 年起,落实省委"八八战略",实施全面接轨上海战略,成立长兴县全面接轨上海工作领导小组,设立县政府驻上海联络处、长兴(上海)招商服务中心,实行两块牌子、一套班子。同年,上海企业在长兴投资项目 32 个,总投资达 6.09 亿元。2004 年,与美国《财富》杂志合作,成功举办"长三角暨环太湖区域经济发展论坛"。同年 6 月,在上海举行 2004 中国•太湖明珠——长兴接轨上海基础设施项目推介会、"接轨大上海,融入长三角,高校专家长兴行"暨人才智力洽谈会活动。2008 年 11 月,举行"2008 长兴接轨上海——政产学研合作峰会","上海—长兴技术转移接力中心"揭牌。2009 年 7 月,出台《长兴县 2009 年接轨上海融入长三角工作要点》。2010 年起,以上海为主要目的地,开展"大招商、招大商"活动。落户长兴的外资项目有三分之一来自上海。

第三节　山海协作工程

2002 年 4 月,县山海协作与对口支援工作开始实施,由县经济协作办公室负责。2003 年 6 月,县"双对口"暨"山海协作"工作领导小组成立("双对口",即对口支援、对口帮扶),办公室设在县计经委。2004 年,根据省政府《关于实施"山海协作工程",帮助省内欠发达地区加快发展意见》,长兴县与庆元县全面开展山海协作工程。2005 年,县党政代表团赴庆元县实地考察交流,双方签订整体合作协议。2011 年 4 月,设立县对外合作交流办公室,与县发改委合署办公。2005—2012 年,长兴县累计与庆元县实施山海协作工程项目 30 余个,帮扶资金 500 多万元,主要用于庆元县新农村建设、主导产业培育、社会事业建设、电子商务项目等领域。2008 年度,长兴县被省政府授予浙江省对口支援和国内合作交流工作先进单位。2009 年度,被市发改委授予区域合作交流工作优胜单位。2010 年度,被市政府授予湖州市对口支援和山海协作工程工作先进集体。

一、新农村建设结对帮扶

2006 年,根据省对口支援发展办公室《关于实施"山海协作工程•百村经济发展促进计划"的通知》,县"双对口"暨山海协作领导小组办公室牵头,选择雉城镇明门村、和平镇和平村、槐坎乡新槐村、白岘乡白岘村,与庆元县松源镇会溪村、左溪镇青竹村、竹口镇平岭岗村和屏都镇菊水村结成帮扶对子。长兴县捐资 10 万元作为省"百村经济发展促进计划"启动资金,4 个经济强村各出资 2 万元,通过设备购置、资金捐助、农业帮扶等多渠道对庆元县结对村开展帮扶活动。2010 年,原村与村结对调整为镇与镇结对,其中长兴县雉城镇、和平镇、槐坎乡、白岘乡分别与庆元县松源镇、屏都镇、左溪镇、竹口镇结对帮扶,长兴县 4 个乡镇各出资 5 万元,共计帮扶 20 万元,用于实施庆元县农村饮用水建设、街道路面硬化建设、垃圾处理设施建设、路灯亮化等美化乡村配套建设工程的新农村建设项目。

二、产业扶持

2010 年以来,长兴县对庆元县的帮扶举措从单一援助转向特色优势产业培育帮扶。其中,长庆高效笋竹两用示范林基地建设项目,共涉及毛竹产区面积 18.67 公顷。通过 2 年培育,示范林冬笋亩产量比普通毛竹林提高10千克以上，冬笋收益15万元以上。无公害高山薄壳田螺基地建设项目占地77.33公顷，培育建设后田螺养殖密度每公顷达到270万只，上市时间提前1个多月，每公顷效益4.5万元左右。基地套种菜、豆、瓜等作物，提高种粮效益，基地已注册“百山祖四山田螺”商标。自2012年起，重点扶持当地椎栗、灰树花、黑木耳、吊瓜、高山蔬菜、笋竹两用林等当地主导产业培育。

三、社会事业建设

2005年，长兴县出资120万元捐建庆元县实验小学综合楼，建筑面积2400平方米，2006年8月底完工，命名为“长庆楼”。2006年，实施帮扶庆元职教中心机电实训基地项目，开展包括电子电工、机械数控、车工、钳工、气焊工等各类机电培训，为庆元当地汽摩配企业输送技术工人千余人，有效缓解招工难的问题。另外，重新规划帮扶庆元县举水乡的冰臼观景亭、长庆廊桥、游步道和五大堡乡的濛淤桥等旅游景点，增加当地乡村旅游收入。

四、电子商务项目

2011年，丽水市首个农村电子商务示范村项目在庆元县黄田镇中济村试点建设。项目免费为首批电子商务示范户建立网站、安装宽带、设计品牌包装、培训网店经营业务，并无偿提供电脑、打印机等设备。2011年7月，电子商务示范村正式在网上交易，销售产品主要包括铅笔、竹木制品及香菇、木耳等农特产品等。2012年，长兴县捐助20万元，用于庆元县电子商务培训，邀请专业电商导师，为庆元县各个乡镇(村)创业者业务培训。电子商务已成为庆元当地农民增收致富的一条新途径。黄田镇的灰树花种植大户、五大堡锥栗生产大户、隆宫乡竹制品生产厂家、笋类加工厂、张村西瓜种植大户等极具庆元特色产品的电子商务示范户，利用网络平台取得良好的经济效益。

第四节　对口支援

20世纪90年代以来，长兴县按照中央和省、市统一部署，先后做好省内景宁县、龙游县，省外重庆市涪陵区龙桥街道、四川省仪陇县的对口支援，以及援青、援藏、援疆工作。2008年，对口支援四川省青川县七佛乡。2012年起，县财政每年向市财政上缴300万元，统筹用于各类对口帮扶工作。

一、省内对口支援

景宁县　1996年，长兴县与景宁畲族自治县(以下简称景宁县)开展挂钩扶贫工作，制定《长兴县与景宁畲族自治县互助合作共同发展工作意见》，确定“南北挂钩、脱贫摘帽、共同发展”的方针，成立对口帮扶领导小组。6月起，长兴县编发的报纸及县委信息、政务信息分别发景宁县一份，以加强信息交流，促进合作。10月，长兴的全国节能灯生产基地企业浙江新光源集团有限公司与景宁电光源厂签订扶持协议。根据协议，新光源集团包销景宁电光源厂产品的80%，并提供技术、质量检测设备和30万元资金支持。同年，长兴县帮助景宁县创办科技开发示范园，派出林业局技术员到景宁县建立6.67公顷农业综合开发科技示范基地，无偿提供银杏、早园竹、青梅等苗木。煤山镇等6个乡镇与景宁金钟乡等6个乡镇结对挂钩扶贫。同时，景宁县食用菌办公室、食用菌研究所派出技术人员在长兴进行技术辅导和推广，建立食用菌生产基地。1997年8月，长兴县在金陵商城内开设景宁山珍馆，从事食用菌营销，并在工商税费等方面给予减免优惠。9月，景宁8名干部到长兴县挂职。

龙游县　2002年，浙江省开始实施教育对口支援，以提高全省教育的高水平均衡发展。2007年，省政府下发《关于开展第二轮教育对口支援工作的实施意见》，长兴县政府与龙游县政府签订《结对对口支援工作协议书》，明确长兴县4年内筹措财政性支援资金200万元，支援龙游县义务教育。除财政支援外，县教育局出资2万元举办以对方学校的副校长、教育科研骨干、学校教导主任为对象的培训班，总受训人数170多人。同时，选派3名骨干教师到龙游实验小学和第三小学支教，接收龙游县2名中层骨干教师到长兴职教中心挂职学习。长兴县15所中小学与龙游县15所中小学结对，长兴县15名教师与龙

游县 30 名教师建立结对帮扶,完善“1:2”教师结对帮扶工作机制。2011 年,省政府下发《关于开展第三轮教育对口支援工作的实施意见》,长兴县继续对口支援龙游县,时间期限为 2011—2015 年。2012 年,长兴县支援龙游县 100 万元教育帮助经费,主要用于校舍维修改造、教学设备补助奖励、运动场建设等项目。与龙游县 15 所学校建立校际结对关系,通过听课评课、教学设计、制作课件、专题研究等形式,开展教学结对帮扶活动,以校际结对、师徒结对等形式开展教育培训。

二、省外对口支援

重庆市涪陵区龙桥街道 1996 年,浙江省对口支援领导小组根据国务院《关于深入开展对口支援三峡工程库区移民工作意见》精神,分解落实对口支援工作任务到有关县市。长兴县对口支援重庆市涪陵区酒店乡(2007 年并入龙桥街道),通过资金援助、项目援建等方式帮扶该地经济社会发展。1996 年,出资 5 万元用于援助重建重庆酒店乡初级中学。2003 年,出资 22 万元支援酒店乡拆建龙安小学,同时县教育局与龙安小学 20 名贫困学生结对,每人每年补助 500 元。同年,还出资 30 万元援建酒店乡齐心村、八一村道路建设项目,道路全长 8000 米,宽 4 米,总投资 88 万元,3500 人受益。2007 年,出资 50 万元援建石塔村人畜饮水工程建设项目,工程安装供水管道 9000 米,配水管道 1.74 万米,日供水 200 吨,总投资 54 万元,解决当地 3600 人生产生活用水。2008 年汶川地震发生后,长兴县捐赠 40 万元用于酒店乡龙安小学修建。另外,先后组织仪陇县、涪陵区 50 名领导干部到长兴挂职锻炼,帮助培训学校领导和教师近 60 人,签订合作协议 6 个,培训劳动力 120 人。2009 年,出资 25 万元援建南浦公共服务中心项目,出资 50 万元援建麻磊村道路项目,道路全长 4500 米,宽 5 米,总投资 477 万元,1100 名移民受益。2011 年,出资 15 万元援建齐心村公共服务中心项目,建筑面积 502 平方米,集办公、会议、教育培训、医疗计生、文体娱乐、农资服务为一体,总投资 65 万元。同年,还出资 50 万元援建龙桥街道村社道路修建项目,全长 2100 米,宽 6 米的道路,总投资 81.9 万元,1245 人受益,其中移民直接受益 756 人。2012 年,出资 50 万元援建牌坊村公共服务中心项目,占地 3000 平方米,房屋建筑面积 400 平方米,总投资 84.98 万元。1996—2012 年,长兴县对口支援重庆市涪陵区龙桥街道累计完成援建项目 10 个,到位援助资金 300 多万元,援助项目主要包括中小学教室建设及设备添置、公共服务中心建设、基础设施建设、敬老院建设、抗震救灾等方面。

四川省仪陇县 2000 年,长兴县组团到四川省仪陇县考察,捐赠 20 万元分别用于打井取水和扶贫事业。之后,县财政每年上缴湖州市 20 万元,用于仪陇县扶贫。2006 年 1 月,县政府主要领导带领县有关部门和企业负责人,赴四川省仪陇县考察对口扶贫协作。并于 1 月 1 日举行长兴县—仪陇县扶贫结对暨捐赠仪式,签订长兴县人民政府援建仪陇县日兴镇场镇饮水工程协议书,现场捐赠 50 万元用于该工程建设。该工程被命名为“长仪场镇饮水改造工程”,建成后解决日兴镇 1 万多人的饮水安全问题。同时,县农业、水利、教育、劳动保障、工商等部门还同仪陇县有关部门签订结对合作协议,继续在农工贸项目、资金、人才、劳务输出、技术上加强对口支持,重点在新村扶贫、人畜饮水、开发性农业、教育、医疗卫生等方面进行帮扶合作,增强贫困地区的自我发展能力。

图 15-3 2006 年 1 月 1 日,长兴县—仪陇县扶贫结对暨捐赠仪式举行(县政府办提供)

三、援青援藏援疆

长兴县援青援藏援疆工作由省、市统筹安排部署,主要在资金、人才、政策上给予西藏、青海、新疆地区一定的帮扶和支持。1995 年 4 月—1998 年 7 月,县委常委金树云作为浙江省第一批援藏干部,赴西藏工作，任嘉黎县委副书记。2010年3月，全国对口支援新疆工作会议在北京召开，新一轮援疆工作要求建立人才、技术、管理、资金等全方位援助的有效机制。在人才选派上，2010—2012年，长兴县共有1名科级领导干部及3名专业技术人才派驻市援疆指挥部新疆阿克苏地区，直接参与援疆各项工作。资金上，长兴县先后支援柯坪县社会民生事业项目资金400万元以上。在交流互访上，两地党委、政府领导近年来多次带团互访，2012年11月，柯坪县四套班子领导带队到长兴县开展“感恩党中央 感受湖州情——新疆柯坪县融入湖州活动周”系列活动。在人才培养上，长兴职教中心于2011年开设新疆中职班，每年接收约80名新疆学子，为其开展中等职业技术培训（参见第27编、第3章、第2节新疆中职班）。在产业合作上，针对柯坪县重点发展的农产品加工、矿山开采、纺织面料等产业，长兴县35家重点企业参加2012年柯坪•长兴产业对接推介会，并成功签约2只投资项目。2012年第一轮援青工作启动后，长兴县选派1名副科级干部驻青海省乌兰县政府办公室挂职一年半。援青援藏援疆援川项目帮扶资金，由县财政划直接拨至省财政统筹安排，每年均在2000多万元。另外，长兴县还积极参与西部大开发建设，组织企业参与西洽会、渝洽会、兰洽会等东西部合作与投资贸易洽谈会，加强东西部贸易往来，鼓励县内企业到西部地区投资创业。

四、四川省青川县七佛乡对口支援

2008年5月12日，四川省汶川县发生里氏8.0级大地震。大地震发生后，根据中央、省统一部署，湖州市对口支援四川省青川县马鹿乡、七佛乡和楼子乡等3个乡镇，其中长兴县对口支援七佛乡。

政府援建　根据《浙江省支援青川县灾后恢复重建方案》《湖州市支援青川县马鹿乡等三个乡灾后恢复重建方案》，结合七佛乡实际，长兴县制订《长兴县对口支援青川县七佛乡三年援建项目规划》，计划用3年左右的时间，优先恢复灾区群众的基本生产生活条件，逐步恢复生态环境，为可持续发展奠定基础。2008年9月，建立长兴县支援青川县七佛乡灾后恢复重建工作领导小组，办公室设在县发改委，主要职责是组织、协调县对口支援七佛乡的灾后恢复重建。在七佛乡组建长兴县支援青川县七佛乡灾后恢复重建指挥部，分3批共选派10名中青年领导干部和专业技术人员作为指挥部组成人员，负责组织、协调长兴县在七佛乡的对口支援工作，指挥部主要负责人以挂职方式兼任七佛乡党政领导职务。长兴县对口支援七佛乡灾后恢复重建资金由县财政按照省财政厅核定下达数筹措安排。2008—2010年，每年按上年地方财政收入实际执行数的1%筹措安排，县财政设立财政资金专户管理。至2010年，长兴县对口援建七佛乡项目共11项，总投资3167万元。

图15-4　长兴县援建项目—七佛乡中心小学（县审计局提供·2010年）

全额投资实物类项目5个　即“一校、一院、一桥、一路和场镇基础设施配套工程”，建设进度位于全省前列。其中，七佛乡中心小学项目投资1170万元，2008年12月16日开工，2009年5月31日完工，6月6日通过综合竣工验收并启用，是浙江省援建青川县第一所交付使用的学校。渔洞河桥梁项目（今名长青桥），投资199万元，2008年12月16日开工，2009年5月20日建成，2009年5月30日通过综合竣工验收交付使用。七佛乡卫生院项目，投资169万元，2008年12月16日开工，2009年8月25日通过综合竣工验收交付使用。新场镇主干道项目，投资420万元，2009年6月30日开工，10月30日沥青路面浇筑和人行道绿化种植、路灯安装等全部完工。场镇基础设施配套工程项目，投资650万元，2009年6月30日开工，新场镇供水站同年8月25日通过综合竣工验收并投入使用，场镇基础设施配套工程（公共厕所、垃圾收集房、生态污水处理池、公共绿地）等公共设施于2009年12月全面完成并交付使用。

全额投资的非实物类项目2个　智力援建50万元,社会救助20万元。

补助类项目4个　农村饮用水工程补助资金38万元,补贴农户建设水窖、蓄水池、铺设饮水管道和购置取水设备,受益2000余人。通村道路工程补助资金126万元,2009年6月全面启动4个行政村总长16千米的通村道路建设,其中道路提升6千米,改造和新建10千米,彻底解决深山区群众出行难的问题。农房重建示范点配套工程补助资金175万元。产业援建150万元,通过以奖代补形式,在自留捐赠资金中安排补助150万元打造特色产业。其中,七佛贡茶种植示范基地建设项目,帮扶资金85万元,占地6.67公顷,以点带面推动七佛乡茶叶产业的发展。农家乐改造提升项目,帮扶资金20万元,提高七佛乡旅游农家乐的接待能力和服务水平。新品种引进试种项目,成功引进浙紫薯13号和鲜食甜玉米(美玉8号)进行改良试种,在试种成功的基础上推广种植。专业技术知识培训项目,两年举办各种培训班25余次,全乡参加培训2000余人次,占全乡总人口70%。

社会帮扶　2008—2010年,全县已拨付捐赠款物2394.63万元,其中捐赠款2174.84万元,捐赠物资折款219.79万元,包括救护车及药品、衣被、电热水器、电瓶车、爱心包裹等。

第五章　招商引资

1988年,长兴开始在深圳市、上海市、宁波市等地设立联络处,加强对外经济、技术联系和协作。1994年,开始接轨上海,融入长三角经济发展圈。1998年6月,成立县政府招商处,后改称招商联络处,管理并指导全县对外招商。1999年,在组建专职招商机构的基础上,各乡镇及主要经济主管部门建立招商引资办公室,明确乡镇和部门招商专职分管领导,配备专门从事招商人员,乡镇5人至15人,部门3人至5人。2001年12月,组建县招商局,为县政府直属事业机构,与县经济技术开发区管理委员会、县环太湖旅游开发办公室、县对外贸易经济合作局合署办公。办公地点从县前中街402号县委大院迁至县开发区太湖大道开发区办公楼。2004年2月,县招商局、县对外贸易经济合作局合署办公,与县经济技术开发区管理委员会分离。2005年,全县开始实施专职驻点招商。2007年3月,县外经贸局、县招商局机构分设,办公地点与县开发区合署办公。2011年4月,成立县商务局,县贸易与粮食局和县外经贸局合并,设立县商务局、县粮食局、县招商局,三块牌子、一套班子。办公地址为县前中街402号。2012年6月,县招商局从县商务局划出单列。

第一节　招商工作

一、招商管理

1997年,全县将招商引资列入年度工作考核。2001年起,将招商引资提升为“一号工程”“一把手工程”,加强行政推动招商引资。2003年,实施源头招商,组建专业招商队伍实施专业招商。建立县领导联系招商区域、招商小组机制,并参与带队招商和项目谈判。2005年,实施专职驻点招商,开展“万众亲商、千人招商”百日竞赛活动,提出引进“大好高”项目(大项目、好项目、高科技项目)的要求。2007年后,加大主动接轨上海力度,主攻全球500强、中国500强和浙江100强等大好高项目。2009年,出台《长兴县产业招商实施意见》。2010年,出台《长兴大项目引进推进实施意见》和《关于鼓励引进“大好高”项目的政策意见》,开展“大招商、招大商”活动,招商策略从之前的“来什么、要什么”的招商引资,转变为“要什么、招什么”的招商选资。2012年,出台《关于加强和改进招商引资工作的若干意见》,进一步加强和改进招商引资工作,实施“浙商回归”工程。同年,全县专业招商队伍有200人。

二、项目引进服务

1992年5月,县内试行项目审批“一条龙”服务,建立定期联合办公制度,每周六为审批项目联合办公日，由县计经委牵头，对项目审批过程中遇到的问题现场办公，提升项目审批服务效率。2000 年，县开发区成立外商投资服务中心，县计经委等 7 部门联合出台《关于简化引进国内(县外)资金项目手续的操作办法》。2005 年 11 月 2 日，根据《外来投资“一卡通”管理办法(试行)》，向全县 39 家外来投资企业发放首批外来投资“一卡通”服务卡，规定持卡者可在办证、交通、教育、医疗等方面享受优惠。2012 年 3 月，建立“大好高”项目引进推进工作领导小组，领导小组办公室设在县商务局，重点对拟引进项目进行评审，否决不符合产业导向、有环境污染、能耗高、效益低的项目，并使真正“大好高”项目享受审批绿色通道。

第二节　招商活动

一、境内招商推介

1988 年 5 月，长兴在江苏省南京市成立振兴长兴经济联谊会，50 多位长兴籍人士参加。1999 年，举办“长兴—中国陆羽茶文化旅游节和科技洽谈会”，邀请国家有关部门和省市领导及大专院校专家教授、企业家 1000 人，到长兴参加观光旅游、项目洽谈、经商贸易、科技合作活动。同年，组团参加省政府在宁波市举办的“浙江投资贸易洽谈会”、福建省福州市、广东省深圳市经贸洽谈会，组织小分队赴江苏省太仓市考察农业产业化，推出项目对外推介。2000 年，组织人员和企业到上海市、北京市、南京市、香港、东莞市、深圳市、福州市、厦门市、泉州市、海南省、宁波市等地参加经贸洽谈会，举办项目推介会、投资说明会和经济科技合作恳谈会。2004 年，长兴县与《财富》杂志联办，在上海国际会议中心举办“长三角暨环太湖流域经济发展论坛”，达成合作意向项目 26 个。其中，外资项目 12 个，总投资 1.27 亿美元；内资项目 11 个，总投资 5.7 亿元；其他合作项目 3 个。同年 6 月，瑞典卡尔马省政企代表团到长兴考察并与长兴县缔结友好合作关系；11 月，组织人员参加接轨上海活动，有 6 个项目签约，协议外资 1.3 亿美元。同年，全县乡镇、部门还在上海市、福建省和省内温州市、杭州市、宁波市等地共举办 40 多场产业专题推介会，开展招商攻关活动。2006 年 4 月，在广东省顺德市、深圳市、东莞市举办 3 场有针对性的招商投资说明会。6 月，全县乡镇(街道、园区)根据自身的产业特点和资源特色，在杭州市、温州市、上海市等地召开小型推介活动；由县招商局和县开发委牵头举办杭州外迁企业恳谈会、温台汽配企业推介会、日本京户汽配洽谈会等招商活动。11 月，在湖州市接轨上海活动周开幕式暨签约仪式上，长兴有 4 个外资项目正式签约，协议外资总额达 5180 万美元。2012 年 7 月，在上海举行浙江长兴装备制造业招商推介会，重点针对装备制造产业进行推介。12 月，在杭州举行湖州省际承接产业转移示范区长兴分区投资环境推介会。

图 15-5　长兴县驻温州招商员座谈会举行(县商务局提供·2006 年)

二、境外及港澳台招商推介

1993 年 6 月，长兴组织参加在香港举办的“浙江湖州招商投资洽谈会”，并进行项目招商推介。2000—2002 年，在香港，与各大商会合作共同举办 6 次推介活动；在台湾高雄市和台中市，与台湾中小企业促进会合作举办投资环境说明会。2002 年，在德国北威州举行招商会。2004 年 5 月下旬，组团参加在香港举办的湖州市南太湖香港经贸活动周。2005 年上半年，在香港举办投资说明会；下半年分别在韩国首尔、日本大阪举办投资推介会，组团参加“2005 年日中经济研讨会”、土耳其招商推介会等招商推介活动。2006年5月，结合浙江美国周、澳洲展览会等活动，在美国、澳大利亚以及欧洲举办小型多样的招商推介会，开展上门洽谈活动。2007年，组织举办港澳招商专项活动，共有华地购物中心等8个外资项目签约，协议引进资金总额1.57亿美元，合同外资6826.5万美元。2010年6月5—12日，长兴组团赴台湾参加“2010浙江台湾经贸与文化合作交流活动”。其间，举行台中地区企业恳谈会，并参加经贸洽谈活动，签约项目3个，总投资3000万美元。

三、长三角与波罗的海地区合作发展论坛

中国长三角地区—欧洲波罗的海地区合作、交流与发展论坛(以下简称长波论坛)由中国国际贸易促进委员会、瑞典政府投资贸易促进署主办，浙江省长兴县和瑞典卡尔马省轮流承办，旨在促进中国长三角地区与欧洲波罗的海地区经贸、科技合作交流，推进两地共同发展。

第一届长波论坛 2005年9月12日至18日在长兴举行。与会双方探索合作交流的条件、途径、形式和机制，达成《长兴共识》，成为首届论坛的标志性成果。部分全球500强企业代表、中国长三角地区各城市有关部门负责人和知名企业代表、瑞典及波罗的海地区知名企业和在华机构、商会代表，以及部分国内外教授、专家、学者400人参会。

第二届长波论坛 2006年10月25日至26日在瑞典卡尔马省举行。中国长三角地区120人的代表团和波罗的海地区有关国家的400位代表共聚卡尔马古城堡，就两地在环保、科技、能源等领域的深度合作进行广泛的交流与探讨。长兴与卡尔马省签订《卡尔马共识》。

第三届长波论坛 2007年10月15日至17日在长兴举行。主题为“绿色能源与可持续发展”，主要活动包括主题研讨会、“中国绿色动力能源中心”授牌仪式、能源环保科技成果展暨能源环保科技成果转化洽谈会。论坛期间，除两地区500位企业、金融和新闻界代表参会外，欧洲波罗的海地区国家驻华使领馆官员、中国长三角地区城市代表以及一批中外专家学者参会。

第四届长波论坛 2008年9月19日至30日在瑞典卡尔马省举行。主旨为推进与波罗的海区域各国的经贸技术合作交流活动。县工商代表团一行10人前往瑞典卡尔马省参加第四届长三角—波罗的海合作论坛，瑞典卡尔马省委员会主席雷夫·拉尔森会见长兴县工商代表团。同年，以长兴县人民政府、浙江大学、卡尔马地区委员会为主的双方友好单位发起建立“浙江长三角·欧洲波罗的海国际技术转移中心”，后经浙江省科技厅和瑞典卡尔玛政府批准设立。该中心为开展国际科技转移服务的社会公益性组织，由长兴县委托浙江大学技术转移中心运营管理。

第五届长波论坛 2009年9月17日至18日瑞典卡尔马省举行。企业对口商业洽谈为论坛中心内容，重点为环保、科技、旅游等领域。瑞典方邀请30家波罗的海地地区企业参展。

第六届长波论坛 2010年10月11日至13日在长兴举办。中外140多名专家学者和商界人士与会，共同探讨双方在加强区域经贸交流、联合发展节能环保产业等方面的合作模式和机制。以“低碳经济时代长三角新发展”为主题，主体活动包括主题论坛、中国长三角与欧洲波罗的海地区企业对口洽谈会和客商实地考察等。

第三节　浙商回归

2012年4月，县委、县政府成立支持浙商创业创新促进长兴经济又快又好发展工作领导小组，办公室设在县发改委，负责浙商回归工作。同月，县委、县政府出台《关于支持浙商创业创新促进长兴经济又好又快发展的实施意见》，提出在当前各类优惠政策基础上，根据省、市有关政策，另行提出支持浙商创业创新的政策意见。明确在财政税收、土地保障、金融支持、人才引进、科技创新、资源保障、工商服务等政策保障方面给予优惠。同时，编制完成《浙商回归三年规划》，明确长兴县浙商回归工作方向，就重点项目推进和重要平台建设等内容进行任务分解和制订推进计划。同年年末，全县引进省外浙商回归项目79只。其中,省外回归项目67只,省内市外重大回归项目12只。到位回归资金56.73亿元,其中省外资金33.81亿元,省内市外重大项目资金22.92亿元,完成市下达任务16亿元的354.6%,引进资金数居全市首位。千万元以上工业性项目投入128.14亿元,完成市下达任务61亿元的210.1%。向丽水市、衢州市等不发达地区产业转移资金3500万元,完成市下达任务2000万元的175%。长兴县入选由浙商回归企业家联合会评选的浙江省首批浙商回归创业最具投资潜力县区。超威集团和桐昆集团股份有限公司获得2012年度湖州市浙商创业创新突出贡献奖。长兴嘉兆海洋城项目入选2012年全省48只浙商回归重大项目,获得省级政策支持。

第四节　长洽会

一、概况

2002—2012年,全县共举办12届中国·太湖明珠长兴国际投资贸易洽谈会(简称长洽会)。其中,2002年先后举办首届及第二届长洽会,2003年起每年举办一届。每届长洽会主体活动,一般包括开幕式、招商推介与项目签约、项目开竣工仪式等,与会嘉宾、客商来自海内外。有的年份,同期还举办或承办国内大型主题论坛或会议,扩大长兴的知名度和美誉度。

二、历届长洽会简介

第一届长洽会　2002年3月18—20日举行,是长兴历史上首次举办大规模的国际经贸盛会。与会中外嘉宾1200人,其中来自中国港澳台及欧美、东南亚国家和地区的客商占76%。签订项目投资协议69个,其中外资项目31个、总投资4.73亿美元,内资项目38个、总投资27亿元;签订出口贸易合同22个,合同总金额4553.23万美元;达成科技合作项目48个,引进企业和社会管理方面急需人才13人,其中高级工程师9人、硕士4人。举行长兴轻纺贸易城、长兴科技创业园等5个重点项目的奠基或竣工、开园揭牌仪式。

图15-6　2002年首届“长洽会”场景(县商务局提供)

第二届长洽会　2002年9月25—30日举行。海内外千名客商到会。大会期间推介IT产业、医药、精细化工、纺织、农产品深加工、生态旅游等投资项目。其中,签订外资项目29个,总投资2.6亿美元;达成外资项目意向41个,总投资3.8亿美元。签订内资项目51个,总投资12.5亿元;签订出口贸易合同45个,总金额4268万美元;融资项目9个,合同总金额1.84亿元。举行开工奠基和竣工投产仪式,签订科技合作项目10个、引进专业技术人才251人。

第三届长洽会　2003年4月20—25日举行。参会嘉宾700人。以新型纺织、新型建材、旅游和基础设施建设、农产品及食品加工、电子信息和机电、对外贸易合作6个专题洽谈会为媒介,签订投资贸易协议,共签订协议投资项目48个。其中,外资项目18个,总投资2.6亿美元;内资项目30个,总投资13.1亿元;签订对外贸易合同26个,总贸易额4030.7万美元。签约项目主要涉及医药、化工、电子、机械、纺织、服装、商贸、基础设施、旅游、农产品加工等领域。大会还将主题招商与文化艺术活动有机结合,举办大型文艺晚会、城市雕塑艺术设计大奖赛、群众文化艺术活动周。

第四届长洽会　2004年9月3—30日举行。同期举行“招商引资月”活动,参与承办“中国武术散打重量级争霸赛”和“中国歌手金号奖颁奖典礼”2 项全国性大型文体活动。参会嘉宾累计 1920 人。共组织“浙商•长兴论坛”、基础设施专项洽谈会、西太湖旅游推介会、新能源产业研讨会、农业发展专项洽谈会、IT 产业及信息化建设研讨会、银企融资恳谈会、韩资专题招商活动、日资专题招商活动等 9 项全县性经贸专题活动。首次推出以 16 个乡镇和开发区为主体的 “16＋1”特色招商月活动。共签订外资项目 49 个,总投资 3.37 亿美元。其中,内资项目 39 个,总投资 16.2 亿元;融资项目 16 个,融资金额 3.99 亿元;技术合作项目 5 个;达成出口贸易合同金额 7062.73 万美元。

第五届长洽会 2005 年 9 月 12—18 日举行。参会嘉宾 885 人。同期举办第一届长三角地区—波罗的海地区合作交流与发展论坛和浙商•2005 国际(长兴)财经论坛、银企洽谈会、科技人才洽谈会等主题活动,通过《长兴共识》。组织汽配产业沙龙、玻璃产业沙龙、纺织产业沙龙等小项活动。共签约项目 54 个。其中,签约外资项目 32 个,总投资 2.53 亿美元;县外内资项目 27 个,总投资 23.02 亿元;4 只人才科技合作项目。融资项目 12 个,融资金额 6.03 亿元。技术合作项目 40 个。开竣工项目共计 53 个。

第六届长洽会 2006 年 10 月 8—11 日举行。其间,举办第十一次中日经济讨论会。参会国内外客商 310 人,其中日本客商 116 人,包括全球 500 强企业 6 家、上市公司 6 家。会议组织举办产业推介、项目签约、经济论坛,机械(汽配)、电子电器、纺织和新型建材等 4 个产业对口洽谈以及 25 个项目的开竣工仪式等经贸活动。共签约项目 82 个。其中,外资项目 36 个,总投资 5.25 亿美元,日本企业投资 1.53 亿美元;内资项目 46 个,总投资 31.8 亿元;符合大好高标准的项目 45 个。

第七届长洽会 2007 年 10 月 15—17 日举行。参会嘉宾 409 人。其间,举办第三届长三角与波罗的海地区合作发展论坛。共签约项目 78 个,协议外资 2.68 亿美元,引进县外内资 25.7 亿元。其中,集中签约 19 个。共组织开竣工工业项目 77 个,项目计划总投资 62.8 亿元。其中,县级机关部门和乡镇(开发区)共组织开竣工项目 22 个,项目总投资 18.8 亿元。

第八届长洽会 2008 年 5 月 28—30 日举行。参会嘉宾客商 900 人。其间,举办首届陆羽茶文化节。长洽会共签约项目 60 个,其中外资项目 25 个,总投资 6.11 亿美元,协议外资 3.47 亿美元;内资项目 35 个,总投资 46.99 亿元。在签约项目中,“大好高”项目 40 个,占总数的 66.7%。集中签约项目 25 个,其中外资项目 12 个,总投资 4.19 亿美元,注册资本 2.31 亿美元,协议利用外资 1.98 亿美元;内资项目 13 个,总投资 16.1 亿元,注册资本 4.83 亿元。

第九届长洽会 2009 年 10 月 16—18 日举行。参会嘉宾、客商约 800 人。同期举办国际新能源产业发展高峰论坛。共签约项目 74 个(含集中签约),其中外资项目 21 个,总投资 5.56 亿美元,其中“大好高”项目 15 个,总投资 1000 万美元 14 个;县外内资项目 53 个,总投资 51.41 亿元,其中“大好高”项目 29 个,总投资 1 亿元以上的 16 个。

第十届长洽会 2010 年 10 月 11—13 日举行。参会客商 300 人。其间,举办第六届长三角与波罗的海地区合作发展论坛。共签约项目 68 个,其中,外资项目 15 个,总投资 4 亿美元,总投资 1000 万美元以上项目 10 个;县外内资项目 53 个,总投资 127 亿元,总投资 1 亿元以上项目 29 个。会上集中签约项目 20 个,外资项目 6 个,总投资 2 亿美元;县外内资项目 14 个,总投资 62.1 亿元。

第十一届长洽会 2011 年 10 月 21—23 日举行。同期举办 2011 中国(长兴)花木大会、第二届中国银杏节。参会嘉宾、客商 420 人。共签约亿元以上大项目 56 个,其中外资项目 11 个,总投资 6.74 亿美元;内资项目 43 个,总投资 238.7 亿元;战略合作项目 2 个。

第十二届长洽会 2012 年 10 月 26—28 日举行。参会客商 300 人。同期举行 2012 中国•长兴政产学研合作大会、新型技术成果推介(拍卖)会,2012 中国(长兴)花木大会。共签约亿元以上大好高项目 53 个,其中外资项目 12 个,总投资 5.54 亿美元;内资项目 41 个,总投资 129.57 亿元。政产学研合作项目 105 个,项目研发投入 1.8 亿元,带动新增投资 15 亿元。新开工大好高项目 30 个,竣工投产大好高项目 50 个。其中,21 个工业项目集中开工,总投资超过 52 亿元。

2002—2012年第一届至第十二届长洽会情况表

表 15-19

届次	举办时间	主体活动
第一届	2002年3月18—20日	1. 开幕式暨大型文艺晚会；2. 项目推介、签约和开竣工仪式；3. 信息技术及科技成果推介会和招才引智洽谈会
第二届	2002年9月25—30日	1. 开幕式暨大型交响音乐会；2. 经贸洽谈会；3. 工业项目推进会；4. 农业招商会；5. 基础设施和旅游项目推介会；6. 融资工作；7. 项目竣工仪式；8. 科技合作与人才交流会；9. 经济论坛；10. 群众文化艺术周
第三届	2003年4月20—25日	1. 开幕式暨“相拥太湖 相约长兴”大型文艺晚会；2. 新型纺织专题洽谈会；3. 电子信息和机电专题洽谈会；4. 农产品及食品加工专题洽谈会；5. 旅游和基础设施专题洽谈会；6. 新型建材专题洽谈会；7. 对外贸易合作洽谈会；8. 城市雕塑艺术设计大奖赛；9. 群众文化艺术周
第四届	2004年9月3—30日	1. 开幕式暨国家级专题文艺活动；2. 浙商·长兴论坛；3. 全县性招商推介专题活动（韩国专题招商活动、日本专题招商活动、基础设施专题洽谈会、农业发展专题洽谈会、西太湖旅游推介会、中国新能源产业发展研讨会、IT产业及信息化建设研讨会暨“软件园”开园仪式）；4. 全县“16+1”专题活动；5. 文体专题活动（首届2004全国散打王争霸赛、文化系列活动）；6. 投资环境与诚信服务评选活动；7. “长洽会”成果新闻发布会
第五届	2005年9月12—18日	1. 开幕式暨中国长三角地区—欧洲波罗的海地区合作、交流与发展论坛；2. 浙商·2005国际（长兴）财经论坛；3. 银企洽谈会；4. 长兴人才科技洽谈活动；5. 开竣工仪式；6. 文体活动（专题文化活动、群众文化系列活动）
第六届	2006年10月8—11日	1. 开幕式及文艺活动（女子十二乐坊、金秋圆月——中日经贸洽谈联谊会、越剧《春琴传》）；2. 第十一次中日经济讨论会；3. 产业推介（机械汽配、纺织、新型建材、电子电器）、签约及对口洽谈活动；4. 实地考察活动；5. 项目开竣工仪式
第七届	2007年10月15—17日	1. 开幕式；2. 中国长三角地区—欧洲波罗的海地区合作发展论坛；3. 产业洽谈会（机械、轻纺、耐火、现代物流）暨项目签约仪式；4. 项目开竣工仪式；5. 实地考察；6.《长兴与世界同行》大型文艺晚会
第八届	2008年5月28—30日	1. 开幕式；2. 经贸活动，包括“茶道与商道”论坛、项目签约仪式、开竣工仪式和产业洽谈会等活动；3. 茶文化活动，包括公祭茶圣陆羽、电影《茶恋》首映式、中国国际茶文化研究会15周年纪念大会、拜谒陆羽墓、茶文化研讨会、央视长兴茶文化专题栏目、国际摄影大赛作品展等
第九届	2009年10月16—18日	1. 开幕式；2. 国际新能源产业论坛；3. 2009中国·长兴高新（实用）技术成果对接洽谈会；4. 第五届上海国际创意产业活动周长兴论坛；5. 2009国际粉体技术商贸交流大会；6. 长兴休闲产业投资恳谈会；7. 签约仪式；8. 重点项目开竣工仪式；9. 实地考察；10. 文化活动
第十届	2010年10月11—13日	1. 开幕式；2. 中国长三角地区—欧洲波罗的海地区合作发展论坛；3. 第二届中国·长兴高新技术成果对接洽谈会；4. 中国长三角地区—欧洲波罗的海地区投资环境推介及对口洽谈会；5. 长兴美食节；6. 项目签约仪式；7. 实地考察；8. 文化活动
第十一届	2011年10月21—23日	1. 集中开竣工投产仪式；2. 第二届中国银杏节系列活动；3. 2011中国（长兴）花木大会系列活动；4. 2011长洽会项目集中签约仪式
第十二届	2012年10月26—28日	1. 集中开竣工投产仪式；2. 项目签约仪式；3. 政产学研合作主题演讲会；4. 新型技术成果推介拍卖会；5. 2012中国（长兴）花木大会；6. 文艺晚会

说明：资料来源于县商务局

第十六编 金 融

1988 年年末，长兴县内有银行分支机构 3 家、农村信用社 34 家和城市信用社 1 家，全县本外币各项存款余额 3.6 亿元，贷款余额 3.1 亿元。1993 年，中国银行长兴县支行单独设立。20 世纪 90 年代中期，全县基本建立以国有银行机构为主体、各类金融机构分工合作的金融组织体系。1996 年，长兴信用合作联社成为独立法人机构，2004 年改组为一级法人机构，2008 年改制为长兴农村合作银行。该时期，国有商业银行向股份制发展，银行业务范围和规模扩大，中间业务迅速发展。2003 年，中国银行业监督管理委员会湖州银监分局长兴办事处成立，承担长兴银行业的监督职能。2008 年，长兴联合村镇银行成立，是浙江省首家村镇银行。2012 年年末，县内有银行业机构 13 家，银行营业网点 102 个，全县本外币各项存款余额 425.01 亿元，贷款余额达 363.06 亿元。

20 世纪 80 年代至 90 年代初，全县保险业由政府主办，企业融资主要通过发行债券和内部集资。90 年代中期，财产保险、人寿保险实现分业经营，并逐步向商业化保险发展。1997 年，部分证券公司在长兴设立营业部。2000 年后，全县出现多家保险公司，证券、担保、典当等均有较快发展。至 2012 年，全县共有各类保险机构 47 家、证券公司营业部 3 家、担保公司 2 家、典当经营企业 5 家。

第一章 银行业

1988 年，长兴县共有中国人民银行、中国工商银行、中国农业银行、中国建设银行分支机构 4 家，地方法人金融机构县信用联社 1 家，从业人员 741 人。同年 9 月，雉城镇城市信用合作社成立。年末，全县金融机构各项存款余额 3. 6 亿元，各项贷款余额 3. 11 亿元。1993 年 3 月，中国银行长兴县支行成立。1996 年 10 月，县信用联社与农行长兴县支行脱钩，成为独立法人机构。1997 年 1 月，中国农业发展银行长兴县支行成立。2001 年 5 月，雉城镇城市信用合作社被湖州市商业银行收购，更名为湖州市商业银行长兴县支行，6 月改制成为湖州银行股份有限公司长兴支行。2003 年 12 月，银监会长兴办事处与人行长兴县支行分设。2004 年 5 月，国家外汇管理局长兴县支局成立。2005 年，中行、工行、建行长兴县支行分别完成股份制改造。2007 年，县农村信用合作联社改制组建浙江长兴农村合作银行。2008 年 5 月，长兴联合村镇银行开业，中国邮政储蓄银行长兴县支行成立。2009 年 1 月，农行长兴县支行完成股份制改造，交行长兴支行成立。2010 年 12 月，上海浦东发展银行长兴支行开业。2011 年 10 月，招商银行长兴支行成立。2012 年 10 月，中信银行长兴支行开业。至 2012 年年末，全县银行业机构共 13 家，营业网点 102 家，从业人员 1685 人，形成以人民银行实施宏观调控，银监会行使监督管理职能，以四大国有银行和农村合作银行为主体，政策性银行、股份制银行、邮政储蓄银行、城市商业银行、村镇银行为补充的多层次银行体系。全县金融机构各项存款余额 425. 01 亿元，其中单位存款余额 227. 46 亿元，个人存款余额 183. 16 亿元；各项贷款 363. 06 亿元，其中短期贷款余额 202. 87 亿元，中长期贷款余额 153. 86 亿元。

第一节　机　构

一、金融监管机构

中国人民银行长兴县支行(国家外汇管理局长兴县支局)　简称人行长兴县支行。1985 年,工商银行从人民银行分离,中国人民银行单独行使央行职能。1995 年 3 月《中华人民共和国中国人民银行法》实施后,人行长兴县支行的职能逐步从“操作型”转向“管理型”,工作重心转移到监督管理、调查研究和服务上。2003 年 12 月,银监会长兴办事处分设后,人行长兴县支行的职能调整为贯彻执行国家货币政策、维护辖内金融稳定、提供金融服务、反洗钱和管理信贷征信业等。2004 年 5 月,国家外汇管理局长兴县支局成立,与人行长兴县支行合署办公,行使外汇管理监督职能。2012 年年末,内设办公室、营业室、信贷调统股、外汇管理股,在职员工 22 人,营业网点 1 个。

中国银行业监督管理委员会湖州分局长兴办事处　2003 年 12 月,《中华人民共和国银行业监督管理法》颁布。同月,中国银行业监督管理委员会湖州分局长兴办事处(简称银监会长兴办事处)成立,与人行长兴县支行分设,为正科级机构。主要职能为监督管理辖区内银行业,按照“管法人、管风险、管内控、增加透明度”的要求,突出法人银行监管,督促银行业金融机构加强内控管理,防范化解金融风险。2012 年年末在编 4 人。

二、政策性银行和国有银行

中国农业发展银行长兴县支行　简称农发行长兴县支行,1997 年 1 月成立,为县内唯一一家政策性银行,隶属中国农业发展银行湖州市分行。同年年末,存贷款余额分别为 319 万元、2.54 亿元。2012 年,内设办公室、会计出纳部、信贷部,员工 21 人,总资产 16.10 亿元,年末存贷款余额分别为 2.01 亿元、16.06 亿元。

中国工商银行股份有限公司长兴县支行　简称工行长兴县支行。1985 年 5 月与人行长兴县支行分设。1988 年年初,存贷款余额分别为 1.2 亿元、1.1 亿元。2005 年 10 月完成改制,更名为中国工商银行股份有限公司长兴县支行。2012 年,内设办公室、业务管理部、公司业务部、个人业务部、机构业务部;营业网点 7 个,自助银行和离行式服务点 16 个,配置 ATM 机 60 台,多媒体自助终端机 34 台,总资产 50.03 亿元,年末存贷款余额分别为 54.4 亿元、45.8 亿元。

中国农业银行股份有限公司长兴县支行　简称农行长兴县支行。1978 年恢复成立。1988 年年末,存贷款余额分别为 9634 万元、1.26 亿元。2009 年 1 月完成改制,更名为中国农业银行股份有限公司长兴县支行。2012 年,内设综合管理部、运营财会部、风险管理部、公司业务部、个人金融部及国际业务部,二级支行 8 个、营业中心 1 个,员工 186 人,总资产 54.63 亿元,年末存贷款余额分别为 51.22 亿元、40.59 亿元。

图 16-1　1992 年,农业银行长兴县支行大楼建成,为当时县城最高公共建筑(县农行提供)

中国银行股份有限公司长兴县支行　简称中行长兴县支行。1993 年 3 月成立,职工 47 人。同年年末,存贷款余额分别为 2800 万元、2580 万元。2005 年 5 月完成改制,更名为中国银行股份有限公司长兴县支行。2012 年,员工 85 人,内设综合管理部、公司业务部、个人金融部、营业部,下属 4 家二级支行,设立 9 处离行式自助银行、离行式 ATM 机,总资产 29.32 亿元,年末存贷款余额分别为17.41亿元、28.85亿元。

中国建设银行股份有限公司长兴县支行 简称建行长兴县支行。1986年起先后开办现金出纳、居民储蓄、固定资产贷款、工商企业贷款等业务。1988年年初,存贷款余额分别为894.5万元、578万元。1994年分离政策性业务,将基本建设拨、贷款等职能移交县财政局,成为自主经营、自负盈亏的商业银行。2005年10月完成改制,更名为中国建设银行股份有限公司长兴县支行。2012年,下设5个部门、7个网点、16个离行式自助银行,员工138人,总资产52.74亿元,年末存贷款余额分别为47.62亿元、55.01亿元。

三、地方法人金融机构

长兴县雉城镇城市信用合作社 1988年9月成立。同年年末,存贷款余额分别为69.52万元、51.95万元。2001年5月,存贷款余额分别为0.73亿元、0.49亿元。同月起,被湖州市商业银行收购,更名为湖州市商业银行长兴县支行。

长兴县信用合作社联合社 简称县信用联社。1987年12月成立,下辖信用社34个、信用服务站192个、储蓄所11个,固定资产净值166.3万元,专职人员341人。成立初期,县信用联社对外为独立机构,对内为农行长兴县支行的内设科室,受农行长兴县支行直接领导。1988年,存贷款余额分别为8736万元、4743万元。1996年10月,根据国务院关于农村金融体制改革的决定,县信用联社与农行长兴县支行脱钩,为独立法人机构。人行长兴县支行负责县信用联社的监督管理。2003年6月,国务院深化农村信用社改革,明晰产权关系,完善法人治理结构,明确农村信用社由地方政府负责管理。2004年,人行长兴县支行向县信用联社发放6739万元央行票据,置换呆账贷款5270万元、置换历年挂账亏损1469万元。2004年年初,长兴县政府将原县计经委综合大楼(价值4000万元)无偿划拨县信用联社。2005年3月,长兴县农村信用合作联社挂牌营业,设立社员代表大会、理事会、监事会和经营管理层。2007年,改制组建浙江长兴农村合作银行。同年年末,存贷款余额分别为40.09亿元、34.86亿元。

浙江长兴农村合作银行 2007年1月,长兴县农村信用合作联社改制组建浙江长兴农村合作银行,12月完成组建。同年年末,有1家营业部、12家支行,35个营业网点,员工407人,总资产54.33亿元。2008年1月开业。2012年,有1家营业部、21家支行,35个营业网点,员工597人,总资产153.38亿元,年末存贷款分别为128.61亿元、91.46亿元。

浙江长兴联合村镇银行股份有限公司 简称长兴联合村镇银行,2008年5月开业,内设6个管理部门,员工52人。2012年,有6个营业网点,员工173人,总资产33.84亿元,年末存贷款余额分别为23.88亿元、26.96亿元。

四、其他银行业金融机构

中国邮政储蓄银行股份有限公司长兴县支行 简称邮储银行长兴县支行。2008年5月成立,采用自营网点和代理网点相结合的经营模式,共有24家网点。其中,2家一类支行,5家二类支行,17家储蓄所;内设综合管理部、业务部、信贷部、会计部,员工42人。2012年7月更名为中国邮政储蓄银行股份有限公司长兴县支行。同年年末,有25个网点,其中3家一类支行,4家二类支行,18家储蓄所,员工68人,总资产35.39亿元。2012年年末,存贷款余额分别为26.52亿元、9.69亿元。

交通银行股份有限公司湖州长兴支行 简称交行长兴支行。2009年1月成立,隶属于交通银行湖州市分行,内设营业部、个金业务部、公司业务部,员工21人。2012年,有1个营业网点,3家自助银行,2个单机服务点,员工25人,总资产11.5亿元,年末存贷款余额分别为14.3亿元、11.5亿元。

上海浦东发展银行股份有限公司湖州长兴支行 简称浦发银行长兴支行,2010年12月开业,隶属浦发银行杭州分行。2012年,有营业网点1个,附自助银行1家、离行式自助银行1家,员工25人,总资产23.01亿元,年末存贷款余额分别为13.91亿元、11.69亿元。

招商银行股份有限公司湖州长兴支行 简称招商银行长兴支行,2011年10月成立。2012年有员工30人,总资产13.6亿元,年末存贷款余额分别为6.18亿元、5.44亿元。

中信银行股份有限公司湖州长兴支行　简称中信银行长兴支行，2012年10月开业，二级支行，内设7个职能机构，职工21人，总资产6.24亿元，年末存贷款余额分别为6.04亿元、4.58亿元。

湖州银行股份有限公司长兴支行　简称湖州银行长兴支行，原名湖州市商业银行长兴县支行。2001年6月，由湖州市商业银行收购原雉城城市信用社基础上改制而成，有3个网点，员工26人。2012年，内设一室四部，员工54人，总资产30.66亿元，年末存贷款余额分别为16.75亿元、15.29亿元。

第二节　货　币

一、货币发行管理

货币发行与流通　1988年5月10日起，全县发行第四套人民币，共9种面额，主币有1元、2元、5元、10元、50元、100元6种，辅币有1角、2角、5角3种。其中，100元、2元、1元和2角4个币种先发行，其余币种货币陆续发行。1996年3月1日起，对第二套人民币纸币的所有券别只收进不付出。1998年12月31日，第二套人民币停止流通，退出市场。1999年10月1日起，第五套人民币在县内陆续发行。2005年8月31日起，县内发行2005年版第五套人民币，有100元、50元、20元、10元、5元纸币和1角面值的金属硬币。至2012年年末，全县市场流通的人民币主要为第四套和第五套。

货币投放与回笼　1986年，人行长兴县支行设立人民币发行支库，承担境内金融机构流通人民币的发行和管理。1987—1990年，全县货币净投放15153万元。其中，1987年货币投放45640万元，货币回笼45535万元，净投放105万元；1988年投放3304万元，回笼280万元，净投放3024万元；1989年净投放货币9543万元，控制在上级行下达1亿元的计划之内，比上年增加215.6%；1990年投放86289万元，回笼83807万元，净投放2482万元。1991—1996年，全县货币投放以净回笼为主，累计净回笼132797万元。其中，1991年货币投放99236万元，货币回笼110373万元，净回笼11137万元；1992年投放142857万元，回笼173104万元，净回笼30247万元；1993年投放241782万元，回笼265380万元，净回笼23598万元；1994年投放403332万元，回笼384271万元，净回笼19048万元；1995年净回笼31045万元；1996年投放69808万元，回笼87530万元，净回笼17722万元。1998年，人行长兴县支行发行支库撤销，全县各金融机构人民币市场流通发行由人行湖州市中心支行发行库承担，货币发行与回笼统一由人行湖州市中心支行管理。

二、现金与金银管理

现金管理　1988年，根据国务院《现金管理暂行条例》和中国人民银行《现金管理暂行条例细则》，人行长兴县支行整顿和加强现金管理工作。当年，县人行先后三次对全县14家金融单位进行抽查，核定单位库存现金限额和对企业现金检查等工作。1996年，重点检查19家金融机构的支现审批、登记制度以及执行库存限额，制止放松现金管理的倾向，促进现金货币回笼。2000年，根据《人民币管理条例》，严厉打击人民币制假贩假活动。2012年，开展小面额人民币调剂中心建设，建立反假工作站229个。

金银管理　改革开放后，人行长兴县支行对辖内需用金银作原材料或辅料的单位，实行统一计划、统一核定指标的管理制度。1988年，查处长兴耐火器材厂违反规定，擅自出卖含金银“三废”（废渣、废液、废料），回收黄金840克的行为；制止长兴中百公司雉城商场违反物价政策高价销售黄金饰品和工行长兴县支行、农行长兴县支行向储户以高于国家定价的价格奖售黄金饰品的错误行为。1990年，对人行所属金店和长兴中百第一商场金银饰品专柜，重新审查经营资格，颁发“经营金银业务许可证”；按照金银管理条例，及时制止长广煤矿煤炭研究所地质科擅自测看黄金成色收取费用；会同公安部门对多次教育无效的雉城个体金银饰品加工点进行取缔；对使用金银企业分别建立档案，实行指标控制，全年对长兴电子厂等企业配售黄金 2300 克、白银 75000 克。1991 年,对槐坎电子厂等 4 家使用金银企业配售黄金 4260 克、白银 55615 克。1993 年,批准新设黄金饰品销售点 2 个,在雉城镇建立黄金饰品原料加工市场。1994 年,加强黄金饰品的零售价格管理,统一零售价格。1999 年后,人行杭州中心支行上收金银收兑权,县支行不再办金银收兑业务。2000 年,金银管理放开,价格随市场调节,人行长兴县支行不再履行金银饰品准入审批职能。

三、反假币、反洗钱

反假币 1991 年,人行长兴县支行向各金融机构通报假币发案情况,全年发生假币案 61 起,金额 9900 元,查获行使假币 6 人,会同公安机关破获假币案 2 起、缴获假币 6000 元。2001 年,收缴假币 23.3 万元。2006 年,推进农村反假货币网络体系建设。2007—2012 年,持续推进城乡反假货币网络体系建设,加强反假货币知识宣传及反假打击力度。2011 年,完善人民币流通监测网络建设。2012 年,组织银行机构开展对外误付假币专项治理,将反假货币工作站建设延伸到车站与市场。

反洗钱 2003 年,开展反洗钱活动。2005 年,与公安部门联动,构建反洗钱信息交流平台。2009 年,完善人民币流通监测网络建设。2011 年,加强对证券、保险业的反洗钱管理。2012 年,建设小面额人民币调剂中心,试行小面额人民币调剂业务。

第三节 存贷款

一、存款

1988 年,全县金融机构各项存款统计种类分为对公存款、储蓄存款两类。同年,受物价上涨过快及通货膨胀影响,城乡储蓄出现小幅滑坡,银行储蓄完成计划任务的 91.7%,至年末,各项存款余额 3.6 亿元,其中对公存款 1.95 亿元、占 54.3%,储蓄存款 1.65 亿元、占 45.7%。1993 年,各项存款余额首次突破 10 亿元。2005 年起,存款统计种类改为企事业存款、城乡居民储蓄存款,同年各项存款余额突破 100 亿元,达 100.93 亿元,其中企事业存款余额 23.36 亿元、城乡居民储蓄存款余额 52.88 亿元。2009 年,存款余额突破 200 亿元,2010 年突破 300 亿元。2011 年起,存款统计种类改为单位存款、个人存款两类。2012 年,全县金融机构各项存款余额突破 400 亿元,达 425.01 亿元,其中单位存款余额 227.46 亿元、个人存款余额 183.16 亿元,存款总额比 1988 年增加 421.41 亿元。

对公存款 1988 年,全县金融机构对公存款统计种类包括企业存款、财政性存款、农村(农业)存款和其他存款。同年年末,对公存款余额 19526 万元,其中企业存款 9902 万元、占 50.7%,农村(业)存款 5273 万元、占 27%,财政性存款及机关团体存款 1985 万元、占 10.2%,其他存款 2366 万元、占 12.1%。1989 年,国家采取治理整顿措施,对公存款增长趋势减缓,1990 年以后又恢复增长。2005 年起,对公存款统计种类调整为企事业存款。2011 年起,企事业存款调整为单位存款。2005—2011 年,对公存款年均增长率为 30.5%。2012 年年末,全县金融机构各项单位存款余额 227.46 亿元,其中活期存款余额 125.24 亿元、占全部存款余额的 55.1%,定期存款余额 64.08 亿元、占 28.2%。

储蓄存款 20 世纪 80 年代中期起,全县各金融机构按照“存款自愿、取款自由、存款有息、为储户保密”原则,先后办理活期储蓄、定期储蓄、定活两便储蓄、零存整取、整存零取、存本取息、有奖贴花储蓄、实物有奖储蓄等品种。1988 年,全县金融机构储蓄存款 16456 万元,其中城镇储蓄存款余额 10048 万元。1993 年年初,受“乱集资”影响,县内储蓄余额急剧下降;5 月,人行长兴县支行牵头银行机构开展“储蓄宣传月”活动,于 6 月底扭转局面。同年年末,全县储蓄存款余额 65016 万元,增长 27.4%。1988—1994 年,全县金融机构人民币储蓄存款年均增长率为 32.2%。1995 年,全县储蓄余额首次突破 10 亿元。2005 年起,存款统计种类改为企事业存款、城乡居民储蓄存款,同年居民储蓄突破 50 亿元。2009 年,城乡居民储蓄存款突破 100 亿元。2011 年起,城乡居民储蓄存款统计种类改为个人存款,同年全县金融机构个人存款余额158.81亿元，其中储蓄存款余额153.63亿元。2012年年末，全县金融机构个人存款余额183.16亿元，其中储蓄存款余额181.78亿元，比1988年增加180.13亿元。

1988—2012年长兴县金融机构本外币存款情况表

表16-1

年份	各项存款（万元）	当年新增（万元）	比上年增长(%)	对公存款（万元）				单位存款（万元）	个人存款（万元）	其中：储蓄存款（万元）
				企业存款	财政性存款	农业存款	其他存款			
1988	35982	3464	10.7	9902	802	5273	20005	—	—	16456
1989	44936	8954	24.9	9039	820	6665	28412	—	—	23389
1990	52804	7868	17.5	12000	1931	7349	31524	—	—	32049
1991	68269	15465	29.3	17393	1906	6932	42038	—	—	41351
1992	84855	16586	24.3	22567	1071	10587	50630	—	—	50691
1993	105305	20450	24.1	35411	1362	208	68342	—	—	64505
1994	144285	38980	37.0	49883	1047	1033	92322	—	—	84784
1995	193409	49124	34.1	62937	974	2562	126936	—	—	122431
1996	252119	58710	30.4	81423	1301	3219	166176	—	—	162340
1997	321040	68921	27.3	107990	545	18450	194055	—	—	194504
1998	393972	72932	22.7	123850	1852	23791	244479	—	—	242172
1999	454637	60665	15.4	146764	1451	26827	279595	—	—	276940
2000	497637	43000	9.5	168803	4956	36078	287800	—	—	283207
2001	566697	69060	13.9	187741	8384	41303	329269	—	—	321457
2002	657558	90861	16.0	196523	9902	51755	399378	—	—	360767
2003	858850	201292	30.6	271679	16028	83655	487488	—	—	426701
2004	914753	55903	6.5	276758	8303	103018	526674	—	—	465046
2005	1009347	94594	10.3	—	—	—	—	233616	—	528840
2006	1199675	190328	18.9	—	—	—	—	283364	—	613471
2007	1356340	156665	13.1	—	—	—	—	353329	—	660100
2008	1687188	330848	24.4	—	—	—	—	440995	—	826003
2009	2537720	850532	50.4	—	—	—	—	812088	—	1095164
2010	3238893	701173	27.6	—	—	—	—	984559	—	1388430
2011	3719155	480262	14.8	—	—	—	—	2051156	1588107	1536325
2012	4250066	530911	14.3	—	—	—	—	2274638	1831646	1817795

说明：1.根据历年《长兴统计年鉴》整理；2.1988年，全县金融机构各项存款统计种类分为对公存款、储蓄存款两类，2005年起改为企事业存款、城乡居民储蓄存款，2011年起存款统计种类改为单位存款、个人存款两类

二、贷款

1988年，全县金融机构各项贷款统计种类分为流动资金贷款和固定资产贷款两类。同年年末，各项贷款余额31085万元，其中流动资金贷款余额21876万元，固定资产贷款余额1597.9万元。1994年起，全县金融机构流动资金贷款和农业贷款合称短期贷款，固定资产贷款改称中长期贷款，同年全县各项贷款余额首次突破10亿元，为116386万元，其中短期贷款余额103108万元，中长期贷款余额15520万元。2000年起，县内金融机构重点发展个人消费信贷业务，除个人住房贷款外，还启动汽车消费贷款、助学贷款等业务。至2004年年末，个人消费贷款余额7.42亿元，至2012年年末增至60.58亿元，占全年贷款的16.7%。2012年，全县金融机构各项贷款363.06亿元，其中短期贷款余额202.87亿元，

中长期贷款余额153.86亿元。

1988—2012年,全县贷款增长较快,年均增长率超过20%。1988年贷款增长6%,之后10年间一直保持较快的增长。1998年起,受宏观经济形势影响,全县贷款增幅迅速下降,当年贷款增长率由1997年的25.3%降至12.9%。1999年,增长率降至8.5%。2000年,贷款增长降至0.3%,为25年间最低;当年新增贷款由上年的2.4亿元锐减至811万元。2001年开始回升,2002年实现快速增长,比上年增长26.8个百分点。至2006年,全县贷款总量突破百亿。2009年,全县贷款总量突破200亿元,当年新增贷款74.07亿元,增幅达51.4%,为25年间最高。2011年,全县金融机构各项贷款突破300亿元,达到325.94亿元。

1988—2012年长兴县金融机构本外币贷款情况表

表16-2

年份	贷款(万元)	当年新增(万元)	比上年增长(%)	其中		年份	贷款(万元)	当年新增(万元)	比上年增长(%)	其中	
				短期贷款(万元)	中长期贷款(万元)					短期贷款(万元)	中长期贷款(万元)
1988	31085	1771	6.0	21876	1599	2001	334361	26729	8.7	237094	88201
1989	36501	5416	17.4	26067	1739	2002	453185	118824	35.5	277545	149930
1990	44384	7883	21.6	31010	1828	2003	603346	150161	33.1	343936	212663
1991	54386	10002	22.5	46912	2099	2004	750995	148731	24.7	343130	381901
1992	66839	12453	22.9	56166	3332	2005	869766	118772	15.8	390455	470515
1993	88116	21277	31.8	73722	4450	2006	1049632	179866	20.7	514699	522321
1994	116386	28270	32.1	103108	15520	2007	1226212	176581	16.8	618919	592683
1995	157939	41553	35.7	131207	13880	2008	1440777	214565	15.5	708659	706755
1996	199914	41976	26.6	166987	22064	2009	2181436	740659	51.4	1065155	1054598
1997	250518	50604	25.3	196874	36891	2010	2738349	556913	25.5	1352608	1311719
1998	282774	32256	12.9	239872	42662	2011	3259443	521094	19.0	1747449	1451600
1999	306821	24047	8.5	257890	48661	2012	3630567	371124	11.4	2028660	1538628
2000	307632	811	0.3	252765	47805	—	—	—	—	—	—

说明:1.根据历年《长兴统计年鉴》整理;2.1988年,全县金融机构各项贷款统计种类分为流动资金贷款、固定资产贷款两类,1994年起流动资金贷款和农业贷款合称短期贷款,固定资产贷款改称中长期贷款

短期贷款 1988年,全县金融机构流动资金贷款余额2.19亿元,其中工业企业贷款7494万元、商业企业贷款11541万元、乡镇企业贷款2632万元、建筑企业贷款204万元;农业贷款1050万元。1994年起,全县银行业流动资金贷款和农业贷款合称短期贷款,同年各项短期贷款余额10.31亿元,其中工业贷款2.43亿元、商业贷款4.08亿元、农业贷款3828万元、乡镇企业贷款2.44亿元。2009年,全县银行业各项短期贷款余额突破100亿元,达106.52亿元,其中工业贷款25.72亿元、商业贷款3.41亿元、建筑业贷款1.14亿万元、农业贷款33.26亿元、乡镇企业贷款20亿元、三资企业贷款980万元、私营及个体企业贷款7.27亿元、个人消费贷款5.09亿元。2010年起,短期贷款统计分类调整为个人贷款、单位贷款。同年,全县各项短期贷款余额135.26亿元中,个人贷款为51.85亿元,其中个人消费贷款8.61亿元;单位贷款为77.84亿元,其中经营贷款77.32亿元、固定资产贷款5149万元。2011年,全县金融机构短期贷款余额174.74亿元中,个人贷款为55.73亿元,其中个人消费贷款7.36亿元;单位贷款为102.35亿元,其中经营贷款101.56亿元、固定资产贷款7950万元。2012年,全县金融机构短期贷款余额202.87亿元中,个人贷款为56.57亿元,其中个人消费贷款5.58亿元;单位贷款为131.44亿元,其中经营贷款130.83亿元、固定资产贷款6070万元。

1988—2009 年长兴县银行业各项短期贷款余额情况表

表 16-3　　单位：万元

年份	短期贷款余额	工业贷款	商业贷款	建筑业贷款	农业贷款	乡镇企业贷款	三资企业贷款	私营及个体企业贷款	其他贷款	个人消费贷款
1988	21876	7497	11541	204	1050	2632				
1989	26067	9050	13894	254	899	2862				
1990	31010	10640	16948	204	955	3402				
1991	46912	13055	19551	284	3053	13716				
1992	56166	17120	21063		4099	17043				
1993	73722	21181	28146		4848	22849				
1994	103108	24263	40825		3828	24432				
1995	131207	27776	55623		4885	28449				
1996	166987	31985	72706		6079	36720				
1997	196874	49055	65701	228	8579	41729	1541	1430	26558	
1998	239872	56087	80333	1535	12779	49470	2094	2121	35453	
1999	257890	56334	84901	1258	12623	48081	2675	4458	47560	
2000	252765	42265	77921	2456	15709	43476	2730	5436	62772	
2001	237094	47384	66040	3023	21412	48321	2142	5922	42850	
2002	277545	43175	63515	10685	31443	47763	2542	9330	69091	
2003	343936	70488	51677	5495	48392	60341	2597	12432	92514	
2004	343130	56159	34062	7010	54676	54655	2281	21226	113061	
2005	390455	65574	20333	8440	78131	57401	6422	34771		8259
2006	514699	137523	21522	10740	108043	77820	48	27289		17501
2007	618919	171284	22411	1540	178896	91099	713	37062		33064
2008	708659	188555	22247	5340	222491	124136	700	428858		34218
2009	1065155	257233	34079	11350	332593	199974	980	72651		50874

说明：根据历年《长兴统计年鉴》整理；1988 年，全县金融机构各项贷款统计种类分为流动资金贷款、固定资产贷款两类，1994 年起流动资金贷款和农业贷款合称短期贷款、固定资产贷款改称中长期贷款，2010 年起短期贷款统计分类调整为个人贷款、单位贷款

中长期贷款　20 世纪 80 年代中期，县内企业技术改造加快，基本建设投资增加，乡镇企业迅速发展，银行业中长期贷款逐年增加。1988 年，全县金融机构固定资产贷款余额 1597.9 万元，其中技术改造贷款余额 1205.3 万元。1994 年起，全县银行业固定资产贷款改称中长期贷款，同年各项中长期贷款余额 15520 万元，其中技术改造贷款 6968 万元、基本建设贷款 300 万元、地方经济开发贷款 330 万元。2000 年起，县内金融机构重点发展个人消费信贷业务，除个人住房贷款外，还启动汽车消费贷款、助学贷款等业务。2005 年，银行业各项中长期贷款余额中，个人消费贷款达 9.58 亿元，占各项中长期贷款余额的 20.4%。2009 年，个人消费贷款占比提高至 34.8%。同年，全县银行业各项中长期贷款余额突破 100 亿元，达 105.46 亿元，其中基本建设贷款 45.58 亿元、技术改造贷款 1000 万元、个人消费贷款 36.65 亿元。2010 年起，中长期贷款分类调整为个人贷款、单位贷款。同年，全县银行业中长期贷款余额 131.12 亿元，其中个人贷款 61.96 亿元，单位贷款 69.12 亿元。2011 年，全县银行业中长期贷款余额 145.16 亿元，其中个人贷款 74.3 亿元，单位贷款 70.19 亿元。2012 年，全县银行业中长期贷款余额 153.86 亿元，其中个人贷款 80.14 亿元，单位贷款 73.07 亿元。

1988—2009 年长兴县银行业各项中长期贷款余额情况表

表 16-4

单位:万元

年份	中长期贷款余额	其中				年份	中长期贷款余额	其中			
		基本建设贷款	技术改造贷款	个人消费贷款	其他贷款			基本建设贷款	技术改造贷款	个人消费贷款	其他贷款
1988	1599		1206		957	1999	48661				
1989	1739		1302		695	2000	47805				
1990	1828		1415		603	2001	88201				
1991	2099		1651			2002	149930				
1992	3332		2875			2003	212663				
1993	4450		3713			2004	381901				
1994	15520	300	6968			2005	470515	362711	400	95808	
1995	13880	1300	7479			2006	522321	377539	7100	137682	
1996	22064	3885	12989			2007	592683	342202	6200	182811	
1997	36891					2008	706755	371065	4200	230993	
1998	42662					2009	1054598	455849	1000	366497	

说明:根据历年《长兴统计年鉴》整理;1988 年,全县金融机构各项贷款统计种类分为流动资金贷款、固定资产贷款两类,1994 年起流动资金贷款和农业贷款合称短期贷款、固定资产贷款改称中长期贷款,2010 年起中长期贷款统计分类调整为个人贷款、单位贷款

第四节　银行中间业务

一、结算

结算方式　1986 年,全县银行结算实行商业承兑汇票和银行承兑汇票。1987 年,参加湖州市联行信件交换网络。1989 年,根据中国人民银行制定的《银行结算办法》,全县金融机构废止托收承付、委托贷款、托收无承付等结算方式。1990 年 4 月 1 日起,各专业银行恢复托收承付结算方式。年末,共发出托收 2796.4 万元,实际收回 612 万元;共收到托收 2054.4 万元,实际贷付 262.4 万元。1992 年,上半年吸纳雉城信用社参加县级同城票据一级交换,下半年吸纳李家巷地区各金融机构参加,使李家巷地区和雉城城区之间的资金往来由异地转为同城。1995 年,修订行社往来和县辖银行汇票结算办法,改县辖限额结算为汇票结算。2005 年,大力发展银行承兑汇票,推广使用商业承兑汇票,至年末,全县银行业机构累计办理承兑汇票 11.9 亿元,比上年增长 27%,未到期金额达到 5.66 亿元;累计办理票据贴现 2.86 亿元,余额 6922 万元,比上年增长 15%。2011 年,推动银行本票、三省一市汇票、全国支票在辖内特别是中心镇的应用,新申报签发三省一市汇票机构 4 家。2012 年,推广应用电子商业汇票,引导银行机构优先办理电子商业汇票贴现服务,推动更多企业办理电子商业汇票。

1997 年 12 月,正式开通电子联行业务,同年,建立长兴县金融系统城市网,同城票据交换上网试运行。2005 年,人行长兴县支行配合人行湖州市中心支行做好中央银行会计集中核算系统(简称 ABS)上线和大额支付系统上线工作,加快大额支付系统、票据清算系统、银行账户信息管理系统推广应用工作。2006 年,人行长兴县支行协助人行湖州市中心支行推广运用 ABS 小额支付系统。2007 年,长兴县加快同城特约委托收款电子化建设,推进定期借记业务推广实施,使同城特约委托收款无纸化。2011 年,新申报加入电子商业汇票系统机构 1 家,办理电子商业汇票签发 9 笔,金额 4473.2 万元。2012 年,

县内各银行扩大新型电子支付业务在农村地区推广运用范围。

结算种类　1988—2012年，县内银行结算种类主要有汇票、支票、票据交换、托收承付、委托收款等。

汇票　1986年，全县银行结算实行商业承兑汇票和银行承兑汇票。1989年，启用全国银行汇票。1995年，修订行社往来和县辖银行汇票结算办法，改县辖限额结算为汇票结算。2005年起，浙江省辖银行汇票在长兴启用，停止使用长兴县辖银行汇票。2006年，全县银行业机构通过办理、签发银行承兑汇票等形式，多渠道为企业提供融资服务。同年年末，全县商业银行累计签发银行承兑汇票达16.4亿元，比上年增加3.16亿元，增长23.9%。

支票　支票可分为现金支票、转账支票、普通支票。1996年8月，转账支票由四联改为单联。1998年6月，转账支票使用范围扩大到湖州市区、长兴县、德清县、安吉县银行互相通用。2007年，推进全国支票影像交换系统推广运用工作。

票据交换　1986年始，人行长兴县支行承担银行业机构同城票据职能。1991年，在原参加同城票据交换4个单位（人行长兴县支行、农行长兴县支行、工行长兴县支行、建行长兴县支行）的基础上，扩展城市信用社和信用联社。1992年，上半年吸纳雉城信用社参加县级同城票据一级交换，下半年又吸纳李家巷地区各金融机构参加。1996年，在煤山镇推出集镇区域交换点。1997年，全县同城票据交换行社24个；推荐农村信用联社加入省辖区域联网；同年，建立长兴县金融系统城市网，同城票据交换上网试运行。2000年，人行长兴县支行组织辖区金融机构加入上海区域票据交换。2003年，实施湖州市市辖大同城票据交换工作。

托收承付　1989年，全县金融机构废止托收承付、委托贷款、托收无承付等结算方式。1990年4月1日起，各专业银行恢复托收承付结算方式。各银行电子汇兑系统开通后，该种结算逐步减少使用。

委托收款　1980年1月开办，委托收款替代托收无承付结算方式。从1998年起，通过委托收款结算方式，开办特种委托结算，单位委托银行代收煤气费、水电费、通信费、行政事业费及代收税款、保险费等。2005年7月起，使用调整后新的委托收款凭证。

二、银行卡

1992年，工行长兴县支行发行牡丹信用卡，为县内第一张信用卡，全年发行金卡96张，银卡749张。1996年，人行长兴县支行印发《规范金融经营行为的若干规则》。2000年起，银行卡品种增多，按支付方式分为借记卡、贷记卡，按币种分为人民币信用卡、外币信用卡和本外币双币种信用卡。2009年，长兴农村合作银行开展丰收小额贷款卡试点，农行长兴县支行启动涉农贷款"惠农卡"。2010年，全县实现"镇镇有ATM机，村村有POS机"；开展"刷卡无障碍示范街"建设。2011年，会同教育部门、财政部门推广应用"中职卡"，全县5所中职学校新发放"中职卡"4293张。2012年，推广应用银行卡助农代理转账业务、网上支付、手机支付业务。同年年末，全县累计安装自动取款机（ATM）286台，销售终端（POS机）4415台。

三、银行代理

全县银行代理业务始于20世纪80年代末，主要为代销国家债券、代理证券买卖等。1988年，向全县金融机构发行国家基本建设债券293万元，国家财政债券195万元；配合财政部门发行国库券439.6万元。同年，批准工行长兴县支行、建行长兴县支行建立证券交易柜台。90年代开始，银行代理业务发展到代理企业债券、委托贷款、代收水电费、代发工资等。1990年，工行长兴县支行代理企业发行短期融资债券，支持企业合理的流动资金需要，全年共代理企业发行短期融资债券6期，金额335万元。同年，城市信用社设立省证券公司长兴代理处。1992年起，开展委托贷款。同年年末，全县银行委托贷款余额5992万元，比上年同期增加4997万元。2000年，全县金融机构先后推出代理保险、代理基金、代理公积金贷款等。2011年，推动广播电视收费纳入"一户通"系统。2012年，将与居民生活密切相关的缴税费项目纳入"一户通"系统运行。

四、电子银行

全县电子银行业务包括电话银行、手机银行和网上银行等银行业务。1996 年 9 月,建设银行长兴支行在全县首推电话银行业务,客户服务号码为 95533。1999 年起,农行长兴县支行、工行长兴县支行和中行长兴县支行先后开通电话银行业务,客户服务号码分别为 95599、95588 和 95566。1999 年 8 月建行长兴县支行率先开通网上银行,2000 年 5 月中行长兴县支行率先开通手机银行。网上银行可实现银证转账、外汇、证券买卖、还贷款和代发工资等业务,手机银行可实现转账汇款、普通消费、税费缴纳等业务。2012 年年末,全县个人网上银行户数 328060 户,全年交易金额 390.62 亿元;企业网银户数 4902 户,全年交易金额 1831.2 亿元;手机银行户数 152190 户,全年交易金额 38.67 亿元。

第五节　外汇业务

1993 年 3 月中行长兴县支行成立后,经营外汇业务。1994 年外汇管理体制改革,中国银行在外汇业务上不再享有垄断地位。到 2000 年,工行长兴县支行、农行长兴县支行、中行长兴县支行先后开办外汇业务,建行长兴县支行开办外币储蓄业务,为全县首批外汇指定银行。2003 年,建行长兴县支行办理外汇业务。2004 年外汇管理局长兴支局成立,负责管理全县外汇业务。同年年底,县内共 4 家银行办理外汇业务。至 2012 年年末,全县共 9 家银行开办外汇业务。

一、外汇存贷款

2003 年年末,全县外汇存款余额 1623 万美元,其中储蓄存款余额 899 万美元。2008 年,外汇存款增长较快,年末全县外汇存款余额 3670 万美元,比上年增长 175.9%。2010 年,全县外汇存款年末余额 4035 万美元,比上年增长 20.7%,其中储蓄存款余额 491 万美元。2012 年年末,全县外汇存款余额突破 1 亿美元,达 1.08 亿美元,比 2011 年增长 153.5%;其中储蓄存款年末余额 514 万美元。外汇存款主要币种有美元、欧元、日元、英镑、加元、澳大利亚元、瑞士法郎、新加坡元、瑞典克朗和港币 10 种。

全县外汇贷款重点投向外贸进出口生产企业、三资企业,贷款种类主要为短期外汇流动资金贷款。2007 年年末,外汇贷款余额 1812 万美元,较 2006 年增长 410.4%。至 2012 年年末,全县外汇贷款余额 6875 万美元,较 2011 年减少 927 万美元。

二、国际收支

2004—2012 年,全县外向型经济快速发展,辖内外汇业务年均增长率达 30.5%,结算方式在原来信用证、托收、汇款基础上增加进口托收、进出口押汇、出口商业汇票贴现。2006 年,全县国际收支支出 313 笔,金额 1227.11 万美元;收入 8046 笔,金额 2.84 亿美元。中资企业新开户 83 家,出口核销网上核销开户 78 家。2012 年,国际收支支出 979 笔,金额 1.85 亿美元;收入 28360 笔,金额 14.05 亿美元。中资企业进出口登记 84 家,外资企业进出口登记 3 家。

三、外汇管理

全县外汇业务及管理由人行长兴县支行承担。2004 年 5 月,国家外汇管理局长兴县支局成立,与人行长兴县支行合署办公,内设外汇管理股,负责监管全县外汇业务。2005 年,推进外商投资企业网上年检和外汇企业网上核销。2006 年,开展经常项目改革,取消经常项目外汇账户开户事前审批,不再对境内机构开立、变更和关闭经常项目外汇账户进行核准;简化服务贸易购付汇手续和凭证;建立辖内涉汇银行季度例会制度;对中国建设银行长兴县支行开展结售汇业务进行审核。2007 年,推进出口核销制度改革,规范和强化外汇登记管理,加强涉汇监管网络建设,开展外商投资企业联合年检工作。2008 年,改革外商投资企业管理信息服务系统(FDI 系统),启用新版外商投资统计报表系统;对企业开展出口收汇企业网上核销无纸化推广培训。2012 年,取消实施 21 年的出口收汇核销制度,引导银行通过业务创新推出出口代付、协议融资、境外人民币借款等跨境出口贸易信贷融资产品。

2003—2012 年长兴县外汇业务情况表

表 16-5

年份	外汇存贷款						外汇收支			
	存款				贷款		支出		收入	
	年末余额（万美元）	比上年增长（%）	其中:储蓄存款年末余额（万美元）	比上年增长（%）	年末余额（万美元）	比上年增长（%）	笔数（笔）	金额（万美元）	笔数（笔）	金额（万美元）
2003	1623	—	899	—	575	—				
2004	1093	-32.7	780	-13.2	84	-85.4				
2005	1309	19.8	844	8.2	203	141.7				
2006	1743	33.2	841	-0.4	355	74.9	313	1227.11	8046	28397.82
2007	1330	-23.7	636	-24.4	1812	410.4	611	3070.09	10931	44268.98
2008	3670	175.9	494	-22.3	966	-46.7	1088	5170.41	13301	55297.47
2009	3342	-8.9	478	-3.2	2654	174.7	628	3940.09	15329	61274.26
2010	4035	20.7	491	2.7	5613	111.5	907	8382.61	21517	95973.18
2011	4249	5.3	493	0.4	7802	39.0	706	7239.34	23308	103686.6
2012	10772	153.5	514	4.3	6875	-11.9	976	18529.74	28360	140520.8

说明:1. 资料来源于人行长兴支行;2. 1993—2002 年资料缺失

第六节　金融监管

1988—2003 年，人行长兴县支行负责长兴县辖内金融管理事务，主要职责是审核批准金融机构、金融业务、高管人员的准入与退出，组织进行非现场、现场检查，保护消费者权益。2003 年，银监会长兴办事处成立，负责长兴县辖内银行业监管。

一、市场准入管理

金融机构及业务准入与退出　1988 年，由人行长兴县支行负责管理辖区内的银行业机构。同年，批准设立城乡储蓄网点 8 个，银企联办储蓄所 5 个。1990 年，批准新建建行长兴支行和泗安信用社所属 2 个储蓄所，撤销工行长兴县支行、农行长兴县支行所属的 4 个储蓄所，1 个信用分社、2 个证券转让专柜。1993—1998 年，共批准设立金融机构 19 家，升格 1 家，降格 15 家，撤销 10 家，合并金融机构 1 家。2004 年起，由银监会长兴办事处负责对银行业金融机构准入进行初审。至 2012 年年末，先后对辖内 3 家银行成立、6 家分理处升格为支行、21 家储蓄所升级为营业部、3 家增设支行进行初审。

金融机构高级管理人员准入与退出　1988 年，由人行长兴县支行管理金融机构高级管理人员的准入与退出。1997 年，对 15 名金融机构负责人进行资格审查，对 2 名不符合任职资格的人员提出撤换要求。1998 年，对已任机构负责人任职资格进行全面复审，受审人员达 61 人；加强农村信用社负责人任职资格审查管理。1999 年，对农行雉城分理处账外经营问题，除给予经济处罚外，取消该分理处主任的任职资格。2002 年，严格执行任前考试、公示和谈话制度，全年对 13 位信用社高级管理人员进行任前审核，否决 1 人，核准 5 人，对其他 7 人进行备案，对 16 位银行高管人员进行备案。2004 年起，由银监会长兴办事处对在长兴任职高管人员进行任职资格初步审查和任职资格谈话。2004—2012 年，对辖内银行业金融机构高管进行初审并谈话 69 人次。

开户许可证管理　1990 年 4 月起，根据中国人民银行规定，企业新开银行结算账户一律报人行长兴县支行审批，企业原则上按专业分工在一家金融机构开户。1991 年，对雉城镇、煤山镇、小浦镇、李家巷镇的新开户实行必须报经人行长兴县支行批准，严格掌握一家企业只能在当地一家金融机构开立一个基本账户。同年年末，228家企业确定在1家金融机构开户，其中112家企业已领取开户许可证，撤销多头账户52户。1995年，对雉城镇范围的基本账户进行全面清理，确定基本账户2735个，注销基本账户156个。1996—2012年，人行长兴县支行每年对账户进行清理，实行年检制度。

二、非现场监管

1989年，人行长兴县支行对雉城城市信用社进行非现场检查，对其资本充足性、资产负债比例管理、业务经营合法性和盈利分配进行检查。1991年，对辖内17家信用分社，15家信用社属储蓄所、29家信用服务站、2家储蓄代办所的人员配备、经营范围、执行政策、内部管理等进行检查。1995年，对金融机构违反金融政策，采用不正当手段竞争，变相提高利率、违反结算纪律等进行查处；对全县金融机构存贷款利率执行情况进行检查，对擅自提高上浮幅度、短贷长算等问题作出立即纠正、没收非法所得、全县通报等处罚。2011年，按照《浙江省金融重大事项及重要信息报告制度》《长兴县金融机构金融管理与服务暂行办法》，加强重大事项报告情况检查，视情况对各金融机构报送重大事项情况进行检查并通报有关情况。2012年，配合人行湖州市中心支行对辖内银行机构重点是地方法人金融机构开展综合评价工作，全年共开展2次。

三、现场监管

1988—2003年，人行长兴县支行对非现场监管中发现的问题，派出检查人员进行现场检查，同时组织不定期的专项检查。1989年，对全县117个发证机构进行全面检查，对未经人行长兴县支行批准单独设立机构对外营业的问题进行处理，责成相关专业银行按规定补办手续。1993年，对金融机构实施年检制度。年内，对辖内103家金融机构实施年检，收缴其中1家不合规金融机构的“经营金融业务许可证”。1994年，组织检查金融机构现金管理、利率管理、结算管理。1995年，对工行长兴县支行、农行长兴县支行、中行长兴县支行、建行长兴县支行4家银行房地产信贷部和信用卡部进行检查，对4家银行的资金来源与资金运用进行稽核。1999年，对银行账外账和违规经营进行检查，对辖内32家金融机构实施年检。2001年，对辖区金融机构个人存款账户实名制进行全面检查；全年开展银行卡业务专项检查、利率检查、金融统计执法检查、账户管理执行情况检查等20余次。2011年，配合人行湖州市中心支行开展支农再贷款、反洗钱、国库集中支付代理银行与国库经收处、人民币收付与反假货币等专项检查；首次组织开展对农行长兴县支行的综合业务大检查。2012年，依托综合评价结果，组织开展专项检查和综合业务检查。2011—2012年，累计开展执法检查17次，查处问题142个，提出整改建议74条，罚款金额6.7万元。

2004—2012年，银监会长兴办事处对辖内银行现场检查立项、实施均由湖州银监分局统一开展，银监办派员配合参与。配合上级监管部门对辖内银行的现场检查共8次，对现场检查发现的违规问题督促辖内机构整改落实，对重大违规问题则由湖州银监分局进行行政处罚。

四、金融消费者保护

人行长兴县支行根据行业规章和业务管理规定依法开展金融消费者保护工作。1987年，人行长兴县支行协调解决专业银行间业务交叉所产生的矛盾和纠纷。1993年，与人行广德县支行多次协调、整顿解决牛头山地区出现的涉及浙江、安徽两省7家金融机构的储蓄竞争。1994—2012年，每年均组织进行人民币反假宣传。2005—2012年，每年组织向群众宣传金融知识、金融政策。其中，2005—2006年重点宣传普及征信知识；2007年重点宣传金融保险、反洗钱知识；2012年组织开展支付结算服务专项宣传。

五、清理“三角债”

1990年4月，国务院决定在全国范围内开展清理“三角债”(“三角债”是企业之间超过托收承付或约定付款期应当付而未付的拖欠货款的俗称，是企业之间拖欠货款所形成的连锁债务关系)工作。同年，根据上级部署，全县启动清理“三角债”，各金融机构建立清理企业“三角债”领导小组。至10月15日统计，全县共收回托收款157.9万元，承包款211.9万元。1991年9月20日开始，进入全县“全国连环清欠”。至 12 月 2 日，全县清欠工作基本结束，累计收到清欠款 248 笔，金额 235.63 万元。至该月，全县清理“三角债”工作也宣告基本结束。[①]

第二章　保险业

1988 年，长兴县保险类型共有企业财产险、家庭财产险、运输工具及责任险、货物运输险、农业险、简易人身险、养老年金险、人身意外险、其他险九大类，各类保险投保 17.72 万户(件)次，全年保费收入 468 万元，保险理赔 3279 户(件)次，全年理赔支出 153.8 万元。1997 年起，保险类型调整为财产保险、机动车辆保险、货物运输保险、船舶保险、农业保险、人寿险六大类。2012 年，全县共有各类保险机构 47 家，全年保费收入 8.2 亿元，其中财产保险保费收入 3.76 亿元、人寿保险保费收入 4.44 亿元；理赔支出 2.29 亿元，其中财产保险理赔支出 1.84 亿元、人寿保险理赔支出 4525 万元。

第一节　机　构

一、保险机构沿革

1981 年 4 月，在人行长兴县支行成立长兴县特约代理处。1982 年 7 月，设立中国人民保险公司长兴县支公司，为人行长兴县支行一个内设部门，由县人行负责对保险业监管。1996 年 3 月，中国人民保险公司进行体制改革，实行财、寿险分业经营。1998 年 11 月，保险业监管职能从人民银行分离，县级保险业由省级保险行业协会负责监管，长兴不设保险业管理机构，保险经营市场开始放开。之后，中国平安保险、中国太平洋保险等单位相继在长兴成立分支机构，经营财产、人寿保险业务。2012 年年末，县内共有各类保险机构 47 家。

2012 年长兴县保险业机构情况表

表 16-6

企业名称	成立日期	企业类型	行业	经营地址
中国人寿保险股份有限公司长兴县支公司	1997.04.23	其他股份有限公司分公司(上市)	人寿保险	雉城街道解放西路177号
中国人民财产保险股份有限公司长兴支公司	1997.05.04	其他股份有限公司分公司(上市)	健康保险	雉城街道金陵南路128号
中国人民财产保险股份有限公司长兴支公司泗安营业部	1998.04.29	其他股份有限公司分公司(上市)	健康保险	泗安镇泗安大道16号楼
中国人寿保险股份有限公司长兴县支公司泗安营业部	1998.06.01	其他股份有限公司分公司(上市)	人寿保险	泗安镇浙皖大道565-1号
中国人寿保险股份有限公司长兴县支公司煤山营业部	1998.06.01	股份有限公司分公司(上市、国有控股)	人寿保险	煤山镇煤鑫街149号
中国人民财产保险股份有限公司长兴支公司和平营业部	1998.06.11	其他股份有限公司分公司(上市)	健康保险	和平镇新街
中国人民财产保险股份有限公司长兴支公司煤山营业部	1998.06.11	其他股份有限公司分公司(上市)	健康保险	煤山镇新街

①资料来源于《长兴县国营工业发展情况纪事(1949—1992)》，长兴县工业局1993年8月编印，第99页。

续表16-6

企业名称	成立日期	企业类型	行业	经营地址
中国人民财产保险股份有限公司长兴支公司李家巷营业部	1999.04.08	其他股份有限公司分公司(上市)	健康保险	李家巷镇新街口
中国人寿保险股份有限公司长兴县支公司李家巷营业部	1999.05.28	其他股份有限公司分公司(上市)	人寿保险	李家巷镇开发区新街
中国人寿保险股份有限公司长兴县支公司和平营业部	1999.06.10	股份有限公司分公司(上市、国有控股)	人寿保险	和平镇和西路81号
中国平安财产保险股份有限公司长兴支公司	2002.09.13	其他有限责任公司分公司	健康保险	雉城街道县前西街
中国人寿保险股份有限公司长兴县支公司长兴县第三营销服务部	2002.09.20	股份有限公司分公司(上市、国有控股)	人寿保险	雉城街道解放西路54号
中国人寿保险股份有限公司长兴县支公司长兴县第一营销服务部	2002.09.20	股份有限公司分公司(上市、国有控股)	人寿保险	雉城街道皇家湾小区名邸苑1幢
中国人寿保险股份有限公司长兴县支公司长兴县第二营销服务部	2002.09.20	股份有限公司分公司(上市、国有控股)	人寿保险	雉城镇旺角维多利亚花园34幢4楼
中国人寿保险股份有限公司长兴县支公司林城镇营销服务部	2002.09.20	股份有限公司分公司(上市、国有控股)	人寿保险	林城镇
中国人寿保险股份有限公司长兴县支公司小浦镇营销服务部	2002.09.20	股份有限公司分公司(上市、国有控股)	保险经纪服务	小浦镇
天安财产保险股份有限公司长兴支公司	2002.09.23	股份有限公司(中外合资、未上市)分支机构	健康保险	雉城街道东方绿洲8幢107室206室207室
泰康人寿保险有限责任公司浙江湖州长兴营销服务部	2002.11.20	有限责任公司分公司(非自然人投资或控股的法人独资)	保险经纪服务	太湖街道森富大厦1001A室
新华人寿保险股份有限公司湖州中心支公司长兴县营销服务部	2003.02.28	其他股份有限公司分公司(非上市)	人寿保险	雉城街道县前西街
中国平安人寿保险股份有限公司湖州中心支公司长兴县营销服务部	2003.05.06	其他股份有限公司分公司(上市)	人寿保险	太湖街道森富大厦501、502室
中国人寿保险股份有限公司长兴县支公司洪桥镇营销服务部	2003.05.19	股份有限公司分公司(上市、国有控股)	人寿保险	洪桥镇洪桥街桥西
中国人寿保险股份有限公司长兴县支公司夹浦镇营销服务部	2003.05.19	股份有限公司分公司(上市、国有控股)	人寿保险	夹浦镇环沉村
中国太平洋财产保险股份有限公司长兴支公司	2003.05.28	其他有限责任公司分公司	健康保险	雉城镇县前东街191-195号
中国大地财产保险股份有限公司长兴支公司	2004.06.11	其他有限责任公司分公司	健康保险	雉城街道长州路25-27号、长兴建材城15幢105室
民生人寿保险股份有限公司浙江分公司长兴县营销服务部	2005.01.04	其他有限责任公司分公司	人寿保险	雉城镇县前西街1646、1648、2646、2648、2650号
华安财产保险股份有限公司湖州中心支公司长兴县营销服务部	2005.08.31	其他有限责任公司分公司	健康保险	雉城耀圣通宝城9幢106号营业房
安邦财产保险股份有限公司浙江分公司长兴县雉城镇营销服务部	2005.10.18	股份有限公司分公司(非上市)	保险经纪服务	雉城镇明珠二路220号

续表16-6

企业名称	成立日期	企业类型	行业	经营地址
浙江永兴保险代理有限公司	2005.11.23	有限责任公司(自然人投资或控股)	保险经纪服务	画溪街道画溪工业功能区雉州大道179-263号
富德生命人寿保险股份有限公司湖州中心支公司长兴县营销服务部	2006.08.01	其他有限责任公司分公司	保险经纪服务	雉城街道金陵中路70号230-236室
华泰人寿保险股份有限公司浙江分公司长兴营销服务部	2006.11.15	股份有限公司(中外合资、未上市)分支机构	人寿保险	县经济开发区县前街延伸线北侧10楼
中华联合财产保险股份有限公司长兴支公司	2007.03.28	其他股份有限公司分公司(非上市)	健康保险	雉城镇轻纺城8幢22、26、28、30号
都邦财产保险股份有限公司长兴支公司	2007.07.31	其他股份有限公司分公司(非上市)	健康保险	太湖街道金宇丽苑23幢401室-12
阳光财产保险股份有限公司长兴支公司	2007.09.26	股份有限公司分公司(非上市、国有控股)	健康保险	雉城轻纺城24幢23号、25号、27号
农银人寿保险股份有限公司湖州中心支公司长兴营销服务部	2008.05.07	其他股份有限公司分公司(非上市)	人寿保险	太湖街道鑫荣大厦502
浙江广众保险代理有限公司	2008.05.07	有限责任公司(自然人投资或控股)	保险经纪服务	太湖街道紫金大厦22楼西第3间
中国人民人寿保险股份有限公司长兴县支公司	2008.05.15	其他股份有限公司分公司(非上市)	人寿保险	雉城街道长海路393号古城公寓综合楼一楼1号营业房、二楼东西营业房
浙江永兴保险代理有限公司长兴营业部	2008.06.18	有限责任公司分公司(自然人投资或控股)	保险经纪服务	雉城街道县前西街616号一楼
国通保险代理(杭州)有限公司长兴分公司	2008.07.28	有限责任公司分公司(自然人投资或控股)	保险经纪服务	雉城街道太平洋商贸城10幢15号二楼
太平人寿保险有限公司湖州中心支公司长兴营销服务部	2008.09.17	其他有限责任公司分公司	人寿保险	太湖街道明珠北路9号明珠商务大厦5楼503室
中国人民财产保险股份有限公司长兴支公司林城镇营销服务部	2008.10.10	其他股份有限公司分公司(上市)	健康保险	林城镇桥北路口
中国人民财产保险股份有限公司长兴支公司虹星桥镇营销服务部	2008.10.10	其他股份有限公司分公司(上市)	健康保险	虹星桥镇桥南新街南星路
中国人寿保险股份有限公司长兴县支公司水口乡营销服务部	2008.11.25	其他股份有限公司分公司(上市)	保险经纪服务	水口乡水口村金沙街
中国人寿保险股份有限公司长兴县支公司二界岭乡营销服务部	2008.12.01	其他股份有限公司分公司(上市)	保险经纪服务	二界岭罗家地集镇
信泰人寿保险股份有限公司浙江分公司长兴支公司	2009.02.25	股份有限公司分公司(非上市、国有控股)	人寿保险	雉城镇明珠商务大厦1701室
阳光人寿保险股份有限公司长兴支公司	2009.07.29	股份有限公司分公司(非上市、自然人投资或控股)	人寿保险	雉城街道县前西街1569、2569、1571、2571、1573、2573号
中国太平洋人寿保险股份有限公司长兴支公司	2009.10.27	其他有限责任公司分公司	人寿保险	太湖街道中央大道2669号6-7楼
中国人寿财产保险股份有限公司长兴县支公司	2010.05.31	其他股份有限公司分公司(非上市)	健康保险	雉城镇国际花园1-3号营业房

说明:资料来源于市场监管局

二、保险机构选介

中国人民保险公司长兴县支公司 1982年7月设立。1984年9月,经省人民银行批准,10月县政府发文,升格为县内唯一经营保险业务的独立单位,经营财产保险、人寿保险两大保险业务。1996年3月,实行财险、寿险分业经营,该公司分设为中保财产保险有限公司长兴县支公司和中保人寿保险公司长兴县支公司。

中国人民财产保险股份有限公司长兴支公司 1996年3月,实行财、寿险分业经营,成立中保财产保险有限公司长兴县支公司,下设5个职能科室,承接原中国人民保险公司长兴县支公司经营的财产保险业务。1998年3月,县人行批复同意设中保财产有限公司长兴县支公司4个乡镇办事处。同年10月更名为中国人民保险公司长兴县支公司,12月成立机动车辆理赔中心。1999年1月成立业务发展部,内外机构调整为:办公室、计划财务科、业务科、理赔服务中心、业务发展部。2000年3月撤销业务科。2001年1月撤销理赔服务中心,成立业务处理中心。2002年1月设立大客户管理科。2003年2月,按三个中心建设要求,业务处理中心分为业务处理中心、客户服务中心二部门,撤销大客户管理科设机构代理业务部,业务发展部组建长兴县营销服务部。7月,中国人民保险公司重组改制,长兴县支公司相应更名为中国人民财产保险股份有限公司长兴支公司。2004年2月,内外机构为综合部、业务部、第一营业部、第二营业部、第三营业部、第四营业部、第五营业部、第六营业部、第七营业部、第八营业部。2006年12月,开办政策性农业保险的第一个品种——能繁母猪保险。2008年,内设机构增设农村保险部、业务发展部、第九营业部。3月,设立虹星桥镇、小浦镇、林城镇、夹浦镇农村营销服务部的报告获得批准。2010年,与长兴县政府共建"县、乡、村"三级农村保险基层服务体系,长兴获得"2010年度全国农村保险示范县"称号。同年12月,成立电子商务部。2011年1月,农村保险部更名为农村保险部(三农保险部),第五营业部(代理业务部)更名为中介业务部。12月,客户服务部更名为长兴理赔分中心。2012年,长兴升级为"全国农村保险明星示范县"(全国共50家),林城镇和虹星桥镇营销服务部获评2012年度"省级十佳农村保险营销服务部"。同年,公司有员工164人,全年保费收入17513.52万元,理赔支出8828.04万元。

中国太平洋财产保险股份有限公司长兴支公司 2003年5月,中国太平洋财产保险股份有限公司长兴支公司成立,承保机动车辆保险、各种财产保险、责任保险、信用保险、农业保险和意外保险等业务,当年保费500多万元。2012年,公司下设综合部、客户服务部、理赔部、业务部、车商部,员工24人,全年保费收入3460万元,理赔支出5267万元。

中国平安财产保险股份有限公司长兴支公司 2000年3月,中国平安财产保险股有限公司湖州中心支公司长兴县营销服务部成立,设经理室、办公室、业务部、财务部、柜面出单5个部门,地址位于雉城镇杭长路2号。2007年9月,变更为中国平安财产保险股份有限公司长兴支公司。2012年9月,公司搬迁至雉城街道县前西街。

中国人寿保险股份有限公司长兴县支公司 1996年3月,实行财、寿险分业经营,成立中保人寿保险有限公司长兴县支公司,承接原中国人民保险公司长兴县支公司经营的人寿保险业务。设经理室、办公室、业务部、财务部等4个职能部门,下辖4个乡镇办事处,开办养老年金保险、子女教育婚嫁类保险、意外伤害短期险、健康险等保险业务。1996年11月,成立营销部,销售第一个产品——"潇洒明天"。1999年3月,中保人寿保险有限公司更名为中国人寿保险公司,长兴县支公司更名为中国人寿保险公司长兴县支公司。2003年10月,再次更名为中国人寿保险股份有限公司长兴县支公司。2012年,公司下设综合部、客户服务部、个险部、团险部、银保部等5个部门,下辖4个营业部和9个营销服务部;员工55人,全年保费收入2.38亿元、理赔支出5325万元。

中国太平洋人寿保险股份有限公司长兴支公司 2002年9月,成立中国太平洋人寿保险股份有限公司湖州中心支公司长兴县营销服务部,于2009年10月变更为中国太平洋人寿保险股份有限公司长兴支公司,主要经营人寿保险、健康保险、意外伤害保险等各类人身保险业务等经中国保险监督管理委员会批准的其他业务。2012 年，公司有员工 20 人，全年实现保费收入 5768 万元，理赔支出 127 万元。

第二节　业　务

一、险种

1988 年，全县共开办企业财产险、家庭财产险、运输工具及责任险、货物运输险、农业险、简易人身险、养老年金险、人身意外险、其他险九大类。1992 年，保险险种和承保面不断增加和扩大，全县有 909 家企业参加财产保险，有 13.09 万户居民参加家庭财产保险。同年，全县共开办企财险、运输工具及责任险、货运险、家庭财产险、农业险、简易人身险、养老年金险、意外伤害险、子女教育婚嫁金险、其他险十大类。1997 年起，全县保险类型调整为财产保险、机动车辆保险、货物运输保险、船舶保险、农业保险、人寿险六大类，其中财产险包含企事业财产险、家庭财产险、工程责任其他险，农业保险包含种植业险和养殖业险，人寿险包含养老年金险、意外短期险类、健康险类、寿险类、个人营销险类。

二、保费收入

1988 年，全县各类保险投保共 177227 户(件)次，其中投保企业财产险 642 户(件)、家庭财产险 54072 户(件)、运输工具及责任险 6991 户(件)、货物运输险 9830 户(件)、农业险 457 户(件)、简易人身险 10441 户(件)、养老年金险 10552 户(件)、人身意外险 83296 户(件)、其他险 946 户(件)。全年保费收入 468 万元，其中企业财产险 83.4 万元、家庭财产险 16.3 万元、运输工具及责任险 161.4 万元、货物运输险 31.2 万元、农业险 0.1 万元、简易人身险 20 万元、养老年金险 79.4 万元、人身意外险 61.7 万元、其他险 14.5 万元，运输工具及责任险保费收入占总保费收入的比例最大，为 34.5%。1989 年保险费收入 637 万元，运输工具及责任险保费收入仍占总保费收入的比例最大，为 33.2%。1994 年，全县保费收入 2408.2 万元，比 1993 年减少 31.9%，是 25 年中第一次保费减少的年份。1997 年，投保机动车辆保险 9751 辆，保费收入 1935.2 万元，占全年保费收入 3470.2 万元的 55.8%。2001 年，全县保费收入首次突破 1 亿元，为 1.94 亿元，比 2000 年的 9132 万元增长 19.8%。2005 年，全县保费收入 2.99 亿元，比 2004 年减少 37.1%，是 25 年中第二次保费减少的年份，之后每年保费收入均稳步增长。2012 年，全县保费收入 8.2 亿元，比 1988 年增 174.22 倍，其中财产保险保费收入 3.76 亿元、人寿保险保费收入 4.44 亿元。

三、理赔支出

1988 年，全县保险理赔共 3279 户(件)次，其中理赔企业财产险 132 户(件)、家庭财产险 898 户(件)、运输工具及责任险 916 户(件)、货物运输险 32 户(件)、农业险 2 户(件)、人身意外险 1282 户(件)、其他 17 户(件)。全年理赔支出 153.8 万元，赔付率 32.9%，其中企业财产险理赔支出 18.7 万元、家庭财产险理赔支出 8 万元、运输工具及责任险理赔支出 94.3 万元、货物运输险理赔支出 3.3 万元、人身意外险理赔支出 25.1 万元、其他险理赔支出 4.4 万元，农业险、简易人身险及养老年金险未发生理赔，运输工具及责任险支出占总赔额支出的比例最大，为 61.3%。1989 年，全县理赔支出 204 万元，运输工具及责任险仍占总理赔支出比例最大，为 47.1%。1990 年，全县理赔支出 425.1 万元，企业财产险理赔支出占总理赔支出比例最大，为 29.1%，运输工具及责任险占 27.2%。1997 年，全县财产保险理赔 2577 件、理赔支出 2322.8 万元，其中机动车辆保险理赔 1299 件、理赔支出 1051.6 万元，分别占全年理赔总数的 50.4%、45.3%，财产保险(企事业财产险、家庭财产险、工程与责任及其他险)理赔 975 件、理赔支出 789.2 万元，分别占全年理赔总数的 37.8%、34%。25 年中，只有 1990 年的理赔支出超过上年支出额的 100%，1998 年、2000 年、2009 年的理赔支出均比上年有所减少。2012 年，全县理赔支出 2.29 亿元，比 1988 年增 147.98 倍，赔付率 27.9%，其中财产保险理赔支出 1.84 亿元、人寿保险理赔支出 4525 万元。

1988—2012 年长兴县保险业务情况表

表 16-7

单位:万元

年份	保费收入			理赔支出			年份	保费收入			理赔支出		
	财产保险	人寿保险	合计	财产保险	人寿保险	合计		财产保险	人寿保险	合计	财产保险	人寿保险	合计
1988	307	161	468	129	25	154	2001	3700	7239	10939	2003	455	2458
1989	397	241	637	164	40	204	2002	3760	13074	16834	2443	1331	3774
1990	466	347	813	303	122	425	2003	3868	13342	17210	3219	692	3911
1991	713	170	883	348	117	465	2004	3751	43768	47519	4922	813	5735
1992	1353	1157	2510	628	70	698	2005	8197	21704	29901	5641	767	6408
1993	1843	1694	3537	786	150	936	2006	10813	23625	34439	6351	1045	7395
1994	1860	549	2408	1051	225	1277	2007	12768	25662	38430	7096	1006	8102
1995	2715	645	3360	1557	310	1867	2008	14608	30207	44815	10449	947	11396
1996	3022	1164	4186	1937	15	1952	2009	19047	32517	51564	9728	1143	10871
1997	3470	2357	5827	2323	272	2595	2010	26178	37844	64022	10893	1201	12094
1998	2969	4716	7685	1679	329	2008	2011	32137	41704	73841	13401	1464	14865
1999	3501	5022	8523	2185	221	2406	2012	37616	44385	82001	18388	4525	22913
2000	3365	5767	9132	1808	321	2129	—	—	—	—	—	—	—

说明:根据历年《长兴统计年鉴》整理

第三章　证券及其他金融业

20 世纪 80 年代后期,证券业在长兴县内兴起。初期以发行国库券和债券为主,其中国库券由财政部门委托银行及其所属机构办理,向城乡居民和企事业单位分配发行。1988 年,县内有 2 家银行获批建立证券交易柜台。1990 年,省证券公司长兴代理处设立。1997 年 8 月,县内第一家证券公司营业部正式成立。2007 年 6 月,“天能动力”在香港联合交易所主板挂牌交易,为全县首个上市企业发行的股票。2012 年,全县有证券公司营业部 3 家,有 2 家企业股票上市交易,2 家企业发行企业债券。该时期,其他金融业也逐步兴起并规范发展。1999 年 10 月,长兴县个私经济贷款担保有限公司成立。2007 年 10 月,全县第一家典当机构长兴盛源典当行开业。2008 年 12 月,全县首家小额贷款公司成立。至 2012 年,全县有小额贷款公司 4 家,政策性融资担保公司 2 家,持典当经营许可证企业 5 家。

第一节　证　券

一、证券机构

1988 年,工行长兴县支行、建行长兴县支行获批建立证券交易柜台。同年,工行长兴支行开办证券转让业务 3 个月,共买进卖出各种有价证券 42251.32 元。1990 年,在城市信用社设立省证券公司长兴代理处,代办股票账户、证券资金账户的开户业务。同年,可上市转让的证券有各年的国库券和保值公债 8 种,至年末转让成交额达 170 万元。1992 年 6 月,湖州市金融市场长兴代理处成立,下设 5 个证券交易点。1997 年 8 月,县内第一家证券公司营业部成立,至 2010 年共成立 3 家,业务从传统的经纪业务扩大到投资顾问、财富管理、基金销售、IPO项目承揽、企业融资业务及IB业务等。2012年年末，全县3家证券公司营业部总开户数24208个，营业收入1893万元，其中佣金收入1645万元，融资融券业务量34267万元。

中信证券营业部 1997年8月，浙江省国际信托投资公司湖州营业部长兴证券服务部成立，提供证券交易服务，为县内第一家证券营业部，位于雉城镇解放中路422号总工会大楼。1999年11月，更名金通证券有限责任公司湖州营业部长兴证券服务部。次年6月，迁至雉城镇人民中路8号长兴影城5楼。2006年3月，中信证券全资收购金通证券，更名中信金通证券有限责任公司湖州营业部长兴证券服务部。2008年11月，迁至雉城镇金陵中路666号人民银行大楼。2010年4月，名称规范为中信金通证券有限责任公司长兴金陵中路证券营业部。2011年3月，迁至雉城镇金陵中路272号农垦大厦1—3楼。2012年12月，更名为中信证券(浙江)有限责任公司长兴金陵中路证券营业部。同年年末，营业部内设运营管理部、投资顾问部和理财中心，有员工31人，其中后台管理人员8人、前台理财投资顾问23人。开户数21310个，营业收入649万元，其中佣金收入475万元，融资融券业务量15687万元。

银河证券营业部 2002年5月，中国银河证券有限责任公司湖州证券营业部长兴证券服务部成立，位于雉城镇解放西路158号工商银行大楼。2004年5月，迁至雉城镇解放中路294号成达商厦5楼。2009年6月名称规范为中国银河证券股份有限公司长兴解放中路证券营业部。2011年12月，更名中国银河证券股份有限公司长兴县前西街证券营业部，迁址雉城镇县前西街207、209、211号一层、三层。2012年年末，营业部内设运行管理部、理财服务部和市场营销部，共有员工20人，其中管理服务人员9人、客户经理11人。开户数1650个，营业收入1122万元，其中佣金收入1053万元，融资融券业务量18589万元。

财通证券股营业部 2010年6月，财通证券股份有限公司长兴金陵北路证券营业部成立，内设运营部、营销客服部，位于雉城镇旺角维多利亚花园33幢201—210。2012年年末，内设运营部、客服部和营销部，有员工22人，其中管理服务人员7人、客户经理11人、经纪人4人。开户数1248个，营业收入122万元，其中佣金收入117万元。

2010—2012年证券公司长兴营业部主要业务情况表

表16-8

指 标	中信证券长兴营业部			银河证券长兴营业部			财通证券长兴营业部		
	2010年	2011年	2012年	2010年	2011年	2012年	2010年	2011年	2012年
股基交易量(万元)	1622546	1321830	717420	489000	681430	935050	46821	166837	155714
非通道业务量(万元)	423	1610	19007	1250	6390	20243	0	1184	2309
其中:IB业务	0	0	0	0	0	0	0	834	1509
公募及资管产品	423	1150	1620	1250	1455	1654	0	350	800
类固定收益产品销售	0	460	1700	0	0	0	0	0	0
融资融券	0	0	15687	0	4935	18589	0	0	0
营业收入(万元)	1210	1053	649	734	886	1122	23	119	122
其中:佣金收入	1180	945	475	664	791	1053	23	112	117
净利润(万元)	426	171	亏损	135	550	870	亏损	亏损	亏损
年末开户总数(个)	18950	20406	21310	1304	1556	1650	651	1582	1248

说明:资料来源于人行长兴县支行

二、企业上市工作

2004年3月，县委、县政府成立长兴县企业上市工作领导小组，办公室设在县体制改革委员会。同年起，全县通过政策引导、培训服务、典型引导等措施扶持培育县内优秀企业。2007年2月，浙江诺力机械股份有限公司分别与尤尼维尔斯国际投资有限公司、锦天成律师事务所签约，启动海外上市工作；6月11日，天能动力国际有限公司在香港联交所主板上市，是全县第一家上市公司、全市首批(共2家上市公司之一)，也是全市首家境外上市公司；11月，县委、县政府成立长兴县企业上市工作办公室，为财政拨款事业单位，核定事业编制2人；12月，举办全县企业上市工作培训会，为拟上市企业及相关部门人员提供上市知识辅导培训，参训人员52人。2008年，境内外企业上市步伐纷纷趋缓。同年，浙江诺力机械股份有限公司、浙江超威动力能源有限公司、浙江振龙电源股份有限公司、浙江省长兴县中山化工有限公司4家企业正式进入上市辅导期；长兴仁恒精制膨润土有限公司、浙江瑞琦仕电器有限公司2家创业板上市培育企业分别与中介机构签订上市工作协议，开展股份制改造工作；11月12日，浙江昌盛电气有限公司在美国纳斯达克柜台交易挂牌。2010年7月7日，超威动力控股有限公司在香港联交所主板上市。9月，浙江长兴茶乾坤食品有限公司被列入长兴县拟上市企业重要培育对象。2011年6月，浙江中山化工集团有限公司被列入长兴县拟上市企业重要培育对象。2012年2月，县政府印发《关于进一步加强企业上市工作的若干意见的通知》。10月，整合原上市办职能，成立长兴县金融工作办公室。同年，浙江诺力机械股份有限公司成功报会；浙江中山化工集团有限公司完成股份制改造，进入上市辅导期；长兴仁恒精制膨润土有限公司、浙江新世管道股份有限公司、浙江永达实业集团有限公司等3家企业在浙江股权交易中心挂牌。至2012年年末，全县共有上市企业天能动力国际有限公司和超威动力控股有限公司2家。

三、股票 债券

“天能动力” 2007年6月11日，在香港联合交易所有限公司主板挂牌交易，为全县首个上市企业发行的股票。股票名称“天能动力”，股票代码00819。股票发行价格每股1.92港币，首次募集资金达港币5.76亿元。天能动力国际有限公司成立于1987年，主营业务为生产及销售电动自行车动力电池、电动汽车动力电池以及新能源储能电池。

“超威动力” 2010年7月7日，在香港联合交易所有限公司主板挂牌交易。股票名称“超威动力”，股票代码00951。股票发行价格每股2.18港币，首次募集资金达港币4.8亿元。超威动力控股有限公司成立于1998年，主营业务为铅酸动力电池、锂电池及其他相关产品的制造及销售。

“08长兴债” 即2008年长兴县交通建设投资公司企业债券。根据国家发展和改革委员会发改财金〔2008〕3643号文批准，自2009年1月6日起至2009年1月8日止，通过深圳证券交易所上网发行。发行总额15亿元，为7年期固定利率债券，票面年利率为8.13%。上网发行期认购代码为101699，债券简称为“08长兴债”；发行完毕后，认购代码转换为上市交易代码111047。由西部证券股份有限责任公司担任主承销商，所筹集资金将全部用于长兴合溪水库、长湖申航道浙境段、护城河改造及环太湖公路及大堤的加固工程等基础设施建设。经国家发展和改革委员会批准，是2009年国内第一只企业债，也是国内第一只由县级企业公开发行的抵押担保信用债券，开创了中国县级企业发行企业债券的先河。

“11长交债” 即2011年长兴县交通建设投资公司企业债券。经国家发展和改革委员会发改财金〔2011〕213号文批准，自2011年3月10日起至3月18日止，通过深圳证券交易所上网发行。发行总额10亿元，为7年期固定利率债券，票面年利率为7.2%，债券简称为“11长交债”，债券代码111064，发行人长兴县交通建设投资公司。主承销商西部证券股份有限责任公司。

“12长兴债” 即2012年长兴城市建设有限公司公司债券。经国家发展和改革委员会发改财金〔2012〕3741号文批准，自2012年11月30日起至2012年12月6日止，通过承销团成员设置的发行网点向境内机构投资者公开发行。发行总额10亿元，为7年期固定利率债券，票面年利率为6.8%，债券简称为“12长兴债”，债券代码1180056，发行人长兴城市建设有限公司。主承销商为国信证券股份有限公司，副主承销商为江海证券有限公司，分销商为东吴证券股份有限公司、日信证券有限责任公司。

〔专记〕

湖州市首家境外上市企业的诞生

2007 年 6 月 11 日，天能动力国际有限公司发行的“天能动力”股票 3 亿股，正式在香港交易所主板挂牌上市交易(股份代码:00819)，发行价每股 1.92 港元，募集资金 5.76 亿港元。“天能动力”是长兴县第一家上市企业，是湖州市首批(共 2 家)上市企业之一，也是湖州市第一家境外上市企业。“天能动力”的上市，对推动全县工业企业转型发展和全市工业企业利用国际资本产生了重要影响。

一

天能动力的前身是长兴蓄电池厂，创办于 1986 年。改革开放大潮涌动下，长兴县煤山镇的楼下村于 1981 年先后办起三个社队企业，分别是五金厂、焦墨厂和拉丝厂。由于效益不佳，村干部准备把三个小厂合并起来。经过干部群众反复商量，村民集资近 8 万元，于 1986 年 4 月创办长兴煤山蓄电池厂，刚开始生产矿灯用蓄电池，后更名为长兴蓄电池厂，主要经营蓄电池和电器配件，曾注册商标“汇源”。

1988 年，张天任被聘为厂长。当时，正好赶上全国性电力短缺，长兴蓄电池厂抓住机会，大量生产应急照明灯电池，赚到了企业生存和发展的第一桶金。1992 年后，长兴蓄电池厂转向摩托车蓄电池、船舶蓄电池和汽车蓄电池产品开发，研发出一种容量大、重量轻的“干荷电池”。产品投放市场后，受到上海、杭州、郑州等地企业的青睐，并成为“济南轻骑”等著名厂家的配套电池供应商。

1995 年，张天任承包长兴蓄电池厂，并于 1998 年 3 月另外成立长兴天能电源有限公司(简称天能电源公司)。该时期，张天任率技术团队成功研发出免维护新型铅酸蓄电池，较好解决了铅蓄电池的漏液、失水问题，使其能够作为动力电池应用在电动自行车上。随后几年，公司与复旦大学合作，聘请多位国内著名的蓄电池专家为企业的高级技术顾问，并成立长兴蓄电池科学研究所。1996 年，企业实现销售收入 1970 万元，利税 139 万元。1998 年，实现销售收入 2765 万元，创造利税 300 余万元，同年成为长兴县明星企业。

1999 年，全国第二届电动自行车里程大赛在广西桂林举行，吸引了品牌知名度最响的小羚羊、绿源、千鹤等电动车厂家参加，而“天能蓄电池”被选为比赛唯一指定用电池。该次大赛中，天能电池一次充电跑出 100 千米的好成绩，全场震撼，一举奠定了行业龙头地位。在当时，连公认的行业权威品牌“松下电池”最远也只能跑 60 千米，而国产品牌的其他电池一般只能跑 30 千米左右。随后，“哪里有电动车，哪里就有天能电池”的广告语，就开始传遍大街小巷。

2000 年，公司在长兴蓄电池科学研究所的基础上成立浙江长兴科学研究开发中心，还承接省级科研项目——“纳米技术应用于蓄电池”科技攻关，主要任务是研究提高蓄电池的比能量、一次充电路程、循环使用寿命等关键技术指标，当年即开发成功纳米硅基材料新型蓄电池，还被认定为国家重点新产品。随后，公司的纳米材料应用于蓄电池的科技专利被列入《2003 年国家产业化项目计划》，对天能电源公司乃至整个电动车电池行业的发展，都具有里程碑意义。

更为重要的是，全国电动自行车的需求量从 2001 年的 58 万辆，猛增到 2002 年的 200 万辆，2003 年年初电动自行车保有量已经突破 400 万辆。那几年，在天能电源公司的门口经常出现车辆排队等候电池发货的场景。如果企业仍然依靠自有资本积累，已很难适应迅猛发展的形势。于是，如何利用资本市场以实现企业的超常规发展，就正式提上了公司的议事日程。

二

2003 年 3 月，天能电池有限公司(简称天能电池公司)注册成立，张天任持股 90%，接管长兴蓄电池厂的全部业务、资产和负债。6 月，张天任将 26.3%的股权转让给 11 名高管，开始建立规范化的公司制度,完善法人治理机构,迈出了资本运作的第一步。2003年年底,天能电池销售额突破2亿元,净利润首次超过1000万元,开始大踏步向县域骨干企业迈进。

2004年11月,天能电池公司分别在英属开曼群岛和维京群岛成立全资公司——天能动力国际有限公司和天能国际投资控股有限公司,开始搭建香港上市的红筹架构。同月,天能电池公司和美国普凯基金、香港新世界集团在长兴签订私募协议。天能电池公司通过发行可赎回可换股票据和可交换票据,募集资金1200万美元。

就在天能电池公司加快国际资本运作时,企业发展遭遇环保困境。2005年6月至8月,因企业周边儿童检测出血铅超标,当地群众与企业发生严重冲突。挺过危机后,天能电池公司全面加大环保投入,先后启动对原有生产设备和厂房的环保和技能改造,加快推进废旧电池回收、固废回收、废水回收、电能回收、废酸液回收等。

2005年12月,天能电池公司在香港正式启动上市工作,选定保荐人、审计师、律师和上市时间表。2006年5月,天能电池公司启动上市工作快车计划,加快解决突出问题。8月,公司聘任汇富融资有限公司为独家上市保荐人、全球协调人、独家账簿管理人及独家牵头经办人,聘任相关律师事务所草拟招股说明书。但9月商务部等6部委发布的《关于外国投资者并购境内企业的规定》(简称"10号令"),让境外保荐机构一度担心天能动力在境外上市是否需取得中国证监会的同意。随后,公司在大陆的律师出具法律意见书,打消了境外保荐机构的疑虑。同月,天能电池公司向香港联交所正式递交上市申请表。之后,针对联交所提出的11批375个问题,企业上市小组加班加点准备材料。

直到2007年5月初,天能电池公司的上市申请才通过香港联交所聆讯。5月28日,天能电池公司召开上市招股新闻发布会,5月29日分发招股说明书。随后,天能电池公司公开发售股票,获得73倍超额认购,最终以招股价上限1.92港元定价,在全球发行3亿股股份,集资5.76亿港元,为湖州市上市公司首次募集资金之最。6月11日上午9时30分,天能电池在香港联交所正式挂牌交易。"天能动力"以"中国动力电池第一股"的形象跻身国际资本市场。

三

天能电池公司上市后,迅速驶入发展快车道。2009年10月,公司完成上市后首次配股项目,募集资金5000万美元。至2012年,公司累计在国际资本市场募集资金1.3亿美元,为企业的扩大规模和转型升级提供了有力支撑。

从发展规模上看,天能电池公司的"总部+基地"模式在上市后得到快速发展。2007—2012年,长兴的煤山基地、画溪基地启动大规模技改,江苏沭阳、安徽芜湖、安徽界首、河南濮阳、河南济源等基地陆续扩产,成功开创了"藤在全国,瓜在长兴"的浙商经济新模式。另外,公司还通过并购等方式加快发展。2010—2012年,天能电池公司陆续收购兼并位于长兴吴山城南工业功能区的浙江华亿电源等5家蓄电池企业。至2012年年末,公司已拥有8个生产基地,年生产8000万只动力电池。

从发展质量上看,天能电池公司在上市后,加快传统铅酸电池产业的转型,做强锂电池产业和资源再生业务,产业由电动自行车向新能源汽车、新能源储能电池升级。2009年,公司启动建设循环经济产业园,总投资6亿元,项目全部建成后,每年可规模化、无害化年回收处理30万吨废铅蓄电池。通过人才培育和引进,通过项目策划和争取,公司先后建立国家企业技术中心、国家重点实验室、院士专家工作站、博士后工作站等,参与制定国家行业标准50余项。至2012年年末,公司累计投入研发经费3亿元,获得国家授权专利300项,组建起由院士、教授、博士等组成的研发团队达388人,与上汽集团、奇瑞汽车、康迪汽车等新能源汽车企业建立战略合作关系。

天能电池公司上市后迅速实现跨越式发展。2007—2012年,公司销售收入和净利润年复合增长率分别高达40%和30%,2012年销售收入、净利润、入库税费分别为100亿元、7.1亿元和6.37亿元。先后获评国家知识产权运用标杆企业、国家专利运营试点企业、国家绿色增长型示范企业、全国质量标杆企业、国家两化融合管理体系贯标试点企业等荣誉。另外，公司还先后获得香港中资证券业协会等中介机构颁发的“最具成长性上市公司”“最具投资价值上市公司”“最佳投资者关系管理”等称号，入选恒生综合指数成分股、恒生可持续发展企业基准指数成分股、MSCI 指数成分股、深港通标的成分股。

天能电池公司上市后，对全县乃至全市的工业企业转型升级起到示范和引领作用。至 2012 年，全县共有境外上市企业 2 家，培育上市企业 10 家，完成股份制改造 72 家。尤其是在 2 家上市企业的带动下，全县蓄电池产业实现转型升级和跨越发展。2012 年，全县蓄电池产业完成产值 220.03 亿元，实现利税 14.49 亿元，同 2007 年相比分别增长 219%、98.5%。

（王志坤执笔）

第二节　小额贷款

2008 年 7 月 25 日，省工商局正式发布全国首部小额贷款公司登记管理办法——《浙江省小额贷款公司试点登记管理暂行办法》，意味着浙江民间贷款机构首次在制度上获得合法身份。同年 7 月，长兴被列入浙江省小额贷款公司登记管理试点县。12 月，经省政府核准，全县首家小额贷款公司——长兴诺力小额贷款有限公司成立，注册资本 1.2 亿元。2010 年 5 月，长兴恒力小额贷款有限公司成立，注册资本 1.2 亿元。2011 年，长兴永鑫小额贷款有限公司在泗安镇成立，注册资本 1.5 亿元，同年 7 月增资后注册资本达 2.4 亿元。2012 年 12 月，长兴中高科创小额贷款有限公司在和平镇成立，注册资本 2 亿元。同年年末，全县有小额贷款公司 4 家，总注册资本 7.9 亿元。2008—2012 年，全县 4 家小额贷款公司累计发放贷款 37.96 亿元，总计 10081 笔，其中诺力累计发放贷款 20.09 亿元、恒力累计发放贷款 12.15 亿元、永鑫累计发放贷款 5.72 亿元；贷款加权平均年利率为 18.7%。

2008—2012 年长兴县小额贷款公司经营情况表

表 16-9

公司名称	年份	至年末注册资本金（万元）	贷款金额（万元）		贷款笔数（笔）		贷款加权平均年利率（%）
			本年末贷款余额	本年贷款累计发放金额	本年发生数	累计发生数	
长兴诺力小额贷款有限责任公司	2008	12000	5415	5415	70	70	16.8
	2009	12000	19097	32416	680	750	17.6
	2010	20000	34828	52688	710	1460	18.1
	2011	20000	40133	53404	722	2182	20
	2012	20000	36270	56973	523	2705	19.8
长兴恒力小额贷款有限公司	2010	12000	18750	23560	222	222	16
	2011	24000	41555	48437	399	621	18.9
	2012	24000	40042	49515	544	1165	19.0
长兴永鑫小额贷款有限公司	2011	15000	15335	21605	227	227	21
	2012	15000	23648	35582	452	679	19.4
长兴中高科创小额贷款有限公司	2012	20000	0	0	0	0	0
合计		79000		379595		10081	

说明：资料来源于县金融办

第三节 担保 典当

一、担保

1999年10月，县工商局个体劳动者协会、县总商会和县能源发展有限公司三方共同出资170万元，组建长兴县个私经济贷款担保有限公司。年末，该公司共接待担保贷款申请20多户，并为符合条件的8户提供担保额200万元。2002年9月，长兴县诚信中小企业担保有限责任公司成立，是全县第一家为中小企业融资提供担保服务的专门机构。同年，该公司共为5家中小企业提供贷款担保8笔，担保总额1335万元。之后，融资性担保公司得到快速发展，至2011年累计达到23家。2011年起，全县对小额贷款公司进行规范整治。至2012年年末，全县融资性担保公司减少至2家，分别为长兴县诚信中小企业科技担保有限公司、长兴县农业发展担保有限公司，均为政策性融资担保公司。其他21家民营担保公司因担保主业不突出、经营不规范等因素，被取消经营许可。2012年年末，全县融资性担保平均注册资金、平均担保户数、平均担保总额分别比2010年增长72.3%、197%和343.8%。

长兴县诚信中小企业科技担保有限公司 2002年9月成立。湖州新大力轻工有限公司、长兴天能电源有限公司、湖州威达纺织集团有限公司、长兴县进出口有限公司、长兴县中山化工有限公司和县政府共同出资，初始注册资本1450万元，主要向产品科技含量高、市场前景好、企业经营机制活的成长型小企业提供贷款担保。2004年1月，根据《担保公司股东会关于注册事项变更的决议》，诚信担保公司增加注册资本360万元。增资后注册资本1810万元。2006年5月，县政府印发《关于长兴县诚信中小企业担保有限公司增资扩股协调专题会议纪要》，要求诚信担保公司用2003—2005年提取的未到期责任准备金和风险准备金，共计304万元纳税后的利润进行增资。并同意县科技局出资100万元入股，增资后注册资本为2113万元，公司名称变更为"长兴县诚信中小企业科技担保有限公司"。2006年10月，诚信担保公司跻身全省50家规范型担保机构行列。2008年，为重点支持发展县内前景良好中小企业发展，与国家开发银行浙江省分行、浙江中小企业发展促进中心有限公司签订中小企业成长贷款业务合作协议，选择县内企业向发展促进中心推荐，并由诚信担保公司为企业贷款提供担保。2010年3月19日，县政府要求对诚信担保公司进行增资扩股，增资后注册资本为5000万元，增资后股东为6个，分别为长兴县国有资产经营总公司、长兴民营科技园发展有限公司、长兴县永兴建设开发有限公司、浙江省长兴开发区房地产开发有限公司、浙江长兴环太湖经济投资开发有限公司。至该年，诚信担保公司股东全部为国有或国有控股企业。2011年2月9日，长兴县经济投资公司注入诚信担保公司5000万元。同年3月底，诚信担保公司注册资金增加到10000万元。2002—2012年，长兴县诚信中小企业科技担保有限公司累计为392家中小企业提供贷款担保1367笔，担保总额22.35亿元；其中，单笔担保最低10万元，最高1000万元，累计上缴税金998.92万元。

长兴农业发展担保有限公司 2005年12月份成立。初始注册资本500万元，其中县国有资产经营总公司400万元，县农业综合开发办公室100万元。公司属于政策性融资担保机构，主要为全县从事农业生产与经营企业、农业种养殖企业与大户以及其他中小企业贷款提供担保服务。成立之初，与长兴县诚信中小企业科技担保有限公司实行两块牌子(各为独立法人)、一套班子(工作人员是诚信担保公司的人员，由诚信担保公司人员进行管理)管理。2009年，农业担保公司增资，长兴农丰源股份有限公司投资4500万元，以增资扩股形式重组长兴农业发展担保有限公司，县另安排法定代表人以及招聘其他工作人员，之后公司独立经营。2009—2011年，公司担保业务发展迅速，担保发生额由2009年1251万元增至2011年45190万元。累计为"三农"担保337笔，担保额31281万元。盈利能力也逐步增强，担保业务收入由2009年7.36万元增至2011年937.82万元。2011年12月，与浙江省中小企业再担保有限公司签署合作协议，成为首批加入浙江省再担保体系的担保机构(湖州地区共2家担保机构加入)。2012 年 6 月,长兴农业发展担保有限公司增资至 6000 万元,公司股东由长兴农丰源股份有限公司、长兴县国有资产经营总公司、长兴县农业开发办公室 3 家组成。2012 年年末,累计担保金额突破 10 亿元。

2002—2012 年长兴县融资性担保公司情况表

表 16-10　　单位:万元

公司名称	注册日期	注册资本	经营地址	许可证号码
长兴县诚信中小企业科技担保有限公司	2002.09.11	10000	长兴县雉城镇县前街26号	5001
湖州永顺担保有限公司	2003.11.07	1000	长兴县雉城镇解放西路97#(原45#)	
长兴县农业发展担保有限公司	2005.12.02	5000	长兴县雉城镇金陵南路1号	5012
长兴鑫泰担保有限公司	2007.04.12	1000		
湖州老实人担保有限公司	2007.05.15	3000	长兴县雉城镇通宝城1号楼三单元1001	
长兴志高担保有限公司	2007.06.05	5058	长兴县雉城镇轻纺城2幢1、3、4号	5011
长兴南鑫担保有限公司	2007.07.24	3008	长兴县雉城镇国际商务大厦10楼22室	
长兴奇达担保有限公司	2007.11.07	5000	长兴县雉城镇金陵北路兴云大厦609—610#	
长兴昌盛担保公司	2007.11.07	5000		
长兴金信担保有限公司	2008.04.30	1000	长兴县雉城镇信誉路88号	
浙江天地担保有限公司	2008.06.19	5000	长兴县雉城镇国际商务大厦13楼25室	5025
浙江好荣通担保有限公司	2008.07.24	6270	长兴县雉城镇国际商务大厦7楼18室	5017
长兴金诺担保有限公司	2008.11.12	3000	长兴县雉城镇东润名邸201	5024
长兴长信商务投资服务有限公司	2009.02.02	5009		
浙江盈派担保有限公司	2009.03.17	0	长兴县雉城镇玲珑山庄3号351	
长兴广通担保有限公司	2009.07.01	3008	长兴县雉城镇水木花都31号	5013
长兴银源担保有限责任公司	2009.07.09	3000	长兴县雉城镇长海路333号9层	5026
长兴龙鑫担保有限公司	2009.07.13	5000	长兴县雉城镇皇家湾小区名邸25幢10号	5027
湖州中润担保有限公司	2010.01.13	3000	长兴县雉城镇长海路221号5楼	5028
长兴源兴担保有限公司	2010.03.02	3000	长兴县煤山镇新街	5029
长兴兴农担保有限公司	2010.04.26	3000	长兴县雉城镇丽湖名居中央大厦2009#	
长兴海广担保有限公司	2010.10.01	5000	长兴县雉城镇风铃绿洲风铃苑19幢201	
浙江长兴中资担保有限公司	2011.01.04	10600	长兴县雉城镇新都汇小区8幢319	5043

说明:资料来源于县经信委

二、典当

二十世纪八九十年代,县内无典当机构。2007 年 10 月,全县第一家典当机构长兴盛源典当行开业。经营范围为动产、财产权利质押典当业务,房地产抵押典当业务,限额内绝当物品的变卖,鉴定评估及咨询服务等。2012 年年末,全县持典当经营许可证企业 5 家。其中,典当公司 3 家,分别为长兴盛源典当有限责任公司、长兴德源典当有限责任公司、长兴宝丰典当有限责任公司;典当分公司 2 家,分别为湖州金鼎典当有限责任公司长兴分公司、嘉兴翔森典当有限责任公司长兴分公司。

第十七编　财政 税务

1988 年，长兴县实行“递增上缴、超收分成”的财政管理体制，同年全县财政收入 7018 万元。1993 年，全县财政收入首次突破亿元。1994 年实行分税制改革，全部税收收入划分为中央收入、地方收入、中央与地方分享三部分。同年，撤销县财税局，分设县财政局、县地方税务局和县国家税务局，实行合署办公。1997 年，县国、地税机构进一步分设，县国家税务局机构单列。同年，完善县、乡镇两级财政体制，理顺分配关系，实行统一政策、分级管理。2002 年后，县、乡镇两级财政体制历经数次较大调整，以适应改革开放的深化和政府职能的转变。2003 年，全县财政收入突破 10 亿元。2006 年、2008 年、2010 年、2011 年分别突破 20 亿元、30 亿元、40 亿元、50 亿元。2012 年，全县财政收入 62.17 亿元，是 1988 年的 88.18 倍，年均增长 21%。其中，地方财政收入 35.51 亿元，是 1994 年的 71 倍，年均增长 27%。1988—2012 年，全县累计财政收入 342.3 亿元。

第一章　财　政

1988—2012 年，长兴县累计财政收入 342.3 亿元。其中，预算内财政收入 188.14 亿元，预算外财政收入 154.16 亿元。1997 年，原作为预算外财政管理的城市教育费附加、农牧业税附加、城镇公用事业附加和排污费收入 4 项政府性基金纳入财政预算管理，基金收入全额上缴国库。

第一节　财政收入

一、预算内财政收入

1988 年，全县预算内财政收入 6799.8 万元，占当年财政总收入的 96.9%。1989 年，全县财政收入出现下滑，也是 1988—2012 年间唯一一次下滑，同年全县预算内财政收入 6701 万元，比 1988 年下降 1.5%。1993 年，全县预算内财政收入 9315 万元，占当年财政总收入的 92.9%。1988—1993 年，全县预算内财政收入累计 4.4 亿元，占财政总收入累计的 95.1%。

1994 年实行分税制后，全部税收收入划分为中央税、中央与地方共享税、地方税三类。同年，全县预算内财政收入 11883 万元，其中中央收入 6845 万元、占 57.6%，地方财政收入 5038 万元、占 42.4%。1999 年，全县地方财政收入首次突破亿元。2003 年，全县预算内财政收入首破 10 亿元。2006 年，预算内财政收入突破 20 亿元，地方财政收入突破 10 亿元。2008 年，预算内财政收入突破 30 亿元，同年起受经济危机影响，财政增速放缓。2010 年起，预算内财政收入快速增长，同年突破 40 亿元，2011 年突破

50 亿元。至 2012 年，全县预算内财政收入突破 60 亿元，达 62.17 亿元，是 1988 年的 88.18 倍，年均增长 21%。其中，地方财政收入 35.51 亿元，为 1994 年的 71 倍，年均增长 27%，占财政收入的 57.11%。1994—2012 年，全县预算内财政收入累计 337.74 亿元，其中中央收入累计 154.18 亿元、占 45.6%，地方财政收入累计 183.74 亿元、占 54.4%。

1988—1993 年长兴县财政预算收入情况表

表 17-1　　单位：万元

项　目	1988年	1989年	1990年	1991年	1992年	1993年
财政预算收入	7018	7006	7163	7250	8083	10033
一、工商税收	5969	5925	6259	6508	7065	9827
其中：产品税	486	357	349	423	515	1369
增值税	2224	1886	2483	2456	2416	4626
营业税	1578	1975	1816	1962	2273	2847
集体企业所得税					856	162
城市维护建设税	169	174	193	209	247	378
二、农业税耕地占用税	422	586	529	360	611	401
其中：农牧业税	385	472	464	298	547	346
耕地占用税	22	64	16	20	21	19
农林特产税					35	30
三、国营企业收入	575	355	200	131	125	-554
其中：所得税、调节税	838	793	830	698	716	157
上缴利润	83	69	-83	-25	44	—
计划亏损补贴	-346	-507	-571	-542	-635	-711
四、能源交通重点建设基金				26	39	13
五、专款收入	27	23	60	114	136	255
其中：教育费附加			27	84	93	183
排污费收入			33			
六、国家预算调节基金			72	72	67	51
附：省市补助收入	992	1046	1581	2106		
上年结余	331	297				
上解支出		3751	4052	4294		
年终滚存结余	804	670	699	465		
七、其他收入	24	116	42	40	40	40

1994—1999 年长兴县预算内财政收入表

表 17-2　　单位：万元

项　目	1994年	1995年	1996年	1997年	1998年	1999年
财政总收入	11883	13566	15008	16899	19449	21663
一、中央财政收入	6845	7560	8362	9889	11130	11555
二、地方预算内财政收入	5038	6006	6646	7010	8319	10108
(一)税收收入						
1. 工商税收	5298	6381	7254			
其中：增值税(25%)	2234	2469	2733	3201	3628	3774
营业税	1476	1918	1796	2227	2751	3562

续表17-2

项　目	1994年	1995年	1996年	1997年	1998年	1999年
资源税				362	257	229
固定资产投产方向调节税				16	46	173
城市维护建设税	406	503		663	928	1013
房产税				193	414	363
印花税、契税				45	42	93
城镇土地使用税				56	64	62
土地增值税				-	10	34
车船使用税				28	44	34
屠宰税				67	53	60
2. 企业所得税	1050	784	675	959	341	792
外商企业所得税				—	3	0
3. 个人所得税	678	993	1224	1597	1835	2070
4. 农业税收						
农业税				690	734	1124
农牧业税	305	599	674			
农业特产税	50	58	6	5	1	14
耕地占用税	35	35	35	35	35	172
(二)非税收入						
国有企业计划亏损补贴	-2030	-2164	-2334	-3203	-3251	-3865
罚没收入		30	30	69	30	30
专项收入	235	250	301	-	354	374
国家能源交通重点建设基金收入	5	1				
其他收入	31	1				
国家预算调节基金	49	21				
专款收入	235	250				
其中:教育附加收入	157					

2000—2012年长兴县预算内财政收入情况表

表17-3　　单位:万元

项目	2000年	2001年	2002年	2003年	2004年	2005年	2006年	2007年	2008年	2009年	2010年	2011年	2012年
财政预算总收入	32008	50019	68333	103166	135200	175066	220066	280018	308066	338916	400988	545366	621718
一、上划中央收入	16620	21263	34153	57415	66910	81107	99623	126398	145027	154213	177386	237874	266631
其中:增值税(75%)				40752	45425	60933	73457	87813	94766	104094	114591	139974	156075
企业所得税(60%部分)				11033	14366	12645	15459	25855	30300	33760	43737	73202	85226
个人所得税(60%部分)				5495	7030	7446	10621	12540	19548	16148	18841	24426	24950
二、地方预算内收入	15388	28756	34180	45751	68290	93959	120443	153620	163039	184703	223602	307492	355087
税收收入				36092	49554	70407	85571	135538	150135	169710	205954	286338	334701
其中:1. 增值税(25%部分)	5496	7041	8731	13584	15142	20311	14485	29271	31588	34698	38197	46658	52225
2. 营业税	3979	7838	11493	12790	18709	26594	32744	39134	40676	49098	61332	79150	86930
3. 企业所得税(40%部分)	2496	8016	4450	7356	9577	8430	10306	17236	20200	22507	29158	48801	56817
4. 个人所得税(40%部分)	2271	3804	3461	3664	4686	4964	7081	8360	13032	10765	12561	16284	16633

续表 17-3

项目	2000年	2001年	2002年	2003年	2004年	2005年	2006年	2007年	2008年	2009年	2010年	2011年	2012年
5. 城市维护建设税	1102	1338	1599			3450	5437	6934	7648	8599	9873	14695	15564
6. 其他税收收入						15088	15824	23951	26433	33042	37784	54821	65411
7. 耕地占用税收入	645	600	401	587	1000	1001	1001	2399	2000	1550	1500	6886	16502
8. 契税	627	674	1843			5006	5800	8253	8558	9451	15549	19043	24619
罚没收入	1249	1642	2224	2458	4840	6474	8319	12605	7834	8753	10286	10516	10174
专项收入	436	581	770	1001	1380	2484	4325	5382	4965	6140	7165	10111	9703
其中:排污费				561	800	1355	1500	1680	1000	1403	1633	2630	1500
教育费附加				440	580	1129	2825	3702	3965	4737	5532	7481	8203

说明:资料来源于县财政局

二、政府性基金收入

1997 年,城市教育费附加、地方税费附加、排污费等纳入政府性基金,同年全县收入 1375 万元。1999 年,基本养老保险基金、医疗保险基金、事业保险基金、工伤保险和生育保险基金、散装水泥和墙体材料专项资金纳入专项管理。2005 年,国有土地使用权有偿使用收入和新增建设用地土地有偿使用费收入纳入基金收入。2007 年,上述两项有偿使用收入合并为国有土地使用权出让金收入,开设农业土地开发资金收入。2012 年,全县政府性基金收入 36.69 亿元。

1997—2012 年长兴县政府性基金收入情况表

表 17-4　　单位:万元

年份	文教部门基金收入	社会保险基金收入	农业部门基金收入	地方财政税费附加收入	邮电部门基金收入	残疾人就业保障金收入	国有土地使用权出让金收入	国有土地收益基金收入	彩票公益金收入	森林植被恢复费	散装水泥专项资金收入	新型墙体材料专项基金收入	农业土地开发资金收入	其他基金收入	育林基金收入	合计
1997	654	4888	0	511	0	0	0	0	0	0	0	0	0	0	0	6400
1998	540	0	0	114	763	0	0	0	0	0	0	0	0	0	0	1417
1999	739	0	139	112	1301	0	0	0	0	0	0	0	0	0	0	2291
2000	825	0	111	0	0	0	0	0	0	0	0	0	0	0	0	1536
2001	1132	0	242	0	0	0	0	0	0	0	0	0	0	0	0	1809
2002	1451	0	318	499	0	0	0	0	0	0	0	0	0	0	0	2268
2003																
2004																
2005																
2006	3370	38163	0	0	0	1029	0	0	0	0	0	0	0	0	0	44844
2007	2859	46017	0	0	0	802	0	0	0	0	0	0	0	2349	0	54826
2008	3270	55143	0	0	0	849	173482	0		2349	151	134	0	2692	31	241368
2009	3782	64216	0	0	0	907	145907	0	205	482	79	143	0	2720	0	222246
2010	4357	76456	0	0	0	1234	206364	5553	407	907	188	368	0	2503	0	304098
2011	5036	168152	0	0	0	1402	440048	8291	388	816	131	175	1242	8064	0	639917
2012	5458	150340	0	0	0	2288	160368	8044	189	392	90	128	581	31718	0	366883

说明:资料来源于县财政局

三、预算外财政收入

1988年,全县预算外财政收入包括粮食补偿金收入、各项附加收入及其他自筹收入。其中,各项附加收入主要有农业税附加、工商税附加、城市公用事业附加费。1990年,对城市、农村分别征收教育费附加,农村部分从1992年起列入预算外收入。1998年,城市教育附加转列为预算内资金,开征地方水利建设基金。1999年,社保基金列作财政基金核算。同年,增设散装水泥专项资金和墙体材料专项资金。2003年起,停征农业税及农业税附加。2004年停征农牧税附加,增设失业保险金。2003—2012年,全县预算外收入累计29.15亿元。其中,行政事业单位收入累计15.23亿元,占52.2%;乡镇自筹累计4.38亿元,占15%;其他收入9.54亿元,占32.7%。

2003—2012年长兴县预算外收入情况表

表17-5　　单位:万元

年份	合计	行政和事业单位	乡镇自筹	其他收入	年份	合计	行政和事业单位	乡镇自筹	其他收入
2003	40003	14886	21352	3765	2008	22701	20460	115	2126
2004	34651	19193	12445	3013	2009	52368	12530	131	39707
2005	23901	13269	7894	2738	2010	24709	18488	239	5982
2006	14466	11532	483	2451	2011	11507	11507	0	0
2007	56794	20029	1153	35612	2012	10376	10376	0	0

说明:1.资料来源于县财政局;2.1988—2002年资料缺失

第二节　财政支出

1988年,全县财政支出3790万元,其中预算内支出2926万元,预算外支出864万元。2012年,财政支出38.86亿元,其中预算内支出29.33亿元,预算外支出9.53亿元。1988—2012年,全县财政支出累计219.1亿元,年平均增长21.7%,其中预算内财政支出累计161.95亿元,预算外财政支出累计57.15亿元。

1988—2012年长兴县财政总支出情况表

表17-6　　单位:万元

年份	合计	其中:预算内支出	年份	合计	其中:预算内支出
1988	3790	2926	2001	31575	25308
1989	4178	3204	2002	42766	34368
1990	4721	3493	2003	58974	50000
1991	5449	3570	2004	72336	65000
1992	4976	4181	2005	95701	85000
1993	6856	5159	2006	139116	110000
1994	8109	7118	2007	164812	138000
1995	9558	8161	2008	202152	140000
1996	11253	9421	2009	230005	154000
1997	12761	10500	2010	287533	180000
1998	13813	11900	2011	353020	243000
1999	17682	13940	2012	388625	293280
2000	21786	18000	—	—	—

说明:资料来源于县财政局

一、预算内财政支出

1988 年,全县预算内财政支出 2925.6 万元。其中,文教科卫事业费 1307.3 万元,占 44.7%;价格补贴支出 951.2 万元,占 32.5%;城市维护费 294.3 万元,占 10.1%;农业生产和农林水气象事业费 239.3 万元,占 8.2%;行政管理费及公检法司经费 83 万元,占 2.8%;企业挖潜改造支出 50.5 万元,占 1.7%。1994 年分税制改革后,全县财力迅速增强,预算内支出也快速上升。同年,预算内财政支出 7118 万元,其中文教科卫事业费 3233.2 万元、占 45.4%,行政管理费 1755.3 万元、占 24.7%,其他各项支出占 29.9%。1997 年,全县预算内财政支出首次突破亿元,2006 年突破 10 亿元,2011 年突破 20 亿元。2012 年,全县预算内财政支出 29.33 亿元,支出数额超过亿元的项目有 8 个,其中教育支出 8.83 亿元、一般公共服务 4.27 亿元、农林水事务 2.62 亿元、社会保障和就业 2.61 亿元、医疗卫生 2.09 亿元、公共安全 2.52 亿元、城乡社区事务 1.55 亿元、科学技术 1.14 亿元。1988—2012 年,全县预算内财政支出累计 161.95 亿元,年平均增长 21.4%。

1988—1993 年长兴县预算内财政支出情况表

表 17-7 单位:万元

年份	支出合计	行政事业费	其中						价格补贴支出	企业挖潜改造支出	城市维护费	科技三项费用	城镇青年就业经费	专项支出
			农业生产和农林水气象事业费	工交商及其他部门事业费	文教科卫事业费	行政管理费及公检法司经费	抚恤和社救事业费	其他支出						
1988	2926	1630	239		1307	83			951	51	294			
1989	3204	2703	190	255	1426	832			330		154	7	10	
1990	3493	3036	263	179	1524	809	124	137	147	107	163	8	10	22
1991	3570	3133	337	130	1588	864	110	105	123	120	173	7	9	6
1992	4181	3689	320	119	1858	1203	127	62	94	120	216	10	9	43
1993	5159	4590	382	221	2266	1568	135	18	6	132	221	9	9	193

1994—2006 年长兴县预算内财政支出情况表

表 17-8 单位:万元

年份	支出合计	基本建设支出	企业挖潜改造资金	科技三项经费支出	农林水和气象支出	工交部门和流通部门等事业费	文教科卫事业费
1994	7118		120	10	479	61	3233
1995	8161		120	15	511	84	3556
1996	9421	390	100	40	636	60	4252
1997	10500	350	100	110	730	62	4886
1998	11900	127	100	155	838	95	5451
1999	13940	77	46	251	1020	115	6632
2000	18000	90		484	1310	244	7764
2001	25308			643	1601	296	10838
2002	34368			643	1996	1192	13647
2003	50000	350	5709	938	2669	640	16104
2004	65000	350	5585	782	3217	3021	20396
2005	85000	350	4325	1591	6292	4493	29197
2006	110000	318	7371	2564	10955	4988	32524

续表17-8

年份	其他部门事业费	抚恤社救及单位离退休和社会保障支出	行政管理费	武装警察和公检法司支出	城市维护费	专项支出	其他支出
1994	181	276	1755	463	299	210	31
1995	290	272	1858	597	264	219	377
1996	309	287	2122	740	223	250	12
1997	269	290	2497	809	350		49
1998	327	369	2753	888	355	354	89
1999	265	469	3187	999	442	374	63
2000	1080	556	3573	1791	641	410	57
2001	1988	549	4929	2318	756		1390
2002	3147	681	6675	3030	672	2417	269
2003	4789	1113	8912	3476	2175	2370	755
2004	3927	1697	10665	6311	6065	2393	591
2005	4674	3778	13059	7423	3207	2499	4113
2006	8341	3218	16410	12424	4185	4310	2392

2007—2012年长兴县预算内财政支出情况表

表17-9　　单位:万元

年份	支出合计	一般公共服务	公共安全	教育	科学技术	文化体育与传媒	社会保障和就业	医疗卫生	环境保护	城乡社区事务	农林水事务	交通运输	工业商业金融等事务	其他支出
2007	138000	26420	12483	31843	5614	2885	6714	5863	3303	11092	9900	6239	12881	2763
2008	140000	32095	12834	40498	6431	2735	7692	7618	3620	2578	12345	3111	8443	
2009	154000	31517	13495	45918	7462	3414	7042	9065	4376	3317	13995	2342	11361	696
2010	180000	33478	15520	54594	7997	3588	14610	10451	2583	3766	16635	2221		14557
2011	243000	39313	20742	74442	9438	4192	17877	16228	4422	10133	22723	4292		19198
2012	293280	42711	25245	88295	11354	4973	26087	20919	7811	15542	26164	2714		21465

说明:资料来源于县财政局

二、政府性基金支出

1997年起,全县政府性基金实行收支两条线,与一般预算资金分别核算,分别平衡,专款专用,结余结转下年继续使用。2012年,全县政府性基金支出29.38亿元,其中地方教育附加支出5453万元,社会保险基金支出10.34亿元,地方水利建设基金支出5640万元,城镇公用事业附加支出1492万元,残疾人就业保障金支出1611万元,国有土地使用权出让金支出16.04亿元,国有土地收益基金支出6251万元,彩票事务支出188万元,森林植被恢复费支出340万元,散装水泥专项资金支出71万元,新型墙体材料专项基金支出126万元,其他支出1.06亿元。

2006—2012 年长兴县政府性基金支出情况表

表 17-10

单位:万元

年份	地方教育附加支出	社会保险基金支出	地方水利建设基金支出	城镇公用事业附加支出	残疾人就业保障金支出	国有土地使用权出让金支出	国有土地收益基金支出	农业土地开发资金支出	彩票事务支出	森林植被恢复费支出	散装水泥专项资金支出	新型墙体材料专项基金支出	其他政府性基金支出	合计
2006	3121	29974	1257	0	714	0	0	0	0	0	0	0	0	35066
2007	2956	38906	2105	980	509	0	0	0	0	0	0	0	2191	47647
2008	3267	42833	2434	939	937	157298	0	0	0	1900	127	111	1825	211671
2009	1786	52941	2227	1089	994	143011	0	0	184	796	72	64	1108	204272
2010	6317	59579	2872	1062	1228	213768	5290	2689	136	1257	68	171	2594	297031
2011	5030	82198	4793	1176	1414	442939	5751	1361	347	807	73	103	5801	639917
2012	5453	103366	5640	1492	1611	160365	6251	0	188	340	71	126	10609	293842

说明:1. 资料来源于县财政局;2. 1997—2005 年资料缺失

三、预算外财政支出

县财政部门管理的预算外资金(基金),主要用于支出基本建设支出、城市维护费支出、行政事业费支出、乡镇自筹统筹支出、专项支出和其他支出。2005 年起,县级部门实行综合预算,将预算外资金形成财力与其他财政收入形成可用财力,纳入预算管理。2010 年,全县预算外财政支出 2.61 亿元。2011 年起,基本建设支出、城市维护费支出、行政事业费支出、乡镇自筹统筹支出等纳入预算内支出,仅教育支出仍为预算外支出。2003—2012 年,预算外财政支出累计 29.01 亿元。

2003—2012 年长兴县预算外财政支出情况表

表 17-11

单位:万元

年份	合计	城市维护建设费	行政事业费	乡镇统筹支出	一般公共服务	公共安全	教育	社会保障和就业	医疗卫生	城乡社区事务	农林水事务	交通运输	工业商业金融等事务	其他支出
2003	34528	580	11098	21281	—	—	—	—	—	—	—	—	—	1569
2004	26329	700	11507	13043	—	—	—	—	—	—	—	—	—	1079
2005	22680	0	14718	7894	—	—	—	—	—	—	—	—	—	68
2006	18161	—	—	—	3281	860	8104	1175		1956	1551		692	542
2007	63530	—	—	—	12487	482	11264	1424	1046	12814	9250	4606	8673	1484
2008	21612	—	—	—	4728	817	11706	932	845	1284	1256		44	
2009	56374	—	—	—	8212	830	11899	1998	1121	13440	8245	5659	1624	3346
2010	26063	—	—	—	1406	1986	11580	964	952	1874	2966		1110	3225
2011	11507	—	—	—			11507							
2012	9362	—	—	—			9362							

说明:1. 资料来源于县财政局;2. 1988—2002 年资料缺失

第三节 债券 财政信贷

一、债券发售

公债 1990 年之前发行的国债实行行政摊派发行模式。1990 年,县财政局国债服务部成立,承担全县公债发行、兑现职能。当年共推销国库券、特种国债 520 万元,完成省分配任务的 122.64%。1991 年始,国债在交易所交易,同年完成特种国债 130 万元。1994—1999 年,国债发行全面市场化。2000 年起,由建设银行代理国债发行和兑现业务。

特种国债 仅在 1989—1991 年 3 年中发行,累计发行 374.89 万元。其中,1989 年分配发行任务数 136 万元,完成发行任务数 130.89 万元,完成任务数的 96.2%;1990 年分配发行任务数 124 万元,完成发行任务数 114 万元,完成任务数的 91.9%;1991 年分配发行任务数 113 万元,完成发行任务数 130 万元,完成任务数的 115%。

国库券 1988 年,国库券继续由财政部门委托银行及其所属机构办理,向城乡居民和企事业单位分配发行。同年,分配发行任务数 405 万元,完成发行任务数 411 万元,完成任务数的 101.5%。1989 年,分配发行任务数 288 万元,完成发行任务数 295.98 万元,完成任务数的 102.8%。1990 年,分配发行任务数 300 万元,完成发行任务数 406 万元,完成任务数的 135.3%。1991 年分配发行任务数 300 万元,完成发行任务数 365 万元,完成任务数的 121.7%。1992 年,分配发行任务数 900 万元,完成发行任务数 900 万元,完成任务数的 100%。1993 年,分配发行任务数 1400 万元,完成发行任务数 1431 万元,完成任务数的 102.2%。1994 年,分配发行任务数 1100 万元,完成发行任务数 1100 万元,完成任务数的 100%。1995 年,国库券发行转入市场体制,不再分配任务,社会个人可以自由认购。2001 年 11 月,经省财政厅批准,县国债服务部撤销。

二、财政信贷

财政信贷也称财政贷款,是政府按照信贷原则,以偿还为条件安排的财政支出。1992 年之前,财政信贷由有关部门根据政策规定各自管理。1992 年,成立长兴县经济投资公司,实行资金、业务统一集中管理,当年发放财政周转金 3927 万元。1993 年,制定全县财政信用资金管理办法,支持重点骨干企业、第三产业和经济技术开发区建设。同年,全县税前还贷项目 8 个,还贷额 715 万元。1999 年起,推广财政贴息支持企业技术进步和创新。2000 年,上报贴息项目 26 个,涵盖高新技术开发应用、技术创新、质量措施、医药、电子、石化等领域,总金额 975 万元。2012 年,制定政府性债务管理办法,对政府性债务项目的运行绩效、功能作用和偿债能力进行日常监督管理。

第四节 财政决算

1988—1993 年,长兴县财政收支平衡,略有结余。1994 年,实行分税制改革,年内结余数较少。1995 年后,全县财政收支规模扩大,收支结构改善,财政结余逐年增加。1996 年,财政结余为 1027 万元。2000 年,财政收支结余超亿元。2003 年,财政收入中当年结余 4.58 亿元、专项补助 2.64 亿元、上年结余 7408 万元,支出中当年支出 5.9 亿元、上解 1.61 亿元,滚存结余 1.06 亿元。2010 年,财政收入中当年结余 22.36 亿元、专项补助 11.71 亿元、上年结余 6.1 亿元,支出中当年支出 28.75 亿元、上解 5.81 亿元,滚存结余 6.01 亿元。2012 年,财政收入中当年结余 35.51 亿元、专项补助 14.72 亿元、上年结余 5.72 亿元,支出中当年支出 38.86 亿元、上解 9.08 亿元,滚存结余 5.58 亿元。1988—2012 年,全县财政总收入 342.37 亿元,财政总支出 219.15 亿元,财政结余 123.22 亿元。

2003—2012 年长兴县财政收支决算平衡情况表

表 17-12

单位:万元

年份	收入			支出		滚存结余
	本年结余	专项补助	上年结余	本年支出	上解	
2003	45751	26368	7408	58974	16133	10641
2004	68290	31647	10641	72336	20099	18079
2005	93959	37716	18079	95701	25524	28404
2006	120443	49229	28404	139116	36544	22302
2007	153620	59748	22302	164812	44274	26584
2008	163039	93757	26584	202152	45205	36023
2009	184703	96529	36023	230005	49955	61030
2010	223602	117138	61030	287533	58131	60109
2011	307492	135588	60109	353020	76818	57211
2012	355087	147166	57211	388625	90805	55832

说明:1. 资料来源于县财政局;2. 1988—2002 年资料缺失

第五节　财政管理与监督

一、财政预算管理

综合预算　1998 年之前,全县财政预算管理实行预算经费定额包干,根据上年实际,分别下达预算内指标和预算外资金用于“抵支收入”指标,实行综合预算。1998 年起,实施财政综合包干,取消全额、差额和自收自支三种预算管理形式,单位各项收入和支出均纳入单位预算,实行统一核算、统一管理,配以“核定收支,定额或者定期上交,超支不补,结余留用”办法。单位预算外资金先缴入财政专户,从财政专户核拨回单位的预算外资金,作为单位的事业收入并入单位预算。2000 年起,进行预算编制改革,细化县级行政事业单位预算编制,细化政府性资金预算,增加政府可调控资金,完善公共财政预算编制管理。

零基预算　2000 年起,县财政局改革县级行政事业单位预算编制,先后试行“零基预算办法”和“财政综合预算办法”,按照内外结合、捆绑使用原则,实施预算内外资金统一安排,编制年度预算不以上年预算为基数,从零开始,按正常经费和专项经费两部分重新核定,做到“支出按计划,追加按程序,拨款按进度,开支按标准”。2006—2012 年,县财政局全面实行零基预算法,实施政府采购制度,完善支出结构,预算内外资金实行统一管理。

部门预算　2001 年起,全县实施部门预算。由财政部门统筹安排部门预算支出需求,在确保收支平衡的前提下,编制全县财政预算。2009 年起,以综合预算和零基预算为核心,细化部门预算编制,增强支出预算的公平性和透明度,部门预算从原来的 20 个单位增加到 56 个单位。2012 年,改革部门预算编制,规范部门预算编制程序,实现 58 家县级预算单位国库集中支付全覆盖。在该基础上,合理划分财政性资金的支付方式,缩小财政授权支付范围,加大财政性资金直接支付的力度,提高资金使用效益。

二、政府采购管理

1999 年之前,县内政府采购实施对象为县级财政拨款部门。采购形式是由财政部门根据每年预算和各预算单位用款进度层层下拨经费,各支出单位根据需要自行购买。由于采购资金脱离财政监督,出现盲目和重复采购现象,造成支出浪费。2001 年,县政府采购中心成立,当年采购 55 次,预算总价 6430 万元,中标价 5536 万元,节约资金 893.1 万元,资金节约率 13.9%。2003 年《中华人民共和国政府采购法》施行后，县内试点公务用车公开招标采购，制定《长兴县政府采购制度实行办法》，逐步扩大采购规模和范围。同年，全年政府采购总规模为4615万元，比预算节约资金405万元，资金节约率8.1%。2005年，县招投标采购服务中心成立，县政府采购中心职能并入县招投标采购服务中心。按照“管办分离，统一管理，资源整合，依法监督”原则，部门预算首次编入政府采购预算。至2012年，全县政府采购管理日趋规范，财政资金使用效益明显提高。

三、国库集中支付管理

1988年，全县行政事业单位实行独立核算、财政监管。凡属国家资金都须纳入规定的收支渠道，各项开支通过财务会计入账。2002年8月，县财政局成立机关财务核算中心，主要职能是预算执行、预算监督、会计核算和协调服务。纳入核算中心集中核算资金，包括财政预算内资金、财政预算外资金和其他财政性资金。同年12月，县财政局对纳入单位的会计业务和财务事项实行单一账户集中支付、统一核算的管理制度。年末，进入中心实行会计集中核算单位44家，取消单位原银行支出户55个，办理结算业务1.5万笔，工资发放14125人次计1600余万元，结算资金达5亿余元。2010年，在县国土、教育、交通、建设、卫生5家单位开展县财政国库管理制度改革试点。至2012年，对全县58家部门预算单位全覆盖试行，规范财政资金管理。同年11月，县财政局启动财政国库集中支付及公务卡制度改革扩面，最大限度地减少预算单位现金结算支付，规范单位财务管理、强化财政动态监控。

四、社会保障资金管理

社会保险基金 2000年10月起，县地税部门接收企业养老保险费征收。当年，全县社会保险基金收入5526万元，支出6098万元。至2002年，企业基本养老保险费、失业保险费、基本医疗保险费、工伤保险费、女工生育保险费五费全部由地税部门征收。同年，全县社会保险基金收入9662.1万元，支出9196.3万元。2004年5月1日，实施社会保险费“五费合一”征收改革。同年，全县社会保险基金收入2.14亿元，支出1.27亿元。2009—2010年，连续两次降低企业养老保险费率，由17%降至15%，再降至14%。2012年，全县社会保险基金收入15.03亿元，支出10.34亿元。

2000—2012年长兴县社会保险基金情况表

表17-13

单位：万元

年份	收入合计	其中						支出合计	其中					
		社会养老保险基金	失业保险基金	基本医疗保险基金	工伤保险费基金	生育保险基金	其他		社会养老保险基金	失业保险基金	基本医疗保险基金	工伤保险费基金	生育保险基金	其他
2000	5526	4773		544	161	48		6098	5740		265	72	21	
2001	6625	6009		493	88	35		7012	6615		304	77	17	
2002	9662	8772		792	67	31		9196	8740		418	28	11	
2003	12110	10040		1975	70	25		10267	9337		843	79	8	
2004	21379	13846		7177	215	141		12669	9971		2530	154	14	
2005	25358	15758		9055	327	218		14958	11637		3155	140	26	
2006	28013	18889		8480	387	259		20200	13994		5862	281	64	
2007	46017	31089	2230	9273	667	343	2415	38906	26776	402	8795	308	210	2415
2008	55143	37667	2502	10255	1012	411	3296	42833	30977	434	9610	500	256	1056
2009	64216	43651	3006	12037	1500	509	3513	52941	34712	1011	13392	912	352	2562
2010	76456	49696	3716	15133	1881	659	5371	59579	39707	1315	15593	1152	418	1394
2011	168152	115867	4715	40645	2399	872	3654	82198	51300	1419	23049	2133	643	3654
2012	150340	97311	6792	36105	3201	1345	5586	103366	64123	1817	29763	2413	1051	4199

说明：资料来源于县财政局

抚恤和社会福利救济资金　指国家预算用于抚恤和社会福利救济事业的经费，包括由民政部门开支的烈士家属和牺牲病残人员家属的一次性、定期抚恤金，革命伤残人员的抚恤金，各种伤残补助费，烈军属、复员退伍军人生活补助费，退伍军人安置费，优抚事业单位经费，烈士纪念建筑物管理、维修费，自然灾害救济事业费和特大自然灾害灾后重建补助费等。1990—2012 年，全县抚恤和社会福利救济资金累计支出 9.41 亿元，年均增长 27.5%。

公共卫生基金　公共卫生基金分中央、省和地方三部分。其中，中央政府承担对全国居民健康危害较大的公共卫生问题的防治经费，以及对一些特定卫生问题、特定地区和特定人群的公共卫生费用，省级政府依据经济发展水平的不同承担不同比例的公共卫生费用，地方政府则负担部分农村公共卫生人员的工资。1988 年，全县公共卫生基金支出 262 万元，比上年增长 26.1%。2012 年，全县公共卫生基金支出 2.09 亿元，比上年增长 28.9%。1988—2012 年，全县公共卫生基金累计支出 9.68 亿元，年均增长 20%。

1988—2012 年长兴县抚恤和社会福利救济基金、公共卫生基金支出情况

表 17-14

年份	抚恤和社救事业费支出（万元）	比上年增长（%）	公共卫生基金支出（万元）	比上年增长（%）	年度	抚恤和社救事业费支出（万元）	比上年增长（%）	公共卫生基金支出（万元）	比上年增长（%）
1988			262	26.1	2001	549	—1.3	830	26.7
1989	117		238	9.3	2002	681	24.1	1056	27.1
1990	124	6.2	232	2.7	2003	1113	63.6	13255	25.8
1991	110	—11.3	255	10.0	2004	1697	52.4	1330	15.0
1992	127	15.2	268	5.0	2005	3778	122.0	1797	35.1
1993	135	6.6	268	持平	2006	3218	—14.0	3529	96.4
1994	276	104.4	264	1.7	2007	6714	108.0	5863	51.9
1995	272	6.3	454	72.2	2008	7692	14.0	7618	29.9
1996	287	5.5	362	—20.0	2009	7042	—8.4	9065	19.0
1997	290	5.0	508	40.4	2010	14610	107.0	10451	15.3
1998	369	27.3	490	—10.0	2011	17877	22.3	16228	55.3
1999	469	27.3	563	15.0	2012	26087	45.9	20919	28.9
2000	556	18.5	669	24.0	—	—	—	—	—

说明：资料来源于县财政局

新型农村合作医疗资金　2002 年起，全县逐步建立以大病统筹为主的新型农村合作医疗制度。2005 年，筹措资金 1280.43 万元用于推行新型农村合作医疗。2008 年，全面实施城镇居民合作医疗保险制度，提高新型农村合作医疗统筹标准，全年承担农村合作医疗统筹资金 1825 万元，比上年增加 1025 万元。2009 年，实现新型农村合作医疗制度和城镇居民医疗保险全覆盖，全年县财政投入基本医疗 3950 万元。2012 年，建立起覆盖全县的基本养老和医疗保障制度，新农合筹资标准财政补助提高至每人 330 元。

残疾人就业保障资金　1997 年，长兴县开征残疾人就业保障金，按比例分散安置残疾人就业，接收安置残疾人不足在职职工总数 1.5%的单位，每年缴纳残疾人就业保障金。少安排一名残疾人的企业，按该地区上年度职工年人均收入 60%缴纳残疾人就业保障金。2000 年 7 月，缴纳标准调整：应交纳残疾人就业保障金=[单位在职在岗职工总数×1.5%－单位已安置残疾职工总数]×该地区上年度职工平均工资。保障金按收支两条线实行财政专户管理，主要用于补贴残疾人职业培训费用，奖励超比例安置残疾人就业单位，有偿扶持残疾人集体从业和个体经营等。2012 年，全县残疾人就业保障金收入 2288 万元，支出 1611 万元。

城乡困难家庭医疗救助资金 2007 年，县财政设立“县城镇居民基本医疗保险基金专户”，负责全县城镇居民基本医疗保险基金的收支核算，加强制度、账户的衔接与部门的配合、协调。2009 年，县财政局投入 10136 万元，支持以困难群众为主的新型社会救助体系和公共卫生体系的建立和完善。2012 年，完善医改经费保障体制，实施国家基本药物制度。

促进就业再就业资金 全县下岗职工基本生活保障和再就业工作始于 1996 年。1997 年，需解决就业和分流安置人员达 1.64 万人。同年 4 月，建立再就业工程专项资金。2012 年，全县促进就业再就业资金支出 1618.99 万元，专项资金到位率 100%。资金主要用于改善就业环境，支持劳动者自谋职业和自主创业，鼓励企业更多吸纳就业，帮助困难群体就业，完善城乡就业服务体系。

五、行政事业单位财务管理

管理方式 1988—2012 年，全县行政事业财务管理从“统包统揽—预算包干—综合预算”逐步转为“部门预算”。1991 年，预算外资金实行财政专户“收支两条线”管理。1996 年，实施预算内外收支统一管理。2000 年起，实施综合财政预算管理。2002 年，建立机关财务核算中心，县级机关(事业)单位经费实行集中管理，统一开户，分户核算。2003 年，所有财政性资金都纳入国库账户体系管理。2004 年起，至 2012 年，县人大常委会每年组织人大代表对部门预算实施专题审议。

人员经费 全县行政事业单位人员经费包括工资、津贴、奖金、福利、补贴和住房公积金等。1993 年，行政机关实行职务级别工资制，由职务工资、级别工资、基础工资和工龄工资构成。事业单位与机关工资制度脱钩，其工资由固定和浮动两部分构成，按照全额拨款、差额拨款、自收自支三种不同类实施管理。1996 年，对单位包干指标实行超支不补、节支留用。2000 年，对细化预算编制的试点单位实行定员、定额、综合包干。在区分事业单位“公益性”和“经营性”的前提下，对广电、报社等有经营收入的单位减拨财政经费。1988—2012 年，全县行政管理费总支出 24.47 亿元，所占总支出比重呈总体上升趋势。

公用经费 公用经费包括会议费、差旅费、因公出国(境)补助费、车辆维修费、通信补助费、办公费、水电费、邮电费等。20 世纪 90 年代初，全县行政事业单位完成财产清查登记，落实行政性收费、罚没款收入的收缴，共收缴资金 430 万元。严格控制和精简会议，从严控制集团消费，停止审批高档消费品，对各行政事业单位经费支出实行综合包干，行政性收费纳入预算，实行收支两条线管理。1996 年，对单位包干指标实行超支不补、节支留用，制止滥用预算内资金、年终突击花钱。1997 年，制定会议费、设备购置费、考察费等专项性开支审批制度，对出现预算内赤字的单位严格实行“四不准”(不准购置小汽车、不准购置移动电话、不准搞基建、不准外出参观旅游)。2003 年 1 月 1 日起，为加强公务用车管理，保证保险服务质量，决定对全县公务用车实行集中保险。2007 年，实行公务管理检查、通报制度，车辆开支比上年减少 28 万。2012 年，全县党政公用经费压缩 5%，会议费、公务接待费、公务用车运行费、出国(境)经费实行零增长。

统一核算 1990 年，县内乡镇财政预算外和自筹资金由乡镇财政统一管理。1997 年，事业单位各项财务收支纳入单位预算，实行统一管理，统一核算。2001 年，成立县机关财务核算中心，对 44 个县级机关部门实行会计集中核算。全县 16 个乡镇全部建立财务管理服务中心，在全省率先建立市、县、乡(镇)、村四级财务会计集中核算体系。2009 年，纳入核算中心集中核算的单位扩大到 59 个，全年结算资金达 46.16 亿元。2012 年，62 家二级预算单位国库集中支付上线，全县预算单位基本实现国库集中支付全覆盖。

六、社会集团购买力控制

1988 年，全县继续加强社会集团购买力控制，主要是政府运用行政的、法律的和经济的手段，对各机关、团体、部队、学校、全民所有制和集体所有制企业、事业等社会集团用公款购买非生产性商品的货币支出实行计划控制，以节制公共消费。1989年，全县专控商品由29种扩大到32种，新增布匹及其制品、针织品和书写印刷纸等3种。年内，购买小汽车、大轿车两种专控商品审批实行“限额控制”。全县社会集团购买力执行数1327.1万元，比1988年下降5.4%。1992年1月起，专控商品由原来32种调整为8大类29种。1993年5月起，29种专项控制商品品目调整为8种。2010—2012年，全县规范行政事业性收费，健全预算外资金管理制度，推行政事业公用经费定额包干，社会集团消费控制步入常态化。

七、非税收入管理

1988年，全县加强对除税收以外，由各级政府、国家机关、事业单位、代行政府职能的社会团体及其他组织依法利用政府权力、政府信誉、国家资源、国有资产或提供特定公共服务、准公共服务取得的财政性资金的管理。1990年起，全县对城市、农村分别征收教育费附加。城市部分列入预算；农村部分由部门管理，1992年起列入财政预算外管理。1991年，行政事业单位预算外资金逐步纳入专户储存，原则上实行财政专户储存收支两条线管理，即财政部门和各专户储存单位在有关银行分别设立“预算外资金财政专户”和预算外收入、支出两个专户，分别核算财政专户储存情况和预算外资金收支情况。专户储存单位的“收入专户”，用于核算按规定组织的预算外资金收入，包括行政事业性收费，集中所属单位的资金，上级补助收入等。1997年，全县预算外财政收入纳入政府性财政基金管理。同年，排污费列入预算外管理，城市公用事业附加自当年起由部门管理。1998年，城市教育附加转列为预算内资金，开征地方水利建设基金。1999年，社保基金列作财政基金核算，2001年起列入财政部门管理。2001年，增设散装水泥专项资金和墙体材料专项资金。2003年起，停征农业税及农业税附加。2004年，停征农牧税附加，增设失业保险金。2005年，国有土地使用权有偿使用收入和新增建设用地土地有偿使用费收入纳入基金收入科目，增设工伤保险基金收入和生育保险基金收入。2007年，将上述两项有偿使用收入合并为国有土地使用权出让金收入，开设农业土地开发资金收入。至2012年，全县非税收入管理得到规范，非税收入成为政府财政收入的重要组成部分。

八、会计事务管理

会计队伍 1989年起，县内实行会计证制度，会计人员须按规定领取会计证，持证上岗；不得任用无证人员担任会计。1993年，县财政局成立会计事务管理股，并组织相关职称评审工作，同年评审推荐经济师31人，通过17人，评审助理经济师101人，通过86人。全年组织430人参加会计员资格考试，432人参加助理会计师资格考试。2000年，县财政局组织会计证与会计从业资格证衔接，开展会计从业资格证书年检和换证。7月《中华人民共和国会计法》实施后，整顿会计工作秩序，举办学习讲座、财税稽查业务培训等。2012年年末，全县持证会计8723人。

会计业务 1993年，县财政局组织开展9期培训班，学习贯彻《企业财务通则》和《企业会计准则》，共1700人参加。1994年，举办3期新税制会计核算培训班，320余人参加。1998年4月，举办乡镇长、总会计参加“聚财、理财、用财”培训班，全年累计举办会计基础工作规范化培训班24期。2005年，开展全县会计人员从业资格专项检查，重点抽查全县53家企事业单位。2007—2012年，宣传实施新企业会计准则，提高全县会计人员从业水平。

九、财政监督检查

财务检查 1988年，全县财务检查以审计组审计调查为主。同年，罚没收入271571.48元，上年结余5787.47元，两项合计277358.95元，当年上缴财政130753.17元，占总收入的47.14%。1990年，县财政局部署治理“三乱”工作，至12月底重点检查面达31%，查出违纪金额200.3万元，应补交金额163.1万元，已补交入库130万元。1991年，对个体工商业户和私营企业进行突击检查和专项检查，查出违纪金额241万元，应交财政金额170万元。同年，全县共征收个体税收1364万元，比上年增长16%。1993年，实行“两公开、一监督”制度，对支农周转金进行全面清理检查。2008年，出台《长兴县县级财政资金管理办法》，对县总工会、水利局、安监局、旅游局等8个单位依法进行财政监督检查，共查出违规资金321.69万元，检查入库税费33.72万元。2012年，探索以绩效管理为核心的财政大监督格局，走访27个部门,分别对2012年的执行情况和2013年的预算编制进行交流和核评,核减新增项目61个,核减金额近2000万元。采用财政组织评价、项目单位自评、社会中介机构评议形式,先后对全县涉及环保、国土、农业、民政、交通等10个部门的20个项目开展绩效评价,涉及资金17142万元。

资金清理 1989年,县财政局对预算外资金进行全面清理,清理整顿各类公司并理顺财务关系。1995年,实行"财政专户储存、收支两条线"的管理办法,组织全县48个主管部门自查自纠,财政局会同审计、监察等部门对12个主管系统36个单位进行重点检查,取消银行账户46个。2008年,加强财务核算和资金管理,全年结算资金达35.9亿元。2009年,加强对核算、支付等流程的控制、监督、检查,全年集中资金2230万元,全年结算资金达46.16亿元,比上年同期净增4.1亿元。2012年,参与2013年预算编制方案起草,核减新增项目61个。

第二章 税 务

1988年,长兴县财政税务局负责征收全县工商税收。1994年,实施分税制改革,县财政税务局撤销,分设县财政局、县地方税务局和县国家税务局,实行合署办公。1997年9月,县国税、地税机构进一步分设,县国家税务局机构单列,实行省国家税务局垂直领导,负责征收和管理中央税、中央和地方共享税及国家指定的税种。县地方税务局负责征收的税种共17种,包括由县财政局征收的农业四税。2012年,全县国税收入达32.38亿元,地税收入达27亿元。

第一节 税款征收

一、国家税务

税种 1997年9月,县国家税务局负责征收和管理的税种主要有增值税、消费税、中央企业所得税、金融保险企业部分营业税、外商投资企业和外国企业所得税等。1999年,征收储蓄存款利息所得税。2003年起,停止征收金融保险业营业税。2005年起,负责征收车辆购置税。

增值税 增值税是以商品(含应税劳务)在流转过程中产生的增值额作为计税依据而征收的一种流转税。1994—1996年,全县征收增值税3.86亿元。1997年起,增值税由县国税局征收。同年全县征收增值税1.66亿元。2006年,全县征收增值税10.18亿元。2012年8月,长兴县试点"营改增",即对部分征收营业税的应税对象改征增值税。12月1日完成新旧税制转换,从事交通运输、研发和技术服务、文化创意服务、物流辅助服务、有形动产租赁服务和鉴证咨询服务的,由征收营业税改为征收增值税。"营改增"后交通运输业税率为11%,现代服务业税率为6%。2012年,全县征收增值税21.55亿元,占全年国税收入的66.6%。

消费税 消费税自1994年1月1日起开征。全县征收对象主要对酒类企业和经营贵重首饰珠宝企业,当年共征收消费税131万元。1995年,全县征收消费税138万元,其中酒类118万元、贵金属20万元。1996年,征收消费税148万元,其中酒类147万元。1997年,消费税由县国税部门负责征收,同年共征收238万元。2006年4月1日起,国家对消费税的税目、税率及相关政策进行调整,长兴调整后的白酒行业消费税税率为20%加0.5元/500克。2012年,全县征收消费税380万元,占全年国税收入的0.1%。

营业税 国税部门征收的营业税是指金融、保险企业缴纳的营业税中税率高于5%的部分。1997年1月1日起,对金融保险业营业税税率由原来的5%提高到8%,提高营业税税率后,按原5%税率计算的部分,由地方税务局负责征收,归地方财政收入;按提高3%税率计算的部分,由国家税务局负责征收,归中央财政收入。1997—2002 年，全县征收营业税累计 2395 万元。2003 年 1 月 1 日起，停止征收金融保险业营业税。

企业所得税 1988—1993 年，企业所得税征收范围包括外商投资企业和国营企业、集体企业、私营企业。国营大中型企业的所得税税率为 55%；国营小企业和集体企业实行 8 级超额累进税率，最低 10%，最高 55%；私营企业所得税税率为 35%；外商投资企业和外国企业所得税税率为 33%。1994 年 1 月 1 日起，国有企业所得税、集体企业所得税、私营企业所得税统一为内资企业所得税，税率为 33%。1997 年起，中央企业所得税、外商投资企业和外国企业所得税由国税部门负责征收。同年，全县国税部门征收企业所得税 56 万元。2002 年 1 月 1 日起，新办企业所得税由国税部门征收，同年共征收企业所得税 2306 万元。2007 年，企业所得税首次突破亿元。2008 年 1 月 1 日起，内、外资企业所得税税率统一为 25%。2012 年，全县共征收企业所得税 8.79 亿元，其中内资企业所得税 6.65 亿元、外商投资和外国企业所得税 2.14 亿元，分别占全年企业所得税的 75.7%和 24.3%，占全年国税收入的 20.6%和 6.6%。企业所得税占全部国税收入的比重从 1997 年的 0.3%提高到 27.2%。

储蓄存款利息所得税 1993 年起，利息所得列为征税项目，但对储蓄利息所得免税。1999 年 9 月，国务院恢复征收利息所得税，税率为 20%，由各金融机构代扣代缴，国税部门负责征收入库，实施时间为 1999 年 11 月至 2007 年 8 月。同年，全县储蓄存款利息所得税征收 4 万元。2001 年，全县储蓄存款利息所得税征收 1138 万元。2007 年 8 月至 2008 年 10 月，储蓄存款利息所得按 5%征收个人所得税。之后暂停征收。2007 年共征收 1825 万元(历史最高)。

车辆购置税 2001 年 1 月起，车辆购置附加费改为车辆购置税，由交通部门代征，征收范围包括汽车、摩托车、电车、挂车农用运输车等五类。2005 年起，车辆购置税由国税部门负责征收，当年征收车辆购置税 380 万元。2006 年增至 4621 万元，2009 年突破亿元，达 1.02 亿元。2012 年，全县共征收车辆购置税 2 亿元，占全年国税收入的 6.2%。

税收 1997 年，全县国税收入 1.72 亿元。2006 年，首次突破 10 亿大关，2010 年突破 20 亿元。2012 年，全县国税收入突破 30 亿元，达到 32.38 亿元，其中增值税 21.55 亿元、占全部国税收入的 66.6%，企业所得税 8.79 亿元、占 27.2%。1997—2012 年，全县国税收入累计 184.4 亿元，年均增长 10.1%。

1997—2012 年长兴县国税征收情况表

表 17-15 单位：万元

年份	合计	增值税	消费税	营业税	企业所得税		储蓄存款利息所得税	车辆购置税
					小计	外商投资和外国企业所得税		
1997	17180	16561	238	325	56			
1998	19838	19010	206	541	81	3		
1999	23556	22713	185	468	186	23	4	
2000	28542	27253	132	459	34	56	664	
2001	37667	34061	141	363	1964	1028	1138	
2002	44005	40307	49	195	2306	1033	1148	
2003	63434	59157	134	44	2979	2273	1120	
2004	82368	77060	89	—	3890	2127	1329	
2005	92838	86453	82	—	4596	1606	1327	380
2006	116218	101821	86	—	8033	3484	1657	4621
2007	147521	122268	190	—	17006	6697	1825	6232
2008	162852	131964	413	—	21896	4656	1004	7575

续表15

年份	合计	增值税	消费税	营业税	企业所得税		储蓄存款利息所得税	车辆购置税
					小计	外商投资和外国企业所得税		
2009	179311	143111	211	—	25370	7939	379	10240
2010	214786	159179	216	—	39812	10544	76	15503
2011	290152	193179	271	—	75982	17628	32	20688
2012	323755	215489	380	—	87890	21370	11	19985

说明:1.资料来源于《浙江省税务统计年鉴》《长兴县国家税务局统计年报》;2.车辆购置税2005年之前由交通部门代征

二、地方税务

税种 1988年,县财政税务局征收的税种有产品税、增值税、营业税、个人收入调节税、个体工商户所得税、国营企业所得税、集体企业所得税、私营企业所得税、房产税、车船使用税、印花税、屠宰税、城市维护建设税12种,以税务部门征收为主,少量由财政部门征收。1991年,开征固定资产投资方向调节税。1994年税制改革,取消产品税,将个人收入调节税和个体工商户所得税合并为个人所得税,国营企业、集体企业和私营企业所得税合并为企业所得税,开征资源税。1997年国、地税机构分设,县地方税务局征收的税种有消费税、营业税、个人所得税、企业所得税、外商投资企业和外国企业所得税、城市维护建设税、车船使用税、房产税、屠宰税、资源税、城镇土地使用税、印花税、固定资产投资方向调节税,县财政局征收的税种主要为农业税、农林特产税、耕地占用税、契税,共17种。1998年,开征土地增值税。2000年起,新发生的投资额暂停征收固定资产投资方向调节税。2001年,停征屠宰税。2004年农业税停征,2006年农业特产税停征,耕地占用税、契税由县地税局征收。

产品税 按具体产品和产品类别设置税目,分工业品与农林牧水产品。其中,工业品部分有24类260个税目,包括除增值税征税对象外的所有工业产品;农、林、牧、水产品部分有10个税目,税率为3%~60%,最高的为甲、乙级卷烟,最低的为棉坯布、液化煤气、农药、煤、生猪、菜牛、菜羊等。1991年,产品税的税目,工业产品部分从原来的24类260个税目缩减为12类86个税目,农、林、牧、水产品部分不变。1988年,征收产品税588.9万元。1988—1993年,全县累计征收产品税4365.6万元。1994年税制改革取消产品税,全部改征增值税,同时对部分商品开征消费税。

增值税 1988年,增值税扩大试行范围,对有色金属矿采选产品、非金属矿采选产品、其他非金属矿采选产品、建筑材料、有色金属和电缆、电线试行增值税。同年,全县征收增值税2223.6万元。1994年,《中华人民共和国增值税暂行条例》实施,增值税全面取代产品税。征收范围改为对所有产品生产、批发、零售、进口及提供加工、修理修配劳务均普遍征收增值税。一般纳税人应纳税额是销项税额减去进项税额,基本税率为17%,低税率为13%,出口货物实行0%。小规模纳税人采用简易办法按商业企业4%,其他企业6%的征收率分别计算征税,以不含增值税额的价款作为计税依据,实行价款外税。1994年5月1日起,农产品增值税由17%调整为13%。1997年起,增值税由国税局征收。1988—1997年,全县累计征收增值税5.63亿元。

营业税 共设11个税目,税率10%~30%。1990年1月1日起,邮电部门办理邮政储蓄业务取得收入,按邮政电讯税目依3%的税率征收营业税。9月1日起,增设土地使用权转让及出售建筑物和经济效益转让2个税目,税率均为5%。至该年,营业税目增至14个。1993年5月1日起,商品零售营业税率由3%提高到5%;其他饮食业营业税率由3%提高到5%。1994年,《中华人民共和国营业税暂行条例》实施。税目由14个调整为9个,税率分别定为3%~20%。1995年7月1日,对文化、技术培训所取得收入按文化体育业税目征收营业税。1996年,个人经营房地产按销售不动产税目征营业税,其营业额为个人向各购房户收取的全部价款和价外费用。2012年1月1日起,将文化事业建设费纳入“营改增”试点范围。同年,全县征收营业税8.57亿元,占全年地税收入的31.7%。

固定资产投资方向调节税 国家对在境内进行固定资产投资的单位和个人，就其固定资产投资的各种资金征收的一种税。1991年，国务院颁布《中华人民共和国固定资产投资方向调节税暂行条例》，税目、税率依照《固定资产投资方向调节税税目税率表》执行，税目税率表未列出的固定资产投资（不包括更新改造投资），税率为15%。除适用税目税率表中0%税率以外的更新改造投资，税率为10%。同年，全县征收固定资产投资方向调节税2.3万元。1999年7月1日起，对固定资产投资方向调节税实行减半征收。2000年，固定资产投资方向调节税停征收尾，同年征收固定资产投资方向调节税39.4万元。2000年1月1日起，新发生的投资额，暂停征收固定资产投资方向调节税。

个人所得税 1994年之前，征收个体工商户所得税、个人收入调节税。个体工商户所得税是1986年1月从工商所得税分离出来的一个独立税种，个人收入调节税于1987年1月开征。1994年《中华人民共和国个人所得税法》实施，个体工商户所得税和个人收入调节税停征，改征个人所得税，适用于中、外籍个人和城乡个体工商户。具体征收项目11项，税率：工资、薪金所得适用5%～45%超额累进税率；个体工商户生产、经营所得和企事业单位承包经营、承租经营所得适用5%～35%超额累进税率；稿酬所得适用20%比例税率，并按应纳税额减征30%；特许权使用费所得，利息、股息、红利所得，财产租赁所得适用20%比例税率。2000年，个人独资企业和合伙企业改征个人所得税，适用5%～35%的超额累进税率。2001年3月1日起，个体工商户、个人独资企业、合伙企业、门征征收及市场征收采取新的带征个人所得税：商业批发0.4%，商业零售0.6%，加工修理修配4%，工业1%，其他3%。2005年、2008年及2011年，分别提高工资、薪金个人所得每月减除费用至3500元。2012年，全县共计征收个人所得税4.16亿元，占全年地税收入的15.4%。

企业所得税 1994年之前，企业按经济性质分别缴纳国营企业所得税、集体企业所得税、私营企业所得税。1994年税制改革后，三项所得税合并为统一的企业所得税。

1988年，国营企业所得税征收税率为大中型企业税率55%，小型企业实行八级超额累进税率，饮服企业按15%计征。同年，全县征收国营企业所得税803.4万元。1991年1月1日起，全民所有制性质各类旅行社（包括其所属非独立核算宾馆、饭店、招待所、旅游服务公司等），经营所得统一按35%税率征收。1993年，随着国营企业陆续转制，国营企业所得税征收额减少至127.4万元。1988—1993年，全县累计征收国营企业所得税3870.3万元。

1988年，集体企业所得税按10%～55%的八级超额累进税率征收。同年4月起，对建账不全企业实行按率代征，当年征收集体企业所得税1235万元。1988—1993年，全县累计征收集体企业所得税5121.1万元。

1988年，《中华人民共和国私营企业所得税暂行条例》实施，依照35%的比例税率征收私营企业所得税。同年，全县私营企业处于起步阶段，故无税收。1989年，全县征收私营企业所得税3.8万元。1990年1月，开征私营企业所得税，全年共征收2.3万元。1988—1993年，全县累计征收私营企业所得税14.7万元。

1994年，《中华人民共和国企业所得税暂行条例》实施，国营、集体和私营企业三项所得税合并为统一的企业所得税，实施33%的比例税率。同年，全县征收企业所得税1398.5万元。1997年，征收企业所得税1094.6万元。2012年，全县征收企业所得税48376.7万元，占全年地税收入的17.9%。1994—2012年，全县累计征收企业所得税28.19亿元。

房产税 1986年起征。税率分为两类：依照房产余值计算，税率1.2%；按房租租金收入计算，税率12%。1987年始，全县开征房产税。1988年，征收房产税65.1万元。1990年起，对实行自收自支的事业单位恢复征收房产税。2001年起，对按政府规定价格出租的公有住房和廉租住房，经税务机关核准后免征房产税。同年，房产税入库529.9万元。2012年，全县征收房产税1.28亿元，占全年地税收入的4.7%。

车船使用税 1986年起征。1988年，全县征收车船使用税26.6万元。1990年1月，对实行自收自支的事业单位恢复征收车船使用税。同年，征收车船使用税26.2万元。1993年，全国机动车辆统一粘贴车船使用税（车船使用牌照税）完税和免税标志。同年，征收车船使用税42.1万元。2007年1月，车船使用税征收按新税额标准执行。城市、农村用于公共交通的车船,2008年12月31日前免征车船使用税,2009年1月1日起恢复征税。2012年,全县征收车船使用税2219.5万元,占全年地税收入的0.8%。

印花税　1988年起征。根据应税凭证性质,分别按0.3‰～1‰五档不同税率贴花。同年,征收印花税21.1万元。1989年,对外国银行向国内金融机构或公司、企业提供贷款所书立的合同照章征收银行税。同年,征收印花税14.1万元。1993年,凡记载资金的账簿,启用新账时资金未增加,不再按件定额贴花,其他账簿按件贴花5元。1997年,对国有企业固定资产重估后新增价值,按照有关税收法规征收印花税。1998年8月,对证券投资基金、管理人运用基金买卖股票,按照4‰税率征收印花税。2008年11月1日起,对个人销售或购买90平方米及以上普通住房暂免征收印花税。2011年起,对金融机构与小型、微型企业签订的借款合同免征印花税。2012年,全县征收印花税5667.2万元,占全年地税收入的2.1%。

屠宰税　1988年1月起,每头牲畜应缴纳税款、均采取定额征收。同年,全县征收屠宰税0.5万元。1994年税制改革后,屠宰税下放地方管理。同年5月起,屠宰税额按头(只)定额征收,牛每头14元、猪每头10元、羊每只2元。2001年后停征。1988—2001年,全县累计征收屠宰税517.1万元。

土地增值税　1994年1月《中华人民共和国土地增值税暂行条例》施行,采用四级超额累进税率,税率分别为30%、40%、50%、60%。1997年起,全县开征土地增值税。当年,征收土地增值税9.7万元。2012年,全县征收土地增值税1.89亿元,占全年地税收入的7%。

资源税　1994年1月《中华人民共和国资源税暂行条例》实施,资源税定额税率为原油每吨8元～30元,黑色金属矿原矿每吨2元～30元,非金属原矿每吨0.5元～20元。2012年,全县征收资源税8609.8万元,占全年地税收入的3.2%。

城市维护建设税　1985年2月《中华人民共和国城市维护建设税暂行条例》颁布实施,当年10月全县开征城市维护建设税。1994年税制改革,城市维护建设税按新颁布实施的增值税、消费税、营业税三税为依据计算征收,按原定税率执行。2012年,全县征收城市维护建设税1.56亿元,占全年地税收入的5.8%。

城镇土地使用税　1989年3月,按《浙江省城镇土地使用税实施办法》,依据定额定率,采用有幅度的差别税额。

农业四税　1997年由县财政征收的税种主要为农业税、农林特产税、耕地占用税、契税。2004年后农业税、农业特产税先后停征,耕地占用税、契税由县地税局征收。

农业税,是中华人民共和国成立后将旧政权公粮、田赋及乡村经费等简并而成的税种。由于征收实物,以临时为主,又称公粮,是国家唯一的实物税。按"实物征收、货币结算"的办法,凡有粮食定购任务的纳税人,其农业税必须用现粮缴纳,由粮食部门按照"先征后购"原则,在纳税人出售的粮食价款中代为征收。对粮食定购任务缴纳农业税不足部分改缴现金。2004年停征。

农业特产税,是对一些多年生农林特产品,如竹、木、茶叶、水果、水产等按比例税率征收的一种农业税收,主要为调节农林特产收入,平衡农林特产与粮食和其他经济作物税收负担,稳定粮食生产。1989年4月,全县全面开征农业特产税,征收范围9大类67个品种。1994年1月,将原农林特产税与原产品税和工商统一税中的农、林、牧、水产品税目合并,统一征收农业特产税。2006年2月废止。

耕地占用税,1987年起征,以纳税人实际占用的耕地面积计算,一次征收。县城及建制镇按每公顷7.5万元征收,乡按每公顷6万元征收,农村居民建房减半征收,公路建设用地仍按每平方米2元征收。1988年起,上缴中央和省的耕地占用税款实行包干办法,超支自留,不足由县财政补足。同年,全县耕地占用税收入22万元,比上年增长20.2%。1989年1月,调整耕地占用税分成比例:中央30%、省10%、县60%。同年,全县耕地占用税收入63.7万元。1994年起中央和省不再参与分成。2008年1月《中华人民共和国耕地占用税暂行条例》施行,将境域内占用耕地税额标准每平方米调整为50元,占用其他农用地税额每平方米同为50元，占用基本农田税额每平方米为75元。

契税，是土地、房屋权属转移时向其承受者征收的一种传统税。1988年税率为买契税按买价6%征收，典契税按典价3%征收，赠予契税按现值价6%征收。1990年，财政部规定契税收入仍全部留给地方，纳入预算管理。1997年《中华人民共和国契税暂行条例》实施，全省税率统一为3%，对土地使用权出让、转让（包括出售、赠予和交换）征收契税。1999年，对个人购买自用普通住宅，契税税率按1.5%征收。2005年起停止代征委托，由地税机关直接征收。

税收 1988—1996年，县财政税务局共征收工商税8.03亿元。1997年，县国税、地税机构进一步分设后，县地税局调整归并税种17种。1997年，全县地税收入9221万元。2012年，全县地税收入27亿元。1997—2012年，全县累计地税收入138.95亿元。其中，营业税48.49亿元，占地税收入的34.9%；企业所得税27.69亿元，占地税收入的19.9%；个人所得税26.13亿元，占地税收入的18.8%。

1988—2012年长兴县地税征收情况表

表17-16 单位：万元

年份	产品税	增值税	营业税	固定资产投资方向调节税	个人收入调节税	个体工商户所得税	个人所得税	国有企业所得税	集体企业所得税
1988	589	2224			2	145	—	803	1235
1989	549	2339	2241		23	221	—	786	1081
1990	523	2947	2072	1728	6	231	—	776	937
1991	593	3025	2235	2	19	311	—	682	850
1992	684	2862	2577	20	16	462	—	696	856
1993	1429	4944	3498	10	9	98	—	127	162
1994	—	10405	1932	37	—	898	678	825	541
1995	—	13197	2569	25	—	1192	1227	1743	631
1996	—	14362	2499	24	—	1223	1223	679	395
1997	—	30	3022	16	—	1050	1565	838	200
1998	—	—	3620	46	—	1260	1836	30	281
1999	—	—	4424	173	—	1093	2070	264	417
2000	—	—	4957	39	—	1149	2271	1331	947
2001	—	—	8627	30	—	1570	3804	2274	3974
2002	—	—	12422	6	—	2387	5774	2597	3553
2003	—	—	14000	—	—	2776	8039	4267	1939
2004	—	—	19406	—	—	4451	11716	4690	2104
2005	—	—	26593	—	—	4373	12410	3997	2050
2006	—	—	32744	—	—	7480	17702	669	1661
2007	—	—	39134	—	—	12166	20901	1179	1377
2008	—	—	40676	—	—	8558	32580	391	1359
2009	—	—	49099	—	—	10715	26913	265	1268
2010	—	—	61332	—	—	12006	31402	684	1085
2011	—	—	79151	—	—	15029	40710	489	1258
2012	—	—	85652	—	—	10522	41584	855	1138
合计	4366	56334	504478	2158	76	101366	264404	31937	31298

续表17-16

年份	私营企业所得税	企业所得税	房产税	车船使用税	印花税	屠宰税	土地增值税	资源税	城市维护建设税
1988		—	65	27	21	0.5	—	—	169
1989	4	—	71	23	30	0.5	—	—	174
1990	2	—	88	26	13	0.4	—	—	193
1991	1	—	103	35	14	0.4	—	—	209
1992	5	—	99	35	13	0.3	—	—	247
1993	3	—	92	42	14	0.2	—	—	378
1994	24	1390	161	58	30	60	—	—	406
1995	20	2440	176	48	34	87	—	54	512
1996	41	1114	222	70	44	90	—	360	563
1997	57	1095	193	28	39	67	—	363	658
1998	44	355	414	44	40	53	10	257	928
1999	131	837	364	34	31	60	34	229	1013
2000	423	2786	334	40	67	69	258	572	1101
2001	732	7642	530	61	82	30	292	675	1338
2002	1263	8898	550	0	157	—	62	1231	1599
2003	954	16693	770	57	368	—	1154	1419	2150
2004	1315	20112	725	122	574	—	1384	5096	3063
2005	1538	16482	1594	158	777	—	2822	9517	3450
2006	2335	15099	1817	342	1187	—	3971	7867	5437
2007	4173	21440	3250	552	1673	—	6324	9987	6934
2008	5824	21808	2685	870	2172	—	5325	11186	7648
2009	7084	24645	3163	960	2488	—	7762	11532	8600
2010	11951	29116	4920	1152	3771	—	8113	10724	9873
2011	16145	41597	6917	1658	4628	—	18258	12548	14695
2012	18015	48377	12798	2220	5667	—	18949	8610	15563
合计	72084	281925	42100	8661	23933	517	74717	92226	86901

说明:资料来源于县财政局,增值税1998年后由国税部门征收

第二节 地税专项基金、费征收

一、征收种类

国家能源交通重点建设基金 简称能交基金,由税务机关负责征集。1988年5月,国务院决定扩大征集能交基金。当年,全县共征收能交基金120.8万元。1989年,对私营企业按税后利润7%的计征。1994年1月,国有企业停征能交基金。1995年1月起,非国有企业免征能交基金,事业收入中养路费收入免征能交基金,征收范围只限各级行政事业单位、部队、地方财政部门的预算外资金。1996年1月起停征。1988—1995年,全县能交基金累计征收1505.3万元。

文化事业建设费 1997年开征,由县地税局在征收娱乐业、广告业营业税时征收,费率3%。中央和国家机关所属单位在当地缴纳的文化事业建设费由县地税局征收后全额上缴中央金库,地方缴纳的全额缴入省级金库。文化事业建设费纳入财政预算管理,分别由中央和省级建立专项资金用于文化建设事业。1997—2012年,全县累计征收文化事业建设费5636.2万元。

地方教育费附加　1988 年，全县征收教育费附加 24.5 万元。1990 年 8 月，教育费附加率由“三税”（增值税、营业税、消费税）的 1%提高到 2%，1993 年 5 月提高到 3%，1995 年 1 月提高到 3.5%，1997 年 1 月提高到 4%，2006 年 5 月下调至 3%。1988—2012 年，全县教育费附加累计入库 4.17 亿元。

国家预算调节基金　1989 年 2 月开征，对象为国营企业事业单位、机关团体、部队和地方政府的各项预算外资金，集体企业、私营企业以及个体工商户的税后利润，由税务部门按所列各个项目当年收入的 10%计征。调节基金中属于中央单位缴纳的部分全部归中央财政；属于地方单位缴纳的部分 50%上交中央财政，50%留归地方财政。同年，全县征集国家预算调节基金 43.5 万元。同年，入库 43.5 万元。1993 年 7 月，依计税利润扣除应缴纳所得税后的利润计征预算调节基金。1994 年起，因政策性因素入库数逐年下降。1995 年，入库 38.4 万元。1996 年 1 月起，停征国家预算调节基金。1989—1995 年，全县共征集国家预算调节基金 1074.8 万元。

粮食补偿金　20 世纪 80 年代，国家对职工进行物价补贴，对粮食生产经营环节产生的政策性亏损和进销价格倒挂的价差给予财政补贴，导致财政负担愈来愈重，独家承担粮食补贴的局面难以为继。1989 年 4 月 1 日起，全省开征粮食补偿金，2001 年 2 月停征。1989—2000 年，全县共征集粮食补偿金 646 万元。

水利建设基金　1994 年 1 月，全县开征水利建设专项基金，征收比例为应纳增值税、营业税的 5%，对征收年内享受减免增值税、营业税不满 5 万元的单位以予免征。1998 年 8 月起，对从事货物生产、提供加工修理修配的生产性企业、单位、个人，实行“按率预征、年终结算”，预征税率为 0.2%。1999 年 1 月，实行按销售收入或营业收入为依据征收，按月申报，企事业单位和个体经营者征集率为 0.1%。1994—2012 年，全县水利建设基金累计入库 2.31 亿元。

二、征收情况

1988 年，县地税局完成基金、费征收 145.3 万元。2012 年，完成基金、费征收 9344 万元。1988—2012 年，全县累计完成基金、费征收 7.37 亿元，其中国家能源交通重点建设基金 1505.3 万元、文化事业建设费 5636.2 万元、地方教育费附加 41733.5 万元、国家预算调节基金 1074.8 万元、粮食补偿金 646 万元、水利建设基金 2.31 亿元。

1988—2012 年长兴县地方税务局专项基金、费收入情况表

表 17-17　　单位：万元

年份	国家能源交通重点建设基金	文化事业建设费	地方教育费附加	国家预算调节基金	粮食补偿金	水利建设基金	年份	国家能源交通重点建设基金	文化事业建设费	地方教育费附加	国家预算调节基金	粮食补偿金	水利建设基金
1988	121	—	25	—	—	—	2001	—	211	321	—	—	
1989	193	—	72	44		—	2002	—	222	400	—	—	
1990	162	—	42	145		—	2003	—	333	440	—	—	
1991	145	—	40	143		—	2004	—	595	580	—	—	
1992	464	—	93	323		—	2005	—	882	1129	—	—	
1993	299	—	183	251		—	2006	—	1243	2825	—	—	
1994	112	—	157	132			2007	—	123	3702	—	—	
1995	10	—	170	38			2008	—	146	3965	—	—	
1996	—	—	186	—			2009	—	178	4737	—	—	
1997	—	93	154	—			2010	—	256	5532	—	—	
1998	—	122	170	—			2011	—	478	7481	—	—	
1999	—	141	189	—			2012	—	444	8900	—	—	
2000	—	171	241	—			—	—	—	—	—	—	—

说明：资料来源于县财政局

第三节 税务管理

一、国税管理

征收管理 1997年,县国税局在雉城、煤山、泗安、和平、李家巷等中心乡镇设立国税分局,共设置5个办税大厅,实行纳税人自行申报纳税制度。同年,自行申报纳税制度建立,取消税收"专管员"制度,建立税收管理员制度,形成征、管、查三分离的征管模式,逐步实现全县范围内以计算机网络为依托,"集中征收、一级稽查、统一税务代理"的税收征管格局。1998年,撤销原有11个基层征收单位,设立征管分局,下设5个办税服务厅。1999年年底,撤销5个办税服务厅,设立征管分局办税服务大厅,下设煤山、李家巷、泗安、虹星桥4个延伸办税服务点,实现以县为单位的集中征收,分片管理。2001年,撤销延伸办税服务点,运行综合征管软件,在全县实现集中征收。2007年,设立煤山、泗安两个分局,在李家巷、和平、开发区设立三个延伸点,分别派驻征收管理员和税收管理员。2009年始,实施"税源专分""风险专控""职责专司""办法专管"和"机制专保",被省国税局评为"管理创新优秀项目"。2012年,县国税局下设2个分局、3个延伸点。

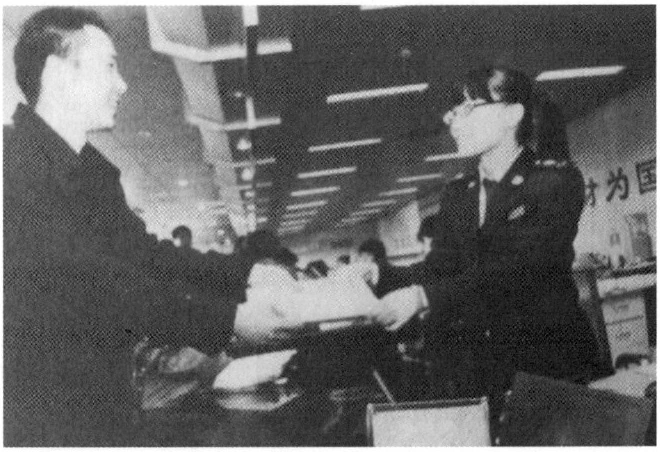

图17-1 县国税局办税服务厅工作人员为企业提供办税服务(县国税局提供·2012年)

纳税服务 2002年,县国税局按照"统一受理、内部流转、限时办结"原则,全面推行全程服务。对纳税人办理涉税事项,实行"一次性"告知,予以当场办结。2005年,在办税服务厅设立全程服务台,实行"阳光税收"制度和公开服务承诺制度。2007年,在全县推广使用"农民办税方便卡"。2009年推行"全县统办"办税模式,POS机刷卡缴税方式和自助报税系统。2011年9月,县国税局推出24小时自助办税终端机(ARM机)。

纳税评估 2001年,县国税局在全省率先试点增值税纳税评估。4月,制定出台全省国税系统第一套《增值税纳税评估操作办法》和《增值税纳税评估指标分析法》。5月,成功开发全省国税系统第一套《增值税纳税评估指标分析系统》运用软件,在全省推广。2002年1月起,对县内所有一般纳税人的纳税评估数据全部通过网上采集,并转入纳税评估分析系统。当年评估企业262户,评估入库税款1530万元。2003年7月,县国税局成立纳税评估科。8月,推出纳税评估"三配套"工程,实现评估采选、评估实施和评估审核的三分离。2001—2005年,县国税局累计评估查补税款及滞纳金9131万元。2006—2010年,累计建立52个行业评估模型,纳入模型监控的纳税人户数占全县工业一般纳税人的97.9%,纳入监控的税收收入占国税收入总量的90.5%。2012年,通过对机械、纺织批发、房地产行业和出口企业等实施重点纳税评估,提前介入企业所得税汇算清缴审核等,补缴税款1.36亿元。

涉外税收管理 1988年,县内外资企业纳税户为1户。1996年,共26户。1988—1993年,全县涉外税收收入共计306万元,其中工商统一税293万元、中外合资企业所得税13万元。1994年税制改革后,工商统一税改为增值税。1994—1996年,共计涉外税收1216万元,其中增值税1210万元、外商投资企业和外国企业所得税6万元。1997年9月,全县涉外税收由县国税局负责征收管理。12月,县国税局成立涉外税收管理分局,涉外税收为增值税、消费税、外商投资企业和外国企业所得税。同年,全县涉外税收收入842万元。2008年1月1日起,内外资企业所得税的税率统一为25%。2012年,全县涉外税收收入 5.65 亿元。1997—2012 年，全县涉外税收收入共计 35.06 亿元。

发票管理 1997 年，增值税专用发票实行计算机发售。1998 年，实施浙江省增值税发票结报系统，对一般纳税人实行 A、B、C 分类管理。市场内一般纳税人的增值税专用发票必须由国税机关或税务代理机构集中开具电脑票。2003 年 8 月 1 日起，手写版专用发票停止使用。2005 年 1 月 1 日始，小规模代开增值税专用发票起用防伪税控开票系统开具。2012 年，县国税局办税服务厅共代开增值税专用发票 5450 份。

1998 年，普通发票发售纳入计算机管理。2004 年，推行普通发票税控管理系统，完成通用发票管理系统试点。2005 年 4 月起，使用普通发票的单位和个人一律领用新版普通发票。2010 年，推行普通发票换版和网上开票系统。2012 年，县国税局办税服务厅共代开普通发票 22268 份，发售发票 49329 户次，受理上门认证各类发票 2551 份。

税务稽查 1994 年，县国税局设直属机构稽查大队（稽查分局）。1997 年 9 月，县国税局设稽查分局（税务稽查大队）。12 月，县公安局驻县国税局联络室成立，设在稽查分局。2000 年 10 月，开通税务违法案件举报专线电话 96196。2004 年 1 月 9 日，县国税局配合省、市国税局专案组查处一个以福建籍人员为主的虚开增值税专用发票犯罪团伙，即“1·09 虚开增值税专用发票案”，追补税款和罚款 1.95 亿元。该案为金税二期工程认证系统运行以后在全国发现的首起“真票虚开”案，被国家税务总局列为 2004 年度全国十大税务案件之一公开通报。2006 年，查办案件 86 件，查补入库税款 1045 万元。2011 年，县国税局共查处各类发票违法案件 15 件，涉及增值税专用发票 105 份，查补税款 76 万元，罚款 10 万元，加收滞纳金 31 万元。

出口退税及税收优惠 1988—1995 年，全县出口货物均由湖州外贸部门代理，出口退税由湖州市国家税务局审核管理。1996 年始，长兴县办理自营出口货物及退税。同年，全县有新光源集团公司、长兴县对外经济贸易有限公司 2 家出口经营权单位，当年出口退税 573 万元。1997 年 9 月起，全县出口退税管理由县国税局负责，增设涉外税收管理科。2006 年 7 月，长兴县获出口货物退（免）税的相关审批权限，全县出口退税结构逐步调整。2008 年 8 月起，部分纺织品、服装的出口退税率由 11%提高到 13%，部分竹制品的出口退税率提高到 11%，涉及全县出口企业 80 家，增加出口退税 1850 万元。1997—2012 年，全县共办理出口退（免）税 51 亿元。

县国税局办理税收优惠始于 1997 年。1997—2012 年，县国税局累计办理各类税收减免等税收优惠 17.17 亿元，其中民政福利 7.29 亿元，资源综合利用、高新技术及其他 9.88 亿元。

1997—2012 年长兴国税管理情况表

表 17-18

年份	涉外税收（万元）	税务稽查		出口退（免）税		税收优惠减免（万元）			年份	涉外税收（万元）	税务稽查		出口退（免）税		税收优惠减免（万元）		
		查办案件（件）	查补入库税款（万元）	出口企业户数（户）	退（免）税（万元）	小计	民政福利	资源利用及其他			查办案件（件）	查补入库税款（万元）	出口企业户数（户）	退（免）税（万元）	小计	民政福利	资源利用及其他
1997	842			3	1139	1509	1481	28	2005	18695			126	20485	6269	2308	3961
1998	942			3	572	2208	2060	148	2006	26009	86	1045	164	25994	15633	4754	10879
1999	927			2	512	3388	2968	420	2007	34945	244	1704	212	34999	16324	5344	10980
2000	1647			11	650	6007	5692	315	2008	39075	205	2380	278	42747	22937	6130	16807
2001	3998			19	1013	3976	3691	285	2009	40010	273	3512	350	48800	15030	5398	9632
2002	5307			40	2800	4793	2860	1933	2010	44682	116	3489	463	78000	19372	8344	11038
2003	14565			65	4397	13600	6850	6750	2011	47181	86	1760	531	104200	15197	5646	9551
2004	15188			96	17759	12221	3951	8270	2012	56547	50	2980	619	126000	13243	5464	7779

说明：资料来源于《浙江税务统计年鉴》《长兴县国家税务局税收统计年报表》和县国税局档案

二、地税管理

税务登记 税务登记分为开业登记、变更登记和注销登记。1988年7月,县财政地税局规定:纳税人在领取工商营业执照30日内,向所在地财税部门申报办理登记手续。同年,全县14户工商企业进行税务登记。1989年起,经工商行政部门批准开业的纳税人,核发“税务登记证”或“个体工商户税务登记证”。同年,全县25户个体工商企业进行税务登记。1994年,全县认定一般纳税人1314户,税务登记证换发6847户。同年,全县共办理三资企业税务登记33户,应纳税25户,实现税金73.5万元。1996年,国、地税按“统一代码,分别登记,分别管理,相互配合”原则,分别负责所辖纳税人税务登记。1997年,开展税收制度(资料)执行情况检查。全年共换证1.2万户,完成换证户数的90%。至2003年年底,纳入税收征管并办理税务登记的水陆运输户约9000余户,全年通过协税护税网络征收地方税费1405万元。2004年,纳入税收征管并办理税务登记证的水陆运输户约9300余户。2006年起,国税局、地税局统一更换企业和个体工商户税务登记证件。2012年,地税局办理纳税登记换证31021户。

票据管理 税收票证分别由中央和地方统一制发使用,县内主要是货物税完税证和其他各种完税凭证。1988年,全县使用的各种税收票证达24种。1990年,县财税局建立发票管理所,负责县级发票的审批、监印、管理、检查和违章处罚,同时建立发票专用库。1992年,统一使用新版发票,严格执行发票领用管理制度。1993年,成立长兴县税务稽查队和长兴县税务局发票所,隶属县财税局稽征管理股。同时,各财税所都建立发票管理室,配备专人管理,建立发票领购制度和发票保证金制度。1995年起,加强税收票证管理,原使用的税收票证作废,一律使用新版税收票证,原使用的“票证专用章”改为“征收专用章”。县地税局设置专用库房和专人箱柜。2004年,县地税局稽查局对货物运输企业发票进行专项检查,全面启用新版《公路、内河货物运输业统一发票》试点。2005年,规范水路运输业的税收管理,实行委托发票,对中介机构、石粉行业、运输发票等进行专项检查。全年实施检查企业131户,查补入库税费、罚款、滞纳金1436万元。2008年,实施“机具开票,逐笔开具;有奖发票,鼓励索票;查询辨伪,防堵假票;票表比对,以票控税”管理模式,加强普通发票日常管理。同年,使用计算机开具地税发票的企业纳税人235户。至2012年,全县税收票证管理措施不断强化。

图17-2　税务政策宣传(县税务局提供·2004年)

征收管理 1988—1994年,全县征管与检查从“两分离”逐步转为定向征收、定向管理、定向检查。1988年,实行税收专管员制度,税收专管员在分片管辖范围内集税收征收、管理、监察三项职能于一身。同年,县财税局开始运用电子计算机技术,并率先在预算、计会、企业财务等股室开发运用。至1990年年底,全县财税系统有计算机5台,预算、会计、统计、核算等基本实现微机电算化。1995年起,县税务局实行“纳税申报、税务代理、税务稽查”征收管理新模式,形成申报、代理、稽查三位一体的制度,取消专管员管户制度,建立办税服务厅,由“管户”向“管事”转变。1997年,县财政局建设局域网。1998年,各税务分局局域网基本建成,县财税局运行地税管理信息系统“税友98”。2001年,县财税局成为省地税局第一批税友2000应用单位。同年9月,县财税局从TF98切换到TF2000,停止使用TF98。2012年4月,全县完成TF06向税友龙版的数据转换、数据迁移。同年,县财政局开展非税征管系统上线和推广,开通12家银行的非税代收费业务,总计289家非税单位启用新版非税系统,现代征管体系基本建立。

税务稽查 1989年起,县内部分财税所开始试行征管、检查分离,并逐步在全县推开。1990年,县地税局加强工商税征管和检查。1991 年，县财政局建立监察股，征管查分离，原财税局检查组更名为稽征管理股，将个体税收、市场集贸税收和小税种的征收作为重点，对个体工商业户和私营企业进行突击检查和专项检查。同年，全县共征收个体税收 1364 万元，比上年增长 16%。1993 年，县地税局成立税务稽查大队，实行征管、稽查分离。1997 年，共稽查 50 户，查补税收、罚款 199 万元。1998 年，县地方税务局成立长兴财政稽查大队，开展个人所得税、行政事业单位出租房、饮食业定额发票使用等多项专业检查。2012 年，县地方税务局稽查局设立税收违法案件举报中心。同年，稽查户数 134 户，查补税收、罚款 2594 万元。1997—2012 年，共稽查户数 2090 户，查补税收、罚款 2.31 亿元。

1993—2012 年长兴县地税稽查情况表

表 17-19

年份	稽查户数（户）	查补税收、罚款（万元）	入库数（万元）	年份	稽查户数（户）	查补税收、罚款（万元）	入库数（万元）
1993				2003	152	1302	1295
1994				2004	183	1457	1452
1995				2005	131	1438	1436
1996				2006	88	1052	1052
1997	50	199	196	2007	108	1135	1135
1998	76	335	330	2008	171	1474	1474
1999	101	403	401	2009	169	2043	2037
2000	144	597	594	2010	153	3415	3415
2001	134	612	605	2011	148	3996	3996
2002	148	1049	1046	2012	134	2594	2594

说明：数据来源于县财政局

税收减免　1992 年，县财税局制定《长兴县减免税管理办法》，对重点企业、重点项目、重点乡镇以及技改任务重、投入多的企业实行减免税，同时适当照顾扶贫、扭亏等项目。同年，共报批减免流转税 3455.8 万元，减免户数 369 户，其中 61 户重点企业的减免税额占减免税总额的 51.3%。1994 年，统一征税办法和优惠政策，取消原有过多、过滥的减免政策。2002 年，出台一系列财税政策，全县地税共审批各种减免税（基金）216 户，减免福利、校办、新办企业所得税共 3775 万元。2007 年起，对技术创新和传统服务业改造升级给予部分税收减免的优惠政策，每年安排 1000 万元的服务业发展专项资金，全年兑现三产引导、旅游发展等现代服务业发展资金 1678 万元。同年，全县减免企业所得税 29 户 3049 万元，房产税 82 户 527 万元，土地使用税 60 户 378 万元，水利基金 107 户 654 万元。2008 年，对企业社会保险费缴纳比例实行临时性适当下浮，取消和暂停部分行政性收费。2012 年，重点助推小微企业发展，全县 178 户企业申报企业所得税各项优惠政策，享受减免企业所得税 2432.8 万元。1998—2012 年，全县共审批各种减免税（基金）1015 户，减免福利、校办、新办企业所得税 1.61 亿元；农业税社会减免征前落实 47.85 万元，“有税无地”2826.67 公顷。

第十八编　经济管理

1988—2012年，长兴县先后实施、编制“七五”至“十二五”共6个国民经济和社会发展计划。其中，“七五”计划在本志期限内实施3年，“十二五”规划在本志期限内实施2年。其间，逐步建立起与国民经济和社会发展相适应的经济综合管理体系，形成与社会主义市场经济相协调的管理模式。1988年，全县物价管理从“调放结合，以调为主”改为“放调结合，以放为主”，价格逐步由计划价格向市场价格转变。1993年起，全县逐渐将计划作为宏观调控的重要手段和依据，注重突出计划的宏观性、战略性、政策性和导向性。同时，政府综合经济行政管理逐步趋向宏观，管大、放小、搞活，并加强协调服务、监督功能。进入21世纪后，政府由重点对经济活动主体的直接干预，日渐变为间接调控，同时逐渐加强对经济、社会现状和发展趋势的调研、预测，提供咨询信息和决策依据。各综合经济管理部门依法行政，切实执行相关法律法规，规范市场秩序，完善社会主义市场经济管理模式，促进经济结构调整和经济发展方式转变。至2012年年末，全县国民经济和社会发展各项指标基本完成。

第一章　计划管理

1988年，长兴县国民经济和社会发展计划编制与实施由长兴县计划经济委员会（简称县计经委）主管。1996年，县体制改革办公室并入。1990年6月，更名为县计划与经济委员会。2001年12月，县统计局并入，县体制改革办公室分出；成立县发展计划与经济委员会，县统计局与其合署办公，对外挂物价局、中小企业局牌子。至2002年，全县计划管理实现从宏观调控向全面市场调节的转变。2003年10月，职能调整为研究提出全县国民经济和社会发展战略、规划、总量平衡、结构调整及调节全县国民经济运行。2005年4月，县发展计经委改组为县发展改革与经济委员会（简称县发改委），县统计局与其合署办公，挂物价局牌子。2007年11月，县发展改革和经济委员会、县统计局机构分设。2011年5月，组建县发展和改革委员会，挂县物价局、县对外合作交流办公室、县金融办牌子。至2012年，县发改委主管全县国民经济和社会发展宏观调控，指导总体经济体制改革，主管价格、对外合作交流和全县金融工作的指导、协调与管理服务。

第一节　计划编制

一、中长期计划

“七五”计划（1986—1990年）　1986年3月，县八届人大五次会议审议通过《长兴县国民经济和社会发展第七个五年计划（1986—1990）年》。计划主要目标：工农业总产值年平均增长11.3%，其中工业总产值 1990 年达到 6.7 亿元。全县粮食产量达到 38 万吨，年均增长 2%。轻重工业比例争取 1∶1。五年固定资产投资约 2.5 亿元，年平均完成 0.5 亿元。对外出口贸易总值 1990 年达到 1200 万元，年平均增长 6%。社会商品零售额 1990 年达到 4.5 亿元，年平均递增 12%。财政收入 1990 年达到 7000 万元，五年新增 2323 万元，年平均增长 8.5%。平均人口自然增长率控制在 9.13‰以下。职工收入每年平均增长 4%～5%，五年安置就业 4200 人左右。农民人均收入 1990 年达到 750 元。

"八五"计划（1991—1995 年）　1991 年 4 月，县十届人大二次会议审议通过《长兴县国民经济和社会发展十年规划和"八五"计划（1991—1995 年）》。计划主要目标：社会总产值 1995 年达到 35.4 亿元，年均递增 7%。国民收入 1995 年达到 16 亿元，年均递增 7.3%。国民生产总值 1995 年 17.5 亿元，年均递增 6.9%。工农业总产值 1995 年 16.7 亿元，年均递增 7.3%。财政收入 1995 年 9730 万元，年均递增 6.5%。外贸收购额 1995 年 8500 万元，年均递增 15.3%。商品零售额 1995 年 8 亿元，年均递增 7.6%。固定资产投资总额（县属及其以下）累计 9 亿元（包括农民建房和购置固定资产）。城乡居民实际消费水平平均每年提高 4%～5%。人口 1995 年 64.76 万人，年均人口自然增长率控制在 9.5‰以下。

1993 年 4 月，县十一届人大二次会议审议通过《关于建议调整〈长兴县国民经济和社会发展十年规划和"八五"计划纲要〉主要经济指标的报告》。调整后的主要指标：到 1995 年年末全县国内生产总值 35 亿元，年均增长 23.0%，其中三产增加值 9 亿元，年均增长 32.3%。工农业总产值 90 亿元，年均增长 33.4%。其中，农业总产值 8 亿元，年均增长 7.7%；工业总产值 82 亿元，年均增长 39.0%，其中县属工业总产值 74 亿元，年均增长 41.2%。财政收入 12000 万元，年均增长 11.1%。社会商品零售总额 13 亿元，年均增长 20.5%。固定资产投资累计 16 亿元。外贸出口创汇额 3500 万美元，年均增长 34.0%。

"九五"计划（1996—2000 年）　1996 年 3 月，县十一届人大四次会议审议通过《长兴县国民经济和社会发展第九个五年计划（1996—2000 年）》。计划主要指标：国内生产总值在"八五"期末的水平上翻一番，力争达到 120 亿元，年均递增率保持在 16.1%。其中，第三产业增加值所占比重达到 35%，人均国内生产总值超过 18000 元。全社会固定资产投资五年累计要求完成 110 亿元～120 亿元。经济增长中科技进步贡献率达到 45%～50%。全社会外贸出口交货值达到 18 亿元，年均递增 47.3%。全县财政收入达到 2.4 亿元，年均递增 12%，其中地方财政收入 1.2 亿元，年均递增 15%。全社会消费品零售总额达到 50 亿元，年均递增 23.3%。城镇化水平达到 38%以上，非农劳动力占全社会劳动者比重在 55%以上。全县人口控制在 64.5 万人以内，人口自然增长率 8‰左右。城乡居民实际收入年均增长 6%以上。

"十五"计划（2001—2005 年）　2001 年 2 月，县十二届人大四次会议审议通过《长兴县国民经济和社会发展第十个五年计划（2001—2005 年）纲要》。计划主要指标：国内生产总值到 2005 年达到 160 亿元左右，年均增长 12%，三次产业结构调整到 9∶57∶34，人均国内生产总值 2.5 万元左右。全社会固定资产投资年均增长 18%，五年累计完成投资 160 亿元，技术改造投资年均增长 26%，五年累计完成投资 75 亿元。社会消费品零售总额年均增长 11%，出口交货值和自营出口额分别达到 30 亿元和 8500 万美元，年均增长 18%和 43%，实际利用外资五年累计达到 1 亿美元。财政总收入达到 7.8 亿元，年均增长 20%，地方财政收入达到 4.6 亿元，年均增长 25%。农村居民实际收入年均增长 7%，到 2005 年人均纯收入达到 6000 元左右。城市化水平达到 43%。科技进步对经济的贡献率达到 55%以上。2005 年年末全县人口控制在 63 万人左右，人口自然增长率控制在 3.5‰以内。工业废气和废水处理率均达到 100%。

"十一五"规划（2006—2010 年）　2006 年 1 月，县十三届人大四次会议审议通过《长兴县国民经济和社会发展第十一个五年（2006—2010 年）规划纲要》。规划主要目标：到 2010 年全县地区生产总值和人均地区生产总值均比"十五"末翻一番，年均增长 15%以上；三次产业比重为 6.5∶55.7∶37.8；高新技术企业产值年均增长 30%以上，全社会固定资产投资累计超 800 亿元，年均增长 20%左右，其中工业技改投入累计达 420 亿元，年均增长 20%以上；实际利用外资累计超 10 亿美元，年均增长 20%左右；社会消费品零售总额年均增长 13%以上，自营出口年均增长 30%以上；财政总收入年均增长 18%以上，地方财政收入年均增长 20%以上。至 2010 年，城镇居民人均可支配收入达到 21000 元以上，年均增长 8%左右；农村居民人均纯收入突破11000元，年均增长10%左右。城市化水平达到56%以上。万元GDP综合能耗五年下降18%。

“十二五”规划(2011—2015年) 2011年3月，县十四届人大五次会议审议通过《长兴县国民经济和社会发展第十二个五年(2011—2015年)规划纲要》。规划主要指标：地区生产总值年均增长12%以上，人均GDP年均增长12%左右；固定资产投资五年累计1560亿元，年均增长18%以上；财政总收入和地方财政收入年均增长16%以上；社会消费品零售总额年均增长16%；实际利用外资五年累计突破12亿美元。第三产业增加值占GDP比重达到38.5%。到2015年，研究与试验发展经费(R&D)投入占生产总值的比重力争达到2.0%以上。到2015年，中心城区建成区面积达到56平方千米，小城镇镇区规模扩大到35平方千米，城市化水平达到62%，建成30个中心村。单位GDP能耗、单位GDP二氧化碳排放量和主要污染物排放量下降率不低于省市下达的目标任务。城镇居民人均可支配收入和农民人均纯收入年均增长10%。

二、年度计划

1988—1994年，由县计经委编制长兴国民经济年度计划草案，经县人代会审议通过后执行。计划主要指标包括工农业生产总值、社会商品零售总额、引进外资、财政收入、农民人均纯收入、固定资产投资等。1995年起，不再下达工业产品指导性计划。1999年起年度计划及目标改称调控预期目标。2005年起，年度计划经县人代会审议通过后下达。调控预期主要目标：地区生产总值，一、二、三产业增加值，工农业产值，财政收入，固定资产投资，社会消费品零售总额，出口交货值，实际利用外资，农民人均纯收入，城镇居民可支配收入，人口自然增长率，城镇登记失业率等。2007年起至2012年，增设综合能耗、化学需氧排放量和二氧化硫排放量等指标。

三、其他计划

远景目标规划 1996年3月，县十一届人大四次会议审议通过《长兴县2010年远景目标规划纲要》。纲要提出：1996—2010年分两个阶段，力争全县国内生产总值在1995年的基础上翻三番，国内生产总值在“八五”期末的水平上翻一番，力争2010年达到120亿元，年均递增率保持在16.1%，第三产业增加值所占比重达到35%，人均国内生产总值超过18000元。全社会固定资产投资五年累计要求完成110亿元～120亿元，比“八五”时期总量水平递增近两倍。全社会外贸出口交货值达到18亿元，年均递增47.3%。全县财政收入达到2.4亿元，年均递增12%，其中地方财政收入1.2亿元，年均递增15%。全社会消费品零售总额达到50亿元，年均递增23.3%。

“月光经济”规划 2008年6月，县发改委牵头编制完成，县政府印发《长兴县城区“月光经济”发展规划(2008—2020年)》。“月光经济”又称夜间经济。规划提出：到2020年，全县形成“九线六面一环”的“月光经济”基本格局，完整呈现集“长兴三夜”主题于一体的“西太湖夜明珠”形象，使长兴成为长三角地区夜间消费的重要选择地，并在国内产生一定的影响力，使长兴发展成为集夜间旅游之城、美食天地、休闲乐园、娱乐天堂、养身胜地于一体的全国知名、具有一定国际影响力的夜间消费城市；从多维度对“西太湖夜明珠”的形象进行提升，使长兴成为名副其实的“夜明珠”。

工业转型升级规划 2009年3月，县发改委牵头编制完成《长兴县工业转型升级规划(2009—2012年)》。主要目标：以构建现代产业体系为主线，以培育新优势、延伸产业链、提升价值链为导向，促进工业化和信息化融合、先进制造业和现代服务业互动，走内外并举、量质并重的发展道路，切实推动工业产业从数量规模型向品牌效益型转变，有效提升全县工业经济综合实力。到2012年，全县工业总产值超1500亿元，年均增长20%以上；其中，规模以上工业产值超1000亿元，年均增长25%以上；自营出口超12亿美元，年均增长20%以上。规模以上工业企业超1000家，亿千企业超120家，其中年销售百亿元以上企业4家；建成总部经济大楼10幢以上，力争上市企业达到6家以上。

新能源产业园区布局规划 2012年5月，县发改委牵头编制完成《长兴县新能源产业“一综三专”园区布局规划》。规划所提新能源仅包含光伏产业、新型电池产业(镍氢电池、锂离子电池、非铅储能电池和非铅动力电池）和 LED 产业。主要指标：到 2015 年，新能源产业“一综三专”园区分布格局基本形成，即初步形成以开发区为主的光伏产业综合园，产值规模约超过 200 亿元；以雉城为主的新型电池产业专业园，产值规模约 40 亿元；以槐坎、和平为主的两个 LED 产业专业园，产值规模约 40 亿元。

绿色动力能源中心规划　2006 年 2 月，县发改委牵头编制完成《浙江省长兴县绿色动力能源中心发展战略规划（2006 年）》。明确“集中布局、绿色环保、集群配套、创新升级、合作和谐”的思路，积极、适度地发展长兴蓄电池产业，努力打造“中国绿色动力能源中心”。发展目标：将长兴的蓄电池产业发展成一个不会对环境和公众健康造成损害的产业，成为一个不断创新和突破的“企业家诞生地”，建立一个国内乃至国际领先的动力新能源制造中心、研发中心、品牌中心、环保事业中心，打造一个大中小企业分工协作诚信户主的产业集群，长兴成为一个“政府—企业—民众—媒体”互相信任、共谋福利与发展的地方。

红色旅游经典景区规划　2006 年 2 月，县建设局牵头编制完成《长兴县苏浙军区旧址群红色旅游经典景区规划（2006 年）》。建设目标：以新四军红色旅游产品为核心，以休闲度假及各类体验、参与型旅游产品为配套，集爱国主义教育、民俗游览、休闲度假等多功能于一体的综合型红色旅游度假胜地。建成后景区的游客日容量为 8750 人次，年容量为 210 万人次。

第二节　固定资产投资管理

1988 年 7 月，国务院颁布《关于投资管理体制的近期改革方案》，提出实行分层次管理、扩大企业自主权、建立基本建设基金制、成立投资公司、改进计划管理等举措。同年，全县通过深化企业改革和开展“双增双节”（增产节约、增收节支），适当控制固定资产投资规模，当年完成固定资产投资 2.53 亿元。1989 年，全县贯彻治理整顿方针，继续控制固定资产投资规模。1988—1991 年，全县固定资产投资年均增长仅 5.6%。1992 年始，深化投资体制改革，明确以企业为投资主体，初步形成投资主体多元化、资金来源多渠道、投资方式多样化、建设实施市场化的格局。同年 11 月，县委、县政府下放部分经济管理权限，突出企业投资的主体地位。全年完成固定资产投资 6.17 亿元，比上年增长 85.7%。1993 年，实行投资项目审批一条龙服务，固定资产投资规模扩大。1994 年，全县企业技术改造加快，基本建设投资规模加大，全年完成固定资产投资 11.2 亿元，首次突破 10 亿元，比上年增长 51.4%。1995 年，实行固定资产投资项目登记备案制。1996 年 11 月，对经营性投资项目实行资本金制度。1997 年，受国家宏观调控和资金约束影响，全县固定资产投资总量大幅下降，仅完成年计划的 73.6%。1999 年，启动国家、省、县级重点工程建设，固定资产投资增长幅度加快，至 2000 年，突破 20 亿元，达 20.43 亿元。之后，继续保持快速增长势头，至 2003 年，达 58.06 亿元。1992—2003 年，全县固定资产投资年均增长为 56.5%。

2004 年 7 月，国务院印发《关于投资体制改革的决定》，确立企业的投资主体地位，完善政府投资体制等。对企业不使用政府投资建设的项目，不再实行审批制；政府仅对重大项目和限制类项目从维护社会公共利益角度进行核准，其他项目无论规模大小均改为备案制。之后，根据中央和省、市要求，全县建立企业投资项目备案和核准制的基本制度框架。2006 年，出台《长兴县企业投资项目核准和备案暂行办法》《长兴县项目审批服务暂行办法》，明确企业投资的自主权。同年，全县固定资产投资首次超百亿元，达 105.8 亿元。2009 年，出台《关于进一步加强政府投资工程项目招投标管理工作的意见》《长兴县政策投资项目储备库管理暂行办法》。2011 年，全县固定资产投资超 200 亿元，达 201.97 亿元。同年，制定《长兴县政府投资项目管理办法》，对于政府投资的项目实行项目储备制度。2012 年 10 月，成立长兴县政府投资项目监管服务中心。同年，完成固定资产投资 248.81 亿元。2004—2012 年，全县固定资产投资年均增长 26.5%。

1988—2012 年，全县累计完成固定资产投资 1631.42 亿元。

长兴县"七五"至"十二五"时期固定资产投资完成情况表

表 18-1

单位:万元

建设时期	年份	当年完成	时期累积	建设时期	年份	当年完成	时期累积
"七五"计划时期	1986	15333	114609	"十五"计划时期	2001	407979	3118447
	1987	22373			2002	458148	
	1988	25296			2003	580560	
	1989	27421			2004	767831	
	1990	24186			2005	903929	
"八五"计划时期	1991	33223	417845	"十一五"规划时期	2006	1058053	7457590
	1992	61705			2007	1035046	
	1993	74015			2008	1299308	
	1994	112032			2009	1577058	
	1995	136870			2010	1952296	
"九五"计划时期	1996	142034	735607	"十二五"规划时期	2011	2019732	46557165
	1997	117699			2012	2488125	
	1998	122538			2013	—	
	1999	148995			2014	—	
	2000	204341			2015	—	

说明:资料来源于历年《长兴统计年鉴》

第二章　统计管理

1988 年,长兴县统计局(简称县统计局)为全县统计工作主管部门,为县政府直属机构。1999 年 11 月,成立县企业调查队。2001 年 12 月,与县发展计划与经济委员会合署办公,挂统计局牌子。2004 年 12 月,成立县城市社会经济调查队。2005 年 4 月,与县发展改革和经济委员会合署办公。2007 年 11 月,县统计局单列,为县政府组成部门。1988—2012 年,全县统计业务逐步覆盖三次产业和各个国民经济部门,全面反映经济、社会、生态、科技、文化、旅游等方面发展成果。

第一节　统计调查

一、普查

人口普查　1990 年,开展第四次全国人口普查,普查标准时点为 1990 年 7 月 1 日零时。普查结果:全县常住人口为 593231 人,其中男性人口为 312798 人、女性人口为 280433 人,性别比为 111.54(以女性为 100)。2000 年,开展第五次全国人口普查,普查标准时点为 2000 年 11 月 1 日零时。普查结果:全县常住人口为 611518 人,其中男性人口为 315743 人、女性人口为 295775 人,性别比为 106.75。2010 年,开展第六次全国人口普查,普查标准时点为 2010 年 11 月 1 日零时。普查结果:全县常住人口为 641982 人,其中男性人口为 328240 人、女性人口为 313742 人,性别比为 104.62。

第三产业普查　1993 年,开展首次全国第三产业普查。普查年度为 1991 年和 1992 年。普查结果:1992 年全县第三产业单位数为 16489 家,1991 年为 13452 家,1992 年比 1991 年增长 22.6%;1992 年年末职工(从业)人数为 56593 人,1991 年为 50995 人,1992 年比 1991 年增长 11%;1992 年年末固定资产原值为267914万元,1991年为202364万元,1992年比1991年增长32.4%;1992年增加值为48884万元,1991年为35864万元,1992年比1991年增长36.3%。

工业普查　1995年,开展全国第三次工业普查。普查年度为1995年。普查结果:1995年,全县工业企业和生产单位数13544个,工业总产值827292万元,从业人员年末人数136927人。

农业普查　1996年,开展全国第一次农业普查。普查标准时点为1996年12月31日,时期资料为1996年度。普查结果:1996年,全县农村户数143814户,人口511324人,农业生产经营单位106347个,从业人员282350人。2006年,开展全国第二次农业普查。普查标准时点为2006年12月31日,时期资料为2006年度。普查结果:2006年,全县农村户数130197户,人口495718人;年末企业数32055个,其中工业企业22608个;企业从业人员192528人,其中工业企业从业人员153792人。

基本单位普查　1996年,开展全国第一次基本单位普查。普查标准时点为1996年12月31日。普查结果:1996年,全县法人单位数2986个,产业活动单位3850个。在全部法人单位中,有企业法人单位2123个,事业法人单位276个,机关法人单位(国家机关和政党机关)79个,社会团体法人单位18个,其他法人单位490个。在全部产业活动单位中,生产经营性产业活动单位2589个,非生产经营性产业活动单位1261个。法人单位在三次产业的分布为,第一产业7个、第二产业1384个、第三产业1595个。2001年,开展全国第二次基本单位普查。普查标准时点为2001年12月31日,调查年度为2001年。普查结果:全县除农户和个体经营户外,共有法人单位数3499个,各类产业活动单位1220个。在全部法人单位中,有企业法人单位2480个,事业法人单位300个,机关法人单位(国家机关和政党机关)77个,社会团体法人单位60个,其他法人单位582个,其中基层群众自治组织(居委会和村委会)503个。在全部产业活动单位中,生产经营性产业活动单位823个,非生产经营性产业活动单位397个。法人单位在三次产业的分布为,第一产业18个、第二产业1639个、第三产业1842个,从业人员共102150人。其中,女性从业人员占35%;第一产业从业人员510人、第二产业68908人、第三产业32732人;企业法人单位从业人员8.57万人、占83.9%,事业法人单位从业人员0.89万人、占8.7%,机关法人单位从业人员0.37万人、占3.6%,社会团体法人单位从业人员0.04万人、占0.4%,其他法人单位从业人员0.35万人、占3.4%。

R&D资源清查　2000年,开展全国第一次R&D(科研与试验发展)资源清查。清查标准时点为2000年12月31日,时期资料为2000年度。清查结果:全县有R&D活动单位17个,占全市的27.4%;R&D人员折合全时人员72人,占全市比重13.1%,R&D经费内部支出740万元,占全市比重5.6%。2009年,开展全国第二次R&D资源清查。清查标准时点为2009年12月31日,时期资料为2009年度。清查结果:R&D人员全时当量991人年,占全市比重17.6%,R&D经费37384万元,占全市比重23.2%,R&D经费投入强度0.8%。

经济普查　2004年,开展全国第一次经济普查。普查标准时点为2004年12月31日,时期资料为2004年度。普查结果:2004年年末,全县共有从事第二、三产业的法人单位3259个,其中企业法人单位2336个、机关和事业法人单位345个、社会团体法人单位77个、其他法人单位501个;产业活动单位4008个,其中第二产业1770个、第三产业2238个;个体经营户40756户,其中第二产业12258户、第三产业28498户。2008年,开展全国第二次经济普查。普查标准时点为2008年12月31日,时期资料为2008年度。普查结果:2008年,全县共有从事第二、三产业的法人单位4254家,其中企业法人单位3251个、机关和事业法人单位343个、社会团体法人单位152个、其他法人单位508个;产业活动单位5121个,其中第二产业2348个、第三产业2773个;个体工商户36505户,其中第二产业8899户、第三产业27606户。

二、抽样调查

住户调查　1988年,全县抽取6个乡镇、12个调查点、60户农户开展农民家庭经济按日记账调查。1993年,将农村家计调查户增至100户。2002年,在原有基础上新增10个乡镇10个村100户农村住户调查点。2004年,对列入全省调查点的10个行政村100户住户调查户进行轮换。2008年,农村住户调查样本由原20个增至40个行政村。2003年,开展全县城市住户调查试点,抽取60户样本点进行调查。2004年,正式实施城市住户调查,2011年扩大为100户。2012年,全县农村住户调查样本户为400户,城市住户调查样本户为100户。

人口抽样调查 1993年,长兴县被列为浙江省22个人口抽样调查县。1995年,开展全省1%人口抽样调查。2003年,被列入全省人口变动情况抽样调查县,开展人口变动调查。2005年,开展全省1%人口抽样调查,对7个乡镇、23个行政村、26个调查小区、2214户的7140人进行调查登记。

其他调查 1988—2012年,县统计局先后开展农产品抽样调查,农产量调查,社会个体商业调查,非交通系统载货汽车调查,全县国营工业企业生产率发展调查,科技进步监测统计,"九五"妇女和儿童发展规划的终期监测评估,群众安全感调查,全县劳动力就业和社会保障状况调查,群众对公安机关满意情况调查,"平安浙江"人民群众安全感满意率调查,粮食生产统计监测调查,畜牧业调查,全县工业企业成本费用验证调查,城乡居民收入调查,工业、投资效益监测,投入产出调查,工业品价格指数调查,农民化肥农药使用情况调查,工效挂钩调查,卷烟消费调查,城市住户调查,企业景气调查,规模以下工业抽样调查等。

三、全面统计调查

1997年之前,全县统计按隶属关系开展全面调查。1998年起,统计报表调查范围部分内容改为按规模统计调查,对达到规模以上标准的单位开展全面调查,涉及企业为国有和年主营业务收入500万元及以上的非国有企业。2007年起,统计范围调整为年主营业务收入500万元及以上的工业企业、限额以上批发业(标准同年主营业务收入2000万元及以上)、限额以上零售业(标准同年主营业务收入500万元及以上)、限额以上住宿和餐饮业(标准同年主营业务收入200万元及以上)、资质内建筑业企业、房地产开发经营企业和重点服务业企业。至2012年年末,全县共有854家单位通过企业一套表平台上报统计数据。1988—2012年,全县陆续建立、完善国民经济和社会统计体系。统计领域包括国民经济核算、工业统计、农业统计、服务业统计、商贸统计、投资统计、能源统计、劳动工资统计等专业统计。交通、邮政电信、教育、卫生、旅游、财政、金融、保险、人口、环保等专业统计,由各主管部门进行统计调查,报送县统计局。

四、基本统计

统计单位登记 1995年,全县建立统计登记制度和专业统计人员持证上岗制度,对全社会各类行业、各种经营类型和各种组织形式的基本统计单位依法进行统计。2012年年末,全县登记统计单位6321家,有高级统计师3人、中级统计师39人、助理统计师62人。1995—2012年,累计组织统计从业资格认定考试2260人次,全县持证人员1911人。

专业统计和报表 1988—2012年,全县先后开展农业、工业、建筑业、房地产开发、批发零售和住宿餐饮业、重点服务业、投资、国民经济核算、能源、人口、劳动、就业、科技、住户、价格品等统计调查项目,共有统计年(定)报46套,指标11310项。

第二节 统计服务与监督

一、统计服务

统计公报 1988—2012年,县统计局每年定期向社会发布《长兴县国民经济和社会发展统计公报》。1999年始,《长兴县国民经济和社会发展情况统计公报》编入县人代会会议材料。

统计年鉴 1988—2012年,县统计局每年编印《长兴统计年鉴》,汇集全县国民经济和社会发展主要统计数据。

统计资料汇编 1988年,县统计局编印《长兴县国民经济统计资料(1987年)》。1989年,编印《前进中的长兴——庆祝中华人民共和国四十周年》。1991年,编印《浙江省长兴县第四次人口普查机器汇总资料汇编》。1994年，编印《浙江省长兴县第三产业普查资料》。1999年，编印《长兴县第一次农业普查资料汇编(1996)》《长兴县1980—1998年农林牧渔业生产主要指标实绩》。2002年，编印《风雨历程铸辉煌——中华人民共和国成立以来长兴县统计资料汇编》。2003年，编印《浙江省长兴县第二次基本单位普查资料(2003)》。2011年11月，编印《数据长兴(2010)》。2012年，编印《长兴县2010年人口普查资料》。

统计分析与信息　1988—2012年，县统计局先后对总部经济发展、税收收入增长、高新技术产业发展、节能降耗、茶叶生产、项目投资等开展统计分析，撰写、编印各类统计信息、统计分析、调研报告1900余篇。

二、统计执法

1988—2012年，县统计局每年以定期检查、重点检查、大检查和统计稽查等形式，开展统计执法检查，累计组织统计执法检查(统计稽查)30次，检查单位1150家(次)；查处统计违法或统计数据不实单位300家(次)。立案查处统计违法案件220起，责令整改单位300家。

第三章　物价管理

1988年，长兴县物价管理从"调放结合，以调为主"改为"放调结合，以放为主"。价格逐步由计划价格向市场价格转变，物价管理权限由高度集中、分级管理转由生产经营企业自行定价，逐步建立市场形成价格机制；价格管理形式从政府单一定价，发展到政府定价、政府指导价、市场调节价多种形式并存。1990年9月，成立物价事务所，承担价格评估、拍卖及价格顾问等价格服务。1993年，县物价局与县工商局合署。1996年，组建县工商行政与物价管理局。1998年5月起，贯彻《中华人民共和国价格法》，依法治价，规范价格行为，培育和完善公平有序的市场价格形成机制。1999年4月，县物价局单列。2001年11月，与县计经委合署。管理职能主要为执行中央、省制定的价格规则，创造和维护公平竞争的市场价格环境，加强价格法制建设和市场监管。

第一节　价格管理

一、农副产品价格管理

1987年起，县内籼谷(米)、粳谷(米)、糯谷(米)、小麦(面粉)、桑蚕丝等13种品种的合同定购价格实行国家定价；籼米、粳米、糯米、面粉、玉米、菜油、配混合饲料等16种品种的销售价格实行国家定价；猪肉、牛肉、羊肉、家禽、鲜蛋和水产品6种主要副食品购销价格实行国家指导价。1988年年初，放开猪肉、牛肉、家禽、鲜蛋和水产品6种主要副食品价格，实行市场调节价。1988年6月，豆制品实行议价销售。1993年1月，7类17项农产品实行平议价"双轨制"，即国家定价和国家指导价。同年，全面放开粮、油购销和价格，实行指导性计划收购，同时取消粮油凭票供应。1994年9月，对非省定主要粮油品种的销售价格实行最高限价，以稳定市场粮油价格。1995年起，蚕茧由国家定价改为国家指导价。1998年，实施粮食按保护价敞开收购、实行顺价销售。2000年，列入政府定价或政府指导价的农产品减少为国家储备粮食、食用植物油(料)、棉花收购价和销售价以及鲜茧收购价。2001年，蚕茧收购价格改为省级政府指导价。2004年春，放开蚕茧收购价格实行市场调节。之后，全县农副产品价格基本放开。

二、工业品价格管理

1985年起，全县先后放开缝纫机、国产手表、黑白电视机、电冰箱、洗衣机和凤凰、永久、飞鸽品牌以外的自行车等工业品价格。1987年，试行放开计划外16种名优卷类烟价格，并对普通卷烟实行计划内外价格"双轨制"。同年7月，放开茅台、五粮液、剑南春等13种名酒价格。1988—1992年，工业消费品价格除属中央和省管的16种商品继续实行国家定价、国家指导价外，其余商品价格全部放开。1992年8月，放开毛巾、毛毯、卫生衫裤数十种工业消费品价格。1993年，实施省物价局重新制定颁布的《重工商品、轻工商品价格管理目录》，全县零售商品中实行市场调节价比重达95%以上。1994年7月，改革化肥价格管理。原统配化肥的国家统一定价、地方管理的化肥价格和计划外化肥的最高限价，统一改为国家规定化肥出厂中准价格和上下浮动幅度，由企业在国家允许的范围内自主确定出厂价格。1995—1999年，对甲胺磷、敌敌畏、甲基1605等农药及柴油等农资产品的价格先后改为国家指导价。2001年，国家计委将直接定价商品和服务价格由1992年的141种(类)减少到13种(类)。2003年起，县物价局除受省、市物价局委托外已无直接定价项目。2005年10月，根据省物价局制定的《政府定价、政府指导价药品目录》，重新公布127个品种2256种规格的药品最高零售价格。2010年8月，全县明确实行政府定价或政府指导价的工业消费品，仅保留食盐、中小学教材、部分药品、天然气及城市供水等少数涉及民生商品的价格。

三、非商品收费管理

行政事业性收费管理 1988年之前，全县非商品收费项目很少，一般称为"非商品收费"，俗称"规费"。1988年起，非商品收费区分行政事业性收费和经营服务性收费，并实施收费许可证制度和收费年度验审制度。同年，核发"收费许可证"665份。1992年起，县物价局会同县财政局每年开展财税财务物价大检查。1992年7月，《浙江省收费许可证管理办法》实施。1993年，县物价局会同县监察局、县财政局对公安、工商、城建、土管等16个部门的行政事业性收费项目和标准进行清理，涉及收费项目近4000项，取消不合理收费项目104项，降低收费标准82项。1994年8月，《浙江省行政事业性收费管理条例》实施。1993—2012年，全县共清理取消、降低的行政事业性收费项目543项。

经营性收费管理 1988年起，全县经营服务性收费实施收费许可证制度和收费年度验审制度管理。1993年起，放开社会服务业、加工业、修理业、理发业等经营性劳务收费价格，实行市场调节。同时，对具有相对垄断的或带有政府职能的经营性服务收费项目继续实行收费许可、收费年审制度。2003年5月，取消经营性服务收费许可制度。2010年5月，对行政审批前置条件的检验、检测、评估等服务以及其他具有垄断性的经营性服务收费和涉及房地产开发建设及交易环节的各项收费进行清理。同年8月，对定点屠宰、一般道路清障等中介服务价格，由县政府同级价格主管部门定价，放开属于竞争性的服务价格。

医疗收费管理 1988年，全县医疗卫生系统的挂号费、住院费、手术费、检查费、卫生防疫费等收费列入行政事业性收费管理，不以赢利为目的。1990年7月，全省统一医疗收费项目和标准。2000年5月，实行"项目统一管理，价格市场调节"的特需医疗服务管理。同年9月，县人民医院、县中医院、县妇幼保健院先后相继开展部分特需医疗服务项目。10月，全国统一综合医疗服务类、医技诊疗类、临床诊疗类和中医及民族医疗类4大类3966项收费项目。2005年7月，全省对医疗服务价格实行统一项目名称、统一项目内涵、统一编码管理，适当提高手术、治疗、护理、注射、针灸等技术劳务价格。2010年12月，全省将医疗服务价格分为综合医疗服务类、医技诊疗类、临床诊疗类和中医及民族诊疗类4大类，对一次性卫生材料费继续实行差率和差额"双控"管理。2012年6月，对县人民医院、县中医院、县妇幼保健院等3家县级公立医院进行医药价格改革，药品购销实行"零差率"。改革后，3家县级公立医院门诊人次药品收入年平均下降15.3%；住院人次、药品收入年平均下降19.6%。

教育收费管理 全县公办教育收费实行政府定价管理，民办教育收费实行政府指导价管理。小学、初中实施九年制义务教育，义务教育阶段公办学校免收学费，只收杂费；高中教育属非义务教育，收费项目包括学费和择校费；民办教育收费称为学费，学费标准根据年生均培养成本，按照"以收抵支、收支平衡"的原则制定基准价。2001年秋，民办实验小学招收首届学生。2003年5月，省物价局规定公立高中招收"择校生"一次性收取择校费，并实行"三限"政策(即限分数、限人数、限钱数)；当年核定的重点高中择校费每生不超过2万元，普通高中择校费每生不超过1.5万元。同年秋，民办实验初中招收首届学生。2004年秋，民办第二实验小学招收首届学生。2007年秋，全省规定择校费每生最高不超过3万元，收取择校费后不得收取学费。同年秋,高中学费标准区分普通高中和省重点高中,全省普通高中学费调整为每生每学期1200元,省重点高中学费调整为每生每学期1500元。

1988—2012年全县公办、民办教育收费标准变化情况表

表18-2

单位:元/生·学期

年份	义务教育阶段杂费				高中阶段学费		民办学校学费基准价		
	小学		初中		普通高中	重点高中	实验小学	第二实验小学	实验初中
	农村	县城	农村	县城					
1988年秋	8	9	14	15	40	—	—	—	—
1992年秋	11	14	14	25	75	—	—	—	—
1994年秋	15	20	30	40	160	—	—	—	—
1995年秋	25	30	45	55	220	—	—	—	—
1997年秋	35	45	60	75	350	—	—	—	—
2001年秋	45	55	70	85	500	—	1000	—	2500
2002年秋	—	—	—	—	—	—	2000	—	2500
2003年秋	45	80	70	110	1200	1500	—	—	—
2004年秋	65	100	90	130	1200	1500	2500	1500	2800
2005年秋	—	—	—	—	—	—	2500	2000	2800
2006年秋起	义务教育阶段实行免收杂费				1200	1500	—	—	—
2007年秋	—	—	—	—	—	—	2500	2300	3300
2011年秋	—	—	—	—	—	—	2580	2380	3400

说明:资料来源于县物价局

第二节 商品价格与价格指数

一、主要商品价格

自来水价格 1988—2012年,全县自来水价格实行政府定价,由县物价局依据供水企业运行成本核定供水价格。1999年8月,首次开征污水处理费并随自来水价格一并收取。2004年6月,首次召开调整自来水价格听证会,调整自来水价格并细化用水分类。2009年1月,再次召开调整自来水价格听证会,细化用水类别。2012年6月,召开第三次自来水价格听证会,制定阶梯式水价制度。

1988—2012年长兴县自来水供应价格情况表

表18-3

单位:元/吨

年份	居民用水价格		事业单位用水价格		工业用水		服务业用水(含建筑业)		特种行业	
	自来水	污水处理费	自来水	污水处理费	自来水	污水处理费	自来水	污水处理费	自来水	污水处理费
1988	0.17		0.20		0.20		0.20			
1990	0.25		0.32		0.32		0.32			
1992	0.30		0.37		0.37		0.37			
1993	0.40		0.50		0.60		0.80			
1996	0.85		1.33		1.55		1.80			
1999	0.85	0.25	1.33	0.30	1.55	0.30	1.80	0.30		
2004	1.15	0.30	2.00	1.00	2.25	1.00	3.00	1.00		

续表18-3

<table>
<tr><td rowspan="2">年份</td><td colspan="2">居民用水价格</td><td colspan="2">事业单位用水价格</td><td colspan="2">工业用水</td><td colspan="2">服务业用水
(含建筑业)</td><td colspan="2">特种行业</td></tr>
<tr><td>自来水</td><td>污水处理费</td><td>自来水</td><td>污水处理费</td><td>自来水</td><td>污水处理费</td><td>自来水</td><td>污水处理费</td><td>自来水</td><td>污水处理费</td></tr>
<tr><td>2007</td><td>1.15</td><td>0.30</td><td>2.00</td><td>1.50</td><td>2.25</td><td>1.80</td><td>3.00</td><td>1.50</td><td></td><td></td></tr>
<tr><td>2009</td><td>1.30</td><td>0.55</td><td>2.35</td><td>1.50</td><td>2.50</td><td>1.80</td><td>3.00</td><td>1.50</td><td>3.60</td><td>1.50</td></tr>
<tr><td rowspan="3">2012</td><td>1.60</td><td rowspan="3">0.55</td><td rowspan="3">3.00</td><td rowspan="3">1.50</td><td rowspan="3">3.00</td><td rowspan="3">1.80</td><td rowspan="3">3.00</td><td rowspan="3">1.50</td><td rowspan="3">4.20</td><td rowspan="3">1.50</td></tr>
<tr><td>2.40</td></tr>
<tr><td>3.20</td></tr>
</table>

说明:资料来源于县物价局

电价 1990年前后,全县电价在省定目录电价的基础上,加地方附加费、县综合价等,具体价格报市物价局核定。1992年后,电价改革的侧重点转向规范电价管理,改革电价形成机制。1995年,工业用电试行峰、谷电价,2002年7月完善工业用电峰、谷电价,实行六时段三费率政策。2000年1月,除农村综合变压器以下到户外,全省实行统一销售电价政策,2002年7月,城镇居民用户试行峰、谷电价。2004年,全县逐步建立城乡同类电价“同网同价”的价格机制。

1988—2012年长兴县供电价格情况表

表18-4 单位:元/千瓦时

年份	一般工业用电	农村用电	城镇居民用电
1988	0.215	0.265	0.165
1992	0.264	0.345	0.230
1993	0.357	0.450	0.300
1996	0.425	0.530	0.430
1997	0.425	一类地区合格村0.680,二、三类地区合格村0.700	0.530
1999	0.688	0.756	0.530
2000	0.688	0.756	0.530
2002	0.946	0.756	0.530
2004	0.946	0.530	0.530
2006	0.946	0.538	0.538

说明:资料来源于县物价局;该处数据根据实际需要,保留至小数点后3位

天然气价格 2004年1月,全县接入天然气“西气东输”管道,县中心城区管道空混液化气置换成天然气。2010年8月,接入“川气东送”天然气管道。2004—2012年,全县天然气价格实行政府定价。2011年10月,对年用气量在50万(含)立方米以上的非居民用户按销售价实行分档折扣优惠。

2004—2012年长兴县天然气供应价格情况表

表18-5 单位:元/立方米

年月	居民生活用天然气价格	非居民生活天然气价格	年月	居民生活用天然气价格	非居民生活天然气价格
2005.06	2.40	2.96	2010.02	2.61	3.34
2006.07	2.40	3.02	2010.09	2.91	3.34
2008.12	2.40	3.26	2011.10	2.91	3.75
2009.08	2.61	3.26	—	—	—

说明:资料来源于县物价局

粮油购销价格　1988 年，全县粮油收购为合同定购，定购以外的品种实行议购议销和市场调节。1993 年，粮油市场放开，价格放开。1999 年，每 50 千克早籼谷、晚粳谷、油菜籽分别是 57.2 元、63 元、100 元。之后，国家为保护和促进农民种粮积极性，实行保护价收购。2005 年，订购早籼谷、晚粳谷、油菜籽分别是 75 元、98 元、102 元。

1988 年，全县粮油销售实行国家定价，市场供应每千克标二早籼米 0.27 元、晚粳米 0.31 元、菜油 1.52 元。1993 年，放开粮油市场，每千克标二早籼米 1.52 元、晚粳米 1.70 元、菜油 7.00 元。1994 年，大米质量标准从标二调整到标一。1995 年，标一早籼米 2.50 元、晚粳米 3.10 元、菜油 7.40 元。

1988—2012 年长兴县主要粮油供应价格情况表

表 18-6　　单位：元/千克

年份	早籼米	晚粳米	菜油	年份	早籼米	晚粳米	菜油
1988	0.27	0.31	1.52	2001		1.80	4.80
1989	0.27	0.31	1.52	2002		1.60	5.20
1990	0.27	0.31	1.52	2003		1.90	6.00
1991	0.50	0.58	4.16	2004		2.80	6.60
1992	0.72	0.90	4.16	2005		3.00	7.00
1993	1.52	1.70	7.00	2006		3.00	8.00
1994	2.40	2.80	9.20	2007		3.00	8.40
1995	2.50	3.10	7.40	2008		3.40	9.00
1996	2.40	2.90	7.60	2009		4.20	9.00
1997	1.90	2.10	7.80	2010		4.20	11.00
1998		2.20	8.00	2011		5.80	11.20
1999		2.20	7.00	2012		6.50	12.40
2000		1.80	5.00	—	—	—	—

说明：资料来源于县物价局。1988—1993 年大米规格为标二，1994 年后大米规格为标一，1998 年后城乡居民基本不再采购

商品房售价　1988—1992 年，全县销售商品房价格实行政府指导价。1988 年，全县销售商品房基准价每平方米 206 元。1989 年，销售商品房基准价每平方米 248 元。1990 年，销售商品房基准价每平方米 336 元。1991 年，销售商品房基准价每平方米 400 元。1992 年，销售商品房基准价每平方米 424 元。1992 年下半年起，全县放开商品房销售价格，实行市场调节。商品房价格详见第 13 编建筑业房地产业、第 2 章、第 3 节。

二、物价指数变动

1988—2012 年，全县价格水平出现两次较大波动。1988 年，商品零售价格指数从上年的 109.7%上升至 121.3%，影响价格上涨主要是食品类、衣着、烟酒等。1993—1995 年，价格再次出现较大变化。1993 年，商品零售价格指数达 119.2%，1994 年再次上升至 122.4%，1995 年回落到 112.8%。价格波动主要是食品类中的粮食、烟酒、娱乐教育文化用品及服务业。其他年份价格水平基本平稳。

1988—2012 年长兴县物价指数情况表

表 18-7　　单位：%

年份	商品零售价格指数	居民消费价格指数	年份	商品零售价格指数	居民消费价格指数
1988	121.3	121.4	1992	108.7	109.1
1989	116.8	116.7	1993	119.2	120.3
1990	101.7	102.1	1994	122.4	124.6
1991	108.3	108.1	1995	112.8	115.2

续表18-7

年份	商品零售价格指数	居民消费价格指数	年份	商品零售价格指数	居民消费价格指数
1996	105.1	108.2	2005	100.9	101.5
1997	98.3	100.3	2006	100.0	100.1
1998	96.8	99.0	2007	101.5	101.6
1999	96.5	97.3	2008	99.5	99.8
2000	99.0	101.1	2009	99.8	100.0
2001	98.2	99.5	2010	100.5	100.7
2002	97.6	100.0	2011	101.3	101.5
2003	101.0	100.7	2012	101.1	101.2
2004	101.5	103.3	—	—	—

说明:资料来源于县物价局

三、物价监测

2001年始,县物价局对全县价格进行监测。2001—2005年,市场商品价格出现异常波动时,采取间歇式价格监测,调控市场需求,保持市场商品价格平稳有序。2008年1月,启动价格监测报告制度化建设,将成品粮、食用油、猪肉、蔬菜、液化气等主要民生商品市场零售价格和钢材、水泥、化肥、农药等部分重要生产资料市场交易价格列入价格监测范围,对民生商品每月定期实行价格监测信息发布制度。同年5月,建立长兴农批市场粮油批发店、中心菜场、惠多利农资公司等13家单位为市场价格定点监测单位。2009年3月,县物价局建立《长兴县市场价格异常上涨事件(IV)应急预案》。2012年年末,全县价格定点监测单位增至33家。

2001—2012年长兴县主要民生商品价格监测情况表

表18-8

产品名称	规格等级	计量单位	2001年	2002年	2003年	2004年	2005年	2006年	2007年	2008年	2009年	2010年	2011年	2012年
粳米	散装当地产	元/500克	0.9	1	1.1	1.1	1.2	1.3	1.4	1.5	1.65	2.1	2.1	3.5
面粉	特一粉	元/500克	0.8	0.8	0.95	1.0	1.1	1.2	1.2	1.25	1.6	1.8	2.0	2.0
菜籽油	散装	元/500克	2.4	2.6	3.0	3.3	3.5	4.0	4.2	4.5	4.5	5.5	5.6	6.2
鲜猪肉	精肉	元/500克	10.0	10.5	12.0	15.0	10.6	10.5	10.5	11.0	11.0	11.0	13.5	12.0
活鸡	三黄鸡	元/500克	3.0	3.5	3.8	4.5	4.5	5.0	5.5	6.5	5.5	7.0	7.5	7.5
鸡蛋	新鲜	元/500克	2.0	2.0	2.8	2.5	3.5	3.5	3.6	3.8	4.0	4.8	4.8	5.5
草鱼	1.5千克左右	元/500克	3.0	3.0	3.5	3.5	4.2	4.0	5.0	5.5	6.0	7.0	7.0	7.5
花鲢	1.5千克左右	元/500克	2.8	2.5	3.0	3.0	3.8	4.0	5.0	5.0	6.5	6.5	7.0	7.5
大白菜	新鲜	元/500克	0.4	0.4	0.5	0.5	0.55	0.6	0.7	0.7	0.6	1.0	0.8	1.0
青菜	新鲜	元/500克	0.5	0.5	1.0	1.0	1.5	1.5	1.5	1.5	1.0	1.0	1.0	1.5
黄瓜	新鲜	元/500克	1.0	1.0	1.5	1.6	1.6	2.0	2.0	2.0	2.5	2.5	3.0	3.5
萝卜	新鲜	元/500克	0.5	0.8	1.0	1.0	1.0	1.0	1.2	1.2	1.0	1.3	1.35	1.5
茄子	新鲜	元/500克	2.0	2.1	2.6	2.5	2.5	2.5	2.5	2.5	3.5	3.5	3.6	4.0
西红柿	新鲜	元/500克	1.2	1.5	1.8	1.8	2.0	2.0	2.2	2.2	2.5	2.5	3.0	3.5
土豆	新鲜	元/500克	0.85	0.8	1.2	1.2	1.3	1.3	1.5	1.5	2.0	2.0	2.2	2.5
青椒	新鲜	元/500克	1.2	1.2	1.6	2.0	2.2	2.5	2.5	2.5	2.8	2.5	2.6	3.0
石油液化气	14.5±0.5千克	元/罐	50.0	50.0	60.0	65.0	65.0	75.0	80.0	80.0	95.0	105.0	105.0	120.0

说明:资料来源于县物价局。以上价格为当年12月份交易价格

2001—2012 年长兴县重要生产资料产品价格监测情况表

表 18-9

产品名称	规格等级	计量单位	2001年	2002年	2003年	2004年	2005年	2006年	2007年	2008年	2009年	2010年	2011年	2012年
圆钢	16,Q235	元/吨	3080	3300	3550	3200	3650	3800	4000	4200	3900	4950	4350	3850
螺纹钢	22,Q235	元/吨	2910	3060	3400	3050	3480	3600	3550	3700	3650	4650	4400	3650
线材	6.5,Q235	元/吨	3050	3150	3450	3100	3500	3620	3500	3700	3750	4850	4600	3600
水泥	42.5强度	元/吨	230	250	340	300	320	350	360	390	360	630	500	450
化纤丝	100DDTY	元/吨	14200	13800	13500	13500	13200	13000	12500	12200	11700	14100	13400	12200
柴油	0号	元/升	2.12	2.76	2.8	3.38	3.86	4.13	4.52	4.94	6.13	6.66	7.05	7.29
汽油	93号	元/升	2.4	3.12	3.2	3.66	4.26	4.82	5.05	5.05	6.27	6.78	7.23	7.43
尿素	国产	元/千克	1.8	1.8	1.9	2.0	2.1	1.9	1.65	1.8	1.95	2.16	2.3	2.3
碳酸氢铵	含氮17%	元/千克	0.5	0.5	0.5	0.5	0.6	0.6	0.8	0.8	0.7	0.9	0.9	0.9
氯化钾	含氧化钾50%~60%	元/千克	2.2	2.2	2.4	2.5	3.0	3.0	4.2	4.6	4.0	3.8	4.0	4.0
过磷酸钙	国产	元/千克	0.45	0.45	0.5	0.5	0.55	0.55	0.8	0.8	0.5	0.55	0.6	0.65
草甘膦	水剂41%	元/千克	15.8	16.0	16.0	16.3	17.0	17.0	18.0	18.2	19.0	18.5	18.0	18.0

说明:资料来源于县物价局。以上价格为当年12月份交易价格

第三节　价格监管与服务

一、价格监督检查

1988 年,全县查处价格违法案件 593 起,其中万元以上大案 4 起、一般违法案件 33 起、价格违法行为案件 556 起,没收违法所得 2.65 万元。1992 年,重点检查农业生产资料、铁路、医疗、教育、汽修行业等行政经营性收费的价格和收费,全年查处各类价格违法案件 449 件,没收违法所得 21.1 万元,罚款 1.19 万元。1996 年,对"菜篮子"价格进行大检查。1999 年,成立长兴县涉农价格和收费专项检查办公室。同年,对全县 16 个乡镇及相关部门进行专项检查。2000 年,开展对公用事业价格和收费重点检查、教育收费、药品和医疗服务价格、劳动和社会保障系统收费等专项检查。2001 年 7 月,县物价检查所获评国家级规范化物价检查所。2001 年,开通全国统一的价格举报电话 12358。2003 年,检查单位 150 余家,查处各类价格违法案件 48 件,涉案金额 230 万元。2012 年,12358 由县政府阳光热线 12345 统一管理。1988—2012 年,全县共查处各类价格违法案件 1798 起,其中没收违法所得 1945.88 万元,罚款 125.68 万元,退还用户 100.14 万元。

二、明码标价

1988 年,全县推行商品分色明码标价。属国家定价和国家指导价的商品标红色标价签,属彻底放开的小商品标绿色标价签。1990 年,县物价局对明码标价的范围、形式、制度、内容、检查定性、罚则等分别作出规定。1994 年始,统一使用绿色标价签。1998 年 5 月起,至 2012 年,商品标价使用两色标签,正常商品使用绿色标价签,削价处理商品使用黄色标价签。

三、"双信"活动

1988 年始,全县每年开展"物价、计量信得过"单位评选(简称"双信"活动),当年 16 家获"双信"单

位称号。1994 年始,组织开展"消费者信得过单位"和"产品质量信得过单位"评选活动,1998 年停止。2003 年开展"价格计量信得过单位"评选,2004 年停止。2010 年开展"价格诚信单位"创建评选活动,2011 年停止。

四、价格服务和认证

1990 年 9 月,县物价局成立长兴县物价事务所,为司法机关办理涉案物品价格鉴证服务。1993 年 4 月,更名为长兴县工商物价事务所。1999 年 4 月,更名为长兴县价格事务所。2010 年 12 月,根据纪检监察机关查办案件中涉案财物价格认定工作暂行办法,涉税、涉纪财物的价格鉴定纳入价格认证。1990—2012 年,长兴县价格认证中心受县公安、司法机关委托,办理涉案物估价 1346 起,估价总值 1911 万元。全县取得价格鉴证师职业资格证书共 3 人。

第四章　审计管理

1988 年,长兴县基本形成以国家审计为主体,内部审计和社会审计为辅的审计体系。1995 年始,对党政领导干部实行经济责任审计。1999 年 4 月,县审计局设立固定资产审计科。2005 年,成立长兴县国家建设项目审计中心。2007 年,成立经济责任分局,加强领导干部经济责任审计。2012 年,县审计局内设办公室、经济责任审计分局、财政金融审计科、经贸审计科、固定资产投资审计科 5 个职能科室,下属国家建设项目审计中心 1 个事业单位。

第一节　国家审计

1988—2012 年,县审计局完成审计项目 1809 个,查出违规违纪金额 5.32 亿元,管理不规范金额 20.99 亿元,上缴财政资金 6381.43 万元,核减及追缴工程款 6.79 亿元。

1988—2012 年长兴县审计业务情况表

表 18-10

年度	完成项目(个)	查出违规违纪金额(万元)	查出管理不规范金额(万元)	应缴财政(万元)	核减及追缴工程款(万元)	年度	完成项目(个)	查出违规违纪金额(万元)	查出管理不规范金额(万元)	应缴财政(万元)	核减及追缴工程款(万元)
1988	18	152	—	16	—	2001	39	4019	—	589	98
1989	32	79	—	5	—	2002	45	2785	5828	2025	9
1990	35	296	—	31	—	2003	63	3900	6680	332	163
1991	39	357	—	30	—	2004	74	1176	9424	442	2325
1992	34	310	—	33	—	2005	78	2627	17330	111	2674
1993	37	8772	—	141	—	2006	77	11429	25661	566	3609
1994	57	1011	—	123	—	2007	118	205	23232	71	6336
1995	30	1174	—	227	—	2008	106	76	14885	5	5820
1996	34	981	—	215	—	2009	124	0	19619	5	6571
1997	33	664	—	25	—	2010	193	1009	12297	6	12616
1998	36	1785	—	124	—	2011	208	1466	49214	332	14417
1999	34	5440	—	176	5	2012	219	753	25749	0	13100
2000	46	2755	—	751	187	合计	1809	53221	209919	6381	67930

说明:资料来源于县审计局。1984—1998年,全县未开展固定资产投资项目审计;1984—2001年,统计口径中未收入管理不规范金额

一、财政审计

县本级财政预算执行审计　1995年始,县审计局对县本级财政预算执行及其他财政收支情况进行审计。至2012年,共完成27个县本级预算执行项目,查出违规违纪金额3861.3万元,各类管理不规范金额4.86亿元。审计中发现的问题有部分行政单位未严格区分预算内、外资金开支渠道,企业欠税现象普遍。县审计局向县人大、县政府和上级审计机关提交审计工作报告和审计结果报告。2002年,县人大常委会通过专门规定,要求县人大常委会会议审查和批准县本级决算前,需先听取县审计局对县本级预算执行和其他财政收支情况的审计报告。2009年,县审计局开展全部政府性资金与财政风险专项审计。之后,全部政府性资金审计成为财政审计内容。

乡镇、街道(园区)财政审计　1988—1989年,县审计局仅对乡镇财政资金的管理、分配和使用等进行单方面审计。1990年,启动对乡镇街道(园区)财政的正式审计。1990—2012年,共审计乡镇街道(园区)财政收支项目134个,查出违规违纪金额5512.84万元,管理不规范金额4.85亿元,上缴财政资金2332.8万元。

二、金融审计

1988年始,县审计局实施金融审计项目。至2012年,先后参与完成银行、保险公司、信用社、其他金融机构等金融企业的审计项目24个,查出违规违纪金额3683.12万元,上缴财政资金119.58万元,罚没收入37.64万元。审计查出的主要问题有少计收入,多记成本,专用基金占用信贷基金,漏缴税费,逾期贷款数额较大等。

三、行政事业审计

1988—1990年,县审计局对全县26个行政事业一级预算单位进行定期审计,控制行政经费支出。1991年,重点审计执法机关、经济监督部门和综合经济部门等单位。1992—1994年,实行年度审计和不定期审计,加大对财政专项资金的审计力度。1995年始,行政事业单位的财政财务收支审计结合县管领导干部经济责任审计进行。1988—2012年,共审计行政事业项目337个,查处违规违纪金额3.16亿元,管理不规范金额5.09亿元,上缴财政资金1773.29万元,罚没收入618.85万元。审计查出的主要问题有财务管理不规范,私设小金库,滥发钱物,截留应缴财政收入,挤占移用专项资金,违规收费,违规购买专控商品或擅自购买未经政府集中采购的商品等。

四、企业审计

1988—2000年,县审计局重点对全县国有企业、国有控制企业的经营承包、租赁承包和企业奖励政策落实等情况进行审计。2000—2012年,重点审计专项资金在企业的运用情况、企业资产负债损益的真实性。1988—2012年,共审计企业项目120个,查处违规违纪金额6150.41万元,管理不规范金额1.97亿元,上缴财政资金449.39万元,罚没收入35万元。审计查出的主要问题有企业私设小金库、多记成本虚列支出、欠缴、漏缴税费、会计基础薄弱等问题。对企业奖励政策兑现审计中,发现个别企业弄虚作假、虚增利润、骗取政府奖金的行为,县审计局专题向县委、县政府进行报告。

五、外资运用审计

1994年始,县审计局经上级审计部门授权对外资项目进行审计。同年,分别对县防疫站实施的世界银行贷款地方病控制项目和县太湖管理局实施的世界银行贷款太湖流域防洪工程项目进行审计。1995年和1997年,分别对县农业局组织实施的红壤开发项目、县交通局组织实施的长湖申航道改造工程项目进行审计。1994—2012年,共审计世界银行贷款项目4个,查出违规违纪金额327万元,管理不规范金额741万元。审计查出的主要问题有个别项目物资下拨数量过大,长期闲置造成浪费,个别单位账户处理不规范。县审计局专门向县委、县政府和有关部门提出审计建议。

六、领导干部经济责任审计

1996年始,县审计局开展领导干部任期经济责任审计。同年,对全县6个单位的县管领导干部开展离任经济责任审计。1996—2012年,完成60个乡镇、131个部门222名领导干部经济责任审计,查出违规违纪金额1.68亿元,管理不规范金额15.77亿元,上缴财政资金3360万元。审计查出的主要问题有漏缴税费和政府集中资金,违规发放职工补贴福利,违规收费,将资金外借给企业或个人,资产管理不规范,部分单位负债管理和偿债机制不完善,票据管理不规范,部分工程建设项目未通过招投标或未通过国家审计。县审计局每年将经济责任审计结果报告县政府。

七、固定资产投资审计

1988—1998 年,县审计局对投资规模在 50 万元以下的基本建设项目自筹资金来源进行审计。1999 年 4 月,县审计局成立固定资产投资审计科。2003 年,出台《长兴县国家建设项目审计监督实施细则》。2005 年,长兴县国家建设项目审计中心成立,与县审计局固定资产投资审计科合署办公,负责国家投资项目的审计与评价工作。2005—2007 年,县审计局向县纪检及县公安局移送案件 5 起,涉案 11 人。1988—2012 年,共审计工程项目 647 个,核减工程造价 6.79 亿元,查处违规违纪金额 1.13 亿元,管理不规范金额 1.91 亿元,上缴财政资金 393.86 万元,罚没收入 7 万元。

八、专项资金审计及调查

1988—2012 年,县审计局共审计涉及农、林、水、交通、社保、教育、环保、科技、国土、政府性负债等专项审计或审计调查项目 166 个,查处违规违纪金额 8566.36 万元,管理不规范金额 1.29 亿元,上缴财政资金 37 万元。涉农项目和专项资金调查项目查出的主要问题有县、乡两级配套资金和群众自筹资金不足,挤占移用专项资金,虚列工程支出,骗取上级补助。

第二节 社会审计

1988 年起,长兴县审计事务所、长兴县会计事务所、长兴县税务师事务所先后成立,分别隶属于县审计局、县财税局和县国税局,属自收自支的全民事业单位。1999 年起,分别脱钩改制为长兴县永诚审计师事务所、长兴金陵会计师事务所、长兴金桥税务师事务所。至 2012 年,全县共有 14 家社会审计组织。

1988 年 8 月,长兴县审计事务所成立,隶属长兴县审计局,1993 年更名为长兴审计师事务所。1990—1996 年,长兴审计师事务所先后设立 14 个办事处和 2 个分所,1999 年改制。

1988—1999 年长兴县审计事务所(长兴审计师事务所)业务完成情况表

表 18-11

年份	完成委托事项										核减基建预决算(万元)	促进增收节支(万元)
	合计(个)	财务收支(个)	离任审计(个)	案件鉴定(件)	验资年检(个)	资产评估(起)	咨询建账(个)	基建预决算(个)	常年顾问(家)	其他(个)		
1988	22	2	1	1	15	0	1	0	1	1	0	24
1989	647	17	0	1	627	0	1	0	1	0	0	0
1990	439	52	0	0	380	0	5	2	0	0	3	20
1991	492	37	92	0	324	0	3	9	23	4	0	0
1992	808	29	43	1	660	4	1	41	23	6	1337	0
1993	838	62	15	2	677	2	1	57	21	1	217	0
1994	777	99	9	3	505	1	0	132	26	2	653	0
1995	476	78	2	3	310	4	2	54	23	0	574	0
1996	350	28	1	2	217	1	0	67	27	7	1073	0
1997	415	52	2	1	242	4	0	82	25	7	832	0
1998	329	46	0	0	182	38	0	51	12	0	1316	0
1999	147	21	0	0	84	12	0	26	4	0	153	0
合计	5740	523	165	14	4223	66	14	521	186	28	6157	44

说明:资料来源于县审计局

2012年长兴县社会审计中介机构情况表

表 18-12　　单位：万元

机构名称	成立时间	注册资本	机构名称	成立时间	注册资本
湖州天衡联合会计师事务所(普通合伙)	2003.11.14	50	湖州金永工程造价咨询有限公司	2006.02.16	100
湖州立天会计师事务所(普通合伙)	2006.12.30	10	湖州正立工程咨询审价有限公司	2006.03.24	100
湖州金平会计师事务所(普通合伙)	2007.09.25	10	上海新光工程咨询有限公司长兴分公司	2009.12.15	0
湖州金陵会计师事务所(普通合伙)	2009.02.25	10	博文房地产评估造价集团有限公司长兴分公司	2011.01.10	0
湖州建宁工程咨询有限公司	2002.05.27	200	长兴万兴建设工程监理有限公司	2011.05.27	100
湖州广信工程咨询有限公司	2004.03.02	100	浙江恒盛工程咨询有限公司	2012.05.24	0
浙江天元项目管理有限公司	2005.03.31	1000	浙江建安工程管理有限公司长兴分公司	2012.11.06	0

说明:资料来源于县市场监管局

第三节　内部审计

一、部门内部审计

1988年,全县有内部审计机构66个,内审人员122人。至2012年年末,全县共有内部审计机构46个,内部审计人员140人,取得内部审计资格证113人。

1988年,县供电局完成11个内审项目,查出违纪金额10.70万元,促进增收节支5.50万元。1989年12月,县供销社审计52个下属单位,增收节支8.60万元,挽回损失2.25万元,纠正违纪金额15.49万元,查出万元以上贪污贿赂案5起,涉及金额13万元,受党纪政纪处分13人,移交司法机关2人。1990—1996年,全县部门、单位内部审计侧重企业经营承包审计。1997—2012年,主要是对下属单位的财务收支和经济责任进行审计。

二、乡镇内部审计

1989年5月,全县32个乡镇都成立内部审计小组,配备196名内审人员。至2012年全县乡镇(街道、园区)共有内审机构16个,内审人员51人。1989—1999年,乡镇主要是对乡镇企业利润完成情况和内部各职能科室的收支情况进行审计。2000—2012年,乡镇内审的重点转移到对村集体经济组织的收支情况及零星工程的预决算审计。

第五章　国有资产管理

1988年,长兴县企业国有资产由各主管部门负责管理,重点对企业国有资产进行监督管理,促进国有资产保值增值;行政事业单位国有资产由各单位负责管理。1991年起,实施企业国有企业产权登记年检制度。1992年起,设立县国有资产管理办公室。1993年起,行政事业单位国有资产先后由县财政局国有资产管理股、国有资产管理局管理。2002年起,逐步建立“国家统一所有、政府分级管理、企业自主经营”企业国有资产管理体制。2012年,全县国有企业共116家,资产总规模为137.01亿元。同年,对全县357家行政事业单位资产进行登记,清查国有资产总量为29.17亿元。

1992年9月,长兴县财政局设立长兴县国有资产管理办公室,1993年更名为国有资产管理股。

1997 年 9 月,长兴县国有资产管理局(简称县国资局)成立,与县财政局合署。2001 年 12 月,县国资局撤销,职能并入县财政局。2002 年 7 月,长兴县国有资产委员会(简称县国资委)成立,下设办公室,与县财政局国有资产综合管理科合署,具体负责全县国有资产管理工作。2009 年 8 月,长兴县国有资产监督管理办公室(简称县国资办)成立,为监督管理类事业单位。经县政府授权,县国资办履行全县国有资产出资人职责。

第一节　国有企业

一、清产核资

1988 年之前,全县企业国有资产由各企业主管部门经营管理。1991 年起,实施企业国有企业产权登记年检制度。1995 年,全县清产核资国有企业 137 家,资产总额为 15 亿元,负债总额 12 亿元。1997 年起,启动国有企业产权制度改革。1997—2002 年,对全县国有工业、商业、物资、粮食等部门所属 48 家国资企业进行清查,核准后净资产为 2.46 亿元。至 2003 年年末,完成 55 家国有企业改制,净资产为 2.60 亿元。2009 年年末,全县国有企业总数为 65 家,资产总规模 114.35 亿元。2012 年年末,全县国有企业共 116 家,资产总规模 137.01 亿元。

二、投资管理

1988 年,全县国有企业由各主管部门负责管理,重点对企业国有资产进行监督管理,促进国有资产保值增值。1995 年,清查全县国有企业投资情况,发现有问题的长期投资 157 万元。1997 年起,逐步把企业和职工推向市场,推进企业改革和职工劳动关系改革。2002 年起,逐步建立"国家统一所有、政府分级管理、企业自主经营"企业国有资产管理体制。2004 年,实行国有资产管理和经营体制"三层次"框架,即县国有资产管理委员会及其办公室—县级国有资产经营机构—国有独资、控股和参股企业。2005 年起,依据《国有资产评估管理办法实施细则》和《国有资产评估管理办法》等,对长兴县城市发展总公司的国有资产投资、转让行为进行调查、审核、确认。2010 年,继续推进国有企业的投融资体制和经营管理改革,完善全县 8 家投融资公司治理结构和运营模式。2011 年,对全县国有企业分多层次确定考核机制。2012 年,以产权管理为中心,以业绩考核为重点,完善资产管理制度,明晰产权关系,探索国有企业投资规模、融资方式等,提高资产使用绩效。

三、国有资产经营企业选介

长兴经济技术开发总公司　1992 年组建,初始注册资本 500 万元,由县政府委托长兴经济技术开发区管理委员会行使出资人职责。2003 年 8 月增资 1.95 亿元,至 2011 年年末,注册资本 2 亿元。经营范围包括城市基础设施建设、投资,土地整治和开发,经济信息(除金融、期货、证券信息)咨询、服务,建筑材料销售等。至 2012 年年末,有 5 家控股子公司,资产总额 111.03 亿元,所有者权益 59.19 亿元;主营业务收入 7.28 亿元,利润总额 1.73 亿元。

长兴城市建设有限公司　2007 年,经县政府批准设立,初始注册资本 5 亿元,由长兴县城市建设发展总公司与浙江兴长资产经营有限公司出资。经营范围包括城市基础设施建设,城市公用设施建设,实业投资,承担城市基础设施建设任务,核心业务涵盖保障性住房建设、旧城拆迁改造、污水处理、市政道路建设等方面,是县政府重点构建的综合性投资、建设、运营和管理平台。至 2012 年年末,有 4 家子公司,总资产 119.32 亿元,总负债 45.83 亿元。

长兴县交通投资集团有限公司　1994 年,由县交通局出资组建,初始注册资本 0.10 亿元,至 2010 年注册资本为 3 亿元。该公司为全县交通与城市基础设施建设的投资建设主体,按照市场化原则建设交通、市政等基础设施。至 2012 年年末,有 16 家子公司,总资产 227.98 亿元,所有者权益合计 118.83 亿元,资产负债率 45.9%。

第二节　行政事业单位

一、产权登记

1993年，全县开展第一次行政事业单位产权登记，登记总数为45家，总资产1.83亿元。1996年，清查全县246家行政事业单位，资产总量为6.5亿元，负债2.4亿元，国有资产账面总额4亿元，土地占用面积4.7万平方米，房屋建筑面积80.6万平方米。2011年，对全县行政事业单位国有资产进行登记，清查国有资产总量25.94亿元。2012年，对全县357家行政事业单位资产进行登记，清查国有资产总量为29.17亿元。

二、经营管理

1988年，全县行政事业单位国有资产由各单位管理。1993年起，先后由县财政局国有资产管理股、国有资产管理局管理。2005年，全县行政事业单位实行国有资产分类管理。2011年3月，启动全县行政事业单位资产管理信息化系统建设。同年，县政府制定《长兴县行政事业单位国有资产处置管理暂行办法》，明确县国资办对行政事业单位处置资产的审批权限，对处置资产的收入实行收支两条线管理。同年，全县处置行政事业单位国有资产12笔，涉及金额198.36万元。2012年，对资产处置实行分级审批制度，建立资产管理三级网络。同年，全县处置公车17辆。其中，公开转让10辆，账面价值为274万元；报废7辆，账面价值为108万元。处置房屋类固定资产1处，评估价值为3200万元。

第六章　工商行政管理

1988年，长兴县工商行政管理局（简称县工商局）负责全县集贸市场的建设、监督、管理，规范市场交易行为，办理工商企业登记注册，监管经济合同、商标和广告业，支持多种经济成分发展和培育新型市场。1993年，县物价局与县工商局合署。1996年，组建县工商行政与物价管理局。1999年4月，县工商行政管理与物价分离，县工商局由地方管理改为垂直管理。至2012年，县工商局主要职责为注册登记、流通环节食品安全管理、规范和维护各类市场经营秩序、市场监管、商标监管、广告发展与管理、个私经济管理、流通领域商品质量监管、消费维权等；下设经济检查大队、长广矿区分局、雉城分局、煤山所、夹浦所、李家巷所、泗安所、和平所、市场所9个派出机构，主管县广告协会、县消保委、县个体劳动者协会和县民营企业协会等4个事业单位。1988—2012年，全县共查处各类违法违规案件26369起，平均每年1054.76起，罚没款金额1.25亿元，平均每年500.38万元，其中查处大案要案3732起。

第一节　企业登记管理

一、内资企业登记

1988年，全县登记内资企业2515家，其中全民所有制企业258家，集体所有制企业2162家。1989—1990年，贯彻治理经济环境、整顿经济秩序方针，控制部分行业发展，新注册企业数量减少，注销歇业企业增多。1992年后，县工商局按照建立社会主义市场经济体制的要求，改革登记制度，弱化前置审批，缩小许可证范围，简化登记程序。1997年后，国有和城镇集体企业陆续改制，内资企业登记数量减少。至2004年年末，全县共办理转制企业登记近700家，共有内资法人（国有、集体）企业854家。2005—2012年，现代企业制度改革逐步推进，民营经济快速发展，全县内资企业登记数量逐年下降。至2012年年末，全县各类内资企业共1062家，注册资本（金）243.47亿元。

1988—2012年长兴县内资企业登记情况表

表18-13

年份	新登记(家)	年末企业数(家)	其中:法人企业(家)	注册资本(亿元)	年份	新登记(家)	年末企业数(家)	其中:法人企业(家)	注册资本(亿元)
1988	402	2515	671		2001	110	2237	1355	18.97
1989	170	4171	2568	5.10	2002	190	2212	1325	23.25
1990	138	4276	2658	5.25	2003	116	2296	1332	23.87
1991		3394	1497	6.21	2004	103	1558	854	
1992	1120	3396	1888	7.09	2005	96	1472	810	
1993	1003	4490	2606	15.34	2006	96	1401	765	50.06
1994	788	5722	3167	17.36	2007	69	1322	732	75.39
1995					2008	29	1185	668	102.89
1996	401	6028	3361		2009	72	1184	652	147.02
1997	217	6281	3411	17.18	2010	55	1056	623	155.49
1998	248	5142	3067	17.51	2011	20	1025	593	210.91
1999	223	2921	1783	22.90	2012	46	1062	593	243.47
2000	344	2252	1368	18.41	—	—	—	—	—

说明:资料来源于县市场监管局。不包括私营企业和外资企业,空缺为资料缺失

二、外资企业登记

1993年,县工商局增设外资企业登记管理股。同年,全县新发展外资企业26家。1994年,飞龙印刷有限公司成立,为全县首家私营中外合资企业。1998年,县工商局实行外商投资企业工商登记注册“一审一核”、审批时限承诺、名称预先核准简化程序,放宽准入。至2004年年末,全县外商投资企业共162家,其中分支机构18家。2005年,开辟外商投资企业项目审批“绿色通道”,开展外资企业网上登记。同年年末,全县外商投资企业共179家。2011年,经市工商局授权,县工商局对辖区内的外商投资企业登记注册开展初审。2012年年末,全县外商投资企业共221家,注册资本14.59亿美元。

三、个人私营企业登记

个体工商户登记 1988年,全县个体工商户12395户,从业人员21320人,注册资金4678万元,营业额12804万元。1989—1991年,对部分行业个体工商户暂停审批,注销一批长期未经营户和无处查落户,个体工商户大幅度减少。到1991年年底,全县个体工商户共11984户,从业人员19653人,注册资金4662万元,营业额10947万元。1992年后,个体工商户进入快速发展阶段。到1997年年底,全县个体工商户25151户。1998年起,放宽政策,拓宽登记领域,下放登记权限,引导个体经济向规模经营发展。到2012年年底,全县共有个体工商户45486户,从业人员76660人,注册资金32.17亿元。

1988—2012年长兴县个体工商户登记注册情况表

表18-14

年份	户数(户)	从业人员(人)	注册资金(万元)	年份	户数(户)	从业人员(人)	注册资金(万元)
1988	12395	21320	4678	1994	19654	36033	18158
1989	11448	16497	3990	1995	20760	3981	3058
1990	12761	18882	4816	1996	24172	40919	24521
1991	11984	19653	4662	1997	25151	41975	29629
1992	11847	19562	5382	1998	27460	44944	34764
1993	16515	32241	13070	1999	26805	40237	38215

续表 18-14

年份	户数(户)	从业人员（人）	注册资金（万元）	年份	户数（户）	从业人员（人）	注册资金（万元）
2000	27805	44072	46190	2007	26386	52726	149759
2001	25038	40189	48852	2008	30754	60613	172656
2002	21036	35775	49166	2009	36044	70546	218946
2003	20915	35257	52339	2010	40117	77705	247658
2004	22754	36819	83241	2011	43412	82896	288122
2005	22920	38450	100744	2012	45486	76660	321744
2006	24100	39220	128212	—	—	—	—

说明:资料来源于历年《长兴统计年鉴》,1988—2004 年包括长广矿区

私营企业登记　1988 年 7 月,县工商局开展私营企业登记管理。1989 年,全县新发展私营企业 140 家,其中独资企业 44 家、合伙企业 96 家,投资者人数 521 人,雇工人数 2075 人,注册资金 1064 万元。1990—1991 年,对私营企业采取某些限制政策,私营企业数量有所下降。1992 年后,支持私营企业与国营、集体企业实行联营,私营企业进入快速发展阶段。1997 年,全县有私营企业 663 家。1998 年后,全县私营企业向规模化、品牌化发展。到 2005 年年底,全县私营企业 2392 家,注册资本超 100 万元的 425 家,超 500 百万元的 90 家,超 1000 万元的 65 家。2006 年,私营有限责任公司的市场准入门槛进一步降低。同年,全县新发展私营企业 569 家,总数达 2882 家。到 2012 年年底,全县私营企业达 6637 家,其中独资企业 1251 家、合伙企业 241 家、有限公司 5145 家,投资人数 12590 人,雇工人数 10.31 万人,注册资本 255.82 亿元。

1989—2012 年长兴县私营企业登记注册情况表

表 18-15

年份	企业总数（家）	独资企业（家）	合伙企业（家）	有限公司（家）	投资人数（人）	雇工人数（人）	注册资本金（万元）
1989	140	44	96	0	521	2075	1064
1990	172	54	118	0	678	2619	1139
1991	168	61	107	0		2611	1125
1992	183	62	117	4		2737	1345
1993	270	100	147	23		3627	1976
1994	530	152	177	75	1616	7783	17533
1995	506	175	176	155	1521	7310	17497
1996	625	226	187	212	1655	7355	25134
1997	663	225	183	255	1659	7521	26513
1998	728	237	194	297	1877	10866	36207
1999	838	265	214	359	2092	10201	37072
2000	1003	303	230	470	2493	12063	48713
2001	1259	471	216	572	3044	14052	70470
2002	1536	560	211	765	3785	16386	92477
2003	2107	763	258	1086	5017	20978	173926
2004	2213	773	252	1169	5234	22189	218725
2005	2392	904	1212	276	5581	24433	255753
2006	2882	926	258	1698	6515	28522	394864
2007	3137	994	252	1891	6818	43515	522846

续表18-15

年份	企业总数（家）	独资企业（家）	合伙企业（家）	有限公司（家）	投资人数（人）	雇工人数（人）	注册资本金（万元）
2008	3715	992	252	2471	7392	62262	702756
2009	4649	1078	257	3314	8662	71761	1004380
2010	5398	1189	242	3967	10067	84700	1549762
2011	6023	1225	236	4562	11356	94171	2183915
2012	6637	1251	241	5145	12590	103133	2558208

说明：资料来源于历年《长兴统计年鉴》，1994—2004年包含长广矿区；空缺为资料缺失

第二节　市场管理

一、市场建设

20世纪80年代，全县市场建设由县、乡政府统筹规划，由工商部门主办，建设资金实行“县财政拨一点、工商部门拿一点、群众集资一点”办法筹集。1988年，全县新建集贸市场5个、改扩建3个，新建、改扩建面积9073平方米，投资100.06万元。同年，全县有集贸市场51个，总建筑面积10237平方米，市场成交额1.4亿元。1992—1995年，先后建成金陵农贸市场、和平农贸市场、浙北粮油批发交易市场、金陵商城、浙皖综合贸易市场等，逐渐形成以县城为龙头、乡镇为骨干、农村为依托，大中小市场相配套，综合市场与专业市场相结合的市场网络。1996年，实行市场建设管办分离，成立长兴县市场发展服务所，负责全县市场开发建设。1998年始，通过新建、扩建和迁建等方式，推动建成一批上档次、有规模、强辐射、专业化的集贸市场。到2001年，完成长兴县农副产品综合批发市场一、二期建设，金陵商城股份改制，振兴长兴轻纺城等。2002年，由县工商局自办、联办、合资的21个市场及县市场开发服务中心移交县政府。之后，全县商品交易市场发展由新建扩建转移到改造提升上。2012年，全县共有商品交易市场41个，市场成交额134.7亿元，其中生产资料交易市场8个、消费品交易市场32个、其他商品交易市场1个，年成交额亿元以上商品交易市场有13个。参见第14编、第3章、第1节。

二、市场监管

市场登记　1993年7月，国家工商局发布《商品交易市场登记管理暂行办法》。1994年起，全县实施商品交易市场登记管理，对符合条件的47个市场进行登记，统一核发“市场登记证”。1997年起，每年开展集贸市场年度检验工作，当年注销名存实亡市场8个。2005年，根据《浙江省商品交易市场管理条例》和《浙江省商品交易市场名称登记管理办法》，对38个市场换发市场名称登记证。2012年，对41个市场换发市场名称登记证。

市场秩序管理　1988年，全县市场管理实行“划行规市、亮照经营”，县工商局对掺杂使假、超范围经营、无照经营、乱设摊点、短尺少秤、假冒伪劣、出售违禁商品等违章违法行为进行监管处罚。1997年，查处各种违法违章案件178起，罚没金额2.55万元。1998年，试点市场巡查制，市场管理由被动向主动、静态向动态、单项监督向双向监督转变。1999年，全面推行市场巡查制，全年共查处各类违法违章案件823起，罚没款14.23万元。2002年，根据国务院办公厅《关于开展集贸市场专项整治行动的通知》和省、市部署，全县对市场内经营的服装、室内装饰材料、农资等进行专项检查，共查获各类案件223起，大要案13起，罚没款23.24万元。2004年始，县政府把建立流通领域食品安全监测监管体系列为为民办实事工程十件实事之一。同年，县工商局投入30万元购置工商市场巡查检测车、农残速测仪、黄曲霉素测定仪等设备，聘请检测专业人员，对市场商品质量进行检测，检测内容有蔬菜农残留检测、水产品和水产品中浸泡福尔马林定性检测，以及面条、面粉、豆制品、茶叶、粮食、肉类等商品的检测。至年

末，共检测食品、蔬菜3748批次，退市209批次，商品数量达2659千克，销毁有害蔬菜、食品等26个批次，数量达960千克。2005年起，建立检测中心、检测车、检测箱、检测点(菜市场)“四位一体”检测体系，每天对市场交易的食品抽查检测，实行市场巡查、专项检查、驻场管理相结合，规范市场经营秩序。2012年年末，县工商局有检测车1辆，农贸市场检测点16个，便捷式检测箱7个，全年共检测各类商品43948个批次，其中不合格商品2118个批次，不合格商品5103千克。对检测结果不合格的作退市处理1125个批次，涉及商品2570千克。销毁处理893个批次，涉及商品2533千克，复核比对率2%，利用检测平台查处案件216起。

星级市场创建　1988年起，县工商部门在县内各类市场开展“文明集贸市场”评比活动。1989—1997年，按照《集贸市场管理规范》逐步完善“文明集贸市场”评比标准，推动全县集贸市场基本实现划行规市、亮照经营、明码标价、经营秩序井然、市场卫生整洁。其间，长兴木材市场被评为1991—1992年度和1993—1995年度全国文明市场。1998年，开展“星级文明规范市场”评选，长兴农副产品批发市场和长兴金陵商城被评为浙江省二星级文明规范市场，长兴木材市场被评为浙江省一星级文明规范市场。2003年起，重点监管流通领域食品质量，建立食品检测中心、市场检测点、流动检测车和检测箱。2005年，对全县48个市场进行换发市场名称登记证。到2012年年底，全县共有浙江省四星级文明规范市场1家，三星级文明规范市场5家，二星级文明规范市场8家，一星级文明规范市场6家。

第三节　经济合同管理

一、经济合同检查

1988年，县工商局开展清理经济合同纠纷，帮助企业追讨拖欠款237万元，查处违法合同30份，鉴证各类经济合同87份，金额417.76万元。1991—1994年，重点帮助企业清理“三角债”，追回拖欠款796.92万元。1993年9月起，无效经济合同由人民法院和仲裁机构确定。1996年始，县工商局办理企业抵押物登记，对经济合同的管理主要为定期检查、鉴证和抵押物登记。至2002年11月，根据国务院规定取消合同鉴证。之后，县工商局主要检查企业经济合同使用情况，帮助企业纠正问题、建章立制，开展抵押物登记。2008年，动产抵押登记由审核登记改为备案登记，由原三级核准审批登记改为由经办人当场办理登记，登记时间缩短，手续简化，登记范围向个体工商户和农业生产经营者延伸。同时，把对农业订单合同的审查作为重点，促进订单农业健康发展。2012年，全县办理动产抵押81笔，盘活资金4.5亿元。

二、经济合同纠纷调解

纠纷仲裁　1987年，县工商局在煤山、李家巷、和平、虹溪4个工商所设立派出仲裁庭。1988年，共处理经济合同纠纷87起，合同金额752.34万元，争议金额413.99万元，共结案80起。1989年，增设雉城、泗安、丁新、小浦、林城5个派出仲裁庭。1989—1995年，县工商局共立案经济类合同纠纷仲裁721起，合同金额4121万元，争议金额1885万元。1995年9月，县工商局经济合同仲裁委员会依法终止，9个派出仲裁庭同时撤销。

行政调解　1999年始，县工商局受理法人、个人合伙、个体工商户、农村承包经营户以及其他经济组织之间发生的合同争议。同年，全县办理行政争议调解926起，争议金额937万元。2002年，全县共受理合同争议1178起，调解办结1170起，解决争议金额901.8万元。之后，由于合同行政调解手续烦琐，程序复杂，受理逐渐减少。2012年，全县无企业或个人要求合同争议行政调解。

三、经济合同信用建设

1987年，县工商局举办首届“重合同守信用”活动。1988年，命名1987年度“重合同守信用”单位162家。1991年起，“重合同守信用”单位命名工作改为两年一次，连续5年以上的由地、市工商局命名，连续 7 年以上的由省工商局命名。2001 年,全县 90 家企业被命名为 1999—2000 年度“重合同守信用”单位。2002 年 12 月,“重合同守信用”更名为“守合同重信用”,考核认定分为三级(A 级)、二级(AA 级)、一级(AAA 级),统一以省工商局名义认定。其中,A 级委托县工商局认定,AA 级委托市级工商局认定,AAA 级由省工商局直接认定。“守合同重信用”单位实行自愿申报,每年考核一次,认定后 3 年有效,期满续展。2012 年,全县命名 50 家企业为“守合同重信用”单位,其中 AA 级单位 15 家、A 级单位 35 家。

第四节 商标管理

一、商标注册

国内商标注册 1988 年,全县申报注册商标 98 件,核准 38 件,年末全县共有注册商标 257 件。1999 年,鼓励农副产品申请注册商标。同年,全县新增注册商标 17 件,累计注册商标 526 件,其中农副产品商标 52 件。2000 年,制定《积极引导农产品商标注册,支持实施农业品牌战略实施意见》。2004 年,出台《长兴县商标品牌培育发展四年规划》,探索全县商标品牌基地建设。2007 年,按区域块状经济分布特征,在 9 个乡镇建立乡镇品牌工作指导站,转变过去从单纯注册向商标设计服务、注册指导、品牌营销策划等综合服务。2011 年,县内首件集体商标“兰芽白茶”注册。2012 年,申报 663 件,核准 620 件,至年末,全县共有注册商标 5366 件。

1988—2012 年长兴县商标注册情况表

表 18-16 单位:件

年份	申报	核准	累计	年份	申报	核准	累计
1988	57	32	257	2001	73	63	636
1989	36	61	318	2002	109	49	685
1990	27	27	345	2003	181	58	743
1991	26	26	371	2004	207	92	835
1992	27	28	399	2005	335	73	918
1993	18	20	419	2006	713	85	1003
1994	17	16	435	2007	363	95	1098
1995	21	11	446	2008	684	209	1307
1996	31	16	462	2009	954	665	1972
1997	15	47	509	2010	1359	1388	3360
1998	32	10	519	2011	694	1386	4746
1999	46	17	526	2012	663	620	5366
2000	45	47	573	—	—	—	—

说明:资料来源于县市场监管局

境外商标注册 2008 年,省工商局制定下发《关于进一步推进品牌国际化建设的若干意见》,鼓励企业按照“营销未动、注册先行”的原则,通过马德里体系、国家商标局和世界知识产权组织国际局,申报注册国际商标。同年,县内 7 家企业在境外 40 个国家(地区)申请商标注册。2009 年,全县新增境外注册商标 87 件。2010 年,县内 8 家企业在 72 个国家(地区)申请商标注册。2011 年,县工商局对全县部分优质企业特别是省著名商标重点培育企业加强指导,宣传国际商标注册重要意义,讲解注册途径和注册方法等知识。同年,引导 8 家企业在 28 个国家提起商标申请 98 件。2012 年,县内企业继续开展境外商标注册活动,且申请量大幅增长。全年共向马德里体系注册 120 件,涉及 49 个国家(地区)。

二、商标印制管理

1988 年,县工商部门在商标印制企业中首次聘用商标协管员,对全县 61 家印制企业进行整顿,确定20家有商标印制资格。1990年，明确需要承接商标印制业务的企业应当申请“印制商标单位证书”。同年，确定22家印制企业为指定商标印刷单位。1991—2002年，按照国家工商总局颁布的《商标印制管理办法》，开展商标印制企业的考核审查、发证、验证、换证和执法检查。2003年，取消《商标印制管理办法》设定的“商标印制业务管理人员资格审核”和“印制单位审批”。县工商局对商标印制及管理使用从资格审批转为行政监管。之后，围绕商标印制企业信用分类监管。2012年，全县查处商标印制案件6件。

三、注册商标专用权保护

1988年，全县查处商标违法案件12起，罚没款1070元。1995年，开展“打假保名牌”市场专项治理，查处一批假冒注册商标案件。1998—1999年，重点查处一起假冒上海“天天”“飞鹰”“剑鱼”等名牌刀片案，案值36万元。2000年起，打击重点商品、重点市场、重点区域的商品侵权行为。2008年，开展保护奥林匹克标志专有权行动。2012年，全县查办商标侵权假冒案件95起。

四、驰名商标和著名商标

中国驰名商标　2006年6月，浙江诺力机械股份有限公司“诺力NOBLIFT”经行政认定为中国驰名商标，成为全县首件中国驰名商标。之后，县委、县政府每年完善农业、工业和服务业发展扶持政策，安排专项资金扶持各类企业争创中国驰名商标。对新认定为中国驰名商标农业企业奖励100万元，对新认定为中国驰名商标的工业和服务业企业奖励50万元。2008年，共有7家企业的7件商标经司法认证，获中国驰名商标。至2012年年末，全县共有驰名商标11件，均为工业企业，其中经行政认定的驰名商标共3件、经司法认定的驰名商标共8件。

至2012年年末长兴县企业获“中国驰名商标”情况表

表18-17

企业名称	注册商标	使用商品	认定方式	认定时间
浙江诺力机械股份有限公司	NOBLIFT	液压搬运车	行政认定	2006
浙江湖州父子岭耐火集团有限公司	丰达	镁钛砖、沥青镁砖	司法认定	2007
浙江金三发新纺织集团有限公司	金三发	黏合衬	司法认定	2008
超威电源有限公司	超威W	车辆用蓄电池	司法认定	2008
浙江省长兴县中山化工有限公司	BUGAO	杀虫剂、除草剂	司法认定	2008
浙江新大力电光源科技股份有限公司	XINDALI	包装用塑料膜	司法认定	2008
浙江铁鹰电缆有限公司	铁鹰	电线、电源材料	司法认定	2008
浙江振龙电源股份有限公司	振龙	蓄电池	司法认定	2008
长兴昌盛电气有限公司	昌盛	车辆用蓄电池	司法认定	2008
天能电池集团有限公司	天能	蓄电池、蓄电池箱、电池	行政认定	2010
超威电源有限公司	超威W	车辆用蓄电池	行政认定	2012

说明：资料来源于县市场监管局

浙江省著名商标　1992年，省工商局举办首届浙江省著名商标评选活动。1994年，县工商局以第二届浙江省著名商标评选活动为契机，排出一批重点企业和重点产品，支持动员企业参加省著名商标评选活动。同年，全县共有16件商标参加省著名商标评选活动。1997年4月，《浙江省著名商标认定和保护条例》正式实施，规定浙江省著名商标认定后有限期为3年，有效期满后需进行延续。1998年，建立注册商标重点联系单位，帮助企业建立规划，争创著名商标。同年，浙江金三发新纺织集团有限公司的“金三发”商标被评为浙江省著名商标，成为全县首家获浙江省著名商标的企业。2004年开始，根据《长兴县商标品牌培育发展四年规划》，加快商标品牌培育。至2008年，共获省著名商标21件。至2012年年末，全县共有浙江省著名商标42件，其中工业企业28件、农业企业13件、服务业企业1件。

至2012年年末长兴县获“浙江省著名商标”情况表

表18-18

企业名称	商标注册号	注册商标	认定时间
浙江金三发新纺织集团有限公司	675789	金三发	1998
长兴县紫笋名茶开发公司	552287	紫笋	2000
长兴新明华化工建材有限公司	240013	明华	2000
天能电池集团有限公司	1742735	天能	2001
浙江湖州父子岭集团有限公司	349497	丰达	2003
浙江诺力机械股股份有限公司	1356940	诺力	2004
浙江省中山化工集团有限公司	1367784	BUGAO	2004
浙江昌盛玻璃有限公司	1492849	CXCS	2005
浙江长兴昌盛新光源有限公司	344404	太级	2005
长兴县新塘为农综合服务站	1646692	新塘一尺红	2005
长兴百叶龙演出有限公司	1535924	百叶龙	2006
超威电源有限公司	1481758	超威	2006
浙江新大力电光源科技股份有限公司	1520609	XINDALI	2006
浙江铁鹰电缆有限公司	1513934	铁鹰	2006
长兴制药有限公司	541157	长	2006
长兴洪桥漾荡牌河蟹专业合作社	3313798	漾荡	2007
长兴县永绿林业发展中心	1364682	YINGMEI	2007
长兴县天地瓜类研究开发中心	2012757	虹观	2007
浙江永达电力实业股份有限公司	359524	永达	2007
浙江振龙电源股份有限公司	3561705	振龙	2007
浙江省长兴泰明食品有限公司	1942330	长明	2007
浙江昌盛电气有限公司	6763475	昌盛	2008
浙江湖州威达纺织集团有限公司	1548956	长欣	2008
长兴意蜂蜂业科技有限公司	1602998	汝民	2008
长兴县虹星桥如兴养殖场	3358144	忘不了	2008
长兴县显圣稻米专业合作社	3407586	显圣	2008
浙江兄弟路标涂料有限公司	1431136	新星	2009
浙江汉维通信器材有限公司	3024014	HEADWAY	2009
浙江金三发新纺织集团有限公司	3298044	英特莱宁	2009
长兴县桃花岕有机茶厂	4004330	新桃花岕	2010
浙江省长兴铁狮耐火材料有限公司	1810538	铁狮	2010
长兴长广蓄电池制造有限公司	1096810	光辉	2010
浙江志超电源有限公司	3205588	志超	2010
浙江莱美纺织印染科技有限公司	4096275	盛宝	2011
长兴县张岭茶场	1411716	张岭	2011
浙江锦诚耐火材料有限公司	3621342	锦诚	2011
浙江远大高分子材料有限公司	4725765	太湖远大	2011
浙江凯迪汽车部件工业有限公司	4882386	KDD	2012
长兴和平神塘甲鱼养殖专业合作社	6306891	神塘	2012

续表18-18

企业名称	商标注册号	注册商标	认定时间
浙江盛邦化纤有限公司	4957236		2012
浙江冠龙园林绿化有限公司	5193755	冠龙	2012
长兴三河葡萄专业合作社	4797648	后漾	2012

说明:资料来源于县市场监管局

湖州市著名商标　1999年,市工商局制定《湖州市著名商标认定及保护办法》,全市开始评选湖州市著名商标。该办法规定,浙江省著名商标同时为湖州市著名商标,湖州市著名商标认定后有限期为3年,有效期满后需进行延续。同年,县工商局推荐"欢众""紫笋"等7件商标参加湖州市著名商标认定。2000年,"金三发"等6件商标被认定为湖州市著名商标。2001年,"山鹰"等4件商标被认定为湖州市著名商标。到2005年年底,全县累计湖州市著名商标24件。2008—2012年,长兴县的"新桃花蚧""太湖明珠""泗安红""瑞琦仕""神塘""百岁爷""城山沟"等55件商标被认定为湖州市著名商标。至2012年年末,全县共有湖州市著名商标122件(含浙江省著名商标42件)。

第五节　广告管理

一、广告经营登记

1987年起,县内允许个体工商户经营广告业务,经营许可证由市一级工商管理部门核发。1988年,全县首家个体工商户广告经营部成立,主要开展路牌广告业务。1990年后,全县广告经营单位、经营额和路牌广告数量稳步增长。1995年起,县工商局实行户外广告登记制。2004年,取消"广告经营许可证""广告审查员证""广告专业技术岗位资格证书"等广告经营审批前置条件。同年,全县有广告经营户35家,从业人员198人。2012年,成立长兴县广告协会。同年年末,全县有登记广告经营单位204家,广告从业人员1786人。广告业参见第14编商贸服务旅游、第4章、第4节。

二、违法广告查处

1988年,县工商部门查扣非法广告1523张。1990年,整顿非法张贴户外广告行为,至1994年年底共销毁非法张贴广告2800余份。1995年,县政府制定《长兴县户外广告管理办法》。1996—1999年,配合文明城镇创建,开展广告综合执法整治。2001年,成立长兴广告监测站,开展以药品、医疗、食品广告为重点的"反误导打虚假"广告执法整治,查处违反广告法律法规案件84起,罚没款2.5万元。2003年后,对保健食品、药品、医疗、化妆品等媒体广告进行重点监测。2012年,全县查处广告违法案件155起,罚没金额71.27万元;全年监测广告4928条次,违法广告49条次,广告违法率1%。

第六节　经济检查

一、投机倒把行为查处

1987年9月,国务院颁布《投机倒把行政处罚暂行条例》,规定11种行为属投机倒把行为。1988年4月,县工商局成立经济检查队,重点查处倒卖票证、卷烟、黄金、化肥等违章违法活动。1993年后,投机倒把范围缩小,以投机倒把名义作出行政处罚的案件逐年减少。2008年1月,《投机倒把行政处罚暂行条例》废止。

二、假冒伪劣商品查处

1988年起,县工商局每年组织开展打击制售假冒伪劣商品活动。同年,根据省政府《关于坚决查处假冒伪劣商品的通知》,全县开展打击制售假冒伪劣商品活动,查获淘汰劣质旧彩电 178 台、劣质化肥 30.5 吨、假银圆 40 枚、组装自行车 87 辆、组装电扇 13 台、假冒皮服装 8 件、假药 11 千克、假辣椒粉 223 包。1990 年,开通举报电话。1990—1991 年,重点查获一批假名酒、假烟、假食品、假保健品等,保护消费者权益和安全,维护市场秩序。1992 年,查处假冒案件 10 起,罚没款 5.4 万元。1995 年起,开展“打假保节日、打假保春耕、打假保健康、打假保名牌”专项行动,与大型企业建立长期打假协作网络,集中查处假冒伪劣大要案,捣毁制假售假窝点。2010 年起,启动打击侵犯知识产权和制售假冒伪劣商品专项行动。2012 年,全县查处各类案件 63 起,罚没款 60 万元。

三、不正当竞争行为查处

1993 年 12 月起,县工商局对漫天要价、敲诈勒索等不正当竞争行为进行查处。1996 年后,重点查处医药购销、供电、供水、金融、保险、拍卖、建筑、学校等领域的商业贿赂、限制竞争行为。2001 年,对全县医药市场进行专项整治,共查获医药购销商业贿赂案件 5 起。2003 年,对公用企业限制竞争行为进行专项整治,立案查处 39 起,罚没款 96.83 万元。2007 年始,以整治商业贿赂为重点查处不正当竞争行为,在中介机构、金融、医院、学校、医药购销等行业开展专项检查。2012 年,全县对供气供水、金融等公用行业中存在的乱收费、强制搭售、限制竞争等违法行为进行专项整治,查处商业贿赂案件 9 起。

四、传销和变相传销违法行为查处

1998 年,县工商局取缔非法传销者在县内举办的安利培训中心。2005 年,建立反传销防范和日常监管机制,依托 12315 举报投诉网络,形成及时受理、迅速调查、妥善处理的监控机制,当年共查处传销和变相传销案件 5 件,捣毁传销窝点 4 个。2008 年,成立县打击传销工作领导小组,启动“无传销社区、无传销乡镇”创建,将打击传销纳入社会综合治理考评。2012 年,全县取缔传销窝点 76 个,教育遣返 446 人次。

第七节　消费者权益保护

一、消费维权网络

1988 年 12 月,长兴县消费者协会(简称县消协)成立,受理消费者投诉,维护消费者权益。1996 年起,县消协陆续在乡镇、市场、大中型商场设立消费者监督联络站。1998 年 5 月,长兴县消费者举报投诉中心成立,“96315”全省消费举报投诉热线开通。同年,长兴农副产品批发市场、金陵商城、城东、丁新、虹溪、李家巷、林城、煤山、泗安、小浦、雉城消协分会相继成立。2000 年 2 月,增加全国统一“12315”消费者投诉电话。10 月,机构名称更改为 12315 消费者申诉举报中心。2004 年 7 月,县消协更名为长兴县消费者权益保护委员会(简称县消保委)。全县消费者权益保护由县消保委和 12315 消费者申诉举报中心共同推进。到 2012 年,全县各镇、村(居委会)全部建立消费维权监督站(点),建立“五进”消费维权服务站 31 家(“五进”指进商场、进超市、进市场、进企业、进景区),形成县消保委、消保分会、监督站、监督员的消费维权网络。

图 18-1　自 1995 年开始,县工商局联合县消协在每年的 3 月 15 日组织开展“3·15”国际消费者权益日活动(县市场监管局提供)

二、消费者权益保护

1989 年起,依托县消协全面受理消费者投诉,处理消费纠纷,保障消费者权益。1994 年起，开展“消费者信得过单位”和“产品质量信得过单位”评选，开展“3·15国际消费者权益日活动”。1997年，受理消费者投诉216件，解决214件，为消费者挽回经济损失7.58万元。1998年起，“12315”消费投诉中心和县消协共同受理消费者投诉。同年，受理消费者投诉580件，解决569件，为消费者挽回经济损失28.55万元。2003年起，突出“放心消费”主题，依托县—乡镇—村（居）三级消费维权网络开展消费维权。2008年，县人大常委会通过决议，确立每年3月15日为长兴县新消费运动日。同年，共受理消费者投诉1390件，解决1300件，为消费者挽回经济损失168.56万元。2012年，全县共受理消费者投诉781件，解决781件，为消费者挽回经济损失96.28万元。

第七章　质量技术监督

1984年起，长兴县标准计量管理所划归县经委管理。1990年7月，成立长兴县标准计量管理局，依法行使质量监督、计量监督和标准实施监督等行政执法职能。1996年9月，更名为长兴县技术监督局（简称县技监局），为县政府直属正局（科）级事业单位，内设4个职能科室，辖稽查大队、计量检定测试所、产品质量监督检验所。1999年9月，更名为长兴县质量技术监督局（简称县质监局），为湖州市质量技术监督局直属机构，负责辖区内的质量技术监督和行政执法。2011年，全县19个乡镇（街道）成立质监站。2012年，全县20个乡镇设立质量与食品药品安全工作站。

第一节　计量监督管理

一、法定计量

计量单位统一　1987年6月，县政府启动全县法定计量单位改制，规定县域各企事业单位、商店、个体户全面实行法定计量单位，逐步禁止生产、销售、修理非法定计量单位计量器具。1988—1990年，废除市制、旧杂制，限制使用英制单位，禁止使用木杆秤，推广电子秤，长度类量具改为米制，容量类铅锡量提改为不锈钢等。至1990年年末，除偏远乡村外，全县法定计量单位统一改制基本完成。至2012年，县内计量单位使用均按法定实行。

计量标准器具设置　1991年，长兴电缆厂、长兴水泥厂、长兴农机厂分别建立长度类、力学类、电磁类等计量标准器，经考核合格后投入使用。1992年起，县质量技术监督检测中心建立血压计标准器装置，开展医疗行业血压计检定。至2012年，全县共建立35个计量标准器，依法实施计量监督。

二、计量管理

计量器具生产管理　全县先后有3家企业取得计量器具生产许可证。2000年6月，长兴欧意得仪表制造有限公司成立，制造氧气、乙炔用压力表，是县内首家生产工业用计量器具的企业。2007年11月，湖州绿通电子科技有限公司生产可燃气体检测报警仪，取得计量器具生产许可证。2008年1月，湖州华纳燃气表具有限公司生产膜式燃气表，取得计量器具生产许可证。至2012年年底前，3家企业分别关停。

计量器具监督　1986年12月，长兴组建县职工计量监督总站，在煤山、泗安、李家巷镇设3个分站，开展物价、计量监督。1997年后，县技术监督部门开展“商贸计量信得过单位”评选。2000年，对全县加油机计量进行规范。2001年始，对传真纸、电线、丝棉、味精以及计量器具等进行执法检查。2009年，开展电线电缆质量计量专项执法检查。2011年起，全县开展集贸市场计量器具“四统一”（统一配置、统一管理、统一检定、统一轮换），遏制利用电子计价秤作弊、侵害消费者利益的违法行为。

计量器具检定　1991年10月，县内对全县15吨以上的地秤实施强制检定。1993年，对全县16家黄金首饰销售金店所用的分析天平实施强检。1996年,对燃油加油机、各类衡器、天平、砝码、血压计、压力表、大型衡器等进行强检。1997年,对全县医疗卫生单位的计量器具强制检定。1999年,对公用电话计费器和用户自来水表强制检定,对雉城镇私人诊所血压机全面强检。2000年,对全县医疗卫生计量器具、眼镜镜片进行强检,对建筑施工单位的经纬仪、水准仪的计量器具进行周期检定。2009年4月,对全县乡镇医院所使用的医疗设备进行强制检定。2010年,开展汽车计量衡专项整治,检定率100%。2011年1月,对集贸市场电子计价秤免费强制检定,对农资网点、超市、茧站等单位计量器具强制检定,受检率达99%以上。至2012年,全县强制检定扩大到贸易结算、安全防护、环境检测、医疗卫生的计量器具,对强制性检定的计量器具,实行定期、定点检定。

1996—2003年长兴县计量器具检定情况表

表18-19　　单位:件

年份	检定数台	强制检定台	非强制检定台	年份	检定数台	强制检定台	非强制检定台
1996	4600	2600	2000	2000	4757	3893	864
1997	2700	2200	500	2001	3846	3200	646
1998	4090	3627	463	2002	3413	2549	864
1999	5613	4827	786	2003	4208	3243	965

说明:资料来源于县质监局

工业企业计量管理定级　1995年,全县共有150余家企业获得三级或单项验收计量合格证书,其中3家获二级计量合格证书。1997年7月起,工业企业申请计量定级和升级,改由企业自愿申请。2000年,完成企业计量水平确认企业16家。2005年,完成计量水平确认企业13家。至2012年,全县共有计量水平确认企业36家,其中三级34家、二级2家。

第二节　质量管理

一、质量监督检验机构

概况　1997年,县产品质量监督检验所成立,承担县级产品监督抽查。2002年9月,县质量技术监督检测中心成立运行。2002年9月,成立县农产品质量安全检测中心。2009年10月,成立浙江省绿色动力电源产品质量检测中心,2010年7月通过省级验收,获"省十佳示范实验室"称号。至2012年,全县共拥有检验机构12家。

2012年长兴县检验检测机构情况表

表18-20

机构名称	地址	系统分类
长兴县兴合建设工程检测有限公司	长兴县雉城镇长安桥北堍东侧	建筑工程
长兴县质量技术监督检测中心	长兴县雉城镇长水公路高山岭段	质量技术监督
长兴方圆检测有限公司	长兴县雉城镇长水公路高山岭段	质量技术监督
湖州市耐火产品质量检测有限公司(湖州市耐火产品质量检测中心)	长兴县开发区科技创业园	质量技术监督
长兴县防雷设施检测所	长兴县雉城镇县前西街646号	气象
长兴县机动车安全技术检测站	长兴县杭长路新电厂南侧	公安、交通车辆
长兴县旺鑫车辆综合性能检测有限公司	长兴县雉城镇工业园区柏家浜地段	车辆

续表18-20

机构名称	地址	系统分类
长兴县水利水电勘测设计所试验室	长兴县雉城镇小西门中箬弄127号一幢	水利工程
长兴县疾病预防控制中心	长兴县雉城镇双拥路87号	卫生
长兴县交通工程勘测设计所试验检测室	长兴县雉城镇金陵南路77号	交通工程
长兴县环境保护监测站	长兴县雉城镇金陵中路706号	环境监测
长兴恒通公路工程检测有限公司	长兴县雉城镇三星圩	公路工程

说明：资料来源于县质监局

长兴县质量技术监督检测中心 2002年9月成立，挂牌长兴县农产品检测中心，是具有独立法人资格的第三方产品质量检测机构。主要承担产（商）品质量监督检验、产（商）品质量争议仲裁性检验、标准制定和修订工作中验证检验、其他委托检验、计量器具的强制检定和非强制性检定等职责。2004年4月，成立湖州市耐火产品质量检测中心。2010年7月，成立浙江省绿色动力能源技术创新公共服务平台。同年8月，成立浙江省绿色动力电源产品质量检验中心。2012年，有职工44人，其中高级职称4人、中级职称7人，博士研究生3人、硕士研究生3人。实验室总面积2400平方米，检验室1500平方米，固定资产总值2200万元。检验检测设备434台，其中蓄电池检验检测设备214台，耐火建材检验检测设备115台，食品检验检测设备105台。可独立开展食品、农产品、煤炭、建材、耐火材料、蓄电池等产品检验，获省质量技术监督局计量认证（验收）授权的产品和参数721项，获国家实验室认可的参数313个。

二、认证体系建设

质量管理体系认证 1996年，浙江铁鹰集团公司取得全县第一张ISO 9002认证证书。2000年3月，设立浙江省质量认证咨询中心长兴工作站。2001年1月，县政府在重点企业和优势企业中加快推行ISO 9000质量认证。2008—2012年，全县321家企业通过ISO 9000认证。至2012年年末，全县共965家企事业单位通过ISO体系认证。

能源管理体系认证 2007年始，全县将能源计量列入对乡镇目标责任制考核，对62家年耗1000吨以上企业节能降耗措施进行调查。2008年，在19家企业建立企业计量检测体系，年耗5000吨标煤以上企业70%以上建立和通过计量检测体系确认。2010年，在印染行业设立全省节能减排示范点。2011年，在轻纺印染行业推行能源管理体系认证，被列为省级首批能源计量数据应用行业推进项目。2012年9月，长兴盛发纺织印染有限公司通过国家能源管理体系认证。至2012年年末，全县共有27家企业通过计量检测体系认证。

三、质量监督执法

产品、商品监督抽查 1996年起，全县将成品油纳入监督抽查范围。1997年，加强对流通领域监督抽检。1998年，完成市县定期监督104个批次、22个种类，日常监督282个批次、15个种类，涉及350余家企业。2003年，查处酒类、保健品，生产、销售企业万元以上大案2起；检查农资生产、批发企业32家，立案查处8起；检查建材企业62家，查处案件29起，其中万元以上大案4起；检查蓄电池生产企业62家。2004年，重点查处和打击涉及人体健康、生命财产安全的产（商）品，开展30多个品种的执法检查，端掉制假、售假窝点5个，查处大要案32起。2006年，对全县工业企业实施培育、帮扶、整治、分类动态监管，整顿关停类企业24家。2008年，开展“清新居室”“平安六一”“健康穿着”“放心食品”“呵护民生”专项整治行动，开展“十小”行业食品加工小作坊整治与规范，开展三鹿婴幼儿奶粉事件应急处置。2009年，全县开展“质量和安全年”活动，共检查生产企业、店铺500家，查处案件51件。

假冒伪劣商品打击 1989年起，全县围绕“查大案、端窝点、抓专项、保名优”等推进打假治劣工作。1991年，捣毁雉城镇3个售假窝点，封存价值近万元的低压电器。1998年，检查农药、化肥、种子企业20多家，30多个批次，全年没收假冒伪劣产品数值5.5万元，铲除制假窝点3个。1999年，捣毁制假窝点 2 个。2000 年,共查处各类案件 623 起,涉案标值 1200 万元,立案 215 起,结案 215 起。其中,万元以上大案 19 起,受理消费者投诉 175 起,捣毁制假窝点 17 个,没收产(商)品标值 35 万元,查处企业 403 家。2005 年,借助省际打假协作网,查处济南市一企业仿冒长兴省级名牌产品案。2010 年,开展蓄电池、建材、油漆涂料、烧结黏土砖、水泥等产品打假整治,全年共检查生产企业 500 余家,查处案件 51 件。2012 年,全县立案查处食品违法案件 8 起,取缔糕点、豆制品等食品加工窝点 4 家。

“12365”质量投诉举报电话 1999 年 5 月,全县开通“96316”质量举报投诉热线电话。同年,接到质量投诉举报电话 26 件。2008 年开通“12365”投诉举报中心。2009 年,接到投诉件 18 起。2012,接到投诉件 25 起、咨询件 61 起。历年处理解决率 100%。

四、免检产品和名牌产品

国家免检产品 2000 年起,实施国家免检产品资格认证制度。2001 年,浙江三狮水泥股份有限公司成为县内首家获国家免检产品资格认证的企业。至 2007 年,全县共有 11 家企业有关产品获国家免检。2008 年,因“三鹿奶粉”事件,国家免检产品认证废止。

2000—2007 年长兴县获国家免检产品情况表

表 18-21

企业名称	产品名称	品牌	规格型号	认定年度
浙江三狮水泥股份有限公司	水泥	三狮	P.C32.5、P.L425、P.042.5	2001年(初评) 2004年(复评) 2007年(复评)
浙江天能电池有限公司	基础电子元器件和材料	天能	电动助力车用蓄电池全系列	2006年(初评)
浙江超威电源有限公司	基础电子元器件和材料	超威	DZM系列蓄电池	2006年(初评)
浙江诺力机械股份有限公司	制造工程机械	诺力	托盘搬运车AC/DF	2006年(初评)
浙江湖州父子岭耐火集团有限公司	建筑工程材料	丰达	镁碳砖(MT18B-MT10C全系列)	2006年(初评)
浙江金三发新纺织集团有限公司	纺织品	金三发	产业用纺织品(非织造服装黏合衬机织服装黏合衬)	2006年(初评)
浙江湖州威达纺织集团有限公司	服装面料	长欣	棉(麻)纱(棉本色纱线)	2007年(初评)
浙江金三发新纺织集团有限公司	非织造布	图案	纺粘型、水刺型、热轧型	2007年(初评)
长兴昌盛电气有限公司	电池	昌盛	封铅酸蓄电池6D-ZM系列	2007年(初评)
浙江金三发新纺织集团有限公司包含分公司(浙江新需能电源有限公司)	电池	图案(飞轮)	封铅酸蓄电池6D-ZM系列	2007年(初评)
浙江振龙电源股份有限公司	电池	振龙	封铅酸蓄电池6D-ZM系列	2007年(初评)

说明:资料来源于县市场监管局

名牌产品 1995 年始,由县计经委会同有关部门组成的名牌产品管理委员会负责名牌产品的认定、推荐和管理。2002 年,启动产品重点培育,发展名牌产品。2006 年起,实施《长兴县名牌产品培育发展“十一五”规划》《长兴县推进“品牌培育 质量提升”工程三年工作规划》。2007 年,浙江诺力机械股份有限公司的液压搬运车获“中国名牌产品”称号。2010 年,编制质量强县“十二五”名牌规划。至 2012 年年末,全县拥有中国名牌产品 1 个、浙江省名牌产品 34 个、湖州市名牌产品 50 个。

中国名牌产品 2007 年,浙江诺力机械股份有限公司“诺力”牌制造工程机械(规格型号液压搬运车)被认定为中国名牌产品。为县内首个也是唯一一个中国名牌产品。

浙江省名牌产品 1999 年,浙江三狮水泥股份有限公司的“三狮牌”水泥、浙江金三发新纺织集团有限公司的“金三发牌”黏合衬获“浙江省名牌产品”称号,为县内首批省级名牌产品。1995—2012 年,全县累计认定省级名牌产品 36 个。至 2012 年年末，有效省级名牌产品 34 个，其中工业 19 个、农业 10 个、服务业 5 个。

至 2012 年年末长兴县企业获“浙江省名牌产品”称号情况表

表 18-22

生产企业	产品名称	认定时间
长兴县蓄电池行业协会	长兴蓄电池	2010年(新创)
浙江长兴铁鹰电气有限公司	电动助力车用密封铅酸蓄电池	2010年(新创)
长兴永达电源有限公司	电动助力车用密封铅酸蓄电池	2010年(新创)
浙江永达电力实业股份有限公司	环形混凝土电杆	2011年(新创)
浙江金三发集团有限公司	非织造布	2007年(新创)、2010年(复评)
浙江金三发集团有限公司	黏合衬(服装用衬布)	1999年(新创)、2002年(复评)、2005年(复评)、2008年(复评)、2011年(复评)
湖州煤山南方水泥有限公司	水泥	2007年(新创)、2010年(复评)
超威电源有限公司	电动助力车用密封铅酸蓄电池	2006年(新创)、2009年(延期)、2010年(复评)
天能电池集团有限公司	电动助力车用密封铅酸蓄电池	2003年(新创)、2006年(复评)、2009年(延期)、2010年(复评)
天能电池集团有限公司	镍氢电池	2009年(新创)、2012年(复评)
浙江天能能源科技股份有限公司	锂离子电池	2012年(新创)
长兴昌盛电气有限公司	电动助力车用密封铅酸蓄电池	2007年(新创)、2010年(复评)
浙江长兴昌盛新光源有限公司	普通照明用自镇流荧光灯	2008年(新创)、2011年(取消)
长兴昌盛新光源有限公司	节能荧光灯管	2006年(新创)、2009年(取消)
长兴县显圣稻米专业合作社	大米	2007年(新创)、2010年(复评)
长兴县天地瓜类研究开发中心	西瓜	2007年(新创)、2010年(复评)
长兴洪桥漾荡牌河蟹专业合作社	河蟹	2006年(新创)、2009年(延期)、2010年(复评)
浙江汉维通信器材有限公司	通信光缆	2011年(新创)
浙江兴一物流有限公司	物流服务	2011年(新创)
湖州广和物流有限公司	物流服务	2011年(新创)
浙江湖州威达集团股份有限公司	桑蚕绌丝	2005年(新创)、2008年(复评)、2011年(复评)
浙江湖州威达集团股份有限公司	气流纺粘纤本色纱线	2009年(新创)、2012年(复评)
浙江兄弟路标涂料有限公司	路面标线涂料	2008年(新创)、2011年(复评)
浙江新大力电光源科技股份有限公司	复合封口膜	2008年(新创)、2011年(复评)
浙江湖州父子岭耐火集团有限公司	镁碳砖	2005年(新创)、2008年(复评)、2011年(复评)
长兴县新塘为农综合服务站	茄子	2005年(新创)、2008年(复评)、2011年(复评)
长兴县永绿林业发展中心	银杏	2005年(新创)、2008年(复评)、2011年(复评)
长兴县紫笋名茶开发公司	紫笋茶	2002年(新创)、2005年(复评)、2008年(复评)、2011年(复评)
浙江省长兴万宏汽车运输有限公司	出租车客运	2012年(新创)
诺力智能装备股份有限公司	液压搬运车	2005年(新创)、2012年(复评)
长兴县虹星桥如兴养殖场	中华鳖	2009年(新创)、2012年(复评)
长兴县兴藤葡萄研究所	葡萄	2009年(新创)、2012年(复评)
长兴长日食品有限公司	栝楼子	2009年(新创)、2012年(复评)
长兴百叶龙演出有限公司	百叶龙文艺创作与表演	2009年(新创)、2012年(复评)

续表18-22

生产企业	产品名称	认定时间
莱美科技股份有限公司	伞面绸	2012年(新创)
长兴县荣耀鹅业有限公司	鹅肥肝	2012年(新创)

说明:资料来源于县市场监管局

湖州市名牌产品　1995年,浙江山鹰建材集团的"山鹰牌"425#水泥获"湖州市名牌产品"称号,为县内首个市级名牌产品。1995—2012年,全县累计认定市级名牌产品50个。至2012年年末,有效市级名牌产品50个,其中工业21个、农业25个、服务业4个。

至2012年年末长兴县获"湖州市名牌产品"称号情况表

表18-23

生产企业	产品名称	认定时间
浙江昌盛玻璃有限公司	玻璃制品	2008年(新创)
长兴县永绿林业发展中心	青梅	2006年(新创)、2009年(复评)、2012年(复评)
浙江浩大工业炉有限公司	电阻炉	2010年(新创)
浙江英科新能源有限公司	太阳能热水器	2010年(新创)
长兴泰能电源有限公司	电动助力车用密封铅酸蓄电池	2010年(新创)
长兴鸿达电源辅助材料厂	化学试剂硫酸	2010年(新创)
长兴县张岭茶场	茶叶	2010年(新创)
长兴和平晶茗茶场	白茶	2010年(新创)
长兴和平阳山坞茶场	白茶	2010年(新创)
长兴三河葡萄专业合作社	葡萄	2010年(新创)
长兴紫山红杨梅专业合作社	杨梅	2010年(新创)
长兴顾渚大唐贡茶院旅游发展有限公司	休闲观光	2010年(新创)
浙江志超电源有限公司	电动助力车用密封铅酸蓄电池	2007年(新创)、2010年(复评)
浙江省长兴第一化工有限公司	除草剂	2007年(新创)、2010年(复评)
长兴太平桥特种水产专业合作社	青虾	2007年(新创)、2010年(复评)
长兴县禾平粮油加工厂	大米	2007年(新创)、2010年(复评)
浙江省长兴艾格生物制品有限公司	蛋黄免疫球蛋白	2007年(新创)、2010年(复评)
浙江凯迪汽车部件工业有限公司	汽车等速万向节	2011年(新创)
浙江中科兴环能设备有限公司	生物质输送机	2011年(新创)
浙江振龙电源股份有限公司	电动车用聚合物锂电池	2011年(新创)
浙江宝仕电源有限公司	电动助力车用铅酸蓄电池	2011年(新创)
浙江长兴电子厂有限公司	老炼试验测试插座	2011年(新创)
长兴锅炉耐火器材厂	耐火耐磨可塑料	2011年(新创)
长兴华宝宠物玩具有限公司	狗咬胶	2011年(新创)
长兴虹星桥国坤养鸡场	黑羽乌骨鸡	2011年(新创)
长兴茶乾坤食品有限公司	袋泡茶	2011年(新创)
长兴众鑫葡萄专业合作社	葡萄	2011年(新创)
长兴县槐坎福至香吊瓜子加工厂	栝楼子	2011年(新创)
浙江长兴绿色动力能源科技有限公司	检验检测服务	2011年(新创)
长兴大洋生物饲料有限公司	饲料	2008年(复评)、2011年(复评)
长兴县意蜂蜂种场	蜂王浆	2008年(复评)、2011年(复评)

续表18-23

生产企业	产品名称	认定时间
长兴县云峰果蔬食品厂	多味笋	2008年(新创)、2011年(复评)
浙江省长兴泰明食品有限公司	栝楼子	2008年(新创)、2011年(复评)
长兴县南淙特种水产养殖有限公司	鳜鱼	2008年(新创)、2011年(复评)
浙江瑞琦仕科技股份有限公司	快热式电热水器	2012年(新创)
浙江湖州森富机电有限责任公司	管状电机	2012年(新创)
浙江盛邦化纤有限公司	差别化纤维	2012年(新创)
浙江富亿达科技股份有限公司	家用纺织品	2009年(新创)、2012年(复评)
浙江莱美纺织印染科技有限公司	家纺面料	2012年(新创)
长兴红稔葡萄专业合作社	葡萄	2012年(新创)
浙江长兴万兴酒业有限公司	梨酒	2009年(新创)、2012年(复评)
浙江永金茶业有限公司	白茶	2012年(新创)
长兴振华粮油有限公司	大米	2012年(新创)
长兴康利蝇蛆养殖专业合作社	山虫营养鸡	2012年(新创)
浙江天跃物流有限公司	物流服务	2012年(新创)
湖州凯恩涂层有限公司	涂层印刷商标带	2009年(新创)、2012年(复评)
长兴华强电子有限公司	有机薄膜电容器	2009年(新创)、2012年(复评)
长兴蜂硕蜂业有限公司	蜂王浆	2009年(新创)、2012年(复评)
长兴县金星蔬菜专业合作社	茄子	2009年(新创)、2012年(复评)
长兴城山沟桃源山庄生态农业开发有限公司	休闲旅游	2009年(新创)、2012年(复评)

说明:资料来源于县市场监管局

五、政府质量奖

湖州市政府质量奖　2010年,市政府办公室印发《湖州市政府质量奖评审管理办法(试行)的通知》,正式启动湖州市政府质量奖评选活动。该奖项是湖州市政府设立的最高质量荣誉奖,主要授予在湖州市登记注册,有广泛社会知名度与影响力,实行卓越绩效模式管理,质量管理水平和自主创新能力在国内、省内同行业中处于领先地位,取得显著经济效益和社会效益的企业。2010—2012年,湖州市共举办3届政府质量奖评选。县内先后有天能电池集团有限公司(2010年)、浙江诺力机械股份有限公司(2011年)、浙江金三发新纺织集团有限公司(2012年)3家企业获湖州市政府质量奖。

长兴县"县长质量奖"　2008年10月,县政府印发《关于开展质量兴县工作的实施意见》,启动"质量兴县"建设。2009年1月,县政府办公室印发《长兴县县长质量奖评定管理办法》,该奖项是全市内首创的县级政府质量奖项,也是全县的最高质量荣誉奖项,每年评选一次。主要授予实施卓越绩效管理模式,在质量管理和经营绩效上成绩突出、具有显著的行业示范带动作用、对长兴县质量建设做出积极贡献的组织。该奖的评审标准按照《卓越绩效评价准则》GB/T 9580和《卓越绩效评价准则实施指南》GB/Z 19579执行。2010年,开展"质量强县"建设,建立县长质量奖评审委员会。2011年11月,出台《长兴县质量强县建设"十二五"规划》,12月县政府印发《关于加快建设质量强县的若干意见》。2012年,以和平、开发区为试点地区,蓄电池、纺织行业为试点行业,30家企业为试点单位,开展质量强区、强业、强企为主要内容的质量强县示范创建。2008—2012年,共举办5届长兴县"县长质量奖"评选,有10家工业企业获奖。其中,2008年获奖企业为天能电池集团有限公司、浙江诺力机械股份有限公司;2009年获奖企业为浙江金三发新纺织集团有限公司、浙江永达电力实业股份有限公司;2010年获奖企业为浙江湖州威达纺织集团有限公司、浙江昌盛电气有限公司;2011年获奖企业为浙江振龙电源股份有限公司、浙江锦诚耐火材料有限公司;2012年获奖企业为超威电源有限公司(工业)、浙江盛邦化纤有限公司。

第三节　标准化监督管理

一、工业标准化

国际标准采用　1996年，全县采用国际标准的产品有特种灯泡、白水泥、普通硅酸盐水泥。至2012年12月，全县采标产品累计278个，分别于装备制造、纺织、新能源行业。

无标准生产消灭　1996，确定长桥乡为全县消灭无标生产试点乡。1997年，县政府确定16个乡镇为消灭无标生产试点乡镇。1998年，全县20个乡镇消灭无标生产，覆盖率从16.1%上升到95.8%。1999年，县域消灭无标生产工作通过省级考核验收。

企业产品标准备案　企业产品标准在发布后30日内到质监部门备案，实行定期复审。1996年，县质监部门帮助企业制定产品标准6个，修订和审查企业产品标准43个，正式备案产品标准49个。至2012年12月，全县企业产品标准备案累计为893个。

二、农业标准化

农业生产标准化　1998年1月，县技监局、县农业局制定实施《长兴乌梅》，为全县第一个县级农业标准。1998年3月，县技监局、县农业局制定实施《长兴紫笋茶》，2000年通过省质量技术监督局、省农业厅审定，成为湖州市农副产品第一个省级地方标准，也是湖州市历史名茶第一个省级地方标准。至2012年年末，全县共制定24个农业生产标准，其中《长兴紫笋茶》为行业标准，《栝楼》《青梅》《银杏》为省级地方标准。

2003—2012年长兴县农业标准制修订情况表

表18-24

标准名称		标准号	实施时间(年月日)
胥仓雪藕		DB330522/T11-2003	2003.06.20
胥仓雪藕	第1部分:栽培技术	DB330522/T11.1-2003	2003.06.20
	第2部分:商品雪藕	DB330522/T11.2-2003	2003.06.20
无公害虹观西瓜		DB330522/T14-2003	2003.06.10
无公害虹观西瓜	第1部分:商品西瓜	DB330522/T14.1-2003	2003.06.10
	第2部分:产地环境条件	DB330522/T14.2-2003	2003.06.10
	第3部分:栽培技术	DB330522/T14.3-2003	2003.06.10
无公害葡萄		DB330522/T16-2003	2003.09.18
无公害葡萄	第1部分:环境要求	DB330522/T16.1-2003	2003.09.18
	第2部分:栽培技术	DB330522/T16.2-2003	2003.09.18
	第3部分:商品葡萄	DB330522/T16.3-2003	2003.09.18
无公害冬瓜		DB330522/T17-2003	2003.12.28
无公害冬瓜	第1部分:产地环境	DB330522/T17.1-2003	2003.12.28
	第2部分:栽培技术	DB330522/T17.2-2003	2003.12.28
	第3部分:商品标准	DB330522/T17.3-2003	2003.12.28
长兴无公害优质早园笋栽培技术规程		DB330522/T18-2003	2003.11.08
长兴无公害优质板栗栽培技术规程		DB330522/T19-2003	2003.11.08
长兴蜜蜂产品		DB330522/T20-2003	2003.12.28
长兴蜜蜂产品	第1部分:蜂王浆生产与质量	DB330522/T20.1-2003	2003.12.28
	第2部分:优质蜂蜜生产与质量	DB330522/T20.2-2003	2003.12.28

续表18-24

标准名称		标准号	实施时间(年月日)
		DB330522/T21-2003	2003.12.28
无公害桃子	第1部分:产地环境条件	DB330522/T21.1-2003	2003.12.28
	第2部分:栽培技术操作规程	DB330522/T21.2-2003	2003.12.28
	第3部分:商品桃子	DB330522/T21.3-2003	2003.12.28
长兴罗氏沼虾		DB330522/T22-2004	2004.09.01
长兴罗氏沼虾养殖技术		DB330522/T23-2004	2004.09.01
长兴优质无公害毛竹笋用林栽培技术规程		DB330522/T24-2004	2004.12.01
长兴中华鳖		DB330522/T25-2004	2004.10.01
长兴中华鳖生态养殖技术规范		DB330522/T26-2004	2004.10.01
无公害食用香椿头栽培技术		DB330522/T27-2004	2004.12.28
无公害食用栝楼	第1部分:产地环境条件	DB330522/T590.1-2005	2006.01.01
	第2部分:栽培技术准则	DB330522/T590.2-2005	2006.01.01
	第3部分:栝楼籽质量安全要求	DB330522/T590.3-2005	2006.01.01
长兴白茶		DB330522/T30-2006	2006.11.01
无公害樱桃	第1部分:产地环境要求	DB330522/T32.1-2006	2006.08.20
	第2部分:生产技术	DB330522/T32.2-2006	2006.08.20
	第3部分:质量安全要求	DB330522/T32.3-2006	2006.08.20
长兴白茶	第1部分:苗木	DB330522/T30.1-2007	2007.12.28
	第2部分:栽培技术	DB330522/T30.2-2007	2007.12.28
	第3部分:鲜叶与加工技术	DB330522/T30.3-2007	2007.12.28
	第4部分:商品茶	DB330522/T30.4-2007	2007.12.28
无公害笋、竹两用毛竹林		DB330522/T35-2007	2007.12.20
无公害笋、竹两用毛竹林	第1部分:栽培技术规程	DB330522/T35.1-2007	2007.12.20
	第2部分:竹的病虫害综合防治	DB330522/T35.2-2007	2007.12.20
	第3部分:商品笋	DB330522/T35.3-2007	2007.12.20
	第4部分:商品竹	DB330522/T35.4-2007	2007.12.20
紫笋茶饼		DB330522/T36-2008	2008.09.10
无公害虹观西瓜	第1部分:产地环境条件	DB330522/T14.1-2008	2008.03.01
	第2部分:栽培技术	DB330522/T14.2-2008	2008.03.01
	第3部分:商品西瓜	DB330522/T14.3-2008	2008.03.01
长兴葡萄		DB330522/T037-2010	2010.12.28
长兴葡萄	生产技术规程	DB330522/T038-2010	2010.12.28
	园地环境要求	DB330522/T039-2010	2010.12.28
长兴中华绒螯蟹池塘生态养殖技术规范		DB330522/T040-2010	2010.12.28
无公害绿芦笋大棚生产技术规范		DB330522/T041-2011	2011.12.10
无公害草莓	第1部分:草莓苗	DB330522/T042.1-2011	2011.12.15
	第2部分:栽培技术	DB330522/T042.2-2011	2011.12.15
	第3部分:商品果	DB330522/T042.3-2011	2011.12.15
无公害中华鳖 人工养殖技术规程		DB330522/T043-2011	2011.12.20

说明:资料来源于县质监局

农业标准化示范园区　2002年,长兴县显圣稻米专业合作社的稻米标准化生产推广实施,为全县第一个省级农业标准化项目。2005年,食用栝楼种植标准化示范区成为全县第一个国家级农业标准化示范园区。2012年,长兴县获评浙江省农业标准化综合示范县。至2012年年末,全县标准化农业主体比例约为26%,创建国家级农业标准化示范园区2个,省级农业标准化示范项目27个,市、县级农业标准化示范项目17个。全县非畜禽类农业标准化生产程度达29.5%,畜禽类农业标准化生产程度达9.2%。

2012 年长兴县省级农业标准化示范园区情况表

表 18-25

项目名称	承担单位	级别	规模	年份
长兴县食用栝楼种植标准化示范区	长兴县人民政府	国家级	5493.33 公顷	2005
长兴栝楼(吊瓜子)国家地理标志保护	长兴县人民政府	国家级	5493.33 公顷	2008
稻米标准化生产推广实施	长兴县显圣稻米专业合作社	省级	2666.67 公顷	2002
无公害茶叶标准化生产推广实施	长兴县紫笋名茶开发公司	省级	2000 公顷	2003
板栗无公害标准化推广实施	长兴县二界岭乡农业服务部	省级	800 公顷	2004
青虾养殖标准化推广实施	长兴县太平桥特种水产专业合作社	省级	134 公顷	2004
无公害中华鳖标准化养殖推广实施	长兴县水产协会	省级	70 公顷	2005
无公害蜂标准化养殖推广实施	长兴意蜂蜂种场	省级	38000 群	2005
无公害桃生产基地建设标准化推广实施	长兴县庆丰农业产供销服务中心	省级	853.33 公顷	2006
中华绒螯蟹标准化养殖推广实施	长兴县洪桥漾荡河蟹专业合作社	省级	71.2 公顷	2006
中华绒螯蟹标准化养殖推广示范	长兴县金鑫水产养殖有限公司	省级	66.67 公顷	2007
绿化苗木标准化推广实施	长兴县泗安镇农业服务中心	省级	1666.67 公顷	2007
无公害鹅标准化养殖标准示范	长兴县荣耀鹅业有限公司	省级	8 万羽	2008
梅花鹿标准化养殖基地建设	长兴县初康农业产业化科技农场	省级	2500 头	2008
无公害翘嘴红鲌标准化养殖推广示范	长兴县水产协会	省级	74.67 公顷	2008
无公害鳜鱼标准化养殖推广示范	长兴县南淙特种水产养殖有限公司	省级	96.67 公顷	2008
西瓜标准化栽培推广示范	长兴县天地瓜类研究开发中心	省级	1240 公顷	2009
无公害竹笋标准化栽培推广示范	长兴县林业技术推广中心站	省级	1333.33 公顷	2009
无公害南美白对虾标准化养殖推广示范	长兴县水产协会	省级	36 公顷	2009
无公害葡萄标准化设施栽培推广示范	长兴红稔葡萄专业合作社	省级	1766.67 公顷	2010
无公害蜜蜂养殖标准化推广示范	长兴蜂硕蜂业有限公司	省级	6000 群	2010
无公害芦笋标准化种植推广示范	长兴许长蔬菜专业合作社	省级	40 公顷	2011
苗木标准化栽培推广示范	长兴森地林业专业合作社	省级	133.33 公顷	2011
芦笋标准化种植推广示范	长兴振其食用菌种植有限公司	省级	98.33 公顷	2012
生态土鸡标准化养殖推广示范	长兴福康家禽养殖专业合作社	省级	3.1 万羽	2012
河蟹标准化养殖推广示范	长兴县水产协会	省级	66.67 公顷	2012
中华鳖生态养殖标准化推广示范	浙江张老汉生态鳖业股份有限公司	省级	80 公顷	2012
中华鳖标准化养殖推广示范	长兴县和平神塘甲鱼养殖专业合作社	市级	40 公顷	2012
杨梅标准化推广示范	长兴紫山红杨梅专业合作社	市级	80 公顷	2012
河蟹标准化养殖推广示范	长兴洪桥漾荡牌河蟹专业合作社	县级	68 公顷	2012
无公害葡萄标准化推广示范	长兴夹浦味美葡萄专业合作社	县级	40 公顷	2012
长兴葡萄标准化推广示范	长兴白水葡萄专业合作社	县级	53.33 公顷	2012
长兴白茶标准化推广示范	长兴县和平基隆坞茶场	县级	66.67 公顷	2012
生态鳖标准化养殖推广示范	长兴益阳水产专业合作社	县级	33.33 公顷	2012

说明:资料来源于县质监局

三、组织机构代码和商品条码

组织机构代码 1993 年 10 月始,县标准计量管理部门在全县范围内开展党政机关、企事业单位和社会团体的代码证书发放。至 2012 年 12 月,全县登记在册的办理代码证书的企业有 13734 家。

商品条码　1991年起，县标准计量管理部门受理辖区内企业使用条码注册申请，并依法实施行政执法监督检查。1992年，长兴长日酿酒有限公司、长兴酿酒厂办理应用商品条码，为全县首批使用商品条码的企业。至2012年年底，全县有106家企业使用商品条码。

第四节　特种设备安全监察

一、特种设备普查登记

2002年1月起，全县开展特种设备普查，登记锅炉380台、压力容器930台、电梯76台、起重机械148台、厂内机动车辆45辆。2003年，全县建立特种设备安全监察数据库。至2012年年底，全县在用特种设备办理使用登记共9867台，其中锅炉326台、压力容器3257台、电梯2246台、起重机械2691台、游乐设施40台(套)以及压力管道58条118千米，客运索道1条，各类钢瓶20多万只，分布在全县2000余家工矿企业、公共场所及千家万户，使用登记率100%。

二、特种设备安全整治

2002年3—8月，全县开展锅炉、压力容器、压力管道、游乐设施、电梯等机电类和承压类特种设备普查整顿。2003年9月起，检查县域浴室锅炉运行状态。2004年11月，进行特种设备安全隐患排查整治，检查61家单位。12月，以小浦镇为试点，对乡镇区域内的码头进行专项检查。2005年，开展豆腐作坊“土锅炉”、码头吊、液化气瓶、化工、轻纺特种设备、游乐设施等专项治理，查处违法案件29起，强制解体“土锅炉”10台。2006年9月，开展全县简易升降机专项整治。2007年，县质监局与100余家特种设备使用单位签订《特种设备安全管理承诺书》，将特种设备安全列入乡镇年度目标考核。2009年，加强特种设备节能减排，淘汰旧的高能耗锅炉。2010年，实行特种设备“三二一一”精细化管理，即特种设备使用单位的管理机构、责任人员、规章制度三落实，设备有使用登记证、作业人员有特种设备作业操作证，设备依法经营合格，建立事故应急预案。2011年，特种设备动态监管网络平台向全县20个乡镇(街道、园区)开放。2012年，全县实行“两网两基两联动”监管模式，即两张网（监管队伍网络和信息平台网络)、两个基础(基层和基础)、两联动(内外联动)。

第八章　食品药品监督管理

二十世纪八九十年代，长兴县的食品、药品由县卫生局、工商局以及生产流通企业的业务主管部门分别管理，尚无统一的专业监管机构。2001年12月，湖州市药品监督管理局长兴县分局(简称市药监局长兴分局)成立，为市药监局直属机构，对辖区内药品的研究、生产、流通、使用进行行政监督和技术监督。2005年4月，更名为长兴县食品药品监督管理局(简称县食品药品监管局)，增加食品安全综合协调、查处重大食品安全事故、保健食品和化妆品安全监管等职能。2011年10月，由省垂直管理部门调整为县政府工作部门，增加餐饮服务食品安全监督管理和保健品、化妆品卫生监督管理职责。

第一节　食品药品监管体制

一、食品监管体制

2004年，县食品安全监督管理领导小组成立。2005年，启动食品安全监管体制改革，成立县食品药品监督管理局，负责辖区内的食品、药品、保健品、化妆品、医疗器械的监管。同年3月，成立县食品安全委员会,启动食品安全监管责任网、群众监督网、农村现代流通网建设。2011年,各乡镇设立质量和食品药品安全工作站,按照“属地管理、条块结合、上下联动、责任到人”原则,县、乡(镇)、村(居)三级均成立食品安全工作组织,初步形成“纵向到底、横向到边”三级监管网络。2012年,全县建立四级网格1002个,落实网格专(兼)职人员1002人,建成率100%;聘请省级食品安全群众监督员10人,县级群众监督员281人。

二、药品监管体制

2002年,全县在乡镇卫生院设立药品代购点14个,堵塞非法药品流通渠道。2003年,初步建立“县—镇—村”三级药品监督网络,在全县16个乡镇卫生院及个体医生中聘请药品监督联络员23人。2006年,启动农村药品监督网、药品供应网和农村医疗机构用药规范化建设。同年,16个乡镇设置药品协管员,225个行政村设置药品信息员,监管网络覆盖率99.6%;所有行政村实施药品配送或代购。2007年,创新药品供应网,在全县乡镇以下医疗机构中实行药品集中采购、统一配送模式。同年,全县147家农村社区卫生服务站药品实现统一配送。2008年,药品监督网和食品监督网两网合一,聘药品监管协管员54人、信息员268人。2011年,各乡镇设立质量和食品药品安全工作站。至2012年,全县配备药品安全信息员274人,95%的农村社区卫生服务站、个体诊所和社会医疗机构药房达到规范化管理要求。26个农村社区卫生服务中心实行基本药物制度,统一招标,由药品配送单位配送;178个社区卫生服务站从农村社区卫生服务中心进药,统一结算。

第二节　食品安全监管

一、农产品种养殖环节监管

2005年,全县建立安全农产品生产基地,开展“绿剑”执法行动,启用动物检测中心。同年,建立安全农产品生产基地39个,查验检疫生猪242万头。2006—2011年,开展农业投入品整治、农业标准化建设、农产品产地检测和生猪检疫。到2011年,新增省级无公害农林产品基地2666.67公顷、国家无公害农产品60只,对108个主导产业规模生产基地定点跟踪,定量检测211批次。2012年,全县农业标准化覆盖率达64.8%,新增无公害农产品认证2133.33公顷,国家级无公害农产品32只;种植业农产品检测合格率98%以上,畜产品检测合格率99%以上,水产品检测合格率98%以上。

二、食品生产加工环节监管

2005年,县食品药品监管局对食品加工企业开展普查登记和清理整顿,41家食品生产企业持有食品生产许可证,22家规模以上食品生产企业获得QS证书,9家企业被淘汰。2006年后,通过食品生产许可证管理、质量安全风险等级评价与分类监管、质量抽检等举措,加强对食品生产加工环节食品安全监管。2009年,全县新申报食品生产企业5家,通过年审食品生产许可证企业33家,期满换证企业4家。2010年,在30家食品加工企业中推行以“整理、整顿、清扫、清洁和素养”为内容的“5S”质量管理法。同年,全县153家食品生产企业全部取得生产许可证,47家使用食品添加剂企业备案登记。2012年,全县有食品生产企业148家,年审通过127家,期满换证46家。

三、食品流通领域监管

2004年8月,全县启动“千镇连锁超市和万村放心店”工程建设,初步形成以检测中心、检测车、检测点、检测箱为主要内容“四位一体”检测体系。同年,创建放心店216个。2005年,全面推行生猪、菜牛定点屠宰,全县共建生猪定点屠宰场18个,16个乡镇全部实行生猪定点屠宰,生猪定点屠宰量173051头,进点屠宰率达到95%。在14个乡镇建成52个超市,连锁超市乡镇覆盖率87.5%。2006年,组建长兴金陵商城配送中心,向51家连锁超市和120家“放心店”统一配送商品。2007年,放心店向社区、学校延伸,累计创建放心店229家。2009年,逐步建立并推广流通环节食品经营“一票通”、食品安全电子化监管、“放心店”食品安全保险机制等。2012 年，实施“品牌超市”进校园。

四、食品消费环节监管

2005 年，全县在大中型以上宾馆饭店和中学以上学校食堂实行食品卫生量化分级管理，共有 40 家学校食堂、30 家餐饮店实行食品卫生分级量化管理。2006 年 8 月，启动乡村厨师及农村家庭宴席管理制度，全年上报农村家庭宴席 241 起，卫生监督员现场上门指导 191 起。之后，围绕食品卫生监督量化分级管理、卫生许可证制度、食品原料追溯制度、农村家庭宴席备案制等，加强对食品消费环节的安全监管。2012 年，制定《长兴县餐饮服务食品安全示范街评价验收细则》《长兴县餐饮服务食品安全示范街单位验收评定验收细则》，开展水木花都示范街创建。同年，全县共有餐饮业服务单位 2604 家，持证经营 1808 家，无证经营 796 家；完成省级餐饮服务食品安全示范县创建和国家级餐饮服务食品安全示范县创建。

第三节　药品（械）监管

一、药品（械）质量管理

2002 年起，县药品监督管理部门通过日常检查、药品监督抽检、“放心药店”评比和专项稽查等，保障全县药品（械）质量。2002 年，检查涉药单位 497 家，查出假药 4 个批次，劣药 277 个批次。2005 年 6 月，牵头江苏宜兴、安徽宁国和广德、浙江安吉等地达成区域稽查联防协议，形成跨区域联合打假机制。同年，查处制售假劣药械违法案件 22 起，没收涉案假劣药品及医疗器械 34 种，完成药品抽检 238 批次。2009 年，联合宜兴、宁国、广德、安吉等地建立五县市稽查联防网，建立药品打假合作平台。同年，立案查处药械违法案件 25 起，罚没款 19 万元，破获 1 起公安部督办案件——“2·18”生产销售假药网络案，摧毁涉及 20 余省特大假药生产销售网络，捣毁假药制造窝点 4 个，假药仓库 2 处，查扣追回假药价值 2000 余万元。2012 年，全县共检查涉药单位 459 家次，立案 60 起，移送公安机关涉药犯罪案件 13 起，涉案金额 15.25 万元，罚没款 99.09 万元。

二、药品（械）企业管理

2002 年，全县有药品生产企业 2 家，医疗器械生产企业 10 家，药品批发企业 5 家、零售企业 74 家，经营企业 8 家，全年药品消耗量 1.2 亿元。2003 年 7 月，启动药品零售企业 GSP 认证（药品经营管理质量规范）。2004 年，3 家药品批发企业、1 家连锁企业、22 家零售企业取得 GSP 认证，长兴制药有限公司的原料车间和胶囊剂车间通过 GMP 认证（药品生产和质量管理规范）。同年，开展药品零售企业药品分类管理试点，28 家药品零售企业取得药品分类管理合格资格。2006 年起，实施企业安全信用分级管理制度，对企业日常监管，每年评定等级，动态管理。2007 年，评出守信等级企业 12 家，轻微失信等级企业 12 家。2012 年年底，全县涉药单位共 496 家，其中 139 家药品零售企业中有守信 A 级单位 35 家，基本守信 B 级单位 85 家，轻微失信 C 级单位 19 家。

第九章　安全生产监督与管理

1987 年，长兴县安全生产委员会（简称县安委会）恢复成立。1988—2003 年，全县安全生产监督与管理由相关行业、系统的主管单位负责。2004 年 1 月，设置长兴县安全生产监督管理局，为县发展与经济委员会管理的副科级事业机构。2005 年 4 月，长兴县安全生产监督管理局单设。2007 年，各乡镇（开发区）设立安全生产监督管理站。2011 年，各乡镇（街道、园区）成立公共安全管理监管中心。至 2012 年，全县形成较完备的综合监管和行业监管相结合的安全生产监管网络。

第一节 安全生产管理

一、安全生产责任制

1995年开始,县政府与部分单位签订安全生产综合目标管理责任状。1998年起,县政府每年与乡镇及有关部门签订安全生产综合目标管理责任书和消防安全目标管理责任书,各乡镇和有关部门分别与下属企事业单位签订责任书。2000年起,县委、县政府将安全生产列入目标责任制考核。2003年起,县政府将安全生产工作列入对乡镇政府和部门综合目标考核,实行“一票否决”制。2005年,县、乡镇(部门)、村(企事业单位)三级安全生产责任体系初步形成。同年起,先后出台追责办法,对安全生产责任事故查处情况进行通报,追究安全生产监督管理中的失职、渎职行为。2009年,出台《长兴县县级部门(单位)安全生产监督管理职责规定(试行)》和《长兴县生产经营单位安全生产主体责任暂行规定》。2011年起至2012年,对乡镇、部门的安全生产目标责任制考核纳入全县平安创建综合考核。

二、隐患排查与治理

隐患排查治理机制 2002年11月起,全县隐患排查治理逐步正规化、常态化。2005—2007年,县安监局加强矿山、危险化学品等行业整治和重大隐患整改,探索建立隐患排查治理机制。2007年12月,国家安监总局颁布《安全生产事故隐患排查治理暂行规定》,将事故隐患排查治理工作纳入法制化轨道。2008年4月,县安监局制定《长兴县工矿企业安全生产三级隐患排查治理暂行办法》,明确规定企业是事故隐患排查、治理和防控的责任主体。2011年,编制《长兴县安全生产“十二五”规划》,健全县、乡镇(街道、园区)、村(社区)和企业的四级隐患排查治理机制,完善工矿商贸、道路交通、消防等行业和领域的隐患排查、上报、确认、验收机制。2012年,县安监、工商、统计等部门建立信息互动机制,依托湖州市信息化监管平台,初步建成县、乡镇(街道、园区)、企业三级信息网络平台和基础数据库,基本建立依托信息化监管平台动态管理安全监管的工作机制。

安全生产大检查 1988—2004年,县劳动人事局、县计经委、县乡镇企业局、县工业局、县二轻局负责各自行业领域和系统的安全生产监督管理工作,组织开展锅炉压力容器、矿山、工交企业和工矿企业安全生产检查。2005—2007年,县安委办针对节假日、重大活动、季节性安全隐患等,分别开展夏季民爆仓库、烟花爆竹、化工企业安全生产等全县性安全生产大检查。2008—2011年,重点对矿山、危险化学品企业和综合类企业持续开展安全生产大检查,排查整治安全隐患,依法查处非法违法行为。2012年,全县开展安全生产大检查大整治等专项行动,共查处非法违法行为203595件,依法对1180家生产经营单位予以经济处罚,责令停产停业生产经营单位353家,依法取缔非法生产经营单位89家。

三、安全生产标准化

2006年始,县安监局在矿山、危险化学品等高危行业推进安全生产标准化建设。2008年,在机械行业开展安全生产标准化建设。至2010年,省级以上达标企业8家,市级以上达标企业12家。2010年,在印染、造纸行业开展标准化创建,4家印染企业达省级标准,唯一一家造纸企业通过市级标准化验收。2011年4月,县政府出台《长兴县企业安全生产诚信管理办法(试行)》,对企业实行A、B、C、D四级诚信评定,并建立“黑名单”制度。同年6月制定《关于加快推进企业安全生产标准化建设实施意见》《长兴县安全生产标准化企业奖励办法》。同年,全县132家企业通过安全生产标准化验收。2012年,长兴县获评全省安全生产标准化示范县区。同年,全县22家矿山企业、17家危化企业、375家综合类企业通过标准化验收。

四、应急救援体系建设

2003—2005年,县安全生产监管部门先后制定《长兴县特大(重大)事故应急救援预案》《长兴县矿山重特大生产安全事故应急救援预案》《长兴县重特大危险化学品生产安全应急救援预案》。2006 年，成立县政府突发公共事件应急管理办公室，首次开展危险化学品道路运输事故应急救援预案演练。2008 年，全县基本建立横向到边、纵向到底的应急预案体系。2010 年，出台《关于加强基层应急队伍建设的实施意见》。2011 年 11 月，成立长兴县安全生产应急指挥中心和乡镇（街道、园区）安全生产应急指挥分中心，建立统一、高效的应急救援指挥体系。2012 年，县安监局修订全县矿山、危险化学品及其他生产安全突发事故应急预案，组建和平镇、泗安镇、煤山镇、李家巷镇等 4 个综合应急救援队伍，建成小浦、城南工业园区危险化学品应急救援物资仓库工程。

五、安全生产培训

1989 年起，县劳动人事局、乡镇企业局等部门对矿山企业负责人、安全管理员、特种作业人员等进行安全培训。1990 年起，按照“先培训后就业”“先培训后上岗”原则，在全县开展安全生产单位的职业技术培训和岗位培训。2006 年 9 月起，县安监局在全县生产经营单位开展为期两年的全员安全培训，累计培训从业人员 11.69 万人次。2007 年 12 月，成立长兴县安全生产培训中心，为县安监局下属事业单位，主要承担生产经营单位主要负责人、安全生产管理人员、其他从业人员的安全教育培训。2008 年 2 月，培训中心获浙江省安全培训机构四级资质。2009 年，出台《长兴县试点推行安全生产“民工夜校”的实施意见》，由安监、公安、建设、交通、质监等部门分系统分行业开办“民工夜校”。同年，共培训民工 2800 余人。2011 年，在长兴技师学院设立安全生产培训基地。2012 年，组织“送教下乡镇、送教进企业”培训班 16 期，培训从业人员 1033 人。至 2012 年年末，全县累计培训生产经营单位主要负责人、安全生产管理人员和特种作业人员 3.2 万人次。

六、伤亡事故

1996 年 12 月 18 日，白岘乡白岘村煤矿二号井发生瓦斯爆炸，当班 4 名矿工 3 人当场死亡，1 人昏迷约 30 分钟后逃离险区。主要原因为该矿井不具备基本的安全生产条件，且无任何证照，设备简陋，安全管理混乱，对矿工没有进行任何培训，无证上岗；无专职瓦斯检查员，瓦斯检测仪器失灵，井下电缆多处明接头，且破损严重。

1998 年 10 月 25 日，长兴县煤山西山煤矿-505 米水平南区 2#石门发生重大瓦斯爆炸事故，当班 9 名井下工作人员全部死亡。经调查取证，废弃的 10 米巷道由于大面积冒顶致使大量瓦斯涌出，工作人员在作业时由于物体相互撞击引起火花，导致爆炸。

2012 年，全县工矿商贸领域生产安全伤亡事故发生 9 起，比上年增长 50%，死亡人数 10 人，比上年增长 66.7%，直接经济损失 409 万元，比上年增长 66.7%。2005—2012 年，全县工矿商贸领域生产安全伤亡事故共发生 54 起，死亡总人数 57 人，直接经济损失累计 1599 万元。

2005—2012 年长兴县工矿商贸领域生产安全伤亡事故情况表

表 18-26

年份	事故起数(起)	比上年增长(%)	死亡人数(人)	比上年增长(%)	直接经济损失(万元)	比上年增长(%)
2005	10	-47.4	11	-45.0	305.50	-20.1
2006	5	-50.0	5	-54.5	135.50	-55.8
2007	3	-40.0	3	-40.0	90.00	-33.6
2008	5	67.7	4	33.3	71.00	-21.1
2009	7	40.0	8	100.0	152.70	119.5
2010	9	28.6	10	25.0	190.00	24.4
2011	6	-33.3	6	-40.0	245.40	29.2
2012	9	50.0	10	66.7	409.00	66.7

说明：1. 资料来源于县安监局；2. 道路、水上、交通、消防生产安全事故未统计在内

第二节 矿山安全监管

1989 年,全县共有矿山企业 242 家。2003 年,全县矿山企业共 132 家,全年总产量 1966 万吨,企业平均产量为 14.89 万吨。2005 年后,未发生较大以上事故。2008—2012 年,全县矿山开采宕面实现“零死亡事故”。

一、矿山安全管理

1988—2002 年,县劳动人事局承担全县矿山安全监察,县工业局负责全县国有矿山安全监督管理,县乡镇企业局负责乡镇矿山安全监督管理工作,县计经委履行综合安全监管职能。1988 年,县乡镇企业局制定《矿山企业违章罚款制度》。1989 年 7 月,县乡镇企业局对 34 家矿山企业 95 个承包单位的承包者进行安全资格审查考核。2002 年,县工业局、县乡镇企业局并入县计经委,矿山安全监管职能由县计经委承担。2003 年始,实行矿山企业安全风险抵押金制度。2004 年以后,由县安监局承担。2006 年 12 月,全县矿山行业实施安全生产分类动态管理,以“自上而下、分台阶开采”方法为主要依据,综合评定企业安全生产条件。2006—2012 年,重点推进矿山安全生产标准化。至 2012 年,22 家矿山企业通过三级以上标准化验收,达标率 100%。

二、矿山隐患排查和治理

1990 年,全县重点整顿乡镇、村矿山。1998 年 10 月西山煤矿发生重大瓦斯爆炸事故后,全县开展“关井压产”等矿山安全整治行动。1998—1999 年,共关闭 24 家煤矿。2000 年,关闭西山煤矿。2001 年,停产整治小煤矿 6 家。到 2002 年年底,全县保留 5 家小煤矿。2004 年,县委、县政府筹措 1070 万元对小煤矿实施关闭。5 月 10 日,县政府在煤山镇召开动员会,至 7 月 31 日 5 家小煤矿关闭。

2003 年 8 月,全县启动矿山企业综合整治,排查矿山企业 339 家,关闭 4 家,责令停产或限期整改 41 家,责令停产并处罚水冲石子加工企业 26 家,查处非法转让采矿权案件 3 起、无照经营案件 50 起。2005 年,县安监局重点整治多矿点、多宕面、小规模、不符合安全生产条件的矿山企业,责令停产停业企业 16 家。2006 年起,县安监局、公安局、国土局等联合开展矿山安全生产专项整治,全面规范开采方法。2010 年起,加大对采场外破碎机组、码头等方面的隐患排查力度,17 家矿山企业通过验收。至 2011 年,全县有机组、码头的矿山企业共 35 家,全部通过采场外安全整治验收。2012 年,对全县露天矿山采场外相关设施进行全面检查。同年,全县查处矿山非法盗采、超层越界开采等行为 32 起,关闭和取缔非法开采矿点 19 处,责令停产停业整顿企业 2 家。

三、矿山安全技术

1988 年,青东煤矿在全县首次采用松动爆破,有效减少冒顶等矿山事故发生。同年,县煤炭公司对白岘乡第一煤矿、白岘乡第二煤矿、煤山镇煤矿进行矿井改造,补打风井,完善通风系统。2002 年起,乡镇矿山企业使用机械开采作业。2003 年 8 月起,淘汰传统落后的扩壶崩落爆破方法,在全县露天矿山中推广应用中深孔爆破开采技术,规范实施“自上而下,分台阶开采”方式。至 2005 年,39 家矿山企业实施

图 18-2 矿山生产安全事故应急救援演练(县安监局提供·2011 年)

中深孔爆破技术，占企业总数的32%。2007年，全县矿山企业基本实现台阶式开采，其中50家实施中深孔爆破技术，占具备条件企业数的80.6%。2008年，58家矿山企业实施中深孔爆破技术，占具备条件企业的93.5%。2010年，在全县矿山企业推动"科技兴安"，要求所有矿井提升系统都要安装安全保护和独立、完好的声光信号、通信系统装置；推广应用井下作业人员跟踪定位系统，逐步实现提升排水系统的自动化；巩固中深孔爆破技术、非电起爆系统、机械铲装、液压锤二次破碎工艺等在露天采石场的应用。2011年，全县34家矿山企业安装视频监控系统，安装率达85%。至2012年，安装率达100%。

第三节　危险化学品监管

一、危险化学物品监管

1988年，危险化学物品由县公安局、交通局等部门监管。2002年以后，由县计经委负责危险化学物品安全综合监督管理，县公安局、交通局、发改委等部门按照各自职能监管。2004年起，对危险化学品企业严格实行安全生产准入条件，未按规定申报并取得安全生产许可证的一律停止生产并依法予以处罚。同年，全县完成危险化学品企业安全评价65家，发证90家。至2005年，全县共有危险化学品生产企业55家，经营企业233家，其中11家危险化学品生产企业和115家经营企业取得安全生产许可证。

2004—2009年，全县27个危化新改扩建项目通过"三同时"审查。2006年4月，县安监局制定分类标准和监控措施，对全县323家危险化学品生产、剧毒品使用和经营企业进行普查和分类评定，实施A、B、C分类管理。2007年，全县334家危险化学品经营单位中，A类单位7家、B类单位25家、C类单位76家、D类单位226家。

2005—2012年，县安委办持续开展危险化学品安全隐患整治行动。2011年，重点开展蓄电池行业的专项整治工作。同年9月，出台《长兴县铅酸蓄电池行业长效管理办法》，2012年编制《铅酸蓄电池生产企业安全标准化评审标准》。

二、烟花爆竹安全监管

1988年，县内烟花爆竹安全监管主要由县公安局承担。1998年，制定《长兴县烟花爆竹安全经营管理暂行办法》，在全省率先成立县级烟花爆竹专营公司长兴县烟花爆竹有限公司。1999年，在全省率先出台《烟花爆竹安全经营管理办法》，并采取防伪标签管理。2001年，规范烟花爆竹经营许可证制度，全县设烟花爆竹专营公司1家，代理批发经营点4家，零售网点100家。2005年，烟花爆竹安全监管职能中的运输环节仍由县公安局负责，经销等其他环节移交县安监局。同年10月起，在县城区域限制燃放烟花爆竹。2006年2月，严厉打击非法销售烟花爆竹行为。10月，县吉利烟花爆竹有限公司成立，为民营企业。2008年，县烟花爆竹有限公司、县吉利烟花爆竹有限公司被评为市级标准化达标企业，2010年被评为省级标准化达标企业。2009年，县安监局制定《长兴县烟花爆竹经营安全管理实施办法》，建立烟花爆竹批发单位与零售单位之间的安全管理体系。2010年起，实行烟花爆竹行政许可集体商议制，严格控制烟花爆竹零售许可证的发放、严格审查新申办许可证的安全条件。同年9月，县安全生产协会烟花爆竹分会成立。2012年4月，县安监局与广德县安监局签订烟花爆竹"联防联销"协议书，建立跨省市联合监管模式。

长兴县志

（1988—2012）

下　册

长兴县史志编纂委员会 编

方志出版社
Publishing House of Local Records

长兴县史志编纂委员会

（2020）

主　　任　周卫兵　石一婷
常务副主任　何志强
副 主 任　沈洪峰　陈少鹏　王庆忠　陈　峰　李彩琴
办公室主任　吴连意

长兴县史志研究室

（2020）

主　　任　吴连意
副 主 任　沈正学　黄　伟
科室人员　刘　峰　高　娟　王云婷　戴国华　陈　镇
　　　　　郭玲玲　宋君君

《长兴县志（1988—2012）》编辑部

主　　编　吴连意
总　　纂　吴连意
副 主 编　周秀明　朱　江　甘剑勇　曹忻春
编　　辑　吴连意　周秀明　朱　江　甘剑勇　曹忻春
　　　　　郭玲玲　宋君君

总　目

下册目录

第十九编　中国共产党

第二十编　人民代表大会

第二十一编　人民政府

第二十二编　政治协商会议

第二十三编 民主党派 人民团体

第二十四编 政 法

第二十五编　军　事

第二十六编　科学技术

第二十七编　教　育

第二十八编　文　化

第二十九编　新四军苏浙军区旧址

第三十编　大众传媒与融媒体发展

第三十一编　卫　生

第三十二编　体　育

第三十三编　劳动 人事

第三十四编　民政事务

第三十五编　社会保障

第三十六编　居民生活

第三十七编 精神文明建设

第三十八编 宗教 风俗 语言

第三十九编 茶文化

第四十编 人 物

第四十一编 艺 文

第四十二编 陈朝研究补遗

第十九编　中国共产党

1988—2012年，为中国共产党长兴县第七届至第十三届委员会任期。其中，第七届在县志记述时段内任期为2年1个月，第十三届为1年1个月。第七届、第八届任期为3年，第九届起改为5年(其中第十一届为4年)。历届中国共产党长兴县委员会(简称县委)认真贯彻执行党的路线、方针、政策，坚持解放思想、实事求是、与时俱进、改革创新，加强纪律检查、组织、宣传、统一战线、政法、党校和精神文明建设等工作，开展“讲学习、讲政治、讲正气”教育、“三个代表”重要思想学习教育、保持共产党员先进性教育、深入学习实践科学发展观活动和创先争优教育活动，建立和完善党建工作责任制、党风廉政建设责任制，聚精会神搞建设、一心一意谋发展，在全面建设小康社会、推进社会主义现代化建设进程方面取得显著进展，基本建成山水园林城市、现代化中等城市。2012年6月，县委获浙江省创先争优活动先进县(市、区)党委和全国创先争优活动先进县(市、区、旗)党委称号。

第一章　党代表与全体会议

1988—2012年，中国共产党长兴县代表大会代表由各选举单位选举产生；长兴县出席第二次至第四次中国共产党湖州市代表大会代表由县党员代表会议选举产生，第五次至第七次由县党员代表大会选举产生；长兴县出席中国共产党浙江省代表大会代表由市党员代表会议选举产生。25年间，长兴县共举行党员代表大会6次，选举产生县党代会代表共1984人次；出席市党代会代表共329人次；出席省党代会代表共22人次。

第一节　党代表

一、县党代表

1988—2012年，中国共产党长兴县代表大会(简称县党代会)代表选举共举行6次，先后选举产生县第八次至第十三次党代会代表共1984人次。

1990年2月至3月，选举产生县第八次党代会代表327人，占全县党员总数的2.1%。其中，各级干部66人、占代表总数的20.2%，各类专业技术人员65人、占19.9%，先进模范59人、占18%，其他137人、占41.9%；妇女51人、占15.6%；年龄在45岁以下183人、占56%；大专及以上59人、占18%，初中及以下195人、占59.6%。

1993年1月至2月，选举产生县第九次党代会代表329人，占全县党员总数的2.0%。其中，各级干部215人、占代表总数的65.4%，各类专业技术人员54人、占16.4%，先进模范54人、占16.4%，其他6

人、占 1.8%；妇女 28 人、占 8.5%；年龄在 45 岁以下 195 人、占 59.3%；大专及以上 64 人、占 19.5%，初中及以下 184 人、占 55.9%。

1998 年 1 月至 2 月，选举产生县第十次党代会代表 329 人，占全县党员总数的 1.7%。其中，各级干部 210 人、占代表总数的 63.8%，各类专业技术人员 55 人、占 16.7%，先进模范 57 人、占 17.4%，其他 7 人、占 2.1%；妇女 30 人、占 9.1%；年龄在 45 岁以下 179 人、占 54.4%；大专及以上 104 人、占 31.6%，初中及以下 127 人、占 38.6%。

2002 年 12 月至 2003 年 1 月，选举产生县第十一次党代会代表 328 人，占全县党员总数的 1.5%。其中，各级干部 203 人、占代表总数的 61.9%，各类专业技术人员 65 人、占 19.8%，先进模范 60 人、占 18.3%；妇女 36 人、占 11%；年龄在 45 岁以下 175 人、占 53.4%；大专及以上 171 人、占 53.1%，初中及以下 76 人、占 23.2%。

2006 年 11 月至 12 月，选举产生县第十二次党代会代表 345 人，占全县党员总数的 1.4%。其中，各级干部 203 人、占代表总数的 58.8%，各类专业技术人员 71 人、占 20.6%，先进模范 71 人、占 20.6%；妇女 54 人、占 15.7%；年龄在 45 岁以下 195 人、占 56.5%；大专及以上 214 人、占 62.0%，初中及以下 58 人、占 16.8%。

2011 年 11 月至 12 月，选举产生县第十三次党代会代表 345 人，占全县党员总数的 1.1%。其中，各级干部 197 人、占代表总数的 57.1%，各类专业技术人员 75 人、占 21.7%，先进模范 73 人、占 21.2%；妇女 67 人、占 19.4%；年龄在 45 岁以下 195 人、占 56.5%；大专及以上 260 人、占 75.4%，初中及以下 24 人、占 7%。

第七次至第十三次中共长兴县代表大会代表构成情况

表 19-1

届次	代表人数（人）	职业构成								妇女代表		年龄状况		文化程度			
		干部		专业技术人员		先进模范		其他		人数（人）	占比（%）	45周岁以下		大专及以上		初中及以下	
		人数（人）	占比（%）	人数（人）	占比（%）	人数（人）	占比（%）	人数（人）	占比（%）			人数（人）	占比（%）	人数（人）	占比（%）	人数（人）	占比（%）
七	374	225	60.8	70	18.9					59	16.0	224	60.0	127（高中及以上）	34.0	247	66.0
八	327	66	20.2	65	19.9	59	18.0	137	41.9	51	15.6	183	56.0	59	18.0	195	59.6
九	329	215	65.4	54	16.4	54	16.4	6	1.8	28	8.5	195	59.3	64	19.5	184	55.9
十	329	210	63.8	55	16.7	57	17.4	7	2.1	30	9.1	179	54.4	104	31.6	127	38.6
十一	328	203	61.9	65	19.8	60	18.3	0	0	36	11.0	175	53.4	171	53.1	76	23.2
十二	345	203	58.8	71	20.6	71	20.6	0	0	54	15.7	195	56.5	214	62.0	58	16.8
十三	345	197	57.1	75	21.7	73	21.2	0	0	67	19.4	195	56.5	260	75.4	24	7.0

说明：资料来源于县委档案

二、市党代表

1988—2012 年，中国共产党湖州市代表大会（简称市党代会）共召开 6 次（第二次至第七次），长兴县出席市党代会代表共 329 人次（含市下选代表 32 人次）。

1989 年 10 月，市第二次党代会召开，长兴县出席代表 61 人（按姓氏笔画为序）：王先忍、王自荣、王志廷、王阿芳、王家祥、叶国强、朱声庚、朱坤龙、刘阿苟、刘桂芳（女）、许力芝、许洪翔、杨忠兴、李翠宝（女）、吴婉英（女）、沈伯泉、张敏、张千仓、张毛苟、陈玉祥、陈秀娥（女）、陈尚胜、金庆灿、金树云、季培军、周兰芳（女）、周秀昌（女）、郑辉琪、赵玉梅（女）、胡顺荣、相志华、柏仲芳、洪其祥、费纪凤（女）、姚关仁、姚慧泉、秦伟、夏经中(女)、顾心仪(女)、钱加琴(女)、钱员章、钱志棠、钱法清、奚进发、徐长福、徐立雪、徐应龙、徐明生、徐梅英(女)、高宪科、唐中祥(女)、梅心友、曹雁英(女)、黄德群、盛家良、章小义、葛学梅(女)、程天培、程彩文、鲁善增、薛仁涛。其中,姚关仁、徐长福、徐明生、程彩文 4 人为市下选代表。

1994 年 11 月,市第三次党代会召开,长兴县出席代表 62 人(按姓氏笔画为序):王志廷、王阿芳、王家祥、计树蒙、石建民、孙以楫、孙学英(女)、孙善祥、宁坤源、朱义元、朱国平、刘世军、刘桂芳(女)、刘根法、江水妹(女)、汤玉梅(女)、杨炳英(女)、李玲(女)、李小明、李心华、李应堂、李家贵、吴阿英、吴学民、吴树民、何文全、何志贵、何金满、张千仓、张小华、张加强、张全镇、张春道、张根生、张健雄、陈浩、陈秀凤、陈胜伟、陈爱华(女)、杭汉章、金庆灿、金树云、周立中、周功坤、周建华、居秉方、胡如珍(女)、赵玉梅(女)、赵满英(女)、洪其祥、姚惠泉、莫金芳、顾祖全、夏明祥、钱才珍(女)、钱加琴(女)、钱志棠、倪顺根、徐骍、徐月娥(女)。其中,徐长福、王家祥、王志廷 3 人为市下选代表。

1998 年 10 月,市第四次党代会召开,长兴县出席代表 66 人(按姓氏笔画为序):丁汉良、王静(女)、王丽娥(女)、王柏成、王荣山、王增桃、叶白云、叶国强、史会方、冯梅山、朱华(女)、朱毛娜(女)、刘冬生、刘国富、刘富良、许洪翔、许琴琴(女)、杨维坚(女)、杨献国、杨福成、李志勤、李应堂、李枝炎、李金方、吴水霖、吴阿英(女)、何志贵、何国富、应汉田、闵国群、宋汉年、张千仓、张小华、张加强、张全镇、张维娟(女)、张惠萍(女)、陈爱华(女)、金庆灿、周吉南(女)、周绍昌、周庸虎、周新民、周新英(女)、胡本亮、赵满英(女)、施法根、姜芸芸(女)、秦伟、袁荣祥、顾吉生、钱玉兰(女)、钱丽琴(女)、倪新宝、徐志山、徐海松、唐中祥、凌建荣、韩伟方、葛伟、蒋汉璋、蒋庆楠(女)、蒋益成、傅玉成、臧庆祥、熊全龙。其中,许洪翔、刘冬生、金庆灿、张维娟(女)、胡本亮、袁荣祥 6 人为市下选代表。

2003 年 4 月,市第五次党代会召开,长兴县出席代表 66 人(按姓氏笔画为序):丁文赉、丁建堂、王岩(女)、王春新、王美琴(女)、邓广福、叶白云、毕悦芹(女)、吕志良、朱华(女)、朱坤龙、朱昌善、朱锁芳、刘国富、刘秋平、庄国良、许曼(女)、许凤鸣(女)、许炳云、许洪翔、许琴琴(女)、孙卫亮、孙满法、李应堂、李枝炎、李培琳(女)、吴再根、吴忠良、何文全、邱伟强、余琴(女)、汪荣山、张水成、张建明、张维娟(女)、陈峰、陈永华、陈鑫堂、邵毅、尚亿强、金庆灿、周吉南(女)、周秀明(女)、周绍昌、周新民、周福财、胡一莉(女)、胡国荣、赵有根、施炳良、袁健(女)、晏金石、徐骍、徐凤根、徐明生、高胜华、凌建荣、章友法、梁奕建、彭明才、蓝红(女)、蔡圣初、臧庆祥、臧凌云(女)、潘华明、魏根娣(女)。其中,丁文赉、许洪翔、张维娟(女)、金庆灿、徐明生、蔡圣初 6 人为市下选代表。

2007 年 3 月,市第六次党代会召开,长兴县出席代表 68 人(按姓氏笔画为序):丁建堂、马红宝、王岩(女)、王庆忠、王柏成、王美琴(女)、王晓伟、王楚斌、叶白云、吕巧儿(女)、朱华(女)、刘国富、许云(女)、许炳奎、孙文友、孙满法、杨力、杨永章、杨金土、李凤林、李进祥、吴水霖、邱见春、余琴(女)、汪荣山、沈孔鸿、张立军(女)、张斌如、陈峰、陈小究、尚亿强、金庆灿、周卫星、周伯顺、周绍昌、周新民、项乐民、胡一莉(女)、胡桂红(女)、赵卫平、赵红梅(女)、赵满英(女)、施忠斌、钱立新、钱永昌、钱志华(女)、钱望成、钱舜尧、徐娟(女)、徐义方、徐凤根、徐明生、徐建兵、徐梅英(女)、殷树云(女)、殷新民、黄光峰、黄际来、章忠富、章根明、彭明才、葛铭松、傅伟强、蔡圣初、管会斌、潘瑞祥、魏文虎、濮建芳(女)。其中,马红宝、孙文友、杨金土、吴水霖、金庆灿、徐明生、蔡圣初 7 人为市下选代表。

2012 年 2 月,市第七次党代会召开,长兴县出席代表 67 人(按姓氏笔画为序):丁丽华(女)、马翠萍(女)、王水成、王庆忠、王建民、王国良、叶白云、吕志良、朱丽花(女)、刘芸(女)、刘锋、刘孝伟、刘晓峰、许小月、许荣官、孙文友、孙甫成、孙宏惠(女)、孙剑锋、李建平、李炳炎、杨月琴(女)、杨永红(女)、杨明珠(女)、杨秋红(女)、吴水霖、吴再根、吴跃尔、何志强、余双全、沈孔鸿、宋波、张玉兰(女)、陈小究、陈少鹏、邵海龙、尚亿强、金民安、金树云、金淦英(女)、周卫星、周卫凌、赵卫平、赵红梅(女)、赵志有、赵明明(女)、钟玉庆、俞如傲、施忠斌、姜阿二、费欢(女)、姚振明、钱卫华、钱永昌、钱学良、徐卫勇、徐明生、黄平、黄明英(女)、章根明、葛华庆、蒋烈、韩琦(女)、童志红(女)、窦能如、臧峻月(女)、臧雷鸣。其中,刘芸(女)、孙文友、李建平、吴水霖、金民安、徐明生 6 人为市下选代表。

三、省党代表

1988—2012年,中国共产党浙江省代表大会(简称省党代会)共召开6次(第八次至第十三次),长兴县出席省党代会代表共22人次(含市下选代表)。1988年12月,省第八次党代会召开,长兴县出席代表为徐明生、孙善祥、陈建平、陈爱华(女)4人。1993年12月,省第九次党代会召开,长兴县出席代表为茅临生、刘阿苟、陈爱华(女)、张惠萍(女)4人。1998年12月,省第十次党代会召开,长兴县出席代表为吴水霖、杨福成、余双全、张全镇4人。2002年6月,省第十一次党代会召开,长兴县出席代表为杨献国、吴水霖、张全镇、蔡圣初4人。2007年6月,省第十二次党代会召开,长兴县出席代表为孙文友(市下选代表)、刘国富、余琴(女)3人。2012年6月,省第十三次党代会召开,长兴县出席代表为章根明、王庆忠、张天任3人。

第二节　代表大会

1988—2012年,中共长兴县代表大会共举行6次,选举产生中共长兴县第八届至第十三届委员会。1993年之前每3年举行一次,1993年后每5年举行一次,其中第十一次代表大会(2003—2006年)任期为四年。第七届产生于1987年3月,在本志时段内任期为2年1个月。

一、第七次代表大会

1987年3月23日至26日,中共长兴县第七次代表大会召开。全县应出席代表374人,因公、因病等缺席5人,实际出席369人。大会听取和审议丁文荣代表六届县委作《全面正确地贯彻三中全会以来的路线 夺取我县社会主义建设事业的新胜利》的报告、县纪委作《中共长兴县纪律检查委员会向县第七次党代表大会的工作报告》,并分别作出相应决议。会议是在经济体制改革全面推进,党的建设和精神文明建设得到加强,工农业生产迅速发展的形势下召开的,提出深入推进经济体制改革、加快政治体制改革、进一步加强精神文明建设,推动国民经济持续、稳定、协调发展的任务。会议选举产生第七届委员会,委员27人、候补委员4人;选举产生第七届纪律委员会,委员13人。

二、第八次代表大会

1990年3月14日至17日,中共长兴县第八次代表大会召开。全县应出席代表327人,因公、因病等缺席2人,实际出席325人。大会听取和审议王志廷代表七届县委作《坚持党的基本路线 在治理整顿中开拓前进》的报告、县纪委作《加强党的纪律检查工作 促进改革和经济建设的健康发展》的工作报告,并分别作出相应决议。会议是在改革继续深入、生产稳步发展,思想政治工作和精神文明建设进一步加强的形势下召开的,提出坚持党的基本路线,在治理整顿中开拓前进,争取国民经济和各项社会事业进一步发展的任务。会议选举产生县第八届委员会,委员27人、候补委员4人;选举产生第八届纪律委员会,委员13人。

三、第九次代表大会

1993年2月24日至27日,中共长兴县第九次代表大会召开。全县应出席代表329人,因公、因病等缺席4人,实际出席325人[①]。大会听取和审议茅临生代表八届县委作《深入贯彻党的十四大精神 把握机遇 奋力开拓 推动长兴经济再上新台阶》的报告、县纪委作《加强党的纪律和纪律检查工作 保证改革开放和经济建设顺利进行》的工作报告,并分别作出相应决议。会议是在贯彻中共十四大精神,进一步解放思想,经济建设和改革开放全面加速的形势下召开的,提出围绕社会主义市场经济的主线,加大改革力度,扩大对外开放,推动全县经济再上新台阶的奋斗目标。会议选举产生县第九届委员会,委员27人、候补委员4人;选举产生第九届纪律委员会,委员15人。

①代表选举后、代表大会召开前,调离长兴县有2人。

四、第十次代表大会

1998 年 2 月 17 日至 20 日，中共长兴县第十次代表大会召开。全县应出席代表 329 人，因公、因病等缺席 1 人，实际出席 328 人。大会听取和审议九届县委作《解放思想 抓住机遇 务实创新 团结奋进 把我县改革开放和社会主义现代化建设事业全面推向新世纪》的报告、县纪委作《中共长兴县纪律检查委员会向县第十次党代表大会的工作报告》，并分别作出相应决议。会议是在贯彻党的十五大精神，改革开放取得新进展，县域经济社会发展加快的形势下召开的，提出进一步解放思想，抢抓机遇，务实创新，团结奋进，把全县改革开放和社会主义现代化建设事业全面推向 21 世纪，基本形成"太湖西南岸新兴工贸城市"框架，努力使长兴在 21 世纪的发展中处于全市领先地位的奋斗目标和任务。会议选举产生县第十届委员会，委员 25 人、候补委员 5 人；选举产生第十届纪律委员会，委员 15 人。

五、第十一次代表大会

2003 年 1 月 21 日至 23 日，中共长兴县第十一次代表大会召开。全县应出席代表 328 人，因公、因病等缺席 8 人，实际出席 320 人。大会听取和审议十届县委作《创新 开放 实干 加快建设山水园林型现代化中等工贸城市 为全面实现小康社会目标而奋斗》的报告、县纪委作纪委工作报告，并作出相应决议。会议是在实践"三个代表"重要思想，县域经济综合实力明显增强，城乡面貌明显改变，人民生活水平明显提高的形势下召开的，提出创新、开放、实干，实施"五大战略"(工业立县、开放兴县、科教强县、城市化和可持续发展战略)，加快建设山水园林型现代化中等工贸城市，全面实现小康社会的奋斗目标。会议选举产生县第十一届委员会，委员 25 人、候补委员 5 人；选举产生第十一届纪律委员会，委员 15 人；选举长兴县出席中共湖州市第五次代表大会代表 66 人。

六、第十二次代表大会

图19-1　中国共产党长兴县第十二次代表大会召开(县委办提供·2006年)

2006 年 12 月 26 日至 29 日，中共长兴县第十二次代表大会召开。全县应出席代表 345 人，因公、因病等缺席 3 人，实际出席 342 人。大会听取和审议刘国富代表十一届县委作《团结拼搏 创新实干 为加快建设山水园林型现代化新兴城市 实现全面小康社会而努力奋斗》的报告、县纪委作《崇尚清廉 创优环境 为加快建设山水园林型现代化新兴城市提供坚强保证》的工作报告，并作出相应决议。会议是在贯彻落实科学发展观，县域综合实力迅速提升，城乡统筹全面推进，社会事业全面进步的形势下召开的，提出团结拼搏、创新实干，大力实施"六大战略"(工业立县、科教强县、生态优县、经济国际化、新型城市化和软实力优化战略)、全力打造"六个区"(长三角先进制造业重要集聚区、长三角绿色高效农产品主产区、长三角现代物流重要集散区、长三角生态休闲度假新选区和浙江省先进文化建设示范区、现代社会管理样板区)，加快建设山水园林型现代化新兴城市，实现全面小康社会的奋斗目标。会议选举产生县第十二届委员会，委员 33 人、候补委员 6 人；选举产生第十二届纪律委员会，委员 19 人；选举长兴县出席中共湖州市第六次代表大会代表 68 人。

七、第十三次代表大会

2011 年 12 月 25 日至 28 日，中共长兴县第十三次代表大会召开。全县应出席代表 345 人，因公、因病等缺席 1 人，实际出席 344 人。大会听取和审议章根明代表十二届县委作《坚持科学发展 推进三升一改 为建设县强民富景美人和的"太湖望县、锦绣长兴"而努力奋斗》的报告、县纪委作《坚持改革创新 服务发展大局 在新的起点上奋力开创反腐创廉建设新局面》的工作报告，并作出相应决议。会议是在深入贯彻科学发展观,县域发展开创新局面,经济转型升级、扩大改革开放、城乡统筹发展、社会民生事业取得显著成绩的形势下召开的,提出深入实施"六大战略"(工业立县、开放活县、生态优县、新型城镇化、科教兴县和文化强县战略)、全力推进"三升一改"(产业升级、城市升值、文化升华、民生改善),建设县强民富景美人和的"太湖望县、锦绣长兴"的奋斗目标。会议选举产生县第十三届委员会,委员39人、候补委员7人;选举产生第十三届纪律委员会,委员21人;选举长兴县出席中共湖州市第七次代表大会代表67人。

第三节 代表会议

1988—2012年,中共长兴县代表会议共召开3次,主要任务是选举产生长兴县出席中共湖州市代表大会代表。

1989年9月23日,中共长兴县代表会议召开,参加会议的应到代表134人,实到代表132人。会议采取无记名投票的方式,差额选举产生长兴县出席中共湖州市第二次代表大会代表61人。

1994年9月21日至22日,中共长兴县代表会议召开,参加会议的应到代表196人,实到代表189人。会议采取无记名投票的方式,差额选举产生长兴县出席中共湖州市第三次代表大会代表62人。

1998年9月3日,中共长兴县代表会议召开,参加会议的代表203人。会议采取无记名投票的方式,差额选举产生长兴县出席中共湖州市第四次代表大会代表66人。

第二章 中共长兴县地方组织

中共长兴县委员会由县党代会选举产生,常务委员会由县委员会全体委员会议选举产生。中共长兴县纪律检查委员会届别与县委届别相同,由县党代会选举产生。1988年,县委有工作机构和直属单位9个;全县共有区党委6个、党委61个、党组17个、党总支14个、党支部1109个。2012年,县委有工作机构和直属单位12个;全县共有党委76个、党组46个、党总支138个、党支部1390个。

第一节 委员会及常委会

1988—2012年,县委共换届6次。县委员会由县党代会选举产生,由委员和候补委员组成。县常务委员会由县委员会全体委员会议选举产生。

一、县委员会

1987年3月,县第七次党代会选举产生中共长兴县第七届委员会,由委员27人、候补委员4人组成。1990年3月,县第八次党代会选举产生中共长兴县第八届委员会,由委员27人、候补委员4人组成。1993年2月,县第九次党代会选举产生中共长兴县第九届委员会,由委员27人、候补委员4人组成。1998年2月,县第十次党代会选举产生中共长兴县第十届委员会,由委员25人、候补委员5人组成。2003年1月,县第十一次党代会选举产生中共长兴县第十一届委员会,由委员25人、候补委员5人组成。2006年12月,县第十二次党代会选举产生中共长兴县第十二届委员会,由委员33人、候补委员6人组成。2011年12月,县第十三次党代会选举产生中共长兴县第十三届委员会,由委员39人、候补委员7人组成。

二、县常务委员会

1987年3月25日,七届县委举行第一次全体会议,选举产生常务委员会,常务委员9人,其中书记

1 人、副书记 2 人；届内上级调出书记 1 人、副书记 1 人，任命书记 1 人、副书记 3 人。1990 年 3 月 17 日，八届县委举行第一次全体会议，选举产生常务委员会，常务委员 8 人，其中书记 1 人、副书记 3 人；届内上级调出书记 1 人、副书记 2 人、常委 2 人，任命书记 1 人、副书记 3 人、常委 2 人。1993 年 2 月 27 日，九届县委举行第一次全体会议，选举产生常务委员会，常务委员 9 人，其中书记 1 人、副书记 3 人；届内上级调出书记 2 人、副书记 2 人、常委 2 人(其中挂职 1 人)，任命书记 2 人、副书记 3 人、常委 9 人(其中挂职 1 人)。1998 年 2 月 20 日，十届县委举行第一次全体会议，选举产生常务委员会，常务委员 10 人，其中书记 1 人、副书记 3 人；届内上级调出书记 1 人、副书记 2 人、常委 6 人，任命书记 1 人、副书记 5 人、常委 5 人。2003 年 1 月 23 日，十一届县委举行第一次全体会议，选举产生常务委员会，常务委员 11 人，其中书记 1 人、副书记 4 人；届内上级调出书记 1 人、副书记 3 人(其中挂职 1 人)、常委 4 人，任命书记 1 人、副书记 3 人(其中挂职 1 人)、常委 6 人。2006 年 12 月 29 日，十二届县委举行第一次全体会议，选举产生常务委员会，常务委员 12 人，其中书记 1 人、副书记 3 人；届内上级调出书记 1 人、常委 5 人(其中挂职 3 人)，任命书记 1 人、副书记 2 人、常委 7 人(其中挂职 3 人)。2011 年 12 月 28 日，十三届县委举行第一次全体会议，选举产生常务委员会，常务委员 11 人，其中书记 1 人、副书记 2 人；同日，上级任命常委 1 人(挂职)。2012 年 12 月，上级调出常委 1 人。

第七届至第十三届县委，先后有 8 人任书记，21 人任副书记，46 人任常委(其中外地到长兴县挂职 5 人)。

第七届至第十三届中共长兴县委书记、副书记、常委名录表

表 19-2

届次	职务	姓名	籍贯	任职时间
第七届 (1987.03—1990.03)	书　记	徐明生	浙江宁波	1987.03—1989.10
		王志廷	浙江长兴	1989.10—1990.03
	副书记	王志廷	浙江长兴	1987.03—1989.10
		许洪翔	浙江安吉	1987.03—1989.10
		蔡圣初	浙江乐清	1989.10—1990.03
		沙铁勇	江苏如皋	1989.10—1990.03
		季培军	山东莱州	1989.04—1990.03
	常　委	王先忍	浙江德清	1987.03—1990.03
		陈尚胜	浙江长兴	1987.03—1990.03
		钱员章	浙江上虞	1987.03—1990.03
		高宪科	山东藤县	1987.03—1990.03
		鲁善增	浙江平湖	1987.03—1990.03
		姚惠泉	浙江长兴	1987.03—1990.03
第八届 (1990.03—1993.02)	书　记	王志廷	浙江长兴	1990.03—1991.11
		茅临生	浙江天台	1991.11—1993.02
	副书记	蔡圣初	浙江乐清	1990.03—1992.12
		沙铁勇	江苏如皋	1990.03—1993.02
		季培军	山东莱州	1990.03—1991.09
		刘世军	浙江湖州	1992.02—1993.02
		金庆灿	浙江临海	1992.12—1993.02
		洪其祥	浙江平湖	1993.02—1993.02
	常　委	鲁善增	浙江平湖	1990.03—1992.12
		王先忍	浙江德清	1990.03—1991.09

续表19-2

届次	职务	姓名	籍贯	任职时间
		姚惠泉	浙江长兴	1990.03—1993.02
		高宪科	山东藤县	1990.03—1993.02
		张全镇	浙江长兴	1992.12—1993.02
		蔡小凡	浙江湖州	1992.12—1993.02
第九届（1993.02—1998.02）	书　记	茅临生	浙江天台	1993.02—1994.04
		金庆灿	浙江临海	1994.09—1997.08
		吴水霖	浙江湖州	1997.08—1998.02
	副书记	金庆灿	浙江临海	1993.02—1994.09
		刘世军	浙江湖州	1993.02—1997.12
		洪其祥	浙江平湖	1993.02—1995.05
		杨献国	浙江湖州	1995.01—1998.02
		张全镇	浙江长兴	1995.05—1998.02
		徐克强	浙江桐乡	1997.11—1998.02
	常　委	姚惠泉	浙江长兴	1993.02—1998.02
		李小明	浙江长兴	1993.02—1998.02
		张全镇	浙江长兴	1993.02—1998.02
		蔡小凡	浙江湖州	1993.02—1997.12
		朱声庚	浙江长兴	1993.02—1998.02
		金树云	浙江长兴	1995.04—1998.02
		颜水根	安徽郎溪	1995.05—1998.02
		唐中祥	浙江海盐	1996.09—1998.02
		喻运鑫	浙江安吉	1997.02—1998.02
		吴力吉	浙江杭州	1997.05—1997.11（挂职）
		何国富	江苏丹阳	1997.11—1998.02
		刘国富	浙江安吉	1997.11—1998.02
		李建平	山东莱阳	1997.11—1998.02
		谢银根	浙江湖州	1997.11—1998.02
第十届（1998.02—2003.01）	书　记	吴水霖	浙江湖州	1998.02—2002.09
		邵　毅	浙江湖州	2002.09—2003.01
	副书记	邵　毅	浙江湖州	2001.06—2002.09
		杨献国	浙江湖州	1998.02—2001.06
		张全镇	浙江长兴	1998.02—2003.01
		徐克强	浙江桐乡	1998.02—2001.08
		刘国富	浙江安吉	2001.11—2003.01
		张建明	浙江湖州	2002.11—2003.01
		叶白云	浙江长兴	2002.11—2003.01
		胡国荣	浙江湖州	2002.11—2003.01
	常　委	朱声庚	浙江长兴	1998.02—2001.08
		唐中祥	浙江海盐	1998.02—1999.10
		喻运鑫	浙江安吉	1998.02—2001.11
		何国富	江苏丹阳	1998.02—2002.11

续表19-2

届次	职务	姓名	籍贯	任职时间
		李建平	山东蓬莱	1998.02—2002.11
		谢银根	浙江湖州	1998.02—2002.07
		金树云	浙江长兴	1998.07—2003.01
		吕志良	浙江湖州	2001.11—2003.01
		李泽福	安徽潜山	2001.11—2003.01
		方自亮	浙江浦江	2002.09—2003.01
		陈丽霞(女)	浙江湖州	2002.11—2003.01
第十一届 (2003.01—2006.12)	书　记	邵　毅	浙江湖州	2003.01—2006.06
		刘国富	浙江安吉	2006.06—2006.12
	副书记	刘国富	浙江安吉	2003.01—2006.06
		张建明	浙江湖州	2003.01—2006.11
		叶白云	浙江长兴	2003.01—2006.12
		胡国荣	浙江湖州	2003.01—2006.11
		陈志伟	河南汝阳	2005.08—2005.11 (由洛阳团市委来挂职)
		章根明	浙江桐庐	2006.06—2006.12
		项乐民	浙江安吉	2006.11—2006.12
	常　委	金树云	浙江长兴	2003.01—2006.12
		吕志良	浙江湖州	2003.01—2003.09
		李泽福	安徽潜山	2003.01—2005.03
		方自亮	浙江浦江	2003.01—2003.07
		陈丽霞(女)	浙江湖州	2003.01—2006.12
		汪荣山	浙江长兴	2003.01—2006.12
		项根宝	浙江湖州	2003.07—2006.12
		杨福成	江苏溧水	2003.11—2006.12
		项乐民	浙江安吉	2003.11—2006.11
		沈连江	浙江湖州	2005.05—2006.12
		濮建芳(女)	浙江德清	2006.07—2006.12
		邱见春	浙江湖州	2006.11—2006.12
第十二届 (2006.12—2011.12)	书　记	刘国富	浙江安吉	2006.12—2011.01
		章根明	浙江桐庐	2011.01—2011.12
	副书记	章根明	浙江桐庐	2006.12—2011.01
		叶白云	浙江长兴	2006.12—2011.12
		项乐民	浙江安吉	2006.12—2011.12
		吕志良	浙江湖州	2011.02—2011.12
		许小月	浙江安吉	2011.11—2011.12
	常　委	金树云	浙江长兴	2006.12—2011.12
		濮建芳(女)	浙江德清	2006.12—2010.09
		汪荣山	浙江长兴	2006.12—2011.12
		项根宝	浙江湖州	2006.12—2011.12
		沈连江	浙江湖州	2006.12—2011.12

续表19-2

届次	职务	姓名	籍贯	任职时间
		王庆忠	河南光山	2006.12—2011.12
		庄国良	浙江长兴	2006.12—2011.12
		邱见春	浙江湖州	2006.12—2011.12
		赵永新	山东安丘	2007.01—2007.11 (由人民日报社来挂职)
		王　建	浙江建德	2008.04—2010.06 (由省公安厅来挂职)
		孙卫亮	浙江长兴	2008.07—2010.12
		吴　频	福建福州	2008.09—2010.12 (由商务部来挂职)
		金淦英(女)	浙江湖州	2010.09—2011.12
		宋　波	浙江湖州	2011.11—2011.12
		娄显杰	浙江瑞安	2011.11—2011.12
第十三届(2011.12—　)	书　记	章根明	浙江桐庐	2011.12—
	副书记	吕志良	浙江湖州	2011.12—
		许小月	浙江安吉	2011.12—
	常　委	沈连江	浙江湖州	2011.12—
		王庆忠	河南光山	2011.12—
		金淦英(女)	浙江湖州	2011.12—
		李祖华	浙江湖州	2011.12—
		陈　丹(女)	四川冕宁	2011.12—(挂职)
		高胜华	浙江长兴	2011.12—
		宋　波	浙江湖州	2011.12—
		娄显杰	浙江瑞安	2011.12—2012.12
		管会斌	浙江长兴	2011.12—

说明:资料来源于县委办、县委组织部

第二节　纪律检查委员会及常委会

中共长兴县纪律检查委员会(简称县纪委)届别与县委届别相同,由县党代会选举产生。县纪委常务委员会由县纪委全体委员会议选举产生。1987 年 3 月 25 日,县第七次党代会选举产生中共长兴县纪律检查委员会,由 13 名委员组成;同日,县纪委举行第一次全体会议,选举产生常务委员会,常务委员 6 人,其中书记 1 人、副书记 1 人,鲁善增当选为书记。1990 年 3 月 17 日,县第八次党代会选举产生中共长兴县纪律检查委员会,由 13 名委员组成;同日,县纪委举行第一次全体会议,选举产生常务委员会,常务委员 5 人,其中书记 1 人、副书记 2 人,鲁善增当选为书记。1993 年 2 月 27 日,县第九次党代会选举产生中共长兴县纪律检查委员会,由 15 名委员组成;同日,县纪委举行第一次全体会议,选举产生常务委员会,常务委员 6 人,其中书记 1 人、副书记 2 人,李小明当选为书记;1997 年 11 月,何国富被任命为县纪委书记。1998 年 2 月 20 日,县第十次党代会选举产生中共长兴县纪律检查委员会,由 15 名委员组成;同日,县纪委举行第一次全体会议,选举产生常务委员会,常务委员 7 人,其中书记 1 人、副书记 2 人,何国富当选为书记;2002 年 12 月,张建明被任命为县纪委书记。2003 年 1 月 23 日,县第十一次党代会选举产生中共长兴县纪律检查委员会，由15名委员组成；同日，县纪委举行第一次全体会议，选举产生常务委员会，常务委员7人，其中书记1人、副书记2人，张建明当选为书记。2006年12月29日，县第十二次党代会选举产生中共长兴县纪律检查委员会，由19名委员组成；同日，县纪委举行第一次全体会议，选举产生常务委员会，常务委员7人，其中书记1人、副书记2人，濮建芳当选为书记；2010年9月，金淦英被任命为县纪委书记。2011年12月28日，县第十三次党代会选举产生中共长兴县纪律检查委员会，由21名委员组成；同日，县纪委举行第一次全体会议，选举产生常务委员会，常务委员7人，其中书记1人、副书记2人，金淦英当选为书记。

第三节　县委工作机构和直属单位

1987年3月—1990年3月，县委工作机构有办公室、组织部、宣传部、统一战线工作部、党史资料征集研究委员会、老干部局、政法委员会，直属单位有党校、机关党委。

1990年3月—1993年2月，县委工作机构有办公室、组织部、宣传部、统一战线工作部、党史研究室（1990年11月由党史资料征集研究委员会更名）、老干部局、政法委员会，直属单位有机关党委、党校。

1993年2月—1998年2月，县委工作机构有办公室、组织部、宣传部、统一战线工作部、政法委员会（社会治安综合治理委员会办公室），直属单位有信访局（1996年9月由县委、县政府信访办公室更名成立，副科级）、档案局（1996年9月档案局与档案馆合并，保留档案局牌子，副科级）、保密局（1990年7月成立，副科级，1996年9月并入县委办公室，为县委办公室内设机构，对外挂牌）、党史研究室、机关党委（1996年9月更名县直机关工作委员会）、老干部局、党校（行政学校；1996年11月成立与党校合署办公）、长兴报社（1996年6月成立）。

1998年2月—2003年1月，县委工作机构有办公室、组织部、宣传部、统一战线工作部、政法委员会（社会治安综合治理委员会办公室；2001年12月成立，与政法委合署办公）、政策研究室（农业和农村工作办公室；2001年12月，两部门成立并合署办公，经济体制改革办公室同时与政策研究室合署办公），直属单位有信访局（1999年9月升格为正科级）、档案局（2001年12月升格为正科级）、保密局（副科级，为县委办公室内设机构，对外挂牌）、党史研究室、县直机关工作委员会、老干部局、党校（行政学校）、长兴报社、县委台湾工作办公室（2001年12月由统战部挂牌，与县政府台湾事务办公室合署办公）。

2003年1月—2006年12月，县委工作机构有办公室、组织部、宣传部、统一战线工作部、政法委员会（综治办、维稳办）、政策研究室（农业和农村工作办公室），直属单位有信访局、档案局、保密局、党史研究室、县直机关工作委员会、老干部局、党校（行政学校、社会主义学校）、宣传信息中心（2003年12月长兴报社撤销，2004年5月建立县宣传信息中心）、县委台湾工作办公室（县政府台湾事务办公室）。

2007年7月，政策研究室与县委办公室合署办公，农业和农村工作办公室挂县人民政府农业和农村工作办公室牌子。2011年4月，县宣传信息中心撤销。同年5月，县机构编制委员会办公室单列为县委工作机构。2012年，县委工作机构有办公室、组织部、宣传部、统一战线工作部、政法委员会（综治办、维稳办）、农业和农村工作办公室、县机构编制委员会办公室，直属单位有信访局、档案局、县直机关工作委员会、老干部局、党校（行政学校、社会主义学校）。

第四节　基层组织

一、基层党组织

1988年，全县共有区党委6个、党委61个、党组17个、党总支14个、党支部1109个。1993年5

月,撤销城东、和平、虹溪、泗安、煤山、鼎新6个区党委建制。至2012年年末,全县共有党委76个、党组46个、党总支138个、党支部1390个。

乡镇(街道、园区)党组织 1988年,全县有乡党委25个、镇党委9个。1992年9月,乡镇建制调整,撤销便民桥乡、观音桥乡、鼎甲桥乡、夹浦乡4个乡党委,新组建和平镇、虹星桥镇、夹浦镇3个镇党委,调整后全县共有乡党委21个、镇党委10个。同年,成立长兴经济技术开发区党工委。1999年1月,撤销下箬寺乡、包桥乡、后漾乡、管埭乡、仙山乡、畎桥乡、天平桥乡、长城乡、横山乡、里塘乡、白阜乡11个乡党委,调整后全县共有乡党委10个、镇党委10个、园区党工委1个。2000年12月,撤销新塘乡、长桥乡、长潮乡、太傅乡4个乡党委,全县共有镇党委10个、乡党委6个、园区党工委3个。2009年7月,成立太湖旅游度假开发区党工委,2010年6月撤销太湖旅游度假开发区党工委,成立西太湖旅游度假区党工委。2011年3月,西太湖旅游度假开发区党工委更名为浙江太湖图影旅游度假区党工委;建立湖州南太湖(长兴)产业集聚区管委会党工委,10月更名为湖州南太湖产业集聚区长兴分区管委会党工委。2012年6月,撤销吴山乡、二界岭乡2个乡党委,成立雉城、画溪、太湖3个街道党委。至2012年年末,全县共有白岘乡、槐坎乡、吕山乡、水口乡4个乡党委,洪桥镇、李家巷镇、夹浦镇、泗安镇、林城镇、和平镇、虹星桥镇、煤山镇、小浦镇9个镇党委,雉城街道、画溪街道、太湖街道、龙山街道4个街道党工委,国家级经济技术开发区、南太湖产业集聚区、太湖图影旅游度假区3个园区党工委。

县级机关党组织 1988年,全县有县级机关党委4个、党组11个。1993年,县委加强县级机关党组织建设,年底全县共有党委14个、党组29个。1994年9月,县财政税务局分设为财政局、地方税务局和国家税务局,12月撤销原县财政税务局党组,建立县财政局党组。1996年9月,撤销县对外经济贸易委员会党组,建立县对外贸易经济合作局党组;撤销县商业局党委、县物资局党委;撤销文化局党委,建立文化与体育局党委;撤销县城乡建设环境保护局党委,建立县建设局党委、县环境保护局党组;撤销县劳动人事局党组,建立县人事劳动局党组;撤销县机关事务管理局党组,建立县机关服务中心党组;撤销县计划经济委员会党组,建立县计划与经济委员会党组,撤销县经济体制改革办公室党组,建立经济技术协作办公室党委;撤销县工商行政管理局党组,建立工商行政与物价管理局党组、县技术监督局建立党组;建立商业(集团)总公司党委、物资(集团)总公司党委、旅游局党组。1997年,长兴县工商业联合会建立党组,县国家税务局建立党组。1998年,建立长兴县残疾人联合会党组;建立长兴县科学技术协会建立党组;建立县邮政局党委;撤销旅游局党组;撤销县矿产资源管理办公室党组;撤销县邮电局党委;建立县地质矿产局党组。1999年,撤销县机关服务中心党组;撤销工商行政与物价管理局党组;建立工商行政管理局党组;建立县物价局党组;建立共青团长兴县委党组。2000年,工商行政管理局党组改建为党委;县技术监督局改称为县质量技术监督局,原党组撤销,同时建立党委。2001年,建立审批办证服务中心党组;撤销农村经济委员会党组;撤销县统计局党组;撤销地质矿产局党组;撤销县物价局党组;撤销县教育委员会党委,建立县教育党委;撤销经济技术开发区委员会党组,建立经济技术开发区管理委员会党委;撤销县人事劳动局党组;撤销县土地管理局党组;建立县发展计划与经济委员会党委;县科学技术委员会党组撤销,建立县科学技术局党组;建立县人事局党组、建立劳动和社会保障局党组;建立县国土资源局党组;撤销县水利农机局党组,建立水利局党组;撤销粮食局党委,建立贸易与粮食局党委;撤销县计划生育委员会党组,建立县计划生育局党组;撤销县计划与经济委员会党组;撤销县对外贸易经济合作局党组;新建旅游局党组;建立市场开发中心党组;建立湖州药品监督管理局长兴分局党组。2002年,撤销工业局党委、乡镇企局党组;撤销供销合作社联合社党委、商业(集团)总公司党委、物资(集团)总公司党委、二轻总公司党委、原县经济技术协作办公室党委。2003年,撤销县市场开发中心党组、县电信局党委。2004年,建立对外贸易经济合作局党组;国土资源局党组改设为党委;建立城市管理局党组。2005年,建立县发展改革和经济委员会党委、县文化广电新闻出版局(体育局)党委、县人口与计划生育局党组、县安全生产监督管理局党组、县广播电视台党委、县行政服务中心党组;撤销发展计划与经济委员会党委、县文化与体育局党委、县计划生育局党组、县广播电视局党委、县审批办证服务中心党组。2006年，新建行政中心管理办公室党组。2011年，撤销县发展改革和经济委员会党委，建立发展和改革委员会党委；建立经济和信息化委员会党委；建立县统计局党组；撤销劳动和社会保障局党组、建立人力资源和社会保障局党组。撤销县建设局党委、建立县住房和城乡建设局党委；撤销县交通局党委、建立县交通运输局党委；撤销县贸易与粮食局党委；撤销对外贸易经济合作局党组；建立食品药品监督管理局党组；建立商务局党委；撤销广播电视台党委，建立长兴传媒集团党委；撤销县城市管理局党组、建立县城市管理行政执法局党组；撤销县司法局党组，建立司法局党委；撤销县旅游局党组，建立县风景和旅游局党组；建立县食品药品监督管理局党组。2012年，县级机关党组织有党委21个、党组46个。

村(居)党组织　1988年，全县有农村党总支、党支部450个。1995年，开展农村基层党组织设置调整和完善工作，在父子岭村和雉城村设立村党委。同年，全县有村党委2个，村党总支、党支部448个、居民区党组织35个。1999年1月，乡镇撤并后，共有村党委2个、村党总支、党支部448个、居民区党组织50个。2000年，乡镇撤并后，共有村党委2个、村党总支、村党支部448个、居民区党组织56个。2002年4月，部分行政村区划实施调整，全县行政村由原来450个调整到224个，共有村党委2个、村党总支、党支部222个，居民区党组织63个。2008年，部分行政村和居民区撤并，全县共有村党委2个、村党总支199个、居民区党组织75个。2010年，部分行政村撤并，全县共有村党委3个、村党总支、党支部217个、居民区党组织50个。至2012年年末，全县共有村(居)党委6个、村党支部(总支)217个、居委会党支部28个。

社区党组织　2000年，首次设立街道社区。2001年，按“一居一支部”要求，建立社区党支部26个(其中台基山街道的北门、体育场、步行桥3个社区建立1个党支部)。同时，将450名下岗职工党员和破产、解体企业退休职工党员的组织关系全部接转到社区党组织，建立社区党建共建机制。2004年，社区党组织首次实行换届选举，社区党支部44个。2010年3月，荣军、大西门、北门3个社区党总支部均改建为党委。2012年年底，全县共有社区党组织24个。

“两新”党组织　1988年，全县有企事业党委11个、党组3个、党总支4个、党支部49个。同年起，随着经济建设和改革开放深入发展，全县企业事业单位的党组织相应发展壮大。至1993年年末，全县企事业单位中有党委12个、党组4个、党总支6个、党支部54个。其中，县属企业单位党委11个(内有重点工业党委5个)、党总支5个(内有重点工业党总支3个)、党支部18个(内有重点工业党支部10个)；重点乡镇工业企业单位党总支1个、党支部14个；事业单位党委1个、党组4个、党支部22个。2000年，湖州市首家私营企业党委即中共湖州金三发集团党委挂牌。2003年，全县共有企事业单位党委5个、党组6个、党总支部12个、党支部23个。2004年9月起，在党组织建设理论界首次提出“两新”党组织概念(即新经济组织和新社会组织，简称“两新”党组织)，全面加强企事业单位党组织管理，“两新”党组织建设工作进入新的阶段。2006年，全县共有“两新”组织党委5个、党总支部12个、党支部12个。2012年，省委组织部发文成立新经济组织和新社会组织工作委员会，基层相应成立相关组织，开始使用“两新”党组织称谓。至2012年年末，全县3825家非公企业中单独组建党组织的有271家，建立联合党组织的有3229家，实现工作覆盖的有325家，新社会组织党组织组建率达91.3%，建立22个区域性党组织，覆盖企业1350家，基本实现非公企业党组织全覆盖。

1988—2012年长兴县基层党组织情况表

表19-3　　单位：个

年度	全县党组织				乡(镇)党委		县级机关党组织		年度	全县党组织				乡(镇)党委		县级机关党组织	
	党委	党组	总支	支部	镇党	乡党委	党委	党组		党委	党组	总支	支部	镇党	乡党委	党委	党组
1988	61	17	14	1109	9	25	1	17	1989	61	2	12	1128	9	25	1	21

续表19-3

年度	全县党组织				乡(镇)党委		县级机关党组织		年度	全县党组织				乡(镇)党委		县级机关党组织	
	党委	党组	总支	支部	镇党	乡党委	党委	党组		党委	党组	总支	支部	镇党	乡党委	党委	党组
1990	61	21	11	1134	9	25	1	21	2002	56	36	51	1098	10	6	17	30
1991	62	26	15	1147	9	25	1	26	2003	38	35	98	983	10	6	16	29
1992	62	26	16	1158	10	21	1	26	2004	50	43	104	966	10	6	17	30
1993	61	30	16	1147	10	21	14	27	2005	50	44	97	1006	10	6	17	31
1994	63	32	24	1117	10	21	19	28	2006	50	45	109	1068	10	6	17	32
1995	67	32	30	1166	10	21	19	32	2007	50	45	109	1068	10	6	29	45
1996	67	37	33	1194	10	21	19	30	2008	50	45	114	1060	10	6	13	45
1997	68	42	37	1197	10	21	19	32	2009	53	46	119	1081	10	6	16	46
1998	67	39	36	1153	10	21	21	33	2010	42	46	134	1165	10	6	18	46
1999	56	41	45	1132	10	10	21	34	2011	52	46	136	1506	10	6	19	35
2000	53	38	49	1135	10	10	23	32	2012	76	46	138	1390	9	4	21	46
2001	55	41	48	1088	10	6	24	30	—	—	—	—	—	—	—	—	—

说明:资料来源于县委组织部

二、基层纪检组织

纪委(纪检组) 1984年5月,县委批转县纪委《关于健全我县各级纪检机构和充实纪检干部队伍的报告》,明确县机关党委设立党的纪律检查委员会。同年年底,县级机关有13个单位建立纪检组,6个区、36个乡(镇)配备专职纪检委员13人,配备兼职纪检委员29人,全县共有24个乡党委所属的党支部配分管纪检工作的委员。1991年年底,县级机关部门纪委(纪检组)17个。1992年,新成立公安局纪委,县级机关部门纪委(纪检组)增至18个。之后,纪检组织建设不断加强,至1995年年末,全县共有县级机关部门纪委(纪检组)49个。1996—2012年,新设县级机关部门纪委(纪检组)7个,撤销合并8个。

1991年起,乡镇设立纪委。同年,在雉城镇、泗安镇、李家巷镇开展乡镇纪委试点工作。11月,泗安镇成立全县第一个乡镇级纪委。至1995年年底,全县31个乡镇均建立纪委。2001年,落实中央关于“地方各级纪委书记由同级党委副书记担任”的规定,全县16个乡镇纪委书记均由同级党委副书记担任。2002年,印发《关于健全和明确乡镇、县级机关部门纪委(纪检组)机构设置和工作职责的通知》,明确乡镇、县级机关部门纪委(纪检组)的任务和职责。至2012年年底,全县有乡镇(街道、园区)纪委20个,县级机关纪委(纪检组)48个,共有专兼职纪检干部240余人。

派驻纪检组 1990年12月,县纪委派驻金融系统纪律检查组建立。2008年5月,在县交通局、水利局、教育局、财政局、建设局、开发委6个重点部门设立派驻纪检监察组,受县纪委直接领导。派驻纪检组织设纪检监察组组长(纪工委书记)1人,职级为副科级,人员编制划归县纪委监察局,人选由县纪委商县委组织部提名并考察,按县管干部任免程序报批,并由县纪委监察局负责日常管理。至2012年年底,全县共有派驻纪检组织6个。

第三章 重要决策与活动

1988—2012年,历届中共长兴县委认真贯彻执行党的路线、方针、政策,根据中央和上级部署,围绕富民强县目标,坚持解放思想、实事求是,勇于探索、敢于创新,在经济、政治、文化、社会等领域作出一系列重要决策,不断深化改革,扩大对外开放,推动社会主义市场经济体制建立并初步完善,实现全县国民经济和社会各项事业持续健康快速发展。

第一节　县委工作规则

县委建立会议制度、公文审批制度、内外事活动制度和请示报告制度等工作规则。1988 年 4 月，县委制定《中共长兴县委工作制度(试行)》。1990 年 3 月，制定《中共长兴县委常务委员会工作制度》；4 月，制定《中共长兴县第八届委员会全委会工作规则》。1998 年 2 月，出台《中共长兴县十届委员会工作规划》。2003 年 1 月，修订《中共长兴县委工作规则》。2006 年 12 月，修订《中共长兴县委工作规则》。2011 年 12 月，修订《中共长兴县委工作规则》。

一、会议制度

县委实行全体委员会会议或全体委员会扩大会议、常务委员会会议、书记办公会议、县委财经工作领导小组会议集体领导制度。

县委全体委员会会议由县委书记、副书记、常委、委员和候补委员等组成。扩大会会议对象可扩大至县人大常委会、县政府、县政协的负责人，县纪委常委、委员，县委、县政府有关部门的负责人，县法院、检察院的负责人，乡镇、街道、园区的负责人。县各民主党派、工商联、人民团体的负责人以及无党派人士列席会议。由县委常委会召集并主持，每年至少召开两次，遇有重要情况可随时召开。会议议题和议程由常委会决定。会议内容包括传达上级重要文件、指示和决议、决定等，通报情况、讨论决定县委的重要工作部署，讨论其他需要县委全体委员会会议决定的事项。

县委常务委员会会议由县委书记、副书记、常委和县人大常委会、县政协主要领导组成。必要时可安排有关部门的主要负责人列席。由县委书记或由县委书记委托副书记召集并主持，并确定会议议题，重要议题由书记办公会议确定。会议一般每月召开两次，如遇重要情况可随时召开。会议内容包括讨论决定县委工作中的重大事项，讨论通过向上级党委汇报的工作报告以及请示的重要事项，讨论通过由县委制定和发布的文件，讨论决定县委关于加强党风廉政建设的工作措施以及其他重要的行政措施，听取县委书记、副书记、常委和县委部门的重要工作情况汇报，讨论决定各地、各部门请示解决和须由县委批准的重要事项，讨论人事任免，讨论决定县管干部违纪违法问题的处分意见。县委常委会议必须由半数以上的常委到会方能举行。讨论干部问题时应有三分之二以上常委到会方能举行。

县委书记办公会议由县委书记或县委书记委托分管副书记主持召开，县委副书记参加。必要时可安排县四套班子有关成员及有关部门负责人列席。会议根据需要不定期召开。会议议题由会议主持人确定。会议内容包括酝酿需要提交常委会议讨论决定的问题，对常委会讨论决定事项的组织实施进行协调，交流日常工作情况。

县委财经工作领导小组会议由县委财经工作领导小组组长或由组长委托副组长主持召开。会议一般每季度举行一次，平时根据工作需要由组长或组长委托副组长临时召集。会议议题由组长确定，或由领导小组成员提出，经组长审定同意后确定。会议主要任务是负责组织、协调、全县重大财经工作、研究确定全县国民经济建设和经济体制改革的指导方针和重大决策，研究提出处理全县重大财经问题和重大项目建设推进的原则和措施。

二、公文审批制度

公文审批按县领导分工负责的原则办理。凡以县委名义上报、下发涉及全局性工作的文件应经县委常委会讨论通过，由县委书记或由书记委托副书记审核签发。凡属县委常委会讨论决定的干部推荐、提名、任免文件，应由县委书记或分管副书记审核签发。全县性单项工作的文件和工作部署由县委办公室根据县委书记、副书记的意见负责批转、转发。上级来文和向上级组织上报的请示、报告等文件，均由县委办公室主任提出初步意见，送书记、副书记审定后，交有关部门办理。所有以县委名义上报、下发的文件均由县委办公室负责传递印刷和立卷归档。

三、内外事活动制度

县委领导的主要活动实行预报制度。出国(境)考察访问,经县委同意后报市委、市政府审批。接待、会见内宾,报县委主要领导审定。会见外宾及港澳人士,由县外事办提出意见(其中会见港澳人士由县外事办视情况协商县侨办提出意见),报县委审定。会见台湾到访的人员及华侨、外籍华人知名人士,分别抄送县台办、侨办审核提出意见后,报县委审定。

四、请示报告制度

县委每年向上级党委报告一次工作。各乡镇(街道、园区)党(工)委和县委各部门每年向县委报告一次工作。遇有特殊情况随时请示报告。各乡镇(街道、园区)、部门、单位的重要活动和信息、重大事故和突发事件、重要内宾到长兴县工作或活动的信息,要及时、迅速、准确地向县委办公室、县政府办公室报告。县领导干部、各乡镇(街道、园区)党(工)委书记和乡镇长(主任)离县出差(开会、出访)或休假,应事前书面或口头向县委主要领导报告。各部委办局、县直属各单位、各人民团体主要领导离县出差(开会、出访)或休假,应事前分别向县主要领导和分管领导书面或口头报告。经同意后,应将出差、休假的时间、地点及联系方式等有关事项报告县委办公室或县政府办公室。因病、因事休假需履行请假手续。

第二节　重要决策

一、总体发展战略

20 世纪 80 年代以来,县委始终坚持改革开放、富民强县,一张蓝图绘到底,在传承中发展,在发展中创新,努力保持工作思路的连续性和稳定性,积极探索并逐步走出了一条具有长兴特色的发展路子。1987 年 3 月,县第七次党代会提出“两开两改”的经济发展战略,即通过对外开放、促进对内开发,深化体制改革、推动技术改造,大力发展社会主义商品经济。同年 7 月,县委组织长兴经济发展战略研讨,对到 20 世纪末的经济建设,提出“两个开发、两个转化”(简称“两开两转”)的发展路子,即从开发农业资源和矿产资源入手,逐步向比较发达的商品经济和外向型经济转化,逐步把长兴建成名、优、特商品经济比较发达,在上海经济区有一定地位的开放型、多功能县。1988 年 2 月,县委七届二次全会明确提出实施“两开两转”经济发展战略。1990 年 3 月,县第八次党代会提出继续实施“两开两转”的发展路子,治理整顿,稳定和发展经济,巩固和发展安定团结的局面,坚持“两手抓”,争取国民经济和各项社会事业的进一步发展。1992 年 10 月,县委八届六次全委扩大会议提出 20 世纪 90 年代全县经济发展的奋斗目标:提前六年实现国民生产总值翻两番,力争到 1995 年翻一番,到 20 世纪末再翻一番,把长兴建成浙北重镇。1996 年 1 月,县委九届七次全会明确“九五”计划目标,确立 2010 年远景目标,即“力争使长兴成为全国率先基本实现现代化的地区之一,把长兴建设成为接轨浦东、面向国际的浙苏皖边界地区的现代化商贸中心”。年内,进一步明确为“力争在 2010 年把长兴建设成为接轨浦东、面向国际的太湖西岸的现代化中等工贸城市”。1998 年 2 月,县第十次党代会提出“建设太湖西南岸新兴工贸城市”的目标。2000 年 1 月,县委十届六次全会进一步完善提出“加快建设现代化中等城市,加快建设经济强县”的目标。2003 年后,以省委“八八战略”为指引,长兴开启县域发展新征程。同年召开的县十一次党代会提出实施“五大战略”,加快建设山水园林型的现代化中等工贸城市、全面实现小康社会的目标。2006 年 12 月,县第十二次党代会提出大力实施“六大战略”、全力打造“六个区”,加快建设山水园林型现代化新兴城市的目标。2011 年 12 月,县第十三次党代会提出继续实施“六大战略”,坚持科学发展、推进“三升一改”,建设县强民富景美人和的“太湖望县、锦绣长兴”的目标。

二、政治建设

1988 年 4 月,县委制定《关于局以上机关党员领导干部端正党风的若干规定》,研究改革开放新形势下加强机关思想政治工作,健全机关责任制并在农业口开展试点,更好地贯彻落实中共十三大和十三届三中全会精神。同年，县委修订工作制度，健全与政协、各界人士协商对话制度。1989 年 4 月起，县委传达学习中央和上级精神，联系长兴实际情况，要求各级党委过一次民主生活会，与中央保持一致。8 月，作出《关于做好群众关心的六件事的决定》，要求各级领导带头发扬艰苦奋斗，廉洁奉公的精神，从自身做起，在近期内务求把六件事办好，取得成效，取信于民。10 月，部署在全县农村全面开展基本路线教育，宣传十三届四中全会、五中全会精神。1990 年 9 月，首次召开县委人大工作会议，贯彻落实省委人大工作会议精神，就加强党对人大工作的领导、重视人大的工作和建设提出要求。11 月，作出《关于树立"自力更生、艰苦创业发展村级集体经济十面红旗"的决定》。1991 年 10 月，制定《关于建立干部谈话制度的意见》，加强干部队伍思想作风建设。11 月，制定《关于全县乡镇以上党政领导干部端正党风、保持廉洁的八项规定》。同月起，在各级干部中开展反和平演变的思想教育，在企业中开展社会主义思想教育。1992 年 2 月，制定《关于县级机关开展思想作风教育整顿的意见》，在县级机关（包括区委）开展思想作风教育整顿工作。3 月起，传达学习邓小平南方谈话精神，开展解放思想大讨论活动。1993 年 11 月，在全县农村开展十四大精神再教育活动。1995 年 6 月，在全县农村开展"创业绩、留足迹、比贡献"活动。1996 年 4 月，开展"扬长兴精神、创世纪辉煌"主题教育活动。1997 年 6 月，部署在县、乡镇及部门党委、党组领导班子中开展以"三讲"（讲学习、讲政治、讲正气）为主要内容的党性党风教育活动。1998 年 7 月，制定《关于开展机关思想作风整顿的实施意见》，全面贯彻落实十五大精神，进一步加强换届后各级领导班子和干部队伍的思想作风建设。2000 年，部署在县级领导班子和领导干部集中开展"三讲"教育活动，在全县党员、干部中广泛深入开展"致富思源、富而思进"教育活动。5 月，制定《关于进一步加强县级领导班子自身建设的意见》，从切实加强理论学习、加强党风廉政建设、改进工作作风三个方面作出规定。2001 年，部署开展"三个代表"重要思想学习教育活动。同年 5 月，对全县非公有制企业党建规范化建设作出三年发展规划，制定《关于加强社区党建工作的若干意见》。同年还制定《长兴县党政机构改革方案》和《关于事业单位改革的若干意见》，全面实施党政机构和事业单位改革。2003 年 2 月，深入开展"学习十六大、比学赶苏南"学习讨论活动。2004 年 9 月，在县级领导班子中开展"三树一创"（树立科学的发展观、树立正确的政绩观、树立牢固的群众观，创为民、务实、清廉好班子）教育实践活动，加强县级领导班子和领导干部思想政治建设。2005 年，部署开展保持共产党员先进性教育活动。2006 年 11 月，制定《关于县领导深入推进国内重点地区招商引资工作的意见》，改进领导和工作作风。2007 年 4 月，在县、乡镇、县级机关部门领导班子中开展"树新形象、创新业绩"主题实践活动。7 月，在县级领导班子中开展"走进矛盾、破解难题"专项行动。11 月，组织宣讲团赴农村开展以"一宣讲五推动"为主要内容的十七大精神宣讲活动。2010 年，部署开展创先争优活动。同年 1 月，制定《关于加强和改进学习型党组织建设的实施意见》《关于加强和改进民主集中制的实施意见》《关于进一步深化干部人事制度改革的实施意见》《关于加强和改进党的基层组织建设的实施意见》《关于加强和改进机关作风建设的实施意见》和《关于加强和改进反腐倡廉建设的实施意见》6 个专项实施意见，全面加强和改进党的建设。2012 年 3 月，制定《关于以"增六力、作表率"为主题深入开展领导干部创先争优示范行动加强领导班子思想政治建设的实施意见》。4 月，制定《关于以增强"八力"提素质创先争优作表率为主要内容进一步加强各级领导班子思想政治建设的决定》。8 月，制定《关于加强统一战线工作的意见》。11 月，制定《关于学习贯彻党的十八大精神深入开展"一宣讲六推动"活动的实施意见》，推动党的十八大精神学习贯彻。

三、工业立县

20 世纪 80 年代，长兴还是一个以农业为主的经济不发达县。无农不稳、无工不富、无商不活。25 年来，历届县委围绕富民强县目标，发展产业，活跃经济，探索并确立了坚持工业立县战略，着力构建以现代农业为基础、先进制造业为主体、现代服务业为支撑的现代产业体系，走出了一条符合长兴实际、富有时代特色的县域发展之路。

1988 年 2 月，县委七届二次全会提出，落实"两开两转"经济发展战略，调整工业产业结构，下决心在发展建材工业上取得突破。1988年后,以推进管理体制和经营体制改革为重点,继续发展壮大乡镇企业。1989年2月,县委七届五次全会提出,把培育有竞争力的工业支柱产业作为实施“两开两转”经济发展战略的两个重点之一。1989年7月,县委七届六次全会提出,认真贯彻治理整顿方针,按照择优扶持的原则,推动工业产品结构和产业结构优化。1990年1月,县委七届八次全会提出,加强对城镇工业的领导,立足于挖潜力、降消耗和提高质量,充分发挥优势工业,制止工业滑坡,保证工业持续稳定发展。1992年后,学习邓小平南方谈话精神,开始建设长兴经济技术开发区。1993年,县第九次党代会提出,推进工业结构调整,鼓励支持个体私营经济发展壮大,从理顺企业产权关系入手,积极试点和推行股份制。1994年1月,县委九届二次全会提出,优化区域经济产业布局,实施“沿线开发与发展”战略,建设形成轻纺、耐火(含机械、制塑、化工)、建材五金、商贸轻加工四个工业带。1995年7月,县委九届六次全会提出,集中精力抓好工业经济,围绕建立现代企业制度深化企业改革,大力发展个体私营经济,扩大经济总量,提高经济增长质量。1996年1月,县委九届七次全会提出,优化产业结构,择优扶强,加快工业经济发展。1997年,全面开展国有、城镇集体企业产权制度改革攻坚。1998年,县第十次党代会提出,大力调整和优化工业经济结构,确定水泥、耐火材料、医药化工、机械电子、粮油食品和轻纺行业作为调整和优化工业经济结构的重点,改造提高纺织、建材、特色轻工三大优势产业,加快发展医药、化工、机电三大新兴行业,提高工业经济整体素质和效益。1999年1月,县委十届四次全会提出,加快推进国有、城镇集体企业的改制步伐,运用高新技术改造提高传统行业,积极培育和发展高新技术产业和新兴产业,集中力量扶优扶强,努力提高工业经济的整体素质和竞争力。2000年1月,县委十届六次全会提出,强化“工业立县、工业兴县、工业强县”的思想,集中精力抓经济,突出重点抓工业,提高经济增长质量和效益。2000年后,提出“举全县之力建设一流开发区”,规划建设雉城、夹浦、煤山、洪桥、李家巷、林城6个特色工业园区,初步形成“一区六园”格局。2003年后,落实省委“八八战略”,发挥块状特色产业优势,加快先进制造业基地建设,走新型工业化道路。同年召开的县第十一次党代会确立“工业立县”战略,打造“四大基地”(全国蓄电池制造基地、长三角区域纺织业基地、新型建材基地和区域电子信息产品基地),建设工业大县。加快工业园区建设,新开辟和平、泗安两个县级工业园区,初步形成以省级开发区为龙头、八个工业园区为配套的“一区八园”新格局。2004年8月,县委十一届四次全会提出,积极应对国家宏观调控,以建设先进制造业基地为目标,加快战略性调整,优化产业结构,转变增长方式。继续扶优扶强,培育规模企业,提升企业的核心竞争力。2005年7月,县委十一届六次全会提出,加快推进工业“六大工程”(电子电源、新型材料、家居服饰、机械制造、特色化工、食品医药),全力打造先进制造业基地。2006年1月,县委十一届七次全会提出,以推进产业集群为导向,打造六大工程产业板块,建设先进制造业基地。2006年12月,县第十二次党代会提出深入实施工业立县战略,提出把培育大产业集群、推进大企业战略作为工业立县的核心工程来抓,全力打造“长三角先进制造业重要集聚区”,加快建设工业强县。2007年6月,天能动力在香港联交所主板上市,成为全市首家境外上市企业。2008年后,在国际经济危机的背景下,提出“合力扶工”,集中精力保增长、抓转型。2010年后,以“四大建设”(大平台、大产业、大企业、大投入)为突破口,开展“四大百亿”攻坚战(百亿产业、百亿投入、百亿平台、百亿企业)。同年,天能集团成为全市首批(共2家)超百亿企业,县经济技术开发区成为全省首个县域国家级开发区。2012年,推动产业升级,提出“冲刺千亿产值,创建工业强县”的目标。同年年末,全县完成规上工业总产值817亿元。

1988年2月,县委七届二次全会提出,继续强化农业基础,稳定粮食生产,全面发展农业经济,发展高效益的商品农业和创汇农业。1989年2月,县委七届五次全会提出,继续抓好粮食生产的基础上,把开放农业作为经济工作的重点,力争多投入一些,早日建成八大商品基地,实现农村产业结构的进一步优化。1989年7月,县委七届六次全会提出,完善联产承包责任制,在具备条件的地方推行“双田制”,推进适度规模经营。1990年1月,县委七届八次全会提出,农业要两手抓,一手抓常规农业,一手抓开发农业。同年,实施以吨粮田建设为重点的“四个十万亩”规划。1992年后,发展“一优两高”(优质、高产、高效)农业和集约化经营。1994 年,县委九届二次全会提出,稳定粮食生产,积极稳妥推进粮田适度规模经营,实施发展"一优两高"农业"115 工程",即 1 条环湖经济带、10 个县级"一优两高"农业示范点(片)和 5 个农业龙头企业,大力推动商品农业。1995 年,响应省委、省政府"横下一条心,打好粮食翻身仗"的号召,促使粮食生产升温,全面完成粮食生产责任制指标,受到省委、省政府的表彰。1996 年 1 月,县委九届七次全会提出,强化农业基础,加快农业现代化建设。全面推行"双田制",建立土地流转机制,积极发展优高农业、特色农业和创汇农业。1997 年 10 月,积极推进农业产业化经营,加快建设粮、油、畜禽、特种水产、蔬菜、茶叶、青梅、银杏、瓜果、花木、蚕桑、药材等 12 条农业"产业链"。1999 年 1 月,县委十届四次全会提出,加快推进农业产业化经营,着力培育粮油、蔬菜、瓜果、禽畜、花木和特种水产六大主导产业。同年,提出争取用 3 年时间建成 318 国道沿线 40 千米的高效农业示范带。2001 年后,重点调整优化农业产业结构,发展效益农业。2004 年起,实施农业"510"工程,即建设商品蔬菜、食用吊瓜、特种水产、花卉苗木、人造林等五个十万亩特色优势农产品基地,发展高效生态农业,提高优质化生产、标准化管理和产业化经营水平,增强农业综合生产能力。2007 年后,实施现代农业建设工程,加快推动农业大县向农业强县转变,以"高效生态、休闲观光"为主攻方向,集中力量推进商品蔬菜、花卉苗木(含鲜切花)、特种水产、优质茶叶、高产竹林、水果、蚕桑七大特色产业,重点发展葡萄、紫笋茶、白茶、毛竹、大棚茄子、食用菌、花卉苗木、红梅、生态鳖和河蟹九大特色农产品发展,打造长三角绿色高效农产品主产区。2012 年,推进农业"两区"建设,继续重点发展七大特色产业和九大特色农产品,发展生态高效农业、规模设施农业、休闲观光农业。

1988 年 2 月,县委七届二次全会提出,落实"两开两转"经济发展战略,大力发展商品经济,推行商业系统承包经营责任制改革。1990 年 1 月,县委七届八次全会扩大会议要求,要加强横向联系,积极开展边界贸易,活跃城乡市场,千方百计开拓市场,搞活流通。1991 年 1 月,县委八届四次全委扩大会议要求,继续把以城镇为轴心的集贸市场,以乡村为重点的农村市场和省际边界贸易等几种市场建设好,强化商品的集散功能。1992 年 10 月,县委八届六次全会扩大会议提出,重点发展市场流通业,特别要加快市场建设,发展边界贸易,发展交通运输业,仓储业、车船服务业、房地产业,以及会计审计、资产评估、信息、经纪等服务业,争取在较短时间内提高第三产业比重。1994 年 9 月,县委九届四次全会提出,按照大市场、大流通、大商业的要求,继续加快发展第三产业。1999 年 1 月,县委十届四次全委扩大会议提出,进一步强化市场建设在发展第三产业中的基础作用,大力发展商贸流通,加快发展运输业和旅游业。2003 年 1 月,县第十一次党代会指出,要确立"构筑大流通、培育大旅游、实施大服务"的思路,尽快形成具有鲜明特色的现代服务业体系。2007 年 7 月,县委十二届二次全会指出,积极发展生产性服务业,培育壮大休闲旅游业,推进中心商务区等商贸集聚区建设,加快建设长三角现代物流重要集聚区、长三角生态休闲度假新选区。2012 年 8 月,县委十三届三次全会指出,要创新实施服务业提速计划,全面促进服务业发展提速、规模扩大、比重提升。

四、开放活县

1988 年 2 月,县委七届二次全会提出,抓住时机,发展外向型经济。同年,长兴被列入沿海经济开放区。成立对外经济贸易协调机构,制定发展外向型经济规划和政策,鼓励出口创汇和各种形式的经济技术交流,鼓励港澳台同胞、海外侨胞到长兴投资。设立深圳、上海、杭州、海口、南京联络处。1994 年 1 月,县委九届二次全会提出,把外向型经济作为 20 世纪 90 年代振兴长兴经济的长期战略任务,进一步扩大对外开放,加大招商引资力度,大力发展对外贸易,扩大出口创汇。1995 年 7 月,县委九届六次全会提出,加快实施外向带动战略,继续全方位扩大开放,"三外"齐抓,整体推进。1996 年 1 月,县委九届七次全会提出,呼应浦东开发开放,积极扩大利用外资的规模和领域,进一步提高对外开放水平。1999 年 1 月,县委十届四次全会提出开放兴县的理念,要求进一步加大招商引资力度,主动接轨浦东,加快开放型经济发展。2000 年,全面实施开放战略,提出"依靠自身求得发展,借助外力加快发展"和"县外就是外"的工作思路,把招商引资作为全县工作的重中之重和"一把手"工程,进一步完善招商政策,优化投资环境,全县动员加快发展开放型经济。2001年后,全县以中国加入世贸组织为契机,全面提高开放层次和水平。2002年起,每年举办“长兴国际投资贸易洽谈会”。2003年后,落实省委“八八战略”,主动接轨上海、积极参与长三角地区合作与交流,全面提高对内对外开放水平。同年召开的县第十一次党代会确立“开放兴县”战略。同年7月,县委十一届二次全会提出,实施源头招商,组建专业招商队伍实施专业招商;8月,县委、县政府印发《长兴县全面接轨上海暨2003年工作的实施意见》,提出“树立接轨上海就是接轨机遇”的理念,从思想观念、产业发展、生产要素、基础设施和政策措施上推动全面接轨上海工作。2004年1月,县委十一届三次全会提出,内外并举,加快推进开放型经济发展。2004年8月,县委十一届四次全会提出,招商选资、择优选项,提升产业层次。2005年,开展“百日竞赛”活动,提出引进“大好高”项目的要求。2005年7月,县委十一届六次全会提出,开展“致力大好高、推进大招商”活动,全力以赴强攻“大好高”项目,提高引进外资质量和加快经济结构调整。2006年1月,县委十一届七次全会提出,继续把大好高作为主攻目标,促进经济结构调整、增强经济实力。2006年12月,县第十二次党代会确立经济国际化战略,提出全面提高对外开放水平,更好利用国际国内两个市场、两种资源、两类资本。2007年后,实施招商选资“一把手”工程,开展“大招商、招大商”活动,加大主动接轨上海力度,主攻全球500强、中国500强和浙江100强等“大好高”项目。2011年12月,县第十三次党代会确立开放活县战略。2012年,进一步加强和改进招商引资工作,实施“浙商回归”工程。

五、生态优县

1988年,县委动员全县开展荒山造林活动。同年,发生雉城镇水污染事件,开始加强对饮用水水源地保护。1990年,提出“五年消灭荒山、十年绿化长兴”。1993年后,开展“绿化造林月”活动。1996至1997年,开展乡镇工业污染源调查。1998年后,提出正确处理经济发展和保护环境的关系,加强环保执法力度,加大对污染企业的治理力度,使环境污染加剧和生态环境退化的趋势得到控制;实施治理太湖水污染“零点行动”。1999年后,开展“一控双达标”工作。1999年1月,县委十届四次全会提出,实施可持续战略,加强环境保护工作。2001年,环评审批作为工商注册前置条件之一。2003年后,落实省委“八八战略”,启动生态县建设规划编制,创建国家生态县,打造“绿色长兴”。2004年,召开生态县建设动员大会,启动生态县创建。下发《长兴县环境违法行为责任追究办法》,在全县范围内推行危害生态官员问责制。同年,出台的《2004年度乡镇综合考核工作意见》中,对生态环境的考核比重占乡镇考核总分的10%,比上一年增加一倍,其中对水口乡、二界岭乡生态环境的考核比重分别占两个乡考核总分的六分之一。之后,围绕生态县建设目标,突出抓好污染防治、生态保护与建设、发展循环经济,推进“七大”环境专项整治(即小煤矿、水泥机立窑、矿山企业、耐火窑炉企业、蓄电池行业、喷水织机水污染、包漾河饮用水水源保护等专项整治),开展“135”环境污染治理行动,建立生态保护补偿机制,改善和提高城乡生态环境质量。2005年起,开展国道省道沿线粉尘污染治理和水污染整治,推进生态县、生态乡镇和生态村建设,争创国家园林城市。同年年末,蓄电池行业通过省级环境保护重点监管区“摘帽”验收。2006年12月,确立生态优县战略,提出争创国际花园城市、中国人居环境奖和国家生态县。2007年后,坚持建设保护并举、保护优先的方针,实施生态县建设“一票否决”制,严格控制高能耗、高污染项目,开展生态环境综合整治“十三项工程”和“清水入湖”行动,建设“绿色长兴”“森林长兴”,优化城乡生态环境质量。2008年,提出生态建设学欧洲的理念。同年,获“国际花园城市”金奖和“城市可持续发展奖”第一名。2010年,提出创建全省、全国生态文明建设的先行区和示范区,作出《加快推进生态文明建设的决定》,实施生态文明建设“515”行动计划。2012年,继续实施生态文明建设“515”行动计划,推进重点地区、重点行业综合整治,改善城乡生态环境,积极争创国家级生态县。同年年末,长兴通过国家生态县考核验收。

六、新型城镇化

城镇建设 1988年起,县委组织实施第一轮城市总体规划。1990年,启动金陵南路地块拆迁。之后,随着城市化步伐加快,旧城改造有计划逐步展开。1992年,在县城东侧设立县经济技术开发区,规划面积8平方千米。1993年后，提出扩大雉城镇规模，加快集镇建设步伐，争取早日撤县建市，成为浙北重要的区域经济中心。1994年1月，县委九届二次全会提出，以长远的战略眼光和超前意识，大力抓好城乡基础设施建设。1996年1月，县委九届七次全会提出，加快基础设施和市政工程建设，构筑长兴城市发展的框架体系。同年，提出建设太湖西岸的现代化中等工贸城市目标。1998年2月，县第十次党代会提出建设太湖西南岸新兴工贸城市的目标。1999年1月，县委十届四次全会提出，把城市化作为新一轮经济发展的突破口，加强基础设施和城镇建设，加快城市化进程。2000年1月，县委十届六次全会进一步提出加快建设现代化中等城市的目标。2001年，作出开发建设龙山新区的决定。2003年后，落实省委"八八战略"，以加快城乡一体化为指引，实施城市化战略，着力构建"一核心三组团"城市空间布局，建设以雉城为中心、中心镇为支撑、一般城镇及中心村共同发展的城镇体系，加快建设山水园林型的现代化中等工贸城市。2005年，龙山新区一期2.6平方千米建成。2006年12月，县第十二次党代会确立新型城市化战略，提出加快建设山水园林型现代化新兴城市，为2020年实现现代化大城市远景目标奠定坚实基础。2007年后，提出抢抓国家推进城镇化的战略机遇，优化"一核心三组团"布局，极化中心城市建设并强化功能分区，做优做强东南生产区，拓展优化北部生活区，严格管制西部生态区，实现生产、生活、生态"三生"城市协调发展。2008年，提出"城市建设管理学新加坡、小城镇建设学德国"的理念，提升城市品质，推进精致小城镇建设工程。2009年后，建设南太湖总部经济园，规划建设西太湖(长兴)科教生态城。2011年后，作出建设太湖新城的决定。2012年，提出深入实施新型城市化战略，以推进城市升值为目标，全面推进城乡统筹，提升城市品质，优化生态环境，打造山水园林特色凸显的现代化新兴城市。

城乡统筹 1988年2月，县委七届二次全会提出，继续强化农业基础。1989年2月，县委七届五次全会提出，推进农村改革，壮大村级经济。1990年1月，县委七届八次全会提出，农村改革要继续完善以家庭经营为主的各种承包责任制，大力完善双层经营结构，巩固和发展村级集体经济。1990后，稳定和完善以家庭联产承包为主要内容的各种承包责任制，贯彻"绝不放松粮食生产，积极发展多种经营"的方针，抓好开发农业。1996年1月，县委九届七次全会提出，强化农业基础，加快农业现代化建设。1998年后，开展第二轮土地承包，30年不变。2001年后，按照"全面建设小康社会，提前基本实现农业和农村现代化"目标，重点调整优化农村产业结构。2003年，落实省委"八八战略"，将统筹城乡发展、加快推进城乡一体化作为重大战略任务来抓。2004年，在全省率先出台并实施《长兴县城乡一体化行动纲要》，以"八大工程"为重点，推进城乡一体化行动。"八大工程"，即小城镇建设工程、农业"510"工程、村庄示范整治工程、乡村康庄工程、农村劳动力转移工程、农村社保工程、农村"园丁"工程和乡镇"创卫"工程。2007年后，实施新农村建设"十大工程"(现代农业建设、精致小城镇建设、村庄示范整治、农村公路建设、农村劳动力技能提升、农村社保、农民健康、农村文化教育满意、村风文明建设、农村基层组织"先锋工程")，推进中国"魅力乡村"建设，建设希望田野、齐里人家、江南茶乡、太湖风情和农园新景4条实验示范带。2008年后，实施低收入农户奔小康工程。2010年后，提出加快社会主义新农村，全力打造中国魅力乡村，重点建设"五区四带"，启动粮食生产功能区和现代农业园区建设。2012年，推进美丽乡村创建。

七、科教兴县

1988年2月，县委七届二次全会提出，加强科技开发的路子，搞活科技人员和科研机构。同年，鼓励科技进步与人才流动，推动科技开发服务。1989年2月，县委七届五次全会提出，推进科技改革，重点实行科技承包责任制，让科研人员走出办公室到工农业生产第一线推广科技成果，使科技转化为现实的生产力。1990年1月，县委七届八次全会提出，探索科技同经济密切结合机制的形成途径。1992年，确立"科教兴县"战略，提出加速科技成果向现实生产力转化。1993年后，加快实施国家火炬计划及国家星火计划，推动科教与贸工农相结合，加速经济发展。1994年1月，县委九届二次全会提出，深化科技教育体制改革，强化科技成果的开发、引进、推广和运用，促进科教与贸工农紧密结合。1995年，制定政策奖励科技进步。1996年1月，县委九届七次全会提出，科技进步要继续抓住发展优高农业和企业技术进步两个重点。1998年后，以争创科技强县为新目标，大力引进、开发和推广最新科技成果，增加科技投入，推动科技工作社会化。2000年，启动建设长兴科技创业园。2000年1月，县委十届六次全会提出，把人才的培养和引进作为科教兴县的关键。2003年后，落实省委"八八战略"，实施科教强县、人才强县战略，提出增加人才总量，增强科技创新能力和核心竞争力。2004年，实施专利奖励。2006年1月，县委十一届七次全会提出，把提高企业研发能力作为自主创新的突破口来抓，推进产学政研合作。同年，设立专利专项资金。2007年后，推动政产学研合作，开展技术创新体系建设。2008年1月，作出全面推进创业富民、创新强县的决定。同年，与浙江大学共建国家大学科技园（长兴）；争创浙江省知识产权示范县。2009年，开始建设浙江大学农业科技园（长兴）。2012年，继续实施科教兴县战略，加快推进科技创新。

1988年2月，县委七届二次全会提出，逐步实施九年制义务教育，把工作重点放在培育师资和改善教育条件上。1989年2月，县委七届五次全会提出，以提高劳动者素质为目标推进教育改革。1990年1月，县委七届八次全会提出，积极探索教育思想、内容和方法的改革，不断提高德智体方面的教育质量，成人教育要探索对在职职工教育的经验。1990年后，深化教育改革，继续巩固发展义务教育，发展职业技术教育，开展成人教育和扫盲工作。1992年，确立"科教兴县"战略。1994年1月，县委九届二次全会提出，加强基层教育，发展职业教育和成人教育，深化教育改革，推动社会办学。1996年1月，县委九届七次全会提出，高标准、高质量实施义务教育，大力发展职业教育，积极发展成人教育，鼓励社会捐资办学和集资办学。1997年，县委九届十一次全会提出，继续强化基础教育，发展职业教育和成人教育。1999年，县委十届四次全会提出，实施全县教育布局调整，抓好基础教育，高标准普及义务教育，大力发展高中段教育特别是职业教育，积极鼓励和支持社会力量办学；积极推进素质教育。2000年1月，县委十届六次全会提出，全面实施素质教育，大力发展教育产业，创造条件发展高等教育。2004年，进一步明确职业教育发展方向，提出加快职业教育发展，打造长三角蓝领培养基地。2005年，县委十一届五次全会提出，加快推进"农村园丁工程"，大力发展农村教育，促进城乡教育均衡发展。2008年，县委十二届三次全会提出，加快发展幼儿教育，普及高中教育，做强职业教育，提高农村教育水平，保证每个公民学有所教，以教育发展促进教育公平。2009年1月，县委十二届五次全会提出，优化教育结构，改善农村办学条件，推进教育全面优质化，加快教育现代化。8月，县委十二届六次全会提出，树立"办好教育是最大的民生"的理念，办长兴人民满意的教育，力争使长兴的教育事业达到国内教育现代化一流水平。2010年8月，县委十二届八次全会提出，全力推动教育优质均衡发展，加快形成与全县产业发展相匹配的职业教育体系，确保各阶段教育继续走在全省前列。2011年1月，县委十二届九次全会提出，深入贯彻落实国家和省教育改革和发展规划纲要，力争率先进入省教育现代化行列。2012年8月，县委十三届三次全会提出，坚持民本理念，积极顺应群众过上更好生活的新期待，着力加快教育现代化进程。

八、文化强县

1988年，全县34个乡镇均建有综合文化站（文化中心）、图书室。1990年，在杭州、长兴举办长兴首届"农民文化节"。1994年，县委九届二次全会提出，继续加强爱国主义、集体主义、社会主义教育，加强对思想文化阵地和社会文化市场的管理，扫除精神垃圾和消极、腐朽现象。1995年起，开展浙江"东海文化明珠"创建。1998年后，提出实施文化发展规划，重点抓好"东海明珠"工程，建立和完善县、乡镇、村三级文化网络。2000年1月，县委十届六次全会提出，发展文化产业，加快文化基础设施建设，繁荣和发展文化事业。2001年，确立文化事业经费与财政收入同步增长机制，每年县财政拨专款15万元用于扶持"东海明珠"工程和贫困乡镇文化站建设，从城市建设维护款中提取2%用于全县文物保护工作。2003年后，落实省委"八八战略"，加快建设文化大县，开展全国文化先进县创建活动，加快村镇文化阵地建设，大力推进乡村幸福大舞台、特色文化展示馆等阵地建设，全面实施农村文化"八有"保障工程（有演出看、有电影看、有广播听、有电视看、有书读、有报读、有文化活动室、有室外文体活动场所）。2005年，实施

《长兴县文化大县建设实施纲要》，获评全国文化先进县。2006 年 12 月，提出打造浙江省先进文化建设示范区的目标，推进文化大县建设“六大工程”，即文化素质工程、文化繁荣工程、文化设施工程、文化旅游工程、文化产业工程和科教发展工程。2007 年 6 月，县委、县政府下发《关于开展“五城联创”活动的实施意见》，决定开展国家园林县城、国际花园城市、省级示范文明城市、全国生态县和中国人居环境奖等五城联创活动。2009 年，县委印发《关于推动文化大发展大繁荣的实施意见(2008—2012)》，实施文化大发展大繁荣“六大行动”(“文明长兴”素质提升行动、“幸福长兴”文化舞台搭建行动、“魅力长兴”文化品牌塑造行动、“温暖长兴”公共文化服务行动、“活力长兴”文化产业促进行动和“繁荣长兴”文化精品创作行动)。2012 年，实施文化升华“六大行动”(文明素质提升行动、文化惠民促进行动、文化品牌塑造行动、文化产业推进行动、文化精品创作行动和文化人才培育行动)，推进文化强县建设。

九、社会建设

1988—1990 年，县委部署开展刹“三风”(赌博风、封建迷信风、婚嫁丧葬大操大办风)、评“三户”(爱国守法户、五好家庭户、文明户)、树新风活动，有效改善社会风气。1989 年 4 月，组织开展第一个“爱国卫生月”活动。1991 年，贯彻中央关于加强社会治安综合治理的决定，建立社会治安综合治理联席会议制度，健全各级社会治安综合治理工作领导机构，推行目标管理责任制，把社会治安综合治理落实到基层。1992 年，开始文明城市创建活动。1993 年，县委常委会审议通过《关于长兴县九十年代奔小康建设社会主义新农村规划》。1995 年 3 月，县委出台《长兴县社会主义精神文明建设实施意见(1995—2000年)》。同年，制定《长兴县依法治县规划(1996—2000 年)》。1997 年 4 月，组织开展争创省、市“创平安社区”示范单位活动。1998 年 12 月，出台《关于切实做好国有企业下岗职工基本生活保障和再就业的若干意见》，决定用 5 年左右的时间，基本解决全县国有和城镇企业下岗职工的基本生活保障和再就业问题。同年，长兴正式实施城乡最低生活保障制度。1999 年，开展推广学习“枫桥经验”系列活动，强化就地化解矛盾的工作机制。2000 年 5 月，印发《长兴县农村社会主义精神文明建设实施意见(2000—2010 年)》，全面规划农村精神文明建设的基本任务、主要目标和工作措施。2003 年 5 月，县委出台《关于开展打造“平安长兴”活动的实施意见》，2004 年 5 月贯彻省委建设“平安浙江”的决定，开展宽领域、大范围、多层面“大平安”建设。2004 年 1 月 1 日起，全县社会保险领域全面推行“五费合一”制度。同年，出台《关于进一步加强长兴县城市社区建设的意见》。2006 年，贯彻落实《公民道德建设实施纲要》和《浙江省公民道德规范》。2006 年 12 月，县委十一届十一次全会审议通过《关于认真贯彻省委十一届十一次全会精神 构建社会主义和谐社会的实施意见》，提出落实“发展固和谐、民主促和谐、文化育和谐、公正求和谐、管理谋和谐、稳定保和谐”的总体思路，明确构建和谐社会的重大战略任务，形成促进和谐人人有责、和谐社会人人共享的生动局面。2008 年 11 月，县委出台《关于打造浙江省现代社会管理样板区的实施意见(试行)》，提出按照民主法治、公平正义、诚信友爱、充满活力、安定有序、人与自然和谐相处的总体要求，建成分配相对公平、公共服务较为完善、社会管理有序、人民生活祥和、幸福指数较高的全省现代社会管理样板区。同年，部署实施产业扶贫、就业援助、完善农村社会保障、教育培训扶贫、结对帮扶、信贷扶贫“六大行动”，全面推进低收入农户奔小康工程。2009 年 11 月，出台《全面推进农村社区建设若干意见》。2010 年，推行重大决策社会稳定风险评估制度。2011 年 7 月，县委十二届十次全会审议通过《关于加强和创新社会管理的实施意见》，要求进一步加强和创新新形势下社会管理工作，不断提高社会管理科学化水平。

十、自身建设

1988 年 4 月，县委制定《中共长兴县委工作制度(试行)》，对会议、文件审批、学习和调研、协商对话、群众来访接待等方面作出规定。10 月，落实中央领导关于“经济要繁荣、党政机关要廉洁”的指示，发出《关于就餐问题的一封信》，提出县委及县政府班子成员廉洁自律的 3 条措施。1990 年 3 月，制定《中共长兴县委常务委员会工作制度》，作出《中共长兴县委常委会关于加强自身建设的决定》。4 月，制定《中共长兴县第八届委员会全委会工作规则》，对全委会的工作任务和原则、全委会的会议制度、委员守则作出规定。1998 年 2 月,印发《中共长兴县十届委员会工作规划》。2000 年 4 月,制定县委领导班子“三讲”教育有关整改方案和措施,制发《关于进一步加强县级领导班子自身建设的意见》《关于加强和改善县委对经济工作领导的意见》和《关于县委领导班子“三讲”教育即行即改内容提要》。2002 年 1 月,制定《关于常委会讨论决定干部任免实行票决制的试行办法》。2003 年 1 月,修订《中共长兴县委工作规则》。2004 年 8 月,制定《中国共产党长兴县委员会全体成员民主推荐提名领导干部人选试行办法》。2006 年 12 月,修订《中共长兴县委工作规则》,作出进一步加强自身建设,做“六个方面表率”的决定。2011 年 12 月,修订《中共长兴县委工作规则》,对新一届县委班子成员提出“带头增强六力、率先做好表率”的要求。2012 年 6 月,长兴县委获浙江省创先争优活动先进县(市、区)党委和全国创先争优活动先进县(市、区、旗)党委称号。

第三节　重要会议与活动

一、县委全体委员会会议

七届县委至十三届县委,共举行全体会议、全体扩大会议 70 次。其中,1988—2012 年共举行 69 次。

县委第七届全体委员会会议　1987 年 3 月至 1990 年 3 月,七届县委共举行全体(扩大)会议 9 次,其中 1988 年 1 月至 1990 年 3 月举行 8 次。会议传达上级重要文件、指示和决议、决定等,通报情况、讨论决定县委的重要工作部署,讨论其他需要县委全体委员会议决定的事项。其中,1988 年 9 月 13 日,七届三次全会选举产生出席中共湖州市党员代表会议代表;1989 年 9 月 19 日,七届七次全会研究出席中共湖州市第二次代表大会候选人等有关问题;1990 年 3 月 3 日,七届九次全会审议长兴县第八次党代会大会议程,审议县第八次党代会工作讨论稿,推荐八届县委委员、候补委员和县纪委委员候选人。

县委第八届全体委员会会议　1990 年 3 月至 1993 年 2 月,八届县委共举行全体(扩大)会议 8 次。会议传达上级重要文件、指示和决议、决定等,通报情况、讨论决定县委的重要工作部署,讨论其他需要县委全体委员会议决定的事项。其中,1990 年 3 月 17 日,八届一次全会选举产生八届县委常委、书记、副书记,审议批准县纪委全体会议选举结果,审议通过《中共长兴县委常务委员会工作制度》;1991 年 1 月 24 日至 26 日,八届四次全会审议关于制定国民经济和社会发展“八五”计划的建议(草案);1992 年 3 月 27 日,县委八届六次全会扩大会召开,推荐浙江省出席中共十四大代表候选人。

县委第九届全体委员会会议　1993 年 2 月至 1998 年 2 月,九届县委共举行全体(扩大)会议 12 次。会议传达上级重要文件、指示和决议、决定等,通报情况、讨论决定县委的重要工作部署,讨论其他需要县委全体委员会议决定的事项。其中,1993 年 2 月 27 日,九届一次全会选举产生九届县委常委、书记、副书记,审议批准县纪委全体会议选举结果;1994 年 9 月 12 日,九届四次全会审议中共湖州市第三次代表大会代表候选人预备人选名单,审议《长兴县社会主义精神文明建设实施意见(1994 年—2000 年)<草案>》;1998 年 2 月 13 日,九届十二次全会审议关于召开中共长兴县第十次代表大会的有关事项。

县委第十届全体委员会会议　1998 年 2 月至 2003 年 1 月,十届县委共举行全体(扩大)会议 12 次。会议传达上级重要文件、指示和决议、决定等,通报情况、讨论决定县委的重要工作部署,讨论其他需要县委全体委员会议决定的事项。其中,1998 年 2 月 20 日,十届一次全会选举产生十届县委常委、书记、副书记,审议批准县纪委全体会议选举结果,讨论通过《中共长兴县十届委员会工作规划》;1998 年 8 月 20 日,十届三次全会审议长兴县出席市第四次党代会代表候选人预备人选;2000 年 8 月 1 日,十届七次全会重点研究招商引资工作,促使全县外向型经济发展有新的突破、上新台阶,加快建设经济强县;2001 年 1 月 9 日,十届八次全会审议《长兴县国民经济和社会发展“十五”计划和 2010 年长期规划纲要》;2003 年 1 月 16 日,十届十二次全会审议通过召开第十一次党代会的有关事项,选举长兴县出席湖州市第五次党代会代表候选人预备人选。

县委第十一届全体委员会会议　2003年1月至2006年12月，十一届县委共举行全体（扩大）会议11次。会议传达上级重要文件、指示和决议、决定等，通报情况、讨论决定县委的重要工作部署，讨论其他需要县委全体委员会议决定的事项。其中，2003年1月23日，十一届一次全会选举选举产生十一届县委常委、书记、副书记，审议批准县纪委全体会议选举结果，审议通过《县委工作规则》；2006年10月13日，十一届九次全会审议通过《关于召开县第十二次党代会的决议》；2006年12月13日，十一届十次全会圈选市第六次党代会代表候选人预备人选，圈选党的十七大代表初步推荐人选；2006年12月21日，十一届十一次全会审议《中共长兴县委关于认真贯彻省委十一届十一次全会精神 构建社会主义和谐社会的实施意见》，对构建社会主义和谐社会作出全面部署。

县委第十二届全体委员会会议　2006年12月至2011年12月，十二届县委共举行全体（扩大）会议14次。会议传达上级重要文件、指示和决议、决定等，通报情况、讨论决定县委的重要工作部署，讨论其他需要县委全体委员会议决定的事项。其中，2006年12月29日，十二届一次全会选举产生十二届县委常委、书记、副书记，审议批准县纪委全体会议选举结果；2008年1月4日，十二届三次全会审议通过中共长兴县委《关于认真贯彻党的十七大精神，全面推进创业富民创新强县的决定》和《县委工作规则》；2010年1月11日，十二届七次全会研究部署全面提高党的建设科学化水平，审议通过中共长兴县委《关于加强和改进学习型党组织建设的实施意见》《关于加强和改进民主集中制的实施意见》《关于进一步深化干部人事制度改革的实施意见》《关于加强和改进党的基层组织建设的实施意见》《关于加强和改进机关作风建设的实施意见》和《关于加强和改进反腐倡廉建设的实施意见》6个专项实施意见。2010年8月9日，十二届八次全会重点研究部署生态文明建设，审议通过《关于加快推进生态文明建设的实施意见》；2011年1月15日，十二届九次全会审议通过《长兴县国民经济和社会发展第十二个五年规划纲要（建议）》；2011年11月13日，十二届十一次全会审议通过《关于召开中国共产党长兴县第十三次代表大会的决议》；2011年12月22日，十二届十三次全会审议通过县第十三次党代会有关事宜。

县委第十三届全体委员会会议　2011年12月至2012年12月，十三届县委共举行全体（扩大）会议4次。会议传达上级重要文件、指示和决议、决定等，通报情况、讨论决定县委的重要工作部署，讨论其他需要县委全体委员会议决定的事项。其中，2011年12月28日，十三届一次全会选举产生十三届县委常委、书记、副书记，审议批准县纪委全体会议选举结果，审议通过《县委工作规则》；2012年3月31日，十三届二次全会重点研究加强换届后各级领导班子思想建设和文化强县建设有关工作，审议通过中共长兴县委《关于以增强“八力”提素质创先争优作表率为主要内容进一步加强各级领导班子思想政治建设的决定》和《关于实施文化升华“六大行动” 推进文化强县建设的决定》。

二、县委常务委员会会议

七届县委至十三届县委，共举行常委会议、常委扩大会议480次，其中，1988—2012年共举行463次。七届县委常委会举行常委会55次、常委扩大会8次，其中1987年举行常委会16次、常委扩大会1次；八届县委常委会举行常委会50次，常委扩大会3次；九届县委常委会举行常委会69次，常委扩大会1次；十届县委常委会举行常委会94次；十一届县委常委会举行常委会75次，常委扩大会2次；十二届县委常委会举行常委会88次，常委扩大会10次；十三届县委常委会举行常委会21次，常委扩大会议4次。

第七届县委常委会会议　1987年3月至1990年3月，七届县委常委会共举行常委会55次、常委扩大会8次，其中1988年1月至1990年3月举行常委会39次、常委扩大会7次。会议传达上级重要文件、指示和决议、决定等，通报情况、讨论决定县委工作中的重大事项，讨论其他需要县委常委会决定的事项。其中，1988年1月，听取珠江三角洲经济考察情况报告，研究发展外向型经济等问题。5月，听取赴广东、海南考察情况汇报，商议在深圳设联络处，海南办实业；听取乡镇企业调查情况汇报。7月、8月、9月，听取关于雉城镇水污染事件情况的汇报，研究处理意见。12月，研究自来水厂新取水源方案；

听取基本路线教育泗安试点和绸厂试点情况汇报。1989年4月、5月，通报上级有关精神，研究继续重点做好社会稳定工作。5月，听取《关于二十八家国营工业企业生产力发展情况调查报告》汇报，讨论研究工业体制等问题。6月，听取评议党员妥善处置不合格党员试点情况汇报；决定改革工业体制，工业局与建材工业局合并，建立蚕丝绸公司。10月，听取许家浜评“三户”试点情况汇报。

第八届县委常委会会议 1990年3月至1993年2月，八届县委常委会举行常委会50次，常委扩大会3次。会议传达上级重要文件、指示和决议、决定等，通报情况、讨论决定县委工作中的重大事项，讨论其他需要县委常委会决定的事项。其中，1990年3月，研究干部任期目标责任制工作。4月，听取党政干部“三违”建私房清理结果和处理意见汇报。8月，听取民主评议党员情况汇报，决定先搞好机关，农村年底前完成，企事业单位争取年底完成。1991年3月，讨论成立教育基金会、县属公路铺柏油路面集资、公房提高租金等工作。8月，讨论《关于加强公费医疗管理办法的报告》，审议《关于在全县开展党的基本路线教育意见》。9月，研究太湖围堤和圩区建设工程。10月，研究扶持经济发展困难地区工作。12月，听取关于企业开展社会主义思想教育的安排；讨论有关深化企业改革、企业兼并等问题。1992年1月，听取机关思想作风调查和县级机关开展思想作风建设设想汇报。3月，听取体改工作汇报，国营、二轻企业全面推行工效挂钩。5月，听取关于解放思想大讨论情况及下一步安排的意见，明确各常委应负责支持帮助抓落实的15项工作。6月，研究长兴旅游资源开发工作，决定建立县旅游开发领导小组；研究参与浦东开发工作，决定成立长兴县参与浦东开发领导小组。7月，决定成立经济技术开发区管理委员会。9月，研究调整部分乡镇行政区划工作。12月，听取关于机关转变职能兴办实体情况汇报。

第九届县委常委会会议 1993年2月至1998年2月，九届县委常委会举行常委会69次，常委扩大会1次。会议传达上级重要文件、指示和决议、决定等，通报情况、讨论决定县委工作中的重大事项，讨论其他需要县委常委会决定的事项。其中，1993年5月，听取农民承担费用和劳务管理情况汇报。6月，听取乡镇财政体系包干、房改工作汇报；讨论《关于机关各部门包干扶贫工作的实施意见》；审议《关于长兴县九十年代奔小康建设社会主义新农村规划》。7月，听取撤县建市工作汇报。8月，研究设立私营经济区有关工作，讨论规划选址、优惠政策等问题。审议《长兴县关于鼓励外商投资优惠办法》《关于鼓励扩大出口创汇办法》《关于奖励重大成绩显著企业负责人的意见》《关于农民进城落户政策》等事项。1994年3月，讨论体育馆、少年宫两大社会工程集资问题。5月，审议奔小康工程规划和责任制等完善意见。6月，决定号召全县人民向卓乃照学习；决定建立干部个人重大事项报告制度。9月，审议《关于长兴县社会主义精神文明建设实施意见》。10月，研究外经外贸体制问题。1995年2月，听取关于公开选拔乡（镇）长助理工作情况汇报。5月，举行会议室挂国旗仪式；研究经济欠发达地区扶持工作；听取雉城镇居民村建设、省体训基地移交地方管理等问题汇报。6月，研究农村改革与发展问题。7月，研究解决国营工业困境办法。1996年2月，研究扶持经济欠发达乡镇工作。4月，确定长兴精神的内涵为“解放思想、求真务实、团结拼搏、争创一流”十六字。5月，确定仙山、长潮、二界岭、白阜、管埭、天平、太傅、里塘、畎桥、虹星桥为全县10个欠发达乡镇，并研究扶持政策。9月，研究党政机构改革工作。12月，听取白岘村煤矿12月23日重大伤亡事故和白岘地区煤矿情况汇报；讨论殡葬改革工作；审议依法治县规划（1996—2000年）。1997年4月，审议长兴县茧丝绸经营管理体制改革方案。6月，审议农村集体资产管理体制改革工作实施意见；听取“学炼化、学山鹰”活动方案汇报。7月，审议《关于厉行节约、制止奢侈浪费行为的实施意见》。8月，审议关于接待用膳的暂行规定和关于全县讲文明、树新风实施意见。10月，研究农业产业化工作。

第十届县委常委会会议 1998年2月至2003年1月，十届县委常委会共举行94次。会议传达上级重要文件、指示和决议、决定等，通报情况、讨论决定县委工作中的重大事项，讨论其他需要县委常委会决定的事项。其中，1998年2月，决定建立重点项目、重点企业和粮食生产领导联系制度。4月，研究进一步加快企业改革工作，听取全县第一轮创建文明集镇竞赛活动实施意见的汇报。5月，研究全县供销、粮食系统及县商业集团总公司企业改革工作；听取人民广场改建工程筹备进展情况的汇报。7月，决定成立建设长兴高级中学领导小组，加快长兴高级中学建设。8月，审议《关于鼓励机关干部到企业任职的意见》。10月，听取第二轮土地承包试点工作和全县开展延长土地承包期、核发土地承包权证工作意见的汇报。12月，研究乡镇行政区划调整工作。1999年1月，研究进一步加快泗安地区经济发展工作。3月，审议《长兴县农业和农村现代化建设规划》；决定建立常委联系国有城镇集体企业改革制度。5月，听取《长兴城市总体规划》调整纲要论证情况的汇报；审议《关于在全县开展"创新创业奔现代化"活动的实施意见》。9月，听取全县个体私营经济发展情况的汇报。10月，研究全县教育布局调整规划。12月，决定成立旧城改造领导小组和金陵北路延伸线、北西外环线和太湖大道建设领导小组；讨论《关于在全县党政机关工作人员中实施全员聘任制的意见》。2000年4月，讨论修改县委领导班子"三讲"教育有关整改方案和措施；审议《长兴县农村社会主义精神文明建设实施意见(2000—2010年)》。5月，讨论关于在全县开展"致富思源、富而思进"集中教育活动的实施意见。6月，讨论关于长兴县建设经济强县的实施意见；讨论关于雉城镇建立三个街道办事处的实施方案。8月，审议《长兴县教育现代化建设纲要》《长兴县农村中小学布局调整规划》《2000—2010年长兴县城市教育发展规划》；审议县人民医院实行易地新建的方案。12月，研究乡镇行政区划调整工作；听取关于开展"三个代表"重要思想学习教育活动的汇报。2001年7月，决定建立县行政中心建设领导小组，建立易址扩建长兴轻纺市场领导小组；听取关于全县国有及城镇集体企业改革、事业单位改革、企业上市及投融资体制改革和全县土地流转工作情况的汇报。9月，听取关于事业单位改革若干意见的汇报；审议《长兴县级党政机构改革方案》。2002年1月，审议《关于常委会讨论决定干部任免实行票决制的试行办法》和《关于实施中层干部交流工作建议》；集体听取常委、副县长抓分管范围内党风廉政建设工作的情况汇报。4月，研究行政村区域调整工作。6月，讨论县委党校易地迁建工作，决定成立新党校建设领导小组。7月，听取并原则同意'2002中国•长兴金秋招商大会总体方案的汇报。8月，决定追授张剑春县级"优秀共产党员"的荣誉称号。11月，听取关于加快中心村建设实施方案的汇报，决定建立加快中心村建设领导小组。

第十一届县委常委会会议 2003年1月至2006年12月，十一届县委常委会共举行75次会议，常委扩大会2次。会议传达上级重要文件、指示和决议、决定等，通报情况、讨论决定县委工作中的重大事项，讨论其他需要县委常委会决定的事项。其中，2003年2月，研究深入开展"学习十六大、比学赶苏南"学习讨论活动。5月，讨论长兴县征用集体所有土地管理办法，雉城镇城市规划控制区、县经济技术开发区农房拆迁管理暂行办法，雉城镇城市规划控制区、县经济技术开发区被征地农民实施基本生活保障制度试行办法；研究非典型肺炎预防控制工作；听取加快泗安镇经济社会发展意见的汇报。8月，研究全面接轨上海工作、环太湖旅游开发带规划工作；听取关于四大产业基地发展规划制定情况的汇报。2004年3月，研究在县级机关部门中开展"效能革命"；听取关于公推竞选部分乡镇党政正职、团县委书记实施意见的汇报。4月，听取关于制定特大事故处理应急预案情况的汇报；审议创建全国文化先进县实施方案。5月，研究"平安长兴"建设工作。6月，听取关于生态县建设实施情况的汇报。8月，讨论《中国共产党长兴县委员会全体成员民主推荐提名领导干部人选试行办法》。9月，审议在县级领导班子中开展"三树一创"教育实践活动实施意见、在全县党员干部中开展科学发展观主题教育实践活动实施意见。2005年1月，研究开展保持共产党员先进性教育活动；审议《县委全委会对乡镇、部门党政正职拟任人选和推荐人选表决办法》。5月，研究生态县建设与环境污染整治工作；审议《长兴县县管领导干部辞职制暂行办法》。8月，听取关于天能事件后续工作情况的汇报，研究在全县集中开展法制宣传教育活动。12月，审议《长兴县国民经济和社会发展第十一个五年规划纲要》。2006年1月，审议《关于加快引进、促进和推进大好高项目的实施意见》。4月，审议《关于深入实施工业立县战略加快工业经济发展的若干意见》；听取关于湖州市与浙江大学合作共建社会主义新农村实验示范区情况的汇报。11月，审议《关于推动产学研合作，促进产业升级的实施意见》《关于县领导深入推进国内重点地区招商引资工作的意见》。12月，审议《关于加快推进社会主义新农村建设的实施意见》《关于认真贯彻省委十一届十一次全会精神构建社会主义和谐社会的实施意见》。

第十二届县委常委会会议 2006年12月至2011年12月,十二届县委常委会举行常委会88次,常委扩大会10次。会议传达上级重要文件、指示和决议、决定等,通报情况、讨论决定县委工作中的重大事项,讨论其他需要县委常委会决定的事项。其中,2007年3月,听取关于坚持和完善县级领导接待群众制度的汇报;听取关于县级领导班子成员蹲点调研活动方案的汇报。4月,研究在县、乡镇、县级机关部门领导班子中开展"树新形象、创新业绩"主题实践活动;听取关于对雉城镇街道办事处设置进行调整完善的情况汇报。5月,讨论县开发区二期扩容选址;审议关于打造绿色动力能源中心实施方案;研究"五城联创"工作。7月,审议关于加快三个中心镇发展若干意见。8月,研究开展"解放思想、激发活力、创业富民、创新强县"大讨论大实践活动。10月,研究水污染和大气污染防治工作;审议《关于打造长三角绿色高效农产品主产区的实施意见》。11月,研究十七大精神主题宣讲,开展"一宣讲六推动"活动。2008年1月,研究总部经济园建设。3月,讨论长兴紫笋茶、白茶产业化方案。6月,审议《长兴县接轨上海2008—2010年工作实施意见》;讨论振兴村级集体经济若干意见;研究县委书记大接访活动实施方案。7月,研究对口支援四川省青川县七佛乡灾后恢复重建工作。8月,审议关于打造长三角先进制造业重要集聚区、长三角现代物流重要集散区、浙江省先进文化建设示范区、浙江省现代社会管理样板区的实施意见;讨论水口乡、二界岭乡经济发展定位;审议《长兴县建立健全惩治和预防腐败体系2008—2012年实施方案》。10月,审议全县文化大发展大繁荣实施意见。2009年3月,听取关于加快推进农村改革发展实施意见的汇报。6月,专题研究全县教育工作。10月,讨论《长兴县机关工作人员问责办法(试行)》;研究开展工程建设领域突出问题专项治理工作。12月,讨论合溪水库限制和禁止类产业目录。2010年1月,研究全面加强和改进党的建设工作。2月,研究"两年大跨越"加压指标分解;审议《关于加快社会主义新农村建设,全力打造中国魅力乡村的实施意见》。3月,审议关于建立健全大产业(集群)培育发展机制的若干意见、关于大项目引进推进工作实施意见。5月,研究西太湖旅游度假区管理体制调整工作。8月,审议关于加快推进生态文明建设的实施意见、关于开展创建"廉政生态县"活动的实施意见;听取关于组建顾渚山陆羽茶文化风景区有关机构建议的汇报;研究加强国有资产投融资公司建设。10月,审议关于全县自主创新能力提升行动计划纲要的汇报。11月,审议《长兴县中长期人才发展规划纲要(2010—2020年)》。2011年1月,讨论全县"十二五"规划纲要。2月,研究淘汰落后产能总体方案;讨论工业平台主导产业发展定位。3月,研究南太湖(长兴)产业集聚区、太湖新城、龙山新区、长兴经济技术开发区、太湖图影旅游度假区及新能源产业园区等园区体制建设工作。4月,研究新闻体制改革工作;研究服务业发展公司组建及农丰源、交投、城投公司干部配备工作。5月,专题研究加快推进蓄电池行业企业整治工作。7月,专题研究加强和创新农村社会管理创新工作。8月,审议县城区、园区有关道路命名方案。9月,审议深化农村医疗卫生体制改革实施方案。12月,研究开展服务中小微企业专项活动。

第十三届县委常委会会议 2011年12月至2012年12月,十三届县委举行常委会21次,常委扩大会议4次。会议传达上级重要文件、指示和决议、决定等,通报情况、讨论决定县委工作中的重大事项,讨论其他需要县委常委会决定的事项。其中,2012年2月,研究加强领导班子思想政治建设工作;研究部分乡镇行政区划调整工作。3月,审议关于实施文化升华"六大行动"推进文化强县建设的意见。5月,研究中心城区学校布局规划调整工作。6月,审议关于全县"中层干部竞争上岗、一般干部双向选择、特定对象跨岗交流"实施方案。7月,研究工业强县建设工作。9月,审议《加快新能源高新园区建设支持和平创建工业强镇的若干政策意见》和《加快省际承接产业转移示范区开发建设的实施意见》。12月,研究深入学习贯彻十八大精神,开展"三聚焦"大讨论活动。

三、学习教育活动

"三讲"教育活动 2000年,根据中央要求和省、市委统一部署,县委决定在县级领导班子和领导干部中集中开展以"讲学习、讲政治、讲正气"为主要内容的党性党风教育。年初,县委成立"三讲"教育领导小组，制定《长兴县县级领导班子、领导干部“三讲”教育实施意见》和相关工作方案。县委、县人大常委会、县政府、县政协相应成立“三讲”教育联络组，县纪委、县法院、县检察院、县公安局分别设立联络员。2月28日，县委召开县级领导班子、领导干部“三讲”教育动员大会。4月28日，“三讲”教育召开总结大会。5月，在全县党员、干部中开展“双思”（致富思源，富而思进）教育活动。11月，在县级党政领导班子和领导干部中开展“三讲”教育“回头看”。通过思想发动、学习提高，自我剖析、听取意见，交流思想、开展批评，认真整改、巩固成果4个阶段以及“回头看”等活动，县级领导班子和领导干部理想信念进一步坚定，班子合力增强，作风得到改进。“三讲”教育期间，39名县级领导班子成员每人撰写上万字读书笔记，共撰写学习体会文章78篇。县级领导班子、领导干部共收到各方面意见1546条，其中对各套班子集体的意见971条，对领导干部个人的意见575条。在班子集体和个人剖析材料形成后，共召开座谈会60次，走访农户50家，听取干部和群众意见，组织民主评议和测评758人次。针对群众提出的意见和查找出的问题，县级领导班子和领导干部均制定整改方案和措施，并抓好落实。

“双思”教育　2000年3月至4月，县委在煤山镇开展“致富思源、富而思进”教育工作试点。5月起在全县铺开，2200多名机关干部进村入户开展为期一个月的宣讲工作。县电视台开展“双思面对面”活动，将演播室搬进农家。6月8日，县委召开全县“双思”教育活动总结大会。12月在太傅乡试点的基础上，在全县开展以“双思”教育回头看为主要内容的农业农村现代化教育，分4个批次开展“双思”教育回访工作，推动效益农业发展和农村环境改善。

“三个代表”重要思想学习教育活动　2001年2月至2002年5月，根据中央和省、市委部署，县委分两批开展“三个代表”（中国共产党代表中国先进生产力的发展要求，代表中国先进文化的前进方向，代表中国最广大人民的根本利益）重要思想学习教育活动。2001年2—8月，在县级机关部门、乡镇领导班子和领导干部中开展学习教育活动。2月4日召开动员大会，共有67个县级机关部门、16个乡镇、30个基层站所，2000多名党员干部参加。学习教育活动分集中学习、对照检查、整改提高三个阶段进行。2001年2月7日，“三个代表”重要思想学习教育活动乡镇主要领导及教育指导组组长第二专题培训班开班，全县16个乡镇主要领导及教育指导组组长共45人参加，培训时间为期7天。2月14日，全县各乡镇分别召开“三个代表”重要思想学习教育活动动员会。在学习教育活动中，各级干部“照镜子”找差距，用身边典型教育自己，县委推出10个实践“三个代表”的先进典型、5个反面案例进行深入剖析，用身边的事例教育干部。全县2500名乡镇和县机关干部深入基层，围绕“实践‘三个代表’重要思想，加快经济发展，带领农民致富”主题，学先进，找差距，切实转变作风，奔波于田间地头和农户家中，听意见、访民情、办实事。活动期间，各单位共制定整改方案100多份。8月23日，召开县级机关部门“三个代表”重要思想学习教育活动总结大会。

2001年11月27日，全县村级“三个代表”重要思想学习教育活动动员大会召开。12月6日，夹浦等镇召开学教活动动员大会。村级“学教”在试点已取得成功的基础上，在全县全面铺开，主要做法是深入调研，广泛宣传，切实加强干部集中培训，组织乡镇、县级机关部门下基层，进村入户同吃同住，听意见、查问题、促发展。干部下基层共走访农户20174户，召开座谈会2471次，参加人数33092人，征求到意见2652条，制定切实可行的整改提高措施。出台乡镇工作人员“住乡镇值班转作风”和“下村联户解民忧”制度。在为长兴“两个加快”献一计活动中，全县干部共提出“金点子”建议804个，介绍引进投资合作项目35个，联系个私企业户或效益农业户595户，帮助弱势群众933个，解决存在的突出问题1612个，建立村干部“夜访农户”、“便民办事不间断”、村干部党员“双带责任”三项制度。2002年2月10日，召开村级“三个代表”重要思想学习教育活动总结大会。2002年3月8日，开展学教活动回访复查工作，于12日结束。

保持共产党员先进性教育活动　2005年1月起，根据中央和省、市委部署，县委开展以实践“三个代表”重要思想为主要内容的保持共产党员先进性教育活动（简称先进性教育活动）。教育活动历时一年半时间，分三批进行，每批分学习动员、分析评议、整改提高三个阶段。第一批2005年2月6日—7

月 1 日，对象为县及县以上党政机关和部分企事业单位，组织 3668 人对教育活动进行测评，满意率达 99.8%；第二批 2005 年 7 月 15 日—9 月 28 日，以“创新破难当先锋，加快发展作表率”为主题，对象为乡镇和城市基层；第三批 2005 年 12 月 14 日—2006 年 6 月 29 日，活动紧扣社会主义新农村建设主题，对象为建制村、非公企业、街道等。至 2006 年 6 月 29 日，全县共有 1135 个基层党组织企业局，22864 名党员参加先进性教育活动，发放征求意见表 4 万多张，召开各类座谈会 474 场次，走访群众 2.68 万多人次，设置意见箱 274 个，开设热线电话 163 个，征求并整理各类意见、建议 4858 条。

深入学习实践科学发展观活动 根据中央和省、市委部署，学习实践科学发展观活动分三批进行，长兴县党员干部涉及参加第二批、第三批学习实践活动，历时一年左右。第二批 2009 年 3—8 月，对象为包括县党政机关；县人大、政协机关，人民法院、人民检察院和人民团体机关；党组织关系在长兴的市直管理单位；县直属事业单位；党组织关系隶属于县级部门的乡镇站所、企事业单位等。第三批 2009 年 9 月—2010 年 3 月，对象为包括乡镇、街道；村(村改居)、社区；中小学校。学习实践活动分学习调研、分析检查、整改落实三个阶段进行，全县共有 1207 个党组织、26704 名党员参加。全县各级党员领导干部累计为基层作辅导报告 380 多场次，撰写理论学习文章 236 篇，协调解决各类问题 430 个；各级基层党组织梳理查找问题 2126 个，形成分析检查材料 1173 份；党员干部累计开展调研走访 10073 人次，形成调研报告 216 篇，撰写科学发展建议书 310 篇。全县出台各类惠企措施 125 项，乡镇(街道)、部门推出助农举措 126 项，为群众办实事好事 2258 件。两个批次的群众满意度测评分别为 99.9%和 99.7%。

创先争优活动 根据中央和省、市委部署，2010 年 6 月，县委在全县基层党组织和党员中深入开展以学习实践科学发展观、建设服务型基层党组织为主要内容的“党旗高扬党徽闪亮”创先争优活动。活动分两个阶段实施，第一阶段，从 2010 年 6 月开始，着重围绕迎接建党 90 周年开展活动；第二阶段，从 2011 年 7 月开始，着重围绕迎接党的十八大开展活动，向党的十八大献礼。全县 1363 个基层党组织和 2.91 万余名党员作出公开承诺事项 13 万余项，组建党员志愿者队伍 681 支，设立党员责任区 1545 个，评选出“红旗窗口”30 个，点评确认党员闪光言行 4 万件次，评出季度五星级党员 2.79 万人次，推选县级和推荐省市“月度闪光言行之星”178 例，获评省市“月度闪光言行之星”14 例。全县复评、新创“先锋工程”建设“五好”村党组织 54 个，新创“五好”企业党组织 12 个，命名第一批“中国魅力乡村”61 个。活动期间，长兴“党员闪光言行”考评的做法得到中组部部长李源潮、中组部副部长王秦丰和省委书记赵洪祝、省委组织部部长蔡奇等领导的批示肯定，在 2010 年 8 月召开的全省创先争优活动推进会上交流发言，《浙江日报》2009 年 11 月 29 日、2010 年 7 月 11 日头版头条进行宣传报道。2012 年 6 月，长兴县委获浙江省创先争优活动先进县(市、区)党委和全国创先争优活动先进县(市、区、旗)党委称号，其中浙江省仅 3 个县区获全国先进。

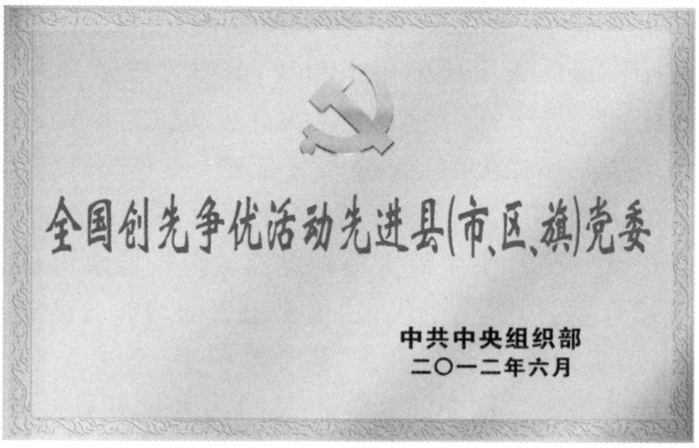

图 19-2 2011 年 6 月，中共长兴县委被中共中央组织部授予“全国创先争优活动先进县(市、区、旗)党委”荣誉称号(县委办提供)

第四节 解放思想活动

20 世纪 80 年代以来，县委始终把解放思想作为改革发展、扩大开放的原动力、突破口，通过学习讨论打破思想上的禁锢，突破传统思维定式和路径依赖，进一步更新观念，凝聚人心，提振精神，营造干事创业的良好氛围。1988年2月，县委七届二次全会提出，要学习十三大文件精神，进一步解放思想。并提出要冲破长期处于的半封闭状态，以及旧观念、旧传统的束缚，从社会主义的根本任务是发展生产力、树立与发展商品经济相适应的观念、破除在所有制问题上的唯有成分观念等方面进一步解放思想，深化改革，落实“两开两转”经济发展战略，花大力气在发展生产力上实现一个大突破。1992年，组织学习邓小平南方谈话，开展“更新观念、解放思想”大讨论，提出需要破与立的16种观念（详见专记《1992年长兴解放思想大讨论活动》），加快长兴发展，并成为引领带动全省学习邓小平南方谈话、开展思想解放大讨论的典型。1993年2月，县第九次党代会提出进一步解放思想换脑筋，走跳跃式发展之路，加速经济发展，实现振兴和发展长兴的目标。1995年，县委九届五次全会进一步提出“奋斗三年，再造长兴”的目标，并赴张家港等苏南三市县学习考察找差距。1996年1月，县委九届七次全会提出“解放思想，求真务实，团结拼搏，争创一流”16字的长兴精神，要求弘扬长兴精神，加速转变，加快发展。1998年2月，县第十次党代会在总结过去五年长兴经济发展的历程时指出，重要的一条就是得益于解放思想，提出要牢固确立以“三个有利于”（指是否有利于发展社会主义社会的生产力、是否有利于增强社会主义国家的综合国力、是否有利于提高人民的生活水平）为根本标准，密切联系长兴实际，冲破一切束缚人们手脚的陈腐观念和阻碍生产力发展的精神桎梏，大力倡导“说了算、定了干、干就干出成效来”的新风正气。2002年，开展“学习十六大，比学赶苏南”的思想解放大讨论，提出“跳出长兴看长兴”，远学吴江、近赶宜兴。2003年1月，县第十一次党代会提出，要紧紧抓住发展第一要务，增强忧患意识、机遇意识、发展意识，向最好的学、与最强的比、同最快的赛，致力创新、开放、实干，全力推进经济跨越式发展。2006年12月，县第十二次党代会提出，要进一步开阔视野，树立“让长兴走向世界”的强烈意识，将长兴置身经济全球化、竞争国际化、长三角一体化的大格局中去定位，用世界眼光谋划发展，用国际标准推动建设。2007年，以位列全国百强县第一的江苏省江阴市为学习标杆，开展“解放思想、激发活力、创业富民、创新强县”大讨论，实施“人人创家业、户户达小康”的全民创业行动。2008年，开展“五个学”活动，即工业转型学韩国、现代农业学台湾、城市建设管理学新加坡、小城镇建设学德国、生态环境建设学欧洲，进一步提升发展理念。2009年，启动深入学习实践科学发展观活动，提出“放眼世界看长兴”，推动新一轮科学发展起点上的思想大解放，打造县级科学发展示范区。2010年，进一步提出“两年大跨越 再创新辉煌”的目标。2011年，继续推进解放思想、加快科学发展，作出深入开展“学习张家港精神，全面推进三升一改”活动的决定。2011年12月，县第十三次党代会提出，要更加突出解放思想这一法宝，坚持发展决定一切，坚持创新推动一切，按照创先争优的工作目标，进一步扩大长兴在环太湖区域乃至全国的知名度和美誉度。

〔专记〕

1992年长兴解放思想大讨论活动

1992年，中共长兴县委抓住重要历史契机，通过组织学习邓小平南方谈话，指导机关思想作风教育整顿，在全县范围开展“更新观念、解放思想”大讨论，形成了一股巨大的推动长兴发展的思想洪流。

一、县级机关思想作风教育整顿的开展

1992年1月3日至4日，县委召开常委扩大会，总结1991年工业经济发展状况，讨论1992年工作思路。会议着重指出，“经济工作能不能搞上去，不仅是一般的经济问题，而是一个政治问题……从县本身来说，它关系到我县在九十年代能否再翻番、奔小康目标的实现，关系我县与毗邻发达地区的差距扩大还是缩小的问题”。同时认为，“经济建设不仅是经济部门的任务，而且必须是党委、人大、政府、政协以及各个方面的共同任务……”县委要求，“县级机关各部门要在管理职能、管理手段、管理方法上来一个大的转变,树立务实、求实、扎实、落实的工作作风,自觉服务于经济建设的全局”。并决定,在第一季度开展机关作风教育整顿工作,在全县机关干部中进一步确立以经济建设为中心的思想,进一步解放思想更新观念推进改革,更好地推动长兴建设和发展。

为了有的放矢抓好该项工作,1月初,县委组织四个调查组,选择工交、文教、财贸等系统的18个部门,开展机关思想作风现状调查。各区委也召集各乡镇的领导收集各地情况,并向县委提出建议。随后,县委常委会专门听取汇报,进行讨论和研究,认为:“干部群众中普遍存在着小富即安、小进即满、安于现状、四平八稳、墨守成规、怕担风险、平均主义、依赖等靠等与改革开放不相适应的陈旧观念,严重制约了我县经济和社会的发展。”并决心要改变这种现状。

2月1日,县委印发《关于县级机关开展思想作风教育整顿的意见》。2月27日,县委召开县级机关思想作风教育整顿动员大会,明确要紧紧围绕经济建设这个中心,从经受住执政、改革开放和反和平演变三个考验这一战略高度,以提高机关执政水平和干部素质为目标,对县级机关和区委干部普遍进行一次党的基本路线和优良传统作风的教育,着重围绕坚定信念、强化中心、转变作风、严肃纪律、树立形象的要求,进行教育整顿改进工作。

二、学习邓小平南方谈话与解放思想大讨论的兴起

就在全县机关作风教育整顿方兴未艾之时,全国掀起了学习邓小平南方谈话的高潮。县委抓住重要历史机遇,迅速传达,部署以学习贯彻邓小平南方谈话精神为指导,推进思想作风教育整顿,开展解放思想大讨论。

1992年1月18日—2月21日,邓小平视察武昌、深圳、珠海、上海等地,并就一系列重大问题发表了谈话,思想精髓是对生产力的发展、对党的基本路线、对“姓资”还是“姓社”判断标准、对“计划”和“市场”功能和对社会主义本质的认识。南方谈话成为又一个解放思想、实事求是的宣言书。2月28日,中共中央印发《邓小平同志在武昌、深圳、珠海、上海等地的谈话要点》,要求尽快逐级传达到全体党员干部。3月3日,省委办公厅发出《关于认真学习邓小平同志重要谈话的通知》。

县委深刻认识到学习邓小平南方谈话的重要意义。3月3日,即召开各区、乡、镇领导干部和县级机关全体党员、干部会议,传达贯彻邓小平南方谈话精神。3月5日,结合长兴的实际,县委有针对性地提出了解放思想必须“破与立”的16种观念:破安于现状,立开拓进取;破求稳怕险,立敢冒风险;破墨守成规,立勇于创新;破出头椽子先烂,立敢为人先;破产品经济观念,立价值规律;破慢慢来,立时效观念;破轻科技轻人才,立重科技重人才;破特权垄断,立公平竞争;破狭隘利益,立长远全局利益;破等靠要,立自力更生;破平均主义,立承认差别;破形式主义,立效益观念;破唯书唯上,立实事求是;破封闭静止,立开放搞活;破门第等级,立职业平等;破守土恋乡,立闯荡天下。3月7日,县委发出《关于认真学习邓小平同志重要谈话的通知》,要求各级党组织把学习邓小平南方谈话作为当前一件大事切实抓好,联系思想和工作实际,结合思想作风教育整顿,推进机关工作和制度改革。3月20日,县委召开第33次常委会议,认为学习邓小平重要谈话,要全面领会精神实质,着重把握一些重要观点,包括革命是解放生产力,改革也是解放生产力的观点;坚持党的十一届三中全会以来路线方针政策,关键是坚持“一个中心两个基本点”的观点;改革开放胆子要大些;判断姓“社”还是姓“资”的标准,主要看是否“三个有利于”等。会议决定,要以邓小平南方谈话精神统一思想认识,强化经济建设中心;要抓住机遇,在注重效益的前提下,把经济发展速度搞上去;要以邓小平南方谈话精神指导机关作风教育整顿工作,积极开展解放思想,更新观念大讨论,使全县广大干部群众真正“坐不住、热起来,动起来”。

三、《浙江日报》对长兴的关注与大讨论的全面铺开

在全国各地学习邓小平南方谈话精神中,涌现了很多好的形式和方法,尤其是《经济日报》策划的安徽省铜陵市解放思想系列报道,在全国引起巨大反响。引起了浙江省委领导的重视。在省委领导指示下,《浙江日报》着手在全省范围内寻找学习邓小平南方谈话精神的典型,并关注到了长兴的创新做法。

2月中旬,《浙江日报》农村部主任带队连续两次到长兴开展调研,并召开座谈会。经过调研,《浙江日报》负责同志认为,“长兴人民对解放思想、把长兴经济搞上去反应强烈”。于是,《浙江日报》决定将长兴解放思想大讨论作为典型进行报道,以带动全省的大讨论。县委立刻认识到,这是宣传长兴、推动全县人民解放思想,从而鼓舞全县人民士气、推动长兴发展的重要历史契机,立即同意《浙江日报》的报道方案并表示全力配合。经与长兴两次讨论修改后,《浙江日报》将报道样稿上报省委,获准公开报道。

3月29日下午,也是在县十届人大三次会议、县政协三届三次会议召开期间,县委、县人大、县政府、县政协等几套班子专题研究大讨论期间要统一思想,加强领导的问题。当晚,县委召开县级机关各部门和各区、乡镇负责人会议,通报《浙江日报》即将大篇幅报道有关长兴举行大讨论的情况,并就该次大讨论期间的注意事项进行部署。会议指出,大讨论第一阶段是机关作风整顿,当前是第二阶段,第三阶段将要在全县深入广泛的开展。为保证大讨论有计划、有组织、有步骤地进行,各地各部门都要加强领导和积极引导,讨论要始终贯彻“团结、鼓励、发展”的要求,即要找差距,更要献计献策;既欢迎大家帮助县委、县政府、机关进行改进工作,更要联系自己的实际,把自己放进去;既要对具体人具体事进行解读,更要对之后发展拓展思路,探索路子。会议强调,下一步的大讨论重在联系实际、推进机关作风转变,推进改革措施的落实,推进当前工作以及全年各项任务的完成和奋斗目标的实现。

4月2日,《浙江日报》头版头条刊载报道《长兴人坐不住了——长兴县进一步解放思想大讨论纪实》,并配发评论员文章,全面报道长兴各界在大讨论中与兄弟县(市)比不足、找差距,面对滞后的经济现状坐不住了,深刻认识到必须更新观念、解放思想,树立竞争和发展的观念、全新的科技与人才观念、低速度等于停步倒退观念和“想当游泳冠军就不怕下水”的观念。同时配发的评论员文章充满激情地说,透过长兴的解放思想大讨论,“仿佛又一次听到了来自太湖之滨改革开放浪潮的激荡声。农村第一步改革时曾‘勇向潮头立’,在全省率先实行‘大包干’的长兴人民,在从温饱向小康迈进的阶段,又主动寻找差距”,“长兴人民自己找出了十六种需要破立的观念,发动全县干部群众来讨论。这样一来,使全县人民对搞好这场讨论、进一步推动经济发展更加充满了信心”。5月17日,《浙江日报》第二次以头版头条聚焦长兴,刊文《长兴人动起来了——写在长兴解放思想大讨论两个月之际》,认为大讨论给长兴带来了喜人的变化,到处呈现出一派生机勃勃的景象。

在密集地召开县六套班子会议、部门及区乡镇负责人会议、老干部会议和主要企业负责人会议后,县级领导、机关干部及主要企业领导层面已经形成了共识。县委决定,进一步深化大讨论,使全县人民都投入到这次讨论中。4月28日,县委、县政府发出《动员起来,抓住机遇,振兴长兴——中共长兴县委、长兴县人民政府致全县人民的公开信》,号召全县广大工人、农民、知识分子,要更加全力以赴地投身于经济建设,投身于改革开放,在改革和建设中充分发挥主观能动性,锐意进取,大胆地试,大胆地闯,大胆地冒,尊重知识和人才,集中精力把长兴经济搞上去;广大共产党员、共青团员和各级干部更要发挥表率作用。县委、县政府最后要求全县人民为发展长兴经济献计献策,为引进和创办三资企业牵线搭桥,为引进科技人才和科技成果、引进资金和项目做出贡献。在公开信中,县委、县政府还恳请在外长兴籍人士和一直关注长兴发展的国内外各界人士继续支持长兴的发展。5月3日,县委发出《关于认真学习和落实〈公开信〉及县政府有关政策的通知》,要求各部门、各乡镇要广为宣传,使之妇孺皆知;要把学习宣传公开信作为把解放思想大讨论在实践中不断引向深入的重要工作来抓。《公开信》发出一月后,即收到建议书50多份。

四、各项工作的全面开展和推进

长兴县组织的解放思想大讨论不是在空喊口号,而是通过大讨论打破思想上的禁锢,进一步凝聚人心,推动全县上下投入到新一轮的社会主义事业建设中。5月8日,县委常委会对前期的解放思想大讨论十分满意,会议认为“大讨论已取得初步成效,基本达到了动员全县干部群众解放思想更新观念、抓住机遇加快发展;进一步强化以经济建设为中心的意识、转变机关作风关心经济、服务中心的目的”。会议听取即将出台的《关于奖励有贡献的科技人员和引进人才、技术的若干规定》《关于鼓励外商投资的若干规定》《关于鼓励扩大出口创汇的办法》《关于进一步开展横向经济联合的若干规定》《关于加强和完善建筑市场管理的若干规定》《关于土地征用的有关规定》《关于治理县属全民、集体“小、穷、亏”工业企业的意见》《关于项目审批管理“一条龙”服务的办法》《关于城镇房屋拆迁管理办法》《长兴县城镇国有土地使用权出让和转让暂行办法》十项政策的汇报;同时决定各位县委常委分工支持帮助“三资”企业引进、人才引进、机关作风建设、土地征用、机关职能转变、经济开发区规划与建设、接轨浦东开放等十五项中心工作。

5 月 12 日,县委召开理论学习中心组扩大会议,总结大讨论情况,认为大讨论起到了大发动、总动员的作用,旧观念受到冲击,全县经济发展计划从“保七争八”调整为增长 20%,1—4 月发展速度已达 24.1%。全县原计划投入 6490 万元,已突破 1 个亿。同外商洽谈项目 25 个,总投资 600 万美元。县委决定,大讨论从论虚为主转入抓实际行动为主,强调近期狠抓新政策的贯彻实施,加快推出实的动作,抓好各项工作的落实。会后,参与浦东开发、成立县经济开发区、鼓励机关干部向基层和企事业单位流动和人才项目引进等工作都热火朝天地开展起来。

1992 年,全县工农业总产值 32 亿多元,比上年净增近 8 亿元,增幅高达 31.9%,为 1949 年以来发展最快的一年。新成立的县经济开发区,不到一年之内就有 63 个项目落户。

1993 年 4 月 4 日,《浙江日报》第三次以头版头条聚焦长兴,刊文认为长兴解放思想大讨论结出丰硕成果,并欣赏地说:“长兴人赶上来了!”

(刘峰执笔)

第四章　纪检监察工作

1988 年,中共长兴县纪律检查委员会(简称县纪委)机关内设办公室、信访科、纪律检查科、案件审理科。同年 3 月,成立县监察局。1993 年 4 月,县纪委和县监察局合署办公,实行一个机构、两块牌子,行使党的纪律检查、政府行政监察职能。县监察局仍属县政府序列。内设办公室、信访举报室、纪检监察室(一)、纪检监察室(二)、执法监察室、案件审理室、教育调研室 7 个科室。2002 年 1 月机构改革后,内设办公室、党风廉政建设室、信访举报室、纪检监察室、案件审理室、执法监察室、干部监督管理室 7 个机构。2005 年,增设行政效能监察室。2009 年,设立纠风室,与政府监察室合署。设立党风廉政电教信息中心,为纯公益性事业单位。2012 年年末,县纪委机关(县监察局)内设办公室、党风廉政建设室(电教中心)、信访室、纪检监察室、案件审理室、执法监察室(纠风室)、干部监督管理室、行政效能监察室 8 个职能科室。2001 年,县纪委(监察局)被中纪委、人事部、监察部评为“全国纪检监察系统先进集体”。

第一节　党风廉政建设

一、党风廉政教育

党纪政纪教育　1988—1989 年,全县纪检监察组织运用多种方式,加强党员干部党规党纪教育,其中发布通告 1 期、编印《长兴监察》12 期、在新闻媒体发稿 15 篇。1990 年,启动党纪教育专题活动,至 1994 年共开展党纪教育培训 601 场次,播放党纪教育电视录像片 648 场次,受教育 11 万人次,印发党纪教育资料 2.1 万余册。1992 年,评选出市、县两级“贤内助”“廉内助”70 人,其中市级 4 人、县级 66 人。1995 年,加强廉洁自律教育,在小浦镇、李家巷财税所、长兴酿酒厂和长兴矿山机械股份公司进行为期一个多月的廉洁自律教育试点;会同县委组织部开展“七一”领导干部廉洁自律专题民主生活会,共有 14 个乡镇(部门)党组织组织召开;举办廉洁自律征文活动,举办“廉洁杯”知识测验,全县 31 个乡镇、62 个机关部门 542 名县管干部参加;举办培训班 127 期,参加人数 1 万余人,播放党纪教育录像片 116

场，9300余人次观看。1996年，编印《领导干部廉洁自律有关规定》小册子2000余册，开展《党纪政纪条规知识竞赛》，举办各类学习培训班238期，参加人数1.33万余人，播放党纪教育录像片129场，累计观看人数9800人次。1997年，发放《党风廉政学习资料选编》650册，组织播放反腐倡廉专题电视录像片45场；组织《中华人民共和国行政监察法》知识竞赛活动，县纪委监察局获省级组织奖。1998—2000年，先后开展思想作风教育整顿，举办学习邓小平理论、江泽民党风廉政建设和反腐败重要论述的征文比赛，发放《邓小平论党员干部廉洁自律》《以案施教、警钟长鸣——胡长清案件警示教育材料》等资料2500余册。2001年起至2012年，每年开展主题教育活动，先后开展党员干部“从政十德”“艰苦奋斗、廉洁从政——构建长兴廉洁高效发展环境”“保持共产党员先进性”“作风建设年”“党风廉政基础建设年”“重品行、讲操守、增本领、提效率、转作风”、廉政文化“七进”（进机关、进企业、进家庭、进学校、进社区、进农村、进工地）、反腐倡廉“十个一”（讲一堂廉政课、读一本廉政书、看一部廉政片、写一篇廉政文、编一则廉政微故事等）、从政道德教育等。1989—2012年，全县累计宣传正面先进典型11人，通报反面案例18人，召开警示教育大会8次。

廉政文化建设　1988年开始，县纪委注重运用各类宣传载体，开展廉政文化活动。20世纪90年代前后，主要以举办道德教育培训班、廉政报告会等形式开展廉政文化活动。1991年开始，注重家庭廉政文化建设，并会同县妇联、机关党委、监察局、计经委、文广局等部门联合开展“廉内助”“贤内助”评选活动。2002年起，先后开展廉政公益广告征集、评选、制作，书画、图片展等，“廉政长兴”标识征集评选等活动。2005年，县新四军苏浙军区纪念馆建成党性教育基地，全年接待省内外观众15万人。2006年，开展廉政文化进校园试点。2007年，启动创建廉政文化示范点活动。2009年7月，开通“廉政长兴手机报”彩信发送平台，向全县科级以上领导干部发送廉政信息。至2012年，全县创建省级廉政文化“六进”（进机关、进企业、进家庭、进学校、进社区和进农村）示范点9个（县实验小学、龙山街道体育场社区、龙山街道玄坛庙居委会、县国税局、雉城街道三狮社区、县第一小学、夹浦镇丁新村、浙江诺力机械股份有限公司、李家巷镇妇联），市级廉政文化示范点24个。

“廉政长兴”文艺晚会　2004年起，全县每年举办“廉政长兴”文艺晚会，以“廉政长兴”建设过程中涌现出来的人和事为素材，每年确定一个主题，通过歌舞、小品、朗诵、快板、情景剧等多种艺术表现形式，树新风、扬正气、颂勤廉、反腐败。2004年1月，举办首届“廉政长兴”文艺晚会，主要有舞蹈《红旗颂》、音乐快板《神州劲吹》、越剧小品《两把钥匙》、诗歌小品《迟到的泪痕》，全县党员干部近2000人参加。2005年12月，举办第二届“廉政长兴”文艺晚会，演出主题为“树反腐倡廉新风，唱勤政廉政赞歌，扬共产党人正气”，全县党员干部约1300余人参加。2006年12月，举办第三届“廉政长兴”文艺晚会，首次引入上海市和嘉兴市优秀廉政文艺节目，同时进行“读书修德、以德律己”读书征文活动颁奖仪式和廉政长兴网站开通仪式，全县党员干部1130人参加。2007年12月，由省纪委、省委宣传部、省文化厅、省广电集团、市纪委和长兴县委联合举办的“清风之歌”第二届全省廉政文艺晚会与第四届“廉政长兴”文艺晚会在长兴大剧院同台举行，省委相关领导及省纪委、省文化厅、省广电集团等省级机关和湖州市委领导，全省11个地市纪委有关领导，以及全县党员领导干部共计1100余人观看演出。2008年12月，举办第五届“廉政长兴”文艺晚会，主要演出新编历史京剧《廉吏于成龙》，党员干部1000余人参加。2009年12月，举办第

图19-3　“清风之歌”—浙江省反腐倡廉暨2007廉政长兴文艺晚会在长兴大剧院举行(县纪委机关提供)

六届“廉政长兴”文艺晚会，由苏州市滑稽剧团演出反腐倡廉题材的现代喜剧《清风扬帆》。省委第三巡视组、湖州市、苏州市纪委、县四套班子和全县党员干部近1100余人参加。2010年12月，举办第七届“廉政长兴”文艺晚会，由苏州市滑稽剧团演出以《廉政准则》为内容编排的七个小品，晚会还同时举行“廉政长兴”标识启用仪式，全县党员干部近1700人参加。2011年9月，举办第八届“廉政长兴”文艺晚会，演出节目主要为由湖州市三县两区及市直有关部门选送的岗位廉政风险情景剧《试探》《掉链子》，以及经典诵读《学无止境》、歌舞《清官谣》等，全县党员干部1000余人参加。2012年9月，举办第九届“廉政长兴”文艺晚会，并更名为“勤廉长兴”文艺晚会，以“树勤政新风，扬廉政正气，促长兴发展，喜迎十八大”为主题，主要演出形式有歌舞、小品、朗诵、快板、情景剧等。至2012年年末，全县共举办廉政文艺晚会9场，累计受教育党员干部和家属1.2万人次。

二、党风廉政制度建设

廉政制度 1988年，针对群众反映强烈的动用公款请吃送礼等问题，县委发出《关于就餐问题的一封公开信》，推动各级党政部门廉政制度建设。1989年，县委在计划物资分配等五项工作中推行“两公开一监督”廉政制度，全县80多个单位和部门建立廉洁措施和“两公开一监督”制度，全年召开以廉政为主要内容的专题会议和各类培训班120余次(期)，1.5万余人受到教育，公开办事制度72项、办事结果62项。1991年，为配合做好县级机关思想作风教育整顿，制定《长兴县乡镇以上党政领导干部保持廉洁的八条规定》。1992年，制定《关于加强罚没票据管理的通知》《长兴县预算外资金管理办法实施意见》《乡镇财政开支和管理制度》等七项规章制度，加强对各种票据、预算外资金及乡镇财政的管理。同年，印发《关于进一步加强勤政建设，推动我县经济发展的若干意见》，在党员干部中开展以“勤政务实者荣，懒散空谈者耻”为主题的党风廉政教育，完善勤政激励机制和加强监督的措施；4月，印发《关于企业在经济活动中应把握的有关问题的若干意见》，进一步规范企业党政领导的经济行为。1993年，县委印发《党政机关党风廉政建设若干规定》和《关于在政府各部门实行“两公开一监督”制度意见》，要求各部门党政领导廉洁自律，为群众作表率，接受群众的监督。全县30个乡镇、41个机关部门制定和完善两公开一监督制度，各单位、各部门还普遍建立勤政制度，促进机关工作作风改进。1994年6月，印发《关于领导干部个人重大事项必须报告的若干规定(试行)的通知》，明确县管领导干部必须报告的9类重大事项，出台《县级机关各部门党委(党组)议事规则》《县级机关、乡镇领导民主生活若干规定》等制度。1995年，制定《领导干部廉政档案》《关于对党和国家机关工作人员在国内交往和公务活动中收受礼品、礼金和有价证券实行登记制度的实施意见》《关于建立对有轻微违纪行为和不正之风的党组织和党员实行“黄牌”警告的制度》等制度，下发《关于全县党政机关乡科(局)级以上领导干部收入申报的实施意见》。1996年，县委专门出台文件，建立《领导干部收入申报制度》。同年，还出台《领导干部收受礼品、礼金和有价证券实施登记的制度》《干部调动财物移交清还报告制度》《实施接到对下一级党政班子成员检举控告向县纪委报告制度》等监督制度。1998年3月，县纪委修改完善《关于认真执行在公务活动中收受礼品实行登记制度的通知》。1999年开始，县委越来越重视对党政“一把手”的监督制约，注重建立健全落实党风廉政建设工作体系，层层落实责任。同年，县委印发《关于加强对党政“一把手”管理监督的意见》，县纪委制定《对领导干部实行谈话诫勉制度的实施办法》。2000年，建立领导干部党风廉政述职评议制度，推行领导干部全面书面述职。2001年，建立领导干部“三谈一书”制度，对乡镇和部门现职党政“一把手”分批进行警示谈话，对新任县管领导干部实行廉政谈话并签订“廉洁从政承诺书”，对轻微违纪或群众反映较多的党员干部实施诫勉谈话。2002年1月，县纪委印发《关于进一步加强党风廉政建设严禁收受礼金、礼券、礼卡的通知》，严禁党员领导干部违反规定收受“三礼”；7月下发《关于进一步规范“581”廉政专用账户管理的通知》。2003—2004年，建立健全代币购物券监督制度，先后出台《关于严禁制售和使用代币购物券切实加强节日期间党风廉政建设的通知》《关于继续抓好严禁制售和使用代币购物券(卡)工作的通知》。2006年，县纪委修改完善《长兴县县管领导干部个人重大事项报告制度》。2008年，县委、县政府出台《关于试行派驻纪检监察组织和党风廉政建设巡视组的实施意见》，启动派驻监督和党风廉政建设巡视工作。2009年，针对机关干部工作中存在的“慵懒散”等现象，县委印发《长兴县机关工作人员问责办法（试行）》，县纪委出台《关于贯彻落实〈长兴县机关工作人员问责办法（试行）〉的通知》，加大对机关干部的监督问责力度。2011年，县纪委印发《关于实施机关工作人员问责的工作规程（试行）》，进一步完善问责程序，推动问责制的贯彻实施。

党风廉政建设责任制　1998年11月，中共中央、国务院颁布《关于实行党风廉政建设责任制的规定》之后，在省、市委的部署下，全县各级党组织把贯彻落实党风廉政建设责任制作为统揽反腐倡廉和纪检监察工作的总抓手，不断健全完善配套制度，逐步构建起目标任务、一岗双责、检查考核、责任追究“四个体系”，推动党风廉政建设责任制的贯彻落实。2000年，县纪委印发《关于干部提拔任用实行党风廉政“一票否决制”规定的工作细则》。2002年，县纪委出台《干部提拔任用实行党风廉政“一票否决制”规定的实施办法》。2001年，县委下发《2001年长兴县党风廉政建设和反腐败工作组织领导和责任分工》《长兴县级领导党风廉政建设责任范围》。2003年，下发《长兴县党风廉政建设和反腐败工作组织领导和责任分工》，配套出台《党风廉政建设责任制考核办法》和《党风廉政建设责任制追究实施办法》。2004年，县委修改完善《长兴县党风廉政建设责任制考核办法》，制定《长兴县乡镇部门党风廉政建设责任制考核细则》，并逐年完善。2009年，印发《领导干部履行党风廉政建设责任制工作手册》和《落实党风廉政建设责任制工作台账》。2011年，县纪委修订《实行党风廉政“一票否决制”规定实施办法》。

惩治和预防腐败体系建设　2005年4月，县委、县政府出台《长兴县建立健全惩防腐败体系实施意见》。2007年12月，县委、县政府出台《关于进一步加强预防腐败工作的实施意见》。2008年9月，出台《长兴县建立健全惩治和预防腐败体系2008—2012年实施方案》。2012年，县委、县政府制定《关于进一步完善“三重一大”事项集体决策制度的实施意见》，规范领导班子重大事项决策、重要人事任免、重大项目安排和大额资金使用（简称“三重一大”）事项。同年7月，县委、县政府制定《关于实行党政正职“五不直接分管”制度的实施意见》，在全县实行党政正职不直接分管人事、财务、工程建设、物资采购、行政审批制度。

三、廉政检查

党政干部住房问题清理　1989—1991年，全县开展党政干部违法、违章、违纪建私房清理工作，其中清理私房252户，清退公房36处，没收私房5户，收取罚没款及“三材”（钢材、木材及水泥预制构件）补差6.24万元，党政纪处分5人。1995年起，开展党政干部违反房改政策专项清理。同年开展自查，全县1410名干部参加，其中享受厅局级待遇的干部8人、县处级和享受县处级待遇的干部106人、科级干部1202人、基层站所负责人94人，自查房屋总计1158套7.54万平方米。1996年，全县568名县管领导干部及在职的26名县处级干部的自查情况在《长兴报》公示，当年清退住房20套1080平方米，补交超面积房款163万元。1997年，清退违规住房39套1958平方米，清理超面积购房186套，补交房款219万元。

党政机关经济实体清理　1989年，全县对139家公司进行全面清理，撤并改公司42家。1994年，开展全县党政机关（包括金融系统、邮电系统、供电系统）新办经济实体清理工作，注销经济实体4家，脱钩43家，划转7家。9名领导干部辞去企业职务，其中副局级以上干部8人、股级干部1人。1998年，开展政法机关不再从事经商办企业专项治理工作，撤销企业10家，保留1家，移交3家。

党员领导干部不廉洁行为查纠　1989年，县委印发《关于纠正党政干部低价购买高档耐用消费品的通知》，全县有24名党员、干部补交差额，其中彩电20台、冰箱5台，累计补交差额1.26万元。1993年，开展整治用公款向机关工作人员赠送礼金、有价证券歪风工作，全县有139名党政干部拒收和上交礼品、现金、有价证券3.14万余元，其中拒收2.32万余元，上交8290多元。1994年，开展机关干部占用企业钱物清理工作，当年清退占用企业钱物总金额361.82万元，其中机关占用188.59万元，个人占用73.23万元。1995年，开展用公款“吃喝玩乐”和购买通信工具清理工作，全年开展检查38次，88个单位制定“两不准”规定，335人次主动拒请。1997年，开展整治建造、购买办公楼和公款吃喝工作，停建、缓建办公楼5处,节约开支1000万元。1998年,严格执行党政机关召开各类会议不准赠送礼品和纪念品的规定,公款吃喝风得到有效遏制,全县党政机关比上年节约接待费70余万元,收缴礼品礼金折合人民币4万余元。1999年,健全和完善收入申报和礼品登记上交等制度,全年有75名党员干部上交礼品、礼金价值人民币5.5万元。2003年,下发《关于严肃纪律规定切实抓好节日期间党风廉政建设的通知》,整治发放使用代币券卡问题,全年收到上交礼卡、礼金折合人民币13.1万元。2004年,共收到党员干部上交礼金礼卡2.38万元。2005年,重申制止领导干部违规收受“三礼”规定,查处6名工作人员收受礼卡问题,其中2人受到党纪处分,4人被批评教育。

公费配备通信工具清理 1997年,全县开展党政机关移动电话和住宅电话清理工作,全年变卖处置移动电话308部,退缴住宅电话332部,收回购机款49万余元。1998年,加强对党政机关通信费用管理,严格执行电话费对个人限额报销、超额自负的规定,节约通信费用支出。同年,制定《关于县属国有企业和事业单位清理通信工具有关问题的通知》,开展对事业单位和国有企业通信工具的清理工作,全年清理移动电话166部,住宅电话438部,收回资金48万元。

公费出国(境)旅游清理 1993年,全县启动公费出国(境)旅游清理工作。1994年,全面清理公费出国(境)旅游,共涉及人员43人,33人退缴有关费用2.1万元。1997年,清理出通过旅游渠道公费出国(境)11人,退缴出国(境)费用5.17万元。1998年,加强对公费出国(境)审批,严格出国(境)管理,全年否决出国(境)申请4人次。2005年,出台《关于严禁以考察学习为名进行公费旅游的通知》。

公车使用管理规范 1994年,全县开展党政机关公车情况调查摸底工作。1995年,开展军警车号牌、外籍车号牌清理工作,清理公安牌照车辆54辆,摘除车辆报警器、标志灯具8只,重新登记34只。1996年,开展党政机关和企事业单位公车清理,清理超标公车4辆,8辆汽车重新核发超标车行驶许可证。1999年,严格公车定编管理,全年审批购买公车15辆,其中更新14辆、新购1辆。2004年,出台《关于重申禁止党政机关干部驾驶公车等有关规定的通知》。2005年,转发省纪委监察厅有关通报,重申公车管理有关规定。2007年,出台《关于进一步加强机关效能建设若干规定》,从严格公车采购审批、规范公车使用管理、建立公车费用明细等方面,进一步规范公车管理。2009年,出台《关于进一步加强公车使用管理的通知》,实行公车统一标识制度,全县473辆公车均按规定张贴统一标识;落实公车定点保险、定点维修、定点加油、定点停放和公开车辆费用制度,将公车使用管理列入“长兴县机关效能监察指数”考评。2010年,开展公车配备和使用管理情况专项清理工作,全县19个乡镇(街道、园区)共上报公车117辆,其中以政府名义购买占编制的有40辆,县政府调拨7辆,政府集中购买19辆,以下属企业名义购买42辆,向民企借车9辆。

四、“581”廉政账户

2000年,县纪委借鉴外地经验,在农业银行长兴县支行设立“581”廉政账户,当年收到上交礼金2.44万元。2001年,集中力量开展礼金、礼券、礼卡问题专项清理工作,向全县660名副科级以上干部发出《致全县领导干部的一封信》,在《长兴报》上开设专项清理工作倒计时专栏,敦促领导干部在规定时限内主动上交“三礼”,当年共收到礼金、礼卡、礼品及直接缴入“581”廉政账户20余万元。2002年,出台《关于进一步规范“581”廉政专用账户管理的通知》,规范“581”专户缴款管理。当年,全县领导干部主动上交“三礼”约63739元。2006年,在农行各营业网点开展“581”账户宣传工作,提醒党员领导干部自觉拒收“三礼”。2008年,通过媒体宣传“581”廉政专用账户,公开收缴办法,全年收缴现金10万余元。至2012年,“581”账户共收到上交礼金147万余元。

五、党风廉政巡视检查

2008年,县委出台《长兴县党风廉政建设巡视办法(暂行)》,全年巡视单位16个,召开座谈会18次,个别谈话83人次,提出整改意见51条。2009年,印发《关于进一步完善长兴县党风廉政建设巡视办法的意见》,出台《关于建立长兴县党风廉政建设巡视组的通知》和《长兴县党风廉政建设巡视工作实施方案》,分三个巡视工作组对小浦镇、县卫生局、县发改委、县永兴开发公司和县合溪水库工程公司5

个单位的党风廉政建设情况进行巡视。2010 年，对全县 12 个乡镇、部门及国有公司开展巡视，发现问题 53 个，提出整改意见 31 条。

第二节　信访举报和案件查处

一、信访举报

1988 年，县纪委受理来信、来访和电话举报 357 件次，其中属纪检监察信访范围的 279 件次，办结 271 件次。1989 年，上级组织对信访工作增加“优质结案率”和“按期结案率”两项新要求，县纪委当年信访结案率达 96.5%，按期结案率 92%，优质结案率 89%。1990 年，全县 40 个区乡镇均建立纪检信访领导小组，县级机关各部门有专人负责，全县纪检信访工作网络形成。1993 年，县纪委与县委组织部共同设立举报电话。对一般性问题的党员干部，通过发信访通知书、个别谈话等形式及时批评帮助。2000 年，实施领导干部谈话诫勉和信访反映通知书制度，当年对 30 名党员干部实施信访谈话监督，对其中有轻微违纪问题的 12 名党员干部谈话诫勉，向 9 名受举报反映的干部发出《信访反映通知书》。2001 年，制定《信访监督实施办法》和《长兴县纪检监察机关奖励举报有功人员暂行办法》，设立奖励基金，鼓励和引导群众署名举报。2003 年，制定《长兴县纪检监察信访首办责任制》《信访案件线索集体分析制度》。2004 年，开通 6198198 反腐专线举报电话。2010 年，设立专线举报电话 12388 和 6198198。2012 年，健全纪检信访协理员制度，全县 247 个行政村(居委会)全部设立纪检信访协理员。1988—2012 年，县纪委累计接受群众来信来访来电 7511 件次，其中属纪检监察信访范围的 6631 件次，办结 7248 件次，办结率 96.5%。1992—2012 年，信访案件当年结案率、按期结案率、优质结案率、信访问题当年办结率“四率”均保持在 95%以上。2000—2012 年，共对 56 名党员干部实施信访谈话监督，对 16 名党员干部谈话诫勉，向 18 名干部发出《信访反映通知书》。

二、案件查处

1988 年以来，县纪检部门继续把干扰破坏改革开放，败坏党风政风的严重官僚主义，严重以权谋私和赌博，生活作风腐化，违反计划生育政策等行为作为重点查处对象。至 1992 年底，全县共立案党员违纪案件 278 件，处分违纪党员 286 人，其中开除党籍 46 人、留党察看 75 人、撤销党内职务 16 人、党内严重警告 70 人、警告 79 人。1993 年，县纪委与县监察局合署办公。同年共查处党员、干部违纪案件 37 件，党纪政纪处分 37 人，其中开除党籍 6 人、留党察看 7 人、严重警告 10 人、政纪处分 3 人，7 人被追究刑事责任。1996 年，成立查处大案要案协调小组，对贪污、贿赂、以权谋私、违反财经纪律、腐化堕落、赌博、贪赃枉法、知法犯法等案件，进行严肃查处。1998 年，共立案 61 件，结案 61 件，处分 65 人，其中党纪处分 53 人、政纪处分 12 人，开除党籍 19 人、开除公职 4 人。1998 年以后，纪检监察机关运用“两规”(要求有关人员在规定的时间、地点就案件所涉及的问题作出说明)、“两指”(责令有违法行政纪律嫌疑的人员在指定的时间、地点就调查事项涉及的问题作出解释和说明)措施，严肃惩处各类违纪违法腐败案件。2007 年后，严格落实《长兴县建立健全惩治和预防腐败体系 2008—2012 年实施方案》，加大对党员干部违纪违法案件的查处。同年，共立案 67 件，结案 66 件，其中失职渎职 4 件、妨害社会管理秩序 38 件、贪污贿赂 9 件、破坏社会主义经济秩序 9 件、违反财经纪律 7 件；处分 67 人，其中党纪处分 66 人、政纪处分 1 人，开除党籍 14 人、开除公职 1 人。2012 年，共立案 66 件，结案 68 件，其中妨害社会管理秩序 52 件、贪污贿赂 6 件、破坏社会主义经济秩序 1 件、违反廉洁自律规定 1 件、违反财经纪律 6 件；处分 135 人，其中党纪处分 64 人、政纪处分 71 人，开除党籍 24 人、开除公职 4 人。1988—2012 年，全县共立案查处党员、干部各类违纪案件 1429 件，结案 1417 件，处分违纪党员、干部 1455 人，其中党纪处分 1285 人、政纪处分 170 人，党纪政纪双重处分 42 人，乡科级干部 64 人，挽回经济损失 4835 余万元。

1988—2012 年长兴县违法违纪案件查处情况表

表 19-4　　　　单位:件

年份	立案总数	结案	案件性质									
			失职渎职	侵犯党员权利公民权利	严重违反社会主义道德	妨害社会管理秩序	贪污贿赂	破坏社会主义经济秩序	违反廉洁自律规定	违反财经纪律	违反组织人事纪律	其他
1988	34	30	—	—	—	—	—	—	—	—	—	—
1989	62	62	—	—	—	—	26	—	—	—	—	—
1990	55	55	—	—	—	—	26	—	—	—	—	—
1991	44	44	—	—	4	23	5	—	—	9	—	3
1992	41	41	—	—	—	—	—	—	—	—	—	—
1993	37	37	—	—	—	—	—	—	—	—	—	—
1994	43	43	22	—	—	20	—	—	—	—	—	1
1995	47	47	14	—	—	21	—	—	—	—	—	12
1996	54	54	—	—	7	17	8	—	—	—	—	22
1997	62	62	—	—	—	23	17	—	—	—	—	22
1998	61	61	—	—	—	1	32	—	—	—	—	—
1999	66	66	6	3	2	35	13	—	4	—	—	3
2000	66	66	5	3	2	27	20	6	1	—	—	2
2001	66	66	6	2	—	37	5	8	2	1	—	5
2002	64	62	4	4	1	40	5	6	2	—	—	—
2003	62	60	8	—	1	35	10	4	3	1	—	—
2004	60	60	7	1	1	35	4	6	3	1	1	1
2005	59	59	1	1	—	26	17	10	—	2		2
2006	59	59	5	—	—	31	17	3	—	2	—	1
2007	67	66	4	—	—	38	9	9	—	7	—	—
2008	61	60	6	1	—	23	14	14	1	2	—	—
2009	58	58	—	1	—	34	10	17	1	2	—	—
2010	71	67	5	1	—	37	10	18	—	—	—	—
2011	64	64	4	1	—	44	11	4	—	—	—	—
2012	66	68	—	—	—	52	6	1	1	6	—	—

1988—2012 年长兴县党纪政纪处分情况表

表 19-5　　　　单位:人

年份	党纪处分							政纪处分								双重处分	合计
	开除党籍	留党察看	撤销党内职务	严重警告	警告	免予处分	合计	开除公职	行政撤职	行政降级	行政记大过	行政记过	行政警告	免予处分	合计		
1988	1	10	—	8	11	—	30	—	—	—	—	—	—	—	—	—	30
1989	10	13	1	13	25	—	62	—	—	—	—	—	—	—	—	—	62
1990	16	15	1	13	17	—	62	—	—	—	—	—	—	—	—	—	62
1991	5	12	3	12	13	—	45	—	—	—	—	—	—	—	—	—	45
1992	6	16	9	11	8	—	50	—	—	—	—	—	—	—	—	—	50
1993	6	7	—	10	—	—	27	—	—	—	—	—	—	—	—	—	37

续表19-5

年份	党纪处分							政纪处分								双重处分	合计
	开除党籍	留党察看	撤销党内职务	严重警告	警告	免予处分	合计	开除公职	行政撤职	行政降级	行政记大过	行政记过	行政警告	免予处分	合计		
1994	—	2	—	6	20	5	33	—	2	—	2	4	2	—	10	—	43
1995	4	8	2	—	22	—	36	—	2	—	2	3	3	1	11	2	47
1996	4	5	2	2	23	2	38	—	3	—	2	1	5	1	12	1	50
1997	7	6	1	8	22		44	1	1	—	3	3	3	—	11	2	55
1998	19	10	1	9	13	1	53	4	3	—	1	—	4	—	12	5	65
1999	12	6	1	13	18	2	52	2	2	1	1	5	7	—	18	4	70
2000	23	5	1	6	24		59	—	1	—	1	—	—	—	2	—	61
2001	15	3	—	6	30	1	55	—	1	1	1	2	6	—	11	—	66
2002	13	5	—	8	27	—	53	—	1	—	2	2	5	—	10	1	63
2003	8	2	—	12	25	—	47	—	1	—	—	3	9	—	13	—	60
2004	13	3	—	3	35	—	54	—	—	—	1	—	5	—	6	—	60
2005	27	4	1	4	18	—	54	7	1	—	—	—	1	4	13	7	67
2006	21	2	—	7	21	—	51	5	—	—	—	1	2	3	11	3	62
2007	14	5	1	15	31	—	66	1	—	—	—	—	—	—	1	1	67
2008	16	4	—	11	26	—	57	1	—	—	—	—	3	—	4	1	61
2009	15	4	—	9	37	—	65	—	—	—	1	—	—	—	1	—	66
2010	14	4	—	5	41	—	64	3	—	—		1	—	—	4	1	68
2011	16	—	—	4	44	—	64	12	—	—	1	—	—	—	13	11	77
2012	24	—	—	4	36	—	64	4	—	—	1	—	2	—	7	3	71

说明：资料来源于县纪委（监察局）

第三节　纠风和行政监察

一、纠风治乱

民主行风评议　1995—1998年，县纪委先后开展对卫生、供电、公安、财税、工商、邮电、金融、建设、交通、土管、教育等系统的行风评议工作，对开展行风评议的单位进行"回头看"。2002年，开展民主评议机关行风工作，发放民主评议测评表1.35万份，向基层居委会、村委会、个私企业、县重点企业、外资企业、县级机关、乡镇人民政府、县领导等发放测评表550份。2006年，对长兴水务公司、京兴燃气公司、万宏公交公司开展行风评议。2008—2012年，先后开展民政、国土资源、农业系统以及工商、质监、银行系统民主评议行风活动，推出服务举措30项，完善规章制度5项。开展"政风行风建设争优奖"评

图19-4　2007年5月，召开全县民主评议暨创建群众满意基层站所、办事窗口、机关科室活动动员大会（县纪委机关提供）

选工作,遴选出7项对政风行风建设具有推动作用、对优化经济社会发展环境产生积极影响的工作。

医药购销不正之风纠正 2000年,县卫生系统医药采购分中心成立,并组织对160多个品种药品进行公开采购招标7次,节约资金109.06万元。2002年,调整药品招标采购领导小组,由县人民医院负责县级医院药品招标采购工作。全年共组织集中招标采购10次,纳入招标采购品种335余种,集中采购金额1500万元。2004—2006年,扩大药品集中招标采购范围,全县集中招标采购药品总金额8188.07万元。医务人员上交红包金额2.48万元。2005年,下发《关于开展卫生行风工作检查的通知》,对5个县级医疗机构收费、药品采购、医德医风、廉政制度建设等情况开展专项检查,纠正不符规定收费行为13种;取消无依据收费项目2个。2010年,实行药品动态监测和合理用药检查通报制度,对金额和用量排名前十位的药品进行限量使用和更换。2011年,制定下发《长兴县卫生系统治理医药回扣自查自纠工作实施方案》,全县1624名医务人员作出廉洁从医承诺,上交回扣款10.21万元,取消因违规使用医保卡定点单位2家。2012年,在全县卫生系统实施"医疗服务阳光用药工程",启动实施基本药物制度,全县28家乡镇卫生院和175家农村社区卫生服务站全部配备使用基本药物并实行零差价销售。

民办教育机构专项清理 2009年,县纪委组织对全县68家民办教育机构的证件、办学、安全、卫生等方面进行联合检查,发出《整改意见通知书》68份,提出整改意见273条,取缔民办培训机构分部5个。

中小学乱收费专项清理 1995—1996年,全县规范九年制义务教育阶段收费,建立和完善中小学一人一卡收费(证)卡制度,全县共发出收费(证)卡7.1万册。查处林城镇中学擅自决定向新分配教师收取培训费、向初中学生收取升学押金问题。2000年,开展部分中小学秋季入学收费专项检查。2002年,开展中小学收费情况专项检查,清退84名学生插班生资助费46900元、长兴一中插班生借读费47200元,仙山完小361名学生电脑费10830元。2004—2006年,实行义务教育阶段"一费制" 收费办法,落实公办高中招收择校生"三限"政策,对新塘中心小学违反"一费制"规定,收取明信片费、小干部培训费问题进行调查,清退费用7541元。出台《关于进一步规范办学行为的若干规定》《教育乱收费责任追究办法》,解决冒名顶替多、投诉多等问题。2008年,先后开展"秋季教育收费"专项检查以及"星期日"暗访调查活动,加强对高中阶段招生工作的监督和管理,规范招生和收费行为。2010—2012年,下发《关于严格禁止违规向村级组织教育收费的通知》,开展春季和秋季教育收费检查和教育审计工作,完成审计项目38个。

减轻农民负担专项清理 1993—1996年,全县开展减轻农民负担工作,先后取消涉农收费项目17个。1998—1999年,开展减轻农民负担规范化管理试点工作,取消涉农不合理负担项目17个,减轻农民负担45万元,精简乡镇编外人员和村级补助干部510人,节约资金216万元。2001年,开展农民负担规范化管理大检查,共清退不合理收费480.4万元,清退违规收取的教育费附加110.1万元,停止农村中小学集体订购校服,全年为农民减负1000万元。2005年,开展涉农价格和收费专项检查,清退286150元。2008年,开展惠农价格涉农收费专项检查,规范报刊征订、村内"一事一议"筹资筹劳、收费公示等工作。2010—2011年,开展涉农收费检查,查看24个村账和村务公示栏,走访中小学38所,农户100余户。

减轻企业负担专项清理 1998年,全县开展企业减负专项检查,取消涉及企业收费、集资项目26个,降低和合并收费项目22个,禁止要求企业参加不必要培训、评比和订购书报刊物等,累计减轻企业负担1986万元。2001年,取消粮食附加费和太湖围堤费两项收费,为乡镇企业减轻负担133万元。2010年,开展行业协会收费专项检查、涉企收费专项检查、中介机构涉企"三乱"问题专项检查、社团组织向入会企业滥收会费专项检查、涉车乱收费问题专项检查、道路收费站点工作专项检查、产品和设备质量检验检测收费检查以及涉企减免优惠政策兑现等专项检查工作,取消行政事业性收费项目40项,暂停项目12项,降低标准11项,全年减轻企业负担1.6亿元。2011—2012年,完善企业治乱减负监督网络体系，出台《农村一事一议筹资筹劳标准》《中小微企业贷款周转金管理办法》《关于进一步加快工业经济发展的若干意见》等制度，取消收费项目5项，免征小型微型企业收费项目12项。

预算外资金管理　1992—1995年，根据《长兴县预算外资金管理办法实施意见》，全县对预算外资金实行财政专户储存，收支两条线管理办法。1996年，在全县31个乡镇、118个单位开展预算外资金自查自纠，发现全县基金性收费项目11个、集资和各种规费收费项目201个。1998年，将全县行政、事业单位预算外资金基本纳入预算内管理，纳入范围98.5%，预算外资金缴入财政专户金额占应缴入金额99.8%。

交通“三乱”专项清理　1991年，全县开展公路“三乱”（指在公路上乱设站卡、乱罚款、乱收费的行为）专项清理，取消各类公路检查站10个。1995—1997年，撤销财税、工商、农业、林业系统所属的6个公路检查站，没收非法所得2200元。2000—2004年，开展公路、水路“三乱”专项检查，开展公路执法部门行风评议。2010—2012年，完善查处公路水路“三乱”案件快速反应机制，设置浙江省统一的“三乱”举报电话“96520”和路政举报电话“96266”告示牌23块，终止10省道长兴收费站收费工作。

行政双罚双报告制度　2007年，长兴出台《关于进一步规范行政执法行为的若干规定（试行）》，完善行政收费公示制度，建立行政处罚双报告制度、行政执法自由裁量权分级细化制度。同年，开展行政事业性收费和罚没款收缴情况专项检查，没收、退回和纠正违规资金452.92万元，取消收费项目5个，纠正收费项目4个，对6个部门“一把手”进行诫勉谈话。至2012年，全县机关部门、乡镇（街道）行政处罚报告6275份，检查备案143件，涉及企业4772家。

二、执法监察

招投标领域专项监督检查　1996年，县招投标管理站成立，制定实施招投标管理办法。同年，查处长兴育才建筑工程有限公司、水口建筑安装工程公司、萧山临浦建筑工程有限公司、杭州长河建筑工程公司在仓前街商贸花园小区十四号楼招投标中弄虚作假、串通投标行为。1998年，县招投标交易中心成立，出台《长兴县建设工程招投标管理办法》，要求造价50万元以上或建筑面积1000平方米以上的建设工程项目，全部进入招投标交易中心公开招投标。1999年，成立政府采购委员会，设立县政府采购中心，制定《长兴县政府采购制度管理办法》，对一次性采购额5000元以上的办公用品和设施，全部纳入政府采购中心，实行公开招标。当年组织政府采购活动6期，节约财政资金62万元。2000年，完善《长兴县建设工程招标定标办法》，加强对招投标全过程实施监督，将交通建设工程招投标纳入中心交易。当年组织交通项目招投标10个，总计78.23千米，节约造价1211.21万元。2001年，修订完善《长兴县政府采购办法》。2002年，成立国土资源交易中心，制定《长兴县土地交易市场管理办法》《长兴县国有土地招标、拍卖细则》《长兴县土地储备实施办法》等制度，将国土交易纳入招投标中心统一交易。2003年，扩大公开招投标范围，对50万元以下工程项目均实行公开招投标。同年，完善招投标专家评委淘汰制和投标单位黑名单制度。2005年，建立分专业评标专家库，下发《特殊建设项目招投标操作规程》，明确规定喷泉、雕塑等特殊建设项目的审核认定、范围、招标、投标、开标、评标程序、监督程序。2008年，出台《关于进一步规范我县建设工程招投标活动的若干规定》《长兴县建设市场不良行为记录和公示暂行办法》，严格执行《关于进一步加强乡镇招投标工作有关事项的通知》有关规定。当年全县各乡镇（街道、园区）20个招投标分中心共进场交易278批次，交易额4837.02万元，节约资金435万元。2009年，在全县32个承担政府投资建设项目的单位成立廉政监察小组，加强对政府投资工程项目的廉政监察；完善相关制度，出台《长兴县工程建设项目招标投标规定（试行）》《长兴县建设工程招标文件备案审查办法》《长兴县工程建设项目招标中标公示办法》等制度，进一步规范招投标行为。当年共查处5家投标单位弄虚作假行为，拒退投标保证金250万元，发出监察建议1条，对涉案5家企业进行不良行为公示处理，并清出长兴县建设市场；立案查处雉城镇沉渎港南蒋一队、二队和东庄农民新村三通一平及地基处理工程围标案，涉及建设单位17家，涉案金额350余万元。2011年，开展工程建设领域监理行业专项检查，抽查在建工程80项，通报批评监理企业7家，对5家监理企业进行不良行为公示；成立政府投资项目招投标事务处，全年办理招投标项目54项，节省造价4758万元，节省招标代理费用221万元，节省工程量清单及预算编制费用106万元。2012年，开展工程建设中挂靠借用资质投标、违规出借资质问题专项清理以及村级小额工程检查工作，查处县检察院"两房一中心"空调设备招投标串标围标案件，为县内查处的首例空调领域串标案件。

中介机构专项清理 2005—2012年，县内先后出台《关于依法开展整顿和规范社会中介机构专项活动的实施意见》《长兴县社会中介机构管理实施细则》和《关于加强社会中介机构规范管理的意见》，开展整顿规范中介机构专项行动、涉企中介机构收费专项检查、工程建设领域挂靠借用资质投标问题等专项清理活动，开展整顿和规范社会中介机构专项活动，累计取缔无照经营中介6家，限期整改无证经营或超范围经营中介机构37家，督促脱钩19家。检查涉企中介机构14家，立案21起，追缴偷逃税收70余万元，罚没款76余万元。

村级财务管理 1997年，全县开展村级财务清理工作。当年，全县有425个村建立财务审批制度，成立民主理财小组434个，查处贪污、挪用公款案件9起，涉及资金19万元，调整村级班子6个，收回欠款近1500万元。2004年，出台《关于进一步加强村级财务管理工作的意见》和《关于对违反农村财务管理制度行为实行责任追究的暂行规定》，查处村干部经济案件16件，刑事追究4 人，司法机关调查处理5 人。2008年，开展村级财务制度执行情况专项检查，全县村级招待费支出与2007年同期招待费控制基数比下降90.68万元，下降率25%。2009年，开展全县村级财务三年一轮审工作专项检查，划转违规处理资金470万元。2010—2012年，出台农村集体"三资"(资金、资产、资源)管理办法和实施意见，组建农村集体"三资"管理服务中心，基本建立县、乡、村三级互通的农村集体"三资"管理平台。

专项资金使用管理监督检查 1998年，县纪检等部门全面核查1995—1997年扶贫资金、救灾款和财政支农专项资金720万元，收回资金151万元。2000年，开展长兴平原防洪工程专项资金、长兴3万吨污水处理工程国债资金、1998—2000年社会养老保险资金以及1999年"6·30"洪灾救灾款管理使用情况专项检查，专项审计检查救灾款524.82万元。2007—2010年，先后开展四川汶川地震灾区捐款、2008年雪灾捐款以及青海玉树地震救灾捐款资金管理使用情况专项检查，累计审计救灾款物3116.81万元。2011年，开展政府投资建设项目审计，审计项目178个，送审金额11.5亿元，核减工程造价款1.4亿元；开展公务员津补贴发放情况专项检查，纠正违规金额354.8万元。

三、效能监察

1999年6月，长兴成立县经济发展环境投诉委员会，出台《长兴县经济社会发展环境投诉工作若干规定》《长兴县经济发展环境投诉中心工作实施细则》，全年受理社会各类投诉123件，其中电话投诉68件、来访投诉47件、来信投诉8件。2001年，县审批办证服务中心建立，首批19个单位的审批、办证和服务项目全部进驻办证中心进行集中办理，行政服务环境得到改善。2003年，落实省委"八八战略"，全面加强机关效能建设。同年，全县开展"访百家、强服务、优环境、促发展"专项活动，改善经济发展环境。2004年，成立县机关效能监察投诉中心，建立机关效能监察指数，从投诉信访评议、纪律执行情况评议、企业定期评议、办证服务评议和群众评议等五项评议指数对全县66个机关部门进行综合测评。同年，推行效能监督卡制度，严肃查处有令不行、办事拖拉、吃拿卡要、态度刁蛮行为，全年处理机关工作人员25人，其中通报批评2人、免职轮岗1人。2005年，开展"创新服务月"活动，集中解决机关部门中存在的服务意识不强，收费不规范，办事效率不高等问题。2006年，建立行政服务网络监察系统，加强审批办证行政监察工作。2007年起，围绕服务企业、贴近群众、作风提升等方面，每年确定若干主题，开展作风效能建设专项活动。2008年，出台《效能监察指数红、橙、黄、绿灯预警实施方案》，将效能监察指数纳入全县"一讲二评三服务"考核内容，与效能监察指数扣分情况公布同步实施。建立机关服务勤廉双效直报点和行政效能监察直报卡制度，健全效能监察指数预警机制。2009年，制定出台《长兴县机关干部问责办法(试行)》等制度，查处违反作风效能建设规定行为17人次，同年长兴县被省纪委评为"浙江省效能建设创新创优示范单位"。2010年，开展"效能建设提速年"活动，探索"大作风、大效能、大督查”工作机制，建立作风和效能建设指挥部，开展“治庸治懒治奢”专项行动，完善效能监察指数考评和红、橙、黄、绿灯预警实施办法，动态监测各部门在投诉件办理、公车违章、电子监察、企业评议、群众评议、纪律执行、效能监测点评议等7个方面情况，19个单位被红灯警示、9个单位被黄牌警告，全年受理效能投诉件256件，发出效能督办单252件，效能问责77人。长兴县效能建设工作被新华社《浙江领导参考》第20期列入“本期视点”，得到省委主要领导批示肯定。2012年，调整和完善《机关效能监察指数考评办法》，细化考评内容，突出考核重点，新增村级便民服务中心代办员和县工商联协会、行业协会两类考评对象，对36家单位48次红黄灯警告。年末，共查处违反作风效能建设规定行为17人次，公用支出费、会议费、招待费、交通费四项费用与上年同期相比节约1036.8万元，节约率17.8%；受理效能投诉件256件，发出效能督办单252件，效能问责77人；通过蹲点调研，征集意见建议716条，解决实际问题496个。

第五章 组织工作

1988年，中共长兴县委组织部(简称县委组织部)内设办公室、干部一科(参照公务员制度管理办公室)、干部二科、组织科和干部监督科5个职能科室。1996年9月，县委老干部局机构保留，级别不变，归口县委组织部；县级机关党委改称县直属机关工作委员会，归口县委组织部。2007年3月，参照公务员制度管理办公室更名为公务员管理办公室。2010年10月，组建县委社会工作委员会，为县委派出机构，与县委组织部合署办公。2011年7月，增设人才工作科，与县委人才办合署办公。2012年，县委组织部内设办公室、干部一科(公务员管理办公室)、干部二科、干部监督室、组织科、“两新”党建科、人才工作科7个职能科室，下设电教中心、县委人才办、党代表联络室3个事业单位。

第一节 党员队伍建设

一、党员发展

1988年，全县党员发展实行入党积极分子登记考察、预备党员培养考察制度。同年，发展党员300人，其中妇女36人、占12%，35周岁以下45人、占15%，高中以上文化222人、占74.3%。1990年，县委组织部印发《关于加强在生产第一线发展党员工作的意见》，明确从一线党员空白企业、3年以上未发展党员的党支部和35岁及以下优秀青年等三个重点层面发展党员。同年，全县发展党员321人，其中发展生产一线党员162人，占50.5%，比上年增加41%，35岁以下占12%。1996年，建立发展党员工作季报和定期通报制度。1997年，全部消除农村党支部5年以上未发展党员现象，同年发展党员704人，其中农村党支部发展的农村党员为315人。2000年，加强非公有制企业发展党员工作力度，全年发展党员673人，其中在非公有制企业党组织发展242人。2002年，全面实行党员发展公示制度。2003年，对村、企干部亲属入党实行预审制，推行乡镇(部门)发展党员责任制和预备党员转正答辩制。2004年，实行发展党员票决制。2006年，加大在带头致富、带领群众共同致富的“双带”能人和承包组组长中发展党员的力度，全年从“双带”能人、承包组组长中发展党员763人，占全年发展党员总数的76%。同年，共发展党员1004人，其中妇女291人、占全年新发展党员总数的29%，35岁以下477人、占47.5%，大学本科及专科以上学历853人、占85%。2011年，坚持党员发展做到“四结合”，即自愿申请与组织吸收相结合、支部推荐与组织培养相结合、党员带动与组织带动相结合、规范程序与保证质量相结合。2012年，全县发展党员1433人，其中妇女792人、占55.3%，35岁以下792人、占55.3%，大学本科及专科以上学历1265人、占88.3%，生产一线党员290人、占20.2%。

1988—2012 年长兴县中共党员发展情况表

表 19-6

单位:人

年份	发展党员	其中		年龄结构				文化结构		
		女	少数民族	25 岁及以下	26 岁至 35 岁	36 岁至 59 岁	60 岁以上	大专及以上	高中(中专)	初中及以下
1988	300	36	0	25	20	156	99	88	134	78
1989	338	41	0	22	21	161	134	98	166	74
1990	321	42	0	20	18	158	125	96	154	71
1991	359	50	0	23	17	183	136	126	158	75
1992	407	61	0	27	25	204	151	163	163	81
1993	498	80	0	30	28	261	179	224	179	95
1994	529	90	0	33	37	274	185	265	169	95
1995	593	107	0	36	42	313	202	326	166	101
1996	652	124	0	42	46	349	215	391	156	104
1997	704	141	0	44	50	385	225	493	106	106
1998	695	146	0	47	53	380	215	521	76	97
1999	654	144	0	55	65	337	196	510	59	85
2000	673	155	0	67	101	310	195	532	61	81
2001	738	177	0	81	148	303	207	590	66	81
2002	804	201	0	96	201	289	217	651	72	80
2003	879	229	0	114	264	272	229	721	79	79
2004	926	250	0	130	282	282	232	769	83	74
2005	953	267	0	143	295	286	229	801	86	67
2006	1004	291	0	161	316	296	231	853	90	60
2007	1067	320	0	181	341	309	235	918	96	53
2008	1109	444	0	200	360	316	233	965	94	50
2009	1184	533	0	225	391	332	237	1042	90	52
2010	1239	595	0	248	420	336	235	1103	83	53
2011	1307	654	0	274	444	353	235	1163	89	55
2012	1433	792	0	305	487	387	254	1265	123	45

说明:资料来源于县委组织部

二、党员结构与分布

1988 年,全县共有在册党员 14936 人,其中妇女 1232 人,占党员总数的 8.3%;45 岁以下 7808 人,占党员总数的 52.3%;大专及大专以上学历 602 人,占党员总数的 4%。2012 年,全县共有党员 32364 人,其中妇女 6644 人,占党员总数的 20.5%;45 岁以下 14359 人,占党员总数的 44.4%;大专及大专以上学历 11221 人,占党员总数的 34.7%。

1988—1994 年长兴县中共党员基本情况表

表 19-7

单位:人

年份		1988 年	1989 年	1990 年	1991 年	1992	1993 年	1994 年
党员人数	合计	14936	15274	15595	15930	16337	16877	17318
	女性党员	1232	1268	1310	1348	1425	1504	1574

续表 19-7

年份		1988年	1989年	1990年	1991年	1992	1993年	1994年
年龄结构	25岁及以下	563	501	450	430	428	492	499
	26岁至35岁	3317	3224	3277	3149	3178	3208	3312
	36岁至45岁	3928	4270	4481	4729	4905	4992	4922
	46岁至60岁	4842	4747	4669	4779	4753	4861	5133
	61岁及以上	2286	2532	2718	2843	3073	3324	3452
文化程度	大专及以上	602	684	732	824	914	1053	1186
	高中(含中专)	2233	2374	2509	2626	2852	3060	3211
	初中及以下	12101	12216	12354	12480	12571	12764	12921
行业分布	工建交	3499	3558	3603	3523	3747	4158	4266
	农业	7326	7474	7703	7821	7863	7672	7758
	商业	873	824	840	905	922	985	1128
	文教卫	921	907	946	952	1045	1127	1239
	机关	1852	1980	2062	2106	2230	2388	2536
	其他	320	291	169	333	218	224	391

1995—2003年长兴县中共党员基本情况表

表 19-8

单位:人

年份			1995年	1996年	1997年	1998年	1999年	2000年	2001年	2002年	2003年
党员人数	合计		18007	18716	19402	19691	20342	21015	21710	22428	22071
	预备党员		680	778	761	735	756	783	754	766	791
	女性党员		1661	1792	1899	1997	2063	2131	2202	2275	2349
	少数民族党员		4	4	4	4	6	8	8	9	9
年龄结构	25岁及以下		508	538	562	539	511	513	520	526	538
	26岁至35岁		3264	3477	3605	3189	3356	3323	3341	3345	3325
	36岁至45岁		5233	5335	5543	5283	5369	5597	5744	5862	5713
	46岁至54岁		3673	3865	4156	4670	4653	4789	4850	5052	5023
	55岁至59岁		1575	1812	1656	1604	1597	1721	1935	2056	1959
	60岁及以上		3754	3689	3880	4406	4856	5072	5320	5587	5513
文化程度	大专及以上		1346	1491	1687	1960	2421	2847	3012	3423	3435
	中专		1137	1236	1511	1552	1749	1998	2413	2588	2656
	高中		2233	2553	2596	2747	2912	3095	3281	3518	3590
	初中及以下		13291	13436	13608	13432	13260	13075	13004	12899	12390
行业分布	一、职工	合计	6429	6728	7134	7227	7553	7601	7689	7725	7698
		工人	1792	1712	1850	1718	1778	1765	1695	1728	1650
		营业员、服务员	423	410	424	499	487	522	534	593	571
		机关干部	1678	1925	1837	2151	2182	2211	2269	2210	2179
		国有企事业单位管理人员	941	989	974	805	869	895	882	887	864
		国有企事业单位专业技术人员	1019	1007	1270	1112	1256	1254	1238	1226	1299
		城镇集体事业、企业管理人员	236	360	387	316	351	366	395	384	398
		城镇集体事业、企业专业技术人员	170	176	204	165	178	201	245	269	253
		其他职工	170	149	188	461	452	387	431	428	484

续表19-8

年份			1995年	1996年	1997年	1998年	1999年	2000年	2001年	2002年	2003年
	二、乡镇企业领导者	合计	2559	2599	2470	2148	2099	2341	2941	3245	2981
		管理人员	884	911	777	646	865	997	1031	1570	1240
		专业技术人员	424	504	396	348	498	582	661	597	553
	三、农牧渔民		7429	7816	8131	8474	8654	8853	8845	8978	8915
	四、民办教师、乡村医生		96	95	77	74	88	97	79	82	88
	五、军人武警		0	0	27	33	65	46	71	87	83
	六、学生		0	0	2	62	50	66	67	62	52
	七、城镇个体劳动者		40	13	21	28	26	34	33	52	41
	八、离退休干部(工人)		299	282	452	525	521	597	585	664	658
	九、退休职工		1143	1153	1059	1102	1220	1321	1345	1457	1487
	其他职业		12	30	29	48	66	59	55	76	68

2004—2012年长兴县中共党员基本情况表

表19-9

单位:人

年份			2004年	2005年	2006年	2007年	2008年	2009年	2010年	2011年	2012年
党员人数	合计		22675	23253	24257	25575	26535	27631	29099	30931	32364
	预备党员		864	665	705	935	1043	1280	1581	1259	1132
	女性党员		2830	3026	3390	3432	4237	4738	5202	5911	6644
	少数民族党员		9	16	8	11	16	25	28	27	29
年龄结构	25岁及以下		541	592	727	1005	1251	1618	2240	2738	3216
	26岁至35岁		3376	3456	3599	3872	4012	4326	4537	4869	5184
	36岁至45岁		5389	5382	5587	5898	5826	5904	5672	5956	5959
	46岁至54岁		5566	5434	5392	5302	5331	5653	5884	6089	6154
	55岁至59岁		2216	2513	2741	2978	3076	3166	3376	3476	3548
	60岁及以上		5587	5876	6211	6520	6931	6964	7390	7803	8303
文化程度	研究生		14	39	44	105	233	220	255	264	287
	大学本科		1211	1681	2078	2595	3108	3704	4345	4924	5841
	大学专科		2594	2795	3009	3348	3592	4216	4278	4767	5093
	中专		2027	1874	1960	2050	2081	2276	2224	2314	2477
	高中		3650	3487	3654	3816	3988	4324	4336	4904	5181
	初中及以下		13179	13377	13512	13661	13533	12891	13661	13758	13485
行业分布	公有制单位	合计	5817	5718	5956	6231	6624	6897	7432	7967	8518
		党政机关人员	2344	2239	2286	3081	3118	2986	3171	3417	3308
		事业单位人员	2308	2781	2916	2205	2558	2958	3250	3298	3716
		企业管理人员				184	197	137	195	232	329
		企业技术人员						97	122	406	204
		工人	1165	698	754	761	751	719	694	614	961
	非公有制单位	合计	2061	1897	2176	2702	2938	3114	3330	3887	4188
		企业管理人员	1048	747	960	1613	1731	721	926	1019	1115
		企业专业技术人员						509	742	934	1126
		民办非企业人员				281	300	435	468	501	380

续表19-9

年份		2004年	2005年	2006年	2007年	2008年	2009年	2010年	2011年	2012年
	工人	1013	1150	1216	808	907	1449	1194	1433	1567
农牧渔民		9863	12746	13509	14566	14601	11773	11867	12106	11915
军人武警		0	0	0	0	0	0	0	0	0
学生		0	3	0	0	0	0	0	0	0
离退休人员		1840	2510	2616	2076	2223	2973	3151	3384	3819
其他		3094	379	324	218	149	2874	3319	3587	3924

说明：资料来源于县委组织部

三、党员日常教育与管理

党员日常教育　1988—1994年，全县各级党组织深入开展党的基本路线教育和学习邓小平建设有中国特色社会主义理论。1990年，全县有三个先进党支部的事迹被拍摄成电视系列专题片《榜样》。1992年，全县建立党员电化教育播放站54个，播放点88个，各级党组织开展以"光辉的历程、光荣的旗帜"为主题的党员电教片展播活动。1993年6月，县电教中心成立，县远程教育办公室拍摄的电教片《榜样启示录》面向全县党员干部播放。1995年起，县委在全县党员中开展为期三年的"双学"（学党章、学理论）活动，结合"双学"开展"学习孔繁森，奉献于事业、服务于人民"和"扬长兴精神、创世纪辉煌"等系列主题教育活动。1997年7月，开展党员干部职业道德建设电教月活动。1997年至1998年，组织党员开展邓小平理论和十五大精神学习宣传活动。1998年6月，《先锋颂》电视栏目开播。1999年，县直机关、各乡镇均建立电教工作站，行政村电教播放点建点率达81.4%。2000年，《先锋颂》播出26期，全年拍摄党员电教专题片28部。2001年5月起，开展"长兴电教日"活动，确定每月10日14时整，通过长兴有线电视播放电教片，方便基层党员群众收看，至2002年全县村级电教播放点两机一室配备率达100%。2002年，在全县开展以"转作风、强服务、优环境、促发展"为主题的转变作风年和调查研究年活动。2008年3月，湖州市农村党员干部现代远程教育学用工作专项推进会在长兴召开。2009年12月，市党员干部现代远程教育试点项目——长兴南太湖党员干部现代远程教育电视频道开通，集党员教育、民生服务、技能培训、文化娱乐等功能于一体，至2011年覆盖全县17万有线电视用户，实现远程教育"广播式"全面"入户"的目标。同年，开设党员远程教育专栏，开通"点播式"远教互动电视和"长兴县党员干部远程教育网"，摄制6部"服务基层、服务企业"的远程教育课件，电教片《公民楼伯余》获全国第十届党员电教片展评最佳作品奖、全市第九届电教片展评一等奖。至2012年，"南太湖"远程教育电视频道和《先锋颂》电视党建栏目，累计播出远教节目2160多小时，上传充实远教互动平台资源库乡土特色教学课件200多小时。全县乡镇、村级站点开通率100%，农村党员家庭实际开通3357户。在有条件的企业中，发放全县统一制作的"两新组织"党员"活动卡"，用于记录每名党员日常参与远程教育培训以及其他党员活动情况。县远程教育办公室累计拍摄制作党员电教专题片32部，其中优秀党员电教片（远教课件）累计获全国和省市奖项12个。

党员管理　1988年以来，全县基层党支部均建立"三会一课"制度（党员大会制度、党支部委员会工作制度、组织生活会制度、党课制度），开展党员活动。同年10月中旬，县委在泗安镇开展处置不合格党员试点和党的基本路线教育。1989年，县委组织部印发《民主评议党员和妥善处置不合格党员工作暂行条例》的通知。同年，开展民主评议党员工作，全县累计有23个乡镇、2个企事业单位、1个县级机关单位的461个支部先后完成民主评议党员工作，占支部总数的40.8%，参加党员5948人，其中基本不合格254人、占4.3%，不合格25人、占0.4%。1990年，将党员民主评议工作纳入党员管理常规性工作。9月开始，对县级机关党员民主评议，历时2个月，69个党支部，1335名党员参加评议，评出合格党员1254人、基本合格党员25人、基本不合格党员2人、不合格党员1人，暂挂19人；12月份开始，企事业单位民主评议党员。至1991年，全县190个企事业党支部，2561名党员参加评议，评出合格党员2315人、基本合格党员 109 人、基本不合格党员 4 人、不合格党员 2 人。1995 年 6 月,在雉城镇古城公园举办首次大规模新党员集体入党宣誓活动,67 名新党员参加。同时,实施“流动党员活动证”制度,全县共发放流动党员活动证 286 张。1996 年,全县评选出 10 个“五好”(领导班子好、党员干部队伍好、工作机制好、小康建设业绩好、农民群众反映好)示范村支部、10 名优秀村党支部书记,评出 100 个“五好”村和企业、100 名模范农村党员。2003 年,根据县委要求,全县党员纳入培训计划,有重点、分年度组织实施培训;县委组织部坚持每年举办 1 期至 2 期农村、社区党组织书记示范培训班,并以全县“五好”村党组织为依托,建立 3 个县级示范培训基地。同年,共举办培训班 6 期,培训党员干部 300 多人。2004 年,建成流动党员管理服务站 10 个。2007 年,挂牌成立 140 个党员服务中心,发放 417 本“流动党员活动证”,建立健全流动党员管理网络。建立党员每月报到制度,每季度召开党员闪光言行交流点评会,开展星级考评、动态管理,并发放“党员闪光言行考评证”。2011 年,组织基层党组织和党员开展新一轮公开承诺,全县 1357 个基层党组织、3 万名党员作出公开承诺事项 6 万余项。2012 年,开展打通农村党员进出口试点,全面组织农村党员报到登记,重新确认党员身份,量化党员闪光言行星级考评、参加组织生活会次数,设立党员保持纯洁性日常表现监测指数。同年,全县评选出季度五星级党员 15605 人、省市“月度闪光言行之星”10 人(其中省级 1 人),评定不合格党员 197 人,其中限期改正处置 187 人、劝退(除名)处置 10 人。

〔专记〕

长兴创新实施党员闪光言行考评制度

一、实施背景

改革开放以来,随着社会经济结构的加速转型和调整,传统的以“三会一课”为基本形式、以履行义务讲奉献为主要目的的“说教”型、“灌输”式教育管理模式,以及简单地开展批评与自我批评,许多做法是“几十年如一日”的“老套套”,日渐显得方法单一、手段单调、内容枯燥,缺乏针对性和吸引力,与“四个多样化”条件下基层党员生产、生活方式不断变化的实际,已经不相适应。党员身份作为一种政治地位、政治角色,在社会生活和价值体系中的相对重要性下降;不少党组织对党员的教育管理和服务滞后,客观上削弱了党组织对党员的凝聚力、影响力和号召力,影响了党员接受教育管理的积极性和有效性,弱化了党员自觉践行先进性、发挥先锋模范作用的责任感和使命感。注重正面教育、自我教育、激励教育、和谐教育,创新党员经常性教育管理的方式方法,建立经常性、常态化践行先进性的考评激励机制,显得日趋必要和迫切。

二、实施过程及做法

2005 年 12 月 13 日,为推动第三批共产党员先进性教育活动深入开展,挖掘和树立一批具有时代特征的共产党员先进事迹,形成正面教育、自我教育、激励教育、和谐教育的良好导向,县委保持先进性教育活动领导小组制定实施《关于在学习动员阶段开展寻找党员“闪光点”活动的意见》。

先进性教育活动结束后,着眼于建立健全让党员经常受教育、群众长期得实惠的长效机制,把阶段性的先进性教育活动转入经常性教育工作。2007 年上半年,选择在夹浦镇月明村、泗安镇赵村、吴山乡三矿村等 9 个村和浙江永达电力实业有限公司,开展建立党员闪光言行动态评价激励机制的试点。在试点基础上,县委组织部于 9 月 5 日在夹浦镇月明村召开全县加强党员闪光言行考评激励工作现场推进会,制定出台《关于建立党员闪光言行考评激励机制 切实加强党员经常性教育管理的意见》,专门设计制作并发放“党员闪光言行考评证”,部署在全县党员中全面实行党员闪光言行考评。2010 年 6 月 4 日,县委在制定实施《关于深入开展以学习实践科学发展观建设服务型基层党组织为主要内容的“党旗高扬党徽闪亮”创先争优活动的实施意见》中,明确在各领域全面推广党员闪光言行考评激励的经验做法。7月13日,县委创先争优活动领导小组出台实施《关于在全县基层党组织和党员中开展党员闪光言行考评工作的通知》。

图19-5　全县创先争优活动暨党员闪光言行考评工作推进会(县委组织部提供·2010年)

党员闪光言行考评制度坚持正面激励,明确闪光言行内容,推行设岗定责承诺,建立党员联事定责制度,对照闪光言行的内容范畴,因人制宜设置服务岗位。每季度,各基层党组织根据党员人数,灵活采取集中交流或先分散后集中等形式,以党支部(或党小组)为单位召开闪光言行考评交流会,组织每名党员就该季度参与中心工作、服务居民群众等体现党员先进性的闪光言行具体事例进行交流,党组织书记当场进行分析、点评,最后由全体党员民主推荐产生三星级、四星级和五星级党员。季度评议产生的五星级党员作为年度评选优秀共产党员和推荐参评省市县级闪光言行之星的重要参考依据,其先进事迹在党务公开栏宣传展示。

三、主要成效

至2012年年末,全县各级党员自愿认领服务岗位20496个,221个行政村党组织累计召开闪光言行交流专题组织生活会5430场次,全县党员累计提出各类闪光"言"与"行"45.7万件次,其中有34.16万件次的闪光言行被点评确认为服务群众、敬业奉献的先进事例,累计评出闪光言行季度"五星级党员"32275人次。

党员闪光言行考评工作开展后,引起各界关注,得到上级领导的充分肯定。2007年11月,《今日浙江》刊发标题文章介绍长兴的做法;2009年11月29日,《浙江日报》以头版头条《长兴:推广党员闪光言行考评》进行报道。2010年6月28日,中共中央政治局委员、中央组织部部长、中央创先争优活动领导小组组长李源潮作出批示,认为长兴在全县农村开展"党员闪光言行"活动很好,要求创先争优办公室关注。中央组织部副部长王秦丰,省委书记赵洪祝,省委常委、组织部部长蔡奇等领导相继批示肯定。7月11日,《浙江日报》以《在潜移默化中受到感召:长兴万名党员自找闪光点》为题,再次头版头条报道并配发编后评论。8月4日,省委在嘉善县召开全省创先争优活动推进会,长兴县委作为嘉善县之外唯一县作发言,并被会议指定交流介绍党员闪光言行考评工作。8月7日,省委常委、组织部部长蔡奇再次作出批示,要求将长兴做法在全省推开,并侧重抓好考评环节。2011年,党员闪光言行考评工作被评为全省组织工作"十大新闻"之一、全省组织工作创新项目,并在全省进行推广运用。2012年6月27日,浙江省纪念建党91周年暨创先争优活动表彰大会在杭州召开,长兴县委荣获浙江省创先争优活动先进县(市、区)党委称号。6月28日,全国创先争优表彰大会在北京召开,长兴县委荣获全国创先争优活动先进县(市、区、旗)党委称号,是浙江省获该殊荣的三个县(区)之一。

(组织部供稿)

第二节　基层党组织建设

一、乡镇(街道、园区)党组织建设

1988年,全县有乡党委25个、镇党委9个。同年,县委按照干部队伍"四化"(革命化、年轻化、知识化、专业化)方针和德才兼备的原则,逐步调整、充实和加强乡镇党委和纪委领导班子。其间,对部分乡

镇进行“撤、扩、并、建”。至1993年12月,全县共有10个镇党委、纪委,21个乡党委、纪委。1990年,围绕“提高政治素质、密切党群关系”,建立起学习制度、民主生活会制度、干部谈话制度、干部下派制度和参加劳动制度。同年,全县34个乡镇全部建立党校和乡镇党校活动室(乡镇党校与乡镇成校合署办公),活动室均实现“五有五上墙”(即有专用房、有桌椅、有电教设备、有教学计划、有专兼职教师,领袖像上墙、党旗上墙、党员照片上墙、党员权利义务上墙、党支部工作规划上墙)。1994年,建立健全《党委议事规则》,推动乡镇党委班子制度建设走上规范化,涌现出雉城镇等8个党委班子典型。1996年,制定《关于在全县基层党组织中实施“凝聚力工程”的意见》,提高基层党建工作水平。1998年,健全和完善党建目标责任制、综合目标责任制,发挥乡镇党委在农村基层组织中的“龙头”作用。1999年,开展基层组织教育整顿。2000年,开展“创五好村党组织、五好乡镇党委和创农村基层组织建设先进县”为主要内容的“三级联创”活动。2001年,14个乡镇达到“五好”(领导班子好、党员干部队伍好、工作机制好、小康建设业绩好、农民群众反映好)要求。2003年,编制县“先锋工程”建设五年创建规划和2003年创建计划,明确创建目标,建立“先锋工程”建设办公室;当年有2个乡镇党委和20个村党组织被评为“先锋工程”先进乡镇党委和先进村党组织。2004年,下发《关于进一步深化农村党的建设“三级联创”活动的实施意见》,确定“巩固一批、创建一批、提升一批、整转一批”目标。2006年,制定《关于对乡镇领导班子和领导干部开展届末考核工作的实施意见》,配强“一核心三组团”等重镇、强镇和大镇党政正职。2008年,县委制定《关于全面推进党务公开的意见(试行)》。2009年,出台《加快构建城乡统筹基层党建新格局2009－2012年规划》《关于实施新一轮“先锋工程”建设深入开展“双带双创双促”活动的意见》和《关于建立健全乡镇党委抓农村基层组织建设工作责任制的意见》,建立乡镇(街道)党委书记抓基层党建工作向县委专项述职制度。建立乡镇(街道)党委书记抓基层党建工作向县委专项述职制度及实施办法,各乡镇(街道)进一步建立村党组织书记专项述职制度。同年,19名乡镇党委书记向县委书面述职,6名乡镇党委书记作述职汇报。2010年,印发《关于进一步加强新形势下基层党建带团建工作的意见》《关于进一步加强新形势下基层党建带团建工作促党建工作的意见》,开展创建学习型党组织活动。2011年,在乡镇换届中,探索采用“两推荐两票决”方式,党员和群众推荐,党员和群众进行票决,实现预期目标。2012年,健全完善乡镇党代表常任制,画溪街道党代表室申报创建省级示范点。同年,全县共有乡党委4个、镇党委9个、街道党工委4个、园区党工委3个。

二、村(居)党组织建设

1988年,全县有村党总支、党支部450个。1989年,印发《关于坚持正确的政治路线,加强农村党组织建设的意见》,引导农村党组织迅速把工作重心转移到发展农村经济上来。同年,对全县39个后进薄弱村支部班子调整,调整支部书记24人。鼎甲桥乡父子岭村党支部被评为省级先进基层党组织。1990年3月,印发《关于加强农村基层组织建设的意见》,分四期对全县435名村党支部书记进行“三个基本”教育培训,建立党员参政议政和党支部定期向支部大会报告制度。同年年末,全县452个行政村共建立村级标准化党校活动室449个。1991年6月,全县449个村党支部全面开展评类升级活动,评出一类支部121个、二类支部273个、三类(后进薄弱)支部55个。至年底,后进支部转化率达65%。1993年,制定《长兴县“带头人工程”实施方案》,通过实施“带头人”工程,选好农村“带头人”。1995年,全县农村开展党员“双带”工程(带头致富、带领群众致富),有市级富裕村118个,比上年增长73.5%,薄弱村减少到36个,比上年减少53.8%,全县评选出红旗村、示范村各10个,“标兵支部书记”10人,“领头雁”100人。1996年,在全县农村开展争创“五好村”(领导班子好、党员干部队伍好、工作机制好、小康建设业绩好、农民群众反映好)竞赛活动,196个村党支部达到“五好”标准。1997年,全县1113名乡、村干部参加跨世纪农村基层领导干部岗位培训,30名村党支部书记交流锻炼。1998年,出台《关于建立村务公开制度,加强村务民主监督的意见》。同年,父子岭村党委获全国先进基层党组织称号,村委获全国模范村委称号。1999年,进行村级组织教育整顿,开展以“农业增效、农民增收”为主题的“百村百业百品竞赛”活动,面向社会公选25名村干部到经济薄弱村任职。2001年,制订《关于实施农村基层干部“素质工程”

的三年计划》，当年举办培训班8期，380名村党支部书记和400名村委会主任参加培训。同年，全县“五好”村党支部增加到242个，占全县村党组织总数的24%。2004年，建立农村工作指导员制度，共选派220名农村工作指导员到各村指导新农村建设。2005年，建立公开推选、公开决策、公开村务、公开评议等“四个公开”制度，健全完善村级工作运行长效机制。2006年，全县224个行政村全部达到“三齐九配套”（办公室、会议室、活动室齐全，牌子、桌椅、电话、书刊文件柜、电教设施、规章制度、公开栏、宣传橱窗和卫生间配套）规范化标准，所有村彻底告别“公章随身带、会议流动开”历史，《人民日报》专题报道长兴做法。同年起，根据中央和省市有关文件的精神，开始选派大学生到村或社区工作。2007年起，县委每年组织全县村主职干部进行专题培训。同年1月开展“建设社会主义新农村”和“学习贯彻十七大精神，创业富民、创新强村”等专题培训，全县508名村主职干部参加。2008年，全县249个行政村（居）、487名村两委主职干部全部进行年度工作述职和公开宣誓承诺。2009年起，建立村干部基本报酬保障制度，由县财政按每人每年1.5万元标准全额解决村两委主职干部基本报酬，乡镇（街道）财政落实配套补助资金。同年年末，全县总共选派259名大学生到村或社区工作，用3年时间完成一村（社区）一名大学生的目标。2011年，制定《长兴县农村产业链党组织运行规则》，推广“支部+专业合作社（专业协会）”党建工作模式，建立党群创业互助会142个，成立村（社区）和谐共建会280多个，吸收会员12.6万人。同年，推进以党员服务中心为主体的农村社区服务中心建设，12个乡镇、177个村建成标准化社区便民服务中心。2012年，全县评选县先进基层党组织49个、优秀党员50人，有18名党员入选省创先争优群英谱展示。年末，全县共有村（居）党委6个、村党支部（总支）217个、居委会党支部28个。

19-6　2007年1月23日，全县村主职干部“建设社会主义新农村”专题培训班举行（县委组织部提供）

三、社区党组织建设

2001年，县委制定下发《关于加强社区党建工作的若干意见》，按照“一居一支部”要求，建立社区党支部26个。同时，将450名下岗职工党员和破产、解体企业退休职工党员的组织关系全部接转到社区党组织，建立社区党建共建机制。2002年，台基山、古城、仓前3个街道党委分别与辖区范围内的县级部门联合建立社区党建工作指导委员会，28个社区党支部分别与211个县级部门、企事业单位建立社区党建联席会议制度，实行“在职党员进社区报到”工作，社区组织开展“党员亮身份”活动，当年有1825名在职党员到社区党组织报到服务。2003年，制定《机关在职党员进社区管理办法》，开展创建“五有”（即有阵地、有保障、有制度、有活动、有作为）社区党组织活动。2004年，进行社区党组织首次换届选举，在全省率先采取“两推直选”和“公推直选”形式产生社区党组织书记3人、委员10人。2006年2月，县委下发《关于进一步加强社区党建工作的意见》，开展“五好”社区党组织创建活动。2008年，推进社区阵地规范化建设，新建社区党员创业服务中心示范点2个、创建“五好社区党组织”2个，同步实现现代远程教育站点全覆盖。2010年，在全县社区党组织和党员中组织开展“三优三推”活动（创建优良秩序、打造优美家园、整合优质资源，推动文明大促进、推动环境大改善、推动服务大提升），完成社区换届工作。2012年，玄坛庙居民区党支部62名党员组建6支“党员志愿者服务队”，开展多形式、多内容、全方位的服务，有效促进争先创优活动在农村深入开展。同年，全县共有社区党组织24个。

四、“两新”党组织建设

1988年起，随着经济建设和改革开放深入发展，全县企事业单位中的党组织相应发展壮大。至

1993年12月,全县企事业单位中党组织有党委12个、党组4个、党总支6个、党支部54个,纪委5个、纪检组5个。1994年,在总结长兴特种灯泡厂等6个典型经验基础上,制定《乡镇企业党的工作若干意见》。1996年,制定《个体私营党组织工作暂行规定》《专业市场党组织工作暂行规定》等具体操作规程。1997年,组织开展"创五好企业"(领导班子好、队伍素质好、制度建设好、工作业绩好、员工反映好)和领导班子"三个一"活动(建立一批"党员责任区"、一批"党员先锋岗"、一批党员带职工结对),评出"五好企业"18家。1998年,开展企业党建规范化建设,理顺111家企业党组织隶属关系。1999年,出台《关于加强新经济组织党建工作实施"堡垒工程"的意见》,建立企业党建工作联席会议制度。2000年,全市首家私营企业党委即中共湖州金三发集团党委挂牌。2003年,推进企业党建"五有"规范化建设创建工作。2006年,长兴华隆丝绸有限公司被市、县推荐确定为"非公有制企业党员目标责任制"中组部组织局联系点。2008年,县委组织部印发《长兴县企业党员创业创新示范岗建设实施办法》《关于加强园区非公有制企业党建工作的意见》。2010年,制定《长兴县"两新"组织党建工作指导管理暂行办法》,全县选派112名党建工作指导员到企业开展党建工作。2011年,实施非公有制企业党组织全覆盖集中攻坚行动,开展非公有制企业"双强争先"活动,举行"两新"党组织组建集中授牌仪式,全县新建非公企业党组织97个,新社会组织党组织5个。2012年,县委组织部选派100多名党建工作指导员到100多家非公有制企业进行党建工作。全县评选表彰17家县级"双强"两新党组织,有13家企业党组织创建为市级"双强"先进企业党组织,长兴玻璃厂党支部作为全省中小微企业新建党组织的唯一代表,参加全国非公有制经济组织创先争优活动典型经验交流会交流经验。至2012年年末,全县3825家非公企业中单独组建党组织的有271家,建立联合党组织的有3229家,实现工作覆盖的有325家,新社会组织党组织组建率达91.3%,建立22个区域性党组织,覆盖企业1350家,基本实现非公企业党组织全覆盖。长兴获首批浙江省"两新组织"党建工作先进县称号。

第三节　干部队伍建设

一、选拔任用

1988年,全县首次将竞争机制引入干部制度改革,面向社会公开招聘计经委等3个单位主要负责人。同年年末,选配9个副乡(镇)长,全县乡镇班子成员基本达到规定职数。1992年,选拔15名懂经济、会管理的经营干部充实到乡镇领导班子,从101名经济管理人才中择优选拔16名乡镇长助理、18名女性干部进入乡镇班子。1993年,在县级机关部门领导班子调整中,县委把竞争机制引入局级班子的配备,全方位地公开选拔局级领导干部,面向社会公开招贤,有35名被选拔为正副局级领导。调整后的局级班子平均年龄42.4岁,比调整前下降7.9岁;文化程度大专以上占比由上届的40.2%上升到56.9%,初中以下由24.1%下降到13.7%。1994年,实施选拔培养青年干部系列工程,有13名35岁以下的青年干部充实到各级领导岗位。1995年,制订培养选拔优秀年轻干部"511计划",当年有87名年轻干部走上正副局级领导岗位。1998年,公开选拔6名副局级领导干部,提拔62名年轻干部进入乡镇领导班子,234名干部岗位交流。1999年,推行竞争上岗、聘任待岗和任前公示制度,当年调整乡镇部门领导班子14个,提拔14人,333名干部参与181个中层岗位竞争上岗,49名乡镇干部落聘待岗,分流乡镇自聘人员310人。2000年,出台《2000—2002年长兴县培养选拔优秀年轻干部工作规划》,选拔一批"七九式"大学本科毕业优秀年轻干部充实乡镇领导班子,选拔一批优秀年轻干部、女干部和非中共党员干部担任处级以上领导干部。2001年,公开选拔10名30岁以下的乡镇副职领导干部和16名乡镇专职团干部。2002年,首次实施干部任免票决制,全县86名县管干部任免全部实行县委常委会票决制;首次采用竞岗形式促进县级机关中层干部跨部门交流;对在同一领导职位上任职超过10年或工作需要进行交流的52人交流轮岗,占22.3%。2004年,试行县委全委会成员民主推荐提名制度,首次尝试对李家巷镇镇长人选进行全委会成员民主推荐提名，公推直选产生白岘乡党委书记、虹星桥镇镇长和团县委书记。2005 年，开展县级机关中层职位跨部门竞岗交流，共推出 18 个中层正、副职岗位。2007 年，首次尝试县委全委会无记名投票表决方式，产生 58 名部门正职拟任人选和推荐人选，特别选拔使用 6 名党外干部。2008 年，在夹浦镇、和平镇开展公推直选乡镇党委书记试点；面向全县推出 8 个副科级领导职位进行公开选拔，并结合公选开展年轻干部理论考学，在全县乡镇、部门中开展新一轮中层干部竞争上岗，向全县推出一批中层正副职岗位，进行跨部门竞岗交流。2009 年，制定《关于进一步加强培养选拔优秀年轻干部、女干部、党外干部工作的意见》。2010 年，公推竞选水口乡乡长、竞争性选拔副科级领导干部以及公开选拔乡镇（街道）团委书记、妇联主席等 26 个岗位。2012 年，推行“中层干部竞争上岗、一般干部双向选择、特定对象跨岗交流”制度，全县 68 个单位 3403 名机关干部全面开展全员竞聘上岗工作。同时，推出 25 个岗位面向全市开展竞争性选拔。

二、教育培训

1988 年 8 月，县委举办区、乡（镇）领导干部上岗培训班，学习新时期党的建设特点、任务，研究在改革开放新形势下如何改善和加强党的领导，怎样当好党委书记和乡镇长，提高思想、政策和领导水平。同年，首届党校中专干部培训班 44 名学员毕业。1989 年 9 月下旬，县委组织各级党政主要领导分期分批在县委党校进行 5 期轮训，学习马克思主义基本理论、邓小平重要讲话、十三届四中全会文件和科学社会主义、哲学等。614 名部委办局领导作为学习骨干回单位担任理论辅导员。县六套班子 19 名领导撰写体会文章在广播专题节目中播讲。1990 年 7 月，县委、县政府决定从县级机关中选派 37 名中青年干部到 23 个乡（镇）和 4 个企业（单位）任职锻炼和工作。1991 年 4 月，县委组织部会同县委宣传部在党校举办两期培训班，组织学习十三届七中全会文件和《关于社会主义若干问题学习纲要》，全县区、乡、镇、部委办局党政领导干部 280 多人参加。1992 年　2 月底，全县选派 12 位乡镇、企业分管经济工作的领导分赴绍兴、桐乡、萧山等经济发达地区任职（党委委员、书记助理、乡镇长和厂长助理），锻炼 4 个月。1993 年，多渠道、多途径地选拔和培养经济管理人才，从 101 名各类经济管理人才中择优选拔 16 名任乡镇长助理，充实到工业基础比较薄弱的乡镇或边远乡镇从事经济管理工作；选送 38 名区乡镇主要领导和有培养前途的青年干部到杭州院校培训。1995 年，在横山乡建立村干部培训基地，主要培养村党支部书记和村委会主任，第一批学员 33 人。1997 年 9 月，县委组织部选派 5 名县管青年干部到市委党校培训 3 个月，选派 4 名县级机关部门青年干部到乡镇实践锻炼，部分乡镇党委选派一批有培养前途的青年到村和企业挂职、任职。10 月，组织全县 17 个乡镇 1113 名乡、村干部参加跨世纪农村基层干部岗位培训，选送 30 名村支书赴县内外发达村进行为期一个月的挂职锻炼。1998 年，首次选派中青年干部到中央国家机关进行 6 个月的挂职锻炼。1999 年，全县党员干部学理论、学科技、学法律、学经济的“四学”活动掀起新高潮，县业余讲师团集中 5 天，分赴 20 个乡镇，对全县 4000 余农村基层党员干部集中授课教育，受教育面达 96%。

2001 年，出台《长兴县干部教育培训“十五”规划》。同年，举办外经贸知识培训班、WTO 与农业产业化研讨班、领导干部金融及财贸知识培训班、县域经济可持续发展研讨班等，149 名乡镇、部门的领导干部参加学习；选送 45 名干部进市委党校培训，组织 32 名乡镇长、分管城建的副职及有关职能部门领导到新加坡利康国际企业培训中心进行城建建设与规划的培训考察，54 名领导干部和县重点企业负责人完成上海交大工商管理研究生课程进修班学习。2002 年 6 月，在县委党校举行公选副科级干部上岗培训班。8 月，选派 10 名乡镇干部赴温州进行 2 个月的挂职锻炼。10 月，县委对 224 个行政村及 30 个村改居的党支书、主任分 4 批次进行上岗培训。同时，由各乡镇和县讲师团对其他村班子成员进行培训，统一建立村干部学习档案，颁发“上岗培训合格证书”。2003 年，采取上挂一批、外派一批、下派一批、轮岗交流一批“四个一批”措施，加大年轻干部培养锻炼力度。同年，支持干部参加在职学历培训，开办村干部、社区干部两个大专班，共有 105 名村（居）干部参加学历教育；选派部分优秀年轻干部报考浙江大学 MPA 硕士学位；全县有 96 名 45 岁以下未达学历的乡（镇）村干部在职读函授大专；依托县和乡镇党校,开设农村干部经济管理函授中专,在15个乡镇分别办班,共有510名村干部和后备干部参加学习。2004年,县委印发《关于五年内大规模开展干部教育培训工作的实施意见》,整合全县干部培训资源,建立县委党校、县行政学校、县社会主义学校、县人才培训中心四块牌子一套班子的教育培训体制。年内,在浙江大学举办县管党政正职参加的"统筹发展"专题研修班,在中央党校举办民营企业家参加的"民营经济理论与实务"高级培训班,县内举办生态县建设论坛班、"接轨上海"专题研讨会、中青年干部培训班等;举办"行政许可法培训班"等各类短期班18期,培训干部3200多人次。同年,还选调10名学员参加全市首期党政干部赴美国培训班。2006年,扩展培训渠道,开展境外培训,与瑞典卡尔玛大学联合举办党政领导干部国外培训班;加强与国内高校合作,与清华大学、浙江大学、复旦大学等知名高校联合举办10期企业家分行业特设培训班。2011年,县委先后举办招商选资务实培训班、村主职干部培训班、中青年干部培训班、新提任领导干部培训班等52期,累计培训6275人次。依托浙江大学,合作举办浙江大学领导干部英语培训班和第二期计算机知识进修班,培训干部300余人次。2012年,全年累计举办各类党员干部培训班51期,培训各类人才5429人,先后选调50多名党政干部参加省市委党校专题班学习。

1988—2012年,累计在县委党校调训培训干部11万余人次,选派2200余名干部参加省市举办的各类主体班次,与高等院校合作提升4000余名干部学历层次;分别与高等院校、科研院所、境外培训机构等合作,先后举办党政领导干部境外培训班、北京大学政企干部高级研修班等班次32期,培训干部1200余人次;累计选派干部1200余人次到乡镇基层、工厂企业、村等一线挂职锻炼,选派干部600余人次到中央、省市国家机关挂职锻炼,外派320余人次干部赴上海、北京、温州、绍兴、萧山等经济发达地区挂职锻炼。

三、后备干部培养

1989年,根据乡镇换届工作的要求,在全面考察的基础上,县委分批对全县40个区、乡镇的领导班子作调整,结合后备干部培养,对有培养前途、潜力较大的年轻干部有针对性地交流轮岗。该次调整,县级机关下调的有8人,进行异地交流的有74人,新选聘充实乡镇班子的有2人。1990年,对19名新选拔的中青年后备干部进行全面考察,建立档案。1991年,全县推荐选拔县委管理后备干部人选90人,其中新选拔35岁以下的年轻干部49人。1994年,建立县级机关部门和乡镇领导干部后备人选"双百人"名单。1995年,制定后备干部队伍建设"125"工程目标,在广泛推荐的基础上,通过考察选拔,分别建立乡局级领导干部、企业负责人和村主职干部后备干部名单。同时,对近中期能进岗的后备干部,按照培养方向有针对性地实施理论培训、外派挂职、下派锻炼、岗位轮换等措施,加快年轻干部的成长。1996年,从年轻干部中选拔50名优秀年轻干部,确定专人帮助实施教育培养措施。1998年,建立重点骨干企业后备干部109人。2004年,确定县管副科级后备干部328人,形成以35岁以下、大专以上学历干部为主体,同时有一定数量女干部、非中共党员干部和高学历干部的后备干部队伍。2006年,选派140多名后备干部驻外招商和领办、服务大好高项目,加强一线挂职锻炼。2008年,开展县管科级副职后备干部年度专项考核工作。2009年,开展"千名后备驻点挂职"专项行动,选派优秀年轻干部到在基层一线、招商引资一线、维稳一线锻炼。2011年,每个乡镇配备1名30岁左右的年轻干部、2名左右女干部。2012年,遴选县管科级副职后备干部人选300余人、县管科级正职后备干部培养人选60人。

四、考察考核与监督

1988年,全县推行乡镇和机关干部任期目标责任制,按月审核,实行精神、物质、干部使用三挂钩的奖励制度。同时,县委建立部委办局挂钩贫困村责任制,近百名机关干部在领导干部带领下组成34个调查组,对全县114个极贫村进行摸底调查,提出初步的"致富路子"。同年,县委组织开展领导干部下基层活动,县委、县政府13名领导干部联名签名,向县属各部门、乡镇发出一封公开信,就自己下基层工作,从简就餐一事表明态度。1989年,县委贯彻落实十三届三中全会精神,严禁党政机关、党政干部经商办企业;继续推进完善干部任期目标责任制工作。1990年,县委确立学习制度、民主生活会制度、干部谈话制度、干部下派制度和参加劳动制度5项制度。1991年11月，县委作出《关于全县乡镇以上党政领导干部端正党风、保持廉洁的八项规定》。同年，县委组织部建立同干部谈话制度，到27个区乡镇和干部谈话250余人次。健全民主生活会制度，由20余人组成9个小组，有重点有针对性地到34个乡镇和县级机关党组织参加民主生活会。1994年，县委决定，自7月1日起试行《十项个人重大事项报告制度》，加强对部委办局、乡镇及县属企事业单位领导干部的监督。1995年，对照中央和省纪委要求，县委在县级机关领导干部中开展廉洁自律自查自纠活动。1998年，相继出台领导干部推荐责任制和干部考察责任制，设立举报电话，调动社会各界力量对干部的选拔、任用和管理工作进行监督，并对非选举产生的部分副局级领导干部实行试用制；对全县31个乡镇领导班子进行届中考察，对严重不团结、不协调的班子进行调整，共充实调整领导干部46人，其中提拔使用24人。对少数思想政治素质差、不胜任本职工作，群众信任度低的7名领导干部进行免职处理，对8名因思想作风等方面问题明显、群众反映较大的领导班子成员进行诫勉谈话。同时，抓好干部监督管理制度的落实，完善《领导干部个人重大事项报告制度》，严格执行《干部调动财务移交登记制度》，对11个县级机关部门的行政主要领导进行任期经济责任审计，共查处各类违纪金额1009万元。1999年，县委制定《关于加强对党政"一把手"管理监督的意见》，从思想作风、重大决策、干部任用、财经纪律、廉洁自律五个方面对党政"一把手"实施监督，并在全县开展评选"十佳廉内助"活动。

2001年，县委制定出台《关于对领导干部实行廉政谈话的规定》，分三批对11名一把手、新提拔领导的20名新进班子成员开展廉政谈话，签订廉政建设承诺书。同年，有3个乡镇5个部门的行政主要负责人接受任期审计。2002年，加大干部的监管力度，落实干部监督举报电话、干部监督电子信箱、单位和社区党组织党员干部双向联系卡制度等强化干部监督管理的措施；建立领导干部社区生活联系制度，依靠社会力量监督领导干部八小时以外表现情况；完善经济责任审计制度，实行经济责任审计预告制，当年对13名领导干部开展任期经济责任审计，共查处违规违纪金额2517万元。制定下发《关于实施党政"一把手"年度总结报告制度的意见》《关于实施领导干部任期经济责任审计预告程序的通知》《关于建立领导干部社区生活联系制度的意见(试行)》《关于建立干部监督工作特邀信息员制度的意见》《关于县委组织部内部在干部监督方面职责分工的意见》等一系列监督制度。同年，县委出台《长兴县乡镇、部门领导干部实绩考核办法》，县委组织部配套下发实施细则，增强实绩考核工作可操作性。2004年，全面推行《乡镇领导班子工作规则》和《村级领导班子工作运行规则》，完善农村基层组织建设联系会议制度、农村基层党建工作领导责任制和领导联系点制度，建立农村工作指导员制度。2005年，出台《关于在乡镇领导干部中进一步深化"分解记实"实绩考核的实施意见》，通过抓住实绩分解、实绩承诺、实绩记实、实绩测评和等次确定五个环节，分层次落实乡镇领导班子成员的实绩考核。2006年，对15个乡镇党委班子及领导干部实施届末考察考核，采取民主测评、民意调查、实绩分析、个别谈话等方法和手段，深入了解领导干部的德才表现，突出考察干部的工作实绩，并于7月和8月，分两次批次，对各乡镇党委进行调整。调整后，15个乡镇党委班子成员从132人减少至115人，其中副书记职数减少22人。2007年，创新审计监督办法，积极探索创新党政联审模式，在吴山乡、虹星桥镇进行党委书记和乡镇长的分

图19-7　县级机关部门"一讲二评三服务"广场评议咨询活动(县委组织部提供·2005年)

职联动审计。2008 年,对 5 个部门和 7 个乡镇的 19 位党政正职实行经济责任审计,其中对乡镇实行党委书记和乡镇长的分职联动审计。2010 年,在换届考察中首次采用"正反向测评+两圈考察"的方式,全面开展干部德的专项考察。同年,制定《长兴县县管领导干部"三圈联考"德的考察评价办法(试行)》,从制度上规范和加强干部德的考察。2012 年,县委组织部制定《2012 年县级机关部门"三比一讲"绩效考核办法》,提高干部考核的针对性。同年 4 月,县委出台《关于领导干部实行廉政谈话的规定》,其中包括对新任县管干部的廉政谈话。县纪委、县委组织部在具体实施中又专门拟定《领导干部廉洁从政承诺书》,承诺书一式四份,承诺人、所在单位党组织、县纪委、县委组织部各执一份。

第四节　机关党建工作

1988 年 1 月,县级机关党委转为县委直属单位,行政编制 5 人,其中书记 1 人、副书记 1 人、纪检书记 1 人,辖机关党支部 65 个。1996 年 10 月,改称中共长兴县直属机关工作委员会(简称县直机关工委),归口县委组织部管理, 内设办公室、组宣科,行政编制 7 人,其中书记 1 人、副书记 1 人(兼纪工委书记)、纪工委副书记 1 人。2012 年,县直机关工委下设办公室 1 个内设机构,行政编制数 4 人,其中书记 1 人、副书记 2 人,辖机关基层党组织 164 个。

一、思想建设

理论学习　1988 年,县机关党委组织开展社会主义初级阶段理论和党的基本路线教育。1991 年,组织开展学习《社会主义若干问题学习纲要》。1992—1994 年,重点组织学习党的十四大会议精神、邓小平建设有中国特色社会主义理论以及社会主义市场经济理论。1995 年,组织学习孔繁森,开展理论宣讲 23 次,700 余人次参与。1996 年,组织开展"学理论、学党章"活动。1998 年,开展"庆七一、讲党性、树形象、比服务"系列活动,组织党员开展"为长兴经济发展做贡献"大讨论和学习邓小平理论征文大奖赛。1999—2000 年,开展以"三讲"和"三个代表"重要思想为主要内容的学习,组织"进党校、听党课、强党性"活动。2001 年,集中开展"三个代表"重要思想学习教育活动。2003 年,开展"学习十六大,比学赶苏南"建言献策征文活动。2004 年,开展"学习郑培民、努力实践'三个代表'重要思想"大讨论活动。2005 年,开展保持共产党员先进性教育活动。2006 年,开展社会主义荣辱观学习活动。2009 年,开展学习实践科学发展观活动。2010 年,在县直机关建立"短信"党校。2011 年,以"领导干部下基层"活动形式开展理论宣讲 102 场,2 万余人次参与。2011—2012 年,通过双休日选学、长兴大讲堂、理论中心组学习、星期一夜校等多种形式加强理论学习。

活动培训　2004 年,县直机关工委开展"学理论、学业务、学经济、学法律、学科技"的"五学"为主要内容的学习型机关创建活动。2005—2008 年,深化创建活动,按照《长兴县创建"学习型机关"工作实施意见》和《考评细则》,对 140 多个县级机关部门和乡镇进行申报考核,对先进单位进行表彰。2006 年,完善"星期一夜校"和"集中学习日"制度。2009 年,开展"领导带头学、轮流讲课互动学、开通'短信党校'学、建立'网上党校'学、丰富内容学"的"五学"活动。2010 年,从创新学习方式,丰富学习内容、加强党员干部教育培训、深化党建理论研究等三个方面抓好创建活动。2011—2012 年,以"建设学习型组织,打造高素质队伍"为目标,开展以"自觉学习竞赛"和"志愿工作竞赛"为主要内容的"双百分"竞赛活动,全面提升机关干部队伍的综合素质。1993—2012 年,共举办支部书记培训班 17 期。1995—2012 年,共举办其他党务干部培训班 18 期,1200 余人次参加。

二、组织建设

县直机关党组织　1988 年,县机关党委辖党支部 65 个。1990 年,合并党支部 1 个,组建党支部 3 个。1996 年,组建党支部 7 个,撤并党支部 2 个。2000 年,组建党支部 7 个,党总支 1 个。2001 年,县国税局组建机关党委,县检察院组建机关党总支。同年,推进县级部门机构改革,撤并党支部 19 个,调整党支部14个，组建党支部13个。2006年，组建党支部1个。2007年，组建党总支3个。2008年，组建县援川重建指挥部党支部、县联合村镇银行党委和县工商联盛泽企业家联合会党支部。2009年，组建党委1个（县工商局），党总支部2个，党支部11个。2010年，组建党总支部5个、党支部44个。2011年，组建党总支部5个、党支部13个。2012年，县直机关工委辖机关基层党组织164个，其中机关党委2个、二级党委1个、党总支17个、党支部144个。

支部建设　1996年始，县直机关工委开展创建标准化党支部活动，当年有30个党支部成为第一批标准化党支部。1997年、1998年分别有52个、22个党支部成为标准化党支部。2010年开始，从领导重视规范化、党组织工作机制规范化、发展党员工作规范化、党员管理工作规范化、政治思想工作规范化、工作作风建设规范化6个方面开展“规范化党支部”创建活动。2010—2012年，共有142个机关党支部创建成为规范化党支部。

先进评选　1988—2012年，县机关党委（县直机关工委）共表彰县级机关先进党支部163个，优秀共产党员424人；在县级评选中，161个党支部被评为县级先进党支部，385名共产党员被评为县级优秀共产党员。1999—2011年，通报表彰89名县级机关先进党务工作者，20名县级先进党务工作者。2006年，在全县先进性教育活动总结表彰大会上，13名优秀党员、3名优秀党务工作者、6个优秀党支部受到县委表彰。2006—2009年，开展机关党建工作先进单位创建活动中，104个机关党组织和75名党务工作者受到表彰。2011年，评出县直优秀党员创新示范岗3个。1988—2012，市级以上先进基层党组织32个，市级优秀共产党员45人，市级优秀党务工作者34人。

三、作风建设

作风效能　1988年，县机关党委组织开展“保持党政机关廉洁、充分发挥共产党员的先锋模范作用”教育活动。1991年，组织开展党纪党规测验。1992年，开展持续5个月的县级机关思想作风整顿。1996年，配合县委开展“奉献于事业，服务于人民”主题教育活动，编印并组织学习《机关党员干部思想作风建设学习资料》。1997年，开展领导干部党性党风教育。2002年，开展以“转作风、优环境、强服务、促发展”为主题的调查研究年和作风建设年活动，开展“学习十六大，比学赶苏南”学习讨论活动。2006年，开展“创效能机关、促率先崛起”为主题的机关作风建设活动。2007年，开展以“建设‘六型’机关（学习型、创新型、服务型、和谐型、节约型和廉洁型机关），提升长兴形象”为主题的“作风建设年”活动。2008年，开展“作风建设提升年”活动。2009年9月，开展学习百叶龙“团结拼搏、无私奉献、开拓创新、追求卓越”精神的活动。2010年，制定关于加强和改进机关作风建设的实施意见。同年7月，启动廉政文化进机关示范点创建活动。2011—2012年，开展机关作风建设整顿提升活动。1988—2012年，配合纪检部门查处违规违纪党员65人。

文明机关创建　2002年始，县直机关开展文明机关创建活动。至2012年，共命名文明机关118个。详见第37编精神文明建设。

志愿服务　2001年9月，县直机关工委组织近400名机关党员参与社区精神文明建设。之后，逐步完善党员进社区“双向联系制度”。2002年7月1日，组织全县机关部门的2000多名在职党员到居住地所在的社区报到，参加政策宣传、治安协管、社区帮教、结对扶贫、文明劝导和楼道美化等16项社区志愿服务活动。2009年，举行千名机关党员志愿者服务社区的启动仪式，高阳桥社区成立首个党员志愿者服务站。2010年，成立25个党员专业

图19-8　县检察院干部到仓前街社区报到，并为社区居民举办法制讲座（吴建勋、许金芳摄·2002年）

服务队、102个党员专业服务组,3200余名党员在社区认领服务岗位3650个,并将每月的第一个星期天定为党员志愿者服务社区活动日。当年慰问困难家庭480户,送去慰问金15.5万余元。2011年,在社区开展服务共计9500人次,慰问困难家庭450户,送去慰问金25.5万余元。2012年,完善"服务站+服务队+党员+居民"的服务网络,建立党员志愿者服务社区长效机制。

2002年,组织机关党员与20多名失学女童开展帮扶结对。2004年,结对扶持失学对象422对。2005年,组织81个党支部与81户困难党员结对帮扶,1830名机关党员与1630名困难群众结对帮扶,共为8691名困难党员、群众捐赠合计858万余元。2008年,开展"万名党员干部送温暖进万家"结对活动。2010年,组织百个机关党(总)支部与百个农村党(总)支部结对,千名机关党员与困难党员和困难群众结对。2012年,组织84个基层党组织同68个相对薄弱村党组织签约结对共建。

第五节　老干部工作

县委老干部局成立于1984年1月,6月接管老干部工作。1988年,县委老干部局下设办公室,有干部5人。1989年11月,县老龄委员会成立,办公室设在老干部局。1990年9月,县关心下一代协会成立,办公室设在老干部局,1991年7月更名为县关心下一代工作委员会(简称县关工委)。各乡镇(街道)、部门也先后成立基层关工委组织。1997年,县委老干部局设办公室、管理服务科、老龄委员会办公室(副科级)3个科室。2001年10月,县老龄委员会办公室改设县民政局。2012年,县委老干部局设办公室、综合服务科和关工委办公室,干部8人;有老干部活动中心和老年大学2个老干部活动阵地。

一、离休干部待遇

1988年,全县有离休干部290人。其中,当年新办离休29人、病故5人;机关144人、事业45人、企业101人;厅局级10人、县处级132人、科级以下148人;红军时期1人、抗日战争时期125人、解放战争时期164人。至2012年年末,全县有健在离休干部185人。其中,机关85人、事业39人、企业61人;厅局级3人、县处级83人、科级以下99人;抗日战争时期44人、解放战争时期141人。其间共有105名离休干部去世。

政治待遇　1988—2012年,县委先后制定《离休干部管理服务工作试行办法》《切实做好新形势老干部工作的意见》等文件,落实全县离休干部阅读文件、集中参观学习、参加支部活动、参加县委举办的老干部读书会、形势报告会、团拜会以及必要会议和重大活动等政治待遇。1988年,居住在县城雉城镇的离休干部每周二、周四下午到老干部活动中心阅览室阅读文件,各乡镇离休干部回原单位阅读,由县委老干部局分片定点传达。1989年起,对居住在雉城镇的离休干部,建立每月15日学习例会制度,邀请相关领导或专家作形势报告。在泗安镇等8个乡镇设立学习例会点,每季度组织各乡镇(街道)离休干部召开学习例会。1991年,组织县处级(实职)以上离休老干部举办为期3天的理论学习班,140人参加。同年起,建立季度形势报告会制度和理论学习班制度,向离休干部每季作一次形势报告,每年作一次长兴经济形势通报,每年举办一期理论学习班;县委、县政府召开重要会议,举办重大活动均邀请离休干部代表列席;建立在职领导与离休干部联系制度,主要领导开展座谈、走访,遇重大事项、重要节庆开展探望慰问。1992年起,在雉城地区建立30个学习管理小组,加强政治理论学习,并组织200名离休干部参观省烈士纪念馆。之后,每年组织县处级(实职)以上离休老干部外出参观。1993年起,县委老干部局每年为离休老干部订阅《浙江老年报》《中国老年报》。1998年起,县委组织部每年为离休老干部订阅《共产党员》。2004年起,县委宣传部每年为每位离休老干部赠送一份《长兴之窗》。2005年,组织离休老干部开展纪念中国人民抗日战争暨世界反法西斯战争胜利60周年活动,为67名抗日战争时期参加革命的老干部定制纪念品。2006—2009年,每年组织一期地专级、县处级离休老干部理论学习参观会，累计 552 人次参加。2009 年，组织 50 多人次参加县政府组织的龙山新区开发恳谈会和县建设局组织的新城区规划恳谈会。2010 年，组织理论学习 10 次，近百名老干部参观考察小城镇建设、工业平台建设和新农村建设；组织 16 个离退休党支部开展创建“五好”党支部活动。2012 年，组织近百名老干部参加“我看长兴新变化”活动，举办“共话三十年，喜迎十八大”系列活动，开设老干部大讲堂 8 次，共有 600 多人次参加。

生活待遇　1988 年，全县离休干部经费由原单位负责落实。1995 年起，在企业离休干部中实行离休费和医药费“两费”统筹。1996 年 6 月，对企业离休干部离休金按机关同职务同条件离休人员离休金标准进行套改。1998 年 9 月，全县企业离休干部实行离休金统筹。企业离休干部经费纳入社会统筹后，实行“交钱不交人”的原则，其原享受的待遇不变，组织人事关系仍在原单位。1999 年 9 月，为 113 名企业离休干部及抗日战争期间参加工作的企业离休干部无固定收入配偶进行医疗费统筹，按离休干部人数每人一次性交纳 2 万元，无固定收入配偶每人一次性交纳 0.8 万元标准执行。收缴经费由县社保办包干使用，第五年后由县财政解决。对有些确有困难企业，各主管部门根据本系统的实际情况，在系统内进行统筹，以确保上缴统筹经费的完成。2002 年 5 月，将事业单位离退休干部市定补贴纳入养老保险费统筹，由社保基金支持。2003 年 5 月，印发《长兴县事业单位离休干部经费统筹管理暂行办法》，明确统筹对象、项目和经费来源等。事业单位离休干部经费统筹后，实行“交钱不交人”的原则，其原享受的待遇不变，组织人事关系仍在原单位。同年，为 47 名离休干部每人一次性缴纳 6 万元（其中离休金 2 万元、医药费 4 万）；抗日战争时期离休干部无固定收入的配偶（遗孀）每人一次性缴纳 1.5 万元；解放战争时期离休干部无固定收入的配偶（遗孀）每人一次性缴纳 1 万元。收缴的经费不敷支出后（包括今后如遇调整现行老干部经费标准或增加新的项目所需的经费），由县财政解决。对个别确有困难的事业单位，各主管部门可根据各系统的实际情况，在系统内进行调剂，以确保上缴统筹经费的完成。其经费项目为离休金、各种生活（价格）补贴、津贴、交通费、护理费、护理补贴，住宅电话费、丧葬费、一次性抚恤金、医疗费、特需经费、公用经费、误餐费、冷饮费、体检费、规范生活福利费、房租补贴、已故离休干部无固定收入遗孀的生活困难补助费、抗日战争时期离休干部无固定收入配偶和遗孀的医疗费等。2004 年 8 月，对驻长兴县的省属企事业单位离休干部“两费”统筹，由所在单位缴纳统筹费用。其中，浙江三狮水泥股份有限公司离休干部缴纳 135 万元（每人 15 万元，共计 9 人），小浦煤矿机械厂缴纳 30 万元（每人 15 万元，共计 2 人），长兴体训基地缴纳 12 万元（每人 6 万元，共计 2 人）。2006 年 6 月，对尚未纳入医疗费统筹管理的机关单位离休干部和尚未纳入医疗费统筹管理的机关单位抗日战争时期离休干部中无固定收入的配偶或遗孀，全部纳入医疗统筹管理对象，由所在单位按离休干部每人 5 万元，配偶、遗孀每人 1 万元的标准缴纳。由县财政局建立离休干部医疗费统筹专户，专款专用，不足部分由县财政补足。

1988 年，继续按照每两年一次的要求组织离休干部体检。1991 年起，离休干部体检改为每年一次。1999 年，企业离休干部医疗费实行统一额度，包干使用，节余奖励，超额实报的办法。医疗费包干额度每人每年 2000 元，按年度一年一结算，当年实际医疗费用不足定额的，节余部分奖给个人；当年医疗费用超过定额的，超过部分按实报销。抗日战争时期企业离休干部无固定收入配偶（遗孀）的医疗费报销办法为遗孀报销 75%，配偶报销 70%。2003 年，事业单位离休干部及抗日战争时期事业单位离休干部无固定收入配偶（遗孀）医疗费报销办法参照企业执行。2006 年，机关单位离休干部医疗费实行统一额度，包干使用，节余奖励，超额实报的办法。医疗费包干额度每人每年 3000 元，机关单位抗日战争时期离休干部中无固定收入的配偶（遗孀）的医疗费报销办法为遗孀住院报销 85%，门诊费实行定额包干，每年 1200 元；配偶住院报销 80%，门诊费实行定额包干，每年 1000 元。2009 年 9 月，将 44 名离休干部的医疗待遇提高到享受副司局级医疗待遇。2012 年，增加 114 名离休干部享受每月 900 元高龄护理补贴。

1999 年之前，离休干部住房按级别实行分配制度。1999 年开始，落实离休干部住房分配货币化政策。根据长政〔1999〕66 号文件规定，离休干部享受住房面积标准分别是地专级 115 平方米，县处级 87.5 平方米，科级 77.5 平方米。长兴县在原规定面积的基础上再加 8 平方米。如果没有达到以上标准的应享受住房补贴，补贴标准每平方米的平均价为 950 元。如果离休干部的配偶没有工作，其配偶的住房补贴根据应补面积每平方米在长政〔1999〕66 号文件的基础上再加发 200 元。至 2002 年年底，共为 299 位离休干部及配偶发放房改补贴资金 561 万多元。

1988 年，离休干部的护理补贴费每人 51 元。之后，根据全县经济社会发展实际，逐步提高离休干部公用经费、特需经费、交通费、护理补贴等标准。1995 年起，每年为 70 周岁、80 周岁、90 周岁的离休干部集体祝寿并送上生日蛋糕。1996 年 6 月起，为县处级和享受县处级待遇离休干部安装住宅电话。1998 年 11 月起，为抗日战争时期参加革命工作的离休干部每月补贴住宅电话费。2000 年 10 月，对副处级以下抗日战争时期参加革命工作的离休干部办理享受副处级生活待遇，对副科级以下解放战争时期参加革命工作的离休干部办理享受副科级生活待遇。2002 年，调整离休干部生活福利补贴，地厅级和享受地厅级待遇年人均 3800 元、县处级和享受县处级待遇 3600 元、科级 3400 元。2006 年 6 月，为离休干部办理免费公交 IC 卡。2009 年起，上门为老同志祝寿并送鲜花和蛋糕。2012 年，对 50 多名参加统筹的离休干部遗孀的生活补贴进行调整和补发，对离休干部的护理补贴费提高到每人 900 元。至 2012 年，共为 350 人次离休干部祝寿。

1988—2012 年长兴县离休干部基本情况表

表 19-10　　单位：人

年份	当年新办离休	离休干部人数				享受待遇			参加革命时期			当年病故	易进	易出
		合计	其中			厅局级	县处级	科级以下	红军时期	抗日战争时期	解放战争时期			
			机关	事业	企业									
1988	29	290	144	45	101	10	132	148	1	125	164	5		2
1989	36	321	154	52	115	9	146	166	1	125	195	7	3	
1990	18	332	160	56	116	8	155	169	1	126	205	6		
1991	21	347	165	60	122	8	160	179	1	125	221	7		
1992	11	351	168	61	122	8	160	183	1	121	229	6		
1993	7	352	170	60	122	8	161	183	1	118	233	6		
1994	4	350	168	59	123	8	157	185	1	114	235	5		
1995	1	346	167	57	122	8	154	184	1	113	232	13		
1996	1	334	160	57	117	7	149	178		107	227	8		
1997		326	155	55	116	7	144	175		103	223	6		
1998		320	155	53	112	7	143	170		101	219	8		
1999		312	152	52	108	7	138	167		97	215	14		
2000		298	146	50	102	7	133	158		89	209	9		
2001		289	141	48	100	6	129	154		84	205	9		
2002		280	136	47	97	5	126	149		82	198	7		
2003		273	131	46	96	4	121	148		79	194	9		
2004		264	124	46	94	4	118	142		75	189	10		
2005		254	119	46	89	4	115	135		72	182	9		
2006		245	115	46	84	4	113	128		70	175	13		
2007		232	109	43	80	4	110	118		63	169	7		
2008		225	106	42	77	4	106	115		59	166	15		

续表19-10

年份	当年新办离休	离休干部人数				享受待遇			参加革命时期			当年病故	易进	易出
		合计	其中			厅局级	县处级	科级以下	红军时期	抗日战争时期	解放战争时期			
			机关	事业	企业									
2009		210	98	42	70	3	98	109		52	158	9		
2010		201	95	40	66	3	90	108		48	153	6		
2011		195	91	40	64	3	86	106		46	149	10		
2012		185	85	39	61	3	83	99		44	141	10		

说明：资料来源于县委老干部局

二、老干部活动

老干部活动中心　1988年，县老干部活动室位于雉城镇县前街11号，面积约690平方米，内设电视室、阅览室、棋牌室、书画室、会议室等。同年开设服务部、医务室、理发室等配套服务。2002年，老干部活动室更名为老干部活动中心。同年投入53万元，将位于县前街278号的原粮食局办公大楼改造为老干部活动中心和老年大学共同使用的新场地，面积约3000平方米。2010年3月，新建老干部活动中心及老年大学，于2011年6月完成并投入使用，原老干部活动中心不再使用。新老干部活动中心位于雉城镇道园路158号(中心广场)，总投资3000万元，建筑面积5000平方米。内设阅览室、棋牌室、乒乓室、台球室等活动场所，有大小教室10余间，会议室3个，可容纳800多人同时活动和学习。老干部活动中心组织开展政治学习，举办各类讲座，并组建歌唱小组、门球小组、象棋小组、乒乓小组、钓鱼小组等，经常性开展书法、绘画、象棋、乒乓球等文体活动。1988—2012年，共举办各类讲座约220场次，各类文体活动约70次。2000年，县老干部局获评“省级老干部工作先进集体”。2011年，县老干部活动中心获省“满意家园”称号。

老年大学　1991年2月，湖州市老年大学长兴分校成立，位于老干部活动中心内，面积约300平方米，4月开学，学员以老干部为主。同年，开设书法、医学保健2门课程，共2个班级学员121人，有教师2人、工作人员2人。1993年9月，更名为县老年大学，新增文学、国画2门课程，共4个班级166名学员。1995年，新增按摩、古代文学、书法研究3门课程，共7个班级218名学员。同年被评为省级老有所为先进集体。1998年，新增摄影、诗词、烹饪、文体4门课程，共11个班级377名学员。2000年，新增中医、西医、古代史、音乐、舞蹈5门课程，共16个班级485名学员。2002年，迁至县前街278号，与老年活动中心合用场地，其中老年大学教学、办公面积有1000平方米。同年，新增园艺、英语2门课程，共18个班级403名学员。2005年，新增太极剑、太极拳、电子琴、食疗、益寿养生5门课程，共24个班级398名学员。2006年，新增电脑初级课程，投入40余万元购置电脑40台，举办电脑培训班。2007年，新增电脑中级课程，设4个班级。2008年，新增电脑兴趣、电脑图像、手工艺3门课程，共29个班级395名学员。2010年3月，迁至新址雉城镇道园路158号(中心广场)，新增民族舞、大众舞、越剧唱3门课程，共31个班级422名学员。2011年，获省级教学管理先进集体。2012年，新增数码钢琴、古筝、柔力球3门课程，共31个班级499名学员，有教师25人、工作人员3人。1991—2012年，县老年大学累计开设课程35门，培训学员4287人次。

第六章　宣传工作

1988年，中共长兴县委宣传部(简称县委宣传部)内设办公室、宣传科、理论教育科、“五四三”办公室。1993年4月，增设对外宣传科，编制2人。1997年7月，设干部科。2001年12月机构改革，内设机构调整为办公室、宣传科、党教理论科、干部科、精神文明建设指导委员会办公室，编制14人，工勤人员编制 1 人,其中领导职数 4 人。2005 年 4 月,设长兴县委对外宣传办公室(长兴县政府新闻办公室),事业编制 2 人。2009 年 8 月,设立长兴县网络宣传管理办公室,事业编制 2 人;11 月,确定县文明办机构规格相当于副科级,事业编制 4 人,其中领导职数 2 人。2011 年,县文明办编制增加 1 人,统筹用于县创建工作。同年 11 月,成立长兴县社会科学界联合会,归口县委宣传部管理,事业编制 2 人,其中领导职数 1 人。同月,设文化科,人员内部调剂;县文明办核增事业编制 1 人,用于专职从事国防教育工作,增编后县文明办事业编制为 6 人。2012 年年末,县委宣传部内设办公室、干部科、党教理论科、宣传科、文化科 5 个职能科室,下属文明办、创建办、网信办、社科联、文化产业发展办公室 5 家事业单位和外宣办 1 家参公事业单位,编制人员 22 人。

第一节　理论学习

一、理论学习中心组学习

1988 年,县委理论学习中心组定期举办读书班、学习会,学习党的方针政策、重要文件精神,不断提升领导干部的理论素质和党性修养。1990 年,制定学习日制度、学习计划制度、学习研讨交流制度、学习情况报告制度、学习考查制度 5 项学习制度,逐步实现县委理论学习中心组学习制度化。1997 年,以县委理论学习中心组为示范,规范乡镇和部门党委(党组)理论学习中心组学习,做到时间、人员、内容三落实,确保查有纪录、学有内容、看有笔记。2004 年,县委及乡镇、部门党委中心组,通过“引进来”“走出去”等方式,运用学习会、座谈会、报告会、专家讲座等形式开展宪法修正案、科学发展观、中共十六届四中全会等专题学习共 7 次。2005 年,理论学习中心组学习增加电话教育、参观考察、召开务虚会等学习形式。2006 年,下发《关于进一步加强和改进县委理论中心组学习的意见》,将集中学习时间安排在休息日。加强对乡镇、部门党委(党组)理论学习中心组学习的指导和督查,组织乡镇、部门党委(党组)理论学习中心组学习秘书 80 多人进行业务培训和工作交流,对乡镇、部门党委(党组)优秀理论学习中心组进行表彰。2007 年,组织县委理论学习中心组专题学习 11 次,其中邀请长兴种养殖大户讲课 1 次,浙江日报、浙江电视台以《长兴:土专家给县领导讲课》为题进行报道。2008 年,完善理论学习中心组学习形式和学习方法,形式上做到教授学者专题讲座与农民土专家授课相结合,方法上采取“先看后思,先比后学”的新学习模式。2009 年,制定乡镇(街道)理论武装工作考核标准,规范党委(党组)理论中心组学习制度;实施党委(党组)理论学习中心组旁听制。2010 年,县委理论中心组围绕十七届五中全会精神解读、学习型党组织建设等内容组织专题学习 11 次;全年对各乡镇(街道)中心组学习旁听 28 次。2012 年,汇编领导干部理论学习文章和调研报告 2 册 246 篇。2004—2012 年,县委理论学习中心组连续 9 年被评为市级优秀理论学习中心组,其中 2012 年度还被评为省级理论学习中心组先进单位;累计在市级以上刊物发表理论文章 437 篇。

二、干部理论学习

1988 年 1 月至 5 月,县委共举办 5 期学习中共十三大文件读书班,有 803 名党员干部参加理论学习。1989 年,举办全县企事业单位干部培训班,企事业单位党组织或行政分管思想政治工作的领导干部、工会主席参加,重点学习十三届四中全会精神和《中共中央关于加强和改进企业思想政治工作的通知》。1991 年 1 月,举办县属企事业单位党委书记(支部书记)学习社会主义理论培训班,学习十三届七中全会公报、《马克思主义哲学》和《关于社会主义若干问题学习纲要》等内容。1993 年,组织全县广大干部系统学习邓小平建设有中国特色社会主义理论。1995 年,县委成立“双学”(学理论、学党章)协调小组,制定全县党员“双学”实施方案,对 673 名县管党员领导干部和机关党支部书记进行“双学”培训;县机关党委对 180 名机关支部委员进行集中培训,31 所乡镇党校和 10 所系统党校共培训党员干部 6356 人次。1996 年,举办党员领导干部“双学”轮训班 11 期,受训党员干部 740 人次,31 所乡镇党校和

10 所系统党校举办轮训班 269 期，受训党员总数为 34457 人次，全县有 16997 名党员参加“双学”考试，考试人数占应参考人数的 98%，考试合格率达到 96%。1997 年，县委举行十五大精神报告会，宣传和贯彻十五大精神。1998 年 7 月，举办全县宣传系统干部轮训班，培训内容为十五大精神、领导科学、国际国内形势等。2000 年，全县乡镇部门以基层党校为阵地，对党员干部开展“四学”（学理论、学经济、学法律、学科技）轮训。2002 年，重点组织广大党员干部学习贯彻十六大精神。2005 年 11 月，举行十六届五中全会精神学习报告会。2008 年，开展“学习贯彻十七大，创业创新大跨越”主题宣传教育活动，成立 19 个宣讲团通过驻点宣讲等形式，面对面向基层干部群众宣讲。2009 年，全面部署科学发展观的学习实践活动。2011 年起，在县级机关干部中开展以自觉学习竞赛和志愿工作竞赛为主要内容的“双百分”竞赛活动，“学分制”竞赛办公室设在宣传部。至 2012 年，共开设课程 300 门，邀请北京大学、浙江大学、人民大学、复旦大学等 30 多所知名高校和其他一些专业机构的 216 名专家教授到长兴讲课，累计参与 15.4 万人次。

星期一夜校　始于 2000 年，全县各乡镇、县级机关各部门以星期一夜校为载体，围绕经济、法律、文化、科技、社会等各方面知识开展学习。2009 年，县委宣传部统一制发星期一夜校学习记录本，定期和不定期进行检查考评，夜校学习实现制度化。2010—2012 年，县委宣传部编发全县乡镇、县级机关星期一夜校学习情况通报 24 期，推出县委党校、县教育局、龙山新区、虹星桥镇、县工商局、县国税局等一批学习典型。

长兴大讲堂　始于 2006 年，原系长兴县图书馆面向社会公众组织开展的讲座。2009 年，“长兴大讲堂”参加浙江省公共图书馆讲座联盟并经由省文化厅正式命名。同年，县委办转发《2009 年全县宣传思想文化工作要点》，提出发挥“长兴大讲堂”的教育平台作用，邀请省内外知名专家、教授作辅导报告，每月组织 1 次至 2 次，一般安排在周六上午。同年，邀请著名野生动物摄影家冯刚，第十届全国政协委员、北京市科协副主席、中国科学院自然科学史研究所博导、教授王渝生等作专题讲座。2010 年，邀请中国经济研究中心主任姚洋、北京大学心理学系博士王垒、浙江农林大学校长周国模等 16 名专家学者开设专题讲座。2011 年，长兴大讲堂开设专题讲座 15 次，参与学习的党员干部达 1.27 万余人次。2012 年，开设专题讲座 23 次，听课人数达 2.25 万余人次。2009—2012 年，共开设讲座 74 场，参加人数达 7.2 万余人次。参见第 28 编、第 1 章、第 2 节。

图 19–9　长兴大讲堂（县委宣传部提供·2012 年）

第二节　思想教育

一、形势任务教育

1988 年，围绕中共十三届三中全会精神宣讲，县委宣传部深入到工厂、农村、学校、部队作形势辅导报告 8 场，受教育总人数 2500 余人；同年，抽调 4 名干部会同县公安局组成工作组，在夹浦乡开展形势教育和刹“三风”试点，夹浦乡党委成立形势教育和刹“三风”领导小组，并组成四个调查组，深入 8 个村开展形势教育。1989 年，在全县农村、机关、学校和企事业单位全面开展形势教育，通过运用对比算账和忆厂史、校史、村史、个人成长史的方式，增强对十一届三中全会以来党的路线、方针、政策正确性的认识。1990年,县委抽调49名机关干部和部分企业骨干组成工作组,到7个企业开展试点教育。试点结束后,各系统抽调464名干部组成71个工作组赴企业开展形势教育,共举办各类骨干培训239次,受训人数达4103人次。1992年上半年,重点贯彻落实十三届八中全会精神和邓小平南方谈话。10月,县委主要领导作学习十四大精神辅导报告,邀请江苏省张家港市委党校校长作《解放思想,加快改革》的报告。1993年9月,围绕十四大精神再教育,县委从县级机关抽调550名干部,会同乡镇1052人,在全县452个行政村开展调查研究,宣讲形势政策。11月底至12月中旬,从县级机关抽调30名干部赴30个乡镇全面开展以领导班子为重点的十四大精神再教育工作。1997年11月,在全县城镇企业中开展以"宣传贯彻十五大、深化改革再创业"为主题的形势教育,确定工业局等11个系统为教育重点部门,重点教育对象为企业领导班子、党员和中层干部。1999年8月,县委宣传部成立县业余讲师团,由副部长兼任业余讲师团团长,讲师团成员12人,当年巡回讲课80余次,听课人数4050人次。2000年,组建由县、乡、村三级组成的农村政策宣讲员队伍,共2400多人。同年,全市农村政策宣讲员队伍建设推广会在长兴召开。2001年,组织2396名农村政策宣讲员进社区、农村、学校宣讲"七一"重要讲话和十五届六中全会精神,县内媒体开设"学习'七一'重要讲话,促进长兴'双加快'进程"和"贯彻六中全会精神,切实改进作风"专栏,报道全县形势教育开展情况。2002年12月,县委召开学习贯彻十六大精神报告会,部署宣讲十六大精神。2005年,县委组建形势政策教育业余宣讲团,乡镇和有关部门同步建立形势政策宣讲队,当年宣讲418场,受教育3.8万人次。2007年,编制十七大精神宣讲资料8套,举办形势教育报告会4次,长兴县十七大精神宣讲活动试点工作在全省十七大精神主题宣传教育工作会议上交流。2008年4月,县委成立县形势政策宣讲团,县委主要领导任团长,成员有49人。同年,举办全县十七大精神主题宣传教育骨干培训会,深入开展以"学习贯彻十七大、创业创新大跨越"的主题宣传教育活动。2010年,围绕十七届四中、五中全会精神开展宣讲活动,县讲师团成员施小荣的《老施讲政策》成为群众喜爱的宣讲品牌。2011年,深入基层开展以十七届五中全会精神、胡锦涛总书记"七一"重要讲话精神、十七届六中全会精神为主要内容的形势政策宣讲活动。2012年11月,深入全县农村和企业集中宣讲党的十八大精神,累计开展各类宣讲1400多场次,受众36万余人。同年,县宣讲团成员施小荣被评为省十大基层优秀宣讲员、胡桂荣被评为省优秀宣讲员,虹星桥镇"水韵虹溪宣讲团"被评为省优秀宣讲团。

二、基本路线教育

1988年,全省统一部署开展基本路线教育(简称"路教")工作。同年至1989年,县委通过举办党员干部理论培训班,结合农村党员冬训和刹"三风"活动,在农村贯彻基本路线。1990年,县委抽调4883名干部,组成240个工作队,分别赴3个区、18个乡镇开展基本路线教育,共举办农村党员教育培训班109期,受训党员达1.65万人次,占全县农村党员的98%。同年,基本路线教育开始扩展到城镇企业,县委成立由3名县委常委分管的形势任务教育("双基"教育)办公室,抽调49名机关干部和部分企业骨干组成7个工作组,分别到工业、二轻、交通等企业开展试点教育。试点完成后,工作组增加到71个。至1992年年底,累计培训职工2.21万人次,占全县职工总数的93.6%。1994年11月中旬,县委抽调2741名干部组成446个工作组(企事业指导组29个),到全县29个乡镇开展基本路线教育,共汇编教育资料600册,编印简报12期。1995年,县委抽调100多名县级机关干部,组成31个指导组奔赴各乡镇指导工作。1996年,农村"路教"分两个阶段开展,第一阶段为8月20日至10月20日,以加强农村党组织建设,全面推行"双田制"为主要内容,由农经委主抓;第二阶段为11月20日至12月30日,以全面学习贯彻十四届六中全会精神,加强农村精神文明建设为主要内容,县委宣传部通过开展"文明户、文明村、文明乡镇"评比活动,推动农村精神文明建设。1997年,全省统一部署开展第十次农村"路教"工作,9月17日至11月5日在吴山乡试点基础上,县委于11月6日起从各部门抽调114人组成30个"路教"指导组,下设企业转制、农业产业化、个体私营经济、精神文明建设4个工作指导小组,赴各乡镇指导工作。全县农村党员干部受教育率达到97%。

三、“一宣讲六推动”活动

2007年起，县委结合长兴实际，逐步探索并建立以“一宣讲六推动”为主要抓手，集中开展形势政策宣传教育的长效机制，既推进形势政策宣讲的进村入户，同时又做到两结合两不误，促进全县中心工作的开展。同年11月至2008年3月，县委抽调1000名干部组成19个宣讲团，由县级领导带队，赴全县行政村、城镇社区开展“一宣讲五推动”活动。即宣传十七大精神，推动破解一批事关全局发展的难点问题、推动发展一批现代家庭工业和现代农业、推动攻坚一批促进又好又快发展的重点项目、推动解决一批农村和城镇社区的民生问题、推动化解一批影响稳定的各类社会矛盾纠纷。2008年，长兴“一宣讲五推动”入选全省马克思主义大众化典型案例，并在全省理论工作会议上作典型交流。同年11月初至2009年3月底，县委抽调干部组成19个宣讲团，由县领导带队，赴全县行政村、城镇社区开展“一宣讲六推动”活动，即宣讲十七届三中全会精神，推动全民创业、推动农村环境卫生改善和提升、推动农村美化绿化工程、推动低收入农户奔小康、推动村级集体经济壮大、推动平安创建工作。2009年11月，县委结合全省开展“服务企业、服务基层”活动的总体要求，抽调千名机关干部下基层，开展“一宣讲、双服务、六推动”活动。即宣讲十七届四中全会精神，服务企业、服务基层，推动全民创业增收、推动魅力乡村建设、推动千企升级投入、推动村级集体经济发展、推动农村和谐稳定、推动基层组织建设。2010年11月，县委部署十七届四中、五中全会精神集中宣讲活动，推动现代农业发展、推动魅力乡村建设、推动现代家庭工业发展、推动改善农村民生、推动农村和谐稳定、推动创优争先。2011年3月，全省形势政策宣传教育现场会在长兴召开，长兴县委作《深入开展“一宣讲六推动”活动，着力推进长兴科学和谐发展》典型发言。11月，县委部署开展以宣讲十七届五中全会、六中全会精神，推动千企升级大投入、推动现代农业发展取得新突破、推动现代家庭工业发展取得新突破、推动农村住房改造建设取得新突破、推动党的基层建设取得新突破、推动农村社会稳定为主要内容的“一宣讲六推动”活动。2012年11月22日，全县部署开展以宣讲十八大精神，推动全年目标任务完成、推动企业平稳健康发展、推动魅力乡村建设和长效管理、推动现代化农业发展、推动村级集体经济发展壮大和村务规范管理、推动社会和谐稳定为主要内容的“一宣讲六推动”活动，共组建20个宣讲团，选派1000多名机关干部，按照“分片、蹲点、驻村、联企、入户”的要求，深入到农村和企业进行集中宣讲，及时将十八大精神传达到基层，以指导推动当前各项工作。

第三节　时政宣传与对外宣传

一、社会宣传

1988—2012年，全县各级宣传文化部门运用广播电视、黑板报、画廊、文艺演出、报告会、宣传资料等形式，结合重要节日、纪念日，以及县委、县政府中心工作，每年有重点地组织开展专题宣传，主动服务于全县经济社会建设各项工作。

1988—2012年长兴县专题宣传活动情况表

表19-11

年度	宣传专题
1988	开展十三大精神宣传
1989	开展庆祝中华人民共和国成立40周年宣传，开展长兴解放以来十件大事评选
1990	开展迎亚运、爱中华宣传
1991	开展庆祝中国共产党成立70周年系列宣传活动
1992	开展十四大精神和邓小平南方谈话的学习宣传，组织解放思想大讨论

续表19-11

年度	宣传专题
1993	开展纪念毛泽东等老一辈无产阶级革命家为雷锋同志题词30周年宣传;组织“首届长兴小姐、长兴先生”评选活动,进一步解放思想
1994	组织“岗位学英雄、奉献在岗位”专题宣传;开展庆祝中华人民共和国成立45周年宣传;组织“爱我中华 爱我家乡”读书教育答题活动
1995	开展纪念抗日战争胜利50周年、纪念新四军苏浙军区成立50周年宣传
1996	开展弘扬以“解放思想、实事求是、团结拼搏、争创一流”为内涵的长兴精神宣传
1997	开展十五大精神的宣传;组织迎接香港回归系列宣传活动
1998	组织“如何把一个繁荣、富裕、文明的长兴带入21世纪”的大讨论;开展“长兴改革开放二十年之路”系列宣传活动
1999	开展抗洪救灾宣传
2000	开展“三个代表”重要思想宣传
2001	组织纪念中国共产党成立80周年系列宣传活动
2002	开展十六大精神宣传;组织以招商引资为重点的系列宣传活动;举办“形象小姐、形象先生”电视大奖赛,进一步促进思想解放
2003	开展“万众亲商、千人招商”活动宣传
2004	围绕“统筹城乡发展,推进城乡一体化”“效能革命”及“项目推进年”等重点工作开展宣传活动;组织“邓小平理论与长兴实践”征文活动
2005	组织“经济结构调整年”“生态环境建设年”宣传
2006	开展创建文化大县宣传
2007	开展十七大精神宣传
2008	开展长兴改革开放30年最具影响力30件典型事例评选活动;组织“我为创业创新作贡献”大讨论活动
2009	组织“学习贯彻十七大,创业创新大跨越”宣传
2010	组织“两年大跨越,再创新辉煌”专题宣传
2011	开展“产业升级、城市升值、文化升华和民生改善”专题宣传;组织纪念中国共产党成立90周宣传活动
2012	开展十八大精神和“我为长兴骄傲、我为长兴加油——迎接党代会,迈向新征程”宣传

说明:资料来源于县委宣传部

二、对外宣传

1990年5月,县委、县政府举办农民文化节期间,共组织、接待全国19家报刊、电视台对活动情况进行宣传,刊登各种报道文章27篇。1992年至1993年,全县开展思想解放大讨论,《浙江日报》先后刊登《长兴人坐不住了》《长兴人动起来了》《长兴人赶上来了》3个头版头条文章,以及评论员文章《转变观念、真抓实干》;《光明日报》头版头条刊登《长兴实施“换脑筋”工程》,介绍长兴县委带领全县人民解放思想、转换脑筋、发展社会主义市场经济的事迹,并配发短评《从解放思想入手好》。1993年,大型彩色宣传画册《长兴》编印完成,电视专题片《浙北腾龙——长兴》在浙江省电视台的支持和指导下完成拍摄。1995年,委托浙江电视台拍摄的电视专题片《集邮在长兴》、特色片《五代同堂子孙树》在浙江卫视播出,奇闻片《长兴奇藕》《太湖纺织女》和《超薄紫砂壶》等对外宣传片完成拍摄。1996年,与浙江电视台国际部合作拍摄的专题片《长兴扬子鳄》,在美国纽约中文台和黄河电视台播出;与浙江国际广播电台合作,制作10分钟的对外宣传专题节目,在日本栗木放送广播节目中播放;与国家外文局所属的《今日中国》杂志社合作,宣传长兴。1998年,组织开展境外记者看长兴、苏浙沪皖记者长兴行等活动。1999年4月,举办长兴中国陆羽茶文化旅游节,《人民日报》《光明日报》《文汇报》《解放日报》及浙江卫视、上海东方电视台等40多家媒体的100余名记者到长兴采访,刊发新闻报道60多篇(条)、图片40余幅,新华社为长兴茶文化节发新闻通稿,美国纽约中文台和斯科拉电视网播放长兴茶文化片段。同年,编印外宣画册《长兴》中文版1000册、英文版500册。2000年9月,长兴电视台与省电视台国际部联合制作专题片《迁徙》，对移民建房、子女入学和生活、生产情况进行全方位跟踪报道，新华社、《人民日报》等多家媒体对长兴做好三峡移民工作的经验进行报道。完成《长兴》《长兴农民》《长兴投资指南》等系列外宣画册和长兴投资环境VCD音像资料制作。2001年，利用“国际地质研讨会”和“全国银杏研讨会”在长兴召开的契机，制作《长兴农业》《长兴三奇》等折页和《长兴风光》邮资明信片及“金钉子”纪念封，邀请省级以上媒体宣传长兴改革开放和经济建设成就，宣传长兴区位优势和发展潜力。2004年年初，邀请新华社、中央电视台、中央人民广播电台、《人民日报》等60余家媒体聚焦“长三角暨环太湖区域经济发展论坛”，刊登和播出《浙江长兴抢滩上海》《浙江小县长兴出大手笔，牵手全球知名财经媒体》等60余篇报道。2005年，实施“头版头条”工程成效明显，《人民日报》华东新闻头版头条刊登《长兴为何连升56位》，《光明日报》刊登大篇幅文章《百强县排名凸显“长兴速度”》，《浙江日报》连续三天以《以最大的勇气了解自己》《以最高的效率发挥自己》《以最大的信心超越自己》为题刊登配图文章，深刻揭示“长兴速度”背后的经验和启示。2006年，策划“走进新农村”大型新闻采访活动，邀请中央电视台、中央人民广播电台、《经济日报》等30余家新闻媒体报道新农村建设的“长兴经验”。2007年，积极策划“第三届中国长三角与欧洲波罗的海地区发展论坛暨2007中国·太湖明珠——长兴国际投资贸易洽谈会”、中日友好樱花林揭碑仪式、长兴港澳周招商、天能集团香港上市等重大活动的外宣报道；新华社采用的《浙江长兴县委书记的“和谐文化账”》和《长兴县大力建设和谐文化“因子”》两篇通稿，被《半月谈》等众多报刊转载，经中宣部领导批示列为和谐社会建设重大宣传典型；《人民日报》头版尾条刊登《节能减排：浙江长兴万元产值综合能耗同比下降17%》，新华社国内动态清样刊发《从“环境换取增长”到“环境优化增长”——一位县委书记的环境得失观》文章。2008年，组织“两会一节”、接轨上海、创建国际花园城市等系列外宣活动，策划“两会一节”北京新闻发布会，联系中央电视台四套《走遍中国》栏目拍摄专题片，联系中央电视台十套《人与社会》栏目拍摄并播放专题片《茶乡情缘》，《人民日报》等76家媒体对“两会一节”活动进行报道。2009年，《光明日报》头版头条报道的长兴县研究生、大学生当村干部的新闻，《农民日报》头版刊登的《专业合作社茶农致富路》，《浙江日报》刊登的《我省有了首个县级“国际大学科技园”——长兴牵手浙大助企业转型升级》等受到广泛关注和转载。2010年，围绕产业转型升级、生态文明建设等亮点工作开展新闻外宣，中央电视台《新闻联播》播出《浙江长兴：发展新能源，穿新鞋不走老路》，并配发评论员文章《长兴绿人长留》，肯定长兴为人与自然和谐相处的县域样本；首次与央视合办45分钟大型访谈节目《城市1对1》；《浙江日报》先后以《逼出来的冠军》等3个头版头条文章推出长兴蓄电池产业转型升级的系列报道，是继1992年后长兴第二次在《浙江日报》头版刊发头条连续报道。2011年2月，中央电视台《新闻联播》分别以“流光溢彩除夕夜 红红火火过大年”“创新活动载体 形势教育生动活泼”“‘三下乡’为基层群众提供贴心的服务”为题对长兴进行报道。6月，中央宣传部《宣传工作》第32期刊登《浙江省长兴县打造“四个载体”，丰富农民工精神文化生活》信息。2012年，制作画册《长兴》2000册，拍摄长兴形象片解说版和纯音乐版。1990—2012年，被省级以上媒体录用稿件9016篇，其中国家级2061篇。

2010年，开展“诗画江南——全国知名网络媒体长兴行”，人民网、中国网、腾讯、搜狐等30余家国内知名网络媒体集中刊发报道40余篇。2011年，开展“全国网络媒体红色故土长兴行”等一系列网媒活动，与全国微博网友形成良性互动。2012年，开通县级“长兴发布”和所有乡镇、机关各部门官方认证的政府微博群，建立“长兴发布”微信平台、“无线长兴”移动客户端等新媒体平台，实现网站、微信、微博、客户端四大平台组团互动，被省委、省政府授予“2011—2012年度全省网民留言办理先进单位”称号。“长兴百叶龙”参加“人文浙江·传承非遗”网络寻访活动获最具活力奖。在全市率先成立网络文化协会，举办“首届网络元宵节”等活动。

三、新闻宣传和互联网管理

1994年，县委成立外宣领导小组，由县委副书记任组长。1995年5月，县委宣传部印发《关于建立新闻宣传“三审”制度的意见》，对《长兴科技报》、长兴电视台、长兴电台的新闻宣传实施审听、审视、审读制度。同年,县委宣传部设外宣科。1996 年 12 月,县委宣传部印发《长兴县新闻宣传宏观管理试行办法》,加强对新闻宣传的宏观管理。1998 年起,每年开展好新闻奖评选活动,至 2005 年共评出好新闻 83 篇。2001 年 3 月,制定长兴县新闻监审新办法,选聘新闻监审员 15 人,对县级新闻媒体刊登和播出的新闻内容进行评析。2005 年,成立县委对外宣传办公室(县政府新闻办公室),办公室设在县委宣传部。2006 年 9 月,加强全县户外公益广告宣传管理,明确户外公益广告宣传内容,户外公益广告宣传牌产权为乡镇、部门所有。2009 年 8 月,成立县互联网宣传管理办公室(简称网管办)。同年,建立健全新闻例会、新闻定期阅评制度等管理机制,健全新闻发布制度和重大突发性事件新闻报道快速反应机制等。2011 年,县委、县政府制定出台新闻发言人制度,由县委宣传部负责统一指导和管理;修改完善新闻宣传管理办法,在新闻业界开展"杜绝虚假报道、加强新闻职业道德建设"活动。同年,《关于长兴县构建舆情分级管理长效机制的思考》一文获全省宣传文化系统重点课题调研二等奖,入选全省舆情选编三大案例。2012 年,开发建立舆情监测系统,加强互联网信息有效监看,第一时间掌握网上舆情动态;建成三级网评员队伍。2005—2012 年,全县共评出外宣好新闻奖 90 篇。2009—2012 年,编写《网上舆情摘报》168 篇、《网上舆情专报》178 篇,依法处置不良网络舆情 133 起。

四、改革开放30年典型事例评选

2008 年,县委宣传部、县信息宣传中心组织开展"长兴改革开放 30 年最具影响力 30 件典型事例"评选活动,并于 12 月编印《风云 30 年——长兴县改革开放三十年成就》。30 件典型事例:1979 年 11 月,长城公社狄家圩生产队自发搞承包,揭开浙江农村改革第一幕;2001 年,长兴在全国首发教育券;1992 年,长兴开展解放思想大讨论活动;2006 年,长兴百叶龙被列入国家非物质文化遗产;2005 年 7 月,诺力公司打赢反倾销应诉反败为胜第一案;2002—2008 年,举办长兴国际投资贸易洽谈会;2007 年 6 月,天能国际集团在香港成功上市,实现长兴民营企业上市零的突破;2003 年起,长兴经济技术开发区连年被评为省十强开发区;1980 年 7 月,撤销长兴县革命委员会,恢复长兴县人民政府;2008 年 11 月,长兴县喜获"国际花园城市"金奖;2004 年 8 月,长兴籍运动员周苏红喜获雅典奥运会女排冠军;1999 年 6 月,34 万民众齐心战洪水,温家宝到长兴视察;2006 年 5 月,长兴县龙山新区投入使用;1995 年 6 月,国有土地使用权拍卖敲响第一槌;1987 年 1 月,港口大桥建成,和平等乡镇结束绕道湖州历史;1983—1987 年,长兴县行政区划大调整;2002 年,新型农村合作医疗农民看病不再难;2006 年,举办第十一次中日经济讨论会;1996 年 10 月,《长兴报》创刊;1993 年,企业产权制度改革兴高潮,产业结构调整显成效;2004 年,浙大生命科学教学科研基地落户泗安;1980 年 3 月,"长兴灰岩"标准地质剖面建永久性标志;2003 年 3 月,长兴中学德育导师制获中央文明办未成年人思想道德建设创新案例一等奖;1990 年 5 月,长兴举办首届农民文化节;1981 年 10 月,长兴电视转播台正式开播;1988 年,雉城镇饮用水水源四度被污染,包漾河引水工程投入使用。

2008 年,省委宣传部、浙江日报报业集团、浙江广电集团、浙江在线新闻网站等单位组织开展"浙江省改革开放 30 周年典型事例 100 例"评选活动。12 月 1 日,《浙江日报》刊登《浙江省改革开放 30 周年典型事例 100 例》,公布评选结果,《长兴:揭开全省农村改革序幕》位居首例。

第四节　社科联工作

一、组织机构

2011 年 11 月,长兴县社会科学界联合会(简称县社科联)成立,归口县委宣传部管理,事业编制 2 人,其中领导职数 1 人。

二、代表大会

2011 年 11 月 8 日,长兴县社会科学界联合会成立暨第一次代表大会召开,全县人文社科学会、协会、研究会及相关部门、乡镇(街道、园区)、学校、企业的代表共128人参加。会议宣读县编委《关于设立长兴县社会科学界联合会的批复》,听取县社科联成立暨第一次代表大会筹备工作情况的报告,讨论通过《长兴县社会科学界联合会章程》和《长兴县社会科学界联合会成立暨第一次代表大会工作报告》,选举县社科联第一届理事会理事33人。在随后召开的县社科联第一届第一次理事会议上,选举产生主席1人、副主席3人、秘书长1人。

三、主要工作

2012年10月,县社科联启动以"笃行核心价值 共建精神家园"为主题的长兴县"社会科学普及周"活动,邀请上海大学历史系教授朱子彦作社科专题讲座。活动期间,共开展专题讲座、主题宣传、咨询服务、社科实践、理论研讨等基层社科普及活动60余场,累计17.65万人次参与。同年,湖州清泉文武学校自然科学探索园完成省社科普及示范基地复评,并从60家省级基地中脱颖而出,晋级为全省23家优秀基地之一;新四军苏浙军区纪念馆创建成为省第四批社科普及示范基地。全年共组织申报市、县两级哲学社会科学规划年度课题8项,各学会组织开展课题研究420多项,《"生态长兴"实践对县域生态文明建设的重要意义》等4项成果获湖州市第十五届哲学社会科学优秀成果奖。

第七章　统一战线工作

1981年,中共长兴县委统一战线工作部(简称县委统战部)恢复,内设对台工作小组办公室。同年,恢复县委对台工作小组,设中共长兴县委对台湾工作小组办公室。1984年,建立长兴县侨联小组。1986年,成立长兴县人民政府侨务办公室,隶属于县政府。同年4月,成立长兴县人民政府宗教事务科。1987年11月,建立县台湾同胞接待站。1991年5月,宗教事务科更名为长兴县人民政府民族宗教事务科。1991年6月,县委对台工作小组更名为县委台湾工作小组,其办公室相应更名为县委台湾工作办公室。1998年7月,县委统战部增挂长兴县人民政府民族宗教事务局牌子。同年8月,成立长兴县人民政府台湾事务办公室。2001年12月,县委统战部增挂长兴县人民政府侨务办公室牌子;增挂中共长兴县委台湾工作办公室、长兴县人民政府台湾事务办公室牌子,实行两块牌子,一套班子。2005年4月,成立长兴县民族宗教事务局(简称县民宗局),与县委统战部合署办公。2012年,县委统战部内设办公室(党派科、党外知识分子科)、联络科、民族宗教科。县民宗局下设宗教事务管理所。

第一节　民主党派、党外知识分子工作

一、与党外人士合作与协商

1988年,全县有中国国民党革命委员会长兴县支部、中国民主建国会长兴县支部、中国民主同盟长兴县支部3个民主党派基层组织。同年,成立九三学社长兴小组。1989年,九三学社长兴县支社成立。1990年,县委下发《关于贯彻落实〈中共中央坚持和完善中国共产党领导的多党合作和政治协商制度的意见〉和全国统战工作会议精神的通知》,加强与民主党派的合作和协商,协助县委、县政府与党外人士建立季谈会和重大情况通报会等制度。1991年,成立党派工商经济科,进一步建立、健全政治协商与民主监督制度。1994—1999年,相继建立并完善重大情况通报、县领导与党派成员联系交友、党派工作座谈会、党外后备干部选报、民主党派学习等制度。2004年,完善党派支部"双月座谈会"制度及情况通报会制度。2007年,县委、县政府就重大问题邀请民主党派、工商联参与调研,并以文件形式对党外后备干部队伍建设等一系列重要工作加以明确。2008年,建立健全情况通报会等8项制度,启动"党委出题、党派调研、政府采纳、部门落实"的工作机制,要求每个党派年内完成一个至两个高质量调研课

题。2009 年,建立起 4 个民主党派总支、无党派代表人士联谊小组和工商联组成的党外人士工作运行机制。2010 年,推进全县多党合作工作的规范化、制度化建设;成立党外知识分子联谊会,强化无党派人士跟踪管理机制。2011 年,建立和实施 12 个重点部门中共党组织与民主党派、工商联及党外知识分子联谊会共 6 个组织的双月联系制度,畅通民主党派、工商联、党外人士建言献策渠道。2012 年,分别对县领导与民主党派、无党派代表人士联谊交友安排,政府有关部门与民主党派、工商联、党外知识分子联谊会对口联系安排作出调整,印发《关于支持民主党派建立社会服务和社会实践基地的意见》。

二、政治候选人推荐

1988 年,县委统战部协商安排市政协委员 30 人,推荐 2 名民主党派成员和 1 名侨眷当选为市人大代表,推荐 1 名民主党派成员、台属当选为省人大代表,新增补 1 名民主党派成员为县政协委员。1990 年,做好县三届政协换届工作,安排政协委员 180 人,其中非党 108 人、占 60%。政协常委 25 人,其中非党 16 人、占 64%。新增委员 57 人,非党 32 人。1993 年,完成县四届政协委员人事安排工作,178 名县政协委员中,有党外 107 人,占 60.1%,其中 6 名非中共党员担任县政协常委,3 人担任县政协副主席。安排市政协委员 23 人,党外人士 7 人,占 30.4%。十一届县人大代表 318 人中,有党外人士代表 45 人,占 14.2%。1998 年,安排县五届政协委员 180 人,其中党外人士 110 人,占 60.8%。政协常委 25 人,其中党外人士 16 人,占 64%。党外副主席 2 人,新进委员占 57%。党派成员中有省人大代表、省政协委员各 1 人,市人大代表 6 人,市政协委员 6 人,县政协委员 16 人,县人大代表 1 人。2003 年,在县人大、政协换届安排中,党外人士担任县人大代表 51 人,担任省、市人大代表 16 人,担任县政协委员 120 人,担任省、市政协委员 18 人。2007 年,县七届政协换届工作中,有党外副主席 2 人。2011 年,推荐 180 名党外人士担任各级人大代表和政协委员,推荐 6 名党派成员进入党派市委会班子。2012 年,在县第十五届人大中,党外人大代表 61 人、占 23.4%,常委 4 人、占 14.8%,副主任 1 人;在县第八届政协中,党外政协委员 153 人、占 60%,常委 23 人、占 69.7%,副主席 1 人。

三、参政议政、民主监督

1988 年以来,县委统战部支持和鼓励各民主党派、工商联、无党派人士围绕长兴经济建设、改革开放、社会发展,开展调查研究,反映社情民意,通过县人大议案和县政协提案,建言献策,主动参政议政。1988—2012 年,民主党派、工商联等党外人士在省、市、县"两会"(人代会和政协会议)期间提交议案、提案和专题调查报告 1200 余件;共聘请党外人士担任"特约四员"(特邀监察员、特约检察员、特约教育督导员和特约审计员)21 人次,召开民主党派代表协商对话会、座谈会、季谈会、通报会等 38 次。

四、党外干部培养选拔

1988 年以来,县委一直重视党外干部培养选拔工作。1998 年 5 月,县委统战部和县委组织部联合下发《关于推荐和选拔党外年轻干部的通知》,选送两批党外年轻后备干部到县外学校和县委党校学习深造。1999 年,有党外副处级干部 4 人,党外科级副职干部 7 人,党外优秀年轻干部 87 人。2000 年,推荐 5 名党外副局级干部和 22 名优秀党外年轻干部参加湖州市公开招聘,被湖州市副局级岗位录取 1 人。2002 年,在党外知识分子中,确定重点培养对象 30 人。明确县卫生局副局长岗位必须是党外干部。2003 年,建立党外后备干部库,全年有 8 名党外干部充实到科级以上领导岗位,其中县级领导 4 人、科级干部 4 人,党外人士在全县各单位任中层以上职务共 121 人。2004 年,向县委组织部推荐 20 名副科级党外后备干部,在县委党校增挂县社会主义学校牌子。2005 年,有 8 名党外后备干部参加县年轻后备干部培训班,3 名党外干部分别被提拔为副处级和副科级干部。2007 年,组织党外领导干部学习培训会 5 批 180 人次,有 4 名党外人士进入副处级领导岗位,推荐 36 名党外人士进入县管科级后备干部库,同年在职副科级党外干部有 15 人。2008 年,推荐 10 多名党外人士作为市级党外代表人士后备对象,2 名民主党派成员被提拔到县级领导岗位。2009 年,党外人士进入副处级领导岗位 4 人,正科级实职 1 人,在职副科级党外干部 14 人;组织 122 名党外优秀年轻后备干部参加学习培训。2010 年,推荐 2 名"80"后优秀党外人士加入党派和到市九三学社机关工作。2011 年,推进"党外代表人士后备队伍培养行动计划”，举办党外领导干部培训班2期，推荐2名新阶层人士参加国家级、省级培训。1名党派成员提拔为副县级领导，2名党外成员为正科级干部，3名党外成员为副科级干部，推荐1名党派成员进入党派市委主要领导岗位。2012年，党外人士中县处级干部3人、正科级干部2人、副科级干部9人，列入党外正科级后备干部6人，副科级后备干部30人。

五、统战宣传

1988—2012年，按照上级有关文件精神要求，县委统战部协助民主党派制订学习计划，加强思想政治教育，以“请进来”和“走出去”相结合方式开展形式多样的学习教育培训，奠定坚实的共同思想政治基础。协助民主党派加强组织建设，以基层组织换届为契机，配好配强基层组织领导班子，注重党派成员能力拓展。支持开展歌咏比赛、知识竞赛、书画展等各类活动，落实必要的会议、活动场所，为其履职提供必要保障。2004年，成立全市首家县级社会主义学校，建立党外人士教育培训阵地。2012年，以参政党文化建设为重点，出版由民主党派、无党派人士撰写的反映多党合作文化的散文集《一路同行》。2004—2012年，县社会主义学校共办培训班25期，参加培训1800人次。

六、党外知识分子工作

1988年，县委统战部完成非党中级、高级知识分子建档工作，全县有非党中级、高级知识分子552人，其中高级知识分子34人、中级知识分子488人。1990年，成立长兴县黄埔军校同学会联络组。1994年，有党外中高级知识分子522人。2010年11月，成立长兴县党外知识分子联谊会（简称知联会），会员39人，其中女会员15人；会员以中高级知识分子为主体，学历均为大学以上。2012年9月，成立教育知联分会和新的社会阶层人士知联分会，全县知联会会员共有79人。同年年末，全县有非党中级、高级知识分子5642人，其中高级知识分子428人、中级知识分子5214人。

第二节　民族宗教工作

一、民族工作

长兴县是典型的少数民族散杂居地区，少数民族成分多，分布散，主要居住在农村，女性主要以婚嫁女居多。1988年，全县落实党的民族政策，尊重少数民族的信仰、节庆、饮食和婚丧等各方面的礼仪风俗，切实维护少数民族的合法权益。1992—1999年，先后累计向省民族事务委员会争取10.5万元扶持资金，用于少数民族扶贫济困、抗洪救灾等方面。2008年，根据省委、市委统战部的要求，启动实施与温州泰顺竹里畲族乡低收入少数民族村结对帮扶。2009年9月，组织企业家到温州泰顺竹里乡送帮扶资金10万元。2011年9月，县职业技术教育中心学校设内地新疆中职班，县民宗局配合做好民族团结进步教育工作。1988—2012年，少数民族当选为县政协委员19人次、常委2人次。2000—2012年，县民宗局共为70名少数民族同胞及子女变更、更改民族成分审批手续，为46名高考的少数民族考生审核民族成分。

二、宗教工作

宗教政策落实　1988年12月，基督教长兴县三自爱国运动委员会成立。1992年11月，成立长兴县佛教协会筹备会。1993年3月起，佛教场所恢复正常活动，仙山显圣寺成为经批准的第一处佛教活动场所。1995年，寿圣寺批准开放。1996年，长兴基督教堂、泗安基督教堂、和平基督教堂、煤山基督教堂和李家巷基督教堂等共20处基督教堂批准开放。1997年，清凉禅寺批准开放。1998年11月，成立基督教协会。1999年4月，成立长兴县佛教协会。2002年，解决基督教雉城镇皇家湾房地产问题。2011年，根据国家宗教事务局关于宗教教职人员备案办法和省民族宗教事务委员会实施细则，全县共有68名佛教教职人员通过认定备案，占全市佛教教职人员认定备案总数的三分之一。至2012年年末，全县共有批准开放的宗教活动场所66处，其中佛教场所25处、道教场所3处、基督教场所38处。1988—2012年，全县宗教界人士担任政协委员19人次、常委3人次。宗教详见第38编、第1章。

宗教事务依法管理 1992年,县政府办下发《关于认真做好宗教活动场所整顿审批登记发证工作的意见》,部署贯彻《浙江省宗教活动管理规定》工作。同年,引进基督教爱德基金会资金,用于贫困乡二界岭乡水利设施的改造,到位资金4万元。1993年,完成全县23处宗教活动场所的登记发证工作,并在全县统战工作会议上颁发首批13个堂点的登记证。1996年,根据国家新的规定,完成宗教活动场所登记证的换发工作。1998—1999年,对长兴县城东片的散居道士进行调查、登记,加强管理,并于1999年12月发放第一批散居正一道士证。2004年3月,县政府部署开展非法宗教和封建迷信活动专项治理。2008年,县委、县政府印发《关于加强宗教事务管理工作的实施意见》。2009年,县民宗局被评为全省"五五"普法先进单位。同年起,组织实施"和谐寺观教堂创建"活动,至2012年全县达标宗教活动场所31个。2010年5月,县委办、县政府办印发《关于在全县集中开展非法宗教和封建迷信活动专项整治工作的实施意见》。6月,寿圣寺成立圆成功德会慈善基金。同年,寿圣寺获首届和谐寺观教堂创建全国先进集体,长兴基督教堂获全省先进集体,碧岩禅寺等5个场所获全市先进集体。2012年,县民宗局被评为全国宗教系统"五五"普法工作先进集体。1996—2012年,全县宗教界为新农村建设、扶贫帮困、助医助学等捐献善款和捐赠物资合计约125万元。

四大名寺建设 2006年7月,县长办公会议专题研究全县四大佛教文化景区规划建设工作,并形成《关于做好仙山等四大佛教文化景区规划建设工作的会议纪要》。2007年6月,召开加快四大名山佛教旅游景点开发建设专题会议,明确要将仙山显圣寺、顾渚山寿圣寺、城山清凉禅寺和弁山碧岩禅寺打造成全县佛教四大名山名寺,按照"整体设计、分步建设,部门主持、有序开发"的指导原则,由县建设局、县国土局、县交通局、县永兴公司分别主持弁山碧岩寺、城山清凉禅寺、仙山显圣寺、顾渚山寿圣寺的开发建设,结合四大名山佛教旅游景点建设推进四大寺庙修复。7月,在先期规划的基础上,开始启动建设。9月,召开进一步加快四大名山佛教旅游景点开发建设专题会议,明确四大佛教文化名山2007年建设所需资金3000余万元中,县财政、建设、国土、交通、供电、永兴公司等部门计划拨款或出资2600万元,不足部分由四大寺院自行筹措解决。为积极筹措资金,县宗教局分别会同寺院多次赴宁波、上海、苏州等地名寺院,邀请宁波、上海等名寺高僧到长兴考察近20次。经多方联系,牵线搭桥,引进宁波天童寺一名僧人(法号心清法师)担任仙山显圣寺主持。四大寺院引进资金400余万元。经过10个多月的建设,所有主体工程及相关配套设施完成。碧岩禅寺在整合做精下碧岩的同时,恢复建设中碧岩的药王殿和上碧岩的金殿;城山寺恢复建设山顶清凉禅寺佛道两个道场;水口寿圣寺新建寿圣宝塔及山门等配套设施;泗安显圣寺重新规划,在拆除危房的基础上新建大殿。碧岩禅寺、清凉禅寺、显圣寺均修建游步道,并对游步道两侧及各寺院周边环境进行整治。2008年5月3日至14日,四大寺院先后举办开光法会。

第三节 港澳台和侨务工作

一、对台工作

台属情况 1988年,全县共有去台人员444人,台属502户1596人,其中1988年新联系和发现共59户285人。1989年,在各区和雉城镇建立台属联络小组7个,确定16名联络员。至2012年,全县共有定居台胞6户22人,台属220户1021人。

交流交往 自1987年11月2日,台胞被允许到中国大陆探亲旅游起,至1989年6月25日止,全县共接待台胞122人次。1990年9月,创办台胞接待站招待所,调整县台胞接待站,加强接待工作。至1999年,到长兴探亲、旅游、考察、投资的台胞700多人次。2001年2月,世界谢氏总会会长谢汉儒一行4人到林城镇考证谢安墓。4月,台湾味全食品有限公司邹志一到长兴考察。7月,台湾大自然股份有限公司总经理林火才、长兴籍台胞钱安林到长兴考察。2003年11月,雷震侄孙、台湾高盈贸易有限公司董事长雷祖纲一行回长兴省亲并向吴山小学捐资3万元。2008年,旅台湖州同乡会秘书长吴神农等台胞台商到长兴参观考察。至 2012 年，全县共接待到长兴探亲、旅游、考察、投资的台胞 285 批 1200 多人次。

2002 年，全县首次组团赴台经贸考察，共组织赴台成行团组 5 个，赴台交流 41 人。至 2012 年，全县累计赴台交流 48 批 150 多人次。

涉台教育　1989 年 1 月，长兴县台胞台属联谊会（简称县台联）成立，召开第一次台胞台属代表大会，选举产生长兴县台联第一届理事会；至 2012 年，共召开代表大会 5 次。自成立以来，县台联通过召开座谈会、报告会、举办专题讲座等形式，深入开展对台宣传和涉台教育。1993 年，组织 3 次台属代表座谈会，分别学习了解“汪辜会谈”全过程及其重要意义和“台湾问题与中国的统一”白皮书。1995 年，学习中共中央总书记江泽民发表的“为促进祖国统一大业的完成而继续奋斗”重要讲话。1997 年，学习贯彻中共中央总书记江泽民、国务院总理李鹏关于解决中国台湾问题的重要讲话精神，广泛宣传《浙江省台湾同胞投资保障条例》。2005 年，组织会员、台属学习宣传中共中央总书记胡锦涛四点意见及《反分裂国家法》，推进反独遏独。1989—2012 年，县台联在全县侨台胞及眷属中开展各种形式的学习宣传活动 150 余场，参加人数 2400 人次。

招商引资　1991 年 7 月，台胞黄焜烟投资 100 万美元，在长兴设立的浙江缘航竹制品有限公司投产，为县内第一家中国台商独资企业。1992 年 7 月，全县首家与台胞钱安林合资企业——浙江隆兴汽车修配有限公司开业。其后，台胞钱安林组织台胞考察团到长兴考察，投资 350 万元与长兴微生物厂合资兴办长兴喜临门保健制品有限公司。至 1995 年，全县台资企业累计 14 家，总投资 675 万美元，协议利用台资 303.4 万美元。2001 年，全县新办台资企业 5 家，总投资 7140 万美元，协议利用台资 6820 万美元。2002 年 3 月，长兴举办首届“长洽会”，参加该次洽谈会的中外嘉宾共计 1209 人，其中中国台商 189 人、中国港澳客商 68 人、海外客商 173 人。共签订台资项目 11 只，总投资 9733 万美元，分别占全县外资及中国港澳台投资项目的 39%和总投资的 26%，1000 万美元以上的台资企业 4 家，对台招商成为“长洽会”的重点和亮点。2007 年，台资企业杭州澳琪汽车配件有限公司落户吕山乡，总投资额 3000 多万元。至 2012 年，全县共有涉台企业 30 家，投资总额 1.13 亿美元，常驻台商 62 人。

捐赠情况　1990 年 4 月，虹星桥镇朱家村台胞朱载熙向朱家村捐资 3.2 万元，用于建造自来水工程。同年 5 月，台胞张义才通过台办向北京市亚运会捐款 1000 元。1994 年，包桥乡台胞谢单子捐资捐物 1.2 万元，用于包桥乡中心学校教育事业。至 1999 年，累计接受台胞捐赠 148 万元。2004 年，县台办发动台商发起捐资助学活动，为泗安镇师古岗小学捐资 6 万建造教室并捐助 10 台电脑、200 套校服，结对资助 18 名贫困学生上学。2007 年，台资企业参与新农村建设、教育设施等社会公益事业，为敬老院建设资助 10 万元。2002—2012 年，湖州市台商协会连续 10 年向长兴泗安、林城地区捐资助学，累计资助学生 500 余人，为结对学校捐助援建资金总额近 50 万元，其中 2004 年为泗安镇师姑岗小学援建新校舍筹资捐助 28 万元。

二、华侨及港澳同胞事务

基本情况　1988 年，全县在海外华侨华人、港澳同胞 226 户、593 人，分布在全世界 18 个国家和地区。全县侨、港、澳眷属共有 264 户、1092 人。2001 年调查统计，长兴县在海外侨胞、华人、港澳同胞、新移民（留学生）共 352 户、约 1408 人。其中，华侨、华人 174 户，约 696 人；港胞 118 户，约 472 人；留学生 60 户，约 240 人。主要分布在美国、加拿大、德国、意大利等 18 个国家和中国香港地区。全县侨眷、港属共有 392 户、1568 人。2012 年，长兴籍华侨 175 户、3000 多人，侨眷侨属 3000 多人，留学生近 200 人。

1989 年 1 月，长兴县归侨侨眷联合会成立，召开第一次代表大会，选举产生长兴县侨联第一届委员会。至 2012 年，共召开代表大会 5 次。

侨务政策落实　1988 年，全县做好侨眷侨属信访和落实政策工作，归还港胞杨在亭土改华侨房 14 间，共 391.07 平方米，退赔补偿款 2.7 万元。退还原工商业者、侨眷卢慎华错改私房一间 30 平方米，退回房租 700 余元。同年，对侨务基础资料作分类归档，按地区整理登记共 8 本名册。侨眷周述尹 1988

年被湖州市委市政府授予“有突出贡献的专业技术人员”称号；1989 年被国务院侨办授予“全国优秀侨眷知识分子”称号；1993 年被省侨联评为“为实现‘八五’计划和十年规划做贡献活动”先进个人，并经国务院批准享受“政府特殊津贴”；1995 年被评为浙江省“侨界十佳”。侨眷周建新 1996 年被评为“湖州市十佳归侨侨眷”。侨眷张德忠家庭 2005 年被评为全省“十佳侨眷家庭”。1988—2012 年，侨眷中当选市人大代表 1 人、政协委员 1 人，县政协委员 12 人次，市侨联委员 2 人。

侨胞和港澳同胞服务 县政府侨务办公室（简称县侨办）于 1986 年成立起，即开展对外联络联谊，做好到长兴探亲、旅游、考察投资的港澳和侨胞的接待服务工作。1998 年，接待香港湖州同乡会副会长、叔蘋奖学金基金会常务副主席顾家麒及夫人；香港华嘉集团、东亚“明爱”慈善基金会、旅德浙江华人联合总会首次回乡考察团；澳大利亚浙江侨民联谊会会长盛锋、副会长陈静；意大利北部青田同乡会副会长林津一及意大利威尼斯华侨华人联合会副会长朱姣丽等重要社团及海外侨领共 4 批海外友人。1999 年，接待葡萄牙华人联合会会长周洪泽、奥地利中华工商联合会主席金剑平、匈牙利华人联合会常务副会长郑乾有、旅德浙江华人联合会副会长金岳祺夫妇、德国北莱梅华人会副会长麻文成夫妇、长兴籍旅美博士和计算机网络专家张云飞、长兴籍旅美博士甘剑英、东亚“明爱”慈善基金会谢季娴、“应福良”福利基金会申以刚、闵其祥等海外侨领和海外知名人士。至 1999 年，共接待到长兴探亲、考察、投资的侨港澳同胞 500 多人次。进入 21 世纪后，到长兴探亲、旅游、考察投资的港澳和侨胞增多，交往日益频繁。2000 年，接待全国侨联副主席唐闻生一行，法属圭亚那江浙沪华侨同乡会会长郭胜华、西班牙华人华侨协会副会长陈建欣、瑞典华人协会副会长柳少惠等海外华人侨领知名人士。2010 年 4 月，长兴举办陈香梅社会活动 65 周年暨 85 华诞庆典活动，配合接待中央统战部、中央海外联谊会、国侨办、省委统战部、省侨办等领导及海内外重要企业家等 100 多位重要嘉宾。5 月，接待由 30 名海外企业家组成的考察团到长兴考察。10 月，第六届中国长三角与欧洲波罗的海地区合作发展论坛暨 2010 中国太湖明珠——长兴国际投资贸易洽谈会期间，协助接待 100 多位侨商。2000—2012 年，共接待到长兴探亲、考察、投资的侨港澳同胞 2700 多人次。

侨资和港澳资企业引进 县侨办发挥海外联络的优势，为引进资金、技术、人才和项目牵线搭桥，为招商引资打好“侨牌”。1988—1995 年，全县累计兴办侨资企业 48 家，其中港资企业 22 家，投资者分别来自美国、日本、新加坡、澳大利亚、泰国、韩国、英国、马来西亚等国家和中国香港地区。至 1999 年，全县共兴办侨资企业 64 家、总投资 9862.66 万美元，注册资本 6930.02 万美元，协议利用外资 5010.80 万美元。至 2012 年，在长兴投资兴业的侨资及中国港澳资企业 100 余家，侨属企业 10 多家，留学生企业 3 家。

侨港澳事务宣传 1988 年以来，县侨办通过座谈会、知识竞赛、媒体宣传、印发资料等形式，宣传《中华人民共和国归侨侨眷权益保护法》等侨法和侨务工作。1997 年，以庆祝香港回归为契机，编印分发《学习〈基本法〉 迎接香港回归》资料近万册，举办报告会近 30 场，协助相关单位组织知识竞赛、征文比赛、演讲赛、大合唱比赛、“迎回归”大型文艺晚会，并在《长兴报》上开辟介绍《基本法》的专栏。1998 年，长兴在市侨办组织的全市三县两区“邓小平侨务思想理论学习交流会”上有 2 篇论文作交流发言，在全省侨务系统学习邓小平侨务思想理论论文研讨中有 2 篇论文获“浙江省邓小平侨务思想研讨论文”纪念奖。1999 年，举办近 10 场“澳门知识及基本法”讲座，专门介绍澳门的基本情况、历史由来与内地的联系及《基本法》内容。2000 年，配合县人大文教科委开展《中华人民共和国归侨侨眷权益保护法》颁布 10 周年一系列宣传活动。2008 年，开展“纪念改革开放三十周年与侨联组织恢复三十周年”征文比赛和侨务法律法规知识竞赛活动。至 2012 年，累计举行各类宣传活动 200 余场，印发宣传资料 2 万余册。

捐赠情况 1991 年，港胞、香港大业织造厂有限公司董事长沈炳麟捐助长兴后漾乡南庄村小学 6.4 万元、新塘乡姚家浜小学 4.8 万元。1992 年，邵逸夫捐资港币 50 万元建设长兴四小“逸夫楼”，1993 年又捐资港币 80 万元建设洪桥“逸夫中学”。1994 年，沈炳麟捐助白阜乡方岩完小 8 万元。1996 年，沈炳麟捐助包桥乡上浜小学 9.84 万元。1997 年，沈炳麟捐助水口乡徐旺小学 12.96 万元。1998 年 4 月，东亚“明爱”慈善基金会为县教委“长兴县小学教师基本技能培训”项目捐赠7.5万元。1999年，沈炳麟捐助虹星桥港口小学10万元、洪桥镇小沉渎小学11.6万元。至1999年年底，共引进海外侨胞、港胞为教育及公益事业捐赠264万元。2003年，引进香港谭兆基金的捐助，总协议捐款100万元。2008年，组织侨界人士和侨资企业为四川赈灾捐款捐物400多万元。2011年，侨资企业多蒙佳乐服饰公司与二界岭乡罗家地村结对，投入150万元进行二次改水和兴建希望小学。至2012年，共引进海外侨胞、港澳同胞为教育及公益事业捐赠900余万元。

第八章　党校工作

1988年，中共长兴县委党校（简称县委党校）位于雉城镇县前街道园里1号，校园占地面积0.93公顷，校舍总建筑面积3706平方米，其中办公楼三层18间；三层学员宿舍楼一幢30间，有床位120张；食堂用房6间，包括餐厅；教室一间约144平方米，可容纳学员100人；教职工住房4幢共38间。下设办公室、行政科、教务科、教研室和函授站，教职工26人。1996年11月，县行政学校成立。2002年7月，县委、县政府决定党校迁址新建。2003年3月，党校搬迁工程开工建设，至年底基本完工。2004年3月，党校完成整体搬迁，位于雉城镇画溪大道801号，占地面积8.4公顷，建筑面积1.5万平方米，总投资近4000万元。建有教学楼、报告厅、办公楼、图书馆、宾馆住宿楼、网球场、篮球场等。有可容230人报告厅1个、150人阶梯教室1个、可容纳30人至80人的教室16个、微机房2个、可容纳20人至40人的会议室5个。图书馆藏书2万余册，有先进电化教学设备。可同时容纳1800人学习、会议及450人就餐、130人住宿。2004年4月，县社会主义学校成立。县行政学校、县社会主义学校与县委党校合署办公，实行“三块牌子、一套班子”管理体制。同年，县委党校人才培训中心成立，负责主体班以外各类培训班管理。至该年，县委党校形成“三校一中心”培训格局。2012年，有办公室、教学科、教研室、培训科、行政科5个内设科室，在职教职工28人，其中参公编制8人、事业编制17人、行政工勤3人，高级讲师6人、讲师6人、助理讲师2人、政工师1人。

第一节　干部培训

一、主体班次教学

1988—1991年，县委党校主要开展党性、党风、党纪教育和坚持四项基本原则、反对资产阶级自由化的教育。1991年，首次举办为期20天的中青年后备干部培训班。1992—1997年，围绕建设有中国特色社会主义主题，培训内容主要是学习党的重要会议精神、邓小平理论、社会主义市场经济理论等。1997年始，贯彻落实《中国共产党党校工作暂行条例》，规范主体班次设置、学制。之后，以学习邓小平理论、“三个代表”重要思想和科学发展观为重点，以提高干部科学判断形势能力、总揽全局能力、驾驭市场经济能力、应对复杂局面能力、依法行政能力为目的，开展科学管理知识、业务技能知识和依法行政等培训。2000—2012年，重点开设经济建设、“两新”组织党建、生态建设、文化建设等主题班次。2007年，首次组织中层干部专题轮训。至2008年，形成领导干部、中层干部、年轻干部三个层级梯次教育培训体系。1988—2012年，县委党校共举办以机关干部、企事业单位负责人、基层党支部书记、中青年干部、民主党派干部等为对象的轮训、培训（训练）班356期，参训学员4.02万人次。1997—2012年，县行政学校共举办公共管理知识培训班、公务员电子政务培训班、公务员计算机应用能力培训班、公务员普通话骨干培训班和公务员初任培训班51期，参训学员1.1万人次。2004—2012年，县社会主义学校举办民主党派骨干培训班、党外后备干部培训班、党外干部培训班、统一战线培训班5期，参训学员369人次。

1988—2012年中共长兴县委党校主体班次培训情况表

表19-12

年份	培训班总数		培训班名称
	期数(期)	人数(人)	
1988	6	640	乡镇区宣传委员和宣传部门领导培训班、乡镇副职以下党委成员培训班、企事业领导干部培训班、乡镇副职以下干部培训班、区乡镇宣传委员培训班、中小学校长培训班
1989	8	802	企事业单位干部培训班、乡镇政权建设培训班、乡镇副职以下干部培训班、十三届四中全会精神学习班
1990	8	921	村书记培训班、机关各部门党委委员培训班、区乡镇领导干部培训班
1991	7	737	县属企事业单位书记培训班、中小学领导培训班、区乡镇宣传干部中小学政治教师培训班、部委办局领导干部培训班、区乡镇主要领导培训班、宣传系统干部读书会、第1期中青年干部培训班
1992	2	208	区乡镇领导党史党建培训班、部委办局区乡镇党委成员培训班
1993	9	775	农村党支部书记培训班、领导干部理论培训班、第2期中青年干部培训班、组织委员培训班
1994	14	760	部分村干部培训班(村级致富能人)、部分村干部培训班(经济落后村)、领导干部理论研讨班、县属重点企业厂长(经理)理论研讨班、宣传系统中层干部及部分组宣科长培训班、第3期中青年干部培训班
1995	7	1069	农村优秀年轻干部培训班、乡镇企业书记培训班、县属企业书记培训班、第4期中青年干部培训班、领导干部学理论学党章培训班
1996	11	740	乡镇科技干部培训班、农村党支部书记培训班、首届村级后备干部培训班、组工干部轮训班、企业青年干部培训班、企业党政领导干部培训班、副局级干部研讨班、第5期青年干部培训班
1997	7	266	乡镇政法综治干部培训班、第2期企业青干班、企业领导干部研讨班、卫生系统中层领导医务骨干培训班、团干部培训班、第2期副局级干部研讨班、部分村支书十五大精神学习会
1998	9	408	第3期企业青干班、第2期村级后备干部培训班、待岗试聘人员培训班、宣传系统干部轮训班、企业营销员培训班、第6期党政青干班、纪检干部轮训班、工业经济发展研讨班
1999	7	279	科技干部培训班、第3期机关干部培训班、宣传干部培训班、领导干部培训班、首期“公选”村干部上岗培训班、组工干部轮训班、村支部书记轮训班
2000	13	1106	党支部书记轮训班、乡镇领导班子成员轮训班、部门领导班子成员轮训班、非公企业党建培训班、县级机关中层干部学习班、村主任培训班、宣传系统干部培训班、村支部书记轮训班
2001	13	704	“三个代表”重要思想学习教育活动骨干培训班、外经贸知识实务培训班、企业干部培训班、加入WTO与县域经济发展研讨班、社区建设培训班、村级“三个代表”重要思想学教活动试点村骨干培训班、第7期党政中青年干部培训班、领导干部金融财贸知识培训班、离休干部培训班、非公企业建党工作专题研讨班、县域经济可持续发展研讨班、宣传系统年轻干部培训班
2002	12	902	宣传思想工作骨干培训班、新进领导班子成员培训班、社区干部培训班、公选副科级干部上岗培训班、非公企业党建培训班、第8期党政中青年干部培训班、全县村党支部书记培训班、全县村主任培训班、全县科技干部培训班、学习宣传十六大精神培训班
2003	10	642	精神文明创建暨社区工作骨干培训班、妇女干部培训班、招商引资研讨班、新提任领导干部培训班、组织人事干部培训班、团干部培训班、学习贯彻“三个代表”重要思想专题研讨班、全县村党支部书记培训班、
2004	29	3725	村庄规划建设管理培训班、乡镇创建工作研讨班、村主任培训班、“千名农村新科技示范带头人”培训班、环境建设论坛第一阶段(生态县建设)研讨班、环境建设论坛第二阶段(机关效能革命)研讨班、接轨上海专题研讨班、副科级领导干部研修班、村党组织书记培训班、第9期党政中青年干部培训班、公共管理知识培训班、公务员电子政务培训班、农村工作指导员培训班、公务员依法行政培训班

续表19-12

年份	培训班总数		培训班名称
	期数(期)	人数(人)	
2005	17	3355	村级后备干部培训班、创建工作培训班、环境保护和生态建设研讨班、旅游景点建设培训班、城建规划与管理研修班、新提任领导干部培训班、创建“平安长兴”培训班、村主职干部培训班、第10期党政中青年干部培训班、电子政务培训班、村级财务培训班、公务员公共管理基础课程培训考试、公务员法培训班
2006	35	4767	专职招商员业务培训班、宣传系统理论骨干培训班、城建规划与管理研修班(9个阶段)、民主党派骨干培训班、领导干部出国培训班、名师名医名家培训班、大好高项目与经济结构调整研讨班、首批到村(社区)工作大学生上岗培训班、纪检监察业务培训班、企业党务和人才工作培训班、社区干部培训班、村主职干部建设社会主义新农村专题培训班、公务员公共管理基础课程培训考试、公务员初任培训班、公务员计算机应用能力三级培训
2007	26	5152	招商引资实务培训班、组工纪检干部培训班、第11期党政中青年干部培训班、现代农业发展专题研讨班、首期新闻发言人培训班、机关部门中层干部培训班、精致小城镇建设研讨班、优秀科技人才培训班、村级后备干部培训班、统战委员及党外领导干部培训班、到村(社区)工作大学生上岗培训班、村主职干部“学习贯彻十七大精神,创业富民、创新强村”专题培训、现代社会管理样板区培训班、副科级领导干部进修班、公务员公共管理基础课程培训考试
2008	22	2406	招商引资实务培训班、生态创建培训班、机关部门中层干部培训班、新闻宣传暨文化工作培训班、村两委会新任主职干部上岗培训班、到村(社区)工作大学生上岗培训班、第12期党政中青年干部培训班、机关事业单位新进硕博士培训班、党风廉政建设研讨班、开放型经济实务培训班、公务员初任培训班、城乡规划与建设研讨班、企业引进硕博士培训班、村主职干部培训班、现代社会管理样板区建设研讨班
2009	34	4424	开放型经济例会暨招商选资实务培训班、大学生村官培训班、机关事业单位硕博士培训班、乡镇中层干部轮训班、招商选资实务培训班、生态创建培训班、农民专业合作经济组织培训班、党外后备干部培训班、现代农业发展专题研讨班、基层调解干部培训班、基层和谐稳定研讨班、公务员学法用法培训班、公务员普通话骨干培训班、乡镇长财政财务培训班、村级财务管理培训班、第13期党政中青年干部培训班、公务员初任培训班、农村党员和承包组长骨干培训班、纪检组工干部培训班、退二线科级干部培训班、副科级领导干部进修班、村党组织书记培训班
2010	22	2079	“效能提升”专题培训班、大学生村官培训班、学习型党组织建设专题研讨班、生态县创建培训班、新农村建设及魅力乡村建设专题培训班、耕地保护与用地保障培训班、“两新”组织党务工作者培训班、自主创新专题研讨班、休闲观光农业发展培训班、现代服务业发展专题研讨班、第14期党政中青年干部培训班、招商选资实务培训班、基层和谐稳定培训班、硕博士培训班、副科级领导干部进修班、公务员初任培训班、“两新”组织党建工作指导员培训班、领导干部英语进修班、领导干部计算机知识进修班
2011	25	2306	招商选资实务培训班、村书记培训班、村主任培训班、生态建设培训班、大学生村官骨干培训班(进两委班子)、青年企业家培训班、城市社区主职干部培训班、新提任领导干部培训班、纪检监察干部培训班、招商选资实务培训班、宣传文化骨干培训班、大学生村官培训班、第15期党政中青年干部培训班、副科级领导干部进修班、国土资源管理培训班、安全生产管理专题培训班、公务员初任培训班、两新组织党务工作研讨班、农村和谐稳定培训班、党外干部培训班、领导干部计算机知识进修班
2012	21	3600	招商选资实务培训班、贯彻落实党代会精神专题培训班(读书会)、城市升值专题研讨班、生态建设培训班、街道社区干部培训班、文化宣传骨干培训班、城市升值研讨班(魅力乡村创建)、中层干部培训班、全县村级便民服务中心代办员业务培训班、科学人才观专题培训班、纪检监察干部业务培训班、公务员初任培训班、创新驱动与结构调整专题研讨班、企业转型升级研讨班、两新组织党务工作者培训班、退二线干部培训班、统一战线工作培训班、大学生村官培训班、新提任领导干部履职能力培训班、社会管理与维护稳定专题培训班、村主职干部培训班

说明:资料来源于县委党校

二、人才培训中心教学

部门培训班 2004—2012年，县委党校共举办各类部门培训班159个、213期，培训23565人次。主要对象是各机关部门、乡镇(街道、园区)的干部以及农村党员等。

2004—2012年长兴县委党校培训中心部门班情况表

表19-13

年份	班次(个)	人数(人)	培训班
2004	12	2024	民主与法制建设骨干培训班，科协业务知识班，校级后备干部培训班，计生干部村妇代会主任培训班，基层政法综治专职干部培训班，学校团少工作干部培训班，国土局、交通局、卫生局十六届四中全会精神学习会，开发区街道居民村后备干部培训班，纪检干部培训班，直属团组织团干部培训班，基层工会干部培训班(两期)，司法行政干部培训班。
2005	4	479	城管局执法人员业务培训班，企业法律知识培训班，国土资源局法律法规培训班，卫生系统后备干部培训班和教育系统工会主席培训班
2006	29	2590	全县村级团组织书记培训班(两期)，直属工会干部培训班、村后备干部培训班，乡镇城管中队培训班，农村财务管理培训班(两期)，校级后备干部培训班，建设系统后备干部培训班，支部书记培训班，乡镇计生干部培训班，村妇女主任培训班(两期)，妇女干部培训班，科技干部培训班，普法骨干培训班，入党积极分子和预备党员培训班，贯彻省安全生产条例培训班，工会经审干部培训班，矿山安全生产培训班，基层工会干部培训，后备干部培训班，调解员骨干培训，中青年干部培训班，女企业家培训班，领导班子成员学习会，师资培训班，“十一五”长兴旅游发展班，农村交通安全培训班(两期)，企业办公室主任培训班，企业入党积极分子培训班，全县专职招商员培训班，车辆通行费征收所全员培训班(三期)
2007	20	3030	长兴县“五五”普法培训班，县第十二次党代会精神和刘霆事迹学习会，长兴县行政村档案管理人员培训班(两期)，全县直属团组织负责人培训班，县创建工作骨干培训班，长兴县总工会女职工干部培训班，乡镇计生干部依法行政管理培训班，全县民政(老龄)干部业务培训班，全县企业计生联系员培训班，城管局十七大精神学习会，全县人民调解(综治)干部业务培训班(两期)，全县食品安全工作培训班，全县人民调解干部业务培训班，全县乡镇交通安全工作站业务培训班，全县团组织书记培训班，直属党组织书记十七大精神学习会，全县基层工会创建五星级职工之家培训班，长兴县春运客车驾驶员培训班，长兴县春运客车驾驶员培训班，县旧城改造工作人员培训班，夹浦镇巾帼创业培训班，教育局中层干部培训班，国土资源局后备干部培训班
2008	18	2636	长兴县基层商会行业协会秘书长培训班，县直机关支部(总支)委员培训班(两期)，全县普法联络员业务培训班，全县基层妇女干部培训班(两期)，全县食品药品安全知识培训会(两期)，全县计划生育业务知识培训班(两期)，浙江省城市市容环境卫生管理条例培训班，村级社会工作协管员民政业务班，全县乡镇(街道)民政、残联分管领导培训班。新增培训班：长兴县春运客车驾驶员培训班(两期)，华能长兴电厂中层干部培训班(两期)，全县蓄电池行业中层干部培训班，全县水污染企业技术人员培训班，县邮政局纪念中国共产党成立87周年学习会，全县校车驾驶人奥运安保教育班，湖州中石化2008年度分公司年中会，农村合作银行新员工培训班，广播电视台中层干部培训班(两期)
2009	16	2256	全县春运驾驶人安全教育培训班，长兴县残疾人专职委员(康复协调员)培训班，全县宣传干部培训班，长兴县首届新闻采编人员素质提升培训班，直属支部党组织书记培训班，城管业务培训班，民政助理员培训班，中层干部培训班，全县村(居)团组织负责人培训班(两期)，计生干部业务培训班，长兴农村合作银行员工培训班(七期)，夹浦镇新党员(入党积极分子)培训班，长兴县村级财务管理培训班(三期)，民政干部培训班，民政局党员培训班，长兴农村合作银行员工读书会培训班
2010	10	2984	全县春运驾驶人安全教育培训班，县基层民政干部培训班(两期)，白岘乡村两委班子培训班，槐坎乡村两委班子成员培训班，和平镇村党组织副书记预备人选、村后备干部班，长兴农村合作银行员工培训班(八期)，城市社区两委班子成员培训班，吴山乡承包组长、村干部培训班，城管局工作人员上岗培训班，保密工作分管领导培训班，超威公司生产管理培训班(六期)

续表19-13

年份	班次(个)	人数(人)	培训班
2011	26	4439	全县春运驾驶人安全教育培训班，中钢集团5S培训班，县财政支农政策培训班，外贸实务知识培训班，中钢新型员工培训班，煤山镇村两委班子成员培训班，洪桥镇村两委班子成员培训班，妇女干部培训班，县村级便民服务中心代理员培训班(两期)，中钢集团员工健康培训班，中钢集团员工应急培训班，妇女干部培训班，长兴民兵连长集训班(两期)，招投标中心工作人员培训班，长兴县反邪教工作培训会，长兴县烟草专卖局全员培训(两期)，太湖图影度假区开发建设工作培训，古城街道两委干部、党员、承包组长培训，中钢集团员工培训(两期)，中钢集团党员培训班，长兴县烟草专卖局全员培训(第三期)，水口乡龙山村党员、承包组长培训，城管局城建、城管行政执法资格证培训，农村合作银行员工集训，湖州市12356生殖健康服务平台培训，全县保密工作研讨班，小浦镇农村基层党员轮训班(两期)，水口乡农村基层党员培训班，农村合作银行信贷员培训班
2012	24	3127	县城管局行政执法培训班，长兴农村合作银行员工培训班(两期)，全县残疾人专(兼)职委员培训暨“海信电器”公益助残券发放活动，全县防汛暨水库、堤防巡查与山洪灾害防治培训班，太湖新城农村基层党员轮训班，“税务新政与汇算清缴”专题培训班，夹浦父子岭村党员培训班，喜鹊斗村党员培训班(两期)，古城街道两委成员、党员、承包组长培训班，全县信访工作培训班，全县企业“5S”现场管理推进宣贯会培训班，雉城镇村书记主任培训班，湖州地税办税服务厅人员培训班，夹浦长平村党员培训班，夹浦镇吴城村党员培训班，夹浦镇香山村党员培训班，泗安镇仙山村党员培训班，夹浦镇陶家湾村党员培训班，夹浦镇滨湖村党员培训班，和平镇南淙村党员培训班，长兴县烟草公司，长兴合作银行房地产评估基础知识培训班，长兴县村级干部队伍培训班(两期)，长兴县食品药品安全工作培训班

说明：资料来源于县委党校

县外培训　2004—2012，县委党校与县外院校联合举办各类培训班62个、64期，培训3071人次，主要对象为县外院校举办培训班的机关干部。

2004—2012年县委党校培训中心县外联合培训班情况表

表19-14

年份	班次(个)	人数(人)	培训班名称
2004	3	162	上海市奉贤区直属机关党组织书记培训班、山东省烟台市芝罘区委党校中青班、上海市浦东新区党校青海班
2005	3	99	青海省西宁县领导干部培训班、四川省邛崃市中青年领导干部培训班、青海省格尔木市党政干部培训班
2006	9	550	四川省邛崃市乡镇干部培训班、山东省滨州市滨城区支部书记培训班、安徽省郎溪县科级干部培训班、重庆市第六期组工干部专题培训班、上海市科教党校培训班、安徽省桐城党校选拔干部班、上海市科教党校档案干部培训班、上海市科教党校宣传部长培训班
2007	3	124	云南省红河州干部培训班、四川省邛崃市干部培训班、重庆市组工干部培训班
2008	9	466	四川省邛崃市乡镇干部培训班、浙江省桐庐县工业经济与招商引资班、海南省规划建设局长培训班、湖北省宜昌市乡镇新农村专题班、上海市科教党校中青年干部班、安徽省合肥市乡镇领导干部培训班
2009	10	454	河南省洛阳市领导干部培训班、安徽省濉溪县科级干部培训班、上海市黄浦区科级干部任职培训班、安徽省宁国市中高级知识分子读书班、重庆市双桥区处级干部培训班、安徽省蚌埠市党校处级干部进修班、浙江省慈溪市街道综治人员培训班、安徽省蚌埠市委党校科级干部培训班、安徽省蚌埠市委党校乡镇公务员培训班、浙江省桐庐县非公企业党务工作者培训班
2010	10	537	安徽省肥西县科级干部培训班、安徽省蚌埠市行政服务中心培训班、安徽省蚌埠市青年干部培训班、安徽省固镇县党校青干班、安徽省凤阳县委党校组工干部培训班、安徽省肥西县委党校科级干部研修班、浙江省慈溪市街道综治人员培训班、安徽省怀远县党校中青年干部培训班、浙江省建德市青年干部培训班、安徽省蚌埠市行政学院公务员培训班

续表19-14

年份	班次(个)	人数(人)	培训班名称
2011	6	306	山东省汶上县中青年干部培训班、浙江省临安市锦南街道村班子成员培训班、安徽省肥东县党校乡镇新进班子人员培训班、安徽省蚌埠市行政学院公务员任职培训班、安徽省固镇县委党校团干部、安徽省蚌埠市行政学院基层公务员培训班
2012	9	373	山东省汶上县中青年干部培训班、云南省盈江县领导干部专题研修班、安徽省固镇县委党校新任科级干部培训班、安徽省蚌埠市行政学院基层公务员培训班、中央企业经济运行工作培训班、浙江省云和县招商引资班、上海市科教党校第十九期中青年干部培训班、安徽省五河县第三期MPA核心课程培训班、浙江省湖州市南浔区领导干部培训班

说明:资料来源于县委党校

第二节　学历教育

一、党校函授教育系列

1989年,县委党校函授辅导站成立,举办大专函授班。1999年始,开办中央党校函授本科班。1989—2008年,共招收函授学员3392人,毕业2661人。其中本科共招收974人,按期毕业843人。

1989—2008年长兴县函授辅导站历届函授招生与毕业情况表

表19-15

单位:人

年级	专业	学历	招生	毕业	年级	专业	学历	招生	毕业
1989	经济管理	大专	58	41	2002	政治、党政、行政管理、公共管理、经济管理、企业管理、法律	大专	158	109
1990	政治、党政、行政管理、公共管理	大专	39	26		党政、行政管理、经济管理、法律	本科	109	87
1993	经济管理	大专	51	48	2003	政治、党政、行政管理、公共管理、经济管理、企业管理、法律	大专	169	132
1994	经济管理	大专	59	56		党政、行政管理、经济管理、法律	本科	83	74
1995	经济管理	大专	142	119	2004	经济管理、企业管理、法律	大专	156	103
1996	经济管理、企业管理、法律	大专	177	147		党政、行政管理、经济管理、法律	本科	122	108
1997	政治、党政、行政管理、公共管理、经济管理、企业管理、法律	大专	177	134	2005	经济管理、企业管理、法律	大专	272	199
1998	政治、党政、行政管理、公共管理、经济管理	大专	184	156		党政、行政管理、经济管理、法律	本科	80	66
1999	政治、党政、行政管理、公共管理、经济管理	大专	189	154	2006	经济管理、企业管理、法律	大专	287	158
	党政、行政管理、经济管理、法律	本科	163	154		党政、行政管理、经济管理、法律	本科	189	172
2000	经济管理、企业管理、法律	大专	143	121	2007	经济管理、企业管理、法律	大专	60	48
2001	经济管理、企业管理、法律	大专	97	67		法律	本科	54	51
	党政、行政管理、经济管理、法律	本科	120	104	2008	法律	本科	54	

说明:资料来源于县委党校

二、国民教育系列

职业中专　1997年始招生,次年中断,2003年恢复招生,2010年停止招生。2003—2010年,共招生971人,至2012年共毕业660人。

业余学历　1985年始,与省委党校联合举办刊授中专。2005年始,与浙江省委党校、浙江经贸职业技术学院等11所高等院校开展合作办学,共培训学员2201人次。

1985—2011年长兴县委党校业余学历班次情况表

表19-16

单位:人次

班次	时间	合作机构	培训人次
刊授中专	1985—1990	浙江省委党校	1104
中华会计函授中专班	2005—2008	浙江经贸职业技术学院	65
国民教育大专班	2005	浙江经贸职业技术学院、浙江工商大学、浙江建设职业技术学院	146
会计专业	2005—2008	浙江经贸职业技术学院	30
会计电算化专业	2005	浙江工商大学	44
中华会计函授大专班	2006—2012	浙江经贸职业技术学院	59
建筑工程技术专业	2010—2012	浙江建设职业技术学院	13
研究生班	2006—2009	上海大学	56
		上海理工大学	17
		同济大学	25
		中国农业大学	70
一年期研修班	2008—2010	浙江大学(中高层MBA核心课程进修班,第一期108人,第二期129人)	237
	2009—2010	上海财经大学(投融资高级研修班)	177
	2010—2011	北京大学(政企干部高端研修班)	158

说明:资料来源于县委党校

第三节 科研工作

一、科研成果

2002—2012年,县委党校在省级及以上刊物发表论文75篇。其中,《县级党校咨政的九个切入点》一文在2011年5月3日《学习时报》刊载。2002—2012年,获省委党校课题立项22个、结题14个,市委党校课题立项37个、结题20个。2002—2012年,获省社科联科研成果1项,市社科成果6项。2004—2012年,论文入选省委党校理论研讨会21篇,入选市委党校理论研讨会17篇。获省党校系统2009年度、2010年度、2011年度优秀科研工作组织奖。

二、资政调研

县情调研 县委党校针对县域经济发展、社会治理、生态建设和新农村建设方面开展资政研究,形成调研报告,送县领导参阅。2009—2012年,共12篇调研报告获县主要领导批示。其中,《新农村建设中的县级政府角色转型》课题2009年被省社科联立项;《“生态长兴”实践中的整体性治理机制》2010年7月被省领导批示。2012年,《高铁对长兴的影响及若干建议》《长兴红梅产业调查报告》,得到县委主要领导批示;《新经济环境下加强产业招商的建议》,得到县政府主要领导批示。

合作研究 2006年4月,县委党校与浙江大学教授郁建兴合作出版的《统筹城乡发展与地方政府——基于浙江省长兴县的研究》,被中央党校、国家行政学院、延安干部学院、井冈山干部学院等列为参考教材。2009年4月,中央党校三农问题研究中心社会实践基地浙江长兴基地成立。同年,省委党校科学发展观与浙江发展研究中心长兴研究与实践基地成立,开展《生态型政府建设与经济发展转型——以长兴县为研究样本》课题研究。2010年,与省委党校合作出版的《县域经济转型升级与地方治理模式创新——基于长兴县的个案研究》,为国内首部关于县级政府推动经济转型升级的专著,被中央党校、国家行政学院收录为研究“生态文明建设”和“经济转型升级”的参考书目。

第二十编　人民代表大会

1988—2012 年，长兴县人民代表大会(简称县人大)历经第九届至第十五届。其中，第九届任期 3 年，在县志断限内任期为 2 年 3 个月；第十届任期 3 年；第十一届、第十二届任期均为 5 年；第十三届任期 4 年；第十四届、第十五届每届任期 5 年，其中第十五届在县志断限内任期为 11 个月。25 年间，县人大及其常务委员会认真行使宪法和法律赋予的职权，发挥地方国家权力机关作用。县人民代表大会常务委员会(简称县人大常委会)组织县人大代表换届选举 6 次，指导乡镇人大代表换届选举 7 次。召开县人民代表大会会议(简称人代会)25 次，审议县人民政府、县人民法院、县人民检察院(简称“一府两院”)工作报告和县人大常委会工作报告及其他专项工作报告，并通过相应决议；选举产生第十届、十一届、十二届、十三届、十四届、十五届县人大常委会主任、副主任、委员，县政府县长、副县长，县法院院长、县检察院检察长；选举产生湖州市第二届、三届、四届、五届、六届、七届人民代表大会代表。举行常委会会议 203 次，听取和审议报告 463 项，对重大事项作出决定或决议 83 项，组织代表开展执法检查或调查视察 567 次。依法任免长兴县国家机关工作人员 1185 人次，对政府职能部门负责人进行述职评议 60 次。督促办理代表议案、建议 4916 件。

第一章　人大代表与全体会议

1988—2012 年，长兴县组织县人民代表大会代表换届选举 6 次，先后选举产生第十届至第十五届县人民代表大会代表共 1676 人次；选举产生出席湖州市第二届至第七届人民代表大会代表共 488 人次；当选浙江省当选浙江省第八届至第十二届人民代表大会代表 31 人次；当选全国人民代表大会代表 1 人。25 年间，县人民代表大会举行全体代表会议共 25 次。

第一节　人大代表

一、县人大代表选举

1987 年、1989 年、1992 年，长兴县分别进行第九届、十届、十一届人大代表的选举工作。1995 年，地方组织法修正，县级人民代表大会每届任期由 3 年改为 5 年。之后，1997 年、2002 年、2006 年、2011 年，长兴县先后进行第十二届、十三届、十四届、十五届人大代表的选举工作。县选举委员会主持第九届至第十五届县人大代表选举工作。1987—2012 年，选举产生第九届至第十五届县人大代表共 1969 人次。其中，工人、农民 962 人次、占 48.9%，知识分子 362 人次、占 18.4%，党政干部 598 人次、占 30.4%；中共党员 1561 人次、占 79.3%；妇女代表 370 人次，占 18.8%。同时，代表的文化结构发生明显改变。大专及以上文化程度代表占全体代表的比例，由第九届的10.6%提高至第十五届的65.5%。

第九届至十五届长兴县人大代表选举情况表

表 20-1

选举时间	届次	乡镇数（个）	选区数（个）	选民登记人数（人）	参加选举人数（人）	参选率（%）	当选代表（人）
1987.01—1987.04	第九届	34	166	402431	379593	94.0	293
1989.11—1990.03	第十届	34	177	430038	410988	95.6	317
1992.12—1993.01	第十一届	31	176	454862	438875	96.5	318
1997.10—1998.01	第十二届	31	125	458413	451995	98.6	259
2002.11—2003.01	第十三届	31	125	475371	460009	96.8	260
2006.10—2007.01	第十四届	16	119	507710	481925	95.0	261
2011.10—2012.01	第十五届	16	111	537454	518721	96.5	261

第九届至十五届长兴县人大代表结构情况表

表 20-2　　　　单位：人

界别	代表人数	其中		代表构成				年龄结构			文化结构		
		女性	中共党员	工人农民	党政干部	知识分子	其他	35岁以下	36岁至55岁	56岁以上	大专及以上	中学（含中专）	小学以下
第九届	293	55	216	151	75	58	9	50	224	19	31	197	65
第十届	317	58	237	176	107	26	8	37	254	26	50	199	68
第十一届	318	52	274	166	106	40	6	48	252	18	68	216	34
第十二届	259	47	204	114	72	65	8	40	200	19	98	151	10
第十三届	260	52	209	111	81	62	6						
第十四届	261	47	221	118	88	50	5	15	234	12	154	107	
第十五届	261	59	200	126	69	61	5	22	219	20	171	90	

说明：资料来源于县人大办

二、市人大代表

1988—2012年，全县选举产生湖州市人大代表488人次。

1988年4月18日至23日举行的长兴县第九届人民代表大会第二次会议选举产生出席湖州市第二届人民代表大会代表81人（按姓氏笔画为序）：丁文荣、王化明、王玉平、王志廷、王志德、王栩斌、王金娥（女）、王家祥、王祝介、王树琴（女）、方聚成、孔垂全、田新潮、朱一金、朱根山、朱惠忠（女）、朱景利、朱景荣、朱炳法、吕钟扬、乔惠敏（女）、许可、孙幼慧（女）、李坚（女）、李国庆、杨铭、肖济平、吴飞龙、吴来根、佘广卫、何承志、汪荣山、汪樟兴、沈小虎、沈文浩、沈宣培、沈美英（女）、沈穗年、张晓华、张夏生、张惠萍（女）、张维孝、陈元茂、陈桐芳（女）、陈焕林、邱振华、欧丽君（女）、金玉林、周玉枝（女）、周月娥（女）、周仕民、周述尹、周秀娟（女）、郑经义、俞玉生、俞祖忠、姚静霞（女）、钟有根、秦晓莺（女）、袁来富、奚福康、钱如秀（女）、钱德华、徐子祥、徐子梅（女）、徐长福、高根新（女）、高晓雉（女）、梁水珍（女）、陶惠蓉（女）、彭勇建、董小白、蒋祖才、程彩文、傅玉成、葛顺明、谢美琴（女）、腾绍铉、潘仕仁、潘瑞祥、潘德泉。

1993年3月8日至14日举行的长兴县第十一届人民代表大会第一次会议选举产生出席湖州市第三届人民代表大会代表81人（按姓氏笔画为序）：丁文荣、丁建堂、王柏成、王树琴（女）、王家祥、王涵侠、韦藕英（女）、尤锦江、方聚成、叶菁、包永群、邢乐耘（女）、朱毛娜（女）、朱仲华、朱惠忠（女）、任大斌、刘成法、许可、许金英(女)、孙月娥(女)、孙忆南、李坚(女)、李承威、李爱民、李翔(女)、杨大元、吴子奎、吴婉英(女)、吴鹤群、沈文浩、沈宣培、张松林、张秋华(女)、张惠萍(女)、张维孝、张维娟(女)、陈天林、陈伯牛、陈建中、陈选华、陈焕林、陈维华、范庆新、茅临生、欧丽金(女)、岳云娟(女)、金庆灿、周月琴(女)、周秀娟(女)、周绍昌、周新民、胡元丁、胡国恩、钟有根、俞益民、姚永林、耿小荣、莘吉法、顾德渊、钱水根、钱阿平(女)、钱学方、钱宝根、徐长福、徐江荣、徐孝洪、高晓雉(女)、唐凯如、凌普灿、曹和平、彭贵娣(女)、斯鑫良、葛伟、韩伟方、程彩文、鲁南红(女)、谭震、熊立民、潘凤琴(女)、潘德泉、戴小凤(女)。

1998 年 3 月 1 日至 7 日举行的长兴县第十二届人民代表大会第一次会议选举产生出席湖州市第四届人民代表大会代表 78 人(按姓氏笔画为序):丁利珍(女)、丁泉观、王万春、王玉琴(女)、尤锦江、卞琴芳(女)、叶光明、朱三省、朱顺良、汤爱民(女)、许慧(女)、许洪翔、杨大元、杨晓林、杨献国、苏继明、李凤林、李建平、李钦华、李爱民、李彩琴(女)、严　斌、肖济平、吴云、吴水霖、吴四喜、何爱明、余巧娥(女)、应建国、汪荣山、沈亚琴(女)、宋文英(女)、张木英(女)、张玲珠(女)、张维娟(女)、张新安、陆坤轩、陆惠松、陈幼荣、陈志龙、陈德坤、金庆灿、周伯顺、周林方、胡本亮、钟有根、钟锦富、侯长珍(女)、姚永林、姚惠泉、耿小荣、耿金荣、顾美华(女)、夏明祥、钱员章、钱舜尧、钱慧明、倪顺根、徐波、徐卫国、徐永发、徐江荣、郭中柱、郭满梅(女)、凌晓云、凌普灿、黄莲芳(女)、黄崇润、曹和平、彭安志、蒋文彬、喻运鑫、鲁南红(女)、楼成成、虞利民、蔡圣初、潘国珍(女)、潘瑞祥。

2003 年 3 月 9 日至 14 日举行的长兴县第十三届人民代表大会第一次会议选举产生出席湖州市第五届人民代表大会代表 84 人(按姓氏笔画为序):丁文赉、丁泉观、丁荣红(女)、丁毅、于美琴(女)、马红宝、卞琴芳(女)、尤锦江、毛剑旻、王柏成、冯梅山、卢海华、史会方、司连珍(女)、刘彤、刘国富、朱三省、朱利民(女)、朱顺良、朱哲、朱根山、许洪翔、严斌、何新中、佘月琴(女)、吴水霖、吴建荣、张天任、张发庆、张向前、张玲珠(女)、张维娟(女)、李启莉(女)、李坚(女)、李泽福、李钦华、杨卫贞、杨志勇、杨献国、沈继芳(女)、沈增芳、沙铁勇、郇金洪、邵毅、闵新美(女)、陆坤轩、陈亦祥、陈国雄、周伯顺、周建琴(女)、周勇斌、周炳荣、周庸虎、范益平、郑晓春、郑维新、金庆灿、金利勤、金树云、姚钦、姚锄强、施璟(女)、祝志荣、胡陈千(女)、费永孚、赵秉凰、徐江荣、徐梅英(女)、秦永旭(女)、莫国繁、钱伟茂、钱法娣(女)、钱新源、钱慧明、顾黎鸣、黄四妹(女)、傅伟强、彭英、楼成成、虞利民、雷群娣(女)、缪根林、蔡圣初、蔡椒通。

2007 年 1 月 26 日至 30 日举行的长兴县第十四届人民代表大会第一次会议选举产生出席湖州市第六届人民代表大会代表 83 人(按姓氏笔画为序):丁毅、马红宝、王玉春、王阿芳、王笃亮、王晓世、王萍(女)、邓广福、卢海华、叶金云、田国梁、刘国富、刘海金、孙文友、孙新耀、朱根山、邢乐耘、何新中、余羚(女)、吴水霖、吴庆荣、张为红(女)、张天任、张发庆、张全镇、张维娟(女)、张颖萍(女)、李启莉(女)、李坚(女)、李宝山、李建平、李金娣(女)、李梅(女)、杨卫贞、杨福成、沈连江、沈英(女)、沈增芳、邵荣益、陆康康、陈民华、陈永新、陈亚萍(女)、陈亦祥、陈硕、单美琴(女)、周平、周庆福、周明明、林秀凤(女)、林国荣、范益平、郑福昌、金庆灿、金树云、姚钦、姚锄强、姚群英(女)、姜宏、施月琴(女)、赵志有、凌国强、凌美鹰、徐加华(女)、徐玉如(女)、徐先明、徐建良、徐新亚、殷鑫泉、翁植平、莫国繁、谈晓涛(女)、钱如美(女)、钱洪文、钱培琴(女)、钱慧明、章根明、程光坤、蒋泽明、韩新民、楼成成、蔡圣初、潘音(女)。

2012 年 2 月 8 日至 12 日举行的长兴县第十五届人民代表大会第一次会议选举产生出席湖州市第七届人民代表大会代表 81 人(按姓氏笔画为序):丁毅、方永庆、毛俊海、王志芳、王甫亭、王炜、王晓世、冯新林、叶白云、田国梁、刘以勤、刘海金、吕志良、孙之芜、孙文友、孙国维、孙新耀、许劲峰、何文全、何国富、佘国勤、吴水霖、吴庆荣、吴宝龙、吴斌、吴新荣、张天任、张发庆、李步高、李建平、杨卫贞、杨小权、杨文勤(女)、杨根荣、杨福成、汪荣山、沈秋红(女)、沈增芳、豆久平(女)、邵荣益、闵云(女)、陆康康、陈小丽(女)、陈民华、陈永新、陈亦祥、陈浩、周明明、林秀凤(女)、林国荣、范益平、郑丽(女)、金民安、姚冰峰、姚锄强、姚群英(女)、祝琳(女)、胥爱良、费红(女)、倪建忠、凌伟明、凌国强、唐秀红(女)、徐凤根、徐玉如(女)、徐克成、徐建兵、秦长根、钱之杰、钱宝民、顾法勤、高新娥(女)、曹昕(女)、章根明、章敏芳(女)、葛建明、韩新民、臧学萍(女)、蔡永安、潘如新、戴顺华。

三、省人大代表

1988—2012年，全县有31人次当选浙江省人大代表。浙江省第八届人民代表大会代表：王志廷、张德林、周功坤、金美琴（女）、金崇瑜、费美英（女）；浙江省第九届人民代表大会代表：王柏成、毕悦芹（女）、张群英（女）、杨益民、杨献国、周功坤、周绍昌、徐林；浙江省第十届人民代表大会代表：王晓世、张群英（女）、杨益民、陆亚孟、周绍昌；浙江省第十一届人民代表大会代表：丁毅、成珊（女）、朱建莲（女）、张天任、张群英（女）、杨益民、章根明；浙江省第十二届人民代表大会代表：丁毅、吕志良、吴加平、苏卫琴（女）、周明明。

四、全国人大代表

1988—2012年，全县有1人当选全国人大代表，为第七届全国人民代表大会代表周克治（沪兴特种水泥有限公司）。

第二节　全体代表会议

1988—2012年，县人大举行全体代表会议25次。历次县人代会主要议程：听取和审议县人民政府工作报告、上一年国民经济和社会发展计划执行情况与当年计划草案报告、上一年财政预算执行情况与当年预算草案报告、县人大常委会工作报告、县人民法院工作报告和县人民检察院工作报告，并表决通过上述各项工作报告决议。讨论决定县行政区域内的政治、经济、教育、科学、文化、卫生、环境和资源、民政、民族等工作的重大事项。相应届次会议还分别选举产生新一届县人大常委会主任、副主任、委员，县长、副县长，县人民法院院长和县人民检察院检察长；选举产生长兴县出席湖州市人民代表大会代表。自七届人大设立常务委员会始，历次人民代表大会全体会议均由人大常委会召集。会议期间，由主席团主持。县人民政府组成人员、机关部门和团体负责人依法列席会议。

一、县第九届人民代表大会全体会议

县第九届人大任期自1987年5月至1990年4月，共举行3次会议。第一次会议见前志。

第二次会议　1988年4月18日至23日举行。出席会议县人大代表289人。会议听取和审议各项报告并作出相应决议，提出要稳定经济、深化改革，以改革统揽全局，进一步深入开展增产节约、增收节支活动，把经济建设和各方面的工作推向前进。选举产生长兴县出席湖州市二届人民代表大会代表81人。

第三次会议　1989年3月28日至31日举行。出席会议县人大代表287人。会议听取和审议各项报告并作出相应决议，号召全县人民以中共十三届三中全会确定的方针为指针，振奋精神、团结奋斗、艰苦创业、开拓前进，为完成全年国民经济和社会发展计划的各项任务，推进社会主义两个文明建设而努力奋斗。

二、县第十届人民代表大会全体会议

县第十届人大任期自1990年4月至1993年3月，共举行3次会议。

第一次会议　1990年4月17日至21日举行。出席会议县人大代表317人。会议听取和审议各项报告并作出相应决议，提出要抓好治理整顿和深化改革，依靠科技进步，加强农业基础，提高工业经济效益，努力搞活流通，积极发展外向型经济，发展社会教育和其他各项事业，加强民主法制和廉政建设，大力加强社会主义精神文明，进一步巩固和发展安定团结的政治局面。选举产生县第十届人大常务委员会组成人员，县人民政府县长、副县长，县人民法院院长、县人民检察院检察长。

第二次会议　1991年4月7日至11日举行。出席会议县人大代表316人。会议听取和审议各项报告并作出相应决议。会议提出，之后十年是中国社会主义现代化建设的关键时期，也是长兴国民经济和社会发展的关键十年，要把经济工作的重点放在打基础、拓市场、增效益上，集中精力把经济建设搞上去,加强社会主义精神文明建设和民主法制建设,实现经济和社会各项事业的持续稳定协调发展,人民生活达到小康水平。会议号召,要"爱我长兴、建设长兴、振兴长兴",为胜利完成十年规划和"八五"计划,完成全年各项任务而努力奋斗。

第三次会议 1992年3月27日至31日举行。出席会议县人大代表311人。会议听取和审议各项报告并作出相应决议,通过人民代表大会议事规则。会议提出,要正确处理改革、发展和稳定的关系,加快推进经济体制和经济增长方式的根本转变,不断提高经济的整体素质,促进社会全面进步,建设长兴、振兴长兴,努力实现跨世纪的宏伟目标。

三、县第十一届人民代表大会全体会议

县第十一届人大任期自1993年3月至1998年3月,共举行5次会议。

第一次会议 1993年3月8日至14日举行。出席会议县人大代表317人。会议听取和审议各项报告并作出相应决议,提出要突出经济建设中心,进一步解放思想,实事求是,抓住机遇,加快改革开放步伐,加快发展速度,培育和发展社会主义市场经济体制,力争在届内使长兴经济上一个新台阶。选举产生县第十一届人大常务委员会组成人员,县人民政府县长、副县长,县人民法院院长、县人民检察院检察长。选举产生长兴县出席湖州市三届人民代表大会代表81人。

第二次会议 1994年3月4日至7日举行。出席会议县人大代表315人。会议除听取和审议各项报告并作出相应决议外,还通过调整十年规划和"八五"计划主要经济指标报告的决议。会议提出,要正确处理改革、发展、稳定之间的关系,坚持以经济建设为中心,解放思想,扩大开放,加快改革,加速发展,加速稳定,强化基础,改善环境,优化结构,提高效益,促进全县国民经济持续、快速、健康发展,社会各项事业全面进步,人民生活水平较快提高。同时必须加快"科教兴县"战略任务的实施,坚定不移地坚持"两手抓,两手都要硬"的方针,加强社会主义精神文明建设和民主法制建设,不断推进全县改革开放和社会主义现代化建设。

第三次会议 1995年3月6日至9日举行。出席会议县人大代表309人。会议除听取和审议各项报告并作出相应决议外,还通过执行省人大代表建议、批评和意见办理规定议案的决议。会议提出,要围绕经济建设中心,进一步深化企业改革,加大开放力度,深化农业基础,着力提高经济质量,加快基础设施建设,坚持两手抓,做到"两手硬",保持国民经济持续、快速、健康发展和各项事业全面进步。

第四次会议 1996年3月5日至9日举行。出席会议县人大代表308人。会议听取和审议各项报告并作出相应决议,提出全县之后经济和社会发展的主要目标,力争人民生活水平和生活质量有所提高,各项社会事业有较大发展,精神文明建设和民主法制建设达到一个新水平。补选县人民政府县长。

第五次会议 1997年3月3日至6日举行。出席会议县人大代表305人。会议听取和审议各项报告并作出相应决议,通过依法治县规划决议。会议提出,要正确处理改革、发展和稳定的关系,集中精力抓好经济建设,努力推进改革开放,切实加强社会主义精神文明建设和民主法制建设,特别要注意保持政治、经济和社会环境的稳定,促进经济发展和社会全面进步。会议号召,继续发扬"解放思想,求真务实,团结拼搏,创争一流"的长兴精神,加快社会主义现代化建设的进程,为全面完成全年各项任务而努力奋斗。

四、县第十二届人民代表大会全体会议

县第十二届人大任期自1998年3月至2003年3月,共举行5次会议。

第一次会议 1998年3月1日至7日举行。出席会议县人大代表259人。会议听取和审议各项报告并作出相应决议,提出要以经济建设为中心,解放思想,深化改革,扩大开放,加快发展,继续推进经济体制和经济增长方式的根本转变,提高经济整体素质,加快富民强县步伐;积极发展社会各项事业,加强社会主义精神文明建设和民主法制建设,推动经济和社会全面进步。选举产生县第十二届人大常务委员会组成人员,县人民政府县长、副县长,县人民法院院长、县人民检察院检察长。选举产生长兴县出席湖州市四届人民代表大会代表78人。

第二次会议　1999年3月16日至19日举行。出席会议县人大代表256人。会议听取和审议各项报告并作出相应决议，提出要进一步加强农业基础，确保农业增产、农民增收、农村稳定；继续突出工业经济重点；大力推进精神文明建设，以两个文明建设的丰硕成果迎接中华人民共和国成立五十周年。

第三次会议　2000年3月14日至17日举行。出席会议县人大代表251人。会议听取和审议各项报告并作出相应决议，提出要加大改革力度，以改革促发展，加快农业产业化进程，加大经济结构调整力度，大力推进社会主义精神文明建设。补选长兴县出席湖州市第四届人民代表大会代表1人。

第四次会议　2001年2月25日至28日举行。出席会议县人大代表254人。会议听取和审议各项报告并作出相应决议，通过十五计划纲要。会议提出，要牢牢把握坚持加快发展主题，不断增强全县综合实力；以提高人民生活水平为根本出发点，不断满足人民群众日益增长的物质文化需要；坚持依法治县，推进精神文明和民主法制建设。补选十二届人民代表大会常务委员会委员2人。

第五次会议　2002年3月4日至8日举行。出席会议县人大代表242人。会议听取和审议各项报告并作出相应决议，提出要以农民增收为立足点，加强农业基础设施建设；全面推进素质教育，努力提高公民素质和城乡文明程度；进一步落实执法责任制，推进政府工作法制化。补选县人民政府县长；表决通过依法治县第二个五年规划。

五、县第十三届人民代表大会全体会议

县第十三届人大任期自2003年3月至2007年1月，共举行4次会议。

第一次会议　2003年3月9日至14日举行。出席会议县人大代表260人。会议听取和审议各项报告并作出相应决议，提出要把加快建设山水园林型的现代化中等工贸城市、全面实现小康社会目标放在统揽政府工作全局的核心位置，全力打造长兴“太湖明珠”新形象，为提前基本实现现代化奠定坚实基础。选举产生县第十三届人大常务委员会组成人员，县人民政府县长、副县长，县人民法院院长、县人民检察院检察长。选举产生长兴县出席湖州市五届人民代表大会代表84人。

第二次会议　2004年2月24日至27日举行。出席会议县人大代表254人。会议听取和审议各项报告并作出相应决议，提出要以“项目推进年”和“环境建设年”为抓手，创新，开放，实干，全面提升区域竞争能力、城乡统筹发展能力和“三个文明”协调发展水平。

第三次会议　2005年2月17日至19日举行。出席会议县人大代表249人。会议听取和审议各项报告并作出相应决议，提出要以“经济结构调整年”和“生态环境建设年”为重要抓手，坚持加快发展、科学发展、创新发展、统筹发展，着力加快结构调整、构建和谐社会、提高执政能力，全力推进全县经济社会更快更好发展。

第四次会议　2006年1月8日至11日举行。出席会议县人大代表241人。会议听取和审议各项报告并作出相应决议，提出要以科学发展观统领经济社会发展全局，致力于经济结构调整、加快经济增长方式转变，致力于统筹城乡发展、建设社会主义新农村，致力于“平安长兴”和“法治长兴”建设、确保社会和谐稳定，全力推进经济社会更快更好发展。

六、县第十四届人民代表大会全体会议

县第十四届人大任期自2007年1月至2012年2月，共举行5次会议。

第一次会议　2007年1月26日至30日举行。出席会议县人大代表261人。会议听取和审议各项报告并作出相应决议，提出要紧

图20-1　长兴县第十四届人民代表大会第一次会议（县人大办提供·2007年）

紧围绕加快建设山水园林型现代化新兴城市、实现全面小康社会的奋斗目标，大力实施“六大战略”，全力打造“六个区”，加快建设富裕长兴、法治长兴、文化长兴、绿色长兴、平安长兴，努力实现经济又好又快发展，积极构建社会主义和谐社会。选举产生县第十四届人大常务委员会组成人员，县人民政府县长、副县长，县人民法院院长、县人民检察院检察长。选举产生长兴县出席湖州市六届人民代表大会代表83人。

第二次会议 2008年1月23日至25日举行。出席会议县人大代表259人。会议听取和审议各项报告并作出相应决议，提出要深入贯彻落实科学发展观，坚定不移地走“创业富民、创新强县”之路，大力实施“六大战略”，深入开展“大项目攻坚年”“生态建设决战年”和“作风建设提升年”活动，努力实现“六区”建设大跨越，协调推进经济、政治、文化和社会建设。

第三次会议 2009年2月5日至8日举行。出席会议县人大代表256人。会议听取和审议各项报告并作出相应决议，通过长兴县图影高端休闲度假区规划方案、长兴县龙山新区商务中心规划方案决议。会议提出，要牢牢把握“保增长、抓转型，推改革、促统筹，重民生、保稳定”主线，扎实开展“产业转型升级年”“农村改革发展年”和“服务基层创优年”活动，继续解放思想，坚定发展信心，全力克难攻坚，着力推动经济社会又好又快发展。

第四次会议 2010年3月8日至11日举行。出席会议县人大代表258人。会议听取和审议各项报告并作出相应决议，通过进一步加强长兴生态文明建设的决定和关于西太湖(长兴)科教生态城规划方案的决议。会议提出，要大力实施“六大”战略，强势推进“六区”建设，以“两年大跨越，再创新辉煌”为目标，扎实开展“产业集群发展冲刺年”“大项目引进推进拼搏年”和“效能建设提速年”活动，全面推进大平台大产业大项目大企业建设，努力保持经济平稳较快健康发展，整体推进经济、政治、文化、社会和生态文明建设。

第五次会议 2011年3月1日至5日举行。出席会议县人大代表258人。会议听取和审议各项报告并作出相应决议，提出要深入实施“六大”战略，扎实推进“六区”建设，全力实现产业升级、城市升值、文化升华、民生改善新突破，着力增强县域经济综合实力、城市核心竞争力和区域发展软实力。

七、县第十五届人民代表大会全体会议

县第十五届人大一次会议于2012年2月8日至12日举行。出席会议县人大代表258人。会议听取和审议各项报告并作出相应决议，提出要全面贯彻县第十三次党代会精神，坚持科学发展，推进三升一改，建设县强、民富、景美、人和的“太湖望县、锦绣长兴”。选举产生县第十五届人大常务委员会组成人员，县人民政府正、副县长，县人民法院院长、县人民检察院检察长。选举产生长兴县出席湖州市七届人民代表大会代表81人。

〔专记〕

长兴县在全国首次实行重大项目决策由县级人大审议表决

2009年2月12日，长兴县第十四届人民代表大会第三次会议表决通过长兴县“图影高端休闲旅游度假区”“龙山新区商务中心”两个规划方案。至该日，历时9个月的由长兴县人大全程参与决策监督评判的两个规划脱颖而出，成为全国将重大建设项目的决策列入人大议程，交由人大代表审议表决的县级先例。

2003年以来，长兴县围绕“建设山水园林型现代化新兴城市”的目标，加快推进城市化，不断拓展城市发展空间，初步建成的龙山新区已成为县城的一大亮点，并有效利用环太湖资源，合理开发环太湖发展带。县“两会”之前，县政府委托国内高层次的设计公司和研究院，编制《长兴龙山新区商务中心规划方案》和《长兴图影高端休闲度假区规划方案》，多次进行公开评审、论证和优化调整。按照规划，县城新的商务中心占地15.87公顷，以商业为主，辅以居住、餐饮、文化娱乐等功能，总建筑面积约18万平方米，分三期建设，项目开发总投资7亿元左右。规划中的图影高端休闲度假区，东临太湖，西依弁山，与湖州太湖旅游度假区接壤，面积14平方千米。中建国际设计有限公司的专家表示，图影区块的开发建设，将有利于促进长兴旅游业发展和产业结构调整，形成新的经济增长点；有利于长兴进一步融入环太湖经济圈。

长兴县人大常委会对该规划极为重视，组织人大代表到乡镇、村、企业及相关部门开展3次大规模调查研究，收集到来自人民群众意见建议上千条，通过县建设局与规划专家沟通，帮助完善规划。长兴濒太湖有10多千米地段地势低洼，易受平原洪水和太湖洪水倒灌的两面夹击，县人大代表听取群众大量意见后，请规划组专门增加抗洪设施子规划，建成50年一遇的防洪大堤，确保休闲区范围滨湖景观大道和附近两个镇的人民群众生命财产安全。休闲区辖区内有几位青年农民希望能在休闲区集中建立一个农家乐新村，围绕休闲区创办服务产业，方便3000多位农民在家门口就业，该建议经人大代表反映后，立即成为规划亮点。

而之前，全国县级城建详细规划或项目规划，基本上都由主管部门组织专家制定规划方案，政府审批后实施。长兴县由县人大常委会组织人大代表，积极听取群众有益意见建议，通过全程参与决策监督评判的途径，将广大群众智慧、意愿充分融入规划蓝图中，该做法尚不多见，而由县级人大代表审议表决政府重大项目决策的案例更是前所未有。

2009年3月，长兴县十四届人大常委会第15次会议修订通过长兴县人民代表大会常务委员会讨论决定重大事项的规定，明确指出：县人大常委会对审议的重大事项，认为需要提交县人民代表大会讨论、决定的，应当依照法定程序提交县人民代表大会讨论、决定。

2009年以后，长兴县陆续有重大项目决策提交县人大或者县人大常委会审议表决。2010年，长兴县第十四届人民代表大会第四次会议审议通过进一步加强长兴生态文明的决定和关于西太湖（长兴）科教生态规划方案的决议。2011年3月，长兴县十四届人大常委会第29次会议审议批准长兴县饮用水水源地环境保护规划。2011年7月，长兴县十四届人大常委会第32次会议审议批准长兴县人民政府关于提请对龙山新区商务中心规划方案进行局部调整的规划。

（王晓瑜执笔）

第二章　县人大常委会

长兴县人大会常委会由县人民代表大会代表选举产生，任期至下一届人民代表大会选出新一届常委会为止。自1987年5月九届人大一次会议至2012年12月十五届人大一次会议止，县人大常委会共召开会议203次，听取和审议县级政府、法院、检察院工作报告，作出决议决定，依法任免地方国家机关工作人员。县人大会常委会的重要日常工作由常委会主任会议处理。

第一节　组成人员

县人大会常委会由主任、副主任和委员若干人组成，其成员由县级人民代表大会代表中选举产生，任期至下一届人民代表大会选出新一届常委会为止。县人大常委会组成人员为15人至27人。每届具体名额由省人大常委会确定。常委会组成人员不得担任国家行政机关、审判机关和检察机关的职务。第九届至第十五届县人大常委会组成人员：九届主任1人，副主任4人，委员14人；十届主任1人，副主任 4 人,委员 12 人;十一届主任 1 人,副主任 4 人,委员 12 人;十二届主任 1 人,副主任 5 人,委员 15 人;十三届主任 1 人,副主任 5 人,委员 15 人;十四届主任 1 人,副主任 6 人,委员 16 人;十五届主任 1 人,副主任 6 人,委员 20 人。

第九届至第十五届长兴县人大常委会主任、副主任名录表

表 20-3

届期	职务	姓名	籍贯	任职时间
第九届(1987.05—1990.04)	主　任	王家祥	浙江长兴	1987.05—1990.04
	副主任	牟仰忠	浙江长兴	1987.05—1990.04
	副主任	邵智文	山东梁山	1987.05—1990.04
	副主任	马喜述	山东乳山	1987.05—1990.04
	副主任	潘子力	江苏南通	1987.05—1990.04
第十届(1990.04—1993.03)	主　任	王志廷	浙江长兴	1990.04—1993.03
	副主任	陈尚胜	浙江长兴	1990.04—1993.03
	副主任	黄鹏飞	江苏无锡	1990.04—1993.03
	副主任	潘子力	江苏南通	1990.04—1993.03
	副主任	潘德泉	浙江长兴	1990.04—1993.03
第十一届(1993.03—1998.03)	主　任	张维孝	浙江吴兴	1993.03—1998.03
	副主任	钱员章	浙江上虞	1993.03—1998.03
	副主任	黄鹏飞	江苏无锡	1993.03—1998.03
	副主任	潘德泉	浙江长兴	1993.03—1998.03
	副主任	金崇瑜	江苏吴江	1993.03—1998.03
第十二届(1998.03—2003.03)	主　任	吴水霖	浙江湖州	1998.03—2002.10
	副主任	姚惠泉	浙江长兴	1998.03—2002.12(2002.12—2003.03代主任)
	副主任	钱员章	浙江上虞	1998.03—2003.03
	副主任	徐孝洪	浙江长兴	1998.03—2003.03
	副主任	陆亚孟	浙江长兴	1998.03—2003.03
	副主任	张群英(女)	浙江长兴	1998.03—2003.03
第十三届(2003.03—2007.01)	主　任	邵　毅	浙江湖州	2003.03—2006.07
	副主任	朱根山	浙江长兴	2003.03—2006.07(2006.07—2007.01代主任)
	副主任	陆亚孟	浙江长兴	2003.03—2007.01
	副主任	宋文英(女)	浙江长兴	2003.03—2007.01
	副主任	宋炳瑛	浙江长兴	2003.03—2007.01
	副主任	韩伟方	浙江绍兴	2003.03—2007.01
第十四届(2007.01—2012.02)	主　任	刘国富	浙江安吉	2007.01—2011.02
	主　任	朱根山	浙江长兴	2011.03—2012.02
	副主任	朱根山	浙江长兴	2007.01—2011.02(2011.02—2011.03代主任)
	副主任	杨福成	江苏溧水	2007.01—2012.02
	副主任	宋炳瑛	浙江长兴	2007.01—2010.11
	副主任	韩伟方	浙江绍兴	2007.01—2012.02

续表20-3

届期	职务	姓名	籍贯	任职时间
	副主任	张群英(女)	浙江长兴	2007.01—2012.02
	副主任	朱顺良	浙江长兴	2007.01—2012.02
	副主任	王春新	浙江长兴	2011.03—2012.02
第十五届(2012.02—)	主　任	叶白云	浙江长兴	2012.02—
	副主任	汪荣山	浙江温岭	2012.02—
	副主任	杨福成	江苏溧水	2012.02—
	副主任	张群英(女)	浙江长兴	2012.02—
	副主任	王春新	浙江长兴	2012.02—
	副主任	钱慧明	浙江长兴	2012.02—
	副主任	李百英	浙江长兴	2012.02—

说明:资料来源于县人大办

第二节　工作机构

县九届人大常委会工作机构为“一办四委”,即办公室和法制、财政经济、人事、教科文卫4个工作委员会。县十届人大常委会撤销人事工作委员会,增设农村经济工作委员会。县十一届人大常委会工作机构仍为“一办四委”,撤销农村经济工作委员会,增设代表工作委员会。1998年3月,县十二届人大常委会工作机构为“三室四委”,即办公室、法制工作室、人事代表工作室3个办事机构,法制、财政经济、教科文卫、代表4个工作委员会。2001年12月,撤销法制、人事代表2个工作室,保留办公室,设置法制、财政经济、农业环保资源、教科文卫、人事代表5个工作委员会,工作机构调整为“一办五委”。2003年3月起,县十三届、十四届、十五届人大常委会工作机构均为“一办五委”,即办公室和法制、财政经济、农业环保资源、教科文卫、人事代表5个工作委员会。

第三节　常委会会议

自1987年5月九届人大一次会议至2012年12月十五届人大一次会议止,县人大常委会共召开常委会会议203次,其中九届21次、十届22次、十一届39次、十二届43次、十三届31次、十四届38次、十五届9次;听取和审议县级政府、法院、检察院工作报告463个。

一、县九届人大常委会会议

1987年5月至1990年4月,县九届人大常委会会议共召开21次,听取和审议“一府两院”工作报告47个,作出8项决议、决定。内容涉及国民经济和社会发展计划执行、财政预算执行、代表议案意见办理、农业资源开发、廉政建设,县人民法院开展经济审判,县人民检察院开展法纪检察、经济检察、打击贪污受贿等经济犯罪活动;省计划生育条例、民法通则、经济合同法等贯彻实施;通过雉城镇部分调整总体规划、加强黄砂资源管理等决议,批准财政决算和财政预算调整;评议政府和“两院”工作;提出水污染事故质询案。任免国家机关工作人员82人次,审议任免国家机关工作人员试行办法、常委会议事规则等制度。其中,1987年6月2日,一次会议审议通过《长兴县人民代表大会代表工作制度(试行)》;1987年8月23日,二次会议审议通过《关于任免国家机关工作人员的试行办法》;1988年6月22日,八次会议审议通过《常委会议事规则》。

二、县十届人大常委会会议

1990 年 4 月至 1993 年 3 月，县十届人大常委会会议共召开 22 次，听取和审议“一府两院”工作报告 49 个，作出 12 项决议、决定和 7 个专题审议意见，先后组织 26 次视察活动和 18 次专题调查。内容涉及国民经济和社会发展计划执行、“八五”计划纲要、财政预算执行、代表议案意见办理、农业生产等工作，县人民法院“严打”斗争开展、加强法庭工作，县人民检察院“严打”斗争开展、法纪检察、开展反贪污贿赂斗争为经济建设保驾护航工作；行政诉讼法实施准备，省计划生育条例、民事诉讼法贯彻实施；通过搞好农业生产力争全年粮食丰收、认真贯彻实施行政诉讼法、实施省计划生育条例、进一步开展法制教育、设立第二批 16 个乡镇人大主席团常务主席等决议决定，批准财政决算和财政预算调整；评议政府工作；开展部分被任命县政府组成人员述职活动。任免国家机关工作人员 117 人次。其中，1990 年 5 月 17 日，一次会议审议通过常委会议事规则(修正)、常委会人事任免办法(修正)、常委会主任会议工作制度(试行)、常委会代表工作制度(修正)和常委会联系代表暂行办法(试行)等五项工作制度；1991 年 10 月 14 日，研究关于评议县人民政府工作的有关事项，通过《关于评议政府工作的实施意见》。

三、县十一届人大常委会会议

1993 年 3 月至 1998 年 3 月，县十一届人大常委会会议共召开 39 次，听取和审议“一府两院”工作报告 71 个，作出决议、决定 20 个，发送审议意见 41 份。内容涉及县政府半年度工作、国民经济和社会发展计划执行、振兴长兴工业经济工作、依法治县、部门执法责任制工作等，公检法司关于加强社会治安综合治理工作，法院半年度工作、执行工作，检察院开展反贪污贿赂斗争、法纪检察工作；全民所有制工业企业转换经营机制条例、科技进步法等贯彻实施；审议通过“九五”计划、2010 年远景目标规划、“三五”普法规划、科教兴县规划、城市建设总体规划、2000 年基本农田控制指标调整方案，批准财政决算和财政预算调整以及 1996 年国内生产总值计划指标调整；组织代表评议县政府以及有关司法机关工作，开展部分被任命县政府组成人员述职评议，通过评议常委会依法免去不称职的局级领导干部职务 1 人。任免国家机关工作人员 198 人次。其中，1993 年 3 月 26 日，一次会议讨论通过《长兴县人民代表大会常务委员会议事规则》《长兴县人大常委会关于任免国家机关工作人员办法》；1993 年 9 月 16 日，六次会议审议通过《长兴县人大常委会组成人员守则》；1994 年 2 月 23 日，讨论通过《关于加强对法律实施情况检查监督的暂行办法》；1994 年 5 月 12 日，讨论通过《长兴县人大常委会关于对决议决定和审议意见执行情况的反馈办法》和《长兴县人大常委会关于开展任命干部述职活动的实施意见》。

四、县十二届人大常委会会议

1998 年 3 月至 2003 年 3 月，县十二届人大常委会会议共召开 43 次，听取和审议“一府两院”工作报告 130 个，作出决议、决定 56 个，发送审议意见 38 份。内容涉及国民经济和社会发展计划执行、财政预算执行、预算外资金管理、代表议案建议办理、国税工作、工业企业改制、个私经济发展、第三产业发展、开放型经济、农业产业化、整顿和规范市场经济秩序等，法院执行工作，县人民检察院反贪污贿赂防止职务犯罪；土地管理法、产品质量法、建筑法及相关法律法规、行政处罚法、省职工养老保险和失业保险条例贯彻实施；两次作出同意调整部分行政区划方案决议，审议通过城市总体规划调整方案、城镇体系规划，作出关于将银杏确定为县树的决定，批准财政决算和财政预算调整；开展部分被任命县政府组成人员述职评议等。任免国家机关工作人员 254 人次。其中，1998 年 7 月 28 日，四次会议审议通过《长兴县人民代表大会常务委员会议事规则》《长兴县人民代表大会常务委员会组成人员守则》和长兴县人大常委会《关于开展县人大代表持代表证视察的实施意见(试行)》《关于加强代表小组建设的几点意见》；2000 年 12 月 26 日，二十三次常委会审议通过长兴县人大常委会关于公民旁听长兴县人民代表大会常务委员会会议的决定。

五、县十三届人大常委会会议

2003 年 3 月至 2007 年 1 月，县十三届人大常委会会议共召开 31 次，听取和审议“一府两院”工作报告 65 个，作出决议、决定 24 个，发送审议意见 14 份。内容涉及半年度经济社会发展、国民经济和社会发展计划执行、财政预算执行、部门预算编制、代表议案意见办理、非典型肺炎防治、国家卫生县城创建、招商引资和工业园区建设等，县人民检察院工作、执行错案责任追究制情况、查办和预防职务犯罪情况；劳动法、残疾人保障法、行政许可法、安全生产法律法规、大气污染防治法等贯彻实施；审议通过公路水运交通建设规划、生态县建设规划、城市总体规划决议，作出关于将梅花确定为县花的决定，批准财政决算和财政预算调整以及城区城市设计局部调整、重点建设项目调整；开展被任命县政府组成人员述职评议等。任免国家机关工作人员137人次，撤销职务1人，任命县人民法院人民陪审员20人。其中，2003年5月18日，二次会议审议修订《长兴县人民代表大会常务委员会议事规则》《长兴县人民代表大会常务委员会组成人员守则》《长兴县人民代表大会常务委员会关于各工作委员会与对口单位加强工作联系的实施办法》；2003年6月30日，三次会议审议通过《县人大常委会关于加强县人大代表小组建设的意见》；2003年8月16日，四次会议审议《长兴县人大常委会讨论决定重大事项的规定》《长兴县人大常委会信访工作规则》。

六、县十四届人大常委会会议

2007年1月至2012年2月，县十四届人大常委会会议共召开38次，听取和审议“一府两院”工作报告89个，作出决议、决定27个，发送审议意见36份。内容涉及“十一五”规划纲要中期评估、财政预算执行、食品药品安全监管、城市总体规划实施、职业教育、新农村建设等，法院落实“三项承诺”、执行工作、刑事审判、行政审判，县人民检察院预防职务犯罪、法律监督、刑事检察；浙江省人口计生条例、水污染防治“一法一条例”等贯彻实施；设立“新消费运动日”，作出生态文明建设决定，审议通过合溪水库水源地保护办法和饮用水水源地环境保护规划，批准财政决算和财政预算调整以及基础设施建设项目计划调整、城区城市设计局部调整、龙山新区商务中心规划方案局部调整；开展县农业局、县环保局工作评议等。任免国家机关工作人员247人次，任命县人民法院人民陪审员32人，任命县人民检察院人民监督员12人。其中，2008年9月25日，十次会议听取和审议县人大常委会主任会议提请的关于认真贯彻落实《浙江省各级人民代表大会常务委员会规范性文件备案审查规定》的实施意见的议案；2011年6月7日，三十一次会议听取和审议县人大常委会主任会议提请的关于修订《长兴县人民代表大会常务委员会关于各工作委员会与对口单位加强工作联系的实施办法》的议案。

七、县十五届人大常委会会议

2012年2月至12月，县十五届人大常委会会议共召开9次，听取和审议“一府两院”工作报告12个，作出决议、决定8个，发送审议意见6份。内容涉及国民经济和社会发展计划执行、财政预算执行、部门预算编制、中心村培育建设、代表建议办理、政府民生实事完成、县人民法院民事调解工作、县人民检察院民事行政检察工作；食品安全“一法两规”贯彻实施；通过工业强县建设规划、中心城区空间协调规划，批准财政决算和财政预算调整以及部分乡镇行政区域调整等。任免国家机关工作人员98人次。其中，6月18日，三次会议审议通过《长兴县人民代表大会常务委员会关于县人大常委会组成人员联系基层代表的意见》《长兴县人民代表大会常务委员会关于人大代表小组活动办法》《长兴县人大代表小组定向视察暂行办法》《长兴县人民代表大会常务委员会关于开展县人大代表向选民述职活动的实施意见》《长兴县人民代表大会常务委员会关于组建代表专业小组和开展代表专业小组活动的意见》。

第四节　常委会主任会议

根据地方组织法规定，由县人大常委会主任、副主任组成主任会议，处理常务委员会的重要日常工作。1990年5月18日县十届人大常委会第一次会议通过《长兴县人民代表大会常务委员会主任会议工作制度（试行）》，1993年4月5日县十一届人大常委会第三次会议通过《长兴县人民代表大会常务委员会主任会议议事规则》，后经1998年7月17日县十二届人大常委会第十次主任会议和2003年5月16日县十三届人大常委会第二次主任会议两次修订，基本明确县人大常委会主任会议的具体工作程序及内容。

主任会议由常委会主任召集和主持,主任可以委托副主任召集和主持会议。主任会议一般每月举行一次,必要时可临时召集。会议必须有主任会议全体组成人员过半数出席才能举行,常委会办公室主任列席会议,各工作机构人员可根据工作需要列席会议。必要时,也可以邀请常委会委员、县人大代表以及县人民政府、县人民法院、县人民检察院负责人及有关部门负责人列席会议。主任会议处理的重要日常工作是决定常委会每次会议召开的日期,拟定会议议程草案;向常委会会议提出属于常委会职权范围内的议案;听取"一府两院"及政府有关工作部门情况汇报;讨论"一府两院"提请常委会会议决定的人事任免事项;研究提出人民代表大会及其常委会、各工作机构的建议人选,提请常委会会议审议、决定;研究提出需要提请常委会审议的其他事项,处理常委会授权的事项和其他日常工作等。1990 年 4 月—2012 年 12 月,县人大常委会主任会议共召开 368 次。

第三章 主要工作

1988—2012 年,长兴县人大常委会对县行政区域重大事项共作出决议、决定 83 项,组织代表开展执法检查或调查视察 567 次。依法任免长兴县国家机关工作人员 1185 人次,对政府职能部门负责人进行述职评议 60 次。督促办理代表议案、建议 4916 件。

第一节 决议决定

1988—2012 年,县人大常委会对长兴行政区域重大事项共作出决议、决定 83 项。其中,经济和社会发展方面 58 项,其他 25 项。

1988 年 1 月至 1990 年 4 月九届县人大常委会作出的决议、决定,主要有关于同意对 1988 年财政预算作部分变更的复函,关于调整 1989 年财政预算指标的决定。

1990 年 4 月至 1993 年 3 月十届县人大常委会期间作出的决议、决定,主要有关于批准调整 1990 年财政支出预算的决定,关于搞好农业生产、力争全年粮食丰收的决定,关于在全县开展法制宣传教育的决议,关于批准调整 1991 年财政预算的决定。

1993 年 3 月至 1998 年 3 月十一届县人大常委会期间作出的决议、决定,除财政预算及决算外,主要有关于进一步加快农业发展步伐的决议,关于加强社会治安综合治理的决议,关于继续开展法制宣传教育的决议,关于调整 1996 年国内生产总值计划指标的决定,关于长兴县科教兴县规划纲要的决议。

1998 年 3 月至 2003 年 3 月十二届县人大常委会期间作出的决议、决定,除财政预算及决算外,主要有关于调整长兴县部分行政区划的决定,关于同意长兴城市总体规划(1999—2020 年)的决议,关于同意长兴县雉城镇体系规划(1999—2020 年)的决定,关于调整长兴县部分乡镇行政区划的决定,关于进一步开展法制宣传教育的决议,关于将银杏树确定为长兴县县树的决定,关于加强经济工作监督的决定。

2003 年 3 月至 2007 年 1 月十三届县人大常委会期间作出的决议、决定,除财政预算及决算外,主要有关于同意长兴城市总体规划(2003—2020 年)及长兴城市近期建设规划(2003—2005 年)的决议,关于同意长兴公路水运交通建设规划(2003—2020 年)的决议,关于生态县建设的决议,关于同意长兴生态县建设规划(2003—2020 年)的决议,关于批准长兴城区城市设计的决议,关于加强乡镇财政管理监督的决定,关于批准长兴县 2004 年重点建设项目调整的决定,关于将梅花确定为长兴县县花的决定,关于加强长兴法治建设的决议,关于加强法制宣传教育的决议。

2007 年 1 月至 2012 年 2 月十四届县人大常委会期间作出的决议、决定,除财政预算及决算外,主要有关于批准长兴县 2007 年基础设施建设项目计划调整方案的决定,关于批准长兴城区城市设计局部调整方案的决定，关于确定 3 月 15 日为长兴县新消费运动日的决定，关于同意长兴县域总体规划的决议，关于批准长兴县 2008 年国民经济和社会发展计划目标调整的决定，关于批准长兴县 2008 年重点基础设施项目调整的决定，关于同意长兴县合溪水库水源地保护办法的决议，关于同意长兴县饮用水水源地环境保护规划的决议，关于批准对长兴县龙山新区商务中心规划方案进行局部调整的决定，关于继续深入开展法制宣传教育的决议。

2012 年十五届县人大常委会作出的决议、决定，主要有关于同意调整长兴县部分乡镇行政区划的决议，关于批准长兴县 2011 年财政决算的决议，关于做好部分行政区划调整后有关人大工作的决定，关于同意长兴县工业强县建设规划(2012—2016 年)的决议，关于批准 2013 年县级部门预算编制工作方案的决议，关于同意长兴县中心城区空间协调规划的决议，关于批准长兴县 2012 年财政收入预算调整的决定。

第二节　执法监督

一、执法检查

执法检查是人大常委会实施法律监督的重要形式，该监督形式的运用，始于 1987 年 5 月的县九届人大。1988 年 10 月至 11 月，县人大常委会对县级机关执法情况进行全面检查，将雉城镇自来水水质污染等 7 个问题交县人民政府及有关部门调查处理。有 22 个部门向县人大常委会报送执法检查报告，提出整改措施。1994 年 5 月，组织农业投入情况、农业技术推广体系、基本农田保护情况等三个专题执法检查组，进行较深层次的检查，并于 7 月中旬专题听取和审议县人民政府关于农业法和农业技术推广法实施情况的汇报，要求继续深入开展“农业两法”的宣传、学习，提高执法意识，做到依法护农、依法兴农。2005 年 5 月至 10 月，选择 18 个行政许可实施机关作为重点检查对象，开展行政许可法执法检查。通过执法检查和政府各职能部门努力，全县原有行政许可项目减少 31 项，清理规范性文件 147 件，取消、减少或免收的各种收费项目共 83 项。2010 年 4 月至 7 月，开展水污染防治“一法一条例”执法检查。常委会组成 4 个检查组，深入到全县各乡镇(街道)和环保、建设、农业、旅游等 10 个部门，听取汇报、召开座谈会、实地走访。针对防治意识不够强、饮用水水源仍有安全风险隐患、个别污水处理厂无法正常运营等问题，向县政府提出审议意见，推进水污染防治法律法规在长兴县的贯彻实施。2012 年 5 月至 9 月，在全县开展食品安全“一法两规”执法检查。常委会组织 3 个执法检查组，围绕食品安全监管体制机制建设、食品安全源头治理、食品生产加工流通环节监管等方面，对农业局、卫生局、食品药监局等重点部门以及和平、泗安、雉城等重点区域的食品安全“一法两规”贯彻实施情况进行检查，针对存在的问题，向县政府提出整改意见。从 1987 年 5 月的九届人大开始，至 2012 年的十五届人大期间，县人大常委会重点开展执法检查 60 次，涉及 90 多部法律法规的贯彻实施情况。其中，对事关三大国策的环境保护法、计划生育条例及人口与计划生育法、土地管理法，以及关系人民群众切身利益的食品卫生法等法律法规，进行多次检查。

1988—2012 年长兴县人大常委会执法检查项目情况表

表 20-4

届次	主要执法检查内容
第九届 (1987年5月—1990年4月)	中华人民共和国企业法、中华人民共和国义务教育法、中华人民共和国土地管理法
第十届 (1990年4月—1993年3月)	中华人民共和国行政诉讼法、中华人民共和国义务教育法、中华人民共和国土地管理法、浙江省计划生育条例、浙江省保护老年人合法权益若干规定、浙江省地方各级人民代表大会常务委员会监督司法工作的规定、监督司法工作规定、浙江省机关团体企业事业单位治安保卫工作条例

续表20-4

届次	主要执法检查内容
第十一届 (1993年3月—1998年3月)	中华人民共和国义务教育法、中华人民共和国土地管理法、中华人民共和国水法、中华人民共和国农业法和农业技术推广法、国务院村庄和集镇规划建设管理条例、中华人民共和国教师法、中华人民共和国治安管理处罚条例、中华人民共和国工会法、中华人民共和国审计法、中华人民共和国水法、中华人民共和国劳动法、中华人民共和国预算法、中华人民共和国产品质量法、中华人民共和国农业技术推广法、中华人民共和国统计法、中华人民共和国代表法、浙江省计划生育条例、浙江省查处生产和经销假冒伪劣商品条例、浙江省机关团体企业事业单位治安保卫工作条例、浙江省禁止赌博条例、浙江省严禁卖淫嫖娼活动的规定、浙江省基本农田保护条例、中小学校收费规定、浙江省文化市场管理条例
第十二届 (1998年3月—2003年3月)	中华人民共和国食品卫生法、中华人民共和国律师法、中华人民共和国建筑法及相关的招投标和工程质量等法律法规、中华人民共和国土地管理法、中华人民共和国消费者权益保护法、中华人民共和国矿产资源法、中华人民共和国环境保护法、中华人民共和国产品质量法、中华人民共和国科技进步法等法律、浙江省计划生育条例、浙江省职工基本养老保险和失业保险条例
第十三届 (2003年3月—2007年1月)	中华人民共和国残疾人保障法、中华人民共和国环境保护法、中华人民共和国行政许可法、中华人民共和国动物防疫法、中华人民共和国水污染防治法、安全生产法律法规、中华人民共和国档案法、中华人民共和国大气污染防治法、中华人民共和国工会法、浙江省大气污染防治条例
第十四届 (2007年1月—2012年2月)	中华人民共和国消防法、中华人民共和国防洪法、中华人民共和国农产品质量安全法、中华人民共和国统计法、中华人民共和国农业法、中华人民共和国道路交通安全法、中华人民共和国律师法、水污染防治“一法一条例”、浙江省人口与计划生育条例
第十五届(2012年2月—)	食品安全“一法两规”

说明:资料来源于县人大办

二、审议“一府两院”工作

1987年5月—2012年12月,县人大常委会共听取和审议“一府两院”(县人民政府和县人民检察院、县人民法院)工作报告463项,主要内容有国民经济和社会发展计划执行、财政预算执行、代表议案意见办理、农业资源开发、农业生产、依法治县、“九五”计划、“三五”普法规划、科教兴县规划城市建设总体规划、工业企业改制、个私经济发展、第三产业发展、开放型经济、农业产业化、法院执行工作、县人民检察院工作、县人民检察院反贪污贿赂防止职务犯罪、招商引资、工业园区建设、职业教育、新农村建设等。在肯定成绩的同时,针对存在的问题或薄弱环节提出审议意见,及时交办督办、跟踪落实,推进“一府两院”改进工作。

长兴县九届至十五届人大常委会听取和审议“一府两院”工作报告情况表

表20-5

届次	主要审议事项
第九届 (1987年5月—1990年4月)	国民经济和社会发展计划执行、财政预算执行、代表议案意见办理、农业资源开发、粮食生产、村级经济建设、社会治安、环境卫生、食品卫生、普法教育、乡镇企业发展、城镇建设规划和管理、环境保护、饮水工程、科技工作、九年制义务教育实施、廉政建设、工商企业实行承包经营责任制、推行干部任期目标责任制,县人民法院开展经济审判,县人民检察院开展法纪检察、经济检察、打击贪污受贿等经济犯罪活动;省计划生育条例、民法通则、经济合同法、村民委员会组织法、全民所有制工业企业法贯彻实施情况
第十届 (1990年4月—1993年3月)	国民经济和社会发展计划执行、“八五”计划纲要、财政预算执行、代表议案意见办理、农业生产、农业发展和产业结构调整、农田水利基本建设和环湖大堤工程建设、蚕桑开发、粮食生产、农村改革、企业管理、企业合法权益保护、企业经济效益提高、深化企业改革调整结构提高经济效益、重点企业发展、科技进步、普法教育、干部“三违”建私房清理、城镇住房制度改革、抗灾救灾、社会治安综合治理、总工会工作、职工教育工作,县人民法院“严打”斗争开展、加强法庭工作,县人民检察院“严打”斗争开展、法纪检察、开展反贪污贿赂斗争为经济建设保驾护航工作;行政诉讼法实施准备,省计划生育条例、民事诉讼法贯彻实施情况

续表20-5

届次	主要审议事项
第十一届（1993年3月—1998年3月）	县政府半年度工作、国民经济和社会发展计划执行、财政决算、财政预算执行、代表议案意见办理、经济技术开发区建设、农业发展、第三产业发展、九年制义务教育、乡镇企业推行股份合作制、外向型经济工作、个体私营经济工作、粮食生产、经济欠发达地区政策扶持、计划生育工作、国有工业企业改革、依法治水、改善农业生产条件、稳定发展农业情况、城镇市容市貌管理、优化工业结构提高工业经济效益工作、村级集体经济发展、加强企业管理、提高企业经济效益、振兴长兴工业经济工作、依法治县、部门执法责任制工作、普法教育，公检法司关于加强社会治安综合治理工作，县人民法院半年度工作、执行工作，县人民检察院开展反贪污贿赂斗争、法纪检察工作；全民所有制工业企业转换经营机制条例、科技进步法、农业法、农业技术推广法贯彻实施情况
第十二届（1998年3月—2003年3月）	国民经济和社会发展计划执行、财政预算执行、预算外资金管理、代表议案建议办理、国税工作、工业企业改制、个私经济发展、第三产业发展、开放型经济、农业产业化、整顿和规范市场经济秩序、科技工作、农业科技进步、重点工程建设、农电“两改一同价”、农村改水工作、计划生育工作、下岗职工基本生活保障和再就业、卫生工作、农村合作医疗、社会保障体制改革、医保制度改革、太湖流域水污染防治、广播电视工作、二轮土地承包、党风廉政建设和反腐败工作、推行行政执法责任制情况、公安交通管理执法、“三五”普法开展，县人民法院执行工作，县人民检察院反贪污贿赂防止职务犯罪；食品卫生法、义务教育法、水土保持法、森林法、防洪法、土地管理法、产品质量法、建筑法及相关法律法规、行政处罚法、省职工养老保险和失业保险条例贯彻实施情况
第十三届（2003年3月—2007年1月）	半年度经济社会发展、国民经济和社会发展计划执行、财政预算执行、部门预算编制、代表议案意见办理、政府民生实事完成、非典型肺炎防治、国家卫生县城创建、招商引资和工业园区建设、生态县建设年度目标任务完成、“四五”普法开展，县人民法院1—11月份工作、执行错案责任追究制情况、执行工作，县人民检察院1—9月份工作、执行错案责任追究制情况、查办和预防职务犯罪情况；劳动法、残疾人保障法、环境保护法及相关法律、水污染防治法、人口与计生法和省计生条例、行政许可法、安全生产法律法规、大气污染防治法贯彻实施情况
第十四届（2007年1月—2012年2月）	“十一五”规划纲要中期评估、国民经济和社会发展计划执行、财政预算执行、部门预算编制、代表建议办理、政府民生实事完成、食品药品安全监管、城市总体规划实施、职业教育、学前教育、“五五”普法开展、新农村建设、长三角先进制造业重要集聚区建设、“大项目引进推进拼搏年”开展、国有资产监管、农村公共卫生、公共文化、生态县建设、合溪水库上游环境保护、养老保险基金管理，县人民法院落实“三项承诺”、执行工作、刑事审判、行政审判，县人民检察院预防职务犯罪、法律监督、刑事检察；大气污染防治法、消防法、农产品质量安全法、农业法、道路交通安全法、水污染防治“一法一条例”、省人口计生条例贯彻实施情况
第十五届（2012年2月—2012年12月）	国民经济和社会发展计划执行、财政预算执行、部门预算编制、中心村培育建设、代表建议办理、政府民生实事完成，县人民法院民事调解工作、县人民检察院民事行政检察工作；食品安全“一法两规”贯彻实施情况

说明：资料来源于县人大办

第三节　议案建议

一、代表议案与建议情况

1988—2012年，县九届人大二次会议至十五届人大一次会议期间，县人大代表共提出议案和建议4916件，其中九届二次会议、三次会议期间代表提出议案和建议366件，十届人大期间代表提出990件，十一届人大期间代表提出1304件，十二届人大期间代表提出725件，十三届人大期间代表提出704件，十四届人大期间代表提出659件，十五届人大一次会议代表提出168件。

长兴县九届人大二次会议至十五届人大一次会议议案和建议、意见情况表

表 20-6 单位:件

届	次	议案					建议案			议案和建议、意见分类								备注
		总数	列为大会议案	确定为重点议案	作为建议意见办理	建议意见	总数	重点建议	建议	农业	工业	交通	城建环保	财贸	教科文卫	政法民政	其他	
九	二	221	1		220													
	三	145			145					13	57			24	13	38		
十	一	354			354					45	130			54	41	84		
	二	399			165	234				28	73			17	15	32		分类中不包括234件建议意见
	三	237			103	134				20	44			10	10	9	10	分类中不包括134件建议意见
十一	一	344			274	70				36	118			28	38	20	34	分类中不包括70件建议意见
	二	233			155	78				12	73			20	16	10	24	分类中不包括78件建议意见
	三	231			186	45				34	77			24	16	14	21	分类中不包括45件建议意见
十一	四	253			238	15				33	113			20	24	18	30	分类中不包括15件建议意见
	五	243			220	23				19	115			26	18	22	43	
十二	一	279			248	31				28	122			29	29	13	27	分类中不包括31件建议意见
	二	191			181	10				22	93			12	10	12	32	分类中不包括10件建议意见
	三	168			148	20				23	73			10	11	9	22	分类中不包括20件建议意见
	四	172			161	11				25	76			13	14	7	26	分类中不包括11件建议意见
	五	194			193	1				29	106			8	13	11	26	分类中不包括1件建议意见
十三	一	269			241	28				29	126			15	26	9	36	分类中不包括28件建议意见
	二	157			152	5				21	9	35	32		18	15	27	
	三	139			127	12				26		32	25		16	6	34	
十三	四						139	3	136	27	11	32	23		16	6	24	
十四	一						180	3	177	26	54		37	10	27	6	20	
	二						133	2	131	16	50		17	7	23	11	9	
	三						118	3	115	20	36		19	7	16	7	13	
	四						123	3	120	29	31		19	5	19	4	16	
	五						105	2	103	19	31		18		8	8	21	
十五	一						168	2	166	35	19	36	36		16	10	16	

说明:资料来源于县人大办

二、代表议案与建议督办

代表议案与建议的督办，一般在人民代表大会闭会后一个月内，由县人大常委会和县人民政府联合召开交办会议，要求承办单位在3个月内将议案、建议、意见办理完毕，并答复代表。承办工作量大或办理难度较大的，经交办机关同意，可延长至6个月。人大常委会在督办代表议案和建议、意见的过程中，逐步形成县政府分管副县长领办代表议案和重点建议，部门“一把手”负总责、分管领导具体抓，办理过程中坚持办前、办中、办后与提出议案、建议的代表“三见面”制度；人大常委会领导对议案和重点建议进行督办，常委会各工作委员会对对口联系单位进行督办，常委会人事代表工作委员会与县政府办公室联合督办，提高办理效率和质量，使代表议案、建议的解决率保持在较高水平。1988年4月召开的县九届人大二次会议交办议案意见221件，基本解决或解决75件、占34%，列入规划或逐步解决108件、占48.9%。2012年2月召开的县十五届人大一次会议交办议案意见168件，基本解决或解决105件、占63.6%，列入规划或逐步解决45件、占27.3%。

长兴县九届人大二次会议至十五届人大一次代表议案和建议、意见办理情况表

表 20-7

届	次	议案意见交办件数（件）	其中：交由政府办理件数（件）	办理情况					
				基本解决或解决（件）	占比（%）	列入规划或逐步解决（件）	占比（%）	条件不具备作解释（件）	占比（%）
九	二	221	218	75	34.0	108	48.9	38	17.1
	三	145		40	27.6	65	44.8	40	27.6
十	一	354	342						
	二	399		115	28.7	56	14.0	228	57.3
	三	237	234	57	24.4	35	15.0	142	60.6
十一	一	344							
	二	264	264	139	52.3	79	29.7	46	18.0
	三	231		112	48.5	88	38.1	31	13.4
	四	253		125	49.4	98	38.7	30	11.9
	五	243	241	161	66.2	59	24.3	23	9.5
十二	一	279	278	162	58.3	44	15.8	72	25.9
	二	191	186	139	74.7	25	13.5	22	11.8
	三	168	166	122	73.4	27	16.3	17	10.3
	四	172	171	127	74.3	31	18.1	13	7.6
	五	194	191	96	49.5	28	14.4	70	36.1
十三	一	269	265	152	56.5	39	14.5	78	29.0
	二	157	156	108	69.2	21	13.5	27	17.3
	三	139	136	82	60.3	24	17.6	30	22.1
	四	139	136	37	27.2	71	52.2	28	20.6
十四	一	180	174	105	60.3	41	23.6	28	16.1
	二	133	129	79	61.3	19	14.7	31	24.0
	三	118	115	75	62.5	29	24.2	16	13.3
	四	123	120	74	61.6	35	29.2	11	9.2
	五	105	104	64	61.5	31	29.8	9	8.7
十五	一	168	165	105	63.6	45	27.3	15	9.1

说明：1. 资料来源于县人大办；2. 十届三次、十二届一至四次、十三届二至四次、十四届一至二次和四至五次、十五届一次的办理情况分类是指交由政府办理的；十一届二次办理情况包括会后增加交办的31件意见，十四届三次办理情况包括闭会期间5件建议

三、代表议案办理选录

太湖沿湖公路建造 1991年4月,县十届人大二次会议提出《关于要求建造太湖沿湖公路的议案》。县政府当年列入计划,在兴修水利之机,将该路路基按标准完成。2010年8月,环太湖公路及环湖沿路大堤加固工程(长兴段)工程开工。该工程北起夹浦镇夹浦村,南至小梅口与湖州交界,途径夹浦、雉城、洪桥三个镇共11个行政村,全长22.5千米,全线按二级公路标准设计,至2011年8月完工。该公路的建成,不仅改善当地交通环境、加强流域防洪,而且对打造长兴县旅游观光平台、生态环境走廊,加快环太湖经济圈的形成起到积极作用。环太湖公路建设参见第6编环太湖综合治理与开发、第2章、第3章。

蓄电池行业环境污染整治 2004年2月,县十三届人大二次会议提出《关于蓄电池行业环境污染整治的议案》,引起县政府重视。同年,县政府出台《关于蓄电池行业专项整治工作方案》,由县环保局、县计经委、县工商局、县卫生局、县技监局等部门组成蓄电池专项整治领导小组,通过整治,117家蓄电池企业自愿关闭注销或转产。县政府对60家拟保留的蓄电池企业下达限期治理的决定书。通过组织验收,对59家完成整治任务的企业,发放了排污许可证;对1家没有动作的铅冶炼企业下达责令关闭决定书。蓄电池行业整治详见第12编工业、第3章。

乡镇工业平台建设扶持 2009年2月,县十四届人大三次会议提出《关于要求加大乡镇工业平台建设扶持力度的建议》。根据代表建议,县政府领导带队赴各工业平台调研,多次组织相关部门研究扶持推进工业平台建设工作,召开全县工业平台建设工作会议,出台《关于加快推进乡镇工业平台建设的实施意见》,从政府支持,金融支持和部门支持三个层面明确了扶持政策。拨出专项资金,解决乡镇平台建设推进中资金要素瓶颈问题。明确开发区、城南、城东、城西、雉城、煤山、林城为全县工业平台,在力量组织、发展规划、建设推进中推出更多的工作举措。

合溪水库上游生态环境综合治理 2010年3月,县十届人大四次会议提出《关于要求对合溪水库上游生态环境进行综合治理的建议》。县政府重视合溪水库的生态环境问题,政府常务会议4次听取相关汇报,出台《合溪水库饮用水源保护整治工作方案》,提出2011年6月前合溪水库水质达到《地表水环境质量标准》二类水要求,各种影响饮用水水质的隐患得到有效控制、饮用水安全得到切实保证的目标。根据该目标,政府各职能部门积极做好库区及上游河道沿岸清淤整治、点源污染源整治、面源污染物整治、钉螺专项整治和长效机制建设五项工程。县政府出台《长兴县合溪水库水源地保护办法(试行)》,从严把审批关、建立长效机制、加强水质监测、开展污水治理、加强环保执法力度五个方面,明确各项保护措施及相关单位的工作职责,保护合溪水库上游生态环境。

农村环境卫生保洁长效机制 2012年2月,县十五届人大一次会议提出《关于建立健全农村环境卫生保洁长效机制,改善农村环境的建议》。县政府重视该类民生问题,在2009年出台《长兴县农村生活垃圾集中收集清运处理工作考核奖励管理办法》的基础上,县建设局按照县政府的要求并结合代表的建议,对农村环境卫生保洁、垃圾清运成本进行抽样调查,拟定新的《长兴县农村环境卫生长效管理实施办法》,县十五届政府第2次常务会议对该办法进行审议,并予以通过,对农村环境卫生长效管理奖励和考核等作了更科学、更合理的调整。县政府第12次常务会议在审议《关于进一步深入推进魅力乡村建设实施意见》时,又同意对魅力乡村建设长效保洁经费补助标准做进一步提高,促进农村环境卫生水平的提升。

第四节 人事任免

1987年1月,县八届人大常委会第十五次会议通过《长兴县人大常委会关于改进人事任免表决办法的决定》,对任免表决办法做出明确规定。同年8月,县九届人大常委会第二次会议审议通过《长兴县人民代表大会常务委员会关于任免国家机关工作人员的试行办法》，就任免范围、任免程序、任免手续等作出明确规定。之后，历届人大常委会在实践中不断加以改进和完善。常委会任免范围主要包括代理人大常委会主任、代理县长、县人民法院代理院长、县人民检察院代理检察长；个别副县长、县人民政府组成部门局长（主任）、委员会主任；县人民法院副院长、庭长、副庭长、审判委员会委员、审判员；县人民检察院副检察长、检察委员会委员、检察员；县人大常委会办公室主任、副主任和各工作委员会主任、副主任、委员，街道、园区人大工作委员会主任、副主任。任免事项由县人大常委会主任会议、县长、法院院长、检察院检察长提请，并如实介绍被提请人员的简历、思想政治素质、业务水平等基本情况；审议任免时，充分酝酿讨论，表决须由全体组成人员过半数通过。凡提请人大常委会任免的人员，须经人大常委会通过后，才能对外公布。县人民政府副县长、县人民政府组成部门局长（主任）、县人大常委会办公室主任、各工作委员会主任、县人民法院副院长、县人民检察院副检察长任免采用无记名投票表决，其他任免对象采用举手表决。2003 年 7 月，县十三届人大常委会建立拟任干部任前法律知识考试和供职发言制度。1988—2012 年，县人大常委会先后任免干部 1185 人次。其中任命 871 人次，包括人大 106 人次、政府组成部门 314 人次、人民法院 327 人次、人民检察院 124 人次；免职 314 人次，包括人大 11 人次、政府组成部门 83 人次、人民法院 163 人次、人民检察院 57 人次。

1988—2012 年长兴县人大常委会人事任免情况表

表 20-8　　　　单位：人次

届次	人大		政府		法院		检察院	
	任命	免职	任命	免职	任命	免职	任命	免职
县九届人大常委会	1	0	40	6	19	10	9	1
县十届人大常委会	13	0	42	5	32	3	18	4
县十一届人大常委会	10	2	54	22	52	22	18	7
县十二届人大常委会	17	3	56	19	65	43	27	13
县十三届人大常委会	13	1	38	12	48	20	13	12
县十四届人大常委会	27	5	53	18	91	49	39	16

说明：资料来源于县人大办

第五节　述职评议

1987 年，县人大常委会组织部分人大代表，并邀请县政协常委参加，对县人民政府 1987 工作进行评议，为首次全面评议政府工作。1988 年年底，对“两院”1988 年工作进行评议。1989 年年底，对县人民政府 1989 年的公安、司法工作进行评议。1993 年 9 月，县人大常委会组织全县范围内的省、市、县人大代表和部分乡镇代表组组长，对县人民法院、县人民检察院、县公安局和县司法局 1992 年以来的工作进行评议。整个评议工作历时两个多月，全县共有各级代表 789 人参加评议活动，深入选区（单位）召开座谈会，视察单位 280 个，走访选民 10747 人，收集意见和建议 938 条。1994 年下半年，县人大常委会开展对任命干部述职评议工作。11 月，听取县工业局、劳动人事局、农业局、土地管理局、交通局、城建环保局、广播电视局等 7 名局长的述职报告并进行评议，其余任命干部向县人大常委会作书面述职。1995 年 9 月，县人大常委会对 7 名主任（局长）进行述职评议，并及时向县委汇报，依法免去 1 名不称职主任的职务。1999 年，对县农业局、交通局、文化与体育局 3 名局长的述职评议中，新增法律知识考试、财务审计、公民旁听和投评议票四项内容。2001 年 7 月至 9 月，县人大常委会对县土管局原局长、县水利农机局原局长、县科委原主任进行述职评议，组织县人大代表对该三个部门进行行政执法评议，“两项评议”首次结合在同一部门进行。2004 年 7 月至 9 月，县人大常委会采取对评议对象进行任期经济责任审计、组织法律知识考试、民主测评、调查走访、个别谈话、向部分人大代表寄发征求意见书、常委会组成人员公开投票等形式，对县农业局局长和卫生局局长进行述职评议。2005 年 7 月至 9 月，对县人事局局长和县贸易与粮食局局长的评议过程中，公开向社会征求意见，当场公布测评结果，并将述职报告、评议发言、评议结果在新闻媒体上公开报道。2009 年 4 月至 7 月，县人大常委会以无记名投票方式对农业局工作进行测评，并公开测评结果，提出评议意见。县第九届至第十五届人大期间，县人大常委会先后开展工作评议 18 次，述职评议 60 次。

第六节　调查视察

1988 年，县九届人大常委会开展防治水源污染视察，向县政府提出治理雉城镇水源污染的四点要求：组织力量，加快建设化肥厂污水治理工程；加强对化肥厂的监督检查，落实各项管理制度；严肃处理三次水污染事件，杜绝类似事故发生；集中人力物力财力，以最快速度完成自来水改源取水工程建设。县政府十分重视，在加大化肥厂污染处理的同时，用 4 个月时间完成新水源引水工程建设，关系 4 万多居民的引水问题得到解决。

1990 年，县十届人大常委会对全县遭受严重干旱和 15 号台风暴雨袭击的受灾情况和救灾工作开展调研。在深入重灾区的 11 个乡镇和部分企业进行实地调查后，就重建家园、修复水毁设施、恢复生产等方面及时向县政府提出关于做好救灾工作的 6 条建议，并积极帮助受灾地区联系资金、物资。

1993 年，县十一届人大常委会先后对发展“一优两高”农业、促进农村经济全面发展、深化企业改革、加快企业经营机制转换、加快经济开发区建设等工作开展调研，提出建设性意见。在开展关于城镇建设规划问题调研后，提出 1985 年实施的雉城镇总体建设规划已明显滞后城市建设，制约经济发展。引起县政府重视，推动新一轮城市规划修编。

1999 年，县十二届人大常委会先后会同县政府法制局、司法局，对全县 42 个行政执法部门的执法责任制落实情况进行调查，向县委报送《关于依法治县的现状和今后工作的建议》，要求政府加强对推行行政执法责任制工作的领导，明确执法责任，加强检查指导，加强行政执法队伍建设，做到依法行政、公正执法。

2004 年，县十三届人大常委会组织力量赴有关乡镇和职能部门，对全县民营经济发展情况进行调研，提出加快制定和完善产业发展导向、营造企业公平竞争环境、重视民营企业融资问题等促进民营经济加快发展的 10 条建议。

2007 年，县十四届人大常委会对生态农业建设、城乡人居环境建设、清水河道建设及生态环境恢复等生态县建设“八大工程”实施情况进行调研，就工业结构性污染和农业面源污染问题突出、节能减排任务艰巨，部分污水处理厂建设和改造进度较慢、正常运转难等问题向县政府提出整改意见，推进生态环境建设工作。

2012 年，县十五届人大常委会对饮用水源保护工作进行跟踪督查，全面了解饮用水安全中存在的关键问题，提出定期公布水质指标、健全饮用水源保护工作机制、推进水源保护综合治理等建议，让全县人民都喝上安全放心的饮用水。组织部分县人大代表对保障性安居工程建设情况进行视察，提出严把工程质量关、完善督查机制、规范分配管理等建议，要求相关部门把惠及百姓的实事办实，让更多中低收入住房困难家庭享受到保障性住房惠民政策。对乡镇卫生院体制改革工作进行调研，向县政府提出进一步理顺管理体制、加强队伍建设的工作建议，推进全县农村卫生事业发展。

县第九届至第十五届人大期间，县人大常委会共组织调查视察活动 507 次，就全县经济社会发展中急需解决的问题开展专题调研，有针对性地提出意见或建议。其中，九届 47 次、十届 49 次、十一届 71 次、十二届 130 次、十三届 81 次、十四届 115 次、十五届 14 次。

第四章　乡镇人大工作指导

1988—2012年，长兴县人大常委会共指导全县各乡镇人民代表大会进行7次换届选举。换届期间，指导各乡镇成立选举委员会，建立选举办公室，划分选区和选民小组，进行选民登记。各选民小组提名推荐代表候选人，经反复协商，确定正式代表候选人，出榜公布。最后设投票站及流动票箱，按选区选举出正式代表。代表构成充分体现人大代表的广泛性和代表性，体现代表的较高整体素质和依法履职能力。换届结束后，指导乡镇人大主席团开展工作。

第一节　乡镇人大代表选举

根据国家和地方各级人民代表大会制度，各乡镇每年至少召开一次人民代表大会会议，三年换届选举一次人大代表，乡镇人大主席、副主席，乡镇长、副乡镇长。其中，1988—1993年，乡镇人大换届选举与县人大换届选举同时进行；1995年起，因县人大每届任期改为5年，县、乡镇两级换届选举不再同时进行。2004年起，乡镇人大每届任期改为5年，与县级人大换届选举同步。

1987年1月至4月，全县34个乡镇人民代表大会进行换届选举，共设选区1018个，选民登记人数402431人，参加选举人数379593人，参选率94%，选出第九届乡镇人大代表1916人。其中，非中共党员906人，占47.3%；妇女321人，占16.8%。1989年11月至1990年3月，全县34个乡镇人民代表大会进行换届选举，共设选区1090个，选民登记人数430038人，参加选举人数410988人，参选率95.8%，选出第十届乡镇人大代表2340人。其中，工人、农民和知识分子1974人，占84.4%；国家干部318人，占13.6%；非中共党员1066人，占45.6%；妇女385人，占16.5%。1992年12月至1993年1月，全县31个乡镇人民代表大会进行换届选举，共设选区1076个，选民登记人数454862人，参加选举人数438875人，参选率96.5%，选出第十一届乡镇人大代表2376人。其中，工人、农民和知识分子2063人，占86.8%；国家干部311人，占13.1%；非中共党员1034人，占43.5%；妇女402人，占16.9%。1995年10月至1996年1月，全县31个乡镇人民代表大会进行换届选举，共设选区744个，选民登记人数423880人，参加选举人数422946人，参选率99.8%，选出第十二届乡镇人大代表1607人。其中，工人、农民和知识分子1352人，占84.1%；国家干部255人，占15.9%；非中共党员607人，占37.8%；妇女301人，占18.7%。1998年10月至1999年1月，全县31个乡镇人民代表大会进行换届选举，选出第十三届乡镇人大代表1601人。其中，工人、农民和知识分子1350人，占84.3%；国家干部251人，占15.7%；非中共党员556人，占34.7%；妇女315人，占19.7%。2001年11月至2002年1月，全县16个乡镇人民代表大会进行换届选举，共设选区444个，选民登记人数445248人，参加选举人数430590人，参选率96.7%，选出第十四届乡镇人大代表1016人。其中，工人、农民和知识分子866人，占85.2%；国家干部150人，占14.8%；非中共党员349人，占34.4%；妇女218人，占21.5%。2006年10月至2007年1月，全县16个乡镇人民代表大会进行换届选举，共设选区410个，选民登记人数507710人，参加选举人数481925人，参选率95%，选出第十五届乡镇人大代表1013人。其中，工人、农民和知识分子897人，占88.5%；国家干部116人，占11.5%；非中共党员274人，占27%；妇女219人，占21.6%。2011年10月至2012年1月，全县16个乡镇人民代表大会进行换届选举，共设选区427个，选民登记人数537454人，参加选举人数518721人，参选率96.5%，选出第十六届乡镇人大代表1044人。其中，工人、农民和知识分子914人，占87.5%；国家干部129人，占12.4%；非中共党员315人，占30.2%；妇女263人，占25.2%。

第九届至十五届长兴县乡镇人大代表选举情况表

表 20-9

选举时间	届次	乡镇数(个)	选区数(个)	选民登记人数(人)	参加选举人数(人)	参选率(%)	当选代表(人)
1987.01—1987.04	第九届	34	1018	402431	379593	94.0	1916
1989.11—1990.03	第十届	34	1090	430038	410988	95.8	2340
1992.12—1993.01	第十一届	31	1076	454862	438875	96.5	2376
1995.10—1996.01	第十二届	31	744	423880	422946	99.8	1067
1998.10—1999.01	第十三届	31	672				1601
2001.11—2002.01	第十四届	16	444	445248	430590	96.7	1016
2006.10—2007.01	第十五届	16	410	507710	481925	95.0	1013
2011.10—2012.01	第十六届	16	427	537454	518721	96.5	1044

说明:资料来源于县人大办。2012年6月,长兴县行政区划调整,新成立的和平镇、泗安镇进行镇人大代表选举,8月16日和平镇、泗安镇分别选举产生76名和86名镇人大代表,新一届人民代表大会的届次为第十七届

长兴县第九届至十六届乡镇人大代表结构情况表

表 20-10

单位:人

届别	代表人数	其中		代表构成				年龄结构			文化结构		
		女性	中共党员	工人农民	知识分子	干部	其他	35岁以下	36岁至55岁	56岁以上	大专以上	中学(含中专)	小学以下
第九届	1916	321	1010					631	1204	81			
第十届	2340	385	1274	1905	69	318	48	543	1662	135	64	1405	871
第十一届	2376	402	1342	1963	101	311	2	505	1739	132	96	1531	749
第十二届	1607	301	1000	1208	144	255		431	1112	64	123	1123	361
第十三届	1601	315	1045	1350		251							
第十四届	1016	218	667	866		150							
第十五届	1013	219	739	852	45	116							
第十六届	1044	263	729	688	226	129							

说明:资料来源于县人大办

第二节　乡镇人大主席团

自1990年乡镇第十届人民代表大会起,选举产生乡镇人大主席团常务主席;1996年乡镇第十二届人民代表大会开始,选举产生乡镇人民代表大会主席、副主席。乡镇人大主席不仅负责筹备、召集和主持人民代表大会会议,而且在闭会期间承担法律规定的多项工作职责,负责所在乡镇人民代表大会已作出决定需要在闭会期间处理的工作。在县人大常委会的指导下,各乡镇人大主席团均建立每3个月一次的例会制度。例会的议题有听取所在乡镇政府各个方面工作的汇报,检查所在乡镇人民代表大会决议决定的实施情况,评议政府职能部门工作,组织所在乡镇人大代表调查视察和执法检查等。

2012年5月,全县部分乡镇行政区划调整,成立画溪、雉城、太湖3个街道办事处。县人大常委会在街道设立人大工作委员会,任命主任、副主任,并根据县委批转下发的《关于加强街道人大工作,进一步发挥街道人大工作委员会作用的意见》和《关于建立街道居民代表议事会制度的实施意见》,推动街道人大工作不断创新发展。

第二十一编 人民政府

1988—2012 年，为第九届至第十五届长兴县人民政府（以下简称县政府）任期。其中，第九届在本志时段内任期为 2 年 3 个月，第十五届在本志时段内任期为 11 个月。第九届、第十届每届任期 3 年，第十一届起每届任期 5 年（其中第十三届任期 4 年）。各届县政府贯彻执行中共十一届三中全会以后的路线、方针、政策，在县委领导下，以经济建设为中心，坚持改革开放，深化经济体制改革，加强和改进政府自身建设，推动三次产业及城乡建设、社会事业持续发展，坚持执政为民理念，办好实事工程，切实解决人民群众关心的实际问题，全县现代化建设不断迈上新台阶，城乡居民收入不断增加。

第一章 政府机构

长兴县人民政府由县人民代表大会依法选举产生。1988 年，县政府有工作机构 31 个；有镇政府 9 个、乡政府 25 个。2012 年，县政府有工作机构 26 个；有镇政府 9 个、乡政府 4 个，街道办事处 3 个。

第一节 县政府领导成员

第九届至第十五届县人民政府各任县长及部分副县长为各届人民代表大会依法选举或补选产生，代县长及部分副县长为县人大常委会任命，部分副县长为挂职。其间，先后有 8 人任长兴县县长（其中 7 人先任代县长），51 人任副县长（其中 3 人后任县长，3 人后任代县长和县长，18 人挂职），13 人任县长助理（其中 11 人挂职）。

第九届至第十五届县人民政府县长、副县长名录表

表 21-1

届次	职务	姓名	籍贯	任职时间
第九届（1987.05—1990.04）	县　长	王志廷	浙江长兴	1987.05—1989.12
	代县长	蔡圣初	浙江乐清	1989.12—1990.04
	副县长	王先忍	浙江德清	1987.05—1990.04
		张维孝	浙江湖州	1987.05—1990.04
		黄鹏飞	江苏无锡	1987.05—1990.04
		洪其祥	浙江平湖	1987.05—1990.04
		沈金虎	浙江杭州	1987.06—1989.12（挂职）

续表21-1

届次	职务	姓名	籍贯	任职时间
		蔡圣初	浙江乐清	1989.11—1989.12
第十届(1990.04—1993.03)	县　长	蔡圣初	浙江乐清	1990.04—1992.12
	代县长	金庆灿	浙江临海	1992.12—1993.03
	副县长	王先忍	浙江德清	1990.04—1991.06
		张维孝	浙江湖州	1990.04—1993.03
		金庆灿	浙江临海	1990.04—1992.12
		朱根山	浙江长兴	1990.04—1993.03
		沈佐湘	浙江绍兴	1990.07—1993.01(由浙江大学到长兴挂职)
		鲁善增	浙江平湖	1991.06—1992.12
	县长助理	凌菊仁	浙江长兴	1992.12—1993.03
第十一届(1993.03—1998.03)	县　长	金庆灿	浙江临海	1993.03—1995.09
	代县长	杨献国	浙江湖州	1995.09—1996.03
	县　长	杨献国	浙江湖州	1996.03—1998.03
	副县长	张全镇	浙江长兴	1993.03—1995.06
		朱声庚	浙江长兴	1993.03—1998.03
		朱根山	浙江长兴	1993.03—1997.11
		凌菊仁	浙江长兴	1993.03—1998.03
		朱惠忠(女)	浙江桐乡	1993.03—1998.03
		徐德钦	浙江新昌	1993.07—1996.10(由杭州商学院到长兴挂职)
		史济锡	上海市	1995.01—1996.10(由团省委到长兴挂职)
		杨献国	浙江湖州	1995.01—1995.09
		朱仲华	浙江长兴	1995.06—1998.03
		郑博光	台湾台南	1996.02—1997.12(由省台盟到长兴挂职)
		颜水根	安徽郎溪	1996.05—1998.03
		陈四敏	浙江宁波	1997.07—1998.03(由省科协到长兴挂职)
		李建平	山东蓬莱	1997.11—1998.03
		吴树民	浙江长兴	1997.12—1998.03
		宋文英(女)	浙江长兴	1997.12—1998.03
	县长助理	张加强	浙江海宁	1996.09—1998.03
第十二届(1998.03—2003.03)	县　长	杨献国	浙江湖州	1998.03—2001.06
	代县长	邵　毅	浙江湖州	2001.06—2002.03
	县　长	邵　毅	浙江湖州	2002.03—2002.10
	代县长	刘国富	浙江安吉	2002.10—2003.03
	副县长	刘国富	浙江安吉	2002.10—2003.03
		朱声庚	浙江长兴	1998.03—2001.08
		李建平	山东蓬莱	1998.03—2002.12
		朱仲华	浙江长兴	1998.03—2002.12
		吴树民	浙江长兴	1998.03—2002.12

续表21-1

届次	职务	姓名	籍贯	任职时间
		宋文英(女)	浙江长兴	1998.03—2003.03
		陈四敏	浙江宁波	1998.04—2000.06 (由省科协到长兴挂职)
		何从华	浙江衢州	1999.12—2001.06 (由省建设厅到长兴挂职)
		周碧河	浙江嵊州	2000.09—2002.09 (由省环保厅到长兴挂职)
		金树云	浙江长兴	2001.08—2003.03
		裘江海	浙江富阳	2002.06—2003.03 (由省水利厅到长兴挂职)
		沈佳明	浙江德清	2002.12—2003.03
		闵云(女)	浙江湖州	2002.12—2003.03
	县长助理	张加强	浙江海宁	1998.03—2003.03
		何永平	云南新平	2000.06—2000.12 (由云南省玉树自治县政府到长兴挂职)
第十三届 (2003.03—2007.01)	县　长	刘国富	浙江安吉	2003.03—2006.07
	代县长	章根明	浙江桐庐	2006.07—2007.01
	副县长	章根明	浙江桐庐	2006.07—2007.01
		金树云	浙江长兴	2003.03—2007.01
		裘江海	浙江富阳	2003.03—2004.06 (由省水利厅到长兴挂职)
		沈佳明	浙江德清	2003.03—2006.11
		闵云(女)	浙江湖州	2003.03—2007.01
		熊全龙	浙江长兴	2003.03—2005.05
		王庆忠	浙江长兴	2003.03—2007.01
		王申(女)	浙江宁海	2004.06—2006.11 (由农工民主党浙江省委员会到长兴挂职)
		庄国良	浙江长兴	2006.03—2007.01
		赵永新	山东安丘	2006.09—2007.01 (由人民日报社到长兴挂职)
	县长助理	张加强	浙江海宁	2003.03—2007.01
		华　光	北京	2004.04—2004.09 (由甘肃省民乐县委到长兴挂职)
		孙　俊	云南	2004.08—2005.08 (由中国贸促会到长兴挂职)
		杨业峰	安徽肥东	2005.09—2005.11 (由安徽省广德县委到长兴挂职)
		邱建华	湖北建始	2006.04—2006.10 (由湖北省建始县委到长兴挂职)
第十四届 (2007.01—2012.02)	县　长	章根明	浙江桐庐	2007.01—2011.02
	代县长	吕志良	浙江湖州	2011.02—2011.03
	县　长	吕志良	浙江湖州	2011.03—2012.02
	副县长	吕志良	浙江湖州	2011.02—2011.03
		金树云	浙江长兴	2007.01—2012.02
		庄国良	浙江长兴	2007.01—2012.02

续表21-1

届次	职务	姓名	籍贯	任职时间
		闵云(女)	浙江湖州	2007.01—2011.11
		丁泉观	浙江平湖	2007.01—2008.09
		高胜华	浙江长兴	2007.01—2012.02
		何文全	浙江长兴	2007.01—2012.02
		赵永新	山东安丘	2007.03—2007.12 (由人民日报社到长兴挂职)
		王　建	浙江建德	2008.04—2010.07 (由省公安厅到长兴挂职)
		吴　频	福建福州	2008.09—2011.02 (由商务部到长兴挂职)
		王连邦	浙江宁海	2010.07—2012.02 (由浙江工业大学到长兴挂职)
		陈丹(女)	四川冕宁	2011.03—2012.02 (由国家民委到长兴挂职)
		吴忠良	浙江长兴	2011.06—2012.02
		楼秋红(女)	浙江慈溪	2011.11—2012.02
	县长助理	秦清龙	湖南永州	2007.03—2008.03 (由湖南省桑植县政府到长兴挂职)
		李肖梁		2007.08—2008.08(挂职)
		吕剑枫(女)	广西陆川	2008.03—09 (由广西北流市政府到长兴挂职)
		余开勇	四川茂县	2010.04—2011.01 (由四川省若盖尔县委、马尔康县委到长兴挂职)
		黄志根	浙江浦江	2010.12—2011.12 (由浙江大学到长兴挂职)
		李大伟	河南嵩县	2011.10—2012.02 (由河南省嵩县政府到长兴挂职)
第十五届 (2012.02—　)	县　长	吕志良	浙江湖州	2012.02—
	副县长	高胜华	浙江长兴	2012.02—
		何文全	浙江长兴	2012.02—
		楼秋红(女)	浙江慈溪	2012.02—
		吴忠良	浙江长兴	2012.02—
		史会方	浙江长兴	2012.02—
		何卫宏	浙江长兴	2012.02—
		陈丹(女)	四川冕宁	2012.03— (由国家民委到长兴挂职)
		王连邦	浙江宁海	2012.03—2012.07 (由浙江工业大学到长兴挂职)
		熊　翊	四川威远	2012.05— (由四川省内江市到长兴挂职)
		谷小忠	浙江余姚	2012.07— (由省法制办到长兴挂职)
	县长助理	李大伟	河南嵩县	2012.02—2012.10 (由河南省嵩县政府到长兴挂职)

说明:资料来源于县政府办

第二节　县政府工作部门

1988年1月，县政府下设办公室、民政局、劳动人事局、公安局、司法局、财政税务局、农村工作委员会、农业局、水利农机局、林业局、粮食局、商业局、物资局、工商行政管理局、乡镇企业局、交通局、城乡建设环境保护局、文化广播电视局、教育局、卫生局、工业局、建材工业公司、计划经济委员会、计划生育委员会、经济技术协作办公室、审计局、科学技术委员会、体育运动委员会、职工教育管理委员会、物价局、统计局31个工作机构。3月设立县监察局、土地管理局，8月农村工作委员会更名为农村经济委员会，县建材工业公司与工业局合并，9月设立外事办，12月设立烟草专卖局。1989年1月，设立档案局。

1990年5月设立对外经济贸易委员会，7月设立保密局，10月设立法制科。1992年6月设立工业经济开发区办公室；7月工业经济开发区办公室更名为经济技术开发区办公室；撤销文化广播电视局，分别设立文化局、广播电视局；撤销教育局，设立教育委员会；撤销职工教育管理委员会。

1993年3月，成立县粮食（集团）总公司，与粮食局合署办公；成立县商业（集团）总公司，与商业局合署办公；成立县物资（集团）总公司，与物资局合署办公。4月，监察局与纪委机关合署办公，6月，物价局与工商行政管理局合署办公。1994年9月，撤销财政税务局，分设财政局、地方税务局和国家税务局。1996年9月，设立环境保护局，城乡建设环保局改称为建设局；设立县国有资产管理局，与财政局、地方税务局合署；撤销商业局、物资局；外事办与政府办合署办公；工商行政管理局与物价局合并，改称为工商行政与物价管理局；文化局与县体育运动委员会合并为文化与体育局；档案局与档案馆合并，保留牌子，隶属县委办领导；保密局并入县委办，为县委办内设机构，对外挂牌；计划经济委员会改称为计划与经济委员会，经济体制改革办公室与计划与经济委员会合署办公；对外经济贸易委员会改称为对外贸易经济合作局；劳动人事局改称为人事劳动局；经济技术协作办公室改为县政府直属单位。

1999年4月，工商行政与物价管理局分设为工商行政管理局和物价局，工商行政管理局实行垂直管理。2001年12月，撤销人事劳动局，组建人事局（机构编制委员会办公室）、劳动与社会保障局；撤销粮食局，组建贸易与粮食局；撤销农村经济委员会、乡镇企业局、工业局；撤销国有资产管理局，职能并入财政局；计划与经济委员会更名为发展计划与经济委员会，物价局并入其中，对外挂物价局牌子；统计局与发展计划与经济委员会合署；广播电视局改为县政府直属单位；教育委员会更名为教育局；科学技术委员会更名为科学技术局；土地管理局更名为国土资源局；水利农机局更名为水利局；计划生育委员会更名为计划生育局。2002年8月，经济技术协作办公室撤销。

2004年1月，设立安全生产监督管理局，隶属发展计划与经济委员会管理。4月，设立法制办（正科级），与政府办合署办公。7月，设立城市管理局，为县政府直属机构。2005年4月，发展计划与经济委员会（县统计局）、经济体制改革办公室改组为发展改革和经济委员会，统计局与之合署办公；安全生产监督管理局升格为正科级，列入县政府工作部门；计划生育局更名为人口与计划生育局；民族宗教事务局（1998年10月设立）设置为正科级建制，与县委统战部合署；文化与体育局、广播电视局改组为文化广电新闻出版局，体育局与之合署。

2011年4月，撤销发展改革和经济委员会，组建发展和改革委员会，挂物价局、对外合作交流办公室、金融办公室牌子；组建经济和信息化委员会，挂中小企业局牌子；统计局调整为独立设置；撤销人事局、劳动和社会保障局，组建人力资源和社会保障局，原挂靠人事局的机构编制委员会办公室单独设置，列党委机构序列；撤销建设局，组建住房和城乡建设局、规划局，两者合署办公，挂测绘与地理信息局牌子；撤销贸易与粮食局、对外贸易经济合作局，组建县商务局，挂粮食局牌子；招商局（2001年组建，为县政府直属机构）由参照公务员法管理的事业单位调整为县政府工作部门，与商务局合署办公；交通局更名为交通运输局；食品药品监督管理局的管理体制由省以下垂直管理机构调整为县政府工作部门；人民防空办公室由参照公务员法管理的事业单位调整为县政府工作部门，与住房和城乡建设局合署办公，人民防空办公室挂民防局牌子。5月，设立新居民事务局，与政府办合署办公。

2012年4月，撤销城市管理局，设立城市管理行政执法局。同年年末，县政府下设工作机构26个，其中监察局与县纪委机关合署办公，民族宗教事务局与县委统战部合署办公，列政府序列，不计机构数。

1988—2012年长兴县政府工作部门情况表

表21-2

年份	综合经济部门	专业经济管理部门	执法监督部门	社会管理和政务部门
1988	农村工作委员会、财政税务局、计划经济委员会、经济技术协作办公室、物价局、统计局	城乡建设环境保护局、农业局、水利农机局、林业局、粮食局、工业局、乡镇企业局、商业局、物资局、交通局、建材工业公司	公安局、司法局、工商行政管理局	办公室、民政局、劳动人事局、文化广播电视局、教育局、卫生局、计划生育委员会、审计局、科学技术委员会、体育运动委员会、职工教育管理委员会
1993	农村经济委员会、财政税务局、计划经济委员会、经济技术协作办公室、对外经济贸易委员会、统计局	城乡建设环境保护局、农业局、水利农机局、林业局、粮食局、工业局、乡镇企业局、商业局、物资局、交通局	公安局、监察局、司法局、工商行政管理局	办公室(外事办公室、法制科)、民政局、劳动人事局、土地管理局、文化局、广播电视局、教育委员会、卫生局、档案局、保密局、计划生育委员会、审计局、科学技术委员会、体育运动委员会
1996	农村经济委员会(县委农村工作委员会)、计划与经济委员会(经济体制改革办公室)、财政局(地方税务局、县国有资产管理局)、统计局	工业局、乡镇企业局、对外贸易经济合作局、农业局、粮食局、林业局、水利农机局、交通局、建设局	公安局、监察局、司法局、环境保护局、工商行政与物价管理局	办公室(外事办公室)、人事劳动局、教育委员会、科学技术委员会、民政局、卫生局、计划生育委员会、审计局、土地管理局、广播电视局、文化与体育局
2001	发展计划与经济委员会(物价局)、财政局(地方税务局)、统计局	建设局、交通局、水利局、农业局、林业局、贸易与粮食局、对外贸易经济合作局	公安局、监察局、司法局、环境保护局	办公室、教育局、科学技术局、民政局、人事局、劳动和社会保障局、国土资源局、文化与体育局、卫生局、计划生育局、审计局
2005	发展改革和经济委员会、财政局(地方税务局)、统计局	建设局、交通局、水利局、农业局、林业局、贸易与粮食局、对外贸易经济合作局	公安局、监察局、司法局、环境保护局、安全生产监督管理局	办公室(外事办公室、法制办公室)、教育局、科学技术局、民族宗教事务局、民政局、人事局、劳动和社会保障局、国土资源局、文化广电新闻出版局(体育局)、卫生局、人口和计划生育局、审计局
2011	发展和改革委员会、经济和信息化委员会、财政局(地方税务局)、统计局	住房和城乡建设局(规划局、人民防空办公室)、交通运输局、水利局、农业局、林业局、商务局(粮食局、招商局)	公安局、监察局、司法局、环境保护局、安全生产监督管理局、食品药品监督管理局	办公室(外事办公室、法制办公室、新居民事务局)、教育局、科学技术局、民族宗教事务局、民政局、人力资源和社会保障局、国土资源局、文化广电新闻出版局(体育局)、卫生局、人口和计划生育局、审计局
2012	发展和改革委员会、经济和信息化委员会、财政局(地方税务局)、统计局	住房和城乡建设局(规划局、人民防空办公室)、交通运输局、水利局、农业局、林业局、商务局(粮食局、招商局)	公安局、监察局、司法局、环境保护局、安全生产监督管理局、食品药品监督管理局、城市管理行政执法局	办公室(外事办公室、法制办公室、新居民事务局)、教育局、科学技术局、民族宗教事务局、民政局、人力资源和社会保障局、国土资源局、文化广电新闻出版局(体育局)、卫生局、人口和计划生育局、审计局

说明：资料来源于县政府办

第三节 乡镇街道机构

1988年1月，全县有雉城、洪桥、李家巷、林城、泗安、虹星桥、和平、小浦、煤山9个镇人民政府，新塘、横山、下箬寺、丁甲桥、水口、后漾、夹浦、天平桥、畎桥、太傅、仙山、二界岭、长潮、管埭、里塘、观音桥、吕山、包桥、长城、便民桥、吴山、长桥、白阜、白岘、槐坎25个乡人民政府。后经多次乡镇撤并，至2012年年末，全县设洪桥、李家巷、夹浦、林城、泗安、虹星桥、和平、小浦、煤山9个镇人民政府，水口、吕山、白岘、槐坎4个乡人民政府，画溪、雉城、太湖3个街道办事处。

乡(镇)人民政府设乡(镇)长1人，副乡(镇)长2人～4人，乡(镇)长、副乡(镇)长由乡(镇)人民代表大会选举产生。1988年至2001年12月(或2002年1月)，乡(镇)政府每届任期3年。2001年12月(或2002年1月)后，每届任期5年。

第二章 重要会议与施政

长兴县人民政府实施全体会议、常务会议、县长办公会议、专题会议制度，讨论决定涉及经济发展、对外开放、城乡建设、环境保护、社会保障和科教文卫等社会各项事业发展的重要事项，抓好县委重大决策部署的有效贯彻落实，解决人民群众普遍关心的实际问题，推动全县改革开放和社会主义现代化建设不断迈上新台阶。1988—2012年，第九届至第十五届县人民政府共召开全体会议45次、常务会议231次、县长办公会议53次、专题会议271次。

第一节 县政府工作规则

县政府实行县长负责制，县长领导县政府的工作，副县长协助县长工作。县长助理受县长委托，负责某些方面的工作或专项任务。副县长按分工负责处理分管工作，并受县长委托，负责其他方面的工作或专项任务。县长外出期间，由县长委托常务副县长主持县政府工作。县政府办公室主任在县长领导下，负责处理县政府日常工作。县政府工作部门实行主任、局长负责制，由其领导该部门的工作。

1988年、1990年、1993年、2003年、2007年、2012年，县政府6次修订《长兴县人民政府工作规则》，对政府组成人员职责、民主决策程序、实行依法行政、加强行政监督、推进政务公开、会议制度、公文审批、作风纪律等作出明确规定，推动政府工作制度化、规范化。2012年2月，明确县政府及各部门要完善群众参与、专家咨询和政府决策相结合的决策机制，健全重大事项决策的规则和程序，实行依法决策、科学决策和民主决策。全县国民经济和社会发展规划、财政收支预决算方案、重要经济发展政策措施、重要社会管理事务、县政府规范性文件、重大建设项目以及其他需要由县政府决策的重大事项，由县政府全体会议或县政府常务会议讨论决定。县政府各部门提请县政府讨论决定的重大决策建议，必须经过深入研究，并经专家或研究、咨询机构等进行必要性、可行性和合法性论证评估；涉及相关部门的，应充分协商；涉及乡镇(街道、园区)的，应事先征求意见；涉及重大公共利益和人民群众切身利益的，向社会公开征求意见，必要时应举行听证会。县政府在作出重大决策前，根据需要，可通过召开座谈会等形式，直接听取民主党派、社会团体、专家学者、基层群众等方面的意见和建议。各部门必须坚决贯彻落实县政府的重大决策，及时跟踪和反馈执行情况。县政府办公室要加强督促检查，确保政令畅通。县政府实行县政府全体会议、县政府常务会议、县长办公会议、县政府专题会议制度。

第二节　县政府主要会议

一、县政府全体会议

县政府全体成员会议由县长、副县长、县长助理、县政府办公室主任和县政府工作部门的各委(办)主任、各局局长组成,由县长召集和主持。根据需要可安排有关部门、单位负责人列席会议,邀请县委、县人大常委会、县政协和县人武部负责人参加。1988 年 6 月,《长兴县人民政府工作规则(试行)》规定,县政府全体会议一般每季度召开 1 次;2003 年 4 月,《长兴县人民政府工作和议事规则》规定,县政府全体会议一般每半年召开 1 次;2012 年 2 月,《长兴县人民政府工作规则》规定,县政府全体会议一般每年召开 1 次~2 次。会议主要任务是总结上一年度或上半年工作,部署当年度或下半年工作。1988—2012 年,县政府召开全体会议 45 次。

二、县政府常务会议

县政府常务会议由县长、副县长、县长助理、县政府办公室主任、县发改委主任、县财政局局长、县监察局局长组成,由县长(可以委托常务副县长)召集和主持。根据需要可安排有关部门、单位负责人列席会议,邀请县人大常委会、县政协和县人武部负责人参加。1988 年 6 月,《长兴县人民政府工作规则(试行)》规定,县政府常务会议一般每月召开 1 次;2003 年 4 月,《长兴县人民政府工作和议事规则》规定,县政府常务会议一般每月召开 1 次~2 次;2012 年 2 月,《长兴县人民政府工作规则》规定,县政府常务会议一般每月召开 1 次,如有需要可临时召开。1988—2012 年,县政府召开常务会议 231 次,会后均印发《常务会议纪要》。

1988 年 2 月,县政府常务会议决定建立"县农业丰收奖制度""农业发展基金会""农业承包合同管理委员会";7 月,同意设立驻杭州联络处;12 月,决定在包漾河上游十字港建立引水工程,并成立长兴自来水厂引水工程指挥部。1989 年 4 月,长城圩区整治工程规划经省水利厅审批同意后,列入杭嘉湖中低产田改造第一批工程建设项目;同意建立驻南京联络处;10 月,决定建立长兴县第四次人口普查工作领导小组。1990 年 2 月,确定水口、和平、煤山、白岘、槐坎、白阜 6 个乡镇和小浦、泗安、红山 3 个林场为林区;3 月,决定建立长兴县丝绸公司。

1990 年 11 月,决定对金陵南路实施开发建设。1991 年 4 月,同意成立残疾人联合会;8 月,通过公费医疗改革方案。1992 年 5 月,通过《关于奖励有贡献的科技人员和引进人才、技术的若干规定》《关于鼓励外商投资的若干规定》等政策,通报新长铁路建设相关情况;6 月,通过《长兴县减免税管理办法》;8 月,决定建立"长兴经济技术开发区"。

1993 年 5 月,决定实施住房制度改革;8 月,通过《关于乡镇村推行股份合作制企业试行意见》;12 月,同意白岘洞山自然保护区建设方案。1994 年 5 月,同意恢复陈霸先故居、建立八都岕银杏保护区;7 月,同意筹建长兴第二自来水厂;10 月,通过《洪桥镇总体规划》;11 月,通过《长兴县"菜篮子"基金管理实施办法》《长兴县粮食风险基金实施办法》《长兴县农业生产资料储备制度》。1995 年 6 月,通过《长兴县关于科教兴县战略实施意见》,同意建设长兴县职业技术教育中心学校;9 月,通过《长兴县职工大病医疗费用社会统筹暂行办法》,通过《关于外向拓展带动经济发展战略的实施意见》。1996 年 5 月,通过《关于扶持欠发达乡镇发展集体经济的意见》;11 月,同意《长兴县圩区水利工程管理暂行办法》,同意《长兴县殡葬改革实施方案》和《长兴县殡葬管理实施办法》,通过《长兴县老龄事业"九五"发展规划》。1997 年 1 月,通过《长兴县城乡居(农)民最低生活保障线制度暂行办法》;4 月,通过《长兴县国有城镇集体企业改革暂行政策规定》,通过《长兴县城市房屋拆迁管理暂行规定》,通过《长兴县再就业工程实施办法》,同意在北门新建长兴中学、实验小学两校分部;8 月,通过《长兴县城镇住宅小区物业管理暂行办法》,同意《长兴县科教兴县规划纲要》。

1998年4月，通过《长兴县农业产业化发展规划》；10月，通过《长兴县抵押担保暂行规定》。1999年4月，同意《关于扩大基本养老保险覆盖范围的实施意见》，同意《长兴县农村合作医疗管理办法》；5月，通过《关于加快文化事业发展若干政策意见》和《长兴县文物保护工作管理办法》；12月，同意《长兴县旅游发展总体规划》，同意《城市防洪总体规划》。2000年4月，通过《长兴县施行行政执法责任制暂定规定》，同意《长兴县农民合作医疗大病统筹暂行办法》，通过《长兴县乡镇域村镇体系规划》；10月，通过《加快推进城市化 促进人口向城镇集聚的若干政策意见》；12月，通过《关于实施新世纪人才工程的若干意见》。2001年4月，决定全面实施农村有线电视进村入户工作；9月，决定建设合溪水库。2002年4月，决定建设雉城镇新兴工业园区；7月，决定全面实施农村改水工作。2003年1月，通过《创建绿色长兴(绿化)十年规划》；2月，决定建立政府行政投诉咨询服务中心。

2003年5月，通过《长兴县招商引资考核奖励办法》；7月，决定全面开展矿山整治工作；8月，通过《长兴县全面接轨上海工作的实施意见》，通过《环太湖旅游开发带规划》，同意《关于长兴县开展“乡村康庄工程”建设的方案》，决定全面开展生态县建设。2004年1月，通过关于蓄电池企业整治方案；3月，决定启动住房公积金管理工作，决定开展喷水织机专项整治。2005年1月，通过《长兴县城区商贸发展规划》；3月，通过《长兴县城乡公交一体化实施方案》，通过《关于农村生活垃圾集中收集处理实施方案》；6月，同意《长兴县雉城镇城区经济适用住房管理实施细则》和《长兴县城镇廉租住房保障办法》；8月，通过《关于发展循环经济，加快建设节约型社会的实施意见》。2006年4月，通过《关于深入实施工业立县战略 加快工业经济发展的若干意见》；6月，决定开展粉尘整治和水源保护工作；9月，同意《长兴县县域村庄布局规划》；11月，同意《推动产学研合作 促进长兴产业升级的实施意见》，同意《农村教育管理体制改革的实施意见》和《农村教育满意工程实施方案》，决定建立项目推进例会机制；12月，同意《推进法制政府建设的实施意见》。

2007年1月，通过《长兴县服务业发展总体规划》和《长兴县现代物流业发展规划》；6月，通过《加快推进中心镇建设的若干意见》；7月，决定启动有线数字电视建设；8月，通过《长兴县城市公交规划》；9月，通过《长兴县生态功能区规划》，通过《长兴县地名管理办法》；10月，通过《长兴县城镇居民基本医疗保险实施办法(试行)》；12月，通过《加快南太湖总部经济园建设实施意见》。2008年6月，通过《长兴县城区“月光经济”发展规划方案》，出台《振兴村级集体经济的若干意见》；8月，通过《“清水入湖工程”行动方案》，通过《关于实施低收入农户奔小康工程的意见》；10月，同意建设中国浙江长三角·欧洲波罗的海地区国际技术转移中心和浙江大学国家大学科技园(长兴)。2009年1月，决定成立县经济开发区城东和城西工业功能区；3月，要求做好申报国家级开发区工作，决定启动苕溪清水入湖整治工程；4月，通过《长兴县全国生态县创建方案》，通过《关于打造农村金融创新实验示范区的实施意见》；8月，通过《长兴县烟花爆竹安全管理办法》。2010年1月，通过《关于深化医药卫生体制改革的实施意见》；5月，启动西太湖旅游度假开发区(图影区块)申报省级旅游度假区工作；6月，通过《关于加快推进乡镇工业平台建设的实施意见》；9月，通过《长兴县主要污染物排污权有偿使用和交易管理暂行办法》；10月，通过《长兴县饮用水水源保护规划》。2011年1月，通过《关于长兴县淘汰落后产能总体方案》，通过《长兴县铅酸蓄电池行业转型升级实施方案》；4月，通过《长兴县农村集体资金、资产、资源管理办法》；9月，通过《长兴县“811”生态文明建设推进行动方案》；10月，通过《长兴县加快新能源产业发展实施意见》。

2012年5月，通过《长兴县县级公立医院综合改革实施方案》；6月，通过《推动长兴经济技术开发区“二次创业”政策意见》，通过《长兴县生态建设和环境保护“十二五”规划》，通过《长兴县重金属污染综合防治实施方案(2012—2015年)》，通过《水口乡农家乐整治提升方案》；7月，通过《长兴县工业强县建设规划(2012—2016年)》，启动创建国家生态县，同意实施免费婚姻登记制度；9月，通过《长兴县残疾人免费乘坐公交车实施方案》；10月，通过《长兴县校车安全管理实施办法》，通过《长兴县深化铅蓄电池行业长效管理具体办法》；11月，通过《长兴县加快“腾笼换鸟”促进转型升级的若干意见》，通过《长兴县"四边三化"行动方案》,启动苕溪清水入湖河道整治工程,通过《创建"无欠薪长兴"行动实施方案》。

三、县长办公会议

县长办公会议由县长、副县长、县长助理、县政府办公室(县外事办、县法制办、县新居民事务局)主任、副主任及县政府有关部门负责人组成,由县长(可以委托常务副县长)召集或主持。县长办公会议根据需要不定期召开,会后均印发《县长办公会议纪要》。1988—2012 年,县长办公会议共召开 53 次。

1991 年 12 月,同意成立浦东办事处(筹建处)。1992 年 3 月,同意开展转变企业经营机制等"六项改革"、投入产出总承包和适当延长承包期限试点等"十个试点"的体制改革工作。2001 年 12 月,决定在二轻、粮食、供销社、商业、工业系统全面开展企业改革。2002 年 4 月,决定由县教育局与南京聚恒集团联合建设长兴金陵高级中学。2003 年 6 月,决定全面启动泗安塘拓浚工程;7 月,决定启动环城东路开发工作。2006 年 7 月,决定启动仙山等四大佛教文化景区规划建设工作。2012 年 3 月,决定启动合溪水库供水工作,决定承办 2012 年浙江省野生动植物保护宣传月(爱鸟周)启动仪式暨扬子鳄放归自然活动,通过《合溪水库饮用水水源保护区生态建设试行办法》,通过《长兴县住宅小区前期物业服务收费标准调整方案》;4 月,通过《关于支持浙商创业创新促进长兴发展的实施意见》;7 月,决定启动长兴第二人民医院与浙江大学医学院附属第一医院合作工作;8 月,通过《长兴县污泥处置方案》;10 月,决定启动长兴农副产品综合批发市场迁建提升工作;12 月,决定启动长兴县 120 院前急救中心建设,决定启动长兴县第二人民医院项目建设。

四、县政府专题会议

县政府专题会议由县长、副县长或者受委托的县政府办公室主任、副主任召集和主持,根据需要不定期召开。会后均印发《政府专题会议纪要》,由召集会议的县长、副县长签发。1988—2012 年,县政府召开政府专题会议 271 次。

1998 年 11 月,专题研究雉城镇管道液化气工程建设事宜。1999 年 2 月,专题研究护城河小西门桥至长兴港段疏通整治事宜;4 月,专题研究并论证《长兴城市总体规划调整纲要》;9 月,专题研究全县中小学危房改造工作;12 月,专题研究第五次全国人口普查工作。2000 年 2 月,专题研究雉城镇城区教育改革与发展有关问题;7 月,专题协调长兴电厂四期工程建设有关事宜。2001 年 5 月,专题协调黄土桥油库易地迁建问题;11 月,专题研究长兴轻纺城项目招商引资迁建事宜。2002 年 6 月,专题研究城市规划区内规划执法问题;8 月,专题研究环太湖旅游开发有关事宜。2003 年 1 月,专题研究企业改革工作;同月,专题研究筹建金陵高级中学和实验初中的有关事宜;5 月,专题研究西气东输工程征迁事宜;12 月,专题研究宣杭铁路复线长兴段建设工作。2004 年 3 月,专题研究包漾河水源综合整治工作。2004 年 5 月,专题研究矿山企业综合整治工作;12 月,专题研究浙江天能电池有限公司有关上市优惠政策事项。2005 年 1 月,专题研究乡镇卫生院产权制度改革中遗留问题处理事宜;11 月,专题研究申苏浙皖高速公路二期南幅通车前期工作。2006 年 1 月,专题研究长广集团公司社会职能移交工作;4 月,专题研究水口、小浦农家乐发展与管理有关工作;同月,专题研究长兴技校迁建工作;7 月,专题研究城区亮化工作;9 月,专题研究宣杭铁路复线白鹤岭公跨铁立交桥通行有关问题。2007 年 5 月,专题研究古银杏长廊景区保护和开发建设工作;5 月,专题研究合溪水库建设方案;7 月,专题研究包漾河饮用水源保护工作;11 月,专题研究滨湖大道建设工作。2008 年 1 月,专题研究仙山湖景区开发建设与经营等有关工作;9 月,专题研究三鹿牌婴幼儿奶粉及其他问题奶粉应急处置工作;10 月,专题研究《城镇污水处理费征收使用管理暂行办法》和《长兴县城市管道燃气管理的若干规定》。2009 年 11 月,专题研究续修《长兴县志》工作;12 月,专题研究国家生态县建设工作。2010 年 3 月,专题研究槐坎至煤山公路改建工程、李家巷至图影公路洪桥工业区段、泗安至二界岭景观大道、仙山湖度假区景观大道、环太湖公路至长达公路连接线、10 省道至新 318 国道连接线(林城段)六条乡镇公路有关情况和老 318 国道(长兴西互通——画溪大道)改造方案设计;11 月,专题研究矿山和石子石粉行业落后产能淘汰工作。2011 年

5 月，专题研究铅酸蓄电池行业专项整治相关配套政策措施和具体操作办法。2012 年 8 月，专题研究西苕溪和平镇小丁段和独山段应急抢险工程建设事宜；12 月，专题研究长兴中心城区综合交通规划事宜。

第三节　重要施政

一、农业经济

1988 年，县政府在重视粮食生产的同时，发展多种经营。同年，推广高产模式栽培 1.34 万公顷，病虫害综合防治 1.67 万公顷，旱地高产模式栽培开发近 667 公顷。1989 年 3 月，在和平镇狮子山村试行商品粮田、口粮田分别承包的“双田制”。同年，继续完善以家庭联产承包为主的统分结合双层经营体制，建立村经济合作社，建立“两金一积累”制度（农业发展基金、农业承包金、劳动积累工制度）。1990 年，实施以吨粮田建设为重点的“四个十万亩”规划。1991 年，积极推进渔业、畜牧业、蚕茧、油料、蔬菜、瓜果、竹笋、食用菌及农副产品加工等农业综合开发。1992 年，发展“一优两高”（优质、高产、高效）农业。年末，全县 452 个村均建立村经济合作社。1995 年，打好粮食翻身仗，促使粮食生产升温，受到省委、省政府的表彰。1996 年 6 月，出台《关于扶持欠发达乡镇发展集体经济的意见》，8 月出台《关于建立农村土地使用权流转机制 进一步完善双层经营体制的实施意见》，11 月里塘乡、浙江农业大学共建 86.67 公顷现代农业园区，开创县内农业生产与大专院校联合建设的先例。1997 年 5 月，下发《关于开展发达村和企事业单位与集体经济薄弱村结对帮扶活动的通知》，着手改变集体经济薄弱村落后面貌。1998 年，按照“大稳定、小调整”原则，开展土地二轮承包。同年，农业产业化一体化经营迈出新步伐，农业龙头企业发展到 360 家，农业中介服务组织发展到 120 家。1999 年，大力发展效益农业，适当调减早稻种植计划，扩大优质粮食品种和经济作物生产。2000 年，启动品牌战略，实施种子种苗工程，建立一批农业科技示范园区和基地。2003 年，出台《关于进一步加快农业产业化的若干政策意见》，实施农业标准化、商标注册和品牌战略。2004 年，实施农业“510 工程”，推进农产品注册商标、无公害农产品基地建设、农业新品种引进工作。至 2006 年，五大特色农产品基地面积共 3.06 万公顷，龙头企业 145 家，农民合作经济组织 71 家，联系农户 2.87 万户。2007 年，完成第二次农业普查和山林延包，被评为省山林延包工作先进县。同年，完成乡镇农技推广体制改革，推进农村社区股份制改革。2008 年，发展特色优势产业、高效生态农业，扩大设施农业，启动建设省级农业高科技示范园区、省级竹子现代示范园区。2009 年，出台农业七大特色产业扶持政策，加快七大特色产业九大特色农产品发展。出台《关于建立农村土地流转服务平台依法规范土地流转的实施意见》，初步建立县、乡（镇）、村三级土地流转服务网络。同年，被评为中国果蔬无公害十强县。2010 年，启动和平、泗安两个省级现代农业综合示范园区建设，推进二界岭现代农业休闲观光园区项目建设。同年起，实施村级集体经济三年振兴计划。2011 年 5 月，出台《关于加强农村集体资金、资产、资源管理的实施意见》。2012 年，基本建成泗安、和平两个省级现代农业综合区，推进洪桥省级现代农业综合区建设，长兴被列为全国蔬菜重点生产县区。同年，全县实现农业增加值 30.48 亿元。

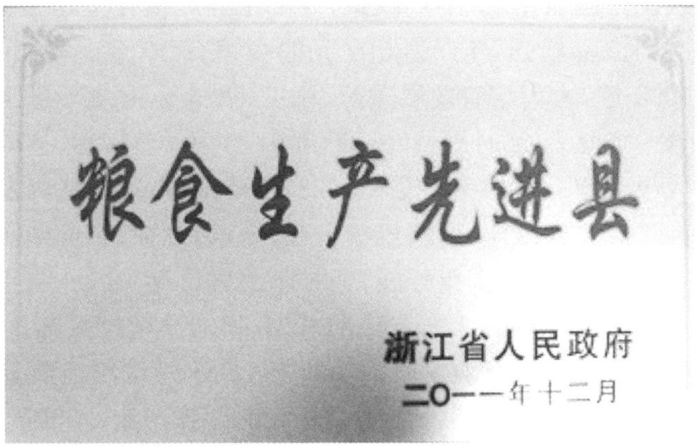

图 21-1　长兴县2012年获评省粮食生产先进县（县农业局提供）

二、工业经济

1988年，县政府制定优惠政策，鼓励开展横向经济联系，促进工业经济发展。1991年，依靠科技进步，增加技改投入，当年竣工工业企业技改项目105项。1992年，技改投入完成1.2亿元，投入总额在100万元以上项目46个，其中千万元以上6个。1992年7月，成立县经济技术开发区。10月，出台《关于加快工业卫星镇经济发展的实施意见》，提出李家巷、煤山两个工业卫星镇"八五"期末的工业发展目标和政策措施。1993年，出台《关于进一步鼓励发展个体私营经济的意见》，轻纺业和交通运输业成为个体私营经济的重要特色。1994年，发展建材、耐火、轻纺、粮油等支柱产业，建材业享誉全国。同时，放宽政策、放宽领域发展个体私营经济，鼓励"一乡一品""一村一品"。1996年，出台《长兴县工业企业扶优扶强若干意见》等政策，全部工业产值在全市三县中率先突破百亿元大关。1997年，乡镇工业经济实力大幅增强，年产值超亿元的乡镇有26个。同年，个体私营经济产值占全县工业经济总量的35%。1998年，大力培育发展医药、化工、机电等新兴产业。2000年6月，出台《关于县批特色工业园区建设的若干意见》，12月雉城、夹浦、煤山、洪桥、李家巷、林城6个县批新型工业园区规划通过省规划设计院的成果评审。2001年，投入5.23亿元，强化县经济开发区为龙头的"一区六园"基础设施建设。2003年，推进大企业战略，新增规模企业38家，总数达到223家，其中县属亿千企业19家；首次拥有税利超亿元企业，共2家。同年开展"工业园区建设年"活动，县经济开发区和城镇工业园区规划总面积80.71平方千米，已开发21.3平方千米，完成基础设施投入7.3亿元。2004年，推进新型纺织、新型建材、新能源、信息机电四大产业发展。2005年，打造先进制造业基地，重点培育电子电源、新型材料、家居服饰、机械制造、食品医药、特色化工六大特色优势产业。2007年，加快改造建材、纺织等传统产业，机械电气成长为第一大产业，天能集团成为全县首家上市企业。2008年，完善产业布局，促进产业集群发展，蓄电池产业跻身"中国产业集群品牌50强"，天能集团、超威公司首次入围"中国民营企业500强"，并分列第230位、第469位。2009年，积极应对国际经济危机，开展"产业转型升级年"活动，出台125项惠企措施，加大有效投入拉动经济企稳回升，推动产业升级，长兴被命名为"中国水泥产业基地"，新能源产业被列入全省21个"块状经济向现代产业集群转型升级示范区"之一。2010年，开展"四大百亿攻坚战"（百亿产业、百亿项目、百亿平台、百亿企业），现代纺织、新能源产值分别实现155.9亿元、117.2亿元，天能集团成为全市首批销售超百亿的2家企业之一，超威动力在香港上市，县经济技术开发区晋级成为全省首个县域国家级开发区。2011年，出台加快工业经济和纺织、水泥、蓄电池等产业转型升级实施意见，制定《长兴县工业平台主导产业发展定位目录》。2012年，编制实施《长兴县工业强县建设规划》，全面启动工业强县建设试点。同年，全县实现工业增加值142.95亿元。

三、第三产业

1988年，县政府有计划地组织商品流通，调剂供应，指导商业支援生产，服务生活，繁荣市场。1990年，加大集贸市场建设力度。1992年10月，出台《关于加快发展我县第三产业的意见》，明确20世纪90年代全县发展第三产业的重点和发展措施。1994年，树立大市场、大贸易、大流通观念，致力于加快形成处于苏浙皖三省毗邻地区的浙北商贸中心，续建、新建、扩建一批市场。1995年，建成中百一店二期、湖州一百长兴购物中心、双龙大厦、长兴大厦、绿宝石商都等一批全新购物场所。1996年，成立县旅游局，组织对顾渚、香山、仙山等重点风景区进行规划论证。1998年，编制《浙江省长兴县旅游发展总体规划(1999—2010年)》。2000年10月，出台《关于加快发展第三产业若干意见》。2001年，规划并启动1.5平方千米商贸区建设，推进农副产品综合批发市场等5大重点市场建设、管理。2003年，编制《长兴城区商贸发展规划》，完成环太湖开发概念规划及空间形态规划评审，同年起开始规划重点旅游项目建设。2005年，出台《关于进一步加快发展第三产业的若干意见》，设立专项引导资金，大力发展特色服务业。同年8月，县政府规划例会通过《浙江长兴环太湖图影旅游度假区控制性详规及城市设计》，对图影区块的功能定位为新型旅游度假区。2006年4月，编制完成《长兴"新乡村游"(农家乐)发展战略总体规划》，引导农家乐区域化发展。同年，乡镇连锁超市和行政村放心店覆盖率达到100%。2007年起，推进长三角生态休闲度假新选区建设，开始打造“月光经济”和商业特色街，建设建材城二期工程，完成县中心农贸市场主体工程建设。2008年，组建长兴永畅物流建设开发有限公司，启动长兴综合物流园区建设。2009年，完成9条特色商业街、城北农贸市场改造和建材城二期建设，启动建设图影高端休闲度假区，仙山湖被认定为国家级湿地公园并成为全市首家省级生态旅游区。同年，获中国十大文化休闲旅游县称号。2010年，创建成为省旅游经济强县。2011年9月，出台《长兴县旅游业发展“十二五”规划(2011—2015)》，提出之后5年全县旅游业发展以休闲度假和乡村旅游为发展重点，打造长三角生态休闲度假首选区目标。2012年10月，《长兴太湖图影省级旅游度假区旅游总体规划》提出打造以“健康”为主题特色的长三角滨湖高端休闲旅游度假地。2012年，全县实现第三产业增加值140.74亿元。

四、开放型经济

1988年，县政府成立对外经济贸易协调机构，出台发展外向型经济的十二年中期规划和四个有关发展外向型经济的优惠政策，在深圳、上海、杭州、海口设立联络处。1989年，在南京设立联络处。1992年8月，建立泗安镇经济特区，设管理委员会，与泗安镇政府实行两块牌子、一套班子。同月，首次向外商出让国有土地，地块属经济技术开发区金贸开发小区。1993年，自营出口业务实现零的突破。1994年，加快实施开放兴县战略，开发区落户企业超过100家。1995年，完善开发区管理体制，修订发展开放型经济有关政策，获得自营进出口权。1996年，出台《长兴县鼓励外商投资优惠办法》和《长兴县发展外向型经济政策措施及奖励办法》。1999年，组建长兴进出口公司，初步建立外经工作网络。2000年，实施“走出去、引进来”战略，全年组织招商活动16次。2001年2月，出台《关于进一步加快开放型经济发展的若干意见》《关于鼓励开放型经济发展的若干奖励办法》和《关于加强和改进外来投资企业管理服务若干办法》。同年，跻身全省利用外资“十强”县(市、区)，名列第七。2001年、2002年，县经济技术开发区连续两年进入全省十强。2002年，开始举办“长洽会”。2003年，开展“招商引资年”活动，全年共选派243名干部外出招商，同时开展驻点招商。同年6月，开展“万众亲商、千人招商”百日竞赛活动。2004年，实施招商引资“一号工程”，成功举办“招商引资月”活动，首次开展以乡镇和开发区为主体的招商活动，相继推出“浙商·长兴论坛”、日韩专题招商会等系列招商活动。2007年，推进招商引资“一把手工程”。2008年，实施招商选资“一把手工程”，开展“大项目攻坚年”活动。2009年，开展“大项目引进百日大会战”活动。2010年，开展“大招商、招大商”活动，出台《关于大项目引进推进工作的实施意见》《关于鼓励引进“大好高”项目的政策意见(试行)》。2012年，出台《关于支持浙商创业创新 促进长兴经济又好又快发展的实施意见》，推动浙商回归工作。同年，完成合同外资3.6亿美元，实到外资1.9亿美元。

五、城乡建设

城乡规划建设 1988年，雉城镇总体规划调整和小浦、煤山等5个镇的总体规划编制完成。1991年，泗安、林城、煤山、李家巷镇城镇规划批准实施，住房制度改革开始起步。1993年，启动煤山、李家巷、和平、林城等集镇工业或商贸小区建设。1995年10月，确定全县小城镇建设15年发展思路，提出到2010年城镇化水平达到54%。1999年，修编、完善《长兴城市总体规划》和《长兴县域城镇体系规划》，制定城市防洪规划，并按照“三年村村通公路”规划，加快县乡道路建设。2000年12月，通过《长兴县城市燃气专项规划》。2003年，修编第四轮《长兴城市总体规划》，编制城市设计方案和环卫、护城河景观等专项规划，启动龙山新区开发建设，完成《长兴县区域供水规划》编制，全面启动“村庄示范整治”工程和全县区域供水工程。2004年，完成城市设计方案以及其他专项规划的修编，出台并实施《长兴县城乡一体化行动纲要》，推进实施乡村康庄工程。2005年，推进城乡一体化行动“八大工程”。2006年，建成区面积扩至25平方千米，实施乡镇创卫工程和农村改水工程，完成乡村康庄工程，推进小城镇建设，镇区面积扩大到23.6平方千米。2007年，编制完成《长兴县域总体规划》、40个中心村建设规划和环卫、交通等专项规划，推进新农村建设“十大工程”，出台《关于加快中心镇建设的若干意见》，实施精致小城镇建设工程。2008年，启动建设中心商务区，推进龙山新区二期建设，通过《长兴县域总体规划》。2009年，完成西太湖(长兴)科教生态城、高新技术园区、回龙山新区、顾渚山茶文化旅游度假区、二界岭乡旅游度假区规划编制,高标准启动“魅力乡村”创建活动,获“浙江省规划建设示范城市”称号。2010年,推进回龙山新区建设,启动建设西太湖科教新城。同年4月,出台《关于加快社会主义新农村建设 全力打造中国美丽乡村的实施意见》。2011年,推进18个中心村培育试点,出台《关于进一步加快中心镇发展和改革的若干意见》,加快推进雉城、泗安、和平、煤山4个中心镇发展与改革工作。2012年,基本完成中心城区空间协调规划和综合交通规划编制,加快县开发区产城融合步伐,出台支持泗安、和平中心镇及园区发展政策意见,泗安镇入选全国发展改革试点镇,煤山镇成为省级中心镇。

交通建设 1988年11月,长洪公路改建通车。1993年,完成县乡公路“砂改油”工程36千米,启动长湖申线航道第一轮拓宽改造,全县通公路村达303个。1995年,环湖公路建成,长湖申线航道一期吕山段拓宽工程竣工。同年11月,城市公交线正式营运。1996年,长吕线开工建设,县城至各乡镇公路“砂改油”工程全面完成。1999年,云峰岭降坡打通,泗槐线建成通车。2000年12月,杭宁高速公路长兴境段父子岭—黄芝山段建成通车。2002年10月,杭宁高速公路长兴境二期工程王家浜—父子岭段建成通车。2003年起,全面启动乡村康庄工程,至2005年年末全县通村公路等级化和路面硬化率均达100%,实现村村通公路。2004年起,开通城乡公交班车。同年,实施交通新续建十大工程建设。2006年10月,申苏浙皖高速公路长兴境段建成通车。2008年,启动长湖申线航道第二轮扩建改造工程,五级航道按三级、四级航道标准改造,改造总里程26.8千米。2009年2月,在原环湖公路基础上,开工建设滨湖大道,至2011年8月全面建成。至2012年12月,长湖申线航道完成改造通航,宁杭铁路长兴县境段工程建设基本完成。

市政建设 1988年,加强市政基础设施建设,新建街道1.98万平方米,铺设地下水道2606米。同年6月,古城公园北区6个风景点对外开放,为长兴第一座公园。1990年,液化气站建成投产。1991年,启动金陵南路开发,完成雉城镇自来水双向供电配套工程。1993年,用于雉城镇基础建设滚动资金达3300万元,超过前十年的总和。1995年,完成车站广场一期工程、城南东路工程。1996年,金陵北路拓宽改造工程竣工,青少年宫、第二水厂、护城河疏浚一期工程完工。1998年,与北京液化石油气总公司签约,在雉城镇规划管道集中供气工程。2001年,完成旧城改造投资5.3亿元。2002年,建成城市垃圾处理厂、管道液化气站、污水处理厂等大批公益事业项目,公共绿地面积比1997年增加77.7万平方米。2003年7月,启动城市道路交通“畅通工程”。同年,台基山公园、古城公园、花菇山公园改造工程全面启动,花菇山公园年底建成开放。2004年,完成接轨“西气东输”的天然气门站建设,启动小城镇建设43项基础设施项目,完成9个“城中村”改造工程。同年,齐山植物公园、台基山遗址公园、和睦塘公园建成开放。2006年,长兴港公园建成开放。2007年,完成39个行政村的区域供水工作。2008年,新增区域供水41个行政村,梅花公园建成开放。2009年,建成启用新汽车总站,实施中心广场、机关幼儿园、文化馆等城建重点工程,全面完成农村区域供水工作,画溪湿地公园建成开放。2010年,“川气东送”城南天然气门站开通运营。2011年,陈武帝遗址公园建成开放。2012年,张家村等地块启动建设,改造提升老小区5个。

生态建设 1988年,开始加强对饮用水水源保护,年末启动新建城市饮用水工程,至1989年7月完成。同年,县内开始设置地表水监测点。1996年,开展乡镇企业污染源调查。同年起,开始监测环境空气质量。1998年,实施治理太湖水污染“零点行动”。1999年起,开展环境保护“一控双达标”工作。2003年,启动生态县建设,推进城中村整治、河道水源整治等六大整治活动,对护城河实施“换水工程”,完成夹浦污水处理厂一期工程,启动“七大绿化工程”,在全国率先实施“河长制”。同年,荣获“国家卫生县城”称号。2004年,编制完成《长兴县生态县建设规划》。2005年,开展环境建设年、生态环境整治年活动,编制完成16个乡镇的生态规划,实施“三级联创”机制。开展河道清淤整治工程,完成河道清淤73千米。2006年,开始实施《长兴县生态县建设规划》。2007年,编制完成《长兴县生态环境功能区规划》,推进生态县建设“八大工程”,开展环境整治“十三大工程”。启动建设垃圾生态填埋场、垃圾焚烧发电厂和9个乡镇污水处理厂,完成乡镇垃圾中转站、村级垃圾中转房建设。2008年,实施“生态优县”战略,省级生态县通过验收。2009年,完成护城河整治和城市水面工程,建设第二水厂扩建竣工,推进“亿万千百十一”等绿化工程，完成长兴污水处理厂二期和中水回用项目建设。2011 年，编制完成《森林长兴建设规划》，成为浙江省首个县域森林建设规划。2012 年，出台《关于进一步深入推进美丽乡村建设的实施意见》，24 个美丽乡村基本建成。

六、社会事业

科技　1988 年，实施“星火计划”。1990 年，加快科技兴农和企业技术改造步伐。1991 年，贯彻“科学技术是第一生产力”的思想，开始科技体制改革，获省市县三级科技进步奖、星火奖 23 项，农业丰收奖 30 项。1992 年，制定《关于重奖科技人员和引进人才的若干规定》，加快人才、资金和项目的引进。同年 11 月，出台《关于实施科教兴县战略，加快经济发展的意见》。1993 年，实施“科教兴县”战略，加快实施“星火计划”“丰收计划”和“燎原计划”，32 项科技成果获科技进步奖和星火奖。1994 年 3 月，夹浦镇父子岭村被省科委授予省级“星火科技示范村”。1995 年，出台《长兴县科教兴县战略实施意见》。1997 年，建立县政府专家咨询委员会，科技进步因素对经济增长的贡献率达 46.5%，并在湖州市率先通过全国科技工作先进县考核验收。1999 年，出台《鼓励技术要素参与收益分配若干规定》《企业工程类技术人员管理暂行规定》《加强技术创新，推进高新技术产业化的若干意见》等政策措施，推动产学研结合。2000 年，召开全县技术创新大会，举办农业科技招商引资洽谈会和“百名科技专家长兴行”活动，启动民营科技园一期工程。2001 年，与浙江大学合作建立新材料博士生实践基地，投入 1800 万元建设科技创业园。2004 年，被评为“全国科技进步先进县”。2005 年，探索涉外联合培训举措，全力打造长三角一流蓝领培养基地。2006 年，获“浙江省科技强县”称号。2007 年，加大专利申请力度，得到授权 479 项，为前三年总和。2008 年，推进浙江大学农业科技示范园和科技创业园二期工程建设，建立浙江大学国家大学科技园（长兴）、中国浙江长三角·欧洲波罗的海地区国际技术转移中心、上海—长兴技术转移接力中心等科技平台，开展国家高新技术创业服务中心建设，长兴民营科技园发展有限公司（长兴科技创业园）被认定为 2008 年度国家高新技术创业服务中心。2009 年，获“浙江省知识产权示范创建县”称号。2010 年，科技创业园二期主体工程完工，“东华大学—长兴丝绸经编研发中心”揭牌成立。2012 年，举办中国·长兴政产学研合作大会和科技成果拍卖活动，启动建设国家动力电池产品质量监督检验中心，启动实施全省纯电动汽车产业技术创新综合试点。年底，全县拥有省级企业研究院 3 家，省级高新技术企业研发中心 22 家。

教育　1988 年，义务教育在 5 个乡镇开始实施。1990 年，加强基础教育和幼儿教育，发展职业教育，开展成人教育和扫盲工作。1991 年，成立“人民教育基金会”，倡导群众办学。1992 年，在全县 17 个乡镇开征农村教育附加费，中小学入学率、巩固率达到国家规定标准。1993 年，全县 31 个乡镇全部实施九年制义务教育，全年改造破旧校舍 2 万多平方米。1994 年，“燎原计划”试点工作初见成效，乡镇成人文化技术学校发展到 31 所。同年，被浙江省评为对发展残疾儿童少年义务教育取得明显成绩的特殊教育先进县。1995 年，23 个乡镇通过“双基”验收，确定长兴县职教中心建设项目。同年 2 月，长兴第一所大学——浙江长征财经进修学院湖州分院开学。1996 年，高考录取率首次高于全省平均水平，全县通过省政府教育“两基”验收。同年 4 月，湖州市第一所希望小学在仙山乡奠基。1998 年，开展高标准“普九”工作，加快调整教学网点，长兴中学被批准为省一级重点中学。2000 年，出台《长兴县城市教育发展规划》《长兴县农村中小学布局调整规划》，新建迁建一批学校。2001 年，创建成为省教育强县。2002 年 11 月，创新实施教育券制度。2004 年，调整城乡教育布局，高中段教育全部集中到县城，启动“农村园丁工程”，实施名师名校长工程，完善教育救助制度，建成实验初中。2007 年，迁建、扩建、新建多所学校，撤并农村小学网点，完善“以县为主”的教育管理体制，开通农村学生接送班车，实施“农村文化教育满意工程”。2008 年，长兴技师学院一期等一批教育重点工程投入使用，推进农村中小学撤并。2009 年，制定实施《关于进一步加快学前教育改革与发展，全面提升学前教育质量的意见》。2011 年，完成校舍安全工程，出台学前教育“三年行动计划”。2012 年，加快教育内涵式发展，完成一批学校的改造、扩建，长兴技工学校升格为长兴技师学院。

文化体育 1988年,县图书大楼、新四军苏浙公学旧址等文化设施及乡镇文化中心建设加快推进,桥牌协会和老年人体育协会成立,电视转播增至5个频道,3个乡镇获评省体育先进乡镇。1990年,新增7个农村广播达标工作乡镇、2个省体育先进乡镇。1991年,建成有线电视站,长兴代表浙江省参加在上海举行的全国25个体育先进县田径运动会,获金牌总数并列第一,团队总分名列第六。1992年12月,长兴电视台开播。1994年,建成广播电视发射塔,建立长兴有线电视台。1995年3月,白岘乡首次发现傩文化遗迹;10月,新华书店大楼正式营业。1996年,创办《长兴报》。1997年,建成体育馆、青少年宫。1999年,开展庆祝中华人民共和国成立50周年和迎澳门回归活动,完成乡镇有线电视联网工程。2003年,百叶龙故乡林城镇被文化部命名为全国91个"中国民间艺术乡"之一,长兴获评"浙江省文化先进县"。2004年,建立12个"百叶龙"艺术培训基地,举办乡村文艺百场巡回演出、千场电影下乡等文化活动。2005年,举办2005中国公共文化发展论坛。2006年,实施文化事业"六大工程",创建成为"全国文化先进县","百叶龙"入选首批国家级非物质文化遗产名录,贡茶院遗址及摩崖被列为全国重点文物保护单位。2007年,开展"文化大县"建设,推进省级"东海明珠"工程和省体育强镇建设,获评"全国文物工作先进县"。2008年,获评"全国文化信息资源共享工程示范县",创建成为省级体育强县,县档案馆成为国家一级档案馆。2009年,百叶龙在"首都国庆60周年联欢晚会"演出获得成功,新四军苏浙军区纪念馆成为全国爱国主义教育示范基地和首批国家级国防教育示范基地,广电中心建成启用,长兴展览馆开馆。2010年,实施农村文化"八有"保障工程,举办首届艺术节、读书节。2011年,承办第八届全国残运会长兴分赛区自行车赛等赛事。同年8月,获"浙江省民间艺术文化之乡"称号;12月,县文化馆被评定为国家一级文化馆。2012年,县艺术馆投入使用,成功举办环太湖国际公路自行车赛、中国女排联赛、百村排舞大赛、县第九届运动会等赛事,全年举办各类基层群众文化活动1000多场。

卫生 1988年,开展卫生管理体制改革,卫生系统推行院长负责制,并改革公费医疗制度,新建妇幼保健所和尘肺疗养所。1990年,达到基本消灭麻风病标准,被省卫生厅命名为基本消灭疟疾病县。同年,制定《长兴县计划生育有关政策的规定》。1991年,开展群众性查螺灭螺工作和农村初级卫生保健工作,县中医院被评为省级文明中医院。1992年,深化医疗卫生改革,实施农村初级卫生保健计划,经省卫生部门验收基本消灭麻风病。1993年,农村初级卫生保健工作取得进展,全县村级医疗点达到528个,7个乡镇达到消灭血吸虫病标准。1994年11月,消灭家畜血吸虫病。1995年,血防工作通过省级考核验收。1997—1998年两年投资500多万元维修、新建乡镇卫生院医疗用房1万多平方米。1998年,完成农村合作医疗试点工作。1999年,基本完成乡镇卫生院破旧医疗房改造。2000年,开展消灭脊髓灰质炎"扫荡"式免疫活动。2001年9月,开始对全县29家乡镇卫生院分两批进行产权制度改革和职工身份置换,到2003年6月改制全部结束,改制后卫生院性质为非营利性民办非企业单位。2003年,全面抗击传染性非典型肺炎疫情。2004年,加快公共卫生体系建设。2005年,初步建立新型城乡卫生服务体系,人民医院迁建工程基本完工,长兴获"全国计划生育优质服务县"称号。2006年,获"全国农村中医工作先进县"称号。2007年,实施"农民健康工程",加快农村社区卫生服务站建设。2008年,妥善处置问题奶粉、手足口病等公共卫生事件,煤山镇成为国家卫生镇。2009年,新妇幼保健院投入使用,开展甲型H1N1流感、手足口病等重点传染病防控工作。2010年,推进医药卫生体制改革,开展农民家庭健康档案建档工作,县中医院新大楼和县卫生监督业务大楼建成启用,县人民医院与第二军医大学长海医院建立协作关系。2011年,推进全县农村医药卫生体制改革,全面实施基层医疗卫生机构基本药物制度。同年,被命名为"全国白内障无障碍县"。2012年,实施县级公立医院综合改革试点,3家县级公立医院全部晋升为"三级乙等",县第二人民医院(泗安)与浙医一院合作签约,乡镇卫生院回购工作基本完成。

社会保障 1988年,兴办民政福利企业,新办敬老院1家,开展人才交流和待业青年安置工作。1991年,开始实行职工离退休费统筹和养老保险。1998年,开辟人才、劳动力市场和"五一"再就业市场,建立"再就业服务中心(工作站)"49个,5个乡镇开展"绿色养老保险"工作。2002年,全面实施城乡居民最低生活保障制度。2003年,继续完善社会保障体系,最低生活保障对象应保尽保,被征地农民基本养老保障工作开始试点，逐步扩大医疗保险覆盖范围，加强失业保险工作，下发《关于进一步做好下岗失业人员再就业工作的通知》。2004 年，出台《长兴县社会保险费征管办法（试行）》，在全省首创“五费合一”的征缴方式。同年，实施农村劳动力培训和转移工程，启动特困残疾人危房改造工作。2005 年，建立健全城乡医疗救助体系，强化对农村“五保”对象和城镇“三无”对象集中供养，集中供养率达 93%。同年，继续推进被征地农民养老保险工作，并实施安居工程，开展农村贫困家庭危房改造工作，成立“爱心超市”。2006 年，全面落实城乡最低生活保障制度和被征地农民基本生活保障制度。2007 年，城乡居民医疗保障实现全覆盖；提高城乡最低生活保障线标准，全面完成政策性农村住房保险工作，残疾人康复指导中心投入使用。2008 年，积极开展城镇居民医疗保险参保、新型农村合作医疗参合、企业职工医疗保险养老保险参保工作。2009 年，完善“五费合征”制度，改造农村敬老院、重度残疾人托养中心。同年，荣获“浙江省基层低保规范化建设示范县”称号；9 月，全县首个残疾人工疗站——古城街道大西门社区“阳光之家”残疾人工疗站挂牌成立。2010 年，全面实施城乡居民社会养老保险制度，推进低收入农户奔小康工程，基本实现低收入农户医疗、住房、教育救助全覆盖。同年，被评为全国老龄工作和全国农村五保供养工作先进单位、全国残疾人社区康复示范县。2011 年，被省政府命名为首批“浙江省扶残助残爱心城市”。2012 年，制定出台完善社会养老服务体系政策意见，开通长兴县 12333 电话咨询服务系统，启动建设县综合福利中心。

第三章　政务工作

1998—2012 年，长兴县人民政府先后成立法制办公室、政务公开办公室、应急管理办公室、行政服务中心、招投标市场管理办公室、行政投诉咨询服务中心，开展依法行政、政务公开、行政审批制度改革、招投标市场管理等工作，倾听群众呼声，实施为民办实事工程。

第一节　政务公开

1988 年，全县开始推行政务公开制度。同年 4 月，在县工商与物价局、县财政地税局、县土地管理局、县公安局和洪桥镇、泗安镇开展政务公开试点工作。5 月，成立县推行政务公开制度领导小组（8 月更名为县推行政务公开协调会议制度），下设政务公开办公室（设在县监察局）。6 月试点工作结束，8 月在全县各乡镇和县直属各单位全面推行政务公开制度，10 月对全面推行情况进行检查验收。1999 年 5 月起，深化政务公开工作，推进党群部门、事业单位的政务公开，推进财务公开，推行政府采购制度，已实施政务公开制度的单位抓好制度实施和完善。同时，制定《长兴县政务公开投诉处理办法（试行）》，共 11 条，对投诉处理范围、机制、制度、情形等方面进行明确。6 月，制定《长兴县实行政务公开制度的若干规定》，共 12 条，对政务公开制度的背景、含义，政务公开的实施原则、范围、内容、形式、时间要求，监督考核机制

图 21-2　雉城镇政务公开栏（画溪街道提供·2008 年）

等方面进行明确。2001年4月,进一步完善深化乡镇政务公开工作。乡镇政务公开内容,包括乡镇政府行政管理、经济管理活动的事项,与村务公开相对应的事项,乡镇政府各部门和派驻站所公开的事项,对机关干部职工公开,群众关心的重要事务公开,办事纪律公开6个方面;公开形式包括公示栏、办事指南、公告、有线电视、广播、多媒体电子屏、会议、文件、橱窗专栏等。2005年3月,撤销推行政务公开协调会议机构,成立县政务公开工作领导小组,下设办公室(设在县政府办)。9月,根据省市关于进一步推进政务公开的意见,重点在抓好县级行政机关政务公开、乡镇政务公开、事业单位和公用企事业单位办事制度公开、党务公开四个方面进行自查整改。2008年6月,成立县政府信息公开工作领导小组,下设工作办公室(设在县信息中心)。同月,召开长兴县政府信息公开工作会议,部署各乡镇及有关单位编制政府信息公开指南和目录。2009年2月、2012年3月,县政府信息公开工作领导小组办公室分别发布关于认真做好政府信息公开工作年度报告的通知。2009年3月—2012年3月,全县累计主动公开政府信息1.4万条,其中县级有关部门主动公开政府信息1.12万条,乡镇(街道)、县开发区主动公开政府信息2743条。2012年4月,制定《长兴县政府信息公开工作考核办法(试行)》。

第二节　依法行政

1990年10月,建立县政府法制科(副局级),设在县政府办。1999年5月,县政府法制科更名为县法制局。2004年4月,设县政府法制办公室,与县政府办合署办公,为正科级单位,内设行政法规科、行政执法监督科、复议应诉科3个科室。2007年9月,内设科室调整为行政法规科、执法监督科2个科室。

一、行政复议、行政诉讼

2000—2012年,全县共收到行政复议申请161件,内容涉及行政处罚、行政确认、行政确权等方面。经过行政复议,维持行政机关具体行政行为103件,撤销具体行政行为14件,申请人撤回申请33件,其他11件。

2000—2012年长兴县人民政府行政复议案件办理情况表

表21-3　　单位:件

年份	申请总数		申请人		被申请人		复议结果			
	受理	不予受理	公民	法人或其他组织	部门	乡镇人民政府	维持	撤销	撤回申请	其他
2000	8		8		8		7		1	
2001	7	1	6	2	6	2	6	1		
2002	2		2		2		1		1	
2003	8		4	4	8		4	1	3	
2004	15		12	3	14	1	6	2	5	2
2005	24		21	3	24		17	3	4	
2006	17	2	9	10	19		10	4	2	1
2007	10	2	8	4	11	1	6		4	
2008	8	5	9	4	13		2	2	2	2
2009	16	4	16	4	20		10		4	2
2010	9		6	3	9		6		3	
2011	28	6	11	23	30	4	22	1	3	2
2012	9	1	8	2	9	1	6		1	2

说明:资料来源于县政府法制办

二、行政执法责任制

1997 年 10 月，县政府成立县行政执法责任制领导小组，下设办公室，在全县各行政执法部门全面实行行政执法责任制。1998 年 12 月，第一次对行政执法责任制进行检查考核。2000 年 4 月，制定《长兴县实施行政执法责任制暂行规定》。2008 年 9 月，下发《长兴县人民政府办公室关于进一步深化完善和全面推行行政执法责任制的通知》，要求各行政执法部门行政执法责任制相关信息以适当形式向社会公布。至 2012 年，行政执法责任制在全县各行政执法部门得到落实。

三、行政执法监督检查

1995 年起，县政府法制部门组织开展行政执法检查，加强对各政府部门和乡镇人民政府行政执法工作监督。1996 年 8 月，对行政处罚实施机构进行全面登记清理并开展培训工作。1998 年 2 月，在全县各行政执法部门推行省法制办拟定的《浙江省行政处罚参考文书样式》。2001 年 10 月，下发《关于做好具体行政行为和规范性文件备案工作的通知》，就备案范围、备案办法、单位职责作出具体规定。2004 年 3 月，开展行政许可法学习培训，行政许可（行政审批）项目、实施机构、收费依据清理等工作；6 月，公布全县保留的 288 项行政许可项目及其实施机构。同年就行政许可监督检查、听证事项作出规定。2005 年 6 月，对行政许可法的执行情况进行检查，成立县行政许可法执法检查工作领导小组；12 月，公布县级有关部门保留的 300 项行政许可项目目录，并要求之后各部门涉及行政许可项目数量增减或名称变更等问题须取得县政府法制部门书面同意后方可公布实施。2009 年 11 月，开展规范行政处罚裁量权工作。2010 年 7 月，经清理，公布 27 个单位共 162 项行政审批事项（含初审项目在内），35 个单位共计 315 项行政许可项目、15 个单位共计 90 项行政许可初审项目。2011 年 2 月，对全县规范行政处罚裁量权工作落实情况开展专项检查；10 月，在全县行政执法部门开展说理式行政执法工作。1995—2012 年，共组织行政执法检查活动 9 次，检查范围由行政处罚案件逐步扩大到行政处罚、行政许可案件，并从 2009 年起每年开展一次案卷评查活动。2005—2012 年，先后 5 次对行政执法先进集体和先进个人进行表彰。

四、规范性文件管理

县政府法制机构成立后，即对政府及政府办制发的行政规范性文件进行合法性审查。1992 年 5 月，县政府下发《关于制定行政规范性文件工作程序的规定》，首次就行政规范性文件制定、备案、清理、修改、废止等方面做出规范。2001 年 10 月，下发《关于做好具体行政行为和规范性文件备案工作的通知》。2004 年 12 月，下发《关于建立行政规范性文件备案制度的通知》。2006 年 3 月，制定《长兴县人民政府制定行政规范性文件办法》，明确由县法制办具体负责和承担县政府行政规范性文件的立项、审查、备案、解释、管理等工作。2010 年 8 月，制定《长兴县行政规范性文件备案审查办法》。2011 年 9 月，下发《长兴县人民政府办公室关于进一步规范行政规范性文件管理的通知》，不断加强行政规范性文件管理工作。1992—2012 年，先后进行 14 次规范性文件清理工作，清理出因失效和废止的行政规范性文件、会议纪要、抄告单等各类文件共计 498 件。

五、执法证件管理

1997 年起，全县实行行政执法人员执证执法，规定从事行政执法工作人员必须经过上岗前综合法律知识培训和专业法律知识培训，经考核合格取得行政执法证件后方可上岗。1999 年起，对行政执法证实行年审注册。2002—2012 年，共组织综合法律知识、行政执法证年审前知识更新等各类培训 8 次，共培训行政执法人员 2100 人次。2012 年，全县持有行政执法证 1343 人。

第三节　行政监察

1988 年 3 月，县监察局成立，内设办公室、信访科、监察科、审理科，编制 15 人。同年，制定《关于在乡镇人民政府、县政府各部门建立监察员制度的意见》,在全县各乡镇、部门普遍建立专兼职监察员,基本建成监察工作网络。自成立之日起至1993年4月与县纪委合署办公的五年间,县监察局履行行政监察职能,共受理信访举报1343件,查处失职渎职、以权谋私、贪污受贿等各类案件100余件,挽回经济损失27万余元;先后开展涉外经济合同清查、财务税收物价大检查、统计法执法情况大检查、进口机电设备检查、违控商品情况检查,清理整顿公司情况大检查,资源法执法大检查、土地法规检查等工作。1990年,开展控购小汽车专项检查,对全县380辆小汽车进行登记、验证、审核、报批后,对40辆违规小汽车提出处理意见。围绕群众关心的热点问题,开展招工、招干、职工调动、县蚕茧收购检查和土地管理法、统计法等专项执法监察工作。1991年,组织开展"三乱"重点检查,取消收费、罚款、集资摊派项目31项,撤销各类公路检查站10个。1992年,开展房改政策执行情况监督检查,下发《关于加强住房制度改革中监督检查工作的通知》,重申房改纪律。1993年4月,县监察局与县纪委合署办公,实行一个机构、两块牌子,行使党的纪律检查、政府行政监察职能,县监察局仍属县政府序列。1993年后,先后开展减轻农民负担专项清理、开展行风评议、医药购销不正之风纠正、民办教育机构专项整治、中小学乱收费专项清理、减轻企业负担专项清理、预算外资金管理、交通"三乱"专项清理、招投标领域专项监督检查、中介机构专项清理、村级财务管理等,推动纠风纠乱,开展执法监察、效能监察。合署办公后的行政监察工作详见第19编中国共产党、第4章。

第四节　应急管理

根据长兴县突发公共事件总体应急预案,县政府是全县突发公共事件应急管理工作行政领导机构,在县长领导下研究决定、部署和推动特别重大、重大突发公共事件应急管理工作;副县长负责相应类别突发公共事件的应急管理工作。同时,成立县突发公共事件应急领导小组。2007年7月,设立县突发公共事件应急管理办公室(以下简称"县应急办"),为县政府办下设事业机构,机构规格相当于副科(局)级,履行值守应急、信息汇总、预案管理和综合协调等职能。

2005年12月,县政府启动应急预案制定工作,要求各乡镇、有关部门制定完善相关县级专项应急预案和乡镇、部门应急预案。至2006年完成全部预案的制定工作,共计总体应急预案1个、专项应急预案52个。2007年11月起,推进应急管理工作进社区、行政村、企业、学校等基层组织和单位。至2012年,全县层面共有应急预案59个,其中总体应急预案1个,专项预案51个,专项行动保障方案7个。职能部门有各类应急预案220多个,乡镇有各类应急预案160多个。另外,全县224个行政村、69个社区、88所学校、586家工业规模企业,矿山、危险化学品、建筑施工单位企业、易燃易爆物品企业、射线装置单位和放射源单位全部编制应急预案。全县基本建立起横向到边、纵向到底的较为完善的应急预案体系。

2006—2012年,县政府组织各类应急救援演练7次,有关部门也同时进行多次演练。其中,2007年开始推进应急救援队伍建设,县人民武装部牵头组织一支由400人组成的防汛抢险应急分队;全县共组织343支抢险队伍,拥有队员9043人、车辆436辆;19个乡镇(街道、园区)全部组建消防应急小分队。2010年,成立县综合应急救援指挥中心,依托县消防大队组建县综合应急救援大队。县有关单位的专业应急救援队伍和志愿者队伍由县综合应急救援指挥中心调度,纳入县综合应急救援大队作战、训练体系。同时,全县应急救灾物资储备单位也纳入县综合应急救援保障体系。同年,开始全面推进全县基层应急队伍建设,各乡镇(街道)建立综合性应急救援队伍,共成立抗旱救灾、森林防火、地质救援、卫生应急、矿山危险化学品救援等专业队伍11支,拥有队员799人。2011年11月,进一步整合120报警系统、防洪防汛视频系统、气象视频系统等系统的功能,建成应急指挥中心视频指挥系统并投入使用。

第五节　行政审批、招投标与采购服务

一、行政审批

行政审批制度改革　2002—2012 年，全县先后进行四轮行政审批制度改革。2002 年，进行第一轮行政审批制度改革。以县内所有具有行政审批权的部门为对象，以审批事项多或直接面向企业、群众的部门为重点，要求行政审批事项在原来的基础上减少三分之一以上，行政审批时限在原来基础上缩短三分之一以上。至 2003 年，全县 34 个部门共削减审批项目 141 项，削减幅度为 43%，保留审批项目 186 项（含新增事项），审批时限提速率为 62.8%。2005 年，进行第二轮行政审批制度改革。全县 40 个部门（单位）原有行政许可项目 300 项，改革后增加 15 项，共计 315 项。车管、公管、运管、航管、农机监理等 5 个集中办事大厅内的所有行政许可和便民服务项目的办理情况统一纳入县行政服务中心监管。2009 年，进行第三轮行政审批制度改革。32 个部门的行政许可项目 268 项、行政许可初审事项 75 项、行政审批事项 96 项进入行政服务中心大厅集中办理，集中办理率达 89.2%。涉企承诺件平均承诺办结时限从 6.69 个工作日缩短到 3 个工作日，按时办结率达 100%。2012 年，进行第四轮行政审批制度改革。全县 315 项行政许可项目有 278 项进驻行政服务中心窗口办理，集中办理率为 88.3%。便民服务三级联动系统开始试运行，将全县 18 个部门涉及“三农”的 130 余项办事事项名称、流程、承诺时间、应提交的材料等信息录入到数据库中，工作人员按照流程完成项目受理、审核、上报、批准、发证等各个步骤，保证整个办证流程透明、规范，让村民不出村就能把手续办齐，把该办的事情办好。

图21-3　长兴县行政服务中心（县行政服务中心提供·2005年）

行政审批受理　2001 年 6 月，长兴县审批办证服务中心（2005 年 2 月更名为长兴县行政服务中心）成立，实行“一个门受理、一座楼办事、一个窗收费、一条龙服务”的政府服务新模式。首批进驻部门 22 个，集中审批服务事项 194 项。2003 年，对承诺事项实行“一事一评”制，由服务对象对窗口工作人员进行现场评议，加强监督管理，提高整体素质。2010 年，县行政服务中心在深化办证代理制度、建立全天候预约服务机制、设立工业项目服务窗口、开通绿色通道、实行并联审批、建立“6+X”窗口审批协调机制等一系列服务机制的基础上，对所有落户长兴并进入“中心”办理的重点企业和项目全面推行“‘中心’牵头、职能窗口负责主办”的审批新模式。2011 年，继续不断深化该模式，按照“减少环节、缩短时限”的总体要求，通过对项目审批全过程加强跟踪、监督，对窗口服务各环节加强协调管理，实现项目审批各环节的进一步优化组合，不断提高服务效能。加强便民服务中心规范化、标准化建设，实现乡镇便民服务中心和村级（社区）便民服务中心全覆盖，形成行政服务工作县、乡镇、村三级联动机制。至 2012 年 12 月 31 日，审批办证服务大厅共受理事项 3059507 件，其中即办件 2347260 件、承诺件 707962 件、联办件 4285 件，日均受理 1060 件，按期办结率 100%，群众满意度 99.9%以上。

行政审批服务　2001 年，县审批办证服务中心建立后，实行“一门受理、告知相关、联合审批、限时办结”审批方式。将进驻的审批事项按性质分为一般事项、特殊事项、重大事项、上报事项、控制事项五类，实行“五制”办理，即一般事项直接办理、特殊事项承诺办理、重大事项联合办理、上报事项负责办理、控制事项明确答复。收、退实行“五件”办理,分为即办件、退回件、补办件、承诺件和联办件。2002年,推出“大好高”项目绿色通道服务,对重大、重要、重点项目不受办件承诺时限和工作时间的影响,建立“110”快速反应机制,实行一窗受理、一条龙和零时差服务。2006年,县工商局、县外贸局、县财政地税局等8个与年检相关部门在县行政服务中心设立联合年检办公窗口和联合年检办公室,较好地解决企业多头年检、多头收费、多跑路等问题。2007年,设置工业项目服务窗口,建立发改、外经贸、国土、建设、环保、工商等6个窗口和其他涉及具体审批的若干窗口组成的“6+X”审批协调机制。2008年2月,开展涉企审批服务事项“两减一增”活动,优化流程,打造行政审批服务“效率之窗”。在企业设立变更登记上推出“一照三证”服务新模式,与企业登记相关的工商营业执照、税务登记证、机构代码证同窗受理与发证。结合电子监察平台和网站建设,逐步实现行政服务中心与部门、部门与窗口、部门与部门间的网络对接,做到网络互联、数据互通、资源共享,进一步深化、拓展网上预审功能。2010年,深化办证代理员制度,对办证代理员队伍实行“一周一上报、一月一例会”制度,将以往的多个部门逐个串联式审批转变为多个部门集中并联式审批,一次完成所有的审批程序。2011年,在县工商局窗口及六个基层工商分局(所)联合质监、国税、地税等部门推行“多证联办”服务,实现审批提速。长兴成为全省乃至全国第一个实现全县范围内全覆盖推行企业和个体工商户营业执照、机构代码证、国税税务登记证和地税税务登记证“四证”联办服务的县。2012年,会同工商、质监、财政地税、国税、公安等部门,在省内首创企业设立变更登记的“多证联办”服务新模式,实现与企业登记相关的工商营业执照、税务登记证、代码证等的同窗受理与办结,同时做到基层工商所“多证联办”全覆盖。

二、招投标与采购服务

2004年11月,长兴县招投标中心成立,与审批办证服务中心实行“两块牌子、一套班子”的模式运作。同年12月,正式入场运行。县招投标中心是长兴县进行建设项目交易、国土资源交易、产权交易、政府采购四大类政府性公共资源交易及公共采购活动的有形市场。2005年,成立乡镇招投标中心,实现招投标平台向乡镇延伸。2010年11月,长兴县政府投资项目招标事务处成立。2012年12月,县招投标中心更名为县公共资源交易中心。同月,县政府设立县招投标市场管理委员会,下设办公室(简称县招管办),承担建设项目交易、国土资源交易、政府采购、产权交易等交易活动重大事项的领导和协调职能。县招管办下设由相关职能部门派出的专项监督管理室,经各职能部门授权,分别对招投标市场的各类活动进行监督管理。

县招投标中心分交易服务区、交易活动区、封闭式评标区、办公区等四个功能区。设有多个功能齐全的开标、评标室和拍卖交易厅,并设有国土、建设、政府采购、产权交易等交易服务窗口和监管室,配置电子显示屏、实时音像监录、会议音响、评标区门禁系统以及计算机网络等完善的交易管理和服务配套设施,可以满足多场交易同时进行。大厅面积1500平方米,设有国土、建设、政府采购等3个窗口,大小评标室、开标室共6个。县招投标中心具有统一进场、管办分离、规则主导、全程监管四个特点,同时获得省国资委的批准,取得省国有产权转让业务资格,涉及产权转让业务的服务范围不受地区、行业和企业所有制性质的限制,可跨地区进行服务。2011年年底,县电子招投标系统全面启用。至2012年,县招投标中心对招投标交易各个方面、各个环节进行严格规范。制定《评标专家抽取管理程序》《评标须知》等规定。推行注册会员网上报名并自动登记隐名单、系统自动比对资格预审、自动语音抽取专家、门禁系统管理、供应商诚信体系建设等一系列举措,实现公开、公平、公正的阳光交易。

第六节　为民办实事工程

1993年始,县政府每年将若干件与经济社会事业发展和人民生活密切相关的事项,在政府工作报告中作出承诺,列为当年实事工程,通过多方筹集资金,集中财力物力,创造良好的投资环境和人居生活环境。同年3月，在县第十一届人民代表大会第一次会议上，县政府首次提出把与人民生活和经济发展密切相关的事作为实事来办，并提出“十件实事”。1994年，继续倡办实事，主要是实施双“123456”工程。1995年，实施事关群众生活和全县经济发展的“210”工程，即完成十大任务、启动十大工程。1996年、1997年，未明确提出实事工程，但仍旧延续往年，加大城建、交通、电力、水利、通信等基础设施建设。1998年，着重兴办十件大事。1999年、2000年、2001年，未明确提出实事工程，继续加强水利、城建、交通、电力、通信等基础设施建设，推进经济和社会信息化进程，加快城市化进程，并通过实施可持续发展战略，促进经济社会的协调发展。该时期，政府为民办实事主要集中在基础设施建设方面。从2002年开始，正式提出为民办实事工程，政府每年都在人民代表大会上提出办好十件实事（其中2003年为十二件），并在次年的人民代表大会上汇报实事工程完成情况。从2008年开始，提出十方面民生实事，覆盖社会发展多个领域，包括食品安全、住房保障、就业创业、教育医疗、社会保障、社会救助、环境提升、文化建设等。

1993—2012年长兴县实事工程情况表

表21-4

年份	实事工程名称
1993	完成金陵南路路面工程，城南西路投入使用；完成三里港桥主体工程；县乡公路“砂改油”完成36千米；新开通煤山、丁新、泗安、和平四区8个乡镇程控电话，完成雉城镇3000门扩容工程；浙皖综合市场、浙北生产资料市场和烟草调剂中心竣工并投入使用；雉城镇竣工商品房10万平方米；完成洪桥变电所增容工程
1994	长兴电视塔竣工并投入运行；完成全县31个乡镇程控电话并网，容量达2.2万门；夹浦轻纺市场二期工程竣工；城东变电所35千伏输变电工程竣工投产；县乡“砂改油”完成43千米，城南路贯通，104雉城段拓宽工程交付使用，金莲桥竣工；全年竣工商品房10.4万平方米
1995	第二自来水厂一期工程完工；改造农村低压线路350千米，李家巷11万伏变电所易地升压工程竣工并投入使用；建成318国道雉城过境段南移工程浙北大桥，初步建成铁水中转港一期工程和南门公用型汽车站，完成县乡公路黑色化改造47.1千米；完成校舍新建和改造任务26443平方米，新华书店大楼及雉城中学、古城中学教学实验楼相继投入使用；新增程控电话1.5万门，省市县电视电话通信网开通；少年宫、体育馆主体工程完工。十大工程均按计划启动并推进，主要包括：完成南门华东小商品市场建设任务，中百一店二期开业；基本完成长湖申航道吕山段拓宽工程；稳步推进金陵路、仓前街拓宽拆迁改造工程和长牛线改造工程；按计划启动杨家浦港拓宽疏浚工程，环太湖大堤新塘、杨家浦两座大桥建设工程，城北农贸市场项目等
1998	里塘至吴山、和平部队仓库两条公路砂改油工程竣工，槐坎至二界岭的越峰公路贯通，完成县前街东段拆迁改造、两侧人行道硬化和绿化配套工程；小浦35千伏输变电工程竣工
2002	开通文明创建热线电话，受理电话644件；新建中心屠宰场、无公害蔬菜生产基地（至次年3月共建设333.33公顷）、农产品质量监督检测中心；2724户共计5446人享受城乡居民最低生活保障（至次年3月），72.2%的农民参加大病统筹；完成金宇花园、金临小区、三狮苑3个小区基础设施、社区服务、物业管理提升改造；完成城区内液化气主干管网铺设工程；完成甘家港整治工程；完成240个村的村庄环境建设、96个村的改水工程；改建乡村桥梁52座
2003	新增就业岗位8200个，组织3125名城镇下岗失业人员参加培训，帮助4060名城镇下岗失业人员实现再就业；启动长兴实验初中、金陵高级中学和古城中学迁建工程，以及大剧院、图书馆、档案馆新建工程；完成318国道雉城过境段生态林建设和万棵乡土树种进城计划；全面开展千里河道整治工程，完成全县主河道杂草清除工作；完成金陵、马巾巷居委会办公楼建设，新增9个封闭式管理小区，建成10个老年活动室；改建、新建30座民间桥梁，启动西苕溪胥仓大桥工程；完成323个村的环境建设；新增管道液化气用户3000多户；完成台基山公园主体工程以及古城公园、花菇山公园改造工程；实施雉城镇16个城中村整治，完成15个
2004	新增就业岗位7225个，培训3511名城镇下岗失业人员，帮助4242名城镇下岗失业人员实现再就业，城镇登记失业率控制在4.1%以内；全部免征农业税，免征额达1172万元，完成种粮大户直接补贴4264户、170万元；实施新型农村合作医疗制度，全县农民合作医疗参与率达85.7%；完成315户农村贫困家庭危房改造；全面开展包漾河饮用水水源保护区整治，完成保护区内9571台喷水织机的搬迁或集中治污工作；初步建立农产品质量安全检测中心、检测车、检测点“三位一体”的安全检测监督体系，市场食品质量检测合格率提升到95%左右；启动建筑面积为2.04万平方米的经济适用房一期工程；新建、改建13所敬老院，全县集中供养和入敬老院集中供养比例分别达到91.4%和75.1%；泗安镇实现有线电视通村全覆盖

续表21-4

年份	实事工程名称
2005	完成38个行政村改水工作，新增受益人口近8万人；新开通25条城乡公交线，实现村村通公交；完成595户农村贫困家庭危房改造，竣工首期2万平方米经济适用房；完成免费职业技能培训6038人，转移农村富余劳动力2.25万人，净增城镇就业岗位8282个，帮助4322名城镇下岗失业人员实现再就业，均超额完成年度指标；在和平等4个镇设立法律援助站，办理法律援助案件264件；出台《关于印发长兴县城乡居民医疗救助暂行办法的通知》，建立医疗救助专项资金；完成林城姚家港、夹浦北横港等河道清淤73.13千米；完成4座垃圾中转站建设；发放教育券5658张、爱心营养券3762张，9300多人次贫困学生受益
2006	完成51个行政村改水工作，新增受益人口10.9万人，全县自来水通村率达到81%；深入推进村庄示范整治工程，完成吴山乡横涧村、洪桥镇古龙村等7个省级示范村创建任务，水口乡和小浦镇开展全面整治；实施农村贫困家庭危房改造504户；完成河道清淤整治和河道两岸绿化549千米；新增就业8704人，帮助3812名下岗失业人员再就业，共发放“农民技能培训教育券”1.51万份，免费培训农村劳动力7641人，转移农村劳动力2.32万人，举办劳动力交流会14场、提供就业岗位2.73万个、达成就业意向1.85万人；完成13个乡镇垃圾中转站建设，建成村级垃圾收集房180座；完成164个社区卫生服务站建设，完成农民健康体检22.9万人，为45.9万名农村居民建立家庭健康档案
2007	实施区域供水39个行政村，新增受益人口7.7万人，完成农村生活污水处理池建设1.2万余座；完成75座村级垃圾中转房建设；培训城乡劳动力2.7万人次，转移农村富余劳动力1.13万人次，帮助3605名城镇下岗失业人员再就业；实施贫困家庭医疗救助378户、291.1万元，全面实施城镇居民医疗保险制度，参加新型农村合作医疗保险农民达93.5%；发放廉租住房租赁补贴130户、16.13万元，新增住房公积金制度扩面单位222家、3918人，完成农村贫困家庭危旧房改造341户，政策性农村住房保险工作实现全覆盖；中心农贸市场主体工程基本完工，10家200个以上摊位的农贸市场全部设立检测点，生猪、菜牛定点屠宰率达95%以上，启动25个食品安全示范村建设，行政村连锁便利店食品配送率达到90%；编制完成《城市公共交通规划》，城市主干道每500米有站点，新增道路停车位550只；发放扶贫助学教育券1.7万张、922.75万元，发放“爱心营养券”1.56万张、167.62万元，减免义务教育阶段学生杂费1500多万元，开通农村学生班车线路136条，设立552个学生接送停靠点，投放车辆137辆；完成体育中心建设并对外开放；完成县老年活动中心和52家城乡老年活动室建设
2008	完成17所农村完小或教学点、4所农村初中撤并，基本完成技师学院新建等9项城乡中小学校舍新建、迁建、改建工程；城镇新增就业9876人，帮助3615名城镇失业人员实现再就业，培训城乡劳动力2.7万人、转移农村富余劳动力1.1万人，招聘到村（社区）工作大学生101人，为残疾人提供就业岗位316个；城镇居民医疗保险参保人数达到10.8万人，新型农村合作医疗参合人数达37.1万人，新增企业职工医疗保险参保1.43万人；新增企业职工养老保险参保9624人，完成吴山、林城、虹星桥、雉城等4家敬老院修建，建成槐坎、水口2家敬老院并投入使用，农村五保对象、城镇“三无”人员集中供养率达到97.8%；安置房、经济适用房、廉租房和人才公寓竣工7万平方米，完成农村困难群众危旧房改造334户；筹措各类救助资金5490万元，实现政府救助6.5万人次；新增区域供水41个行政村、受益人口7.4万人，农村226家放心示范店实现主体配送率100%，所有农贸市场实现食品流动检测全覆盖；完成农村联网公路66.7千米、低等级桥梁改造40座，新增中心城区公交站点26个、停车泊位212个；16个乡镇全部建立县图书分馆，新增体育健身路径195条，完成数字电影下乡2954场，发展数字电视用户1.3万户；完成133件人大代表建议案、130件政协委员提案办理，面商率、办结率100%，满意率100%，完成5546起12345县长热线投诉咨询受理，办结率100%，署名投诉理解、满意率95%
2009	完成20所学校标准化建设、8所中小学旧房改造工程；新增就业人数1.14万人，城镇登记失业率3.4%，帮助4386名城镇失业人员再就业，培训城乡劳动力2.98万人次，转移农村富余劳动力1.1万人次，吸纳长兴籍大学生1620人就业，为残疾人提供就业岗位203个；三项医疗保险制度覆盖所有城乡居民；新增企业职工养老保险1.15万人，建成县级养老服务指导中心1个、乡镇（街道）养老服务中心3个、城市社区居家养老服务站4个，新建、改建、扩建44家“星光老年之家”，农村五保对象、城镇“三无”人员集中供养率99%；竣工廉租房、经济适用住房、拆迁安置房和人才公寓11.3万平方米，完成危房改造416户；发放各类救助资金6229.62万元，政府救助7.75万人次，办理刑事、民事法律援助案件351件，成立残疾人“阳光之家”工疗站；城北市场和陆汇新村、西山新村农贸市场投入使用，开展流通领域商品质量监测150个批次，放心店统一配送实现全覆盖，食品经营主体统一配送率达到50%以上；完成农村联网公路90千米，改造低等级桥梁52座，新投放城市公交10辆，建成小区停车位252个、地下停车位370个；完成体育馆改造、5个城市社区事务中心建设，新增数字电视2.55万户；人大代表建议案和政协委员提案面商率、办结率100%，满意率达99%以上，对各建议案和提案的解决率达60%，受理群众投诉咨询4448起，办结率100%，署名投诉件满意率96%

续表21-4

年份	实事工程名称
2010	完成三小扩建工程主体建设，完成16所农村中小学塑胶跑道改造工程、36所农村中小学信息化校园网建设工程、青少年社区活动中心建设、培智学校改造工程；新增就业人数1.06万人，帮助4552名城镇失业人员再就业，培训城乡劳动力2.98万人，转移农村富余劳动力1.11万人，吸纳长兴籍为主的大学生1710人，自主创业大学生110人，残疾人实现就业203人；新增企业职工医疗保险参保1.76万人；完成城乡居民社会养老保险参保17.55万人，新增企业职工养老保险参保1.5万人，完成5个乡镇养老服务中心和5个社区（行政村）养老服务站建设；竣工"四房"31.54万平方米，完成农房改造建设5640户，改造完成农村困难群众危旧房429户；筹措各类救助金6028万元，实现政府救助5.7万人次，完成全县法律援助网格化服务工作，在全县各行政村（居委会、社区）设立法律援助联络点，办理法律援助451件；完成8家农村小菜场整治规范任务，新建立市场检测点2个；完成联网公路71.1千米，改造低等级桥梁完成50座，新增城乡公交284班次，新增公共停车泊位543个；完成文体俱乐部建设36个、幸福乡村大舞台100个、健身路径50条，实现图书室行政村全覆盖，有线数字电视城区转换完成100%，农村完成87.5%；按时办理建议案、提案，办结率、见面率达到100%，满意率达到95%以上，共受理投诉、咨询3880件，按时办结率100%，理解、满意率96%
2011	完成夹浦中学教学楼等7所学校校舍改造工程，省书香校园工程配备图书2.7万册（20.3万元）、县配图书10.9万册（90.9万元），新增学生台式电脑861台、教师办公电脑888台、教室多媒体设备363套；新增就业人数1.22万人，城镇登记失业率3.1%，帮助5212名城镇失业人员实现再就业，培训城乡劳动力3万余人，吸纳以长兴籍为主的大学生1520人，新增残疾人就业218人，新扶持残疾人创业169人；新增企业职工医疗保险参保2.54万人；完成城乡居民社会养老保险参保4.08万人，完成5个乡镇养老服务中心、5个村（社区）养老服务站建设，新建、改扩建4所福利中心；建成经济适用房2.6万平方米、334套，新增廉租房保障家庭107户，完成农村住房改造建设6156户，完成大成等5个老小区的改造提升，完成安置房建设14万平方米，改造农村困难群众危旧房302户；筹措6278万元，救助5.9万人次；完成3家乡镇中心店，30家村级门店建设任务，检测食品80个批次，100个摊位以上市场（共15个）全部设立检测点，实现农贸市场食品质量抽检全覆盖，四个大中型超市（欧尚、大润发、浙北、华润）食品质量检测全覆盖；新建农村联网公路75.3千米，改造低等级桥梁40座，新增和更新城乡公交车20辆，新增公共停车泊位506个；完成建设农村篮球场50个、幸福乡村大舞台50个、特色文化展示馆10个、村级文体俱乐部30个，整体平移数字电视用户34562户；交由政府系统办理的248件建议案、提案面商率100%，办结率100%，满意率95%以上，受理的5140起投诉咨询办结率100%，理解、满意率96%
2012	新增就业1.26万人，帮扶城镇失业人员再就业5219人，吸纳以长兴籍为主的大学毕业生1780人，开发引进创业项目100个，培育创业孵化（实训）基地10个，培训城乡劳动力2.18万人次；主要初级农产品、规模种植基地产品质量抽检实现全覆盖，对全县148家食品加工企业产品抽检340批次，质量抽检实现全覆盖，建立食品安全举报制度，出台《长兴县食品领域违法行为举报奖励办法》，完成7家农贸市场的改造提升，完成合溪水库原水管网配套工程并开始供水；完成龙山小学等建设工程，完成24所中心幼儿园信息化网络建设，新增和更新城乡学生接送车30辆，资助家庭经济困难学生7955人；创建"三级乙等"医院3家，完成24家乡镇卫生院回购工作，城镇居民医疗保险参保率达到99.6%，新型农村合作医疗参合率达97.5%；完成3个中心镇综合文化特级站创建，新建农家书屋100个，组织文艺下乡1120场次，培训文艺骨干1.26万人次，实现节假日期间学校体育设施面向社会开放；新开工经济适用房1.5万平方米、200套，落实长广安居工程二期金桂苑，新开工公共租赁房3.5万平方米、550套，新增廉租房保障家庭218户，完成农村困难群众危旧房改造302户，完成站南等5个老小区改造，新增物业管理项目10个，城区住宅小区物业管理覆盖面达到75%以上；完成农村联网公路82.8千米，农村低等级桥梁改造22座，新增和更新公交车60辆，新建农村港湾式停靠站58个；完成白岘乡敬老院建设，建成2个城市社区居家养老服务照料中心，新增企业职工养老保险参保3.01万人；筹措各类救助资金7606万元，政府救助7.7万人次；完成河道清淤104千米，24个美丽乡村通过市县验收，完成9个村环境连片整治工作，新建、改建农村无害化卫生厕所3750座，新增城乡绿化2713.33公顷

说明：资料来源于县政府办

第七节　市民服务热线

2002年4月，长兴开通文明创建热线电话，同年共受理电话644件，主要涉及城市建设、交通出行、环境卫生、公安管理等方面。2003年3月，建立县人民政府行政投诉咨询服务中心，又称县长热线办公室，开通热线电话"12345"，办公地点在县政府大院一楼。当年共受理市民电话1678件，编发《今日民情》简报195期。12345热线开通以来，先后建立受理、跟踪、督查、信息反馈等工作机制，认真解决群众反映的问题,为政府畅通民情,倾听民声,了解民意。2010年,在8个小区设置公开栏,每月公开反馈民情办理结果,接受群众监督。2011年3月、5月、9月、11月,会同县农业局、县交通局、县电信公司、县建设局、县城管局、县林业局6个部门到吴山乡、吕山乡等8个乡镇和君悦华府、茗桂华庭等8个小区开展县长热线进农村、进社区活动,与群众面对面交流,现场听取群众意见、建议。四次活动共现场受理投诉件103件,全部按时办结,并对所有投诉件进行督查回访,理解满意率95%以上。2012年,将每月第二周周六定为县长接听日。当年进行两轮县领导接听活动,共受理投诉件293件,全部办结,理解满意率95%以上,一批困难群众救助、工资清欠等民生问题得到解决。至2012年年末,共受理社会各界投诉39678件,其中市政府热线交办1976件。年办结率100%,理解满意率93%以上。

2003—2012年长兴县市民服务热线电话分类情况表

表21-5　　单位:件

类型	2003年	2004年	2005年	2006年	2007年	2008年	2009年	2010年	2011年	2012年	合计
民政生计	54	80	80	68	76	102	92	88	92	59	791
城市管理	121	143	210	249	181	242	143	132	152	108	1681
市政建设	51	101	129	102	121	185	58	72	69	45	933
环境保护	185	316	360	376	317	408	318	371	359	428	3438
供　电	129	198	110	62	96	152	118	133	178	196	1372
社会治安	76	121	113	83	96	135	195	208	235	178	1440
道路管理	31	57	128	121	113	198	152	134	175	171	1280
交通秩序	34	70	145	148	131	251	179	170	201	158	1487
社会保障	109	152	231	329	368	452	372	375	385	291	3064
医疗卫生	35	78	101	87	81	172	102	99	121	133	1009
土地管理	13	55	68	60	78	153	66	59	121	61	734
劳动管理	49	217	195	328	312	452	380	325	498	391	3147
供　水	40	42	61	61	75	148	157	65	102	78	829
体育文教	23	117	138	119	156	215	199	171	180	155	1473
机关工作作风	19	22	31	27	24	35	27	19	26	33	263
通　信	49	75	85	93	95	142	102	78	120	98	937
拆迁安置	17	57	82	95	97	135	109	79	133	119	923
其　他	643	1161	1493	1352	1347	2134	1679	1302	1993	1773	14877
小　计	1678	3062	3760	3760	3764	5711	4448	3880	5140	4475	39678

说明:资料来源于县市民热线中心

第八节　人大议案、代表建议和政协提案办理

1991年5月,县政府制定《人大代表建议、政协委员提案办理工作规则》,明确办理工作实行部门领导负责制,县政府办是人大议案、政协提案办理的归口部门;县"两会"期间交办的议案、提案,函复时间一般要求在3个月内完成。2005年3月,下发《关于对人大代表议案、意见和政协委员提案办理要求的通知》,要求规范操作,用正式文件的形式答复;所有议案、意见和提案按照规定均要求在3个月内办理完毕并及时答复;承办5件以上的单位,要向县政府办和县人大常委会人事代表工作委员会或县政协办报送书面汇报材料;县政府办要加强对承办单位的监督检查。2007年3月,下发《关于对人大代表建议案和政协委员提案办理要求的通知》,提出要在答复件的右上角注明问题解决程度,每份答复件都要附

上书面征求意见反馈表，对反馈意见中有不同意见的，承办单位应当作进一步的沟通和答复。2008 年 1 月，下发《关于健全政府领导领办人大代表建议案和政协提案制度的通知》，明确县人大、县政协确定的重点建议案和重点提案，县政府办根据县领导的职责分工报请县政府领导确定领办件，并成立办理工作小组、制定办理方案、开展调查研究、加强沟通、召开办理工作座谈会、做好办理意见答复、抓好办理措施落实，确保满意率达到 95%以上；县政府领导根据职责分工，对分管部门的建议案和提案办理工作负责抓好办理进度和质量，做好指导和协调工作。1987—2012 年，县政府共办理人大议案 5421 件，政协提案 3728 件。

1987—2012 年长兴县政府承办人大议案、代表建议、政协提案情况表

表 21-6　　单位：件

年份	人大建议案	政协提案	年份	人大建议案	政协提案
1987—1989	735	491	2001	171	160
1990	341	93	2002	191	112
1991	120	154	2003	265	171
1992	234	191	2004	156	132
1993	342	132	2005	136	132
1994	261	133	2006	136	124
1995	231	156	2007	180	152
1996	253	131	2008	129	120
1997	243	142	2009	120	124
1998	279	120	2010	120	154
1999	342	132	2011	105	144
2000	166	156	2012	165	172

说明：资料来源于县政府办

第四章　信访 机关事务

1988 年，长兴县委、县政府信访办公室负责全县信访工作的联系和指导。1996 年 9 月，更名县委、县政府信访局（以下简称县信访局），副科级单位，为县委办公室内设机构。1999 年 9 月，升格为正科级单位。2001 年 12 月，县信访局设办公室、接访室、来信处理室 3 个职能科室，行政编制列入县委办公室。2006 年 7 月，设立县政府信访事项复查室，为县信访局内设机构。2009 年 1 月，县信访局单列，下设办公室、接访科、办信科、复查室 4 个职能科室。

1992 年 3 月，长兴县政府机关事务管理局成立，负责县级机关后勤行政事务。1996 年 9 月，撤销县机关事务管理局，组建县机关事务服务中心。1999 年 3 月，县机关事务服务中心撤销。2006 年 3 月，长兴县行政中心管理办公室成立，负责行政中心机关后勤保障工作。

第一节　信访办理

一、信访制度

1988 年，全县继续实行县级领导接待群众来访日制度。1996 年，县委、县政府出台《长兴县乡镇、县直属单位党政领导信访工作责任制》，明确乡镇、县直属单位党政领导信访工作责任制进行考核。2003

年4月,各乡镇、部门建立领导接待日制度。8月,建立县四套班子领导干部下访工作制度,县级领导对下访受理的信访案件实行包案处理。同年,建立信访工作汇报制度,县委常委会每半年、县信访领导小组每季度研究一次全县信访工作。2004年,建立县处理信访突出问题及群体性事件联席会议制度,县处理信访突出问题及群体性事件七个专项工作小组,分别为企业军转干部问题工作小组、环境保护问题工作小组、涉法涉诉问题工作小组、农婚知青问题工作小组、城镇拆迁问题工作小组、农村土地征用问题工作小组、其他信访热点问题工作小组。2005年,县领导接待群众来访日实行律师陪访制度。2007年,在原有七个专项工作小组的基础上,增设复退军人问题和库区移民问题两个专项小组。2011年6月,制定下发《关于进一步强化县四套班子成员信访工作领导责任的意见》,建立县领导信访值周制度,值周县领导要全面负责一周的信访工作,对重大信访事项做好接访工作并进行协调处理,对不能及时处理的,由值周县领导提出处理意见送县信访联席会议。

二、信访受理办理

1988—1992年,县内反映户粮、住房、生活出路等信访问题占比较大,成为该时期全县信访工作重点。1998—2003年,企业改制、土地征用、环境污染、工业园区建设等问题引发群体上访情况较多。如2003年,夹浦镇某村群众就镇工业园区的征地程序、补偿金标准、征地后的生活保障等问题,连续2次到县集体上访。2004—2007年,信访矛盾日趋多元化。一些特殊群体如农婚知青、精简下放人员等上访频繁,要求享受有关待遇;农嫁居妇女反映征地款分配问题。2008—2012年,因奥运会、世博会等重大国际活动的相继举行(包括各级"两会"召开期间),一些老访户择机越级上访明显;由于受金融危机影响,经济下行压力增大,反映债权债务纠纷、房产交易纠纷、企业欠薪等信访问题明显增加。省落实特殊群体的有关政策出台后,信访矛盾发生转变,退伍老兵、农婚知青两大群体比较稳定,各项政策在落实之中,但电影放映员、民办教师对新出台的政策不满,活动频繁。2012年,全县共受理信访总量1666件次,其中来信965件,来访701批3938人次。

1988—2012年长兴县信访部门受理办理群众信访情况表

表21-7

年份	信访总量				集体访		个体访	县领导批信接访		
	总量(件次)	来信(件)	来访		批	人次	件次	阅批信件(件)	接待到访	
			批	人次					批	人次
1988—1998										
1999	1167	764	403	—	88	1483	371	434	115	343
2000	1292	878	343	—	71	1640	343	525	—	—
2001	1232	810	422	—	88	1555	304	502	80	160
2002	1610	936	674	—	125	1997	469	578	108	320
2003	1820	1082	738	2411	112	1543	625	586	104	284
2004	2109	1237	872	3865	126	2824	746	602	87	169
2005	2175	1183	992	2580	105	1368	—	569	127	244
2006	1761	1127	634	1754	75	888	—	647	130	281
2007	2249	1468	781	2786	125	1756	—	893	89	185
2008	2637	1574	1063	4864	177	3326	—	1040	369	1691
2009	2377	1489	888	5136	189	3911	—	990	223	1809
2010	2126	1283	843	4819	208	3724	—	697	79	592
2011	1856	1083	773	4251	212	3206	—	701	90	601
2012	1666	965	701	3938	229	3065	—	628	99	743

说明:资料来源于县信访局

第二节　机关事务

一、长兴县机关事务管理局

1992 年 3 月，长兴县人民政府机关事务管理局成立，为副科(局)级县政府直属事业机构，受县政府委托主管县级机关后勤行政事务，内设办公室、财务科、接待科、基建科。负责县委、县政府、县纪委领导班子和县委办(含保密局、信访办)、县政府办(含法制科)、县纪委各科室、县委组织部、县委宣传部、县委统战部、县委党史办、县委老干部局、县机关党委、县委政法委、县志办、团县委、县妇联、县外事办、县监察局、县事务局、县体改办、县开发办等部门的行政事务。成立以来，履行政事务管理，搞好后勤服务，推动机关事务管理工作规范化、制度化。管理财政核拨的各项经费；做好属直管机关产权的住宅、办公用房、仓库、车库等房屋的开发、建设、购置、分配、调剂、出售、出租、维修等管理；做好公用设备和公用财产的预算、购置、更新、报废等管理；做好特种车辆的购置、调度和汽车的维修管理；做好县委、县政府、县纪委领导布置交办的接待工作和其他行政事务工作；做好管辖范围内干部、职工的煤气灌装和供应；做好县委、县政府直接召开的大型会议的后勤服务工作和县委、县政府会议室管理；做好县委、县政府机关大院的规划建设、门卫保卫、环境卫生和报刊分发；做好县政府招待所、县机关幼儿园等下属单位的归口领导工作；利用保障设备和后勤服务等兴办经济实体。1996 年 9 月，县机关事务管理局撤销。同月 11 日，组建县机关事务服务中心，仍为副科(局)级县政府直属事业单位。1998 年 7 月，县政府招待所划归县粮食局管理。同年 9 月，县机关幼儿园划归县教委管理。1999 年 3 月，县机关事务服务中心撤销。

二、长兴县行政中心管理办公室

2006 年 3 月，长兴县行政中心管理办公室成立(以下简称县行管办)，正科级县政府直属事业机构，负责行政中心机关后勤保障工作。4 月 3 日，县行政中心机关事务管理领导小组成立。5 月 8 日，长兴县行政办公综合楼正式启用，入驻机关单位 72 家，集中办公人员 1500 余人。

行政中心区域管理　2006 年 4 月，县行管办针对行政办公综合楼的启用和行政中心区域管理，制定《环境管理制度》《行政中心人员出入及车辆通行制度》《办公用房及附属固定设施管理规定》《长兴县行政中心电梯使用须知》《长兴县行政中心消防安全须知》。2008 年 8 月，制定《行政中心公共秩序管理规定》《文明上访须知》，9 月制定《行政中心广场管理暂行规定》。2009 年 12 月，组织编印《长兴县行政中心机关后勤管理制度汇编》。

公共机构节能管理　2006 年 9 月，印发《关于对公共区域照明实行节约管理的通知》，对行政中心公共区域照明节约管理划定标准及责任区。2007 年 1 月，联合县直属机关党工委、县财政局、县发展和改革委员会、县监察局印发《关于建设节约型机关实施意见》，推进长兴县节约型机关建设活动。2009 年 2 月，制定《行政中心机关节能管理规范》。2010 年 6 月，首次开展“绿色办公、低碳生活”公共机构节能宣传周活动，并开展能源紧缺体验、“节约粮食、反对浪费”活动。2011 年，组织对行政办公综合楼实施红外感应开关、能耗动态监测系统和办公室遮光帘节能改造。8 月，印发《长兴县公共机构节能工作考核评价暂行办法》，将全县 78 个县级公共机构纳入年度节能考核范围。2012 年，投入资金 38 万元，实施智能化节电系统试点建设，改造行政中心 D 座 8 个楼层，覆盖面积达 5000 平方米，实现办公场所日常照明、电器开关和空调智能控制，平均节电率达 10%。同年 6 月，印发《关于 2012 年全县机关事业单位节能节电工作的实施方案》和《长兴县公共机构节能工作绩效考核实施方案》。

机关服务　行政会议中心主要承担行政中心及县内大型会议活动接待任务。该会议中心于 2004 年 10 月开工建设，2006 年 9 月 9 日竣工，建筑面积 1.02 万平方米。共三层，有会议室 9 个、接待厅 1 个、展厅 2 个，会务服务人员 4 人。2009 年 1 月，全县视频会议系统完成建设并投入使用，视频会议系统的固定资产及日常运作由行管办负责，每周与各乡镇(街道、园区)进行视频会议系统联调一次。2010

年,对会议中心一楼2个展厅及三楼303会议室进行内部改造,增加服务功能。2012年,会务服务人员增至6人。至2012年年末,累计接待会议5860场、39.74万人次。

行政餐饮服务中心,为行政中心区域机关工作人员提供工作餐服务和接待用餐服务。该餐饮服务中心于2005年12月开工建设,2007年6月30日竣工,建筑面积3300平方米。共两层,一楼主营快餐,共有200个餐位,另设有多功能餐厅、宴会厅;二楼主要负责接待任务,设有包厢、自助餐厅及风味餐厅。2007年2月,通过竞争性谈判招标,由南京大家乐餐饮娱乐有限公司承包经营,3月5日开张经营。2008年7月,由县行管办收回并自主经营,更名为长兴县行政中心机关食堂。2012年,机关食堂共有员工40人。

行政中心区域还设有专门停车位,提供停车服务。2012年年末,共有地下停车位140个、地面停车位233个,其中当年新增停车位115个。

第五章 外事工作

1988年9月,长兴县政府建立外事办公室(以下简称县外事办),负责全县外事归口管理工作。1999年9月,长兴县被批准对外国人开放。2004年起,先后与瑞典卡尔马省、德国巴特基辛根市等开展友好交流活动。2009年2月,成立长兴县人民对外友好协会。随着长兴县对外开放不断扩大,常驻外国人逐渐增多。2012年,县内常驻外国人达150多人。

第一节 接待来访

1988—2012年,全县接待外宾和中国港澳台人士近850人次。主要包括政府往来、议会交流、友好城市签约、农业交流、工业交流、城建交流、教育交流、参加会议及论坛等。

1998年11月,接待澳大利亚、日本5名地质科学家考察"长兴灰岩"。1999年9月,接待美国国家自然历史博物馆4名学者到煤山剖面进行地质考察。2000年6月,接待美国爱荷华州立大学教授代表团到长兴考察青少年心理素质和技能技巧培养情况;11月,接待英国驻上海总领事馆商务领事Trevor Lewis到浙江金巴开植物制品有限责任公司考察访问;12月,接待法国巴黎市市政府秘书主任法郎西•乐卡专程到长兴清泉武校考察访问。2001年2月,接待德国威尔堡市市长汉斯•彼得•希克一行访问长兴;4月,接待日中技能者交流中心访华团到长兴考察参观纺织印染企业,并对长兴参加赴日印染项目的研修生进行笔试和面试;8月,接待国际地质委员会副主席Richard Lane和来自美国、澳大利亚、日本等12个国家的近百位古生物专家、地质学家到长兴参加"全球二叠系—三叠系界线层型及重大事件"国际学术会议。2002年3月,接待欧美、东南亚、日韩等国家和地区及中国港澳台地区的企业、部分全球500强企业、华人华侨团体共1000余名中外嘉宾参加"2002中国•长兴国际投资贸易洽谈会"。2003年9月,接待韩国安山市议会及企业代表访问长兴。2004年6月,接待瑞典卡尔马地区委员会主席安德斯•阿克松、瑞典驻上海总领事安蓝、瑞典政府投资促进署驻中国首席代表陈永岚到访长兴,参加中国长兴—瑞典卡尔马省友好交流关系签字仪式;9月,先后接待韩国、日本、印度三个国家的企业代表团到长兴开展经贸考察访问活动;10月,斯里兰卡国家种植部部长亚帕率代表团一行4人到长兴考察并洽谈茶叶销售合作有关事宜。2005年9月,接待日本株式会社波路梦常务取缔役星野样一行到长兴考察。2006年10月,接待日本及美国、新西兰、韩国、新加坡企业代表参加"2006中国•太湖明珠——长兴国际投资贸易洽谈会暨第十一次中日经济讨论会"开幕式;11月,接待商务部在浙江大学举办的援外"反贫困问题高级研修班"学员一行40多人到长兴考察农业和农村建设,学员分别来自叙利亚、巴基斯坦、印尼等30多个国家。2007年4月，接待日本嘉宾到长兴参加“中日友好樱花林”揭碑仪式；同月，接待包括韩国长兴郡韩中文化交流会会长姜元求在内的由韩国长兴郡旅游、文化、新闻、保险等行业负责人组成的考察团到长兴考察，并参加“中国长兴县—韩国长兴郡互动活动”；5月，接待日本亚洲太平洋论坛理事田中建二到长兴参观中日友好樱花林及波路梦食品、高田汽配等日资企业；6月，接待韩中文化交流会会长姜元求、韩国全罗南道议会副议长金昌南一行到长兴考察，县招商局与韩中文化交流会长兴支部签订友好合作备忘录。2008年8月，接待澳大利亚阿拉阿特市市长Councillor Fay Hull带领的友好代表团到长兴考察访问；9月，接待联合国环境规划署专员、国际花园城市竞赛委员会秘书长阿兰·史密斯一行到长兴考察国际花园城市创建工作；10月，接待韩国清州市议会议长延哲钦一行9人参观大唐贡茶院，以及美国江森全球副总裁Jorge Guillen一行到长兴作投资考察；同月，接待欧洲理事会副主席、比利时议会比中友好小组主席、比参议院执政的自民党党团主席保罗·威尔参加“国际新能源产业发展高峰论坛暨2009中国·太湖明珠——长兴国际投资贸易洽谈会”开幕式；11月，先后接待土耳其伊斯坦布尔工业协会副会长唐纳、土耳其担保银行驻上海首席代表诺扬率伊斯坦布尔工业协会考察团一行25人到长兴考察，接待日本厚生省劳动者小城镇安全供水访华团一行9人到长兴考察，接待瑞典卡尔马省地区委员会首席执行官哈肯·布莱尼尔森一行到长兴考察并洽谈2009年“中国长三角与欧洲波罗的海地区合作发展论坛”相关事宜。2009年8月，接待瑞典驻上海总领事馆公使林可人(Ms. Catharian Eklund)及瑞典皇家理工学院代表团到长兴考察第五届“中国长三角与欧洲波罗的海地区合作发展论坛”准备情况。2010年1月，接待瑞典卡尔马省地区委员会主席雷夫·拉尔森率领的代表团到长兴访问，商讨第六届“中国长三角与欧洲波罗的海地区合作发展论坛”相关事宜；4月，接待美国国际委员会主席、美国太平洋国际资本公司名誉董事长陈香梅，美国国际委员会副主席郝福满等到长兴参加“陈香梅社会活动65周年暨85华诞庆典”活动；6月，接待澳大利亚新南威尔州Shalhaven市市长Paul Green一行到长兴考察访问；8月，接待以瑞典卡尔马省地区委员会首席执行官哈肯·布莱尼尔森为首的东南四省代表团到长兴访问；10月，接待瑞典驻上海总领事姚汉森、瑞典卡尔马省地区委员会主席雷夫·拉尔森、瑞典南斯莫兰省主席玛丽·罗伊斯·海默生以及卡尔马省地区委员会成员到长兴参加第六届“中国长三角与欧洲波罗的海地区合作发展论坛”。2011年7月，接待日本长崎县岛原市副市长衫光正弘一行5人到长兴开展农业交流；10月，接待土耳其驻上海总领事丹妮·艾克参加“第二届中国银杏节暨第十一届中国·太湖明珠——长兴国际投资贸易洽谈会”开幕式。2012年6月，接待惠而浦全球副总裁兼北亚地区总裁李彦到长兴考察。

第二节　因公出国(境)

1988年起，县内因公出访人员逐年增多，其中70%以上因公出国(境)为企业人员赴国(境)外参展、业务洽谈、设备引进等。出访人员主要是参加上级相关单位组团，县内自组团所占比例小。从20世纪90年代后期开始，招商引资工作的重要性凸显，县内自组招商团逐步增加，全县因公出国(境)人数快速增长。2000—2007年，全县80%以上的团组为县内自组经贸交流、招商引资团。2008年起，中央严控党政干部因公出访，因公出国(境)人数明显下降。2012年，全县因公组团、参团出访9批、74人次。

1988—2012年，全县因公组团、参团出访共741批、2346人次。其中，组团出访265批、1372人次；组团或参团出访1个月以上的有38批、656人次。出访目的地有美国、英国、法国、德国、加拿大、瑞典、荷兰、印度、澳大利亚、新西兰、土耳其、阿联酋、巴西、智利、俄罗斯、日本、韩国、新加坡、马来西亚、泰国、印度尼西亚、越南等国家和中国香港、澳门地区。出访任务涉及经济、文化、教育、科技、城市建设、友好城市等领域交流、合作与洽谈。其中，1993—2006年，共派出劳务研修人员31批639人次，主要目的地为日本，其次为新加坡，工种为服装加工、食品加工、塑料加工、机械电子加工等。

1988—2012 年长兴县自行组团出国(境)情况表

表 21-8

年份	组团批次(批)	出访人数(人次)	年份	组团批次(批)	出访人数(人次)
1988			2001	6	22
1989			2002	17	82
1990			2003	15	83
1991			2004	22	159
1992	3	13	2005	18	114
1993	8	18	2006	22	126
1994	5	23	2007	25	230
1995	10	27	2008	23	74
1996	9	30	2009	17	83
1997	8	25	2010	18	75
1998	4	11	2011	10	51
1999	6	13	2012	9	74
2000	10	39	—	—	—

说明:资料来源于县外事办

1993—2012 年长兴县因公组团或参团出访 1 个月以上情况表

表 21-9

单位:人次

出访年月	派出单位	出访人数	出访国家	执行任务	执行任务时间
1993.06	长兴煤炭机械厂	2	美国	对出口美国的液压托板车开展售后服务	95天
1994.06	长兴煤炭机械厂	2	美国	参加产品质量管理培训	3个月
1994.10	新塘乡政府(参加省外事办组织的研修团)	1	日本	蔬菜技术研修	1年
1995.01	长兴威达纺织有限公司	5	日本	棉纺专业研修	21个月
1997.06	长兴县浙北制衣有限公司(参加劳动部团组)	5	日本	服务加工研修	1年
1997.10	长兴县浙北制衣有限公司(参加劳动部团组)	3	日本	服装加工研修	1年
1998.05	长兴县金牌制衣厂、浙北制衣有限公司、长兴服装厂、长兴县冷冻食品厂(参加劳动部团组)	13	日本	服装加工、食品加工研修	1年
1998.11	长兴县浙北制衣有限公司(参加劳动和社会保障部团组)	11	日本	纺织研修	2年
1999.01	湖州威达纺织集团(参加劳动和社会保障部团组)	7	日本	纺织研修	21个月
1999.06	长兴浙北制衣有限公司、长兴金牌制衣厂、长兴冷冻食品厂(参加劳动和社会保障部团组)	14	日本	服装、电子加工研修	1年
1999.07	长兴茶厂	2	日本	制茶技术与茶园管理研修	3个月
1999.10	长兴县金牌制衣厂(参加劳动和社会保障部团组)	8	日本	服装加工研修	2年
1999	刘建忠等	10	新加坡	服装加工、焊接研修	1年
2000.01	湖州威达纺织集团(参加劳动和社会保障部团组)	14	日本	服装加工研修	21个月
2000.05	长兴县冷冻食品厂、长兴县金牌制衣厂(参加劳动和社会保障部团组)	12	日本	食品、服装加工研修	2年

续表21-9

出访年月	派出单位	出访人数	出访国家	执行任务	执行任务时间
2000.07	新大力集团长兴力盛纸塑餐具厂	4	美国	协助安装及调试设备	45天
2000.08	长兴外经贸局(参加劳动和社会保障部团组)	1	日本	赴日研修生管理	3年
2000.10	长兴县冷冻食品厂、长兴县金牌制衣厂、长兴县浙北制衣有限公司(参加劳动和社会保障部团组)	13	日本	服装、电子加工研修	3年
2001.01	湖州威达纺织集团(参加劳动和社会保障部团组)	5	日本	纺织加工专业研修	21个月
2001.03	长兴长承皮革机械有限公司(参加上海市政府团组)	4	纳米比亚	安装调试皮革机械设备	80天
2001.03	长兴电子厂(参加劳动和社会保障部团组)	10	日本	电子加工研修	3年
2001.07	长兴县委组织部(参加省委组织部团组)	1	美国	经济管理培训	4个月
2001.08	和平镇政府(参加国土资源部团组)	1	美国	土地整理培训	30天
2001.10	长兴县进出口有限公司	1	沙特	协助安装设备及调试、对员工进行水处理设备操作培训	3个月
2003.08	湖州飞达工艺品有限公司	1	德国、英国	参展	30天
2004.12	长兴县新火建材机械厂	33	日本	金属冲压及铸造、塑料加工研修	3年
2005.02	长兴县政府办公室等	9	美国	公共管理知识培训	2个月
2005.02	长兴县老七食品有限公司	79	日本	服装加工、食品加工、焊接研修	3年
2005.03	长兴县政府外事办公室	1	瑞典	经贸及友好交流	5年
2005.04	长兴县联众机械有限公司等企业	54	日本	机械加工、注塑、电子组装研修	3年
2005.06	长兴创新新能源设备有限公司	42	日本	注塑、服装加工研修	3年
2005.07	浙江畅通电动车有限公司	20	日本	机械、冲压、钣金等技术研修	3年
2005.08	长兴润达输送机械有限公司	57	日本	注塑、服装及食品加工研修	3年
2005.10	长兴县委(参加省委组织部团组)	1	美国	政府管理培训	31天
2005.10	长兴县新火建材机械厂等企业	100	日本	焊接、服装及食品加工研修	3年
2006.01	长兴创新新能源设备有限公司	28	日本	焊接、注塑研修	3年
2006.03	长兴惠康塑料厂等企业	43	日本	注塑、焊接、食品加工研修	3年
2006.04	长兴创新新能源设备有限公司	39	日本	机械加工、注塑研修	3年

说明:资料来源于县外事办

第三节　友好交流

一、国际友好城市

2004—2012年,长兴县结交的友好城市或建立友好交流关系的国外城市有8个。其中,与瑞典卡尔马省、德国巴特基辛根市、西班牙特鲁艾尔市和沙温多市、法国威廉塞纳市5个城市(地区)缔结或签订友好城市意向协议;与德国辛德芬根市、韩国安山市、日本岛原市3个城市开展友好往来。

瑞典卡尔马省　卡尔马省位于瑞典东南部,和克鲁努贝里省、延雪平省、东约特兰省和布莱金厄省相邻。东临波罗的海,与哥特兰省隔海相望。下辖12个市,面积1.12万平方千米。首府是卡尔马市,人口3.4万人。工业主要以其最重要的原材料木材、铝铁矿为基础,拥有高质量的现代教育,是瑞典尖端科技领先地区之一,电子和IT企业发展迅速。长兴县和卡尔马省的友好交流关系始于2004年。同年3月,长兴县首次组团赴卡尔马省考察,并签订友好交流意向书。6月28日,由瑞典卡尔马省地区合作委员会主席、副主席、总裁,Hultfred 市长,瑞典政府投资促进署驻中国首席代表及部分企业代表团组成的瑞典卡尔马省政企代表团共 12 人到长兴考察投资环境。29 日,长兴县政府与瑞典卡尔马省地区委员会签署缔结友好合作关系协议,瑞典驻上海总领事馆总领事安蓝到长兴见证。同年年底,长兴县人民政府驻瑞典卡尔马省办事处成立。2005 年 3 月,长兴县政府派员长驻卡尔马省招商。同年起,长兴县与卡尔马省建立定期轮流举办“中国长三角与欧洲波罗的海地区合作发展论坛”的工作机制,推动两地友好合作与发展。9 月 13 日,“中国长三角与欧洲波罗的海地区合作交流发展论坛暨 2005 年中国·太湖明珠——长兴国际投资贸易洽谈会”在长兴开幕,来自瑞典、波兰、拉脱维亚、立陶宛、爱沙尼亚等波罗的海地区的代表和瑞典卡尔马省地区委员会代表团出席开幕式。至 2010 年,双方轮流举办 6 届“中国长三角与欧洲波罗的海地区合作发展论坛”,在经贸、教育、科技、劳务等方面开展了诸多合作。

德国巴特基辛根市　巴特基辛根市位于德国的巴伐利亚州,面积 69.42 平方千米,海拔 201 米,人口 1.1 万人。处在勒恩(Rhön)国家公园的心脏地带。以其悠久的历史、优美的环境、健全的城市疗养设施、丰富的文化而闻名于世。2005 年 9 月 15 日,长兴县与德国巴特基辛根签订交流合作备忘录。

西班牙特鲁艾尔市、沙温多市　特鲁艾尔市是西班牙特鲁艾尔省首府,土地面积 44 平方千米,人口 3.42 万人,旅游业和食品加工业较有知名度。沙温多市是西班牙瓦伦西亚省的一个古老城市,位于西班牙东部,瓦伦西亚市(瓦伦西亚省首府)北 30 千米,土地面积 132 平方千米,人口 6.27 万人,旅游业和工业较发达。2009 年 9 月,长兴县政府代表团出访西班牙,分别与特鲁艾尔市、沙温多市签订友好交流意向书。

法国威廉塞纳市　威廉塞纳位于法国枫丹白露区,塞纳河右岸,距离巴黎 60 千米,人口 2480 人,面积 4.5 平方千米。2010 年 9 月 16 日,法国枫丹白露区威廉塞纳市市长雅克·夏伯涅一行对长兴进行友好访问,双方签订友好交流备忘录。2011 年 9 月,长兴县与威廉塞纳市在法国签订友好交流协议。2012 年 7 月 8 日至 9 日,法国枫丹白露威廉塞纳市市长雅克·夏伯涅带领的代表团到长兴考察文化产业、蓄电池产业发展。

二、其他友好交流

文化交流　2003 年 2 月,长兴百叶龙艺术团随浙江省民间艺术代表团出访新西兰。2005 年 7 月,百叶龙出访韩国表演;10 月,百叶龙赴澳门参加第三届澳门妈祖文化旅游节;同月出访法国,参加在法国阿尔卑斯举行的“法国·中国浙江文化周”活动。2008 年 4 月,百叶龙在法国巴黎参加“2008 北京奥运火炬传递大型活动”。2012 年 8 月,百叶龙赴俄罗斯参加在莫斯科红场举行的第五届国际军乐节演出。

学校交流　2007 年,长兴中学与澳大利亚威仕途高中结为友好学校。2011 年,长兴县实验小学与英国盖茨海德拉文斯沃思露台小学结为友好学校。2012 年,长兴中学、长兴技师学院与瑞典卡尔马省 Vastervik 中学签订友好交流意向书。2012 年,长兴县第一小学与马来西亚帝沙再也华人学校签订友好交流关系意向书。

第二十二编 政治协商会议

中国人民政治协商会议长兴县委员会(简称县政协)成立于1984年7月,1988—2012年历经第二届至第八届。其中,第二届任期3年,在县志断限内任期为2年3个月;第三届任期3年;第四届至第七届每届任期均为5年;第八届在县志断限内任期为11个月。25年间,县政协认真履行政治协商、民主监督、参政议政职能,组织委员围绕全县经济、政治、文化、社会等专题进行协商讨论,提出意见和建议;组织换届选举6次,召开县政协全体会议25次,县政协常务委员会(简称县政协常委会)会议120次,县政协主席会议194次;组织政协委员开展调研视察活动258次,形成调研报告276篇;收到委员以提案形式提出的意见建议3686件,立为提案3600件。

第一章 政协委员与全体会议

1988—2012年,长兴县先后产生第三届至第八届县政协委员,有133人次担任湖州市政协委员,有5人担任浙江省政协委员。其间,县政协共举行全体委员会议25次。

第一节 政协委员

一、县政协委员

县政协由县内中国共产党、各民主党派、无党派人士、各人民团体、少数民族和各界代表,以及特别邀请人士组成。每届县政协参加单位及界别设置、委员名额和人选,经上届县政协主席会议协商提出后,由常务委员会协商决定。第二届至第八届县政协委员人数和界别设置均有调整和变动。县政协二届一次会议时实有委员人数184人,按界别分,中共界13人、工青妇界16人、工商联界19人、教育界17人、科技界21人、民主党派界25人、农业界19人、医卫界13人、文体新界15人、社会福利界4人、民族宗教界4人、特邀界18人;二次会议时实有191人、三次会议时实有192人。三届一次会议时实有委员人数180人、二次会议时实有179人、三次会议时实有179人。四届一次会议时实有委员人数178人、二次会议时实有185人、三次会议时实有178人、四次会议时实有185人、五次会议时实有184人。五届一次会议时实有委员人数181人、二次会议时实有191人、三次会议时实有192人、四次会议时实有201人、五次会议时实有202人。六届一次会议时实有委员人数200人、二次会议时实有200人、三次会议时实有206人、四次会议时实有206人。七届一次会议时实有委员人数235人、二次会议时实有237人、三次会议时实有243人、四次会议时实有249人、五次会议时实有248人。八届一次会议时实有委员人数253人,按界别分,中共界30人、工青妇界18人、侨台联界22人、经济界37人、工商联界

14 人、教育界 14 人、科技界 19 人、农业界 30 人、医卫界 14 人、文体新界 13 人、社会福利界 10 人、民族宗教界 7 人、特邀界 25 人。

第二届至第八届长兴县政协委员人数和界别构成情况表

表 22-1　　单位:人

界别		委员人数						
		第二届	第三届	第四届	第五届	第六届	第七届	第八届
中国共产党		13	21	14	17	22	26	30
工青妇		16	16	13	13	13	16	18
侨台联				19	16	18	20	22
经济				46	40	33	33	37
工商联		19	27		10	12	14	14
教育		17	16	9	10	12	14	14
科技		21	11	14	16	12	15	19
民主党派		25	26				18	
农业		19	9	9	13	16	18	30
医卫		13	15	11	10	9	10	14
文体新		15	11	11	9	9	10	13
社会福利		4	4	6	6	9	10	10
民族宗教		4	6	6	7	7	8	7
特邀		18	20	20	14	28	23	25
合计	委员数	184	180	178	181	200	235	253

说明:1. 资料来源于县政协办;2. 委员人数为每届政协第一次全体会议召开时实有人数

二、市政协委员

1988—2012 年,全县有 133 人次担任湖州市政协委员。

第二届市政协委员 32 人(按姓氏笔画为序):万清芳、毛阿美、王立荣、王林福、韦俞堃、冯涛、吕联根、毕有坤、吴志德、吴国华、张大强、张有生、张两爱、李海清、苏立泉、陆廷勋、陈雪兰、金宝珍、金崇瑜、金锦春、俞美英、胡龙敖、胡安康、胡谦、钦炳淼、徐文英、徐锦山、徐锦章、高德芝、密广权、曹金学、童少强。

第三届市政协委员 25 人(按姓氏笔画为序):史胜华(女)、吕联根、孙善祥、朱文华、何忠民、吴志清、吴志德、张大强、张毛苟、张银星、李海清、杨知善、沈坤培、陆廷勋、周克治、金锦春、俞美英、胡中冠、胡谦、钦炳淼、凌晓云、徐敖奎、秦杭生、曹金学、薛仁涛。

第四届市政协委员 25 人(按姓氏笔画为序):王萍、宁国云、石月明、向荷花(女)、孙善祥、朱文华、朱鹏飞、吴志德、吴晓红、李小明、李次刚、杨知善、邵小荣、陈义玲(女)、周庆英、季美琴(女)、是晓红(女)、胡志清、倪美良、夏有富、秦杭生、高育范、曹金学、臧满英(女)、霍玉祥。

第五届市政协委员 25 人(按姓氏笔画为序):马桂英(女)、方建荣、卢叶华、朱鹏飞、许智勇、张小英(女)、张全镇、李次刚、李梅(女)、杨福成、沈晓飞、苏卫琴(女)、陆康康、陈振华、周香莲(女)、周培良、周清泉、季美琴(女)、姚怀龙、凌晓云、徐克成、秦丰伟(女)、秦杭生、谈伟平、童少强。

第六届市政协委员 26 人(按姓氏笔画为序):于莹艺(女)、毛英(女)、王兴余、冯利文、叶青、叶静(女)、乔晓华、朱鹏飞、佘国勤、吴志新、张加强、张全镇、李步高、李彩琴(女)、杨亚萍(女)、杨益民、沈彬兴、苏卫琴(女)、周国琴(女)、周清泉、金者畴、钟鸣、徐永方、殷国旗、黄莲芳、童炎。

三、省政协委员

1988—2012 年,全县有 5 人担任浙江省政协委员。其中,第六届省政协委员:高德芝;第七届省政协委员:周述尹;第八届省政协委员:杨旭东;第九届省政协委员:苏卫琴(女);第十届省政协委员:高福明。

第二节　政协全体会议

1988—2012 年，县政协举行全体会议 25 次。各届县政协第一次全体会议分别选举产生该届县政协主席、副主席、秘书长和常务委员。各次全体会议分别听取和审议县政协常委会工作报告、提案工作情况报告和其他报告，讨论并通过有关决议；听取大会专题发言和县委领导讲话。与会委员列席县人民代表大会，听取县人民政府工作报告和其他报告，参与县内经济和社会发展等重要问题讨论，提出意见和建议等。

一、第二届县政协全体会议

第二届县政协举行全体会议 3 次。第一次全体会议见前志。

第二次全体会议　1988 年 4 月 16 日至 21 日举行。出席委员 191 人，列席人员 45 人。会议听取和审议政协常委会工作报告及提案处理情况报告，讨论并通过有关决议，增补 10 名委员。与会委员列席县九届人代会第二次会议。

第三次全体会议　1989 年 3 月 25 日至 30 日举行。出席委员 192 人，列席人员 68 人。会议听取和审议政协常委会工作报告及提案处理情况报告，讨论并通过有关决议，表彰政协工作积极分子。与会委员列席县九届人代会第三次会议。

二、第三届县政协全体会议

第三届县政协举行全体会议 3 次。

第一次全体会议　1990 年 4 月 14 日至 20 日举行。出席委员 176 人，列席人员 35 人。会议选举产生县政协第三届委员会主席、副主席、秘书长和常委会委员，听取和审议二届政协常委会工作报告及提案处理情况报告，讨论并通过有关决议。与会委员列席县十届人代会第一次会议。

第二次全体会议　1991 年 4 月 6 日至 10 日举行。出席委员 175 人，列席人员 31 人。会议听取和审议政协常委会工作报告及提案处理情况报告，讨论并通过有关决议。与会委员列席县十届人代会第二次会议。

图22-1　县政协三届一次会议(县政协办提供·1990年)

第三次全体会议　1992 年 3 月 26 日至 30 日举行。出席委员 179 人，列席人员 33 人。会议听取和审议政协常委会工作报告及提案处理情况报告，讨论并通过有关决议。与会委员列席县十届人代会第三次会议。

三、第四届县政协全体会议

第四届县政协举行全体会议 5 次。

第一次全体会议　1993 年 3 月 7 日至 12 日举行。出席委员 163 人，列席人员 49 人。会议选举产生县政协第四届委员会主席、副主席、秘书长和常委会委员，听取和审议三届政协常委会工作报告及提案处理情况报告，讨论并通过有关决议。与会委员列席县十一届人代会第一次会议。

第二次全体会议　1994 年 3 月 3 日至 7 日举行。出席委员 178 人。会议听取和审议政协常委会工作报告及提案处理情况报告，讨论并通过有关决议。与会委员列席县十一届人代会第二次会议。

第三次全体会议　1995 年 3 月 6 日至 9 日举行。出席委员 178 人，列席人员 36 人。会议听取和审议政协常委会工作报告及提案处理情况报告，讨论并通过有关决议。与会委员列席县十一届人代会第三次会议。

第四次全体会议 1996年3月5日至8日举行。出席委员182人,列席人员38人。会议听取和审议政协常委会工作报告及提案处理情况报告,讨论并通过有关决议。与会委员列席县十一届人代会第四次会议。

第五次全体会议 1997年3月3日至7日举行。出席委员184人。会议听取和审议政协常委会工作报告及提案处理情况报告,讨论并通过有关决议。与会委员列席县十一届人代会第五次会议。

四、第五届县政协全体会议

第五届县政协举行全体会议5次。

第一次全体会议 1998年3月2日至6日举行。出席委员179人。会议选举产生县政协第五届委员会主席、副主席、秘书长和常委会委员,听取和审议四届政协常委会工作报告及提案处理情况报告,讨论并通过有关决议。与会委员列席县十二届人代会第一次会议。

第二次全体会议 1999年3月15日至18日举行。出席委员191人。会议听取和审议政协常委会工作报告及提案处理情况报告,讨论并通过有关决议,表彰1998年度优秀提案和提案承办先进单位。与会委员列席县十二届人代会第二次会议。

第三次全体会议 2000年3月13日至17日举行。出席委员192人,会议首次邀请各民主党派代表列席会议。会议听取和审议政协常委会工作报告及提案处理情况报告,讨论并通过有关决议。与会委员列席县十二届人代会第三次会议。委员们就农村农民协会情况、乡镇农技队伍现状情况、推进全县农村农民新村建设、乡镇企业改制情况、农村成人教育现状、旅游发展前景等重大问题展开协商,提出建议。

第四次全体会议 2001年2月24日至28日举行。会议首次邀请外商列席会议。会议听取和审议政协常委会工作报告及提案处理情况报告,讨论并通过有关决议,增补常委1人,表彰1999—2000年度12件优秀提案件,4个提案办理先进承办单位。与会委员列席县十二届人代会第四次会议。

第五次全体会议 2002年3月3日至7日举行。会议听取和审议政协常委会工作报告及提案处理情况报告,讨论并通过有关决议,补选秘书长1人。与会委员列席县十二届人代会第五次会议。委员们就社区建设、名特优水产养殖、提高开发区竞争力、加快电子政务建设和信息化发展、加快招商引资进程、卫生事业发展、加强农村法制建设、加强水环境保护和治理、加快发展民营企业、发展长兴饲料工业、加快教育现代化进程、重视德育教育等提出意见和建议。

五、第六届县政协全体会议

第六届县政协举行全体会议4次。

第一次全体会议 2003年3月8日至13日举行。出席委员200人,列席人员50人。会议选举产生县政协第六届委员会主席、副主席、秘书长、常委会委员,听取和审议五届政协常委会工作报告及提案处理情况报告,讨论并通过有关决议。与会委员列席县十三届人代会第一次会议。

第二次全体会议 2004年2月23日至26日举行。出席委员200人,列席人员45人。会议听取和审议政协常委会工作报告及提案处理情况报告,讨论并通过有关决议,表彰六届一次会议以来10件优秀提案。与会委员列席县十三届人代会第二次会议。

第三次全体会议 2005年2月17日至19日举行。出席委员206人,列席人员50人。会议听取和审议政协常委会工作报告及提案处理情况报告,讨论并通过有关决议。与会委员列席县十三届人代会第三次会议。

第四次全体会议 2006年1月8日至11日举行。出席委员206人,列席人员57人。会议听取和审议政协常委会工作报告及提案处理情况报告,讨论并通过有关决议,表彰六届二次会议以来10件优秀提案。与会委员列席县十三届人代会第四次会议。

六、第七届县政协全体会议

第七届县政协举行全体会议5次。

第一次全体会议　2007年1月25日至29日举行。出席委员235人,列席人员59人。会议选举产生县政协第七届委员会主席、副主席、秘书长和常委会委员,听取和审议六届政协常委会工作报告和提案处理情况报告,讨论并通过有关决议。与会委员列席县十四届人代会第一次会议。

第二次全体会议　2008年1月23日至25日举行。出席委员237人,列席人员61人。会议听取和审议政协常委会工作报告及提案处理情况报告,讨论并通过有关决议。与会委员列席县十四届人代会第二次会议。

第三次全体会议　2009年2月5日至8日举行。出席委员243人,列席人员56人。会议听取和审议政协常委会工作报告及提案处理情况报告,讨论并通过有关决议。与会委员列席县十四届人代会第三次会议。

第四次全体会议　2010年3月8日至11日举行。出席委员243人,列席人员56人。会议听取和审议政协常委会工作报告及提案处理情况报告,讨论并通过有关决议。与会委员列席县十四届人代会第四次会议。

第五次全体会议　2011年3月1日至5日举行。出席委员248人,列席人员76人。会议听取和审议政协常委会工作报告及提案处理情况报告,讨论并通过有关决议。与会委员列席县十四届人代会第五次会议。

七、第八届县政协全体会议

八届政协一次会议　2012年2月7日至11日举行。出席委员253人,列席人员76人。会议选举产生县政协第八届委员会主席、副主席、秘书长和常委会委员,听取和审议七届政协常委会工作报告及提案处理情况报告,讨论并通过有关决议。与会委员列席县十五届人代会第五次会议。

1988—2012年长兴县政协全体会议情况表

表22-2

届别	次别	会议日期	出席(人)	列席(人)	审议报告(件)	收到提案(件)	其中立案(件)	大会专题发言(人)	通过决议决定(件)
第二届	第二次	1988.04.16—21	191	45	3	151	144	9	1
	第三次	1989.03.25—30	192	68	3	157	153	10	1
第三届	第一次	1990.04.14—20	176	35	3	105	101		1
	第二次	1991.04.06—10	175	31	3	122	117		1
	第三次	1992.03.26—30	179	33	3	202	195		1
第四届	第一次	1993.03.07—12	163	49	3	132	125		1
	第二次	1994.03.03—07	178		3	135	133		1
	第三次	1995.03.06—09	178	36	3	180	175		1
	第四次	1996.03.05—08	182	38	3	135	129		1
	第五次	1997.03.03—07	184		3	150	144		1
第五届	第一次	1998.03.02—06	179		3	122	118		1
	第二次	1999.03.15—18	191		3	144	141	5	1
	第三次	2000.03.13—17	192		3	161	161	6	1
	第四次	2001.02.24—28			3	160	160	14	1
	第五次	2002.03.03—07			3	113	112	12	1
第六届	第一次	2003.03.08—13	200	50	3	176	171		1
	第二次	2004.02.23—26	200	45	3	135	134	13	1
	第三次	2005.02.17—19	206	50	3	147	147	15	1
	第四次	2006.01.08—11	206	57	3	132	131	16	1

续表22-2

届别	次别	会议日期	出席(人)	列席(人)	审议报告(件)	收到提案(件)	其中立案(件)	大会专题发言(人)	通过决议决定(件)
第七届	第一次	2007.01.25—29	235	59	3	157	156		1
	第二次	2008.01.23—25	237	61	3	136	128	16	1
	第三次	2009.02.05—08	243	56	3	135	135	17	1
	第四次	2010.03.08—11	243	56	3	160	159	13	1
	第五次	2011.03.01—05	248	76	3	153	151	17	1
第八届	第一次	2012.02.07—11	253	76	3	186	180		1

说明:资料来源于县政协办

第二章 政协组织

长兴县政协设立常务委员会和若干工作机构及专门委员会、工作组(联络组)。常务委员会闭会期间的日常工作,由县政协主席会议主持。1988—2012年,县政协共举行常委会会议120次,举行主席会议194次。

第一节 常务委员会

县政协常委会由主席、副主席、秘书长和常务委员组成。第二届县政协常委会设主席1人、副主席4人、秘书长1人、常务委员17人。第三届县政协设主席1人、副主席4人、秘书长1人、常务委员19人。第四届县政协设主席1人、副主席5人、秘书长1人、常务委员18人。第五届县政协设主席1人、副主席4人、秘书长1人、常务委员19人。第六届县政协设主席1人、副主席4人、秘书长1人、常务委员21人。第七届县政协设主席1人、副主席5人、秘书长1人、常务委员24人。第八届县政协设主席1人、副主席5人、秘书长1人、常务委员29人。

第二届至第八届长兴县政协主席、副主席名录表

表22-3

届别	职务	姓名	籍贯	任职时间
第二届(1987.05—1990.04)	主　席	苏立泉	山东商河	1987.05—1990.04
	副主席	薛仁涛	浙江长兴	1987.05—1990.04
	副主席	邹　忠	河南罗山	1987.05—1989.12
	副主席	金崇瑜	江苏吴江	1987.05—1990.04
	副主席	陈泽金	浙江湖州	1987.05—1990.04
第三届(1990.04—1993.03)	主　席	薛仁涛	浙江长兴	1990.04—1993.03
	副主席	钱员章	浙江上虞	1990.04—1993.03
	副主席	金崇瑜	江苏吴江	1990.04—1993.03
	副主席	陈泽金	浙江湖州	1990.04—1993.03
	副主席	周述尹	浙江宁波	1990.04—1993.03
第四届(1993.03—1998.03)	主　席	薛仁涛	浙江长兴	1993.03—1998.03
	副主席	陈尚胜	浙江长兴	1993.03—1998.03

续表22-3

届别	职务	姓名	籍贯	任职时间
	副主席	孙善祥	江苏丹阳	1993.03—1998.03
	副主席	周述尹	浙江宁波	1993.03—1998.03
	副主席	张履正	湖南长沙	1993.03—1996.04
	副主席	宋文英(女)	浙江长兴	1993.03—1997.12
第五届（1998.03—2003.03）	主　席	李小明	浙江长兴	1998.03—2003.03
	副主席	颜水根	安徽郎溪	1998.03—2003.03
	副主席	孙善祥	江苏丹阳	1998.03—2003.03
	副主席	朱惠忠(女)	浙江桐乡	1998.03—2003.03
	副主席	杨旭东	浙江湖州	1998.03—2003.03
第六届（2003.03—2007.01）	主　席	张全镇	浙江长兴	2003.03—2007.01
	副主席	朱惠忠(女)	浙江桐乡	2003.03—2007.01
	副主席	张群英(女)	浙江长兴	2003.03—2007.01
	副主席	张加强	浙江海宁	2003.03—2007.01
	副主席	杨福成	浙江长兴	2003.03—2007.01
第七届（2007.01—2012.02）	主　席	徐永方	浙江长兴	2007.01—2012.02
	副主席	宋文英(女)	浙江长兴	2007.01—2012.02
	副主席	张加强	浙江海宁	2007.01—2012.02
	副主席	朱坤龙	浙江长兴	2007.01—2012.02
	副主席	袁健(女)	浙江长兴	2007.01—2012.02
	副主席	章玉坤	浙江长兴	2007.01—2012.02
第八届（2012.02—　）	主　席	金树云	浙江长兴	2012.02—
	副主席	庄国良	浙江长兴	2012.02—
	副主席	张加强	浙江海宁	2012.02—
	副主席	袁健(女)	浙江长兴	2012.02—
	副主席	姚根泉	浙江湖州	2012.02—
	副主席	章玉坤	浙江长兴	2012.02—

说明：资料来源于县政协办

第二节　工作机构

一、政协办公室与专委会办公室

1988年，县政协工作机构为县政协办公室和学习、经济建设工作、精神文明建设工作、三胞工作、提案工作、文史资料研究6个委员会。1990年10月，县政协办公室下设秘书科、联络科、行政科三个科室。1996年9月，增设综合科。1998年后，撤销联络科，改设文史科。其间，根据需要，委员会的数量和名称设置有所变化。至2012年年末，县政协工作机构调整为“一办七委”，即县政协办公室（下设秘书科、综合科、文史科、行政科）、提案委员会、经济科技和人口资源环境委员会、农业和农村工作委员会、教文卫体新委员会、社会和法制委员会、港澳台侨和民族宗教委员会、文史资料委员会。

二、专门委员会、工作组(联络组)

1987年5月至1990年4月，第二届县政协设学习、经济建设工作、精神文明建设工作、三胞工作、提案工作、文史资料研究6个委员会，下设工交、农村、科技、工商联、文化（广播电视）、教体、医卫、妇幼、法律咨询9个工作组，雉城、泗安、李家巷、煤山、虹星桥、林城、和平、鼎新8个委员小组。6月，各工作组和委员小组设立副组长。1987年10月，建立长兴县兴协经济技术咨询服务部。1988年7月，雉城政协委员小组，由原来三个小组，合并为一个组；工交工作组划为工业、交通两个组；增设城建工作组。12月，成立长兴县箬溪书画社。

1990年4月至1993年3月，第三届县政协设学习、提案、文史资料、祖国统一、工交、农业、财贸、医卫、教体文、社会群团10个委员会，泗安、林城、虹溪、和平、城东、鼎新、煤山、雉城8个委员小组。1992年11月，恢复长兴县兴协经济技术咨询服务部。

1993年3月至1998年3月，第四届县政协设提案、委员工作、文史资料、经济科技、社会工作、农林、祖国统一联谊7个委员会，下设科技、工交、财贸、城建、对外经济、医卫、教育、文新体、工青妇、法制、社会福利、对台联谊、侨务、民族宗教14个工作组，泗安、林城、虹星桥、和平、李家巷、夹浦、煤山7个委员联络组。

1998年3月至2003年3月，第五届县政协设学习、提案、文史资料、三胞联谊、经济科技、文教卫体、社会团体法制7个委员会，下设科技、工业、农业、商贸、教体、文新、医卫、群团、法制、社会福利10个工作组，雉城、城东、夹浦、和平、虹溪、林城、泗安、煤山8个地区联络组。1999年4月，撤销夹浦、虹溪、林城地区联络组，设置雉城、城东、城南、泗安、煤山5个片委员联络组。

2003年3月至2007年1月，第六届县政协设提案、经济科技、农业和农村工作、教文卫体、社会法制、三胞联谊、文史资料7个委员会，下设流通、工业、科技资源环境、教育、医卫、文体6个工作组，雉城、城东、城南、城西、城北、煤山6个片委员联络组。2003年12月，县政协批复成立长兴县文史研究会。2006年7月，设立长兴县政协工作雉城联络委员会、泗安联络委员会、和平联络委员会、煤山联络委员会。

2007年1月至2012年2月，第七届县政协设提案、经济科技和人口资源环境、农业和农村工作、教文卫体新、社会和法制、港澳台侨和民族宗教、文史资料7个委员会，下设科技和人口资源、工业经济、流通、教育、文体新、医卫6个工作组，雉城、和平、泗安、煤山4个片区委员联络组。

2012年3月，第八届县政协设提案、经济科技和人口资源环境、农业和农村工作、教文卫体新、社会和法制、港澳台侨和民族宗教、文史资料7个委员会，下设科技和人口资源环境、工业经济、流通、教育、文体新、医卫6个工作组，雉城、和平、泗安、煤山4个片区政协工作联络委。

第三节　常委会会议

1988—2012年，第二届至第八届县政协共举行常委会会议120次，其中第二届11次、第三届16次、第四届25次、第五届29次、第六届17次、第七届18次、第八届4次。主要内容是协商讨论全县经济、政治和社会生活中重大事项，听取县委、县政府及有关部门负责人情况报告、通报或说明，审阅提交县政协全体会议的文件，听取和审议重要建议案、视察报告、专题调查报告等，协商决定县政协工作机构设置、调整以及相关人事任免等。

一、第二届县政协常委会会议

第二届县政协常委会会议举行15次，其中1988年后举行会议11次。1988年11月，二届八次常委会学习中共十三届三中全会报告，传达县委常委会、湖州市政协常委会议精神。1989年7月，二届十一次常委会传达贯彻邓小平、李鹏讲话精神，学习讨论江泽民在中共十三届四中全会上的讲话和会议公报，听取县政府上半年工作情况通报，讨论通过《关于认真学习中共十三届四中全会的决议》。1989年11月，二届十二次常委会学习中共十三届五中全会精神，听取全县1989年经济形势和1990年工作安排通报，讨论1990年政协工作原则意见。

二、第三届县政协常委会会议

第三届县政协常委会会议举行16次。1990年8月，三届二次常委会传达学习《中共中央关于加强统一战线工作的通知》和江泽民在全国统战工作会议上重要讲话，听取全县有关工作通报，讨论通过《县政协常委会工作规则》和《委员视察简则》。1991年5月，三届六次常委会听取全国政协《当前世界经济新形势、新格局》报告，传达全县统战工作会议精神，讨论通过《县政协提案工作试行办法(草案)》。1991年12月，三届八次常委会学习中共十三届八中全会精神和江泽民讲话，听取县计经委、县检察院有关工作汇报，听取县政协1991年工作和安排1992年工作。

三、第四届县政协常委会会议

第四届县政协常委会会议举行25次。1994年1月，四届四次常委会学习讨论中共十四届三中全会《关于建立社会主义市场经济体制若干问题的决定》和江泽民、李瑞环在全国统战工作会议上的讲话精神，传达学习县委九届二次全会会议精神，讨论县政协四届常委会工作报告和提案工作报告，讨论县政协四届二次会议有关工作。1995年6月，四届十二次常委会学习中共中央〔1995〕13号文件，传达贯彻中发〔1995〕7号文件和李瑞环在全国政协第十三次常委会上讲话，李泽民在全省政协工作交流会上讲话精神，总结1995年度县政协上半年工作布置下半年工作任务，讨论通过《关于加强县政协领导与委员联系制度的意见》。1997年7月，四届二十一次常委会学习全国政协八届五次会议精神和江泽民在中央党校省部级干部进修毕业典礼及在首都庆祝香港回归大会的讲话，听取1997年上半年全县经济工作情况通报，讨论通过《县政协提案工作条例》及1997年下半年工作。

四、第五届县政协常委会会议

第五届县政协常委会会议举行29次。2000年4月，五届十四次常委会学习江泽民在广东考察工作时的重要讲话，通报县政协领导班子“三讲”教育民主生活会情况，讨论县政协党组“三讲”教育实施意见，协商通过县政协2000年常委会工作安排，讨论决定县政协调研课题及视察内容，听取县政协各专委会2000年工作安排。2002年7月，五届二十五次常委会学习江泽民“5·31”讲话，传达省第十一次党代会精神，听取2002年上半年全县经济运行情况通报及县政协有关视察情况汇报，听取县政协2002年上半年工作总结及下半年工作安排。2002年9月，五届二十六次常委会传达学习省政协主席刘枫在全省政协读书会上讲话，讨论社法委关于全县外来人口管理的调研情况汇报，协商讨论县政协调研组对煤山镇利用民资发展经济调研汇报，听取县政协五届五次会议以来提案办理情况汇报。

五、第六届县政协常委会会议

第六届县政协常委会会议举行17次。2003年4月，六届一次常委会学习《中国人民政治协商会议章程》，通报六届政协领导分工，协商通过《政协六届长兴县委员会主席会议、常委会议议事规则》《政协长兴县委员会六届委员专门委员会组织通则》及专委会、委员片组设置及人员组成，讨论县政协2003年工作要点及《政协长兴县委员会关于建立、健全领导班子学习制度的意见》，确定2003年度调研和视察活动安排。2004年10月，六届七次常委会学习中共十六届四中全会精神和省政协工作会议精神，听取讨论关于水资源和旅游资源的两个专题调研报告，听取协商县政协六届三次会议有关工作。2006年5月，六届十四次常委会学习《中共中央关于加强人民政协工作的意见》等文件精神，协商《关于工业经济结构调整》和《开发区扩充选址》课题调研报告，协商有关人事并增补1名委员。

六、第七届县政协常委会会议

第七届县政协常委会会议举行18次。2007年4月，七届一次常委会学习《政协章程》《中共中央关于加强人民政协工作的意见(摘要)》，讨论通过县政协2007年工作要点和《政协长兴县委员会常务委员会和主席会议工作规则》《政协长兴县委员会专门委员会通则》《政协第七届长兴县委员会常务委员会关于加强自身建设的意见》，协商县政协有关人事任免并增补2名委员，协商七届政协专委会设置及领导分工,确定重点提案,安排重点调研课题和视察活动。2009 年 3 月,七届十次常委会学习全国两会精神,协商 2009 年度县政协专题视察活动安排、常委会重点调研课题、各次常委会主要议题安排,审议通过《政协长兴县委员会视察工作办法》。2010 年 5 月,七届十四次常委会讨论通过《政协长兴县委员会关于加强委员履职管理工作的规定(试行)》《政协长兴县委员会关于加强政协界别工作的意见》,讨论通过有关人事事项。2011 年 7 月,七届十八次常委会听取全县蓄电池专项整治情况及食品安全整治情况汇报。

七、第八届县政协常委会会议

第八届县政协常委会会议在 2012 年度共举行 4 次。2012 年 3 月,八届一次常委会学习传达市第七次党代会精神,协商通过关于设置专门委员会的决定,协商通过《政协长兴县委员会常务委员会和主席会议工作规则》和《政协长兴县委员会专门委员会通则》,通报第八届县政协主席、副主席、秘书长分工情况,协商通过 2012 年县政协重点调研课题、视察活动安排及各次常委会议主要议题等。2012 年 12 月,八届四次常委会学习传达中共十八大精神和全省经济工作会议精神;听取县政协八届二次会议筹备工作情况汇报;审议通过关于召开县政协八届二次会议的决定及县政协八届二次会议议程(草案)和日程(草案);讨论通过《政协第八届长兴县委员会第二次会议关于提案截止时间的决定》《关于表彰 2011—2012 年度优秀提案的决定》及有关人事事项;协商讨论县政协八届二次会议常委会工作报告(征求意见稿)和提案工作报告(征求意见稿),并协商确定报告人;会议还民主评议县公安局、县建设局 2012 年提案办理情况。

第四节　主席会议

县政协主席会议由主席、副主席、秘书长组成,主持常务委员会闭会期间的日常工作。一般每月举行 1 次,必要时可临时召集。由主席主持,也可由主席委托的副主席主持。主要任务包括协商县委、县政府关于全县大政方针及群众普遍关心的重大问题,提出建议和意见;审查以政协名义向县委、县政府提出的重要建议;决定常委会会议召开的日期、议程和审议提交常委会会议讨论的文件;讨论决定委员视察、参观、调研等主要活动;审议讨论各专门委员会、界别组及政协机关的工作计划和情况报告等;处理常委会的其他重要日常工作。1988—2012 年,历届政协长兴县委员会共举行主席会议 194 次,其中第二届 13 次、第三届 29 次、第四届 46 次、第五届 36 次、第六届 32 次、第七届 33 次、第八届 5 次。

第三章　主要工作

1988—2012 年,长兴县政协组织专门委员会、工作组开展调研视察活动,多形式开展民主协商,组织政协委员撰写提案,助推全县重点工作落实和热点、难点问题解决。共组织开展调研视察 258 次,形成调研报告 276 篇;收到委员以提案形式提出的意见建议 3686 件,立为提案 3600 件。

第一节　协商监督

一、调研视察

1988—2012 年,县政协围绕县委、县政府的工作重点和群众关注的难点、热点问题开展深入细致的调研,组织专门委员会、工作组开展调研视察活动。其中,1990—2012 年共开展调研视察 258 次,形成调研报告 276 篇。

1988 年 1 月至 1990 年 4 月，第二届县政协重点围绕农业、旅游业、环境保护、医疗卫生、教育等问题开展调研、视察。1988 年，围绕全县农业开发、低产田改造、发展蚕桑和名茶生产、建设青梅基地、扶持养猪大户、环保、医疗卫生、教育和建立开发区、发展旅游业等问题进行专题调研。1989 年，就农村排灌设备管理、粉尘职业病防治、山林承办责任制完善、行业协会或同业公会组建、桑蚕生产、港埠开发、中学流生等问题进行专题调研。

1990 年 4 月至 1993 年 4 月，第三届县政协共组织开展调研、视察等活动 80 次，提交调研报告 42 篇。1990 年 6 月，县政协从基层获悉全县酒类生产由于种种原因陷入困境，为帮助企业排忧解难，经过深入细致的调查研究，向县政府和有关部门提交题为《关于我县酒类产品销售的一些意见》的调查报告，引起政府部门的重视。1992 年 3 月，组织在长兴的市政协委员考察长兴酿酒总厂和太湖围堤工程，听取"两制"改革情况和工程总体规划方案情况介绍，委员们就有关工作提出意见建议。1992 年 5 月，组织政协委员到白阜乡方一村、礼家村、许家地村等地调查庭院经济，委员们建议"大力发展银杏树，开辟农村致富路"。

1993 年 4 月至 1998 年 3 月，第四届县政协共组织开展调研、视察等活动 100 次，提交调研报告 29 篇。1993 年 5 月，县政协组织农业委员会委员对长兴农牧场视察，委员们对农村推进"工、农、贸"一体化表示肯定，建议农林场站因地制宜、发展"农、工、贸"一体化经济。1994 年，组织政协委员先后视察、考察国营、二轻、乡镇等一些厂矿企业，认为由于体制、管理、干部等方面存在的问题，严重制约企业的生存与发展，企业后劲不足、亏损严重，建议要以"三个有利于"为标准，解放思想，深化改革，转换机制，加强和调整领导班子，研究找准发展路子，提高企业素质；要依托市场，不断开发科技含量较高、前景看好的新产品。协助市政协考察调查《关于湖州西部地区经济开发情况》的调研课题，并且提出综合性开发、利用资源有效发展经济的合理化建议，为市、县政府制订"九五"计划和 2010 年跨世纪规划提供参考意见。1996 年 1 月，组织在长兴的省、市政协委员分别对县城建局、县供销社和华兴石油集团有限公司进行视察，形成专题材料 3 篇，送有关部门参阅。

1998 年 3 月至 2003 年 4 月，第五届县政协共组织 35 次专题视察，提交调研报告 30 篇。1998 年 9 月，县政协组织在长兴的部分省、市、县政协委员对长兴县环太湖部分企业的污染治理情况进行视察，委员们建议要以该次污染治理为契机，抓好环保工作，改善生态环境，促进全县经济社会可持续发展。1999 年，选择农业、交通、外向型经济等方面专题进行调研，提出的意见建议受到省政协和县委、县政府的重视，并被《联谊报》选载介绍，部分调研报告得到县委主要领导批示。2000 年 6 月，组织部分政协常委及社法委委员视察自来水厂包漾河取水口的水质情况、第二水厂工作运行情况和在建污水处理厂等城市建设重点工程，认为污水处理工程是一项提高城市品位、造福民众的工程，全社会要给予支持配合，要依法保护水资源，进一步抓好污染源的治理工作。2001 年，围绕经济建设中心，就"关于投资环境有关方面问题""关于农村饮用水问题""关于村级道路建设"等课题进行调研。2002 年，围绕经济和社会发展中重点问题，对村庄环境整治、工业园区建设、农业产业化、暂住人口管理等开展视察，《关于我县水环境的调查》得到县委主要领导批示。

2003 年 4 月至 2007 年 4 月，第六届县政协共组织专题视察 18 次，提交调研报告 61 篇。2003 年，县政协结合县委、县政府重大工作部署，深入开展调查研究，形成《关于创建国家园林城市的调查与思考》《创新创强创优，强势推进县级工业园区建设》等重点调研报告，并按照"突出重点，选准角度，切合实际，注重实效"的要求，围绕全县改革、发展、稳定大局和群众关注的问题，组织不同层次、不同范围、不同形式的调研活动，先后完成 20 个专题调研报告。2003 年 7 月，组织委员对六届一次会议以来提案办理情况进行视察，先后实地察看雉城镇工业园区建设、环湖大堤建设工程、洄港河湖道治理现场，县政府办等部门座谈交流关于提案办理落实的情况。2004 年，围绕全县水环境和旅游业两个重点课题开展调研形成 2 份调研报告，就三农问题、社会保障、招商引资、环境保护等方面开展专题调研并形成 16 份调研报告。2004 年 8 月，组织部分市、县政协委员对全县矿山整治工作情况开展视察，提出相关建议，并赴部分乡镇进行实地查看。2005年，就“村庄示范整治”和“农业龙头企业发展”两个重点课题调研。2006年，就“大力推进‘大好高’项目、加快工业经济结构调整”课题开展调研。

2007年4月至2012年4月，第七届县政协共组织专题视察22次，提交调研报告105篇。2007年，县政协开展“合溪水库区域环境保护和建设”与“关于我县发展总部经济的调研与思考”“关于我县节能降耗减排工作的调研”等重点课题调研，并就“提高企业自主创新能力、发展现代农业和现代家庭工业、推进社会主义新农村建设、加强生态环境保护”等专题开展调研，形成26篇调研报告，其中《关于我县节能降耗减排工作的视察调研报告》被评为2006—2009年全省政协系统优秀调研报告。2008年，将“专业市场建设”“饮用水安全问题”“佛教文化研究”确定为重点调研课题，并承担起县委、县政府主要领导交办的“残疾人创业就业”“二界岭乡经济发展定位”“城市房屋拆迁”等调研任务；《我县专业市场建设中存在的问题及其对策研究》被评为湖州市政协系统优秀调研报告二等奖。同年5月，组织委员对农村环境卫生开展视察，实地察看小浦镇方岩村、大齐口村的环境卫生整治情况。2009年，围绕服务保增长、促转型，开展降低企业运行成本、中小企业融资难、全县税收及企业负税、工业项目建设环境、粉尘治理工作、产业转型升级等问题开展调研，并形成一批富有针对性的调研报告。2010年，组织开展全县大项目引进前期服务工作、促进产业转型升级、转变经济发展方式等重大课题开展调研，形成《县经济开发区体制机制的现状和对策》等一批调研报告。2010年6月，针对城区“停车难”问题日益突出现状，组织委员对城区停车秩序管理工作进行视察，并提出建设性意见。2011年，就加快建设新能源产业园区课题进行调研，客观分析全县新能源产业发展的基本现状、存在问题，并就加快新能源产业园区建设提出意见建议。

2012年，第八届县政协共组织专题视察6次，提交调研报告9篇。《转变经济发展方式 推进工业强县建设》《优化发展环境 提高经济增长质量》等专题调研报告，得到县委、县政府主要领导肯定，许多意见建议被采纳并转化为加快推进工业强县建设的具体措施。《关于加快我县省际承接转移示范区建设的建议》被市政协采纳并报省政协，引起领导关注。特别是通过深入全县景区景点实地调研，赴先进地区学习考察，形成《理顺体制 创新机制 全力打造长三角休闲旅游度假区》的专题报告，引起县委、县政府重视，相关建议纳入县委、县政府新一年工作部署。

二、民主协商

县政协政治协商的主要形式有主席会议、常委会会议、专题座谈会、意见听取会等。1991年1月，县政协召开三届四次常委会议，审议讨论《长兴县国民经济和社会发展十年规划和“八五”计划》草案，就如何搞好两个文明建设、廉政建设、民主与法制建设和继续抓好治理整顿、改革开放，提高经济效益，继续推动深层次农业开发，保持和发扬自力更生、艰苦奋斗精神等方面提出许多建议。1991年10月，应邀组织全体政协常委列席县人大常委会会议，听取和讨论县政府工作报告。县政协常委积极参政议政，献计献策，并以书面形式建议县政府对农业综合开发、加强科技进步、加强社会综合治理等问题，应进一步统一思想，做好组织协调工作，特别是对蚕桑开发和蚕种、桑苗基地的建设，要加强领导和搞好系列化服务；建议要切实把发展长兴经济建设转移到依靠科技进步的轨道上来，并列入县政府的重要议事日程。还就社会综合治理提出加强教育和制度建设，在普遍提高人民群众的文化道德素质的同时，加强对执法人员的自身建设，齐抓共管形成稳定和发展安定团结的政治局面等建议。1992年6月，召开三届十一次常委会，听取《长兴县九十年代奔小康建设社会主义新农村规划（征求意见稿）》的通报，就有关问题进行协商讨论。2000年6月，召开五届十五次常委会议，听取县政府、县人事劳动局关于全县社会保险工作情况的通报，并进行协商。2009年8月，召开七届十一次常委会议，听取2009年度上半年全县经济运行情况通报，听取重点提案办理及全县重点工程推进情况汇报，就全县经济社会发展有关问题进行协商建言。2010年11月，召开七届二十九次主席会议，听取县科协关于科普示范县创建工作情况和县环保局关于饮用水源地环境保护规划及合溪水库水源地保护办法的汇报，就推进全县科普工作和生态文明建设进行协商讨论。

第二节　提　案

第二届县政协开始设立提案工作委员会，为办理提案的常设机构，负责大会期间及会后委员提案的审查、立案、交办、督查、跟踪、落实等工作。1991 年 5 月，县政协三届六次常委会会议通过《中国人民政治协商会议长兴县委员会提案工作试行办法》，县政府办公室印发《人大代表建议、政协委员提案办理工作规则》。之后，历经实践探索，提案工作逐步制度化、规范化、程序化。

一、提案受理与办理

1988—2012 年，县政协收到委员以提案形式提出的意见和建议 3686 件，经审查，被立为提案 3600 件，占比 97.7%。其中，二届二次和三次会议 297 件、第三届 413 件、第四届 706 件、第五届 692 件、第六届 583 件、第七届 729 件、八届一次会议 180 件。提案内容涉及经济、政治、文化和社会发展各个方面，其中经济、城乡建设和环境保护类 2200 件，占立案提案总数的 61.1%，科教文卫和精神文明建设类 817 件，占 22.7%。

1999 年起，开展优秀提案和提案承办先进单位评比活动。2006 年起，开展提案办理先进评比。至 2012 年，评出优秀提案 68 件，承办先进单位 27 个，办理先进个人 17 人。

1988—2012 年长兴县政协委员提案分类情况

表 22-4

届别	次别	提案数（件）	立案数（件）	立案比例（%）	立案提案分类				
					经济（城乡建设环保）类（件）	占比（%）	科教文卫体（精神文明建设）类（件）	占比（%）	其他（件）
第二届	第二次	151	144	95.4	93	64.6	37	25.7	14
	第三次	157	153	97.5	116	75.9	13	8.5	24
第三届	第一次	105	101	96.2	66	65.3	19	18.8	16
	第二次	122	117	95.9	66	56.4	25	21.4	26
	第三次	202	195	96.5	117	60.0	35	18.0	43
第四届	第一次	132	125	94.7	71	56.9	29	23.2	25
	第二次	135	133	98.5	81	61.0	20	15.0	23
	第三次	180	175	97.2	110	62.9	27	15.4	38
	第四次	135	129	95.6	68	52.7	33	25.6	28
	第五次	150	144	96.0	83	57.6	31	21.5	30
第五届	第一次	122	118	96.7	82	69.5	23	19.5	13
	第二次	144	141	97.9	94	66.7	47	33.3	
	第三次	161	161	100	96	59.6	28	17.4	37
	第四次	160	160	100	104	65.0	27	26.0	29
	第五次	113	112	99.0	78	69.6	18	16.1	16
第六届	第一次	176	171	97.2	105	61.4	35	20.5	31
	第二次	135	134	99.3	77	57.5	39	29.1	18
	第三次	147	147	100	95	64.6	26	17.7	26
	第四次	132	131	99.2	79	60.3	34	26.0	18
第七届	第一次	157	156	99.4	84	53.8	43	27.6	29
	第二次	136	128	94.1	69	53.9	32	25.0	27

续表22-4

届别	次别	提案数(件)	立案数(件)	立案比例(%)	立案提案分类				
					经济(城乡建设环保)类(件)	占比(%)	科教文卫体(精神文明建设)类(件)	占比(%)	其他(件)
	第三次	135	135	100	80	59.3	50	37.0	5
	第四次	160	159	99.4	87	54.7	57	35.8	15
	第五次	153	151	98.7	93	61.6	41	27.2	17
第八届	第一次	186	180	96.8	106	58.9	48	26.7	26

说明:资料来源于县政协办

二、提案成效

二届政协期间,针对政协委员提出《解决雉城镇居民饮水问题的提案》的提案,县政府极为重视,通过新建包漾河引水工程,雉城镇居民饮水问题得到解决;针对《关于加强我县矿产资源的统一管理合理开发利用矿藏的建议》的提案,县计经委专门成立矿产资源管理办公室,统一管理全县矿产资源的开发利用工作;针对《县医院应建立传染病房的建议》的提案,县卫生局在人民医院建立传染病房,配强医务力量。

三届政协期间,针对政协委员提出《要求在县城南门设置红绿灯,以加强交通管理》的提案,县公安局在南门设立交通岗亭,加强交通管理,该路段交通混乱状况得以改变,交通事故发生减少;针对《关于加强血吸虫病防治工作的建议》的提案,县政府相继召开血防工作会议和查灭螺现场会议,对查灭螺、查治病任务作部署;针对《进一步放宽政策,为科技人员社会化服务创造条件》的提案,县政府制定下发《关于鼓励科技人员到乡镇企业工作的若干规定》《关于重奖和引进科技人员的若干意见》和《关于实施科教兴县、加速长兴经济发展的决定》。

四届政协期间,针对政协委员提出《要求加强对学校附近图书出租点管理》的提案,县文化局等相关部门制定《长兴县图书报刊市场管理暂行办法》,重点加强对中小学附近图书摊、店的管理,推动全县文化市场繁荣、健康地发展;针对《采取措施、制止农田抛荒》的提案,县政府发文决定制止耕地抛荒;针对《要求重视做好钟楼、大成殿、博物馆的规划和开放工作》的提案,相关部门将钟楼和大成殿规划为保护区,对大成殿进行抢修,并选址新建博物馆;针对《加快工业结构调整,振兴支柱产业,使我县国有工业企业尽快走出困境》的提案,县政府制订工业振兴计划,实施工业振兴工程,并将该项工作作为整个"九五"期内的重中之重来抓。

五届政协期间,针对政协委员提出《建议迁移州桥菜场,调整农贸市场布局》的提案,县工商局在报经县政府同意后,对菜场实施搬迁;针对《关于长兴港治污》的提案,县政府专门成立领导小组,制定治理规划,加大治污力度;针对《农村建房应规划有序》的提案,县建设局专门组织对全县农村建房情况进行调查摸底,完成所有行政村的建设规划编制工作;针对《应重视农村农民的吃水问题》的提案,县政府出台全县农村改水规划,并结合村庄建设工作,用三年时间基本完成农村改水;针对《建立县老年福利院的建议》的提案,县政府投资近1500万元,建成拥有200张床位可接纳300人的老年福利院;针对《加大我县广播电视通村入户的建议》的提案,县政府将广播电视通村入户列入当年工作任务加以实施。

六届政协期间,针对政协委员提出《建设征用农民土地,如何安置农民就业和加强保障》的提案,县国土局、劳动与社保局、农业局等有关部门在调查研究基础上,出台《雉城镇城市规划控制区、县经济技术开发区农房拆迁管理暂行办法》《雉城镇城市规划控制区、县经济技术开发区被征地农民实施基本生活保障制度试行办法》《长兴县征用农民集体所有土地管理办法》;针对《关于设立合溪水库水源保护区、确保水库水质与饮用水安全的建议》的提案,县委、县政府在开展合溪水库集雨区域范围内的污染调查及水质状况调查的基础上,采取一系列措施加强对合溪水库饮用水源的保护。

七届政协期间，针对《关于进一步加强我县农村食品安全工作》的提案，县食品药监局实施食品放心工程，发展行政村连锁便利店，并加大对初级农产品、食品生产加工、流通、消费等各环节的监管；针对《关于完善我县生活垃圾处理运行机制的建议》的提案，县政府通过专题调查分析研究，出台《长兴县农村生活垃圾集中收集清运处理工作考核奖励管理办法》，对农村垃圾收集清运工作实行“以奖代补”政策，将企业处理补贴标准提高，推动全县城乡生活垃圾集中处理率不断提高，生活环境得到进一步改善；针对《对我县实施基本药物制度的几点建议》的提案，县政府在全县 28 家乡镇卫生院和 175 家农村社区卫生服务站范围内，全面启动实施基本药物制度，减轻群众医药负担。

第三节　团结联谊

一、对外联谊

1988—2012 年，县政协每年举办重大纪念日座谈会、传统节日茶话会等活动，邀请县委、县政府领导和各民主党派、各界知名人士参加，通报经济社会发展情况，共同回顾历史，畅谈大好形势，通过新闻媒体向海外亲友介绍家乡日新月异的变化，为加强爱国统一战线、促进长兴经济发展做出贡献。

1988 年以来，县政协开展跨地区联谊活动，扩大对外友好往来，促进交流与合作，推动政协各方面工作更好开展。先后与毗邻的安徽省广德县、江苏省宜兴市成立“苏浙皖毗邻县（市）政协联谊会”，与四川省三台县、海南省安定县、湖南省永兴县、江西省遂川县和省内桐乡县成立五省六县政协联谊会。进入 21 世纪，随着经济社会快速发展，县政协对外联谊活动更加频繁，平均每年接待 30 余批、数百人次县外政协人士，外出学习考察 10 余次。

二、书画活动

县政协积极发挥政协文化智力优势，开展以书会友、以画联谊为特色的政协团结联谊工作。1988 年以来，先后成立长兴县箬溪书画社、长兴县政协书画社，为全县各类艺术家展示艺术才华提供文艺舞台。

长兴县箬溪书画社，1988 年 12 月成立。1994 年 12 月，换届选举产生第二届理事会理事。成立后，共举办书画展 6 次，举行“春韵”书画笔会等活动，每年春节还组织社员给农民送春联。

长兴县政协书画社，2006 年 11 月成立。先后举办长兴、安吉、德清“迎国庆”书画联展和“庆祝人民政协成立 60 周年书画笔会”“庆祝中华人民共和国和人民政协成立 60 周年”书画展等系列书画展，承办浙江省第一届、第二届“兰亭奖”中小学生书法大赛长兴赛区选拔活动。

第四节　文史资料

1988—2012 年，县政协文史工作的主要内容是征集、出版文史期刊、文史专辑和文史专著。1989 年 4 月，编印《长兴文史资料》第三辑，收录有关长兴文化、教育和卫生等方面的史料 49 篇，10 万字。1992 年 5 月，编印《长兴文史资料》第四辑《顾渚紫笋诗文录》，共收录诗文 155 篇，7 万字。1994 年 10 月，编印《长兴文史资料》第五辑《长兴政协十年》，7 万字。2001 年 2 月，编印《长兴文史资料》第六辑《长兴名人名胜选粹》，收录文章 23 篇，7 万字。2008 年 1 月，出版《历代紫笋茶诗文录》，收集唐代以来有关紫笋茶的文章 50 余篇、诗词 200 余首，18 万字，获 2008 年省政协优秀文史资料三等奖。同年 4 月，出版《走进长兴》，8 万字。2009 年 10 月，编印《长兴文史资料》第七辑《纪念人民政协成立六十周年》，收录文章 38 篇，10 万字。

第二十三编 民主党派 人民团体

1986年，长兴县工商业联合会（简称县工商联）恢复。该时，县内尚无民主党派基层组织。1987—1988年，中国国民党革命委员会（简称民革）、中国民主同盟（简称民盟）、中国民主建国会（简称民建）、九三学社先后在长兴建立基层组织，共有成员47人。1993年12月，长兴县总商会成立，与县工商联合署办公。2012年，全县有民革长兴县总支委员会、民盟长兴县总支委员会、民建长兴县总支委员会、九三学社长兴县基层委员会4个民主党派的基层组织，成员222人；县工商联（总商会）有行业商会3个、乡镇（街道）商会13个、村级（社区）商会22个、异地商会4个，有会员单位2961个。1988—2012年，各民主党派、工商联通过提交提案进行参政议政、建言献策，通过参加县委、县政府座谈会和情况通报会等形式参与管理，开展民主监督和社会服务活动。

1988年，全县有长兴县总工会（简称县总工会）、中国共产主义青年团长兴县委员会（简称团县委）、长兴县妇女联合会（简称县妇联）、长兴县科学技术协会（简称县科协）4个县级人民团体，有基层工会组织449个、会员3.47万人，基层共青团组织1018个、团员2.21万人，基层妇女组织483个，基层科协组织34个、会员1279人。1991年5月，长兴县残疾人联合会（简称县残联）成立。同年6月，长兴县红十字会（简称县红十字会）成立。1997年10月，长兴县文学艺术界联合会（简称县文联）成立。2012年，全县有基层工会组织2536个、会员15.72万人，基层共青团组织1172个、团员2.56万人，基层妇女组织664个，基层科协组织19个、会员2152人，基层文联组织8个、会员642人，基层残联组织20个。1988—2012年，全县各人民团体发挥各自职能优势，通过宣传教育、组织活动、提供服务等方式，带领各自会员积极投身经济建设，保障相关人员基本权益，配合政府搞好管理，促进社会发展，在围绕中心、服务大局中展示人民团体的风采。

第一章 民主党派基层组织

1987—1988年，中国国民党革命委员会、中国民主同盟、中国民主建国会、九三学社先后在长兴建立基层组织。自成立以后，各民主党派围绕全县改革、发展、稳定大局，在政治协商、民主监督、参政议政和各项建设中发挥积极作用，共提交提案、议案、专题调研报告等1147件。

第一节 民革长兴县总支委员会

一、基本情况

组织 1987年之前，全县有民革党员1人。1987年4月8日，民革长兴县支部委员会成立，党员8

人。2009 年 1 月，升格为民革长兴县总支委员会，党员 32 人，设第一、第二 2 个支部。2012 年 11 月，增设第三支部。同年年末，民革长兴县总支委员会下设 3 个支部，有党员 41 人，其中女 13 人，平均年龄 49.5 岁。

党员大会　1987 年 4 月 8 日，民革长兴县支部第一次全体党员大会(成立大会)召开，出席党员 8 人。选举产生民革长兴县第一届支部委员会，委员 2 人，其中主委暂缺，副主委 2 人(1 人主持工作)。1990 年 1 月 10 日，民革长兴县支部第二次全体党员大会召开，出席党员 12 人。选举产生民革长兴县第二届支部委员会，委员 3 人，其中主委、副主委各 1 人，吴大年当选为主委。1992 年 7 月 16 日，民革长兴县支部第三次全体党员大会召开，出席党员 13 人。选举产生民革长兴县第三届支部委员会，委员 3 人，其中主委、副主委各 1 人，张序渭当选为主委。1995 年 2 月 27 日，民革长兴县支部第四次全体党员大会召开，出席党员 14 人。选举产生民革长兴县第四届支部委员会，委员 3 人，其中主委、副主委各 1 人，杨旭东当选为主委。1998 年 8 月 17 日，民革长兴县支部第五次全体党员大会召开，出席党员 16 人。选举产生民革长兴县第五届支部委员会，委员 3 人，其中主委、副主委各 1 人，杨旭东当选为主委。2003 年 2 月 21 日，民革长兴县支部第六次全体党员大会召开，出席党员 25 人。选举产生民革长兴县第六届支部委员会，委员 3 人，其中主委、副主委各 1 人，李次刚当选为主委。2009 年 1 月 15 日，民革长兴县支部第七次全体党员大会召开，出席党员 32 人。选举产生民革长兴县第一届总支委员会，委员 4 人，其中主委、副主委各 1 人，李次刚当选为主委。2010 年 12 月届中调整，委员 5 人，主委 1 人、副主委 2 人，王伟敏任主委。

二、主要工作

参政议政　1993 年起，历届民革长兴县主委均当选县政协常委。1998 年，当选第五届县政协副主席 1 人。2007 年，任市监察局特邀监察员 1 人。2012 年，担任副县长 1 人；任省监察委员会委员 1 人。同年，民革党员当选各级人大代表、被推选为政协委员的有 22 人。其中，省人大代表 1 人，市人大代表 2 人，县人大代表 4 人；市政协委员 2 人，县政协常委 1 人，县政协委员 12 人；党员中县副处级领导 1 人。1988—2012 年，民革党员共提交提(议)案 367 件，社情民意、金点子 76 件，调研报告 56 篇，大会发言 12 人(次)。内容涉及农业、交通、城建、旅游、食品卫生、环境治理、农产品检测、水资源整治等诸多方面，多件提(议)案被列为市、县重点和优秀提(议)案，社情民意、金点子相继被民革中央、民革浙江省委、省市政协、省市统战部录用，多篇调研报告得到县委、县政府领导的批示。其中，1991 年，《关于待业青年就业要改变只以文化考试标准的招工办法》的提案提交市委会；1998 年，《建议在雉城镇兴建大型蔬菜批发市场》的提案，被县政府采纳并列入重点建设项目，投资 1460 万元新建大型农业综合批发市场；2003 年，《发展太湖围网养殖需要政府协调和支持的建议》被列为市人大优秀提案并被收录进民革浙江省委会《2002—2007 年度参政议政成果汇编》；2005 年，《关于在长兴应建立焚化中心的建议》被市人大作为重点建议报省人大；2009 年，《关于进一步完善中小学德育教育的几点建议》受到省委会领导表扬；2011 年，《关于积极探索破解中小微企业发展难题，促进中小微民营企业实体经济发展的建议》被列为市人大重点建议案，《关于采取更加积极的劳动就业政策，解决劳动力供需矛盾的议案》被民革省委会和市政协录用；2012 年，《关于加大对农业企业和农民专业合作社金融支持力度的建议》被民革省委会录用，《关于稳步推进我市农村“三资”管理，构建和谐社会》被列为市人大优秀建议案。

社会服务　1987—2012 年，民革长兴县总支(支部)每年定期组织党员开展政策、科技、医卫、教育、法律、文化等下乡服务，同时参与慈善及扶贫助学活动，加强海外联系，服务经济建设。1996 年，民革长兴县支部主持召开黄埔同学会，号召黄埔校友加强海外联系，宣传“一国两制”，积极做好维护祖国统一工作。2002 年，民革长兴县支部引进资金 5000 余万元，投资青梅、银杏、板栗和竹木产品加工等项目。2003 年、2007 年，两次邀请湖州旅台同乡会总干事吴神农到长兴实地考察。2008 年，在汶川大地震抗震救灾中捐款 89215 元。2009 年起，党员罗冬英通过中国儿童基金会向云南丽江民族孤儿学校捐助 7 名少数民族孤儿大学生全部学习和生活费用，每年 10 万余元，并在湖州市慈善总会设立“扶贫助学专项基金”50 万元，在长兴慈善总会设立“盛邦圆梦温暖基金”50 万元。2011 年 5 月，邀请台湾地区国民党民意代表邱毅、王育成到长兴考察生态旅游观光农业，相互交流两岸政策。同月，3 名党员捐款 18 万元发起创立“长兴县妇女儿童关爱基金”。同年，成立“民革长兴总支社会服务委员会”，与泗安镇庆丰村建立对口联系机制。2012 年 7 月，邀请台商到和平桃源山庄、水口顾渚村等考察生态农庄。1988—2012 年，民革长兴县支部(总支)党员(企业)向社会各界捐资累计近 1000 万元。党员杨旭东、李次刚、罗冬英分别被评为民革全国优秀基层党务工作者、全国优秀教师、民革全国社会服务工作先进个人，民革长兴总支先后获“浙江省树立和践行社会主义核心价值体系活动”先进集体、省级“学习践行社会主义核心价值体系先进组织”奖。

第二节 民盟长兴县总支委员会

一、基本情况

组织 1987 年之前，全县有民盟盟员 2 人。1987 年 5 月，民盟长兴县支部委员会成立。1995 年 1 月，有盟员 41 人，设长兴中学和科技 2 个支部。2004 年 11 月，升格为民盟长兴县总支委员会，设文教和科技 2 个支部。2012 年，民盟长兴县总支委员会设 2 个支部，有盟员 82 人，其中女盟员占 39%，大学本科以上学历占 86%，中高级职称以上占 67%。

盟员大会 1987 年 5 月 11 日，民盟长兴县支部第一次全体盟员大会召开，出席盟员 23 人。选举产生民盟长兴县第一届支部委员会，委员 3 人，其中主委、副主委各 1 人，邹声显当选为主委。2004 年 12 月 9 日，民盟长兴县总支第一次全体盟员大会召开(成立大会)，出席盟员 65 人。选举产生民盟长兴县第一届总支委员会，委员 6 人，其中主委、副主委各 1 人，虞利民当选为主委。2009 年 1 月 4 日，民盟长兴县总支第二次全体盟员大会召开，出席盟员 69 人。选举产生民盟长兴县第二届总支委员会，委员 7 人，其中主委 1 人、副主委 2 人，佘国勤当选为主委。

二、主要工作

参政议政 1987—2012 年，民盟长兴县总支(支部)盟员中，当选为省人大代表有 3 人、市人大代表 9 人、县人大代表(含常委、副主任)7 人、镇人大代表 1 人；被推选为市政协委员 8 人、县政协委员(含常委、副主任)52 人次。盟员累计在省、市、县“两会”上发言并提交提案、议案和专题调查报告 250 余件，反映社情民意 100 余件，内容涉及工业、农业、城建、交通、环境保护、生态文明、旅游等，先后被全国政协、中办、省政协、盟中央、省委统战部、盟省委等采用。1987 年春，组织有地质、测绘、建筑等工程技术背景的盟员，成立“洞山风景旅游区考察小组”，编写《长兴洞山旅游风景区初探报告》，受到政府有关部门和专家的肯定。2003 年春，盟员自费出版《太湖是怎样形成的》一书。2005 年，盟员提交的《大力推进我省农村“连锁超市”“放心店”工程的建议》被评为省人代会优秀议案；《要求尽快查处泗安水库水体污染事件的建议》引起省领导及国家相关部委重视，推动该跨省污染案件得到彻底解决。2006 年 1 月，在县政协六届四次会上，盟员提交的《对我县赴日研修生的思考和建议》和《加大污染整治力度，努力改善水环境质量》大会交流发言，得到县委、县政府的重视并采纳。2011 年，文教支部组织盟员开展调研，提交《如何打响旅游文化品牌 建设长兴旅游强县》提案。

社会服务 1987—2012 年，民盟长兴县总支(支部)定期组织盟员开展科技、法律、医疗义诊、爱心慈善、结对帮扶、“同心”志愿活动、书画展等一系列社会服务，帮困扶贫 21 人次、帮扶结对 6 人，捐款 10.59 万元。1988 年，开办“新潮科技咨询服务部”，多次为长兴白水泥厂技术服务，帮助该厂解决高压静电除尘、仓库料位测定、电子皮带秤等电子设备安装调试；帮助泗安微生物厂解决温控技术难题，为全县经济发展出谋划策，提供技术服务。盟员许可在医学上首创“现代病”概念，并著书立说，引起医学界关注。1989 年，医卫盟员、人民医院大内科主任医师张诗忠多次利用双休日去敬老院义诊。民盟基层组织医卫盟员赴煤山、李家巷镇、泗安镇、太湖图影等地义诊 10 余次，参加盟员 120 人次，义诊病人

2000余人次。1993年起，县政协副主席张履正连续三年带领医务盟员赴长兴聋哑学校，为全校38位师生进行体检及保健知识讲座。2010年5月，民盟长兴县总支与民盟省直联第四总支在长兴举行结对签约合作，随后多次联合开展民营经济创新与发展调研、农村烛光行动、送教下乡、送医下乡等活动，受到盟省委的肯定与表彰。盟员周明明个人在超威集团捐款100多万元，支援抗震救灾。1988—2012年，有多人获全国和省级荣誉，其中盟员成珊获全国青少年宫优秀工作者；盟员周明明获“中国十大创业英才”奖，被评为中国民营科技发展杰出贡献优秀企业家、改革开放三十年中国民营科技创新发展做出贡献的优秀企业家、中国商标战略创新领军人物、全国绿色低碳管理创新杰出人物；5名盟员获盟省委先进盟员或先进盟务工作者。民盟长兴县文教支部获省民盟知识竞赛先进集体。

第三节　民建长兴县总支委员会

一、基本情况

组织　1987年之前，全县有民建会员1人。1987年3月，民建长兴县支部委员会成立，有会员12人。2007年6月，升格为民建长兴县总支部委员会，下辖2个支部。2012年，民建长兴县总支有基层支部2个，会员46人，其中女会员16人，大专以上学历占78%，中级职称以上占60%。

会员大会　1987年3月28日，民建长兴县支部第一次全体会员大会召开(成立大会)，出席会员12人。选举产生民建长兴县第一届支部委员会，委员3人，其中主任、副主任各1人，程泽金当选为主任。1993年11月18日，民建长兴县支部第二次全体会员大会召开，出席会员16人。选举产生民建长兴县第二届支部委员会，委员3人，其中主任、副主任各1人，王林福当选为主任。1996年12月5日，民建长兴县支部第三次全体会员大会召开，出席会员19人。选举产生民建长兴县第三届支部委员会，委员5人，其中主任1人、副主任2人，王明雄当选为主任。2000年11月23日，民建长兴县支部第四次全体会员大会召开，出席会员22人。选举产生民建长兴县第四届支部委员会，委员5人，其中主任1人、副主任2人，王明雄当选为主任。2002年4月，章玉坤任命为主任。2004年3月30日，民建长兴县支部第五次全体会员大会召开，出席会员28人。选举产生民建长兴县第五届支部委员会，委员5人，其中主任1人、副主任2人，章玉坤当选为主任。2007年6月16日，民建长兴县支部第六次全体会员大会召开，出席会员35人，分设成立长兴一支部、长兴二支部2个支部。选举产生长兴一支部第一届支部委员会，委员4人，其中主任1人、副主任2人，章玉坤当选为主任(2009年8月，陈富强任主任)；长兴二支部第一届支部委员会，委员4人，其中主任1人、副主任2人，陈峰当选为主任。

2007年6月22日，民建长兴县总支部第一次全体会员大会召开(成立大会)，出席会员35人。选举产生民建长兴县第一届总支部委员会，委员5人，其中主任1人、副主任2人，章玉坤当选为主任。2010年11月18日，民建长兴县总支部第二次全体会员大会召开，出席会员43人。选举产生民建长兴一支部第二届委员会，委员5人，其中主任1人、副主任2人，陈富强当选为主任；民建长兴二支部第二届委员会，委员5人，其中主任1人、副主任2人，陈峰当选为主任。2010年12月24日，民建长兴县总支部第三次全体会员大会召开，出席会员43人。选举产生民建长兴县总支部第二届委员会，委员6人，其中主任1人、副主任2人，章玉坤当选为主任。

二、主要工作

参政议政　1987—2012年，民建长兴县总支(支部)会员中当选各级人大代表、被推选为各级政协委员21人。其中，市人大代表3人、县人大代表2人，省政协委员1人、市政协委员3人、县政协委员12人；市政协常委1人，县政协副主席1人，县政协常委2人；会员中担任副处级领导干部1人，正科级领导干部1人，副科级领导干部2人。自1987年成立以来，民建长兴县总支部(支部)委员会累计向省、市、县“两会”提交提案、议案及大会发言材料255件，被中央、省、市录用或采用76件，被评为省市县优秀(重点)提案、议案38件。《关于严格控制建设开发活动占用水域的建议》被民建中央和市政协采用,获民建浙江省参政议政优秀成果一等奖,民建省委会以该建议为基础形成的提案被全国政协十一届五次会议评为优秀提案;《太湖管理条例(征求意见稿)的修改建议》被全国政协录用;《农村合作医疗不应片面追求参合率》被省民建录用并得到省政府分管副省长的批示,《我省收取诉讼费规定与〈诉讼费交纳办法〉不符,建议适时调整相关规定》被省市政协录用;《关于加快我市旅游产业发展的议案》被市人大列为主任督办的重点议案,《关于切实解决中小微企业融资难问题的建议》被列为市重点提案,并评为优秀提案。《关于加强银企结合的建议》《关于科技下乡的建议》《关于市(县)政协委员列席乡镇有关会议的建议》被市政协录用,《关于拓宽中小企业融资渠道制止地下钱庄危害社会的建议》《关于重视我市紫砂业发展的建议》《建立长效机制引导企业履行社会责任》被市委统战部录用并被评为金点子,《关于加快省际承接产业转移示范区规划建设的建议》被市政协、市委统战部录用。《关于农村环境建设的建议》《关于进一步完善我县生活垃圾处理运行机制的建议》《关于合溪水库水资源保护的几点建议》《加强举措,推进浙商回归工程》被列为县重点提案,并被评为优秀提案。先后完成县委、县政府交办《我县社会恶势力的调查与建议》《加强城市社区建设的调查与对策研究》重点课题的调研,报告得到县主要领导批示。1987年起至2012年,民建长兴县总支部(支部)会员参加省市县人大、政协及统战部门等召开的各类民主协商会、座谈会、学习会89次、178人次;参加各级人大、政协组织的各类视察、考察、调研活动86次;18名会员被县政协聘请为监督小组成员,9名会员被政府有关部门聘任为特约监督员。

社会服务 1987年9月,民建长兴支部和县工商联建立"上海立信会计专科学校函授部长兴辅导站",举办三年制中专会计班,首批学员34人,被县职教委授予职业教育先进集体。同年,还联合县工商联开展经济咨询服务,推销地方产品,组织紧俏原材料,全年共成交金额80万元。1988年,会员提出奶牛传染病预防和治疗措施,得到县委重视,并在全县推广。同年,会员为江西吉安老区新建明胶厂,提供公益流程、土建工程方案、设备设计一条龙的技术服务,节约资金,缩短工期。1991年10月,设立长兴县民建经济技术咨询服务部。1995—1996年,会员参与全县重大工程建设和重点工程项目考察,并提出相关建议。2001年,会员提出《在农村推行贷款证制度的建议》,被政府采纳,在全县信用社全面推广。2003年,引进皇家湾旧城改造项目和大成轻纺有限公司。2007年,引进"大好高"项目天衣钢塑,总投资2亿元。2012年,在清泉武校建立长兴县民建之家;与夹浦镇红旗村建立社会服务基地,与白岘乡建立社会实践基地,合力建设社会主义新农村。1987—2012年,民建长兴总支(支部)会员积极参加"慈善一日捐"活动,向灾区人民捐献爱心,与希望工程多名贫困学生结对,女工委与贫困妇女结对,为公益事业捐款捐物,通过多种方式、途径进行捐助活动。会员王林福获全国民建先进会员,会员周清泉获中国百名行业风云人物和2007—2008年度全国先进民办杰出校长,会员戴顺华获民建全国社会服务工作先进个人,还有3名会员被评为浙江省民建优秀会员。民建长兴县总支(支部)委员会先后被评为2001—2005年省级先进支部、2006—2008年省级先进基层组织,2010年被授予民建全国先进基层组织。

第四节 九三学社长兴县基层委员会

一、基本情况

组织 1988年4月,全县有九三学社社员4人。1989年5月,九三学社长兴县支社正式成立。2007年12月,升格为基层委员会,下设3个支社。2012年,九三学社长兴县基层委员会有3个支社,社员53人。其中,女社员23人;研究生4人、大学本科40人;高级职称34人、中级职称19人。

社员大会 1988年4月2日,九三学社长兴小组成立,社员4人,推选金崇瑜为组长。1989年5月11日,九三学社长兴县支社第一次全体社员大会召开(成立大会),出席社员10人。选举产生九三学社长兴县支社第一届委员会,委员3人,其中主委1人、副主委2人,金崇瑜当选为主委。1992年10月16

日，九三学社长兴县支社第二次全体社员大会召开，出席社员15人。选举产生九三学社长兴县支社第二届委员会，委员5人，其中主委1人、副主委1人，周述尹当选为主委。1995年10月25日，九三学社长兴县支社第三次全体社员大会召开，出席社员20人。选举产生九三学社长兴县支社第三届委员会，委员5人，其中主委1人、副主委2人，周述尹当选为主委。1998年9月25日，九三学社长兴县支社第四次全体社员大会召开，出席社员28人。选举产生九三学社长兴县支社第四届委员会，委员5人，其中主委1人、副主委2人，徐安国当选为主委。2002年7月5日，九三学社长兴县支社第五次全体社员大会召开，出席社员33人。选举产生九三学社长兴县支社第五届委员会，委员4人，其中主委1人、副主委2人，陆康康当选为主委。2007年12月26日，九三学社长兴县基层委员会成立大会召开，出席社员43人。选举产生九三学社长兴县基层委第一届委员会，委员5人，其中主委1人、副主委2人，陆康康当选为主委。

二、主要工作

参政议政　1988—2012年，九三学社长兴县支社（基层委员会）社员当选各级人大代表、被推选为各级政协委员47人。其中，省人大代表1人、市人大代表7人、县人大代表4人（当选县人大副主任1人、常委2人）；省政协委员1人、市政协委员6人、县政协委员28人（当选县政协副主席2人、政协常委7人）。社员中有正科级领导干部1人、副科级领导干部1人。自成立以来，九三学社长兴县支社（基层委员会）累计向省、市、县“两会”提交议案、提案219件，大会发言材料9件。其中，被中央、省、市采用3件，县政协优秀提案1件，重点提案1件，受市、县有关部门重视或政协专委会视察督办提案2件，全县首届科技人员建言献策“金点子”三等奖2件。其中，《将长兴县列为全国商品粮基地县建设》被国家计委、农业部采纳并立项；《开发太湖浙江沿岸经济带》被省政府采纳并批准启动该经济带建设；《关于对湖州市病死动物无害化处理的几点建议》中关于无害化焚烧炉建设的建议被市政府列入议事日程；《关于我县实施基本药物制度的几点建议》被列入县重点提案；《大力发展社区卫生服务，提高人民健康水平》被评为县优秀提案；《妥善处理医疗纠纷，维护正常医疗秩序》的提案得到市委政法委的重视，专门到长兴进行调研；《关于进一步完善我县旅游景区基础配套设施的建议》《加强政策扶持，加快长兴医疗卫生发展》的提案获全县首次科技人员建言献策“金点子”三等奖；《在发展农村旅游业和农家乐同时加强农村环境卫生的监管力度》提案被县政协专委会视察和督办。1988—2012年，当选各级人大代表、被推选为各级政协委员的社员共参加省、市、县代表大会62人次，参加县委、县政府、纪委、统战部等召开的各类征求意见会、民主协商会、情况通报会、座谈会、培训班等26人次，参加人大、政协和有关部门组织的各类视察、考察、调研活动21人次。《对经济欠发达乡镇推进农业产业化的建议》和《发挥民主党派代表性人物作用，做好基层组织参政议政工作》2篇调研报告分别发表在九三学社省委“意见与建议”内刊和浙江统战论文选第十集。由县委、县政府下文交办的《关于长兴县机关干部社会形象调查和建议》调研报告得到上级部门肯定。有多名同志被聘为县人民政府专家咨询委员会委员和县有关单位的特约人员，民主监督的力度得到加强。社员周述尹被九三学社浙江省委聘为社省委参政议政特约研究员。

社会服务　1988年以来，九三学社长兴基层委依托人才荟萃、智力密集的优势，发挥各自特长进行社会服务。农业科技社员以“科技兴农”为服务方向，先后直接或配合乡、镇农科站举办各类农业科技实用技术和主要农技推广项目培训班，使全县广大农户受益；“水稻病虫害综合防治研究课题”被评为中华人民共和国成立以来长兴县十大科技成果之一。医卫界开展各类义诊、医疗咨询、健康体检、科普宣传、对全县农村育龄妇女生殖健康普查、农民健康体检等医疗服务工作和送医下乡活动，受益群众累计达万余人次。人民医院支社与洪桥中心卫生院建立医疗扶持点，不定期派医疗专家义诊、业务指导和培训，提升当地卫生院业务水平。2012年10月，九三学社长兴基层委与林城镇北汤村建立新农村社会服务实践基地，从科技、农业、医疗、卫生、法律等多方面进行服务，推动北汤村成功列入浙江省新农村建设科技示范点项目。1988—2012年，九三学社长兴县基层组织在历次抗洪和地震灾害中先后捐款3万多元，捐献衣物近300件。社员周述尹获全国优秀归侨、侨眷知识分子称号，享受国务院政府特殊津贴；社员李彩琴获评全国县市科技进步考核先进个人;社员黄莲芳获评全国人口和计划生育科技工作先进个人、全国计划生育科技大练兵活动先进个人。九三学社长兴县支社获评2000年省级先进支社。

第二章　工　会

1988—2012年,长兴县总工会围绕全县中心工作,在职工民主管理、劳资关系协调、劳动竞赛和技术协作、职工权益保障、职工教育培训、劳动模范评选等方面,发挥职能作用,调动广大职工积极性,投身全县经济建设和社会服务。其间,召开职工代表大会5次。

第一节　工会组织

一、县总工会

1988年,县总工会内设办公室、组宣部、生产生活女工部、财务部,常设机构有县劳动竞赛指导委员会、县职工技术协作委员会,所属事业单位有县总工会职工业余学校、县总工会工人文化宫、泗安镇工人俱乐部。同年5月,县总工会法律顾问室成立,1990年3月更名为县总工会法律顾问处。1994年4月,成立县总工会干部学校。1997年,成立县总工会劳动法律监督委员会。2003年,泗安镇工人俱乐部撤销拍卖。2004年,县总工会工人文化宫场地整体出租。2007年10月,县总工会职工业余学校注销。2012年,县职工技术协作委员会注销登记。同年,县总工会设办公室、组宣部、经济工作部(女职委)、维权部(帮扶中心),核定行政编制7人、事业编制18人。其他常设机构有县劳动竞赛指导委员会、县总工会法律顾问处和县总工会劳动法律监督委员会,所属事业单位有县总工会干部学校。

二、基层工会

1988年,全县有县教育工会和县财贸工会2个产业(系统)工会,其中县教育工会有基层工会55家、会员921人,县财贸工会有基层工会76个、会员7305人;县总工会下辖基层工会318个,工会小组1203个,有会员26432人。1993年之前,乡镇工会工作由党委分工兼管。1993年,李家巷镇、煤山镇、夹浦镇、槐坎乡以委任制方式建立乡镇工会工作委员会,作为县总工会派出机构。1994年起,在私营企业组建工会。1999年,全县各乡镇建立工会工作委员会。2000年3月,成立直属机关工会工作委员会,为县总工会派出机构,驻县机关党工委。同年起,在非公企业组建工会。2005年,乡镇工会工作委员会体制向工会委员会转变,9月全县首家乡镇工会委员会在槐坎乡成立,10月全县首家乡镇总工会在李家巷镇成立。至年底,全县各乡镇分别成立工会委员会。2006年2月,分别成立县直属企事业工会工作委员会和县直属机关工会工作委员会,为县总工会派出机构,分别驻县总工会、县机关党工委。2007年9月,虹星桥镇厚全村成立全县首家村级联合工会。2008年3月,县经济开发区总工会成立。2009年6月,古城街道三狮社区建立全县首家社区联合工会。2011年,县建设行业工会工作委员会成立,驻县建设局,开展建筑、物业管理、房屋中介组织、监理机构等企业工会组建。同年,分别在太湖图影旅游度假区和县经济开发区太湖新城建立工会工作委员会。2012年,全县有乡镇(街道、园区)总工会13家,工会委员会4家,工会工作委员会3家。有产业(系统)工会3家,其中县教育工会有基层工会92个,工会会员6819人;县财贸工会有基层工会89个,下辖商业、粮贸供销、物资、工商、财贸、烟草、中百、银行等十大系统和单位,职工9600人,工会会员8610人;县建设行业工会工作委员会,有基层工会5个。有县直属工会工作委员会2家,其中县直属企事业工会工作委员会下辖基层企事业工会53个(独立基层工会50个、联合基层工会3个),涵盖57个单位,职工9198人、工会会员9198人;县直属机关工会工作委员会下辖县级机关部门工会52个,职工3685人,工会会员3685人。年末,全县有基层工会

2536家(单独建会2327家、联合建会209家),覆盖企业4639家,职工16.22万人,会员15.72万人。

第二节　代表大会

1988—2012年,为长兴县工会第十一届至第十六届委员会任期。其间,共召开5次代表大会。第十一届委员会产生于1987年8月,在本志时段内任期为2年10个月。

一、第十一次代表大会

1987年8月17日至20日,县总工会第十一次代表大会召开,出席代表230人,列席代表8人。县总工会主席奚进发作题为《团结奋斗 改革创新 进一步开创工会工作新局面》的工作报告。选举产生出席省工会第九次代表大会代表。选举产生长兴县工会第十一届委员会,委员25人;经费审查委员会,委员5人。第十一届委员会第一次全体会议选举产生常务委员7人,其中主席1人、副主席2人、经审委主任1人,奚进发当选为主席。

二、第十二次代表大会

1990年10月24日至28日,县总工会第十二次代表大会召开,出席代表344人,列席代表16人。县总工会主席奚进发作题为《团结一致 稳定社会 在改革和建设中充分发挥工人阶级主力军作用》的工作报告。选举产生县总工会第十二届委员会,委员27人;经费审查委员会,委员5人。第十二届委员会第一次全体会议选举产生常务委员7人,其中主席1人、副主席2人、经审委主任1人,奚进发当选为主席。1993年8月,县总工会第十二届七次全体委员会议替补应汉田为县总工会主席。

三、第十三次代表大会

1995年12月26日至28日,县总工会第十三次代表大会召开,出席代表347人,列席代表20人。县总工会主席应汉田作题为《服从大局 围绕中心 突出维权 团结和动员全县职工为实现"九五"计划建功立业》的工作报告。选举产生县总工会第十三届委员会,委员29人;经费审查委员会,委员5人。第十三届委员会第一次全体会议选举产生常务委员9人,其中主席1人、副主席2人、经审委主任1人,应汉田当选为主席。2001年2月,县总工会第十三届七次全体委员会议替补邱伟强为县总工会主席。

四、第十四次代表大会

2001年4月26日至28日,县总工会第十四次代表大会召开,出席代表260人,列席代表30人,特邀代表26人。县总工会主席邱伟强作题为《突出维护 勇于创新 为实现我县"两个加快"和"十五"计划的宏伟目标而努力奋斗》的工作报告。选举产生县总工会第十四届委员会,委员27人;经费审查委员会,委员5人。第十四届委员会第一次全体会议选举产生常务委员9人,其中主席1人、副主席2人、经审委主任1人,邱伟强当选为主席。2003年6月,县总工会第十四届四次全体委员会议替补臧庆祥为县总工会主席。2006年4月,县总工会第十四届七次全体委员会议替补周伯顺为县总工会主席。

五、第十五次代表大会

2006年5月7日至9日,县总工会第十五次代表大会召开,出席代表210人,列席代表30人,特邀代表13人。县总工会主席周伯顺作题为《围绕大局 凝心聚力 共创和谐 为实现长兴"十一五"规划,全面建设小康社会而努力奋斗》的工作报告。选举产生县总工会第十五届委员会,委员28人;经费审查委员会,委员5人。第十五届委员会第一次全体会议选举产生常务委员9人,其中主席1人、副主席3人、经审委主任1人,周伯顺当选为主席。2011年3月,县总工会第十五届八次全体委员会议替补钱望成为县总工会主席。

六、第十六次代表大会

2011年9月18日至20日,县总工会第十六次代表大会召开,出席代表260人,列席代表26人,特邀代表15人。县总工会主席钱望成作题为《建功立业促发展 创新管理谋和谐 团结动员全县职工为实现"十二五"宏伟目标而奋斗》的工作报告。选举产生县总工会第十六届委员会,委员29人;经费审查委员会,委员5

人。第十六届委员会第一次全体会议选举产生常务委员9人，其中主席1人、副主席3人、经审委主任1人，钱望成当选为主席。2012年3月，县总工会第十六届三次全体委员会议替补王晓瑜为县总工会主席。

第三节　主要工作

一、职工民主管理

职工代表大会制度　1986年，县总工会在实行厂长负责制的企业推行职工代表大会(简称职代会)制度。同年，全县建立职代会制度的单位183个。1988年，全县建立职代会制度的单位147家，全年职工提交提案2897件，当年落实1511件。1989年起，全县实行职代会报告制度，职工代表审议厂长工作报告，重大事项由职代会讨论决定。同年，全县有162个单位建立职代会制度，职工代表5304人；共提交提案1523件，采纳1333件，实施934件，创造价值55.5万元。1990年起，在长兴槐坎电容器厂试点推行乡镇企业职代会制度，并于1991年召开第一届职代会。1992年，全县各单位召开职代会229次，提交议案方案1567件，同意1382件，否决126件。1996年，长兴气门嘴厂、和平指甲钳厂进行民主选举厂长试点工作，职工以无记名投票方式选举新一任厂长。1997年，全县有148家企业建立职代会制度，113家开展活动，96家企业单位建立业务招待费向职代会报告制度。2002年，有115家非公企业建立职代会制度。2004年6月，全省首个乡镇区域性集群职代会在吕山乡召开，成立“代表巡视执行组”“安全生产监督组”“劳动争议调解组”三个小组，以解决闭会期间的安全生产、劳动争议等问题。7月，洪桥镇建立轻纺、耐火、建材三家“行业集群职代会”。至同年年底，全县16个乡镇全部建立“集群职代会”制度。2005年，在浙江广播电视大学长兴学院试点，建立在教(职)代会上商议《教职工权益保障协商协议》制度，明确规定行政与工会双方的权利和义务，特别对奖金、津贴的分配制度、方式和额度达成协议，并在校务公开栏定期公开。次年，在全县中小学校中推开。2006年11月，省总工会在长兴召开省职工民主管理研究会二届三次会员大会，长兴就推行职工权益公开作典型发言。同年，洪桥镇工会开展“职工代表活动年”，全镇先后有25家企业的镇职工代表参与活动，收到职工代表建议181条。2009年，全县16个乡镇、2个街道的集群职代会集中换届并召开新一届会议。2010年10月，县总工会印发《长兴县乡镇区域(行业)性职工代表大会制度实施办法》。2011年2月，长兴新城环保有限公司职代会换届推行职工代表手记，每人一本《手记本》，收集记录身边同事对企业的意见和建议，当年收集到44名职工代表提交的职工合理化建议170余条。至2012年，全县有1913家企事业单位建立职代会制度，其中规模以上非公有制企业433家。有1333家职工在49名以下的非公企业通过区域(行业)性职代会形式实现全覆盖。

厂务公开制度　1999年，全县建立推行厂务公开工作办公室，以长兴化工股份有限公司、新大力集团公司为试点，推行厂务公开制度。至年末，有105家企事业单位建立厂务公开制度。2004年起，厂务公开制度从公有制企事业单位向非公有制单位延伸。同年，县总工会被评为全省厂务公开工作先进集体。2006年，在长兴中建耐火厂、浙江振龙电源有限公司两家非公企业开展建立《职工权益公开栏》试点，全年有49家企业推行该项工作。2007年，浙江广播电视大学长兴学院(长兴教师进修学院)获全国厂务公开民主管理先进单位。2010年3月，浙江诺力机械股份有限公司将民主管理制度延伸到车间，经民主选举成立车间民主管理委员会。同年，天能集团被评为全国厂务公开民主管理先进单位。至2012年，全县有1913家企事业单位建立厂务公开制度，其中非公有制企业1330家。

二、劳资关系协调

劳动争议调解　1987年，县劳动争议仲裁委员会成立，由县总工会一名副主席任副主任，办公室设在县劳动局。1988年5月，成立县总工会法律顾问室(1990年3月更名为县总工会法律顾问处)。1989年春夏，县劳动争议仲裁委员会处理调解长兴丝厂、小浦合作社停工事件和吕山中学、虹星桥中学教师被殴打事件。1991年，处理劳动争议案13件。1994年，协调处理解决停工停课事件3起。1995年，县总工会、县计经委、劳动人社局联合下发《关于企业应当建立调解委员会组织的通知》。当年为企业职工调解纠纷57件次。1997年,县总工会下发《关于建立长兴县总工会劳动法律监督委员会的通知》。2000年,全县建有劳动争议调解组织121家。2001年,全县各乡镇的法律监督委员会、劳动调解委员会、集体合同监督委员会的"三位一体"组织全部建立。2004年5月,县总工会建立法律援助站,开通"12351"职工维权热线电话。2005年11月,在长兴、宜兴、广德三县(市)总工会联动维权合作会议上达成《长兴协议》,共同建立工会会员发展机制、劳动关系预警机制、劳动争议调处机制、法律援助机制、扶贫帮困机制、维权交流机制等六大机制。同年,全县首个村职工帮扶维权站在二界岭乡二界岭村成立;20名工会干部通过学习考核,成为全县首批拥有"中华人民共和国劳动保障监察证"的工会干部。2006年,县总工会建立工会系统劳动关系预警机制,成立由241名职工组成的维权信息监督员队伍。同年10月,在虹星桥镇举行全县首次农民工信访接待日活动。2011年,建立县、乡镇、企业(村、社区)工会三级劳动关系预警机制和职情信息报送制度。同年,全县18个乡镇(街道、园区)成立维权帮扶站。2012年,在全省率先建立企业职工维权服务点。1988—2012年,全县共解决调处劳资纠纷和劳动争议2329件、侵权案7起、经济纠纷272起,参与重大事故处理11起,挽回经济损失1150万元。

集体合同推行 1988年,县总工会制定《基层工会改革试点方案》,并在长兴石灰厂等4家企业试点,签订"双保"合同(保生产、保福利合同)。至1994年,全县有52家企业签订集体合同。1995年,县政府下发《关于我县全面实行劳动合同制的意见》,全面实行劳动合同制度。同年,县总工会为促进企业与工会签订集体合同,举办"劳动法"培训班3期,培训150人,在4家企业试行签订集体合同。年末,有30家企业签订集体合同。1999年,县总工会宣传贯彻省人大常委会通过的《浙江省集体合同条例》。2000年,因地制宜,积极推行区域性、行业性集体合同的签订工作。同年,全县新签、续签集体合同企业255家,新签、续签区域性、行业性集体合同5家。2002年,白岘乡工会在全省贯彻实施《中华人民共和国劳动法》《中华人民共和国工会法》推进集体合同劳动合同工作经验交流会上,作题为《认真签订集体合同,促进企业健康发展》的典型发言。同年年末,全县新签订集体合同企业371家,签订工资协议138家。2008年5月,县总工会在小浦镇建立行业工资集体协商试点。2009年,在规模以上企业单独签订合同、协议677份,覆盖企业1585家。2010年,在全县非公企业中建立健全《集体合同》《工资集体协商协议》签订机制,有80%以上企业建立相关机制,其中《女职工权益保护专项集体合同》签订率95%以上。2012年,全县签订集体合同单位共1986家。

劳动关系三方协调机制 2002年10月,县政府针对非公企业劳动关系日益复杂化的现状,结合长兴实际,建立由政府代表、企业代表和职工(县总工会)代表组成的劳动关系三方协调会议制度,把工资支付、劳动安全卫生、社会保险、女职工劳动保护等内容作为劳动关系三方协调机制活动的主题。2003年11月,劳动关系三方协调机制在白岘乡试点。2004年6月,白岘乡在全省"劳动关系三方协调机制"工作会议上作题为《积极探索三方协调机制,努力维护劳动关系和谐稳定》的典型经验交流。同年,全县16个乡镇和街道(园区)均建立劳动关系三方协调机制。2006年7月,县政府成立领导小组,在全县开展创建"劳动关系和谐企业"评比活动。同年,县总工会在乡镇集群职代会三方协调机制的基础上,再设立代表巡视组、安全卫生监督组和劳动争议调解组,在劳资双方发生矛盾时及时介入,协调和化解矛盾。2011年起,县总工会将每年10月定为工资集体协商月,以推进区域性工资协商全覆盖。同年11月,全省工会构建和谐劳动关系普遍开展工资集体协商推进会在长兴召开,县总工会和洪桥镇工会分别作经验交流,推介区域性工资集体协商看长兴的新做法。2012年,以全市工会推广长兴经验为抓手,县总工会聘请24名工资集体协商指导员。至年末,全县工资集体协商签订率达95.1%。共评选出县级劳动关系和谐企业251家,其中县幸福企业10家、市级劳动关系和谐企业27家、省级劳动关系和谐企业3家。

三、职工权益保障

劳动保护 1988年,县总工会组织各级工会学习贯彻全国总工会颁布的《工会劳动保护监督检查员暂行条例》等三个条例。至1993年,全县工建交企业全部建立劳动保护监督检查委员会和职工伤亡事故报告制度,并配有监督员。1994—1999年,县总工会会同县劳动安全部门,在全县企、事业单位进行安全检查727次,开展事故调查并处理73次,提出整改意见381条,整改率100%。1999年,县总工会、县计经委、县劳动局联合成立县"安康杯"竞赛组织委员会(办公室设在县总工会),并首先在国有、国有控股为主的建筑、化工、冶金、电力等企业开展"安康杯"竞赛活动。2002年,在全县16个乡镇建立劳动保护监督检查委员会,在全县基层工会开展"安康杯"劳动安全生产竞赛活动,并与县卫生防疫部门联合下发《中华人民共和国职业病防治法》,组织1000多名职工进行常规体检。同年起,每年为全县女职工进行免费体检,在每年"三八"期间还特邀资深专家举办关爱女职工健康知识讲座。2004年,县总工会在全县推广白岘乡工会建立的职工伤亡事故急救"绿色通道"。2005年,有10个乡镇和308家企业与医院签订协议,建立"绿色通道"救助机制。2006年,县总工会"绿色通道"救助机制获省总工会年度创新优秀奖。2007年,长兴县被确定为全省"工伤救助机制"试点县。至2008年,有829家企业与医院签订定点协议,354名工伤职工经"绿色通道"获得快速优质服务。2009年,在全县625个班组推行"安全生产监督检查提示卡"。2010年6月,在天能集团召开蓄电池行业"安康杯"竞赛现场会,率先在全省开展县级行业性"安康杯"竞赛活动。2012年,全县共有"安康杯"竞赛参赛企业2135家,企业参与率100%。县总工会获全国"安康杯"竞赛优秀组织单位。

帮扶救助 1988—1991年,全县各级工会补助困难职工138人次,发放补助款3.45万元。1992年起,县总工会开展"职工送温暖"活动,其中春节期间走访73户困难职工,发放补助金额4867元。1997年3月,组织全县首次"职工救急济难基金"捐款活动,215人捐款共计8260元。11月,县教育工会被授予全国"送温暖"工程先进集体。1999年,县总工会推出对城镇特困职工家庭发放"特困证"的帮扶新举措,首批为62名特困职工发放"特困证",至2007年共发放"特困证"381本(2008年停发)。同时,建立和健全特困职工档案,完善特困救助制度。2001年,开展"结对"帮扶活动,28个县行政机关、事业单位与56户城镇特困职工家庭结对,县总工会机关中层以上干部结对帮扶11对。2002年,为特困职工子女发放"教育优惠卡",至2005年共发放"教育优惠卡"288本。2003年起,为特困职工发放"医疗优惠卡",至2005年共计发放328本。2003—2012年,实施困难职工危房改造工程,共改造危房109户,筹资158万元,总工会补助54.5万元;县总工会推行"1+1"互助帮扶基金制度(即企业、职工每年各按1:1出资,建立相互帮扶基金,用于救助有困难的职工),共有370家企业建立"1+1"机制,覆盖职工36451人,年筹资187万元,帮助2060人次困难职工解决临时困难。2004—2012年,县总工会开展"金秋助学"活动,共资助困难家庭学生310人,资助金额54.23万元。2008—2011年的元旦、春节期间,各级领导慰问困难职工共2317次,发放补助金231万元。2010年6月,县政府出台《长兴县在职职工住院医疗互助实施办法(试行)》,至2012年,全县共11.91万人次职工参加,筹集互助资金595.5万元,1964名职工得到补助金272.8万元。

下岗职工再就业 1994年,县总工会参与县政府指导和实施下岗失业职工再就业政策的制定,提出有利于下岗职工就业的措施,鼓励并服务下岗职工自谋职业和自主创业。同时,借助49家工会三产企业,安排下岗职工和待业青年271人。1998年5月,县政府投资24万元,为100多名下岗职工开设"五一"再就业市场,设55个摊位;8月,县总工会职业介绍所在"五一"再就业市场内挂牌,有家政服务、钟点工等十几个非营利性服务项目,为全县870名下岗职工提供再就业机会;12月,县总工会"三产办"向全县发出"意向书",定向推出80公顷优质山林,为下岗职工提供种植和养殖等农业开发项目,并给予优惠政策支持。2000年,举办下岗职工技能培训班23期,培训下岗职工987次,全年各级工会帮助引导和安排1600名下岗职工再就业。2004—2009年,县总工会、县社会劳动保障局联合举办就业与再就业劳动交流大会,组织企业553家(次),设摊位13567个,1743人通过交流上岗;共举办下岗职工技能培训班7期,受训245人次,其中241名下岗职工实现再就业。2009—2010年,县总工会与长兴联合村镇银行合作,开展"信贷扶持有效解决农民工就业企业和自主创业职工"活动,两年内银行共放贷9800万元,163家企业和158名下岗职工得到信贷扶持。2010—2012年,县总工会共举办家政培训班13期,累计培训下岗职工1257人次,有600人签订就业合同;共举办劳动力市场交流会7场,进场设摊企业累计有2591家(次),提供2968个岗位,达成求职意向5335人次。

四、劳动竞赛、技术协作

劳动竞赛　1988—1989年，县总工会组织开展以“双增双节”（增产节约、增收节支）为主要内容的劳动竞赛，提出合理化建议437条，节约资金177万元，创经济效益37万元，技术革新14项，做好人好事587件。1991年，开展“当主人、献一计、创一流、比贡献”竞赛和女职工“巾帼奉献”活动。1992年，开展“质量、品种、效益年”竞赛。1996年，开展“争当九五功臣”活动。1999年，开展“立足本职、学先进、比贡献、创一流、增效益”劳动竞赛。2001年，开展岗位技术练兵、操作技术比赛等形式的劳动竞赛。2007年，开展以“树长兴职工形象，创一流工作业绩、促社会和谐发展”为主题的“五一竞赛示范岗”创建活动，并出台“五一竞赛示范岗”管理办法。2008年，在基层工会班组中开展“工人先锋号”创建活动，有800多家企业、10万多职工积极参与。2010—2012年，开展“我为大跨越做贡献”“岗位创优争先”等主题劳动竞赛活动，全县865家企业1160个班组参加，35个班组申报“工人先锋号”示范单位，共评选出县级“工人先锋号”110个；获市级“工人先锋号”10个、省级3个、全国1个（天能电池集团有限公司装配D车间）。

技术协作　1987年5月，长兴技术协作委员会成立，办公室设在县总工会。同年，全县15家技协组织创经济效益42万元。1993—1995年，县职工技术协会为企业提供无偿技术服务4058项，产生经济效益273万元，提出合理化建议156条，技术革新20项；有偿技术服务2933项，成交额987.8万元，创税利51.33万元。2001年，新发展职工技术协会组织9家。2009年，根据上级文件精神，基层工会技术协会大批注销（2012年，县职工技术协会注销登记）。同年，县总工会成立由15名高级技师及市县技术能手组成的长兴县职工技术服务队，为企业破解技术难题58次，产生经济效益526万元。2010—2011年，县职工技术服务队为70多家企业解决技术难题42个，创造经济效益80多万元。2012年，新建市级以上劳模创新工作室9家，高技能人才创新工作室15个，新评选先进操作法65个，新评各级职业带头人65人。同年，县总工会组建蓄电池、轻纺、机械3支职工技术志愿服务分队，开展36场次技术服务活动，为企业节约成本1530余万元。1988—2008年，县总工会还先后组织车工、钳工、电工、电焊工、缫丝、烹饪、金融业务、课堂教学、医学护理和计算机等20余项技能比赛，并参加市、省、全国技术比武比赛，获全国特等奖1人、省级操作能手3人、省优秀成果奖2项。

图23-1　长兴新城环保公司开展师带徒技术攻关活动（县总工会提供·2008年）

五、劳动模范与先进

县级劳模评选，2002年之前每两年一次。1988—2002年，全县共评出劳模217人。1996—2002年，共表彰模范集体75个。2003—2006年，全县劳模评选每四年一次，共评出劳模28人、模范集体25个。2007—2012年，全县劳模评选每五年一次，共评出劳模34人、模范集体26个。1988—2012年，全县获全国劳动模范称号5人，获全国五一劳动奖章5人，被评为省、部级劳动模范19人，获省五一劳动奖章2人，被评为市级劳模105人，获市五一劳动奖章4人，县级劳模279 人。2009—2012年，县总工会还每年评选“长兴县十大杰出职工”“长兴县十大优秀职工”，全县获市级杰出职工5人、市级优秀职工4人、省级优秀职工称号2人。劳动模范与先进详见第40编人物。

1994年，县总工会下发《长兴县劳动模范实行补充养老保险的具体实施办法》。2001年，县政府下发《关于改善与提高市级劳动模范待遇的补充通知》，规定市级模范每月津贴由原来的20元提高到30

元。2003年起,县总工会每年对劳动模范免费体检一次,在职和退休劳动模范住院医疗费按规定报销后,对个人自付部分,按劳动模范级别给予不低于40%至全额的补助。2004年,制定《长兴县劳动模范工作暂行条例》,加强对劳模的培育、教育和管理,激发各级劳模和广大职工在各自的工作岗位上建功立业。同年,组织编写《长兴劳模》,收录于《湖州劳模风采》一书。2008年5月,开展"庆五一 迎奥运 促两创"为主题的庆祝活动,弘扬劳模精神。至2012年,每年对劳动模范进行专访慰问,并多批次组织劳动模范外出疗休养。同时,通过召开劳动模范、先进人物座谈会、实地走访、开辟"劳模风采专栏"主题报道、举办劳动模范报告会等形式,加大劳动模范精神宣传。

六、"职工之家"创建

1987年,全县有合格"职工之家"162家。1990—2004年,有县级以上"先进职工之家"125家,其中市级"先进职工之家"34家、市级"先进小家"19家。2004年,对"合格职工之家"创建活动实施星级考评,至2006年全县共评出"五星级职工之家"143家,市级120家。2006—2012年,共评出县级"五星级职工之家"232家,市级53家。其中,2006年,全县有长兴运输公司、浙江诺力机械股份有限公司研发中心工会小组、长兴人民医院二病区工会小组、煤山中学小学工会4家基层工会组织被评为全国"模范职工之家"(小家),5个乡镇工会被评为市级"示范乡镇工会"(其中3家被评为省级"示范乡镇工会");2011年,新城环保有限公司被评为"全国模范职工之家"。至2012年,全县有合格"职工之家"508家。

七、职工教育培训

教育 1988年,县总工会组织全县基层工会学习全国总工会《关于工会改革若干问题的意见》,明确企业实行承包责任制后工会应有的职能,教育广大职工以主人翁姿态投身到改革中去。1989年,在长兴石灰厂试点,开展"十年改革,十大变化"评选活动,组织部分厂矿的书记、工会主席到场参观,推动形势任务教育在全县迅速展开。1992年,配合县委在企业中开展社会主义思想教育和双基(基本国情、基本路线)教育,坚持党的四项基本原则和反对资产阶级自由化教育,并宣传贯彻新《中华人民共和国工会法》,长兴耐火器材厂获评省基本国情与基本路线教育先进单位。1995年,确定龙达公司、新光源集团公司、长兴白水泥厂3家企业为市企业思想政治工作创新试点单位,在企业职工中广泛开展爱国家、爱企业、爱岗位"三爱"教育,组织开展"我为企业献一计"活动。1996年,学习宣传邓小平建设有中国特色社会主义理论和《中华人民共和国劳动法》,在全县职工中开展"解放思想、求真务实、团结拼搏、争创一流"长兴精神大讨论。1997年,在全县职工中以"宣传贯彻十五大、深化改革再创业"为主题开展教育活动,增强职工的"五个意识"(效益意识、改革意识、市场竞争意识、敬业创业意识、主人翁意识)。2000—2004年,先后开展牢固树立建设中国特色社会主义理想教育、"三个代表"重要思想,坚持党的基本路线、基本纲领的信念教育和"学新知识、塑新形象、创新业绩"的素质教育。2006—2012年,先后开展"八荣八耻"社会主义荣辱观的教育,开展"创建学习型组织,争做知识型职工"的活动。

培训 1988年,由县总工会职工业余学校负责职工文化技术教育培训。同年起,开设职工高中函授教育,至1993年共设教学点7个、学员2000人,全科合格毕业532人。同时,继续开设各类文化、技术班加强职工培训,至1995年共开设各类培训班130个、学员5932人。1996年,开设大专专业、职工函授、夜校等4个班,学员近300人。1996—2002年,累计培养大专生436人。2007年10月,县总工会职工业余学校注销,其职能由县总工会干部学校承担。

1994年4月,县总工会干部学校成立,当年举办3期工会干部培训班,学员451人次。2002年起,开设大专学历班、本科学历班、专业证书班等,当年招收新生400多人。2012年,招收在职研究生学员29人。1994—2012年,举办工会干部培训班144期,培训工会干部11741人次。2002—2012年,举办专科函授7期,获专科毕业证书860人;本科函授5期,获本科毕业证书380人;专业培训5期,获专业证书306人。

2006年6月,全县首批7家职工职业技能培训基地成立并授牌。同年,县总工会借助7家培训基地举办培训班220期，受训人数达3万人次，有300名职工重新上岗就业。至2012年4月，县总工会先后分四批命名19家单位为“长兴县职工职业技能培训基地”。2006—2012，共有13.5万人次接受免费职业技能培训，近3万人次接受各类职业道德、法律法规培训。

第三章　共青团

1988—2012年，共青团长兴县委员会围绕全县中心工作，在青年星火带头人培养、青年文明号创建、引导青年创新创业、青年志愿者行动、青少年维权、帮困助学等方面，发挥职能作用，调动广大团员积极性，投身全县经济建设和社会服务。其间，召开团员代表大会7次。

第一节　共青团组织

一、团县委

1988年，团县委内设办公室、工农青年部、学少宣传部，有行政编制6人，其中书记1人、副书记1人。1994年，内设办公室、工农青年部、学少宣传部。1997年，撤销工农青年部、学少宣传部，改设基层工作指导部，行政编制7人，其中书记1人，副书记1人。2012年，内设办公室、基层工作指导部，有行政编制6人、工勤人员编制1人，其中书记1人、副书记2人。

二、基层团组织

1988年，全县有基层团组织1018个，其中团委34个、团总支26个、团支部958个；团员2.21万人，其中女性1.02万人。1997年，全县基层团组织1155个，其中团委60个、团总支62个、团支部1033个；团员2.34万人，其中女性1.26万人。2008年，全县基层团组织1286个，其中团委72个、团总支86个、团支部1149个，团员2.48万人。2012年，全县有基层团组织1172个，其中团委31个、团总支46个、团支部1095个，团员2.56万人，全县符合28周岁以下固定职工或职员30人以上符合建团条件的两新组织团组织组建率100%、规模以上非公企业团组织组建率100%。

三、长兴县青年联合会

2005年4月15日，长兴县青年联合会成立暨一届一次全会召开，来自全县各行业的85名委员出席。会议审议通过《长兴县青年联合会工作细则》，选举产生第一届常务委员7人，其中主席1人、副主席6人，施忠斌当选为主席。2007—2012年，县青联开展关爱低收入家庭青少年行动，县青联委员结对资助家庭困难、品学兼优的学生130余人。

四、长兴县青年企业家协会

2007年12月6日，长兴县青年企业家协会成立暨第一次会员大会召开，全县135名企业家代表出席。会议审议通过《长兴县青年企业家协会章程》，选举产生第一届理事会理事12人，会长钱卫华。2007年12月至2011年11月，一届理事会召开全体会议5次。其中，2010年1月29日召开的第三次全体会议选举王剑峰为会长。2011年11月30日，长兴县青年企业家协会第二次会员大会召开，110名会员出席。选举产生第二届理事会理事26人，会长戴顺华，分管会长王笑笑(女)。

第二节　代表大会

1988—2012年，为共青团长兴县委第十届至第十七届委员会任期。其间，共召开7次代表大会。第十届委员会产生于1987年11月,在本志时段内任期为2年11个月;第十七届委员会产生于2011年10月,在本志时段内任期为1年10个月。

一、第十次代表大会

1987年11月16日至18日,共青团长兴县第十次代表大会召开,出席代表267名,列席40人。团县委书记唐中祥作题为《继往开来 艰苦奋斗 为振兴长兴建功立业》的工作报告。选举产生团县委第十届委员会,委员14人。十届一次全委会选举产生常务委员4人,其中书记1人、副书记1人,唐中祥当选为书记。1990年2月,韩张达任团县委书记。

二、第十一次代表大会

1990年11月21日至22日,共青团长兴县第十一次代表大会召开,出席代表291人,列席43人。团县委书记韩张达作题为《加强自身建设 增强基层活力 在建设长兴、振兴长兴中充分发挥共青团的积极作用》的工作报告。选举产生团县委第十一届委员会,委员14人。十一届一次全委会选举产生常务委员4人,其中书记1人、副书记1人,韩张达当选为书记。1993年5月,韩张达免去团县委书记。6月,何文全任团县委副书记,主持全面工作。

三、第十二次代表大会

1994年5月4日至6日,共青团长兴县第十二次代表大会召开,出席代表289人,列席40人。团县委书记何文全作题为《肩负历史重任 再立时代新功 围绕改革和发展的主题 努力开创我县共青团工作新局面》的工作报告。选举产生团县委第十二届委员会,委员24人。十二届一次全委会选举产生常务委员8人,其中书记1人、副书记1人,何文全当选为书记。1997年6月,钱丽琴(女)任团县委书记。

四、第十三次代表大会

1997年6月16日至18日,共青团长兴县第十三次代表大会召开,出席代表235人,列席20人。团县委书记钱丽琴作题为《肩负历史重任 强化团的建设 团结带领青年为实现我县跨世纪宏伟目标而奋斗》的工作报告。选举产生团县委第十三届委员会,委员21人、候补委员9人。十三届一次全委会选举产生常务委员7人,其中书记1人、副书记2人,钱丽琴当选为书记。

五、第十四次代表大会

2000年7月17日至19日,共青团长兴县第十四次代表大会召开,出席代表295人,特邀和列席代表各50人。团县委书记钱丽琴作题为《高举旗帜 开拓进取 团结带领全县青年在新世纪的征途中创造新业绩》的工作报告。选举产生团县委第十四届委员会,委员21人、候补委员9人。十四届一次全委会选举产生常务委员7人,其中书记1人、副书记1人,钱丽琴当选为书记。2003年5月,王伟锋任团县委书记。

六、第十五次代表大会

2003年11月5日至7日,共青团长兴县第十五次代表大会召开,出席代表200人,特邀代表40人,列席代表7人。团县委书记王伟锋作题为《在"三个代表"重要思想引领下 团结带领团员青年 为加快建设山水园林型的现代化中等工贸城市全面实现小康社会目标而努力奋斗》的工作报告。选举产生团县委第十五届委员会,委员21人、候补委员9人。十五届一次全委会选举产生常务委员7人,其中书记1人、副书记1人,王伟锋当选为书记。2004年4月,施忠斌任团县委书记。2005年4月,钱卫华任团县委副书记,主持全面工作。

七、第十六次代表大会

2007年3月31日至4月1日,共青团长兴县第十六次代表大会召开,出席代表196人,特邀代表34人,列席代表23人。团县委书记钱卫华作题为《立足新起点 肩负新使命 实现新目标 在加快建设山水园林型现代化新兴城市的伟大进程中谱写壮丽的青春篇章》的工作报告。选举产生团县委第十六届委员会,委员21人、候补委员9人。十六届一次全委会选举产生常务委员7人,其中书记1人、副书记1人,钱卫华当选为书记。2009年10月,王剑峰任团县委书记。

八、第十七次代表大会

2011 年 10 月 26 日至 27 日，共青团长兴县第十七次代表大会召开，出席代表 200 人，特邀代表 33 人，列席代表 33 人。团县委书记王剑峰作题为《凝聚青春力量 推进“三升一改” 在加快建设“县强、民富、景美、人和”的水园林型现代化新兴城市宏伟实践中奉献青春》的工作报告。选举产生团县委第十七届委员会，委员 27 人、候补委员 12 人。十七届一次全委会选举产生常务委员 9 人，其中书记 1 人、副书记 2 人，王剑峰当选为书记。2012 年 5 月，王笑笑（女）任团县委书记。

第三节　主要工作

一、青年星火带头人

1990 年起，团县委响应团中央号召，开展培养农村“青年星火带头人”活动，立足于农业领域，加大农业技术推广的力度，同时把该活动全面推向农村工业领域，在乡镇企业取得进展。1993 年 5 月，全县有 2 人获“1992 年度浙江省青年星火带头人”称号。1997 年 12 月，联合县科委评定 1997 年度县级青年星火带头人 16 人、县级青年星火基地 10 个。1999 年 12 月，县青年星火带头人协会成立，首批会员 64 人。至 2001 年，全县农村团组织建起县、乡两级青年科技示范户 48 户，县、乡（镇）两级青年星火示范基地 21 个。2002 年 6 月，组织 10 多名县青年星火带头人协会会员到上海参加浙沪青年农副产品展销洽谈会。至 2006 年，全县有 5 人获省级“农村青年星火带头人”称号，全县青年科技示范户 283 户，青年星火示范基地 32 个。团县委分别于 1993 年 4 月、1999 年 5 月获省级培养农村青年星火带头人活动组织奖，于 2006 年 4 月被评为浙江省培养农村“青年星火带头人”活动先进单位。

二、青年文明号

1994 年起，团县委在全县团员青年中组织开展“青年文明号”争创活动和青年岗位能手活动。1995 年，以城乡窗口服务行业为重点，在邮电、金融、卫生、税务等系统创建“青年文明号”。1996 年 2 月，县信用社联社营业部、县农业银行解放路储蓄所获省级“青年文明号”。1999 年 3 月，出台《长兴县“青年文明号”管理试行办法》。2000 年，县农业银行解放路储蓄所获全国“青年文明号”。2004 年，围绕建设“诚信长兴”，开展“青年文明号”集体信用建设示范行动，表彰“青年文明号”标兵单位 10 个。9 月，开展“文明先锋——‘青年文明号’统一行动日”，组织各行业（系统）的“青年文明号”集体开展优质服务活动。2006 年，深化“青年文明号”“一助一”帮扶就业活动。2008 年起，开展“‘青年文明号’服务周”活动。2011 年起，开展“青年文明号”圆梦微心愿活动。至 2012 年，全县共有各级“青年文明号”109 家，其中全国“青年文明号”1 家、省级 6 家、市级 24 家、县级 78 家。

三、青年创业创新

2005 年，团县委开展“跑万家、创千家、强百家、评十家”活动，评选出“长兴十佳青年创业先锋”。2006 年，制定《关于开展“新农村·新青年·新作为”行动的实施意见》，会同县委组织部等部门在浙江工业大学举行“了解家乡、回归家乡、报效家乡”杭城高校长兴籍大学生县情推介会暨专场招聘会。2007 年 8 月，响应县委关于“人人创家业、户户达小康”的全民创业号召，开展“长兴县万名团员青年创业致富大行动”，大力扶持培育青年创业示范点。同年，全县有 4315 名团员创办家庭工业户 1411 家。2008 年，推行青年创业小额贷款，制定《青年创业信用证管理试行办法》，解决青年创业中遇到的贷款难问题。团中央书记处第一书记陆昊到长兴专题调研，对青年创业小额贷款工作给予充分肯定。同年，召开长兴县首届“十佳青年创业新星”颁奖典礼暨青年创业创新再动员大会，表彰全县首届“十佳青年创业新星”“优秀青年创业新星”各 10 人。2009 年，制订《农村青年创业三年培训计划》，实施“青年创业志愿讲师团”计划，在互联网开辟“青年创业创新论坛”，引导青年开展“创业创新网上大讨论”。2010 年，建立全县首个青年创业孵化基地，入驻企业 15 家。会同劳动人事部门出台《长兴县青年就业创业见习基地建设实施办法》,新建 50 家县级青年就业创业见习示范基地,举办全县首次青年就业创业见习招聘会,有 206 名青年到企业进行就业创业见习。会同 9 个部门联合开展县首届青年创业创新项目比赛,评选出优秀创业创新类项目 14 个。2011 年,实施"校地合作共建活动",组织 10 名浙大优秀青年教授与县内企业结对,助推企业转型升级。8 月,成立县首批青年创业示范区 2 个,县首批青年创业示范基地 14 个,县首批大学生创业示范基地 7 个。11 月,联合县人社局开展"长兴县首届青年淘宝创业大赛"。2012 年,开展第三批青年创业孵化基地入园项目招募选拔工作,13 个项目入驻。联合县委组织部开展"创二代系列培训工程",组织 20 名优秀青年企业家(创二代)赴清华大学培训。同年 12 月,耿铨焕获全国农村致富带头人称号。至 2012 年,全县有 7883 名团员青年开展创业创新行动,其中从事工矿业 1931 人、农业 2365 人、服务业 3587 人。

四、青少年维权

1988 年,全县各级团组织继续实施青少年"温暖工程",建立帮教关爱小组,协助司法、公安等部门做好青少年权益保护。1991 年,建立 15 支维权咨询队伍,开通热线电话,提供就学、再就业、维权等方面法律咨询。1994 年,县未成年人保护委员会成立,成员单位 16 个,办公室设在团县委。1997 年,全县共建立青少年法律宣传阵地 11 个,成立青少年法制学校 4 个。1999 年起,县公安、司法、技监等部门率先开展争创"优秀青少年维权岗"创建活动,利用法制论坛、模拟法庭、少年犯现身说法等方式,加强青少年法制教育。2000 年,有 3 家单位获省级"优秀青少年维权岗"称号。2003 年,建立预防青少年违法犯罪领导小组成员单位联席会议制度,县未成年人保护办公室被评为省级"优秀青少年维权岗"。2004 年,开通 12355 青少年热线,提供法律咨询和援助等服务。2007 年,各乡镇团委成立,乡镇级青少年维权站。2008 年,发动乡镇(街道)、开发区团组织,招募 200 多名社区矫正阳光志愿者在县内多所学校组织开展团队活动。2011 年,启用"12355 青少年网络互动平台",开展"共青团与人大代表、政协委员面对面活动",健全青少年诉求渠道。至 2012 年,全县共有青少年维权岗 19 家,其中省级 7 家、市级 12 家。

五、爱心助学

1992 年起,长兴县实施希望工程协调委员会成立,发动个人、机关单位、企业结对资助家庭困难、面临失学的贫困青少年。至 2001 年,全县在读的希望工程受助生 300 多人。2002 年起,相继推出"爱心助学圆梦工程""阳光计划"等一系列大学助学项目。2003 年起,开展"我们在一起"农民工子女关爱行动。2009 年起,启动"爱心大篷车点亮微心愿"低收入家庭青少年关爱行动,帮扶低收入家庭青少年。2010 年起,由县青年企业家协会副会长单位共同作为发起人,创设"长兴县青少年微笑基金",初始规模为 120 万元,每年以基金总额的 20%～30%以及增值部分,专项用于扶持青年创业、奖励优秀青年及帮助低收入家庭青少年等,并面向品学兼优的农民工子女设立"微笑天使"奖学金。至 2012 年,大学助学项目共资助大学生 520 人,助学金额 240 万元;农民工子女关爱行动以个人结对、团队帮扶形式,开展关爱服务 630 余场,关爱人数 2.6 万人;低收入家庭青少年关爱行动共帮扶低收入家庭青少年 248 人;"长兴县青少年微笑基金"共发放结对款 33 万元,其中发放"微笑天使"奖学金 15 万元、资助农民工子女 375 人。

六、青年志愿者行动

1994 年起,团县委组织开展青年志愿者行动。同年 2 月,组织青年志愿者开展以心理咨询、扫盲治愚、青少年维权与帮教等为主要内容的社区志愿服务活动,为牺牲的青年英雄家属、烈军属提供生活服务、物质救助和精神安慰。1995 年,重点实施"一助一"长期服务计划、青年扶贫开发志愿行动和中国大学生志愿者扫盲行动。1996—1998 年,组织青年开展多场绿化植树、维护交通秩序等志愿活动。1999 年 4 月,组织 200 名志愿者服务"中国陆羽茶文化旅游节"。2000 年 11 月,组织 10 多名青年志愿者为长兴科技洽谈会服务。2001 年,以"新世纪从做志愿者开始"为口号,推广"重晚情、送温暖""一助一"结对服务等青年志愿者传统项目。2003 年 3 月,成立县志愿者服务中心,动员全县各级团组织投身抗击传染性非典型肺炎疫情的各项工作。2005 年,开展"文明长兴、文明行动"志愿者服务周和志愿者活动日制度,全县共有注册志愿者1万余人。2006年，启动“共青团服务新农村建设志愿者下乡”活动。2007年5月20日“全国助残日”，组织40名青年志愿者在人民广场开展爱心助残倡议活动。2008年8月，成立长兴县志愿者协会，新组建志愿服务队5支。2009年4月，成立长兴县志愿服务工作委员会，启动星级志愿者评定工作。2010年，成立社区志愿服务站20个，新组建志愿服务队6支。2011年，开展县首届“十佳青年志愿者”评选表彰，并启动“一米阳光”社区志愿服务行动。2012年，开通“长兴志愿者”网站，推行社区注册招募和网上注册招募，共推出社区志愿服务岗位126个，持证上岗志愿者528人，评定一星志愿者68人、二星志愿者36人、三星志愿者19人。同年年末，全县有注册志愿者18809人，专业志愿服务队14支，社区志愿服务站24个、服务点236个。

图23-2　长兴县志愿者协会成立仪式暨第一次会员代表大会举行（团县委提供·2008年）

第四节　少先队长兴县工作委员会

一、少先队组织

1986年6月，中国少年先锋队长兴县第一次代表大会（简称县少代会）召开，少先队长兴县第一届工作委员会（简称县少工委）成立。1988年，全县有少先队员37375人，少先队辅导员964人。1990年3月起，在中学逐步建立“少年团校”“中学生团校”。2001年，成立长兴县少先队干部学校。2007年，开始实行少先队工作分片区管理和分片区活动制度。同年3月，县少工委获评“省级先进县级少工委”。11月，县内实现少先队组织全覆盖。2009年6月，古城街道少工委成立，全县首个社区少先队在三狮社区成立。2012年，全县有少先队员41025人；少先队大队53个、中队1005个；辅导员2116人，其中校内1058人、校外1058人。

二、代表大会

1985年7月，中国少年先锋队长兴县第一次代表大会召开，出席代表380人。选举产生少先队长兴县第一届工作委员会，委员11人。1991年10月12日至13日，中国少年先锋队长兴县第二次代表大会召开，出席正式代表257人，特邀列席代表60人。选举产生少先队长兴县第二届工作委员会，委员23人。2002年10月11日至12日，中国少年先锋队长兴县第二次代表大会召开①，出席正式代表150人，特邀列席代表20人。选举产生少先队长兴县第二届工作委员会，委员21人。2008年10月10日，中国少年先锋队长兴县第三次代表大会召开，出席正式代表188人。选举产生少先队长兴县第三届工作委员会，委员21人。2012年11月29日，中国少年先锋队长兴县第四次代表大会召开，出席正式代表202人，特邀代表25人。选举产生少先队长兴县第四届工作委员会，委员23人。

三、主要活动

1988年以来，县少工委每年组织开展“3581213”系列活动（初始为“35812”系列活动，缘于“3·5”学雷锋日、“3·8”妇女节、“3·12”植树节。后增加“3·13”赖宁牺牲纪念日，改称为“3581213”系列活动），让

①因历史问题，1991年、2002年县少代会的届次重复，均为“第二次”。本志不作修订。

少先队员通过活动，从小树立志愿奉献、感恩母亲、保护环境意识。每年举办全县庆“六一”大型主题活动，通过文艺会演、先进表彰、实践体验以及爱心慰问等方式，送知识、送欢乐、送爱心。每年的10月13日中国少年先锋队建队纪念日期间，各大队举行入队、离队、主题教育、检阅式等大型集会活动，展示少先队员良好精神面貌。1990年起，实行普及每周“十分钟”队会制度，周一10分钟行为规范队会，周三周五为中队10分钟队会。1994年起，全县开展“十佳少年”评选（2007年起改为“双十佳”，即十佳少先队员、十佳少先队小干部）。1997年起，在全县少先队员中开展173雏鹰行动。2000年起，分上下半年举办全县层面观摩活动，每次选取全县少先队工作扎实、创新、富有新意的中小学校作为观摩点，组织全县大队辅导员现场观摩，提供少先队工作交流平台。2003年起，更名为“1244”少先队观摩活动。至2012年，全县共评出“双十佳少年”110人，其中“十佳少年”70人、“双十佳”40人。

全县固定在每周一升国旗仪式的同时，进行少先队周队日活动。内容主要有红领巾值日岗交接、小结，表扬上周活动表现优秀的中队或队员，播报国内外时事新闻，布置该周活动主题内容和要求等。全县统一组织、影响力较大的周队日活动：1989年10月13日，开展“学赖宁、学十佳争做优秀少先队员”周队日活动。1991年，开展“节约粮食光荣、浪费粮食可耻”周队日活动。1995年4月3日，开展“祭先烈英魂、塑先锋形象”周队日活动。2002年，开展“校园拒绝邪教”主题周队日活动。2004年，围绕“民族精神代代传，做热爱祖国的青少年”“理想信念不动摇，做立志报国的青少年”等主题，开展万人宣誓、万人签名、万人唱响革命歌曲等活动。

1997年起，组织开展手拉手活动，城市小学与农村希望小学结对，服务对象为外来务工子女和农村留守儿童。之后，手拉手活动范围从县内希望小学向省内外贫困偏远地区学校辐射，从单一捐赠书籍向书信交流、捐赠学习用品、共同活动等多样化形式扩展，活动载体固定为“五好五一”，每年主题不固定。主要有手拉手伙伴交得好、核心价值观学得好、榜样故事讲得好、志愿服务做得好、队活动课上得好；结对一个手拉手小伙伴、向结对中队赠送一个“红领巾书角”、向外来务工子女和留守儿童赠送一本课外读物、与结对小伙伴互写一封交流书信、共同学唱一首校园歌曲等。至2012年，全县有5812名少先队员参加手拉手活动，结对互助9800余对，捐赠少儿读物、工具书6万余册。

第四章　妇女联合会

1988—2012年，长兴县妇女联合会围绕全县中心工作，在“双学双比”竞赛、“巾帼建功”活动、妇女儿童权益保护、“五好”家庭创建、儿少工作、妇女教育等方面，发挥职能作用，调动广大妇女积极性，投身全县经济建设和社会服务。其间，召开妇女代表大会4次。

第一节　妇女组织

一、县妇联

1988年，县妇联内设办公室、儿少部、权益部，有干部5人，其中主任1人、副主任1人。1990年，成立县农村妇女“双学双比”竞赛活动协调小组，办公室设在县妇联。1991年，成立县“巾帼建功”协调小组，办公室设在县妇联。2001年5月，成立县妇女儿童工作委员会，办公室设在县妇联。2012年9月，县妇女儿童活动中心试运行，为县妇联下属事业单位。位于雉城街道台基路99号，面积约1200平方米，主要功能为协助县妇联组织开展各类女性职业技术技能培训，组织开展儿童技能培训、兴趣培养和各类有益妇女儿童身心健康的服务活动。同年，县妇联内设办公室、综合科、维权科，有干部职工7人，其中主席1人、副主席2人。先后被评为2008年度“浙江省先进妇女组织”、2009年度“全国三八红旗集体”。

二、基层妇女组织

1988 年，全县建立乡镇妇联 34 个，村妇代会 449 个。1993 年年底，部分乡镇企业开始建立妇代会。1998 年之前，县级机关、企事业单位仅县供销社建立妇委会，绝大多数是以女工委兼做妇女工作，未规范建立妇委会。1998 年，县国税局、县卫生局建立妇女组织。2000 年，县妇联转发全国妇联《机关、事业单位妇女委员会工作条例》的通知，当年建立妇女组织的县级机关有 5 个。同年，全县首家非公企业妇代会在长兴西播磨制衣有限公司成立。至 2005 年，新建妇代会的非公企业有 56 个。2010 年，县妇联下发《关于加强非公有制企业妇女组织建设的意见》。至 2012 年，全县有乡镇（街道、园区）妇联 20 个、妇联主席 20 人，社区妇联 22 个、妇联主席 22 人，村（居）妇代会 247 个、妇代会主任 247 人；机关事业单位建立妇女组织 24 个；符合组建条件的“两新”组织中建立妇女组织 351 个，覆盖两新组织 2984 家，组建率 71.8%。

第二节　代表大会

1988—2012 年，为长兴县妇女联合会第八届至第十二届执行委员会任期。其间，共召开 4 次代表大会。第八届执行委员会产生于 1987 年 10 月，在本志时段内任期为 4 年 10 个月；第十二届执行委员会产生于 2008 年 12 月，在本志时段内任期为 4 年 1 个月。

一、第八次代表大会

1987 年 10 月 22 日至 24 日，长兴县第八次妇女代表大会召开，出席代表 200 人，列席 50 人。县妇联主任陈爱华作题为《奋发自强 改革创新 为振兴长兴再立新功》的工作报告。选举产生县妇联第八届执行委员会，委员 27 人。八届一次会议选举主任 1 人、副主任 1 人，陈爱华当选为主任。

二、第九次代表大会

1992 年 10 月 6 日至 8 日，长兴县第九次妇女代表大会召开，出席代表 257 人，列席 22 人。县妇联主任陈爱华作题为《解放思想 勇于开拓 把妇联工作提高到一个新水平》的工作报告。选举产生县妇联第九届执行委员会，委员 29 人。九届一次会议选举产生常务委员 9 人，其中主任 1 人、副主任 2 人，陈爱华当选为主任。1998 年 3 月，周吉南任县妇联主席。

三、第十次代表大会

1998 年 4 月 7 日至 9 日，长兴县第十次妇女代表大会召开，出席代表 280 人，列席 40 人。县妇联主席周吉南作题为《解放思想 团结奋进 为实现我县跨世纪宏伟目标建功立业》的工作报告。选举产生县妇联第十届执行委员会，委员 29 人。十届一次会议选出常务委员 7 人，其中主席 1 人、副主席 1 人，周吉南当选为主席。2001 年 1 月，张建乐任县妇联主席。2003 年 5 月，赵满英任县妇联主席。

四、第十一次代表大会

2003 年 11 月 20 日至 22 日，长兴县第十一次妇女代表大会召开，出席代表 232 人，列席 40 人。县妇联主席赵满英作题为《学习贯彻“三个代表”重要思想 团结带领全县妇女为全面建设小康社会而努力奋斗》的工作报告。选举产生县妇联第十一届执行委员会，委员 23 人。十一届一次会议选出常务委员 7 人，其中主席 1 人、副主席 2 人，赵满英当选为主席。

五、第十二次代表大会

2008 年 12 月 29 日至 30 日，长兴县第十二次妇女代表大会召开，出席代表 238 人，列席 33 人。县妇联主席赵满英作题为《举全县妇女之力 走创业创新之路 为加快建设山水园林型现代化新兴城市而努力奋斗》的工作报告。选举产生县妇联第十二届执行委员会，委员 25 人。十二届一次会议选出常务委员 9 人，其中主席 1 人、副主席 2 人，赵满英当选为主席。2009 年 10 月，刘亚利任县妇联主席。2011 年 9 月，韩琦任县妇联主席。

第三节　主要工作

一、“双学双比”活动

1990 年，成立县“双学双比”(学文化、学技术，比成绩、比贡献)竞赛活动协调小组，在全县农村妇女中开展“双学双比”竞赛活动。1991—1996 年，全县 453 个村全部建立协调竞赛活动小组，90%以上的农村妇女参与竞赛活动，参赛妇女达 9.7 万人。建立一乡一品、一村一品的基地 38 个，一户一特色的科技示范户 635 户。全县举办妇女扫盲班 475 期，参加学习 9000 余人，开展各类农业技术培训 1.54 万人次。至 1996 年，全县 50 岁以下青壮年妇女基本扫除文盲。1997—1999 年，突出“科教兴农”和“巾帼扶贫”两大主题，实施“万名农家女新技术推广活动”，抓龙头，建基地，引导妇女走产业化之路。开展农村实用技术培训 433 期，培训农村妇女 2.24 万人次。建立各类妇字号示范基地 59 个，培育女科技示范户 473 户。以扶贫帮困活动为载体，帮助 1313 户妇女脱贫。1999 年，提前实现到 2000 年每个行政村至少有 1 名女农民技术员的目标。2000—2003 年，启动“巾帼科技致富工程”，并于 2000 年 9 月成立全县第一个女能手协会——长兴县“双学双比”女能手协会，会员 34 人。成立“巾帼科技指导服务中心”，为妇女提供就业信息。2004 年，实现乡镇、村“女性素质学校”全覆盖。同年起，每年开展各类女性素质培训，举行女性劳动力交流大会，实施“女性劳动力转移工程”。2005 年，成立“长兴县妇女就业培训中心”，为妇女开展就业创业培训与指导。2006 年起，响应县委关于“人人创家业、户户达小康”的全民创业号召，组织农村妇女参与家庭工业发展，至 2009 年全县来料加工女性从业人数达 1.95 万人，农村妇女获得绿色证书或女农民技术员职称人数达 2225 人。2007—2010 年，在全县开展“巾帼示范村”创建活动，助推魅力乡村建设，创建省级示范村 3 个、市级 2 个、县级 46 个。2011 年起，全县农村开展“美化庭院”行动，创建省级示范户 3 户、市级示范户 20 户。1987—2012 年，全县树立省级妇字号农业龙头企业 2 个，市级 5 个，县级 11 个；全国双学双比能手 2 个，市级 259 个，县级 758 个；省双学双比科技示范基地 1 个，省“三八”绿色基地 1 个，市级 10 个，县级 30 个。2004—2012 年，累计开展各类女性素质培训 13.5 万人次，帮助女性劳动力转移就业 1.06 万人。

二、“巾帼建功”活动

1992 年，县巾帼建功活动协调小组成立。1994 年，在城镇妇女中开展“母杯、子杯”(以“巾帼杯”为母杯，按行业设十个子杯的竞赛活动)活动。全县有“巾帼建功”示范岗竞赛单位 138 个，设岗挂牌 209 个，参赛妇女 1988 人，开展岗位练兵 302 次，其他竞赛 56 次，4089 人参加。1998 年，全县有金融系统、卫生系统、工业系统、二轻等 15 个单位开展“巾帼文明示范岗”竞赛活动，共建立“巾帼文明示范岗”64 个，竞赛人数 1080 人。至 1999 年，全县有“巾帼文明示范岗”84 个。2000 年，启动“巾帼社区服务工程”，建立巾帼社区志愿者队伍，有 6 个部门的示范岗人员 35 人参加志愿者队伍。2002 年，举行巾帼文明示范岗与社区妇联结对仪式，有 31 个各级巾帼文明示范岗与 26 个社区妇联结对。2003 年，成立长兴县巾帼服务中心，加大对下岗女工再就业的服务力度，解决下岗女工再就业 440 人。2004 年，在全县 18 个社区开展“巾帼文明社区”创建活动，共评选出“巾帼文明社区”7 个。2005 年，成立长兴县妇女就业培训中心，培训妇女

图23-3　“妇字号”葡萄基地喜获银奖(县妇联提供·2009年)

3904人。2007年，开展双十佳(十佳创新业标兵，十佳创新业示范基地)评选活动，共有50名村妇女干部带头创业，89名外出务工妇女回乡创业，8名机关干部及学校女教师离岗创业、2230名城乡妇女独立创业。2008年，在实施百千万工程中(百就是发动广大妇女干部动员全县“双百双推”500家企业的企业经营者家属，做好企业经营者的思想工作，加大企业技改投入，做大做强企业；“千”就是完成1000个以妇女创业为主的“妇字号”家庭工业户；“万”就是组织1万名妇女参与来料加工)，新发展“妇字号”家庭工业户1661户，树立妇女创业创新典型32个，“妇字号”家庭工业专业村或来料加工集聚点37个，巩固发展手工来料加工16446人，女经纪人198人，帮扶结对1930人，女企业家帮扶数471户。2009年，以“12225”(树立妇女创业创新典型100个，新发展“妇字号”家庭工业专业村或来料加工集聚点20个，新发展“妇字号”家庭工业户2000户，巩固发展来料加工人数2.5万人)竞赛活动助推全民创业，树立妇女创业创新典型70个，新发展“妇字号”来料加工集聚点20个，新发展来料加工经纪人35人，新发展家庭工业户1191户。2008—2012年，与农村合作银行联合出台巾帼创业信贷政策，累计发放巾帼创业贷款19377万元。2010—2012年，持续开展妇女创业创新行动，提升妇女创业示范基地40个，巩固发展来料加工15360人。至2012年，全县有各级巾帼文明岗76个，其中全国巾帼文明岗7个(中国工商银行长兴长海路支行、农行长兴县支行营业中心储蓄专柜、长兴县第一小学春之岗、长兴县实验小学“阳光”示范岗、长兴县地方税务局直属分局办税服务厅、长兴县国家税务局办税服务厅、机关幼儿园希望岗)，省级20个，市级24个，县级25个。

三、妇女儿童权益维护

1988年以来，县妇联先后举办妇女干部普法学习班，宣传《中华人民共和国妇女权益保障法》，开展女青年就业难等专题调研，配合打击处理人贩子等活动。1994年，成立长兴县法律援助中心妇女联络处，加大妇女儿童权益保护。1997年，举办“妇女权益保障法”知识大奖赛，1500人参加。1998年，县妇联被省妇儿工作委员会评为妇女权益保障工作先进集体。1999年起，把妇女病普查列入乡镇妇联岗位目标责任制考核内容。2001年，成立长兴县维护妇女儿童合法权益审判合议庭。2003年，全县16个乡镇建立妇女维权站。2004年，会同县卫生局建立长兴县家庭暴力伤情诊治中心。2005年，会同县政法委建立长兴县妇女儿童合法权益保障联席会议制度，建立“110”家庭暴力救助工作协助网络，全县241个行政村、居民村均建立妇女儿童维权站。2007年，开展“十佳平安家庭”创评活动。2010年，开通妇联“12338”维权热线，2名妇女干部被任命为县人民法院人民陪审员。2011年，举办长兴县首届和谐婚姻家庭观辩论大赛。成立长兴县妇女儿童关爱基金，并筹集资金197.53万元。至2012年，妇女儿童关爱基金共关爱慰问特困妇女儿童259人，救助金额23.24万元。1988—2012年，县妇联共接待来信来访2374件，“12338”维权热线接听电话84个，维权合议庭审理案件20余件，法律服务中心妇女联络处共代理办案40余件。

四、“五好”家庭创建

1988年，全县“五好”家庭(认真学习、遵纪守法好；爱国家爱集体、积极生产工作好；尊老爱幼、家庭和睦、勤俭持家、教育子女好；文明礼貌、邻里团结好；移风易俗、实行晚婚、计划生育好)占总户数的8%以上。1991年，县妇联联合县纪委、机关党工委等6单位评选“贤内助”“廉内助”，共评出县级“贤内助”40人、“廉内助”40人，推荐市级“贤内助”2人、“廉内助”2人。1997年，在皇家湾居民村开展创建“五好文明家庭”试点活动，共评出“五好文明家庭”121户。1998年，全县各级文明户达20729户，其中县级“五好文明家庭”968户、镇级“五好文明家庭”4235户、村级“五好文明家庭”15526户。1999年，在全县范围内开展“尊老爱幼活动月”“尊老敬老”活动，有84274户家庭参加。2000年，全面启动“家庭文明工程”，开展家庭奉献系列活动，创建“无毒社区”，共评出县级五好文明家庭(文明户)1368户、乡镇级5233户、村级17526户，县级先进楼群18个、乡镇级37个、村级48个。2002年，以“家庭文明工程”为抓手，开展“扬传统美德，树时代新风”活动、“治家格言”征集、《公民道德建设知识竞赛》活动。在雉城镇各社区开展“文明家庭”创建试点，从全镇社区20864户中评出镇级文明家庭户7119户。2003年，制定《在全县开展家庭学习年和“学习型家庭”创建活动的实施意见》，评选上报省、市级“文明家庭”69名,“文明楼栋”6个,“学习型家庭”6个。2004年,在夹浦镇父子岭村召开“妇女·家园·环境”示范村活动现场会;会同县文明办等部门联合下发《关于开展长兴县百户“书香家庭”、百户“绿色家庭”创评活动的通知》。同年起,开展县级绿色家庭创建。2006年,联合县文明委开展“六星级农户”创评活动。2007年,全县共评出“六星级农户”10708户。2008年,全县共评出“六星级农户”16631户。2009年,召开“六星级文明户”挂牌仪式暨特色家庭创建表彰会,全县新评六星级文明户共18865户。同年,还开展“保护太湖、节能减排进社区”行动,举行“做一个可爱的长兴人”——首届“十佳孝心好儿女”评选活动。2010年,开展“创魅力乡村展巾帼风采”主题活动,新创省级绿色家庭1户,市、县绿色家庭20户,市级绿色家庭示范点2个,市级文明家庭30户,市级学习型家庭9户,县级节能环保家庭10户,县节能减排家庭行动示范村(社区)2个。2011年,实施“和谐家庭创建行动”,新创省级绿色家庭2户,市、县绿色家庭19户,市生态家庭9户,市级文明家庭40户,省级“平安家庭”创建活动示范社区(村)2个,县“平安家庭”示范户10户,县“平安家庭”创建活动示范社区(村)10个,县“流动妇女平安之家”6户,县级节能环保家庭10户,县节能减排家庭行动示范村(社区)2个。2012年,县妇联获省文明家庭创建活动先进组织称号。2004—2012年,全县创建省级绿色家庭24户、市级绿色家庭40户、县级绿色家庭88户,县级节能环保家庭50户。

五、儿少工作

1988年,县妇联组织召开县第六届幼儿运动会,有468名幼儿参加,评出集体奖12个,个人奖42人。同年,全县共办幼儿园、托儿所、学前班371个,入幼儿童1255人,5岁～7岁儿童入幼率61.2%,家长学校52所。1989年,举办“首届家庭教育广播征文赛”,收到征文340篇。1991年,全县共有托幼园所(班)502个,城镇172个,乡村办328个,个体办2个。0岁～7岁儿童入幼率70.3%,其中城镇98.9%,农村62.3%。1992年,创办县级机关托儿所,位于雉城镇金陵北路县委办公楼后,占地0.1公顷。1993年,开展《长兴县“八五”儿少事业发展规划》中期自查工作,县级61个项目共达标46项,达标率75.4%。1994年,开展亿万爱心献春蕾活动,捐资5086元,帮助12名女童重返学校。1995年,制定《长兴县“九五”儿少事业发展规划》,并将“九五”儿少事业发展纳入全县国民经济与社会发展规划。1998年,制定《长兴县民办、私办托儿所(班)管理办法》,县实验小学家长学校被评为省级先进家长学校。1999年,成立家庭教育研究小组,组织参加“浙江省家庭教育知识竞赛”,获省级组织奖。2003年,建立新世界庄园托儿所,占地面积为1300平方米,后更名为长兴县雉城镇新世界同心幼儿园。2005年,成立长兴县“家庭教育”讲师团,县家庭教育工作获得省、市先进集体称号,长兴万宏公司职工杨芝琴被评为全国“好家长”。2011年,建立489名学龄段贫困孤残儿童数据库。2007—2012年,全县建立留守(流动)儿童之家11个,留守儿童图书室7个,组织爱心人士与1306名留守、流动儿童结对,春蕾助学结对2140对,资助资金143.7万元。

六、妇女教育

1988—1991年,县妇联在妇女群众中开展以“四自”(自尊、自信、自立、自强)、“四有”(有理想、有道德、有文化、有纪律)为主要内容的教育。1991年,加强农村企业社会主义思想教育,共召开妇女群众会505次、参加4.43万人,妇女干部岗位培训231期、参加4196人,妇女干部骨干会99次、参加1928人,召开妇女座谈会148次,为妇女办实事163件。1994年,举办第四次世界妇女大会知识培训班,共1000多人参加培训。1999年,配合县纪委、县委组织部举办领导干部“廉内助”培训班,90多位乡镇、部门党政主要负责人的配偶参加培训。2000年,在全县妇女中开展“创新、创造、创业,共塑妇女新形象”主题活动。2002年,举办“家庭教育”知识报告会,700余名女性参加。2003年,开展以“学习十六大、巾帼展风采”为主题的系列活动,900多名妇女参加。2004年,全县成立村级女性素质学校211所,培训96期,人数6000余人。同年,各乡镇妇联建立妇女人才库。2007年,开展农村实用技能、家庭教育、心理健康等各类培训278期,共培训1.54万人次。同年,在妇联班子和干部中开展以“团结和谐增三力,科学发展促崛起”为主要内容的“树新形象、创新业绩”主题实践活动。2010年,在全县妇联干部中开展“我读书、我快乐、做一名智慧女人”活动。2011年,举办6场专题阳光女性大讲堂,组织40多名优秀女精英走进上海财大学习,组织全县村(居)248名妇代会主任分二期在县委党校进行县情教育、妇联干部业务专题培训。围绕“颂党恩、跟党走,做党的好女儿”,开展主题宣传教育活动。2012年,开展女性大讲堂辅导讲座27场。同年,发挥妇女儿童活动中心作用,举办育婴员培训3期,培训180人,结业123人,介绍就业12人。

第五章 科学技术协会

1988—2012年,长兴县科学技术协会围绕全县中心工作,在科普宣传、金桥工程实施、青少年科技活动组织、技术教育培训咨询、科技示范户评定、职称评定、学术交流等方面,发挥职能作用,调动各学会、协会和广大科技工作者积极性,投身全县经济建设和社会服务。其间,召开会员代表大会3次。

第一节 科协组织

一、县科协

1988年,县科协机关设办公室(学会部)、科普部,有6人,其中主席1人、副主席1人。2006年8月,成立县科技咨询中心,无编制,为县科协下属自收自支、准公益类事业单位,开展科技咨询服务活动。2012年,县科协机关设办公室(学会部)、科普部,行政编制4人,工勤人员编制1人,其中主席1人、副主席2人。

二、县级学会、协会

1988年,县科协所属县级学会有10个、会员843人,县级协会有5个、会员310人。之后,新成立县级学会10个,注销或撤销8个;新成立县级协会15个,注销或撤销8个。至2012年,县科协在册县级学会有12个、会员1422人,县级协会有12个、会员910人。

2012年长兴县科协所属县级学(协)会情况表

表23-1　　单位:人

学(协)会名称	成立年月	会员人数	学(协)会名称	成立年月	会员人数
长兴县医学会	1980.03	171	长兴县茶叶协会	1999.02	70
长兴县成人教育学会	1983.01	59	长兴县花木盆景协会	2000.09	51
长兴县水利学会	1985.01	143	长兴县瓜果蔬菜协会	2000.12	45
长兴县中医学会	1985.03	146	长兴县水产协会	2000.12	72
长兴县护理学会	1986.03	162	长兴县青梅协会	2000.12	51
长兴县会计学会	1987.11	133	长兴县青少年科技教育协会	2002.05	83
长兴县交通学会	1988.09	228	长兴县紫砂陶艺协会	2002.09	61
长兴县统计学会	1988.11	48	长兴县栝楼协会	2003.08	51
长兴县蜂业协会	1990.12	62	长兴县抗癌协会	2006.06	170
长兴县教育学会	1992.08	4530	长兴县企业科技工作者协会	2007.08	134
长兴县药学会	1992.12	48	长兴县中草药民间秘方协会	2010.03	60
长兴县诗词学会	1995.10	56	—	—	—
长兴县林学会	2000.09	51	—	—	—
长兴县预防医学会	2007.04	177	—	—	—

说明:资料来源于县科协

三、基层科协组织

1988年,全县有乡镇科协34个、会员1279人,农村专业技术协会88个、会员3900人。同年3月起,乡镇科协理事会改为委员会。1993年,全县有乡镇科协20个,会员1860人。1988—1993年,34个乡镇科协分别召开第一次至第三次代表大会。之后,乡镇科协随行政区域变动而调整,并于1999年5月、2004年4月、2009年12月分别召开乡镇科协换届(成立)大会,选举产生新一届乡镇(街道)科协委员会。2007年,全县第一家企业科协成立。至2012年,全县有乡镇科协16个、街道科协2个、县开发区科协1个,会员2152人;农村专业技术协会46个,会员2200多人;企业科协39个,会员160人。

第二节　代表大会

1988—2012年,共召开3次代表大会,选举产生长兴县科学技术协会第一届至第三届委员会。第一次代表大会于1999年8月召开。

一、第一次代表大会

1999年8月9日至10日,长兴县科学技术协会第一次代表大会召开,出席代表150人,列席35人。县科协主席许晓云作题为《面向新世纪 创造新业绩 为实现我县跨世纪宏伟目标而奋斗》的工作报告。选举产生县科协第一届委员会,委员29人。一届一次全会选举产生常务委员11人,其中主席1人、副主席3人、秘书长1人,许晓云当选为主席。

二、第二次代表大会

2004年12月28日至29日,长兴县科学技术协会第二次代表大会召开,出席代表150人,列席25人,特邀38人。县科协主席许晓云作题为《解放思想 开拓创新 再创科协工作新局面》的工作报告。选举产生县科协第二届委员会,委员29人。二届一次全会选举产生常务委员13人,其中主席1人、副主席6人、秘书长1人,许晓云当选为主席。2006年3月,周福财当选为县科协主席。2007年3月,李晓顺当选为县科协主席。

三、第三次代表大会

2010年4月29日,长兴县科学技术协会第三次代表大会召开,出席代表150人,列席25人,特邀38人。县科协主席李晓顺作题为《创新工作方式 拓宽工作领域 为我县经济社会又好又快发展再立新功》的工作报告。选举产生县科协第三届委员会,委员31人。三届一次全会选举产生常务委员15人,其中主席1人、副主席6人、秘书长1人,李晓顺当选为主席。2012年5月,乔旭峰当选为县科协主席。

第三节　主要工作

一、科普宣传

1988年以来,县科协每年组织不同形式的科普宣传活动。至1994年,共利用广播开展科普宣传400余次,利用黑板报或宣传窗开展科普宣传240期,编印科技资料、科普动态等120期4万余份,举办科技讲座40期,举行科技实物展览20次。1995年9月,以“科学技术——加快我县发展的金钥匙”为主题,首次开展“长兴县科普宣传活动周”活动。2004年,首次开展科普示范单位、科普教育基地创建活动。2005年起,确定每年5月份开展“长兴县科技(科普)活动周”。同年还围绕“科学发展,共建和谐”主题,开展第一届“全国科普日”活动,邀请省科技馆科普大篷车到长兴进行科普展品宣传、神舟五号飞船模型展示,吸引近万名群众参与,活动期间还开通科普短信平台和科普宣传网站。2009年9月,首次举办“长兴科普节”,主题为“科学创新、和谐发展”,突出公务员、农民、城镇劳动人口、青少年四大受教育群体，开展专家报告会、百年科技成果图版展、百场科普电影下农村、百场科普讲座进社区（农村）、百名专家百村千户（企）行、广场科普文艺表演、中小学生科普报告会、科普大篷车进校园、科普知识竞赛、科普在我身边摄影比赛等十大活动，全县受教育群众达 30 万人次。2011 年，长兴获“全国科普示范县”称号。至 2012 年，县科协共举办全国科普日活动 8 届、长兴县科技（科普）活动周 8 届、长兴科普节 4 届，举办科普展览 160 次，参观者 23 万人次；开办科普（广播）讲座 1230 次，听讲者 16 万人次；放映科普电影 460 场，观众 9.2 万人次；发放科技读物 75 万份（册）。全县建有科普教育基地 10 个，科普示范学校 2 所、科普惠农服务站 3 个、科普画廊 32 座。其中，有全国科普示范社区 1 家（雉城街道水木花都社区）、全国科普教育基地 2 家（长兴灰岩国家级地质遗迹保护区、长兴扬子鳄省级自然保护区），省基层科普示范单位 4 家、省科普教育基地 1 家。

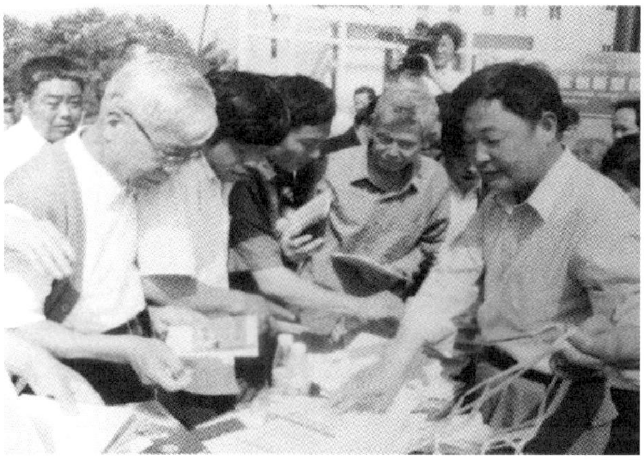
图 23-4　送科技下乡（县科协提供·2006 年）

二、金桥工程

1996 年，县科协组织实施“金桥工程”项目 30 项，其中县科协与县硅酸盐协会组织实施的“高强度轻质双用保温砖”和“防水水泥的开发、质量及推广使用”2 个项目列入省科协重点“金桥工程”项目。至 2012 年，共实施“金桥工程”项目 219 项，其中省级 20 项、市级 39 项、县级 160 项，新增产值 36.2 亿元，创利税（含增收节支）和增加农民收入 8.6 亿元。

三、青少年科技活动

1995 年，县科协举办长兴县首届科技夏令营。1997 年，会同县教委开展中小学生计算机奥林匹克竞赛、小发明创造和科学小论文竞赛、军事夏令营、国防知识竞赛、小学生科技制作等科技教育活动。至 2001 年，每年联合开展中小学生航模比赛、生物与环境知识比赛，信息学知识竞赛、计算机奥林匹克竞赛等系列科技活动，并选拔参加省、市级竞赛，取得较好成绩。2002 年，成立长兴县青少年科学技术教育协会，定期组织开展科技科普活动。2005 年，会同县教育局、县青少年科技教育协会举办长兴县首届“青少年科技节”，开展电子制作锦标赛、航空模型锦标赛等比赛，参与学生超万人。至 2012 年，共举办 8 届青少年科技节，以航空航天模型制作、“云飞杯”信息学竞赛、青少年科技创新大赛、七巧科技、科普征文等比赛为主要内容，激发青少年学习科技知识的兴趣，提高思维能力、创新精神和实践能力。1995—2012 年，选拔参加历次全省青少年科技创新大赛及小论文小发明比赛均有获奖，其中一等奖 2 项，二等奖 9 项，参加湖州市青少年科技创新大赛、青少年发明创造和科学论文竞赛、青少年小论文小发明大赛等多次荣获一等奖。

四、技术教育、培训、咨询

农村致富技术函授　1990 年 9 月，县科协建立中国农村致富技术函授大学（简称农函大）长兴辅导站，开办首届一年制蚕桑、蔬菜 2 个单科专业，学员 220 人。1993 年，成立省农函大长兴县分校，每年开办茶叶、西瓜、草莓、蔬菜、蚕桑、水产、畜牧、纺织、家电、财会等不同专业一年制专业班，期满结业。1994—1999 年，全县 21 个乡镇先后建立农函大辅导站。至 2012 年，全县共有 36373 人获得省农函大结业证书。农函大长兴分校于 2008 年获“中国农函大先进分校”称号，并多次获省级“农函大先进分校”称号。

实用技术培训　1988—2012 年，县科协学（协）会、乡镇科协举办各类实用技术培训班 6577 期，培训 60 余万人次，培训内容涉及水稻、油菜、蚕桑高产模式技术和蔬菜、水果、食用菌栽培新技术，以及牛蛙、甲鱼、南北白对虾特种经济动物的饲养技术等方面。

1988—2012 年长兴县农村致富技术及实用技术培训情况表

表 23-2

年份	农函大招生			实用技术培训		年份	农函大招生情况			实用技术培训	
	班级（个）	专业（个）	人数（人）	班次（期）	人数（人次）		班级（个）	专业（个）	人数（人）	班次（期）	人数（人次）
1988	—	—	—	290	20000	2001	16	8	825	180	30000
1989	—	—	—	557	33000	2002	21	9	1069	73	9000
1990	2	2	220	136	4760	2003	86	12	3964	180	11000
1991	5	3	220	427	36000	2004	43	8	2543	83	11540
1992	9	3	390	640	80000	2005	108	12	5718	91	10000
1993	2	2	47	670	70000	2006	63	10	2767	100	15000
1994	7	4	193	153	25400	2007	35	7	2282	153	14700
1995	12	7	576	220	18700	2008	34	7	2402	180	19800
1996	12	7	577	350	25000	2009	44	8	2595	290	21100
1997	14	7	540	240	21600	2010	47	9	2687	360	22000
1998	16	8	586	220	20900	2011	48	9	2595	234	21730
1999	14	8	585	310	24600	2012	45	9	2547	180	16200
2000	16	8	665	260	18200	—	—	—	—	—	—

说明：资料来源于县科协

技术咨询服务 1988 年以来，县科协每年邀请省内外专家教授、县内学会专家赴乡镇及企业开展科普宣传及科技咨询服务。2008 年，小浦镇科协建立首家乡镇“科普传播小分队”，开展科普志愿者科技传播。2009 年，县科协成立首批“专家服务团”，涵盖纺织、机械、电子、种植、养殖等多个领域，30 多位专家向社会公布名单和电话，随时提供技术服务。2010 年，以“百名专家百村千户（企）行”为载体，组织专家、技术人员深入基层，开展形式多样的科技培训，邀请浙江大学、浙江农林大学、浙江省林业种苗管理总站等高校科研院所专家开展科技讲座。至 2012 年，全县乡镇（街道）、村（社区）完成科普惠农服务站、科普惠农宣传栏、科普惠农宣传员（即农村科普“一站一栏一员”）建设。

五、科技示范户评定

1990 年起，省科协、市科协开展科技示范户推荐评定工作，县科协同步开展县级科技示范户评定，并从中推荐优秀科技示范户参加省级、市级评定。1990—1992 年，全县评出省级科技示范户 3 户、市级 6 户、县级 52 户。1993—1995 年，评出省级科技示范户 6 户、市级 11 户、县级 100 户。1996—1998 年，评出省级科技示范户 7 户、市级 17 户、县级 132 户。1999—2001 年，评出省级科技示范户 5 户、市级 5 户、县级 100 户。2002—2004 年，评出省级科技示范户 5 户、市级 20 户、县级 100 户。2005—2007 年，评出省级科技示范户 8 户、市级 30 户、县级 100 户。2008—2010 年，评出省级科技示范户 8 户、市级 30 户、县级 100 户。至 2012 年，全县共开展 8 批次科技示范户评定，累计评出省级科技示范户 40 户、市级 109 户、县级 684 户。

六、职称评定

1989 年，全县开展首次农民技术人员职称评定，有会计、农经、粮油、水产等 9 个专业，评出农民技术人员 1051 人，其中农民技师 89 人、农民助理技师 435 人、农民技术员 405 人、农民助理技术员 122 人。全县农民技术职称评定每两年评定一次。至 2012 年，全县共评定 12 次，涉及 19 个专业，获得农民技术职称 4016 人，其中省农民高级技师 32 人。

七、学术交流

1988—2012 年，县科协所属各学会、协会围绕全县中心工作，结合各自专业特色，组织开展技术交流和学术活动，每年各举办 1 次以上交流活动，全年累计在 30 次以上。先后邀请一批国内外知名院士学者到长兴开展学术活动。县护理学会、县中医学会、县医学会多次承办国家级继续教育项目。2001 年，县科协与县委组织部、县人事劳动局联合开展长兴县首届自然科学优秀论文评审。2007 年，开展第一届长兴县“十佳科技工作者”评选活动，10 人获县首批“十佳科技工作者”称号，10 人获县首批“十佳科技工作者”提名奖。至 2012 年，县自然科学优秀论文评选共举办 3 届，共评出优秀论文 103 篇，其中一等奖 14 篇、二等奖 30 篇、三等奖 59 篇。一等奖作者共 27 人，主要来自县水产学会、县林学会、县水泥协会、县紫砂陶艺协会、县交通学会、县医学会、县护理学会、县技工学校、长广公司、浙江超威电源有限公司、湖州威达纺织集团公司等单位。

2001—2012 年长兴县自然科学优秀论文评选一等奖情况表

表 23-3

届次(时间)	论文	作者	单位
第一届(2001年9月)	600T/D五级预热器窑的操作体会	刘平、陈泽民	县水泥协会
	银杏雄花最佳采摘期和授粉量的研究	李志勤、杨卫贞	县林学会
	胸骨后甲状腺肿22例报告	朱火根、钱章选、朱子明	县医学会
第二届(2006年)	CT引导下经皮肺穿刺活检48例分析	卢火佺	县医学会
	车工实验实训课教法研究	翟大刚	县技工学校
	接触器对电动机欠压保护的探讨	陈昌奎	长广公司
	电动道路车辆用阀控式胶体铅酸蓄电池(3DM180)的研制	刘孝伟	浙江超威电源有限公司
	21世纪的紫砂茶具	程苗根	县紫砂陶艺协会
	长江中下游五个青虾群体网箱生长和养殖性能比较	李家乐	县水产学会
第三届(2009年)	储能蓄电池的技术要求在PVLED独立照明系统中应用	周明明、周龙瑞、赵文超、陈体衔	浙江超威电源有限公司
	矿粉和回收粉对沥青混合料性能的影响研究	王　毅	县交通学会
	开腹胆囊切除术胆管损伤的高危因素及对策	王蔚蓝、钱章选、孙海明	县医学会
	膨肺吸痰法在机械通气治疗中的应用和研究	章红萍、王中英	县护理学会
	绢纺落棉转杯纺紬丝纱相关工艺技术探讨	姚锄强、徐士琴、陈顺民、姚雪强	湖州威达纺织集团公司

说明：资料来源于县科协

第六章　工商联

1988—2012 年，长兴县工商业联合会围绕全县中心工作，在参政议政、服务经济、招商引资、推动交流合作、参与新农村建设、光彩助学、扶贫救灾、服务会员、引导非公经济代表人士争做优秀社会主义事业建设者等方面，发挥职能作用，调动会员单位和广大企业家积极性，投身全县经济建设和社会服务。其间，召开会员代表大会 6 次。

第一节　工商联(商会)组织

1986年,县工商联恢复,首批吸收企业和团体会员55家,其中国营企业25家、集体企业18家、乡镇企业5家、三资企业1家、联合体企业2家、团体会员4家。1988年,县工商联有会员60家,其中企业会员40家、团体会员5家、个人会员15家。1991年起,会员发展方向从原来以公有制企业(国有、集体企业)转向以非公有制企业(个体工商户、私营企业)为主。1993年12月,县总商会成立,与县工商联合署办公,县工商联正副主委(或会长)为总商会的正副会长。同年年底,有会员124家,其中私营企业22家、三资企业1家、个体工商户42家。1997年9月,县内首个乡镇商会小浦镇商会成立。12月,下箬寺乡商会成立。1998年,雉城镇商会成立。2002年,开展企业家兼任会长试点,浙江山鹰建材集团董事长周绍昌任会长。2008年2月,长兴县驻盛泽企业家联合会在长兴成立。2009年5月,长兴县驻绍兴县工商业联合会在绍兴成立。8月,县总商会酒业商会成立。11月,长兴吴山•矿山码头商会成立。12月,全县第一家村级商会——夹浦镇红旗村商会成立。2010年,先后成立县纺织行业商会、首家社区商会(古城街道高阳桥社区商会),组建15家村级商会。同年,县总商会入选"全国最具影响力民间商会50强"。2011年,古城街道商会成立。2012年12月,长兴县驻宁波商会在宁波成立。同年年末,县工商联(总商会)下设行业商会3家、乡镇商会13家、街道商会1家、村级商会21家、社区商会1家、异地商会4家。有会员单位2961家,其中企业会员2903家、团体会员3家、个人会员55人。

第二节　代表大会

1988—2012年,为长兴县工商联合会第三届至第九届执行委员会任期。其间,共召开6次会员代表大会,选举产生第四届至第九届长兴县工商联执行委员会。第三届执行委员会在本志时段内任期为1年5个月。

一、第四次会员代表大会

1989年5月25日至27日,县工商联第四次会员代表大会召开,出席代表56人,列席代表13人。主任委员陈泽金(主持工作)作题为《坚持改革 团结奋斗 为发挥工商联在新形势下的商会作用而努力》的工作报告。选举产生县工商联第四届执行委员会,执行委员25人。四届一次执委会选举产生常务委员9人,其中主任委员1人、副主任委员3人、秘书长1人,陈泽金当选为主任委员。1993年12月,陆增祥任县工商联主任委员。

二、第五次会员代表大会

1993年12月24日至25日,县工商联第五次会员代表大会暨总商会成立大会召开,出席代表114人,列席代表33人。主任委员陆增祥作题为《努力发挥工商联的职能作用 为振兴长兴经济而努力》的工作报告。选举产生县工商联第五届执行委员会,执行委员24人。推选名誉会长朱惠忠(女)、陈泽金。五届一次执委会选举产生常务委员9人,其中会长1人、副会长4人、秘书长1人,陆增祥当选为会长。1997年4月,张春道任会长。

三、第六次会员代表大会

1997年6月19日至20日,县工商联第六次会员代表大会召开,出席代表135人,列席代表93人。副会长李文新作题为《振奋精神 锐意改革 努力开创工商联工作新局面》的工作报告。选举产生县工商联第六届执行委员会,执行委员33人。六届一次执委会选举产生常务委员13人,其中会长1人、副会长6人、秘书长1人,张春道当选为会长。

四、第七次会员代表大会

2002 年 4 月 16 日至 17 日，县工商联第七次会员代表大会召开，出席代表 131 人，列席代表 92 人。会长张春道作题为《积极探索 开拓创新 打开工商联工作新局面》的工作报告。选举产生县工商联第七届执行委员会，执行委员 58 人。七届一次执委会选举产生常务委员 38 人，其中会长 1 人、副会长 20 人、秘书长 1 人，周绍昌当选为会长。

五、第八次会员代表大会

2006 年 12 月 24 日至 25 日，县工商联第八次会员代表大会召开，出席代表 150 人，列席代表 94 人。会长张天任作题为《立足服务 开拓创新 为推进工商联工作迈上新台阶而努力奋斗》的工作报告。选举产生县工商联第八届执行委员会，执行委员 89 人。八届一次执委会选举产生常务委员 45 人，其中会长 1 人、副会长 22 人、秘书长 1 人，张天任当选为会长。

六、第九次会员代表大会

2012 年 8 月 28 日，县工商联合会第九次会员代表大会召开，出席代表 275 人，列席代表 95 人。会长张天任作题为《求真务实 创新载体 开创工商联工作新局面》的工作报告。选举产生县工商联第九届执行委员会，执行委员 120 人。九届一次执委会选举产生常务委员 60 人，其中会长 1 人、副会长 34 人(5 人兼职副会长)、秘书长 1 人，张天任当选为会长。

第三节　主要工作

一、经济服务工作

参政议政　1988—2012 年，县内非公有制经济界人士当选省人大代表 6 人次、市人大代表 64 人次、县人大代表 79 人次，被推选为市政协委员 66 人次、县政协委员 176 人次。县工商联以及会员中的人大代表、政协委员提交各类议案、提案 100 多件，调研报告 20 多篇，编写有关政策提纲 10 多条。其中，1988 年，提案《在开发农业中还应注重发展蚕桑等创汇农产品的建议》被县农业部门采纳，列入县开发农业规划。1991 年，提案《对发展省际边界贸易上提供市场竞争外部条件的建议》被省商业厅采纳，发文同意长兴百货、纺织品、五交化、糖业烟酒 4 个批发公司，在商品作价上享受二级站待遇。2006 年，提案《我县民营经济发展中存在的问题及建议》被列为当年县政协会议 1 号提案。2007 年，2 个提案被列为县重点提案。2008—2011 年，5 个提案被评为县优秀提案。2009 年，在县政协会议上，作题为《开展全民创业是实现“两创”战略的重要途径》的大会发言；2010 年，作题为《长兴经济转型升级的实践和思考》《加快发展现代家庭工业的对策分析》的大会发言；2011 年，作题为《关于长兴蓄电池企业竞争策略的建议》和《关于长兴县经济结构转型升级新形势下人才培养创新的建议》的大会发言。

招商引资　1993 年，县工商联与南京星火专利工业化研究所签订引进科技专利合同。1994 年，为企业组织融通流动资金 55 万元。2000—2011 年，引进企业 5 家，项目 6 个，引进投资 8.8 亿元。其中，2005 年促成外资企业北京贝利思国际投资有限公司与浙江长兴水泥有限公司合作项目长兴水泥厂二期扩建和建造纯低温电厂签约，总投资 6.68 亿元(其中外方投资 2985 万美元)。2012 年，参与制定长兴县浙商回归工作运转机制和考核办法，服务全县引进浙商回归项目。

交流合作　1988—2012 年，县工商联先后组织企业参加华东六省一市工商联第四届至第七届商品交易会、全国工商联名特优新产品博览会、广交会、杭交会、福交会、南京博览会、赣交会、昆交会、绍兴轻纺城商贸交流活动、香港产品设计和创新博览会，累计成交 800 余万元。1994—1999 年，参加第三届至八届苏浙皖毗邻市县工商联联谊活动，并承办 1997 年第六届联谊活动。1998 年，承办浙粤两省十七县市(区)工商联工作经验交流会。2000—2012 年，先后到安徽省广德县、宣城，江苏省宜兴市，上海奉贤区、闸北区，广东省佛山市、南海区以及浙江省台州、温州、宁波、金华、义乌、武义、慈溪、余姚、临安等市县(市)和杭州市拱墅区、下城区工商联交流学习,接待海盐、杭州市下城区、嘉善和安徽省广德县考察团到长兴考察。2001年,组织会员70多人赴新加坡、马来西亚、泰国、韩国等国家和中国香港考察学习。2005年4月,组织会员10余人到英国开展商务考察,邀请并接待由印尼华商投资总商会主席维嘉雅•戴维、马来西亚青年交流中心会长涂鸿棠带队的马来西亚著名企业考察团到长兴考察。2006年,组织会员15人赴俄罗斯开展商务考察。2007年3月,组织会员5人参加巴拿马国际博览会;4月,组织会员30人到海尔集团和海信集团考察学习;5月,组织会员参加浙商大会和长三角经贸合作峰会暨企业创新论坛;9月,组织会员17人赴大西北考察;12月,接待中美总商会会长任剑浩一行到长兴考察,与中美总商会结为友好商会。2008年,组团参加第四届长三角—波罗的海合作论坛。2010年,组团参加"浙江—比利时西弗兰德经贸日"活动。同年,还与10个市县工商联建立友好商会。2011年11月,接待中国轻纺城市场商会联盟经贸考察团到长兴考察。

二、社会服务活动

新农村建设 1991—2005年,县工商联主要做好结对乡镇对口交流协作工作。2006年8月,启动"村企心连心、共建新农村"工作。至2008年,全县共有1089家民营企业与226个行政村结对,开展共建新农村活动。2008—2010年,连续3年开展"民营企业帮扶助推全民创业行动"。2008—2012年,连续5年开展民营企业赴农村(社区)"送温暖、献爱心"活动,县民营企业家为困难群众捐资捐物累计1600多万元。县工商联获省工商联颁发的"组织引导民营企业参与新农村建设优秀组织奖"。

光彩助学 1989—2012年,县工商联先后有30余名企业家与70余名困难学生结对助学,有10余家会员企业捐款助学。1994年,有3名企业家资助太傅乡10名贫困儿童就学。1997年,联系9名企业家资助二界岭乡13名贫困儿童就学。2000年,联系椒江飞跃缝纫机集团邱继宝捐款12万元建设长潮中学教学楼。2001年9月,联系省、市工商联光彩事业基金30万元,资助槐坎乡小学改建工程。2005年,诺力机械股份有限公司设立"诺力阳光慈善助学基金",至2012年累计资助学生50余人。2008—2009年,天能集团连续举行两届光彩助学捐款活动,结对资助200余名贫困学生,平均每人每年资助3000元,直至完成学业。2009年,振宇房产发起"爱心助学圆梦工程",每年出资20万元资助40名贫困学生。2010年,会员企业资助10万元参加"光彩事业衢州行"活动。2011年,天能集团、超威电源公司出资10多万元资助贫困学生60人。2012年,天能集团、超威电源公司出资35万元资助贫困学生163人,浙江盛邦化纤有限公司出资80万元资助贫困大学生40人。

扶贫救灾 1989—1994年,县工商联干部和会员捐助12.3万元赈灾款项及粮票、服装等。1997年,2名会员捐资4000余元,慰问仙山乡、二界岭乡敬老院。长兴昌盛有限公司捐献村修路款3万余元。长兴隆昌丝绸厂捐献村建小学款、村修路款10万余元。湖州威达纺织集团公司捐献村办市场、长兴青少年宫建设等社会公益事业款40万元。1998年抗洪救灾中,会员捐资10万余元。2003年抗击非典活动中,金三发集团捐赠500万元的卫生用品。同年,县慈善总会成立,长兴新大力轻工有限公司捐款5万元,金三发集团捐款10万元。2004年,长兴电力电杆公司为社会公益事业捐款16万元,新明华建材公司捐款6万多元。2005年,县工商联会员为公益事业及慈善事业捐资捐物100多万元。2006年,14名会员企业家被评为"爱心奉献企业家"。2008年,在四川省汶川大地震抗震救灾中,215家企业及商会捐款750多万元。2009年5月,诺力公司、县工商联、县慈善总会慰问由四川省青川灾区转至长兴县职教中心就学的34名学生,发放慰问金6800元。2010年,在玉树地震抗震救灾中,会员企业捐款捐物135多万元。2011年1月,长兴县举行"爱在长兴"慈善晚会,开展慈善募捐活动,159家工商联会员企业(含法人代表个人)现场认捐4243万元。春节期间,民营企业家慰问困难群众、职工1000多户,赠送慰问金慰问品100多万元。

三、会员服务工作

维权服务 1989年,县工商联协助党和政府落实原工商业者的政策。1991—1993年,春节期间慰问老会员及其遗孀等64人次。1994—1997年,协调处理会员企业营销、管理纠纷4起。1999年,会同

图23-5　2007年8月8日，县工商联举行送企业管理知识、法律知识进企业下乡镇巡回培训启动仪式(县工商联提供)

县工商局个体劳协、县能源发展有限公司组建全县首个个私经济贷款担保有限公司，先后为22家企业承保。2006年，与浙北律师事务所合作成立长兴工商联维权服务中心，为企业提供维权服务。2007年，聘请18个部门为工商联顾问单位，协调解决会员困难。2008年，洪桥镇商会企业维权服务中心成立。2010起，每年会同县司法局为企业开展“法律体检”。2012年，与浙北律师事务所合作，成立县民企维权服务中心，设立“民企服务热线”。

会员培训　1987年，县工商联开办立信会计专科学校函授辅导站，是全省第一个县级辅导站。至1990年关停，共举办培训5期，培训学员154人。之后，会员培训主要以召开座谈会、举办专题讲座、推荐会员外出培训等为主。2003年4月，推荐2名非公有制经济人士到中央党校参加全国工商联第34期民营经济理论高级培训班。2004年，组织35名企业人士赴中央党校学习。2008年，选送15名企业家赴美国哈佛、斯坦福大学开展高级研修。2000—2012年，先后组织600名企业负责人到高校进修，选派100多名企业家参加清华大学、浙江大学、复旦大学、同济大学等知名高校的EMBA核心课程班，举办送企业管理知识进基层巡回培训活动15期，受训人员1200余人。

四、政治引导

非公经济代表人士培养　1991年6月起，按照中共中央批转中央统战部《关于工商联若干问题的请示》，把非公有制经济主体作为之后工商联的主要服务对象。1997—2000年，6家企业被评为市级“双文明”企业，5家企业被县委、县政府评为重点企业。2006—2012年，5名企业家先后被评为市级非公有制经济人士优秀社会主义事业建设者。2007年，开展全县非公有制经济人士综合评价工作，建立全县非公有制经济代表人士数据库。2012年，张天任被评为十大长兴榜样人物和十大浙商风云人物，张天任、姚锄强被评为省级关爱员工优秀企业家，23名会员被评为县优秀社会主义建设者。

创二代培育与引领　2007年12月，县青年企业家协会成立。2009年11月，县民营企业新生代联谊会成立，浙江煤山众盛建材有限公司董事长许昌良当选会长。2011年5月，该联谊会理事10多人赴慈溪家业长青接班人学院学习考察。2012年10月，县“创二代”联谊会成立，会员100多人。同年，“创二代”工作被纳入县委人才发展规划，县工商联与县委组织部、团县委、县青年企业家协会等联合举办长兴县青年企业家系统培训工程启动仪式暨第一期创业论坛，组织优秀青年企业家到清华大学、复旦大学、浙江大学、上海财经大学等高校学习研修，赴外地考察企业学习经验。该项工作入选全国非公有制经济人士思想政治工作优秀案例。

第七章　文学艺术界联合会

1997年10月，长兴县文学艺术界联合会成立后，围绕全县中心工作，在组织培训研讨、举办比赛展览、组织采风创作、文艺作品评选、培养文艺人才队伍等方面，发挥职能作用，调动会员单位和广大文学艺术工作者积极性，深入生活、深入实际，投身全县经济建设和社会服务。至2012年年末，所属协会、学会8个，会员642人。其间，召开会员代表大会3次。

第一节 文联组织

一、县文联

1997年10月,县文联建立。1998年1月,召开长兴县文学艺术界联合会第一次代表大会暨成立大会。之后,县文联机关先后借用县文化局、县委宣传部、县国税局等单位办公场所办公。2007年,迁至雉城镇县前中街402号(县委原办公楼一楼)办公,内设办公室,专职主席1人,编制2人。2012年12月,长兴县艺术馆开馆,为县文联下属事业单位。位于台基路99号,面积约3000平方米,主要功能为举办展览、创作交流、艺术培训等。2012年,县文联机关内设办公室,有人员3人,其中主席1人(县委宣传部副部长兼)、副主席1人。

二、协会、学会

1998年,县文联所属协会有作家协会、摄影家协会、戏剧曲艺家协会、音乐舞蹈家协会、民间文艺家协会、电影发行放映协会、美术家协会、书法家协会8个,会员259人。之后,县电影发行放映协会因县电影公司改制,协会社会基础淡化而消失。2007年12月,县诗词学会主管单位由县科协变更为县文联。至2012年,县文联所属协(学)会8个,会员642人,其中国家级会员25人、省级77人。

1998—2012年长兴县文联所属协会、学会情况表

表23-4　　单位:人

协(学)会名称	成立年月	成立时会员人数	2012年会员人数		
			总数	国家级会员	省级会员
长兴县作家协会	1998.01	27	75	2	5
长兴县摄影家协会	1998.06	32	83	7	23
长兴县戏剧曲艺家协会	1998.06	36	78	1	3
长兴县音乐舞蹈家协会	1998.09	28	57	2	4
长兴县民间文艺家协会	1998.09	16	18	2	1
长兴县电影发行放映协会	1998.11	18	—	—	—
长兴县美术家协会	1998.12	32	82	1	7
长兴县书法家协会	1998.12	43	152	4	25
长兴县诗词学会	1995.09	27	97	6	9

说明:资料来源于县文联

第二节 代表大会

1988—2012年,共召开3次代表大会,选举产生长兴县文学艺术界联合会第一届至第三届委员会。第一次代表大会于1998年1月召开。

一、第一次代表大会

1998年1月12日,长兴县文学艺术界联合会第一次代表大会暨成立大会召开,出席代表104人。县委常委、宣传部部长唐中祥作题为《同心同德 开拓进取 为进一步繁荣我县社会主义文艺而奋斗》的工作报告。选举产生县文联第一届委员会,委员23人。县文联一届一次全委会选举产生主席1人、副主席兼秘书长1人,陈亦祥当选为县文联主席(兼),聘请许胤丰为县文联名誉主席。1998年4月,赵树涛当选为县文联主席(兼)。2003 年 10 月,杜使恩当选为县文联主席。

二、第二次代表大会

2003 年 10 月 29 日至 30 日,长兴县文学艺术界联合会第二次代表大会召开,出席代表 132 人,特邀代表 23 人。杜使恩作题为《团结携手 继往开来 再创文联事业新局面》的工作报告。选举产生县文联第二届委员会,委员 17 人。二届一次全委会选举产生主席 1 人、副主席 2 人、秘书长 1 人,杜使恩当选为县文联主席。

图23-6　县文联第二次代表大会在雉城镇召开(县文联提供·2003年)

三、第三次代表大会

2010 年 5 月 13 日,长兴县文学艺术界联合会第三次代表大会召开,出席代表 124 人,特邀代表 9 人。杜使恩作题为《围绕中心 服务大局 以文化人 创新特立 为我县经济社会的和谐发展提供先进文化的有力支持》的工作报告。选举产生县文联第三届委员会,委员 17 人。三届一次全委会选举产生主席 1 人、副主席 1 人、秘书长 1 人,鲁有平当选为县文联主席(兼),聘请杜使恩为名誉主席。2012 年 5 月,刘月琴当选为县文联主席(兼)。

第三节　主要工作

一、活动组织

培训、研讨　1999 年 5 月,县文联承办浙江省中青年文艺骨干讲习班,全省各地文联近 50 名文艺骨干参加。2002 年,浙江文学院在长兴举办长兴作家张加强散文研讨会。2007 年 11 月,浙江文学院、县文联、县作协在县图书馆举办胡加平诗集《太湖谣曲》研讨会暨诗歌朗诵会。

比赛　1998 年 12 月,县文联承办省作协在长兴举办的“浙北文学周”活动。1999 年 4 月,与县作协、长兴报社联合主办“风光千里展长兴”文学大赛。1999—2012 年,先后协办或承办“中国·长兴——陈皇故里摄影大奖赛”、“太湖明珠——国际摄影大赛”、“银杏之乡·大美印象”、环太湖摄影拉力赛等国家级摄影比赛 4 次,承办“2010 中国(长兴)大唐茶都·春到顾渚山摄影大赛”、浙江省“樱桃之乡”摄影大赛、“锦绣长兴·幸福家园”等省级摄影比赛 3 次。2000 年起,县作协、县教育局联合浙江文学院举办全县新概念师生文学大赛,至 2012 年共举办 13 届,每年 7 万余人参赛。2003 年,承办中国·太湖明珠——长兴城市雕塑艺术设计大奖赛。

展览　1999—2012 年,县文联先后主办“长兴国际茶文化节美术展”“世界·江南情”、庆祝“改革开放三十年”县书协会员作品展、庆祝中华人民共和国成立 60 周年大型书画摄影艺术展、“红色之旅·浙皖丹青”美术联展、“书法大家写长兴”“欢乐下基层、书法进万家”等书画活动。

创作活动　2004—2006 年,县文联组建长兴雕塑院,先后邀请国内著名雕塑家朱尚熹、钱绍武、韦天宇、潘锡柔为长兴创作陈武帝、陆羽、百叶龙、夫概筑城等历史题材作品。长兴雕塑院自主创作“和睦桥传说”“大剧院长兴十景地雕”“县职校大型壁画”等作品。

1998—2012 年,县文联每年组织协会会员开展形式多样的采风创作活动。先后参与或独立编写、出版乡土教材《可爱的长兴》、诗词书法摄影画册《诗化长兴》、画册《百强风采》、《十年创建·印象长兴》等作品。2004 年 9 月,中国作协副主席、省作家协会主席黄亚洲率王旭烽等 12 位作家到长兴采风走访,创作出版长兴文化散文集《品味长兴》。2005 年,县文联与省作协在县图书馆设立全省首个浙江作家书库,该项目列入省作协年度十二件大事之一。

二、书刊编辑出版

“长兴系列”作品集 1998—2012年,县文联、县作协主导编纂并公开出版“长兴系列”作品集9本。2008年,出版长兴佛教文化散文集《花香散处》。2009年,出版长兴慈善事业报告文学集《千朵向往》。2009年,出版长兴教师文学作品集《灵雨清扬》。2010年,出版长兴绿化建设散文集《翡翠绿》。2010年,出版长兴校级领导文学作品集《九月云舒》。2011年,出版长兴机关干部文学作品集《天高云淡》。2012年,出版长兴土地建设散文集《香土》、长兴优秀政协委员报告文学集《一路同行》和长兴特色农事节庆图文集《长兴农事节庆》。

刊物及网站 1995年,县诗词学会创办《西吴诗声》杂志,至2012年出版61期。1998年9月,县文联创办《长兴文艺界》,4版4开小报,内部交流,至1999年3月共出3期。1999年起,县作协在《长兴新闻》报开设少年作家专版,至2012年共出350期。2002年,县作协创办“长兴少年作家网”。2009年,县诗词学会创办“西吴诗声”网站。同年,县摄影家协会创办《长兴摄影》报,至2012年出版24期。2012年,县文联创办“长兴文艺网”。同年1月,县作协创办长兴《少年作家》报,8版8开,内部交流,至2012年12月共出27期。

三、文艺作品评选

2000年3月,县委宣传部、县文联召开1998—1999年度优秀文艺成果颁奖会,表彰省以上奖项的文艺作品32件次。2011年10月,县委宣传部发文实施《长兴县优秀文艺作品评奖办法(试行)》,每年组织一次评选活动,设特等奖、一等奖、二等奖、三等奖及优秀奖若干名,并对获奖作品给予500元～50000元不等的奖励。至2012年,共组织评选1次,获奖作品17件。参见第28编文化、第6章、第3节。

四、少年作家

1999年,长兴“少年作家”创立,并被省作协定为全省少年作家培养工作示范区。2001年始,每年表彰50位优秀少年作家和12位优秀少年作家辅导员。2001—2012年,共举办少年作家采风实践活动50余场,5000余人参加;举办公益文学讲座255场,7万余人次参加;出版《梦幻家园》《超级作文》作品集2部。2009年,“少年作家”李思雨出版浙江省历史上首部小学生小说、散文卷《仰望星空》,被市女作家协会和县作家协会破格吸收为会员。2011年,承办《江南》杂志社等单位联合主办的全国“少年追梦征文大赛‘三行诗’梦想照进校园活动”。同年,李思雨的中篇小说《十年》被《中篇小说选刊》转载,田家村获省作协、省教育学会颁发的少年作家培养工作“园丁奖”。至2012年,共培养5名“浙江省少年文学之星”。

第八章　残疾人联合会

1991年5月,长兴县残疾人联合会成立后,围绕全县中心工作,履行职能,开展全县残疾人调查及评残发证,为残疾人康复提供服务,推进残疾人按比例就业,做好残疾人扶贫帮困、社会保障、无障碍设施建设,开展残疾人文体活动,维护残疾人合法权益。其间,召开残疾人代表大会6次。

第一节　残疾人组织

一、县残联

县残联 1991年5月,县残联成立,为全县性残疾人事业团体,享受副局级待遇,由县民政局代管,暂定事业编制4人。1993年10月,县残联内设办公室、康复办、群宣部、企业管理部、法律顾问处。

1994年4月，成立县残联工会委员会。8月，县政府建立残疾人工作协调委员会，下设办公室，办公地点设在县残联。1995年3月，县残联从县民政局划出单列，为事业单位，定编5人。5月，升格为局(科)级事业单位。2006年，县人民政府残疾人工作协调委员会更名为县人民政府残疾人工作委员会(简称残工委)。2012年，县残联内设办公室、综合工作部、康复部，工作人员10人，其中理事长1人、副理事长2人。

下属单位 1995年10月，县残疾人劳动就业服务所成立。1997年12月，县残疾人用品用具供应站成立。1999年3月，县残疾人服务社成立，与县残疾人劳动就业服务所两块牌子、一套班子。2012年年，下属事业单位县残疾人劳动就业服务所共有6人。

二、基层残疾人组织

1991年10月，后漾乡建立首个乡镇残疾人协会。1992年6月，乡、镇残疾人协会统一更名为残疾人联合会。同年年底，全县31个乡镇全部组建残疾人联合会。2004年4月，成立县聋人协会、县盲人协会和县肢残人协会3个专门协会。9月，成立县智力残疾人及亲友协会、县精神残疾人及亲友协会2个专门协会。2004年10月，在泗安镇双联村、平桥居委会和雉城镇台基山街道北门社区试点建立残疾人协会。至2005年9月，全县各行政村和社区均成立残疾人协会。2008年，全县各乡镇(街道)、村、社区选聘残疾人专(兼)职委员275人进入残疾人协会。2010年，各乡镇成立残联办公室，建立以乡镇残联为骨干、村(社区)残协为基础的残疾人组织网络，实行规范化建设标准。至2012年，全县有乡镇(街道)残疾人联合会20个，村(社区)残疾人协会271个，残疾人专门协会5个。

2011年6月，长兴县被省政府命名为首批“浙江省扶残助残爱心城市”，县残联被国务院残工委授予“全国残疾人工作先进单位”称号。

第二节 代表大会

1988—2012年，共召开6次代表大会，选举产生长兴县残疾人联合会第一届至第六届主席团和执行理事会。第一次代表大会于1991年5月召开。

一、第一次代表大会

1991年5月10日至11日，长兴县残疾人联合会第一次代表大会召开，出席代表111人，特邀代表18人。县残联理事长李文新作题为《坚持改革 扎实工作 努力开创我县残疾人事业新局面》的工作报告。选举产生长兴县残疾人联合会第一届主席团，委员42人。主席团第一次全会选举产生主席1人、副主席15人，张维孝当选为主席；执行理事会理事长1人，李文新当选为理事长。1994年2月，楼楚鑫任县残联理事长。

二、第二次代表大会

1994年5月9日至10日，长兴县残疾人联合会第二次代表大会召开，出席代表98人，列席20人。楼楚鑫作题为《总结提高 改革发展 努力开创长兴县残疾人工作新局面》的工作报告。选举产生长兴县残疾人联合会第二届主席团，委员38人。二届主席团一次会议选举产生主席1人、副主席3人，朱声庚当选为主席；执行理事会理事长1人、副理事长2人，楼楚鑫当选为理事长；主席团聘请名誉主席2人。1995年3月，吴天明任县残联理事长。1998年3月，李鹤年任县残联理事长。

三、第三次代表大会

1998年6月25日至26日，长兴县残疾人联合会第三次代表大会召开，出席代表95人，特邀代表8人。李鹤年作题为《团结务实 开拓进取 把充满活力的残疾人事业带入二十一世纪》的工作报告。选举产生长兴县残疾人联合会第三届主席团，委员30人。三届主席团一次会议选举产生主席1人、副主席3人，朱声庚当选为主席；执行理事会理事长1人、副理事长1人、理事1人，李鹤年当选为理事长；主席团聘请名誉主席2人。2001年9月，金树云被残联主席团推举为主席团主席。

四、第四次代表大会

2003年7月10日至11日，长兴县残疾人联合会第四次代表大会店召开，出席代表88人。李鹤年作题为《与时俱进 开拓创新 努力加快全县残疾人事业的发展》工作报告。选举产生长兴县残疾人联合会第四届主席团，委员27人。四届主席团一次会议选举产生主席1人、副主席3人，金树云当选为主席；执行理事会理事长1人、副理事长2人、理事1人，李鹤年当选为理事长；主席团聘请名誉主席2人。2005年5月，姚翔任县残联理事长。2007年2月，何文全被残联主席团推举为主席团主席。

五、第五次代表大会

2008年1月10日至11日，长兴县残疾人联合会第五次代表大会召开，出席代表99人，列席代表28人，特邀代表9人。姚翔作题为《振奋精神 脚踏实地 努力推动我县残疾人事业再上新台阶》的工作报告。选举产生长兴县残疾人联合会第五届主席团，委员29人。五届主席团一次会议选举产生主席1人、副主席3人，何文全任主席；推举产生执行理事会理事长1人、副理事长2人、理事1人，姚翔当选为理事长；主席团聘请名誉主席2人。2008年9月，董鸣任县残联理事长。

六、第六次代表大会

2012年12月24日，长兴县残疾人联合会第六次代表大会召开，出席代表125人，列席代表34人，特邀代表9人。董鸣作题为《倾心扶残助残 为打造文明人和的“幸福之城”而努力奋斗》的工作报告。选举产生长兴县残疾人联合会第六届主席团，委员29人。六届主席团一次会议选举产生主席1人、副主席7人，何文全当选为主席；执行理事会理事长1人、副理事长2人、理事1人，董鸣当选为理事长；主席团聘请名誉主席2人。

第三节 主要工作

一、评残发证

1988年，根据全国残疾人抽样调查，全县有各类残疾人28433人，约占总人口的4.8%。其中，听力语言残疾12469人，智力残疾4484人，视力残疾3747人，肢体残疾3915人，精神残疾1163人，综合残疾2655人。1993年6月，县残联协同民政局、教委、卫生局在长桥乡开展残疾人评定试点。同年8月，在全县铺开，对符合残疾标准的11120名残疾人办理残疾证。1997年3月，出台《长兴县统一核发〈中华人民共和国残疾人证〉的实施方案》，上半年在全县范围内分片开展集中体检、评定、发证工作。同年，共完成评定、发证并建档残疾人6159人。1998年1月1日起，统一使用“中华人民共和国残疾人证”。2003年，对行动不便的重度残疾人实行上门评定，对残疾人证的补办、换发、注销作出新的规定，建立残疾人办证台账。至同年12月，全县有持证残疾人7568人，其中视力残疾1167人、听力残疾505人、言语残疾462人、肢体残疾4572人、智力残疾597人、精神残疾310人。2008年9月，开始换发第二代“中华人民共和国残疾人证”，同年持证残疾人有9592人。2009年，全面开展第二代残疾人证换发工作，共换发残疾人证11309份，建立完整的残疾人数据库。2010年，实行残疾人评定标准和评定医生职责两公开，确定每月两天为集中评定办证日，对残疾人实行免费评定。2012年，推出残疾人证办理“一条龙”服务，实行评定医生现场坐诊、免费评定、集中办理，3个工作日取证。同时，开展全县持证残疾人基本状况与需求实名制调查登记工作，对全县持证残疾人信息进行重新调查，建立新的数据库。同年年末，全县有各类残疾人39618人，占全县总人口的6.4%；其中持证残疾人14594人(含长广集团)，涉及全县五分之一的家庭，夹浦镇、林城镇、泗安镇、虹星桥镇、和平镇、画溪街道、雉城街道的持证残疾人数量均达到或超过1000人。在全县的持证残疾人中，有男性残疾人9248人、女性残疾人5346人；有视力残疾1890人、听力残疾1866人、言语残疾207人、肢体残疾8426人、智力残疾1117人、精神残疾891人、多重残疾197人。

2012 年长兴县持证残疾人情况表

表 23-5　　　　单位:人

地区	总人数	男	女	视力残疾	听力残疾	言语残疾	肢体残疾	智力残疾	精神残疾	多重残疾
洪桥镇	748	469	279	97	94	8	432	48	48	21
李家巷镇	409	265	144	48	58	5	234	40	21	3
夹浦镇	1030	603	427	138	223	13	545	57	48	6
林城镇	1152	736	416	141	140	18	652	101	89	11
泗安镇	1440	905	535	203	163	28	820	121	84	21
虹星桥镇	1057	689	368	158	134	13	582	92	65	13
和平镇	1104	710	394	148	104	21	635	125	55	16
小浦镇	846	558	288	112	115	10	519	42	39	9
煤山镇	654	410	244	118	100	7	358	39	25	7
水口乡	518	332	186	71	88	9	255	35	50	10
吕山乡	479	309	170	60	64	8	282	33	28	4
白岘乡	476	299	177	68	35	3	318	27	21	4
槐坎乡	407	264	143	49	34	5	257	31	24	7
画溪街道	1044	640	404	71	132	13	630	71	61	17
龙山新区	484	317	167	60	61	6	279	44	24	10
雉城街道	1000	636	364	100	124	15	579	77	80	25
太湖图影	242	167	75	32	23	3	134	20	29	1
太湖街道	388	228	160	49	48	7	239	22	23	0
南太湖	279	174	105	30	27	5	175	25	15	2
开发区	557	346	211	61	73	7	341	36	32	7
长广集团	280	191	89	30	26	3	160	31	65	13
合计	14594	9248	5346	1890	1866	207	8426	1117	891	197

说明:资料来源于县残联

二、康复服务

县残联成立之初,主要开展白内障复明、小儿麻痹后遗症矫治和聋儿语言训练三项康复工作,后逐步扩展到白内障(含低视力)复明康复、肢体残疾辅助康复、聋哑儿童康复、精神病防治康复、智障儿童训练等康复工作。1994—1995 年,组织全县新婚育龄妇女、孕妇、0 岁～2 岁婴儿等特需人群补服碘油丸,共 3593 人。1996 年,成立县残疾人康复工作办公室。之后,县残疾人康复工作以康复训练和社区康复服务工作为主。1997 年,成立残疾人康复服务指导站和残疾人用品用具供应站,为残疾人购买用品用具提供方便。1999 年,开展防盲、治盲知识教育,为白内障患者施行复明手术。2001 年起,实施白内障复明、聋儿语言训练、肢残成人康复训练、精神病防治等重点康复工程,使残疾人得到不同程度的康复。2003 年,长兴县被省政府残工委评为"浙江省'九五'期间残疾人康复工作先进县"。2004 年,开展康复工作"进社区、进家庭"活动。2005 年,开展全县 0 岁～14 周岁的残疾儿童调查,按残疾类别建立数据库,完善康复长效机制。2006 年,依托乡镇卫生院及社区卫生服务站,开展农村残疾人康复工作,16 个乡镇均成立社区康复工作领导小组和康复技术指导小组,配备康复指导联络员 16 人。9 月,开展残疾人康复需求调查,年底所有持证残疾人全部建立康复需求和服务档案。10 月起,为低保精神病人免费进行体检和诊治,并配送抗精神病用药。2008 年起,实施助明、助听、助行康复工程,并以古城街道为试点开展"助残五进家庭"活动(即康复助残、家政助残、通信助残、文化助残,心灵助残)。全县 271 个村

(社区)均开展社区康复服务,26个社区卫生服务中心建立残疾人社区康复指导站,169个社区卫生服务站建立残疾人康复站。2010年,启动残疾儿童人工耳蜗抢救性康复项目和肢残儿童免费矫治手术,有4名残疾儿童免费安装人工耳蜗,4名残疾儿童接受免费矫治手术。同年,长兴获"全国白内障无障碍县"和"全国残疾人社区康复示范县"称号。2011年起,开展"百户残疾人无障碍设施进家庭"活动,为50名重度残疾人配置多用途活动病床,为50户残疾人家庭实施无障碍改造,给予一次性补助2000元。2012年,为235户特困残疾人家庭赠送电视机、洗衣机、电饭煲等生活家电,帮助改善生活质量。至同年年末,全县共有5014名白内障患者重见光明,157名聋儿接受语言康复训练,近70名学龄前智障儿童得到康复训练,完成小儿麻痹后遗症矫治手术48例,安装假肢337人次,赠送助视器近500台、助听器近1200台,开展助残五进家庭活动1399人次,低保精神残疾人免费送药3708人次,无障碍设施家庭184人次。

图23-7　县残联开展"听力助残"活动,向盲人赠送听书机。图为盲人试听场景(县残联提供·2011年)

三、劳动就业

1991—1993年,县残联创办企业31家,职工450人,其中安置残疾人134人。1995年10月,县残疾人劳动就业服务所成立,全面推进残疾人按比例就业工作。11月,县政府制定《长兴县按比例分散安置残疾人劳动就业实施办法》,推行按单位在职职工总数的1.5%比例安置残疾人就业,未达到比例的单位交纳残疾人就业保障金。1996年10月,全省第三次残疾人按比例就业会议在长兴召开,长兴作经验介绍。1997年年底,县残联有企业27家,安排残疾职工220人;全县按比例安置残疾人就业206人;对安置残疾人有困难的单位收取保障金36万元,350家单位按比例安置残疾人。1996年、1997年,县残联连续两年被省残联评为残疾人就业工作先进单位。1999年,首次在私营企业和个体工商户中开展残疾人按比例就业工作。同年5月,县残联被评为全国残疾人按比例就业工作成绩突出单位。2000年,全县逐步形成残疾人福利企业集中安置就业,730名残疾人通过就业安置走上工作岗位,残疾人就业率从1996年年初的65%上升到80%。2002年,二界岭乡建立全县首个扶贫基地"西山残疾人扶贫基地",安排6名残疾人就业。2003年,县政府明确残疾人就业保障金由地税部门代收。2004年起,对全县按比例就业的残疾职工发放"残疾人就业证",人手一本,每年度开展年审,作为企业抵扣保障金的依据之一。2005年起,每年举办残疾人就业交流会,为残疾人牵线搭桥提供就业服务平台。2006年起,将农村残疾人培训纳入农村劳动力转移培训内容,对各乡镇下达培训指标。同年,在县残联网站开设就业指导栏目,建立残疾人就业信息库和残疾人人才信息库,供残疾人和用人企业双向选择。2008年9月,县政府下发《关于进一步扶助残疾人劳动就业若干规定的通知》,对符合条件的残疾人实现就业创业给予一定补助。同年,县残疾人职业技能培训基地成立,免费帮助残疾人职业培训。2009年,成立县残疾人自强创业协会,设立自强创业扶持资金,出台贷款管理办法。古城街道大西门社区成立首家残疾人工疗站—"阳光之家"工疗站,为病情较稳定的轻度精神残疾人和智力残疾人提供工疗劳动场所,站内招收残疾人工疗人员15人。2010年,成立首家残疾人小康阳光·庇护中心,接收精神和智力残疾人22人。2011年,开展"创业一对一"帮扶活动,残工委部门分别与残疾人创业大户结成帮扶对子,一帮一为残疾人创业解决实际困难。2012年,县政府投入400多万元,补助福利企业为残疾职工缴纳社会保障费用的50%及安置残疾职工超25%以外的一月工资奖励。同年,实施残疾人就业保障金地税统一按月征收制度,全县所有机关、企事业单位保障金征收覆盖率达100%。至2012年年末，全县20个乡镇(街道、园区)均建立残疾人职业技能培训站，共安置残疾人就业6321人，其中福利企业集中就业1605人、按比例安排残疾人就业973人、自强创业就业860人、从事种养植业等2883人。残疾人庇护中心5家，集中安置残疾人辅助就业115人；扶贫基地23个，安置残疾人164人；为157户残疾人贷款贴息56.9万元；为137名个体就业、自主创业残疾人发放奖励扶持资金33万元；举办各类培训班167期，6600多人次残疾人得到免费的盲人按摩、理发、种植等实用素质技能培训。

四、教育助学

2006—2012年，全县共扶持689名残疾学生和贫困残疾人家庭子女就读大中专院校，无一残疾考生因贫困而失学。2010年，县残联被评为“全省残疾人招生、助学工作先进单位”，受到省残疾人教育就业协会表彰。

五、扶贫帮困

1991年起，县残联在每年5月的全国助残日，均开展为残疾人做好事、办实事活动。1998年，落实对残疾人乘坐城内公交半价收费等优惠政策。1999年，将残疾人扶贫纳入当地政府扶贫计划，在政策、资金等方面给予支持和帮助。2000年，雉城、林城、洪桥、夹浦、煤山等5个镇分别成立志愿者助残联络站和残疾人服务分社，初步建立农村残疾人扶贫网络。1996—2000年，全县扶持1606名残疾人脱贫，使262户特困残疾人得到最低生活保障。2001年起，扶贫助残战略从“救济式”转到“开发式”，通过政策优惠、科技辅导、资金补助等形式帮助残疾人致富。2002年，组织73个机关部门结对73名特困残疾人开展帮扶活动。2003年，制定扶持农村残疾人发展生产小额贴息贷款办法，对残疾人农户支付贷款利息给予补贴。2005年，与民政局、慈善总会成立爱心超市，作为非营利性社会救助慈善机构，接受社会各界人士钱款、物品的捐赠，向困难残疾人家庭提供救助。2006年，实施扶贫帮困活动，县级机关部门、乡镇分别与112户贫困残疾人家庭结对。2007年，对重度残疾人实施生活费补助机制，推出银行卡代发制度，受助对象人手一卡，凭卡即可从当地信用社领取补助金。全年补助177人次，共发放补助资金近12万元。同年，对低保边缘残疾人实施定期生活补助，每户每年600元，当年补助281户残疾人16.86万元。2009年，对因突发事件导致生活困难的残疾人家庭实行临时救助，全年救助53人次，发放救助金9.9万元。2010年，在古城街道试点推出“特惠”政策，一家一户为残疾人解决实际困难。2011年3月，县农办、民政、残联等出台《关于扶持低收入农户发展现代农业开展“助残扶贫奔小康行动计划”实施办法》，开展助残扶贫奔小康行动，给予残疾人在农村种养业方面的特别优惠政策。同年，对51名残疾人机动轮椅车发放燃油补贴，每名残疾人每年补助260元。1996—2012年，全县各级党委、政府和社会各界人士通过助残日、节假日等累计访残问苦困难残疾人14507人次，发放慰问金509.3万余元及棉被等物资。

六、社会保障

残疾人社会保障主要包括各类保险、最低生活保障、安居工程和重度残疾人托(安)养工程等内容。

社会保险　1994年1月起，县残联所属企业均按县政府文件要求，参加职工待业保险，由县残联统一代缴县劳动部门。2004年起，长兴县对全县农村纳入最低生活保障线的残疾人及其家庭成员实行合作医疗统筹金补助。之后，每年有调整和扩展。至2012年年末，共为全县11146名农村持证残疾人参加农村合作医疗和所有二级以上残疾人参加城镇居民医疗保险承担个人缴费部分；为1100名二级以上残疾人参加城乡居民养老保险每人每年补贴200元的统筹金；为135名个体户残疾人办理养老保险补助50%的保险费用。

最低生活保障　2002年起，全县将贫困残疾人纳入最低生活保障范围。至2003年年末，共有750户残疾人家庭纳入低保。2006年，将274户残疾人家庭列入低保边缘户，实施定期生活补助，标准为每户每年600元。2008年，县政府出台《关于残疾人共享小康工程实施意见的通知》。2009年，将符合低保条件的精神和智力三级、四级残疾人纳入基本生活保障。2012年，对二级及以上低保残疾人和所有低保精神智力残疾人全额发放低保金,农村每人每月 300 元,城镇每人每月 430 元。同年,共有 1875 名残疾人享受基本生活保障,发放保障金 697 万元。

危房改造 2002—2003 年,全县改造残疾人危房 22 户。2004 年起,县政府投入 100 万余元,实施"百户残疾人危房改造工程"。2005 年,对 200 户残疾人危房户进行改造,下拨改造资金 159.7 万元。至 2006 年,全县基本实现残疾人居住"零危房"目标。2009 年,农村困难残疾人危旧房改造由县残联给予资金补助。2011 年,区别不同对象和住房困难类型,实施分类救助。至 2012 年,全县共投入 1300 余万元为 1191 户困难残疾人家庭进行危旧房改造。

重度残疾人托(安)养 2006 年,全县对符合标准的重度残疾人实行定期困难补助,每人每月 100 元。2008 年起,对生活不能自理的一级重度残疾人采取集中托养、日间照料和居家安养三种方式实施托(安)养工程,依据家庭困难程度最高每年给予 7500 元和 3750 元的托(安)养补贴。2009 年二季度,集中托养和居家安养补助标准最高调整到每人每年 9000 元和 4500 元。2010 年,创办首家民办非营利性重度残疾人托养机构——长兴县阳光重度残疾人托养中心,集残疾人康复、医疗、颐养为一体。2011 年三季度,重度残疾人托安养补助标准调整为每人每年补贴 1.2 万元和 4800 元。同年,获批建立长兴县重度残疾人托养中心(立项)。至 2012 年,全县重度残疾人托(安)养累计 1808 人次,其中集中托养 367 人次、居家安养 1441 人次。

七、维权和法律援助

1991 年,成立县残联法律顾问处,被 10 家企业聘为常年法律顾问,至 1994 年共办理各类案件 40 件,接待来信、来访、法律咨询 680 人次,为企业和个人挽回经济损失 100 余万元。1992 年 5 月,县人大常委会组织执法检查小组,对煤山、夹浦、丁甲桥三乡镇的残疾人权益维护情况进行执法检查。2001 年,成立县残疾人法律援助站,为残疾人无偿提供法律援助。2004 年,为 850 名残疾人发放法律援助卡。2007 年,将《残疾人就业条例》等有关残疾人政策汇编成册,发放到残疾人手中,提高残疾人自我维权意识。2008 年 4 月,县残疾人法律援助站获全市法律援助工作先进集体称号。至 2012 年,全县累计接待残疾人来信来访、法律援助和咨询 3514 人次,办结率、按时反馈率和满意率均达 96%。

八、无障碍设施建设

1997 年,县政府办下文明确,对城市道路及公共场所的建筑物设计,应同步规划无障碍设施。至 2006 年,县城主干道基本建有无障碍设施,铺设盲道 4 万多米,缘石坡道 300 多处,建有无障碍公共厕所 20 多座及语音提示功能红绿灯 1 个。中心广场、会展中心、图书馆等大型公共设施以及各宾馆、饭店基本建有无障碍设施。2007 年,县图书馆在全市率先建立残疾人视障阅览室,设置盲人点显器、阅读机、盲人书刊和音响读物等。至 2010 年,竣工盲道 23.5 万米,设置缘石坡道 67 处,城市主干道建有无障碍路口 50 处。至 2011 年,完成城市主、次干道、支路路口的人行道路口坡化改造 976 平方米;城市区内各类人行道新增盲道 34284 米;城区新建办公楼、商业服务楼等公共建筑无障碍设施建设 23 处;商场、影院、宾馆等公共场所改建无障碍设施 28 处;新建高层和中层住宅建筑无障碍设施建设 55 处。同年起,开展贫困残疾人家庭无障碍设施改造活动。2012 年,以"宜居乐活"为主题,整体规划分步实施残疾人居家生活、出行环境、信息交流、医疗保障、教育培训、康复服务、就业创业、文体活动、法律援助、社会参与等十大无障碍行动,为残疾人平等参与社会生活提供无障碍环境。同年,在全市率先推出残疾人免费乘坐公交车和免费进入旅游景点游览两项措施。

九、文体活动

文艺活动 1992 年,县残联选送的残疾人路基平的国画《秋高气爽》,获浙江省第二届残疾人书画展览一等奖。同年,浙江水泥厂残疾职工郭高代表浙江省队参加全国残运会田径比赛。1995 年,路基平的花卉国画随省残疾人代表团在日本展出。2000 年,聋哑学生表演的节目《哑妹》获市文艺会演一等奖和省文艺会演二等奖。2001 年,邀请省残疾人艺术团在长兴剧院进行"爱在路上 携手同行"文艺演出。2004 年,成立残疾人体育协会和残疾人书画艺术培训基地。2005 年,刘咏获浙江省第二届残疾人歌手大赛一等奖。同年，邀请省残疾人艺术团到长兴演出。2006 年，选送 3 名残疾人美术书画爱好者参加省残疾人美术书画协会。2007 年，举办智障残疾人舟舟担任指挥的"让世界充满爱"大型音乐会。2009 年 6 月，刘咏在省第六届残疾人文艺会演中获二等奖。2010 年，邀请中国残疾人艺术团到长兴演出大型舞蹈《我的梦——祝福长兴》；刘咏参加省盲人歌手选拔并被推荐参加全国盲人歌手大赛。2011 年，举办首届残疾人文化艺术周，建立残疾人文化艺术基地和残疾人体育健身示范点，分别设在县文化馆和县体育中心。2012 年，举行首届残疾人艺术作品展选，选送残疾人书画家参加全国残疾人"兰亭杯"书法作品大赛，入选参展作品 6 件。

体育比赛　20 世纪 80 年代后期，县内就有残疾人运动员在省级残运会上获奖。2004 年 10 月，县残疾人体育协会成立，逐步开始有组织开展全县残疾人体育活动，举办残疾人运动会，并不定期选送残疾人运动员参加各级残疾人运动会，长兴残疾人在全市、全省和全国残疾人运动会上不断取得新成绩。2011 年 7 月 7 日至 17 日，长兴县承办全国第八届残疾人运动会自行车比赛。同年 9 月，在斯洛文尼亚赛艇世界锦标赛上，吴云龙获赛艇 LTA 级混合四人单桨有舵第七名，并于 2012 年 9 月在第十四届伦敦残奥会赛艇比赛中，获 LTA 级男女混合四人单桨有舵手第四名，创下长兴县残疾人体育史上的最好成绩。至 2012 年年末，共举办全县残疾人运动会 2 次。见第 32 编体育、第 2 章、第 5 节。

第九章　红十字会

1991 年 6 月，长兴县红十字会成立后，根据《中华人民共和国红十字会法》赋予的工作职责，依照《中国红十字会章程》，在开展人道传播、应急救援、应急救护、人道救助、红十字志愿者与红十字青少年活动、推动无偿献血和造血干细胞及人体器官捐献等方面，发挥职能作用。其间，召开会员代表大会 2 次。

第一节　组织机构

1991 年 6 月，长兴县红十字会成立，根据《中华人民共和国红十字会法》赋予的工作职责，依照《中国红十字会章程》，开展人道传播、应急救援、应急救护、人道救助、红十字志愿者与红十字青少年活动、推动无偿献血和造血干细胞及人体器官捐献等工作。

1997 年 11 月，经县机构编制委员会批准，设立长兴县红十字会办公室，核定事业编制 2 人，挂靠县卫生局。职能确定为具体落实协调红十字会工作；开展备灾、救灾、卫生救护培训、参与无偿献血工作；开展其他人道主义工作。2009 年 11 月，经县编委批准，撤销县红十字会办公室，设立长兴县红十字会机关，机构规格相当于副科级，列入群众团体机关管理，核定财政拨款事业编制 2 人(原红十字会办公室编制收回)。

第二节　代表大会

1991 年 6 月 8 日，长兴县红十字会第一次会员代表大会召开，出席代表 45 人。选举产生第一届理事会，其中会长 1 人、副会长 4 人，副县长朱根山任会长。

1998 年 9 月，长兴县红十字会第二次会员代表大会召开，出席代表 78 人。选举产生第二届理事会，其中会长 1 人、秘书长 1 人，副县长宋文英任会长。

第三节　主要工作

一、卫生救护培训

自成立以来，县红十字会常年开展群众性卫生救护培训，救护培训工作列入县政府民生实事项目。在湖州中等卫生专业学校建立红十字应急救护培训基地(中心)，开展学生的红十字救护员培训和社会群众的红十字应急救护普及培训。在县教育实践中心建立培训点，对参加实践活动的学生开展红十字应急救护普及培训。在电大教师进修学校建立培训点，开展对学生的红十字应急救护普及培训和全县教师的红十字救护员培训。在金钉子景区的地震火灾逃生体验馆内设立心肺复苏体验室，游客在逃生体验结束后，可在心肺复苏体验室学习应急救护知识和技能。同时，深入学校、社区、企事业单位等开展群众性红十字应急救护培训，提高各类人群应对突发事件时的自救互救的意识和能力。

二、募捐赈灾与济困救助

1991 年，长兴县发生特大洪涝灾害，县红十字会及时上报灾情，引起中国红十字会赈济部重视并到长兴灾区考察，争取到救灾物资 17.92 万元。1999 年洪灾发生后，共抽调红十字会会员 150 余人，组成 16 个医疗小分队分赴灾区防病治病。接收省红十字会捐赠的方便面、玉米羹、消毒液、漂精片、帐篷等 2 批价值 26 万余元的救灾物资，分发到受灾乡镇政府和当地卫生院用于救灾和防疫消毒。2000 年 1 月，接收省红十字会援助的棉被、棉大衣等救灾物资，分发到洪桥等镇，慰问困难群众。2007 年 6 月，接收省红十字会下拨的板蓝根颗粒、云南白药膏、左氧氟沙星片、加替沙星滴眼液等一批价值 1.77 万元的药品，分发到县人民医院、县中医院用于救灾。2008 年县内发生雨雪冰冻灾害，县红十字会接收市红十字会分配的大米、方便面、棉被等价值 4600 余元的救灾物资，并筹集大米、方便面、冬装等价值 3.6 万余元的救灾物资，分发给受灾较严重的洪桥镇、雉城镇，用于群众救灾；筹集 1.6 万元，慰问受灾贫困户家庭 13 户。2010 年元旦、春节期间，慰问困难群众、敬老院，发放棉被 300 条，食用油 300 桶，共计价值 9 万余元。同年 3 月，在欧尚超市长兴店设置固定募捐箱 39 只，募捐箱筹集的款项用于人道领域的救灾、救助工作。2011 年 1 月，接收杭州海关捐赠的一批鞋袜物资，定向送达洪桥镇、小浦镇、泗安镇、林城镇 4 个敬老院。同年春节前，开展“红十字博爱送万家”活动，共走访慰问困难群众 180 户，发放慰问金 8.59 万元，发放棉被、食用油等生活物资价值 1.8 万元，合计 10.39 万元。2012 年春节前，继续开展“红十字博爱送万家”活动，走访困难家庭 214 户，受益群众 700 余人，发放慰问款物总计金额 10.87 万元。8 月，县内遭遇特大洪灾，县红十字会应急救援小组分成 9 个医疗小分队，第一时间奔赴受灾最为严重的和平镇开展医疗救助，共诊治中暑、蚊虫咬伤等外伤 1300 人次。后期又组织 2 支卫生防疫队伍，进村入户进行外环境消毒，开展防病知识宣教。共有 138 名红十字会会员和志愿者参加救灾行动，发放药品和卫生包共计 3.97 万元，受益群众达到 1.1 万人次。

2008 年四川省汶川大地震发生后，县红十字会积极与县报社和电视台联系，第一时间在《长兴日报》上刊登《支援四川汶川地震灾区紧急募捐呼吁书》，公布募捐专用账号。同时，为方便社会捐款，还在电视台以屏幕飞字的形式公布捐款热线电话，设专职工作人员接听接收善款。对于不方便到红十字会捐款或到银行汇款的单位和个人，县红十字会主动上门接收善款。还会同长兴报社、金沙泉有限公司于 5 月 20 日、21 日，在中心广场联合举办“情系四川，让灾区人民在大爱中前行”大型义卖募捐活动。共接受企事业单位、社会个人等捐款 112.89 万元，上缴省红十字会统一用于救灾与灾后重建。2010 年青海省玉树地震发生后，县红十字会发出《青海玉树地震灾区紧急募捐呼吁书》，共募集善款 46.12 万元上缴省红十字会，统一用于救灾与灾后重建。

第二十四编 政 法

经历20世纪80年代“严打”(依法严厉打击严重危害社会治安的刑事犯罪和严重经济犯罪活动)后,长兴县社会稳定局面有效巩固。1988年后,犯罪案件开始增加,民事案件也增长较快。20世纪90年代起,刑事案件发案呈逐年上升趋势,经济案件日益增多,一些新类型案件相继显现,各类矛盾纠纷大量涌现。1996年,县检察院专门成立反贪污贿赂局查办经济贪污案件。1997年8月,县公安局成立经济犯罪侦查大队,加大对经济犯罪的打击力度。1999年4月,在全县各乡镇推广学习“枫桥经验”,建立乡镇调解中心。2004年5月,贯彻建设“平安浙江”的决定,开展“平安长兴”创建。1988—2012年,县委政法委和县公安局、检察院、法院、司法局各部门协调配合,按照“打防并举,标本兼治”的方针,依法履行职责。县公安部门开展“严打”斗争和多项专项打击行动,县检察机关突出查办破坏社会经济秩序、贪污贿赂、渎职等案件,县审判机关不断推进民事、经济审判方式改革,县司法部门认真实施“一五”至“六五”普法规划,不断推进依法治县、人民调解、法律服务和公证工作。2006—2012年,长兴连续七年被省委、省政府命名为“平安县”,实现“平安长兴”七连冠。2012年3月,获象征平安县建设六连冠的“平安铜鼎”。

第一章 政法委及综治

中共长兴县委政法委员会(简称县委政法委)于1981年10月成立,主要任务是协调公安、检察、法院、司法等部门工作,协助县委抓全县政法工作。由县委副书记兼任县委政法委书记,其成员均为兼职,下设办公室(设在司法局)。1984年4月机构改革后,为县委常设工作部门,下设办公室,配有专职书记、副书记和工作人员。1991年6月,长兴县社会治安综合治理联席会议更名为长兴县社会治安综合治理委员会(简称县综治委),明确为协助县委、县政府领导全县社会治安综合治理工作的常设机构,下设办公室。县综治办主任由政法委副书记兼任,乡镇配齐配强分管综治政法工作的领导。1995年11月,增设政工科。1997年6月,内设办公室、政工科、综治委办公室,行政编制14人。2000年4月,政工科更名为政治处,增设执法监督科,与政法办合署办公。2001年12月,政法委机关设办公室(综治办)、政治处、执法监督科3个职能科室,行政编制10人、工勤人员编制1人,其中书记1人、副书记3人。2003年5月,成立县委防范办公室,为正科级,与政法委合署办公。2006年7月,成立县委维护稳定工作领导小组办公室(简称维稳办),为正科级,与县委政法委合署办公。2011年7月,成立县国家安全领导小组办公室,为正科级,与县委政法委合署办公。2012年3月,长兴县社会治安综合治理委员会更名为长兴县社会管理综合治理委员会(简称县综治委),下设长兴县社会管理综合治理委员会办公室(简称县综治办),作为常设机构,为正科级,承担县委建设平安长兴领导小组办公室工作,与县委政法委机关一个机构两块牌子,一次性增加4个编制。同时,要求全县的综治委主任均由党委或政府主要领导担任,分管政法的领导由党委副书记担任,同时兼任综治办主任,加强乡镇分管领导队伍建设。2012年,县委政法委内设办公室、政治处、执法监督科3个职能科室,管理县委维稳办、县委防范办、县综治办、县国安办4个正科级单位,各管理单位均下设办公室。

第一节 社会治安综合治理

一、社会治安综合治理责任制

1988年,县委政法委主要抓好综合治理,加强基层基础工作,建立健全安全保卫责任制,落实安全保卫生产责任制,落实违法青少年帮教责任制。1991年始,建立乡镇社会治安综合治理目标管理责任制,实行社会治安"一票否决"制。县委、县政府与各乡镇党委、政府签订社会治安综合治理目标管理责任书,各乡镇与各行政村、居委会、企事业单位签订责任书,落实社会治安综合治理各项职责。全县31个乡镇配齐31名专门负责综治工作的副书记或党委委员。县综治委、县纪委等五部委联合制定《长兴县社会治安综合治理领导责任制考核细则》,把各级领导抓社会治安综合治理列入任期目标管理。建立县综治委成员单位联络员会议制度,发挥成员单位参与综治工作职能作用。1999年,县委制定《关于1999年度长兴县乡镇综合考核和六杯考核实施意见》,细化、量化各项综治工作指标,将综治目标责任制纳入综合考核。调整修改综合目标责任制考核评分标准,增加化解矛盾、消除不安定因素和生产安全事故等方面的考核内容。县综治委下发《关于建立社会不稳定因素排查调处例会报告制度》,要求做到对各种不安定因素底子清、情况明,发现隐患及时,调处纠纷有力,化解矛盾有效。还下发《关于进一步完善乡镇(街道)综治五项制度的通知》,建立工作报告制度、资料台账制度、工作例会制度、检查考评制度和信息工作制度。在乡镇(街道)综治工作中心,建立联调、联防、联勤、联治、联创"五联"工作机制。2010年8月,制定《县综治委成员单位联系点工作制度》,县综治委委员及成员单位分别明确1个行政村(居委会、社区)作为联系点,确定1名联络员,指导联系做好综治工作。2011年,县综治委制定《长兴县平安综治综合考核评分细则》,对县级机关部门共设置16条工作过程性评分细则。2012年3月,制定《长兴县社会管理综治治理委员会工作制度》,完善综治委会议制度、专项工作制度、情况报告制度、成员单位工作机构及联络员制度、基层联系点制度、督促检查制度、领导责任制、实绩档案制度、社会管理综合治理目标管理和考核奖惩制度。全年无邪教县、无邪教乡镇(街道、园区)、无邪教社区(村)三级联创达标率分别为100%、100%和95%。全县未发生原发性重大群体性事件、重大公共安全事故、影响恶劣的极端刑事案件和较大舆论负面炒作事件,社会大局保持持续和谐稳定。

二、群防群治

1988年,县委政法委在全县建立健全以公安派出所为中心、单位保卫部门和各治保组织配合的群防群治网络。至1994年,全县共建立治保组织486个,调解组织542个,成立治安联防队5个70人、保安队91个256人、经警队15个258人,在各乡镇成立"暂住人口管理"领导小组和办公室,设有暂住人口专管员。至1995年年底,31个乡镇均配备综治工作分管领导。1996年,31个乡镇的综治办均列入乡镇机构体制,共配备87名专职综治干部。1997年,制定《村规民约》《治安责任制》《邻里联防公约》等制度,增强群众自我管理能力。同年,全县有创建达标的治安安全村213个,治安安全单位215家,治安安全小区5个。1999年4月,在全县推广学习"枫桥经验",共建立村级综治办67个、治调会356个,建立护村队452支、护厂队115支,发展"好事伯伯""好事妈妈"等治安积极分子组成的信息员队伍4800余人。2000年,成立由公检法司等县级机关及雉城镇机关干部组成的"千人大巡防"队伍,城区扩充专业夜巡队至132人,农村共组建专业夜巡队15支156人,由民警带班分片开展夜间治安巡逻,初步形成全天候网络化的巡防机制。2003年起,重视和加大技防建设,当年安装CK报警装置1000余套,电子对讲门 15 个单元，保险箱 100%实行装甲化，开展小区技防工程 10 家。2005 年，全县乡镇均建立综治工作中心，形成由综治、信访、公安、司法等部门组成，集综合治理、维护稳定、平安建设为一体的工作平台。2006 年，率先实行“网格化”巡逻机制，投入 700 余万元建立“网格化”巡逻 GPS 卫星定位系统和街面治安、交通管理监控系统。同年，开展“综治进企业、进村居”活动，全县 50 人以上规模企业共建立综治室 317 处，建立村(居)综治工作站 245 处，建成率分别达 81.5%和 90.4%，其中 200 人以上企业综治工作站建成率达 100%。2008 年北京奥运会举办期间，全县由各乡镇(街道)综治委牵头，组织民兵预备役、护村队、护厂队及各类群防群治组织，每个行政村(社区)建立一支巡防队伍，共建立巡防队伍 272 支 2573 人，实施 24 小时不间断的治安巡防，开展防火、防盗、防交通事故、防生产事故、防意外事故巡查。县人武部每天组织 50 名民兵，会同县公安局巡特警大队民警，加强对县城区域的治安巡防。同年，县综治委印发《长兴县平安基层基础规范化建设三年规划》，明确综治工作中心和村、社区、企业综治室规范化建设标准。2009 年，开展平安综治工作“一乡(镇、街道)一品”建设。2010 年，全国多地连续突发针对校园的凶杀案，全县及时加强对校园安全管理，为各校区共配备专职保安 287 人，安装报警设施 223 套、视频监控装置 34 套、CK 报警系统 182 套，配发辣椒水 374 瓶、防暴棍 374 根，投入学校安全工作经费 125.75 万元。全面实施农村综治警务室建设延伸扩面，在人口密集、治安问题集中的“偏、远、难”地区，建立 15 个农村综治警务室。同年，开展和谐共建会建设，共创建和谐共建村(社区)30 个，会员人数 3139 人。2012 年 5 月，全县开展推进“网格化管理、组团式服务”工作，共划分网格 1150 个，每个网格配备 1 名网格长，共组建 2892 支服务团队，建立网格内“居民家中有矛盾纠纷必到、居民家中发生违法违规行为必到、居民家中遇到重大生活变故必到”等“三必到”工作制度。

三、平安创建

1997 年 4 月，县综治委制定《关于开展争创省、市“创平安社区”示范单位的通知》。1998 年，县委政法委、县综治委和县创安工作指导小组采取树立典型、以点带面的方法，确定治安安全村示范点 50 个、治安安全单位示范点 13 个、示范小区 2 个、乡镇综治办规范化示范点 7 个。1999—2000 年，全市创建“平安社区”工作现场会在长兴召开，雉城上杨村和县供电局被授予省级创建示范点，长兴公路段等 7 家单位被授予省级治安安全单位，人民银行长兴县支行等 3 家单位被命名为省级治安安全单位活动优秀单位。2003 年 5 月，县委出台《关于开展打造“平安长兴”活动的实施意见》。2004 年 5 月，贯彻省委建设“平安浙江”的决定，开展宽领域、大范围、多层面的“大平安”建设，成立以县委主要领导为组长的“平安长兴”创建领导小组，组建社会政治、社会治安、经济运行、安全生产、公共安全和人民群众安居乐业共六大专项组，分别由县分管领导担任组长，全县各乡镇、各部门均成立专项平安建设活动的组织。同年起，县平安办每年对浙江省下发的平安市、县(市、区)考核评审条件进行责任分解，制定《平安长兴建设责任分工》，出台《长兴县平安建设(综合治理)工作考核办法》及其《评分细则》，开展平安综治双月宣传活动。同时，结合长兴实际，全面推进“平安村(居)”“平安社区”“平安校园”“平安矿区”“平安大道”等基层创安活动。同年，长兴被省委、省政府评为“省平安创建先进县”。2005 年，制定下发《长兴县平安细胞创建管理办法(试行)》，以创建“平安乡镇(街道)”为重点，开展“平安社区”“平安村(居)”“平安单位”等平安细胞创建活动，以点带面推动全县平安创建工作的开展。同年，因天能环保事件，长兴平安创建被一票否决。2006 年起，县委、县政府加大对“平安长兴”的宣传力度，形成党政领导挂帅，各部门齐抓共建，广大干部群众广泛参与的创建工作氛围，“平安细胞”创建活动逐渐扩展到 22 大类，每项平安细胞工程均由一个主管部门负责牵头组织，制定创建标准和年度考核细则，县委建设平安长兴领导小组每年评选出若干基层平安创建示范单位予以通报表彰。之后，全县始终坚持发展与稳定并重、富民与安民共进，推进“平安浙江”建设战略在长兴的贯彻落实，促进社会和谐稳定，取得明显成效。2006—2012 年，长兴县刑事发案率相对较低，为全省发案最少的县区之一；安全生产事故死亡人数连续 7 年下降；群众安全感始终保持在 96%及以上；连续 7 年被省委、省政府授予“平安县”称号，实现平安长兴“七连冠”。2012 年 3 月，长兴县获颁象征平安县建设六连冠的“平安铜鼎”。

第二节 “严打”与专项整治

1989年起,县委政法委贯彻执行上级有关要求,组织开展扫除“六害”(卖淫嫖娼、制作贩卖传播淫秽物品、拐卖妇女儿童、私种吸食贩运毒品、聚众赌博和利用封建迷信骗财害人)斗争和严打集中统一行动,查禁取缔社会丑恶现象,严厉打击严重犯罪活动。1991年,抓获作案人员574人,其中逮捕222人,同时以反贪污贿赂为重点查处和打击一批严重经济犯罪分子,逮捕9人。1994年,组织开展禁赌、扫黄打非、路边饭店清理整顿和反盗窃专项斗争,摧毁各类犯罪团伙42个、成员172人。1996—1997年,组织开展“严打”“双禁”(禁赌禁毒)斗争,严惩车匪路霸专项斗争,抓获利用路边饭店抢劫、抢夺、拎包、盗窃、敲诈、诈骗团伙50个,成员130余人。1999年,组织开展整顿学校及周边地区治安秩序创建安全文明校园活动,集中侦破三年以来侵害师生人身和财产安全的刑事案件12起,查处治安案件10起,抓获违法犯罪分子21人。2000年,组织开展以“刑嫌调控、外来人口、出租私房、打击拐卖妇女儿童、禁毒、车辆管理”为主要内容的六项基础大排查和整治工作,共抓获犯罪嫌疑人229人,破获各类刑事案件289起,解救被拐卖妇女34人,铲除毒品原植物1475株,处理涉毒人员6人,清理出租私房2316家。2002年,组织开展以“反盗窃、禁黄毒、治民爆”“反窃车”和“破案大会战”为重点的一系列专项行动,共破获刑事案件1390起,批捕298件406人。2003年,组织开展“百日破案大会战”“网上反盗窃”“指纹破案会战”“凶杀积案破案会战”“打击盗窃破坏电力设备专项行动”和“101”集中行动等系列专项斗争,共破获刑事案件2185起,批捕367人。2004年,组织开展“百日攻坚”“春雷行动”和“反盗抢、控发案、强基础”等系列专项斗争,共破获刑事案件2367起,抓获违法犯罪人员7031人。2005年,组织开展“禁赌”专项行动和夏季治安专项整治,共查处各类黄、赌案件942起,治安处罚4808人次。组织开展铁路沿线废旧金属收购站点专项清理整治行动,共发现铁路沿线废旧金属收购站点62家,其中清理取缔无证收购站点1家、搬迁7家,罚款处理2人。组织开展全县道路交通秩序专项整治活动,共查处各类交通违法行为28119起,暂扣无牌、无证机动车426辆,强制报废各类车辆15辆。2007年,组织开展“打恶打丑禁赌禁毒”专项行动,打击处理170余人,治安拘留226人,治安处罚1000余人。2008年,组织开展排查调处矛盾纠纷、排查整治治安混乱地区和突出治安问题集中行动,共侦破各类刑事案件102起,查处各类治安案件150起,抓获各类违法犯罪嫌疑人员112人。2010年,组织开展“校园及周边安全百日综合整治”行动,共破获涉恶刑事案件49起,治安案件10起,抓获作案成员82人,摧毁涉恶团伙9个60人。2012年,组织开展以盗窃“三车”为重点的打击侵财犯罪专项行动、以打击非法集资为重点的经济破案会战、以涉黑恶违法犯罪为重点的夏季治安重点整治等专项打击整治行动,全年共破各类刑事案件3343起,七类案件破案率为100%。

第三节 维稳工作

一、维稳机制建设

1988年,县委政法委建立社会治安综合治理联席会议制度,各乡镇建立政法领导小组34个,成立社会治安综合治理办公室34个。1997年,出台《综治工作督办制度》《重大刑事治安案件通报制度》。1998年,建立健全乡镇政法综治机制,有50%以上的乡镇建立起规范化的“一办二所”(综治办、派出所、司法所)。1999年,开展推广学习“枫桥经验”系列活动,强化就地化解矛盾的工作机制,把各种矛盾化解在基层、消除在萌芽状态。2002年,推广洪桥镇矛盾纠纷“五步调解法”“分流调处法”,建立和完善乡镇、村居人民调解委员会。2003年7月,推出首席调解员制度和基层调解干部持证上岗制度,定责任领导、定责任单位、定调处期限、定化解目标和包调处化解的“四定一包”矛盾纠纷调处法。2007年8月，制定出台《长兴县维护稳定工作有关职责制度》，明确不稳定因素排查报送、研判、督查制度。建立健全舆情分析、预测预警、利益协调、集中排查、联合调处等机制，对重大不稳定因素，每月编发《不稳定因素情况汇总表》，由县委办、县政府办督查。2008年涉奥维稳期间，县涉奥维稳指挥部建立健全每日通报制、大接访通报制、每日分析制、每周例会制、专题协调制、包案化解制等各项工作机制。同年，建立“信息收集、排查通报化解处置、督查、稳控、责任追究”等五项机制，加强上下之间、与政法各部门之间的交流与沟通，规范工作程序和沟通议事机制。2009年，启动风险评估工作，制定《稳评工作流程》《前置审查办法》《履职倒查办法》等规章，健全完善“排查研判制度、值班备勤制度、挂牌督办制度、主任追究机制”等八项制度。2010年，开始推行重大决策社会稳定风险评估制度。同年，对矛盾纠纷和不稳定因素实行“村级每周一排摸、乡镇半月一梳理、全县一月一汇总”工作机制，对81个重点事项进行社会稳定风险评估，有效实现由“被动稳定向主动稳定”、由“保稳定向创稳定”的转变。2011年，率先在全市建立行政执法与刑事司法“网上衔接、信息共享”机制，公安、工商、烟草等多家行政执法单位建立信息共享平台，有效防止有罪不究、以罚代刑现象的发生。2012年10月，县委成立社会稳定“三色”预警工作领导小组，下设办公室(简称县预警办)，下发《长兴县社会稳定工作“三色”预警办法》，明确9项预警指标，从背景、预警内容、预警等级、预警机构、预警发布和预警结果运用等方面作具体规定，由县维稳办(县预警办)公布全县社会稳定工作“三色”预警相关控制指标，对社会稳定工作状态进行预警评估，并按照红色、黄色、绿色“三色”预警等级予以警告及采取相应工作措施。

二、排查化解矛盾

1988年以来，县政法部门在全县建立健全群防群治体系，及时发现、疏导、消除不安定因素，把问题解决在基层。1999年，开展推广学习“枫桥经验”，查处纠纷案2028起，调处成功1954起。2000年，化解因重点工程建设引发的矛盾纠纷近100起，处置平息群众性事件15起。2001—2003年，共排查不稳定因素2336起，调处化解各类矛盾纠纷2273起，调处成功率达97.7%。2005年，排出不稳定因素2618起，调处化解各类矛盾纠纷2513起，调处成功率达96%。2008年，根据中央和省、市委要求，县委专题部署开展县委书记大接访和“涉奥维稳百日行动”、“迎奥运”安全生产隐患排查整治百日大行动、文明执法百日大提升行动“三个百日行动”，全面落实奥运安保维稳的各项工作。全年共排查不稳定因素184件，比上年下降14.3%；排查各种矛盾纠纷3135起，成功调解3064起，调处成功率达97.7%，查处治安案件516起，现场调解矛盾纠纷2697起。2009年，共排查出各类不稳定因素156起，比上年下降14.3%；排出各类矛盾纠纷3704件，调解成功3638件，成功率98.2%。2010年，共排查各类矛盾纠纷5415起，成功调处化解5335起，化解率达98.5%。2011年，共排查各类矛盾纠纷6072起，成功调处5922起，调处成功率达97.5%。2012年，县委政法委组织开展“三排查一促进”专项活动，共排查各类矛盾纠纷6452件，其中化解6354件；治安安全隐患889个，其中化解878个；生产安全隐患3019处，其中化解2959处；交通安全隐患734处，其中化解701处；食品安全隐患609处，其中化解596处；卫生安全隐患722处，其中化解703处；消防安全隐患1121处，其中化解1062处。

第四节　执法监督

一、案件协调

1998年，根据县委部署，县委政法委开展执法大检查活动，明确七类问题为重点检查内容。在政法各部门自查自纠基础上，对16个窗口单位、热点部位的97件案件进行重点抽查，共查出25个问题，并专门召开座谈会，研究制定整改措施。同年，县委政法委召开由公检法司等单位主要负责人参加的情况通报、执行协调会，要求各部门积极支持法院执行工作。全年共执结案件2288件，占执行收案总数的89.4%,执结标的总额1.47亿元,占应执案件总数的92.1%。1999年,县委成立由县委政法委牵头,法院、检察院、公安局、司法局参与的县重点工程治安综合治理办公室,采取综合手段,疏导矛盾,化解排除工程建设中的纠纷和障碍。2001年,建立和完善矛盾纠纷调处中心,集接待上访、处理告诉、申诉与快速处置于一体,实行归口管理,分类处理,减少推诿、扯皮,减少调处环节。2004年,协调政法各部门依法严厉打击各类经济犯罪活动,查处"2004·1·9"特大虚开增值税发票案件,涉及金额6.03亿,税款8722万元。2012年,协调政法各部门,稳妥处置"4·2"风灾、和平茶园房屋倒塌、"8·9"海葵台风吴山村决堤和"9·15"八佰伴广场涉日等突发性事故和事件。

二、案件监督

2000年4月,县委政法委增设执法监督科,设2名专职人员,选聘政法部门8名中层干部和老同志担任执法监督员。同年,执法监督科对全县17个窗口单位、热点部位的91件案件重点抽查。2002年,共检查伤害案件387件,发现21.3%的刑事案件和26.4%的治安案件不同程度存在有案不立、久拖不决等问题,并要求依法纠正一批违法案件。2003年,加强执法监督,对群众举报来信来访的涉法问题,及时督查整改。全年通过信访查阅案卷8件,纠正问题3个,发出督查督办通知书58件。同年,建立和完善执法监督员、陪审员、警民联系制度,聘任执法监督员10人;组织开展政法干警执行"十不准"情况专项执法检查活动,全年共组织检查3次。2004—2005年,组织开展专项执法检查,共抽查案件465件,查摆各类问题17个,公检法司共修订、健全、完善、建立制度81项。2009年,成立专项检查组,共排摸梳理"在逃"或"另案处理"人员414人,其中在逃313人、另案处理101人,涉及案件209件。2010年,开展认定投案自首、立功案件专项执法检查,共抽查34件案件,并对公安、检察、法院三个环节认定不一致情况进行重点督查。2011年,组织刑事拘留"下行"案件专项执法监督,查处各类问题案件16件。2012年,组织开展监外执行类案件专项执法检查,对340件案件进行全面复查,会见矫正人员97人,电话约谈50人,走访公安派出所10个。

三、司法救助

2006年,全县建立司法救助制度,专门设立40万元的司法救助基金,出台《长兴县司法救助专项资金使用管理办法(试行)》《长兴县司法救助资金审批工作程序(试行)》。同年,落实司法救助基金7.83万元,个案救助14件30人次,息诉罢访14件,息诉罢访率100%。2010年,落实司法救助基金87.09万元,个案救助86件176人次,息诉罢访85件,息诉罢访率98.8%。2012年,落实司法救助基金90万元,救助111件192人次,息诉罢访111件,息诉罢访率100%。2006—2012年,全县共发放司法救助专项资金445.06万元,个案救助484件912人,息诉罢访479件,息诉罢访率99%。

2006—2012年长兴县司法救助专项资金使用情况表

表24-1

年份	可用资金总数(元)	已用资金(元)	使用率(%)	个案救助(件)	救助人数(人次)	息诉罢访(件)	息诉罢访率(%)
2006	400000	78278	19.6	14	30	14	100.0
2007	600000	367700	61.3	35	61	34	97.1
2008	600000	614563	102.4	51	119	51	100.0
2009	700000	699145	99.9	78	124	77	98.7
2010	900000	870900	96.8	86	176	85	98.8
2011	900000	920000	102.2	109	210	107	98.2
2012	900000	900000	100.0	111	192	111	100.0
合计	5000000	4450586	89.0	484	912	479	99.0

说明:资料来源于县委政法委

第五节　政法队伍教育管理

1988年,全县开展政法队伍集中整顿、主题教育等系列活动。同年年底,全县共有在编政法干警249人,其中本科8人、大专10人、中专44人、高中48人、初中及以下139人,大专及以上占7.2%。1993年,组织全体政法干警开展思想作风整顿,落实整改措施、完善规章制度。1998年,按照中央和省、市委部署,全县在政法队伍集中开展教育整顿活动,自查自纠,落实整改。当年,待聘1人、记过2人、警告2人、警诫4人,10余名中层骨干和30余名民警受到告诫、8名民警落聘待岗、3名中层领导落聘、1名降级、10名交流岗位。通过集中教育整顿活动,政法队伍建设明显好转。同年,公安系统有4个集体、2名个人立三等功,1名民警获全国优秀人民警察称号,16个单位、105名民警受到省市县嘉奖;检察系统有3个科室、20名个人被评为先进集体和先进个人;法院系统有1个集体、2名个人立三等功,5个集体、10名个人被评为办案优胜单位和办案能手。1999年,开展争创"人民满意政法单位、人民满意政法干警"(简称"双满意")活动,获"人民满意政法单位"11个、"人民满意政法干警"23人。2003年,组织开展"一讲二评三服务"活动和"公正执法树形象"集中教育活动,全县政法系统有7个单位立集体三等功,11名立个人三等功,5个集体和69名个人受到嘉奖,42名干警和18个单位受到市及以上表彰。同年12月,县委明确干部管理权限,规定县人民法院、县人民检察院、县公安局、县司法局属县委管理干部,由县委政法委协同县委组织部考察。政法系统有关部门内设科室正职的任免,须报县委政法委审核同意。2004年,组织开展"公正执法树形象"活动,政法系统有2个集体和3名个人立二等功,2个集体和9名个人立三等功,10个集体和81名个人受到嘉奖,19个集体和29名个人被授予省市县荣誉称号。2005年,政法各部门坚持政治建警,组织开展保持共产党员先进性教育活动,全年政法系统有3名个人立二等功,12个集体和24名个人立三等功,59名个人受到嘉奖,14个集体和18名个人被授予省市县荣誉称号。2006年,排查、整改一批执法突出问题,清理、规范一批不符合执法实际的规章制度,民警法治理念和法律意识明显增强,全年政法系统共2个集体立二等功,9个集体和15名个人立三等功,13个集体和70名个人受到嘉奖,21个集体和52名个人受到省市县表彰。2007年,政法各部门开展"创六型机关、树六型形象"活动,机关作风有效转变,全年政法系统共46个集体获得省市县先进,96人次获先进个人,其中立二等功3个、三等功21个。2012年,全县有在编政法干警802人,其中研究生13人、本科423人、大专322人、中专及以下44人,大专及以上占94.5%。

第二章　公安工作

1988年,长兴县公安局(简称县公安局)内设秘书科、政工科、政保科、治安科、预审科、内保科、行政科、消防科、刑事侦查队、交通警察队、看守所。实有民警203人,其中男性191人、女性12人。1990年7月,增设法制科。1995年2月,建立巡特警大队。1997年3月,建立110指挥中心。7月,建立公路巡逻民警大队,与交警大队合署办公。8月,对内设机构作较大调整,设办公室、政治处、纪检室、政保科、经济文化保卫科、法制科、监察审计科、刑事案件侦查大队、治安大队、经济案件侦查大队、预审监管大队、巡特警大队、交通警察大队。2012年,县公安局内设机构办公室、政治处、纪委(监察审计室、督察大队)、法制大队、后勤装备室、110指挥中心、治安管理大队(加挂长兴县办证中心、行政许可科牌子)、网络警察大队(信息通信科、科技科)、国内安全保卫大队(加挂长兴县公安局出入境管理大队)、刑事侦察大队(加挂刑侦预审办案大队)、巡特警大队、经济案件侦查大队、城市管理治安警察大队、警察公共关系办公室、交通警察大队(副科级)、禁毒大队(加挂长兴县禁毒委员会办公室牌子)、长广分局(副科级)、消

图24-1 网格化巡逻(县公安局提供·2004年)

防大队(武警现役编制,正营级)、长兴县看守所(治安拘留所)。实有民警604人,其中男性562人、女性42人。

1988年,全县下设煤山、泗安、李家巷、和平、夹浦、虹溪、小浦、林城、洪桥、仙山10个乡镇派出所和1个水上派出所。1994年9月,建立后漾乡、下箬寺乡派出所。1995年2月,在槐坎乡、吕山乡、吴山乡、水口乡分别建立派出所。1997年8月,调整派出机构,设雉城、煤山警署,泗安、李家巷、和平、夹浦、林城、虹星桥中心派出所。警署、中心所所在地的镇建派出所,已建所的乡除外,其余的乡分别建警组。2000年后,警署、中心所建制撤销,恢复原乡镇派出所建制。2012年,设雉城、城东、李家巷、夹浦、泗安、林城、煤山、小浦、和平、虹星桥、洪桥11个派出所,另有水上派出所、森林派出所(公安局、林业局双重领导)各1个。

第一节 刑事案件侦查

1988年,县公安局刑事侦察队负责开展刑事侦查活动,配队长1人、副指导员1人、刑侦队员11人。1993年,实行探长制,建立3个探组。同年9月起,改称刑事侦察大队。2012年,刑侦大队共有民警38人。全县设11个区域刑侦中队,共有刑侦民警107人。1988—2012年,全县共立各类刑事案件59029起,破获32340起,破案率54.8%。其中,重大案件共立案4769起,破获3403起,破案率71.4%。

一、立案与侦查

经历20世纪80年代"严打"斗争后,全县年均发案率有效降低,为每万人6.4起。1989年起,刑事案件发案回升,重特大案件渐显突出,首次突破百起大关。全县发生刑事案件617起,年发案率每万人10.3起。1990年,刑事案件发案数突破千起大关,发案1101起。从1991年至1995年,年发刑事案件均超千起,1995年高达1562起;其中,1994年发生中华人民共和国成立以来首起特大抢劫杀人案,长兴龙达股份有限公司龙达金店1名值班员被歹徒杀死,案值97.69万元的进口手表、珠宝、黄金首饰等被劫走。1996年,全年发生刑事案件975起,年发案率每万人15.7起。1997—1999年,年发刑事案件超1500起。从2000年始,年发刑事案件每年均超2000起,至2011年达历年来最高,全年发生刑事案件5154起。2012年,全年发生刑事案件4444起,年发案率每万人63.1起。

1988—1989年,年平均破案率在77%以上。1990—1991年,破案率在63%左右。1992年,县公安机关组织开展以"破大案、追逃犯"为主要内容的百日竞赛活动,全年破获刑事案件617起,破案率56%。1993—1999年,破案率保持在62%至81%之间。2000—2002年,破案率在51.3%至60%之间。2003—2005年,破案率在48%左右。2006—2009年,破案率在52.3%至66%之间。2010年,全年破获刑事案件1630起,破案率38.6%。2011年,全年破获刑事案件1887起,破案率30.6%。2012年,全年破获刑事案件1904起,破案率54.5%。

二、专项斗争

反窃车、打击车匪路霸斗争 1988年1月,县公安机关开展打击104国道扒车盗窃专项斗争,4个月破案160余起。1989年4月,组织开展反盗窃专项斗争,摧毁犯罪团伙13个,抓获犯罪嫌疑人109

人。1992 年 5 月 11 日至 14 日，组织以整顿废旧行业和暂住人口为重点的突击行动。共破获盗窃案件 189 起，查获犯罪嫌疑人 113 人、摧毁团伙 18 个 19 人。1993 年 9 月 20 日至 10 月 10 日，开展为期 20 天的打击车匪路霸集中统一行动，破获在 318 国道泗安段拦路截车抢劫案件 8 起，其中大案 4 起。1996 年 8 月至 9 月，组织严打斗争第四仗和“反窃车”专项斗争。破获案件 65 起，大案 19 起，其中窃车大案 17 起，摧毁团伙 2 个 7 人。

农村社会治安整治　1994 年 8 月，全县开展以整治农村治安为重点的“严打整治”斗争。摧毁犯罪团伙 30 个 97 人，破获刑事案件 438 起，其中大案 46 起。

百日破案攻坚战　1989 年 10 月 16 日，县公安机关开展侦破战役，破获刑事案件 261 起，其中大案 47 起（杀人 5 起、抢劫 10 起、盗窃 24 起），抓获犯罪嫌疑人 133 人，摧毁犯罪团伙 10 个 51 人。1995 年 9 月 25 日起，开展“百日破案攻坚战”，破获刑事案件 280 起，重特大案件 93 起，“六类”大案 38 起（杀人 3 起、重特大抢劫 20 起、特大盗窃 7 起、强奸 1 起），摧毁重特大犯罪团伙 11 个 49 人，抓获犯罪嫌疑人 65 人。1996 年 11 月 5 日至 1997 年 1 月 5 日，组织为期 2 个月的冬季破案会战，破获刑事案件 223 起，其中杀人 3 起。1997 年 9 月 1 日起，开展“百日破案会战”，破获刑事案件 477 起，其中现行案件 292 起，抓获逃犯 21 名，摧毁犯罪团伙 14 个 55 人。

区域性侦破战役　1996 年 5 月，县公安机关在和平地区开展以打击重大盗窃犯罪为重点的区域侦破战役，共破获刑事案件 106 起，重大案件 17 起（现行大案 12 起），破获在册挂账大案 7 起，摧毁犯罪团伙 5 个 32 人。1997 年 9 月至 11 月，以雉城、煤山、和平、泗安为重点，开展专项打击，共破获刑事案件 47 起，其中大案 23 起，摧毁流氓团伙 7 个 29 人，其他团伙 2 个 8 人。2001 年 5 月 1 日至 6 月 10 日，开展打击黑恶势力专项行动，摧毁黑恶团伙 2 个 6 人，处理各类涉黑涉恶违法犯罪嫌疑人 50 人。2005 年 4 月至 6 月，开展以“严防控、强打击、保安全”为主要内容的专项行动，共破获各类刑事案件 313 起，抓获各类作案成员 112 人。2007 年 3 月 9 日至 7 月 20 日期间，开展“打三车、反街面”专项行动，严厉打击以盗窃“三车”犯罪为重点的街面犯罪活动，共破获各类涉车案件 498 起，其中盗窃摩托车案件 197 起、电动车案件 187 起、自行车 35 起，共查获各类违法犯罪嫌疑人员 135 人。2008 年开展“雷霆”专项行动，共破获各类刑事案件 67 起，其中命案 3 起，破获“11·26”故意伤害致死、虹星桥夹浦系列盗窃布匹、洪桥撬盗保险箱案件共 3 串（起）。2010 年，开展“冬季行动”专项行动，共破获各类刑事案件 200 余起，破获系列性案件 11 串 153 起，摧毁犯罪团伙 8 个 40 人，共抓获各类犯罪嫌疑人 128 人。2011 年，推进打击“盗抢”犯罪专项行动共破获各类“盗抢”案件 1299 起，抓获“盗抢”犯罪嫌疑人 473 人。2012 年，专门部署为期两个月的冬季“打黑除恶”专项行动，共破获涉恶案件 25 起，抓获涉恶违法犯罪嫌疑人 46 人，打掉恶势力团伙 4 个 16 人，其中 3 人 3 起以上恶势力团伙 2 个。

1988—2012 年长兴县刑事案件立案与侦破情况表

表 24-2

年份	全部案件			其中重大案件（起）																
	立案数（起）	破案数（起）	破案率（%）	立案数（起）	破案数（起）	破案率（%）	杀人	放火	抢劫	强奸	投毒	盗窃	伤害	诈骗	走私	制贩毒	抢夺	爆炸	投机倒把	其他
1988	381	294	77.2	75	71	94.7	4		4	4		59	3	1						1
1989	617	491	79.6	140	129	92.1	13		14	6		99	5	1				1		1
1990	1101	690	62.7	163	111	68.1	4		25	9		112	2							11
1991	1278	817	63.9	229	171	74.7	5	1	29	9		163	6	6			1			9
1992	1102	617	56.0	162	101	62.3	5	1	33	10		93	4	7			1			8
1993	1138	753	66.2	301	192	63.8	9		81	6		186	4	6			1			8

续表24-2

年份	全部案件			其中重大案件(起)																
	立案数(起)	破案数(起)	破案率(%)	立案数(起)	破案数(起)	破案率(%)	杀人	放火	抢劫	强奸	投毒	盗窃	伤害	诈骗	走私	制贩毒	抢夺	爆炸	投机倒把	其他
1994	1237	932	75.3	300	211	70.3	9		81	2		163	2	10			2			27
1995	1562	1266	81.0	459	349	76.0	20		101	15		268	1	14						40
1996	975	793	81.3	292	217	74.3	15	1	26	18		175	2	13			2			40
1997	1475	945	64.1	416	263	63.2	6	7	45	11	2	276	3	18			2	2		44
1998	1741	1085	62.3	578	302	52.2	16	5	41	12		428	4	25			1			46
1999	1678	1137	67.8	529	278	52.6	12	4	35	17	2	402	1	18			2	1		35
2000	2505	1284	51.3	141	126	89.4	13	1	39	22		2082	2	84		1	13			197
2001	2633	1570	60.0	149	135	90.6	9		55	19		2113	1	138		3	14	1		230
2002	2362	1355	57.4	100	94	94.0	12	2	16	9		1983		98			25			181
2003	2933	1409	48.0	83	72	86.7	15		20	4		2523		179		2	39			146
2004	3496	1637	46.8	95	85	89.5	9		37	13		2966	1	244			45			191
2005	3652	1771	48.5	75	63	84.0	7		27	8		3197	2	192		5	47			183
2006	3561	1897	52.3	92	91	98.9	6	1	23	8		3110	2	148		2	22			187
2007	3348	2228	66.5	73	63	86.3	6		25	6		3001	2	102		13	17			142
2008	3241	2143	66.1	43	37	86.0	4		13	3		3052	4	67		17	17			142
2009	3192	1805	56.5	37	36	97.3	5	1	11	1		2982	2	118		14	10			31
2010	4223	1630	38.6	69	60	87.0	4	1	19	6		3906	1	146		26	33			43
2011	5154	1887	30.6	106	92	87.7	6		29	15		4577	45	274		68	56			84
2012	4444	1904	54.5	62	54	87.0	8	1	15	5		3137	49	222		59	35			73

说明:资料来源于县公安局

第二节 经济案件侦查

20世纪80年代至90年代初,全县经济犯罪数量较少,县公安局将其并入刑事案件,不单独作为经济案件处理。1988年,立经济案件13起,接县纪委交办的经济案件4起,在核实6起,共23起,其中万元以上10起、千元以上5起、千元以下8起。当年共查处结案14起,查获犯罪嫌疑人14人,逮捕11人,收审1人,追回金额达56.3万元。1995年8月,县公安局刑侦大队内设经济探组,专门受理查处经济犯罪案件。1989—1996年,共受理立案查处诈骗案件56起,查处违法犯罪人员59人,挽回经济损失近600万元。1997年8月,县公安局成立经济犯罪侦查大队,加大对经济犯罪的打击力度。同年,立案24起,破案23起,打击处理11人,追回经济损失451万元。2004年,立案侦查长兴明义纺织有限公司等企业涉嫌虚开增值税专用发票8242份,合计6亿元,其中税额8722万元。共抓获犯罪嫌疑人19人,追缴税款1.32亿元。2005年,立案22起,破案21起,打击处理23人,追回经济损失572万元。2010年,立案85起,破案90起,打击处理19人,追回经济损失531万元。2012年,县经济犯罪侦查大队内设2个侦查中队、1个情报技术中队、1个举报中心,全年共立案187起,破案146起,打击处理78人,追回经济损失3000万元。1997—2012年,共立案侦查各类经济犯罪案件456起,破获429起,破案率为94%,共打击处理各类违法犯罪人员310余人次,追回经济损失9928万元。

1997—2012 年长兴县经济案件立案与侦破情况表

表 24-3

年份	立案数（起）	破案数（起）	打击处理人数(人)	追回经济损失（万元）	年份	立案数（起）	破案数（起）	打击处理人数(人)	追回经济损失（万元）
1997	24	23	11	451	2005	22	21	23	572
1998	39	36	28	193	2006	28	21	25	518
1999	31	27	10	292	2007	34	32	20	440
2000	39	36	13	165	2008	38	34	22	482
2001	28	31	13	229	2009	38	31	23	639
2002	23	20	25	316	2010	85	90	19	531
2003	14	14	37	190	2011	51	49	45	1870
2004	13	13	12	40	2012	187	146	78	3000

说明:资料来源于县公安局

第三节　治安管理

一、禁赌禁毒

1988 年 7—9 月，县公安局开展打击 318 国道赌博诈骗活动专项治理，抓获现行赌博 10 场，抓获为首赌博诈骗分子 23 人。1994 年，一些地区赌博呈蔓延趋势，从家庭赌博，到汽车（中巴、客车等）、船上、旅馆、饭店、公路边等场所公开赌博，全年全县现场禁赌 54 场，查处赌博人员 480 人。1995—1996 年，赌博发案率比 20 世纪 90 年代初期呈上升势头，其中 1995 年发案 231 起、1996 年发案 298 起。1997 年，县公安局部署“双禁”（禁赌禁毒）行动，仅在 4—5 月间，就查获赌博案件 65 起，参赌人员 320 人（其中国家干部 5 人、农村干部 3 人），捣毁赌博窝点 10 个。2005 年，根据全国打击赌博违法犯罪活动部署要求，全县共查处赌博案件 351 起，共打击处理 2020 人。2006 年，赌博组织化程度提高，有专人望风、接送、野外赌博，全县共受理赌博案件 456 起，查处赌博案件 456 起、查处违法人员 2772 人。2008 年 7 月，开展打击投放设置赌博游戏机违法犯罪专项行动。抓获违法犯罪嫌疑人 39 人，收缴赌博游戏机 83 台，查处涉及场所 2 家。2010 年 8 月，结合省公安厅“打击组织强迫妇女卖淫和赌博违法犯罪活动六条严管措施”的实施，侦破赌博刑事案件 12 起，采取刑事强制措施 27 人，查处赌博行政案件 373 起，治安处罚 1094 人。2011 年 8 月，公安部部署开展“打四黑除四害”专项行动，侦破赌博刑事案件 21 起、采取刑事强制措施 36 人，查处赌博行政案件 381 起，治安处罚 1117 人，治安拘留 438 人。2012 年，在煤山镇抓获跨省组织赌博团伙涉赌人员 69 人，查获赌资 70 余万元，经审判后追究刑事责任 15 人。

20 世纪 90 年代初，受外地毒品流传影响，县内少数地方种植罂粟、吸毒等情况开始抬头。1996 年 5 月，发现 6 个乡 12 户人家非法种植罂粟，铲除 2485 株。1997 年 5—6 月间，在开展“双禁”斗争中，查获涉毒人员 20 人，缴获毒品 0.4 克，发现非法种植罂粟 5531 株，抓获吸食毒品人员 5 人。从 1998 年至 2002 年间，全县均发生少数家庭非法种植少量罂粟，但涉毒人员无上升现象。2003 年，发生一起种植罂粟案，抓获犯罪嫌疑人 1 人，缴获罂粟 2800 株。2005 年，立案 4 起，破案 4 起，均为贩卖海洛因，缴获海洛因 23 克。同年，县公安局成立禁毒中队。2006 年，立案 2 起，破案 2 起，打击处理 2 人，缴获毒品麻古 171 粒、K 粉 4.6 克。2007 年，立案 14 起，破案 14 起，打击处理 26 人，缴获冰毒 204.58 克、麻古 408 粒、K 粉 16.57 克、摇头丸 67 粒、其他毒品 5.4 克。2008 年，立案 15 起，破案 15 起，打击处理 27 人，缴获冰毒 29.87 克。2009 年，立案 15 起，破案 15 起，打击处理 35 人，缴获冰毒 26.91 克、麻古 30 粒。

2010年,立案27起,破案27起,打击处理47人,缴获冰毒630.6克、海洛因20.81克。2011年4月,县公安局成立禁毒大队。同年,立案46起,破案46起,打击处理61人,缴获冰毒421.3克、海洛因10.1克。2012年,立案38起,破案38起,打击处理53人,缴获冰毒433.2克、海洛因2克。

二、卖淫嫖娼查禁

1988—1989年,全县查获卖淫窝点4个,破卖淫案件9起,卖淫嫖娼活动得到遏制。20世纪90年代初,县境内104国道、318国道两侧饭店、停车场、旅店等场所的卖淫嫖娼丑恶现象蔓延。1991年,全县查破卖淫嫖娼案件129起,挖出3个卖淫团伙14人,端掉黑窝点3个。1992年10月,开展雉城地区打击卖淫嫖娼专项斗争,先后查破卖淫团伙4个46人,摧毁卖淫窝点6处,受到治安拘留等处罚26人。1994年,县公安局对县境内104国道、318国道沿线两侧路边饭店采取突击检查,查获8家饭店有卖淫嫖娼活动。1995年,在开展夏季治安战役中,查获卖淫嫖娼案件50余起。1997年,共查破卖淫嫖娼案件45起76人,其中治安拘留9人、罚款6人。2002年,开展"反盗抢、禁黄毒"专项行动,全县共查处涉黄案件16起,打击处理各类违法犯罪人员30人,整治各类场所20家。2005年,根据"扫黄打非"部署,查处卖淫嫖娼案件30起,治安处罚62人。2006年,侦破介绍卖淫案2起,抓获犯罪嫌疑人2人,查处卖淫嫖娼案件63起。2008年,查处卖淫嫖娼案件74起,治安处罚158人。2009年,侦破介绍卖淫案6起,抓获犯罪嫌疑人8人,查处卖淫嫖娼案件120起,治安处罚282人。2010年,制定下发《长兴县公安局"扫黄"专项行动方案》,侦破介绍卖淫案4起,抓获犯罪嫌疑人4人,查处卖淫嫖娼案件136起,治安处罚333人。2011年,共侦破介绍、容留卖淫案23起,抓获犯罪嫌疑人34人,查处卖淫嫖娼案件187起,治安处罚406人,治安拘留336人。2012年,共侦破介绍、容留卖淫案17起,抓获犯罪嫌疑人30人,查处卖淫嫖娼案件166起,治安处罚347人,治安拘留280人。

三、特种行业管理

1988年7月1日,县公安局执行《浙江省印刷业管理暂行办法》,凡属开办营业性印刷业,须向县公安机关申请,经审查合格后领取"特种行业许可证",再经工商行政管理部门核发营业执照,始准营业。同年8月,《浙江省旅馆业治安管理办法实施细则》施行。县公安局对全县主要城镇旅馆业,建立旅馆住宿登记、财物保管、值班交接、门卫会客和《旅客须知》及发现情况向派出所报告等制度。1990年,对全县特种行业开展全面摸底,共有291家,其中旅馆174家、印刷业45家、刻字29家、废旧金属收购43家。1991年,对特种行业开展清理整顿和重新登记发证工作。1992年,对全县892家特种行业(306家)、公共复杂场所普遍进行重新登记换证工作,换发证543家,占60.9%;排查中摸清收废旧店有41家、23个点、13条船只。1993年,全县有特种行业345家,其中旅馆业193家、废旧收购业54家、刻字业18家、印刷业80家。1997年,整治废旧金属业,取缔非法经营15家,整治违法经营6家,查扣、没收非法收购的生产性旧金属100多吨(价值21万元),破获刑事案件15起,依法处理16人。1998年,制定《旧货业治安管理规定》《长兴县旅馆业分类分级管理规定》等,召开旧货业、旅馆业培训会4次,培训104人,统一规范旧货业、旅馆业有关安全操作规程。2003年,全县旅馆业发展迅猛,共有旅馆240家,其中50%集中在雉城地区,除4家星级旅馆外,大部分为20张床位以下的低档旅馆。同年9月,成立长兴县旅馆业协会,通过考评共评出三星级3家、二星级7家、一星级11家。2005年,出台《长兴县公安局开展废旧金属收购业、机动车修理业、旧货(寄售)交易业专项整治工作方案》,对全县125家废旧收购站点、90家调剂商行,建立收购物品特征、流向、投售人及身份证件登记制度和一店一档管理制度。2006年11月,成立废旧物资回收调剂业协会,实行行业自管、自治、自律。2008年,全县309家旅馆全部实行信息化管理。2010后,制定下发《全县旅馆业集中整治工作方案》,全面规范有住宿功能的农家乐治安管理工作,对留宿农家乐内的住宿人员信息实行每日报送制度。2012年,全县有特种行业643家,其中旅馆331家、印刷业72家、刻字12家、旧货业228家。

四、枪支管理

1990年,全县开展对各类民用枪支的清理整顿工作,初查登记实有民用枪支1850支,其中办理持枪证960支，占总数51.9%，收缴非法、报废枪支23支。1993年，对全县18家配发枪支单位进行全面检查整顿，所有枪支重新登记造册。1994年7月，根据省公安厅转发林业部、公安部关于贯彻《猎枪弹具管理办法》有关问题的通知，对全县民用枪支普遍检查登记，共登记民用枪支2402支，其中猎枪403支、土枪1468支、气枪531支。1995年4月，查获水口乡一村民从安徽祁门县购猎枪转手倒卖案，依法没收4支猎枪和非法所得，对其处以治安拘留。1996年8月起，在全县范围全面开展清理登记收缴枪支工作，设37个登记、收缴站。经过2个月清理、登记与收缴工作，共收缴枪支2967支，其中猎枪430支、气枪862支、土枪1637支、小口径步枪33支、电击枪5支等，收缴率达99.4%。1997年11月，对收缴入库的1520支土枪进行集中销毁。1998年，对经批准具有猎民资格、具备配枪条件的猎民，以乡镇为单位进行集中办理购买证，共开具购买证373份，购置猎枪枪框27只。2006年，在"集中整治爆炸物品、枪支弹药、管制刀具"专项行动，全县共收缴各类枪支17支。2007年，开展治爆缉枪专项行动，共收缴火药枪29支，子弹250发、手榴弹5枚。同年，对全县411名公务持枪人员证件信息和349支公务用枪统一进行登记确认备案。2010年，开展治爆缉枪专项行动，查处涉枪案件9起，收缴非法枪支7支、仿真枪3支、子弹300余发。2012年，开展"缉枪治爆专项行动宣传月活动"，发放张贴最高人民法院、最高人民检察院和公安部颁布的《关于收缴非法枪支弹药爆炸物品严厉打击涉枪涉爆违法犯罪活动的通告》，公布《群众举报涉爆涉枪涉刀违法犯罪奖励标准》。

第四节　户政管理

一、常住人口管理

户口登记　1988年开始，全县常住人口管理以家庭和集体为单位登记，颁发户口簿，由所在地派出所直接管理。当年总户籍167070户，总人口593278人，其中农业人口479092人，非农业人口114186人。1990年3月，全县结合全国第四次人口普查开展城镇户口整顿，健全出生、死亡、迁入、迁出、管内移居、变更、更正7项户口登记制度。1992年，对进城镇务工、经商、办服务业的农民开始办理"蓝印户口"（参见本志大事记）。1998年11月，全县31个乡镇（32个户口登记机关）全部配备人口信息管理计算机，有乡镇户政专管员32人，兼管员20人，行政村协管员508人。调查绘制乡、村、组方位图3016张，制作门牌146665块，换发新户口簿136822本，新制常住人口登记表580700张，办理迁入6117人，迁出7488人，注销户口3707人，电脑输入常住人口603256人。2004年，制发《开展人口信息数据质量整顿工作实施方案》，确保人口信息"完整、准确、鲜活"。2008年，根据省公安厅制定的《全省户口整顿工作方案》，开展排摸，对排摸出的户口问题和户口登记项目差错，逐户逐人逐项进行核实、查证。2010年8月，结合第六次人口普查开展户口整顿，采取入户调查、信息核对等措施，全面查清人口数量、分布和流动情况。全县共采集录入信息774039人、241343户，对上级部门下发的153个冷僻姓氏信息和167名重人信息进行调查核实，注销重人14人。2012年，全县总户籍219925户，总人口625960人，其中农业人口462768人，非农业人口163192人。

户口迁移　1988年，县公安局规定凡外省、市、县的市镇非农业人口，要求迁入长兴境内落户的，除婚嫁迁移、离退休人员回原籍、老人投靠及有特殊贡献的人员经县公安局批准可迁入落户外，对其他人员如无特殊情况一般不予迁入。凡不在县镇附近村、队居住的农村人口，不准迁入县镇近郊的村。1991年，贯彻执行省公安厅《关于加强户口迁移管理的通知》和《关于市镇公安派出所受（办）理户口的若干规定（试行）》，全县统一使用新的户口迁移证（非农业）。1992年，根据省、市政府文件精神，对进城镇务工、经商、办服务业的农民开始办理"蓝印户口"。1993年，全县办理"蓝印户口"2797人。1995年1月1日起，县公安机关执行公安部《关于启用新的户口迁移证、户口准迁证的通知》，在填写户口迁移证时，农业、非农业、自理口粮、蓝印等户口性质均要在"备注栏"注明。3月，发出《关于重申户口管理的通知》，具体规范户口管理工作中关于工作调动、招工、招干、随军、入学、“两劳释放”、复员退伍、转业军人等办理户口条件、手续。1999年4月，对婴儿、未成年子女落户实行随父随母自愿政策，夫妻投靠准予迁往配偶实际居住地区及父母投靠子女准予迁往子女落户实行随父随母自愿政策，夫妻投靠准予迁往配偶实际居民地区及父母投靠子女准予迁往子女实际居住地区。2003年，开通户口管理“全程通”系统。2012年，迁入人口3472人，其中省内迁入998人，省外迁入2474人。迁出人口3953人，其中迁往县外省内1305人，迁往省外2648人。1988—2012年，全县累计迁入人口285624人，迁出人口301368人。

农转非 1989年4月，县公安机关发出《关于户籍身份证管理工作的有关规定的通知》，统一户政管理中有关规定。同年，省公安厅下达205名“农转非”指标，其中长兴县125人、长广煤矿公司80人，均按“农转非”原则、条件、程序办理。1990年9月，“农转非”审批权收归省辖市，实行计划指标和政策双控制度。1992年始，全县实施购买非农业户口政策，至1996年取消。其间，全县有3149人通过买户口解决“农转非”问题，“农转非”户口须报市审批，由县公安机关签发户口准迁证。1993年，全县办理“蓝印户口”2797人；全年办理“农转非”1264户、1416人。1997年7月，根据省公安厅关于《对长兴县雉城镇户籍管理制度改革实施方案的批复》，长兴集中审批办理各类原因造成袋袋户口324人。同年，共办理“农转非”户口6193户、11452人。2001年，出台《关于城镇户籍制度改革的意见》，对出生登记、投靠落户、放宽购房兴业户口、非迁农户口、集体户口管理、户口类别等方面作出规定。至2012年年底，全县“农转非”人口163954人，占总人口的26.2%，与1988年相比，“非转农”增加49%，城市化率提高8个百分点。

二、暂住人口管理

20世纪80年代末，随着社会经济的发展，长兴矿山建材行业、基础设施建设等领域发展较快，外来流动人口大量增加。1989年，全县将暂住人口管理纳入公安治安管理工作，当年核发暂住证4100余张。1990年，依照《城镇暂住人口管理办法》，做到人来登记、人走注销，暂住3个月以上发给暂住证。1994年，根据《湖州市暂住人口管理办法》和《湖州市暂住人口登记若干规定》，对县内暂住人口管理机构和人员作充实调整，在后漾四号桥、李家巷、煤山等外来人口相对集中地区新建6个登记站。1995年，成立县暂住人口管理领导小组，全县新建和调整暂住人口管理办公室28个，新设登记站630余个，聘任专职、兼职专管员和协管员1800余人。1997年，暂住人口管理纳入全县人口信息计算机管理系统，设立暂住人口管理系统、数据库。2001年，全县共录入计算机管理21104人，登记出租私房1789户。2003年，取消租赁房屋治安许可证制度，将出租房屋治安管理纳入事中事后监督管理。2004年，在雉城镇建立全县首个流动人口管理服务中心，开展暂住证、计生证、就业证“三证合一”的“一证式”“一站式”服务管理试点。2005年，在煤山、李家巷等乡镇建立流动人口管理服务中心，在全县推广“一站式”服务管理。2006年，依托综治进企业、村建立“综治分会”的力量，探索流动人口“委托式”管理模式。2007年，根据全市进一步加强流动人口管理服务工作的要求，全县在流动人口1000人以上的村(居)和100人以上的企业设立流动人口服务管理站，当年共设15个，有流动人口协管员160人。2008年，共登记10.2万人，外省市到长兴人员达7.01万人，占全县流动人口总数的68.7%。2010年，制发《关于加强全县流动人口服务管理工作的通知》，成立政府部门流动人口服务管理机构，同年有流动人口协管员210人，登记流动人口103006人，外省流入人员占暂住人口总数的85%。2012年，制定《关于加强全县新居民服务管理工作的意见》，设置县新居民事务局，成立县新居民服务管理工作领导小组、县综治委实有人口专项组，20个乡镇(街道、园区)全部设立新居民事务所，与综治办合署。8月，县新居民事务局与县公安局联合下发《长兴县新居民申领〈浙江省居住证〉审核暂行办法》，对各乡镇实行流动人口登记黄、绿、红“三色”预警机制。同年年末，全县共登记流动人口10.75万人。

三、居民身份证管理

1987年，全县第一代居民身份证开始发放，有效期10年。至1988年，全县常住人口中，年满16周岁的应发证453911万人，实发证418858人，免发和不发35053万人，发证率98%。1989年4月1日起，全县实施使用、查验居民身份证制度。1998 年，开展居民身份证清理纠错工作，完成 31 个乡镇 511780 人的身份证纠错核对工作，发现身份证重号、错编号数 11892 人。经清理，核对消除重号 4874 人，修正户口簿差错 827 人，改号换证 1931 人，其中制卡、发证 1550 人。2004 年 1 月，全县成立换发第二代居民身份证工作领导小组及领导小组办公室，制定《长兴县换发第二代居民身份证工作方案》。3 月，在雉城镇开始试点，至 7 月 31 日共采集人像信息 40636 人，制证信息 40636 人。2005 年始，全国第二代居民身份证换发工作全面铺开。2009 年，全县换发第二代居民身份证 34558 张，其中申领 8793 张，换领、补领 25765 张。2010 年，全县换发第二代居民身份证 44068 张，其中申领 9701 万张，换领、补领 34367 张。2011 年，全县换发第二代居民身份证 33830 张，其中申领 12215 张，换领、补领 21615 张。2012 年，根据省公安厅下发的《关于切实加强居民身份证登记指纹信息工作有关事项的通知》要求，县公安局开展清理未标注已申领第二代居民身份证信息、为持第一代居民身份证公民换发第二代居民身份证、为户籍窗口配备指纹采集器等工作。同年，全县对初次申领居民身份证的居民新发证 14618 人，对遗失身份证申请补发和对身份证使用期满、原证破损和户口迁移原因申请换发的居民补发、换发证 38235 人。

第五节　出入境管理

1986 年 4 月，县公安局出入境管理科成立，负责管理全县居民出入境和外国人、中国港澳台居民进出的管理工作。2009 年 1 月，更名为出入境管理大队。

一、外国人及港澳台居民管理

1986 年，县公安局出入境管理科为到长兴探亲的 13 名中国香港、澳门、台湾居民以及到长兴经商、旅游的 16 名分别来自日本、美国、丹麦、马来西亚等国的外国人办理登记手续。1988—1996 年，共为 36 名人员办理港、澳、台、侨暂住证，为 20 名外国人办理登记手续。1997 年后，建立公安外管联络员、涉外联系员、前台户管员三支队伍，不定期对“三资”企业进行涉外法律法规、护照证件、签证(注)识别、境外人员临时住宿登记等重点培训。1998 年，为常住 17 名外商办理就业证和居留、暂住证，对 12 名外国人和台胞办理延期手续，查验 180 余名临时到长兴境外人员证件，办理外国人旅行证 60 余人次。1999 年 9 月，国务院批准长兴县为对外国人开放地区，当年共办理外国人旅行证 46 人次，查验入境人员证件 100 余人次。2001 年，市公安局制定《取消境外人员住宿限制加强临时住宿登记管理的规定》，实行境外人员住宿登记备案制，明确境外人员在办理住宿登记手续后 24 小时内向当地公安机关或派出所申报，住宿在农村的应在 72 小时内向公安派出所申报。2006 年，建立涉外企业联系制度，受理境外人员申请办理各类签证、居留许可证件 50 人次。2007 年后，受理境外人员申请办理各类签证、居留许可证件逐年增加，至 2012 年共受理外国人签证达 140 人，检查境外人员临时住宿登记 3700 人次。至 2012 年年末，全县共办理外国人、中国台湾居民居留证(签注)600 余人次。

二、公民因私出国(境)管理

1986 年，县公安局出入境管理科受理申请前往中国香港地区和美国、意大利探亲、定居人员 19 人。至 1989 年，全县受理申请前往中国香港、澳门、台湾地区和美国、日本、荷兰、巴西、意大利等国家探亲、定居、自费留学人员共 84 人。1996 年 12 月，市公安局下发《贯彻(关于对不准出国境人员实施报备制的通知)的实施意见》，县出入境管理部门牵头召开公、检、法有关人员协调会，要求对五种情形之一人员各自做好通报备案工作。1999 年，受理出国(境)申请 344 人次，对 91 名不准出境人员实施报备。2000 年，开始受理审批经中介自费出国留学申请，全年依法受理 580 余人次各类申请，比 1999 年增长 33.3%。其中，因企业发展需要申请出国(境)商务人数 57 人次，留学、就业、劳务人数 13 人次，探亲访友人数 95 人次，旅游(包括团体、非团体旅游)人数 406 人次，其他 10 人次。2000 年至 2003 年，受理公民出入国(境)人次每年增长率在 20%以上。2003 年，市公安局建立“国家工作人员登记备案信息系统”“法定不准出境人员通报备案系统”,实现与“常住人口信息系统的联网”。同年7月1日,正式实行公民凭身份证、户口簿按需申领护照工作。2004年,核对国家工作人员因私出境管理信息数据2988条,新增和整合不准出国境人员数据202条。2005年,推出星期天预约办证制度。2006年,出入境窗口共受理出(境)国申请2721人,其中团队旅游765人次,因私767人;收集录入法定不准出国境人员数据265条。2007年后,全县受理公民因私出国(境)每年增加26%,出国(境)旅游申请以日韩游居多,占76%。2011年,推出网上预约办证,落实一次性书面告知服务,全年出国(境)受理量首次突破万份,达到10138人次。2012年5月起,启用电子护照。同年,全县出入境内地居民业务办证总量12950人,其中出国5330人、赴中国港澳地区5560人、赴中国台湾地区2060人。

三、涉外事(案)件查处

1990年1月,县出入境管理部门将1名非法入境的越南籍人员遣送出境。1995年,查处涉外事(案)件36起,其中涉及外国人19起、中国台湾居民16起、中国大陆居民1起,境外人员被罚款33人次、中国大陆居民被拘留2人次。1996年9月,处置1起日本籍人员到长兴控制开放区非法采访案件,并对其采取限期出境的措施。2000年,查处“三非”(非法入境、非法居留、非法就业)案件6起。2006年,查处骗取护照2起、查处境外人员非法居留案件2起,行政处罚2人;查处偷越国(边)境案1起,行政处罚1人。2007—2009年,查处境外人员非法居留案件11起,行政处罚10人,遣送出境1人。2009—2012年,先后对分别来朝鲜、缅甸、越南的3名非法入境的外籍人员遣送出境。2010,查处“三非”案件8起,其中非法居留6起,非法入境2起,比上年上升33.3%。2011年,发生并查处“三非”案件11起,其中非法入境1起、非法居留10起,来自缅甸1人、德国3人、土耳其1人、葡萄牙2人、中国台湾4人,警告6人、罚款4人、遣送非法居留的缅甸人1人。2012年,查处非法居留案件6起。1990—2012年,全县共查处非法入境、非法居留、非法就业案(事)件79起,处罚80人。

第六节 监所管理

一、监室设施

1988年,县看守所位于雉城镇仁家弄,共有民警6人,设有监室16间,并建有办公室2间、伙房2间、值班室2间,总面积326.61平方米。1992年11月,省财政厅、公安厅拨款2万元,对原监室进行修缮,并扩建监室5间,面积155.2平方米。2001年12月,迁址雉城镇高山岭村新建,2002年1月1日正式使用,新看守所配备民警19人,占地面积4.07万平方米,建筑面积1.15万平方米,其中监室使用面积3286.6平方米,设计容量500人,有监区4个,监房38间。2008年,县公安局选址小浦镇高地村,投资1亿多元建造看守所(包括拘留所)、武警营房,2011年9月搬迁使用。新看守所配备民警32人,占地面积7.43公顷,建筑面积2.86万平方米,看守所设计容量1200人,拘留所设计容量200人,建筑分羁押管理区(除6间单人监室兼禁闭室外,另有125间监室)、执法办案区(有17间提讯室、12间律师会见室)、拘留区(有18间拘室、3间询问室)、行政办公区、后勤保障区和武警营房区,监所各类功能设施齐全,环境优美。

2002年8月,县看守所实现所有监区通道门随开随锁和凭电子卡出入,防止在押人员脱逃,建立和完善监管勤务机制,建立职责分工合理、监督制约到位,人防、技防、物防有机结合和奖惩分明的安全防范机制。2004年,投资1.8万元购置MOTOR150安检门一台,用于在押人员出入时人身检测,防止金属利器等危险品进入监室。至2007年,先后投入140余万元对监控系统进行数字化改造,建立限高报警系统、位移报警系统和中远程监控系统,确保时刻掌握监内动态。2008年至2012年,对看守所功能区域进行改造,将医务室、药房、诊疗室及消毒室搬出内监区,在内监室增设急救室,对原有标识查漏补缺,功能区块划分合理。

二、管理与教育改造

1988 年，县看守所制定修改 19 项制度，以保证监所安全，维护正常的监所秩序。在饮食及卫生管理方面，专门配备 1 名专职医务人员每天巡视监房一次，人犯伙食按标准吃足定量，每周改善一次生活，每月评出 3 个文明监室给予改善伙食的奖励。1988 年至 1989 年 11 月，参加市公安局组织的监所“百日安全”竞赛活动，被评为湖州市“百日安全”竞赛优胜单位。1992 年，邀请县公、检、法、司领导给人犯集体上大课 10 次，同年还开展文明监室评比活动 5 次。1994 年，开展安全检查 24 次，重点抽查 6 次，查出违禁品 100 余件，出所为人犯看病 58 人次，大课教育 14 次、小课教育 249 次，找人犯谈话 3478 人次，制止各类预谋自杀逃跑事故 17 起，收到 120 名人犯检举坦白线索 155 条，协助有关单位查破案件 60 余起。同年，在市公安局组织的目标考核中，县看守所总分列全市第一，被评为全市先进看守所。1995 年，通过教育改造，获取人犯检举提供线索 594 起，经查证，破获案件 185 起，其中大案 34 起，抓获犯罪分子 22 人，被省公安厅评为先进看守所，连续两次荣立集体三等功。1998 年，通过开展狱内政治攻势，共收到在押人犯的检举线索 60 余条，经查证属实 15 条，破案 23 起，其中重特大案件 13 起，查获犯罪分子 10 人，追缴赃物、赃款 6 万余元。同年，县看守所创十年安全无事故，被评为省二级看守所。2000 年，开展文明监室评比活动，每月评选出文明监室和不文明监室各 3 个。2003 年，开展全方位政治、文化、法律、道德和生产技能教育，投资 4.05 万元购置 30 台电视机用于在押人员教育转化工作。2006 年至 2009 年，重视监所教育转化工作，聘请专家、教师到看守所对犯人开展荣辱观教育。2009 年，新增专职医生 2 人，实行医生 24 小时在所值班、收押入所健康检查、每日 2 次巡诊、每周体表检查、监内定期消毒和患病人员及时治疗等规章制度。2010—2012 年，县看守所落实在押人员权利义务告知制度，对在押人员开展集中或个别教育及社会帮教活动，使在押人员能认罪服法，主动遵守监规监纪，降低重新犯罪率。

第七节　交通管理

1987 年 9 月，县交通警察队成立，对全县城乡道路交通实施统一管理。1991 年 5 月，更名县公安局交通警察大队（简称县交警大队）。1995 年 7 月，定为副科局级单位。1997 年 7 月，组建县公安局公路巡逻民警大队，与县交警大队合署办公。2012 年，县交警大队有办公室、法制宣传室、科技中队、车辆管理所、事故处理中队、违法处理中心 6 个内设机构和 1 个车辆检测站，下设雉城、机动、城东、泗安、李家巷、金夹、和平、虹星桥、煤山、林城、小浦、洪桥 12 个中队。

一、路面管理

1988 年始，县交通警察队开展各项整治工作，加强夜间路面交通管理，遏制夜间交通事故发生。1991 年，县交警大队两次开展以“纠正违章、确保安全”为主要内容的专项治理，全年纠正违章达 6.5 万辆次，治理期间，每天派出一辆警车在 318 国道夜间巡逻。1997 年，组建县公安局公路巡逻民警大队，负责 104 国道、318 国道及其他主要公路巡逻。1998 年，开展查纠交通违章，维护全县交通秩序和国道沿线治安秩序。2001 年，推出区域中队交通安全管理新模式，实行“一警一段一区”责任制，健全日常巡逻，遏制交通事故，预防、制止和打击各类违法犯罪活动，维护全县道路的安全、有序、畅通。2002 年，结合城市交通管理实际，重点加强对驾、乘二轮摩托车不戴安全头盔、占道停车、逆向行驶、闯红灯和残疾人三轮车的整治力度，特别是加强对非机动车、行人交通违章的教育和处罚力度，实行“一警一段”和“五定”责任制，提高对公路交通、治安动态管理的控制能力。2004 年，县交警大队梳理全县交通环境中存在的问题，向县委、县政府建议调动全社会力量共同开展全县交通环境大整治活动。2005 年起，对路面管理保持严管重罚高压态势，遏制事故频发势头。2009 年，长兴交通严管工作经验得到省公安厅主要领导批示肯定，并在全省范围推广。2011 年，县交警大队被评为年度全省交通违法处罚率达标工作成绩突出单位。至2012年,共查处各类交通违法行为74.64万起,其中酒后驾驶4635起,暂扣驾驶证5378本,行政拘留1083人。

二、车辆管理

1988年,全县有证机动车6247辆,其中汽车2153辆、摩托车1323辆,有证非机动车2.6万辆。1995年始,县公安机关将雉城镇人力三轮车纳入管理范围,统一编号、统一喷漆、统一车篷、登记发证、制定服务守则。1997年10月,对残疾人驾驶的118辆残疾车进行登记发证管理。11月,对150辆人力手拉车进行登记管理。1998年4月,县公安机关成立非机动车管理所,负责对全县非机动车进行管理。2001年至2008年,先后开展严厉打击驾驶无牌假牌套牌、无证驾驶、驾驶证、遮挡车号牌机动车、实施抢劫抢夺以及盗抢机动车(即"两抢一盗")、非法拼装车辆和非法经营犯罪活动。连续开展集中整治行动,破获一批盗抢电动车案件,摧毁一批收销赃车团伙,打击处理一批犯罪嫌疑人,截断收销赃车渠道,追缴赃车,及时发还被盗车辆。2009年,县车辆管理所共办理机动车上牌2.91万辆,全年共检测汽车2.91万辆。2010年,开展"两车"被盗专项整治,加强车管检测,共办理上牌机动车1.4万辆,检测各类摩托车万余辆。2012年,全县有证机动车15.94万辆,其中各类汽车6.89万辆,摩托车、轻骑8.5万辆,拖拉机4233辆(用于运输828辆)。

三、驾驶员管理

1987年,县公安机关接管交通监理工作后,严格对机动车驾驶员的管理,规定未经专业培训合格的一律不准驾驶机动车。1991年,全县有证机动车驾驶员5900余人。同年6月,全县机动车驾驶员按地区、系统划分为54个安全学习片组。驾驶员审验工作结合安全片组对1991年度交通肇事、安全学习少于10次,违章记证的214名驾驶员先后举办5期学习班,学习交通法规,进行《道路交通管理条例》考试。1994年,仍以安全片组为单位开展审验工作,全县有5768名机动车驾驶员参加年度审验。1996年,以57个片组按序开展机动车驾驶员审验工作,全县机动车驾驶员有8523人参加审验。至2012年,全县机动车驾驶员学习、培训和考核管理的制度化、规范化水平不断提升。

四、道路交通事故管理

1988年,县交通警察队以318国道为界,划分为南、北交通事故处理片区,全年共计处理各类交通违法行为1003起,发生道路交通事故178起,死亡64人,受伤57人,造成直接经济损失23万元。1991年,县交警大队全年检查各类机动车辆9.5万辆次,纠正各种违章6.5万人次,吊扣驾驶证照210本,治安拘留10人,处理交通事故调解结案1024起,事故结案率86.7%,调解赔偿205万元。1992年起,实施《道路交通事故处理办法》和《道路交通事故处理程序规定》。1993年,纠正各种违章10.78万人次,吊扣驾驶证187本、治安拘留5人。1995年,实行全日制路面巡查,以104国道为重点,纠正各种违章5.4万起,暂扣驾驶证324本、吊扣驾驶证19本。1997年,在104国道、318国道沿线分设4个中队,与所在地中心派出所合署办公,至年末共疏导交通堵塞58起,查缉交通事故逃逸案件3起,纠正各类违章13.52万起。1998年5月,在全县范围内开展城乡道路交通秩序集中整治,全年共查处各类违章18.16万起,处罚2.1万起,疏导交通110起,拦截交通事故逃逸车辆47辆,侦破逃逸事故11起。2001年,实施"压事故,保畅通"工程,遏制交通事故高发势头。同年,发生道路交通事故424起,死亡78人,受伤350人,造成直接经济损失261.52万元。2004年,全县查处各类违章13.8万起,拘留无证驾驶人员2349人。同年,发生道路交通事故975起,死亡115人,受伤1202人,造成直接经济损失143.46万元,道路交通事故发生数为25年间最高。2005年起,对路面管理保持严管重罚高压态势,全县事故次数、死亡人数、受伤人数、经济损失四项指标呈逐年下降趋势。2007年,建立轻微简易事故快处程序,使交通事故处理更便捷。2010年,发生道路交通事故235起,死亡80人,受伤223人,造成直接经济损失54.1万元。2012年,全县共查获各类交通违法行为24.43万起,行政拘留239人、扣留机动车5255辆。共发生道路交通事故189起,死亡74人,受伤148人,造成直接经济损失32.05万元。1988—2012年,全县共发生道路交通事故10379起,死亡2364人,受伤9457人,直接经济损失4990.77万元。

1988—2012 年长兴县道路交通事故情况表

表 24-4

年份	事故（起）	死亡（人）	受伤（人）	直接经济损失（万元）	年份	事故（起）	死亡（人）	受伤（人）	直接经济损失（万元）
1988	178	64	57	23.00	2001	424	78	350	261.52
1989	301	70	91	35.00	2002	682	83	429	368.32
1990	254	85	113	50.00	2003	558	78	427	245.60
1991	331	82	161	137.00	2004	975	115	1202	143.46
1992	338	77	261	212.00	2005	936	105	1156	139.16
1993	346	152	245	333.00	2006	823	104	1006	127.41
1994	312	129	251	313.00	2007	584	92	697	95.81
1995	323	130	234	528.00	2008	326	94	357	69.61
1996	299	111	279	409.00	2009	246	84	264	59.60
1997	257	96	189	299.00	2010	235	80	223	54.10
1998	308	99	237	290.00	2011	205	77	189	42.65
1999	363	107	355	292.00	2012	189	74	148	32.05
2000	587	98	536	431.38	—	—	—	—	—

说明：根据历年《长兴统计年鉴》整理

第八节　消防管理

一、消防队伍与设施

县消防大队　1988 年，县消防中队成立，隶属中国人民武装警察部队。1994 年，更名为县公安局消防大队，下设消防中队。1998 年，更名为中国人民武装警察部队湖州市消防支队长兴县消防大队，下设消防中队。又称长兴县公安局消防大队，两块牌子一套班子。同年，县城雉城镇共安装消防栓 94 只，其中居民生活区有消防栓 14 只，道路、街道安装 80 只；尚待修理的有 35 只，完好率为 62.8%。县消防大队有消防车 3 辆，其中中型消防车 2 辆、8 吨大型消防车 1 辆、行政用车 2 辆，消防热视仪（每台 10 万余元）1 台，消防防火服（每套 1.6 万元）4 套等，全县有各种消防灭火机 1 万余只。2009 年 7 月，县消防大队由明珠北路迁至画溪大道 2685 号，新场所总投资 2200 万元，建筑面积 1.2 万平方米。同月，县消防大队画溪中队场所投入使用，总投资 2100 万元，建筑面积 4700 平方米。2012 年，县消防大队（副团职建制）下辖 1 个现役中队和 1 个单编执勤专职消防队，共有官兵 32 人，征召非现役人员 52 人（合同制消防员 24 人、文职人员 28 人）；各类执勤车辆 12 辆，其中灭火类消防车 4 辆（泡沫消防车 1 辆，水罐消防车 2 辆、压缩空气泡沫消防车 1 辆），专勤类消防车 2 辆（抢险救援消防车 1 辆、防化洗消车 1 辆），举高类消防车 1 辆（云梯消防车 1 辆），其他消防车 1 辆；消防员基本防护装备 561 件（套），特种防护装备 558 件（套）；抢险

图 24-2　长兴县消防大队（县公安局提供·2009 年）

救援器材 178 件(套),灭火器材 548 件(套)。城区共安装公共消防栓约 800 只。

义务消防组织 1988 年,全县有义务消防队 105 个,义务消防员 1260 人。另外,省属长广煤矿公司建有矿山救护队(兼消防),该公司所属矿区各单位共建有义务消防队 29 个,有消防队员 319 人;华能长兴电厂建有消防组织,有队员 20 人。1990 年,全县新增义务消防队 82 个、队员 510 人,新购消防车 2 辆、消防泵 5 台;当年,县公安局消防队共组织举办 7 期全县专职消防员、义务消防员培训班,有 410 名厂长、经理等有关人员经培训后领取消防结业证书。同年年底,省属浙江三狮水泥集团公司消防组织成立,设专职消防员 2 人、义务消防员 12 人。1991 年,华能长兴电厂消防组织调整扩增至 34 人,科、室、班、组群众性义务消防组织人员有 123 人。1998 年,全县义务消防队发展到 702 个、队员 4230 人。同年,长广煤矿公司矿山救护队(兼消防)有两个中队、四个小队,共有人员 47 人;从 20 世纪 80 年代中期至 1998 年 10 多年的时间里,矿山救护队年均出动扑救火灾数有 10 余起,扑救大小火灾事故 200 余起。2004 年,消防大队在 9 个镇依托派出所建立“保消合一”消防队,共配备消防车 9 辆,队员 72 人。2007 年,县财政投入 108 万元,为首批 18 个新农村消防试点村配备专业消防器材,组建村级义务消防队。至 2010 年,全县村级义务消防队共发展到 54 支,队员 358 人。2012 年,在和平、泗安、煤山、夹浦和画溪组建乡镇消防综合应急救援队,实行“站队合一、一专多能”模式,承担火灾抢险救援、防火巡查和消防宣传三大职能,全县消防专业应急救援力量配置得到优化,基本实现全覆盖。同年,全县共建有乡镇消防综合应急救援队 4 支、乡镇消防志愿队 35 支,有消防车辆 9 辆,手抬泵 35 台,人员 201 人。

二、防火宣传与培训

1988 年起,县消防中队每年组织开展消防培训、宣传工作,加强对义务消防队业务指导,组织开展灭火演练。1990 年,印发防火简报 8 份,消防宣传资料 1.2 万份,播放消防录像幻灯片 70 场(次),普及消防常识,提高公民防火意识。1991 年,聘请 128 名乡镇广播员、电影放映员、保险员、文化员等“四大员”做消防宣传员,扩大农村的防火宣传面。1992 年,开展全民消防宣传教育培训工作,先后印发 1.5 万余份消防宣传资料。1993 年起,每年组织开展“119 宣传日”活动。1994—1996 年,县消防大队先后在县中心医院、长兴中学等 60 余家社会单位开展消防灭火、疏散演练;共组织 25 次消防站开放活动,参观人数约 600 人。1998 年,在县人民广场设立消防宣传咨询站,悬挂消防横幅广告 21 条,分发各类宣传资料 1700 份,并与长兴报社联合开展“消防法”知识竞赛,参赛人员 1000 余人。同年,还举办《消防条例》讲座,在全县乡镇、企事业单位内部推行消防安全责任制。2000 年至 2001 年,改变以往单一集中的培训方式,采取预约式分散培训与集中培训相结合的方式,对各级党政机关和社会团体发放《中华人民共和国消防法》读本。2004 年起至 2012 年,每年组织开展消防宣传进企业、进学校、进社区、进农村活动。

三、消防监督与检查

1988 年县消防中队成立后,即加强对县内消防安全的检查。1989 年,督促全县民用爆炸物品使用单位和内保、消防重点单位整改火灾隐患 61 处,对 3 家严重违反爆炸物品管理规定的企业实行停业整顿。1990 年,全面清理整顿生产、储存、经营使用液化石油气的单位,发放整顿合格证 200 余份。1991 年,对全县 9 个加油站 5 个储油库和 43 个油库,3 个液化站和 52 个液化气仓库以及液化气经营点进行消防安全检查。对 9 个违反消防安全管理规定的单位,发放火险隐患整改通知书,限期整改;对 3 家严重违反消防管理规定,未经批准擅自经销易燃物品的单位,予以停业进行消防整顿。1996 年,县消防大队审核建筑项目 25 个,发出审核意见书 18 份,竣工验收 15 个,发出火险隐患整改通知书 12 份,停业整改 2 个。1997 年,对全县水上活动液化气灌充点进行专项整治,共检查单位 64 家,发现隐患 257 处,对 24 家未经审批的经营点,当场下发停业通知书。1999 年,审核建筑项目 81 个,参加竣工验收 65 个,办理“易燃易爆化学物品消防安全许可证”46 份。2000 年,开展易燃可燃化学品消防安全专项治理,依法对 10 家单位 12 人立案进行查处。2003 年,开展人员密集场所消防专项整治,对全县 305 家人员密集场所进行检查,发放整改通知书 85 份,依法对 39 家单位进行立案处罚。2008 年,开展“三合一”场所(指人员住宿场所与生产、仓储、经营一种或一种以上功能违章混合设置在同一空间内的建筑)消防安全综合整治、奥运消防安全保卫等10余项专项整治工作，全年检查各类单位3260余家，发出各类责令整改火灾隐患和消防违法行为的法律文书235份，办理行政处罚案件83起。2009年，开展消防安全专项整治，发现火灾隐患282处，立案处罚98起，责令“三停”（停产停业、停止使用、停止施工）50家。2010年，派出检查组740个，检查单位3542家，发现整治各类隐患434处，发出责令改正通知书106份。2011年，开展“清剿火患”战役，共派出检查组457个，检查单位3747家，发现整治各类火灾隐患17189处，发出责令改正通知书13034份，办理行政处罚案件313起，强制执行20家，行政拘留78人。2012年，开展居住出租房、夹浦轻纺印染等重点领域专项治理、消防安全保卫战攻坚系列行动等活动，推动消防安全网格精细化管理。全县共划分16个大网格、190个中网格、2195个小网格，落实网格排查人员493人；检查单位4.2万余家，整改火灾隐患14余万处，发出责令改正通知书13326份，发出行政处罚决定书368份，强制执行18家，责令“三停”308家。

四、火灾事故与扑救

全县扑救火灾任务主要由消防中队和乡镇专职消防队承担。1988年，发生火灾事故10起，受伤4人，造成直接经济损失8万元。1994年8月5日，驻长兴某部队驻地附近发生特大山林火灾，市、县两级领导和驻湖州部队2000余名军、警及4000余名民兵，连续奋战3昼夜，将大火扑灭。2012年，发生火灾事故8起，造成直接经济损失21.2万元。1988—2012年，全县发生火灾事故814起，死亡14人，受伤29人，直接经济损失1200余万元。

1988—2012年长兴县火灾事故情况表

表24-5

年份	事故（起）	死亡（人）	受伤（人）	直接经济损失（万元）	年份	事故（起）	死亡（人）	受伤（人）	直接经济损失（万元）
1988	10	0	4	8.00	2001	133	0	0	85.36
1989	4	0	0	6.00	2002	20	0	0	88.40
1990	19	2	1	15.00	2003	13	1	3	110.50
1991	45	0	1	8.00	2004	16	3	1	46.90
1992	8	0	2	15.00	2005	18	0	0	94.60
1993	12	1	2	21.00	2006	10	0	0	43.40
1994	6	2	7	15.00	2007	10	0	2	22.50
1995	16	2	0	52.00	2008	10	0	0	23.20
1996	21	0	2	51.00	2009	8	0	0	21.30
1997	93	0	1	197.00	2010	8	0	0	
1998	102	0	0	119.00	2011	8	1	0	
1999	108	1	0	37.00	2012	8	0	0	21.20
2000	108	1	3	103.80	—	—	—	—	—

说明：根据历年《长兴统计年鉴》整理

第九节　接处警与安全保卫

一、“110”接处警

1997年12月，县公安部门筹建以“110”指挥中心为龙头的快速反应机制，投资108万元，购买服务器1台、接警计算机3台、维护应用计算机2台、录音计算机1台与CK区域联防报警计算机2台组成指挥中心，配有大屏幕摄影机、彩色电视机18台，组成电视监控墙。1998年4月起，承担全县接报警、指令处警的任务。2004 年 3 月,成立县 110 社会联动工作领导小组,办公室设在县公安局 110 指挥中心。县政府授权县公安局 110 指挥中心为全县 110 社会服务联动工作网络的指挥中心,按照“统一接警、分别处警”和“谁主管,谁负责”的原则接处警。2005 年 1 月 12 日至 4 月 20 日期间,根据上级统一部署,实行“110”“119”“122”三台合一,“119”火灾报警和“122”交通事故报警统一纳入“110”报警。2010 年,建立“110”视频指挥系统。2012 年,“110”指挥中心共有民警 8 人,聘用人员 26 人。1998—2004 年,“110”的接处警从 3800 起增至 34031 起,其中属有效公安接警占 12%。从 2005 年开始,接警数呈数倍增长,至 2008 年达到 25.5 万起,其中属有效公安接警占 18%,社会联动警情占 21%。2012 年,“110”接警数达 33.05 万起,属有效公安接警占 17%,社会联动警情占 21%。

二、安全保卫

1988 年,全县企事业单位建有派出所 4 个,配民警 22 人;有保卫科 14 个,配专职保卫干部 39 人。1991 年,全县内部保安列管的 33 个单位中,新建保卫科(股)4 个,充实专职保卫干部 12 人。1994 年 5 月,全县内保列管单位设立保卫科、处、股 35 个。1997 年,全县建有保卫科(股)38 个,有专职保卫干部 95 名。至 1998 年年底,全县有 61 个单位设立保卫科(股),配专职保卫干部 123 人;设企事业公安派出所 1 个(森林派出所),配民警 11 人。2004 年 9 月,确定 53 家治安保卫重点单位。同年,县公安局组织派出所民警和重点单位保卫负责人,开展业务培训。2007 年 3 月,确定治安保卫重点单位 74 个。2008 年,县公安局下发《关于规范“治安保卫重点单位”及“安宁单位”管理的通知》,全县 74 家治安保卫重点单位和 55 家企事业单位参加创建,按“一单位一档案”要求建立管理档案。2009 年,开展“警务进企业”“警务进工地”活动,完善警企联系制度,为全县重点工程项目建设安全保卫工作提供指导服务。2012 年,全县治安保卫重点单位有 84 个。

1990 年起,县公安部门先后参与省首届农民文化节、中国国际陆羽茶文化旅游节、第十一次中日经济讨论会、第十届国际茶文化节研讨会暨湖州(长兴)首届陆羽茶文化节、第二届中国湖州(长兴)陆羽国际茶文化节、第八届全国残疾人运动会自行车比赛和第三届环太湖国际公路自行车赛(长兴赛段)等大型活动、重要赛事的安保及北京奥运会、上海世博会安保,承担县内历年高考、中考及“两会”期间的安全保卫工作。同时,做好到长兴视察的党和国家领导人警卫任务。1990—2012 年,县公安局共完成重大警卫安全任务 40 余次,重大会议、重大活动警卫 10 余次,其中完成到长兴视察(含过境)的党和国家领导人警卫任务 27 人次。

三、保安服务

1992 年 5 月,县公安局组建长兴县保安服务公司,归口治安部门主管,自负盈亏、独立核算。同年,该公司下属有保安服务经营部,担任全县易燃、易爆物品运输任务(1998 年 1 月停运)。1993 年起,县保安公司先后在雉城、夹浦、李家巷、小浦、虹溪、吕山、和平、城东、林城等地区和水上建立 11 个保安中队、32 个保安分队。1994 年 3 月,经省公安厅、林业厅批准,建立猎枪专营部(1997 年 6 月撤销)。1996 年年底,全县有 146 个单位组建保安队,有队员 572 人。其中,企事业单位 124 个 317 人,县、乡、镇机关 8 个 62 人,公安基础单位 14 个 193 人。1997 年 6 月,县公安局建立长兴县保安服务总公司,下设无线寻呼中心、自动报警推广中心、培训中心、技防工程部、保安部、经营部、财务部等部门,1998 年被省公安厅授予规范化保安服务公司。2000 年 12 月,全县共成立 10 个保安大队,由各中心派出所所长和交警、巡特警大队长担任地区保安大队长,教导员担任地区保安大队教导员。2001 年 8 月,县公安局出台《关于建立乡镇社区保安服务队的意见》,明确乡镇社区保安服务队是在当地乡镇政府领导下,由当地公安派出所(警组)负责日常管理,用于社区治安巡逻,协助管理暂住人口,开展防火、防盗、防抢、防治安灾害事故及抢险等工作,为社区提供有偿安全防范服务的群众性组织。同年,雉城镇设立专职保安夜巡队,负责城区夜间巡逻和各类出租车辆出城登记工作,配备保安队员 100 人。各乡镇均成立社区保安服务队,建制镇配备保安队员 6 人至 20 人,乡配备保安队员 5 人至 8 人。各乡镇社区保安服务队与暂住人口稽查队、义务消防队合署办公,实行三块牌子一套班子。2002 年 6 月,根据公安部有关规定,县公安局印发《关于加强和规范保安队伍管理的通知》,成立县公安局保安大队(设在县保安服务总公司),原各警署、中心所、有关大队成立的保安大队经调整后成立保安中队,原设的中队经调整后成立保安分队。2003 年,制定《长兴县公安局清理非法保安组织规范保安服务市场专项整治工作方案》,清理整治保安服务市场管理混乱局面,规范保安服务行为,推动保安服务业健康发展。2007 年 5 月,制定《关于进一步清理整顿全县保安服务业工作方案》,实行娱乐场所保安由保安公司统一派驻,单位自建保安组织统一纳入监管。其中,单位自建保安组织的从业人员基本情况必须报所在地公安机关备案,保安服装标识、原有协辅警服装标识在 6 月底前必须更换成统一新的保安标识,并全面建立电子档案。同年年底,全县共有 1796 名保安录入信息系统。至 2012 年年末,县保安服务总公司人防业务和技防业务发展已具规模,共有客户数量 4134 个、服务网点 1936 个,保安员 2083 人。

第三章　检察工作

1988 年,长兴县人民检察院(简称县检察院)位于雉城镇仁家弄 26 号,有办公室、刑事检察一科、刑事检察二科、法纪检察科、经济检察科、监所科 6 个内设机构,有长广煤矿矿区人民检察院、驻长湖建筑材料厂检察组 2 个派出机构。同年至 1995 年,先后设县商业局检察室、税务检察室、县供销联社检察室、县粮食局检察室、县农业银行检察室、县交通局检察室、浙江水泥厂检察室、工商行政管理检察联络处 7 个派出检察室(检察联络处),并于 1998 年 6 月全部撤销。1990 年,设立控告申诉检察科,经济检察科更名为贪污贿赂侦查局。1991 年,设立民事行政检察科。1995 年,驻长湖建筑材料厂检察组更名为驻湖州监狱检察室,同年更名为驻长湖监狱检察室。1996 年,经济检察科更名为反贪污贿赂局。1998 年,刑事检察一科更名为审查批捕科,刑事检察二科更名为审查起诉科。同年,县检察院机关机构改革,设办公室、政治处、审查批捕科、审查起诉科、反贪污贿赂局、法纪检察科、监所检察科、民事行政检察科、控告申诉科(挂“长兴县人民检察院举报中心”和“刑事赔偿办公室”牌子)、法律政策研究室、行政装备技术科等 11 个职能部门。1999 年 10 月,县检察院搬迁至雉城镇县前中街 27 号。2002 年,刑事检察一科更名为侦查监督科,刑事检察二科更名为公诉科,法纪检察科更名为渎职侵权检察科。同年 8 月,县检察院机关机构改革,设办公室、政治处、侦查监督科、公诉科、反贪污贿赂局、渎职侵权检察科、监所检察科、民事行政检察科、控告申诉检察科、行政装备科共 10 个内设机构。2005 年,渎职侵权检察科更名为反渎职侵权局。2006 年,长广煤矿矿区人民检察院移交县检察院管理。2007 年,成立社区矫正检察科,与监所科合署办公。2009 年,驻长湖监狱检察室归市检察院管辖。至 2012 年年末,县检察院有办公室、政治处(信管中心)、侦查监督科、公诉科、反贪污贿赂局、反渎职侵权局、监所检察科(社区矫正检察科)、民事行政检察科、控告申诉检察科(举报中心)、职务犯罪预防科、行政装备科、纪检监察室、法警大队 13 个内设机构,有和平检察室、开发区检察室、驻看守所检察室 3 个派出机构。有政法专项编制 81 人,实有 73 人;事业编制 4 人,实有 3 人。其中,检察长 1 人,副检察长 3 人,检察员 37 人,助理检察员 13 人,书记员 11 人,法警 8 人,其他人员 7 人。检察员中,有一级检察官 9 人,二级检察官 2 人,三级检察官 4 人,四级检察官 2 人,四级高级检察官 20 人。2002 年 2 月,县检察院被最高人民检察院授予全国检察机关“人民满意的检察院”荣誉称号。

第一节　刑事检察

一、审查批捕

1988 年,全县共受理公安机关提请审查批捕各类犯罪嫌疑人 86 件 139 人,经依法审查,批准逮捕

115 人,不批准逮捕 9 人。1991 年,最高人民检察院印发《人民检察院直接受理侦查的刑事案件审查逮捕审查起诉暂行规定》,规定人民检察院直接受理侦查的刑事案件由刑事检察部门审查逮捕,当年批准逮捕自侦案件 10 件 10 人。同年,参加反盗窃专项斗争,9 月至 11 月批准逮捕盗窃、销赃、窝赃犯罪 39 人,其中重大案犯 14 人。1993 年,参加"三打一禁"专项斗争,批准逮捕 182 人。1995 年,参加集中整治农村社会治安斗争,批准逮捕 5 个特大抢劫团伙 22 名车匪路霸。1997 年,参加春季"严打"和"双禁"专项斗争,批准逮捕 170 人。1998 年,参加"夏季严打",批准逮捕 90 件 120 人。1999 年,参加夏季"严打",8 至 9 月批准逮捕 82 人,参加扫黄打非专项斗争,批准逮捕容留、介绍卖淫等犯罪 11 件 14 人。2000 年,配合公安机关开展"百日破案、追逃犯、抓防控"和"冬季破案会战"专项斗争,9 月至 11 月批准逮捕 71 件 101 人。2005 年,配合公安机关开展对"两抢一盗"、破坏电力设备等犯罪活动的集中整治,批准逮捕 372 人。2009 年,最高人民检察院印发《关于省级以下人民检察院立案侦查的案件由上一级人民检察院审查决定逮捕的决定(试行)》后,县检察院直接受理侦查的刑事案件改由市检察院决定逮捕。2012 年,受理提请批捕 447 件 745 人,批准逮捕 465 件 702 人,不批准逮捕 49 人。1988—2012 年,全县共受理公安机关提请审查批捕各类犯罪嫌疑人 10338 人,经依法审查,批准逮捕 9666 人,不批准逮捕 469 人,不捕率 4.5%。

1988—2012 年长兴县检察院办理审查批捕案件情况表

表 24-6

年份	受案		审结				年份	受案		审结			
			批捕		不批捕					批捕		不批捕	
	件	人	件	人	件	人		件	人	件	人	件	人
1988	86	139		115		9	2001	340	449	321	419	9	10
1989	171	282		248		17	2002	312	423	298	406	8	8
1990	157	280	138	242		22	2003	278	389	262	367		10
1991	170	286	154	251		21	2004	345	566	335	548		8
1992	145	230	137	207		8	2005	352	539	340	527		11
1993	149	320	147	311	5	19	2006	348	508	334	498		1
1994	147	282	136	248	3	23	2007	353	573	342	561		10
1995	148	268	132	228		21	2008	349	560	342	553		13
1996	166	244	146	210		18	2009	379	646	364	625		21
1997	168	250	149	225		21	2010	439	714	416	665		35
1998	250	328	219	282	27	44	2011	444	632	421	607		35
1999	256	312	239	283	11	14	2012	447	745	465	702		49
2000	266	373	224	338		21	—	—	—	—	—	—	—

说明:资料来源于县检察院

二、审查起诉

1988 年,全县共受理公安机关移送审查起诉 100 件 195 人,经依法审查,起诉 69 件 117 人,免予起诉 31 人。1989 年起,检察机关直接受理的刑事案件逐步由刑事检察部门审查逮捕、审查起诉,至 1991 年最高人民检察院规定正式出台,同年受理自侦部门移送审查起诉案件 32 件 35 人。1991 年,参加反盗窃专项斗争,9 月至 11 月起诉犯罪嫌疑人 26 人。1993 年,参加"三打一禁"专项斗争,起诉 95 件 196 人。1996 年,参加"严打"斗争,起诉 25 件 36 人,免予起诉 1 件 2 人,不诉 1 件 1 人,移送市检察院审查起诉 5 件 8 人。1997 年,参加春季"严打"和"双禁"专项斗争,起诉 98 件 130 人。同年,刑事诉讼法修改取消免于起诉制度,当年共受理移送审查起诉 177 人,起诉 249 人,不起诉 3 人。1998 年,参加"夏季严打",起诉 60 件 76 人。1999 年,参加"夏季严打",8 月至 9 月起诉 61 人,参加扫黄打非专项斗争,起诉容留、介绍卖淫等犯罪15件15人。2000年,配合公安机关开展“百日破案、追逃犯、抓防控”和“冬季破案会战”专项斗争,9月至11月起诉75件116人。2000年,推行主诉检察官办案责任制,由主诉检察官独立承办案件,对事实、证据认定和所作决定负责。2001年,推行刑事案件普通程序简易化审理。2002年,普通刑事案件简易化审理、依法适用简易程序占全部案件70%。2005年,配合公安机关开展对“两抢一盗”、破坏电力设备等犯罪活动的集中整治行动,提起公诉441人。2007年,实行轻微刑事案件快速办理机制,起诉案件7天内办结的占办理数的27%。2010年,参与整顿市场经济秩序专项行动,起诉严重经济犯罪嫌疑人25人。2012年,受理移送审查起诉702件1235人,提起公诉643件1047人,不起诉18人。1988—2012年,全县共受理公安机关移送审查起诉的各类犯罪嫌疑人13432人,经依法审查,起诉11929人,免予起诉345人、不起诉167人。

1988—2012年长兴县检察院办理审查起诉案件情况表

表24-7

年份	受案		审结						年份	受案		审结					
			起诉		不起诉		免于起诉					起诉		不起诉		免于起诉	
	件	人	件	人	件	人	件	人		件	人	件	人	件	人	件	人
1988	100	195	69	117				31	2001	381	560	339	496	2	2		
1989	195	362	154	285				41	2002	403	566	397	578	3	3		
1990	187	377	155	254				66	2003	367	507	334	454		2		
1991	200	332	161	271			18	46	2004	401	667	377	608		2		
1992	177	264	151	239			37	44	2005	421	695	391	670		14		
1993	158	368	124	235			14	44	2006	411	640	409	607		6		
1994	170	320	145	250			17	53	2007	433	734	396	675		11		
1995	127	263	111	215			6	20	2008	485	860	455	790		27		
1996	204	304	157	229					2009	456	809	441	788		21		
1997	174	277	164	249		3			2010	604	998	553	930		19		
1998	250	347	246	344	2	2			2011	607	961	554	880		26		
1999	272	361	255	335	5	5			2012	702	1235	643	1047		18		
2000	305	430	276	383		6			—	—	—	—	—	—	—	—	—

说明:资料来源于县检察院

三、刑事诉讼监督

立案和侦查监督　1997年,刑事诉讼法修改明确刑事立案监督制度。县检察院通过对公安机关纠正漏捕、纠正违法、监督立案、监督撤案等活动开展侦查监督工作,对侦查机关有案不办、以罚代刑进行重点监督。2002年,深化审查批捕制度改革,试行补正建议制度,共向侦查机关发出《补正建议书》21份。2004年,通过行政执法与刑事司法相衔接的工作机制,依法监督李某生产、销售伪劣产品一案。2007年,立案监督的何某、汤某强奸案获省高级人民法院再审改判,撤销原一审、二审无罪判决,对二人作出有罪判决。同年,立案监督的案件中有3人被判处10年以上有期徒刑,立案监督工作位列全省检察机关前十名,被评为省立案监督先进单位。2011年,与县公安局联合印发《关于办理未成年人刑事案件逮捕必要性审查规则》,规范未成年人刑事案件提请批捕、审查逮捕工作。1998—2012年,县检察院共监督立案169件。

审判监督　县检察院对侦查机关或侦查部门移送起诉案件事实和适用法律认定,侦查活动是否合法进行监督,依法履行对刑事审判活动监督职能,加强对确有错误的判决、裁定的抗诉。1988—2012年,对县人民法院提出抗诉18件。其中,2007年,对立案监督的何某、汤某强奸案依法提出二审抗诉,获得再审改判;2011 年,对 1 件没有按照刑法修正案(八)进行判决的案件依法提出抗诉;2012 年,依法提出抗诉的史某诈骗案,被市中级人民法院依法由无罪改判为有罪。

第二节 职务犯罪查处和预防

一、职务犯罪查处

1988—1997 年,全县共立案查处各类经济案件 207 件 258 人、法纪检察案件 68 件。《中华人民共和国刑事诉讼法》和《中华人民共和国刑法》修改后,1998 年起至 2012 年,共立案查处贪污贿赂等职务犯罪案件 204 件 216 人、渎职侵权类案件 23 件。

贪污受贿案件查处 1988 年,县检察院经济检察科负责查办贪污贿赂等经济犯罪。1990 年,经济检察科更名为贪污贿赂侦查局,1996 年更名为反贪污贿赂局。

1988 年 9 月,县检察院成立经济罪案举报中心,至 11 月底接到各类举报 54 件,其中举报贪污、贿赂、挪用公款、投机倒把等经济罪案性质案件 26 件,立案 1 件。同年,共受理各种经济案件 18 件 23 人,立案查处 12 件 14 人,其中万元以上大案 5 件 6 人,挽回经济损失 30 余万元。1989 年 8 月,最高人民法院、最高人民检察院下发《关于贪污、受贿、投机倒把等犯罪分子必须在限期内自首坦白的通告》,至年末,有 22 名违法犯罪分子到县检察院投案自首,立案查处经济犯罪案件 10 件 18 人。1991 年起,把查办重点放在群众举报多、反映强烈和亏损非常严重企业的案件上,立案查处长兴某装卸运输公司经理杨某受贿及支部书记兼砂场负责人郭某贪污案。1992 年,立案查处发生在县内"穷庙富方丈"式非正常亏损企业中的厂长、经理经济犯罪案件 9 件。1994 年,立案查处某经贸实业公司长兴分公司吴某贪污 26 万元案,为县检察院重建以来查处的最大贪污案。1995 年起,突出查办发生在"三机关一部门"(党政机关、司法机关、行政执法机关、经济管理部门)中的贪污贿赂等经济犯罪案件,同年立案查处 4 件 4 人。1996 年,立案查处科级干部犯罪案件 5 件,查处监管司法干警贪污贿赂犯罪案件 3 件、基建领域贿赂案件 3 件、亏损企业中的经济犯罪 6 件 6 人。1988—1997 年,共立案查处各类经济案件 207 件 258 人,其中大要案 88 件。

1998 年,县检察院共立案查处贪污贿赂等职务犯罪案件 10 件 11 人,其中大要案 8 件 9 人。1999 年起,狠抓危害国有企业改革和发展犯罪案件的查办,立案查处县商业房地产开发公司原经理张某等利用转制之机侵吞 20 余万元的窝案。2000 年至 2001 年,立案查处国有企业职务犯罪案件 13 件 13 人。2003 年,立案查处原县信用联社陆汇头信用社负责人孙某涉嫌挪用公款近 3000 万元案。2004 年,立案查处原县财政局吴某、县商业银行裘某特大挪用公款 1100 万元案。2007 年,立案查处长广集团公司窝案 6 件。2008 年,立案查处医疗卫生系统查办受贿窝案 9 件。2009 年,立案查处利源污水处理厂韩某、方某贪污 500 余万元案。2011 年,立案查处县旅游局受贿窝案 3 件、县交通局受贿窝案 3 件。2012 年,立案查处职务犯罪案件 10 件 12 人,贪污贿赂案件 9 件 10 人,科级干部 5 人、在职领导干部 2 人。1998—2012 年,县检察院共立案查处贪污贿赂等职务犯罪案件 204 件 216 人,其中大要案 126 件。

渎职侵权案件查处 1988 年,县检察院法纪检察科负责法纪检察。2002 年,法纪检察科更名为渎职侵权检察科,2005 年更名为反渎职侵权局。

1988 年,县检察院受理各类法纪案件 30 件,立案侦查 8 件 9 人,其中重大责任事故案件 4 件,玩忽职守案件 3 件,企业负责人犯罪 4 件。1990 年,受理各类法纪案件 50 件,初查 46 件,立案查处 12 件 14 人,是历年来立案数最多的一年,根据年初最高人民检察院公布侵权渎职案件立案标准,立案查处 5 件。1991 年,受理各类法纪案件 43 件,初查 37 件,立案侦查 8 件 8 人,其中侵权、玩忽职守和重大责任事故等重点案件 7 件 7 人。1994 年,重点查办矿山重大责任事故案和"人质型"非法拘禁案,查办重建以来影响最大的李某特大玩忽职守案。1995 年,共受理各类法纪案件 50 件,已办结 49 件,立案侦查 7 件 9 人,其中玩忽职守案 4 件 4 人。1996 年，贯彻落实省检察院《关于进一步加强法纪检察工作的意见》，突出查办执法人员徇私舞弊犯罪，受理徇私舞弊案件线索 6 件，立案侦查 1 件 1 人。1988—1997 年，县检察院共立案查处法纪检察案件 68 件。

1998 年，县检察院查处滥用职权案件 1 件 1 人，查处长湖监狱司法干警陆某失职致使在押人犯脱逃的渎职犯罪案件。1999 年，重点查办行政执法人员渎职犯罪，查处长城乡政府土管员莫某非法批准、征用土地犯罪案件。2000 年，查处国家机关工作人员渎职犯罪案件取得突破，查处县交通局原局长宁某玩忽职守犯罪。2002 年，建立以渎职侵权检察科牵头各职能部门参与的县检察院内部线索移送联络小组，建立线索移送奖励制度。2007 年，立案查处长湖监狱民警徐某徇私舞弊减刑案，并将 2 名有关责任人员移送长湖监狱作党纪处理，该案系当年全省检察系统办理的第一件监管场所职务犯罪案件。2010 年，查处乡镇轻纺税收代征人员孙某等一批徇私舞弊不征少征税款犯罪案件。2012 年，立案查办渎职侵权案件 1 件 2 人。1998—2012 年，县检察院共立案查处渎职侵权类案件 23 件。

1988—2012 年长兴县检察院查处贪污受贿、渎职侵权案件情况表

表 24-8

年份	查处贪污贿赂案件（经济检察）					查处渎职侵权案件（法纪检察）		年份	查处贪污贿赂案件（经济检察）					查处渎职侵权案件（法纪检察）	
	合计		大案		挽回经济损失	合计			合计		大案		挽回经济损失	合计	
	件	人	件	人	万元	件	人		件	人	件	人	万元	件	人
1988	12	14	5	6	30	8	9	2001	14	19			370	2	2
1989	33	43	14	18	118	8		2002	14	15	7	8	220	1	1
1990	28	44	13	26	60	12	14	2003	14	15	12		1000	2	
1991	30	34	11		20	8	8	2004	15	16	9		1300	3	3
1992	26	30	7	8	75	6		2005	17	18	13		400	2	2
1993	13	23	5	11	52	3	3	2006	14	14	10	10	180	1	1
1994	12	15				7	7	2007	16	16	8		190	1	1
1995	13	14	8	9	600	7	9	2008	16	16	15		370	2	2
1996	21	22	12	13	360	7		2009	12	13	12	13		2	2
1997	19	19	13	13	300	2	2	2010	16	16	12			2	2
1998	10	11	8	9	200	1	1	2011	15	15	13	13		1	3
1999	12	12			150	1	1	2012	9	10	7	7		1	2
2000	10	10			158	1	1	—	—	—	—	—	—	—	—

说明：资料来源于县检察院

二、职务犯罪预防

1988—1997 年，县检察院预防职务犯罪工作的重点是深入发案多的重点行业、部门，开展法制宣传教育，并结合办案，提出有针对性的检察建议。1998 年，与县水利农机局签订全县第一份关于在水利、水电工程建设中开展“双优”（工程优质、人员优秀）的预防职务犯罪协议书，依法对总造价近 200 万元的水利工程招投标会实行监督。1999 年，县检察院印发《关于成立预防职务犯罪领导小组的通知》，同年开展国有企业工作人员职务犯罪预防，与 12 家国有企业（公司）建立职务犯罪预防联系点，提出检察建议 30 余条。2000 年，选取职务犯罪多发领域和行业，实行行业预防和专项预防相结合，在太湖大道、污水处理一期工程等重大交通、水利建设领域，在招投标关键环节加强预防。2001 年，设立预防职务犯罪办公室，由一名副检察长专门分管。2002 年，与县国税局、人行长兴县支行、县建设局、县工商局、县地

图24-3 县检察院开展反贪污贿赂渎职犯罪举报宣传,接待群众咨询(县检察院提供·1998年)

税局联合发文,共同开展职务犯罪预防工作。2004年,与县建设局、长湖监狱联合发文,共同开展职务犯罪预防工作。开展村干部职务犯罪预防工作,由各乡镇推荐,聘请19名预防职务犯罪联络员。2005年,与县供电局联合发文共同开展职务犯罪预防工作,与县纪委、监察局和计经委共同制定《关于对财政性资金投入重点工程建设预防职务违法违纪工作的意见》。2006年,与县国土局联合发文共同开展职务犯罪预防工作。2006年,设立职务犯罪预防科,配备专职人员。2006年、2007年,深入申苏浙皖高速公路建设工程、合溪水库建设工程开展职务犯罪预防。2008年,在查处县人民医院受贿窝案之后,召开市县两级的医疗系统职务犯罪情况剖析会。2009年,联合纪检监察、审计、发改等部门,依据《浙江省预防职务犯罪条例》的要求,在合溪水库工程、杭宁城际铁路工程、长湖申航道拓宽工程、太湖办等四个重点工程和单位中,开展以执行《条例》职责为重点的重点工程职务犯罪预防工作。2011年,组织全县部门、乡镇正科级领导干部家属开展廉政教育,组织全县四套班子、行政执法单位和国有企业负责人参观惩治和预防渎职侵权犯罪展览。2012年,县检察院印发《关于加强涉农职务犯罪预防工作的意见》,加强涉农职务犯罪预防工作。

第三节　民事行政检察

1991年1月,县检察院设立民事行政检察科。由于存在理论争议、制度不够健全等原因,县检察院民事行政检察工作起步较晚。1997年,依法受理当事人不服人民法院已经生效的民事、行政裁判提出的申诉11件,经审查,立案2件。1998年,提请抗诉2件,建议提请抗诉1件。1999年,办理首例提请抗诉成功的民事申诉案件,办理首例对二审人民法院终审判决进行审查后作出建议提抗决定的案件。2000年,依法受理当事人不服人民法院已经生效的民事、行政裁判提出的申诉20件,经审查,立案10件,建议提请抗诉3件,提请抗诉4件。2001年起,县检察院民事行政检察监督结构开始呈现出生效裁判监督(包括抗诉与再审检察建议)、息诉、执行活动监督、督促起诉、支持起诉、民事公诉、审判人员与执行人员职务犯罪线索移送等相结合的格局。2004年4月,县检察院、县法院联合印发《关于民事、行政案件使用检察建议启动再审程序的实施意见(试行)》,就检察院使用检察建议启动再审程序的有关工作形成9条实施意见,年内提出再审检察建议3件。同年,围绕保护国家利益和社会公共利益,对涉及国有资产流失、环境污染等案件,有关单位和部门怠于行使起诉权的,开展督促起诉工作。该年,还办理首例依法督促长兴县某局提起民事诉讼追回国有资产损失的案件。2005年,立案12件,建议提请抗诉3件,提请抗诉9件,改判11件。同年,开展对法院审判及执行监督,立案查处县法院章某涉嫌贪污、受贿、挪用公款案。2010年,对大量不立案、不抗诉案件开展服判息诉工作,至2012年共办理息诉服判案件39件。2010—2012年,开展行政执法监督,发出15份检察建议均收到整改回复。2012年,立案民事行政案件23件,提请抗诉6件,建议提请抗诉7件,改判9件,调解5件。1997—2012年,县检察院共依法审查处理当事人不服人民法院生效民事行政裁判提出的申诉360件,立案民事行政案件167件,提请抗诉90件,建议提请抗诉61件,改判72件,调解23件。

1997—2012年长兴县检察院办理民事行政案件情况表

表24-9　　单位：件

年份	受理案件	立案	建议提请抗诉	提请抗诉	改判	调解	年份	受理案件	立案	建议提请抗诉	提请抗诉	改判	调解
1997	11	2					2006		15	5	12	12	2
1998			1	2			2007	34	10	4	6	6	1
1999	13	6		4	3		2008	34	7	4	7	3	
2000	20	10	3	4			2009	41	9	6	9	3	
2001	25	12	1	5	5	1	2010	27	6	10	5	3	6
2002	35	15	5	6	2		2011	31	12	5	6	9	5
2003	30	15	6	3	2	2	2012	34	23	7	6	9	5
2004	25	13	1	6	4	1	总计	360	167	61	90	72	23
2005		12	3	9	11		—	—	—	—	—	—	—

说明：资料来源于县检察院

第四节　控告申诉检察

县检察院成立后，受理人民群众检举、控告，结合信访工作复查历史案件。1990年，成立控告申诉检察科，当年受理控申信访100件次，受理举报信访174件次，摘录举报材料40余份，上门处理告急信访达13件，复查免诉申诉案件2件，为自侦部门提供经济犯罪线索65起。1991年，将受理申诉案件和告急案件作为重点，受理公民控告、申诉90件，办理3人以上群访的9件37人案件、矛盾容易激化的2件告急信访。1998年，成立县检察院信访领导小组，实行检察长接待日制度。2002年，开展集中清理控告申诉积案专项活动。2004年，推出控告申诉工作点名、预约接待制，来访群众根据自己实际需要点名、预约或者由接访人员推荐、预约检察长、检察干警接待、处理相关事宜；建立控告申诉首办责任制，将控告、申诉、举报解决在首次办理环节。同年，开展集中处理涉检上访问题专项活动，集中处理2003年以来涉法上访问题，市、县政法委督办的三件涉法上访问题全部息诉，息诉率为100%。2005年，开展集中处理涉检上访问题专项活动，1件涉检上访案件经处理后息诉罢访。2007年，开展下访巡访试点工作，在全县16个乡镇设立工作站，聘任乡镇综治办主任为下访巡访工作联络员，下访巡访工作经验被省检察院控申处推介。2008年，出台司法救助工作实施办法，成立司法救助工作领导小组，对部分涉检的相关人员因实际困难进行救助，在奥运期间，排查12件疑难复杂的涉检信访案件。2009年，开展重信重访专项治理和涉检信访集中攻坚行动，建立涉检信访风险预警评估机制，开展检察长联合大接访活动，完善下访巡访机制，接待群众来访247人次，建立检察工作“便民联系卡”。2010年，做好世博会期间的涉检信访工作。2011年，开展刑事案件被害人救助工作，办理司法救助案件13件，办理一起交通肇事被害人司法救助案后，相关经验做法被省检察院控申处推介。2012年，县检察院共受理信访案件82件，接待群众来访470余人次，化解初信初访案件156件。

1988年，县检察院成立经济罪案举报中心，后改为举报中心，专门处理举报工作，受理对国家工作人员、国家机关工作人员的举报。1994年，接到群众举报反映长兴装卸运输公司业务副经理丁某有贪污行为后，查处其贪污公款2万余元的犯罪事实。1995年，多次接到举报长兴某单位正副站长共同贪污数万元的电话，查处两案犯共同贪污4万余元的犯罪事实。1996年，通过向全县31个乡镇和县级机关各部门、省市驻长兴企业发放和张贴公布等形式，向社会公开举报承诺制度。1998年，根据群众举报查处煤山镇大安村一农电员挪用公款4万余元的犯罪事实。1999年,成立县检察院举报线索初查审查协调小组。同年起,每年6月的最后一周实行“举报宣传周”活动。2001年,印发《长兴县人民检察院奖励举报有功人员暂行办法》,县检察院举报自动受理系统网络开始投入运行,县政府拨转款5万元,在全省首设检察举报奖励专项基金。2003年,开展举报线索专项清理检查活动。2004年,通过电视、报纸等宣传媒体向社会公布开通免费举报“绿色通道”,发文奖励举报华能国际电力股份有限公司长兴电厂有关人员经济问题并经查证属实的举报人。2006年,对2003年以来的职务犯罪举报线索进行清理排查。2009年6月起至2012年,启用全国统一举报电话12309。

第五节　监所检察

县检察院监所科主要负责对看守所、监狱、劳动改造主管部门的监管活动是否合法实行监督,重点加强对减刑、假释、保外就医、超期羁押等情况的检察监督。1988年,共检察监所、劳改场所417次,提出口头建议23次,纠正违法18次,找在押犯谈话教育153人次。1990年,对看守所实行驻所检察。1992年,对管制、剥夺政治权利、缓刑、假释、保外就医“五种罪犯”进行检察走访,对24名暂予监外执行罪犯执行情况依法进行检察。1993年,对监外123名“五种人”实行回访和检察。1992—1993年,对超期羁押的情况提出纠正意见37次。1994年,对超期羁押情况依法进行检查,共发现超期羁押4件5人。1999年,通过检察监督,及时纠正1件超期羁押案件。2000年,纠正超期羁押的嫌疑人4人。1995—1998年,检察保外就医犯130人次。1999—2000年,对8件减刑、假释、保外就医裁定不当的案件,提出纠正意见,被采纳。2001年,开展减刑、假释检察768人次,开展保外就医专项检察17人次,纠正不符合减刑、假释、保外就医条件的罪犯7人。2002年,审查呈报减刑、假释888人,审查法院裁定减刑、假释651人,纠正不符合减刑、假释、保外就医的罪犯18人,纠正违法2件。同年,驻长湖监狱检察室、驻长兴县看守所检察室规范化达标工作通过省检察院的考核验收。2003年,通过对1172名减刑、暂予监外执行人犯开展专项检察,共监督纠正减刑、假释、暂予监外执行不当案件40件。2004年,通过对1323件减刑、假释、暂予监外执行案件的检察,发现纠正呈请减刑、假释、暂予监外执行不当案件56件。2005年,驻长湖监狱检察室被最高人民检察院评为全国二级规范化检察室。2007年起,对被判处管制、宣告缓刑、裁定假释、暂予监外执行以及被剥夺政治权利在社会服刑的五种罪犯实施社区矫正,建立社区矫正检察台账,在全省首创“一表一卡”监督跟踪机制。2008—2009年,共发现并纠正脱管、漏管、考验到期而未宣布解矫等社区矫正违法情况26起。2010年,共发现漏管61人,脱管2人,到期未解矫23人,发出书面检察建议18份,口头检察建议2次,漏管情况全部纠正。开展世博会“桥头堡”专项检察活动,发现并纠正脱管、漏管等情况18人。2010年,驻县看守所检察室被省检察院评为二级规范化检察室。2011—2012年,县检察院纠正脱管、漏管、到期未解矫等16件35人,发出检察建议7件。

第六节　人民监督员制度

2004年9月,县检察院试行人民监督员制度,聘请首届人民监督员共7人。人民监督员按照最高人民检察院《关于人民检察院直接受理侦查案件实行人民监督员制度的规定(试行)》,对三类案件五种情形实施监督。2007年,县检察院第二届人民监督员换届,由县人大常委会选任人民监督员11人,在全省率先实行对人民监督员的选任由“内部聘请任命”向“人大任命”的转变。2010年,县检察院第三届人民监督员换届,经县人大常委会任命,产生人民监督员12人。

第四章　法院工作

1988年，长兴县人民法院（简称县法院）位于雉城镇县前街9号，内设办公室、政工科、民事审判庭、刑事审判第一庭、刑事审判第二庭、经济审判庭6个机构，下设煤山、泗安、虹溪、城东、丁新、和平、雉城、小浦、林城9个派出法庭，有在编干警65人。1989年6月，设立行政审判庭。1990年5月，设立告诉申诉庭和执行庭。1996年4月，设立司法警察大队。1998年7月，根据《长兴县人民法院机关机构改革方案》，调整设立办公室、政治处、立案庭、刑事审判第一庭、刑事审判第二庭（挂少年犯罪审判庭牌子）、民事审判庭（挂房地产审判庭牌子）、经济审判庭、行政审判庭、告诉申诉审判庭（挂审判监督庭牌子）、执行庭、司法警察科（对外称司法警察大队）和司法行政科（挂计划财务装备科牌子）12个机构，下设雉城、城东、丁新、和平、虹溪、煤山、小浦、泗安、林城9个人民法庭。1999年11月，撤销雉城、小浦、林城、虹溪人民法庭。2001年10月，撤销丁新、城东人民法庭。同年，县法院迁至雉城镇太湖中路128号，占地面积约1.33公顷，建筑面积8766平方米。2002年8月，根据县法院机关机构改革方案，内设办公室、政治处、立案庭、刑事审判庭、民事审判第一庭、民事审判第二庭、行政审判庭、审判监督庭、执行局（执行庭）、司法警察大队10个机构，下设煤山、和平、泗安3个法庭，并按规定设立监察室。2006年1月，原隶属长广煤矿总公司管理的长广人民法庭归并县法院管理。至2012年，县法院内设立案庭、刑事审判庭、民事审判第一庭、民事审判第二庭、行政审判庭、执行庭、审判监督庭、政治处、办公室、监察室、司法警察大队11个内设机构，下设煤山、和平、泗安、长广4个派出法庭。有政法专项编制110人，事业编制5人。全院具有法官职务（审判员和助理审判员）73人，其中一级法官10人、二级法官12人、三级法官10人、四级法官6人、四级高级法官17人。在职司法警察21人，其中一级警督3人、二级警督2人、三级警督1人，一级警司1人、二级警司5人、三级警司7人。

第一节　刑事审判

1988年，县法院受理刑事案件132件，审结132件。2012年，受理刑事案件655件，审结664件，审结案件是1988年的5倍。1988—2012年，县法院共受理刑事案件8169件，审结8153件，判决罪犯12681人。审结案件中，盗窃案件3291件、抢劫案件493件、故意伤害案件736件、故意杀人案件41件、贪污受贿案件241件，强奸案件190件、诈骗案件237件、交通肇事案件634件。刑事案件数量和犯罪人员总体呈逐年上升趋势，新类型案件相继显现，2009年开始审理非法经营犯罪，2010年开始审理信用卡诈骗犯罪和贩卖毒品犯罪，2012年开始出现非法吸收公众存款犯罪。

一、严重刑事案件审判

根据中央和上级统一部署及不同时期刑事犯罪发案特点，县法院在不同时期相应开展一系列有针对性的刑事重点打击行动。1988—1992年，重点开展针对杀人、抢劫、放火、爆炸、强奸、流氓、重大盗窃等“七类”犯罪分子的审判工作，审结包括1988年104国道团伙盗窃案、1989年104国道飞车抢劫盗窃销赃案等在内的一批社会危害性较大的严重刑事犯罪案件，共判处“七类”犯罪分子456人。1993—1995年，先后开展以打击团伙犯罪和国道沿线“车匪路霸”为重点的“三打一禁”专项斗争，打击流氓黑势力、查禁社会丑恶现象的“一打一禁”专项斗争，共判处“七类”犯罪分子393人，其中团伙犯罪案件21件97人、车匪路霸8件39人。1996—1997年，开展第二次“严打”斗争，共判处“七类”犯罪分子239人。1998—2000年，继续严厉打击各类严重危害人民群众生命财产安全案件，审结刘某虐待亲子案等一批刑事犯罪案件，共判处罪犯354人。2001—2002年，开展第三次“严打”斗争，重点打击带有流氓恶势力和黑社会性质的团伙犯罪，以及盗窃、抢劫等严重影响群众安全的多发性犯罪，共判处犯罪分子315人。2002年，重点打击抢劫等严重暴力犯罪和盗窃等严重影响群众安全感的多发性犯罪，全年共判处抢劫案件19件29人、盗窃案件194件316人。2003—2012年，县法院共审结“两抢一盗”犯罪案件2363件，判决罪犯4035人。

二、职务犯罪案件审判

1988年，贪污、受贿、挪用公款等职务犯罪与“破坏社会主义市场经济秩序罪”一起被统称为经济犯罪案件。同年，县法院审结贪污受贿案件8件。1989年，贯彻执行最高人民法院、最高人民检察院《关于贪污、受贿、投机倒把等犯罪分子必须在限期内自首坦白的通报》精神，根据惩罚与宽大相结合的原则，集中审理职务犯罪案件13件。1993年起，贯彻落实《关于反腐败斗争近期抓好几项工作的决定》精神，将惩治贪污、受贿、挪用公款等犯罪活动作为推动反腐败斗争的突出工作。1996年，职务犯罪案件完全从经济犯罪案件中脱离出来。2012年，审结职务犯罪案件10件12人。1988—2012年，县法院共审结职务犯罪案件241件，占审结刑事案件总数的3%，判处罪犯273人。

三、未成年人犯罪审判与预防

1988年，县法院审结未成年人犯罪案件2件2人，涉案类型为盗窃。1993年，成立少年刑事审判合议庭，配备专职法官负责审理少年刑事案件，同时与团县委、县妇联、县教育局加强工作联系，并从三部门中聘请4位同志作为合议庭特邀陪审员，参与未成年人刑事案件审理和判决后的帮教回访工作。1998年，在刑事审判第二庭增挂少年犯罪审判庭牌子，少年刑事审判机构更加完善。2000年起，与教育局联合，每年挑选审判骨干力量担任学校法制副校长，通过定期到学校授课、举办模拟法庭等形式，增强在校学生的法制意识。2003年，正式设立少年法庭，通过学校、家庭、团组织共同参与，建立适合未成年人心理、生理特点的“圆桌审判”模式。同年7月22日，对未成年被告人史某故意伤害一案进行不公开开庭审理，系少年法庭设立以来审理的第一案。2006年，制定《少年法庭工作细则》等一系列规章制度，推动少年法庭规范有序运行。2007年，撤销少年法庭，成立未成年人办案小组，继续开展未成年人审判预防工作。2011年，建立针对未成年被告人的庭前社会调查、庭中法制教育及庭后延伸帮教制度，对未成年被告人在从轻、减轻处罚的同时尽可能使用管制、缓刑等非监禁刑。2012年，审结未成年人刑事犯罪案件42件61人，依法对37人宣告缓刑。1988—2012年，县法院共审结未成年人犯罪案件486件，判处罪犯713人，均依法予以从轻、减轻处罚。

1988—2012年长兴县法院审结刑事案件情况表

表24-10

年份	结案(件)	判处罪犯(人)	盗窃(件)	故意伤害(件)	贪污受贿(件)	强奸(件)	诈骗(件)	抢劫(件)	交通肇事(件)	故意杀人(件)
1988	132	175	36	12	8	15	3	3	3	1
1989	161	278	69	4	13	5	2	7	1	0
1990	188	331	60	9	14	7	3	13	4	4
1991	174	280	60	13	12	8	4	26	0	2
1992	197	239	42	26	11	6	4	19	5	2
1993	163	295	36	13	2	8	2	18	6	0
1994	176	334	57	18	9	4	3	30	9	2
1995	206	371	44	18	2	5	2	24	6	0
1996	245	368	46	17	2	11	1	34	3	2
1997	166	227	44	23	12	8	4	14	15	1
1998	268	388	97	35	8	11	8	17	12	2

续表24-10

年份	结案（件）	判处罪犯（人）	盗窃（件）	故意伤害（件）	贪污受贿（件）	强奸（件）	诈骗（件）	抢劫（件）	交通肇事（件）	故意杀人（件）
1999	301	394	97	40	13	4	9	21	21	0
2000	271	380	105	49	9	6	6	20	33	0
2001	366	503	152	59	8	8	7	15	29	1
2002	427	618	194	58	13	7	7	19	36	1
2003	287	374	121	48	7	7	9	20	41	3
2004	406	628	201	53	10	4	7	17	46	5
2005	398	650	228	44	10	11	7	21	38	3
2006	482	734	202	25	11	4	7	20	45	2
2007	435	657	193	27	10	13	18	15	45	1
2008	496	780	224	29	13	8	13	28	38	1
2009	457	801	194	25	12	7	16	30	47	1
2010	511	864	230	37	9	5	26	19	62	0
2011	576	863	243	23	11	9	33	26	38	4
2012	664	1149	316	31	10	9	36	17	51	3

说明：资料来源于县法院

第二节　民事审判

随着经济体制改革步伐加快以及社会变革加剧，法院审结民事案件数量逐步攀升。1988年，县法院共审结民事案件542件，其中婚姻家庭案件为主要案件类型，共审结312件，占当年审结民事案件总数的58%，其他审结数量较多的案件类型有人身损害赔偿、民间借贷等。2012年，审结民事案件3077件，道路交通事故、婚姻家庭、劳动争议为数量最多的案件类型。案件审理过程中，注重自愿合法调解，案件调撤率达53.3%，矛盾纠纷化解效率有效提升。1988—2012年，县法院共受理民事案件41997件，审结42898件，其中婚姻家庭案件12377件、交通事故案件10713件、人身损害赔偿案件899件、劳动争议案件1633件、民间借贷案件3771件、物业合同案件387件、建设工程施工合同案件541件。25年间，县法院婚姻家庭案件和人身损害赔偿案件数量相对稳定，交通事故案件、劳动争议案件和民间借贷案件数量激增。同时，还出现一些新类型案件，如1998年开始出现的建设工程施工合同案件、2007年开始出现的物业合同案件等，案件数量均呈现后来居上的趋势。

一、民间借贷案件审判

1988年，县内民间借贷案件属民事案件，由民事审判庭及各法庭负责审理。同年，县法院审结民间借贷案件4件。1996年开始，民间借贷产业快速发展，县法院受理的民间借贷纠纷案件数量上升趋势十分明显，同年共审结153件，后三年以年均100件的数量递增，至2000年回落至200余件，2006年之前始终保持在该数量。2007年开始，县法院民间借贷案件数量再次大幅度增长，首次突破500件。2008年4月起，民间借贷案件列入商事案件，民事审判庭不再审理该类案件。

二、道路交通事故案件审判

1988年，县法院首次受理并审结道路交通事故案件3件。之后几年均未受理。自1993年再次受理道路交通事故案件开始，随着机动车保有量的大幅度上升，县法院审结该类案件数量逐年上升。1999年6月，挂牌设立“道路交通事故损害赔偿合议庭”，加强与公安部门在处理道路交通事故损害赔偿案件中的相互配合，同年共审结道路交通事故案件90件。合议庭成立后，审理道路交通事故案件效率得到提升，结案量也同步提升，2000年突破100件，2004年突破500件，2007年突破1000件。2011年，开展“财产保险免责条款的效力及举证责任的分配”课题调研，与中国人保长兴支公司、太平洋保险长兴支公司等保险公司就道路交通事故损害赔偿项目和标准取得初步统一。2012年，针对交通事故案件量多、面广、裁判标准不统一的现状，在民一庭设立“长兴法院道路交通事故案件审判庭”，实行道路交通事故损害赔偿案件的集中审理。同年，县法院共审结该类案件1660件，平均审理时间下降至22天。

三、劳动争议案件审判

1988年，县法院受理劳动争议案件3件，均为追索劳动报酬案件。之后几年案件数量未有突破。1995年开始，审结的劳动争议案件数量出现明显增长，同年审结和平某石矿原承包人拖欠民工工资和太傅乡某茶园承包人拖欠民工工资等案件，系县法院审结的首批群体性劳动争议案件。1996年和1997年，又相继处理白阜乡某茶厂承包人拖欠民工工资，安徽胡某等民工集体催讨工资等案件。1999年，大量企业破产案件进入审判环节，出现破产企业职工安置问题，成为劳动争议案件审判的一个全新课题。同年，协助相关部门累计安置破产企业职工1342人。2007年开始，劳动争议案件审理重点转向快速高效帮助农民工追索劳动报酬，同年共审结追索劳动报酬案件66件，为农民工收回工资67.95万元。2011年，建立民工工资追偿应对处置机制，运用保全、评估、拍变卖等措施，实现审判执行对接联动。同年，共处理群体性民工追索劳动报酬案件8批，涉及企业7家、民工376人。2012年，与县人力资源和社会保障局、各乡镇组成农民工欠薪纠纷解决联席会议平台，通过每年定期召开联席会议研讨解决民工工资拖欠问题。同年，县法院共受理劳动争议案件431件，审结432件，其中劳动合同案件2件、追索劳动报酬案件380件、提供劳务者受害案件50件。

1988—2012年长兴县法院审结民事案件情况表

表24-11　　单位:件

年份	结案数	婚姻	家庭	交通事故	人身损害赔偿	劳动争议	物业合同	建设施工合同	民间借贷
1988	542	304	8	0	28	3	—	—	4
1989	818	303	15	0	28	0	—	—	11
1990	807	300	17	0	17	0	—	—	17
1991	906	241	14	0	36	6	—	—	19
1992	845	236	22	0	41	5	—	—	48
1993	996	271	21	1	13	2	—	—	39
1994	835	334	27	4	14	4	—	—	31
1995	1113	408	20	10	16	10	—	—	78
1996	1407	452	25	31	27	19	—	—	153
1997	1369	450	36	46	49	22	—	—	219
1998	1422	421	24	60	59	20	—	3	334
1999	1837	426	28	84	33	17	—	1	436
2000	1778	357	29	123	29	22	—	1	274
2001	1656	436	19	103	41	24	—	7	266
2002	1718	553	26	89	36	41	—	30	291
2003	1458	498	19	108	50	38	—	40	253
2004	1902	456	17	538	44	49	—	13	227
2005	2142	447	20	766	42	77	—	24	234
2006	2357	532	15	902	17	48	—	43	321

续表24-11

年份	结案数	婚姻	家庭	交通事故	人身损害赔偿	劳动争议	物业合同	建设施工合同	民间借贷
2007	2492	720	13	1354	9	47	15	47	516
2008	2848	716	15	1088	44	98	21	58	—
2009	2868	707	24	1512	48	44	117	46	—
2010	2549	804	26	1060	69	126	79	50	—
2011	3156	761	33	1172	54	480	61	74	—
2012	3077	705	26	1660	55	432	94	104	—

说明:资料来源于县法院

第三节 商事审判

1988—2012年,县法院共受理商事案件34029件,审结33427件,其中买卖(购销)合同案件6756件、借款合同案件5456件、承揽定作合同案件1066件、民间借贷案件7835件、承包合同案件630件、租赁合同案件904件。

一、经济纠纷案件审判和服务

1988年,县法院经济纠纷案件由经济审判庭负责审理,审判和服务重点是配合全县开展依法收贷工作,帮助企业回收应收款。同年,共审结经济纠纷案件228件,案件多涉企业货款,其中借款合同案件78件、占34%,购销合同案件27件、占12%。1989年,除经济审判庭外,各人民法庭也开始办理经济纠纷案件。其后几年,根据县委、县政府工作部署,开展“两清”“两清两收”“诉前催款”等一系列依法收贷专项工作,至1993年累计回收欠款1291万元。1993年开始,涉企纠纷案件审判和服务重心转向服务社会主义市场经济。同年,共审结经济纠纷案件907件,涉金融机构及国有企业案件数量大幅度增长,其中金融机构借款合同案件243件、占27%,涉国有企业经济纠纷案件64件、占7%。之后,重点审理企业在合资、租赁、兼并、破产、拍卖过程中出现的纠纷。2002年,根据最高人民法院机构改革要求,经济审判庭变更为民二庭,负责审理辖区一审商事案件。同年,审结经济纠纷案件1123件,其中买卖购销合同458件、借款合同471件。2005—2007年,将工作重心转向服务民营经济发展,维护民营企业合法权益,审结百草园市场房屋侵权纠纷等案件,出台依法促进民营经济发展的实施意见,为天能公司、金三发集团等骨干民营企业收回应收款2500万元。2008年开始,总结涉企纠纷案件审判经验,出台一系列服务企业创业创新的司法保障措施,为企业发展提供支持。同年,出台《为推进创业富民、创新强县提供有力司法保障和优质法律服务的19条实施意见》以及《服务县域经济转型升级12条工作措施》,对诉诸法院的涉企案件,实行100万元以上案件报告制度、简化立案程序、降低保全门槛等措施。县法院全年共审结经济纠纷案件3109件,比2007年增长141.5%,其中买卖购销合同685件、借款合同130件、承揽定作合同118件、民间借贷1454件、承包合同110件、租赁合同62件、合伙纠纷25件、股权转让6件、财产保险合同1件;民间借贷案件首次列入商事审判范畴,案件数量跃居商事案件首位,共审结1454件,涉案标的额达3.44亿元。2009年,民间借贷案件审理中首次出现小额贷款公司、担保公司借贷案件,共办结20件,涉案标的额1560万元。2011年,出台蓄电池整治、中小微企业发展、妥善处理企业欠薪问题等一系列司法措施和规范性文件。建立服务中小企业“三报告”制度。2012年,出台服务八大专项行动、服务中小微企业、应对企业资金链断裂等文件,提出31项工作举措。同年,县法院共审结经济纠纷案件3055件,其中买卖购销合同666件、借款合同249件、承揽定作合同68件、民间借贷1627件、承包合同52件、租赁合同74件、合伙纠纷12件、股权转让6件、财产保险合同15件。民间借贷、买卖合同、借款合同案件为占比最大的案件类型,民间借贷案件涉案标的额首次突破10亿元,达10.81亿元。

1988—2012年长兴县法院审结经济纠纷案件情况表

表 24-12　　单位:件

年份	结案数	买卖购销合同	借款合同	承揽定作合同	民间借贷	承包合同	租赁合同	合伙纠纷	股权转让	财产保险合同
1988	228	27	78	1	—	6	0	2	—	—
1989	604	36	239	2	—	3	1	4	—	—
1990	738	49	228	2	—	1	0	3	—	—
1991	711	28	225	0	—	1	0	2	—	—
1992	1030	39	186	3	—	3	4	6	—	—
1993	907	25	243	6	—	3	3	4	—	—
1994	1043	41	171	1	—	0	3	9	—	—
1995	1493	19	213	1	—	0	17	7	—	—
1996	1794	29	329	0	—	2	51	10	—	—
1997	1418	59	339	4	—	5	11	14	—	—
1998	652	107	210	50	—	10	13	7	—	—
1999	658	97	251	6	—	13	26	13	—	—
2000	631	101	334	18	—	13	19	9	—	—
2001	523	85	328	6	—	15	28	9	—	—
2002	1123	458	471	35	—	13	36	23	—	—
2003	917	454	192	53	—	6	51	14	—	—
2004	921	238	171	33	—	4	30	6	—	—
2005	955	503	155	81	—	2	6	1	—	—
2006	1162	645	165	134	—	68	28	17	—	4
2007	1287	576	28	111	—	66	57	24	3	9
2008	3109	685	130	118	1454	110	62	25	6	1
2009	3219	604	144	140	1988	54	50	27	7	2
2010	2718	548	257	108	1510	92	85	16	6	14
2011	2531	637	120	85	1256	88	249	19	10	13
2012	3055	666	249	68	1627	52	74	12	6	15

说明:资料来源于县法院

二、企业破产案件审判

1994年,县法院开始受理企业破产案件,首批审结建丰电炉耐火厂及四川节能材料厂破产拍卖案件系县法院受理的首批企业破产案件。1995—1998年,仅受理2件企业破产案件,均涉及企业联营工作。1999年起,开始大量受理企业破产案件。同年,受理申请破产案件17件,审结9件,债务总额约1.36亿元,协助安置破产企业职工1000余人。2000—2004年,企业破产案件收案数居高不下,新收企业破产案件112件,债务总额13.05亿元,除国有、集体企业外,有19家有限责任公司向法院申请破产,占总数的17%。2005—2006年,企业破产案件收案数开始下降,每年新收分别为3件和2件。至2006年,另有旧存案件8件。2007年6月,《中华人民共和国企业破产法》正式施行。2009年,县法院受理并审结新《中华人民共和国企业破产法》实施后的第一件企业破产案件——浙江巨能东方饮料有限公司破产清算案,并首次运用管理人制度替代清算组制度。2012年,受理第一件破产重整案件——湖州航达工业炉制造有限公司破产重整案,同年因重整失败转入破产清算。同年,新收企业破产案件3件,旧存4件,尚存7件案件未结。1988—2012年,县法院共受理破产案件145件,审结138件。

1988—2012 年长兴县法院受理、审结企业破产案件情况表

表 24-13　　单位:件

年份	受理	旧存	结案	未结	年份	受理	旧存	结案	未结
1988	—	—	—	—	2001	38	15	27	26
1989	—	—	—	—	2002	26	26	35	17
1990	—	—	—	—	2003	10	17	16	11
1991	—	—	—	—	2004	6	11	9	8
1992	—	—	—	—	2005	3	8	2	9
1993	—	—	—	—	2006	3	9	3	9
1994	2	0	2	0	2007	2	9	3	8
1995	0	0	0	0	2008	0	8	1	7
1996	1	0	1	0	2009	1	7	1	7
1997	0	0	0	0	2010	0	7	0	7
1998	1	0	1	0	2011	0	7	3	4
1999	17	0	9	8	2012	3	4	0	7
2000	33	8	26	15	—	—	—	—	—

说明:资料来源于县法院

第四节　行政审判

一、行政案件审判

1988 年开始,县法院行政案件审判工作经历民事诉讼程序到行政诉讼程序的适用程序的转变、民事庭到行政庭的审判庭室的转变、行政判决到行政协调的工作重心的转变。同年,行政案件审判工作由民事庭负责,案件审理适用民事诉讼程序,全年受理并审结行政案件 9 件,涉及治安处罚、土地管理、食品卫生、劳动争议等 4 个方面,其中判决维持的有 5 件、判决撤诉的有 4 件。1989 年,《中华人民共和国行政诉讼法》正式颁布。同年 6 月,县法院正式建立行政审判庭,主要管辖县政府以下各局、各乡镇政府及其他享有行政职权部门为被告的行政一审案件,但同年未受理行政案件。1990 年,《中华人民共和国行政诉讼法》正式施行,行政审判庭正常开展业务运转,同年受理并审结行政案件 1 件。1994 年,县法院审结的行政案件中,首次出现 4 件因行政机关改变具体行政行为而平息争议,行政相对人自动撤诉的案件。1996—2000 年,是县法院行政审判庭成立后审结案件数量较少的一个阶段,5 年间仅审结 22 件。2001 年,行政案件出现井喷式增长,全年受理 44 件,审结 44 件,比上年上升 633%,其中判决维持的有 20 件、判决撤销的有 1 件、判决确认的有 1 件、判决驳回的有 8 件、判决撤诉的有 12 件;案件类型也从公安、林业、土地等传统案件类型扩展到房屋拆迁、土地征收、劳动和社会保障、税务、计划生育等三十几个行政管理领域。2003 年,在全市范围内率先推行行政案件首长出庭制度。2004—2005 年,致力于促进行政执法与行政审判的良性互动,先后与国土资源、建设、工商行政、技术监督等行政执法工作量较大的行政机关建立行政执法联席会议机制,就相关案件的具体法律适用问题达成共识,并于 2005 年牵头召开全县行政执法与行政审判工作座谈会。2006 年,审结丁某某诉县公安局治安管理处罚争议一案,由县公安局局长出庭应诉,系全县首例正职首长出庭应诉案件。同年起,行政审判的重点从监督和支持行政机关依法行政转变为化解行政争议,建立服判息诉机制,并通过每年召开的行政执法联席会议促进良性互动。2009 年,开展行政审判宣传工作,发布《行政审判二十年回望》白皮书。2012 年,审结行政案件 14 件,其中判决维持的有 6 件、判决撤销的有 4 件、判决驳回的有 2 件、判决撤诉的有 2 件。

1988—2012年，县法院共受理行政案件308件，审结306件，其中判决维持的111件，判决撤销的22件，判决变更行政处罚的1件，判决确认违法的8件，裁定驳回的47件，撤诉的114件。

二、非诉行政执行案件审查

1992年，县法院首次受理非诉行政执行案件，首批受理的65件非诉行政执行案件包括土地、计划生育、城建、税务、矿产和航管等5个类型，经审查后有58件移送执行。1993—1997年，共审查行政机关申请强制执行案件115件，案件类型仍主要局限在计划生育、土地、城建、财税等行政管理领域，经审查移送执行雉城镇人民北路旧城改造案、八三机场违章建筑案、仓前街市政工程申请拆迁案等一批典型案件。1998年开始，行政机关向法院申请强制执行案件数量大幅上升，案件类型多样化。从案件数量上，1998年审查非诉行政执行案件61件，比上年增加144%；2003年首次突破100件，达到107件；2005年首次突破200件，达到299件；其后几年基本保持在100余件。从案件类型上，1998年起，非诉行政执行案件开始涉及公路运管、食品卫生、环境保护等多个新的行政管理领域，但土地、财税、计划生育等行政管理部门仍是申请行政强制执行的主要单位。2010年起，新收非诉行政执行案件数量开始有所下降，但案件准予执行率较前几年有大幅度提升，其中2010年和2011年的案件准予执行率均达到100%，2012年的案件准予执行率达到88%。1992年—2012年，县法院共审查非诉行政执行案件2107件，移送执行1354件。

1988—2012年长兴县法院受理、审结行政案件情况表

表24-14　　单位：件

年份	受理	结案	维持	撤销	变更	确认	驳回	撤诉	其他
1988	9	9	5	0	0	0	0	4	0
1989	0	0	0	0	0	0	0	0	0
1990	1	1	0	0	0	0	0	1	0
1991	3	3	1	1	0	0	1	0	0
1992	9	7	1	4	0	0	0	2	0
1993	6	8	2	0	0	0	0	6	0
1994	7	6	2	0	0	0	0	4	0
1995	12	11	2	0	0	0	0	9	0
1996	2	3	0	0	0	0	0	3	0
1997	1	2	2	0	0	0	0	0	0
1998	5	5	1	0	0	0	0	4	0
1999	5	5	1	0	0	0	2	2	0
2000	6	6	2	1	0	0	0	3	0
2001	44	44	20	1	0	1	8	12	1
2002	24	24	6	3	0	0	8	6	1
2003	9	5	0	0	0	2	2	0	0
2004	28	27	15	0	1	0	1	10	0
2005	28	29	11	3	0	0	0	15	0
2006	24	11	3	0	0	2	1	5	0
2007	16	31	7	3	0	2	14	4	1
2008	17	17	9	0	0	0	6	4	0
2009	17	18	8	0	0	0	0	10	0
2010	11	11	5	1	0	1	0	4	0
2011	11	9	2	1	0	0	2	4	0
2012	13	14	6	4	0	0	2	2	0

说明：资料来源于县法院

第五节　审判监督

一、申诉和再审案件审理

1988—1989 年，县法院刑事审判第二庭专门负责刑事案件当事人的申诉及案件再审，共受理申诉案件 74 件，每年均审结案件 37 件，共改判 24 件，其中 1988 年改判 6 件、1989 年改判 18 件。1990 年，撤销刑二庭，设立告诉申诉庭，负责案件的告诉申诉及再审工作，至 1997 年，共受理并审结再审案件 84 件，再审案件呈现下降趋势。1998 年，设立审判监督庭，专门负责申诉和申请再审案件的审理以及案件质量检查、催办警告和督办等。2000 年，设立督查办，通过审限跟踪、异议审查以及发回重审、改判、再审、抗诉案件中错案的定性等对案件审前、审中、审后进行全程监督。2003 年，探索审判监督工作改革，规范再审立案、审查听证制度，强化申诉和再审工作。同年，组织对前三年发回重审、改判、再审案件进行针对性调研，形成调研报告，提出相应整改意见和对策。2004 年，开展“公正与效率”司法大检查，依法审查申诉和再审请求，符合再审条件的及时立案。2006 年，在再审案件审理中引入调解方法，共办结再审案件 12 件，其中调解结案的有 7 件。2010 年，对特别疑难、复杂的案件，为减轻当事人诉累和共同维护国家司法机关的权威，县法院与县检察院共同探索形成通过再审检察建议的形式，启动案件自查，再决定是否自行提起再审的方法。2012 年，依法办结再审案件 12 件，对确有错误的 8 件案件依法改判。1988—2012 年，县法院共受理再审案件 322 件，审结 320 件。其中，1988—1989 年审结再审案件 74 件，1990—1997 年审结再审案件 90 件，1998—2012 年审结再审案件 156 件。

二、案件审理质量监督

1988—1997 年，县法院未设立专门机构负责案件审理质量监督工作，案件审理质量的监督主要通过上级法院的案件检查、县人大的执法监督及法院内部的执法执纪大检查等三种形式进行。1988 年起，市中级人民法院案件检查组每年对县法院进行案件质量检查，经检查，案件质量好和比较好的均占 98% 以上，未发现一件冤假错案。1989 年，县人大对县法院进行执法监督检查，未发现一件冤假错案。同年，县法院内部组成 9 个案件检查组，分上半年、下半年两次对全院各类案件进行全面检查，逐件、逐项、逐人进行登记、评议。1991 年，首次组织执法执纪大检查，95 分以上案件达到 98%。1994 年开始，连续 4 年每年开展两次执法执纪大检查，执法执纪大检查成为固定的案件质量监督方式。1995 年，制定办案“一条龙”责任卡制度，开展规范化审判考核，加强内部制约和监督的力度。1996 年，每月定期组织检查，按 177 项标准对审判人员进行案件质量评查，对 14 个庭室进行规范化审判现场考评。1998 年，正式设立审判监督庭，作为专门机构负责案件质量检查、催办警告和督办工作。1999 年，开展“审判质量年”活动，对所有案件实行跟踪管理，由案件评查组每月将评查情况通报给承办人，及时指出案件质量方面存在的问题；在有条件的审判庭（法庭）实行排期开庭，平均结案时间不超过 40 天。2000 年，正式实现审监分立，由审监庭与督查办公室切实履职，防止“三案”（人情案、关系案、金钱案）现象发生。4 月 1 日起，正式开展每月案件质量检查制度、执行审限情况通报制度。2003 年，将办案质量与效率细化成 12 项指标，实行量化考核，与审判人员奖惩挂钩，建立每月对业务庭办结案件质量评查机制，确保审判权和执行权的正确行使，同年案件发回重审率和改判率与上一年同期相比下降 60 个百分点。2004 年，开展“公正与效率”司法大检查，执行最高法院制定的《关于严格执行案件超审理期限制度的若干规定》和《案件审限管理规定》，做到发现一案，追究一起。2008 年，通过运行新的软件管理系统，建立健全案件质量效率监督管理机制，确立 26 项评估数据体系，基本涵盖审判执行主要质效指标。2009 年，设立质评办，建立“曝光台”，完善分析通报制度，就案件优劣制定对法官和书记员个人的奖惩细则；制定出台《优秀裁判文书评定工作规定》，建立“十佳”“十差”文书公示通报制度。2010 年 6 月至 11 月，集中开展案件评查工作，评查范围为 2009 年年底前结案的民商事、执行案件及历年越级访的其他案件。2011 年，开展

“百万案件评查”工作,对民商事案件裁决不服的涉诉信访案件和部分 2010 年办结的民商事案件进行评查,重点是结案不息访、息诉又反复、重复进京上省到市信访的案件,上级有关部门交督办案件和上级法院指定审理的案件,严重超审限案件。2012 年 3 月至 10 月,重点开展四项评查工作,分别是 2012 年度案件质量评查、监外执行类案件专项检查、庭审评查和裁判文书评查。同年,县法院制定裁判文书管理、庭审规范、卷宗制作归档等 20 余项规章制度,建立细化到人的审判质效数据例行分析发布考核机制,建立重大疑难复杂和长期未结案清理化解机制。

第六节 案件执行

1988—2012 年,县法院共受理执行案件 43296 件,执结 38477 件,标的额 35.01 亿元。

一、民商事案件执行

1988 年,在没有建立专门的执行庭的情况下,县法院各类案件的执行工作均交由审判庭负责,实行“审执结合”。1989 年,在“审执结合”的基础上,县法院配备 2 名执行工作人员,专职负责案件执行工作。同年,集中力量、集中时间组织两次执行活动,集中执行案件 45 件。1990 年,正式设立执行庭。成立初期,主要负责经济案件执行工作,人民法庭仍负责辖区内日常自审案件的执行,执行庭在集中执行活动中起到应付处理突发性执行事件或强制执行的功能。同年,执结案件 339 件。1991 年,在雉城镇首次召开规模较大的拍卖大会,公开拍卖一批执行中扣押的财物,成交物品 33 类,成交额 1.4 万余元。1996 年,成立司法警察大队,加大案件执行力度。1999 年,开展“执行年”活动,对 594 名赖账者予以曝光,组织集中突击执行行动 28 次,扣押财物价值 1200 余万元,对 210 名被执行人实施司法拘留。2000 年,民商事案件的执行权全部集中到执行庭统一行使,改变过去业务庭和各人民法院既审理案件又执行案件的做法。执行案件统一由立案庭审查立案,案件执结后,统一报立案庭销案。2002 年,根据机构改革要求,县法院正式成立执行局,实现裁决权和实施权两权分离。2003 年,将人民法庭审理案件的执行权重新交由各人民法庭行使。同年开展集中执行,共执结案件 151 件,标的额 797.7 万元,并面向社会组织首次“集中执行”公开兑现大会。2004 年,首次尝试悬赏执行,共执结案件 3 件,到位金额 12 万元。2005 年,建立执行案件延长执行期限的报告、审批制度。2006 年,出台《超期限执行案件呈报制度》《执行工作法律文书审核签发规定》和《加强执行措施安全工作规定》,促进执行工作规范化。2007 年,县委下发《关于加强和改进执行工作的实施意见》,正式构建破解综合治理执行难工作机制,过去执行工作法院单打独斗的局面得以改变。同年,开展“规范执行行为 促进执行公正”活动,重点对执行不公、消极执行和执行款物管理问题进行纠正,采取执行公开和告知、执行听证、委托评估拍卖与执行机构人员分离、执行款物支付与执行人员分离等措施。2008 年,依法实施执行申报财产制度,对 1 名拒不申报财产的被执行人依法实施司法拘留,系浙江省适用该制度进行处罚的第一例执行案件。2009 年,建立重点案件排查预警机制和沟通协调机制。同年,县公安局在县法院设立执行联络室,建立执行信息交流互动协助机制,对被执行人长期下落不明的,通过执行联络室纳入公安查控系统。2010 年,探索建立执行信息与征信信息共享机制,建立解决执行难协调工作领导小组,形成党委领导、人大监督、政府支持、各部门参与、法院主办的大执行格局。2011 年,完善执行信息与征信信息共享机制,与相关部门加强合作,建立和完善执行征信、查控、惩戒、监督和保障等五个系统。2012 年,县法院建立点对点财产查询和协助执行工作新机制;当年开展金融债权案件专项执行,共执结金融借款类案件 295 件,标的额 2456 万元。

二、非诉行政案件执行

1992 年,县法院首次受理非诉行政案件,首次开展非诉行政案件执行工作,强制执行白阜乡沈某非法侵占土地案,拆除其违章建筑 100 多平方米,收回土地 218 平方米。同年,出台《关于申请执行的行政案件处理的规定》，明确凡申请法院执行的行政案件一律由执行庭审查立案。1993 年，首次批量处理非诉行政案件，依法执行 20 例违反计划生育条例案件，为相关部门收回罚款 13.3 万元。1994—2006 年，重点开展土地和计划生育行政申请案件的执行，如 1996 年对仓前街、金陵北路申请拆迁案的依法执行；2001 年对旧城改造“钉子户”实施的三次集中执行行动；2006 年开展社会抚养费征收集中行动等。2007 年，执行庭制定相关制度，每周确定一天为非诉行政案件执行日，加大对该类案件的执行力度。2008 年，专门制定集中执行社会抚养费征收案件实施方案，自该年 11 月至 12 月每周五、六分区域进行集中执行，其间共清理相关执行积案 72 件，恢复执毕案件 26 件。2011 年，县法院社会抚养费司法征收工作受到省政府表彰。2012 年，在执行社会抚养费征收行政非诉案件执行过程中，首次邀请部分担任村委书记、村主任或村干部的县人大代表参与执行。1992—2012 年，县法院共执行完毕非诉行政案件 1307 件，涉及土地、计划生育、环保、城建等多个方面。

1990—2012 年长兴县法院案件执结情况表

表 24-15

年份	收案（含旧存）（件）	执结（件）	标的额（亿元）	执结率（%）	年份	收案（含旧存）（件）	执结（件）	标的额（亿元）	执结率（%）
1990	443	339	0.02	76.5	2002	1638	1556	0.91	95.0
1991	581	472	0.03	81.2	2003	1180	975	0.89	82.6
1992	1324	1078	0.06	81.4	2004	1233	1133	0.97	91.9
1993	1472	1172	0.11	79.6	2005	1709	1521	0.96	89.0
1994	1548	1276	0.22	82.4	2006	1830	1610	0.88	88.0
1995	611	556	0.38	91.0	2007	1995	1766	1.30	88.5
1996	1087	917	0.48	84.1	2008	2381	2100	3.40	88.2
1997	1549	1312	0.33	84.7	2009	3667	3201	4.51	87.3
1998	2559	2288	1.47	89.4	2010	3108	2900	1.53	93.3
1999	2000	1760	0.92	88.0	2011	3314	3102	1.96	93.6
2000	2067	1825	1.10	88.3	2012	4154	4021	11.48	96.8
2001	1846	1597	1.10	86.5	—	—	—	—	—

说明：资料来源于县法院

第七节　审判改革

1988 年，随着《中华人民共和国民法通则》的正式施行，县法院确定在民事审判工作中着重调解、坚持当事人举证和充分保护妇女、儿童、老人合法权益的三大原则。1992 年，县法院出台《关于明确办案审批权限的通知》，明确立案受理、调解书签发、诉前保全等 28 项审批内容的审批权限。1997 年，按照修订后的刑事诉讼法要求，刑事案件庭审方式由审问式改为控辩式。1998 年，成立审判方式改革领导小组，加强审判方式改革的规划、试点、调研，以公开审判为重心，强化庭审功能，强化当事人举证责任，强化合议庭和独任审判员职责，实行公开调查、公开质证、公开辩论、公开认证，将审判活动置于群众的监督之下。同年年底，一审案件均依法公开开庭审理。2000 年 4 月 1 日，按照《浙江省法院深化审判方式改革总体方案》，正式推行《案件审理流程管理规程（试行）》，试行机构分立、人员分类、职能分开。在机构分立方面，建立以“大立案”为核心，立审、审执、审监三个分立为主要内容的审判管理方式基本架构。在人员分类方面，对立案法官、送达法官、排期法官、调查诉保法官、判案法官、书记员和其他审判辅助人员分类管理和考核。在职能分开方面,明确立案庭进行全程审限跟踪,审监庭组织实施案件质量管理。2001年,针对审判流程管理弊端,出台《关于实施案件审判流程管理相关工作的补充规定》,明确立案、委托、宣判时限,移交、取证操作流程,以及法官、合议庭、审委会等人员法定权利。同年,与公诉机关联合,对普通刑事案件简易审进行有益尝试,联合下发通知,明确普通刑事案件简易审的范围、方法、操作程序,实行繁简分流。2002年,将简易程序适用范围扩大至民商事案件,对事实清楚、当事人争议不大的民商事案件一律适用简易程序审理,同时在业务庭和法庭成立简案组,负责民商事简易程序案件的集中审理。同年,与县检察院、县司法局联合,分别出台《刑事诉讼庭前示证规则》和《民事诉讼庭前证据交换规则》,对重大疑难或证据材料较多、按普通程序审理的民事案件尝试在庭前进行证据交换。2006年,确定刑事审判六项原则,坚持惩罚犯罪与保障人权并重,坚持实体公正与程序公正统一,坚持司法公正优先,兼顾诉讼效率;坚持依法独立审判,保证裁判公正;坚持事实清楚,证据确实充分的裁判原则;坚持罪责刑相适应,量刑适当。2007年,与县司法局联合出台《人民调解与诉讼调解衔接互动机制》,构建人民陪审员参与调解、当事人亲属辅助调解、单位组织协调调解的联动网络。2008年起,信息化技术的大规模使用带来审判管理的新改革。同年,县法院作为全省试点,率先在案件质量效率监督管理中引入软件管理系统,确立26项评估数据体系,基本涵盖审判执行主要质效指标。2011年,试点圆满完成,正式启动审判系统新平台,实现审判流程与执行管理、人事管理以及协同办公等系统的同步连接。同年,新数字法庭庭审系统安装并投入使用,全年刑事案件开庭使用率达92%。2012年,县法院正式实行庭审同步录音录像,全年庭审录音录像率达85.7%。

第八节 人民陪审员制度

1988年,县法院尚未正式选举人民陪审员,而是由乡镇推选的1名工作人员担任人民陪审员职务,主要参与刑事案件的审判工作。2005年,《全国人民代表大会常务委员会关于完善人民陪审员制度的决定》正式施行,规定人民陪审员不再实行选举制,而改为组织推荐或个人申请,由基层法院会同同级司法行政机关进行审查,并由基层法院院长提出人选,提请同级人民代表大会常务委员会任命。同时,明确人民陪审员的任期为五年。2月,县法院出台人民陪审员选任、培训工作方案。3月,对外发布《长兴县人民法院选任人民陪审员公告》,在全县范围内选任人民陪审员20人。4月,集中组织人民陪审员业务培训,经培训考核合格后提请县人大常委会任命。5月,首批公开选任的20名人民陪审员正式参与审判工作。2010年,再次公开选任人民陪审员24人。该次选任出的人民陪审员具有涵盖面广、年龄结构合理、政治素质过硬、人员分布具有代表性、文化素质较高的特点,且多数人民陪审员曾经或尚在从事司法工作。2012年,县法院增选人民陪审员3人。同年,在任人民陪审员27人,陪审案件1464件,陪审率85.9%,陪审案件涵盖民事、刑事、行政等各个类型。

第五章 司法行政工作

1988年2月,长兴县司法局(简称县司法局)调解管理科更名为基层工作管理科。同年,下设办公室、宣传教育科、基层工作管理科3个科室和县律师事务所。1994年3月,成立长兴县法律服务中心。1997年7月,增设法律服务管理科、两劳回籍管教科。2002年,公证处改制为自收自支、独立核算的事业单位,更名为浙江省长兴县公证处。2003年8月,设立政工科。2006年10月,成立长兴县社区矫正工作委员会,办公室设在县司法局。2012年年末,县司法局内设政治处、办公室、法制宣传教育科、基层工作管理科、律师与公证管理科、法律服务综合科(长兴县法律援助中心)、社区矫正工作管理科7个职能科室。全县建立派驻司法所 20 个，有公证处 1 家、律师事务所 7 家、法律服务所 8 家。2011 年，长兴县被评为 2006—2010 年全国法制宣传教育先进县，县司法局曾两次被省司法厅、省人事厅授予全省司法行政系统先进集体。

1988 年，全县 34 个乡镇均配有 1 名司法助理员。1989 年，全县司法助理员由原来乡镇的单一管理转为二类管理，担负管理、指导人民调解的组织工作，各乡镇共配备司法助理员 36 人。1997 年，建立乡镇司法所 11 个，配备司法助理员 39 人。至 1999 年撤乡扩镇，全县 20 个乡镇均建立司法所。2000 年—2006 年，开展省级规范化司法所创建活动，司法所人员由国家干部兼任专职，统一着制式服装。2003 年开始，实行以所长为责任人的工作目标责任制考核，配发胸牌、胸号、领花，制定着装使用管理若干规定。2005 年，实行评定登记考核，统一规范设施标识，佩证上岗；建立每星期排查例会分析制与重大疑难案件报告制度。2006 年，全县司法所调整为 16 个，软硬件建设均达到“八有、八统一”标准，每个司法所工作人员在 3 人以上，全县有 4 家司法所达到省级示范司法所标准，12 家达到市级规范化司法所标准。2007 年起，推进直属司法所建设。同年，成立全市第一家直属司法所长兴县开发区司法所。2011 年，成立煤山、和平、泗安三个中心镇直属司法所。同年，县开发区司法所被司法部授予全国模范司法所。2012 年，全县 4 家直属司法所被命名为浙江省三星级规范化司法所。

第一节 法制宣传

一、普法教育

根据国家统一部署，1985 年始全县将普法教育列入五年规划，成立县法制教育领导小组，制定第一个五年普法规划，开始系统的普法教育。1986 年起，开始“一五”普法教育。1986—2010 年，先后开展“一五”至“五五”普法工作，累计有 220 万人次接受普法教育。2011 年起，开展“六五”普法工作。

“一五”普法（1986—1990 年） 以宪法、刑法、婚姻法、经济合同法、民事诉讼法（试行）、环境保护法、兵役法、继承法和治安管理处罚条例（简称“八法一例”）为主要内容，普法教育的对象是干部、工人、农民、居民和学生，以领导干部和青少年为教育重点，普法教育的目标是普及法律常识，了解“八法一例”的基本知识。采用分批集训、自学、讲座、上法制课、图片展、送法上门等形式开展教育活动，不同人群采用不同的形式开展教育和考试。至 1990 年年末，“一五”普法期间全县共有 39.94 万人接受普法教育，占总人口的 70%，考试合格率 99%。

“二五”普法（1991—1995 年） 1991 年 3 月起，在全县全体公民中实施以宪法为核心的 14 部专业法律、法规的普及工作。1991 年，普法宣传教育方法灵活机动，行政部门利用周一夜校时间开展集中学习，企事业单位利用节假日专门学习，工厂利用设备维修停产时集中培训，农村利用农闲季节开展集中教育。1992 年，开展普法教育与依法治理相结合试点工作，做好普法教育与开展“三打一禁”斗争相结合。1993 年，各乡镇成立普法宣传教育领导小组，开展依法治村（厂）工作。1994 年，编写《长兴县农村法律常识问答》一书，以农村为重点开展普法宣传。1995 年，制定《长兴县依法治县总体方案（草案）》，开展“二五”普法考核验收工作。“二五”普法期间，共举办培训班 89 期，培训普法骨干 1.01 万人，组建由 14 名具有不同法律知识的专业人员组成法制宣传讲师团进行巡回宣讲活动。发放《干部法律读本》1.15 万册，专业法书籍 2.5 万册，《长兴县农村法律常识问答》5.8 万册，其他普法资料 16.3 万份。举办厂（矿）长、经理企业“经济法”岗位培训班 4 期，1149 名厂（矿）长、经理通过考试取得岗位合格证书。有 1.06 万名领导干部、4.05 万名企业骨干人员参加《中华人民共和国合同法》和《中华人民共和国企业法》的培训与考试，合格率 100%；23.09 万名农村社员参加《长兴县农村法律常识问答》的学习和培训；11.25 万名中小学学生和教师开展《中华人民共和国义务教育法》的学习和知识竞赛。至 1995 年年末，“二五”普法期间全县共有 40.57 万人接受普法教育，占总人口的 72%。

图24-4　普法宣传(县司法局提供·2004年)

“三五”普法(1996—2000年)　1996年,县委、县政府下发《关于在全县公民中开展法制宣传教育第三个五年规划》和《长兴县人民政府1996—2000年依法治县五年规划》。1996年,在煤山镇进行“三五”普法与依法治理试点工作。1997年,县司法局联合县教委在县电大、县教师进修学校开办法律专业大专教育班和法律专业职高班,培养法律专业人员,配合浙江省行政管理学院举办法律大专学历教育班,对全县行政执法人员进行法律知识教育。1998年起,法制宣传教育与依法治村、依法治理行业紧密结合,在452个行政村成立监督小组,完善规章制度,修订村规民约,推行“村务公开、民主管理”。全县选定5家企业、6所学校、10个乡镇、58个行政村开展依法治理活动。2000年,学习推广“枫桥经验”,有108个单位通过“三五”普法与依法治理的考核验收,同年6月全县通过市普治领导小组的检查验收。“三五”普法教育以行政执法人员、企业经营管理人员和青少年为重点教育对象,成立长兴县法律培训中心,培训师资骨干1.12万人,414名行政执法人员及企业经营管理人员经法律知识培训取得合格证书,全县12.4万名师生开展“三个一”(上好一堂法制课、学好一本法律常识、宣展一套法律宣传图片)学法活动。以农村村民、流动人口、下岗职工为法制教育的难点,编写《长兴县“三五”普法农村法律常识简答》和《长兴县外来人口法律读本》两本读本,印发15.43万册。成立由37人组成的普法宣传和依法治县讲师团,巡回演讲190场次,受教育人员达6.98万人次。至2000年年末,“三五”普法期间全县共有45.2万人接受普法教育,占总人口的79.3%。荣获省级“三五”普法先进集体2个、先进个人2人,市级先进集体8个、先进个人12人。

“四五”普法(2001—2005年)　2001年年初,县委、县政府下发《长兴县关于开展法制宣传教育的第四个五年规划》,继续开展以宪法为核心、专业法为重点内容的法制宣传教育。10月,召开全县“三五”普法总结表彰暨“四五”普法和新一轮依法治县动员大会。11月下旬至12月上旬,在全县首次开展“12·4”法制宣传日系列活动,共制作横幅301条,展出板报184块,县司法局等10个单位在中心广场集中开展法律咨询活动,解答群众法律咨询2800人次,发放宣传资料5000份。同年,建立青少年法制学校15所,61所学校聘请法制副校长,183名政治教师通过法制培训考试持证上岗。组织青少年模拟法庭教学活动,在57所学校巡回演出,受教育学生10.1万人。2002年,开展普法实践活动,在各乡镇建立法制学校,推广村办文明学校。2003年,开展送法下乡、法律服务“三农”活动,制定《长兴县关于进一步加强农村基层民主法制建设工作的通知》和《长兴县关于进一步加强“民主法治村”建设工作实施意见》,在全县各村开展创星达标活动,至规划期末,小浦镇方岩村荣获第二批“全国民主法治示范村”称号,雉城镇玄坛庙居委会被推荐为五星级“民主法治村”,全县共有三星级“民主法治村”138个,三星级“民主法治社区”9个。2004年,开展“一十百千万”法律进机关、进课堂、进企业、进农村为主题的系列普法活动。全县10万名中小学生向父母发出“小手牵大手,学法一起走”的倡议,近30万人参与学法活动。至2005年年末,“四五”普法期间全县共有46.1万人接受普法教育,占总人口的80.8%。

“五五”普法(2006—2010年)　以领导干部、行政执法人员学法用法、企业经管人员学法用法、深化农村法制宣传教育为重点。2006年年初,县委、县政府下发《关于进一步加强农村法制宣传教育工作的实施意见》和《长兴县关于进一步加强领导干部学法用法工作实施方案》,举办行政执法人员培训班、“农村土地承包法”培训、“永达杯”法律知识电视大奖赛、“电力杯”农民法律知识大奖赛等活动,开展首届“与法同行”普法文化周活动,长兴电视台开设《法制纵横》栏目,推出《以案说法》《加强法制建设 推进依法治县》等专题专栏。开展“学法律,讲权利,讲义务,讲责任”为主题的法制宣传教育月活动。2007年,全县乡镇(街道)、开发区成立普法领导小组19个,培训乡村普法联络员405人,普法宣传骨干1729人,实施农村普法骨干"131"培育工程。5月开展"法治宣传月"活动,9月开展"《中华人民共和国物权法》学习宣传月"活动,12月开展"12•4"法制宣传日六大普法系列活动,举办"畅通杯"法律知识竞赛、"希望杯"法制演讲比赛、"和谐家园"法制文艺晚会、"呵护我们共同的家园"万名市民劝导不文明行为活动、律师百村法律服务结对推进会、"争做遵纪守法市民"签名仪式等活动,全年共举办各级各类(各部门)领导干部法制讲座(培训)230场,领导干部撰写领导干部学法用法论文53篇;开展农村法制讲座646场、法制文艺演出106场,放映法制电影2285场,新建《浙江普法宣传栏》120块,发放"五五"普法读本5580套,法制宣传挂图3550套,长兴电视台播出《法制纵横》节目365期。2008年,组织开展以"打造诚信守法企业 促进企业和谐发展"为主题的企业学法活动,开展以"人文奥运 与法同行"为主题的法制宣传教育月活动,开展村两委换届选举法制宣传工作。编发《劳动合同法知识读本》《创新创业法律知识通俗解答》2.2万册,发放法制宣传挂图6504套,举办劳动合同法、就业促进法、物权法等专题讲座183场次,播放警示教育片87场次,刊登奥运法律知识14期,发送手机法制短信1万余条,开展现场法律咨询和有奖竞猜32场次。2009年,以公务员学法用法为重点,开展法制示范村创建活动,发放普法教材2.85万册、法制宣传挂图4.35万余份,宣传资料17.8万份,举办法律知识讲座和培训311场次、法律咨询活动57场次,开展法制文艺下乡活动281场次,播放法制宣传电影405场,举办法律知识演讲赛1场次,组织各类人员法律知识培训4778人次,组织领导、公务员法律考试653人次,建立普法公园和普法驿站7个,命名授牌"农村法治示范户"36户,新创建"和谐共建会"26家。至同年年末,全县共有全国民主法治示范村1个、省级法治示范村7个、市级法治示范村72个、县级法治示范村180个。2010年,邀请浙江大学教授在"长兴大讲堂"作题为《社会管理创新与法律保障》的法制专题讲座。至同年年末,"五五"普法期间全县共有48.19万人接受普法教育,占总人口的77%。2011年,长兴县荣获2006—2010年全国法制宣传教育先进县称号。

"六五"普法(2011—2015年)　以全民学法用法为重点,多元化的载体为依托,做到普法教育全覆盖。2011年,开展"公益普法 社会责任"主题宣传月活动,县广播电视台首播《娘舅来了》法制专栏,节目内容涉及婚姻、家庭、工伤赔偿、交通事故、土地纠纷等各种民事纠纷,至10月,共播出31期。同年,开展"浙江法治宣传月"活动,创建"民主法治村(社区)",新申报省级民主法治村2个、市级民主法治村25个;新建"和谐共建会"33个。2012年,开展"深化法律六进、服务科学发展"主题活动,对新上任副科级以上领导干部进行法律知识考试,开展领导干部和公职人员法律知识培训,落实青少年学生法制宣传教育"一校一师一书一课一试"制度,在"长兴大讲堂""双休日选学"活动中开设法律课程。打造"法律文化驿站",建设普法"一公园、六驿站、十长廊"。举行长兴首届"十佳好娘舅"颁奖典礼。

二、基层依法治理

1993年,在全县范围内推行基层依法治理工作。1996年,在县委党校对450名农村党支部书记进行"坚持两手抓方针,强化农村社会治安综合治理"培训,联合矿管办组织"矿产资源法"颁布十周年学习宣传活动,举办"电力法"、二期矿山安全法培训。1998年开始,"村务公开、民主管理"的依法治理活动在全县452个行政村推行,共有5家企业、6所学校、10个乡镇、58个行政村开展依法治理活动。2000年,以煤山镇和洪桥镇、建设局、检察院及华能电厂、三狮水泥股份有限公司等为依法治理的典型,推动全县各行各业及各地区依法治理工作。2001年开始,重点开展"民主法治示范村"创建活动,抓好依法治行业、依法治厂、依法治校等工作。2003年,全县有34个村被评为民主法治示范村,33个村被评为民主法治村。2005年开始,开展争创星级"民主法治村(社区)"活动,全县三星级以上民主法治村(社区)达标率分别为54.8%和50%,其中小浦镇方岩村被确定为第二批全国"民主法治示范村"。2006年,全县共有三星级以上"民主法治村(社区)"194个,其中四星级"民主法治村(社区)"25个,三星级民主法治村达标率70.8%、三星级民主法治社区达标率77.8%。2007年,重点抓好小浦镇、水口乡"民主法治村"(五星级、四星级)规范化创建工作。与县委组织部、县民政局联合对已经达标的三星级"民主法治村"开展

“回头看”活动,对申报四星级、五星级“民主法治村”的行政村进行督查。2008年,全县三星级以上“民主法治村(社区)”达标率分别为89.6%和85.7%。2009年开始,新创建县级民主法治村(社区)18个、市级民主法治村(社区)20个、省级民主法治村(社区)3个。同年,全县共有全国示范村1个、省级7个、市级72个、县级180个,其中市级以上达标率为29.6%,县级以上达标率村96.3%。2010年,围绕“魅力乡村”创建和县社区服务中心建设,深化“民主法治村(社区)”“诚信守法企业”创建扩面等工作。2011年开始,新申报省级民主法治村(社区)2个,市级民主法治村(社区)25个。全县269个村(社区)中,全国示范村1个、省级7个、市级117个、县级144个,市级以上民主法治村(社区)达标率46.5%,县级以上民主法治村(社区)达标率100%。2012年,县司法局组织参加市级民主法治村培训,考核命名县级诚信守法企业9家,新申报省级诚信守法企业1家,新申报省级民主法治村2个、市级民主法治村(社区)16个。

第二节 人民调解

一、人民调解组织

1988年,全县有各类调解委员会526个,调解人员1695人,乡镇配有专职司法助理员29人。同年,实施人民调解委员会岗位目标责任制,对其中的95个调解委员会进行调整和整顿,有325个调委会落实岗位目标责任制。1989年,全县司法助理员由原来乡镇政府的单一管理转为二类管理,乡镇司法助理员队伍相对稳定。至1993年,全县已建立445个村级调解委员会,107个企业、居民调解委员会,有调解人员1767人,31个乡镇的司法助理员基本配齐。1994年起,开展人民调解委员会规范化建设、标准化调委会达标活动。同年,以槐坎乡新槐村和水口乡金山村为试点单位,进行创建人民调解“五无村”(无民间纠纷引起群体性械斗、无民间纠纷引起集体性上访、无民事转刑事案件、无民间纠纷引起自杀、无刑释解教人员重新犯罪)试点工作,190个调委会通过验收达到规范化标准。1997年,在争创标准化调解委员会中,有324个调委会达到一类调委会标准,206个调委会达到二类调委会标准。2000年,全县有20个乡镇建立调解中心,有专兼职参调人员156人。2002年,全县所有乡镇全部建立调委会。2003年起,对调委会从人员配置到制度落实进行统一规范。同年,推行人民调解员持证上岗资格考试和设立首席调解员制度,40名基层调解人员获得首批首席人民调解员称号,801名调解人员取得人民调解员资格证书,全县乡镇调解室场所建设设置统一到位。2004年,在全县范围内推选43个行政村调委会作为全县首批调解示范村。2005年,全县村(居)企调委会规范化标准达到90%,建立创建乡镇村(居)企星级规范化调解室20个。2006年,全县各级调解组织达到410个、调解人员1726人。2007年起,按照“八有、六落实”(有专职调解员、有调解场地、有工作制度、有标牌、有印章、有调解文书、有统计台账、有整理归档;组织落实、制度落实、场地落实、工作落实、经费落实、报酬落实)的标准健全人民调解组织,建设行业专业性人民调解委员会。2008年,成立开发区外来人员调解委员会、消费者权益保护调解委员会和“农家乐协会”人民调解委员会。2009年,建立劳动争议纠纷联合调委会和调解工作站,新建里塘片联合调解委员会、矿山纠纷联合调委会、工业集中区人民调解联合调委会、开发区城西功能区调委会、道路交通事故人民调解委员会等5个调解委员会。2010年,县司法局和县法院联合成立长兴县人民调解工作指导委员会,在全县各村、居委会(社区)配备专职人民调解员269人。新建立劳动争议纠纷联合调委会、医患事故纠纷人民调解委员会、涉诉联合人民调解委员会,并在煤山镇、和平镇和泗安镇设立分工作室。2012年,人民调解组织向私营企业、集贸市场、专业组织和暂住人口聚居区不断延伸,所有调解组织建设均达到星级要求。2012年年末,全县有各类调解组织405个,其中乡镇(街道、园区)21个、村、居委会(社区)272个、专业人民调解委员会14个。调解人员1685人,其中在各村、居委会(社区)配备专职人民调解员311人。

二、人民调解工作

1988年，全县发生民间纠纷4929起，主要涉及婚姻家庭、邻里关系、赡养、房宅基地等，调处纠纷4620起，调解成功率85.2%。其中，婚姻家庭、房宅基地和邻里关系排列前三位，分别占纠纷数的17.3%、14.9%和13.2%。1989年开始，以调解日活动形式解决县内各乡镇的疑难纠纷。1994年，开展《人民调解委员会组织条例》颁布五周年宣传周活动，要求对涉及两个以上乡镇或村的纠纷应联合办案调解。1996年，各乡镇司法助理员及人民调解组织配合严打斗争，密切关注并及时妥善处理辖区范围内易发生的纠纷。2000年，夹浦、煤山、水口、白岘、槐坎5个乡镇与江苏宜兴太华、湖父等乡镇建立跨省接边地区联合调解组织。2001年开始，结合“五步调解法”，推广“枫桥经验”。2003年，对全县310个调委会、1215名调解员实行统一法律知识、调解业务知识和技能考试，对全县254个村、企、居调委会的调解员进行分批培训。2005年，探索完善洪桥“三五”工作机制，实行村居企级调解员以乡镇为单位分批轮训和村调解主任到乡司法所上挂锻炼。2007年开始，加强联动机制和平台载体探索创新。2008年，健全矛盾纠纷定期分析、信息专报、情况互通和挂牌督办制度，开展“迎奥运矛盾纠纷‘五集中’大排查大化解”专项行动和矛盾纠纷排查化解百日行动。2009年，加大对征地拆迁、农村土地流转、环境污染等新型矛盾纠纷和因金融危机导致的各类不稳定因素排查力度，健全人民调解、行政调解、诉讼调解、治安调解及信访工作相互衔接工作机制。2010年，开展“创新枫桥经验、护航世博做贡献”专项行动，开展“十佳”优秀调解案例、“十佳”调解委员会评选和人民调解协议制作质量评查活动。2011年，开办《娘舅来了》电视专栏，村级专职人民调解员制度被省司法厅评为创新奖。2012年，共调处各类矛盾纠纷6785起，主要涉及婚姻家庭、邻里关系、赔偿、劳动纠纷、土地承包、合同纠纷等，调处成功6703起，调解成功率98.8%，其中邻里关系、婚姻家庭和赔偿列前三位，分别占总数的10.1%、9.9%和9.9%。1988—2012年，全县各级调解组织共受理调解民间纠纷11万起，调解9.9万起，成功率90%。其中，婚姻家庭12549起，占民间纠纷总数的11.4%；邻里关系12492起，占11.4%；合同纠纷3696起，占3.4%；赔偿6910起，占6.3%；劳动关系6169起，占5.6%；土地承包5786起，占5.3%。防止非正常死亡89起1270人，防止民转刑案件4864起9573人。

图24-5　2012年12月4日，首届“长兴十佳好娘舅”颁奖典礼举行(县司法局提供)

1988—2012年长兴县矛盾纠纷调处情况表

表24-16

年份	发生纠纷(起)	调解纠纷(起)	调解成功率(%)	发生纠纷分类情况(起)										
				婚姻家庭	邻里	合同	赔偿	劳动	村务管理	土地承包	征地拆迁	计划生育	施工扰民	房宅基地
1988	4924	4620	85.2	854	614	365	457	409	4	11	0	35	0	734
1989	5825	5515	88.5	1074	657	412	610	438	5	12	3	20	1	719
1990	5617	5038	89.7	921	667	487	550	528	8	15	18	17	0	660
1992	4855	4442	91.5	562	574	204	258	322	7	13	56	16	0	411
1993	2689	2517	93.6	318	302	57	107	164	12	12	48	9	0	218
1994	4011	3750	93.5	413	426	94	181	171	4	14	66	12	2	335

续表24-16

年份	发生纠纷(起)	调解纠纷(起)	调解成功率(%)	发生纠纷分类情况(起)										
				婚姻家庭	邻里	合同	赔偿	劳动	村务管理	土地承包	征地拆迁	计划生育	施工扰民	房宅基地
1995	5392	5013	93.0	639	698	138	319	247	6	41	187	16	3	216
1996	2114	1945	92.0	255	287	45	87	95	3	32	92	7	0	107
1997	4175	4091	98.0	467	503	78	317	267	7	55	184	9	0	49
1998	3256	3061	94.0	320	363	59	212	125	8	67	79	3	1	36
1999	3202	3055	95.4	345	356	64	155	246	0	94	181	2	0	24
2000	3113	3020	97.0	318	360	78	167	221	2	87	149	2	0	17
2001	2966	2669	90.0	302	318	63	133	153	5	103	122	1	2	12
2002	2695	2549	94.6	270	258	56	129	107	6	123	115	0	4	7
2003	3112	3075	98.8	315	345	65	192	166	24	146	135	4	5	9
2004	4977	4828	97.0	493	509	121	244	201	48	277	178	2	8	13
2005	5166	4970	96.2	512	589	113	256	238	41	298	189	3	4	16
2006	2648	2547	96.2	264	354	68	138	85	32	385	108	8	6	8
2007	3056	2970	97.2	305	348	56	158	185	24	452	124	2	8	16
2008	4986	4836	97.0	498	504	106	264	196	20	689	148	1	12	30
2009	5438	5280	97.1	546	612	118	279	248	23	785	164	1	20	56
2010	6127	5937	96.9	614	728	189	309	206	38	842	132	0	48	58
2011	6498	6400	98.5	651	739	195	326	216	42	936	86	1	52	62
2012	6785	6703	98.8	676	689	146	676	318	28	286	75	2	46	78

说明:资料来源于县司法局

第三节　法律服务与援助

一、公证服务

1988年,县内首次试办拍卖公证和摸奖公证,建立上长(上海—长兴)石灰石矿常年公证联络点。同年,县公证处有公证人员4人,共办理公证998件,其中民事公证98件、经济公证900件,公证收入3.3万元。1989年,建立上海长兴石矿、长兴县三建公司、长兴县房屋开发公司3家常年公证联络点,首次进行长兴县解放以来十件大事的评选现场公证。1990年,首次办理计划生育合同公证,为下箬寺乡与21对育龄夫妇签订计划生育合同进行当场公正。1992年,在乡镇和有关部门聘请公证联络员。1993年,开办“银行借款抵押合同”和“旧城拆迁安置合同”等公证业务。1994年,开办涉外公证业务,共办理32件。其中,长兴县蔬菜公司吴宝华所研制的超薄型紫砂茶壶的质量及技术数据经县公证处公证后得到国际认可,载入吉尼斯世界纪录,以人民币5万元转让给吉尼斯总部。同年至1998年,为乡镇企业转制合同、交通运输部门的车辆与船舶合同、农林业部门的农村经营承包和山林承包合同、企业分流与职工下岗自谋执业等进行协议公证。1999年,首次办理涉港澳台公证,全年共7件。2000年开始,推进公证诚信制度建设,开展公证质量检查活动,健全规章制度,完善内部质量监控和保障机制。2002年,县公证处进行体制改革,由县司法局内设行政机构转为事业单位。2006年,更名为浙江省长兴县公证处。2012年,县公证处有工作人员7人,其中公证员4人、公证助理员1人、行政管理2人。至2012年年末,共办理各类公证5.3万件,其中民事公证1.18万件、经济公证3.7万件,公证收入2390万元。

1988—2012年长兴县公证业务情况表

表 24-17 单位:件

年份	办理总数	其中				年份	办理总数	其中			
		民事公证	经济公证	涉外公证	涉港澳台公证			民事公证	经济公证	涉外公证	涉港澳台公证
1988	998	98	900	0	0	2001	1862	332	1356	174	0
1989	889	102	787	0	0	2002	2084	213	1666	202	3
1990	802	257	545	0	0	2003	1720	187	1271	255	7
1991	1023	146	877	0	0	2004	2678	265	2094	311	8
1992	3484	2034	1450	0	0	2005	2331	317	1687	323	4
1993	2240	1708	532	0	0	2006	2275	215	1699	361	0
1994	1560	631	887	32	0	2007	2231	234	1693	297	7
1995	2077	801	1416	60	0	2008	2703	292	2043	366	2
1996	1152	646	474	32	0	2009	2720	329	1982	401	8
1997	2013	745	1233	35	0	2010	3043	375	2241	421	6
1998	2017	526	1397	94	0	2011	2868	338	2197	312	21
1999	2141	469	1573	93	7	2012	2745	265	2202	267	11
2000	3343	322	2877	144	0	—	—	—	—	—	—

说明:资料来源于县司法局

二、律师服务

1988年,县律师事务所隶属县司法局,全年担任51家单位常年法律顾问,办理民事案件80件,刑事案件71件,收取律师费69万元,挽回经济损失122.5万元。1990年,全县有基层法律服务所14家,法律工作者42人,担任常年法律顾问44家,办理案件436件,挽回经济损失45万元。1992年9月,全省第一家县级合作制律师事务所——长兴县众成律师事务所成立。1993年,全县律师事务所实行效益工资制,开始走向市场。1994年,成立长兴县法律服务中心。1995年,经省司法厅核定,长兴县律师事务所更名为紫金律师事务所(浙江长兴),长兴县众成律师事务所更名为众成律师事务所(浙江长兴)。同年4月,以合作制形式成立兴博泰律师事务所(浙江长兴)。3家律师事务所隶属县司法局领导,实行独立核算,自负盈亏。1997年,全县有专职律师19人,其中三级律师3人、四级律师10人。1999年7月,紫金律师事务所(浙江长兴)、众成律师事务所(浙江长兴)和兴博泰律师事务所(浙江长兴)分别更名为浙江兴长律师事务所、浙江众成律师事务所和浙江兴博泰律师事务所。2000年12月,成立合作制浙江浙北律师事务所。2002年5月,浙江浙北律师事务所由合作制改为合伙制律师事务所。2001—2007年,开展律师执业人员、执业道德和执业纪律专项教育活动,强化律师业的管理与监督,鼓励律师参政议政。2007年,成立合伙制浙江百易律师事务所。同年,开展"律师百村结对"活动,34名律师结对111个村,走访结对村326人次,提供各种法律服务238件(次)。2008年,浙江兴长律师事务所、浙江众成律师事务所和浙江兴博泰律师事务所实行整体转制,由合作制律师事务所改为合伙制律师

图24-6 长兴县律师百村结对签约仪式(县司法局提供·2007年)

事务所。同年,实行“一村一企一法律顾问”制度,推行“法律服务联系卡”“农业发展法律建议书”等措施,组织法律服务“双结对”活动。2009 年,开展法律服务“1+4”重点工业区专项活动,对全县 179 项重大建设项目定人定项建立法律服务档案,向重大建设项目投资建设单位发放法律服务咨询函 102 份,出具法律风险提示函 70 份,对 243 家企业进行“法律体检”。2010 年,建立政府法律顾问团,集中开展“1+4+X”法律服务专项活动,实行季度“12348”舆情分析制度。2011 年,成立专业法律服务团,由资深律师对企业反映的法律服务需求进行梳理、答复。2012 年,开展“法律服务民营经济大发展大提升”专项活动,实施法企对接工程,开展重大项目专项服务,走访民营企业、村居(社区)550 家,对 30 家企业进行“法律体检”并提出“法律建议书”。同年,成立浙江湖兴律师事务所和浙江兴熙律师事务所 2 家个人律师事务所。至同年年末,全县有律师事务所 7 家,其中合伙制 5 家(浙江兴长律师事务所、浙江众成律师事务所、浙江兴博泰律师事务所、浙江浙北律师事务所、浙江百易律师事务所)、个人所 2 家(浙江湖兴律师事务所和浙江兴煦律师事务所)。有律师 59 人,其中浙江兴长律师事务所 18 人、浙江众成律师事务所 9 人、浙江兴博泰律师事务所 8 人、浙北律师事务所 11 人、浙江百易律师事务所 7 人、浙江湖兴律师事务所 3 人、浙江兴煦律师事务所 3 人。1988—2012 年,全县律师累计担任常年法律顾问 7337 家,代理刑事案件 3982 件,代理民事案件 13232 件,代理经济案件 11141 件,代写文书 3297 件,答复法律咨询 43012 人次,挽回经济损失 6.55 亿元。

1988—2012 年长兴县律师业务情况表

表 24-18

年份	顾问单位(家)	刑事案件(件)	民事案件(件)	经济案件(件)	代写文书(件)	法律咨询(人次)	挽回经济损失(万元)	年份	顾问单位(家)	刑事案件(件)	民事案件(件)	经济案件(件)	代写文书(件)	法律咨询(人次)	挽回经济损失(万元)
1988	51	83	100	50	76	897	171	2001	245	288	706	390	443	1570	2470
1989	69	166	106	61	139	1613	249	2002	288	167	476	411	214	2065	2764
1990	54	197	221	43	102	1267	166	2003	669	178	562	482	156	1865	6200
1991	40	129	184	34	155	1098	135	2004	211	167	814	712	258	1062	2147
1992	74	146	152	67	123	1305	152	2005	211	138	756	871	125	1530	2450
1993	156	177	82	190	69	598	1249	2006	239	158	871	652	87	1274	3243
1994	190	155	121	204	169	1424	1189	2007	480	204	931	1082	43	1787	5490
1995	160	201	240	212	58	2300	1100	2008	467	284	1221	645	67	2450	4272
1996	259	102	165	105	21	1532	1000	2009	632	172	1356	989	112	2480	7580
1997	361	167	287	321	80	2180	2360	2010	614	146	1086	867	54	3282	5460
1998	254	151	463	314	241	2160	1002	2011	585	107	877	1036	76	1890	4682
1999	234	34	395	138	198	1428	1500	2012	592	95	525	956	89	2875	6510
2000	202	170	535	309	142	1080	2000	—	—	—	—	—	—	—	—

说明:资料来源于县司法局

三、基层法律服务

1987 年 5 月,县司法局根据县政府批转《关于建立乡镇法律服务机构的报告》,开始在全县乡镇建立法律服务所。同年,相继成立泗安镇、雉城镇、林城镇、吕山乡、夹浦镇、太傅乡和横山乡基层法律服务所 7 家,共有法律工作者 29 人。全年担任企业法律顾问 2 家,代理诉讼 22 件,代理非诉讼 58 件,调处民事纠纷 2067 件,解答法律咨询 285 人次,代写法律文书 23 件,追回货款 20.5 万元。1988 年,新成立李家巷镇、里塘乡、洪桥镇、煤山镇、白岘乡、虹星桥镇和观音桥乡基层法律服务所 7 家。1994 年 3 月,成立长兴县法律服务中心,指导、协助基层法律服务所开展工作。1999 年乡镇区划调整后,全县 20 个乡镇共建立 13 家基层法律服务所。1987—2000 年,全县基层法律服务所累计担任企业法律顾问 1154 家,代理诉讼 3830 件 ,代理非诉讼 1991 件,调处民事纠纷 11807 件,解答法律咨询 17736 人次,代写文书 2048 件，协办公证 4966 件，办理见证 412 件，挽回经济损失 5659.9 万元。

2000 年起，全县规范法律服务所建设，开展基层法律服务所体制改革和分离工作。2001 年，由陈少满等 4 人自愿组合建立的长兴县金钉法律服务所，实行独立核算，自负盈亏，独立承担民事责任，成为全县第一家合作制法律服务执业机构。2002 年 2 月，成立长兴县法律服务工作者协会。同年，成立长兴县雉城法律服务所和长兴县金诚法律服务所 2 家合作制法律服务所。2003 年至 2008 年，乡镇基层法律服务所逐步停办业务，注销登记，成立合作制法律服务所。2012 年，全县共有金陵法律服务所、金源法律服务所、丁新法律服务所、金诚法律服务所、金钉法律服务所、雉城法律服务所、和平法律服务所和洪桥法律服务所 8 家法律服务所，有专职基层法律服务工作者 58 人、兼职基层法律服务工作者 12 人，其他人员 5 人。全年基层法律服务担任法律顾问 214 家，代理诉讼 1075 件，代理非诉讼 306 件，调处民事纠纷 152 件，解答法律咨询 1078 人次，代写文书 342 件，协办公证 31 件，办理见证 108 件，挽回经济损失 2150 万元。

四、法律援助

2000 年之前，全县法律援助工作由律师事务所和法律服务所直接受理。2000 年，成立县法律援助中心，为县司法局内设机构，配备专职人员 2 人。设立“148”法律服务专线电话值班室，制定领导值班、来信来访登记制度，公开援助对象和条件。全年共办理援助案件 30 件，解答法律咨询 168 人次，接待来访 91 人次，调解纠纷 70 件，上门服务 38 次，挽回经济损失 67 万元。2001 年，成立“148”协调指挥中心、妇女儿童法律援助联络处和残疾人法律援助站，在长兴报开辟“148”信箱专栏，开设法律援助中心事务公开栏，县法律援助中心被团省委、省司法厅评为优秀青少年维权岗。2002 年，启用“12348”法律服务专用号码，县法律援助中心被司法部、中国残联评为残疾人维权示范岗。2003 年，全县有 16 个乡镇、1 个开发区和 8 个部门建立法律援助站，262 个行政村（居委会）设立法律援助指示牌和法律援助联络员。2004 年，县法律援助中心定编 3 人，为县政府法律援助机构，挂靠县司法局。2005 年，法律援助工作被列入县政府十项为民办实事项目，并推出法律援助申请受理代理制和“点援制”。同年，县法律援助中心被省委政法委、省司法厅、省法院、省军区政治部评为维护国防利益法律保障工作先进单位。2006—2007 年，完善法律援助工作网络，建立司法救助制度，共建法律援助站 26 个，发展法律援助联络员 503 人。建立“可能受援人群动态信息库”，为全县 5539 户 11641 名低保人员发放法律援助卡，办理法律援助案件 480 件，设立 100 万元的司法救助专门基金，为 49 个救助案件支付救助资金 44.6 万元。在全省率先建立跨省（浙江长兴、安徽广德、江苏宜兴）联动协助机制，实行执业律师周一值班制度。2008 年，畅通“阳光援助热线 12348”，推行“法律援助无休日”制度。县法律援助中心被评为全国法律援助工作先进单位，记集体三等功一次。2009 年，推进法律援助中心规范化建设，完善“一村一法律顾问”和“法律服务联系卡”工作机制，建立“半小时法律援助圈”，全年办理法律援助案件 295 件。2010 年，在驻长兴部队团级以上单位建立法律援助站 4 个，开展以“法律援助百万民工维权行动”为主题的法援宣传月活动，当年办理法律援助案件 451 件。2011 年，法律援助中心进驻县司法行政法律服务中心，开展农民工讨薪、扶残助残和工伤求助专项法律援助活动，办理法律援助案件 572 件。2012 年，强化“一站式”惠民举措，全年法律服务实现“零投诉”，《法律援助维权——129 位民工喜获劳动报酬 59.3 万》新闻报道分别在中央电视台 4 套国际频道、13 套新闻频道播出。2000—2012 年，县法律援助中心共办理法律援助案件 3057 件，发放司法救助专项资金 445 万元，个案救助 484 件 912 人。

第四节　监管帮教

一、安置帮教

帮教组织　1997 年 5 月，长兴县成立“两劳”（即劳动改造人员和劳动教养人员）回籍人员安置帮教领导小组，办公室设在县司法局，由司法局负责协调、落实具体工作。10 月，县司法局成立“两劳”回籍人员帮教科，负责“两劳”回籍人员的接收、管理和帮教工作。1998 年，成立长兴县刑释解教人员安置帮教工作协调小组，与省内外的 7 所监狱建立联系。同时健全全县帮教网络，由各乡镇司法所具体接管、安置和帮教刑释解教人员。1999 年，全县各乡镇成立安置帮教协调小组，有专门办事人员 95 人，建立村、居帮教小组 472 个。2002 年，刑释解教人员改称为归正人员，各级安置帮教工作组织相应更名。2004 年结合乡镇区划调整，成立乡镇归正人员安置帮教领导小组 19 个、组成人员 152 人，成立归正人员帮教办公室 19 个、工作人员 81 人，建立村居帮教小组 313 个、兼职帮教工作人员 999 人。2009 年，建立安置帮教公益劳动基地 19 个，就业基地 9 个，教育基地 13 个，归正人员的安置帮教工作做到改造有场地、教育有基地、安置有去处。2012 年，制定《长兴县安置帮教工作实施细则》，新建公益劳动基地 1 个、安置帮教基地 5 个。同年年末，县司法局归正人员帮教科有 5 人；全县有乡镇归正人员安置帮教领导小组 16 个、组成人员 102 人，归正人员帮教办公室 16 个、工作人员 53 人，村居帮教小组 272 个、兼职帮教工作人员 816 人；安置帮教公益劳动基地 20 个，就业基地 10 个，教育基地 18 个。

帮教活动 1997 年，对全县“两劳”回籍人员进行排查摸底，共排摸出 1989 年至 1997 年“两劳”回籍人员 541 人，其中刑满释放 491 人、解除劳教 50 人，编制“两劳”回籍人员花名册，实行帮教管理。1998 年，加强刑释人员的档案管理，对当年刑释人员建档 80 份，帮教率 85%，安置率 80%，重新犯罪率 4.0%。1999 年，在册刑释解教人员 1056 人，帮教小组与刑释解教人员签订帮教责任书 1056 份，帮教率 100%，安置率 81%，重新犯罪率 5%。2000 年，对人户分离的刑释解教人员实行“双列管，两头包”动态帮控。刑释解教回籍人员 219 人，其中刑释 201 人、解教 18 人，帮教率 90%，安置率 84%，无重新犯罪。2001 年至 2003 年，在册归正人员 1187 人，其中刑释 1021 人、解教 166 人，帮教率 95.8%，安置率 90.1%，重新犯罪率 2.9%。2004 年，开展“五个一”帮教活动，当年报到归正人员 52 人，帮教率 100%，安置率 91%，无重新犯罪。2005 年，建立登记、帮教、回访等工作制度，帮教率 100%，安置率 91.2%，重新犯罪率 2.0%。2006 年，对归正人员实行一人一档制度，帮教率 100%，安置率 93%，重新犯罪率 1.8%。2007 年，帮教率 99%，安置率 91.6%，重新犯罪率 1.9%。2009 年，推进“帮教安置为民工程”，帮教率 95%，安置率 85%，重新犯罪率 1.9%。2011 年，开展“归正人员阳光关爱活动”和“归正青少年导航工程”。2012 年，在册归正人员 1515 人，当年新收 286 人，帮教率 99%，安置率 93.2%，重新犯罪率 1.2%。1997—2012 年，全县累计接收刑释解教人员 2958 人，平均帮教率 96.1%，安置率 88.2%，重新犯罪率 1.9%，低于上级规定的 3%以内。

二、社区矫正

2006 年，长兴县被列入浙江省社区矫正工作第二批试点单位，县委、县政府批转下发《长兴县社区矫正试点工作实施意见》，成立长兴县社区矫正工作委员会，在县司法局设社区矫正工作中心。同年，在和平镇和洪桥镇开展社区矫正试点工作。2007 年，制定《长兴县社区矫正志愿者管理办法》《长兴县社区矫正工作考核办法》，建立“一检查、二回访、三研究、四规范、五统一”工作制度，400 名矫正对象无重新犯罪。2008 年，试行“7+1”矫正模式，“五统一、五走访”运作机制在湖州市推广。2009 年，试行当地判决的矫正对象报到“回执单”制度和判决被告人委托调查制度，开展社区矫正规范落实年活动。2010 年，建立社区矫正舆情及预警机制，启动家庭助矫工程，启用手机定位管理系统，对矫正人员进行实时监督。2012 年，县检察院和县司法局联合制定《长兴县关于加强社区矫正衔接工作的实施办法》，建立“一纵三横”网格管理模式，采用红、黄、绿“三色”预警措施，开通矫正人员指纹报到和周界报警系统，全年有社区矫正工作志愿者 281 人。至同年年末，全县有刑释解教人员 1825 人，闲散青年 130 人，吸毒人员 271 人，其他特殊人员 332 人，均在社区矫正之中，入网监督率 100%，重点人员实时定位监督率 100%。2006—2012 年，全县累计接收矫正人员 1551 人，已按期解矫 1167 人。

第二十五编　军　事

1988年以来，长兴县人武部坚持党管武装的原则，将民兵制度与预备役兵制度、兵员动员工作相结合，组织政治教育、军事训练，落实战备措施，在参加地方文明建设和支持军队建设上发挥了重要作用。其他各驻地部队分别负责执勤、消防等工作，全民国防教育系列活动广泛开展，全县人民防空防护工程体系初步形成。

第一章　军事机构

2012年，长兴县境内军事机构有县人民武装部，驻长兴部队，武警长兴中队，武警长兴县消防大队。其中，有团级驻军单位5个，连级2个，空军大雷山靶场1个。

第一节　人民武装部

一、县人民武装部

1986年5月，县人武部改归地方建制，为副县级单位，下设办公室、军事科、政工科。1996年4月1日，县人武部由地方建制收回军队建制，为正团级单位，性质和工作任务不变，下设军事科、政工科、后勤科，接受上级军事机关和县委、县政府双重领导。2012年，县人武部下设军事科、政工科、后勤科3个科室，人员18人。

二、基层人民武装部

1988年，全县设6个区人武部，34个乡镇人武部，其中镇9个、乡25个。1989年8月，天鹤工贸公司成立人武部。1992年9月，华能电厂、新明华公司2家企业成立人武部。同年乡镇区划调整后，设10个镇人武部、21个乡人武部。1993年5月，撤销6个区党委建制，各区人武部也相应撤销。1998年区划调整后，设10个镇人武部、20个乡人武部。1999年区划调整后，设10个镇人武部，10个乡人武部。2000年区划调整后，设10个镇人武部、6个乡人武部。2000年12月，全县有乡镇人武部16个，其中镇人武部10个，乡人武部6个。2003年8月，县建设局、交通局、卫生局、供电局和开发区5个单位成立人武部，台基山街道、仓前街街道、古城街街道成立人武部。2004年5月，天能集团、山鹰集团、中山化工3家企业成立人武部，县教育局成立人武部。至2010年，街道人武部调整为2个(古城街道和龙山街道)，企业人武部撤销1个(天鹤工贸公司)、新设6个(多蒙佳乐、超威电源、诺力机械、海信空调、永达实业、昌盛电气)。2012年，全县有基层人武部31个，其中镇武装部10个，乡武装部6个，街道5个(雉城、画溪、龙山、开发区、太湖),园区2个(太湖图影、南太湖),企业8个(华能电厂、新明华公司、天能集团、多蒙佳乐、超威电源、永达实业、诺力机械、海信集团),机关5个(建设局、交通局、卫生局、供电局、教育局)。

第二节　武警部队

一、武警长兴中队

1983年1月,中国人民武装警察部队长兴县中队,隶属中国人民武装警察部队嘉兴地区支队。同年11月,根据行政区域变动隶属湖州市支队。2001年12月县武警中队新营房竣工,由原雉城镇仁家弄搬迁至雉城镇高山岭村。

二、武警长兴县消防大队

1985年,县公安局设消防科。1994年,更名为公安局消防大队,下设消防中队。1998年,更名为中国人民武装警察部队湖州市消防支队长兴县消防大队,下设消防中队。又称长兴县公安局消防大队,两块牌子一套班子。

第二章　兵　役

1984年颁布的第二部兵役法将士兵的服役年限规定为陆军3年,空军、海军4年。1998年12月29日新颁布的兵役法将陆军、海军、空军义务兵服现役期限一律改为2年,取消超期服役的规定。1988—2012年,长兴县兵员征集工作每年一次,实施冬季征兵,9月、10月份开始征兵,12月征兵结束。2012年,根据国防部征兵办公室通知,全国征兵时间从2013年起,由冬季征兵调整为夏秋季征兵,调整时间为7月、8月份开始征兵,9月1日批准入伍,9月30日征兵结束。

第一节　征兵工作

一、征兵机构

全县征兵工作由县征兵工作领导小组统一领导,县人武部兼县政府的兵役机关,设征兵办公室,下设秘书、宣传、政审、体检、后勤5个组,具体办理全县兵役工作。各基层武装部设兵役登记站,在县征兵工作领导小组和所在乡镇、街道(园区)党委统一部署下,开展兵役登记、兵员征集工作。

二、兵役登记

根据《中华人民共和国兵役法》规定,通常征集当年12月31日以前年满18周岁～22周岁的男性公民。当年未被征集的,年龄在22周岁以前的,次年仍可被征集服现役。1988—2012年,全县兵员征集工作每年一次,9月、10月份开始征兵,12月征兵结束,通过目测初检、政审、复检、定兵等环节。每次征兵前,县政府和县人武部统一部署,成立征兵领导小组和办公机构,广泛开展依法服兵役的宣传教育,掀起参军热潮,号召适龄青年接受国家的挑选。1991年2月,县征兵办制定《长兴县应征青年目测初检工作实施意见》和"工作程序"。9月,市征兵办在长兴召开征兵目测摸底现场会,推广长兴规范化目测摸底的做法。当年,长兴新兵送检实现1:3。1994年,长兴实行以区为单位的目测摸底和封闭式体检做法,被省、市肯定和推广。同年,县征兵办制定《征兵廉政建设八条规定》,请县纪委、监察局参与征兵工作,加强领导和组织监督,受到国防部征兵办表彰。1995年,长兴被省政府、省军区评为"征兵工作先进单位",并在省征兵工作会议上作经验介绍。1997年7月1日,2名长兴人入选第一批驻香港部队海军战士。1999 年，长兴县被省委、省政府、省军区评为征兵工作先进单位。县人武部被南京军区征兵办授予征兵先进单位，人武部党委被省军区评为先进党委。2004 年 11 月，全市新兵交接方式改革试点工作在长兴开展，即将当前实行的由部队派人到长兴县接兵，部队组织走访把关，新兵在长兴组织交接的方式，改为由长兴自行组织走访把关，自行派人将新兵送到部队的接兵方式。2005 年冬季征兵企业单位职工征集年龄可放宽到 21 岁，大专以上文化放宽到 22 岁，应届高中生年满 17 岁也可应征。女兵的文化程度由原来的初中毕业提高到高中毕业。2008 年，长兴县首次开展士官直招工作，直接从地方高校毕业生中招收。研究出台《关于做好鼓励高等院校大学毕业生、在校生参军入伍工作的意见》，鼓励高学历青年投笔从戎。2010 年，长兴成立以纪检、监察、卫生、公安、检察等部门组成的纪检组，通过组织人武部机关干部、基层武装部长和县征兵领导小组成员签订《廉洁征兵责任书》，开通举报电话，设立双钥匙联管“意见箱”，开展廉洁征兵工作。至 2012 年，长兴连续 20 多年无身体、政治责任退兵问题，连续多年被省、市评为征兵工作先进单位。

图 25-1　雉城镇包桥村的陆伟伟、陆斌斌孪生兄弟双双到征兵体检站接受体检（吴建勋、潘锋摄·2001 年）

第二节　服预备役情况

1988 年 3 月，对全县退伍军人进行全面核对。同年 7 月，乡镇人武部民兵预备役坚持为战时兵员动员和平时服务，资料建设达到科学化、正规化、制度化要求。同时，建立民兵整组、民兵训练、兵役登记、征兵、国防潜力调查、军警民联防专册资料和资料室管理制度。1993 年 6 月，对全县退伍军人进行核对，确定服预备役退伍军人数。1994 年 9 月，县政府批转县人武部关于《长兴县企业民兵预备役工作若干规定》。1997 年 1 月，长兴举行预备役军官授衔仪式。同年，首次开展地方与军事专业对口技术人员预备役登记工作。1998 年，制定《长兴县退伍接收安置工作实施办法》，实行依法安置同双向选择相结合。2001 年 2 月，长兴县重编《退伍军人专业名称和编码》。2012 年，对退伍军人、军队转业士官、干部服预备役认同、地方与军事专业对口预备役技术人员进行重新登记归档，并实现数据化管理。

第三章　民　兵

1988—2012 年，长兴县人武部加强民兵队伍建设，组织开展民兵组织调整、民兵训练和政治教育等工作，发挥民兵在各项建设中的作用。1994 年，县人武部被省军区评为民兵预备役部队军事训练先进单位。2006 年，被省军区表彰为“十五”期间民兵预备役军事训练先进单位。

第一节　民兵组织

1989 年 9 月至 11 月，根据压缩数量提高质量的要求，全县民兵继续开展整组。10 月，县政府、县人武部印发《长兴县民兵应急分队建设实施细则》。1992 年，长桥农场和湖州牛奶公司新组建民兵组织，至该年，全县民兵组建面达100%。1993年5月，撤销区党委建制，六个区的人武部随同撤销，至12月底，全县乡镇人武部有31个，其中镇人武部10个;1998年，全县民兵编为9个基干民兵营、25个基干民兵连。民兵专业技术分队有7种，地方与军队专业对口分为6种专业。县民兵应急分队由原应急步兵连、机炮连调整为1个加强连，组建单位由原雉城镇、李家巷镇、华能长兴电厂扩编至洪桥镇、长兴白水泥厂。1999年乡镇区划调整后，基干民兵建制也相应调整，撤销后漾乡基干民兵营建制，撤销下箬、横山、天平、畎桥、管埭、仙山、里塘、长城、包桥、白阜10个乡连建制，林城镇由原连改营建制。民兵应急分队也作调整。撤销重点乡镇下箬乡应急排和一般乡镇横山、后漾等10个乡的应急排建制。2001年，经军分区批复，重点乡镇应急排人员不动，一般乡镇的应急排减少3个。2003年5月，出台《长兴县城市民兵工作调整和改革实施方案》，至8月，县建设局、交通局、卫生局、供电局、教育局、县开发区及雉城镇城区的台基山、仓前街、古城街三个街道建立9个人武部，并成立导弹雷达修理、坦克装甲修理、卫生防疫、电力抢修4个民兵专业技术分队。2004年，民兵整组工作由原第三季度调整到第二季度进行。通过整组，编有1个县属民兵应急连、10个重点乡镇应急排。同年，还新组建电源、道路抢修、防化、网络攻防、心理战和人民防空6个民兵专业技术分队。2005年，共有基层人武部32个，其中乡镇16个、企业7个、机关6个、街道3个。2010年，按照上级要求，组织开展基层规范化建设试点，召开现场观摩会，总结试点经验做法，再次进行动员部署。20个乡镇(街道、开发区)武装部已基本达到标准。2012年，全县共编基干民兵84支分队，其中基干民兵中退伍军人占26%，任务明确分队中退伍军人占65%。

第二节　政治教育

1991年，全县贯彻落实《政治工作条例》和《民兵工作条例》，修订乡镇目标岗位责任制，增加民兵工作考核比分。1992年年初，县人武部制订《长兴县1992年度民兵政治教育计划》，以中央有关文件、商品经济知识、民兵性质地位和作用、中共十四大精神为主要教育内容。利用民兵整组点检、征兵、军训等时机，以连排为单位进行集中教育。同时，各乡镇和厂矿利用广播、黑板报、闭路电视、文化中心等宣传工具和舆论阵地进行宣传教育。全年共举办民兵政治广播讲座128期，播放军事题材录像12部，订购《东海民兵》杂志1300份、《基层生活》杂志550份，被南京军区政治部评为订刊先进单位。同年，还在全县民兵中深入进行坚持四项基本原则，反对资产阶级自由化教育，开展学雷锋、树新风、学英模、学长兴烈士章志清先进事迹活动。1997年，在雉城镇召开千名民兵学理论动员大会，号召全县民兵预备役人员加强学习邓小平理论，保证政治合格。同年，县人武部发出通知，要求全县民兵预备役人员参加精神文明建设“五个三”活动，即三爱(爱祖国、爱家乡、爱本职)、三讲(讲公德、讲道德、讲美德)、三学(学理论、学科学、学技术)、三抓(抓教育、抓队伍、抓窗口)、三树(树新风、树形象、树典型)。之后，“五个三”活动在全县民兵中全面开展。当年，省委、省政府、省军区表彰雉城镇基干民兵营为民兵预备役部队基层先进单位。2000年，组织民兵学习“三个代表”重要讲话和有关民兵的重要指示。2007年，编印下发《后备力量建设业务手册》，组织履行军队新世纪新阶段历史使命、学党章用党章、社会主义荣辱观、学习贯彻科学发展观、学习十六届六中全会等专题教育。2009年、2010年，坚持把深入学习贯彻落实科学发展观作为首要政治任务，以培育当代革命军人核心价值观为重点，深入开展“增强党性观念、弘扬优良作风”“坚定理想信念、自觉拒腐防变”和“强化战斗精神、有效履行使命”等专题教育。注重党管武装能力建设，落实党委议军、第一书记办公、国动委例会和领导干部参加“军事日”活动等制度。2011年，把学习中共十七届五中全会、六中全会和科学发展观重大战略思想贯彻全年，广泛开展“坚定理想信念、忠实履行使命”主题教育，把培育当代革命军人核心价值观向民兵预备役队伍延伸。2012年，把迎接中共十八大胜利召开和学习中共十八大精神作为重大任务贯穿始终，广泛开展“讲政治、顾大局、守纪律”专题教育，“赞颂科学发展成就、忠实履行历史使命”主题教育，并向民兵预备役人员延伸。

第三节　民兵训练

1986年，县人武部组织开展归建地方后的第一次民兵训练。县成立训练大队，县委书记、县长分别任训练大队政委和队长。全年合格率为99.4%。1989年，在湖州军分区举行的全区民兵、专武干部军事比武中，长兴县代表队获民兵步枪精度射单项集体第一名。1991年，对民兵训练时间进行改革，将部分冬训改为春训，避免以往民兵冬训与地方中心任务发生矛盾，并在城东区和雉城镇搞试点，取得较好效果。1992年，县民兵训练基地被军分区评为先进单位。1993年，全县民兵开始规范化训练，贯彻南京军区《全区民兵军事训练暂行规定》和《浙江省民兵规范化训练暂行规定》，确立以《大纲》为依据、基地为训练中心、提高训练素质为目的的指导思想。县人武部还组织雉城镇23个厂矿企事业单位的51名厂长（经理）、书记到训练基地参加列队、实弹射击等课目的军事训练活动，并观看检查各自单位民兵训练成果的汇报。1994年，民兵军事训练着重完善军事训练管理制度和基础设施建设。同年，参训率103.9%，合格率99.8%，县人武部被省军区评为民兵预备役部队军事训练先进单位。1997年，民兵参训率100%，合格率100%。1998年，民兵应急分队开展以射击、盾牌警棍操、拳术等为主的科目训练，在驻长兴部队教员的指导帮训下，通过年度复训，经湖州军分区考核，名列全市第二。同年，县财政投入经费22万元，改造训练基地的教室、场地、宿舍、食堂等。2002年，以战备力量为重点，组织民兵应急连和乡镇应急排的复训；组织4批次民兵专业技术兵训练，每期考核成绩均名列湖州军分区前茅。2004年，全年先后分5期开展训练，全部实行训练基地化，分炮兵、工兵、防化兵和空勤等专业技术分队，由军队与地方对口专业技术兵参加，后经湖州军分区考核验收，各项训练成绩均达到优秀水平。2006年10月，县人武部被省军区表彰为“十五”期间民兵预备役军事训练先进单位。2009年5月，县人武部利用某集团军某团的营区，集中组织全县年度民兵军事训练，主要内容为民兵共同训练、分队专业训练和非战争军事行动训练。7月，组织专武部部长和民兵参加全省军事训练比武，4人被湖州军分区选拔参赛，其中龙山街道人武部部长谢铎取得全省综合第四名、李家巷镇民兵朱小锋取得步枪精度射击全省第三名的好成绩。2010年5月，依托某部营区，集中一周时间，分专武干部、民兵连连长、基干民兵三个层次，完成队列、轻武器实弹射击、识图用图等科目训练。2011年至2012年，按照“练为战、练为用”的要求，重点组织反恐维稳、抗洪抢险、森林防火等多个科目的演训，组织参加全省民兵干部骨干跨区联训、组织指挥和业务技能培训、共同科目和专业基础训练集训、全市民兵跨县联训，受到上级有关部门的一致肯定。

第四章　国防动员与教育

1988—2012年，长兴县通过开展国防教育日宣传活动、组织国防教育专题文化活动、举办国防教育专题讲座和展览、开展“军事日”活动、推进国防教育示范基地建设等形式，推动形成齐抓共管的国防教育体系，增强全民国防意识。1996年5月，长兴县国防动员委员会成立后，组织开展防区基本情况调查，制定和完善预案方案，加强战时行动演练，提高战备能力。

第一节　国防动员

1996年5月，长兴县成立国防动员委员会，第一主任由县委书记兼任，主任由县长兼任，副主任由副县长、县人武部政委、部长兼任。1998年12月，县国动委制定委员会会议制度、工作制度、计划制度、请示报告制度、总结制度和文件承办制度6项制度。1999年，县国动委设置办公机构，落实人员配备及制定工作职责，国动委秘书组设秘书长1人和副职2人，人民武装动员办公室设主任1人和副职6人，经济动员办公室设主任1人和副职4人，交通战备办公室设主任1人和副职3人，人民防空办公室设主任1人和副职4人。2000年6月，县委召开武装工作暨国动委全体成员会议，县委书记和县长出席并讲话，县人武部部长作工作报告，政委作台海形势报告。2001年5月，县国动委制定《长兴县战时行动演练导调》。同年，县国动委加强办事机构建设，成立综合、政治动员、信息动员、科技动员办公室，并落实工作人员和办公经费。2003年，全县国防动员工作按军分区统一部署，按时完成防区基本情况调查，调整配备县民兵应急连和重点乡镇应急排成员，落实年复训，统一着装，逐步配备应急任务所需装备器材，完善战备方案。同年，完善人武部"三室二库"和综合指挥中心建设，军内通信网、局域网已基本建成并投入使用。2004年3月，县委召开县武装工作暨国防动员委员会全体成员会议，各乡镇党委书记、乡镇长、有关企业党委书记、县级各系统负责人、基层人武部部长等参加，县四套班子领导及国动委成员集体过"军事日"活动，参观驻长兴部队，开展射击友谊赛等活动。2006年5月，根据年度军事管制计划，在军分区的指导下，"全员额、全要素、全过程"组织完成全县应急兵员对象全过程演练。演练做法的有关信息被省军区转发，南京军区《人民前线报》也予以报道。至2012年，全县结合整组完成《民兵管理业务》《退伍军人服预备役登记》《地方与军事专业对口技术人员服预备役登记》3个系统数据录入上报，完成科技动员各类预案的修改、资料室和器材室的建立。

第二节　国防教育

1988年3月，县委召开全县国防教育工作会议。4月，湖州军分区政治部转发《长兴县全民国防教育工作会议纪要》，以推动全市国防教育深入开展。5月，省委宣传部、省军区政治部通报长兴县国防教育试点县采取10种形式开展国防教育已初见成效。9月，市委、市政府、湖州军分区决定向全市推广长兴开展全民国防教育试点经验。同月，全市在长兴召开国防教育试点经验交流会，县委作试点经验介绍，县教育局等7个单位介绍开展国防教育经验，省军区政治部向长兴颁发全民国防教育先进单位奖旗。9月，市委、军分区表彰长兴为全民国防教育先进县。

1990年5月，县国防教育委员会成立，下设办公室于县人武部政工科，各区、乡、镇相应成立领导小组，将国防教育工作列入县党代会和人代会工作报告，形成全县齐抓共管的国防教育体系。6月，县国防教育委员会举行第一次会议。随后，县委作出《关于深入开展全民国防教育的决定》，从教育指导思想、基本内容、教育形式、教育层次和组织领导等方面提出要求。9月，县政府颁发《长兴县国防教育实施办法》，共5章22条，以地方规范性文件明确国防教育各项事宜，使全县国防教育向规范化、制度化发展。1991年，全县共开展10项国防教育活动，包括将9月份定为全县国防教育宣传月(每年9月份第三个星期六定为中华人民共和国国防教育日)，组织以国防教育为内容的文化娱乐活动；组织一次国防知识竞赛；举办一次国防教育先进人物事迹报告会；举办一次国防教育书画展；举办国防教育图板巡回展；组织县级机关领导干部过一次军事活动日；开展学生军训；举办《紫笋报》国防教育专版；组织军民联防演练；继续开展为部队建设系列服务。同年，县乡两级广播站每月安排国防教育专题讲座，对2560名干部、党员进行国防教育。9月，市国防教育现场会在长兴召开。11月长兴县被省国防教育委员会评为"国防教育先进单位"，当年又被省委、省政府、省军区评为国防教育先进集体。1993年，县、乡镇和企业42所党校将国防教育纳入教育计划，每期培训均由县人武部领导或专武干部上国防教育课，全年受教育者达2.4万人。同年，县委又组织县六套班子领导和财税干部到县训练基地过一日军事生活。全县382所中小学以《初中国教读本》对学生进行系统、规范的国防知识教育，每学期落实6课时。民兵预备役人员国防教育以《中国民兵》《东海民兵》《浙江国防》《基层生活》等刊物为教材。同年，长兴被省委、省政府和市委、市政府评为全民国防教育先进县。1994 年 4 月，县国教办、县委组织部、县委宣传部、县委党校联合制定《长兴县党校开展国防教育实施意见》。10 月，在新四军苏浙军区司令部旧址纪念馆，举行长兴第一个青少年爱国主义教育基地挂牌仪式。同年，全县有 700 多名党政干部“过军事生活”。县教委成立国教领导小组，各学校成立工作小组，全县初一学生统一订阅《国防教育读本》。除课堂教育外，还采用升国旗仪式、清明节扫烈士墓、请离退干部讲传统故事、看百部爱国电影、开展影评歌咏书画比赛、组织学生到部队参观和利用假期开展军训活动等形式进行国防教育，增强学生国防意识。1996 年 4 月，县委、县政府确定新四军苏浙军区司令部纪念馆等 6 个单位为全县首批爱国主义教育基地。1997 年，全县以省国教育条例为依据，开展国防教育“五个一”(组织一次国防知识竞赛、举办一次国防教育先进人物事迹报告会、举办一次国防教育书画展、举办一次国防教育图版巡回展、组织县级机关领导干部过一次军事日)等有关活动。同年，积极组织参加全国《迎香港回归，纪念建军 70 周年国防知识竞赛》活动，并获得全国组织奖，15 人获得省、市奖。长兴县国教办被市国教委评为年度国教先进单位。1998 年 2 月至 3 月，县人武部举办《中华人民共和国国防法》颁布一周年征文比赛活动。1999 年 4 月始，为庆祝中华人民共和国成立 50 周年和长兴解放 50 周年，县委宣传部、县委党史办、县文体局、县教委、县国教办等 8 家单位联合举办《长兴英烈》图片巡回展。

2001 年，全县国防教育工作紧紧围绕县委、县政府的中心工作，深入开展形式多样活动，做到理论培训与基地实践教育相结合、国防教育与形势教育相结合、国防教育与党性教育相结合，大力弘扬爱国主义精神。同年，县国教办配合市国教办出版《不能忘却的历史》一书，发行 1000 册。参加市国教委、军分区政治部等组织“勿忘国耻、弘扬国威”知识竞赛活动，有 4800 人参赛，31 人获市级奖。2005 年，全县各乡镇及部分中小学积极开展看一场电影、读一篇纪念文章、唱一首抗战歌曲、听一堂抗日战争英雄事迹讲座等“四个一”活动。同年，以党校、学校、社区、共青团、民兵组织和新闻媒体为载体，广泛开展富有特色和形式多样的国防教育活动，全民国防教育率达到 95%以上。2009 年，在全县中学全面施行《中学生国防教育读本》，总结和发掘新四军苏浙军区纪念馆国防教育基地作用，申报并获评国家首批国防教育示范基地。2012 年，全县依托全民国防教育日，开展以“依法开展国防教育，增强公民国防观念”为主题的国防教育，广泛开展“牢记历史、富国强军、共筑长城”“弘扬抗战精神、增强国防观念”等一系列活动，积极宣传《中华人民共和国国防动员法》和新颁布的《中华人民共和国兵役法》，人民群众的国防意识不断增强。充分发挥新四军苏浙军区纪念馆等国防教育基地作用，营造关心支持国防和军队建设的浓厚氛围。结合抗日战争胜利纪念日，开展以“纪念抗日胜利，传承抗战精神”为主题的实践活动，组织战争故事片放映和国防教育文艺会演进学校、进社区，收到良好的效果。

图 25-2　在县人民广场组织国防教育图片展览(县人武部提供·2006 年)

第五章　人民防空

1991 年 1 月，长兴县国防动员委员会人民防空办公室成立，机构设在县武装部。1999 年 11 月，成立县人民防空办公室，为自收自支全民事业单位，与县国防动员委员会人民防空办公室实行一套班子、两块牌子。2000 年 2 月，县人防办正式挂牌成立。2007 年 7 月，增挂县民防局牌子，为县政府直属正科级事业机构。2011 年，与县建设局（县规划局）合署办公。2012 年，县人防办（县民防局）共有在编人员 5 人，聘用人员 6 人。全县 9 个省人防重点镇均成立人民防空工作领导小组及办公室，街道及城市社区也相应成立人民防空工作领导小组、社区人民防空办公室和社区人民防空志愿者队伍；人民防空地下防护建筑、防护工程体系建设初步建成，人民防空疏散演练和宣传教育常态开展。

第一节 人防工程

一、工程建设

2000 年 3 月，县政府办下发《关于实施人民防空工作有关政策的通知》，明确配套结合地面民用建筑修建人民防空工程建设标准和收费标准。2001 年，县内第一个人防工程开工建设，至同年 9 月竣工投入使用，面积 1400 平方米，为战时可用于防空地下室（简称结建防空地下室）。2004 年 9 月，省政府明确泗安镇、和平镇、煤山镇、夹浦镇、李家巷镇为省人民防空重点镇。2005 年 3 月，按照省、市、县规定，泗安镇、煤山镇、和平镇、夹浦镇、李家巷镇 5 个重点镇开展人民防空工程建设。2007 年 5 月，洪桥镇、林城镇、小浦镇、虹星桥镇被确定为第二批省人防重点镇。7 月，洪桥镇、林城镇、小浦镇、虹星桥镇 4 个重点镇按规定开展人民防空工程建设。12 月，县政府办发文对城区结合新建居民住宅楼修建防空地下室建设标准做调整。2009 年，人防医疗救护站开工建设，于 2010 年竣工投入使用，设计为三等医疗救护站，面积 2125 平方米，定员 130 人，护理床位 22 个，平时为汽车库。同年，长兴水口人防疏散基地动工建设，于 2011 年竣工。2010 年 8 月，县政府办发文对县人防重点镇修建防空地下室标准进行调整。2012 年 7 月，下文明确长兴县太湖图影旅游度假区人防结建政策。同年，县人防指挥工程（长兴县 125 工程）动工建设。至年末，全县共有结建防空地下室在建项目 37 个，竣工备案项目 51 个；自建人防工程 3 个，竣工 2 个；医疗救护工程 1 个。初步建成保障战时人员与物资掩蔽、人民防空指挥、医疗救护等地下防护建筑，以及战时可用于防空地下室相结合的人民防空防护工程体系。

二、维护管理

县内人防工程使用与维护管理实行“谁投资、谁使用、谁维护管理”原则。2007 年 6 月，县人防办出台《长兴县人民防空工程维护管理细则》《长兴县人民防空工程设施安全使用管理规定》和《长兴县人民防空工程维护管理制度》，明确人防工程维护管理技术规程，对人防工程及其内部设施设备安全使用管理作出具体规定并制定相应制度。同时，县人防办专门成立人防工程安全领导小组，开展人民防空工程安全督查工作。2009 年，专项组织开展人民防空工程建设“三个专项检查”活动，共检查 9 个竣工人防工程项目防护设备质量、18 个项目人防施工图设计文件、5 个项目人防工程建设监理。2012 年，组织开展人民防空工程安全生产“清底数、清隐患、清死角”大检查。另外，县人防办每年对人防工程进行不少于 2 次例行检查。

第二节 指挥通信

一、通信指挥

2002 年 7 月，县综合指挥所开工建设，至 2004 年建成投入使用。2008 年 5 月，县人民防空指挥部成立，内设指挥通信（综合）、抢险抢修、人口疏散、治安、消防防化、物资保障、医疗防疫、政治工作 8 个小组，指挥部办公室设在县人防办。同年，建立人防重点镇综合信息网，实现长兴人防信息网的省、市、县、镇四级联通。

二、警报建设

2000 年 9 月，县人防办在长广集团公司大楼安装 1 台防空警报器，并于 9 月 29 日下午 3 时，在雉城镇进行首次防空音响警报试鸣，鸣响率 100%。2004 年，新安装 2 台电声防空警报器。2006 年，安装防空警报无线统控发放系统，9 月 30 日上午 12 时，采用无线遥控方式拉响全县防空警报。2007 年 10 月，安装超短波电台，战备执勤和呼叫率均达到 100%。2010 年 10 月，采购一部海事卫星电话，用于民防应急救援。2000 年至 2012 年，全县每年组织一次防空警报试鸣，鸣响率 100%；2010 年后警报试鸣音响信号中增加防灾警报，并将试鸣时间从 9 月改为 5 月 12 日。2012 年，全县防空警报器达到 24 台，每台防空警报器均配备 1 名管理员。

三、预案演练

2003 年，县人防办编制完成《长兴县人民防空人口疏散方案》。2006 年 4 月，制定《长兴县人民防空应急行动方案》。2007 年 7 月，启动《社区人民防空工作实施计划》，确定长兴体育中心、长兴中学、长兴县职业教育中心、长兴县实验小学、长兴县实验初级中学、长兴县雉城镇古城中学为第一批人口疏散安置点，保利凤凰山庄为人口疏散基地。2011 年 5 月，组织全县所有中小学校师生结合防空防灾警报试鸣进行学校应急疏散演练。2011 年 10 月，组织社区人口进行疏散演练。通过每年组织人民防空疏散演练，居民群众了解人员掩蔽疏散、人口疏散程序路线，达到战争或自然灾害时期能快速有序疏散。

四、人防专业队伍

2002 年，县政府、县人武部组建县人民防空抢险抢修合成专业队，设道路桥梁抢险、供电设施抢修、市政工程抢险抢修、通信抢险抢修、防化医疗救护 5 个中队 10 个分队，共 116 人，设队长 1 人、政治教导员 1 人、副队长 4 人。2009 年，县人防办组建民防应急救援分队并配备生命探测仪。2011 年，组建 7 支乡镇民防应急救援队伍并进行整组和救援演练。2012 年 11 月，县人防办联合团县委成立县民防志愿者活动中心，对社区民防志愿者队伍实施注册挂牌上岗。

第三节　人防宣传教育

1999 年，雉城中学把防核武器、防化学武器、防生物武器“三防”课列入教学计划，保证每年每班有 16 课时教育时间。2000 年，县人防办与国防教育办联合组织县属学校师生参加“我与人防”征文比赛，共收到推荐文章 100 余篇，有 17 名师生获奖。2001 年 4 月，举办人民防空法宣传暨全省人民防空建设五十周年成就图版巡回展活动，开设人民防空法规宣传咨询台，发放宣传资料 500 份。2002 年 9 月，开展第二个“全民国防教育日”宣传活动，宣传《中华人民共和国人民防空法》，观展人数超过 3000 人次，发放宣传资料 200 份。2003 年 6 月，以“国防连着你我他，安宁维系千万家”为主题，开展全县公民国防教育系列活动。2004 年，县城所有初中二年级均开设“三防”教育课，受教学生 2300 人，占应受教育面 100%。2006 年 10 月，举行《中华人民共和国人民防空法》颁布 10 周年宣传活动，制作图版 35 块，悬挂横幅 10 条，分发宣传资料 3000 份。2007 年 12 月，县教育局、县国防教育办、县人防办联合下发《关于进一步加强我县学校人防（民防）教育实施意见》，明确初中开展人民防空教育时间不少于 15 课时至 16 课时，并开展人民防空教育专项考核。2008 年，在《长兴之窗》开设人民防空专刊，全年共刊登 20 期，介绍人民防空动态、人民防空政策、防灾减灾知识。2009 年 11 月，在县教育局教育实践中心设立县人防（民防）教育实践基地，承担全县中小学生人防（民防）知识和技能教学任务，年培训学生超过 1 万人次。2010 年 9 月，举办主题为“弘扬抗战精神、增强国防观念”的国防教育文艺晚会。2011 年，依托数字电视和结合远程教育频道建设，将人防知识教学资源通过电视网络直接传送到群众家中。2012 年 11 月，县人防（民防）教育实践基地挂牌成立县民防志愿者活动中心。

第二十六编　科学技术

20 世纪 80 年代，长兴县内科技成果转化主要形式为技术转让、技术咨询和为工农业生产提供技术服务。1992 年，县委、县政府确立科教兴县战略，提出加速科技成果向现实生产力转化。1993 年 9 月，成立县技术市场管理办公室。1997 年，对乡镇实行科技进步目标责任制考核。1998 年，长兴被科技部授予全国科技工作先进县称号。90 年代中后期，特别是进入 21 世纪以来，科技成果转化工作越来越受到重视，产学研合作广泛开展。2002 年，长兴被科技部首次授予全国科技进步先进县称号。同年，浙江网上技术市场长兴分市场投入运行。2004 年，长兴科技创业园被认定为全省县域首家省级科技企业孵化器。同年，县内首家博士后工作站在天能集团成立。2005 年起，向乡镇派遣科技特派员。2008 年，实施“南太湖精英计划”。2009 年 4 月，浙江长三角与欧洲波罗的海国际技术转移中心（以下简称国际技术转移中心）成立。2010 年，全县首家院士工作站在天能集团成立。同时，随着科教兴县战略的大力实施，全县各级各部门积极采取措施，引进科技人才，培育技术骨干，科技队伍进一步壮大。至 2012 年，全县拥有人才总量 121900 人，其中专业技术人才 67290 人、占 55.2%，企业经营管理人才 20490 人、占 16.8%，高技能人才 6850 人、占 5.6%，农村实用人才 23300 人、占 19.1%。县科技专项经费投入逐年增加，2012 年县科技专项经费 1.35 亿元，占财政收入的 1.8%，全社会研发（R&D）经费支出及其占地区生产总值（GDP）比重逐年稳步增长，2012 年 R&D 经费支出占 GDP 比重提高到 2.2%。1988—2012 年，全县组织实施国家级项目 199 项，省级重大科技专项 46 项，市级项目 432 项，县级 711 项；有 53 项产品列入国家重点新产品，1082 项产品列入省级新产品；有国家重点扶持高新技术企业 45 家，省创新型试点企业 7 家，省级农业科技企业 24 家；累计申请专利数为 10524 件，专利授权累计数为 7734 件；获各级科技奖 415 项，其中省级 48 项、市级 127 项、县级 245 项。

第一章　科研机构与队伍

1988 年，长兴县有科研机构 15 家，其中事业科研机构 4 家、民办科研机构 8 家、企业科研机构 3 家。2012 年，全县有科研机构 131 家，其中事业科研机构 5 家、民办科研机构 21 家、企业科研机构 105 家，有各类专业技术人才 67290 人。

第一节　科研机构

1988 年，全县科研机构有 15 家，其中事业科研机构 4 家、民办科研机构 8 家、企业科研机构 3 家。2012 年，全县科研机构有 131 家，其中事业科研机构 5 家、民办科研机构 21 家、企业科研机构 105 家。

一、事业科研机构

1988年，县内有县农业科学研究所、县农机研究所、县科技信息中心、县科技开发服务中心4家事业科研机构，均属于县级部门，从事农业技术、农机技术、科技情报信息的研究及科技开发。1999年2月，县农机研究所撤销。2002年5月，县农业科学研究所完成事业单位体制改革。2012年，在编的事业科研机构有5家，为县科技信息中心(地震管理办公室)、县科技开发服务中心(县西太湖科创中心)、县林业技术推广中心、县教育研究中心、县农业技术推广服务总站。

长兴县科技信息中心(地震管理办公室)　前身为县科技情报研究所，成立于1985年3月，负责科技图书室管理、编印《科技信息》和县级科技情报刊物《长兴科技》。1988年1月至1996年5月，编辑出版《长兴科技报》，共发行101期，127.69万份。1996年6月，《长兴科技报》停办。2009年5月，更名为县科技信息中心，挂县地震管理办公室牌子，主要负责全县技术市场管理，建设网上技术市场；负责科技情报信息收集编纂，定期出刊《长兴科技信息》；承担防震减灾知识的宣传教育和普及工作，承办县政府抗震救灾指挥机构具体事务。

长兴县科技开发服务中心(县西太湖科创中心)　成立于1988年，负责技术咨询、成果转化、技术开发。1997年3月，科技开发服务中心与县科技情报研究所联合建立县科技信息计算机网络中心，与省科委科技信息计算机网络中心联网。1998年3月，开通国际互联网，建立县科技经济信息网站和网上技术市场。2010年10月，增挂县西太湖科创中心牌子，主要负责组织开展各类产学研合作活动，整合创新平台资源；负责做好"南太湖精英项目"初审筛选和洽谈对接工作，为项目提供绿色通道和配套服务。

长兴县林业技术推广中心　成立于1991年，主要从事林木良种繁育、林木用肥、林木用药、森林资源培育等林业技术推广，负责科技项目的实施、管理与指导，林业技术人员培训等。2004年，《低丘红黄壤银杏片林高效栽培技术研究》获得省科技兴林三等奖。2012年，制定《银杏栽培技术规程》《青梅栽培技术规程》等国家行业标准。

长兴县教育研究中心　前身为教育科学研究所，成立于1991年2月。同年，课题成果《人力结构与教育结构》(专著)获省"八五"重大科研成果二等奖。2003年，课题研究成果《中国教育券制度的实践与探索》获中央教科所科研成果一等奖。1991—2003年，先后获国家、省、市科研成果奖34项。2003年12月，县教育局教研室与县教育科学研究所合并，更名为长兴县教育研究中心。具有省级学会会员24人，市级会员88人，县级学会会员446人。2009年被评为省教研先进集体。2005—2006年度、2007—2008年度、2011—2012年度被省评为重视教育科研先进单位。

长兴县农业技术推广总站　成立于2008年，下设种植业、渔业、畜牧业、农机、林业、水利6个专业技术指导组。各乡镇、街道设立农技推广服务中心，村级设立农技指导站，实行"一中心多站"机构建制。至2012年，实施开展完成47只县级及以上农技项目，其中稻菜轮作项目获市十大农业创新典型；培育科技示范户1000户，示范面积1640公顷，带动农户2.51万余户；建设水稻、蔬菜、水果、茶叶等示范基地14个，累计示范推广新品种、新技术、新机具150多项，推广面积15.6万公顷。

长兴县农业科学研究所　成立于1959年。20世纪80年代至90年代中期，通过农科实验场，试种大棚草莓、龙井43茶叶、长农17青梅，引进日本肉葫芦、台湾小南瓜、日本大蚕豆，均获成功。作为负责单位承担"(二旱一水)亩产超吨粮耕作制度及技术研究"县级科研项目，同时协作完成"麦稻良种繁育及杂交稻制种"县级项目。1993—1996年，独自承担省级"银杏叶的对比试验"、市级"浙北桃形李优质高产栽培技术"，以及与中国甘薯研究中心合作的县级"蔬菜新资源——甘薯茎尖嫩叶开发"等项目研究和开发。2002年5月，完成事业单位体制改革。

长兴县农机研究所　成立于1972年。1988—1993年，县农机所对农机具的研制工作处于停顿状态。1994年，重点推广旋耕埋草机10台，联合收割机3台，后置式冬种开沟机268台。其中，开沟机推广应用项目通过专家鉴定。1999年2月，因农机所原具有的农机具设计、试验、研发职能基本消失，不能适应规模化产业化的现代农业要求，县农机所撤销。

二、民办科研机构

1988 年,长兴县出台《关于鼓励科技进步与人才流动的若干规定》,同年全县创办科技开发服务机构 8 家。1997 年,全县有各类民办科研机构 56 家。2012 年,全县登记在册的民办科研机构共 21 家。

2012 年长兴县登记在册民办科研机构情况表

表 26-1

单位:万元

机构名称	注册资本	成立年月	机构名称	注册资本	成立年月
长兴煤山耐火科研所	10	1998.05	长兴世博栝楼研究所	10	2005.01
长兴紫砂工艺研究所	1	1999.01	长兴现代科技传播中心	5	2006.06
长兴达达工艺美术研究所	2	2000.03	长兴博达茶叶研究所	3	2006.06
长兴正达电炉研究所	5	2000.12	长兴浙北肿瘤研究所	5	2006.09
长兴县天地瓜类研究开发中心	10	2000.12	长兴益民针灸养生抗衰科学研究所	6	2009.03
长兴县长绿特种园林工程技术研究所	30	2001.09	长兴玻搪新材料研究所	30	2009.07
长兴刘氏中医皮肤病研究所	10	2003.08	长兴骨科研究所	5	2009.12
长兴县环境保护技术研究所有限公司	70	2003.11	长兴县东方中医药研究所	5	2010.08
长兴雉城董氏骨伤风湿病研究所	1	2004.04	长兴东方梅花研究所	5	2010.09
长兴县兴藤葡萄研究所	3	2004.07	长兴益康中医中药熏蒸保健研究所	5	2010.12
长兴西太湖机电研究所	50	2005.01	—	—	—

说明:资料来源于县科技局

三、企业科研机构

工业企业研发机构 1988 年,全县有厂办科研所 3 家。1995 年,长兴县出台《厂办科研所管理暂行规定》。1997 年,厂办科研所发展到 13 家。2000 年后,省、市出台企业研发中心认定条件、申报程序及管理办法,县内企业创办的科研机构逐年增加。2001 年,被认定省级高新技术企业研发中心 3 家。2003 年,被认定市级高新技术企业研发中心 2 家。2011 年 11 月,省科技厅出台《浙江省企业研究院建设与管理试行办法》,3 家企业研发中心年内先后被认定为省级企业研究院。2012 年下半年开始,省科技厅推出“产业技术创新综合试点”(战略性新兴产业电动汽车企业研究院,又称省级重点企业研究院)工作,超威电源有限公司率先被列入。至 2012 年年末,全县拥有企业研发机构 105 家(含未经科技部门认定的研发机构),企业从事研发活动人员 3247 人,企业研发经费支出 7.79 亿元,企业研发经费支出相当于主营业务收入的比重为约 0.9%,科研机构仪器设备原值 3.22 亿元。其中,被认定省级重点企业研究院 1 家(浙江省超威电源研究院),省级企业研究院 3 家(天能能源科技研究院、浙江省超威电源研究院、浙江省诺力高端仓储物流机械研究院),省高新技术企业研发中心 23 家,市高新技术企业研发中心 12 家,其他未经科技部门认定。

2012 年长兴县省级企业研发中心情况表

表 26-2

研发中心名称	依托单位	认定年月
天能能源科技研究院(省级企业研究院)	天能电池集团有限公司	2010.09
浙江省超威电源研究院(省级企业研究院)	超威电源有限公司	2011.10(2012.09 又被认定省级重点企业研究院)
浙江省诺力高端仓储物流机械研究院(省级企业研究院)	浙江诺力机械股份有限公司	2012.09
长兴新药省级高新技术研究开发中心	长兴制药有限公司	2001

续表26-2

研发中心名称	依托单位	认定年月
长兴高性能、环保型蓄电池省级高新技术研究开发中心	天能电池集团有限公司（原浙江长兴蓄电池厂、浙江天能电池有限公司）	2001
长兴光缆省级高新技术研究开发中心	铁鹰集团长兴光缆厂	2001(2006年取消)
中山精细化工省级高新技术企业研究开发中心（原浙江省长兴县中山精细化工技术研究开发中心）	浙江中山化工集团有限公司（原长兴中山化工有限公司）	2004
超威环保型蓄电池省级高新技术研究开发中心	超威电源有限公司（原浙江超威电源有限公司）	2006
长兴一化环保新农药省级高新技术研究开发中心	浙江省长兴第一化工有限公司	2007.11
华峰热喷涂防腐新材料省级高新技术研究开发中心	长兴县华峰喷焊材料电炉有限公司	2007.11
兄弟路标涂料省级高新技术企业研究开发中心	浙江兄弟路标涂料有限公司	2008.06
诺力物流机械省级高新技术企业研究开发中心	浙江诺力机械股份有限公司	2008.06
仁恒黏土新材省级高新技术企业研究开发中心	浙江长安仁恒科技股份有限公司（原浙江长兴仁恒精制膨润土有限公司）	2008.06
金三发生态衬布省级高新技术企业研究开发中心	浙江金三发新纺织集团有限公司	2008.06
盛邦差别化纤维省级高新技术企业研究开发中心	浙江盛邦化纤有限公司	2009.09
凯恩环保涂层商标材料省级高新技术企业研究开发中心	湖州凯恩涂层有限公司	2009.12
振龙绿色动力能源省级高新技术企业研究开发中心	浙江振龙电源股份有限公司	2010.06
艾格鸡蛋生物制品省级高新技术企业研究开发中心	浙江省长兴艾格生物制品有限公司	2010.06
锦诚耐火材料省级高新技术企业研究开发中心	浙江锦诚耐火材料有限公司	2010.06
长兴电子可靠性试验及测试装置省级高新技术企业研究开发中心	浙江长兴电子厂有限公司	2011.12
兴海锂离子动力电池省级高新技术企业研究开发中心	浙江兴海能源科技有限公司	2011.12
天能动力新能源省级高新技术企业研究开发中心	浙江天能能源科技有限公司	2011.12
七星新型电容器省级高新技术企业研究开发中心	浙江七星电容器有限公司	2012.09
凯迪汽车传动系统省级高新技术企业研究开发中心	浙江凯迪汽车部件工业有限公司	2012.09
永能合成纤维加工技术省级高新技术企业研究开发中心	浙江永能化纤有限公司	2012.09
三志功能性纺织新材料省级高新技术企业研究开发中心	浙江三志纺织有限公司	2012.09

省级农业科技研发中心　2004年，省科技厅出台《关于浙江省农业科技研发中心建设实施意见》，明确认定省级农业科技研发中心的前置条件之一，是主要建在国家级、省级农业龙头企业和省级农业科技型企业及其他符合条件的农业企业，是企业中专门从事研究开发的实体或机构。2004年，浙江梅源青梅制品科技研发中心成为全县首家被认定的省级农业科技研发中心。至2012年，全县共有省级农业科技研发中心14家，其中浙江长兴艾格生物制品科技研发中心、浙江长兴意蜂蜂制品科技研发中心、浙江梅源青梅制品科技研发中心3家被评为湖州市优秀省级农业企业科技研发中心。

2012年长兴县省级农业科技研发中心情况表

表26-3

中心名称	依托单位	认定年月
浙江梅源青梅制品科技研发中心	长兴梅源食品有限公司	2004.09
浙江大洋生物饲料科技研发中心	长兴大洋生物饲料有限公司	2005.12
浙江英特茶业科技研发中心	浙江长兴英特茶业发展有限公司	2005.12
浙江长兴艾格生物制品科技研发中心	浙江长兴艾格生物制品有限公司	2008.02

续表26-3

中心名称	依托单位	认定年月
浙江长兴蓝鑫饲用微生物制剂科技开发中心(泗安笑果生物)	长兴蓝鑫生物技术有限公司	2008.09
浙江长兴意蜂蜂制品科技研究开发中心	长兴意蜂蜂业科技有限公司	2009.09
长兴乐田栝楼科技研究开发中心	长兴乐田栝楼开发有限公司	2009.09
浙江省长兴县荣耀鹅业科技研发中心	长兴县荣耀鹅业有限公司	2010.10
浙江长兴泰明栝楼制品科技研发中心	浙江省泰明食品有限公司	2010.10
长兴茶乾坤科技研发中心	长兴茶乾坤食品有限公司	2011.11
浙江张老汉生态鳖科技研发中心	浙江张老汉生态鳖业股份有限公司	2012.11
湖州大山丰蜂产品研发中心	湖州大山丰蜂产品有限公司	2012.11
浙江农晨饲料科技研发中心	浙江农晨饲料有限公司	2012.11

说明:资料来源于县科技局

第二节　科技队伍

一、专业科技队伍

1987年,全县有各类专业技术人才3434人,占人口总数的0.6%。其中,工程技术人员185人,占专业技术人才的5.4%;教学人员2063人,占60.1%;卫生技术人员628人,占18.3%;农业技术人员138人,占4%;经济人员212人,占6.2%。高级职称65人,中级职称873人,初级职称2496人。之后,随着科教兴县战略的大力实施,全县各级各部门积极采取措施,引进科技人才,培育技术骨干,科技队伍进一步壮大。2012年,按新的人才统计口径,全县拥有人才总数为12.19万人,占人口总数的19.5%,全县人才密度(每万人口人才资源数)为1905人。其中,专业技术人才6.73万人(高级职称1990人、中级职称1.49万人、初级职称2.3万人、无职称技术人员2.74万人),占55.2%;企业经营管理人才2.05万人,占16.8%;高技能人才6850人(技师2300人、高级技师265人),占5.6%;农村实用人才2.33万人,占19.1%。详见第33编劳动人事、第2章人事人才、第6节人才开发。

二、专家咨询委员会

1997年6月,县政府成立专家咨询委员会,制定《长兴县人民政府专家咨询委员会章程(试行稿)》。县政府专家咨询委员会由24位专家组成,分为农业组、工业组和社会发展组,外聘6名专家为顾问。专家咨询委员会成立后,对"22511"科技示范工程、《长兴县科教兴县规划纲要》、长兴人民广场改造,以及县广电大楼选址建造、长兴县高级中学建设和雉城镇教育布局规划进行科学论证。1998年8月,专家咨询委员会停止活动。

三、科技特派员

2005年7月,全县开始在乡镇推行科技特派员制度。县委、县政府下发《关于全面推行科技特派员制度的通知》,对科技特派员的主要任务和权责、科技特派员的选派、科技特派员的管理及保障措施作出规定。同年,全县16个乡镇全部派遣科技特派员,其中市派遣8人、县派遣8人,每两年更换调整一次。至2012年年末,全县共选派4批64人次科技特派员,共实施科技开发项目48项、推广新技术新品种63个、引进新品种44个、创建利益共同体6家、形成龙头企业12家。长兴县获评省科技特派员工作先进单位2次、市科技特派员工作先进单位1次,7个乡镇获评市科技特派员工作先进单位。全县有12人被评为省优秀科技特派员,17人被评为市优秀科技特派员。

四、博士后工作站、院士工作站

2001年7月,省政府办公厅转发省人事厅等部门《关于加快我省博士后事业发展若干意见的通知》,积极鼓励创办一批省级企业博士后科研工作站,使工作站成为企业发展的"智囊团"和提高企业科技含量的服务站。2004 年,天能集团成立县内首家博士后工作站。2006 年,长兴经济开发区成立博士后工作站。2008 年,超威电源有限公司成立博士后工作站。同年 7 月,天能集团博士后工作站升格为国家级。2010 年,诺力机械股份有限公司成立博士后工作站。同年 12 月,超威电源有限公司博士后工作站升格为国家级。年末,县内有博士后工作站 4 家,其中国家级 2 家。

2010 年 5 月,市委组织部、市经信委、市人力社保局、市科协联合发文《关于推进院士专家工作站建设的实施意见》,为"柔性引进"高端领军人才,促进企业与两院(中国科学院、中国工程院)院士等高层次人才及其创新团队建立产学研长效合作机制创造平台。7 月,县内首家院士工作站天能集团工作站成立,中国科学院院士陈洪渊、何祚庥和中国工程院院士郭孔辉、段宁分别领衔工作站工作。2011 年 7 月,天能集团院士工作站被认定为市级院士工作站。12 月,浙江茶乾坤食品股份有限公司院士工作站被认定为市级,由中国工程院院士陈宗懋领衔工作站工作。2012 年 9 月,天能集团院士工作站升格为省级院士工作站。年末,县内有院士工作站 2 家,其中省级、市级各 1 家。

五、群众科技队伍

1989 年起,县科协开始评定农民技术人员职称,原则上每两年申报、评定、晋升一次,有蔬菜、粮食、果木、种植等 22 个专业。同年,评出农民技术人员 1051 人,其中农民技师 89 人、农民助理技师 435 人、农民技术员 405 人、农民助理技术员 122 人。至 2012 年,全县共有 4016 人获得各级农民技术人员职称,其中高级技师 32 人、农民技师 243 人、农民助理技师 632 人、农民技术员和助理技术员 3109 人。

1998 年,启动农民技术资格证书即"绿色证书"制度。至 2012 年,获证 6579 人,涉及农学、蔬菜、果树、水产、畜牧、茶叶等专业。

第二章 科技普及与交流

20 世纪 80 年代,长兴县通过技术转让、技术咨询和为工农业生产提供技术服务等形式,推动科技成果转化。1992 年,县委、县政府确立科教兴县战略,推动学科技、用科技,加速科技成果向现实生产力转化。90 年代中后期,特别是进入 21 世纪以来,科技成果转化工作越来越得到重视,产学研合作广泛开展,涉及全县支柱产业和经济领域各方面。

第一节 科技普及

一、科技宣传

1988 年 1 月,县科委创办《长兴科技报》,主要宣传《中华人民共和国科技进步法》《中华人民共和国技术合同法》等法律法规和科技政策、措施,宣传全县科技进步典型和先进适用科技成果。1996 年 6 月《长兴科技报》停办以后,县科委协同县广播电视台举办科教兴县专题节目,在《长兴报》上开设科技专栏。选编《科技政策法规文件汇编》,编印《长兴科技信息》,举办科普宣传周活动。1997 年 3 月,县科技经济信息网开通,利用网络向外介绍长兴县企业与产品,发布技术需求信息。1998 年,与县科协组织科技人员送科技下乡,发放《科普常识》等书籍,印发农村实用技术资料,编制科普宣传图板,组织《崇尚科学文明,反对迷信愚昧》大型专题科普展览,参与组织《崇尚科学,破除迷信》科普知识竞赛,举办送百场科技影片下乡活动。组织长兴县效益农业图片展,展示学科技、用科技、科技兴农成果。2008—2010 年,县科技局联合县文广新局、县工商局开展"4·26 世界知识产权日"宣传,宣传知识产权保护的作用,普及推广知识产权知识。2011—2012 年,县科技局开展走访企业,送科技政策上门服务活动，累计走访规模以上企业210家，发放《科技创新政策汇编资料》1800份。2012年，《浙江日报》以“长兴长春”为题宣传长兴的科技创新工作。

二、科技培训

1988年，县科委举办星火技术培训10期，受训740人。至2000年，共举办星火培训班385期，培训农村实用人才21697人次。2001年，长兴被列入国家跨世纪青年农民科技培训工程实施县。2001—2002年，共举办县级星火培训25期，培训3300人次；在全县举办“有机茶采制”“无公害蔬菜栽培”实用技术培训325期，参加培训人员达3万余人；开展“跨世纪青年农民”科技培训，受训人员3120人次；“绿色证书”培训1000人次。2005年起，重点抓知识产权培训及科技计划项目申报培训，每年培训5000余人次。2012年，共培训6000余人次。1988—2012年，全县组织各类培训计15类，涉及重点行业技术改造、星火技术开发推广、企业管理、技术市场、技术合同、知识产权、科技计划项目申报、计量和标准化管理技术等，累计培训人员86300人次。

第二节　科技交流

一、产学研合作

20世纪80年代，全县成果转化工作以技术转让、技术咨询和技术服务为主要形式。1988年，县科委开始组织企业赴外地横向联系，参加省市科学技术展交会，洽谈经济技术项目。1992年，出台《关于实施科教兴县战略，加速经济发展的意见》，加速科技成果向现实生产力转化。1993年9月，成立县技术市场管理办公室。90年代中后期，通过政府引导，搭建合作交流平台，企业主动对接高校与科研院所寻求技术成果合作开发或委托开发，成果转化工作逐渐进入政产学研合作阶段。1996年10月，举办长兴科技成果洽谈会，邀请30所大专院校60位专家教授到长兴推介1000项科技成果，组织乡镇、企业260人参加，当场达成引进意向50项、签约1项，其中50项意向项目中有14项在后续接洽工作中转为正式签约。同年，县技术市场管理办公室获第四届全国技术市场金桥奖。进入21世纪以来，科技成果转化工作越来越得到县委、县政府重视，产学研合作广泛开展。2001年8月，与省人事厅举办“百名专家长兴行”活动。2007年，出台《关于深入推动产学研合作的实施意见》，政府财政每年安排500万产学研专项经费，专门用于扶持开展产学研合作企业。同年，在全县开展“产学研活动年”活动，全县共推进产学研合作项目100项，总投资达10.89亿元，其中研发投入1.12亿元；投产项目61项，完成投资额6.4亿元，实现销售收入8.21亿元。2008年，全面开展“长兴接轨上海”活动，全县共有138家企业与84所高校、科研院所开展产学研合作，推进合作项目159项，签订正式合作协议101个，总投资13.6亿元。其中，研发投入3.9亿元；投产项目99项，完成投资额7.9亿元，年增产值49.4亿元，年增利润8.47亿元。2009年起，县内企业开始与大专院校、科研院所共建技术中心、研发中心、研究生实践基地、人才培训基地，产学研合作的内容向广度、深度发展，涉及全县支柱产业和经济领域各方面。2009—2012年，全县与国内100多所著名高校、科研院所广泛开展合作与交流，向上争取补助经费累计9944万元；推进产学研项目总数561项，协议总金额47.16亿元，研发投入20.54亿元，带动

图26-1　举办“百名专家长兴行”活动(县科技局提供·2001年)

新增投资 63.3 亿元，新增利税 19.84 亿元。

二、浙江长三角与欧洲波罗的海国际技术转移中心

2009 年 4 月，浙江长三角与欧洲波罗的海国际技术转移中心（以下简称国际技术转移中心）成立，在瑞典卡尔玛省和长兴设立秘书处，依托浙江大学专职团队运营。国际技术转移中心是湖州地区唯一一家开展国际科技成果转移转化服务单位。2011 年，被省科技厅认定为省重点科技中介服务机构。2012 年，被科技部认定为国家技术转移示范机构，同年，国际技术转移中心杭州工作站正式挂牌。国家技术转移中心拥有 22 家理事成员单位，基本覆盖中国长三角地区 2 省 1 市和欧洲波罗的海地区 10 个国家，与海内外多家科技园高校科研院所结成战略联盟，创建独立运行的官方门户网站。

2009 年，国际技术转移中心与芬兰 BME 公司合作，在湖州范围内推广应用矿山抑尘设备和技术，全县有 4 家矿山企业使用并取得明显成效。与瑞典 MCBAT 合作推广蓄电池再生技术，该技术拥有 30 个国家的发明专利，可应用到长兴的相关产业上。引进香港科技大学的墙体建材和无机非金属材料技术。至 2012 年，国际技术转移中心促成技术开发与转让 162 项，技术合同金额 3846 万元。国际项目对接 33 次，引进 5 项。通过使用瑞典 WINDN 公司开发的 TTS 国际在线服务平台为客户发布国内外高校科研院所科技成果 1655 项，技术产品 1090 项，服务中外企业会员单位 240 家。TTS 在线服务平台获欧盟资助，成为欧洲与中国技术成果转移转让示范样本。

第三章　高新技术

1988—2012 年，长兴县先后被认定为国家火炬计划重点高新技术企业、国家重点扶持高新技术企业 57 家（次）、被认定为省级科技型企业 132 家（次）、被认定为市级科技型企业 74 家（次），先后认定县级科技型企业 118 家（次）。全县共立项各级新产品 1542 项，其中国家重点新产品（国家级新产品）53 项、省高新技术产品 101 项、省级新产品试制计划 1082 项、市县新产品试制计划 306 项。

第一节　企　业

一、国家级高新技术企业

2008 年以前，由科技部认定与管理的国家级高新技术企业为国家火炬计划重点高新技术企业（简称国家火炬高企），其前置条件之一是省级高新技术企业；两年一复审，不享受税收优惠政策。2008 年后，科技部重新制定认定管理办法，前置条件之一改为国家重点扶持高新技术企业；原认定企业全部失效。至 2012 年年末，全县有 57 家（次）企业先后被认定为国家火炬计划重点高新技术企业、国家重点扶持高新技术企业。

国家火炬计划重点高新技术企业　1997 年 10 月，浙江新光源集团有限公司被认定为国家火炬计划重点高新技术企业。2001 年，科技部出台《国家火炬计划重点高新技术企业认定条件和管理办法》，其前置条件之一是经省（市）科技行政管理部门认定的高新技术企业，且认定后的运营期在一年以上；认定为国家火炬计划重点高新技术企业，其有效期为两年，两年后复审，复审未通过其有效期满后自动失效（即不再是高新技术企业）。2005 年 5 月，湖州金三发服装辅料集团有限公司、浙江省长兴县中山化工有限公司获认定。2006 年 6 月，浙江超威电源有限公司获认定。2007 年 9 月，浙江省长兴第一化工有限公司、浙江诺力机械股份有限公司获认定。2009 年 3 月，浙江天能电池有限公司、浙江振龙电源股份有限公司获认定。2010 年，科技部重新制定认定管理办法，全县已被认定的企业至 2011 年 3 月全部失效。

2010 年 7 月，科技部重新制定《国家火炬计划重点高新技术企业管理办法》，明确国家火炬计划重点高新技术企业，认定的前置条件之一是申报时尚在有效期内的国家重点扶持高新技术企业。2011年10月，天能电池集团有限公司、超威电源有限公司成为县内首批按新办法认定的国家火炬计划重点高新技术企业。2012年10月，浙江诺力机械股份有限公司获认定。

国家重点扶持高新技术企业 2008年4月，科技部、财政部、国家税务总局联合出台《高新技术企业认定管理办法》，不再认定省级高新技术企业，开始认定国家重点扶持高新技术企业(简称为国家高新技术企业或高新技术企业或高企)。高新技术企业资格自颁发证书之日起有效期为三年，三年满后进行复审，复审通过后有效期再为三年。六年后重新申报认定。复审不合格的或不重新申请认定的，其高新技术企业资格到期自动失效。12月，浙江长安仁恒科技股份有限公司成为全县首家被认定的国家重点扶持高新技术企业，同年共被认定9家。至2012年，全县共认定国家重点扶持高新技术企业46家，其中在册有效的45家、未参加复审而失效1家。45家国家重点扶持高新技术企业均来自工业行业，其中新材料18家、生物2家、电子6家、新能源7家、资源与环境2家、高新技术改造传统产业10家，同年年末，实现工业总产值144.99亿元，出口创汇3.23亿美元，实现净利润8.6亿元，上缴税收6.13亿元，年末资产总额178.07亿元。

2008—2012年长兴县国家重点扶持高新技术企业情况表

表26-4

企业名称	首次认定年月	所属技术领域
浙江长安仁恒科技股份有限公司(长兴仁恒精制膨润土有限公司)	2008.12	新材料技术
浙江诺力机械股份有限公司	2008.12	高新技术改造传统产业
浙江振龙电源股份有限公司	2008.12	新能源及节能技术
浙江省长兴艾格生物制品有限公司	2008.12	生物与新医药技术
浙江兄弟路标涂料有限公司	2008.12	新材料技术
天能电池集团有限公司(浙江天能电池有限公司)	2008.12	新能源及节能技术
超威电源有限公司(浙江超威电源有限公司)	2008.12	新能源及节能技术
浙江金三发黏合衬有限公司	2008.12	新材料技术
浙江达峰汽车技术有限公司	2008.12	资源与环境技术
浙江天能能源科技有限公司(浙江天能电子电器有限公司)	2009.04	新能源及节能技术
湖州凯恩涂层有限公司	2009.04	新材料技术
浙江锦诚耐火材料有限公司	2009.08	新材料技术
浙江盛邦化纤有限公司	2009.08	新材料技术
长兴诺力电源有限公司	2009.08	新能源及节能技术
浙江中科兴环能设备有限公司(长兴中科兴机械有限公司)	2009.10	高新技术改造传统产业
浙江昌盛电气有限公司(长兴昌盛电气有限公司)	2009.10	新能源及节能技术
浙江长兴电子厂有限公司	2009.10	电子信息技术
浙江昌盛玻璃有限公司	2009.12	新材料技术
浙江昌盛新光源有限公司	2009.12	新材料技术
浙江永能化纤有限公司	2009.12	新材料技术
浙江兴海能源科技有限公司	2010.07	新能源及节能技术
浙江七星电容器有限公司	2010.09	电子信息技术
长兴适安特服装材料有限公司	2010.09	新材料技术
浙江神耀运动器材有限公司	2010.09	高新技术改造传统产业
浙江明德自动化设备有限公司	2010.09	电子信息技术
长兴科迪光电有限公司	2010.11	电子信息技术

续表26-4

企业名称	首次认定年月	所属技术领域
浙江中山化工集团股份有限公司(浙江中山化工集团有限公司)	2010.11	生物与新医药技术
浙江凯迪汽车部件工业有限公司	2010.11	高新技术改造传统产业
长兴华强电子有限公司	2011.09	电子信息技术
浙江海悦自动化机械股份有限公司(浙江海悦自动化机械设备有限公司)	2011.08	高新技术改造传统产业
长兴明天炉料有限公司	2011.09	新材料技术
长兴云峰炉料有限公司	2011.09	新材料技术
浙江三志纺织有限公司	2011.09	新材料技术
浙江科奥陶业有限公司(长兴县科奥陶业有限公司)	2011.09	高新技术改造传统产业
湖州长攀新型耐火材料有限公司	2011.09	新材料技术
浙江丰帆数控机械有限公司	2011.09	高新技术改造传统产业
浙江浙矿重工股份有限公司(长兴县长虹路桥矿山机械设备有限公司)	2011.09	高新技术改造传统产业
浙江莱美纺织印染科技有限公司	2012.10	资源与环境技术
浙江省长兴铁狮耐火材料有限公司	2012.10	新材料技术
长兴三伟热熔胶有限公司	2012.10	新材料技术
长兴煤山新型炉料有限公司	2012.11	新材料技术
浙江瑞泰耐火材料科技有限公司	2012.11	新材料技术
浙江中德自控阀门有限公司	2012.11	高新技术改造传统产业
浙江湖州森富机电有限责任公司	2012.11	高新技术改造传统产业
浙江长兴众成电子有限公司	2012.12	电子信息技术

说明:资料来源于县科技局

二、省级高新技术企业

1996年3月,浙江新光源集团有限公司被省科委、省计经委认定为第二批浙江省区外高新技术企业,是县内第一家省级高新技术企业。1999年7月,长兴制药有限公司、浙江长兴蓄电池厂、湖州金三发服装辅料集团有限公司被省科委、省计经委认定为高新技术企业(属省第七批区外高新技术企业)。同年8月,县高新技术产业发展领导小组成立,9月出台《长兴县关于加强技术创新和推进高新技术产业的若干意见》,从创新环境、政策措施、增加投入方面加强对科技工作支持,推动全县高新技术企业发展。2000年及以前认定的全称为浙江省区外高新技术企业,由省科委、省计经委联合下达认定文件,2001年开始由省科技厅下达认定文件。2004年开始,新认定的国家、省两类高新技术企业,一次性补助县财政科技经费10万元。2008年6月,县内最后一批被认定为省高新技术企业共9家。至2008年6月,全县共有省级高新技术企业38家。同年起,对已经认定的国家、省高新技术企业不再组织复审,到2010年年底,县内已被认定的国家、省高新技术企业全部失效。

1996—2008年长兴县认定省高新技术企业情况表

表26-5

企业名称	认定年月
浙江新光源集团有限公司(省第二批区外高新技术企业)	1996.03
浙江长兴蓄电池厂(浙江天能电池有限公司)	1999.07
长兴制药有限公司	1999.07
湖州金三发服装辅料集团有限公司	1999.07
浙江金巴开植物制品有限公司	2000.04
浙江铁鹰集团长兴光缆厂(浙江铁鹰光电科技有限公司)	2000.04

续表26-5

企业名称	认定年月
浙江省长兴艾格生物制品有限公司	2001.04
湖州氮化硅制品有限公司	2001.04
浙江昌盛玻璃有限公司	2001.04
浙江省长兴县海华化工有限公司	2001.11
湖州新大力轻工有限公司(浙江新大力纺织股份有限公司)	2001.11
浙江省长兴电子厂	2001.11
浙江省长兴县中山化工有限公司	2002.05
浙江省长兴天能电源有限公司	2002.11
浙江省长兴煤山耐火有限公司(浙江省长兴铁狮耐火材料有限公司)	2002.11
长兴煤山新型炉料有限公司	2002.11
浙江省长兴第一化工有限公司	2003.09
浙江超威电源有限公司	2004.06
长兴县科奥陶业有限公司	2004.09
浙江省长兴县白象硅灰石矿有限公司	2005.03
浙江诺力机械股份有限公司	2005.10
长兴县华峰喷焊材料电炉有限公司	2006.07
长兴仁恒精制膨润土有限公司	2006.10
长兴无奇涂料有限公司	2006.12
浙江天能电子电器有限公司	2007.09
浙江兴海能源科技有限公司	2007.09
浙江兄弟路标涂料有限公司	2007.09
长兴明天炉料有限公司	2007.11
浙江瑞琦仕电器有限公司	2007.12
长兴三伟热熔胶有限公司	2008.06
长兴大洋生物饲料有限公司	2008.06
浙江湖州威达纺织集团有限公司	2008.06
湖州凯恩涂层有限公司	2008.06
长兴益丰特种陶瓷窑业有限公司	2008.06
浙江锦诚耐火材料有限公司	2008.06
浙江盛邦化纤有限公司	2008.06
长兴中科兴机械有限公司	2008.06
长兴立峰电子有限公司	2008.06

说明:资料来源于县科技局

三、省级科技型企业

省科技型中小企业 2002年,省科技厅出台《浙江省科技型中小企业认定工作实施意见》,自同年开始省科技型中小企业的认定实行常年受理、分批审定与认定的办法,由省科技厅发文公告,授予“浙江省科技型中小企业”称号,并颁发相应证书。2003年,全县首批被认定的省科技型中小企业有12家。至2012年,全县共认定省科技型中小企业101家。

省创新型试点(示范)企业 2007年,浙江省出台《创新型企业建设与管理办法》,加快建设创新型省份和科技强省。2008年,全县首批有4家企业被认定为省创新型试点企业。至2012年,共有7家企业被认定为省创新型试点企业。其间,5家试点企业通过3年的实施期,转为示范企业。

2012年长兴县省创新型试点(示范)企业情况表

表26-6

企业名称	试点企业认定年月	示范企业认定年月
浙江金三发新纺织集团有限公司	2008.11	2011.08
超威电源有限公司(原浙江超威电源有限公司)	2008.11	2011.08
浙江省长兴艾格生物制品有限公司	2008.11	2011.08
浙江长安仁恒科技股份有限公司(原长兴仁恒精制膨润土有限公司)	2008.11	2011.08
天能电池集团有限公司(原浙江天能电池有限公司)	2009.10	2012.06
浙江诺力机械股份有限公司	2010.09	
浙江振龙电源股份有限公司	2012.06	

省农业科技企业 2004年,省科技厅出台《关于浙江省农业科技企业认定工作的实施意见》,从同年开始认定省农业科技型企业。2005年,县内首批5家企业被认定为省农业科技企业。至2012年,全县有省级农业科技企业24家,覆盖农业各主导产业。同年年末,全县24家省农业科技企业实现农业总产值5.49亿元,出口创汇0.08亿美元,实现净利润0.43亿元,上缴税收0.11亿元,年末资产总额4.53亿元。

2012年长兴县省农业科技企业情况表

表26-7

企业名称	认定年月	企业名称	认定年月
长兴大洋生物饲料有限公司	2005.04	浙江景盛农业科技有限公司	2009.09
长兴梅源食品有限公司	2005.04	长兴茶乾坤食品有限公司	2010.10
浙江长兴县茶场	2005.04	浙江张老汉生态鳖业股份有限公司	2010.10
长兴东方梅园有限公司	2005.12	湖州大山丰蜂产品有限公司	2011.11
长兴英特茶业发展有限公司	2006.09	浙江冠龙园林绿化有限公司	2011.11
浙江省长兴泰明食品有限公司	2007.08	浙江亿丰生态农业科技有限公司	2011.11
长兴蓝鑫生物技术有限公司	2008.02	长兴蜂硕蜂业有限公司	2012.11
长兴县土仓生物科技有限公司	2008.02	长兴太湖黄芽黄茶有限公司	2012.11
长兴意蜂蜂业科技有限公司	2008.09	长兴和平神塘甲鱼养殖专业合作社	2012.11
长兴乐田栝楼开发有限公司	2008.12	长兴佛川寺蜜梨专业合作社	2012.11
浙江农晨饲料有限公司	2008.12	长兴三河葡萄专业合作社	2012.11
长兴县荣耀鹅业有限公司	2008.12	长兴振其食用菌种植有限公司	2012.11

说明:资料来源于县科技局

四、市级科技型企业

20世纪90年代以来,湖州市先后认定(或评选)市科技先导型企业、市技术进步优秀企业、市技术创新试点企业、市级高新技术企业、市高新技术产业领航企业、科技型小巨人企业、科技型初创企业。

市科技先导型企业 1991年4月,市科委出台《湖州市创建科技先导型企业实施办法》,明确两个年度认定一次,一般有效期为两年。同年8月,长兴煤炭机械厂获认定。1993年12月,长兴输送机械厂获认定。1995年10月,长兴特种灯泡厂获认定。1997年11月,浙江新光源集团有限公司获认定。

市技术进步优秀企业 1994年,长兴轻工机械厂、长兴特种灯泡厂、长兴煤山水泥厂、长兴电熔耐火厂3家企业被评为1993年度湖州市技术进步优秀企业。1995年1月,长兴特种灯泡厂、浙江山鹰建材集团公司被评为1994年度湖州市技术进步优秀企业。1999年2月,浙江铁鹰集团公司被评为1998

年度市技术进步优秀企业。

市技术创新试点企业 1998年7月,市科委认定第一批技术创新试点企业,县内有浙江新光源集团有限公司、浙江父子岭耐火集团公司2家企业获认定。1999年12月,浙江新光源集团有限公司、浙江父子岭耐火集团公司、上海建科院丰能制材有限公司、湖州金三发集团公司获认定。

市高新技术企业 根据《湖州市高新技术企业认定和考核管理办法》,市科技局每年认定一批市级高新技术企业。1999年及以前,长兴县昌盛新光源有限公司、浙江湖州金三发服装辅料集团有限公司、长兴制药有限公司、浙江长兴蓄电池厂、浙江金巴开植物制品有限公司获认定。2000年,浙江铁鹰集团长兴光缆厂、上海建科院丰能制材有限公司获认定。2002年7月,长兴县翔发耐火材料有限公司获认定。2004年12月,县内有长兴县工业电炉厂、长兴百汇化工有限公司微粉厂、长兴县华峰喷焊材料电炉有限公司3家企业获认定。2005年12月,长兴县正达电炉厂、长兴中泰分子筛有限公司获认定。2006年1月,浙江诺力机械股份有限公司获2005年度湖州市高新技术企业十强。12月,浙江兄弟路标涂料有限公司、长兴超日蓄电池材料有限公司获认定。2007年2月,浙江天能电源有限公司获2006年度湖州市高新技术企业十强。12月,浙江星塔科技有限公司、长兴县益康医疗设备有限公司、长兴立峰电子有限公司、浙江湖州森富机电有限责任公司4家企业获认定。

市"三型企业" 2008—2010年,市科技局认定三批市高新技术产业领航企业、科技型小巨人企业、科技型初创企业,县内获认定企业共37家。其中,2008年,县内获认定企业7家,其中高新技术产业领航企业1家、科技型小巨人企业3家、科技型初创企业3家。2009年,获认定企业13家,其中高新技术产业领航企业1家、科技型小巨人企业4家、科技型初创企业8家。2010年,获认定企业17家,其中高新技术产业领航企业1家、科技型小巨人企业5家、科技型初创企业11家。

五、县级科技型企业

20世纪90年代以来,全县先后认定长兴县科技先导型企业20家(次)、长兴县民营科技企业98家(次)。

县科技先导型企业 1998年3月,县科委根据《长兴县科技先导型企业评选办法》,出台《长兴县科技先导型企业奖励办法实施的通知》,认定1995—1996年度县科技先导型企业8家,分别为浙江省长兴高温耐火器材总厂、浙江长兴氮化硅制品厂、工贸合营浙江长兴轻工机械厂、上海建科院丰能制材有限公司、浙江湖州金三发服装辅料集团有限公司、浙江长兴蓄电池厂、浙江湖州父子岭耐火集团公司。1999年3月,认定1997—1998年度县科技先导型企业12家,分别为浙江新光源集团有限公司、长兴高温耐火器材有限公司、上海建科院丰能制材有限公司、浙江金巴开植物制品长兴基地公司、浙江铁鹰集团公司、浙江湖州父子岭耐火集团公司、浙江省化肥农药工业公司长兴第一化工厂、浙江湖州金三发服装辅料集团有限公司、工贸合营浙江长兴轻工机械厂、湖州新大力轻工集团有限公司、浙江长兴蓄电池厂、浙江省长兴化工有限公司。

县民营科技企业 2000年9月,县科委出台《长兴县民营科技企业认定办法》。至2004年,共认定县民营科技企业5批98家(次)。其中,2000年8月,首批认定12家。该12家企业同时被县政府认定为"民营科技示范企业"。2000年11月,第二批认定19家。2001年9月,第三批共认定5家。2002年6月,第四批共认定12家。2004年4月,第五批共认定50家。

2000—2004年长兴县民营科技企业认定情况表

表26-8

批次	认定年月	企业
第一批	2000.08	长兴益丰特种陶瓷窑业有限公司、浙江省长兴海科电线厂、浙江省长兴县海华化工厂、长兴县恒生金属喷涂材料厂、长兴大洋生物技术有限公司、长兴依新种子研究开发中心、长兴捷达高新材料及热处理研究所、长兴博斯新材料实验室、浙江长兴三洲电子科学仪器厂、长兴金陵电子技术有限公司、长兴华强电容器厂、长兴仰东电子厂

续表26-8

批次	认定年月	企业
第二批	2000.11	湖州景新照明电器有限公司、长兴县振义摩托车配件有限公司、长兴县科达饲料有限公司、长兴兄弟路标涂料有限公司、长兴三迅特种继电器厂、浙江长兴申城工程技术联合公司、浙江省长兴县东方营养补品有限责任公司、长兴县机电研究所、长兴电容器有限公司、浙江省长兴县电子厂、长兴县槐坎无线电器材厂、长兴槐坎金新电容器厂、长兴县科慧计算机软件有限公司、长兴县南的知业咨询策划有限公司、长兴由由食品厂、浙江省长兴县翔发耐火材料有限公司、长兴县电子电源有限公司、长兴县星塔喷涂设备材料厂、浙江省长兴县活塞环厂
第三批	2001.09	长兴县华星高温电炉有限公司、长兴县中山化工有限公司、长兴县浙北宏宇摩托车配件有限公司、长兴科明化工涂料厂、长兴惠康塑料厂
第四批	2002.06	湖州金三发服装辅料集团有限公司、湖州新大力轻工有限公司、长兴县昌盛有限公司、长兴艾格生物制品有限公司、浙江铁鹰集团长兴光缆厂、上海建科院丰能制材有限公司、长兴昌盛新光源有限公司、长兴天能电源有限公司、浙江金巴开植物制品长兴基地公司、长兴县桃源生态园艺研究所、长兴万达信息技术有限公司、长兴县新型建筑材料厂
第五批	2004.04	浙江省长兴天能电源有限公司、长兴县中山化工有限公司、浙江省长兴县第一化工有限公司、长兴制药有限公司、浙江长兴艾格生物制品有限公司、长兴县昌盛有限公司、长兴县昌新光源有限公司、浙江铁鹰光电科技有限公司、湖州金三发服装辅料集团有限公司、浙江省长兴煤山耐火有限公司、长兴县海华化工有限公司、浙江新大力纺织股份有限公司、浙江省长兴电子厂、湖州氮化硅制品有限公司、长兴煤山新型炉料有限公司、浙江金巴开植物制品长兴基地有限公司、长兴县向阳织机有限公司、长兴县华峰喷焊材料电炉有限公司、浙江省长兴县白象硅灰石矿有限公司、长兴县浙北宏宇摩托车配件有限公司、湖州星塔喷涂设备材料有限公司、长兴三洲电子科学仪器厂、长兴三迅特种继电器有限公司、长兴百汇化工有限公司微粉厂、长兴华泰高温窑具有限公司、湖州海科电子电器有限公司、长兴中泰分子筛有限公司、长兴县工业电炉厂、长兴中科兴机械有限公司、浙江兄弟路标涂料有限公司、长兴华强电子有限公司、湖州星新照明有限公司、长兴科明化工涂料厂、长兴县翔发耐火材料有限公司、长兴振义摩托车配件厂、浙江超威电源有限公司、浙江省长兴电容器有限公司、长兴大洋生物饲料有限公司、长兴银河表面材料技术有限公司、长兴益丰特种陶瓷窑具有限公司、长兴仰东电子厂、浙江圣奥耐火材料有限公司、长兴三山碳素有限公司、长兴县电力电杆有限公司、浙江诺力机械股份有限公司、长兴顺裕人造板有限公司、浙江省长兴县茶场、长兴梅源食品有限公司、长兴县柏成电子厂、长兴县初康农业产业化科技农场

说明:资料来源于县科技局

第二节　产　品

1988年之前,全县累计有立项或认定省级新产品4项、市级新产品9项、县级新产品13项。1988年,全县立项或认定市级新产品1项、县级新产品9项。2012年,全县立项或认定国家级新产品3项、省级新产品134项。1988—2012年,全县共立项各级新产品1542项,其中国家重点新产品(国家级新产品)53项、省高新技术产品101项、省级新产品试制计划1082项、市县新产品试制计划306项。

1988—2012年长兴县各级新产品及省高新技术产品情况表

表26-9　　　　单位:项

年度	国家级新产品	省高新技术产品	省级新产品	市级新产品	县级新产品	合计	年度	国家级新产品	省高新技术产品	省级新产品	市级新产品	县级新产品	合计
1988				1	9	10	1990	1		10	1	7	19
1989			2	1	4	7	1991			16	3	2	21

续表26-9

年度	国家级新产品	省高新技术产品	省级新产品	市级新产品	县级新产品	合计	年度	国家级新产品	省高新技术产品	省级新产品	市级新产品	县级新产品	合计
1992	1		12	3	4	20	2003	2	8	25	43		78
1993	2		22	3		27	2004	4	5	26	20		55
1994	4		10	2		16	2005	1	16	39			56
1995	2		6	10		18	2006	2	14	71			87
1996	1		9	9		19	2007	1	14	39			54
1997	2		16	9		27	2008		24	126			150
1998	0		9	17		26	2009	6		119			125
1999	3		26	37		66	2010	2		165			167
2000	3	1	32	52		88	2011	8		122			130
2001	4	12	19	36		71	2012	3		134			137
2002	1	7	27	33		68	—	—	—	—	—	—	—

说明:资料来源于县科技局

一、国家重点新产品(国家级新产品)

1988年1月,国家科委发布《关于申报国家级新产品试制鉴定计划及办理新产品减免税的通知》,决定从当年开始,每年编制国家级新产品试制鉴定(含验收)计划。1990年,国家科委等部门发布《国家级重点新产品试制鉴定计划管理规定》。同年,长兴县煤炭硅灰石矿研制的“高品位超细硅酸钙”被列入国家级新产品试制计划。1992年,长兴县电器炉料厂的“封闭式碳化硅锆英砂红外加热器”被列入国家级重点新产品试制计划。该新产品创造工业总产值30万元,利税6万元。1992年以后,县内每年都有国家重点新产品(国家级重点新产品试制计划)申报并立项。1997年11月,国家科委等部门重新修订并发布《国家重点新产品计划管理办法》,逐步完善国家新产品管理办法,每年发布年度申报计划。1998年后,全县加大国家重点新产品申报立项工作力度。2012年,浙江兴海能源科技有限公司的“电动汽车用38120锂离子蓄电池”、浙江超威电源有限公司的“智能型电动车用铅酸蓄电池”和浙江铁狮耐火材料有限公司的“长寿命致密增韧氧化锆定径水口”3项产品被列入国家重点新产品,3项国家重点新产品合计创造产值8780万元,利税1880万元。同年年末,全县列入国家级重点新产品(国家级新产品)计划共53项。其中,1992—1997年,全县列入国家级重点新产品试制计划12项,涉及耐火材料、工业炉、电子电器、现代纺织等行业;1998—2012年,全县列入国家重点新产品有40项,涉及新型电池、化工、现代纺织、机械制造、耐火材料等行业。

2012年长兴县国家重点新产品(含国家级新产品)情况表

表26-10

新产品名称	承担单位	立项年份
高品位超细硅酸钙	长兴县煤炭硅灰石矿	1990
封闭式碳化硅锆英砂红外加热器	长兴县电器炉料厂	1992
高强度轻质双用保温砖	长兴河桥耐火厂	1993
自动取样数显PH—温度连续测量仪	长兴皮革机械配套设备厂	1993
新型(双M)紧凑型节能荧光灯	浙江长兴特种灯泡厂	1994
CGTY节能超高温电炉(窑)	浙江省长兴县高温元件电炉厂	1994
MT铁钩预制槽	浙江省长兴县煤山特种耐火材料厂	1994
CLS370型高效节能机械立窑水平料出料机	浙江省长兴输送机械厂	1994

续表26-10

新产品名称	承担单位	立项年份
TR412X-2热轧粉黏衬	浙江长兴金三角服装材料有限公司	1995
大功率RCL-600-6铝合金热处理器	浙江省湖州兴浩电炉制造有限公司	1995
CLST节能双孔推板式电窑(炉)	长兴县高温元件电炉厂	1996
CLST双孔节能型推板窑	长兴高温元件电炉厂	1997
带状光缆	铁鹰集团长兴光缆厂	1997
金巴开麦绿素	浙江金巴开植物制品长兴基地有限公司	1999
BA061型高性能耐磨刚玉质浇注料	浙江省长兴县强发高性能耐火材料有限公司	1999
中药熏蒸汽自控治疗器XJZ-II	浙江长兴三洲电子科学仪器厂	1999
莠灭净原药及制剂	长兴县中山化工有限公司	2000
蛋黄免疫球蛋白	长兴艾格生物制品有限公司	2000
流化床锅炉用波纹型叶片	长兴氮化硅制品厂	2000
改性针状硅石灰超细粉	长兴硅石灰矿业有限公司	2001
电力助动车用蓄电池	长兴天能电源有限公司	2001
镶嵌高镐水口转	长兴煤山耐火有限公司	2001
高档服装黏合衬	湖州金三发服装辅料有限公司	2001
特丁净原药及中间体	长兴中山化工有限公司	2002
LM-T高炉炉前脱硅摆动流嘴浇注料	长兴煤山新型炉料有限公司	2003
纳米硅基氧化物应用于蓄电池	长兴天能电源有限公司	2003
树脂基碳分子筛	长兴县海化化工有限公司	2004
长寿命铁路机车车用阀控制密封铅蓄电池NM-450	浙江超威电源有限公司	2004
抗菌丙纶纺黏非织造布	浙江湖州金三发服装辅料集团有限公司	2004
50%(M/V)莠灭净悬浮剂	浙江省长兴第一化工有限公司	2004
4075高弹型黏合衬	浙江金三发新纺织集团有限公司	2005
电动车用长寿命胶体密封铅酸蓄电池	浙江超威电源有限公司	2006
90%莠去津水分散粒剂	长兴第一化土有限公司	2006
电动助力车用蓄电池(6-DZM-14)	浙江天能电池有限公司	2007
高功率高容量圆柱形密封金属氢化物镍可充电池SC3300	浙江天能电子电器有限公司	2009
造纸二元微粒助留助滤剂用膨润土	长兴仁恒精制膨润土有限公司	2009
多微孔纳米碳分子筛	长兴县海华化工有限公司	2009
纺丝成网水刺无纺布	浙江金三发新纺织集团 有限公司	2009
50%莠去津悬浮剂	浙江省长兴第一化工有限公司	2009
纳米材料改性铅酸蓄电池	浙江天能电池有限公司	2009
零膨胀透明微晶玻璃	浙江昌盛玻璃有限公司	2010
18650型磷酸铁锂高功率锂离子电池	浙江天能能源科技有限公司	2010
高容量聚合物锂离子电动车电池	浙江振龙电源股份有限公司	2011
环保型多功能黏土脱墨剂RHD-18	浙江长安仁恒科技股份有限公司	2011
DGLS490多管生物质输送机	浙江中科兴环能设备有限公司	2011
高温标准测温锥CN	长兴宇清炉料制造有限公司	2011
电动汽车用纳米气相二氧化硅复合胶体蓄电池(3-EVF-180)	天能电池集团有限公司	2011
CS1546M全电动堆高车	浙江诺力机械股份有限公司	2011
长寿命胶体蓄电池8-DZM-20	浙江昌盛电气有限公司	2011

续表26-10

新产品名称	承担单位	立项年份
耐高温储能铅酸蓄电池6-CNT-120	超威电源有限公司	2011
电动汽车用38120锂离子蓄电池	浙江兴海能源科技有限公司	2012
智能型电动车用铅酸蓄电池	超威电源有限公司	2012
长寿命致密增韧氧化锆定径水口	浙江省铁狮耐火材料有限公司	2012

说明:资料来源于县科技局;2008—2009年2个年度的项目一次性立项

二、省高新技术产品(省级新产品)

省高新技术产品 1999年11月,省科委出台《浙江省高新技术产品认定办法(试行)的通知》,明确省高新技术产品成为认定省高新技术企业的必要条件。2000年,上海建科院丰能制材有限公司的"丙烯酸硅高级涂料"成为全县首次被认定的高新技术产品。2004年6月,县政府出台奖励政策,被认定后每项奖励2万元至5万元。至2008年6月,全县共被认定省高新技术产品101项。2008年下半年开始,不再认定省高新技术产品。

1999—2008年浙江省高新技术产品表

表26-11

年度	产品名称	承担单位
2000	丙烯酸硅高级涂料	上海建科院丰能制材有限公司
2001	新型紧凑型节能荧光灯	浙江新光源集团公司
2001	全密封阀控式蓄电池	长兴蓄电池厂
2001	金巴开麦绿素	浙江金巴开植物制品有限公司
2001	莠灭净(阿灭净)	长兴中山化工有限公司
2001	光纤带光缆	浙江铁鹰集团长兴光缆厂
2001	蛋黄免疫球蛋白	长兴县艾格生物制品有限公司
2001	灭菌保健封口膜	湖州新大力轻工有限公司
2001	改性针状硅灰石超细粉	长兴县硅灰石矿业有限公司
2001	高强度抗剥落氧化铝空心球制品	长兴益丰特种陶瓷窑业有限公司
2001	八氯二丙醚原油	浙江省长兴县中山化工有限公司
2001	LM-T高炉炉前脱硅摆流嘴浇注料	长兴煤山新型炉料有限公司
2001	树脂基分子筛	长兴县海华化工厂
2002	纳米硅基氧化物应用于蓄电池	浙江省长兴天能电源有限公司
2002	镶嵌高锆水口砖	浙江省长兴煤山耐火有限公司
2002	彩釉钢化玻璃灶面	长兴县昌盛有限公司
2002	高档服装黏合衬	浙江湖州金三发服装辅料集团有限公司
2002	PA10A聚酰胺热溶胶、PES聚酯热溶胶	浙江湖州金三发服装辅料集团有限公司
2002	流化床锅炉波纹型叶片	湖州氮化硅制品有限公司
2002	电动助力车用蓄电池	浙江省长兴天能电源有限公司
2003	特丁津原药	浙江省长兴县中山化工有限公司
2003	电动车用长寿命胶体密封铅酸蓄电池	长兴县超威电源有限公司
2003	高效消泡剂	浙江省长兴县中山化工有限公司
2003	50%莠灭净悬浮剂	浙江省长兴第一化工有限公司
2003	20%阿维·杀单微乳剂	浙江省长兴第一化工有限公司
2003	40%乙·扑悬乳剂	浙江省长兴第一化工有限公司

续表26-11

年度	产品名称	承担单位
2003	高性能全电脑袜机用单、双针筒	浙江省长兴县向阳织机有限公司
2003	长寿命铁路机车车辆用阀控式密封铅酸蓄电池	浙江超威电源有限公司
2004	80%莠去净WDG	长兴县中山化工有限公司
2004	90%莠去净WDG	长兴县中山化工有限公司
2004	三明治夹心承烧板	长兴县科奥陶业有限公司
2004	热挤压冷拔方式生产的高耐蚀热喷涂Zn-Al合金丝	长兴县华峰喷焊材料电炉有限公司
2004	电动助力车控制器	长兴天能电源有限公司
2005	高纯度八氯二丙醚精油	长兴制药有限公司
2005	J3107C抗静电多异涤纶丝黏合衬	浙江湖州金三发服装辅料集团有限公司
2005	7536四面弹衬	浙江湖州金三发服装辅料集团有限公司
2005	4075高弹型黏合衬	浙江湖州金三发服装辅料集团有限公司
2005	2020超薄型经编黏合衬	浙江湖州金三发服装辅料集团有限公司
2005	行李堆高车FP0485	浙江诺力机械股份有限公司
2005	单节缸剪式叉车BX1.0	浙江诺力机械股份有限公司
2005	电动剪式叉车DJ1.0	浙江诺力机械股份有限公司
2005	电动升降平台HTF-U1.0	浙江诺力机械股份有限公司
2005	全电动堆高车CL10.32	浙江诺力机械股份有限公司
2005	SWX-180A型永磁无刷(整体式)直流电动机	浙江天能电池有限公司
2005	SWX-180A型永磁无刷(辐条式)直流电动机	浙江天能电池有限公司
2005	18-DZM-12电动助力车专用蓄电池	浙江天能电池有限公司
2005	6-DZM-10电动自行车专用蓄电池	浙江天能电池有限公司
2005	电动道路车辆用铅酸蓄电池	浙江超威电源有限公司
2005	二元微粒助留助滤剂用膨润土	长兴仁恒膨润土有限公司
2006	J301超薄型机织外衣衬	浙江金三发新纺织集团有限公司
2006	阻燃水刺无纺布	浙江金三发新纺织集团有限公司
2006	纳米抗菌内墙涂料	浙江省长兴无奇涂料有限公司
2006	纳米抗菌外墙乳胶漆	浙江省长兴无奇涂料有限公司
2006	熔喷法—纺黏法复合非织造布	浙江金三发新纺织集团有限公司
2006	抗老化纺黏无纺布	浙江金三发新纺织集团有限公司
2006	90%莠去津水分散粒剂	浙江长兴第一化工有限公司
2006	80%莠灭净水分散粒剂	浙江长兴第一化工有限公司
2006	50%乙•特悬乳剂	浙江长兴第一化工有限公司
2006	45%莠灭净悬浮剂	浙江长兴第一化工有限公司
2006	42%异丙甲•莠悬乳剂	浙江长兴第一化工有限公司
2006	新型微粒阴离子胶体助留剂	长兴仁恒精制膨润土有限公司
2006	全电动堆高车CS1200	浙江诺力机械股份有限公司
2006	全电动搬运车LPT13	浙江诺力机械股份有限公司
2007	CS1232全电动自由提升堆高车	浙江诺力机械股份有限公司
2007	SL-LPT13全电动搬运车	浙江诺力机械股份有限公司
2007	高功率高容量圆柱密封金属氢化物镍可充电池SC3000	浙江天能电子电器有限公司
2007	高功率高容量圆柱密封金属氢化物镍可充电池SC3300	浙江天能电子电器有限公司

续表26-11

年度	产品名称	承担单位
2007	高容量圆柱密封金属氢化物镍可充电池AA2400	浙江天能电子电器有限公司
2007	电动助力车用蓄电池(12-DZM-9)	浙江天能电池有限公司
2007	电动车用蓄电池(6-DM-24)	浙江天能电池有限公司
2007	电动助力车用蓄电池(6-DZM-14)	浙江天能电池有限公司
2007	电动助力车用蓄电池(6-DZM-16)	浙江天能电池有限公司
2007	(32600)5Ah电动自行车用锂离子蓄电池	浙江兴海能源科技有限公司
2007	热熔型彩色防滑路面涂料	浙江兄弟路标涂料有限公司
2007	振动雨夜反光路标涂料	浙江兄弟路标涂料有限公司
2007	高炉主沟综合型ASC自流浇注料	长兴煤山新型炉料有限公司
2007	高炉炉前撇渣器(预制件)MT-BZQ	长兴明天炉料有限公司
2008	米糠型浓缩复合酶	长兴大洋生物饲料有限公司
2008	杂粕型浓缩复合酶	长兴大洋生物饲料有限公司
2008	CH11型复合介质薄膜电容器	长兴立峰电子有限公司
2008	CL11聚酯薄膜电容器(节能灯专用)	长兴立峰电子有限公司
2008	耐成衣染色用热固性基浆	长兴三伟热熔胶有限公司
2008	高档衬布用聚氨酯热熔胶SW-PU718	长兴三伟热熔胶有限公司
2008	超低温低压共聚酯酰胺PEA服装用热熔胶	长兴三伟热熔胶有限公司
2008	三相大电流自锁式继电器	长兴三迅特种继电器有限公司
2008	PSA-N2-220碳分子筛	长兴县海华化工有限公司
2008	高温标准测温锥	长兴宇清炉料制造有限公司
2008	无轴螺旋输送机(挠性)	长兴中科兴机械有限公司
2008	PU-05聚氨酯条码印刷带	湖州凯恩涂层有限公司
2008	零膨胀透明微晶玻璃灶面	浙江昌盛玻璃有限公司
2008	Energy-saving荧光灯T4、T5	浙江长兴昌盛新光源有限公司
2008	转杯纺本色及麻灰系列粘纤针织纱	湖州威达纺织集团有限公司
2008	纺丝成网水刺无纺布	浙江金三发新纺织集团有限公司
2008	JC-M45低铝莫来石耐火浇注料	浙江锦诚耐火材料有限公司
2008	超细环保纤维	浙江盛邦化纤有限公司
2008	3024定缩黏合衬专用纱	浙江盛邦化纤有限公司
2008	纳米材料改性铅酸蓄电池	浙江天能电池有限公司
2008	电动助力车用蓄电池(12－DZM-7)	浙江天能电池有限公司
2008	热熔喷涂凸起标线多用机(ZRPH-1型)	浙江兄弟路标涂料有限公司
2008	自走式振荡雨线机(ZR-R1型)	浙江兄弟路标涂料有限公司
2008	高容量聚合物锂离子电动车电池	浙江振龙电源股份有限公司

说明:1.资料来源于县科技局;2.高新技术产品,指在一定时间内,用高新技术设计、生产的全新型产品和高新技术对其工艺、结构、材料、性能进行重大改进而生产的技术含量高的产品,认定依据主要根据科技部颁发的《国家高新技术产品目录》(具体范围10个)

省级新产品 县内承担省级新产品试制工作始于1982年。1988年之前,全县累计立项省级新产品试制计划4项。1989年,全县立项省级新产品2项。2001年后,新产品开发加速。1988—2012年,全县立项省级新产品共1082项(仅指科技线上)。其中,1988—2000年立项省级新产品共170项、占省级新产品总数15.7%,2001—2012年立项省级新产品共912项、占84.9%;按产业分,新型电池113项、现代纺织110项、机械制造147项、工业炉36项、电子电容83项、非金属制品52项、水泥2项、耐火材料217项、生物医药19项、化工137项、其他172项。2012年，全县立项省级新产品试制计划134项，投入资金16.05亿元，总产值达到33.35亿元，利税8.93亿元。

三、市、县新产品

湖州市新产品试制计划始于1985年。1988年之前，全县共立项市级新产品试制计划9项。1988—2004年，全县共计立项市级新产品280项。其中，2004年立项16项，投入资金1.15亿元，总产值达到2.43亿元，利税0.63亿元。

长兴县新产品试制计划始于1983年。1988年之前，全县共立项县级新产品试制计划13项。1992年后不再立项。1988—2004年，全县共计立项县级新产品26项。

市、县新产品共计立项306项，按产业分，其中耐火材料47项、现代纺织33项、电子电容14项、机械制造23项、新型电池27项、非金属制品15项。

四、新产品产值、高新技术产业增加值

2000年开始，省统计局、省科技厅对全省、市、县（市、区）新产品产值进行统计监测。同年，全县新产品产值3.87亿元，新产品产值率8.6%。2001年开始，对高新技术产业增加值进行统计。同年，全县高技术产业增加值1.15亿元，占工业增加值比重12.7%。2012年，全县新产品产值160.97亿元，新产品产值率提高至19.7%。全县高新技术产业增加值42.23亿元，占工业增加值比重提高至31.4%。

2000—2012年长兴县新产品产值、高新技术产业增加值情况表

表26-12

年份	新产品产值（亿元）	新产品产值率(%)	高新技术产业增加值（亿元）	占工业增加值比重(%)	年份	新产品产值（亿元）	新产品产值率(%)	高新技术产业增加值（亿元）	比工业增加值比重(%)
2000	3.87	8.6	—	—	2007	78.50	24.7	30.35	35.3
2001	4.70	12.4	1.15	12.7	2008	89.91	22.6	32.06	37.2
2002	5.22	8.8	0.16	0.9	2009	94.30	20.8	27.63	29.9
2003	8.04	8.3	0.11	0.3	2010	119.37	20.8	31.46	30.8
2004	13.46	9.9	0.15	0.4	2011	109.34	16.9	35.75	28.1
2005	20.13	10.9	11.72	22.5	2012	160.97	19.7	42.23	31.4
2006	43.63	18.3	16.68	25.0	—	—	—	—	—

说明：1.资料来源于县科技局；2.全县新产品统计数据包括科技线新产品、经信委线新产品、企业开发的未经政府部门认定的新产品；2004年及以前的为高技术产业增加值及高技术产业增加值占比工业增加值比重

第三节　科技创新平台

一、省首家县级科技孵化器

2001年5月，长兴科技创业园在县经济技术开发区内启动建设，由长兴民营科技园发展有限公司运营管理。2002年3月，投资1800万元，占地4.2公顷，拥有3000平方米孵化大楼、7000平方米标准厂房的一期工程竣工并投入使用，成为全省首家县级科技孵化器。首期入园企业23家，其中县外内资企业5家，境外企业3家。2004年，被认定为省级科技企业孵化器。同年，总投资450万元、新建5800平方米的创业园一期扩建工程全部竣工并投入使用。2008年12月，被科技部评为国家高新技术创业服务中心（国家级科技企业孵化器）。同年，启动二期工程建设。2010年3月，被科技部评为国家级大学生创新实验基地。11月，长兴民营科技园发展有限公司被省科技厅认定为省级重点科技中介机构。

2011年,科创园二期工程完工,一期、二期工程合计占地8.3公顷,建筑面积4.4万平方米,固定资产投资7360万元。2012年3月,被授予湖州市海外高层次人才创业创新基地。至2012年年末,长兴科技创业园累计入园孵化科技企业126家,累计毕业孵化企业42家,其中6家被认定为国家重点扶持高新技术企业。

图26-2 2002年3月18日,长兴县科技创业园开园(县科技局提供)

二、产业化和公共创新平台

2012年,县内有5个工业服务平台和浙江大学农业科技园(长兴),与长兴的高新技术企业紧密相连,成为推进科技创新的公共服务平台。

长兴无机非金属新材料产业基地 位于县经济技术开发区。2002年6月创建,是全省9家省级高新技术特色产业基地之一。2005年9月,通过科技部专家评审,升格为国家级火炬计划长兴无机非金属新材料产业基地,成为国内第二个国家级无机非金属新材料产业基地。2012年,基地内企业总数从2005年的65家发展到115家,完成销售收入突破103亿元,总产值105.8亿元,占全县规上工业总产值13.1%,实现利税15亿元。

浙江省耐火产品质量检验中心 位于县经济技术开发区。2003年11月,长兴华泰耐火材料检测中心建立,该中心由华泰高温窑具有限公司、县科技局、县质量技术监督局三方合作组建,是省内首家耐火材料检测中心。2004年11月,长兴县质量技术监督检测中心建立,2005年增挂湖州市耐火材料检测中心牌子,实行三块牌子一套班子运行模式。浙江省耐火产品质量检验中心在上述三中心的基础上成立,是一个参与企业技术创新、提供完善检测,参与国家行业标准制定、提供技术咨询、技术培训、人才培训的省级耐火材料检验平台。有实验用房1200平方米,设备价值150万元,配备全自动高温抗折试验机、热线导热仪、耐火度试验炉,铂、黄金坩埚等国内先进的耐火研发检测设备,检测配备率达到100%。拥有对硅砖、黏土砖、高铝砖、(铝)镁碳砖、特种耐火制品、棕刚玉、黑刚玉、碳化硅、石墨等定型和不定型耐火产品和原辅料80%以上的检验检测能力,检测范围覆盖整个耐火行业。可为长兴及长三角周边地区280多家中小耐火企业提供服务。到2012年,累计为156家企业提供1280批次检验检测服务。

浙江省绿色动力能源技术创新服务平台 位于县经济技术开发区。2010年成立,拥有一支以高级工程师为核心的检测分析与技术研发团队,可保证绿色动力电源产业链上90%以上项目承检能力。11月,被省科技厅评为浙江省绿色动力能源技术创新服务平台。2011年1月,被浙江省标准化研究院授予浙江省绿色动力能源标准信息平台。11月,被省质监局评为浙江省质监系统十佳示范实验室。2012年6月,被省商务厅推荐为浙江省外贸公共服务平台。8月,被省中小企业局推荐为国家中小企业公共服务示范平台。11月,被工信部授予中小企业公共技术服务示范平台。同年,“动力锂离子电池关键技术研发和产业化团队”获湖州市“365”优秀创新团队称号。2010—2012年,共完成176个批次监督检验任务;开发新产品16项,技术成果转化7项,参与制定《新能源汽车动力电池》等12项国家、行业标准,获得专利7件,发布科技成果转化论文8篇;开展专业技术培训服务,受训技术人员1758人次。

长兴县即热式水家电产业公共服务平台 位于画溪街道。2012年11月成立,面积1200平方米,专职人员7人。拥有快速脉冲发生器、雷击浪涌发生器、水锤试验台、变频恒压系统等检测仪器设备,为长兴即热式水家电产业提供仪器设备共享服务。除正常产品性能检测外,平台对企业产品开发过程中的原辅材料、半成品进行检验检测。至同年年末,协助县内21家水家电企业通过质量、环境、职业健康安全管理体系认证审核,为企业体系认证、标准化、5S试点等项目提供免费标准查询100项,帮助3家企业建立标准化体系,培训企业管理人员和检验员200人。

浙江长兴现代纺织创新服务平台 位于夹浦镇。2012年12月建立,具有集检验检测服务、信息咨询服务、管理服务(管理升级、管理服务外包)、纺织工业设计,组织国家行业标准制定等服务为一体的公共创新服务平台。检测中心的仪器配备达到国内先进水平,具备年检测纺织品5000批次检测能力,年服务企业设计开发纺织新产品、新花式、新品种200个的研发能力;配备国内外先进的计算机软硬件设施,年采集加工发布技术、经济信息2万条以上,具备年为500家企业提供信息化服务能力;负责外贸产品质量等各种专业培训,具备年举办70个班次教学能力;有现代化展台100个,具备年组织300家纺织企业产品展出500件名特优产品能力。

浙江大学农业科技园(长兴)　2009年,浙江大学农业科技园(长兴)正式开始建设,占地76.33公顷,是浙江大学与长兴县共建的综合性农业高科技园区,规划建成现代农业科技成果转化的展示窗口,以支撑人才培养、科学研究、社会服务,推动现代农业发展。至2012年年末,浙江大学农业科技园(长兴)处于基本建设阶段,尚无科技项目、成果,现代植物工厂示范基地、植物气雾立体栽培示范区、果树根域限制先进栽培技术示范区、水产生态循环养殖示范区正常运行,生物育种中心配套设施齐全并投入使用。2009—2012年,被评为浙江湖州国家农业科技园区、国家农业科技创新与集成示范基地、国家植物基因研究中心实验基地、国家转基因试验基地、农业部设施农业装备与信息化重点实验室、浙江省转基因育种基地等国家和省部级创新平台。

三、浙江大学国家大学科技园(长兴)

2008年,县政府与浙江大学签订合作协议书,与浙江大学共建国家大学科技园(长兴)。2009年4月,浙江大学国家大学科技园(长兴)开园,浙江大学8家研发机构入驻。

第四章　科技项目与成果

1988—2012年,长兴县共实施各类科技项目(含新产品)2959项,其中国家级项目199项、各类省级项目229项、市级项目432项、县级项目711项。共获各级科技奖415项,其中省级48项、市级127项、县级245项。

第一节　科技项目

科技计划项目,从级别上可分为国家级、省级、市级(地区)、县级;从类别上可分为科研项目(含一般、面上、攻关、软科学、重大专项等)、产业化项目(含创新基金、火炬计划、星火计划等)、农业科技成果转化资金项目(含重点农业科技成果推广等)和新产品试制计划等。1988—2012年,全县共实施各类科技项目(含新产品)3012项。

一、国家级项目

1988—2012年,全县共实施国家级项目199项,主要包括国家科技重大专项、国家重点科技成果推广项目、国家农业科技成果转化资金项目、国家科技型中小企业技术创新基金、国家火炬计划、国家星火计划等。

国家科技重大专项　2009年,长兴制药有限公司的"虫草多糖胶囊新药临床前研究"项目列入国家科技重大专项。2011年,该公司的"虫草多糖胶囊新药治疗慢性肾功能衰竭的临床研究"项目列入国家科技重大专项。2个项目共争取科技部经费750万元。长兴制药有限公司成为县内唯一获得国家科技重大专项项目企业。

国家重点科技成果推广项目　1989年长兴制革厂的"皮革染整加工技术"项目,1991年吕山第二水泥厂、后漾水泥厂实施的"机立窑水泥厂综合节能技术"项目,1995年长兴龙华水泥厂的"机立窑水泥烧成节能新技术”项目,被列入国家重点科技成果推广项目。

国家农业科技成果转化资金项目 2007年长兴梅源食品有限公司的“低盐腌渍青梅果关键技术中试”项目,2010年长兴县荣耀鹅业有限公司的“朗德鹅快速育肥及其鹅肝深加工技术的产业化示范”项目,被列入国家农业科技成果转化资金项目,争取国家科技经费100万元。

国家科技型中小企业技术创新基金 2000年,长兴艾格生物制品有限公司的“年产5吨鸡蛋免疫球蛋白”项目,成为全县首个国家科技型中小企业技术创新基金项目。2005年,长兴仁恒精制膨润土有限公司的“造纸二元微粒助留助滤剂用膨润土”和长兴县中山化工有限公司的“高纯度八氯二丙醚精油”项目,获得国家科技型中小企业技术创新基金。至2012年,全县共实施国家科技型中小企业技术创新基金项目36项,争取科技部经费2780万元。

2000—2012年长兴县列入国家科技型中小企业技术创新基金项目情况表

表26-13

项目名称	承担单位	立项年份
年产5吨鸡蛋免疫球蛋白	长兴艾格生物制品有限公司	2000
造纸二元微粒助留助滤剂用膨润土	长兴仁恒精制膨润土有限公司	2005
高纯度八氯二丙醚精油	浙江省长兴县中山化工有限公司	2005
高性能自控双无轴螺旋喂料机	长兴中科兴机械有限公司	2008
振动雨夜反光路标涂料	浙江兄弟路标涂料有限公司	2008
超高温CN标准测温锥	长兴宇清炉料制造有限公司	2009
高效、广谱改性蛋清溶菌酶中试	浙江省长兴艾格生物制品有限公司	2009
纳米氧化锆增强、增韧复合承烧板	长兴县科奥陶业有限公司	2009
米糠型浓缩复合酶	长兴大洋生物饲料有限公司	2009
5Ah电动自行车用锂离子蓄电池	浙江兴海能源科技有限公司	2009
发酵虫草头孢菌粉多糖提取及胶囊剂开发	长兴制药有限公司	2009
聚酯酰胺热熔胶黏剂	长兴适安特服装材料有限公司	2010
钒氮合金生产窑用新型碱性砖	湖州长攀新型耐火材料有限公司	2010
环保型多功能黏土脱墨剂	浙江长安仁恒科技股份有限公司	2010
新型固胶体动力型锂聚合物电池中试生产	浙江振龙锂电科技有限公司	2010
污水处理智能化运营监控系统	浙江绿色时代环保科技有限公司	2010
高效节能环保型燃煤煤气分解炉	长兴华信燃煤分解炉有限公司	2010
PXLSD垃圾破碎机开发	长兴中科兴机械有限公司	2010
超小型化高压环保片式薄膜电容器	长兴立峰电子有限公司	2010
绿色环保型——特种自交联型无粉基浆PURA产业化中试	长兴三伟热熔胶有限公司	2010
多层金属膜红外电发热管	浙江瑞琦仕电器有限公司	2010
片式超小型大功率长寿命电容器	长兴华强电子有限公司	2010
高效节能智能型LED照明系统	长兴科迪光电有限公司	2010
全自动铸焊机	浙江海悦自动化机械设备有限公司	2011
节能超碎圆锥破碎机	长兴县长虹路桥矿山机械设备有限公司	2011
废弃玻璃为原料清洁高效生产节能灯玻璃管	长兴康宁玻璃有限公司	2011
面向绿色动力电池企业的试验、检测共享服务平台	长兴县质量技术监督检测中心	2011
环保型无卤素包封料	浙江七星电容器有限公司	2012
明德横机电脑控制系统	浙江明德自动化设备有限公司	2012
致密增韧氧化锆定径水口	浙江省长兴铁狮耐火材料有限公司	2012

续表 26-13

项目名称	承担单位	立项年份
整体浇注式长寿命单铁口高炉出铁主沟	长兴明天炉料有限公司	2012
高强度抗老化HDPE 45° 交叉复合膜	浙江新高包装有限公司	2012
提取纯化新技术开发生产绿色高品质茶多酚	浙江永金茶业有限公司	2012
新型铸造用低能耗免烧纸质浇口管	浙江里塘耐火保温材料有限公司	2012
全天候高折射反光微晶陶珠	浙江兄弟路标涂料有限公司	2012
耐高温、耐腐蚀富镁尖晶石特种陶瓷匣钵	浙江科奥陶业有限公司	2012

说明：资料来源于县科技局

国家火炬计划　1993年，全县开始实施省级火炬计划，开发高新技术产品，发展高新技术产业。1996年，浙江新光源集团有限公司的“新型紧凑型节能荧光灯”项目首次被列入国家火炬计划。2012年，列入国家火炬计划的17个项目共投入资金2.18亿元，实现产值13.74亿元，利润2.07亿元，上缴税收1.20亿元。1993—2012年，全县共实施国家火炬计划72项，主要集中在新能源、新材料、电子信息、生物技术及机电机械领域。

2012年长兴县列入国家火炬计划项目情况表

表 26-14

项目名称	承担单位	立项年份
新型紧凑型节能荧光灯	浙江新光源集团有限公司	1996
莠灭净原药及其制剂	浙江省长兴县中山化工有限公司	2002
5吨/年蛋黄免疫球蛋白及其终端产品	浙江省长兴艾格生物制品有限公司	
彩釉钢化玻璃灶面	浙江长兴县昌盛有限公司	
高强度、抗剥落AL2O3空心球制品	浙江长兴益丰特种陶瓷窑业有限公司	
LM-T高炉炉前脱硅摆动流嘴浇注料	长兴煤山新型炉料有限公司	
树脂基碳分子筛	长兴县海华化工厂	
灭菌保健封口膜	湖州新大力轻工有限公司	
镶嵌高锆水口砖	长兴煤山耐火有限公司	2003
NT8729纯灰热扎尼龙非织造布	浙江湖州金三发服装辅料集团有限公司	2004
电动车用长寿命胶体密封铅酸蓄电池	浙江超威电源有限公司	
年产150万片彩釉钢化玻璃灶面	长兴县昌盛有限公司	2005
90%莠去津水分散粒剂(WDG)	长兴中山化工有限公司	
特丁净原药及中间体	长兴中山化工有限公司	
50%(M/V)莠灭净悬浮剂	长兴第一化工有限公司	
长寿命铁路机车车辆用阀控式密封铅酸蓄电池	浙江超威电源有限公司	
2020超薄型经编黏合衬	湖州金三发服装辅料集团有限公司	
42%异丙甲•莠悬乳剂	浙江省长兴第一化工有限公司	2006
年产6000台行车推高车项目	浙江诺力机械股份有限公司	
造纸二元微粒助留助滤剂用膨润土	长兴仁恒精制膨润土有限公司	
T5048印花里子多功能衬	浙江金三发新纺织集团有限公司	2007
无轴螺旋输送机(挠性)	长兴中科兴机械有限公司	
多微孔纳米型碳分子筛	长兴县海华化工有限公司	
电动工具用动力型镍氢电池产业化	浙江天能电子电器有限公司	
民用AA高容量圆柱形镍氢电池产业化	浙江天能电子电器有限公司	

续表26-14

项目名称	承担单位	立项年份
年产300万只长寿命环保型民用动力电池产业化项目	浙江天能电池有限公司	2008—2009
高炉主沟综合型ASC自流浇注料	长兴煤山新型炉料有限公司	
3024定缩黏合衬专用纱	浙江盛邦化纤有限公司	
零膨胀透明微晶玻璃灶面	浙江昌盛玻璃有限公司	
高容量聚合物锂离子电动车电池	浙江振龙电源有限公司	
无铅双镀环保电容器产业化	长兴立峰电子有限公司	
JC-T130特种耐酸耐碱耐火浇注料	浙江锦诚耐火材料有限公司	
永久性超小型薄膜电容器产业化	长兴立峰电子有限公司	2010
C29易去污防缩漂白衬	长兴适安特服装材料有限公司	
用废聚酯醇解制备的纺织品用聚酯热熔胶SW-PES6120	长兴三伟热熔胶有限公司	
DGLS490多管生物质输送机	长兴中科兴机械有限公司	
剪叉蓄电池前移式堆高车	浙江诺力机械股份有限公司	
合金钢导轨联体床身数控车床的产业化	九川(浙江)科技股份有限公司	
5Ah电动自行车用锂离子蓄电池产业化	浙江兴海能源科技有限公司	
电动汽车用(EV)高性能动力型磷酸铁锂离子电池产业化	浙江天能能源科技有限公司	
长寿命胶体蓄电池8-DZM-20 产业化项目	长兴昌盛电气有限公司	
绿色动力能源类中小企业集成创新公共研发检测服务平台建设	长兴民营科技园发展有限公司	
高性能超小型金属化薄膜电容器	浙江七星电容器有限公司	2011
CBB28A型片式超小型大功率长寿命电容器	长兴华强电子有限公司	
年产2000吨钒氮合金生产窑用新型碱性砖的产业化	湖州长攀新型耐火材料有限公司	
锂电池材料焙烧用抗侵蚀长寿命特种陶瓷匣钵	长兴县科奥陶业有限公司	
单铁口高炉出铁主沟喷补料	长兴明天炉料有限公司	
高稳定纳米介孔稀土催化转化器	浙江达峰汽车技术有限公司	
医废处理系统	浙江中科兴环能设备有限公司	
全自动厢式暗流中型压滤机(XAG60/1000-U)项目	浙江金鸟压滤机有限公司	
高效节能(RC50)圆锥式自动破碎机产业化	长兴县长虹路桥矿山机械设备有限公司	
铝棒连续式均热炉机组	浙江浩大工业炉有限公司	
电动车用无镉多元铅合金及内化成蓄电池	浙江振龙电源股份有限公司	
年产20万只电动叉车专用纳米高性能蓄电池	长兴永达电源有限公司	
光伏、风能产业用高分散性气相SiO2胶体纳米储能电池产业化	天能电池集团有限公司	
环保型多功能黏土脱墨剂	浙江长安仁恒科技股份有限公司	2012
JC-DTHN低碳环保炮泥	浙江锦诚耐火材料有限公司	
自硬砂造型陶管凹口浇口杯产业化	长兴中建耐火材料科技有限公司	
低烟无卤环保型阻燃电缆	浙江长兴威尔鹰电缆科技有限公司	
电动叉车系列产品研发及产业化	浙江诺力机械股份有限公司	
汽车用多功能等速万向节及其总成	浙江凯迪汽车部件工业有限公司	
CH-PL7300立轴式冲击破碎机产业化	长兴县长虹路桥矿山机械设备有限公司	
全自动铸焊机	浙江海悦自动化机械设备有限公司	
SF92-N2-230M管状电机	浙江湖州森富机电有限责任公司	
全电脑针织横机	浙江丰帆数控机械有限公司	
动力型磷酸铁锂离子电池组产业化项目	超威电源有限公司	

续表26-14

项目名称	承担单位	立项年份
异曲面平板式太阳能热水器项目	浙江华易德太阳能技术有限公司	
超大型燃气加热可变容台车式热处理炉	湖州航达工业炉制造有限公司	
高效节能智能型照明系统的研发及产业化	长兴科迪光电有限公司	
废铝回收工艺技术及配套装置	浙江浩大工业炉有限公司	
超级电池6-DZM-16产业化项目	浙江昌盛电气有限公司	
环保节能型高炉吹氧管(GCY型)	长兴云峰炉料有限公司	

说明：资料来源于县科技局；2008—2009年2个年度的项目一次性立项

国家星火计划　1986年，全县开始组织实施县级以上星火计划项目。当年，长兴药用微生物厂的“冬虫夏草技术开发”项目被列入国家星火计划，是全县实施的第一个国家星火计划。2012年，全县列入国家星火计划的13个项目均为农业项目，共投入资金6098万元，实现产值12880万元，利润2250万元，上缴税收73万元。1988—2012年，全县共实施国家星火计划83项。其中，农业项目53项，包括粮食作物优良品种的大面积推广种植，栝楼、杨梅、银杏等长兴特色农产品的种植和加工，河蟹、生态鳖的特种养殖，花卉、药材的种植，蔺草、铁皮石斛的新品种繁育等。

1988—2012年长兴县国家星火计划项目情况表

表26-15

项目名称	承担单位	立项年份
炼钢炉炉衬镁碳砖	长兴镁质材料厂	1988
新型陶瓷铸膜胶液及铸膜陶瓷浆料的研制	长兴电子厂	1993
炼钢炉用镁碳砖系列产品开发	长兴镁质材料厂	1994
皮革干燥机系列产品开发	工贸合营浙江长兴轻工机械厂	1994
高强度憎水珍珠岩制品	上海建科院丰能制裁有限公司	1996
新型光缆——带状光缆开发	浙江铁鹰集团长兴光缆厂	1998
灭菌保健封口膜	浙江省长兴轻工总厂	1999
万亩优高青梅基地建设	长兴县农业技术推广站	2000
年产2000吨200级复合层漆包铜圆线开发	湖州先登特种线缆有限公司	2000
金刚石锯片系列产品开发	长兴县槐坎工业公司	2000
GAG-179高铝高强度耐火浇注料技术开发	长兴县城东锅炉耐火材料厂	2001
年产3000万米高档服装黏合衬开发	浙江湖州金三发服装辅料(集团)有限公司	2002
万亩栝楼基地建设	长兴泰明食品有限公司	2003
出口蒸青茶深加工产业化开发	长兴英特茶业发展有限公司、长兴茶场	2004
5%菌毒清水剂	长兴县第一化工有限公司	2004
高性能复合纺黏非织造布开发	湖州金三发服装辅料(集团)有限公司	2004
出口青梅果低盐腌渍技术研究与产业化生产	长兴梅源食品有限公司	2005
青年星火带头人技术培训	长兴县职业技术教育中心学校	2005
栝楼综合利用技术与产业化生产	浙江省长兴泰明食品有限公司	2006
熔喷法、纺黏法复合非织造布技术开发与产业化	浙江金三发新纺织集团有限公司	2006
80%莠灭净水分散粒剂开发	浙江省长兴第一化工有限公司	2006
90%莠去津水分散粒剂开发	浙江省长兴第一化工有限公司	2007
莠去津原药开发	浙江省长兴县中山化工有限公司	2007
新型环保硫黄干悬浮剂产业化开发	浙江省长兴县中山化工有限公司	2007

续表26-15

项目名称	承担单位	立项年份
抗老化纺黏无纺布技术产业化	浙江省金三发新纺织集团有限公司	2007
动力型磷酸铁锂离子电池产业化	浙江天能电子电器有限公司	2007
意蜂免虫移生产活性蜂王浆技术开发	长兴意蜂蜂业科技有限公司	2009
年养殖8万羽朗德鹅肥肝的产业化开发	长兴县荣耀鹅业有限公司	2009
蔺草新品种引进及优质高产栽培技术示范推广	长兴县土仓生物科技有限公司	2009
银杏果脱壳果仁的产业化开发	长兴县云峰果蔬食品厂	2009
药、食两用栝楼种植技术推广应用	长兴乐田栝楼开发有限公司	2009
杂粕型浓缩复合酶	长兴大洋生物饲料有限公司	2009
树脂砂造型型芯浇口陶管—变径浇口	长兴县中建耐火材料厂	2009
热熔型彩色防滑路面涂料	浙江兄弟路标涂料有限公司	2009
低铅低镉彩釉钢化玻璃灶面	浙江昌盛玻璃有限公司	2009
电动自行车专用高性能、环保型纳米蓄电池产业化	浙江天能电池有限公司	2009
PSA-N2-220碳分子筛产业化开发	长兴县海华化工有限公司	2009
BA061型高性能耐磨刚玉浇注料	浙江省长兴县翔发耐火材料有限公司	2009
新三棚四膜保温促成栽培技术在茄子上的应用与推广	长兴雉城彭城蔬菜专业合作社	2010
浙北地区郁金香引种及推广	浙江冠龙园林绿化有限公司	2010
长兴吊瓜测土配方(平衡)施肥技术应用与推广	长兴众乐药材合作社	2010
鹅肥肝新产品研发及副产品综合利用技术研究	长兴县荣耀鹅业有限公司	2010
茶叶品质固定器的研究及在制茶工艺中的应用推广	长兴柒分之壹茶业有限公司	2010
出口青梅系列制品深加工技术集成与产业化开发	长兴梅源食品有限公司	2010
避雨精良栽培葡萄技术在南方水田中的应用与推广	长兴红润葡萄科技有限公司	2010
蛋禽专用复合酶的产业化与推广	长兴大洋生物饲料有限公司	2010
有机葡萄在环太湖地区的培育与推广	长兴兴源葡萄科技有限公司	2010
蜂群早春冷繁殖技术的研究与推广	长兴雉城会友种蜂养殖场	2010
外向型蔺草有机栽培示范推广	长兴县土仓生物科技有限公司	2010
银杏综合利用开发及衍生产品产业化	浙江贝贝香食品有限公司	2011
鲜酿梨酒的工艺技术研究与产业化开发	浙江长兴万兴酒业有限公司	2011
茶叶安全清洁精深加工项目	长兴茶乾坤食品有限公司	2011
鹅肥肝填饲工艺的改进及相关技术的研究	长兴丰盛畜禽食品有限公司	2011
无公害蜂产品生产加工产业化开发	长兴蜂硕蜂业有限公司	2011
银杏系列产品的产业化开发	长兴古银杏长廊食品科技有限公司	2011
双孢蘑菇新品种生态高效生产技术集成与示范	长兴龙湾蔬菜种植有限公司	2011
浅水藕双季高效栽培技术的应用与推广	长兴县吕山乡胥仓雪藕生产专业合作社	2011
有机中华鳖清洁高效养殖技术推广	浙江张老汉生态鳖业股份有限公司	2011
中药熏蒸保健治疗仪	长兴益康医疗设备有限公司	2011
新型轻质硅砖隔热耐火砖	浙江长兴河桥耐火材料有限公司	2011
循环利用农业废弃物资无公害规模化种植大棚蔬菜项目	长兴振其食用菌种植有限公司	2011
规模化无害化淡水生态养殖技术的应用与推广	浙江亿丰生态农业科技有限公司	2011
优质绿壳乌骨蛋鸡新品种引进及示范推广	长兴白水国坤特种家禽养殖专业合作社	2011
生态甲鱼在农村土地流转中的规模化养殖与推广	长兴和平神塘甲鱼养殖专业合作社	2011
种鸭品系更新及生态养殖技术研究与推广	长兴雉城洞塘种鸭养殖专业合作社	2011

续表26-15

项目名称	承担单位	立项年份
预防蜂螨病的天然绿色技术研究及应用	湖州大山丰蜂产品有限公司	2011
高产中熟晚粳秀水134推广种植项目	浙江勿忘农种业股份有限公司长兴分公司	2011
优质稀有鸡种山东汶上芦花鸡的引进保种及其产业化培育	长兴和平丛林芦花鸡养殖基地	2011
山茱萸高效栽培技术运用与推广	长兴县长绿特种园林工程技术研究所	2011
荡漾牌河蟹生态养殖技术推广	长兴长洪农业开发有限公司	2012
特种水果生态栽培技术推广	长兴鼎新水果专业合作社	2012
上海农科院优质黄精西瓜的引进推广和产业化培育	长兴东山蔬菜专业合作社	2012
太湖花鲭生态养殖技术运用与推广	长兴红景水产养殖有限公司	2012
设施葡萄根域限制栽培技术应用与推广	长兴龙湖农业发展有限公司	2012
稚鳖培育中地热水循环取暖技术的应用	长兴龙青特产水产养殖有限公司	2012
南方葡萄双膜覆盖保温促成栽培技术试验与推广	长兴三河葡萄专业合作社	2012
苗木四季移栽技术的应用于推广	长兴兴林苗木科技有限公司	2012
铁皮石斛新品种繁育示范基地建设与产业化推广	长兴益康生物技术有限公司	2012
双胞蘑菇培育基集中式二次发酵技术的研究与推广	长兴正其蔬菜专业合作社	2012
夹山杨梅基地杨梅矮化技术推广	长兴紫山红杨梅专业合作社	2012
梨园套种白茶提高复种指数技术的推广与应用	长兴佛川寺蜜梨专业合作社	2012
无节水芹菜高效种植模式及栽培技术	浙江俟辉农业科技有限公司	2012

说明：资料来源于县科技局；2008—2009年2个年度的项目一次性立项

二、省级项目

1988—2012年，全县共计实施各类省级项目229项，包括科技重大专项46项、科研项目（含重点科研、攻关、面上科研等）44项、火炬计划25项、星火计划58项、农业科技成果转化资金项目12项、重点科技成果推广项目16项、高新技术产业化项目5项、技术创新项目14项、高技能人才项目2项、生态省建设重大项目5项、成果转化工程2项。

省级重大科技专项　2006年，县内企业开始承担省级重大科技专项项目。至2012年，全县共实施省级重大科技专项39项，获省科技经费2925万元。

2006—2012年长兴县列入省级重大科技专项项目情况表

表26-16

项目名称	承担单位	立项年份
废蓄电池工业化无污染再生铅技术研发	长兴超日蓄电池材料有限公司	2006
系列新型复合功能非织造布的研究开发	浙江金三发集团公司	
过程控制自动化在蓄电池行业的应用	浙江天能电池有限公司	
功率型LED器件化模块的整体开发——功率型LED模块光学系统整体开发及产业化	浙江省长兴电子厂（第4完成单位）	
基于产品全生命周期数据分析与处理系统开发及其在流程企业中的推广应用	浙江诺力机械股份有限公司	
利用废弃煤矸石生产建筑节能自保温砖技术开发	浙江长广时代新型墙材有限公司	2007
夏热冬冷地区建筑节能新技术及工程示范	浙江特拉建材有限公司（第3完成单位）等单位	
城镇污水处理厂氮磷减排节能关键技术与工程示范	湖州市长兴污水处理厂（第二完成单位）	2008
功率型LED半导体照明器件基座技术研发及产业化	浙江省长兴电子厂	

续表26-16

项目名称	承担单位	立项年份
新型固胶体动力型锂聚合物电池研发	浙江振龙电源股份有限公司	
汽车用高性能磷酸铁锂动力电池研发与应用	浙江天能电池有限公司	
生活垃圾与农业废弃物流化床混烧研究及示范工程	长兴新城环保有限公司	
PXLSD垃圾破碎机的研发及产业化	长兴中科兴机械有限公司	
RT16AC系列蓄电池前移式堆高车的产业化开发	浙江诺力机械股份有限公司	
利用餐厨畜禽加工废弃油脂生产饲用油的技术研究与应用	浙江农晨饲料有限公司	
鸡蛋功能活性物质开发关键技术研究	浙江省长兴艾格生物制品有限公司	
虫草多糖治疗慢性肾功能衰竭新药的临床研究	长兴制药有限公司	
纳米氧化锆增强、增韧复合承烧板再创新产业化项目	长兴县科奥陶业有限公司	
全天候高折射反光微晶陶珠研究开发与应用	浙江兄弟路标涂料有限公司	
差别化微细环保纤维技术开发及应用	浙江盛邦化纤有限公司	
高温标准测温锥研制	长兴宇清炉料制造有限公司	
SZ-Ⅱ纤维复合保温冒口套的研究与开发	长兴县中建耐火材料厂	
新型高效物流装备关键技术研究及产业化应用	浙江诺力机械股份有限公司(第二承担单位)	
RT16AC系列蓄电池前移式堆高车的产业化开发	浙江诺力机械股份有限公司	
全天候高折射反光微晶陶珠研究开发与应用	浙江兄弟路标涂料有限公司	
鸡蛋动能活性物质开发关键技术研究	浙江省长兴艾格生物制品有限公司	
城市中水综合利用深度脱氮技术研究和工程示范	长兴发电有限责任公司(第二承担单位)	2009
高频节能石英金卤灯开发与应用	长兴县七星电容器有限公司	
键合型抗菌防霉非织造布的研究开发及产业化	浙江科得邦非织造布有限公司	
现代环保内饰特色纤维系列研究与产业化	浙江永能化纤有限公司	
副茶增值综合利用及产业化项目	浙江长兴君泰生物科技开发有限公司	
垃圾焚烧炉用耐酸耐碱新型耐火浇注料的产业化研究	浙江锦顺耐火材料有限公司	2009
锂电池材料焙烧用综合改性特种陶瓷匣钵研发及产业化	长兴县科奥陶业有限公司	
特殊改性膨润土回用造纸污泥关键技术研究应用及产业化	浙江长安仁恒科技股份有限公司	
炼镁专用电内热法新型还原炉的研究开发	长兴宇清炉料制造有限公司	
动力型锂离子电池关键技术的研究与产业化	浙江天能能源科技有限公司、浙江超威电源有限公司、长兴昌盛电气有限公司	2010
炼镁专用电内热法新型还原炉的研究开发	长兴宇清炉料制造有限公司	
便携式质子交换膜燃料电池的关键技术研究与应用	浙江高成绿能科技有限公司	2011
回转窑用结构/隔热一体化复合耐火材料研制	长兴锅炉耐火器材厂	
汽车用新型聚合物电池研究与产业化	浙江振龙电源股份有限公司	
铝氮质脱锰摆动流嘴耐材的合作开发及产业化	长兴煤山新型炉料有限公司(宝钢钢铁研究所)	
高效环保型多功能黏土脱墨剂研发及产业化	浙江长安仁恒科技股份有限公司(中国制浆造纸研究院)	
新型复合介孔纳米催化转化器	浙江达峰汽车技术有限公司	2012
蓄电池生产重金属废水污染防治技术开发与应用	超威电源有限公司	
LED照明驱动电源用无极性滤波电容开发与应用	浙江七星电容器有限公司	
钎焊工艺生产太阳能集热芯板并与建筑一体化项目	浙江华易德太阳能技术有限公司	

说明:资料来源于县科技局

省级科研项目　省级科研项目含重点科研、攻关、一般科研、面上科研等。在省重大科技专项未实施之前，该类项目是争取省科技经费最多的项目类别，也是县内创新能力较强的企业才能争取到的项目。1988年，长兴泗安耐火厂的“氧化铝素瓷隔膜片”和长兴高温元件电炉厂的“高温硅钼棒析晶炉”被列入省级科研项目。至2009年，全县列入省级科研项目共44项，获得省科技经费165万元。

省级火炬计划　1989年开始，省科委组织实施火炬计划，开发高新技术，有重点地扶持发展高新技术产业。1993年，长兴煤炭硅灰石矿的“超细重质碳酸钙”、长兴输送机械厂的“RCS-1N微机核子秤”2个项目为县内首次列入省级火炬计划。至2006年，全县共立项25项，涉及化工、耐火材料、粉体、机械制造、纺织等产业。2006年，立项5项，共投入资金5208万元，实现产值2亿元，利润3015万元，上缴税收1740万元。

省级星火计划　1988年之前，县内有2个项目列入省级星火计划。1988—2006年，全县共立项58项，涉及农业种植与加工、耐火材料、化工、现代纺织等产业领域。2006年，立项5项，共投入资金4850万元，实现产值13450万元，利税2455万元。

1999年10月，省科技厅批准立项《浙江省太湖南岸国家星火技术密集带建设》，承担单位为湖州市政府、湖州市科委。县内太湖沿岸的夹浦镇、雉城镇（新塘）、洪桥镇（横山）包含其中。

三、市级项目

1988—2012年，全县共承担湖州市市级项目432项，主要是科研攻关、一般科研240项，农业科技成果转化资金项目13项，新农村建设项目15项，专利成果转化项目8项，科技特派员专项22项，重点农业科技成果推广项目30项，星火计划70项，火炬计划27项，软科学2项，技术创新资金项目5项。1988—2004年，市级新产品试制计划项目280项。

四、县级项目

1988—2012年，全县共计立项711项，包括科研项目（含重点科研、攻关）283项，农业科技成果推广项目104项，星火计划105项，软科学（含专项）154项，县级种子种苗基地建设项目65项。市、县级项目以农业与社会发展类科技项目为主。

第二节　科技成果

1988—2012年，全县获各级科技奖415项，其中省级48项、市级127项、县级245项。

一、省级科技奖

1988—2012年，全县共获省级科技进步奖、省成果转化奖48项，其中获一等奖1项、二等奖16项、三等奖26项，2001年后获得的奖项共31项、占64.6%。48项奖项中，农业项目8项，涉及晚粳新品种的选育与推广、水稻病虫害的防治，蚕桑、水产的丰产技术以及扬子鳄繁育，其中7项属于协作攻关，1项由县林业部门独立完成，即1998年的“扬子鳄第二代的繁育及其配合饲料的研究”项目，历时4年，获省三等奖。工业项目30项，涉及机械电子、蓄电池、新材料等产品，3项作为协作单位完成，27项由县内企业独立完成。

1988—2012年长兴县获省级科技进步奖情况表

表26-17

年度	项目名称	完成单位	主要完成者	获奖等级
1988	湖州市33万亩桑田亩产茧百公斤配套技术的推广应用	长兴县农业局（协作单位）	马秀康、应降玉、沈坤元、金银山、丁玉明、朱根生、王丕承、蒋敏求、徐本俊、尹仲方、何春华、邢仲安、陈国勋、陆学昌、冯缵治等	省二等奖

续表26-17

年度	项目名称	完成单位	主要完成者	获奖等级
1989	长兴硅灰石的应用与开发	长兴煤炭硅灰石矿	陈浩亮、古国发(分别为第一、第五完成人员)	省三等奖
1989	浙江省水稻病综合防治简化、规范化技术的研究和推广	长兴县农业局植保站(协作单位)	吴文上、章强华、许立仁、周述尹、王仁民等10人	省三等奖
1989	MWT—1800型硅钼棒电热元件	长兴高温元件电炉厂	徐中平	省四等奖
1989	湖州市竹笋资源调查和开发研究	长兴县农业区划办(协作单位)	李志勤为第五完成人	省四等奖
1991	CF-PZ200/400操纵阀	长兴煤炭机械厂	马元、姜东权、丁毅、刘忠平(中国煤炭科学研究总院太原分院)	省三等奖
1992	CLS370型高效节能机械立窑水平料封出料机	长兴输送机械厂	王安德、陈泽运、吴建华、郑巧莎、杨晓林	省优秀奖
1993	真空油浸高密度镁碳砖	长兴镁质材料厂	刘阿苟、赵仁仙、谈伟平、许胜西、孙志仁	省优秀奖
1994	原蚕专用桑园优质高产技术研究	长兴县龙华蚕种场(协作单位)	沈国新、张家炘、尚曙明	省三等奖
1994	大功率RCL—600—6铝合金热处理炉	湖州兴浩电炉制造有限公司	鲁贤忠、徐峰、钟碧芳、赵卫东、陈艳	省三等奖
1995	剖宫产手术改进临床研究——丝线单层缝合法	长兴县妇幼保健院	张世馨、袁来娣、钱士丽、章萍华、朱文英	省三等奖
1997	湖州市100万盒高产优质蚕种丰产技术的推广	长兴县蚕桑站(协作单位)	朱根生、沈坤元、李淦成、吴芝萍、吴怀民、刘向阳	省优秀奖
1998	扬子鳄第二代的繁育及其配合饲料的研究	长兴尹家边扬子鳄保护区	吕文柳、王章明、赵岳平、任大斌、叶维贤、王治平、陈宝山、任小海、杨旭东、钱华、黄明德	省三等奖
1998	非光气法合成N-氯甲酰基—2—咪唑烷酮	长兴化工总厂、浙江工业大学	苏为科、张德法、周天行、郑新年、朱伟	省三等奖
2000	拖拉机检测仪器与优化调整技术的研究	浙江大学农业工程和食品科学学院、长兴县农机监理站等		省二等奖
2000	水悬浮型微生物种衣剂的研制与应用	省种子公司、省植保站、仙居县种子公司、常山县种子公司、长兴县种子公司等		省二等奖
2000	灭菌保健封口膜	湖州新大力轻工有限公司	孙满法、吴耀千、丁伯成、王林康、戴国民	省三等奖
2003	特丁净原药及中间体	长兴县中山化工有限公司	郑助实、蔡安邦、陈国强、王全富、王末堂	省三等奖
2005	南宋官窑工艺恢复和产品开发及应用推广	长兴紫砂工艺厂(第六完成单位)	叶宏明、叶国珍、杨辉、陆静娟、袁敏智、叶时平、胡兆雄、夏侯文、董建民	省二等奖
2006	莠去津原药的研制	浙江省长兴县中山化工有限公司	郑助实、蔡安邦、胡新民、高国良、王全富、杨华春、末堂	省三等奖
2007	骨碱性磷酸酶检测技术在小儿佝偻病诊治中的推广应用研究	长兴县妇幼保健院(第五完成单位)	夏志俊、蒋海瑛、蒋健敏、楼涤、朱炜、陈睿、杨再峰	省三等奖
2007	α-半乳糖苷酶的创制及产业化开发	长兴蓝鑫生物技术有限公司(第二完成单位)	许尧兴、许少春、郑长峰、李艳丽、姚晓红、汤江武、吴逸飞	省三等奖

续表26-17

年度	项目名称	完成单位	主要完成者	获奖等级
2008	水稻条纹叶枯病与介体灰飞虱发生规律、监测预警与持续控制技术	长兴县植保(第九完成单位)	王华弟、陈剑平、俞晓平、张恒木、孙祥良、祝增荣、孙国昌、沈卫新、朱金良、傅强、朱明泉、蒋学辉、宁国云	省一等奖
2008	优质晚粳新品种嘉991的选育及推广	长兴县种子管理站(第六完成单位)	李金军、吴伟、边永高、彭桂福、杨伟国、吴锡清、王仪春、张月华、孙光兴	省二等奖
2008	造纸二元微粒助留助滤剂用膨润土	长兴仁恒精制膨润土有限公司	周春晖、童筠、窦圣	省三等奖
2008	振动雨夜反光路标涂料(不规则点状结构)	浙江兄弟路标涂料有限公司	朱桂根、倪耀中、朱建新	省三等奖
2008	转杯纺本色及麻灰系列粘纤针织纱	浙江湖州威达纺织集团有限公司	陈顺民、姚锄强、徐士琴、翟小兰、胡秀兰、姚永强	省三等奖
2009	高容量聚合物锂离子电动车电池	浙江振龙电源股份有限公司	杨兰生、章涛、单忠强、周雨方、孙高潮、吴剑琴、陶本青	省三等奖
2009	系列新型复合功能非织造布的研究开发	浙江金三发新纺织集团有限公司	严华荣、韦毓堃、陆今耕、严惠莲、钱丰明、罗佳、俞行	省三等奖
2009	优质饲用蛋白无抗原豆粕的创制与产业化开发	长兴蓝鑫生物技术有限公司(第五完成单位)	汤江武、吴新民、冯杰、吴逸飞、姚晓红、丁巧丽、王新	省三等奖
2009	优质高效家蚕系列新品种的育成与应用	长兴县蚕桑站(第六完成单位)	曹锦如、王永强、叶爱红、周金钱、姚陆松、钱文春、董瑞华、陈福良、李淦成	省二等奖
2010	基于劣质瓷土原料的高档陶瓷制品研制与产业化	长兴博艺紫砂陶瓷有限公司(第三完成单位)	叶宏明、叶国珍、叶时平、叶佳星、夏侯辉、胡兆雄、方晨鹏、房暗星、吕何新	省二等奖
2010	电动助力车用铅酸蓄电池内化成工艺	超威电源有限公司	周龙瑞、赵文超、郭永榔、刘孝伟、骆力荣	省成果转化二等奖
2010	零膨胀透明微晶玻璃灶面	浙江昌盛玻璃有限公司	章锦明、徐克成、张叔平、周晓白、徐克平	省三等奖
2010	特种自交联型无粉基浆PURA的研制开发	长兴三伟热熔胶有限公司	殷伟乔、赵峰、朱雪峰、汤荣堂、沈美利、徐立萍	省三等奖
2010	1512微细纤维	浙江盛邦化纤有限公司	罗冬英、谢富平、王英、冯和祥、李丽丽、冯子华、张翠红	省三等奖
2011	虾蟹种质选优及生态养殖技术研究	长兴县农业局(第四完成单位)	叶金云、顾志敏、陈立侨、周志明、陈建明、潘茜、贾永义、王友慧、朱俊杰、聂式忠、黄鲜明、郭建林、俞灿根、沈斌乾、杨元杰	省二等奖
2011	竹质高性能活性炭生产工艺与设备研究	长兴三山碳素有限公司(第四完成单位)	王树东、陈再华、吴良如、钟哲科、陈玉和、席铁、吴再兴、陈章敏、郑兴福、束怡、单曙燕、王正郁、赵胜利、邵琼、包永洁	省二等奖
2011	新型饲用酶制剂创制关键技术研究及产业化	浙江湖州笑果生物科技有限公司(第三完成单位)	许尧兴、翁晓燕、钱利纯、孙建义、李艳丽、王惠康、柳永、王谦、许少春、李孝辉、皮雄娥、杨霞、王有良、黄炜、王贤勇	省二等奖
2011	高效节能(RC50)超碎圆锥式自动破碎机的研制	长兴县长虹路桥矿山机械设备有限公司	陈利华、陈立波、赵孟军、张正国、王久林、李国强	省三等奖
2011	耐高温储能用铅酸蓄电池	超威电源有限公司	赵文超、刘孝伟、周龙瑞、陈体衔、马洪涛、马永泉、陈胜洋、沈浩宇、余江	省成果转化二等奖
2011	电动车用无镉多元铅合金内化成铅酸蓄电池	浙江振龙电源股份有限公司	杨兰生、章涛、周雨方、傅大兴、刘为胜、沈慧敏、陆春梅	省成果转化二等奖

续表26-17

年度	项目名称	完成单位	主要完成者	获奖等级
2012	电动自行车用磷酸铁锂电池组	超威电源有限公司	宋泽斌、邢长生、武雪峰、孙延先、陈磊、刘军、平晓山	省三等奖
2012	新型纳米稀土电池产业化	天能电池集团有限公司	张天任、陈清元、高根芳、任安福、朱健、朱志允、方明学、张增泉、宋文龙、佘秋利、周文渭、施璐	省三等奖
2012	功率型LED半导体照明器件基座技术研发及产业化	浙江长兴电子厂有限公司	曹金学、郑兴利、姜涛、徐玉明、钱敏、韩金良、肖剑	省三等奖
2012	混合动力汽车用高功率铅酸蓄电池	超威电源有限公司	马永泉、刘孝伟、王振波、陈体衔、徐伟良、沈浩宇、蔡晓祥、陈建山、朱军平	省成果转化二等奖
2012	长寿命、高安全锂离子电池产业化	浙江天能能源科技有限公司	周建中、施利勇、庄大高、李福林、刘文法、安邦、杨清、杨雪英、钱亮	省成果转化二等奖
2012	功能性家纺面料开发及产业化	浙江莱美纺织印染科技有限公司	蒋幼明、蔡再生、高加勇、蒋志新、葛凤燕、许建华、宋晓晓	省成果转化二等奖

说明:资料来源于县科技局

二、市级科技奖

1988—2012年,全县获市科技进步奖、成果转化奖127项,其中一等奖6项、二等奖27项、三等奖80项、四等奖5项、优秀奖9项。

三、县级科技进步奖

1989年,长兴县出台《科学技术进步奖励条例》,长兴县科技成果奖更名为长兴县科技进步奖。1989—2012年,全县对科技进步奖励进行14次评审,一般为2年评审一次。1989—2012年,全县共评审出县科技进步奖245项,其中一等奖31项、二等奖79项、三等奖135项。

第五章　科技管理

1988年,长兴县科学技术委员会(简称县科委)为县政府综合管理全县科技工作的职能部门。2001年12月,县科委撤销,建立县科技局。2012年,内设办公室、高新技术科、成果转化科、农业与社会发展科、知识产权局4个职能科室,下属县科技信息中心、科技开发服务中心2个事业单位和长兴民营科技园发展公司、县生产力促进中心2个企业单位。

第一节　科技规划

1986年开始,全县每隔5年规划科技工作新的目标与任务。规划期间对全县科技工作重点、科技项目数量、科技队伍建设、科技投入、科技进步对经济增长的贡献率提出具体要求。

一、"七五"科技发展规划(1986—1990)

主要目标　把科技进步和智力开发作为全县社会主义现代化建设的战略重点,发挥科技对经济和社会发展的"前导"功能和"后劲"作用。重点抓好20个农业技术开发项目,建立50个商品生产基地,培训3000名农村技术管理人员;大力开展科学技术的普及工作;加强科技队伍建设。到"七五"期末,使全县专门人才总数达到4500人。

实施情况　"七五"期间,共组织安排各级各类科技计划项目89项,其中星火计划项目23项,安排一批丰收计划项目、技术改造项目和新产品开发项目。全县共获省市县各级科技进步奖70项,省县农业丰收奖72项。全县科技水平有较大提高，产业产品结构渐趋合理。

二、“八五”科技发展规划(1991—1995)

主要目标　重点是对全县资源开发利用、优化产业结构、增强发展后劲有重大影响的技术关键，集中力量组织科技攻关和技术开发。推广先进适用的科技成果，计划完成科研计划项目100项，星火计划项目20项，农业丰收计划项目100项，完成星火计划培训3000人；建设一批科技先导型企业和一批科技示范乡镇、示范村、示范户；形成3个～5个以科技为支柱的产业群体、集团或星火技术密集区；完成技改投资3亿元，完成重点技改项目55个，每年开发新产品80项。加强科技队伍建设，到“八五”期末，全县专业技术人员争取达到7500人。加强科研开发机构建设，筹办耐火材料测试中心和县工业科研所。

实施情况　“八五”期间，全县实际实施各级各类科技计划项目146项，其中星火计划项目40项。推出省级新产品13项。完成星火培训122期，培训农业实用人才4978人次。共获各级科技进步奖68项，农业丰收奖41项。

三、“九五”科技发展规划(1996—2000)

主要目标　争取在全县初步建立起适应社会主义市场经济体制和科技自身发展规律的新型科技体制、科技与经济紧密结合的运行机制和全社会多元化投入体系。科技进步对经济增长的贡献率达到45%以上。建成一批高新技术产业，新产品产值率达到15%以上，高新技术产业增加值占工业增加值的比重达到10%。农业良种覆盖率达到95%左右，农业新技术推广面积达到80%以上。各级各类教育事业有较大发展，中等及高等教育形成一定规模，全县劳动者科学文化素质有较大提高。各类专业技术人员达到1.8万人，每万人口中专业技术人员达到280人。

实施情况　“九五”期间，农业以产业化为载体，初步形成粮油、蔬菜、瓜果、畜禽、特种水产和花卉苗木六大农业主导产业，传统农业开始现代农业转变。工业以技术改造和新产品开发为抓手，着力改造提高建材、轻纺等传统行业，大力培育发展医药、化工、机电等新兴行业和高新技术产业，工业经济运行质量和效益得到改善，技术创新意识不断增强。1996—2000年，实施各类科技计划项目255项，省级新产品立项92项，获得各级各类科技成果奖77项。有11家企业创办厂科研所，有9家企业和大专院校建立成果转化(中试)基地。全县新产品产值率达到8.6%，科技进步对经济增长贡献率达到50%。全县聘请和引进科技人才300多人。

四、“十五”科技发展规划(2001—2005)

主要目标　构建起适应社会主义市场经济体制和科技自身发展规律的新型科技体制，推动现代技术广泛应用于国民经济各个领域。全社会研究开发经费占国内生产总值的比重达到0.6%。以培育发展高新技术企业为突破口，实施高新技术产业化工程。加快建设高科技工业园区，建立高新技术服务中心(孵化器基地)，到2005年，高新技术产业增加值占工业增加值的比重达到15%以上，新产品产值率达到15%以上。全县省级高新技术企业达到15家。

实施情况　“十五”期间，长兴县综合实力全国百强县列第51位，成为全国发展速度较快的县(市)之一。2005年，全社会研究开发投入占地区生产总值比重达到1%，科技进步对经济增长贡献率达35%，在全省率先创建县级科技孵化器——长兴科技园。同年，长兴县科技进步统计监测规模综合评价位次列全省第42位，比上年前移4位。全县拥有省级以上研发中心9家，博士后工作站、研究生实践基地15个，规模以上企业设立研究开发机构比例达12.1%。全县拥有各类人才3.6万人，每万人人才资源数580人，科技机构平均拥有人才数25人。2005年，高新技术产业增加值占规模以上工业增加值比重达22.5%。实施各级各类科技计划项目432项，其中执行国家级火炬计划17项，开发省级以上新产品256项，省高新技术产品48项。全县省级以上高新技术企业达到17家。

五、“十一五”科技发展规划(2006—2010)

主要目标　建立起以民营科技企业为主体、科技服务体系为支撑，形成拥有一定自主创新能力的开放型区域创新体系。获得省级以上科学技术奖励10项以上,实施国家级火炬计划30项,省级以上新产品600只,专利授权总数700件,组建省级以上技术研发中心20家,规模以上企业建立研发中心比例达20%,新增国家级高新技术企业5家,新增省级高新技术企业20家。到"十一五"期末,全县科技活动经费占GDP比重超1.2%。财政科技投入占财政支出比重达5%,每万人人才数达1000人,人才资源总数从2005年的3.6万人增加到6.2万人。绿色食品、有机食品累计达到30个。市级以上农业龙头企业30家。生态乡镇达标率达80%,基本建成长兴效益农业科技示范体系。万元GDP综合能耗5年下降18%,人均科普经费2元。

实施情况 "十一五"时期,长兴县科技综合实力全省排名第28位,比2005年提升7位。获省市级科学技术奖励54项,实施国家级指导性计划项目79项,省级以上新产品461项,省级重大专项37项。专利申请量5339件,授权4108件。新增国家级高新技术企业29家,省农业科技企业15家,省创新型试点企业6家,省高新技术企业研究中心16家,省企业研究院2家。争取省级以上科技项目经费共计6938万元。高新技术产业增加值占规模以上工业增加值比重30.1%。全县科技活动经费支出占GDP比重3.1%。2010年,全县财政科技投入8219万元,是2005年的3.03倍,占财政经常性支出的5.3%。R&D经费占GDP比重1.6%。每万人人才数1643人,人才资源总数10.24万人。人均科普经费3元。

六、"十二五"科技发展规划(2011—2015)

主要目标 要求全县科技以提升区域科技自主创新能力,加快传统产业转型升级,加快发展高新技术产业为目标。尽力改善科技创新环境,改善高层次人才不足的局面,改善科技基础条件,力求科技投入、平台建设、成果转化、产业升级实现新突破。到2015年,财政科技经费支出占财政经常性支出的比重超过6%。研发(R&D)经费支出占地区生产总值的比重超过2.3%。企业技术开发费占主营业务收入比重超过1.5%。科技活动人员不少于6000人,其中从事R&D人员3100人。专利授权量不少于2000件,其中发明专利授权量不少于100件。规模以上高新技术产业产值占规模以上工业总产值比重超过38%。

实施情况 按照"十二五"规划,到2012年,完成财政科技经费支出占财政经常性支出的比重超过4.4%,研发(R&D)经费支出占地区生产总值的比重超过2.2%。企业技术开发费占主营业务收入比重0.9%,企业研发机构拥有科技活动人员2961人。全县组织实施各级各类科技项目243项,工业新产品产值率19.7%。高新技术产业增加值占工业增加值比重31.4%。全县组织实施各级各类科技项目246项,立项省级新产品256项,专利授权3425件,其中发明专利授权260件。新认定国家重点扶持高新技术企业17家,省市级专利示范企业19家。

第二节 专利管理

一、申请与授权

《中华人民共和国专利法》于1984年3月颁布实施后,县内即有人开始申请专利。1988年,"书写取暖两用台板""长寿保健电灸""ZTF组合窗罩"和"折叠旅游凳"成为全县授权最早的4件专利。20世纪90年代,全县专利工作主要是宣传专利法,组织企业参加专利技术交易会,为企业办理专利申请,但专利工作基础比较薄弱。至2000年,全县合计专利申请量128件,授权112件。进入21世纪,全县专利工作得到加强。2004年1月,县科技局制定《长兴县"专利实施奖"实施细则》,当年全县专利申请量为36件,专利授权20件。2005年,全年专利申报量为362件,是历年来总申报量的1.5倍。2006年全国科技大会之后,县内专利的申请与授权大幅增加,企业在专利工作中的主导地位也逐渐确立。同年,县内设立80万专利专项资金,同时调整专利申请补助及奖励力度。2008年,成立县知识产权工作领导小组,推进知识产权工作,乡镇配备知识产权工作分管领导,并明确专人负责专利管理工作。同年,开始争创省知识产权示范县。2009年5月,县知识产权管理办公室挂牌。2010年,县政府出台《长兴县专利权质押贷款管理办法》,对科技型中小企业利用专利权质押进行融资给予支持,降低企业融资成本。县财政每年从科技三项经费安排 150 万元作为知识产权工作专项资金。2012 年 12 月,县知识产权管理办公室更名为县知识产权局(股级),与县科技局办公室合署办公。9 月,长兴通过省知识产权示范县考核验收。12 月,被确定为浙江省专利权质押融资试点单位。至 2012 年,全县专利申请累计数为 10524 件,专利授权累计数为 7734 件。

1985—2012 年长兴县专利申请授权情况表

表 26-18　　单位:件

年份	专利申请数	其中:发明专利申请量	专利授权数			
			发明专利数	实用新型	外观设计	合计
1985—2000	128	7	3	54	55	112
2001	41	3	0	9	4	13
2002	9	5	0	5	19	24
2003	31	4	2	4	8	14
2004	36	7	0	6	14	20
2005	362	45	0	17	1	18
2006	484	40	2	91	204	297
2007	653	72	11	105	429	545
2008	1244	183	9	165	226	400
2009	1451	304	19	179	1201	1399
2010	1507	317	64	376	1027	1467
2011	1643	308	116	469	876	1461
2012	2941	707	144	661	1159	1964
合 计	10524	2002	370	2141	5223	7734

说明:资料来源于县科技局

二、专利示范企业建设

2006 年起,全县把企业自主创新能力摆在经济发展的战略位置,推进专利示范企业建设。同年,出台《长兴县关于实施技术创新引导工程的若干政策意见》,鼓励企业实施知识产权战略和自主品牌战略,提高产品核心竞争力。在科技经费中设立专项资金,用于培育专利示范企业。2009 年,县政府出台《长兴县关于加快科技创新的若干政策意见》,每年设立专利专项资金不少于 100 万元,明确国家、省、市专利示范企业补助标准分别 15 万元、10 万元、3 万元。2012 年,国家、省、市专利示范企业补助标准分别增至 20 万元、15 万元、7 万元,省财政科技经费对新认定的省专利示范企业每家一次性补助 5 万元。至 2012 年年末,全县共认定专利示范企业 108 家,其中省级 20 家、市级 26 家、县级 62 家;另有 3 家省级示范企业分别于 2010 年、2011 年未通过复核,2 家市级示范企业分别于 2011 年、2012 年未通过复核。全县 60%以上传统产业和 100%科技型企业都拥有不同形式自主知识产权。

2012 年长兴县省级专利示范企业情况表

表 26-19

企业名称	批准年份	企业名称	批准年份
长兴昌盛电气有限公司	2006	浙江长兴电子厂有限公司	2009
长兴华宝宠物玩具有限公司	2007(2010 年复核未通过)	浙江永达电力实业股份有限公司	2010
湖州柏瑞莱卫浴有限公司	2007(2010 年复核未通过)	浙江兄弟路标涂料有限公司	2011

表26-19

企业名称	批准年份	企业名称	批准年份
长兴中建耐火材料厂	2008(2011年复核未通过)	长兴茶乾坤食品有限公司	2011
瑞高(浙江)建筑系统有限公司	2008	浙江海悦自动化机械设备有限公司	2011
浙江超威电源有限公司	2008	长兴西川锁业有限公司	2011
浙江诺力机械股份有限公司	2009	浙江振龙电源股份有限公司	2012
浙江爱侣健康科技发展有限公司	2009	长兴俊达塑胶玩具有限公司	2012
长兴中科兴机械有限公司	2009	浙江凯迪汽车部件工业有限公司	2012
浙江天能电池有限公司	2009	浙江三志纺织有限公司	2012

说明:资料来源于县科技局

第三节　网上技术市场

1997年3月,县科委建立县科技经济信息网,开展专利、科技文献、产品标准、企业名录、技术转让的计算机查询检索服务,向外介绍49家长兴企业产品,帮助33家乡镇企业建立网页。2000年,县科技经济信息网在深圳高新区“虚拟大学”设立地方政府工作站。2001年,县科技经济信息网推广CAD(计算机辅助技术)信息技术,全年为69个单位提供信息4328条。同年,县科技经济信息网与县农业局合作,组建县农村科技经济信息网。2002年,浙江网上技术市场长兴分市场投入运行,实现企业技术难题、技术需求信息、技术成果信息、人才需求信息、招商引资信息、企业产品信息同时上网,出现一所大学对接多项项目和一项项目有多所大学对接的局面。同年,在各乡镇建立信息站,编发信息900多条,接待网上咨询300多人次,业务往来信息60条,全年访问量4万人次。有意向合作项目45项,22项项目在网上签约,企业提供合作经费2206万元。有15名外地科技人员通过网上技术市场招聘到长兴企业工作。2003—2008年,完成网上技术交易项目117项,技术合同成交额1.83亿元。2009年,县科技局与上海科技开发交流中心签订共建上海—长兴技术转移服务接力中心合作协议书,为长兴企事业单位与上海科研院所网上技术交流合作提供平台。2009—2012年,完成网上技术交易项目243项,技术合同成交额3.33亿元,在湖州市三县两区中各项指标位居第一。至2012年,浙江网上技术市场长兴分市场网上企业总数823家,录入发布企业技术难题需求信息897条,完成网上技术交易项目382项,技术合同成交额5.39亿元。

第四节　科技经费

一、科技专项经费

全县科技专项经费的来源主要由县财政下拨。1988年,地方财政投入科技经费5万元,占财政收入的0.1%。随着经济社会的发展,科教兴县战略的实施,县科技专项经费投入逐年增加。1997年,科技专项经费110万元,比上年增长175%。1999年,科技专项经费251万元,占财政收入的1.2%。2005年,科技专项经费投入增加至1591万元。2012年,县科技专项经费约1.14亿元,占财政收入的1.8%。

二、上级补助经费

1988—2001年,上级补助经费为215.8万元。自2002年开始,县科技局引导企业向上申报项目,争取的上级补助经费逐年增多,从2002年的120万元,增加到2012年的3144万元。2002—2012年,累计争取上级补助经费1.36亿元。

1988—2012 年长兴县科技专项经费及上级补助经费情况表

表 26-20

年份	科技专项经费（万元）	科技专项经费占财政收入比例(%)	争取上级经费（万元）	年份	科技专项经费（万元）	科技专项经费占财政收入比例(%)	争取上级经费（万元）
1988	5.0	0.1	2.2	2001	643	1.3	18.0
1989	7.6	0.1	4.6	2002	643	0.9	120
1990	7.7	0.1	0.9	2003	938	0.9	245
1991	7.2	0.1	3.4	2004	782	0.6	368
1992	10.0	0.1	3.6	2005	1591	0.9	420
1993	9.0	0.1	5.6	2006	2564	1.2	514
1994	10.4	0.1	4.7	2007	5614	2.0	705
1995	15.0	0.1	12.2	2008	6431	2.1	1324
1996	40.0	0.3	4.8	2009	7462	2.2	1484
1997	110	0.7	11.8	2010	7997	2.0	2911
1998	155	0.8	11.0	2011	9438	1.7	2405
1999	251	1.2	48.1	2012	11354	1.8	3144
2000	484	1.5	85.0	—	—	—	—

说明：资料来源于县科技局

三、全社会研发经费

企业研发投入是全社会研发投入的主要来源。进入 21 世纪以来，县内企业在成长过程中，主动加大对科技的投入，逐渐成为科技投入的主体，全社会研发（R&D）经费支出及其占地区生产总值（GDP）比重逐年稳步增长。2002 年，R&D 经费支出总额 6650 万元，占 GDP 比重 0.7%。2012 年，R&D 经费支出总额增加至 8 亿元，占 GDP 比重提高到 2.2%。

2002—2012 年全社会 R&D 经费支出及占 GDP 比重情况表

表 26-21

年份	支出（万元）	占比(%)	年份	支出（万元）	占比(%)
2002	6650	0.7	2008	30900	1.4
2003	7919	0.7	2009	37600	1.6
2004	12288	1.0	2010	45900	1.6
2005	12124	0.9	2011	62300	1.9
2006	15166	0.9	2012	80000	2.2
2007	21300	1.1	—	—	—

说明：1. 资料来源于县科技局；2. 省统计局与省科技厅从 2002 年开始对研发（R&D）支出经费及其占地区生产总值（GDP）比例统计监测

第六章　防震减灾 气象科技服务

长兴地震测报工作始于 20 世纪 70 年代。1991 年，筹建地震深井观察点，开展地震科普知识宣传。2001 年，开始进行建筑项目地震安全性评价。2003 年，出台《长兴县地震应急预案》。2006 年 4 月，县科技局增设知识产权办（地震办），将地震管理和地震工程建设纳入常态。2009 年，县科技信息中心增挂县地震管理办公室，建立乡镇防震减灾信息联络员制度，畅通地震信息报送渠道。2012 年，有地震测报点 2 家。该时期，气象事业得到长足发展，气象灾害防御纳入政府公共事件应急体系，防灾减灾能力建设不断加强，气象业务涵盖气象预警预报、地面气象观测、气象服务保障、人工影响天气、防雷技术服务、气象科技服务等。

第一节　防震减灾

1991 年 11 月，县科委完成长兴县地方抗震科研课题《长兴县地方地震工作对策研究项目》，是省地方地震工作部门在地震对策方面首次开展的研究工作。同年，筹建地震深井观察点，开展地震科普知识宣传。2006 年 4 月，县科技局增设知识产权办（地震办），县地震管理工作经费列入县级财政预算，预算金额为每年 6 万元，地震工程建设经费按实际需要由县财政进行划拨。2009 年，县科技局下属事业单位科技信息中心增挂长兴县地震管理办公室。同年，建立乡镇防震减灾信息联络员制度，乡镇分管科技领导担任联络员，确保地震信息报送渠道畅通。2009—2010 年，长兴被省地震局连续两年评为防震减灾工作先进单位。2010 年，长兴地震台（即长兴槐坎地震台）在浙江省地震观测资料质量评比中，获测震（地方台站）、数字化无人值守前兆观测质量综合评比优秀奖。2011 年，长兴地震台在浙江省地震观测资料质量评比中，获测震（地方台站）优秀奖。2012 年，长兴地震台在浙江省地震观测资料质量评比中，获强震（地方台站）资料质量第一名。2009—2012 年，长兴均通过防震减灾工作平安县考核。

一、监测预报

长兴地震测报工作始于 1975 年，同年，长兴中学建立地震测报点，工作持续到 1988 年。到 2012 年，长兴地震测报点建有长兴槐坎地震台和长兴和平强震动台 2 家。

长兴槐坎地震台　2004 年年底开始筹建，2010 年完成地壳形变观测 GNSS 基准站建设，工程总投资 10 万元。台站建有观测室 2 幢，建筑面积约 100 平方米。测震测项属于浙江地震背景场探测项目，采用 BBVS-60 宽频带地震计。GNSS 连续观测项目属于省“十一五”防震减灾重点项目——省地壳形变观测网络工程，GNSS 连续观测采用 Leica GRX1200GG Pro GNSS 接收机和 AT504 GG 扼流圈天线。台站观测数据传输采用电信 3G 信号传输，台站投入运行后，地表测震和 GNSS 连续观测质量优秀。

长兴和平强震动台　2009 年 1 月筹建，建筑面积约 150 平方米，总投资约 30 万元。2010 年建成地震烈度速报台。是全省首个地电场和地电阻率观测站。台站拥有 3 个观测手段，分别为强震、地电场和地电阻率。台站观测数据通过 3G 无线网络和基于 INTERNET 网 VPN 的方式，汇集到省地震监测预报研究中心，用于地震预测研究。

二、抗震设防

2001 年，华能国际电力有限公司长兴电厂的《长兴电厂部分建、构筑物抗震性能评估》是县内最早进行地震安全性评价项目。2003 年，县政府出台《长兴县地震应急预案》。2006 年，重新制定《长兴县地震应急预案》，明确地震应急机构和职责，成立县防震减灾领导小组。出台《长兴县突发公共事件科学技术应急保障行动方案》，相关部门相应出台突发公共事件应急预案。同年，完成长兴县合溪水库地震安全性评价。2010 年，长兴县出台《关于工程建设项目地震安全性评价工作纳入审批程序的实施意见》，对工程建设项目进行抗震设防监督。同年完成长兴电厂 2×600 兆瓦级燃煤机组“上大压下”项目的地震安全性评价。2011 年，完成长兴温德姆至尊豪廷酒店、长兴万华·金御湾工程场地、长兴公安局北侧地块工程场地、长兴和泰置地项目酒店工程场地的地震安全性评价。2012 年，完成长兴利时购物广场和居住区项目工程场地、长兴总部经济园项目（25 个）工程场地、浙江皇冠假日大酒店二期项目（扩建项目及皇冠花园）工程场地、浙能长兴热电配套天然气管道工程、浙能长兴天然气热电联产工程、中地长兴三小北侧地块工程场地的地震安全性评价。2001—2012 年，全县共完成地震安全性评价项目 13 项。

第二节 气象科技服务

长兴县气象站原名长兴县长桥气象站，后更名为长兴县气象服务站，1980年起实行上级气象部门和地方政府双重领导管理体制。1990年1月更名为长兴县气象局，下设气象台、测报股、办公室。2001年1月，迁至雉城镇高家墩村，建筑面积800平方米。2003年8月，成立长兴县气象执法大队。2009年12月，迁至双拥路618号，占地1公顷，建筑面积5000余平方米，业务涵盖气象预警预报、地面气象观测、气象服务保障、人工影响天气、防雷技术服务、气象科技服务、气象社会化管理。2012年年末，内设办公室(行政许可科)、气象减灾科(县雷电管理办公室、县人工影响天气办公室)、预报预警科(长兴气象台)，下辖县气象服务中心、县防雷中心，共有职工38人，本科及以上人员占比65%。

一、防灾减灾

防御体系 2005年，县政府印发《长兴县天气灾害预警信号发布规定(试行)》《长兴县突发公共事件总体应急预案》。2006年8月，出台《长兴县气象灾害应急预案》，将气象灾害纳入县政府公共事件应急体系。2008年6月，县政府颁布《长兴县气象灾害预警信号发布与传播规定》。2009年4月，县政府颁布《长兴县雨雪冰冻灾害应急预案》。2010年9月，制定《长兴县气象观测站探测环境保护专项规划》。2012年10月，印发《长兴县气象灾害防御规划》；12月，县政府印发《长兴县气象灾害防御办法》，成立长兴县气象灾害防御领导小组，实现气象协理员乡镇、街道、园区全覆盖。

2004年，县气象局与县国土资源局推出“地质灾害气象条件预警预报”。2005年，与江苏省宜兴市、江苏省溧阳市、安徽省广德县气象局建立气象灾害区域联防专题会议制度。2006年，成立浙苏皖三省交界处四方气象灾害防御合作组织。2012年5月，与县供电局共建灾害性天气预警联动机制。

雷电防御 1990年，县气象局成立县避雷设施检测中心。1996年12月，成立长兴县防雷设施检测所，为县气象局下属股级全民事业单位，开展建筑物防雷装置、新建建(构)筑物防雷工程图纸审核、设计评价、竣工验收等防雷安全检测。1991年，全县防雷安全管理工作启动。2003年，政府主导全面规范防雷安全管理工作，长兴县雷电防御安全管理领导小组正式成立，办公室设在县气象局，每年开展对全县危险化学品生产企业、易燃易爆仓库、高压避雷器、重点建设工程、学校、计算机系统、公众聚集场所的防雷安全装置检查和检测。2005年10月起，对重大工程建设项目开展雷击灾害风险评估。

2004—2012年，全县累计实施防雷安全检测单位1980余家，防雷设计审核工程建设项目1390余个。2009年，县气象局与教育、安监部门联合开展防雷安全隐患排查，确定防雷重点单位，对全县危险化学品生产企业、易燃易爆仓库、重点建设工程、公众聚集场所等单位的防雷安全装置进行重点检查和检测。全县63所中小学全部纳入防雷重点单位管理，每年开展防雷安全检查和定期检测。2010—2012年，每年公布防雷重点单位60余家。

人工影响天气 2003年始，长兴县开展人工影响天气业务。同年8—10月，由于旱情严重，省政府在全省范围实施飞机人工增雨作业，县气象局在泗安、和平、水口、夹浦增设临时气象地面观测点，监视云况及有关气象要素。8月7日下午1时40分和8月9日下午4时，省人工增雨作业现场指挥部2次在长兴空域成功实施增雨作业。

2006年，县气象局开展人工影响天气业务。县政府成立长兴县人工影响天气领导小组，下设办公室；县气象局成立人工影响天气专业作业队，配备人工增雨火箭发射装置1套，建立人工增雨作业点4个，购置人工影响天气火箭发射架2台、天气雷达1部、作业专用车2辆。同年9月，首次实施火箭人工影响天气作业，共作业2次，增加降水15毫米～20毫米，累计受益面积600平方千米。之后，除2012年外，每年均实施人工影响天气作业。2007年6—8月，共作业7次，发射炮弹41发，增加降水100毫米，增加水量2525万吨，累计受益面积1400平方千米；2008年5月，共作业3次，发射炮弹6发，增加降水 60 毫米，累计受益面积 600 平方千米；2009 年 6 月，共作业 4 次，发射炮弹 8 发，增加降水 12 毫米，增加水量 960 万吨，累计受益面积 800 平方千米；2010 年 7—8 月，共作业 3 次，发射炮弹 6 发；2011 年 4—6 月，共作业 8 次，发射炮弹 27 发，增加水量 6200 万吨，累计受益面积 2100 平方千米。

二、气象观测与服务

气象观测 1987 年之前，全县气象观测项目主要有云、能见度、气压、气温、湿度、风向风速、降水、雪深、日照、蒸发、地温等，观测业务扩展到土壤旱涝监测、大气电场监测、GPS 定位观测等，县气象局承担全县乡镇自动气象站数据汇集等。每日观测 3 次，地方时 8 时、14 时、20 时采集数据。1987 年配备 PC-1500 微机，1993 年始使用微机编制报表，1994 年起取消航空危险天气发报并改发地面天气报和重要天气报。

2003 年 1 月，长兴第一个中尺度气象自动站(雉城站)建成运行。2004 年 1 月，启用中尺度自动站观测数据。2003—2008 年，先后在顾渚、煤山、槐坎、水口、泗安、小铺、香山、新塘、和平、林城、洪桥、虹星桥、仙山湖等地建立四要素(温、湿、风向、风速)气象自动监测站。至 2012 年年末，初步建成 8.5 千米格距“地面中小尺度气象灾害自动监测网”。

1996 年，引进气象卫星广播数据接收设备，实现高分辨日本气象卫星云图同步接收。2000 年，建成 CAST 系统通过 Micaps 系统调用高分辨卫星云图。2006 年 8 月，完成 TWR01 天气雷达建设，主要用于人工增雨和强对流突发天气监测。2008 年，建成长兴县大气电场仪和闪电定位仪。2009 年，高田安全气囊公司安装大气电场仪，采用太阳能供电设备，GPRS 通信方式进行资料传输。

气象预报 20 世纪 80 年代和 90 年代，县气象台每日 3 次制作天气预报，并根据上级台站指导预报制作旬报和农气月报。2000 年以后，开展常规 24 小时、未来 3 天～5 天和旬月报，开展重要天气预报预警及节假日、重大活动气象服务保障。2005 年始，开展舒适度指数、紫外线指数、晨练指数、晾晒指数、感冒指数等生活指数预报。2006 年，增加乡镇天气预报业务、农用天气预报业务等。2010 年始，对外发布 3 小时短时预报。

气象服务 1988 年之前，县气象台通过农村有线广播站向农村居民播报气象消息。1996—1998 年，在长兴县电视台制作文字形式的气象节目。1999 年始，开展网络终端气象服务。1999—2007 年，制作电视频道天气预报节目。2002 年，开通 24 小时气象短信。2003 年，与移动、联通公司合作，开发气象短信服务。2005 年，涉及气象的行政审批项目入驻县行政服务中心。2006 年，建立移动、联通、小灵通气象短信发布系统，开通网通公司和铁通公司的 96121 气象自动咨询系统。2007 年 5 月起，长兴电视天气预报节目增加主持人说气象栏目。2009 年，完善气象灾害预警短信紧急发布平台，用户达 2200 余人。2012 年起，发布年度公共气象服务白皮书。

20 世纪 80 年代始，县气象局以传真方式向县委、县政府提供气象决策服务。90 年代后期逐步通过传真、电话、网站、信息发布平台等多种渠道开展决策服务，先后编发《重要天气报告》《气象内参》《气象信息与动态》《汛期天气形势分析》等资料。2005 年，建立县政府突发公共事件预警信息发布平台，承担突发公共事件预警信息的发布与管理。同年 6 月，建成重大气象服务短信预警网。

1985 年 3 月，县气象局成立长兴县蓝天科技服务中心，开展庆典气球施放有偿服务。1985—1995 年，利用传真邮寄、警报系统、声讯、影视、电子屏、手机短信等手段，面向各行业开展气象科技服务。1996 年，为种粮大户安装气象警报器。2002—2005 年，先后开发气象综合服务、气象灾害预警、气象影视技术制作、气象视频会商等系统。2006 年，在长兴电视台文化生活频道开设《魏大姐农事气象》栏目。2010 年，开展 48 小时乡镇预报和关键农时季节、重大农事活动的精细化农用天气预报服务。2011—2012 年，开发茶叶、果蔬、特种水产养殖、设施农业等 15 类、75 种气象服务产品。

第二十七编　教　育

20世纪80年代后，长兴县教育事业快速发展。1985年，长兴县先后被确认为省普及初等教育县和省基本扫除文盲县。1986年秋季，开始实施九年制义务教育，至1993年9月全面普及。1996年10月，通过省政府“两基”评估验收，确认长兴县为“基本普及九年制义务教育和基本扫除青壮年文盲县”。1997年起，至2000年年底全县乡镇分三批先后实现高标准“普九”。2001年1月，县委、县政府印发《2000—2020年长兴县教育现代化建设纲要》，启动教育现代化建设。11月，被授予“浙江省教育强县”称号。2002年，基本完成新一轮农村中小学布局调整，全县小学调整为106所，初中调整为23所。2006年，完成全县普通高级中学布局调整。在推进普通教育的同时，协调发展特殊教育、中等职业技术教育、成人教育等其他各类教育，积极支持社会力量参与办学。至2012年年末，全县有幼儿园45所、在园幼儿15582人，小学42所、在校学生37037人，初中17所、在校学生20777人，普通高中5所、在校学生12477人，中等职业技术学校4所、在校学生11911人，广播电视大学1所、在校学生1242人；有民办(股份制、国有民办、私立)学校6所，全县经行政部门批准在册社会力量办学机构72个；特殊教育学校1所，乡镇成人文化技术学校14所。有各类教职工7197人。1988—2012年，全县教育经费总投入85.56亿元，年均增长24.5%；新建(迁建)校舍总投资19.9亿元，建筑总面积134.14万平方米。教育经费总支出84.73亿元，其中用于中小学教育装备资金2.67亿元。累计向全国各高等院校输送新生46610人，通过广播电视教育共培养大专及以上毕业生12975人、中专毕业生2483人，通过高等教育自学考试共培养大专及以上毕业生2493人。

第一章　学前教育

1988年，长兴县托幼教育由县妇联负责管理，以教育部门(附属在小学)、企事业单位、街道居民区为主，施行托儿和幼儿混龄班教育。幼儿教育由各主办单位负责管理，县教委负责全县各类幼儿园的教育业务、师资培训和幼教研究工作。1997年，幼儿园划归县教委管理。2010年，县妇联将管辖的幼儿园移交给教育局管理，托儿教育纳入幼儿教育统一管理。2012年，全县幼儿园45所，其中教育部门和集体办27所、民办17所、其他部门办学(青少年宫幼儿园)1所，教学点64个。

第一节　托幼教育

一、概况

1988年，全县托幼教育由县妇联负责管理，以教育部门(附属在小学)、企事业单位、街道居民区为主，施行托儿和幼儿混龄班教育。同年，有56名幼儿园教师通过托幼教师考评获首批专业合格证书。

1992 年,开展托幼园所保育员上岗培训。同年,全县有托儿所 27 所,入托儿童 362 人。1993 年,成立由县卫生局、教育局、总工会、妇联组成的县托幼机构卫生保健工作指导小组,落实托幼专项经费。1994 年,全县有各类托儿所 50 所,入托儿童 942 人,保教人员 121 人。1995 年,县妇联、物价局、财政局联合规范民办托儿所收费项目和标准。1998 年,全县托儿所按一级、二级和未定级三个等级收费,共有登记注册托儿所 19 所,其中雉城镇 17 所、李家巷镇和林城镇各 1 所。1999 年始,对民办托幼儿园实行年检制度。2001 年,县妇联和财政局调整县托儿所定级收费标准。2005 年,县机关幼儿园利用雉城镇金宇花园小区配套的幼儿园资源,开办"娃娃托幼部",成为县内首家启动"托幼一体化"的早教工程。儿童入托年龄为 24 个月至 36 个月,有 4 个教学班,84 名托幼儿童。2008 年 5 月始,全县托幼儿园建立晨检制度。2010 年,县妇联将管辖的幼儿园移交给教育局管理,托儿教育纳入幼儿教育统一管理。2011 年,全县建立"托幼一体化"早期教育网络,推进托幼一体化教育,共有 12 所省一级、省二级幼儿园成立早教指导站。2012 年年末,全县有托儿所 5 所(县妇联移交的西庄育才托儿所、八字桥托儿所、欢欢托儿所、宝宝托儿所及县机关幼儿园金宇园区"娃娃托幼部"),民办早教学校 2 所(长兴县儿童之家早期教育中心、长兴县倍乐园早期教育中心)。

二、学制与课程设置

全县托儿所分全日制、半日制,根据《幼儿园规程》,实行保育与教育相结合的原则。教学使用普通话,以游戏活动为主线,渗透"一日生活皆教育"的理念,围绕健康、科学、社会、语言、艺术五大领域开展。2012 年,县机关幼儿园金宇园区"娃娃托幼部"开展"一日生活游戏"研究,按华东师范大学出版社的《早期教育方案》进行课程设置。

第二节　幼儿教育

一、概况

1988 年,全县幼儿教育由各主办单位负责管理,县教委负责全县各类幼儿园的教育业务、师资培训和幼教研究工作。同年,全县教育部门集体办幼儿园 7 所,学前班及教学班共 340 个,在园幼儿 8591 名,教职工 355 人,教养员 352 人;全县 65%的学龄儿童接受一年的学前教育,雉城镇达 80%;全县有 56 名幼儿教师获首批专业合格证书。1997 年,全县幼儿园划归县教委管理,成立县幼儿教育管理办公室,幼儿园实行登记注册制度。1998 年,按行业归口管理的要求,将隶属县机关事务服务中心管理的县机关幼儿园整体划归县教委统一管理,隶属县教委直属事业单位。1999 年 5 月,开展乡幼儿园(班)合格幼儿园评估,14 所幼儿园通过合格幼儿园评估。12 月印发《长兴县乡镇中心幼儿园(班)合格评估办法》,建立评估制度。同年,全县 4 周岁～6 周岁学前幼儿三年入园率达 61.6%。城镇幼儿园一年入园率达 100%,农村幼儿园入园率达 91.3%。

2000 年,编制《长兴县"十五"期间农村幼儿教育布局规划》。2001 年,出台《长兴县幼儿园创建规划》《长兴县农村幼教网点布局调整五年规划》和《长兴县小区幼儿园管理办法》。同年,创办县中心幼儿园,全县幼儿园(班)颁发"学前教育证书"。年末,有市级以上等级幼儿园 11 所,县级合格幼儿园(班)198 个。2002 年 4 月,实验小学示范性幼儿园与小学分离,更名为长兴县实验幼儿园。8 月,全县农村幼儿园与小学分离,实行独立办学,共成立 17 个乡镇中心幼儿园。同年,长兴县被省确定为实施《幼儿园教育指导纲要(试行)》试验县,县教育局出台《关于加快长兴幼儿教育发展的实施意见》。年末,全县共有教育部门和集体办幼儿园 48 所,496 个教学班,在园幼儿数 14495 人,专任教师 622 人,保健员 6 人;其他部门办园 8 所,39 个教学班,在园幼儿 1154 人,专任教师 49 人,保健员 6 人;民办幼儿园 7 所,30 个教学班,在园幼儿 652 人。

2003 年 12 月,幼儿教育行政管理纳入基础教育统一管理。同年,县政府办印发《长兴县农村幼儿教育布局规划的通知》，开展农村幼儿教育布局调整，办好乡镇中心幼儿园、教学点，全年有 25 个乡镇幼儿园、215 个教学点，其中市级以上等级幼儿园 16 所。2005 年，施行“托幼一体化”学前教育体制管理，全县 3 周岁～5 周岁的学前三年幼儿入园率达 95.2%。2006 年，长广实验幼儿园划归县教育局管理，为县教育局直属公办学校。2007 年，全县幼儿教育实行“乡镇中心幼儿园由政府举办，村级幼儿园（班）多种办园（班）形式并存”的办园体制。同年，全县有 20 所乡镇中心幼儿园，其中 18 所符合《浙江省乡镇中心幼儿园标准》，符合率占 90%；有小区配套幼儿园 12 所。2008 年，调整城区幼儿园布局，创办县龙山幼儿园，设立实验幼儿园水木花都园区。2009 年 11 月，县政府出台《关于加快学前教育改革与发展全面提升学前教育质量的实施意见》，县财政设立学前教育专项经费，用于幼儿园新建、改造、创建奖励和公用经费补助；县机关幼儿园、龙山新区幼儿园迁建和新建工程完成。12 月，全县乡镇（街道）24 所中心幼儿园全部办理事业法人资格登记，确立乡镇（街道）中心幼儿园法人资格。2010 年，推进幼儿园标准化村教学点建设，有 15 个教学点评为市农村幼儿园标准化村教学点。同年，园长持证上岗达 100%，学前三年幼儿园入园率 98.3%。2011 年，县政府出台《长兴县学前教育三年行动计划（2011—2013 年）》，实施学前教育普及提高工程。全年有 17 个农村幼儿园标准化教学点通过湖州市验收，2 个乡镇被评为湖州市学前教育先进乡镇。2012 年，全县幼儿园 45 所，其中教育部门和集体办 27 所、民办 17 所、其他部门办学（青少年宫幼儿园）1 所，教学点 64 个，其中市标准化村级教学点 52 个。有班级 501 个，在园幼儿 15582 人。教职工 1284 人，其中专任教师 930 人。全县省一级幼儿园 6 所、省二级幼儿园 12 所、省三级幼儿园 16 所。学前三年适龄幼儿入园率达到 99.2%，湖州市学前教育先进乡镇 13 个，乡镇（街道）中心园等级建园率 100%。

1988—2012 年长兴县幼儿教育事业发展情况表

表 27-1

年份	园数（所）	班级数（个）	在园幼儿（人）	教职工数（人）		年份	园数（所）	班级数（个）	在园幼儿（人）	教职工数（人）	
				合计	专任教师					合计	专任教师
1988	7	340	8591	355	352	2001	41	521	15446	619	539
1989	14	326	6952	463	384	2002	48	496	14495	699	622
1990	12	341	7334	563	419	2003	43	504	14362	694	617
1991	7	341	9250	372	360	2004	35	479	14454	731	641
1992	60	423	12411	506	488	2005	35	483	13930	766	709
1993	5	416	12250	532	510	2006	47	468	15142	767	706
1994	15	416	11023	532	485	2007	47	475	15349	779	715
1995	16	406	11444	504	467	2008	49	505	15870	992	741
1996	16	402	10471	500	451	2009	48	506	15967	1063	807
1997	50	437	10606	570	491	2010	47	512	16293	1167	869
1998	27	561	11631	605	564	2011	47	506	15817	1285	935
1999	40	462	11721	625	552	2012	45	501	15582	1284	930
2000	22	479	13110	704	589	—	—	—	—	—	—

说明：1. 资料来源于县教育局；2. 1988—1991 年相关数据不含其他部门办学

二、学制与课程设置

1988 年，根据《幼儿园教育纲要》，全县幼儿教育设置体育、语言、常识、计算、音乐、美术六科，以幼儿为主体，教师为主导，寓教学于游戏之中。1990 年，贯彻《幼儿园工作规程（试行）》，3 周岁～6 周岁的适龄幼儿，按年龄分小班、中班、大班，学制三年。1993 年秋季，小班开始使用省编《幼儿园系列教材》。次年秋季，小班、中班、大班全部使用省编幼儿新教材（包括幼儿用书）。1995 年秋季，根据《幼儿园规程》，立足于改革幼儿园课程结构，改分科教学为综合主题教学。1996 年秋季，教材换用南京市实验幼儿园编著的《幼儿园综合教育主题活动方案》,和幼儿园用书配套使用,开展不分科的综合主题教学活动。1997 年秋季,机关幼儿园试用南京师范大学出版的《幼儿园课程指导》丛书,分健康、科学、社会、语言、艺术五个领域开展教育。1998 年 2 月,对实行每周 40 小时工作制后的幼儿园教学计划作出调整。2004 年,使用华东师范大学出版的《幼儿园建构式课程》,关注健康、语言、社会、科学、艺术五大领域教育的整合。2007 年,实施课程园本化主题活动开发,机关幼儿园开发出“现代儿童实验绘画园本课程”。2010 年,按照教育部颁发的《幼儿园教育指导纲要(试行)》,规范使用幼儿园选用国家或省级教材和课程。2012 年,各幼儿园开发特色课程,形成机关幼儿园的快乐绘画、生态教育、一日生活游戏,实验幼儿园的无痕快乐阅读,中心幼儿园的快乐足球,水口乡中心幼儿园的小农艺实践等特色比较鲜明的课程。

三、幼儿园选介

长兴县机关幼儿园 位于雉城街道道园路 168 号。创办于 1956 年,有全托幼儿 13 人,教职员工 4 人,园舍办在雉城镇招待所,隶属县政府主管。1983 年 4 月,迁址新建,更名为长兴县机关幼儿园,位于金陵北路 22 号,占地 3345 平方米。1994 年 10 月,在原址新建城堡式幼儿园。同年,设立邮电幼儿园分园,1996 年 7 月分设单列。1998 年 8 月,县机关幼儿园划归县教委统一管理,属县教委直属事业单位。2005 年 8 月,开办分园金宇娃娃托幼部,位于雉城镇金宇花园,有班级 4 个,幼儿 100 人,教师 8 人,执行园长 1 人,保育员 4 人。2010 年 1 月,迁址新建。同年 3 月,接管位于润兴路 1 号的龙山幼儿园,有班级 20 个,幼儿 600 多人。2012 年,县机关幼儿园占地面积 2.23 公顷,建筑面积 2.15 万平方米。有托、小、中、大四个年龄段教学班 41 个,幼儿 1336 人。教职工 140 人,其中专任教师 84 人,本科学历占 65%,幼教高级教师占 30%。市、县名校长、教学名师、教学明星、教学能手、教坛新秀等 14 人。先后获全国巾帼文明岗、省示范性幼儿园、省示范幼儿园、省一级幼儿园、省文明单位、省绿色学校、省卫生先进单位、省科研兴校 200 强、省食品卫生 A 级单位、省家长示范学校等荣誉称号。

长兴县实验幼儿园 位于雉城街道解放中路 390 号。创办于 1954 年,时名长兴县雉城镇中小学附属幼儿园,园址在解放中路 439 号。1990 年,迁址新建园舍,更名长兴示范性幼儿园,有教学班 6 个。2002 年 4 月,与县实验小学分设单列,更名为长兴县实验幼儿园。2008 年 9 月,县实验幼儿园水木花都园区成立。2012 年,县实验幼儿园占地面积 8345 平方米,建筑面积 7792 平方米,共有小、中、大三个年段教学班 31 个,幼儿总人数 1150 人,教职工 102 人,其中专任教师 70 人,本科学历占 40.9%,幼儿高级教师占 22%。市、县名校长、教学名师、教学明星、教学能手、教坛新秀等 20 人。先后获省一级幼儿园、省园本教研示范园、省巾帼文明岗、市文明单位、市绿色学校、市依法治校示范园、市课程实施先进集体、市十强幼儿园、市教科研先进集体等荣誉称号。

2012 年长兴县公办幼儿园基本情况表

表 27-2

学校	地址	创办年月	班级数(个)	学生数(人)	教职工数(人)	
					合计	专任教师
长兴县中心幼儿园	雉城街道长海路453号	2001.03	21	681	81	60
长兴县机关幼儿园	雉城街道道园路168号	1956.08	41	1336	140	84
长兴县实验幼儿园	雉城街道解放中路390号	1954.08	31	1150	102	70
长广中心小学幼儿园	浙江省长广煤矿公司牛头山矿区	1958.08	4	114	10	4
第二小学附属幼儿园	雉城街道解放东路38号	1980.08	12	457	35	31
第四小学附属幼儿园	雉城街道金陵南路58号	1990.08	13	431	38	29
后漾中心幼儿园	龙山新区留下村	1999.02	14	340	24	21
开发区中心幼儿园	太湖街道上莘桥村	2002.08	8	153	21	15

续表27-2

学校	地址	创办年月	班级数（个）	学生数（人）	教职工数（人）	
					合计	专任教师
画溪街道包桥中心幼儿园	包桥南石桥村	1994.08	10	333	19	11
太湖街道中心幼儿园	太湖街道彭城村22号	2002.08	5	133	11	10
画溪街道长桥中心幼儿园	画溪街道姚家桥村	1978.08	11	251	22	19
洪桥镇中心幼儿园	洪桥镇	1981.09	19	522	44	38
太湖图影中心幼儿园	太湖图影横山街	1982.06	9	273	22	17
李家巷镇中心幼儿园	李家巷镇李家巷村东墙门	1976.09	14	441	34	24
夹浦镇中心幼儿园	夹浦镇环沉村	1979.09	30	924	63	45
水口乡中心幼儿园	水口乡水口村金沙街56号	1982.02	7	273	19	15
和平镇中心幼儿园	和平镇大井弄31号	1980.08	20	765	46	37
和平镇吴山中心幼儿园	和平镇小溪口村	1987.08	9	297	26	20
虹星桥镇中心幼儿园	虹星桥镇谭家村许家道场8号	1979.08	17	556	36	25
吕山乡中心幼儿园	吕山新街	1981.08	10	290	23	16
林城镇中心幼儿园	林城镇桥南育才路	1987.08	30	892	61	54
泗安镇中心幼儿园	泗安镇柴湾街85号	1984.08	23	758	59	48
泗安镇二界岭中心幼儿园	泗安镇罗家地村	1989.08	11	254	24	17
煤山镇中心幼儿园	煤山镇鑫街	1955.08	16	488	46	33
小浦镇中心幼儿园	小浦镇浦草路1号	1978.08	14	456	25	22
白岘乡中心幼儿园	煤山镇白岘访贤村486号	1982.02	5	197	12	9
槐坎乡中心幼儿园	槐坎乡新槐村	1997.08	16	429	26	18
长兴青少年宫幼儿园	雉城街道太湖中路326号	1998.08	9	313	26	20

说明：资料来源于县教育局

第二章　义务教育

1986年4月，《中华人民共和国义务教育法》颁布，长兴县分步实施九年制义务教育，基础教育迅速发展。至1993年，全县所有乡镇全部实施九年义务教育。1996年10月，通过省政府“两基”评估验收，被确认为“基本普及九年制义务教育和基本扫除青壮年文盲县”。1998年开始，加快农村中小学布局调整。2012年，全县共有小学42所，教学班854个，学生37037人，教职工2209人，小学适龄儿童入学率100%，在校学生巩固率100%，毕业合格率100%，小学毕业生升初中率100%。有初中17所（含九年一贯制学校1所），教学班458个，在校学生20777人，教职工1755人，初中学生入学率、巩固率均为100%，初中升高中比例达98%。

第一节　小学教育

一、概况

1988年，全县小学有425所，教学班1540个（其中复式班422个），在校学生51233人。校平均学生120人。小学入学年龄为6周岁～7周岁，小学适龄儿童入学率99.6%，在校学生巩固率99.3%，毕业合格率99.7%，小学毕业生升初中率75.1%。全县实行基础教育地方负责、分级管理的教育体制。1993年，全县所有乡镇全部实施九年义务教育，取消小学升初中考试，小学毕（结）业生全部升入初中，在户籍乡、镇中学或划定中学施教区入学，小学升初中率为93.9%。全县有小学400所（含其他部门办学），在校学生48478人。1996年10月，长兴县通过省政府“两基”评估验收，被确认为“基本普及九年制义务教育和基本扫除青壮年文盲县”。同年年末，全县有小学364所（其中长广12所），在校学生50538人，小学升初中率为97%。2000年8月，全县小学复式班教学彻底退出历史舞台。2001年秋季，县实验小学新校区面向全县招生。2002年，批准县实验小学办学为国有民办办学。2004年，创办长兴县第二实验小学，性质为国有民办，面向全县招生。2006年，长广集团所属学校移交长兴县教育局管理。2007年，实行“以县为主”的教育管理体制，组建长兴县第一小学和长兴县雉城镇第二小学两个教育集团。同年，全县省级教育强乡镇面达100%，小学撤并至50所，在校学生45258人，校平均905人。2012年，将两个教育集团撤分为四所独立法人学校；教育局首次与长兴经济技术开发区一起联合举办“长兴新居民子女小学入学专项服务”活动。同年年末，全县共有小学42所，教学班854个，学生37037人，其中教育部门办38所、教学班745个、学生31674人，社会力量办4所、学生5363人。小学教职工2209人，其中专任教师1995人。小学适龄儿童入学率100%，在校学生巩固率100%，毕业合格率100%，小学毕业生升初中率100%。

1988—2012年长兴县小学教育事业发展情况表

表27-3

年份	学校数（所）	班级数（个）	毕业生数（人）	招生数（人）	在校生数（人）	教职工数（人）	
						合计	专任教师
1988	425	1540	7641	8416	51233	1916	1761
1989	426	1635	4411	9175	55823	1965	1830
1990	432	1640	9956	6737	53448	1956	1800
1991	414	1544	9213	6095	49560	2254	2061
1992	411	1517	9139	7355	47501	2202	2034
1993	400	1497	8014	9148	48478	2142	1996
1994	389	1497	8560	9731	49557	2133	1973
1995	377	1471	9401	8290	48569	2133	1975
1996	364	1487	7071	8787	50538	2176	2025
1997	338	1491	6021	9026	53609	2176	2068
1998	281	1489	7362	8202	54494	2229	2119
1999	243	1419	9266	7949	53101	2288	2192
2000	187	1283	9731	8399	51737	2317	2208
2001	142	1174	8516	8354	51424	2238	2082
2002	111	1114	8843	8926	51452	2342	2190
2003	102	1077	9136	8156	49564	2182	2031
2004	101	1087	8274	7933	50577	2572	2399
2005	95	1059	8124	6588	48939	2532	2344
2006	70	1039	8521	6234	47429	2589	2374
2007	50	975	8665	6211	45258	2553	2377
2008	48	488	9435	6034	42382	2454	2245
2009	38	850	8614	5904	39917	2429	2219
2010	38	825	8038	6115	38358	2353	2139
2011	40	883	6998	6455	37853	2174	1928
2012	42	854	6669	5914	37037	2209	1995

说明：资料来源于县教育局

二、学制与课程设置

1988年，全县小学均实行六年制。一年级至六年级设思想品德、语文、数学、体育、美术、音乐、劳动等科目，四年级至六年级增设自然课，五年级另增设地理课，六年级另增设历史课。城镇小学、农村小学分别执行浙江省城镇小学、农村小学教学计划，使用部编教材。1992年9月，小学一年级使用省编新教材，执行《浙江省义务教育试行教学计划》。同年，全县小学开设思想品德、体育与保健、语文、数学、常识、音乐、美术、生活与劳动等8门学科。一年级、二年级的语文、思想品德及小学复式班一年级至三年级的语文、思想品德、常识实行合科教学，体育活动、兴趣活动根据学校实际安排。1993年秋季起，全县小学统一使用浙江省义务教育新教材。1995年秋季起，执行省《关于实行每周40小时工作制后调整小学教学计划的意见》，各年级学科教学每周最高为26课时，周活动总量30课时以下。1996年，增加15分钟写字教学，四年级、五年级、六年级使用人教版课本，其他年级均使用省义务教育课本。1999年，全县中心小学以上全部开设信息技术课。2000年秋季起，执行《浙江省义务教育试行教学计划》修订本，城镇学校五年级、六年级开设英语课。2001年，三年级以上设置综合实践活动课程，四年级、五年级、六年级全面开设信息技术课，乡镇小学六年级开设英语课。2002年秋季，五年级、六年级全面实施英语课。2003年，长兴被确认为省级基础教育课程改革试验区。同年秋季，一年级起执行《省级实验区义务教育阶段课程计划》，课程设置语文、数学、体育、音乐、美术、地方课程与学校课程，一年级、二年级开设品德与生活课，三年级至六年级开设品德与社会、外语、科学、信息技术课。2007年11月起至2012年，全县全面实施“体育、艺术2+1项目”，即从学校组织的兴趣活动中，学生自主选择2项体育活动和1项艺术活动。

三、学校选介

长兴县实验小学　位于雉城街道金陵北路87号。创建于1945年，时名长兴县雉城中心国民学校。后几经易名，分别为长兴县立简易师范附属小学、长兴县解放完全小学、长兴县雉城镇完全小学、长兴县雉城公社中心小学、长兴县雉城学区中心小学、东方红“五七”小学、长兴县雉城镇第一小学、长兴县雉城镇中心小学。1987年9月，更名为长兴县实验小学。1995年，晋升为湖州市实验小学。2000年，被评为湖州市一级小学。2001年秋季，迁址金陵北路87号新校区，办学体制为国有民办，面向全县招生。占地面积5.53公顷，建筑面积2.8万平方米。2002年，被省教育厅命名为浙江省示范小学。有4个计算机室、3个视听型语音实验室，并配有设施齐全的电子琴、舞蹈、劳技、书法、美术等32个专用教室，2套校园闭路电视、通信、音响及计算机网络系统和一套先进的校园录播系统。该校以“苏红小女排”为载体，形成“一人一球、一班一品”的体育特色，21次蝉联县运会冠军。2012年，有教学班54个，在校学生2531人；教师137人，其中专任教师126人；中学高级教师7人，小学高级教师114人。获全国优秀教师、全国体育优秀工作者、全国五一巾帼标兵、省“春蚕”奖优秀教师、省优秀教师等荣誉称号10多人，获其他省级荣誉称号26人次。先后获全国现代教育技术实验学校、全国青少年科普创新示范学校、中央教科所小学写字教育实践基地、全国巾帼文明示范岗、省文明单位、省标准化学校等10项国家级荣誉和31项省级荣誉称号。

长兴县第二实验小学　位于龙山新区忻湖路1111号。创办于2004年7月，办学体制为国有民办，面向全县招生。同年8月开学，校区由县雉城中学校址改建(雉城中学于2004年8月撤销建制，师生并入长兴一中)，位于雉城镇解放中路58号，建筑面积1.06万平方米，有教学班16个，招收学生727人，教职工47人。2005年，校舍改建竣工，教学班扩至30个。2012年8月，整体迁至新校区，占地面积4.34公顷，建筑面积2.48万平方米，绿化面积1.52万平方米。该校内部设施按照省Ⅰ类标准化学校配备，有体育馆1座、录播教室2个、电脑教室4个及陶艺室、书法室、音乐室、舞蹈室、科学实验室、地理教室、阅览室、少先队室等多功能教室。2012年，有教学班33个，在校学生1493人；在校教师80人，其中专任教师76人；中学高级教师6人；市教学能手1人、市教坛新秀5人，县教学能手8人、教学明星5人、教坛新秀13人。先后获全国阅读示范基地学校、全国中小学图书馆先进集体、“全国小学生安全漫画创作活动”优秀组织奖、省示范小学、省标准化学校、省巾帼文明岗、省卫生先进单位、省课外阅读先进集体、省中小学第二轮书香校园工程示范图书馆、首批省数字校园示范建设学校、浙江省《百校争霸汉字书写大赛》总冠军等荣誉。

泗安镇中心小学 位于泗安镇泗安大道188号。始创于清光绪三十四年(1908年),前身为安溪书院,后几经易名,分别为立安溪小学、长兴县立泗安中心小学、泗安镇中心国民小学、长兴县立泗安完全小学、泗安学区中心小学。1962年,于泗安桥东建分部。1976年下半年,分部分设单列,命名为泗安区小,原校更名为泗安镇第一小学。1981年,泗安镇第一小学更名为泗安镇小学。2000年,两所小学合并,更名为泗安镇中心小学,校址位于泗安桥东。2006年8月,迁至泗安大道188号新校区,占地面积2.95公顷,建筑面积1.24万平方米,按照省Ⅰ类标准化学校设计建造,是一所现代化的全日制农村小学。2012年,有教学班29个,在校学生1547人;教职员工79人,其中专任教师71人;获市优秀班主任、优秀辅导员等荣誉称号15人次,县级名师、教学能手、教坛新秀、课改实验优秀教师12人次。先后获省示范学校、省Ⅰ类标准化学校、省农村远程教育工程先进单位、市文明单位、市卫生先进单位、市绿色学校、湖笔文化特色学校等荣誉称号。

和平镇中心小学 位于和平镇镇前街176号。创建于清末,前身为清末和平私塾,民国元年(1912年)改为和平两等小学堂,设在斜桥头地藏庙。民国12年(1923年)更名为和平完全小学,民国20年(1931年)更名为嘉会完全小学,民国25年(1936年)更名为和平区中心小学。抗日战争初期,迁至殳村,民国28年(1939年)迁回和平,民国34年(1945年)更名为和平中心民国学校。1949年,更名为和平完全小学,有6个班,学生250人。1951年,增至12个班,学生600余人,更名为和平区中心小学。1956年夏,迁至和平下街大勤头新校址。1982年,更名为和平区校。1986年,更名为和平镇中心小学。2001年,整体搬迁至和平镇镇前街176号。2003年、2010年两次扩建。2012年,占地面积3.4公顷,建筑面积1.2万平方米。教学及辅助用房、运动场地、专用教室、师生电脑、班级多媒体、图书藏量、教学及实验器材等项目的拥有量和配备全部达到省配Ⅰ类标准。有教学班33个,学生1772人;教职员工95人,其中专任教师94人;县级教学明星1人,教学能手1人,教坛新秀25人。先后获省示范学校、省特色学校、市一级小学、市特色学校等荣誉称号。

2012年长兴县小学学校基本情况表

表27-4

学校	地址	创办年月	班级数(个)	在校学生(人)	教职工数(人)	
					合计	专任教师
长兴县实验小学	雉城街道金陵北路87号	1945.10	54	2531	137	126
长兴县第六小学	雉城街道五峰路199号	2006.08	24	982	61	59
长兴县第一小学	雉城街道解放中路439号	2002.05	40	1920	115	111
长兴县第二小学	雉城街道解放中路58号	1947	32	1459	96	88
长兴县第二实验小学	龙山新区忻湖路1111号	2004.07	33	1493	80	76
画溪街道长桥中心小学	姚家桥文卫路18号	1954.09	14	589	41	40
洪桥镇中心小学	洪桥镇洪桥街洪学弄4号	1923	27	1256	84	79
西太湖图影小学	太湖图影横山桥村	1967	21	842	45	43
洪桥镇张庄完全小学	洪桥镇橡树下村	1994.08	6	124	11	11
小浦镇中心小学	小浦镇小柏路56号	1925	24	1160	62	61
夹浦镇中心小学	夹浦镇环沉村	1916	29	1322	67	63
夹浦镇鼎甲桥中心小学	夹浦镇丁新村	1897	12	572	30	29
和平镇中心小学	和平镇镇前街176号	1923	33	1772	95	94

续表27-4

学校	地址	创办年月	班级数（个）	在校学生（人）	教职工数（人）	
					合计	专任教师
和平镇长城完全小学	和平镇长城北洋桥街道	1980	6	141	10	10
虹星桥镇里塘中心小学	虹星桥镇里塘街	1931	11	363	23	21
吕山乡中心小学	吕山乡前进街17号	19世纪40年代	17	657	48	45
吕山乡北杨完全小学	吕山乡北杨村	1996.08	3	114	7	7
槐坎乡中心小学	槐坎乡上马坎	1955	16	643	40	34
煤山镇中心小学	煤山镇煤鑫街1号	1930	24	987	55	51
泗安镇中心小学	泗安镇发展大道	1908	29	1547	79	71
泗安镇管埭中心小学	泗安镇管埭街道	1912	6	242	20	18
泗安镇二界岭中心小学	二界岭罗家地	1958	13	578	33	28
林城镇中心小学	林城镇育才路56号	1905	20	778	91	63
林城镇太傅完全小学	林城太傅村贺家岗	20世纪30年代	6	308	20	20
林城镇畎桥中心小学	畎桥新华村	1937	9	321	24	21
白岘乡中心小学	煤山镇访贤街梧桐路	19世纪70年代	13	437	27	24
泗安镇长潮中心小学	泗安镇兴隆村	1943	10	366	19	18
长兴县第三小学	雉城街道县前西街338号	1962.09	29	1203	62	56
长兴县第五小学	太湖街道留下村	1958	15	500	56	51
李家巷镇中心小学	李家巷镇	1914	24	1175	73	68
泗安镇仙山中心小学	泗安镇仙山村	1927	12	273	24	24
泗安镇长岗岭完全小学	泗安镇五丰村	2000.08	6	142	8	8
水口乡中心小学	水口乡水口村上吉街38号	长兴解放初期	18	770	44	41
虹星桥镇中心小学	虹星桥南星路74号	1912	24	1027	75	70
虹星桥镇港口完全小学	虹星桥镇港口村		6	111	9	9
画溪街道包桥中心小学	画溪街道徐家浜七里亭	1914	17	749	49	45
林城镇天平中心小学	林城镇天平街道	1933	12	345	23	17
和平镇吴山中心小学	和平镇洪山村	1934	16	659	43	32
长兴县第八小学	太湖街道林荫路111号	1969	28	1368	55	49
长兴县第七小学	雉城街道解放东路106号	2012.07	23	970	39	36
长兴县第五小学涧港完全小学	龙山新区后漾涧塘村	1958	3	142	21	21
五通小学	画溪街道姚家桥	1958.08	3	79	21	11
长兴县第四小学	雉城街道金陵南路58号	1990.08	43	2019	117	101
长兴县第四小学明门完全小学	画溪街道明门村	1944.02	6	233	14	14
长广小学	长广煤矿公司牛头山矿区	1958.08	6	212	37	29
雉城镇蓝天民工子弟学校	图影大道华能电厂生活区	2003.08	15	896	32	25
煤山镇利民小学	煤山镇新安村	2004.08	6	263	19	12
太湖街道中心学校	太湖街道彭城村	1957.08	7	296	32	32
湖州市清泉职业高级中学（小学部）	夹浦镇父子岭兰香山	1994.08	6	180	19	19

说明：资料来源于县教育局

第二节 初中教育

一、概况

1988 年,全县有初中学校 36 所,教学班 374 个,在校学生 18923 人。校均学生数 526 人。全县 12 周岁～15 周岁初等教育普及率 97.9%。全县按片区划分报考普通高中,初中毕业生升高中比例 14.7%。1993 年,全县普及九年制义务教育,有初中 40 所,教学班 475 个,在校学生 22610 人。初中在校巩固率为 96%,17 周岁初中普及率达到 75.5%。1996 年 10 月,长兴县通过省人民政府“两基”评估验收。全县实现一个乡镇设一所初中学校,共有初中 37 所,教学班 467 个,在校生 23259 人,校均学生数 629 人。全县 13 周岁～15 周岁适龄少年初级中等教育入学率 93.4%,17 周岁初中普及率达到 83.5%,初中升高中比例达 18.4%。2000 年,开始实施《长兴县农村中小学布局调整规划》,明确农村初中学校设置不少于 18 个班,1.5 万人左右乡镇实行中小学九年一贯制。同年,全县有初中 30 所,其中教育部门和集体办 28 所、其他部门办 2 所,在校学生 24457 人。2001 年,初中学校调整为 25 所,在校学生 25919 人,校均学生数 1037 人。初中学生入学率达 99%,巩固率达 99.3%,初中毕业生升高中段比例达到 86%。2003 年 2 月,创办长兴县实验初级中学,办学体制为国有民办,面向全县招生。2006 年 5 月,实验初中、洪桥中学、古城中学、泗安中学、虹星桥镇中学、夹浦中学 6 所初中成为省示范初中。6 月,长广一中移交县教育局管理,实行九年一贯制办学,更名长兴县长广中心学校。2009 年,全县初中学校建成上规模的区域性初中 17 所,教学班 484 个,在校学生 26157 人,校均学生数 1539 人。初中入学率、巩固率均达到 100%。2011 年,创办长兴县开发区初级中学,位于太湖街道白溪大道 11 号。2012 年,长兴县实验初中更名长兴县实验中学,长兴县第一中学更名为长兴县龙山中学,长兴县开发区初级中学更名为长兴县雉城中学(于次年秋季招生)。年末,全县有初中 17 所(含九年一贯制学校 1 所),教学班 458 个,在校学生 20777 人,校均学生数 1222 人。教职工 1755 人,其中专任教师 1581 人。初中学生入学率、巩固率均为 100%,初中升高中比例达 98%。

1988—2012 年长兴县初中教育事业发展情况表

表 27-5

年份	学校数(所)	班级数(个)	毕业生数(人)	招生数(人)	在校生数(人)	教职工数(人)	
						合计	专任教师
1988	36	374	5806	5199	18923	932	750
1989	39	383	6624	4846	17760	969	796
1990	41	399	6265	8368	18406	990	810
1991	41	446	4867	8473	21155	1310	1021
1992	40	499	4398	8385	23634	1319	1051
1993	40	475	6730	7525	22610	1307	1039
1994	39	468	7023	8127	22293	1308	1054
1995	39	476	7015	9069	23442	1305	1072
1996	37	467	6584	6902	23259	1322	1113
1997	39	432	7252	5838	20957	1304	1094
1998	37	399	8400	7220	19061	1282	1076
1999	33	416	5699	8977	20834	1417	1172
2000	30	465	5159	9476	24457	1344	1228

续表27-5

年份	学校数（所）	班级数（个）	毕业生数（人）	招生数（人）	在校生数（人）	教职工数（人）	
						合计	专任教师
2001	25	479	6254	8444	25919	1488	1187
2002	25	488	8221	8841	25879	1579	1295
2003	26	492	8666	9119	25867	1597	1305
2004	23	487	7916	8364	25933	1649	1401
2005	23	474	8449	8132	25346	1746	1480
2006	23	471	8839	8547	24911	1686	1529
2007	22	470	8166	8613	25184	1762	1601
2008	20	484	7951	9285	26396	1749	1578
2009	17	484	8341	8526	26157	1759	1605
2010	17	483	8341	7927	25436	1747	1600
2011	17	480	8927	6889	23071	1740	1499
2012	17	458	8212	6321	20777	1755	1581

说明：资料来源于县教育局

二、学制与课程设置

1988年，全县各初中均实行三年制，开设政治、语文、数学、外语、历史、地理、物理、化学、生物、生理卫生、体育、音乐、美术、劳动技术等课程，使用浙江省编教材。1992年9月，长兴县承担省义务教育课程教材改革实验，林城中学初一年级执行省编制的《义务教育试行教学计划》，进行义务教育新教材第一册试点。课程设置包括学科、活动两部分，有公民、语文、数学、外语、常识、自然科学、社会、体育与保健、音乐、美术、生活与劳动11门课程。1993年秋季，全县初中一年级全部执行省编制的《义务教育试行计划》，并使用新编义务教育新教材；林城中学进行义务教育新教材第二册试点。之后，逐年推进新编义务教育新教材全面使用。1995年10月，全县落实省《关于实行每周40小时工作制调整中小学教学计划的意见》，执行调整后的教学计划，各年级学科教学每周最高时数为29课时，周活动总量在33课时以下，每节课45分钟。1997年9月，初中一年级公民课改为思想政治课，使用省编新版思想政治教材，后逐年由思想政治课取代公民课。2000年秋季开始，执行修订版《浙江省义务教育试行教学计划》。全县初中执行国家课程计划，开足开齐规定课程，控制学生在校时间，保证活动总量。同年，古城中学为湖州市实施综合实践活动课程实验学校。2001年，全县初中全面开设信息技术课。2003年，长兴县被确定为省基础教育课程改革实验县。同年起，执行《浙江省课程改革实验义务教育阶段课程设置及课时安排》，课程设置思想品德、语文、数学、外语、科学、历史与社会、体育与健康、音乐、美术、信息技术、综合实践活动。实施国家、地方与学校三级课程。

三、学校选介

长兴县实验中学　位于龙山新区忻湖路158号。2003年2月创办，2004年秋季投入使用，名长兴县实验初级中学，办学体制为国有民办，面向全县招生。总投资1.7亿余元，占地面积20.13公顷，建筑面积6.67万平方米，绿化面积6.8万平方米，硬件设施完备。2012年，更名长兴县实验中学。同年，有教学班62个，在校学生3027人；在职教职工223人，其中专任教师199人；省市县名师、名校长、教学明星、教学能手、教坛新秀89人，30人被县教研中心聘任为学科兼职教研员。先后获全国外语实验学校、全国“创建适合学生发展的学校”实验学校、全国艺术教育先进单位、全国消防安全教育示范学校、省示范初中、省绿色学校、省校本教研示范学校、省艺术特色学校、省体育特色学校、省语言文字规范化示范学校等近百项国家、省、市级荣誉称号。学科竞赛、男子篮球、女子排球和电子制作是办学特色项目；合唱、舞蹈、器乐、书法、绘画等获省市比赛团体一等奖、二等奖10余项，获县团体一等奖数十项；学校篮球队获中国中学生第三届、第四届CSBA初中男子篮球赛第三名,获省第四届中学生男子篮球赛亚军,女子排球队获省初中组冠军。

长兴县龙山中学 位于雉城街道双拥路608号。1997年,长兴中学高、初中分离,初中部组建雉城镇城北初级中学。2001年,更名长兴县第一中学。2004年,雉城中学全体师生、下箬中学部分师生并入。2007年,启动异地迁建工程。2008年秋季,学校整体搬入新校舍。2012年8月,更名长兴县龙山中学。占地面积8.65公顷,建筑面积5.45万平方米。有教学楼3幢,实验楼1幢,艺术楼1幢,行政楼3幢,图书楼1幢,体育馆1座,学生宿舍楼2幢,食堂1幢,标准足球场1个,标准篮球场11个,标准排球场1个,400米跑道1条。2012年,有教学班66个,学生3219人;教职工236人,其中专任教师213人;高级教师40人,一级教师106人。先后获全国家庭教育实验学校、全国语文教师专业化发展工程基础学校、全国首批《少先队活动课程指导纲要》试点单位、省义务教育标准化学校、省首批体育特色学校、省阳光体育后备人才培训基地、省艺术特色学校、省示范实验室学校、省卫生单位、省绿色学校、省国防教育先进单位、省食品安全示范单位等100多项集体荣誉。

长兴县雉城中学 位于雉城镇解放东路104号。前身为朝阳五七学校于1972年创办的初中部,1976年9月,独立建制为雉城镇中学,有教学班12个,学生637人,教职工35人。1983年3月,由镇属改为县属,更名雉城中学。1989年,占地面积1.56公顷,建筑总面积6631平方米,有教学班16个,学生634人,教职工70人。1998年秋季,设高中部,招收2个班高一新生。2001年秋季,高中部迁入长兴县第一中学。2005年,学校撤销,并入长兴一中。原址创办长兴县第二实验小学。

长兴县古城中学 位于雉城镇紫荆路99号。创建于1969年,前身为长兴县城郊公社金陵桥大队邵家村小学的1个附设初中班。1970年2月,初中班迁至高山岭小学。1972年,选址雉城镇南门古城山,新建城郊公社中学校区,占地1公顷。1973年2月正式开办,有初中班2个,学生102人,教师5人。1976年9月,在"队队办初中,社社办高中"的形势下,学校办起2个高中班,招收高中生122人。1979年,城郊公社开始调整初中布局,1980年撤并各小学"戴帽"初中班,初中两年制改为三年制,全公社保留1所初中,有9个教学班,学生471人,教职员工17人。1984年8月,城郊乡与雉城镇合并为雉城镇,该校更名长兴县雉城镇古城中学。2001年,包桥中学隶属古城中学。2003年2月,投入9700多万元,启动异地搬迁工程,校址位于雉城镇紫荆路。2004年8月,古城中学、包桥中学、长桥中学三校合并,迁至新校区。2005年秋,下箬中学撤并,当年师生二分之一并入。2008年4月,改为县属初中。2012年,占地面积10.67公顷,建筑面积4.26万平方米,有教学班59个,学生2676人,教职工208人,其中专任教师199人。先后获省教科研百强学校、省Ⅰ类标准化学校、省级示范初中、省教科研先进集体、省绿色学校、省体育特色学校、省文明单位、省教育现代化标准化学校等多项荣誉称号。

长兴县林城中学 位于林城镇大云寺。前身为创办于1958年9月的林城中心小学附设的一个初中班,一年后分设单列,为县属8所中学之一。1960年秋,扩大到6个班级,310名学生。同年,迁址大云寺。1969年,改为林城公社中学。1979年6月,收归县办。1974年起,增设高中部,至1981年撤销并入泗安中学。1982年9月,被确定为湖州市农村示范性初级中学。1985年12月,被评为县文明单位。1986年3月,被评为市文明单位。1989年,占地面积1.17公顷,建筑面积3240平方米,有教学班7个,学生331人,教职工23人。1996年8月,学校建制撤销,并入太傅中学。太傅中学迁入大云寺原林城中学校址办学。

长兴县和平中学 位于和平镇。1996年,长兴县和平中学(1958年春创办)高中部并入虹溪中学,初中部与和平镇中(施村中学)、便民乡中学合并重新组建,命名长兴县和平镇中学。1997年,撤销长城乡中学并入和平镇中学。2007年8月,迁入和平镇新校区,吴山乡中学并入,学校扩展为区域初中,更名长兴县和平中学。占地5.33公顷,建筑面积2.87万平方米。2012年,有教学班31个,学生1389人;教职工119人,其中专任教师111人;高级教师13人,二级教师56人;县级以上优秀骨干教师26人。

先后被授予全国学习数学学会尝试学习研究会实验基地、省体育达标先进单位、省示范初中、省卫生先进单位、湖州市依法治校示范学校、湖州市现代化学校、湖州市体育特色学校、湖州市信息技术优胜单位等荣誉称号。

2012 年长兴县初中学校基本情况表

表 27-6

学校	地址	创办年月	班级数（个）	学生数（人）	教职工数（人）	
					合计	专任教师
长兴县实验中学	龙山新区北侧	2003.08	62	3027	223	199
长兴县龙山中学	雉城街道双拥路608号	1940.08	66	3219	236	213
长兴县古城中学	雉城街道紫金路99号	1969.09	59	2676	208	199
长兴县后漾中学	龙山新区后漾陈家桥	1968.09	11	451	54	51
长兴县太湖街道中心学校	太湖街道彭城村圣堂头	1968.09	8	284	36	33
长兴县洪桥逸夫中学	洪桥镇洪学路2号	1958.09	29	1341	101	98
长兴县李家巷镇中学	李家巷镇弁山脚下	1957.09	12	466	53	40
长兴县夹浦镇中学	夹浦镇夹浦村上升自然村	1964.09	18	853	71	53
长兴县泗安中学	泗安镇吉安路160号	1951.10	24	1110	93	80
长兴县泗安镇中学	泗安镇三里亭桃园	1970.09	17	688	63	50
长兴县虹星桥镇中学	虹星桥镇桥南	1969.02	23	1083	90	81
长兴县和平中学	和平镇育才路1号	1958.09	31	1389	119	111
长兴县林城中学	林城镇大云寺村小街	1958.09	24	1083	102	92
长兴县小浦镇中学	小浦镇浦溪路111号	1968.09	18	863	65	58
长兴县煤山中学	煤山镇煤山村	1969.02	25	1012	94	91
长兴县水口乡中学	水口乡紫笋街340号	1958.09	12	490	43	40
长兴县吕山乡中学	吕山乡永隆桥南	1964.02	13	566	48	39
湖州市清泉职业高级中学(初中部)	夹浦镇父子岭兰香山	1994.09	6	176	21	21

说明：资料来源于县教育局

第三章　高中教育

1988 年，长兴县有教育部门办普通高中 6 所，省属厂矿办普通高中 2 所；有教育部门办职业中学 2 所，行业办学 5 所。有教学班 69 个，毕业学生 1105 人，招收学生 1195 人，在校学生 3435 人，教职工 163 人。1991 年始，贯彻普通高中教育发展“调整学校布局、扩大办学规模、讲求办学效益、提高教育质量”的要求，提高普通高中招生数量、生源质量、办学效益和教育质量。1998 年，按照普通高中规模不少于 24 个教学班的省定标准，开始调整普通高中布局。2000 年，按《长兴县教育现代化建设纲要》的要求，调整普通高中的布局结构，实现初、高中分离。至 2004 年，县内普通高中均集聚县城办学。2012 年，全县有全日制普通高中 5 所，教学班 228 个，在校学生 12477 人，教职工 939 人，高中段巩固率达 99.7%。该时期，全县职业技术教育开始起步，并取得较快发展。2012 年，初中毕业生升职业中学比率为 51.5%。同年年末，全县共有中等职业技术学校 4 所，在校学生 11911 人，教职工 877 人。

第一节　普通高级中学教育

一、概况

1988年,全县有教育部门办普通高中6所,其中独立设置1所(长兴虹溪中学)、完全中学5所(长兴中学、泗安中学、煤山中学、李家巷中学、和平中学),教学班51个,在校学生2617人,专任教师163人;省属厂矿办普通高中2所(长广一中、长广二中),均为完全中学,18个班,学生818人。

1991年始,根据省教委《关于"八五"期间加强我省普通高中工作的意见》精神,贯彻普通高中教育发展"调整学校布局、扩大办学规模、讲求办学效益、提高教育质量"的要求,提高普通高中招生数量、生源质量、办学效益和教育质量。1992年9月,和平中学停止招生一年。1995年7月,长广二中高中停办,原有的高中班级并入长广一中。同年,根据省教委《关于改革和发展我省普通高中教育的若干意见》,全县加快高中建设步伐,扩大办学规模,普通高中招生1521人,比上一年增加21%。同年,和平中学高一停止招生。1996年8月,和平中学撤销,高中部并入虹溪中学(初中部并入和平镇中学)。1997年秋季,长兴中学实行高中、初中部分离,成为高级中学。

1998年,按照普通高中规模不少于24个教学班的省定标准,开始调整普通高中布局。同年秋季,雉城中学设高中部,招收2个班高一新生;撤销李家巷中学高中部,并入虹溪中学;长兴中学命名为浙江省长兴县长兴中学。12月,长兴中学被省教委确定为省一级重点中学,复更名为浙江省长兴中学,有教学班32个,在校学生1539人。1999年4月,煤山中学被评为省级综合高中。7月,长广一中高中部撤销,成立长广高级中学,县内省属厂矿办高中全部并入,迁址雉城镇长广技校校园内,与长广技校合署办学。

2000年,按《长兴县教育现代化建设纲要》的要求,调整普通高中的布局结构,实现初、高中分离。秋季,建立长兴县第二中学,招收高一学生4个教学班,198名学生,与长兴县高级职业中学实行一套班子两块牌子的管理模式(次年秋季撤销)。雉城中学停止高中招生。同年,启动长兴中学迁建工程,开始筹建长兴华盛高级中学,两校均按省一级重点中学标准配置。2001年7月,长兴中学老校区更名为长兴县第一中学。秋季,长兴一中招收高一新生7个教学班,长兴县第二中学、雉城中学高中班并入;长兴中学整体迁至金陵北路新校舍;华盛高级中学投入使用,煤山中学高中部并入。同年,全县高中有长兴中学、长兴一中、泗安中学、虹溪中学、华盛高级中学、长广高级中学6所,共120个教学班,在校学生5904人。

2002年秋季,虹溪中学撤销,并入华盛高级中学,更名长兴华盛虹溪高级中学。同年,根据省教育厅名校可以办"民校"的精神,长兴中学筹建民办长兴金陵高级中学。2003年,长兴金陵高级中学通过招商引资,由南京聚恒建设集团有限公司投资建设,办学规模60个班;华盛虹溪高中通过省三级普通中学验收。2004年秋季,长兴金陵高级中学新校舍投入使用,长兴一中高中部和泗安中学高中部并入。至该年,全县4所普通高中集聚县城办学,均独立建制,共有教学班198个,在校学生10290人。全县基本普及从学前教育到高中教育的十五年教育,高中在校生巩固率达到99.9%。同年11月,长兴金陵高级中学被确认为省三级重点高中。2005年1月,长兴县华盛虹溪中学被确认为省二级重点中学。2006年3月,长广高级中学移交地方管理,6月更名长兴县第三中学,为县属公立高中。同年6月,长兴青年艺术学校更名为长兴艺术高级中学,为民办全日制普通高中。12月,长兴华盛虹溪中学确认为省一级重点普通高中。同月,湖州清泉武校增设"湖州清泉综合高级中学"校名,2007年被确认为省二级重点综合高中。2009年1月,长兴中学被中央文明委授予"全国文明单位"称号。

2012年7月,长兴县第三中学更名长兴县太湖高级中学,长兴华盛虹溪中学更名为长兴县华盛高级中学;12月,长兴县华盛虹溪中学成为省一级重点普通高中。同年,长兴中学获北京大学"中学校长实名制推荐”资质，为湖州地区首家获该资质的学校。同年年末，全县有全日制普通高中 5 所，教学班 228 个，在校生 12477 人，教职工 939 人，其中专任教师 814 人。高中段巩固率达 99.7%。

1988—2012 年长兴县高中教育事业发展情况表

表 27-7

年份	学校数（所）	班级数（个）	毕业生数（人）	招生数（人）	在校生数（人）	教职工数（人）	
						合计	专任教师
1988	8	69	1105	1195	3435	163	163
1989	9	68	1105	1157	3228	179	179
1990	8	69	978	1267	3356	162	162
1991	7	69	987	1125	3375	252	252
1992	8	66	1032	997	3157	252	252
1993	8	67	1146	1099	2944	250	250
1994	8	71	918	1254	3117	240	240
1995	7	76	793	1521	3695	265	265
1996	6	79	936	1210	3701	276	276
1997	6	86	1044	1639	4054	299	299
1998	6	94	1288	1846	4420	318	318
1999	5	99	1005	1808	4747	345	345
2000	5	107	1178	1879	5071	357	357
2001	6	120	1517	2431	5904	485	435
2002	5	144	1684	3371	7447	511	496
2003	4	175	1774	3674	9191	657	584
2004	4	198	2241	3487	10290	705	640
2005	4	210	3203	3681	10625	772	708
2006	4	216	3437	3954	11112	811	700
2007	4	222	3360	3866	11475	827	721
2008	4	223	3553	3958	11620	847	758
2009	4	226	3772	4058	11747	863	777
2010	4	226	3704	4052	11914	868	775
2011	5	229	3814	4369	12362	928	810
2012	5	228	4002	4074	12477	939	814

说明：资料来源于县教育局

二、学制与课程设置

高中学制为 3 年。1988 年，全县执行浙江省高中教学计划，使用省编教材，开设政治、语文、数学、外语、历史、地理、物理、化学、生物、体育、音乐、美术、劳动技术等课程。1989 年起，根据省教委普通高中教学计划和会考科目设置调整，高一年级、高二年级调整外语、化学、语文、生物、劳动技术课、选修课等教学计划。1992 年，高一年级选修课每周安排 3 课时（其中 1 课时安排在课外活动时间），高二年级每周 5 课时，高三年级每周 16 课时，选修课内容为科学、人与社会、技术、欣赏与创造等。1995 年 10 月，执行浙江省《关于实行每周 40 小时工作制调整中小学教学计划的意见》，各年级每周的活动总量在 34 课时以下，课外活动的课时由每周 5 课时减为 4 课时。1997 年，执行教育部制定的与九年义务教育课程计划相衔接的《全日制普通高级中学课程计划（试验）》及新教学大纲、新教材。2000 年，高中课程改革在高一语文率先进行，次年高一全部使用新教材。2001 年，执行浙江省《普通高中课程计划（试验修订稿）》，使用新教材。课程设置分必修课、选修课两类。必修课包括思想政治、语文、数学、外语、物理、化学、生物、历史、地理、信息技术、体育和保健、艺术以及综合实践活动;选修课包括数学、物理、化学、生物、历史、地理、信息技术7门学科,以及根据学生兴趣要求和发展需要所开设的课程。2006年秋季开始,全省普通高中全面实施课程改革,各校实施地方课程和校本课程。普通高一年级学生的课程修习状况实行学分管理,课程结构包含学习领域、科目、模块3个层次,共设八大领域,12个~14个科目。2008年,普通高中开设通用技术的两个必修模块"技术与设计1"和"技术与设计2",每周2课时。2009年,开设艺术、体育与健康、综合实践活动课程。2012年,出台《长兴县深化普通高中课程改革实施方案》,开发思想政治、体育与健康、艺术等必修课程,选修课程中的知识拓展类、职业技能类、兴趣特长类、社会实践类4类样本在全县5所普通高中覆盖。

三、学校简介

长兴中学 位于雉城街道金陵北路208号。始建于1940年8月,校址位于煤山,命名为长兴县立战时初中学生补习学校。1943年3月,更名长兴县立初级中学,校址位于泗安三天门。1945年11月,在县城内中山公园(县前街45号)复校。1949年4月,由县人民政府接管。1952年3月,更名长兴县第一初级中学。1956年,首次招收高一新生,从初级中学发展成为完全中学,更名浙江省长兴中学。1960年,被确认为全省十四所重点中学之一。1981年,被确定为省八十所重点中学之一。1997年,高中、初中分离,初中部组建雉城镇城北初级中学(先后更名长兴一中、龙山中学)。1998年,更名浙江省长兴县长兴中学,12月复更名浙江省长兴中学,被省教委确定为省一级重点中学。2001年8月,迁至新校区雉城镇金陵北路208号。2002年开始推行的"德育导师制",在2005年全国"未成年人思想道德建设工作创新奖"案例评比中被评为一等奖。2011年12月,德育工作案例《中小学德育导师制的深化和拓展》被评为"全国中小学德育工作优秀案例"。中学生业余党校是该校德育工作的重要阵地,毕业学员2000余人,发展学生党员达297人。学生男子篮球队曾荣获全国冠军、省级冠军,15次蝉联湖州市中学生篮球赛冠军。2012年,占地面积14.4公顷,建筑面积6.1万平方米,有教学楼4幢,实验楼3幢,学生宿舍楼6幢,标准田径场1个,标准篮球场10个。有教学班60个,学生3148人,专任教师223人,其中中学高级教师95人、中学一级教师92人,省特级教师、全国优秀教师、省市级优秀教师、教坛新秀、教学明星数十人。先后获全国文明单位、全国精神文明建设工作先进单位、全国群众体育先进单位、省文明单位、省文明学校、省绿色学校、省教育科研百强学校等荣誉称号。

图27-1 省一级重点中学、全国文明单位——浙江省长兴中学(县教育局提供·2004年)

长兴县虹溪中学 位于虹星桥镇。创办于1956年9月,命名长兴第三初级中学,附设在虹溪中心小学内,初中2个班,学生110人。次年春,择址镇南刘家村建校舍,1957年9月迁入,1958年9月更名长兴县虹溪中学。1969年9月,由港口公社接管,更名港口公社中学。1979年6月,恢复虹溪中学建制,收归县属,增设高中部,全校共10个班,其中高中4个班、初中6个班,学生492人。1986年起,停止招收初中新生,1988年最后一届初中班毕业后,改办高级中学。1989年,占地面积1.33公顷,建筑总面积3546平方米。1996年8月,和平中学高中部并入,1998年李家巷中学高中部并入。2002年,占地面积3.29公顷,建筑面积1.24万平方米,有教学班19个,学生1088人,教职工81人。同年8月,学校建制撤销,并入长兴华盛高级中学。

长兴县和平中学 位于和平镇。创办于1958年春,招收初一新生112人。1960年,共有初中班6个,学生315人。1969年春,改为和平公社中学。1970年春,增设高中部,招1个班,1979年6月收归县属。1989 年，占地面积 1.83 公顷，建筑面积 5484 平方米，有初中班 7 个、高中班 5 个，学生 527 人，教职工 53 人。同年被县政府授予“招飞先进单位”称号。1996 年 8 月，学校建制撤销，高中部并入虹溪中学(初中部并入和平镇中学)。

长兴县泗安中学　位于泗安镇。创办于 1951 年 10 月，为县立初级中学分部。次年 9 月，分设单列，命名长兴第二初级中学。1956 年 9 月，更名长兴第一初级中学。1958 年 9 月，增设高中部，更名长兴县泗安中学。1962 年，撤销高中部。1971 年 9 月，重设高中部。1978 年，收归县办。1989 年，占地面积 2.53 公顷，有 14 个班级，其中初中 6 个班、高中 8 个班，学生 643 人，教职工 65 人。2004 年 9 月，高中部并入金陵高级中学。

长兴县煤山中学　位于煤山镇。创办于 1956 年 9 月，位于煤山镇南隅高坡(原“长兴补中”旧址)，命名长兴第二初级中学。1958 年年初，迁址新建校区，位于煤山镇北 1 千米火烧地，1959 年年底竣工。1960 年春，有初中班 10 个，学生 519 人，教职工 20 人。1969 年春，改为煤山公社中学。1972 年秋，开始增设高中，有 1 个班、24 名学生。1978 年 4 月，复为县属完全中学，并被确定为省办的 14 所重点中学之一。1980 年，迁址互通山下新建。1989 年，占地面积 3.67 公顷。2001 年 8 月，高中部并入华盛高级中学。

长广高级中学　创办于 1971 年，隶属省属企业长广公司。初以高中班的形式分别附设在长广公司牛头山矿区学校和长广公司煤山矿区学校。1976 年 3 月，长广公司将 3 所学校统一更名为长广煤矿公司第一中学、第二中学、第三中学，均为完中。1979 年 2 月，长广三中高中停办，原有的高中班级并入长广二中。1995 年 7 月，长广二中高中停办，原有的高中班级并入长广一中。1999 年 7 月，长广一中高中部撤销，成立长广高级中学，县内省属厂矿办高中全部并入，迁址雉城镇长广技校校园内，与长广技校(2004 年停止招生)合署办学，实行两块牌子、一套班子管理体制，隶属长广集团。2006 年 3 月 2 日，根据省政府决定，长兴县政府与长广集团公司正式签订协议，长广集团公司所属中小学整体移交长兴地方办学。同年 6 月，经县政府批准，长广高级中学更名长兴县第三中学，为县直属公办高级中学。

长兴县太湖高级中学　前身为长兴县第三中学(即原长广高级中学)。2012 年 7 月，更名为长兴县太湖高级中学。占地面积 7.33 公顷，建筑面积 6.18 万平方米，有多媒体综合教室 60 个，各类实验室 18 个，学生宿舍楼 3 幢，室内体育馆 1 座，排球场 4 个，篮球场 8 个，足球场 1 个，400 米标准塑胶运动场 1 个。有教学班 31 个，学生 1740 人，专任教师 130 人，高级教师 35 人，一级教师 57 人。省教坛新秀 1 人，市县名师 10 人、教坛新秀 10 人、教学能手 5 人、教学明星 3 人。先后获市文明单位、市行为规范示范学校、市森林单位、市语言文字规范化示范学校等荣誉称号。次年 8 月，迁至新校区太湖街道白溪大道 11 号。

其他高级中学　长兴县金陵高级中学、长兴县华盛高级中学、长兴艺术高级中学，均为民办全日制普通高中。详见本编、第 5 章、第 1 节。

2012 年长兴县普通高中基本情况表

表 27-8

学校	地址	创办年月	班级数（个）	学生数（人）	教职工数（人）	
					合计	专任教师
长兴中学	雉城街道金陵北路208号	1940.08	60	3148	254	223
长兴县太湖高级中学	太湖街道白溪大道11号	1971.08	31	1740	161	130
长兴县金陵高级中学	太湖街道太湖大道1138号	2004.08	60	3518	215	189
长兴县华盛高级中学	雉城街道紫金路399号	2001.08	68	3501	264	232
长兴艺术高级中学	雉城街道太湖中路210号	2004.08	9	570	41	40

说明：资料来源于县教育局

第二节　中等职业技术教育

一、概况

20世纪80年代，全县职业技术教育开始起步。1988年，县教育部门办职业中学有长兴县农业技术学校、长兴县高级职业高中2所，教学班16个，在校学生948人；当年初中毕业生5831人，职业中学招生299人，初中毕业生升职业中学比例为5.1%。县内行业办学5所，分别为长兴县技工学校(隶属县劳动局)、长兴煤田职工地质学校(隶属省煤炭部门)、长广煤矿公司技工学校(隶属长广煤矿公司)、长兴县卫生进修学校(隶属县卫生局)、浙江财经学院长兴分院(隶属民进党浙江省委员会)。同年9月，后漾中学附设一年制职业班，学生25人。

1989年，古城中学、新塘中学、槐坎中学附设一年制职业班，全县普通中学附设一年制职业班增加至4个，在校学生621人。1990年，县农业技术学校被省教委核定为省首批示范性职业学校。1991年，全县6所完中的47名高三学生分7个专业接受职业技术教育，由县职业高中和县农技学校承担教育任务。1992年，长兴县卫生进修学校更名长兴职工中等卫生学校，设成人中专妇幼医士、普通中专助产士、西医士专业及职业高中班，有专兼职教师23人。1994年4月，在县农业技术学校的基础上建立长兴县职业技术学校，实行两块牌子、一套班子。同年，长兴教师进修学校建立长兴县成人中等专业学校，设立湖州师范教学点，招收普师班(至1997年连续招收4届，共培养普师生192人，1998年停止招生)。1995年，长兴成人中等专业学校招生，首届招收金融专业脱产班学员50人，市场营销、农村经济管理专业业余班学员296人。同年，民办长兴华东八三武校创办全日制预备役军人学历职高班。1996年11月，长兴县高级职业中学被评为省示范性职业高中。泗安中学、煤山中学等完中附设职高班，学生有300余人。1997年9月，长兴电大及成人中等专业学校招收中专幼师班和一些非师范专业的职业中专班，以及外贸英语、计算机、美术、幼儿保健等专业的成人中专班。同年，创办长兴县彩电技术培训学校、长兴县旅游培训学校等民办职业学校，共招收学生500余人。1998年，长兴县职业技术学校被评为省示范性职业高中，长兴职业技术学校、长兴高级职业中学、县清泉武术学校被首次评为市行为规范达标学校。1999年，全县职业教育专业调整为6大类26个专业，当年招收34个教学班，1360名新生。县职业技术学校建立劳务输出培训基地。县高级职业学校、县职业技术学校、县华东清泉武术学校3所学校通过市教委教学规范化管理的评估验收。同年，长广煤矿公司技工学校并入长广高级中学。

2000年7月，长兴县煤田职工地质学校、长兴县职业技术学校合并，组建长兴县职业技术教育中心学校(简称县职教中心)。同年，县教委出资450万元，收购浙江财经学院长兴分院，创建浙江广播电视大学长兴电大分校。2001年1月，长兴县职业高级中学并入县职教中心。4月，县人事劳动局管理的长兴县技工学校移交县教委管理。7月，彩电技术职业学校、理工职业学校和财经干校3所民办职业学校全部停办。同年，长广高级中学停招技校学生。2006年，全县中等职业技术学校在校学生突破万人，达到10959人。该年，毕业学生2932人，招收学生4461人。同年3月，长广公司所属中小学整体移交长兴地方办学。同月，长兴县职工中等卫生学校增挂湖州中等卫生专业学校牌子；长兴技工学校筹建技师学院，至2008年9月迁至回龙山路新校区。2010年，长兴职工中等卫生学校更名为湖州中等卫生专业学校。2011年，县职教中心首次承办内地新疆中职班，有学生79人。2012年，长兴技工学校获批正式成为长兴技师学院，长兴县成人中等专业学校并入。同年，有初中毕业生8333人，职业中学招生4294人，升职业中学比率为51.5%。年末，全县有长兴县职业技术教育中心学校、长兴技师学院、湖州中等卫生专业学校、湖州市清泉文武学校等中等4所中等职业技术学校，其中湖州中等卫生学校隶属县卫生局管理、湖州市清泉文武学校为民办；毕业学生3317人，招收学生4294人，在校学生11911人，教职工877人，其中专任教师730人。

1988—2012 年长兴县职业教育事业发展情况表

表 27-9

年份	独立设置学校（所）	附设职高班（所）	毕业生数（人）	招生数（人）	在校生数（人）	教职工数(人)	
						合计	专任教师
1988	2	7	439	299	948	59	41
1989	2	5	34	302	516	39	39
1990	2	10	205	529	736	41	41
1991	2	11	201	253	439	56	42
1992	2	1	176	292	573	59	43
1993	2	1	154	270	636	56	40
1994	2	—	293	413	676	66	52
1995	3	—	250	406	624	93	71
1996	3	—	214	414	776	118	85
1997	4	5	404	1023	1727	188	113
1998	6	4	322	1118	2302	295	183
1999	6	3	947	483	1852	252	157
2000	6	4	654	539	1456	279	181
2001	3	9	522	2002	2930	269	142
2002	3	10	410	2926	4939	297	173
2003	3	11	562	2198	6705	320	198
2004	3	13	1628	3294	9325	386	267
2005	3	12	3124	3775	9655	454	316
2006	5	9	2932	4461	10959	689	505
2007	5	9	3035	4000	11212	702	546
2008	5	7	3850	3878	11015	583	445
2009	5	—	3736	3947	10460	603	469
2010	5	—	3313	4231	10950	642	478
2011	5	—	3117	4622	11737	742	613
2012	4	1	3317	4294	11911	877	730

说明：1. 资料来源于县教育局；2. 表中数据 1988—1994 年为县教育部门所办的职业类学校，199 5 —2005 年含民办职业类学校，2006 年起为县内所有职业类学校

二、学制与专业

1988 年，全县职业中学学制为两年或者三年，普通中学职高班学制为一年或两年，涉及生化、兽医、建筑、幼教、机电制图、食品糕点、财会、服装、家电维修、计量、硅酸盐、电子、企业管理、家用电器修理、农教、蚕桑植保、果木蔬菜种植与加工、养殖等专业。1992 年，县内职业中学新开设的专业有财会、文书档案（含中文打字）、服装缝纫、畜牧兽医等。1995 年 9 月，华东八三武校举办预备役军人职高班，开创民办学校办职高班的先河。1996 年，全县职业中学开设财会电算、金融、美术装潢、建筑经济、工民建筑、服装工艺、畜牧兽医、机电、宾馆服务、幼师、预备役军人班等 16 个专业。同年，县职业高级中学的美术、烹饪专业和县职业技术学校的服装专业首次被评为湖州市职业技术教育重点专业。1999—2000 年，全县对职业教育专业进行调整，设置机电、计算机、服装、农口、服装及武术 6 大类 26 个专业。2003 年起，县教育局和职业学校根据企业的需要设置专业、开设课程，实行“订单”招生与就业。2008 年，县职教中

心与太湖数控机床有限公司开展校企合作,成立数控机械研发中心。2010年,全县职业技术教育设有汽车运用与维修、电子电工、数控机械、数控模具、烹饪、餐旅服务、服装设计与制作、幼儿保健与教育、建筑、财会、电子商务、计算机应用技术、园艺、外贸英语、物流、药剂、护理、安全防范等20多个专业。2012年,全县4所职业学校共开设专业36个,涉及农林牧渔类、土木水利类、加工制造类、交通运输类、信息技术类、医药卫生类、财经商贸类、旅游服务类、文化艺术类、体育健身类、教育类等11大类。1996—2012年,全县重点示范专业主要有电子、服装、电子运用、数控技术、模具设计与制造、护理等。至2012年年末,全县有省级品牌专业1个,即数控加工专业;省级示范专业6个,即数控技术应用、汽车运用与维修、电子技术应用、机电技术应用、模具设计与制造、护理等专业;湖州市示范专业、品牌专业15个,即数控技术应用、电子电器应用与维修、服装设计与工艺、计算机信息技术、烹饪、汽车应用与维修、电子技术应用、酒店服务与管理、机电技术应用、电子电工、机电一体化、商贸、护理、安全防范、旅游服务与管理等专业。

三、实训与实习

校内实训 1988年,全县独立设置的职业中学建有校内学生实训基地,实行教学、科研、生产一体化。1994年8月,职业学校增设生产实训处,具体负责学生的生产实习训练工作。1996年,长兴县职业技术学校建立劳务输出培训基地。2003年,省传统武术涉外培训基地落户长兴清泉武校。2007年,县职教中心建立由教育部重点扶持的数控实训基地。2009年9月,浙江省中职学校首个"FANUC数控系统应用中心"在长兴职教中心实训中心挂牌成立。2010年,县职教中心的省级"机电"综合性公共实训基地申报成功;湖州中等卫生学校的护理专业被省教育厅确认为省级实训基地。2012年,长兴技师学院创建省级先进制造业实训基地,县职教中心建造1.4万平方米的开放式实训基地投入使用,实现课程项目化,专业理论教学和专业实践教学相结合。

校企合作与校外实习 1991—1993年,县职业高中与省职业进修学院联办财审班,与县乡企局联办企业会计班;县职业技术学校与浙江农业大学、浙江农业科学院联办食用菌班、与农业局办种植养殖班、与林业局办林果班。2003年,加强学生实习基地建设,职业学校专业实训与用人单位挂钩,在省内及苏南、上海等大中城市建立社会生产实践基地。2004年,县职教中心与浙江诺力机械厂、德玛机械厂、光宇集团等大企业联合办冠名班,与萧山国际机场、先科集团等企业签订单培训协议。同年,杭州华开服装有限公司等7家企业与县职教中心签下培养有关烹饪、数控、机械电子、服装等专业400人的订单。2005年,县职教中心与德国富尔达BBZ职业教育培训中心签订为期10年的合作办学协议(数控应用技术、汽车维修技术、电子应用技术和数控技术、机电一体化、电子电工等方面高级技能型人才培养),为县内首份中外合作办学协议。2006年起,县职业学校与四川、云南等地的职业学校开展合作,主要实行2.5+0.5的培养模式(学生在西部学习两年半后到长兴县职教类学校接受一个月的技能强化培训,然后推荐在长兴县域范围内就业)。2008年,太湖数控机床有限公司与县职教中心开展校企合作,成立数控机械研发中心。2010年,职教中心与永达集团联合办班,冠名"永达班"。2012年,县两大职业学校(长兴职教中心和长兴技师学院)均与相关企业组成职教联盟(现代制造业职教联盟、长兴技师学院职教联盟)。中职毕业生就业率连续达到100%,为企业输送毕业生2406人,为合作企业订单培养学生462人。

技能竞赛 1988年,县内职业技术教育的学生在学习期满后,由县劳动人事局、教育局组织专业技术考核,颁发职业技术结业证书。2004年3月,首次举办"职教之春"师生技能节(至2012年共举办九届)。2007年,长兴学生获市技能大赛9个一等奖;在省技能大赛中,长兴参赛的电子项目获全省第一、汽修获全省第二;县职教中心技能大赛获奖者代表浙江参加全国大赛,其中汽修专业获全国一等奖、三等奖各1个。2008年,县职教中心学生获全国数控技能大赛第一名,两名学生代表浙江省参加全国技能大赛双双获二等奖。2012年,县职教中心学生沈佳伟、陈奇涟获全国技能大赛一等奖的第一名。

四、学校简介

长兴县职业技术教育中心学校　位于雉城街道职教路136号。2000年7月14日，经县政府批准，长兴县煤田职工地质学校、长兴县职业技术学校合并，组建长兴县职业技术教育中心学校（简称职教中心）。2001年1月，长兴县高级职业中学（长兴县第二中学）并入职教中心。为综合型中等职业技术学校，实施全日制中专层次的学历教育，以全日制中等职业教育和短期社会培训为主。占地面积28.73公顷，建筑面积10万平方米。先后投资1.7亿元，进行大规模扩建。拥有1.4万平方米的现代化开放式实训中心；图书馆藏书20万余册，配有电子阅览图书室；6幢设施完善的学生公寓，1.1万平方米的学生餐厅；中心广场、专题文化公园、艺术馆、400米塑胶跑道运动场、12个标准篮球场、5个排球场及网球场等活动场地。有数控机械、汽车运用与维修、电气运行与控制、计算机信息、旅游服务与管理等十个专业大类，拥有1个国家级实训基地，1个省级综合性公共实训基地，1个省级实训基地，3个省级示范专业，并拥有全省中职学校首个“FANUC数控系统应用中心”。2012年，有教学班108个，学生4603人，专任教师254人，其中县级以上名师、教坛新秀、教学能手52人。先后获首批国家中等职业教育改革发展示范校、国家级重点职业学校、全国职业教育先进单位、全国德育工作先进单位、全国中等职业学校德育工作实验基地学校、全国教育系统抗震救灾先进集体、国家级语言文字规范化示范校、国家级星火学校、省绿色学校、省依法治校示范单位、省卫生先进单位等数十余项省级以上荣誉称号，被社会赞誉为长三角蓝领人才培养基地。

长兴技师学院　位于雉城街道回龙山路2009号。前身为创办于1979年4月的长兴县技工学校，位于雉城镇南高家墩（环城南路336号），12月首次招收高中文化程度的两年制汽车驾驶专业1个班，学生59人，毕业后均由县劳动人事局统一分配就业。初直属县革委会领导，后回归县劳动人事局主管。之后，由于毕业生统一分配问题不能解决，1980年至1984年，停止招生，举办在职职工短训班。1984年恢复招生，有陶瓷专业班1个、学员40人，水泥制造专业班1个、学员43人，学制均为三年。1987年，有汽车驾驶短训班2个、学生96人；水泥制造专业班2个、学生84人，均为代培性质。2001年4月25日，划归县教委管理。2005年12月，被评定为省级重点技工学校。2006年，长兴技校经省政府批准筹建长兴技师学院，同年12月举行长兴技师学院开工典礼。2008年9月10日，迁至新校区办学。2012年3月，获批正式设立长兴技师学院，5月26日举行揭牌仪式。占地面积16.8公顷，建筑面积8.5万平方米，总投资近1.8亿元。按技师学院标准配置和建设，综合楼配有图书馆、网上电子阅览室、一个能容纳800人的会议报告厅及8个教学电脑室等设施设备，2幢教学楼能容纳100个教学班。有占地面积1500平方米、建筑面积6000平方米的机电实训楼1幢，有各种型号的普通车床43台，数控车床44台，数控铣床13台等实训设施设备。实训楼可同时容纳电子电工、钳工、普通车工、数控车床、数控铣床、加工中心、外贸、财会、电子商务等10余个专业实训操作教学。学生宿舍楼6幢，餐饮中心大楼1幢，标准足球场1个，标准400米跑道1条，11个标准篮球场地和2个网球场地。2012年，有教学班50个，在校学生2268人，在编教职工119人，其中专任教师110人；高级职称教师17人、中级职称教师30人。先后被评为国家重点技工院校、浙江省先进技工学校、浙江省级重点技工学校、浙江省级卫生先进单位、浙江省中等职业教育创新创业课程教学试点院校。学校的“机电技术应用”“模具设计与制造”专业被评为省级示范专业，“数控加工”专业被评为浙江省级品牌专业，“模具设计与制造”专业实训基地被确定为浙江省级实训基地，“数控应用”专业成为浙江省级实训基地。

湖州中等卫生专业学校　位于雉城街道回龙山路2009号。创办于1979年11月，以环桥原“五七”大学作为校舍，时名长兴县卫生进修学校，由县卫生局主办。1980年，选址雉城镇清文路38号，新建校舍。1988年，占地面积0.49公顷，建筑面积2403平方米，其中教学楼830.17平方米，学生宿舍楼717.59平方米，有教室4个、实验室6个。1988年9月至1989年9月，作为湖州卫校的教学点，先后招收普通中专助产士1个班（3年制）、普通中专医士1个班（4年制）。1989年，有在校学生242人，教职员工20人，其中高级讲师2人、中级职称专业讲师6人，学校内设教务科、总务科。1992年7月，经省卫生厅、省计经委批准，将“湖州职工中等专业学校长兴教育点”改为“长兴职工中等卫生学校”，面向全省招生。2006年4

月，增挂湖州中等卫生专业学校牌子，由成人职工中专升格为普通中专，面向全省招收应届初中毕业生。2009 年 1 月，整体迁入回龙山路 2009 号新校址，与长兴技师学院共用教学楼和实训楼。12 月，进行二次搬迁，教学楼、实训楼和宿舍楼与长兴技师学院独立分开，行政楼、运动场、食堂等其他公共设施两校共用。卫校校区占地面积 16.8 公顷，建筑面积 8.5 万平方米，总投资 1.8 亿元。2010 年 10 月，更名湖州中等卫生专业学校。2012 年，有在校教职工 231 人，外聘教师 20 余人。全日制教育在校生 3085 人，非全日制高等学历教育在校生 2806 人。分大专、本科、研究生三个层次，设临床医学、护理学、药学、医学检验、中医、中药等多个专业。

图 27-2　长兴县卫生进修学校(县卫计局提供·1992 年)

长兴县职业高级中学　位于雉城镇环城南路西侧古城山。创办于 1985 年 3 月，时名长兴城镇职业学校，9 月开学，招收家用电器、美工统计各 1 个班级，学生 100 人；并接办原设于李家巷镇中学的 1 个财会班，学生 40 人。学生毕业后不包分配，由招工单位择优录用。1986 年 8 月，更名长兴县职业高级中学。1989 年，占地面积 2.2 公顷，建筑面积 3000 平方米，开设计量、幼儿教育、机电制图、食品糕点、财会 5 个专业，有教学班 7 个，学生 288 人，教职工 38 人。1996 年 11 月，被评为省级示范性职业高中。2000 年秋季，与新建的长兴县第二中学(招收高一 4 个教学班、198 名学生)实行一套班子、两块牌子管理。2001 年 1 月，并入县职业技术教育中心学校。

长兴县职业技术学校　创办于 1983 年 9 月，位于便民桥乡石家村，时名长兴县便民桥农业技术学校，开设三年制农学专业班 2 个，在全县招收初中毕业生 97 人，有教职工 10 人。管理体制为县、乡联办。1984 年 8 月，迁至环桥，以原“五七”大学的北场作为校址，更名长兴县农业技术学校，改为县属。1989 年，占地面积 1.95 公顷，建筑总面积 4236 平方米，有教学班 5 个，学生 194 人，设生化、种养、兽医、服装 4 个专业，学制两年或三年，教职工 21 人，其中专业教师 11 人。1990 年，被省教委核定为省首批示范性职业学校。1994 年 4 月，在县农业技术学校的基础上建立长兴县职业技术学校，实行两块牌子、一套班子管理体制。之后，逐渐不设农业专业，县农业技术学校的牌子随之取消。1998 年，县职业技术学校被评定为省级示范性职业高中。1999 年，学校建立劳务输出培训基地。2000 年 7 月，与长兴煤田职工地质学校合并，组建长兴县职业技术教育中心学校。

长兴县芝山初级农业技术学校　1985 年，由天平芝山学校改成，有茶地 3.07 公顷、旱地 0.67 公顷、水稻田 0.27 公顷、杉树林 0.67 公顷、鱼塘 0.2 公顷和制鞋厂 1 个。设初中 3 个班、小学 6 个班，学生 374 人，教职员工 22 人，农工 2 人。成立花卉、果树、茶叶、机电、裁剪、淡水鱼、制鞋工艺等 10 多个兴趣小组。至 1987 年，毕业 147 人，均成为专业技术人员。1993 年 11 月，学校撤销，更名为畎桥芝山完小。

长兴煤田职工地质学校　位于雉城镇清文路。前身为创办于 1978 年的浙江省煤炭地质大队“七二一”工人大学。1979 年 4 月，经浙江省政府与煤炭部批准，成立浙江省煤炭大队技工学校；1981 年 3 月，煤炭部批准成立长兴煤田地质干部学校，1983 年 11 月，改为长兴煤田地质学校。隶属于煤炭部煤田地质局，受煤田地质局和浙江省煤炭工业局(后改为浙江省煤炭工业总公司)双重领导，面向全国煤田地质系统招收初中毕业以上文化程度的在职职工。1987 年，有钻探工程、煤田地质、企业管理 3 个专业，11 个班级，学生 457 人。教职员工 104 人，其中专任教师 48 人，有高级职称 7 人、中级职称 14 人。占地面积 6.8 公顷，建筑面积 1.62 万平方米，设备(包括房产)总资产 269.88 万元，其中 800 元以上的教学设备固定资产有 61.57 万元。至 1990 年年底，共培养毕业生 878 人。2000 年 7 月，与长兴职业技术学校合并，组建长兴县职业技术教育中心学校。

长广煤矿公司技工学校　位于安徽省广德县牛头山矿区。创办于1965年，是浙江省煤炭工业总公司在长广煤矿公司兴办的浙江省第一所技工学校，1968年停办。1978年8月，浙江省革委会批准建立长广煤矿公司技工学校。1979年2月开学，招收学生119人。1987年，开设专业14个，其中高档普采、通风安全和矿山机电3个为常设专业，累计毕业学生1258人；在校学生434人，教职员工109人，其中专任教师64人，内有高级职称4人、中级职称14人；有各类实验室5个，另有图书馆及校办工厂等学生实习基地。同年，于长兴县雉城镇高山岭村卧牛山旁筹建新校舍。1989年8月，迁址雉城镇新校区，占地面积3.59公顷，建筑面积1.22万平方米。1999年7月，长广高级中学迁入，实行两块牌子、一套班子的合署办学管理体制，隶属长广集团。2004年，长广技校停止招生。

长广职工中等专业学校　创办于1984年5月，经浙江省政府与煤炭部批准，设在长广技工学校校园内，与长广技工学校合署办学，为一套机构、两块牌子管理体制。1987年，经省批准在全省各煤矿矿山企业招生。设采煤、企业经营管理、矿山机电、矿山测量、医士等专业。1989年8月，与长广技校迁址雉城镇。至1990年，共毕业学生208人。2002年，学校停办。

湖州市清泉文武学校　创办于1994年6月。为民办综合高中。详见本编、第5章、第1节。

五、新疆中职班

2011年7月，根据中央新疆工作座谈会精神，教育部、国家发展改革委、财政部印发《关于举办内地新疆中职班的意见》，正式启动内地新疆中等职业教育班办学工作。在天津、辽宁、上海、江苏、浙江、安徽、江西、山东、广东等9个东中部省（市）国家重点中等职业学校举办内地新疆中职班，为新疆培养一大批技能型人才和高素质劳动者，学制为3年。长兴职教中心成为全国首批内地新疆中职班办班学校，也是湖州市唯一一所承办内地新疆中职班的学校。同年，该校新疆中职班招收首批学生79人，设2个教学班，其中电子专业39人、汽修专业40人。2012年，共招收80人，设2个教学班，其中电子专业32人、汽修专业48人。

2012年长兴县中等职业学校基本情况表

表27-10　　单位：人

校名	地址	创办年月	毕业生数	招生数	在校生数	教职工数	
						合计	专任教师
长兴县职业技术教育中心学校	雉城镇职教路136号	1985.08	1672	1605	4603	286	254
长兴技师学院	雉城街道回龙山路2009号	1983.08	473	776	2268	119	110
成人中等专业学校	（长兴技师学院教学点）		491	390	1242	88	78
湖州中等卫生专业学校	雉城街道回龙山路2009号	1979.11	522	1204	3085	231	203
湖州市清泉文武学校	夹浦镇父子岭兰香山	1994.08	159	319	713	153	85

说明：资料来源于县教育局

第四章　成人教育

1988—2012年，长兴县依托乡镇成人教育中心学校、职工学校、社区学院、广播电视大学、高等教育自学考试，形成较为完善的成人教育格局。25年间，农民文化教育和实用技术培训持续推进，职工文化素质和岗位技能大幅提升，广播电视教育和高等教育加快发展，全县成人文化程度和职业技术水平普遍提高。其间，电大长兴学院（长兴工作站、长兴分校）共培养大专及以上毕业生12975人，中专毕业生2483人；全县通过高等教育自学考试共培养大专及以上毕业生2493人。

第一节 农民教育

1988年,全县有成人教育中心学校17所,共举办农民教育技术讲座83次、学员3343人次,各种短期培训班203个、学员7044人。同年,国家教委部署实施“燎原计划(燎原计划是国家教委1988年正式部署实施的一项旨在推进农村教育改革发展,促进农村经济发展和社会进步的计划)”。1989年,全县在5个乡镇实施“燎原计划”,在13个乡镇的成人教育中心学校建立农村成人文化技术学校(简称成校),作为培训农业实用技术人员的基地。全年举办各种短期培训班239个,受训人员1.15万人次;举办技术讲座47次,受训人员3543人次。至1990年年底,全县举办多种形式的短期培训班411期,有2.13万人次受到各种类型的文化技术教育和实用技术培训。

1992年,农村成校学历教育起步,李家巷、煤山成校有89名学员取得文秘、英语和电子专业大专学历,同年开设财会、经营与消费的中专班,有学员144人。1993年,农村成校共举办一年以上培训班21个、学员595人,短训班273期,广播讲座289次,全县农民受训总人数8.16万人次,其中15周岁～40周岁青壮年农民受训率达32.9%。全县实施“燎原计划”乡镇增至12个,实施“燎原计划”项目有36项,其中取得较好经济效益的有新塘蔬菜、下箬吨田工程、林城蚕桑、畎桥鱼珠混养等。1994年,农村成校推出“联合办学”的新举措,雉城、泗安成校同省职业进修学院、中华会计函授学校联合举办成人中专、大专班,为当地培养高层次人才。乡镇成校同农村中学联合举办“3+X”形式的职业班,为农村培养有一技之长的劳动大军。1995年,全县所有乡镇均建立成校,成校总数达到31个;建立村级成校教学点396个,村级教学点建成面达87.6%;实施“燎原计划”乡镇达20个。畎桥乡成校被评为市示范性成校,雉城、李家巷、煤山成校被评为县示范性成校。1997年,各乡镇成校举办绿色证书(农民技术资格证书)、农函大等实用技术培训,农民受训总人数达7.13万人次,农村劳动力受训率达22.8%。1998年11月,雉城成校被评为省一级乡(镇)成人文化技术学校。1999年4月,经湖州市考核,新塘、小浦、和平3个乡镇被评为市“燎原计划”示范乡镇。

2000年撤乡并镇后,全县农村成校调整为20所,其中省一级成校2所(雉城、煤山),省二级成校2所(和平、吕山),所有成校都达到省级示范标准。各成校共举办长班68个,短期培训班373个,讲座358次,共受训总人数7.2万人次,农村青壮年劳动力受训率达23%。2004年,开展农村农业实用技术培训,受训农民达10万余人次,农村劳动力受训率达35%以上。在农民中开展“双证”(学历毕业证书和职业技术教育证书)培训,举办“双证制”教学班17个,有273人获得双证书,居湖州市第一。2005年,根据县委、县政府《长兴县农村实用人才培养计划》,县教育局制订《长兴县教育局2006—2010年农民学历提升培养计划》,成人教育主动服务“三农”,继续实施农民学历提升工程,加强农村高技能人才培养、农村实用技术培训与推广工作;加大成人“双证制”教育力度,培育新型农民。同年,培训农村劳动力4000人,举办“双证制”教育班27个。2006年,建立劳动力转移培训基地12个,推出服装制作、电子电工、挡车工等多个“菜单式”培训项目,完成培训4000多人;掌握培训意向,根据意向和社会需求,开设计算机、电焊工、餐旅服务等多个培训项目,每人培训50课时以上,全年培训1080人。同年,全年共完成实用技术培训8万多人次,农函大培训2776人,绿色证书培训597人,参加各类学历教育的农民1534人,农村劳动力受训率达到38.7%以上。2007年,工作重点向“为新农村建设服务”转移,采取弹性办学方式,体现多层次办学,全年完成农村劳动力转移培训1092人,各类培训总数达12万人次,受训率为36%。2008年,教育领域进一步拓宽,完成农村劳动力转移培训3000多人,预备劳动力转移培训514人,各类培训总数达到6万多人,受训率为35.3%。2009年,做好兴“三农”的相关农民学历提升培训、农村高技能人培养、农村实用技术培训与推广工作,全年大专以上学历班招生280人,初级工培养3000人,申报农科教项目4个。2010年,完成“双证制”教育培训1363人,农民绿色证书培训500人,农函大培训 2000 人，农民学历提升培训 717 人。2012 年，开展成人“双证制”免费教育培训，共有注册学员 2280 人，技能培训 3000 人以上，农村预备劳动力培训 546 人，农函大培训 2547 人，农民大专以上学历培训 600 人。技能培训项目主要有烹饪、餐旅、电工、服装、计算机、针织、插花、泥工，特种水产、西瓜种植、茶叶制作。同年，农村劳动力受训率为 36%。

第二节　扫盲教育

1988 年，全县农村 12 周岁～40 周岁人口有 24.9 万人，小学毕业程度以下有 13.51 万人，文盲半文盲有 2.67 万人，农村 15 周岁～40 周岁的非文盲率达到 93.7%。1989 年，发动中小学教师、中小学生 2700 多人参加扫盲工作。1990 年，有 1827 人脱盲，全县青壮年非文盲率提高到 96.3%，有 354 个村的非文盲率达到 95%以上。1991 年，共组织 3000 名文盲、半文盲参加脱盲学习，有 2411 名文盲、半文盲摘掉文盲帽子（其中妇女脱盲 1607 人），全县青壮年非文盲率提高到 97%。至 1996 年 10 月，全县完成基本扫除青壮年文盲任务，青壮年非文盲率达到 97.9%，通过省“两基”验收，被确认为“基本普及九年制义务教育和基本扫除青壮年文盲县”。至 2003 年，全县农村扫盲完成率达 100%，达到高标准“普九”要求。2010 年全国第六次人口普查显示，全县文盲人口总数 3.62 万人，其中 6 周岁～14 周岁 145 人，占文盲总数的 0.4%，15 周岁～50 周岁 2782 人，占文盲总数的 7.7%。2012 年，全县青壮年非文盲率为 98.4%。人口文化素质详见第 4 编、第 2 章、第 3 节。

第三节　职工教育

1988 年 9 月，长兴县职工学校成立，归县计经委管理，主要开展职工素质提升培训。12 月，农业银行长兴县支行建立长兴县农村金融干部学校，县供销联社建立长兴县供销学校。同年，全县有县总工会职工业余学校、第二白水泥厂职工学校、县交通职工学校、县粮食学校、县职工学校、县供销学校、县农村金融干部学校共 7 所职工学校。

1989 年，县职工学校先后办班 20 期（次），受训 1180 人。同年，县教育局为工业、二轻、财政等 12 大系统开办系统培训班 16 期（次）、受训学员 786 人，应急培训班 19 期（次），受训学员 1333 人。1992 年，在企业中开展以岗位培训为重点的各类培训，举办车间主任、厂长（经理）、推销员培训班 3 期，共有 200 名学员获得岗位证书和合格证书。同时，举办多层次的职工培训，其中岗位培训 8295 人次、技术培训 1050 人次、学历教育 1213 人次。1993 年，县农机技术培训站改为县农机技术培训学校，全县职工学校（培训基地）增至 8 所，总面积为 1.02 万平方米。同年，全民所有制、集体所有制单位职工全员培训 1.35 万人，全员培训率达 37%。1994 年，县职工学校与浙江大学联合举办初级电脑培训班 6 期、学员 106 人，中级班 5 期、学员 64 人。1994 年 4 月，县总工会创办长兴县总工会干校。1995 年，全县 9 个职工学校（培训基地）校校办班，共举办各种岗位培训班 70 多期，组织职工技术培训

图 27-3　长兴县粮食职工学校（县商务局提供·1992 年）

2.2万人次,全员培训率达到38%。1998年5月,召开全县职工教育经验交流会。同年起,加强下岗人员再就业培训和在岗人员岗位培训。2001年,配合有关部门做好职工教育向乡镇企业、个私企业的延伸工作。2002年,在全县开展"企业百万职工双证制教育培训工程"。2003年4月,和平镇成人文化技术学校组织的首期职工双证制教育培训班在长兴县电力电杆有限公司开班,共有学员50人,主要来自该公司职工。同年年底,全县有5所学校先后办起职工双证制培训班,共培训269人,其中和平成校50人、雉城成校97人、洪桥成校32人、煤山成校60人、总工会职工学校30人。2004年,开设本科教学班2个,学员56个;专科教学班13个,学员364个;农业广播学校成人中专、职业高中等学历教学班29个,学员1093人;举办双证制教学班17个,学员608人,合格率在95%以上。2005年,开展学历培训,提高职工文化素质,开设本科教学班2个,学员56个;专科教学班13个,学员364个;农业广播学校成人中专、职业高中等学历教学班29个,学员1093人;举办双证制教学班17个,学员608人,经市统考,合格率在95%以上。

20世纪末至21世纪初,随着企业改革的深入推进,一些单位和企业实行重组或改制,所属职工培训学校或机构也随之合并或撤销。至2005年年底,全县职工学校仅剩县总工会干校、县总工会职工业余学校2所。2006年,县总工会联合县劳动社保局、县发改委等部门在长兴县职业技术教育中心学校、长兴县技工学校、长兴县总工会干校、浙江诺力机械股份有限公司、浙江多蒙佳乐服装有限公司、紫金大酒店、长兴县人民医院7家单位设立职业技能培训基地并授牌。同年,培训职工3万多人次,师徒结对1353对,职工培训率为38.8%。2007年,县总工会利用职工培训基地对全县化工、建筑、矿山等重点企业和规模以上企业进行安全生产全员培训,有1115人合格通过。同年10月,县总工会职工业余学校撤销。2009年,县总工会利用县总工会干部学校和职工培训基地开展"十万职工大培训活动",其中职工技能职工素质提升培训32次,专项技能培训5期。同年,县职教中心与诺力公司合作,举办全县首个企业职工"双证制"大专班,班级设在企业内,有学员41人。和平成校在永达公司举办"企业管理"大专班。2010年,全面实施职工素质教育工程,为企业进行技能培训120期,受训人数4万多人次;为县、乡镇二级工会培训累计2260人次。同年,县工会干部学校被中华全国总工会授予"全国职工教育培训示范点"。2011年,洪桥、李家巷、雉城、夹浦、泗安、林城、和平、虹星桥、煤山、小浦10所成校成为长兴县职工职业技能培训基地,全年有248家企业近4万职工参加免费培训。其中,职业学校与多蒙佳乐服饰有限公司、比奇厨卫设备有限公司、九川科技股份有限公司、浙江诺力机械股份有限公司等近50家企业合作,开展企业员工上岗培训、职后技能提升培训,下岗失业人员转岗培训、进城务工人员培训,培训内容有电工、焊工、车工、数控、缝纫、营业员、计算机、餐厅服务等近20个工种。同年,长兴县职教中心被中华全国总工会授予"全国职工教育培训示范点"。2012年,槐坎、吕山2所成校成为长兴县职工职业技能培训基地。同年,全县有职工学校1所,职工培训基地19个。县总工会干部学校举办有关业务培训班6个班次,参训人数1072人,招收在职研究生29人;县培训基地完成成人"双证制"培训1283人,绿色证书培训800人,高技能人才培训5000余人。

第四节 社区教育

2006年,县政府出台《关于开展社区教育工作的实施意见》,成立长兴社区学院。同年6月,长兴社区学院成立暨授牌仪式在长兴电大举行。10月,长兴社区学院台基山教育中心成立。之后两年,先后成立仓前街、古城街街道社区教育中心和煤山、和平、泗安等15个乡镇社区教育中心,形成社区教育二级培训网络。2011年,全县建有县级社区教育学院1所,乡镇(街道)社区教育中心16所,248个行政村、社区均设立村、社区(市民)学校。同年,全县实施省级社区教育实验项目,建立长兴社区教育网站。县社区学院和各社区教育中心均开展各种形式的培训,如水口社区教育中心的书法培训、煤山社区教育中心的英语培训、和平社区教育中心的跆拳道培训，社区学院开展会计电算化、国际单证员、普通话、全国计算机、全国英语等培训。2012 年，全县社区教育共开展培训项目 285 个，参加培训人员 8.07 万人次。

第五节 广播电视教育

1988 年，浙江广播电视大学长兴工作站(简称电大长兴工作站)位于雉城镇人民广场少体校二楼，共开设 8 个专业，招收学员 456 人。另开设三年半学制的中专班，招收工民建专业 45 人。同年，共有大专毕业生 192 人。1989 年，开设 4 个专业，招收 290 人。1991 年，有政史、英语、法律、金融、财会、外贸、工民建、工商企业管理等专业毕业生 291 人。同年，开展长班教育(学历教育)和短班教育(非学历教育)，开设商业企业管理、行政管理 2 个专业大专班，开办"中级英语资格证书"班和书法班。至 1999 年，电大长兴工作站共开设专业 20 余个，有大专毕业生 1500 余人。2000 年 5 月，经省教委评估，电大工作站升格为浙江广播电视大学长兴分校(简称电大长兴分校)。2001 年，开始招收开放教育专科学生，当年开设小学教育、法学和电子商务等 21 个专业。2002 年开始，招收开放教育本科学生，共开设小学教育、法学、会计学等 12 个专业。从 1999 年秋至 2003 年秋，开设计算机、财会、法律、行政管理、土木工程、汉语言文学和英语 8 个远程教育专业，招收学员 1426 人。

图 27-4 长兴电大进修学院现代远程开放教育(县教育局提供·2005 年)

2003 年 10 月，电大长兴分校升格为浙江广播电视大学长兴分院(简称电大长兴分院)。2004 年春季起，停止现代远程教育试点，现代远程教育学生归并到中央电大开放教育专科学习。2005 年，电大长兴分院加入奥鹏远程教育学习中心，同时获得大连理工大学、东北财经大学、北京航空航天大学、中央音乐学院等高等院校的授权书。同年，有中央电大开放教育专科学生 617 人，本科学生 403 人。2007 年春，开始实行"一村一名大学生"试点工作，当年春季招收农村行政管理专业专科学员 36 人，秋季招收农村行政管理 8 人、畜牧专业 30 人。2009 年，建立城山沟生态种养教学实践基地，开设畜牧和园林两个专业，学员共 54 人。同年 10 月，被中央电大授予第一批全国示范性基层电大(教学点)称号。2010 年，被评为浙江省示范性基层电大，有 3 名学员被评为省级优秀毕业生，38 名学员获省首届电大奖学金，畜牧专业学员黄土根被省电大授予"优秀农民大学生"称号，并获中央电大"希望的田野"奖学金。2012 年，电大长兴学院位于雉城镇长海路 619 号，占地面积 4.33 公顷，建筑面积 2 万余平方米，有教学楼、培训楼、艺术楼、信息楼等校舍，拥有微格实验室、视听阅览室、计算机机房、教育实验心理室、多功能报告厅、电子钢琴教室、舞蹈室、画室等专用教室 36 个，均配备多媒体投影仪。有学生宿舍楼 3 幢，篮球场 2 个，排球场 1 个，200 米跑道 1 个。有教职工 128 人，其中高级教师 38 人、一级教师 30 人、讲师 16 人、大学讲师 6 人。开放教育开设本科班 41 个、专科班 43 个，注册学员有 4300 余人。

1988—2012 年，电大长兴学院(长兴工作站、长兴分校)共培养大专及以上毕业生 12975 人，中专毕业生 2483 人。先后获全国首批示范性基层电大、全国厂务公开民主管理先进单位、省文明单位、省卫生先进单位、省艺术特色学校、省语言文字示范校、省电大系统招生工作优秀集体、省电大系统办学先进单位、省远程教育科研先进单位等称号。

第六节　高等教育自学考试

全县高等教育自学考试由县高校招生办公室负责，分别于每年4月、10月进行两次考试，考试分本科、专科、中专3个层次，共16个专业、50余门课程。1988年，全县有报考人数1306人，报考课次3147门，合格课次739门，有42人获专科毕业。报考人数较多的专业有汉语言文学、数学、英语、商业管理、法律、统计等。1990年下半年，开考19个专业，其中本科2个、专科15个、中专2个；有673人报考，实考课次934课，合格451课，25人获专科毕业。1995年、1996年，分别开设专科层次小学教育和学前教育专业的自学考试。1997年，根据省教委文件通知，加快中学教师学历培训步伐，提高教师的学历合格，开始第二轮高师本科自考的开考。同年，开考专业有政治教育、汉语言文学教育、英语教育、数学教育、教育管理等5个专科起点本科专业，全县有4612人报考，报考课次10732门。1999年，自学考试由城镇向农村延伸，依托乡镇成校在16个乡镇建立自考联络站。2000年，首次有20人获得本科专业毕业。2001年，为25年间报考人数最多的一年，全年报考6256人，报考课次11937门，合格课次2510门，有190人通过自学考试毕业，其中专科180人、本科10人。同年，长兴获省自学考试先进县称号。2002年，县教育局规定凡男性45周岁、女性40周岁以下的教师均需参加心理健康教育知识自考，课程成绩列入当年教师继续教育学分。2004年，首次开设计算机等级考试，有2412人参考，1583人获得二级证书。2005年起，由于普通高校的不断扩招和函授、远程教育的发展，自学考试报考人数和考试课次均逐年下降。2007年8月，县自考办被评为省自学考试先进集体，泗安、煤山自考联络站被评为省级先进联络站。2012年，报考人数543人，报考课次1218门，合格课次365门，有22人获专科及以上毕业。1988—2012年，全县共有77450人报名参加高等教育自学考试，报考课次161301门，合格课次53811门，有2493人通过自学考试毕业，其中专科2032人、本科461人。

1988—2012年长兴县高等教育自学考试基本情况表

表27-11

年份	报名人数（人）	报考课次（门）	合格课次（门）	毕业人数（人）			年份	报名人数（人）	报考课次（门）	合格课次（门）	毕业人数（人）		
				专科	本科	合计					专科	本科	合计
1988	1306	3147	739	42	—	42	2001	6258	11937	2510	180	10	190
1989	896	2131	602	49	—	49	2002	4826	10987	1694	190	20	210
1990	1247	2897	876	42	—	42	2003	4258	7286	1953	147	40	187
1991	1522	3404	712	57	—	57	2004	4238	8188	1963	131	64	195
1992	2386	5346	1451	28	—	28	2005	2716	5179	1390	81	61	142
1993	2378	5504	2859	35	—	35	2006	5332	9779	10454	65	84	149
1994	2628	5946	2200	128	—	128	2007	2348	4047	1242	56	64	120
1995	3698	8863	3163	90	—	90	2008	3237	5424	1835	18	26	44
1996	4355	10512	3328	187	—	187	2009	1261	2208	943	12	29	41
1997	4612	10732	3353	52	—	52	2010	1008	1796	339	13	17	30
1998	5329	11470	3308	131	—	131	2011	572	1111	539	9	13	22
1999	5686	11989	3356	142	—	142	2012	543	1218	365	9	13	22
2000	4810	10200	2637	138	20	158	合计	77450	161301	53811	2032	461	2493

说明：资料来源于县教育局

第五章　民办与特殊教育

长兴县在推进基础教育和职业教育的同时，积极支持社会力量参与办学，重视发展特殊教育。1988年，全县有乡、村集体办幼儿园和民办幼儿园15所。同年，将残疾少年儿童教育纳入义务教育规划，三类残疾少年儿童与正常少年儿童同步接受义务教育。1992年起，鼓励社会力量办学，规范县内民办教育发展。之后，一批股份制或私人投资、国有民办形式创办的学校相继建成。至2012年，全县有民办(股份制、国有民办、私立)学校6所，有经行政部门批准在册社会力量办学机构72个，其中民办非学历培训机构29所、民办幼儿园43所；特殊教育学校1所。

第一节　民办教育

一、民办(股份制、国有民办、私立)学校

1988年，全县有乡、村集体办幼儿园和民办幼儿园15所。1992年4月，县物价局、财税局和教育局联合印发《长兴县关于加强社会力量办学管理的暂行规定》，鼓励社会力量办学，规范县内民办教育发展。1994年6月，温州籍人士周清泉独资创办长兴县华东八三武术学校。1998年，周清泉个人出资3000万元，迁址夹浦镇父子岭兰香山新建湖州市清泉文武学校。2000年，县政府出台《长兴县鼓励社会力量参与办学暂行规定》，鼓励外资、外来企业到长兴投资办学。同年，引进浙江华盛建设有限公司4500万资金，以股份制形式，与县教委合作新建长兴华盛高级中学；引进邵逸夫、沈炳麟等海外知名人士捐资助学项目8个。之后，一批股份制或私人投资、国有民办形式创办的学校相继建成。2001年、2003年、2004年，分别新建长兴县实验小学、长兴县实验初中、长兴县第二实验小学3所义务教育阶段“国有民办”学校(学校资产属国有资产，按照民办体制运作)。2002年，长兴县民工子弟育才学校创办，2005年更名长兴县蓝天民工子弟学校。2003年，长兴县利民小学创办。2004年，南京聚恒建设集团有限公司出资1.36亿元，兴建长兴县金陵高级中学。同年，长兴县青年艺术学校创办，2006年更名长兴县艺术高级中学。2012年，全县有民办学校6所，1所民办综合高中(湖州市清泉文武学校)，全日制普通高中学校3所(长兴县华盛高级中学、长兴县金陵高级中学、长兴县艺术高级中学)、全日制义务教育阶段民办小学2所(长兴县蓝天民工子弟学校、长兴县利民小学)。

湖州市清泉文武学校　位于夹浦镇父子岭兰香山。创办于1994年6月，由温州籍人士周清泉独资，时名长兴县华东八三武术学校，校址位于长兴八三，招生专业有国家规定套路武术及传统拳械、散打、拳击等，办学形式为脱产、业余。1998年，投资3000万元，选址夹浦镇父子岭兰香山新建长兴县华东清泉武术学校，占地面积12.13公顷，建筑面积1.2万平方米，办学形式为全日制教学，办学范围包括幼儿教育、基础段教育，并开设预备役军人、保安文秘、保安驾驶等专业。2000年，迁至夹浦新校址办学，更名为湖州市清泉武术学校。2008年，创办清泉山庄旅游开发有限公司，建成湖州清泉自然科学探索园。2010年，更名为湖州市清泉文武学校，设有清泉小学、清泉初中、清泉职业高中，生源来自全国13个省、市、自治区。2012年，占地面积37.33公顷，有学生1069人，教职员工165人，其中专任教师125人。先后获中国十佳民办学校、全国先进民办学校、全国十大武术名校、“十一五重点项目”中国名校、全国人文科学普及基地、省优秀民办学校、省武术先进单位、省社会科学普及示范基地等荣誉称号。学生在省级、国家和国际性武术比赛中共获团体冠军70多项、金牌1500多枚。

长兴县华盛高级中学　位于雉城街道紫金路399号。创办于2001年，由浙江华盛建设公司出资4500万元，与县教委合作建造，占地面积7.47公顷，校名长兴华盛高级中学，以股份制形式运作，实行

校董事会领导下的校长负责制。同年8月,长兴县煤山中学高中部全体师生合并迁入。秋季招生6个班,281名学生。2002年8月,长兴县虹溪中学高中部全体师生合并迁入。9月,更名为长兴华盛虹溪中学。2006年12月,通过浙江省一级重点普通高中评估验收。2012年7月,更名为长兴县华盛高级中学。同年,有教学班68个,学生3501人;教职员工264人,其中专任教师232人;高级教师42人,一级教师101人,二级教师84人,硕士学位教师6人;省优秀教师2人,市县名师15人,市、县教学明星、教学能手、教坛新秀40余人。先后获省中学生体育协会篮球分会会员单位、省艺术特色学校、第五批省体育特色学校等荣誉称号。

长兴县金陵高级中学 位于太湖街道太湖大道1138号。创办于2003年,由南京聚恒建设集团有限公司出资1.36亿元建造,占地面积21.2公顷,建筑面积8.78万平方米,办学规模为60个班,校名长兴金陵高级中学。2004年秋季,招生909人,有教学班18个。长兴县第一中学高中部和长兴县泗安中学高中部师生合并迁入。2004年11月,通过浙江省三级重点高中评估验收。2010年8月,由县政府接管转为地方办学,办学性质为国有民办。2012年7月,更名为长兴县金陵高级中学。有教学班60个,学生3518人;教职工215人,其中专任教师189人;中学高级教师25人,中学一级教师83人。学校坚持美术办学特色,为美术类高校输送大量优质生源。先后获全国地理科普教育先进单位、省首批二级普通高中特色示范学校、省首批艺术特色学校、省体育(排球)特色学校、省治安安全示范单位、省化学竞赛集体优胜单位等荣誉。

长兴艺术高级中学 位于雉城街道金陵北路208号。创办于2004年,原名长兴青年艺术学校,设在县青少年宫内,同年秋季,招生2个班80人。2006年6月,被批准设立全日制艺术类普通高中学历教育,更名为长兴艺术高级中学,办学性质为民办。同年招生列入县教育局普通高中招生,并在中考前参加县教育局统一组织艺术特长测试。高一新生按美术、音乐两大类招生,开设课程为普通高中所有的课程及美术、音乐、舞蹈三大类艺术的专业课。2008年8月,迁入长兴中学校园内。2012年12月,被杭州师范大学钱江学院定为浙北地区艺术教育实验基地。有教学班9个,学生570人,教职工41人,其中专任教师40人。配备标准化的美术、音乐、舞蹈专用教室等。先后获省普通高中会考先进集体、市"诚信办学"先进单位、县绿色学校等荣誉称号,累计有75名学生被中国美术学院、沈阳音乐学院、四川音乐学院、上海体育学院、华东师范大学等国内著名高校录取。

长兴县蓝天民工子弟学校 位于雉城街道杭长路218号。创办于2002年,由安徽籍人士余学千出资,校名为长兴县民工子弟育才学校,校址雉城工业园区柏家浜村,办学性质为民办小学义务教育段教学。同年9月开学,招收学生76人。2003年8月,迁至华能长兴电厂职工子弟小学内,位于雉城镇杭长路218号华能长兴电厂生活区内。招收学生230人。2005年9月,更名为长兴县蓝天民工子弟学校。占地面积0.23公顷,建筑面积6188平方米。2012年,有教学班15个,在校学生896人,教职员工32人,其中专任教师25人。

长兴县利民小学 位于煤山镇五通村。创办于2003年,由安徽籍人士余红千出资,办学性质为民办小学义务教育段教学。办学初,租用煤山镇新安村闲置的原新安村完小校舍作为教育用房,招收煤山地区外来民工子弟入学。同年秋季招生,共有一年级至五年级5个教学班,学生108人,教职工8人。2007年,迁址煤山镇五通村,占地面积0.19公顷,建筑面积1854平方米。2012年,有教学班6个,在校学生263人,教职员工19人,其中专任教师12人。

二、其他社会力量办学

1992年,县内其他社会力量办学开始起步,当年创办的有长兴县群英服装技术培训班。至2001年,有其他社会力量办学单位102个,其中部门办学69所(包括中小学各种艺校59所)、私人办学33所(包括个私幼儿园32所)。2012年,全县经行政部门批准在册社会力量办学机构72个,其中民办非学历培训机构29所,民办幼儿园43所。民办非学历培训机构主要经营服务范围为中小学生文化培训、外语培训、书画培训、艺术培训、体能训练和实践操作等。

2012年长兴县经批准设立的民办非学历培训机构情况表

表27-12

学校名称	学校地址	经营服务范围
长兴县求是业余进修学校	长兴县委党校内	中小学生文化培训
长兴县雉城镇今明文化业余培训学校	雉城街道太湖中路170号(县体育馆内)	中小学生文化培训
长兴维多利外语培训学校	雉城街道金陵中路2号	中小学生外语培训
长兴维多利外语培训学校龙山教学点	雉城街道龙山大道431号	中小学生外语培训
长兴县雉城镇立信文化业余补习学校	煤山镇综合市场B幢	中小学生文化培训
长兴县雉城镇钦华书画业余培训学校	雉城街道金陵北路207号新世纪花园内	中小学生书画培训
长兴县希望外语培训学校	雉城街道金陵中路484号	学前、中小学生成人外语培训
长兴县雉城镇菁英文化业余培训学校	雉城街道县前街59号金江大厦6楼	中小学生文化培训
长兴县雉城镇牛津英语业余培训学校	雉城街道县前街178号老年大学内	中小学生文化培训
长兴县雉城镇长春书画业余培训学校	雉城街道长春花苑5号楼	学前、中小学生书画培训
长兴县图书馆文化艺术业余培训中心	龙山新区吴越路	中小学生外语培训
长兴田家村少年作家业余培训学校	雉城街道新世纪花园内	中小学生文化、美术培训
长兴县春蕾文化业余培训学校	雉城街道解放西路133号	中小学生文化培训
长兴县雉城镇红太阳外语业余培训学校	雉城街道金陵中路211号	中小学生文化培训
长兴县雉城镇群英文化业余培训学校	雉城街道金陵中路348号	中小学生文化培训
长兴县雉城镇明理文化业余培训学校	雉城街道金陵中路金陵大桥西侧	中小学生文化培训
长兴县雉城镇兴达文化业余培训学校	雉城街道解放西路260号	中小学生文化培训
长兴县雉城镇飞扬文化业余培训学校	长兴县国际商务大楼五楼(明珠路818号)	中小学生外语培训
长兴县歆乐文化艺术培训学校	旺角•维多利亚花园30幢2层1号	中小学生艺术培训
长兴县立成文化业余培训学校	泗安镇泗安大道商业街2号	中小学生文化培训
长兴县东方新锐培训学校	雉城街道金陵北路168号	中小学生文化培训
长兴县东方新锐培训学校虹星桥教学点	虹星桥镇虹溪南街26、36、40号	中小学生文化培训
长兴县实践培训基地	画溪街道姚家桥村阳南自然村	中小学生体能训练、实践操作
长兴肖邦艺术培训学校	雉城街道县前西街664-670号	中小学生、幼儿艺术培训
长兴县同文文化艺术培训学校	雉城街道人民北路2号	中小学生文化、艺术培训
长兴县青少年艺术学校	雉城街道太湖中路210号	学前、中小学生艺术培训
大洋艺术空间培训中心	雉城街道金陵北路旺角维多利亚35幢三楼	学前、中小学生艺术培训
长兴县新汇教育辅导中心	雉城街道花菇山路109号	中小学生文化培训
长兴县银杏文化艺术培训学校	长兴县妇女儿童活动中心(县文化馆西侧)	中小学生、成人文化艺术培训

说明:资料来源于县教育局

第二节　特殊教育

一、概况

1988年,全县将残疾少年儿童教育纳入义务教育规划,三类残疾少年儿童与正常少年儿童同步接受义务教育。1989年10月,雉城镇第二小学开展弱智儿童随班就读试点。1990年9月,长兴县聋哑学校建立。由于特殊教育起步晚,全县盲、聋哑、智障三类残疾儿童少年入学率较低。其中,盲童由省盲童学校招收,聋哑儿童教育主要由县聋哑学校承担,智障儿童教育采取普通施教区学校随班就读的方式。

1993 年,全县弱智儿童随班就读试点学校有 6 所。1994 年 2 月,长兴被授予省特殊教育先进县,残疾儿童少年教育纳入普及义务教育的工作轨道,聋哑儿童入学率达 90%以上。1995 年,通过特殊学校和跟班随读的办法,85%的残疾儿童接受六年至九年义务教育。1997 年,全县推进高标准“普九”,特殊教育得到巩固和提高,三类残疾儿童入学率为 89.3%。1999 年 8 月,县聋哑学校撤销。之后,全县聋哑儿童少年纳入市聋哑学校招生。

2002 年,全县实现高标准“普九”,残疾儿童和少年同步接受义务教育,三类残疾儿童入学率达 90.1%。2004 年,全县进行浙江省教育强县复查,三类残疾儿童入学率达 98%。2007—2008 年,全县三类残疾儿童少年入学率均为 100%。2009 年 8 月,改建原下箬中学校舍,筹办长兴县培智学校。2010 年 10 月,学校招收新生入学。同年起,全县每年排查,将适龄残疾儿童名册按乡镇街道下发至每个学校,要求各校落实每一位残疾儿童的入学。重度残疾、丧失自理能力的学生采取送教上门;中轻度的残疾学生送特殊学校;轻度的残疾学生随班就读。2011 年,林城镇中心小学和虹星桥中心小学进行特教随班就读试点,建设资源教室,加强资源教师培训。同年起,特殊教育专业教师纳入全县教师招考计划。2012 年 3 月,长兴县特殊教育指导中心成立,设在县培智学校,指导全县各中小学做好施教区内残疾儿童少年“随班就读”和“送教上门”等工作。12 月,长兴县被列为浙江省特教随班就读试点县,全县随班就读的智障儿童 26 人,新增小浦小学、洪桥小学 2 所随班就读试点学校,所有学生进电子学籍管理,残疾儿童入学率达到 95%。同年年末,全县 6 岁～18 岁持证残疾学生有 332 人,其中已完成义务教育的有 99 人、在特教学校就读的有 60 人(长兴县培智学校 42 人、县外特教学校 18 人)、在幼儿园就读的有 6 人、在中职类学校就读的有 15 人、送教上门的有 50 人、随班就读的有 99 人。

二、学校简介

长兴县聋哑学校 1989 年 10 月开始筹办,1990 年 9 月建立,借用县教师进修学校校舍,试办 1 个聋哑儿童教学班,学生 18 人,教职工 8 人,其中专任教师 5 人。1991 年,正式投入使用,按照特殊教育的办学方针,组织实施办学计划和发展规划。1992 年 9 月,新校舍竣工,占地面积 425 平方米,位于雉城镇环城南路 336 号,招收 2 个聋哑少年儿童班,在校学生 35 人。1996 年 9 月,有 4 个年级 4 个班级,在校学生 62 人,教职工 18 人,其中专任教师 15 人。1999 年 8 月,县聋哑学校撤销,在校学生 50 人,全部转入市聋哑学校学习,其中安吉县生源 9 人。之后,全县聋哑儿童纳入市聋哑学校招生。

图 27-5　2010 年 12 月,长兴县培智学校揭牌仪式举行,为长兴县第一所实施智力残疾儿童少年义务教育的学校(县教育局提供)

长兴县培智学校 2009 年 8 月筹办,办学性质为九年一贯制寄宿制公办学校,校舍由下箬中学校舍改建而成。2010 年 5 月,正式命名为长兴县培智学校,招收县内智力中、重度残疾适龄少年儿童。10 月,招收 2 个教学班,分设一年级和六年级,学生 20 人,教职工 8 人,其中专任教师 6 人。开设语文、数学、音乐、美术、体育、活动、说话训练、写字、班队等课程。12 月,举行学校揭牌仪式。2012 年 8 月,迁址雉城街道人民南路 218 号(县妇幼保健院旧址),占地面积 2200 多平方米。先后投入 300 多万元进行改造、装修和添置设备,建有运动康复室、感统室、蒙氏室、律动舞蹈室、语言训练室、多感官训练室等多个专用教室。室外有运动场、篮球场、大型玩具等。有教学班 4 个,学生 42 人,教职工 9 人,其中专任教师 8 人。

1991—2012 年长兴县特殊教育学校发展情况表

表 27-13

年份	班级数（个）	毕业生数（人）	招生数（人）	在校生数（人）	教职工人数（人）		年份	班级数（个）	毕业生数（人）	招生数（人）	在校生数（人）	教职工人数（人）	
					合计	专任教师						合计	专任教师
1991	1	0	3	18	5	3	1997	4	18	0	60	19	16
1992	2	0	16	35	9	5	1998	4	18	6	50	23	17
1993	2	0	0	35	11	10	2010	2	0	20	20	8	6
1994	3	0	15	50	12	9	2011	3	0	17	32	8	7
1995	3	0	0	50	13	10	2012	4	10	11	42	9	8
1996	4	0	12	62	18	15	—	—	—	—	—	—	—

说明：1. 资料来源于县教育局；2.1999 年 8 月长兴县聋哑学校撤销，并入湖州市聋哑学校，全县聋哑儿童少年纳入湖州市聋哑学校招生。2010 年 10 月，长兴县培智学校建成并开始招生

第六章　教育 教学

长兴县中小学始终把德育放在学校工作首位，坚持以教学为中心，加强学校教育教学管理，将德育、智育、体育、美育等有机统一在教育活动的各个环节中，开展教育科研活动，推进课堂教学改革，全面实施素质教育，提高教育质量，促进学生全面发展。25 年间，累计向全国各高等院校输送新生 46610 人，通过广播电视教育共培养大专及以上毕业生 12975 人、中专毕业生 2483 人，通过高等教育自学考试共培养大专及以上毕业生 2493 人，为全县经济社会发展培养大批人才。

第一节　德　育

1988 年，全县各级各类学校按照国家教委颁布的《中小学德育大纲（试行）》和《中小学生日常行为规范（试行）》，开展学校德育工作。1989 年，学习贯彻《中共中央关于改革和加强中小学德育工作的通知》，开展“三热爱”（热爱中国共产党、热爱社会主义祖国、热爱社会主义）教育，推行《小学德育纲要》实施意见，9 月成立全县中小学德育研究会。1990 年，加强国情教育和爱国主义教育，开展“双学（学雷锋、学赖宁）”“五爱（爱祖国、爱人民、爱中国共产党、爱社会主义、爱劳动）”教育。同年起，中小学开展“鲁迅纪念奖，让精神世界更美好”的读书活动（至 1995 年共举办五届）。1991 年 5 月，全县中小学实行升降国旗制度，坚持每周举行升国旗仪式、国旗下讲话；11 月，县教委成立长兴县儿童少年工作协调委员会。同年，成立国防教育领导小组，出台《长兴县中小学开展国防教育实施意见》，建立槐坎温塘、八三部队等德育基地，县教研室编写 2.5 万字的中小学国防教育教材，创办实验小学、小浦小学、白岘小学少年军校示范点，职业高中创办预备役军人学员班。1992 年，各校开展家校联系，全县成立 30 多所家长学校。同年，全县中小学《日常行为规范》开展考核评级合格验收。1994 年，开展党的基本路线和爱国主义教育，普及近代史、现代史和国情教育。

1995 年起，试行《长兴县中小学行为规范达标考核实施细则》，开展争创行为规范达标学校活动。1996 年，全县有 15 所学校评为“行为规范合格学校”。1997 年，中小学开展“弘扬中华美德，争做时代新人”“话说香港”为内容的读书教育活动，开展普法教育，成立 4 所青少年法制学校。1998 年，施行教育部《中小学德育工作规程》。同年，开展国防教育，全县完中、职业类学校共 2600 多名新生进行一周的军

训，开展“保卫21世纪”国防演讲比赛和国防征文比赛；组织全县8.1万多名中小学生观看《长兴英烈》图片展，组织2万多名中小学生开展清明节祭扫英雄纪念碑活动，举办《可爱的长兴》首发式。1999年，家长学校工作纳入各乡镇妇联、中小学幼儿园年度目标责任考核。全县中小学开始第三轮行为规范师生双达标活动，至2002年有44所学校通过考核。

2000年，开展“跨越世纪”读书活动，县教委下发《开展心理健康教育的实施意见》，举办心理健康师资培训，成立“心理辅导专业研究会”。2001年，中小学开展“崇尚科学，拒绝邪教”“告别三室一厅，不迷恋网吧”和“争做文明市民”等专项教育活动；举办“爱我浙江”“我与110”和“党在我心中”等知识竞赛和征文比赛。11月，成立县中小学心理健康教育指导中心，大部分学校开设心理辅导课，设立心理咨询室。同年，建立素质教育实验学校，中小学建立学业等级评价制度，推广使用《素质教育发展报告单》，全县建立县、校两级德育基地和素质教育基地60余个。2002年9月，长桥中心小学的《“少年道德法庭”在少年儿童品行养成中作用的研究与探索》课题，被中央教科所德育研究中心确立为“十五”国家重点课题子课题。同年，全县中小学生开展“我为争创文明城市添光彩”系列教育活动，雉城镇中小学5000多学生上街开展“你丢我捡”活动；开展法制教育，长兴中学、雉城中学、后漾中学、泗安中学、水口中学、长桥中心小学成立青少年法制学校。2003年，中小学开展“我为创建四张名片添光彩”活动和“三不”教育活动，到社区、居委会开展社会实践活动；全县举办系列德育骨干培训班，规模较大的初中增设政教处。同年，长兴中学首创“德育工作导师制”，以其亲情化、个性化的德育工作模式为依托，构建起全县中小学德育教育新模式，并很快在全省推广。2004年10月，举行中小学素质教育实践基地揭牌、授牌仪式，基地设在清泉武校和职教中心城西分校两处。同年，全县有55名司法工作者成为学校兼职法制副校长；县教育局组织编写长兴地方德育教材《做人——长兴的孩子这样说，这样做(上册)》；全县设立综合素质教育优胜奖，并开展第一届“综合素质优秀奖”“思想道德优秀奖”“家庭教育优胜奖”等评选活动(至2012年共评选九届)。

图27-6　长兴机关幼儿园国庆节开展爱国主义教育课—穿民族装(王健俊摄·2004年)

2005年，县教育局成立德育讲师团，完成地方德育教材《做人——长兴的孩子这样说，这样做(下册)》的编写并使用。2006年，中小学开展“爱与奉献教育月”和“行为规范养成月”等品德教育活动，开展《做人——长兴的孩子这样说，这样做》地方德育教材使用研讨会，组织学生观看反邪教宣传教育专题片60多场次，出刊黑板报1400次。2007年，实施“预防青少年违法犯罪工程”，构建有效预警机制。2008年，全县中小学开展“抗震救灾、绿色奥运”为主题感恩系列教育活动，开展“廉政文化进学校”示范点争创活动。同年起，每年改编、出版《我说长兴》地方德育读本丛书(每个年级1册，共12册)，面向全县中小学生发行，开展爱祖国、爱家乡教育。2009年1月，开展创建“幸福班级”活动，金陵高级中学、和平中学、滨海小学、泗安镇中学、长桥中心小学、泗安镇中心小学6所学校被评为市行为规范示范学校。同月，全县建立专职心理教师工作坊，开通心理咨询热线电话；10月，承办全省首届中小学教师心理成长工作坊暨研讨活动，邀请团中央《知心姐姐》杂志社心理健康教育全国巡回报告团作报告；举办心理咨询师国家职业资格证书考试培训。

2010年，开展“诵弟子规，树好品行”活动，深化中小学生行为规范养成教育。同年，长兴县第一小学开展的“美善德育”，被新华社、中央电视台等国家主流媒体相继报道；长广小学的“感恩教育、感恩文化建设”在2010年全国和谐德育年会暨十三届学术研讨会上作交流发言。2011年4月，全县成立首个中小学德育工作讲师团，开展学校德育工作宣讲。2012年，重点做好班主任、德育导师、心理健康辅导员三支德育队伍建设，举办首届班主任综合能力大赛。以感恩教育、诚信教育为载体，全面深化以班级文化建设为主题内容的“幸福班集体”建设。全县中小学启动“学雷锋，争做美德好少年”活动，并通过征文、演讲、主题班会、网上签名寄语等形式将活动推向纵深开展。中小学开设国防教育课，高一新生8000余人开展为期一周的军事训练，实践中心人防教育中心全年共接待全县1.2万人次学生接受国防教育。年末，全县共有德育导师1980人、受导学生4765人，有新四军苏浙军区纪念馆、中国扬子鳄村、县教育实践中心等未成年人实践基地。参见第37编精神文明建设、第1章、第6节。

第二节　学科教学

1988年3月，县教育局在6所完全中学和雉城中学实施国家教委颁布的《中学生体育合格标准试行办法》；全县中小学开展课内教学与课外活动、集体教育与因材施教相结合的教学活动；实验小学开始减轻学生负担，进行个性化发展的教学实验；普通中小学开设劳动教育课，开设率100%。1989年6月，中小学建立学生健康档案。

1990年，全县中学实施《中学生体育合格标准》，初一、高一新生建立中学生体育《合格登记表》。同年起，施行经国务院批准颁布的《学校体育工作条例》和《学校卫生工作条例》。3月，全县小学生首次开展手工劳动制作竞赛。1991年，开展“两史一情（近代史、现代史、国情）”教育，县教研室组织人员编写《国情三字歌》《光辉七十年》两册教材。1992年，长兴县承担浙江省义务教育课程教材改革实验任务，开展义务教育课程、教材试验工作。同年秋季，全县小学一年级和林城中学初一年级试用省编义务教材。1993年秋季，全县初中起始年级全部执行省编制的《义务教育试行教学计划》，使用省编义务教材。1994年，开设“两课两操两活动”（两课：体育课和运动训练课，两操：早操和课间操，两活动：课外体育活动和运动竞赛活动），上好生理卫生课，重视艺术教育和课外兴趣活动。1997年9月，初中一年级公民课改为思想政治课，使用省编新版思想政治教材，逐年取代公民课。中学进行青春期教育，使用《人口与生理卫生知识》课本。1998年，县教委制定《关于强化教学中心地位，不断提高教学质量的意见》，印发《长兴县中小学教师教学工作手册》，落实素质教育。

图27-7　长兴县首届中小学“文学节”启动仪式（县教育局提供·2009年）

2000年5月，举办全县第一届中小学航空模型竞赛。同年，县教委制定《关于切实减轻中小学生过重负担的实施意见》，开展“减轻学生过重负担”工作督导抽查，建立动态评估制度。高中课程改革开始，高一语文使用新教材。2001年，全县中心小学、初中普遍开设信息技术课，小学高年级以上开设英语课，高一各学科全部使用新教材，高中阶段开设研究性课程。同年，县教委制定《长兴县全面实施素质教育方案》，在全省率先出台《长兴县义务教育质量评价办法》，建立学业等级评价制度，推广使用《素质教育发展报告单》。2002年5月，承办湖州市中小学航模竞赛，长兴参赛选手囊括所有奖牌。同年，县教育局制定《关于在全县各级各类学校中开展优质教育达标活动的实施意见》，推动各校开展科技创新活动。2003年1月，县教育局下发《长兴县基础教育课程改革的通知》，2月，启动全县中小学基础课程改革。同年秋季，长兴被列为省级实验区，初中、小学、幼儿起始年级学生为实验对象。2004年，首次承办浙江省新课程评价研讨会，举办首届全县职教师生技能节。2005年，在全县中小学开展“提高课堂教学

图27-8 长兴六小足球操(县教育局提供·2012年)

效率年”活动,举办全县首届中小学科技节。2006 年,启动高一年级新课程改革,课程改革取得阶段性成果。2007 年,全县中小学开展“质量建设年”活动,启动“阳光体育运动”,开展先进学科教研组、备课组评比,9 所学校被确定为县首批学科教学基地。2008 年,开展“质量建设深化年”活动,编写《我说长兴》地方德育读本和《百叶龙》地方课程。长兴一小被评为“全国青少年文明礼仪示范基地”,槐坎小学的“小小讲解员”走进人民大会堂,实验小学被评为浙江省“阳光体育后备人才基地”,职教中心的“百叶龙艺术团”走上央视舞台,赴法国巴黎参加北京奥运圣火传递。2009 年,中小学首次开展“四个节”活动(体育节、文学节、科技节、艺术节),举办中小学首届青少年科技大赛。同年,长兴金陵高级中学、长兴县第一小学、长兴县实验初级中学获省首批艺术特色学校。2010 年,开展“全面提升素质年”活动,推进“轻负担、高质量”教学探索,实验初中成为全国艺术教育实验基地,获全国艺术教育工作先进单位称号。2011 年,县教育局先后下发《长兴县中小学生课外文体活动工程实施方案》《长兴县中小学“体育、艺术 2+1 项目”实施细则》和《关于开展中小学生社团建设的实施意见》等文件,推进“轻负担、高质量”课堂模式探索。2012 年,普通高中、职业高中全面实施《浙江省深化普通高中课程改革方案》,基础教育遵守“减负六规定”,突出教学的中心地位,开展学科教学质量动态跟踪和评价研究。同年,全县开展首批课外文体活动工程示范学校和优秀学生社团评比,共评出课外文体活动工程示范学校 10 所,各类优秀社团 29 个。学校体育详见第 32 编体育、第 2 章、第 3 节。

2000—2011 年,全县中小学航空模型竞赛共举办 13 届;2004—2012 年,全县职教师生技能节共举办 9 届;2005—2012 年,全县中小学科技节共举办 8 届;2009—2012 年,中小学“四个节”活动共举办 4 次,中小学青少年科技大赛共举办 4 届。

第三节　教育科研

1988 年暑期,县教育局教研室举办小学各学科备课会和中学政治、语文新教材备课会,承办湖州市复式教学研讨会。小学语文进行注音识字、提前读写的实验,小学数学开展“三算结合”(心算、珠算、笔算)实验。1989 年,建立中学语文青年教师教改实验小组,雉城中学的语文《单元合成教学》开始试验。

1990 年,小学语文、数学和中学物理、化学、生物相继成立学科教学研究会。同年,创刊《浙北教育学刊》,成立泗安地区教育学会分会。1991 年 3 月,县教育科学研究所成立,由县教育局局长兼任所长,教研室主任兼任副所长,配备 2 名专职人员,办公地点在县教师进修学校内;在各区、乡镇相应建立教育科研小组,成立幼儿教育研究会。9 月,县教科所下发《关于公布长兴县教科所科研课题的通知》,确定国家、省、市、县各级课题共 26 个。1992 年,雉城地区开展“教改之春”活动,《浙江教育报》对该教改进行三次跟踪报道,《浙江教育研究》1992 年第 6 期刊登长兴县“德育渗透”研究的经验做法。同年,开展教学“一日调研”和“教学常规”考评活动。1993 年,成立长兴县导读中心教研小组,5 月,承办浙江省导读会议;7 月,县教科所被中国科学院心理所列为教育实验基地。1995 年,小学、初中建立县、区、乡(镇)三级学科教研组。年底,对全县中小学教师执行《湖州市教学常规》情况进行考核。1996 年,成立长兴县教育科学规划领导小组，各学校成立教科室，教科研形成“县级、校级”纵向二级管理网络。在高中数学和小学语文、数学学科中开展青年教师比武活动。1997 年 3 月，《浙北教育学刊》（季刊）改为月刊，更名为《长兴教育》，7 月创刊发行。同年年底，举行长兴县第一届“教学能手”评比，推荐 17 名优秀教师参加湖州市第一届“教学能手”评选。1998 年 3 月，长兴县首届小学语文青改小组成立，下半年举行长兴县首届“教学明星”评选。同年，建立长兴县学科中心组，区视导办建立学科教研大组，学校建立学科教研组，形成县、区、校三级教研网络。制定《长兴县小学教学质量监测实施办法》，年底对小学部分学校语文、数学、思品、音美、体育教学质量进行全面监测。实验小学的《语言文字训练最优化研究》获浙江省首届教育科研成果一等奖。1999 年，县教研室组织开展多门学科的“说课”比赛，将优秀说课稿撰编成《长兴教研》专辑。

2000 年暑期，学区视导办撤销，9 月调整教研组织网络，建立以建制镇为中心的 19 个中小学教研站。2001 年，举办首届“金秋十月”系列教研活动，选拔 157 名教师组成“县骨干教师讲师团”开展支教送教活动。建立 13 个“尝试教学法”实验学校，进行“尝试教学法”课堂教学改革。2002 年，撤销原 19 个教研站，建立泗安、煤山、城南、城东、雉城、古城 6 个初中中心教研站。开展长兴县首届“名师名校长”评选活动。2003 年，长兴县成为省级基础教育课程改革实验区，秋季起，全县初中、小学起始年级全面进入新课程改革实验。县教育局成立工作领导小组，制定《长兴县基础教育课程改革实验方案》，组织开展培训和实验。年底，举办长兴县首届基础教育课程改革研讨会暨校长论坛。同年，全县开展各类教研活动 150 多次，承办市级教研活动 14 次，共计 1000 多名教师参加。《基础教育均衡发展的实践与研究》获中国教育学会优秀成果一等奖；12 月，县教研室与县教科所合并，更名为县教育研究中心。2004 年，首次承办省新课程评价研讨会和第一届课改教学展示活动，900 多名教师参加，开展新课程教学比武活动 44 次；新立项的国家、省、市、县科研课题分别有 7 项、13 项、41 项和 96 项；长兴中学的“班级德育工作导师制”课题通过省级鉴定，被《光明日报》《文汇报》《中国教育报》《中国教师报》等多家媒体报道。

2005 年，建立夹浦、李家巷、虹星桥、泗安、煤山 5 个中心教研站，开展区域性教研活动，为农村教师成长搭建平台。同年，夹浦教研站举办首届“扬帆太湖”教研节（至 2012 年共举办 8 届）。之后，虹星桥站的“城南叙事”、泗安站的“仙湖论教”、煤山站的“合溪之声”、李家巷站的“教海探航”等教研活动相继推出。同年，长兴“参与式德育教学模式”的研究被列为省重点规划课题。2006 年，高中段学校组织教师到江苏观摩课堂教学，初中开展以“打造优秀青年教师，展示学校课程改革成果”为主题的教研节，小学开展“践行新课程、落实新理念”课堂教学观摩活动。同年，实验小学教师何卷棣获全国小学劳技课堂教学评比一等奖，长兴中学教师窦坤红获浙江省高中物理优质课一等奖，水口小学教师韩孔亮获浙江省小学数学录像课评比一等奖。2007 年，实行“校际共建”，雉城镇 10 所中小学分别与 5 个教研站建立城乡学校学习共同体；制定《学科课堂教学评价量表》和《长兴县中小学学科教学基地工作规程》。同年，长兴中学历史教师施海平的录像课——《中外历史人物评说》中的《圣雄甘地》，由人民教育出版社拍摄，作为全国示范课推介。2008 年 2 月，全县首个异地“名师工作室”在长广中心学校成立，实验初中、夹浦中学试行“导学稿”实验。同年，县教育局被评为省教育科学和谐发展优秀单位。2009 年，县教研中心课题《基于教研培训站的薄弱学校提高办学质量实践模式的研究》被立为全国教育科学“十一五”规划 2009 年度课题，教研中心被评为省教研工作先进集体。2010 年，长兴教师参加各级教学比武活动共获省一等奖 3 人，市一等奖 167 人。2011 年，实验初中的“全程助学法”、长兴一中的“幸福课堂”、古城中学的“品质课堂”和泗安镇中学的“五四三绿色课堂”取得课改成效。2012 年，实验初中举办全国“影响中国·全国经典初中名校高效课堂模式经验交流会”。同年，全县共承担省级教研活动 5 次，市级教研活动 35 次；有 15 项成果获省一、二等奖，27 项成果获市 2011 年度教育科研优秀研究成果，226 篇论文在湖州市教学论文评比中获奖；长兴中学教师钦国强在全国中学历史教学评比中获一等奖，实验小学教师李华在全国小学信息技术教学比武中获特等奖。2001—2012 年，全县“金秋十月”系列教研活动共举办 12 届；2003—2012 年，全县基础教育课程改革暨校长论坛共举办 10 届。

第四节 招生与培养输送

一、招生与考试

义务教育招生 1988年,全县小学招生8416人,毕业7641人;初中招生5199人,毕业5806人。2012年,全县小学招生5914人,毕业6669人;初中招生6321人,毕业8212人。1988—2012年,全县小学共招收新生190134人,毕业205619人;初中共招收新生198878人,毕业106845人。

普高招生与会考 1988年,全县普高招生1195人,毕业1105人。2012年,全县普高招生4074人,毕业4002人。1988—2012年,全县普高共招收新生62972人,毕业49576人。均实行统一升学考试(中考)招收新生,采用湖州市中考卷。1988—1995年,考试科目有政治、语文、数学、地理、化学、英语6门。其中1991年起,报考重点高中需加试体育。1996年起,凡报考各类高一级学校(含普高、职业类高中、初中中专、初中技校)的应届初中毕业生均要报考体育,总成绩30分,计入升学考试总分。1996—2012年,考试科目有社会、语文、数学、科学、英语、体育6门。

1988年,全县普高毕业919人,参加会考794人,及格人数764人。2012年,全县普高毕业4002人,参加会考3801人,A等率21.5%。

二、培养与输送

高考 1988年,全县高考报考人数1223人,上线309人,上线率25.3%。1992年,高考报考人数1123人,上线299人,重点上线人数实现零的突破,达28人。之后,随着高校扩招和县内教育质量的提高,高考录取率逐步提高,重点上线人数不断增加。1996年,高考报考人数787人,上线405人,上线率51.5%,首次高于全省平均水平。1999年起,浙江省实施高职(单考单招)招生考试,全县当年高职报考人数280人,上线165人,上线率58.9%。2004年,长兴中学考生获全省高考理科第二名。2012年,长兴中学考生杨纯子获全省高考文科第一名。同年,全县普高高考报考人数3976人,上线3667人、上线率92.2%,上重点线539人、上重点线率14.7%;高职报考人数503人,上线421人,上线率83.7%。1988—2012年,全县普高参加高考54378人,上线41515人,上线率76.4%;上重点线5210人,上重点线率12.5%;被清华大学、北京大学录取32人。1999—2012年,全县高职(单考单招)报名6449人,上线5095人,上线率为79%。

1988—2012年长兴县参加高考及向全国高等院校输送人才情况表

表27-14

单位:人

年份	普高						职高	
	报考人数(人)	上线人数(人)	上线率(%)	上重点线人数(人)			报考人数(人)	上线人数(人)
				总数	文科	理科		
1988	1223	309	25.3	0	0	0	—	—
1989	1553	263	16.9	0	0	0	—	—
1990	1360	302	22.2	0	0	0	—	—
1991	1408	309	21.9	0	0	0	—	—
1992	1123	299	26.6	28	1	27	—	—
1993	1031	470	45.6	18	2	16	—	—
1994	946	424	44.8	28	2	26	—	—
1995	860	305	35.5	11	1	10	—	—
1996	787	405	51.5	39	3	36	—	—
1997	976	466	47.7	92	8	84	—	—
1998	1134	559	49.3	42	10	32	—	—
1999	1016	776	76.4	158	24	134	280	165

续表27-14

年份	普高						职高	
	报考人数（人）	上线人数（人）	上线率（%）	上重点线人数(人)			报考人数（人）	上线人数（人）
				总数	文科	理科		
2000	1364	1118	82.0	205	28	177	434	303
2001	1659	1547	93.2	238	47	191	608	543
2002	1977	1865	94.3	221	52	169	195	142
2003	2145	2085	97.2	254	55	199	317	279
2004	2532	2333	92.1	232	37	195	514	433
2005	3512	3094	88.1	377	65	312	618	522
2006	3874	3366	86.9	357	78	279	611	356
2007	3950	3029	76.7	344	71	273	524	328
2008	4257	3943	92.6	455	90	365	606	394
2009	3866	3530	91.3	527	107	420	311	301
2010	3898	3535	90.7	538	122	416	416	403
2011	3951	3516	89.0	507	95	412	512	505
2012	3976	3667	92.2	539	104	435	503	421

说明：1.资料来源于县教育局；2.1988—1998年为县内所有高中段学校的高考情况，1999年起浙江省实施高职(单考单招)招生考试，同年开始分别统计

广播电视教育 1988年，电大长兴工作站共培养大学专科毕业生192人。2012年，电大长兴学院共培养大学专科毕业生1078人，大学本科毕业生578人。1988—2012年，电大长兴分院（工作站、分校）共培养大专及以上毕业生12975人，中专毕业生2483人。

高等教育自学考试 1988年，全县有42人通过高等教育自学考试获得大学专科毕业。2000年，有158人通过自考获得大学专科及以上毕业，其中大学本科实现零的突破，达20人。之后，随着普通高校扩招及函授、远程教育的快速发展，自考报考人数逐年下降。2012年，通过高等教育自学考试获得大学专科及以上毕业共22人。1988—2012年，全县通过高等教育自学考试共培养大专及以上毕业生2493人。

第七章 教 师

1988—2012年，长兴县教师来源主要通过接受大中专毕业生、民办教师转正、招收代课教师、面向社会公开招聘及引进外地生源毕业生和师资等。25年间，通过开展全员培训、学历进修，实施“名师名校长工程”，不断提高教师社会地位和待遇，形成一支政治业务素质良好、结构合理、比较稳定的教师队伍。2012年，全县有中小学专任教师5120人，其中35周岁以下青年教师2922人、占专任教师总数的57.1%，50周岁以上543人、占总数的10.6%。小学专任教师学历达标率99.9%，初中专任教师学历达标率99.5%，普通高中专任教师学历达标率99.5%，职业中学专任教师学历达标率100%。中小学在职教师中，有专业技术人员4910人，其中高级594人、中级2667人、初级1649人。

第一节 来源与结构

一、来源

大中专院校毕业生接收 1988年，全县共接收大中专毕业生143人。1989年，共接收153人，其中大学本科毕业生15人、大学专科毕业生62人、中等师范毕业生76人，全部分配到农村各中小学校，其

中调配长广教育处3人、磐安县教委1人、县劳动人事局4人。2002年始,新分配的大专毕业生实行双向选择,应届师范类专科毕业生全部实行人事代理制度,人事档案关系全部放在县人才交流中心。新分配的本科毕业生及引进的教师由教育局统一调配,本科生的人事关系放在县教育局。2003年,实行师范类大中专毕业生与学校"供需见面,双向选择",城镇学校补充教师"逢进必考"。2006年,接收应届毕业生共258人,其中到农村中小学127人。2008年始,对长兴籍应届师范类毕业生实行公开择优招考录用,当年共招录长兴籍师范毕业生110人。2012年,公开招考录用新教师105人,建城区部分学校面向农村学校公开考试,调配32名教师。1988—2012年,县教育系统共接收大中专毕业生4060人,其中研究生31人、本科1649人、专科1405人、中师975人。

民办教师转正 1988年,全县有民办教师825人。1993年,继续在1978年之前在编的中小学民办教师中择优录用公办教师,当年全县"民转公"共录用121人。至1995年,全县共有553名在编民办教师转公。至1996年,在编民办教师19人全部转公。

代课教师转正 1992年始,全县代课教师实行"代转干"。1993年,组织61名中小学代课教师进行考试,选送中学16人、小学19人进入师范院校学习。1994年,有62名代课教师被招为师范新生。1997年始,全县中小学开始辞退代课教师,当年辞退100人。

外地生源毕业生及师资引进 1994年,长兴从安徽池州等地引进教师22人。2005年,制订《2005年农村"园丁工程"实施计划》,40多名外地师范类毕业生与农村学校签约,当年净增农村教师100人。2006年,从东北、湖北等地引入高校毕业生82人,引进硕士研究生1人。2008年,从知名高校引进硕士研究生20人,全部充实农村师资队伍。2009年,从华中师大等高等院校招聘研究生5人,从天津工程师范技术学院等院校招聘职教专业课师资15人。至2012年,全县先后引进外地生源师资145人,其中研究生26人,本科119人。

委托培养 1993年,全县共委托代培33名高师生和42名中师生。1995年,县教委和湖州师范学校等院校开展合作委培,加快师资的培训。1999年,执行大中专毕业生服务期制度。在职中小学教师脱产进修取得学历,服务期三年。

二、结构

1988年,全县有教职工3844人,其中普通中学教职工1095人,中等职业学校教职工62人,小学教职工1916人,幼儿教职工355人,电大教职工25人。2012年,全县有教职工7197人,其中普通中学教职工2694人,中等职业学校教职工877人(含其他机构88人),小学教职工2209人,幼儿教职工1284人,特殊教育教职工9人,电大教师124人。

1988—2012年长兴县中小学教职工情况表

表27-15　　单位:人

年份	合计	其中						临时人员
		普通中学	职业中学	小学	幼儿园	特殊教育学校	电大	
1988	3844	1095	62	1916	355	—	25	391
1989	3870	1148	39	1965	373	—	24	351
1990	3900	1152	44	1956	401	—	23	354
1991	4657	1562	56	2254	372	5	23	385
1992	4767	1571	59	2202	506	9	20	400
1993	4725	1557	56	2142	532	11	18	409
1994	4759	1548	66	2133	531	12	18	451
1995	4771	1570	93	2133	504	13	22	436
1996	4886	1598	118	2176	499	18	23	454
1997	5018	1592	188	2201	570	19	38	410

续表27-15

年份	合计	其中						临时人员
		普通中学	职业中学	小学	幼儿园	特殊教育学校	电大	
1998	5277	1600	295	2236	605	23	41	477
1999	5441	1778	252	2303	625	—	44	439
2000	5558	1801	263	2337	701	—	50	406
2001	5146	1957	269	2238	617	—	65	—
2002	5264	2080	194	2210	704	—	76	—
2003	5435	2181	320	2180	653	—	101	—
2004	6131	2289	386	2572	778	—	106	—
2005	6281	2453	454	2532	737	—	105	—
2006	6654	2497	689	2589	758	—	121	—
2007	6707	2558	700	2553	779	—	117	—
2008	6744	2596	583	2454	992	—	119	—
2009	6796	2582	603	2429	1063	—	119	—
2010	6906	2615	642	2353	1167	8	121	—
2011	7039	2657	742	2225	1285	8	122	—
2012	7197	2694	877	2209	1284	9	124	—

说明:1. 资料来源于县教育局;2. 1988—2000 年数据不含中小学代课教师

1988—2012 年长兴县教职工分布情况表

表 27-16　　单位:人

年份	合计	大学	中学					小学			幼儿园	其他	
			普通中学		职业中学		代课	公办	民办	代课	总计(包括编内和编外)	特教	临时人员
			公办	民办	公办	民办							
1988	4435	25	986	109	62	0	315	1200	716	276	355	0	391
1989	4408	24	1050	98	39	0	171	1303	662	337	373	0	351
1990	4453	23	1066	86	44	0	190	1323	633	333	401	0	354
1991	4657	23	1482	80	56	0	266	1663	591	297	372	5	385
1992	5374	20	1500	71	59	0	331	1647	555	276	506	9	400
1993	5365	18	1493	64	56	0	316	1648	494	324	532	11	409
1994	5355	18	1500	48	66	0	278	1748	385	318	531	12	451
1995	5328	22	1537	33	81	12	245	1866	267	312	504	13	436
1996	5408	23	1597	1	95	23	227	2158	18	295	499	18	454
1997	5409	38	1592	0	117	71	223	2176	25	298	570	19	410
1998	5420	41	1591	9	201	94	182	2229	7	273	605	23	477
1999	5431	44	1762	16	171	81	92	2288	15	190	625	0	439
2000	5760	50	1777	24	263	0	98	2317	20	104	701	0	406
2001	5146	65	1936	21	173	96	0	2216	22	0	617	0	0
2002	5264	76	2059	21	194	0	0	2185	25	0	704	0	0
2003	5435	101	2159	22	215	105	0	2155	25	0	653	0	0
2004	6131	106	2289	0	272	114	0	2531	41	0	778	0	0
2005	6281	105	2453	0	317	137	0	2484	48	0	737	0	0
2006	6654	121	2464	33	513	176	0	2524	65	0	758	0	0

续表27-16

年份	合计	大学	中学					小学			幼儿园	其他	
			普通中学		职业中学		代课	公办	民办	代课	总计(包括编内和编外)	特教	临时人员
			公办	民办	公办	民办							
2007	6707	117	2535	23	527	173	0	2493	60	0	779	0	0
2008	6744	119	2563	33	475	108	0	2368	86	0	992	0	0
2009	6796	119	2548	34	505	98	0	2346	83	0	1063	0	0
2010	6906	121	2575	40	540	102	0	2263	90	0	1167	8	0
2011	7039	122	2636	21	644	98	0	2155	70	0	1285	8	0
2012	7197	124	2673	21	724	153	0	2139	70	0	1284	9	0

说明:1. 资料来源于县教育局;2. 1998年起,民办指八三武校及民工学校的教师

年龄　1988年,全县有中小学专任教师2718人。其中,小学、初中专任教师2511人,35周岁以下青年教师1119人,占专任教师总数的44.6%;50周岁以上401人,占总数的16%。2012年,全县有中小学专任教师5120人,其中35周岁以下青年教师2922人、占专任教师总数的57.1%,50周岁以上543人、占总数的10.6%。

学历　1988年,全县有小学专任教师1761人,中师、高中毕业及以上学历1034人,学历达标率58.7%;初中专任教师750人,专科及以上学历321人,学历达标率42.8%。普通高中专任教师163人,本科学历67人,学历达标率41.1%。职业中学专任教师44人,本科学历9人,学历达标率20.5%。之后,随着教育改革和发展需要,教师学历进修的规定、教师职务职称的评定、继续教育制度的实施、骨干教师的培养等,教师队伍的合格学历达标率逐年提高。2012年,全县有小学专任教师1995人,专科及以上学历1774人,学历达标率99.9%;初中专任教师1581人,本科及以上学历1495人,学历达标率99.5%。普通高中专任教师814人,学历达标率99.5%。职业中学专任教师730人,学历达标率100%。

1988—2012年长兴县中小学专任教师择年学历情况表

表27-17

类别	年份	合计(人)	硕士(人)	本科(人)	专科(人)	中专、高中(人)	高中以下(人)	学历合格率(%)
小学	1988	1761	0	0	0	1622	139	92.1
	1993	1996	0	3	44	1363	586	70.6
	1998	2115	0	1	113	1743	258	87.8
	2003	2031	0	23	806	1155	47	97.7
	2008	2245	0	919	866	447	13	99.4
	2012	1981	1	1328	520	130	2	99.9
初中	1988	750	0	35	286	429	0	42.8
	1993	1039	0	70	638	288	43	68.1
	1998	1076	0	62	854	151	9	85.1
	2003	1305	0	444	808	49	4	95.9
	2008	1578	0	1178	375	24	1	98.4
	2012	1549	5	1455	82	7	0	99.5
普高	1988	163	0	67	87	9	0	94.5
	1993	250	0	127	114	9	0	96.4
	1998	318	0	172	142	4	0	98.7
	2003	584	3	482	96	2	1	99.5
	2008	758	19	707	26	5	1	99.2

续表27-17

类别	年份	合计(人)	硕士(人)	本科(人)	专科(人)	中专、高中(人)	高中以下(人)	学历合格率(%)
	2012	814	35	767	8	4	0	99.5
职高	1988	44	0	9	28	7	0	84.1
	1993	40	0	11	25	4	0	90.0
	1998	183	0	54	101	15	13	84.7
	2003	160	0	125	35	0	0	100.0
	2008	445	7	394	44	0	0	100.0
	2012	730	30	665	35	0	0	100.0

说明:资料来源于县教育局

第二节　资格任用考核

一、资格认定

1994年1月,《中华人民共和国教师法》颁布,规定国家实行教师资格制度。1995年12月,国务院颁布《教师资格条例》。1996年,长兴县转发《湖州市〈教师资格认定过渡办法〉的实施意见》,对1993年12月前在职教师采用过渡办法认定教师资格,全县共有符合条件的3045名中学、小学及幼儿教师获得资格认定,取得教师资格证书,其中普通高级中学教师185人、中等职业学校教师56人、初级中学教师865人、小学教师1904人、幼儿园教师35人。2001年,省教育厅印发《关于全面实施教师资格制度的通知》,开始施行教师资格制度。2002年3月,全县启动实施教师资格制度。8月,首次开放向社会人员认定教师资格证书,申请教师资格证书的社会人员88人。至2012年,全县中小学认定教师资格6472人,其中普通高级中学教师939人、中等职业学校教师877人、初级中学教师1755人、小学教师2209人、幼儿园教师692人。

二、职务评聘

1988年,全县开展首次中小学、幼儿园教师专业技术职务评审。6月,开始实行教师职务聘任制,评聘教师2794人,其中高级41人、中级580人、初级2173人。1989年,首次进行破格评审,破格评审中学一级教师11人,补评、重新确定初级教师职务46人。1990年起,教师专业技术职务评聘工作每年进行一次。1991年,首次对93名见习期满的大中专毕业生确定专业技术职务。2000年起,中小学教师晋升中级、高级职务任职资格,试行教师专业知识考试与任期履行职责情况考核相结合的职称评审办法。2004年,改革职称评比办法,实行职称量化评比办法。2005年,首次开展中小学教育管理、实验人员两个职务系列评审。2006年起,凡1970年1月1日以后出生的城镇中小学教师,晋升高级教师职务时,必须有在农村或欠发达地区支教一年的经历。2008年起,申报高级教师职务对象需参加书面业务考试。2012年,全县中小学在职教师中有专业技术人员4910人,其中高级594人、中级2667人、初级1649人。

1988—2012年长兴县各级各类教师职务评审情况表

表27-18　　单位:人

年份	小学(幼儿)教师					中学教师					中专教师			
	中高	小高	小一	小二 小三	小计	中高	中一	中二	中三	小计	高级	中级	初级	小计
1988	0	318	0	0	318	41	262	0	0	262	0	0	0	0
1989														
1990	0	32	0	0	32	0	10	0	0	10	0	0	0	0

续表27-18

年份	小学(幼儿)教师					中学教师					中专教师			
	中高	小高	小一	小二 小三	小计	中高	中一	中二	中三	小计	高级	中级	初级	小计
1991	0	9	177	99	285	2	15	155	47	219	0	2	1	3
1992	0	20	131	76	227	3	101	90	51	245	0	0	0	0
1993	0	127	64	52	243	14	48	80	48	190	0	0	0	0
1994	0	187	121	61	369	15	105	62	30	212	0	2	0	2
1995	1	226	135	87	449	12	98	81	70	261	0	0	2	2
1996	1	89	53	105	248	11	61	84	88	244	0	0	1	1
1997	0	128	71	102	301	17	61	84	86	248	0	0	1	1
1998	1	124	81	133	339	26	89	102	83	300	0	0	0	0
1999	0	84	100	153	337	30	52	111	82	275	0	0	1	1
2000	1	90	109	212	412	32	67	128	127	354	0	0	0	0
2001	4	108	130	192	434	48	95	99	64	306	2	3	2	9
2002	5	103	185	56	349	41	72	179	54	346	0	1	0	1
2003	3	106	56	51	216	47	101	142	141	431	2	1	12	15
2004	0	118	165	35	318	4	131	188	39	362	1	0	0	1
2005	4	118	165	21	308	45	140	299	28	512	0	7	0	7
2006	4	123	42	29	198	49	146	223	17	435	2	1	0	3
2007	5	137	157	98	397	58	140	194	20	412	1	6	0	7
2008	7	138	142	76	363	41	140	189	10	380	0	1	8	9
2009	3	113	124	90	330	59	129	113	2	303	0	1	3	4
2010	3	109	161	70	343	45	103	98	0	246	0	0	0	0
2011	5	91	124	42	262	45	105	100	1	251	0	1	11	12
2012	4	71	116	55	246	49	120	88	0	257	1	1	19	21

说明：资料来源于县教育局

三、考核

1988年，根据省教委制定的《浙江省中小学教师职务任职资格考核办法（试行）》，县教育局开展对中小学、幼儿园教师考核工作。1990年，实施定性与定量相结合的教师年度考核工作。1994年，制定考核实施意见和考核标准，印发《教职工年度考核表》，考核分“德、能、勤、绩”四个方面，学校制定年度考核实施办法。2001年，修订完善教师年度考核内容和办法，下发《年度专业技术人员考核表》，考核结果分优秀称职、称职、基本称职和不称职四个等次，考核结果与职称晋升、工资晋级、奖惩等挂钩。县教育局负责中小学（幼儿园）校长、专职党支部书记考核。2009年起，根据《长兴县义务教育学校教师绩效考核指导意见（试行）》，对义务教育学校教师进行绩效考核，绩效考核结果作为聘任、聘用、晋升、培养培训、绩效工资分配和奖惩等方面的重要依据。2010年1月起至2012年，全县全面实施绩效考核。

第三节　培　训

一、学历进修

1988年，全县中小学专任教师中，达到合格学历的教师占34%，其中小学合格学历教师占50%。1990年，重点开展中师函授学历教育和专业合格考试辅导。1991年3月，55名民办教师（1963年之前民办教师）在县教师进修学校脱产培训三个月。1993 年，着重抓中学教师的高师自考，全县有 349 名中学教师参加 12 个学科的学历培训。部分教师参加函授、电大和高等自考等。1995 年，县教委和湖州师范学校等院校开展合作委培。至 1996 年 3 月，有 20%的小学教师取得大专学历。1998 年，县教委鼓励教师参加在职学历进修，并规定凡小学教师取得大专学历、中学教师取得本科学历、高中教师取得研究生学历的，分别补助 300 元、800 元、1500 元。2003 年，有 174 名小学教师取得大专学历，66 名初中教师取得本科学历。2004 年，县教育局调整教师参加学历进修补助标准，对获得本科学历和大专学历的教师分别补助 1200 元和 600 元。同年，有 668 人取得高一层次学历。2005 年，鼓励农村教师参加提高学历进修，对取得大专、本科、硕士学位的教师分别补助 600 元、1200 元和 1 万元。至 2012 年年末，全县中小学教师取得硕士学历 57 人，其中小学 1 人、初中 5 人、普通高中 23 人、职业高中 28 人。

图 27-9　长兴教师进修学院举行挂牌仪式（县教育局提供·2002 年）

二、新教师培训

1988 年起，全县新分配教师实施上岗培训，取得上岗培训结业证书后转正。每学期培训时间为 80 课时。1996 年始，小学新教师的见习期培训改为试用期培训，当年分配或者招聘的新教师必须参加为期一年的试用期培训课程，共 120 学时，其中集中培训时间 80 学时，学校教育教学实践 40 学时，作为转正定级的重要依据。2000 年，县教师进修学校成立教师培训部，负责新教师培训。同年起，大量新教师充实教师队伍，县教育局组织开展师德培训、汇报课评比、教学基本功竞赛、教学业务素质考试、师徒结对等活动。1996—2000 年，举办五期中小学新教师见习期培训，按照省市教学计划，完成 999 名新教师的培训任务，其中小学 548 人、中学 451 人。2004 年始，全县中小学（幼儿园）新教师均参加新教师上岗培训。2004—2012 年，参加中小学新教师培训 1442 人，其中小学（含幼儿园）614 人、初中 582 人、高中 246 人。

三、骨干教师培训

1997 年，根据《长兴县“九五”师训规划》，县教委举办全县小学数学骨干教师研讨班，经各乡镇中心小学推荐，共有 42 名中青年教师参加。同年，开展长兴县第一届教学能手评选，评出教学能手 17 人。1998 年，启动县“名师工程”，公布首批 558 名骨干教师和 167 名学科带头人。2002 年，组织初中、高中各 30 名骨干教师到浙江大学外国语学院进行为期半个月的培训。2003 年，举办小学语文、数学骨干教师培训班，有 2 名教师被评为省教坛新秀。2006 年，有 12 名教师参加省级骨干教师培训，190 名教师参加市级骨干教师培训；与浙江大学外国语学院开展合作培训，有 448 名英语教师参加；16 名英语骨干教师暑期赴英、法等国进行为期一个月的培训。同年，有 7 个中小学学科骨干教师培训班开班，参训教师 350 多人。2007 年暑期，选派 24 名英语教师赴美国培训深造。2008

图 27-10　长兴县第一届特级教师后备人选培训班师徒结对仪式举行（县教育局提供·2010 年）

年,有23名骨干教师参加省“领雁工程”培训,有20名名师开展下乡助教活动。2009年2月,有129名骨干教师参加县培训,86名骨干教师参加市培训,40名学科骨干教师、6名校级领导到省教育厅参加培训。县首个异地“名师工作室”在长广中心学校成立。2010年,有133名骨干教师参加省、市、县“领雁工程”培训;举办初中、小学语文教研组长培训班,初中数学、小学语文教师培训班和英特尔未来教育培训班;举办中职学校骨干教师研修班培训,22名学员与17名杭州市中职学校的优秀导师结对;7名中小学教师参加浙江省高端培训班培训,3名中小学教师参加省名师名校长工作室培训;21名教师参加县第一届特级教师后备人才培训班。2012年,与浙江外国语大学、杭州师范大学合作,引进培训项目8期,参训教师443人次。至同年,全县有6名教师被评为省特级教师,2名教师被评为省教坛新秀,40名教师分别被评为市教坛新秀、教学能手、教学明星。

四、全员培训

1989年,全县开展全员培训继续教育。1990年,举办各种类型的长期、短期培训班23个,受训学员802人。1993年,有1800余名小学教师参加继续教育。1994年,县教育局建立师资工作县级、区级和乡级三级培训网络。1996年11月—1998年4月,全县1791名小学教师参加全省统一的首轮五项教学基本功全员培训(普通话、毛笔钢笔粉笔三笔字、简笔画、教具制作及教育活动组织)。1998年,有1000余名初中教师参加继续教育。10月,对全县小学教师开展36个学时的师德修养教育(后每年暑假均集中一个星期学习,至2012年,累计受训人数达1.38万人次)。1999年5月起至2000年,全县有1786名小学教师参加全省“九五”期间二轮小学语文或数学学科技能全员培训。2000年,启动新一轮继续教育,开展各种能力、技术、基本功等全员培训,分学科、分层次进行继续教育技能培训。2002年,对全县4000多名中小学教师开展暑假培训,分三批集中一星期到雉城镇进行职业道德和教学业务培训。县教师进修学校组织全县小学英语教师进行口语强化训练培训。2003年3月,对全县3500余名初中、小学教师集中进行基础教育新课程改革通识培训。2004年,开展学习新课程改革为主要内容的培训,建立每月两次集中学习制度。当年举办教师培训班36期,受训5809人次。2006—2007年,开展农村中小学教师素质提升工程,累计对2981名参训教师进行60课时的集中培训并考试,合格率100%。2008年,完成1000多名班主任全员培训。2009年,开展中小学教师校本研训有效性的继续教育。同年,中小学教师继续教育“4050”工程培训开班,有80名教师参加。2011年,长兴成为省中小学教师培训制度改革试点县。2012年,全县从高中到幼儿园所有公办学校(含2所民办幼儿园)的5700名教师均纳入浙江省中小学教师培训管理平台,全年共有7335人次通过管理平台自主选择各类培训。长兴教师进修学院全年举办各类培训班75期(自选项目50期,指令性项目25期),参训教师达4984人次。

五、校长培训

1991—1992年,县教育部门组织全县乡镇中心小学校长培训,主要学习管理业务,共300课时。1992年,有50余名小学校长通过培训取得岗位证书。1992—1994年,对乡镇学校正副校长普遍轮训一次。1993年,有93名完小校长参加县岗位培训,9名中学校级领导参加省市举办的岗位培训。1997年10月,小学校长首期提高班开班,根据省干训中心的干训课程计划,开设八门必修课,两门选修课,共225个学时。至1998年11月,共举办2期,有167人结业。2000年10月,县教委下发《长兴县教育系统首批“名师、名校长”选拔培养意见》,加强名师名校长工程建设,采用外出考察、专家指导、学术讲座、课题研究和课堂讲课等形式进行培养与提高。同年,全县中小学校长均参加各级各类教育行政部门组织的校长岗位培训,持证上岗率100%。2003年,举办全县第一届基础教育课程改革研讨会暨校长论坛(至2012年共举办9届)。2008年,县教育局出台《长兴县师干训工作接轨上海实施方案(2008—2010年)》,同年有43名小学校长、业务副校长赴上海培训。2010年,组织省一级幼儿园园长和业务园长赴杭州幼儿园进行半个月的挂职培训。2012年,出台《长兴县中小学校长队伍管理暂行办法》,制定新一轮学校干部队伍培训规划和实施方案,分期分批组织各级各类干部培训。全年校(园)长参加各级各类的培训达100%。至同年年末,全县中小学校长参加省市及以上教育行政部门组织的培训共有203人。

第四节　教师待遇

一、政治经济待遇

表彰奖励　1988—2012年，每年教师节期间，县委、县政府均召开庆祝大会，表彰奖励先进教师，县主要领导赴学校慰问基层一线教师。2004年9月，全县表彰首批农村从教20年以上老师60人。至2012年，共表彰9批535人。至同年年末，全县中小学教师累计获省级以上各项荣誉共有200余人，其中获得省部级劳动模范3人、全国优秀教师5人、省优秀教师9人、省春蚕奖68人、省特级教师6人。

从教三十年荣誉证书　1995年10月，县教委下发《关于开展树立“敬业乐业、无私奉献”为主题的教师新形象教育活动的意见》，对从教30年以上教龄的教师颁发荣誉证书。至2012年年末，全县中小学教师获从教三十年荣誉证书共79人。

名师名校长　1998年起，全县启动“名师名校工程”。2002年，全县中小学开展首届名师名校长评选，其中名校长7人、名师19人。县政府对县级以上名师名校长分别给予4000元～10000元的奖励。至2012年年末，共评选4届，其中名校长34人次、名师401人次。

农转非　至1989年12月，长兴为218名从教十年的农村教师，20名从教35年以上、子女年龄在25周岁以下的农村教师分别办理一个子女“农转非”。1997年，为12名评聘担任中级职务并任职3年以上的人员，办理其农村户口配偶、子女的“农转非”；为69名大中专毕业后担任初级职务的人员、连续任教5年以上的，办理一个农村户口子女的“农转非”。

健康检查　1999年4月，全县组织女教职工进行健康体检。2001—2002年“三八”妇女节期间，组织全县妇女教职工参加常见妇科病筛查体检。2008年起，每年对女教职工进行妇科专项体检(其中一年结合正常体检开展)。2009年起，每两年组织全县教职工参加健康体检一次，至2012年，共为16824人次进行两次体检。

二、生活待遇

工资津贴　1988年，全县小学公办教职工人均月基础工资139.4元，普通中学公办教职工人均月基础工资143.3元。1990年，对全县中小学2403名教职员工普加工资，对离退休334人普遍提高退休费。对晋职的专业技术人员，实行工资挂钩。同年，成立县人民教育基金会，解决民办教师的老有所养问题，为719名中学、小学民办教师实行普调和再升一级工资。1991年，公办教师人均年收入2360.92元，民办教师人均年收入2229.66元。1993年，实施中小学教职工工资制度改革，实行中小学职务(技术)等级工资，由职务(技术)等级工资和津贴两部分构成，职务(技术)等级工资部分占70%，津贴部分占30%。同年，2732名在职教职工月增资总额26.3万元，月人均增资96元；510名退休教职工月增资离退休费总额4.2万元，月人均81元。1996年，对在中小学工作满30年(教学工作满15年)的退休教师(女教师放宽到25年)按标准工资的100%计发退休金。2002年，教师工资全部纳入县财政预算，设立教师工资专户，6月起由县财政统一发放，依法保证教师工资按时足额发放。2004年开始实施“农村园丁工程”，农村教师上浮一级工资，经费由乡镇财政承担。2006年，实行岗位绩效工资制度。同年，5247名在职教职工月增资总额164.9万元，月人均增资323元；1804名退休教职工月增资离退休费总额50.7万元，月人均281元。2007年，制定县农村文化教育满意工程实施方案，为在农村工作的中小学教师人均每月上浮一级工资，年均增幅不低于15%，2007年工资外收入人均不少于6000元。2008年，全县公办义务教育阶段，城镇教师工资外待遇标准提高至7200元，农村教师工资外待遇标准提高至8000元，义务教育阶段学校的农村教师实行农村任教津贴。同年，2467名教师领取农村教师津贴，人均预增资207元。2009年1月起至2012年，义务教育学校教职工实施绩效工资，按照义务教育学校教师规范后津贴补贴平均水平不低于当地公务员平均工资水平的原则，核定县绩效工资总量。2010年1月起至2012年，高中段学校(单位)、成校、幼儿园正式工作人员实施绩效工资。

医疗　1988年，全县公办教职工按规定享受公费医疗待遇。1997年4月，县教职工医疗费实行“分块管理,定点就医”管理。1999 年,实施教职工基本养老保险基金统筹。2001 年,建立教职工大病医疗互助会,全年全县统筹会费 100 万元,共为 248 位教师解决医疗费 118.7 万元。2002 年起,实行基本医疗保险制度。2003 年起至 2012 年,全县在职、离退休教师均纳入医保范围,费率标准按照上年度省职工平均工资的 16%缴纳,其中教师个人承担 2%,县财政承担 14%。

住房 1988 年,县内出台教师可参加集资建房的政策,部分教职工的居住条件得到改善。1990 年,县属学校投资 26.65 万元,新建教工住宅 18 套,建筑面积 950 平方米。1993 年,县政府出台《长兴县住房制度改革实施中若干补充规定》,实施城镇住房改革制度,部分城镇学校教师购买公有住房,开始实施住房公积金制度。1995 年,县政府下发《关于加快解决教职工住房问题的意见》,规定“政策优一点、财政拨一点、社会助一点、学校筹一点、个人出一点”,采取“划分档次、兼顾公平、结合实际、酌情补贴”办法,推进教职工住房建设。1993—1995 年,共投资 450 万元,建造教职工住房 120 套、面积 9630 平方米。1996 年 10 月,长兴中学位于金陵北路的教职工住宅楼封顶,通过自拆自建,筹资 1000 万元,共建造平均面积 82 平方米的教职工住房 144 套;县教师进修学校教师集资建住房 10 套。同年,结合住房制度改革,通过合资、合作、联建的形式,投资达 1520 万元,续建新建教职工住房 388 套、面积 2.88 平方米,使得中小学教师住房紧缺矛盾有效缓解。农村中小学教师在享受集资建房优惠政策的同时,可享受每套 4000 元的补助。2001 年,县政府在县城划拨土地 4 公顷,用于建造教师公寓。县教育工会积极争取教师购房优惠政策,为 80 名教师节省购房资金 170 余万元。2003 年起,全县教师住房公积金全部列入县财政统一发放。同年,兑现 80 岁以上退休教职工住房分配货币化政策;农村学校单身公寓建设动工、立项共 134 套,建筑面积 4460 平方米,总投资 315 万元。2004 年起,全县实施“农村园丁工程”,制定教师住房改革方案,每年为农村学校教师建造 100 套单身公寓。2005 年,兑现 1926 年 1 月 1 日至 1930 年 12 月 31 日期间出生、并符合条件的退休教职工的住房补贴。2006 年 2 月,县教育局成立房改政策落实工作领导小组,落实兑现住房货币化政策工作。至 9 月,教育系统全部兑现退休教师和 1998 年年底前参加工作的在职教职工的住房货币补贴。之后,全面施行住房公积金制度。2012 年,县财政对教职工住房公积金补助标准为每人每月 247 元～319 元。

第八章　教育改革

1988 年,长兴县继续实行分级办学、分级管理的教育体制。1995 年,鼓励和支持社会力量办学和民间办学。1999 年,推进“公办民助”“民办公助”和“国有民营”等改革。2001 年,国务院印发《关于基础教育改革与发展的决定》,明确农村义务教育体制。2002 年,县政府下发《关于基础教育改革与发展的若干意见》,明确县、乡(镇)两级办学责任。2007 年,明确由县政府负责统筹全县教育工作,教育经费实行“以县为主”的财政保障体制。该时期,学校考试与招生制度、学校内部管理制度改革逐步推进,校办企业改制基本完成,教育券制度创新实施,并获第三届中国地方政府创新入围奖。

1988 年,长兴县教育局(简称县教育局)为县政府主管全县教育工作的职能部门。1992 年 7 月,更名为县教育委员会。2001 年 12 月,复更名为县教育局。2012 年,内设办公室、组宣人事科、计财科(行政许可科)、普教科、职成科、安全教育科和监察审计室(法制科)7 个职能科室。

第一节　管理体制改革

一、分级管理与办学

1988 年,全县教育继续实行分级办学、分级管理,县属学校由县直接管理,各乡镇建立乡镇教育管理委员会(简称教管会,由乡镇长担任主任)管理乡镇中心小学、乡镇初中,村办小学由行政村管理。乡镇中心小学负责所在乡镇教育行政、业务指导。1989 年,县政府制定《关于乡镇多渠道筹集办学经费的暂行规定》和《关于乡镇国拨教育事业费切块包干的暂行规定》,全县 85 个单位和县属学校定编定员,实行工资总额包干制,经费切块包干,超支不补,结余留用。1992 年,县、乡镇两级政府均将办好基础教育的各项基本指标纳入年度考核指标,增强两级政府对办好基础教育的责任,促进基础教育的改革和发展。1995 年,建立政府办学为主、社会力量办学参与的新体制,鼓励和支持社会力量办学和民间办学。1999 年,深化办学体制及教学改革,推进"公办民助""民办公助"和"国有民营"等改革。2001 年,国务院印发《国务院关于基础教育改革与发展的决定》,明确农村义务教育实行"在国务院领导下,由地方负责、分级管理,以县为主"的体制。2002 年,县政府下发《关于基础教育改革与发展的若干意见》,明确县、乡(镇)两级办学责任,教师工资全部纳入县财政预算,设立教师工资财政专户,从同年 6 月起全县教师工资统一发放。2007 年,县政府根据国务院办公厅《关于完善农村义务教育管理体制的通知》精神,印发《长兴县深化农村教育管理体制改革实施意见的通知》,明确义务教育实行"以县为主"的管理体制,同时印发《长兴县义务教育经费保障机制改革实施方案》。县政府负责统筹全县教育工作,教育经费实行"以县为主"的财政保障制度。2008 年,继续贯彻实施"以县为主"的义务教育管理体制,深入实施教育管理体制改革与义务教育经费保障机制改革,建立农村学校建设和发展专项经费,明确财政拨款为主渠道。2009 年,全县教育经费预算首次列入县人民代表大会审议。至 2012 年,"以县为主"的教育管理体制进一步完善,全年财政投入教育经费 10.46 亿元。

二、学校内部管理

1988 年,全县开始实行教师职务聘任制。1990 年起,每年开展专业技术职务年度考评。1994 年,县教委下发《关于实行校长负责制的试行意见》,对部分中小学进行校长负责制试点,试点学校建立学校校长、党支部和教代会"三位一体"的管理机制,实行教职工聘任制和岗位责任制,定编定员设岗,工资综合包干。1995 年,县教委制定《长兴县教育系统全面实行劳动合同制实施方案》,教育系统全面试行教师劳动合同制。校长负责制得到巩固和完善,学校自主权扩大,教职工实行课时津贴制。教委对各级各类学校的办学水平和质量进行检查评估。1998 年,在实验小学等 4 所学校进行教师聘任制试点。1999 年,全面推进校长负责制、教职工全员聘任制。2000 年,改革学校用工制度,推行职工人事代理聘用合同制。2001 年,中心幼儿园园长、雉城中学校长实行公开选拔,职教中心等 6 所学校实行中层干部竞聘上岗(学校中层竞聘一直延续,每三年一次);中师毕业生实行供需见面,双向选择。同时,选派教师到农村学校支教。同年,建立长兴县教职工人才交流中心,为教师合理流动发挥中介作用。2002 年,县教育局制定《长兴县义务教育质量评价办法》,从依法治教、班子队伍建设、德育、普及程度、教学质量、体育、卫生、艺术、个性发展、教育科研等 10 个方面对学校发展进行全面、综合考核。同年,在机关幼儿园、中心幼儿园、实验幼儿园、职教中心、李家巷中心小学进行人事制度改革试点。2003 年,实施教职工全员聘任合同制,应届师范类毕业生全部实行人事代理,人事关系放县人才交流中心。2004 年,在长兴中学、职教中心、实验初中、实验小学 4 所学校试行"编制管理制、聘用合同制、岗薪工资制、工资总额包干制"五位一体的人事制度改革,并于 2006 年在县城建成区学校推广。2005 年,县教育局下发《关于加快现代学校制度建设的实施意见》,推动形成学校自主运行、自我管理、自主发展的新型管理机制。2008 年,县教育局印发《长兴县学校管理工作年度考核办法》,对全县各级各类学校按不同类别进行考核,视考核结果分别设优秀奖和进步奖,以推进学校管理工作规范化、制度化。2009 年,义务教育学校实行绩效工资。分基础性工资和奖励性工资两部分。基础性绩效工资占工资总额 70%,由县财政统一发放;奖励性绩效工资占工资总额 30%,由学校在考核基础上自主确定分配办法发放。2011 年至 2012 年,县教育局开始对全县各级各类学校开展发展性督导评价。学校发展性评价由"基础性指标"(是根据国家的教育方针、法律、法规和省市有关规范要求制定,体现学校基本条件、学校管理和办学基本要求等方面,具有法定性和统一性,是学校必须做到的)和"发展性指标"(是由学校依据教育改革和发展需要,根据自身发展的不同阶段和办学特色选择提出)两部分组成,评价结果作为校长考核、学校学年度工作目标考核和绩效工资核发的重要依据。

三、考试与招生制度

1988年秋季起,在白岘乡、长桥乡、便民桥乡、观音桥乡和雉城镇(郊区)5个率先实施义务教育的乡镇改革初中招生办法,小学毕业生不再参加初中统一招生考试,按学区就近直升初中。

1991年2月,县教育局印发《长兴县执行"浙江省全日制中小学学籍管理暂行办法"的实施细则》,明确中小学考试科目,各科学业成绩考核分为考查、考试两种。秋季,普通高中招生,由县中招办下达招生计划,划块择优录取,长兴中学面向全县择优统招200人,面向丁新区、雉城地区择优录取普通班100人。职业高中主要招收全县城镇户口的初中毕业生,农技校主要招收全县农村户口的初中毕业生。同年,重点中学高中招生加试50米跑(男、女)、800米跑(女)1000米(男)、立定跳远(男、女)、铅球(男、女)4项体育项目,满分40分。1993年秋季,全县所有乡镇均实施九年义务教育,取消小学升初中考试,小学毕业生全部按户籍所在地就近升入初中。同年,重点中学(长兴中学和湖州中学)实行首批划线录取;县内其他普通高中按县下达的招生计划、招生范围和考生志愿,从高分到低分录取;湖州一中面向全市招有体育、美术特长的新生,根据学生志愿提前录取;泗安中学、煤山中学、和平中学、李家巷中学原则上招收辖区内考生,如有生源差距,可由县中招办根据考生要求跨区录取。

1994年4月,县教育局改革招生考试办法,普通高中、职业高中、初中技校招生实施"三合一"考试,即初中毕业会考和普高、初中技校招生文化考试合为一次。秋季起,全县小学、初中一律实行不留级制度。1995年,按照普及九年义务教育的要求,小学招生年龄控制在6周岁半至7周岁之间,确保小学毕业生都能升入初中,最低不能少于学校毕业生的97%。1997年,重点中学为每个升学考生必须填报,具体要填报2所重点中学(长兴中学和湖州中学)和面向所在地区招生的县内各完(高)中重点班(和平地区的考生报虹溪中学重点班,城东地区报长兴中学)。2000年,根据《长兴县2000年高中段招生实施办法》,高中段招生实行优惠加分办法,长兴中学面向全县提前招200名高一新生(含91名推荐生)。2001年,实行高中招生制度改革,打破施教区的限制,保证所有学校有足够生源;普通高中招生采用推荐加考试办法实行提前招生,职高招生从一年一次改为一年分春季、夏季、秋季三次;发放"教育券"鼓励学生到职教中心和清泉武校就读;成校开设职教班。同年,高中段招生比例达到79.2%,普高与职高比为1∶0.98。2003年,改革招生考试制度,实行体育考试自选强项,成绩不满意可以重考的考试办法。取消高中招生施教区,学生可以选报2所普高和1所职高,对普通高中择校生实行"限人数、限分数、限钱数"的"三限"政策①,长兴一中、泗安中学分别招收体育和美术特长班,实行初中毕业生实验操作考查。2004年,高中段招生除继续实行"优惠加分办法"外,规定凡夫妻双方均是农村户口的独生女孩可在高中段学校招生中加3分。2006年,实行高中段招生制度改革,初中毕业生升高中段学校设置前置条件,升普高综合素质测评达到2A2B及以上,升其他高中段学校达到4B及以上。2007年,初中毕业生升高中段进行综合素质测评,升普高要达到2A2B及以上,升其他高中段要达到4B及以上。2008年,高中段招生实行定向招生的办法,定向指标为省示范高中招生指标的30%。2009年开始,实行中考体育考试,体育考试成绩总分为30分,计入高中段招生总分。2010年,高中段定向招生指标占示范高中招生指标比率提高至50%。

四、教育券

2001年秋季起,县教育部门在县职教中心、长兴技校、清泉武校和社会力量办学举办的义务教育学校中,开始使用"教育券"。职业教育"教育券"一张面值300元,义务教育"教育券"一张面值

①2003年7月,教育部办公厅印发《关于公办高中严格执行招收"择校生""三限"政策的通知》,对"三限"政策做出明确的界定。"三限"政策是指政府举办的公办高中在完成年度招生计划的前提下,可以招收一定数量的择校生,但必须严格限人数、限分数、限钱数。"三限生"也就是通俗意义上的自费择校生,在中考成绩离分数线还差一定分数的情况下,通过缴纳一定费用而入学的学生。

500 元，每学年发放一次。2002 年 9 月，将教育券功能向义务教育阶段贫困学生延伸。2005 年 9 月起，在高中段全面实施教育券制度。2006 年 1 月，长兴“教育券制度”获第三届中国地方政府创新入围奖。2008 年，对义务教育阶段全部实行免费教育，提前完成对贫困学生发放教育券目标任务。至 2012 年，全县共下发各类教育券 16.68 万张，面值计 1.41 亿元。

〔**专记**〕

长兴教育券制度

教育券，最早由美国经济学家、诺贝尔经济学奖获得者米尔顿·弗里德曼于 1955 年在《经济学与公共利益》一文中提出，又称为“教育凭单计划”。是一种由政府向学龄儿童颁发的、表明儿童受教育权利的价值凭证。儿童在入学时将教育券交给学校冲抵学杂费(部分或全部)，学校则用收取的全部教育券向政府换取与其相当的年度教育拨款。2001 年，长兴县在全国率先推出的教育券制度，已从简单的“教育凭证”向引导教育需求、促进教育公平和均衡发展、调整教育布局、影响社会教育的观念方面拓展，有效地改变了民办教育和职业教育的弱势地位，在公办学校和民办学校、普通高中和职业高中之间创设相对公平的竞争环境，是对教育投入体制改革与创新所做出的贡献。

2001 年 5 月，县教委印发《关于“教育券”使用办法的通知》，从 2001 年秋季起在县职教中心、长兴技校、清泉武校和社会力量办学举办的义务教育学校中使用“教育券”。“教育券”的使用办法：一是教育券由教委印制、发放。目的是扶持义务教育阶段的民办学校健康有序的发展和使更多的初中毕业生报读职业学校。发放范围为职业教育和义务教育学生，其中职业教育“教育券”一张面值 300 元、义务教育“教育券”一张面值 500 元；二是“教育券”每学年发放一次。根据实际情况确定发放数量，按比例发放到全县教育系统的各中小学，学校确定学生对象，将券发到学生手中；三是初中毕业生凭职业教育“教育券”到职教中心、长兴技校、清泉武校报到就读，可抵缴 300 元；义务教育阶段的学生凭义务教育“教育券”到社会力量举办的义务教育学校报到就读可抵缴 500 元；四是收到“教育券”的招生学校经费由县教委支付；五是“教育券”限于县教育系统，使用范围仅限教委直属的职教中心、长兴技校、清泉武校和社会力量办学举办的义务教育学校。同年，共向 1800 多名学生发放面值总计约 65 万元的教育券。

2002 年，县教育局开始将教育券功能向义务教育阶段贫困学生延伸，制定《长兴县贫困学生助学互助会章程》，出台《长兴县贫困学生助学互助会经费补助实施细则》，并在该文件中规定，自 2002 年秋季起，小学阶段的贫困生每学期可获得一张面值 200 元的教育券，初中阶段的贫困生每学期可获得一张面值 300 元的教育券。同年 9 月，除民办学校 25 名学生和职业类学校 2834 名学生如期拿到教育券外，还有 361 名贫困学生受到资助，全县没有一名学生因贫困而辍学。《中国财经》杂志、省政府研究室和北京大学经济学教授周其仁等先后到长兴了解“教育券”制度。新华社以内参的形式报道长兴教育券制度，教育部部长陈至立专门做出批示。之后，《中国教育报》、浙江电视台、上海电视台和中央电视台相继到长兴采访报道，其中《中国教育报》于 10 月 20 日以整版的篇幅介绍长兴“教育券”实施情况。12 月，省教育厅在长兴召开“教育券”制度专题研讨会，完善推广教育券制度。

图 27-11　2006 年，长兴教育券制度获“第三届中国地方政府创新奖”入围奖(县教育局提供)

2003 年 9 月，县教育局开始将教育券的发放扩展到2所高中(华盛高级中学和长广高级中学),以扶持两所学校发展。全年,共发放三类教育券5912张,面值总计151万元。2004年,《教育券制度与促进基础教育均衡发展,促进公共教育经费拨款体制改革关系的研究》被列为国家级子课题,长兴以教育券"先行者"的身份参加中央教育科学研究培训中心在北京大学召开的全国农村教育改革理论与实践研究会。2005年9月起,在高中段全面实施教育券制度,县教育局按年度将县财政对高中段学校的投入作为国家对高中学生的培养经费,以教育券的方式发给应届初中毕业生,学生持券自主择校。

2006年1月,县教育局"教育券制度"获第三届中国地方政府创新入围奖,并于1月14日在北京人民大会堂参加颁奖仪式。3月,国务院"两基"办、教育部基教司义教处有关专家到长兴就教育券制度、外来务工人员子女就学情况进行调研。9月,共有4030名贫困生获教育券,发放教育券总面值130万元,比上学期增加10万元,义务教育阶段家庭经济困难学生的受资助率达6%左右。其中,小学段发放教育券2602张,面值200元左右;初中段发放1251张,面值300元左右;高中段发放177张,面值1500元左右。2007年,继续实施"贫困学生资助扩面工程""爱心营养餐工程""职业学校助学奖学行动计划",扩大资助面。2008年,全年发放教育券3096张,营养券1.73万张,同时根据政策要求,对义务教育阶段全部实行免费教育,对贫困学生发放教育券目标任务已提前全部完成。至2012年,全县共发放民办教育、职业教育、扶贫助学、普通高等教育券16.68万张,面值共计1.41亿元。

(戴国华执笔)

第二节 九年制义务教育

1986年秋季,根据《中华人民共和国义务教育法》和《浙江省实行九年制义务教育条例》精神,全县率先在雉城镇街道的3所小学实施九年制义务教育。1987年1月,县八届人大常委会第15次会议通过《长兴县实行九年制义务教育规划》,全县开始分期分批实施九年制义务教育。同年9月,在白岘、长桥、便民3个乡首批实施九年制义务教育。

1988年9月,在观音桥乡和雉城镇郊区的12个行政村实施九年制义务教育。同年,共在白岘乡、长桥乡、便民桥乡、观音桥乡和雉城镇(郊区)5个乡镇实施义务教育,占全县乡镇总数的14.7%;实施九年制义务教育的乡镇人数8.75万人,占全县总人口数的14.7%;小学毕业生升入初中入学率68%。1989年6月,县九届人大常委会第15次会议通过《关于调整我县九年制义务教育实施规划的决定》,将原计划到1992年全县各乡镇全部实施九年制义务教育,调整到1993年全部实施。9月,在下箬寺乡、虹星桥镇、槐坎乡和煤山镇4个乡镇实施九年制义务教育。同年,建立学生《浙江省义务教育登记卡》,县政府下发《关于认真做好控制中小学流生工作的通知》,实施义务教育的乡镇制定控制学生流失的行政法规。

1990年9月,在林城镇、小浦镇、夹浦镇、丁甲桥乡、吕山乡、吴山乡和泗安镇7个乡镇实施九年制义务教育,全县共有16个乡镇实施九年制义务教育,小学毕业生升入初中入学率84%。1991年9月,在洪桥镇、新塘乡、李家巷镇、后漾乡、里塘乡、长城乡、和平镇和二界岭乡8个乡镇实施九年制义务教育。同年,全面推行"义务教育证书"制度,全县小学一年级至六年级、初中一年级学生全部建卡登记,小学升初中率91.5%。1992年9月,在横山、水口、包桥、长潮、管埭和畎桥6个乡实施九年制义务教育,全县已有29个乡镇实施九年制义务教育,实行义务教育的人口覆盖率已达90.7%,全县7周岁~15周岁适龄儿童少年的入学率达到96.2%。1993年9月,在仙山、太傅、天平和白阜4个乡实施九年制义务教育。至该年,全县33个乡镇全面普及九年制义务教育,实施义务教育覆盖率达到100%,义务教育的人口覆盖率达到90.7%。小学毕业生升初中率93.9%,小学在校生年辍学率0.02%,初中在校生年辍学率1.6%。

1994年11月,全县率先完成雉城、李家巷、小浦3个镇的县级"两基"(基本普及九年制义务教育和基本扫除青壮年文盲)验收。至1996年,全县共分4批对33个乡镇进行评估验收和复查。1996年12月,通过省教委“两基”评估验收,小学毕业生升初中率达97%,小学在校生年辍学率0.02%,初中在校学生年辍学率1.6%。1997年,县教委制定《长兴县高标准普及义务教育规划》,开始高标准“普九”试点工作。同年,煤山镇、白岘乡、李家巷镇、洪桥镇、雉城镇通过县高标准“普九”达标验收。全县中小学开始“普及实验教学”。1998年,县教委制订“教育强乡(镇)”创建工作计划,4月煤山镇被授予首批“浙江省教育强镇”称号,年底全县通过省中小学实验教学普及县验收。1999年4月,县人大常委会开展《中华人民共和国义务教育法》专项检查,重点检查各乡镇的流生、教育网点调整和教育费附加征、管、用情况。全县有30所小学、12所初中因留生工作做得好而受到奖励,有1300多名辍学学生重返校园。同年,长兴县通过省教委的“两基”年检。

2000年11月,县评估组对太傅、水口、泗安、虹星桥、林城、二界岭和长潮7个乡镇进行高标准“普九”验收并报市验审,全县义务教育得到巩固提高,完成高标准“普九”任务,小学毕业生入初中率达97.2%。2001年年初,县委、县政府印发《长兴县教育现代化纲要(2000—2020年)》的通知和《关于加快教育发展争创教育强县的实施意见》,开展争创省教育强县。11月,通过省级教育强县验收,实现从“两基”验收、高标准“普九”到教育强县的三步跨越式发展。同年,出台《长兴县义务教育质量评价办法》,建立科学的评价体系,全面推进教育质量的提高和素质教育的实施。全县小学毕业生入初中率达99.2%。2002年,县政府制定《关于基础教育改革与发展的若干意见》,加大对经济欠发达乡镇教育的扶持力度,推行“教育券”发放,资助贫困学生接受九年制义务教育,控制中小学生的辍学,巩固高标准“普九”成果。2004年,实验小学通过浙江省I类标准化学校验收,煤山小学、虹星桥镇中学通过浙江省II类标准化学校验收。同年起,全县小学毕业生入初中率每年均达到100%。2006年,洪桥镇通过湖州市示范性教育强镇验收,夹浦中学等3所学校通过浙江省示范性等级学校评估,滨海小学等8所学校建成省级标准化学校。同年秋季起,全县义务教育阶段学生免收学杂费。全县高标准、高质量普及九年制义务教育,16个省级教育强乡镇通过复查。2007年,制定《义务教育保障机制改革实施方案》,落实义务教育发展政策保障。全年发放扶贫助学券1.6万张、金额350多万元,发放爱心营养券1.4万张、金额140多万元,义务教育阶段减免学生杂费1500多万元,义务教育阶段受益面达10.1%,全县无一人因贫失学。2008年,有30所义务教育阶段学校创建省标准化学校,全县基本普及十五年基础教育。2009年4月,县政府出台《长兴县义务教育阶段来长兴务工人员子女就学管理暂行办法》,对到长兴务工人员子女就学情况实行动态管理,统一纳入电子学籍管理系统。2010年春季开始,全县免除农村义务教育阶段学校住宿费。2011年1月,县政府成立“义务教育均衡发展县”创建工作领导小组。4月,有13所中小学校(4所小学、9所初中)通过湖州市义务教育阶段首批教育现代化学校评估验收。6月,实施义务教育标准化学校建设。2012年,有25所义务段学校被省教育厅确定为省标准化学校,12所中小学创建湖州市义务教育阶段现代化学校。

第三节　学校布局调整

一、义务教育学校布局调整

小学学校布局调整　1988年,全县有小学425所,其中教育部门集体办405所;教学班1540个,其中复式班422个。1989年,全县有教育部门集体办小学有406所,分别为实验小学、雉城二小、雉城三小和34所乡镇中心小学及所辖369所村完小、教学点,教学班1468个,学生50729人;其他部门办小学20所,教学班167个,学生5094人。

1991年秋季,全县有小学394所(不含其他部门办20所),其中中心小学以上的有39所。1993年,县乡两级政府结合破旧校舍改造,加快中小学网点调整,小学学校数量减少至380所。1996年,全县通过浙江省“两基”验收，设置小学371所(含长广12所)，在校生50538人。1998年，修订《1998—2002年中小学教育网点布局调整规划》，开始撤并村小，调整小学布局，改善教育布局散、学校规模小的状况。1999年8月，根据全县乡镇区划调整，理顺撤扩并乡镇中小学管理关系，调整撤并乡镇中小学设置；9月，全县农村和山区的复式班有74个，学生近2000人。2000年，按照《长兴县农村中小学布局调整规划》要求，实施农村小学布局调整工作。7月，对新塘、吴山、二界岭、长潮、白岘、槐坎6个乡的中小学实行九年一贯制管理，建立中心学校，统一管理全乡中小学。8月，撤并农村小学57所，教学点31个；撤销长潮、李家巷、煤山、水口、吴山5个乡镇小学的复式班，县内复式班教学彻底退出历史舞台。同年，全县有小学学校187所，教学班1283个，学生51737人。

2002年，完成新一轮农村小学布局调整，全县小学调整为106所(不含其他办学5所)，在校学生51452人。2004年7月，对农村小学布局进行重大调整，坚持扩展中心、完善完小、压缩村小的原则，在原来一镇一中心的基础上，恢复仙山中心小学、长潮中心小学、管埭中心小学、天平中心小学、畎桥中心小学、里塘中心小学6所小学建制，成为独立法人单位。2005年，全县小学设置 95所，在校学生48939人。2006年6月，长广集团公司所属学校移交长兴县教育局管理，均为县属学校。2007年8月，根据长兴城市建设发展规划及城市中小学教育发展要求，缩小校际之间差距，提高办学水平，实行长兴一小和雉城二小集团化办学。同年，全县小学撤并至50所，在校学生45258人。2008年4月，对雉城镇镇属学校管理体制进行调整。2012年7月，规范建成区学校命名。至同年年末，全县共有小学42所(九年一贯制1所)，教学班854个,在校学生37037人。

初中学校布局调整 1988年，全县有教育部门办普通初中学校36所，其中独立设置30所、完全中学6所，教学班312个，在校学生14942人；有省属厂矿单位初中学校3所，教学班71个，在校学生2857人。初中校均规模达到455人。

1992年，香港实业家邵逸夫捐资扩建洪桥中学(县属)，经国家教委命名为洪桥逸夫中学(县属)。同年乡镇区划调整后，丁甲桥乡中学更名为夹浦中学丁甲桥分校，观音桥乡中学更名为虹星桥镇中学观音桥分校，便民桥乡中学更名为和平镇中学便民桥分校。1993年，长兴县芝山初级农业技术学校撤并。1994年8月，洪桥镇中学撤销，并入洪桥逸夫中学，定为镇管中学。1996年8月，和平中学撤销，其初中部并入和平镇中学(从施村迁入和平中学校址办学)。同月，撤销县属林城中学，并入太傅中学(迁入林城中学校址办学)。全县实现一个乡镇设1所初中的要求，共有乡镇初中34所(含3所分校)，在校学生18349人。同年，全县共有初中37所(含厂矿学校)、完中初中部5所，在校学生23259人。

1997年，长兴中学实行高中、初中部分离，初中部组建雉城镇城北初级中学。1998年8月，和平镇中学便民桥分校并入和平镇中学。1999年因乡镇区划调整，畎桥乡中学撤并为林城镇中学畎桥教学点，白阜乡中学撤并为长桥乡中学白阜教学点，虹星桥中学观音桥分校撤并为虹星桥镇中学观音桥教学点，夹浦镇中学丁甲桥分校撤并为夹浦镇中学丁甲桥教学点，管埭乡中学撤并为泗安镇中学管埭教学点，长城乡中学撤并为和平镇中学长城教学点。横山、后漾、下箬、包桥、天平、仙山、里塘等乡镇中学以新归属的乡镇冠名，保留独立法人事业单位性质不变，施教区域范围不变。雉城城区有雉城中学、城北初级中学及长兴中学初中部3所初中。同年，全县共有初中33所，在校学生20834人。

2000年8月，新塘、吴山、二界岭、长潮、白岘、槐坎六个乡的中小学实行九年一贯制管理，建立中心学校，统一管理中小学；撤销横山中学建制，并入洪桥逸夫中学，改为洪桥逸夫中学教学点；撤销虹星桥中学观音桥教学点，并入虹星桥中学；撤销林城镇中学畎桥教学点，并入林城镇中学；撤销泗安镇中学管埭教学点，并入泗安镇中学。12月，县政府同意筹建湖州大云昆中国际学校，校址位于林城镇新开发区，由浙江花海圣沃特国际发展有限公司投资兴建。2000年因乡镇区域调整，长桥乡中学、新塘乡中心学校并入雉城镇，长潮乡中心学校并入泗安镇，太傅乡中学并入林城镇，学校分别更名为雉城镇长桥中学、雉城镇新塘中心学校、泗安镇长潮中心学校、林城镇太傅中学。8月，撤销林城镇天平中学建制，隶属林城镇中学；撤销虹星桥镇里塘中学建制，隶属虹星桥镇中学；撤销雉城镇包桥中学建制，隶属雉城镇古城中学；撤销泗安镇长潮中心学校建制，中学部师生并入泗安镇中学；撤销夹浦镇中学丁甲桥教学点并入夹浦镇中学；撤销和平镇中学长城教学点并入和平镇中；撤销长桥中学白阜教学点，并入长桥中学。雉城镇城北初级中学更名为长兴县第一中学(简称长兴一中)。2002 年 8 月，古城中学异地新建项目开始启动；秋季开学，槐坎乡中心学校(中学部)异地迁建新教学楼投入使用，长兴华盛虹溪高级中学招收 4 个初中实验班学生。同年，天平中学并入林城中学，里塘中学并入虹星桥中学，全县共设置初中学校 25 所，教学班 488 个，在校学生 25879 人。

2003 年 2 月，筹建长兴县实验初级中学，秋季招收初一新生 12 个班，600 名学生，设在长兴一中内。2004 年秋季，新建实验初中、迁建的古城中学完工投入使用。林城镇中学和太傅中学并入大云昆中国际学校，共 38 个教学班，学生数 2147 人，仍按两个校区上课(次年 4 月撤销合并，恢复两校独立办学)。吴山中学迁建、二界岭中心学校中学部教学楼、泗安镇中学学生宿舍改建投入使用。撤销雉城中学建制，并入长兴一中，为县属初级中学；撤销仙山中学，并入泗安中学；下箬中学初一停止招生，初一学生按片分别由古城中学和长兴一中招生；撤销长桥中学并入古城中学；洪桥逸夫中学横山教学点撤销并入洪桥逸夫中学。全县初级中学设置 23 所，教学班 487 个，在校学生 25933 人。

2005 年 8 月，撤销下箬中学建制，并入古城中学、长兴一中。2006 年 6 月，长广一中与长广实验小学合并，为九年一贯制学校办学，为县属学校。2007 年 7 月，长兴一中迁建工程举行开工奠基仪式，选址龙山新区双拥路；煤山中学迁建工程启动。秋季，和平镇中学、林城镇中学迁建工程完工投入使用；撤销太傅中学建制，并入林城镇中学。2008 年秋季，煤山镇中学新校舍投入使用，槐坎中心学校、白岘中心学校和长广中心学校初中部初一年级统一由煤山镇中学招生；撤销吴山中心学校初中部并入和平镇中学；撤并二界岭中心学校初中部，并入泗安中学；和平镇中学、林城镇中学和煤山镇中学分别更名为和平中学、林城中学和煤山中学；长兴一中整体搬入双拥路新校区。2009 年秋，槐坎乡中心学校、白岘乡中心学校、长广中心学校初中部全部并入煤山中学。2011 年 7 月，成立长兴县开发区初级中学，为公办全日制普通初级中学，隶属于开发区。2012 年 7 月，长兴县实验初级中学更名为长兴县实验中学，长兴县第一中学更名为长兴县龙山中学，长兴县开发区初级中学更名为长兴县雉城中学。同年，全县共设置普通初中 17 所，458 个教学班，在校学生 20777 人，校均规模达到 1222 人。

二、高中段教育资源调整和优化

普通高中　1988 年，县内有教育部门办普通高中 6 所，省属厂矿办高中 2 所。2012 年，全县有普通高中 5 所，其中长兴中学、长兴县太湖高级中学为公办，长兴县华盛高级中学、长兴县金陵高级中学、长兴县艺术高级中学为民办，全部集聚在县城办学。详见本编、第 3 章、第 1 节和第 5 章、第 1 节。

职业高中　1988 年，县内有教育部门办普通职业中学 2 所，行业办学 5 所。2012 年，全县有中等职业类学校 4 所，其中长兴县职业技术教育中心学校、长兴技师学院、湖州中等卫生专业学校为公办，湖州市清泉文武学校为民办。详见本编、第 3 章、第 2 节和第 5 章、第 1 节。

第四节　教育督导

1988 年，县教育局视导组对 9 所乡镇中小学进行一般性视导，对包桥中学、下箬中心小学进行全面视导。1989 年上半年，视导 5 所乡镇中学、4 所中心小学和 4 所完小，形成《关于乡镇教育督导提纲》书面报告。下半年，根据国家教委部署的督导检查内容，抽查雉城、下箬寺 2 个乡镇加强德育工作情况、教育经费增长及教师待遇落实情况、中小学危房改造情况、制止中小学生流生情况和乱收费纠正情况，对槐坎、白阜、观音桥 3 所乡中学的分叉班进行重点调查和指导。1990 年 2 月，县教育局视导组改为教育督导室，同年对雉城二小进行专题督导评估，对和平中学、李家巷中学等学校进行德育调查，对实施九年制义务教育的乡镇开展督导检查。1991 年，对全县已实施九年制义务教育的 16 个乡镇进行重点督查。1993至1994年,对乡镇“两基”工作进行检查。1995年,先后对20个乡镇进行“两基”评估验收。1996年,长兴县通过省“两基”评估验收。

1998年,县政府教育督导室成立,与县教委合署办公,县教委所辖教育督导室改为督学科,负责处理县政府教育督导室的日常事务工作。11月,对全县各校的办学条件、办学规模、教学质量、办学效益进行全面评估。1999年,受市政府教育督导室委托,对虹溪中学进行办学水平督导评估。2000年,进行财政对教育拨款、学校布局调整、代课教师清退和教育附加费征收共4项督导检查。同年,开展“减负”专项督导,制定“减负增效”的11项措施,对所属20个乡镇学校进行“规范办学行为,减轻学生过重负担”专项检查。2001年,县教育督导室建立健全“两基”年审制度、学校评估制度、教育强镇联系制度、教师工资兑现月报制度等专项督导制度,坚持“督政”与“督学”相结合,依法开展各项教育督导活动。2003年,对长兴华盛虹溪中学进行办学水平评估,为申报省重点高中作准备,并指导清泉武校申报省重点综合高中。同年,开展学校优质教育达标评比活动,围绕课程改革实验、信息技术教育等重点内容开展素质教育实施情况专项调查。2004年,在全县初中开展规范办学行为专项督查。2005年,对全县20所中小学的体育课实施情况进行督导。制定全县各级各类学校的现代化标准(试行),建立发展性评价制度。开展基本办学条件专项督查,促使乡镇加大投入,改善办学条件。开展农村教育有关政策落实情况专题调查。2008年,建立长兴县督学责任区制度,将全县所有学校划分为6个督学责任区,每个督学责任区确定1名市县级督学和3名兼职督学,负责经常性的督导工作。9月,县教育局、县政府教育督导室聘请4名特约教育督导员、3名督学和27名兼职督学。2010年9月,开始对义务教育阶段学校申报市教育现代化学校进行督导评估。2011年,全县有4所小学和9所初中成为首批市义务教育现代化学校。2012年6月,制定《长兴县学校发展性督导评价方案》,开始对全县初中学校进行发展性评价督导评估。

第九章　办学条件

1988—2012年,长兴县坚持把教育放在优先发展的位置,不断增加教育经费投入,改善各级各类学校办学条件,改建学校基础设施,改进教育装备和教学设施,推动教育实现现代化。

第一节　教育经费

一、教育经费收入

1988年,全县教育经费总收入1140万元。2012年,全县教育经费总收入12.7亿元,比1988年增长111.35倍。1988—2012年,全县教育经费总收入85.56亿元。其中,预算内教育经费49.91亿元,各级政府征收用于教育税费10.77亿元,校办产业、勤工俭学和社会服务用于教育经费1344.6万元,社会团体和公民个人办学经费、民办学校举办者投入2.27亿元,社会捐、集资办学经费7081.1万元,教育事业收入(含学费、杂费)15.92亿元,其他收入4.94亿元。

1988年,全县人均教育事业费19.5元。2012年,人均教育事业费2017.8元;生均预算内公用经费分别为职业中学8002.9元、普通高中4127.7元、普通初中3027.2元、小学3629元。

1995年9月《中华人民共和国教育法》颁布实施,同年教育预算内财政拨款2470.7万元。2012年,教育预算内财政拨款8.87亿元,比1995年增长35.91倍,高于财政经常性收入增长比例;生均教育事业费1.26万元,比1995年的768.7元增长16.4倍。

二、教育经费支出

1988年,全县教育经费总支出1158.9万元,其中用于教职工工资、津贴等个人部分支出723.8万元，用于公务费、业务费、修缮费、设备购置费等公用部分支出399.8万元，用于基建支出35.3万元。2012年，全县教育经费总支出12.63亿元，其中用于教职工基本工资、职工福利等支出6.77亿元，用于公务费、业务费、修缮费、设备购置费等公用部分支出2.06亿元，用于基建支出3.8亿元。全年支出总额比1988年净增12.52亿元，增长108倍。

1988—2012年，全县教育经费总支出84.73亿元，其中用于教职工工资、津贴等个人部分支出41.6亿元，用于公务费、业务费、修缮费、设备购置费等公用部分支出13.22亿元。征收教育税费主要用于学校基本建设和学校教学条件装备建设，捐资、集资办学经费主要用于实施九年制义务教育、发展职业教育、改善办学条件等，学校事业收入经费保证30%以上用于改善办学条件。

2012年年末，全县各级各类学校固定资产总值18.51亿元，其中专用设备总值2.07亿元。1988—2012年，全县学校基本建设项目投资19.91亿元，教育装备投资2.67亿元。

三、教育经费管理

分级管理 1988年以后，全县教育经费实行分级管理。乡镇国拨教育事业经费实行“切块包干”办法。县管学校人员经费实行定编定员，工资总额、公用经费按学生数核实包干，公用经费按不同类型学校计发，预算外经费由学校根据规定收支和管理，分季度向县教育局结报。2000年5月，县教委直属财务核算中心成立，县属学校全部实行“单位审批，中心结报，统一管理，分单位核算”的管理体制。2007年以后，实行“校财县管”的财务管理办法，成立县教育局财务核算中心，各乡镇学校经费全部纳入财务核算中心统一核算，学校执行经费预算和财务制度执行情况报告制度。

收费管理 1988年起，全县中小学学杂费收费标准经上级教育机构和县物价局核准。义务教育阶段小学、初中只收杂费，免收学费。1991年，县教育局开展学校收费清理整顿，取消发电费、设备费、住校生管理费、折旧费和财产损失费、实验费等五个收费项目，将文体活动费、讲义费列入学生的代管费。同年，下发《关于幼儿园收费标准及有关问题的通知》，制止乱收费。1994年，执行新调整的中小学收费标准，适当放开非义务教育阶段的收费，普通高中在完成计划招生的前提下，允许招收30%的自费生，职业技术教育推行有偿教育。1998年，实行幼儿园等级收费制度。2000年起，公办学校非义务教育阶段的收费，根据生均培养成本的一定比例收取学费，高中段学校收费按比例统筹。2004年下半年开始，在义务教育阶段学校实行“一费制”（含杂费、课本费、作业本费）的收费办法，按标准收取“一费”，实行“收支两条线”管理，执行教育收费公示制度。收费时必须凭物价部门核发的“收费许可证”，统一使用县财政部门印制（监制）的收费票据。2005年，实施收费“阳光工程”，执行省有关公办普通高中招生“三限”政策，学校所有收费全额上缴县财政局预算外资金专户并实行收费电脑开票，收费实施公示制度，接受社会监督。2006年秋季开始，全县义务教育阶段中小学生全部免除学杂费，初中每生每年260元，中心小学每生每年200元，完小每生每年130元；取消代办费和服务性收费；按规定限制择校生比例和收费。2007年春季开始，全县中小学不再收取代办费和服务性收费，将必需的热（蒸）饭费、饮水费以及必要的课外（校外）教育活动等保证日常教育教学活动所需的基本开支，纳入公用经费支出范围。同年秋季开始，义务教育阶段实施国家课程教科书免费工作。2008年春季开始，全面实施义务教育阶段课本费、作业本费免费工作。2010年春季开始，免除农村义务教育阶段学校住宿费。

助学管理 1988年，全县各中小学采取减免学杂费、结对助学、献爱心等方式，以不使一个贫困家庭子女辍学。2001年5月，县教育局印发《关于“教育券”使用办法的通知》，秋季起，在县职教中心、长兴技校、清泉武校和社会力量办学举办的义务教育学校中使用教育券。2002年，县教育局制定《长兴县贫困学生助学互助会章程》，出台《长兴县贫困学生助学互助会经费补助实施细则》。4月，成立长兴县贫困学生助学互助会。互助会的资金以政府拨款为主，接收会员单位和个人及社会各界的捐赠。教育局第一年在教育事业费中划拨10万元，第二年划拨20万元，第三年拨款30万元，之后每年从教育经费中划拨30万元用于扶贫助学，保证互助会的经费来源。2002年秋季起，小学阶段的贫困生每学期可获得一张面值为200元的“教育券”，初中阶段的贫困生每学期可获得一张面值为300元的“教育券”。

2003年9月,教育券的发放扩展到2所高中(华盛高级中学和长广高级中学)。2005年9月起,高中段全面实施教育券制度。下半年,实施农村中小学家庭经济困难学生资助扩面工程和爱心营养餐工程,全县享受爱心营养餐学生共4043人,资助金额40.43万元。2005年秋,将全县农村居民年人均收入1500元以下、城镇居民年人均可支配收入3000元以下的低收入家庭子女,少数民族学生、三峡移民子女和因受灾、疾病等原因造成家庭经济困难的学生全部纳入资助范围。2007年开始,扩大资助范围,将农村居民年人均收入2000元以下、城镇居民年人均可支配收入4000元以下的低收入家庭子女列为资助对象。2009年开始,将爱心营养餐标准从每生每学年200元提高到350元。至2012年,共下发民办教育、职业教育、扶贫助学、普通高等教育券16.68万张,面值共计1.41亿元;2005—2012年,全县享受爱心营养餐98734人次,资助金额1632.26万元。

1988—2012年长兴县教育经费收入情况表

表27-19

单位:万元

年度	收入总计	国家财政性教育经费					社会团体和公民个人办学经费、民办学校中举办者投入	社会捐、集资办学经费	事业收入		其他收入
		小计	预算内教育经费	各级政府征收用于教育的税费	企业办学经费	校办产业、勤工俭学和社会服务用于教育的经费			小计	其中:学、杂费	
1988	1140.4	978.4	784.2	184.5	0.0	9.7	0.0	0.0	103.0	103.0	59.0
1989	1215.1	1058.3	860.0	187.8	0.0	10.5	0.0	0.0	105.5	105.5	51.5
1990	1699.0	1481.5	920.1	285.3	254.8	21.3	0.0	18.9	126.3	126.3	72.3
1991	2024.7	1751.7	1025.8	317.9	382.8	25.2	0.0	21.7	165.0	165.0	86.3
1992	2391.5	1864.3	1300.3	265.8	278.1	20.1	0.0	31.7	248.3	248.3	247.2
1993	3223.1	2246.0	1394.2	460.4	354.0	37.4	0.0	178.9	414.6	414.6	383.6
1994	4782.7	3527.6	2331.5	647.1	424.7	124.3	0.0	174.8	645.5	645.5	434.8
1995	6443.2	4337.6	2470.7	932.9	659.0	275.0	0.0	348.5	797.4	797.4	959.7
1996	7467.8	4828.4	2982.6	1214.7	467.5	163.6	0.0	488.5	882.0	882.0	1268.9
1997	8544.2	5846.1	3474.6	1684.5	488.8	198.2	0.0	388.4	1108.9	1108.9	1200.8
1998	9736.5	6357.8	3904.7	1813.7	512.1	127.3	0.0	459.8	2381.7	1385.9	537.2
1999	11925.6	8231.6	4950.5	1944.7	1274.7	61.7	0.0	135.0	2803.3	1545.9	755.7
2000	13712.4	9049.1	5898.8	2113.4	975.3	61.6	0.0	213.0	3581.7	2053.3	868.6
2001	22529.1	12111.4	8702.5	2530.1	842.9	35.9	4492.5	1042.8	4156.9	2302.6	725.5
2002	22302.3	13594.2	10799.6	1826.2	911.3	57.1	1265.1	730.8	5753.7	3025.0	958.5
2003	28836.8	16890.3	13651.6	2685.2	476.3	77.2	1796.4	779.2	7784.7	4688.2	1586.2
2004	47864.7	26664.1	22309.3	3610.9	733.3	10.6	9574.2	104.8	8402.7	6199.4	3118.9
2005	43474.6	28599.5	24761.2	3833.5	0.0	4.8	3060.8	56.6	10263.9	7251.1	1493.8
2006	56315.7	39533.2	35104.5	4423.4	0.0	5.3	1796.2	53.8	12505.2	8727.8	2427.3
2007	63188.7	46072.3	37373.4	8698.9	0.0	0.0	0.0	334.8	14551.1	6966.3	2230.5
2008	73083.0	51344.5	39517.3	11821.4	0.0	5.8	0.0	67.5	15744.8	8618.5	5926.2
2009	77471.1	54767.0	47499.3	7255.7	0.0	12.0	1.0	667.7	17076.8	10813.1	4958.6
2010	106393.5	82010.6	59282.0	22728.6	0.0	0.0	76.0	384.8	17216.0	9854.5	6706.1

续表27-19

年度	收入总计	国家财政性教育经费					社会团体和公民个人办学经费、民办学校中举办者投入	社会捐、集资办学经费	事业收入		其他收入
		小计	预算内教育经费	各级政府征收用于教育的税费	企业办学经费	校办产业、勤工俭学和社会服务用于教育的经费			小计	其中：学、杂费	
2011	112821.7	89408.1	79077.9	10330.2	0.0	0.0	623.5	199.5	17819.8	10082.4	4770.8
2012	126988.9	104626.4	88723.6	15902.8	0.0	0.0	37.0	199.6	14578.7	10256.5	7547.2

说明：资料来源于县教育局

1988—2012年长兴县教育经费支出情况表

表27-20　　单位：万元

年份	合计	个人部分支出	公用部分支出					基本建设支出
			小计	公务业务费	设备费	修缮费	其他费用	
1988	1158.9	723.8	399.8	134.3	27.9	179.6	58.0	35.3
1989	1215.2	759.0	379.4	140.8	29.3	148.5	60.8	76.8
1990	1618.9	1010.7	495.0	183.0	39.1	111.3	161.6	113.2
1991	1730.2	957.4	627.8	85.5	39.2	85.5	417.6	145.0
1992	1855.8	1175.1	635.7	88.1	83.0	186.0	278.6	45.0
1993	3169.0	1888.3	1069.7	64.4	7.0	64.1	934.2	211.0
1994	4590.1	2891.4	1186.7	55.8	12.0	76.2	1042.7	512.0
1995	5972.8	3334.7	1501.8	63.2	16.4	3.8	1418.4	1136.3
1996	7582.2	3900.5	1829.3	97.6	35.5	54.1	1642.1	1852.4
1997	8553.1	4409.1	2029.7	109.7	28.1	123.0	1768.9	2114.3
1998	9510.1	5295.0	2733.4	1104.3	443.7	569.9	615.5	1481.7
1999	12158.3	6091.9	3194.4	1340.4	450.4	620.5	783.1	2872.0
2000	14282.8	7481.4	3995.6	1772.5	590.0	800.5	832.6	2805.8
2001	22670.4	10341.6	5328.5	2094.8	1579.9	811.5	842.3	7000.3
2002	22427.8	13471.4	6684.6	2887.1	1492.4	1445.0	860.1	2271.8
2003	28954.7	16001.1	7193.7	3590.7	1512.2	1258.9	831.9	5759.9
2004	46995.2	20281.6	8882.8	3781.3	2502.6	1926.7	672.2	17830.8
2005	43155.9	24896.4	9683.2	4303.4	2161.8	2372.0	846.0	8576.3
2006	55984.9	35926.5	11200.1	5656.9	1981.1	2604.8	957.3	8858.3
2007	62247.3	35019.4	13725.8	5983.3	1796.9	1728.3	4217.3	13502.1
2008	72273.6	42711.0	14244.2	6133.8	1858.5	1805.5	4446.4	15318.4
2009	76237.8	49007.0	15881.9	6304.2	2112.8	1902.5	5562.4	11348.9
2010	104864.0	62196.2	16774.7	7036.7	2273.0	2058.5	5406.7	25893.1
2011	111797.0	61629.4	18900.7	8267.8	3018.2	2285.3	5329.0	31266.9
2012	126316.9	67673.7	20599.0	8784.0	2601.2	2439.9	6773.9	38044.2

说明：1.资料来源于县教育局；2.个人部分包括基本工资、津贴补贴、奖金及绩效工资、社会保障缴费、离退休费、医疗费、助学金、其他支出

第二节　教育设施

一、危房改造与校舍建设

20世纪80年代，全县校舍建设以“校校无危房、班班有教室、人人有课桌椅”为基本目标，实现“一无两有”(校园无危房、班班有教室、学生人人有课桌椅)，推进“六配套”(教室、操场、围墙、校门、厕所、课桌)建设，达到“三齐全”(校校有图书室、实验室、体育活动室)。1988年，全县用于校舍建设投资161.66万元，翻建校舍2.5万平方米，新建校舍县属学校2362平方米，乡镇中小学3715平方米。煤山镇首批通过县政府“一无两有”检查验收。1989年，投入危房修缮改造经费234万元，新建中小学校舍9510平方米，危房率比上年下降2.3%。1990年，有44所学校校舍拆建改造1.21万平方米，18所学校完成“六配套”，修缮危房1.02万平方米，共投入经费287.85万元，其中校舍改造254.45万元、“六配套”建设2万元、危房维修31.4万元。1992年9月，长兴聋哑学校425平方米新校舍竣工验收。1993年，按照国家教委关于全面消除和杜绝中小学危房的要求，全县加快校舍改造步伐，计划用三年消除危房，其中新扩建校舍4.79万平方米、改造危房9800平方米、改造破旧校舍5.43万平方米，总投资3344.7万元。至1996年，基本完成全县破旧校舍改造任务。至同年8月，新建扩建项目58个，建筑面积达5.18万平方米，投资达2000多万元，新建扩建校舍超过前三年总和。有5个乡镇易地重建中心小学和初中，县实验小学和长兴中学初中部分校筹建。2000年起，加快校舍现代化建设步伐，至2001年7月，共有53个基建项目开工建设，建筑面积11.87万平方米，总投入8130余万元，已竣工32个项目。各乡镇学校新征教育用地共32.63公顷，县直属四大工程(长兴中学、实验小学、华盛高级中学、职教中心)共征地42公顷。全县生均建筑面积和生均用地面积达到创建省教育强县标准。2005年，县教育局编制《2005—2007年农村学校基础设施改造规划》和《长兴县农村中小学食宿改造工程实施计划》，投资3500多万元，对破旧校舍、食堂、宿舍、厕所等基本设施进行改造。2009年，制订《2009—2011年长兴县校舍安全工程改造实施计划》，加大校舍改造力度。1988—2012年，全县用于教育系统新建(迁建、扩建)校舍资金总额19.9亿元，建筑总面积134.14万平方米。

1988—2012年长兴县新建迁建及部分扩建学校建设情况表

表27-21

学校名称	地址	建造类别	竣工年份
长兴县长广煤矿公司技工学校	雉城街道双拥路37号	迁建	1988
长兴县聋哑学校	雉城街道长海路453号	新建	1992
长兴县洪桥逸夫中学	洪桥镇洪学路2号	迁建	1994
长兴县后漾中学	龙山新区陈家桥	迁建	1997
长兴县吕山乡中心小学	吕山乡前进街17号	迁建	1998
长兴县画溪街道包桥中心小学	画溪街道徐家浜	迁建	1998
湖州市清泉文武学校	夹浦镇父子岭兰香山	迁建	2000
长兴县职教中心	雉城街道职教路136号	迁建	2000
长兴中学	雉城街道金陵北路208号	迁建	2001
长兴县实验小学	雉城街道金陵北路87号	迁建	2001
长兴县华盛高级中学	雉城街道紫金路399号	新建	2001
长兴电大、进修学校	雉城街道长海路619号	迁建	2001
长兴县中心幼儿园	雉城街道长海路453号	新建	2001

续表27-21

学校名称	地址	建造类别	竣工年份
长兴县和平镇中心小学	和平镇镇前街176号	迁建	2001
长兴县水口乡中心小学	水口乡水口村上吉路38号	迁建	2001
长兴县槐坎中学	槐坎乡新槐村	迁建	2002
长兴县煤山镇中心幼儿园	煤山镇梅花街	迁建	2002
长兴县煤山镇中心小学	煤山镇梅花街	迁建	2002
长兴县夹浦环城完小	夹浦镇环沉村	迁建	2003
长兴县吴山中心学校中学部	和平镇吴山斗门	新建	2003
长兴县古城中学	雉城街道紫金路99号	迁建	2004
长兴县实验初中	龙山新区忻湖路158号	新建	2004
长兴县金陵高级中学	太湖街道太湖大道1138号	新建	2004
长兴县二界岭中心幼儿园	泗安镇二界岭罗家地村	迁建	2004
长兴县第二实验小学	雉城街道解放中路58号	新建	2004
长兴县泗安中学	泗安镇平桥居民会南门头2号	扩建	2004
长兴县吕山乡中心幼儿园	吕山乡前进街7号	迁建	2005
长兴县泗安镇中心小学	泗安镇泗安大道188号	迁建	2006
长兴县第六小学	雉城街道五峰路199号	新建	2006
长兴县林城中学	林城镇大云寺村	迁建	2007
长兴县和平中学	和平镇育才路1号	迁建	2007
长兴县第八小学	太湖街道林荫路111号	新建	2007
长兴县煤山中学	煤山镇煤山村	迁建	2008
长兴一中	雉城街道双拥路608号	迁建	2008
长兴技师学院	龙山新区回龙山大道2009号	迁建	2008
长兴县太湖图影小学	太湖图影旅游度假区横山村包家渎	迁建	2008
长兴县洪桥镇中心幼儿园	洪桥镇学士路	迁建	2010
长兴机关幼儿园	雉城街道道园路	迁建	2010
长兴县龙山幼儿园	龙山新区润兴路1号	新建	2010
长兴县泗安镇中心幼儿园	泗安镇柴湾街318号	迁建	2011
长兴县和平镇吴山中心幼儿园	和平镇吴山小溪口村	迁建	2011
长兴县第二实验小学	龙山新区忻湖路1111号	迁建	2012
长兴县夹浦中心幼儿园	夹浦镇环沉村	迁建	2012

说明:资料来源于县教育局

二、教育装备

教学设备　1988年起,全县加大教育投入,大幅增加教育教学装备。至1989年,全县中小学有实验室81个,共有面积4564平方米,其中小学12个;仪器室115个,共有面积2568平方米,其中小学23个。1991年,县教委下发《长兴县中小学实验室建设和实验教学的评估细则》,有13个乡镇中小学完成实验室建设,达到省教委的要求和标准。至1992年,全县教育教学仪器装备累计金额达143.1万元。同年,长兴中学被评为浙江省电化教育先进集体。1993年,全县80%以上学校的实验室达到二类以上实验室标准,乡(镇)教学仪器奖配资金达19万元。1997年,乡镇学校教学仪器奖配全部完成,县实验小学获全国中小学现代教育技术实验学校称号。1998年,有中小学实验室131个,仪器室134个。有9所学校教学仪器配备达省一类标准。各校按班级配齐"两机一幕"(幻灯机、收录机、屏幕),共有计算机500台(含多媒体25台,网络13套),全年教学仪器设备投入38.2万元。同年12月,长兴县通过省"实验教育普及县”验收。2000年,全县各校拥有1295台电脑。2001年,全县中小学实施“现代化信息工程”,共投入1300万元,为中小学配备教学仪器和音体美器材,为35所学校配备计算机1415台。2003年,成立县教育局信息中心,创建学校配语言室7间。2004年,启用长兴教育门户网站,80%学校设置多媒体教室,57所学校完成100兆光纤“校校通”工程。全县中小学有计算机2779台,平均29名学生拥有1台,中心小学以上的学校全部开设信息技术课。2005年,启用远程教育平台。2006年,长兴三中、滨海小学和泗安中心小学完成“数字校园”建设。2008年,全县新增通用技术实验室6间,理化生实验室30间。2009年,省启动第二轮“农远工程”,市启动“三进工程”(办公室进空调和电脑,教室进多媒体,校园进塑胶跑道),全县教育装备投入达1000万元,至2012年年末省“农远工程”共配备电脑5154台,多媒体1055套,中心机房服务器43台。2010年,省“标准化实验室”工程配发给县实验小学、泗安小学等4所小学科学探究性实验室4间。2012年,根据省考试院的要求,长兴中学和华盛高级中学的高考计算机机房进行隔离改造,对长兴中学、华盛高级中学和职教中心三个考点安装视频监控设备。同年,全县投入教育装备经费1321万元。全县有各类实验室及功能室1328间,其中小学687间、中学464间、职业类学校177间;中小学教学仪器设备配备达到省基准标准二类以上的学校64所(包括高中、完小,不包括民工学校),达标率为100%。

图书室(馆)与藏书　1988年,全县中学和中心小学都建有图书馆(室),长兴中学等规模较大的学校已有图书万册以上。1990年,全县学校新添图书2.2万多册。1999年,为23所学校配备价值13万元的图书。2006年,投入18.9万元完成数字图书馆的建设。2007年,浙江省启动第一轮“书香校园”工程,每位学生配备图书资金为5元,省共补助长兴县25.5万元。2009—2010年,“书香校园”工程合计为长兴县配发图书5万册。2011年,浙江省启动第二轮“书香校园”工程(2011—2015),为每位学生配备图书资金5元,共补助长兴县20.3万元。2012年,配备图书12.6万册。同年,全县有标准化图书馆(室)建设达标学校70所,图书藏书室87间,图书阅览室108间,共有藏书270万册。

第三节　校办企业

1988年,全县有校办厂、场57个,校办工业年产值333万元,利润23.2万元,用于辅助教育经费。同年,校办企业公司建造250平方米的长兴县新兴商场开业。1989年,全县校办工业利润45万元,建企业15个,投产10个。1991年,县教委下发《关于加强校办企业管理工作的若干意见》,加强对校办企业的管理和指导,引进新项目10个,开发新产品14个,全县校办企业总产值突破1000万元,完成计划的125%,比上年增长37%。1992年,全县有校办企业122家。1993年,雉城镇建立校办企业实业公司,为全县第一个股份制企业,7所学校共投资60万元。全年新办工业企业60家,全县规模较大的校办公司5家、经营部12家,注册资金348万元,同年有18家校办企业被注销。1994年,推行股份制改革,年末校办企业共205家,全年总产值3500万元,实现税利300万元。逐步形成以轻纺、电缆、建材为三大基础产业的发展格局。1999年,加强校办企业管理,雉城镇校企开始改制,新界定校企11家,清理不符合要求校企11家,达成新减免税划拨办法。2000年开始,开展乡镇校办企业改制。至2001年6月,共改制48家,其中转为股份合作制27家,转为私营21家。同年,全县校办企业完成工业总产值达1.2亿元,完成税利350万元。2002年,校办企业改制任务全部完成。

第二十八编　文化

1988年，长兴县有电影院、剧院、影剧院、越剧团、新华书店、文化馆、图书馆、博物馆、档案馆和新四军纪念馆等文化单位及设施，34个乡镇均建有文化站、图书室。1990年起，全县逐步实施文化体制改革，推动文化服务经营与管理创新，鼓励民营文化企业发展。1991年9月，《新民主主义革命时期中共长兴党史简编》出版。1992年，中华人民共和国成立后第一部《长兴县志》出版。1995年起，按照省“东海明珠工程”创建要求，推进乡镇综合文化站建设。2000年，长兴百叶龙获全国第十届“群星奖”舞蹈大赛金奖。进入21世纪后，全县以争创省文化先进县、全国文化先进县为目标，加大对文化事业的投入。同时，随着新农村建设的深入推进，全县农村公共文化服务设施得到大力改善。至2012年年末，先后新建（迁建、扩建）人民广场、市民广场、会展中心、青少年宫、新华书店、图书馆、档案馆、大剧院、文化馆、艺术馆、展览馆、江南红村等文化场馆，全县乡镇文化中心图书馆、村（社区）文化活动室普及率均达到100%，建成乡村幸福大舞台180个，县、乡镇级文艺团队有100多支。全县电影、娱乐、音像、演出等文化市场规范管理不断加强，群众文化娱乐活动丰富多彩，文艺创作繁荣发展，档案事业加快发展，党史、地方志编研成果丰富。先后获评省文化先进县、省首批创建公共文化服务体系示范区、全国文化先进县、全国文化信息资源共享工程建设示范县、中国民间文化艺术之乡。

早在100万年前的旧石器时代，县境内泗安镇白莲村七里亭一带就有人类活动，七里亭遗址是浙江省境内至2012年止发现的最早的古文化遗址。1988—2012年间，经过浙江省历史文化遗产普查、第三次全国不可移动文物普查、长兴旧石器考古调查、民族民间艺术资源普查和非物质文化遗产申报普查，以及40余次抢救性考古发掘，出土大量珍贵文物，取得许多重要考古成果。长兴丰富的物质文化遗产中，有全国重点文保单位2处、省级文保单位14处、县级文保单位58处、县级文物保护点463处。至2012年，县博物馆馆藏文物1万余件，其中经鉴定属国家珍贵文物609件。县新四军苏浙军区纪念馆馆藏文物1059件，基本属革命文物。

第一章　文化设施

1988年之后，长兴县公共文化设施建设不断加强，公共文化服务设施极大改善，先后新建或改建、扩建青少年宫、新华书店、图书馆、档案馆、大剧院、文化馆、艺术馆、展览馆、江南红村等文化场馆，其中县文化馆、图书馆、档案馆获评国家一级馆，博物馆获评国家三级馆。至2012年年末，全县乡镇综合文化站和图书室、村（社区）文化活动室普及率均达到100%，共有乡镇（街道）综合文化站18个，其中省一级文化站6个、二级文化站8个，馆舍总面积2.43万平方米，包括图书室、阅览室、电教室、乒乓室等在内的活动室有85个；村（社区）文化活动室244个，其中省级文化示范村（社区）13个、市级文化示范村（社区）77个。

第一节 文化馆(站)

一、国家一级文化馆

1988 年,县文化馆位于雉城镇解放路 10 号,与县图书馆、县博物馆共用原群文馆的馆舍,设辅导、培训、演艺、文艺创作等部室,有在编人员 20 人。2001 年,县文化馆实行聘任制,有工作人员 18 人。2002 年,迁县中心广场会展中心,与县博物馆共用大楼。县文化馆使用面积共 4500 平方米,设音乐、舞蹈、戏曲、美术、摄影等创作室,另含 500 平方米露天舞台、50 米宣传廊各 1 个。2010 年 1 月,因县会展中心拆迁,县文化馆迁址新建,并租借县建筑勘察设计院场地临时办公。2011 年 9 月,县文化馆新馆竣工。2012 年 1 月,县文化馆整体迁至新馆并对外开放。新馆位于雉城街道台基路 9 号,建筑面积 1.1 万平方米,共三层。一楼,设 351 座小剧院、排练厅、视觉艺术展厅;二楼,设培训室、录音棚、非物质文化遗产展示厅;三楼,为多功能展示厅及办公区域;馆外还有一个 150 平方米的露天舞台。同年,县文化馆有大型活动部、综合业务部、视觉艺术部、艺术培训部、非遗办等 5 个内设机构,工作人员 42 人。

1988 年,县文化馆开办声乐、器乐、舞蹈、曲艺、美术、书法、摄影等培训班,建有舞蹈、腰鼓、马灯、少儿铜管乐、小品表演等业余文艺团队。同时,利用馆舍的场地,开展康乐球、乒乓球、交谊舞、图片展览展示等文化活动。同年,被评为浙江省一级文化馆。2001 年,在长兴实验小学、长兴职业技术教育中心学校、电大长兴分校、长兴教师进修学校等单位,开办戏曲、舞蹈、摄影、声乐、书法、美术等文化培训。2004 年,被文化部评为国家一级文化馆。2008 年 4 月,县文化馆承担长兴县非物质文化遗产普查。2009 年 11 月,设立长兴县非物质文化遗产保护中心,开展非物质文化遗产申报与基地建设工作。2011 年 11 月,通过国家一级文化馆复评。2012 年,县文化馆实行免费开放,全天候开放一楼展览厅、小培训室、舞蹈房、排练厅等场地。

二、乡镇综合文化站

1988 年,全县 34 个乡镇均建有综合文化站(部分称文化中心)。1989 年,省文化厅开展“以评促建”,推动基层文化站基础设施建设。同年,省文化厅公布全省第一次文化站考评定级结果,泗安镇和林城镇文化站被评定为省特级文化站,李家巷、和平、长潮、槐坎、白岘 5 个乡镇综合文化站被评定为省一级文化站,另有 11 个被评为省二级文化站、10 个被评为省三级文化站。1992 年,下箬寺、水口、后漾、二界岭 4 个乡综合文化站被评为一级站,虹星桥镇、新塘乡综合文化站被评为二级站。1994 年,全县有特级文化站 2 个、一级 9 个、二级 2 个、三级 8 个。1995 年后,按照浙江“东海文化明珠”创建要求,推进乡镇综合文化站建设。2001 年,和平镇成为全市首家浙江“东海文化明珠”达标单位。2002 年,各乡镇结合新农村建设,利用乡镇及中小学撤并后的闲置场所,开展乡镇文化站与村文化室建设。2003 年,全县有 50%的乡镇文化站面积超过 500 平方米。2002—2008 年,雉城镇、煤山镇、泗安镇、洪桥镇、林城镇、小浦镇、吕山乡、李家巷镇、夹浦镇、水口乡 10 个乡镇先后获得浙江“东海文化明珠”称号。2008 年,启动乡镇综合文化站建设提升建设工作。2009 年,洪桥镇、水口乡综合文化站被评为省一级文化站。同年,经复查,雉城镇、煤山镇、和平镇、泗安镇、洪桥镇、林城镇、水口乡、吕山乡、李家巷镇 9 个乡镇获浙江“东海文化明珠”称号。2010 年,二界岭乡获得浙江“东海文化明珠”称号。2011 年起,省文化厅取消浙江“东海文化明珠”创建,开始在全省推进省级文化强镇创建。2012 年,全省开展第五次乡镇综合文化站评级,全县有泗安镇、煤山镇、和平镇、虹星桥镇、夹浦镇、画溪街道 6 个乡镇(街道)文化站达省一级文化站标准,8 个乡镇(街道)文化站达省二级文化站标准。同年年末,全县有乡镇(街道)综合文化站 18 个,基层文化工作者 16 人。除新成立的太湖街道外,均有独立站舍。站舍总面积 2.43 万平方米,包括图书室、阅览室、电教室、乒乓室等在内的活动室有 85 个,藏书共 12.15 万册。其中,泗安镇、煤山镇、和平镇、夹浦镇、画溪街道、龙山新区等 6 个文化站舍面积均在 2000 平方米以上。

2012年长兴县各乡镇(街道、园区)综合文化站情况表

表 28-1

乡镇(街道)	省级称号	文化站舍面积(平方米)	活动室(个)	藏书量(册)
洪桥镇	浙江"东海文化明珠"(2004年、2009年复评)、省一级文化站(2009年)	800	6	19000
泗安镇	省特级文化站(1989年)、浙江"东海文化明珠"(2008年、2009年复评)、省一级文化站(2012年)	2500	10	10000
小浦镇	浙江"东海文化明珠"(2004年)	1000	5	7000
吕山乡	浙江"东海文化明珠"(2004年、2009年复评)	1000	4	15000
煤山镇	浙江"东海文化明珠"(2003年、2009年复评)、省一级文化站(2012年)	2500	10	1000
林城镇	省特级文化站(1989年)、浙江"东海文化明珠"(2004年、2009年复评)	1110	4	10000
虹星桥镇	省一级文化站(2012年)	1500	12	3000
夹浦镇	浙江"东海文化明珠"(2007年)、省一级文化站(2012年)	2300	4	3000
水口乡	浙江"东海文化明珠"(2006年、2009年复评)、省一级文化站(2009年)	1100	7	8000
和平镇	省一级文化站(1989年)、浙江"东海文化明珠"(2001年、2009年复评)、省一级文化站(2012年)	2500	5	3000
李家巷镇	省一级文化站(1989年)、浙江"东海文化明珠"(2006年、2009年复评)	1500	4	3500
槐坎乡	省一级文化站(1989年)	200	2	3000
白岘乡	省一级文化站(1989年)	1120	5	10000
画溪街道(前身雉城街道)	浙江"东海文化明珠"(2005年、2009年复评)、省一级文化站(2012年)	2500	3	10000
太湖街道	2012年6月成立,无馆舍			
开发区	2004年设立	130		
龙山新区	2010年设立	2000	4	6000

说明:资料来源于县文广新局

三、村、社区文化室

1988年前后,全县乡村除少数个体电影院、录像放映厅、租书场所外,基本没有公共文化服务设施。2002年,各村利用乡镇、村及中小学撤并后闲置场所举行改建,始有固定文化场所。至2004年年末,建成190个村(社区)文化俱乐部。2006年,将村(社区)文化室建设作为新农村建设的重点抓。同年,建成40个村(社区)文化活动室,其中雉城镇金莲桥居民区、洪桥镇古龙村、夹浦镇香山村为特色文化村(社区)。至2012年,全县244个村(社区)均建有文化活动室,其中省级文化示范村(社区)13个、市级文化示范村(社区)77个。

第二节　图书馆

一、国家一级图书馆

概况　1988年,县图书馆位于雉城镇解放路10号,与县文化馆等合用场地。1989年10月,迁新馆并对外开放,建筑面积1478平方米,室外活动面积600平方米,设采编、外借、阅览、辅导、资料、少儿、行政等七部室,有员工11人。1990年11月,被省文化厅评为省先进图书馆。1995年7月,被文化部评定为国家三级图书馆。1999年11月,被省文化厅评定为县二级图书馆。2000—2006年,因馆舍拆迁,县图书馆迁至县体育馆二楼临时办公,其间在北门、体育场、三狮苑三社区设图书分馆,并与数所学校共建,继续开展读者服务。2006年5月,整体迁植物园路2号新馆,9月2日举行新馆试开馆仪式。占地面积8公顷,建筑面积1.1万平方米,有1000多个阅览座位、1000多个网络节点、120个座位的报告厅1座、300个席位的培训室8间、130个座位的电子与多媒体阅览室1间。2010年2月,在文化部举行的第四次县级图书馆定级评定中,被评定为一级图书馆。2012年,县图书馆设外借部、采编部、少儿部、网络部、拓展部、办公室,在编员工21人、编外26人。

馆藏 1988年,县图书馆藏书量有8.06万册;征订报纸有20种,期刊100种。1998年,开始设县地方文献资料库。2002年,馆藏总量首次达到10万册。2006年迁新址开馆后,馆藏总量达26.1万册,比上一年增加72.8%。同年起,先后建成“陈香梅文献陈列馆”“浙江作家书库”“浙江图书馆科技文献分馆”“陈朝文献资料库”等四种特色馆库,其中,浙江作家书库收200余位浙江籍作家、4520册图书。2006—2009年,浙江图书馆共为县图书馆配置科技类图书近万册。2008年,馆藏总量达到30万册,全年图书入藏量6511种、1.31万册,报刊入藏量879种,电子文献入藏量5000种,视听文献入藏量4091件。2010—2012年,图书平均年入藏种类1.28万种、2.35万册,报刊平均年入藏种类905种,视听文献年入藏量3479件。至2012年年末,馆藏文献总量共47.72万册(件),包括已入藏的古籍、图书、期刊、手稿,以及音像资料和电子图书等。以新版图书、新版古籍和地方文献为重点,同时建立各种特色数据库,藏书体系科学完整。

借阅服务 1988年,县图书馆每日开放时间为8小时,每周不少于48小时,节假日正常开放,全年图书流通量2.5万册次~3万册次,流通人数3万人次~4万人次,有持证读者750人。1996年,每周开馆时间52.5小时,开设集体借书送书上门、预约等服务,同年图书流通量5.2万册次,流通人数3.4万人次。2006年迁新址开馆后,实行365天全年候免费开放服务,开馆时间每日9时至21时,每周开放总计84小时。同年,图书流通量首次突破10万册次,达10.1万册次,比上一年增长1.3倍;流通人数达40.12万人次;持证读者首次突破万人,达1.8万人,比上一年增长15倍。2008年,实行馆内所有文献资料全开架,当年开架率达90%;文献资料外借量达30.6万册次;利用新书专柜、阅读排行榜等形式,共推荐图书6165种、1.13万册;全年图书流通人数首次突破100万人次。2009年,全年图书流通量首次突破100万册次,达100.76万册次。2012年,全年图书流通量达105万册次,流通人数119.67万人次,有持证读者3.82万人。

公共图书馆三级网络建设服务 2006年8月,长兴出台《长兴县新农村文化信息网络建设实施意见》,全面启动以县图书馆为总馆、乡镇图书馆为分馆、村(社区)图书室为基层网点的三级文化信息服务网络,简称公共图书馆三级网络。同年9月,县图书馆建立“全国文化信息资源共享工程”长兴县支中心,直接从浙江省信息中心获取资源,借助县图书馆门户网站发布文化信息资源。2007年1月,在雉城镇玄坛庙居民区举行“文化共享工程数字化乡村行启动仪式”,同年,完成新农村文化信息三级服务网络第一批建设任务,为16个乡镇的38个村配送图书近6万册。2008年,完成第二批单位建设任务,为16个乡镇分馆及42个村(社区)图书室配送图书13万册。同年,长兴被文化部授予“全国文化信息资源共享工程建设示范县”。2009年,完成第三批单位建设任务,为16个乡镇分馆及140个村(社区)图书室配送图书近10万册。同时,县图书馆链接“全国文化信息资源共享工程”网络,与农村现代远程教育系统实行资源共享,在全县16乡镇(街道)、254个村(社区)实现文化信息资源全覆盖。

长兴大讲堂 2006年9月2日,县图书馆在新馆举行开讲仪式。同年,共邀请各类名人专家做专题讲座10场。2007年,在全省地市级公共图书馆馆长论坛获推介。同年,浙江省联动“浙江文澜大讲坛”在长兴图书馆举办首场讲座。2009年,“长兴大讲堂”被省文化厅授予“浙江省优秀讲座”品牌。

2012 年,共举办各类讲座、报告会 100 场。至同年年末,累计举办各类讲座、报告会 375 场,其中专家讲座 35 场。参见第 19 编、第 6 章、第 1 节。

民工影院　2006 年,县图书馆专门为到长兴务工人员开设民工影院,称“天天影院”,全年接待观众 1 万人次。至 2010 年,共播放影片 1600 余场,接待观众 30 万人次。2011 年 9 月起,推出“点片制”。2012 年,共接待观众 2.6 万人次。至同年年末,共播放影片 800 余场,接待观众 16 万人次。

1988—2012 年长兴县图书馆馆藏及服务情况表

表 28-2

年份	馆藏(万册)	征订报纸(种)	征订期刊(种)	持证读者(人)	接待读者(人次)	图书流通量(册次)	年份	馆藏(万册)	征订报纸(种)	征订期刊(种)	持证读者(人)	接待读者(人次)	图书流通量(册次)
1988	8.06	20	100	750			2001	9.60	30	150	1200	50000	50000
1989	6.20	20	100	800	55320	63200	2002	10.00	30	150	1208	50000	45000
1990	7.95	20	100	1100	76820	76500	2003	10.90	30	150	1200	45000	46000
1991	8.30	30	150	1200	86908	180507	2004	11.80	30	150	1100	46000	45500
1992	8.50	30	150	1350	54000	23200	2005	15.10	30	150	1100	47000	43200
1993	8.50	30	150	1400	30000	63100	2006	26.10	107	831	18000	401235	101000
1994	8.83	30	150	1500	31000	53200	2007	29.20	110	867	28000	902314	905500
1994	8.89	30	150	1510	32000	45000	2008	30.60	89	790	31597	1001304	976735
1996	9.10	30	150	1420	34000	52000	2009	32.60	94	774	26420	1541763	1107584
1997	8.80	30	150	1450	18900	53000	2010		82	801	31527	1467863	1124735
1998	9.40	30	150	1300	17800	55000	2011	38.45	98	815	30472	1156735	1043155
1999	9.30	30	150	1200	19641	67486	2012	47.72	106	837	38154	1196732	1051461
2000	9.40	30	150	1500	40000	55000							

说明:馆藏资料来源于历年《长兴统计年鉴》,其他资料来源于县图书馆

二、乡镇及村图书馆(室)

1988 年,全县 34 个乡镇均建有图书室,部分村设有图书室。1990 年,泗安、林城、白岘、洪桥 4 个乡镇图书室藏书达 5000 册以上。2006 年起,推进新农村文化信息网络建设,乡镇(街道)及村图书馆(室)的藏书量快速增长。2012 年年末,全县 220 个村(社区)图书室改称农家书屋,16 个乡镇(街道)图书分馆及村社图书室合计藏书 17.03 万册,年接待读者 7400 人次。

三、专业图书馆

长兴广播电视大学与长兴教师进修学院图书馆　2000 年 1 月,长兴广播电视大学与原长兴县教师进修学校合并,两校图书馆合并更该名,设于信息楼二楼,面积 200 平方米。2009 年,有工作人员 3 人。2012 年,藏书 1 万余册,年借阅 1345 人次。馆藏资源以高职高专教育为重点,购有万方数据库。

龙山中学图书馆　1989 年,藏书 1.9 万册,订阅报纸 26 种、期刊 219 种,发放师生借书证 366 张,年流通量 1 万余册次。2008 年,随龙山中学迁新校区图书楼,馆舍面积 400 平方米,有管理人员 2 人,藏书 3 万余册。2009 年,采用华夏(HX-2000)图书管理系统,实施自动化全开架服务管理。2012 年,藏书 6.94 万册,订阅报纸 6 种、期刊 69 种,发放教师借书证 200 余张,年借阅 5.29 万册次。

长兴中学图书馆　2001 年随原长兴中学高中部独立建校而设立,初有管理人员 4 人,馆舍面积 2400 平方米,设外借、学生阅览、教师阅览、外文阅览、电子阅览等室,阅览座位 850 个,采用华夏 2000 图书管理系统自动化全开架服务管理,建有馆藏书目数据库 6 万余条,并编馆报《书香苑》近 40 期。2012 年,藏书 8.2 万册(含工具书、古籍 2362 册),馆藏重点为中学教育类图书,订购报纸 50 余种、期刊近 300 种,年借阅量 7500 人次。

长兴县委党校图书馆 2003年随县委党校迁至新址,馆舍面积500平方米,有阅览座位30个。2006年,开始用电脑管理图书,有专职管理员1人,2010年改为学校办公室代管。2012年,藏书2.15万册,含中外名著6000册、古籍500册、报刊合订本1500册、工具书500册,订阅报纸32种、期刊近200种。

长兴技师学院图书馆 2010年迁学校综合楼三楼,馆舍面积2000平方米,有管理员1人,设外借、阅览、电子阅览等室,有阅览座位200余个,实行计算机自动化全开架管理服务,电子阅览室配电脑25台。2012年,馆藏文献纸质书籍2.9万册、电子图书10万余册。

人民医院图书馆 馆藏主体为医药卫生类书刊,另有少量政治、科普书刊,服务对象仅限全院职工。1990年,使用《中图法》分类编目,服务逐步规范。2010年,引进万方数据库,建电子阅览室。2012年,馆舍面积60平方米,有图书3676册、中文期刊5891册(合订本)、外文期刊1638册(单本)、电子阅览座位5个,订阅报刊69种,购万方数据库1个。

长兴县总工会图书馆 1988年,位于解放中路422号,馆舍面积140平方米,藏书1.62万册,设阅览、外借等室,使用《中图法》对书刊分类编目,日接待读者85人次,年购书经费300元至400元,订阅报刊3000元。1989年,免费向工人发放借书卡1500张。同年,全县90家规模较大工会均设有图书室,累计馆舍总面积1134平方米、购书经费22.94万元、藏书总量6.41万册、办理借书证1.2万张、年借阅量50.98万人次,有工作人员56人(含专职16人)。1993年后,因缺专职管理人员及经费短缺,县总工会图书馆逐渐萎缩,至1997年停止服务并解体。该时期,企事业工会图书馆也全部解体。2008年,大型民营企业以县图书馆分馆的形式开始创办图书馆,至2012年,全县有企业图书分馆9家,被全国总工会授予"全国职工书屋"称号3家。

第三节 博物馆与纪念馆

一、长兴县博物馆

与长兴县文物保护管理所合署办公。1988年,位于雉城镇解放中路10号,馆舍面积132平方米,有员工4人,负责文物收藏保护工作。1989年,迁钟楼弄原县文化广播电视局办公楼临时办公,在县文化馆设"长兴文物史迹"基本陈列,面积150平方米。1994年,迁回解放中路10号。1998年12月,县文物保护管理委员会成立。2000年6月,迁道园里原县委党校校址办公。同年12月,成立县文物保护管理所(简称县文保所),与县博物馆合署办公,定编6人。2001年11月,迁县会展中心一层至四层办公,使用面积4500平方米。2007年12月,长兴被文化部、文物局授予"全国文物工作先进县"称号。2009年5月,县博物馆被评为国家三级博物馆。2010年1月,因县会展中心拆迁,县博物馆租借县档案馆部分馆舍办公。2011年11月,迁台基路9号县文化馆办公。2012年,县博物馆(文保所)设文保、考古、宣教、办公室共4部室,有编内人员9人、编外人员12人。

二、长兴县新四军苏浙军区纪念馆

1988年,有工作人员2人。1989年9月,被列为县文广局直属单位,10月启用新印章"长兴县新四军苏浙军区纪念馆"。2012年,有工作人员16人,其中编内3人、编外13人。详见第29编、第4章、第3节。

第四节 新华书店

一、长兴县新华书店

1988年,位于雉城镇解放西路1号,年销售额194.77万元。1995年8月,迁址金陵中路2号,新店结构6层,建筑面积2100平方米,门市营业面积300多平方米。2000年9月,改制更名浙江长兴县新华书店有限公司，为省新华书店集团公司下属子公司。同年，有职工 30 人，设城镇和矿区门市部 4 处、供销社图书部 20 处，全年销售图书 372 万册、金额 1627 万元，固定资产值 565 万元。2005 年 9 月，建成长兴图书音像大厦，占地面积 1337 平方米，营业面积 2000 多平方米，图书音像品种逾 6 万种，兼营文化、办公、体育、数码电子产品等，成为全县规模最大的图书卖场及综合文化消费场所。2012 年，新华书店营业面积 1800 平方米，营业人员 22 人，图书音像品种 6 万种，年销售额 3693 万元。下辖泗安分店，营业面积 75 平方米，营业人员 2 人。

二、长广新华书店

1970 年 6 月，长兴县新华书店在长广煤矿公司所在地牛头山设门市部。1972 年 5 月，长广矿区新华书店成立，同时在独山矿区建立门市部，承担 6 个矿区，3 万名职工（含职工家属），5 所中学、12 所小学师生和 3 个乡农村人口的图书供应。1982 年，建新门市部，营业面积 105 平方米。1988 年，长广新华书店有营业人员 7 人，营业面积约 200 平方米，主营图书、音像制品，共计 2000 余种。2000 年 7 月，人员关系和资产并入县新华书店，变更为长兴县新华书店长广门市部，经济上实行独立核算。同年，有职工 7 人，全年销售图书 25.17 万册、金额 113 万元，固定资产值 6.7 万元。2006 年 1 月停止营业，5 名职工并入县新华书店；2 月，撤销的长广门市部资产在经省集团公司同意后，通过公开拍卖，以 28 万元的价格对长广门市部的房产进行处置。

第五节　其他文化设施

一、工人文化宫

1987 年，县总工会工人文化宫有编制 3 人，其中副主任 1 人、图书管理员 1 人、剧场管理 1 人。活动场地有影剧院、图书室、书场、溜冰场、舞厅等，面积 1920 平方米，图书藏量 1.36 万册。同年起，实行经费独立核算、差额补贴，逐步达到以文养文。1988 年，接待 10 个歌舞团、8 个小剧团的演出任务，同时开展丰富多彩的群众文化体育活动。1990 年 11 月，举办三县（长兴、德清、安吉）职工之友联谊会。1991 年，开展活动 56 次，活动项目 30 个，直接参与活动职工 1.48 万人次。1992 年 10 月，举办长兴县第四届职工庆国庆文艺会演。同年，开展振兴中华读书活动，举办各种知识竞赛 40 多次、演讲比赛 18 场次，开展各种文艺活动 56 次，受教育职工 6 万人次。1993 年 12 月，举办职工文艺晚会，开展大型灯谜竞猜活动，参与人数达 2000 人次。全年共举办各类活动 20 次。1996 年，全年举办 30 次各类活动，有 10 万人次参加。同年，投资 120 万元，将原剧场改建为职工乐园，使用面积扩大 600 平方米，成为一类多功能文体活动场所。1997 年，被评为省先进文化宫。2004 年，县工人文化宫场地整体出租。

二、青少年宫

县内首个青少年校外教育场所，隶属于团县委主管，具有独立法人资质，宫主任为法定代表人。位于雉城镇太湖中路 210 号。占地面积 1 万平方米，建筑面积 4895 平方米。1994 年 11 月，举行开工奠基仪式。1996 年 8 月 26 日，青少年宫主体工程竣工验收。同年 10 月，全国人大常委会副委员长费孝通题写宫名“长兴青少年宫”。1997 年 1 月，一期建成，并举行开宫典礼。2005 年 8 月，二期 4 层楼教学活动培训室建成。1997—2012 年，开设音乐、舞蹈、美术、书法、奥数、科学、文学、电脑、航模、英语、跆拳道、棋类、小记者及少先队等 15 个专业近 80 个兴趣班，兴趣活动人数 10.72 万人次，群众文化活动 38 万余人次。青少年宫成为省音乐考级示范单位。2001—2009 年，连续三届获“浙江省校外教育先进集体”称号。2011 年获“全国（县级）示范宫”称号。成珊获“全国青少年宫优秀工作者”“省优秀校外教育工作者”“省十佳少先队辅导员”称号。

三、长兴艺术馆

2012 年 12 月成立，隶属县文联。位于雉城街道台基路 99 号，事业法人机构，设编外人员 7 人。使用面积3000平方米,设公益展厅、艺术家沙龙、培训教室。实行公益展览免费开放,开展艺术家创作交流和青少年美术培训活动。

四、长兴会展中心

2000年,县政府投资6000万元在雉城镇人民广场新建。2001年10月,县政府听取会展中心布局、布展管理汇报,决定会展中心由县博物馆、县文化馆、县广场办3家单位组成,其中层位分布二层、四层、五层为县博物馆,一层为文化馆,三层、六层为广场办。11月,县博物馆新馆率先试开放。2002年1月1日,长兴会展中心举行对外开放仪式。2010年1月,因旧城改造需要,县政府决定拆迁会展中心,24日搬迁全面开始,31日会展中心大楼被拆除。

五、长兴展览馆

位于龙山新区市民广场,是利用原地下民防工程改造而成。2009年7月1日开馆,建筑面积8000平方米,展览面积6200平方米,设序厅、3个主展厅、1个临时展厅,共5个展厅,以"纪年"方式陈展长兴县历史,分过去"望县源琛、钟灵毓秀",现在"改革开放、鲲鹏展翅",未来"山水园林、新兴城市"三个展块。展馆布置集传统装饰、现代艺术,高科技智能化、生态化于一体。2009年,共接待参观人数5.46万人次,其中接待团体185批次;2010年,接待参观人数10.25万人次,其中接待团体343批次;2011年,接待参观人数6677人次,其中接待团体156批次;2012年,接待参观人数3189人次,其中接待团体237批次。2009—2012年,共接待县内外参观人数16.69万余人次,其中接待团体921批次。

六、长兴紫砂馆、紫笋馆

位于县城北门桥东侧古城墙遗址内,由长兴百汇紫砂文化发展有限公司负责管理与运行。该公司是长兴百叶龙演出有限公司全资子公司,成立于2010年10月,实行"政府扶持、社会参与、市场运作"的经营模式。长兴紫砂馆、紫笋馆为2层建筑,总建筑面积1000平方米,一层为紫笋馆,作为茶文化交流中心;二层为紫砂馆,主要是紫砂工艺名作展示。

第二章　群众文化

1988—2012年,长兴县群众性文化活动广泛开展,社区文化、镇村文化、企业文化和校园文化蓬勃发展,传统节庆文化、农事节庆文化、广场文化丰富多彩,"幸福乡村大舞台"逐渐形成地方特色,业余文艺团体发展壮大,群众文化生活日益丰富。

第一节　专题文化活动

一、节庆文艺活动

1988年以来,每逢"五一""六一""七一""八一""十一"及元旦、春节等重要节庆日、纪念日和传统节日,全县均组织开展群众性文化活动。除县内各单位、各文艺团队参加演出外,还邀请一些国内著名演艺团体和人员到长兴演出。1990年5月,杭州、长兴两地联办的"农民文化节",历时一周,以浙北民俗为主要内容,共演出172场。1997年6月,举办的"1997迎回归"大型民间艺术展演和踩街活动,有长兴丝厂腰鼓队等20余支民间艺术队伍踩街,数万群众观看。1999年9月,举办庆祝中华人民共和国成立50周年大型文艺晚会,邀请上海市轻音乐团和无锡市歌舞团联合演出。2001年8月,举办"走向远古"大型广场文艺演出,有100多位国内外地质学家及2万多名观众观看演出。2005年8月,举办长兴县纪念抗日战争胜利60周年暨新四军苏浙军区成立60周年歌会,全县各机关单位有1929人参加演出。2006年2月,连办6场"春之声"文化系列活动,应邀的演出团队有俄罗斯海军太平洋舰队歌舞团、浙江省曲艺杂技总团、上海京剧院、浙江小百花越剧团。2007 年 6 月，举办长兴县首届龙舟大赛，有 12 支龙舟队参赛，观众达 5 万余人。2008 年 12 月，举办“岁月如歌”长兴县纪念改革开放 30 周年大型文艺演出。2011 年 6 月，举办“永远跟党走”纪念中国共产党成立 90 周年大型合唱比赛，共有 48 支队伍、5000 多人参赛。2012 年 5 月，举办首届百村排舞大赛，16 个乡镇（街道）共组织 100 多个村、120 支队伍、1600 多人参赛。至同年年末，共举办全县性歌咏比赛、庆典活动、艺术展演和大型文艺晚会 49 场。

二、专题文艺演出

新年音乐会　2001 年始，全县每年以迎新年为主题举办新年音乐会，至 2012 年共举办 13 场。先后邀请中国人民解放军交响乐团、中国人民解放军总政歌舞团、浙江交响乐团、杭州爱乐乐团、上海交通大学交响乐团、上海音乐学院青年交响乐团、上海广播交响乐团及法国巴黎交响乐团、法国铁路交响乐团、德国 ODE 联邦交响乐团、莫斯科国家交响乐团、西班牙皇家交响乐团、西班牙奥斯塔瑞亚斯皇室交响乐团、加拿大皇家交响乐团到长兴演出。

长洽会专题文艺演出　2002 年始，为配合一年一度的中国•太湖明珠——长兴国际投资贸易洽谈会（简称“长洽会”），县内组织开展专题文艺演出活动，至 2012 年共举办 20 场。以长洽会开幕式文艺晚会及长洽会期间群众文化系列活动为主要形式，以县内各单位及演出团队为主要演出力量，有些年份也邀请一些著名演出团体参加。先后邀请的演出团体有中国东方歌舞团、浙江歌舞剧院、浙江小百花越剧团、女子十二乐坊、朝鲜平壤艺术团等。

三、幸福长兴大舞台

2009 年，县宣传、文化等部门在龙山新区市民广场搭建固定舞台，每周举办一台文艺演出，节目内容健康向上、富有特色、部分原创，统称“幸福长兴大舞台周周演系列文化活动”，简称“幸福长兴大舞台”。同年 5 月启动演出，至年末共演 42 场，每场演职人员 200 人左右，近 20 万名群众参与。其中，部分乡镇结合当地农事节庆，创编众多话剧、舞蹈等，如《杨梅红了》《葡萄熟了》《银杏叶情》等，地方特色鲜明。同年，“幸福长兴大舞台周周演”获省基层公共文化服务创新奖。至 2010 年，“幸福长兴大舞台”运行成熟，原创节目增加，演员水平明显提高，全年共演 45 场。2011 年，因场地及经费等原因，“幸福长兴大舞台”转由乡镇（街道）与社区自行举办。2009—2012 年，通过举办“幸福长兴大舞台”，全县共创作、演出各类文艺作品 200 多个，培育业余文艺团队 80 余家，使得普通群众成为文艺表演主角。

第二节　农村文化活动

一、传统节庆

2000 年之前，全县农村仅有少数个体农民通过集资、募捐方式，编导小型文艺节目在传统节庆日演出，如虹星桥与林城的舞狮、泗安的旱船等。2000 年后，伴随新农村建设的推进和“非物质文化遗产”申请保护工作的开展，传统节庆活动逐步复苏。每至春节、元宵节、二月二龙抬头节、端午节、中秋节等主要传统节日，各地都会举办一些特色的文化活动。春节，2007 年后的每年农历正月初二至初八，林城镇 20 个村都会联办“文化下乡巡回演出”，参演节目为林城镇的传统文艺项目长兴百叶龙、狮舞、旱船、武术、方山乌龙、双偶等。二月二“龙抬头”节，全县水乡地区多以举行舞龙以示祭祀，李家巷镇由各村组织舞龙队在全镇举行巡演，虹星桥镇龙从村以龙船在各自然村巡演等。端午节，水乡地区流行划龙船比赛，尤以洪桥镇为甚，村村建有龙舟队，由镇政府组织开展比赛。1996 年 6 月，洪桥镇举办“首届端午节龙船比赛”；2003 年 6 月，举办“全民健身抗非典暨洪桥龙舟闹端阳”活动。另外，在四月蚕花节、八月中秋节、九月重阳节期间，农村也间歇举行文化活动。

二、农事节庆

2004 年，长兴县创立“政府引导、农民唱戏，文化搭台、经济唱戏”的“一乡一品”“一月一节庆”农事节庆机制，以拓展农产品销售渠道。各农事节庆活动由各乡镇举办，开幕式上举行文艺演出及游戏、摄影展、现场书画、电影放映等文化活动，逐渐形成长兴独特的农事节庆文化。自2004年6月首个农事节庆渚山杨梅节举办，至2012年，全县共举办农事节庆文化活动14种、58届。其中，渚山杨梅节，从2004年首次举办至2012年共举办9届；和平采桃节，从2005年首次举办至2012年共举办8届；林城梅花节、二界岭樱桃节，均从2006年首次举办，至2012年各举办7届；2009年，和平镇桃花节和白茶节、雉城镇葡萄节，从2009年首次举办至2012年各举办4届；雉城镇茄子节，仅2009年举办1届；泗安镇花木节、吴山雪梨节、小浦银杏节、洪桥大闸蟹节，从2010年首次举办至2012年各举办3届；吕山湖羊节、虹星桥花鳖节，均为2012年首次举办的农事节庆活动。2012年，长兴农事节庆项目被评为浙江省十大民生实事工程之一。参见第14编、第6章、第4节。

农事节庆期间举办一系列文化活动，主要演出的有民间舞蹈《百叶龙》、《岕里婚庆》、《梨园欢乐》、《葡萄熟了》(群舞)、《茄子红了》(双人舞)、《小小湖羊肥又壮》、《胥仓雪藕》、《欢乐西太湖》、《芦荡情》(群舞)、《亲亲茉莉花》(幼儿舞蹈)、《小小蟹儿肥又壮》(少儿舞蹈)、《快乐地跳吧》、《水韵虹溪》、《红梅赞》(舞蹈腰鼓)、《漾荡河蟹情》(舞蹈原创歌曲)、《清清荷韵》(舞蹈诗朗诵)等，狮舞《金狮呈祥》、《刘井狮舞》、舞蹈《群狮起舞》等，旱船说唱《林城好地方》、泗安《旱船》、《乘胜前进》、《葡萄丰收园》，茶艺表演《林城花茶香满天下》，小品《小小招商员》，还有歌曲演唱、诗朗诵、黄梅戏演唱、小京班表演、武术表演、乐器演奏等。

三、送戏下乡

1988—1993年，县内仅有长兴越剧团下乡演出。1988年，该团赴农村演出107场，观众4.4万人。1994年，县文化馆组织节目赴林城、泗安、小浦等乡镇巡演。1995年起，响应中央宣传部关于“文化下乡”的号召，县文化馆每年组织节目或带领文艺小分队，深入到各乡镇、驻长兴部队和长湖监狱开展送戏下基层活动。1996年，县文化馆承办首届乡村文艺会演，在长兴剧场举行，共有18个乡镇、24个节目参演。1999年，县文化部门开始培育民间艺术团队以弥补专业文艺团队不足。2000年起，集中专业文艺工作者及业余文艺爱好者，组建文艺团队，开展送戏下乡活动。2002年，组织“文明从我做起”专题巡演。2004年，启动乡村文艺百场巡回演出活动。2006年起，乡村文艺百场巡回演出形成“春之声”“和谐长兴”“欢欢喜喜过大年”“点燃创业激情，放飞致富理想”等主题。1995—2011年，累计下乡演出800余场。2012年，通过自愿报名、竞赛签约等方式，选定9支民间业余文艺团队，赴全县农村共巡演173场。详见本编、第6章、第1节。

四、电影下乡

20世纪80年代，受电视开始普及与录像放映影响，全县农村电影放映市场迅速萎缩。1988年，全县有电影放映单位46个，全年放映1.39万场，观众508.6万人次。至1992年，原活跃于农村的98支乡镇电影队全部停业。1993—2006年，县内农村有极少个体电影队因农户需要，零星放映营利性露天电影。其间，县电影公司仍承担农村政治科教类影片放映任务，每年下乡放映100多场。1997年，恢复乡镇电影队12支，主要为乡镇放映科教片。当年放映24部，524场，观众25.5万人次。2001年，全省“千场电影”下乡活动开幕式在白岘乡举行。4月至5月，全县在16个乡镇巡回放映科教电影。2004年4月，“千场农村科教影片下乡展映”活动在全县展开。8月，成立长兴县农村电影

图28-1　槐坎乡礼贤村农民“扁担电影队”下村放电影(县文广新局提供·1987年)

发行放映管理站。2005 年，落实放映经费 28 万元，制作 14 套 112 张幻灯片，举办“长兴县千场电影下乡”展映活动，每场电影均采取 1+1（即一部故事片加一部科教片）放映模式，并利用映前三分钟宣传幻灯片 10 张。同年，长兴县获全国农村电影工作组织奖。2006 年，县农村电影管理站成立，设在长兴大剧院，承担国家农村电影“2131”（21 世纪一村一月一电影）工程放映任务，电影下乡活动再次得到规范运行。同年，县农村电影管理站整合全县农村放映资源，在和平、虹星桥、雉城、吕山、泗安、煤山 6 个镇设 8 支放映队（其中虹星桥 3 支），全年放映电影近 3000 场。2007 年 11 月，全县农村电影播放首次采用数字电影放映模式。2008 年 1 月转为全数字放映模式，县农村电影管理站更名县农村数字电影管理站，设 10 支放映队，置办数字电影放映设备 13 套，分赴全县 245 个村，每月放映一场数字电影。2008—2012 年，县农村数字电影管理站在全县农村每年放映电影 2950 余场，累计观众 253 万人次，基本实现数字电影播放全县农村全覆盖。同时以广场经典电影周文企联姻的放映机制为示范，推动城市社区露天电影的放映，形成城乡互动。参见本编、第 6 章、第 1 节。

第三节　村、社区、企业文化活动

一、幸福乡村大舞台

2000 年之前，全县农村除放映露天电影外，有组织的群众文化活动较少。2000 年后，农村公共文化服务设施逐步改善。尤其是 2005 年起，全省将村文化室建设作为新农村建设的基本标准之一，各村开始有固定的文化场所，文化活动也随之开展。2009 年，将“幸福乡村大舞台”建设纳入政府工作目标。2010 年起，全面推进“幸福乡村大舞台”建设。同年，全县有 100 个村建成“一乡一品”“一村多韵”的“幸福乡村大舞台”，54 个村建成特色文化展示馆。幸福乡村大舞台建成后，县文化部门以当地文化管理员、退休教师、农村文艺爱好者为骨干，组建文艺团队并进行培训，2010 年培训文艺骨干 1.2 万余人次。另外，还通过资金奖励及辅助等方式，鼓励县内业余文艺团队参与乡村大舞台演出，有时也聘请县文化馆与省市专业演员参与演出，以提升演出水平。幸福乡村大舞台演出节目主要源于地方文艺工作者自编自导自演，如狮舞、旱船、地方戏等。县民间业余文艺团队演出以传统戏剧为主。至 2012 年年末，全县建成乡村大舞台 180 个，累计演出 1000 余场。

二、社区文化活动

2000 年之前，县城社区文化活动较少。2000 年，台基山、古城等社区以辖区内文艺骨干为主，开展自娱自乐的文化活动。2001 年，县文化馆开始指导北门、台苑新村等社区开展“国庆暨中秋文化”系列文化活动。2002 年，将社区文化建设纳入文明城市创建考核指标，县文化部门在全县社区推荐基础上，挑选 33 名社区文化指导员进行培训。2004 年，台苑新村社区举办“好婆婆、好媳妇表彰暨文明从我做起”文艺晚会，县前街社区举办“天使杯”踩街游戏活动，米行弄社区、小西门居委会承办“公民道德建设文艺会演”等。2005 年，县文化馆创建社区文化活动网络，分派业务骨干至各社区担任文化辅导员，指导创作“音乐快板”“上海说唱”和“小品”等文艺节目，组建乐队、合唱团、舞蹈队等多支业余文艺队伍，培育社区文艺力量。之后，社区文化活动渐渐丰富，主要有音乐、舞蹈、美术、游戏、竞赛等多种形式。县文化部门每周定时定点组织社区文艺团队集中训练，形成常态性、持续性社区文艺活动机制。2011 年，新培育成立风华、康乐、红星等社区文艺团队，组建文艺社团联谊会。至 2012 年，建成省级文化示范社区 5 个。

三、企业文化活动

1988—1995 年，全县企业文化以国有和集体企业为主导，企业因文艺宣传和工会工作需要，文化活动开展频繁。1988 年，长兴县煤炭机械厂、长兴印刷厂、长兴丝织厂各自举办“庆国庆革命歌曲比赛”，长湖建材厂、长兴白水泥厂与李家巷文化中心联办“庆国庆文艺晚会”，长兴耐火器材厂邀请县文化馆派专业干部举办两期摄影讲座。1990年,县文化馆与长兴县煤炭机械厂等3家企业联办“青年歌手大奖赛”。8月,县文化馆与多家企业合办“红枫杯”摄影大奖赛。1991—1996年,县内厂矿企业举办各类文艺培训班12期,组建小乐队、戏剧清唱队、卡拉OK演唱队、业余舞蹈队等文艺团队10余支。1996—2002年,除长广煤矿公司和浙江水泥厂2家省属企业举办文化活动外,其他企业由于转制,文化活动相对沉寂。2002年后,县内民营企业逐步重视企业文化建设,每年的年终表彰大会或重大节庆日,部分大型企业均举办文艺活动以示庆祝。2005年“长洽会”期间,企业业余文艺团队自编自演节目参与演出。同年8月,县永兴建设开发有限公司与县文化局联办“永兴之夜”文艺晚会,参加演出演员有80余人,观众1130人。2006年1月,长兴万宏汽车运输有限公司在长兴大剧院承办“交通之春”文艺晚会,演员有207人。2009年,县总工会成立“长兴县职工艺术团”,天能集团、超威集团等18家企业成为首批成员单位。2006—2012年,海信(浙江)空调有限公司、浙江多蒙佳乐服饰有限公司、浙江超威电源有限公司、浙江永达集团、浙江诺力机械股份有限公司、九川(浙江)科技股份有限公司、红旗仪表(长兴)有限公司等县内明星企业纷纷与县文化部门合作,先后在长兴大剧院举办“五一文艺演出”、庆国庆迎中秋文艺晚会、职工文艺会演、元旦晚会等大型文艺活动7场次。企业自办大型晚会、周年庆典5场,其中浙江诺力机械股份有限公司于2011—2012年连续两年举办年度总结表彰暨“诺力之春”文艺演出,天能集团于2012年举办首届职工迎春文艺会演(称“天能春晚”)。

第四节　校园文化活动

20世纪80年代起,全县学生素质教育加强,校园文化活动丰富多彩。1988年,县教育局在县文化馆举办全县师生书画展。1989年,组织全县学校参加湖州市文艺会演,同年还举办全县中小学生庆祝中华人民共和国成立四十周年文娱会演,共有11个代表队、近70个节目参演。1993年,举办中小学“班班有歌声”录音歌咏比赛。1990—1995年,开展“让精神世界更美好”“鲁迅纪念奖”读书活动。1998年,举办首届中小学校歌比赛,分作词、作曲、演唱三项,21所中小学参赛。2000年,举办“新千年,庆六一”音乐舞蹈专场演出。2002年,举办首届中小学(幼儿)师生艺术节,同年起每年举办一届。2005年,县教育局制定《关于加强学校文化建设的实施方案》,推动全县各级各类学校开展校园文化创建。至2007年,已培育出滨海小学精品、水口小学绿色、小浦小学京剧、天平小学百叶龙、长广中心学校感恩、长兴五小耕读、长潮小学生态等一批特色校园文化品牌。2009年11月,举办全县学校体育、文学、科技、艺术“四个节”活动。2010年,开展“诵弟子规,树好品行”礼仪教育活动。同年,县教育局将艺术素养纳入学校管理年度考核指标。至2012年,全县中小学(幼儿)师生艺术节累计举办10届;全县有省级艺术特色学校11所,省书法实验基地学校9所,全国书法实验基地1个。

第三章　文学艺术

1988年,长兴县文艺创作队伍中,有国家级会员1人,省级会员2人。1998年1月,县文联第一次代表大会召开后,以文联所属各协会会员为骨干,开展文艺创作活动和文艺人才培养。2011年起,全县每年开展优秀文艺作品评选活动。至2012年,县文联所属协(学)会共8个,会员总数达642人,其中国家级会员25人、省级会员77人(详见第23编、第8章、第1节)。1988—2012年,全县文艺创作氛围浓厚,文艺创作活动活跃,广大文艺工作者坚持正确导向,深入生活、深入实际,反映时代、记录历史,在小说、散文、诗歌、戏剧、音乐、舞蹈、美术、书法、篆刻、摄影等领域,取得丰硕成果,并在全国、全省评比中频频获奖。

第一节　文 学

1988—2012年，长兴县作家出版个人专著、文集32部，个人专著、文集和作品单篇获省以上奖项26次，个人诗歌、小说、报告文学在省以上期刊、报刊发表100余篇。

一、小说

1988年之前，长兴籍作者许胤丰、田新潮、田家村、许仲民、张加强等已发表中短篇小说15篇。其中，许胤丰、田新潮合作的中篇小说《斗蛇记》在《浙江日报》连载34天；田新潮创作的中篇小说《天城春晓》在《南潮》杂志发表，为浙江省新时期发表的第一个中篇小说。

1988年至2012年，长兴小说创作进入全面发展时期。25年间，长兴作家在省以上刊物发表的中短篇小说：1988年，王文华的小说《机毁弁山》；1990年，陈琳的小说《红线》；1991年，臧勇强的中篇小说《龙吟壶传奇》；潘子力的儿童文学《村童四首》《绿色的朋友》；1994年，陈琳的小说《无戏》《经络骚然》；1995年，陈琳的小说《恣意辉煌》；1996年，陈琳的小说《疲惫》《天上有个太阳》；1997年，陈琳的小说《平安无事》《面对死亡》；1998年，陈琳的小说《迷津》《殊途异归》；2002年，田家村的小说《英格丽茜》《狗模人样》《家里的太阳》《手心出汗》《阿强的军营生活》；2003年，陈琳的小说《折腾》《艾草》；2004年，陈琳的小说《风华几度》；2009年，陈琳的小说《花落流水》《平常》；2010年，陈琳的小说《突围》；2012年，曹秋华的小说《陈湾故事》。出版的小说集：1999年，田家村的《美丽的诱惑》、钱江潮的《追求》、陈琳的《恣意辉煌》；2003年，陈琳的长篇小说《太阳背后》；2007年，王文华的《警戒线》(收入小说6篇)；2010年，黄江的长篇小说《黄家门》；2012年，田家村的《田家村散文小说集》(收入小说5篇)、黄梅宝的长篇小说《水色》、李玉富的长篇历史小说《陈朝演义》。有代表性的获奖作品：田家村的中篇小说《妻恋山的雾》获屈原杯文学大赛佳作奖，陈琳的短篇小说《天上有个太阳》获省作协1993—1996优秀文学作品奖，钱爱康的短篇小说《马泰的爱情和艺术》获全国新世纪文学大赛小说组优秀奖；1999年，陈琳的中篇小说《殊途异归》获《东海》“广厦杯”50万元文学巨奖铜奖，并于2001年再获第四届全国煤矿文学“乌金奖”创作奖；2004年，黄梅宝的小说《透明的蚯蚓》入选《小说选刊》网络原创作品大赛第十一期“菁华作品”；2006年，陈琳的长篇小说《太阳背后》获第五届全国煤矿文学乌金奖。

该时期，县内以李思雨为代表的一批少年作家也得到快速成长。2008年，李思雨的作品集《仰望星空》出版，其中收录小说4篇；2009年，李思雨的小说《三世情缘》获第三届浙江省少年文学之星征文比赛特等奖；2010年，李思雨的小说《双生花》获第四届浙江省少年文学之星征文比赛特等奖和鲁迅青少年文学奖、散文《永远的记忆》获鲁迅青少年文学奖一等奖，彭方嵩的小说《哑树》获第四届浙江省少年文学之星征文比赛特等奖；2011年，李思雨的中篇小说《十年》发表在《中篇小说选刊》，同时发表田家村的文学评论《爱情之剑依然锋利》；2012年，黄蕾的小说《枷梏城》获第六届浙江省少年文学之星大赛特等奖。

二、散文

1988—2012年，长兴散文创作也进入快速发展期。其中，张加强个人创作尤其突出，先后出版9部散文作品集，分别为《傲骨禅心》(2002年)、《乌镇依旧》(2003年)、《风雨江南》(2003年)、《忆江南》(2003年)、《南浔往事》(2004年)、《千秋独行》(2005年)、《与历史对决》(2006年)、《顾渚山传》(2007年)、《历史时空中的肖像》(2007年、2012年)。同期，张加强还在省大型文学刊物《江南》开设《江南别记》专栏，共发表散文12篇。其间，还有3部散文集出版，分别为徐惠林的《油灯点亮的日子》(2002年)、陈琳的《彷徨与高歌》(2007年)、田家村的《田家村散文小说集》(2012年，收入其散文24篇)。另外，田家村、钱爱康、曹秋华、许虔东、李永春、吴越、范新萍等作家有散文作品在省级以上期刊、报纸上发表，张加强主编的《花香散处》(2008年)收录县内作者散文14篇，少年作家李思雨出版的《仰望星空》收录其散文7篇。

有代表性的获奖散文集或散文作品:1990年,长兴中学高三学生沈粉娣(笔名远子)的散文《雨天》获沈阳《当代作家评论》和《电大语文》编辑部主办的“全国青年散文大奖赛”金奖。1993年,许虔东的散文《毛泽东在杭州二三事》获中国作家协会与沈阳市文联主办的全国纪念毛泽东一百周年诞辰“龙海杯”散文大赛三等奖,散文《毛泽东在西湖第一名园》获全国党史人物研究会主办的“毛泽东与我”海内外征文大赛优秀作品奖。1999年,张加强的散文《遥祭吴承恩》获宁波《文学港》“大红鹰杯”全国征文大赛二等奖,散文《对饮陆文夫》获《东海》50万元文学佳作奖。2001年,张加强的散文《鲁迅水烛》获绍兴市文联“鲁迅风”全国精短文学大赛一等奖,陈琳的散文《面对死亡》获第四届全国煤矿文学“乌金奖”散文一等奖。2004年,陈琳的散文《底色》收入《华夏散文精选》,并获《散文选刊》、北京古风文化艺术研究会第二届“古风杯”华夏散文大奖赛优秀奖;张加强的散文《长安道上一寒士》获“孟郊奖·慈母心游子情”全球华语散文大赛特别奖,散文《鲁迅给人类的压力》获绍兴市文联、《野草》、“鲁迅与绍兴”全国征文一等奖;钱爱康的散文《老街风情》获《散文选刊》第二届“古风杯”华夏散文大赛优秀奖。2011年,陈琳的散文集《彷徨与高歌》获第六届全国煤矿文学乌金奖。2012年,张加强作为风格类作家编入《浙江现代散文发展史》,其作品在中国大陆和台湾地区具影响力,有作品入选2006年度全国最具阅读价值散文,入选全国中学生“以读促写”课外阅读丛书,入选《中国21世纪经典散文》,散文集《风雨江南》入选台湾大学生课外读物。

三、诗歌

新诗歌 1988—2012年,长兴作家出版的诗集:1993年,潘维的《不设防的孤寂》;1997年,徐惠林的《飞翔岁月》;1999年,沈健的《纸上的飞翔》。发表的诗歌作品:1998年起,胡加平的诗歌先后发表于《西湖》《江南》《浙江作家报》《绿风》《诗选刊》《滇池》《诗歌月刊》《新大陆》等刊物,诗歌收入《浙江先锋诗歌》《浙江诗典》《2008中国年度诗歌》《中国诗人》等多部选本。2011年,戴国华、曹世河的诗歌发表于《青年文学》。2011年至2012年,陈美霞的诗歌发表于《青年文学》《网络诗歌》《西部军事文学》《齐鲁诗歌》等刊物,诗歌收入《中国诗赋》《诗探索2012年度诗选》《中国新派诗人档案2012卷》《中国新诗精选300首》《中国诗歌精选》《夏日诗韵》等多部选本。有代表性的获奖作品:沈健的诗歌《鹰爪菊》获“飞天文学奖”,潘维的诗歌《太湖龙镜》获“天马杯”诗歌大赛一等奖。2000年,胡加平的诗歌获《微型文学》杂志社主办“新世纪微型文学作品奖”一等奖,《我有一个温暖的时候》获“2000中国年度最佳诗歌”。2009年,戴国华的诗歌《香樟树下的老人》获中国散文学会举办的“华夏情”全国诗文大赛一等奖,《小芝掠影》在中国诗歌学会举办的新诗放歌60年征文大赛中获优秀奖。2012年,陈美霞的诗歌《月河之恋》(组诗)获江南“月河·月老”杯全国爱情诗大赛三等奖,散文诗《乡村大舞台》在2012年“时代颂歌”全国诗歌散文大赛中获二等奖,《印象》获《星星文学》杂志举办的“新星杯”当代文学作品交流赛优秀奖。

旧体诗词 2001年,陈焕文内部编印的《晚晴楼诗词选》;2003年,胡爱萱内部编印的《蠹耘轩诗词选》;2012年,周新凤出版的《清玉集》。另外,陈焕文《月下小品》等诗词收入《华夏吟友》《中国诗人代表作》等多部选本,夏生根《水调歌头·华夏复兴赋》等诗词收入《中华诗词学会2010年度会员入会作品集》。

四、戏剧

1998年,卢湘敏在全省越剧票友演唱大赛中获金奖,童美丽获银奖。1999年,卢湘敏获杭嘉湖戏剧演唱大赛银奖;施凤山获省京剧票友大赛金奖,马根荣获银奖,杨学梅获优秀辅导奖;卢湘敏的《浪迹天涯》获省“越剧之友”(业余)演唱大赛青年组金奖。2002—2012年,县戏曲协会会员创作越剧小戏《贤督察》等7部,小品《老有所养》等6部,表演唱7部,其中《分肝救夫巾帼赞》在全市巡演。

五、电影文学 报告文学 传记文学

电影文学 1988年之前,田新潮、田家村父子合作的电视剧《56万》(上、下集)在浙江电视台、广东电视台播映。1991年,田新潮、田家村父子合作的《进城》《众人拾柴》《两斤毛脚蟹》等8集电视短剧在浙江电视台播映。1993—1995年,黄江创作的电影文学剧本《血战杨家山》《血染黎明》《少将夫人的情人》《警探奇缘》《梁祝缘》在《电影文学》杂志上发表。2005年，张加强编剧的电影《亲亲鳄鱼》由杭州海空影视广告制作公司拍摄，当年获省第九届“五个一工程”奖。2008年，张加强编剧的电影《茶恋》由杭州海空影视广告制作公司拍摄。

报告文学　1989年，田家村的报告文学《长兴的水啊》发表于《浙江日报》钱塘副刊。1991年，田家村的《敬老院里的年轻人》获全国开拓老年事业征文比赛三等奖。1996年，刘世军主编的报告文学集《浙北腾龙》和钦小明、田家村主编的报告文学集《奉献》分别获得市“五个一工程”奖、市“五个一工程”提名奖。1992年，田家村主编的《大跨越——长兴乡镇企业报告文学集》，收录23篇报告文学作品。1999年，田家村的《美丽的诱惑》(收入报告文学8篇)；2002年，陈琳的长篇报告文学《竹乡警魂》；2003年，陈琳与人合作的长篇报告文学《潮涌浙江》；2005年，田家村的报告文学《龙飞荷舞》；2007年，王文华的《警戒线》(收入报告文学2篇)；2009年8月，张加强主编的《千朵向往》，收录县内作者报告文学21篇；2010年，田家村的报告文学《以诸花香散其处》发表于上海锦绣文章出版社出版的文学合集。

传记文学　1994年，许虔东的《粟裕在“文化大革命”中》发表于《世纪》杂志(上海与中央文史研究馆主办)，分两期转载于《作家文摘》报(中国作家协会主办)“传记文学”栏，获全国“扬我中华魂”征文大赛二等奖。1996年，许虔东的《田家英与田家情》发表于8月3日《文汇报》“笔会·传记文学”栏，获《文汇报》“笔会”主办的全国“银鹏杯”人物传记征文大赛优秀作品奖。

六、民间文学

二十世纪七八十年代，县内文学艺术工作者搜集整理一批流传于民间的口头文学作品，经过加工整理后发表于报刊，演出于舞台，受到群众的欢迎。1987年9月起，县宣传、文化部门根据文化部、国家民族事务委员会、中国民间文艺研究会的有关部署，成立民间文学集成领导班子，组织专业和业余民间文学工作者，对长兴县的民间文学进行全面普查。经过两年多的努力，共征集文字资料130余万字，其中民间故事60万字、歌谣600余首、谚语1.5万余条。1990年5月，在普查成果的基础上，精选具有代表性和优秀的部分，分别编印《中国民间文学集成·浙江省湖州市长兴县故事卷》(田家村主编)和《中国民间文学集成·浙江省湖州市长兴县歌谣、谚语卷》(许仲民主编)。其中，故事卷收录各类民间故事250篇，约36万字；歌谣、谚语卷收录歌谣278首、谚语2000余条，共35.9万字。

第二节　音乐 舞蹈

一、音乐

1988—2012年，全县音乐作品参加全国、省级大赛，入选或评为三等奖(含佳作、优秀奖)以上的作品共7件，在省级以上杂志发表2件。

1988—2012年长兴县部分音乐作品获奖情况表

表28-3

获奖年份	作品名称	比赛名称(杂志)	作者	奖项(发表)
1991	歌词《升起共和国的旗帜》	省歌词创作比赛	作词田家村	二等奖
1999	歌曲《越乡风情》	《歌曲》(全国性杂志)	作曲许明明	发表
2001	歌曲《越乡风情》	《声乐教学曲选新编》(《宁夏出版社》)	作曲许明明	发表
2001	歌曲《越乡吟》	省乡镇文艺会演	作曲许明明	创作银奖
2004	音乐锣鼓《太湖明珠喜事多》	省社区调演总决赛	编导李荣祥	铜奖
2005	歌曲《风花雪月话江南》	“升华杯”省第五届歌曲新作演唱大赛	作词顾政、作曲于莹艺	创作银奖、演唱金奖

续表28-3

获奖年份	作品名称	比赛名称(杂志)	作者	奖项(发表)
2007	舞蹈音乐《金狮呈祥》	省广场舞比赛	作曲许明明	创作金奖
2010	歌曲《果园情》	省新农村建设题材音乐大赛	创作钟旭林	创作铜奖
2012	歌曲《江南小延安》	省第十届音乐新作演唱演奏大赛	创作钟旭林	创作铜奖

说明:资料来源于县文联

二、舞蹈

1988—2012年,全县舞蹈作品参加全国、省级舞蹈大赛评奖并获等级奖作品共22件。3篇舞蹈论文分别获省级奖项。

1988—2012年长兴县部分舞蹈作品获奖情况表

表28-4

获奖年份	作品	比赛名称	编导(作者)	奖项
1997	群舞《百叶龙的传说》	省第五届音乐舞蹈节	编导柳世林,作曲许明明,表演县文化馆	创作三等奖、表演三等奖、舞蹈音乐创作三等奖
1999	群舞《茶歌》	省群众舞蹈大赛	编导柳世林	创作三等奖、表演三等奖
2000	大型广场舞《百叶龙》	全国第十届“群星奖”舞蹈大赛	编导池文海、柳世林	金奖
2002	长兴百叶龙	文化部“群星奖”展演	编导池文海、柳世林	群星奖
2003	民间舞蹈《百叶龙》	省公安厅文艺会演	编导柳世林	金奖
2003	群舞《梅花灯》	中国湖州国际湖笔文化节	编导柳世林	金奖
2003	国际标准舞	省第二届国际标准舞公开赛	编导秦杭生,表演宋意杰、杨婧	金奖
2003	跳跃的号码	省移动公司第二届职工文艺会演	编导秦杭生,作曲沈忠瑛,表演沈渊、戴颖等	二等奖
2005	少儿舞蹈《风雨绿苗》	第二届中华艺术新秀选拔赛	编导柳世林	少儿单项伦巴第一名,恰恰第一名,少儿拉丁B组伦巴、恰恰第一名
2005	少儿群舞《小百叶龙》	第五届全国校园春节联欢晚会	编导秦杭生	入选
2006	群舞《梅香》	省“群星奖”舞台舞比赛	编导柳世林、赵慧仙	创作银奖、表演银奖
2006	少年单项(恰恰恰)、少儿单人舞(伦巴)	省第六届国标舞公开赛	编导秦杭生	一等奖
2007	四人舞《草原畅想曲》	北京第十届舞蹈比赛	编导金芸	专业组表演、创作三等奖
2007	大型广场舞蹈《金狮呈祥》	省“群星奖”广场舞大赛	编导柳世林	创作金奖、表演金奖
2008	群舞《那一片芦花》	省乡村舞蹈大赛	编导柳世林	表演铜奖
2008	大型广场舞蹈《泗安旱船》	省“群星奖”广场舞蹈比赛	编导柳世林、汪云霞	创作银奖、表演银奖
2009	少儿舞蹈《喜羊羊·懒羊羊》	全国第五届“小荷风采”少儿舞蹈展演比赛	编导金芸	少儿舞蹈获银奖,并被授予“小荷新秀”荣誉称号,编导金芸被授予“小荷园丁”荣誉称号
2009	少儿舞蹈《喜羊羊·懒羊羊》	省“群星奖”幼少儿舞蹈大赛	编导金芸	创作、表演三等奖
2009	《百叶龙》	首都国庆60周年联欢晚会	执行导演柳世林、金芸	“积极贡献”荣誉奖

续表28-4

获奖年份	作品	比赛名称	编导(作者)	奖项
2009	群舞《蚕匾上的婚礼》	省"群星奖"舞台舞蹈比赛		创作金奖、表演金奖
2010	群舞《蚕匾上的婚礼》	全国第二十五届"群星奖"舞蹈大赛	编导柳世林、邓珞雅	群星奖
2012	排舞《美丽的神话》	省第六届排舞大赛	编导柳世林、金芸	金奖

说明:资料来源于县文联

第三节　美术 书法篆刻 摄影

一、美术

1998—2012年,全县美术作品参加全国、省级画展、评奖,并获铜奖(含佳作、优秀奖)以上奖项共38件,作品入馆收藏2件,入编选集43件(次)。

入馆收藏　2009年,傅一平的中国画《幽静云初吐》被徐州李可染艺术馆收藏。2011年,葛丹的版画作品被浙江省美术馆收藏。

教学画册入选、出版　1989—2012年,黄建鑫有多幅作品、多部著作入选或出版。其中,1989年,有2幅素描作品入选浙江人民美术出版社出版的《石膏头像挂图》;2005年,编著出版《素描男性头像》《素描女性头像》《素描静物范画》;2010年,编著出版《色彩风景画法》《人物速写画法》;2011年,编著出版《人物速写》《素描静物》;2012年,编著出版《风景速写》《石膏五官》。另外,金陵高级中学美术班蒋力、刘旭霞、钱杰等同学的画作入选2005年由湖北美术出版社出版的《中国美术院校考前三小时训练•素描静物范画》;金晓春的32幅插图收入2008年由浙江摄影出版社出版的省非物质文化遗产丛书《长兴百叶龙》,国画作品《品茗图》收入2012年由上海人民美术出版社出版的《海派名家名扇范画》。

1998—2012年长兴县部分美术作品参展、参赛及获奖情况表

表28-5

获奖年份	作品	比赛名称	作者	奖项
1999	国画《茶香晨曲》	省农民画展	李运和	优秀奖
2001	国画《山水》	首届浙江省民间工艺优秀作品展	傅一平	优秀作品奖
2001	油画《乡音》	省中学美术教师作品展	严伟琪	一等奖
2002	国画《秋雨初霁》	省第五届花鸟画展	傅一平	入选
2004	国画《春山点翠图》	第二届全国中老年书画大赛	金晓春	优秀奖
2006	油画《阳光路》	湖州美术作品晋省展	严伟琪	入选
2006	国画《退思园》	省教师书画比赛	奚伟恕	三等奖
2006	国画《忆江南》	笔墨江南清丽湖州美术作品晋省展	奚伟恕	入选
2007	国画《太湖芦花》	省花鸟画特展	李运和	入选
2008	水彩《南华二月》	时代2008•浙江水彩画大展	奚忠恕	入选
2008	粉画《回眸》	时代2008•浙江水彩画大展	严伟琪	入选
2008	水彩画《聚光灯系列之一》	时代2008•浙江水彩画大展	黄建鑫	入选,获优秀作品提名
2008	国画《青松寒不落》	省花鸟画特展	奚伟恕	入选
2009	版画《村书记选举》	省群众美术、书法、摄影优秀作品展	葛　丹	创作铜奖

续表28-5

获奖年份	作品	比赛名称	作者	奖项
2009	国画《献寿图》	首届世界华人书画、摄影大奖赛	金晓春	铜奖
2009	国画《芭蕉为雨移》	秀水韵全国美术作品展	奚伟恕	入选
2009	水彩《辉煌再现》	省群星展	黄建鑫	入选、入编
2009	油画《目送》	璀璨山河·2009浙江油画大展	严伟琪	入选
2010	油画《踏春》	省十二届美术大展	袁建新	入选
2010	粉画《洒落的音符》	省第十二届水彩粉画展	严伟琪	入选
2011	国画《记忆》	“红色经典·庆祝中国共产党成立90周年”省美术作品展	金晓春	入选
2011	国画《忆往昔——峥嵘岁月》	“红色经典·庆祝中国共产党成立90周年”省美术作品展	李运和	入选
2011	国画《江南小延安》	省第五届青年美展	李运和	入选
2011	油画《与爱同行》	省生态文明建设油画展、省庆祝中国共产党成立90周年美术作品展	严伟琪	三等奖,作品入编
2011	国画《永远的丰碑》	“红色经典·庆祝中国共产党成立90周年”省美术作品展	郑家统	入选
2011	水彩《新四军纪念馆》	“红色经典·庆祝中国共产党成立90周年”省美术作品展	黄建鑫	入选
2011	水彩《龙游写生》(两幅)	浙江水彩画家邀请展	黄建鑫	入选
2011	国画《圣地》	“红色经典·庆祝中国共产党成立90周年”省美术作品展	奚伟恕	入选
2011	国画《新四军苏浙军区旧址》	省第五届青年美展	奚伟恕	入选
2011	版画《竞技》	“红色经典·庆祝中国共产党成立90周年”省美术作品展	葛　丹	入选
2011	版画《渡》	省第五届青年美展	葛　丹	入选
2012	油画《画室》	省第二届视觉艺术创作群体优秀作品集	严伟琪	金奖,入编
2012	国画山水《千岛湖写生》	“最前线”省基层美术家千岛湖写生集	郑家统	入选、入编
2012	国画山水《秋壑烟岚》	省第二届视觉艺术展	郑家统	入选、入编
2012	国画《葡萄》	“最前线”省基层美术家千岛湖写生集	沈月伟	入选、入编
2012	水彩《忆王蒙——卞山之麓》	省第十三届水彩·粉画展	黄建鑫	入选、入编
2012	水彩《红色的笔记本》	全国第十届水彩·粉画展	黄建鑫	入选、入编
2012	油画《指向》	省第二届视觉艺术展	黄建鑫	入选、入编

说明:资料来源于县文联

二、书法篆刻

1988—2012年,全县书法、篆刻作品在参加全国、省级书法、篆刻作品展、评奖中,共有120件获铜奖(含佳作、优秀奖)及以上奖项,其中有36件获全国性铜奖(含佳作、优秀奖)及以上奖项、84件获省级铜奖(含佳作、优秀奖)及以上奖项,书法作品获奖112件、篆刻作品获奖8件。其间,县内还编印作品集1部,有1件书法作品获收藏。分别为2003年11月县文广新局编印的“太湖神韵——中国长兴陈武帝诞辰一千五百周年”《全国书画名家作品展作品集》,2010年傅一平捐赠的书法作品被中国书法家协会、中国美术家协会、中国志愿服务基金会收藏。

1988—2012年长兴县部分书法篆刻作品参展、参赛及获奖情况表

表28-6

获奖年份	作品	比赛名称	作者	奖项
1993	篆刻	第二届海内外中国书画篆刻大赛	傅一平	银奖
1993	篆刻	全国第五届中青年书法篆刻家作品展	傅一平	入展
1995	篆刻	全国第六届中青年书法篆刻家作品展	傅一平	入选
1996	书法	全国第二届楹联书法大展	傅一平	入展
1998	书法	全国第七届中青年书法篆刻家作品展	张志敏	入展
1998	书法	第二届全浙书法大展	傅一平	提名奖
1998	书法	第二届全浙书法大展	张志敏	入选
1998	书法	省国防知识书画展	丁剑峰	优秀奖
1999	书法	省青年优秀书法作品展	黄显庭	优秀奖
2000	书法	第二届“赵孟頫杯”全国书画大赛	黄显庭	优秀奖
2000	书法	第二届国际篆刻书法大展	张志敏	入展
2000	篆刻	全国当代青年篆刻家作品展	傅一平	入展
2000	篆刻	第二届国际篆刻书法大展	傅一平	入展
2001	书法	全国金融职工绘画书法摄影作品展	傅一平	二等奖
2001	书法	庆祝中国共产党成立80周年“东方杯”群星美术书法大展	张志敏	入展
2001	书法	第三届全浙书法大展	张志敏	入展
2001	书法	“鼎立杯”书法大赛	黄显庭	铜奖
2001	书法	“报喜杯”全国书法大赛	黄显庭	入选
2002	书法	全国第三届妇女书法篆刻展	赵　珍	三等奖
2002	草书	第三届国际书法篆刻大展	张志敏	入展
2002	草书	第三届国际书法篆刻大展	许智勇	入展
2002	行书条幅	“刚泰杯”全省青少年书赛	章庆文	一等奖
2003	书法	省书法教育成果展	赵　珍	一等奖
2003	书法	全国书画小品展	张志敏	入展
2003	草书	省第二届中青年书法展	张志敏	入展
2002	行书条幅	首届省企业文联书法大展	章庆文	银奖
2002	行书条幅	首届“黄山开都杯”全国书法大赛	章庆文	优秀奖
2004	书法	全国第十三届群星奖美术、书法、摄影评奖活动浙江省推选作品展	傅一平	银奖
2004	行书对联	2004年度“五一文化奖”作品展	傅一平	入展
2004	书法	第四届全浙书法大展	李运和	入展
2004	草书	第四届全浙书法大展	张志敏	入展
2004	书法	“洞庭风光”全国书画大赛	吴海龙	优秀奖
2005	书法	省第三届中青年书法展	章庆文	金奖
2005	书法	省第三届中青年书法展	许智勇	入展
2005	书法	省第三届中青年书法展	赵　珍	入展
2005	书法	省第三届中青年书法展	李运和	入展
2005	书法	省第三届中青年书法展	沈华南	入展
2005	书法	首届中国书法大展	李运和	入展

续表28-6

获奖年份	作品	比赛名称	作者	奖项
2005	书法	省第二届乡镇美术、书法展	李运和	铜奖
2005	草书	省第三届中青年书法展	张志敏	入展
2005	书法	省第三届中青年书法展	曹　伦	入展
2006	书法	第五届全浙书法大展	赵　珍	入展
2006	书法	第五届全浙书法大展	李运和	入展
2006	书法	首届手卷书法大展	李运和	入展
2006	篆刻	第二届全浙篆刻展	张志敏	入展
2006	草书	第五届全浙书法大展	张志敏	入展
2006	行书	全国首届行书展	张志敏	入展
2006	书法	第五届全浙书法大展	包爱珠	入展
2006	书法	全国第五届妇女书法展	包爱珠	入展
2006	书法	第五届全浙书法大展	曹　伦	入展
2007	书法	第二届性灵派全国书法展览	宋炳瑛	入选
2007	书法	中日议员、公务员书法展	宋炳瑛	入选
2007	书法	省第二届“温泉杯”书法大赛	郑有希	入展
2007	书法	省第四届中青年书法篆刻展	郑有希	入展
2007	书法	“浙能杯”美术书法摄影展	郑有希	优秀奖
2007	书法	全国第九届书法篆刻作品展	章庆文	入展
2007	书法	省第四届中青年书法篆刻展	李运和	入展
2007	书法	省第二届“温泉杯”书法大展	李运和	入展
2007	书法	全国第九届书法篆刻展	李运和	入展
2007	草书	第三届全国获奖作者提名展	张志敏	入展
2007	草书	“智博杯”全国青年书法邀请展	张志敏	入展
2007	草书	省第四届中青年书法篆刻展	张志敏	入展
2007	书法	省第四届中青年书法篆刻展	曹　伦	入展
2008	书法	第六届全浙书法大展	李运和	入展
2008	书法	第六届全浙书法大展	胡　建	入展
2008	书法	第六届全浙书法大展	郑有希	入展
2008	书法	“纪念虞世南1450周年”全国书法大展	李运和	入展
2008	书法	全国第二届草书艺术大展	李运和	入展
2008	篆刻	全国青年篆刻家作品邀请展	张志敏	入展
2008	草书	第六届全浙书法大展	张志敏	银奖
2008	书法	省青年书法选拔赛	包爱珠	铜奖
2008	书法	省第六届书法篆刻大展	沈华南	入展
2008	书法	省第六届书法篆刻大展	包爱珠	入展
2008	书法	第四届省青年书法选拔赛	包爱珠	入展
2008	书法	第六届全浙书法大展	钱绍森	入展
2008	书法	全国千人千作书法大展	傅一平	入展
2008	书法	第六届全浙书法大展	宋炳瑛	入选
2008	《桃花源记》	第六届全浙书法大展	吴稚雨	入选
2008	《赤壁赋》	第三届全国硬笔书法大展	甘思源	优秀奖
2009	书法	“浙江书法60年”系列大展之“浙江书法精英展”	傅一平	入展

续表28-6

获奖年份	作品	比赛名称	作者	奖项
2009	书法	“浙江书法60年”系列大展之“浙江书法精英展”	张志敏	入展
2009	书法、绘画、篆刻	西泠印社诗书画印大展	傅一平	三项兼能奖
2009	书法	“东泰杯”第四届省青年书法选拔赛	郑有希	入展
2009	书法	“东泰杯”第四届省青年书法选拔赛	沈华南	入展
2009	书法	“东泰杯”第四届省青年书法选拔赛	赵　珍	入展
2009	书法	西泠印社诗书画印大展	李运和	入展
2009	书法	浙江书法60年台州展区暨湖州市书法精品展	郑有希	入展
2009	书法	省群众美术书法优秀作品展	李运和	优秀奖
2009	《祭汶川儿女》	全国第二届大学生艺术展演活动	甘思源	一等奖
2009	《姜夔跋王献之保姆帖》	浙江书法六十年新人展	吴稚雨	入展
2010	书法	省第五届中青年书法篆刻展	赵　珍	入展
2010	书法	省第五届中青年书法篆刻展	李运和	入展
2010	书法	省第五届中青年书法篆刻展	钱绍森	入展
2010	书法	第七届全浙书法大展	曹　伦	入展
2010	《九歌》	第七届全浙书法大展	甘思源	入展
2010	《赤壁赋》	“陆维钊奖”省第五届中青年书法篆刻展	甘思源	入展
2011	书法	全国文房书画大赛	骆　炜	三等奖
2011	书法	“万山红遍”省书法篆刻大展	赵　珍	入展
2011	书法	“万山红遍”省书法篆刻大展	张志敏	入展
2011	书法	“万山红遍”省书法篆刻大展	李运和	入展
2011	书法	“万山红遍”省书法篆刻大展	沈华南	入展
2011	书法	“古井贡杯”全国书法展	骆　炜	三等奖
2011	书法	省第二届群星视觉艺术大展	章庆文	银奖
2011	书法	“万山红遍”省书法篆刻大展	钱绍森	入展
2011	书法	省农民美术书法摄影展	钱绍森	金奖
2011	书法	省青年书法选拔赛	杜永忠	入展
2012	书法	首届“张芝奖”全国书法展	骆　炜	入展
2012	书法	省第六届中青年书法篆刻展	骆　炜	入展
2012	书法	首届“赵孟頫杯”全国书法作品展	赵　珍	入展
2012	书法	省第六届中青年书法展	李运和	入展
2012	书法	“纪念郭沫若诞辰120周年”全国书画展	骆　炜	三等奖
2012	草书	首届“赵孟頫杯”全国书法篆刻展	张志敏	入展
2012	书法	“万山红遍”浙江书法篆刻大展	包爱珠	入展
2012	书法	省书画摄影展	杜永忠	三等奖

说明:资料来源于县文联

三、摄影

1998—2012 年,全县摄影作品参加第十三届至第十四届省摄影艺术作品展、“绿色浙江”生态摄影大赛、第二届至第五届全国金色建材摄影大赛、全国新闻摄影大奖赛等省级及以上大赛展览并获奖共 20 件;其间,竺志祥的《追忆》在文化部、重庆市举办的“红岩杯”全国新闻摄影大奖赛上获特等奖。2005—2010 年,钱初生的《历史的印痕》《小读者》《长兴图书馆外景》先后刊登在《中国文化报》,另有 4 幅作品先后刊登在《浙江日报》;作品《长兴百叶龙》(17 幅)入选浙江省非物质文化遗产代表作丛书《长兴百叶龙》;作品《龙腾万里》《长兴龙舟赛,展“非物质文化遗产”风采》入编中华书局出版的《2008 浙江文化年鉴》。

2008 年，许要武的《背上的摇篮》刊登在《中国摄影报》。

在县内举办的摄影大赛上，长兴作品也成绩不菲。2003 年，在省摄影家协会、人民摄影报、县政府联合举办的中国长兴——陈皇故里摄影大赛中，长兴获优秀奖 16 件。2008 年，在中国摄影家协会和县政府联合主办的“大唐茶都·太湖明珠”全国摄影大展中，王兴秀获特级收藏作品奖。2010 年 5 月，在县政府和省摄影家协会联合主办的中国(长兴)“大唐茶都·春到顾渚山”摄影大赛中，蓝毅的《仙山湖之晨》获一等奖。2011 年 3 月，在县政府和省摄影家协会联合主办浙江省“樱桃之乡”摄影大赛中，许要武的《醉夕阳》获一等奖。同年 10 月，在中国林学会、省生态文化协会、省林业厅、县政府联合举办的“银杏之乡 大美印象”摄影作品展中，曹世河的《光阴的故事》获一等奖。2012 年 10 月，在中国摄影报、省摄影家协会和县委宣传部共同主办的“锦绣长兴·幸福家园”全国摄影联赛中，付年红的组照获一等奖。同月，中国摄影报在长兴推出中国首个重点区域性摄影赛事——2012 环太湖摄影拉力赛，曹文汉的作品《乐》获一等奖。

1998—2012 年长兴县部分摄影作品参展、参赛及获奖情况表

表 28-7

获奖年份	作品	作者	比赛名称	奖项
1998	《冠军的艰辛》	周德坤	首届莫干山国际登山节“欧诗漫”摄影比赛	优秀奖
1998	《追忆》	竺志祥	“红岩杯”全国新闻摄影大奖赛	特等奖
1999	《秋到龙王山》	周德坤	中国竹乡生态摄影	银奖
2000	《发展中的石浦渔港》	周德坤	第三届中国开渔节“半岛风光风情”摄影大赛	优秀奖
2002	《决一高低》	周德坤	省第十二届运动会体育摄影大赛	佳作奖
2003	《绿色家园》	杨苏清	“绿色浙江”生态摄影大赛	优秀奖
2007	《自律》	钱初生	省第二届反腐倡廉书画摄影展作品集	优秀奖
2008	《世纪老人》	陈鲜忠	第二届全国金色建材摄影大赛暨优秀作品展	优秀奖
2009	《破旧立新》(组照)	陈鲜忠	第三届金色建材摄影大赛暨全国建材工业节能减排优秀成果	金奖
2009	《春潮》	钱初生	省“群星奖”美术、书法、摄影主题创作展	优秀奖
2009	《行走珠海间》	任丽萍	第二届女摄影家作品展	入展
2009	《丰收的台阶》	许要武	省群星美术、书法、摄影优秀作品展	铜奖
2010	《街头新知识》	任丽萍	第十三届摄影艺术作品展	入展
2010	《咱们工人有力量》(组照)	陈鲜忠	第四届全国金色建材摄影大赛	银奖
2011	《醉夕阳》	许要武	“樱桃之乡”摄影大赛	一等奖
2011	《齐心协力》	陈鲜忠	“汾酒杯”纪念中国共产党成立90周年“转型·创新”国企新风貌摄影大赛	优秀奖
2011	《攻关》	陈鲜忠	第五届全国金色建材摄影大赛	优秀奖
2011	《它俩与她俩》	任丽萍	第八届全国残运会“共享小康寻找最幸福残疾人”	二等奖
2012	《满院欢乐栅不住》	许要武	《中国摄影报》主办	优秀奖
2012	《征途》	任丽萍	2012年全国公安文联、全国公安摄影家协会联合举办的“金洲杯”摄影创作赛	优秀奖
2012	《母爱》	任丽萍	省第十四届摄影艺术作品展	入展
2012	《协力》	任丽萍	省纪念马寅初先生诞辰130周年摄影展	二等奖

说明：资料来源于县文联

第四章　文化遗产

长兴文化遗产丰富，文化遗产得到有效保护和传承。至2012年，全县有全国重点文保单位2处、省级文保单位14处、县级文保单位58处、县级文物保护点463处。县博物馆馆藏文物1万余件，其中经鉴定属国家珍贵文物609件；县新四军苏浙军区纪念馆馆藏文物1059件，基本属革命文物。全县被列入各级非物质文化遗产代表性名录的非遗项目共118项，其中国家级2项、省级7项、市级34项、县级75项。

第一节　物质文化遗产

一、古遗址

七里亭遗址　位于泗安镇白莲村七里亭南侧申苏浙皖高速与杭长高速交汇处。为中更新世至晚更新世时期的旧石器时代遗址。分布在南北长约120米、东西宽约80米的“陇岗”上。已知文化层堆积最深达12.5米，其中包括耕土层、铁锰层、稀网纹红土层、网纹红土层、细沙砾层。出土和采集的石制品有石核、石片、石球、石钻、石锤、砍砸器、刮削器、尖状器、手镐等。在距地表12.5米细沙砾层中发现的石器，经国家地球所测定，已有100万年以上历史。该遗址对于深入了解西苕溪旧石器遗址的分布规律，与之相关联的生态环境以及对南方砾石工业的深入研究都有积极的意义。2011年1月7日，被公布为省级文物保护单位。

城山古城遗址　位于和平镇和平村海拔265米城山之巅。为东汉晚期古城堡遗址。内外两层，总面积12万平方米。其中外城墙总长1400米，残高2米～6米，环山顶一周，保存完整；内城墙残存约400米，高1米～3米。存有土城墙、城门、蓄水池、弩台、烽楼、走马埒、擂鼓墩、滚石、演兵场等遗迹。遗址内有始建于南朝宋元嘉六年(429年)寺庙一座，尚存明清建筑，坐南朝北，设前殿、正殿、配殿，红墙黛瓦，面积465平方米，东侧有三座清代舍利塔。遗址北侧有南朝石刻造像十尊。据史籍记载，城山古城为东汉末年乌程豪强严白虎所筑。是江南地区得以留存并保存较完整的一处东汉末期军事城堡遗址，且附属宗文物内涵丰富。2005年3月16日，被公布为省级文物保护单位。

江家山遗址　位于林城镇大云寺村董村自然村的北侧，申苏浙皖高速公路与原318国道之间。东西长约250米，南北宽约100米的台地上。为新石器时代至商周时期台地型聚落遗址，文化层1.2米～3.5米。高速公路北侧宽25米左右，已由文物部门进行抢救性考古发掘，高速公路下表层已受扰乱。遗存以新石器时代墓葬为主，出土文物有马家浜文化时期的玉石器、陶器、木器，崧泽文化时期石器、陶器，良渚文化时期的黑皮陶和马桥文化的夹砂陶等，还有大量不同时期的人体骨架。是新石器时代南太湖文化走廊中一处重要文化遗存，内涵丰富。2011年1月7日，被公布为省级文物保护单位。

台基山遗址　位于雉城街道台基山。分布在相对高度1米～4.5米台地，南北长约100米，东西宽约80米，为新石器时代至商周时期台地型聚落遗址。1983年与2003年，遗址曾两次被试掘，探明文化层0.5米～2.6米，文化序列为崧泽—良渚—马桥—商周，延至明清时期。出土文物有崧泽文化时期的黑皮陶盆、罐、壶，夹砂陶鼎、缸、罐，石锛、石凿；良渚文化时期的双孔石刀、有段石锛、石钺毛坯；马桥文化时期的夹砂陶鼎、鬲、甗、钵和青铜矛以及带有铜渣的陶支座，石铲、石锛、石矛、石镞、弯月形石刀等。采集的印纹硬陶标本纹饰有梯格纹、云雷纹、方格纹、回纹、编织纹、曲折纹、水波纹、叶脉纹。2011年1月7日，被公布为省级文物保护单位。

空山遗址　位于泗安镇管埭村与皂山村交界处空山东侧岗地。东西长约800米，南北宽约150米～

200米,面积近1.2万平方米,为新石器时代至商周时期台地型聚落遗址。遗址文化层约0.3米～1.2米,采集标本以印纹硬陶为主,岗顶采集标本有鱼鳍形鼎足、夹砂陶宽扁形器耳、黑衣陶片、红烧土、石犁、石钺、石刀残件,及大量印纹硬陶片,岗南裸露的岩石和西北坡上采集到圆锥形、扁锥形陶鼎足、印纹硬陶片及原始瓷片。印纹硬陶主要纹饰有云雷纹、方格纹、回纹、编织纹、曲折纹、水波纹、叶脉纹、麻布纹等。该遗址是浙北保存相对完整,面积特大、内涵丰富的一处古文化遗址。2011年1月7日,被公布为省级文物保护单位。

新安遗址 位于泗安镇禧祉村新安自然村。平面略呈圆形,直径约300米,总面积7万平方米,四周为水系,为新石器时代至商周时期台地型聚落遗址。2008年,文物部门多次对遗址进行调查探测,发现文化层0.6米～2.15米,采集标本有红衣陶片、鱼鳍形夹砂陶鼎足、夹砂宽把陶耳罐陶片、羊角状夹砂陶鼎足,及大量夹砂陶、泥质陶及印纹硬陶片,原始瓷豆、碗、盂残片与石锛、石钺、石铲、石刀等石器残件,局部还发现动物和人体残骨。印纹硬陶主要纹饰有云雷纹、方格纹、回纹、编织纹、曲折纹、水波纹、叶脉纹、米筛纹、麻布纹等。该遗址面积较大,内涵丰富,且四周有"环壕"。2011年1月7日,被公布为省级文物保护单位。

张家桥遗址 位于画溪街道三新村张家桥自然村西岗地。分布面积5000平方米,为新石器时代至商周时期坡地型聚落遗址。2008年9月,文物调查勘探发现遗址东北端可见文化层约0.3米～1.2米,中部地表散落大量文物标本,其中有夹砂陶鱼鳍形鼎足、泥质陶镂空豆柄、泥质陶片和石锛、石刀、石凿、石镞、砺石等石器。印纹硬陶陶片纹饰有云雷纹、方格纹、回纹、编织纹、曲折纹、水波纹、叶脉纹、米筛纹、麻布纹等。遗址表层叠压汉代墓葬和唐宋时期窑址。该遗址是太湖西南岸为数不多的先秦时期坡地聚落址,文化内涵相对丰富。2011年1月7日,被公布为省级文物保护单位。

二、古窑址

龙山窑址 位于林城镇石英村龙山脚下金鸡膀与荆竹关两自然村。由牌坊沟、荆竹关两窑址组成,相距1300米,分布面积2000余平方米,为晚商至战国印纹硬陶窑址。2008年3月至2009年10月,文物部门通过多次调查勘探,发现两窑址均依岗坡建,坡度15°～25°,窑属龙窑。表面因农业耕作受损较严重,地表散落大量红烧土和印纹硬陶片。牌坊沟窑址时代为晚商至西周中晚期,主要器形有尊、坛、瓮、罐等,印纹硬陶陶片纹饰有云雷纹、回纹、组合纹、曲折纹、方格纹、编织纹、水波纹、叶脉纹、米筛纹等,还有少量的原始瓷片。荆竹关窑址时代为春秋晚期至战国时期,主要器形有坛、瓮、罐等,印纹硬陶陶片纹饰有方格纹、水波纹、米筛纹和麻布等。该窑址是环太湖地区发现的唯一一处保存较好,内涵丰富的商周时期印纹硬陶窑址。2011年1月7日,被公布为省级文物保护单位。

九龙山窑址 位于水口乡顾渚村石马头自然村九龙山东北侧山坡的竹林中。东为九龙山古道,北为山涧。面积2000平方米,为唐五代瓷器窑址。2008年6月,在文物普查中发现,窑址包括4座龙窑,一处作坊,一个水池和大量残片堆积。窑址周边散落大量红烧土、窑具以及瓷器残片和窑汗,主要器形有碗、盂、钵、盆、盘、碟等。釉色以青白色为主,略有杂质,施釉不及底。器物胎质中密、坚硬。窑具有垫饼、匣钵、垫圈等。窑址西侧200米有一白泥矿,前有一小山溪。该窑址为浙北地区发现的一处烧制白瓷器皿唐五代古窑址,且与唐宋时期紫笋茶文化密切相关。2011年1月7日,被公布为省级文物保护单位。

三、古墓葬

西峰坝东汉画像石墓 位于雉城街道西峰坝村小娜山东南侧。北为合溪港,东靠西峰坝居委会办公楼。面积100平方米,为竖穴东汉画像石墓。2006年6月,因农民取土被发现。该墓葬坐西朝东,偏北约30°,平面呈长方形,藻井顶,大青石板重叠砌制。由墓道、前室、后室组成。墓室长7.86米,宽4.2米,高2.64米。前室南侧有耳室,门楣刻青龙白虎,门框刻青龙、白虎、朱雀、鹿等浮雕图案。前室长2.66米,宽2.88米;后室长3米,宽2.14米,高2.32米。因早期被盗,文物部门对古墓葬清理时仅出土陶灶、陶俑、陶盆、玉璧(残)、铜器、五铢钱等器物。该墓葬形制具有典型北方文化风格,在太湖流域较为罕见。2011 年 1 月 7 日，被公布为省级文物保护单位。

横山土墩墓群　位于洪桥镇碧岩村与弁山村交界方圆 6 平方千米的扎网山。为西周至秦汉古墓葬。该墓葬群散点分布，北、东为杨小线公路，西至长兴电厂灰库，南至扎网山山脉与弁山主峰山脉交界处，已认知共 40 座，大部分位于山脊和缓坡上。山脊上以石室土墩为主，平面呈圆形和圆形，直径 10 米～18 米，残高 1.2 米～3 米，部分石室裸露或早期被破坏，残件有印纹硬陶罐、瓮、坛和原始瓷豆、盂等。缓坡以下以土墩墓为主，平面呈圆形居多，直径 8 米～15 米，残高 1.2 米～2.5 米。墓丘保存良好。该墓葬群位于太湖西南岸，分布密集、数量较多、保存良好、内涵丰富，是太湖流域先民典型的葬俗重要实物见证。2003 年 8 月 10 日，被公布为县级文物保护单位。

章惇墓　位于水口乡顾渚村石马头自然村周家山东坡。分布面积 800 平方米。墓葬早期被盗，墓丘及沿墉因水土流失和农耕等因素，迹象较模糊，仅在地表发现少量宋砖、瓷片；在墓丘东侧尚存石像生、石翁仲 4 尊，其中石马通长 1.5 米、高 1.3 米，石翁仲通高 2 米、宽 0.75 米，石羊 2 只，通高 1.1 米、宽 0.9 米。该墓原为双室墓，墓前有墓道。1995 年再次被盗掘时，发现穴内有一块刻有“章惇”二字的石碑。章惇(1035—1105)，字子厚，宋仁宗嘉祐四年进士，神宗时出知湖州，哲宗起为尚书左仆射兼门人侍郎，晚年被贬至湖州。2010 年 1 月 11 日，该墓被公布为县级文物保护单位。

四、古建筑

圣井　位于太湖街道杨湾居委会杨湾自然村天居寺前广场。为砖砌圆柱形水井，深 6.8 米，口径 0.37 米，腹径 2 米，底径 1.9 米。井口为凝灰石雕凿而成，口沿内敛。井圈下由小瓦圈筑而成，小瓦下部为原井口，由四块青石砌成呈四方形，边长 0.47 米。井腹至底部均由青砖错位砌制，规格 0.32×0.21×0.06 米，上有钱币纹等纹饰。井底为自然砂土层，井泉常年不枯。据史料载，该井建于西晋永嘉年间，为陈武帝先祖陈达所建。传说陈霸先出生后曾用该井水沐浴。归有光撰《圣井铭并叙》载：“浴帝始诞”，故称“圣井”。2003 年 8 月 10 日被公布为县级文物保护单位，2011 年 1 月 7 日被公布为省级文物保护单位。

五里渡塅门群　位于泗安镇五里渡村和塔上村交界的泗安塘南岸大堤上。由五里渡村的下潘塅门、下潘东塅门、西塅门及塔上村罗家塅门组成，为清代水乡重要水利设施。该塅门群体量较大，保存完整，是太湖流域保存最好的一处独特的古代水利设施。2011 年 1 月 7 日，被公布为省级文物保护单位。下潘塅门：位于下潘滩自然村。涵洞式，南北向，北通泗安港老鸦塘段，南连官庄塅。长 25 米，高 1.15 米，宽 0.8 米，四壁由规整条石砌置。闸门槽宽 8 厘米，深 4 厘米。塅门北端出口处上部横置石板上题刻“道光十年重修”和“雍正伍年岁在丁未”。下潘东塅门：位于下潘塅门东侧。涵洞式，南北向，两端开口处各设一道闸门。长 22 米，高 1.29 米，宽 0.46 米，四壁由规整条石砌置。闸门石高 1.65 米，闸门槽宽 6 厘米，深 3.5 厘米。西塅门：位于西塅门自然村。南连北山塅，闸门式，南北向，北端入口部为喇叭形。高 4.5 米，宽 2.1 米，规整条石砌成。闸门的“金口槽”凿于高 4.5 米、宽 0.55 米的两整块巨石上。闸门上部距顶端 0.8 米处横置两块条石形成跳板，顶端东西向铺设 4 块石梁。罗家塅门：位于罗家塅自然村。涵洞式，南北向。涵洞上方遗存有三方有关筑塅明清时期石刻题记。

长兴孔庙　位于雉城街道人民广场东侧。由大成殿、明伦堂与碑廊组成。大成殿、明伦堂建筑面积 547 平方米，为明清时期典型孔庙风格建筑。孔庙，始建于北宋庆历四年(1044 年)，明嘉靖九年(1530 年)迁至该址。坐北朝南，南为大成殿，北为明伦堂，位于同一中轴线上，前后相距 37.5 米。各 3 开间、面阔 11.4 米，进深分别为 16.8 米和 15.1 米。大成殿建于清乾隆九年(1744 年)，为宫殿式结构，歇山顶、抬梁式梁架，后墙墙基镶嵌石刻三通，分别为“万世之师”碑(孔子像)、“至圣先师孔子赞并序”碑和字迹模糊可见纪年的“康熙十五年”碑。明伦堂建于明嘉靖九年(1530 年)，硬山顶、抬梁式梁架，石础为宋代明伦堂原建筑构件。碑廊为 2010 年所建，共陈列“御制正孔子祀典申记”“圣谕”“长兴县新置学田记”等历代孔庙碑刻十九通。大成殿、明伦堂被尊为“孔圣殿”，历来为全县最高学府，也是科举乡试场所；建制高大，气势宏伟。1983 年 3 月 12 日被公布为县级文物保护单位，2011 年 1 月 7 日，被公布为省级文物保护单位。

白溪朱氏宗祠 位于太湖街道白溪居民区。建筑布局呈长方形，南北长 84.2 米，东西宽 41.8 米，占地面积 3260 平方米，为明末至清中期民间宗祠建筑。坐北朝南，粉墙黛瓦，砖木结构，中轴线由南向北分别为牌坊、门厅、东西厢房、正厅、披屋及西侧附屋，东路由前后三进及连廊组成，两处相对独立呈回廊式院落，建筑面积 1294 平方米。各建筑单体均为硬山顶，抬梁式或混合式梁架。其中正厅规模宏大，布局规整，用材硕大，明间抬梁式，4 根金柱均为直径 0.5 米的珍贵楠木，且木构有墨纹彩绘。门厅雕刻精致。据史料记载：宗祠为明崇祯年间(1628—1644 年)朱熹后裔朱升所建，原为画舫，后改为祠堂。清中期多次扩建翻修，是太湖流域具有代表性的宗祠建筑。2005 年 3 月 16 日，被公布为省级文物保护单位。

古民居 王思高宅 位于和平镇庄里村西湾里自然村 9 号。为清中期徽派建筑风格王氏民宅。坐西朝东，粉墙黛瓦，砖木结构，为前后二进各三开间带厢房的合院建筑。面阔 12.1 米，进深 24.35 米，建筑面积 285 平方米。两侧为高大马头墙。硬山顶，蝴蝶瓦屋面，铺望砖，穿斗式梁架。青砖地坪，天井为青石铺地。建筑格局较特别，没有正门，仅在两进走廊开启左右相连的边门。部分木构件见少量缠枝花卉雕刻。保存相对完整，高大马头墙为县内少见。2010 年 1 月 11 日，被公布为县级文物保护单位。

南俞钱宅 位于小浦镇潘礼南村南俞自然村。占地面积 1337 平方米，为清晚期徽派建筑风格钱氏民宅。坐北朝南，粉墙黛瓦，砖木结构，前后三进五开间各两厢房加东侧附屋，共 33 间。正立面为一字形马头墙，内八字门楼，天井卵石铺地。第一进明间穿斗式，6 柱 9 檩；明间正面上部有网格装饰；次、梢间 2 层楼，有门廊，带两厢(西厢已毁)。第二进内八字门楼，明间穿斗式，6 柱 10 檩；明间正面板壁为窗格状，制作精美；梁上有一匾“衣锦堂”，款“光绪辛丑年仲冬月”“宜兴庐庆铃书”。第三进内八字门楼砖雕缠枝花卉，刻“芝兰玉树”4 字；明间穿斗式，7 柱 11 檩，用材较好，无雕饰。各进围墙上部有墨绘三国人物。附屋 12 间，有廊与正屋相连。该宅规模较大，是县内保存下来的较好清代古建筑之一，具有较高的文物价值。2003 年 8 月 10 日，被公布为县级文保单位。

大岕口吴宅 位于小浦镇大岕口村大岕口自然村。占地面积 360 平方米，为清晚期吴氏民宅。坐东朝西，粉墙黛瓦，砖木结构。总进深约 13 米，面阔 20 米。前后两进各五开间，硬山顶，有门廊，带卷棚。第一进明间抬梁式，次间、梢间穿斗式，第二进带两厢，明间抬梁穿斗混合式，6 柱 9 檩。前廊及梁柱上均雕刻有戏剧人物、花卉、吉祥图案等。主体建筑前、右侧各有一侧房，右侧房 9 间，前侧房 6 间。南侧有民国砖木建筑一幢，三开间带厢房，均二层楼。东南侧有砖砌门楼一座，坐南朝北，脊有辅鸡，外侧阳刻“承先启后”，内侧阳刻“履泰丰升”及缠枝花卉与三国人物，工艺精湛。该宅建筑梁枋与门楼砖雕精美，主建筑整体构架保存良好，2003 年 8 月 10 日，被公布为县级文保单位。

古亭 毛场里凉亭，位于小浦镇小浦村毛场里自然村。占地面积 25 平方米，为清中期古建筑。坐北朝南，平面呈回字形，石木瓦结构。四方八柱，歇山顶。内边长 3.8 米，外边长 6.4 米。石柱边长 0.34 米，高 3.75 米。正面石柱上刻对联两幅，“贞寿门题荷宠褒，怀清中峙全高第”“心贞铁石立万世纲常，志洁冰霜成三从事业”。上部石质梁枋上有多处题刻，“松柏同春”“贞节可风”“节标青史”“皇清国学生张□之室□孺人”“大清道光廿九年冬三院会奏、钦旌、节孝、咸丰元年春月吉日建”等。该凉亭为贞节牌坊式凉亭，在太湖流域属罕见，对研究古代民俗文化具有重要的史料价值。2010 年 1 月 11 日，被公布为县级文物保护单位。有关凉亭资料参见第 8 编、第 1 章、第 4 节。

古桥 2012 年年末，县内有各类民间古桥梁 196 座，其中 60%为县级文保单位(点)。参见第 8 编、第 1 章、第 4 节。

石泉牌坊 位于李家巷镇石泉村。由高湾明代高公墓牌坊、石山桥明代贞节牌坊和明代吴琉故居牌坊组成，是县内仅存的三处明代牌坊，且内涵丰富。2010 年 1 月 11 日，被公布为县级文物保护单位。

高湾明代高公墓牌坊 位于高湾自然村前小山西北侧缓坡上。坐东朝西，位于墓丘前方 5 米。三间四柱冲天式，存明间和额枋花板，明柱间宽 2.43 米，柱高 5.4 米。柱身方形倭角，顶部为圆柱形，四周浮雕仙鹤祥云图，顶端凿为球状。额枋刻丹凤朝阳，花板刻双狮戏绣球，均为高浮雕。枋中间双钩楷书“明□□高公之墓”，阴刻款“嘉靖乙巳冬，龙山刘牖书”。牌坊下方散落牌坊上方的卷棚残件。

石山桥贞节牌坊　位于石山桥自然村北石山桥南堍的河岸上。坐北朝南，三间四柱式，花岗岩质，存石柱及部分额枋。面宽 6.2 米，中柱高 3.6 米，边柱高 2.3 米，柱边长 0.35 米。中柱阳刻楷书楹联：“渤海源长清澈口，槐阴根茂节参天”；额枋、花板双面高浮雕龙首、麒麟、双狮戏球、聚宝盆等图案，工艺精美细腻。未发现年款题刻。据村民回忆，该牌坊为“高世文之妻王氏”贞节牌坊。

吴琉故居牌坊　位于石泉自然村管金泉宅南侧。存牌坊明间两柱，间距 3.18 米，残高 5.65 米，石柱断面呈八角形，青灰色石灰石，柱础长 1.48 米，宽 1.38 米。周边遗存有牌坊抱鼓石两件。该牌坊系当地吴氏祖人明代吴琉所建。《长兴县志》(1992 年版)载：“吴琉，生卒年不详……系梁驸马都蔚吴僧永裔孙……著作甚富，有《史类》六百卷、《经世文编》三十卷……”

五、摩崖及石刻

顾渚贡茶院遗址及摩崖，位于水口乡西北以顾渚山为中心的顾渚、金山两村，含唐代紫笋贡茶院遗址，以及唐代湖州刺史袁高、于頔、裴汶、杨汉公、张文规和杜牧等为督造贡茶，宋代汪藻、韩允寅等游览茶山所刻摩崖组成。面积约 4800 平方米，遗址地表原建筑基石依稀可辨。摩崖共三处九方，分别位于顾渚山北侧悬臼岕、南侧斫射岕及西顾渚山最高堂。1997 年 8 月被公布为省级文物保护单位，2006 年 5 月 25 日被公布为第六批全国重点文物保护单位。详见第 39 编茶文化、第 3 章、第 1 节。

六、古街区　古村落

水口老街　位于水口乡古镇桥西。占地面积约 2000 平方米，为清至民国集镇老街。东西向，东起古镇桥，西止堂子湾，长 85 米，宽 3 米～4.2 米不等。有店铺 22 家 41 间，总建筑面积约 1200 平方米。店面南北相向而建，大部分为民国时期单层砖木结构建筑，用材较小，少量为清末两层砖木结构。东北侧紧挨古镇桥 20 世纪 70 年代所建砖混结构竹器厂，主要经营项目有理发、箍桶、打铁、面食早点和杂货等。

白岘老街　位于白岘乡三洲山村白岘自然村。占地面积约 1500 平方米，为清至民国乡村老街。尚存白岘小溪两侧呈丁字形小街，总约 50 米长。以溪西为主，南北相向，粉墙黛瓦，砖木结构，二层木楼。除一家理发店外，其他都改为村民住宅。抗日战争后期，新四军十六旅四十六团曾驻扎于该处。

张家坟古建筑群　位于洪桥镇中道村张家坟自然村。建筑时间为清末至 20 世纪 30 年代。东临太湖，有传统建筑 16 幢，坐北朝南，包括祠堂、商铺、民居等，面积约 2000 平方米。建筑风格以太湖水乡民居为主，兼容徽派马头墙建筑元素，粉墙黛瓦，砖木结构。民居以三开间正屋带侧厢的三合院居多，少量为两进三开间带侧厢两层木楼加一字墙门楼，硬山顶，抬梁式或穿斗式梁架，青砖铺地。商铺为单层建筑，用材较小。

南蒋古建筑群　位于吕山乡胥仓村南蒋自然村。建筑时间为清中后期至民国时期。有相对完整的传统建筑 18 处，散点集中于村中心风水塘四周，坐北朝南，包括民居、商铺、仓库等，面积约 2500 平方米。各幢民居单体布局多正屋带侧厢的三合院，砖木结构，硬山顶，抬梁式或穿斗式梁架，部分梁枋有精美雕饰。属水乡具有徽派风格传统建筑，其中钱末江、钱海斌、钱培芳等宅相对保存较好，建筑规格较高。村内曾经开设许多店铺，商贸繁荣。多处民居曾在“人民公社”时期作集体食堂、大会堂、办公室、仓库等使用，墙体遗存有当年宣传画和标语等。

八都岕古建筑群　位于小浦镇八都岕。建筑时间主要为清中晚期，少数为民国时期。有相对完整的传统建筑 52 处，散点分布于十里银杏长廊之间，包括民居、店铺、寺庙、戏台等，总建筑面积约 8000 平方米。大部分依山而建，或坐北朝南，或坐南朝北，以徽派风格为主。各幢民居单体布局多两进三开间带侧厢二层木楼加一字墙门楼合院式，少量为三进五开间带侧厢。砖木结构，硬山顶，抬梁式或穿斗式梁架，部分梁枋、门楼有精美雕饰。其中古建筑近 20 处(含大岕口吴宅、南俞钱宅 2 处县级文保单位和杨林涧蒋宅、潘家张宅等 3 处县级文保点)。

仰峰芥古建筑群 位于槐坎乡仰峰村仰峰自然村。建筑时间主要为清晚期。有主要建筑9处，包括民居、店铺、寺庙、宗祠等，总建筑面积约3200平方米。大部分依山而建，朝向不一，以徽派风格为主。各幢民居单体布局多两进三开间带侧厢二层木楼加一字墙门楼合院式，少量为三进五开单间带附屋。砖木结构，硬山顶，抬梁式或穿斗式梁架，部分梁枋有精美雕饰。其中，沈家大院、土地庙为全国重点文物保护单位，韩家大院、曹家大院为县级文物保护单位。

长城古民居群 位于和平镇长城村。有古民居20余幢，总建筑面积约2000平方米。坐北朝南，以水乡民居为主，兼容徽派马头墙建筑元素，粉墙黛瓦。各幢民居单体布局多两进三开间带侧厢二层木楼加一字墙门楼合院式。砖木结构，开间相对较小。硬山顶，抬梁式或穿斗式梁架，少量梁枋、门楼有雕饰。

南淙古建筑群 位于和平镇南淙村南淙自然村。北临西苕溪南大堤，有民居6处，其中1处为宗氏宗祠、5处为民宅，面积约1200平方米。坐南朝北，以徽派风格为主，粉墙黛瓦。各幢民居单体布局多三开间带侧厢加一字墙门楼三合院式，砖木结构，硬山顶，抬梁式或穿斗式梁架，部分梁枋有精美雕饰。唯韦商臣后裔住宅为三进三开间带东路附屋，四面高墙，用材考究，体量较大。其中，宗氏祠堂、韦宅属县级文物保护点。

七、近现代重要史迹

新四军苏浙军区旧址 2001年6月25日，新四军苏浙军区旧址(含15个点)被公布为第五批全国重点文物保护单位。见第29编、第2章、第2节。

中共长兴县委秘密交通站旧址 位于画溪街道竹元村徐宅。为抗日战争时期中共长兴县委一处重要的活动纪念地。旧址原系民国初期徐家民宅，坐北朝南，粉墙黛瓦，砖木结构。存一进(原两进，1944年冬第二进被日伪军烧毁)，面阔12米，进深9.5米。一字墙，内八字门楼，门上砖雕“耕读传家”。三开间加东厢房。明、次间皆穿斗式，7柱7檩。1940年秋，在中共浙西特委的领导下，中共长兴县委在该处建立秘密交通站，掩护浙西及从皖南事变中突围出来的新四军战士、地方干部撤往苏南。徐家六兄妹均参加革命并加入中国共产党。2003年8月10日，被公布为县级文保单位。

吕山日本侵略军炮台工事遗址 位于吕山乡政府北侧，弁山山脉西南麓余脉——吕蒙山山脉西端山脊上。面积约800平方米，为抗日战争时期重要史迹。存有炮台、掩体、壕沟等遗迹。炮台建于山脊西侧顶部，遗迹呈一圆形凸起土堆，内凹，外径10米，内径5米，残高1.2米～1.5米，内凹部深0.4米～0.6米，周边散落大量残砖块。东、西、北三面距炮台约10米～20米处有两层半环形壕沟，宽约1.2米～1.8米。再往下北坡上有两处环形凹坑掩体工事，直径约2米，为依托春秋战国石室土墩墓构筑而成。两坑间有深壕相连。周边有三八式子弹壳散落。该遗址东为弁山，西、南、北三面为长泗平原，泗安塘从该处由西而东擦肩而过，是湖州通向泗安的水陆交通要道，自古为兵家必争之地。1937年11月，日本侵略军进犯长兴，曾在该处修筑工事。长兴解放后，被当地村民拆毁。2010年1月11日，被公布为县级文物保护单位。

董家油坊碾房遗址 位于虹星桥镇白水村董家自然村北侧、乌家桥东南25米。为近现代手工业作坊遗址。碾坊建于乌家港南大堤下，原建筑已佚，存嵌于地面石质碾槽和一个石碾。碾槽由11块弧长不等的花岗岩石槽拼接而成，其中最长2.83米、最短0.6米，碾槽外径7.33米，内径6.37米，槽深0.19米，保存完好；石碾置于碾槽西侧，呈“铁饼”状，直径2米，内径0.2米，完整。该油坊始建清晚期，当时建有炒房、碾房、榨油房、仓库等，惠及方圆50里村民。民国初期遇战乱暂停，抗日战争时期又恢复，至20世纪50年代中期停止使用。2010年1月11日，被公布为县级文物保护单位。

高宁塘桥 坐落于洪桥镇金星村斗角自然村西，与雉城镇新塘村连。为民国时期石梁桥。该桥东西向，横跨外港。4墩5孔，花岗岩石材。桥面长22.26米，宽2.56米，径跨22米，中孔净跨6.05米，立面略微呈折边形，中孔平直，由5块石梁并铺而成；桥墩由5根石柱并列而筑；金刚墙由规整条石错缝砌筑。桥额镌行楷“重建高宁塘桥”，“民国26年”“里人公建”款，桥心石镌“风轮”图案，南北两侧镌刻楹联各一副。北侧：桥体高深两畔距离直径约长十丈，地方宁静四围村落居民几近千家；南侧:胜地据湖滨东达吴兴西至长邑,扁舟过桥下北流苏境南接杭塘。该桥用料规整厚实,建筑考究大气。为县内尚存民国时期体量最大的一座石梁桥。2010 年 1 月 11 日,被公布为县级文物保护单位。

高大圩砖拱桥　又名“新桥”,位于洪桥镇横山桥村高大圩自然村,东连西仁自然村。为 20 世纪 60 年代单孔砖拱桥。东西向,横跨高大圩内港,总长 12.5 米,宽 1.95 米,净跨 11.96 米,矢高 3.3 米。立面呈扇形,桥体均用青砖、水泥砌筑而成,青砖规格长 0.23 米、宽 0.12 米、厚 0.05 米,桥背用 13 根钢筋加固;桥额刻“新桥 1967 年 5 月”;桥堍均用石块砌筑而成。该桥为县内仅存的一处青砖拱桥,且保存完整。2003 年,被公布为县级文物保护点。

第二节　非物质文化遗产

一、传统舞蹈

长兴百叶龙　发源地位于林城镇天平桥村,是中国民间艺术的一朵奇葩,获全国第十届“群星奖”舞蹈大赛金奖。1988—2012 年,参与国内外重大文艺演出活动近百次,十赴北京、七出国门,多次被中央电视台等新闻媒体宣传报道,受到广泛赞誉。2006 年,传统舞蹈“长兴百叶龙”被列入第一批国家级非遗名录。详见本编第 5 章长兴百叶龙。

林城狮舞　一般在正月调弄,以挨家“拜门子”讨吉祥为主要形式,翻滚扑跃,动作繁多,其中“叠桌登高”为高难技巧。关于“林城狮舞”历史源头,当地流传有两种说法:一是“林城青狮”说。由客居长兴的河南人传入,据传,古代有一头“青狮”英勇善战,为了保卫国家,忠贞不屈,死守皇宅,最终平息奸贼内乱。皇帝为了奖励它,赐予王位,授予田宅,并钦笔“狮王镇宅”。后经流传演变,林城人用绿色材料做狮皮以纪念“林城青狮”;二是“林城双狮”说。20 世纪初由在上海从艺的长兴刘井村人“二和尚、三和尚”收徒授艺而传入,表演时由两头狮子一齐上阵,因而称为“林城双狮”。“林城狮舞”动作名目繁多、技艺超群,除了一般的平地表演动作外,还有其独特的高空技巧。从第一张桌子开始,再搬上第二第三张桌子,狮子依次周旋腾跳而上,直至加一条板凳站在凳上,然后又临高腾空而下,打滚起舞。伴奏为打击乐,有小鼓、苏锣,小钹、小锣、马蹄锣等,伴奏曲调有“路调”和“演出调”两种。“路调”主要是在行进途中及平地趣味性表演时使用;“演出调”用得较多,可根据舞狮的节奏、情绪,分快慢轻重演奏。一般由“急急风”锣鼓入场,每头狮子由两人合扮,前者双手握住狮头道具戴在头上,后者俯身双手抓住前者的腰带,身披用麻、羊毛编织加工而成的狮皮。一对狮子欢跃起舞,其动作有蹦跳、欢跳、狮子直立、双狮对吻、攀桌等。20 世纪 90 年代后,林城镇建立向阳、石英、泥圩、大云寺 4 个活动基地,全镇有舞狮人员 120 余名。1999 年,获湖州市民间艺术大赛二等奖;2002 年,参加第五届上海国际艺术节;2003 年,获长兴县乡镇文艺会演一等奖;2006 年,获浙江省群星奖广场舞大赛金奖等。2007 年,传统舞蹈“林城狮舞”被列入第二批浙江省非遗名录。

长兴旱船　俗称“花龙船”“八仙船”。20 世纪 30 年代,由客居长兴的河南人传入,广泛流行于县内河南籍人口聚居的农村,其中以龙山旱船和泗安旱船最为活跃。船身长约 1.2 米、宽 0.42 米、高 1.7 米左右。扎制工艺精细,船架用小竹编扎而成,船顶三层红楼金穗,船身图案贴画剪纸,船头船尾或扎荷花或呈龙形,美轮美奂。角色包括船娘、撑船人、丑角、拿花灯人以及乐队。表演形式有双人舞、多人舞,并有锣鼓伴奏,用河南方言演唱。表演时,旱船先向前向后摆动着“点头”,称为“拜门子”,然后“开四门”,即朝东、南、西、北四个方向分别进行表演。整个表演围绕掌舵人展开,路线都是即兴式,无固定模式。表演中,只有撑船人有舞有唱,唱一段舞一段,演唱时锣鼓停船也停。船娘一脚前一脚后,手扶船身轻轻地按节奏摆动船身,撑船人有节奏的拍打“连响”应和演唱。唱词没有严格限制,由演唱者和伴奏者相互配合。旱船活动至二月二“龙抬头”焚化“还船”。2012 年,传统舞蹈“长兴旱船”被列入第四批浙江省非遗名录。

下箬马灯 长兴民间称“调马灯”，是当地分布广泛的一种民间舞蹈。相传出生在长兴下箬里的南朝陈开国皇帝陈霸先出征时身骑白马，屡战屡胜，所以家乡人用扎白马调马灯的风俗纪念他。每年庙会及春节期间，人们就用调马灯的形式祈求新一年风调雨顺、五谷丰登、国泰民安。“下箬马灯”由竹、布和纸扎制成人身的马形，表演者右手执鞭、左手扶马头而舞。演出场地一般在农民家门前的道场上。演员有48人左右组成，其中调马灯演员24人、马夫1人、小丑2人、掮幡2人、掮尖角旗4人、横幅2人、锣鼓6人、唢呐3人、横笛1人、二胡2人、带队1人。“前场”调马灯者一般8人以上，1人扮小丑穿插韵白。表演分长蛇阵、一字阵、剪刀阵、绞丝阵、穿锁条、元宝阵等阵法，曲调有正阳腔、反阳腔、虞美人、紫竹调等。2006年，传统舞蹈“下箬马灯”被列入第一批湖州市级非遗名录。

二、民间文学

陈霸先的传说 长兴县是南朝陈开国皇帝陈霸先的出生地。陈霸先，字兴国，小字法生，庙号陈高祖，史称陈武帝，南朝陈吴兴长城(今湖州长兴)下箬里人。“陈霸先的传说”是当地老百姓以陈霸先为依托，同时寄予自己思想观念和情感的一系列传说，包括“陈霸先出生”“陈霸先征战”等内容。“陈霸先的传说”在长兴广泛流传，县境内依然保存着大量与陈霸先相关的物质文化遗产，如陈朝皇陵、圣井、陈高祖钓台、陈武帝故居遗址等。当地“拦王圩”“圣旨庙”“皇家湾”等地名也与陈霸先相关。2012年，民间文学“陈霸先的传说”被列入第四批浙江省非遗名录。

熊知县的故事 熊知县，本名熊明遇(1580—1650)，字良儒，号坛石，江西进贤人。明万历二十九年(1601年)进士，明万历三十年知长兴县到任不久，就筹粮米、募壮丁，开通内、外河道，兴修水利，奖励农商、订立漕规、革除旧弊、政绩突出。喜欢吟诗撰文，撰有《罗岕茶疏》《箬下酒疏》《盗贼课》《金莲塔铭》《松水居序》等文章。在史料记载中，熊明遇是公认的名宦，离任后，长兴还为他建立“生祠”以表怀念。然而在长兴民间流传的故事中，熊知县却是一位反面人物。他的故事在长兴流传甚广，以围绕“破坏长兴风水，让长兴人世代不得显贵”内容为主，总数有上百个。据传，熊知县担任知县时，遇到地方上一位很有地位的人物，熊知县在他面前吃了亏，于是怀恨在心，总想伺机报复长兴人，用破坏长兴人风水的办法，让长兴的子孙后代世世不得显贵。该“正人反说”怪异离奇的现象具有较强的独特性。2012年，民间文学“熊知县的故事”被列入第四批浙江省非遗保护名录。

三、传统音乐

长兴民歌 长兴民间音乐丰富多彩，种类繁多，可分为戏曲、曲艺、宗教、器乐、民歌等。流行于当地的戏曲音乐以滩簧小戏、花鼓戏为主；曲艺音乐以纤板书和滩簧打唱为主；宗教音乐指在民间婚丧活动中执事人员演奏的音乐，如“弹棉花”等；器乐有“十番锣鼓”等吹打乐，也有“下把工尺上”等丝竹乐；民歌有吴方言的山歌、小调，也有河南、平阳等各种方言小调，还有“玩旱船”时的“拜门子歌”，更有生活歌、情歌、风物歌、劝教歌、叙事歌等，是民间音乐的宝库。2008年，传统音乐“长兴民歌”被列入第二批湖州市级非遗名录。

十番锣鼓 流行于江南地区的民间吹打乐种，历史悠久，约19世纪中叶传入长兴，它的产生与当地祭祀祠山的习俗相关。相传古时长兴水患严重，百姓深受其害。白岘村出现一位年轻女子，带着一帮人治理沙河。一天，村人偶然发现工地上没人，唯有一群野猪在运土搬石，才得知是天神下凡。当地百姓为感念猪神功德，就在白岘村建起一座祠山庙，将祠山菩萨塑成青面獠牙的野猪模样，以示纪念。之后，每年正月十四，祠山菩萨要到附近襄阳岭上去给娘舅李王菩萨拜年，当地村民按角色彩绘面具，并戴上跳舞表演傩戏，伴奏多以锣鼓为主，其伴奏音乐便是“十番锣鼓”。“十番锣鼓”一般为12人～14人，多时有20人～30人同时演奏。乐器分为大小两组。大件组有大鼓1只、铙2副、大锣2面、号头1支；小件组有板鼓1只、京锣1面、中钹1副、吹钹1副、小锣1面、叫锣1面、京鼓1只、尺板及木鱼各1件。两组循环，奏乐气势宏伟。主要在庙会时表演，既可固定场地表演，也可游行中进行。表演时常常同时伴有舞龙、舞狮等。另外，“十番锣鼓”也常用于喜庆丰收、迎娶婚嫁、宗教仪式等重大活动之中。2008年，传统音乐“十番锣鼓”被列入第二批湖州市级非遗名录。

四、传统技艺

紫笋茶制作技艺　自唐大历五年(770年)至清顺治三年(1646年),顾渚紫笋茶常为贡品。其"一茗七法"手工制作法在茶叶界更是绝无仅有,是茶叶手工制作中的一朵奇葩。上品紫笋茶从采摘开始到包装成品,要经历采茶、分拣、摊青、杀青、回凉、初拣、复炒、复回凉、复拣、初烘、复烘、贮香、品验、包装等14道工序的精心制作,前后所用时间达半月之久。2011年,传统技艺"紫笋茶制作技艺"被列入第三批国家级非遗名录。见第39编茶文化。

紫砂烧制工艺　县内有丰富的紫砂陶土资源,紫砂烧制工艺历史悠久。紫砂壶与紫笋茶、金沙泉同为"品茗三绝"。2009年,传统技艺"紫砂烧制工艺"被列入第三批浙江省非遗名录。见第39编茶文化。

箬下春酒制作技艺　长兴"箬下春"酒是中国历史名酒之一。"箬下春"产于长兴下箬里,原称乌程"若下"。始于汉,盛于唐,传于今,已有两千余年的历史。由于用料精良、制艺独特、品质优良而历代流芳。明代熊明遇《箬下酒疏》中详细记载箬下春的制作方法,仅制酒用到的香药就不下数十种,酿造用水取自雉城镇箬下里箬溪水,历经制曲、凿秫、浸米、作饍、拌曲、入瓮、发酵、养酒、开耙、滤酒、贮酒等数十道工序制成。具体制法如下。制曲:六七月份挑选优质的生籼米碾成粉,加入清水搅拌均匀调和,做成一个个小圆子形,摊在铺好稻草的竹匾里,待其自然发酵,放在阴凉通风处自然阴干。数天后,待小圆子生出白花毛,再晾干便成了酒药。放在干燥处保存,防止返潮。凿秫:将当年收获的优质糯米用杵精心捣制,去壳去皮,直到变为白米为止。米不能捣得太白,以半白半糙为好。浸米:将糯米用冷水淘洗几遍,放在冷水里浸泡约1天,捞起沥干。作饍(蒸米):在蒸锅里放上水,蒸笼上垫一层白布,烧水沸腾至有蒸汽。将沥干的糯米放在布上蒸熟,约1小时。糯米蒸透后端离蒸锅,在桌子上铺上几张纸或者荷叶,糯米在上面摊成两三寸厚的一层,晾凉至30度左右。拌曲:在冷却好的糯米上洒少许温开水及已碾细的酒药粉末,将糯米和酒药搅拌均匀,连拌连下缸。拌药时动作要快,不让米饭冷。比例一般是50千克米拌150克酒药。入瓮:将拌好酒曲的糯米放入用水预先热过的缸中,压实。中间挖一个直径约20厘米的洞直接到缸底。将第五步留下少量的酒曲均匀洒在洞周围,表面用木制锅盖压紧压平,以使表面光滑。发酵:缸口用一小竹匾盖上,匾上再用稻草压住,缸口要盖严,尽量不留空隙。放在30度左右的暖房里,发酵3天即成。发酵中途可检查发酵情况。酒性出来后,可逐步降低温度。养酒:发酵3天后,缸中酒香味透出,将缸盖半掀开,观察酒浆是否满潭。如果满潭,说明已经发酵成功;如果没有满潭,可用小碗舀已有的甜酒浆向缸内的糯米浇一浇,起发酵作用,盖着等上1天。开耙:酒浆满潭后,把缸盖半掀,叫作"养酒"。养3天后就加水正式酿成酒,酒浆与水的比例一般是1:1.2至1:1.5。水用纯净的箬水,配水后用木棍将成块的酒酿耙碎成小块,再分装至小瓮中,瓮口盖上一张荷叶,荷叶上倒扣碗封住,静置15天至20天。滤酒:"养酒"后,缸中米酒可以饮用,但不适宜过滤保存。待1个月至2个月后,酒糟下沉,酒液澄清,才可沥起装甏。用细帛过滤,分装至酒甏,高温加热杀死其中可致腐败的菌类,密封保存。贮酒:装甏的新酒用一层箬叶、一层黄泥封住甏口,于荫凉处避光保存,经过一两年后即成陈酒。2010年,传统技艺"箬下春酒制作技艺"被列入第四批湖州市级非遗名录。箬下春酒的历史参见第12编、第3章、第5节。

五、民俗

长兴花龙船　又叫"长兴龙船""太湖花龙船"。同治《长兴县志》:"谓之飞凫,又曰水车、水马,始于吴越时……",为端午习俗,在洪桥、水口、夹浦等沿太湖乡镇盛行。龙船用农家小舟扎成,船首龙头口含观音送子,两艄幡旗招展,划手隐于舱内。端午间,船中锣鼓喧闹,岸上鞭炮齐鸣,各村各家新麦新豆迎于埠岸。花龙船事先排好水系路线,前一日发帖通知沿途亲眷。该日,龙船锣鼓喧闹,河埠鞭炮齐鸣。每到亲眷所在埠头,龙船绕圈"打桩",岸上姑嫂献上托盘福礼,龙船也回赠新豆新麦。如果逢两条龙船同时从桥下驶过,还要各自在桥桩边绕圈比赛,俗称"钻桥洞"。各村的花龙船拜亲祈福,至初六傍晚驶回。龙船要在同一个埠头下水、登岸。旧时还要将龙头拆下焚化。初八喝"龙王酒",称"谢龙王"或"谢蚕花",是极富特色的地方民俗。2008年,民俗"长兴龙船"被列入第二批湖州市级非遗名录。

岕里婚俗 姑娘出嫁坐花轿是八都岕一带延续的数百年的民间风俗。姑娘到谈婚论嫁的年龄，一般在十六七岁，旧时十六岁即是成年的年龄。父母亲便为儿女操心，托人介绍将女儿许配给人家，一般配给门当户对的人家。介绍人旧时称“媒人”。男女双方父母一般不出面，通过媒人到相中的人家去说媒提亲送聘礼。一般是男方家叫媒人一人、行人两人、喜娘一人。行人是男方与女方两家提亲，提出各自的要求，通过行人沟通于两家之间。喜娘要到姑娘出嫁时随花轿到姑娘家接姑娘上花轿，拜好天地陪姑娘进新房。媒人到姑娘家取姑娘的生辰八字用以配婚。行人是双方父母两家之间传话的人，男方家有什么要求，女方家有什么要求，聘礼的多少，何时定亲出帖子等。媒人、行人谈妥后即定亲。定亲也叫“求红”“出热帖”。出热帖叫送贺书，放在一个红漆小木盒内，内有男方的生辰八字，决定好日子，以便随时嫁娶，或当年或次年，由男方家定，如当年成亲，在成亲前一个月送热帖，以便双方娘舅、姑父准备喝喜酒。定亲时，女方家准备全副行嫁陪嫁到男方家。全副行嫁要求天地、山产及到男方家从生产到生活。接亲上花轿，花轿由四人抬，接亲有行人两人，放铳两人，肩高灯两人，媒人一人，吹唢呐两人，接亲队伍若干人，吹吹打打一路热闹到女方家。接亲人被允许后，可进女方家门，行人要准备厨师包、茶水师包、接软包包、大门封、小门封、闩门封、开门封、抱轿钿等等。上花轿前，新娘穿上绣花旗袍，也有穿红裙红衫的，戴凤冠帽躲在闺房里吃饭，并将饭吐在床的四角里。行人要到闺房接三次，新娘由长辈抱上轿，出门后，放铳手要放二铳。花轿到男方家，迎亲人放礼炮，花轿抬进正墙门，在天井里停下，喜人催新娘下轿两三次，新娘才出花轿。出轿后新娘要换鞋、洗脸、擦粉，到堂前与新郎拜天地。后由喜娘经铺好麻袋的地方扶进新房。第二天，新娘要拜祖宗，并与公婆见礼，送上礼品给公公婆婆等长辈。公婆要上见面钿给新媳妇。新女婿还要上门到女方家，参见岳父母，岳父母同样回见面钿给女婿。婚事完后，谢过媒人，左邻右舍送上喜糖。2008年，民俗“岕里婚俗”被列入第二批湖州市级非遗名录。

六、传统戏剧

布袋木偶戏，由温州平阳人带入，集木偶技巧、戏剧形式、表演技艺于一体。演出时舞台仅一张小方桌大小，周边蒙布，只留一舞台框口，人在里面操作，用双脚踏动跳板敲打锣鼓，双手表演木偶。不同角色的唱念、表演、锣鼓伴奏均由一个人完成。木偶人物形象生动，个性鲜明，表演时有喜怒哀乐的感情，头、眼睛、嘴巴、手、足都能活动自如，或击鼓弹琴，或跃马扬鞭。艺人手套木偶(偶人身高0.27米或0.4米，头部中空，颈下缝合布内袋连缀四肢，外着服装)，五指分别撑起头部及左右臂，相互协调操纵偶人作各种动作。扮演者手戴一个或两个人偶，按情节顺序出场。唱的戏内容丰富多彩，主要剧目有《青玉石珠》。伴奏乐器有锣、鼓、镲等。2008年，传统戏剧“布袋木偶戏”被列入第二批湖州市级非遗名录。

第三节　文化遗产保护

一、文物保护

1988年，县博物馆成立文物保管部。1998年12月，成立县文物保护管理委员会。1999年8月，县政府印发《长兴县文物保护管理办法》。2000年12月，成立县文物保护管理所，与县博物馆两块牌子、一套班子合署办公。2001年起，从城市建设维护款中提取2%用于全县文物保护工作。同年3月，加强县内建设工程文物保护工作。2002年，县博物馆获浙江省文物安全风险等级三级安全防范示范单位。2007年，长兴获评全国文物工作先进县。2010年4月，县政府印发《关于加强文化遗产保护的实施意见》。2003—2010年，县博物馆(文保所)配合县公安部门处置刑事案件5起，抓获盗墓嫌疑人15人。

普查 浙江省历史文化遗产普查　2001年，启动浙江省第三次历史文化遗产普查工作，成立县文物普查队。7月，启动野外调查，历时半年，共采集不可移动文物信息350余处，登录上报150处，其中古遗址21处、古墓葬31处、古建筑54处、石窑寺及石刻9处、近现代重要史迹35处。2002年6月，县文物主管部门新公布文物保护点113处。2003年7月，县文物普查队被评为省第三次历史文化遗产普查先进集体。同年8月，县政府公布“圣井”等16处不可移动文物为第三批县级文物保护单位。

第三次全国不可移动文物普查　2007年7月，启动第三次全国不可移动文物普查工作，成立县第三次全国文物普查领导小组和文物普查队。历时两年，对全县进行地毯式调查，采集不可移动文物信息近2000条。经后期专家认定，并由县政府公布登记不可移动文物名录计1210处，其中古遗址212处、古墓葬361处、古建筑375处、石窟寺及石刻9处、近现代重要史迹及代表性建筑247处、其他6处。2008年，荆竹关战国窑址被评为第三次全国文物普查重要新发现。2010年，县文物普查队被国务院“三普办”授予全国第三次全国文物普查野外实地调查阶段突出贡献奖先进集体，5名普查队员被授予省级先进个人。

长兴旧石器考古调查　2002年11月，中国科学院古脊椎动物与古人类考古所会同浙江省文物考古研究所、县博物馆，在研究员张森水的主持下对长兴旧石器遗存进行考古调查。先后在槐坎、雉城、林城等11个乡镇发现18处旧石器遗址，采集文物标本145件。2004年5月与2005年6月，调查人员又先后两次会聚长兴，对县博物馆工作人员日常下乡发现的旧石器遗址进行认定，新增文物点14处，其中包括七里亭遗址、银锭岗遗址。

鉴定与保管维护　文物搜集　县博物馆文物藏品来源主要是考古发掘、征集与社会(个人)捐赠、上级调拨。1988年至2012年，博物馆共征集和接受社会(个人)捐赠文物683件。包括新石器时代至晚商的石器，商周的印纹硬陶、原始瓷器，汉六朝及唐宋元明清时期的陶瓷器、青铜镜，近现代民间民俗器物等。其中，2003年1月，林城镇方山窑村村民上交东晋青瓷虎子；2006年6月，林城镇桥南村村民上交东晋钱币纹瓷瓮；2008年2月，林城镇连心村村民上交唐海兽匐匐镜。上述3件经鉴定为珍贵文物。

文物鉴定　1993年5月，县博物馆首次邀请国家级鉴定专家对部分馆藏文物进行函件鉴定，甄别定级一级藏品7件、二级文物74件、三级文物250件。1998年，县博物馆部分藏品在杭州参加全国文物藏品鉴定，共计鉴定国家一级文物24件、二级60件。2006年9月，省文物鉴定委员会对县博物馆33件书画进行现场鉴定，确定二级珍贵文物2件、三级文物31件。2007年6月，市文物鉴定小组对县博物馆藏品鉴定，共鉴定三级文物182件(组)。2012年11月，市文物局组织专家对县博物馆拣选文物进行鉴定，共鉴定三级文物45件。

保管维修　2005年3月—2007年2月，县文物部门负责，由省古建筑设计院设计、杭州匀碧文物古建筑工程有限公司施工、省古建筑工程监理公司监理，对白溪朱氏宗祠进行全面抢救性维修，共投资300万元。主要项目有拆除后期搭建的构筑物，恢复原有的建筑格局。恢复门前两座牌坊，更换补充重筑屋面小瓦，正厅梁架校偏，更换槽朽木构，恢复残缺门窗，恢复正厅方砖地坪和其他建筑三合土地坪，修复石砌台阶、护坎，疏通重筑下水道。整治周边环境，重筑门前庭院，恢复后花园，构筑四周围墙。铺设消防系统。2006年3—7月，县百货公司出资20万元，邀请杭州匀碧文物古建筑工程有限公司对钟楼实施抢救性维修，加固梁架、基础，重做屋面、墙面，整治周边环境。2006年8—10月，县文物保护管理所投资50万元，对大成殿•明伦堂实施抢救性维修。主要项目是更换补充大成殿屋面筒瓦和部分椽子；重筑明伦堂屋面小瓦，更换8根糟朽檩条和二分之一椽子，修复坍塌墙体，重做三合土地面，整治周边环境。2009年，县文物保护管理所主持，由杭州文物建筑工程公司施工，对县级文保单位鼎嘉桥、光阳桥实施应急性维修。2010年，对周村桥实施就近异地搬迁。同年2—10月，为配合旧城改造，县建设局投资60万元，对孔庙实施局部恢复性维修。主要项目有重做大城殿屋面，修复部分残损木构件，恢复原有花格门窗和方砖地坪铺装，重做墙面粉刷，整理台阶护坎。搬回19通历史碑刻，新建孔庙碑廊。建设避雷系统，重设照明系统。

抢救性考古发掘　1988—2012年，县博物馆(文保所)会同省文物考古研究所在全县范围内进行抢救性考古发掘40余次，取得许多重要考古成果，其中七里亭旧石器遗址、合溪洞旧石器遗址先后入选“全国十大考古新发现”终评。

石狮土墩遗存　位于林城镇石狮村。1989年3—12月，为配合宣杭铁路建设，文物部门对方山支脉南侧的石狮四条陇岗上5座土墩遗存进行考古发掘。发现5座土墩内有商周时期墓葬30座,除一座外,其他4座均一墩多墓,最多达11座,且时期不一。其封土有两种,一种封土取自生土层,土质坚硬,土墩保存良好,隆起明显;另一种为当时地表土,土质松软,水土流失严重,多已低平,有些几乎夷为平地。30座墓葬的形式主要有无坑无床型、石床型、土坑型三种,有19座墓葬存在叠压和打破关系。出土的器物印纹硬陶有瓿、罐、瓮、坛等,器表拍印叶脉纹、回字纹、云雷纹、菱形纹、席纹、米筛纹、方格纹、折线纹及大方格填线纹。原始青瓷有碗、豆、盘、罐、尊、碟、盂、器盖等。

亭子头宋墓　位于雉城街道高山岭村亭子头。2001年3月,为配合县森林公园建设,文物部门对施工中发现的宋墓进行抢救性考古清理。该墓葬坐西朝东,为土坑竖穴长方形石椁石顶墓。墓室长270厘米,宽120厘米,深86厘米,墓壁由30×35×65厘米青石丁字形错位石砌,顶部由四块132×80厘米青石封盖,每块之间由子母扣相接,底部为生土。出土文物有铁牛、铁券、青铜镜、银碗2件、铜则、铜盂、青白瓷莲花座镂空缠枝牡丹盖香薰、青白瓷印花粉盒、青白瓷六瓣碗、青白瓷刻划纹碗、建窑兔毫盏、剔花折腹白瓷碗、陶粉奁、玉簪、围棋子若干等一批珍贵文物。含一批高规格的景德镇青白瓷。

窑墩窑址遗存　位于小浦镇光耀村窑墩。2002年8月,为配合长牛公路草子槽至煤山段改道工程,文物部门对施工中发现窑墩窑址进行抢救性考古清理。清理面积2000平方米,清理出宋代窑址2座、汉代窑址7座、春秋战国古墓葬1座,出土印纹陶、泥质陶、瓷器、窑具等300余件(套)。其中2座龙窑,位于窑墩的东南侧,东西走向,呈长方形,东低西高。窑墩中心偏东部的一座总长25.5米、宽3.15米,窑壁残高10厘米至20厘米不等,窑内散落部分较为完整器物,以壶、罐、圆形窑具居多,器物造型较单一,黑褐色釉较透明,光泽较好;窑床底部为红灰相间砂土堆积,层次明显,共7层,说明该龙窑曾进行多次维修。光耀窑墩窑址烧制时间跨度长,器形类别丰富,文化积淀深厚,为研究唐、宋时期南太湖地方经济和社会发展状况提供佐证史料。

鼻子山越国大墓　位于雉城街道五峰山村鼻子山。2003年12月—2004年4月,为配合旧城改造,文物部门对工程施工发现的黄龙山分支脉之五峰山下的鼻子山越国大墓进行抢救性考古发掘。该墓葬三面环山,位于与山脊走向呈"十"字形相交的低坡上。墓葬封土呈长方形覆斗状,底东西长32米,南北宽18米,中心高3.7米。封筑选黏性很强的膏泥分层夯筑而成。墓穴呈甲字形,为岩坑立穴棺椁墓。墓道长7米,墓坑长14.8米,宽5.7米。出土器物有陶瓷器、玉石器和料器,其中玉、石、料器有瑗、璜、剑首、带钩、管和珠等。在墓北侧封土外设置有一个陪葬器物坑,长4米,宽1.5米,深0.5米。出土器物47件,主要为仿青铜原始瓷或硬陶乐器,其中包括甬钟、磬、镈、句鑃、钲、錞于、铃等。该陪葬器物坑为同类遗址中首次发现。

炮头山石室土墩墓　位于小浦镇光耀村黄龙山分支脉的岳飞场下的炮头山。2004年7—8月,为配合长牛线改道工程,文物部门对炮头山一座石室土墩墓进行抢救性考古清理。清理发现该墓葬呈圆形,东西长17.6米,南北宽11.4米,最高点2.75米。整座墓葬利用附近山崖撬砸下的石块建造而成,石室呈狭窄巷道状。块石大小不一,底部铺设鹅卵石石床。四周边缘垒筑成四方形护坎。在石室土墩护坎北侧,清理出呈东西向的陪葬器物坑,长方形,坑长4.9米,宽1.2米,整齐排列着大小不一的18件器物,有印纹硬陶坛、罐,泥质陶鼎、器盖等。印纹陶纹饰有方格纹、大方格填线组合纹、编织大方格填线组合纹、米筛纹等,泥质陶质地疏松。石室土墩墓设置葬器物坑为太湖流域同类遗存中首次发现。

陈母墓岭土墩墓　位于雉城街道渚山村与水口交界之黄龙山分支脉的陈母墓岭。2005年5月至6月,为配合长水线道路扩建工程,文物部门对陈母墓岭上两座遭受严重破坏的西周晚期土墩墓进行抢救性清理。墓葬位于长水线两侧东西向山脊平缓处,东侧为一座石床墓,出土一批珍贵器物,包括原始瓷豆、壶、盘、罐,玉璜、玦、项链、萤石碗、插座等,未发现陶器。西侧为一座东西长18米,南北宽15米的土坑墓,封土堆筑达3.2米,出土的器物有原始瓷豆、罐及一串玉项链(其中含玉、松石、滑石)。在长兴出土丰富玉石器的西周土墩遗存为首次,尤其是萤石碗、插座在同类遗存中罕见。

江家山遗址　位于林城镇大云寺村江家山。2005年4月—2006年7月，为配合申苏浙皖高速公路建设，文物部门对遗址进行抢救性考古发掘。在高速公路北侧长150米、宽50米的窄长的区域里，发现新石器时代墓葬340座，其中马家浜文化晚期墓葬46座，崧泽文化墓葬292座及良渚文化墓葬2座。马家浜文化沟2条，崧泽文化房基2座，红烧土堆积7处。出土大量马家浜文化至商周时期的陶器、石器、玉器、木器、竹器和骨器等各类文物1000余件。尤其是马家浜文化的竹编、木耜、木锛柄、石环形器、黑衣陶杯、红衣菱形陶壶，崧泽文化的组合型石犁、刻画纹陶纺轮、三孔石刀、完整人体骨架等在太湖流域首次发现。江家山遗址是长兴县第一个经科学考古发掘认知的新石器时代古文化遗址，为探索和研究太湖西南部新石器时代晚期诸文化提供较为重要和丰富的资料。

七里亭遗址　位于泗安镇白莲村西山自然村北侧陇岗上。2005年9月—2006年5月，为配合杭长高速公路建设，文物部门对七里亭遗址进行抢救性考古发掘。该遗址属泗安塘二级阶地，发掘面积600余平方米。出土石核、石片、石球、砍砸器、刮削器、尖状器、手镐等800余件石制品。经古地磁测定，该遗址的最早年代距发掘时已达100万年，是浙江境内最早的古文化遗址。2007年4月，该遗址入选2006年“全国十大考古新发现”终评。2010年6月，浙江省旧石器考古成果新闻发布会公布：七里亭遗址考古取得重大成果，浙江人类历史达100万年。详见专记《七里亭旧石器遗址发掘重大发现》。

西峰坝画像石墓　位于雉城街道西峰坝村小娜山。2006年6—7月，文物部门对因农民取土受损的古墓葬进行抢救性考古清理。该墓葬系叠涩顶画像石墓，墓上存有高约1.5米的封土。墓室建于长方形土坑内。其下部打入生土层0.3米～0.5米。整体基本用块石和条石构成，间隙处填充小石块和碎砖。分别由墓道、前室、耳室和后室所组成，外围全长7.86米、宽4.2米、高2.64米。墓门位于前室内口，分别有门槛、门框、门和门楣组成。耳室位于前室南壁中间处，底面高于前室底部。平面呈近方形，左、右石板刻有青龙、白虎、朱雀、鹿等吉祥图案，上方门楣饰青龙白虎画像。该墓因早期被盗和现代破坏，随葬器物仅存零星小件和部分陶器残片，包括陶器5件、盆1件、礁斗1件、釉陶灶1件、跪俑1件、瑟1件、铜器2件一组，以及带钩、五铢钱、玉石器、玉鸡心坠、滑石壁等，尤以陶俑十分珍贵。经考证西峰坝画像石墓的年代为东汉中期后段，是浙江省已发现的最早的画像石墓之一。

合溪洞遗址　位于小浦镇光耀村。2007年6月调查发现，同年11月—2011年1月为配合合溪水库建设，文物部门对该遗址进行抢救性考古发掘。该遗址包括4个点，其中1号、2号、4号点相对集中，3号点则在东南200米处。因早期开采石灰岩，遗存均遭到不同程度破坏。洞内发现大量的动物碎骨、烧骨、遗留敲砸和切割痕迹的碎骨、石器及一些骨制品。石制品有石核、石片、刮削器和砍砸器等；骨制品有骨片、骨刮削器、骨尖状器。动物化石标本达30万余件，其中马头骨化石首次在江浙发现。合溪洞遗址最晚年代大约距发掘时已达2.8万年，是浙江省首次发现并发掘的有人类文化遗物的旧石器时代洞穴遗址。2012年3月，该遗址入选“全国十大考古新发现”终评。

夏家庙土墩墓群　位于雉城街道五峰村夏家庙自然村义冢山。2011年6月—2012年12月，为配合房地产项目开发建设，文物部门对夏家庙土墩墓群进行抢救性考古发掘。该墓葬群略呈“山”字形，发掘范围有13座土墩，共清理商周时期、汉六朝时期、明清时期的墓葬103座，出土随葬器物500多件。秦汉时期墓葬形制主要是土坑墓和砖室墓，土坑墓有甲字形、刀字形，还有一座为中字形。出土文物以秦汉时期遗存居多，主要有釉陶瓿、罍、罐、壶、鼎、灶及青铜镜、镌斗、洗、印章等。尤其是在一座秦汉早期土坑墓中出土一件战国时期青铜剑，十分珍贵。

另外，县文物部门还先后参与雉城镇皇家湾唐宋遗存、李家巷镇老虎洞村庄家桥遗址、夹浦镇蒋埠桥遗址、雉城镇钱家圩村东浜遗址、煤山镇煤山村下齐岭、雉城镇台基山遗址、雉城镇大成殿前雉城古井、洪桥镇碧岩村弁山墓群、小浦镇画溪村画溪桥遗址、雉城镇五峰村五峰土墩遗存、和平镇吴山支脉龙潭山古墓、雉城镇西峰坝港北晋墓、李家巷镇李家巷村长岭山土墩墓、合溪南岸抛渎岗和窑岗岭及北岸西山头、炮台山的合溪石室土墩墓、小浦镇光耀村银锭岗遗址、小浦镇中山村七女墩、雉城镇红卫桥遗址、李家巷石泉村石泉明墓、雉城镇西峰坝南符小山土墩墓、煤山西山岗古墓的抢救性考古发掘。

〔专记〕

七里亭旧石器遗址发掘重大发现

七里亭旧石器遗址的考古发掘,自2005年9月至2006年5月,历时9个月。发现并出土石制品800余件,经古地磁测定,该遗址的最早年代距发掘时已达100万年,是浙江省境内最早的古文化遗址。2007年4月,七里亭遗址入围2006年全国“十大考古新发现”终评。2010年6月3日,浙江省召开旧石器考古成果新闻发布会,向社会公布:七里亭遗址考古取得重大成果,浙江人类历史达100万年。

七里亭旧石器遗址位于长兴县泗安镇白莲村西山自然村北侧陇岗上,杭长高速与申苏浙皖高速公路交界处,面积3万多平方米。南距西苕溪支流泗安塘约1.5千米,遗址所在的岗地属泗安塘的二级阶地,地理坐标为北纬30°54′58.7″,东经119°41′05.1″。

2004年6月,长兴县博物馆工作人员在重点工程文物调查中发现七里亭旧石器遗址。2005年9月至2006年5月,为配合杭长高速公路建设,浙江省文物考古研究所与长兴县博物馆联合组成考古队,由副研究员徐新民担任领队,对该遗址进行抢救性考古发掘。发掘面积600余平方米,发掘深度至属中更新世网纹红土下的砂质黏土层,距地表约12.5米,出土采集石制品800多件。

发掘区域的地层可划分为19个堆积层,根据地层堆积和出土石制品分析,划分为上下两大文化层,上文化层厚约100厘米,属于下蜀土堆积出土石制品180件,以石英岩为主,砂岩次之,燧石仅5件。器物类型有石核、石片、断片、刮削器、砍砸器、球型器等。石片的个体相对较小,形态上以梯形石片居多,部分石片的远端宽度很大,有少量的打击台面,半锥体明显,背脊特征大多有纵向交脊。刮削器以T4:33标本最为精致,是一件以硅质岩为石材经复向修理而成的多刃刮削器。下文化层堆积属中更新世的网纹红土,厚度超过600厘米。共发现760余件石制品,有石核、石片、断块、刮削器、砍砸器、手镐、尖状器、球形器、石砧、石锤等。石制品岩性有砂岩、石英砂岩、硅质岩、石英岩、燧石等多种,其中以砂岩、石英砂岩为主。剥片技术基本采用锤击法,大多数石核以砾石为原料,故石核与石片的台面以自然台面居多,但打击台面也占有一定的比例,剥片方式有单向、转90度角、多向及沿周边剥片等。下文化层以砍砸器最有特点,一种如T4:63者,在砂岩的一端向较凸的砾面进行二次修理,形成略呈弧状的单凸刃砍砸器;另一类重型石器是手镐,但数量很少,均在砾石或岩块的一端用锤击法修理成正尖的尖刃,尖刃形状为小圆头形的钝尖。

在发掘区西部紫红色黏土层中,发现一个加工石器活动面,在面积约30平方米的范围内有数十件石制品,其中有5个拼合组,说明人类曾在该处进行过生产石器的活动或滞留在该处的时间段相对较长。

七里亭遗址石制品组合属于中国南方主工业,但有适合小流域的某些地方特色。采用锤击法生产石片,石核和石片的打击台面也呈上升趋势,表明其生产石片技术比下文化层有所进步。修理石器用锤击法,修理方式以向背面或向破裂面居多,还有用复向和交互打击的,错向加工见于砍砸器的修理上。

从各地层均发现有石制品分析,该遗址从早更新世晚期开始一直延续到晚更新世的某一阶段,人类在该遗址的活动没有间断,延续的时间也相当

图28-2 七里亭旧石器遗址发掘现场(县文广新局提供·2005年)

长。最早的年代根据中国古地磁研究所科学测定可达一百万年。就加工石器的活动面和其他石制品拼合组的发现，说明有一时段人类在该处停留过较长的时间，或者说该处是持续活动频繁的营地。七里亭遗址发掘，对于进一步了解西苕溪旧石器遗址的分布规律、与之相关联的生态环境等，以及对南方砾石工业的深入研究都有着积极意义，同时对探索砾石工业的区域性特征也有着很重要学术价值。

2007年4月，七里亭遗址入围2006年全国“十大考古新发现”终评。2008年7月，《中国东南部七里亭遗址剖面磁性研究》发表于英国皇家天文家协会等主办的《国际地球物理杂志》第174卷第一期上。2009年10月，《浙江旧石器考古报告之一——七里亭与银锭岗》一书由科学出版社出版。

2010年6月3日，浙江省人民政府新闻办公室召开“浙江省旧石器考古成果新闻发布会”，向社会公布：七里亭遗址考古取得重大成果，浙江人类历史达100万年。6月12日，七里亭遗址考古成果在浙江省博物馆孤山展区展出。

（梁奕建执笔）

二、文物保护单位

1988年，全县有县级文物保护单位15处。2012年年末，全县有全国重点文保单位2处，省级文保单位14处，县级文物保护单位58处，县级文物保护点463处。

全国重点文物保护单位　1989年12月，省政府重新公布长兴县仰峰岕沈家大院为原新四军苏浙军区司令部旧址，为省级文物保护单位。2001年6月，新四军苏浙军区旧址(含15个点)被国务院批准列入第五批全国重点文物保护单位。2006年5月，顾渚贡茶院遗址及摩崖被国务院批准列入第六批全国重点文物保护单位。

省级文保单位　2005年3月，城山古城遗址、白溪朱氏宗祠被省政府公布为第五批省级文保单位。2011年1月，七里亭旧石器遗址、江家山遗址、台基山遗址、空山遗址、新安遗址、张家桥遗址、龙山窑址、西峰坝东汉画像石墓、九龙山窑址、圣井、五里渡抖门群、长兴孔庙被公布为第六级省级文保单位。至2012年年末，全县有省级文物保护单位14处。

县级文保单位　1988年，全县有县级文物保护单位15处。1997年9月，县政府公布县级文保单位1处。2002年8月，县政府公布县级文保单位公布3处。2003年8月，县政府公布县级文保单位11处。2010年1月，县政府公布县级文保单位公布27处。2012年6月，县政府公布县级文保单位公布1处。同年年末，全县有县级文物保护单位58处，其中54处由县文物保护管理所管理，4处革命旧址由新四军苏浙军区文物保护管理所管理。另有县级文物保护点463处。

2012年长兴县省级及以上文物保护单位情况表

表28-8

名称	时代(年代)	地址	级别	类别	公布时间
顾渚贡茶院遗址及摩崖	唐宋时期	水口乡西北以顾渚山为中心的顾渚、金山两村	国家级	摩崖及石刻	2006.05.25
新四军苏浙军区旧址(含15个点)	1945年	槐坎乡和白岘乡山区	国家级	近现代重要史迹	2001.06.25
七里亭旧石器遗址	旧石器时代	泗安镇白莲村七里亭南侧	省级	古遗址	2011.01.07
江家山遗址	新石器时代至商周时期	林城镇大云寺村董村自然村北侧	省级	古遗址	2011.01.07
台基山遗址	新石器时代至商周时期	雉城街道台基山	省级	古遗址	2011.01.07
空山遗址	新石器时代至商周时期	泗安镇管埭村与皇山村交界处空山东侧岗地	省级	古遗址	2011.01.07

续表28-8

名称	时代(年代)	地址	级别	类别	公布时间
新安遗址	新石器时代至商周时期	泗安镇禧祉村新安自然村	省级	古遗址	2011.01.07
张家桥遗址	新石器时代至商周时期	画溪街道三新村张家桥自然村西岗地	省级	古遗址	2011.01.07
龙山窑址	晚商至战国	林城镇石英村龙山脚下金鸡膀与荆竹关两自然村	省级	古窑址	2011.01.07
西峰坝东汉画像石墓	东汉	雉城街道西峰坝村小娜山东南侧	省级	古墓葬	2011.01.07
城山古城遗址	东汉晚期	和平镇和平村城山之巅	省级	古遗址	2005.03.16
圣井	西晋永嘉年间	太湖街道杨湾居委会杨湾自然村天居寺前广场	省级	古建筑	2011.01.07
九龙山窑址	唐五代	水口乡顾渚村石马头自然村九龙山东北侧山坡	省级	古窑址	2011.01.07
长兴孔庙	明嘉靖九年	雉城街道人民广场东侧	省级	古建筑	2011.01.07
白溪朱氏宗祠	明崇祯年间	太湖街道白溪居民区	省级	古建筑	2005.03.16
五里渡蚪门群	清代	泗安镇五里渡村和塔上村交界的泗安塘南岸大堤	省级	古建筑	2011.01.07

说明:1.资料来源于县博物馆;2.公布时间指年月日

2012年长兴县县级文物保护单位情况表

表28-9

名称	时代(年代)	地址	类别	公布时间
高门楼遗址	新石器时代	林城镇石英村高门楼自然村	古遗址	1961.05
狮子山遗址	新石器时代	和平镇和平村红庙自然村狮子山	古遗址	2010.01.11
高家桥遗址	新石器时代一商周	虹星桥镇午山村环桥自然村高家桥	古遗址	2010.01.11
步云桥遗址	新石器时代一商周	雉城街道金莲桥居民区步云桥自然村	古遗址	1983.03.12
仙山遗址	夏一周	泗安镇仙山村大环桥自然村泗安水库	古遗址	1983.03.12
篁墩遗址	夏一周	虹星桥镇谭家村篁墩自然村	古遗址	1983.03.12
环沉遗址	夏一周	夹浦镇环沉村环沉自然村	古遗址	1961.05
牌坊遗址	夏一战国	林城镇畎桥村牌坊自然村	古遗址	2010.01.11
乌龟山遗址	商一周	泗安镇钱庄村十房自然村	古遗址	2003.08.10
老坟山遗址	商一周	林城镇石英村前志自然村北	古遗址	2003.08.10
凉亭遗址	商一周	泗安镇长丰村半边塘自然村	古遗址	2010.01.11
庄家村遗址	商一六朝	李家巷镇老虎洞村张家村	古遗址	1983.03.12
横山土墩墓群	东周	洪桥镇碧岩村扎网山	古墓葬	2003.08.10
九女冢	东汉	小浦镇中山村九女墩自然村	古墓葬	1983.03.12
长岭山窑址	汉	雉城街道高山岭居民区白莲冲	古遗址	1983.3.12
月亮山窑址	汉	夹浦镇月明村白漾荡自然村	古遗址	2010.01.11
谢安墓	南北朝	林城镇太傅村太傅庙自然村	古墓葬	1997.09
大干岕古村落遗址	宋	煤山镇新源村大干岕	古遗址	2010.01.11
韩彦直墓	宋	泗安镇云峰村邱家自然村	古墓葬	1983.03.12
章惇墓	宋	水口乡顾渚村石马头自然村	古墓葬	2010.01.11
方山窑址	宋一清	林城镇方山窑村窑北自然村	古遗址	2003.08.10

续表28-9

名称	时代(年代)	地址	类别	公布时间
钟楼	明	雉城街道人民路与解放路交叉口	古建筑	1983.03.12
法海禅寺碑	明	和平镇吴村村别家里自然村	石窟寺及石刻	1983.03.12
石泉明代牌坊	明	李家巷镇石泉村高湾、石泉、石山桥自然村	古建筑	2010.01.11
三登桥	明—民国	画溪街道曹家桥村北杨自然村	古建筑	2010.01.11
畎桥	清	林城镇畎桥村畎桥集镇	古建筑	1983.03.12
光阳桥	清	太湖街道陆家圩居民区三河圩自然村	古建筑	1983.03.12
鼎嘉桥	清	夹浦镇丁新村杨名基自然村	古建筑	1983.03.12
兴隆桥	清	夹浦镇夹浦村老街	古建筑	1983.03.12
小乌桥	清	夹浦镇夹浦村乌桥自然村	古建筑	2003.08.10
清仙桥	清	夹浦镇环沉村环沉自然村	古建筑	2003.08.10
锁界桥	清	洪桥镇小沉渎村宅里自然村	古建筑	2003.08.10
南俞钱宅	清	小浦镇潘礼南村南俞自然村	古建筑	2003.08.10
大岕口吴宅	清	小浦镇大岕口村大岕口自然村	古建筑	2003.08.10
唐翁桥	清	水口乡徐旺村王家自然村	古建筑	2010.01.11
周家凉亭	清	虹星桥镇郑家村郑家自然村	古建筑	2010.01.11
圣堂桥	清	虹星桥镇西南村钱家自然村	古建筑	2010.01.11
西湾里王思高宅	清	和平镇庄里村西湾里自然村9号	古建筑	2010.01.11
中和桥	清	和平镇便民桥村许家自然村	古建筑	2010.01.11
包福桥	清	林城镇桥南村包家自然村	古建筑	2010.01.11
太平村太平桥	清	泗安镇太平村太平自然村	古建筑	2010.01.12
毛场里凉亭	清	小浦镇小浦村毛场里自然村	古建筑	2010.01.11
生圣桥	清	太湖街道霞城村童庄殿自然村	古建筑	2010.01.11
董家油坊碾房遗址	清—民国	虹星桥镇白水村董家自然村	近现代建筑	2010.01.11
中共长兴县委秘密交通站旧址	1940—1943年	画溪街道竹园村居民区竹园自然村	民国建筑	2002.08
新四军苏浙军区政治部旧址	1945年	槐坎乡仰峰村仰峰自然村	清末建筑	2002.08
新四军苏浙军区供给部旧址	1945年	槐坎乡仰峰村仰峰自然村	清末建筑	2002.08
新四军江南银行旧址	1945年	槐坎乡新槐村温塘自然村	清末建筑	2012.06
鸿桥	民国	洪桥镇洪桥村集镇老街	近现代建筑	2010.01.11
六河桥	民国	洪桥镇南阳村北塘自然村	近现代建筑	2010.01.11
高宁塘桥	民国	洪桥镇金星村圩角自然村	近现代建筑	2010.01.11
蒋埠桥	民国	夹浦镇红旗村蒋埠桥自然村	近现代建筑	2003.08.10
德盛桥	民国	夹浦镇喜鹊斗村喜鹊圩自然村	近现代建筑	2010.01.11
南畲塘桥	民国	夹浦镇红旗村韩家圩自然村	近现代建筑	2010.01.11
浣东桥	民国	夹浦镇太平桥村下无胥自然村	近现代建筑	2010.01.11
吕山日本侵略军炮台工事遗址	民国	吕山乡吕山村吕山山腰	近现代建筑	2010.01.11
大路桥	民国	槐坎乡抛渎岗村抛渎岗自然村	近现代建筑	2003.08.10
盛家桥	1957年	太湖街道五里桥居民区冯家墩自然村	近现代建筑	2010.01.11

说明:1.资料来源于县博物馆;2.公布时间指年月日

三、馆藏文物

藏品分类 县内国有可移动文物主要收藏单位有县博物馆、县新四军苏浙军区纪念馆2家。至2012年,县博物馆馆藏文物1万余件,其中登记在册6069件,入总账5668件,计石器390件、玉器94件、陶瓷器1087件、青铜器611件、铁器203件、金银器157件、书画400件、古籍670件、契约证件1239件、钱币182件,杂件635件。已鉴定属国家珍贵文物609件,其中一级24件、二级65件、三级520件。重要藏品有几何纹青铜钺、夹砂陶鬶、刻划纹陶纺轮、仿青铜原始瓷甬钟、青白瓷镂空缠枝菊花香薰、木耜、石手镐等。县新四军苏浙军区纪念馆馆藏文物1059件,基本属革命文物。见第29编新四军苏浙军区旧址、第3章革命文物征集与鉴定。

珍贵文物选介 汉环首铁刀 通长117厘米,刀身最宽3.7厘米,柄长32.5厘米,环首5.5×5.5厘米。1976年在长兴港水利工程中出土。铁质,直体,刀身细长。锋斜直。刀柄与刀身大致等宽,通体镀铬。刀柄用竹片包夹,再以四道宽扁铜箍固定(残存部分竹片及三道铜箍);刀柄有残缑痕。椭圆形环首。兵器。

汉环首铁剑 长102厘米,茎长11.6厘米。1976年在长兴港水利工程中出土。铁质,灰墨色,腊狭长,两从保持平行至锋处,断面呈菱形,茎扁平有一穿,铜质凹形格,剑形分铸。整体镀铬,保存良好。

汉铁戟 通长64厘米,刺长37厘米,援长24厘米。1976年长兴港水利工程中出土。铁质,黑灰色。整器作“卜”字形。刺、胡、援均细长,尖锋,刺和胡大致在同一直线上,援横出与刺、胡垂直。援末与胡交界处有一圆形小穿。兵器。

战国铁铍 长34.8厘米,茎长11厘米,最宽3.6厘米。1976年在长兴港水利工程中出土。铁质,灰黑色。短剑状,长锋,隆脊,斜宽从,锋刃锐利。无格,扁茎,后端渐细呈锥状;茎中部有一圆穿。兵器。

明铜火铳 通长33厘米,前膛长20.8厘米,药室长9.5厘米,口径:内径4厘米,外径5.5厘米。1978年在小浦镇光耀村出土。铜质,铳身由前膛、药室、尾銎三部分组成。药室外凸成扁鼓形;药室中部有小孔,为药门,可置引火线。药室上部置宽扁半环形把手。尾銎中空,略呈喇叭形。兵器。

南宋乾道七年湖州纪年铭文葵花形铜镜 直径11.5厘米,厚0.3厘米,钮径1.2厘米。1977年在和平乡出土。铜质,六瓣葵花形,小钮,素地。镜钮两侧铸有楷书铭文题记,一侧为“湖州鑄鑑局/乾道七年鑄/煉銅□□”,三竖行排列;另一侧为“鑄造工匠楊二”。

西周青铜剑 通长35.8厘米,剑身最宽3.2厘米,茎长8厘米。1976年在长兴港水利工程中出土。铜质,斜宽从,狭前锷尖锐,中脊隆起并有血槽。无格,以一箍使身、茎分界。茎前端扁平,附一对扉耳。茎后端圆形中空,圆茎两端有箍。两从、茎、扉耳饰云雷纹或兽面纹,纹饰精美。剑身中间折断。兵器。

西周云雷纹青铜短剑 通长21.6厘米,茎长7厘米,身宽4.2厘米,格长1.3厘米,格宽4.8厘米。1976年在长兴港水利工程中出土。铜质,青灰色。剑身呈三角形,脊微隆,刃部锋利。凹形格。圆茎中空,茎上有二道凸箍。圆首。格、茎部一面饰云雷纹,一面饰兽面纹。兵器。

商叶脉菱格纹青铜钺 纵20.5厘米,横16.8厘米,内长6.8厘米,内宽4.9厘米。1979年在和平镇长城村出土。铜质,青灰色。弧形刃,刃部两角内卷与钺身纵向平行。除刃部外钺身两面饰叶脉纹和菱格纹。两肩有方形穿。长方形内,两面均有相同的内凹图案,或为某种徽识。兵器。

西周小垂腹扁足兽面纹青铜鼎 高20.5厘米,口径20.8厘米,腹径22。1976年在雉城镇下箬寺上莘桥出土。铜质,敛口,宽沿,立耳。最大腹径在下部,浅平底。足断面为半圆形。外底部有烟炱痕迹。腹部饰两道弦纹,中间饰以兽面纹。器形敦实厚重。饪食器。

六朝时期双凤青铜提梁匜 高17厘米,宽29.3厘米,底径15.7厘米。1973年在槐坎乡礼贤岕出土。铜质,灰绿色。主体呈平底圆盆状,敞口。上置竹节纹宽扁弧形提梁。提梁两端各饰两只相向凤鸟,与盆两翼平板相接。其中一边平板设半圆形流。贮水器。

西汉铜弩机 纵17.5厘米,悬刀7.5厘米,望山9.7厘米,箭槽11.5厘米,键7.6厘米。1976年在长兴港水利工程中出土。铜质，灰色，局部呈浅金黄色，通体光亮。郭、牙、悬刀、望山、钩心、箭槽完整，扳动灵活，望山与牙合铸一体，箭槽两边刻有错金刻度，郭部饰斜方格纹。兵器。

商青铜戈　通长21.8厘米，援长16.9厘米，援最宽4.5厘米，内长4.9厘米，内宽3厘米，阑宽5.5厘米。1976年在长兴港水利工程中出土。铜质，紫铜色。有阑直内式。援宽而长，前锋钝尖，有上下阑，内作长方形。无胡。兵器。

战国时期青铜钻　通长10厘米，圆环直径4厘米，厚1.5厘米。1976年在长兴港水利工程中出土。铜质。青灰色。前端呈六棱锥形；后端为圆环形，圆环上有六道棱线。生产工具。

唐镂空缠枝三凤石榴纹银花钗　残长37厘米，钗头残长12.4厘米，重24克。1976年在下莘桥银器窖藏出土。银质，钗头整体略成花叶形；其根部为层叠的4叶瓣；钗头主体为精美镂空缠枝纹；其上饰三只凤鸟和两只石榴；钗头下端系有菱角形垂饰；钗头鎏金；钗股横截面为矩形。

唐花鸟纹银项圈　项圈最大径15.8厘米；重76克。1976年在下莘桥银器窖藏出土。银质，项圈由两股合成，由两条柳叶形银片弯成，两端尖细的部分缠银丝，并绕出环眼。一股素面；一股正面錾刻纹饰，其外侧部分以鱼子纹为地，刻花鸟纹，内侧部分刻连续的叶瓣纹。纹饰部分有鎏金痕迹。

唐摩羯纹银长杯　口径11.3×7.2厘米，高3.9厘米。1976年在下莘桥银器窖藏出土。杯体为横向分层式八曲瓣；内壁有清晰的棱线。杯口沿内壁一周以鱼子纹为地，錾刻几何纹。杯内壁两侧以鱼子纹为地，刻缠枝纹。杯内壁中区錾两摩羯绕火焰宝珠嬉戏图案。杯底外壁有焊接痕迹，推测原有圈足。纹饰部分鎏金。

石手镐　旧石器时代。长18.6厘米，宽12.4厘米，厚8.2厘米，重2490克。2005年在泗安镇七里亭遗址出土。灰褐色石英砂岩，器体呈梯形，系在石核的两侧边向破裂面修理而成的小圆头形钝尖手镐，左侧为凸刃，刃角为90°，刃长10.4厘米；右侧为直刃，刃角为100°，刃长8.3厘米，两侧刃缘为波纹状，两侧刃相交成正尖，尖刃角80°，器体保存完整。

石环形器　新石器时期·马家浜文化。外径15.1厘米，内径7.2厘米，厚4厘米。2005年11月在林城镇江家山遗址出土。青灰色砂岩石质，呈扁圆体。对钻孔，整器较规整。截面略呈梯形状，正面扁平，背面略小于正面。器表磨制光滑。

木耜　新石器时代·马家浜文化。通长49厘米，柄长20.4厘米，肩宽13厘米，厚1厘米～2.5厘米。2005年12月在林城镇江家山遗址出土。木质，出土后呈灰黑色。用整块木料制作而成。长方体把、折肩、弧形刃、平面、弧背，柄上下有两道刀刻木槽。整器完整。

石锛木柄　新石器时代·马家浜文化。通长50厘米，锛柄长18厘米，柄直径2.5厘米～3厘米。2005年12月在林城镇江家山遗址出土。木质，出土后呈灰黑色。由自然木头加工而成。钩形状，木柄截面为椭圆形，锛架上大下小，其中绑石锛处，加工成单面尖锥钻。整器完整。

红衣陶壶　新石器时代·马家浜文化。高19.5厘米，最大腹径22厘米。2006年5月在林城镇江家山遗址出土。泥质红陶，器表饰红色陶衣。直口、缩颈。鼓腹呈椭圆形，两端翘起内勾，圜底。贮水器。

刻画纹陶纺轮　新石器时代·崧泽文化。直径6.1厘米，孔径0.5厘米，厚1.3厘米。2005年9月在林城镇江家山遗址出土。泥质灰陶，呈扁圆体，截面呈梯形状，中间钻一小圆孔。正面饰双勾纹图徽和绳结纹，纹饰周边针戳莲蓬盲孔，反面素面，较粗糙。

玉璜　新石器时代·崧泽文化。长9.3厘米，厚0.5厘米。2005年10月在林城镇江家山遗址出土。墨绿色玉质，桥形状。截面呈椭圆形，器表圆润。饰物。

仿青铜器方座印纹硬陶尊　西周。高16.5厘米，口径16厘米，腹径19.5厘米，底座边长11.5厘米。2002年12月在煤山镇下齐岭土墩墓出土。灰色硬陶。敞口、缩颈、鼓腹、方座、大平底。颈部饰弦纹，腹部饰曲折纹，底座饰梯格纹。器新奇特，江南罕见，饪食器。

带甑原始瓷壶　西周。口径10厘米，腹径13.7厘米，地径8.7厘米，高10.9厘米，流长2.5厘米。2006年4月在雉城镇渚山村陈母墓岭古墓葬出土。胎质灰白，通体施青褐色釉，釉质细腻。敞口、缩颈、溜肩、鼓腹,圈足外撇,肩部置一流。颈、肩、腹各施3道弦纹,弦纹间刻画斜小方格纹。壶口置一碗形甑且与壶黏结在一起,敞口、圜底,口沿施8道弦纹,其上均匀粘贴3只"S"纹钮,底部钻5个小孔。饮器。

仿青铜器原始瓷甬钟　战国。统高42.5厘米,甬长13.5厘米,铣间19.1厘米。2003年12月在雉城镇五峰鼻子山战国越国贵族大墓出土。胎色灰白,外施褐青黄色薄釉。甬呈圆柱体,有环状旋及钮。钲作合瓦状椭圆形,两面隧下至铣间起弧,钲上部中间以篆分离。两边各饰9枚,共计36枚。甬部饰圆圈纹,彝部及正鼓部冠状线内遍布正反"C"形纹,篆部与枚以突起连珠纹或刻划纹间隔。整体器物造型规整、制作精致。

仿青铜器原始瓷鎛钟　战国。统高19.7厘米,钲高10.7厘米,鼓高7厘米,铣间16.5厘米。2003年12月在雉城镇五峰鼻子山战国越国贵族大墓出土。胎色灰白,外施褐青黄色薄釉。平口甬钟体,平底。半环型钮,钮边有单孔穿。钲上部中间以篆分隔。两边各饰9枚,共计36枚。彝部与枚用刻划纹线作间隔。整体造型规整、制作精美。

仿青铜器原始瓷勾鑃　战国。统高37.5厘米,柄长10.6厘米,铣间18.5厘米。2003年12月在雉城镇五峰鼻子山战国越国贵族大墓出土。胎色灰白,外施褐青黄色薄釉。柄呈四方体,钲作合瓦状椭圆形,两面隧下至铣间起弧。钲底部饰有锯齿状图案,图案中布正反"C"形纹。

仿青铜器原始瓷錞于　战国。统高44厘米,盘横21.8厘米,口横22厘米,肩横24厘米。2003年12月在雉城镇五峰鼻子山战国越国贵族大墓出土。胎色灰白,外施褐青黄色薄釉。圆形筒体,钮索纹半环钮,钮边有单孔穿。平顶、宽肩、束腰、平底、侈口。盘、腰部分"S"纹。

玉剑首　战国。外径4厘米,内径1.6厘米,厚0.4厘米。2004年3月在雉城镇五峰鼻子山战国越国贵族大墓出土。青玉质,圆形扁薄,中有圆孔,似璧形,圆孔内镶嵌有圆形石片。正面内外缘有廓线一圈,廓线间浅浮雕卷云纹。内面光素无纹,有凹弧。

陶俑　东汉。高31厘米,宽24.5厘米。2005年6月在雉城镇西峰坝村东汉画像石墓出土。泥质灰陶。头戴山行冠,身着宽袖长袍,腰部束带,跪坐。双目平视,双手朝上作讲学状。外表光洁细腻,面部眉、眼、鼻、须均作细微刻画,形象逼真。

青铜镂空鎏金薰炉　六朝。通高23.7厘米,炉高7.5厘米,炉底径4厘米,把长16.2厘米,銎边长1.3厘米。2005年5月在雉城镇西峰坝村出土。铜质。炉呈桃形状,通体鎏金,精雕细镂,饰四兽,下有方銎与把相接。把呈长方形,青灰色,底部饰龙首。

青瓷鸡首壶　东晋。通高23.2厘米,口径7.3厘米,腹径18.6厘米,底径12.2厘米,鸡首高4.4厘米。2005年6月在雉城镇西峰坝村港北六朝墓出土。灰白色胎,外施青色釉不及底,口沿点褐色彩。盘口、束颈、丰肩、鼓腹、平底。肩部置对称半圆形耳,一端饰高冠鸡首,另一端置圆弧形把。贮水器。

青瓷羊注子　东晋。高13.4厘米,长16.9厘米。2005年6月在雉城镇西峰坝村港北自然村出土。灰白色胎,通体施青釉。竖耳卷角,双目温顺,神态自若。两肋刻画双翼,四足跪伏,身躯丰满,头顶一孔通腹。

镂空缠枝牡丹青白瓷香薰　宋代。通高9.6厘米,内径8.9厘米,底径9.3厘米,外径10.5厘米,足高0.9厘米。2001年3月在雉城镇高山岭亭子山宋墓出土。灰白色瓷胎,胎质精细,通体施青白色釉,釉质细腻润泽。半球形盖,盖上为镂空缠枝牡丹。子母口,莲花瓣座,下饰三扁"T"形足。整器完整,制作精致。

哥窑双耳贯　宋代。高12厘米,腹径8厘米,底径5厘米。2012年4月在李家巷镇石泉村南明代砖室墓小山出土。铁灰色瓷胎,胎质较精细,施淡青黄色釉,釉面光洁圆润。通体开片呈冰裂纹,片纹有金黄色金丝和黑色铁线,呈紫口铁足。直口、长颈、双贯呈管状,腹体扁圆。

哥窑香炉　宋代。通高6.8厘米,口径9厘米,腹径11厘米。2012年4月在李家巷镇石泉村南小山明代砖室墓出土。鬲式炉。铁灰色瓷胎,胎质较精细,施淡青黄色釉,釉面光洁圆润。通体开片呈冰裂纹,片纹有金黄色金丝和黑色铁线,呈紫口铁足。足尖无釉,呈铁灰色。

四、非物质文化遗产保护

普查　全县非物质文化遗产保护管理工作始于1987年。同年9月，县文化部门成立民间文学集成领导班子，组织文学工作者，对全县民间文学进行全面普查。经过两年多时间，共征集文字资料130余万字，并精选其中最有代表性的内容，于1990年5月出版《中国民间文学集成·浙江省湖州市长兴故事卷》和《中国民间文学集成·浙江省湖州市长兴歌谣、谚语卷》。2004—2006年，全县开始“民族民间艺术资源保护工程”普查，2007年公布第一批县级非物质文化遗产代表性名录35项。2008年4月，成立全县非遗普查工作领导小组，全面启动浙江省非物质文化遗产普查工作，组建普查工作机构，形成县、镇、村三级普查工作联动机制和工作网络。2009年11月，设立县非物质文化遗产保护中心，开展非物质文化遗产申报与基地建设工作。全县“非遗”普查涉及非遗名录17大类、39小类，共搜集、整理民间文学744项、传统音乐70项、传统舞蹈35项、传统戏剧7项、曲艺4项、传统体育游艺与杂技106项、传统美术16项、传统技艺183项、传统医药45项、民俗977项。统计比较，长兴以民俗、民间文学、传统技艺类资源最为丰富，分别占调查项目总数的44%、34%和9%；传统音乐、传统舞蹈、传统体育游艺与杂技资源一般；传统戏剧、曲艺、传统美术资源十分稀缺，占比均不到1%。非遗项目数量排前三位的乡镇依次是林城镇252项、泗安镇238项、洪桥镇179项。

申报　至2012年，全县被列入各级非物质文化遗产代表性名录的非遗项目共118项，其中国家级2项、省级7项、市级34项、县级75项。国家级非遗项目分别为长兴百叶龙、紫笋茶制作技艺，浙江省级非遗项目分别为长兴百叶龙、紫笋茶制作技艺、林城狮舞、紫砂烧制工艺、长兴旱船、陈霸先的传说、熊知县的故事。

至2012年，共有市级及以上非物质文化遗产项目传承人23人，其中国家级1人，省级6人。

至2012年，共有市级以上非遗传承基地8处，其中省级5处。其中，2008年2月，长兴百叶龙（传统舞蹈）被认定为浙江省非物质文化遗产传承基地。2011年4月，长兴百叶龙演出有限公司、长兴新槐紫砂窑业厂被认定为浙江省非物质文化遗产生产性保护基地；9月，长兴县林城镇天平中心小学、长兴县职业技术教育中心学校、长兴县实验小学被认定为湖州市首批非物质文化遗产传承教学基地。2012年1月，长兴紫砂馆、紫笋茶馆被认定为浙江省非物质文化遗产宣传展示基地；12月，长兴县林城镇天平中心小学被认定为第二批浙江省非物质文化遗产传承教学基地。

长兴县非物质文化遗产代表性名录表

表28-10

类别	名称		申报地区单位	县级	市级	省级	国家级
民间文学	陈霸先的传说		长兴县文化馆	第2批	第2批	第4批	
	熊知县的故事		长兴县文化馆	第2批	第2批	第4批	
	千里盲子的故事		李家巷镇	第2批	第4批		
	吴十万的故事		李家巷镇	第2批	第5批		
	施阿来的故事		和平镇	第2批			
传统音乐	湖州山歌（长兴民歌）		长兴县文化馆	第2批	第2批		
	十番锣鼓		白岘乡	第1批	第2批		
传统舞蹈	长兴龙舞	长兴百叶龙	林城镇	第1批	第1批	第1批	第1批
		白岘布龙	白岘乡	第1批			
		三涧村白龙	水口乡	第1批			
		五庄白龙	小浦镇	第1批	第5批		
		方山乌龙	林城镇	第1批	第5批		
		青草坞双龙	李家巷镇	第1批	第5批		

续表28-10

类别	名称		申报地区单位	县级	市级	省级	国家级
	长兴马灯	新民马灯	煤山镇	第1批	第4批		
		涧塘马灯	龙山街道	第2批	第4批		
		下箬马灯	雉城镇	第1批	第1批		
		洋和马灯	林城镇	第1批			
		槐坎走马灯	槐坎乡	第1批	第2批		
		南蒋马灯	吕山乡	第1批			
		调马灯	和平镇	第2批			
	长兴旱船	龙山旱船	林城镇	第1批	第4批	第4批	
		泗安旱船	泗安镇	第1批	第2批		
		虹星桥旱船	虹星桥镇	第1批			
		二界岭旱船	二界岭乡	第1批			
		玄坛庙旱船	龙山街道	第2批			
		和平旱船	和平镇	第1批			
	长兴狮舞	林城狮舞	林城镇	第1批	第1批	第2批	
		小架狮子舞	李家巷镇	第1批			
		阚家狮子	吴山乡	第1批	第5批		
		塔上狮舞	泗安镇	第1批			
		刘井狮舞	虹星桥镇	第1批	第2批		
传统戏剧	二界岭花鼓戏		二界岭乡	第1批			
	皮影戏		泗安镇	第2批	第2批		
	布袋木偶戏		水口乡	第2批	第2批		
曲艺	湖州滩簧	长兴打唱班	小浦镇	第2批	第1批		
	长兴滩簧		洪桥镇	第1批	第2批		
	西河大鼓		雉城镇	第1批	第4批		
传统体育游艺与杂技	成龙棋		林城镇	第2批			
	畎桥武术		林城镇	第1批	第2批		
	和平国术		和平镇	第1批			
	打“考福”		二界岭乡	第2批			
传统美术	唱道经用绘画		虹星桥镇	第2批			
	夹浦根雕		夹浦镇	第2批			
	木版年画		泗安镇	第2批			
传统技艺	紫笋茶制作技艺		水口乡	第2批	第2批	第3批	第3批
	紫砂烧制工艺		雉城镇	第1批	第2批	第3批	
	箬下春酒制作技艺		雉城镇	第2批	第4批		
	泗安酥糖制作技艺		泗安镇	第2批	第2批		
	竹箨底布鞋制作技艺		古城街道	第2批	第4批		
	洪桥千张制作技艺		洪桥镇	第2批			
	栝楼子栽培加工技术		白岘乡	第2批			
	罗岕茶制作技艺		白岘乡	第2批			
	木雕红龟印制作技艺		二界岭乡	第2批			
	传统补鞋技艺		古城街道	第2批			

续表 28-10

类别	名称		申报地区单位	县级	市级	省级	国家级
	木炭烧制		槐坎乡	第2批			
	草龙(蚕蔟)编织		吴山乡	第2批			
	长兴爆鳝烹调技艺		雉城镇	第2批			
	胥仓藕的种植管理		吕山乡	第2批	第5批		
	揭裱修复技艺		雉城街道		第5批		
传统医药	俞氏金虎承气汤		白岘乡	第2批			
民俗	长兴龙船	洪桥龙船	洪桥镇	第1批	第2批		
		夹浦水龙船	夹浦镇	第1批			
	传统婚庆	岕里婚俗	小浦镇	第2批	第2批		
	和平做道场		和平镇	第1批			
	端午节		洪桥镇	第1批			
	重阳会		林城镇	第2批			
	过年礼仪		虹星桥镇	第2批			
	白岘傩戏		白岘乡	第1批			
	送灶、接灶		吕山乡	第2批			
	调大人		吕山乡	第1批			
	长兴建房习俗		长兴县文化馆	第2批			
	长兴丧葬习俗		长兴县文化馆	第2批			
	观音诞		槐坎乡	第2批			
	雉城做道场		雉城镇	第1批			
	应山寺香客聚会		煤山镇	第2批			

说明：资料来源于县文广新局

长兴县非物质文化遗产项目代表传承人名录表

表 28-11

类别	项目名称	保护单位	传承人姓名	性别	市级	省级	国家级
Ⅰ	熊知县的故事	县文化馆	王　冰	男	第二批 2011 年		
Ⅰ	陈霸先的传说	县文化馆	蒋伯良	男	第二批 2011 年		
Ⅱ	十番锣鼓	白岘乡	俞炳如	男	第一批 2009 年		
Ⅲ	长兴百叶龙	林城镇	谈小明	男	第一批 2009 年	第一批 2008 年	第二批 2008 年
Ⅲ	长兴百叶龙	林城镇	石玉楼	男	第一批 2009 年	第一批 2008 年	
Ⅲ	林城狮舞	林城镇	于虎臣	男	第一批 2009 年	第一批 2008 年	
Ⅲ	林城狮舞	林城镇	盛利春	男	第一批 2009 年	第一批 2008 年	
Ⅲ	刘井狮舞	虹星桥镇	刘志义	男	第一批 2009 年		
Ⅲ	下箬马灯	雉城镇	丁贡元	男	第一批 2009 年		
Ⅲ	泗安旱船	泗安镇	祁大双	男	第一批 2009 年		
Ⅲ	长兴旱船	林城镇	陈龙泉	男	第二批 2011 年		
Ⅳ	湖州滩簧	小浦镇	吴德奎	男	第一批 2009 年		
Ⅳ	长兴滩簧	洪桥镇	强彩娥	女	第一批 2009 年		
Ⅴ	大鼓书(西河大鼓)	雉城镇	李　宏	男	第二批 2011 年		
Ⅵ	畎桥武术	林城镇	陈长寿	男	第一批 2009 年		

续表28-11

类别	项目名称	保护单位	传承人姓名	性别	市级	省级	国家级
Ⅵ	畎桥武术	林城镇	陈连奎	男	第一批2009年		
Ⅷ	紫砂烧制工艺	县文化馆	蒋淦勤	男	第一批2009年	第三批2009年	
Ⅷ	紫砂烧制工艺	县文化馆	程苗根	男	第一批2009年		
Ⅷ	紫笋茶制作技艺	水口乡	郑福年	男	第一批2009年	第三批2009年	
Ⅷ	紫笋茶制作技艺	水口乡	马　瑞	男	第一批2009年		
Ⅷ	泗安酥糖制作技艺	泗安镇	朱继鼎	男	第一批2009年		
Ⅷ	箬下春酒制作技艺	湖州箬下春酒业有限公司	许新成	男	第二批2011年		
Ⅹ	长兴龙船	洪桥镇	吴益清	男	第一批2009年		

说明:资料来源于县文广新局

宣传推荐 2009年5月,首批国家非遗项目著述《长兴百叶龙》出版。同年6月,在省文化厅举行的全省非遗普查工作先进表彰活动中,长兴有县文化馆、水口乡政府两个单位获评先进集体,有9人获评先进个人,县非遗中心葛丹撰写的《长兴县非遗普查工作总结》获全省"非遗普查总结工作报告"一等奖;9月,组织"刘井狮舞"参加第二届浙江省"千镇万村种文化"展演。2010年6月,组织"长兴滩簧""刘井舞狮"和"十番锣鼓"参加上海世博会文化广场"周周演"活动。2011年,在省文化厅公布的"中国非物质文化遗产博览会获奖名单"中,长兴"紫砂烧制工艺"传承人程苗根的"十八罗汉组壶"获银奖,"紫笋茶制作技艺"传承人杨雅静的"紫笋饼茶"获优秀参展奖。2012年6月,组织"长兴旱船"等非遗节目参加在湖州大剧院举行"精彩浙江"非遗精品展演;同月,组织长兴紫砂业参加中国非遗保护中心主办的"非遗薪传——浙江传统塑艺陶艺精品展暨中青年十大名师评选活动",有10人被授予"浙江塑艺陶艺中青年十大名师"称号,9件作品获金奖。

第五章　长兴百叶龙

长兴百叶龙,是中国民间艺术的一朵奇葩。1957年,参加第二届全国民间音乐舞蹈会演获文化部颁发的特别奖。2000年,获全国第十届"群星奖"舞蹈大赛金奖。1988—2012年,参与国内重大文艺演出活动近百次,十赴北京、七出国门,多次被中央电视台等新闻媒体宣传报道,受到广泛赞誉。2006年,传统舞蹈"长兴百叶龙"被列入第一批国家级非物质文化遗产名录。

第一节　发展与传承

一、发展历程

长兴百叶龙舞蹈发源地在林城镇天平桥村。舞蹈源头相传是200多年前流行于安吉县上舍村的"花龙灯",约160年前清道光年间传入长兴县天平桥村。百叶龙早期雏形,龙头像聚宝盆,龙尾像蝴蝶,称"九莲灯",后更名"花龙灯"或"化龙灯"。后因历经战乱,到1949年时,制作方法已基本消失。

1950年前后,天平桥村姚申福、王长根、姚申林、王如秋、沈梅生、洪荣芳、王曾宝、赵元兄、王忠国等青年农民决心重新制作龙灯,恢复舞龙传统,以传统民间艺术庆祝长兴解放后翻天覆地的变化。经两个多月的摸索,长兴解放后的第一条百叶龙在该村诞生了。全村人奔走相告、欢呼雀跃,围观群众太多,舞龙队伍将场地从晒谷场改到田畈。之后,每逢过年或庙会,天平桥村百叶龙都会到邻村去演出。当时仍称“花龙灯”，后经不断改进，并与流行天平桥的“七亩荷塘的百叶龙”民间传说融合，由原天平桥天平寺老和尚以形会意，更名“百叶龙”。

1955年，天平桥百叶龙应县文化馆邀请第一次到县城表演时，被正在为全国比赛准备节目的省文艺辅导队的民间文艺家发现，决定让百叶龙参加省选拔赛。省民间文艺家与天平桥村的民间艺人一起，对百叶龙的制作材料、舞龙造型、舞蹈动作进行改造，配上江南民间小调作为音乐伴奏。1956年经省选拔赛后，长兴百叶龙被确定为进北京参演节目。1957年2月，在省群众艺术馆集训和排练后，一条崭新的“百叶龙”于3月上旬赴北京参加第二届全国民间音乐舞蹈会演。共有28个民族的27个代表团参加，演出近300个地方特色鲜明的优秀民间音乐舞蹈节目。3月11日，浙江与云南合为一场，在天坛剧场演出，浙江《百叶龙》作为压轴戏出演，获得巨大成功，荣获文化部颁发的特别奖，被选送到中南海怀仁堂汇报演出。朱德、周恩来、张澜、李济深、贺龙、陈毅、叶剑英、邓小平等党和国家领导人观看，并与《百叶龙》全体演员合影留念，每个演员还获得刻有“周恩来赠”字样的派克钢笔一支。毛泽东闻讯后称赞百叶龙，并嘱咐“多扎两条百叶龙，到天安门广场演出去”。随后，《百叶龙》又在北京演出七场，分别慰问工人和解放军，获得广泛的赞扬。同年7月，《百叶龙》被周恩来推荐参加在莫斯科举行的第六届世界青年与学生和平友谊联欢节演出活动。出国前，周恩来专门指示拨款给浙江制作百叶龙道具。该次出国演出，由省群艺馆青年演员完成并获得金质奖章。另外，在毛泽东、周恩来的关心下，由首都文化部门组织的百叶龙参加了1958年国庆节的天安门广场演出活动。[①]之后，《百叶龙》成为成立不久的浙江民间舞蹈团的常演节目，国内多个专业歌舞团体也带上《百叶龙》节目舞出国门，走上国际舞台，促进中外文化交流。

“文化大革命”期间，百叶龙沉寂了十年。1977年，舞蹈《百叶龙》复苏并再次舞进长兴县城。随后两年，先后参加嘉兴地区南湖夜游会、全省农村文化业余会演。经天平桥舞龙人与长兴民间艺术家池文海、石玉楼等人的努力，百叶龙艺术不但得到传承，而且有较好的改进和发展。至1980年，百叶龙又以其优秀的传统特色和紧跟时代步伐的发展，重获新生。1980年5月，全国部分省、市、自治区农民业余艺术调演在北京工人俱乐部开幕，《百叶龙》在13个省市代表队的激烈竞争中脱颖而出，荣获一等奖。在北京期间，《百叶龙》又一次进中南海汇报演出，万里、王任重、姚依林、黄镇、贺敬之、周巍峙等领导观看并接见全体演员。调演结束后，舞龙队员被挽留在北京，完成农民电影制片厂艺术纪录片《泥土的芳香》的拍摄工作，《百叶龙》从此被搬上银幕。1989年，长兴百叶龙第二次跨出国门，应邀至马来西亚访问演出，连演16场。同年10月，百叶龙获评“长兴解放40年来最有影响的十件大事”之一。

看似顺风顺水、风光无限的长兴百叶龙，却因因循守旧于2000年遭遇滑坡之痛。同年5月20日，浙江省广场文化艺术节开幕式暨龙舞展演踩街活动在杭州吴山广场举行。在下午举行的浙江省广场民间舞蹈大赛上，长兴《百叶龙》的成绩在11支龙舞代表队中排名最后，为全省倒数第一。[②]痛定思痛，针对百叶龙的各方面守旧表现，县文体局组织力量，进行大胆改革，以再现辉煌。根据省群艺馆舞蹈专家构思，融入现代审美理念，对其阵容、音乐、道具、服装进行全面创新改编。12月，由文化部主办的全国第十届“群星奖”广场舞蹈大赛在台州市椒江区举行，焕然一新的长兴百叶龙参赛，以近乎完美的表演赢得一致好评，荣获金奖，打了翻身仗。

百叶龙获得全国金奖后，各地活动邀请应接不暇。2003年，县文广新局在全县机关、学校中选择符合条件的单位，共成立12个百叶龙传承培训基地，引导社会力量、整合相关部门的优势资源，对各基地的传承工作进行扶持。2006年，注册成立长兴县百叶龙演出有限公司，开始市场化运作。同年6月，长兴传统舞蹈“百叶龙”被列入国家首批非物质文化遗产名录。2007年，百叶龙公司对百叶龙剩余的37

① 长兴县委党史研究室著，吴连意主编：《〈中国共产党长兴历史〉第二卷（1949—1978）》，中共党史出版社2014年版，第190—191页。

② 陈亦祥主编、吴露生编著：《长兴百叶龙》，浙江省非物质文化遗产代表作丛书，浙江摄影出版社2009年版，第39—40页。

类商标实行一次性注册,在国内创新以注册商标形式对非遗项目进行保护的做法。其后,百叶龙传承发展走上自我积累、自我发展的市场化运行轨道,演出足迹遍布国内外重大活动的舞台。

二、代表传承人

长兴百叶龙舞龙队员早期以林城镇天平村农民为主,代代相传,自二十世纪三四十年代至2012年,已传承五代,历代传承人谱系如下:

第一代:姚申福、姚申林、赵金苟、赵顺风。

第二代:王长根、王秋如。

第三代:谈春根(更)、沈梅生、洪荣芳、张再新、陈金宝、李珍山、李连法、洪炳芳、姚继文、曹连堂、谈午胜、谈勤芳。

第四代:谈小明、马国祥、贾有才、王汉文、姚翠龙、王勤德、谈锦福、曹福南、胡文金、唐小林。

第五代:谈勇、姚天宝、谈钎成、曹福满、李正凯、谈秋良。

国家级“非遗”代表传承人:谈小明。

第二节　节　目

一、舞蹈过程

长兴百叶龙舞蹈由三段舞蹈组成,包括湖水荡漾、荷叶飘逸、荷花盛开、彩蝶扑飞,荷花变龙、蛟龙翻腾,龙变荷花、同归荷塘等小段,其中关键点是变龙、变花的两次突变。

变龙:演员用荷叶和荷花组成红绿相间的江南荷塘美景,翩翩起舞,以吸引观众注意力,然后用一阵自然水波推动队形,让荷叶结成圆圈,以遮观众视野。该时刻,荷叶下,荷花瞬间被环环相扣,不到10秒,便拼成一条彩龙。同时,用荷花花蕊制作的龙珠飞身一跃,作翻浪动作,该动作是全场焦点。随着龙珠引领,骤然荷花丛中一条彩龙时翔时溜,时开时合,喷薄穿出。

变花:荷花池中,百叶龙经过一阵狂舞陡然收住,以闲庭信步惬意动作,先龙尾,后龙头,缓缓入池。……夕阳西下,龙形变回朵朵盛开的荷花,又一派太湖西南岸充满诗意的十里荷塘美景。

二、舞蹈音乐

1980—2000年,百叶龙使用的音乐版本,乐曲来源于湖州地区的民歌。2000年,百叶龙再度创新,音乐相应改编。作曲家王天明根据流传于嘉善一带的江南田歌进行创作,江南丝竹和交响乐相融一体,音乐荡气回肠。

三、道具制作

百叶龙的道具每一件都有双重功能,出龙前,龙头和龙身是荷花,龙珠是花骨朵,龙尾是蝴蝶,出龙后则反之。长兴百叶龙道具材料主要是竹篾,辅以钢丝、棉布、绸缎为主。

百叶龙龙体由龙头、龙身、龙尾三部分组成,制作分龙珠、龙头、龙体(含竹环、荷花、莲心)、龙尾四道工序。用钢丝扎制龙珠底盘,直径约25厘米,做12片荷花花瓣,组合包裹在一起,中间用线穿好,制作莲心,组装龙珠。龙头是一朵特大荷花精制,共有130道工序,80多种材料制成。龙身由81朵大荷花分九段层层连缀而成,长16米,每段9朵荷花,每朵用63片布制成代表龙鳞的花瓣叠成。莲心制作是用钢丝扎制一个圆柱形的框架,在框架周围和莲心顶上粘上绿色绸布,再粘上金色亮片。龙尾是一只色彩鲜艳的蝴蝶,先用竹篾扎制蝴蝶框架,正反面包布、喷色,在木棍两侧分别装上四个圆环,再将蝴蝶翅膀装在木棍的圆环上。

四、表演特色

长兴百叶龙表演具有素材民间继承性、主题乡土性、表演独创性三大特点。

长兴百叶龙以江南水乡荷塘美丽民间传说为依托,道具是一条通体荷花的彩龙,各个部位都有双重功能,或既是龙躯又是荷花,或既是蝴蝶又是龙尾,以致无论套路、走阵如何变化,朵朵荷花都能快速巧妙勾连。紧扣清雅高洁的荷花与吉祥平安的蝴蝶两种民间元素,缘物寄情,体现民间文化的继承性;长兴百叶龙表演方式舞龙套路是乡村常见的“游龙”“滚龙”“盘龙”等,伴奏音乐是民间耳熟能详的“走马锣”“急急风”等打击音乐,所有元素均根植民间,形成主题的乡土性;长兴百叶龙的表演独创性主要在于荷叶化龙过程。同时,舞蹈文武兼备,第一次将中国传统舞龙变成龙舞,既有北方舞龙的彪悍,又有南方舞龙的柔美,动与静、刚与柔、妙与神,相得益彰。中国艺术研究院舞蹈研究所研究员、国家非物质文化遗产专家委员会委员、教授梁力生称赞其表演特色:“百叶龙在短短数秒钟内集委婉、刚烈,情绪跌宕反差于一身,引领观众思绪千廻百转的表现手法,获得震撼人们心灵的独特效果。”

第三节 演 出

一、演出团队(基地)

2000 年之前,百叶龙演出队伍主要以天平村农民演出前临时组建。2000 年 12 月,县政府开始从天平村和教育系统抽调年轻演员培训,组建出备战参加全国比赛的阵容。2004 年,县政府下发《长兴县百叶龙艺术培训基地建设实施方案》,成立百叶龙艺术培训基地建设领导小组,在全县范围选择具备百叶龙艺术传承条件的 12 家单位,建立百叶龙艺术培训基地。领导小组在县文广新局设立办公室,负责各基地建设日常指导管理,同时聘请谈小明、孙红木、邵小眉等担任百叶龙艺术培训基地艺术顾问。同年 4 月 28 日,全县首批 12 个百叶龙培训基地挂牌,形成 13 条百叶龙阵容,其中大龙 7 条、小龙 6 条。第一批百叶龙演员 457 人、工作人员 42 人,演员职业有教师、学生、农民、公安干警和部队官兵等。2005 年 6 月,县文广新局借助新建的长兴大剧院,正式组建长兴百叶龙艺术团,招聘业余演员 47 人,形成稳定的演出团队。2006 年,长兴百叶龙演出有限公司注册成立,负责全县 12 个艺术培训基地的日常排练,以及对外商业性演出联络。至 2012 年年末,长兴百叶龙拥有 12 个培训基地、16 条龙、340 名舞龙演员的阵容,演出样式包括舞台舞、行街舞、广场舞等。12 个培训基地分别位于长兴县职业技术教育中心学校(2 条龙、演员 43 人)、长兴电大教师进修学院(2 条龙、演员 43 人)、湖州清泉文武学校(2 条龙、演员 43 人)、长兴县中等卫生专业学校(1 条龙、演员 21 人)、李家巷镇(1 条龙、演员 21 人)、林城镇天平村(2 条龙、演员 43 人)、长兴县公安局(1 条龙、演员 21 人);少儿百叶龙培训基地长兴实验小学(1 条龙、演员 21 人)、长兴县第一小学(1 条龙、演员 21 人)、长兴县第二小学(1 条龙、演员 21 人)、长兴县第四学小(1 条龙、演员 21 人);幼儿百叶龙培训基地长兴机关幼儿园(1 条龙、演员 21 人)。

二、重大演出活动

至 2012 年,长兴百叶龙先后 13 次赴北京演出,7 次舞出国门。1988 年至 2012 年期间,先后参加国内其他重大演出 30 余场。

赴北京演出 1957 年 3 月,代表浙江省民间艺术曲目参加全国第二届民间音乐舞蹈会演,获文化部颁发特别奖。1980 年 5 月,参加全国部分省市业余文艺调演,获一等奖。1988 年 9 月,参加北京市举办的“国际旅游年舞龙大赛”,获二等奖。1995 年 5 月,参加全国首届舞龙大赛,获二等奖。2000 年 1 月 19 日至 22 日,应北京电视台邀请,“浙江三龙”参加“恭嬉龙年•北京 2000 年春节联欢晚会”。2002 年 11 月,参加文化部主办的“群星奖”优秀节目晋京展演。2005 年 7 月 16 日,应北京奥组委文化活动部邀请,参加第三届“北京 2008”奥林匹克文化节闭幕式演出。2005 年 7 月 26 日,参加中央电视台《魅力中国》“全国十大魅力名镇”评选展演活动。2006 年 1 月,参加中央电视台 2006 春节歌舞晚会。2006 年 10 月 17 日,参加“CCTV2006 全国十大魅力城市”大型展演活动。2009 年 10 月 1 日,参加国庆 60 周年联欢晚会,在北京天安门广场金水桥前核心表演区演出。2011 年 12 月 12 日,参加“《温暖之春》2012 年全国慰问农民工专场文艺晚会”。2012 年 1 月 6 日至 8 日,参与 2012 央视龙年网络春晚录制,在龙年春节期间分别通过中央电视台一套等频道和网络向全球播出。

境外演出 1957年7月,首次出国,赴莫斯科参加第六届世界青年联欢节,获金质奖章。1989年8月,由浙江歌舞团排练《百叶龙舞》应邀到马来西亚演出,连演16场。2003年2月,参加在新西兰举办的第四届中国新年灯会,在奥克兰市开幕仪式上,新西兰总理海伦·克拉克亲为点睛,6天连演14场,吸引12万市民观赏,《中国日报》2月18日对活动作专题报道。2005年6月7日,参加"中国长三角投资环境说明会"活动。同年10月15日至30日,参加在尼斯市举行的"法国·中国浙江文化周"活动。2008年4月7日,参加在巴黎举办的2008北京奥运火炬传递,完成起点埃菲尔铁塔至终点夏莱蒂体育场踏街,为期5天。2012年8月,应俄罗斯国防部邀请,作为文化部唯一指定演出节目,参加在莫斯科红场举行的第五届国际军乐节,为期15天。

图28-3 长兴百叶龙在法国巴黎踏街演出时经过埃菲尔铁塔(县文广新局提供·2008年)

国内其他重大演出 1988年3月,参加浙江省"华星杯"龙舞大赛,获特别奖。1990年5月,参加"首届杭州—长兴农民文化节"开幕式和闭幕式。1992年4月,参加南京军区文艺会演,获一等奖。1995年10月27日至29日,参加"95金华·全国民间广场舞蹈展演",获优秀奖。1996年5月4日,参加上海市举办的"555国际舞龙邀请赛",获最佳推广奖。1997年6月8日,参加浙江省举办的首届舞龙大赛,获二等奖。9月27日,在全国万里边疆文化长廊建设现场会暨浙江省东海明珠工程建设大型文艺晚会上表演,获金奖。1999年8月,参加湖州市举办的全国首届极限运动大赛开幕式。9月,参加"浙江省第二届国际友好城市大联欢",获特等奖。11月,被中央电视台选定参加2000年《曲苑杂坛》栏目"正月正"文艺晚会,12月在浙江省电视台完成录制春节播出。2000年5月20日,参加在杭州市吴山广场举行的浙江省广场文化艺术节开幕式暨龙舞展演踩街活动。12月4日,参加在台州椒江举行的全国第十届"群星奖"广场舞比赛,获金奖。2001年2月,参加文化部民间文艺发展中心主办"城隍阁杯"优秀社火节目邀请赛,获金奖。2002年11月2日,应中国上海国际艺术节组委会邀请,参加上海世纪广场"南京路世界艺术风情一条街"暨"艺术节天天演"活动。2003年8月至9月,完成中央电视台《走遍中国》栏目组专题片《走遍中国·湖州百叶龙》拍摄,并于2003年9月24日至25日分别在央视一套、四套播出。10月20日,应第五届中国上海国际艺术节组委会邀请,参加在上海举办的"天天演·长兴民间艺术展演"及踩街。10月24日,参加中央电视台三套现场直播"同一首歌"大型文艺晚会,为压轴节目。2004年9月12日,参加第七届中国艺术节开幕式大型文艺晚会《风从东海来》演出。10月,参加第七届中国艺术节·全国民间艺术之乡建设成果展。10月20日,应国际龙舟协会邀请,参加上海市青浦区举办的"康桥水乡杯"第五届世界龙舟锦标赛暨第七届朱角古镇旅游节开幕式文体表演。11月8日,参加第五届中国越剧节大型文艺晚会。同年年底,参加"春满华东2005年春节特别节目"电视录制,于农历正月初一在华东六省市电视台播出。2005年1月23日,长兴县一小少儿舞蹈《百叶龙》获第五届全国校园春节联欢晚会节目征集评选一等奖,中央电视台于1月26日在北京录制第五届全国校园春节联欢晚会。1月27日,长兴县职教中心百叶龙舞蹈队参加在湖州剧院举办的拥军文艺晚会。2月14日,由一大两小组合的百叶龙舞蹈,参加中央电视台国际频道直播春节特别报道《走近湖州》。9月22日,赴临安参加由文化部民族民间文艺发展中心主办的"2005'华夏一绝'民间表演艺术大赛",获金奖。10月8日,赴澳门参加第三届澳门妈祖文化旅游节。2008年3月9日,在杭州市参加由国家电网主办的"情满浙江",庆祝浙江电网抗灾救灾恢复重建工程全面竣工慰问演出。6月13日,清泉武校百叶龙艺术团赴浙江省人民大会堂参加2008年“文化遗产日”浙江省系列文化活动展演。2009年9月26日，应浙江省文化厅邀请，赴杭州参加国庆60周年踩街。2010年6月18日，参加2010上海世博会浙江周开幕式，6天演出16场。2012年6月12日，赴江苏盱眙参加第12届中国·盱眙国际龙虾节开幕式。

第六章　文化管理

1988年，长兴县文化广播电视局为县政府主管全县文化广播电视事业的职能部门。1992年7月，分设县文化局、县广播电视局。1996年9月，成立县文化与体育局。2005年4月，撤销县广播电视局，组建县文化广播电视新闻出版局（体育局）。2012年，内设办公室、文化事业科、体育事业科、行政许可科（文化市场管理科、新闻出版管理科）、广播电视事业科、文物科、文化设施管理科、文化产业科8个职能科室，下辖县文化（体育）市场行政执法大队、县文化馆、县图书馆、县博物馆、县新四军苏浙军区纪念馆、长兴体育中心（县少年儿童业余体校）和县百叶龙演出有限公司（长兴大剧院）7个事业单位。

第一节　文化市场

1988年，全县有电影事业单位47个，其中管理机构1个、电影院3个、影剧院20个、开放礼堂俱乐部4个、放映队14个、对内俱乐部5个，放映电影13913场，观众508.6万人次，放映收入98.3万元，发行收入45.6万元。有艺术事业单位3个，包括艺术表演团体1个、剧场2个；剧团演出161场、观众6.9万人次、演出收入6.5万元，其中农村演出107场、观众4.4万人次；剧场演出2786场、演出收入6.4万元，其中戏剧演出116场、演出收入3.8万元。20世纪80年代，电视逐渐普及，录像放映开始出现，各种新型时尚娱乐文化活动不断涌现，全县电影放映、演出等文化市场迅速萎缩。1994年10月，长兴县越剧团撤销。1995年，集体所有制文化企业基本完成转制。1999年，农村影剧院全部停业。2000年9月，新华书店完成改制，为省新华书店集团公司下属子公司。2001年，全民所有制文化事业单位完成改制。至该年，县内经营性文化市场除新华书店外，基本转为民营。之后，私营与个体文化娱乐单位逐步成为文化娱乐市场主体。2005年8月，由政府投资的长兴大剧院建成运营。2006年3月，国有文化企业长兴县百叶龙演出有限公司成立。2012年年末，全县办证注册的文化经营单位有721个（含新闻出版），初步形成网络文化、歌舞游艺娱乐、音像出版、印刷、演出、文物、体育等七大门类在内的综合性文化市场体系以及国家、集体、个人共同参与的多元化文化市场经营格局。

一、电影发行放映市场

县电影公司　1988年，县电影发行放映公司位于雉城镇解放西路9号，建筑面积691.2平方米，设宣传发行股、放映技术股等股室，承担全县乡村电影的发行与排片任务，并主要以长兴电影院和李家巷电影院为场所服务社会，全年发行收入45.6万元。1992年，被省文化厅授予先进集体称号。1994年3月，转换经营机制，实行全员劳动合同制，设办公室、电影经营部、财务办、综合管理办等股室。同年，开办长兴音像制品发行站、影业贸易公司，投资兴建长兴影城。1997年，虽然实施多项赢利举措，如培育发展农村电影市场，恢复16毫米、35毫米放映队等，但仍亏损。同年，有在册员工94人、退休工人15人。2001年年末，县电影公司完成改制，机构撤销，资产公开拍卖，人员一次性经济补偿并解除劳动合同后自谋职业。同年，发行收入5.84万元。

电影院（城）　1988年，全县有电影放映单位46个，其中有长兴电影院、李家巷电影院、长兴剧院、泗安影剧院、煤山电影院5个国有电影院与影剧院。2001年，有电影放映单位23个，全年放映电影1642场，观众31.19万人次，放映收入19.81万元。2012年，全县有长兴大剧院影城、长兴百叶龙电影大世界2个电影放映单位,全年放映电影14471场,观众24.6万人次,放映收入991.94万元。

图28-4　20世纪80年代的长兴电影院(县文广新局提供)

长兴电影院　县属专业电影院。位于雉城镇人民南路8号。1988年,占地面积4896平方米,观众厅设翻板靠椅1315席,全年放映电影与录像合计2914场,观众162.9万人次,被评为省"创文明影院竞赛"先进集体。1989年12月,对观众厅进行改造,设高靠背梁式软席1082席。更换松花江5502X型座机,安装全套道尔贝立体声电影还音放映设备,建成全市第一家立体声电影院。1990年后,面对歌舞与录像放映冲击,采取"以文补文"措施,先后开办文化商场、冷饮批发部等业务。1993年7月,创办长兴影视娱乐中心,成立长兴县音像公司、银都广告装潢公司,同年电影院放映收入达105万元,成为全市首家年放映收入超百万元单位。1995年3月,被省文化厅授予"文明影院"。同年,放映收入177.6万元。1996年,放映1700场次,观众约1000万人次,达到峰值。之后,放映场次、观众逐年下降,最终停业。2012年,属危房闲置。

李家巷电影院　县属专业电影院,为县电影公司下属部门。位于李家巷集镇。1988年,有观众座位988席。至1989年,已连续三年被评为湖州市创建文明竞赛活动经营管理和完成任务先进单位。1991年,放映收入12.8万元,发行收入5.2万元。1995年,放映业绩急速下降,时映时停,全年仅放映电影175场,观众5458人次,场均31人次。1996年,停业。

长兴大剧院影城　位于长兴大剧院。2006年7月1日营业,建筑面积2000平方米,设3个影厅,观众座位331席。2006年,加盟浙江时代院线。2010年10月升级改造,设5个数字影厅,座位增至532席。2006—2012年,共放映电影835部、24151场次,观众72.4万人次。

长兴百叶龙电影大世界　位于八佰伴商贸中心七楼。2012年8月,长兴大剧院租赁该处,按照国家五星级影院标准建成,建筑面积2200平方米,设6个影厅,观众座位693席。同年,上映中外影片3680场,观众5.21万人次。

乡镇电影院(影剧院)　20世纪80年代初期至中期,全县先后有19个乡镇建成影剧院,累计达21个。1989年,后漾乡影剧院建成开业。1990年起,农村影剧院陆续停办。1995年,全县在册农村影剧院有10座,共有观众座位7149席。至1999年,全县农村影剧院全部停业。

电影放映队　1988年年初,全县有国办35毫米放映队2支,其中放映一队驻古城影剧院放映、二队驻长兴剧院放映;34个乡镇均建有放映队;主要厂矿企业、学校也建有放映队。至同年年末,国办35毫米放映二队解体,乡镇放映队多数停业。1990年,国办35毫米放映一队迁至工人文化宫放映。1992年,国办35毫米放映一队解体,活跃于农村的98支放映队全部停业。1995年,境内主要厂矿企业、学校放映队全部停业。1997年,恢复乡镇电影队12支,主要为乡镇放映科教片。2006年,县农村电影管理站成立,设8支放映队。2008年1月,农村数字电影管理站设10支放映队。参见第28编、第2章、第2节。

二、演出市场

剧院　长兴剧院　位于雉城镇长春北路3号。1988年,设经理、美工、业务、票务、场务等5部室,有员工14人。基本业务为戏剧歌舞演出、电影放映、县内大型会议承办等,但因受电视及新式歌舞冲击,演出传统戏剧场次锐减。同年,自购机器放映录像。1990年,参加华东地区剧场联盟,年演戏剧歌舞30余场。1996年改建,有观众座位726席。1998年,因传统戏剧萎缩,仅演知名演艺人员专场,普通演出不再经营。2001年12月,长兴剧院完成改制,成为全县第一家改制成功的事业单位。2002年后,由县土地储备中心收购，人员队伍解散。

泗安影剧院　位于泗安镇中街影剧弄15号。1988年，建筑面积1500平方米，设翻板靠椅970席，配专用化妆室、演员宿舍等，主要职能为电影录像放映、戏曲歌舞团演出，及承办泗安地区大型会议等。设美工室、场务、票务、放映等4部室，有员工15人。1995年6月，停业。1998年，县文体局指派经理对影剧院进行整顿，并再次开业。2001年12月，泗安影剧院完成改制，资产拍卖，人员一次性经济补偿后，解除劳动合同。

长兴大剧院　位于龙山新区锦绣路2号。2005年8月建成运营，隶属县文广新局，为县内演出活动的主要场所。占地面积4.67公顷，建筑面积1.65万平方米，分剧场和影城两个功能区。剧场设座位1130座（池座733座、楼座397座），有化妆间8间、排练厅2间，采用全网络灯光设备，控制台、调光台为美国ETC品牌，能满足大型综艺晚会、芭蕾舞剧、交响乐团、大型会议、电影放映以及各种专业戏剧和声乐演出需要。2005—2012年，共承办大型演出371场次、接待演出团体145个。其中，大型文艺晚会99场次，歌舞38场次，音乐会19场次，戏剧36场次，儿童剧32场次，综艺演出94场次，其他类型演出53场次；接待县内演出团体67个，国内演出团体68个，国外演出团体10个。浙江小百花越剧团、上海越剧院授牌将长兴大剧院作为演出基地。

专业演出团体　1988年，县越剧团是全县唯一的专业文艺演出团体。1994年10月，因经营困难，县越剧团整体并入县中百公司，机构撤销。2006年3月，长兴县百叶龙演出有限公司注册成立，为国有文化企业。2012年年末，全县登记在册的有限公司类演出团体有长兴百叶龙演出有限公司、长兴虹星桥刘井舞狮有限公司、长兴和睦塘文化发展有限公司、长兴众艺演艺有限公司4家。

长兴县越剧团　1988年，有在职演员37人，退休人员13人。因电影与现代歌舞对文化市场的冲击，以及内部体制不顺，实际演出很少。同年5月，排演现代小戏《爱的旋律》至全县巡演。1989年7月，为县级机关歌咏比赛担任配乐，并编排两台小戏在“八一”建军节、元旦慰问驻长兴部队。国庆期间，编排大型戏剧《白鲞娘》，公演四场，并于次年1月在县委三级干部会上做汇报演出。1988—1990年，转歌舞类演出100场。1990—1991年，配合中心工作，分赴全县乡镇巡演30余场，还应邀赴德清县及安徽省广德县巡演。1992年，演出越剧60场，其中下乡演出50场，主要剧目有《巾帼县令》《潘金莲》《状元恨》《白鲞娘》《换儿风波》等。1993年以后停止演出。1994年10月，因经营困难，整体并入县中百公司，机构撤销，全体职员转业。

长兴县百叶龙演出有限公司　2006年3月注册成立，隶属县文广新局，为国有文化企业，主要承担“长兴百叶龙”的传承创新、发展弘扬，兼营其他文化产业。百叶龙艺术团设于长兴大剧院二楼，承担长兴百叶龙非物质文化遗产的保护传承，及全县12个百叶龙培训基地日常辅导任务。2006年，启动百叶龙商标45大类注册登记。至2007年，完成剩余37项商标的全类注册。同年2月“百叶龙”商标（第41类）被评为2006年度浙江省著名商标。2008年9月，县百叶龙公司被评为省文化建设示范点。2010年，“百叶龙”品牌获省商务厅评审的“浙江老字号”荣誉称号。2012年5月，县百叶龙公司与林城镇商定后，收购百叶龙表演类商标，完成对“长兴百叶龙”商标的全部申报。同年，被省委宣传部列入省文化产业发展“122”工程首批重点企业。2006—2012年，县百叶龙公司共组织县内外演出活动188次。详见第28编、第5章。

业余文艺演出团体（团队）　1994年，县内戏曲爱好者开始组建长兴县正兴戏剧俱乐部（后更名长兴县老年星光戏曲协会，2010年注册为长兴老年星光艺术团），为全县首个民间业余文艺团体。1996年，部分音乐、舞蹈爱好者组建长兴天马乐团，团队25人，主演各种乐器。1996年，雉城、小浦、白阜、槐坎等乡镇京剧票友成立长兴县京剧票友联谊会，团队40人，先后举办省市级京剧票友联谊大赛12场，参加县内外文艺活动40余场。1999年8月，中老年文艺演出队成立（含老年合唱、中老年舞蹈，越剧三个分队），开展戏曲、舞蹈义演，2001年9月更名为长兴红霞艺术团。之后，县内民间文艺团队发展较快。2002年，全县有县级业余文艺团队18支400余人，乡镇文艺团队和民间艺术团队80支1500人。

2011 年,全县有注册民间文艺团队 6 家。至 2012 年年末,全县有业余文艺团队和民间艺术团队 100 支 2000 余人,其中有注册民间文艺演出团体 14 家,演员 474 人,共创作各种文艺节目 100 多个,全年完成各类演出 500 余场,观众达 5 万人次。

2012 年长兴县注册民间文艺演出团体情况表

表 28-12

团队名称	成立时间	负责人	演员数(人)	类型	演出场次(场)
长兴红霞艺术团	2001.09	吴惠英	118	越剧	50
长兴康乐艺术团	2011.01	王祖林	38	越剧	30
长兴普天同庆艺术团	2011.02	周玉成	48	综合	50
长兴雉城风华艺术团	2011.07	严荣光	20	越剧	40
长兴老年星光艺术团	2010.04	李荣祥	30	戏曲	40
长兴芳华艺术团	2011.10	周丽华	38	综合	40
长兴红春艺术团	2011.08	方柄金	21	越剧	20
长兴红星艺术团	2011.02	贾金娣	18	越剧	20
长兴文华戏剧艺术团	2010.03	杨志清	25	综合	25
长兴虹华歌舞团	2010.03	张顺林	21	歌舞	25
长兴星光歌舞团	2010.04	石东方	30	歌舞	80
长兴雉城兰梅越剧团	2011.11	宋来宝	22	综合	30
长兴林城方山乌龙文艺演出团	2012.03	姚卫国	25	综合	30
长兴雉城高阳艺术团	2012.07	赵胜利	20	戏曲	20

说明:资料来源于县文广新局

三、文化娱乐市场

书场 1979 年,县文化馆在大厅内设立书场,有座位 300 只。1980 年 12 月,书场由县总工会接办,设座位 80 只。早晨设茶点,午后开展棋艺活动,晚上说书。说书艺人源自苏州、上海、常熟等地。至 1987 年,书场年均接待 12 档说书艺人,主要听众为退休工人。之后,书场解散。

舞厅卡拉 OK 娱乐城 全县歌舞娱乐场所包括歌舞厅、卡拉 OK 厅(室)、娱乐城等。1988 年,县内歌舞娱乐业处萌芽阶段。1989 年,全县有音乐茶座舞厅 4 家。1991 年,出现歌舞厅与卡拉 OK 厅等新式娱乐,同年有歌舞厅 2 家、卡拉 OK 厅 1 家。1993 年,有经营型歌舞厅 17 家、卡拉 OK 厅 3 家、音乐餐厅 4 家。1994—1997 年,是县内营业性舞厅发展的鼎盛期。1994 年,有营业性歌舞厅 34 家、卡拉 OK 厅及音乐餐厅 89 家,同年营业性歌舞厅从县城走向乡镇,乡镇歌舞厅从上一年的 2 家增至 13 家。1995 年,有歌舞与卡拉 OK 厅 31 家、音乐餐厅 147 家、歌舞厅乐队 1 个。1996 年,有歌舞厅 29 家、音乐餐厅 114 家、茶座 20 家。1997 年,有歌舞与卡拉 OK 厅 35 家、音乐茶室、餐厅 122 家。2000 年,有娱乐场所 111 家,其中歌舞厅 47 家、卡拉 OK 厅 7 家、音乐餐厅 23 家。2001 年后,歌舞娱乐业向综合性、高端化发展,同年有夜总会 5 家。2005 年,集歌舞表演、音乐会、大型会议、数码立体声电影放映等多功能的文化娱乐场所长兴大剧院开业,同期大型民营综合娱乐城也开始出现。至 2012 年,全县有登记注册的综合型歌舞娱乐场所 42 家,其中个人经营或个人独资 34 家,有限公司或合伙企业 8 家。注册资金 500 万元以上 10 家。

电子游戏室 1988 年之前,县内台球桌与游艺室已普及流行。1989 年,登记游艺室 12 家,1990 年增至 18 家。1991 年,游艺室升级开始经营电子游戏,同年新建电子游戏室 3 家。1993 年,有电子游戏室 101 家,保龄球馆与综合游艺场所开始出现。1994 年,县文化监察与执法部门加强监管和整顿,全县电子游戏室减至 60 家,有电子游戏机 284 台。1997 年,全县有电子游戏室 35 家。2000 年,伴随网吧出现，传统电子游戏室逐渐萎缩。至2012年年末，全县有电子游戏机娱乐经营场所（电子游戏厅）17家，全部为个人经营或个人独资，注册资金500万元以上1家。

网吧 2000年7月，县内出现第一家注册网吧"长兴超靓网吧"。同年，长兴静浪、长兴乖乖家、长兴科友等网吧相继开业。至2007年，注册网吧有78家，达到峰值。至2012年，全县注册网吧共有49家，其中公司制3家、个体经营46家。

四、音像市场

20世纪80年代末，县内音像制品市场快速兴起和发展。1988年，音像业主要是发行出租录像带。1989年，有录像制品发行店2个，城乡录像带经营单位40家，录像放映登记户117家。1991年，有录音带销售店28家。1993年，有音像发行店3家，录像出租、代租站19家，录音带销售店44家，三级批发店3家，营业性录像店4家。同年，出现有线电视卫星接收器销售，注册有线电视材料经营户有7家，地面接收站有12家。1994年，有音像带发行、出租、放映单位52家。1995年，有音像业单位发行代租39家，录像放映28家，录音带销售店2家。1996年，有音像发行代租站10家，录像放映厅（室）16家。1999年，共有文化音像制品专供机构、音像制品出租、零售、录像放映单位56家。2000年，减至49家，同年出现大型综合经营单位5家。2001年，有音像专供、出租、零售、放映单位31家。至2012年年末，全县有登记注册音像制品经营单位61家，其中个人经营或个人独资52家，有限公司或中外合资企业9家。

五、图书印刷出版市场

除新华书店外，县内图书印刷出版业分书店与报刊亭、文印打字店、传统印刷厂、新型包装企业、出版印刷经营单位，共五小类。

书店与报刊亭 1989年，全县有书摊（店）18个。1991年，登记注册图书、报刊店14家，字画裱贴1家，同年，县邮政局始设报刊亭。1995年，有图书、报刊经销店44家。1998年，有书刊出租、零售店88家。2000年，有图书、报刊零售、出租经营单位52家。2012年，全县有各类书店、报刊亭154家。新华书店见第28编、第1章、第4节。

文印打字店 1996年，县内开始出现文印打字类文化服务专业商店。1999年，有注册文印店5家。2000年后，文印店进入迅猛发展时期。2012年，全县有注册文印打字经营单位91家。

传统印刷厂 1987年，全县有印刷厂14家，职工530人。1999年，注册印刷厂仅剩8家。2005年后，县内印刷业再度兴旺。2012年，全县有注册印刷厂42家。

新型印刷包装企业 2000年，县内开始出现现代包装企业海德箱包。2012年，全县有现代包装企业53家。

出版印刷经营单位 2012年，县内有长广报印刷厂、长兴报业印刷有限公司2家出版印刷经营单位。

第二节 文化市场管理

一、管理机构

1988年7月，县文化广播电视局根据音像市场与文化演出需要，设立音像演出管理站。1989年6月，设立文化市场管理办公室，承担原由工商行政管理部门兼管的全县文化市场审核登记、行政许可以及日常管理等，配专职人员2人。1990年，县文化市场管理办公室被省文化厅评为1989年度文化市场管理先进集体。1993年4月，县文化市场稽查队成立。10月，全县34个乡镇及牛头山长广公司成立文化市场管理领导小组，初步形成全县文化市场管理网络。1994年2月，成立兼职文化市场稽查队；10月，建立专职文化市场稽查队。12月，县文化市场娱乐行业管理协会成立。1995年2月，文化市场稽查队改为县文化局直接领导，与文化市场管理办公室合并，有工作人员3人，办公地址位于县前街县政府综合办公楼内。同年,成立音像影视管理科,联合公安、工商部门共同管理全县区域内的音像市场。1998年6月,县文体局增设音像市场稽查队。1999年11月,县文化市场管理办公室被省文化厅评为“1998—1999年度浙江省文化市场管理先进集体”。2002年,县体育彩票管理交由县文化市场稽查队负责。2005年5月,全县音像市场管理和地卫设施管理职能一并划给县文广新局,县文体市场行政执法大队接管全县广电执法工作。8月,成立县文化与体育市场经营者行业总会,配合文化市场管理与行政执法。2007年9月,成立县文物监察大队,与文体市场行政执法大队合署办公,兼顾全县文物行政执法。2011年5月,县文化行政部门的原文化市场管理科、新闻出版管理科、印刷市场管理科3科室合并,组成综合性行政许可科,负责全县的文化、体育、文物、新闻出版、广电等行业的经营行政许可及日常管理。2012年,县文体市场行政执法大队共12人,其中编内8人、合同制4人。

二、办证管理

20世纪80年代末90年代初,全县文化市场管理的重点工作是“扫黄”、打击音像市场盗版以及其他破坏知识产权的违法行为。1988年8月,对全县文化经营户进行全面登记审核,制定“录像放映许可证”“录音节目带经销许可证”“文化娱乐活动经营许可证”,严格办证许可。1989年3月,县文化广播电视局会同工商、公安等部门联合颁发《长兴县台球管理暂行规定》。1990年10月,县文化广播电视局会同公安、工商、教育等部门联合颁发《长兴县电子游戏机活动规定》《关于加强有奖电子游戏机经营项目管理的通知》《关于加强对中小学生参加经营性电子游戏机活动管理的通知》等,对全县电子游戏机经营制定行政许可。1998年9月,县文化市场管理办公室联合四部门下发《关于印刷业管理的通知》,为全县60家印刷单位办理经营许可。2006年,对全县文化市场主要六类、399户经营单位开展普查调研。2008年10月,根据国务院《娱乐场所管理条例》规定,县文广新局首次召开全县娱乐场所设立行政听证会,对长兴华辰大酒店KTV娱乐项目举行民意听证。2012年,全县有电子游戏厅17家,网吧47家,歌舞娱乐场所43家。

三、稽查管理

影视娱乐市场管理 1989年8月,县文化市场管理办公室制定“文化娱乐活动经营许可证”。1993年4月,县文化市场稽查队成立。1995—2012年,县文化市场稽查队根据相关规定,先后针对歌舞娱乐场所灯光偏暗、无准映证放映、非法演出、色情演出、允许未成年人出入消费等现象,组织开展执法检查,共处罚57家,取缔无证经营户7家,取缔大型非法演出5起。

图书音像印刷出版市场管理 1988年7月,县文化广播电视局根据音像市场管理和文化市场管理的要求,增设音像演出管理站。1989年6月,县文化市场管理办公室成立,具体负责全县音像演出市场和文化市场的日常管理。8月,对音像、书刊及其他文化经营户进行全面登记,逐个审核,并制定“录像放映许可证”“录音节目带经销许可证”,严格按文件审核发证。同时,制定《长兴县文化市场管理暂行规定》《长兴县关于音像管理暂行规定》,下发各乡镇执行。1993年4月,县文化市场稽查队成立。1994—2002年,县广电局与公安、工商等部门多次开展“扫黄打非”和联合检查,共没收销毁非法录像带、录音带2.5万盘(盒),激光唱盘4000多张。2010年5月,县文化市场执法队在县境内第一时间发现并及时阻止非法报刊《中国雷锋报》传播,获省新闻出版局表彰。2012年,根据省市新闻出版局要求,开展“秋风”行动,打击非法盗版,取缔私营医院非法不健康出版物。1993—2012年,县文化行政稽查队通过专项检查和稽查,收缴禁废书刊6526册、非法录像带4797盒、录音带70盒,非法音像制品11569张、光盘1686张,处罚非法与无照经营单位96家,取缔非法经营单位52家,注销文化经营许可证186家,立案789件。

电子游戏市场管理 1993年4月县文化市场稽查队成立后,主要通过加强检查以规范电子游戏厅的管理。1996年9月,专门组建一支由社会各界参与的业余文化市场监督队伍,针对电子游戏、歌舞娱乐场所实施监督。1995—2009年,共没收有奖电子游戏机电脑板100多块、游戏电脑53套(台)、游戏光盘75张块,取缔非法赌博游戏场所125家,查处违法案件29起。2010—2012年,县文化市场执法大队和县公安部门联合开展整治工作 12 次，共没收有奖电子游戏机电脑板 241 多块，取缔非法赌博游戏场所 143 家，查处违法案件 53 起。

网吧市场管理　2000 年 7—9 月，县文化市场稽查队开始对辖区网吧进行首次稽查。2001 年，根据国务院颁布的《关于进一步加强互联网上网服务营业场所的通知》，县文化市场稽查队历时 3 个月，查处电脑游戏网吧 3 家，查扣电脑 21 台。2005—2009 年，县文化市场执法队采取“零点、凌晨、突击、暑期”等特殊行动方式对网吧违规经营进行专项整治，从重处罚网吧接纳未成年人现象。同时，开展消防安全隐患及经营性文化场所吸毒现象专项整治。2008 年 3 月 1 日起，施行《互联网上网服务营业场所星级评定办法》，一年一评，当年评出 6 家。2010 年，颁布实施《长兴县网吧从业人员管理办法》。2012 年 3 月，县文化市场行政执法队开展网吧专项整治月行动，全年召开全县网吧业主会议 9 次，推进网吧经营规范化建设。同年，县文化市场管理办公室创建互联网上网服务营业场所星级评比工作。

广播电视市场管理　1988 年，县广播电视管理站负责全县广播电视市场管理。1992 年，县广播电视管理站划属县文化广播电视局管理执法，全县有线电视系统播放的录像节目一律由县音像制品发行站统一供片。1994 年 2 月，广播电影电视部发布《卫星电视广播地面接收设施管理规定》。1995 年，县音像影视管理科及广播电视音像稽查队成立，定编 3 人。2001 年 3 月，县广播电视管理科移交县文化局，改由县文体稽查队统一管理执法。1994—2005 年，县文体稽查队和公安、工商等部门联合行动，整治和撤除个人非法安装和使用卫星电视设施 40 余次，拆除非法地卫设施 11 只。1998 年，对符合条件的 9 家单位办理《地卫接收许可证》。2008 年 4 月，县文化市场执法队针对县农贸市场内安装卫星电视接收器泛滥现象，在挨家送传整改通知书的基础上，联合县公安、工商、电视台等单位，对拒绝整改的地卫设施执行强拆。2009 年，对 32 座非法安装的地卫设施实施强拆，取缔非法经营卫星地面接收设施的个体商户 2 家。2011 年，实现 90%以上乡镇无“小耳朵”(即卫星电视地面接收设施的俗称，也称“小锅盖”)。2012 年，县文广新局开展广电惠民工作，实施广电低保免费共享工作，取缔水口、龙山大道的非法地卫设施设备。

第三节　文化体制改革

一、文化事业单位改革

1988 年，县内全民所有制文化事业单位有 5 家，分别为长兴新华书店、长兴剧院、长兴县电影公司、泗安影剧院、长兴越剧团，均直属县文化广播电视局。同年，新华书店引进竞争机制，实行经理选聘、职工目标岗位责任制。9 月，县越剧团参加浙江省文化厅举办的“关于艺术表演团体体制改革”的考评定级，获二级乙等，单位得以保留。1989 年 4 月，县文化广播电视局针对越剧团长期经营困难问题作出整改。1991 年，针对文化事业单位普遍经费紧张现状，开展“以文养文、补文创收”活动，恢复 1989 年被降级的文化经营服务部。1994 年，县文化事业单位全面探索“以文养文”创收举措，新华书店成立长兴县新华实业公司；县电影公司开办长兴县银都广告装潢公司和长兴县音像公司，同时开始内部机制改革，实行工资与效益挂钩试点；长兴剧院成立宏兴实业贸易公司；泗安影剧院试行风险责任经营制；县文化馆成立兴文演出礼仪经营服务公司；县图书馆申请在沿街位置建造四层文化商业大楼，通过店面出租“以文补文”。同年 10 月，县越剧团整体并入县中百公司，单位注销。1995 年 4 月，新华书店全面推行全员劳动合同制，创办歌舞厅，开展多种经营；县电影公司实施员工责任制改革，并采取职工参股形式，成立百乐门有限公司。1996 年，县文化局针对下属事业单位普遍经营困难现状，制定文化体制改革纲要，要求各单位拓展思路，通过体制改革适应市场竞争。1999 年，县文化经营单位全面推行运行机制改革，县文化馆制定《内部管理机制改革方案》并实施，县电影公司改革企业用工制度，实现内部劳动力资源优化组合。2000 年 9 月，县新华书店改制，成为隶属省新华书店集团子公司。2001 年年末，县电影发行放映公司、长兴剧院、泗安影剧院等3家事业单位全面完成改制。

二、经营性文化市场改革

全县经营性文化市场建设是在国有文化事业单位改制与民营文化企业准入同步进行的基础上完成。1988年，县内经营性文化市场基本由县全民所有制及乡镇集体所有制文化服务单位主导，民营与个体文化企业所占比例很小。同年，全民所有制文化事业单位有5家，集体所有制文化企业为各乡镇、村自办的电影院、放映队，及少数乡镇文化站所创小型文化企业，如李家巷、白岘、和平等乡镇文化站均办有文化服务企业。1989年6月，县文化市场管理办公室成立，依据“文化娱乐活动经营许可证”，为符合条件的个人及个体办理文化经营许可证，民营与个体企业始逐步进入文化服务领域。同期，所有全民所有制文化事业单位积极开展“以文养文”，探索市场经营，乡镇、村办文化服务企业纷纷改制，转为私人承包。至1995年，原全民所有制文化事业单位所创文化服务企业因缺乏活力，多数转制承包给私人经营，少数解体，集体所有制文化企业基本转制成为私营。之后，私营与个体文化娱乐单位因经营灵活、效益良好，逐步成为文化娱乐市场主体。2001年，伴随所有全民所有制文化事业单位改制，县内经营性文化市场基本转为民营(新华书店除外)。2007年，成立文化产业科，统一管理全县经营性民营文化企业，同时积极招商引资，发展大型重点文化项目，促进全县经营性文化市场向规模化、现代化方向发展。2012年年末，全县办证注册的文化经营单位有721个(含新闻出版)，覆盖网络文化、歌舞游艺娱乐、音像出版、印刷、演出、文物、体育等七大门类。

三、文艺创作激励机制

“五个一工程”奖 1997年3月，按照中央宣传部关于精神文明建设“五个一工程”要求①，县宣传、文化部门制定下发《关于开展长兴县精神文明建设“五个一工程”评比工作的意见》，启动全县“五个一工程”奖评选活动。评比内容为理论文章、图书(包括文学作品)、电视剧(包括专题片、广播剧)、戏剧(包括话剧、小品)、舞蹈、歌曲，每年举办一次评选活动。同年，共有舞蹈《百叶龙传说》等7部作品入选首届县精神文明建设“五个一工程”奖。

2000年，全县有3件作品获湖州市第四届精神文明建设“五个一工程”奖。2002年，有2件作品获湖州市第五届精神文明建设“五个一工程”奖。2012年，县文化馆创作的小品《试探》获湖州市第九届精神文明建设“五个一工程”奖。

2007年10月，长兴选送的儿童电影《亲亲鳄鱼》获浙江省第九届精神文明建设“五个一工程”奖。

优秀文艺作品奖 2000年3月，县委宣传部、县文联召开文艺创作成果表彰大会，对1998—1999年度全县优秀文艺作品及优秀文艺工作者个人进行表彰，共有33件(次)文艺作品获奖，其中有4件获优秀文学著作奖、13件获优秀作品(含展演、辅导)奖、16件获佳作奖。2001年，召开全县第二届文艺创作座谈会暨优秀作品颁奖会议，对1998—2000年度优秀文艺作品进行表彰，共有33件文艺作品获奖，其中金奖作品9件，银奖作品24件。2011年10月，县委宣传部发文实施《长兴县优秀文艺作品评奖办法(试行)》，每年组织一次评选活动，设特等奖、一等奖、二等奖、三等奖及优秀奖若干名，并对获奖作品给予500元～50000元不等的奖励。2012年1月，首届“长兴县优秀文艺作品奖”申报作品33件，评出获奖作品17件，其中二等奖3件、三等奖4件、优秀奖10件。李思雨的中篇小说《双生花》、胡加平的诗歌《在同里》、陈琳的中篇小说《突围》获二等奖，彭方嵩的短篇小说《哑树》、章庆文的书法作品《行书册页》、李运和的书法作品《虞世南书论》、王兴秀的摄影作品《蓬莱现周坞》获三等奖。

---

①由中共中央宣传部组织的精神文明建设“五个一工程”评选活动，自1992年起每年进行一次，评选上一年度各省、自治区、直辖市和中央部分部委，以及解放军总政治部等单位组织生产、推荐申报的精神产品中五个方面的精品佳作，即一部好的戏剧作品、一部好的电视剧(片)作品、一部好的电影作品、一部好的图书(限社会科学方面)、一部好的理论文章(限社会科学方面)。并对组织该精神产品生产成绩突出的单位授予组织工作奖。1995年度起，将一首好歌和一部好的广播剧列入评选范围，“五个一工程”的名称不变。

第七章　档　案

1987 年 9 月《中华人民共和国档案法》颁布后，长兴县档案事业进入依法治档阶段。1989 年 1 月，县档案局成立，为副局级单位，列入政府机构序列。1996 年 9 月，县档案局与县档案馆合并，为县委办公室所属事业单位。2001 年 12 月，升格为正局级事业单位，列入县委机构序列。2003 年 1 月起，参照公务员法管理。2005 年年底新档案馆启用后，全县档案工作信息化、规范化等方面得到较快发展。2012 年，县档案局(馆)有办公室、业务指导科(法制科、行政许可科)、保管利用科、电子文件与数字档案登记备份中心 4 个内设机构；县档案馆馆藏文书档案全宗 170 个，档案、资料 345431 卷，专门档案 227289 卷，图书资料 25193 册；全县有市级以上规范化综合档案室 386 个。

第一节　档案馆(室)

一、长兴县档案馆

国家一级档案馆创建　1985 年 11 月，县档案馆新档案库房建成，共三层 1208 平方米，位于雉城镇县前中街 402 号。1996—1998 年，累计投入 20 万元增加设备、完善设施。1999 年 2 月，获评省三级综合档案馆。2005 年 12 月，新馆建成使用，位于龙山新区，占地 3.33 公顷，主体建筑呈“王”字形，建筑面积 7000 平方米，总投资 5000 万元，为四层全开放式现代公共档案馆。内设办公、库房、公共服务、休闲四大功能区。中国书法家协会原主席启功题写馆名“长兴档案馆”。2007 年，配置多媒体演播室、档案接收整理室、珍贵档案陈列室、综合查档大厅等。同年 12 月，获评省一级档案馆。2009 年 1 月，晋升为国家一级综合档案馆，为全国第一家晋升国家一级馆的县级档案馆。至 2012 年年末，县档案馆配有档案密集架 750 立方米、温湿度自动控制系统 1 套、多媒体数字监控系统 1 套、自动灭火消防系统 1 套、档案防磁柜 10 套、电子计算机服务器 6 台、电子计算机 31 台、复印机 2 台、集中式空调机 13 台、分散式空调机 4 台、去湿机 6 台、吸尘器 1 台、档案底图柜 30 套、消毒柜 3 台、鞋套机 3 只。

馆藏　1987 年，县档案馆馆藏文书档案全宗 63 个，档案、资料 25073 卷；专门档案 2059 卷；各类图书资料 5224 种、12465 册。1988 年起，每年开展档案、资料及图书资料的接收、征集、订购工作。1997 年、2007 年集中接收基层单位专门档案，共接收 227289 卷、33098 件。至 2002 年，陆续征集到一批明清地方志书、国外报刊、民国报刊、地方宗谱，以及一批中华人民共和国成立后的地方报刊文献等，馆藏图书达 13195 册。至 2012 年年末，县档案馆馆藏文书档案全宗 170 个，档案、资料 345431 卷、70010 件；专门档案 227289 卷、34758 件，主要包括国土、城建、山林定权、婚姻、普查、绘画、书法、契约、票证、实物等；图书资料 25193 册，主要为地方文献、图书、报刊、地方资料。

二、基层档案室

1987 年始，县内各单位档案室逐步建立。1989 年，全县有基层综合档案 32 个，占应建数的 28%。1994 年，有基层综合档案室 83 个，其中县直机关 18 个，区(乡镇)机关 17 个，企业 36 个，事业单位 6 个。至 2012 年，全县市级以上规范化综合档案室 386 个，其中县级机关事业单位 52 个，乡镇(街道、园区)20 个，企业 44 个，行政村(社区)270 个。

1987—1995 年，全县开展先进综合档案室评比。至 1995 年年底，全县机关单位中有省二级档案室 1 家、市一级档案室 11 家；企业中有省二级档案室 3 家、省先进档案室 7 家、市一级档案室 6 家、市先进档案室 5 家。1996—2012 年，开展档案工作目标管理认定。至 2012 年，全县共有国家二级档案室 2 家、省一级档案室 10 家、省二级档案室 30 家、省三级档案室 17 家、省级先进档案室 8 家。

第二节 征集保管

一、接收征集

档案接收 1987—2012年,县档案馆共接收271个单位档案277640卷、60820件,录像422盘,照片9484张。主要为民国时期和中华人民共和国成立后撤销单位档案,乡镇、机关部门到期档案,县"两会""长洽会"活动等文书档案,重点建设工程档案,山林定权档案,婚姻档案,录像照片等。其中,2007年接收"长兴新闻"录像档案进馆,为湖州地区首次。

档案征集 1988—2012年,县档案馆征集到书画、地方文献、刊物、报纸、书籍等档案资料8615册(幅)。主要为地方志书、书画、契约、票证、宗族谱、家庭账册、人物档案等。

名人档案 1998年,县档案馆启动长兴籍及客籍知名人士档案资料征集工作,筹备建立长兴名人档案馆。2010年,再次明确征集对象、范围和方式,征集到20余位在北京长兴籍党政军领导干部、专家、学者的个人档案。至2012年,累计征集到54位名人档案资料630件,单独设立全宗。征集到的名人中,历史名人(1840年之前)11人,近现代名人(1840年后)43人。其中,历史名人档案中有陈霸先档案1件、道宣档案1件、徐坚档案1件、钱起档案1件、皎然档案1件、陆羽档案1件、刘珏档案1件、吴承恩档案1件、臧懋循档案1件、钱善扬档案24件、王书瑞档案24件。

二、保管鉴定

档案保管 1988—2005年,县档案馆库房设施达到防盗、防火、防尘、防鼠、防潮、防光等要求;对入库档案采取除尘、消毒、倒架措施,延长保存时间。2006—2012年,库房为全封闭式,采用自动消防系统、安全监控系统,配备档案密集架、底图柜、防磁柜、中央空调、除湿机、消毒设备、温湿度计等,严格控制温湿度;对所存档案、资料科学分类,有序编目排列,达到标准化、规范化要求。

抢救修复 1989年起,县档案馆采取普遍翻架、重点清查、增添设备、数字化等手段,抢救修复部分馆藏档案。其中,1990年对县委、县政府全宗建立"病历"档案,抢救部分破损档案;1991年建立特种载体档案室,专门存放照片和声像档案;2005年年底,在新馆设立病变档案抢救用房,对馆藏档案进行全面普查,修复病变档案;2007—2011年,先后完成长兴百叶龙文化档案抢救,民国县政府档案抢救,馆藏契约、字画抢救,馆藏各类照片、声像档案抢救。

档案鉴定 1998年2月,县档案馆对馆藏档案进行首次审查鉴定,确定开放卷和控制卷,鉴定可开放档案2864卷。1992—1993年,完成撤并乡镇、撤销区委档案清理,鉴定入库档案4137卷;1999—2000年,完成撤并乡镇档案清理,鉴定入库档案4366卷;2008—2013年,完成47个县级机关部门、乡镇(街道、园区)档案清理,鉴定入库6595卷。

第三节 开发利用

一、档案开发

档案编研 1988—2000年,县档案馆先后编印《中国共产党长兴县委员会历届全县代表大会工作报告汇编(1956—1990)》《长兴县历届人民代表大会政府工作报告汇编(1954—1990)》《湖州日报刊登的长兴各方面信息文章材料汇编》《长兴县档案馆指南》等。2001—2012年,对馆藏档案资料系统整理,汇编地方史料,出版研究性专著,先后编印《长兴县历次党代会文件汇编》《长兴县经济发展重要文件选编》《长兴县农家乐发展文件选编》《长兴契约图鉴》《地理·移民·发展——长兴区域特殊性探秘》《长兴六十年》《长兴事务通》等。1988—2012年,县档案馆单独或与相关单位合编各类成果44部(册)。其中,《长兴县档案馆指南》于1993年获浙江省综合档案馆优秀编研成果三等奖,《长兴契约图鉴》于2008年入选浙江省"百项档案编研精品工程",《长兴契约图鉴》《长兴六十年》于2010年11月分别获省档案部门第十次优秀编研成果二等奖、三等奖。

教育基地　2005—2012年,县档案馆每年举办6个以上主题展览,普及地方历史、传播档案文化,先后创建成为长兴县爱国主义教育基地(2006年)、长兴县诗教基地(2011年)、长兴县社科普及教育示范基地(2011年)、长兴县爱国双拥教育基地(2012年)、湖州市社科普及示范基地(2012年)、湖州市爱国主义教育基地(2008年)、浙江省国家综合档案馆爱国主义教育示范基地(2009年)。

二、档案利用

档案开放　1988—2012年,县档案馆先后4次向社会集中开放馆藏档案累计达115个全宗、1.12万卷,资料1.48万册。其中,中华人民共和国成立前的全宗3个、档案2547卷,中华人民共和国成立后的全宗112个、档案8682卷、资料1.48万册。另外,每年向社会正常开放涉及民生档案,共计104个全宗、2.01万卷、6.67万件。

档案查阅　1988—2012年,县档案馆整合国土、城建、婚姻、林权、二轮土地承包等档案资源,实现"一站式"档案查询服务,共接待5.5万人次,调阅档案8.76万卷次、7320件次,资料1.25万册次,复制11.75万份。2008年始,面向县内明星、重点企业开通"企业查档直通车"。

档案检索　1988年,县档案馆建立和完善案卷目录检索,先后编制民国名人卡片、土地征用专题目录、人事处分专题目录、人事任免专题卡片。至1997年,完成馆藏101个全宗档案、案卷目录整理,编制案卷目录134册,全引目录94册,薄式目录14册。1996年始,探索著录卡片微机检索项目。2007年始,档案检索逐步以计算机检索为主。至2012年,依托长兴数字档案馆系统,实现计算机文件检索条目144万条。

三、信息化应用

数字档案馆　2005年2月,长兴数字档案馆项目被纳入县政府"数字长兴"建设。至2008年,完成馆藏档案数据条目67.56万条。2008—2012年,分三期完成馆藏档案数字化加工342万页、照片5000张、录像录音300余小时、数据条目107.56万条。

数字档案室　2007年,县档案馆启动基层档案信息化建设,2010年正式启动基层数字档案室创建。至2012年,共完成档案目录数字化19.99万条,全文扫描62.07万页,数据量595.5GB;创建省级示范数字档案室6家,市级规范化数字档案室13家。

电子文件与数字档案登记备份中心　2009年11月,县档案馆启动筹备长兴县电子文件与数字档案登记备份中心建设,同年列入全省试点单位。2010年8月全面启动,10月出台《长兴县电子文件与数字档案登记备份中心简明操作规范》,在政府电子政务系统中增加公文在线备份功能。2010—2012年,全县共备份162家机关及所属二三级单位档案电子数据443.88G。

第八章　史　志

20世纪80年代,按照上级党史、地方志部门统一部署,长兴县先后成立党史、地方志工作机构,相继启动中华人民共和国成立后第一轮写史修志工程,编著出版首部《长兴县志(发端—1987)》、《新民主主义革命时期中共长兴党史简编(1921—1949)》。同时,县委党史研究室、县政府地方志办公室分别立足各自职能,有计划、有步骤地开展地方党史资料征集和研究,开展地情研究和推动行业志书编纂,加强革命遗址和历史遗址保护,开发利用地方史志资源,探索开展党史宣传教育,完成抗日战争损失国家级课题调研,陆续形成一批重要史志成果,举办(协办)一系列重大纪念活动,守好红色根脉,讲好长兴故事,发挥资政育人功能,服务中心工作。

第一节　中共地方党史

前志未记述党史工作。1981 年 4 月,中共长兴县委地方党史资料征集小组成立,下设办公室(设在县委办),逐步开展地方党史资料征集和整理工作。1986 年 5 月,成立中共长兴县委党史资料征集研究委员会,为县委常设机构,下设办公室,仍设在县委办,人事、财务由县委办代管。1990 年 11 月,成立中共长兴县委党史研究室(简称县委党史室),为局级事业单位。1991 年 3 月,核定事业编制 5 人,办公地点在县委机关,人事、财务从县委办分出。1996 年 9 月,县委党史室归口县委办管理,内设办公室、编研室,行政编制 4 人,其中主任 1 人、副主任 2 人。1997 年 6 月,根据县级党政机关改革方案和机关"三定"方案,核定县委党史室事业编制 5 人,内设办公室,领导职数 1 正 1 副。2001 年 12 月,核定事业编制 4 人,领导职数 1 正 2 副,内设办公室、编研室。2003 年 1 月起,参照公务员法管理。2004 年 3 月,县编委同意将县地方志办公室归并到县委党史研究室。但由于种种原因,"两块牌子、一套班子"的归并方案没有落实到位,仍机构分设、工作分开。2006 年 9 月起,县委党史室由县委办管理。2012 年年末,县委党史室实有工作人员 2 人,其中主任 1 人,由县委办副主任兼任。

一、资料征集

资料征编　县内党史工作机构建立后,即以新民主主义革命时期的党史为重点,逐步开展有计划、系统性的资料搜集及整理工作。主要搜集各类已有的党史资料,包括前述形成的资料以及各级图书馆、档案馆留存的相关资料。同时,向当事人、知情者征集各类资料,包括个人留存的历史资料以及个人回忆、口述资料等。1988 年,征集到史之华烈士照片等史料。1990 年 3 月,协助县文化广播电视局开展革命文化史料征集工作,于次年 3 月完成《浙江省长兴县革命文化史料汇编(1919—1949)》,系统搜集整理反映民主革命时期长兴革命文化宣传的史料和资料。至 1990 年年末,全县累计征集党史资料 1600 余件、共计 140 万字。1991 年后,逐步以社会主义革命和建设时期的党史为重点开展资料搜集与整理工作,同步开展改革开放新时期的党史资料搜集整理。2009 年以后,更加注重"即时跟进存史",注意即时搜集各类工作总结、领导讲话、重要文件、党政信息、新闻报刊、重要图片等各类资料,并对重要的档案资料完成汇编,逐步推动史料征集工作的日常化、制度化、规范化建设。2012 年 2 月编印《中国共产党长兴县第十三次代表大会文件选编》,11 月编印《长兴之路——中国共产党长兴县历次代表大会工作报告汇编(1956—2011)》。

抗日战争损失调研①　按照上级党史部门部署,2006 年 6 月,县委党史室启动长兴县抗日战争时期人口伤亡和财产损失课题。至 2008 年 6 月,全面完成课题调研,形成 14 卷调研成果,并内部编印《长兴县抗日战争损失课题调研成果选编(1937.7—1945.9)》,7 月通过省市党史部门检查验收。2009 年 8 月,县委党史室被评为浙江省抗日战争时期人口伤亡和财产损失调研课题先进集体。经调查核实,全县在抗日战争时期伤亡 2556 人,其中直接死亡 2199 人、间接死亡 36 人、失踪 80 人、伤残 241 人。全县财产损失总值 1.82 亿元(法币),其中社会财产直接损失 0.88 亿元,间接损失 0.17 亿元,居民财税损失 0.77 亿元。调查显示,抗日战争期间全县因战争致困的灾民达 10 万人以上,接近当时全县总人口的 50%。长兴县损失公私房屋 5 万间以上,损失树木 323 万余株,损失禽畜 3500 余头,损失青白石 6 万吨以上。境内两条新修公路被迫掘毁,现代化程度最高的长兴煤矿被迫炸毁,初步发展的现代建材工业被日本侵略者强占。日本侵略者还扶植伪政权,滥发伪币。箬溪书院、私人藏书楼等被日本侵略者炸毁,大批世居城镇的居民被迫逃亡;抗日战争前全县有 60 所小学,抗日战争期间被毁损 24 所;另外,日本侵略者还在长兴推行奴化教育。

① 详见《浙江省长兴县抗日战争时期人口伤亡和财产损失》,抗日战争时期中国人口伤亡和财产损失调研丛书B系列,长兴县委党史研究室编,吴连意主编,中共党史出版社2017年版。

二、党史编研

地方党史　1990年6月，县委党史室启动《新民主主义革命时期中共长兴党史简编(1921—1949)》编写工作，1991年4月形成送审稿，同年9月由浙江大学出版社出版。该书分综述、回忆录、大事记3部分，共14万余字。综述分4个篇章记述1921年至1949年长兴党史发展历程，回忆录收入14篇有重要史料价值的个人回忆，大事记分4个阶段记述长兴党史发展中的大事要事。1993年获评全省优秀党史成果二等奖。

2003年3月，按照上级党史部门要求，县委党史室开始《〈中国共产党长兴历史〉第二卷(1949—1978)》编写的准备工作。2005年，完成“党史二卷”编写方案和提纲(初稿)；编印《中国共产党长兴县历次党代会文件汇编(1956—1979)》；编印《长兴县社会主义时期党史专题集(一)》，收录专题25个。2008年，反复修订编写提纲，试写部分章节。2009年，成立“党史二卷”编写组，正式启动初稿编写工作。至2012年11月，完成初稿，共5编40万余字。

组织史　1986年，由县委组织部牵头，县委党史资料征集研究委员会和县档案馆共同启动《中国共产党浙江省长兴县组织史资料(1927—1987)》的征集、整理、编纂工作，1992年1月由浙江大学出版社出版，内部发行。该书收录1927年秋至1987年年末，全县各级党组织、政权系统、地方军事系统、统一战线系统、群众团体系统和企事业系统的组织机构及领导人名录，共35.8万字。

1995年2月，县委组织部编纂出版《〈中国共产党浙江省长兴县组织史资料〉第二卷(1988.1—1993.12)》，共47万字，由人民日报出版社出版，内部发行。该书收录1988年1月至1993年12月，全县各级党组织、政权系统、地方军事系统、统一战线系统、群众团体系统和企事业系统的组织机构及领导人名录。

专题研究　1984年12月，县委党史资料征集小组办公室编印《话说长兴革命斗争史》。1985年6月，县纪念新四军苏浙军区成立四十周年领导小组办公室编印《新四军苏浙军区成立四十周年纪念册》。1987年3月，县委党史资料征集研究委员会编印《史之华烈士》。1990年6月，县委党史资料征集研究委员会、县新四军研究会联合编辑《长兴革命斗争故事》，8万余字。1993年5月，县委党史室出版《中共长兴党史纪事(1949—1992)》，共26万余字，由中共党史出版社出版，全书分4章展现1949—1992年长兴党史的大事要事，1994年获评湖州市精神产品一等奖，1998年获评全省党史研究优秀成果二等奖。1994年12月，县邮电局出版《中共长兴秘密交通史》，共10万字，由当代中国出版社出版。1995年，县委党史室出版《中共长兴党史人物》，21.5万字，由解放军文艺出版社出版，1998年获评全省党史优秀成果三等奖。全书分党史人物、历任县委书记简介和烈士名录3部分，党史人物部分共收录72人，包括7名革命烈士、部分优秀党员和部分党外人士；历任县委书记部分，收录20位县委书记简介；烈士名录收入307名烈士。2005年，县委党史室编印《长兴县社会主义时期党史专题集(一)》。2011年，县委党史室编辑《长兴党史概览》，收录长兴党史综述、历任县委书记、民主革命时期重大事件及重要人物、社会主义时期重大事件、改革开放辉煌成就、党史胜迹等内容，共3万字、80余幅图片，于当年6月完成编印，“七一”前赠送至全县各级党政干部，并作为7月1日县四套班子领导在长兴县新四军苏浙军区纪念馆过“政治生日”的党史读本。

三、资政育人服务

资政服务　1991年，县委党史室在基本完成新民主主义革命时期长兴历史研究后，更加注重“围绕中心、服务大局”，尤其是突出党史研究的特点，以专题研究的形式，围绕县委、县政府中心工作，针对县域经济社会发展中的突出问题，有重点地开展资政研究，并形成一批成果。其中，关于经济建设对策研究，主要有1993年撰写的《长兴县建材工业史略及发展对策》、1994年撰写的《重振紫笋茶雄风　发展长兴经济——纪念唐代紫笋茶作贡1224周年》、1997年撰写的《试论技术创新在“两转”中的作用及我县现状与对策》、1999年撰写的《瞄准市场　科技兴茶——关于振兴长兴名茶产业的思考》、2001年撰写的《以创新的精神实践“三个代表”　加快发展长兴——关于现阶段长兴经济发展的几点思考》；关于文化及旅游发展对策研究，主要有1993年撰写的《开发南太湖长兴旅游资源之我见》、1996年《开发顾渚茶文化之我见》、2004年《长兴农业接轨上海的历史考察与发展对策》、2005年《太湖明珠长兴创建文化大县之现状与对策》、2012年《打造茶文化旅游品牌,带动一方经济发展》;关于历史回顾与战略定位研究,主要有1992年撰写的《对建国以来长兴经济建设的评估》、2005年撰写的《风雨历程 沧桑巨变——长兴解放50年历史述评》、2011年撰写的《长兴"望县"及古代长兴开发历程探析》。

20世纪90年代起,县委党史室即明确党史工作要坚持为现实服务,积极参与县委、县政府的中心工作,服务基层、服务群众、服务机关,服务全县发展大局。1990年,会同县新四军研究会配合全县党的基本路线和基本国情教育,先后为企业、学校和机关进行革命传统和党史教育,累计3000余人次参加。1991年,配合全县农村路线教育活动,完成宣讲材料《长兴在社会主义道路上前进——四十二年建设成就回顾》,发各乡镇和社教区指导组、工作队。1992年,与县教育局联合发文,在全县中学的历史课程中增设中共地方党史内容,教材为《新民主主义革命时期长兴党史简编》。2002年,完成《太湖"明珠"长兴古今文化概览》,为《太湖明珠——长兴》电视专题片撰写提纲和解说词。2005年,在党史期刊开设"永远的丰碑""丹心谱"专栏,选介长兴历史上的英雄模范人物,服务全县保持党员先进性教育活动。同年,还协助县民政局、县电视台拍摄专题片《江南小延安 双拥谱新篇——长兴县争创省级双拥模范县"六连冠"纪实》,服务全县争创全国(省)双拥模范城(县)。2008年,配合县纪委编写《铁军风范》,提供10余万字相关资料,为全县党员干部提供廉政读本。2011年,协助县文广新局审阅"江南红村"布展方案和解说词撰写,整理新四军江南银行及江南抗币有关资料,为恢复江南银行旧址提供历史参考。同年12月,撰写论文《长兴"望县"及古代长兴开发历程探析》,为县党代会召开提供资政服务。2012年,配合全县"创先争优"活动,推出《长兴创先争优两年间》专刊。配合全县农村文化礼堂建设工作,提供党史咨询服务。同年8月,系统总结县内红色旅游发展经验,撰写论文《县域红色旅游发展与党史文化建设》,入选"首届全国党史文化论坛"。

纪念活动 从20世纪80年代县委党史工作机构成立开始,先后组织或联合、配合相关单位,围绕新四军挺进浙西、新四军苏浙军区成立、抗日战争胜利、中国共产党成立、长兴解放、中华人民共和国成立、抗美援朝、改革开放等重大党史事件,毛泽东、周恩来、邓小平、粟裕等重要党史人物诞辰,以撰写纪念文论、编辑纪念专刊、举办知识竞赛、举行座谈会、举办图片展、举行演讲比赛、编写党史读本、拍摄专题片等形式,广泛开展纪念活动,推动党史、新中国史和县情学习教育。1991年,县委党史室举行系列活动纪念中国共产党成立70周年,5月与县广播站联合推出"长兴地方党史"系列讲座,至8月共播出36讲;编写党史专题电视片《太湖之滨的革命烽火》提纲,与县委组织部联合举办"党史知识百题竞赛"活动,面向全县1133个党支部开展党史知识竞赛;"七一"前后,先后在部分单位举行5场党史报告会,在10个单位组织放映《历史在沉思》革命历史专题片。同时,组织力量撰写论文参加全省纪念中国共产党成立70周年学术研讨活动,《试论社会主义建设道路的两次探索》入选全省百篇论文。1993年,组织编写《浅析新四军十六旅开辟郎广长根据地的战略意义——纪念十六旅挺进长兴50周年》,召开纪念新四军16旅挺进长兴50周年座谈会。1995年,配合组织发动部分老同志为苏浙军区司令部旧址维修捐款,与县委统战部联合举办纪念抗日战争胜利和新四军苏浙军区成立50周年演讲比赛。1997年,在槐坎召开纪念粟裕将军诞辰90周年大会,组织撰写纪念粟裕诞辰90周年专题论文,参加省市研讨及征文活动,《审时度势 出奇制胜——粟裕指挥苏浙皖边大围歼战论略》入选浙江省纪念粟裕诞辰90周年学术座谈会。1998年,协助县政府办公室、县委宣传部撰写《走向辉煌——长兴县改革开放20年回眸》,参与县电视台纪念改革开放20年专题片的采访和脚本编写。1999年,为纪念长兴解放和中华人民共和国成立50周年,组织编撰《长兴五十年》一书,系统反映长兴解放以来50年的沧桑巨变。2001年,与县委组织部、长兴电视台联合摄制电视专题片《历史的足迹——中共长兴党史80年回眸》。该片时长40分钟,当年7月在长兴电视台播出。全片分序幕、星火燎原、抗日烽火、黎明前夜、迎接曙光、巩固政权、曲折前进、改革开放、沧桑巨变等8个篇章。县委党史室负责编剧。2003年,组织撰写《毛泽东周恩来亲树长兴艰苦创业典型》专题文章，在《长兴党史》开设纪念专栏，刊载相关纪念文章。2008年，组织整理长兴县改革开放30年最具影响力的44件党史大事，配合县委宣传部在全县开展“长兴县改革开放三十年最具影响力三十件大事”评选活动。2010年10月，组织撰写《长兴抗美援朝运动纪实》，整理5位老同志参加抗美援朝战争的口述资料，与县新四军研究共同举办纪念抗美援朝60周年座谈会。2011年1月，编写地方党史读本《长兴党史概览》，5月与县委宣传部、县档案局联合举办图片展览，6月与县机关党工委、长兴传媒集团联合举办党史党建知识竞赛，7月1日举办“长兴党史报告会”，向县四套班子领导宣讲长兴党史，服务县四套班子在新四军苏浙军区纪念馆过“政治生日”活动。

图28-5　2011年7月1日，县委举行长兴党史报告会（县史志办提供）

四、遗址普查与保护利用

党史胜迹普查　2008年8月，县委党史室启动全县党史胜迹普查工作。至年底，完成8个普查对象的资料整理及照片拍摄。2009年3月，完成全县29处党史胜迹普查。其中，土地革命时期1处，抗日战争时期20处，综合纪念设施4处，社会主义建设时期4处。8月，在普查成果基础上完成《长兴县党史胜迹图志（征求意见稿）》。

革命遗址普查　2010年1月，县委党史室启动全县革命遗址普查工作。同年5月，完成47处革命遗址及12处其他遗址的普查登记，整理形成相关统计资料，内部编印《长兴县革命遗址普查成果汇编（1919—1949）》。根据普查显示，革命遗址47个，集中分布在县境西北部。其中，地方党组织机构3个，分别为中共夹浦独立支部遗址、第一个中共长兴县委成立地遗址、中共长兴县委秘密交通站旧址，新四军苏浙军区旧址19个，纪念馆、纪念碑（塔）等7个，重大战役遗址3个，烈士墓15个等。遗址面积100平方米以上的28个，占总数的59.6%。直接形成于抗日战争期间的25个，中华人民共和国成立后修建的纪念设施及烈士墓15个，两者合占总数的85.1%。其他遗址12个，其中大革命时期2个，抗日战争时期10个。主要为1924年的卢齐战争战壕遗址及郭沫若到长兴调查卢齐战争旧所，抗日战争时期日军及日伪留下的军事设施遗址2个，日本侵略者制造的惨案遗址2个，国民党抗战遗址5个，国民政府官员雷震所建的长安小学旧址等。革命遗址中，产权属国家和集体的共33个，绝大部分保护较好，其中列入国家级文物保护单位的15个、县级文物保护单位3个。产权属于个人的革命遗址及其他遗址，生物破坏、腐蚀等现象及人为破坏较为普遍。

革命遗址保护利用　从20世纪80年代开始，县委、县政府越来越重视革命遗址的保护和利用工作。90年代以后，结合红色旅游开发、社会主义新农村建设，全县遗址保护利用工作逐步取得明显成效。根据2010年革命遗址普查结果，全县47处革命遗址中，列入国家级文物保护单位的有15个、县级文物保护单位的有3个，绝大部分保护较好。其中，有革命纪念场馆7处，分别为泗安革命烈士纪念塔（位于泗安镇，建于1983年）、新四军苏浙军区纪念馆（位于槐坎乡，建于1985年）、长兴革命烈士纪念碑（位于雉城街道，建于1987年）、白岕烈士陵园（位于龙山街道，建于1987年）、鲤鱼山烈士陵园（位于龙山街道，建于1989年）、横山革命烈士纪念碑（位于洪桥镇，建于1992年）、李焕廉政文化纪念公园（位于林城镇，建于2002年）。2009年7月，新四军苏浙军区旧址入选省首批党史教育基地。2010年12月，县委、县政府启动长兴“江南红村”建设，2011年7月1日对外开放，是集旅游、参观、培训、会议等多项功能为一体的红色旅游休闲基地。2012年，全县有革命纪念场馆8处。

1981—2012年长兴县党史主要成果编印出版情况表

表28-13 单位:万字

名称	编纂单位(主编)	字数	编印出版年月	出版社
《话说长兴革命斗争史》	长兴县委地方党史资料征集小组办公室编,吴甫轩主编	12.0	1984.12	内部编印
《新四军苏浙军区成立四十周年纪念册》	长兴县纪念新四军苏浙军区成立四十周年领导小组办公室编	13.0	1985.06	内部编印
《史之华烈士》	长兴县委党史资料征集研究委员会编,钱鸣盛主编	4.0	1987.03	内部编印
《长兴革命斗争故事》	长兴县委党史资料征集研究委员会、长兴县新四军研究会编,钱鸣盛主编	8.0	1990.06	内部编印
《新民主主义革命时期中共长兴党史简编(1921—1949)》	长兴县委党史研究室编,谢文柏主编	14.0	1991.09	浙江大学出版社
《中国共产党浙江省长兴县组织史资料(1927—1987)》	长兴县委组织部、长兴县委党史资料征集委员会、长兴县档案馆编,钱鸣盛主编	35.8	1992.01	浙江大学出版社(内部发行)
《中共长兴党史纪事(1949—1992)》	长兴县委党史研究室著,谢文柏主编	26.0	1993.05	中共党史出版社
《中共长兴秘密交通史》	长兴县邮电局编,长兴县委党史室主审,钟德培主编	10.5	1994.12	当代中国出版社
《中共长兴党史人物》	长兴县委党史研究室,章小义主编	18.0	1995.02	解放军文艺出版社
《〈中国共产党浙江省长兴县组织史资料〉第二卷(1988.1—1993.12)》	长兴县委组织部编	47.0	1995.02	人民日报出版社(内部发行)
《纪念李焕文集》	丁沧水主编	14.5	2001.09	黄山书社
《长兴县社会主义时期党史专题集(一)》	长兴县委党史研究室编,许虔东、王慈远主编	21.0	2005.11	内部编印
《中国共产党长兴县历次党代会文件汇编(1956—1979)》	长兴县党史研究室、长兴县档案馆编,王慈远、许虔东主编	26.0	2005.09	内部编印
《长兴县革命遗址普查成果汇编(1919—1949)》	长兴县委党史研究室编	6.2	2010.05	内部编印
《长兴党史概览》	长兴县委党史研究室编	5.0	2011.06	内部编印
《中国共产党长兴县第十三次代表大会文件选编》	长兴县委党史研究室编	11.0	2012.11	内部编印
《中国共产党长兴县历次代表大会工作报告汇编(1956—2011)》	长兴县委党史研究室编	25.0	2012.11	内部编印

说明:资料来源于县史志办

第二节　地方志

20世纪80年代初,社会主义新编地方志首轮编纂工作启动。1985年10月,长兴县志编纂委员会建立,下设办公室,启动《长兴县志》编纂。1986年1月,县志办正式开始工作。1992年1月,县志编纂工作结束,县志办虽然存在,但编纂人员基本解散。

2001年12月,省政府下发《关于开展续修地方志工作的通知》。2002年8月,省政府召开全省地方志工作会议,宣布第二轮修志工程全面启动。2004年3月,县编委同意将县志办归并到县委党史室,参照公务员法管理。实质上仍机构分设、工作分开，县志办仍挂靠县政府办，由县政府办管理。2012年2月，省政府召开全省地方志工作会议，要求到2020年全面完成市、县（市、区）二轮修志任务，同时按照“一年一鉴”要求开展地方综合年鉴编纂。至2012年年末，二轮《长兴县志》和《长兴年鉴》等地方志主业工作尚未启动，地方史的研究也未规划和开展。

一、志书编纂

历代县志　长兴方志纂修，历来称盛。自第一部县志《长兴图志》诞生以来，至中华人民共和国成立前，共纂修《长兴县志》21部（含增补、拾遗），其中宋朝3部、元朝1部、明朝8部、清朝8部（含增补、拾遗）、中华民国时期1部（志稿），清以前12部县志均已失传、流失，尚有清代7部、民国1部流传。

中华人民共和国成立后首部县志编纂　中华人民共和国成立后第一部县志编纂于1985年启动。同年10月，县委、县政府决定重修长兴县志，建立长兴县志编纂委员会，县委副书记兼主任，县志编委会下设办公室。11月，召开第一次县志编纂委员会会议，确定县志主编人选，发出《关于征集长兴县志资料的公告》。同年12月，落实经费和办公地点，抽调10名工作人员。1986年1月起，先后赴江苏宜兴、安徽广德及浙江萧山、建德等地考察学习。4月中旬，召开第一次县志编纂工作会议，落实各分志编纂任务。5月中旬，举办修志骨干培训班，组织各人员赴省档案馆、省图书馆查阅资料。7月下旬，召开第二次县志工作会议，明确修志任务，开展资料征集。至1987年5月，共征集资料1700余万字。同年11月，邀请省、市地方志负责人和上海有关专家以及部分县志主编进行首次县志志稿（部分）评审会。1988年1月至5月，完成县志初稿。1989年5月起，进入县志总纂、定稿阶段。1990年6月中旬由省、市地方志组织评审，10月经省地方志编纂室验审合格，同月交付出版社。1992年1月，由上海人民出版社出版，印数5040册。上限事物发端（一般在民国初期），下限1987年，129.2万字，主编谢文柏。

历代《长兴县志》纂修情况表

表28-14

序号	名称	纂修时间	主编	基本情况
1	《长兴图志》	宋太平兴国	知县张韬礼、主簿韩廷峭纂修	卷数不详。该志久佚
2	《长兴县图经》	宋	纂修人名氏不可考	卷数不详。该志久佚
3	《长兴县志》	宋嘉定	纂修人名氏无考	卷数不详。该志久佚
4	《长兴州志》	元	纂修人名氏无考	卷数不详。该志久佚
5	《长兴县志》	明洪武	长兴刘巽纂修	卷数不详。该志久佚
6	《长兴县志》	明永乐	周镐夫纂修	卷数不详。该志久佚
7	《长兴县志》	明弘治	长兴臧衍纂	6卷。该志久佚
8	《长兴县志》	明嘉靖	知县黄光升修	2卷。该志久佚
9	《长兴县志》（增修本）	明嘉靖	知县黄光升修，黄注增修	2卷（增修本）。该志久佚
10	《长兴县志》	明嘉靖	知县黄扆修，长兴顾应祥等纂	12卷。该志久佚
11	《长兴县志》	明嘉靖	知县黄扆、刘介龄修，长兴顾应祥等纂	10卷。该志久佚
12	《长兴县志》	明崇祯	知县吴锺峦修，长兴姚光佑纂	12卷。该志未刊，已佚
13	《长兴县志》	清顺治	知县张慎为修，长兴金镜纂	10卷。上海图书馆存藏
14	《长兴县志》	清康熙	知县韩应恒修，长兴金镜、朱升纂	8卷。浙江图书馆存藏
15	《长兴县志》	清乾隆	知县谭肇基修，归安吴棻纂	12卷。国家图书馆、浙江图书馆等存藏
16	《长兴县志》	清嘉庆	知县邢澍修，嘉定钱大昕、钱大昭纂	28卷。故宫、北大、上图、复旦、浙图收藏，南大有旧抄本，县档案馆有复印本
17	《长兴邢志条辨》	清	清乌程沈登瀛撰	1卷。该书系修订嘉庆邢澍修《长兴县志》之疏误。未见传本

续表28-14

序号	名称	纂修时间	主编	基本情况
18	《长兴县志》	清同治	知县赵定邦、恽思赞等修，丁宝书等纂，光绪元年(1875年)刊本	32卷。国家图书馆、上海图书馆、浙江图书馆存藏，长兴图书馆有复印本
19	《长兴县志》(补刊本)①	清同治(光绪年间增补)	知县赵定邦、恽思赞等修，丁宝书等纂，邵同珩、孙德祖于光绪十八年(1892年)增补	32卷(补刊本)。国家图书馆、上海图书馆、浙江图书馆存藏，长兴图书馆有复印本
20	《长兴志拾遗》	清光绪	四安巡检朱镇纂	2卷。国家图书馆、上海图书馆存藏
21	《长兴县新志稿》	中华民国	宁海干人俊纂	编于民国26年(1937年)抗日战争爆发初期，成稿12卷，抗日战争胜利后不数月书成，分26卷。民国37年(1948年)夏作序，未付梓。长兴解放后志稿散佚，仅存6卷手稿。县档案馆存藏
22	《长兴县志》	中华人民共和国	谢文柏主编	27卷，129万字。上溯发端(一般在民国初期)，下限1987年，1992年1月上海人民出版社出版。国家、浙江省市图书馆及长兴县图书馆、档案馆、史志办存藏

说明：根据《湖州方志提要》(沈慧编著，2013年中国文史出版社)和《长兴县志》(1992年上海人民出版社)整理

乡镇志、村志　据《湖州方志提要》记载，明代长兴人顾应祥纂修《四安镇志》，该志已佚。另外，至2012年年末，县内未曾组织编纂、出版乡志、镇志、村志。

1991年出版的《浙江省名镇志》，收录长兴县雉城镇、李家巷镇、煤山镇、泗安镇4个镇，记述上限事物发端，下限1988年。1994年出版的《浙江名村志》，收录长兴县20个村，记述上限事物发端，下限1988年，每村千字，并配有照片。1996年出版的《湖州名村志》，收录长兴县40个村，记述上限村落发端，下限1994年。

部门志(行业志)、专业志　据《湖州方志提要》记载，历史上纂修过有关长兴的人物志、山水志等。唐代陆羽纂《顾渚山记》，传本已佚。明代长兴人姚光佑纂修《长兴先贤传》，传本久佚。明代长兴人高涟纂《卞山志》，卷数不详，未成，传本已佚。董斯张辑《卞山志辑》，传本已佚。清雍正年间，朱长原纂《长城名胜集》，未见传本。道光年间，浙江巡抚帅承瀛修、乍浦同知王凤生纂《乌程长兴两邑溇港说》，全志1册，45页，分乌程长兴两邑溇港说，乌程县溇港图19幅，长兴县溇港图18幅共3篇。国家图书馆、南京图书馆存藏。

1983年1月，《长兴县地名志》作为县内首部专业志由县地名委员会编纂完成。至2012年年末，全县各单位组织编纂行业志(部门志)、专业志15部，其中公开出版8部。另有少量志书，如《长兴县商业志》《国营长兴建材工业志》《长兴县乡镇企业志》《长兴白水泥厂志》《地方国营长兴石灰厂志》《长兴县金融志》《长兴县国营工业志》等，实为一轮《长兴县志》分纂稿的内部编印本，并非真正意义上的行业或部门志书。

长兴县乡镇部门志编纂出版情况表(至2012年年末)

表28-15　　单位：万字

书名	断限	主编	字数	编印出版年月	出版社
《顾渚山记》		陆羽撰	1卷	唐代	传本已佚
《四安镇志》		顾应祥纂		明代	传本已佚
《长兴先贤传》		姚光佑纂		明代	传本已佚
《岘山志》		张睿卿纂	6卷	明代	传本已佚

① 同治《长兴县志》于清光绪元年(1875年)刊刻，历10余年，存世已罕见。光绪十八年(1892年)，邵同珩、孙德祖等增补、刻本。今人将补刊本名为光绪《长兴县志》，实误。

续表28-15

书名	断限	主编	字数	编印出版年月	出版社
《碧岩志》		张睿卿纂		明代	传本已佚
《卞山志》(未成)		高涟纂	4卷	明代	传本已佚
《卞山志辑》		董斯张辑	1卷	明代	传本已佚
《弁山龙华寺志》		释智聆辑	2卷	明代	传本已佚
《乌程长兴两邑溇港说》				清代	国家图书馆、南京图书馆存藏
《长城名胜集》				清代	未见传本
《长兴县地名志》	发端—1982	谢文柏	80.0	1983.01	内部编印
《长兴县商业志》		长兴县商业局编		1987.10	内部编印
《国营长兴建材工业志》	清雍正年间—1985	许虔东	2.0	1987.08	内部编印
《长兴县乡镇企业志》	1958—1985	长兴县乡镇企业局编		1987	内部编印
《长兴白水泥厂志》	1970—1985	钱成章	3.0	1987.04	内部编印
《地方国营长兴石灰厂志》		应寿春(执笔)	2.5	1987.08	内部编印
《长兴县金融志》	1912—1987	殷建时	5.0	1988.01	内部编印
《长兴县供销合作社志》	1930—1987	王昭德	26.0	1989.10	内部编印
《长广煤矿志》	1958—1987	樊秀冬	50.7	1989.08	浙江人民出版社
《长兴农村能源志》	发端—1987	沈鹤年	5.0	1990.03	内部编印
《长兴县粮食志》	发端—1987	沈竟成	22.0	1992.06	内部编印
《长兴县公安志》	发端—1989		15.0	1993.05	内部编印
《长兴县国营工业志》		钱鸿儒、韦生奇	10.0	1993.08	内部编印
《长兴县卫生志》	发端—1989	李鹤林	28.0	1995.09	内部编印
《长兴县教育志》	1905—1989	胡礼明	51.0	1995.09	内部编印
《长兴县交通志》	发端—1990	匡保兴	26.0	1994.10	中国书籍出版社
《长兴县水利志》	发端—1990	裘维邦	31.0	1996.12	中国大百科全书出版社
《长兴公安志》	发端—1998	郑书玉	54.4	2000.11	中华书局
《长兴县土地志》	发端—2000	潘忠兴、姚稚鳌	49.2	2002.04	中华书局
《顾渚山志》	发端—2005	谢文柏	12.0	2007.05	浙江古籍出版社
《长兴县电力工业志》	1914—2005	钦炳淼	30.0	2010.05	中华书局
《长兴县军事志》	发端—2005	张德海、李小林	40.0	2011.11	内部编印
《长兴县政协志》	1984—2011	张全镇	105.7	2011.12	中国文史出版社

说明:清以前志书资料来源于《湖州方志提要》(沈慧编著,2013年中国文史出版社)、《长兴县旧地方志整理撷英类编(专辑一)》(县地方志办公室编辑,1993年内部编印),中华人民共和国成立后志书资料来源于县史志办

二、年鉴编纂

至2012年年末,《长兴年鉴》编纂工作尚未开展,县内年鉴主要为由县统计局组织编纂的《长兴统计年鉴》。其前身为《长兴县国民经济统计资料》,1986年起更名为《长兴统计年鉴》,主要是汇集全县国民经济和社会发展主要统计数据,一年一鉴,内部编印。1988—2012年,《长兴统计年鉴》共编纂25部。

三、旧志整理

1993年12月,县地方志办公室编辑《长兴县旧地方志整理撷英类编》(专辑一)。按长兴县旧方志考略、概括之乡土叙述、清代以前县人编著存目、清代以前县人纂修名志佳作选介、长兴籍名人选录五类,考录长兴各个历史时期的方志和县人(包括客籍)主要著编资料及长兴籍文学家、画家,以清代以前为主。共74页,单面油印,约5.6万字,范鹤岭编,1994年3月完成内部编印。

2005年8月,县图书馆根据清光绪十八年(1892年)邵同珩、孙德祖增补重校刻本,影印出版清同治《长兴县志》,由上海古籍出版社出版,线装本,全4册。

第三节　地情研究

20世纪80年代中后期以来,伴随第一轮写史修志工作的推进,以及开展爱国主义、县情地情教育,服务地方经济社会发展的需要,县委党史室及县内部分单位结合自身实际,组织开展地情调查研究,开发利用地方史志资源,陆续形成一批成果。

1989年12月,县农业区划办公室组织编印《长兴土特产品资源集》,主要介绍长兴的传统土特产品和新发展的名优产品。1992年5月,县政协文史委编辑《顾渚紫笋诗文录》,收录诗文155篇。1993年12月,县委党史室组织编纂出版《长兴籍名人录》,主要收录出生在长兴、工作在外地,具有副高以上技术职务和行政职务在县处级(含副职)以上的优秀科技工作者、行政管理者、社会科学及文化艺术人才(包括离退休);个别祖籍在长兴,出生在外地,但从小在长兴读书的亦在收录范围;共收录189人。1999年1月,县委宣传部、县教委组织编写出版地方历史文化读本《可爱的长兴》,分古城概貌、湖山胜迹、历史人物、青史流芳、名优特产、文化艺术、民间故事等7章。2000年,县委党史室编写出版《长兴五十年》,分经济、政治、社会、文化、乡镇、省属企业等6部分,全面展现长兴解放后的50年沧桑巨变,2003年获评全省党史优秀成果三等奖。2001年4月,县政协文史委编辑《长兴名人名胜选粹》,收录在中国历史上占有一定地位,对长兴影响较大的谢安、陈霸先、陆羽、吴承恩等四位历史人物及有关的名胜。2003年3月,县紫笋名茶开发公司、县茶叶协会编印《长兴紫笋茶文化概览》,详细记述长兴紫笋茶、金沙泉、茶馆的发展历史和现状,反映长兴区域茶文化。同年11月,县文联、县龙山新区文史咨询组编印《陈霸先研究文集》,较全面介绍陈霸先开创陈朝、治理江南的业绩,以及中华陈姓的源流和陈皇后裔的分布。2007年,县教育局编辑出版地方教育读本《我说长兴》,之后每年改编出版一次,面向全县中小学生发行。2008年3月,县委党史室编辑出版《伟人名人与长兴》,主要收录关于中共党史和长兴地方党史的人物和事件,以传记、纪实和论文等形式反映历史上的伟人、名人与长兴的历史文化渊源。同年4月,县政协编辑出版《走进长兴》,分美丽长兴、人文长兴、活力长兴、旅游长兴、温馨长兴和服务长兴6个篇章,介绍长兴县情有关情况。2011年5月,县档案馆组织编纂出版《地理·移民·发现——长兴区域特殊性探秘》,反映长兴当地人和移民一起劳动、栖息、建设的历史轨迹。2012年11月,县林业局编印《长兴古树名木》,收录登记建档在册的古树名木3395株,分布于小浦、林城等13个乡镇(街道)。

长兴县主要地情资料编印出版情况表(至2012年年末)

表28-16　　单位:万字

名称	编纂单位(主编、作者)	字数	编印出版年月	出版社
《长兴县乡镇企业调查报告》	长兴县农业区划委员会乡镇企业组编	2.1	1985.01	内部编印
《长兴县水资源调查及水利区划报告》	长兴县水利农机局编,葛凤品主编	10.0	1986.03	内部编印
《长兴县农业资源调查和农业区划研究》	尚林主编	30.0	1986.03	内部编印
《长兴文史资料》第一辑	政协长兴县文史资料研究委员会编	9.0	1986.04	内部编印
《长兴县农业资源数据集》	长兴县农业区划办公室编	10.0	1986.10	内部编印
《长兴县第二次全国工业普查资料汇编》(全3册)			1986.11	内部编印
《长兴文史资料》第二辑	政协长兴县文史资料研究委员会编	10.0	1987.04	内部编印
《浙江长兴耐火器材厂厂史》	长兴耐火器材厂厂史编写小组编	5.0	1987.08	内部编印

续表28-16

名称	编纂单位(主编、作者)	字数	编印出版年月	出版社
《长兴县农业合作化简史》	长兴县农村工作委员会编,尚林编写	2.6	1987.12	内部编印
《长兴文史资料》第三辑	政协长兴县文史资料委员会编	10.0	1989.04	内部编印
《风雨中的长兴——庆祝建国四十周年》	长兴县统计局编		1989.07	内部编印
《长兴土特产品资源集》	长兴县农业区划办公室编	10.0	1989.12	内部编印
《长兴在社会主义道路上前进——四十二年建设成就回顾》	长兴县委党史研究室编	1.4	1991.12	内部编印
《顾渚紫笋诗文录》(《长兴文史资料》第四辑)	政协长兴县文史资料委员会编	7.0	1992.05	内部编印
《长兴县国营工业发展情况纪事(1949—1992)》	长兴县工业局编	10.0	1993.08	内部编印
《长兴籍名人录》	长兴县委党史研究室编,谢文柏主编	8.5	1993.12	昆仑出版社
《可爱的长兴》	长兴县委宣传部、长兴县教育委员会编,唐中祥主编	7.2	1999.01	浙江人民出版社
《长兴五十年》	长兴县委党史研究室编,章小义主编	41.0	2000.11	中共党史出版社
《长兴名人名胜选粹》(《长兴文史资料》第六辑)	政协长兴县委员会文史资料委员会编	7.0	2001.02	内部编印
《风雨历程铸辉煌——长兴建国以来统计资料汇编》	长兴县统计局编		2002.11	内部编印
《长兴紫笋茶文化概览》	长兴县紫笋名茶开发公司、长兴县茶叶协会编,吴建华主编	13.0	2003.03	内部编印
《陈霸先研究文集》(长兴卷)	长兴县文学艺术界联合会、长兴县龙山新区文史咨询组,谢文柏主编	13.0	2003.11	内部编印
《统筹城乡发展与地方政府——基于浙江省长兴县的研究》	郁建兴等著	35.0	2006.04	经济科学出版社
《历代紫笋茶诗文录》	长兴县政协文史资料委员会编,张全镇主编	18.0	2008.01	中国文史出版社
《伟人名人与长兴》	长兴县委党史研究室编,许虔东编著	18.0	2008.03	人民日报出版社
《走进长兴》	长兴县政协委员会编,徐永方主编	8.0	2008.04	中国文史出版社
《长兴县抗战损失课题调研成果选编(1937.7—1945.9)》	长兴县委党史研究室编	10.0	2008.06	内部编印
《风云30年——长兴县改革开放三十年成就》(画册)	长兴县委宣传部、长兴县宣传信息中心编	5.0	2008.12	内部编印
《长兴契约图鉴·清代民国》(浙江省百项档案编研精品系列)	长兴县档案馆编,张满山主编		2008.12	中国档案出版社
《创业长兴》	长兴县委宣传部编著	14.0	2009.09	浙江人民出版社
《长兴六十年》(画册)	长兴县档案馆编		2009.09	内部编印
《绿色之路——科学发展观在长兴的实践》	何一峰主编	29.6	2010.12	浙江人民出版社
《地理·移民·发现——长兴区域特殊性探秘》	长兴县档案馆编,张满山主编	29.5	2011.05	浙江人民出版社
《长兴古树名木》(画册)	长兴县林业局编,邵海龙主编		2012.10	内部编印
《长兴县2010年人口普查资料》(上、中、下)	长兴县第六次人口普查领导小组办公室编		2012.11	内部编印

说明:资料来源于县史志办

第二十九编　新四军苏浙军区旧址

新四军苏浙军区旧址，以新四军苏浙军区司令部旧址为中心，呈星状分布在苏浙皖三省交界的长兴县槐坎乡和白岘乡近80平方千米的绵延山区之中①。共有革命旧址18处，其中全国重点文物保护单位15处、县级文物保护单位3处，是江南地区保存最为完整、内涵丰富且规模较大的一处抗日战争时期的革命旧址群，被誉为“江南小延安”。2012年2月，新四军苏浙军区旧址红色旅游经典景区被授予国家AAAA级旅游景区称号。

新四军苏浙军区旧址分布图

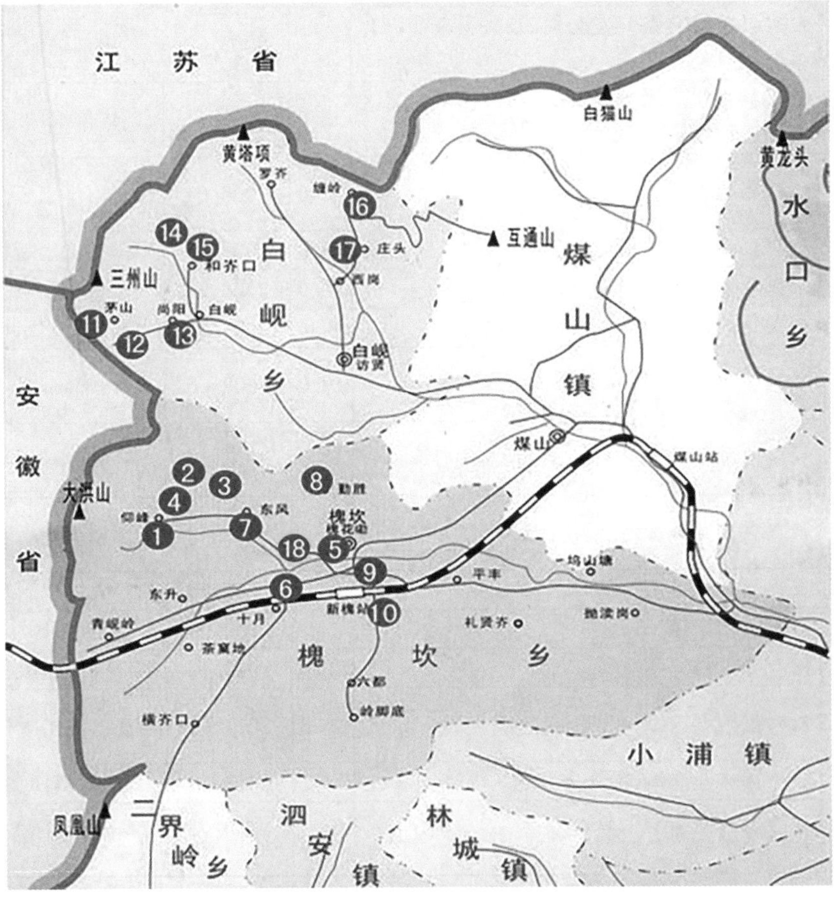

① 新四军苏浙军区司令部旧址
② 新四军苏浙军区政治部旧址
③ 新四军苏浙军区供给部旧址
④ 粟裕宿舍和办公室旧址
⑤ 新四军苏浙军区一纵队司令部旧址
⑥ 新四军苏浙公学旧址
⑦ 方司令、谭司令北山园住所旧址
⑧ 新四军兵工厂旧址
⑨ 中共长兴县委旧址
⑩ 长兴县抗日民主政府旧址
⑪ 新四军后方医院疗养所旧址
⑫ 苏南区行政公署旧址
⑬ 新四军鞋子厂旧址
⑭ 新四军被服厂旧址
⑮ 新四军修枪所旧址
⑯ 新四军《苏南报》社旧址
⑰ 新四军苏浙军区报社编辑部旧址
⑱ 新四军苏浙军区江南银行旧址

① 2015年5月，槐坎乡、白岘乡的建制撤销，与原煤山镇组建为新的煤山镇，新四军苏浙军区旧址属煤山镇。

第一章　新四军苏浙军区沿革①

1943年12月，苏南新四军第六师第十六旅进驻长兴。1945年1月6日，粟裕率部到达长兴与十六旅会合，随后成立苏浙军区，统一指挥苏南、浙西、浙东、皖南的抗日斗争，并建立浙西抗日根据地，使之与苏南连成一片，成为全国十九个大的抗日根据地之一，为抗日战争胜利及“双十协定”签订做出重大贡献。其间，新四军先后在长兴建立兵工厂、修枪所、被服厂、鞋子厂、后方医院、报社、苏浙公学、银行兑换所，集政治、军事、经济、文化于一体。同年9月下旬开始，根据中央和华中局指示，新四军苏浙军区部队和地方干部分批北撤。11月10日，新四军苏浙军区番号撤销，所属部队改编。

第一节　新四军苏浙军区成立

一、新四军十六旅进驻长兴

1943年秋，日本侵略军对中国大陆国民党东南正面战场发起进攻，国民党部队不战而退，苏浙皖大片区域重新沦为敌占区。同年11月，苏南新四军第六师第十六旅奉命尾敌南进，以牵制敌人、收复失地。12月，十六旅旅长王必成、政治委员江渭清率十六旅旅部和四十八团进驻长兴西部山区仰峰岕、温塘村，开始形成以长兴仰峰岕为指挥中心的郎(溪)广(德)长(兴)抗日游击根据地。

图29-1　1944年10月13日，苏南军民纪念“双十节”33周年、新四军成立7周年、追悼苏南行署邓仲铭副主任等抗日阵亡将士大会在长兴槐坎温塘召开(纪念馆提供)③

进驻浙西②长兴以后，十六旅进行了一系列的攻势作战，给日伪以沉重的打击。据十六旅司令部发表的1944年战绩统计，十六旅在苏浙皖边共作战1242次，其中影响较大的战役战斗有杭村战斗、长兴战役、青岘岭反顽战、泗安战斗等，攻克据点80处，毙俘日伪军6723人，缴获各种炮6门、轻重机枪130挺、步马枪4184支，共收复国土500平方千米，把根据地扩大到整个宣长公路以北；主力部队发展到7750人，地方武装4670人；先后在长兴西北部山区白岘、槐坎办起修枪所、煤矿、被服厂、鞋子厂、后方医院、银行兑换所等后方机构；为迎接江北新四军主

① 资料来源于《新四军苏浙军区战史》(浙江省新四军历史研究会编著，肖洛主编，浙江人民出版社2008年版)、《新四军在浙江活动大事记》(浙江省新四军研究会编，2008 年内部编印)、《新民主主义革命时期中共长兴党史简编(1921—1949)》(长兴县委党史研究室编，谢文柏主编，浙江大学出版社1991年版)。

② 抗日战争时期的浙西指富春江、钱塘江以西以北地区，包括於潜、昌化、分水、富阳、新登、杭县、余杭、临安、安吉、孝丰、吴兴、长兴、武康、德清、崇德、桐乡、嘉善、嘉兴、海宁、海盐、平湖等21个县。

③《新四军苏浙军区成立四十周年纪念册》(1985年1月内部编印)卷首插页图片将该图片说明误为1945年2月5日苏浙军区成立大会会场，本志予以修正。

力南下,向东南发展,开拓了前进的阵地。

二、新四军苏浙军区在长兴成立

1944年下半年,根据国际及整个华中的有利形势,中共中央确定发展华南、重申发展东南的方针,确定新四军南下的部署。11月26日,中央电告华中局批准发展东南的部署,由新四军一师师长粟裕先率领第七团、特务一团、特务四团三个团7000余人及由中央、华中局、苏中区党委分别调集的各类干部300余人首批南下,会合十六旅、浙东游击纵队发展苏浙敌后。由于渡江人数多,为保密和安全起见,首批南下部队分成东、西两路南下。12月27日,西路由粟裕率领第一师师部、第三旅第七团和300余名地方干部,从苏北仪征渡江,经句北下蜀、龙潭间,穿过京沪铁路敌伪封锁线,一路南下。12月31日,东路由刘先胜、陶勇、阮英平率领特务一团、特务四团和机关后勤,从扬州曹王寺地区渡江后,经丹北,越京沪铁路南下。

1945年1月6日,粟裕率西路部队到达长兴仰峰岕,与第十六旅旅部会合。1月10日,东路部队到达长兴。1月13日,华中局和新四军军部致电:“奉中央军委电令,成立苏浙军区,任命粟裕为军区司令员,谭震林任政治委员,刘先胜任参谋长,统一指挥苏南与浙东部队。”华中局并委托粟裕以华中局代表名义,全面领导江南、浙东两个区党委的工作。2月5日,在槐坎乡新槐村温塘自然村,举行隆重的新四军苏浙军区成立大会,长兴遂成为苏浙皖边区党政军的指挥中心和后方基地。

苏浙军区成立后,即进行部队整编。旅对外改称纵队、团改称支队,共整编为第一、第二、第三3个纵队。其中,第十六旅编为一纵队,司令员王必成,政委江渭清,参谋长陈铁君,政治部主任刘文学,辖一、二、三支队,主力部队共8300余人;浙东纵队编为第二纵队,司令员何克希,政委谭启龙,参谋长刘亨云,政治部主任张文碧,辖四、五、六支队及部分地方武装,共7000余人;粟裕所率的苏中南下首批部队即第三旅编为第三纵队,司令员陶勇,政委阮英平,参谋长梅嘉生,政治部主任彭德清,辖七、八、九三个支队,主力部队也有8000余人。另外,还有独立二团,800余人。苏浙军区司令部、政治部设在长兴仰峰岕,第一纵队驻长兴槐坎温塘村一带,第三纵队驻长兴六都岕一带,第二纵队驻浙东原地。

4月7日,新四军一师副师长叶飞、政治部主任钟期光率领由第一旅第一团、苏中军区特务第二团、江(阴)高(邮)宝(应)独立团组成的苏中军区教导旅3个团6000余人,以及从苏北、苏中抽调的党政干部250余人,渡江南下,23日与苏浙军区会合。叶飞任军区副司令员,钟期光已于2月5日苏浙军区成立时被宣布为军区政治部副主任(9月任主任)。苏中南下的第二批部队编为第四纵队,司令员廖政国,政治委员韦一平,参谋长夏光,政治部主任曾如清,所属3个团依次编为第十、第十一、第十二支队。

苏浙军区下辖3个军分区。同年2月,撤销苏皖军区,将其第一、第三军分区合并,改为苏浙军区第一军分区,在茅山地区,司令员钟国楚,副司令员熊兆仁,政治委员陈光,下辖2个独立图,7个县总队;第二、第四军分区合并,改为苏浙军区第二军分区,在太滆地区,副司令员杨洪才,政治委员陈立平,参谋长陈茂辉,政治部主任蓝荣玉,下辖1个独立团,7个县总队。同年5月,成立苏浙军区第三军分区,也称浙西军分区,司令员贺敏学,政治委员韦一平(后周林),参谋长廖昌金,政治部主任张雍耿。

苏浙军区成立后,粟裕、叶飞率部挺进浙西,建立以天目山为中心的浙西抗日根据地,使浙西和苏南连成一片,成为抗日战争时期中共领导的全国19块根据地之一。根据地面积纵横百余千米,人口达100余万人,建有4个地区级、10个县级政权。1945年8月,苏浙军区率所属部队及地方武装解放了浙西及苏南多座县城,拔除了100多个日伪据点,解放苏浙皖边370余万人口。8月22日,华中局决定将苏中军区第五、第六军分区暂划归苏浙军区领导,以便迅速打开江南局面和坚持长期斗争。至该时,苏浙军区共下辖4个纵队,5个军分区。

自1945年1月成立至1945年10月北撤的10个月,新四军苏浙军区以劣势兵力,在错综复杂的形势和极其艰苦的条件下,取得了抗击日、伪“扫荡”和三次天目山反顽自卫战役的胜利,提前实现了由分散游击战向大兵团运动战的战略转变,开辟和扩大了苏浙皖抗日根据地,巩固和发展了浙东抗日根据地,扩大了新四军在江南的抗日阵地,实现了中共中央赋予的发展东南的战略任务。

第二节　机构撤销与部队改编

1945 年 9 月下旬开始，根据中央和华中局指示，新四军苏浙军区部队和地方干部共 6.5 万余人分批撤至苏北、苏中地区，其中苏浙军区苏南、浙西主力部队、地方武装和党政干部 5 万余人，浙东部队和地方干部 1.5 万余人。

同年 11 月，新四军苏浙军区番号撤销，所属部队改编。11 月 10 日，成立华中野战军，司令员粟裕，政治委员谭震林兼，参谋长刘先胜兼，政治部主任钟期光。苏浙军区机关大部编入华中军区及华中野战军机关；苏浙军区第一纵队、苏南两个地方独立团，在苏中东台地区整编为华中野战军第六纵队；苏浙军区第三纵队、苏南第一军分区独立一团、纵队特务团、军区特务团，在苏北淮安地区整编为华中野战军第八纵队。11 月 16 日，成立新四军第一纵队（11 月 21 日开赴山东，改属山东野战军第一纵队），司令员叶飞，政治委员赖传珠，副政治委员兼政治部主任谭启龙，参谋长贺敏学。苏浙军区第四纵队整编为新四军第一纵队第一旅，苏浙军区第二纵队（浙东纵队）整编为新四军第一纵队第三旅。

1947 年 1 月，华东部队统一整编，由山东野战军、华中野战军和山东军区主力部队组成华东野战军（后称第三野战军）。其中，山东野战军第一纵队、华中野战军八纵队、华中野战军第六纵队依次编为华东野战军第一纵队、第四纵队、第六纵队（即后来的中国人民解放军第二十军、第二十三军、第二十四军）。三支劲旅，在陈毅、粟裕、谭震林率领下，与华东野战军其他部队一起，转战华东、中原战场，所向披靡，战绩辉煌，为中国人民解放战争的胜利做出了重大贡献。

据不完全统计，中华人民共和国成立后，曾在新四军苏浙军区战斗过、被授予人民解放军少将及以上军衔的有 53 人（其中有 10 位将军原属新四军苏浙军区第 2 纵队，即浙东纵队，主要在浙东地区活动），其中大将 1 人、上将 2 人、中将 5 人、少将 45 人；还有一大批走上了党政重要领导岗位。

第二章　新四军苏浙军区旧址保护

长兴解放以来，县文物部门即对新四军苏浙军区旧址情况开展调查，逐步进行征收，并竖立文物保护标志碑，加强维修保护和日常管理。1985 年 1 月，新四军苏浙军区纪念馆正式成立并对外开放。至 2012 年，新四军苏浙军区旧址共有 18 处，其中全国重点文物保护单位 15 处、县级文物保护单位 3 处。

第一节　旧址征收与保护

一、旧址征收

长兴解放初期，县有关单位即对粟裕宿舍和办公室旧址、新四军后方医院疗养所旧址进行征收，粟裕宿舍和办公室旧址面积 224 平方米，新四军后方医院疗养所旧址 383 平方米。1976 年，征收新四军苏浙军区一纵队司令部旧址，面积 1277 平方米。1985 年 5 月 22 日，长兴县文广局、槐坎乡政府、十月村村民委员会及新四军苏浙公学旧址住户达成协议，征用整座旧址房屋，产权收回国有，征收旧址面积 634 平方米。1997 年 1 月 20 日至 4 月 6 日，新四军苏浙军区司令部旧址房屋、土地征用工作结束，面积 1130 平方米。1999 年 8 月 9 日至 9 月 20 日，完成旧址与邻户王松良、王耀良住房征用及拆迁等事宜，征用土地 870 平方米。2008 年 12 月，征收新四军苏浙军区政治部旧址、新四军苏浙军区供给部旧址，面积分别为 340 平方米、720 平方米。2009 年 1 月，共征收 3 处旧址，其中中共长兴县委旧址面积 530

平方米、长兴县抗日民主政府旧址1328平方米、苏南行政公署旧址347平方米。2012年12月，征收新四军苏浙军区江南银行旧址，面积427平方米。至同年年末，槐坎乡、白岘乡政府及槐坎乡、白岘乡村民委员会先后征收旧址11处，面积共计7340平方米。

二、抢救性维修

1988年9月至1989年8月，长兴新四军苏浙军区纪念馆完成新四军苏浙公学旧址修缮工程，投入经费3.42万元。1996年5月至7月，对县新四军苏浙军区纪念馆进行维修。1997年9月至1998年5月，新四军苏浙军区司令部旧址一期维修工程竣工，投入维修经费23.6万元。1998年11月至1999年5月，新四军苏浙军区司令部旧址二期维修工程完成，投入维修经费5万元。1999年9月至2000年3月，新四军苏浙军区司令部旧址三期维修工程完成，投入维修经费5.5万元。2000年1月至3月，与白岘乡政府联合出资1万元，对新四军后方医院疗养所旧址的屋面翻瓦筑漏，更换部分腐朽檩、梁及椽子。2000年4月至6月，对粟裕宿舍和办公室旧址整体维修，总投入维修经费4.39万元。同年9月，对中共长兴县委旧址、长兴县抗日民主政府旧址进行抢救维修，投入维修经费3800元。2001年7月，对新四军《苏南报》社旧址及苏浙军区报社编辑部旧址进行抢救性维修，投入维修经费5500元。同月，对新四军鞋子厂旧址进行抢救性维修，投入维修经费2000元。2002年6月，对新四军被服厂旧址的两栊梢翻瓦筑漏、添加小瓦、整理山墙，投入维修经费2300元；8月，完成白岘乡境内的新四军被服厂旧址等5个点的室内灯光照明线路改造，完成槐坎乡境内的新四军兵工厂旧址等4个点室内灯光照明线路改造。同月，对新四军修枪所旧址厢房更换屋面横梁一根，门楼顶部理瓦，投入维修经费300元。2003年3月，对北山园谭司令(新四军十六旅四十八团团长刘别生，化名方自强，人称方司令)、谭司令(新四军十六旅四十八团副团长兼参谋长饶惠谭，化名谭祖尧，人称谭司令)住所旧址一进东面房屋残损处进行抢救性维修，更换木柱、梁、檩及翻瓦筑漏，投入维修经费1500元；同月，浙江省古建筑设计研究院对新四军《苏南报》社、新四军兵工厂及中共长兴县委旧址进行维修方案设计；4月，为新四军苏浙军区旧址(含15个点)相应增配灭火器80只；5月，对新四军后方医院疗养所旧址后进部分残损处进行抢救性维修，更换檩、椽子并翻瓦筑漏，投入经费1600元；6月，对新四军苏浙军区司令部旧址三进西栊梢进行抢救性维修，更换木柱、檩及翻瓦筑漏，投入经费1600元；7月至8月，对新四军苏浙军区纪念馆(新四军苏浙军区一纵队司令部旧址)内所有照明线路更新改造，投入经费1.5万元。2004年4月，对新四军后方医院疗养所后进部分坍塌处进行抢救性维修，更换檩、梁及增添小瓦，投入经费1800元。同年，对新四军兵工厂、鞋子厂等作应急修缮。2007年，投入9万元，对苏南行政公署、苏浙军区司令部等旧址应急修缮。2008年，投入5万元，对方司令、谭司令北山园住所和《苏南报》社编辑部等旧址应急修缮。2009年，编制《长兴县抗日民主政府旧址修缮设计方案》《新四军苏浙军区旧址保护规划》，并对新四军被服厂旧址应急维修。2011年6月，苏南行政公署附属建筑凉亭，经一个多月的施工、修缮工程全面竣工，恢复原有风貌。2012年，对新四军江南银行旧址进行整体维修。

三、旧址保护

文物保护 1961年4月，浙江省人民委员会公布长兴温塘新四军苏浙军区司令部旧址(实为新四军苏浙军区一纵队司令部旧址)为省级重点文物保护单位。同年5月，长兴县人民委员会公布新四军苏浙公学、江南银行、兵工厂、后方医院疗养所、煤矿、粟裕司令员住所、方司令谭司令住所、被服厂、修枪所为第一批长兴县重点文物保护单位。1983年3月，县政府调整并重新公布新四军苏浙公学、粟裕司令员住所、被服厂、后方医院疗养所、修枪所、鞋子厂、新四军苏浙军区报社、苏南行政公署、中共长兴县委、长兴县抗日民主政府旧址为第二批长兴县重点文物保护单位。1984年12月，省政府重新公布，长兴仰峰岕沈家大院为新四军苏浙军区司令部旧址、省级重点文物保护单位。1989年12月，省政府重新公布革命旧址名称，统一为“新四军苏浙军区革命旧址(含温塘及仰峰岕沈家大院)”。2001年6月，新四军苏浙军区旧址(15个点)作为近现代重要史迹及代表性建筑，被国务院批准列入第五批全国重点文物保护单位，10月举行揭牌仪式。2002年8月，县政府公布新四军苏浙军区政治部旧址和供给部旧址为县级文物保护单位。2012 年 8 月，县政府公布新四军苏浙军区江南银行旧址为县级文物保护单位。至同年年末，新四军苏浙军区旧址共有革命旧址 18 处，其中全国重点文物保护单位 15 处、县级文物保护单位 3 处，总面积 1 万多平方米，是江南地区保存完整、内涵丰富、规模较大的一处抗日战争时期的革命旧址群。

1994 年 12 月，县文化局在新四军苏浙军区司令部旧址竖立文物保护标志碑。2001 年 8 月，在新四军苏浙军区一纵队司令部旧址竖立文物保护标志碑。2002 年 8 月，在新四军兵工厂旧址等 13 个点竖立文物保护标志碑。至该时，全国重点文物保护单位——新四军苏浙军区旧址 15 个点均竖立文物保护标志碑。2004 年 2 月，在 2 处新公布的县级文物保护单位新四军苏浙军区政治部旧址、新四军苏浙军区供给部旧址，竖立文物保护标志碑。

日常安全保护　1990 年 10 月，长兴新四军苏浙军区纪念馆组织人员对纪念馆木结构涂桐油，并进行白蚁防治。1994 年 5 月，在纪念馆建造 1 座消防水塔及 5 间简易职工生活厨房。1999 年 8 月，县政府领导到纪念馆就革命旧址文物保护情况现场办公，决定财政拨款，抢救危房。2001 年 10 月，县文体局、公安局、消防大队分别与槐坎乡政府、白岘乡政府联合组成检查组对槐坎乡和白岘乡境内的革命旧址进行安全大检查，并形成《新四军苏浙军区旧址安全大检查纪要》上报县政府。2003 年 7 月，在新四军苏浙军区司令部旧址建造消防水塔 1 座，投入经费 2.5 万元。8 月，《全国重点文物保护单位新四军苏浙军区旧址保护规划(提纲)》分送相关单位领导和专家征求意见，12 月，全国重点文物保护单位新四军苏浙军区旧址保护规划(提纲)论证会在县文体局会议室召开。2004 年 5 月，县文体局、公安局、旅游局组成联合检查组到纪念馆检查旅游景区(点)安全工作，并到仰峰岕新四军苏浙军区司令部旧址检查。5 月，县白蚁防治站对新四军被服厂旧址、新四军后方医院疗养所旧址进行白蚁防治。5 月 5 日、10 日，向新四军苏浙军区旧址(含 15 个点)及新四军苏浙军区政治部旧址、新四军苏浙军区供给部旧址(均为县级文保单位)住户分发《保护革命文物的公函》及张贴《禁止烟火》标志。2009 年 5 月，完成《新四军苏浙军区旧址保护规划(初稿)》编制工作。至 2012 年，新四军苏浙军区旧址日常安全保护工作规范运行。

第二节　旧址简介

一、全国重点文物保护单位

新四军苏浙军区一纵队司令部旧址　位于槐坎乡新槐村温塘自然村。旧址原系清末咸丰年间王氏大户民宅，占地面积 1276.69 平方米。新四军苏浙军区成立后，一纵队(原十六旅改编)司令部设于该处，当时内设作战科、机要科、特务连等，司令员王必成在第二进厢房住宿和办公。1976 年 1 月，利用该旧址修建的新四军苏浙军区陈列馆建成并正式对外开放。1985 年 1 月，经重新整修后更名为新四军苏浙军区纪念馆。2001 年 6 月，被国务院公布为第五批全国重点文物保护单位。

新四军苏浙军区司令部旧址　位于槐坎乡仰峰村仰峰自然村。旧址原为清代光绪年间沈氏民宅，占地面积 1129.69 平方米。1943 年秋，新四军十六旅旅长王必成率领部队挺进长兴，旅部曾在该处驻扎。1945 年 1 月 6 日，粟裕率部下南下到达长兴仰峰岕，与十六旅会合。1 月 13 日，中

图29-2　新四军苏浙军区司令部旧址(纪念馆提供·2011年)

央军委电令成立新四军苏浙军区，司令部设于该处，司令员粟裕、参谋长刘先胜在该处办公和居住。2001年6月，被国务院公布为第五批全国重点文物保护单位。

新四军苏浙公学旧址 位于槐坎乡十月村台基自然村。旧址原为清末张氏民宅，占地面积为633.68平方米。1945年2月10日，新四军苏浙军区在该处创办苏浙公学，粟裕任校长，江渭清、骆耕漠任副校长，周林、张日清、吴肃任教育长。直至新四军北撤前，共培养干部1200余人。2001年6月，被国务院公布为第五批全国重点文物保护单位。

中共长兴县委旧址 位于槐坎乡新槐村桥下自然村。旧址原系民国初期吕氏民宅，占地面积529.68平方米。1944年2月至1945年10月，中共长兴县委设于该处，县委书记刘烈人、周利人、夏如爱先后在该处居住。2001年6月，被国务院公布为第五批全国重点文物保护单位。

长兴县抗日民主政府旧址 位于槐坎乡新槐村桥下自然村。旧址原系清末王氏民宅，占地面积1327.47平方米。1944年5月至1945年10月，长兴县抗日民主政府设于该处，县长陈练升、李焕、刘烈人等先后在该处居住。2001年6月，被国务院公布为第五批全国重点文物保护单位。

新四军兵工厂旧址 位于槐坎乡新槐村石臼里自然村。旧址为清末杨氏民宅，占地面积349.29平方米。1944年至1945年期间，新四军十六旅及苏浙军区兵工厂设于该处。当时建有翻砂、铸造等车间。2001年6月，被国务院公布为第五批全国重点文物保护单位。

粟裕宿舍和办公室旧址 位于槐坎乡仰峰村仰峰自然村。旧址原为土地庙，建于清代末年，占地面积223.82平方米。天井南角仍保留有一棵上百年的桂花树。粟裕和家人曾在该处短暂居住和办公。2001年6月，被国务院公布为第五批全国重点文物保护单位。

方司令、谭司令北山园住所旧址 位于槐坎乡东风村北山园自然村。旧址原为清末施氏民宅，占地面积1076.87平方米。1944年春至1945年春，新四军六师十六旅四十八团团部驻于该处，团长刘别生(化名方自强，人称方司令)，副团长兼参谋长饶惠谭(化名谭祖尧，人称谭司令)曾在该处居住和办公。2001年6月，被国务院公布为第五批全国重点文物保护单位。

新四军后方医院疗养所旧址 位于白岘乡三州山村茅山自然村。旧址原为清末施氏祠堂，占地面积382.71平方米。1944年新四军十六旅在该处创办后方医院，1945年初扩大为苏浙军区后方医院疗养所。2001年6月，被国务院公布为第五批全国重点文物保护单位。

苏南区行政公署旧址 位于白岘乡三州山村尚阳自然村。旧址原为民国初期的施氏民宅，占地面积346.79平方米。1945年5月苏南行政公署设于该处，主任江渭清、吴仲超先后在该处居住和办公。2001年6月，被国务院公布为第五批全国重点文物保护单位。

新四军被服厂旧址 位于白岘乡和岕口村横岭岕自然村。旧址原为民国初期章氏民宅，占地面积372.33平方米。1944年初新四军十六旅在该处创办被服厂，1945年初扩大为苏浙军区被服厂，时有生产工人200余人。2001年6月，被国务院公布为第五批全国重点文物保护单位。

新四军修枪所旧址 位于白岘乡和岕口村水曲岕自然村。旧址为清末韩氏民宅，占地面积187.14平方米。1944—1945年新四军十六旅和苏浙军区兵工厂和修枪所设于该处。2001年6月，被国务院公布为第五批全国重点文物保护单位。

新四军鞋子厂旧址 位于白岘乡白岘村丁岕自然村。旧址原为清末杨氏民宅，占地面积206.91平方米。1944—1945年新四军十六旅、苏浙军区部队的鞋子厂设于该处。2001年6月，被国务院公布为第五批全国重点文物保护单位。

新四军《苏南报》社旧址 位于白岘乡五通山村缠岭自然村。旧址原为清末俞氏民宅，占地面积271.56平方米。1944年至1945年9月，中共苏皖区党委机关报《苏南报》社设于该处。1945年5月，苏皖区党委改为苏南区党委。8月，苏南区、浙西区党委合并成立苏浙区党委，《苏南报》更名《苏浙报》，是苏浙区党委机关报。2001年6月，被国务院公布为第五批全国重点文物保护单位。

新四军苏浙军区报社编辑部旧址 位于白岘乡五通山村庄头自然村。旧址原系清末罗氏民宅，占地面积534.5平方米。1944—1945年9月间，新四军创办的《苏南报》和《苏浙日报》社编辑部设于该处，《苏南报》社社长为欧阳惠林（兼任总编辑），《苏浙日报》社社长为粟裕（兼任）。2001年6月，被国务院公布为第五批全国重点文物保护单位。

二、县级文物保护单位

新四军苏浙军区政治部旧址　位于槐坎乡仰峰村仰峰自然村。旧址原系清末韩家民宅。占地面积340平方米，俗称“韩三房”。1943年秋，新四军六师十六旅挺进苏浙皖边，政治委员江渭清、政治部主任魏天禄在该处居住，十六旅政治部主办的《火线报》在该处油印。1945年1月13日，新四军苏浙军区成立政治部设于该处，政治部副主任钟期光在该处居住办公，直至新四军北撤。2002年8月，被县人民政府公布为县级文物保护单位。

新四军苏浙军区供给部旧址　位于槐坎乡仰峰村仰峰自然村。旧址原系清末曹家民宅，占地面积720平方米。俗称“曹家大院”。1943年，新四军六师十六旅挺进苏浙皖边，孔峭矾、朱熹等在该处办公。1945年1月13日，新四军苏浙军区成立，军区供给部设于该处。1945年2月至6月天目山三次反顽战役中，该处是新四军重要的后勤保障指挥机关，直至新四军北撤。2002年8月，被县人民政府公布为县级文物保护单位。

新四军苏浙军区江南银行旧址　位于槐坎乡新槐村温塘自然村。旧址原系清末王氏民宅，紧邻新四军苏浙军区一纵队司令部旧址，占地面积427平方米，建筑面积546平方米。1945年1月13日中央军委电令成立新四军苏浙军区，2月5日苏浙军区在温塘村召开成立大会。为了适应斗争形势发展，苏南行政公署加快江南印钞厂和江南银行的筹建工作，同年6月江南银行在该处成立，范醒之任行长。2012年8月，被县人民政府公布为县级文物保护单位。

2012年新四军苏浙军区旧址情况表

表29-1

旧址	地址	文保单位	授予年月
新四军苏浙军区一纵队司令部旧址	槐坎乡新槐村温塘自然村	全国重点文物保护单位	2001.06
新四军苏浙军区司令部旧址	槐坎乡仰峰村仰峰自然村	全国重点文物保护单位	2001.06
粟裕宿舍和办公室旧址	槐坎乡仰峰村仰峰自然村	全国重点文物保护单位	2001.06
新四军苏浙公学旧址	槐坎乡十月村台基自然村	全国重点文物保护单位	2001.06
方司令、谭司令北山园住所旧址	槐坎乡东风村北山园自然村	全国重点文物保护单位	2001.06
中共长兴县委旧址	槐坎乡新槐村桥下自然村	全国重点文物保护单位	2001.06
长兴县抗日民主政府旧址	槐坎乡新槐村桥下自然村	全国重点文物保护单位	2001.06
新四军兵工厂旧址	槐坎乡新槐村石臼里自然村	全国重点文物保护单位	2001.06
新四军后方医院疗养所旧址	白岘乡三州山村茅山自然村	全国重点文物保护单位	2001.06
苏南区行政公署旧址	白岘乡三州山村尚阳自然村	全国重点文物保护单位	2001.06
新四军被服厂旧址	白岘乡和岕口村横岭岕自然村	全国重点文物保护单位	2001.06
新四军修枪所旧址	白岘乡和岕口村水曲岕自然村	全国重点文物保护单位	2001.06
新四军鞋子厂旧址	白岘乡白岘村丁岕自然村	全国重点文物保护单位	2001.06
新四军《苏南报》社旧址	白岘乡五通山村缠岭自然村	全国重点文物保护单位	2001.06
新四军苏浙军区报社编辑部旧址	白岘乡五通山村庄头自然村	全国重点文物保护单位	2001.06
新四军苏浙军区政治部旧址	槐坎乡仰峰村仰峰自然村	长兴县文物保护单位	2002.08
新四军苏浙军区供给部旧址	槐坎乡仰峰村仰峰自然村	长兴县文物保护单位	2002.08
新四军苏浙军区江南银行旧址	槐坎乡新槐村温塘自然村	长兴县文物保护单位	2012.08

说明：1.资料来源于长兴新四军苏浙军区纪念馆；2.槐坎乡、白岘乡于2015年5月撤销建制，与原煤山镇组建为新的煤山镇

第三章　革命文物征集与鉴定

二十世纪五十年代至七十年代,长兴县根据中央和省委统一部署,多次组织开展革命历史档案和革命历史文物征集工作。八十年代,新四军苏浙军区纪念馆又陆续征集到大量革命文物、历史照片及资料,形成基本馆藏。至2012年,新四军苏浙军区纪念馆有馆藏文物1059件,基本属革命文物。

第一节　革命文物征集

1956年11月至1957年5月,根据中央和省委统一部署,县委组织开展征集革命历史档案工作。1958年12月至1959年3月,按照中央和省、市委部署,县委成立搜集革命历史文物小组,再次开展革命历史文物征集工作。在煤山地区征集到大量当年新四军开展抗日活动时的革命文物、历史资料,为后来成立长兴新四军苏浙军区纪念馆奠定了基础。1974年12月,县委批准成立长兴新四军苏浙军区司令部旧址陈列筹备小组,负责征集革命文物、史料和旧址保护工作。1975年6月,建立"新四军苏浙军区司令部旧址"革命文物征集领导小组,开展革命文物征集工作。

20世纪80年代,长兴新四军苏浙军区纪念馆陆续征集到大量革命文物、历史照片及资料,形成基本馆藏。1994年10月,陈海和捐献陈克昌烈士遗物——"移交总册"封面。1995年,县纪念馆通过信札和登门拜望等方式,向近百位原苏浙军区老战士征集书画作品80余件。同年10月至12月,征集到包括"长兴抗日第一枪"土铳、群众支前驮架等文物40余件。1996年10月,征集珍贵革命文物25件。1997年4月,县纪念馆与浙江电视台专程赴北京采访新四军苏浙军区老战士叶飞、马苏政、周林、彭德清、楚青等,征集到粟裕用过的电话机、徐超用过的铁皮箱、叶藻用过的木箱3件革命文物。1998年5月,县纪念馆赴南京拜访新四军老战士徐充、陈辉、徐放等,征集徐充印章1枚。1999年1月至3月,在全县各乡镇开展征集革命烈士遗物工作,在各乡镇文化站的配合下,走访全县313名烈士亲友,征集革命文物78件、烈士照片18张。1999年11月至2000年3月,新建仿古建筑纪念馆文物库房1座,建筑面积464平方米。2002年8月,林城镇方山窑村贺锦新捐"白阜镇镇长潘震签发的民夫军运的通知"等抗战文物37件。2005年,征集到文物3件,其中有1944年吴子昆老人设计的"中国共产党党证 C. C. P"。2006—2007年,新四军老战士汤禧承、沈安熹、温诤、林革等的后代向县纪念馆捐赠军毯、麻袋、绑腿布条、工具箱、电话机皮套,1976年"熊兆仁写给长兴县革委会的信"等革命文物28件。2008年10月,征集到李景瑞少将生前使用过的放大镜、少将军服等文物12件。2012年1月,赴北京江旅安家走访,征集到江渭清生前使用的望远镜1架。3月,在杭州朱德水家征集到江南银行抗币伍元券、壹圆券各1张,泗安区临时流通券柒角伍分1张。

第二节　文物鉴定

1990年5月,经浙江省文物鉴定委员会鉴选,长兴新四军苏浙军区纪念馆有一、二级文物藏品10件,其中《新四军苏浙军区对日本驻军通牒》定为一级文物。1995年11月,经国家文物局专家组鉴定,《新四军苏浙军区对日本驻军通牒》等4件藏品被定为一级文物。1998年5月,经湖州市文物鉴定小组鉴定,有199件藏品被定为三级文物,其中2件被推荐参与国家一级文物、11件参与二级文物鉴定。1999年6月,经浙江省文物鉴定委员会鉴定,有9件藏品被定为二级文物、25件被定为三级文物。2007

年 6 月，经湖州市文物鉴定小组鉴定，有 48 件藏品被定为三级文物。至 2012 年年末，县纪念馆馆藏文物 1059 件，基本属革命文物，含珍贵文物 285 件，其中一级 4 件、二级 16 件、三级 265 件，主要类型为衣物、票证、生产生活用具、武器弹药、地图、公文、通告、字画等。

2012 年长兴县新四军苏浙军区纪念馆馆藏一级、二级文物情况表

表 29-2

名称	质地	年代	尺寸	级别
新四军苏浙军区对日本驻军通牒	纸	1945	30 厘米×27 厘米	一级
新四军苏浙军区兵工厂用的大风箱	木	1945	218 厘米×50 厘米×38 厘米	一级
抗日战争时期《苏南报》社石印板	石	1944	60 厘米×44 厘米×7 厘米	一级
抗日战争时期中国共产党党证	纸	1944	22 厘米×10 厘米	一级
新四军江淮银行《拾圆》抗币	纸	1944	12.5 厘米×6.5 厘米	二级
新四军江淮银行《拾圆》抗币	纸	1944	12.5 厘米×6.5 厘米	二级
第 6404 号新四军臂章	布	1946	8.5 厘米×5.5 厘米	二级
新四军十六旅《火线报》第 256 期	纸	1944	53 厘米×37 厘米	二级
新四军苏浙军区民生煤铁行账簿(三册)	纸	1945.02	21 厘米×14 厘米	二级
抗日战争时期中共七大党章	纸	1945	12 厘米×9 厘米	二级
中共临时党员证	纸	1947	24 厘米×10.4 厘米	二级
长兴县总队长李焕写给赵甫廷的扩军证明书	纸	1945	28 厘米×18.5 厘米	二级
抗日战争时期长潮乡粮食供给合作社股券	纸	1944	25 厘米×11 厘米	二级
抗日战争时期长潮乡粮食供给合作社股券	纸	1944	25 厘米×11 厘米	二级
抗日战争时陈烙痕用的公文皮箱	皮、木	1945	45 厘米×30 厘米×22 厘米	二级
解放战争时期陈瑞洪的临时党员证	纸	1948	12 厘米×8 厘米	二级
粟裕使用的电话机	铁、磁	中华人民共和国成立后	16 厘米×18 厘米×15 厘米	二级
“长兴抗日第一枪”农民自卫队用的十二座台铳	铁	1938	165 厘米	二级
抗日战争时期的“长兴县虹溪区公所印”	木	1944	2.5 厘米×2.5 厘米×2.2 厘米	二级
抗日战争时期的“长兴县合溪区光华乡乡公所图记”	木	1944	5 厘米×5 厘米×3 厘米	二级

说明：资料来源于县新四军苏浙军区纪念馆

第四章　研究宣传与开发利用

20 世纪 70 年代中后期开始，长兴县及县外相关单位在系统搜集新四军在浙西有关历史资料的基础上，形成一批研究成果，推动新四军苏浙军区革命历史宣传教育活动的开展。进入 21 世纪，随着红色文化旅游的兴起，长兴不失时机加快红色旅游经典景区“江南红村”建设，新四军苏浙军区旧址焕发新的活力，深受全国各地游客的欢迎。据不完全统计，至 2012 年年末，长兴新四军苏浙军区纪念馆(旧址群)累计接待各地观众(游客)340 万人次。

第一节　研究与宣传

一、研究成果

20 世纪 70 年代中后期开始，县内外相关单位先后组织力量对新四军在浙西有关历史资料进行系统搜集,包括新四军十六旅及新四军苏浙军区的战斗历史、长兴抗日根据地建设历史等,形成的资料包括一些重要文物、历史文献、报刊电报、个人回忆及口述访谈等。并在上述基础上,形成一批研究成果。

县内主要研究成果 1984年,县委地方党史资料征集小组办公室编印《话说长兴革命斗争史》。1985年,为迎接新四军苏浙军区成立40周年,编印《新四军苏浙军区成立四十周年纪念册》。1990年,县委党史资料征集研究委员会、县新四军研究会编印《长兴革命斗争故事》。1991年9月,县委党史研究室出版《新民主主义革命时期中共长兴党史简编(1921—1949)》。1994年,县邮电局出版《中共长兴秘密交通史》。2008年,县纪委编印党员干部廉政读本《铁军风范》。2010年5月,县委党史室完成全县革命遗址普查,编印《长兴县革命遗址普查成果汇编(1919—1949)》,详细反映新四军苏浙军区革命遗址保护情况。2011年,县委党史室编印《长兴党史概览》,收录新四军苏浙军区革命遗址情况。

县外主要研究成果 1985年,中共湖州市委党史资料征集研究委员会编印《新四军在浙西》。1986年,《湖州师专学报》以增刊形式,编发《新四军浙西战斗史》。1989年,《新四军史迹图册》由学林出版社出版。1992年,中共浙江省委党史研究室、中共湖州市委、浙江省新四军研究会、浙江省档案馆编的《浙西抗日根据地》,由浙江人民出版社出版。2000年,浙江省新四军研究会编的《浙江新四军历史人物传》,由浙江教育出版社出版。2001年,北京新四军暨华中抗日根据地研究会一师分会编《战斗在大江南北——新四军一师老战士回忆录》,由解放军出版社出版。2008年,浙江省新四军研究会编印《新四军在浙江活动大事记(1937—1945)》;浙江省新四军历史研究会编著、肖洛主编的《新四军苏浙军区战史》,由浙江人民出版社出版。2011年,浙江省新四军历史研究会浙西分会编印《红色记忆》。2012年,中共浙江省委党史研究室编的《浙江中共党史人物(新民主主义革命时期)》,由中共党史出版社出版,收录一批在新四军苏浙军区战斗过的新四军指战员。

二、影视专题片

1994年5月,长兴新四军苏浙军区纪念馆联合槐坎乡政府摄制《继承光辉历史,再创经济辉煌——浙西老区槐坎乡见闻》电视专题片。1995年,浙江电视台到纪念馆拍摄《浙西丰碑——新四军苏浙军区抗日革命史迹》。1996年7月,中央电视台、济南军区电视台到纪念馆拍摄《新四军足迹》电视片的部分内容。1997年4月,浙江省电视台到县纪念馆拍摄电视专题片《四月》。1997年8月,中央电视台、江苏电视台、全国新四军研究会及南京军区政治部到纪念馆拍摄文献纪录片《铁的新四军》部分内容。2000年2月,浙江省委党史研究室、杭州市新四军研究会、市委党史研究室领导到纪念馆参观,为制作专题片拍摄部分内容。2002年,为大型文献纪录片《新四军》提供“杭村缴大炮”史料,该纪录片于十六大召开前夕在中央电视台播放。2005年,协助中央电视台10套摄制电视专题片《温塘——战斗岁月》,协助中央电视台7套摄制《继承革命传统,永葆战斗精神》。同年,《人民日报》刊登长篇纪实报道《将军的脚印》,浙江电台旅游之声连续一周播出《红色之旅——江南小延安》,上海东方网开通“江南小延安——浙江长兴专题网页”。2007年1月,中央电视台4套《走遍中国》栏目播出记述当年新四军在郎广长地区抗日革命斗争专题纪录片《功勋炮的传奇》。2012年6月,省委党史研究室《历史的永恒》摄制组到纪念馆拍摄部分内容。

三、陈列展览

1974年10月,浙江省文物管理委员会、嘉兴地委相关领导到长兴考察新四军苏浙军区一纵队司令部旧址,审定旧址维修计划。12月,县委批准成立长兴县新四军苏浙军区司令部旧址陈列筹备小组。1975年3月,新四军苏浙军区司令部旧址陈列馆动工维修,至国庆节前基本竣工,12月举办小型展览。1976年1月,陈列馆正式对外开放,是县内最早的关于新四军苏浙军区历史的陈列展。修建后的新四军苏浙军区陈列馆,是一座前后两进、四面高墙的两层楼房,有东西两侧屋,建筑面积共2000多平方米。馆内陈列有各种革命文物,其中有新四军苏浙军区发布的文件布告,对敌作战时的笔记,军用地图,对日、伪、顽作战时使用的武器,战利品,军区兵工厂使用的大风箱及兵工厂所造的武器,后方医院使用的医疗器械,另有《苏南报》(期刊),江南银行纸币以及烈士们的遗物和照片等。之后,根据资料征集情况，以及开展宣传教育活动需要，对布展内容进行调整。其中，1994 年 10 月 1 日，陈列馆二楼开设展厅并对外开放。

2001 年 6 月，完成新四军苏浙军区司令部旧址和粟裕宿舍办公室旧址内设陈列展览《粟裕将军戎马一生》《抗战时期的粟裕》。2005 年 3 月，位于白岘乡茅山村的新四军后方医院疗养所旧址内设陈列展览，正式对外开放。并在旧址附近建立新四军无名烈士墓一座。2006 年 1 月 20 日，位于槐坎乡台基自然村的新四军苏浙公学旧址经内设陈列展览，首次正式对外开放。2009 年 9 月至 12 月，完成中共长兴县委旧址、长兴县抗日民主政府旧址、苏南区行政公署旧址的陈列布展工作。至 2012 年，新四军苏浙军区旧址共有 18 处，对外开放的有新四军苏浙军区一纵队司令部旧址、新四军苏浙军区司令部旧址、苏浙公学旧址、后方医院疗养所旧址、粟裕宿舍和办公室旧址、江南银行旧址、中共长兴县委旧址、长兴县抗日民主政府旧址 8 处。分别设立《江南小延安——新四军苏浙军区旧址》《新四军在浙西》《江南抗大——苏浙公学》《长兴抗日革命史迹展》《抗币风云——江南银行》等基本陈列展，宣传新四军革命历史，展览面积 3000 多平方米。

四、巡回展览及宣讲

长兴新四军苏浙军区纪念馆成立后，充分利用红色资源，走出去开展新四军革命历史专题教育活动。1994 年 11 月 28 日至 1995 年 1 月 6 日，纪念馆在全县各乡镇启动《新四军在浙西》《长兴抗日烽火》图片巡回展，被称作“革命传统教育大篷车”，《中国文物报》给予报道。1995 年 4 月 4 日至 13 日，与安吉孝丰烈士陵园联合举办的《新四军在浙西》《长兴抗日烽火》及《安吉抗日斗争历史》图片展在安吉县递铺、梅溪等地展出。1996 年 7 月 25 日至 8 月 25 日，在绍兴市鲁迅纪念馆举办《新四军在浙西》巡展。1997 年 6 月 22 日，和县新四军研究会在雉城镇联合举办《雪洗百年耻辱，喜迎香港回归》图片展，6 月 27 日又在长广集团公司机关大院内展出；7 月 25 日，在驻长兴某部队举行《新四军在浙西》图片展。1998 年 3 月 10 日至 5 月 26 日，承办《浙西丰碑》新四军苏浙军区革命史料图片展，先后在湖州市博物馆、含山国防园、双林中学、南浔中学、八里店镇中学、长兴青少年宫等地举行，约 3 万名师生参观展览。1999 年 4 月 8 日至 6 月 2 日，由长兴县委宣传部、县委党史办、县文体局、县民政局、县双拥办、县人武部、团县委、县教委联合主办，纪念馆承办的《长兴英烈》图片巡回展，在全县各乡镇中小学校举行，近 2.8 万名师生参观；9 月 22 日至 23 日，在县人民广场举行《长兴英烈》《共和国 50 周年》图片展，累计观众近万人次。2000 年，由湖州市国防教育委员会、市教委、团市委联合主办，长兴纪念馆承办的《浙西丰碑》革命史料图片展先后在德清县、菱湖区各乡镇中小学校巡回展出，共接待中小学生 4.2 万余人次。2004 年 5 月，《新四军浙西战斗史》大型图片展在湖州师范学院、湖州职业技术学院、湖州广播电视大学举行。2005 年 8 月至 9 月，在上海黄浦区、徐汇区和上海交通大学等地举办《历史的印痕——新四军苏浙军区抗战纪实》主题展览，接待观众 10 万人次。2009 年 4 月 28 日至 6 月 1 日，在长兴县城 13 所中小学校举办《铁的新四军——新四军苏浙军区革命斗争史迹》图片巡回展，为期 1 个月，共有中小学师生 2.7 万余人参观；9 月 26 日至 27 日，为庆祝中华人民共和国成立 60 周年，在长兴人民广场举办《颂英雄 迎国庆 永远的丰碑——开国英雄事迹大型图片展》活动，共有 5000 余名群众参观。2010 年 6 月，在浙江商业职业技术学院举行《新四军苏浙军区革命史迹图片展》及革命传统教育报告会。

第二节　红色旅游

每逢七一、十一等重大纪念日，全国各地党政机关、企事业单位、社会团体，纷纷到长兴新四军苏浙军区纪念馆参观，结合各自实际，开展纪念活动，接受革命传统教育和爱国主义教育。进入 21 世纪，随着红色文化旅游的兴起，长兴不失时机加快红色旅游经典景区建设，新四军苏浙军区旧址焕发新的活力，深受全国各地游客的欢迎。1976—2012 年，据不完全统计，长兴新四军苏浙军区纪念馆(旧址群)累计接待各地观众(游客)340万人次。

一、红色旅游经典景区规划与建设

1995年8月,槐坎至东风岕公路线温塘岔口处,通往新四军苏浙军区纪念馆道路砂改油工程竣工。2002年1月,被省旅游局授予AA级旅游景区(点)。2002年2月,县政府领导集体调研新四军苏浙军区旧址保护和利用工作。2002年2月,由湖州市政府、长兴县政府、槐坎乡政府拨款及当地村民捐款,总投资49万元新建的通往新四军苏浙军区司令部旧址的水泥路竣工。2002年4月,上海师范大学教授应邀到长兴实地踏勘革命旧址,就旧址的保护开发和利用作规划。

2004年,全国红色旅游规划出台后,长兴新四军苏浙军区旧址群在全国红色旅游发展大潮中,在各方面政策及资金支持下,迎来红色旅游经典景区建设全面加速开发时期。2006年7月,新四军苏浙军区纪念馆及司令部旧址被列入浙江省重点提升、建设的7个红色旅游经典景区之一。2007年,《长兴县苏浙军区旧址群红色旅游经典景区规划》完成编制。规划提出,通过15年左右的努力,打造一个以新四军红色旅游产品为核心,以休闲度假及各类体验、参与型旅游产品为配套,集爱国主义教育、民俗游览、休闲度假等多功能于一体的综合型红色旅游度假胜地。2008年3月,新四军苏浙军区旧址红色旅游经典景区建设项目土建工程正式启动。9月,新四军苏浙军区旧址红色旅游经典景区工程建设项目(中心导览区)竣工,累计投入资金1000余万元,建设用地6公顷。同年10月,获评国家AAA级旅游景区。2011年,新四军苏浙军区一纵队司令部、新四军苏浙军区司令部、新四军苏浙公学等7处旧址对外开放,并形成一体化的红色旅游主线。同年7月1日,投资3500万元的"江南红村"项目对外开放,集参观、会议、培训等多功能于一体。至该时,苏浙军区旧址群作为红色旅游经典景区已初具规模。12月23日,新四军苏浙军区旧址红色旅游经典景区通过国家AAAA级旅游景区考核验收。2012年2月,被国家旅游局授予国家AAAA级旅游景区称号。

二、江南红村

地处槐坎乡新槐村温塘自然村,位于新四军苏浙军区纪念馆正前方,是纪念馆的配套服务设施。该项目于2010年开工建设,总投资3500万元。2011年7月1日,正式开馆对外开放。隶属县旅游集团。"江南红村"以新四军苏浙军区旧址群为依托,以"形式徽式、内容红色、环境绿色、服务特色"为原则,建成一个集旅游、参观、会议、培训等多功能为一体的红色旅游休闲地,打造长三角一流的爱国主义教育示范基地。从上空俯瞰呈"N4A"造型,包括会展中心、餐饮中心、住宿营房三大主体建筑,各幢建筑以徽派风格为主,总建筑面积7500平方米,其中展示中心面积2700多平方米。

三、"当一回新四军战士"夏令营活动

长兴新四军苏浙军区纪念馆建馆以来,除做好日常讲解服务、展览工作之外,还积极探索一系列爱国主义教育项目,其中"当一回新四军战士"是建馆以来一直传承并不断完善的教育项目。

1997年7月7日至9日,纪念馆联合槐坎乡中心小学首次举办"当一回新四军战士"夏令营活动。之后,该活动成为纪念馆每年暑假的特色教育项目,吸引众多学校和学生参与。1998年7月21日至24日,与长广集团公司教育处联合举办"当一回新四军战士"夏令营活动。1999年8月10日至14日,与团县委、县实验小学、槐坎中心小学等联合举办"当一回新四军战士"夏令营活动。团县委、县新四军研究会领导出

图29-3 "当一回新四军战士"夏令营活动(袁群芳、吴建勋摄·2000年)

席在温塘纪念馆广场举行的开营仪式，新四军老战士为活动授旗。活动中，城乡营员们手拉手结对子，体验城乡生活，并且参观革命旧址，进行模拟军事活动，去长兴参观县体育馆，游览古城公园，乘列车去杭州参观省博物馆、自然博物馆、省青少年宫及岳王庙。2003 年 8 月 18 日至 19 日，舟山市普陀区教育局组织 43 名中小学生到纪念馆参观，并在革命老区槐坎乡参加“当一回新四军战士”夏令营活动。2004 年 7 月 8 日至 10 日，纪念馆与县博物馆联合举办“文化旅游新干线——当一回新四军战士”夏令营活动，由无锡市博物馆牵头的无锡市英才学校的 38 名中小学生参加活动。2007 年 7 月至 8 月，无锡市教育局团委分批组织 700 余名中小学生到槐坎革命老区，开展“当一回新四军战士”夏令营活动。至 2012 年年末，共有 2873 余名中小学生参加该项活动。

“当一回新四军战士”活动内容根据学生年龄段、活动需求、活动天数而定，并通过不断调整优化，趋于完善。整个活动中，学生们身着新四军服装，模拟新四军部队生活训练形式进行，旨在让学生们身临其境，回到抗日战争年代。活动包括军事化模块（队列训练、叠被子、打靶、掷手榴弹）、文化知识模块（参观一次红色展览、观摩等）、情感体验模块（唱一首红歌、开展一场红色运动会、重走一次革命道路等）、能力提升模块（推石磨、打草鞋、自制红色竹筒饭等）、素质养成模块（学习感悟、主题讨论等）等，通过军事化模块、现场教学、体验教学、访谈教学等教学方式，让广大青少年学生在红色旅行中感受长兴红色革命历史，传承“铁军”精神，培养学生热爱家乡、热爱祖国的情感。2000 年 5 月，纪念馆被共青团中央授予“全国青少年教育基地”称号。2001 年 9 月，纪念馆举办的“当一回新四军战士”夏令营活动，被省委宣传部评为省爱国主义教育活动创意奖。

四、共建活动

1998 年 4 月 29 日，湖州市第六中学、长兴新四军苏浙军区纪念馆举行“湖州市第六中学德育基地”授牌仪式。1999 年 10 月 26 日，长兴县虹溪中学到纪念馆举行“德育基地”共建挂牌仪式。1999 年 11 月 19 日，湖州市镇西中学到纪念馆举行“德育基地”共建挂牌仪式。2003 年 3 月 31 日，驻湖州某部队在纪念馆广场举行共建社会实践教育基地揭牌仪式，共有 120 名部队及地方党政干部参加活动。2003 年 11 月 15 日，湖州师范学院与纪念馆共建“两课”教学实践基地揭牌仪式在纪念馆广场举行。2011 年 12 月 2 日，共建单位浙江树人大学的民主党派人士一行 30 余人瞻仰新四军苏浙军区旧址，参观纪念馆及新建落成并对外开放的纪念馆配套设施——“江南红村”。12 月 3 日，共建单位浙江商业职业技术学院的 160 余名学生预备党员到纪念馆开展以“弘扬铁军精神，争做优秀党员”为主题的教育活动，全体预备党员在党旗下入党宣誓，向纪念馆赠送“共建结硕果，携手同育人”的锦旗，参观新四军苏浙军区纪念馆、新四军苏浙军区司令部旧址、江南红村——“江南小延安”基本陈列，观看《铁军·亲历者》电视专题片。12 月 7 日，湖州市委党校、长兴新四军苏浙军区纪念馆共建教学研究实践基地、党性教育室签约揭牌仪式在新四军纪念馆举行。根据共建协议约定，湖州市委党校在新四军苏浙军区纪念馆设立“教学研究实践基地”，在新四军苏浙公学旧址设立“党性教育室”。2012 年 12 月 15 日，共建单位浙江商业职业技术学院 120 位学生预备党员，到纪念馆开展红色教育活动。

五、红色寻访活动

原新四军苏浙军区新四军老战士及其家属、后人纷纷到长兴新四军苏浙军区纪念馆参观，开展纪念活动，瞻仰革命旧址。1985 年 1 月 13 日，江渭清、李广等 38 位当年曾在新四军苏浙军区战斗和工作过的新四军老战士，到纪念馆瞻仰革命旧址，参加新四军苏浙军区成立四十周年纪念大会。1989 年 4 月 21 日，楚青（粟裕夫人）、马苏政等在纪念馆向粟裕骨灰敬撒处献花祭奠。1992 年 10 月 27 日，新四军老战士徐超到纪念馆参观。1993 年 4 月 19 日，新四军老战士陈海峰到纪念馆参观，瞻仰仰峰岕新四军苏浙军区司令部旧址。1994 年 4 月 12 日，新四军老战士陈辉到纪念馆参观，并赴槐坎六都岕寻访战斗遗迹及当年房东。1994 年 5 月 25 日，新四军老战士肖洛及老同志冯安琪、林知敏、姚天雁一行到纪念馆参观。1995 年 8 月 30 日，新四军老战士彭林、马苏政、黎清、郑明到纪念馆参观，瞻仰新四军苏浙军区旧址，祭扫粟裕骨灰敬撒处。1996 年 6 月 27 日，新四军老战士代表和长兴县干部群众 200 余人在纪念馆广场举行“新四军苏浙军区纪念碑”落成揭碑典礼。1996年10月22日,原新四军苏浙军区一纵队卫生员林伟到纪念馆参观、瞻仰旧址,并为纪念馆题字。1997年6月6日,郑大芳烈士的兄弟姐妹一行5人及新四军老战士谢震到纪念馆参观,并捐款2000元;10月23日,长兴籍新四军老战士汪寿彭到纪念馆参观、瞻仰旧址。1998年5月26日,粟裕侄女粟武宾、侄女婿王遐方到纪念馆参观,瞻仰旧址,祭扫粟裕骨灰敬撒处;5月30日,新四军老战士鞠开到纪念馆参观,瞻仰旧址,祭扫粟裕骨灰敬撒处。1999年5月11日,新四军老战士、原解放军23军政委余景行在老同志郑明的陪同下到纪念馆参观,并赠送《戎踪》一书留念;8月2日,新四军老战士吴家珍及其姐妹到纪念馆参观,并赴长潮岕寻访遗址;10月17日,新四军老战士马苏政及其夫人到纪念馆参观,并代表粟裕夫人楚青向粟裕骨灰敬撒处敬献鲜花。2000年5月2日,粟戎生、陈小鲁等新四军后代和解放军第一集团军政委刘晓榕等到纪念馆参观,祭扫粟裕骨灰敬撒处。粟戎生捐赠由楚青提供的新四军苏浙军区历史照片《楚青与粟戎生》。2001年11月20日,新四军老战士杜坚(原新四军苏浙皖边区留守处司令熊兆仁的夫人)到纪念馆参观,并赠送其与熊兆仁合著的回忆录《大江情》一书。2002年3月21日,新四军老战士陈瑛(原新四军苏浙军区一纵队司令员王必成的夫人)及解放军第一集团军政治部有关领导,参观纪念馆、瞻仰旧址;10月16日,北京新四军研究会、中央统战部联合发起的“沿着革命先辈的足迹前进——新四军成立65周年纪念行”活动在长兴举行,新四军老战士后代陈昊苏、张远之、廖涤青、何竟生、粟志军和新四军老战士徐让、肖洛、郑明、唐本等一行75人,凭吊粟裕骨灰敬撒处,敬献花篮;10月31日,陈毅之子、解放军总装备部少将陈丹淮到纪念馆参观;11月21日,原新四军苏浙军区政治部副主任钟期光之子钟德浙一行到纪念馆参观,并赴仰峰岕瞻仰新四军苏浙区政治部旧址。2003年11月7日,新四军老战士顾培智(原新四军十六旅旅部工作人员)到纪念馆参观,后赠送纪念馆《新四军六师军工史料》一书。2004年3月27日,由郑大芳烈士家属联合组织的“新四军杭村大捷”60周年纪念座谈会在纪念馆举行,郑大芳的兄妹郑国芳等、粟裕之子粟戎生、王必成之女王苏炎、刘别生之子刘新、新四军老战士徐进等及新四军老战士的后代一行30余人参加纪念活动;4月5日,新四军老战士、原新四军苏浙军区一纵队一支队供给处主任陈辉及夫人到纪念馆参观,并赴仰峰岕瞻仰新四军苏浙军区司令部旧址。2005年5月16日,粟裕长孙粟志军在新婚之日专程到纪念馆,在广场西侧与爱人陈波共同栽下一棵纪念树——枫香树;10月11日,粟志军等参加纪念馆收藏粟裕雕像揭幕仪式,由粟裕夫人楚青赠送。2007年5月2日,温静的女儿再次到纪念馆捐献革命文物。2012年11月12日,中国人民解放军少将、《粟裕传》作者朱楹携夫人到新四军苏浙军区纪念馆,为粟裕将军墓敬献花圈、鞠躬默哀;11月17日,王必成夫人陈瑛、女儿王苏炎等一行10余人到纪念馆参观,寻访革命足迹,瞻仰革命旧址。

全国各地党政机关、企事业单位、社会团体,每逢七一、十一等重大纪念日,也纷纷到长兴新四军苏浙军区纪念馆参观,结合各自实际,开展系列红色活动,接受革命传统和爱国主义教育。同时,随着红色旅游经典景区建设的开展,新四军苏浙军区旧址成为各地游客选择外出旅游的新热点。1997年3月30日,浙江省新四军研究会与长兴县新四军研究会联合在纪念馆召开“纪念一代名将粟裕诞辰九十周年大会”;11月19日,湖州市第六中学预备役军校200多名中学生步行到槐坎军事拉练,并在纪念馆接受革命传统教育和爱国主义教育。1999年5月29日,杭州铁路分局在纪念馆广场举行“让党旗更加鲜艳”党旗拉力活动开幕式。2000年4月6日,浙江省新四军研究会浙西分会老同志一行52人到纪念馆参观,并瞻仰新四军苏浙军区司令旧址。2002年12月5日,省委书记、代省长习近平到长兴考察调研时,专门参观长兴新四军苏浙军区纪念馆展区;10月18日,原南京军区政委、上将方祖岐在第一集团军、湖州军分区有关领导陪同下,参观纪念馆,并为纪念馆题字:辉照东南。2003年1月23日,杭州市下城区青少年活动中心组织的“亲近自然,体验生活——青少年学生冬令营”活动的营员到纪念馆参观、学习,接受爱国主义教育。2004年6月28日,湖州职业技术学院、湖州广播电视大学组织的暑期“三下乡”社会实践活动小分队一行25人到纪念馆参观,在仰峰老区访问群众,晚上在纪念馆广场举行篝火文艺演出。2005年,全国各地到纪念馆开展“保持共产党员先进性教育活动”的单位,以及纪念抗日战争胜利60周年系列活动的团体、个人共计18万人次。2006年10月20日，北京新四军研究会组织的“纪念粟裕大将诞辰100周年慰英灵访问团”一行43人到纪念馆开展活动。2009年2月12日，驻长兴解放军某部队155名官兵在纪念馆举行“预备党员入党宣誓暨新战士授枪授衔仪式”活动，深化当代军人核心价值观教育和国防教育；5月26日，中共党史学会副会长、中央党史研究室原副主任陈威一行到纪念馆参观，并题词“江南延安，铁军风范”。2010年5月7日，中共中央政治局原常委、国家原副主席曾庆红到纪念馆参观考察。2012年8月13日，南京军区第一集团军驻湖州军训处200余名国防生到纪念馆参观，并举行入伍宣誓仪式；9月6日，《人民日报》社原副社长、国家民委副主任、中国人民解放军少将李晋有一行到纪念馆参观；10月26日至27日，浙江省委党史研究室到纪念馆开展支部活动，参观纪念馆和“江南红村”，瞻仰革命旧址；11月12日，吴兴实验初中全体八年级学生一行260余人到纪念馆，开展“惜别少先队忆峥嵘岁月添红色 欣入共青团将青春热血书前程”的少先队退队、共青团入团主题宣誓活动；11月24日，湖州市委党校青年干部培训班一行34人，到纪念馆接受现场思想教育。

第三节　纪念馆 研究会

一、长兴新四军苏浙军区纪念馆

位于温塘村新四军苏浙军区一纵队司令部旧址。原为清代咸丰年间民宅，房屋建筑呈砖木结构，正屋是四面高墙、前后两进、五开间的走马楼，共有房屋46间，建筑面积2000平方米。

图29-4　新四军苏浙军区纪念馆(纪念馆提供·2010年)

1974年10月，省文物管理委员会、嘉兴地委相关领导到长兴考察新四军苏浙军区一纵队司令部旧址，审定旧址维修计划，决定在该处修建陈列馆。1976年1月，新四军苏浙军区陈列馆正式对外开放，并建立长兴县新四军苏浙军区司令部旧址文物保管所。1984年4月26日，粟裕部分骨灰由粟寒生等护送，在南京军区有关领导陪同下，撒在陈列馆广场前。同年，为迎接新四军苏浙军区成立40周年，对陈列馆进行整修，安放粟裕塑像，并决定设立新四军苏浙军区纪念馆；11月，县政府在陈列馆广场西侧建立“粟裕同志部分骨灰敬撒处”纪念碑；12月，叶飞为馆内粟裕铜像题词：“军民团结 无往不胜”，江渭清为纪念馆题写馆名。1985年1月，整修后的新四军苏浙军区纪念馆对外开放。1995年，在纪念馆广场东侧建立“N4A新四军苏浙军区纪念碑”，由叶飞题字；2002年，在纪念馆广场西侧建“新四军英勇作战”雕塑一座。

成立之初，纪念馆有工作人员2人。1987年，有工作人员5人。1989年9月，被列为县文广局直属单位，10月启用新印章“长兴新四军苏浙军区纪念馆”。2012年，隶属县文广新局，有工作人员16人，其中编制内3人、编外13人。

二、长兴县新四军历史研究会

1988年10月7日，长兴县新四军历史研究会(简称县新四军研究会)由县委宣传部、县民政局批准成立，会员约60人，会长及理事会成员经选举产生。2003年，明确主管单位为县委老干部局，县财政每年通过老干部局向其拨付经费补助，并由老干部局监督执行；业务指导单位为县委党史研究室。每3年至 5 年换届一次，会员基本保持在 60 人左右。2012 年，在县民政局重新登记为社会团体。

成立以来，县新四军研究会主要开展学习、宣传新四军历史活动，同时组织艺术团、合唱队在全县城乡演出，弘扬铁军精神，传承红色记忆。1990 年，与县委党史室配合全县党的基本路线和基本国情教育，先后为企业、学校和机关进行革命传统和爱国主义教育，累计有 3000 余人次参加。1995 年，在新四军苏浙军区纪念馆召开纪念新四军苏浙军区成立 50 周年座谈会。1997 年 6 月，在全县“迎香港回归•颂祖国大合唱”比赛中获“特别演出奖”。2004 年，组织合唱团到乡村、部队、学校、机关演出 11 场，观众 7000 人次。2011 年，创办期刊《仰峰》，2011 年、2012 年各编印 1 期。另外，创办有内部简报《仰峰简讯》，至 2012 年累计编辑 84 期。

至 2012 年新四军苏浙军区旧址及纪念馆所获荣誉情况表

表 29-3

荣誉名称	授予单位	授予年月
浙江省重点文物保护单位	浙江省人民委员会	1964.04
湖州市爱国主义教育基地	中共湖州市委、湖州市人民政府	1994.10
长兴县青少年爱国主义教育基地	共青团长兴县委、长兴县关工委	1994.10
浙江省爱国主义教育基地（首批）	中共浙江省委、浙江省人民政府	1995.02
社会治安综合治理先进单位	长兴县社会治安综合治理委员会	1997.04
湖州市思想宣传工作先进集体	中共湖州市委宣传部	1997.04
长兴县文明单位	长兴县委、长兴县人民政府	1998.04
浙江省国防教育基地	浙江国防教育委员会	1998.11
全国青少年教育基地	共青团中央委员会	2000.05
全国重点文物保护单位（第五批）	国务院	2001.06
国家AA级旅游景区	浙江省旅游局	2002.01
全国文化工作先进集体	文化部	2002.03
长兴县模范集体	长兴县人民政府	2003.04
湖州市模范集体	湖州市人民政府	2003.05
长兴县文物保护单位（第三批）	长兴县人民政府	2003.08
2002－2003年度湖州市文明单位	中共湖州市委、湖州市人民政府	2004.02
浙江省青少年红色之旅经典景区	共青团浙江省委、浙江省旅游局	2005.09
湖州市创建文明风景旅游区工作先进单位	湖州市文明办、湖州市建设局、湖州市旅游局	2006.03
国家AAA级旅游景区	浙江省旅游局	2008.10
浙江省廉政文化教育基地（第二批）	中共浙江省纪律检查委员会	2008.12
全国爱国主义教育示范基地（第四批）	中共中央宣传部	2009.05
浙江省党史教育基地（首批）	中共浙江省委党史研究室	2009.07
国家国防教育示范基地（首批）	国家国防教育委员会	2009.11
湖州市创建群众满意基层站所（办事窗口）先进单位	中共湖州市纪委等	2009.12
国家AAAA级旅游景区	国家旅游局	2012.02

说明：资料来源于长兴新四军苏浙军区纪念馆

第三十编　大众传媒与融媒体发展

1988—2012年，长兴县新闻事业经历由报刊、广播、电视等各自发展到全媒体融合发展的过程。1988年1月，《长兴科技报》创刊。同年，长兴电视转播5个频道节目，县、乡分设两级广播站。1991年11月，长兴有线电视站建立。1992年，县广播电视局、长兴电视台先后建立，城区有线电视网络逐渐形成，次年县广电局、县广播站、县电视台实行"三合一"管理。1993年起，县内信息化建设开始起步。1994年6月，长兴调频广播开始播音。同年起有线电视开始向乡镇拓展。1996年3月，《长兴科技报》更名《长兴报》，10月长兴报社挂牌成立。1998年2月，县广播电台、电视台合并为县广播电视台，与县广播电视局实行局、台合一。2000年起，实施广播电视通村入户工程。2001年3月，"长兴网"开通。2002年9月，长兴县人民政府门户网站正式开通。2004年1月起，《长兴报》停办，《长兴之窗》创刊(后更名为《长兴新闻》)，7月"长兴新闻网"开通。2005年，县广播电视局撤销，广播电视行政管理职能划归县文广新局。2007年10月起，启动有线电视数字化工程。2011年4月，整合县广播电视台、县宣传信息中心，组建长兴传媒集团，在国内率先推动县域全媒体融合发展。至2012年年末，全县城乡有线电视用户达17.9万户、入户率98.6%，其中农村13.4万户、入户率95.2%，传送有线电视节目53套。全县数字电视用户达17.9万户，其中城区4.5万户、入户率99.3%，农村13.4万户、入户率95.2%。拥有各类网站800余家。

第一章　报　刊

1988年1月，《长兴科技报》创刊，由县科委主管。1996年3月，《长兴科技报》更名《长兴报》，为县委机关报，由县委主办并主管。同年10月，成立长兴报社。2003年12月31日，根据上级有关文件规定，《长兴报》停办，长兴报社撤销。2004年1月6日，《长兴之窗》创办，后更名《长兴新闻》，由县宣传信息中心主办。2011年4月，县宣传信息中心撤销，由长兴传媒集团主办《长兴新闻》。至2012年，县内除《长兴新闻》外，还有机关和企事业单位期刊、简报80余种。

第一节　《长兴科技报》

1988年1月15日，《长兴科技报》创刊，省内部报刊准印证(浙)字第03—0008号，由县科技情报研究所主办，县科学技术委员会主管，社址在县科技楼。首年发行4.1万份，刊发内容以长兴科学技术、经济、农业、林业、水利、医疗卫生、教育等领域的发展变化及成果业绩为主，四开四版，月刊。1988年1月—1994年10月由湖州市印刷厂印刷，1994年11月—1996年5月由湖州日报社印刷厂印刷。至1996年5月1日停办，共出刊101期。

第二节 《长兴报》《长兴新闻》

一、《长兴报》

1996年3月,省新闻出版局批复同意,县科委主办的《长兴科技报》更名《长兴报》,为县委机关报,由县委主办并主管。10月,长兴报社挂牌成立,建立长兴报社党组、纪检组,实行总编负责制,为正科级全民事业单位,经费实行差额拨款,办公地址位于雉城镇人民北路3号综合大楼6楼。同月,面向全县公开招聘记者6人。年末,长兴报社下设办公室(兼管发行和财务)、新闻部、出版部,有工作人员13人。1998年3月,长兴报社定编25人,在编17人。2000年,开始推行全员聘任合同制。2001年1月起,除县管干部外,报社全体工作人员均实行聘任制,中层竞争上岗。2003年,设办公室、新闻一部、新闻二部、周末副刊部、广告部、发行部和出版部7个内设机构,有工作人员48人,其中记者17人、编辑6人、经营管理(广告部、发行部)8人、其他专业技术(印刷、电脑室、办公室)17人。同年12月31日,根据上级有关文件规定,县委撤销长兴报社。

长兴报

积极实施"东海明珠工程"

农村文化建设在六乡镇铺开

写在《长兴报》创刊之际

城建局主题教育务实有效

"实行双田制 快买收割机"

现场写真

团结奋进 争创一流

图30-1 1996年10月1日《长兴报》创刊号(长兴传媒集团提供)

1996年10月1日,《长兴报》创刊,延用原《长兴科技报》内部刊号,四开四版,黑白小报,每周一出刊。省委常委、宣传部部长梁平波手书报头。县委书记金庆灿撰写创刊词,县长杨献国题词。1997年3月4日起改为周二报,每周二、周五出刊。1998年1月1日起改周三报,1月6日换内部报刊准印证:(浙)字第01—18号。1999年1月1日改为周四报,6月1日改为周五报。2000年1月1日,《长兴报》首张彩报《新年特刊》与读者见面。2001年改为周六报,四开八版。2002年9月起,每期彩色印刷。至2003年12月31日,《长兴报》累计出刊1672期。创刊之初,由湖州日报社印刷厂印刷,数月后由长兴地方国营印刷厂印刷,1998年12月自办印刷厂。创刊当年发行量为7000份,停办当年发行量为1.5万份。2004年1月1日起,《长兴报》停办。

二、《长兴新闻》

2004年2月,开始组建长兴县宣传信息中心。5月县宣传信息中心正式成立,接收原长兴报社的全部资产和工作人员,为正科级事业单位,归口县委宣传部管理,出刊《长兴之窗》并全部赠阅,印刷和投递等成本由县财政支付。设办公室、新闻一部、新闻二部、出版部、广告部、网络部,办有印刷厂1家,采编印基本配套。有工作人员47人,其中采编人员15人。2007年1月,办公地址迁至雉城镇县前中街402号(老县委大院二楼)。2011年4月,县宣传信息中心有工作人员66人,其中在编23人、聘用43人。同月,县宣传信息中心撤销。

2004年1月6日,《长兴之窗》创办,并出版第1期,为免费赠送的内部读物,由县宣传信息中心主办。每周5期,周一至周五出版,前期套红4版,后改为彩印8版。2006年12月26日,《长兴之窗》第746期起版面恢复为四开报正常尺寸;12月27日第747期起改为对开大报。2008年2月29日第1045期起,更名为《长兴日报》。2009年3月19日第1318期起,更名为《长兴之窗》。6月8日第1374期起,更名为《长兴新闻》并沿用至今,报头字体从电脑字库中选取。6月16日第1380期起,报头字体改为毛体。2010年1月4日起,扩增《长兴新闻B版》,每周一至周四出刊,四开八版。至2011年4

月 18 日，县宣传信息中心主办的《长兴之窗》(包括《长兴日报》《长兴新闻》)共出刊 1845 期。之后，由长兴传媒集团主办《长兴新闻》。同年 5 月，《长兴新闻》与《杭州日报》战略合作，全面改版，取消《长兴新闻 B 版》(至 2011 年 6 月 30 日停刊，共出刊 317 期)。7 月 1 日，《长兴新闻》(第 1898 期)推出新版。对开 8 版套叠大报，报头字体由毛体改为繁体字。其中，四个版面为彩版。一版时政新闻，二版综合新闻，三版民生新闻，四版国内(长三角)/国际新闻，五版文体新闻，六版全媒体，七版专刊，八版商业新闻。《长兴之窗》2004 年创办之初每期印数 5000 份，后逐渐增至 1.8 万份。2012 年，《长兴新闻》每期印数 1.56 万份。

三、新闻要事

抗洪救灾专题报道　1999 年 6 月，长兴发生特大洪涝灾害，《长兴报》创新出增刊 4 期、号外 1 期、专刊 43 期，全方位即时报道全县抗洪救灾及灾后自救情况。

首张彩报　2000 年 1 月 1 日，为庆祝跨世纪新年，《长兴报》第一张彩报《新年特刊》出刊。

重大系列报道　1997 年 2 月 25 日，推出专刊，发表县党政机关、社会各界沉痛悼念邓小平的系列报道和文章。1998 年，开设“20 年巨变”“改革在我身边征文”“历史的足迹”等系列栏目。2000 年下半年至 2001 年年底，开设“招商引资”系列报道，先后推出《加大招商引资力度 加速实现“两个加快”》《人人都是投资环境》《参与招商投资》《招商投资给我们带来了什么?》《我们为招商投资做了什么?》等专栏，共刊发稿件 200 多篇。2002 年 3 月 18 日至 20 日，第一届“长洽会”召开，共出刊 11 个专版，开设“首届长兴新闻摄影大赛”“嘉宾访谈”等多个专栏。2003 年 4 月 25 日起出刊抗“非典”专版，共出 30 期专刊、2 期增刊。2005 年 9 月 12 日，第五届“长洽会”召开，首次出版英文报。2005 年 10 月 24 日至 30 日，用一周时间推出从百强县排名看长兴速度系列报道。2008 年 1 月刊发抗雪灾系列报道 22 篇，5 月推出“情系四川让灾区人民在大爱中前进”的专栏，8 月开设奥运专版专栏，报道和发布奥运重大赛事盛况。2009 年，围绕“保增长、抓转型，推改革、促统筹，重民生、保稳定”主线，结合深化“新闻创新年”活动，《长兴之窗》派骨干记者 26 人，组成 6 个采访小组实地采访，发表“苏南苏北看招商系列报道”15 篇，评论 11 篇，计 2 万多字。2011 年，推出《迈向十二五》等系列主题报道。2012 年，相继推出《春天三部曲》《招商报告》《增强八力促发展》《六连冠的背后》《创建之路》《年中经济观察》《全媒体走转改一线行》《抗击“海葵”》《创先争优两年间》《直通长洽会》《冲刺四季度 献礼十八大》等系列重大、主题报道。

作品获奖　1996—2012 年，《长兴报》(《长兴之窗》《长兴日报》《长兴新闻》)有作品 21 件、36 人次获省县市党报(区域报)好新闻奖。

1996—2012 年长兴县获浙江省县市党报(区域报)好新闻奖情况表

表 30-1

作品名称	作者	年份	奖项
《“大木师傅”乐改行》	金加宝、钦小明	1997	华东九报“思想道德建设”新闻竞赛三等奖
《三狮员工喜乘火车上下班》	钦小明、周秀明	1998	省县市党报好新闻三等奖
《庄稼汉买放心电》	金加宝、倪雪华	1998	省县市党报现场短新闻竞赛三等奖
《八都岕农民走南闯北赚大钱》	甘剑勇	1999	省县市党报好新闻三等奖
《三万鸭“兵”灾区扫蝗非常得力》	霍霏	2000	省县市党报新闻奖一等奖
《一个女儿四个妈》	周秀明、曹世河	2001	省县市党报新闻奖二等奖
《“踏哥”办起农家休闲旅游》	钦小明、许玲敏	2002	省县市党报好新闻三等奖
《一根梅枝救活长兴梅产业》	颜晓涛	2006	省县市区域报新闻奖二等奖
《12条美国扬子鳄长兴认祖归宗》	颜晓涛	2006	省县市区域报新闻奖二等奖
《长兴26位农民瑞典支农》	颜晓涛	2007	省县市区域报好新闻奖二等奖
《扬子鳄保护区“四男二女”远嫁上海》	颜晓涛	2007	省县市区域报好新闻奖三等奖

续表30-1

作品名称	作者	年份	奖项
《扬子鳄保护区“四男二女”远嫁上海》	嵇和英(编辑)	2007	省县市区域报好新闻奖三等奖
《浙江长兴综合能耗同比下降17%》	颜晓涛	2007	省县市区域报好新闻奖三等奖
《我县生态养殖重现鱼水和谐》	颜晓涛	2007	省县市区域报好新闻奖三等奖
《我县生态养殖重现鱼水和谐》	嵇和英(编辑)	2007	省县市区域报好新闻奖三等奖
《工业经济中的“银发经济”》	颜晓涛	2008	省县市区域报好新闻奖三等奖
《工业经济中的“银发经济”》	薛雅敏(编辑)	2008	省县市区域报好新闻奖三等奖
《我县招商引资门槛高,三年否决172个项目》	颜晓涛	2008	省县市区域报好新闻奖三等奖
《我县招商引资门槛高,三年否决172个项目》	薛雅敏(编辑)	2008	省县市区域报好新闻奖二等奖
《从仰峰村看全民创业热潮》	颜晓涛	2008	省县市区域报好新闻奖三等奖
《革命老区槐坎乡有个股东村》	颜晓涛	2008	省县市区域报好新闻奖三等奖
《长兴电子双打路线迎来双喜战果》	颜晓涛	2008	省县市区域报好新闻奖三等奖
《“转战”长三角赚得“金满钵”》	薛雅敏	2009	省县市区域报好新闻奖三等奖
《“转战”长三角赚得“金满钵”》	薛雅敏(编辑)	2009	省县市区域报好新闻奖三等奖
《心系长兴发展,情牵太湖愿景——温家宝总理长兴考察纪实》	周勇、江国军、张伟建、王晋焱	2012	省县市区域报好新闻奖一等奖
《心系长兴发展,情牵太湖愿景——温家宝总理长兴考察纪实》	汪亚杰(编辑)	2012	省县市区域报好新闻奖一等奖
摄影作品《陪读》	王健俊	2012	省县市区域报好新闻奖一等奖
摄影作品《陪读》	汪亚杰(编辑)	2012	省县市区域报好新闻奖三等奖
《春茶满园只待采摘时》	汪亚杰(编辑)	2012	省县市区域报好新闻奖三等奖

说明:资料来源于长兴传媒集团

第三节 《太湖周末》《太湖晨报》

一、《太湖周末》

1997年12月6日起,《长兴报》在四版推出“周末版”。版面栏目包括“社会家庭”“人生百味”“青年之友”“老人天地”“热门话题”“社会焦点”等,共出刊37期。1998年10月23日,《长兴报·周末刊》试刊。1999年1月起,每周六出《周末刊》,四开4版。至1999年12月31日,《周末刊》共出刊54期。2000年1月,《周末刊》更名为《时代周末》,由长兴报社主办。2002年9月,《时代周末》改为彩报,每周六出版,四开8版。2003年12月31日,《长兴报》停办,长兴报社撤销,《时代周末》随之停刊,共出刊191期。2008年1月4日,《太湖周末》创刊,每周五出刊,对开大报,主要刊发文化类新闻,由县宣传信息中心主办。12月,《太湖周末》从《长兴日报》中分离,为四开16版晚报风格周末刊,每周五出刊。2009年10月起,《太湖周末》由16版调整为8版,内容仍以长兴新闻故事为主。至2010年12月31日,共出刊145期。2011年起,《太湖周末》停刊。

二、《太湖晨报》

2012年9月10日,长兴传媒集团广播电视平面版《太湖晨报》试刊,四开AB两叠共24版。内容主要包括长兴、周边城市和国际新闻,车、楼、娱乐、体育、便民服务信息。9月份共出刊3期。从10月9日起,《太湖晨报》每周逢周二、周五出刊,每期出刊版数为16版或24版。到2012年年末,《太湖晨报》共出刊27期。试刊期间每期报刊向长兴市民免费赠阅,数量达1万余份。

第四节　其他报纸及内部刊物

一、《长兴时报》

《长兴时报》属湖州日报(国内统一刊号CN33－0007)报系，由湖州日报社长兴分社主办。2009年12月18日创刊，周刊，对开大报。2010年，改为周三刊，对开大报。2011年10月改版，周三刊，四开八版小报。2012年10月再次改版，周四刊，四开八版小报，逢二、三、四、五出版。主要开设栏目为爱心涌动、记者跑腿、时报关注。2009—2011年，日发行量1万份。自2011年10月起，日发行量1.8万份，重点发行长兴县。至2012年12月28日，共出刊300期。

二、简报

《紫笋报》　县文化馆主办，为县级文学报。1984年5月创刊，四开四版，季刊，同时不定期出增刊。主要发表长兴文学爱好者的习作，报道文学动态，宣传当地优秀企业。1987年在全国性整顿报刊中停刊，1988年3月复刊。1990年4月在省文化厅、省群艺馆组织的全省群众文化报刊评比中获得一等奖。1996年5月再度停刊，累计出刊25期、增刊2期。

《长兴中医院报》　县中医院主办，2001年3月28日创刊，四开四版。初为半年刊，后改季刊。每期印数5000到1万份。至2012年年末累计共出版31期。

《人民医院报》　县人民医院主办，2002年1月15日创刊，免费内部发行，外部同行间交流。2012年7月，申请企业报准印证，变更登记为“(浙)企准字E063”，严格按规定出版、发行、报送。双月刊，四开四版，每期印数3000份。至2012年年末累计发行86期。

《京兴特刊》　浙江京兴物业管理有限公司主办，2008年3月创刊，四开四版，以季刊形式在企业内部、上级主管部门和同行业间发行。2010年改为双月刊，每期印数2000份。至2012年年末共出版24期。

《长广报》　中共长广煤矿公司党委机关报。1983年2月15日创刊，长广煤矿公司党委宣传部主办。10月4日，经省委宣传部新闻出版处批准，省出版总社登记注册，国内公开发行，刊号“CN:30”。四开四版，初旬刊，报名《长广煤矿报》，定编8人。免费发行3200份。1987年12月，经省出版局重新登记刊号“(浙)字01－005”(后改为“05—0009”)，每期印数3000份，免费在企业内部发行，外部在兄弟企业报和同行业间交流。1988年1月，更名为《长广报》，出版周期由旬报改为周报，内部发行4200份。1998年3月，社址由牛头山迁至雉城镇金陵南路浙江长广(集团)有限责任公司机关大院，定编8人。2004年6月，变更登记为“(浙)企准字S026号”。至2012年年底，累计出刊1457期。先后获省企业报十佳、省企业报“双十佳”、省优秀企业报等荣誉称号。

《三狮集团报》　浙江三狮集团(原浙江水泥厂)主办。前身为《浙泥报》(1989年10月1日创刊)。四开四版，半月报，准印证“(浙)企准字0019号”。2000年1月改为《三狮集团报》，对开四版，半月刊。每期印数2000份，内部发行，外部交流。2003年6月变更登记为“(浙)企准字S024号”。至2009年8月，累计出刊377期。后停刊。先后获全国建材行业优秀企业报、省优秀企业报、省企业报“双十佳”荣誉称号。

《金三发报》　浙江金三发新纺织集团有限公司主办。2001年8月，省新闻出版局批准刊号“(浙)企准字第E012号”。2004年1月创刊，四开四版，月刊。每期印数2000份，内部发行，外部交流。2006年1月起改为“(浙)企准字第E009号”，双月刊。2007年12月出厂庆特刊，四开八版。至2010年3月出刊35期。后停刊。

《浙江长兴发电报》　浙江浙能长兴发电有限公司主办。2004年5月创刊。2005年4月，省新闻出版局批准“(浙)企准字第E019号”，四开四版，月刊。每期印数1000份，内部发行，外部交流。至2012

年年末,累计出刊113期。先后获全国优秀企业报刊、省优秀企业报荣誉称号。

《天能报》 浙江天能集团主办。2006年1月创刊,企业内刊。(浙)企准字第E046号,四开8版,至2012年12月出版84期。

《诺力报》 浙江诺力机械股份有限公司主办。省新闻出版局批准刊号。2006年8月8日创刊,四开四版,月刊,当年月刊发量2000份。至2012年4月8日,累计出刊69期。后停刊。

《超威报》 超威电源有限公司主办。省新闻出版局批准刊号"(浙)企准字第E056号"。2009年9月创刊,四开四版,月刊,内部发行,外部交流。至2012年年末,累计出刊33期。

三、期刊

《长兴党史》 由县委党史室主办。1981年7月创刊,原名《长兴党史资料通讯》,次年更名《长兴党史资料》,1991年更名《党史研究》,1999年更名《长兴党史》。创刊初为大16开本,出刊期数不稳定,1992年后基本为季刊,2011年7月改为小16开本。至2012年年末,共出刊143期。

《长兴教育》 由县教育局主办,县教育研究中心主编。1990年创刊,原名《浙北教育学刊》,季刊,16开本。1997年3月,改为月刊,更名《长兴教育》。至2012年年末,共出刊168期。

《画溪》 由县宣传信息中心和县文联主办。2009年10月创刊。办刊宗旨:"前卫、前沿、前瞻"。分财经版和文化版两部分。11月28日,《画溪》杂志第1期出刊。至2011年2月共出7期。2011年8月,由长兴传媒集团主办,沿用原杂志刊头。2012年1月改版,启用新刊头,目标为打造"睿智、时尚、前沿"的综合性期刊。设置栏目有开卷、聚焦、对话、时尚、钩沉、揽粹、酷评等。12月18日,出版第一本年刊。到2012年年末,《画溪》杂志共出刊17期。

《财智》 由长兴传媒集团主管,浙江大唐文化传媒主办。2011年11月,出版第1期,8开本,双月刊。2012年3月,改为16开本。至2012年年底,共出刊7期。

2012年长兴县机关企事业单位内部刊物情况表(不全)

表30-2

名　称	创刊年份	出刊单位	类　型
长兴党史	1981	县委党史室	期刊(季刊)
长广报	1983	长广集团	简报(浙企准字S026号)
长兴政协	1984	县政协办	简报
审计信息	1985	县审计局	简报
长兴教育	1990	县教育局、县教育研究中心	期刊
计划生育工作信息	1995	县人口计生局	简报
西吴诗声	1995	县诗词学会	期刊
调研与反映	1998	县政协办	简报
政协信息(专报)	1999	县政协办	简报
勤廉长兴	20世纪90年代	县纪委	简报
长兴党校	2000	县委党校	期刊
长兴双拥工作简报	2001	县双拥办	简报
长兴中医院报	2001	中医院	简报(浙企准字第E062号)
人民医院报	2002	人民医院	简报(浙企准字第E063号)
公安工作简报	2002	县公安局	简报
社情民意	2003	县政协办	简报
今日来访(原名《今日民情》)	2003	县信访局	简报

续表30-2

名　称	创刊年份	出刊单位	类　型
长兴统计月报	2003	县统计局	简报
服务之窗	2003	县行政服务中心	简报
长兴信息	2004	县委办、县政府办	简报
督查通报	2004	县政府办	简报
长兴县作风建设工作简报	2004	县作风和效能办	简报
泗安信息	2004	泗安镇	简报
浙江长兴发电报	2004	浙能长兴发电有限公司	简报(浙企准字第E019号)
每月社会应急联动接处警情况通报	2005	县公安局指挥中心(县社会应急联动办)	简报
交通动态	2005	县交通运输局	简报
园林绿化简报	2005	县园林管理局	简报
工商专报	2005	县市场监管局	简报
长兴教育动态	2005	县教育局	简报
妇幼院讯	2005	妇保院	简报
水韵虹溪	2005	虹星桥镇	简报
南太湖长兴检察	2006	县检察院	期刊
长兴县生态文明建设试点工作简报(原名《长兴生态县建设简报》)	2006	县环保局	简报
院讯	2006	人民医院	简报
天能报	2006	天能集团	简报(浙企准字第E046号)
长兴创建	2007	县委宣传部	简报
创建督办	2007	县委宣传部	简报
重点工程建设专刊	2007	县发改委	简报
长兴疾病预防控制信息	2007	县疾控中心	简报
长兴卫生监督信息	2007	县卫生监督所	简报
雉城动态	2007	雉城街道	简报
机关党建	2008	县机关党工委	简报
长兴旅游简报	2008	县旅游局	简报
国土资源工作信息	2008	县国土局	简报
创建督查	2008	泗安镇	简报
京兴特刊	2008	浙江京兴物业管理有限公司	简报
画溪	2009	长兴传媒集团	期刊
残联之窗	2009	县残联	简报
长兴审判	2009	县法院	期刊
长兴县中医院院刊	2009	中医院、中医学会	期刊
超威报	2009	超威电源有限公司	简报(浙企准字第E056号)
长兴摄影报	2009	县摄影家协会	简报
农业农村工作动态	2010	县农办	简报
外宣专报	2010	县委对外宣传办、县政府新闻办	简报
长兴档案	2010	县档案局	简报
长兴共青团	2010	团县委	简报

续表30-2

名称	创刊年份	出刊单位	类型
长兴国税信息	2010	县国税局	简报
省级旅游经济强县工作简报	2010	县旅游局	简报
景区建设135行动简报	2010	县旅游局	简报
雉城社区	2010	雉城街道	简报
长兴工运	2011	县总工会	简报
星期一夜校简报	2011	县委宣传部	简报
网上要情专报	2011	县外宣办、网宣管理办	简报
长兴社会科学	2011	县社科联	期刊
长兴服务业	2011	县发改委	简报
长兴商务信息	2011	县商务局	简报
质量(安全)监督工作简报	2011	县建设工程质量监督站	简报
长兴县人力资源和社会保障	2011	县人力社保局	简报
长兴传媒	2011	长兴传媒集团	简报
财智	2011	长兴传媒集团	期刊
长兴金融信息	2011	县人行	简报
画溪信息	2011	画溪街道	简报
工作周报	2011	南太湖产业集聚区长兴分区	简报
仰峰	2011	县新四军研究会	期刊
长兴政法	2012	县委政法委	简报
半边天	2012	县妇联	简报
长兴商会	2012	县工商联	期刊
每周招商动态	2012	县招商局	简报
督查通报	2012	县食品安全委员会办公室	简报
长兴安全	2012	县安监局	简报
长兴建设信息	2012	县建设局	简报
长兴消防	2012	县消防大队	简报
长兴农村合作银行行报	2012	农村合作银行	简报
水口创建	2012	水口乡	简报
林城信息	2012	林城镇	简报
和平动态	2012	和平镇	简报
长兴少年作家报	2012	县作协	简报

说明:资料来源于县委办、县史志办

第五节 报道组 记者站

一、县委报道组

1988年1月至2011年4月,县委报道组均归口县委办管理,为正股级机构,工作人员1人至2人。1988—2012年,县委报道组在省级及以上党报发表反映长兴改革开放和社会主义现代化建设成就、经济社会发展特色亮点及各类典型事例等各类新闻稿件1604篇。其中,在《人民日报》海外版发表37篇,在《人民日报》发表重点稿17篇,在《浙江日报》发表重点稿149篇、头版头条14篇、内参19篇;被评为省级先进报道组 12 次、省十佳优秀报道组 9 次；有 4 人累计获省级报道先进个人 21 次，2 人累计获省最佳报道工作者 7 次。2011 年 4 月起，县委报道组归口长兴传媒集团管理。

二、湖州日报社长兴分社

前身为《湖州日报》长兴记者站。1988 年，站址位于雉城镇县前中街 402 号县委大院内，工作人员 1 人至 2 人。1996 年之前，该记者站站长由县委报道组组长兼任。1996 年初至 1999 年初，改由湖州日报社委派记者担任。1999 年 3 月至 2007 年 4 月，复由县委报道组组长兼任。2006 年 5 月，迁至县行政办公综合楼办公。2009 年 10 月起，改设湖州日报社长兴分社，工作人员 5 人，下设新闻部、广告部，社长由湖州日报社委派。编辑出版《长兴时报》，为 4 开 8 版小报，每周 4 期，日发行量 1.8 万份，主要面向长兴地区。2011 年 9 月，迁至花菇山路 146 号办公，下设办公室、新闻部、广告部，有工作人员 20 人。2012 年 7 月，迁至明珠路长兴振力大厦办公。《长兴时报》详见本编、第 1 章、第 4 节。

第二章　广　播

图30-2　长兴广播电视台(长兴传媒集团提供·1999年)

20 世纪 80 年代，除电视差转功能外，长兴县广播电视事业的主要业务集中在有线广播。1988 年，县广播站位于雉城镇广场东弄 11 号广播电视大楼，有在职员工 75 人。1991 年 11 月，长兴有线电视站(筹)成立，机房暂设县物资局机电大楼 6 楼。1992 年 7 月，县广播电视局成立，实行局、台、站合一的管理体制，内设办公室、总编室(宣传科)、事业技术股、音像管理站、乡镇广播管理站 5 个股(站)室，在编职工 80 人。8 月，建立长兴电视台，为全民事业单位，编制暂定 15 人至 20 人。10 月，广播电影电视部批复同意长兴县建立电视台，呼号为“长兴电视台”，使用 DS-25 频道，发射功率为 1000 瓦。12 月 28 日，长兴电视台正式开播，发射塔为原转播塔，机房设县广播电视大楼四楼。1993 年，县广播电视局实行局、台、站合一建制，广电局、广播站、电视台三块牌子一套管理机构。1994 年 4 月，广电部批复同意长兴建立调频广播电台，电台呼号为长兴人民广播电台。6 月 18 日，长兴人民广播电台正式开播。同月，长兴人民广播电台、长兴有线电视台(筹)、长兴电视台合并成立长兴广播电视台，内设办公室、纪检监察室、新闻综合频道、经济生活频道、电台、技术科、网络公司、广告公司，有员工 57 人，其中副高级职称 1 人、中级职称 6 人。1996 年 10 月，县广播电视局行政编制 10 人，事业编制 6 人，设办公室、总编室、技术事业科、音像管理科(事业)、乡镇广播电视管理科(事业)等 5 个职能科室。1997 年 1 月，县政府批准《长兴县广播电视局职能配置、内设机构和人员编制方案》，完善局台合一体制，将一般的纯技术性、辅助性的工作转移到有关事业单位。1998 年 2 月，县人民广播电台、长兴电视台合并重新登记，台名为“长兴县广播电视台”，许可证编号为 044111137，台标编号为 TB044111137。县广播电视局与县广播电视台实行局、台合一建制。1999 年 5 月，县广播电视台迁至雉城镇米行北弄 8 号。2001 年 12 月，县广播电视局由县政府工作机构转为县政府直属事业单位。2005 年，撤销县广播电视局，广播电视行政管理职能划归县文化广电新闻出版局，县广播电视台为县委、县政府直属事业机构，规格相当于正科级。2006 年 7 月，长兴传媒中心大楼建造获县发改委批复同意，2009 年 11 月大楼建成并正式启用。至 2011 年 4 月，县广播电视局(台)下设办公室、纪检监察室、计划财务科、物管中心、总编室、广播频率、电视新闻综合频道、电视文化生活频道、技术科、网络公司 10 个内设机构，有从业人员 301 人，其中在编 134 人、聘用 167 人，副高级职称 3 人、中级职称 17 人。

第一节　广播网络

20世纪80年代，县、乡分设两级广播站。县广播站全天播音早、中、晚3次，主要转播中央电台节目。乡镇广播电视站采取条块结合、以块为主的管理模式，乡镇广播电视站资产、债务债权由所在乡镇政府负责管理，县广播电视局作为业务主管部门对各乡镇广播电视站的新闻宣传、广播电视信号传输和转播、网络建设、技术培训等方面进行监督和指导。由于经费等原因，乡镇有线广播多数处于瘫痪状态。2000年8月，乡镇广播电视站进行体制改革，由县广电局全部接管20个乡镇广播电视站的人员、资产、债权债务，同时成立乡镇广播电视总站，负责全面管理。2008年5月，全县乡镇广播电视站重组，将16个乡镇站及城区网络合并为9个。

一、有线广播

二十世纪七八十年代以来，全县有线广播发展处境较艰难。至1988年，因经费困难等原因，乡镇广播站大多没有达标的控播桌，设备噪声大、耗电量大，处于淘汰边缘，4个到5个乡镇有线广播先后出现停播现象，基本处于瘫痪状态。1988年12月，县广播站下设乡镇广播管理站，抽调3人，专门负责乡镇有线广播事业发展与经费、人员管理，制定制度，重整、恢复广播。1989年至1990年，有线广播入户率上升至70%以上。1991年入户率达到80%以上。同年11月，广播机房上等级，新购置输出机架和达到甲级指标的扩大机，从控制桌、扩大机到输出机架等达到甲级输出指标。1992年，全县34个乡镇广播站投入整网经费26万元，新增喇叭7631只，新架乡镇至村专杆专线56千米，共用水泥方杆1200支，圆杆66支。同年通过湖州市检查验收，具备“四有”(木箱、避雷器、限流电阻、三项拉线开关)喇叭8万多只，实现农村广播整网达标，为后来建立电视台打下基础。1994年，全县有线广播发展达到高峰，畅通率达到70%以上。但因维护经费未到位、差转台建设等原因，农村有线广播受到冲击，1995年有线广播畅通率迅速降至40%左右。之后，伴随有线电视的发展，农村广播畅通率持续下降，至1999年不足30%。2000年8月，县广播电视局全面接管乡镇广播电视站，并于同年起实施广播电视通村入户工程。2008年，按照上级要求，采用新的技术，县广播电台投入资金600万元，对全县16个乡镇广播站、222个村级广播室进行设施改造、更新。2010年，全县有线广播“村村通”示范村1个、先进村9个、达标村22个，实现行政村建立广播室100%，有线联网行政村95%。2012年，有线电视入户率达到95%以上，经过技术改造升级，有线广播音频信号通过有线电视传到千家万户。

图30-3　长兴人民广播电台开播暨发射铁塔落成典礼(长兴传媒集团提供·1994年)

二、调频广播

1994年4月，广电部批复同意长兴建立调频广播电台，电台呼号为“长兴人民广播电台”，发射功率300瓦，发射频率为97.3兆赫兹。6月18日，长兴人民广播电台正式开播，发射机房置城南路发射铁塔下(与电视转播同一机房)，采用151米高四层双振子发射天线(与电视共塔发射)，300瓦立体声调频发射机。同年还购置一套全新电台设备，开办调频立体声广播电台，实行无线、有线2套传输。2000年，县广电局投资铺设光缆干线1100千米，传送30套有线节目和3套调频立体声广播节目。2006年，投入20多万元购置新的调频发射机，将原来的发射功率300瓦提高至1000瓦，使广播节目收听范围覆盖面更大。

2009年11月，总投资1.5亿元的县广电中心正式启用，集广播电视新闻采访，编辑制作、播出传输、节目演播以及网络传播于一身，开放式新闻演播室、600平方米大型演播室、非编系统、硬盘播出一应俱全。同年，还投资1100多万元，添置电视直播车和电台直播车。2010年，投入120万元对广播制作播音系统进行全新升级，建2个直播室、3个录音室，设备数字化率90%以上，节目制作播出水平上一台阶。

第二节　广播节目

一、播音时间

有线广播　1988年至1994年5月，县广播站播音时间9小时，全天早、中、晚播音3次，主要转播中央电台节目。

调频广播　1994年6月县广播电台成立，播音时间16小时，每天早上6时至22时，调频频率FM97.3兆赫。2005年，新开对农频率，调频频率FM106.6兆赫。2010年1月，推出“太湖之声”呼号，播音时间调整为6时30分至23时。12月起，太湖之声定位为类型化音乐广播，除早晚高峰节目外，编排以伴随性音乐节目为主，播音时间调整为6时30分至次日凌晨1时。2011年1月起，对农频率FM106.6试办对农节目，播音时间7小时15分，分早、中、晚三个时段播出。2012年12月，FM106.6调整为新闻交通广播，播出时间6时至24时。

二、自办节目

1988年，县广播站自办新闻节目2档。各类专题节目8档，分别为“每周一歌”“小说联播”“今夜良宵”“文化生活”“农家顾问”“经济大舞台”“为你服务”“社会纵横”等。1994年县广播电台成立，以《长兴新闻》为主栏目，另设《法律之窗》《经济大舞台》《农村天地》《文化长廊》《人间万象》《企业文化》《体育广角》《开心作坊》《CD传送》《你点我播》《龙达夜迷宫》及广告、气象等。2003年春节后改版，自办节目容量增加一倍，达30档。以《长兴新闻》、社教节目《农村天地》《法制新视野》为主，新开辟《报刊点读》《菁菁校园》《生活百事通》《健康宝典》《艺苑风景线》《温馨寄语》《情意点点通》《流行全接触》《上岛咖啡音乐时间》等节目。2006年，新增广播舆论监督类节目《民生热线》。2007年，实施“频道专业化、节目品牌化、经营市场化、广电产业化”战略，对节目重新改版，培育和打造60分钟《阳光早报》早新闻直播品牌节目，新推出《交通之声》《生活百事通》《快乐泡泡堂》《都市夜归人》等栏目。2008年，推出《乡村节节高》广播节目，服务于“三农”。同年，获全省对农节目年度评比第一名。2009年，推出大型民生类节目《春风送岗位》，为困难群众免费提供就业信息。2010年12月，推出《太湖之声》，开启类型化音乐广播之路。2011年，推出《新闻大厨房》。2012年12月，新闻交通广播全新亮相，设有“阳光早报”“新闻大厨房”等节目。

三、作品获奖

1991—2012年，长兴广播电台广播节目获省级以上奖项48项。

1991—2012年长兴县广播电台获省级以上广播好新闻奖情况表

表30-3

作品名称	作者	年份	获奖情况
香港白获女士灾区行	杨耀新	1991	省广播好新闻三等奖
主人对仆人的评价	卢礼河、徐亚鸣、李俐蓓	1992	省广播好新闻二等奖
县长给农民让电话	卢礼河、李俐蓓	1993	省广播好新闻三等奖
茶乡长兴	集体	1999	省广播好新闻三等奖
梨园戏坛	朱宁晖	2000	省广播好新闻三等奖

续表30-3

作品名称	作者	年份	获奖情况
长兴三万鸭“兵” 新疆扫蝗	周健等	2000	省广播好新闻一等奖
农村天地	集体	2001	省广播好新闻三等奖
农村天地	集体	2002	省广播好新闻三等奖
长兴新闻(5月8日)	集体	2003	省广播好新闻三等奖
效能风暴:刮掉李子长等200人的位子	集体	2004	省广播好新闻二等奖
以心交心叩开学生心扉——长兴中学全国首创班级德育教育工作导师制	集体	2004	省广播好新闻三等奖
清远湖州	集体	2004	省广播好新闻三等奖
长兴农民人均收入增幅连续两年超居民	娄勇、吴洪涛	2005	省广播好新闻二等奖
长兴煤山“8•20”天能事件	集体	2005	省广播好新闻二等奖
吴晓红:红梅接出大产业	王晓伟 陈露	2005	省广播好新闻三等奖
咱们农民艺术团	朱宁晖 王婷	2005	省新闻奖二等奖
金钉子的故事	朱宁晖	2005	省广播好新闻三等奖
责任与使命	集体	2006	省广播好新闻三等奖
快乐泡泡堂	王婷	2006	省广播电视播音主持奖广播主持三等奖
疯狂的蓝藻	王晓伟、朱宁晖	2007	省广播好新闻一等奖
公平教育不公平	王晓伟、卢振翔	2007	省广播好新闻二等奖
乡村节节高	朱宁晖等	2007	省广播好新闻三等奖
士兵突击	吴志斌、王婷	2007	省广播电视文艺奖长篇连播二等奖
揭秘三聚氰胺	王晓伟	2008	省广播好新闻二等奖
苍天在上	吴志斌	2008	省广播电视播音主持奖广播播音三等奖
闯关东(2集)	吴志斌	2008	省广播电视播音主持奖广播播音三等奖
寻找《茶经》	王晓伟	2008	省新闻奖三等奖
两个人的奥运梦	王晓伟、冯洁、吴志斌、朱宁晖、钱仲康	2008	省广播好新闻三等奖
坚定信心 应对危机 创新创业	卢振翔、娄勇、李俐蓓	2008	省广播好新闻三等奖
长兴:银杏树进北京鸟巢	沈敏、娄勇	2008	省广播电台优秀新闻作品二等奖
迎战暴风雨特别节目:一路风雨一路情	王晓伟、朱宁晖、娄勇、钱仲康、陈露、卢振翔	2008	省新闻奖二等奖
旅游券的尴尬	卢振翔、朱宁晖	2009	省广播好新闻三等奖
乡村节节高	王晓伟、朱宁晖、陈露、冯洁、孙栩、吴志斌	2009	省广播好新闻三等奖
如此官腔	吴志斌、朱宁晖	2009	省广播好新闻三等奖
精彩浙江 国庆60周年60市县60小时	集体	2009	广播直播节目一等奖
“公推直选”团县委书记,让团员代表自选“当家人”	集体	2009	省广播好新闻三等奖
外来务工者的精神家园	集体	2009	省广播好新闻三等奖
国庆大阅兵	集体	2009	省广播好新闻三等奖
农企参展 政府买单	陈露、徐峰	2009	省广播好新闻三等奖
走在乡间小路上	集体	2010	省广播好新闻一等奖
转型升级促长兴蓄电池产业涅槃	王晓伟、钱仲康	2010	省广播好新闻二等奖
长兴:发展新能源 穿新鞋不走老路	集体	2010	省广播好新闻二等奖
走乡村(综合版)	集体	2010	省广播好新闻二等奖

续表30-3

作品名称	作者	年份	获奖情况
欢乐长兴行——走进二界岭	集体	2010	省广播好新闻二等奖
长兴点燃浙江节能减排攻坚第一爆	王晓伟、孙栩	2010	省广播好新闻三等奖
节能减排,长兴点燃浙江第一爆	集体	2010	省广播好新闻三等奖

说明:资料来源于长兴传媒集团

第三章　电　视

1987年,长兴县建立地面卫星接收站,分五个频道转播中央一台、中央二台、浙江台、上海台及长兴自办节目信号。1991年11月,长兴有线电视站建立。1992年,县广播电视局、长兴电视台先后建立,城区有线电视网络逐渐形成。1994年起,有线电视开始向乡镇拓展。2000年起,实施广播电视通村入户工程。2007年10月起,启动有线电视数字化工程。至2012年末,全县城乡有线电视用户达17.9万户、入户率98.6%,数字电视用户达17.9万户。

第一节　电视网络

一、无线转播电视

1987年5月,县内建立地面卫星接收站10余座,电视差转台5座。6月3日起,转播中央一台、二台和中央教育台3套节目,全县电视信号覆盖率为80%。9月,购置1千瓦分米波发射机一台,频道增至5个,分别为中央一台、中央二台、浙江台、上海台、长兴台。1988年7月,启用300瓦发射机,电视信号覆盖率达90%以上,除山区外全县大部分乡镇均能正常接收电视节目,信号还辐射到江苏宜兴漕桥、安徽广德等地。同年,新购置一台1千瓦分米波差转机,增开25频道电视节目,专门收转湖州台电视节目。1993年,投资400多万元建造1座新发射塔,位于雉城镇开发区城南东路,高151米,1994年7月竣工并投入使用,电视信号覆盖率达95%以上。1995年,投入175万元,添置发射塔维修设备、2套摄像设备、1套贝特卡姆编辑设备、2台电脑等。经技术人员的攻关、调试,解决电视图像无彩电、伴音轻的问题,提高节目的传输能力和播出质量。1997年,长兴电视台发射3个频道:7频道100瓦,转播中央一台;12频道100瓦,转播省台一套;25频道1000瓦,转播自办节目。2001年后,开始大力发展有线电视,无线电视转播仅限于央视以及省、市台节目。

二、有线电视

1990年年初,县内始建有线电视网,在新建的广播宿舍大楼"初试"成功后,扩增至县委党校宿舍和县人民医院宿舍区进行联网。1991年11月,长兴有线电视站(筹)建立。1992年3月,雉城镇有线电视开通,台苑新村、北门小区等800多户家庭完成有线电视安装。至该时起,城区有线电视网络逐渐形成。11月,县物价局和县文化广播电视局联合发文设定收费标准,有线电视初装费为每户200元,视听维护费(月租费)为每户3.50元,从1992年12月1日起实行。同年,共播出有线电视15套节目,其中转播14套、自办1套。1993年年底,雉城镇安装开通有线电视9300户,90%的家庭可收看图像质量高、频道多的电视节目。1994年8月、1996年8月,分两次改造有线电视机房,置前端设备数字解码接收机5台、数字卫星解码接收机12台、光发机1台、卫星广播接收解码器2台。1994年,开始向乡镇拓展。1995年3月,虹星桥镇建立有线电视系统。随后,和平镇、煤山镇、泗安镇、林城镇、槐坎乡、白岘乡等乡镇相继建立。1996年8月,中央电视台五套加密频道开通,雉城镇及联网用户每天可收视22套电视节目。1997年,架设光缆干线与湖州市有线电视联网,同时建起县内13个乡镇区域性有线电视网络,其中李家巷镇、雉城郊区、洪桥镇、夹浦镇4个镇实现市县联网。1999年11月,县城至乡镇的光缆建设全部完成。2000年,实施广播电视通村入户工程。至2005年年末,全县城乡有线电视用户达14.3万户,入户率72.3%,其中农村12.2万户,累计铺设光缆干线1100千米,有线电视自立杆1339千米,传送有线电视节目33套。2012年年末,全县城乡有线电视用户达17.9万户,入户率98.6%,其中农村13.4万户,入户率95.2%,光缆总长1100千米,传送有线电视节目53套。

三、数字电视

2007年10月,全县启动有线电视数字化工程。至2008年,开通20多家星级宾馆和旅游饭店、26个居民小区、5个乡镇的数字电视信号,发展用户1.3万户(终端)。2009年4月,完成全县33个小区、38家星级宾馆的“模转数”工作,开通一个数字电视试点村(李家巷镇章浜村),数字电视用户达1.75万户,终端数2.6万户。至2010年年底,总投资1.39亿元。2011年,实现数字电视“城区全部覆盖、乡镇基本普及”。2012年,完成环网工程建设,实现数字电视网络升级改造。升级后由原先的53套基本频道增加至60套,高清频道中新增3D测试频道1套。2012年年末,全县数字电视用户达17.9万户,其中城镇4.5万户,入户率99.3%,农村13.4万户,入户率95.2%。

图30-4　长兴数字电视监控机房(长兴传媒集团提供·2009年)

第二节　电视节目

一、转播节目

1987年,县内建立地面卫星接收站,分五个频道转播中央一台、中央二台、浙江台、上海台及长兴自办节目信号。1992年,成立长兴广播电视台,转播中央一台、中央二台、浙江台信号,发射功率50瓦;利用1千瓦25频道分米波发射机发射长兴台信号。1994年,建立新的发射铁塔,发射三个频道,1千瓦25频道分米波发射机发射长兴台信号;100瓦12频道米波发射机转播浙江台信号;100瓦7频道米波发射机转播中央1台信号。2007年,发射铁塔迁移,1千瓦25频道分米波发射机发射长兴台信号;1千瓦24频道分米波发射机发射中央1台信号;1千瓦32频道分米波发射机发射中央7台信号。

2001年,开始大力发展有线电视,使电视用户收看自办节目得到极大丰富。2002年,通过有线电视传输长兴新闻频道、点歌频道、购物频道3套自办节目。2005年,通过有线电视传输长兴新闻频道、长兴文化频道、图文频道、购物频道4套自办节目。2012年,新增长兴家庭频道。

二、自办节目

1990年,县电视台正式开播,电视节目以新闻为主,社教和文艺节目为辅,《长兴新闻》每周播两次,重播一次;社教节目(即专题节目)半个月一次;文艺节目每周播三次;信息之窗,全周播放。1992年12月,创办《长视新闻》,节目时长15分钟,主要播报长兴时事新闻。1993年4月,开办“今夜良宵”综合性节目,开设《金钥匙点播台》栏目。1996年,开办每天一档新题材栏目:周一《明星天地》、周二《兵器大世界》、周三《欧洲见闻》、周四《世界名模时装表演》、周五《一周体坛》、周六《社会纵横》。同年7月,开办

《天南地北长兴人》《经济大舞台》《农村天地》《开心作坊》等栏目。1997 年 1 月，开设对农栏目《致富之路》。4 月增办专题节目，其中周一、周二为人物版《百姓故事》，周三、周四、周五经济版《经济透视》《消费者》《金融视角》，周五、周六社会版《关注》《金盾之光》，周日《计划生育专题》《十亿农民健康教育专题》。7 月对专题节目进行改版，每周开设《经济潮》《浙北大市场》2 档栏目。1998 年，《长视新闻》改为每期 30 分钟，由每周 3 期改为每日播报。2001 年 1 月，创办《长视夜新闻》栏目，周一至周五 21 时 30 分播出，时长 30 分钟。6 月，创办《丰收园》对农节目，与《致富之路》节目互为补充，长度 10 分钟。同时开办新栏目《健康直通车》《生活百事通》。2002 年，开设"农村新闻""教你一招""新农民""价格擂台"等小栏目；《丰收园》栏目获 2002 年全省县级台对农节目一等奖。2004 年，经济生活频道改版，设《先锋颂》《百姓》《丰收园》《法制纵横》《帮忙》《生活新时空》《房产报道》等栏目。2005 年 5 月，首开民生新闻栏目《民生新干线》，时长为 15 分钟，周一至周五 18 时 15 分播出。同年，还推出以资深记者名字命名的深度报道栏目《小范看招商》。2007 年 5 月，电视新闻综合频道改版，突出新闻性，推出《长视新闻》《资讯 1＋1》、转播中央台《新闻联播》《小彤热线》《法制纵横》等栏目。6 月，将民生新闻栏目《民生新干线》改版为《小彤热线》，时长由原来的 15 分钟增至 30 分钟，每天 19 时 35 分播出。将原来的电视经济生活频道改为电视文化生活频道，开设《印象长兴》《媛媛有约》《走乡村》等栏目。2008 年，在《长视新闻》节目中推出由首席记者主持的深度报道版块《洪涛视线》。2010 年 5 月，文化生活频道《TV 砍价团》节目开播，每期节目时长 20 分钟。10 月，文化生活频道大型平民化益智类节目《冲关大挑战》开播。12 月，新闻综合频道《长视新闻》正式直播，成为全省首家直播新闻节目的县级电视台。2011 年，推出《走基层新发现》《天南地北长兴人》《文明小分队》《娘舅来了》等新闻专题节目。4 月，新闻综合频道改版，《小彤热线》栏目全新扩容，将广播频率新闻类栏目《阳光早报》中的评论节目《角度 973》推上电视荧屏。2012 年 2 月，开办电视纪实相亲栏目《爱情对对碰》。

三、品牌栏目

《长视新闻》　电视新闻综合频道的主打新闻节目。1992 年开播，节目长度 15 分钟，每天 18 时 30 分首播，当日 22 时重播，次日 12 时再重播。2001 年、2003 年分别获全省广播电视新闻节目"双十佳"称号。2010 年 12 月起至 2012 年 12 月，实现每日直播，时长 30 分钟。

《小彤热线》　电视新闻综合频道一档民生新闻节目。创办于 2007 年 5 月，以主持人小彤为栏目形象符号。每天黄金档 19 时 30 分播出，当日 22 时 30 分和次日 12 时 30 分重播，总时长 30 分钟。有"小彤在现场""生活资讯""曝光台""搜搜看"4 大板块组成。2010 年，获第五届浙江新闻名专栏奖，成为当年全省唯一获得该奖项的县级台。2012 年 5 月，获"2011 电视民生类年度城市品牌节目"称号。

《走乡村》　一档对农栏目，2007 年由原节目《丰收园》改版更名而来。每周二 19 时在文化生活频道首播，次日在新闻综合频道重播，时长为 15 分钟。有农事气象、乡村快报、乡村人物、乡村明星、乡村留言 5 个版块组成。2012 年，改为《走乡村》综合版、人物版和体验版。先后获省广播电视新闻奖对农栏目一等奖和省广播电视品牌建设优秀栏目奖。

四、电视活动及专题片

电视活动　县电视台电视活动经历由举办小型晚会到一般主题活动，再到承办大型专题盛会发展的过程。20 世纪 90 年代，主要组织节日晚会、电台庆典活动以及举办群众参与的小型娱乐比赛等。之后，通过加强与县内部门及省内外电视媒体合作，电视活动影响力逐年提升。2001 年，策划推出"长兴县十佳青年歌手电视大奖赛"。2002 年，策划推出"长兴县形象小姐、形象先生电视大赛"。2006 年，策划推出"长兴县广播电视节目主持人大赛"。2007 年 6 月至 8 月，首次策划推出电视歌唱真人秀活动"男声女声"电视歌手大奖赛，参赛人数近 2000 人，完成 11 场电视直播。2007 年 11 月至 2008 年 3 月，与县委宣传部、县新农办和县文广新局共同举办"寻找长兴最美的乡村暨杭嘉湖地区主持人邀请赛"活动，寻找十大"长兴最美乡村"。2010 年 5 月，文化生活频道承办长兴县"名小吃、名点心"大奖赛活动。5 月 21 日至 23 日，现场直播茶文化(旅游)节开幕式和大型文艺晚会《中华情·魅力长兴》。6 月 6 日，与浙江电视台公共·新农村频道联合承办历时3个多月的“第二届浙江农民创富大赛”。6月18日，与县工商局联合举办“长兴名优农产品进超市签约仪式暨首届特色农产品推介展示活动”。同年，策划推出《我想上春晚》才艺选拔大赛，举办长兴首届春节联欢晚会。2011年1月25日，参加承办《爱在长兴》慈善晚会。2012年10月8日，第二届“长兴榜样”颁奖典礼在长兴传媒集团举行，长兴电视台新闻综合频道、文化生活频道分别播出颁奖晚会盛况。11月17日，由中央电视台7套农业节目、市委市政府主办，中央电视台7套《聚焦三农》栏目、县委县政府承办，长兴传媒集团协办中央电视台2012年度三农人物面对面走进湖州(长兴)活动。12月3日，举办全国“12·4”法制宣传日活动启动仪式暨首届“十佳好娘舅”颁奖典礼。

电视专题 1999年3月，县电视台拍摄电视片《茶乡盛会》，分别在英国欧洲东方卫视、美国黄河电视台和纽约中文台播出。9月，拍摄制作《银杏人家》在美国纽约中文台播出。2000年6月，制作专题片《依靠科技 再创辉煌》。8月，摄制百集专题片《招商引资给我们带来什么》。2001年4月，与省电视台合作，在新塘乡新塘蔬菜专业村拍摄短片《田间地头话效益》。2002年，制作《长兴》形象专题片。2003年3月，邀请浙江卫视《风雅钱塘》摄制组到长兴拍摄长兴文化历史专题片《长兴故事》。2005年5月，与浙江卫视大型新闻行动《活力浙江》栏目组共同录制《活力浙江·长兴篇》专题片。2006年2月，与央视7套农业节目组合作拍摄“走进社会主义新农村系列报道”之《浙江长兴林城镇 老树也做新文章》电视专题片。2011年2月，与中央电视台中文国际频道合作拍摄《远方的家》专题节目《水陆并行游长兴》。3月，与中央电视台中文国际频道合作拍摄“《文明之旅》:蔡大生——献给故乡的歌”节目在央视中文国际频道播出。4月22日，第42个世界地球日，由国土资源部主办、中国古生物化石保护基金会策划承办、联合中央电视台制作的系列科普电视片《地球的年轮——“金钉子”的故事》，共10集，其中与中央电视台合作拍摄前3集“地球日特别节目”——《长兴的“秘密”》(上、中、下)。另外，2005年拍摄的专题片《红梅赞》、2007年拍摄的专题片《品茶》、2009年拍摄的专题片《百叶龙》、2011年拍摄的专题片《公民楼伯余》被中央组织部、省委组织部评为电视专题片一等奖。

五、电视新闻获奖

1991—2012年，长兴电视台电视新闻获省级以上电视类奖项57项。

1991—2012年长兴电视台获省以上电视新闻奖情况表

表30-4

作品	作者	年份	获奖情况
香港白获女士灾区行	杨耀新	1991	省电视好新闻三等奖
长兴农民跨省承包粮田	吕连根、杨耀新、许劲峰、朱小平	1993	省电视好新闻二等奖
聋哑学生“唱”国歌	楼成成、卢振翔	1995	省电视好新闻三等奖
心有灵犀一点通	王晓伟	1998	省电视好新闻三等奖
风物长宜放眼量	王晓伟	1999	省电视好新闻三等奖
人间真爱沐浴“小草”	周健等	2000	省电视好新闻一等奖
三十而立	徐峰	2000	省电视好新闻三等奖
长兴灰岩	许劲峰、杨耀新	2001	省电视好新闻三等奖、中国电视新闻奖科教类三等奖
长兴新闻(5月8日)	娄勇	2001	省电视好新闻三等奖
长兴“鸭兵”新疆扫蝗	杨耀新、周健、汪月萍	2001	省电视好新闻一等奖
“鸭后”与省科院攀亲	王玉坤	2001	省电视好新闻三等奖
喷水织机隐患无穷	张烈纯、沈泱、陈莹	2003	省电视好新闻三等奖
长兴蓄电池积隐患	张烈纯、沈泱	2004	省电视好新闻二等奖
丰收园	王玉坤	2004	省电视好新闻三等奖

续表30-4

作品	作者	年份	获奖情况
长兴煤山“8·20”天能事件	集体	2005	省电视好新闻二等奖
温塘——战斗的岁月	集体	2005	省电视好新闻二等奖
长兴古城大厦杯业余主持人大赛	集体	2005	省电视好新闻三等奖
三峡移民非法从事载客亟待整治	张烈纯	2005	省电视好新闻三等奖
百叶龙	集体	2006	省电视好新闻二等奖
爱民惠民共建和谐	集体	2006	省电视好新闻三等奖
走乡村	集体	2007	省电视好新闻一等奖
揭秘太湖蓝藻	王晓伟、朱宁晖	2007	省电视好新闻一等奖
乡镇卫生院变卖之痛	集体	2007	省电视好新闻二等奖
印象长兴	集体	2008	省电视好新闻二等奖
小彤走乡村	集体	2008	省政府奖省品牌名专栏
“大接访”缘何演变成“大上访”	吴洪涛、范培强、王玉坤、廖嵩	2008	省电视好新闻一等奖
迎战暴风雨特别节目:一路风雪一路情	集体	2008	省电视好新闻三等奖
水能载舟亦能覆舟(公益广告)	何悦	2008	省广播电视政府奖二等奖
首席新闻评论员(宣传片)	何悦、徐峰	2009	省广播电视政府奖三等奖
长视新闻(编排)	集体	2009	省广播电视政府奖二等奖
我们的百叶龙	集体	2009	省电视好新闻一等奖
原生态VS打品牌农博会推销各有招	集体	2009	省电视好新闻三等奖
小彤热线	集体	2009	省政府奖省品牌名专栏
小彤走乡村	集体	2009	省政府奖省品牌名专栏
小彤走乡村	集体	2010	省政府奖省品牌名专栏
新闻正反方——广州欢迎你(电视专题)	集体	2010	省广播电视政府奖一等奖
中华情晚会文艺晚会(制作艺术)	集体	2010	省广播电视政府奖二等奖
长兴点燃浙江节能减排第一爆	周水彬、周勇	2010	省电视好新闻三等奖
节能减排=拉闸限电	吴洪涛、张伟建、胡林林	2010	省电视好新闻三等奖
节能减排(片花广告技术质量)	席关中、徐森、蒋俊杰	2010	省广播电视政府奖三等奖
葡萄熟了(青少节目)	集体	2010	省广播电视政府奖三等奖
资讯快报(技术质量)	廖德峰、蒋杰、毛浩	2010	省广播电视政府奖三等奖
走乡村(综合版)	集体	2011	省广播电视政府奖二等奖
长兴湖羊爱上芦笋(电视专题)	集体	2011	省广播电视政府奖二等奖
奥利尔(商业广告)	何悦	2011	省广播电视政府奖二等奖
葡萄节宣传片	何悦	2011	省广播电视政府奖三等奖
菁菁校园——我来帮帮你(电视专题)	集体	2011	省广播电视政府奖三等奖
温暖2012——大型乡村公益活动	集体	2011	省广播电视政府奖一等奖
决战清林坞	集体	2012	省电视好新闻二等奖
杯水的温度	集体	2012	省电视好新闻二等奖
总理又来橡树下村,一次宽心,一次揪心	集体	2012	省电视好新闻三等奖
航母舰长张峥	集体	2012	省电视好新闻三等奖
农村合作银行丰收卡(商业广告)	何悦	2012	省广播电视政府奖三等奖
一个人的骡队(短纪录片)	集体	2012	省广播电视政府奖三等奖
中国“三农人物面对面”走进长兴(制作艺术)	集体	2012	省广播电视政府奖三等奖

说明:资料来源于长兴传媒集团

第三节　长广广播电视站

20 世纪 80 年代,除长兴广播电台外,境内还有长广广播电视站(前身为“长广公司广播站”“电视差转站”,1983 年合并成立),站址牛头山麓。1991 年后,节目以继续播出《矿区新闻》为主,日播 2 次,每次 20 分钟至 30 分钟。1992 年始,改无线调频广播,广播信号由有线传输发射与二级单位广播站点无线接收,原广播线路渐拆除。1993 年年初,转播电视节目由原 2 套增为 5 套。电视节目《长广新闻》由每月 2 次不定期播出改为每周五定期播出。1995 年 9 月,始建有线电视网络,至 1996 年元旦完工,系统前端位置位于牛头山矿区工人文化宫。转播中央电视台 1 套至 8 套及浙江、山东、四川、云南、贵州、福建、广东、上海、中国教育一台与自办节目计 22 套。先后制作播出电视专题(系列)片有《煤城崛起在浙北》《今日长广》《黑色太阳》《光和热的奉献者》《长广是我家,振兴靠大家》等。

第四章　网　站

2002 年,长兴县政府门户网站开通,主要推荐长兴、服务招商,专门开设招商版块,适时发布政府重大招商引资活动、招商项目、投资指南等信息,并与国内知名招商网站作友情链接。至 2012 年,长兴县有各类网站 800 多家,其中政府部门及事业单位网站有 53 家。

第一节　政府门户网

2002 年,长兴县政府门户网站开通,包括中文版、英文版、韩文版、日文版四个版本,由县信息中心主办。至 2012 年,共进行过两次全面改版和数十次调整。其中,2008 年第一次全面改版从长兴政府门户网站改版为“中国·长兴”政府门户网站,整合资源、调整栏目,并着重增加便民服务、网上办事等功能。2012 年进行第二次改版,结合政务服务网长兴平台的建设,重点围绕政务公开、招商引资、服务企业、方便群众进行栏目设置。

开通初期,县政府门户网站主要为推荐长兴、服务招商,专门开设招商版块,适时发布政府重大招商引资活动、招商项目、投资指南等信息,并与“新浪网”“新浪城市”“中国招商网”等一些国内知名招商网站作友情链接。2004 年开始,新浪网一直与长兴县合作,并每年给予一次大型专题活动报道,更好地宣传推介长兴,提高政府门户网站的知名度。2008 年,县政府门户网站以“服务于社会公众、服务于地方经济、服务于政府内部”的网上政府为目标,改版为“中国·长兴”政府门户网站,开拓政府门户网站建设的新阶段。在充分整合相关单位资源的基础上,对部分栏目进行调整,增加“长兴网视”、“聚集长兴”等栏目,减少与长兴联系不是很密切的栏目,调整网上办事、公众参与等栏目,使整个政府网站版面更简洁、信息量更大、日常更新更快,并着重增加政府网站便民服务、网上办事等功能。2004 年,“中国·长兴”政府门户网站获“全国地市政府电子政务应用调查管理奖”,2006 年获“中国电子政务政府上网工程应用示范奖”,并多次得到省市表彰。

2012 年,“中国·长兴”政府门户网站全面改版,重点围绕政务公开、招商引资、服务企业、方便群众进行栏目设置。改版后的网站有 5 个主栏目、125 个子栏目,新增部门信箱、效能投诉、网上信访、新闻视频等 6 个互动、视频类栏目,重点突出政民互动和办事服务等功能。结合政务服务网长兴平台建设,办事服务全部链接到浙江政务服务网长兴平台。同时,根据上级关于政府信息公开工作的最新要求,对各信息公开单位重新进行目录梳理，对信息公开索引号进行重新编写，专门设立组织机构、法规文件、规划计划、统计信息、工作动态、公告公式等十余个栏目。2012 年 10 月，开通长兴县政府信息网上平台，公开各类政府信息 1.3 万余条。

第二节　长兴新闻网

2004 年 7 月，“长兴新闻网”成立，属浙江在线支站，由县宣传信息中心主办。9 月，正式开通运行。2006 年 10 月改版，设定新闻中心、资讯频道、服务频道、互动频道四大版块。改版后日均浏览量约为 2.5 万人次，其中来自外地的点击量占 60%以上。2006 年长洽会期间，长兴新闻网在新华网浙江频道开设长洽会专题报道，实行图文、视频全面直播，长兴新闻网日点击 IP 突破 18132，浏览量突破 58413PV。2007 年 9 月 12 日，第三届中国长三角与欧洲波罗的海合作发展论坛暨 2007 中国太湖明珠——长兴国际投资贸易洽谈会新闻发布会在上海新锦江大酒店举行，长兴新闻网首次到上海进行现场图文直播。从 14 时 05 分开始，到 15 时 49 分结束，共直播文字 4229 字，图片 8 幅。2008 年 11 月，实现长兴报电子版上线。登陆长兴新闻网点击《长兴日报》数字报，就能在线翻阅《长兴日报》。另外，数字报还开通检索功能，方便读者查阅往期报纸。长兴数字报自上线后与纸质版同步。2008 年 11 月 21 日第 1235 期起至 2012 年 12 月 31 日第 2281 期，共上线 1046 期。2012 年，获“浙江在线创新支站奖”。2004—2012 年，长兴新闻网共有 6 篇新闻作品获浙江省新闻奖网络作品奖，其中二等奖 1 篇、三等奖 5 篇。

第三节　其他网站

至 2012 年年末，全县拥有各类网站 800 多家，其中政府部门及事业单位网站有 53 家。除长兴县政府门户网站，比较有影响力的网站有“长兴新闻网”“长兴县招标投标网”“长兴教育网”“长兴在线”等 20 多家。

2012 年长兴县主要网站情况表

表 30-5

网站名称	网　址	主办单位
中国•长兴	http://www.zjcx.gov.cn	长兴县人民政府办公室
长兴新闻网	http://www.zjcxnews.com.cn	长兴传媒集团
长兴县招标投标网	http://www.cxztb.gov.cn	长兴县行政服务中心
长兴县统计信息网	http://www.cxstats.gov.cn/	长兴县统计局
长兴县泗安镇政府网	http://www.sian.gov.cn/	泗安镇人民政府
长兴县水利局	http://www.cxwr.gov.cn/	长兴县水利局
长兴县商务局	http://www.cxswj.gov.cn/	长兴县商务局
长兴县民政局门户网站	http://www.cxmz.gov.cn/index.php	长兴县民政局
长兴县林业网	http://lyj.zjcx.gov.cn	长兴县林业局
长兴县建设信息网	http://jsj.zjcx.gov.cn/	长兴县住房和城乡建设局
长兴县环境保护局	http://www.cxepb.gov.cn	长兴县环境保护局
长兴县和平镇政府网站	http://www.cxhpz.gov.cn/default.aspx	和平镇人民政府
长兴县行政服务中心	http://www.cxxzfw.gov.cn	长兴县行政服务中心

续表30-5

网站名称	网　址	主办单位
长兴县风景和旅游管理局官方网站	http://www.cxly.com	长兴县旅游委员会
长兴县发改委	http://fgw.zjcx.gov.cn/	长兴县发改委
长兴县档案局(馆)服务网站	http://www.cxdaj.gov.cn/	长兴县档案局
长兴县城市管理行政执法局	http://www.cxxzzf.gov.cn/	长兴县城市管理行政执法局
长兴县安全生产监督管理局	www.changxsafety.gov.cn	长兴县安全生产监督管理局
长兴卫生信息网	http://www.zjcxws.gov.cn	长兴县卫生局
长兴市场监督管理局	http://cxsgj.zjcx.gov.cn/	长兴县市场监督管理局
长兴人事人才网	http://www.zjcxrc.gov.cn	长兴县人力资源和社会保障局
长兴普法网	http://www.cxpfw.gov.cn/	长兴县司法局
长兴农村经济信息网	http://www.cxagri.gov.cn/	长兴县农业局
长兴经济技术开发区	http://www.ccdp.gov.cn/	长兴经济技术开发区管理委员会
长兴教育网	http://www.zjcxedu.com	长兴县教育局
长兴公共卫生信息网	www.zjcxcdc.com	长兴县卫生局
小浦镇人民政府网	http://www.xiaopu.gov.cn	小浦镇人民政府
吕山乡人民政府门户网站	http://www.lvshan.gov.cn/	吕山乡人民政府
警务E广场	http://cx.hzgaj.gov.cn/	长兴县公安局
画溪街道	http://www.huaxi.gov.cn	画溪街道办事处
浙江长兴太湖新城	http://www.cxth.gov.cn/	太湖街道办事处

说明:资料来源于县信息中心

第五章　融媒体发展

2011年4月,长兴县进行跨媒体整合,组建全国首家县域全媒体传媒中心,在全国率先开始探索县级媒体融合发展之路①。至2012年年末,长兴传媒集团运行体系、媒体运营体系、产业运营体系基本形成。

第一节　长兴传媒集团

2011年4月,县委、县政府决定,将长兴广播电视台、长兴宣传信息中心、县委报道组、“中国长兴”政府门户网站(新闻版块)等进行跨媒体整合,组建全国首家县域全媒体传媒中心——长兴传媒集团,在全国率先开始探索县级媒体融合发展之路。

长兴传媒集团组建后,对外继续保留长兴人民广播电台、长兴电视台、《长兴新闻》报、《画溪》杂志、长兴新闻网、“中国长兴”政府门户网站、长兴网视的呼号和牌子。长兴传媒集团与长兴广播电视台合署办公,其中长兴传媒集团为事业集团、企业化运作,正科级单位,长兴广播电视台为县委、县政府直属事业机构,正科级单位。

① 2017年,长兴组建融媒体中心。2018年9月20日至21日,中央宣传部在长兴召开全国县级融媒体中心建设现场推进会,要求到2020年底前基本完成县级融媒体中心的全覆盖。县级融媒体中心建设“长兴模式”向全国推广。

图30-5　2011年，长兴传媒集团成立（长兴传媒集团提供）

组建后，长兴传媒集团主要拥有长兴人民广播电台太湖之声、长兴电视台新闻综合频道、长兴电视台文化生活频道、《长兴新闻》报、《画溪》杂志、长兴新闻网、“中国长兴”政府门户网站、长兴网视等媒体平台。有长兴广电网络有限公司、长兴广电广告有限公司、长兴今日报业广告有限公司、浙江大唐文化传媒有限公司、长兴大唐汽车销售有限公司、长兴梅地亚传播有限公司、印刷厂等七大经营实体。

2011 年 6 月，长兴传媒集团实施首次岗位竞聘，其中中层岗位 64 个、普通岗位 245 个。至 2012 年年末，有从业人员 420 人，其中在编人员 123 人、聘用人员 297 人，副高职称 4 人、中级职称 19 人、初级职称 50 人。

第二节　全媒体运营

长兴传媒集团下设党委会、董事会、编辑委员会、经营管理委员会。董事会与党委会完全覆盖，下设办公室、行政管理部、人力资源部、纪检监察部、计划财务部、技术保障部。编委会管理频道、频率、报纸、新闻网业务，经委会负责广告营销、产业发展、广电网络等的经营。各子单位制定《岗位说明书》，设岗定责，实行绩效管理，形成责、权、利清晰的运行机制。

一、运行体系

实行党委领导下的董事长负责制。在管理体制和运行机制上，实行“一个主体、三大系统、三层管理”构架和运行模式。一个主体，即强化集团一个法人主体地位；三大系统，即行政保障系统、采编播工作系统、经营管理系统；三层管理，即党委、董事会决策管理层，编辑委员会、经营管理委员会业务指导层，根据上述领导管理体制和运行机制设置的相应职能部门操作层。

二、媒体运营

由编辑委员会负责整个集团新闻宣传、节目及活动等工作。下设新闻中心、总编室、节目中心、制作出版中心。新闻中心负责集团广播、电视、报纸、杂志、网站等的采访、编辑和对外宣传工作；总编室负责集团广播、电视、报纸、网站、杂志等新闻宣传的协调管理和精品创优工作；节目中心负责集团各媒体除新闻以外的节目、活动的承办、制播和管理工作；制作出版中心负责集团广播、电视、报纸、网站、杂志等节目、版面的制作出版工作。

三、产业运营

由经营管理委员会负责整个集团数字电视的运营维护、广告营销和产业发展等工作，下设广电网络公司、广告营销中心、产业发展中心。广电网络公司负责集团有线电视网络建设、日常运营、维护和增值业务发展等；广告营销中心负责集团广播、电视、报纸及新媒体的营销策划和创收、网络增值业务的营销策划以及报刊发行等工作；产业发展中心负责集团文化产业发展和报刊印刷等。

第三十一编 卫 生

1988年，长兴县有医疗卫生机构99家、村卫生室402个，有职工1794人，其中卫生技术人员（简称卫技人员）1381人，有床位1319张，每千人床位2.22张、卫技人员2.32人，县、乡镇两级医疗用房总面积8.79万平方米。20世纪90年代，加大对卫生事业的投入，先后新建县人民医院医技楼、县中医院病区大楼、县妇保院病房综合楼，完成24个乡镇卫生院危旧房维修或新建，县乡村三级医疗预防保健网络建设得到加强。同时，医院内部专业分科趋向细化，推广应用新技术、新项目，引进一批国内外先进的诊疗设备，诊治水平有新提高，诊疗技术有新突破。1989年，长兴实现疟疾基本消灭的目标。1991年，通过省市考核达到基本消除碘缺乏病的标准。1995年，经省考核确认达到血吸虫病消灭标准。1996年，通过省考核成为基本消灭麻风病达标县。1997年，经省抽查考核确认长兴初级卫生保健达标，通过省考核验收获评省卫生县城。1998年，获评省农村中医工作先进县。进入21世纪，全县卫生事业进入新的发展时期，卫生体制改革不断深化，公共卫生服务体系逐步完善。全县医疗市场逐步开放，乡镇卫生院实行产权制度改革，民营医疗机构快速发展，呈现多种所有制并存、多渠道投资办医的新局面。公共财政对卫生事业投入不断加大，疾病预防、妇幼保健、卫生监督执法、医学科研、人才队伍建设等进一步加强和完善；县人民医院、县妇幼保健院、县中医院先后异地新建，全县医疗环境得到切实改善。2003年，成功抗击传染性非典型肺炎（简称“非典”）疫情。同年，被命名为国家卫生县城。2011年起，政府全资回购27家乡镇卫生院，并启动标准化建设。2012年，3家县级公立医院分别获得省三级乙等称号，其中县中医院还通过国家级三级乙等评审验收。至同年年末，全县有医疗卫生机构346家，其中社区卫生服务站178家，有职工4040人，其中卫技人员3729人，病床2388张，每千人床位数3.7张、卫技人员5.75人，县、乡镇两级医疗机构建筑总面积19.57万平方米，医疗卫生机构拥有固定资产总值7.06亿元。全县法定甲、乙类传染病总发病率由1988年的906.10/10万降至2012年的180.28/10万，低于全省平均水平。孕产妇死亡率为零，5岁以下儿童死亡率约为5.4‰，婴儿死亡率约为4.3‰。全县人均预期寿命提高至77.72岁。

第一章 医 疗

1988年，全县医疗卫生机构有99家，其中医院（卫生院）等医疗机构38家、卫生机构5家、门诊所56家，村卫生室402个；有床位1319张，每千人拥有床位2.22张；有职工1794人，其中卫技人员1381人，每千人拥有卫技人员2.32人；县、乡镇医疗用房总面积8.79万平方米。2012年，全县医疗卫生机构有346家，其中县级公立医疗机构3家、县级卫生机构3家、乡镇卫生院27家、民营医疗机构3家、个体诊所101家、社区卫生服务站178家；共开放医疗床位2388张，每千人拥有床位3.7张；有职工4040人，其中卫技人员3729人，每千人拥有卫技人员5.75人；县、乡镇医疗机构用房总面积19.57万平方米。

第一节　医疗卫生机构

一、县级医疗机构

1988—2012 年，县内有县人民医院、县中医院、县妇幼保健院 3 家县级医疗机构，均为省三级乙等医院。

长兴县人民医院　是一所集医疗、预防、保健、科研、教学为一体的综合性医院。1988 年，位于雉城镇县前街 59 号，床位 269 张，有职工 293 人，其中卫技人员 206 人。1990 年 11 月，五层医技大楼竣工，投资 120 万元，建筑面积 2016 平方米。同年，医院占地面积 2.41 公顷，建筑面积 2.48 万平方米。核定床位 269 张，实际开放 269 张，门诊 16.69 万人次，住院 6762 人次，业务总收入 511.2 万元。有职工 302 人，其中卫技人员 223 人，包括高级职称 13 人、中级职称 43 人。1992 年 9 月，被省卫生厅授予一级甲类医院。1994 年 11 月，四层中西药库大楼竣工，占地面积 1017 平方米，为全省标准化药库之一。2000 年，经省发改委批复，县人民医院迁建工程立项，征地 10.67 公顷。2002 年 6 月，挂牌浙江省人民医院指导、协作医院。同年 7 月 15 日，迁建工程奠基开工，至 2003 年 2 月门诊大楼结顶，十层病房大楼土建工程基本完工，2004 年开始全面装修。2005 年 10 月 10 日，与长兴县妇幼保健院进行整合，实行一套班子、两块牌子管理。2006 年 1 月，被省卫生厅评为二级甲等综合性医院。同年 7 月 9 日，整体迁至新址太湖中路 66 号，占地面积 7.43 公顷，建筑面积 4.26 万平方米。2007 年，重新改造感染性疾病科住院楼和肠道门诊、发热门诊楼。完成第二期绿化工程，绿化面积 3000 平方米，绿化覆盖率达 48%。2008 年 5 月，与长兴县妇幼保健院分离。2010 年 10 月，成为第二军医大学长海医院协作医院。2012 年，被省卫生厅评定为三级乙等综合性医院。同年，设 17 个职能科室、26 个临床科室、11 个医技科室、16 个病区。核定床位 600 张，实际开放 600 张，门诊 86.66 万人次，住院 2.76 万人次，业务总收入 3.09 亿元。有职工 907 人，其中卫技人员 783 人，包括正高职称 13 人、副高职称 78 人、中级职称 229 人，硕士研究生 25 人。

图 31-1　长兴县人民医院门诊、医技和病房大楼(县卫计局提供·1995 年)

长兴县中医院　是一所集医疗、教学、科研、预防、康复为一体，具有中医特色、中西医结合的综合性中医医院。1988 年 9 月，由集体所有制转为全民所有制，位于雉城镇解放东路 68 号。占地面积 0.47 公顷，建筑面积 5376 平方米，其中业务用房 3089 平方米，设床位 75 张。有职工 134 人，其中卫技人员 124 人，包括主治中医师 9 人、主治医师 3 人、中西药结合主治医师 1 人。1990 年，核定床位 70 张，实际开放 76 张，门诊 14.32 万人次，住院 2162 人次，业务总收入 245.22 万元。同年，被省卫生厅认定为一级乙类中医院。1992 年 4 月，被省中医药管理局评为“国标”二级乙等中医院。1994 年 8 月，扩建病房楼，总投资 1300 万元，建筑面积 6021 平方米，新增床位 200 张。1995 年 10 月，新建的七层病区大楼竣工。2006 年 1 月，被省卫生厅认定为二级甲等中医医院。2008 年 6 月，异地扩建新院区项目开工建设，占地面积 4 公顷，建筑面积 3.64 万平方米，床位 400 张，总投资 1.85 亿元。2010 年 9 月，新院区竣工，9 月 28 日整体迁至新院区雉城镇宾南路 198 号(后更名长吕路 99 号)。2011 年，肾内科被列入第二批浙江省县级医学龙头学科建设单位。2012 年 1 月，被省卫生厅评为省三级乙等中医医院。同年，设临床一级科室16个，专科专病门诊22个、职能科室19个、医技科室11个、病区9个及重症监护室、血透中心、康复中心各1个。核定床位450张，实际开放445张，门诊67.55万人次，住院1.76万人次，业务总收入2.12亿元。有职工556人，其中卫技人员493人，包括正高职称7人、副高职称48人、中级职称163人，硕士研究生26人。

长兴县妇幼保健院 是一所集医疗、保健、预防、教学、培训为一体的妇幼专科医院，担负全县妇幼卫生防治、生殖健康、计划生育指导、健康教育等工作。前身为县妇幼保健所，位于雉城镇人民南路108号。1989年，占地面积0.19公顷，建筑面积2533平方米，其中业务用房1334平方米，床位45张。有职工26人，其中卫技人员19人，包括高级职称1人、中级职称3人。1990年，核定床位36张，实际开放60张，门诊2.1万人次，住院2242人次，业务总收入65.9万元。1991年12月，新建食堂、供应室一幢两层综合楼竣工，总建筑面积416.05平方米。1993年12月，经省卫生厅批准撤所建院，核定床位60张，全院职工57人，其中卫技人员48人，包括高级职称1人，中级职称4人。1995年2月，新建四层病房综合楼落成，总投资270万元，建筑面积2780平方米。9月，获第一批国家级爱婴医院称号。1997年11月，门诊楼由三楼改建为四楼，增加面积420平方米。1998年12月，在沿街地段建造的640平方米综合用房竣工，以医院大门为界，分南北两幢。同月，被省卫生厅评为一级甲等妇幼保健院。2005年10月，和县人民医院进行资源整合，实行一套班子、两块牌子管理。同年，被省卫生厅评为二级甲等妇幼保健院，并与浙江大学医学院附属妇产科医院、浙江大学医学院附属儿童医院结为协作医院。2008年3月15日，县妇幼保健院迁建工程开工，总建筑面积1.65万平方米，其中门诊楼四层5776平方米、住院楼七层7824平方米、辅房1500平方米，总投资6500万元。同年5月，恢复县妇幼保健院独立机构。2009年11月28日，一期竣工投入使用，医院整体迁至新院区明珠路861号。2012年10月，被省卫生厅评为三级乙等妇幼保健院。同年，核定床位200张，实际开放200张，门诊36.2万人次，住院9904人次，业务总收入8036.6万元。有职工300人，其中卫技人员267人，包括正高职称3人、副高职称31人、中级职称78人，硕士研究生3人。

二、县级卫生机构

1988年，全县有县卫生防疫站、县妇幼保健所、县皮肤病防治站、县卫生进修学校、县药品检验所5家卫生机构。1993年，县妇幼保健所撤销，建立县妇幼保健院。1999年，县药品检验所建制撤销。2004年4月，县卫生防疫站撤销，组建县卫生监督所和县疾病预防控制中心。2010年10月，县卫生进修学校更名湖州中等卫生专业学校。2012年，全县共有县级卫生机构3家。

长兴县卫生防疫站 1988年，位于雉城镇县前街88号。建筑面积3534平方米，设办公室、检验科、地防科、防疫科、食品卫生科、卫生科、劳动卫生科、总务科，有人员47人，其中主管医师、主管管理医师11人。1994年11月，设立犬伤门诊部，统一处理犬伤病人和正规免疫注射。1995年12月，《中华人民共和国食品卫生法》修订颁布，食品卫生执法主体由各级卫生防疫站变更为各级卫生行政部门；县卫生防疫站受县卫生局委托，履行食品卫生监督有关职责。2000年，省卫生厅批准长兴县为加强与促进结核病控制项目县，县卫生局确定县卫生防疫站为全县肺结核病唯一归口管理单位。同年4月，开设结核病防治门诊。2001年12月，整体迁至雉城镇双拥路87号，新建成的县卫生防疫站包括行政楼、实验楼、门诊楼，建筑总面积6743.5平方米。2002年，设预防医学门诊部。2003年9月，设立职业病防治门诊部。2004年，有人员64人，其中卫技人员56人，包括执业医师30人，含副高职称2人。同年2月，县卫生防疫站撤销。

长兴县疾病预防控制中心、长兴县卫生监督所 位于雉城镇双拥路87号。2004年2月，撤销县卫生防疫站，组建长兴县卫生监督所和长兴县疾病预防控制中心，实行一套班子、两块牌子管理体制，为全额拨款的全民事业单位。主要职责为实施全县防疫防病任务、技术指导及提供卫生技术服务、承担全县范围内的疾病预防控制工作；承担县卫生局交付的卫生监督执法任务，并直接承担全县范围内的卫生监督执法任务。内设办公室、总务科2个职能科室，稽查科、法制科、食卫科、职卫科、防疫科、结防科、地慢

图31-2　长兴县卫生监督所(长兴县疾病预防控制中心)(县卫计局提供·2012年)

科、健教科、检验科9个业务科室,有职工64人。同年,县疾控中心艾滋病初筛实验室经省卫生厅考核评定达标。2006年,长广集团公司卫生防疫站与长广集团分离,移交地方政府管理,改设为县疾控中心长广分中心。2010年9月,卫生监督业务大楼建成启用,建筑面积5100平方米,投资1183万元。2010年,设雉城、李家巷、泗安、煤山、和平和长广共6个分所。2012年7月,餐饮环节食品安全监管职责移交县食品药品监督管理局。同年,县疾控中心结核病门诊业务终止,结核病诊断治疗划归县人民医院承担。2012年,占地面积1.3公顷,建筑面积1.18万平方米。设科室16个,有职工126人,其中专业技术人员106人,卫技人员92人,副高职称4人、中级职称34人。

长兴县皮肤病防治站　前身为县麻风病防治站。1980年,由槐坎迁至雉城镇大西门清文路16号。1984年,改为县皮肤防治站,1985年5月开设皮肤病门诊部。1989年,迁至县前街76号,占地面积215平方米,建筑面积308平方米,其中业务用房180平方米。2002年,迁至春楼弄28号。2008年5月,迁至西鱼巷72号(租用房),建筑面积460平方米,有职工10人,其中卫技人员8人,包括主治医师2人。开设皮肤病性病及皮肤美容专科门诊,不设床位。2012年,有职工13人,其中卫技人员10人,分别为副主任医师1人、主治医师1人、医师2人;检验师1人,检验士1人;药剂师1人;副主任护师1人、护师2人。

湖州中等卫生专业学校　前身为县卫生进修学校。1988年,位于雉城镇清文路38号,2009年1月整体迁入回龙山路2009号新校区。2010年10月,更名湖州中等卫生专业学校。详见第27编、第3章、第2节。

长兴县药品检验所　1988年,位于雉城镇大西门清文路16号。1990年,有三层12间楼房1幢,建筑面积400平方米,有卫技人员4人。主要检验仪器有分光光度计、分析天平、显微镜、酸度计、旋光仪、超净工作台等,工作室分生测室、化学室、中药室、无菌室。1999年,药政、药检职能划入湖州市药品监督管理局长兴县分局,县药品检验所撤销。

三、乡镇卫生院

乡镇卫生院前身是联合诊所(医院)。1988年,全县共有和平、李家巷、泗安、煤山地区医院4家,乡镇卫生院31家,伤、牙科诊所各1家。多数卫生院开设中西医内外、妇产、手术、放射、化验、儿保、药房等科室。其中,有10所卫生院配备心电图机,4所卫生院装备200毫安X线机,17所卫生院开展生化检验,长桥乡卫生院配备救护车1辆。1998年4月,撤销泗安镇卫生院、便民桥卫生院,分别并入泗安地区医院、和平地区卫生院。同年年底,所有乡镇卫生院配齐心电图机、B超机、X光机、生化分析仪"新四件",白岘、槐坎、洪桥、虹星桥、泗安、煤山、和平、李家巷等卫生院配有救护车。2001年2月,撤并下箬寺乡卫生院、长城寺乡卫生院、长潮乡卫生院、煤山镇卫生院,分别并入雉城镇

图31-3　小浦镇卫生院(县卫计局提供·1995年)

中心卫生院及和平、泗安、煤山地区医院。同年年末,全县共有乡镇卫生院24家,地区医院4家,伤牙科诊所1家。

2001年9月起至2003年6月,全县29家乡镇卫生院(含4家地区医院、1家伤牙科诊所)分3批相继改制成为民营医院,资产转让实际成交价总额2586.54万元,510名在编职工实行身份置换(买断工龄),按有关政策给予一次性经济补偿,其中离岗退养36人、提前退休25人、身份置换449人。改制后的乡镇卫生院属非营利性民办医疗机构,承担区域社会公共卫生服务。16个乡镇成立防保科(中心),实行“四定”(即定人员、定任务、定经费、定考核办法),防保经费投入由原来的每人每年0.3万元增加到每人每年1.5万元。

2003下半年,县体改办、县卫生局对改制后乡镇卫生院运行状况进行专题调研。2005年,县卫生局在开展关于创建卫生强县调研中,发现改制后乡镇卫生院存在对承担预防保健、公共卫生认识不到位的问题。2008年,县卫生局组织调研组对全县医疗体制现状与改革方向进行调研,认为改制后乡镇卫生院在农村公共卫生体系中的枢纽作用弱化,影响县、乡、村三级网络运行效率。2009年,形成以创建卫生强县为总目标,以深化农村医疗卫生体制改革为突破口,以强化县级“三院一中心”建设为重点的改革思路。2011年,深化农村医疗卫生体制改革,对乡镇卫生院设置及资产收购作出规划。同年3月,煤山镇卫生院并入长广职工医院。2012年起,县卫生局按照“进出自愿、资产评估、协商谈判”的原则,推进乡镇卫生院资产收购。至年末,27家乡镇卫生院全部完成资产评估,其中签订协议26家;投入资金1.19亿元,对23家乡镇卫生院进行收购并办理移交;同时启动规划选址新建乡镇卫生院。收购移交后,吴山乡卫生院并入和平镇卫生院,里塘乡卫生院并入虹星桥镇卫生院,后漾乡、新塘乡、下箬乡卫生院撤并重组为城市社区卫生服务中心,横山乡卫生院并入洪桥镇卫生院,天平乡、畎桥乡、太傅乡卫生院并入林城镇卫生院,包桥乡卫生院并入画溪街道社区卫生服务中心,仙山乡、二界岭乡卫生院并入泗安镇卫生院。同年年末,全县设有乡镇卫生院12家、社区卫生服务中心2家,建筑总面积8.34万平方米。

2012年长兴县乡镇卫生院(社区卫生服务中心)情况表

表31-1

单位	地址	建筑面积(平方米)	床位数(张)	卫生技术人员数(人)	下辖社区卫生服务站数(家)
洪桥镇卫生院	洪桥镇洪桥自然村	5434	44	20	14
李家巷镇卫生院	李家巷镇广福路	6129	55	67	11
夹浦镇卫生院	夹浦镇新街口	3804	15	20	12
泗安镇卫生院	泗安镇龙溪坝	2737	72	77	22
虹星桥镇卫生院	虹星桥镇虹星路	9644	23	45	12
和平镇卫生院	和平镇勤劳街	7301	50	83	18
林城镇卫生院	林城镇工业园区	27567	29	92	17
小浦镇卫生院	小浦镇浦溪路	2149	15	25	8
槐坎乡卫生院	槐坎乡街道	3228	14	36	6
白岘乡卫生院	白岘乡访贤街梧桐路	1895	12	17	3
水口乡卫生院	水口乡水口街	2026	15	19	6
吕山乡卫生院	吕山乡集镇	1332	9	19	8
画溪街道社区卫生服务中心	画溪街道姚家桥文卫路	3475	31	35	11
城市社区卫生服务中心	太湖街道长新路	6659	25	67	23

说明:1.资料来源于县卫计局;2.煤山镇卫生院于2011年3月并入长广职工医院

四、社区卫生服务站(村卫生室)

1989年之前,县内村卫生机构为村合作医疗站,1989年起改称村卫生室。同年,全县建有卫生室的村共 390 个，占全县村总数的 87%；有乡村医生 325 人、卫生员(含原赤脚医生)224 人，其中女性 167 人。村卫生室地点一般设在村委房舍内，也有因为用房紧张而设在乡村医生家中，村卫生室用房面积 20 平方米～50 平方米，配备诊察台、药橱、高压消毒锅、听诊器、体温计、注射器、方盘等基本医疗器械及设备。乡村医生在遇村民要求时随时出诊，同时还承担妇幼保健、儿童接种等防保任务，其业务指导由各乡镇卫生院承担。

1992 年开始，将实施初级卫生保健作为深化农村卫生改革、为农业发展服务的重要措施。同年，制定“集体所有、合理布局、村办乡管、能防能治”的十六字原则，坚持集体办医，按照 2 千米～5 千米服务半径、2000 人左右服务人口建一个村卫生室的要求，由乡镇政府统一规划建设，村卫生室要求达到“四配套”(人员、房屋、设备、药品)、做到“五个子”(房子、牌子、门诊日志、处方发票本子、进药一条路子)。1993 年，在 31 个乡镇 452 个行政村中，有卫生室的村达到 415 个，乡村医生和卫生员 618 人，每千农村人口 1.6 人。1996 年年底，全县村卫生室覆盖率 100%。同年，有 430 名赤脚医生取得“浙江省乡村医生证”。1997 年，在里塘乡、小浦镇开展农村合作医疗、乡村一体化管理试点，至 1999 年年底，全县 354 个村卫生室中，实行“六统一”一体化管理(“六统一”：行政、人员、业务、药械、财务和绩效考核统一)的村卫生室有 334 个，达 94.3%；分院制管理 72 个，达 20.3%。1999 年，县卫生局制定《长兴县社区卫生服务实施意见》，确定由县人民医院在雉城镇长安小区试点开展社区服务，确定在长桥、二界岭、白岘 3 个乡镇开展农村社区服务试点。2000 年，县人民医院、县中医院分别在雉城镇北门小区、皇家湾小区开设社区卫生服务站。2001 年，全县 16 个乡镇相继成立社区卫生服务中心，县妇保院在雉城镇长安小区设立社区卫生服务站。

2003 年乡镇卫生院全面完成体制改革后，县卫生局在完善、强化乡镇卫生院的预防保健功能外，鼓励扶持开设社区卫生服务站，延伸“六位一体”(即预防、医疗、保健、康复、卫生宣教、计划生育技术指导)的服务功能。至同年年底，全县已建有 19 家社区卫生服务中心，9 家社区卫生服务站，其中城区 4 家(县人民医院北门社区服务站、县妇保院长安小区社区服务站、县中医院明珠路社区卫生服务站、博济医院长春花苑社区卫生服务站)。2004 年，扩大社区卫生服务网络，雉城镇设立 3 家社区卫生服务中心和 6 家社区卫生服务站，95%的乡镇卫生院开始向“六位一体”整体功能的社区卫生服务中心转变，并以乡镇为单位，将有条件的村卫生室转换成社区卫生服务站，转换率达村卫生室总数的 30%以上。

2005 年 11 月，根据县政府下发的《关于发展农村社区卫生服务工作的实施意见》，按照每 2500 人～5000 人、服务半径为 2 千米左右设置社区卫生服务机构，将 26 家乡镇卫生院调整为 16 家社区卫生服务中心、10 家社区卫生服务分中心，并在卫生院辖区内组建 164 家社区卫生服务站。社区卫生服务站建成后，其区域内的村卫生室、分院一律撤销，每家社区卫生服务站配备 3 人。在农村形成社区卫生服务中心、社区卫生服务站两级卫生服务网络。同年，选择虹星桥镇、白岘乡开展试点，启动农村社区卫生服务站建设。2006 年，全县运行和装修的社区卫生服务站有 144 家，正在建造 20 家，已验收农村社区卫生服务站 86 家。2007 年，启动省级、县级规范化社区卫生服务中心、市星级社区卫生服务站创建，逐步建立以县级医疗卫生单位为指导、社区卫生服务中心为枢纽、社区卫生服务站为基础的农村三级公共卫生服务网络。2008 年，县卫生局制定《长兴县农村社区卫生服务站管理办法(试行)》，明确社区卫生服务站属于非营利性医疗机构，社区卫生服务分中心对辖区内社区卫生服务站实行一体化管理，加强对人员、业务、财务、药品的统一管理。同年 5 月，全面完成 164 家社区卫生服务站建设，其中新建 152 家、改建 7 家、乡镇卫生院内设站 5 家，县财政补助 1072.5 万元，乡镇财政配套 482.5 万元。至年底，乡村一体化管理率 100%，规范管理率 84.7%，全县 617 名乡村医生纳入社区卫生服务站，成为社区责任医生，每千农村居民拥有社区责任医生数达 1.22 人。

2010 年，开展城乡社区卫生服务机构规范化建设，至年底，全县有虹星桥镇、和平镇 2 家社区卫生服务中心通过省级规范化社区卫生服务中心创建，有 25 家社区卫生服务站通过市级星级站创建。2011 年 8 月，启动全省社区卫生服务站(村卫生室)网络直报工作，全面录入农村社区卫生服务站基本情况，掌握全县基层医疗卫生服务覆盖情况。同年,完成农村社区卫生服务中心定性定编工作,共核定编制920人;全县共运行社区卫生服务站175家。2012年,选择画溪街道试点开展社区卫生服务站标准化建设,至年底,画溪街道白莲桥村、曹家桥村2家社区卫生服务站完成标准化改造。

五、厂矿、单位医疗卫生机构

2012年,全县有工矿企业职工医院2家,其中二级乙等综合性医院1家;有企事业单位医务室、保健站18家。

浙江长广(集团)有限责任公司职工医院 简称长广职工医院。位于安徽省广德县新杭镇牛头山村,占地面积5公顷,建筑面积2.36万平方米,业务用房1.54万平方米。实行“三院分治”,三院分别为牛头山医院(第一职工医院)、煤山卫生院(第二职工医院)、独山卫生院(第三职工医院)。1988年,第二职工医院更名为长广集团公司煤山职业病防治所,第三职工医院更名为长广职工医院精神病分院。2008年7月,选址长兴县煤山镇新建院区,投资近5000万元。2010年1月28日,新院区竣工落成,牛头山医院和长广职业病防治所整体迁至新址。占地面积2.47公顷,建筑面积1.82万平方米,业务用房1.4万平方米。2011年3月,长广职工医院兼并煤山地区医院,并承担煤山地区公共卫生以及6个乡村社区卫生服务站的业务指导工作;煤山地区医院34名员工统一纳入长广医院编制。10月,长广职工医院精神病分院从原址安徽省广德县整体迁至原煤山地区医院院址,新建长广医院精神病分院,占地面积0.76公顷,建筑面积4500平方米,业务用房3000平方米。核定床位40张,医护人员17人。2012年11月,经省卫生厅评审,长广职工医院通过浙江省二级乙等综合性医院等级评审。同年年末,长广职工医院占地面积3.1公顷,建筑面积2.44万平方米,主要医疗科室有内科、骨科、普外科,拥有尘肺病、精神病和老年病、职业病诊断观察等3个诊疗中心,其中职业病诊断观察中心具有尘肺病诊断和职业健康检查省级资质,属全省第二家取得职业病诊断(尘肺病)资质的医疗机构。共开设12个病区,核定床位300张,实际开放床位313张,门诊10.2万人次,住院3626人次,业务总收入1.1亿元,有职工322人,其中卫技人员262人,包括高级职称3人、中级职称64人。

图31-4 长广煤矿公司医院门诊、急诊大楼(县卫计局提供·1995年)

浙江三狮水泥股份有限公司职工医院 简称三狮职工医院,原名浙江水泥厂职工医院。位于煤山镇北街。1990年,有职工51人,其中卫技人员34人,包括主治医师6人,床位50张。设内科、小儿科、外科、妇产科、五官科、眼科、中医科、口腔科、针灸科、理疗、防保、放射、B超、心电图室、化验、药房、护理部等科室,主要设备有500毫安X线机、日立牌心腹两用B超机、日产心电除颤起博监护仪、全自动心电图机、眼科显微手术镜、牙科综合治疗台、德产半自动生化仪、美产全自动尿液分析仪、国产脉动真空多功能高压灭菌器等。1994年,浙江水泥厂改组为浙江三狮水泥股份有限公司,职工医

图31-5 浙江三狮水泥股份有限公司职工医院门诊楼(县卫计局提供·1995年)

院随之更名。1998年,在雉城镇长海路696—708号开设长兴分院,建筑面积1500平方米;在杭州三狮、小浦三狮、绍兴三狮设立医务室。2003年,三狮职工医院有职工40人,其中卫技人员31人,包括中级职称12人。2012年,核定床位30张,实际开放床位30张,门诊1.13万人次,住院168人次,业务总收入200.16万元。

2012年长兴县医务室、保健站情况表

表31-2

医务室、保健站名称	地址
浙江长广(集团)有限责任公司长兴小区保健站	长兴县雉城镇车站西路48号
浙江物产长鹏化工实业有限公司保健站	长兴县煤山镇二都
长兴县金陵高级中学医务室	长兴县金陵高级中学
长兴县职业技术教育中心学校医务室	长兴县雉城镇职教路136号
长兴县实验中学医务室	长兴县雉城镇忻湖路158号
长兴县龙山中学医务室	长兴县雉城镇双拥路608号
浙江浙能长兴发电有限公司医务室	长兴县雉城镇长兴大道99号
长兴县太湖高级中学医务室	长兴县太湖高级中学内
天能电池集团有限公司医务室	长兴县煤山镇工业园区
华能国际电力股份有限公司长兴电厂医务室	长兴县吕山乡杨吴村
浙江多蒙佳乐服饰有限公司医务室	长兴县经济开发区多蒙佳乐服饰有限公司内
浙江湖州金三发服装辅料集团有限公司医务室	长兴县雉城镇长杭路城南路相界处
湖州市清泉文武学校医务室	湖州市清泉文武学校内
浙江省长兴中学医务室	长兴县雉城镇金陵北路
湖州中等卫生专业学校医务室	湖州中等卫生专业学校内
长兴华盛高级中学医务室	长兴华盛高级中学内
浙江江森自控电池有限公司医务室	长兴县城南工业园区城南东路1号
长兴县中禾面粉有限公司医务室	长兴县洪桥镇陈桥

说明:资料来源于县卫计局

六、民营医疗机构

2002年起,根据国家鼓励多种形式兴办医疗机构的精神,全县医疗市场逐步开放,对设置符合条件的民办医疗机构予以准入登记。2002年,长兴骨科医院、长兴博济医院核准登记进驻长兴。2011年,长兴口腔医院正式开业。2012年,全县有民营医疗机构3家,其中综合性医院1家、专科医院2家;有门诊部5家。

长兴骨科医院　2002年年初引进,系民营非营利性专科医院。院址雉城镇人民北路33号。2002年12月正式开展业务。2003年4月,经省卫生厅批准为集临床、科研、康复为一体,以骨科、手外科、传统中医骨伤为特色的中西医结合治疗骨伤骨病的二级专业骨科医院。建筑面积3000平方米,核定床位50张,实际开放床位98张,职工110人,其中卫技人员57人,包括高级职称6人、中级职称8人。设有内科、外科(含手外科、脊柱外科、关节外科、股骨头坏死专科)、中医科、急诊科、麻醉科、理疗科、检验科、病理科、医学影像科。

长兴金陵医院　前身为长兴博济医院,2002年10月成立。2003年12月,正式开展业务,是一家集医疗、教学、预防和急救于一体的民营非营利性综合医院。院址位于雉城镇车站西路1号,为租赁用房,总面积1.17万平方米,其中医疗用房1.06万平方米,办公用房1100平方米。2004年,有核定床位168张,开放床位168张,门诊13137人次,住院678人次,业务总收入379.3万元。2008年10月,经股东重组后更名为长兴金陵医院。有职工 269 人,其中卫技人员 220 人,包括高级职称 14 人、中级职称 36 人。住院部设内科、外科(普外、脑外、骨科、手外)、妇科、ICU 等 7 个病区。门诊开设内科、外科、妇产科、五官科、骨科、脑外科,同时配有放射科、检验科、特检科、手术室、麻醉科及药剂科。2012 年,有核定床位 168 张,开放床位 168 张,门诊 10.22 万人次,住院 5204 人次,业务总收入 5377 万元。

长兴口腔医院 2011 年 6 月 28 日成立开业,系民营非营利的二级口腔专科医院。院址位于雉城镇花菇山路 28 幢 30—38 号,建筑面积 1500 余平方米,系租赁用房。有职工 19 人,其中卫技人员 11 人,包括中级职称 3 人、初级职称 7 人。设有口腔内科、口腔颌面外科、口腔修复科、口腔正畸中心、口腔种植中心、儿童口腔科、急诊科、洁牙中心、涉外贵宾门诊等临床科室,另设放射科、技工室、药房、输液室、消毒中心。

长兴博爱门诊部 2001 年 5 月成立,位于雉城镇长海路 26 号。2012 年,有工作人员 25 人,其中医师 3 人、护士 6 人、医技人员 2 人,设有内科、外外、妇科三个科室,B 超和检验两个科室,年门诊人次 1050 人次。

长兴同济门诊部 2003 年 6 月成立,位于雉城镇解放西路 191 号。2012 年,有医护人员 20 人,设有内科、外科、妇科、口腔科、中医科 5 个科室。

长兴太湖九州生殖医学门诊部 2005 年 5 月成立,位于雉城镇太湖大道国际花园 6—7 号,是县内首家以男科为主的门诊部。门诊部有医生 2 人,护士及医技人员 20 余人。

长兴神华中医门诊部 2011 年 6 月成立,位于县经济开发区经二路与县前街交汇处,是一所集预防、医疗、康复为一体的综合性中医门诊部,设有中医科、内科、妇产科、肿瘤科、针灸科、推拿科等专业科室。

长兴民福中医门诊部 2012 年成立,位于雉城街道金陵中路 151 号。

七、个体诊所

1988 年,全县有个体诊所 56 家。1990 年,共有发证个体诊所 38 家,其中中医诊所 34 家,西医诊所 4 家。2001 年,有个体诊所 49 家。同年起至 2003 年 6 月,乡镇卫生院分批进行改制,部分医务人员离职后开设个体诊所。至 2003 年年末,全县个体诊所发展到 109 家。至 2005 年,共有个体诊所 123 家。2006 年,减少至 103 家。之后,基本保持平稳发展态势。2012 年年末,全县共有批准设置的个体诊所 101 家,涉及内科、口腔、皮肤病、骨伤、中医等。

1988—1999 年长兴县医疗卫生机构情况表

表 31-3

单位:家

年份	总数	医疗机构				卫生机构	村级卫生组织	年份	总数	医疗机构				卫生机构	村级卫生组织
		医院			门诊所					医院			门诊所		
		卫生部门	工矿企业	乡镇卫生院						卫生部门	工矿企业	乡镇卫生院			
1988	99	6	3	29	56	5	402	1994	98	6	3	31	53	5	515
1989	98	6	3	29	55	5	400	1995	98	7	3	31	53	4	515
1990	98	6	3	29	55	5	410	1996	47	7	3	31	2	4	447
1991	98	6	3	29	55	5	410	1997	46	7	3	31	1	4	447
1992	98	6	3	29	55	5	415	1998	45	3	3	33	2	4	451
1993	98	6	3	30	54	5	528	1999	149	11	52	28	58		347

说明:1. 资料来源于县卫计局;2. 1996—1998 年统计口径不含工矿和私人门诊,1999 年统计口径参照 1999 年《湖州统计年鉴》,统计范围包括全社会举办的医疗单位

2000—2012年长兴县医疗卫生机构情况表

表31-4　　单位:家

年份	总数	医疗机构			卫生机构	社区卫生服务站	年份	总数	医疗机构			卫生机构	社区卫生服务站
		医院	卫生院	诊所					医院	卫生院	诊所		
2000	150	11	29	58	52	—	2007	344	7	29	101	207	144
2001	146	9	24	49	64	—	2008	340	7	28	101	204	164
2002	142	9	24	73	36	—	2009	343	7	28	104	204	169
2003	188	9	28	109	42	—	2010	345	7	28	105	205	171
2004	208	9	29	116	54	—	2011	359	8	28	106	217	174
2005	204	7	29	123	45	—	2012	346	9	27	101	209	178
2006	204	7	29	103	65	86	—	—	—	—	—	—	—

说明:资料来源于县卫计局

第二节　医疗队伍

1988年,全县医疗卫生机构有职工1794人,其中卫技人员1381人,包括中医师69人、西医师287人、中医士82人、西医士213人、中西医结合医师1人。有乡村医生381人,乡村卫生员161人。平均每千人拥有卫技人员2.32人。2000年起,根据卫生部规定,对卫生技术人员按执业医师、执业助理医师、注册护士等进行专业分类。2012年年末,全县医疗卫生机构有职工4040人,其中卫技人员3729人,包括执业医师950人、执业助理医师311人、注册护士1200人、药剂人员199人、检验人员115人,平均每千人拥有卫技人员5.75人。

1988—1999年长兴县卫生事业人员情况表

表31-5　　单位:人

年份	卫生事业单位人员情况								村级卫生组织		
	职工总数	卫生技术人员									
		总数	中医师	西医师	中医士	西医士	其他中医	每千人卫技人员	村医疗点	乡村医生	卫生员
1988	1794	1381	69	287	82	213	1	2.33	402	381	161
1989	1853	1460	73	306	74	174	—	2.44	400	325	224
1990	1894	1495	84	312	67	174	1	2.51	410	490	112
1991	1964	1550	99	314	58	185	3	2.58	410	554	64
1992	1996	1573	94	328	54	184	1	2.60	415	554	64
1993	2038	1616	89	352	53	239	1	2.66	528	652	58
1994	2073	1663	93	350	52	251	4	2.72	515	563	57
1995	1975	1572	90	356	44	248	3	2.56	515	563	57
1996	1859	1453	85	337	11	274	3	2.35	447	505	49
1997	1913	1503	85	345	10	296	3	2.44	447	505	49
1998	1983	1581	77	348	18	288		2.57	451	500	—
1999	2145	1789	91	429	13	632		2.90	347	547	—

2000—2012 年长兴县卫生事业人员情况表

表 31-6　　单位:人

年份	职工总数	卫生技术人员						其他技术人员	每千人卫技人员
		总数	执业医师	执业助理医师	注册护士	药剂人员	检验人员		
2000	2161	1782	553	314	522	156	81	156	2.88
2001	2092	1767	545	340	494	168	59	161	2.86
2002	1809	1596	548	232	434	121	62	44	2.57
2003	2346	2129	709	280	522	157	82	67	3.43
2004	2359	2239	679	275	620	153	78	79	3.61
2005	2544	2360	722	291	659	182	88	136	3.64
2006	2613	2421	711	358	681	185	85	145	3.72
2007	2756	2539	599	302	620	152	89	133	3.84
2008	3125	2905	755	338	689	151	91	148	4.33
2009	3444	3187	827	341	888	163	88	170	4.70
2010	3702	3445	872	1230	1004	173	98	173	5.03
2011	4383	4115	910	1178	1139	187	103	174	6.41
2012	4040	3729	950	311	1200	199	115	195	5.77

说明:资料来源于县卫计局

第三节　医疗设施

一、医疗用房

1988 年,县、乡镇两级医疗用房总面积 8.79 万平方米。其中,县区级医疗卫生机构 5.34 万平方米,乡镇医院(集体)3.45 万平方米;业务用房 5.18 万平方米,生活用房 3.17 万平方米,其他用房 4481 平方米。

1990 年,县人民医院医技大楼竣工,建筑面积 2016 平方米,1992 年建成药库楼,1995 年建成职工宿舍 70 套。同年,县妇保院职工住宅楼竣工,建筑面积 1225 平方米,1995 年综合楼竣工,建筑面积 2780 平方米。1993 年,县卫校西三层教学楼竣工,建筑面积 564.9 平方米,1997 年教学实验楼竣工,建筑面积 820 平方米。1996 年,县中医院七层住院大楼竣工,建筑面积 6021 平方米。1993—1996 年,煤山地区医院新建门诊楼和医技楼,小浦、包桥、洪桥、吕山、便民和太傅乡镇卫生院新建门诊或住院部,县卫生防疫站、县卫校、李家巷地区医院和林城、太傅卫生院修建职工宿舍。1997—1998 年,共改造乡镇卫生院危房 9326 平方米,新建 10037 平方米,总投入 500 万元。2001 年 11 月,县卫生防疫站迁建工程竣工,共新建综合办公楼、实验楼、门诊楼建筑面积 6743.5 平方米,投资 750 万元。1990—2003 年,全县医疗卫生机构新建房屋共计建筑面积 4.16 万平方米。2004 年 12 月,长兴职工中等卫生学校新建护理实验楼竣工,建筑面积 342.57 平方米。2006 年 7 月,县人民医院整体搬迁,占地面积 7.43 公顷,建筑面积 4.26 万平方米。2008 年 3 月,县妇幼保健院迁址新建工程开工,总投资 6500 万元,建筑面积 1.65 万平方米,2009 年 11 月竣工投入使用。同年 6 月,县中医院异地新建工程开工,总投资 1.85 亿元,占地面积 4 公顷,建筑面积 3.64 万平方米,床位数 400 张,2010 年 9 月完成建设并投入使用。2009 年 1 月,湖州中等卫生专业学校迁至新校址回龙山大道 2009 号,占地面积 16.8 公顷,建筑面积 8.5 万平方米,总投资 1.8 亿元。同年 7 月,县卫生监督所扩建卫生监督业务用房 5100 平方米,总投资 1210 万元,2010 年 9 月竣工并投入使用。

2012 年,县、乡镇两级医疗机构建筑总面积 19.57 万平方米,其中县级 3 家公立医院建筑总面积

10.05 万平方米，县级卫生机构建筑总面积 1.18 万平方米，乡镇卫生院建筑总面积 8.34 万平方米。

二、医疗床位

1988 年，全县医疗卫生机构共有床位 1319 张，每千人拥有床位 2.22 张。大多数医院配置钢丝床，少数医院有多功能半自动床。20 世纪 90 年代起，医院病房建设趋向宾馆化，县级医院及少数乡镇卫生院病房内开始添置空调、电视机，设置卫生间等。随着医院规模的扩大，床位数量也不断增加。2000 年年末，全县医疗卫生机构共有床位 1604 张，每千人拥有床位 2.59 张。进入 21 世纪，县内医院普遍使用多功能病床，病房全部实现宾馆化。2012 年，全县共开放医疗床位 2388 张，其中县级 3 家公立医院床位 1250 张、企业医疗机构床位 427 张、乡镇卫生院床位 609 张、民营医院床位 296 张，每千人拥有床位 3.70 张。

1988—2012 年长兴县医疗卫生机构床位情况表

表 31-7

单位：张

年份	床位数	千人床位数	年份	床位数	千人床位数	年份	床位数	千人床位数
1988	1319	2.22	1997	1575	2.56	2006	1963	3.02
1989	1414	2.36	1998	1506	2.45	2007	1913	2.89
1990	1413	2.37	1999	1567	2.54	2008	1990	2.97
1991	1440	2.39	2000	1604	2.59	2009	2212	3.26
1992	1456	2.41	2001	1577	2.55	2010	2372	3.46
1993	1505	2.48	2002	1613	2.60	2011	2372	3.69
1994	1536	2.52	2003	1696	2.74	2012	2388	3.70
1995	1541	2.51	2004	1862	3.00	—	—	—
1996	1543	2.49	2005	1881	2.90	—	—	—

说明：资料来源于县卫计局

三、医疗设备

20 世纪 80 年代末，县级医院主要设备有 500 毫安 X 线机，B 型超声波诊断仪、动态心电图机、纤维内窥镜、手术显微镜、万能麻醉机、自动生化分析仪等，县妇保所还购置多普勒胎心仪。县人民医院和县中医院分别建有制剂室，县人民医院装备有大输液管道流水线，2 家医院质检室内设备有紫外分光光度计等。和平、李家巷、泗安、煤山 4 家地区医院均配置 200 毫安 X 线机，开设放射科。25 家乡镇卫生院配备小型 X 线机，其中有 4 家卫生院装备 200 毫安 X 线机。地区医院有 B 超机或纤维胃镜，洪桥、林城、小浦、虹星桥等 10 家卫生院购置心电图机。地区医院及林城、虹星桥、小浦等 17 家乡镇卫生院均开展肝功能检测和部分生化免疫检测。全县配置救护、卫生防疫等专用车辆 5 辆。

进入 90 年代，县人民医院、县中医院、李家巷地区医院先后购入 CT，有 18 家乡镇卫生院购置 B 超机和尿液分析仪，5 家乡卫生院添置血液分析仪，长桥、林城两家卫生院备有救护车。1994 年，县人民医院与浙江医院联合在全县首次开展 CT 检查项目。1997 年 4 月，县中医院购入价值 320 万元的德国西门子 ARC 全身 CT 一台。年底，县人民医院购入湖州市首台德国西门子 AR-STAR 全身螺旋 CT，价值 425 万元。1996 年后，县人民医院、县中医院、县妇幼保健院相继配置彩色多普勒 B 超。同时，乡镇卫生院也加大医疗投入，至 90 年代后期，所有乡镇卫生院均配齐心电图机、B 超机、X 光机、生化分析仪"新四件"，地区卫生院和部分乡镇卫生院均先后配置救护车。2000 年，县人民医院配置中心监护系统、德尔格呼吸机等设备，于 6 月份开设 ICU 病房。2002 年，县卫生防疫站配置高效液相色谱仪、酶标仪、测像仪、1/10 万电子天平、低温冰箱、生物安全柜等一大批先进仪器。2003 年，县中医院、县人民医院先后配置血液透析机，成立血液透析中心。2006 年，县人民医院配置全县第一台 0.35T 核磁共振仪。

2012 年，全县医疗卫生机构主要医疗设备有核磁共振仪 1 台、螺旋 CT3 台、彩色多普勒超声诊断仪 33 台，价值 50 万元以上医疗设备共 56 台。配置救护、卫生防疫等专用车辆 19 辆。

第四节　医疗技术

一、内科

20世纪80年代，随着诊断仪器的不断更新，县内医院诊治水平相应提高。90年代后，逐步引进比较先进的抢救治疗仪器。1993年，县人民医院引进动态心电图和X-TV彩阶B超。1994年，引进支气管镜，解决临床对肺部原发性癌症的诊治手段。1995年，引进监护仪和除颤监护仪及MEC-500监护仪两台。1996年，开展放射引导下经脾肺穿刺、支气管镜下肺穿刺及治疗，首例临时起搏器安装。1999年，开展哮喘过敏源测试、脱敏治疗及滑石粉胸腔注入治疗顽固性气胸等。2000年，建立全县首家重症监护室。2002年11月，县中医院开展县内首例尿毒症腹膜透析。2005年，县人民医院开展临时心脏起搏器植入术。2007年，开展永久心脏起搏器植入术。同年，进行睡眠呼吸监测、胃镜下空肠置管营养支持。2008年，开展微创锥颅血肿引流术。2009年，开展经外周静脉置入中心静脉导管技术(PICC)。2010年3月，县人民医院在湖州地区开设首家PICC维护门诊。2011年，开展胃肠动力监测。同年，县人民医院首次介入治疗经皮肝穿刺胆道引流PTCD。2012年，县人民医院开展支气管镜下介入治疗。

二、外科

1995年，县级医院开展胃、胰头、十二指肠联合切除术。1999年，县人民医院引进腹腔镜技术，施行第一例腹腔镜胆囊切除术。2000年10月，县人民医院开设肛肠科门诊。2001年，开展甲状腺癌和胆囊癌根治术、前列腺摘除术。2002年，开展肝脏血管瘤、肝叶部分切除术，肾盂、输尿管整形术、肾瘤根治术及腹腔镜胆囊切除术。2003年，开展门脉高压引胃底动脉断流术、颅内血肿清除引流术、小切口脑室引流术、小脑肿瘤根除术、脑膜瘤根除术。2005年，县人民医院神经外科开展脑室腹腔分流术(梗阻性脑积水)。2006年，县人民医院神经外科开展前颅窗底重建术、颅内脑膜瘤手术切除术。2008年，开展腹膜后腹腔镜下囊肿去顶术治疗肾囊肿、经尿道前列腺气化电切术、TVT-O经闭孔无张力阴道悬吊系统治疗压力性尿失禁、保留肋间臂神经乳腺癌改良根治术等新技术。2011年，开展B超引导下乳腺肿块穿刺活检。

三、骨科

1990年10月，县人民医院骨科从外科分离。1994年，开展人工股骨头置换术。1998年12月，首例断指再植手术获得成功。1999年，成功进行首例全髋关节置换术和颈椎前路减压鸟笼式固定架植骨固定新技术。2000年，成功进行首例人工全肩关节置换术。2005年，骨科开展人工肩关节置换术，开展血管、神经、肌腱吻合术治疗右腕大部分离断伤，开展软组织松解+髋臼再造+全髋关节置换治疗强直性脊柱炎伴髋关节强直。2006年，开展微创骨水泥强化椎体成形术。2007年，开展上颈椎骨折切复内固定(前路)、显微手外科、血管移植术、长柄人工股骨头置换、椎体后凸成形术、多节段内固定治疗不稳定腰椎骨折、单项椎板减压+椎管成形+椎骨融合内固定术、前后路联合入路治疗复杂性髋臼骨折、单侧经椎间盘孔腰椎椎体间融合术。2011年3月，县人民医院成功为101岁老人完成股骨粗隆间骨折切复内固定术。

四、妇产科

20世纪80年代，县妇幼保健院妇科开展一般妇科手术、计划生育四项手术，妇科常见病、多发病及疑难杂症的诊治。1994年，产科开展腹膜外剖宫术。1995年，进行剖宫产手术改进(丝线单层缝合法)，并开展胎心监护、超声脐血流检测，卡孕栓用于防治产后出血。1997年，将硫酸普拉酮钠用于妊娠引产，开展硬膜外术后镇痛。2000年，开展新式剖宫产术(横切口皮内缝合)。2006年，引进中央网络监护系统对孕妇胎儿实行孕期分娩全程监护，推出无痛分娩技术，开展孕中期唐氏筛查、妊娠期糖尿病筛查。2008 年，开展三维彩超产前筛查、拉玛泽呼吸减痛分娩。2011 年，县妇幼保健院围产医学被省卫生厅列为第二批浙江省县级医学龙头学科。2012 年，开展流产后关爱服务(PAC)。

五、儿科

20 世纪 80 年代末，县人民医院引入呼吸机和心电监护仪。90 年代，对于感染性休克的抢救率达 100%，医治大量各型脑膜炎特别是乙型脑炎儿童。1997 年，开展新生儿头皮静脉穿刺术，气管插管，新生儿复苏术，新生儿早产儿护理等。2000 年，县人民医院儿科护理开展儿童静脉留置针输液。2002 年，开设新生儿病房，开展新生儿肺炎、缺血缺氧性脑病、新生儿高胆红素血症、新生儿败血症等疾病诊治。2003 年，应用蓝光照射治疗新生儿高胆红素血症。2008 年 5 月，购置儿童肺功能仪，开展儿童肺功能检查。同年 7 月，购置进口小儿呼吸机，开展重症儿科病人呼吸衰竭治疗。2011 年，T 组合用于新生儿窒息复苏。

六、五官科(含口腔科)

20 世纪 90 年代，县内医院开始开展显微眼科手术、白内障囊外摘除术加人工晶体植入术，角膜穿孔伤及眼球贯通伤修补术、网膜脱离复位术。2000 年后，开展超声乳化白内障摘除术加折叠人工晶体植入术、复杂的青光眼手术、翼状胬肉摘除加羊膜移植术及角膜干细胞移植术、复杂眼外伤手术、视网膜脱离复位术、眼睑重建术、眼袋切除术及眼眶肿瘤摘除术。拥有进口蔡氏 OCT、非接触眼压机、电脑综合验光仪、进口显微镜及超声乳化仪等设备。

20 世纪 80 年代，单独建立口腔科，开展牙体病、牙周病、黏膜病、颌面外科及口腔修复治疗。医疗设备最初为 CS-16 型牙科治疗机，后逐步引进牙科综合治疗机、光固化治疗仪。至 90 年代，口腔颌面外科开展颌骨肿瘤切除加髂骨移植术、唇部肿瘤切除加滑行唇红瓣修复术、钛蕊羟基磷灰石人工牙根植入术、涎腺肿瘤切除术、正畸治疗。2007 年，开展行舌颌颈联合根治术和局部皮瓣转移修补术。2011 年，开展牙种植术。

七、重症监护室

2000 年 6 月，县人民医院重症医学科成立，核定床位 5 张。2001 年，成功抢救一例因吸入有害气体而导致的急性呼吸窒迫综合征病人。2002 年后，开展颈内静脉、股静脉穿刺置管术，中心静脉监测，深静脉营养治疗，开展动脉穿刺及有创血流动力学监测，放置漂浮导管测肺毛细血管楔压，抢救水平有较大提高。2006 年，购进血液灌流仪，开展血液灌流技术，提高农药中毒的抢救成功率。2007 年 5 月，县中医院重症医学科成立。2010 年，县妇幼保健院内科重症监护室和新生儿童重症监护病房(NICU)成立。至 2012 年，县人民医院和县中医院重症医学科能开展有创血流动力学监测、心脏除颤、气管插管、经皮气管切开、呼吸功能监测、血液灌流、床边连续性血液净化、PICCO 导管等技术，能抢救多器官功能障碍综合征(MODS)、呼吸衰竭、心力衰竭、重度颅脑外伤、多发伤、多脏器功能衰竭、急性心肌梗死、重症胰腺炎等各类危重症疾病，县妇幼保健院能收治胎盘早剥、产后出血、妊娠期高血压疾病等危急重症和新生儿呼吸窘迫综合征、早产儿、新生儿肺炎、新生儿败血症、新生儿重度高胆红素血症等重症患儿。

第二章　预防保健

1988—2012 年，长兴县认真抓好传染病、地方病防治，做好妇女儿童保健工作和慢性病与精神病管理，先后消灭血吸虫病、丝虫病，基本消灭疟疾、碘缺乏病、麻风病，全县法定甲、乙类传染病总发病率由 1988 年的 906.10/10 万降至 2012 年的 180.28/10 万，低于全省平均水平。全县人均预期寿命提高至 2012 年的 77.72 岁。其间，根据中央和上级部门，动员全县上下，众志成城，打赢同传染性非典型肺炎疫情作斗争的硬仗。

第一节　传染病防控

一、疫情监测

县卫生防疫站负责开展传染病的疫情监测，实行疫情报告制度。1988 年，全县各医疗单位有防疫医生 38 人，专职从事传染病报告、管理，之后曾做过多次调整充实，逐步健全三级防疫网（疫情报告信息网）。同年，全县共报告法定甲、乙传染病发病 5613 例，死亡 17 人，传染病总发病率为 906.10/10 万。1990 年，根据省市要求对重点人群进行艾滋病监测。1995 年，建立 AFP（急性弛缓性麻痹）监测系统。2000 年 4 月，县卫生防疫站设立结核病专科门诊，实行“查、治、管”一体化管理。2001 年，长兴被卫生部确定为第六批结核病控制项目县。2003 年，开展非典型肺炎监测，未发现病例。2004 年 2 月，县卫生防疫站撤销，其承担的卫生监督与技术服务职能分离，分别成立县卫生监督所和县疾病预防控制中心（合署办公）。同年，全县启动法定传染病监测信息网直报系统，共有 42 家乡镇卫生院以上医疗单位及部分其他医疗单位实行网络直报。2012 年，全县报告法定甲、乙类传染病发病 1165 例，死亡 3 人，传染病总发病率 180.28/10 万，低于全省平均水平。霍乱、脊髓灰质炎、布病、疟疾、登革热等疾病偶有零星病例发生，细菌性痢疾、流行性脑脊髓膜炎、麻疹、伤寒、副伤寒等疾病发病明显下降。1988—2012 年，列入法定传染病管理的 29 种甲乙类传染病中，全县共报告发病有 20 种，其中甲类 1 种、乙类 19 种，报告传染病发病 49153 例，死亡 109 例，发病率 313.70/10 万，其中肠道传染病发病 32538 例。

二、主要传染病

甲类传染病　1988—2012 年，全县报告的甲类传染病病例有一种，为霍乱。1988 年，江苏省宜兴市善卷医院报告长兴县观音桥乡归口病人 1 例（船民）。1988—2012 年，全县霍乱共发病 3 例，无死亡病例。1990 年至 2012 年止，共采样 9019 份，发现阳性样本 6 份。对外环境水源、粪便的疫源检索，仅在 1995 年天平桥乡仓里村一水塘和小浦镇三航公司河埠各发现一处阳性水源，后连续监测数次均为阴性。2001—2012 年，未有病例报告。

乙类传染病　1988—2012 年，全县报告的乙类传染病病例有病毒性肝炎、伤寒副伤寒、艾滋病、淋病和梅毒、脊髓灰质炎、甲型 H1N1 流感、麻疹、猩红热、流行性出血热、狂犬病、流行性乙型脑炎、登革热等 19 种。

病毒性肝炎　1988—1992 年，为发病高峰期，每年发病均超过千例，累计发病 11039 例，年均发病率 369.62/10 万，死亡 7 人，其中 1988 年发病率为 641.18/10 万，发病 3783 例。1993—1997 年，死亡 5 人。2004—2006 年为第二个发病高峰期，年均发病率 109.27/10 万。2012 年为 25 年间发病最低年份，共报告 242 例，发病率为 37.45/10 万。

伤寒副伤寒　1988 年，发病率为 74.84/10 万，发病 444 例，为 25 年间发病率最高年份，病例以散发为主。之后，在重点地区实施全程免疫，发病率逐年下降。2007 年起，在县级三家医院开展伤寒、副伤寒监测。2012 年，发病率为 0.62/10 万，发病 4 例。1988—2012 年，全县累计报告伤寒、副伤寒共发病 2869 例，发病率为 20.89/10 万，无死亡病例。

艾滋病　2003 年 2 月，报告首例艾滋病感染者，为输入性病例。从 2004 年起，对公共服务行业从业人员、性病门诊就诊人员、自愿咨询检测者、HIV 感染的密切接触者和看守所、长湖监狱的羁押人员等实施 HIV 抗体免费检测。2005 年 1 月，成立县防治艾滋病工作委员会，确定县人民医院为全县艾滋病指定治疗机构。2012 年，发病率为 1.39/10 万，发病 9 例，死亡 2 例。2003—2012 年，共检测样本 264292 份，发现病例 60 例。累计管理艾滋病病毒感染者及病人 80 例，县内报告共 17 例。

淋病和梅毒　1990 年，发现首例淋病病人，全年发现 28 例。1996 年，发现首例梅毒病人，全年报告 4 例病人。2004 年，淋病报告 330 例，发病率为 53.22/10 万，为发现时至 2012 年止发病率最高年份。

2004 年，梅毒病人首次超过百例。2010 年，梅毒报告 858 例，发病率 125.31/10 万，为发现时至 2012 年止发病率病最高年份。2012 年，报告淋病病人 98 例，发病率为 15.16/10 万；梅毒发病 482 例，发病率为 74.59/10 万。

脊髓灰质炎（简称“脊灰”）　1992 年，煤山镇发病 1 例。之后至 2012 年，未有病例报告。

甲型 H1N1 流感　2009 年 6 月 29 日，发现首例甲流病例。同年共报告 12 例甲流病例，危重 1 例，重症 2 例，发病率为 1.77/10 万，无死亡病例报告。2011 年，报告 1 例甲流病例，死亡 1 例，发病率为 0.16/10 万。

麻疹　1988 年，发病 159 例，发病率为 26.8/10 万。至 2004 年，除 1989 年、1993 年、1994 年、1996 年、2004 年发病超过百例外，其余年份疫情平稳。2005 年 3—4 月形成发病高峰，其间 4 所学校出现暴发点，累计报告 539 例，年发病率为 83.13/10 万。2012 年，全县仅报告 1 例麻疹病例，年发病率为 0.15/10 万。1988—2012 年，共发病 1842 例。

猩红热　1988 年，发病 1 例，发病率为 0.51/10 万。1988—2012 年，累计发病 459 例，呈零星散发，以 15 岁以下儿童和青少年为主。2012 年，报告发病 50 例，发病率 7.74/10 万人，无死亡病例。

流行性出血热　1988 年，发病报告 11 例，发病率为 1.86/10 万。1988—2012 年，累计报告 399 例，死亡 10 人。

狂犬病　1988—1998 年，每年有病例报告，累计报告 36 例，死亡 36 人，其中 1988 年发病 6 例，发病率为 1.01/10 万。1994 年，县卫生防疫站开设犬伤门诊。1996 年 2 月，开展接种狂犬疫苗人群抗体水平检测工作。1999—2004 年，未有病例报告。2005—2012 年，均有病例报告，累计发病 15 例，死亡 15 例。2012 年，报告发病 1 例，死亡 1 例，发病率为 0.16/10 万。

流行性乙型脑炎（简称“乙脑”）　1988—2012 年，共发病 184 例，死亡 17 例。1988 年，报告发病最多，发病 86 例，发病率为 14.50/10 万。其余年份 1992 年、1999 年、2008 年、2010 年均有零星发病。2012 年，发病 1 例，发病率为 0.16/10 万。

登革热　2007 年 8 月 1 日晚，报告 1 例输入性登革热实验室确诊病例，为全县首例输入性病例。8 月 7 日，患者症状消失，湖州市中心医院准予出院。3 名密切接触者经过为期 15 天的医学观察，均未出现异常状况。无后续病例发生。1988—2012 年 25 年间，其余年份无病例发生。

丙类传染病　1988—2012 年，全县报告的丙类传染病病例有流行性感冒、流行性腮腺炎、风疹、急性出血性结膜炎、麻风病、斑疹伤寒、其他感染性腹泻病、手足口病 8 种。

结核病　1989—1999 年，县内结核病由县人民医院治疗管理。1997 年，新发结核病人 107 例，发病率 17.41/10 万。1999 年 12 月，长兴中学暴发疫情，有 19 名学生发病。其后对该校 1667 名住校学生做 PPD 试验，阳性 1161 人、强阳性 37 人、阴性 469 人，对 37 名强阳性学生做 X 线胸透和痰检，未发现新病人。2000 年 4 月起，县内结核病由县人民医院治疗管理改为归口县卫生防疫站管理。同年，县防疫站建立结核病治疗管理网络，实施短程督导化疗或家庭督导下的全程管理，当年发现涂阳病人 77 例，阳性检出率为 32.5%。2001 年，长兴被卫生部确定为第六批结核病控制项目县，建立“三簿制”（痰检登记簿、初诊病人登记簿、涂阳病人登记簿）。同年，初诊 336 人，痰检率 100%；复诊 2795 人，新登记肺结核病人 301 人，痰阳 123 人，阳性检出率 40.9%。2004—2012 年，每年新登记肺结核病例在 294 例～517 例之间，初诊病人在 379 例～694 例之间，涂阳病人 129 例～205 例之间。1998—2012 年，死亡 10 人。2012 年，全县报告发病 266 例，发病率为 41.6/10 万，呈涂阳病人 136 例，新登记 115 例，无死亡病例报告。

麻风病　1988 年，有麻风病住院病人 13 人，分别寄养在湖州妙西康复医院 10 人，武康疗养院 3 人。1996 年 4 月，长兴通过省卫生厅考核，成为“基本消灭麻风病达标县”。至 2012 年，全县累计发现麻风病人 175 例。同年，仍有 3 名寄养人员。

手足口病　2008 年，报告手足口病 312 例，发病率为 46.5%。2012 年，报告发病 385 例，死亡 1 例，发病率 59.58/10 万人。2008—2012 年，全县共报告发病率在 46.53/10 万～83.39/10 万之间。

1988—2012 年长兴县常住人口主要传染病发病率情况表

表 31-8

年份	第一位		第二位		第三位		第四位		第五位	
	病名	发病率（1/10万）	病名	发病率（1/10万）	病名	发病率（1/10万）	病名	发病率（1/10万）	病名	发病率（1/10万）
1988	肝炎	637.64	痢疾	175.13	伤寒/副伤寒	74.84	乙脑	14.50	百日咳	11.29
1989	肝炎	536.48	痢疾	106.23	伤寒/副伤寒	43.43	麻疹	32.90	百日咳	11.86
1990	肝炎	280.91	痢疾	87.21	伤寒/副伤寒	37.57	乙脑	5.20	百日咳/淋病	4.70
1991	肝炎	185.10	痢疾	133.88	伤寒/副伤寒	73.67	淋病	10.98	出血热	7.48
1992	肝炎	207.95	伤寒/副伤寒	69.37	痢疾	62.42	麻疹	11.57	淋病	10.26
1993	肝炎	122.88	痢疾	57.32	伤寒/副伤寒	45.46	麻疹	20.92	淋病	11.70
1994	痢疾	347.20	肝炎	89.95	伤寒/副伤寒	32.61	麻疹	18.84	出血热	5.73
1995	痢疾	99.72	肝炎	58.01	伤寒/副伤寒	11.73	麻疹	5.38	出血热/淋病	4.40（并列）
1996	肝炎	93.45	痢疾	79.57	麻疹	21.79	伤寒/副伤寒	15.49	淋病	6.78
1997	肝炎	68.81	痢疾	55.79	肺结核	17.40	麻疹	12.36	淋病	11.55
1998	痢疾	52.33	肝炎	46.15	肺结核	29.90	淋病	21.94	伤寒/副伤寒	10.40
1999	肝炎	59.57	痢疾	50.65	肺结核	42.04	淋病	23.38	伤寒/副伤寒	8.77
2000	肺结核	48.35	肝炎	44.47	痢疾	42.85	淋病	15.85	伤寒/副伤寒	6.79
2001	肝炎	44.79	肺结核	40.27	痢疾	38.16	痢疾	14.55	伤寒/副伤寒	4.69
2002	肝炎	47.69	肺结核	43.50	痢疾	31.26	淋病	25.46	麻疹	14.82
2003	肝炎	69.51	肺结核	53.06	痢疾	29.19	淋病	27.42	梅毒	10.32
2004	肝炎	131.44	肺结核	114.02	痢疾	53.70	淋病	53.22	梅毒	23.87
2005	肺结核	108.73	肝炎	90.07	麻疹	83.13	梅毒	32.23	痢疾	31.00
2006	肝炎	106.32	肺结核	82.20	梅毒	44.09	淋病	33.95	痢疾	33.03
2007	肺结核	77.93	肝炎	58.71	梅毒	54.47	淋病	24.66	痢疾	15.13
2008	梅毒	79.94	肺结核	73.38	肝炎	51.46	淋病	25.95	痢疾	15.36
2009	梅毒	94.46	肺结核	70.41	肝炎	46.20	淋病	24.50	痢疾	14.17
2010	梅毒	125.31	肺结核	59.73	肝炎	59.73	淋病	23.08	痢疾	7.45
2011	梅毒	119.63	肺结核	58.10	肝炎	47.82	淋病	19.94	猩红热	7.48
2012	梅毒	74.59	肺结核	41.16	肝炎	37.45	淋病	15.17	猩红热	7.74

说明：资料来源于县卫计局

2012 年长兴县常住人口法定传染病发病及死亡情况表

表 31-9

病名	发病(例)	死亡(例)	发病率(1/10万)	病名	发病(例)	死亡(例)	发病率(1/10万)
梅毒	482	0	74.59	肺结核	266	0	41.16
肝炎	242	0	37.45	淋病	98	0	15.17
猩红热	50	0	7.74	艾滋病	9	2	1.39
痢疾	9	0	1.39	伤寒/副伤寒	4	0	0.62
麻疹	1	0	0.15	狂犬病	1	1	0.15
乙脑	1	0	0.15	百日咳	1	0	0.15
布病	1	0	0.15	手足口病	385	0	59.58
其他感染性腹泻病	2269	0	351.12	风疹	26	0	4.02
流行性腮腺炎	150	0	23.21	流行性感冒	1	0	0.15
麻风	1	0	0.15	—	—	—	—

说明:资料来源于县卫计局

三、预防接种

1988 年,全县所有医院计划免疫门诊已普及,预防接种由村卫生室集中到 34 个乡镇卫生院实施,每月 20 日为全县接种日,按照生物制品的免疫程序,“四苗”(卡介苗、小儿麻痹糖丸即脊髓灰质炎减毒活疫苗、麻疹减毒活疫苗、百白破三联疫苗等)实行计划免疫接种,乙脑、流脑实行突击接种。至 1988 年年底,经抽样调查,长兴县提前 2 年达到卫生部规定的以县为单位“四苗”覆盖率达到 85%要求,“单苗”接种率已达到 90%。1989 年,开展乙型肝炎血源疫苗的接种工作,凡能进行乙型肝病毒表面抗原(HBAg)检查的区乡、街道医疗保健单位都确定为乙肝疫苗的接种点。1990 年 10 月,建立和开展计划免疫保健保偿制度,要求 1991 年后出生的新生儿须参加计划免疫保偿,全县共入保儿童 7167 人(1991 年)。同时,为控制“流脑”“乙脑”的发病,在适龄儿童中开展普种“流脑”疫苗和“乙脑”疫苗,全县共接种 10.18 万人次。同月,省卫生厅对长兴县计划免疫进行考核,抽查全县 30 个单位 210 名儿童,建卡率为 99.5%,“四苗”符合率 94.4%,单苗接种 96.9%,测定麻疹、百白破抗体水平 500 人,总阳性率为 94.9%。1992 年 1 月,乙肝疫苗纳入计划免疫接种管理,并开始接种甲肝疫苗。1993 年 12 月 5 日至 6 日,次年 1 月 5 日至 6 日,全县开展两次两轮脊髓灰质炎强化免疫服苗,4 岁以内 2.8 万余名儿童接受免疫服苗。1994—1997 年,开展四次六轮免疫服苗。1996 年 4 月,新塘乡代表长兴县接受卫生部计划免疫以乡镇为单位接种率 85%目标审评,审评结果“四苗”接种率为 100%。1997 年 5 月,对全县 30 个乡镇(接种点)、213 名儿童作“五苗”接种率调查,其中“四苗”合格率为 98.1%,乙脑疫苗符合率为 89.1%。6 月,组织各接种单位开展新生儿接种卡介苗后 12—24 周阳转率考核,共检查 19 个单位 199 人,结果阴性 25 人、阳性 167 人、强阳性 7 人,阳转率为 87.4%。1999 年 8 月,通过卫生部组织的计划免疫第二个 85%目标审评,建卡率、建证率、“四苗”和乙肝疫苗接种率均为 100%。

2000 年 10 月,为接受安置的 200 多名三峡移民适龄儿童补建计划免疫接种卡,补种相关疫苗。2002 年,所有乡镇开展规范化接种门诊创建,要求统一装修,分室接种。同年 11 月起,开展按旬接种制度。2003 年,以乡镇为单位计划免疫“四苗”接种率达 99%以上,先后两次组织实施消灭脊髓灰质炎强化免疫,0 岁～3 岁儿童强化服苗率为 97.8%。同年,开展麻腮风(麻疹、腮腺炎、风疹)联合疫苗接种,共接种 1 万人。2004 年,全县启用《中国免疫规划监测信息管理系统》,对脊髓灰质炎、麻疹、新生儿破伤风和常规免疫四大监测系统实行网络监测。2005 年 11 月,全县 33 家接种门诊建立计划免疫接种信息化系统,实现与全市儿童计划免疫信息共享。2008 年 7 月 1 日,国家实行扩大免疫,将甲肝、麻风、麻腮风、流脑和乙脑疫苗纳入计划免疫接种范围，并将计划免疫改为免疫规划。2009 年，甲型 H1N1 流感疫苗在全民中开展免费接种，当年接种 8500 人。2011 年 10 月，开展首轮麻疹集中式查漏补种和麻疹疫苗强化免疫规范接种，补证、补种率均达 95%以上，对初三、高一学生开展麻风疫苗强化接种，共接种 6100 人。2012 年，全县“五苗”(“四苗”加乙肝疫苗)应接种儿童 6197 人，“五苗”接种 6192 人，覆盖率 99.9%，单苗接种率 99.9%～100%，累计接种 43369 人次。

1988—2012 年，全县计划免疫累计接种 106.71 万人次。其中，卡介苗 15.25 万人次，百白破 15.25 万人次，麻疹减毒活疫苗 15.24 万人次，乙肝 15.24 万人次，服小儿麻痹糖丸 15.25 万人次，伤寒疫苗 5.81 万人次，甲肝 10.97 万人次，麻腮风疫苗 3.27 万人次，流感疫苗 14.89 万人次，白喉类毒素疫苗 15.25 万人次，风疹疫苗 5.49 万人次，腮腺炎 3.95 万人次。

1988—2012 年长兴县免疫接种情况表

表 31-10

年份	卡介苗(BCC)		脊灰疫苗(OPV)		百白破疫苗(DPT)		麻疹疫苗(MV)		乙肝疫苗(HB)		“四苗”		“五苗”	
	总人数(人)	接种率(%)	总人数(人)	接种率(%)	总人数(人)	接种率(%)	总人数(人)	接种率(%)	总人数(人)	接种率(%)	总人数(人)	接种率(%)	总人数(人)	接种率(%)
1988	6967	99.1	6967	100	6967	100	6967	100	6967	100	6967	100	6967	100
1989	7516	99.2	7515	100	7515	100	7515	100	7515	100	7515	100	7515	100
1990	7876	99.5	7876	100	7876	100	7876	100	7876	100	7876	100	7876	100
1991	7216	100	7216	100	7216	100	7216	100	7216	100	7216	100	7216	100
1992	6833	99.6	6833	100	6833	100	6833	100	6833	100	6833	100	6833	100
1993	7084	100	7084	100	7084	100	7084	100	7084	100	7084	100	7084	100
1994	7847	100	7847	100	7847	100	7847	100	7847	100	7847	100	7847	100
1995	7468	99.9	7474	100	7471	99.9	7472	99.9	7472	99.9	7461	99.8	7472	99.9
1996	7439	100	7439	100	7439	100	7439	100	7439	100	7439	100	7439	100
1997	7373	100	7373	100	7373	100	7373	100	7373	100	7373	100	7373	100
1998	6445	100	6445	100	6445	100	6445	100	6445	100	6445	100	6445	100
1999	5636	100	5636	100	5636	100	5636	100	5636	100	5636	100	5636	100
2000	5344	100	5344	100	5344	100	5344	100	5344	100	5344	100	5344	100
2001	5261	100	5261	100	5261	100	5216	99.1	5216	99.1	5261	100	5216	99.1
2002	4931	100	4931	100	4930	100	4931	100	4931	100	4930	100	4931	100
2003	5031	100	5031	100	5031	100	5031	100	7472	100	5031	100	7472	99.9
2004	4226	100	4226	100	4226	100	4226	100	4226	100	4226	100	4226	100
2005	5309	100	5309	100	5309	100	5309	100	5295	99.7	5295	99.7	5295	99.7
2006	5210	99.9	5211	100	5209	99.9	5199	99.7	5198	99.7	5198	99.7	5185	99.5
2007	5053	99.5	5054	99.6	5053	99.5	5045	99.4	5046	99.4	5046	99.4	5035	99.2
2008	4242	100	4238	99.9	4235	99.8	4234	99.8	4236	99.9	4236	99.9	4234	99.8
2009	4980	100	4980	100	4980	100	4980	100	4980	100	4980	100	4980	100
2010	5061	100	5055	99.9	5054	99.9	5056	100	5034	99.5	5061	99.9	5034	99.5
2011	5953	100	5953	100	5953	100	5953	100	5953	100	5953	100	5953	100
2012	6197	100	6197	100	6192	99.9	6197	100	6197	100	6197	99.9	6192	99.9

说明：资料来源于县卫计局

第二节 寄生虫病与地方病防治

一、血吸虫病防治

长兴是浙江省十大血防重点县之一。经过30多年的防治，至1986年已达到传播控制标准。1989年年底，全县34个乡镇中，有29个乡镇流行血吸虫病，占85.3%；450个行政村中，有253个流行血吸虫病，占56.2%；流行村总人口27.7万余人，占全县总人口的46.7%；全县累计有螺面积1930余万平方米(含有螺稻田)。1990年后，按照中央对血防工作的指示和国务院《关于加强血吸虫病防治工作的决定》，以及省市工作部署，长兴县调整健全地方病防治领导小组，设立办公室，制订“八五”防治计划，健全血防专业队伍，由县防疫站地防科负责全县业务指导，每个流行乡镇有1名地防专管员。1995年4月，鉴于长兴县自1975年以来连续保持无急性感染病人和无新感染病牛、1981年以来无阳性钉螺和无新感染病人、1995年以来无实有病人、1995年春季末未查到钉螺，且全县29个流行乡镇都通过消灭达标考核，县人民政府地方病防治领导小组向浙江省及湖州市人民政府地方病防治领导小组提交“要求对长兴县进行消灭血吸虫病达标考核的报告”。1995年5月8—15日，省、市组织考核组根据血吸虫病流行重、中、轻三种情况，经随机抽样确定白岘、里塘、吕山为考核乡，每乡各查3个村；螺情考核共查18.16万平方米，67663框，未查到钉螺。1996年7月26日，省地方病防治领导小组发文，确认长兴县达到消灭血吸虫病标准。2006年7月，制订《长兴县综合治理血吸虫病“十一五”计划》和《长兴县预防控制血吸虫病中长期规划纲要(2006—2015年)》。

图31-6 长兴县举行消灭血吸虫病达标考核汇报会(县卫计局提供·1995年)

血防宣传教育 血防工作初期，干部群众对血吸虫病缺乏了解和认识，宣传教育着重普及科学知识。进入20世纪90年代，逐步向健康教育发展。对一级目标人群的城乡居民，采用电视、电影、幻灯、广播、发宣传单等方式开展宣传；对二级目标人群的中小学教师、乡村医生，主要采用座谈会、办培训班等方式，组织参观学习和参与血防活动；对三级目标人群的各级领导干部采用访谈、签订目标责任书及召开查灭螺现场会等方式开展活动。流动人口采用录像、广播、标语、黑板报等小媒介传播开展宣传。

监测 全县在20世纪70年代末开展综合查病，加之吡喹酮药物的有效治疗，从1988年开始粪检方法已查不到病人。至1989年年底，全县尚有病人45人，多为年老体弱或严重夹杂症者。1990年以后，根据省查治病技术方案，结合长兴实际，查病方法主要以免疫诊断为主，粪检仅在作消灭血吸虫病达标考核或有关调查研究项目时应用。每年有计划地选定一些有螺面积较多的村、部分中小学生和外来人口作调查，查病数量并不很大，也未查到病人。1995年，长兴作为浙江省血吸虫病抽查调查县之一，抽查煤山镇西川村和虹星桥镇西南村，用间凝法检查10岁～14岁中小学生200人，阳性4人，阳性率2%；粪检200人，全部阴性。1996年开始，根据浙江省达到“消灭血吸虫病标准后监测巩固技术方案”后，组织开展螺性、病情和外来病源及保虫宿主监测内容。1998年，在全省率先用金标记试验查病。另外，还引进“环卵试验抗原片”“一血三检”等新的免疫查病方法，为推进全省开展免疫诊断查病起到指导作用。至2012年，县内未查到病人。

1988—2003 年长兴县查治血吸虫病情况表

表 31-11

单位:人

年份	皮试		血清学查病			粪检		实有病人数	治疗病人数	扩大治疗数	累计病人数
	检查数	阳性数	方法	检查数	阳性数	检查数	阳性数				
1988											
1989								45			
1990	20080	980	酶标	3980	278	0	0	45	26	0	28406
1991	17616	834	酶标	1634	237	1385	0	19	1	207	28406
1992	16723	975	酶标	2166	234	0	0	8	4	230	28406
1993	35983	1824	酶标	3000	347	2368	0	4	4	258	28406
1994	26353	1310	酶标	1893	52	1627	0	0	0	276	28406
1995	8706	356	间凝	7063	165	1527	0	0	0	267	28406
1996	5436	218	间凝	1463	80	0	0	0	0	186	28406
1997	1917	57	间凝	42	0	0	0	0	0	196	28406
1998	4231	274	金标	572	80	0	0	0	0	195	28406
1999	2043	88	金标	1612	291	291	0	0	0	456	28406
2000	0	0	金标	4773	448	448	0	0	0	454	28406
2001	0	0	金标	4389	358	358	0	0	0	358	28406
2002	0	0	金标	6120	547	547	0	0	0	547	28406
2003	0	0	金标	8568	478	478	0	0	0	392	28406
合计	139088	6916		47275	3595	9029	0	76	35	4022	397684

说明:资料来源于县卫计局

2004—2012 年长兴县查治血吸虫病情况表

表 31-12

单位:人

年份	人群血清学查病数	血清学阳性数	粪检数	粪检阳性数	扩大治疗数	年份	人群血清学查病数	血清学阳性数	粪检数	粪检阳性数	扩大治疗数
2004	10326	528	528	0	532	2009	5342	264	41	0	226
2005	8677	442	310	0	450	2010	6284	253	253	0	253
2006	10915	225	225	0	225	2011	7356	260	260	0	260
2007	10066	218	218	0	218	2012	8106	254	254	0	254
2008	7304	199	199	0	199	—	—	—	—	—	—

说明:资料来源于县卫计局

查螺灭螺　1988 年,全县有钉螺面积 40520 平方米,其中新发现面积 9020 平方米,当年灭钉螺面积 39020 平方米,查灭钉螺投工 11635 工。20 世纪 90 年代后,县内有螺面积主要分布在地形复杂的山区,主要依靠专业队查灭钉螺。具体以村专业队自查为主,辅以乡专业队复查和县考核查的三级查灭钉螺形式,强化管理,结合科研,采取综合性防治措施。1991 年,在许多老螺区查到面积较大的钉螺,并相继在仙山长安村、李家巷沈湾村的生活区新发现数量较大的有螺面积。通过发动群众开展垦殖、平整土地、开新填旧结合药物喷洒等方法，在较短时间内压缩钉螺面积。1992年，采取综合治理的灭螺方案，有效解决煤山镇老虎塘“老大难”螺区的灭螺问题，共开展山坡垦荒7.13公顷，种植栗树4000株，消灭钉螺51570平方米。1997年后，各地更加注重结合农业开发和水利建设，开展环境改造灭螺工程，其中规模较大的有煤山镇千亩银杏林基地、煤山镇新民村和新庄村三面光渠道、白岘乡张公岭吊瓜基地和访贤村三面光渠道、吴山乡韦山村有螺稻田开挖鱼塘等，共投资240.7万元，改造历史有螺面积3.03万平方米。2001—2003年，在11个乡镇32个村开展33个项目，改造历史有螺面积47.45万平方米。2004—2012年，全县累计查螺面积5580.74万平方米，查螺投工12.33万工，累计查到有螺面积73.52万平方米，当年查到有螺面积当年进行灭螺处理，累计反复扩大灭螺处理面积933.26万平方米，解剖钉螺35254只，未发现阳性钉螺，灭螺投工15.77万工。

1988—2003年长兴县查灭钉螺情况表

表31-13

年份	查出有螺面积(万平方米)	其中:新发现面积(万平方米)	当年实有面积(万平方米)	灭螺面积(万平方米)	查灭螺投工(工)	年份	查出有螺面积(万平方米)	其中:新发现面积(万平方米)	当年实有面积(万平方米)	灭螺面积(万平方米)	查灭螺投工(工)
1988	4.05	0.90	4.05	3.90	11635	1996	0.99	0.00	0.99	0.99	14671
1989	2.97	0.17	3.12	3.12	10247	1997	5.62	0.08	5.62	5.62	9809
1990	6.96	1.03	6.96	6.57	11866	1998	4.96	0.00	4.96	4.96	14137
1991	28.49	4.15	28.88	20.85	24566	1999	5.81	0.00	5.81	5.81	15375
1992	4.63	0.50	12.67	10.87	18797	2000	4.29	0.09	4.29	4.29	13052
1993	4.32	0.59	6.12	6.12	24122	2001	5.40	0.12	5.40	5.40	13569
1994	1.58	0.00	1.58	1.58	24059	2002	3.64	0.00	3.64	3.64	13879
1995	0.00	0.00	0.00	0.00	17252	2003	4.67	0.00	4.67	4.67	12828

说明:资料来源于县卫计局

2004—2012年长兴县查螺灭螺情况表

表31-14

年份	查螺		有螺					灭螺		
	面积(万平方米)	投工(工)	乡镇(个)	村(个)	面积(万平方米)	解剖活螺(只)	阳性数(只)	面积(万平方米)	反复灭螺(万平方米)	投工(工)
2004	302.15	5953	8	24	5.65	2845	0	5.65	94.70	5667
2005	477.41	7832	8	22	6.19	3156	0	4.77	64.44	4503
2006	820.00	18004	7	25	9.49	4500	0	9.49	120.20	6726
2007	702.33	16330	5	24	9.15	4650	0	9.15	80.00	21558
2008	717.65	15198	5	10	7.05	3760	0	7.05	133.70	29763
2009	612.40	13609	4	20	10.08	4500	0	10.08	110.00	27014
2010	824.34	23213	4	20	8.93	3524	0	8.93	100.00	45163
2011	700.21	13828	3	16	8.81	3162	0	8.81	34.63	5714
2012	424.25	9365	4	21	8.17	5157	0	8.17	195.59	11578

说明:资料来源于县卫计局

二、其他寄生虫病防治

疟疾防治 20世纪80年代,全县疟疾共发病620例,年均发病率1.08/万,无死亡病例。1989年11月,经省、市组织考核,确认长兴县已达到基本消灭疟疾的标准。1990年起,全县疟疾防治开始进入巩固防治成果监测阶段,实施传染源监测、媒介控制、健康教育为主的防治策略。同年,疟疾共发病4例,发病率为0.67/10万,无死亡病例。1990—2009年,疟疾发病一直处于历史最低水平,疫情稳定,无当地感染病例,偶有散发病例;但随着人员流动日益频繁,外地感染输入县内发病的病例屡有发现,血涂片镜检查获疟原虫,共查出疟原虫阳性28例。对发现的疟疾病例,按照省疟疾疫情管理要求给予正规治疗、休止期根治、疫点发热病人调查、预防服药、杀虫剂灭蚊、媒介调查、宣传教育进行干预等措施。2005年,设槐坎乡、二界岭乡为全县疟疾监测点,县级综合医院和疾病预防控制中心常年开展疟原虫血检工作,其余各医疗单位将疟原虫镜检列为实验室常规检测项目。2010年,贯彻《中国消除疟疾行动计划(2010—2020年)》和浙江省《2010—2016年浙江省消除疟疾行动方案》,县公共卫生委员会制定《长兴县消除疟疾行动方案(2010—2020年)》,开展消除疟疾行动。至2012年,无当地疟疾感染病例。

丝虫病防治 1990年,全县在达到丝虫病基本消灭标准的基础上,继续开展纵向、横向和媒介的后期监测工作。1997年,省、市组织对长兴进行达标考核,确认长兴县达到消灭丝虫病标准。之后,县防疫部门重点抓好丝虫病监测巩固,在全县各乡镇开展血检。

布鲁氏菌病防治 2005年,县防疫部门对长岗岭牧场44名高危人员进行采集血样检测,结果均阴性。2006年,采集样本8份,结果均阴性。2008—2012年,共采集血样72份,结果均阴性。2012年6月7日,湖州中心医院报告1例长兴县吕山当地病人,为新发现病例,患者长期从事羊只收购、屠宰和销售。

其他肠道寄生虫病防治 1987年,根据全县土源性线虫病抽样调查,居民感染率为77.6%。至1997年,居民感染率已降至6.6%。2009年,长兴县被确定为国家土源性线虫病监测点,抽查泗安开展土源性线虫病调查防治工作。改良加藤法检测1004人,发现蛔虫卵32例,钩虫卵5例,蛔虫感染率约3.2%,钩虫感染率0.5%,蛲虫感染率5.15%,居民总感染率感染率约4.2%。对该次调查发现的37名感染者,均给予免费药物驱虫治疗,钩虫、蛔虫感染者,成人及12岁以上儿童阿苯达唑片400毫克顿服;12岁以下儿童剂量减半。蛲虫感染者阿苯达唑片200毫克顿服,一周后再服阿苯达唑片200毫克。复检阴性,未见不良反应。经过积极治疗和居民健康意识的不断提高,环境卫生质量的改变,全县居民的寄生虫感染率控制在较低水平。2010年开始,不再开展驱虫治疗。

三、碘缺乏病

1987年10月,对煤山、槐坎、白岘3个病区乡镇及所在地厂矿供应碘盐后,逐步在全县实施全民食用碘盐和口服碘油丸的综合防治措施。1988年,调查4个乡镇7岁~14岁小学生160人,甲状腺肿大13人;调查15岁以上居民300人,患病4人。至1990年,经过综合防治,人群患病率下降到约1%。1991年,长兴县经过省、市考核达到基本消除碘缺乏病的标准。1994年,对煤山、槐坎、白岘3个病区乡镇的新婚育龄妇女、孕妇、0岁~2岁婴幼儿等特需人群实施口服碘油丸防治,共5511人。1995年开始,对全县3岁~14岁儿童实施口服碘油丸防治,共14.3万人。同年11月,对罗岕村进行甲状腺肿调查,检查2566人,查出病人33人,患病率1.3%,甲状腺肿大154人,肿大率7.3%,与防治前的1984年相比,患病率下降73%,肿大率下降70.1%。1997年,全县甲状腺肿大率由服苗前的7.3%下降到3.1%。同10月,长兴县通过浙江省消除碘缺乏病达标考核。1998年,共监测长兴籍新生儿脐血2080份,未发现甲状腺功能低下者。2003年,协同省疾控预防控制中心在李家巷镇开展“全国第五个碘缺乏病监测工作”。2007年,实现消除碘缺乏病阶段目标现场考核,共调查5所乡镇中心小学,触诊法检查8岁~10岁儿童462人,发现甲状腺肿大16人,肿大率3.5%。2008—2012年,全县共抽检位于不同地理方位的5个乡镇的8岁~10岁学生200人,未发现病理性肿大,儿童尿碘达到国家消除碘缺乏达标标准,居民食用盐检测,合格率为99.7%~97.9%。

第三节　职业病

一、尘肺

1988年，县卫生防疫部门继续开展尘肺病流行病学调查。同年9月，建立县尘肺疗养所(设在后漾乡中心卫生院内)，11月，有10名尘肺患者入所疗养。1989年，有19名Ⅱ期尘肺病人入所疗养。至同年年末，全县共有接触粉尘作业职工人数46125人，其中县属集体企业9770人；查出尘肺病人180例，其中全民、集体企业114例，占63.3%；死亡16例，其中全民、集体企业7例，占43.8%；女性5例，占2.8%。矽肺71例、占39.4%，煤工尘肺48例、占26.7%，陶工尘肺7例、占3.9%，铸工尘肺3例、占1.7%，水泥尘肺4例、占2.2%，其他尘肺47例、占26.1%。累计疑似尘肺661人，其中全民、集体企业443人，占67%。1990—2003年10月，累计对16168名接尘作业工人进行健康体检，查出尘肺新增病人46例，其中Ⅰ期病人41例、Ⅱ期5例，矽肺20例、煤工尘肺18例、铸工尘肺3例、水泥尘肺4例、植物性尘肺1例；植物性尘肺为县内第一例因植物性粉尘引起的病人。2004—2012年，累计对22771名接尘作业工人进行健康体检，共查出尘肺200例，其中矽肺151例、煤工尘肺41例、电焊工尘肺4例、铸工尘肺1例、其他尘肺3例。其中，2012年共健康体检5913人，查出尘肺59例，包括Ⅰ期病人37例、Ⅱ期19例、Ⅲ期3例，矽肺36人、煤工尘肺16人、电焊烟尘肺2例、铸工尘肺1例、其他4例。

二、其他职业中毒

1988—1989年，县卫生防疫部门组织对106名苯作业工人进行健康体检，查出慢性苯中毒2人、慢性铅中毒3人，另有苯中毒观察对象5人。1995年，对106名蓄电池行业工人进行健康体检，发现铅中毒9人、铅吸收62人。1996年，对158名蓄电池行业工人进行健康体检，发现铅中毒51人、铅吸收52人。1997年，对192名蓄电池行业工人进行健康体检，发现铅中毒31人、铅吸收111人。1998年，对240名蓄电池行业工人进行健康体检，发现铅中毒35人、铅吸收103人。1999年，对296名蓄电池行业工人进行健康体检，发现铅中毒90人。2000年，对358名蓄电池行业工人进行健康体检，发现铅中毒90人。2001年，对408名蓄电池行业工人进行健康体检，发现铅中毒150人。2002年5月，对华能长兴电厂工人进行听力检查，发现噪声性耳聋(可疑)病人2例。2004年5月，长兴第一化工有限公司发生4名员工急性化学中毒，经治疗全愈，无死亡病例发生。2007年，长兴超威蓄电池厂发现1例慢性铅中毒。2009年，长兴昌盛电气有限公司发现1例慢性铅中毒。2012年，对全县2870名接触有毒有害作业工人进行健康体检，发现铅中毒1人，调离禁忌证52人。

第四节　慢性病与精神病管理

一、慢性病管理

20世纪90年代，县内以防治急性传染病为主，慢性病发病数量少，未作重点监测。随着生活方式与环境的改变，高血压、糖尿病、冠心病、脑卒中等各种慢性病开始增多。2005年起，全县开展慢性病预防控制工作，建立监测体系，开展以社区为基础、人群为目标的慢性病十二项工作预防控制规范管理。同年10月，县级医院开始报告新发肿瘤、脑卒中等病例。2007年，开展以高血压防治为重点的慢性病防治工作，在和平镇社区卫生服务中心开展糖尿病防治试点。2008年9月，建立覆盖全人群的慢性病(包括高血压、脑卒中、恶性肿瘤、冠心病急性事件、糖尿病)发病监测体系，在各级医疗机构实施35岁以上首诊测血压制度，慢性病社区主动筛查，提高慢性病的发现率。同年，县疾控中心专门设置社区卫生科，全年分层次对556名社区责任医生进行业务培训；全县有三分之一社区卫生服务中心成立慢性病综合防治俱乐部，开展健康教育、健康咨询指导、健康危险因素干扰等。2009年2月，全面启用"浙江省慢性病监测信息管理系统"，在全县各级医疗单位实行网络直报；全年共有糖尿病报告病例699例、发病率为113.29/10万，恶性肿瘤报告病例1734例、发病率为281.05/10万，冠心病报告49例、发病率7.94/10万，脑卒中报告病例538例，发病率87.20/10万。同年起，每季度对县级医疗机构、每半年对社区卫生服务中心开展慢病漏报调查。2012年，全县共有糖尿病报告病例3567例、发病率568.58/10万，恶性肿瘤报告病例1785例、发病率285.10/10万，冠心病报告病例119例、发病率19.01/10万，脑卒中报告病例1412例、发病率225.84/10万。

高血压 20世纪90年代，县内高血压发病数量少，未作重点监测病症。2004年，以雉城镇北门社区和洪桥镇东王村为调查点，开展全县居民高血压抽样调查工作。共调查262人，查出临界高血压34人，确诊高血压18人，发病率6.9%。2005年，从已建家庭健康档案的24646人中，筛选出慢性病3347人，其中高血压患者1178人。2006年，为35岁以上人员首诊测血压63416人次，高血压患病率7.8%。2007年，在林城镇天平桥社区卫生服务中心进行重点慢性病防治试点，共调查1256人，高血压患病率7.8%。2008年9月，建立覆盖全人群的慢性病发病监测体系，在各级医疗机构实施35岁以上首诊测血压制度，血压值记录在日志上，并开始将高血压综合干预工作纳入社区卫生服务工作。同年起，社区医生对每位登记在册高血压患者实行每年4次随访，方式有门诊随访、电话随访或上门随访，同步对高危人群实施综合干预。2009年2月，全县医疗机构对高血压病例实施网络直报，和平镇卫生服务中心被列入省高血压规范化管理项目试点。2012年，全县共登记高血压患者50096人。

糖尿病 2005年，县卫生部门从已建家庭健康档案的24646人中，筛选出糖尿病患者178人。2006年，在林城镇天平桥社区服务中心开展重点慢性病防治试点，共调查1256人，糖尿病发病率1.5%。2007年，在和平镇社区卫生服务中心开展糖尿病防治试点。2008年，制定下发《社区高血压、糖尿病综合防治技术方案》，综合防治分血糖监测、药物治疗和非药物干预，并对糖调节受损者和患者进行登记。2009年5月始，县疾控中心到各社区卫生服务站对农民家庭健康档案管理进行指导，成立糖尿病健康教育俱乐部。同年，有糖尿病报告例数699人，发病率113.29/10万，其中Ⅰ型糖尿病17例、占2.4%，Ⅱ型糖尿病649例、占92.9%，妊娠型糖尿病7例、占1%，其他类型糖尿病26例、占3.7%。四种类型糖尿病报告发病率依次为2.76/10万，105.19/10万，1.14/10万，4.21/10万。2010年，按照《浙江省社区高血压、糖尿病综合防治技术方案》，对糖尿病人群统一下发随访管理档案开展随访，并按照分级分类的原则进行随访管理，行为干预。同年，有糖尿病报告病例3058人，发病率113.84/10万。2011年，有糖尿病报告病例2738人，发病率439.42/10万。2012年，全县共有糖尿病报告病例3567人，发病率568.58/10万；当年登记糖尿病患者9803人。

二、精神病管理

2006年5月，县卫生局制定《关于对低保精神残疾人开展配药前体检的通知》，确定县人民医院、和平地区医院、泗安地区医院、煤山地区医院、李家巷地区医院、虹星桥镇中心卫生院、水口乡卫生院7家医院为患者配药前体检责任单位。93名低保精神病人中，有66名参加体检，通过专科诊断确诊有57名患者需要服药治疗。2007年开始，每季度组织对低保精神病人体检及接受专家诊断免费送药上门。2010年，按照浙江省基本公共卫生服务均等化项目有关要求，将精神病防治康复工作纳入社区公共卫生工作内容，初步建立三级精神病防治网络，落实监护人，建立家庭看护小组和家庭病床，医生定时上门送医送药，当年对532名精神病患者建立健康档案。同年7月，排摸出重性精神病患者1193人，其中665人为新发现患者，由县疾控中心组织精神科专家入户开展危险等级评估。2011年，对Ⅲ级以上的病人实行管控责任告知，落实低保精神病人免费配送治疗药物工作，为264名低保精神病患者定期体检、诊断，免费配送治疗药物。全县共建档立卡、管理重性精神病人1458例。至2012年，全县累计发现重性精神病患者1504人，均已接受监护管理，监护率100%，患者病情稳定率97.8%，治疗率68.2%，规范管理率68.6%。免费发放药物1165人次。未发生1起肇事肇祸事件。

第五节 妇幼保健

一、妇女保健

1988年之前，县内已组织以县妇幼保健所医务人员为主的专业队伍进入农村开展妇女病普查，每三年普查一次，并深入厂矿、企事业单位开展妇女病普查。1988年，共普查3690人，发现阴道炎、宫颈糜烂等患病妇女2237人。1994年，对雉城镇部分单位进行检查，共查1203人次，其中阴道炎96例、宫颈糜烂609例。1997—1998年，共进行妇女病普查1.01万人次，其中阴道炎476例、宫颈糜烂3176例、尖锐湿疣22例。1999年，对10个乡镇100个单位开展妇女病查治，共检查1.7万人次，其中阴道炎472例、宫颈糜烂5271例、尖锐湿疣11例、宫颈癌1例。另对雉城镇下岗女工和老年妇女进行免费检查。2000年，开展妇女病检查9766人，其中阴道炎269例、宫颈糜烂2685例、尖锐湿疣3例、宫颈癌1例、乳腺癌1例。2002年，对雉城镇下岗女工免费检查4322人，疾病检出率为50.3%。2009年年底，长兴被省卫生厅、省妇联确定为国家级乳腺癌防治项目试点县，妇幼保健院作为项目定点医疗机构，组织对35岁至59岁年龄段的已婚妇女开展免费乳腺癌筛查。至2011年，在7个乡镇完成免费乳腺癌筛查1.31万人，完成项目计划的217%；乳腺患病2613人，患病率20%，确诊乳腺癌5例；妇科检查和宫颈刮片1.05万人，患病人数3590人，患病率34.3%，确诊宫颈癌8例。2012年，开展妇科病普查3.58万人，发现患各种妇女疾病9522人，患病率26.6%。1988—2012年，全县共开展妇女病普查累计48.75万人次，发现患各种妇科疾病15.63万人次。

1988—2012年长兴县妇女病普查治疗情况表

表31-15

年份	已婚育龄妇女总人数（人）	妇女病检查人数（人）	检出疾病情况与结果														
			总人数（人）	其中													
				阴道炎		宫颈糜烂		梅毒		淋病		尖锐湿疣		宫颈癌	乳腺癌	卵巢癌
				例数（例）	治疗数（例）	例数（例）	治疗数（例）	例数（例）	治疗数（例）	例数（例）	治疗数（例）	例数（例）	治疗数（例）	例数（例）	例数（例）	例数（例）
1987	5481	3690	2237					—	—	—	—	—	—	—	—	—
1988		3323	1446					—	—	—	—	—	—	7	—	—
1989		4200	2700					—	—	—	—	—	—	—	—	—
1990		10482						—	—	—	—	—	—	—	—	—
1991	45968	5349	2140					—	—	—	—	—	—	—	—	—
1992		5349	1605					—	—	—	—	—	—	—	—	—
1993		10222	4458					—	—	—	—	—	—	—	—	—
1994		1203		96	—	609	—	—	—	—	—	—	—		—	—
1995	4687	3748	487	138	138	349	349	—	—	—	—	—	—	1	—	—
1996	2458	1852	1116	209	207	482	457	—	—	—	—	—	—	—	—	—
1997	4180	3227	1651	78	78	907	896	—	—	—	—	—	—	—	—	—
1998	12492	6839	3434	398	398	2269	2246	—	—	—	—	22	22	—	—	—
1999	32500	17025	10074	472	470	5271	4915	—	—	—	—	11	11	1	—	—
2000	17302	9766	2030	269	269	2685	2685	—	—	—	—	3	3	1	1	—
2001	19236	12169	6886	242	242	3308	3308	—	—	—	—	8	8	—	—	—
2002	5813	3510	1767	51	51	1256	1146	—	—	—	—	—	—	—	—	—

续表31-15

年份	已婚育龄妇女总人数(人)	妇女病检查人数(人)	检出疾病情况与结果													
			总人数(人)	其中												
				阴道炎		宫颈糜烂		梅毒		淋病		尖锐湿疣		宫颈癌	乳腺癌	卵巢癌
				例数(例)	治疗数(例)	例数(例)	治疗数(例)	例数(例)	治疗数(例)	例数(例)	治疗数(例)	例数(例)	治疗数(例)	例数(例)	例数(例)	例数(例)
2003	8981	6257	1923	58	58	926	926	—	—	—	—	—	—	—	—	—
2004	17965	10361	3621	600	561	1567	1440	—	—	—	3	16	15	—	—	—
2005	35813	23158	10976	1187	1187	3838	3838	—	—	—	—	—	—	—	1	—
2006	40403	31735	10976	1187	1187	3838	3838	—	—	—	—	—	—	1	—	—
2007	142410	79616	21996	2581	2581	4903	4903	—	—	—	—	7	7	3	—	—
2008	210078	56854	13855	3975	3975	3107	3107	—	—	—	—	6	6	2	—	—
2009	87332	53901	14745	4911	4911	3795	3795	—	—	—	—	4	4	4	1	—
2010	139575	42526	12540	3162	3162	3239	3236	1	1	—	—	9	9	—	3	—
2011	66456	45332	14081	3407	3407	3342	3342	—	—	—	—	1	1	—	—	—
2012	66456	35776	9522	3146	3146	3604	3604	—	—	—	—	2	2	1	6	—

说明:资料来源于县卫计局

二、儿童保健

新生儿疾病筛查 1999年12月,成立县新生儿疾病管理中心,设在县妇幼保健院内。在县级3家医院率先开展新生儿疾病筛查,包括新生儿苯丙酮尿症(PKU)及先天性甲状腺功能低下症(CH)。2003年,开始新生儿听力筛查工作,成立县儿童听力管理中心、县儿童听力筛查诊断治疗中心,对出生3天至7天的新生儿用耳声发射仪(OAE)进行初筛,未通过者30天后用自动听性脑干反应(AABR)复筛,复筛未通过者及时转诊上级医院进一步确诊、干预。至2012年年末,全县新生儿苯丙酮尿症及先天性甲状腺功能低下症筛查覆盖率100%,筛查率99.4%,确诊先天性甲状腺功能低下症17人,确诊苯丙酮尿症3人。全县新生儿听力筛查覆盖率100%,筛查率98.2%,确诊听力异常39人。

幼托儿童保健 1987年开始,县内每年开展托幼园所教师体检、儿童入托体检、"六一"体检等工作。1990年,开展托幼园所保健指导,每季活动一次。1993年,成立县托幼园所卫生保健工作指导小组,每年组织卫生保健人员、保育员、炊事员上岗培训。同时,加强准入审批,将托幼园所卫生保健合格单位纳入注册的必备条件。1997年开始,县妇保院对雉城镇集居儿童龋齿进行窝沟封闭,至2003年累计404人,龋齿填补52人。1999年起,根据《浙江省托儿所、幼儿园卫生保健管理办法》,每年组织托幼园所卫生保健工作年度考核并颁发卫生保健合格证。2012年,全县共41所幼托机构均为卫生保健合格单位。

儿童保健系统管理 20世纪80年代中后期开始,县内逐步建立健全儿童系统管理、5岁以下儿童死亡监测等工作制度。1990年,在实行儿童系统管理的同时,开展体弱儿管理工作和儿童"四病"(肺炎、贫血、腹泻、佝偻病)防治工作,开始建立婴儿死亡报告制度。1991年,与加中儿童健康基金会合作,在夹浦、丁甲桥、洪桥、横山、下箬、新塘6个乡镇开展儿童生长发育、腹泻、5岁以下儿童死亡等项目的监测,其中夹浦镇、丁甲桥乡被确定为重点监测乡镇,由医疗队对监测点进行巡回医疗。1994年,33个乡镇开展保健门诊,对0岁~6岁儿童实行系统管理,定期进行健康检查,同年共开放儿保门诊1354次,门诊总数4.07万人次,查出疾病5879人次,0岁~3岁儿童系管率64.4%,婴儿死亡率15.9‰。1995年,对雉城镇1983名幼儿进行体检。9月份起,分期分批对各乡镇开展佝偻病专项调查,共查出患佝偻病281人(0岁~3岁儿童)。1997年,对夹浦镇、二界岭乡开展脑瘫患儿流行病学调查,完成儿童"五病"(小儿肺炎、儿童缺铁性贫血、佝偻病、小儿营养不良、腹泻)流行病学调查工作。2005年开始,建立健全体弱儿管理工作制度、新生儿死亡评审、新生儿访视等工作制度。2011年,根据省卫生厅下发的《0岁~6岁儿童健康管理服务规范》,全县各乡镇实行儿童系统管理、体弱儿管理、5岁以下儿童死亡监测有专人负责、专人管理、责任到人。2012 年，全县 7 岁以下儿童保健系统管理 32841 人，系统管理率 97.3%。

三、生育保健

婚前检查　1993 年之前，全县婚检率仅为 7%。1995 年，县妇幼保健院开设婚检门诊，煤山、李家巷、泗安、和平 4 家地区医院相继开展该项工作。1996 年，全县确定县妇保院和 4 家地区医院为定点婚前检查单位，婚检医生经培训取得专项技术服务证书后方可上岗。1999 年，婚检单位实行婚姻保健服务公开，加强婚检质控工作，婚检率和疾病检出率逐年明显提高，同年婚检率 78.6%，疾病检出率 11.2%。2000—2003 年，每年婚检率均在 90%以上，其中 2003 年达 98.7%，为 25 年间最高。2003 年 10 月，新婚姻登记条例颁布实施，强制性婚检被取消，婚前医学检查成为个人自愿选择。2004 年年末，全县婚检率跌至 0.6%，为 25 年间最低。2005 年 9 月起，县政府即整合县民政部门和县卫生部门职能，将全县集中婚姻登记场所迁至县妇幼保健院，实行婚前咨询、婚检和婚姻登记一站式服务。同年，新生儿出生缺陷率 10.6‰。2007 年 1 月起，实行免费婚检服务，同年婚检率回升至 60.6%。2012 年，婚检率为 94.3%，检出患病 2409 人，疾病检出率 21.4%，其中生殖系统疾病 759 人、其他系统疾病 1650 人，要求暂缓结婚 86 人，不宜结婚 2 人。2008—2012 年，全县累计婚检 43432 人，检出患病 9365 人，疾病检出率 21.6%，要求暂缓结婚 255 人，不宜结婚 5 人。

1996—2012 年长兴县婚前检查情况表

表 31-16

年份	婚检率（%）	疾病总数（人）	疾病检出率（%）	生殖系统疾病（人）	其他系统疾病（人）	暂缓结婚数（人）	不宜结婚数（人）
1996	8.5	8	2.4	2	6	6	0
1997	36.4	30	—	—	—	3	—
1998	58.4	253	0.5	83	170	35	2
1999	78.6	723	11.2	61	662	23	0
2000	90.7	597	20.4	299	298	83	0
2001	93.7	1339	19.6	498	841	120	0
2002	97.9	1776	22.0	632	1144	136	1
2003	98.7	1647	20.4	676	971	166	3
2004	0.6	1		0	1	0	0
2005	13.8	325	12.3	166	159	13	2
2006	30.1	428	14.8	233	195	2	2
2007	60.6	703	16.1	305	398	8	2
2008	74.2	1397	20.4	432	925	29	1
2009	85.6	2144	21.3	795	1349	42	0
2010	46.7	1352	23.5	500	852	26	1
2011	81.4	2063	20.7	760	1303	72	1
2012	94.3	2409	21.4	759	1650	86	2

说明：资料来源于县卫计局

孕产妇管理　1988 年之前，全县普及妇幼保健网络，实行妇幼保健月会制，进行分类指导，组织检查考核。乡镇卫生院开展高危孕产妇筛选，保证母婴健康。1990 年，县妇幼保健所在全县范围内开展接生员队伍整顿，取缔无证接生员，推行新法接生和住院分娩。1991 年，实行母婴保健保偿制度，入保率为 40%。重点做好高危孕妇的管理，实行专册登记，专案管理，专人负责和复查追踪治疗。1993 年年底，县妇幼保健所升格为妇幼保健院，设保健部，恢复全县妇幼保健例会制度。至 1995 年年底，全县孕产妇死亡率为 37/10 万人，比 1990 年下降 20 个百分点。母婴保健保偿入保率提高 25 个百分点，新法接生率达到100%。1996—1997年,重点贯彻和落实“母婴保健法”。健全县、乡、村三级保健网络建设,每个乡镇卫生院均配备2名至3名妇保医生,聘任村妇女主任兼管村级妇保工作。1997年,全县妇保工作通过省初保工作达标验收,县妇幼保健院、白岘卫生院、槐坎卫生院被评为省第三批产科质量检查优胜单位。1998年,县妇保院开设高危孕产门诊,由高年资医师坐诊,实行首诊负责制。1999年至2001年,连续三年孕产妇死亡率为零。2000—2002年,对外来、外出的孕妇实行委托书形式进行属地管理。2002年,县妇保院管理外来孕妇42人、外出孕妇委托14人。2005年,全面启动孕产妇保健管理信息系统建设,建成信息共享、数据准确的孕产妇保健管理网络体系。县乡联合建立孕产妇、新生儿抢救绿色通道。2012年,全县孕产妇系统管理率由1994年的39%上升至96.1%,早孕建卡率由1994年的67.2%上升至96.5%;90%以上乡镇卫生院已创建长兴县规范化孕产妇保健门诊。

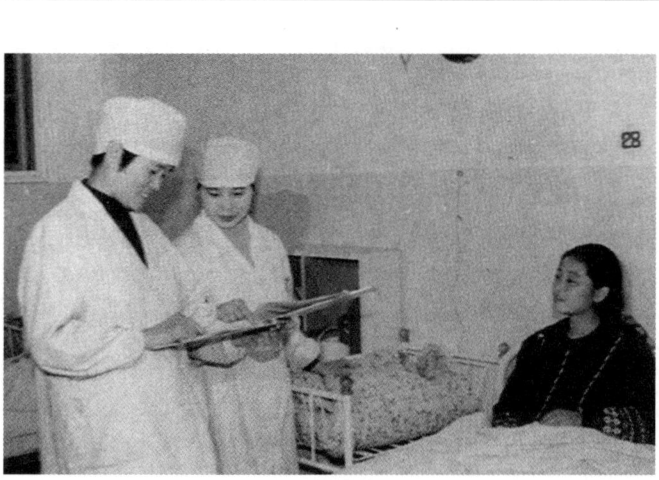
图31-7　长兴县妇幼保健院母婴同室病房(县卫计局提供·1995年)

四、爱婴医院创建

1994年,卫生部发起开展创建爱婴医院活动。同年,县人民医院创建成为国家级爱婴医院。1995年,县妇幼保健院创建成为国家级爱婴医院。1997年,县中医院创建成为国家级爱婴医院。1997—1999年,白岘、洪桥、林城、李家巷、泗安、和平、虹星桥、槐坎、夹浦、长桥等卫生院创建成为省级爱婴医院。

第六节　初级卫生保健

1989年,县内实现疟疾基本消灭的目标。1991年5月,县初级卫生保健委员会成立。1992年,县政府下发初级保健规划,乡镇均建立初保委员会及办公室,形成县、乡镇、村三级初级保健领导体系。同年4月至5月,在洪桥、横山、下箬、夹浦、长桥、白岘6个乡镇开展初保试点工作,至6月底有13个村落实合作医疗实施章程。1993年,长兴经卫生部复核确认疟疾达到基本消灭标准。1995年,长兴经省考核达到血吸虫病消灭标准。1996年起,县卫生局实行初保工作责任制,对乡镇卫生院实行初保工作定期考核。同时,共组织两次业务培训考试、考核和发证换证工作,有539名乡村医生参加统一闭卷考试,成绩合格率达80.9%。至1996年年末,全县有村办卫生室339个,覆盖率达100%,其中甲级村卫生室275个、占81.1%。集资医疗保健村452个,占全县行政村的100%,其中合医合药行政村6个、覆盖率1.3%。健康教育网络健全,中小学健康教育开课率达100%,行政村宣传栏普及率100%。农村安全卫生水普及率93.3%,其中自来水普及率达39.8%。农户卫生厕所44671座,占户厕所25.3%,公共厕所普及率100%。法定报告传染病总发病率从1991年的421.45/10万人下降到1996年的221.59/10万人,五年下降率47.4%,0岁～7岁儿童疫苗接种建卡率达100%,卡介苗、麻疹疫苗、脊灰疫苗、百白破菌苗接种率分别为99.97%、99.9%、99.9%和99.9%。食品卫生检查合格率达86.1%,从业人员体检率达100%。孕产妇系统管理率98.5%,儿童系统管理率94.9%;婴儿死亡率为15.8%,孕产妇死亡率1.4/万,5年下降率分别为26.3%和67%。1996年,县政府被评为省血防先进集体。1997年4月,省级初保审评通过抽查考核虹星桥、吕山、畎桥等3个乡镇,确认长兴县初保达标。之后,全县继续开展以乡镇为单位初保达标工作。至1999年年末,经市抽查考核吕山、煤山、长潮、泗安、吴山、雉城等乡镇,确认全县所有乡镇实现以乡镇为单位初保达标。

第七节 生命统计

一、疾病死因谱

2008年，全县死亡3364人，前五位死亡原因依次为恶性肿瘤、循环系统疾病、呼吸系统疾病、损伤和中毒、消化系统疾病。同年，开展漏报调查工作，共调查18318人，漏报率2.4%。2009年2月，全面启用浙江省慢性病监测信息管理系统。同年，死亡人数3742人，其中男性2189人、女性1553人，死亡率6.2‰。2010年，死亡人数3744人，其中男性2181人、女性1563人，死亡率6.1‰。2011年，死亡人数3888人，其中男性2186人、女性1702人，死亡率6.2‰。2012，年死亡人数3882人，其中男性2294人、女性1588人，死亡率6.2‰；死亡原因前五位依次为恶性肿瘤、呼吸系统疾病、心脏病、脑血管病、损伤和中毒，5种疾病占总死亡数的87.1%。2008—2012年，恶性肿瘤一直位居死亡原因首位，占死亡人数的27.3%，其中肺癌、胃癌、肝癌所占比例最大；位居第二位的是呼吸系统疾病，占死亡人数的20.3%；心脏病、脑血管病排在第三位或第四位之间。

2008—2012年长兴县前五位死因和死亡百分比一览表

表31-17

年份	第一位	第二位	第三位	第四位	第五位
	死因比例(%)	死因比例(%)	死因比例(%)	死因比例(%)	死因比例(%)
2008	恶性肿瘤(26.1)	呼吸系统疾病(19.1)	心脏病(15.9)	脑血管病(15.5)	损伤和中毒(11.5)
2009	恶性肿瘤(24.3)	呼吸系统疾病(19.5)	心脏病(16.4)	脑血管病(14.5)	损伤和中毒(10.2)
2010	恶性肿瘤(28.5)	呼吸系统疾病(20.4)	心脏病(13.5)	脑血管病(13.2)	损伤和中毒(10.2)
2011	恶性肿瘤(29.5)	呼吸系统疾病(20.4)	脑血管病(13.6)	心脏病(13.1)	损伤和中毒(10.2)
2012	恶性肿瘤(27.9)	呼吸系统疾病(21.8)	脑血管病(14.1)	心脏病(13.4)	损伤和中毒(9.8)

说明：资料来源于县卫计局

2008—2012年长兴县主要恶性肿瘤死亡情况表

表31-18

	2008年		2009年		2010年		2011年		2012年	
	死亡数(人)	死亡率(1/10万)	死亡数(人)	死亡率(1/10万)	死亡数(人)	死亡率(1/10万)	死亡数(人)	死亡率(1/10万)	死亡数(人)	死亡率(1/10万)
恶性肿瘤计	1056	171.4	937	150.6	1062	171.5	1148	183.9	1082	171.7
内：鼻咽癌	15	2.4	11	1.8	9	1.5	12	1.9	11	1.8
食管癌	63	10.2	84	13.6	83	13.4	74	11.9	75	11.9
胃癌	166	27.0	170	27.6	160	25.8	180	28.8	164	26.0
结、直肠和肛门癌	68	11.0	68	11.0	56	9.0	88	14.1	83	13.2
肝癌	158	25.7	122	19.8	147	23.7	138	22.1	123	19.5
肺癌	326	52.9	243	39.4	370	59.8	385	61.7	351	55.7
乳腺癌	20	3.3	12	1.9	18	2.9	19	3.0	20	3.2
宫颈癌	6	2.0	8	1.3	9	1.5	17	2.7	24	3.8
膀胱癌	11	1.8	6	1.0	7	1.1	7	1.1	8	1.3
白血病	33	5.4	20	3.2	12	1.9	18	2.9	18	2.9

说明：资料来源于县卫计局

二、主要死因

恶性肿瘤 2008—2012年,全县恶性肿瘤的死亡率整体上呈上升趋势,一直位居死亡原因首位。恶性肿瘤在24岁以前死亡率较低,25岁以后随年龄的上升而逐渐递增。50岁以后恶性肿瘤的死亡率上升幅度较大,恶性肿瘤年龄组死亡重心集中分布在80岁以上的高年龄组。据2009—2012年统计,肺癌、胃癌、肝癌、结(直肠、肛门)癌、食管癌始终占据恶性肿瘤死亡的前五位,其中肺癌死亡率2008—2012年居第一位。恶性肿瘤肺癌、胃癌、肝癌、食管癌男性明显高于女性,其中2009年肺癌的男女发病率分别为62.09/10万,15.85/10万。2009—2012年,从恶性肿瘤死亡构成来看,男女合计排在前三位的依次是肺癌、胃癌、肝癌,男女前三位与合计排位顺序一致。

心脏病 2008—2010年,全县心脏病死亡率所占比例均为第3位。2011—2012年,心脏病所占比例为第4位。2012年,其他冠心病、急性心肌梗死、高血压性心脏、其他心脏病、肺源性心脏病位于心脏病死亡的前五位。

损伤与中毒 2008—2012年,全县交通事故在损伤和中毒死亡中占主要因素。2012年,发生伤害死亡的主要原因是机动车辆交通事故和意外跌落,分别占损伤和中毒死亡的32.7%和20.2%。

三、人口平均期望寿命

2005年,全县户籍人口的平均期望寿命为76.30岁,其中男性73.98岁、女性79.26岁。随着物质和文化生活水平的不断提高,医疗条件的不断改善,人们对自身健康越来越重视,人口平均期望寿命不断上升。2012年,全县户籍人口的平均期望寿命为77.72岁,其中男性75.75岁、女性79.85岁。2005—2012年,全县户籍人口平均期望寿命女性均高于男性,其中2006年女性比男性高5.58岁,差距最大。

2005—2012年全县户籍人口平均期望寿命情况表

表31-19　　单位:岁

年份	平均	男	女	年份	平均	男	女
2005	76.30	73.98	79.26	2009	77.19	75.17	79.48
2006	77.43	74.90	80.48	2010	77.39	75.37	79.74
2007	77.12	75.11	79.43	2011	77.45	75.58	79.60
2008	76.74	74.88	78.86	2012	77.72	75.75	79.85

说明:资料来源于县卫计局

〔专记〕

"非典"疫情防控

2002年11月中旬,广东省部分地区发生"传染性非典型肺炎"(简称"非典",又称SARS)疫情。2003年2月初,县内个别地区因广东发生非典疫情等传言,出现抢购板蓝根、米醋的现象。2月17日,县卫生局下发《关于非典型肺炎的诊断标准、临床表现和防治措施的通知》。春,国内局部地区"非典"疫情暴发。全县面临非典疫情威胁。

面对非典疫情,中共中央、国务院高度重视,专题进行研究部署,要求全国上下必须进一步动员起来,坚决打好同非典型肺炎疫情作斗争硬仗。4月,县委、县政府成立非典防治领导小组,下设办公室,从14个部门抽调23人集中办公,设立综合协调、控制救治、宣传报道、后勤保障、督查5个工作小组,负责协调和研究预防非典措施,组织消毒、防疫及医疗工作,供应、储备非典物资、负责市场监管,以及宣传和新闻报道等工作。同时,另抽调31人专司督查。县卫生局、县防疫站先后成立非典防治工作领导小组、专家指导小组和应急处置工作小组等,制定预防预案和救治预案。4月21日,县委、县政府召开全县非典型肺炎预防控制工作会议,研究部署非典防治工作。4月22日,县政府决定拨款132万元用于县卫生防疫站和定点医院的防治设备、设施添置。4月24日,县政府召开专题会议,部署农村非典防治工作。同日,县政府发布《关于加强非典型肺炎预防控制工件的通告》。26日,发布《关于进一步加强非典型肺炎预防控制工件的通告》。28日,专门发布《关于加强农村地区和城市社区非典防治工作的通告》。至该时,全县已完成构筑严密的城乡一体化防控网络,在农村以行政村为主,向下延伸至承包组、五户家庭联户小组,向上联系乡镇、县非典办的主干网络,同时发挥计生协会、乡村医务室和诊所、综治队伍、派出所四支队伍的力量,建立监测网络,形成农村五支队伍支并行的监测网。在城区,也同步建立严密的社区监测网络。4月30日,召开全县进一步加强非典型肺炎预防控制工作会议,并面向全县现场直播。5月11日,针对薄弱环节,再一次发布《关于进一步加强农村地区和城市社区非典防治工作的通告》。5月16日,发布《关于加强来长、返长人员申报制度的通告》。

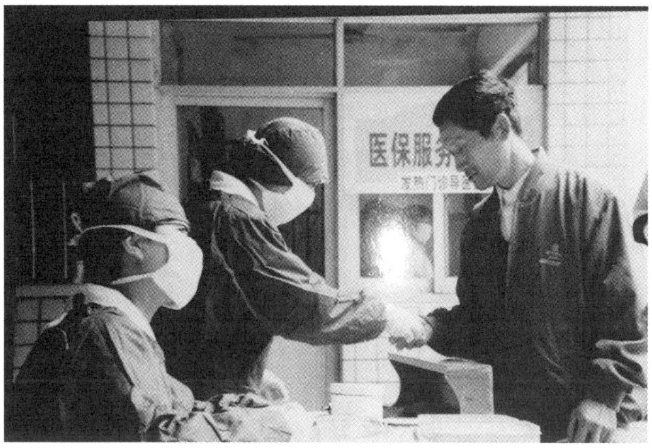

图31-8　2003年4月22日,县人民医院成立发热门诊。图为医护人员做好抗击非典宣传工作并分发体温表(县卫计局提供)

4月初开始,在县人民医院、县中医院内科建立非典疫情监测点,实行疫情每日报告和零报告制度。4月中旬起,组织相关医务人员进行业务培训,县防疫站开展内部应急演练,分类对公共场所管理人员开展非典防治知识培训。4月24日,全县建立19个非典监测点,县卫生机构24小时疫情值班制度,实行疫情每日报告和零报告制度,县级三家医疗单位及卫生防疫站分别开通咨询电话,全县医疗机构发热和呼吸道专科门诊,做到逢“热”必查、逢“咳”必查。同日起,全县分别在318国道和杭宁高速公路入口设立交通登记检查站,共派出93人,24小时值班,并对省道长牛线、鹿唐线和对外航道入口巡逻,火车站、长途汽车站设置临时隔离室,从非典多发地区到达的三趟列车的旅客全部到指定地点住宿或医学观察,对观察人员的食宿费用全部免费。对从非典多发地(北京、广东、山西、内蒙古、河北、天津)返回长兴的人员集中地点医学观察14天,对上述人员有发热症状者,则安置在医院隔离医学观察。其他非典多发地区到长兴及返回长兴人员也全面登记,落实必要的健康检查措施,定期随访。4月26日、28日、30日,先后启用县扬子鳄度假村、民政局养老中心和花园宾馆为医学观察点,启用博济医院为隔离观察治疗医院。“五一”期间,县内歌舞厅、网吧、营业演出场所、录像放映厅和影院暂停营业。5月6日,对抵达长兴的K101次列车4号车厢(江苏宿迁1名疑似病例患者曾经乘坐)的8名乘客实施隔离留验观察。同时,县防疫站对先期从疫区回长兴人员进行跟踪监控,对重点人员实行跟踪调查,建立相关资料予以登记,共计230人。对参加广交会的22名人员和疫区旅游返回长兴的191名人员进行追踪,留家观察,观察结果全部正常。至6月1日,县人民医院突击完成新的发热门诊、隔离病区工程建设并投入使用。

从4月26日开始至5月26日,全县建立流行病学队伍,全面掌握全县外出务工、求学人员名单和外来经商、务工人员名单,了解每日外来人员的流动情况,累计排摸到长兴人员8229人,返回长兴人员5427人。全县共派出一线工作人员244人,其中配备医务人员72人、青年志愿者100多人,实施24小时轮流检查,共检查车辆239974辆次,登记人数1537215人,检查到非典疫情严重地区到长兴人员109人,其中省际检查站查到29人,县内长途、短途客运80人。全县累计住宿医学观察313人,其中从非典多发地(北京、广东、山西、内蒙古、河北、天津)返回的长兴当地人219人,并对有发热症状人员实施在医院隔离医学观察累计47人次;外地94人。县卫生防疫站开展非典流行病学现场调查,跟踪调查共计2210人次,累计医学观察人数379人。单位累计消毒报告数12238户次,报告消毒面积6318.86万平方米,每天消毒车辆500多辆、公用电话205只、公用厕所82只、垃圾箱448只,县卫生防疫站出动督查指导1216人次。全县累计消耗含氯消毒液(漂白粉)56.2吨,过氧乙酸5732千克。至5月28日止,全县购置防护服2324套,眼罩184付,口罩8.7万多只,体温表1.8万支,测温仪33只。同时,通过新闻媒体宣传,印发宣传资料,设立热线电话等形式,普及非典防治知识,消除恐慌心理,做好隔离人员及周围人群思想工作。共开展宣传咨询10多次,制作宣传版块15块,发放5万份《长兴健康教育》,

1000 份《非典防治墙报》,1000 份彩色画报,20 万份非典防治宣传资料。《长兴报》辟出专版报道非典新闻,每天刊登消毒方法,非典临床表现和预防知识;长兴电视台推出《防治非典型肺炎特别节目》和专家访谈,每天专门报道精心制作公益广告,黄金时段滚动播出,取消所有广告,专门播报政府通告和预防知识。编印各类宣传资料近 30 万份,分发张贴到学校、建筑工地、社区、机关企事业单位等重点场所及每家每户。

2003 年夏,全国非典疫情得到控制。由于防控工作做到位,县内未有非典型肺炎病例报告。10 月起,县卫生局下发通知,建立非典防控长效机制。规定县人民医院、县中医院的发热门诊长期设立,常年接诊,并保留隔离观察病区;开设发热门诊的乡镇卫生院保留发热门诊诊室,作发热病人的接诊预检点;不设立发热门诊的医疗机构在醒目的位置张贴不开设呼吸道发热门诊的告示,不得诊治呼吸道发热病人。

2004 年 1 月 1 日起,全国启动法定传染病监测信息网络直报系统,长兴县共有 42 家乡镇卫生院以上医疗单位及部分其他医疗单位实施网络直报。8 月,第十届全国人大常委会第十一次会议修订《中华人民共和国传染病防治法》,新增传染性非典型肺炎为乙类传染病。

(吴连意整理)

第三章 卫生监督

1988 年,长兴县卫生局(简称县卫生局)为县政府主管全县卫生工作的职能部门,位于雉城镇县前街县政府大院内。2002 年 2 月,迁至县前中街 251 号综合楼三楼办公。2006 年 5 月,迁至龙山新区县行政办公综合楼集中办公。2012 年,内设办公室、组宣人事科、医政科(中医科、献血办)、爱卫办、行政许可科(食品安全综合协调与疾控监督科、县公共卫生应急办公室)、社区卫生科、卫生信息中心、基本药物采购结算中心。下属医疗卫生机构共 21 家。

第一节 职业卫生

1988 年 7 月,县卫生、财税、乡镇企业局联合转发《浙江省乡镇企业劳动卫生管理办法实施细则》,开展乡村企业尘毒危害综合治理,对水泥厂、纺织厂、蓄电池厂、矿山等部分重点职业危害因素接触人员进行健康检查。1989 年 9 月,县卫生防疫站设劳动卫生科,配置大气、粉尘采样器、肺活量测定仪、声级计、烟尘浓度测试仪及用于尘肺病检查的 200 毫安医用 X 线诊断机等。同年,完成全县尘肺流行病学调查,初步摸清尘肺发病情况和分布规律,共调查接尘作业职工 4.61 万人,查出尘肺病人 180 人,仅省属、县属企业的生产作业场有尘毒防护设施,危害因素主要是粉尘,其次为各类有毒物质及物理因素。1988—1989 年,对 147 家存在职业病危害的企业建立卫生档案,其中全民、集体企业 72 家(含省属)、乡镇及村办企业 75 家。1990 年,对接触农药、电瓶等企业开展检查、指导和建档,对全民、集体企业建档进行复审。同年,在 50 万元产值以上企业 101 家中,建档 39 家,建档率为 38.6%。1998 年,对 8 个乡镇 64 家企业进行劳动卫生监督,并完成建档。2001 年《中华人民共和国职业病防治法》颁布实施,全县首批经省卫生厅任命的 4 名劳动卫生监督员上岗,开始对存在职业危害因素的企业进行卫生监督。1988—2002 年,共健康体检接尘工人 6.23 万人次。2003 年 9 月,县内发现第一例因植物性粉尘引起的尘肺病人,系长兴日敏蔺草工艺品公司员工(农民)。同年,组织对全县 6750 名接触生成性有害因素的工人进行体检,当年共体检 5054 人。2004 年起,对县内蓄电池、粉体、纺织印染、水泥、粉磨、耐火、非织造布等行业进行整治。其中,当年对 175 家蓄电池企业进行整治,关停 117 家,剩余 58 家进行职业病危害预评价报告审查,职业病危害防护设施设计审查后竣工验收。至 2012 年,全县共整治、关闭“低、小、散”存在职业危害的企业1200余家，并对整治后的蓄电池、粉体、耐火、工业炉、非织造布、印染、水泥粉磨行业336家企业建立卫生档案，累计建立职业卫生管理台账487家。2004—2012年，职业健康体检14.74万人次，其中上岗前体检6.36万人次，在岗体检7万人次，离岗后体检1.38万人次。1988—2012年，发生职业中毒事件4起，发病4人，未有人员死亡；农药中毒2059人，死亡152人。

1988年，县卫生行政部门继续对相关厂矿企业（单位）加强职业危害因素监测。至1989年年末，全县累计设立粉尘监测作业点791个，合格点数218个，合格率27.6%；化学因素监测点264个，合格点数127个，合格率48.1%；物理监测点380个，合格点数223个，合格率58.7%。1990—2003年，共监测作业点5591个，合格率为40.3%。其中，粉尘监测3295个，合格率38.3%；化学因素监测1664个，合格率为39.0%；物理因素监测632个，合格率为51.1%。2004—2012年，共监测作业点8758个，合格率53.1%。其中，粉尘监测1180个，合格率61.4%；化学因素监测5919个，合格率42.8%；物理因素监测1659个，合格83.9%。2012年，对148家职业病危害企业进行车间环境监测，设监测点869个，采样3476份，其中合格点645个，合格率74.2%；粉尘、毒物、噪声的监测合格率分别为56.5%、77.3%、76.3%。

第二节　学校卫生

1988年，全县中心小学及以上学校均开设卫生课或卫生知识讲座。同年，完成5所学校卫生监督、1所学校预防性卫生监督，调查教室27间，听文化课33节，观摩体育课5节，对学校面积、绿化覆盖率等进行监测；完成4所学校3382名学生卫生监测；完成75所中小学38151名学生的健康体检。1989年，全县中小学校设校医室7个，校医8人，学校保健室23个，保健教师23人。乡镇一级中小学校完成一校一册《卫生档案》的有62所，建档率为77.5%；城镇学校卫生监督覆盖率达60%，农村学校卫生监督17.3%；43所中学初三年级开设生理卫生课，11所小学开设卫生课本教育，受教育中小学生共20350人，3所学校开设防治肝炎、近视眼电化教育。1994年，有4所中小学被确定为省级健康监测点校。同年，继续开展学生“六病”（肠道寄生虫病、沙眼、贫血、营养不良和肥胖、龋齿牙周炎病、视力低下）防治和健康监测。1997年开始，健康体检、健康监测覆盖到全县中小学。2000年开始，开展全县乡镇以上学校的食堂餐具和饮用水的监测。2006年，制定《长兴县学生健康监测工作程序》《长兴县学生健康状况检测技术规范》。2009年，有4所学校创建省健康促进学校，获银奖2所、铜奖2所。2012年7月，即学校开学前，全县开展学校卫生组织管理、传染病管理、饮用水卫生安全专项检查。同年，学校餐饮（食堂）卫生监管职能移交县食品药品监督管理局。同年年末，全县65所中小学中，设校卫生室12个，其中8个取得医疗许可证，校医21人；设校保健室55个，保健老师55人，托管给医疗单位36人。

一、学生主要常见病监测

肠道蠕虫　1988年，县卫生部门会同教育部门在全县范围内对中小学生普遍进行驱蛔，至1989年服药人数62122人，占在校学生总数的95%。服药后，对泗安钱家塘、洪桥陈家2所村小学进行驱蛔效果观察，蛔虫感染率下降90%。次年，在全县学生中驱蛔，共服药3万人。1994年，湖州市确定长兴中学、雉城二小、和平镇小和长兴实验小学4所学校为省学校健康监测点，用加藤法粪检3612名学生，蛔虫感染率10.2%。1998年，继续驱蛔服药后，蛔虫感染率降至0.4%，未检出钩虫和鞭虫感染。同年，蛲虫检测检出感染5人次。2003年，因肠道蠕虫感染率低于2%，全县学校停止开展肠道蠕虫监测。

龋齿　1988年，县内4所监测学校有效刷牙率为23.1%。1991年，在9所中小学推广使用含氟牙膏3200支、保健牙刷4350只，开展氟离子透入防龋工作，并逐步向城乡各学校推广。1994年开始，4所监测学校有效刷牙率23%。自1997年起，在全县范围内组织学生体检，当年参加体检学生69892人，龋齿学生5320人。1998年，对长兴中学、雉城二小、煤山中学、煤山镇小4所学校5343名学生健康体检结果进行分析，龋齿率为8.3%。2012年，有65所学校81077名学生参加健康体检，龋齿患病人数17267

人，龋患率为21.9%。龋齿患病率有所上升，当年龋齿矫治率为32.3%。

近视眼 1988年至1989年，县内有3所学校开展近视眼等的电化教育。进入20世纪90年代，卫生部组织开展形式多样的防近视宣传，并规定每学期由校医或保健老师对全校学生分期初、期末进行两次视力检查。1992年11月，开展18所农村中小学(中学10所、小学8所)教室采光调查采光系数，合格率87.2%。对不合格学校要求增添教室照明设备，保护学生视力。1995—1996年，对4所中小学校3612名学生进行串镜检查。1998年，监测4所中小学校5343名学生，近视率为44.5%，全县中小学生平均近视率为19.3%，其中小学生近视率为12.6%。2000年，参加体检学生50645人，视力低下学生8337人，近视率16.5%。2012年，在全县学生体检中发现视力低下33434人，平均近视率为41.2%，其中小学生近视率9.5%。

营养不良、肥胖与贫血 1992年，卫生部、国家教委下发《全国学生贫血综合防治方案》和《全国学生营养不良与肥胖综合防治方案》，全县及时宣传、普及营养知识，开展群体健康教育为主的综合防治。1994年，确定城区长兴中学、雉城小学、雉城二小和农村和平小学为省学校健康监测点，贫血率为7.6%。1998年，城区确定长兴中学、雉城二小，农村确定煤山中学、煤山小学为省学校健康调查监测点，贫血率为41.5%。同年，进行营养不良与肥胖监测，营养不良占13.2%，肥胖占3.2%。2010年，确定3所学校为监测点校(小学、初中、高中各1所)，贫血率为5.7%，比1992年、1998年均有下降。2009—2012年，对26506名学生进行营养不良与肥胖监测，其中4739人营养不良，2025人肥胖。

其他常见病 1991年，在学生体检中发现有头虱学生3220人，占比4.6%；2002年，有头虱学生528人，占比0.7%；之后，灭头虱工作暂停。1999年，发现有沙眼学生1584人，占2.3%；之后逐渐下降至1%以内。

1991年11月、12月，仙山中学、长兴实验小学分别有81名学生和8名学生患病毒性肝炎。1999年12月，长兴中学发现19名肺结核病人。2002—2003年，共对7243名高一年级新生开展肝功能检查，查出“大三阳”84人、“小三阳”168人。上述病人均得到有效治疗，并由于防治及时，未造成扩散。

二、教学环境卫生监测

1988年后，全县逐步开展对学校教室的采光照明、黑板、教室微小气候、教室人均面积和课桌椅与学生身高配套等情况的监测。历年监测显示，教室人均面积、课桌椅与学生身高配套符合率和照明设施的合格率一直偏低。2000年，对54所中小学校食堂餐具监测379份，合格76份，合格率为20.3%；饮用水采样42份，合格28份，合格率为66.7%。2012年，对全县29所学校(小学18所、中学11所)开展学校教学环境监测，包括学生人均面积、课桌椅、教室采光、黑板、教室照明、教室微小气候、生活饮用水、食品卫生、厕所设置、学生宿舍，监测覆盖为46.8%。经监测综合评定，29所学校合格率为90.2%。存在主要问题为课桌椅配套符合率为48.3%，前排学生距离黑板未达到规定要求，个别学校还存在学生教室人均面积不足0.9平方米。对3所学校开展食堂餐具、饮用水监测，餐具抽检130份，合格率为76.2%；采水样6份，合格率为50%。

第三节 公共场所卫生

1988年，全县有公共场所单位110家，从业人员815人。同年6月起，根据国务院颁布的《公共场所卫生管理条例》，县卫生防疫部门对雉城镇57家旅馆和面积200平方米以上的11家商场、12家电影院(录像厅、图书馆)等单位以及其他公共场所的815名从业人员进行体检，受检785人，体检率96.3%，共检出2名乙肝病人、2名肺结核病人，并作调换工作处理，同时对培训合格者发放健康证。1989年8月，县卫生局公布公共场所卫生检查员73人，发放雉城镇公共场所卫生许可证110张(集体57张、个体53张)，全年行政处罚16家(次)。1992年开始，对乡镇公共场所监督发证，要求持健康卫生知识培训合格证上岗。同年，公共场所单位建档 989 家，核发卫生许可证 989 家。1993 年，开展理发工具消毒，推广使用碘伏消毒液。1994 年，在创建省级卫生城市考核中，随机抽查雉城镇理发店 2 家、宾馆 2 家、歌舞厅 2 家、商场 1 家、影剧院 1 家，卫生许可证有证率 100%。1998 年，对理发业进行监测，总合格率为 75.2%。2000 年后，每年举办公共场所负责人卫生知识培训。2003 年，国内部分地区发生传染性非典型肺炎疫情后，县境内开始开展“非典”防治工作，对全县汽车客运站、火车站和交通要道过往人群实施检疫工作，分类对公共场所管理人员开展非典防治知识培训，并进行传染病执法监督检查。“五一”期间，还对歌舞厅、网吧、营业演出场所、录像放映和影院等公共场所采取暂停营业措施。每天消毒车辆 500 多辆、公用电话 205 只、公用厕所 82 只、垃圾箱 448 只，累计向公共场所、学校、机关及生产经营等单位发放“非典”防治宣传资料 20 万份。1990—2003 年，对公共场所从业人员组织体检共 2.35 万人，平均体检率 94.3%，检出“五病”人员 37 人（“五病”指患有痢疾、伤寒、病毒性肝炎、活动期肺结核、化脓性或者渗出性皮肤病以及其他有碍公共卫生的疾病），均作调离处理；开展公共场所单位卫生监测 3688 家（次），对公共用具、空气质量开展检验 5.99 万项（次），平均合格率 79.3%，行政处罚 834 家（次），共计罚款 9.96 万元。2010 年，雉城、煤山、李家巷、泗安、和平 5 个镇卫生监督所挂牌成立。2011 年 5 月，对就餐面积 100 平方米以上的餐饮场所开展卫生许可证办理工作，共发放公共场所卫生许可证 115 份。同年，新版《公共场所卫生管理条例实施细则》开始实施。全年共举办公共场所负责人培训班 8 期，培训人数 500 余人；共监测公共场所单位 729 家，合格 672 家，监测样品数 1.92 万项（次），样品合格率 92.2%。2012 年末，全县有公共场所单位 1068 家，体检从业人员 3803 人，检出病人 17 人，调离 17 人；全年执法检查处罚 75 家（次），罚款 5.91 万元。2004—2012 年，全县持续对公共场所公共用具、空气质量进行卫生监测，公共用具监测累计 5.93 万份，合格 5.31 万份，合格率 89.6%；空气质量监测累计 1.6 万份，合格 1.43 万份，合格率 89.4%，共计罚款 31.38 万元。

第四节　饮用水卫生

1988 年 5—10 月，长兴港连续发生五次水污染，使长兴自来水厂水源受到较长时间的影响，累计停供水 157 天，并最终改换水源。同年起，县卫生行政部门每年定期对供水单位的水源水、出厂水、末梢水进行监测，对供水单位每年开展枯水、丰水期水源水水质专项检查。1990 年开始，在雉城、泗安、李家巷、小浦 4 个镇设管网末梢水监测点 14 个，每月按定时、定点、定项目“三定”要求采样。1991 年，督促雉城、泗安、李家巷、小浦 4 个镇的水厂建立水质自检化验室，培训化验员 6 人。1992 年，完成 34 个乡镇农村分散式供水单位种类、数量、分布、供水人口动态调查，以及 233 个二次供水单位基础资料建档。1993 年 7 月，山洪暴发，县卫生部门及时采水样分析 10 份，为灾后防病提供科学依据。1994 年，参与第二水厂水源认证和实地勘察，采集分析水样 20 份。1995 年，对 9 个建制镇的 11 家水厂进行“三定”水质监测，对从业人员进行体检，查出乙肝患者 1 人，即行调离。1997 年后，县卫生防疫站每年组织对各水厂经理、制水工、检验员开展卫生知识培训。同年，发放集中式供水卫生许可证 11 家。1998 年，对建制镇 11 个水厂进行“三定”和枯水期、丰水期水源水质监测，5 项指标合格率为 42.5%～97.5%。2000 年，建制镇 11 个水厂“三定”监测 5 项指标综合合格率平均为 87.3%。2001 年，对建制镇水厂“三定”管网末梢水监测点进行调整，由原来 13 个调整为 26 个。2005 年后，对长兴水务公司水源水、出厂水水质监测调整为每周 2 次。2006 年，对水厂开展量化分级管理。2008 年 3 月，全国饮用水监测点会议在长兴召开，长兴量化分级管理经验在大会上交流。2012 年，全县有集中式供水企业 18 家，其中区域供水 6 家，自备供水企业 1 家。全年共监测 916 份，合格率为 71.7%，其中水源水监测 197 份，合格 96 份，合格率 48.7%。1988—2012，监测全县水源水、出厂水、末梢水共 7702 份，合格 6162 份，平均合格率 80%，合格率偏低的原因主要是水源水合格率较低，每年处理水污染事件 5 起至 20 起。

第五节　放射卫生

1988 年，县卫生防疫部门开始全面进行放射卫生规范管理。1989 年，全县共有医用 X 线诊断机 57 台，其中 500 毫安、400 毫安各 1 台；200 毫安 14 台，50 毫安 14 台，30 毫安 27 台。共监测 35 台，监测率为 61.4%，检测合格率为 100%。同时，对从事放射工作的 50 名人员进行放射个人防护知识培训和健康体检，体检率为 92.6%，对其中的 39 人核发“放射工作人员合格证”，核发医用 X 线诊断机使用许可证 27 张，发证率为 47.4%，并建立卫生档案，建档率 100%。同年，对全县 42 家建材企业放射物质开展调查摸底，建立档案。1994 年，对水泥生产企业的原材料、水泥标号等做好登记建册。1995 年，对 18 家水泥厂的 19 个产品送省作放射性测定，并发放卫生许可证，完成率 100%。1997 年，对 31 家砖瓦厂、14 家大理石厂基本情况开展调查并建立卫生档案。同年，县卫生防疫站会同省放射防护所对长兴中医院、长兴人民医院的 X 射线机房及 CT 机房开展审查、验收工作。1998 年后，每年对使用密封源 Cs-B 的 6 家企业 23 枚核子称，进行现场放射源比密度测定和贮存位置容器外泄射线检测，建档率、监督率 100%。2000—2001 年，配合县环保部门对全县放射源的使用保管制度和防护设施开展专项整治。2002 年，县放射源安全管理专项整治领导小组成立。2003 年，对博济医院 X 射线机房及 CT 机房进行验审。2003—2005 年，开展医疗机构放射防护监督监测和管理工作，对全县 70 名放射工作人员进行个人剂量监测和防护知识培训及健康检查，完成放射监测，X 射线监测达 210 个点。2006 年，健全各放射工作单位卫生防护档案、个人健康档案和个人剂量档案，完成监测医疗机构 32 家，X 射线监测达 223 个点。2008 年，对 38 家医疗机构开展现场审查，有 22 家开展放射诊疗活动的医疗机构取得“放射诊疗许可证”，16 家医疗机构放弃开展放射诊疗活动，医疗机构持证率达 100%。2009 年，发证 23 家。2011 年，发证 19 家，并对新建的长兴人民医院、中医院、妇幼保健院放射防护设施进行竣工验收，换发新“放射诊疗许可证”。2012 年，全县有放射装置 45 台，监测 42 台，合格 42 台。1988—2012 年，县卫生防疫部门共监护放射人员健康 903 人次，监测个人剂量 1021 人次，射线装置放射监测 763 台次，合格 712 台次。

第六节　化妆品卫生

1988 年，县卫生防疫部门对全县第一家化妆品生产厂家小浦化妆品厂的厂房设计、工艺流程、环境改造等进行指导，对工人进行体检和卫生知识培训。同年，经省、市卫生防疫站审核后发证。1989 年 9 月，卫生部颁布《化妆品卫生监督条例》，全县对市场上销售的化妆品开展调查、监督，共查获 3 起伪劣假冒化妆品案件，没收伪劣假冒化妆品 500 余瓶，查封城镇部分商场劣质“爱球珍珠膏”266 瓶。经送省卫生防疫站化验，含汞量高达 3%。同年，配合市卫生防疫站对小浦化妆品厂进行空气采样监测，建立化妆品企业卫生档案。1992 年，对全县 33 户化妆品经营单位全部建档。1994 年，配合市卫生防疫站对长兴精细化妆品厂核发卫生许可证，体检 12 人，抽验样品送检，并建立卫生档案。1997 年开始，对零售化妆品经营从业人员进行体检，对大型宾馆、美容美发厅化妆品开展督查、建档工作。1998 年，完成 5 家经营单位和 1 家批发单位监督、建档，举办化妆品卫生监督培训班一期，97 人参加培训，31 名从业人员进行健康检查。1999 年，抽查化妆品 100 份，合格 99 份，合格率 99%。2000 年，对长兴金陵商城化妆品市场进行监测，抽查样品 100 份，不合格 74 份，并进行销毁。2001—2003 年，对建制镇零售化妆品经营单位建档 65 家，发放卫生许可证 16 家，其中抽查化妆品 85 种，销毁不合格产品 6 份。2004 年，配合市卫生监督所抽检化妆品经营单位 5 家，抽查样品 15 份。同年，开展检查 3 次，检查化妆品经营单位 95 家，查获 1 家单位的不合格产品，进行销毁处理。2005 年，化妆品卫生监督职能移交县食品药品监督管理局。

第四章　医政管理

1988—2012年，长兴县加强对医疗质量管理，成立医疗质量管理领导小组，加强医院内部管理、提高医疗质量和服务水平；加强医务人员执业管理，依法打击非法行医，开展中小医疗机构依法执业分级监管；加强医疗事故防范与处理，成立医疗纠纷人民调解委员会，引导医疗纠纷处置程序化、规范化、法制化；加强采供血管理，推动无偿献血。

第一节　医务人员执业管理

1999年5月1日《中华人民共和国执业医师法》实施，对医师队伍实行准入制度。6月28日，卫生部、人事部下发《具有医学专业技术职务任职资格人员认定医师资格及执业注册办法》，规定《中华人民共和国执业医师法》颁布之日（1998年6月26日）前，按照国家有关规定已取得医学专业技术职业任职资格人员，可申请执业医师资格或执业助理医师资格认定和申请医师执业注册。县级及以上卫生行政部门负责受理申请医师资格认定。同年9月，县卫生局下发文件，全面开展执业医师资格认定、注册和执业医师资格考试、报名工作。同年，全县通过执业医师资格考试49人，通过执业助理医师资格考试9人。2003年，全县首次开展医师执业注册，首次注册人数798人，其中执业医师注册540人，执业助理医师注册258人。之后，每年进行医师执业注册。医师执业注册条件、注册程序、注册权限按《医师执业注册暂行办法》、省卫生厅《关于开展医师资格考试和执业注册工作的通知》等文件规定执行。2008年，省卫生厅先后出台《浙江省护士执业注册工作程序》《关于做好护士执业证书换发工作有关事宜的通知》，开始执业护士注册管理。同年，全县执业护士首次注册18人。2012年，执业医师首次注册36人，执业护士首次注册94人。至同年年末，全县共有执业医师（执业助理医师）1552人，执业护士1517人。

该时期，全县乡村医生队伍管理也得到加强。1990年，全县共有乡村医生325人，卫生员224人。1997年，根据省、市卫生主管部门要求，先后3次组织乡村医生、个体医生执业考试，报考率95%以上，并举办一期乡村医生执业考试培训班。2003年8月，国务院《乡村医生从业管理条例》颁布，规定进入村医疗卫生机构从事预防、保健和医疗服务的人员，须具备执业医师资格或执业助理医师资格。2004年，全县首次开展乡村医生执业注册。2006年，完成对全县645名乡村医生（含执业助理医师及以上人员）执业注册首次培训。2007年1月，全县164家农村社区卫生服务站建成，556名乡村医生进驻成为社区责任医生。2008年起，对全县乡村医生开展两年一次定期考核。

第二节　医疗质量管理

1988年，全县从建立健全组织入手，加强安全医疗工作。1989年，各级医院成立质量控制领导小组。1990年，成立放射、检验、护理、病历书写、供应室、安全医疗、急诊、产科、药房、计量十大质量控制中心。各医院先后在20世纪90年代建立医院医疗质量管理网络体系，成立院内交叉感染管理委员会，建立医院感染管理网络，不定期进行监测。1996年，在全县医疗卫生单位开展医疗质量年活动，重点是严格各项规章制度及操作常规。全县医疗单位逐步强化院内感染和血源管理，把医疗安全责任书签订到科室和个人。2000年后，每年开展医疗质量大检查，特别是对临床医疗、医疗安全、医疗文书的书写、资料整理等作出明确规范。同时,加强急诊室建设,健全抢救制度,对急诊器械、急救药品、值班人员、氧气瓶等进行不定期抽查。2004年,各级医疗机构健全医疗救治应急预案,制定《医疗质量规范年活动实施方案》,并下发《加强医患沟通,全面提升医院服务水平的指导意见》,提高病人满意率。从2005年开始,连续开展"以病人为中心,以服务质量为主题"的医院管理年活动。2007年,对15家医疗机构药品使用环节进行专项行动,结合麻醉药品、一类精神药品进行专项督查。各医院联合探索医疗应急处置机制建设,不定期组织实战医疗救治模拟演练,建立与公安联动处置重特大医疗纠纷机制。2010年,县级医院开展单病种临床路径管理,县人民医院成为省临床路径管理首批试点医院之一。2011年,在县人民医院6个专业7个病种、县中医院4个专业4个病种、县妇保院2个专业2个病种开展临床路径管理试点。同年5月,成立长兴县病理诊断中心。2012年,逐步建立与医院整体发展相适应的临床路径管理工作体系,扩大专业和病种范围。至同年年末,全县有血液质量管理委员会、急诊质控中心、麻醉质控中心、临检质控中心、放射影像质控中心、病理质控中心、院感质控中心、护理质控中心、药事管理质控中心、医疗设备质控中心、病历质控中心、骨科质控中心、口腔科质控中心等13个医疗质量控制中心。

第三节　医政执法监督

1988年,县卫生部门开展全县性中药饮片质量检查,完成对397个村级医疗站、45个厂矿和林场医务室、38名个体医的药品质量检查,查出部分假劣药品并及时作出处理;对60多家单位进行药品管理大检查,取缔市场不法药贩35起,没收假药160多千克。

1989年,对医药系统73名中药人员进行16种药材知识培训。同年,先后组织4次药品抽查,共抽查单位30多家,查处假药品种11个,严重虫蛀霉变不能药用品种10多个计911.75千克。同年,开展4次药品执法检查,查出假劣药品12个品种。年底,开展医师麻醉药品处方权首次考核,对全县304名医务人员全部核发麻醉药品使用常识考核合格证书,自1990年1月1日起凭合格证使用麻醉药品。1998年,开展医疗机构注册登记,整顿医疗市场。至年底,县、区、乡镇卫生院的注册登记工作完成42家,厂矿、企事业单位医务室登记注册46家,个体开业诊所登记注册58家。对社会医疗机构和私人诊所进行三次清理整顿,对有证个体医(临时证)规范批准科目,对个体无证行医责令其停止诊疗活动。1999年,开展药品专项检查4次,查处不合格药67种次,价值7.1万元,没收违法所得和罚款0.72万元。同时,按照《医疗机构管理条例》整顿医疗秩序、取缔无证行医32家,暂扣药品79件,价值10万余元。2000年,开展医疗机构药品专项检查4次,检查单位102家,查获假药12种(次),劣药65种(次),处罚16起,罚款1950元,查处游医药贩2起,没收全部假药,其中一起移交司法部门处理。全年共抽检57件样品,其中有29件不合格。2001年6月,县卫生局对全县医疗机构进行专项检查,取缔无证行医40家,扣押药品25件,价值3万余元,打击并捣毁非法游医窝点5家,没收药品0.5万元,没收非法广告1万余张。2002年,对各级各类医疗机构进行全面检查,所有医疗单位使用的一次性医疗器械都按照卫生局要求严格操作,及时回收,全年共回收一次性医疗器具1.56万千克。

2003年5月,对3家县级医院开展以防治"非典"为重点的专项监督检查,对县级医院及乡镇卫生院贯彻实施《中华人民共和国传染病防治法》情况开展监督检查,对违法情节严重的4家卫生院给予行政处罚。2004年,县卫生监督所成立并接管医疗市场监管,全年共检查医疗机构160余家,立案50余起,取缔非法行医窝点8家,其中游医3起;共查处违法案件94起,罚款17.8万元。2005年,对卫生监督管理中发现或社会举报的无证无照地下诊所依法取缔,全年取缔无证行医、异地开业诊所5家,行政处罚62起,罚款30.2万元。2006年,对拒不停业的非法行医点开展联合执法,取缔非法诊所、摊点36家,查处医疗卫生类行政处罚案件45件,罚款23.8万元。2007年,对乡镇以上医疗单位开展传染病防治管理、疫情报告、消毒隔离、医疗废物集中处置等多个专项监督检查,加强日常巡回监督,共计检查医疗机构

342 家次，立案查处 36 起，罚款 15.5 万元，责令停止执业活动并取缔 22 起。2009 年，共立案处罚非法行医 29 起，罚款 3.5 万元，取缔“黑诊所”6 家次，没收药品器械 4 箱，价值 1.8 万余元。完成对 165 家中小医疗机构开展依法执业分级工作的监管，占中小医疗机构总数的 60%。2010 年，县卫生局联合县公安局成立打击非法行医工作联络室，全年共立案处罚 5 起，取缔“黑诊所”4 家。2011 年，推广中小医疗机构依法执业分级监管工作，中小医疗机构分级监管率 100%。2012 年，对全县 377 家医疗机构集中开展依法执业专项治理，共取缔黑诊所 7 家，查处非法人工终止妊娠医疗机构 3 家，罚款 11.8 万元。同年，全面实施医疗机构不良执业行为记分制度，将不良执业行为记分情况作为医疗机构年度校验的依据，共开展不良记分 16 家次、计 54 分。

第四节　医疗事故防范与处理

1988 年，县医疗事故技术鉴定委员会负责医疗事故鉴定工作，有 18 人组成。县卫生局对县级医院不定期召开纠纷案例分析会、死亡病历讨论会；同时结合每年乡镇卫技人员培训工作，对基层医务人员进行卫生相关法律、法规学习，提高医疗安全防范意识和水平，消除医疗安全隐患。县级医疗机构逐步完善各项规章制度，实行医疗事故差错登记、报告等制度，防范医疗差错事故发生。

2002 年 9 月，《医疗事故处理条例》颁布。之后，县卫生局组织开展各种形式的宣传和举办各种类型的培训班，向乡镇卫生院、乡村医生讲授条例及相关法律法规知识，与各医院院长签订医疗安全责任书，督促县级医疗单位建立完善医疗质量管理体系，制定医疗事故防范预警。同年，参与调解 9 起医疗纠纷，未发现重大医疗事故。2004 年，组织各县级医疗机构医务科科长进行对口检查，督促问题整改，并督查各医疗机构建立内部医疗安全奖惩措施。对以医疗纠纷为由打砸医院违法行为，及时和公安机关联系，由公安机关对肇事者采取强制措施，防止和扼制暴力侵犯医务人员合法权益的行为。同年，由市医学会医疗事故鉴定委员会鉴定 6 起医疗事故争议，其中非医疗事故 3 起，二级次要责任以下医疗事故 3 起。2005 年，县卫生局与县级医疗单位、乡镇卫生院签订《医疗质量、医疗安全责任书》，将依法行医、制度管理、质控管理、应急保障、医疗安全管理、医疗事故责任追究等八大项目列入考核目标，制定量化的考核细则，对年度内发生两起三级以上(主要责任)的医疗机构实行考核一票否决。年内，经湖州市医学会医疗事故鉴定委员会鉴定 9 起医疗事故争议，其中 7 起非医疗事故，2 起分别为三级戊等医疗事故轻微责任、主要责任，未发生重大医疗事故。2006 年，逐项落实医疗安全措施，包括病历书写规范，首诊医师三级医师负责制；疑难病例讨论；急诊绿色通道，院内急会诊 5 分钟到位率，院感发生率大型检查阳性率，抗菌药物临床应用管理规定等，扼制医疗纠纷上升趋势。对医疗事故进行责任追究，专题召开全县医疗安全通报会，对鉴定的医疗事故和重大纠纷一一通报分析。同年 7 月，出台《关于对医疗事故及重大医疗纠纷实行责任追究的暂行办法(试行)》，明确对发生医疗事故或 10 万元以上重大医疗纠纷，按责任大小对责任人和责任医院进行相关经济、行政处罚。年内，全县发生 2 起四级医疗事故，一起为院方负次要责任，一起为院方负轻微责任。2007 年，参照市医患关系协调办公室模式，成立湖州市首家县级医患关系协调办公室；出台《医疗纠纷处置规则》，引导医疗纠纷处置程序化、法制化、规范化；当年医疗事故争议鉴定数和事故数比上年度分别下降 23%、57%。

2010 年 6 月，根据《浙江省医疗纠纷预防处理办法》，会同县司法局在原有的县级医患关系协调办公室基础上，成立长兴县医疗纠纷人民调解委员会，引导医疗纠纷处置进一步程序化、规范化、法制化。在各个医院实行定期分析医疗安全形势和医疗安全隐患排查周报制，全年化解大的医疗纠纷 18 起，比上年下降 30%。2011 年，在各级医院推行死亡纠纷病例讨论会和医疗安全分析会等制度，全年共发生较大医疗纠纷 21 起，解决 17 起。2012 年，发生较大医疗纠纷 19 起，依法解决 15 起。2003—2012 年，全县累计处置医疗纠纷 94 起。

第五节 采供血管理

一、用血管理

1988 年及以前,县内临床手术或急诊用血,均由医院专职联络员负责落实血源,全部为有偿献血者提供。从 1994 年开始,县卫生局严禁各医疗单位使用未经国家鉴定合格的体外免疫诊断试剂,并建立健全血库质量管理制度,加强对血液质量的监测监督。2009 年 10 月,在县人民医院设长兴县储供血中心,承担全县医疗用血的储供职责,实行用血统一提取、费用统一结算、管理统一的办法。2011 年起,县卫局将自体输血工作列入输血管理重点工作之一,进行专项管理。三家县级医院均启动自体输血工作,自体输血实施量逐步提升。2012 年,县级医院自体输血 315 例,其中回收式 300 例、稀释式 15 例,累计节约血液 16.4 万毫升,占临床用血 15.1%。

二、无偿献血

1998 年 10 月 1 日,《中华人民共和国献血法》实施,县政府成立以副县长为组长的献血工作领导小组,开展现场宣传、现场献血,正式启动全县无偿献血工作。10 月 31 日,共有卫生、教育等单位的 188 名志愿者参与首次无偿献血,献血量达 3.76 万毫升。同年,参加无偿献血共有 521 人。

1999—2000 年,逐步建立献血工作网络,共组织十三次献血活动,有 2651 人次献血,其中 1999 年 1266 人次、2000 年 1385 人次,无偿献血占临床用血量的 40.4%。2000 年,市政府下发《湖州市无偿献血管理办法》,市卫生局依据该办法制定《湖州市公民医疗用血管理规定》,对无偿献血者奖励用血及用血手续、家庭互助用血对象及用血手续、用血互助金的收取和退还等作出规定。2002 年 6 月,省卫生厅、团省委组织的"无偿献血千里行"活动在长兴雉城镇人民广场举行。同年,全县共参加献血 3018 人次,献血人数比上年增长 76%,无偿献血总量达到 60.36 万毫升,占临床用血量的 85%。2003 年 5 月,县献血办在人民广场开设无偿献血屋,同年还开展献血法实施五周年纪念活动。

2006 年 3 月,县献血办与泗安镇政府联合在泗安镇设置无偿献血点,次年在李家巷镇设置无偿献血点,每月 3 日、24 日由湖州中心血站献血车到李家巷镇、泗安镇开展无偿献血工作,无偿献血逐渐向农村延伸。2007 年,全县全年无偿献血 2630 人次,无偿献血量达 83.34 万毫升,占临床用血量的 101.9%。其中,一次献血 400 毫升 1587 人次,占无偿献血人次的 60.3%;农民献血 1922 人次,占无偿献血人次的 73.1%;街采 3555 人次,占无偿献血人次的 84.3%。全年退还互助金 40 人次,计 6.49 万元;奖励报销血费 59 人次,计 4.29 万元。湖州中心血站献血车于每月 7 日、17 日、23 日、27 日到雉城镇人民广场开展献血,志愿献血者队伍得到巩固和扩大。

2008 年年初,发生百年一遇的冰雪自然灾害,血源出现短缺,县献血办紧急组织应急献血队伍参加无偿献血,保障全县春节期间的临床用血。四川汶川大地震发生后,组织无偿献血应急预约报名,成立一支 600 人的无偿献血应急队伍。2009 年,县献血办向社会公开招募无偿献血志愿者,同时加强与辖区内机关、厂矿、企业和部队的联系,在原有华能国际长兴电厂、浙江三狮水泥公司、县级医疗卫生单位等 4 家企业单位为县应急献血队伍的基础上,增加县建设局、县公安局、驻长兴某部队为县应急献血队伍,解决医疗供血可能出现"告急"、"淡季"和"偏型"等问题,保障临床血源的稳定供给。2012 年元旦、春节期间血库库存紧张,驻长兴某部队于农历大年三十,组织 200 余名官兵冒雪参加应急无偿献血,献血 111 人次,献血量达 3 万余毫升。同年 7 月,联合浙江水利水电专科学校、湖州师范学院暑期社会实践无偿献血宣传队、长兴春蚕公益组织在人民广场举办"无偿献血　情系生命"大型文艺晚会,当场有 55 名爱心市民献血,累计献血量达 1.72 万毫升。同年,参加无偿献血共有 3962 人次,无偿献血量达 112.5 万毫升,无偿献血占临床用血量的 121.2%。

长兴县先后获评 2006—2007 年度、2008—2009 年度、2010—2011 年度浙江省无偿献血工作先进县和2011—2012年度湖州市无偿献血工作先进县区，小浦镇、李家巷镇、夹浦镇、吴山乡、县建设局、县卫生局6个单位获评无偿献血工作先进单位。自无偿献血工作开展以来，全县卫生系统医务人员献血率连续十余年是县内公民年平均献血率的16倍。

1998—2012年长兴县采供血情况表

表31-20

年份	采血（万毫升）	无偿献血（人次）	无偿献血占临床用血量比例(%)	年份	采血（万毫升）	无偿献血（人次）	无偿献血占临床用血量比例(%)
1998		521		2006	89.82	2993	
1999		1266		2007	83.34	2630	101.9
2000		1385	40.4	2008	101.36	3057	111.3
2001		1783	51.0	2009	100.44	2991	101.0
2002	60.36	3018	85.0	2010	110.61	3405	100.2
2003	61.06	3053		2011	96.41	3129	100.9
2004	70.52	3526		2012	112.50	3962	121.2
2005	80.66	4033		—	—	—	—

说明：资料来源于县卫计局

第五章　中医中药

1988年，长兴除县中医院外，县人民医院设中医病床，有1名中医在病床开展中西医结合治病工作，4所地区医院均设有中医科。2012年，全县各县级医院、中心卫生院及乡镇卫生院均设有中医科室，共开设中医门诊科室134个，均有独立的中药房、中药库。长兴先后获评全国农村中医工作先进县、全国基层中医院工作先进单位和浙江省农村中医工作先进县，县中医院是国家三级乙等中医院。

第一节　中草药 中成药

一、中草药资源

长兴是浙江省重点中药材产区。20世纪80年代，主要品种有党参、桔梗、青皮、勾藤、白术、红花、香根、白菊花。90年代，以栝楼、太子参、白术、玫瑰花种植面积最大。2012年，全县太子参种植面积13.3公顷，总产量3吨，总产值64.4万元。金银花种植面积85.33公顷。另有玫瑰、丹参、丹皮、板蓝根、决明子等品种，主要分布在林城、泗安等乡镇。参见第11编农业、第3章、第3节。

二、中成药生产

至灵胶囊　长兴制药有限公司生产，批准文号国药准字Z33020212，被列入国家中药保护品种、国家医保药品名录。该公司位于长兴经济技术开发区，创建于1984年，原名长兴药用微生物厂、长兴制药厂。1998年完成股份制改造，组建长兴制药有限公司。1999年被认定为浙江省高新技术企业。1998年和2002年，先后投资3000多万元，新建符合国家GMP标准要求的胶囊剂车间和虫草原料发酵车间，并分别于2000年和2003年通过国家食品药品监督管理局GMP认证。是国内首家虫草发酵原料通过国家GMP认证的企业，主要从事冬虫夏草深层发酵技术产品和胶囊制剂生产，生物酶法催化医药中间体系列产品的研发、生产与销售。

金巴开麦绿素　浙江金巴开植物制品长兴基地有限公司生产。该公司位于长兴经济技术开发区，创办于1995年9月,是生产天然植物制品的保健品专业公司。主要产品有金巴开麦绿素、茶多酚等,其中以自主专利技术生产的主打产品金巴开麦绿素,销往浙江、江苏、吉林、北京、上海、广州等22个省市,在国内同行业中一直处于领先地位。金巴开麦绿素选用无污染的新鲜大麦嫩叶经先进工艺精炼而成,含有丰富的天然植物蛋白、矿物质、各种维生素、叶绿素及以上百种活性酶,其中抗衰老的超氧化物歧化酶(SOD)成分列保健食品之首,该产品经卫生部批准,具有调节血脂、抗疲劳、抗氧化等三大功效。1999年11月被列为国家重点新产品,2001年2月被列为浙江省高新技术产品,2002年12月获浙江农业博览会优质农产品金奖。2003年7月被中国医师协会列为"中老年疾病防治工程"指定产品向全国百万医师推荐,同年9月被评为浙江名牌产品。2005年4月获浙江省高新技术产品。

蛋黄免疫球蛋白 长兴艾格生物制品有限公司生产。该公司位于长兴经济技术开发区,创办于1998年10月。"蛋黄免疫球蛋白项目",源于江南大学国家"八五"科技攻关项目,1999年经国家经贸委批准立项建设,列入国家重点科技创新项目,是科技部创新基金资助项目。公司采用生物膜分离、冷冻升华干燥等多项高新技术,建成国内外的大规模蛋黄免疫球蛋白工业化生产线,经权威专家委员会鉴定确认,生产工艺达到国际水平,产品填补国内外空白,企业通过ISO 9002国际质量体系认证。2000年被列为国家新产品,2001年被列为浙江省高新技术产品,2002年获浙江省绿色农产品称号,2003年获发明专利。公司先后获浙江省农产品加工示范企业、省级高新技术企业研发中心、浙江省创新型示范企业、浙江省食品添加剂和配料行业龙头企业、国家重点扶持高新技术企业等荣誉称号。

第二节 中医机构及队伍

一、中医机构

长兴县中医医院 1988年,增设中医骨伤科、风湿科,推出"骨质增生专科治疗"和"支气管炎新疗法"中医门诊。至1989年年底,有主治中医师9人,中西医结合主治医师1人。设有内科、针灸科、推拿科、儿科、骨伤科、妇科等中医科室。全院中医门诊达88.2%,中医抢救危重病人95例,成功率90.5%。1990年10月,通过一级乙类中医医院评审。1992年4月,通过二级乙类中医医院评审。同年新建中药制剂室,制备中药制剂13种。1997年4月1日,开设肾病专科、老年病专科、中风专科3个中医特色专科和康复病区。2004年建设15个专家门诊,24个专病专科门诊,消化内科被评为市级中医重点学科;骨伤科、肾内科、老年病专科被列为市中医重点扶持学科;中风专科被列为县中医重点专科。2012年,县中医院通过三级乙等中医医院评审。同年年末,有中医66人、占36.5%,西学中人员46人、占25.4%。中药学人员19人,西学中11人。

图31-9 长兴县中医院中药房(县卫计局提供·1995年)

其他医院中医科 县人民医院从1986年起,设中医病床15张,固定1名中医在病床开展中西医结合治病工作。1988年,和平、李家巷、泗安、煤山4所地区医院均设有中医科。至1989年,各乡镇卫生院共开设中医门诊科室57个。1992年,县人民医院拆除原有中药仓库120平方米,建造中西药仓库和加工炮制、晒药等用房550平方米,总投资18万元。1994年11月,县人民医院中西药库大楼竣工,共4层,投入38.5万元,面积1017平方米,为全省标准化药库之一。1999年,县妇保院开设中医科。2000年,县妇保院开设中药房及中药库,配备中医师2人、中药师1人。2004年,全县医院和卫生院拥有中医门诊科室 106 个，特色专科专病 80 个。2012 年，县人民医院有中医 20 人、中药人员 7 人。县妇保院有中医人员 4 人，其中主治中医师 2 人、中医师 2 人，中药人员 2 人，副主任中药师 1 人、中药士 1 人。中医妇科为重要中医专科。至同年年末，全县各县级医院、中心卫生院及乡镇卫生院均设有中医科室，共开设中医门诊科室 134 个，其中特色专科 77 个，均有独立的中药房、中药库。

二、中医药队伍

1988 年，全县有中医人员 152 人，其中中医师 69 人、中医士 82 人、其他中医 1 人，中药人员 32 人。1989 年 9 月，李鹏林、吴波林、陈连屏 3 位副主任中医师名列《浙江当代中医名人记》。1990 年，吴波林副主任中医师被市卫生局列为市名老中医之一。2002 年 1 月，县卫生局公布陈寿山、陈晓根、姚逢春、尤海舫、林继康、刘文桂、俞家声为长兴县名中医。2005 年，县中医学会制订长兴县中医培训教育计划，自编教材，三年间共培训人员近 2000 人次。2006 年，姚逢春、胡一莉被评为市级名中医。从 2006 年起，县中医院连续举办中医药适宜技术培训班。至 2007 年，县中医院拥有国家优秀中医临床人才 1 人，湖州市名中医 3 人，省名中医培养对象 3 人。2009 年，胡一莉获"浙江省中青年临床名中医"，县中医院姚逢春、魏学勤、陈杭被省中医药管理局授予全省首批"基层名中医"称号。2011 年，持续开展"名师带徒"培养工作，有 2 人入围第五批全国老中医学术经验继承人，4 人通过湖州市名师带徒培养并出师。2012 年，县中医院挂牌设立长兴县适宜技术推广培训中心，全年培训 60 余名乡镇卫生院及社区中医药医生骨干。同年，县中医院、和平地区医院、虹星桥中心卫生院和林城卫生院创建中医住院医师规范化培训基地。县中医院李文伟被选为第三批全国优秀中医临床人才研修项目培养对象，李孝文、陈永堂被选为第五批全国老中医药专家学术继承人。

第三节　中医药科研

1988 年，县中医院运用消痔灵四步注射术治疗内痔、混合痔计 217 例，治愈率 100%；运用青黄散调和菜油调涂创面治疗急性亚急性湿疹 49 例，疗效达 95%；运用鹅掌散醋浸剂（自制）治疗鹅掌风 108 例；运用十面散、腰大清、逢春散治疗慢性溃疡。1992 年，县中医院成立中药制剂室，制备中药制剂 13 种，包括三焦化湿糖浆、咽喉糖浆、骨痛消贴剂等。1993 年 8 月，县中医院研制中药熏蒸床和中药熏蒸自控治疗器，获省科学技术进步三等奖和中国专利科技成果博览会金奖。1999 年，魏明研制的"吴士彦诊治泄泻中医专家软件"获县科学技术进步三等奖。2005 年 8 月，杨国谋研制的"管子刀"在全国针刀医学学术交流大会上获"全国针刀医学推广应用一等奖"，并于 2006 年 11 月获国家实用新型专科。2006 年 12 月，杨国谋的"管子刀的研制与临床应用"、胡一莉主持的科技课题"三焦化湿合剂治疗慢性浅表性胃炎脾胃湿热证的临床和实验研究"通过湖州市科技项目评审。2010 年 10 月，由 29 位名老中医共同编撰的《长兴县名中医经验辑要》一书正式发行。2011 年，县中医院承担的国家中医药管理局科研项目"王不留行耳穴治疗促泌乳的临床研究"和省中医药管理局科研项目"平衡阴阳刺法配合康复治疗中风后痉挛性瘫痪技术等农村中医适宜技术的应用研究"通过验收。至 2012 年，全县在中医药方面拥有 2 项专利发明、2 项省部级科研课题、1 项国家级适宜技术推广课题、8 项市级科研课题。获省中医药科学技术创新三等奖 1 项、市科学技术进步三等奖 1 项、县级科学技术进步二等奖 1 项。在省级以上刊物上发表中医、中西医结合学术论文 219 篇，其中获奖论文 12 篇。

第四节　中医工作先进县创建

1997 年，县中医院被省卫生厅列入重点建设中医院。1998 年，长兴通过省农村中医工作重点建设县的评估验收,被授予"浙江省农村中医工作先进县"称号。2001 年 7 月,县中医院骨伤科、消化科、肾病科、老年科建设为县级中医重点专科。10 月,国家中医药管理局下文同意长兴县为"全国农村中医工作先进县"的建设单位。2002 年,县创建全国农村中医工作先进县领导小组召开会议,明确县中医院和 4 个乡镇卫生院的中医科建设项目。2003 年,制定《乡镇卫生院中医工作建设标准和评分细则》,加强乡村医生的中医药知识和技能培训,鼓励农村临床医疗服务人员兼学中医,并应用中医药医疗技术为群众服务,推进中医药适宜技术,扩大中医药服务领域,年终按考核成绩予以奖励中医专项建设经费。2004 年,成立创建中医工作先进县办公室,县中医院成立基层中医指导科,各乡镇成立中医管理科。同年,制定下发《长兴县中医重点专科管理办法》《中医药参与社区卫生服务的意见》《中医药参与社区卫生服务建设标准(试行)》《乡镇卫生院中医工作建设标准和评分细则》;确定县中医院中医中风专科和县人民医院中医肾病专科为"长兴县中医重点专科"建设单位;太傅卫生院中医胆肾石专科、虹星桥卫生院中医肝肾专科、白岘卫生院中医肝胆石专科和包桥卫生院中医不孕症专科为"湖州市乡镇卫生院中医重点专科"建设单位。全年举办乡村医生中医药知识培训班,有 700 多人参加培训。并启动长兴县名老中医经验资料汇编工作。2005 年 7 月,长兴通过由国家中医药管理局组织的"全国农村中医工作先进县"考核验收。同年,健全全县中医药网络,重点扶持一批重点中医学科,县中医院消化内科被列为市重点中医专科,虹星桥卫生院中医肝病、包桥卫生院中医妇科、白岘卫生院胆肾结石科吸引大批区域外病人就医。2006 年,全年开展中医药科普宣传活动 6 次,推广农村适宜技术 4 项。虹星桥卫生院中医肝肾病和包桥卫生院中医不孕症通过湖州市乡镇卫生院中医重点专科(专病)建设中期检查考核;县中医院中医胃肠病专科和中医肾病专科申报浙江省中医名科项目建设;县中医院被省卫生厅确定为浙江中医"名院"项目建设单位。2007 年,2 家卫生院通过市级中医专病专科中期评估,9 名乡村医生完成中医大专学历教育,乡镇临床类人员参加中医药知识培训率 53%,落实基层中医、省市农村中医骨干培训经费 24.1 万元。虹星桥镇社区卫生服务中心等五个社区卫生服务中心被市卫生局确定为中医药参与社区卫生服务示范单位建设项目。2008 年,实施"中医药攀登工程",开展中医药参与社区卫生服务示范单位创建活动,虹星桥镇中心卫生院中医肝病专科和雉城镇包桥卫生院中医不孕症专科通过湖州市乡镇卫生院重点中医专科验收。2012 年,长兴县被国家中医药管理局评为"全国基层中医药工作先进单位"。

第六章 爱国卫生运动

20 世纪 80 年代末期,长兴县在农村开展"二管五改",即管水、管粪、改水井、改厕所、改畜圈、改炉灶、改环境。之后,又推动改水、改厕、健康教育三位一体爱国卫生运动。90 年代起,在全县范围内开展以除害灭病为中心的群众性爱国卫生活动,启动雉城镇创建卫生城镇活动,形成以县城(雉城镇)带乡镇、以乡镇带农村、城乡联动的创卫格局,推动城乡卫生面貌发生深刻变化,环境质量和居民生活质量不断提高。长兴先后获评省卫生县城、国家卫生县城,煤山镇获评国家卫生镇,11 个乡镇均创建成为省卫生乡镇。

第一节 农村改水改厕

一、改水

1988 年,全县新建农村自来水站 19 座,受益人口 2.16 万人,打井 652 口,有 7027 人饮用井水。同年 5—10 月,雉城镇长兴自来水厂连续被长桥阳南化工厂(硝基苯)和长兴化肥厂废水污染,先后停水达 157 天。县政府投资 420 万元另辟水源,从包漾河引水。1989 年,新建自来水站 7 座,受益人口 8898 人,其他简易应用接水池和新接自来水增加受益人口 1.03 万人,合计人口 1.92 万人,约占全县总人口的 4%。至

1989年底，累计已建农村自来水厂(站)295座，受益人口19.46万人，占全县总人口的40.5%，其他形式改水受益74678人，占15.6%，合计受益人口26.92万人，占全县总人口的56.1%。农村改水累计投资790.64万元，其中财政拨款46.3万元，集体投资328.73万元，群众集资415.6万元。1990年开始，县财政每年拨款5万元作为改水经费。1991年，新增饮用安全卫生水2万多人，累计有73%的农村人口饮用安全卫生水。1992年起，着重抓农村改水，至1994年，累计饮用安全卫生水人数达48.13万人，占农村总人口的86.8%，其中饮用自来水32.15万人；提前实现初保目标对饮用安全卫生水的任务。1995年，共新增饮用安全卫生水2.8万人，其中饮用自来水1.3万人，累计饮用安全卫生水人数已占农村总人口的96.9%。1998年，改建和新增自来水受益人口2.31万人，饮用自来水人口占全县总人口比率达66.7%。1999年，改建和新增自来水受益人口1.31万人，饮用自来水人口占全县总人口比率达72.1%。2002年，结合村庄环境治理，县财政专门拨款150万元用作农村改水经费。至2003年年底，全县农村人口48.87万人，其中饮用自来水、山泉水、深井水人口有39.25万人，占80.3%；饮用井水、方便水人口有8.54万人，占17.5%；饮用河塘不清洁水人口有1.08万人，占2.2%。雉城镇建有自来水厂2座，设计日供水规模为9万立方米，各建制镇都建有自来水厂，设计日供水规模1000立方米的7座，日供水规模500立方米的1座，其他自然村建有小型供应站、净化过滤水厂、水塔等类型有370余座。槐坎、白岘、煤山、小浦、水口等山区群众饮用山泉水，长虹平原和城东平原相当一部分地区群众饮用井水。2006年起，提高农村饮用自来水受益面，解决农民“吃水难”问题。同年年末，农村自来水受益率提高至87%，2009年提高至94.3%。2010年至2012年，全县自来水受益率三年分别为98%、99.1%和99.3%。

二、改厕

长期以来，县内农村露天粪坑较多，并集中在河边、路边，污染环境，又不文明卫生。1990年起，在全县农村开展“六改”(改水、改厕、改路、改善卫生、改善环境、改房)活动，农村改厕主要是建造三格式粪池、沼气池，清除河塘边的露天粪缸，其他地方加盖搭棚。至2003年末，全县农村户数16.79万户，建有农村卫生厕所10.11万座(户)，占60.3%。2005年10月，因传染病防控需要，全县开展爱国卫生“大整治行动”。整治民工集居地1100处，清理卫生死角678处(包括厕所周边)，清除露天粪缸528只，投入消杀药物860千克，消杀面积为6000平方米(包括厕所)；农村改厕结合村庄环境整治，新增家庭卫生厕所2.58万座；累计卫生厕所普及率75.6%。2006年，开展全县性环境大整治活动3次；整修化粪池959只，新建厕所147座；新增家庭卫生厕所1.12万座，累计卫生厕所普及率71%。至2007年末，全县乡镇共建有公共卫生厕所87座，行政村共建有卫生厕所463座，其中当年新增公共厕所56座、新增家庭卫生厕所2668座，农民家庭户厕无害化改造率达81%。2008年，乡镇建有公共卫生厕所91座，行政村建有卫生厕所556座，其中新增公共厕所30座、新增家庭卫生厕所2681座，取缔露天粪坑9086座、简易茅坑9774座，农民家庭户厕无害化改造率72.8%。2009年至2011年，全县农村卫生厕所普及率为86.4%、90.8%、93%，无害化卫生厕所普及率为75%、77.4%、80.7%。2012年，继续开展农村卫生厕所改造，新建、改建农村无害化卫生厕所2000座，完成农村改厕项目3750座。年末，全县农村户数总计18.23万户，建有农村卫生厕所17.05万座(户)，农村卫生厕所普及率为93.5%，其中无害化厕所15.02万座(户)，无害化卫生厕所普及率为82.4%。

第二节　除“四害”

1988年，全县有18个乡镇、33个居委会开展春季灭鼠突击活动，涉及农田8166.4公顷。农田鼠密度由灭鼠前的24.5%下降到灭鼠后的2.5%，灭鼠覆盖率91%；雉城镇居民户鼠密度由18.7%降至2.7%，灭鼠覆盖率达到90%；全县共投放敌鼠钠盐原药69.5千克，毒鼠灵1.5千克，溴敌隆毒饵300千克。1990年至1993年，开展以灭鼠为重点的除“四害”、讲卫生运动，“四害”密度得到控制(“四害”即老鼠、蚊子、苍蝇、蟑螂)。1994年4月,开展灭鼠活动,共投放鼠药4000千克,鼠密度明显下降。据雉城镇鼠密度测定,密度从31.3%下降到3.6%,被省爱卫会评为灭鼠先进城镇。1995年,开展秋季灭鼠活动一次,雉城镇在春秋季开展两次突击灭鼠,鼠密度从14%下降至5%以下。1996年、1998年、2000年、2001年,全县开展春秋两季灭鼠工作,分别投放灭鼠毒饵1.07吨、1.1吨、1.3吨、1.4吨,使鼠密度一直保持在5%以下。2002年,开展春秋两季灭鼠工作,共投放灭鼠毒饵1.5吨,鼠密度继续保持在5%以下。雉城镇、煤山镇通过灭鼠先进镇复查考核,再次被市爱卫会命名为灭鼠先进镇。2003年,共投放灭鼠毒饵5吨多,使用奋斗呐、敌敌畏专用剂1吨多、灭蟑螂烟包2.2万只、灭蟑笔2.5万盒、灭蟑片3.5万包、灭蟑螂蚂蚁药3万多包,耗资30多万元。同年,雉城镇达到灭蟑螂先进镇标准,和平镇、虹星桥镇、林城镇、小浦镇、洪桥镇、水口乡获灭鼠先进镇(乡)称号。2004年,动员城乡居民清除卫生死角、清除房前屋后积水、清除阴沟,开展河水、塘水治理,全面巩固和创建灭鼠、灭蚊、灭蝇、灭蟑螂先进达标工作。雉城镇被市爱卫会命名灭蚊灭蝇先进镇,李家巷镇、泗安镇、夹浦镇、吕山乡、槐坎乡、白岘乡获评灭鼠先进乡镇。2005年,虹星桥镇、洪桥镇、小浦镇、吴山乡、二界岭乡获评灭鼠先进乡镇,和平镇通过市爱卫会灭蟑先进镇考核验收。2006年,全县城乡除“四害”共投放鼠药30多吨(包括农田)、灭蟑片9.2万包、灭蟑螂药烟剂1.5万个、灭蟑药笔2万盒、灭蚊蝇药液3.8万余千克。2007年,将除“四害”列为农村爱国卫生运动年度目标考核内容之一,各乡镇建立健全除“四害”消杀队伍,每个行政村落实消杀人员。国际大酒店、红玫瑰大酒店等宾馆饭店率先开展“餐桌无蝇承诺制”活动。2008年,县爱卫办和县疾控中心先后对机关、学校、医院、企业、乡镇每月开展一次“四害”密度监测,掌握“四害”密度情况。2010年,以乡镇为单位,建立“四害”消杀日制度,每年的4月25日—5月4日、10月25日—11月4日为春秋季灭鼠药物投放日;4—11月的每周三为蚊蝇药物消杀日;6—10月的每月15日为灭蟑药物投放日;县城区除“四害”工作实行市场化运作,由专业消杀公司消杀。2011年,成立除“四害”工作业务指导与督查小组,对全县除“四害”工作及时指导,跟踪督查,在城区范围内设立有代表性的“四害”密度监测点,定人、定点、定时测定记录。县城各社区住宅区公共环境由专业消杀公司完成“四害”消杀工作。2009—2012年,全县所有乡镇先后通过除“四害”先进乡镇复评,其中泗安镇、李家巷镇、水口乡、白岘乡、吕山乡于2009年通过灭鼠先进镇(乡)复评,洪桥镇、小浦镇、虹星桥镇、吴山乡、林城镇、槐坎乡于2010年通过灭鼠先进乡镇复评,煤山镇、夹浦镇、二界岭乡于2011年通过灭鼠灭蟑螂先进镇(乡)复评,和平镇于2012年通过灭鼠灭蟑螂先进镇复评。

第三节　卫生城市创建

一、国家卫生县城创建

1989年3月,国务院作出《关于加强爱国卫生工作的决定》以来,全县贯彻执行决定及省、市爱卫会的有关精神,开展以除害灭病为中心的群众性爱国卫生活动。1993—2003年,先后5次调整充实县爱卫会组织,使爱卫会组织不断健全和壮大。同时,开展以雉城镇为中心的卫生城镇创建活动,以县城(雉城镇)带乡镇、以乡镇带农村,形成城乡联动的创卫格局。每年元旦、春节、五一、十一等重大节日和四月份爱国卫生月,全县均开展群众性的爱国卫生活动,推动城乡卫生面貌发生深刻变化,

图31-10　2003年8月20日,创建国家卫生县城省级考核反馈会(县卫计局提供)

环境质量和市民的生活质量不断提高。1997 年，长兴通过省卫生城镇验收组检查评审，获“省卫生县城”称号。2003 年 10 月，通过“国家卫生县城”考核。检查考核结果：中小学校健康教育开课率 100%，学生健康知识知晓率 100%；市区垃圾清运率、无害化处理率均达到 100%，垃圾袋装化 70%；城区绿化覆盖率 34.3%、绿地率 39.6%，人均公共绿地面积 8.9 平方米；工业废水处理率为 100%，烟控区覆盖率为 100%，工业固体、废物综合利用率为 99.4%，汽车尾气达标率为 87.3%；公共场所卫生许可证有证率 100%、从业人员体检率均 100%；鼠密度粉迹法阳性率 0.2%。蝇密度饮食行业未发现成蝇，未发现阳性滋生地；未查到蟑螂及卵鞘，未查到蚊幼虫滋生。所有结果达到国家卫生县城标准。同年 12 月，长兴县被全国爱卫会命名为国家卫生县城。2007 年、2011 年，两次通过复评。

二、国家及省级卫生镇创建

2002 年 12 月，煤山镇经省爱卫会考核鉴定成为省级卫生镇。2003 年，和平镇通过省级卫生乡镇考核验收。2004 年 11 月，水口乡、泗安镇、李家巷镇通过省级卫生乡镇考核验收。2005 年，洪桥镇、虹星桥镇、小浦镇通过省级卫生镇考核。2006 年，林城镇、槐坎乡通过省级卫生乡镇考核。2007 年，夹浦镇、二界岭乡通过省级卫生乡镇考核。2008 年，煤山镇获国家卫生镇称号，和平镇通过省级卫生镇复评考核。2009 年，泗安镇全面启动创建国家卫生镇，白岘乡获省级卫生乡称号，泗安镇、李家巷镇、水口乡通过省级卫生乡镇复评。2010 年，洪桥镇、虹星桥镇、小浦镇通过省级卫生镇复评。2011 年，林城镇、槐坎乡通过省级卫生乡镇复评。2012 年，夹浦镇通过省级卫生乡镇复评，煤山镇通过国家卫生镇复评。同年年末，全县 11 个乡镇全部创建成为省卫生乡镇。

三、省级卫生村创建

2003 年，全县开始创建省级卫生村活动。同年，雉城镇高家墩村、和平镇新港村等 7 个村通过验收，被命名为省级卫生村。2004 年，夹浦镇父子岭村等 5 个村成为省级卫生村。2005 年，8 个村成为省级卫生村。至 2012 年，全县有省级卫生村 65 个。

四、省级卫生先进单位创建

1997 年，全县开始创建省级卫生先进单位。同年，华能长兴电厂成为县内首个省级卫生先进单位。1999 年，县职教中心和县实验小学被评为省级卫生先进单位。至 2012 年年末，全县共有省级卫生先进单位 49 个。

五、脏乱差综合治理

1988 年，全县开展以改善城乡卫生状况为主要内容的爱国卫生运动，雉城镇主要街道“门前三包”（“三包”即包卫生、包绿化、包秩序）责任制签订率达 99%，巩固率为 60%。1989 年 4 月，在第一个“爱国卫生月”活动中，雉城镇清除垃圾 600 余吨，清运粪便 300 余吨，疏通下水道 7000 多米，疏挖窨井 974 只。1990—2003 年，改造城市道路面积 13.9 万平方米，修补道路面积 4 万平方米；新增绿地面积 291 公顷；建成日处理污水 3 万吨的污水处理厂 1 座；新建公厕 9 座、垃圾中转站 2 座，日处理 150 吨垃圾处理厂 1 座和建筑垃圾填埋场 1 个，环卫部门对城区 11 条主要街道实行 18 小时保洁，保洁面积达 85 万平方米，生活垃圾清运率达到 100%。2005 年 4 月，各乡镇组织 3000 多名机关干部、群众和学生参加义务劳动清理卫生死角，清运垃圾 120 余吨，疏挖河道 800 多米，整治镇郊结合部 50 余处，美化镇郊出入口 20 余处。同年 10 月，开展全县爱国卫生“大整治行动”，组织检查单位 1698 个，参加劳动 2869 人次，整治民工集居地 1100 处，清理卫生死角 678 处，清理垃圾废土 8750 吨，疏挖河道 8000 米，疏通下水道 4.2 万米，清理城中村 26 个，清除露天粪缸 528 只，整治镇郊结合部 73 处，投放消杀药物 860 千克，消杀面积 6000 万平方米。2006 年，开展全县环境大整治活动共 3 次，累计参加卫生活动单位 893 个，参加卫生突击人员 2.6 万人，出动大小车辆 1233 辆，清除垃圾废土污物 5414.5 吨，疏挖整修化粪池 959 只，疏通下水道 13935 米，清除卫生死角 1165 处，新建垃圾箱 926 只，开展卫生大扫除单位 748 个，揩抹人行扶栏 1.37 万米，清理河道 6 万米。2007 年，开展全县环境大整治活动共 5 次，先后有 1856 个单位，5.7 万名干部、群众、学生参加义务劳动，清理垃圾达 1.54 万吨。2008 年 12 月 10 日、2009 年 1 月 10 日，全县开展“两清行动日”活动(“两清”即村庄清脏、河道清障),先后有1921个单位,6.2万名干部、群众、学生参加义务劳动,清理垃圾达1.8万余吨,取缔露天粪坑9086只,简易茅坑9774座。2010年,结合村庄环境整治,全县农村普遍推进生态乡镇、小康示范村、魅力乡村创建活动。同时,在春节、四月爱国卫生月、五一节、国庆节、元旦,均开展全县性环境大整治活动,共有1566个部门单位,5.6万名干部、群众、学生参加义务劳动,清理垃圾达5882吨。2012年,开展城乡环境污染治理、重点区域场所环境卫生治理、城镇环境卫生秩序治理行动,全县先后有1356个单位,5万余名干部、群众、学生参加义务劳动,清理垃圾达5718吨。

第四节 健康教育

1988年之前,县卫生防疫站宣教科负责开展健康教育工作,县卫生局确定县、区、乡(镇)医疗单位卫生宣传员共43人。1988年,全县医疗单位、较大的厂矿企业建立固定的宣传橱窗、黑板报,定期刊出卫生宣传资料与图片,卫生宣传网络也得到发展,有20多家较大的厂矿企业聘任义务卫生宣传员27人。同年,开展贯彻《中华人民共和国食品卫生法》五周年、《公共场所卫生管理条例》一周年活动,共放映卫生科教片12部、50余场次,幻灯片7套,印发预防肝炎资料1500份,宣传画200张,防治狂犬病资料2000份,转发省卫生防疫站宣传小册子1000份,向新闻单位提供稿件12篇,制作宣传窗9期45块版面。1989年,县卫生局组织举办性病防治宣传展览,影剧院放映防治性病、防治狂犬病科教片8场次。1991年,全县中小学将健康教育纳入教育计划,健康教育开课和卫生知识讲座率达到100%。1988—2000年,共印发宣传资料10万份,其中画报近4万张,传单、折页近3万张,小册子、健康读本近2万册。2001年,配合省疾控中心、省健康教育所开展三峡移民疾病防治、卫生服务和健康教育需求调查研究。2003年,结合“非典”疫情防控和创建全国卫生城市,加大卫生健康教育,全年共编印宣传资料近30万份,举办防治知识培训班20多次,制作宣传版面15块,上街下乡开展宣传咨询活动10多次。2004年1月,与长兴西部接壤的安徽省广德县发现疑似高致病性“禽流感”,县卫生防疫部门随即编印发放禽流感防治知识宣传资料。同年5月,配合全县蓄电池行业专项整治,编印发放知识折页2.5万份。2005年,二界岭中心学校开展“预防意外伤害”健康促进学校项目工作,至12月通过世界卫生组织考评,获得铜奖。2006年,将健康教育纳入全县农村公共卫生服务项目(三大类十二项)内容,编印发放宣传资料10万多份,向县电视台、《长兴之窗》提供健康教育稿件60多篇,健康教育宣教团开展健康教育讲座23次。2012年,全县乡镇卫生院及村健康教育宣传栏覆盖率达100%,其中有乡镇卫生院宣传栏32个,村宣传栏220个。2006—2012年,全县按照《健康教育进社区活动实施方案》,开展以公民健康素养、优孕优生优育、慢性病健康教育、生殖健康、青少年青春期心理卫生等系列健康教育活动,巡讲团深入农村、社区、学校开展卫生保健知识宣传,并在县电视台、县广播电台、《长兴之窗》开辟健康教育专栏、定期(栏)刊出健康教育专稿。每年印制各类宣传资料12种以上,累计印发宣传资料21万张(册),其中画报5.6万张,传单、折页8.4万张,公民健康教育读本7万册。

第三十二编　体育

20世纪80年代起，长兴县群众性体育运动开始活跃。尤其是1986年被评为全国首批体育先进县后，全县群众体育运动蓬勃发展。至1987年，经常参加体育活动的人数已占全县人口总数的35.5%。90年代中期，国家颁布《中华人民共和国体育法》和《全民健身计划纲要》，公益性的户外体育设施开始建设。1995年，县政府出台全民健身活动相关政策，逐步改善公共体育设施，全民健身活动开始在城乡活跃，参与人数迅速增加，同年全县体育人口达38.6%。之后，全县每年举办一次全民健身活动或全民运动会，每两年举办一次职工、农民、学校、老年人、残疾人等群体性单项运动会。至2000年，全县体育人口占比达40.5%。2005年7月在《体育法》和《全民健身计划纲要》颁布实施十周年之际，正式启动"长兴县全民健身月"，实现"全民健身、全民参与"目标。1988—2012年，共举办县体育运动会3届、机关运动会8次、老年人运动会9届、老年人夕阳红运动会24届、残疾人运动会2届、中小学体育节4届，几乎每年组团参加全国、省、市运动会。同时，竞技体育取得显著成绩。1988—2012年，长兴籍运动员参加各类国际体育赛事28场，获金牌19枚、银牌4枚、铜牌5枚，其中参加奥运会3场，获金牌1枚、铜牌1枚。参加全国性体育赛事共143场次，获金牌73枚、银牌23枚、铜牌25枚。先后向省优秀运动队输送运动员58人、大专院校输送运动员或后备人才212人、向市少体校输送运动员45人，其中有奥运冠军周苏红、亚运会冠军李荣祥等高水平运动员。培养等级运动员328人、等级裁判员674人、等级教练员26人。2009年，长兴获全国群众体育先进集体称号。2011年，县体育局获全国全民健身优秀单位称号。2012年，全县体育人口占比45.4%，老年体育人口超过50.1%；20个乡镇(街道)均被评为省级体育强镇(乡)，有省级体育后备人才基地3个、省级体育特色学校13所，长兴少体校被国家体育总局评为"国家高水平体育后备人才基地"。

第一章　体育设施

1988年，长兴县级体育设施主要位于雉城镇人民广场，有游泳池、田径场、露天灯光球场、田径训练房、室内简易球场各1个，还有主要为老年人提供体育活动场地的体委公园；乡镇、村体育设施有乡镇篮球场共计35处，其中灯光球场13处；中小学(含工矿单位)有200米简易跑道田径场15处，篮球场15处，排球场20处，足球场10处；企事业体育设施多数为篮球场、乒乓室。至2012年，全县各级、各类体育设施分布日趋完善合理，共有公共体育设施1560个，其中省属9个、县属20个、中小学536个、乡镇690个、社区157个、企事业单位113个、其他35个；场地总面积88.8万平方米，占地总面积162.9万平方米。

1988年，长兴县体育运动委员会(简称县体委)负责全县体育运动及体育事业发展。1995年，县群体协会总会更名为县体育总会，负责指导和协调各体育协会开展各类体育比赛活动。1996年9月起，县体委与县文化局合并为县文化与体育局。2005年4月起，设立县体育局，与县文广新局合署办公。

第一节　省体育训练基地

浙江省体育训练基地暨国际射击中心，位于画溪大道803号，由省体育局投资建设并管理。2007年10月16日举行开工仪式，至2010年，完成自行车馆、射击馆、决赛馆、飞碟靶场、运动员公寓、食堂、综合训练馆室，综合教学大楼、新闻中心等建设，总投资3.6亿元，总建筑面积71562平方米，基地可承担射击、飞碟、射箭、击剑、自行车、小轮车、铁人三项、轮滑、女足、曲棍球等10个项目的训练及比赛。至2012年，完成场地自行车馆、400米标准田径场、运动员公寓、射击馆建设。

第二节　县体育中心

1988年，县级体育设施主要位于雉城镇人民广场，有游泳池、田径场、露天灯光球场、田径训练房、室内简易球场各1个，还有主要为老年人提供体育活动场地的体委公园。1989年，有田径场1个、篮球场11个(其中灯光球场1个)、游泳池1个。1997年6月，县体育馆建成并投入使用。2005年4月，县体育馆与县少年儿童业余体校合并成立县体育中心，9月县少体校迁至县体育中心新建。至2012年，县体育中心占地面积10公顷，建筑面积约1.2万平方米，位于雉城镇太湖中路170号。拥有1691座的体育馆1个、1600平方米的游泳馆1个、700平方米的地下跆拳道馆1个、乒乓球室1个、综合训练房3间、400米标准塑胶田径场1片、200米塑胶训练场1片、85米塑胶斜坡道1条、标准塑胶网球场6片、标准塑胶篮球场4片、标准塑胶排球场1片、沙滩排球场1片、标准塑胶门球场2片、小型运动场1个。

一、县体育馆

位于雉城镇太湖中路170号。1997年6月竣工，总投资2264万元，占地16458平方米，建筑面积8375平方米，场地面积756平方米，设固定观众席2274座。2007年9月，改造后设固定观众席1691座。馆内采用大跨度网架结构，馆顶双层彩钢板压面。灯光采用高压钠灯，双侧面对照，无影形。两侧配有大型电子屏计时计分装置。可承办篮球、排球、乒乓球、体操、摔跤、拳击等比赛。先后承办美国篮球明星对抗赛、“爱立信”中国乒乓球比赛、全国女排联赛等多项国际、国内重大体育赛事。

二、县体育场

位于雉城镇太湖中路170号。原位于雉城镇朱家白场，为400米田径运动场。1998年11月24日迁址新建，次年4月28日建成并投入使用。总投资154万元，占地3.31公顷，建筑面积210平方米、场地面积1.68万平方米。2006年，对田径场进行400米标准塑胶跑道改建，至2009年6月完成并投入使用。有400米标准跑道8条，标准足球场1个，设固定观众席1600座。2005年6月起，划归长兴中学使用并管理。

第三节　乡镇、村(社区)体育设施

1988年全国第三次体育场地普查结果显示，全县乡镇、村体育设施有乡镇篮球场共计35处，其中灯光球场13处。1996年全国第四次体育场地普查，全县乡镇、村体育设施有乡镇篮球场共计55处，露天乒乓球台10处，台球房3个。2004年全国第五次体育场地普查结果显示，至2003年年末，全县乡镇体育设施有篮球场4个，台球房10个。2004年后，各地结合文化大县创建和新农村建设，加大体育设施投入，县文化体育部门也随之推进体育设施配置。至2008年，全县220个行政村实现体育设施配置全覆盖。2009 年，体育设施建设及配置向自然村延伸，同年全县农村新增体育活动面积 10340 平方米。至 2012 年，全县农村共配送健身路径 312 条、篮球架 152 副，新建省级中心村全民健身广场 2 个、市级中心村全民健身广场 7 个、县级全民健身广场 20 个，省级中心村体育休闲公园 3 个、市级中心村体育休闲公园 18 个，省级村级体育俱乐部 26 个，省级小康体育村 167 个，建成绿色健身步道 50 多千米。据全国第六次体育场地普查，至 2012 年年末，全县乡镇体育设施有 690 个(条)，其中羽毛球场 2 个，乒乓球室 13 个，篮球场 152 个，门球场 4 个，棋牌房 201 个，网球场 6 个，健身路径 312 条。

2001 年，雉城镇台基山街道办事处北门社区建成全民健身路径。之后，社区体育设施建设陆续展开。至 2007 年，社区体育设施覆盖率达 100%。2008—2012 年，全县创建省体育先进社区 10 个，省级社区体育俱乐部 4 个，每个社区拥有各类体育团队 1 支至 2 支，拥有国家级社区多功能运动场 1 个，室外运动场地和室内运动场地，每个社区拥有体育活动场地 2 处至 3 处。至 2012 年年末，全县社区体育设施有 157 个(条)，其中游泳池 7 个，羽毛球场 7 个，乒乓球室 18 个，篮球场 13 片，门球场 1 个，网球场 1 个，健身房 8 个，台球房 5 个，棋牌室 23 个，健身路径 71 条。

第四节　学校体育设施

1988 年，全县中小学(含工矿单位)有 200 米简易跑道田径场 15 处，篮球场 15 处，排球场 20 处，足球场 10 处。1991 年，长广技校新建水泥灯光篮球场、排球场各 1 个。1998 年，长广六矿小学网球场建成，位于雉城镇金陵南路，设混凝土层面场地 1 片。至 2003 年年末，全县各级各类学校体育设施有乒乓球馆 3 个，篮球场 119 个，排球场 25 个，田径场 1 个，小运动场 39 个。至 2012 年年末，全县各级各类学校体育设施有 536 个，其中体育场 1 个，游泳池 1 个，篮球场 234 个，乒乓球室 78 个，排球场 108 个，小运动场 95 个，田径场 9 个，综合馆 10 个。

第五节　企事业单位体育设施

1988 年，全县企事业体育设施多数为篮球场、乒乓室。1991 年，长兴化肥总厂改建篮球场为水泥看台篮球场。2003 年，长兴国际大酒店建网球场 1 个，占地 684 平方米，场地面积 592 平方米，设混凝土层面场地 1 片。2004 年全国第五次体育场地普查，至 2003 年年末，全县省属企业体育设施有灯光球场 1 个，羽毛球馆 2 个，篮球场 27 个，门球场 1 个，排球场 5 个，健身房 1 个，台球房 1 个，小运动场 3 个；县属企业体育设施有体育场 1 个，体育馆 1 个，室外泳池 1 个，门球场 1 个；其他企事业单位体育设施有室外泳池 1 个，羽毛球馆 1 个，乒乓球馆 1 个，篮球场 11 个，健身房 1 个，台球房 5 个。2009 年，红旗仪表(长兴)有限公司建职工综合体育馆，被评为省级星级职工体育俱乐部。至 2012 年年末，全县各级各类企事业单位体育设施有 113 个(条)，其中体育馆 1 个，游泳池 5 个，羽毛球场馆 6 个，乒乓球室 36 个，篮球场 44 个，健身房 14 个，排球场 2 个，门球场 3 个，台球房 10 个，田径场 2 个，小运动场 1 个，综合馆 1 个，自行车馆 1 个，棋牌房 1 个，网球场 7 个，小轮车场 1 个，射击房 4 个，健身路径 3 个。

第六节　经营性体育设施

一、苏红健身俱乐部

长兴苏红健身有限公司(简称苏红健身俱乐部)，以长兴奥运冠军周苏红名字命名，位于长兴体育中心内，是县文广新局(体育局)下属的一家国有企业。2008 年 1 月对外开放，总面积 1 万余平方米，是浙北地区最大的综合健身场馆之一，下设健身会所、羽毛球俱乐部、篮球俱乐部、网球俱乐部、游泳俱乐部、体育商城、休闲茶吧等。倡导“我运动、我健康、我快乐”的运动理念，先后被评为 2008 年度、2009 年度长兴县现代服务业重点企业。2011 年，新增跑步机、练胸肌、练腹肌、练臂力等器械，同时配有高清液晶电视。至 2012 年，共有会员 1013 人。

二、其他经营性体育场所

2000 年之后，全县逐步兴办一批体育场所，经营项目主要以游泳、健身为主，经营主体有集体举办、企业运营、个人经营等多种方式。至 2012 年，全县登记在册营运场所共 7 处，其中长兴雉城雅苑游泳池、长兴国际大酒店有限公司、浙江皇冠假日大酒店有限公司、长兴苏红健身有限公司、绿城物业服务集团有限公司长兴分公司等 5 处属企业营运，长兴海豚游泳馆、长兴水木花都健身俱乐部等 2 处属个人营运。

2012 年长兴县体育设施情况表

表 32-1

类别类型	体育场(个)	体育馆(个)	游泳池(个)	羽毛球场(个)	乒乓球室(个)	篮球场(个)	排球场(个)	门球场(个)	健身房(个)	台球房(个)	田径场(个)	小运动场(个)	综合馆(个)	自行车馆(个)	棋牌房(个)	网球场(个)	小轮车场(个)	射击房(个)	健身路径(个)	场地面积(万平方米)	占地面积(万平方米)
省属	0	0	0	0	1	0	0	0	1	0	1	0	0	1	0	0	1	4	0	—	—
县属	0	1	1	0	1	4	2	2	1	0	1	1	0	0	0	6	0	0	0	—	—
中学	1	0	1	0	42	148	63	0	0	0	5	21	6	0	0	0	0	0	0	—	—
小学	0	0	0	0	36	86	45	0	0	0	4	74	4	0	0	0	0	0	0	—	—
乡镇	0	0	0	2	13	152	0	4	0	0	0	0	0	0	201	6	0	0	312	—	—
社区	0	0	7	7	18	13	0	1	8	5	0	0	0	0	23	4	0	0	71	—	—
企事业	0	0	4	6	34	40	0	1	12	10	0	0	1	0	1	1	0	0	3	—	—
其他	0	0	0	2	11	0	0	0	5	17	0	0	0	0	0	0	0	0	0	—	—
合计	1	1	13	17	156	443	110	8	27	32	11	96	11	1	225	17	1	4	386	88.8	162.9

说明：资料来源于县体育局

第二章　群众体育

1986 年，长兴被评为全国首批体育先进县。之后，全县群众体育运动蓬勃发展，职工体育、农民体育、学校体育、老年人体育和残疾人体育等各类体育运动广泛开展，体育社会团体发展迅速。2012 年，体育人口占全县人口总数的 45.4%，其中老年体育人口超过 50.1%；20 个乡镇(街道)均被评为省级体育强镇(乡)。

第一节　职工体育

1987 年，全县各级工会文化娱乐场所有 15 处，同年有 92 个单位相继新建俱乐部、活动室、图书室。20 世纪 80 年代末，全县各机关、厂矿、企事业单位竞赛兴起，职工体育活动频繁。县总工会文化宫牵头组织小型多样的文体活动，开展球类、棋类、健美操、猜谜、演讲等比赛，各企事业单位相继举办小型运动会，丰富职工业余生活。

一、机关运动会

1989年至2012年，全县共举办机关运动会8次。1989年4—9月，举行长兴解放以来第一次全县机关运动会，有30个代表团500余人参加10个项目比赛，产生团体奖12个、个人奖68个。1994年10月，举办第二届机关运动会，有65个代表团850余名运动员参加22个单项比赛，产生团体奖24个、个人奖96个。1997年6—11月，举办第三届机关运动会，68个代表团1000余名运动员参加8个项目比赛，产生团体奖12个、个人奖116个。2000年8月，举行全县机关干部游泳比赛，有13个部门77名机关干部参加，产生个人奖36个。2005年6月，举行全县机关干部大型全民健身月踩街活动，有40个单位1000余名机关干部参加。2009年9月，举办全县“迎国庆、强体质、爱机关、促和谐”机关运动会，有42个单位1500余名机关干部参加4个项目比赛，产生团体奖24个、个人奖188个。2011年4月，举办全县庆祝建党90周年“强体魄、爱机关、促和谐”机关干部健身运动会，有44个单位1300余名机关干部参加4个项目比赛，产生团体奖12个、个人奖105个。2012年8月，举办全县机关干部运动会，有62个单位1600余名机关干部参加6个项目比赛，产生团体奖12个、个人奖116个。

图32-1　长兴县机关运动会(许要武摄·2012年)

二、职工运动会

1990年，煤山镇以迎亚运为主题举办首届运动会，镇内省、县、乡属企业均组织职工参加。同年，县卫生系统、房管会、医药公司均举办首届职工运动会。1991年10月5日至6日，举办长兴第二届“金融杯”篮球赛。10月21日至24日，举行为期四天的全县财贸系统第三届乒乓球比赛。同年，全县各级各类职工体育竞赛活动有373次，累计参加职工3.08万人次。1995年，《中华人民共和国体育法》和《全民健身计划纲要》颁布，全县群众体育得到迅速发展，先后举办职工围棋赛、乒乓球赛、象棋比赛、信鸽比赛等。1996年3月，长兴工业炉材料厂工会干部严霆被选派往香港参加第二届国际围棋锦标赛，成为参加国际性围棋比赛的长兴第一人。5月，县总工会成立长兴县女子青年乒乓球队。1997年，县总工会成立“长兴县职工艺术团”。1998年8月，长兴化工总厂(工会)被中华全国总工会授予全国职工体育先进单位。2000年，各产业工会、工人文化宫和基层工会开展长兴县首届“建业杯”“庆三八”木兰拳(剑、扇)表演赛、体育竞赛等活动。2001年，组织开展“庆五一”系列活动，各产业工会、工人文化宫开展寓教于乐的群众性文娱体育活动45次。2003年，组织职工开展庆“五一”“太湖明珠”系列活动，各乡镇、产业工会开展群众性文体活动18次，参与人数达3200人次。2005年7月，启动“长兴县全民健身月”活动，组织近千名县直机关职工举行大型踩街活动，并向各单位赠送健身器材。2006年，教育工会举办第二届女职工排球赛，财贸工会组织“健康之行”职工登山比赛，开发区举办职工运动会，夹浦镇工会组织职工篮球赛等。2009年8月，长兴合作银行工会举行职工趣味运动会。2011年，县城管执法局举办首届城管系统运动会，113人次参赛。2011年11月，红旗仪表(长兴)有限公司工会在公司职工体育馆举办首届职工运动会，共14个比赛项目，500多职工参赛。2012年，永达集团组队参加湖州电力行业协会首届羽毛球赛，获一等奖。2012年9月，长兴水务公司游泳运动员参加湖州市水协“水协杯”游泳比赛，获男子100米组自由泳个人第一名、男子50米子自由泳个人第一名。11月，水务公司工会分批组织全体员工进行主题为“快乐工作，健康生活”登山活动。

第二节 农民体育

一、农民体育活动

1988 年,全县有 12 个乡镇举办多项体育比赛。同年,首届省级农民运动会摔跤比赛在长兴举办。之后,农民体育运动项目开始由单一的传统项目向现代体育项目、趣味性体育项目转变。1991 年,煤山、天平、白岘、泗安、后漾、李家巷等乡镇举办农民运动会。1998 年 12 月,全县 5 个省级体育先进乡镇首届篮球赛举行。1999 年,全县 4 个省级体育先进乡镇参加市省级先进乡镇体育比赛,泗安镇获团体第三名。2002 年,县体育馆举办乡镇农民男子篮球比赛,煤山镇获冠军。同年,全县乡镇乒乓球比赛举办,雉城镇获团体第一名。2006 年,全县开展农民篮球、乒乓球、拔河等趣味性体育运动。2008 年,全县开展"奥运倒计时 100 天广场健身大 PK"活动,各乡镇也纷纷开展小型体育竞赛,如林城的武术、虹星桥的狮舞、泗安的旱船、洪桥的龙舟等,累计参加人数达 2 万余人。2009 年,煤山镇举行第三届运动会,观看群众达万人,成为煤山历史上项目最全、参与人数最多的一次运动会。2012 年 6 月,长兴县全民健身月启动暨第三届体育强镇(乡)中国象棋比赛在水口乡举行,全县 11 个体育强镇(乡)的 35 名选手参赛。

二、省市农村体育赛事

1988—1996 年,长兴参加市级农村体育赛事共 28 场,其中参加市农民运动会第一、第二、第三届共 3 次。1988 年 4 月,在市第一届农民运动会上,吴修林获乒乓球选拔赛男子单打第一名,长兴代表队获摔跤比赛冠军;1991 年 10 月,在市第二届农民运动会上,白岘乡获男子篮球农民组冠军;1996 年 4 月至 5 月,在市第三届农民运动会上,长兴代表队获乒乓球比赛团体冠军,田径比赛团体总分第一名,泗安镇获篮球比赛冠军。

1988—2008 年,长兴参加省级农村体育赛事共 15 场,其中参加省农民运动会第一、第二、第四、第五、第六届共 5 次。1988 年 4 月,在省第一届农民运动会上,钱金成获手榴弹比赛第一名,长兴代表队获"明华杯"中国式摔跤比赛第六名;1999 年 12 月,在省第四届农民运动会上,长兴代表队获篮球比赛第二名,何金凤获中国象棋比赛第四名;2004 年 6 月,在省第五届农民运动会上,长兴代表队(洪桥镇农民篮球队)获篮球比赛第六名。

三、特色体育乡镇

1988 年,白岘、畎桥、泗安 3 个乡镇被评为首批省级体育先进乡镇。1990 年,全县 34 个乡镇体育领导小组均更名为乡镇农民体育协会,李家巷、后漾乡被评为全省第二批体育先进乡镇,畎桥乡被评为省群体先进单位。1992—1995 年,煤山镇、雉城镇分别被评为全省第三、第四批体育先进乡镇,白岘乡评为全国亿万农民健身活动先进乡镇。2003 年,和平镇被浙江省体育局评为"特色体育乡镇"。2006 年,李家巷、和平镇通过省级体育强镇验收。次年,槐坎乡通过省级体育强镇验收。2008 年,夹浦、虹星桥、泗安、雉城通过省级体育强镇验收,长兴被评为省级体育强县。2009 年,煤山、白岘通过省级体育强镇(乡)验收。2011 年,洪桥、水口通过省级体育强乡镇验收,槐坎乡通过复评。2012 年,小浦、吕山通过省级体育强乡镇验收。至同年年末,全县 20 个乡镇(街道)均被评为省级体育强镇(乡)。

第三节 学校体育

一、幼儿体育

随着全县幼儿园学制的逐步完善,体育教学普遍纳入幼儿园的教育课程,并采用活动性游戏、徒手体操等形式对幼儿进行身体素质教育。各幼儿园每天安排幼儿进行 1 小时至 2 小时户外活动,分为集体和分散活动两部分。集体活动有幼儿列队练习、韵律操、器械操等等，分散活动项目有平衡桥、过梯子、踢毽子、跳房子、摇小船、投纸球、扔沙包、排球、投篮、跳绳、滑滑梯、荡秋千等。在日常锻炼的同时，各幼儿园每年都举办 1 次至 2 次趣味幼儿运动会、幼儿广播操比赛等。1992 年，县教育局、县妇联联合举办幼儿园团体操比赛。2006 年起，县中心幼儿园每学期组织丰富多彩的体育节、足球嘉年华、亲子运动会等。2010 年，全县幼儿园开展首届体育游戏展示活动。2012 年 12 月，县中心幼儿园被批准为湖州市足球试点幼儿园。至同年年末，全县幼儿园组织棋类比赛 10 届，45 所幼儿园普遍建造塑胶地面活动场地，添置攀登、爬越、滑行等多功能的综合健身活动器材，配备皮球、小沙袋、扭扭车、小推车、脚踏车、羊角球等体育玩具。各幼儿园每天均能保证幼儿进行 2 小时的户外活动(其中 1 小时为体育锻炼)，利用学校各体育设施及教师自制体育器械进行，并结合开展情景性游戏。另外，一些幼儿园也结合自身资源开展特色体育创建活动，县中心幼儿园的足球活动，包桥中心幼儿园的户外活动，虹星桥中心幼儿园的民间游戏等。2003—2012 年，全县新建幼儿园 11 所，均按规定配备体育活动场地与设施。

二、中小学体育

1988 年，全县有 93 所学校开展《国家体育锻炼标准》达标活动，体育锻炼达标率 92.7%。2005 下半年起，在全县中小学中全面实施《学生体质健康标准》。2012 年，全县有体育专任教师 270 人，全县中小学生体质健康达标测试合格率 91.1%，良好率 50.5%，优秀率 9.7%。

体育教师　1989 年，全县有体育教师 116 人，其中体育专业本科 2 人、专科 16 人、中师及以下学历为 98 人，多数体育教师为兼职。2001 年，全县有体育专任教师 173 人，其中小学 86 人、普通中学 87 人。后逐年增加，至 2005 年，全县专任体育教师 233 人，专职体育教师配备率约 77%，基本满足体育教学需要。2012 年，全县有体育专任教师 270 人，其中小学体育教师 126 人、初中 102 人、高中 42 人，占全县教师总数的 6.3%。

体育教学　1988 年 3 月，全县在 6 所完全中学和雉城中学实施《体育合格标准试行办法》。1989 年 6 月，中小学建立学生健康档案，学生每年进行一次体检。1990 年，学校体育达标活动以“两课两操两活动”为主要内容(两课为体育课和运动训练课，两操为早操和课间操，两活动为课外体育活动和运动竞赛活动)。1991 年，全县所有全日制学校执行体育教学大纲，开设体育课，保证学生每天 1 小时的体育活动时间；县重点高中招生加试体育。1992 年秋季始，小学一年级至二年级体育课每周 2 节，三年级至六年级每周 3 节，初中一年级至二年级每周 2 节，初中三年级每周 3 节，高中各年级每周 2 节(男、女分班教学)。每天有早操或课间操，每周安排三次以上课外体育活动。1991 年起，初中升学实行报考重点高中体育考试制度。1999 年，县高级职业中学开办体育特长中专班，学制 3 年。2001 年，执行《义务教育课程设置实验方案》规定，体育(体育与健康)课占 10%～11%的比例。2002 年 12 月，推行《第二套中小学生(幼儿)系列广播体操》。2005 年，建立健全副校长直接分管学校体育，全县一年级至九年级开设每周 3 节体育课与 2 节课外活动。2007 年，启动“学生阳光体育运动”活动，全面实行大课间体育活动制度，确保学生每天锻炼 1 小时。2011 年，长兴作为课外文体工程试点县，下发《长兴县中小学“体育、艺术 2+1 项目”实施细则》，促进学校体育和艺术教育的改革与发展，深化素质教育。2012 年，全县小学一年级至二年级每周开设 4 节体育课、1 节课外活动，三年级至六年级每周开设 3 节体育课、2 节课外活动；初中每周开设 3 节体育课、2 节课外活动；高中每周开设 2 节体育课、3 节课外活动课，学生平均每天有 1 小时活动量。

体育锻炼达标　1988 年，全县有 93 所学校开展《国家体育锻炼标准》达标活动，占学校总数的 29.4%，其中村完小有 20.1%的学校开展达标活动；7 所中学实施《体育合格标准(试行)》。1988—1989 学年度，全县小学生适龄(三年级以上)28038 人，应达标人数 27936 人、达标人数 25907 人、达标率 92.7%，其中优秀率 7.6%、良好率 40.3%。1994—1995 学年，长兴被省体委、省教委评为达标先进集体，县实验小学、和平镇中心小学被评为达标先进单位。2004—2005 学年，128 所学校开展体育达标，参加人数 63681 人，施行面 100%，其中优秀级 13911 人、良好级 24426 人、及格级 25344 人，达标率 98.1%。

1988—2004 年长兴县中小学生体育锻炼达标情况表

表 32-2

学年度	上报学校数(人)	学生总数(人)	应达标数(人)	已达标数(人)	达标率(%)
1988—1989	93	28038	27936	25907	92.7
1989—1990	376	43671	43671	41253	94.5
1990—1991	390	45454	44784	38400	85.7
1991—1992	462	60809	59609	55347	92.9
1992—1993	459	61033	59983	55790	93.0
1993—1994	448	57783	56803	53122	93.5
1994—1995	436	56333	54983	51739	94.1
1995—1996	423	57845	56973	55435	97.3
1996—1997	407	60659	59879	56777	94.8
1997—1998	383	62083	60763	58089	95.6
1998—1999	324	62682	58110	56780	97.5
1999—2000	281	64098	62778	61582	98.1
2000—2001	222	66135	56813	55651	97.8
2001—2002	173	69310	60113	58698	98.5
2002—2003	141	72287	61375	59851	97.5
2003—2004	132	72977	71539	69557	97.2
2004—2005	128	79842	63681	62471	98.1

说明:资料来源于县教育局

体质健康达标 2005 年上半年,长兴在建成区中小学实施《学生体质健康标准》,下半年全县中小学全面实施学生体质健康标准工作。2011 年 12 月 12—16 日,分别对华盛虹溪中学、林城中学、泗安中学、小浦中学、煤山中学、古城中学、林城小学、长兴三小、长兴四小、泗安小学、小浦小学、煤山小学进行整体抽样检测(抽测部分检测项目),均获通过。2012 年,全县中小学生体质健康达标施行面 100%,学生体质健康标准测试合格率 91.1%,良好率 50.5%,优秀率 9.7%。

2008—2012 年长兴县中小学生体质健康达标情况表

表 32-3

学年	小学组				初中组				高中组			
	应测试(人)	优秀率(%)	良好率(%)	合格率(%)	应测试(人)	优秀率(%)	良好率(%)	合格率(%)	应测试(人)	优秀率(%)	良好率(%)	合格率(%)
2008—2009	35768	12.1	56.6	96.0	25979	14.7	42.1	85.3	17284	4.2	50.6	92.0
2009—2010	36156	14.0	56.2	94.4	25172	12.0	37.3	78.0	18720	5.8	47.5	94.6
2010—2011	36464	16.3	54.9	96.0	23061	7.9	40.7	80.0	18621	7.6	51.8	95.1
2011—2012	36928	14.1	55.1	93.7	20839	6.0	39.5	83.8	21901	5.7	53.3	93.6

说明:资料来源于县教育局

三、体育竞赛活动

1988 年以来,全县性中小学体育竞赛活动逐步完善,每年均举行春秋季中小学生田径运动会、“达标”运动会,中小学生篮球、排球、足球、乒乓球、棋类等比赛形成制度。2009 年,举办长兴县首届中小学体育节,设置乒乓球、小学生篮球、“三棋”比赛、中学生篮球、中学生排球、中小学生田径运动会六大比赛类别，参赛运动员共 2278 人。之后每年举办一次，至 2012 年共举办 4 届。

1988 年，县“三棋”代表队参加湖州市比赛，中国象棋获团体第一名。5 月，获得湖州市第四届中小学生田径运动会 4×100 米团体总分第一。1999 年，长兴中学参加湖州市中小学田径运动会获冠军（至 2012 年，14 次蝉联团体总分第一名），参加省一级重点中学田径比赛，在 64 所省一级重点中学中取得第八名。7 月 14 日，长兴中学男子篮球队夺得浙江省体育传统项目中学生篮球赛冠军，7 月 18—25 日在山东淄博参加全国体育传统项目学校比赛中获男子篮球赛冠军。2000 年 6 月，长兴中学 10 名选手在省一级重点中学田径赛中获 2 金 1 银 1 铜，全省排名第十一位。11 月，市中小学田径比赛在湖州市体育场举行，有 4 人 1 队打破 5 项市年龄组记录，并获县区组、小学组团体冠军，长兴中学和虹溪中学分获高中甲、乙组团体冠军。2004 年，在省一级重点中学田径运动会上获团体第五名。2009 年，滨海小学在“浙江省体育特色学校小学生女子足球联赛”中获冠军。2009 年 10 月 25—27 日，在市中小学生田径运动会上，获团体总分列三县二区排名第二。10 月 30 日—11 月 3 日，在浙江省第十届中学生田径运动会中，长兴中学代表队摘得一金一银二铜，获得男子团体第八名。长兴中学校长张向前被评为“浙江省体育工作优秀校长”。2010 年，在市中小学生田径运动会上，获 31 个第一并打破两项市纪录。长兴中学第十二次蝉联湖州中小学田径运动会团体总分第一名。2011 年，湖州市中小学生田径运动会在长兴县实验初中举行，长兴县代表队获全市总分第一，长兴中学列各高中组第一。2012 年，全县中小学生参加省、市各项体育比赛共获 162 枚金牌，94 枚银牌，65 枚铜牌。

图 32–2　长兴县中小学生田径运动会（钱初生摄·2006 年）

1988—1997 年长兴县中小学田径运动会情况表

表 32–4　　　　单位：个

举办时间	代表队数	团体总分第一名			
		甲组	乙组	丙组	丁组
1988	14	长兴中学		长兴中学	雉城三小
1989	13	长兴中学	长兴中学	实验小学	实验小学
1990	16	长兴中学	长兴中学	长兴中学	实验小学
1991	16	长兴中学	长兴中学	长兴中学	实验小学
1992	11	雉城中学（中学）、实验小学（小学）	雉城中学（中学）、实验小学（小学）	实验小学（小学）	—
1993	24	长兴中学（县属）、煤山区（学区）、实验小学（小学）	长兴中学（县属）、煤山区（中学）、实验小学（小学）	—	—
1994	24	长兴中学（县属）、实验小学（小学）	长兴中学（县属）、煤山区（中学）、实验小学（小学）	长兴中学（县属）、虹溪区（中学）	—
1995	24	实验小学（城镇）、和平区（学区）	李家巷小学（城镇）、和平区（学区）	—	—
1996	24	长兴中学（中学）	虹溪区（中学）	实验小学（县城小学）、和平区（学区小学）	—
1997	24	长兴中学（中学）	长兴中学（城镇中学）、煤山区（学区中学）	实验小学（城镇小学）、丁新区（学区小学）	—

说明：资料来源于县教育局

1998—2012 年长兴县中小学田径运动会情况表

表 32-5 单位:个

举办时间	代表队数	团体总分前三名								
		小学			初中			高中		
		一	二	三	一	二	三	一	二	三
1998	68	实验小学	长兴三小	长兴二小	长兴中学	雉城中学	古城中学	长兴中学	八三武校	职业中学
1999	68	实验小学	长兴三小	长兴二小	长兴中学	雉城中学	古城中学	长兴中学	八三武校	职业中学
2000	68	实验小学	长兴四小	长兴二小	长兴中学	雉城中学	古城中学	长兴中学	长兴二中	泗安中学
2001	57	实验小学	长兴四小	长兴二小	长兴一中	雉城中学	和平中学	长兴中学	长兴一中	泗安中学
2002	60	实验小学	长兴四小	长兴二小	长兴一中	雉城中学	洪桥中学	长兴中学	长兴一中	华盛虹溪中学
2003	60	实验小学	长兴一小	和平小学	长兴一中	雉城中学	古城中学	长兴中学	长兴一中	华盛虹溪中学
2004	59	实验小学	长兴一小	长兴三小	长兴一中	古城中学	和平中学	长兴中学	华盛虹溪中学	金陵高级中学
2005	59	实验小学	长兴一小	长兴四小	长兴一中	古城中学	泗安中学	长兴中学	华盛虹溪中学	职教中心
2006	63	实验小学	长兴二小	长兴一小	长兴一中	古城中学	实验初中	长兴中学	华盛虹溪中学	职教中心
2007	62	实验小学	长兴四小	长兴一小	长兴一中	古城中学	洪桥逸夫中学	长兴中学	华盛虹溪中学	职教中心
2008	55	滨海小学	实验小学	实验二小	长兴一中	古城中学	洪桥逸夫中学	长兴中学	华盛虹溪中学	长兴三中
2009	43	滨海小学	实验小学	长兴二小	长兴一中	古城中学	夹浦镇中学	长兴中学	华盛虹溪中学	职教中心
2010	57	滨海小学	实验二小	实验小学	长兴一中	洪桥逸夫中学	实验初中	长兴中学	华盛虹溪中学	职教中心
2011	54	实验小学	滨海小学	实验二小	长兴一中	洪桥逸夫中学	古城中学	长兴中学	华盛虹溪中学	职教中心
2012	45	滨海小学	实验小学	小浦小学	龙山中学	实验中学	洪桥逸夫中学	长兴中学	华盛高级中学	职教中心

说明:资料来源于县教育局

四、体育传统项目学校

1988 年,全县有实验小学 1 所省级传统项目学校,传统项目为田径;长兴中学、雉城中学、泗安中学、雉城三小、虹星桥小学 5 所市级传统项目学校;34 所中小学建立业余训练点。1989 年,全县有省市传统项目学校 3 所,县级传统项目和训练网点 32 所。1990 年,实验小学评为省级田径传统项目学校先进集体。1991 年,长兴中学评为省级田径传统项目学校。1997 年 12 月,修订《长兴县业余训练竞赛奖励办法暂行规定》,实施以县少体校为龙头,传统项目学校和一般项目布点学校为辅的三级训练网络。同年,长兴中学、县少体校被评为全国群众体育先进单位。1998 年,长兴中学评为省级篮球传统项目学校、省优秀体育传统项目学校。1999 年,制定《长兴县 1999—2002 年竞技体育发展规划》,确定 13 所竞技体育项目学校和 22 所传统体育项目学校。2003 年,长兴中学创建省级青少年体育俱乐部,长兴一中被评为省级篮球传统项目学校,实验小学被评为省级排球传统项目学校。2004 年,县少体校与古城中学联办摔跤项目、与华盛中学联办足球项目、与长兴三小联办乒乓球项目、与湖州市清泉武校联办武术项目。2005 年 8 月,实验小学被评为省级传统项目学校先进集体,长兴中学被评为全国群众体育先进集体。2008 年,滨海小学、长兴中学、实验小学、长兴一中被确定为首批体育特色学校,实验小学被确定为首批省"阳光体育后备人才基地"。2009 年,长兴一中被确定为第二批省"阳光体育后备人才基地",滨海小学被确定为"浙江省青少年体育俱乐部"。2012 年 12 月,全县 6 所中小学幼儿园被授予"省体育足球试点学校"。同年,实验小学成为省"全国青少年手球推广学校湖州地区培训基地"。至同年年末,全县有省级体育后备人才基地 3 个,省级体育特色学校 13 所,市体育特色学校 15 所。省级体育特色项目主要有田径(扩项)、乒乓球、篮球、排球、小足球、国际象棋、空竹(扩项)、摔跤等;市级体育特色项目主要有乒乓球、篮球、排球、足球、羽毛球、象棋、空竹、健美操、武术、武术操(扩项)等。

2012 年年末长兴县省市级体育特色学校情况表

表 32-6

学校	级别	特色项目	学校	级别	特色项目
长兴中学	浙江省	篮球、田径(扩项)	长兴三小	湖州市	乒乓球
长兴一中	浙江省	篮球(女)、排球(男)田径(扩项)	实验初中	湖州市	羽毛球
滨海小学	浙江省	小足球	实验二小	湖州市	羽毛球
实验小学	浙江省	排球	金陵高级中学	湖州市	排球
实验初中	浙江省	篮球	和平中学	湖州市	篮球
长兴一小	浙江省	篮球	煤山小学	湖州市	象棋
和平镇中心小学	浙江省	国际象棋、空竹(扩项)	实验小学	湖州市	排球
李家巷小学	浙江省	乒乓球、篮球(扩项)	和平小学	湖州市	空竹
古城中学	浙江省	摔跤	畎桥小学	湖州市	武术
长兴三小	浙江省	乒乓球	长兴二小	湖州市	篮球
金陵高级中学	浙江省	排球	长桥小学	湖州市	健美操
华盛高级中学	浙江省	篮球	长兴一小	湖州市	武术操(扩项)
和平中学	浙江省	篮球	林城中学	湖州市	排球
古城中学	湖州市	乒乓球	虹星桥小学	湖州市	足球

说明:资料来源于县教育局

第四节　老年人体育

1988 年之前,县内老年人体育活动多以跑步、拳操、棋类等项目为主,以自发的分散活动形式进行。1988 年 12 月,县老年人体育协会成立,全县老年人体育活动开始有组织地进行。每年举办 5 次至 10 次适合老年人特点的各类竞赛活动,活动项目主要有 3000 米以上长跑、60 米托球跑、太极拳、健身操、迪斯科、五禽戏等。之后,随着全民健身计划实施,城区及各乡镇、村、社区逐步安装一批健身路径和器材,城区及各地的公园、广场成为全民健身活动站点,也成为老年人晨练、晚练的主要活动场所。在县老年体协的指导下,各乡镇均成立分会,协同开展老年人体育活动。2007 年,县老年体协联合夹浦镇及有关部门举办县老年人乒乓球联赛,至 2012 年已举办 6 届。2008 年,县老年体协与全县 18 个乡镇(街道)老年体协组织 3000 余人在县体育馆举行全民健身大展示活动。2012 年,全县共有 22 个全民健身活动站点,在各站点参加晨晚练老年人的主要活动项目有太极拳、太极剑、木兰拳、柔力球、健身舞等。

县内组织的老年人运动会主要有县老年人夕阳红运动会和县老年人运动会。县老年人夕阳红运动会,于 1989 年举办第一届,起初分夕阳红趣味运动会与文体演出活动两部分。2008 年起,分为开幕式展示项目、单项竞赛项目、趣味性运动、重阳节文体演出 4 个部分。一年一届,至 2012 年共举办 24 届,累计参赛运动员有 8697 人次。县老年人运动会,于 1991 年举办第一届,设太极拳、太极剑、木兰拳比赛、乒乓球比赛、门球比赛和表演项目,共有 10 个代表队 1000 名运动员参加。至 2012 年,县老年人运动会共举办 9 届,累计参赛运动员有 1.5 万人次。

1988—2012 年,县老年人运动员参加省级老年人赛事 39 场,其中参加省老年篮球邀请赛 9 届(第十一届至第十九届),2 次获第一名。参加市级老年赛事 81 场,其中参加市老年人运动会 6 届(第一届至第六届),门球 2 次获团体第一名。

第五节　残疾人体育

20世纪80年代后期起,县体育部门不定期选送残疾人运动员参加各级残疾人运动会。

2004年10月,成立县残疾人体育协会,全县的残疾人体育活动开始逐步有组织地开展。同年,首次举行全县残疾人运动会,比赛内容设乒乓球、羽毛球、铅球、标枪4个项目,来自各乡镇的参赛运动员50多人参加8个组别的比赛。2007年,开展全县残疾人象棋、围棋比赛,并选送7名选手参加市残疾人棋类比赛,获团体总分第二、围棋团体总分第一。2008年,82名残疾人运动员首次参加县第八届运动会中象棋、围棋、乒乓球、羽毛球、田径等5大项的比赛。2011年,在县文化馆和县体育中心建立残疾人体育健身示范点。2012年9—10月,长兴县第二届综合残疾人运动会举行,比赛内容设田径、举重、乒乓球、羽毛球、中国象棋、飞镖6个大项50个小项,参赛代表队20个、运动员152人,共决出个人金牌39枚、银牌37枚、铜牌22枚,泗安镇、雉城街道、龙山新区分获团体总分前三名。

1991—2010年,在市第一届至第五届残疾人运动会上,县代表团共获金牌50枚、银牌48枚、铜牌37枚,获羽毛球、乒乓球总分第一名4次。另外,在全市其他运动会上,县残疾人运动员也取得较好成绩。2005年7月,在市青少年残疾人田径游泳运动会上,获金牌17枚、银牌13枚、铜牌3枚,游泳团体总分第一名。2012年,在全市聋人运动会上,获团体总分第二,游泳、乒乓球、羽毛球三个单项团体第一,金牌19枚、银牌16枚、铜牌9枚。

1987年6月,在省第二届残疾人运动会上,胡昌荣获男子小儿麻痹症A4组铅球金牌,标枪铜牌。1995年6月,在省第四届残疾人运动会中,郭高获A8级铅球第二名、铁饼第二名、标枪第二名。1999年11月,5名残疾人运动员参加省第五届残疾人运动会,其中王勤娟获肢残组女子举重金牌。2010年,10名残疾人运动员参加省第八届残疾人运动会,获金牌4枚、银牌3枚、铜牌5枚。

1992年3月,在第三届全国残疾人运动会上,郭高的铁饼三次破全国纪录。2000年,在第五届全国残疾人运动会上,郭高获羽毛球双打亚军和单打第六名。2011年,2名残疾人运动员参加第八届全国残运会赛艇、射箭项目,其中吴云龙获赛艇LTA级男子四人单桨1000米金牌、LTA级混合四人单桨1000米金牌、LTA级男子四人单桨500米金牌,并入选中国残疾人赛艇队。

2011年9月,在斯洛文尼亚赛艇世界锦标赛上,吴云龙获赛艇LTA级混合四人单桨有舵手第七名,并获2012年伦敦残奥会入场券。2012年8月,在第十四届伦敦残奥会上,吴云龙获赛艇LTA级男女混合四人单桨有舵手第四名,创下全县残疾人体育史上的最好成绩。

第六节　体育社会团体

县体育总会(1995年由县群体协会总会更名)负责指导和协调各体育协会开展各类体育比赛活动,各协会依托社会各界支持,开展群众体育活动,参加各类比赛。2008年12月,县体育总会被省体育总会授予省级体育先进体育总会称号。2012年,通过省体总复查验收。至2012年年末,县体育总会下有单项体育协会18个、会员2400人,团体协会3个、会员1000人。

一、单项体育协会

长兴县棋类协会　1984年7月成立,会员34人。2012年,会员约40人。

长兴县太极拳协会　1984年7月成立。2012年4月换届,会员565人。

长兴县气功协会　1984年7月成立,会员150人。2005年,县古城公园气功站被评为全省先进气功站(点)。2008年该协会注销。

长兴县武术协会　1984年7月成立,会员200人。1999年换届,会员人数600人。至2012年,在国家级和国际性武术、散打、跆拳道比赛中,共获团体冠军20项,金牌1000枚,金杯70座,锦旗、匾额300幅。

长兴县篮球协会　1985年3月成立。1999年,长兴中学男子篮球队代表浙江省在全国中学生篮球分站赛获得冠军。2001年,举办浙江万马男子篮球队与江苏南钢男子篮球队对抗赛。2007年,邀请美国明星篮球队到长兴表演。1994—2012年,长兴中老年篮球代表队已连续参加18届省中老年篮球邀请赛。至2012年2月,共有集体会员12家,会员63人,共培养出国家一级篮球裁判员17人。两次被评为省群众体育先进集体。

长兴县信鸽协会　1985年4月成立,会员20人。1990年,2名会员在十一届北京亚运会"迎亚运"1000千米联赛中,分别获得省冠、亚军。协会会员在全国省市信鸽大赛中,获前八名7次,省冠军34次。2012年,协会第八届换届,会员数70人。培养国家一级裁判、一级社会指导员1人,2级～3级裁判16人。

长兴县足球协会　1985年12月成立,会员26人。2010年换届,会员350人。

长兴县钓鱼协会　1985年12月成立,会员32人。2009年6月换届,会员48人。1名会员在省第三届钓鱼比赛中夺得第四名。2010年,长兴代表队在省运动会钓鱼比赛中夺得团体冠军,在湖州市老年运动会钓鱼比赛中,获团体第三名。2010—2012年,连续三届举行全国钓鱼邀请赛。

长兴县田径协会　1986年成立,会员30人。1991年9月,在全国体育先进县田径比赛中获金牌3枚,银牌1枚,男子组团体总分第六名。至2012年,在浙江省田径运动会比赛中获金牌13枚、湖州市田径运动会比赛中获金牌240枚,共培养国家级裁判2人,田径高级教练3人。

长兴县乒乓球协会　1986年5月成立。1998年7月,在省乒乓球比赛中获团体季军、第六名和第八名,并连续10年被县体育局评为先进集体。1995年、2006年,2次被评为省群众体育先进集体,2005年8月换届,会员300人。2010年,承办省第四届体育强县乒乓球比赛。2012年,有会员76人。

长兴县排球协会　1986年11月成立,会员55人。2012年协会换届,会员143人。共培养国家一级裁判3人,排球高级教练2人,国家女排队员周苏红(奥运冠军)、杨舟、王娜、李健琴,沙排国手任争青。协助县政府和县体育局共承办四届全国女排甲A联赛,长兴被浙江省评为最佳赛区。2012年,县排球队代表湖州市在浙江省首届女子体育节气排球比赛中获得冠军。

长兴老年自行车骑游协会　1990年2月成立,会员115人。2005年,被评为国家全民健身活动先进单位。至2012年,组织全员活动95次,参加共4302人次,总骑行里程173991千米。组织"走出长兴,宣传长兴"长途骑游四次,参加44人次,骑行总里程21290千米。

长兴县羽毛球协会　1990年8月成立,会员80人。2007年换届,会员58人。2011年,举办七星杯环太湖周边县(市、区)羽毛球邀请赛。至2012年,共培养国家二级裁判12人,举办各种大小赛事120场。

长兴县木兰拳协会　1994年10月成立,会员400人。1997年,被评为市老年运动先进集体。1998年,在香港举行的木兰剑比赛中获团体第一名。2000年,参加上海第五届武术博览会木兰拳专场表演,2006年,在上海国际木兰拳邀请赛获木兰剑表演一等奖,同年,参加省首届女子体育节木兰拳比赛获个人规定木兰剑一等奖。2008年,在上海市木兰拳协会国际比赛获团体第一名。2012年,有会员52人。

长兴县游泳协会　2006年8月成立,会员46人。同年,参加香港冬泳锦标赛获个人第十、团体季军。2007年,参加全国第十届公开水域游泳比赛获男子个人第一名,西博会横渡富春江获畅游组男子个人第一名,横渡钱塘江获男子个人第一名。2010年8月,在浙江省首届体育大会公开水域游泳比赛,3人获男子团体第四名,3人获男子团体第七名。2012年11月,在浙江省第二届冬泳锦标赛获团体总分第二名。

长兴县台球协会　2009年10月成立,会员340人。2010年8月,在浙江省社团运动会中获团体第三名。2012年7月,在世界花式九球中国公开赛上,1人打入64强。至2012年,共培养国际级裁判1名,国家一级裁判1人,国家二级裁判4人。

长兴县航空无线电模协会 2010年9月成立。至2012年年末,共举办航模锦标赛13届,参赛队有60多个学校1000多人;培养国家级优秀教练员3人、国家裁判员2人;获全国各类航模赛事金牌27枚、银牌26枚、铜牌18枚。

长兴县铁人三项俱乐部 2011年3月成立,会员86人。包含游泳1.5千米,自行车40千米,跑步10千米三项目。2012年11月,在县首届冬季铁人三项赛中获第一名。

二、团体协会

长兴县老年人体育协会 1988年12月成立,会员310人。1991年,举办首届老年人运动会。1992年,被评为市先进集体。1997年,被评为市老年运动先进集体。2004年,参加全国健身球比赛、省柔力球比赛。2005年,被评为全省老年体育工作先进集体,2人被评为全省老年体育工作先进个人。2006年,获全国中老年柔力球比赛获表演最佳奖。同年,老年体协覆盖全县所有乡镇。2007年,参加全省柔力球比赛获团体第二,杭州国际武术(太极拳)比赛获个人第一,市乒乓球比赛获个人第一、第二名,市象棋比赛获团体第五名。1989—2012年,夕阳红运动会连续举办24届,项目有飞镖、仿保龄球、跳绳、自行车慢骑、夹弹子、钓鱼,乒乓球、门球、太极拳等,每个项目都有200人至400人参加,每届参赛人数为2000人以上。2012年换届,有下属乡镇(街道、园区)老年体协分会20个,辅导站(队)25个,骨干会员918位,骨干会员中拥有20多名全国、省、市级老年体育裁判员、指导员、教练员。

长兴县农民体育协会 1992年12月成立,是组织指导全县农民体育运动的群众性团体,有会员22人。至2012年,协会未换届。

长兴县残疾人体育协会 2004年10月成立,会员9人。2009年换届,会员11人。2005—2012年,1名会员在伦敦残奥会赛艇比赛获第四名,亚残会赛艇比赛获金牌,全国性比赛共金牌6枚。

第三章 竞技体育与赛事

1988—2012年,长兴县共举办县体育运动会3届、机关运动会8次、老年人运动会9届、老年人夕阳红运动会24届、残疾人运动会2届、中小学体育节4届,几乎每年组团参加全国、省、市运动会。同时,竞技体育取得显著成绩。1988—2012年,长兴籍运动员参加各类国际体育赛事28场,获金牌19枚、银牌4枚、铜牌5枚,其中参加奥运会3场,获金牌1枚、铜牌1枚。参加全国性体育赛事共143场次,获金牌73枚、银牌23枚、铜牌25枚。

第一节 县级体育竞赛

县级人民体育运动会始于1951年,至1986年共举办过6届。2001年举办第七届,至2012年共举办3届全县体育运动会。

一、第七届体育运动会

2001年8—12月举行,参加比赛的有102个体育代表团,来自16个乡镇、20个行业(系统)、36个小学、19个初中、11个高中(中专),运动员总数6000余人。成年部设篮球、乒乓球、羽毛球、田径等共10个竞赛项目,青少年部设三棋、乒乓球、排球、篮球、足球等8个竞赛项目。共决出170枚金银铜牌,雉城镇和教育系统分获乡镇组和行业系统组团体总分第一名,长兴一小、长兴一中、长兴中学分获小学组、初中组、高中中专组团体总分第一名。

二、第八届体育运动会

2008年4—10月举行,参加比赛的有108个体育代表团,运动员总数4500余人。其中,成年部48

个代表团、青少年部60个中小学代表团。成年部设篮球、乒乓球、羽毛球、田径等竞赛项目，青少年部设三棋、乒乓球、排球、篮球、足球等8个竞赛项目。比赛从4月中旬开始至12月上旬结束，历时8个月，是长兴历史上时间最长，规模最大的一次体育赛事。雉城镇和教育系统分获乡镇街道组和行业系统组团体总分第一名，海信空调获民企组团体总分第一名，古城街道获老年组、残疾人组团体总分第一名，长兴一小、长兴一中分获小学组和初中组团体总分第一名、金牌数第一名，长兴中学获高中中专组金牌数第一名、华盛虹溪中学获高中中专组团体总分第一名。

图32-3　长兴县第八届运动会(许要武摄·2008年)

三、第九届体育运动会

2012年6—11月举行，参加比赛的有109个体育代表团，运动员总数6000余人。其中，成年部有21个乡镇(街道、园区)代表团、16个行业系统代表团、7个工企代表团，青少年部有37个中小学代表团、19个初中代表团、9个高中代表团。成年部设篮球、乒乓球、羽毛球、田径等竞赛项目，青少年部设三棋、乒乓球、排球、篮球、足球等8个竞赛项目。雉城镇和教育系统分获乡镇街道组和行业系统组团体总分第一名，海信空调获民企组团体总分第一名，古城街道获老年组、残疾人组团体总分第一名，长兴六小获小学组团体总分第一名、金牌数第一名，龙山中学获初中组团体总分第一名、金牌数第一名，长兴中学获高中中专组金牌数第一、团体总分第一名。

第二节　市级以上体育竞赛

一、市级体育赛事

1988—2012年，长兴籍运动员参加市第二届至第七届共6届市运会，累计获金牌432枚、银牌113枚、铜牌80枚。其中，1990年5月参加市第二届运动会的摔跤、篮球、举重、门球、田径比赛，获金牌16枚铜牌2枚。1994年5月参加市第三届运动会的田径、摔跤、篮球比赛，获金牌13枚、银牌6枚、铜牌5枚。1998年5月至10月，参加市第四届运动会的篮球、足球、摔跤、游泳、举重、乒乓球、田径比赛，获金牌49枚、银牌3枚、铜牌1枚。2002年4月至10月，参加市第五届运动会青少年部的田径、网球、乒乓球、篮球比赛，获金牌40枚、银牌6枚、铜牌4枚。2006年5月至7月，参加市第六届运动会的青少年部的田径、“三棋”、乒乓球、网球、摔跤比赛，获金牌137枚、银牌33枚、铜牌19枚。2011年5月至10月，参加市第七届运动会的青少年部的田径、网球、男子足球、乒乓球、羽毛球、女子排球、摔跤、举重、篮球、定向运动比赛，获金牌177枚、银牌65枚、铜牌49枚。

二、省级体育赛事

1988—2012年，长兴籍运动员共参加6次省运动会及168场其他省级比赛，累计获奖牌513枚，其中金牌197枚、银牌141枚、铜牌175枚。其中，1990—2012年，长兴籍运动员代表湖州市参加第九届至第十四届省运会(省运会分青少年部和成人部两部分竞赛)，共获金牌29枚、银牌11枚、铜牌15枚，获奖牌项目为田径(男子标枪)、女子排球、男子篮球、举重、跆拳道、散手、游泳、羽毛球、武术、网球、赛艇、皮划艇、柔道；1988—2012年，长兴籍运动员参加其他省级比赛168场，共获金牌168枚、银牌130枚、铜牌160枚，获奖牌项目为田径(男子标枪)、女子排球、男子篮球、举重、跆拳道、散手、游泳、羽毛球、武术、网球、赛艇、皮划艇、柔道。

1988—2012年长兴县参加省运动会情况表

表 32-7

届别	运动员	项目	组别	名次
省第九届运动会（1990年）	朱　玮	举重	女子举重52千克级	第一名
	邵建国	田径	青少年部男子1500米	第一名
	邵建国	田径	青少年部男子400米	第二名
	邵建国	田径	10千米越野跑	第三名
	李荣祥	田径	青少年部男子标枪、	第一名
	李荣祥	田径	青少年部铅球	第五名
	王志红	田径	女子5千米越野跑	第一名
	杨兆萍	田径	女子5千米越野跑	第二名
	钱金萍	田径	青少年部女子800米	第二名
省第十届运动会（1994年）	长兴代表队	排球	女子排球	第二名
	长兴代表队	篮球	男子篮球	第二名
省第十一届运动会（1998年）	陈　方	游泳	少年男子乙组800米	第一名
	吴麒儿	游泳	男子1500米自由泳	第一名
	吴麒儿	游泳	男子200米蝶泳	第一名
	王　婷	游泳	少年女子甲组800米自由泳	第一名
	陈新娥	举重	女子举重44千克级	第一名
省第十二届运动会（2002年）	长兴代表队	跆拳道	跆拳道	5枚铜牌
	长兴代表队	女子足球	女子足球	第六名
	沈勤莉	田径	女子跳高	第一名
	丁雪芳	田径	女子铁饼	第一名
	罗　露	田径	女子铅球3千克级	第一名
	王青波	田径	男子标枪	第一名
	沈建燕	田径	女子200米	第一名
	沈建燕	田径	女子400米	第一名
	张梦璐	田径	女子800米	第一名
	张梦璐	田径	女子1500米	第一名
	方　琴	田径	女子1500米	第五名
	施美蓉	田径	女子800米	第六名
	施美蓉	田径	女子1500米	第三名
	长兴代表队	排球	排球	3枚金牌2枚铜牌
	长兴代表队	篮球	男子篮球	第六名
	长兴代表队	散手	散手	1枚金牌1枚银牌
	长兴代表队	游泳	游泳	1枚银牌2枚铜牌
省第十三届运动会（2006年）	清泉武校	武术套路	武术套路	铜牌
	长兴一中	女子篮球	女子篮球	第八名
	长兴中学	男子篮球	男子篮球	第六名
	长兴代表队	羽毛球	羽毛球	1枚银牌1枚铜牌
	长兴代表队	男子排球	男子排球	第七名
	长兴代表队	女子排球	女子排球	第四名（2枚金牌）

续表32-7

届别	运动员	项目	组别	名次
	长兴代表队	田径	田径	4枚金牌3枚铜牌
	长兴代表队	举重	举重	铜牌
省第十四届运动会（2010年）	滨海小学	足球	足球	第六名
	周佳丹	赛艇	赛艇2000米	第二名
	周佳丹	赛艇	赛艇6000米	第四名
	余　甜	柔道	柔道	第三名
	冯晶晶	柔道	柔道	第七名
	少体校	排球	排球	第六名
	长一中	排球	排球	第八名
	韩萧天	跆拳道	跆拳道	第五名
	少体校	沙排	沙排	第六名
	陆泽义	举重	举重	第七名
	朱高城	举重	举重	第二名
	李应涛	田径	标　枪	第一名
	李应涛	田径	铅球	第七名
	张志成	田径	400米栏	第一名
	张志成	田径	110米栏	第四名
	孔钦伟	田径	800米	第五名
	孔钦伟	田径	1500米	第三名
	吴启东	田径	110栏	第二名
	李聪聪	田径	800米	第四名
	缪　丹	田径	女子标枪	第八名
	缪　丹	田径	女子铅球	第七名
	胡海涛	田径	男子标枪	第七名
	胡海涛	田径	男子铅球	第八名
	丁蕴月	田径	女子标枪	第五名
	孙　薇	田径	女子标枪	第五名
	孙　薇	田径	女子四项全能	第七名
	姜　丹	田径	女子100米	第七名
	周　涛	田径	男子铅球	第七名
	左成龙	田径	男子三级跳远	第七名
	吴　桑	田径	女子标枪	第三名
	吴　桑	田径	女子铅球	第七名
	温胜杰	田径	男子铅球	第六名
	周雨蕾	田径	女子5项全能	第七名
	邱铭俊	网球	网球	第四名
	李觉罡	网球	网球	第五名

说明：资料来源于县体育局

三、国家级体育竞赛

全运会　长兴籍运动员参加全运会始于1987年的第六届。至2012年，共参加6届全运会，获金牌2枚、银牌3枚、铜牌5枚，项目为男子标枪、女子排球、武术套路、男子帆船。

1987—2012年长兴县参加全运会情况表

表32-8

界别	运动员	项目	组别	名次
第六届全国运动会(1987年)	徐　红	帆船	女子帆船	第四名
	施国平	帆船	男子飞行荷兰人级	第六名
	唐志忠	帆船	男子帆船	第六名
	李建琴、陆剑萍	排球	女子排球	第九名
	张　军	田径	男子十项全能	第九名
第七届全国运动会(1993年)	唐志忠	帆船	男子飞行荷兰人级	第二名
	施国平	帆船	男子飞行荷兰人级	第三名
	计凤琴	帆船	帆船女子470级	第七名
第八届全国运动会(1997年)	周苏红、阮宇	排球	女子排球	第三名
	李荣祥	田径	男子标枪	第二名
	计凤琴	帆船	女子帆船国际470级	第三名
第九届全国运动会(2001年)	周苏红	排球	沙滩女排	第八名
	李荣祥	田径	男子标枪	第一名
	计凤琴	帆船	女子帆船国际470级	第四名
	阮　宇	排球	女子排球	第八名
第十届全国运动会(2005年)	李荣祥	田径	男子标枪	第一名
	周苏红、王显芬	排球	女子排球	第五名
	马国亮	武术	武术套路	第二名
	马国亮	武术	自选长拳	第四名
	沈勤莉	田径	女子跳高	第四名
	范慧玉	帆船	欧洲级奥林匹克航线赛	第八名
	任争青	排球	沙滩排球	第九名
第十一届全国运动会(2009年)	任争青	排球	沙滩排球	第六名
	王青波	田径	男子标枪	第三名
	马国亮	武术	长拳	第六名
	马国亮	武术	剑、枪	第七名
	王　玮	帆船	男子帆船	第三名

说明:资料来源于县体育局

其他全国性体育赛事　1987—2012年,长兴籍运动员参加其他全国性体育赛事共143场次,获金牌73枚、银牌23枚、铜牌25枚(获个人第一名63项、第二名20项、第三名21项,团体第一名10项、第二名3项、第三名4项),获奖牌项目为球类(篮球、排球、网球)、田径(男子标枪)、女子帆船、武术、举重、柔道、赛艇、跆拳道。

1987—2012年长兴县参加其他全国性体育赛事获第一名情况表

表32-9

年份	比赛名称(地点)	运动员	项目	名次
1987	全国体育运动学校田径比赛(唐山)	沈新梅	女子4×100接力	第一名
1987	全国业余体校田径比赛	张小红	女子4×100接力	第一名
1988	全国体育运动学校比赛(井冈山)	李荣祥	男子标枪	第一名

续表32-9

年份	比赛名称(地点)	运动员	项目	名次
1989	全国青少年田径赛	李荣祥	男子标枪	第一名
	全国第二届青运会(大连)	李荣祥	男子标枪	第一名
1989	全国第二届青运会田径比赛(沈阳)	李荣祥	男子标枪	第一名
1990	全国青年田径锦标赛(杭州)	李荣祥	男子标枪	第一名
1991	全国优秀标枪运动员集训赛(北京)	李荣祥	男子标枪	第一名
	全国田径锦标赛(南京)	李荣祥	男子标枪	第一名
	全国体育先进县田径运动大会(上海)	邵建国	男子1500米	第一名
		李荣祥	男子标枪	第一名
		杨鹏生	男子跳高	第一名
1992	华东田径邀请赛(杭州)	李荣祥	男子标枪	第一名
1994	全国帆船锦标赛(海口)	计凤琴	女子470级帆船	第一名
	中国帆船公开赛(普陀)	计凤琴	女子470级帆船	第一名
1995	全国田径冠军赛(长春)	李荣祥	男子标枪	第一名
1996	全国帆船锦标赛(海口)	计凤琴	女子470级帆船	第一名
1998	全国田径冠军赛暨亚运会选拔赛(北京)	李荣祥	男子标枪	第一名
1999	全国田径冠军暨大奖赛(珠海)	李荣祥	男子标枪	第一名
	全国田径冠军赛暨大奖赛(上海)	李荣祥	男子标枪	第一名
	全国田径冠军赛暨大奖赛(山东)	李荣祥	男子标枪	第一名
	全国田径冠军赛暨大奖赛(上海)	李荣祥	男子标枪	第一名
	全国体育传统项目学校篮球比赛(淄博)	长兴中学	男子篮球	第一名
	中国帆船赛(青岛)	计凤琴	女子470级帆船	第一名
	全国甲A联赛	周苏红、阮宇	女子排球	第一名
	全国田径锦标赛(广东)	李荣祥	男子标枪	第一名
2000	全国少年排球锦标赛(重庆)	任争青	女子排球	第一名
	全国田径大奖赛(南京)	李荣祥	男子标枪	第一名
	全国田径大奖赛(上海)	李荣祥	男子标枪	第一名
	全国田径大奖赛(温州)	李荣祥	男子标枪	第一名
	全国田径大奖赛(石家庄)	李荣祥	男子标枪	第一名
	全国田径大奖赛(天津)	李荣祥	男子标枪	第一名
	全国田径大奖赛(成都)	李荣祥	男子标枪	第一名
	全国田径大奖赛(德阳)	李荣祥	男子标枪	第一名
	全国田径大奖赛(锦州)	李荣祥	男子标枪	第一名
	全国田径达标赛(北京)	李荣祥	男子标枪	第一名
2001	全国田径锦标赛(河北)	李荣祥	男子标枪	第一名
2003	全国沙滩排球比赛	任争青	女子排球	第一名
	全国田径竞标赛北京	李荣祥	男子标枪	第一名
2004	全国沙滩排球总决赛	任争青	女子排球	冠军
	全国田径大奖赛	李荣祥	男子标枪	冠军
	全国青少年田径锦标赛(安徽)	王青波	男子标枪	第一名
	全国青少年帆船锦标赛(广东)	王　玮	男子帆船	第一名

续表32-9

年份	比赛名称(地点)	运动员	项目	名次
2005	全国青少年锦标赛	马国亮	武术套路	第一名
	全国冠军赛	马国亮	武术套路	第一名
	全国帆船青年锦标赛	范慧玉	女子长距离帆船	第一名
	全国帆船青年锦标赛	王　玮	男子长距离赛	第一名
	全国体育运动学校田径锦标赛	王青波	男子标枪	第一名
	全国中学生运动会	王青波	男子标枪	第一名
	全国少年16-17岁田径锦标赛	王青波	男子标枪	第一名
2006	“多威杯”全国少年田径锦标赛(江西)	朱珺珺	异程接力	第一名
2007	全国帆船青年锦标赛(山东)	王　玮	男子帆船	第一名
2008	2008年全国青年帆船锦标赛	王　玮	男子帆船长距离赛	第一名
	2008年全国青年帆船锦标赛	王　玮	男子帆船场地赛	第一名
	2008年全国田径总决赛	王青波	男子标枪	第一名
	全国田径锦标赛(广西)	王青波	男子标枪	第一名
	全国女排锦标赛(江苏)	周苏红、杨舟、王显芬、王娜	女子排球	第一名
	全国青少年网球排名总决赛(广西)	叶秋语	网球单打	第一名
	全国青少年网球排名总决赛(广西)	叶秋语	网球双打	第一名
	全国田径大奖赛总决赛(郑州)	王青波	男子标枪	第一名
2010	全国青少年U19男排联赛(江苏)	吴建新	男子排球	第一名
	全国武术套路锦标赛(杭州)	马国亮	剑、枪项目	第一名
	全国青少年U14-16女排冠军赛(重庆)	范建青	女子排球	第一名
	全国青少年U15篮球比赛(秦皇岛)	李坤、张俊、陆汉栩	男子篮球	第一名
	全国排球锦标赛(河南)	赵夕雨、王显芬、杨舟、王娜	女子排球	第一名
	全国青少年网球U14岁组总决赛(北京)	叶秋语	网球单打	第一名
	全国青少年网球U14岁组总决赛(北京)	叶秋语	网球双打	第一名
2011	全国U17岁男子篮球锦标赛(广东)	陆汉栩	男子篮球	第一名
	全国青少年U21沙滩排球锦标赛(萧山)	张芳雨	女子沙滩排球	第一名
	全国第七届城市运动会(南昌)	叶秋语	网球双打	第一名
	全国第七届城市运动会(南昌)	赵夕雨、杨舟	女子排球	第一名
	全国第七届城市运动会(江西)	周佳丹	四人双桨	第一名
2012	全国田径大奖赛(淄博)	潘福星	男子4×100米	第一名
	全国田径冠军赛暨大奖赛总决赛(福州)	王青波	男子标枪	第一名
	全国14-15岁组田径锦标赛(承德)	陈飞飞	女子标枪	第一名
	全国少年儿童网球锦标赛(上海)	玉苏普、艾力	男子网球	第一名

说明:资料来源于县体育局

四、国际体育竞赛

1988—2012年,长兴籍运动员参加各类国际体育赛事28场,获金牌19枚、银牌4枚、铜牌5枚。获奖牌项目主要为男子标枪、女子排球、沙滩排球、网球。其中,参加奥运会3场,获金牌1枚、铜牌1枚;参加各类世界大赛9场,获金牌6枚、银牌1枚、铜牌1枚;参加亚运会4场,获金牌4枚、铜牌2枚;参加其他亚洲国际赛事12场,获金牌8枚、银牌3枚、铜牌1枚。

1988—2012 年长兴籍运动员参加国际体育赛事情况表

表 32-10

运动员	比赛名称	时间	地点	项目	名次
李荣祥	亚洲青年田径锦标赛	1990.07	中国·北京	男子标枪	第二名
阮　宇	第十八届世界大学生运动会	1995.09	日本·福冈	女子排球	金牌
计凤琴	第二十六届奥林匹克运动会	1996.07	美国·亚特兰大	女子帆船	
李荣祥	第十二届亚洲田径锦标赛	1998.08	日本·福冈	男子标枪	第二名
李荣祥	第十三届亚洲运动会	1998.12	泰国·曼谷	男子标枪	铜牌
长兴清泉武校	国际武术锦标赛	2000.07	中国·青岛	武术套路	第一名
李荣祥	第三届东亚运动会	2001.05	日本·大阪	男子标枪	第一名
李荣祥	第八届世界田径锦标赛	2001.08	加拿大·埃德蒙顿	男子标枪	第九名
周苏红	第十四届亚洲运动会	2002.09	韩国·釜山	女子排球	金牌
李荣祥	第十四届亚洲运动会	2002.09	韩国·釜山	男子标枪	金牌
周苏红	世界女排大奖赛	2003.07	意大利	女子排球	金牌
周苏红	亚洲排球锦标赛	2003.09	越南·胡志明	女子排球	第一名
周苏红	第九届世界杯女子排球比赛	2003.11	日本	女子排球	金牌
周苏红	第二十八届奥林匹克运动会	2004.08	希腊·雅典	女子排球	金牌
李荣祥	第二十八届奥林匹克运动会	2004.08	希腊·雅典	男子标枪	第十五名
任争青	亚洲沙滩排球锦标赛	2004.10	江苏省连云港市	沙滩排球	第一名
周苏红	亚洲女排锦标赛	2005.09	中国太仓	女子排球	第一名
李荣祥	亚洲田径锦标赛	2005.09	韩国仁川	男子标枪	第一名
王青波	第十二届亚洲青年田径锦标赛	2006.09	中国·澳门	男子标枪	第三名
周苏红	第十五届世界女排锦标赛	2006.10	日本	女子排球	第五名
周苏红	第十五届亚洲运动会	2006.12	卡塔尔·多哈	女子排球	金牌
李荣祥	第十五届亚洲运动会	2006.12	卡塔尔·多哈	男子标枪	铜牌
周苏红	第二十九届奥林匹克运动会	2008.08	中国·北京	女子排球	铜牌
周苏红	世界女排大奖赛	2008.11	日本横滨	女子排球	第二名
叶秋雨	2010 年 ITF 国际网球 14 或以下 G1 亚锦赛	2010.04	中国·深圳	网球单打	第一名
				网球双打	第一名
王　玮	亚洲帆船锦标赛	2010.04	中国·广东	男子帆船	第四名
杨　舟	2010 年亚洲青年排球锦标赛	2010.08	越南	女子排球	第一名
周苏红	第十六届亚洲运动会	2010.11	中国·广州	女子排球	金牌
叶秋语	2011 年亚洲青少年 14 岁以下网球锦标赛	2011.03	印度尼西亚	网球单打	第二名
叶秋语	世界 U14 以下网球锦标赛	2011.06	法国	网球单打	第一名
				网球双打	第一名
杨　舟	第十六届世界青年女子排球锦标赛	2011.07	秘鲁·利马	女子排球	第三名

说明：资料来源于县体育局

第三节　体育赛事承办

一、全国性体育赛事承办

1988—2012 年，长兴先后承办的全国性体育赛事有全国乒乓球联赛、全国女子排球联赛、全国第八届残运会自行车赛。

全国乒乓球联赛 1999年2月23日,1998－1999年度“爱立信中国乒乓球擂台赛”半决赛在县体育馆举行,由中央电视台、中国乒乓球协会联合主办,是浙江省第三次、浙北地区首次承办该赛事。半决赛的男运动员为孔令辉、刘国梁、闫森、王励勤,女运动员为王辉、王楠、李菊、杨影。比赛间隙,4名长兴乒乓球运动爱好者分别与国手孔令辉切磋球艺,2600多名观众现场观看比赛。总决赛孔令辉、李菊获得该次比赛单打冠军。

全国女子排球联赛 由中央电视台、中国排球协会主办,在长兴设有赛区,1988—2012年共承办4次赛段,每次均有长兴排球运动员代表浙江省参加。2002年11月17日至12月中旬,全国女子排球联赛(长兴赛区第一阶段比赛)在长兴举行。浙江队、上海队、辽宁队、河南队进行比赛,县排球运动员周苏红等参加。2003年11月2日至2004年1月18日,全国女子排球联赛(2003—2004)浙江亿嘉女排主场的全部7场比赛在长兴举行。有12支队比赛,县排球运动员周苏红、王娜、王显芬参加。2006年10月,全国女子排球联赛(2006—2007)在长兴举行。有16支队比赛,县排球运动员周苏红、王娜、王显芬等参加。2011年12月10日至2012年3月6日,中国排球联赛(2011—2012)在县体育中心体育馆举行。有12支队比赛,县运动员周苏红、王娜、杨舟、王显芳等参加。浙江女排获第七名。

全国第八届残运会自行车赛 2011年7月7日至17日,全国第八届残疾人运动会自行车比赛在长兴举办。参赛人员有18支运动队、335名运动员,裁判员55人、技术官员26人、新闻记者3批共70余人,志愿者384人,直接参与服务保障的安保人员600多人,省组委会观摩人员85人,全省各市县组织到长兴观看比赛每天200人左右。比赛共决出金牌70枚,2人打破2项世界纪录,51人破11项全国纪录。12月,长兴县作为唯一县级单位被省委、省政府通报表彰,长兴赛区被全国第八届残运会组委会授予“最佳赛区”称号。

二、国际体育赛事承办

2010年、2011年和2012年,长兴先后承办国际山地自行车越野挑战赛、环太湖国际公路自行车赛2项4届国际体育赛事。

国际山地自行车越野挑战赛 2010—2012年,国际山地自行车越野挑战赛在长兴连续举办3届,先后由省体育总会、县政府主办,二界岭乡政府、泗安镇政府、县文广新局(体育局)承办。2010年3月20日至21日,“多蒙佳乐杯”中国•长兴二界岭首届国际山地自行车越野挑战赛举行,总里程约21千米。参加比赛的有25支队108名运动员,分别来自美国、德国、瑞典、俄罗斯、芬兰、韩国等8个国家和中国大陆、香港;北京合利兄弟车队获团队第一名,该车队的封宽杰获男子组第一名,香港ChampionSystem车队的吕桃涛获女子组第一名。2011年3月12日至13日,“艳阳果圣杯”中国•长兴二界岭第二届国际山地自行车越野挑战赛活动举行,比赛单圈里程约9千米(男子3圈、女子1圈),赛程27千米。参加比赛的有33支队160名运动员,分别来自美国、德国、瑞典、俄罗斯、芬兰、韩国等10多个国家和中国大陆、香港,其中外籍运动员31人、女运动员25人。中国骓驰车队的封宽杰获冠军、苏州起跑线车队车手霍海斌获亚军、香港CS Racing Team车队车手卢小勇获季军。2012年3月10日至11日,“比奇杯”中国•长兴(二界岭)第三届国际山地自行车越野挑战赛举行,全程9千米,分男女两组。参加比赛的有30支队160多名运动员,来自美国、德国、瑞典、俄罗斯、英国、芬兰、韩国等13个国家(地区)以及国内多个省市。中国骓驰车队的选手封宽杰以1小时1分15秒的成绩获男子组冠军。中国闪电骑士会车队的英籍选手Edward Crok获男子第六,在外籍选手中排名第一。

环太湖国际公路自行车赛 环太湖国际公路自行车赛是由江苏省体育局于2010年在无锡市开始举办,已连续举办两届,是中国五大国际自行车赛事之一,也是国际自行车联盟一级赛事。2012年11月1日至8日,第三届环太湖国际公路自行车赛举办,长兴是赛事承办方之一。赛段全长约107千米,其中长兴赛段约54千米。参加比赛的有22支车队,职业自行车运动员132人。参赛队伍为UCI洲级职业队、洲级队和国家队,运动员来自世界17个国家和地区,包括美国、俄罗斯、比利时、葡萄牙、捷克、德国、法国、奥地利、澳大利亚、希腊、乌克兰、土耳其、日本、伊朗和中国大陆、香港、台湾。

第四节　体育赛事交流

一、国内赛事交流

1987—2012 年，长兴籍运动员参加省外各种交流赛、邀请赛、友谊赛 36 场，主要交流地区为江苏、安徽、湖南、河南、陕西、福建等省份，交流项目主要为田径、篮球、乒乓球、游泳、跆拳道、木兰拳、信鸽、登山、武术、棋类等项目。参加省内友谊赛 9 场，主要交流地区为上虞、桐乡、湖州、杭州、绍兴、舟山等，交流项目为篮球、乒乓球 2 项。

二、国际赛事交流

20 世纪 80 年代末，长兴籍运动员出访国际体育赛事明显上升。至 2012 年，共出访 8 次，主要参加日本、朝鲜、法国、丹麦、美国等举办的国际赛事，交流项目主要为游泳、马拉松、自行车。

第五节　田径运动最高纪录

县内体育人才培训起步较早，尤其是田径运动发展迅速，一批优秀运动员参加各级比赛，获较好成绩。至 2012 年，全县累计有 178 人次保持省、市、县各项田径运动的最高纪录。

长兴县田径运动最高纪录情况表(至 2012 年)

表 32-11

组别	项目	成绩	创纪录者	运动会名称	创纪录年月	地点
成年男子组	100 米	11″4	陈　刚	省少年田径赛	1995.04	杭州
	200 米	23″3	许旭辉	县中小学生田径运动会	2002.11	长兴
	400 米	49″2	胡　辉	省一级重点中学田径比赛	2000.06	玉环
	800 米	1′56″1	胡　辉	省一级重点中学田径比赛	2000.06	玉环
	1500 米	4′1″9	胡　辉	省第四届农民运动会	2000.05	杭州
	3000 米	9′37″5	吴　芹	省少年田径运动会	1981.05	杭州
	5000 米	16′22″7	郑加利	省第八届体育运动会	1986.09	杭州
	10000 米	34′23″2	郑加利	县第六届体育运动会	1986.04	长兴
	110 米栏	14″93	陈钦壬	县第九届体育运动会	2012.10	长兴
	200 米栏	25″6	陶永田	嘉兴地区第五届运动会	1963.10	湖州
	400 米栏	1′4″9	秦伯林	嘉兴地区第六届运动会	1974.09	湖州
	4×100 米接力	45″4	县　队	市第一届体育运动会	1986.05	湖州
	4×200 米接力	1′7″	长兴师范队	县第三届体育运动会田径比赛	1954.01	长兴
	4×400 米接力	3′39″5	长　兴	市第一届体育运动会	1986.05	湖州
	标枪(800 克)	61.20 米	沈建国	市第二届体育运动会田径比赛	1990.05	湖州
	铅球(7.26 千克)	12.32 米	段云周	嘉兴专区田径选拔赛	1959.10	嘉兴
	铁饼	41.06 米	吴　杭	县五届职工暨小学田径运动会	1985.04	长兴
	手榴弹(500 克)	62.68 米	刘建平	县五届职工暨小学田径运动会	1985.04	长兴
	跳高	2.00 米	杨鹏生	全国体育先进县田径运动会	1991.09	上海
	跳远	6.85 米	汪晓媛	全国体育先进县田径运动会	1991.09	上海
	三级跳远	14.33 米	汪晓媛	全国公安系统田径运动会	1986.10	湖州
	撑竿跳高	2.95 米	陈仲和	市第一届运动会	1986.05	湖州

续表32-11

组别	项目	成绩	创纪录者	运动会名称	创纪录年月	地点
	五项全能	2322分	杨　林	县职工暨中小学生田径运动会	1982.05	长兴
	马拉松	2:24′14″	郑加利	西湖“桂花杯”中日马拉松比赛	1987.10	杭州
	公路越野跑(5千米)	16′17″	张代祥	省马拉松越野跑比赛	1989.03	义乌
	公路越野跑(10千米)	33′37″	郑加利	省马拉松越野跑比赛	1988.03	江山
	公路越野跑(15千米)	55′9″4	郑加利	省马拉松越野跑比赛	1986.02	长兴
	公路越野跑(20千米)	1:10′29″	顾坚如	省马拉松越野跑比赛	1985.02	绍兴
成年女子组	100米	13″4	王根美	嘉兴地区第八届运动会田径比赛	1982.04	湖州
	200米	25″6	魏玉珍	嘉兴地区第五届体育运动会	1963.11	湖州
	400米	58″4	陈　莉	省第五届中学生田径运动会	2001.06	缙云
	800米	2′9″3	冯林娟	省一届青少年运动会	1984.09	杭州
	1500米	4′42″2	张小红	省第八届运动会	1986.09	杭州
	10000米	36′34″	张小红	大学生环西湖长跑比赛	1983.01	
	100米栏	15″5	孙　璐	省第一届青少年运动会	1984.09	杭州
	200米栏	30″8	胡苏平	嘉兴地区第七届运动会	1978.09	湖州
	400米栏	1′7″5	潘玲玲	省五届重点中学田径赛	2002.06	温州
	4×100米接力	50″2	长兴队	市第六届运动会	2006.05	湖州
	4×200米接力	2′21″6	县　队	嘉兴地区第三届体育运动会	1958.08	湖州
	4×400米接力	4′25″3	长　兴	市第一届体育运动会	1986.05	湖州
	标枪(600克)	40.22米	陈金美	县第五届职工暨小学田径运动会	1985.05	长兴
	铅球(4千克)	10.48米	曹伟英	县中小学田径运动会	2002.11	长兴
	铁饼	29.50米	熊金萍	省第一届青少年田径运动会	1984.09	杭州
	手榴弹(500克)	31.71米	黄淑珍	五县对抗赛	1958.08	
	跳高	1.50米	张　莉	县第六届体育运动会	1986.04	长兴
	跳远	5.18米	唐　华	省第十届运动会	1994.09	杭州
	三项全能	1151分	施敏明	嘉兴地区第五届运动会	1963.11	湖州
	五项全能	3468分	沈勤莉	省第十三运动会田径比赛	2006.10	台州
	七项全能	4564分	孙　璐	省第一届青少年田径运动会	1984.09	杭州
	十项全能	4738分	吴　杭	市第一届体育运动会	1986.05	湖州
	公路越野跑(5千米)	19′15″	董金桂	全国农民越野跑比赛	1989.09	永安
	公路越野跑(10千米)	41′22″	董金桂	省马拉松越野跑比赛	1989.03	义乌
	公路越野跑(20千米)	1:10′29″	沈新梅	省马拉松越野跑比赛	1986.02	长兴
	公路越野跑(100045米)	36′34″	张小红	杭州市环西湖越野跑比赛	1983.03	杭州
少年男子甲组(15岁~17岁)	60米	7″4	金林春	县中小学田径运动会	1981.05	长兴
	100米	10″81	潘福星	市中小学生田径运动会	2007.11	德清
	200米	23″	许旭辉	县中小学生田径运动会	2003.11	长兴
	800米	1′51″45	胡　辉	省第十一届运动会	1998.09	宁波
	1500米	4′5″2	邵建国	省青少年田径赛	1989.03	杭州
	3000米	9′34″1	张代祥	市中小学秋季田径运动会	1987.11	湖州
	5000米	16′0″	唐中华	市中学生田径运动会	2004.11	湖州
	10000米	37′2″4	王茂林	嘉兴地区第七届运动会田径比赛	1978.08	湖州
	110米栏	14″36	张志成	县第九届体育运动会	2012.10	长兴
	200米栏	33″4	彭云生	县中小学田径运动会	1975.05	长兴
	400米栏	1′2″2	朱国胜	嘉兴地区第八届运动会	1982.08	湖州
	4×100米接力	47″1	县　队	苏浙皖三县田径邀请赛	1982.11	长兴

续表32-11

组别	项目	成绩	创纪录者	运动会名称	创纪录年月	地点
	4×200米接力	1′43″4	长中队	县秋季田径邀请赛	1981.09	长兴
	4×400米接力	3′46″9	长中队	县中小学田径运动会	1982	长兴
	标枪(600克)	54.39米	杨　多	县第七届运动会	2001.11	长兴
	标枪(700克)	82.34米	王青波	省青少年田径锦标赛	2005.04	宁波
	标枪(800克)	73.80米	王青波	市第六届运动会田径比赛	2006.05	湖州
	铅球(6千克)	15.14米	章伟强	市中小学生田径运动会	2003.10	湖州
	铁饼	44.48米	吴　杭	苏浙皖三县田径邀请赛	1981.11	长兴
	手榴弹(500克)	56.56米	毛苏泳	嘉兴地区田径训练班比赛	1972.08	
	跳高	1.86米	耿卫星	市中小学秋季田径运动会	1987.11	湖州
	跳远	6.58米	陈　刚	省第二届农民运动会	1996.05	杭州
	三级跳远	14.07米	蒋镇丹	县中小学生田径运动会	2005.11	长兴
	撑竿跳高	2.70米	廖　健	嘉兴地区七届田径运动会	1978.08	湖州
	三项全能	1733分	蔡中卫	县中小学田径运动会	1982.05	长兴
	五项全能	2542分	荆天明	省第八届运动会少年田径赛	1986.06	余杭
	十项全能	5060分	吴　杭	县第六届体育运动会	1986.05	长兴
少年女子甲组（15岁~17岁）	60米	8″4	张梦璐	市中小学田径运动会	2001.11	湖州
	100米	12″6	张　烨	嘉兴地区十五届少年暨重点中学“三好杯”田径运动会	1983.07	长兴
	200米	26″	张　烨	嘉兴地区十五届少年暨重点中学“三好杯”田径运动会	1983.07	长兴
	400米	1′1″6	沈新梅	市三届中小学生暨第二届“优胜杯”田径赛	1987.05	湖州
	800米	2′19″87	蔡银娇	市第七届体育运动会	2010.10	湖州
	1500米	4′48″44	张　菁	市第六届运动会田径比赛	2006.05	湖州
	3000米	10′32″3	张小红	省青少年田径赛	1983.07	天台
	5000米	17′36″5	张小红	省马拉松比赛	1984.05	
	10000米	37′54″	张小红	省马拉松比赛	1984.05	
	100米栏	14″5	朱珺珺	省第十三届运动会田径比赛	2006.10	台州
	4×100米接力	50″3	长兴中学	县中小学生田径运动会	2005.11	长兴
	4×200米接力	2′13″9	李家巷中学	县中小学生田径运动会	1973.05	长兴
	4×400米接力	4′29″9	长中队	县秋季田径运动会	1981.09	长兴
	标枪(600克)	29.30米	朱丽萍	县秋季田径运动会	1987.10	长兴
	铅球(4千克)	11.59米	罗　露	县中小学生田径运动会	2003.11	长兴
	铅球(4千克)	11.59米	夏冰莹	县中小学生田径运动会	2005.11	长兴
	铁饼	37.35米	丁雪芬	省第十二届运动会	2002.10	温州
	手榴弹(500克)	37.33米	肖美英	嘉兴地区中小学生田径运动会	1966.05	嘉兴
	跳高	1.71米	沈勤莉	省青少年田径比赛	2004.10	
	跳远	4.84米	张　莉	市第一届体育运动会	1986.05	湖州
	三项全能	1522分	留春梅	嘉兴地区第五届运动会	1981.04	湖州
	五项全能	3001分	赵月香	省中学暨业余体校田径运动会	1984.05	杭州
少年男子乙组（13岁~14岁）	60米	7″9	丁　骐	县中小学田径运动会	2002.11	长兴
	100米	11″4	程　骏	县中小学生田径运动会	2005.11	长兴
	200米	22″98	程　骏	市第六届运动会田径比赛	2006.05	湖州
	400米	51″45	陈　芳	省第十一届运动会	1998.09	宁波
	800米	1′59″1	陈　方	省第十一届运动会田径比赛	1998.09	宁波

续表32-11

组别	项目	成绩	创纪录者	运动会名称	创纪录年月	地点
	1500米	4′13″0	邵建国	省第二届青少年运动会	1988.09	杭州
	3000米	9′45″2	邵建国	省第二届青少年运动会	1988.09	杭州
	5000米	16′53″9	张代祥	市第四届运动会	1987.04	湖州
	100米栏	15″6	蔡忆建	省第十届运动会	1994.09	杭州
	110米栏	18″2	陈　昕	嘉兴地区第十五届少年儿童暨重点中学“三好杯”田径运动会	1983.07	长兴
	200米栏	34″8	胡益祖	县中小学田径运动会	1975.05	长兴
	400米栏	1′6″3	杨　俊	市首届中学生运动会	1991.05	湖州
	4×100米接力	48″6	古城中学	县中小学生田径运动会	2005.11	长兴
	标枪(500克)	67.97米	王青波	省第十二届运动会田径比赛	2002.10	温州
	铅球(5千克)	14.49米	宗　亮	市第六届运动会	2006.05	湖州
	铁饼	43.26米	张新荣	县第六届体育运动会	1986.04	长兴
	手榴弹(500克)	51.92米	王文华	嘉兴地区少年田径选拔赛	1978.05	
	垒球	54.65米	商永和	县学校田径运动会	1962.05	长兴
	跳远	6.22米	陈　刚	省第十届运动会	1994.09	杭州
	三级跳远	14.01米	王必成	县中小学生田径运动会	2005.11	长兴
	三项全能	1719分	徐　伟	省县级田径运动会	1997.07	遂昌
	五项全能	2494分	蔡忆建	省首届县级田径赛	1995.07	浦江
	七项全能	3326分	康军军	省第九届运动会	1990.09	杭州
少年女子乙组(13岁~14岁)	60米	8″5	朱　伟	县中小学田径运动会	1987.04	长兴
	100米	12″9	许　凤	市中小学生田径运动会	2001.11	湖州
	200米	26″7	张梦璐	县中小学生田径运动会	2005.11	长兴
	400米	1′00″8	钱　洁	县中小学生田径赛	2006.11	长兴
	800米	2′20″8	钱金萍	省第九届运动会田径比赛	1990.09	杭州
	1500米	4′53″4	施金晶	省重点中学运动会	1999.06	宁波
	3000米	10′50″2	施金晶	市中小学田径运动会	1998.09	湖州
	100米栏	15″5	夏冰莹	县中小学生田径运动会	2005.11	长兴
	4×100米接力	57″8	长　兴	嘉兴地区第十一届少年田径运动会	1975.05	平湖
	标枪(600克)	29.32米	范李娜	县第七届运动会	2001.11	长兴
	标枪(400克)	43.73米	李　丽	省第十三届运动会田径比赛	2006.10	台州
	标枪(500克)	37.76米	丁蕴月	县第八届体育运动会	2008.10	长兴
	铅球(4千克)	9.92米	沈钰颖	市中小学田径运动会	2001.11	湖州
	铁饼	30.20米	罗　露	市中小学田径运动会	2002.11	湖州
	手榴弹(500克)	38.12米	费春华	嘉兴地区业余体校田径运动会	1980.10	湖州
	垒球	40.15米	易子华	县学校田径运动会	1962.05	长兴
	跳高	1.45米	胡　伟	嘉兴地区十五届少年儿童暨重点中学“三好杯”田径运动会	1983.07	长兴
	跳远	5.01米	唐　华	省少年田径赛	1992.07	奉化
	三项全能	2223分	沈勤莉	省第十二运动会田径比赛	2002.10	温州
	五项全能	2186分	张　莉	嘉兴地区十四届少年及小学生田径运动会	1982.04	海宁
儿童男子组(10岁~12岁)	60米	8″7	曹伟文	市第三届中小学生田径运动会暨第二届“优胜杯”田径赛	1987.05	湖州
	100米	12″34	张　勇	市中小学生田径运动会	2007.11	德清
	200米	25″76	张　勇	市中小学生田径运动会	2007.11	德清
	400米	59″2	王付强	县中小学生田径赛	2004.11	长兴

续表32-11

组别	项目	成绩	创纪录者	运动会名称	创纪录年月	地点
	800米	2′19″	王付强	县中小学生田径赛	2002.11	长兴
	1500米	5′5″1	李正浩	县中小学田径运动会	2002.11	长兴
	100米栏	20″6	盛　虹	嘉兴地区业余体校田径对抗赛	1979.08	安吉
	4×100米接力	54″1	县　队	市中小学生田径运动会	1999.10	长兴
	标枪(300克)	48.41米	王青波	杭州地区田径赛	2000.07	杭州
	铅球(3千克)	14.30米	刘继民	市第四届中小学田径比赛	1988.05	
	铅球(4千克)	10.80米	王　伟	市中小学田径运动会	2000.11	湖州
	铁饼	27.38米	毛春旺	县秋季田径运动会	1987.10	长兴
	垒球	69.96米	王青波	市中小学田径赛	2000.11	湖州
	跳高	1.52米	王青波	市中小学生田径比赛	2000.11	湖州
	跳远	5.17米	刘　杰	市中小学生田径比赛	2000.11	湖州
	三项全能	919分	陈金鎏	县中小学田径运动会	1974.05	长兴
儿童女子组(10岁~12岁)	60米	9″0	管珊珊	省少年儿童田径运动会	1979.05	绍兴
	100米	12″9	丁　骐	县中小学田径运动会	2002.11	长兴
	200米	25″5	谢小红	市首届中小学田径运动会	1984.05	湖州
	400米	1′05″2	张梦云	市中小学生田径比赛	2000.11	湖州
	800米	2′27″76	张梦璐	省第十二届运动会	2002.11	温州
	1500米	5′4″1	张梦璐	省第十二届运动会	2002.11	温州
	3000米	11′58″78	施金晶	省第十一届运动会	1996.09	宁波
	4×100米接力	58″5	实验小学	县第七届体育运动会	2001.11	长兴
	铅球(3千克)	9.94米	黄美玲	县中小学田径运动会	2002.11	长兴
	铁饼	14.36米	张　敏	县秋季田径运动会	1987.10	长兴
	手榴弹(300克)	38.70米	费春华	嘉兴地区业余体校田径运动会	1980.05	湖州
	垒球	42.80米	黄美玲	市中小学田径赛	2002.11	湖州
	跳高	1.38米	计凤琴	省业余体校田径赛	1987.07	
	跳远	4.41米	钱　丽	省第五届县级田径赛	2001.07	天台
	三项全能	1540分	钱　丽	省第五届县级田径赛	2001.07	天台

说明:资料来源于县体育局

第四章　体育人才培养

1988—2012年,长兴县先后向省优秀运动队输送运动员58人、大专院校输送运动员或后备人才212人、向市少体校输送运动员45人,其中有奥运冠军周苏红、亚运会冠军李荣祥等高水平运动员。培养等级运动员328人、等级裁判员674人、等级教练员26人。有省级体育后备人才基地3个、省级体育特色学校13所,长兴少体校被国家体育总局评为"国家高水平体育后备人才基地"。

第一节　少体校业余训练

县少体校创办于1974年9月,至1987年累计培养学生270人。1988年,设排球、田径两个训练项目,在训学生60人,教练员6人。1987—1989年,县田径中长跑成绩列全省第一、第二名,打破省纪录二项,打破市纪录30多项;女排和青少年男子篮球成绩列全市第一名,全省第四、五名。1988—1996年,因师资缺乏,篮球、足球项目停办,在训项目排球、田径2个,在训学生60人,教练员6人。1991年,在省、市比赛中田径获金牌20多枚,女子排球位列前四名。1992年,县少体校被省体委评为先进集体。1996—2001年,增设举重、射击、游泳、摔跤4个项目,在训学生150人,教练员9人。2003年12月,县少体校被评为全国前十位优秀体校,并作为浙江省唯一代表参加全国优秀少体校经验交流会。2004年,设排球、田径、举重、射击、游泳、摔跤、篮球、足球、乒乓球、武术10个训练项目,在训学生153人,教练员16人。同年,通过省体育局国家级奥运人才培训基地验收。2005年9月,迁入县体育中心。2005—2008年,设田径、排球、游泳、网球、跆拳道、篮球6个训练项目,在训学生158人,教练员18人,县少体校被国家体育总局评为"国家高水平体育后备人才基地"和"国家田径单项(女子标枪)奥林匹克高水平体育后备人才基地"。2009—2012年,县少体校设训练项目9个,分别为田径、排球、游泳、网球、跆拳道、篮球、自行车、射击、乒乓球,教职工31人、教练员21人、在训运动员265人。

第二节 体育人才输送

1988—2012年,全县先后向省优秀运动队输送运动员58人,大专院校输送运动员或后备人才212人,向市少体校输送运动员45人。培养和输送的人才中有奥运冠军周苏红、亚运会冠军李荣祥、世界女子排球锦标赛第三名杨舟、全国田径大奖赛冠军王青波、沙滩排球国手任争青等高水平运动员。

1988—2012年长兴县向上级部门输送运动员情况表

表32-12

单位:人

类别	排球	田径	武术	帆船	举重	篮球	摔跤	标枪	羽毛球	皮艇	赛艇	网球	游泳	跆拳道
省级优秀运动队	26	13	0	6	0	1	1	2	1	1	2	0	3	2
省体育运动学校	1	1	0	0	0	0	0	0	0	0	0	0	0	0
市体育运动学校	0	15	3	0	15	0	3	0	0	0	0	6	3	0
合　计	27	29	3	6	15	1	4	2	1	1	2	6	6	2

说明:资料来源于县体育局

第三节 运动员、裁判员、教练员培养

一、等级运动员

1988—2012年,全县共培养等级运动员328人,其中国际运动健将4人、国家级健将9人、一级运动员78人、二级运动员237人。国际及国家级运动健将主要项目为排球、举重、帆船、标枪、航空无线电模型。

二、等级裁判员

1988—2012年,全县共培养等级裁判员674人,其中国家级裁判员5人、一级裁判员60人、二级裁判员542人。国家级裁判员主要项目涉及航空模型、田径、跆拳道。

三、等级教练员

1991年之前,全县无等级教练员。1991—2012年,全县培养等级教练员26人,其中高级教练员5人,主要项目为田径、排球。

第三十三编　劳动 人事

改革开放以后，在建立社会主义市场经济体制的过程中，就业制度和就业机制发生了历史性变革，原有的计划经济体制下“统包统配”的就业制度，逐步向市场化导向转变，开始实行“国家促进就业、市场调节就业和劳动者自主择业”的市场就业新机制。1992年，长兴建立劳动市场和人才市场，并于10月成功举办首次人才集市交流活动。1993年，将高校、中专(非师范类)毕业生分配工作引入市场，除机关录用外，均通过人才市场落实毕业生就业；企业普遍实行全员劳动合同制，由用人单位与劳动者通过订立合同而建立劳动关系，原来一次分配定终身的用工制度(即固定工)成为历史；企业从农村招用合同制职工的审批权下放到县劳动部门。1995年，开始全面实行劳动合同制度。同年年初，县职业介绍所成立。1997年起，大中专毕业生安置工作由统包分配改为人才市场派遣机制，实行双向选择，各用人单位自主择人，大中专毕业生自谋职业。1998年7月起，以公开考试、择优录用的办法从应届大中专毕业生中录用国家公务员(机关工作人员)。2001年，长兴被列为全国城乡统筹就业试点县。2003年起，将就业再就业工作纳入政府为民办实事工程。改革开放30余年来，就业制度发生了根本性变革，就业总量持续增长，就业结构不断优化，就业政策与就业服务体系日趋丰富完善。2012年，全县有从业农村劳动力31.31万人；全县城镇全部单位在岗职工7.22万人，城镇登记失业率3.1%；吸纳外省乃至境外的务工人员达6.48万人。

1988年，长兴县有党政群机构88个、事业单位55个，实有在编机关事业单位人员6594人，人才总量2706人。全县人事人才工作遵循党管干部、任人唯贤、精干高效的原则进行改革，实行干部统一分级管理，并逐步建立以能力和业绩为导向的社会化人才评价体系。1996年起，正式实施国家公务员制度。1997年10月，县人才市场建立。同年起，大中专毕业生安置工作由统包分配改为人才市场派遣机制。2002年，全县人才信息管理系统建成，长兴人才网开通。2006年7月，开始实施《中华人民共和国公务员法》。2008年，全县事业单位全面推行全员聘用制。2008年，天能博士后工作站被评为国家级博士后工作站。2012年，全县有党政群机构50个、事业单位305个，实有在编机关事业单位人员10612人，人才总量12.19万人。

第一章　劳　动

1988年，长兴县劳动人事局为县政府主管全县劳动人事工作的职能部门。1997年6月，更名为县人事劳动局。2001年12月，撤销县人事劳动局，分设县人事局、县劳动和社会保障局。2011年4月，撤销县人事局、县劳动和社会保障局，组建县人力资源和社会保障局，主要承担促进就业再就业、人才资源开发利用、健全社会保障体系、规范劳动用工管理和公务员、事业单位管理等方面行政职能。2012年，内设科室11个，下属事业单位10个。2005年，县人事局被人事部授予“全国人事系统先进集体”称号。

第一节　职工队伍

一、国有单位职工

1988 年，全县有城镇国有单位 763 个，职工 43951 人，占全县城镇职工总数的 66.8%。1992 年年底，国有单位职工增加到 46857 人，占全县城镇职工总数的 67.1%。1993 年年末起，国有企业部分职工分流到城镇集体单位和其他经济单位，1994 年国有单位职工减少至 44446 人。之后，随着国有企业加快改革步伐，部分企业破产拍卖，职工分流，国有单位职工数量逐年减少。至 2012 年年末，全县有城镇国有单位 266 个，职工 15041 人，占全县城镇职工总数的 20.8%。

二、城镇集体单位职工

1988 年，全县有城镇集体单位 522 个，职工 21649 人，占全县城镇职工总数的 32.9%。1989—1995 年，国家提倡通过“全民办集体”的形式，在集体企业中安置企业职工子女和其他待业人员，城镇集体单位职工数量一直居高不下。至 1995 年年底，全县城镇单位职工有 22079 人。之后，随着经济体制改革和企业制度改革的深入推进，一部分集体经济单位通过股份制改造或拍卖，转变为其他性质的经济单位或私营企业，另外有一部分企业破产，城镇集体单位职工人数大为减少。2012 年年末，全县有城镇集体单位 6 个，职工 4073 人，占全县城镇职工总数的 5.6%。

三、其他经济类型单位职工

其他经济类型单位是指国有经济与集体经济合营、国有经济与私人合营、城镇集体经济与私人合营、中外合资或合作、华侨或港澳台工商业者合营、外资经营、私营企业等经济类型单位。1988 年，全县有其他经济类型单位 1 个(中外合资)，职工 199 人，占全县城镇职工总数的 0.3%。1993 年年末起，国有、集体单位职工向其他经济单位分流，其他经济单位职工人数从 1992 年的 346 人猛增至 1292 人。之后，随着改革开放力度不断加大，其他经济类型单位不断涌现，并逐步成为吸纳就业的主体。2012 年年末，全县有其他经济类型单位 4722 个，单位职工 53132 人，占全县城镇职工总数的 73.5%。

1988—2012 年长兴县城镇职工从业人数分布情况表

表 33-1

年份	职工总数(人)	国有单位人数(人)	占城镇职工比例(%)	集体单位人数(人)	占城镇职工比例(%)	其他单位人数(人)	占城镇职工比例(%)
1988	65799	43951	66.8	21649	32.9	199	0.3
1989	67118	43683	65.1	22920	34.2	515	0.8
1990	66675	44630	66.9	21619	32.4	426	0.6
1991	68374	45818	67.0	22171	32.4	385	0.6
1992	69787	46857	67.1	22584	32.4	346	0.5
1993	69584	46758	67.2	21534	31.0	1292	1.9
1994	70217	44446	63.3	22270	31.7	3501	5.0
1995	68271	42669	62.5	22079	32.3	3523	5.2
1996	64417	41437	64.3	19541	30.3	3439	5.3
1997	62758	40690	64.8	18411	29.3	3657	5.8
1998	53312	34022	63.8	12539	23.5	6751	12.7
1999	45886	31660	69.0	7846	17.1	6380	13.9
2000	39608	28212	71.2	5476	13.8	5920	15.0
2001	37426	18194	48.6	4544	12.1	14688	39.3

续表33-1

年份	职工总数（人）	国有单位人数（人）	占城镇职工比例（%）	集体单位人数（人）	占城镇职工比例（%）	其他单位人数（人）	占城镇职工比例（%）
2002	34797	16337	47.0	4453	12.8	14007	40.3
2003	34245	15793	46.1	2925	8.5	15527	45.3
2004	35596	15310	43.0	2604	7.3	17682	49.7
2005	48553	13148	27.1	3962	8.2	31443	64.8
2006	55507	14471	26.1	4582	8.3	36454	65.7
2007	56527	14970	26.5	4964	8.8	36593	64.7
2008	57606	15429	26.8	4637	8.1	37540	65.2
2009	64426	13900	21.6	3294	5.1	47232	73.3
2010	70942	14347	20.2	3887	5.5	52708	74.3
2011	70134	15473	22.1	3642	5.2	51019	72.8
2012	72246	15041	20.8	4073	5.6	53132	73.5

说明：资料来源于《长兴统计年鉴》

第二节　劳动就业

一、就业登记

1988年，全县建立城镇待业人员“待业证”制度（1993年改称“失业证”），待业人员凭待业证享受就业服务，办理就业手续。同年，城镇登记待业人员900人。1995年年末，增至2865人。1996年，政府启动再就业工程。2003年，向就业困难城镇失业职工发放再就业优惠证，以享受再就业优惠政策。至2012年年末，全县累计发放再就业优惠证1.2万本。

1990年起，对进城务工的农村劳动力实行就业登记和务工许可证制度，同年共发放务工许可证3856本。1995年，县职业介绍所（与县就业管理服务处一套班子、两块牌子）成立，为用人单位提供劳动力资源信息，包括为农村劳动力进城务工及劳务输出提供信息，办理“务工许可证”“劳务输出许可证”，为待业人员进行求职登记、就业指导、用工介绍，为县就业训练中心反馈求职与用工信息、推荐所需的培训人员等。

二、城镇就业

城镇待业青年安置　1988年，全县有待业青年人员900人，当年安置城镇待业青年840人，其中安置在全民所有制单位568人、集体单位263人、个体单位9人。1989年，安置城镇待业青年602人，其中安置在国有单位261人，县以上集体单位244人。1991年，共安置城镇待业青年830人，待业青年数比1990年年末净减400人，待业率下降至2.6%。1992年，安置城镇待业青年733人，其中安置在国有单位346人、集体单位348人、个体单位39人。同时，向外地输出劳务人员1048人。1993年起，劳动部门不再对待业青年实行政策性安置，用人单位与求职者通过劳动力市场“双向选择”。之后，随着企业改制，大批工人下岗失业。1988—1992年，累计安置待业青年4203人。

下岗职工再就业　1992年，全县国有企业和集体企业下岗待业职工逐年增加。1996年8月，全县国有企业下岗职工基本生活保障和再就业工作会议召开，启动下岗职工再就业工程。1997年9月，发放企业职工下岗证，规定县内下岗职工凭证参加再就业工程享受有关优惠政策。1998年，出台《长兴县再就业工程实施意见》，举办下岗失业人员专场劳动力交流大会，同年有2958人得到分流安置，年末共有企业下岗职工4070人。1999年、2000年，通过举办人力资源交流大会，为企业下岗失业职工、待业人员提供就业岗位。2001 年至 2002 年，县经济开发区和 6 个县级工业园区入驻各类企业 300 多家，吸纳下岗失业人员就业人数占全部企业职工总数的 60%以上，“一区六园”成为失业人员再就业的重要阵地。2002 年起，将“4050”人员（指女 40 周岁以上、男 50 周岁以上，无技术特长的下岗失业人员）及就业困难人员作为就业援助重点。2003 年起，实施再就业优惠证制度，领取再就业优惠证的失业人员，在自谋职业和自主创业时，可享受税收减免、社会保险补贴、岗位补贴等优惠政策。同年，发放再就业优惠证 3315 本。同时，县政府将就业再就业工作纳入政府为民办实事工程，出台多项优惠鼓励政策，并采取政策出资补助的扶持办法，筹集再就业保障资金 500 万元，帮助 4060 名城镇下岗失业人员实现再就业，其中困难人员 2036 人。2004 年 4 月，成立县困难职工帮扶中心。同年，发放再就业优惠证 4450 本，帮助 4242 名城镇下岗失业人员实现再就业，其中就业困难人员 2135 人，发放失业保险金 756.8 万元，医疗补助金 40.9 万元，生活困难补助 10.9 万元。2006 年，县政府出台《关于进一步做好就业和再就业工作的实施意见》，在原有政策的基础上，增加“4050”、灵活就业人员等社会保险补贴，职业培训补贴、大中专毕业生创业优惠等新的扶持政策。2009 年，启动充分就业社区创建工作，开展城镇“零就业家庭”调查，同年，全县零就业家庭动态清零。2010 年，启动充分就业村创建工作，至 2012 年，全县 23 个社区和 137 个行政村创建达标。

1993—2012 年，全县失业人员实现再就业累计 67576 人。2002 年起，累计安置就业困难人员再就业 13196 人，政府出资购买公益性岗位安置 521 人。2003—2012 年，再就业专项资金支出 7857.18 万元，其中发放社会保险补贴 1373.17 万元、职业培训补贴 4078.51 万元、再就业培训补贴 363.67 万元、劳动力市场建设费 1001.47 万元、其他 1040.36 万元。累计发放再就业优惠证 15860 本。

1988—2012 年长兴县城镇就业和待业、失业情况表

表 33-2

年份	年末从业人员总数（人）	失业状况				本年度待业、失业人员就业人数（人）	年份	年末从业人员总数（人）	失业状况				本年度待业、失业人员就业人数（人）
		本年度待业、失业（人）	本年度新增失业（人）	实有登记失业（人）	登记失业率（%）				本年度待业、失业（人）	本年度新增失业（人）	实有登记失业（人）	登记失业率（%）	
1988	65799	900	51	—	1.7	840	2001	51041	5479	3348	2240	4.2	3239
1989	67118	1394	62	—	2.3	602	2002	56990	6633	4393	2606	4.4	4027
1990	66675	2257	65	—	3.3	960	2003	44610	3637	1031	2006	4.3	1631
1991	68374	3218	136	—	4.5	830	2004	46664	2530	524	1995	4.1	535
1992	69787	3738	189	—	5.1	733	2005	49225	6380	4385	2058	4.0	4322
1993	69584	2192	112	—	3.1	756	2006	51643	10880	8822	2176	4.0	8704
1994	70217	1916	105	—	2.7	686	2007	55692	10110	7934	1786	3.1	8324
1995	68271	2011	113	—	2.9	843	2008	56542	7950	6164	1932	3.3	6018
1996	64417	2401	96	—	3.6	892	2009	56644	7728	5796	1995	3.4	5733
1997	62758	2197	499	—	3.1	497	2010	65865	7299	5304	2396	3.5	2396
1998	53312	2687	987	1754	3.2	933	2011	70942	8420	6024	2278	3.1	6142
1999	57396	5578	3824	2204	3.7	1334	2012	70656	7471	5193	2252	3.1	5219
2000	52275	7476	5272	2131	3.9	5345	—	—	—	—	—	—	—

说明：资料来源于《长兴统计年鉴》

三、农村就业

1988 年，全县有从业农村劳动力 28.5 万人。其中，从事第一产业 19.43 万人，占从业农村劳动力总数的 68.2%；从事第二产业 6.38 万人，占 22.4%；从事第三产业 2.69 万人，占 9.4%。20 世纪 80 年代至 90 年代初，随着农村经济结构的调整，快速发展的乡镇企业、私营经济，成为农村富余劳动力就地、就近转移就业的首选。1993 年后，随着企业改革的全面推进，大量涌现的私营经济和个体经济吸纳大批农村劳动力就业。2012 年，全县有从业农村劳动力 31.31 万人。其中，从事第一产业 6.16 万人，占 19.7%；从事第二产业 15.14 万人，占 48.3%；从事第三产业 10.01 万人，占 32%。

1988—2012 年长兴县农村劳动力就业情况表

表 33-3

年份	从业劳动力总数（万人）	从事第一产业		从事第二产业		从事第三产业		年份	从业劳动力总数（万人）	从事第一产业		从事第二产业		从事第三产业	
		人数（万人）	占比（%）	人数（万人）	占比（%）	人数（万人）	占比（%）			人数（万人）	占比（%）	人数（万人）	占比（%）	人数（万人）	占比（%）
1988	28.50	19.43	68.2	6.38	22.4	2.69	9.4	2001	31.52	17.06	54.1	8.83	28.0	5.64	17.9
1989	29.07	19.81	68.2	6.25	21.5	3.01	10.4	2002	31.43	16.05	51.1	9.26	29.5	6.12	19.5
1990	29.87	20.62	69.0	6.25	20.9	3.00	10.0	2003	30.86	14.89	48.3	9.38	30.4	6.59	21.6
1991	30.21	20.71	68.6	6.22	20.6	3.28	10.9	2004	31.23	12.98	41.6	10.55	33.8	7.63	24.4
1992	30.82	66.26	6.6	21.35	3.8	12.39	20.4	2005	30.14	10.69	35.5	11.43	37.9	8.02	26.6
1993	30.95	18.70	60.4	7.54	4.7	15.22	24.4	2006	30.28	9.54	31.5	12.73	42.0	8.01	26.5
1994	31.21	18.16	58.2	7.73	24.8	4.95	15.9	2007	31.14	8.73	28.0	13.18	42.3	9.23	29.6
1995	31.46	17.79	56.6	8.44	26.8	5.23	16.6	2008	31.27	8.34	26.7	13.66	43.7	9.27	29.7
1996	31.59	18.31	58.0	8.27	26.2	5.01	15.9	2009	31.19	7.60	24.4	14.27	45.8	9.32	29.9
1997	31.62	18.32	57.9	8.25	26.1	5.05	16.0	2010	31.42	7.02	22.3	14.67	46.7	9.73	31.0
1998	31.94	18.74	58.7	8.41	26.3	4.79	15.0	2011	31.67	6.51	20.6	15.04	47.5	10.12	32.0
1999	31.96	18.60	58.2	8.37	26.2	4.99	15.6	2012	31.31	6.16	19.7	15.14	48.4	10.01	32.0
2000	31.67	16.77	53.0	9.40	29.7	5.50	17.4	—	—	—	—	—	—	—	—

说明：资料来源于《长兴统计年鉴》

四、外出劳动力就业

1988 年之前，县内农村劳动力外出就业还受到种种限制。只有少数行业和特殊工种，如交通运输、农林场站等企业因生产需要而又招工难的情况，经省劳动部门批准，有计划地从农村劳动力中补充，全县共办理招收农民合同制工人 1307 人，包括集体农民合同制工 1087 人；进城做临时工 6393 人次。1992 年，对农村劳动力进城务工实行审批制度。同年，县职业介绍所成立，为用人单位提供劳动力资源信息，包括为农村劳动力进城务工及劳务输出提供信息，办理“务工许可证”“劳务输出许可证”，全年批准进城农民工 5400 人次，审批跨省务工 1700 人。1995 年 4 月，省劳动厅、公安厅、财政厅、物价局联合下发《关于加强农村劳动力跨地区流动就业管理的通知》，全省统一实行《浙江省外出人员就业登记卡》，由用人单位凭卡、证或“暂住证”办理“就业证”。同年，跨省外出务工的农民工增加到 3700 人。之后，政策逐步放开，扩大企业自主招用工权，农民工外出务工开始走向市场化，农民渴望进城或跨省流动务工的愿望得以实现。

五、外来劳动力就业

1998 年之前，由于跨省流动的农民工还受到政策限制，到长兴的农民工有限，不在政府部门的统计中。1999 年，到长兴农民工有 5000 人。2000 年 12 月，省政府根据劳动和社会保障部等七部门《关于进一步开展农村劳动力开发就业试点工作的通知》精神，在长兴、义乌两县市开展试点。之后，全县劳动就业工作开始从城乡分类管理向城乡统筹就业过渡，逐步取消对农民和外来务工人员进城就业的限制性政策规定，打破城乡劳动力的身份界限，实行统一的劳动保障政策。农村和外来劳动力参与市场平等竞争就业。同年，到长兴务工的外省务工人员猛增至 1.13 万人。2012 年，全县吸纳外省乃至境外的务工人员达 6.48 万人。

1988—2012 长兴县农村劳动力流动情况表

表 33-4

年份	农村劳动力总数(万人)	省内劳动力流动总数(万人)	其中:合同工、临时工(万人)	外出劳动力占比(%)	其中:出省劳动力(万人)	外来从业人员(万人)	年份	农村劳动力总数(万人)	省内劳动力流动总数(万人)	其中:合同工、临时工(万人)	外出劳动力占比(%)	其中:出省劳动力(万人)	外来从业人员(万人)
1988	28.50	2.66	0.77	9.3	—	—	2001	31.52	1.95	0.95	6.2	0.54	0.64
1989	29.07	2.48	—	8.5	—	—	2002	31.43	2.39	0.84	7.6	0.57	1.32
1990	29.87	0.95	—	3.2	—	—	2003	30.86	2.97	0.79	9.6	0.57	1.22
1991	30.21	0.42	—	1.4	—	—	2004	31.23	3.48	0.91	11.1	0.66	1.29
1992	30.82	1.30	0.54	4.2	0.17	—	2005	30.14	4.86	1.01	16.1	0.87	1.17
1993	30.95	1.55	0.90	5.0	0.35	—	2006	30.28	5.32	—	17.6	0.80	0.86
1994	31.21	1.37	0.85	4.4	0.34	—	2007	30.92	5.51	1.27	17.8	0.92	2.91
1995	31.46	1.46	0.86	4.6	0.37	—	2008	31.65	1.14	—	3.6	—	2.35
1996	31.59	1.39	0.69	4.4	0.39	—	2009	31.34	1.23	—	3.9	—	3.64
1997	31.62	1.22	0.65	3.9	0.42	—	2010	30.97	1.27	—	4.1	—	4.75
1998	31.94	1.31	0.80	4.1	0.43	—	2011	31.7	6.48	—	20.4	—	6.71
1999	31.96	1.39	0.74	4.4	0.44	0.50	2012	31.42	6.52	—	20.8	—	6.48
2000	31.67	2.34	0.79	7.4	0.56	1.13	—	—	—	—	—	—	—

说明:资料来源于《长兴统计年鉴》

六、就业服务

服务机构 1988 年,县内就业服务机构有县劳动服务公司。1990 年 4 月,更名为县就业管理服务处。1992 年 11 月,建立县职业介绍所,与县就业管理服务处两块牌子一套班子。1992 年 12 月,成立县技术工人交流服务中心,日常工作由县劳动人事局计划劳力股负责承办。2009 年 9 月,全县 18 个乡镇(街道)均成立劳动保障事务所,各行政村成立劳动保障工作站,就业信息网络覆盖所有乡镇,农村劳动力足不出户即可就地、就近、及时了解各种招聘信息和技能培训信息。2011 年 4 月,设立县劳动保障信息中心,为纯公益性事业单位,核定财政拨款事业编制 4 人。2012 年 12 月,设立县人力资源和社会保障咨询服务中心,与县人社局行政许可科(法规监察科)合署办公,统一使用 12333 作为人力资源社会保障综合咨询服务号码。各乡镇(街道、园区)人力资源和社会保障服务所更名为人力资源和社会保障服务中心,与乡镇(街道、园区)事业综合服务中心(投资服务中心)合署办公,核增全县部分乡镇(街道、园区)事业综合服务中心(投资服务中心)事业编制 12 人,专门用于人力资源和社会保障服务中心工作。

职业中介机构 1992 年 11 月,县职业介绍所建立。1999 年起,根据劳动和社会保障部《关于职业中介管理、整顿劳动力市场秩序的通知》要求,县劳动监察大队每年对全县职业中介机构进行专项执法检查和清理整治。2003 年,全县共有 18 家职业中介机构在县人力资源市场集中经营。2006 年,长兴雉城阳光家政服务部被中国就业促进会授予 2005 年度全国优秀民办职介机构。2012 年年末,全县集中经营的职业中介机构共有 21 家。参见第 14 编、第 4 章、第 5 节。

劳动力市场 1992 年起,县劳动人事局根据全县用人单位需求,每年春、冬季在人口相对集中的雉城镇、泗安镇、虹星桥镇、和平镇、洪桥等乡镇举办大型劳动力交流大会,同时开发区每月举办劳动力交流和小型招聘洽谈会。1992 年 10 月至 1998 年 8 月,先后在县政府招待所、长兴中学、县就业中心、雉城中学、春楼饭店举办劳动力集市 8 场,设摊单位数 325 家,入场应聘人数累计 3320 人,达成就业意向 1478 人次,当场签约 549 人。1997 年 10 月,县人事劳动局成立县人才市场,与县人才交流服务中心合署办公。1999 年,成立县人力资源市场,地址位于雉城镇环城南路三通家电城。2001 年,县人力资源市场和各类职业介绍机构共接待招聘单位 800 多家次,向社会提供用工岗位信息 2700 多条,介绍劳动力就业1637人，劳务输出600人。2002年9月，开通长兴县人才网，实现与省、市人才网和上海、沈阳、武汉人才网，以及浙江大学、江南大学等网站的链接。2003年3月，县政府投资130多万元，筹建县人力资源市场。2006年，全县16个乡镇均设有劳动力市场服务窗口，并与县中心市场实现资源共享，建立就业信息发布制度。2007年，与江西、安徽、河南、湖北等劳动力资源丰富地区开展劳务合作，建立省外劳务合作基地。2010年1月，县人力资源市场迁至浙北大厦购物广场北侧。2012年，县人力资源市场举办2场企业人力资源交流大会，74家单位设摊，提供岗位850个，通过双向选择正式录用200多人。2000—2012年，全县共举办劳动力交流大会和专场招聘会116次，有1.4万家单位进场招工，提供岗位15.7万个，求职者参与应聘11.2万人，达成意向2.5万人；在安徽阜阳（宣城）、江西上饶（景德镇）、河南罗山、贵州开阳、云南南华、江苏徐州等地建立劳务合作基地12个，先后组织县内260余家企业通过招聘会和以老员工带新员工等方式，引进县外劳动力34.47万人。

第三节　职工工资福利

一、工资调整

1989年工资调整，增资对象为1989年9月30日在岗的企业正式职工（不含未转正定级的人员）和计划内临时工以及1989年度转业、复员到企业的军队干部和战士。增资时间从1989年10月起，一般为一个级差。全县共有87家全民所有制企业、136家集体所有制企业进行升级增资。

1991年工资调整，根据劳动部《关于调整企业职工工资标准的通知》，将企业单位职工各等级标准工资均提高6元，作为粮价提高的补贴。企业新参加工作的大中专毕业生见习期间的临时工资待遇也作相应调整。

1994年工资调整，根据劳动部等部门《关于深化企业工资改革适当解决部分企业工资问题的意见》，增资对象为1993年年末的企业在职人员（含离岗退养人员），增资额度为月人均50元以内，具体分配形式和办法由企业自主决定。从1994年1月起执行。

1997年工资调整，根据省劳动厅等部门《关于适当增加企业职工工资的通知》，增资对象为1996年年末在册的正式职工（含离岗退养人员），增资额度按企业职工月人均50元以内安排，具体增资办法由企业自主决定。同年，全县企业工资总额比上年增长3.9%。从1997年1月起执行。

2001年工资调整，根据省政府《关于提高浙江省社会保障等待遇水平意见的通知》，企业可按月人均不超过100元的幅度为职工增加工资，亏损企业原则上不增资。从2001年4月起执行。

二、工资制度

工效挂钩　1988年7月，省政府下发《关于全面推行全民所有制企业工资总额同经济效益挂钩部分的通知》，国有企业和县以上集体所有制企业实行工资总额与经济效益挂钩浮动，由省核定基数给县，县与企业结算。同年8月起，长兴与省同步实行“工效挂钩”，115家全民与集体所有制企业挂钩职工人数共17407人，其中全民所有制企业推行“工效挂钩”职工人数13839人，占全部职工人数的94.4%，集体企业3568名职工参照全民企业的做法，逐步开展“工效挂钩”。同年，全县81家全民企业所有制人均创税利2592元，34家集体所有制企业人均创税利2112元，比核定基数分别增长36.3%和38.9%。1989年，扩大工效挂钩实施范围，审批新挂钩企业114家、职工6544人，其中全民所有制企业6家、职工133人，集体所有制企业108家、职工6411人。全县除二轻和建筑系统集体企业外，基本实行工资总额与经济效益挂钩的办法。同年，全民所有制企业实现效益工资296.96万元，集体所有制企业实现效益工资121.88万元。1991年，开展第二轮企业“工效挂钩”工作，审批全民企业92家、集体企业188家，共计24880名职工实行“工效挂钩”办法。同年，全民所有制企业实现效益工资212.64万元，集体所有制企业实现效益工资60.78万元。1994年起，全县433家全民所有制企业和县以上集体企业实行第三轮工效挂钩。1999 年后,国家对企业的工资管理逐步由工资总量控制向工资水平调控转变,工效挂钩办法不再继续实施。

企业最低工资保障制度 1994 年 9 月,县劳动人事局转发劳动部、省劳动厅、市劳动局《关于企业最低工资规定的通知》,规定从 1994 年 5 月起,全县城镇各类经济类型的企业以及在其中领取报酬的在职职工(不包括见习期和熟练期内的职工,乡镇企业及其在其中领取报酬的职工)实行最低工资保障制度,月最低工资标准确定为每人每月 200 元。1994 年以后,根据上级劳动部门要求和全县经济发展水平,适时进行调整和提高。2001 年 10 月 1 日起,县内企业最低工资标准调整为 380 元。2012 年 4 月,县政府根据省政府《关于调整全省最低工资标准的通知》精神,将企业最低工资从原来的每月 1060 元调整为 1200 元,非全日制工作最低小时工资标准为每小时 9.7 元。

1994—2012 年长兴县行政区域内企业最低工资标准表

表 33-5

起始年月	最低月工资(元/月)	最低小时工资(元/小时)	起始时间	最低月工资(元/月)	最低小时工资(元/小时)
1994.5.9	200	—	2005.10.1—2006.8.31	560	4.8
1995.10	230(10%浮动)	—	2006.9.1—2007.9.30	620	5.3
1997.1	230元、250元~270元	—	2007.10.1—2008.8.31	700	6.0
1998.7.1	250元、280元~300元	—	2008.9.1—2010.3.31	780	6.5
2001.10	380	—	2010.4.1—2011.3.31	900	7.3
2002.10.1—2003.9.30	430	3.9	2011.4.1—2012.3.31	1060	8.6
2003.10.1—2004.9.30	430(湖州三县两区标准)	3.9(湖州三县两区标准)	2012.4.1—	1200	9.7
2004.10.1—2005.9.30	510(湖州三县两区标准)	4.4(湖州三县两区标准)	—	—	—

说明:资料来源于县人社局。最低工资不包含以下 3 项:延长工作时间工资;中班、夜班、高温、低温、井下、有毒、有害等特殊工作环境条件下的津贴;法律、法规和国家规定的劳动者福利待遇等

工资指导线制度 1998 年起,全县试行企业工资指导线制度。每年度的工资指导线由省劳动厅发布,各级劳动行政部门负责实施和管理,适用于城镇各类企业,乡镇企业参照执行。

1998—2012 年度长兴县企业工资指导线情况

表 33-6

单位:%

年份	企业货币平均工资增长基准线	企业货币平均工资增长上线(预警线)	企业货币平均工资增长下线	年份	企业货币平均工资增长基准线	企业货币平均工资增长上线(预警线)	企业货币平均工资增长下线
1998	8	12	实际工资零增长或负增长,但企业支付给提供正常劳动的职工工资不得低于最低工资标准	2007	10	15	3
1999	7	10		2008	12	18	5
2000	10	15		2009	9	14	0
2001	10	15		2010	12	—	4
2002	12	17		2011	14	—	5
2003	12	17		2012	未发布	未发布	—
2004	12	16		—	—	—	—
2005	10	15		—	—	—	—
2006	10	15		—	—	—	—

说明:1. 资料来源于县人社局;2. 企业工资指导线由省劳动行政部门发布,县劳动行政部门负责实施管理

劳动力市场工作指导价位　2005 年 7 月，根据劳动部《关于建立劳动力市场工作指导价位制度的通知》，县劳动保障局公布 2005 年度全县 104 个职业（工种）的劳动力市场工资指导价位，该次公布劳动力市场工作指导价位的工种主要为通用工种，实施时间为 2005 年 7 月 1 日至 2006 年 6 月 30 日。2006 年 7 月，公布 2006 年度企业部分职业（工种）劳动力市场工资指导价位，与上年度发布的数据相比，各行业从业人员的工资均不同程度上涨。其中，平均涨幅约 8%，搬运工、餐具清洗员等低收入工种涨幅较高，达到 10%左右。2010 年 9 月，全县公布 115 个职业（工种）劳动力市场工资指导价位，为劳动力供求双方协商确定工资水平提供客观的市场参考依据。

2010 年长兴县企业部分职业（工种）劳动力市场工资指导价位表（月薪）

表 33-7　　单位：元

职业（工种）	高价位	中价位	低价位	职业（工种）	高价位	中价位	低价位	职业（工种）	级别	高价位	中价位	低价位
服装缝纫工	1850	1500	950	财务经理	5080	2750	1500	钳工	高级	2200	1720	1480
服装检验工	1900	1450	930	企业经理	15000	4500	2650		中级	1500	1380	1300
纺织挡车工	2100	1650	1100	建筑工程技术员	4850	2450	1600		初级	1350	1200	1000
保全工	2850	1650	1150	家电维修工	1900	1350	1150	焊工	高级	2300	1850	1650
搬运工	1920	1400	900	会计人员	2950	1950	970		中级	1800	1500	1300
营业员	1800	1350	900	美发师	2300	1850	1000		初级	1400	1300	1000
推销员	2200	1700	1350	保健按摩人员	2450	1550	1150	电工	高级	2300	1950	1550
餐厅服务员	1800	1350	950	美容师	2500	1650	1000		中级	1750	1550	1350
客房服务员	1650	1300	950	家政服务员	1350	1150	980		初级		1200	1000

说明：资料来源于县人社局。长兴县劳动力市场工作指导价位由县劳动行政部门发布

三、福利

县内职工按国家相关规定享受探亲假、产假、丧葬费抚恤金等福利。

探亲假　全县执行国务院《关于职工探亲待遇的规定》和浙江省《关于执行〈国务院关于职工探亲待遇的规定〉的实施细则的通知》等文件规定的有关探亲假政策。职工探望配偶每年 1 次假期为 30 天。未婚职工探望父母每年 1 次假期 20 天，如职工自愿 2 年探亲 1 次假期为 45 天。已婚职工探望父母 4 年 1 次假期 20 天。探亲假和沿途假内，职工标准工资照发；往返路费，在职工标准工资 30％以内由个人自理，超过部分由所在单位负担。年满 50 周岁的职工连续乘车 48 小时以上的，可以给予报销硬席卧铺费；中途必须中转住宿的，可以报销住宿费。

产假　1988 年 4 月起，全县执行省政府下发的《浙江省女职工劳动保护暂行规定》。2004 年 7 月 1 日起，执行《浙江省女职工劳动保护法》。2012 年 4 月 18 日，国务院颁布《女职工劳动保护特别规定》，对产假作出规定。详见本章、第 5 节、第 4 目。

死亡抚恤　国有企业和县以上集体所有制企业职工死亡后抚恤待遇，按国家规定执行，包括丧葬费、一次性抚恤费、遗属生活困难补助费 3 项。

丧葬费，1986 年 7 月发放标准为因工、因病或非因工均为 400 元；1994 年 7 月起均调整为 800 元；1999 年 1 月起调整为 2000 元；2001 年 1 月起，因工发放标准调整为 60 个月上年度全县职工月平均工资，因病或非因工为 2000 元；2005 年 1 月起，因工发放标准仍为 60 个月上年度全县职工月平均工资，因病或非因工调整为 4000 元。

一次性抚恤费，1985 年 7 月发放标准因工为 300 元，因病或非因工为 150 元；1990 年 10 月起调整为因工 600 元，因病或非因工 300 元；1994 年 7 月起调整为因工发放 36 个月工资，因病或非因工 2000 元；2000 年 1 月起因工调整为发放 60 个月上年度全县职工月平均工资，因病或非因工仍为

2000 元;2007 年 1 月起因工仍为发放 60 个月上年度全县职工月平均工资,因病或非因工调整为 10000 元。

建立国有企业职工死亡后供养直系亲属生活困难补助制度,按月发给生活困难补助费(总额不得超过死亡职工生前月工资),直至供养者失去供养条件为止。县以上集体企业参照执行。1986 年 7 月 1 日,因工死亡的国有企业职工供养直系亲属生活困难补助费每月发放标准为,非农业人口 35 元、农业人口 25 元,孤独者 5 元;因病或非因工的每月发放标准为,非农业人口 25 元、农业人口 20 元。1990 年 10 月 1 日起,因工死亡的每月发放标准为,非农业人口 45 元、农业人口 35 元;因病或非因工的每月发放标准为,非农业人口 35 元、农业人口 30 元。1994 年 7 月 1 日,因工死亡的每月发放标准为,非农业人口 120 元、农业人口 100 元,孤独者 10 元;因病或非因工的每月发放标准为,非农业人口 100 元、农业人口 85 元。1996 年 7 月 1 日,因工死亡的每月发放标准为,非农业人口 150 元、农业人口 120 元,孤独者 20 元;因病或非因工的每月发放标准为,非农业人口 120 元、农业人口 100 元。1999 年 7 月 1 日,因工死亡的每月发放标准为,非农业人口 200 元、农业人口 160 元;因病或非因工的每月发放标准为,非农业人口 160 元、农业人口 130 元。2001 年 1 月 1 日起,因工死亡的,按照工伤保险条例规定执行。因病或非因工死亡的每月发放标准自同年起至 2012 年共调整 11 次,2012 年 3 月 3 日调整后每月发放标准为非农业人口 600 元、农业人口 505 元。

第四节　职业技能培训与鉴定

一、职业技能培训

1988 年起,全县全民所有制企业和县以上集体所有制企业招收新工人按照“先招生、后招工,先培训、后就业”原则进行。同年,由县劳动服务公司组织就业前培训和上岗前培训共 597 人次,占 1987 年度安置待业青年人数的 71.7%。1989 年,对近 70 名高校毕业生开展为期 2 天的上岗前培训,完成集体所有制招工培训 360 人,其中就业前培训 330 人、上岗前培训 30 人。1990 年,完成就业前培训 710 人,其中待业人员就业前培训 615 人,高校毕业生上岗前培训 95 人,在职职工锅炉、焊接等技能提升培训 280 人,协助各主管局完成技能等级证书培训 1014 人,其中初级工 290 人、中级工 724 人。1991—1992 年,培训乡镇矿长 1161 人、司炉工 140 人,举办矿山爆破员培训班 2 期。同年,成立县就业训练中心,举办首批 2 期培训班,受训人员 198 人。1993 年,成立县培训教育中心,主管全县职业技能培训和鉴定工作。之后,随着劳动力市场发展,企事业单位和社会团体举办面向社会、以取得职业资格证书为目标的培训逐步发展,公民个人举办职业培训也从无到有,逐步增加,职业技能培训趋向社会化。2004 年,全县经劳动保障部门审批的职业技能培训基地共有 7 家。至 2012 年,增加到 32 家,培训项目涉及服装缝纫、电焊、电工、餐饮服务、车工、烹饪、汽车维修、电脑平面设计、数控等 50 多个工种。1993—2012 年,全县开展各级各类职业技能培训共 1.4 万期,累计培训 5.6 万人次。

二、职业技能鉴定

1988 年 5 月,县工人技术考核委员会成立,负责统一组织工人技术考核。1989 年起,全县企业逐步建立起培训、考核和使用、待遇相结合的考核制度,考核工作实行分级管理,中级工及以下考核由县工人技术考核委员会负责,高级工、技师和高级技师分别由市、省级考核发证。1994 年,全县职工中有初级和普通工 22156 人,中级工 4638 人,高级工 2051 人,技师 82 人,高级技师 6 人。同年,省劳动厅印发《浙江省职业技能鉴定实施办法》。1995 年以后,全县实行职业技能鉴定制度,工人技术考核逐步向社会化职业技能鉴定过渡。2000 年 10 月,成立县职业技能鉴定中心,鉴定工种有 20 多种。2001 年,参加职业技能鉴定 400 人,有 360 人获得相应职业资格证书。2002 年,县职业技能鉴定中心因机构改革撤销。2005 年,县职业技术学校建立职业技能鉴定站,鉴定工种为中式烹饪、中式面点、服装缝纫工

3个，鉴定等级为初级、中级。2010年，县职业技术学校职业技能鉴定站更名为职业技能鉴定所，鉴定工种为电焊工、车工、钳工、维修电工等10个，鉴定等级为三级、四级、五级。2002—2012年，全县参加职业技能鉴定共107151人次，发放职业技能培训结业证95740本，其中初级64482本、中级27121本、高级4127本。2012年年末，全县共有技师543人，其中高级技师135人。

2002—2012年长兴县职业技能鉴定情况表

表33-8

年份	参加鉴定（人）	发放职业资格证书（本）				年份	参加鉴定（人）	发放职业资格证书（本）			
		合计	初级	中级	高级			合计	初级	中级	高级
2002	1327	1217	802	359	56	2008	14942	13667	9010	4039	618
2003	1595	1516	998	448	70	2009	14984	13284	8758	3925	601
2004	5332	4970	3486	1048	436	2010	13964	12282	8097	3630	555
2005	8698	8090	6439	1542	109	2011	11238	9232	5056	3508	668
2006	12800	11412	8253	3068	91	2012	9816	8978	5918	2653	407
2007	12455	11092	7665	2901	516	—	—	—	—	—	—

说明：资料来源于县人社局

第五节　劳动管理

一、劳动用工计划管理

职工人数计划管理　20世纪80年代后，劳动用工计划逐步下放到市、县级管理。1989年，根据省清退全民单位计划外农民工的计划任务，县政府下发《关于严格控制职工人数和清理压缩计划外用工的通知》，将清退计划分解到各系统，分级包干。至年底，实际清退计划外用工690人，完成清退计划的117%，全年用于安置城镇待业人员602人。1992年起，对企业职工人数实行弹性计划管理，规定产值增长和职工人数比例控制数。全年全县有计划外用工1467人。1998年起，实行由企业根据生产需求自行编制用人计划，送劳动部门备案的办法进行管理。劳动部门职工人数计划管理职能消失。同年，全县全部单位从业人员备案在岗职工53312人，其中长期工50501人、计划外用工2811人。

劳动力调配和流动　计划经济体制年代，国家对全社会劳动力实行统一调配。1982年，根据省劳动局关于《转发国家劳动总局〈关于加强职工调剂工作的通知〉的通知》规定，全民所有制单位因生产需要增加劳动力，凡是能够从已有职工中调剂解决的，一律不得从社会上招工。1988—1995年，全县企业间调动职工人439人，县外调入职工148人，调出县外226人，主要用于解决夫妻两地分居问题。1995年以后，全民实行劳动合同制，职工经过双方单位协商同意，通过解除和重新签订劳动合同的办法，在单位之间流动。

技校毕业生安排　1986年起，县技工学校毕业生逐步实行根据需求和统筹安排按照择优原则进行分配，或通过双向选择，推荐就业。1997年以后，除定向培养的毕业生按校企合同或用人部门与其签订的就业合同到定向单位就业外，其他毕业生进入劳动力市场就业。1988—2012年，县技工学校毕业生累计统配、录用进企业2376人。

二、招工管理

城镇招工管理　1984年7月起，县内企业在国家计划指标内招用职工，统一实行劳动合同制，在劳动部门指导、有关部门监督下，公开招收，按德智体全面考核、择优录用的原则，由企业向劳动部门办理录用手续。1993年起，放开企业用人自主权，企业从城镇招用工人的数量、工种、条件、工资待遇、考试考核办法等均由企业自主决定。企业自行制定和公布招工简章(但不得有性别歧视等违反《中华人民共和国劳动法》规定),自行办理录用手续,不必再报劳动部门批准。

农村劳动力招收管理 计划经济年代,除矿山、建筑、搬运装卸等行业可以使用农村劳动力外,政府严格控制从农村招工,以安置城镇待业青年和下岗失业人员。1985 年 5 月以后,省政府规定可适当扩大从农村招用合同制工人。1988 年,针对全县交通运输、农林场站等企业因生产需要而又招工难的情况,经省劳动部门批准,全县共办理招收农民合同制工人 1307 人,包括集体农民合同制工 1087 人,进城做临时工 6393 人次。1993 年后,企业从农村招用合同制职工的审批权下放到县劳动部门。1993—1997 年,全县企业招用农民合同制工人 3352 人。2004 年起,招用农民合同制工人不必再报劳动保障行政部门审批,由企业自主决定,自行招用和管理。

职工子女顶替 1986 年 7 月,国务院废止职工子女顶替的规定,但在贯彻中允许灵活掌握。浙江省允许放宽到 1960 年年底以前参加工作、家居农村的老工人退休后,一名子女可参加招工考核,顶替工作。1986—1995 年,全县职工子女顶替招工 236 人。之后,随着 1960 年年底以前参加工作的老工人陆续退出职工队伍,职工子女顶替工作现象随之消失。

复退军人安置 1986—1992 年,全县实行复工复职和按系统分配任务包干的办法,安置城镇复员退伍军人 556 人。1993—1999 年,实行复工复职、双向选择和指令性分配安置相结合,安置 748 人。2000 年起,建立安置保障金制度,实行安置任务有偿转移、鼓励复退军人自谋职业,同年有 93 人通过双向选择就业、7 人自谋职业。之后,自谋职业、通过人才市场交流实现就业成为复退军人实现就业的主要渠道。

被征地"农转非"人员安置 1983 年后,浙江省允许城镇集体企业招用被征地农民(称"农转非"人员),重点建设项目国有单位有增人指标的也可招收。1988—1999 年,全县通过货币安置与征地"农转非"并有一定指标招工安置相结合的办法安置被征地农民,共有 3534 名被征地农民户口"农转非",其中 588 名被征地农民作为合同制工人被统一招工安置到有关企业工作。2000 年后,全县采用货币安置和建立被征地农民生活保障制度的办法安置被征地农民。

三、劳动用工制度改革

1983 年,全县在部分全民所有制、集体所有制企业开始新招工人实行劳动合同制的试点。1984 年 7 月起,在全民所有制、集体所有制企业新招工人中试行劳动合同制度,明确除城镇复退军人和技工学校毕业生外,向社会招工均由劳动部门核定招工指标,新招职工为合同制长期工,职工与企业签订劳动合同。同年,长兴杨家山水泥厂、长兴煤机厂、长兴丝织厂首批招收合同制长期工 328 人。1986 年 7 月,国务院发布《关于改革劳动制度四个规定的通知》,8 月省政府发布贯彻执行的实施细则,规定从当年 10 月 1 日起,企业在国家劳动计划指标内招用常年性工作岗位上的工人,除国家另有特别规定者外,一律实行劳动合同制。同年年底,全县有企业合同制工人 5127 人,其中全民所有制企业有合同制工人 4127 人、集体所有制企业合同制工人 1000 人;有新招劳动合同制工人 1602 人,其中全民所有制单位新招合同制工人 1136 人、集体企业新招合同制工人 466 人。1988 年,县劳动人事局转发劳动人事部关于《全国搞活固定工制度试点工作会议纪要的通知》,先后到长兴中百公司、长兴丝织厂、长岗岭牧场优化劳动组合,总结搞活固定工制度经验,但由于社会观念等外部环境和政策不配套等原因,搞活固定工制度的工作进展迟缓。1990 年,在全县全面实施搞活固定工制度,实行优化劳动组合,双向选择、竞聘上岗的合同化管理。1991 年开始,进行全员劳动合同制的试点工作。1987—1993 年,全县累计招收劳动合同制工人 14691 人,其中全民所有制单位新招合同制工人 11497 人、集体所有制企业新招合同制工人 2959 人、其他经济类型企业 235 人。1993 年年末,全县有职工 69584 人,其中 16286 名职工实行全员劳动合同制,占城镇企业职工总数的 23.4%。1993 年后,临时工纳入劳动合同制度管理,企事业单位招收的人员统称"合同制职工"。全县企业普遍实行全员劳动合同制,固定工制度成为历史。1996 年年末,全县国有企业、城镇集体企业及中外合资企业全员劳动合同制基本实施到位,实施企业 426 家,占全县企业总数的96.2%;签订劳动合同的职工51120人,占全县职工总人数的97.5%。2012年,全县全部单位(不含私营)全员劳动合同制全部实施到位,签订劳动合同的72246人,占职工人数的90.1%(含在编不在岗的留职停薪未签劳动合同)。全县国有企业、城镇集体企业及中外合资企业签订劳动合同的职工56667人,占职工人数的92.1%。

四、劳动保护

工作时间　1994年之前,全县普遍实行每日工作8小时、每周工作48小时的工作制。1994年3月起,实行每日工作8小时、每周工作44小时的工作制。1995年起,实行每日工作8小时、每周工作40小时的工作制,企业因工作性质或生产特点限制不能实行统一周休日的,可以实行不定时工作制或综合计算工时工作制等其他工作和休息办法。2012年,全县审批实行不定时工时制度的企业有28家、涉及职工1971人,实行综合计时工时制度的27家、涉及职工6549人,其中分布在制造业21家、交通运输及仓储和邮政类1家、批发和零售业4家、住宿和餐饮业1家、租赁和商业服务业1家。

休假制度　1994年之前,全县执行每周工作满6天休息1天,一般安排在星期日。1994年3月起,执行每2周工作满11天,休息3天,一般安排逢单周休息1天,逢双周星期六、星期日休息2天,俗称双休日为"大礼拜",单休日为"小礼拜"。1995年5月起,执行每周工作满5天,休息2天,一般安排在星期六、星期日。1999年8月前,执行法定假日为7天,包括元旦1天、春节3天、劳动节1天、国庆节2天。另有妇女节,女职工放假半天。1999年9月起,劳动节和国庆节均增加到3天,并通过调整前后周末休息时间,形成春节、"五一""十一"三个连休7天的长假("五一""十一"7天长假又称"黄金周")。同年起,法定假日为10天。2007年12月,国务院公布《全国年节及纪念日放假办法》和《职工带薪年休假条例》,取消"五一"黄金周,劳动节由原来的3天减为1天,增加清明、端午、中秋3个法定节日各1天,法定假日共计11天。同时,根据《职工带薪年休假条例》规定,职工连续工作一年以上的享受带薪年休假,对职工应休未休的年休假天数,单位应按工资收入的300%支付工资报酬。

工时制度　1995年1月起,国务院颁发《中华人民共和国劳动法》,规定用人单位不得违反规定延长劳动者工作时间。确因生产经营需要,需与企业工会和劳动者协商后可适当延长工作时间,一般每日不超过1小时,因特殊原因需要延长工作时间的,在保障劳动者身体健康的前提下,每日延长工作时间不得超过3小时,每周不得超过36小时。1995年5月起,县内企业职工实行新工时制,对周休息日的确定,可根据所在地的供电、供水和交通等实际情况,经与工会和职工协商后灵活安排,对执行新工时制度有困难的企业,可延期实行,但最迟应于1997年5月1日起施行。企业因工作性质和生产特点的限制,不能实行每日工作8小时,每周工作40小时标准工时制度的,可以实行不定时工作制或综合计算工时工作制等其他工作和休息办法。长兴企业执行该规定总体良好,但部分个体私营企业的工作时间远远超过国家规定的工作时间。

女职工劳动保护　1985年起,女职工产假从56天延长到90天,其中产前休假15天;难产的增加15天产假;多胞胎的,每多生育1个婴儿其产假多给15天;怀孕3个月内自然(人工)流产的,给予产假30天;3个月以上7个月以下自然流产或人工引产的,给予产假45天;对7个月以上早产或者超期分娩的,按正常分娩对待;分娩时遇到难产实施助产手术的,产假期增加7天;女职工产假期间工资(即生育津贴)照发,不影响其享有的福利待遇。婴儿不满1周岁的女职工,所在单位在每班劳动时间内给予两次哺乳时间,每次30分钟,可合并使用;女职工在哺乳期内,不得延长其劳动时间,不得安排从事夜班劳动。经县级以上医疗机构确诊患有更年期综合征的女职工,可暂时安排其他适当工作或酌情减轻工作量。每两年至三年对女职工进行一次妇科检查,建立健康档案。2004年7月起,根据《浙江省女职工劳动保护法》,对7个月以上早产或者超期分娩的,按正常分娩对待;分娩时遇到难产实施助产手术的,产假期增加7天;对生育多胞胎的,每多生育1个婴儿其产假多给15天;女职工产假期间工资(即生育津贴)照发,不影响其享有的福利待遇。2012年4月18日,国务院颁布《女职工劳动保护特别规定》,明确女职工生育享受98天产假,其中产前可以休假15天;难产的,增加产假15天;生育多胞胎的,每多生育

1个婴儿,增加产假15天。女职工怀孕未满4个月流产的,享受15天产假;怀孕满4个月流产的,享受42天产假。职业女性有未婚生育、超生等违反计划生育相关法律法规的情形,也不剥夺其享受产假的权利,但在国家机关、事业单位及国有企业等单位工作的职业女性除外。对高空作业、冷水作业、野外作业的女职工,在月经期间给予1天公休。

1999年4月起,根据《长兴县企业职工生育保险暂行办法》,实施企业女职工生育保险社会统筹。由县社会保险机构从生育保险基金支付产假期间的生育津贴(即原产假工资)、一次性营养费、医疗补助费。1999—2012年,累计拨付给5132名符合计划生育的女职工所在企业生育保险费1951.92万元。

农民工工资清欠 2002年,全县开展以清欠工资为主要内容的"春雨行动",让外地打工者拿到工资回家过年,同年,为77名外地打工者清欠工资6.55万元。2003年12月,县劳动保障部门与相关单位探索建立欠薪保障金制度。2004年9月,县劳动保障局、县建设局联合发出通知,规定每年春节前10天,无论工程是否完工,应将合同约定的民工工资全部结清并支付,不得以任何名目拖欠和克扣。2004年10月1日起,县内从事建筑施工的各类建筑施工企业均建立工资支付保障金制度,保障金额以合同价为基数,按一定比例预留,最高额度不超过30万元。同年12月底,全县清欠农民工工资400余万元,其中建筑企业350余万元。2005年,工资支付保障金的实施范围,从建筑领域扩大到从事交通、水利建设的施工单位及租用场地或承包经营企业。2006年1月,对建设领域工资支付保障金制度进一步完善,规定建设单位在项目开工前缴付工资支付保障金,并存入指定银行专户,一旦发生拖欠,将从保障基金中直接支付劳动者工资。至2012年年末,欠薪保障金余额为7626万元。

五、退休职工管理

职工退休办理 1978年6月后,全县职工退休按照《国务院关于安置老弱病残干部的暂行办法》和《国务院关于工人退休、退职暂行办法》办理。1988年年底,全县共有企业离、退休(退职)职工919人。1995年6月,省劳动厅下发《关于全面实行劳动合同制若干问题处理意见的通知》,全县开始全面实行劳动合同制度。原工人被聘任管理人员或专业技术人员5年以上,在聘用岗位上退休、退职的,按该通知办理干部退休、退职手续,如个人自愿也可按工人退休、退职办法办理;原国家正式干部在工人岗位上工作满1年,并在工人岗位上退休、退职的,根据个人自愿可按干部(也可按工人)退休、退职办法办理手续。对转制企业职工距离法定退休年龄不足5年、累计缴纳养老保险费满10年以上的,经个人申请,由劳动行政部门审核批准后,可办理提前退休手续。同年年末,全县有企业离、退(退职)休职工2197人。1999年10月,省政府出台《浙江省职工基本养老保险条例》,1997年12月31日以前参加工作、缴纳养老保险费已满10年和1998年1月1日以后参加工作、缴纳养老保险费年限满15年的职工,达到退休年龄的职工,办理退休;1997年12月31日以前参加工作、因病或非因公完全丧失劳动能力、缴纳养老保险费已满10年或者1998年1月1日以后参加工作、因病或非因公完全丧失劳动能力、缴纳养老保险费年限满15年的职工,但未达到退休年龄的职工,可以办理退职。2012年年末,全县共有企业离、退休(退职)职工32144人。

社会化管理服务 20世纪80年代中期以前,全县企业离退休职工由企业和主管部门管理,养老保险金由企业发放。1986年4月底,根据省政府《关于进一步开展职工离退休基金统筹工作的意见》,县二轻集体企业实行职工离休、退休费统筹发放试点,养老金仍由企业发放。1989年起,在全县企业采取按差额缴拨的办法实行离、退休费社会统筹,由原来的企业保险过渡到社会保险。1997年12月,省政府出台《关于建立统一的企业职工基本养老保险制度的通知》,要求提高养老保险管理服务的社会化程度。2000年8月,县机关事业单位及部分企业离退休人员的养老金实行归口管理,由县社会保险办公室统一实施社会化发放,离退休人员通过银行和邮局领取养老金。同年,2830名机关事业单位离退休人员和91家企业4867名离退休人员的养老金纳入社会化发放。2001年,企业离退休人员养老金的社会化发放工作全面铺开,社会化发放率达到100%。至2012年年末,全县有31807名企业离、退休人员养老金通过社会化发放渠道,年支出58791万元。

第六节　劳动监察与争议仲裁

一、劳动监察

1997年，县劳动局成立劳动力管理科，负责劳动监察工作。1999年9月，成立县劳动保障监察大队，隶属县人事劳动局，为全额拨款事业单位，负责对用人单位遵守劳动法律、法规和社会保险征缴等劳动保障情况的依法监督、检查。

执法宣传和专项监察　1995年，根据劳动部、浙江省劳动厅的统一部署，县劳动部门对县境内的用人单位开展遵守《中华人民共和国劳动法》情况大检查。1998年，主动监察用人单位206家，立案20件，结案20件，行政处罚违法违规单位3家，补签劳动合同984份；为职工追回拖欠工资98万元，涉及人数620人；清退童工3人。2001年起，每年7月中上旬，组织开展“劳动者权益保护宣传周”活动，通过上街设摊、悬挂宣传横幅、印发宣传手册、播放以案说法电视节目等形式，开展劳动法律法规宣传咨询活动。2002年开始，每年开展以清欠工资为主的“春雨”行动，以清理整顿人力资源市场秩序为主的“春雷”行动，以整治非法使用童工为主的“春苗”行动，至2012年年底，共为3.46万人追回工资7727万元，清退童工121人，清退押金、保证金等3.53万元。2003年4月起，重点围绕劳动安全生产、工资支付、劳动合同制度三方面，组织开展劳动法执法检查。同年9月，在全县16个乡镇举办企业负责人劳动法律法规知识培训班。10月，开展全县蓄电池行业用工整顿专项检查。2004年，开始建立建筑施工企业工资支付保障金制度，建筑业企业以工程项目或企业为单位办理欠薪保障金担保，按比例或分档次缴纳，并将欠薪保障金存入指定银行的专用账户，实行专款专用，从源头上防止拖欠农民工工资现象的发生。2005年，开通12333和0572—6022672投诉举报电话，设专人负责接听。同年，建立长兴县欠薪应急周转资金，并将建筑企业欠薪保障金范围扩大到装潢、交通、水利和租用场地经营的企业。2006年，加强建筑施工企业劳动用工管理，建立建筑行业农民工记工考勤制度、建筑企业职工工资卡制度。2006年，实施劳动保障监察网格化管理，全县划分东、南、西、北、中五大责任区域，成立20个劳动保障监察中队，建立126个村（社区）劳动保障监察协管站。2009年开始，每年开展以社会保险缴纳和劳动合同签订为主的“春风”行动。2011年，建立租赁场地企业工资支付保证金制度。2012年，主动监察用人单位590家，涉及人数4.1万人；立案26件，结案26件，行政处罚违法违规单位26家，处罚金额11.89万元，补签劳动合同1120份；为职工追回拖欠工资571.49万元，涉及人数1789人；清退押金、培训费、保证金等8200元，清退童工16人。

图33-1　长兴县劳动保障兼职监察员培训班（县人力社保局提供·2005年）

劳动年检　1997年4月，省劳动厅下发《浙江省劳动年检实施办法》。1998年起，全县实施劳动年检制度，年检对象为《中华人民共和国劳动法》规定范围内的所有用人单位，年检内容为用人单位遵守劳动法律、法规、规章的情况。同年，年检用人单位85家，涉及职工1127人，年检合格企业72家，占84.7%。2012年，年检用人单位5965家。1998—2012年，全县共年检用人单位3.5万家，涉及职工50.62万人次。

1998—2012 年长兴县劳动保障监察情况表

表 33-9

年份	主动监察用人单位(家)	涉及人数(万人)	各类案件立案(件)	各类案件结案(件)	行政处罚违法违规单位(家)	处罚金额(万元)	补签劳动合同(份)	为职工追回拖欠工资(万元)	涉及人数(人)	清退押金、培训费、保证金等(万元)	清退童工(人)	劳动年检单位(家)
1998	206	0.89	20	20	3	0.30	984	98.00	620	—	3	85
1999	268	0.92	42	42	6	0.80	1016	102.00	922	—	4	89
2000	328	1.10	52	52	8	1.60	1236	126.00	1026	—	2	90
2001	423	1.30	68	68	9	2.60	2572	359.39	3399	—	2	89
2002	365	1.20	67	67	8	3.80	2368	322.82	3400	—	5	452
2003	246	1.40	189	189	13	4.52	4328	428.00	1966	—	7	900
2004	423	1.67	92	92	12	3.86	7689	557.00	4313	—	15	1002
2005	457	3.60	130	130	11	7.68	22457	1012.00	3991	—	11	754
2006	509	3.50	152	152	11	8.20	13845	1017.90	3888	—	5	1054
2007	495	2.90	54	54	8	3.34	9620	1032.00	2874	—	4	2278
2008	466	2.00	58	58	9	10.62	5635	570.00	1950	0.30	4	5455
2009	583	2.50	23	23	15	5.45	1600	546.90	1722	1.71	8	5525
2010	625	2.60	36	36	29	18.38	1700	586.50	1850	0.45	17	5626
2011	603	3.95	20	20	19	23.88	9185	397.53	877	0.25	18	5798
2012	590	4.10	26	26	26	11.89	1120	571.49	1789	0.82	16	5965

说明:资料来源于县人社局

二、劳动争议仲裁

县劳动争议仲裁委员会成立于 1987 年 8 月,下设劳动争议仲裁委员会办公室,与县劳动人事局仲裁科合署办公,负责全县劳动争议处理和劳动合同鉴证工作。1998 年 5 月,在全县各乡(镇)建立劳动争议仲裁办事处,聘任乡镇司法或法律工作者担任兼职仲裁员,聘期 3 年。2001 年 12 月,县人事与劳动实行机构分设后,分别成立人事争议仲裁院和劳动争议仲裁院两个业务机构。2010 年 8 月,各乡镇(街道、园区)及有下属事业单位的主管部门成立劳动人事争议调解委员会,较大的事业单位单独成立劳动人事争议调解委员会。2011 年 4 月,人事争议仲裁院和劳动争议仲裁院合并,成立县劳动人事争议仲裁院。至 2012 年,全县共建立乡镇调解组织 20 家、村(社区)调解组织 275 家,企业调解组织 1857 家。

劳动合同鉴证 1988 年,县劳动争议仲裁委员会鉴证劳动合同 1211 份,纠正无效合同 127 份。1992 年,劳动部颁布《劳动合同鉴证实施办法》,同年全县共鉴证劳动合同 4000 份,纠正无效合同 501 份。1996 年起,逐步实行集体合同制度。2012 年,县劳动争议仲裁委员会鉴证劳动合同 8.01 万份,纠正无效合同 29 份,审查集体合同 941 份。1988—2012 年,共鉴证劳动合同 62.73 万份,纠正无效合同 1.5 万份。1996—2012 年,共审查集体合同 1.22 万份。

劳动争议调解与仲裁 1988 年,全县共受理劳动争议案件 2 件,立案 2 件,结案 2 件,为单位、个人挽回经济损失 4 万元。1995 年,《中华人民共和国劳动法》实施以后,劳动争议案件范围扩大、数量增多。案件主要集中在劳动报酬、社会保险争议等方面。1988—1999 年,共受理劳动争议案件 240 件,多数采取协商、调解方法解决。进入 21 世纪,随着经济体制和劳动制度改革的深化,劳动者维权意识不断增强,多元化劳动争议案件日益增多。2003 年,全县受理争议案件 115 件,首次突破百件。2004 年 10 月,全县首例涉外劳动合同纠纷案审理终结,作为外籍劳动者,申诉人彼得•林趣在中国从事教学劳动的合法权利得到公正维护。同年,共受理劳动争议仲裁案件 95 件,立案 91 件,结案率 95%,为当事人挽回经济损失 190 万元。2008 年,《中华人民共和国劳动争议调解仲裁法》开始施行,同年,全县共受理争议案件 209 件。2012 年,共受理劳动争议案件 504 件,其中集体争议案件 8 件;立案 337 件,结案 333 件,结案率 98.8%,为单位、个人挽回经济损失 537 万元。1988—2012 年,全县共受理劳动争议案件 2274 件,结案率 96%,主要集中在工资争议、工伤待遇和社会福利争议上,其中集体争议 36 件,通过调解处理 1787 件、协商裁决 221 件、其他 172 件。化解民工上访 367 起。累计为单位、个人挽回经济损失 7595 万元。

1988—2012 年长兴县劳动合同鉴证及劳动争议案件处理情况表

表 33-10

年份	劳动合同鉴证			劳动争议案件					
	鉴证劳动合同(份)	纠正无效合同(份)	审查集体合同(份)	受理案件总数(件)	其中集体争议(件)	其中			
						立案(件)	结案(件)	结案率(%)	挽回经济损失(万元)
1988	1211	127	—	2	0	2	2	100	4
1989	987	103	—	4	0	4	4	100	6
1990	1034	155	—	6	0	6	6	100	5
1991	2886	371	—	44	0	4	4	100	4
1992	4000	501	—	265	0	5	5	100	7
1993	3762	402	—	21	0	21	21	100	11
1994	3108	397	—	19	0	19	19	100	14
1995	4311	564	—	36	0	36	36	100	31
1996	4921	603	177	31	0	30	30	100	27
1997	5047	738	301	28	0	25	25	100	24
1998	5889	851	459	41	0	38	38	100	43
1999	7076	706	398	57	0	50	50	100	49
2000	8300	817	556	72	0	62	62	100	85
2001	8533	641	475	76	0	68	68	96	98
2002	9101	702	601	95	1	95	91	96	121
2003	32000	2709	533	115	2	115	111	97	178
2004	37211	1617	798	95	0	91	86	95	190
2005	40382	902	920	118	1	113	108	96	400
2006	51173	773	1103	136	1	123	117	96	417
2007	49823	491	938	176	2	167	160	96	600
2008	62037	309	881	209	3	209	194	93	780
2009	59798	225	1211	384	4	384	350	91	600
2010	77313	186	997	188	3	188	182	97	661
2011	67329	71	872	883	11	82	78	95	2703
2012	80112	29	941	504	8	337	333	98.8	537

说明:资料来源于县人社局

第二章　人事人才

1988—2012 年,长兴县人事人才工作遵循党管干部、任人唯贤、精干高效的原则进行改革,实行干部统一分级管理,并逐步建立以能力和业绩为导向的社会化人才评价体系。25 年间,全县人才总量快速增长,各类专业技术人员数量大幅增加,人才市场建设不断加强,人才评价和引进、培养机制逐步建立和完善。至2012年,全县人才总数达12.19万人,是1988年的45倍,其中各类专业技术人才共有2.27万人,是1988年的6倍。

第一节 机构编制

1988年以来,由县劳动人事局(县人事劳动局、县人事局、县人力社保局)设机构编制科负责机构编制管理工作。2001年12月,明确县机构编制委员会办公室为县机构编制委员会的常设办事机构,也是县委、县政府主管机构编制工作的机构,挂靠县人事局。2011年5月,县机构编制委员会办公室单列为县委工作机构,作为县机构编制委员会常设办事机构,统一管理全县机关事业单位机构设置和人员编制核定。内设综合科、行政管理体制改革科、机构编制科、监督检查科,核定行政编制7人。下属参公事业单位县事业单位登记管理局,核定参公事业编制5人。

一、党政群机关编制

1988年,全县有党政群机关、政法部门机构88个,其中县级54个、乡镇34个;定编人数1757人,其中县级1012人、乡镇745人;实有人数1643人,其中县级971人、乡镇672人。2012年,全县有党政群机构50个,其中县级34个、乡镇16个;定编人数2480人,其中县级1742人、乡镇738人;实有人数2123人,其中县级1578人、乡镇545人。

县级机关 1988年,县级党政群机关、政法部门机构54个(公检法司统计在县级),定编1012人,实有971人。其中,县委设机构10个,编制128人,实有116人;县政府设机构32个,定编413人,实有442人;县人大编制16人,实有16人;县政协编制11人,实有11人;民主党派编制1人,实有0人;群团组织机构5个,编制32人,实有33人;政法部门机构4个,定编411人,实有353人,分别为人民检察院编制58人、实有52人,人民法院编制75人、实有65人,司法行政部门编制44人、实有32人,公安部门编制234人、实有204人。县委工作机构10个,分别为纪委机关、办公室、组织部、宣传部、统战部、人武部、老干部局、机关党委、党史资料征集研究委员会、政法委员会。县政府工作机构32个(不包括公安局、司法局),分别为办公室、计划经济委员会、科学技术委员会、财政税务局、劳动人事局、城乡建设环保局、经济技术协作办、职教办、审计局、物价局、工商行政管理局、土地管理局、文化局、教育局、卫生局、计划生育委员会、工业局、交通局、农村经济委员会、农业局、林业局、水利农机局、乡镇企业局、商业局、粮食局、物资局、民政局、监察局、统计局、财办、军转干办公室。体育运动委员会单独挂牌,与教育局合署办公,一副班子两块牌子。

1996年,县党政机关进行机构改革。县委机构设置:县委老干部局机构保留,级别不变,归口县委组织部;县级机关工作委员会改称为县直机关工作委员会,归口县委组织部管理。县政府机构设置:撤销县商业局、县物资局,分别组建县商业(集团)总公司和县物资(集团)总公司;县外事办公室与县政府办公室合署,一个机构两块牌子;县人民政府法制科为县人民政府办公室内设机构,保留牌子;县经济体制改革办公室与县计划与经济委员会合署,一个机构两块牌子;县财政局与县地方税务局、县国有资产管理局合署,一个机构三块牌子;县文化局与县体育运动委员会合并,建立县文化与体育局;建立县环境保护局,为正局(科)级;县城乡建设环保局,改称县建设局,级别不变;县标准计量局改称县技术监督局,为县政府直属正局(科)级事业单位;县对外经济贸易委员会改称县对外经济贸易合作局;县经济技术协作办公室转为县政府直属事业单位,级别不变;撤销县机关事务管理局;县机构编制委员会办公室是县机构编制委员会的常设办事机构,也是县委、县政府主管机构编制工作的机构,挂靠县人事劳动局。调整后,县级党政机构设置34个,比改革前44个减少10个,精简22.7%,人员精减10%。其中县委设工作机构5个,县政府设工作机构29个。县级机关编制720人,实有623人;政法编制580人,实有 557 人。

2001 年，县党政机关进行新一轮机构改革。县委工作机构设置：纪委机关、办公室、组织部、宣传部、统一战线工作部（挂民族宗教事务局、县委台湾工作办公室、县政府台湾事务办公室牌子）、政法委员会（社会治安综合治理委员会办公室与政法委机关合署办公）、政策研究室与农业农村工作办公室合署办公。县机构编制委员会办公室为县机构编制委员会的常设办事机构，也是县委、县政府主管机构编制工作的机构，挂靠县人事局；精神文明建设指导委员会办公室设在宣传部，对外保留牌子。县政府工作机构设置：不再保留粮食局，组建贸易与粮食局。将商业、物资行业管理和行政管理职能移交贸易与粮食局；组建招商局，为县政府直属事业机构；不再保留人事劳动局，分别组建人事局、劳动和社会保障局；计划与经济委员会更名为发展计划与经济委员会，原与其合署办公的经济体制改革办公室改为与县委政策研究室合署办公；计划生育委员会更名为计划生育局；水利农机局更名为水利局；土地管理局更名为国土资源局；教育委员会更名为教育局；科学技术委员会更名为科学技术局；广播电视局改为县政府直属事业单位；物价局职能并入发展计划与经济委员会，对外挂物价局牌子；不再保留工业局、乡镇企业局，其职能划入发展计划与经济委员会，挂中小企业局牌子；不再保留农村经济委员会（县委农村经济工作委员会），有关职能分别划入农业和农村工作办公室和县农业局；不再保留地质矿产局，其矿产资源管理职能划入国土资源局；不再保留国有资产管理局，其职能并入财政局；丝绸行业管理和行政职能移交发展计划与经济委员会，蚕桑生产管理职能划入农业局；开发区管委会和审批办证服务中心，为县政府派出机构。实行省以下垂直管理的工商行政管理、质量技术监督、药品监督管理机关的人员编制，分别按照县编制总数的 3%、2%、1.5%的比例上划；政法专项编制中，公安按 5%比例精简、司法部门与同级政府同比例精简、法院和检察院按 10%比例精简。调整后，县级党政机构设置 30 个，比改革前减少 4 个，精简 11.8%，其中县委设工作机构 7 个，政府机构由原来的 29 个调整为 23 个。县机关编制由 687 人减为 550 人，减少 137 人，精简 20%。单列管理的政法机关专项编制，由 416 人减为 380 人。

2005 年，实施政府机关机构改革。县政府工作机构设置：县政府仍授权县财政局代表国家履行国有资产出资人职责，承担国有资产管理职责；将县发展计划与经济委员会改组为县发展改革和经济委员会，为县政府工作部门。撤销县经济体制改革委员会办公室。将其承担的职能划入县发展改革和经济委员会；县发展改革和经济委员会与县统计局合署办公；组建县安全生产监督管理局，为县政府工作部门。原县发展计划与经济委员会承担的指导全县安全生产工作，协调处理重大安全事故的职能划入县安全生产监督管理局；组建县文化广电新闻出版局，为县政府工作部门。不再保留县文化与体育局、县广播电视局。设置县体育局与县文化广电新闻出版局合署办公；在县药品监督管理局基础上，组建县食品药品监督管理局，仍实行省以下垂直管理。县食品药品监督管理局继续行使药品监管职能，划入县卫生局承担的保健品许可的相关职能，增加对食品、保健品、化妆品安全管理的综合监督、组织协调和依法组织开展对重大事故查处的职能；将县计划生育局更名为县人口和计划生育局，为县政府工作部门；设立县政府法制办公室，与县政府办公室合署办公；设立县民族宗教事务局，与县委统战部合署办公；合并长兴广播电台、电视台两机构，建立长兴广播电视台，为县委、县政府直属事业机构，规格为相当于正科级，其新闻宣传由县委宣传部归口领导，行业管理由县文化广电新闻出版局等政府有关行政部门负责。调整后，县级党政机构设置 32 个，比改革前增加 2 个。其中县委设工作机构 7 个，县政府设工作机构 24 个。县级机关编制 1520 人，实有 1421 人。

2007 年，县委政策研究室与县委办公室合署办公，农业和农村工作办公室挂县人民政府农业和农村工作办公室牌子。2011 年，实施又一轮党政机关机构改革。县委工作机构由 7 个增加至 8 个，增设县机关编制委员会办公室。县政府工作机构调整为 26 个：组建县新居民事务局，与县政府办公室合署；组建县发展和改革委员会，挂县物价局、县对外合作交流办公室、县金融办公室牌子，不再保留县发展改革和经济委员会；组建县经济与信息化委员会，挂县中小企业局牌子；将县统计局与原县发展改革和经济委员会合署办公调整为独立设置；组建县人力资源和社会保障局，挂靠县人事局的县机构编制委员会办公室单独设置,列党委序列;组建县住房和城乡建设局和县规划局合署办公,挂县测绘与地理信息局牌子,不再保留县建设局;组建县商务局,挂县粮食局牌子,不再保留县贸易与粮食局、县对外贸易经济合作局;县招商局由参照公务员法管理的事业单位调整为县政府工作部门,与县商务局合署办公;县交通局更名为县交通运输局;县食品药品监督管理局由省以下垂直管理机构调整为县政府工作部门;县人民防空办公室由参照公务员法管理的事业单位调整为县政府工作部门,与县住房和城乡建设局合署办公,县人民防空办公室挂县民防局牌子;预留县政府工作部门机构限额1个,用于组建县城市管理行政执法局,具体组建事宜待省政府同意开展相对集中城市管理行政处罚权工作后再行实施。

2012年,全县有县级党政机构34个,定编1947人,实有1754人。其中,县委设机构8个,编制153人,实有146人;县政府设机构26个,定编533人,实有540人;县人大编制21人,实有19人;县政协编制14人,实有17人;法检机构2个,定编211人,实有178人;群团组织定编27人,实有30人。

乡镇机关 1988年,全县设9个镇、25个乡,机关行政编制745人,实有在职人员672人。其中,党委编制192人,实有153人;政府编制485人,实有451人;人民团体编制68人,实有68人。

1992年,区划调整,乡镇个数由34个调整为10个镇、21个乡,机关行政编制745人,实有在职人员744人。1998年,调整为10个镇、20个乡,机关行政编制856人,实有在职人员521人。1999年,乡镇个数调整为10个镇、10个乡。2000年,调整为10个镇、8个乡。2001年,调整为10个镇、6个乡。

2005年,完成乡镇机构改革,乡、镇机关归口设置综合性办公室。其中,水口、吕山、二界岭、吴山、白岘、槐坎6个乡内设机构调整设置四大办公室,即党政办公室(含人大办、人武、人才、便民办事服务中心、驻村指导员办公室,挂财政工作站、村镇财务结算中心牌子)、经济发展办公室(含外经贸办、科技、统计,挂农业发展办公室、经济贸易办公室、农业服务中心、工贸服务中心牌子)、社会事业和保障办公室(含计生办、劳动和社会保障,挂社会发展办公室、村镇建设办公室、宣传文化中心、计划生育服务站、劳动和社会保障服务中心牌子)、政法综治办公室(含综治办、司法办)。林城、李家巷、洪桥、虹星桥、夹浦、小浦、泗安、煤山、和平、雉城10个镇内设机构调整设置五大办公室,即党政办公室(含人大办、人武、人才、便民办事服务中心、驻村指导员办公室、统战办公室,挂财政工作站、村镇财务结算中心牌子)、经济发展办公室(含科技、统计,挂农业发展办公室、经济贸易办公室、外经贸办公室、农业服务中心、工贸服务中心牌子)、社会事业和保障办公室(含劳动和社会保障,挂社会发展办公室、计划生育办公室、宣传文化中心、计划生育服务站、劳动和社会保障服务中心、街道管理办公室牌子)、政法综治办公室(含综治办、司法办)、村镇建设办公室(其中雉城镇增挂重点工程办公室牌子)。同时,根据各乡镇实际和经济社会发展特点,雉城镇、泗安镇、和平镇、煤山镇可再增设2个内设机构,其余12个乡镇可再增设1个内设机构。

2012年6月,调整为3个街道、9个镇、4个乡。同年年末,全县乡镇机关行政编制738人,实有在职人员545人。

二、事业单位编制

1988年,全县有事业单位55个,人员编制核定4219人,实有人数4714人。2012年,全县有事业单位305个(包括参照公务员法管理单位46个),其中全额拨款事业单位208个、差额拨款事业单位37个、经费自理事业单位60个;人员编制核定9245人,其中全额拨款事业单位6038人、差额拨款事业单位1571人、经费自理事业单位1636人;实有在编人数8489人,其中全额拨款事业单位5863人、差额拨款事业单位1266人、经费自理事业单位1360人。

县属事业单位 1998年起,根据《浙江省事业单位登记管理办法》规定,实施事业单位登记管理。2000年,对全县40家事业单位进行分类管理,划分为生产经营类、社会中介类、社会服务类、行政管理和监督执法类、公益类五大类,明确生产经营类8家,社会中介类6家,服务类50家,行政管理和执法监督类90家,公益类111家,乡镇事业单位75家。同年10月启动事业单位改革工作,至年底完成20

家事业单位改革。2004 年 5 月,完成全县 49 家生产经营类、社会中介类、服务类事业单位改革,转换劳动(人事)关系 1195 人。2011 年,根据《国务院办公厅关于印发分类推进事业单位改革配套文件的通知》,划分事业单位类别,将事业单位划分为承担行政职能、从事公益服务和从事生产经营活动三个类别,即全额拨款事业单位、差额拨款事业单位、经费自理事业单位。同年末,县属事业单位实有人员 8369 人。

乡镇事业单位　2003 年,县委下发《长兴县乡镇事业单位改革实施方案》,开展乡镇事业单位改革工作。调整后,每个乡镇事业单位从原先的 10 个减少至 5 个,分别为农业服务中心、工贸服务中心、宣传文化中心、计划生育服务站、财政工作站。全县乡镇事业单位编制由 546 人精简到 337 人,精简比例 38%,原多渠道经费来源统一收归县财政,由县财政向乡镇事业单位拨款。至 2004 年 5 月,乡镇事业单位改革基本完成,共办理在册不在编不在岗创业人员 12 人,辞职 5 人,解除人事劳动关系 3 人,提前退休 52 人,待岗 13 人。

第二节　干部结构

一、机关干部

1988 年,全县行政机关干部有 1889 人(包括党群系统 361 人,国家机关系统 1547 人)。其中,县级机关 1301 人,乡镇机关 588 人;女性 308 人,占 16.3%;中共党员 1190 人,占 63%;大专及以上文化程度 351 人,占 18.6%;35 岁及以下 901 人,占 47.7%。2001 年 10 月,根据《长兴县机构改革方案》,县、乡镇党政群机关实行“三定”。2006 年 7 月,开始实施《中华人民共和国公务员法》,县与乡镇机关干部及行政执法类事业单位干部转为公务员编制,实行公务员登记,按照《中华人民共和国公务员法》实行管理。2012 年年末,全县公务员(含参公)共有 2464 人。其中,县级机关 1891 人,乡镇机关 573 人;女性 483 人,占 19.6%;中共党员 2024 人,占 82.1%;大专及以上文化程度 2281 人,占 92.6%;35 岁及以下 635 人,占 25.8%。

2012 年长兴县国家公务员和机关工作人员基本情况表

表 33-11　　单位:人

职务	总数	县	乡镇	女	少数民族	中共党员	学历					年龄					
							研究生	大学本科	大学专科	中专	高中及以下	35岁及以下	36岁～40岁	41岁～45岁	46岁～50岁	51岁～54岁	55岁及以上
正县处级	6	6	0	0	0	6	5	0	1	0	0	0	1	0	3	0	2
副县处级	34	34	0	6	0	31	3	17	12	1	1	0	2	4	10	12	6
正乡科级	510	339	171	69	0	484	23	234	177	28	48	12	24	63	181	124	106
主任科员	84	46	38	8	0	82	1	28	28	12	15	1	5	6	25	19	28
副乡科级	711	491	220	170	1	623	36	476	171	14	14	112	127	217	213	38	4
副主任科员	102	67	35	28	0	15	3	52	35	5	7	16	27	27	15	12	5
科员	393	309	84	133	1	296	4	310	68	5	6	226	68	34	16	6	43
办事员及其他	624	599	25	69	0	487	11	469	117	5	22	268	93	71	103	49	40
合计	2464	1891	573	483	2	2024	86	1586	609	70	113	635	347	422	566	260	234

说明:资料来源于县人社局

二、事业干部

1988年,全县事业单位干部有3133人(包括中小学校2160人)。其中,女性1196人,占38.2%;中共党员623人,占19.9%。大专及以上文化程度1068人,占34.1%;中专学历1467人,占46.8%;高中及以下学历598人,占19.1%。35岁及以下1326人,占42.3%;36岁～45岁856人,占27.3%;46岁～55岁797人,占25.4%;56岁以上154人,占4.9%。

2012年,全县事业单位在编工作人员有8489人。其中,女性4316人,占50.8%;中共党员3745人,占44.1%。研究生267人,占3.1%;大学本科5403人,占63.6%;大学专科1654人,占19.5%;中专学历515人,占6.1%;高中及以下学历650人,占7.7%。35岁及以下4027人,占47.4%;36岁～45岁2413人,占28.4%;46岁～54岁1535人,占18.1%;55岁及以上514人,占6.1%。

三、企业干部

全县企业干部主要是国有企业经营管理者和专业技术人员,也包括集体企业部分干部。企业单位干部来源主要是应届大中专毕业生分配、军队转业干部安置、部分"以工代干"人员转为干部以及面向社会录(聘)用。1988年,全县企业干部有1120人。其中,女性192人,占17.1%;中共党员500人,占44.6%;大专及以上文化程度166人、占14.8%,中专学历285人、占125.4%,高中及以下学历686人、占61.3%;35岁及以下285人、占25.4%,36岁～45岁296人、占26.4%,46岁～55岁329人、占29.4%、56岁以上210人、占18.8%。

1997年,全县企业干部有1148人。其中,女性281人,占24.5%;中共党员310人,占27%;大专及以上文化程度281人、占24.5%,中专学历644人、占56.1%,高中及以下学历223人、占19.4%;35岁及以下740人、占64.5%,36岁～45岁132人、占11.5%,46岁～55岁179人、占15.6%,56岁以上97人、占8.4%。1997年后,国有企业产权制度改革全面展开,国有企业干部人数逐年减少。2001年,全县企业干部有479人。其中,女性136人,占28.4%;中共党员132人,占27.6%;大专及以上文化程度158人、占33%,中专学历242人、占50.5%,高中及以下学历79人、占16.5%;35岁及以下252人、占52.6%,36岁～45岁95人、占19.8%,46岁～54岁102人、占21.3%,55岁以上30人、占6.3%。2001年后,全县国有企业改革完成,不再存在国有企业干部。

第三节　人事调配

一、干部吸收录用

1988年,全县机关、企事业单位共吸收录用干部433人,其中大中专毕业生291人,军队转业31人,从社会上录用22人,从单位吸收28人,聘用农民61人。1990年,招聘专业人员干部14人,民办教师转正39人,安置转业干部9人。1991年,招聘机关干部21人,乡镇干部18人,民办教师转正20人。1992年,选拔招聘乡镇长工业助理17人(其中1人自动放弃),录用县级机关职工为干部3人,招聘录用干部11人,民办教师转正41人,确定技术人员干部身份11人。

二、大中专毕业生分配

1988年,全县大中专毕业生就业由县人事部门接收分配。同年,共接收291人,其中大专及大专以上毕业生124人、中专毕业生167人,分配到机关37人、企事业单位254人。1990年,共接收283人,其中大专及大专以上毕业生108人、中专毕业生175人。1995年,共接收381人,其中大专及大专以上毕业生137人、中专毕业生244人。1997年,共接收444人,其中大专及大专以上毕业生142人、中专毕业生302人。同年起,大中专毕业生安置工作由统包分配改为人才市场派遣机制,实行"双向选择",各用人单位自主择人、大中专毕业生自谋职业。1988—1997年,全县累计接收分配大中专毕业生3139人,其中大专及大专以上毕业生1134人、中专毕业生2005人。

1988年—1997年长兴县大中专毕业生落实就业情况表

表33-12　单位:人

年度	大专以上	中专	年度	大专以上	中专	年度	大专以上	中专
1988	124	167	1992	103	194	1996	202	253
1989	150	185	1993	65	181	1997	142	302
1990	108	175	1994	101	192	合计	1134	2005
1991	104	223	1995	137	244	—	—	—

说明:资料来源于县人社局

三、军队转业干部安置

军队转业干部实行指令性安置,主要安置在县内党政机关和国有企事业单位,并根据其原有职级安排适当岗位。2003年起,在坚持指令性安置的前提下,引入竞争机制,通过考试考核,择优选用,双向选择,分类安置。1988—2012年,全县共接收安置军转干部400人,其中营职转业干部196人、连排级转业干部160人、技术干部45人,安置到机关233人、事业单位134人、企业31人、自谋职业2人。随迁随调家属安置48人。

1988—2012年长兴县军队转业干部接收安置情况表

表33-13　单位:人

年份	接收安置人数	转业干部职级			安置去向				随迁家属
		营职	连排职	技术干部	机关	事业	企业	自谋职业	
1988	31	9	16	6	22	2	9	0	
1989	8	3	4	1	5	3	0	0	3
1990	9	4	5	0	5	1	3	0	
1991	13	7	5	1	6	4	3	0	3
1992	9	4	5	0	6	1	2	0	
1993	19	10	7	2	13	3	3	0	
1994	18	8	9	1	11	3	4	0	
1995	14	6	8	0	6	2	6	0	
1996	13	5	4	4	8	3	2	0	
1997	17	11	6	0	15	2	0	0	
1998	15	7	6	2	13	2	0	0	2
1999	21	12	7	2	12	9	0	0	12
2000	11	7	4	0	10	1	0	0	
2001	8	5	3	0	8	0	0	0	
2002	6	4	2	0	6	0	0	0	
2003	9	4	5	0	7	2	0	0	
2004	22	13	7	2	17	5	0	0	
2005	22	9	10	3	11	10	0	1	4
2006	26	14	9	3	12	12	2	0	8
2007	20	11	6	3	8	11	1	0	6
2008	18	11	6	1	8	9	0	1	2
2009	22	12	8	2	10	11	1	0	4

续表33-13

年份	接收安置人数	转业干部职级			安置去向				随迁家属
		营职	连排职	技术干部	机关	事业	企业	自谋职业	
2010	17	5	6	6	8	8	1	0	1
2011	21	9	9	3	11	10	0	0	2
2012	12	6	3	3	6	6	0	0	1
总计	400	196	160	45	233	134	31	2	48

说明:资料来源于县人社局

四、公务员录用

1993年8月《国家公务员暂行条例》颁布后,根据中央和省、市部署,全县开始推行国家公务员制度。1995年6月,省政府下发《浙江省国家公务员制度实施方案》,规定于1996年年底前基本完成职位设定及当前人员过渡,过渡程序包括确定范围、培训考核、定级、分流部分人员等。1997年4月,县委成立推行和参照试行国家公务员制度领导小组,批准县政府下发《长兴县国家公务员制度实施方案》。5月,县政府下发《长兴县国家机关现有工作人员向国家公务员过渡的实施意见》和《长兴县国家公务员职位分类工作实施办法(试行)》。6月,县委下发《长兴县中国共产党机关参照试行〈国家公务员暂行条例〉实施办法》。县群团机关、县人大常委会、县政协常委会等机关相应推进参公管理。同月,全县召开推行国家公务员制度动员大会,正式实施国家公务员制度。1998年7月,对县党政、群和检察、审判机关从应届大、中专毕业生中录用国家公务员(机关工作人员)作出规定,采取公开考试、择优录用的办法进行。其中,各类警校、税校、工商行政管理等院校毕业的特殊专业统分毕业生,除文件另有规定外,1998年仍可对口到相应系统的县(不含县)以下基层单位择业。乡镇机关编制有空缺的,由组织人事部门通过考试考核的办法择优接收大、中专毕业生。2006年7月,全县开始实施《公务员法》,县与乡镇机关干部及行政执法类事业单位干部转为公务员编制,对1756人进行公务员登记,按照《公务员法》实行管理。同年,公开招考录用公务员21人。2007年,公开招考录用公务员31人。2008年,首次面向优秀村干部招录公务员。2009年,公开招考录用公务员51人。2010年,公开招考录用公务员63人。2011年,公开招考录用公务员(含参公)57人。2012年,公开招考录用公务员(含参公)73人。另外,还通过事业单位参公、领导干部中直接录用、军队转业干部录用、警校毕业生录用、人才引进录用等途径录用部分公务员。

第四节　干部管理

一、考核与奖惩

1994年起,长兴县执行《国家公务员考核暂行规定》,对国家公务员实施年度考核,考核结果分为优秀、称职、不称职三个等次。同年,考核1584人,其中优秀等次216人、称职等次1327人、不称职等次7人、未定等次34人。2000年,在"称职"等次后增设"基本称职"等,同年有8人被评为基本称职。2012年,县级机关公务员1349人参加考核,其中优秀等次228人、称职等次1072人、基本称职3人、不称职等次0人、未定等次46人。

1996年起,事业单位人员按照《关于事业单位工作人员考核暂行规定》进行年度考核,考核分为优秀、合格和不合格三个等次。同年,考核事业单位人员5368人,其中优秀758人、合格4537人、不合格4人、未定等次69人。2000年起,在"合格"等次后增设"基本合格"等次。2012年,考核事业单位人员12765人,其中优秀1914人、合格10728人、基本合格25人、不合格3人、未定等次95人。

1988—2012年,受到行政处分的人员有170人,其中免于处分的9人、警告处分的57人、记过的25人、记大过的19人、降级的2人、撤职的18人、开除公职的40人。

二、培训

1988—2012 年，全县机关、事业单位工作人员培训主要有公务员初任培训、公务员任职培训、更新知识培训、学历进修培训、法律法规培训、计算机应用能力培训等。

初任培训　2003 年，对 107 名公务员进行初任培训。2006 年，对 131 名公务员进行初任培训。2007 年，对 51 名公务员进行初任培训。2008—2012 年，对 261 名公务员进行初任培训。

任职培训　1996—2012 年，按照《浙江省国家公务员（机关工作人员）任职培训实施办法（试行）》，组织 150 名晋升领导职务的国家公务员参加省、市公务员任职培训。

更新知识培训　1993—1996，对 2025 名机关工作人员进行国家公务员基础课培训。2001 年，进行 WTO（加入世贸组织）基础知识培训，3700 多人参加统一考试。2004 年，开展党政人才培训班 8 期 520 多人次。2006 年，开展全县 50 周岁以下公务员电子政务、计算机应用能力、公共基础知识培训。2008 年，开展机关、事业单位新进人员素质提升培训，培训 550 人。2009 年，开办“科学发展观课程研修班”“高级投融资研修班”和《公共危机应急处理》等课程轮训班，开展公务员学法普法教育活动和普通话培训测试活动培训，共培训 4000 多人次。2010 年，知识更新培训 160 多人。

学历培训　2005 年，与中国地质大学 MBA 学习中心联合举办工商管理硕士研究生班，历年录取 82 人。2006 年，落实 76 人在职进修本科学历，30 人在职进修研究生学历。2007 年，新增在职进修研究生学历 56 人、专升本 150 人。2008 年，中国地质大学在长兴设立工商管理硕士教育点，首批有 51 人就读。2009 年，上海大学设立长兴研究生教学点，有 50 多人在职进修研究生学历。

法律法规培训　2004 年，开展大规模的公务员依法行政等素质提升培训，近 1800 人次参加。2007 年，开展公务员基础知识和法律法规培训，共 3240 人次参加。2008 年，开展《行政机关公务员处分条例》专题学习培训，其中集中培训 300 多人。

计算机培训　1998—2006 年，开展机关、事业单位 50 周岁以下工作人员省计算机应用能力二级培训，举办培训班 66 期，培训合格人员 7804 人。2007 年，继续开展 50 周岁以下公务员计算机应用能力培训，培训合格人员 200 人。

第五节　工资福利

一、工资

1988 年，全县实行 1985 年工资制度改革形成的以职务工资为主的结构工资制，即由基础工资、职务工资、工龄津贴、奖励工资 4 部分组成。同年，机关工作人员年平均工资 1793 元，事业单位人员年平均工资 1659 元。

1993 年，国家实施第三次工资制度改革。机关（除工勤人员外）建立公务员工资制度，实行职级工资制，基本工资由职务工资、级别工资、基础工资和工龄工资 4 个部分组成；事业单位分类管理，依据不同类型、不同行业、不同岗位分别实行 5 种职务（岗位）等级工资制，与机关工资制度脱钩；机关事业单位工人分技术工人和普通工人，机关技工实行岗位技术等级工资制、普工实行岗位工资制，事业单位技工实行技术等级工资制、普工实行等级工资制。机关、事业单位的离退休人员，参照同职务在职人员的增资水平，适当增加离退休费。工改后机关、事业单位人均月增资 51.27 元，其中机关（除工勤人员外）人均月增资 53.34 元、事业单位人均月增资 50.35 元。同年年末，机关工作人员年平均工资 3825 元，事业单位人员年平均工资 3422 元。工资制度改革（以下简称工改）后，机关、事业单位建立正常的增资制度。至 2005 年年末，机关工作人员年平均工资 42131 元，事业单位人员年平均工资 27055 元。

2006 年 7 月，国家实施第四次工资制度改革。公务员实行工资制度改革，事业单位工作人员实行收入分配制度改革、离退休人员增加离退休费。公务员(除工勤人员外)实行职级工资制,基本工资构成由原职务工资、级别工资、基础工资和工龄工资4项调整为职务工资和级别工资2项,取消基础工资和工龄工资。另外,对年度考核称职(合格)及以上的工作人员,实行年终一次性奖金发放,标准为个人当年12月份的基本工资;事业单位实行岗位绩效工资制度,岗位绩效工资由岗位工资、薪级工资、绩效工资和津贴补贴4部分组成,其中岗位工资和薪级工资为基本工资。高层次人才继续实行政府特殊津贴制度;机关技术工人仍实行岗位技术等级工资制,基本工资构成由原岗位工资、技术等级(职务)工资和奖金3项调整为岗位工资和技术等级(职务)工资2项;普通工人仍实行岗位工资制,基本工资构成由原岗位工资和奖金2项调整为岗位工资1项;机关、事业单位的离退休人员适当增加离退休费。全县参加工改的机关工作人员有2246人,工改后月增资76.8万元,人均月增资342元;事业单位工作人员有7886人,月增资210万元,人均月增资266元;机关事业单位离休人员有60人,月增资2.6万元,人均月增资466元;退休3986人,月增资131.5万元,人均月增资330元。2012年,全县公务员(含参公人员)年平均工资75239元,事业单位工作人员年平均工资62448元。

二、津补贴

工龄津贴 1988年,机关、事业单位工作人员工龄津贴按1985年第二次工改实行,即每工作一年每月发给工龄津贴0.5元。计发工龄津贴的工作年限,从参加革命工作和社会主义建设工作时间开始计算,到职工离退休时为止,但领取工龄津贴的工作年限最多不超过40年。1992年1月起,工龄津贴由原来的每工作一年0.5元调整到1元。同年,全县调整机关、事业单位和结构工资制企业工龄津贴9775人,月增资额11.38万元。1993年工改后,工龄津贴纳入工资发放范畴。

特殊岗位津贴 1988年以来,国家对教师、医务和卫生防疫人员继续实行班主任津贴、教龄津贴、特级教师津贴、特殊教育津贴、卫生防疫津贴;对公安、法院、纪检、政法委、机要等岗位人员实行公安干警津贴、法警津贴、纪检监察办案补贴、政法委工作津贴、机要密码岗位津贴。其中,教师、护士等教(护)龄等津贴,按从事本职工作的实际年限计算,从事本职工作满20年以上的每月发10元、满15年不满20年的发7元、满10年不满15年的发5元、满5年不满10年的发3元。

综合补贴 1993年7月起,按国家政策规定,在职和离退休人员水电补贴、书报费补贴、肉价补贴、粮油价格补贴、通信费补贴和交通费补贴等10余种价格补贴归并为综合补贴,补贴标准107元。1997年调整为165元,对未参加工改的退职人员发放65元的综合补贴。

职务岗位津贴 1996年12月起,按浙江省建立的职务岗位津贴,全县开始执行职务岗位津贴,按照见习期、办事员、科员、副科长、科长、副处长、处长等不同级别和不满5年、满5年不满10年、满10年不满15年、满15年不满20年、满20年不满30年和满30年以上不同档次,起点标准为25元,级差5元。1998年和2000年,分两次调整津贴标准。

三、福利待遇

1988年,全县机关工作人员的福利费(包括原单位发放的离退休干部)改按每人每月2.8元提取;事业单位及事业费开支的仍按工资总额(基础工资、职务工资、工龄工资)2.5%提取;行政机关和区、乡镇按规定的福利费,由县财政按每人每月0.5元统一提交县福利委员会,以解决党政干部临时发生的特大困难。单位每人每月所提取的2.3元,个人福利应掌握在1.5元范围内开支,其余由单位按职工福利费开支规定掌握使用。1995年3月,根据省人事厅、省财政厅联合印发的《关于调整我省国家机关工作人员福利费提取标准的通知》,从同年1月1日起,机关工作人员的福利费,统一按每人每月10元标准提取。福利费使用范围包括用于所在单位工作人员的生活困难补助、家属患病医药费困难补助、死亡丧葬困难补助、其他特殊困难补助等;探视单位工作人员因病、伤住院时,购买少量慰问品的开支;机关或单位举办的理发、浴室等集体福利设施零星购置费的补贴或酌情补贴个人的卫生费。

四、退休干部管理

1988年,全县机关和企事业单位共有退休干部826人,其中机关179人、事业单位365人、企业单位

282 人。退休干部实行分级管理，科级以上退休干部由县人事局综合管理，各单位协助管理。其他退休干部、职工由各单位管理。1988—2012 年，全县累计办理科级以上退休干部 1453 人，其中机关 1186 人、事业单位(国企)267 人。2012 年年末，全县共有机关事业单位退休人员 3797 人，其中机关 1022 人、事业单位 2775 人。

1988—2012 年，全县共向 530 名离休干部发放生活补助，其中机关 304 人、企事业单位 226 人。凡 1949 年 9 月 30 日以前参加革命工作，享受供给制待遇的干部，男年满 60 周岁，女年满 55 周岁的，或身体不能坚持正常工作的，可以提前办理离休手续，享受离休待遇。离休干部的待遇，1982 年，国务院 62 号文件规定，1943 年 1 月 2 日至 1937 年 7 月 6 日前参加革命工作的离休干部，每人每年增发 1 个月～2 个月的不等的基本离休费作为生活补贴。但对 1945 年 9 月 3 日至 1949 年 9 月 30 日参加革命工作的离休干部暂时不补发。2009 年 1 月 1 日起，离休人员按同职级在职公务员领导职务的生活性补贴和工作性津贴的 90%计发补贴，每人每月补贴标准：副厅级 5620 元、正处级 5152 元、副处级(享受县处级、副高级职称)4684 元、正科级(中级职称)4098 元、副科级(享受科局级)3747 元。中华人民共和国成立前参加革命工作的退休老工人参照离休人员的计发比例并同时间执行，每人每月 3279 元。2011 年 6 月，县委组织部、县委老干部局、县财政局、县人社局联合转发《关于省委组织部、省委老干部局、省财政厅、省人力资源和社会保障厅〈关于提高离休干部生活补贴标准和扩大发放范围的通知〉的通知》，自 2011 年起对 1945 年 9 月 3 日至 1949 年 9 月 30 日，参加革命工作的离休干部，每人每年增发 1 个月～3 个月不等的生活补贴。

第六节　人才开发

一、人才分布

1988 年，全县人才总数共 2706 人。其中，党政人才 477 人，占总数的 17.6%；专技人才 1904 人，占 70.4%；经营人才 325 人，占 12%。2005 年，全县人才总数 54860 人。其中，党政人才 2112 人，占 3.8%；专技人才 30416 人，占 55.4%；经营人才 2743 人，占 5%。2010 年，全县人才总数共 10.24 万人。其中，党政人才 2190 人，占 2.1%；专技人才 56900 人，占 55.6%；经营人才 16690 人，占 16.3%。2012 年，全县人才总数共 12.19 万人，是 1988 年的 45 倍。其中，党政人才 2717 人，占 2.2%；专技人才 81160 人，占 66.6%；经营人才 24550 人，占 20.1%。

1988—2012 年长兴县人才总量及结构分布情况表

表 33-14　　单位：人

年份	总量	分布结构						学历结构				职称结构		
		党政人才	经营人才	专技人才	高技能人才	农村实用人才	社会工作人才	研究生	本科	大专	中专	高级	中级	初级
1988—2001														
2002	19921	—	—	16100	—	—	—	43	2329	7230	10319	515	4884	9103
2003	22900	—	—	18900	—	—	—	55	2810	7808	12227	592	4800	10812
2004	27050	2079	2330	22641	—	—	—	65	3326	8707	14952	708	4605	11355
2005	54860	2112	2743	30416	7500	18000	952	88	3778	11092	20313	810	5676	12824
2006	64529	2150	3389	37141	8400	20000	957	124	5470	12200	25490	880	6732	14351
2007	72204	2150	4690	40360	9400	22790	958	205	8310	14420	28780	930	7630	15400

续表33-14

年份	总量	分布结构						学历结构				职称结构		
		党政人才	经营人才	专技人才	高技能人才	农村实用人才	社会工作人才	研究生	本科	大专	中专	高级	中级	初级
2008	82861	2150	6020	46360	10450	25510	961	563	10060	16640	32190	1310	8500	18700
2009	93900	2150	8190	52360	11600	27231	969	676	12940	18410	33260	1460	9403	19810
2010	102400	2190	16690	56900	12800	21417	1103	802	16640	21358	34324	1690	11200	21050
2011	111100	2470	18590	60900	14100	22600	1290	955	18100	22100	39600	1840	12800	22300
2012	121900	2530	20490	67290	15600	23300	1440	1123	20851	24869	44907	1990	14914	23036

说明:1. 资料来源于县人社局;2. 1988—2001 年资料缺失;2007 年人才总量按老统计口径为 50200 人,按新统计口径(包括高技能人才和农村实用人才)为 72204 人;2011 年起党政人才记入“参公”人员

二、人才市场

1997 年 10 月,县人才市场成立,与县人才交流服务中心合署办公,有机构无固定场地。同月,在雉城中学举办人才交流大会,进场设摊单位有 40 家,入场交流人数 700 人,达成就业意向 240 人次,当场签约 40 人。1999 年,建立县人才交流服务中心人事档案室,初期接收管理档案 300 份。2001 年,长兴被列为全国城乡统筹就业试点县。2002 年年底,全县国有、城镇集体企业改制基本结束,大批职工下岗失业。2003 年 3 月,县政府投资 130 多万元,临时租用金陵大桥北堍 1100 平方米商业用房,筹建县人力资源市场,建立市场导向就业机制,促进农村劳动力转移就业和下岗失业职工再就业。同年开始,每月至少举办 1 次人才交流集市,县内专场人才招聘会每年分春、秋季两次,县外不定期开展。2007 年 5 月,县人才交流服务中心更名为县人才资源开发管理办公室。2010 年 1 月,县人力资源市场搬迁至浙北大厦旁维多利亚商业用房,6 月正式启用,面积 880 平方米。设失业登记、招聘登记、求职登记等 5 个服务窗口,民办职业介绍区设 24 个窗口,共有 18 家民办职业介绍机构进驻,每年收集发布岗位信息 3 万个次,满足 4 万人次求职应聘的需求。2011 年 4 月,县人才市场管理中心更名为县人力资源市场管理中心。同年,完成 249 个行政村配备电子显示屏,基本实现全县所有行政村电子显示屏全覆盖,使就业信息延伸到村。2012 年,“长兴就业”网上综合服务平台上线,通过“虚拟市场”为企业和求职者提供双向信息化服务,注册单位 364 家,访问网页 4.8 万次。1997—2012 年,县人才市场共举办人才集市 312 场,专场人才招聘会 45 场,进场用人单位 1.9 万家,应聘人员达 5 万人次。1994—2012 年,县人力资源市场管理中心共接收管理档案 3.3 万份(其中 1994—1998 年 9 月单纯保管档案 121 人),人事代理 1.8 万人(1994—1998 年 9 月代理人事 96 人),集体户口挂靠 1923 人。

三、人才引进

1992 年 5 月,县政府出台《关于鼓励有贡献的科技人员和引进人才、技术的若干规定》,同年引进人才 20 人。1994 年,长兴高温元件电炉厂引进加拿大窑炉专家(博士)1 人。1995 年,长兴轻工机械厂引进专业技术人员 3 人。1997 年,出台《关于加快长兴县人才资源开发,培养造就高质量专业技术人才队伍意见》,要求人才资源开发必须内育外引,同步进行。同年起,县人事部门畅通人才引进绿色通道,凡符合人才引进条件一律实行准入制。人才引进实行限时办理,对高层次人才的引进随到随办,解决其住房、子女入托入学、家属就业等具体问题。2001 年,全县共引进人才 26 人。2003 年,县委出台《关于实施新世纪人才战略,加快构筑长兴人才高地的意见》《关于加快国际经贸人才开发的实施意见》《关于鼓励企业引进国内人才智力的补充意见》等政策措施,继续完善人才引进绿色通道。实行人才引进零门槛制度,取消人才引进对学历、户籍、专业、年龄的限制,允许引进人才的家属和未成年子女随调随迁,建立和完善“户口不转、关系不转,双向选择、能进能出”的人才柔性流动政策。同年,共刚性引进各类人才 359 人,其中硕士或高级以上职称人才 27 人,本科或中级职称人才 166 人。

2004年起，开始柔性引进高层次人才，同年共柔性引进16人。2005年，对引进人才自带高新技术项目到长兴县开发，经科技行政管理部门认定，可在科技创业园、企业孵化中心等园区优先租用厂房开业，盈利后再付租金。引进人才以拥有的高新技术成果作价入股或自己拥有的专利、技术、管理知识为单位创造明显的经济效益的，按规定执行占股比例及奖励办法。鼓励引进专业技术拔尖人才以合法知识产权参与分配，分配比例不封顶。2006年，引进各类人才2097人，比2005年增加2.34倍，其中刚性引进1730人，柔性引进高层次人才367人，引进硕士或高级以上职称64人，引进智力项目7项。同年，启动实施人才"安居工程"建设。2007年，全面实施人才住房公积金优惠政策。2008年，引进硕士或高级以上职称人才302人，比2007年增加1.99倍。2009年，县人事局制定《关于开展2008年度人才政策兑现申报工作的通知》，对企业引进高层次人才一次性安家补助费：硕士或副高级职称人员每人1万元，博士或正高级职称人员每人2万元；凡入选"百千万人才工程"人选和被评为"浙江省特级专家"人选，由县政府一次性奖励10万元；入选省新世纪"151人才工程"第一、第二、第三层次的培养人选，由县政府一次性分别奖励5万元、2万元和5000元等6项资金奖励。2011年起，加大紧缺人才引进，同年共引进各类人才3100人，其中紧缺人才1750人。2012年7月，县政府印发《关于深入实施人才强县战略 进一步加强人才开发工作的政策意见(试行)的通知》，符合规定条件的人才购买商品住房，给予一次性购房补贴。同年，共引进各类人才2280人。其中，刚性引进2060人，柔性引进高层次人才220人；具有硕士或高级以上职称人才173人；引进智力项目120项；引进紧缺人才1900人。2001—2012年，全县引进各类人才18616人。其中，刚性引进人才15545人，柔性引进高层次人才3071人；具有硕士或高级以上职称人才1147人，本科或中级职称人才9795人；引进智力项目458项；引进紧缺人才3650人。

图33-2　人才招聘会(县人力社保局提供·2007年)

四、人才培养

1997年10月，县委组织全县17个乡镇、街道、开发区的1113名乡村干部、经济能人，参加跨世纪农村基层干部岗位培训。2003年7月，成立县人才工作领导小组，实施"人才工程"，先后下发《关于加快国际经贸人才开发的实施意见》《关于实施新世纪人才战略 加快构筑长兴人才新高地的意见》《关于鼓励企业引进国内外人才智力的补充意见》，决定到2007年引进各类专业技术人才等1万名，人才总量达到3万人，其中硕博研究生人数达到100名左右。组织实施紧缺人才的培养，高层次紧缺人才信息资源库的建设与管理，对企业引进人才、人才择业进行指导。2005年10月，制订《人才开发培养十项计划》《高技能2005—2010年人才开发计划》，提出到2007年全县高级工、技师、高级技师总量达到1200人以上，2010年达到6000人左右。至2012年，先后举办招商选资实务培训和各类以提升技能管理为目标的人才培训等培训班次52期，累计培训6275人次；全县建有天能、超威、诺力、开发区博士后工作站4家，其中天能博士后工作站于2008年被人力资源和社会保障部评为国家级博士后工作站。

五、人才公寓

2005年，县政府投入约2000万元，利用县休养中心筹建县人才公寓，为50套设施齐全的住房(别墅式)，共计3089平方米，并安排首批26名外来高层次人才入住。同年，全县21家单位实施或启动人才安居工程，建成各类人才安居房27210平方米，在建26100平方米。2006年，县政府安排46套经济适用住房(投入约3000万元)，定向出售给企业用于高层次人才居住，每套面积60多平方米，共计3000平方米。2009 年,政府投入约 5000 万元,从金莲花园拆迁安置房中安排 51 套作为县人才公寓,总建筑面积 3646 平方米。2012 年起,企业引进的高层次、高技能人才申请租住县人才公寓如遇房源不足,给予一年每人每月 500 元的房租补贴;企业引进的人才到长兴工作满两年、首次在县内购买商品住房,给予一次性购房补贴,标准为院士 50 万元,国家级重点人才 30 万元,省部级重点人才 10 万元,市级重点人才、博士、正高职称(高级技师)6 万元,硕士或副高职称(技师)3 万元。

第七节 专业技术人员管理

一、人员队伍

1988 年,全县有各类专业技术人员 3796 人。其中,分布在机关 420 人,占 11%;事业单位 2529 人,占 66.6%;企业单位 847 人,占 22.3%。大学本科以上学历的 428 人,占 11.3%;大学专科学历的 784 人,占 20.7%;中专学历的 1846 人,占 48.6%;高中及以下学历的 738 人,占 19.4%。高级职称 62 人,占 1.6%;中级职称 811 人,占 21.4%。之后,随着经济社会的快速发展,专业技术人员队伍数量、质量有较大幅度提高。2012 年,全县有各类专业技术人员 22740 人,是 1988 年的 6 倍。其中,分布在事业单位 11320 人,占 49.8%;分布在企业单位 11420 人,占 50.2%。大学本科及以上学历的 3710 人,占 16.3%;大学专科学历的 5436 人,占 23.9%;中专学历的 10294 人,占 48.5%;高中及以下学历的 3300 人,占 14.5%。高级职称 1098 人,占 4.8%;中级职称 8233 人,占 36.2%;初级职称 13716 人,占 55.9%。

1988—2012 年长兴县专业技术人员基本情况表

表 33-15　　单位:人

年份	专业技术人员总数	其中已评任职资格人数	分布情况			学历情况				职称情况			
			机关	事业单位	企业	本科及以上	专科	中专	高中及以下	高级	中级	初级(助教及员级)	未评定职称(见习)
1988	3796	3314	420	2529	847	428	784	1846	738	62	811	2441	482
1989	4149	3617	391	3210	548	468	857	2018	806	56	829	2732	532
1990	4310	3982	419	3307	584	486	890	2096	838	59	866	2879	328
1991	4476	3734	403	3455	618	509	940	2209	818	58	827	3232	359
1992	4677	3853	405	3578	694	547	1035	2256	839	60	827	3557	233
1993	4911	4697	425	3734	752	555	1093	2364	899	68	912	3717	214
1994	5003	3981	433	3897	673	552	1206	2385	860	86	968	3765	184
1995	5481	5279	474	4269	738	605	1321	2613	942	94	1060	4125	202
1996	5974	5267	523	4652	799	659	1440	2848	1027	102	1156	4497	219
1997	6451	6220	542	4955	954	960	1536	2921	1034	108	1356	4756	231
1998	6756	6563	524	5201	1031	1248	1695	3017	796	115	1486	4962	193
1999	11627	11211	493	5471	5663	1730	2768	5265	1864	195	2444	8572	416
2000	10881	10491	40	5477	5364	1619	2590	4927	1745	182	2287	8022	390
2001	10273	9905	21	5380	4872	1529	2445	4652	1647	172	2159	7574	368
2002	10877	10487	—	5566	5311	1619	2589	4925	1744	182	2286	8019	390
2003	10914	10523	—	5538	5376	1639	2597	4941	1737	183	2294	8046	391
2004	11023	10628	—	6152	4871	1675	2643	4990	1715	185	2317	8126	395
2005	11049	10653	—	5932	5117	1682	2649	4997	1721	186	2322	8145	396

续表33-15

年份	专业技术人员总数	其中已评任职资格人数	分布情况			学历情况				职称情况			
			机关	事业单位	企业	本科及以上	专科	中专	高中及以下	高级	中级	初级（助教及员级）	未评定职称（见习）
2006	12535	12085	—	6564	5971	1908	3005	5669	1953	207	2638	9240	450
2007	13137	13245	—	6621	6516	2191	3283	6202	2061	226	2891	10128	492
2008	16619	16052	—	8317	8302	2650	3973	7523	2473	733	4756	10563	567
2009	17696	17103	—	8856	8840	2887	4230	8011	2568	814	5243	11046	593
2010	19474	18859	—	9746	9728	3177	4655	8816	2826	939	6223	11697	615
2011	20891	20249	—	10455	10436	3408	4994	9457	3032	1009	7016	1224	642
2012	22740	22047	—	11320	11420	3710	5436	10294	3300	1098	8233	12716	693

说明：1.资料来源于县人社局；2.1988—1998年数据中只统计国有经济和县以上城镇集体经济；2007年及以前数据只统计在职职工

二、职务评聘

职称评定　县职称改革领导小组及其办公室（简称县职改办）成立于1987年，当年即会同有关主管部门成立工程、农业、会计、经济等11个专业评委会，全面实行专业技术职务聘任制度。1988年，调整、成立小学高级、中学教师、卫生、农业、工程专业5个中级评委会和24个初级评委会。同年，事业单位完成首次专业技术职务评聘，2529人经评审取得专业技术职务任职资格。1989年，调整新成立3个中级评委会、19个初级评委会。1990年11月，人事部印发《企事业单位评聘职业技术职务若干问题暂行规定》，明确各企事业单位可以根据工作需要，开展经常性专业技术职务评聘。之后，全县每年进行职业技术职务评聘。至2012年，全县共有工程技术、农业与林业技术、卫生专业技术、中学一级教师、小学高级教师等职业技术职务（资格）评审委员会6个，其中中级职业技术职务（资格）评审委员会2个。

2000年始，计算机应用能力考核结果纳入全省各类中高级职业技术职务评聘条件。同年，在乡镇企业及非公有制企业中全面开展专业技术职务评定工作，有涉及工程、经济、会计、统计等4个专业的721名专业技术人员通过评定，1675人参加确定前的计算机应用能力培训考试。2004年2月，县职称改革领导小组下发《关于在县企业开展工程、经济专业高、中级职务任职资格评审工作的通知》和《关于在县农村开展农业类、财经类高、中、初级职务任职资格评审工作的通知》，把职称评定范围延伸到民营企业专业人才和农村乡土人才，共为212名业绩突出的企业经营管理者和企业专业技术人才评定初级专业技术职务。2005年，将职称改革向民营企业专业技术人才、农村乡土人才、地方能工巧匠等特色人才拓展延伸，先后4次为相关人才开展职称评审工作，共有1520人获得专业技术任职资格，其中高级职称80人、中级职称471人、初级职称969人。2006年，开展工程、财经、档案图书等类别专业初级资格“以考代评”，共评定289人。1988—2012年，全县共确定专业技术职务任职资格1.8万人，其中中级职称7400人，初级职称（助理、员级）1.03万人。全县企事业单位专业技术人员通过评审获得专业技术职务任职资格共1.9万人，其中高级1036人、中级7422人、初级10275人。

职务聘任　1988年起，全县实施专业技术人员职务聘任制。事业单位实行定编设岗，限额评聘。企业单位实行自主设岗，自主聘任的办法。根据设岗要求和专业技术人员水平，允许低职高聘或高职低聘，即“评聘分离”制度。2012年，全县事业单位共聘任、续聘专业技术人员职务8490人次。

资格考试　1991年，全县首次推行统计员考试，共有1150人报名。之后，扩大至农艺、企业经济、工程类、财经、档案图书、紫砂工艺、民间文艺表演、工艺美术师、新能源、机械制造审计、会计、计算机软件人员、卫生、工商行政、药质量、翻译、档案和法律顾问等专业。至2012年，全县通过专业资格考试5841人次，其中高级职称45人次、中级职称1947人次、初级职称3849人次。

第三十四编 民政事务

1988年5月，长兴被省政府批准为革命老根据地县。1989年，首次发行销售福利奖券100万张200万元。同年，为适应人口老龄化发展，成立县老龄问题委员会。1990年，全县451个村委会依照《中华人民共和国村民委员会组织法》，采用民主选举方式换届。1991年，县委、县政府建立拥军优属爱民领导小组。1992年4月起，收养孤儿、弃婴须依据程序办理“收养登记证”。1994年7月，颁布实施《长兴县地名管理办法》。1997年3月1日起，县境内人员死亡遗体一律实行火化。1998年，县村务公开和民主管理领导小组成立，城乡最低生活保障制度正式实施。2000年6月，首批重庆市奉节县三峡移民落户长兴。同年，雉城镇28个村委会改建为居委会，并于2002年按照《中华人民共和国城市居民委员会组织法》规定依法选举产生新一届居委会；长兴获全省村民自治模范县称号。2002年，县城镇义务兵退役安置开始实行货币安置的新方法。2003年起，全面推进民政事业现代化建设。8月1日起，对城市生活无着落流浪乞讨人员由收容遣送改为临时救助；10月1日起，结婚登记只凭当事人身份证、户口簿，不再需要单位和所在村居委会出具证明。同年开始，对全县农村“五保”对象和城镇“三无”对象实施集中供养。2004年11月1日起，全县婚姻登记实行集中办理，各乡镇不再承办婚姻登记工作。2009年11月，出台《全面推进农村社区建设若干意见》，至2012年全县农村社区覆盖率达到70%。2010年，长兴获全国老龄工作先进单位。2012年，全县共有注册年检社会福利企业35家，社会团体181个，民办非企业单位229个。至2012年年末，长兴连续六次被授予省双拥模范城(县)称号。

第一章 基层民主自治

1988年，长兴县有村民委员会451个，下辖村民小组5710个。2001年，全县推行城区管理体制改革，开始建立社区居委会。2012年，全县有村民委员会220个，下辖村民小组5357个；有城市社区居委会24个，乡镇(街道)居委会48个。1988—2012年，村委会共进行8次换届选举。2004—2012年，社区居委会共举行3次换届选举。

第一节 村民委员会

1988年6月，全县依照《中华人民共和国村民委员会组织法》，开展村民直接选举村委会试点。1990年，451个村委会第一次由村民直接选举产生。至2012年，全县共举行村委会换届选举8次。其中，第一届至第三届，均采用民主选举方式产生主任、副主任和委员；从第四届开始推行差额选举及委员候选人和委员“两个直选”的投票方式。25年间，村民自治和村务公开工作日益规范。

一、换届选举

1988年6月,《中华人民共和国村民委员会组织法(试行)》(以下简称《村民委员会组织法》)在全国试行。同年6月3日至22日,长兴县在小浦镇高地村开展村民直接选举村委会试点工作,村民参选率达98.5%。1990年,全县451个村委会依照《村民委员会组织法》,第一次由村民直接选举村干部,共选出主任451人,委员1385人。1993年4月,对条件成熟的380个行政村进行村委会换届选举,共选出村主任379人、委员1258人。1995年,在泗安镇换届选举试点工作的基础上,全县451个行政村完成新一届村委会换届选举工作。1998年,《村民委员会组织法》修订后颁布实施。同年,全县451个行政村首次采用差额选举方式,完成第四届村委会换届选举,主任、副主任、委员全部差额。2002年,开展第五届村委会换届选举工作,224个行政村共登记选民34.74万人,参选32.7万人,参选率94.1%。除7个村由于重点工程开展等原因暂缓选举外,其余217个村完成换届任务。2005年,按照全省统一部署,全县224个行政村开展第七届村委会换届选举工作①,共选出主任223人,副主任12人,委员526人。其中,147个村班子配备35岁以下年轻干部,占全县村干部总数的66%;190个村班子配备妇女干部,占全县村干部总数的84.8%。2008年,全县221个行政村普遍采用"海推直选"方式选出第八届村委会,其中16个行政村采用"自荐海选"办法选出新一届村委会。2010年12月,在夹浦镇开展换届选举试点工作,13个行政村按照"先村党组织、再村委会、后村监委和合作社"的原则进行,依次选举产生新一届村级组织领导班子。2011年3月,全县16个乡镇220个行政村开展第九届村委会换届选举工作,选民参选率99%,共选出主任220人,委员540人。其中,高中以上学历420人,占全县村干部总数的57.5%;女性224人,占30.7%;35周岁以下116人,占15.9%。

图34-1　夹浦镇月明村村民委员会换届选举竞职演讲(夹浦镇提供·2008年)

二、村干部培训

1990年起,每次村委会换届选举工作前,全县均开展分层次逐级培训、分阶段具体培训。培训重点为《村民委员会组织法》《浙江省实施〈村民委员会组织法〉办法》《浙江省村民委员会选举办法》等法律法规。县、乡两级每届培训约50期,培训总人数达3000余人次。2000年,举办4期村委会主任培训班,每期5天,邀请省、市、县有关领导和专家上课,系统讲述村级组织工作、村民自治、现代农业等知识。至2006年,共举办村主职干部岗位轮训班18期,培训约2000人次。2007—2012年,县委组织部、县民政局、县委党校共联合举办26期全县村级骨干培训班。从维护农村社会稳定、创新农村社会管理,规范村级组织运行、加强村级班子建设,发展效益农业、壮大集体经济,创先争优、加强基层党建,村务公开民主监督,党风廉政建设等六个方面进行全方位指导,每年2次至3次,累计参加人数达6000人次。

三、村民自治

全县各村委会建立之初,以制定《村规民约》的方式,管理村务。1998年,长兴县制定《开展村务公开民主管理工作的实施意见》,成立县村务公开和民主管理领导小组,各乡镇相应成立领导小组,各行政村建立有村民代表参加的领导小组,推行"村务公开、民主管理"的依法治理活动。1999年,全县452个村全部建立村务公开制度,设立村务公开栏和监督箱。2000年2月,被省民政厅授予"全省村民自治模

①长兴县没有第六届换届选举,第七届为全省统一部署届数。

范县”称号。2002年，全县开展村民代表会议制度试点工作，重大村务经村民代表会议审议通过，由村委会组织实施。2003年，出台《长兴县村民代表会议制度》，在全县行政村推行实践。至2006年年末，全县有85个村达到村民自治规范化建设标准，达标率37.6%。其中，水口乡被命名为省级示范乡镇，雉城镇渚山村、林城镇上狮村、虹星桥镇观音村被命名为省级示范村。2012年，印发《进一步加强村务公开和民主管理工作的意见》。同年年末，全县220个行政村中，村务公开民主管理规范化建设县级达标村有219个，达标率99.5%，其中县级示范村150个、市级示范村63个、省级示范村3个。

第二节　居民委员会

2000年10月，雉城镇28个村委会获批改建为居委会，称之为“村改居”。村改居期间，选民可以任意选择一种身份(或农民或居民)参与选举与被选举，选民身份与农村其他政策不会发生冲突。即，居委会换届选举依然按照村委会组织法实施。2002年，雉城镇28个居委会开展换届选举工作，除白溪村外，其余27个村改居按照《中华人民共和国城市居民委员会组织法》规定，依法选举产生出新一届居委会。2005年5—6月，28个由“村改居”选举产生的居委会进行新一届居委会选举工作，选民总数3.02万人，参选选民30204人，参选率达99.2%。选出新一届居委会成员110人，其中女性干部25人。2001年，全县推行城区管理体制改革，建立社区居委会。2004年，出台《关于进一步加强长兴县城市社区建设的意见》，7月，雉城镇28个社区调整为18个社区。同年，18个社区居委会完成首届社区居委会换届选举工作。2010年4月，全县21个社区进行第三届换届选举，其中20个社区采用“公推直选”、1个社区采用“自荐海选”。选出书记21人、主任21人，其中龙山街道的4个社区书记、主任均为一人双职。居委会成员中有大学生村官14人，党员74人，平均年龄40岁。2012年，全县有城市社区居委会24个，乡镇(街道)居委会48个。

第三节　社区建设

一、基础设施建设

城市社区服务用房建设　2000年6月，雉城镇辖区共有18个社区居委会，其中有办公房产权11个；租用办公用房7个；办公用房面积达300平方米以上的有3个，办公用房面积在100平方米～300平方米之间的有2个，在50平方米～100平方米之间的有7个，小于50平方米的有6个。2007年，按每个社区工作服务用房总面积按不少于350平方米的标准进行配置。2008年，采取“建、改、购、调、租”的方法，21个社区中有19个社区用房面积达到350平方米，新建造的6个社区(二虎头、马军巷、金陵、北门、南门、龙山)面积均在500平方米以上。2010年，全县21个社区通过自建、配套、购置、调剂和租用等方式，基本解决社区用房问题，面积均在350平方米以上。

社区服务中心　2009年11月，长兴县出台《全面推进农村社区建设若干意见》，每个乡镇、街道选择3个～4个村开展农村社区建设。社区服务中心建立初期，县财政给予乡镇(街道、园区)10万元、村级3万元的启动扶持资金；日常运作中，县、乡两级财政给予专项资金扶持，按照辖区户籍人口年人均20元标准予以补助，其中15元由县财政补助(部分作为村级便民服务中心建设考核奖励资金)，另外5元由各乡镇(街道、园区)补助。2010年起，全县19个乡镇(街道)社区服务中心建有“五中心”，即便民服务中心、党员服务中心、教育培训中心、文体活动中心和社区卫生服务中心；202个村级社区服务中心按照“一广场二中心三栏四室五站”要求，建设文体活动广场、便民服务中心、避灾中心、村务公开栏、党务公开栏、法制科普栏、党员服务站、农技服务站、卫生服务站等在内的综合性社区。农村社区服务中心纳入“中国魅力乡村”考核内容，统一建设标准、统一设施配置、统一服务事项，到2012年创建完成“中国魅力乡村”109个，县财政给予每村不少于300万元扶持资金。至2012年，全县将农村社区服务中心按照五星级标准纳入规划，同步实施，县财政累计投入资金6.7亿元，全县所有乡镇、街道均建有乡镇社区服务中心，覆盖率达100%；202个行政村建有农村社区服务中心，覆盖率90%，其中便民服务中心实现全覆盖。各乡镇社区服务中心平均面积在2900平方米以上，村级社区服务中心平均面积在550平方米以上。

二、社区服务

2000年，长兴县被列入省级社区建设实验县。2001年，台基山街道北门社区被命名为省级示范社区居委会。2004年，以体育场、荣军、三狮等3个社区为示范创建试点，通过以点带面，提升全县社区建设整体水平。2008年起，开展和谐社区创建活动。至2009年，全县创建省级百佳社区居委会1个、省级示范社区居委会3个。至2011年，全县有2个社区获得省级文明社区称号、9个社区获得市级文明社区称号、15个社区获得县级文明社区称号，2个社区获得省级和谐示范社区称号、20个社区获得市级和谐社区称号、3个社区获得市级和谐示范社区称号。同年，长兴县印发《长兴县农村社区服务中心星级创建考评办法》，开展村级社区服务中心星级创建活动。当年，上狮村等38个村级便民服务中心通过验收，成为示范便民服务中心。2012年，全县有13个村被评为市五星级农村社区服务中心（含村级便民服务中心），有38个村级便民服务中心被评为县示范型村级便民服务中心。

2010年12月8日，长兴县正式开通6581890社区服务热线，建立“一站式”服务网络和计算机网络，实现城区服务热线全覆盖，每月18日为“6581890社区服务热线公益服务日”。热线与100多家加盟企业签订服务协议，制定规范服务标准，24小时免费为市民提供200多种便捷、优质服务项目。2012年，热线开展“向日葵巾帼文明岗”创建活动，获县级巾帼文明岗称号。每月组织1次～2次大型公益服务活动，提供免费维修家电、疏通管道、家政问题咨询等便民服务。至2012年年末，累计受理群众来电4万人次，日均电话量约70个，回访满意率达99.8%。

第二章　双拥优抚安置

1988年以来，长兴县每年均组织走访慰问驻地部队，积极开展拥军优属活动，为部队办实事，全力做好优抚安置工作。驻地部队官兵也视长兴为第二故乡，在完成好军事保障工作的同时，全力支持地方经济建设。1991年，成立县拥军优属拥政爱民领导小组，下设双拥办公室、军民共建办公室。1992年，长兴被命名为全省拥军优属、拥政爱民工作先进县。之后，分别于1993年、1997年、1999年、2003年、2006年、2010年，6次被省委、省政府、省军区命名为浙江省双拥模范城(县)。

第一节　双拥工作

一、拥军优属

每年“八一”建军节、春节等传统拥军日，县四套班子领导及有关部门均走访慰问驻地部队、赴海防训练的驻长兴部队、到长兴拉练和训练的野战军部队，征询部队对地方的要求与建议。1988—1991年，为部队优先照顾30名转业干部进县级机关，解决160多名随军家属就业和调动，安排180余名子女进重点中学。1989年春节、八一、国庆期间，县领导率县越剧团到部队慰问演出，全年走访驻长兴部队3次，征求意见，交流情感，介绍地方经济和转业干部、退伍军人安置办法和措施，以消除军人后顾之忧。同年，长兴被市评为优抚安置先进县。1990年，被省评为优抚安置先进县。1991年起，县委、县政府健全拥军机制，建立议军制度，每年召开3次议军会议。1992年，长兴县被省政府、省军区命名为双拥先进单位。1995年,长潮乡小学教师何萍被评为市级好军嫂。1996年,长兴县筹集资金140万元,为驻小浦某部队修建一条长约2000米的水泥路,为驻吴山某部队完成砂改油工程。1998年9月,驻长兴某部队1500名官兵赴九江抗洪凯旋时,县党政军主要领导到驻地李家巷镇迎接,送去价值12万元慰问品。同年起至2001年,开展“爱心献功臣”活动,组织有关单位与40名老功臣结对帮扶,其中1999年向全县每位在中华人民共和国成立前入伍的革命功臣颁发“革命功臣”纪念章,2000年纪念中国人民志愿军抗美援朝出国作战50周年,为全县在1953年10月30日前入伍的904人,每人发放慰问金100元。1999年4月,印发《长兴县拥军优属若干规定》,规定每年元旦、春节和“八一”建军节前夕,县、乡镇对驻长兴部队及重点优抚对象进行走访慰问,为驻军办实事。同年,出资30万元,修建通往驻军某部队的“双拥路”;出资20万元为某部队建造科技大楼。7月下旬,浙江华能长兴电厂慰问驻军某部队,赠送2台电脑、8000元慰问金。2000年,县政府慰问驻军,赠送空调4台,赠送物品价值5.8万元以及13.99万元慰问金,支持部队基建资金20万元。2003年,赠送物资价值4.51万元,组织百名军嫂参加电脑培训。2004年1月,举办全国女排联赛长兴双拥专场,1100名驻长兴部队官兵到场观看比赛。同年,投入80万元,完成涉及用水、道路、通信、营房建设、军嫂就业培训等10个项目。2005年,出资近100万元,为某部队浇筑柏油路6千米。同年还先后组织260位重点优抚对象赴省荣军医院进行短期健康疗养,多次组织“三属”、抗日战争时期、解放战争时期和中华人民共和国成立初期入伍的老复员军人参加健康体检、观看慰问演出以及游览红色景区等活动。2006年,赠送电子图书、光盘和书籍折价16万元,为某部队饮水工程筹款280万元。2010年,赠送空调、电脑各5台,各类书籍6700余册,修路1.7千米,解决供水工程资金10万元。2011年,出资500万元帮助某部队建设招待所和铺设自来水管,还组织驻长兴部队开展“红色回忆进乡村”电影放映活动。2012年,投入380万元帮助县人武部装修办公场所和添置办公设备。1998—2012年,县委、县政府拥军慰问及为部队办实事资金共计2500余万元。

二、拥政爱民

驻地部队官兵视长兴为第二故乡,在完成好军事保障工作的同时,参与抢险救灾、扶贫帮困、植树造林、希望工程、义务献血、学校军训和为地方百姓排忧解难做好事,处置突发事件,全力支持地方经济建设。1988—1989年,驻长兴部队为地方中小学派出校外辅导员50多人次,为地方修桥铺路,义务修路服务120多次,帮助训练民兵220多人,组织联欢活动7次。1990年,全县部分地区遭7号强台风袭击,驻长兴空军场站官兵向受灾群众捐款1万多元,粮票600多千克,衣服400余件,支援应急柴油3吨;驻长兴某部队在洪灾中派出官兵250人次,出动车辆21台次参加抢险救灾,并为灾民捐款4159元,粮票976.5千克、衣物200件、油料3340千克等。1991年,驻长兴某部队与驻地乡村、学校共11个单位建立精神文明共建点,制定共建公约,组织演讲团到长兴部分工厂、矿区、学校演讲,结合普法教育,印刷2300份《军事设施保护法》等内容,分发到驻地乡村农户;组织22个学雷锋小组,为群众义务修理家电198台(件)、钟表258块、自行车234辆、理发844人次、收治病人293人次。“六一”期间,又给驻地学校送上1架电子琴、10把铜号和图书、教育器材等计4000余元。1994年8月,和平镇驻军某仓库附近发生特大山林火灾,2000余名军、警、民奋战3昼夜扑灭大火。1999年7月,长兴县遭遇特大洪灾,县人武部协调部队派出25批官兵1770人次参加抗洪抢险。2002年6月1日,驻湖州某部领导到长兴仙山慰问被援建的希望小学师生,赠送2台电脑和1000册图书。2008年1月,在全县抗雪救灾中,驻长兴部队和民兵预备役人员出动1万余人次,车辆174台次,共清理道路积雪300多千米,慰问受灾困难群众59户。2009年8月,全县抗击台风“莫拉克”,驻军部队共出动官兵1500人次,车辆50台次,加固堤坝10千米,解救被困群众36人,抢救物资价值800万元。2012年8月,台风“海葵”袭击长兴,驻浙江部队、武警出动800名官兵,奋战33小时,成功封堵和平吴山村堤坝决口。9月,驻湖州某集团军领导到长兴慰问受灾群众,赠送慰问金50万元。1991—2012年,驻长兴部队参加地方重点工程项目建设10多个,参与各类社会公益活动,为驻地群众义诊2万多人次,义务修理各种电器和家用工具数千件次,义务献血3000多人次,义务植树66.67多公顷,先后派出军训教员1000多人次。

三、军民共建

2000年,全县有军民共建点37个,组织军民共建活动28次,为部队培养人才培训班7期,培训人员105人。2005年开始,开展"援建军营图书室,共建学习型军营"活动,由全县各企业、单位和部门筹集资金购买电子图书、光盘和各种书籍等,赠送驻长兴部队,开展军民共建学习型军营读书交流活动,举办知识竞赛、演讲比赛等。7月,县人民政府机关被全国双拥领导小组、中宣部、中央文明办、民政部、总政治部评为全国军民共建社会主义精神文明先进单位。12月,成立全省首家企业拥军协会,搭建起企业拥军平台,军民共建单位增加到120对。2006年,全县以企业拥军协会为平台,开展企业与部队的军民共建活动,开展以"百连结对百村,携手共建新农村"为主题的军民共建社会主义新农村活动。同年,各驻长兴部队连以上单位与乡镇(村)结对参加军民共建的共有62对。同时,县委向全县人民发出"关于家乡人民向李益敏团长学习的倡议",掀起向"励剑标兵"学习的新高潮,也掀起双拥工作的新高潮。至2010年,各驻长兴部队为驻地困难群众改造危房200多户,清理河道2000余米、整治村庄70个,走访慰问农村困难群众和优抚对象200多户。2005—2012年,全县各企业、单位和部门筹集资金16万元,开展"援建军营图书室,共建学习型军营"活动,购买电子图书、光盘和各种书籍等,赠送给驻长部队;开展军民共建学习型军营读书交流活动,举办知识竞赛、演讲比赛等活动,共为驻长兴部队举办培训班达30多期,培训官兵近万人次。

图34-2 2007年8月,驻长兴某部队官兵在雉城镇参加社会主义新农村建设活动(县民政局提供)

第二节 优待抚恤

一、优待

1987年,全县乡镇统筹优待金共计29.02万元,户均314.75元。1988年起,全县城镇义务兵家属享受优待金逐年提高,到1992年,全县城镇义务兵优待金人均提高至588.69元。1993年,下发《关于城镇义务兵优待金实行统筹的通知》,从该年1月1日起,城镇入伍义务兵年优待金统一以600元标准发放。1997年1月1日,《长兴县兵役义务费社会统筹实施细则》正式实施,农村义务兵家属优待金,按不低于上年度全县农村劳动力年人均收入的70%标准发放;城镇义务兵家属优待金,按不低于上年度全县职工年人均收入的70%标准发放。同年,全县农村义务兵家属优待金为2013元,其中现金为1500元;城镇义务兵家属优待金为1500元,优待面100%;对全县830名义务兵落实养老保险和家庭财产保险。2002年,出台《兵役义务费社会统筹实施办法》。2003年起,兵役优待金不再向企业和群众收取,纳入县级财政预算。同年,全县有优抚对象1723人,发放优待金343.29万元。2004年8月,出台《长兴县重点优抚对象生活保障实施办法》及实施细则,规定在乡重点优抚对象优抚标准随当地经济发展和人民群众生活水平同步提高。义务兵家属年度优待金按上年度全县农村居民人均纯收入为基数发放,其中普通义务兵按70%发放、西藏兵按210%发放、高原兵按140%发放、大学生入伍按105%发放。2005—2012年,建立优待抚恤金自然增长机制,每年优待标准由县政府规定,在西藏、高原海防服役、在校大学生入伍的义务兵家属优待金有所增加。

1988—2012 年长兴县义务兵家属优待金标准及发放金额情况表

表 34-1

年份	普通兵(元)	进藏兵(元)	高原兵(元)	大学生入伍(元)	总人数(人)	总金额(万元)
1988—2001						
2002	3000	9000	6000	—	734	253.50
2003	3000	9000	6000	—	732	252.90
2004	3000	9000	6000	4500	703	232.00
2005	4500	13500	9000	6750	665	301.23
2006	5200	15600	10400	7800	668	382.46
2007	6300	18900	—	9450	651	446.99
2008	7400	19000	—	11100	627	480.12
2009	8476	19000	11019	12714	641	569.42
2010	9067	19000	11787	13600	641	605.00
2011	10346	20692	13450	15519	656	708.00
2012	11934	23868	15514	17901	638	831.80

说明:资料来源于县民政局

二、抚恤

1988 年,全县有“三属”(烈士军人家属、因公牺牲军人家属、病故军人家属)146 户,革命残废军人 351 人,复员军人 1230 人。烈士军人家属、因公牺牲军人家属的定期抚恤金为城镇每人每月 35 元、农村每人每月 30 元,病故军人家属每人每月 25 元。革命残废军人定期抚恤金分别为一等残废抚恤金每人每年 1020 元,二等残废抚恤金 740 元,三等残废抚恤金 336 元。复员军人定期抚恤金分别为孤老每人每月 30 元,抗日战争时期的每人每月 30 元,解放战争时期的每人每月 25 元,中华人民共和国成立以来的每人每月 20 元;带病回乡退伍军人定补标准为每人每月 10 元至 15 元。同年,两次提高定期补助标准,两次扩大在乡复员军人定补面,由 1987 年的 52%扩大到 100%。抗日战争时期入伍的复员军人定补标准为人均每月 31.44 元,解放战争时期入伍的定补标准为人均每月 25.60 元,抗美援朝时期入伍的定补标准为人均每月 20.24 元。1989 年以后,定补标准屡有提高。1991 年,复员军人定补 1111 人,人均 31.97 元,月总金额 35770 元;退伍军人定补 34 人,人均 10.92 元,月总金额 623 元。9 月,农村原地下党员定期定额补助工作,由县委组织部划归县民政局。1993 年,对全县在乡原地下党员 121 人增加定补,由原来每人每月 25 元提高到每人每月 35 元,全年支出 4.6 万元。1998 年,全县抚恤定补的优抚对象每人年均现金以不低于 200 元的标准发放。至 2001 年,革命伤残人员(革命伤残军人、伤残人民警察、伤残工作人员、伤残民兵民工)抚恤补助金由每人每月 85 元增加到每月 100 元。2005 年,全县建立在乡重点优抚对象优抚标准自然增长机制,规定在乡残疾军人优抚标准,以长兴县上年度职工平均工资为参照基数,一级因战残疾军人优抚标准,不低于参照基数的 100%,其他残疾等级按一定比例递减;家居农村的烈士家属、因公牺牲的军人家属、病故的军人家属优抚标准,以长兴县上年度农村居民人均纯收入为参照基数,分别按不低于参照基数的 110%、105%、100%计发。同年,全县 22 名抗日战争时期入伍的在乡复员军人,每人每年增加 750 元补助;639 名解放战争时期和中华人民共和国成立初期入伍在乡复员军人,每人每年增加 250 元补助。至 2012 年年末,全县在乡伤残军人抚恤金(一级残疾)每人每年 43732 元。“三属”优抚金标准均有大幅度提高,其中烈士家属提高到每人每月 1890 元、因公牺牲军人家属提高到每人每月 1701 元、病故军人家属提高到每人每月 1312 元。部分重点优抚对象抚恤金(复员军人)标准分别为孤老每人每月 1107 元,抗日战争时期的每人每月 1043 元,解放战争时期的每人每月 977 元,中华人民共和国成立以来的每人每月 912 元,带病回乡退伍军人每人每月 912 元;双参中城镇每人每月 450 元，农村每人每月 350 元。

1998 年始，“三属”、残废军人和复员军人在定期抚恤和定期补助外，还享受群众优待。“三属”与伤残军人每年 1000 元，复员军人为每年 800 元。2002—2012 年，全县累计发放“三属”抚恤金 522.08 万元，伤残军人抚恤金 1748.4 万元。

1999—2012 年长兴县提高部分重点优抚对象抚恤金情况表

表 34-2　　单位：元/月

年份	三属			复员军人				
	烈士军人家属	因公牺牲军人家属	病故军人家属	孤老	抗日战争时期	解放战争时期	中华人民共和国成立以来	带病回乡退伍军人
1999	城镇190、农村170	城镇190、农村170	城镇185、农村165	159	149	143	138	130
2000	城镇210、农村190	城镇210、农村190	城镇205、农村185	179	169	163	158	150
2001	城镇不低于230、农村不低于210	城镇不低于230、农村不低于210	城镇不低于225、农村不低于205	不低于189	不低于179	不低于173	不低于168	160
2002	城镇235、农村220	城镇235、农村220	城镇235、农村215	205	190	180	175	170
2003	城镇350、农村330	城镇350、农村330	城镇340、农村320	280	245	235	230	240
2004	478	468	城镇440、农村422	375	365	347	328	337
2005	农村590	农村563	农村537	440	429	402	376	386
2006	农村670	农村640	农村609	505	487	456	426	438
2007	农村765	农村731	农村696	592	557	522	487	487
2008	880	840	799	776	736	696	656	656
2009	1376	1238	1101	846	806	766	726	726
2010	1474	1326	1179	886	846	806	766	746
2011	1634	1476	1312	925	887	823	776	776
2012	1890	1701	1512	1107	1043	977	912	912

说明：资料来源于县民政局

第三节　烈士褒扬

一、革命烈士纪念碑

长兴县革命烈士纪念碑坐落在雉城街道古城公园东北部，占地 544.6 平方米，由县政府于 1987 年 4 月为纪念新民主主义革命、社会主义革命和建设中献身的烈士而建。纪念建筑由两层台阶、两平台和纪念碑组成。顶部平台长 19 米、宽 15 米。上有高 3 米、宽 6 米和高 3 米、宽 3 米的“L”形纪念碑。碑正面镌有全国人大常委会副委员长叶飞题词“革命烈士永垂不朽”；侧面镌有长兴县人民政府署名的碑记。碑用黑色花岗岩贴面，碑下镶有 0.5 米高的花坛。花坛用紫砂砖贴面。碑前有两组人物塑像，代表抗日战争时期新四军战士和地方革命干部的英雄形象。碑右侧是一组小雕塑，塑有 1.5 米高的少先队员雕像，象征着革命传统代代相传，后继有人。平台前建有两层台阶，台阶前有一对高 2.5 米的石狮子，分立两旁。第一层台阶 20 级，每级长 6 米、宽 0.4 米、高 0.15 米，两侧为斜面花坛；第二层台阶分两边，每边 13 级，每级长 1.5 米、宽 0.4 米、高 0.15 米，中间为花坛。两层台阶间为 4 米宽的小平台。平台和台阶均用大理石毛坯铺成。建筑面积 500 余平方米。碑的正面镌刻叶飞题字。自建成以来，一直对外开放，进行革命传统教育。2005 年，县政府投入 15 万元对纪念碑进行修缮。

二、革命烈士墓

1988年,长兴在泗安仙山村仙山小学西侧山顶建仙山革命烈士墓,纪念1949年渡江战役后追击国民党军队汤恩伯部时牺牲的7位烈士。1989年,修复抗日战争时期被日伪军杀害的原中共长兴县委书记史之华烈士墓。1991年,由县新四军研究会建横山革命烈士纪念碑,位于洪桥镇大荡漾村,为纪念分别在抗日战争、解放战争及抗美援朝战争中牺牲的长兴横山籍烈士。1999年,投入资金7万元,对鲤鱼山公墓烈士墓区进行整修。2011年,投入资金15万元,对位于泗安镇中学的泗安革命烈士纪念塔进行修缮。2012年,下发《长兴县零散烈士纪念设施抢救保护项目实施方案》,完成迁葬陈斌、卫应如、俞炳尧3座烈士墓,原地修缮保护姚成、吴凤阳、陆有庆、张根满、俞扣成、王元珍、葛德宝、左安生、徐亚新、张小木、周金志等11座烈士墓,修缮长兴古城公园烈士纪念碑、泗安烈士纪念碑、泗安仙山烈士纪念碑、白岕烈士公墓等4座烈士纪念碑。

三、纪念英烈活动

每逢清明、"七一"、"八一"、"十一"等节假日,县党政领导及全县机关、企事业单位、学校、社会团体均组织人员前往烈士陵园祭扫、缅怀革命先烈,开展革命传统教育和国防教育。1990年,县委党史资料征集研究委员会、县新四军研究会编印《长兴革命斗争故事》。1992年,县志编纂委员会出版中华人民共和国成立以来首部《长兴县志》,专门设置《长兴县烈士名录》,收录至1987年革命烈士304人。2011年,中国共产党成立90周年之际,县委党史室编印《长兴党史概览》,收录长兴民主革命时期党史胜迹11处,并配图文作专门记述。至2012年,长兴革命烈士共有319人。革命烈士名录见本志第43编、第2章。

第四节　军人安置

1987—1994年,全县退伍军人安置工作主要由县政府办、民政局、人武部、劳动局、物资局、公安局、粮食局等部门组成的"长兴县复员军人安置办公室"组织实施。1996年,调整复退军人安置和军队离退休干部安置领导小组,领导小组成员单位包括县政府办、民政局、财税局、公安局、劳动局及人武部等部门,下设办公室,设在民政局。

一、退役士兵安置

改革开放后,全县退伍军人安置仍按照"从哪里来,回哪里去"的原则办理,城镇兵和转业志愿兵由县民政、劳动部门包分配,回农村的退伍义务兵主要由各乡镇负责安排在乡镇和村办企业或推荐县属企业工作。2002年开始,转业士官与残废军人实行包底安置,公开考试,择优选岗;城镇义务兵全部实行货币安置。2012年,服役11年以下自主就业的退役士兵以上年度义务兵优待金为基数,建立城乡一体的自主就业退役士兵经济补助金自然增长机制。进藏退役士兵经济补助金在原来基数上每年增发1.5万元,新疆高原地区退役士兵经济补助金在原来基数上每年增发5000元。至该年,全县退役士兵安置全部实行市场化。

城镇退役士兵安置　1988—1995年,全县城镇退伍安置执行"按系统分配任务,包干安置"和"区别对待"的政策,安置职业主要是全民所有制企业固定工。1995年以后,采用"双向选择、市场调节、包底安置"办法,鼓励城镇退役士兵自谋职业和创业。1999年,出台《长兴县退伍安置保障金筹集管理使用办法》,建立县退伍安置保障金制度。鼓励支持城镇退役士兵自谋职业,推动退役士兵安置逐步适应市场化的劳动用工制度。2001年始,鼓励城镇退伍军人、转业志愿兵自谋职业及分配到非国有经济单位。2002年,城镇义务兵按自谋职业的办法全部实行货币安置,由当地政府发给一次经济补助,享受国家和地方有关创业、求职、培训等优惠政策及社会保障。同年,城镇义务兵自谋职业率100%。2002年12月起,对进藏退伍义务兵(含新疆阿里地区)和在校大学生入伍的退伍士兵出台相应安置政策。2003年,城镇退役士兵一律实行自谋职业,并发放自谋职业保障金,其中,服役1年至2年的为1.8万元,服役

3 年至 5 年的为 2.3 万元，服役 6 年至 9 年的为 3 万元。2005 年，出台《城镇退伍士兵自谋职业优惠政策有关规定》，由县政府发放一次性自谋职业补助金和“城镇退役士兵自谋职业证”，凭职业证书在全县范围内享受自谋职业优惠政策。2012 年，长兴县建立退役士兵经济补助自然增长机制。自主就业城镇退役士兵(2 年兵)经济补助金按上年度义务兵优待金 2 倍发放，根据其服役年限，从第 3 年起每多服役 1 年，增发义务兵经济补助金标准的 10%。

农村退役士兵安置　1989 年始，全县农村义务兵中三等残废以上和立有三等战功以上的，由政府安排工作。1999 年，出台《长兴县拥军优属若干规定》，对回农村的退伍义务兵，主要由各乡镇负责安排在乡镇和村办企业工作。2000—2007 年，对返回农村退役士兵的安置，结合当地实际，在生产服务、技术指导、教育培训、农用物资供应、农副产品收购等方面给予支持。对生产、生活、住房方面有困难的，政府适当予以扶持，县民政局及乡镇政府做好退役士兵推荐就业工作，鼓励扶持有专长的退役士兵创办经济实体。2009 年，建立农村籍退役士兵自谋职业货币安置补助制度。服役满 2 年的，补助标准为 3000 元；服役 3 年至 9 年的，补助基数为 3000 元，从服役第 3 年开始，每服役一年补助 500 元。补助资金由县财政全额承担。同年，发放农村籍退役士兵安置补助金 152.1 万元。2010 年，服役满 2 年的农村义务兵退役后按上年度全县农村居民人均生活消费支出的 40%计发安置补助金(计发比例以后每年提高 5%，至 100%止)，服役期 3 年至 9 年的农村复员士官从服役第 3 年起每服役一年，增发上年度全县农村居民人均生活消费支出的 10%。2012 年，建立城乡一体的自主就业退役士兵经济补助金自然增长机制。自主就业的农村退役士兵经济补助金按 2011 年冬季城镇退役士兵经济补助金的 40%发给，以后每年增加 15%。

转业士官安置　2002 年，全县转业士官与残疾军人实行包底安置，政府鼓励自谋职业。2003—2008 年，对服役满十年以上的转业士官，采取“货币安置、自谋职业与安排工作”相结合的办法进行安置，鼓励自谋职业，对自谋职业的转业士官发放安置补偿金 4 万元。2009 年，出台《长兴县鼓励转业士官自主创业若干意见》。对自主创业的转业士官，自领取工商营业执照和税务登记证之日起，所缴纳的增值税、营业税和所得税县得部分实行奖还，第一年全额奖，还第二年、第三年按 50%奖还。自主创业转业士官申请创业贷款且符合授信条件的，金融机构应优先给予信贷支持，在利率优惠方面实行倾斜支持，原则上按基准利率执行。对获得创业贷款的，由县财政按照银行贷款实际利率给予贴息，前三年全部贴息、后两年减半贴息，贴息每年最高不超过 5 万元。2010 年，按照“普惠加特惠原则”，对自主创业的转业士官在工商登记、税收奖励、水电减免、贷款贴息、创业补助等方面给予优惠。同年，有 9 名转业士官选择自主创业，县有关部门为转业士官办理创业贷款 4 笔 94.5 万元。2011 年，全县设立 100 万元转业士官创业贷款担保基金，开设各 50 万元的两个账户专门用于提供反担保，解决转业士官自主创业资金贷款问题。

2002—2012 年长兴县转业士官、退役士兵安置情况表

表 34-3

年份	接收安置总人数(人)	城镇退役士兵安置		农村退役士兵安置		转业士官安置		
		人数(人)	补偿金(万元)	人数(人)	补偿金(万元)	人数(人)	政府安置(人)	自谋职业(人)
2002	352	102	—	226	—	24	18	6
2003	372	118	246.90	241	—	13	6	7
2004	373	120	285.30	230	—	23	6	17
2005	302	74	168.50	214	—	14	4	10
2006	265	86	193.60	161	—	18	3	15
2007	361	115	273.30	232	—	14	3	11
2008	316	93	209.30	199	—	24	5	19
2009	360	117	336.51	227	81.15	16	5	11

续表34-3

年份	接收安置总人数(人)	城镇退役士兵安置		农村退役士兵安置		转业士官安置		
		人数(人)	补偿金(万元)	人数(人)	补偿金(万元)	人数(人)	政府安置(人)	自谋职业(人)
2010	284	92	226.96	172	60.40	20	18	2
2011	328	130	212.71	172	192.79	26	26	0
2012	310	89	228.69	203	360.69	18	17	1

说明:资料来源于县民政局

二、离退休干部接收安置

1991年3月,长兴县军队离休退休干部管理服务站建立,为县民政局下属事业单位,有住房10套,建筑面积686平方米,配备事业编制工作人员2人。同年,共接收2名军队离休干部。军干站成立之初,在老干部居住集中的宿舍区,专门设立办公室、活动室、阅览室,安装电话,购置沙发、折椅、桌子等家具,购买棋类等活动用品,订阅适合老年人心理特点的报纸杂志,为全县军队离退休干部提供服务。至1998年,全县共接收安置3批8人。1999—2012年,共接收安置5人。至2012年年末,全县累计接收安置离退休干部13人,其中离休7人、退休6人。

第三章　社会福利

1988年,长兴县共有乡镇敬老院13个、村办敬老院2个。进入20世纪90年代以来,老年人口日趋增多,养老机构随之逐年得到发展。25年间,全县社会福利设施建设投入不断加大,福利企业得到较快发展,社会福利资金募捐活动有序开展,社会福利事业加快发展,农村五保、城镇三无人员得到集中供养,孤儿基本生活和困境儿童基本生活补助得到保障。至2012年,全县共有县级福利院和乡镇(街道)社会福利中心、民办养老机构18家,社会福利中心(敬老院)实现乡镇全覆盖。

第一节　福利设施建设

一、县级福利院

进入20世纪90年代以来,全县老年人口日趋增多,养老机构随之逐年得到发展。1996年9月,开始建设长兴县城市社会福利中心。1999年,投资22万元,将原雉城镇后漾敬老院改造为县属长兴城市福利院。2004年,总投资1600万元的长兴县城市社会福利中心正式建成并启用,共有床位数353张。

二、乡镇(街道)社会福利中心

1988年,全县共有敬老院15个,其中乡镇敬老院13个、村办敬老院2个。1994年,新建煤山敬老院和李家巷敬老院。之后,随着老年人口增多,县委、县政府对原农村五保老人(含城镇"三无"老人)的养老问题日益重视。1996年4月,煤山镇敬老院被市民政局命名为窗口式敬老院。同年,全县各乡镇敬老院增加到30家,乡镇办院率达到97%。1997年,煤山镇敬老

图34-3　2011年5月,新泗安镇社会福利中心正式投入使用(县民政局提供)

院被市评为模范敬老院。2004年，全县农村敬老院建设被列入政府为民办实事工程之一，全年新建、改建、扩建农村敬老院共16家，总床位达到980张。林城镇敬老院被省民政厅评为行风建设先进集体，雉城镇敬老院、和平镇敬老院被湖州市评为十佳敬老院。2005年，雉城镇、和平镇敬老院被评为全省先进敬老院。2008年，完成槐坎敬老院重建和虹星桥、雉城敬老院扩建工程，拓展夹浦镇敬老院、煤山敬老院的服务功能。该次扩建，新增捐赠接收、社会化养老、避灾等功能，新增社会福利床位117张，比上年增加10%，集中供养率达97.8%。2010年，县民政局对全县所有农村五保供养机构（乡镇村敬老院）进行重新认定，将符合功能设置要求的敬老院更名为“社会福利中心”。2011年5月，新泗安镇社会福利中心正式投入使用，占地2公顷，建筑面积4600平方米，床位210张，总投资1000多万元。至2012年年末，全县共有县级福利院1家、乡镇（街道）社会福利中心（敬老院）15家、民办养老机构2家（长兴县龙华养老院、长兴县申兴为老服务中心），床位3382张，入住老人753人，社会福利中心（敬老院）实现乡镇全覆盖。

2012年年末长兴县乡镇（街道）社会福利中心（敬老院）情况表

表34-4

单位名称	建院时间	职工人数（人）	床位（张）	供养人数（人）
长兴县泗安镇社会福利中心	2010.01	9	210	83
长兴县泗安镇二界岭社会福利中心	2008.02	4	80	20
长兴县李家巷镇敬老院	1992.04	3	150	30
长兴县林城镇社会福利中心	2009.04	6	200	73
长兴县夹浦镇社会福利中心	2006.07	4	59	23
长兴县和平镇社会福利中心	2007.01	3	166	57
长兴县和平镇吴山社会福利中心	2008.04	8	80	28
长兴县虹星桥镇社会福利中心	1995.06	5	185	46
长兴县洪桥镇社会福利中心	2011.01	10	280	41
长兴县画溪街道社会福利中心	2011.09	17	350	112
长兴县水口乡社会福利中心	2003.03	4	82	36
长兴县吕山乡社会福利中心	2003.01	3	75	36
长兴县小浦镇社会福利中心	2004.01	4	120	25
长兴县煤山镇社会福利中心	2005.08	4	102	25
长兴县槐坎乡社会福利中心	2007.12	4	80	21
长兴县龙华养老院（民办）				
长兴县申兴为老服务中心（民办）				

说明：资料来源于县民政局

第二节　“五保”“三无”供养

1988年，全县农村有“五保”户1879人，主要对象是无劳动能力、无生活来源、无法定赡养扶养义务人（或虽有法定赡养扶养义务人，但无赡养扶养能力）的老年人、残疾人和未成年人，享受保吃、保穿、保医、保住、保葬（孤儿为保教）“五保”待遇。1990年，有“五保”老人853人，年人均口粮264千克，年人均生活补助费119元。农村乡（镇）村集体经济组织负责提供“五保”供养所需经费和实物，保证“五保”对象基本生活，供养标准一般不低于所在乡镇上年度农民人均纯收入的60%。1997年，全县集中供养老人193人，年生活费1288元；分散供养“五保”老人559人，年生活费987元。1998年，成立农村五保供养专用资金管理委员会，从救灾扶贫周转金中划拨150万元，作为“五保”供养专用资金。同年，全县敬老院共集中供养200人，人均供养标准每年1288元。1999年，乡镇“五保”供养经费实行乡镇统筹，将散居的“五保”户纳入乡镇和村双重管理。2003年，出台《农村“五保”对象和城镇“三无”对象集中供养工作实施意见》(城镇“三无”对象，指城镇居民中无劳动能力、无生活来源、无赡养人和扶养人，或赡养人和扶养人确无赡养能力或扶养能力的老年人、残疾人)，规定对供养对象生活费和医药费实行专项补助，供养对象的年生活费按照城乡居民最低生活保障线标准给予全额补助。2004年，全县集中供养对象872人，集中供养率达90.6%。供养标准每人每年1500元；对集中供养对象医药费实行专项补助，一类乡镇每人每月补助100元、二类乡镇每人每月补助200元、三类乡镇每人每月补助300元。2005年1月1日起，对农村“五保”对象和城镇“三无”对象全部采用城镇居民低保标准给予补助，标准为每人每月230元。长兴成为全省第一个以城镇低保标准实施集中供养的县。2008年，浙江省实施《农村“五保”供养工作条例》办法，农村“五保”供养标准按照不低于所在县(市、区)上年度农民人均纯收入的60%的标准核定。2009年，集中供养对象人均供养标准达到每年7213元。2012年，全县有农村“五保”对象720人，集中供养率达98.1%，集中供养标准提高到每人每年9384元；城镇“三无”对象65人，集中供养率100%。

第三节　儿童福利

一、孤儿基本生活保障制度

2000年之前，全县尚无专门的弃婴、孤儿抚养机构，弃婴、孤儿送乡镇敬老院抚养。2001年5月，成立长兴县福利院，开始收养孤儿弃婴、家庭无力照管的残疾儿童。2000年至2006年，农村孤儿主要采用送农村敬老院安置或分散安置，给予农村“五保”待遇。2009年4月1日之后，公民捡拾弃婴的，一律到当地公安部门报案，查找不到生父母和其他监护人的一律由公安部门送交当地社会福利机构或者民政部门指定的抚养机构抚养。2011年，全县有孤儿47人，其中福利机构养育孤儿23人、社会散居孤儿24人。全年发放孤儿基本生活费27.46万元。2012年，按照孤儿生活不低于当地平均生活水平原则，建立孤儿基本生活最低养育标准自然增长机制，实现城乡统筹，其中福利机构养育的孤儿按上年度城镇居民家庭人均消费性支出的70%确定。同年，福利机构养育孤儿基本生活费标准达到每人10806元，社会散居孤儿基本生活费标准达到每人6483元。

二、困境儿童基本生活补助

2010年以前，县内的困境儿童主要通过县民政部门、慈善机构以及工商业、社会团体给予生活上的临时救助，尚未形成一套长效救助机制。2011年，省政府印发《关于加快发展孤儿和困境儿童福利事业的意见》。2012年，长兴县落实困境儿童保障政策，比照孤儿养育标准予以补助；对暂时查找不到家庭的流浪未成年人延长救助和教育时间；确实无法查明身份的，由儿童福利机构进行安置；对患大病的贫困家庭儿童，给予医疗救助，帮助摆脱困境。

第四节　福利企业

1988年12月，全县成立社会福利企业办公室，当年有福利企业41家，安置残疾人员802人。1996年，为社会福利企业创办高峰期，全年有福利企业135家，有职工总数4453人，其中盲、聋、哑和肢体残疾“四残”人员1790人，占生产人员的40.2%。1998年开始，由于企业改制、企业效益、违规被取消资格等诸多因素，全县福利企业逐步减少。2001年，对符合参加社会保险年龄的1226名残疾职工办理社会统筹养老保险。2003年，制定《社会福利企业回报社会福利事业的实施办法》。2004年、2006年，福利企业分别上交社会福利事业资金 380 万元和 300 万元。2010 年，全县福利企业残疾职工月工资收入人均超 1000 元，社会保险参保率达 100%。2012 年，全县有注册年检福利企业 35 家，在职职工 4615 人，其中残疾职工 1799 人，销售收入总计 127.55 亿元，利税总额 1.14 亿元。

1988—2012 年长兴县社会福利企业情况表

表 34-5

年份	企业数（家）	职工人数（人）	其中："四残"人员数（人）	年产值（万元）	年销售金额（万元）	年利税总额（万元）
1988	41	1939	802	2735	2623	267
1989	55	2259	974	4270	4300	365
1990	53	2195	931	5570	4731	577
1991	66	2448	1100	24200	7127	1085
1992	66	2448	1100	24200	7127	1085
1993	80	3517	1350	58000	26000	4200
1994	135	3784	1784	75000	40000	8500
1995	135	4400	1790	69600	46100	5000
1996	135	4453	1790	52000	53000	4600
1997	135	4453	1790	55000	55000	4000
1998						
1999	93	4934	2046	72000	62000	8600
2000	88	4410	1832	96300	97375	8525
2001	75	4408	1843	105900	97200	9478
2002	56	4276	1744	135497	114636	8907
2003	49	4471	1871		162736	13743
2004	49	4618	1992	220524	218341	8581
2005	49	4099	1687	224622	205618	11776
2006	46	4200	1700	290000	270000	9400
2007	43	3646	1476		420000	11000
2008	37	4009	1594	439293	433511	10841
2009	37	4259	1603	410158	400126	9946
2010	35	4577	1745	567986	574003	13373
2011	35	4494	1796	995004	776268	13713
2012	35	4615	1799	1262204	1275475	11427

说明：1. 资料来源于县民政局；2. 1988—1990 年只统计年产值和利税总额，年销售金额不作统计

2012 年年末长兴县注册社会福利企业情况表

表 34-6　　单位：人

单位名称	批准成立年月	职工总人数	残疾职工人数	企业地址
浙江湖州威达纺织集团有限公司	1985.06	238	93	画溪街道姚雉路 158 号
浙江省长兴电线厂	1985.10	25	12	煤山镇金钉子路 5 号
长兴县镁质炉料有限公司	1992.08	102	60	雉城镇姚家桥
浙江志鑫纺织印染有限公司	1993.05	366	133	夹浦镇环沉
长兴新峰印染有限公司	1994.03	147	42	画溪街道
长兴益丰特种陶瓷窑业有限公司	1994.04	48	13	雉城镇杭长路 198 号

续表34-6

单位名称	批准成立年月	职工总人数	残疾职工人数	企业地址
长兴国圆印染有限公司	1994.05	129	48	夹浦镇丁家渚
长兴制药有限公司	1994.08	181	80	长兴经济技术开发区
浙江省长兴盛众纺织有限公司	1994.08	21	10	夹浦镇长平村长达自然村
长兴县第二水泥厂	1994.09	62	21	李家巷镇
长兴浙北宏宇汽车摩托车配件有限公司	1994.10	59	26	雉城镇下箬王浜头洪长公路边
长兴中建耐火材料科技有限公司	1995.06	326	168	虹星桥镇周村
浙江省长兴天能电源有限公司	1998.04	444	122	煤山工业园区大悬路8号
长兴金石超细粉体有限公司	1999.08	35	0	李家巷镇章浜104国道旁
长兴华业建材有限公司	2000.01	42	24	小浦镇光耀村
浙江汉维通信器材有限公司	2001.11	233	64	长兴经济技术开发区太湖大道1号
浙江湖州父子岭耐火集团有限公司	2002.01	412	187	夹浦镇父子岭村
长兴县华峰喷焊材料电炉有限公司	2002.02	46	21	林城镇东岗
长兴县海华化工有限公司	2002.08	49	31	夹浦镇丁新开发区
浙江长兴五星热能有限公司	2003.08	27	14	洪桥镇工业园区
长兴县宏明特种耐火材料铸造有限公司	2003.08	38	15	雉城镇祥符圩村
浙江铁鹰光电科技有限公司	2003.11	89	47	煤山工业园区大悬路22号
长兴悦达塑业有限公司	2007.04	261	71	雉城镇工业园区
浙江铁鹰光电缆有限公司	2007.05	22	12	煤山镇工业园区大悬路26号
浙江湖州弁山建材有限公司	2008.06	15	0	洪桥镇
长兴林丰外贸包装有限公司	2008.12	58	23	李家巷镇工业园区
长兴余大电子有限公司	2010.03	77	24	白岘乡工业园区
湖州白岘南方水泥有限公司	2010.03	234	75	煤山柴界岭
浙江长兴东讯电源有限公司	2010.03	13	11	小浦镇基隆山
湖州小浦南方水泥有限公司	2010.03	286	111	小浦镇合溪村
浙江金三发非织造布有限公司	2010.03	225	114	李家巷镇新世纪工业园区
长兴勤胜电子有限公司	2010.08	34	12	槐坎乡新街青东路5号
浙江振义汽车部件有限公司	2010.11	54	21	雉城镇新兴工业园区内
浙江省长兴利达丝绸有限公司	2010.11	44	14	煤山工业园区大悬路25号
浙江盛旺耐火材料股份有限公司	2012.08	146	64	洪桥镇亭子桥村

说明:资料来源于县民政局

第五节　福利彩票

1988年,全县成立社会福利有奖募捐委员会,下设办公室(设在县民政局),负责福利奖券发行工作。1989年,首次发行销售福利奖券100万张计200万元,实际销售93.95万张。除上缴中央和省、市部分外,提成福利基金26.4万元。1990年,社会福利有奖募捐完成21.2万元,筹集福利基金5万元。1991年、1992年,全县完成社会福利有奖募捐各40万元。1993年,社会福利有奖募捐实现销售额200万元。三年内,全县共筹集社会福利基金50余万元。1994年3月,建立福利彩票管理领导小组,对全县福利彩票市场进行管理。1995年,中国社会福利有奖募捐券更名为中国福利彩票,全县销售社会福利彩票500万张,筹集社会福利基金200万元。1998年11月,第一次在县人民广场发行大奖组集中销售福利彩票,奖票面值2元,实物兑奖,发行销售彩票1500万张计3000万元,主要为县城市社会福利中心建设筹集资金。1989—1998 年，共销售福利奖券 12 批，筹集福利基金 943.7 万元。2001 年 12 月，全县社会福彩中心在雉城镇销售 748 万元福利彩票，筹集福利基金 112 万元。2003 年 11 月，县社会福彩中心在火车站广场发行 1000 万元即开型福利彩票，实际发行 300 万元，并积极配合市福彩中心做好长兴电脑彩票发行管理工作。2004 年以后，传统型彩票销售形势回落，大型集中销售福利彩票活动停办。2005 年，全县开始电脑网点彩票发行工作，由市福利彩票发行中心负责设点及管理。2007 年，县政府同意设立长兴县“中福在线”福利彩票销售中心。2012 年，长兴县中福在线明珠路销售厅开始装修，并采购设备，次年开业。

第四章　老龄工作

1988 年，长兴县 60 周岁以上老年人 58052 人，占总人口的 9.8%。1990 年，全县 60 周岁以上老年人 58077 人，占总人口的 9.8%。其中，65 周岁以上老人 28573 人，占总老龄人口的 49.2%；80 周岁以上高龄老人 4302 人，占总老龄人口的 7.4%。之后，全县人口老龄化呈加快发展的趋势，老年人以平均每年 3%以上的速度增长，人口老龄化程度超过全省和全国的平均水平。1998 年 9 月底，全县有 60 周岁及以上老年人 8.29 万人，占全县总人口的 13.5%，高于全国 3.78 个百分点，高于全省 1.32 个百分点，属全省老龄化程度较高的县。2012 年，全县 60 周岁以上老年人 117594 人，占总人口的 18.8%。其中，65 周岁以上老人 78664 人，占总老龄人口的 66.9%；80 周岁以上高龄老人 20049 人，占总老龄人口的 17%。

第一节　老龄组织

1989 年，成立县老龄问题委员会，以适应人口老龄化发展。1990 年，更名为县老龄委员会，下设老龄委办公室，与老干部局合署办公。1998 年，全县所有乡镇成立老龄问题委员会，95%的行政村成立村老年人协会。2001 年 10 月，更名为县老龄工作委员会，下设办公室（简称老龄办），划归县民政局，行政编制 2 人，主管全县老龄工作。县老龄工作委员会成员单位建立联络员制度，各成员单位均明确 1 名干部为联络员，负责日常的老龄工作事务。2002 年，全县 16 个乡镇、3 个街道成立老龄工作委员会，226 个行政村、38 个居民村设立老龄工作小组。2004 年，长兴被评为省首届老龄工作先进县。2005 年，全县老年人协会会员有 6 万余人。2006 年，县老龄办荣获“全国老年维权示范岗”称号。2010 年，长兴荣获“全国老龄工作先进单位”称号。2011 年，全县 222 个行政村、28 个居民村、21 个社区均成立老年人协会，城镇社区均建立老龄工作小组和志愿者队伍。同年，长兴被中国老年学学会授予中国老年人宜居宜游城市称号，成为继江苏省江阴市之后第二个获该称号的城市。

第二节　老年人优待与养老服务

一、老人优待

1988 年以来，每年“老人节”（重阳节），县、乡镇都组织开展形式多样的庆祝和慰问活动，为全县老年人营造浓厚的节庆氛围，倡导尊老爱老的社会习俗。1997 年 8 月，制定高龄老人优待服务政策，对长兴县户籍 70 周岁以上老人，执行 7 项优待服务项目。2006 年 3 月，出台《长兴县优待老年人实施办法》，全面启动“浙江省老年人优待证”的制发工作。规定自 6 月起，全县 60 周岁以上老年人凭证免费办理老年优待乘车 IC 卡；8 月 1 日起，全县 60 周岁～69 周岁老年人乘坐城市、城乡公交车均享受 5 折优惠,70 周岁以上老年人乘坐城市公交车免费、乘坐城乡公交车享受 5 折优惠。优待证分两种,60 周岁～69 周岁的老人持绿卡,70 周岁以上的老人持红卡。凡具有常住户口、年满 60 周岁公民,不分性别、职业、民族、宗教信仰,均属优待对象,享有相应年龄段规定的优惠待遇。同年,共发老年人优待证 8.1 万张,老年人 IC 卡 3.5 万张。同时,还规定 70 周岁以上老年人凭优待证进入政府投资主办的公园、文化宫(馆)、图书馆、博物馆、美术馆、展览馆、纪念馆、科技馆和旅游景点以及体育健身等公共场所,一律免购门票;其他老年人享受半价优惠。外地老年人持有居住地人民政府或县级以上老龄工作机构发放的老年人优待证到长兴观光旅游、探亲访友,享有长兴县老年人同等优惠待遇,离休干部持“离休证”享受红卡同等待遇。2012 年,开展“敬老月”系列活动,建立高龄老人慰问长效机制,规定对 80 周岁～89 周岁老人每三年慰问一次,慰问金每人 300 元;90 周岁以上老人每年慰问一次,慰问金每人 500 元,其中 100 岁以上的慰问金每人 1000 元;仅该项年支出达 600 多万元。

从 2001 年至 2012 年,长兴县还在先后出台的《长兴县最低生活保障办法》《长兴县农村五保对象和城镇“三无”对象集中供养工作的实施意见》《长兴县新型农村合作医疗保险实施办法》等文件中,对老年人优待服务提出制度性保证,逐步解决全县城乡困难老年人的养老服务保障问题。

二、百岁老人优待

1990 年,全省对百岁老人实行生活补助政策。同年,全县有百岁老人 1 人,按政策给予每月 25 元生活补助费。1997 年,全省百岁老人生活补助费增至每人每月 100 元。同年,全县有百岁老人 9 人,其中 8 女 1 男,最高龄 106 岁。之后,百岁老人的生活补助费改为长寿保健补助金。2002 年,百岁老人长寿保健补助金调整至 200 元。2008 年,百岁老人长寿保健补助金调整至 300 元。2010 年,百岁老人长寿保健补助金调整至 400 元。2012 年,百岁老人长寿保健补助金调整至 500 元。百岁老人详见第 4 编、第 2 章、第 5 节。

三、养老服务

2004 年以来,全县将养老服务纳入国民经济和社会发展规划,将建设居家养老服务中心列入县政府为民办实事十大项目之一。出台《关于深化完善社会养老服务体系建设的实施意见》《长兴县养老服务需求评估工作实施意见(试行)》《长兴县养老服务补贴制度实施办法》《长兴县社区居家养老服务照料中心建设和运行标准》等文件,明确财政补贴、税收优惠、优先供地等扶持政策,鼓励社会力量多形式、多渠道参与养老服务事业发展,加快城乡养老服务体系建设。2010 年,制定《长兴县社区居家养老服务实施办法》,从 1 月起对困难老人实施政府分类购买服务。明确政府购买服务补助的三类对象及标准,第一类,60 周岁以上低保困难家庭中生活部分不能自理或完全不能自理的老人,每人每月补助 40 元至 70 元的服务券;第二类,60 周岁以上低保困难家庭中当年享受过 6 种大病救助的困难老人每人每月补助 70 元的服务券;第三类,90 周岁以上老年人,每人每月补助 50 元高龄补贴。同年,全县有 193 名低保户困难老人由政府每人每月支付 40 元至 70 元购买养老服务,1120 名 90 周岁以上老人发放每人每月 50 元高龄补贴费。在该基础上,建立养老评估制度,扩大补贴范围,提高补贴标准;建立养老服务评估制度,以乡镇(街道、园区)为单位,对当地老年人的家庭经济状况、身体状况和养老服务需求进行评估,建立数据库,实行动态管理;完善养老服务政府补贴制度,严格按照省政府规定对一类补贴对象发放养老服务补贴,加大二类补贴对象补助标准和补助范围。2011 年,全县各乡镇建立农村组团式养老服务联盟。将社区卫生服务站、社区超市、社区志愿者服务队伍等作为农村居家养老加盟服务组织,建立由乡镇居家养老服务中心统一调配,各加盟服务组织相互协作的服务网络,为农村符合享受政府购买服务的困难老人提供无偿服务。2012 年,雉城街道北门社区居家养老服务照料中心作为全县居家养老的示范点投入使用,能同时容纳三四十人同时用餐,具备休闲娱乐、图书借阅、医疗保健、康复训练、法律咨询等功能。同年,建立农村“银龄互助”网络,通过一对一结对独居、空巢、失能老人,定期上门帮助打扫卫生、代购物品、代缴水电费。社区志愿者主动为空巢、孤寡、病贫老人送温暖,为病人送慰问品。共建立 72 家“银龄互助”城乡社区活动单位。至 2012 年年末,各乡镇(街道、园区)相继建成居家养老服务中心，行政村（社区）建立居家养老服务站、老年活动室、“星光老年之家”等居家养老服务设施。全县建成居家养老照料中心 7 家、乡镇（街道、开发区）建立养老服务中心 13 个、行政村（社区）建立养老服务站 117 个，基本形成以县、乡镇（街道、园区）、村（社区）三级养老服务平台为主要依据，覆盖城乡、适度普惠的养老服务体系。

第三节　老年人活动

一、活动场所

2002 年，县政府开始实施为老年人办实事项目，兴建老年活动室。2003 年，投入 108 万元，兴建 10 个“星光老年之家”。2005 年，老年人活动室建设纳入城乡一体化建设，在农村建成标准化、规范化老年活动室 122 个，每个老年活动室都设有棋牌室、阅览室、电教室，面积 80 平方米以上。2007 年起，新建、改建和扩建老年活动中心被列为政府为民办实事工程之一。同年，投入资金 280 万元，将原县体育馆改建成县老年活动中心。2008 年 1 月，县老年活动中心正式启用，使用面积 4000 多平方米，设有排演厅、多功能厅、乒乓室、台球室、书画室、电脑房、棋牌室、会议室、办公室及其他辅助用房，每天接待老年人活动多达 700 人次。2011 年，老年大学完成建设并投入使用，建筑面积达 5000 平方米，总投资 3000 万元，设有阅览室、棋牌室、乒乓室、台球室等活动场所，以及大小教室 10 余个，可同时容纳 800 余名老年人共同活动和学习。同年，农村社区老年活动室和养老机构纳入农村社区服务中心统筹规划，全县投入 600 多万元，新建、改建、扩建老年活动室 180 多家。2012 年，全县有各类老年活动中心（室）221 个，实现城乡社区、行政村老年活动中心（室）全覆盖。其中，省级四星级老年活动中心 2 家，市三星级老年活动中心 41 家，省级“星光老年之家”64 家。

二、老年教育及文体活动

2002 年，县内创办第一所老年大学，在校学员 482 人，开设 12 门学科。2003 年，成立省老年电视大学长兴分校，秋季招收学员 2620 人。2005 年，老年电视大学分校举办《老年健康》科普讲座，全县近 200 名老年人参加。同年，省老年电视大学长兴分校获评全省办学先进单位。至 2010 年，全县老年电大教育网络实现城乡全覆盖，有老年电大分校 1 所、教育点 22 个、教育班 72 个，累计在校学员近 7400 人，形成县、乡镇（街道）、村（居）三级老年教育网络。

2002—2008 年，全县有老年社团组织 27 个，协会人员 2032 人。每年的“老人节”，县老龄委都举办夕阳红运动会趣味性活动，每次约有 600 名老年体协成员参加。2008 年，长兴老年《百叶龙》荣获首届中国老年文化艺术节优秀节目奖。2012 年，和平镇、虹星桥镇创建成为第一批“浙江省老年体育特色项目之乡”。同年年末，全县老年文艺团体组织有红霞、星光 2 个艺术团以及木兰拳协会、戏曲家协会、百叶龙队、马灯队等，乡镇（街道）、村（社区）有百叶龙队、马灯队、腰鼓队等老年文体骨干队伍。全县老年文艺团体每年自创、自编新节目，如舞蹈《掀起你的盖头来》、黄梅戏《路遇》、越剧《梁山伯与祝英台》选段、快板《“八荣八耻”新风尚》《十七大精神暖人心》等，随县文艺小分队分赴各乡镇进行文艺巡回演出。其中，红霞艺术团自 2002 年成立至 2012 年，巡回演出 413 场，观众 54.3 万人次。

第五章　民政事务管理

1988 年，长兴县民政局（简称县民政局）负责全县民政事务管理工作。1997 年 1 月，县民政局内设办公室、计财科、优抚安置科（双拥办）、救灾救济科、社会事务科、社团管理科 6 个职能科室。2001 年 12 月，内设办公室、优抚安置科、社会救济科、社会社团事务科 4 个职能科室，与县老龄办、县移民办合署办公。2011 年 5 月,内设办公室、优抚安置科、社会救济科、基政社团科、社会事务科 5 个科室,与县老龄办、县移民办合署办公,下属双拥办、军干站、福企办、民政福利中心、养老指导中心、救助站、婚姻登记处、殡葬所、殡葬执法大队 9 家事业单位。

第一节 社会组织管理

一、社会团体登记管理

1989 年 10 月,国务院颁布《社会团体登记管理条例》,要求社会团体均应依条例规定申请登记,核准登记的方可活动。1990 年,县民政局设立社会团体登记管理事项,负责社团登记管理工作。1991 年,对全县各类社会团体进行清理整顿和复查登记,共核准登记社会团体 43 个。1993—1997 年,每年对社会团体进行年检年审,监督管理。1997 年,取缔 55 个未经登记的基督教聚会点。1998 年,县民政局分设社团科,负责全县社会团体和民办非企业单位的成立、变更和注销登记及其年度检查工作。1999 年,出台《长兴县社会团体组织活动暂行规定》。2005 年,全县社会团体参加年检 80 个,年检率达 100%,其中注销 2 个。2000 年至 2010 年,平均每年成立、登记社团 10 个以上,仅 2007 年就有 21 个社团组织成立。2008 年,加强行业协会的培育和管理,对全县 17 个行业协会进行评估,评出 AAAA 级 1 个、AAA 级 14 个、AA 级 2 个。2009 年,全县有行业协会 56 个,涉及工业、农业、服务业等多个行业。当年,浙江省蓄电池行业协会和浙江省耐火材料行业协会的总部落户长兴。至 2012 年年末,全县登记在册的社会团体共 181 个。

2012 年长兴县登记在册社会团体情况表

表 34-7

社团名称	登记年月	业务主管单位
长兴县计划生育协会	1991.06	长兴县计生局
长兴县交通学会	1991.06	长兴县科协
长兴县教育学会	1991.07	长兴县教育局
长兴县离退休教育工作者协会	1991.07	长兴县教育局
长兴县企业联合会	1991.11	长兴县计经委
长兴县耐火材料行业协会	1992.12	长兴县行管办
长兴县检察协会	1993.02	长兴县检察院
长兴县农村基层组织建设基金管理协会	1995.11	长兴县委组织部
长兴县机动车驾驶员协会	1996.12	长兴县公安局
长兴县拖拉机驾驶员协会	1996.12	长兴县农业局
长兴县红十字会	1998.05	长兴县卫生局
长兴县个体劳动者协会	1998.06	长兴县工商局
长兴县水泥行业协会	1998.10	长兴县行管办
长兴县体育总会	1998.06	长兴县文体局
长兴县民营企业协会	1999.08	长兴县工商局
长兴县茶叶行业协会	1999.01	长兴县农业局
长兴县作家协会	1999.11	长兴县文联
长兴县企业家协会	1999.12	长兴县计经委
长兴县职工技术协会	1999.12	长兴县总工会

续表34-7

社团名称	登记年月	业务主管单位
长兴县诗词学会	1999.12	长兴县文联
长兴县佛教协会	1999.05	长兴县民宗局
长兴县供销商业联合会	1999.07	长兴县供销社
长兴县泗安镇家禽养殖协会	2000.02	泗安镇人民政府
长兴县成人教育学会	2000.03	长兴县教育局
长兴县虹星桥镇西瓜协会	2000.03	虹星桥镇人民政府
长兴县农村卫生协会	2000.03	长兴县卫生局
长兴县雉城镇食用菌协会	2000.04	雉城镇人民政府
长兴县中医学会	2000.04	长兴县卫生局
长兴县统计学会	2000.04	长兴县统计局
长兴县集邮协会	2000.04	长兴县邮政局
长兴县基督教三自爱国运动委员会	2000.04	长兴县民宗局
长兴县护理学会	2000.06	长兴县卫生局
长兴县蜂业协会	2000.06	长兴县农业局
长兴县卫生系统思想政治工作促进会	2000.07	长兴县卫生局
长兴县花木盆景协会	2000.07	长兴县林业局
长兴县药学会	2000.07	长兴县市场监督局
长兴县青梅协会	2000.11	长兴县林业局
长兴县水产协会	2000.11	长兴县农业局
长兴县瓜果蔬菜协会	2000.11	长兴县农业局
长兴县建筑行业协会	2000.12	长兴县建设局
长兴县医学会	2000.06	长兴县科协
长兴县纺织行业协会	2001.01	长兴县行管办
长兴县摄影家协会	2001.03	长兴县文联
长兴县民营科技企业协会	2001.03	长兴县科技局
长兴县水利学会	2001.04	长兴县水利局
长兴县红霞艺术协会	2001.09	长兴县文广新局
长兴县车辆维修行业协会	2001.11	长兴县交通局
长兴县钱币协会	2001.12	人行长兴县支行
长兴县消费者权益保护委员会	2001.08	长兴县工商局
长兴县书法家协会	2002.04	长兴县文联
长兴县画溪街道社会管理综合治理协会	2002.04	画溪街道办事处
长兴县青少年科技教育协会	2002.06	长兴县科协
长兴县洪桥镇社会治安综合治理协会	2002.10	洪桥镇人民政府
长兴县虹星桥镇社会治安综合治理协会	2002.10	虹星桥镇人民政府
长兴县雉城镇生猪协会	2002.10	雉城镇人民政府
长兴县紫砂陶艺协会	2002.11	长兴县科协
长兴县林城镇社会治安综合治理协会	2002.11	林城镇人民政府
长兴县社会福利企业协会	2002.11	长兴县民政局
长兴县小浦镇社会治安综合治理协会	2002.11	小浦镇人民政府
长兴县虹星桥镇特种水产养殖专业技术协会	2002.12	虹星桥镇人民政府

续表34-7

社团名称	登记年月	业务主管单位
长兴县李家巷镇社会治安综合治理协会	2002.06	李家巷镇人民政府
长兴县矿业协会	2003.01	长兴县国土局
长兴县农资专业合作协会	2003.03	长兴县供销社
长兴县吕山乡社会治安综合治理协会	2003.05	吕山乡人民政府
长兴县栝楼协会	2003.07	长兴县科协
长兴县吴山乡社会治安综合治理协会	2003.07	吴山乡人民政府
长兴县白岘乡社会治安综合治理协会	2003.07	白岘乡人民政府
长兴县总商会	2003.08	长兴县委统战部
长兴县旅馆行业协会	2003.10	长兴县公安局
长兴县虹星桥镇免疫蛋鸡技术协会	2003.10	虹星桥镇人民政府
长兴县雉城镇太湖水产品协会	2004.01	雉城镇人民政府
长兴县慈善总会	2004.01	长兴县民政局
长兴县林城镇梅农协会	2004.10	林城镇人民政府
长兴县水口乡苗木行业协会	2004.10	水口乡人民政府
长兴县虹星桥镇畜牧养殖技术协会	2004.10	虹星桥镇人民政府
长兴县煤山镇银杏协会	2004.10	煤山镇人民政府
长兴县和平镇畜禽专业协会	2004.11	和平镇人民政府
长兴县和平镇社会治安综合治理协会	2004.11	和平镇人民政府
长兴(上海)联谊会	2004.04	长兴县对外合作办
长兴县土杂鸡生态养殖协会	2004.05	长兴县科协
长兴县老年康乐艺苑协会	2004.05	长兴县老龄委
长兴县二界岭乡社会治安综合治理协会	2004.06	二界岭乡人民政府
长兴县娱乐服务行业协会	2004.06	长兴县公安局
长兴县物业管理行业协会	2004.07	长兴县建设局
长兴县经济技术开发区外来投资者协会	2004.09	长兴县商务局
长兴县雉城街道种鸭养殖技术协会	2004.09	雉城街道办事处
长兴县雉城街道杨梅专业技术协会	2004.09	雉城街道办事处
长兴县会计学会	2005.09	长兴县财政局
长兴县工商行政管理学会	2005.10	长兴县市场监督局
长兴县珠算协会	2005.12	长兴县财政局
长兴县财政税务学会	2005.12	长兴县财政局
长兴县小浦农家乐协会	2005.12	小浦镇人民政府
长兴县吕山乡南杨水产种苗协会	2005.12	吕山乡人民政府
长兴县李家巷镇水果协会	2005.12	李家巷镇人民政府
长兴县硕博联谊会	2005.04	长兴县人事局
长兴县企业拥军协会	2005.05	长兴县民政局
长兴县林城镇养鸭业协会	2005.07	林城镇人民政府
长兴县文化与体育市场经营者总会	2005.08	长兴县文广新局
长兴县水口乡茶叶协会	2005.08	水口乡人民政府
长兴县二界岭板栗协会	2005.09	二界岭乡人民政府
长兴县水口乡农家乐协会	2006.01	水口乡人民政府

续表34-7

社团名称	登记年月	业务主管单位
长兴县和平白茶协会	2006.01	和平镇人民政府
长兴县夹浦镇杨梅协会	2006.01	夹浦镇人民政府
长兴县废旧物资回收调剂行业协会	2006.11	长兴县公安局
长兴县房地产经纪人行业协会	2006.11	长兴县建设局
长兴县工业炉行业协会	2006.03	长兴县经信委
长兴县白岘乡园林绿化专业协会	2006.04	白岘乡人民政府
长兴县小浦镇货物运输码头行业协会	2006.05	小浦镇人民政府
长兴县行政法经济法协会	2006.06	长兴县法制办
长兴县抗癌协会	2006.06	长兴县科协
长兴县收割机协会	2006.07	长兴县农业局
长兴县房地产协会	2006.08	长兴县建设局
长兴县夹浦镇社会治安综合治理协会	2006.08	夹浦镇人民政府
长兴县预防医学会	2007.06	长兴县科协
长兴县温州企业家协会	2007.07	长兴县开发委
长兴县国际商会	2007.07	长兴县商务局
长兴县医药行业协会	2007.07	长兴县市场监督局
长兴县葡萄行业协会	2007.07	长兴县农业局
长兴县泗安镇社会治安综合治理协会	2007.09	泗安镇人民政府
长兴县小浦银杏协会	2007.09	小浦镇人民政府
长兴县企业科技工作者协会	2007.10	长兴县科协
长兴县政协书画社	2007.11	长兴县政协办
长兴县米行弄社区文体协会	2007.11	古城街道办事处
长兴县二虎头社区文体协会	2007.11	古城街道办事处
长兴县大西门社区文体协会	2007.11	古城街道办事处
长兴县仓前街社区文体协会	2007.11	古城街道办事处
长兴县台苑新村社区老年协会	2007.11	古城街道办事处
长兴县所前社区绿色志愿者协会	2007.11	古城街道办事处
长兴县金陵社区文体协会	2007.11	古城街道办事处
长兴县槐坎乡社会治安综合治理协会	2007.12	槐坎乡人民政府
长兴县体育场社区文体协会	2007.12	龙山街道办事处
长兴县青年企业家协会	2007.12	共青团长兴县委
长兴县水口乡社会治安综合治理协会	2007.12	水口乡人民政府
长兴县机械行业协会	2007.12	长兴县经信委
长兴县荣军社区环保志愿者协会	2008.01	古城街道办事处
长兴县驻盛泽企业家联合会	2008.03	长兴县工商联
长兴县明珠路社区文体协会	2008.03	古城街道办事处
长兴县安全生产协会	2008.03	长兴县安监局
长兴县老年人体育协会	2008.05	长兴县文广新局
长兴县水路运输行业协会	2008.06	长兴县交通局
长兴县湖州花鳖行业协会	2008.06	长兴县农业局
长兴县电子行业协会	2008.08	长兴县经信委
长兴县志愿者协会	2008.10	共青团长兴县委

续表34-7

社团名称	登记年月	业务主管单位
长兴县陈香梅研究会	2008.10	长兴县文广新局
长兴县农民专业合作社联合会	2008.11	长兴县农业局
长兴县老年星光戏曲协会	2008.11	长兴县文广新局
长兴县兰花行业协会	2008.12	长兴县林业局
长兴县龙山街道社会治安综合治理协会	2008.12	龙山街道办事处
长兴县农家乐行业协会	2008.12	长兴县旅游局
长兴县即热式电热水器行业协会	2009.02	长兴县经信委
长兴县戏剧曲艺家协会	2009.03	长兴县文联
长兴县雉城镇街道社会管理综合治理协会	2009.04	雉城街道办事处
长兴县装饰行业协会	2009.04	长兴县工商局
长兴县残疾人自强创业协会	2009.05	长兴县残联
长兴县基层法律服务工作者协会	2009.06	长兴县司法局
长兴县煤山镇社会治安综合治理协会	2009.06	煤山镇人民政府
长兴县饭店餐饮行业协会	2009.06	长兴县贸粮局
长兴县驻绍兴县工商联合会	2009.06	长兴县工商联
长兴县人力资源经理协会	2009.09	长兴县人事局
长兴县基督教协会	2009.09	长兴县民宗局
长兴县农贸市场行业协会	2009.09	长兴县贸粮局
长兴县电动车管理协会	2009.09	长兴县综治委
长兴县雉城街道社区建设与管理协会	2009.11	雉城街道办事处
长兴县中草药民间秘方协会	2010.03	长兴县科协
长兴县反邪教协会	2010.05	长兴县科协
长兴县蓄电池行业协会	2010.04	长兴县经信委
长兴县和平镇城山沟党员创业互助会	2010.07	和平镇人民政府
长兴县和平镇回车岭村党员创业互助会	2010.07	和平镇人民政府
长兴县商标协会	2010.11	长兴县工商局
长兴县西太湖河蟹行业协会	2010.11	长兴县农业局
长兴县女企业家协会	2011.03	长兴县妇联
长兴县纳税人联合会	2011.05	长兴县国税局
长兴县吴山乡蜜梨协会	2011.10	吴山乡人民政府
长兴县老科学技术工作者协会	2011.11	长兴县科协
长兴县芦笋行业协会	2012.01	长兴县农业局
长兴县广告协会	2012.03	长兴县工商局
长兴县硬笔书法家协会	2012.04	长兴县文广新局
长兴县新四军研究会	2012.04	长兴县委宣传部
长兴县老年书画研究会	2012.09	长兴县文联
长兴县旅游协会	2012.09	长兴县风景和旅游局
长兴县内部审计协会	2012.12	长兴县审计局

说明:资料来源于县民政局

二、民办非企业单位登记管理

20世纪90年代,县内民办非企业单位开始兴起,涉及教育、卫生、文化、科技、体育、社会中介服务、法律服务等社会生活诸多领域,进入21世纪初发展迅速。县民政局严格审批登记,注重年检年审。

2000年，下发《关于认真做好民办非企业单位复查登记工作的通知》，对全县民办非企业单位开展全面复查登记工作。到2001年2月底，查清全县民办非企业单位508个。对符合条件的予以核准登记；不符合条件的，或劝其解散，或加以指导，待条件具备后再登记。同年年末，县民政局首批核准登记的民办非企业单位26个，并从同年起开展每年一次年检年审。2004年，民办非企业单位43个参加年检，其中合格39个、注销3个、整改1个，合格率97.5%。2005年，新增民办非企业单位20个，参加年检年审70个，其中注销2个，年检率达100%。2012年年末，全县有民办非企业单位229个，均为法人单位。按隶属行业分类，教育类105个，卫生类17个，社会服务类41个，科学研究类12个，文体类34个，其他20个。

2001—2012年长兴县民办非企业单位情况表

表34-8　　单位：个

年份	年末实有民非企业	其中年内批准登记单位	年份	年末实有民非企业	其中年内批准登记单位
2001	21	21	2007	84	6
2002	27	6	2008	87	3
2003	43	16	2009	101	14
2004	50	7	2010	117	16
2005	70	20	2011	123	6
2006	78	8	2012	130	7

说明：资料来源于县民政局

第二节　婚姻与收养登记

一、婚姻登记

1988年，全县婚姻登记根据民政部《婚姻登记办法》，由各乡镇人民政府办理，县民政局属全县婚姻登记管理机关，负责指导和监管工作。办理结婚登记的当事人须持个人身份证、户口簿和单位或所在居(村)委会出具的“婚姻状况证明”，由乡镇婚姻登记机关对当事人的结婚申请进行审查，符合结婚条件的，当即予以登记，发给结婚证。1996年10月1日，《浙江省婚姻登记管理办法》开始实施。1999年，全县共办理登记4314对，离婚登记159对，登记合格率100%。2003年10月1日起，国务院《婚姻登记条例》颁布实施，规定结婚登记只凭当事人身份证、户口簿，不再需要单位和所在居(村)委会出具“婚姻状况证明”。2004年11月1日，长兴县成立婚姻登记处(设在县民政局)，开始实行集中办理婚姻登记，婚姻登记处办理窗口位于雉城镇人民南路226号。各乡镇不再承办婚姻登记工作。同年，全县共办理结婚登记5081对、离婚登记502对。2005年11月，建立婚姻登记局域网，全县步入婚姻登记数字化管理体系。2009年以来，全县开具无婚姻登记记录证明的居民由于用途的增加而不断增多，出具“无婚姻登记记录证明”主要用于银行贷款或担保、房产过户、继承遗产、户口迁移、出国留学等事项。同年7月1日起，县民政局婚姻登记处推出休息日或节假日预约登记制度。2010年8月，县民政局婚姻登记处搬迁至雉城镇明珠路859号。2011年11月11日，人们将其赋以“一心一意、一生一世、一夫一妻”的寓意，当日办理结婚登记148对，创单日历史新高。2012年8月1日起，全县实行免费婚姻登记。9月3日，县民政局婚姻登记处正式启用民政部统一发布的全国婚姻登记工作标识(统一标识为圆形，标识中间“龙凤呈祥”图案，整个图形兼具公章形状，体现婚姻登记工作的法定权威)。同年，全县共办理结婚登记5730对，补发结婚证1555本，办理离婚登记1308对，补发离婚证77本，出具无婚姻登记记录证明7305张。2004—2012年，全县共办理结婚登记46581对，补发结婚证7707本，办理离婚登记8369对，补发离婚证287本。另外，2007—2012年，全县共出具无婚姻登记记录证明27571张。

1988—2012 年长兴县婚姻登记情况表

表 34-9

年份	结婚		离婚			年份	结婚		离婚		出具无婚姻登记记录证明（张）
	结婚登记总数（对）	补发结婚证（本）	离婚登记总数（对）	补发离婚证（本）	出具无婚姻登记记录证明(张)		结婚登记总数（对）	补发结婚证（本）	离婚登记总数（对）	补发离婚证（本）	
1988						2001	3280		196		
1989						2002	4151		228		
1990						2003	4477		315		
1991						2004	5081		502		
1992						2005	4672		584		
1993	4550		52			2006	5788	2	748		
1994	3120		37			2007	5359	294	914	3	447
1995	4349		112			2008	5575	789	1023	24	1777
1996	4860		57			2009	5575	1515	1101	46	4570
1997	3874		262			2010	5746	1879	1264	58	6272
1998	4875		172			2011	6437	1673	1308	79	7200
1999	4314		159			2012	5730	1555	1308	77	7305
2000	4279		199			—	—	—	—	—	—

说明：结婚登记、离婚登记总数来源于历年《长兴统计年鉴》，其他资料来源于县民政局

二、收养登记

1992 年之前，县内社会孤儿、弃婴由社会民众私自抱养，或由县民政部门委托他人抚养。1992 年 4 月，《中华人民共和国收养法》颁布后，全县依照该法精神，禁止个人私自收养弃婴；对符合收养条件的收养人，依据法定程序办理收养登记，发给“收养登记证”。1999 年 5 月，民政部发布《中国公民收养子女登记办法》。同年，全县共办理收养登记 39 人，其中收养社会弃婴 24 人、福利院收养孤儿 15 人。2003 年 11 月，开展非法收养专项清理工作，共清理查处非法收养子女 596 人。2007 年，正式启用民政部设计制作新式“收养登记证”，当事人持证可办理户口登记、户口迁移、出境手续及收养公证。同年，全县共办理收养登记 63 人次，收养登记合格率达到 100%。2009 年，根据上级要求，集中解决从 1999 年 4 月 1 日至 2009 年 4 月 1 日期间国内公民私自收养子女问题，全县共处理该类问题 100 件。2010 年 6 月 10 日起，县儿童福利院育弃婴、孤儿、儿童不再姓“路”，姓氏取自传统的“赵、钱、孙、李”等百家姓。2011 年 2 月 1 日，正式启用《全国收养登记管理信息系统》，长兴县收养登记实现全国联网。1992—2012 年，全县共办理弃婴、孤儿收养手续 1117 件。其中，女弃婴、孤儿 926 件；非社会福利机构抚养儿童 598 件，社会福利机构抚养儿童 512 件；夫妻共同收养 936 件。

1992—2012 年长兴县收养登记情况表

表 34-10

年份	件数（件）	被收养人情况（件）								收养人情况			
		性别		非社会福利机构抚养儿童				社会福利机构抚养儿童		国内公民收养			
		男	女	弃婴	孤儿	继子女	三代以内旁系血亲子女	弃婴	孤儿	夫妻共同收养（对）	无配偶收养（件）男	无配偶收养（件）女	其中：跨省收养（件）
1992—2005	419	79	340	168				251		350	51	15	3
2006	76	12	64	67			1	8		59	15	2	1

续表34-10

年份	件数(件)	被收养人情况(件)								收养人情况			
		性别		非社会福利机构抚养儿童				社会福利机构抚养儿童		国内公民收养			
		男	女	弃婴	孤儿	继子女	三代以内旁系血亲子女	弃婴	孤儿	夫妻共同收养(对)	无配偶收养(件) 男	无配偶收养(件) 女	其中:跨省收养(件)
2007	69	8	61	59				10		50	15	4	1
2008	109	10	99	100				9		92	13	4	
2009	118	21	97	73			2	43		97	17	4	
2010	122	23	99	52			2	68		106	10	6	
2011	94	16	78	24			2	68		84	9	1	2
2012	110	22	88	55				55		98	9	3	1
合计	1117	191	926	598			7	512		936	139	39	8

说明:资料来源于县民政局

第三节　殡葬管理

一、殡葬改革

1987年,县内仍以传统习俗对遗体实行分散土葬,当年全县共火化遗体202具,火化率仅为6%。1989年12月1日,县政府发布《实行殡葬改革推行火葬的公告》,第一步实行火葬对象为长兴县全民、集体所有制企事业单位干部、职工,非正常死亡人员及雉城镇居民,从1990年1月1日起实施。1993年,发布《关于加强殡葬管理实行火葬的通告》,再次扩大火化区范围及对象。1996年,成立县殡葬改革领导小组,出台《长兴县殡葬管理实施办法(试行)》和《长兴县殡葬改革实施方案》,规定自1997年3月1日零时起,县境内人员死亡,遗体一律实行火化。同时,开展第一次坟墓专项治理工作,凡在"三沿"(沿公路、沿铁路、沿主要河道)和"三区"(经济开发区、风景旅游区、城镇规划区)周边视线所及范围内的建筑性坟墓全部进行搬迁、拆除或深埋。1997年,全县共火化遗体3871具,火化率100%。2004年8月,下发《关于开展坟墓专项整治工作的通知》,要求2004年11月1日至2005年1月10日,对"三沿五区"(沿公路、沿铁路、沿航运河道,耕地区、开发区、住宅区、保护区、风景区)视野范围内的坟墓全部深埋、平毁或迁移(受国家批准保护的坟墓和批准的公墓除外)。2005年3月,发布《关于深化殡葬改革 全面推行生态葬法的通告》,全面推行生态葬法,规定对全县"三沿"视野范围内的坟墓迁移、就地深埋,"三沿"500米范围内严禁新建坟墓;其他区域新建坟墓执行生态葬法,单穴面积不得超过0.7平方米,双穴面积不得超过1平方米。同年8月,出台《进一步深化殡葬改革 加快推进生态葬法工作的意见》,明确殡葬改革、全面推行生态葬法的相关政策。至2006年,全县专项治理各类坟墓1.27万穴,其中迁移1.1万穴、深埋和绿化覆盖1700多穴,"青山白化"治理率达89%,建成骨灰堂2个,生态墓地87个,生态葬法总覆盖率达96%。2007年7月,下发《进一步加强殡葬管理工作的通知》,从2007年12月1日起,实行骨灰跟踪管理制度,凡县境范围内死亡人员遗体火化后骨灰一律安葬在县公墓或乡村公益性生态墓地,确定每年12月1日为全县殡葬改革宣传日。2008年11月,调整火化费等收费标准,对重点优抚对象、农村"五保"人员、城镇"三无"人员、残疾人低保对象等特殊群体实行殡葬减免。2012年10月,出台《长兴县殡葬基本服务项目免费办法》,规定自次年1月1日起正式执行。凡在县境内死亡人员和长兴户籍人员在县外死亡并运回长兴火化的,免除遗体接运、遗体冷藏、遗体火化、骨灰寄存4项费用。1997—2012年,全县共火化遗体63734具,火化率每年均为100%。

二、公墓

全县公墓分两类,一类是经营性公墓,一类是乡村公益性生态公墓。1988年,全县有鲤鱼山经营性公墓1处,无公益性公墓,死亡人员均采用散葬形式。2005年,长兴县印发《关于进一步深化殡葬改革加快生态葬法工作的意见》,要求至2007年乡村公益性公墓达到一村一墓,实现生态安葬行政村覆盖率100%。2005年3月起,新建坟墓执行生态葬法,单穴面积不得超过0.7平方米,双穴面积不得超过1平方米。至2012年,全县有公墓3处,生态墓地230处,生态葬行政村覆盖率达到100%,“三沿五区”实现无坟化。

长兴县鲤鱼山公墓 地处长兴城西北高山岭鲤鱼山。1987年正式投入使用,为经营性公墓,建墓34穴。至2001年,公墓内已有墓穴近2万个,处于饱和状态。

长兴棋盘岭古园公墓 地处小浦镇高地村汤家山。2002年11月,长兴立项批准鲤鱼山公墓进行异地新建,选址小浦镇高地村汤家山棋盘岭。棋盘岭古园公墓按20年需求设计,墓区建设以穴葬为主,新建墓穴2.2万穴,草坪葬区、树葬区、壁葬区及烈士墓区4.4公顷,停车场1000平方米,悼念厅300平方米,墓区办公及经营场所300平方米。2007年11月,棋盘岭古园公墓建成启用。占地8.12公顷,总投资754万元。至2012年,原规划20年的公墓用地,不到10年已不能满足需求。同年5月,省民政厅同意长兴再次扩建“长兴棋盘岭古园”公墓,规划占用荒地17.83公顷,总墓穴4万余穴,规划期为40年,总投资3200万元。

图34-4 长兴棋盘岭古园公墓(县民政局提供·2012年)

长兴县观音山陵园公墓 地处夹浦镇丁甲桥观音山。2001年3月,县民政局批准同意夹浦镇建设观音山陵园,性质为公益性公墓。2003年,建造丁甲桥观音山陵园公墓3000穴,占地面积1.33公顷,总投资500万元。2004年9月,县政府同意夹浦镇丁甲桥观音山陵园转为经营性公墓。11月,省民政厅批准扩建长兴县观音山陵园,性质为经营性公墓。

三、殡葬服务所

1988年,县殡仪馆(1983年由长兴火葬场改名)位于县城西清明山,占地1公顷;县殡葬管理所位于县城西北高山岭鲤鱼山,公墓用地2.67公顷。2002年,县殡仪馆申请迁址小浦镇高地村汤家山。2005年8月,县殡仪馆、县殡管所合并,成立县殡葬服务所,下设殡仪部、殡葬部。2007年11月,整体迁至小浦镇高地村汤家山,新建县殡葬服务所。占地总面积2.3公顷,建筑面积3700平方米,总投资1500多万元。主要分综合服务厅、丧户休息厅、火化间、办公后勤用房和大、中、小告别厅共11间,是集火化和殡仪服务等为一体的功能较为齐全的新型殡葬服务机构。2012年,投资450万元扩建殡仪馆,新建并改造房屋1000平方米,新增拣灰炉4台。

第四节 流浪乞讨人员管理

1988—2003年,全县对流浪乞讨人员仍按《收容遣送办法》处理,一般经湖州市遣送站遣送回原籍。2003年8月1日起,《城市生活无着的流浪乞讨人员救助管理办法》颁布实施,对流浪乞讨人员由原来的收容遣送改为临时救助。同年,改建雉城镇青山路19号某单位仓库,作为县救助管理站用房,占地面积1832平方米,建筑面积近800平方米,设床位60张,当年共救助流浪乞讨人员22人次。2004年,成立县救助管理站,核定事业编制3人,成立联合劝导劝救小组,负责县城区街头流浪乞讨人员的劝返、劝导和救助工作。同年8月,正式启用“浙江省救助管理信息系统”。2009年以来,全县平均每年劝返流浪乞讨人员500人次。2011年5月,正式启用“全国救助管理信息系统”,实现救助管理工作数字化。2012年,共救助流浪乞讨人员418人次,其中60周岁以上老人16人次、成年人393人次、未成年人9人次,流浪乞讨人员中身体健康的有395人次、肢残的有11人次、精神病痴呆傻的有22人次,提供车票救助365人次、护送返乡22人次、提供医疗救治15人次、接收政府安置10人次,经费支出33.59万元。2003—2012年,全县共救助流浪乞讨人员2617人次,其中60周岁以上老人139人次、成年人2298人次、未成年人91人次,流浪乞讨人员中身体健康的有395人次、肢残的有11人次、精神病痴呆傻的有22人次,提供车票救助2270人次、护送返乡74人次、提供医疗救治72人次、接收政府安置25人,经费总支出315.32万元。

2003—2012年长兴县救助管理站救助情况表

表34-11

年份	救助人数(人次)	年龄			健康状况			救助方式				经费支出(万元)
		60周岁以上(人次)	成年人(人次)	未成年人(人次)	健康(人次)	肢残(人次)	精神病痴呆傻(人次)	提供车票(人次)	护送接领(人次)	医院治疗(人次)	安置(人次)	
2003	22											0.50
2004	67									13	3	0.70
2005	190	9	178	3	176	8	6	180	3	5	2	11.18
2006	207	16	182	9	189	12	6	196	5	4	2	17.28
2007	212	15	188	9	191	14	7	183	4	3	—	28.37
2008	256	12	230	14	233	19	4	214	11	2	—	48.30
2009	469	25	416	28	447	13	9	425	5	7	—	48.58
2010	442	24	406	12	420	13	9	403	8	11	—	51.79
2011	334	22	305	7	307	12	15	304	16	12	8	75.03
2012	418	16	393	9	395	11	22	365	22	15	10	33.59
合计	2617	139	2298	91	2358	102	78	2270	74	72	25	315.32

说明:资料来源于县民政局

第五节　水库移民安置及扶持

一、水库移民安置

全县水库移民主要由富春江移民、三峡移民、泗安水库移民、二界岭水库移民、和平水库移民、合溪水库移民和小部分外迁移民等7部分人员组成,移民总人口26134人,以分散插花安置为主,涉及安置村100个,其中安置移民人数超过100人的村有55个、超过200人的村有27个、超过300人的村有23个。

富春江水库移民　省移民办核定长兴富春江水库移民共3199户11238人,主要分布在画溪街道、雉城街道、龙山新区、虹星桥镇、林城镇、泗安镇、和平镇等8个乡镇、街道的81个行政村。20世纪50年代开始,全县累计接收安置建德县水电站库区移民1549户8067人。1994年,发展到3613户14002人,分散安置在15个乡镇141个行政村。至1998年末,共有2297户8650人,移民人均耕地0.08公顷(1.25亩),人均山林0.003公顷(0.04亩),移民主要分布在平原和圩区,人均年纯收入为2805元。富春江水库移民落户长兴时间较长,经过分散插花安置,与当地群众已实现融合,互通婚姻,生活习惯、语言交流基本同化,生产生活水平也与安置乡镇、村当地群众相同。

泗安水库移民 省移民办核定长兴泗安水库移民共2390户6447人,分别安置在和平镇、泗安镇2个镇24个村。和平镇有36人,分布在新港村、吴山村2个村。泗安镇有6411人,分布在初康村、毛家村、太平村、罗家地村、二界岭村、东村、钱庄村、三里亭村、五里渡村、凤凰村、白莲村、双联村、赵村、长中村、杨湾村、师姑岗村、仙山村、新丰村、新联村、长丰村、五丰村、庆丰村22个村。

合溪水库移民 2011年,因长兴合溪水库建设,省移民办一次性核定移民共5257人,涉及煤山镇、小浦镇、槐坎乡3个乡镇。直补资金发放人数共3070人,其中煤山镇和槐坎乡1430人、分布在新源村和抛渎岗村,小浦镇1640人、分布在合溪村和光耀村。后期项目扶持人数共2187人,其中煤山镇新源村221人,槐坎乡抛渎岗村763人,小浦镇方岩村1003人、光耀村174人、方一村13人、高地村13人。2012年1月,后期项目扶持政策开始实施。

二界岭水库移民 省移民办核定长兴二界岭水库移民共235户876人,主要分布在二界岭乡的二界岭村、云峰村、初康村、罗家地村。

三峡水库移民 省移民办核定长兴三峡水库移民共142户619人,主要分布在8个乡镇和县开发区的38个村。长兴是全省接收安置三峡库区移民的试点县。2000年,成立三峡库区移民外迁安置工作领导小组,下设办公室(简称移民办,设在县民政局),制定《三峡库区移民外迁安置工作原则和安置方案》,规定免除移民建房的一切规费,返回基础设施费每人2800元,减免电话初装费200元,免交三年农业税,优先安排进企业务工等。同年6月,首批重庆市奉节县三峡移民共54户243人落户长兴,分别安置在5个乡镇16个村,其中李家巷镇11户43人、洪桥镇10户45人、夹浦镇11户46人、小浦镇11户43人、水口乡11户54人。同年,为首批三峡移民共新建房屋6394平方米,购置现房550平方米,人均28.7平方米。2001年初,组织54户三峡移民进行春耕培训,按人均1000元下拨过渡期生活补助费、生产资料购置补助费,合计24.3万元。2002年8月,第二批重庆奉节县三峡移民共41户186人落户长兴,分别安置在5个乡镇15个村,其中雉城镇35人、夹浦镇40人、李家巷镇30人、吕山乡30人、吴山乡45人,全年下拨安置经费170.76万元。2004年8月,第三批重庆市丰都县十直镇、镇江镇三峡移民共47户182人落户长兴,分别安置在5个乡镇及开发区,其中雉城镇6户26人、开发区3户11人、夹浦镇11户44人、吴山乡11户41人、李家巷镇8户31人、吕山乡8户29人,全年下拨安置经费108万元。

和平水库移民 省移民办核定长兴和平水库移民共51户179人,主要分布在和平镇的滩龙桥村、磔碛村、周坞山村。

自主迁入移民 省移民办核定长兴自主迁入移民共384人,主要源于婚嫁或非政策性集体移民。

二、水库移民后期扶持

1986—1998年,全县对富春江水库移民的扶持补助资金总计616.05万元,其中有偿扶持资金389.5万元。1988—1990年三年间,还先后投放120万元有偿开发生产周转金,扶持5个乡村企业、9个乡镇福利工厂和5个养殖户,以推动富春江移民就业、增加收入。1990年12月,县民政局被省移民办评为省首届扶持移民发展生产先进集体。2001年,对6个乡镇下拨移民扶持资金123万元,帮助富春江水库移民安置地开展基础设施建设,扶持困难移民发展生产。2002年,下拨富春江水库移民扶持资金90万元,扶持困难移民发展生产、脱贫致富。2003—2007年,共实施富春江移民后期扶持项目276个,其中基础设施项目124个、生产扶持项目147个、科技推广项目5个;总投资2871.3万元,其中中央库区建设基金1035万元、地方配套和其他资金1836.3万元;受益人口达到42527人次,其中受益移民达13498人次。

2003—2004年,全县下拨三峡移民生产扶持资金31.4万元。2006年,下拨三峡移民后期扶持基金8.76万元。2008年,建立乡镇(街道)领导干部结对帮扶三峡移民长效机制。至2009年,三峡移民除小部分从事第一产业外,大部分具有劳动能力移民从事二、三产业,非农就业率达72.2%。2012年,发放三峡库区农村淹没土地新增补偿资金项目扶持款648.27万元,完成扶持项目350个,涉及611人。

2006年5月,根据《国务院关于完善大中型水库移民后期扶持政策的意见》,全县实行“直补到人”

的扶持方式，扶持标准为每人每年补助 600 元。至同年 11 月 15 日止，完成对原富春江、三峡和地方中型水库等移民的全面人口核定登记，并编制大中型水库移民后期扶持规划。2007 年，复核登记大中型水库移民后期扶持对象共 20340 人；2012 年，核定合溪水库移民 5257 人，全县移民 26134 人；核定到户 23947 人。2006—2012 年，全县共发放大中型水库移民后期扶持直补资金 7868.19 万元。

第六节　地名管理

1988 年 5 月，县地名办从县城建局划归县民政局，但县地名办具体工作仍由城建局代管。1994 年 10 月，重新恢复县地名委员会，建立地名办(设在县民政局)，负责全县地名管理工作。

一、地名普查、补查

1994 年，在 1983 年版《长兴县地名志》基础上，补充新的地名和地名内容。1995 年，完成《中华人民共和国地名大词典》长兴县部分，共 133 条。1996 年，县地名办历时 6 个月，完成《中国乡镇大辞典》长兴县部分，共 1.3 万字。编写《长兴县行政区划标准地名录》，收录地名 3129 条，计 4.3 万字。2004 年，初步完成地名数据库建设，输入地名数据 3631 条。2008 年 1 月，全县实施新一轮地名普查和标准地名设标工作，主要对之前地名、地名变更的地名进行补查，保证地名标志设置的准确性，对不规范地名进行清理，规范地名命名更名，规范地名拼写，推进地名管理规范化。至同年 9 月，共设立各类地名标志 17 万多块。2008 年 12 月，建立长兴地名网站，完成长兴地名管理信息化系统开发，录入数据近 20 万条。2011 年 8 月，成立第二次地名普查工作领导小组，下发《长兴县第二次地名普查工作实施方案》。至 2012 年 1 月，历时 5 个月，完成对县境内地名及相关属性信息的全面调查、补充、更新、完善，建立起完善的地名数据库。共采集 11 大类 54 个子类地名信息 6235 条，其中陆地水系名称 287 条，陆地地形名称 407 条，行政区域名称 17 条，群众自治组织名称 288 条，居民点名称 2566 个，交通运输设施名称 458 条，水利、电力设施名称 311 条，纪念地、旅游景点名称 339 条，建筑物名称 20 条，具有地名意义的单位名称 200 条。标绘 1:1 万纸质地图 79 幅，实地测量地名经纬度 1000 多条，图解地名经纬度 4000 多条，地名标准化处理 100 个，设置重要地名标志 100 块，制作地名标志登记表 310 份，采集地名多媒体信息 3000 多条，修改整饰国家地名数据库矢量地图，生成地名成果图表 5000 多份(幅)。2012 年 11 月，县第二次地名普查试点工作成果通过省第二次地名普查工作领导小组验收，评定为合格。

二、地名命名、更名

20 世纪 90 年代，随着城镇化步伐加快，地名数量变化较大，新产生的地名以房地产开发项目、道路居多，注销的地名以自然村居多。1994 年 7 月，县政府颁布实施《长兴县地名管理办法》，地名管理走上法制化轨道，地名命名、更名与城镇规划同步进行。1996 年，县地名办在全县地名补更基础上，于 1 月、11 月分别公布两批标准街路弄巷名称。2000 年，公布第三批长兴县城区标准地名，路、弄、巷名共 93 个，小区、新村名 38 个。2003 年，命名 20 个小区和 17 条道路，更名 7 条路名；2004 年，命名 7 个小区、26 条道路、20 座桥梁；2005 年，命名 22 个小区、2 条道路；2006 年，命名 6 个小区、36 条道路；2007 年，命名 7 个小区和 1 条道路。2008 年 11 月，修订《长兴县地名管理实施细则》。2008 年，命名 17 个小区、148 条道路、4 座桥梁和 69 个自然村，更名 1 个小区名和 70 个自然村名。2009 年，命名 21 个小区、73 条道路和 87 个自然村，更名 1 个小区名、12 条道路名和 101 个自然村名。2010 年，长兴县实现数字地名信息化管理。同年，命名 30 个小区、26 条道路和 4 座桥梁，更名 9 个自然村名。2011 年，命名 28 个小区和 9 条道路。2012 年，下发《开展地名清理整顿工作的通知》，全面纠正地名管理和使用中不规范行为，当年共命名 66 个，更名 19 个。至同年年末，全县共命名标准地名 616 个、更名 216 个。

三、地名标志设置

1995 年，县地名办在县城区解放路设置新路牌 25 块，采用铝合金全反光材料。1996 年，启动门牌整顿和设置工作,在城区主要街道设立路牌的基础上,对主要商业街道进行门牌整顿,实现“一间一号”“一牌一证”,共制作门牌1400块。2002年,对县城路(弄)牌进行重新设置,规范门牌标准,统一更换成国家标准幢牌(即规格为40厘米×60厘米的幢牌)。2003年,基本完成城区的地名设标工作,按国家标准共更换幢号牌619块,单元牌616块,户室牌5908块,民房门牌1118块,商业门牌4206块。2006年,对5个新建小区、36条道路和1个度假村设置地标,共计幢牌811块、商业门牌1723块、民房牌889块、单元牌1128块、户室牌16397块。2012年,设置20个新建小区地名标志,发放门牌1万余块。

1998—2008年,全县行政村区划变化较大,而门牌未能及时调整,新建住宅无门牌、老住宅有门无牌现象大量存在。县民政局会同乡镇对辖区内之前普查漏查的地名,不规范地名及变更的地名进行整顿和梳理,根据最新地名制作标牌,逐村安装。到2005年,村级设标率达95%。2008年,在全县范围内实施新一轮标准地名设标工作,主要设置城乡地名标志,包括路牌、幢牌、门牌等。到年底,全县16个乡镇和3个街道(250个行政村、居委会共2500多个自然村)全部完成地名设标,共设立各类地名标志17万多块,农村民房设标率100%。2005—2012年,全县共设置各类地名标志25万余块。

四、地图编绘

1993年2月,县地名办编制出版《长兴县交通游览图》,二分之一开,正反两面印刷。2000年8月,县民政局与省测绘大队联合编印出版《长兴县城区图》,印刷数量为1000份。2003年6月,县地名办编制出版首幅《长兴县行政区划图》,地图审核号:浙S〔2003〕32号,统一书号:1280552•1231,印量1500份。2012年11月,县民政局、地名办与浙江煤炭测绘院联合编制出版第2幅《长兴县行政区划图》,地图审核号:浙S〔2012〕255号,印量1500份。

2012年长兴县地名更名情况表

表34-12

原名	更名	类别	所属乡镇(街道)	位置
经一路	长州路	道路	太湖街道	南起长兴建材城,北止中央大道
经二路	长城路	道路	太湖街道	南起长兴港,向北跨合溪新港路
经三路	长兴大道	道路	太湖街道	南起新318国道,北止苏浙线界牌
经四路	陈王路	道路	太湖街道	南起图影大道,北止夹水路
合溪路	合溪新港路	道路	雉城街道、太湖街道	东起滨湖大道,西止长牛线
环城南路	雉州大道	道路	画溪街道	东起长兴大道,西止沪渝高速西出口
雉州大道	城南路	道路	画溪街道	东起长兴大道,西止雉州大道
回龙山大道	回龙山路	道路	雉城街道	南起解放西路,北止长水路
育才路	党校路	道路	雉城街道	东起画溪大道,向西穿回龙山路
溪源路	建设路	道路	雉城街道	南起回龙山路,北止党校路
滨海路	夏家路	道路	雉城街道	南起回龙山路,北止五峰路
吴越路	植物园路	道路	雉城街道	南起龙山大道,北止齐山路
兴长路	永兴路	道路	雉城街道	南起广场路,北止齐山路
润长路	永兴北路	道路	雉城街道	南起齐山路,北止合溪新港路
兴国路	锦绣路	道路	雉城街道	南起龙山大道,北止合溪新港路
兴民路	幸福路	道路	雉城街道	东起明珠路,西止画溪大道
轻纺国际贸易城	太平洋商贸城	商业	雉城街道	东至长吕路,南至方家港,西至茗桂华庭,北至海兴路
雉州桥	古城桥	桥梁	雉城街道	位于金陵南路,跨黄土港
兴安路	府前街	道路	泗安镇	南起新318国道,北止申苏浙皖高速公路

说明:资料来源于县民政局

第七节　社区社会工作

2008 年 6 月，县民政局选择雉城镇、水口乡进行社区工作协管员队伍建设试点工作，由行政村单独设立社会工作办公室。2010 年，全县有 19 个社区公开招募志愿者 2000 多人；18 个社区成立社区义工服务站，部分县属中学组成义工团体，与 18 个社区签订共建协议书，参与社区共建活动。各社区每月集中开展活动 1 次～2 次。同年，出台《长兴县优秀社会工作人才开发工程实施方案》，全年举办社会工作人才培训班 50 多期达 5000 余人次。2011 年，开展“县级领导+县级机关部门+社区”结对共建和“驻区单位党组织+社区党组织”联创共建活动，推进文明和谐社区建设。2012 年，下发《关于开展街道（社区）社会工作室建设试点实施意见》，在街道（社区）开展社会工作室建设试点工作，将彩票公益金资助作为一项鼓励政策。北门和高阳桥社区建立老龄服务社会工作站（室）。当年还下发《进一步深化城乡社区建设加强和创新基层社会管理的实施意见》，规定从 2012 年 9 月起，对社区专职工作者取得初级、中级社会工作师职称的，分别发放职称津贴每月 80 元、100 元；对社会工作者取得初级、中级社会工作师职称的，分别给予一次性奖励 1000 元、2000 元。同年，有 94 人参加全国社会工作职业水平考试，通过考试 16 人。至 2012 年年末，全县共有 31 人取得社会工作者职称，其中助理社会工作师 12 人、社会工作师 19 人。

第八节　革命老区

一、革命老根据地乡(镇)、村

1986 年 10 月，市政府批准长兴县槐坎乡、白岘乡、煤山镇等 21 个乡、镇为革命老根据地。同年 11 月，县政府批准 24 个乡、镇的 223 个村为革命老根据地村。

1988 年 5 月，省政府批准长兴为革命老根据地县。共划定革命老根据地乡、镇 21 个，占全县乡、镇总数的 61.8%；革命老根据地村 209 个，占全县行政村总数的 75.4%；人口 22.13 万人，占全县总人口的 70.7%。

1993 年 3 月，经报省民政厅批准，市民政局作出《关于同意长兴县民政局要求重新认定革命老区乡镇的批复》，同意重新认定煤山、小浦、虹星桥、和平、夹浦 5 个镇和白阜、槐坎、白岘、仙山、畎桥、二界岭、天平桥、管埭、长潮、太傅、包桥、里塘、水口、后漾 14 个乡为革命老区乡、镇。

1988 年长兴县革命老根据地乡镇、村情况表

表 34-13

革命老根据地乡、镇	革命老根据地村	1988年后乡镇撤并情况
夹浦乡	韩家圩、奕阜、西蒋、丁家渚、环沉、陶家湾、太平桥、饮泉、喜鹊圩、长大、夹浦	1992年撤销建制，属新组建的夹浦镇
水口乡	市东、高阳、南山、金山、顾渚、徽州庄、龙山、沉其林、尧中、徐旺、后坟、江排	
后漾乡	川口、牛步墩、涧港、车渚、夹山、沙塘、后漾、霞城、留下	1999年撤销建制，并入雉城镇。2012年雉城镇建制撤销，川口等7个村属雉城街道，由龙山新区代管，2015年属龙山街道；霞城、留下属太湖街道

续表34-13

革命老根据地乡、镇	革命老根据地村	1988年后乡镇撤并情况
白阜乡	柏家、大岕山、许家、方一、施家、南俞、潘家、礼家、庄基墩、东埠、西埠、南阳、长圩、朱城、大一、上南、下埂、张家桥、大二、坞泥圩	1999年撤销建制,柏家、大岕山、许家、方一、施家、南俞、潘家、礼家8个村划归小浦镇管辖;庄基墩等其余12个划归长桥乡管辖,2000年长桥乡撤销建制,属新雉城镇,2012年雉城镇建制撤销,属画溪街道
包桥乡	木竹弄、殷家、贺杨、胜塘、钮家、徐家浜、包桥	1999年撤销建制,并入雉城镇;2012年雉城镇建制撤销,属画溪街道
天平桥乡	李王、黄金、孟圩、泥圩、新桥、渎东	1999年撤销建制,并入林城镇
畎桥乡	龙山、龙四、建民、建阳、北汤	1999年撤销建制,并入林城镇
太傅乡	新山、路东、平阳、太傅、石狮、山泉、上阳、周吴、寺基、金田、新星村	2000年撤销建制,属新林城镇
仙山乡	茅塔、长安、仙山、十里头、枣村湾、圩水冲、新建、新联、五丰、祠山、长明、建丰、石头冲	1999年撤销建制,并入泗安镇
管埭乡	尹家、禧祉、南岗、周圩、管埭、塔上、郭家边	1999年撤销建制,并入泗安镇
长潮乡	长潮、长中、东潮、前村、兴隆、玉泉、朱家园、华丰、中杨、上杨湾	2000年撤销建制,属新泗安镇
二界岭乡	东村、张亩山、初康、太平、涧西、荷花、二界岭、邱家、毛家、朗村、云峰	2012撤销建制,并入泗安镇
虹星桥镇	河桥、西南、南庄、龙从、谭家、毕家、双桥、郑家桥、白洋、午山	
观音桥乡	港口、东城、上洪、厚全、观音、西元、六合、罗家、宋高、张费	1992年撤销建制,并入虹星桥镇
里塘乡	刘井、俞村、里塘、周村、后羊、徐庄、白水	1999年撤销建制,并入虹星桥镇
和平镇	殳村、吴村、毛家山、马家边村、尹村、周坞山、石罙碛、塘伯兴、方家庄、长岗、施村	
便民桥乡	邵埠、庄里、陈家山、便民桥	1992年撤销建制,并入和平镇
小浦镇	南周、塘渚、光耀、箬岕、合溪、镇湾、中山	
煤山镇	邱坞、楼下、张坞、桥里、蒋篁、尚儒、涧下、新民、四川、二都、石庙、新升、新庄、四都、大安、煤山	
槐坎乡	民丰、抛渎岗、坞山塘、礼贤岕、平丰、葆青、新槐、六都、十月、仰峰、东风、东升、茶窠地、勤胜	2015年撤销建制,属新煤山镇
白岘乡	访贤、西岗、庄头、罗岕、白岘、尚阳、茅山、和岕口	2015年撤销建制,属新煤山镇

说明:1. 该表根据湖州市民政局提供的1993年长兴革命老根据地乡镇、村情况,结合1988—1993年长兴乡镇区划调整情况进行整理

二、革命老区开发建设

1984年起,各级政府逐步加强老区建设工作,有关部门在税收、资金等方面对革命老区实行优惠政策,以促进老区的建设发展。1986年,省民政厅、财政厅和老区工作领导小组办公室拨款20万元,用于支持长兴革命老区修筑公路、修建学校、农村安装自来水等。1987年,省民政厅、财政厅和老区工作领导小组拨款10万元,用于支持长兴革命老区农业开发项目。

1988年3月，根据上级要求，长兴县成立革命老区经济开发委员会，下设办公室(县民政局)。1989年，省民政厅下拨建设资金17万元(包括有偿贷款和无偿补助款)，共扶持长兴革命老区种植业1户、养殖业1户、乡镇企业1家、村办企业2家。1990年，长兴引进资金7万元，用于革命老区7个乡镇、村的机修、饮水和生产发展问题。1991年，引进资金11万元，帮助革命老区的9个乡镇发展经济。1993年，县民政局下拨给革命老区有偿资金10万元，无偿资金1.5万元。1998年12月，省政府下发《关于加快山区革命老区和贫困地区经济开发若干意见的通知》，要求把山区经济开发放在重要战略地位，继续执行和认真落实现行扶持政策和措施，加大对山区农业综合开发的扶持力度，继续加强基础设施建设，增强山区经济自我发展能力。2000年，浙江省根据长兴县革命老区乡镇、村的要求和规划，对上报的扶持项目开展调查核实，最后落实13个项目，下拨长兴革命老区发展资金11万元。同时，县政府根据省政府下发的通知精神，加大对革命老区项目建设的扶持力度。2001年，全县共投入革命老区扶持资金253万元，为革命老区修筑公路6条，总长度27.6千米；建造翻水站3座；开发茶叶基地4.67公顷。2005年起，革命老区扶持政策逐步向开发特色农业、科技培训、村内环境改造、农村社区服务中心基础设施建设等方向倾斜。2007年，下拨资金20万元，为革命老区开发15.73公顷联户蔬菜种植基地，新建2公顷、改建13.33公顷标准化鱼塘，开办10期农业科技培训班，推广1066.67公顷水稻优良品种“加优1号”。2008年，下拨36万元，分别对革命老区水口乡金山村和泗安镇钱庄村进行村庄环境治理。2010年，下拨资金29万元，对革命老区林城镇、泗安镇的敬老院进行改建、扩建。2005—2012年，省民政厅、省革命老区扶贫办共下拨资金100多万元，用于长兴革命老区发展扶贫；2001—2012年，长兴县直接下拨扶持资金300多万元，改善革命老区的基础设施，支持革命老区发展经济，帮助革命老区摆脱贫困面貌。2011年11月，长兴县民政局、泗安镇人民政府被浙江省革命老区开发建设促进会、浙江省革命老区建设办公室评为浙江省革命老区创新创业先进集体。

在直接下拨资金扶持革命老区乡镇、村发展的同时，20世纪90年代起，县委、县政府将老区乡镇、村经济开发帮扶与扶持贫困乡镇经济发展相结合，从输血向造血转变，相继出台扶持政策，落实帮扶举措，增强老区自我发展能力，实现加快发展。1992年，县委决定建立“泗安镇经济特区”，放宽政策，下放部门经济管理权限，以增强以泗安镇为中心、涵盖行政辖区的边界地区吸纳和辐射能力，开发边界贸易，扶助该地区经济发展。实行县财政支持、企业减税、简化审批程序、建设用地优惠、发展农业多种经营、返还城建费用等多种政策扶持经济开发。该特区辐射的长潮、仙山、二界岭、畎桥、天平、管埭、太傅7个贫困乡，均为革命老区乡。1994年6月，县委、县政府下发《关于印发<长兴县农村奔小康工作四年规划(1994—1997)>的通知》，对经济薄弱村奔小康，提出要给予必要的政策倾斜和经济扶持。在全县12个乡镇的54个经济薄弱村中，有49个村是革命老区村，涉及老区乡镇11个。1996年，县委、县政府下发《关于扶持欠发达乡镇发展集体经济的意见》，划定仙山乡、长潮乡、二界岭乡、白阜乡、管埭乡、天平桥乡、太傅乡、里塘乡、畎桥乡、虹星桥镇10个老区乡镇为经济欠发达乡镇。出台十大措施，建立挂钩扶贫制度，从税收、贷款、用电、项目审批、技术培训、科技下乡、劳务输出等方面帮扶欠发达乡镇，兴办各种企业和农林场，进行农业综合开发。1997年5月，县委、县政府连续下发《关于加快经济薄弱乡镇、村发展的若干政策意见》《关于加快乡村集体企业改革，完善产权制度改革工作的意见》《关于开展发达村和企事业单位与集体经济薄弱村结对帮扶活动的通知》，促进农村集体经济发展。1999年起，重点扶持泗安地区欠发达乡镇，连续三年从政策、资金等方面加大扶持，对泗安、二界岭、长潮、林城、太傅等乡镇的专业大户和重点农业企业进行贴息、贷款扶持，平均每年贴息120万元、贷款1400万元。同年年末，泗安地区形成吊瓜面积1000公顷，占全县总面积的35.9%；苗木面积366.6公顷，占全县总面积的42.3%。推动泗安地区特色农业主导产业和优势农产品加快形成，农业结构加快调整，实现革命老区乡镇和欠发达地区经济发展。

第三十五编　社会保障

20世纪80年代起，长兴县开始社会保障制度改革，至21世纪初，逐步完善并基本建立包括养老保险制度、工伤保险制度、失业保险制度、医疗保险制度、生育保险制度、最低生活保障制度等在内的一整套社会保障制度，基本形成适应社会主义市场经济体制的社会保障体系。该时期，加大各类特殊人员、城乡困难家庭救济及灾害救济，大力发展慈善事业，提高社会慈善救助能力。

第一章　社会保险

1988年4月，长兴成立社会劳动保险委员会办公室。1989年起，实行企业职工养老保险和退离休基金社会统筹。1995年，开始推行农村社会养老保险试点工作。1998年4月起，实施《长兴县企业职工大病医疗保险试行办法》，同年农村合作医疗开始起步。1999年，职工养老保险覆盖到全县机关事业单位。2002年起，实施城镇职工基本医疗保险，大病医疗基金与职工医疗基金共同运转。2002年7月开始实施农民大病统筹，实施城镇职工社会医疗保险制度。2004年1月1日起，在全省率先实现社会保险"五费合一"制度，统一由地税部门征收。7月1日起，农民大病统筹改为新型农村合作医疗。2006年起，取消企业职工大病统筹，执行基本医疗保险办法。2007年11月，建立城镇居民医疗保险制度。2009年12月，县政府印发《长兴县城乡居民社会养老保险实施办法(试行)》，逐步完善养老保险制度、工伤保险制度、失业保险制度、医疗保险制度、生育保险制度。2012年年末，全县参加基本养老保险的城镇单位职工11.52万人，参加农村社会养老保险的1.64万人；参加失业保险的单位4571个，职工11047人；参加城镇职工基本医疗保险的单位4994个，职工17.8万人；参加工伤保险的企业5002家，职工14.37万人；参加女职工生育保险的企业4732家，职工87807人。

第一节　养老保险

一、企业职工基本养老保险

参保对象　1988年4月，长兴成立社会劳动保险委员会办公室，负责全县全民所有制企业与县以上集体所有制企事业单位的职工养老保险和退离休基金统筹工作。1989年起，实行离退休费社会统筹，县内全民所有制企业、县以上集体所有制企事业单位的在册固定工和劳动合同制工人，退离休职工和按国务院"国发〔1978〕104号"文件规定办理退职的职工以及保养人员、全民企业中的混岗职集体职工，国家机关、团体、事业单位的合同制工人全部列入统筹范围。同年，参加统筹的职工有31213人，其中离退休职工5730人。1994年5月，省政府规定城镇所有国有企业、集体企业、外商投资企业、私营企业的全部职工和城镇个体劳动者参加养老保险。1999 年 5 月，全县基本养老保险覆盖范围扩大至县内各类企业（包括国有企业、集体所有制企业、股份制企业、股份合作制企业、联营企业、合作企业、私营企业、其他企业）及其职工（含农民合同制工人、一个月以上的临时工），外资投资企业、港澳台商投资企业的中方职工，实行企业化管理的事业单位及其职工，在城镇工商登记的个体工商户及其雇工，城镇自由职业者。2012 年，全县参保企业 4732 家，参保人数 164579 人，其中离退休人员 31807 人。

基金征缴　全县基本养老保险费用按照“以支定收，略有结余，留有部分积累”的原则统一筹集，由国家、企业和职工个人共同负担。1989 年，单位按统筹对象的工资总额及退离休（退职、保养）人员的退离休（退职、保养）费之和按一定比例提取，全年收取统筹金 584.82 万元。1992 年 7 月起，职工个人开始缴纳养老保险费，缴纳比例为职工个人工资的 3%。1997 年，固定工和合同工的养老金并轨。1998 年，职工以个人上年度月平均工资为缴费基数，按不低于 4%的比例缴费，缴费基数的下限和上限分别按上年度全省社会月平均工资的 60%～300%核定；企业以全部职工缴费基数之和的一定比例缴费，缴费比例一般不得超过 20%；城镇个体劳动者以全省社会月平均工资的 100%～300%为缴费基数，缴费比例为 17%；同时以职工个人缴费基数的 11%建立养老金个人账户，包括个人缴费的全部和从企业缴费中划转的一部分。

职工个人缴费比例 1999 年、2001 年、2002 年、2004 年分别调整为 5%、6%、7%、8%；企业缴费比例 1999 年按企业性质分为 20%和 22%两档，2004 年调整为 17%和 20%两档，2005 年调整为 17%，2009 年调整为 15%；城镇个体劳动者（自由职业者）缴费比例 2004 年、2007 年 5 月、2010 年 5 月分别调整为 18%、20%、18%，缴费基数的下限和上限 2002 年分别按上年度全省社会月平均工资的 60%～300%核定，2007 年 5 月分别按上年县平均工资的 70%～300%核定，2008 年 5 月、2009 年 5 月下限分别调整为 85%、100%。

养老金发放　1988 年，全县列入统筹的养老保险项目采取差额下拨的形式。1994 年 1 月起，实行基本养老金与社会平均工资、职工缴费基数、缴费年限、生活费价格指数挂钩的做法。1998 年，建立社会统筹和个人账户相结合的养老保险制度，按职工个人缴费基数的 11%建立个人账户，职工离退休养老金相应调整。1998 年 1 月 1 日以后参加工作的职工（新人）退休后，养老金由基础养老金和个人账户养老金组成。1991 年 12 月 31 日前参加工作的、1998 年 1 月 1 日以后退休职工，养老金由基础养老金、个人账户养老金和过渡性养老金组成。2006 年 1 月 1 日起，实行新的养老金计发办法：1998 年 1 月 1 日以后参加工作且缴费年限满 15 年的职工（即“新人”）退休后，基本养老金由基础养老金和个人账户养老金组成；1997 年年底前参加工作、2010 年年底前退休且缴费年限满 10 年和 2011 年 1 月 1 日后退休且缴费年限满 15 年的“中人”退休后，基本养老金由基础养老金、个人账户养老金和过渡性养老金组成。

1989—2012 年长兴县企业职工基本养老保险参保及支付情况表

表 35-1

年份	参保企业（家）	参保人数（人）			基金收入（万元）	基金支出（万元）	基金积累结余（万元）
		总计	其中 参保职工	其中 离退休			
1989	126	31213	25486	5730	584.32	537.88	258.00
1990	285	31739	25812	5927	1003.00	813.00	447.00
1991	288	32508	26350	6158	1155.78	906.05	697.08
1992	287	27127	20460	6667	1728.00	1350.00	1076.00
1993	292	35521	28497	7024	2023.00	1519.00	1579.00
1994	286	35649	28338	7311	3060.00	2288.00	2351.00
1995	329	35398	27920	7478	4239.00	3005.00	3586.00
1996	329	35625	28007	7618	4376.00	3370.00	4592.00
1997	341	27952	19797	8155	4136.10	3750.40	1977.70
1998	326	35439	27116	8323	4204.54	4466.56	5454.81

续表35-1

年份	参保企业(家)	参保人数(人)			基金收入(万元)	基金支出(万元)	基金积累结余(万元)
		总计	其中				
			参保职工	离退休			
1999	344	33763	25393	8370	4385.01	4942.63	4463.28
2000	397	42399	33519	8880	4773.00	5740.00	3478.50
2001	556	47416	38140	9276	6008.80	6614.50	2872.70
2002	763	63818	53812	10006	8771.66	8739.81	2904.55
2003	763	67149	56587	10562	10040.00	9337.00	3609.00
2004	1340	69850	58754	11096	13846.00	9971.00	7484.00
2005	1768	71606	60061	11545	1557.88	11636.60	11605.38
2006	2133	75228	63219	12009	18888.51	13993.90	16499.95
2007	2411	82325	69787	12538	19414.99	13397.70	22517.28
2008	2831	93002	79634	13368	30048.00	20182.00	32364.00
2009	3193	103602	89677	13925	28542.00	19570.00	42838.00
2010	3855	135041	119828	15213	41554.00	28025.00	58123.00
2011	4259	143933	124360	19573	107158.89	38647.66	126633.79
2012	4732	164579	132772	31807	81593.32	58791.57	149435.55

说明:资料来源于县人力社保局

二、机关事业单位养老保险

参保对象 1999年,县政府下发《长兴县机关事业单位职工基本养老保险基金统筹实施办法》,县内国家机关、人民团体、事业单位及驻长兴省属机关、事业单位(不包括已参加省级养老保险的单位)均须参加基本养老保险基金统筹,参加养老保险的对象包括国家正式干部、聘用制干部(人员)、固定制职工、劳动合同制职工和经人事劳动部门批准的临时工;离退休干部、工人;按国务院"国发〔1978〕104号"文件规定办理退职的人员;符合国家规定领取生活补助费的离退休人员遗属(机关事业单位实施养老保险办法以后享受的人员)。同年,机关事业单位养老保险统筹单位237家,参保人数13169人,其中在职10430人,离退休2739人。统筹项目包括离退休费、退职费、离退休补贴、退职补贴、离退休人员死亡后丧葬费、一次性抚恤金、遗属生活困难补助费等。2012年,全县参保单位262家,参保人数11631人。

基金征缴和支付 1999年,全县参保单位以列入统筹范围的在职工作人员工资总额的29%缴纳基本养老保险费,在职工作人员按个人工资总额的3%缴费,由单位在工资中代扣。2004年,全县机关事业单位养老保险缴费基数按上年度全省社会月平均工资确定,行政单位缴费比例为36%,事业单位缴费比例为33%,事业单位在职职工个人缴费比例为3%,国家公务员、国家机关工作人员、依照公务员制度管理的工作人员(含固定身份的工勤人员)从2004年5月1日起,个人停止缴纳3%的养老保险费,事业单位工作人员2004年后的个人账户并入基金,退休后不再退还。

1999—2012年长兴县机关事业单位养老保险参保及支付情况表

表35-2

年份	参保单位(家)	参保职工(人)	离退休人数(人)	基金收入(万元)	基金支出(万元)	基金累计结余(万元)
1999	237	10430	2739	1291.20	1190.40	100.70
2000	241	10584	2939	3906.40	2943.50	1063.70
2001	244	10683	3204	4384.00	3427.00	2021.00
2002	221	10663	3546	5210.38	4682.49	2548.90
2003	242	10754	3808	5570.00	5374.00	2745.00

续表35-2

年份	参保单位(家)	参保职工(人)	离退休人数(人)	基金收入(万元)	基金支出(万元)	基金累计结余(万元)
2004	242	10754	4021	6326.99	7219.00	1853.14
2005	204	10773	4183	7906.75	7700.79	2059.10
2006	203	11216	4555	8005.65	7829.23	2235.52
2007	209	11192	4748	10329.20	10535.37	2276.99
2008	227	11365	4919	10820.00	10795.00	2054.00
2009	229	11333	5057	9251.00	9277.00	2027.00
2010	253	11461	5289	11901.00	11682.00	2347.00
2011	260	11583	5441	12864.11	13649.45	2560.94
2012	262	11631	5623	13542.33	13448.37	2649.22

说明:资料来源于县人力社保局

三、农村社会养老保险

1995年,县政府出台《长兴县农村社会养老保险暂行办法》,由县民政局农村养老保险管理办公室管理,开始推行农村社会养老保险试点工作。至2001年6月,总投保人数累计达到2.34万人次,累计收取保费485.1万元;领取养老金人数26人,累计领取养老金1.2万元;退保人数累计达到629人,退保金额达32.3万元。2001年10月,该项工作划归县劳动和社会保障局管理。

参保对象　凡县域内非城镇户口的农村各业人员,均为参保对象。参保年龄一般为18周岁至60周岁。2012年年末,全县参保人数16446人。

保费征缴　全县养老保险费以个人缴纳为主,集体给予适应补助为辅,国家政策予以扶持。个人缴纳和集体补助全部记入个人账户,实行个人账户累积制度。个人养老保险费缴纳可一次性缴或分期缴,有多个缴费档次,由投保人自主决定。单位每月按职工工资总额的10%～15%缴纳保险费;个人缴纳工资的3%～5%,全部记入个人账户。

养老金给付　县内投保人女年满55周岁、男60周岁的次月起,根据其缴费标准及年数确定领取标准,按月或按季领取养老保险金。投保人领取养老金,保证期为10年。2012年,全县农村养老保险总收入22.85万元,发放养老金312人,发放金额16.88万元,基金积累结余557.26万元。

1995—2012年长兴县农村养老保险参保及支付情况表

表35-3

年份	参保人数(人)	保费总收入(万元)	发放养老金		基金积累结余(万元)
			人数(人)	金额(万元)	
1995—2001.06	23400	667.36	26	1.20	617.23
2002					
2003	20400	0.25	26	3.84	613.64
2004	19704	14.25	85	31.35	597.98
2005	18574	2.09	85	20.34	578.29
2006	18494	13.92	85	25.53	566.68
2007	17908	13.00	131	19.00	541.00
2008	17571	8.00	182	18.00	551.00
2009	17550	9.00	213	10.00	550.00
2010	17034	37.00	268	23.00	564.00
2011	16708	3.53	286	15.85	551.29
2012	16446	22.85	312	16.88	557.26

说明:资料来源于县人力社保局

四、被征地农民基本生活保障

2003年5月,县政府印发《雉城镇城市规划区、县经济技术开发区被征地农民实施基本生活保障制度试行办法》,开始建立被征地农民的社会保障制度,解决被征地农民社会保障问题。同年,参与制度的失地农民有546人。2005年5月,县政府出台《长兴县被征地农民基本生活保障制度实施办法》,将被征地农民基本生活保障制度适用范围从雉城镇城市规划区、县经济技术开发区开始延伸到县各乡镇农村,并设置被征地农民生活保障制度和城镇职工基本养老保险制度间的衔接通道。

实施对象 2003年,县内被征地农民基本生活保障制度的实施对象是雉城镇城市规划区、县经济技术开发区范围内18周岁以上且不符合职工基本养老保险参保条件的被征地农民。2005年5月起,实施对象延伸到全县各乡镇农村符合《长兴县被征地农民基本生活保障制度实施办法》文件规定的被征地农民。2012年,全县有42207名被征地农民纳入基本生活保障范围。

经费征缴 县内被征地农民基本生活保障制度的资金筹措由集体和个人共同负担,一次性缴纳。2003年,参加基本生活保障制度的农民,在土地征用时每人一次性缴纳基本生活保障费2.3万元。其中,个人和集体共同承担1.8万元(从征地安置费及土地补偿费中列支,不足部分由个人负担),政府承担0.5万元(从土地出让收益中列支);参加生活补助制度的农民,每人一次性缴纳0.8万元,由个人承担。2005年5月起,参加被征地农民基本生活保障的设三档缴费标准,由个人和集体共同承担;参加被征地农民生活补助的设二档缴费标准,由个人承担,参加的被征地农民自愿选择档次参保。2011年4月起,参加被征地农民基本生活保障的增设一档23000元缴费标准。

图35-1 2005年12月5日,雉城镇五丰村68岁的肖阿元(左一)到银行,第一次领取被征地农民养老保险金(叶寒青、许金芳、李志云摄)

待遇享受 2003年,县内参保人员年满60周岁的次月,可领取基本生活保障费和生活补助费,其中参加基本生活保障制度的领取每月280元左右基本生活保障费;参加生活补助制度的领取每月140元左右生活补助费。2005年5月起,参保人员按照缴费层次领取相应的基本生活保障金和生活补助金。2010年起,全县女性参保人领取生活保障金的年龄从60周岁调整为55周岁。至2012年年底,基本生活保障金和生活补助金标准经过5次调整。

长兴县被征地农民基本生活保障制度缴费及享受档次情况表

表35-4

时间	基本生活保障		生活补助	
	缴费档次(一次性缴纳)(元)	享受档次(元/月)	缴费档次(一次性缴纳)(元)	享受档次(元/月)
2003.05—2005.04	23000	280	8000	140
2005.05—2008.03	16000	220	6000	150
	9000	180		
	6000	150	3000	100
2008.04—2011.03	16000	270	6000	170
	9000	210		
	6000	170	3000	120

续表35-4

时间	基本生活保障		生活补助	
	缴费档次（一次性缴纳）(元)	享受档次（元/月）	缴费档次（一次性缴纳）(元)	享受档次（元/月）
2011.04—2012.01	23000	360	6000	195
	16000	310		
	9000	240	3000	140
	6000	195		
2012.01—	23000	430	6000	195
	16000	310		
	9000	240	3000	140
	6000	195		

2003—2012 年长兴县被征地农民基本生活保障制度参保及支付情况表

表 35-5

年份	参保总人数(人)	其中:享受人数(人)	基金收入(万元)	基金支出(万元)	基金积累结余(万元)
2003	546	32	109.20	1.31	107.89
2004	154	62	87.73	9.85	185.77
2005	6739	2576	1235.60	99.20	4240.80
2006	18468	10118	3188.07	849.32	5377.20
2007	21965	12581	3369.67	1335.83	7411.04
2008	29607	17271	3804.00	2529.00	1275.00
2009	35185	21095	6608.00	2840.00	13267.00
2010	44092	31866	10028.00	5378.00	17258.00
2011	43832	31914	9910.00	8864.50	18704.76
2012	42207	32654	14443.71	7495.34	25653.13

说明:资料来源于县人力社保局

五、城乡居民社会养老保险

参保对象　2009 年 12 月,县政府印发《长兴县城乡居民社会养老保险实施办法(试行)》,2010 年起正式实施。城乡居民社会养老保险的参保范围和对象具有长兴县户籍、年满 16 周岁(全日制学校在校生除外)、非国家机关、事业单位、社会团体工作人员、未参加职工基本养老保险的城乡居民,可自愿参保。2012 年,全县参保人数为 160227 人。

基金征缴　全县城乡居民社会养老保险基金主要由个人缴费、集体补助和政府补贴构成。缴费标准根据农村居民人均纯收入和城镇居民人均可支配收入水平设置不同档次,参保人自主选择档次按年缴费。

养老保险金发放　2010 年起,县内参保人员按照 2009 年 12 月县政府印发的《长兴县城乡居民社会养老保险实施办法(试行)》文件规定领取养老保险待遇,基础养老金为每人每月 60 元。已享受农村社会养老保险制度参保人,可同时享受城乡居民社会养老保险待遇。同年,全县城乡居民社会养老保险参保人数 176104 人,其中享受人数 86856 人;基金收入 19358.2 万元,基金支出 6673.23 万元,基金积累结余 12684.97 万元。2011 年 6 月,县政府印发《关于调整我县城乡居民社会养老保险待遇标准的通知》,规定从 2011 年 4 月起,基础养老金由每人每月 60 元调整到每人每月 90 元。同年,全县城乡居民社会养老保险参保人数 167656 人,其中享受人数 82616 人;基金收入 13141.18 万元,基金支出 11972.9 万元,基金积累结余 13853.33 万元。2012 年,全县城乡居民社会养老保险参保人数 160267 人,其中享受人数 83910 人;基金收入 1596 万元,基金支出 10805 万元,基金积累结余 4644.33 万元。

2010—2012年长兴县城乡居民养老保险参保及支付情况表

表35-6

年份	参保总人数(人)	其中:享受人数(人)	基金收入(万元)	基金支出(万元)	基金积累结余(万元)
2010	176104	86856	19358.20	6673.23	12684.97
2011	167656	82616	13141.18	11972.90	13853.33
2012	160227	83910	1596.00	10805.00	4644.33

说明:资料来源于县人力社保局

第二节　医疗保险

一、农村合作医疗

全县农村合作医疗工作,起步于1998年。2004年6月30日之前,农村合作医疗称为农民大病统筹,2004年7月1日起改名为新型农村合作医疗。

1998年,通过里塘乡的试点后,全县农村合村医疗开始逐步扩大范围,全年有3个乡镇12个行政村实行合作医疗,涉及人数占全县农业人口的2.7%。1999年,根据市委、市政府实现100万农民参加合作医疗的总体要求,成立县农村合作医疗管理委员会,制定管理办法,加快扩面步伐。至同年11月26日止,全县共有新塘、李家巷、虹星桥、和平、长桥、林城、二界岭、煤山、白岘、小浦、槐坎11个乡镇推行农村合作医疗,涉及158个行政村、5.7万户、117167人,分别占当年全县乡镇总数、农业人口总数的55%、46.9%,共筹到农民医保款692848元。

2002年6月,县政府出台《长兴县农民合作医疗大病统筹暂行办法》,7月1日开始实行农民合作医疗大病统筹。县卫生局根据该办法制定《长兴县合作医疗大病统筹实施细则》,对给付范围、给付标准、给付办法等作出具体规定,农民合作医疗大病统筹资金实行专户储存、专款专用,收支运行接受有关部门的监督审查。并明确规定每年的7月1日至次年的6月30日为一个实施年度。第一个实施年度的统筹款为每人10元,其中农民交纳6元、县财政2元、乡镇财政2元。凡参加合作医疗大病统筹的农民,因患各种严重疾病,在当地乡镇卫生院、地区医院和逐级转院的上级定点医疗单位(急诊病人除外)住院治疗,均属于农民合作医疗大病统筹给付对象。分娩、因公负伤、交通事故、第三责任事故致伤以及行凶斗殴、酗酒、自杀、自残、吸毒等不属于合作医疗大病统筹给付范围。药品、技检项目的给付范围和原则,参照县公费医疗的有关规定执行。医药费给付标准为1人全年住院医药费累计总额在3000元以上部分,实行分段报销,1人全年最高给付额为1万元。2002年7月1日至2003年6月30日为实施合作医疗大病统筹的第一个年度,全县16个乡镇254个行政村(含28个村改居)全部参加农民大病统筹,乡镇和行政村参与率均达100%,参加大病统筹的农民达到357876人,占全县农民总数的72.2%。同年,县政府把农村合作医疗列为为民办实事的十件实事之一。

2004年开始,全县实行新型农村合作医疗制度,实施个人缴费、集体扶持和政府资助相结合的筹资机制。至2005年,新型农村医疗合作制度农民参与率达85.7%。2006开始,为扩大农村合作医疗的受益面,实行农村合作医疗乡镇小额补助政策,报销标准1元起报,设封顶线,社区卫生服务站就诊,一次门诊费用不能超500元;乡镇卫生院就诊,一次门诊费用不能超1000元,报销比例为可报销范围的20%,每人每年累计门诊实际报销不超过1000元。2007年12月,县政府印发《长兴县关于进一步巩固和完善新型农村合作医疗制度实施意见》。坚持多方筹资、合理负担、稳定增长的原则,建立健全农民个人出资和政府补助相结合的新型农村合作医疗筹资机制,加大政府投入力度,逐步提高农民个人缴费水平。2008年,全县人均筹资标准提高到150元,并且筹资标准连续三年不变,保持人均筹资居全市领先水平。农村五保户、低保家庭、优扶对象和残疾人等困难群众，其合作医疗个人出资部分由县乡财政统筹解决。全面推行“门诊小额报销、县乡大病统筹、困难群众大病补助”三条医疗保障线，合理分配资金使用比例和额度。同年，全县人均筹资150元的资金分配比例为门诊小额报销30元（其中县级3家公立医院为10元），大病统筹115元，预留5元为风险金，大病救助资金由县财政另行安排。2010年，新型农村合作医疗人均筹资243元，其中农民个人出资80元、中央财政补助4元、省财政补助31元、县乡财政配套128元；全县筹资总额8937万元；参合农民36.7万人，参合率为93.3%。2011年，新型农村合作医疗人均筹资380元，其中农民个人出资100元、中央财政和省财政补助54元、县乡财政配套226元；全县筹资总额为1.36亿元，其中参合农民个人出资额为 3012万元；参合农民35.8万人，参合率为97.4%。同年始，实施农村居民重大疾病医疗保障工作及新农合支付方式改革。将恶性肿瘤（含白血病）、慢性肾功能衰竭（尿毒症）等12类疾病纳入特殊病范围，执行特殊病报销政策。2012年，全县新型农村合作医疗人均筹资480元，其中农民个人出资150元、中央财政和省财政补助66元、县乡财政配套264元；全县筹资总额为1.61亿元，其中参合农民个人出资额为4164.06万元；参合农民33.46万人，参合率为97.5%。同年12月26日，县编委下发《关于新型农村合作医疗和城乡医疗救助制度管理职能移交的通知》，原由县卫生局管理的县农村合作医疗管理办公室整体划归县人力资源和社会保障局管理，机构类别、经费形式不变，人员编制调整为5人，4名事业编制人员整体划转。

二、机关事业公费医疗

机关、事业单位职工享受公费医疗，始于20世纪50年代。1988年3月，县政府出台《关于改革公费医疗管理办法》，对公费医疗实行“单位包干、定额到人、节余有奖、超支分担、医疗定点”的管理办法，规定县内公费医疗实行定点就诊和凭证就医；经费实行以国家承担为主，适当与享受单位、享受个人挂钩的原则，按系统分单位定额包干，超支分担。

1993年12月，县公费医疗管理委员会修订《城乡县公费医疗管理改革试行办法》，确定医药费以国家为主，享受单位、医疗单位、享受人员适当负担的原则。全县公费医疗享受人员在经费上分县外、县内分别管理。对常住地在县内的人员实行以医疗单位目标责任管理为主的定点医疗管理，公费医疗办公室将享受人员不同等级的医药费定额标准全额拨给定点医院，享受人员凭公医证和记账卡到定点医疗单位就诊，定点医院有责任控制医药费。个人自负部分，为门诊和住院药品费的10%、床位费5%、特殊检查费5%，自负不封顶。离休干部、二等乙级以上残废军人、高级知识分子、患恶性肿瘤、精神病、甲类传染病、工伤均全额报销。

1994年11月，根据《长兴县公费医疗管理暂行办法》规定，实行国家、医疗单位、享受单位与个人适当挂钩，共同管理，共同负担。在职、退休者门诊，再次定额包干到享受单位管理，结余留用，超支不补；门诊医药费先个人垫付，然后向单位报销；个人负担比例不得低于30%。享受单位按月汇总向公医办结报；住院医药费，由医疗单位记账，出院时由医疗单位按月汇总向公医办结报；个人负担封顶（400元～500元），封顶以上分段由单位、公医办补助。离休干部、高级知识分子、二等乙级以上残废军人凭公医证就医，全额报销。恶性肿瘤、精神病、甲类传染病、工伤医药费全额报销。

1995年12月，县政府《关于印发长兴县公费医疗管理暂行办法的通知》规定，实行医药费以国家负担为主，单位、个人适当负担的原则；定额包干到享受单位，由单位负责管理、报销和制定具体的实施办法；公医经费超支由享受单位自行负担，结余留给享受单位结转使用。当年定额标准：在职职工按工龄不同分5个等级，工龄10年以下（含10年）的全年每人定额300元，工龄11年～20年（含20年）的400元，工龄21年～30年（含30年）的500元，工龄31年～40年（含40年）的600元，工龄41年以上的700元。符合国务院国发〔1978〕104号文件的退职人员，全年每人定额700元；退休人员、在聘高级知识分子，全年每人定额900元；二等乙级以上伤残军人、二等乙级以上因公致残人员（经省民政厅批准），全年每人定额1100元；离休人员，全年每人定额1600元。个人包干定额超额部分，包括退休、退职、高级知识分子、特殊病人和在职人员，按不同标准自负：工龄10年以下（含10年）人员自负30%，工龄11年～

20年(含20年)人员自负20%,工龄21年～30年(含30年)人员自负15%,工龄31年～40年人员自负10%,工龄41年以上人员自负7%。离休干部、工伤致残人员、二等乙级以上伤残军人的医疗费,超过公医包干定额一倍以上部分,由单位向公医办专项结报。特殊病人(恶性肿瘤、精神病患者)由公医办按比例报销。在聘高级知识分子、退休人员、特殊病人(恶性肿瘤、精神病患者),全年自负额不超过400元(不包括特殊检查)。离休干部、二等乙级以上伤残军人、工伤致残人员医药费全额报销。离岗休养、内退、留职停薪(两年内)人员的医药费享受在职人员待遇。法定甲类传染病人、因公负伤人员一次性医药费用由单位全额报销。符合计划生育规定的四项手术费用,按医院收费标准全额报销。符合计划生育规定的生育费用按平产300元、难产400元、剖腹产600元标准报销。

2001年10月18日,全县统一实行《长兴县城镇职工基本医疗保险暂行办法》,机关事业单位职工与企业职工一律实行社会医疗保险制度。

三、企业职工大病医疗社会保险

1997年,县政府印发《长兴县企业职工大病医疗保险试行办法》,从翌年4月起实施。2002年起,实施城镇职工基本医疗保险,大病医疗基金与职工医疗基金共同运转。2006年起,根据县政府印发的《关于原国有、城镇集体企业和事业改制单位退休及失业人员医疗保险问题意见的通知》精神,取消企业职工大病统筹,执行基本医疗保险办法。

图35-2　社保服务大厅(县人力社保局提供·2005年)

参保范围和对象　凡参加长兴县社会养老保险的国有企业(实行企业化管理的事业单位)、城镇集体企业、股份制企业、私营企业及其职工,个体工商户和外商投资企业的中方职工均属大病医疗实施范围和对象。2005年,全县参保单位1615家,参保人数47521人。

基金征缴　全县大病医疗保险基金由单位缴纳,职工个人不缴纳,月收缴标准为在职职工按上年全省社会月平均工资的2%缴费,离退休职工按上年全省社会月平均工资的3%缴费。

保险待遇　全县职工大病医疗费用报销设置起付线和报销比例。1998年4月起,一次性住院医疗费以3000元为拨付起点,3000元以上部分,大病统筹基金报销比例为70%,其余30%由企业和个人共同负担。2003年5月起,起付线和报销比例调整为一次性住院医疗费以2500元为拨付起点,2500元以上部分,在职人员报销比例为70%,退休(职)人员为75%。

1998—2005年长兴县企业职工(大病)医疗社会保险参保及支付情况表

表35-7

年份	参保单位(家)	参保总人员(人)	离退休人员(人)	基金收入(万元)	基金支出(万元)	基金积累结余(万元)
1998	230	24603	8120	401.66	89.05	312.60
1999	285	28802	8324	569.75	229.41	652.94
2000	324	24896	8510	543.92	264.99	931.87
2001	311	26042	9308	493.49	303.81	1121.55
2002	728	18624	10314	532.50	394.18	1259.86
2003	950	32208	10844	823.37	492.13	1591.10
2004	1230	35621	10647	746.41	653.65	1683.86
2005	1615	47521	14319	778.25	669.01	1793.10

说明:资料来源于县人力社保局

四、城镇职工基本医疗保险

2002 年 7 月底，县政府印发《长兴县城镇职工基本医疗保险暂行规定》，同时颁布《长兴县城镇职工基本医疗保险暂行规定实施细则》等 10 个配套文件，在全县实施城镇职工基本医疗保险制度。

参保对象 全县城镇职工基本医疗保险的实施范围和对象为县域范围内城镇所有用人单位及其职工，包括城镇各类企业（国有企业、集体企业、股份制企业、私营企业、其他城镇企业）及其职工、外商投资企业的中方职工；国家机关、事业单位、社会团体、民办非企业单位及其职工；驻长兴省部属、军队属单位和外地驻长兴机构及其职工；实行挂靠（失业职工）和人事、劳动代理参加基本养老保险并按时足额缴费人员；符合国家规定退休（职）人员和原实行大病保险的无单位主体退休（职）人员；参加基本养老保险并按时足额缴费的城镇个体工商户和自由职业者。2012 年，全县参保单位 4994 家，参保人数 178175 人。

基金征缴 全县城镇职工基本医疗保险费由用人单位和职工共同按月缴纳。2002 年，单位缴费比例为 7.5%，在职职工个人缴费比例为 2%，其中企业单位缴费基数为全县上年度职工月平均工资，机关事业单位缴费基数为全省上年度职工月平均工资，均由用人单位按月在工资收入中代为扣缴。城镇个体工商户、自由职业者等没有单位医疗保险的以企业单位缴费基数按 6%缴纳。退休（职）人员个人不再缴纳保险费。另外，用人单位按企业缴费基数的 0.6%缴纳重大疾病医疗救助金（2002 年每人每月 6 月）。2004 年 1 月起，企业类单位的单位缴费基数调整为当年职工工资总额，缴费比例为 5.5%；自由职业者缴费基数调整为上年全县职工平均工资，缴费比例为 7.5%。2005 年 7 月起，机关事业单位的单位缴费比例为 14%（其中基本医疗保险 7.5%、公务员医疗补助 6%、重大疾病救助金 0.5%）。2007 年 6 月起，个体劳动者若选择不建立医保个人账户，则缴费比例为 4.5%。2010 年起，机关事业单位的单位缴费比例为 14%（其中基本医疗保险 9%、公务员医疗补助 4.5%、重大疾病救助金 0.5%）。

统筹基金和个人医疗账户 全县职工基本医疗保险基金实行统筹基金和个人医疗账户（简称个人账户）相结合。职工个人缴纳的基本医疗保险费全部划入个人账户（除选择不建立个人账户的个体劳动者外），用人单位缴纳的基本医疗保险费部分按年龄段不同设置一定比例划入个人账户后，余下的划入统筹基金。享受公务员医疗补助的，根据年龄段划入一定数额的补助。2012 年，职工基本医疗保险基金收入 3.96 亿元，累计结余 5.85 亿元，其中个人账户基金累计结余 1.28 亿元。

保险待遇 全县职工基本医疗保险实行定点医疗机构和定点零售药店管理。2012 年，县内定点医疗机构 39 家，县外定点医疗机构 59 家，定点零售药店 80 家。全县职工基本医疗保险用药范围和服务项目范围严格按照省人力社保厅公布的目录执行。参保人员在定点医疗机构门诊治疗或定点零售药店购药，符合基本医疗保险支付范围的医疗费用，先由个人账户支付。个人账户不足支付时，由参保人员个人自付。参保人员因病住院治疗，符合医疗保险报销范围的医疗费用，统筹基金支付起付标准以上至最高支付限额以下的费用由统筹基金按比例支付。2012 年，统筹基金支付住院医疗费的起付标准：同一医保年度内，第一次住院的，三级医疗机构 800 元、二级医疗机构 600 元、一级及以下医疗机构 300 元，从第二次住院起，不再计算起付标准。2012 年 7 月起，全县职工基本医疗保险统筹基金不设最高支付限额。其中，费用为起付标准线至上年度全省在岗职工平均工资 3 倍的，在职支付比例为 80%、退休（退职）为 85%；上年度全省在岗职工平均工资 3 倍～6 倍的，在职支付比例为 85%、退休（退职）为 90%；上年度全省在岗职工平均工资 6 倍以上的，在职支付比例为 90%、退休（退职）为 90%。

公务员医疗补助 2002 年，县政府印发《长兴县国家公务员个人医疗账户及医疗补助暂行办法》，建立公务员（事业单位）医疗补助，用于公务员、事业单位个人账户补助和门诊、住院医疗费补助。公务员医疗补助，由单位为享受人员（在职和退休人员）按上年全省平均工资 6%缴纳。之后，经过多次调整完善。2010 年 7 月起，根据《关于印发长兴县国家公务员个人医疗账户及医疗补助办法的通知》，个人医疗账户主要用于门诊医疗费和住院医疗费中个人负担的部分，公务员医疗补助用于补助超过一定数额的门诊医疗费用和住院医疗费用。

重大疾病医疗救助金 2002年7月起,全县在建立城镇职工基本医疗保险制度的同时,还建立重大疾病医疗救助金制度,帮助职工和退休人员解决重大疾病的医疗费用。用人单位为参保人员(包括在职职工和退休人员)按全县上年度职工月平均工资的0.6%缴纳重大疾病医疗救助金,挂靠(失业职工)和未参加单位医疗保险的人事、劳动代理人员也按上述标准缴纳重大疾病医疗救助金(2002年为每人每月6元)。年度内职工、退休人员发生医疗费用(含统筹基金支付标准费用)累计在县上年度职工平均工资的4倍以上的部分,由重大疾病医疗救助金分别支付在职85%、退休90%。之后,经过多次细微调整。2010年7月起,用人单位以单位全部参保人员(包括在职职工和退休人员)按全省上年度职工月平均工资的0.5%缴纳重大疾病医疗救助金,支付比例为在职85%、退休90%。2011年7月起,取消重大疾病医疗救助金制度。

2002—2012年长兴县城镇职工基本医疗保险参保及支付情况表

表35-8

年份	参保企业(家)	参保总人数(人)	离退休职工(人)	基金收入(万元)	基金支出(万元)	基金积累结余(万元)
2002	728	18624	10314	259.57	24.30	1495.14
2003	950	32208	10844	1975.20	842.43	2627.90
2004	1230	35621	10647	8372.91	2530.27	7274.58
2005	1615	47521	14319	11287.35	3600.27	14961.65
2006	2117	60054	15860	10873.00	7399.00	18435.00
2007	2655	70708	16758	12031.27	8794.10	21672.55
2008	3043	84989	17734	14081.42	10666.00	25087.98
2009	3422	93536	18344	12817.00	12532.00	25572.00
2010	4108	112767	19776	21899.87	16986.88	29779.00
2011	4519	147188	26889	45750.55	26702.56	48827.25
2012	4994	178175	35013	39631.00	30159.00	58542.00

说明:资料来源于县人力社保局

五、城镇居民基本医疗保险

2007年11月,县政府印发《长兴县城镇居民基本医疗保险实施办法(试行)》,从当月起建立城镇居民医疗保险制度,次月起开始享受待遇。2009年8月,印发《长兴县城镇居民基本医疗保险实施办法的通知》,就参保范围和对象、医疗保险基金的筹集和管理、医疗保险基金的分配和使用、医疗保险待遇、医疗保险关系等作了详细规定。2010年6月,印发新的《长兴县城镇居民基本医疗保险实施办法》,从当月起实施新的城镇居民基本医疗保险政策。2012年6月,印发《关于调整基本医疗保险有关政策规定的通知》,对部分城镇居民基本医疗保险政策进行调整。

参保对象 全县城镇居民基本医疗保险实施对象为长兴县非农户籍居民中,未参加城镇职工基本医疗保险的所有城镇居民(民工子弟学校在校学生自愿参保)。2012年,全县参保人数99090人。

基金征缴 全县城镇居民基本医疗保险基金的筹集由财政补助和个人出资相结合,凡持有"长兴县城乡最低生活保障基金领取证"(含低保户)或"中华人民共和国残疾证"(伤残等级二级以上)的人员,个人缴费部分分别由县财政和县残疾人保障基金全额支付。2007年11月起,成年人(18周岁及以上)征缴总额320元,其中省县财政补助170元、个人自缴150元,未成年人和18周岁以上的全日制在校学生征缴总额160元,其中省县财政补助90元、个人自缴70元。2009年9月起,成年人(18周岁及以上)征缴总额340元,其中省县财政补助190元、个人自缴150元,未成年人和18周岁以上的全日制在校学生征缴总额180元,其中省县财政补助110元、个人自缴70元。2010年6月起,成年人(18周岁及以上)征缴总额300元,其中省县财政补助150元、个人自缴150元,未成年人和18周岁以上的全日制在校学生征缴总额 140 元，其中省县财政补助 70 元、个人自缴 70 元。2011 年 6 月起，成年人（18 周岁及以上）征缴总额 354 元，其中省县财政补助 204 元、个人自缴 150 元，未成年人和 18 周岁以上的全日制在校学生征缴总额 194 元，其中省县财政补助 124 元、个人自缴 70 元。2012 年 6 月起，成年人（18 周岁及以上）征缴总额 450 元，其中省县财政补助 250 元、个人自缴 200 元，未成年人和 18 周岁以上的全日制在校学生征缴总额 360 元，其中省县财政补助 250 元、个人自缴 110 元。

保险待遇　全县城镇居民基本医疗保险参保人员在定点医疗机构就医购药可享受规定医疗保险待遇。2007 年 12 月起，参保人员符合支付范围的门诊医疗费由个人账户支付，不足部分由个人自付；2009 年 9 月起，学生可报销 30%门诊医药费（一个参保年度内限额 1000 元/人）；2010 年 9 月起，门诊医药费按县内就医 30%、县外就医 20%比例报销，意外伤害门诊诊疗，报销比例为 50%（一个参保年度内限额 840 元/人）。参保人员符合支付范围的住院医疗费用设置起付线和最高支付限额，按比例报销。2012 年，住院起付线标准为县内就医 600 元，县外就医 800 元[一个缴费年度内多次住院治疗并达到起付标准的，第二次起付线减半，因同一种病在 7 天（含 7 天）内再次住院的，不再另设起付线；特殊病种门诊（含住院），年度内设一次起付标准 1000 元]，一个年度内住院医疗费用（含特殊病种门诊费）累计最高支付限额为上年度长兴县城镇居民可支配收入的 6 倍。统筹基金支付比例：起付标准以下部分，其中成年人不报销、未成年人（含在校生）报销 50%；起付标准以上至 1 万元（含）部分，其中成年人报销 50%、未成年人（含在校生）报销 60%；1 万元至 2 万元（含）部分，其中成年人报销 60%、未成年人（含在校生）报销 70%；2 万元以上部分，其中成年人报销 70%、未成年人（含在校生）报销 80%。2012 年，全县城镇居民基本医疗保险参保人数 99090 人，基金收入 3765 万元；享受人数 39134 人，基金支出 1951 万元；基金积累结余 5288 万元。

2008—2012 年长兴县城镇居民基本医疗保险参保及支付情况表

表 35-9

年份	参保人数（人）	基金收入（万元）	待遇享受人数（人）	基金支出（万元）	基金积累结余（万元）
2008	108279	1650.48	8387	269.24	1381.24
2009	110000	1930.00	3921	917.00	2445.00
2010	110513	2340.00	8387	1605.00	3471.00
2011	98812	38679.00	8362	2227.60	3473.87
2012	99090	3765.00	39134	1951.00	5288.00

说明：1.2007 年城镇居民基本医疗保险制度初建，当年数据未统计；2. 资料来源于县人力社保局

第三节　失业保险

一、实施对象

1988 年，全县执行浙江省《国营企业职工待业保险暂行规定实施细则》，待业保险实施范围和对象为国营企业中的固定职工、合同制工人、混岗集体工，机关、团体、事业单位中的合同制工人，由于企业宣告破产或濒临破产整顿被精减、终止或解除劳动合同，或违纪辞退而待业的职工。1992 年 7 月，实施范围扩大到各类城镇集体所有制企业及其职工。1996 年 1 月，国有企业、城镇集体所有制企业、城镇股份制企业、城镇联营合作企业、城镇私营企业、外商投资企业纳入失业保险范围。1999 年 1 月，根据国务院《失业保险条例》，全县所有事业单位职工纳入失业保险。2004 年，根据《浙江省失业保险条例》规定，参保范围为县内所有企业、事业单位、社会团体、民办非企业单位、有雇工的城镇个体工商户及与其形成劳动关系的职工、雇工，国家机关及与其形成劳动关系的合同制职工，在长兴的中央直属和省属单位及

其职工也纳入失业保险实施范围。2005 年 7 月起,城镇个体劳动者(自由职业者)纳入实施范围。2012 年,全县参加失业保险的单位 4571 家,参保人数 11047 人。

二、费用征缴

1988 年,全县企业按其全部职工月标准工资总额的 1%缴纳待业保险基金;机关、团体、事业单位每月按其实行劳动合同制工人月标准工资总额的 1%缴费。1992 年 10 月起,待业保险基金收缴标准从按职工标准工资的 1%缴纳调整为按全部职工工资总额的 1%缴纳。1996 年 1 月起,失业保险缴纳标准为外商投资企业按中方职工工资总额的 1%缴纳,其他各类企业按全部职工工资总额的 1%缴纳,职工个人按不高于单位职工平均工资 0.5%的标准缴纳。1999 年 1 月起,单位按照单位工资总额的 2%缴纳,职工按照个人工资的 1%缴纳失业保险费,城镇企业事业单位招用的农民合同制工人(农民工)个人不缴费。2002 年 8 月起,单位工资低于上年度省平均工资 60%的,按 60%征收失业保险费。2005 年 7 月起,机关事业单位缴费基数调整为上年省平均工资,聘用的临时工缴纳企业类失业保险费,缴费基数为上年省平均工资的 60%,企业职工个人缴费基数调整为上年个人月平均工资,缴费基数上下限分别为上年省月平均工资的 300%和 60%。

三、保险待遇

1988 年,全县参保人员可领取待业救济金,其发放标准以职工离开企业前两年内个人月平均工资额为基数,按离开企业的不同原因和工龄长短确定。同年,发放待业救济金 585 人次,发放金额 1.5 万元。1992 年 7 月起,待业保险待遇包括待业救济金、医疗补助费、死亡丧葬补助费、供养直系亲属抚恤费、生活困难补助费、困难女待业职工生育补助、促进再就业经费。1996 年起,发放标准按省政府确定的企业最低工资标准的 70%～80%和失业前累计工作时间确定。1999 年起,发放标准应低于当地最低工资标准、高于城市居民最低生活保障标准,按失业前所在单位和个人按规定累计缴费时间确定。

1988—2012 年长兴县失业保险参保及支付情况表

表 35-10

年份	参保单位(家)	参保人数(人)	基金收入(万元)	享受人数(人)	基金支出(万元)	基金积累结余(万元)
1988	164	19752	12.25	585	1.50	30.95
1989	163	21166	51.33	433	10.00	72.28
1990	222	21401	61.50	356	2.20	131.58
1991	211	22306	61.50	212	6.70	186.38
1992	185	24000	69.40	71	27.70	228.08
1993	226	24493	98.80	65	54.30	272.58
1994	238	25198	160.06	105	130.90	301.74
1995	217	25669	191.63	192	161.81	331.56
1996	207	25987	231.21	142	208.77	354.00
1997	218	26000	230.00	136	156.00	428.00
1998	220	27000	352.00	803	317.00	463.00
1999	283	28000	618.00	3978	758.00	323.32
2000	353	25000	823.40	7896	2383.70	0(赤字通过省、县财政补助填平)
2001	366	22000	501.00	6481	2968.00	
2002	245	17000	528.00	51310	2189.42	
2003	201	16000	456.00	3700	1581.00	
2004	1088	28000	1408.00	1205	889.00	520.00
2005	1490	31000	1450.00	457	413.00	1558.00

续表35-10

年份	参保单位(家)	参保人数(人)	基金收入(万元)	享受人数(人)	基金支出(万元)	基金积累结余(万元)
2006	1818	43575	2081.30	4528	360.70	3220.60
2007	2463	47822	2456.15	4531	401.88	5274.82
2008	2857	51435	2777.17	4526	433.80	7618.19
2009	3018	54707	3336.04	6583	1011.07	9943.16
2010	3540	58225	4439.10	6365	1077.53	14382.26
2011	4106	77569	5015.00	6541	1419.11	17173.42
2012	4571	11047	7502.00	10243	1817.31	22858.98

说明:资料来源于县人力社保局

第四节　工伤保险

一、参保范围

1994年之前,全县企业职工工伤保险按国务院《劳动保险条例》执行。1994年1月起,县政府出台《长兴县企业职工工伤保险暂行办法》,实施范围为城乡各类企业和职工,包括国有企业、城镇集体所有制企业、股份制企业、私营企业、“三资”企业,以及自收自支、企业化管理的事业单位和职工,乡镇企业中的非农户粮和转正不转粮的职工。同年2月,规定凡参加长兴县社会养老保险的各类企事业单位的固定职工和合同制职工,均属于工伤保险实施对象,临时工暂不列入。2000年1月起,《浙江省企业职工工伤保险实施办法》规定,县域范围内的所有企业及其职工均属于工伤保险的范围和对象。2004年1月起,《工伤保险条例》将实施范围调整为县域范围内各类企业、有雇工的个体工商户。2006年,县内事业单位、民间非营利组织职工纳入工伤保险参保范围(除参照公务员制度管理的事业单位和社会团体外)。2011年7月起,公务员和参公人员也纳入工伤保险统筹范围。

二、基金征缴

工伤保险费由企业缴纳,职工个人不缴纳。1994年1月起,全县参保单位根据从事的不同行业和不同风险,按职工工资总额的0.5%、1%、2%缴纳工伤保险费。2002年1月起,单位以全部参保职工的工资总额按0.2%～1%缴费,其中冶金、矿山、建材、重化工、交通运输、搬运装卸、建筑安装企业按1%缴费,工业、轻工、水电、医药、加工等企业按0.8%缴费,流通、三产及其他企业按0.5%缴费。2004年1月,参保单位分行业按全部参保职工工资总额按0.5%、1%、2%缴费。2006年1月起,事业单位缴费基数为上年省平均工资,缴费费率为0.5%。2011年,全县公务员和参公人员由用人单位缴纳工伤保险费,缴费基数为上年度省在岗职工月平均工资,缴费费率为0.5%。

三、工伤认定

1994年2月,《长兴县企业职工工伤保险实施意见》规定企业发生工伤事故后,应填写《企业职工伤亡事故报告书》,报县劳动人事局安全监察股核实。1999年起,按照《浙江省企业职工工伤保险实施办法》规定,县劳动保障行政部门在接到企业的工伤报告或工伤保险待遇申请后7日内作出是否认定为工伤的决定。特殊情况可延长,但不超过30日。2004年1月起,实施国务院《工伤保险条例》,职工发生事故伤害或按照《中华人民共和国职业病防治法》规定被诊断、鉴定为职业病,所在单位在30日内向劳动保障行政部门提出工伤认定申请。劳动保障行政部门自受理工伤认定申请之日起60日内作出工伤认定决定。2011年1月起,劳动保障行政部门自受理工伤认定申请之日起60日内作出工伤认定决定并书面通知申请工伤认定的职工或者其近亲属和该职工所在单位。至2012年年末,全县受理工伤认定申请8732件,认定为工伤的有8194件。

四、劳动能力鉴定

1988 年，县有关部门根据《劳动保险条例》及《实施细则》开展劳动能力鉴定。1996 年 10 月起，按照《职工工伤与职业病致残程度鉴定》(GB/T16180—1996)规定标准进行劳动能力鉴定。2000 年 1 月起，《浙江省企业职工工伤保险实施办法》规定，县劳动鉴定委员会由县政府设立，由劳动保障、卫生等行政部门和工会组织的主管人员组成，设在县劳动保障行政部门，负责劳动鉴定的日常工作并委托有条件的医疗卫生机构或者聘请具有鉴定资格的医生组成专家组，进行伤残等级和护理等级的鉴定工作。2005 年 11 月，市劳动能力鉴定委员会委托县劳动能力鉴定委员会组织实施县内伤残职工劳动能力鉴定工作。2007 年 5 月起，全县按照《劳动能力鉴定职工工伤与职业病致残等级》(GB/T16180—2006)鉴定标准进行劳动能力鉴定。至 2012 年年末，全县共鉴定 3365 人次，其中工伤鉴定 1604 人次，因病鉴定 1764 人次。

五、保险待遇

1994 年之前，全县工伤保险待遇根据 1953 年《劳动保险条例》及《实施细则》，1966 年劳动部、全国总工会《关于改进企业职工劳保医疗制度几个问题的通知》，“国发〔1978〕104 号”文件，1987 年《职业病范围和职业病患者处理办法的规定》等文件规定标准执行工伤医疗待遇、医疗期间生活待遇、伤残待遇、职业康复待遇、因工死亡待遇。1994 年 4 月起，按照《浙江省企业职工工伤保险暂行办法》规定标准执行工伤医疗待遇、工伤停工留薪期内工资福利待遇、因工致残待遇、因工死亡待遇。同年，全县工伤保险参保单位有 280 家，参保人数 16200 人，基金收入 49.12 万元；享受人数 8 人，供养直系亲属 16 人，基金支出 6.58 万元；基金积累结余 42.24 万元。2001 年 1 月起，按照《浙江省企业职工工伤保险实施办法》规定执行工伤保险待遇。2004 年起，按照国务院《工伤保险条例》和省政府《关于贯彻执行〈工伤保险条例〉有关事项的通知》规定执行。2012 年，全县工伤保险参保单位有 5002 家，参保人数 143797 人，基金收入 2962.18 万元；享受人数 1760 人，因工死亡 15 人，供养直系亲属 57 人，基金支出 2266.03 万元；基金积累结余 4716.86 万元。

1994—2012 年长兴县工伤保险参保及支付情况表

表 35-11

年份	参保单位(家)	参保人数(人)	基金收入(万元)	基金支出(万元)	基金积累结余(万元)	享受待遇人数(人)	因工死亡人数(人)	供养直系亲属人数(人)
1994	280	16200	49.12	6.58	42.24	8	0	16
1995	301	18520	114.25	15.98	140.51	16	0	16
1996	329	27240	220.00	28.00	378.02	25	3	16
1997	341	27501	145.60	14.36	509.26	15	0	16
1998	316	26655	154.00	65.00	598.26	35	4	16
1999	320	20478	197.06	56.92	738.40	47	2	16
2000	170	13606	160.60	72.10	826.00	44	0	16
2001	189	13626	87.81	76.76	837.95	34	3	17
2002	130	7315	67.04	27.52	877.47	70	0	16
2003	373	13065	70.24	78.80	868.91	61	1	16
2004	983	25460	215.00	153.91	930.00	145	10	16
2005	1350	31209	321.27	133.95	1117.32	281	1	18
2006	1871	36982	423.78	309.10	1232.00	283	4	17
2007	2623	80036	690.04	308.50	1613.74	353	4	21
2008	3048	115264	1033.00	501.00	2146.00	682	6	32
2009	3405	121632	1296.00	666.00	2775.00	905	15	39

续表35-11

年份	参保单位（家）	参保人数（人）	基金收入（万元）	基金支出（万元）	基金积累结余（万元）	享受待遇人数（人）	因工死亡人数（人）	供养直系亲属人数（人）
2010	4088	128137	1967.00	1141.00	3572.00	1328	0	53
2011	4512	136739	2581.53	2133.26	4020.27	1800	20	66
2012	5002	143797	2962.18	2266.03	4716.86	1760	15	57

说明：资料来源于县人力社保局

第五节　生育保险

一、参保对象

1988年4月，省政府颁布《浙江省女职工劳动保护暂行规定》，女职工生育期劳动保护的实施范围包括全省一切有女职工的企业、事业、机关和团体。1999年，根据“长政办发〔1999〕29号”规定，全县生育保险实施范围为参加社会保险的所有单位和职工。2004年1月起，县境内各类企业及其职工，民办非企业单位及其职工，实行企业化管理的事业单位及其职工，以及机关事业单位、社会团体、社会保险实行行业省级统筹单位聘用的临时工、个体工商户、自由职业者，都应依法参保。2006年1月1日起，县内各类企业、民办非企业单位及其职工、机关事业单位聘用的临时工纳入生育保险实施范围。2012年，全县参保单位4732家，参保人数87807人。

二、基金征缴

1999年起，全县职工生育保险费用实行社会统筹，按照以支定收，收支基本平衡的原则，建立生育保险基金，单位按职工上年度工资总额的0.5%缴纳生育保险费，职工个人不缴纳。2002年8月起，缴费基数调整为职工工资总额的0.5%。

三、保险待遇

1988年，根据《浙江省女职工劳动保护暂行规定》，女职工生育期（含流产或引产）享受产假，产假期间工资照发。1997年4月起，生育保险待遇包括产假期间的生育津贴（即原产假工资）、一次性营养费、医疗费用补偿。补偿标准为上年度全县社会月平均工资的6个月，剖腹产支付标准为8个月。1999年起，女职工计划内生育并领取准生证和出生证的，女职工所在单位获得一次性生育补偿费1500元，领取独生子女证一次性奖励200元。2006年6月起，女职工在产假期间生育津贴（即产假工资）、报销因生育发生的医疗费用，因妊娠而导致的自然流产或人工流产也均可享受一定的生育生活津贴和医疗费补偿。2008年1月起，按照《浙江省生育保险暂行规定》规定，生育保险待遇由产假期间的生育津贴、因生育发生的医疗费用和实施计划生育避孕节育手术以及符合生育政策实施复通手术所需的医疗费用等组成。

1999—2012年长兴县生育保险参保及支付情况表

表35-12

年份	参保单位（家）	参保人数（人）	参保女性人数（人）	基金收入（万元）	基金支出（万元）	基金积累结余（万元）	享受待遇人数（人）
1999	320	20478	8720	43.78	6.13	37.65	31
2000	190	11324	4996	48.24	21.24	64.65	133
2001	189	9578	4582	34.64	16.78	82.51	100
2002	118	4892	2703	31.30	10.50	103.31	61
2003	123	3845	1892	24.54	7.89	119.96	47
2004	955	22008	6934	141.00	14.00	247.00	63

续表35-12

年份	参保单位(家)	参保人数(人)	参保女性人数(人)	基金收入(万元)	基金支出(万元)	基金积累结余(万元)	享受待遇人数(人)
2005	1354	25681	8685	218.05	26.17	438.88	176
2006	1676	29940	9807	279.19	82.07	636.00	281
2007	2469	40085	17382	351.36	210.08	777.22	386
2008	2831	49734	19745	426.00	256.00	947.00	422
2009	3193	55117	23143	453.00	290.00	1110.00	559
2010	3855	65546	27468	672.15	418.00	1367.00	636
2011	4259	79783	41561	970.71	643.29	1694.42	890
2012	4732	87807	48576	1231.33	949.77	2006.34	1348

说明:资料来源于县人力社保局

第二章　社会救助

1988—2012年,长兴县持续加大灾害救济力度,做好各类特殊人员和城乡困难家庭的救济,每年元旦、春节期间,都要开展临时救济慰问活动。1997年11月,制定《城乡居民最低生活保障线制度暂行办法》。2003年12月,成立县慈善总会。2007年,首次启动全县“慈善一日捐”活动。1998—2012年,全县累计有6.97万户次、12.79万人次纳入城乡居民最低生活保障,先后发放低保补助金1.66亿元。2003—2012年,县慈善总会共募集各类慈善资金9240.47万元,发放救助款5659.92万元,共救助困难群众58203人次。

第一节　最低生活保障

1996年8月,根据省政府《关于在全省逐步建立最低生活保障制度的通知》精神,长兴县成立最低生活保障线指导小组,开始研究制定相关政策,着手实施低保制度。1997年11月,制定《城乡居民最低生活保障线制度暂行办法》,规定全县城乡居民最低生活保障线按社会人均收入的适当比例和城乡居民基本生活必需品的物价指数确定标准。农村实行分档补助,年人均收入在500元以下每月补助30元,年人均收入在500元至800元每月补助20元,城镇三无孤老对象每月补助140元。1998年,正式实施城乡最低生活保障制度,按照城镇居民最低生活保障标准人均每月140元、农村居民最低生活保障标准人均每年800元确定,所需资金由县、乡镇各负担50%。同年,全县享受低保对象72户196人,均为农村居民,支出低保金1.5万元。1999年,全县享受低保对象211户589人,支出低保金22.93万元。其中,农村172户501人,支出低保金14.3万元;城镇39户88人,支出低保金8.62万元。

2000年,出台《长兴县城乡居民最低生活保障实施办法》,全面推行城乡居民最低生活保障制度。同年,城镇居民最低生活保障线标准为人均每月182元,农村居民最低生活保障线标准为人均每年920元;全县享受低保对象631户1712人,支出低保金57.95万元。其中,农村525户1573人,支出低保金43.18万元;城镇106户139人,支出低保金14.77万元。2002年,修订城乡居民最低生活保障实施办法,规定城镇居民家庭低保金由县级财政承担;农村居民家庭低保金由县级财政和乡镇财政共同承担,逐步建立低保标准动态调整机制。2005年,城镇低保标准提高到人均每月230元,农村低保标准提高到人均每年1200元;全年享受低保对象5445户9850人,支出低保金57.95万元。其中,农村4530户8135人,支出低保金661.09万元;城镇915户1715人,支出低保金891.73万元。2009年4月1日起,农村低保标准由年人均收入2040元提高到2256元，继续采取分档补助：无经济收入的每人每月补助188元、年人均收入低于1000元的补助100元、1000元至1800元的补助80元、1800元至2256元的补助60元；城镇低保标准由原先的每人每月280元提高到每月312元。2010年1月，取消乡镇低保资金配套，低保资金全部由县财政承担。至2012年，全县低保标准城乡差距逐步缩小，农村与城镇占比从60%提高到70%，城镇低保标准为每人每月430元，农村低保标准为人均每年3600元（含村改居），城乡低保实行按实补差，即城镇低于每月430元的补足到430元，农村低于每年3600元的补足到3600元。低保对象每人最低救助金额为80元。敬老院农村集中供养对象参照城镇低保标准补助。重度残疾低保对象全额享受低保补助（从2005年1月开始实施）。同年，全县享受低保对象7792户13537人，支出低保金3424.7万元。其中，农村6320户10437人，支出低保金2268.05万元；城镇1472户3100人，支出低保金1156.65万元。1998—2012年，全县城乡低保标准连续提高10次。城乡享受低保对象累计69689户次、127907人次，支出低保金1.66亿元。其中，农村55727户次、98930人次，支出低保金1.06亿元；城镇13962户次、28977人次，支出低保金6028.74万元。

1998—2012年长兴县城乡居民低保金发放情况表

表35-13

年份	农　村			城　镇			发放总金额（元）
	户数（户）	人数（人）	金额（元）	户数（户）	人数（人）	金额（元）	
1998	72	196	15000	—	—	—	15000
1999	172	501	143040	39	88	86232	229272
2000	525	1573	431760	106	139	147684	579444
2001	515	1469	547350	116	160	206638	753988
2002	1845	3978	1364820	454	854	813022	2177842
2003	2846	5670	2615100	621	1190	1364466	3979566
2004	3773	6957	3648666	711	1290	1682631	5331297
2005	4530	8135	6610920	915	1715	2306334	8917254
2006	5066	8824	7359270	1295	2820	3613458	10972728
2007	5446	9445	8423550	1528	3362	4979766	13403316
2008	5785	9972	10017930	1611	3476	6640401	16658331
2009	6063	10335	12058392	1729	3710	8291754	20350146
2010	6284	10566	13166316	1685	3575	8588508	21754824
2011	6485	10872	16651506	1680	3498	10000047	26651553
2012	6320	10437	22680507	1472	3100	11566485	34246992
合计	55727	98930	105734127	13962	28977	60287426	166021553

说明：资料来源于县民政局

第二节　政府救济

一、灾害救济

长兴所受灾害种类主要为风雹、旱涝灾害。当灾害来临时，各级党委、政府积极组织人民群众抗灾、救灾。1988年，遭受高温干旱和七号台风灾害，干旱面积2.47万公顷，倒房176户，损坏房屋2346户，倒塌猪舍1576间，倒断电杆3365根，死1人，伤4人。同年，下拨救灾款35.14万元，帮助2550户受灾户克服因灾造成的住房和生活困难。1989年，发生大小5次自然灾害，受灾人口11260人，成灾人口

6345 人,受灾面积 2299.73 公顷,成灾面积 1470.47 公顷,倒塌房屋 1154 户 1595 间。同年,发放救灾款 34.05 万元,收到社会捐赠的现金 6.8 万元、粮票 5684.75 千克、衣物 2073 件、菜饼 25.05 吨。1990 年 6 月 22 日至 8 月 22 日,发生旱灾,受灾人口 25.37 万人,成灾人口达 10.15 万人,受灾面积 1.87 万公顷,成灾面积 2680 公顷,中稻受灾面积为 3666.67 公顷。下拨救灾款 50 万元。8 月 31 日,第 15 号强台风侵袭长兴,山洪突发,全县 1.05 万公顷中晚稻成灾,2000 多户民房倒塌。社会各界捐款 41.88 万元,捐送物资化肥 60 吨,水泥 100 吨,钢材 5 吨,面粉、大米计 4.9 万千克。1991 年,连遭两次特大洪涝,太湖流域 566 个自然村 9.9 万余人被洪水所困。倒塌民房 1577 户 3995 间,损坏 2.1 万户 8.5 万间,成灾人口 36 万人,无家可归 4.95 万人。下拨救灾款 304 万元,各类物资折合人民币 138 万元。同年,全县首次获港澳各界救灾捐款,折合人民币 320 万元。12 月,省民政厅下拨救灾款 340 万元。1992 年 7 月,龙卷风、冰雹、雷雨造成受灾人口 9644 人,受灾面积 560 公顷,倒塌房屋 84 户 157 间、损坏房屋 461 户 1198 间。下拨救灾款 40 万元。9 月 23 日,遭受 19 号台风袭击,受灾人口 7.39 万人,农作物成灾面积 2185 公顷,民房倒塌 138 户 268 间、损坏民房 98 户 193 间。下拨救灾款 50 万元。1993 年 7—8 月,发生洪涝灾害,受灾人口 28 万人,绝收农田面积 2053.33 公顷,倒塌房屋 679 户 1453 间。下拨救灾款 31 万元,救灾物资水泥 250 吨,尿素 27.5 吨。1994 年,发生高温干旱,成灾农田 10513.33 公顷,下拨救灾款 7 万元。1995 年,发生水灾,受灾人口 22.3 万人,农田受灾面积 17900 公顷,倒塌民房 162 间。下拨救灾款 31.5 万元,救灾物资折合 33 万元。1996 年 7 月 1 日,发生重大洪涝灾害,成灾人口 9.5 万人,成灾农作物 7947 公顷,绝收面积 290 公顷,倒塌民房 616 间,损坏民房 3450 间。下拨救灾款 111.8 万元。7 月 20 日,发生龙卷风,成灾人口 5700 人,农作物成灾 62 公顷、绝收面积 6.3 公顷,倒塌民房 161 间、损坏民房 745 间。1997 年 8 月 18 日,遭受 11 号台风袭击,成灾人口 9.6 万人,成灾面积 3936 公顷、倒断树木、毛竹 33.23 万支,倒塌、损坏民房 2738 间。下拨救灾款 54 万元。

1999 年 6 月 23 日至 7 月 2 日,长兴县遭百年未遇之水灾,连续 8 天普降暴雨,平均降雨量达 500 毫米,沉圩64 处。全县受灾人口 48.5 万人,成灾人口 40 余万人,被洪水围困 20.7 万人,紧急转移 18.9 万人,农作物成灾面积 3.39 万公顷,绝收 2.95 万公顷,房屋倒塌 1370 户 7416 间,损坏 8.7 万余间,造成工农业直接经济损失 17.29 亿元。下拨灾民安置经费 16 万元、灾民重建家园及灾民生活救助金 500 万元。2002 年,大风、冰雹造成受灾人口 1.1 万人,农作物受灾面积 3591 公顷,损坏房屋 5 户 9 间。2005 年 8 月 6 日,遭受台风"麦莎"袭击,倒塌、损坏 350 户住房。下拨救灾款 83 万元。2008 年 1 月,长兴县遭受 50 年一遇大雪和冰冻灾害,积雪达 34 厘米,受灾人口 5.2 万人,农作物受灾 6433 公顷,倒塌住房 118 户,损坏住房 46 户。下拨重建救灾款 220.54 万元,募得捐赠款 298 万元,救灾物资 500 床被子、200 条棉衣、100 个帐篷。2009 年 8 月 5 日,遭受台风"莫拉克"袭击,倒房 295 间。下拨救灾款 127 万元。2012 年 8 月,11 号强台风"海葵"带来强降雨,平均降雨 207 毫米,出现超历史特大汛情,造成全县农作物受灾面积 2.2 万公顷,倒塌和损坏房屋 605 间,直接经济损失 14.56 亿元,全县受灾人口 18.98 万人。全县启用集中安置点 67 个,紧急转移安置群众 24167 人,下拨救灾资金 330 万元。1988—2012 年,全县累计下拨救灾款 2071.03 万元。

1988—2012 年长兴县自然灾害救济情况表

表 35-14

年份	主要灾害	受灾人口	下拨救灾款(万元)
1988	高温、干旱、台风		35.14
1989	大小5次自然灾害	受灾人口11260人,成灾人口6345人	34.05
1990	旱灾	受灾人口3000余人	45.80
	强台风	受灾人口25.37万人,成灾人口10.15万人	50.00
1991	2次特大洪涝	成灾人口36万人、无家可归49500人	304.20

续表35-14

年份	主要灾害	受灾人口	下拨救灾款(万元)
1992	龙卷风、冰雹、雷雨	受灾人口9644人	40.00
	台风	受灾人口7.39万人	50.00
1993	洪涝(7月、8月)	受灾人口28万人	31.00
1994	高温干旱		7.00
1995	水灾	受灾人口22.3万人	31.50
1996	重大洪涝	成灾人口9.5万人	111.80
	龙卷风	成灾人口5700人	
1997	台风	成灾人口9.6万人	54.00
1999	特大洪涝	受灾人口48.5万人,被洪水围困20.7万人	516.00
2002	大风、冰雹	成灾人口1.1万人	
2005	台风		83.00
2008	暴雪	受灾人口5.2万人	220.54
2009	台风		127.00
2012	强台风	受灾人口18.98万人	330.00

说明:资料来源于县民政局

二、特殊人员救济

1989 年,全县有城镇孤老幼残 100 人,麻风病人 27 人,精减退职职工 166 人,享受其原工资 40%精减职工 57 人,其他未北撤原新四军战士、在乡“三老”(老交通员、老党员、老游击队员)、年老无靠的原国民党县团级以下的宽释人员、原杭州下放人员等 94 人。

“三老”人员补助　从 1990 年至 2000 年,全县“三老”人员定补标准逐年提高,县政府每年春节为农村健在的“三老”人员发放一次性生活困难补助金。2002 年 1 月,农村“三老”人员生活困难补助标准由每人每月 80 元提高到每月 85 元,发放春节慰问金人均 500 元。2006 年,春节慰问金提高到人均 800 元。2008 年,县委组织部、县民政局、县财政局联合下发《关于落实农村“三老”人员医疗补助的通知》,对农村“三老”人员按每人每年 500 元标准发放医疗补助资金,用于“三老”人员门诊医疗补助。至 2012 年,中华人民共和国成立前入党的农村老党员生活困难补助金:抗日战争时期、解放战争时期分别是每人每月 455 元和 395 元;农村老游击队员和老交通员生活困难补助金:抗日战争时期、解放战争时期分别是每人每月 305 元和 295 元。

精减职工补助　1988 年,全县享受精减退职职工生活困难补助每人每月 31 元。1989 年,全县有精减下放人员定补 220 人,人均定补每月 37 元。1994 年 6 月 1 日起,对精减退职职工享受定期生活困难补助每人低于每月 120 元的按每月 120 元发给;精减退职职工对享受原工资 40%救济人员每人低于每月 150 元的按每月 150 元发给。1997 年 9 月 1 日,精减退职职工享受定期生活困难补助的又由原来每人每月 120 元提高到每月 160 元,共 152 人;精减退职职工对享受原工资 40%救济的人员每人每月 150 元提高到每月 200 元,共 36 人。之后,12 次调高补助标准,到 2012 年,40%救济的精减退职职工的生活困难补助标准提高到每人每月 1000 元,享受定期生活困难补助的精减退职职工生活困难补助标准提高到每人每月 895 元。至 2012 年年末,全县精减退职职工在册的共 117 人,其中 40%精减对象 10 人,精减职工 106 人,精减退职对象 1 人。

其他特殊救济对象　1989 年,全县城镇孤老实行定期定量补助,享受定补的城镇孤老有 100 人,每人每月 35 元。麻风病人生活困难补助费每人每月 45 元。2001 年,城镇孤老补助每人每月 130 元,麻风病人补助每人每月 140 元,原杭州下放人员、宽释人员补助每人每月 80 元。之后,城镇孤老全部纳入低保对象进行管理。2012 年,麻风病人的生活困难补助标准提高到每人每月 610 元,原杭州下放人员的生活困难补助标准提高到每人每月 550 元。至 2012 年年末，全县特殊救济对象共 54 人，其中麻风病人 5 人，杭州下放人员、宽释人员 10 人，其他对象 39 人。

1994—2012 年长兴县调整精减退职职工生活困难补助标准情况表

表 35-15

年份	40%救济的精减退职职工（元/月）	精减退职职工（元/月）	年份	40%救济的精减退职职工（元/月）	精减退职职工（元/月）
1994	150	120	2003	340	275
1995			2005	390	315
1996			2006	420	345
1997	200	160	2007	520	440
1998			2008	590	510
1999	260	210	2009	677	585
2000			2010	800	705
2001	310	250	2011	910	815
2002			2012	1000	895

说明:资料来源于县民政局

三、农村困难群众危旧房改造

全县农村困难群众危旧房改造工作经历由零散化、小规模、低补助，逐渐向政策支撑、财政投入加大、规范化发展的过程。20 世纪 90 年代，农村特困户危房改造主要由乡镇拨出经费维修。若遭遇自然灾害造成部分群众房屋倒塌、损坏的，由县政府下拨救灾款以及社会捐助款给予适量补助。2004 年起，全县开始实施农村特困家庭危旧房改造工程。同年 5 月，制定特困家庭危房改造工程实施办法，对全县实施危旧房改造工程的基本原则、改造对象、补助标准、配套优惠政策等作出明确规定。改造补助资金以县财政为主，乡镇为辅。同年年末，315 户特困家庭完成危房改造，下拨补助资金 279.29 万元。2007 年，加大危旧房改造资金投入，规定建筑面积每平方米补助 140 元，人均补助面积最高不超过 25 平方米，每户最低补助不少于 5000 元，县财政每户补助最高不超过 1 万元，对个别无自救能力的，适当放宽补助标准。同年，全县有 341 户特困家庭完成危房改造，下拨补助资金 297.2 万元。2011 年，提高危旧房改造补助标准，重点向低保户倾斜，原则上房屋建筑面积人均不低于 25 平方米。县财政每户最高救助 3 万元，其中单人户每户救助 2.25 万元；对低保标准 150%以内的农村困难群众，三人及以上户每户县财政救助 1 万元，二人户每户救助 7000 元，单人户每户救助 5000 元。同年，完成改造 302 户，其中低保户 181 户，财政补助力度从 1 万提高到 3 万元。全年下拨补助资金 600.9 万元。至 2012 年年末，全县共改造困难群众危旧房 3601 户，下拨补助资金 3969.18 万元。

2004—2012 年长兴县农村困难群众危房改造情况表

表 35-16

年份	危旧房改造户数(户)	补助金额(万元)	年份	危旧房改造户数(户)	补助金额(万元)
2004	315	279.29	2009	416	394.54
2005	427	355.31	2010	429	354.88
2006	505	406.09	2011	302	600.90
2007	341	297.20	2012	368	777.40
2008	498	503.57	合计	3601	3969.18

说明:资料来源于县民政局

第三节　社会救济

一、城镇帮困扶贫

县内对困难家庭提供临时性生活补助，由集体补助和政府财政拨款的救济。1988—1991 年，全县 29 个乡镇建立救灾扶贫基金会，成立扶贫领导小组。全县累积扶贫困难户 4829 户，脱贫户 3552 户，共发放扶贫款 92.52 万元。1998 年，实施城乡居民最低生活保障制度，全县城乡贫困户全部纳入最低生活保障范畴。2008 年，出台《困难群众临时救助暂行办法》。规定凡持有长兴县户籍的由于特殊原因造成基本生活出现暂时困难的常住居民，符合救助条件的家庭可以每年享受一次临时救助。根据家庭共同生活人员多少，每户给予一次性生活困难救助 500 元～2000 元；由于特殊原因造成基本生活暂时困难的，给予每人每年不低于 200 元的临时救助。1997 年至 2012 年，每年“元旦”“春节”期间，县政府均开展大规模临时救济慰问活动。

二、农村家庭财产保险救助

1988 年，全县农村有 1252 户受灾户得到保险赔偿金额 9.36 万元。1989 年，有 47778 户农户参加家财保险，1005 户因灾获赔 13.1 万元。1990 年，全县投保户 58485 户，占总农户的 49%。8 月底，15 号台风使全县倒房 2289 户、损坏房屋 2529 户，2093 户得到保险公司赔款，计 43 万元。同年年末，全县累计有 33.7 万户农户参加家财保险，县保险公司共理赔 6512 户，赔款 95.5 万元，平均每户 147 元。1991 年，全县投保户增加到 132563 户，占总农户的 75.9%。1992 年，乡镇干部带头参加家财保险，全县承保面达到 80%，四次灾害保险公司共理赔 690 户，金额 6.86 万元。1992 年以后，农户受灾主要由政府救助，家财保险逐渐退出。

三、困难群众医疗救助

2002 年 4 月，长兴县出台《农民合作医疗大病统筹暂行办法》，开始实施农村和城镇贫困群众大病救助工作。同年，2462 名农村低保对象领到农民合作医疗证，免费参加合作医疗，全年享受大病统筹待遇。2005 年起，城乡困难群众医疗救助被列入政府为民办实事工程。医疗救助对象当年符合基本医疗保险认定范围内发生的医疗费用，在扣除各类补助、报销及经济赔偿部分之后，在一个自然年度内累计医疗费用自负金额减去其家庭高于最低生活保障标准的收入额部分后，仍超过 3000 元以上的 1 元至 7000 元部分救助 20%；7001 元以上至 17000 元部分救助 25%；17001 元以上部分救助 30%。全年每户家庭累计救助额度最高不超过 20000 元。年初，县财政按人均 4 元建立困难群众医疗救助专项资金 250 万元。2007 年 6 月，修改原有困难群众医疗救助政策，实施“零起点”医疗救助，提高救助额度，增加患癌症、系统性红斑狼疮、再生障碍性贫血等六种特殊病种医疗救助。同年，医疗救助 378 户贫困家庭，发放救助金 291.1 万元。2009 年，下发《城乡居民医疗救助办法实施细则》，对低保对象在县内定点医疗住院实施医中救助。救助模式由单一医后救助向医中医后救助转变。同年，救助 619 户，支出 427.05 万元。2012 年，印发《进一步加强医疗救助工作的通知》，对特殊病种实施医疗救助。城乡低保对象政策范围内住院自负医疗费用可按 50%救助，年度医疗救助额度封顶线为 4 万元；纳入救助范围内的困难家庭，其家庭成员患尿毒症、儿童白血病、儿童先天性心脏病、乳腺癌、宫颈癌、重性精神病、耐多药肺结核、艾滋病机会性感染等 8 种重特大疾病的，对其政策范围内门诊和住院自负医疗费用按 50%救助，年度医疗救助额度封顶线为 8 万元；纳入救助范围的其他困难家庭住院自负医疗费用 1 元至 7000 元部分救助 20%，7001 元至 17000 元部分救助 25%，17001 元以上部分救助 30%，年度医疗救助额度封顶线为 4 万元。医疗救助专项资金筹资标准达到 10 元，足额列入县财政预算。同年，救助困难群众 935 户，共支 627.2 万元。2005—2012 年，全县累计医疗救助困难群众 4376 人次，支出救助金 3003.14 万元。

2005—2012 年长兴县困难群众医疗救助情况表

表 35-17

年份	医疗救助(人次)	医疗救助金额(元)	年份	医疗救助(人次)	医疗救助金额(元)
2005—2006	258	1558632	2010	716	5237300
2007	378	2911000	2011	962	6134700
2008	508	3647200	2012	935	6272038
2009	619	4270500	合计	4376	30031370

说明:资料来源于县民政局

第四节　慈善救助

2003 年 12 月,长兴县慈善总会成立,通过《长兴县慈善总会章程》《长兴县慈善总会资金募集使用管理办法》《长兴县慈善总会救助发放办法》。同年,县慈善总会共有团体会员 116 家,其中副会长单位 26 家、理事单位 57 家、会员单位 33 家。2009 年 12 月,印发《长兴县慈善总会关于建立乡镇(街道)慈善分会的意见的通知》。2010 年 4 月,洪桥镇成立首家慈善分会,同年有 5 个乡镇成立慈善分会。2011 年,全县 16 个乡镇(街道)均成立慈善分会。

一、慈善募捐

2003 年 6 月 3 日,在县慈善总会筹建暨募捐动员会上,募得善款 958 万元。2005 年 1 月,向全县人民联合发出印度洋海啸紧急捐款倡议,募得救灾款 53.6 万多元。2006 年 11 月,围绕“送温暖、献爱心”为主题,开展全县性社会捐助活动,共募集个人捐款 24 万元、衣物 3058 件。2007 年 7 月 19 日,首次启动全县“慈善一日捐”活动,确定每年 7 月的第一周为“慈善一日捐”活动周,同年捐赠收入 199.94 万元。2008 年,为四川汶川地震灾区赈灾募捐 891.71 万元。2010 年,募捐 300 万元支援新疆红枣产业,募集四川汶川、雅安和青海玉树等地震赈灾捐款 1023 万元。2011 年 1 月,举办“爱在长兴”慈善晚会,共接受企业及个人认捐(捐款)总额 5844.45 万元,其中 222 家企业(含法人代表个人)现场认捐 5830 万元,106 名机关干部现场捐款 14.45 万元。至 2012 年,“慈善一日捐”活动共举办 5 次(2008 年未举办),捐款合计 1032.96 万元。2003—2012 年,县慈善总会以活动募集、企业冠名基金、项目捐赠等多种途径,共募集各类慈善资金 9240.47 万元。全县 14 个乡镇慈善分会累计募集善款 2600 万元。

二、慈善救助

县内慈善救助对象主要是长兴县贫困在校大学生、孤儿、白内障患者、敬老院五保老人、乡镇小学、残疾人与社会贫困户。2005 年,县慈善总会设立“慈善爱心助学工程”,一批家庭困难学生受到企业资助。同年 8 月,浙江诺力机械股份有限公司设立全县首个企业冠名基金会——“诺力·阳光慈善助学基金”,用基金利息定向资助某个特殊群体或捐给慈善总会。2007 年 4 月,诺力公司被市政府授予“湖州市慈善奖”。2008 年 8 月,县慈善总会设立“慈善助孤”项目,对全县 188 名孤儿实施跟踪式连续资助,资助金额 48.82 万元。2011 年 10 月,由县慈善总会资助 235 万元支持迁建的泗安镇社会福利中心、资助 240 万元支持迁建的洪桥镇社会福利中心分别建成并启用。同年,“慈善爱心助学工程”受助学生达 400 多人,支出助学金 150 余万元。2012 年,设立“爱心助孤”项目,救助孤儿 49 人,支出 12.7 万元。至同年年末,先后建立“助老、助残、助医、助学”等各类企业冠名基金 14 个,冠名基金累计救助 1775 人次,支出救助款 630.78 万元。2003—2012 年,县慈善救助累计发放救助款 5659.92 万元,共救助困难群众 58203 人次。

2003—2012年长兴县慈善总会慈善救助情况表

表35-18

年份	助残		助老		助困		助医		助学	
	人数（人）	金额（万元）	人数（人）	金额（万元）	人数（人）	金额（万元）	人数（人）	金额（万元）	人数（人）	金额（万元）
2003							5	1	60	6
2004	20	5	80	8	260	13	35	7	170	17
2005	40	2	101	4	637	24.5	25	3.5	335	16
2006			820	82	460	23	80	8	509	39
2007	100	10	680	246	700	70	180	60	306	70
2008			1213	97	1375	41	68	13	2067	303
2009			212	20	1275	72	10	3	430	133
2010	250	20	4000	320	1176	94	500	40	839	176
2011	13	1	125	10	5100	408	350	70	515	159
2012			715	77	2362	261	653	117	495	132
合计	423	38	7946	864	13344	1006.5	1906	322.5	5726	1051

说明：资料来源于县民政局

2005—2012年长兴县企业冠名基金救助情况表

表35-19

基金名称	设立时间	救助年份	救助金（万元）	人数（人）	救助对象
诺力·阳光基金-助学	2005	2005—2012	95.29	232	资助对象以高中、大学生为主
诺力·阳光基金		2006—2012	33.16		每年中秋、春节慰问敬老院、困难户
永达集团圆梦大学助学基金	2007	2007—2012	21.70	24	资助和平镇贫困高中、大学生
盛邦化纤“圆梦想·献真情”爱心助学基金	2007	2007—2010	80.00	160	选取40名贫困大一学生，资助到大学毕业
长兴温州企业家联合会“助医基金”+“慈善助学金”	2007	2007助医	20.00		助医20万元，资助长兴县患有白血病等重大疾病的青少年
		2010—2011助学	26.00	70	
金三发集团教育奖学基金	2008	2008—2012	85.50	165	奖励优秀教师，资助品学兼优但家庭贫困的学生
万向集团“四个一万”助学工程	2008	2008—2012	63.34	248	资助长兴县特困孤儿
锋盛机械慈善助学基金	2008	2008—2012	23.09	87	以学年为单位资助泗安籍贫困生
寿圣寺“圆成功德会”慈善助学基金	2008	2008—2012	9.21	16	每年寿圣寺自行选定若干名贫困生
工商联联合天能光彩助学	2008	2008—2011	24.00	126	每年联合工商联光彩助学
红玫瑰大酒店“爱心助学·圆梦工程”	2009	2009—2012	81.50	163	每年选取40余名贫困大一学生，资助到大学毕业
工商联联合超威光彩助学	2010	2010—2012	14.00	90	每年联合工商联光彩助学
煤山大安老年基金	2010	2010—2012	28.49	190	专为大安村60周岁以上老人提供养老金
振宇长中助学基金	2011	2011—2012	8.00	16	资助长兴中学学生
妇女儿童关爱基金	2011	2011—2012	17.50	188	救助困难家庭妇女儿童
合计			630.78	1775	

说明：资料来源于县民政局

〔专记〕

长兴“肖方兵”爱心接力十八年

“肖方兵”是“消防兵”的谐音，起初是一名爱心助学的消防官兵的化名，后成为长兴公安消防大队一茬茬爱心官兵的共同名字，更是他们十八年爱心接力的代名词。

一、“肖方兵”默默助学

1994年，在长兴县消防大队服役的一名消防战士雷毅辉无意中在报纸上看到，长兴雉城镇下箬寺村有个叫黄伟斌的小男孩，遭遇家庭变故，和爷爷奶奶相依为命，仅靠爷爷捡垃圾的微薄收入维系生活，学费更成了大问题，才读小学二年级的他面临失学的困境。

为了圆孩子的读书梦，雷毅辉化名为“肖方兵”，开始默默资助黄伟斌上学。当时他每个月津贴50多元，其中的一半寄给了黄伟斌。就这样，每月黄伟斌都会收到邮局的取款通知单，汇款单的落款是“肖方兵”，没有地址。从最初每月的20多元、30元到后来的100元、180元，寒暑不断，读小学期间共收到汇款1055元。

二、消防官兵集体接过“接力棒”

三年后，雷毅辉因工作调动要离开长兴，担心自己走后孩子失去支助，考虑再三，才在离队的前一晚，将该“秘密”告诉了中队指导员朱煜如。为使爱心延续，朱煜如立即召集中队党员组成爱心小组，决定继续以“肖方兵”的名义默默资助黄伟斌上学，“这是老兵留下的精神财富，我们应该传承。”随后，长兴县消防大队以“肖方兵”名义设立爱心基金，在长兴范围内继续寻找需要帮助的失学儿童。之后，“肖方兵”从一个人变成了一群人，18年来，长兴消防部队的官兵像流水一样退伍一批又来一批，但爱心活动却在铁打的营盘里扎根发芽、开花、结果。每年新分到长兴消防大队服役的官兵，入队第一课就是学习“肖方兵”爱心事迹。至2012年，共资助贫困学生38人，结对贫困特困家庭43户，帮助解决生活实际困难；关爱烈士家庭、伤残军人11人，给予生活上的关怀和经济上的帮助。

三、“肖方兵”爱心接力走向社会

随着长兴“肖方兵”爱心接力活动的深入，湖州市其他地区的消防官兵也在自发地发动爱心活动。为了使帮扶活动制度化、规范化，推动社会各界踊跃献爱心，帮助更多需要帮助的人，湖州消防支队充分借鉴公益基金管理办法，并与慈善总会进行对接，将“肖方兵”爱心基金统一纳入到慈善总会统一管理。出台《湖州“肖方兵”爱心基金管理办法》，接受社会单位和个人捐助，用于辖区范围内的贫困学生、困难家庭、部队困难官兵的救灾、助困、助学、助医、助残、助孤、助老或社会公益事业等，同时接受社会各界和新闻媒体的监督。

2012年7月26日，湖州市公安消防支队联合慈善总会成立的“肖方兵”爱心基金启动暨助学结对仪式在长兴举行，新结对的20名学生成为“肖方兵”基金的受益者，受助学生中有8对来自长兴。“肖方兵”爱心基金由消防官兵个人、消防部队单位和警民共建单位3部门捐赠共同组成，捐助基数为50万元。成立湖州市“肖方兵”爱心基金，整个湖州市的消防兵乃至社会上很多人都加入到爱心接力活动中来，爱心队伍扩展至越来越多的人群中，“肖方兵”的爱心帮扶活动，已从消防官兵的个人行为转变为全社会的爱心行动，但他们的名字始终只有一个——“肖方兵”。

2012年，在湖州“双拥模范城”六连冠庆祝大会上，“肖方兵”作发言；同年10月，“肖方兵”被评为第二届“长兴榜样”；同年还同时获评“感动湖州”2012年度人物。

（吴连意整理）

第三十六编　居民生活

1988—2012年,长兴经济持续快速发展,居民收入和消费水平大幅度提高。1988年,全县人均地区生产总值1800元,农村居民人均纯收入902元,全部单位职工年平均工资1789元。1997年1月,长兴县被命名为省第二批"小康县"。2004年,全县农村居民恩格尔系数首次降至40%以下,进入富裕生活水平区间。同年,城镇居民人均可支配收入13426元。2010年,长兴县获评中国全面小康成长型百佳县(市)。2012年,全县人均地区生产总值59229元,年均增加2393元,年均增长15.7%。农村居民人均纯收入17462元,年均增加690元,年均增长13.1%。城镇居民人均可支配收入33439元,年均增加2501.6元,年均增长12.1%。全县在岗职工年平均工资47089元,年均增加1887.5元,年均增长14.6%。随着人们经济收入水平的不断提高,城乡居民生活消费水平迅速提升,生活质量明显改善。2012年,全县农村居民人均生活消费支出10221元,比1988年的933.9元增加9287.1元;城镇居民人均消费支出16415元,比2006年的10290元增加6125元。该时期,城乡之间居民生活水平依然存在较大差距,部分低收入城乡居民家庭有经济困难。2012年,全县尚有7792户、13537人处于低保状态,其中城镇1472户、3100人,农村6320户、10437人,全年城乡居民低保金发放金额3424.7万元。

第一章　收　入

1988年,长兴县农村居民人均纯收入902元,人均纯收入在千元以上的农民占28.3%。2012年,全县农村居民人均纯收入达到17462元,比1988年增长18.36倍,年平均增长13.1%;城镇居民人均可支配收入33439元;城乡居民收入比保持在1.9∶1的水平。

第一节　农村居民收入

一、人均总收入和纯收入

1988年,根据全县农村住户60户抽样调查,农村居民人均总收入为1184元,其中家庭经营性收入933元、占81.3%,从集体经营中得到的收入207元、占18%,其他非生产性收入44元、占3.8%。同年,全县农村居民人均纯收入902元,人均纯收入在千元以上的农民占28.3%。1993年起,农村居民人均总收入按家庭经营性收入、工资性收入、财产性收入、转移性收入分类统计,同年人均总收入2040元中,家庭经营性收入1474元、占72.3%,工资性收入541元、占26.5%,财产性收入5元、占0.3%,转移性收入20元、占1%。2000年,农村人均总收入6509元中,家庭经营性收入3657元、占56.2%,工资性收入2682元、占41.2%,财产性收入40元、占0.6%,转移性收入130元、占2%。同年,农村居民人均纯收入4430

元,首次超过全市平均水平。2006年,农村人均总收入首次突破万元,达10719元,其中家庭经营性收入7033元、工资性收入3193元、财产性收入322元、转移性收入171元。2008年,农村人均总收入13907元中,家庭经营性收入8831元、占63.5%,工资性收入4403元、占31.7%,财产性收入429元、占3.1%,转移性收入244元、占1.8%。同年,农村居民人均纯收入首次突破万元大关,达到10745元。2012年,全县农村居民人均纯收入达到17462元,比1988年增长18.36倍,年平均增长13.1%。人均总收入为23282元,其中家庭经营性收入15137元、占总收入的65%,工资性收入6973元、占30%,财产性收入和转移性收入从无到有,分别为737元和435元,占3.1%和1.9%,比1993年提高2.9和0.9个百分点。

1988—2012年长兴县农村居民人均总收入及纯收入情况表

表36-1 单位:元

年份	人均总收入	人均总收入构成							人均纯收入
		从集体经营中得到的收入	从经济联合体得到收入	其他非生产性收入	家庭经营收入	工资性收入	财产性收入	转移性收入	
1988	1184	207	0	44	933	—	—	—	902
1989	1361	243	2	62	1054	—	—	—	1028
1990	1491	244	0	38	1209	—	—	—	1113
1991	1557	257	0	56	1245	—	—	—	1163
1992	1673	280	0	50	1343	—	—	—	1270
1993	2040	—	—	—	1474	541	5	20	1581
1994	3199	—	—	—	2134	891	115	59	2252
1995	3777	—	—	—	2480	1161	110	26	2982
1996	4384	—	—	—	2631	1964	38	21	3427
1997	4722	—	—	—	2996	1645	42	39	3622
1998	4757	—	—	—	3431	1238	37	51	3839
1999	5094	—	—	—	3024	2012	18	40	3986
2000	6509	—	—	—	3657	2682	40	130	4430
2001	6808	—	—	—	4629	1959	177	43	4753
2002	7004	—	—	—	4690	2126	140	48	5120
2003	7284	—	—	—	4896	2120	168	100	5622
2004	8235	—	—	—	5465	2403	220	147	6438
2005	9380	—	—	—	6182	2765	273	160	7307
2006	10719	—	—	—	7033	3193	322	171	8352
2007	12237	—	—	—	7881	3756	370	230	9538
2008	13907	—	—	—	8831	4403	429	244	10745
2009	15398	—	—	—	9831	4719	513	335	11751
2010	17568	—	—	—	11220	5362	612	374	13305
2011	20645	—	—	—	13323	6223	693	407	15640
2012	23282	—	—	—	15137	6973	737	435	17462

说明:1.资料来源于历年《长兴统计年鉴》;2.全县农村住户抽样调查1988年为60户,1994年起为100户,2003年起为200户,2009年起为400户

二、人均家庭经营收入

1988年,全县农村居民人均家庭经营收入为933元,其中来自第一产业收入769元、占82.4%,第二产业收入22元、占2.4%,第三产业收入142元、占15.2%。2000年,全县农村居民人均家庭经营收入为3657元,其中来自第一产业收入2221元、第二产业收入955元、第三产业收入481元。2010年,农村居民人均家庭经营收入突破万元,达到11220元,其中来自第一产业收入4410元、第二产业收入3211元、第三产业收入3599元。2012年,全县农村居民人均家庭经营收入15137元,其中来自第一产业收入5778元、占38.2%,第二产业收入4180元、占27.6%,第三产业收入5179元、占34.2%。与1988年相比,来自第一产业收入占比下降44.3个百分点,第二产业、第三产业收入占比分别上升25.3个百分点和19个百分点。

1988—2012年长兴县农村居民人均家庭经营收入情况表

表36-2　　单位:元

年份	人均家庭经营收入	其中			年份	人均家庭经营收入	其中		
		第一产业	第二产业	第三产业			第一产业	第二产业	第三产业
1988	933	769	22	142	2001	4629	2493	1152	984
1989	1055	879	20	156	2002	4690	2200	1160	1330
1990	1209	1003	36	170	2003	4895	2373	1201	1321
1991	1245	1076	39	130	2004	5465	2547	1388	1530
1992	1343	1120	31	192	2005	6182	2754	1633	1795
1993	1474	1136	87	251	2006	7033	2965	1925	2143
1994	2134	1435	221	478	2007	7881	3172	2269	2440
1995	2480	1707	270	503	2008	8831	3385	2601	2845
1996	2631	2001	312	318	2009	9831	3850	2834	3147
1997	2996	2184	323	489	2010	11220	4410	3211	3599
1998	3431	2705	283	443	2011	13323	5291	3746	4286
1999	3024	2171	312	541	2012	15137	5778	4180	5179
2000	3657	2221	955	481	—	—	—	—	—

说明:1.资料来源于历年《长兴统计年鉴》;2.全县农村住户抽样调查1988年为60户,1994年起为100户,2003年起为200户,2009年起为400户

第二节　城镇居民收入

一、收入构成

2000年之前,全县城镇居民收入的主要来源是职工工薪收入。之后,随着经济体制改革和国有、集体企业转制,个体私营企业迅速发展,下岗和失业职工自谋职业或到民营企业就业,城镇居民收入发生较大变化。2004年起,全县开展城市居民住户抽样调查,当年城镇居民人均可支配收入为13426元。2006年,全县城镇居民人均总收入18378元,其中工薪收入12573元、占68.4%,经营性收入3521元、占19.2%,转移性收入2130元、占11.6%,财产性收入154元、占0.8%。2012年,全县城镇居民人均家庭总收入35222元。其中,工薪收入22825元,比2006年增长81.5%,占总收入的比重为64.8%,比2006年

降低3.6个百分点;经营性收入6046元,比2006年增长71.7%,占总收入的比重17.2%,比2006年降低2个百分点;财产性收入803元,比2006年增长4.2倍,占总收入的比重2.3%,比2006年提高1.4个百分点;经营性收入5549元,比2006年增长1.6倍,占总收入的比重15.8%,比2006年提高4.2个百分点。

2004—2012年长兴县城镇居民人均家庭总收入及其构成情况表

表36-3　　单位:元

年份	人均家庭总收入	其中:人均可支配收入	总收入构成			
			工薪收入	经营性收入	财产性收入	转移性收入
2004		13426				
2005		15350				
2006	18378	17318	12573	3521	154	2130
2007	20599	19552	13885	4310	69	2336
2008	22692	21605	15785	3136	142	3629
2009	24532	23614	16820	3298	482	3932
2010	26509	26046	18452	3381	661	4015
2011	31787	29725	20567	5379	1068	4773
2012	35222	33439	22825	6046	803	5549

说明:1.资料来源于历年《长兴统计年鉴》;2.全县城镇住户抽样调查2006年为60户,2011年起为100户;3.工薪收入主要指机关事业、企事业单位中得到的货币工资;财产性收入主要指房屋出租、利息、股息及红利等收入;经营性收入主要指经商、办企业所得收入;转移性收入主要指离退休、捐赠、赡养收入等

二、职工工资收入

职工平均工资　1988年,全县全部职工65799人,工资总额1.16亿元,年平均工资1789元。8月,全县全民所有制企业推行"工效挂钩",实行效益工资制,集体企业参照执行。1991年,开展第二轮工效挂钩。通过工资奖金与经济效益挂钩,职工奖金和补贴收入占比逐年增大。1994年,全县全部职工70217人,工资总额3.61亿元,年平均工资5190元。1997年、1998年,受亚洲金融风暴影响,全县职工年平均工资比上年仅增长3.2%和8.6%。1999年,得益于政策性加薪措施,全县职工年平均工资8510元,比上年增长10.6%。2000年,城镇个体、私营企业发展较快,全县在岗职工39608人,工资总额4.19亿元,年平均工资突破万元,达10018元。2008年,全县城镇在岗职工年平均工资突破3万元,达到32277元。2009年,受全球金融危机影响,全县在岗职工年平均工资增速放缓,同年全县城镇在岗职工年平均工资33725元,比上年增长4.5%。2012年,全县城镇在岗职工72246人,工资总额32.8亿元,年平均工资达到47089元,比1988年增长25.3倍,年均增长14.6%。

1988—2002年,全县城镇在岗职工年平均工资水平中,以国有经济单位增长最快。2002年,国有经济单位年平均工资19532元,比1988年的1918元增长9.18倍,年均增长18%;城镇集体经济年平均工资12781元,比1988年的1524元增长7.39倍,年均增长16.4%;其他经济单位年平均工资13198元,比1988年的2493元增长4.29倍,年均增长12.6%。2003—2012年,全县城镇在岗职工年平均工资水平中,机关单位增长最快。1993年和2006年,国家进行第三次和第四次工资制度改革,较大幅度提高国家机关和事业单位工作人员工资。2012年,机关单位年平均工资95619元,比2003年的28799元增长2.32倍,年均增长14.3%。事业单位年平均工资66398元,比2003年的20457元增长2.25倍,年均增长14%。企业单位年平均工资39993元,比2003年的18143元增长1.2倍,年均增长9.2%。

2003—2012年长兴县城镇在岗职工年平均工资及分组情况表

表36-4

年份	城镇在岗职工年平均工资(元)	增幅(%)	其中					
			国有经济单位(元)	城镇集体经济单位(元)	其他经济单位(元)	企业(元)	事业(元)	机关(元)
1988	1789	23.0	1918	1524	2493	—	—	—
1989	2017	12.7	2218	1627	1990	—	—	—
1990	2273	12.7	2484	1851	1805	—	—	—
1991	2352	3.5	2583	1874	2241	—	—	—
1992	2866	21.9	3052	2446	2545	—	—	—
1993	3778	31.8	4013	3247	3623	—	—	—
1994	5190	37.4	5335	4742	6139	—	—	—
1995	6257	20.6	6411	5853	6871	—	—	—
1996	6872	9.8	6950	6070	10480	—	—	—
1997	7089	3.2	7265	6299	9010	—	—	—
1998	7697	8.6	8173	6054	8378	—	—	—
1999	8510	10.6	8859	7296	8486	—	—	—
2000	10018	17.7	10493	8409	9450	—	—	—
2001	12442	24.2	13593	10752	11556	—	—	—
2002	16076	29.2	19532	12781	13198	—	—	—
2003	19896	23.8	—	—	—	18143	20457	28799
2004	22820	14.7	—	—	—	21225	23359	33205
2005	25099	10.0	—	—	—	21233	33292	44669
2006	26635	6.1	—	—	—	21720	39268	51884
2007	28937	8.6	—	—	—	22937	40733	61280
2008	32277	11.5	—	—	—	24998	48288	69346
2009	33725	4.5	—	—	—	26605	55688	72881
2010	36309	7.7	—	—	—	29120	59623	74458
2011	43293	19.2	—	—	—	34641	69248	78822
2012	47089	8.8	—	—	—	39993	66398	95619

说明：1.资料来源于历年《长兴统计年鉴》；2.1988—1997年为全部职工口径，1997—2001年为全部在岗职工口径，2002年起为城镇全部在岗职工口径

行业职工平均工资　1988—2012年，全县各行业职工工资都有不同程度的提高，但行业间还有一定的差距，尤其是国家对整体职工工资控制适度放权，允许行业之间职工经济收入与整个行业经济效益挂钩后，行业之间职工经济收入差距逐步拉大。1990年，全县城镇在岗职工年平均工资2273元。高于全县平均水平的有建筑业2541元，是全部职工平均工资的111.8%；公共管理与社会组织2293元，是全部职工平均工资的100.9%。其余8个行业均低于全县平均水平，最低的是农林牧渔业1677元，是全部职工平均工资的73.8%。建筑业与农林牧渔业两者相差864元。2012年，全县城镇在岗职工年平均工资47089元。高于全县平均水平的有金融业，公共管理与社会组织，信息传输、计算机服务和软件业，电力、燃气及水的生产和供应业等10个行业，最高的是金融业117558元，是全部职工平均工资的249.7%。其余7个行业均低于全县平均水平，最低的是住宿和餐饮业25719元，是全部职工平均工资的54.6%。金融业与住宿和餐饮业两者相差91839元。

1990—2012年主要年份长兴县城镇在岗职工平均工资行业分组情况表

表36-5 单位:元/人

行业	1990年	1995年	2000年	2005年	2012年
农林牧渔业	1677	4921	5350	19760	—
采矿业	工业2455	6585	9384	18172	49525
制造业		5551	8364	17365	39636
电力、燃气及水的生产和供应业		10557	18824	44357	76779
建筑业	2541	6813	12878	22559	33459
交通运输、仓储和邮政业	2144	7400	11385	26451	32957
信息传输、计算机服务和软件业	—	—	—	42081	79152
批发与零售业	2020	5333	6840	32652	35883
住宿和餐饮业				15631	25719
金融业	1991	7608	12656	43696	117558
房地产业	1682	6244	11819	30878	56838
租赁与商务服务业	—	—	—	39278	43504
科学研究、技术服务与地质勘查业	1863	9663	13181	38502	59059
水利、环境和公共设施管理业	—	—	—	25652	70690
居民服务和其他服务业	—	5000	9072	42636	73436
教育	2033	6101	9627	32101	61597
卫生、社会保障和社会福利业	—	7528	12994	34794	59644
文化、体育与娱乐业	—	—	—	29409	48996
公共管理与社会组织	2293	6823	13076	44924	93849
合计	2273	6257	10018	25099	47089

说明:资料来源于历年主要年份《长兴统计年鉴》

第三节　城乡居民收入比较

2004年,全县城乡居民收入比为2.1∶1(以农村居民人均纯收入为1)。2006—2011年,连续六年农村居民收入增速均快于城镇居民收入增速,持续拉动城乡居民收入比下降。2011年城乡居民收入比降为1.9∶1,2012年继续保持在1.9∶1的水平。

2004—2012年长兴县城乡居民人均收入及比例变化情况表

表36-6

年份	城镇居民人均可支配收入(元)	增幅(%)	农村居民人均纯收入(元)	增幅(%)	城乡居民收入之比
2004	13426	—	6438	14.5	2.1∶1
2005	15350	14.3	7307	13.5	2.1∶1
2006	17318	12.8	8352	14.3	2.1∶1
2007	19552	12.9	9538	14.2	2.0∶1
2008	21605	10.5	10745	12.7	2.0∶1
2009	23614	9.3	11751	9.4	2.0∶1
2010	26046	10.3	13305	13.2	2.0∶1
2011	29725	14.1	15640	17.5	1.9∶1
2012	33439	12.5	17462	11.6	1.9∶1

说明:1.资料来源于历年《长兴统计年鉴》;2.城乡居民收入之比,以农村居民人均纯收入为1

第二章　支　出

随着人们经济收入水平的不断提高，长兴城乡居民生活消费水平迅速提升，生活质量明显改善。吃、穿、住、用、行消费档次和品位不断升级，饮食注重美味营养，穿用追求品牌时尚，居家讲究宽敞舒适，家用电器、固定电话在城乡普及，移动电话、电脑等高端电子产品成为生活必需品，私人轿车进入寻常百姓家。文化教育和娱乐、交通通信等支出逐步增加，娱乐、旅游为主的休闲享受型消费模式基本成型。2012 年，全县农村居民人均生活消费支出 10221 元，比 1988 年的 933.9 元增加 9287.1 元；城镇居民人均消费支出 16415 元，比 2006 年的 10290 元增加 6125 元；全县私人汽车拥有量 6.08 万辆，其中私人轿车拥有量 4.14 万辆，比 2001 年的 1500 辆增长 26.6 倍。

第一节　农村居民支出

一、人均总支出

1988 年，全县农村居民人均总支出 1241 元，其中生活消费支出 934 元、占人均总支出的 75.3%，家庭经营支出 249 元、占 20.1%，其他支出包括购置生产性固定资产支出 28 元、税费支出 10 元、承包金及集体提留 1 元、其他非借贷性支出 20 元，占 4.7%。2000 年起，财产性支出、转移性支出列入统计。同年，农村居民人均总支出 5065 元，其中生活消费支出 2824 元、占人均总支出的 55.8%，家庭经营支出 1756 元、占 34.7%，其他支出包括购置生产性固定资产支出 171 元、税费支出 51 元、财产性支出 57 元、转移性支出 206 元，占 9.5%。2012 年，全县农村居民人均总支出 16411 元，其中生活消费支出 10221 元、占人均总支出的 62.3%，家庭经营支出 4439 元、占 27%，其他支出包括购置生产性固定资产支出 156 元、税费支出 8 元、财产性支出 17 元、转移性支出 1398 元，占 10.7%。

二、人均生活消费支出

1988 年，全县农村居民人均生活消费支出 934 元，其中食品消费占 51.3%，衣着消费占 5.8%，居住消费占 27.7%，家庭用品及各类服务消费占 15.3%。2012 年，全县农村居民人均生活消费支出 10221 元，其中食品消费占 36.2%，衣着消费占 7.2%，居住消费占 10.6%，家庭用品及各类服务消费占 46.1%。25 年间，农村居民人均食品消费占比从 1988 年的 51.3%降至 2012 年 36.2%，家庭用品及交通通信、医疗保健、文教娱乐等各类服务消费从 1988 年的 15.3%增至 2012 年的 46.1%。

1988—2012 年长兴县农村居民人均生活消费支出情况表

表 36-7

年份	人均支出（元）	食品（元）	衣着（元）	居住（元）	家庭用品及各类服务（元）					恩格尔系数(%)
					家庭设备用品及服务	文教娱乐用品及服务	医疗保健	交通和通信消费	其他商品及服务	
1988	934	480	54	258	81	8	12	—		51.3
1989	947	510	72	196	98	10	15	—		53.8
1990	1180	602	72	319	105	23	8	—		51.0
1991	951	544	56	242	92	6	18	—		57.2
1992	1060	586	67	192	102	8	12	—		55.3
1993	1148	715	85	127	72	52	46	23	28	62.3

续表36-7

年份	人均支出(元)	食品(元)	衣着(元)	居住(元)	家庭用品及各类服务(元)					恩格尔系数(%)
					家庭设备用品及服务	文教娱乐用品及服务	医疗保健	交通和通信消费	其他商品及服务	
1994	1508	899	158	102	88	46	66	85	64	59.6
1995	1966	1095	209	195	150	110	83	43	81	55.7
1996	2160	1248	238	265	99	94	89	58	69	57.8
1997	2272	1163	181	266	127	196	145	59	136	51.2
1998	2430	1519	141	237	122	112	116	53	130	62.5
1999	2161	1341	135	219	112	150	74	65	65	62.1
2000	2824	1512	131	508	128	212	84	131	118	53.5
2001	2902	1548	193	317	106	224	175	227	112	53.3
2002	2970	1457	207	285	114	322	188	273	124	49.1
2003	3482	1443	225	352	184	411	283	490	94	41.4
2004	3764	1450	236	372	199	519	315	583	90	38.5
2005	4235	1600	272	423	217	612	352	662	97	37.8
2006	4778	1769	312	489	240	719	396	748	105	37.0
2007	5362	1964	355	562	267	819	442	840	113	36.6
2008	6046	2211	413	620	298	933	501	940	130	36.6
2009	6758	2441	473	729	336	1028	570	1046	135	36.1
2010	7733	2793	553	833	380	654	1205	1165	150	36.1
2011	9233	3333	671	992	454	776	1455	1385	167	36.1
2012	10221	3695	733	1081	470	1671	853	1525	193	36.2

说明:1.资料来源于历年《长兴统计年鉴》;2.1993年之前交通及通信消费未分目统计;3.全县农村住户抽样调查1988年为60户,1994年起为100户,2003年起为200户,2009年起为400户

食品消费 1988—2012年,全县农村居民食品消费内部结构也由温饱型食品转向营养和高蛋白水平,主食消费支出比重大幅下降,副食品和外出用餐消费支出比重大幅提高。1988年,全县农村居民人均食品消费支出占生活消费支出的比重为51.3%,按照联合国粮农组织确定的“恩格尔系数”①标准衡量,农民生活接近或处于小康生活水平区间。同年,全县农村居民人均年消费粮食391.7千克、豆制品4.1千克、蔬菜116.9千克、肉类16.7千克、家禽4.5千克、蛋8.4千克、水产品9.9千克、水果8.5千克。人均食品消费支出480元,其中主食109元,占22.71%。20世纪90年代末21世纪初,全县农村居民渐从注重温饱转为注重饮食营养,粮食消费量明显下降,副食品消费显著增加,2000年农村居民人均食品消费1512元,其中主食消费305元,占20.2%;人均消费粮食271.5千克,比1988年人均减少120.2千克。2004年,农村居民恩格尔系数首次降至40%以下,农民生活进入富裕生活水平区间。同年人均年消费粮食237千克,比1988年人均减少154.7千克,肉、禽、蛋、水产品、水果等消费量增加,其中人均消费豆类及豆制品3.7千克、蔬菜及菜制品113千克、猪牛羊肉18.9千克、家禽及肉禽制品12.4千克、蛋及蛋制品8.4千克、水产品12.4千克、水果及制品28千克。2011年,全县农村居民人均年消费粮食232.7千克、豆类及豆制品5.3千克、蔬菜及菜制品125千克、猪牛羊肉21.5千克、家禽及肉禽制品20.9千克、蛋及蛋制品13.8千克、水产品18千克、水果及制品35.1千克。2012年,人均食品消费支出3695元,比1988年增长6.7倍。

① 恩格尔系数,指居民家庭中食物消费支出占消费总支出的比重。国际上常用恩格尔系数来衡量一个国家和地区人民生活水平的状况。根据联合国粮农组织提出的标准,恩格尔系数达到59%以上为贫困,50%~59%为温饱,40%~50%为小康,30%~40%为富裕,低于30%为最富裕。

衣着消费　全县农村居民衣着消费支出比重增加不大，但消费总量增长较大。1988年，人均衣着消费支出54元，2012年为733元，增长12.57倍。新衣服不再是“过年”的奢侈品，“一季多衣”现象日渐普遍。衣着消费也由注重实用性转向注重美观转变，服装款式、面料趋于多样化，流行服饰和各类时尚品牌深受农村青年的喜爱和追捧。

居住消费　20世纪80年代初，全县开始新村建设，农村泥墙茅屋逐渐绝迹，代以宽敞、美观、坚固的楼房和平瓦房。1988年，全县农民建房户5419户，共建房25375间，其中楼房21133间，占83.3%，建房面积68.68万平方米，新建生活用房中砖木结构占95.1%，新建房屋平均造价每平方米102.23元。同年年末，全县农村住房面积1499.58万平方米，人均住房使用面积31.3平方米，其中楼房面积509.8万平方米，占农村住房总面积的34%，楼房户2.98万户，占农村总户数的21.8%。农村居民人均居住消费支出258元，占生活消费支出的27.6%。90年代，槐坎乡部分农民靠办企业致富，兴建一批单体别墅。之后，各乡镇农民新建、改建别墅住宅逐年增多。进入21世纪后，全县农村兴起建造宽敞、舒适、美观、多功能为一体的别墅式庭院，厅堂、居室、厨房、餐厅、客厅、车库齐全，电灯、电话、电视齐备，居住条件极大改善。同时，随着城乡一体化推进，城市住宅各种要素也加快向农民新村推广。2012年年末，全县农村住房面积2737.89万平方米，人均住房使用面积59.17平方米，比1988年增加27.87平方米。其中，楼房面积1580.02万平方米，占农村住房总面积的57.7%，比1988年提高23.71个百分点；楼房户10.14万户，占农村总户数的76.7%，比1988年提高54.93个百分点；人均居住消费支出1081元，占生活消费支出的10.6%，比1988年增长3.19倍。全县农村住房情况参见第7编、第3章、第2节。

图36-1　美丽农家新居(泗安镇提供·2012年)

1988—2012年长兴县农村居民人均居住消费支出情况表

表36-8

年份	人均居住消费支出（元）	人均住房面积（平方米）	年份	人均居住消费支出（元）	人均住房面积（平方米）
1988	258	31.30	2001	317	48.43
1989	196	32.58	2002	285	49.05
1990	319	34.08	2003	352	49.76
1991	242	29.98	2004	372	50.50
1992	192	36.81	2005	423	50.92
1993	127	37.73	2006	489	51.64
1994	102	38.51	2007	562	52.28
1995	195	39.11	2008	620	52.89
1996	265	39.82	2009	729	54.42
1997	266	41.02	2010	833	56.31
1998	237	42.44	2011	992	57.68
1999	219	43.38	2012	1081	59.17
2000	508	47.69	—	—	—

说明：人均居住消费资料来源于历年《长兴统计年鉴》，人均住房面积来源长兴县建设局

用品及各类服务消费　1988年,全县农村居民人均用品及各类服务消费129元,占生活消费支出的13.8%。其中,家庭日用品占生活消费支出的8.7%,文化娱乐占1%、其他消费占4.2%。1993年起,用品及各类服务消费统计中增加交通通信、医疗保健两部分。同年,农村居民人均用品及各类服务消费221元,占生活消费支出的19.3%,其中家庭用品及服务、文教娱乐、医疗保健、交通通信和其他消费分别占生活消费支出的6.3%、4.5%、4%、2%、2.4%。2012年,全县农村人均居民用品及各类服务消费支出4712元,占生活消费支出的46.1%,其中家庭用品及服务、文教娱乐、医疗保健、交通通信和其他消费分别占生活消费支出的4.6%、16.4%、8.4%、14.9%、1.9%。文教娱乐、交通通信消费支出快速增长,分别比1993年增长11.82个百分点、12.92个百分点。

1988年,全县农村居民拥有的家居用品主要是自行车、手表、缝纫机"老三件",以及黑白电视机、大衣柜、写字台,每百户拥有彩色电视机仅为3.3台、洗衣机6.7台、摩托车1.7辆。20世纪90年代,冰箱、彩电、洗衣机"新三件"开始兴起,至后期空调器、摩托车、手机"时新三件"逐步兴起。21世纪始,小汽车、家用电脑、摄像机"现代三件"开始进入一些比较富裕的农村家庭。2012年,全县农村居民家庭每百户拥有彩色电视机179台、电冰箱100台、空调器155台、热水器94台、抽油烟机75台、微波炉69台、移动电话250部、家用计算机53台、照相机25架、汽车46辆。

1988—2012年若干年份长兴县每百户农村居民家庭拥有耐用消费品表

表36-9

名称	单位	1988年	1990年	1995年	2000年	2005年	2010年	2012年
自行车	辆	151.7	163.3	179	193	165	181	121
其中:电动自行车	辆	—	—	—	—	—	93	117
缝纫机	台	66.7	63.3	79				
大型家具	件		220.0	886	582	321		
组合家具	个			27				
沙发	张	30.0	36.7	103				
大衣柜	个	98.3	105.0	99				
写字台	张	73.3	86.7	104				
钟	只	38.3	25.0	69				
手表	只	228.3	238.3	214				
电风扇	台	90.0	136.7	204	292	314		
收音机	台	41.7	26.7	39				
放录机	台	16.7	25.0	45	30	7		
录像机	台			9	6			
组合音响	架				9	21		
影碟机	台	—	—	—	15	45	40	18
家用计算机	台	—	—	—	1	2.2	29	53
洗衣机	台	6.7	13.3	26	56	113	127	92
电冰箱	台	—	—	12	16	45	85	100
摩托车	辆	1.7	3.3	15	28	92	100	49
移动电话	部	—	—	—	9	147	223	250
电话机	部				39	135	117	
黑白电视机	台	43.3	60.0	81	69	15	3	
彩色电视机	台	3.3	8.3	29	57	131	161	179
照相机	架	—	—	3	2	18	20	25
抽油烟机	台	—	—	3	6	42	58	75

续表36-9

名称	单位	1988年	1990年	1995年	2000年	2005年	2010年	2012年
吸尘器	台	—	—	1	—	8	11	13
空调器	台	—	—	1	1	49	91	155
电话机	部	—	—	—	39	135	117	98
热水器	台	—	—	—	2	32	68	94
其中:太阳能热水器	台	—	—	—	—	—	53	89
汽车	辆							46

说明:资料来源于历年《长兴统计年鉴》

第二节　城镇居民支出

一、人均总支出

2006年起,全县开展城镇居民家庭基本情况及收支情况统计。同年全县城镇居民家庭人均支出12996元,2012年为20668元,比2006年增长59%,年均增长8.6%。其中,消费支出由2006年的10290元提高至2012年的16415元,增长59.5%,年均增长8.1%;转移性支出由2006年的1640元提高至2012年的1697元,增长3.5%,年均增长0.6%;财产性支出由2006年的38元提高至2012年的823元,增长20.66倍,年均增长67%;社会保障支出由2006年的979元提高至2012年的1733元,增长77%,年均增长10%。

二、人均生活消费支出

1987年,全县城镇居民人均生活消费支出1301元,其中食品、衣着、日用品和耐用消费品消费占79.4%,文化生活服务和其他支出占20.6%。2006年,城镇居民人均消费支出10290元,占可支配收入的59.4%。2012年,全县城镇居民人均消费支出16415元,占可支配收入的49.1%。

2006—2012年长兴县城镇居民家庭人均支出情况表

表36-10

项目	单位	2006年	2007年	2008年	2009年	2010年	2011年	2012年
人均家庭支出	元	12996	13285	16006	16495	16897	20080	20668
1. 生活消费支出	元	10290	10492	12313	12465	14155	15438	16415
其中:食品	元	3759	4024	4280	3932	4723	6310	6847
衣着	元	1479	1674	1722	1505	1685	1705	1857
居住	元	500	645	694	1275	758	996	1065
生活用品及服务	元	737	577	789	759	911	1119	1016
交通通信	元	1026	915	1073	1892	2669	2561	2728
文化教育娱乐	元	1520	1317	1873	1942	2227	1930	1989
医疗保健	元	1118	1139	1601	890	905	561	581
其他用品与服务	元	152	202	280	271	278	255	333
2. 转移性支出	元	1640	1886	2473	2588	1960	2289	1697
3. 财产性支出	元	38	0.6	259	711	326	365	823
4. 社会保障支出	元	979	901	962	702	415	1988	1733

说明:资料来源于历年《长兴统计年鉴》

食品消费 1987 年,全县城镇居民人均食品消费 509.21 元,占生活消费支出的 39.1%。随着收入增长,城镇居民的食品消费结构和消费方式有显著变化。粮食消费支出占比大幅下降,副食品和其他水平消费量增加,在外用餐支出逐渐增加,并成为生活消费的常态。2012 年,全县城镇居民人均食品消费 6847 元,占生活消费支出的 41.7%。

衣着消费 1987 年,全县城镇居民人均衣着消费 121.9 元,占生活消费支出的 9.4%。20 世纪 90 年代起,衣着逐渐向多样化发展,对服饰的款式、档次等已有较高要求。随着生活水平的提高,城镇居民衣着追逐时尚、流行,服装成衣化消费成为主流。服装面料由传统的棉布转向化纤、丝绸,进入 21 世纪后又重新转向棉织品。2012 年,全县城镇居民人均衣着消费 1857 元,占生活消费支出的 11.1%。

居住消费 1988 年,全县城镇居民人均住房面积 8.6 平方米。20 世纪 90 年代开始,城镇居民住房条件迅速改善,居住消费支出也逐年增长。1993 年起,实施城镇住房制度改革,绝大部分职工购买单位公有住房,一部分集资建房。2000 年,城镇居民人均住房面积 12.26 平方米。同年起,住房商品化全面实施,购买商品住宅的城镇居民家庭增多。之后,随着房地产市场的快速发展,推动城镇居民的住房愿望开始由居住型向舒适型跨越,由刚需型向改善型升级。住房户型结构从一室一厅、二室一厅等中小户型发展到三室一厅、三室二厅等大中户型,建筑式样从多层建筑,发展到小高层、高层,并开始出现联排、叠排、别墅等高端住宅。2005 年,城镇居民人均住房面积 30.3 平方米。2012 年,全县城镇居民人均居住消费支出 1065 元,占生活消费支出的 6.5%。

1988—2012 年长兴县城镇居民人均居住消费支出情况表

表 36-11

年份	人均居住消费支出(元)	人均居民面积(平方米)	年份	人均居住消费支出(元)	人均居住面积(平方米)
1988		8.60	2001		
1989		9.50	2002		
1990		9.60	2003		
1991		9.80	2004		
1992		9.80	2005		30.30
1993		11.90	2006	500	31.29
1994		10.70	2007	645	31.30
1995		10.90	2008	694	40.74
1996		10.38	2009	1275	40.74
1997		11.32	2010	758	
1998		11.41	2011	996	
1999		10.54	2012	1065	
2000		12.26	—	—	—

说明:资料来源于历年《长兴统计年鉴》

用品及各类服务消费 1987 年,全县城镇居民人均日用品和耐用消费品 362.59 元,占生活消费支出的 27.9%,文化生活服务和其他支出 268.01 元,占生活消费支出的 20.6%。随着物质生活的改善,城镇居民开始追求精神文化生活,休闲娱乐方式逐渐多样化。家庭对学生的教育越来越重视,学生课外兴趣班增多。交通工具从自行车、摩托车、电动车发展到家用汽车,外出旅游度假渐成新时尚。城镇居民文化娱乐、教育支出大幅增长。2012 年,全县城镇居民人均用品及各类服务消费支出 6647 元,占生活消费支出的 40.5%,其中家庭用品及服务、交通通信、文教娱乐、医疗保健和其他消费分别占生活消费支出的 6.1%、16.6%、12.1%、3.5%、2%。

1988 年，全县城镇居民家庭每百户拥有自行车 111.1 辆，缝纫机 94.4 架，手表 266.7 块，电风扇 227.8 台，洗衣机 88.9 台，沙发 166.7 张，大衣柜 111.1 个，写字台 100 张，收音机 55.6 台，电视机 105.6 台，其中彩色电视机 61.1 台，收录机 55.6 台，照相机 11.1 台，电冰箱 55.6 台。2012 年，全县城镇居民家庭每百户拥有摩托车 21 辆、助力车 93 辆、家用汽车 22 辆、洗衣机 98 台、电冰箱 100 台、彩色电视机 173 台、家用计算机 80 台、组合音响 24 台、摄影机 9 台、钢琴 1 台、移动电话 197 部。

2006—2012 年长兴县每百户城镇居民家庭拥有耐用消费品表

表 36-12

名称	单位	2006 年	2007 年	2008 年	2009 年	2010 年	2011 年	2012 年
成套家具	套	110	110					
自行车	辆	112	112					
摩托车	辆	50	50	40	40	40	21	21
助力车	辆	52	52	77	76	76	93	93
洗衣机	台	105	105	98	98	98	98	98
电冰箱	台	100	100	105	105	105	100	100
彩色电视机	台	173	173	188	188	188	173	173
影碟机	台	68	68					
录放像机	台	17	17					
组合音响	台	25	25	47	46	46	24	24
摄像机	台	7	7	18	18	18	9	9
照相机	台	23	23	50	50	50	48	48
钢琴	台		2	3	3	3	1	1
微波炉	台	72	72					
热水器	台	78	79					
吸尘器	台	10	10					
空调器	台	152	152	172	171	171	181	181
固定电话	部	112	112	195	116	116	105	105
移动电话	部	178	179	117	195	195	197	197
家用计算机	台	57	57	80	80	80	80	80
健身器材	套	7	7	1.7	2	2	1	1
家用汽车	辆		8	10	11	11	22	22

说明：资料来源于城镇住户收入调查资料

第三十七编　精神文明建设

20 世纪 80 年代，长兴县开展“五讲四美三热爱”(讲文明、讲礼貌、讲卫生、讲秩序、讲道德，心灵美、语言美、行为美、环境美，热爱祖国、热爱社会主义、热爱中国共产党)活动，促进新风尚的形成和发展。80 年代后期 90 年代初，“五讲四美三热爱”活动逐步发展为群众性精神文明创建活动。1992 年起，开展文明城市创建活动。1994 年 9 月，县委九届四次全会审议通过《长兴县社会主义精神文明建设实施意见(1994—2000)》，要求在全县范围内组织实施公民思想道德教育，加强思想道德建设，更加广泛深入地开展群众性精神文明创建活动。同年，贯彻落实中共中央颁发的《爱国主义教育实施纲要》，开展爱国主义、集体主义、社会主义教育。1996 年，在全县开展以“解放思想、求真务实、团结拼搏、争创一流”为内涵的“长兴精神”宣传教育活动。同年，开始建立爱国主义教育基地。2004 年 12 月，县委、县政府召开全县加强和改进未成年人思想道德建设工作会议。2005 年 2 月，长兴中学德育导师制工作获中宣部、中央文明办组织的“未成年人思想道德建设工作创新奖”。2007 年，以“每月二十一，你我共参与”为主题，把每月的 21 日确立为全县“文明日”。2012 年，学习贯彻《浙江省公民道德建设纲要》，初步提炼体现长兴特点的价值观核心词“崇学、向善、包容、进取”。至 2012 年年末，全县有县级以上文明单位 254 个，其中全国文明单位 1 个、全国文明村 1 个。

第一章　公民思想道德教育

1984 年 5 月，长兴县“五讲四美三热爱”活动委员会成立，下设“五四三”活动办公室，办公地点设在县委宣传部。1990 年 8 月，县“五讲四美三热爱”活动委员会更名县精神文明建设指导委员会，“五四三”活动办公室更名县精神文明建设指导委员会办公室。2009 年 11 月，明确县精神文明建设指导委员会办公室的机构规格为相当于副科级，核定事业编制 4 人，其中领导职数 1 正 1 副。2011 年 6 月，确定县精神文明建设指导委员会办公室为纯公益财政拨款事业单位，编制增加 1 人，统筹用于创建工作。

第一节　爱国主义教育

一、教育基地

1996 年 4 月，新四军苏浙军区纪念馆、顾渚山自然风景保护区、浙江华能长兴电厂、驻长兴某部八三场站、长兴耐火器材厂、长兴古城公园 6 个单位(场所)，被县委、县政府公布为首批县级爱国主义教育基地。2006 年 11 月，经县委、县政府批准，新增长兴大剧院(长兴百叶龙团团部)、长兴县图书馆、长兴县档案馆、长兴县博物馆、中国扬子鳄村、金钉子地质遗迹国家级自然保护区 6 个县级爱国主义教育基地。2007 年 12 月，新增林城镇天平村百叶龙艺术基地、虹星桥镇刘井狮舞艺术基地 2 个县级爱国主义教育基地。2008 年 12 月，新增大唐贡茶院为县级爱国主义教育基地。

1996 年 9 月，环湖大堤、长兴八三机场被市委、市政府公布为第二批市级爱国主义教育基地。2008 年 9 月，经市委、市政府公布，新增长兴扬子鳄自然保护区、长兴百叶龙演出基地、长兴县档案馆 3 个市级爱国主义教育基地。2010 年 10 月，新增长兴金钉子世界地质遗迹为市级爱国主义教育基地。

1995 年 2 月，新四军苏浙军区纪念馆被省委、省政府公布为首批省级爱国主义教育基地。

2009 年 5 月，新四军苏浙军区纪念馆被中央宣传部公布为第四批全国爱国主义教育示范基地。

二、乡土教材

20 世纪 80 年代，县内编写的爱国主义教育乡土教材主要有县委党史部门编印的《话说长兴革命斗争史》《新四军苏浙军区成立四十周年纪念册》《史之华烈士》。90 年代，主要有长兴县志编纂委员会出版的《长兴县志》(发端—1987 年)；县委党史研究室出版的《新民主主义革命时期中共长兴党史简编(1921—1949)》《中共长兴党史纪事(1949—1992)》《长兴籍名人录》《中共长兴党史人物》；县委宣传部、县教委组织编写出版的地方历史文化读本《可爱的长兴》。21 世纪以来，主要有县委党史研究室出版、编印的《长兴五十年》《伟人名人与长兴》《长兴县社会主义时期党史专题集(一)》《长兴党史概览》；县委宣传部、县宣传信息中心编辑的《风云 30 年——长兴县改革开放三十年成就》(画册)；县政协文史委编印的《长兴名人名胜选萃》《走进长兴》；县档案馆编辑的《长兴六十年》(画册)。2007 年，县教育局编辑出版地方教育读本《我说长兴》，之后每年改编出版一次，面向全县中小学生发行。2010 年 12 月，浙江人民出版社出版《绿色之路——科学发展观在长兴的实践》。参见第 28 编文化、第 8 章史志。

三、主题教育活动

图 37-1 长兴青少年学生在新四军苏浙军区纪念馆接受爱国主义教育(纪念馆提供·2012 年)

1988 年，全县充分发挥县新四军纪念馆等教育基地功能，广泛开展革命传统和爱国主义教育活动。1991 年，举办庆祝中国共产党成立 70 周年宣传教育活动，利用县广播站举办系列党史广播讲座 36 讲，开播“为党旗增光辉”专题节目；完成新四军苏浙军区纪念馆修缮工作，于“七一”正式开放，参观人数接近 2 万人；组织《开天辟地》《毛泽东和他的儿子》等历史巨片在全县公映。1992 年，开展纪念毛泽东《在延安文艺座谈会上的讲话》发表 50 周年纪念活动，组织观看《平津战役》等爱国主义影片。1993 年，举办毛泽东 100 周年诞辰纪念活动。1994 年重点在青少年中广泛开展“三个主义”(爱国主义、集体主义、社会主义)系列教育，全县城乡影剧院共上映爱国主义影片 21 部、273 场，各学校广泛开展“爱我中华、爱我家乡”读书活动。1995 年，在县级机关组织开展“勿忘历史”爱国主义歌曲歌咏大赛，在全县中小学组织开展“历史不能重演”演讲赛。同年，在全县范围内广泛开展以“继承先辈志、奉献爱国心”为主题的新四军苏浙军区成立 50 周年暨保护维修旧址捐款活动，共募集捐款 34.7 万元。1997 年，结合喜迎香港回归主题宣传，进行爱国主义教育活动。2001 年 6 月，举行新四军苏浙军区司令部旧址揭碑暨中共长兴党史史迹首展仪式，并在林城等 16 个乡镇进行巡展，日均参观人数超过 300 人。县电视台集中 30 天时间，开辟《先锋颂》栏目，县教委组织开展“唱党歌，学党史，做党的接班人”活动。2005 年，开展纪念抗日战争胜利 60 周年暨新四军苏浙军区司令部成立 60 周年系列纪念活动。2011 年，举办庆祝中国共产党成立 100 周年系列活动，包括县委宣传部、县委党史室、县档案馆联合举办图片展览,县机关党工委、县委党史室、长兴传媒集团联合举办党史党建知识竞赛等。同年7月1日,县四套领导班子在新四军苏浙军区纪念馆开展过“政治生日”活动,并举办长兴党史报告会。2012年,在全县范围内组织开展爱国歌曲大家唱等活动。

第二节 社会公德教育

1988年,全县组织开展以刹“三风”为重点的移风易俗宣传教育活动。1989年,在元旦春节期间开展“刹三风”“树新风”活动,狠刹赌博风、封建迷信风、婚嫁丧葬大操大办风,有效改善社会风气。1990年,在全县243个村全面开展刹“三风”、评“三户”、树新风活动,参与户数6.63万户。1997年,出台《关于继续深入开展反对封建迷信、制止非法建造寺观教堂、滥建坟墓专项治理工作意见》,在全县农村开展“四提倡,四反对”教育活动,即提倡艰苦奋斗,反对铺张浪费;提倡婚事新办、丧事简办,反对索要彩礼、大操大办;提倡科学文明,反对封建迷信;提倡健康文化娱乐,反对聚众赌博,社会风气显著改善。2003年,在长兴电视台和《长兴报》开设创建专栏,公开征集公益广告用语,组织“百场演出进社区”,印发文明礼貌基本用语和创建文明城市宣传标语。2004年,多部门联合开展以“你、我、他与文明长兴同行”主题教育实践活动。2006年,贯彻落实《公民道德建设实施纲要》和《浙江省公民道德规范》,制定下发《长兴县市民文明手册》和《文明礼仪读本》8000余册,宣传长兴县市民文明言行100条等文明礼仪知识,组织300余名志愿者上街开展“劝导不文明行为”活动;策划“弘扬礼仪风尚,建设文明城市”文明礼仪系列活动,通过电视栏目宣传“十佳文明市民”“好媳妇、好婆婆”等文明典型;围绕“八荣八耻”社会主义荣辱观基本要求,开展讲文明树新风主题活动,印制大型公益漫画11幅,宣传标语300余条,印制20万张社会主义新农村二十字方针和“六不”行为规范(“六不”详见本章第3节)宣传年画下发到农户。2007年,以“每月二十一,你我共参与”为主题,把每月的21日确立为全县“文明日”,面向全国开展“长兴文明日”主题标识和主题口号征集活动,开展“呵护我们共同的家园”万名市民劝导不文明大行动。在全县窗口单位实施“文明指数”评比活动。2008年,开展“感恩长兴、共创和谐”“文明出行”、文明指数评比、文明执法百日大提升行动、“迎奥运、讲文明、树新风”等主题教育活动;建立“长兴文明网”,为长兴人提供学习文明、倡导文明的网络平台。2009年,在全县开展“迎国庆、讲文明、树新风”为主题的创建提升百日大行动,通过奋战100多天,推动城区卫生、城区秩序、乡镇环境、公民文明素质四个方面大提升。2010年,建立健全“文明日”常态劝导制度,组织两轮“文明劝导月”活动,中央文明办《精神文明简报》首次刊用长兴信息《长兴县组织网友参与文明劝导》;开展志愿服务品牌建设,培育“春蚕义工”等志愿团体,长兴县志愿服务工作的做法和经验经省委宣传部领导批示向全省推广。2011年,开展文明礼仪宣传教育、拓展文明出行、遵守“六不”行为规范活动,定期组织机关干部、企事业单位干部职工、社区居民开展文明劝导,开展“当一天城市美容师”“当一天城管队员”“当一天交通警察”等活动。2012年,在全县范围内组织开展“学雷锋”做文明有礼长兴人活动,开展“每周少开一天车”低碳出行系列活动,在全县农村开展“文明新风进万家村村都有志愿者”活动。

第三节 公民道德教育

1992年,雉城镇在创建市级文明城镇的过程中,制定“自尊自爱、爱国爱镇、遵纪守法、礼貌文明、美化市容、讲究卫生、见义勇为、乐于奉献、团结互助、邻里和睦、崇尚科技、勤奋好学、计划生育、移风易俗、开拓进取、振兴雉城”64字的《镇民文明守则》。1993年,印发《镇民文明守则》1.5万份。1994年,开展学英雄、见行动、树新风、比奉献宣传教育活动;县电视台举办“劳模颂”专题节目,宣传先进模范人物和各条战线上的敬业者。1996 年，在全县开展“弘扬长兴精神”宣传教育活动，宣传以“解放思想、求真务实、团结拼搏、争创一流”为内涵的长兴人民爱祖国、爱家乡的敬业奉献精神。在“七一”前后组织以何萍、晏金石等 9 人为首批精神文明报告员队伍，开展“岗位学英雄，奉献在岗位”的巡回宣讲活动。在全县职工中开展以爱国家、爱企业、爱岗位的“三爱”教育。1997 年，抓好社会公德、职业道德、家庭美德“三德”教育，开展“创文明城镇、文明行业、建文明单位、树文明户、做文明市民”等系列活动。2001 年，争创省级文明城市期间，向全县各级文明单位发出“三好”倡议：“在单位里做好员工，在家庭中做好成员，在社会上做好市民”，组织县电视台、报社专门开辟“文明长兴，从我做起”的专栏，推出“塑造新世纪长兴人新形象”宣传活动，开展“长兴人小毛病”有奖征集活动，找出“闯红灯、乱搭建、踩草坪”等 10 种小毛病，下发《诚实守信教育读本》1000 余册，宣传弘扬公民基本道德。2002 年 2 月，县委宣传部印发《关于贯彻“公民道德建设实施纲要”的意见》，推动“爱国守法，明礼诚信、团结友善、勤俭自强、敬业奉献”二十字基本道德规范和《浙江省公民道德规范》要求落到实处。4 月，制定印发《长兴县市民文明守则》，内容包括：遵纪守法，维护公德；言行文明，礼貌待人；诚实守信，优质服务；优生优教，勤俭敬业；敬老爱幼，邻里和睦；讲究卫生，爱护环境；移风易俗，崇尚科学；自强自立，建设长兴。制定印发《长兴县市民“六不”行为规范》，具体包括：不乱穿马路；不乱停车辆；不乱扔垃圾；不乱涂乱贴；不乱设摊位；不损坏公物。2005 年，组织“千名市民看长兴”，召开“妇女·家园·环境”主题活动现场会，举行青年志愿者城市护绿行动誓师大会，开展“创建杯”六不活动征文、摄影、DVD 作品大赛。2009 年，修订《长兴县市民“六不”行为规范》，内容包括：不乱扔垃圾；不随地吐痰；不损坏公物；不闯红黄灯；不逆向行驶；不乱停车辆。同年，广泛开展以讲文明、讲卫生、讲科学、讲法制和改陋习为主要内容的“四讲一改”活动，组织开展村庄除脏、河道除障的环境整治工作。2010 年，举办“学《弟子规》，做文明人”启动仪式、赠书仪式暨中华经典诵读会，印制 10 万册《弟子规》书籍面向全县免费赠阅。同年，长兴市民楼伯余入围 2010 年“浙江骄傲”，入选“中国好人”。2012 年，全县学习贯彻《浙江省公民道德建设纲要》，初步提炼体现长兴特点的价值观核心词“崇学、向善、包容、进取”。

第四节 职业道德教育

1990 年，全县开始对乡镇企业职工进行爱国主义、集体主义、自力更生、艰苦奋斗方面的教育，全年受教育企业职工达 3.5 万人次。1991 年，以学习贯彻中共十三届七中全会精神为主线开展企业职工教育，共举办演讲会 104 场，176 名职工上台演讲、听众 4095 人次，举行各种座谈会、知识竞赛、征文比赛和文艺活动 470 余次，职工受教育面达 95.5%。1991—1992 年，开展对企业职工的“双基”（基本国情、基本路线）教育，至 1992 年年底，全县有 2.21 万名职工完成系统双基教育，受教育面达 93.6%。长兴耐火器材厂获省基本国情与基本路线教育先进单位。1995 年，确定龙达公司、新光源集团公司和长兴白水泥厂 3 家企业为全市企业思想政治工作创新试点单位。1996 年，在企业职工中广泛开展爱国家、爱企业、爱岗位“三爱”教育，组织开展“我为企业献一计”活动，进一步提高职工素质，增强企业凝聚力。1997 年，在全县职工中开展以“宣传贯彻十五大、深化改革再创业”为主题的教育活动，增强职工的效益意识、改革意识、市场竞争意识、敬业创业意识和主人翁意识。2000 年，成立全县首家民工学校——浙北建筑公司民工学校，对民工开展安全生产、文明施工、思想道德教育；同年，共建立 17 所示范性企业文明学校。2004 年，以“绿色企业”活动为载体，在全县企业中开展主题教育活动。2005 年，开展“十佳青年创业先锋”“小家创业 100 位先进”等典型培育和宣传活动。2006 年，邀请 100 余名外来民工参加“长洽会花絮”“魅力长兴”摄影大赛，开展“民工知识走廊”建设。至 2012 年，累计组织开展外来民工读书培训活动 350 多场 4600 余人次，播放公益电影 2000 余场，发放维权手册 6500 多册；县文化部门利用节假日举办职工健美操比赛、企业合唱比赛等活动，展现外来民工作为“新长兴人”的风采。

第五节　家庭美德教育

一、"评三户"活动

1989年,全县首次开展"评三户"("三户"即爱国守法户、五好家庭户、文明户)活动,在李家巷镇许家浜村、李家巷村试点,共评出"三户"130家。1990年,全县248个村开展"三户"评比,共评出爱国守法户44615家、五好家庭户11020家、文明户1326家。至1991年,全县34个乡镇全部完成"评三户"工作,共评出爱国守法户92195户、五好家庭户23220户、文明户2546户。

二、三级文明户评选

1995年起,在全县农村开展村级、乡镇级、县级三级文明户评选活动,至1996年,共评出三级文明户7500户,其中村级文明户3970户、乡镇级文明户2680户、县级文明户850户。至2005年,全县累计评出三级文明户24117户,其中村级文明户17526户、乡镇级文明户5233户、县级文明户1358户。

三、六星级文明户

2006年,围绕"环境卫生好、崇尚科学好、道德风尚好、遵纪守法好、团结互助好、勤俭节约好"的目标,在水口乡顾渚村、徽州庄村试点开展第一轮六星级(即六好)农户创建活动,评出六星级文明户11286户。2007年,六星级农户评选工作在全县铺开。至2009年,全县共评出六星级文明户27986家。2010年,县文明委印发《关于在全县开展星级农户创建活动的实施意见》,按照"遵纪守法好、环境卫生好、崇尚科学好、尊老爱幼好、团结互助好、勤劳致富好"六个好的标准,在全县农村分县、镇两级开展新一轮六星级农户创评活动,共评出县、镇级文明户92710户,占全县总户数的45%。至2012年,全县共评出六星级文明户145127家,覆盖率超过全县总户数的70%。

第六节　未成年人思想道德建设

一、未成年人思想道德建设工作

1988年11月,县教委确定县实验小学、林城中学为日常行为规范试点学校。1989年,全县推行《小学德育纲要》实施意见,并于9月成立全县中小学德育研究会。1991年,在全县中小学实行升降国旗制度,建立长兴县儿童少年工作协调委员会。同年,将国防教育列入学校德育内容,加强槐坎温塘、八三部队等德育基地建设。1992年,全县成立30多所家长学校。1993年10月,县教委对全县中小学《日常行为规范》进行考核评级。1996年8月,成立未成年人保护工作小组。1997年,开展普法教育试点,成立4所青少年法制学校。1999年4月,组织500多名青年学生在古城公园革命烈士纪念碑前举行十八岁成人宣誓仪式。2001年,全县建立县校两级德育基地和素质教育基地60余个。长桥中心小学的《"少年道德法庭"在少年儿童品行养成中作用的研究与探索》课题,被中央教科所德育研究中心确立为"十五"时期国家重点课

图37-2　1999年4月5日,500多名青年学生在古城公园革命烈士纪念碑前举行十八岁成人宣誓仪式(团县委提供)

题子课题。2002 年，全县中小学开展心理健康教育、法制教育和中小学日常行为规范教育活动，有 44 所学校通过第三轮日常行为规范师生双达标验收。2003 年，在全县规模较大的初中增设政教处，举办系列德育骨干培训班。同年，长兴中学首创“德育工作导师制”，并在全省推广。2004 年 12 月，县委、县政府召开全县加强和改进未成年人思想道德建设工作会议，部署加强和改进未成年人思想道德建设工作。2005 年 2 月，长兴中学德育导师制工作获得中宣部、中央文明办组织的“未成年人思想道德建设工作创新奖”。同年，地方德育教材《做人——长兴的孩子这样说，这样做》完成编写。2008 年，县图书馆、荣军社区、三狮社区建立社区家长学校；全县中小学开展“廉政文化进学校”示范点争创活动，长兴一小被评为“全国青少年文明礼仪示范基地”。2009 年，水木花都社区、体育场社区建立未成年人“成长驿站”。2010 年 9 月，成立长兴县未成年人思想道德建设工作领导小组，部署开展“十万学生、十万家长、十万职工共学弟子规，同做文明人”活动。2011 年 9 月，开展“开学第一课、期中送一课、假期选一课、毕业加一课”等“四课”活动。2012 年，结合文明创建工作，开展“我们的节日”、中华经典诵读、“童心向党”歌咏会等活动。2010—2012 年，376 个“春泥计划”实施村开展活动 3880 多场次，参加活动未成年人 1.02 万人次。至 2012 年年末，全县共有德育导师 1980 人、受导学生 4765 人，有新四军苏浙军区纪念馆、中国扬子鳄村、县教育实践中心、国学教育基地等未成年人实践基地。全县所有行政村均实施“春泥计划”活动，所有城市社区均建立社区家长学校，所有爱国主义教育基地、村镇图书馆(室)、文化活动中心等公益性文化设施免费向未成年人开放。参见第 27 编教育、第 6 章、第 1 节。

二、长兴县教育实践中心

2010 年年初，县教育局为进一步加强和改进未成年人思想道德建设，根据省教育厅《关于加强中小学生实践教育基地建设的意见》文件精神，投资近千万，将位于画溪街道姚家桥村前渚自然村的职教中心城西分校进行改建，建立中小学生综合实践活动基地。10 月，长兴县教育局教育实践中心(简称县教育实践中心)在职教中心城西分校揭牌开营。以培养学生“在实践中探索、在实践中收获、在实践中成长”为目标，以“准军事化封闭式”为活动管理模式，安排小学五年级和初中二年级的学生，进行为期 4 天的实践活动。2009 年 11 月，县教育实践中心与县人防办公室确立共建关系，共同创立湖州地区唯一一所中小学防空防灾知识与技能教育的综合性人防(民防)教育基地，开启“整合社会教育资源，搭建基地大教育平台”的新局面。基地设有人防教育基地指挥部、心肺复苏室、急救包扎室、防化服室、模拟射击室、真 CS 训练场和人防拓展训练场、野营生存教育场地、晚间宿营体验场等 10 多个活动场所。2012 年 11 月，首个浙江省民防志愿者活动中心在县教育实践中心揭牌成立。年末，县教育实践中心占地面积 4.33 公顷，建筑面积 7500 平方米，设有手工科普区、生活休闲区、拓展训练区、人防教学区、野炊烧烤区、种植体验区，可同时容纳 600 人住宿和开展实践活动，已成为社会认可、学生喜欢，培养创新精神和实践能力的校外场所。累计组织 8 万余名全县小学五年级、初中二年级学生完成社会实践活动。

三、长兴中学德育导师制

2002 年起，长兴中学针对传统育人模式缺乏针对性和实效性的缺陷，在实践中逐步探索建立“全员育人、个性化、亲情化”全新的育人模式——德育导师制度，创造性地解决了传统德育模式存在的突出问题。2002 年，长兴中学迁入新校，当时面临的情况与所有中学类似：学校政教工作人员缺乏，班主任工作繁杂，工作量大，面对几十号学生，力不从心；而任课教师通常只专注教书，学生的大事小事都落在班主任身上。该校认为，要做好学校的德育工作，必须把全校教职工的力量都调动起来，组建一支强大的德育工作队伍。随后，学校对班级管理进行“扩编”：即由每班 2 名至 3 名任课教师组成“班级德育工作小组”，班主任的很多工作分解给他们做，包括班级卫生管理、学生寝室管理、班级黑板报、操场管理等。2003 年 3 月起，在继续推行班级德育工作小组制“班级德育工作小组”的同时，长兴中学试行“班级德育工作导师制”。德育导师的职责：“引导学生树立正确的人生观、世界观、价值观和审美观，培养和提高学生的政治思想素质；帮助学生形成良好的道德品质，经常检查和督促学生的行为习惯；负责学生的学业指导，指导学生掌握良好的学习方法，培养良好的学习习惯，帮助学生解决学业上的困难；帮助学生解决生活、生理、心理上的困惑，做学生生理的长辈、心理上的医生，生活中的益友；经常与学生家长沟通，全面了解学生的家庭情况，积极争取多方协作”。学校选择有一定德育工作经验和能力的10名教师参加“试行”，与学生结对子。通过师生双向选择，并兼顾好、中、差学生，每位导师有针对性地选定五六名学生作为受导对象。德育导师开展工作的形式也以制度的形式固定下来，包括“档案制度”“家访联络制度”“谈心与汇报制度”和“特殊案例‘会诊’制度”。学校还成立以校长为组长的“班级德育工作导师制领导小组”，对导师工作进行检查、督促和评估。9月，在前期实践总结的基础上，首推“德育工作导师制”，创设亲情化、个性化、全员化的德育工作模式。2004年5月，县教育局召开长兴中学德育导师制现场会，确定长兴一中、古城中学等10所中学为首批德育导师制推广试点学校。6月，“德育导师制”先后被《光明日报》《文汇报》《中国教育报》《中国教师报》等众多媒体报道。8月，中共中央办公厅政策调研室、督查室到长兴中学调研班级德育工作导师制。11月，长兴中学省级规划课题《中学德育导师制理论与实践的研究》通过省专家组鉴定并结题。2005年5月30日，中宣部和中央文明办在北京召开“改进创新未成年人思想道德建设工作”座谈会，贯彻落实中央领导批示精神，就新形势下改进创新未成年人思想道德建设的内容、方式、体制和机制等问题进行研讨。长兴中学校长张向前应邀参加座谈会，并作专题发言。会议对长兴中学的“德育导师制”等案例能尊重未成年人的主体地位，注重双向互动的特点给予肯定。同年，长兴中学“德育导师制”获中宣部、中央文明办“未成年人思想道德建设创新案例”一等奖；中央电视台新闻联播栏目专题报道长兴“德育导师制”；长兴中学获评全国精神文明建设先进单位。2006年之后至2012年，长兴中学和全县所有学校都实行“德育导师制”，德育导师制度得到完善、创新和推广；2009年1月，长兴中学德育导师制入选“长兴改革开放30年最具影响力30例”典型事例。

四、关心下一代工作

1990年9月，县关心下一代协会成立，办公室设在县委老干部局，首批会员71人。1991年7月，更名为县关心下一代工作委员会（简称县关工委）。各乡镇（街道）、部门也先后成立基层关工委组织。1992年开始，发挥“五老”（老党员、老干部、老教师、老模范、老军人）作用，建立“六员”队伍（思想道德报告员、优良传统宣传员、法律心理咨询员、家庭教育指导员、爱心助学协调员、失足青年帮教员）。乡镇（街道）关工委配备专职副主任，分别成立法制教育、网吧监督、宣传调研、学习辅导等小组。1996年，小浦镇关工委获“省关心下一代工作先进”。1998年，雉城镇关工委获“省关心下一代工作先进”。2005年6月，县关工委主任潘子力获“全国关心下一代工作先进个人”。至2012年，全县有部门、乡镇（街道）关工委组织18个，村（社区）、企业关工委组织249个，形成县、乡镇（街道）和村（社区）三级关工委组织网络。

宣传教育　1991年，县关工委成立由60多位老干部、老战士、老专家、老教师、老模范组成的老干部宣讲团，深入学校、社区、军营，加强对青少年爱国主义思想教育和法制教育。同年，共宣讲331场，受教育青少年7万多人次。之后，每年清明节、“五四”青年节、七一、国庆节等重要节日，县关工委牵头，配合团县委、县妇联、县教育局组织青少年开展祭扫革命烈士墓、参观红色革命根据地、纪念抗日战争胜利等活动，对青少年开展缅怀先烈丰功伟绩、传承红色精神等教育。1991—2012年，平均每年宣讲300多场次，受教育青少年8万多人次；举办“关爱明天、普法先行”为主题的青少年法制教育讲座240余次，受教育青少年8.8万人次。

青少年帮扶　1991—1995年，县关工委帮助因贫困失学青少年共计2000多人次。1996—2001年，发挥“老科技”作用，与种养大户结对，开展科技帮扶达300多人次。2002年，成立青少年帮扶管理小组，各个小学派辅导员，重点对青少年思想道德宣传教育，全年共计宣教120多场次。2003年，做好“忘年交”活动，1名老同志结交4名至5名青少年，关心、帮助他们成长，全年共计结交青少年420多人。2004年，建立优秀学生奖励制度，每年拨款两三千元，资助品学兼优特困学生，每人500元。2005年，在社区开展寒暑假学生思想道德教育活动。2006年，成立宣讲队，进学校，进社区、进监狱，对青少年进行“八荣八耻”宣讲教育；动员“五老”积极参与，建立“五老”监督岗，引导文明办网、文明上网。2007年，各级关工委关心帮助贫困青少年、关爱留守儿童、外来务工人员子女等特殊群体，资助贫困学生 4000 余人次，资助金额 60 多万元。2009 年，在水木花都社区、体育场社区成立心理辅导站，对未成年人开展心理咨询辅导。同年，发动“五老”结对帮扶青少年，至 2012 年全县“五老”与青少年结对 770 多对。2010—2012 年，累计资助大学生 658 人、中学生 816 人、小学生 1183 人，资助经费 10.4 万元。

第二章　文明创建

至 2012 年年末，长兴县有县级以上文明单位 254 个。其中，全国文明单位 1 个（长兴中学）、省级文明单位 25 个、市级文明单位 88 个、县级文明单位 140 个；省级文明乡镇 7 个、市级文明乡镇 6 个；全国文明村 1 个（夹浦镇父子岭村）、省级文明村 11 个、市级文明村 50 个、县级文明村 97 个；省级文明社区 6 个，市级文明社区 9 个，县级文明社区 4 个；文明行业 8 家；文明机关 118 个。

第一节　文明城市创建

一、市级文明城镇

1992 年，长兴县开始文明城市创建活动。同年 4 月，市委、市政府部署启动首批文明城镇创建竞赛活动，分三轮开展，县城所在地雉城镇列入第一轮参加创建竞赛。6 月，县委、县政府成立创建文明城镇领导小组，建立思想道德、优美环境、优良秩序、优质服务、文化卫生、社区建设 6 个指导小组。面向市民开展《市民文明守则》教育，开展“三好”（在单位里做个好员工、在社会上做个好公民、在家庭中做个好成员）倡议活动。1993 年，第一轮创建竞赛以环境卫生、交通秩序、市容市貌的集中整治为重点，长兴县获一等奖；1995 年，第二轮创建竞赛以创建优美环境、维护优良秩序、提供优质服务、丰富文化生活、加强基础设施建设为重点，长兴县获综合优胜杯和思想道德建设、优质服务两个单项第一；1997 年，长兴县在全市第三轮创建竞赛活动中成绩突出，雉城镇被市委、市政府命名为全市首批文明城镇。

二、省级文明城市

2001 年 3 月，县委、县政府召开争创省级文明城市动员大会，启动省级文明创建工作。会后，全县上下致力于“自觉的市民、整洁的街道、漂亮的城市”的目标，突出“交通秩序、市容市貌、环境卫生、园林绿化”为主要内容，强化城市管理，加强社区共建，掀起文明创建热潮。2002 年 4 月，县委、县政府印发《关于开展创建省级文明城市活动的实施意见》，建立县创建工作领导小组，县委、县政府主要领导任组长，县委副书记任常务副组长，设经济社会、市容环境、环境保护、社会秩序、优质服务、社区建设、文化产业、思想道德建设、督查工作 9 个专项工作组。创办《长兴创建》简报，设立创建热线电话 6041111。6 月、8 月，省文明委组成考评组对长兴创建工作实地考评。2003 年 1 月，在全省宣传工作暨精神文明创建活动表彰大会上，长兴县获浙江省文明县城称号，在全市第一个进入省级文明城市行列。同月，县第十一次党代会提出广泛深入开展创建活动，努力打造全国文明城市等在内的“四张名片”。

三、省级示范文明城市

2005 年 3 月，县委、县政府印发《关于开展创建省级示范文明城市活动的实施意见》，启动省级示范文明城市创建工作。2006 年 12 月，县第十二次党代会提出以创建全国文明城市为总目标，巩固国家卫生县城创建成果，积极开展以国家园林城市、省级示范文明城市、全国生态县、中国人居环境奖、国际花园城市为主要内容的“五城联创”，将省级示范文明城市创建工作纳入“五城联创”，创建力度进一步加强。2009 年 4 月，县委、县政府向市文明委提交申报省级示范文明城市报告，接受市考评组考评。同月 28 日至 29 日，省文明办在长兴召开文明城市创建工作现场会，长兴作题为《构建城乡联动机制，深化文明城市创建》的典型交流。2010年10月26日至29日,省考评组到长兴考评创建省级示范文明城市工作,长兴县在全省13个申报市、县(区)中以第一名的成绩通过考核。2011年1月21日,省委、省政府命名长兴县为省示范文明城市。

四、全国文明县城

2011年5月,县委、县政府印发《关于开展"五五三"创建工程的实施意见》,部署"十二五"期间的"五五三"(五项国家级创建工程,五项省级创建工程,三项国家、省级创建工程复评)创建工作,要求用5年的时间,重点争创全国文明县城等5项国家级荣誉、省文明县等5项省级荣誉、通过国家卫生县城等3项国家级创建工作复评,并推进全县各项创建任务全面实现预期目标。县委、县政府随即建立县"五五三"创建工程指挥部,下设办公室(设在创建办),负责"五五三"创建工程的组织协调、督促检查,另设各专项指导组。6月,召开创建全国文明县城工作布置会,县创建办以PPT形式播放督查工作中发现的107个问题,要求对照反馈问题,制定整改方案,责任到人,同时举一反三,全面自查自纠,整改提升。同月,县创建办印发《长兴县创建全国文明县城工作任务分解表的通知》,对照全国文明县城(县级城市)测评体系,细化目标任务,将政务环境、法制环境、市场环境、人文环境、生活环境、生态环境和创建活动等7大测评项目,共37个测评指标、118个测评内容、272个测评标准,分解落实到相关职能部门。同月,县文明委向市文明委提交《关于申报全国文明县城的报告》,并通过市文明委检查组检查,向省文明委推荐长兴为全国文明县城。9月,省文明办组织考评组对长兴创建全国文明县城工作进行考评。省考评组听取关于创建全国文明县城工作的汇报,查阅创建资料,并分成两个检查小组分别到县城和农村进行检查,对长兴创建文明县城的工作给予充分肯定,特别是高度评价长兴一手抓组织体系建设、一手抓创建机制落实;一手抓集中整治、一手抓长效管理;一手抓教育引导、一手抓社会宣传的创建工作。12月,中央文明委印发《关于表彰第三批全国文明城市(区)、文明村镇、文明单位的决定》,命名长兴为全国文明县城。①

第二节　文明单位和机关创建

一、文明单位

文明单位创建始于1984年。1988年,全县有市级文明单位5个、县级文明单位23个。1990年,对1984—1987年命名的40个县级文明单位进行复查,撤销1个,限期整改2个。1991年,验收命名1990年度市级文明单位2个、县级文明单位8个,表彰先进集体60个。1992年,推荐2个市级文明单位和1个省级文明单位,受市文明办委托对1987年以来命名的市级文明单位复查。1994年,制定《长兴1994—2000年精神文明建设实施意见》;在《浙江宣传》《湖州宣传》等刊物介绍长兴邮电局、长兴水泥厂两个省级文明单位的创建成果。1996年,长兴公路段、浙江三狮水泥股份有限公司等单位被命名为省级文明单位。1999年,对1985—1994年命名的62家县级文明单位进行复查。2001年,贯彻落实《浙江省文明单位建设管理办法》和《湖州市文明单位建设管理办法》,在商业、交通、建设、卫生等"窗口行业"开展文明单位创建工作。2004年,长兴中学等13家单位通过省级文明单位复评。2005年,长兴中学被命名为全国精神文明建设工作先进单位。同年,开展"城乡携手、共建文明"结对共建活动,推出40个文明单位和40个行政村共建。2006年,结对共建活动扩展到172个文明单位和172个行政村。2007年,在全县窗口单位实施"文明指数"评比活动,中央文明网刊发《长兴县以"指数"引导社会文明》信息。2008年,长兴中学通过全国文明单位考核验收。2012年,县环卫处等4个单位通过省级文明单位考核。至同年年末,全县有县级以上文明单位254个,其中全国文明单位1个(长兴中学)、省级文明单位

① 历经10余年不懈创建,2017年11月,长兴被中央文明委授予第五届"全国文明城市"称号。

25个、市级文明单位88个、县级文明单位140个。

二、文明机关

2002年始，长兴在全县机关中开展“创优质服务、优良作风、优美环境的文明机关，做人民满意的公务员”活动，并制定实施意见及考评细则。同年，共有29个部门获评首批文明机关。2003年，对20个部门文明机关创建进行考评验收。2005年，对45个部门文明机关创建进行考评验收。2006年始，“文明机关”创建工作规范化，改为两年一申报一评比。2010年，参与省级示范文明城市创建工作。2012年，开展机关文明指数测评。至同年年末，全县共命名文明机关118个。

第三节 文明村镇和社区创建

一、文明村镇

全县文明村创建工作始于1984年，文明乡镇创建工作于1993年启动。1987年，小浦镇高地村被命名为市级文明村。1988年，巩固提升已建成文明村的工作，建立复查与申报制度。1989年，全县农村开展“刹三风”“树新风”活动，狠刹赌博风、封建迷信风及婚嫁丧葬大操大办风。1993年，雉城镇开展市级文明城镇创建活动。1996年，全县农村开展社会主义精神文明建设百村调查活动，完成30多篇调查报告及论文。2000年，县文明委对1985—1993年命名的县级文明村复评，保留县级文明村2个，警告并限期整改处理县级文明村4个，撤销县级文明村4个、县级文明乡镇2个。同时，对1998—1999年度的县级文明村命名表彰，新命名县级文明村10个。2001年，在乡镇、村建立农村文明学校，开展思想理论教育和业务技能培训。2002年，煤山镇被命名为市级文明镇。2003年，和平、泗安、李家巷三个镇被命名为市级文明镇。2004年，煤山镇通过省级文明镇考核验收，夹浦镇父子岭村、水口乡徽州庄村通过省级文明村考核验收。2005年，启动“四八六”工程（“四”即文化、科技、卫生、法律“四下乡”；“八”指国旗、报刊图书、信息服务、电影放映、群众戏剧、政策宣传、卫生室、治安护村队“八进村”；“六”指消防、法律、卫生、文化、环保、科技“六到社区”），确定82个“八进村”名单。同年，父子岭村获全国创建文明村镇先进村。2006年，启动乡村文明建设，泗安镇、小浦镇方岩村、林城镇上狮村和水口乡顾渚村等被确定为乡风文明建设示范点。2007年，实施村风文明建设工程，开展乡风评议、修订村规民约、树立先进典型等活动。2008年，夹浦镇父子岭村通过全国文明村镇的复评验收，煤山镇、水口乡顾渚村、虹星桥镇刘井村通过省级文明村镇考核。2009年11月，全省农村精神文明建设工作会议在长兴召开。2010年，4个乡镇通过省级文明镇复评，水口乡、夹浦镇及金山村、月明村、新联村、上狮村通过省级文明村镇考评。2011年，夹浦镇父子岭村正式被命名为“全国文明村”，全县所有乡镇均创建成为市级或省级文明乡镇。2012年，槐坎乡通过省级文明乡镇考评，水口乡龙山村等6个村接受省级文明村考评。至同年年末，全县有省级文明乡镇7个、市级文明乡镇6个，全国文明村1个（夹浦镇父子岭村）、省级文明村11个、市级文明村50个、县级文明村97个。

二、文明社区

2001年，全县开始文明社区创建工作。同年，三狮苑、北门、二虎头桥3个社区被命名为市级文明社区。2002年，启动城市社区创建活动，制定《长兴县关于加强文明社区建设的若干意见》《长兴县县级文明社区标准》。各社区先后建立宣传思想骨干队、精神文明劝导队、文艺表演队、老年义务巡逻队、义务护绿队等，推进创建工作。同年，北门社区被命名为省级示范社区。2004年4月，古城街道南门社区等7个社区被命名为县级文明社区。2005年，启动“四八六”工程，确定“六到社区”名单，以三狮、荣军、体育场3个社区为重点，全面推进示范社区建设。2006年，城区有15个社区达到“六到社区”标准，雉城街道荣军社区被命名为省级文明社区。2008年，在县图书馆、荣军社区、三狮社区设立3个社区家长学校教育试点,促进青少年健康成长。龙山新区体育场社区被命名为省级文明社区。2010年,雉城街道所前社区被命名为省级文明社区。2012年,水木花都社区获省级文明社区称号,鱼巷口等3个社区接受市级文明社区考评。至同年年末,全县有省级文明社区6个,市级文明社区9个,县级文明社区4个。

第四节　文明行业创建

1996年,雉城镇窗口行业开展“优质服务”活动,并在全市城镇创建竞赛中获“优质服务”单项第一。1997年,以“优质服务、优美环境、优良秩序”为主要目标,开始在全县窗口行业开展以职业道德为主要内容的行风建设活动。2000年,重点在供电、烟草、交通、电信、金融、建筑六大行业开展创建活动。2002年,文明行业创建活动向商业、卫生等行业系统延伸至,“百城万店无假货”示范街创建活动开展,金陵路沿线街区被评为湖州市“百城万店无假货”活动示范街。同年,贯彻落实《浙江省文明单位建设管理办法》和《湖州市文明单位建设管理办法》,全县商业、交通、建设和卫生等“窗口行业”以“服务人民、奉献社会”为主题,加强职业道德建设。2007年起,县文明办按季度对全县窗口行业进行“文明指数”测评考核,开设150台文明视频联播网,考核结果在文明视频联播网上公布。2008年,开展“十佳文明微笑服务之星”“十佳文明的士之星”“十佳文明城市美容师”“十佳文明商店主”等“百佳文明”评选活动。2010年,深入实施“文明出行”宣传教育实践,组织全县出租车行业举办“争当文明使者”宣誓和签名活动。至2012年,县文明办对全县窗口行业“文明指数”测评考核累计20余次,全县文明行业共有中国工商银行长兴县支行、中国电信长兴分公司、长兴县邮政局、长兴县供电局、长兴县气象局、长兴县公路运输管理稽征所、长兴县公安局交警大队、中国移动长兴分公司8家。

第五节　文明创建长效管理

一、乡镇创建长效管理

2007年5月,全县部署乡镇创建竞赛活动,竞赛对象为全县16个乡镇,2012年拓展到20个乡镇(街道、园区)。竞赛内容为中心集镇管理、小集镇管理、道路日常管理、村庄管理、精神文明建设等。考核采取明查、暗访、月竞赛、年终综合竞赛等方式进行,竞赛成绩列入乡镇(街道、园区)年度目标管理责任制考核。2012年,洪桥镇、太湖街道、泗安镇获得乡镇创建竞赛前三名。

二、美丽乡村创建长效管理

2009—2012年,全县组织对美丽乡村长效管理的考评。考核内容以环境卫生管理为主拓展为环境卫生长效管理和村风文明建设并重。每月一次明察或暗访,次月月初通报考核成绩。考评发现的问题及时反馈乡镇(街道、园区),由乡镇(街道、园区)督促行政村及时整改。2012年,全县85个美丽村考评的平均分为93.19分,和平镇城山村、水口乡水口村、夹浦镇丁新村并列年度考核第一名。

三、城区创建长效管理

2007—2012年,全县建立并逐步完善城区创建工作量化评比体系。对建设、交通、卫生等18个职能部门的创建履职情况和管理水平进行考核,采取轮流组织、交叉检查,每季度一次明察和暗访,明察发现的问题及时反馈给职能单位,由职能单位抓好限期整改。下一轮暗访时对整改情况进行“回头看”,并按整改率进行排名。对涉及面广的重点难点问题,召开工作例会协调解决。

四、机关部门创建长效管理

2007年,县文明办在全县公共服务部门和行政管理服务部门,开展以服务文明、环境文明、制度文明为主要内容的“文明指数”测评活动,每季一次测评,测评成绩在县级媒体上公布。2008年,“文明指数”测评活动被县“作风建设提升年”活动领导小组评为“作风建设提升年”活动十大创新工作之一。2010 年 3 月，《浙江日报》刊登《长兴县考评“文明指数”》文章。2011 年 3 月，全国省市区党委宣传部调研工作会议在江苏省南通市召开，长兴县在会上作典型交流。会后，长兴建立长效管理机制的做法入编《中宣部基层宣传思想工作创新案例》一书。2012 年，进一步完善“文明指数”测评工作，受测评单位增至 106 个。同时，从 10 月起，对建成区 25 所中小学校、幼儿园开展“文明指数”测评活动。

1988—2012 年长兴县创建市级以上文明单位情况表

表 37-1　　单位：个

名称	国家级	省级	市级	县级
文明乡镇	—	泗安镇（2006 年）、洪桥镇（2006 年）、和平镇（2008 年）、煤山镇（2008 年）、水口乡（2010 年）、夹浦镇（2010 年）、槐坎乡（2012 年）	6	
文明村	夹浦镇父子岭村（2011 年）	水口乡顾渚村（2008 年）、虹星桥镇刘井村（2008 年）、水口乡金山村（2010 年）、泗安镇新联村（2010 年）、夹浦镇月明村（2010 年）、林城镇上狮村（2010 年）、小浦镇大岕口村（2012 年）、和平镇石冧碛村（2012 年）、水口乡龙山村（2012 年）、白岘乡访贤村（2012 年）、龙山新区玄坛庙村（2012 年）	50	97
文明单位	长兴中学（2008 年）	长兴邮电局（1992 年）、长兴县公路管理段（1996 年）、浙江三狮水泥股份有限公司（1996 年）、县财政地税局李家巷分局（1998 年）、长兴县烟草专卖局（分公司）（2002 年）、中国工商银行长兴支行（2002 年）、长兴县万宏汽车运输有限公司（2004 年）、中国建设银行长兴支行（2004 年）、浙能长兴发电有限责任公司（2004 年）、长兴广播电视台（2006 年）、长兴县委党校（2006 年）、长兴县公路运输管理所（2006 年）、长兴县人民检察院（2006 年）、华能国际电力股份有限公司长兴电厂（2006 年）、长兴县供电局（2008 年）、中国移动长兴分公司（2008 年）、长兴县电大教师进修学院（2008 年）、长兴县机关幼儿园（2010 年）、浙江永达实业集团有限公司（2010 年）、长兴县国家税务局（2010 年）、长兴县妇幼保健院（2010 年）、长兴县市政环境卫生管理处（2012 年）、长兴县疾病预防控制中心（2012 年）、天能集团（2012 年）	88	140
文明社区	—	雉城街道北门社区（2002 年）、雉城街道三狮社区（2004 年）、雉城街道荣军社区（2006 年）、龙山新区体育场社区（2008 年）、雉城街道所前社区（2010 年）、雉城街道水木花都社区（2012 年）	9	4

说明：资料来源于县委宣传部

第三章　精神文明人物

1988—2012 年，长兴县获得市级及以上精神文明先进人物表彰的共有 80 名个人和 3 个集体。2010—2012 年，长兴先后开展首届、第二届“长兴榜样”先进人物评选活动。

第一节　市级及以上精神文明人物

1988—2012 年，全县获得市级及以上精神文明先进人物表彰的共有 80 名个人和 3 个集体。包括全国道德模范提名奖 1 人，中国好人 3 人；省革命烈士 2 人，省见义勇为勇士 1 人，省道德模范 1 人，省草根英雄 1 人，浙江好人 1 人，“浙江骄傲”年度人物 1 人，省邮政“优秀支局长”1 人；市“文明五心”36 人和 2 个集体，市“时代新农民”32 人，“感动湖州”年度人物奖 8 人和 1 个集体，市拥军模范 1 人。部分市级及以上精神文明人物见第 40 编人物。

1988—2012年长兴县获市级及以上精神文明人物表彰情况表

表37-2

类型	人物	授予单位
全国道德模范提名奖	严根妹（2011年）	中宣部、中央文明办、解放军总政治部、全国总工会、团中央、全国妇联
中国好人	楼伯余（2010年）、李胜斌（2011年）、俞如傲（2011年）	中央文明办、全国总工会、团中央、全国妇联
省道德模范	严根妹（2011年）	省委、省政府
省革命烈士	卓乃照（1994年）、胡桂才（1997年）	省政府
“浙江骄傲”年度人物	楼伯余（2010年）	省委宣传部
浙江好人	许欢（2012年）	省委宣传部、省文明办、浙江文明网
省见义勇为勇士	胡守礼（2009年）	省委宣传部、省综治办、省公安厅、浙江日报报业集团、省见义勇为基金会
优秀支局长	张剑春（2002年）	省邮政局
省草根英雄	林玲（2011年）	浙江电视台、浙江人民广播电台、浙江日报、钱江晚报
市拥军模范	蒋松琪（2000年）	市委宣传部、市军分区
感动湖州年度人物奖	田宁（2008年）、高福明（2008年）、谈勇（2009年）、陈本傅（2010年）、袁春春（2010年）、俞如傲（2011年）、俞展卿（2011年）、许欢（2012年）、肖方兵（集体）（2012年）	市委宣传部、市新闻工作者协会
市道德模范·文明五心	第一届“湖州市道德模范·文明五心”（2008年）：吴品英、张存、余水娣、杨法娣、周红、陆红妹、沈其英、周松兰	市委宣传部、市文明办、市总工会、团市委、市妇联、市民政局、湖州日报报业集团、市广播电视传媒集团
	第二届“湖州市道德模范·文明五心”（2009年）：楼伯余、丁森、陈春、罗美珍、端木克昌、李明德、周新娥、印冬云、赵才根	
	第三届“湖州市道德模范·文明五心”（2010年）：春蚕义工团体、县文明督导团、李胜斌、俞如傲、胡守礼、薛成坤、施吉方、郭桂梅、杨秋红、居银娥	
	第四届“湖州市道德模范·文明五心”（2012年）：许欢、楼祖安、林国荣、陈祥昱、周春义、耿绍明、倪孝连、徐沁烨、杨敏伟、钱云仙、钦学都	
市道德模范·时代新农民	第一届“湖州市道德模范·时代新农民”（2007年）：郑行泽、王萍、邱汝民、马卫平、郭炳铜、张发庆、秦长厚、蒋志培	市委宣传部、市精神文明建设工程协调小组、市新农村建设素质提升工程协调小组
	第二届“湖州市道德模范·时代新农民”（2009年）：严根妹、杨强华、陈小究、蒋雪林、吴加平、谈小明、孙新民、张美玲、许水娥、冯灵龙、温从贵、曹惠龙	
	第三届“湖州市道德模范·时代新农民”（2011年）：许吉成、金柳福、郭卫星、童鸣初、张文华、杨月琴、张彩琴、严建民、沈九妹、沈成宛、陈龙泉、陈红良、宁金良	

说明：资料来源于县委宣传部

第二节　县级精神文明人物

一、拥军模范

蒋松琪，泗安房管所所长。1970—2000 年，几十年如一日，凭着一腔“生命不息，拥军不止”的热情，致力于“双拥”事业。2000 年，县委、县政府印发《关于开展向蒋松琪同志学习的通知》。8 月 1 日，湖州市双拥领导小组、湖州市委宣传部印发《关于广泛开展学习拥军模范蒋松琪同志先进事迹的通知》。8 月 8 日，新华社播发长篇通讯《生命不息，拥军不止的好干部蒋松琪》。同年，蒋松琪被评为长兴县双拥模范。

二、优秀党员

张剑春，县邮政局和平支局原支局长。爱岗敬业，身患重病后继续工作 13 年，2002 年 5 月 19 日逝世。8 月，省邮政局党组和中共长兴县委分别追授张剑春为“优秀支局长”“优秀共产党员”称号。

三、文明市民

2008 年 1 月，县文明委印发《关于表彰百佳文明市民的决定》，表彰十佳文明微笑服务之星、十佳文明医务工作者、十佳文明的士之星、十佳文明城市美容师、十佳文明商店主、十佳文明新闻工作者、十佳文明社区工作者、十佳文明劝导员、十佳文明教师和十佳县文明学生各 10 人。

四、长兴榜样

2010 年 6 月，开展首届“长兴榜样”先进人物评选活动。沈富良、张群英、严根妹、薛成坤、楼伯余、吴晓红、百叶龙舞之队、温暖 2009 爱心市民、援建指挥部、张天任被授予“长兴榜样”十大人物荣誉称号；胡守礼、盛银强获“长兴榜样”最具感动人物奖。

图 37-3　2010 年 6 月 22 日，首届“长兴榜样”先进人物评选颁奖典礼(县委宣传部提供)

2012 年 10 月，开展第二届“长兴榜样”先进人物评选活动。王一梅、王亚平、任大斌、许欢、吴云龙、陈长芳、沈连芳、吴惠英、林玲、楼祖安被授予“长兴榜样”十大人物荣誉称号；邓交平、刘谧等 10 人获“长兴榜样”提名奖；长兴中学、文明小分队、“肖方兵”、爱心出租车队、国家电网长兴党员电力服务队 5 个群体获“长兴榜样”团体特别奖。

第三十八编　宗教 风俗 语言

20 世纪 90 年代起，长兴县境内佛教、道教、基督教等宗教场所先后开放，宗教团体相继成立，宗教活动步入正常轨道。县宗教事务管理部门依法管理境内宗教事务。至 2012 年年末，全县经批准开放的宗教活动场所有 66 处。其中，佛教场所 25 处、道教场所 3 处、基督教场所 38 处；寺院 4 处、教堂 6 处；认定备案教职人员 180 余人。

80 年代以来，随着经济发展，人民生活水平的提高，县境内的风俗也发生嬗变。一些传统风俗仍然保留，新的时尚不断涌现，少数不良习俗也有所抬头。同时，随着经济和社会的发展，以及对外交流的日益频繁，语言的统一规范越来越显得重要，普通话基本普及得以加快实现。该时期，地方语言在时代变迁、社会交融中呈现新的特点，同时也面临弱化的危机。

第一章　宗　教

长兴旧多名刹，各朝所建寺院、庵堂，计有二百处之多。又因南朝梁末长兴人陈霸先称帝建康，创立陈朝，故历史上长兴有“帝乡佛国”之称。长兴解放前，民间信奉的宗教，多数为佛教、道教，还有基督教、天主教。解放后，基本停止活动，天主教自然解体。1983 年开始，宗教活动有所恢复。20 世纪 90 年代开始，陆续批准开放宗教场所，宗教团体也相继成立，宗教活动逐步恢复正常。同时，县内也加强对境内宗教事务的依法管理。1986 年 4 月，成立县人民政府宗教事务科，1998 年 7 月在县委统战部增挂县人民政府民族宗教事务局牌子，2005 年 4 月成立县民族宗教事务局(简称县民宗局)，与县委统战部合署办公。宗教工作参见第 19 编、第 7 章、第 2 节。

第一节　佛　教

一、佛教协会

1992 年 11 月，县佛教协会筹备会成立。1999 年 4 月 30 日，召开长兴县佛教协会第一次代表大会，参加会议代表共 36 人。选举会长 1 人、副会长 3 人、秘书长 1 人，释圆成当选会长。2004 年 6 月 25 日，召开长兴县佛教协会第二次代表会议。选举会长 1 人、副会长 4 人、秘书长 1 人，释圆成当选会长。2009 年 7 月 2 日，召开长兴县佛教协会第三次代表会议。选举会长 1 人、副会长 5 人、秘书长 1 人，释界隆当选会长。

二、活动场所

1993 年 3 月，县内佛教场所恢复正常活动，仙山显圣寺成为全县经批准的第一家佛教活动场所。

1995年、1997年，各批准开放佛教场所1处。1998年，批准开放5处。1999年，批准开放1处。2000年，批准开放7处。2003年，批准开放2处。2008年至2010年，共批准开放7处。至2012年年末，全县经批准开放的佛教场所有25处，其中寺院4处，全国重点文保单位1处。认定备案教职人员68人。

1988—2012年长兴县批准开发佛教场所情况表

表38-1

场所名称	地　址	场所类别	是否文保	登记证号	登记年份
长兴显圣寺	泗安镇仙山村	寺院	否	浙F050020001	1993
长兴寿圣寺	水口乡金山村	寺院	否	浙F050020002	1995
长兴清凉禅寺	和平镇和平村	寺院	是	浙F050020003	1997
长兴碧岩禅寺	洪桥镇碧岩村	寺院	否	浙F050020004	1998
长兴龙华寺	李家巷镇李家巷村	固定处所	否	浙F050020005	1998
长兴天居寺	开发区杨湾村	固定处所	否	浙F050020009	1998
长兴石佛寺	泗安镇塔上村	固定处所	否	浙F050020013	1998
长兴振天寺	小浦镇大岕口村	固定处所	否	浙F050020014	1998
长兴应山寺	煤山镇新安村	固定处所	否	浙F050020006	1999
长兴海安寺	雉城镇新塘村	固定处所	否	浙F050020010	2000
长兴龙泉寺	林城镇周吴岕村	固定处所	否	浙F050020011	2000
长兴觉成禅寺	洪桥镇图影村	固定处所	否	浙F050020012	2000
长兴横玉山寺	夹浦镇月明村	固定处所	否	浙F050020007	2000
长兴圆觉禅林	煤山镇尚儒村	固定处所	否	浙F050020008	2000
长兴玉泉寺	槐坎乡十月村	固定处所	否	浙F050020015	2000
长兴净梵寺	林城镇泥圩村	固定处所	否	浙F050020016	2000
长兴云林禅寺	和平镇滩龙村	固定处所	否	浙F050020017	2003
长兴吉祥寺	水口乡顾渚村	固定处所	否	浙F050020018	2003
长兴正觉寺	李家巷镇青草坞村	固定处所	否	浙F050020060	2008
长兴法海禅寺	和平镇吴村	固定处所	否	浙F050020061	2008
长兴云峰禅寺	二界岭乡云峰村	固定处所	否	浙F050020062	2008
长兴天圣禅寺	李家巷镇章浜村	固定处所	否	浙F050020063	2009
长兴空王教寺	小浦镇大岕口村	固定处所	否	浙F050020064	2010
长兴飞云寺	煤山镇新源村	固定处所	否	浙F050020065	2010
长兴大雄教寺	龙山新区西峰坝村	固定处所	否	浙F050020066	2010

说明：资料来源于县民族宗教事务局

三、主要寺院

显圣寺　坐落在泗安仙山。古称浮云山、尖山（天目山余脉之一龙山之西端），为地藏王菩萨道场。地藏王菩萨本是新罗国（现朝鲜）王子，姓金名乔觉。唐开元七年（719年），金乔觉携白犬“善听”，从新罗国（今朝鲜）航海入唐求法，先后到普陀山、绍兴和金华等地，途经泗安仙山，见该山地理位置独特、风景秀丽，而停留于该地修行布道，是地藏王菩萨在中国驻锡修行第一站，故历史上有“先有小仙山，后有大九华”之说。

始建于唐天宝年间（742—756年），已有1300多年历史。宋靖康二年（1127年），钦宗赐铜钟并建明心亭，元末毁于兵火，明洪武二年（1369年）重建，立为丛林，后毁。清顺治十三年（1656年），僧孤标大师重建地藏宝殿于山巅，因当地传说地藏王菩萨、灵官菩萨多次显圣，故取名“显圣寺”，更山名为“仙山”。民国26年（1937年），寺院被日本侵略者纵火焚毁。抗日战争胜利后，赖各地香客缘助，在山巅废墟之上建造简易平房两间，住智慧与修成二僧，苦守四十余年。

1993年3月,获省宗教事务局正式批准为合法的宗教活动场所。邀请上海龙华古寺圆成长老为显圣寺名誉方丈。2000年,由上海居士捐建地藏宝塔,位于仙山山巅,以显圣寺的祭祀神祇地藏王命名,佛塔小巧玲珑,共5层,周约10米,高约10米。2007年,按照打造长兴四大名山佛教旅游景点开发建设整体规划,统一推进寺庙修复,在拆除危房的基础上,重建观音殿、地藏殿、天王殿、钟鼓楼、斋堂、东西厢房等,至2008年5月基本完工。2011年,由证道法师接任住持。同年,获评省级创建和谐寺观教堂先进集体。

寿圣寺 坐落在水口顾渚山。始建于三国赤乌年间,已有1700多年历史,是浙北地区历史最悠久寺院之一。唐贞观时寿圣寺成为雉邑首刹。宋哲宗时宰相章惇延请吴山净端狮子和尚于该寺大开法席,化度十方。元朝至正年间(1341—1368年),寺院佛阁宏伟,道场兴盛。明初寺遭火焚,仅幸存藏经楼;景泰五年(1454年),寺庙又被洪水吞噬,千斤大钟被急流淤埋。清顺治八年(1651年),寂莹上人(字圆如)驻锡于该寺,徒手结构,祖席重恢;嘉庆四年(1799年),僧朗月重建斋堂、客堂。清同治十年(1872年),当地士绅陈伦、臧宝莹郊游顾渚,遇神钟鸣示所感,遂重修寺院,寿圣寺又成七堂伽蓝之丛林。

图38-1 2008年5月新落成的寿圣宝塔(水口乡提供)

1958年后,寺庙被改为学校及乡属林场。1995年,重新开放,圆成大和尚住持寺务中兴道场,先后建成大雄宝殿、三圣殿、五佛楼、七如来殿、天王殿、大悲殿、斋堂、僧寮。2003年11月,被省政府确定为省重点开放寺院。2007年,按照打造长兴四大名山佛教旅游景点开发建设整体规划,统一推进寺院修复,至2008年5月基本完工,新建寿圣宝塔、山门等配套设施。塔以隶属寿圣寺命名,共9层,周30米,高66.88米。2008年5月13日,依圆成长老遗愿所修"寿圣宝塔"圆满落成,界隆法师接任古寺方丈。2008年,被浙江省慈善总会授予四川汶川地震赈灾捐赠慈善爱心奖。2010年12月,被国家宗教事务局评为"首届全国创建和谐寺观教堂先进集体"。

清凉禅寺 又称城山寺,坐落在和平城山顶。城山,又名石城山,位于县城南25千米许,海拔265米。该寺位于山顶古城中心腹地,开山历史可追溯至南朝宋元嘉元年(424年)。寺院坐南朝北,由前殿正殿及配殿组成,东院存有3座清代高僧舍利石塔。

以南朝太守莫封舍宅为寺,初名慈氏院,后更名新安寺。至唐武德年间重建;开元年间,诗僧皎然曾修学于该寺。元末毁于战乱。明洪武四年(1371年)重建;景泰年间,无碍僧住持道场,名城山寺,法席大盛;永乐七年(1409年),僧人鸠工修葺改名城山教寺;万历年间,正文大师捐钵资再创,莲宫焕然一新。清光绪年间,道士徐阳真人上城山入寺修行,于寺后建五留观,供奉祖师吕纯阳。徐阳真人为长兴和平人,道行深远且医术高明,住山期间为民治病,分文不取,留下城山庙探穴针灸之技的美誉。民国年间,改名五运宫。

1983年,城山清凉禅寺被列为县级重点文保单位,县政府拨款修缮,对明清两代修建寺院的碑记、舍利塔进行保护。2003年,清凉禅寺被定为省级文物保护单位。2005年3月,经省政府批准,清凉禅寺及石刻造像被列为第五批省文物保护单位。2007年,按照打造长兴四大名山佛教旅游景点开发建设整体规划,统一推进寺院修复,2008年5月基本完工。清凉禅寺随同石城山成为长兴四大名山名寺之一,2011年成为市级创建和谐寺观教堂先进场所,2012年被列为全国重点文物保护单位。

碧岩禅寺 坐落在碧岩风景区。面向太湖,背靠弁山。属弁山三岩六洞九寺十三院和七十二座庙群之首。始建于东晋,为名士谢安从建初寺向西域高僧帛尸梨密多罗请的首部《药师琉璃光经》供奉之所，后为南朝陈文帝扩建为报德寺，专行药师斋忏。毁于隋初。宋淳祐元年（1241 年），托名碧岩精舍重修。元至正十六年（1356 年），毁于兵乱。明洪武十年（1377 年）重建，崇祯年间修建改拓。清嘉庆十五年（1810 年），僧普能重建大殿，重修月明堂；同治十一年（1872 年），僧佛园扩建，曾是佛门禅修道场。信徒遍及大江南北，朝拜者络绎不绝，香火鼎盛。由于历史原因，几毁几建，尚留有禅师塔千丈崖、高僧月印禅师深深的膝盖印和拜经石遗址，历史文人墨客苏东坡、王蒙、叶梦得、赵孟頫、杨维桢、顾应祥等参访留下的诗文、游记。孕育百代，流传千古，僧如莹、智仁、空谷隆禅师等人于该寺修行主持。后由于历史原因，历经沧桑，与发附随。

清嘉庆《长兴县志》记载，“碧岩在弁山，弁有三岩；曰秀岩、云岩、碧岩，惟碧岩最胜。”碧岩有龙口、七星台、石壁、瀑布泉、珠帘水、金莲池、砚池、香炉蜂、舍身岩等十二个景点。山顶有苏东坡所题“清空世界”四个大字，元代书画家王蒙名作《青弁隐居图》今藏上海博物馆。明代尚书顾应祥登碧岩说“吾今胜概无过此”。该处也是当年吴王夫差与越王勾践争夺之地。

1998 年，该寺经政府宗教部门批准开放为佛教活动场所。之后，多方筹资，兴建寺院设施。2004 年，被市民族宗教事务局评为五好宗教场所。2007 年，按照打造长兴四大名山佛教旅游景点开发建设整体规划，统一推进寺院修复。至 2008 年 5 月，先后建成三圣宝殿、千手观音殿、药师殿、九龙千佛壁、放生池、天王殿、藏经楼、寮房、斋堂、金殿、药王殿，形成上中下的格局，占地 4.82 公顷，建筑面积 9936 平方米。2010 年，被市民族宗教事务局评为创建和谐寺观教堂先进场所。2012 年 8 月，台湾高僧星云题写“弁山药师道场”。

第二节　道　教

1998 年，全县批准开放首个道教场所长兴文昌阁，位于古城街道钮店湾村，为固定处所，登记证号浙 D050020020。1999 年 12 月底，成立道教协会筹备组，组长姜志茂。2000 年，批准开放道教场所 2 处。其中，长兴城隍庙，位于雉城镇高山岭村，为固定处所，登记证号浙 D050020019；长兴五福庙，位于夹浦镇北川村，为固定处所，登记证号浙 D050020021。至 2012 年年末，全县尚未成立相关协会组织，经批准开放的道教场所共 3 处，均非文保单位。

第三节　基督教

一、基督教“两会”

1986 年 12 月 20 日，长兴县基督教“三自”爱国会筹备委员会成立，陈贤勤任主任委员，办公地点在雉城镇东鱼巷 28 号。1988 年 12 月 19—21 日，基督教长兴县三自爱国运动委员会第一次代表大会召开。选举产生主席 1 人、秘书长 1 人，陈贤勤当选为主席。1991 年 8 月 14—16 日，基督教长兴县三自爱国运动委员会第二次代表大会召开。选举产生主席 1 人、副主席 1 人、秘书长 1 人，陈贤勤当选为主席。1998 年 11 月 10 日，基督教长兴县三自爱国运动委员会第三次代表会议召开，选举产生主席 1 人、副主席 1 人、秘书长 1 人，陈贤勤当选为主席。成立长兴县基督教协会，选举产生长兴县基督教协会会长 1 人、副会长 1 人、总干事 1 人，陈贤勤当选为会长。2009 年 1 月 12 日，长兴县基督教第四次代表会议召开。选举产生主席 1 人、副主席 2 人、秘书长 1 人（由 1 名副主席兼），陈贤勤当选为主席。选举产生第二届长兴县基督教协会会长 1 人、副会长 2 人、总干事 1 人，李涓当选为会长。

二、活动场所

1996 年，全县批准开放基督教活动场所 20 处。2000 年，批准开放 2 处。2001 年，批准开放 14 处。

2003 年,批准开放 2 处。至 2012 年年末,全县经批准开放的基督教场所有 38 处,其中教堂 6 处。有教职人员 113 人,其中牧师 5 人、教师 2 人、长老 13 人、专职传道 2 人、义工传道 91 人。

长兴基督教堂 原址雉城镇东鱼巷 28 号。1986 年落实宗教政策时所归还教产房屋 1 间,1988 年全部归还。1993 年迁建解放西路 538 号。1996 年批准为教堂。2010 年被评为省级和谐寺观教堂宗教活动场所。2012 年,长兴基督教堂新堂奠基,位于画溪湿地公园内。

长兴县东门基督教堂 1993 年购金家村村民平房,1998 年 8 月改建。2000 年 10 月 31 日批准为聚会点。2001 年批准为教堂。2010 年被评为市级和谐寺观教堂宗教活动场所。位于雉城街道长新公路北侧。

长兴县泗安基督教堂 1985 年 6 月 17 日始在泗安镇南门头信徒家聚会。1995 年迁泗安镇凤凰村富民路建教堂。1996 年 6 月 30 日批准为教堂。2011 年被评为市级和谐寺观教堂宗教活动场所。

长兴县和平基督教堂 1984 年 7 月始在信徒家聚会。1996 年 6 月 30 日批准为教堂。1998 年 1 月 22 日购和平玻璃瓶厂空闲厂房 8 间。2012 年,位于和平镇新街(原长桥和平玻璃厂处)。

长兴县煤山基督教堂 1990 年始在信徒家聚会。1991 年借煤山竹器社空闲房聚会。1993 年 12 月购供销社房屋 3 间作教堂。1996 年 6 月 30 日批准为教堂。2012 年 3 月煤山教堂新堂奠基,位于煤山镇新源村下沙花园内。

长兴县小浦基督教堂 1988 年 8 月 20 日起,信徒在家设聚会点。1996 年迁小浦中山村租用空闲民房聚会。2000 年 10 月 31 日批准为聚会点。2001 年批准为教堂。2010 年被评为市级和谐寺观教堂宗教活动场所。2012 年,位于小浦镇兴浦路(兴浦北弄)2 号。

1996—2012 年长兴县批准开放基督教场所情况表

表 38-2

场所名称	地　址	场所类别	是否文保	登记证号	登记年份
长兴基督教堂	雉城街道解放路	教　堂	否	浙 J050020022	1996
长兴县泗安基督教堂	泗安镇凤凰村	教　堂	否	浙 J050020024	1996
长兴县和平基督教堂	和平镇新街	教　堂	否	浙 J050020025	1996
长兴县煤山基督教堂	煤山镇老街	教　堂	否	浙 J050020026	1996
长兴县李家巷基督教堂	李家巷镇街道	固定处所	否	浙 J050020028	1996
长兴县天平基督教堂	林城镇塘南村	固定处所	否	浙 J050020029	1996
长兴县管埭基督教堂	泗安镇黄巢村	固定处所	否	浙 J050020030	1996
长兴县白岘基督教堂	白岘乡五通山村	固定处所	否	浙 J050020031	1996
长兴县林城基督教堂	林城镇东岗村	固定处所	否	浙 J050020032	1996
长兴县长城基督教堂	和平镇狄家圩村	固定处所	否	浙 J050020033	1996
长兴县吴山基督教堂	吴山乡小溪口村	固定处所	否	浙 J050020034	1996
长兴县虹星桥基督教堂	虹星桥镇龙从村	固定处所	否	浙 J050020035	1996
长兴县二界岭基督教堂	二界岭乡二界岭村	固定处所	否	浙 J050020036	1996
长兴县大圩基督教堂	雉城镇大圩村	固定处所	否	浙 J050020037	1996
长兴县长桥基督教堂	画溪街道姚家桥村	固定处所	否	浙 J050020038	1996
长兴县畎桥基督教堂	林城镇永丰村	固定处所	否	浙 J050020039	1996
长兴县洪桥基督教堂	洪桥镇街道	固定处所	否	浙 J050020040	1996
长兴县吕山基督教堂	吕山乡新街	固定处所	否	浙 J050020041	1996
长兴县新川基督教堂	煤山镇楼下村	固定处所	否	浙 J050020043	1996
长兴县同界桥基督教堂	虹星桥镇后羊村	固定处所	否	浙 J050020045	1996
长兴县永隆桥基督教堂	吕山乡陶家村	固定处所	否	浙 J050020042	2000
长兴县施家村基督教堂	和平镇施家村	固定处所	否	浙 J050020044	2000

续表38-2

场所名称	地　址	场所类别	是否文保	登记证号	登记年份
长兴县小浦基督教堂	小浦镇新街	教　堂	否	浙J050020027	2001
长兴县东门基督教堂	雉城街道钮店湾村	教　堂	否	浙J050020023	2001
长兴县新塘基督教堂	雉城镇南张浜村	固定处所	否	浙J050020046	2001
长兴县水口基督教堂	水口乡水口村	固定处所	否	浙J050020047	2001
长兴县八都岕基督教堂	小浦镇小浦村	固定处所	否	浙J050020048	2001
长兴县包桥基督教堂	雉城镇包桥村	固定处所	否	浙J050020049	2001
长兴县槐坎基督教堂	槐坎乡街道	固定处所	否	浙J050020050	2001
长兴县杨吴基督教堂	吕山乡杨吴村	固定处所	否	浙J050020051	2001
长兴县西庄基督教堂	林城镇桥南村	固定处所	否	浙J050020052	2001
长兴县后漾基督教堂	龙山新区后漾村	固定处所	否	浙J050020053	2001
长兴县长潮基督教聚会点	泗安镇师古岗村	固定处所	否	浙J050020055	2001
长兴县刘井基督教聚会点	虹星桥镇刘井村	固定处所	否	浙J050020056	2001
长兴县横山基督教聚会点	洪桥镇横山桥村	固定处所	否	浙J050020057	2001
长兴县庄里基督教聚会点	和平镇庄里村	固定处所	否	浙J050020058	2001
长兴县东风岕基督教聚会点	槐坎乡东风岕	固定处所	否	浙J050020059	2003
长兴县牛头山基督教堂	长广集团牛头山	固定处所	否	浙J050020054	2003

说明：资料来源于县民族宗教事务局

第二章　风　俗

20世纪80年代以来，随着改革开放的逐步深入，现代科技的发展和西方文明的引入，长兴由传统农耕社会向现代工业社会急剧转变，城乡居民的日常衣食住行和生活习惯、交际礼仪发生很大变化。一些原有风俗得以沿袭，并受现代文明影响，在传承的基础上赋予新内涵。一些新的风尚不断涌现，并逐步演绎成俗。但传统风俗的仪式逐步简化，仪式感也越来越淡化，老年人怀旧情结与年轻人追求时尚新潮并存交融。

第一节　岁时节庆

一、传统节俗

春节　农历正月初一是春节，俗称过年、新年。长兴民间素以春节为一年节日之最，传统春节是指农历十二月二十三(送灶日)至翌年正月十五(元宵节)期间的欢庆活动。节前，城镇、农村家庭都去超市、菜场采购年货。机关、团体、企事业单位还以迎春茶话会、团拜会等形式，通报过去一年成绩和新一年目标；走访慰问老干部、老党员、烈军属、劳动模范以及有较大贡献的社会知名人士，看望五保户、残疾人、特困户，赠送过节物品和慰问金，祝贺新年快乐。还与驻地部队相互开展拥军优属、拥政爱民活动。年三十除夕夜，合家团聚吃“年夜饭”。许多家庭开始改变过去在家自做年夜饭的习惯，到宾馆、饭店吃年夜饭。年夜饭后，长辈给晚辈发“压岁钱”。正月初一零时起，城乡爆竹声声，家家辞旧迎新。一些虔诚香客，早已候在寺院门口，争着“烧头香”，祈求新岁大吉。早上，晚辈给长辈拜年。初二，女婿给岳父母拜年。初三起，互走亲戚，上门拜年，直至正月十五为止。初五“接财神”，自初四晚12时一过，生意人即开始燃放爆竹，祈求生意兴隆、财源茂盛。春节期间，多以看电视、上影剧院、逛商场、进娱乐场所、走亲访友、打牌搓麻将为娱乐内容。2000年起,春节假期增至7天,举家外出旅游度假成为新时尚。

元宵节 农历正月十五为元宵节,俗称“正月半”。家家户户吃汤圆,寓意全家团团圆圆。20世纪90年代后,县内各大超市出售的速冻成品汤圆为市民提供方便,大多家庭不再自做汤圆。元宵节,城乡居民普遍燃放烟花爆竹,灯会、猜灯谜、调龙灯等传统“闹元宵”习俗已淡化,但县城及乡镇集镇的主要街道会悬挂灯笼。河南人称元宵节为“过大年”,人们会早早吃过年夜饭,赶到亲人坟前“送灯”。

清明节 每年清明节一般在公历4月5日。清明节,长兴人吃粽子、熟藕的习惯相沿不衰,但家家户户自己裹粽子的习俗已淡化。清明节前10日和正日为祭祖扫墓日子,家家户户都要去亲人墓地或安息堂悼念和祭祀。新逝世者的亲属多在清明正日上坟祭奠。城乡居民祭奠的风俗已从简,但传统祭奠方式仍基本保持。燃放烟花爆竹盛行,有不少家庭开始以鲜花替代烧纸钱。机关、团体和学校等组织青少年瞻仰、祭扫革命烈士墓,缅怀先烈,已成为革命传统教育的重要内容。清明时节,天气渐暖,不少家庭选择郊外“踏青”或外出旅游。2008年起,清明节被列为中国法定节假日。

立夏 一年中白天最长的日子。处春夏之交,气温明显上升,新蚕豆肉嫩味佳,长兴民间素有立夏吃嫩蚕豆习俗。

端午节 农历五月初五为端午节,又称“端阳节”。长兴人挂三草(艾蒿、菖蒲、大蒜)、食五黄(黄鱼、黄瓜、黄鳝、咸鸭蛋黄、雄黄酒)、送端午礼的习俗逐渐淡化,吃粽子、绿豆糕的习俗仍保留。端午节,水乡地区划龙船竞渡之习流行。20世纪90年代尤以洪桥镇为甚,村村建有龙舟队,镇政府组织开展比赛。2007年端午节,全县举办首届龙舟大赛,共有12支龙舟队参赛,5万余人观众观看比赛。2008年起,端午节被列为中国法定节假日。

七夕 农历七月初七,又称“乞巧节”。传说中牛郎织女于该日鹊桥相会。旧俗祀牛郎织女星,姑娘们对月穿针,向织女星祈求心灵手巧,故称“乞巧”。随着西方情人节传入,国人自发赋予七月初七以新内容,称为中国情人节。该日,向爱人、情人赠送鲜花,约会晚餐,以表情意。2006年,七夕节(农历七月初七)列入国家非物质文化遗产名录后,渐成“中国情人节”。

中元节 农历七月十五日为中元节,俗称“鬼节”。旧时习俗已废弃,但祭祖活动等习俗仍延续。

中秋节 农历八月十五为中秋节,俗称“八月半”。该日,长兴城乡居民均设家宴,合家团圆,吃月饼,并延续中秋赏月之俗。许多单位会组织中秋联欢活动,为远离家乡、在长兴工作的外地人员排遣思乡之情。节前,至亲好友有赠送月饼的习俗,女婿多以月饼、烟酒敬送岳父母。20世纪90年代起,盛行将月饼作为礼品互相馈赠,追求包装、档次,甚至出现“天价月饼”。2008年起,中秋节被列为中国法定节假日。

重阳节 农历九月初九为重阳节,故又称“重九”。民间有吃重阳糕的习俗,部分上年纪的人还结伴爬山登高。“糕”“高”同音,含步步高升之意。1988年,浙江省将重阳节定为“老人节”,倡导尊老敬老。机关、学校、企事业单位以走访慰问、召开座谈会或茶话会,或组织“一日游”等方式,向老人贺寿,开展敬老爱老活动。

冬至 一年中白昼最短的一天,民间素有“冬至大如年”之说,俗称“亚岁”。冬至日,旧习祭祖、移坟、捉骨入土。今祭祖习俗依旧。

腊八节 农历腊月(农历十二月的别称)初八,俗称“腊八节”。今仍流行吃“腊八粥”的风俗。该日,各寺院用大米、赤豆、红枣等八种食材,烧煮腊八粥,免费向前来讨取的群众分送。同时在县城设点,以募集方式分送。“过了腊八就是年”。腊八节一到,“年”的氛围越来越浓了。

除夕 农历十二月三十为除夕,俗称“大年夜”。除夕是指每年农历腊月的最后一天的晚上,它与春节(正月初一)首尾相连,有旧岁除、换新岁的意思,是农历全年最后的一个晚上。故活动都围绕除旧布新、消灾祈福开展。旧时从农历十二月二十三(送灶日)开始,家家户户开始作过年准备,打扫庭院,办年货,添置新衣等。大小年夜祭祖,长兴人称“作年飨”,祈求全家平安、万事如意。除夕,俗称“大年夜”,家家竞放烟火爆竹,合家团聚吃“年夜饭”。20世纪90年代后期起,举家上宾馆、饭店吃年夜饭开始流行,多子女家庭由成年兄弟姐妹每年轮流做东聚餐过年的方式悄然兴起,单位请离退休人员和职工吃年夜饭也盛行起来。吃完年夜饭，长辈给小辈发压岁钱，一起收看电视春节联欢晚会守岁。通过电话、手机短信向亲朋好友、同事客户等拜年。除夕之夜，家里灯火通明守岁。新年零点一过，城乡各地爆竹声声，送旧迎新。2008 年起，除夕被定为中国法定节假日。

二、社会节日

元旦　1 月 1 日为元旦，俗称“阳历年”，国务院规定放假 1 天欢庆新年。该日，机关、团体、企事业单位张灯结彩，悬挂国旗、横幅，插彩旗，以示庆贺。节前，单位领导走访慰问离退休同志和困难职工。20 世纪 90 年代起，渐兴节前寄以贺卡、发电子邮件或手机短信相互祝福之风。一些单位还组织文娱晚会，增添节日气氛。2001 年始，县内每年以迎新年为主题举办新年音乐会，邀请国内外著名交响乐团到长兴演出。

国际劳动妇女节　3 月 8 日为国际劳动妇女节。节前，县妇联组织开展妇女先进评选活动，全县召开纪念大会，表彰先进人物。各单位用各种形式表达对妇女的节日问候，赠送鲜花，并安排她们休息或组织外出旅游、参观。部分小区物业管理公司也赶在该日一大早，在小区门口，向女性业主赠送鲜花。

植树节　3 月 12 日为全民植树节。全县城乡都组织干部、群众和学生开展义务植树活动，倡导绿化美化环境。

国际劳动节　5 月 1 日为国际劳动节。节前，全县组织召开劳动模范表彰大会或先进人物事迹报告会，各单位工会组织举办形式多样的庆祝活动。2000 年起，劳动节法定假期由 1 天增至 3 天，加上前后周末调休，形成 7 天长假，成为市民外出旅游的黄金周。许多城乡青年也选择在长假期间举行婚礼。2008 年起，劳动节法定假期又调整为 1 天。

五四青年节　5 月 4 日为中国青年节。各级共青团组织召开表彰会议，举行新团员入团仪式；开展青年演讲会、报告会等活动，弘扬“五四”精神，进行革命传统教育和爱国主义教育。

国际儿童节　6 月 1 日为国际儿童节。小学、幼儿园组织文艺演出、表彰活动、主题班会、举行少先队入队仪式等各种庆祝活动。各级各有关部门走访慰问小学、幼儿园，并捐助困难儿童。家长也会在该日向孩子赠送图书、学习用品或玩具，并陪同孩子参加一些“亲子游戏”活动。

中国共产党诞生纪念日　7 月 1 日为中国共产党诞生纪念日。中共各级组织召开座谈会、纪念会，表彰优秀共产党员；邀请老党员作报告，重温党的历史；一些单位党组织还组织党员到县内的新四军苏浙军区纪念馆、江南红村等地，举行新党员入党仪式，开展党的优良传统教育。

建军节　8 月 1 日为中国人民解放军建军节。县内党政机关、各有关单位及社会有关人士开展拥军优属活动，慰问驻军部队。军事部门和驻地官兵开展拥政爱民活动，进行革命传统教育。

教师节　9 月 10 日为中国教师节。县委、县政府召开庆祝大会，表彰优秀教师和优秀教育工作者。县、乡镇领导组织走访学校，向教师表示节日问候，帮助教师解决实际困难。社会各界也纷纷开展尊师重教活动。学生也通过赠送贺卡等形式表达对教师的敬意。

国庆节　10 月 1 日为中华人民共和国成立纪念日。该日，各地举行庆祝活动，召开纪念会、座谈会，组织文艺演出，表达对祖国热爱之情。国家机关、企事业单位都升国旗、插彩旗、挂彩灯，悬挂庆祝标语，举行庆祝活动。1999 年起，国庆节法定假日由 2 天增至 3 天，加上前后周末调休，形成 7 天长假的黄金周，市民多选择在国庆节长途探亲，或外出旅游。不少青年男女选择在国庆节举行婚礼。

三、外来节日

情人节　2 月 14 日为情人节。改革开放后由国外传入，20 世纪 90 年代在县内兴起，开始在年轻人和青年学生中较为流行，后范围逐渐扩大，并被成年人广泛接受。该日，不少情侣通过互发短信、互赠礼物表达爱情，并在晚间到浪漫的地点共进晚餐。已婚男青年也会给妻子送鲜花或赠送礼物。商家则策划各种促销活动，抢抓浪漫商机。

愚人节　4 月 1 日为西方愚人节。20 世纪 90 年代传入，在年轻人和高年级学生中较为流行。该日最典型的活动是彼此开玩笑，用手机发虚假信息愚弄对方取乐。在成年人中认同度不高。

母亲节 每年5月第二个星期日为母亲节。20世纪90年代传入。该日，儿女们赠送贺卡、鲜花、衣物、保健品等礼物给母亲，以表达报答养育之恩。

父亲节 每年6月的第三个星期日为父亲节。21世纪始兴起，影响不如母亲节广泛，少部分子女在该日打电话或发短信祝贺，或送给父亲喜欢的礼物，以表达敬爱之意。

圣诞节 12月25日为圣诞节，又名耶诞节，是基督教和天主教纪念耶稣诞生的日子。20世纪80年代起，外资企业注重庆贺。90年代开始，在年轻人中流行。该日，一些商场、饭店张贴圣诞老人画，在门口布置圣诞树，或装扮圣诞老人，以招揽顾客、开展促销活动。年轻男女为友情交换礼物、发短信、寄圣诞卡、聚会。12月24日平安夜，县内基督教堂还举行庆祝活动。

第二节 礼 仪

一、交际习俗

长兴民间对家庭主要亲属的称谓，基本沿袭旧俗未变。晚辈对长辈不能直呼其名。同辈之间，对已婚有子女者，也不直呼其名。年纪相仿比较熟悉的，在对方的姓氏之前冠以“老”，年纪轻的则在姓氏前加“小”。年轻人对要好的朋友，称“小朋友”或“哥们”。对职业男性或女性以姓加职务称呼，或尊称先生、女士。企业员工称负责人为老板。对陌生人，视其外貌称其老板、师傅或先生。孩童称呼不相识的人，视年龄和性别称叔叔、阿姨或爷爷、奶奶等。对年轻女性一度尊称小姐，出现“三陪女”后，改以“美女”代称。同志之称，除在共产党内通行外，对有身份的老年或青年也尊称老同志或小同志。

民间见面、交流没有握手习惯，熟人相遇寒暄示意，多半会先说饭吃了没有、到哪里去、干什么等客套话。商界、政界人物在初次见面时，使用名片。名片上印制有持有人的姓名、联系方法、单位名称、经营范围等。手机、电脑的普及和互联网技术的快速发展，使得信息沟通和人际交往变得越来越方便。人们足不出户可以和亲友或远在千里之外的朋友互发邮件、共同完成一项工作、共同娱乐，还可以在线聊天、视频通话。

随着人们生活水平的迅速提高，宴请日渐兴盛。有围绕小孩的满月宴、百日宴、周岁宴、状元宴、谢师宴；有围绕家庭的婚宴、乔迁宴等，名目繁多。机关、企业的公务宴请也开始增多，还有的以联络感情为主要目的互请。正式宴请时，主办方一般发请柬，宴请处以宾馆饭店居多。宴请时，主客或主桌均做安排。农村一般使用八仙桌，按南向、北向、左右顺序及左为上首，右为下首原则排位。公共宴请，常用圆桌。主桌正对门的位置为上座，坐主人，主宾在主人左右；也有表示尊重，让主宾坐主位，主人则坐在主宾两侧。背对门的位置为下座。其他人按女士优先、便于交谈灵活或职务高低安排。

送礼之风气也渐盛，名目颇多，礼品追求包装、档次，也助长了一些领域的不正之风。民间逢年过节、走亲访友，送礼品种多以烟、酒、滋补品、水果、糕点等为主。探望病人时，常带花篮、水果篮。

二、婚嫁习俗

旧时，长兴男女联姻必择“门当户对”，婚嫁必奉“父母之命，媒妁之言”，所谓“明媒正娶”，男女双方绝无恋爱自由。从提亲至完婚，手续、礼仪十分繁复。一般程式为托媒、看人家、合八字(男女双方出生的年、月、日、时互不相克、不犯属相忌讳)、定亲、发行嫁、迎亲、婚礼等十道之多。婚后第三天新妇携夫回娘家谢亲，俗称“回门”，当天返回。次年正月里，新郎在岳父作陪下、新娘在婆婆作陪下给至亲长辈拜年后，邀请拜过年的至亲和双方的兄弟姐妹等亲友汇集到男方家庭赴宴，以增进双方亲友的相互了解，并作为双方来往走动的开始，称“汇亲”。婚后一个月，新娘可在娘家过夜。

今沿袭旧俗的同时，日趋简化、时尚、文明。提亲方式主要有托媒(今称“介绍人”)说合和自由恋爱，但自由恋爱成功、准备结婚的，仍按习惯请媒人。越来越多城镇男女青年选择自由恋爱，称为“找对象”。婚姻介绍所开始出现，未婚或再婚男女均可到婚姻介绍所登记，由婚介所介绍认识，婚介所收取介绍费。20 世纪 90 年代起，登报征婚、网上征婚等方式已不再鲜见。

男女双方确定关系后，在介绍人的安排下，由男方送聘礼到女方家，定下婚约，择日订婚，也称定亲。该礼仪已淡化，农村尚流行，城镇家庭多数已省去定亲仪式，但婚前送彩礼的习俗在城乡仍盛行，定亲礼金不断增长。20 世纪 80 年代礼金为千元，90 年代达万元，少数条件好的还要高，聘礼有戒指、项链、新潮衣服、高档烟酒等。结婚前，男女双方经健康检查，到婚姻登记处登记并领取结婚证书，即成合法夫妻。结婚前夕，新房装饰完成，大屏幕彩电、冰箱、洗衣机、沙发等高档生活用品也一应俱全。城镇迎嫁妆仪式基本简化，高档用品购买后由商家直接运至新房。女方购买小汽车作为婚嫁之物日趋增多。

婚礼也由过去重仪式转为重拍婚纱照、办好婚宴。拍婚纱照于 20 世纪 90 年代起流行，21 世纪初婚纱摄影店越开越多，服务亦更完善，从拍摄结婚相册，到新娘化妆、租用婚纱、礼服、拍摄录像等一应俱全。结婚摆婚宴的习俗一直沿袭。农村多以请厨师在家中设宴为主，城镇在宾馆、饭店。女方一般在中午设宴，男方晚上设宴，也有男女方一起在宾馆宴请宾朋的。90 年代后期起，城镇家庭逐渐盛行在宴席之前举行婚礼庆典仪式，开始请宾馆或电视台主办，逐渐发展到由婚庆公司专办，程序更规范，且有乐队伴奏，十分热闹。婚宴中还插有小节目助兴。仪式结束后，酒宴开始。席间，新娘换装，由父母引荐长辈。新人逐桌敬酒敬烟。婚宴规模少则十几桌，多则五六十桌，一般二三十桌。菜肴档次逐年提高，宴席每桌由 90 年代初的五六百元升至千元以上。农村中由自己请厨师办的一桌保持在五六百元，丰富实惠。整个迎亲、婚礼过程流行拍照或录像，制成 DVD 作永久留念。婚礼间，新郎多穿西装、系领带，新娘穿白色婚纱。席间，新娘换下婚纱，换成礼服或中装，有的在中间要换几套服装。婚宴后，小夫妻入洞房，有些地方要“闹新房”。21 世纪开始，旅行结婚度蜜月成为新时尚。

三、喜庆习俗

生育　俗称“做产”“做宿姆”“养小百细”。分娩前，外婆家须备毛衫、棉衣、棉裤、布衲、赤糖、草纸送至婿家，名曰“催生”。产妇习食赤糖汤。亲友赠送烧熟块肉、鸡蛋，名曰“送汤”。小孩满月，须拜太君，宴请亲友，名曰“满月酒”。两个月名曰“双满月”，礼仪简便。用自制或外婆家赠送的银制百锁，戴在孩子颈中以示辟邪。锁上镌有“长命富贵”“金玉满堂”等字样。周岁，外婆家又制新衣等礼物馈赠。同日，陈设书画、笔砚、刀剑弓矢、算盘、尺、秤等各种实物，任凭孩子自取，视其所喜，以观其志，预卜将来成就。年满十六岁，外公、外婆、娘舅、姑夫、大伯、小叔须备鞭炮百子、新衣服装、鞋袜帽子等礼物，给孩子做生日，名曰“敬茶”。同日除去孩子颈中百锁，以示已成大人。今生育礼仪除拜太君、戴百锁之类习俗外，大多依旧，但其程式已简化。

庆寿　俗称“做寿”。一般从 60 岁开始庆寿，逢十庆寿一次。一般“庆九不庆十”，即 59 岁庆 60 岁寿，寓意寿命长久；还有“男做九、女做十”一说。由子女操办宴请亲朋。亲朋前来送寿礼，吃寿面、寿酒，恭祝老人健康长寿。

过生日　小孩子和年轻人过生日日渐盛行。小孩子过生日，一般在自己家操办，亦有少数到宾馆、酒店。形式包括吃生日蛋糕、点蜡烛、许愿、唱“生日快乐”歌、送生日礼物等。年轻人在过生日时，一般会请朋友和同学、同事聚餐。

参军、入学、建房、乔迁、购车　青年应征入伍和考取中专、大学都属喜事，亲友前来贺喜，主家设宴款待。农民建造新房，落成之日办“上梁酒”，宴请亲戚、邻友、泥师、木匠等。购买新房乔迁新居，农村拆迁户搬进新楼房，也有“摆酒”之习。进入 21 世纪，家用汽车开始步入百姓家庭，购买新车也会宴请，但仅限至亲好友。

四、丧葬习俗

送终　老人弥留之际，家中亲人须在其旁，在外地的子女也应火速赶回，与其见最后一面，称送终。确认亡故后，即净身更换寿衣，遗体面部白布遮盖，床前设祭。

吊丧　丧家向亲友通报死讯，称“报丧”。20 世纪 90 年代后，电话报丧者渐多。亲戚、死者生前好友及单位同事均会前往吊唁。吊丧时送吊礼，亲戚大多送冥纸、锡箔等，单位、朋友一般送花圈。不论男客女客均须向死者跪拜,谓之“唱座”。死者子女在旁陪礼,妇女陪哭。死者家中摆设素饭,俗称“豆腐饭”,招待来客。今“豆腐饭”一改素食习俗,除豆腐外,其他菜肴、烟酒与喜宴无异。

守灵 根据死者去世时间,在半夜子时以前寿终者为“快三朝”,隔一天出葬。半夜子时以后寿终者为“慢三朝”,隔两天出葬。其间,子女、至亲日夜守望,谓之“守灵”。农村在家设灵堂,城镇大多在殡仪馆设灵堂。灵台上放有遗像、供奉水果糕点、饭菜,点香烛等。守灵当日,请吹打班吹打,以示对死者的尊重和悼念。子女戴重孝,白衣、白帽、腰间扎草绳,以示披麻戴孝。亲戚扎白布腰带、戴黑布臂章。孙子辈腰间扎白布带、戴青色帽、红臂章。入殓在出葬的当天半夜子时进行。入殓前举行亲人与遗体告别等仪式。

出葬 将死者遗体送至墓地下葬的过程称出葬,又名出殡、出丧。当日,吹打和乐队奏哀乐,增加悲伤气氛。亲朋、邻里均去为逝者送行。实行火葬后,由殡仪馆派车到丧主家,将遗体运至殡仪馆,并为其化妆整容。灵堂设在殡仪馆的,在火化前举行简短的告别会或追悼会。火化后,再将骨灰盒送往墓地。

做七 死者出葬后,在堂前左右角或中堂摆设灵堂。逢“七”作飨,供奉饭菜,点香烛、化纸锭,俗称“做七”。死后第七天为第一个“七”,“头七”到“七七”断七为止共49天。“五七”比较隆重,做“五七”前通知亲戚。如有初丧时未能参加追悼的,则在“五七”补送丧仪。20世纪90年代后,扎纸陋习开始增多,一些丧家扎各种纸楼房、纸电器、纸汽车烧给死者,化冥纸钱,供死者亡灵使用。有的请吹打班或请道士画符、念经,超度亡灵。“断七”日,则撤去灵台。满七后,还有六十天、百日、周年等祭祀日。信奉基督教的,不烧香化纸,用祷告或做弥撒,祭奠逝者。

第三节 生 产

一、生产习俗

稻作习俗 长兴东部地区的农家在每年插秧季节来临时,要挑着猪头三牲,到近处土地神庙祭祀许愿,保佑风调雨顺、五谷丰登。农家近邻还要集聚在一起喝“开秧门酒”。待插秧完毕,又要到附近土地神庙谢神还愿,农家近邻再集聚一起谈论农事,再喝上一杯“关秧门酒”。另外,在每年插的第一棵秧,要倒过来插下,然后拔起再插下。该风俗至20世纪80年代起逐渐淡化、消失。

蚕桑习俗 收蚁,又称收蚕。该日,门挂连枝桑叶,蚕娘头戴红色月季花,以示收蚕,他人不许入内,俗称“关蚕房门”。当日起,蚕农家忌一切异味,停炒鱼肉荤菜。近亲登门,需赠一芽鲜桑叶,象征“送蚕花”。老蚕,又称“上山”,门口悬挂草帚,上布红棉,以示老蚕,闲人莫入。收蚕至老蚕,有祀拜蚕花五圣的习惯,名曰“求蚕花”。是期蚕茧丰收者,再祀拜蚕花五圣,名曰“谢蚕花”。

养殖习俗 饲养母猪,遇到雷雨季节,猪舍横梁上绑一条绳子,把一个坛子垂挂在猪栏上方,用来“收雷声”,避免雷声惊吓到母猪。端午、清明、春节等节日,在猪舍里焚几根香,祈祷猪崽长得快,卖得好。

渔业习俗 每年太湖开捕,渔船进入太湖作业之前,渔农们都要到新塘太湖口黄泥相公庙,以烧香、放鞭炮等方式祈福,希望渔业丰收、平安顺利。

二、生产忌讳

稻作忌讳 长兴农家在插秧中,秧苗忌直接互相传递或将秧苗分给别人,而是一方先把秧苗扔到田里,再由另一方从田里捡起。意在接下去的插秧劳作中,就不会因持续插秧而伤害手指“发秧疯”(手指抽筋)。

蚕桑忌讳 不论在蚕室内或在蚕室外,禁忌项极多:蚕初生时忌室内扫尘、忌炙爆鱼肉、忌油火纸于蚕室内吹灭、忌侧近舂捣、忌敲击门窗、忌槐锡箔、忌蚕室内哭泣、忌秽言淫辞、忌未满月产妇作蚕娘、忌灶前热汤泼灰、忌产妇孝子入家、忌烧皮毛乱醋五辛、躁腥爵香等物、忌当日近风、忌西晒日照、忌温热时猛风骤寒、忌寒凉中突然过热、忌不洁净人入蚕室、忌蚕室近污秽、忌吸烟、忌油漆,并忌一切烟熏,等等。该传统的禁忌，既反映蚕农的祖先对各种蚕病灾祸的恐惧心理，并带有一定迷信的色彩，也包含养蚕经验的总结。

蚕农说话也有忌讳。“葱”不好叫葱，要叫“香头”，唯恐蚕宝宝被“冲”掉；“酱”不好叫酱，要叫咸酸，生怕蚕得“僵”病；吴语中“虾”音与“浮肿”同义，意会蚕得白肚病，因此“虾”便叫作“弯转”。“四”与“死”谐音，更是大忌，因此蚕进入“四眠”就称“大眠”。

渔业忌讳 渔民吃鱼时，鱼不能翻身，翻鱼被预示翻船，不吉利。

养殖忌讳 到农家猪舍看猪，不能说：“你家的猪长得真快！”，猪听到后会长得慢。

蜂蜜不能随便送人。蜜蜂是吉祥的象征，农户家中如果飞来很多蜜蜂筑巢，象征着即将有好事降临，要焚香祈祷。蜂农认为，蜂蜜来之不易，酿造一瓶蜂蜜需要采集上百万花朵，蜜蜂辛勤劳作，蜂蜜不能随意送人，再亲近的朋友也要象征性地收取一定的钱财，作为对蜜蜂的回报。

第四节 生 活

一、服饰

服装 20 世纪 80 年代前，新衣服还是“过年”的奢侈品。服装款式也比较单一。县内多数家庭服装由裁缝店或请裁缝师傅加工制作，或自行制作，家庭用缝纫机曾是重要的嫁妆之一。80 年代中后期起，服装款式开始多样化，有长短滑雪衫、羽绒衫、击剑衫、卡曲衫、绒线外套、羊毛衫、兔毛衫、风雪大衣、长短呢大衣、大西装、小西装、马裤、喇叭裤、直筒裤、牛仔裤、健美裤、连衣裙、背带裙、套裙、直筒裙、四片裙、百褶裙、定形裙、旗袍裙，还有马夹、皮装、猎装、旗袍等。牛仔衣、皮装、皮夹克风光一度，T 恤衫、牛仔裤成为年轻人休闲服饰的主流。女裙经历长裙、喇叭裙、西装裙、一步裙、短裙，一步步演变。衣料有的确良、涤纶、涤毛、全毛、呢绒、绸缎、乔其纱等。90 年代后期，吊带衫、超短裙、露脐装、九分裤等受到女青年青睐，内衣外穿也成为某种时尚。多元化、个性化的发展，使得场合性着装也流行开来，男装、女装、童装、成人装、老人装、职业装，各年龄段的服饰分明。内衣讲究品质、舒适，即使在家中，也穿着不同的服装，诸如家居服、休闲服、睡衣等。服装面料质量日趋讲究，有麻、皮、全棉、真丝和牛绒、羊绒等时新面料。

图 38-1 20 世纪 90 年代初，长兴丝绸厂职工举行的丝绸时装秀（竺志祥摄）

鞋袜 20 世纪 80 年代前，县内多数家庭自制布鞋，春夏秋穿单鞋，冬季穿棉鞋。市场上有草绿色解放鞋、黑蓝色松紧鞋、回力鞋、塑制凉鞋、拖鞋、元宝套鞋、高帮套鞋等。80 年代以后，各式高、中、平跟皮鞋普及城乡，另外还流行人造革皮鞋、旅游鞋等，自制布鞋已消失。农民冬季田间劳动，也普遍穿高靴胶鞋。男性一般以皮鞋为主；女性穿高跟鞋者多，款式多，冬季流行穿中、长皮靴；学生及青年喜穿休闲鞋、球鞋；老年人喜欢穿布鞋，冬季穿保暖鞋。市面上各种鞋子应有尽有，户外、室内都要区分，居民进家门均换拖鞋，春夏秋季凉拖鞋，冬季棉拖鞋。

20 世纪 80 年代，除需赤脚劳动外，穿袜已成为城乡居民的常俗。冬穿尼龙袜、毛巾袜、交织袜，夏穿锦纶、卡普龙丝袜。女青年，为旗袍或裙子配套，穿长筒丝袜。90 年代，袜子有棉、纱、丝织、化纤等不同质地。冬季一般穿棉袜为主,夏季以丝袜为主。女性在穿裙装时喜穿连袜裤。进入21世纪,纯棉加涤卡的袜子因舒适度好而备受欢迎,女性的袜子色彩、姿态各异,有船型袜、镂空的提花袜,有套袜、中统袜、长筒袜、九分裤袜等。夏季许多年轻人干脆不穿袜。白色袜子一度是多数男性的首选,后逐渐以黑、蓝、灰色取代。

发型 20世纪80年代,男性发型多数为短发型,年轻男性流行港式长发,少数留大鬓角、小胡子;女性发型有刘海式、童花式和披肩长发。青年妇女烫发,先后流行“幸子头”、蘑菇头、翻翘式、大波浪等。农村中老年妇女梳分头短发。进入90年代,焗油染发流行,许多女性焗黄发。21世纪后,女性发型逐步趋于多样化、个性化。许多女学生和女青年干脆将头发拢在脑后一把抓,谓之马尾巴。头发焗油、护理逐渐普及,红、蓝、灰等彩色发型也被人们所接受。

饰物 20世纪80年代,女性在结婚时有戒指、手镯、耳环等金银饰物。年轻女性在发上扎丝绸花结或彩色塑料发夹、玻璃球。90年代后期起,珍珠饰物、钻石、水晶等流行,花式繁多,有头饰、耳环、胸针、腰饰、手链、脚链、项链等。各种小饰品店也应运而生,从头到脚的饰物应有尽有。随着手机的普及,各种手机饰物在年轻人中十分流行。各种类型、质地不一的帽子和围巾、头巾,也成了人们在四季中搭配装饰的时尚。美甲深受女性欢迎。男性也注重修饰,系领带,也有戴戒指、手链、项链的。

二、饮食

主食 县内居民一直以大米为主食,有时也食少量面食、豆薯。通常一日三餐。一般早餐食“泡饭”或“稀饭”(俗称“吃粥”),中、晚餐多食米饭,夏季晚餐多食稀饭。20世纪80年代,一些城镇居民、上班族买豆浆、油条、大饼、粢米饭等作早餐;农村中传统早餐多用隔夜吃剩的米饭煮成泡饭,或早上熬粥。农村农忙时午后加食点心,俗称“腰餐”。90年代,早餐店和摊档遍布,品种也丰富,包子、馒头、面条、馄饨、饺子、粽子等应有尽有,不少青年人喜欢面包、蛋糕等西点,也有家庭从超市选购速冻食品做早餐,早餐喝牛奶的习惯开始在城镇家庭中普及。随着工作、生活节奏的加快,留守家中吃正餐的不多,单位有工作餐供应的吃工作餐,没有工作餐的也多以买快餐打发,午餐作为传统正餐的地位逐渐下降。而晚饭逐步演变成正餐,成为一天繁忙后全家团聚的机会,菜肴比较丰富,有荤有素,口味也天天换。

菜肴 20世纪80年代,县内农村家庭日常菜肴以素为主,蔬菜自种自吃,普遍饲养鸡、鸭、鹅、猪等禽畜。城镇家庭则到农贸市场购买。素菜以青菜、萝卜、豇豆、茄子、丝瓜、冬瓜等当地时令蔬菜为主,咸菜一年到头占据餐桌,荤菜食用较少,以猪肉为主,还有鸡、鸭、鹅肉,冬天会吃些羊肉。90年代后期起,各种反季节蔬菜面市,一年四季均有新鲜蔬菜供应,品种比较多。同时,由于养殖业的发展,鱼、虾、肉、蛋、禽成为家常菜。日常菜肴供应充足,买菜已不需要起早,下班后同样可以买到。居民开始越来越讲究新鲜、营养、味美,荤素搭配,口味咸甜适中。进入21世纪,人们开始追求原生态食品,诸如土菜、土鸡蛋、土猪肉等,有机食品、绿色食品开始流行,且价格贵。另外,受移民饮食习惯、不断增加的外来人口以及川菜等外来菜系的影响,长兴当地人也有不少开始喜咸、辣等重口味。

饮水 20世纪80年代,县内农村家庭饮用生水的现象还较普遍,城镇家庭普遍饮用开水。乡镇集镇、农村家庭有三分之一饮用自来水,其余农村家庭多数饮河水、塘水、涧水,家备水缸,自然沉淀净水或用明矾净水,还有一些农村家庭及集镇家庭饮井水居多。县城雉城镇居民饮用水由县自来水厂提供,水源为长兴港。1988年雉城镇发生水污染事故,自来水厂累计停止供水157天,居民饮用水全靠运送,1989年起城市水源地改为包漾河。90年代起,农村改水力度不断加大,乡镇自来水厂先后建立,农村居民饮用安全卫生水的比例不断提高,至2012年全县自来水覆盖率达99.3%。同年,合溪水库成为城市新的饮用水源地开始供水,包漾河作为备用水源加以保护。另外,90年代中后期,桶装饮用水普遍进入城镇家庭,家家都有饮水机。进入21世纪后,城镇少量家庭开始购买净水器,喝纯净水。

茶和饮料 20世纪80年代,县内城乡居民日常多数喝白开水。90年代后,日常喝茶的居民越来越多,主要是绿茶。正月敬茶的传统仍盛行城乡家庭,分糖茶、冻米糖茶、烘青豆糖茶、茶叶茶、烘青豆茶五种,尤其是烘青豆茶。之后,随着城乡经济的发展和生活水平的提高,居民开始讲究茶叶的质量,而且也开始喜欢喝红茶。除长兴当地产紫笋、白茶以外，龙井、碧螺春、铁观音、普洱茶、祁门红茶等外地茶叶也颇受欢迎。还有些居民出于养生、保健的需要，喜欢苦丁茶、八宝茶、大麦茶等一些具有保健、美容、降脂降压等功效的茶叶。很多人选择在茶馆休闲聊天，也有些在茶馆谈生意。

20 世纪 80 年代，饮品单一，主要是汽水和橘子水。90 年代，雪碧、可乐等碳酸饮料成为大众化饮品，常见的还有椰奶、果汁等。进入 21 世纪，饮料的品种丰富，各种果蔬汁、酸奶制品、碳酸饮料非常普遍，各式奶茶深受年轻女性和学生的喜爱。

烟、酒　县内城乡居民吸烟、饮酒习俗流传已久。除个体消费外，婚嫁寿诞、丧葬素事、建房开业、满月周岁、节庆过年等宴请亲朋好友，均用烟酒。农村一直延续有用糯米或晚稻米做甜酒酿和老白酒的传统。20 世纪 80 年代后，时兴饮啤酒和汽酒。21 世纪初，白酒、黄酒、啤酒、葡萄酒等已成为宴席的必备。一些具有保健功能的补酒成为人们送礼之选。卷烟人均年消费量呈上升趋势，消费人群呈年轻化趋势，同时中高档类型的卷烟消费比重远高于全省平均水平，利群、雄狮、双喜、黄鹤楼、芙蓉王、云烟、白沙、南京、中华、黄山、红塔山等品牌在县内畅销。

糕点糖果、滋补品　传统糕点已被逐步淘汰，饼干、蛋糕、麦乳精、巧克力糖果等成为县内城乡居民食用、礼品馈赠的新品种。随着乡村旅游的兴起，传统的青团子成为农家乐餐桌上的一道常设点心，深受人们喜爱。长兴居民多有冬季进服滋补品的习惯，多服人参、双宝素、青春宝、蜂乳、蜂王浆、奶粉、人参精、桂圆、荔枝等。

三、居住

20 世纪 80 年代，全县农村由平房翻建楼房的住户逐渐增多，泥墙茅屋少量存在并逐渐绝迹。90 年代，部分农民开始兴建单体别墅。之后，各乡镇农民新建、改建别墅住宅逐年增多。进入 21 世纪后，全县农村兴起建造宽敞、舒适、美观、多功能为一体的别墅式庭院，厅堂、居室、厨房、餐厅、客厅、车库齐全，电灯、电话、电视齐备，居住条件极大改善。一些地区实施新农村建设，将分散居住的农房过渡到集中居住的住宅小区。农房拆迁，农民上楼，过上城市市民的生活。

20 世纪 80 年代，全县城镇居民人均住房面积较少，居住条件差。90 年代开始，城镇居民住房条件迅速改善，人均住房面积扩大。2000 年，城镇住房商品化全面实施，居民住房条件进一步改善，封闭式小区增多。之后，随着房地产市场的快速发展，推动城镇居民的住房愿望开始由居住型向舒适型跨越，由刚需型向改善型升级。住房户型结构从一室一厅、二室一厅等中小户型发展到三室一厅、三室二厅等大中户型，建筑式样从多层建筑，发展到小高层、高层，并开始出现联排、叠排、别墅等高端住宅。全县城镇和农村居民住房参见第 7 编城乡建设、第 2 章城市建设和第 3 章镇村建设。

20 世纪 80 年代，县内不少居民开始进行住宅装饰，使用石膏板、钙塑板吊顶，并用墙布和聚氯乙烯墙纸贴壁，水泥磨石地面，一般家庭装饰较为简单。90 年代，家庭装修改用复合三夹板吊顶、三夹板或油漆粉刷墙面、地砖或拼木地板铺地，卫生洁具已开始进入家庭。一些住户开始使用名牌油漆、不锈钢装饰，大理石铺地，还有的采用组合式、立体式进行装潢，并配有各种灯具装饰。进入 21 世纪，家庭装饰追求绿色环保，装潢材料更加新颖，装饰更加美观，铺地使用高档地砖、优质地板或大理石，墙面使用高档油漆或高档墙纸，卫生洁具开始使用进口产品。整体厨房、整体衣柜、集成厨房、集成吊顶开始进入家庭装饰，部分家庭还配有中央空调、地暖系统等。参见第 13 编建筑业房地产业、第 1 章建筑业。

四、出行

20 世纪 80 年代，县内居民代步主要工具是自行车，农村中另有拖拉机，部分地区居民外出还以乘坐渡船为主。其中，和平区所辖的长城、便民、和平、吴山 4 个乡镇，1987 年之前多数居民到长兴县城要绕道湖州；1987 年 1 月港口大桥建成后，上述地区绕道湖州到县城的历史结束。90 年代起，轻便摩托车逐步普及，公交车、出租车开始投入使用。不少居民上街购物选择乘坐黄包车(即人力三轮车)。进入 21 世纪，公路交通日益发达，水上客运逐渐衰退，至 2005 年县内渡口全部撤销，城乡公交线路覆盖所有乡镇、村。电动车在城乡迅速发展，广受欢迎。自行车、摩托车、公交车、出租车仍是重要代步工具，居民出远门还有中长途汽车、旅游车、火车、飞机等出行工具可供选择。另外,购买私家轿车的家庭越来越多,居民出门变得十分方便。2012年,宁杭高铁进入试运行,在长兴,“出门就可坐高铁,开车便能上高速”,一种全新的出行模式开始深刻影响居民的生产生活。

五、用具

家具 20世纪80年代,县内城乡家庭以请木匠手工制作为主,主要有五斗橱、衣柜、写字台、沙发、高低床、饭桌等。城镇还流行梳妆台、钢折椅、挂衣橱、书橱、席梦思床、航空沙发等。90年代,开始置办成套家具,仍以木匠自制为主,购买的较少。许多家庭在房子装修时,将衣橱、柜子与墙体连在一起。90年代末开始,居民逐渐购买现成的成套家具,通常包括餐桌、沙发、茶几、床、席梦思、床头柜、大衣橱、电视柜、书桌、书柜等客卧室家具。除中式家具外,欧式较受居民喜欢。

厨房用具 20世纪80年代,县内城镇居民主要使用煤球炉,不少家庭开始使用煤气灶,使用高压锅、电饭煲。农村推行节柴灶,造新房打新式灶、住旧房改老式灶。90年代中后期起,城镇居民普遍使用燃气灶,脱排油烟机开始进入居民家庭。农村家庭省柴灶、煤气灶并用。至90年代末,电饭煲、微波炉等已普遍使用,消毒柜、烤炉等新型厨具开始流行。进入21世纪,农村中也逐渐以燃气灶为主。

家用电器 20世纪80年代,县内普通家庭家用电器极少,主要有电视机、洗衣机,电视机以黑白为主。夏热季节降温主要是电风扇,有吊扇、台扇、落地式扇等,晚上睡凉席。晚饭后,农村居民在晒谷场集体纳凉,谈天说地。冬天取暖用橡胶热水袋,晚上睡觉用电热毯。90年代起,彩色电视机成为主流,电冰箱开始进入普通家庭。进入21世纪,电视机、洗衣机、电冰箱、空调、热水器、音响等已成为基本的家用电器。电脑、数码照相机、数码摄影机也比较普及。灯具有各式台灯、吊灯、壁灯、吸顶灯、日光灯等,除白炽灯外,多用节能灯。

通信工具 20世纪80年代,固定电话开始进入县内经济条件较好的家庭,一般老百姓要打电话,到邮电局公用电话窗口排队,紧急事情可发电报。写信仍是与远距离亲朋好友联络情感的主要方式。90年代初,手机开始出现,俗称“大哥大”,体积较大,价格昂贵,仅少数人拥有。大众所接受的是价格低廉的寻呼机。90年代中后期,固定电话发展较快,成为普通家庭通信的主要工具。街头公用电话已较普遍,使用方便。90年代末,随着价格的降低,手机的使用人群迅速扩大。进入21世纪,手机已十分流行,各种手机频频亮相,智能型手机快速普及。同时,互联网开始迅速发展,QQ、MSN等成为人们交流的重要工具,特别是视频聊天,即使是远在天涯,也能作近似咫尺的交流。2011年后,腾讯公司推出的微信,更将人们带入了即时通信的新时代。

六、儿童少年游戏

进入20世纪80年代,传统游戏在县内城乡儿童少年中不同程度流行。主要有老鹰抓小鸡、扔沙包、丢手绢、滚铁环、打弹珠、打陀螺、打弹弓、打洋片、打铜板、踢毽子、踢房子、跳牛皮筋、跳绳、翻花绳、抓石子、斗鸡、骑马、挤牙膏、躲迷藏、过家家、捉知了等。之后,逐渐被变形金刚、奥特曼、小霸王游戏、电子游戏等新游戏替代。

老鹰捉小鸡 由数人组成,一人扮演老鹰,一人扮演母鸡,其他小朋友扮演小鸡,跟在母鸡身后互牵衣襟排成一队。老鹰尽力设法抓住最后的小鸡,母鸡张开双臂保护,直至抓住为胜。

扔沙包 用碎布及针线缝成,用细沙塞满的沙包是用来作武器“投杀”对方。在规定场地内前后各一名投手用沙包投机对方,被击中者就罚下场,若被对方接住,那么该人可以增加“一条命”,或者让一个已“阵亡”的战友重新上场。

丢手绢 又叫丢手帕。开始前,准备几块手帕,大家推选一个丢手绢的人,其余的人围成一个大圆圈蹲下。游戏开始,丢手绢的人沿着圆圈外走,并悄悄将手绢丢在一人的身后。被丢了手绢的人要迅速发现自己身后的手绢,然后迅速起身追逐丢手绢的人,丢手绢的人沿着圆圈奔跑,跑到被丢手绢人的位置时蹲下。如被抓住,则要表演一个节目,可表演跳舞、歌谣、讲故事等。

滚铁环 器具是一个水桶大小的铁环(旧时农村常用废旧水桶铁箍),一支一米左右的小竹竿,竹竿一头插进以粗铁丝弯成的U字形弯钩里。玩时手持竹竿一端，以另一端的U形铁弯钩推着铁环在地上滚动前进。多人玩时，看谁跑得快，且铁环不倒下。

打弹珠　先在地上画一条线段，在远处的地上掏出一个或者几个洞，然后一次将弹珠从画线处弹出。当大家依次将弹珠弹进所有洞后，该弹珠就可以去撞其他的弹珠。如果撞到其他弹珠，该人获胜；被撞到的弹珠的持有者落败。有的地方就是以弹珠为赌注，每次一个。还有一条关键的规则就是如果弹珠进洞或者进完所有洞后撞到了其他弹珠，那么该玩家可以继续弹动弹珠一次。

抽陀螺　陀螺用小杂木削成牛角式尖的宝塔形，在它的尖端处打一个小洞，嵌一颗小钢珠或者铁珠子。玩者手持一根系着布巾的小竹竿，先将系着的布巾缠住木角螺，向地下平开，陀螺在地下顺时钟转动，不时用布巾抽打陀螺，也可由两人相对抽打陀螺，使两陀螺相撞，转得越久的为胜。

打弹弓　适合男孩子玩。用铁条弯成叉型，两小环处各系一长短相等的皮筋，两皮筋另端各连在一长软皮垫的两端。也有用小树叉做弓身的。玩时一手握手柄，一手的拇指和食指捏夹小石子的皮垫，瞄准目标，拉弓发弹，将石子射出。

打洋片　一般男孩子玩得比较多，适合两人或多人玩，要求地面平整，水泥地最佳。玩前，用书皮或比较硬的纸叠成四方的或三角的洋片。玩时，通过“剪刀、石头、布”的规则，决定先后次序。一人将自己的一张洋片放在地上，另一人手持自己的一张洋片，在空中划过一条弧线，在落地时，靠产生的气流如果把地上的洋片翻个面，就能赢取这张洋片。如不能，则由另一人打。多人玩耍，依次进行。洋片脱手落地时，要算准距离落在紧靠对方洋片的一侧。有耍心眼，故意用衣袖带风，加大气流，甚至可一次掀翻三四张。

打铜板　河南人叫“打鳖”。在室外一空地，一端居中位置放一块砖，将参与人的硬币挨个放在砖的边沿；空地的另一端划一条线。参与人在砖这端，将铜板抛向另一端的线，以不出线为原则，离线近、远，决定游戏顺序。然后，参与人在线外按次序用铜板砸向瞄准的硬币，砸下者，则归己有。

跳房子　河南人叫“踢田”。先在地上画八九个方格，每一方格约两尺见方，每一格为一间。玩时先用小瓦片或一物掷向格内，以后用单脚跳入，把瓦片踢入其他格内，谁先跳完所有方格为胜。其间，所踢的瓦片不得踢出格外或触及每格画线，违者要停跳，让其他人跳，等到下一次轮到自己时，继续自前次停止的格开始跳。胜者打败者的手掌。

踢毽子　鸡毛毽的制作简单，取一鸡翅膀上的粗羽毛，剪下一小截中间空的羽毛柄，往其空管中插进一束细鸡毛，再以布捆扎后固定在一个或两个铜钱中间的孔中，使鸡毛固定不脱落。可一人以脚掌踢出各种花样，如踢至膝盖、肩、背、头等各部位；也可多人互相传递踢出各种花样。竞技时，以踢的数目多者为胜。

翻花绳　玩者女性多。由两人或多人轮流玩耍，用一根细线绳，两端连接为环形，先由其中一人用双手撑开构成一种几何图形，然后由另一人双手用挑、穿、勾等方法改变原来的图形。两人或多人轮流解绷，巧妙的绷出各种图形，能者为胜。

跳皮筋　也叫跳橡皮筋、牛皮筋，一般是女孩子的游戏，参与者三人以上。首先由两人将系成套形的皮筋儿套在脚脖上，拉开适当距离。另外的游戏者一次或单人或编组到皮筋儿上按规矩跳动，边跳念诵一些流行的童谣。一首童谣未完时跳者绊筋儿或踩筋儿，下来替换，重新开始：如果跳者跳完了一首童谣，皮筋高度由踝骨升至膝盖，跳第二首童谣，如此反复，皮筋一次次升高，直至高过头顶（双手高举）。以能跳完最高的皮筋为胜。

跳绳　一人或多人在一根环摆的绳中做各种跳跃动作。常见的玩法：蹦蹦跳，即双脚跳；单脚交换跳，即两只脚不断地交换着跳；双飞，跳一下甩两下；反跳，倒着跳；编花，两手交叉跳。

拈石子　亦称“抓子”。一般是女孩子的游戏。用小石子五粒，先把五粒石子握在手中，掷上其中一子，同时将其余四子掷于桌面或地上，俗称“放子”。而后开始拾子，即掷上一子，接而俯拾一子，再掷上一粒接而俯拾二子，依次拾完；再把四子都撒在桌上，掷上一子接而俯拾全部四子；最后把四子全部撒在桌上，掷上一子接而先俯拾对方选定二子，再把其余二子叠高，再俯拾之。按以上程序顺利完成者为赢。后有改用内装砂子的小布袋的拈子游戏，叫拣沙包。

过家家 参与人数两人以上，玩过家家时，几名儿童分别演“爸爸”“妈妈”“爷爷”“奶奶”。游戏的方式主要是模仿大人过日子，如做饭、清洗衣服、买菜等。游戏道具，大多都是用手边就能找到的一些东西来代替，比如大人们不用的破布片，他们手里的布娃娃，路边的花花草草等。

捉迷藏 首先选定一个大致范围，大家经过猜拳或一定规则之后，选定一个人先蒙上眼睛或背着大家数数，可长可短，而其他人必须在该段时间找到一个地方躲藏，时间到后那个人去找其他人，最先找到的人为下一轮找的人。没有被找到，且最后回到出发点没有被寻找者发现的人，将不参与第二局的猜拳，直接成为躲藏者。游戏可反复进行。

五子棋 五子棋是一种两人对弈的纯策略型棋类游戏，通常双方分别使用黑白两色的棋子，下在棋盘直线与横线的交叉点上，先形成五子连线者获胜。

放风筝 风筝又被称为风琴、纸鹞、鹞子、纸鸢。起源于中国，是一种古代汉族劳动人民发明的通信工具，风筝是一种比空气重的，能够借助风力在空中漂浮的制品。

骑马 玩时先由两个儿童将右手向下握住自己的左手腕，再用左手向下握住对方右手腕，形成一个四方结子形的“座坐”，然后蹲下让其他儿童坐在“座坐”上，再站起来走动，俗称“骑马马”。也有马马相斗者。

抢凳子 参与人数10人及以上。游戏规则：首先将小板凳围成一圈，并确保板凳的数量少于参与人数。接着，玩家围成一圈，绕着板凳转圈圈。在游戏进行的过程中需要播放音乐，当暂停音乐，玩家即要迅速抢占一个板凳坐下占着那个位置，没抢到板凳的人被淘汰出局。

数青蛙 多人参与。游戏规则：按照口诀数青蛙，青蛙、嘴、腿、跳水声音要按照实际变动的数量增加。例如“一只青蛙一张嘴，两只眼睛四条腿，扑通一声跳下水。两只青蛙两张嘴，四只眼睛八条腿，扑通两声跳下水……”。出错则接受惩罚。

挤牙膏 适合冬天游戏。多人靠墙而立，用肩部力量向中间挤，被挤出去的小朋友去两边，再向中间挤，反复进行。

拔河 拔河是幼儿园每年活动必不可少的经典项目，各年龄段的人都可以玩，主要以各班级幼儿园家长参与居多。在游戏中，一般将人员分为两组，双方各执绳子的一端，然后角力。

猜拳 亦称“猜猜猜”，石头剪刀布。按照习规，握拳为石头伸出手掌为布袋，叉开食指和中指为剪刀。石头可以砸剪刀，剪刀可以剪布袋，布袋可以包石头，被砸、被剪、被包者为败。败者常被胜者打手掌。儿童在游戏中决定次序时也用猜拳的方式。也有在酒席上比胜负而罚酒者。

捉知了 夏日，在竹竿的一头插铅丝圈，卷上几个蜘蛛网，然后，找到知了，看准举竿，粘其翅膀，捉住它。还有，在竹竿的一头插铅丝圈，用塑料袋套在铅丝圈上，悄悄靠近知了，然后罩住，多数情况下知了会一头撞进袋中。

堆雪人 堆雪人是下雪天才能享受的一项有趣的活动。当然雪必须要下得够大够多，才能积累足够的雪球，气温要够低，才能使积雪不会迅速融化。将洁白的雪堆，制成一个人形的艺术品，不仅供于观赏，还能训练手艺、锻炼身体。是孩子喜欢的活动。

放鞭炮 放鞭炮是一个汉族传统民俗，已有两千多年历史，相传是为了驱赶一种叫年的怪兽。当午夜交正子时新年钟声敲响，整个中华大地上空，爆竹声震响宇。在“岁之元、月之元、时之元”的“三元”时刻，把除夕的热闹气氛推向了最高潮。

七、忌讳

20世纪80年代后，长兴民间相沿的风俗禁忌逐渐减少，但农村中仍有些忌讳沿袭着。店铺晚上关门，因与停业同义，故忌，叫“打烊”。船民、渔民吃饭忌将筷搁碗上，吃鱼忌将鱼翻身或夹断，犯忌不吉，意为搁浅或翻船。戴孝期间，忌走亲访友，更忌人喜宴、寿堂。向人敬酒，忌反手倒酒，属不敬。书信忌用红笔写，意为绝交。90年代后，又增添了新的忌讳。忌四旺八，“四”意“死”，“八”意“发”，“4”“14”的牌号难觅，“8”的牌号争用，“98”意为“久发”。饭店电话号码则喜用“777”之类，读音为“吃吃吃”，意味“有吃的”。

八、不良习俗

吸毒　长兴解放后,县委、县政府开展禁毒斗争,吸毒恶习得以彻底根除。20 世纪 90 年代初,受外地毒品流传影响,县内出现少数家庭非法种植少量罂粟、少量人员吸毒等情况。至 2002 年,全县发生的涉毒案件均为少数家庭非法种植少量罂粟,且涉毒人员无上升现象。2005 年,县内查获贩卖海洛因案件,之后查获贩毒罪犯、吸毒人员均呈上升趋势。冰毒、K 粉等新型毒品增加,海洛因、大麻等传统毒品相对减少。吸毒人员身份由过去的无业人员逐渐向社会闲散人员、学生、私营业主等多元化方向发展。

赌博　20 世纪 80 年代前,县内赌博风经打击已大为收敛。80 年代后期至 90 年代,一些地区赌博风趋蔓延之势。进入 21 世纪,赌博的组织化程度越来越高,有专人望风、接送野外赌博。还出现出国(境)赌博现象。

卖淫嫖娼　二十世纪八九十年代,主要在县境内 104、318 国道线两侧饭店、停车场、旅店等场所。之后,逐渐向其他地区、场所蔓延。2012 年,全县共侦破介绍、容留卖淫案 17 起,抓获犯犯罪嫌疑人 30 人,查处卖淫嫖娼案件 166 起。

其他陋习　一些历代传承的民间陋俗在长兴还不同程度存在。如重男轻女,算生辰八字,生病不求医而叫魂、求仙,建房、开业、选墓地时看风水、选日子,婚嫁丧葬兴大操大办之风。

第三章　方言 普通话

长兴方言属吴语太湖片的苕溪小片。吴语属于汉藏语系汉语族,是中国七大方言之一,分布在中国江苏南部、安徽南部、浙江大部、上海、江西东北部和福建西北角,使用人口众多,是中国除官话方言以外的第二大汉语方言,在全球排名第十。吴语在国际标准化组织的"IS0639－3 体系"中拥有独立的语言代码:IS0639－3 wuu。

吴语具有悠久的历史,其形成可以追溯到春秋战国时代。泰伯、仲雍为成全父亲古公亶父要把王位传给老三的儿子姬昌的愿望,到达江南荆蛮之地,定居于今天的无锡、常熟一带,并取得当地民众的拥护和爱戴,建立吴国。来自北方的古汉语和当地土著的语言融合,构成古吴语的基础。之后,在楚语和北方汉语的融合影响下,吴语逐渐形成雏形。至六朝初,吴语名称已经产生。唐时国家安定兴盛,吴语得到巩固,宋时吴语已形成今天南北各片的基本状况。明清时期,随着苏州经济、文化水平的提高,以苏州话为代表的吴语对全国产生很大的影响。太平天国运动后,随着苏州的衰落和上海的崛起,上海话成为吴语的代表。

吴语的苕溪小片包括湖州、长兴、安吉、德清、余杭等 5 个市县,使用人口约 300 万人。作为苕溪小片的长兴县,是一个移民县城,因此也是一个多方言的特殊地带。该地不仅流行着当地的吴语苕溪小片的方言,还流行着河南话、安庆话、平阳话、温州话、宜兴话、建德话等多种方言。长兴方言复杂,有其历史原因。太平天国时期,江苏、浙江和安徽三省是主战场,遭受战争破坏最为严重。富饶的江南长兴也因此变为人烟稀少、田地荒芜之地。战前长兴县人口约为 47 万,而战后仅剩 7 万人。为迅速恢复战后的残破经济,清政府在各州县先后设立"劝农局""招垦局"或"开垦局"等机构,负责招垦事宜。据民国年间调查,长兴县外来移民,以河南籍为最多,占百分之四十以上,当地籍占百分之四十不到,另外还有台、绍、温、金、湘、皖、江北等籍移民。各地移民在长兴定居,也把他们的方言带进长兴,形成长兴多方言的复杂语言现状,其语言面貌与周边湖州、德清等存在着明显的不同。

另外,语言是一种随着社会的变化而变化的交际工具。随着社会的变革,经济的发展,文化的传播,人员的流动,长兴方言的语音、词汇、语法,也无一不处于嬗变之中。在社会日益融合,资讯交通日益发达的当下,方言正面临着弱化的危机。

第一节 方言分布

一、长兴的移民潮

长兴是一个移民城市。大量移民的存在,并非偶然因素。长兴东临太湖、三面环山,地势雄峻,襟带苏浙皖三省“门户”,为历代兵家必争之地。由于战争,长兴人口损失和流动大,移民也一直没有停止过。在长兴历史上,曾出现过几次重要的移民潮。

晋代的长兴移民 永嘉之乱后,晋室东渡,建都建康(今南京),大批士族豪门也迁至江浙一带。据谭其骧在《晋永嘉乱后之民族迁徙》中的统计,当时全国约有六分之一人口南移。南渡人口之中,有为数众多的官僚士大夫人物。长兴的一些大家族如陈家、王家等就是上述由北方而南下人物的代表。如陈朝皇帝陈霸先的先人就是晋室东渡时的河南移民。陈霸先先人祖籍河南颍川,晋室东渡时,陈家先人太尉陈伯珍渡过长江,定居江苏丹阳县。其孙陈达即陈霸先的十世祖后担任长兴县令,并定居下箬里。梁武帝天监二年(503年),陈霸先诞生,并于太平二年(557年)在建康建立陈朝,陈姓遂成为长兴望族。其他的望族还有小浦画溪的徐家、夹浦鼎甲桥的臧家、李家巷石泉的吴家等。另外,王姓、潘姓等都是大姓人家。

两宋时期的长兴移民 宋室南渡以后,大量移民到达长兴。宋太宗雍熙四年(987年),一批胡姓人氏到长兴定居。宋时,一支徐姓移民由江东(今属江苏苏州)迁入今长兴煤山尚儒村。长兴的望族臧姓,先祖臧谟在宋宝祐年间官知徐、兖两州事,值兵乱致仕后,为长兴山水吸引,遂迁居今夹浦,其所住的村子后名臧家村。子孙繁衍,分居地有夹浦、水口、雉城、后漾、合溪、鸿桥、李家巷、煤山、虹星桥、林城、下箬等地。明代长兴臧氏一门出十八名进士,其中有著名戏曲家、文学家臧懋循。

靖康二年(1127年),宋朝在开封的帝都为金国所灭,徽、钦二帝被俘,宋钦宗的弟弟赵构逃往南方,重建宋王朝,史称南宋。不久,迁都临安(今杭州)。随着宋室南渡,一大批文臣武将也迁至浙江。湖州地区离杭州不远,因此成为宋室的“陪都”和“后花园”。相应的,也有一批北人南迁而定居长兴,引发又一次长兴移民潮。长兴的钦家、朱姓、杨姓、韩姓就是该时期迁入,并逐步发展成为大姓。宋室南渡让南方人口大量增长。据记载,南宋绍兴二十九年(1159年)时,南方人口为1684万人,到南宋淳熙六年(1179年),人口达2950多万人,在短短二十年内,人口增长四分之三。该时期,长兴的人口也得到迅速增长。“北宋大中祥符年间(1008—1016年),长兴有34103户,104292人。南宋淳熙年间(1174—1189年),为49811户,154838人。南宋嘉定年间(1208—1224年),增至62300户,273000人。”[①]虽经历靖康之乱,但两宋时期江南地区经济发展迅猛,因而长兴人口也增长显著,为清代以前历代长兴户口的高峰。

元末明初的长兴移民 元末明初,长兴成为军事重镇。朱元璋的大将耿炳文占领长兴后,修建长兴县城,为人口的迁入与增长创造有利条件。李姓、方姓、顾姓等因各种原因移民到长兴。

清末太平天国运动后的长兴移民 长兴历史上最大规模的移民潮出现在清末太平天国战争后。太平天国战后的江南地区,人口凋零,土地荒芜。为了恢复残破的经济,江苏、浙江和安徽三省积极招徕外地农民垦荒,从而引发长达半个世纪的“下江南”移民浪潮。

太平天国时期(1851—1864年),江苏、浙江和安徽三省是主战场,遭受战争破坏最为严重。“大半人民死亡,室庐焚毁,田亩无主,荒弃不耕。”[②]湖州府人口在咸丰八年(1858年)为298.9万人,到同治四年(1865年)仅剩9.2万人;广德人口也由31.2万人锐减到6000余人。据记载:嘉庆八年(1803年),长兴出现人口高峰,达95494户、360064人;同治六年(1867年),仅10512户、21969人;64年间,减少30余

① 长兴县志编委会编,谢文柏主编:《长兴县志》,第117页,上海人民出版社1992年版。

② 王韬:《弢园文录外编》卷7。

万人口[①]。

人口的大量死亡和流徙，使得江南地区从战前的人满为患、耕地不足，一变成为人烟稀少、田地荒芜。江南地区一向是朝廷赋税的命脉所在，土地的大量荒芜势必会影响到朝廷的税赋收入。同治五年(1866年)，清廷谕令各省招垦荒田，并制定各种优惠的招垦政策，鼓励和吸引各地移民，以解决人少地多的矛盾，迅速恢复残破的经济。在优惠政策的吸引下，一场大规模的“下江南”移民浪潮迅速掀起。两湖、河南等外省移民纷纷涌入该区域，垦荒定居。民间传言“下江南，种无主良田，住无主美屋，无一村一堡不轰动。凡佃户皆辞田而去，迁徙者不下万户”。而长兴县“因地当江苏、安徽进入浙江的交通要道，战争中人口损失惨重，成为战后移民的重要迁入区。据《申报》报道：三江两湖之人，以垦荒为名而至者，岁不下数百千户，二十余年来生齿日繁。”[②]当然，该时期，外来移民除上述主要的垦荒性移民外，还包括一部分军事性移民。清政府平定太平天国后，开始裁撤军事人员。曾国藩解散他指挥的全部12万名湘军，其中有一大批就地安置，留居江南各地，进行各种劳作。湖州府属各县也有关于他们的记录。

大量外地移民的迁居长兴，使全县人口迅速增长，对太平天国战后社会经济的恢复与发展起到积极推进作用。

民国时期的长兴人口流动　民国12年(1923年)秋冬，长兴煤矿从北方诸省及湖北招纳矿工500余人。民国21年至26年(1932—1937年)，宁益银团办矿时又招收外籍矿工3615人。

据民国年间的调查，长兴县外来移民，“以河南籍为最多，占百分之四十以上，长兴籍占百分之四十弱，余均台、绍、温、金、湘、皖、江北等籍。”[③]

长兴解放后的人口流动和移民　长兴解放后，全县人口有几次较大的流动。1949年4月，以山东省淄博籍为主的74名干部奉命南下，到长兴建立人民政权；其后又陆续有南下干部到长兴工作。同年5月，由杭州调入长兴煤矿干部20人，职工59人，工人680人。

1955年秋，杭州、嘉兴、湖州等城市闲散劳动力2800余人，到县内二界岭、长潮、仙山、大云、白阜5个乡开垦荒地，并组成长岗岭开荒联合社。同年，又有嘉善等城镇300人到水口、黄金库、寿圣寺开荒。1956年春，杭州移民到城郊、管埭、包桥、泗安等乡镇插队落户，共138户、435人。秋收后，大部分倒流回杭。至1958年12月，杭州移民陆续返杭的有112户、370人。至1987年，留有56户、224人(包括其后代)，原支农人员尚有92人。

20世纪50年代开始，全县累计接收安置建德县水电站库区移民1549户、8067人。1968年年底，接受建德县移民1557户、8106人，分布在管埭、天平、畎桥、包桥、二界岭、长潮、泗安、林城、和平、长城、便民桥、观音桥、里塘、虹星桥、长桥、城郊、后漾17个乡的145个村，以管埭、天平桥、畎桥、包桥4乡居多。至1972年，实际定居移民为7298人。同年至1975年，有部分移民由于生活、生产、习惯等原因迁移江西。1980年12月开始，有部分移民流回建德。经过反复做思想教育工作，仍返长兴定居。1994年，共3613户、14002人，分散安置在15个乡镇的141个村。后经省移民办核定，长兴建德移民3199户、11238人，主要分布在画溪街道、雉城街道、虹星桥镇、林城镇、泗安镇、和平镇等个镇、街道的81个村。

1961—1965年9月，全县农村安置外县城镇1941户、3915人。1970—1973年，全省进行第二次夺煤大会战，长广煤矿公司招收温州、金华、宁波、绍兴等地职员、工人10087人。1984年、1985年，长广煤矿公司从外县农村迁入职工家属4528户，14383人。1986年、1987年，长广煤矿公司井下工人农村户口家属有1494人从外地迁入长兴为城镇户口。同时，该公司又有富余劳动力及部分职工子女等共7353人到外地就业。另外，1984—1987年，从云、贵、川等地流入长兴农村的妇女有984人。

2000—2004年，全县先后接收三批来自重庆奉节县、丰都县的三峡库区移民，分别安置在雉城镇、

① 长兴县志编委会编，谢文柏主编：《长兴县志》，第116—117页，上海人民出版社1992年版。

② 葛庆华：《太平天国战后苏浙皖交界地区的两湖移民》，《湖南大学学报》2005年7月。

③ 葛庆华：《近代江南地区的河南移民——以苏、浙、皖交界地区为中心》，《史学月刊》2003(1)。

洪桥镇、李家巷镇、夹浦镇、小浦镇、水口乡、吕山乡、吴山乡8个乡镇和县经济技术开发区的38个村，共计142户、611人。

二、长兴话和移民方言的分布[①]

移民刚到长兴定居时，大多聚居在一起，同时根据原住地的经济生活习惯，选择合适的地方定居，形成了方言的区域分布。“长兴话以雉城镇为中心，分布全县；东半部客籍话很少，西半部客籍话较多。客籍话中的河南话盛行于泗安、管埭、仙山、二界岭、天平桥、畎桥、林城、包桥、虹星桥、里塘、吴山、观音桥、长桥等乡镇；平阳话流行于丘陵地带的平阳人聚居区，尤其是太傅乡，全乡13个行政村中有10个村说平阳话。”“由于居住地域、交通、贸易、文化交流、婚姻等原因，横山乡东部、吕山乡南部及西苕溪两岸与湖州市交界沿线的长兴话带有湖州口音，泗安地区与安徽省广德县交界处的长兴人会说带有广德口音的河南话，与江苏省宜兴县毗邻的煤山镇东西川岕的长兴人以说宜兴话为主，丁甲桥乡的北川岕、父子岭的长兴人会说宜兴话，白岘乡的长兴话带有极为明显的宜兴口音。”[②]

随着社会的发展，行政区划的改变，人口的迁移，当初的聚居状态已经发生明显改变。根据2016年对全县各乡镇、街道方言分布调查情况的统计，长兴话、河南话是主要流行的方言，其中长兴话在全县所有的15个乡镇、街道均通行，河南话在除洪桥镇之外的14个乡镇、街道通行。另外，建德话、平阳话、温州话、江北话(苏北话)、宜兴话、安庆话、重庆话等方言在县内不同程度通行，湖北话、广德话、江苏话、江西话、台州话、吴兴话等方言在个别自然村存在。

长兴话的分布 长兴话在全县所有的15个乡镇、街道中均通行。在全县2576个自然村中，有村民说长兴话的自然村共1799个，覆盖率达69.8%。其中，洪桥镇有村民说长兴话的自然村(含由太湖图影度假区管委会代管的村。下同)共225个，虹星桥镇有184个，画溪街道有184个，林城镇有169个，太湖街道有167个，和平镇有133个，小浦镇有119个，李家巷镇(含由湖州南太湖产业集聚区长兴分区管委会代管的村。下同)有116个，吕山乡有105个，泗安镇有89个，夹浦镇有83个，煤山镇有70个，水口乡有58个，龙山街道有51个，雉城街道有46个。洪桥镇是全县唯一一个长兴话通行域内所有自然村的乡镇、街道。

长兴河南话的分布 河南话在全县14个乡镇、街道中通行。在全县2576个自然村中，有村民说河南话的自然村共1001个，覆盖率达38.9%。其中，泗安镇有村民说河南话的自然村共277个，虹星桥镇有158个，和平镇有156个，林城镇有149个，画溪街道有121个，李家巷镇有33个，吕山乡有22个，雉城街道有22个，小浦镇有18个，龙山街道有16个，煤山镇有14个，夹浦镇有6个，太湖街道有6个，水口乡有3个。洪桥镇是全县唯一一个没有河南话通行的乡镇、街道。

长兴平阳话的分布 平阳话在全县10个乡镇、街道中通行。在全县2576个自然村中，有村民说平阳话的自然村共198个，覆盖率达7.7%。其中，泗安镇有村民说平阳话的自然村共89个，和平镇有23个，水口乡有21个，雉城街道有14个，林城镇有13个，画溪街道有11个，龙山街道有10个，李家巷镇有7个，煤山镇有6个，夹浦镇有4个。

长兴建德话的分布 建德话在全县6个乡镇、街道中通行。在全县2576个自然村中，有村民说建德话的自然村共139个，覆盖率达5.4%。其中，泗安镇有村民说建德话的自然村共79个，画溪街道有47个，虹星桥镇有5个，林城镇有4个，和平镇有2个，雉城街道有2个。

长兴江北话的分布 江北话(苏北话)在全县12个乡镇、街道中通行。在全县2576个自然村中，有村民说江北话(苏北话)的自然村共65个，覆盖率达2.5%。其中，吕山乡有村民说江北话的自然村共22个，水口乡有9个，画溪街道有8个，夹浦镇有7个，和平镇有7个，林城镇有6个，泗安镇有5个，虹星桥镇有5个，洪桥镇有2个，龙山街道有2个，李家巷镇有1个，太湖街道有1个。

---

① 吴连意主编:《长兴方言志》，方志出版社2020年版。

② 谢文柏主编:《长兴县志》，上海人民出版社1992年版，第768页。

长兴重庆话的分布　重庆话在全县 11 个乡镇、街道中通行。在全县 2576 个自然村中，有村民说重庆话的自然村共 55 个，覆盖率达 2.1%。其中，太湖街道有村民说重庆话的自然村共 10 个，洪桥镇有 9 个，夹浦镇有 9 个，李家巷镇有 4 个，水口乡有 5 个，和平镇有 4 个，小浦镇有 3 个，泗安镇有 1 个，画溪街道有 1 个，龙山街道有 1 个。

长兴安庆话的分布　安庆话在全县 5 个乡镇、街道中通行。在全县 2576 个自然村中，有村民说重庆话的自然村共 50 个，覆盖率达 1.9%。其中，泗安镇有村民说安庆话的自然村共 21 个，煤山镇有 14 个，水口乡有 7 个，龙山街道有 6 个，画溪街道有 2 个。

长兴宜兴话的分布　宜兴话（芥里话）在全县 3 个乡镇中通行。在全县 2576 个自然村中，有村民说宜兴话的自然村共 45 个，覆盖率达 1.7%。其中，煤山镇有村民说宜兴话的自然村共 39 个，夹浦镇有 5 个，水口乡有 1 个。

长兴温州话的分布　温州话在全县 5 个乡镇中通行。在全县 2576 个自然村中，有村民说温州话的自然村共 21 个，覆盖率达 0.8%。其中，李家巷镇有村民说温州话的自然村共 7 个，煤山镇也有 7 个，泗安镇、吕山乡各有 3 个，和平镇有 1 个。

长兴话和主要移民方言在自然村的分布情况表

表 38-3　　单位：个

方言种类	各乡镇街道所属自然村总数及通行各种方言的自然村数量															合计
	洪桥镇	李家巷镇	夹浦镇	泗安镇	虹星桥镇	和平镇	林城镇	小浦镇	煤山镇	水口乡	吕山乡	画溪街道	雉城街道	龙山街道	太湖街道	
	225	125	105	348	260	253	253	130	117	90	121	230	62	86	171	2576
长兴话	225	116	83	89	184	133	169	119	70	58	105	184	46	51	167	1799
河南话	—	33	6	277	158	156	149	18	14	3	22	121	22	16	6	1001
平阳话	—	7	4	89	—	23	13	—	6	21	—	11	14	10	—	198
建德话	—	—	—	79	5	2	4	—	—	—	—	47	2	—	—	139
江北话（苏北话）	2	1	7	5	5	7	6	—	—	9	2	8	—	2	1	65
重庆话	9	4	9	1	—	4	—	3	—	5	8	1	—	1	10	55
安庆话	—	—	—	21	—	—	—	—	14	7	—	2	—	6	—	50
宜兴话（芥里话）	—	—	5	—	—	—	—	—	39	1	—	—	—	—	—	45
温州话	—	7	—	3	—	1	—	—	7	—	3	—	—	—	—	21

说明：1. 资料来源于《长兴方言志》，吴连意主编，方志出版社 2020 年版。2. 2016 年长兴方言分布调查，以行政村（居）为单位，以自然村为基本单元统计长兴户籍居民语言使用情况，城市社区户籍居民和县内暂住人口不在调查范围；一个自然村如有 2 种或 2 种以上的方言流行的，各统计一次

三、长兴话村和移民方言村[①]

县内存在着单方言村、双方言村、多方言村等现象。单方言村，即一个自然村只通行一种方言。双方言、多方言村，即通行两种或两种以上的方言。根据对各乡镇、街道方言分布调查情况的统计，在全县 2576 个自然村中，只通行长兴话或一种移民方言的自然村共 1866 个，占全县自然村总数的 72.4%；通行两种方言的双方言村共有 606 个，占全县自然村总数的 23.5%；通行三种或三种以上方言的多方言村有 104 个，占全县自然村总数的 4%。

① 吴连意主编：《长兴方言志》，方志出版社 2020 年版。

单方言村 在全县2576个自然村中,只通行长兴话或一种移民方言的自然村共1866个,占全县自然村总数的72.4%。只通行一种移民方言的单方言村共有635个,占全县自然村总数的24.7%,涉及10种移民方言;其中河南话单方言村分布最广,占绝对多数,共有444个,占全部单方言村总数的69.9%,占全县自然村总数的17.2%。

长兴话村 全县只通行长兴话一种方言的自然村共1231个,占全县自然村总数的47.8%。分布在全县所有的15个乡镇、街道。其中,洪桥镇有216个,太湖街道有154个,小浦镇有109个,虹星桥镇有95个,林城镇有92个,吕山乡有85个,李家巷镇有79个,夹浦镇有76个,画溪街道有72个,和平镇有69个,龙山街道有47个,水口乡有49个,煤山镇有43个,雉城街道有29个,泗安镇有16个。以洪桥镇、太湖街道为最,长兴话村占该地区自然村总数的比例均超过90%,分别为96%和90.1%。

长兴河南话村 全县只通行河南话一种移民方言的自然村共有444个,占全县自然村总数的17.2%。分布在全县13个乡镇、街道,洪桥镇、煤山镇均无河南话单方言村。其中,泗安镇有134个,和平镇有92个,虹星桥镇有70个,林城镇有70个,画溪街道有22个,龙山街道有13个,小浦镇有11个,吕山乡有9个,李家巷镇有6个,雉城街道有6个,夹浦镇有5个,水口乡有3个,太湖街道有3个。

长兴平阳话村 全县只通行平阳话一种移民方言的自然村共有95个。分布在9个乡镇、街道。其中,泗安镇有29个,水口乡有16个,和平镇有12个,画溪街道有9个,雉城街道有9个,林城镇有7个,龙山街道有7个,夹浦镇有4个,煤山镇有2个。

长兴宜兴话村 全县只通行宜兴话(白岘话、岕里话)一种移民方言的自然村共有42个。其中,煤山镇37个,夹浦镇5个。

长兴江北话村 全县只通行江北话(苏北话)一种移民方言的自然村共有27个。分布在8个乡镇、街道。其中,夹浦镇6个,龙山街道6个,水口乡5个,虹星桥镇4个,和平镇2个,吕山乡2个,画溪街道1个,太湖街道1个。

长兴安庆话村 全县只通行安庆话一种移民方言的自然村共有14个。其中,龙山街道6个,水口乡4个,煤山镇3个,泗安镇1个。

长兴温州话村 全县只通行温州话一种方言的自然村共有7个。其中,吕山乡3个,李家巷镇2个,煤山镇2个。

双方言村 全县通行2种方言的606个双方言村中,长兴话、河南话的双方言村最多,共有361个自然村,占双方言村总数的59.6%。

其他较多的双方言村,河南话、建德话双方言村,有46个;长兴话、重庆话双方言村,有42个;长兴话、建德话双方言村,有30个;河南话、平阳话双方言村,有28个;长兴话、平阳话双方言村,有20个,平阳话、建德话,有11个。

其余均为在10个自然村以下通行的方言村,其中长兴话、安庆话双方言村,长兴话、苏北话双方言村,各有9个;河南话、安庆话,有6个;长兴话、温州话,长兴话、江北话,河南话、苏北话,河南话、重庆话,各5个;河南话、广德话,平阳话、重庆话,各4个;河南话、江北话双方言村有3个;河南话、温州话,河南话、湖北话,平阳话、安庆话,各2个;长兴话、江苏话,长兴话、广德话,长兴话、吴兴话,河南话、江西话,平阳话、温州话,平阳话、台州话,温州话、宜兴话,苏北话、重庆话,各1个。

多方言村 全县通行3种方言的多方言村共97个。其中,通行长兴话、河南话、建德话的多方言村,有33个;通行长兴话、河南话、平阳话的,有20个;通行长兴话、河南话、安庆话的,有8个;通行河南话、平阳话、建德话的,有6个;通行河南话、安庆话、建德话的,有5个;通行长兴话、河南话、江北话,长兴话、河南话、苏北话,长兴话、平阳话、温州话的,各有4个;通行平阳话、安庆话、建德话的,有3个;通行长兴话、河南话、重庆话的,河南话、平阳话、贵州话的,各有2个;通行长兴话、河南话、温州话,长兴话、江苏话、白岘话,长兴话、宜兴话、安庆话,长兴话、江北话、建德话,长兴话、江苏话、建德话,河南话、温州话、平阳话的,各有1个。

全县通行4种方言的多方言村共7个。其中，通行长兴话、河南话、苏北话、建德话的，长兴话、苏北话、山东话、湖广话的，各有2个；通行河南话、安庆话、苏北话、建德话，长兴话、河南话、建德话、安庆话，长兴话、河南话、平阳话、建德话的，各有1个。

长兴话村和移民方言村情况表

表 38-4　　单位：个

乡镇、街道（自然村数量）	单方言村		双方言村		多方言村	
	方言	通行自然村数量	方言	通行自然村数量	方言	通行自然村数量
洪桥镇（225）	长兴话	216	长兴话、重庆话	7	长兴话、苏北话、山东话、湖广话	2
李家巷镇（125）	长兴话	79	长兴话、河南话	25	长兴话、平阳话、温州话	4
	河南话	6	长兴话、平阳话	3	长兴话、河南话、重庆话	1
	温州话	2	长兴话、重庆话	3	—	—
	—	—	长兴话、江北话	1	—	—
	—	—	河南话、温州话	1	—	—
夹浦镇（105）	长兴话	76	长兴话、重庆话	7	—	—
	河南话	5	河南话、重庆话	1	—	—
	宜兴话	5	苏北话、重庆话	1	—	—
	平阳话	4	—	—	—	—
	江北话	4	—	—	—	—
	苏北话	2	—	—	—	—
泗安镇（348）	长兴话	16	长兴话、河南话	22	长兴话、河南话、平阳话	11
	河南话	134	长兴话、平阳话	9	长兴话、河南话、江北话	2
	平阳话	29	长兴话、安庆话	1	长兴话、河南话、安庆话	6
	安庆话	1	长兴话、江苏话	1	长兴话、河南话、建德话	18
	—	—	长兴话、建德话	1	长兴话、河南话、温州话	1
	—	—	河南话、建德话	35	河南话、平阳话、建德话	6
	—	—	河南话、广德话	4	河南话、安庆话、建德话	5
	—	—	河南话、湖北话	1	河南话、温州话、平阳话	1
	—	—	河南话、平阳话	18	河南话、平阳话、贵州话	2
	—	—	河南话、江北话	2	平阳话、安庆话、建德话	3
	—	—	河南话、安庆话	5	河南话、安庆话、苏北话、建德话	1
	—	—	河南话、温州话	1	—	—
	—	—	河南话、苏北话	1	—	—
	—	—	平阳话、建德话	11	—	—
虹星桥（260）	长兴话	95	长兴话、河南话	81	长兴话、河南话、建德话	2
	河南话	70	长兴话、江北话	2	长兴话、河南话、苏北话	3
	江苏话	4	长兴话、建德话	1	—	—
	—	—	河南话、建德话	2	—	—
和平镇（253）	长兴话	69	长兴话、河南话	50	长兴话、河南话、平阳话	4
	河南话	92	长兴话、苏北话	3	长兴话、河南话、建德话	1
	平阳话	12	长兴话、平阳话	2	长兴话、河南话、重庆话	1
	台州话	4	长兴话、建德话	1	—	—
	苏北话	2	长兴话、温州话	1	—	—

续表38-4

乡镇、街道(自然村数量)	单方言村		双方言村		多方言村	
	方言	通行自然村数量	方言	通行自然村数量	方言	通行自然村数量
	—	—	长兴话、重庆话	1		
	—	—	河南话、平阳话	3	—	—
	—	—	河南话、苏北话	2	—	—
	—	—	河南话、重庆话	2	—	—
	—	—	河南话、建德话	1	—	—
	—	—	平阳话、温州话	1	—	—
	—	—	平阳话、台州话	1	—	—
林城镇(253)	长兴话	92	长兴话、河南话	70	长兴话、河南话、平阳话	1
	河南话	70	长兴话、建德话	2	长兴话、河南话、苏北话	1
	平阳话	7	长兴话、苏北话	2	长兴话、河南话、苏北话、建德话	2
	—	—	长兴话、江北话	1	—	—
	—	—	河南话、平阳话	5	—	—
小浦镇(130)	长兴话	109	长兴话、河南话	7	—	—
	河南话	11	长兴话、重庆话	3	—	—
煤山镇(117)	长兴话	43	长兴话、河南话	11	长兴话、河南话、安庆话	2
	宜兴话	20	长兴话、安庆话	6	长兴话、河南话、平阳话	1
	白岘话(岕里话)	17	长兴话、温州话	4	长兴话、江苏话、白岘话	1
	平阳话	2	长兴话、平阳话	1	—	—
	温州话	2	长兴话、广德话	1	—	—
	安庆话	3	安庆话、平阳话	2	—	—
	—	—	宜兴话、温州话	1	—	—
水口乡(90)	长兴话	49	平阳话、重庆话	4	—	—
	平阳话	16	长兴话、安庆话	2	长兴话、宜兴话、安庆话	1
	河南话	3	长兴话、平阳话	1	—	—
	苏北话	5	长兴话、苏北话	4	—	—
	安庆话	4	长兴话、重庆话	1	—	—
吕山乡(121)	长兴话	85	长兴话、河南话	11	—	—
	河南话	9	长兴话、重庆话	8	—	—
	温州话	3	长兴话、吴兴话	1	—	—
	江北话	2	河南话、重庆话	2	—	—
画溪街道(230)	长兴话	72	长兴话、河南话	68	长兴话、河南话、建德话	11
	河南话	22	长兴话、建德话	25	长兴话、河南话、江北话	2
	平阳话	9	长兴话、平阳话	1	长兴话、河南话、平阳话	1
	苏北话	1	长兴话、江北话	1	长兴话、江北话、建德话	1
	—	—	河南话、建德话	8	长兴话、江苏话、建德话	1
	—	—	河南话、苏北话	2	长兴话、河南话、建德话、安庆话	1
	—	—	河南话、安庆话	1	—	—
	—	—	河南话、湖北话	1	—	—
	—	—	河南话、江西话	1	—	—
	—	—	河南话、江北话	1	—	—

续表38-4

乡镇、街道（自然村数量）	单方言村		双方言村		多方言村	
	方言	通行自然村数量	方言	通行自然村数量	方言	通行自然村数量
雉城街道（62）	长兴话	29	长兴话、河南话	12	长兴话、河南话、平阳话	1
	河南话	6	长兴话、平阳话	2	长兴话、河南话、建德话	1
	平阳话	9	河南话、平阳话	1	长兴话、河南话、平阳话、建德话	1
龙山街道（86）	长兴话	47	长兴话、河南话	1	长兴话、河南话、平阳话	1
	河南话	13	长兴话、重庆话	1	—	—
	平阳话	7	长兴话、平阳话	1	—	—
	安庆话	6	河南话、平阳话	1	—	—
	江苏话	4	—	—	—	—
	江北话	2	—	—	—	—
	台州话	2				
太湖街道（171）	长兴话	154	长兴话、河南话	3	—	—
	河南话	3	长兴话、重庆话	10	—	—
	江北话	1				
总计（2576）		1866	—	606	—	104

说明：1. 资料来源于《长兴方言志》，吴连意主编，方志出版社2020年版。2. 2016年长兴方言分布调查，以行政村（居）为单位，以自然村为基本单元统计长兴户籍居民语言使用情况，城市社区户籍居民和县内暂住人口不在调查范围

第二节　长兴方言

长兴方言指的是吴语太湖片的苕溪小片方言。随着社会的发展、普通话的推广、人员的流动，长兴方言正面临着弱化的危机。说长兴方言的人员和场合越来越少。即使是说长兴方言，老年人与青年人的语音和词汇也存在着明显的差异。近几十年来，长兴方言的语音、词汇和语法系统均发生一定的变化。

一、语音系统及其变化

1. 声母系统及其变化

1988—2012年间，长兴方言的声母系统保持基本稳定状态。声母的发音部位与发音方法没有变化。声母的发音方法为塞音、塞擦音、擦音、鼻音和边音5类；发音部位为上唇下唇、上齿下唇、舌尖齿龈、舌面前腭、舌面中腭、舌根软腭和喉门7类。

声母的数量也基本没有变化，据1992年出版的《长兴县志》记载，长兴方言声母有29个。该次普查长兴的声母为30个，多了一个[j]。但其实声母[j]在前志中归入声母[ɦ]中，该次为记音方便准确，将[j]作为一个独立的声母。30个声母（含零声母[ø]），分别为[p]、[p‘]、[b]、[m]、[f]、[v]、[t]、[t‘]、[d]、[ts]、[ts‘]、[dz]、[s]、[z]、[n]、[l]、[tɕ]、[tɕ‘]、[dʑ]、[ɕ]、[ʑ]、[ȵ]、[j]、[k]、[k‘]、[g]、[ŋ]、[h]、[ɦ]、[ø]。其中，双唇音4个，唇齿音2个，舌尖音10个，舌面前腭音6个，舌面中腭音2个，舌根音3个，喉音2个，零声母1个。

长兴方言的声母保留了古音的特点，分清浊两类，其中有［b]、[d]、[g]、[v]、[z]、[ʑ]、[dʑ]、[m]、[n]、[ȵ]、[ŋ]、[j]、[ɦ]、[l] 14个为浊声母，是典型的吴方言特点。

长兴方言的声母保留了吴语的边音、鼻音分为清浊两套的特点，[m]、[n]、[ȵ]、[ŋ]、[l]均读为清声调与浊声调两类。如（音标下加着重号的在长兴方言中读清声，不加着重号的读浊声）：

[m̤]猫美米鸣　　　　　　[m]毛梅密木
[n̤]脑奶嫩努　　　　　　[n]捺南纳难
[ȵ̤]女纽粘业　　　　　　[ȵ]娘肉年泥
[ŋ̤]眼五藕咬　　　　　　[ŋ]牙鱼呆岳
[l̤]老拉乱路　　　　　　[l]劳立罗浪

调查发现，虽经过二十多年的普通话推广，长兴方言仍没有普通话的翘舌音：[tʂ]、[tʂ‘]、[ʂ]、[ʐ]，保留了吴语没有翘舌音的特点。

2. 韵母系统及其变化

至2012年，长兴方言的韵母共有47个。开口呼17个：[ɿ]、[a]、[ɛ]、[o]、[ɔ]、[ɤ]、[ɐi]、[əu]、[əw]、[ã]、[ɔ̃]、[ən]、[əŋ]、[õ]、[aʔ]、[oʔ]、[əʔ]；齐齿呼15个：[i]、[iɪ]、[ia]、[iɔ]、[iɛ]、[iəw]、[iəɤ]、[iã]、[iɔ̃]、[in]、[iŋ]、[iõ]、[iaʔ]、[ioʔ]、[iəʔ]；合口呼11个：[u]、[ua]、[uɛ]、[uɤ]、[ui]、[uã]、[un]、[uŋ]、[uɔ̃]、[uaʔ]、[uəʔ]。自成音节4个：[əl]、[m]、[n]、[ŋ]。与前志记载的比较，新增[ən]、[in]、[un]、[iɔ̃]、[uɔ̃]、[əw]、[iɛ]、[iəw]、[iəɤ]9个韵母。

新增3个前鼻韵母[ən]、[in]、[un]。前志所记长兴方言有5个后鼻韵母[əŋ]、[oŋ]、[iəŋ]、[ioŋ]、[uəŋ]，没有前鼻韵母。然而，在调查中发现，长兴方言中已明显有前鼻韵母[ən]、[in]、[un]。吴语太湖片的方言中，大多没有后鼻韵，如湖州、德清、海宁、桐乡等地。长兴话却明显有后鼻韵。当下的长兴话中，既有后鼻韵，也有前鼻韵，但呈杂乱无规律的现状。而且前后鼻韵的存在情况，也因人因地而宜。

新增2个韵母[iɔ̃]和[uɔ̃]。韵母[iɔ̃]只在表示“旺”时所用，前志缺少。韵母[uɔ̃]是新产生的韵母，长兴话原本没有该韵母，“光广王汪狂框”等字的韵母为[ɔ̃]，读音分别为“光”[kɔ̃^{44}]、“广”[kɔ̃^{53}]、“王”[ɦɔ̃^{13}]、“汪”[øɔ̃^{44}]、“狂”[gɔ̃^{13}]、“框”[k‘ɔ̃^{44}]。青年一代受普通话的影响，上述汉字的韵母有时读成[uɔ̃]。

新增4个韵母[əw]、[iɛ]、[iəw]、[iəɤ]。受周边地区方言的影响，它们已在长兴话中客观存在，吕山、洪桥等地，“油友游”等字的韵母为[əw]，如“油”的读音为[ɦəw^{13}]。和平、吕山等地，受湖州话的影响，产生韵母[iəɤ]，“秋九求”等字的韵母均为[iəɤ]，如“秋”的读音为[tɕ‘iəɤ^{44}]。煤山、小浦等地，存在着韵母[iəw]，“秋九求”等字的韵母变成[iəw]，如“秋”的读音为[tɕ‘iəw^{44}]。韵母[iɛ]存在于煤山，“边仙”等字的韵母有[iɪ]、[iɛ]两读，“仙”可读成[ɕiɪ^{44}]，也可读成[ɕiɛ^{44}]。

虽然新老长兴话的韵母数量有所不同，但它们也存在着共同点：长兴方言没有撮口呼，只有三呼而无四呼。普通话中的“举趣吕俱”等字的韵母［ü］在长兴方言中都读成齐齿呼［i］；新老长兴话里都保留了吴语的入声，长兴方言里有8个入声韵母[aʔ]、[oʔ]、[əʔ]、[iaʔ]、[ioʔ]、[iəʔ]、[uaʔ]、[uəʔ]；新老长兴话里都有鼻化韵，如：[ã]、[ɔ̃]、[iã]、[iɔ̃]、[uã]等。

3. 声调系统及其变化

长兴方言中有平上去入四种声调，各分阴阳，共8个调类。声调的阴阳与声母的清浊相对应，清声母的字读阴声调，浊声母的字读阳声调。阴调的调值比阳调略高，长兴方言保留了古代的入声。

长兴方言声调系统情况表

表 38-5

调　类	调　值	例　字	调　类	调 值	例　字
阴平	44	司花洒街包开	阳平	13	迟排凡台毛朝
阴上	53	主史摆保改土	阳上	42	是犯抱待蚌赵
阴去	334	志世豹盖吐痛	阳去	213	字败饭刨代鬓
阴入	5	拍发扎夹压塔	阳入	2	白踏末服局肉

4. 音节特点

长兴方言的声母[p]、[p‘]、[b]、[m]、[f]、[v]、[t]、[t‘]、[d]、[n]、[l]，只能与开口呼、齐齿呼的一部分和合口呼的[u]相拼。如：摆派白木风房灯打奴拉；表片别非肥吊点调灵；布怕步母夫武。

声母[ts]、[ts‘]、[s]、[dz]、[z]等，只能和开口呼相拼。如：债操搜床绸。

声母[tɕ]、[tɕ‘]、[ɕ]、[dʑ]、[ʑ]、[ȵ]、[j]，不能与开口呼、合口呼的韵母相拼，只能与齐齿呼的韵母相拼。如：鸡秋小强前年姚。

声母[k]、[k‘]、[g]、[ŋ]、[h]、[ɦ]，不能和齐齿呼的韵母相拼，只能与开口呼的韵母相拼。如：加考共硬喊红。

韵母[iɔ̃]、[uã]，拼合成的字很少，仅“旺”“汪”等。

5. 语音系统变化趋势及特点

长兴方言的语音受到普通话和当地多种移民方言的影响，呈现两种趋势：一是向普通话靠拢，二是受移民方言的影响，语音渐趋多样。长兴方言的主要变化趋势：

（1）浊音清化的趋势

在普通话的影响下，长兴话的浊声母有清化的趋势。“俭劲睫”字的声母[dʑ]，青年人有清化的趋势；“殊誓”等字的声母[z]向化[s]靠拢的趋势；浊音[b]有清化为[p]的趋势，如：“暴并碰仆”等字。浊音[v]有向[f]转化的趋势，如：扶符浮愤。浊音[g]也有向[k]转化的趋势，如：鲠搞。

（2）入声的弱化

在普通话的影响下，长兴方言的入声逐渐弱化。喉塞音［ʔ］有时消失，入声拉长调子，阳入渐变为31，阴入渐变51。

（3）新产生鼻化韵［uɔ̃］

长兴方言原没有鼻化韵［uɔ̃］，在普通话的影响下，新产生了［uɔ̃］，主要为青年人所使用，且大多用于读书音的拼读，如“光框广汪”等字的韵母，老年人的韵母是［ɔ̃］，而青年人读成了［uɔ̃］。

（4）前后鼻韵的混杂

老长兴话中没有前鼻韵，在多方言的影响下，长兴方言中前后鼻韵均已存在，但呈复杂的态势。

（5）多方言交错混杂

县内方言众多，社会的发展促使人员流动较大，各种语音发生接触、交错。如在同一个地方，同一个字会有多种读音，如“宽款欢完”等字的韵母，大多为[uɤ]，也可读为[uɛ]；“秋九友求油”等字的韵母，主要有三种读法：[iɪ]、[iəw]、[iəɤ]。

6. 语音的简便性

长兴方言具有吴语发音简便、快速的特点。作为吴语的次方言，长兴方言在发音上具有发音容易，语速快捷的特点。因此，许多北方人觉得长兴人说话比较快，其实长兴人说话快是由长兴方言语音的简便性所决定的。长兴方言语音的简便性，主要体现在如下几方面：

（1）没有撮口呼。普通话的撮口呼在长兴方言中都成了齐齿呼，如巨[dʑi^{213}]、举[tɕi^{53}]、俞[ji^{13}]、句[tɕi^{334}]、卷[tɕiI^{53}]、宣[tɕiI^{44}]等。齐齿呼[i]发音时比较简单，撮口呼在发音时要求嘴唇成圆形，发音难度相对较高。

（2）前后鼻韵不分。普通话里有后鼻音，发音动作比较复杂。由于长兴方言不存在前、后鼻音之分，发音相对方便。

（3）没有翘舌音。普通话的翘舌音[tʂ]、[tʂ‘]、[ʂ]，在长兴方言中都是平舌音，发音时舌头不用卷起来，减少了发音的动作和翘舌、非翘舌之间的转换，发音就相对容易。

（4）单韵母比较多。如：花的韵母为[o]，包的韵母为[ɔ]，看的韵母为[ɛ]。

（5）具有吴语的入声。入声字读音短促，一发即收，如：白、药、石、客等字的读音，长兴方言都是入声，发音时明显比普通话快捷。

上述发音特点，致使长兴方言发音时方便、快捷。因为在说长兴方言时，不讲究舌头的翘与不翘，也不讲究舌根的是否抬起，也不要求嘴唇是否圆形，说话时嘴唇与舌头的动作比较自然、省力，语流就顺畅了。

二、词汇系统及其变化

词汇是社会发展的晴雨表，二十几年来，随着改革开放的深入，长兴方言的词汇系统有了不少变化，变化趋势主要有三种：旧词的弃置不用，词语表达方式的改变和新词语的产生。

1. 弃用或少用的词汇

随着旧时器物的淘汰或较少使用，表示它们的方言词汇在日常生活中也随之弃用或少用。

长兴方言弃用或少用的部分词汇表

表 38-6

词语	词义
搭绊[taʔ^{5}][p‘ε^{334}]	旧时门上挂锁的器具
洋油灯[jiã^{13}][tən^{44}]	用煤油作燃料的玻璃灯具
马箱[mo^{42}][ɕiã^{42}]	旧时盛放马桶的木箱
裹布衫[kəu^{53}][pəu^{53}][sε^{53}]	包在棉袄外的布衣服
水烟管[sei^{53}][øiɪ^{53}][kuε^{53}]	铜制的抽水烟的工具
媒头纸[mei^{13}][dei^{13}][tsi^{44}]	用来点燃水烟的火纸
夜壶[øia^{334}][ɦu^{213}]	晚上男人小便的用具
汤婆子[t‘ɔ̃^{44}][bu^{13}][tsi^{44}]	冬天使用的水暖具
行灶头[ɦã^{13}][tsɔ^{44}]	用泥土和柴草手工制作的可移动的柴火灶
簑衣[səu^{44}][øi^{44}]	旧时用蓑草编织成的雨具

2. 改变说法的词汇

随着社会的变化、移民的杂居与普通话的影响，长兴方言的部分词汇，慢慢改变旧有的说法，采用新的说法，或者新旧两种说法并存。

长兴方言部分词汇新旧说法对比表

表 38-7

旧说法	新说法
蒲扇 [bu^{13}][sɤ^{44}]	扇子[sɤ^{334}][tsɿ^{334}]
信壳 [ɕin^{334}][k‘oʔ^{5}]	信封[ɕin^{334}][fõ^{334}]
混堂 [ɦun^{42}][dɔ̃^{42}]	浴室[jioʔ^{2}][səʔ^{5}]
起势 [tɕ‘i^{53}][si^{53}]	收成[sei^{44}][zən^{13}]
百子炮 [paʔ^{5}][tsɿ^{53}][p‘ɔ^{53}]	鞭炮[pi^{44}][p‘ɔ^{44}]
窗盘[ts‘ɔ̃^{44}] [bɤ^{13}]	窗[ts‘ɔ̃^{44}]
轮盘 [lən^{13}][bɤ^{13}]	轮子[lən^{13}][tsɿ^{44}]
邮差 [jəɯ^{13}][ts‘a^{44}]	邮递员[jəɯ^{13}][di^{13}][jiε^{13}]
菩萨书 [bu^{13}][saʔ^{5}][si^{44}]	连环画[li^{13}][guε^{13}][ɦo^{13}]
翼怪 [jiəʔ^{2}][kua^{334}]	翅膀[ts‘ɿ^{334}][pã^{42}]
日头[ȵiəʔ^{2}][dei^{13}]	太阳[t‘a^{334}][jiã^{213}]

续表38-7

旧说法	新说法
洋煤头[jiã^{13}][mei^{13}][dei^{13}]	火柴[həu^{53}][za^{42}]
味子素[vi^{13}][tsɿ^{53}][səu^{53}]	味精[vi^{13}][tɕin^{44}]
拖粪帚[t'əu^{44}][fən^{44}][tsei^{44}]	拖把[t'əu^{44}][pa^{44}]
水门汀[sei^{53}][mən^{42}][t'iŋ^{53}]	水泥[sei^{53}][ȵi^{42}]

3. 新流行词汇

随着时代的变迁，社会的发展，全国各行各业新语词层出不穷，流行于全国的新词语，也在长兴境内广泛使用，并成为长兴方言的一部分。新词语的产生，提高了长兴方言的表达力，也丰富了长兴方言的词汇系统。如：

名词：颜值、草根、山寨、淘宝、快递、网恋、粉丝、裸婚、社保、网银、动车、高铁、包邮、超市、强人、吃货、备胎、弹幕、脱口秀、剁手族、老司机、二手房、农家乐、闺蜜门、表情包、白富美、共享单车、高速公路、极限运动。

动词：顶、晕、挂、点赞、刷脸、反恐、吐槽、蜗居、派送、买单、点赞、海选、飙车、走穴、接轨、按揭、瘦身、干洗、泡吧、裸考、接轨、减负、蹦迪、潜水、劈腿、泡妞、速配、有料、按揭、脱欧。

形容词：拽、杯具、低碳、猫腻、惊爆、闷骚、给力、淡定、重口味。

上述新词语，流行于全国，也流行于长兴，成为长兴人的日常用语。虽然它们在形体上与普通话一样，但读音却与普通话不同，如：淘宝[dɔ^{213}][pɔ^{53}]、包邮[pɔ^{44}][jiɪ^{213}]、潜水[ʑi^{213}][sei^{53}]、买单[ma^{42}][tɛ^{334}]等，读音完全符合长兴语音系统。

4. 特色词汇

长兴方言中存在着不少具有明显长兴特色的词汇，多数因长兴特有的风俗、文化或特产而得名。如：

咕[gəu^{42}]：什么。“咕”是长兴特有的疑问代词，表示什么、哪里等。如“做什么”就是“做咕”，“到哪里”就是“到咕里”。

謷人[dzɔ^{213}][ȵin^{213}]：骂人。是长兴特有的词汇，为长兴周边地区所无。湖州说“骂人”，长兴说“謷人”。

热嗯[ȵiəʔ^{2}][ŋ^{42}]：我。长兴第一人称代词，也可以读为“实嗯” [zəʔ^{2}][ŋ^{42}]。

明工[min^{13}][kõ^{13}]；形容小孩子聪明。

将况[tɕiã^{44}][hɔ^{44}]：刚才。

架形[ka^{334}][jin^{213}]：漂亮。

焦货[tɕiɔ^{44}][həu^{44}]：窝囊废。

卡兔子[k'a^{334}][t'əu^{334}][tsɿ^{334}]：坑人。

节棍[tɕiəʔ^{5}][kuŋ^{53}]：厉害。

惹厌[dza^{42}][jiɪ^{42}]：讨厌。

弯转[øuɛ^{44}] [tsɤ^{44}]：虾。

鸡遭[tɕi^{44}][tsɔ^{44}]：麻烦。

打烊[tã^{53}][jã^{213}]：打碎。长兴周边地区把普通话的“打碎”说成“敲碎”“打破”等，只有长兴说成“打烊”。

和顺[ɦəu^{13}][zən^{13}]：舒服。

潜龙[ɕiɪ^{44}][lõ^{13}]：壁虎。

节拐[tɕiəʔ^{5}][kuaʔ^{5}]：翅膀。

广勺[kɔ̃^{53}][zoʔ^{2}]：舀水的东西。

镬抢[ɦo^{42}][tɕ'iã^{53}]：炒菜的工具，普通话的“锅铲”。

勿古得[fəʔ^{5}][kəu^{53}][təʔ^{5}]：不要紧。

细话定[ɕi^{334}][ɦo^{13}][diŋ^{13}]：长兴话称小女孩。

细百楼[ɕi^{334}][paʔ^{5}][ləw^{13}]：长兴话称小男孩。

书媚头[sɿ^{44}][mɛ^{13}][dei^{13}]：书呆子。

杨丝他[jiã^{13}][sɿ^{44}][t'a^{44}]：蝉。

弗作兴[fəʔ^{5}][tsoʔ^{5}][ɕiŋ^{44}]：不应该。

老逼仙人[lɔ^{42}][pi^{53}][ɕiɪ^{44}][ȵin^{13}]：自以为是。

金钉子[tɕin^{44}][tiŋ^{44}][tsɿ^{44}]：长兴“金钉子”是世界地质遗迹，是全球最完整的二叠—三叠系界线层型剖面和点。

紫笋茶[tsɿ^{53}][sən^{53}][dzo^{42}]：为唐代贡茶，产于浙江长兴顾渚山一带，被历代文人誉为“茶中极品”。

金沙泉[tɕin^{44}][sɔ^{44}][ʑiɪ^{13}]：顾渚山东南麓有一直径约 120 厘米的泉眼。水从泉眼涌流，终年不断。据清《长兴县志》：“顾渚贡茶院侧，有碧泉涌沙，灿如金星”。故得名金沙泉。

八都岕[po^{53}][tu^{44}][ka^{44}]：岕，长兴念[ka^{44}]，意为介于两山峰之间的空旷地，常用于地名，长兴有八都岕十里银杏长廊。

白壳虾[baʔ^{2}][k'oʔ^{5}][ɕia^{44}]：白虾俗称“水晶虾”，其壳极薄，通体透明，肉嫩味鲜，营养丰富。

吊瓜子[tiɔ^{334}][ko^{334}][tsɿ^{53}]：长兴特色农产品。吊瓜，是白岘乡的农家在房前屋后种植的一种瓜果，其籽炒熟后常作为馈赠亲朋好友的礼品。

长兴板栗[zã^{13}][ɕin^{44}][pɛ^{53}][liəʔ^{2}]：明朝被列为贡品，色红肉厚，味美可口，营养丰富，主要品种有油光栗、马齿青、大红袍、魁栗，茶果栗等品种。

长兴白果[zã^{13}][ɕin^{44}][baʔ^{2}][kəu^{53}]：白果树又名银杏树，果实为白果。长兴因盛产白果被誉为白果之乡。

胥仓雪藕[ɕi^{44}][ts'ɔ̃^{44}][ɕiəʔ^{5}][ŋei^{42}]：又称长兴雪藕，产于长兴东部吕山乡胥仓桥村花墙门前的湾鱼池，以其藕体细腻、洁白似雪而得名，史称“胥仓雪藕”。

5.文白异读

文白异读是吴语普遍存在的语言现象，长兴方言里也存在着不少文白异读的词汇。文读指的是读书音，比较接近普通话。白读指的是平时的说话音。

长兴方言文白异读情况列举表

表 38-8

词	文读音	白读音
巴	［pa^{44}］ 如：巴西	［po^{44}］如： 巴结
花	［hua^{44}］如：花朵	［ho^{44}］如：出白花
鸟	［ȵiɔ^{42}］如：鸟兽	［tiɔ^{53}］如：麻鸟
孝	［ɕiɔ^{334}］如：孝顺	［hɔ^{334}］如：戴孝
染	［zɛ^{42}］如：传染病	［ȵiɛ^{42}］如：染布
讲	［tɕiã ^{53}］如：演讲	［gɔ̃^{42}］如：乱讲
人	［zən^{13}］如：人民币	［ȵin^{13}］陌生人
家	［tɕia^{44}］如：家庭	［ga^{22}］如：人家

续表38-8

词	文读音	白读音
蚊	[vən^{13}] 如：蚊蝇	[mən^{13}] 如：蚊子
望	[vɔ̃^{213}] 如：望远镜	[mɔ̃^{213}] 如：有望头
确	[tɕ'ioʔ^{5}] 如：正确	[koʔ^{5}] 如：的确
日	[zəʔ^{2}] 如：日本	[ȵiəʔ^{2}] 如：日脚
学	[øioʔ^{5}]如：文学	[ɦoʔ^{2}]如：学堂
味	[vi^{13}]如：风味	[mi^{213}]如：味道
颜	[øiɛ^{334}] 如：颜值	[ŋɛ^{334}] 颜料
间	[tɕiɛ^{44}] 如：时间	[kɛ^{44}] 如：房间
孵	[fu^{44}] 如：孵化	[bu^{213}] 如：孵小鸡
肥	[vi^{13}] 如：肥料	如：[bi^{13}] 肥皂

三、词法特点

长兴方言的词类与普通话相同，有名词、动词、形容词、数词、量词、代词、副词、连词、介词、助词、语气词、叹词、象声词 13 类，但在各类词中，存在着若干具有特色的词汇。

（一）名词

长兴方言的名词类别、语法功能与普通话基本一致，但具有明显的吴语特点。

1. 前缀与后缀

（1）主要的前缀有阿、细。

前缀“阿”：主要表示称呼，常用于昵称，“阿”用在称谓和人名前、带有亲切的感情。用在称谓前，如：阿爹（爷爷）、阿爸（父亲）、阿姐（姐姐）、阿嫂（嫂嫂）。用在人名前，如：阿明、阿林、阿珍。“阿”也用在排行前，相当于普通话的“老”，如：阿大、阿二、阿四。

长兴方言的“阿”有一个特殊用法，常用在动词、形容词前，表示疑问。“走不走”说成“阿走”，“好不好”说成“阿好”，“去不去”说成“阿去”。如：

下半日伢一道到超市买东西，阿好？（下午我们一起去超市买东西，好不好？）

拉侪走唻，实五阿走？（他们都走了，你走不走？）

阿高兴去？（愿意去吗？）

阿喫过饭拉？（吃过饭了没有？）

前缀“细”：相当于“小”，如：细话定（小女孩）、细百楼（小男孩）、细盎鸡（小孩子）。

（2）主要的后缀有头、子等。

后缀“头”：可以用在名词、形容词和动词后，表示名称、方位等。表示名称：被头、钵头、鼻头、舌头、苦头、零头、枕头、骨头、花头、霉头、派头、额角头、贼骨头等。表示方位：外头、上头、门口头、脚跟头、河滩头、角落头、额骨头等。

后缀“子”：主要用在名词后，如：骗子、瘫子、胖子、妹子、盲子、面子、镬子、桌子、帐子、刷子、蚊子、车子等。

长兴方言中，“头、子”的使用比普通话更为广泛，有的词在普通话中是不用“头、子”的，在长兴方言中却要用，如：普通话说“锅”，长兴话说“镬子”；普通话说“上面”，长兴方言说“上头”；普通话说“汽车”，长兴方言说“车子”。普通话说“门前”，长兴方言说“门口头”。

2.名词的重叠

长兴方言存在着名词重叠的现象，重叠后有两种情况：

一是表示“每一”与普通话表示相同，如：家家（每一家）、人人（每一个人）、次次（每一次）、天天（每一天）；

二是重叠后意义不变，如：泡泡（泡沫）、渣渣（残渣）、袋袋（口袋）、洞洞（小洞）、脚脚（剩余物）等。

（二）动词

1. 特殊动词

长兴方言中有许多动词是普通话所没有的，具有明显的方言特点。

搿［gəʔ^{2}］：夹在腋下或用手臂围住。“老王～只皮包上班去唻。”

鸟［tiɔ^{53}］：用针缝。“衣裳闹有个洞，得五～～好。”

抚［bu^{13}］：用手抚摸。“手臂闹有点痛，得五～～。”

枵［ɕiɔ^{44}］：掀开。“～开镬子盖。”

厾[toʔ^{5}]：丢扔东西。“格只杯子拨伊～出去唻。”

园［k‘ɔ̃^{334}］：藏。“出门辰光钞票～好。”

抐［ȵioʔ^{2}]：两手搓揉。“～面粉，做包子。”

瀊[bɤ^{13}]：水溢出来。“汤～出来唻。”

熯[hɤ^{334}]：烘烤或油煎。“～烧饼。”

簰[p‘aʔ^{5}]：分开。“两只脚～开。”

踖[bɛ^{13}]：在地上爬行。“小把戏勒地闹～来～去。”

掮[dʑiɪ^{13}]：扛。“～勒一袋米。”

喫[tɕ‘iəʔ]：吃。“夜饭～点咕菜势。”

2. 重叠形式

（1）单音动词的重叠

①长兴方言的单音动词可以重叠，构成“AA”式，表示尝试义，如：试试、看看、用用、坐坐。该类重叠格式，长兴话与普通话相同。

②单音动词重叠后，再加“看”字，构成“AA 看”式，表示尝试义，如：试试看，看看看，用用看、坐坐看。长兴方言里用“AA 看”式用得比较普遍。如：

椒盐虾是热嗯烧呃，侪家尝尝看。（椒盐虾是我烧的，大家尝一尝。）

格套西装热五试试看，保证好看。（这套西装你试试，保证好看。）

格只新手机让嗯看看看。（这只新手机让我看一看）

长兴动词重叠的“AA”式与“AA 看”式，表示的意义基本一致，都有尝试义，但“AA 看”式的尝试义更强。同时，两者在功能上存在着一定的区别。“AA”式后面可以带其他成分，如补语、宾语等。“AA 看”式后不能带其他成分，它通常只能置于句末。如可以说“热嗯来尝尝味道”，不能说“热嗯来尝尝看味道”，但可以说“味道热嗯来尝尝看”。长兴方言常说“热嗯格只旧电视机来修修看”，不常说“热嗯格只旧电视机来修修”。

③单音动词重叠后，可带宾语，表示漫不经心的样子，如：买买菜、走走亲戚、看看电视。如：

礼拜日困困懒觉喫喫茶，舒齐煞唻。（星期天睡睡懒觉喝喝茶，舒服死了。）

退休唻，带带孙子看看电视，日脚过得蛮快。（退休了，带带孙子看看电视，日子过得很快。）

④单音动词重叠后，可带补语，如：削削尖、装装好、放放平、理理齐、汏汏干净、送送过去。

⑤单音动词“AA”重叠，表示假设，有“如果、只要、一旦”义，如：

伊勿好喫酒，喫喫总要喫出事体唻。（他不能喝酒，如果喝酒总要出事情。）

隔壁老阿太要么勿讲事体，讲讲总要讲到老底子去。（隔壁老太太要么不讲事情，一旦讲起来，总要讲到从前去。）

⑥单音动词的“AA”式可以连用，构成四个字连用的“AAAA”式，表示动作进行过程中发生的事，如：

细话定走走走走，就勿认得路唻。（小女孩走着走着就迷路了。）

昨日夜头，热嗯讲讲讲讲就睏着唻。（昨天晚上，我说说话就睡着了。）

（2）双音动词的重叠

①双音动词重叠的形式主要是ABAB式，表示尝试，与普通话相同，如：研究研究、学习学习、休息休息、商量商量、估计估计、考察考察、宣传宣传、整理整理、打扫打扫、冲洗冲洗。

②重叠的双音动词后，可以加上“看”，构成“ABAB看”，强调尝试和不确定性，具有“再说”义，如：

格椿事体要商量商量看。（这种事要商量商量再说）

热五勿要急，热嗯帮五争取争取看。（你不要急，我帮你争取争取再说）

其他的如：研究研究看，讨论讨论看，申请申请看等。

3.能愿动词

长兴方言有一部分能愿动词与普通话有较大的区别。主要有两类，一类表示肯定，如：会得[ɦui^{213}][təʔ^{5}]、肯[k‘ən^{53}]、好[hɔ^{53}]、高兴[kɔ^{44}][ɕin^{44}]、想[ɕiã^{53}]；另一类表示否定，如：勿要[fəʔ^{5}][øiɔ^{334}]、呒心想[m^{13}][ɕin^{44}][ɕiã^{44}]、呒劲道[m^{13}][dʑin^{213}][dɔ^{42}]。

会得：相当于“能”，如：实嗯会得烧菜。（我能做菜。）

肯：相当于“愿意”，如：朋友谈唻三年，总算肯嫁拨嗯唻。（朋友谈了三年，总算愿意嫁给我了。）

好：相当于“可以”，如：实五好去睏觉唻。（你可以去睡觉了）

高兴：相当于“愿意”，如：旅游侪家高兴去呃。（旅游大家都愿意去的。）

想：相当于“愿意”，如：实嗯是想得伊一道出去，就怕伊勿肯。（我是愿意跟他一起出去，就怕他不愿意。）

勿要：表示命令或劝阻，相当于“别”“不要”，如：勿要得伊打交道。（不要跟他打交道。）

呒心想：相当于“不愿意”“不肯”，如：实嗯屋里事体多，呒心想出去白相。（我家里事情多，不愿意出去玩。）

呒劲道：相当于“不愿意”“不肯”，如：身体勿好，呒劲道上班。（身体不好，不愿意上班。）

4. 固定句式

长兴方言中有许多与动词有关的固定句式,形成了方言中特殊的表达法。主要有：……来……去、……法……法、……起……倒、……进……出等。

……来……去，表示动作反复，如：

格只手表看来看去勿值格点价钿。（这只手表翻来覆去看不值这点价格。）

……法……法，表示动作缓慢不利索，如：

格个人一日到夜勒屋里摸法摸法，勿晓得勒做咕。（这个人一天到晚在屋里东摸西摸，不知道在做什么。）

……起……倒，表示动作反复，程度激烈，相当于“……不停”，如：

昨日夜里热得来爬起爬倒几十通，还是困勿着。（昨天晚上热得来爬起躺下几十次，还是睡不着。）

……进……出，在长兴方言中十分常用，可表示数量多、处在边缘、得到机会又失去，如：

今朝夜饭吃得来饱进饱出，实在难过。（今天晚饭吃得太饱了，实在难受。）

伊格点分数正好隑进隑出，考得上考勿上要看运道唻。（他这点分数正好可上可上，考得上还是考不上要看运气了。）

格次真刚倒霉，到手机会伊失脱唻，真是赶进塔出。（这次真是倒霉，到手的机会又失去了，真是刚得到又失去。）

（三）形容词

长兴方言的形容词具有明显的特点。主要表现：

1. 双音形容词

长兴方言中有不少特殊的双音形容词，具有独特的表现力，在普通话中很少使用，甚至不用。如，形容小姑娘漂亮、可爱，长兴方言叫“雅俊”；形容小伙子漂亮、帅气，叫“架形”；形容人能干，叫“来塞”；形容某事物或人让人厌烦，叫“触气”；形容动作快一点，叫“豪骚”；形容做事不认真、马虎，叫“毛糙”。

长兴方言中特殊的双音形容词，与周边的湖州相比，有一部分是相同的，有一部分明显不同。如，“百坦”一词，湖州、长兴相同；但长兴方言中的“家哇”“明工”则是湖州和长兴周边地区所没有的，湖州形容小孩子聪明能干的形容词是“奢遮”。

长兴方言双音形容词列举表

表 38-9

长兴词语	读音	意义	举例
家哇	[ka^{44}][øua^{44}]	聪明	“格个小人正刚～。”
雅俊	[øia^{53}][tɕin^{53}]	漂亮、可爱	“小姑娘生来～。”
百坦	[paʔ^{5}][t‘ε^{53}]	慢慢地	“～走，勿要急。”
来塞	[lɤ^{13}][saʔ^{5}]	能干，行	“格桩事体介勿～。”
节棍	[tɕiəʔ^{5}][kuŋ^{53}]	厉害	“阿明正刚～。”
鸡遭	[tɕi^{44}][tsɔ^{44}]	麻烦	“～煞台。”
架形	[ka^{334}][jiŋ^{213}]	漂亮，帅	“小伙子生来正刚～。”
卡活	[k‘a^{334}][ɦuε^{213}]	快活	“心里勿～，勿想着喫饭。”
触气	[ts‘oʔ^{5}][tɕ‘i^{334}]	令人厌烦	“格种节目越看越～。”
齐正	[dzi^{13}][tsəŋ^{44}]	漂亮	“拉三个囡儿侪～煞。”
豪骚	[ɦɔ^{13}][sɔ^{44}]	快一点	“叫伊～来。”
闹猛	[nɔ^{213}][mã^{213}]	热闹	“过年辰光，超市里～得唻。”
明工	[miŋ^{13}][kõ^{44}]	机智聪明	“伊从小读书就蛮～。”
推扳	[t‘ei^{44}][pε^{44}]	差劲	“做人勿好介～”
热麻	[ȵiəʔ^{2}][mo^{42}]	舍不得	“用特介许多钞票，心里有点～。”
和顺	[ɦəu^{13}][zən^{13}]	舒适，温柔	“听伊介讲，心里～”
写意	[ɕia^{53}][øi^{53}]	舒服	“冬天晒晒太阳，喫喫茶，正刚～。”
叼精	[tiɔ^{44}][tsin^{44}]	计较、苛	“做人勿好介～。”
龌龊	[øoʔ^{5}][ts‘oʔ^{5}]	脏	“房间里～煞唻。”
闷脱	[mən^{13}][t‘əʔ^{5}]	傻	“晓得格个消息，伊一下子～唻。”
法界	[faʔ^{5}][ka^{334}]	办法	“实嗯一点～呒不唻。”
仔真	[tsɿ^{53}][tsəŋ^{53}]	认真，仔细	“老人家办事正刚～。”
笔挺	[piəʔ^{5}][t‘iŋ^{53}]	直、平	“裤子烫得唻～。”
毛糙	[mɔ^{13}][ts‘ɔ^{44}]	不认真，马虎	“小伙子做事体有点～。”
犯忌	[vε^{42}][dʑi^{213}]	违犯禁忌，忌讳	“格两个人是～呃，勿好住勒一道。”
一牲	[jiəʔ^{2}][sã^{44}]	多	“买唻～东西。”

2. 四字形容词

长兴方言四字形容词列举表

表 38-10

长兴词语	读音	意义	举例
尼高百资	[ȵi^{13}][kɔ^{44}][paʔ^{5}][tsɿ^{44}]	很黏	“桌子吼不擦清爽，有点～。”
喽里百嗦	[ləu^{13}][li^{13}][paʔ^{5}][səu^{44}]	啰唆	“伊讲闲话有点～。”
花里百腊	[ho^{44}][li^{13}][paʔ^{5}][laʔ^{2}]	花俏	“纸头闹画得唻～。”
泥心百腊	[ȵi^{13}][ɕiŋ^{44}][paʔ^{5}][laʔ^{2}]	很恶心	“格点菜发霉唻，喫唻一口有点～。”
挖里挖骨	[øua^{53}][li^{42}][øua^{53}][kuəʔ^{5}]	莫名其妙	“吉个人有点～，少得伊打交道。”
滴方四正	[tiəʔ^{5}][fɔ̃^{44}][sɿ^{334}][tsən^{334}]	形容方正	“格块木板～，还好派用场”
妖气括答	[øiɔ^{44}][tɕ‘i^{44}][kuaʔ^{5}][taʔ^{5}]	很妖气	“伊打扮太～唻。”
出静大吉	[ts‘əʔ^{5}][dzin^{42}] [da^{213}] [tɕiəʔ^{5}]	安静	“房间里～，侪睏着唻。”
懞空着几	[mõ^{13}] [k‘õ^{13}] [zaʔ^{2}][tɕi^{53}]	无中生有	“实五勿要～乱讲。”
牙喜腾腾	[ŋa^{13}][ɕi^{44}][dən^{13}][dən^{13}]	不严肃	“小王人是勿错，就是有点～。”
神经百怪	[zən^{13}][tɕin^{44}][paʔ^{5}][kua^{44}]	神经不正常	“吉个老老头有点～。”
卵烦鸡糟	[lɤ^{42}][vɛ^{42}][tɕi^{53}][tsɔ^{53}]	心里烦	“格两日有点～，实五勿要来惹嗯”
笔立势直	[piəʔ^{5}][liəʔ^{2}][si^{44}][zəʔ^{2}]	笔直	“格条马路～。”
挫头凉僵	[ts‘əu^{334}][dei^{213}][lã^{13}][tɕiã^{44}]	办事不牢靠	“做事体要老老实实，勿好～。”
敲钉转脚	[k‘ɔ^{44}][tin^{44}][tsɤ^{53}][tɕiaʔ^{5}]	办事牢靠	“做事体要～，勿好挫头凉僵。”
乌盲出黑	[øu^{44}][mã^{13}] [ts‘əʔ^{5}][həʔ^{5}]	很黑	“房间里～，有点吓劳劳。”
冰铁丝濞	[pin^{44}][t‘iəʔ^{5}][si^{44}][øiŋ^{334}]	冰冷	“一到冬天，伊手脚～。”
绷铁势硬	[pã^{44}][t‘iəʔ^{5}][si^{44}][ŋã^{213}]	很硬	“年糕～，切啊切勿动。”
乌里百糟	[øu^{44}][li^{44}][paʔ^{5}][tsɔ^{44}]	杂乱	“抽斗里侪是～勿值铜钿葛东西。”
龌里龌龊	[øo^{53}][li^{42}][øo^{53}] [ts‘əu^{53}]	很脏	“长远勿潮浴唻，身闹～，一般臭味。”
册括拉新	[ts‘aʔ^{5}][kua^{53}][laʔ^{2}][ɕin^{44}]	崭新	“格双皮鞋～。”
安姆思念	[øei^{44}][m^{13}][si^{44}][ȵei^{13}]	随意	“格桩事体，伊是～讲讲，实五勿要相信。”
夯拨喇打	[hã^{44}] [pã^{44}][lã^{13}][tã^{44}]	全部	“一年收入，～十万勿到。”
半里凉僵	[pɤ^{334}][li^{42}][liã^{13}] [tɕia^{44}]	半途而废	“实五做事体勿要～。”
汗毛凛凛	[ɦɤ^{13}][mɔ^{13}][liŋ^{13}][liŋ^{13}]	害怕	“半夜里走路，有点～。”
千奇挖骨	[tɕ‘ɛ^{44}][dzi^{13}][øua^{53}][kuəʔ^{5}]	古怪	“吉个人有点～，实嗯勿喜欢得伊打交道。”
狗皮倒糟	[kei^{53}][pi^{53}][tɔ^{53}][tsɔ^{53}]	不正经、不正常	“交朋友、做事体勿好～。”
灰毛铁塔	[hui^{334}][mɔ^{213}][t‘iəʔ^{5}][t‘aʔ^{5}]	灰头土脸	“伊格两日运道勿好，人看上去～。”
百滚非烫	[paʔ^{5}][kun^{53}][fi^{334}][t‘ɔ̃^{334}]	形容热烫	“细百楼额骨头闹～，勒发热。”
极出咕噜	[dʑiəʔ^{2}][ts‘əʔ^{5}][kəu^{334}][ləu^{213}]	形容慌张	“格两日伊～，勿晓得勒做咕？”

3. 形容词的重叠

长兴方言形容词的重叠方式主要有“AA 交”式、AAB 式和 ABB 式。

（1）“AA 交”式重叠：普通话形容词有 AA 式重叠，可以修饰名词，如：高高的个子，黑黑的皮肤；也可以修饰动词，如：慢慢走、细细看、狠狠打等。在长兴话里，形容词的 AA 式重叠一般不修饰名词，长兴方言里不说“高高个子”，而说“高个子”，不说“黑黑的皮肤”，而说“黑皮肤”。长兴方言里，通常使用“AA 交”重叠式修饰动词，使用比普通话多了一个“交”字，相当于普通话“……

地”，如：

慢慢交：慢慢地。侪家慢慢交噢，菜还有交关呒不上。（大家慢慢地说，还有许多菜没有上。）

好好交：好好地。热五要好好交读书，勿要一日到夜白相。（你要好好地读书，不要一天到晚玩。）

轻轻交：轻轻地。轻轻交走。（轻轻地走。）

另外，在“白白”后面一般用“哩”，而不用“交”。如，白白哩来哰一趟。（白白地来了一次。）

（2）ABB 式重叠：红通通、粘夹夹、胖笃笃、冷势势。

（3）AAB 式重叠：笔笔直、冰冰瀴、喷喷香、腊腊黄。

（四）数词

长兴方言的数词与普通话基本一致，但与普通话存在着某些区别。

1. 特殊读音

二：长兴方言的“二”有两个读音，[liã^{53}] 和 [n^{213}]。个位数一般读 [liã^{53}]。如“二个人、二瓶酒、二包烟”中的“二”都读 [liã^{53}]，但在“二两”中的“二”要读成 [n^{213}]。

在二位数后的个位数上，在 12、22 中，读成 [n^{213}]。数字 32 到 92 中可读成 [liã^{53}]，也可读成 [n^{213}]。如：六七四十二中的“2”为 [liã^{53}]、[n^{213}] 两读。

在三位数后的个位数上，除了在 112、122 中，读成[n^{213}]外，132、142 到 192 中的“2”可[liã^{53}]、[n^{213}] 两读。102 中的 2 也两读。

在三位数后的十位数上，读成 [ȵiɛ^{213}]，如 120、121 到 129 中的“2”读 [ȵiɛ^{213}]。

两：长兴方言中的“两”，有实指和虚指两种用法，区别在于读音。[liã^{53}] 表示实数，如：长兴话“操场上来哰两个人”。该处的“两”读 [liã^{53}]，表示实数，意思是：操场上来了两个人。读 [liã^{44}] 时，表示虚数，意思是：操场上来了一些人。

十：长兴方言中的“十”有两个读音，一个是 [zəʔ^{2}]，如：12、13、14 中的“十”。另一个读成 [so^{53}]，只有 15 中的“十”读该音。

二十：长兴方言中的“二十”有个特殊的表示法，写成“廿”读音是[ȵiɛ^{213}]，如：廿五岁、十二月廿三。

2. 不定数的表示

在记账时，数字当然越精确越好。但在日常交际中，数字并不都是那么精确的，需要人们使用不定数的表示来沟通交流。

长兴方言中表示不定数主要有如下几种方法：

莫兴兴[moʔ^{2}][ɕin^{334}][ɕin^{334}]：表示数量多，也可以说成“莫佬佬”，相当于普通话的许多。如：拉屋里钞票莫兴兴。（他们家里钱很多。）

大[du^{213}]：表示数量多，常见的说法有，大几十（表示五十几上的两位数），大几百（表示五百以上的三位数）、大几千（表示五千以上的四位数）。如：格件衣裳要大几百才买得动。（这件衣服要好几百才买得来。）

洒[sa^{44}]：表示估计，有“大约”义，如：洒五十斤米、洒五六个人、洒四个月。

头[dei^{13}]：常与“两”连用，说成“头两”，有两个意义：

（1）表示约数“一二”，如：头两斤（一二斤）、头两百块（一二百块钱）。

（2）表示开头的两个，如：明年头两个月热嗯来看五。（明年的开头两个月我来看你。）

把[po^{42}]：用在数词后，表示约数。如：百把斤米（一百斤左右的米），千把个人（一千左右的人）。

毛毛叫[mɔ^{13}][mɔ^{13}][tɕiɔ^{44}]：表示大约，用在数量前面，如：操场闹毛毛叫有三百个人（操场上大约有三百个人）。有时也可以只说“毛”，如：伊毛六十岁哰。（他今年大约六十岁了。）

介西多[ka^{334}][ɕi^{334}][təu^{44}]：这么多。如：买哰介西多水果。（买了这么多水果。）

来[lɤ^{213}]：常用在数字后，表示约数，如：十来个（十多个）。

（五）量词

长兴方言的量词与普通话量词存在着明显的不同，有一些普通话所不用的特殊物量词、动量词。

1.特有的物量词。如：

爿[bɛ^{13}]：座、家。一爿桥、一爿田、一爿厂。

圤[bəʔ^{2}]：块。一圤石头、二圤泥、三圤红烧肉。

坒[bi^{13}]：层。一坒砖头。

床[zɔ̃^{13}]：条。一床棉头、一床毯子。

沰[toʔ^{5}]：滴。一沰眼泪、一沰浆糊。

枵[ɕiɔ^{44}]：层。一枵丝棉、二枵絮。

埭[da^{13}]：排。一埭印子、二埭房子、三埭字。

淘[dɔ^{13}]：伙。一淘朋友。

窠[k'əu^{44}]：窝。一窠小鸡、一窠蛋。

叠[diəʔ^{2}]：堆积。一叠报纸、一叠钞票。

管[kuɛ^{53}]：把。一管锁、一管秤、一管尺。

瓤[lã^{13}]：片。一瓤西瓜、二瓤南瓜。

长兴方言也使用普通话的物量词，但用法有所不同，如：

部：长兴方言可以说“一部汽车”“一部机器”，普通话要说“一辆汽车”“一台机器”。

条:长兴方言可以说“一条衬衫”“一条被头”，普通话要说“一件衬衫”“一床被子”。

块：长兴方言可以说“一块毛巾”“ 一块洋钿”，普通话要说“一条毛巾”“一元钱”。

只：长兴方言可以说“一只电脑”“一只井”，普通话要说“一台电脑”“一口井”。

2.特有的动量词。如：

记[tɕi^{44}]：下。敲伊一记。（打他一下）

通[t'õ^{44}]：次。出一通差。（出一次差）

埭[da^{13}]：次。到上海一埭。（去上海一次）

歇[ɕiəʔ^{5}]：会。白相一歇再来。（玩一会再来）

瘔[huəʔ^{5}]：觉。困一瘔。（睡一觉）

3.数量词的特殊用法

长兴方言的数量词有一些特殊的用法：

（1）数词“一”的省略

在长兴方言中，当数量词修饰名词里，数词“一”有时可以省略，形成“量词＋名词”的结构，如：

实嗯想去买只电脑。（我要去买一只电脑。）

老板，喫碗肉丝面。（老板，吃一碗肉丝面。）

（2）“量+名”格式

长兴方言中，量词可以单独置于名词前，形成“量+名”的格式，如：

只手机质量勿好，顶好去换一只。（这个手机质量不好，最好去换一个。）

把板头勒咕里?得嗯寻寻看。（这把板头在什么地方？替我找找看。）

（3）“量词+半”

长兴方言里，有“量词+半”的格式，即在量词后加“半”，表示数量的一又二分之一之多，“斤半”是一斤半。“尺半”是一尺半。如：

老板，买斤半牛肉。（老板，买一斤半牛肉。）

格条绳子只有尺半长，呒啥用场。（这条绳子只有一尺半长，没有什么用处。）

（4）“一＋动量词+头”式

“一＋动量词+头”强调一下子把事情解决了，常用的有一记头敲煞（一下子就打死了）、一通头过门（一次就通过了）、一口头喫脱（一口就吃掉了），如：

勿想着驾照路考实嗯一通头过门，正刚开心。（没想到驾照路考我一次通过了，真的开心。）

介大鸡蛋伊一口头喫脱唻，（这么大的鸡蛋他一口就吃掉了。）

（六）代词

1. 人称代词

第一人称代词，主要有热嗯[n̥iəʔ^{2}][ŋ^{42}]、实嗯[zəʔ^{2}][ŋ^{42}]，相当于普通话的“我”。伢[ŋa^{42}]，相当于普通话的“我们”。

第二人称代词，主要有热五[n̥iəʔ^{2}][n^{42}]，实五[zəʔ^{2}][n^{42}]，相当于普通话的“你”。倻[na^{42}]相当于普通话的“你们”。

第三人称代词，主要有伊[ji^{53}]，相当于普通话的“他”。拉[la^{13}]，相当于普通话的“他们”。

2. 指示代词

（1）近指示代词

长兴方言中的近指代词：

介[ka^{334}]：这样。

格个[gəʔ^{2}][kei^{53}]：这个。

哈闹[haʔ^{5}][nɔ^{42}]：这里。

格括[gəʔ^{2}][kuaʔ^{5}]：这些。

介息[ka^{334}][ɕiɛ^{53}]：这会儿，现在。

乃[na^{113}]：这会儿，现在。

（2）远指示代词

长兴方言的远指代词：

该个[kɛ^{334}] [kei^{334}]：那个。

格头[gəʔ^{2}][dei^{13}]：那里。

格头括[gəʔ^{2}][dei^{13}] [kuaʔ^{5}]：那些。

格辰光[kəʔ^{5}][zən^{22}][kɔ̃^{44}]：那个时候。

（3）其他代词

长兴方言中，除了近指与远指代词外，还有几个特殊的指示代词。

介多[ka^{334}][təu^{334}]：这么多。勿想着操场闹人介多。（没想到操场上人这么多。）

格点[kəʔ^{5}][tiɪ^{44}]：这一点。过年做客人，送格点东西是太少唻。（过年作客，送这点东西是太少了。）

逐个[dzoʔ^{2}][kəʔ^{5}]：每一个。电影票逐个侪有，侪家勿要急。（电影票大家都有，大家不要急。）

3.疑问代词

长兴方言中有一个特殊的疑问词“咕”[gəu^{42}]，是长兴周边地区所没有的。在长兴话里，干什么可以说“做咕”，到哪里可以说“到咕里”，谁可以说成“咕人”[gəu^{42}][n̥iŋ^{42}]。表示怎么样的，有“哪介”[naʔ^{2}][kaʔ^{5}]，表示多少的有“几化”[tɕi^{53}][ɦu^{42}]等。

（七）副词

长兴方言副词分为六种，即：程度副词、范围副词、时间副词、语气副词、否定副词、情态副词。长兴方言中有许多副词是普通话所没有的。

1.表示程度

长兴方言特有的程度副词可以大致分为表示高级与表示低级。表示程度高级的副词主要有顶

[tin^{53}]、蛮[me^{213}]、太[tei^{334}]、死[si^{53}]、正刚[ts^{53}][kɔ̃^{53}]、着实[zaʔ^{2}][zəʔ^{2}]、正嚇[ʦəŋ^{334}][haʔ^{5}]等。表示低级的主要有：稍微[sɔ^{44}][øui^{44}]、介点[kaʔ^{5}][tiɪ^{53}]等。

顶：相当于普通话的“最”，如：伊里村里顶有钞票呃。（他是村里最有钱的。）

蛮：相当于普通话的“很”“挺”等，如：实嗯对书法从小就蛮有兴趣。（我对书法从小就很有兴趣。）

太：有“过分”的意思，如：房子太大唻，搞卫生吷力煞。（房子太大了，搞卫生很累。）

死：相当于“非常”“一定”，如：老李死要面子。（老李非常要面子。）

正刚：相当于“真的”，表示强调，如：长兴格两年变化正刚大。（长兴这两年变化真的大。）

着实：表示强调，如：实五勿要吹牛，小李打字着实比五快。（你不要吹牛，小李打字确实比你快。）

正嚇：相当于“更加”，如：明朝天气正嚇热唻。（明天天气更加热。）

稍微：相当于“略微”，如：小姑娘样子蛮好，就是皮肤稍微黑点。（小姑娘长得很漂亮，就是皮肤略微黑一点。）

介点：表示细微程度，相当于“一点”，如：伊再长介点就好唻。（他再高一点就好了。）

2.表示范围

长兴方言中常用的范围副词主要有侪[zɛ^{22}]、总共[tsõ^{53}][gõ^{42}]、一塌刮子[øiəʔ^{5}][ʈʻaʔ^{5}][kuaʔ^{5}]；只[øiɪ^{53}]、单单[tɛ^{44}][tɛ^{44}] 等，分别表示总括和限制。如：

侪：拉兄弟两个今年侪要结婚唻。（他们兄弟两个人今年都要结婚了。）

总共：伢办公室里总共四个人。（我办公室里一共四个人。）

一塌刮子：实嗯身闹一塌刮子五只洋。（我身上一共五元钱。）

只：到上海只有五六个人。（到上海只有五六个人。）

单单：格趟旅游化唻交关钞票，单单门票就要好几千。（这次旅游花了许多钱，光是门票就要好几千。）

3. 表示语气

长兴方言的语气主要有叵老[pʻoʔ^{5}][lɔ^{42}]、到底[tɔ^{334}][ti^{53}]、爽性[sɔ̃^{53}][ɕin^{53}]、偏偏[pʻiɪ^{44}][pʻiɪ^{44}]、长况[zã^{13}][hɔ̃^{44}]等。

叵老：“叵老”是表示疑问语气的副词，相当于普通话的“难道”，如：

伊做事体勿负责，实五叵老还要托伊帮忙？（他做事不负责，你难道还要托他帮忙？）

到底：“到底”相当于普通话的“究竟”，表示疑问语气，如：

明朝旅游实五到底去还是勿去？顶好早点定脱来。（明天旅游你究竟去还是不去？最好早一点定下来。）

爽性：相当于普通话的“索性、干脆”，如：格椿事体讲勿清爽，爽性打官司么好唻。（这件事情说不清楚，干脆打官司好了。）

偏偏：“偏偏” 表示与愿望、预料或常理相反的意思，有“凑巧、恰恰”或“单单”的意思，如：

侪家叫伊不要出去，伊偏偏要出去。（大家叫他不要出去，他恰恰要出去。）

长况：“长况”表示“大概”的语气，如：

李主任前两日勿勒呜，格两日长况回转唻。（李主任前两天不在，这几天大概回来了。）

4. 表示情态

情态副词是表示某种特定的情状和态度的副词，长兴话的情态副词与普通话不同，主要有特为[dəʔ^{2}][ɦui^{213}]、倒反[tɔ^{334}][fæ^{53}]、到底[tɔ^{334}][ti^{53}]、总归[tsõ^{53}][kui^{53}]、百儃[paʔ^{5}][tʻɛ^{53}] 等。

特为：“特为”表示“特意”“故意”，如：

晓得明早客人要来，实嗯特为买唻交关菜势。（知道明天客人要来，我特意买了许多菜。）

倒反：“倒反” 相当于普通话的“反而”的意思，如：

呒不汽车倒反好，走路上班，就是锻炼身体。（没有汽车反而好，走路上班，就是锻炼身体。）

到底："到底"即是情态副词也是语气副词，语气副词"到底"相当于普通话的"究竟"，表示疑问。情态副词"到底"相当于普通话的"毕竟""终究"，如：

伊到底年轻，力气大。（他毕竟年轻，力气大。）

总归："总归"相当于普通话的"终究"等，如：

讲假话是总归要穿棚呃。（说假话是终究要触穿的。）

百僮：做事体勿要急，百僮好唻。（做事情不要急，慢慢地好了。）

5.表示时间

长兴话里有若干普通话所没有的时间副词，如：暴[bɔ^{213}]、将况[tɕiã^{44}][hɔ̃^{44}]、就介[tɕiəɤ^{334}][ka^{334}]、乃[nɛ^{213}]、介息[ka^{334}][ɕiəʔ^{5}]等，如：

暴：表示普通话"刚刚"的意思。如：

实五毛病暴好，勿要太喫力。（你病刚好，不要太累。）

将况："将况"是长兴话特有的时间副词，相当于普通话的"刚才"，如：

老李，实五勒咕里？将况有人寻五。（老李，你在什么地方？刚才有人找你。）

就介：相当于普通话的"马上"。如：

倷先走，实嗯就介来。（你们先走，我马上来。）

乃："乃"相当于普通话的"目前""现在"，如：

老底子条件差，乃好唻。（以前条件差，现在好了。）

介息：相当于普通话的"现在"，如：

小李小辰光身体勿好，介息身体节棍煞。（小李小时候身体不好，现在身体很好。）

6.然否副词

然否副词是表示肯定、否定副词。表示肯定的有呆板[ŋɛ^{13}][pɛ^{44}]、横[ɦuã^{213}]。表示否定的有勿[fəʔ^{5}]、勿要[fəʔ^{5}][øiɔ^{334}]、呒不[m^{44}] [pəʔ]。

呆板："呆板"表示肯定语气，相当于普通话的"一定"，如：

叫伊勿要来，伊勿听，呆板要来。（叫他不要来，他不听，一定要来。）

横："横"表示肯定语气，具有"理应如此"的意思，如：

实五来帮嗯，实嗯横开心煞。（你来帮我，我肯定很开心。）

勿："勿"表示否定，相当于普通话的"不"，如：

明朝勿落雨，实嗯要到北京出差。（明天不下雨的话，我要到北京出差。）

勿要："勿要"相当于普通话的"别"，用于祈使句的否定，如：

外面温度高，实五勿要出门。（外面温度高，你不要出门。）

呒不："呒不"是典型的吴语方言词语，相当于普通话的"没有"，如：

实嗯呒不钞票，买房子想阿勿想。（我没有钱，买房想也不想。）

（八）连词

长兴方言中一般不用普通话的连词"和""跟"，常用的连词是一个"得" [təʔ^{5}]字。"得"主要用于连接词和短语，如：

实嗯得小李明朝到上海去。（我和小李明天到上海去。）

糖得香烟侪买好唻。（糖和香烟都买好了。）

实嗯得老王明朝要出差到山东。（我与老王明天要出差到山东。）

长兴方言连接分句的连词一般不用普通话的关联词语，常用的有：叫得[tɕiɔ^{334}][təʔ^{5}]、处[ts'^{53}]、为唻[øuɛ^{334}][lɛ^{213}]、伊[ji^{213}]……伊[ji^{213}]、倒[tɔ^{334}]、勿过[fəʔ^{5}][kəu^{44}]、末[məʔ^{2}]、之故[tsɿ^{44}][ku^{44}]

叫得

"叫得"相当于普通话的"只要"，表示条件关系，如：

叫得坚持脱去，随便啥事体侪会成功。（只要坚持下去，随便什么事都会成功。）

处

“处”相当于“随”，可以表示条件关系，相当于普通话的“不管……都……”，如：

事体处伊安排，实嗯侪呒不意见。（事情不管你如何安排，我都没有意见。）

为唻

“为唻”表示原因，相当于普通话的“为了”，如：

为唻装饰房子，实嗯忙唻半年。（为了装修房子，我忙了半年。）

伊……伊……

相当于普通话的“又……又……”，如：

小李生来伊年轻，伊漂亮。（小李长得又年轻，又漂亮。）

倒

“倒”表转折，相当于普通话的“却”，如：

小李呒不结婚辰光，想结婚；正式结婚唻，倒开始懊悔唻。（小李没结婚时，想结婚；正式结婚了，却开始懊悔了。）

勿过

“勿过”相当于普通话的“只不过”，在句子中表示转折，有“但是”的意思，如：

隔壁小王人是蛮聪明呃，勿过脾气勿好。（隔壁小王人是很聪明的，只不过脾气不好。）

末

长兴话中的“末”常用于分句后，表示假设条件，相当于“如果……就……”，如：

领导呒不化末，伊就好作主唻。（领导如果不在，他就可以作主了。）

之故

“之故”相当于“……的缘故”，揭示动作行为的原因，如：

伊眼睛看勿清爽是糖尿病之故。（他眼睛看不清楚，是糖尿病的缘故。）

（九）介词

长兴方言中的介词有的是沿用了普通话的介词，但也有自己的特殊介词，主要有得[təʔ^{5}]、拨[pəʔ^{5}]、勒[ləʔ^{2}]、照[tsɔ^{334}]、朝[dzɔ^{213}]、拨 [pəʔ^{5}]等。

得

长兴方言的“得”是一个特殊的虚词，它除了充当连词外，还可以当介词，相当于普通话的“把”或“到”。

实五上班前，得衣裳汏汏脱。（你上班前把衣服洗洗掉。）

实五得教师请得屋里来啊。（你把老师请到家里来啊。）

拨

长兴方言的“拨”表示被动，相当于普通话的“被”，如：

格只手机拨拉小把戏弄坏唻。（这只手机被他的孩子弄坏了。）

勒

长兴方言里的“勒”也是一个特殊的介词，可以表示处所，相当于普通话的“在”，如：

快递摆勒传达室里，实五自己去拿。（快递放在传达室里，你自己去拿。）

照

长兴方言中的介词“照”相当于普通话的“按照”，表示行为的凭借或依据，但在长兴方言的口语中，“照”更为流行，如：

侪家要照格个办法做。（大家要按照这个办法做。）

朝

长兴方言里表示方向的介词主要是“朝”，相当于普通话的“向”，但长兴话里很少用普通话的介词“向”，而用“朝”，如：

实嗯朝天闹看唻半日，旡不看见只飞机。（我向天上看了半天，没有看见一架飞机。）

（十）助词

汉语的助词有结构助词，时态助词，语气助词三种，长兴话的三类助词与普通话明显不同，普通话的助词长兴话基本不用。长兴话的结构助词主要有呃[øəʔ⁵]、得[təʔ⁵]，时态助词主要有呜[øu⁵⁵]、唻[lɛ²¹³]、过[kəu³³⁴]，语气助语主要有唻、呃。

呃

“呃”在长兴方言里，既是结构助词，也是语气助词。充当结构助词的，如：

实嗯呃工资单位里顶高。（我的工资单位里最高。）

借来呃东西勿要弄坏脱。（借来的东西不要弄坏。）

充当语气助词的，如：

单位里括同事侪得嗯好煞呃。（单位里那些同事都跟我很好的。）

实嗯是勿会得做格种事体呃。（我是不会干这种事情的。）

得

“得”用在动词或形容词后充当结构补语，可以表示程度或可能等，如：

天冷得浑呜呃，出门多着点衣裳。（天气冷得很呢，出门多穿点衣服。）

格两日老李气得闲话讲勿出。（这几天老李气得话也说不出。）

呜

“呜”动作行为的进行状态和持续状态，相当于普通话的“着”，常附在动词后面，如：

立呜脚酸，坐呜好过点。（立着脚酸，坐着好受一点。）

细话定睏起呜。（小姑娘在睡觉。）

唻

“唻”是长兴方言的特殊助词，相当于普通话的“了”，表示动作行为的结束，如：

实嗯勒水口住唻十几年。（我在水口住了十多年。）

小朱勒超市排队排唻半个多钟头。（小朱在超市排队排了半个多小时。）

“唻”也是长兴方言里特殊的语气助词，常放在句末,表示陈述语气或祈使语气。

小把戏睏着唻。（小孩子睡觉了。）

实五好买房子唻。（你可以买房子了。）

过

“过”是时态助词，表示动作行为的曾经发生，长兴话与普通话的用法一致，如：

小说《子夜》实嗯看过好几遍。（小说《子夜》我看过好几遍。）

（十一）叹词

表示说话时喜悦、惊讶等情感的词就是感叹词。长兴方言里的叹词比较复杂，有几个是普通话所没有的，常见的有嗳[øɛ⁵³]、喏[nɔ⁴²][nɔ²¹³]、闲[ɦɛ²¹³]、啧[tɕiəʔ⁵]、喔唷[øoʔ⁵] [jioʔ²]等。

嗳

“嗳”是打招呼的叹词，相当于普通话的“喂”，如：

嗳！勿好意思，实嗯问问看，超市勒咕场呜？（喂！不好意思，我问一下，超市在什么地方？）

喏

“喏”有两个读音，读[nɔ⁴²]，往往是引起人的注意，把东西交给别人，如：

喏，优盘还拨五唻。（喏，优盘还给你了。）

读[nɔ²¹³]时，表示意想不到或意料之中，如：

喏，杯子拨五打烊唻，介勿当心。（喏，杯子被你打碎了，这么不小心。）

闲

“闲”表示应答，同意对方的意见，有“嗯”的作用，如：

“桌子闹格只手机阿是五呃？”“闲，是实嗯呃。”（“桌子上的手机是不是你的？”“嗯，是我的。”）

啧

“啧”表示藐视的神情或不满的语气，可以单说，也常常多个连用，如：

啧，屋里有钞票就神气煞唻？（啧，家里有钱就神气死了？）

喔唷

“喔唷”是表示惊奇、赞叹语气的助词，如：

喔唷，实嗯运道正刚好，今年伊中唻一个头奖。（喔唷，我运气真好，今年又中了一个头奖。）

（十二）象声词

长兴话里常用的象声词主要有拍塌[p‘aʔ^{5}] [t‘aʔ^{5}]、壳托[k‘oʔ^{5}][t‘oʔ^{5}]、吉力括辣[tɕiəʔ^{5}][liəʔ^{2}][kuaʔ^{5}][laʔ^{2}]、劲令共龙[dʑin^{13}][lin^{13}][gõ^{13}][lõ^{13}]

拍塌

“拍塌”是形容东西掉地上发出的声音，如：

老杜地闹一滑，拍塌一跤，掼脱唻一个门牙。（老杜地上一滑，拍塌摔了一跤，摔掉了一颗门牙。）

壳托

“壳托”形容物体松动而发生的声音，如：

格只手机师傅呒不装好，摇起来壳托壳托有点响。（这只手机师傅没有装好，摇起来壳托壳托有点声音。）

吉列括辣

“吉列括辣”常用于形容人说话的声音，如：

大厅里侪是人，老远就听得吉列括辣呃声音。（大厅里都是人，很远就听见节列括辣的声音。）

劲令共龙

“劲令共龙”形容较大的声音，比如吵架等，如：

实嗯到隔壁去看看，拉劲令共龙勒做咕？（你到隔壁去看一下，他们劲令共龙在干什么？）

四、句法特点

长兴方言是吴语的次方言，它的语法特点保留了吴语的基本特征，不少地方呈现出与普通话明显的差异。

1. 句子成分的倒置

（1）状语后置

长兴方言有一个特别的后置状语“快”。普通话中，“快”常常作状语，修饰中心语，如说：“快要下雨了”“快半年了”，但在长兴方言中，“快”却一般置于中心语之后。如：

天气要冷快唻，出门多着点衣裳。（天快要冷了，出门时多穿点衣服。）

车子要开快唻，拉还呒不来。（汽车快要开了，他们还没有来。）

小李要结婚快唻，格两日开心煞。（小李快要结婚了，这几天很开心。）

车子买特一年快唻。（汽车买了快一年了。）

状语“快”字的后置，是吴方言的基本特点。长兴及其周边地区的方言都具有该特点。

在长兴方言中，人们常把普通话的“状语+中心语”结构中的“状语”后置于中心语之后。当然，该处的状语主要局限于一个“快”字；如，“快来了”说成“来快唻”，“快死了”说成“死快唻”，“快五点钟了”说成“五点钟快唻”。

（2）宾语前置

在普通话中，宾语常置于谓语动词后，但吴语中，宾语常常提前。长兴方言也具有该特点。如：

皮夹园园好，当心落脱。(放好皮夹，当心掉了。)

夜饭喫好唻就介来加班。(吃好晚饭马上来加班。)

伊咕里去唻？（他去哪里了？）

上述句子中，“皮夹”是“园”的宾语，“夜饭”是“喫”的宾语，“咕里”是“去”的宾语，按普通话的语法规律，宾语在动词谓语后，应该说成“园皮夹”“喫夜饭”“去咕里”，但长兴方言却把宾语置于谓语之前。

吴语是一种话题优先型语言。吴语中的受事话题常置于谓语之前，而且形成一种常规的句法位置。长兴方言常把受事话题置于谓语动词前，形成受事充当句子的话题或充当句子次话题的两种句型，即形成宾语前置的两种状况：

①宾语充当句子的话题

宾语充当句子的话题时，常置于句子的开头。如：

车子拉侪开勿来。(他们都不会开汽车。)

新茶伊喫过唻。(他喝过新茶了。)

格只手机实嗯勿喜欢。(我不喜欢这只手机。)

生活寻勿着，房子买勿起。(工作找不到，房子买不起。)

上述几句话中的“汽车”“新茶”“格只手机”“生活”“房子”都是句子的宾语，在长兴方言中，它们常置于句子的开头，起到一种提示和强调的作用。从语法角度说，它们在句子中充当了主语。

②宾语充当句子的次话题

长兴方言中宾语充当句子的次话题的句型也是十分常见的。如：

格家人家房子呒不，车子呒不。(这家人家没有房子，没有汽车。)

小王韩国去过唻，日本呒不去过。(小王去过韩国了，没去过日本。)

伊苹果手机用过好只唻。(他用过好几台苹果手机了。)

上述几句话中，宾语“房子”“车子”“韩国”“日本”“苹果手机”等充当句子的次话题，在句子中充当小主语。

长兴方言话题优先的特点，提高了听话者对受事话题的关注度，有利于语言的明确、直接表达。长兴方言中的话题句，在一定程度上简化了普通话的“把”字句。因为在吴语和长兴方言中，没有普通话的介词“把”，普通话的“把”字句在长兴方言中简化为受事话题句，在一定程度上体现了长兴方言的方便简洁。

不少普通话中的“把”字句，在长兴方言中改用话题句来表达。如：

我把茶杯打破了。(茶杯实嗯打烊唻/实嗯茶杯打烊唻。)

你把地板拖拖干净。(地板实五拖拖清爽/实五地板拖拖清爽。)

你把饭烧好再去上班。(饭实五烧好再上班/实五饭烧好再上班。)

小王把旧车卖掉了。(旧车小王卖掉唻/小王旧车卖掉唻。)

2. *动词的时态表示*

长兴方言中，动词时态的表示与普通话存在着较大的区别。

（1）表示动作的完成时

普通话常用助词“了”表示，如：“房子造好了”“老王回去了”。长兴方言没有普通话的助词“了”，而用“唻”表示，如：

工资加好唻。(工资加好了。)

手机寻勿着唻。(手机找不到了。)

老金出差去唻。(老金出差去了。)

(2)表示动作的进行时

普通话常用副词“在”或“正在”表示,如:“他在吃饭”“老胡正在上课”。长兴方言一般不用“在”或“正在”,而用“勒”或“有勒”表示,如:

阿姐勒睏觉。(姐姐在睡觉。)

拉侪有勒喫夜饭。(他们都在吃晚饭。)

昨日下半日四点钟,实嗯有勒汏浴。(昨天下午四点钟,我在洗澡。)

伊日日有勒上班。(他天天在上班。)

进行体的否定式,是“勿勒”,如:格几年,伊勿勒做生意,老早出国去唻。(这几年,他不在做生意,老早出国去了。)

上半日,实嗯勿勒上课。(上半天,我不在上课。)

(3)表示动作的未来时

普通话常用“将”, 长兴话有一种特别的说法,即:动词+快唻。“快唻”用于动词后,补充说明动作的即将发生,或用副词“就介”或“那要”表示,如:

汽车要开快唻,侪家快点上车。(汽车快要开了,大家快点上车。)

要落雨快唻,实嗯要早点回去。(快下雨了,我要早点回去。)

就介要过年唻,年货还呒不买好。(快要过年了,年货也没有买好。)

那要搬新房子唻,心里正刚开心。(快要搬新房子了,心里开心死了。)

(4)表示动作的持续体

普通话常用“着”字表示,如:“他手里拿着一本书”,“电视机开着”;但长兴方言中,没有表示持续的“着”,而常用“动词+勒”或“动词+勒呜”表示。如:

书放勒桌子闹。(书放在桌子上。)

墙头闹挂勒一幅画。(墙上挂着一幅画。)

电视机开勒呜。(电视机开着。)

3. 存在句的特点

长兴方言的存在句与普通话有较大的区别。普通话的存在句要有动词“有”或“在”,但长兴方言表示存在一般不用“有”“在”等动词,而是使用“勒”“有勒”“勒呜”等方言词汇,表示否定则用“勿勒”“勿勒呜”等。如:

阿爸勒屋里。(爸爸在家。)

手机有勒台子闹。(手机在桌子上。)

明朝实嗯勿勒屋里。(明天我不在家。)

阿姐勿勒呜。(姐姐不在。)

4. 疑问句的特点

普通话的疑问代词常见的有谁、什么,哪里,几时、几、多少、怎么、怎么样、为什么等。长兴方言的疑问代词不像普通话那样多,主要有如下几个:

咕:咕是长兴方言的特色词汇,是长兴方言里用途十分广泛的疑问代词,可以问人、问事、问地点、问时间等,如:做咕(做什么)、咕人(谁)、咕场乌(哪里)、咕辰光(几时)。

那介:相当于普通话的“怎么样”。如:事体办得那介?(事情办得怎么样?)

几化:相当于普通话的“多少”。如:操场闹勿晓得来唻几化人?(操场上不知道来了多少人。)

长兴方言里的疑问句还常常使用一个“阿”字表示,大多数用于动词、形容词前,表示疑问。比如:

实五阿高兴去?(你愿意去吗?)

事体介算唻，阿好？（事情就这样算了，好不好？）

辰光差勿多唻，阿走？（时间差不多了，走不走？）

5. 处置句的特点

普通话中的处置句有一个“把”字，但长兴方言中表示处置不用“把”。表示处置主要有两种方式：

1. 用“得”字表示处置，“得”字后的名词是动作行为处置的对象，如：

实五得格点衣裳汏汏好。(你把这些衣服洗洗好。)

得格只桌子搬过来。(把这只桌子搬过来。)

拉得格兴水果侪喫光唻。(他们把这些水果都吃完了。)

2. 用“巴+形容词”表示处置式的强调，如：

事体做巴好再得五讲。(把事情做好了再跟你说。)

出门前，菜势先烧巴好。(出门前，先把菜烧好。)

6. 意合法

与西方语言相比，汉语是一种重意合法的语言。也就是说，在句子中不用或少用关联词语。与普通话相比，长兴方言没有成套关联词语，而更注重意合法的使用。

假设复句：普通话要用关联词语“如果……就……”，长兴方言里不用。如：

伊明早再勿来，实嗯就要走唻。(如果他明天再不来，我就要走了。)

原因复句：普通话要用关联词语“因为……所以……”，长兴方言里也不用，但可用“怪勿得”表示原因，如：

外势有勒落雨唻，怪勿得伊呒不来。(因为外面在下雨，因此他没有来。)

条件复句：普通话要用关联词语“只要……就……”，长兴方言一般不用，有时可用一个“叫得”。如：

叫得侪家一条心，格点困难呒不问题。(只要大家一条心，这点困难就不成问题。)

叫得好好叫读书，大学呆板考得上。(只要好好读书，大学一定考得上。)

转折复句：普通话要用关联词语“虽然……但是……”，长兴方言一般不用，如：

小李样子勿好看，人品勿错。(小李虽然相貌不好看，但是人品不错。)

第三节　长兴移民方言特点

一、河南话

长兴的河南移民以罗山和光山两县为多，两县属于河南信阳地区。清朝初期的信阳地区的主体方言应为赣语和客家话。之后几百年间，由于信阳地区在行政上属于河南，且与安徽、湖北交通密切，故原方言不断被同化，逐渐形成江淮官话、西南官话、中原官话结合的特殊方言，在学术上信阳方言被统一划归为中原官话信埠片。

河南罗山和光山地区，声母有 21 个，大多地区没有普通话的翘舌音[tʂ]、[tʂʻ]、[ʂ]、[ʐ]，两县[n]、[l]不分，以读[l]为常。河南方言韵母各地并不相同，综合各地韵母，共有 39 个。有前后鼻韵之分，有开齐合撮四呼。罗山和光山有阴平、阳平、上声、去声四个声调。

长兴的河南话声母（含零声母）有 22 个，有自由变体[n][l]，如“男”“蓝”的声母均可两读，使用哪一个变体主要依据人们的习惯。长兴河南话声母没有翘舌音。

长兴河南话韵母有 38 个，长兴河南话保留河南方言的撮口呼声母和鼻化韵[ɛ̃][ã][uɛ̃] [uã]等。长兴河南话的部分词语有后鼻韵。

长兴河南话声调类型与河南话相同，分为阴平、阳平、上声、去声四类。调值分别为阴平 53、阳平 55、上声 324、去声 315。

二、安庆话

长兴县内有一部分安徽移民流行安庆方言。安庆方言属于北方方言区中的江淮方言。由于安庆市面积广大，地形复杂，人口众多，因此各个县区都有自己的方言，各地的方言有相通之处，但相异之处也颇多。如，安庆的枞阳县没有翘舌音，桐城市则有翘舌音。

安庆方言中的声母共有 22 个，其中的[n]、[l]是自由变体，位于首音节以读[n]为主，如不是首音节，以读[l]为多。安庆话韵母共有 39 个。安庆话有五种声调，即阴平31、阳平213、上声35、去声53、入声55。安庆话的入声与吴语的入声不同。入声字不带 p，t，k，ʔ尾，自成调类。

长兴安庆话声母共有 23 个，与安庆话声母类同，多了一个[ȵ]。长兴安庆话中，[n]、[l]也是自由变体，但以读[l]为常。[ȵ]、 [n]、[l]三个声母的使用情况，因人而异。因来自安庆的不同地区，有的人[ȵ]、 [n]、[l]三分，有的人只用[n]、[l]。

长兴的安庆话韵母有64个，数量远超安庆话韵母。长兴的安庆话受长兴当地方言的入声韵和鼻化韵影响，增加了入声韵13个[ɐʔ]、[əʔ]、[ᴇʔ]、[oʔ]、[iəʔ]、[iᴇʔ]、[ioʔ]、[uɐʔ]、[uəʔ]、[uᴇʔ]、[uoʔ]、[yəʔ]、[yᴇʔ]，鼻化韵12个[ã]、[õ]、[ɛ̃]、[ᴇ̃]、[iã]、[iɑ̃]、[iᴇ̃]、[uɑ̃]、[uõ]、[uɛ̃]、[uᴇ̃]、[yᴇ̃]。

长兴安庆话有六类声调，即阴平、阳平、上声、去声、入声1、入声2。入声1的调值为55，入声2的调值为5。可以看成安庆话受吴语的影响而产生的入声调值的变化。

三、平阳话

温州的平阳移民也是长兴外来人口的重要部分。平阳方言的情况比较复杂，大致可分为以下四类：一是以县城为代表的、近于温州方言的“平阳话”；二是县境西部及与福建省接壤的南部使用的“北港话”即闽南话；三是鳌江以南沿海一带使用的“蛮话”；四是金乡镇使用的“金乡话”。

移民到长兴的平阳人所操的方言大多是闽南话。

闽南话的声母比较简单，以厦门话为代表的闽南话共有声母 17 个（含声母ø），没有浊音[d]、[dz]、[dʑ]。闽南话厦门音系共个 82 个韵母。闽南话具有成套的辅音韵尾，如[-m]、[-p]、[-t]、[-k]，入声韵多，鼻化韵也比较多。平阳的闽南话仍保留有古平上去入四个调类，具有个七声调，平去入声按声母清浊各分阴阳，上声不分阴阳。

长兴的闽南话声母共有 23 个，受吴方言的影响，声母已经增加，如[tɕ]、[tɕ‘] 、[ɕ]、[ȵ]、[dz]、[z]等声母是闽南话所没有的。

长兴的平阳人受吴方言的影响，韵母已经减少许多。长兴的闽南话韵母为 62 个。[-p]、[-t]、[-k]已经全部演变成喉门塞音[ʔ]。韵尾[-m]已经消失，演变成相应的[-n]。

长兴的闽南话声调为六类，少了阳去调。阴上、阴入和阳入的调值略有变化。入声调更接近吴方言。

四、宜兴话

长兴西北地区流行着一种江苏宜兴方言，主要分布在北部毗邻宜兴市的煤山、鼎甲桥、白岘、水口等乡镇的山区。长兴宜兴话可以再分成煤山芥里话和白岘话，它们都是在宜兴话的基础上演变而成的。

长兴西北地区宜兴话的形成，与长兴其他方言的情况有所不同。河南话、平阳话的存在是由于大量的河南和平阳移民定居长兴，一定规模移民群体的存在，是保留移民方言的根本原因。然而，长兴西北地区的宜兴话区域却没有宜兴移民群体。因此，长兴的宜兴话并非是移民方言。长兴西北地区的宜兴口音的形成是由于商贸的原因。宋代以来，长兴西北和宜兴西南商贸频繁，是长兴西北宜兴话形成的主要原因。

宜兴话有 29 个声母（含零声母），具有明显的吴方言特点。没有普通话的翘舌音。宜兴话有韵母 42 个。宜兴话有开齐合撮四呼，有入声，入声带有明显的喉塞音尾[ʔ]。宜兴话声调共有四种调类，各分阴阳，共八种。

长兴的宜兴话声母也是29个，与宜兴话一致。长兴的宜兴话与宜兴话相同，有韵母42个，同样有四呼，有入声。长兴宜兴话声调系统与江苏宜兴话一致。

五、温州话

长兴县内也有一部分来自温州的移民，主要居住在煤山、李家巷等地。温州话是吴语的一种次方言，民间称瓯语。温州话属于吴语瓯江片，发音、用词和语法等方面都与普通话有极大差别，与北部吴语也有明显不同，属于南部吴语。

温州话有声母 28 个（含零声母）。温州话具有吴语的特点，有 9 个浊声母：[b]、[d]、[g]、[dz]、[dʑ]、[v]、[z]、[ɦ]、[ȵ]。温州话没有普通话的翘舌音。温州话韵母有30个。温州话有开齐撮合四呼。温州话声调共阴、阳2类8调。温州话保留了古代的入声，但入声不读短促声。

长兴的温州话声母系统与温州话相同。长兴温州话的韵母系统发生一定的变化，共有31个，温州话中的[əy]、[yŋ]、[yɔ]等韵母，在长兴发音中已经消失，相关的字的韵母发生变化。长兴的温州话声调与温州基本相同，分阴阳2类8调。但阳入调值略有变化。

六、建德话

长兴有一批建德移民，主要来自新安江水库建设时期。1957 年 4 月，为了建造水库，淳安、遂安两县（1958 年 10 月两县合并为淳安县）共淹没 49 个乡镇，1377 个自然村，有 29 万居民离开家乡，移居到外地。其中有一部分居民移民到长兴县。建德移民主要集中在泗安镇，其他零星分布在虹星桥、林城、雉城等地。

建德话共声母23个,包括零声母。古全浊声母全部清化，因此建德话里没有吴方言的[b]、[d]、[g]、[z]、[dz]、[ɦ]等浊声母。[n]、[l]在建德话中部分字相混。建德话没有普通话的翘舌音。建德话有[tʃ]组声母，但只与带舌尖色彩的[i][y]相拼。建德话韵母共 48 个。建德话有四呼。声调为六类，即：阴平、阳平、上声、去声、阴入、阳入。

长兴的建德话共有声母22个，没有同样没有[b]、[d]、[g]、[z]、[dz]、[ɦ]等浊声母，但已有浊声母[z]、[ɦ]。长兴的建德话没有[tʃ]组声母。[n]、[l]部分相混。

长兴的建德话韵母 39 个，因为建德话中的部分韵母，如：[uɯ]、[ua]、[uə]、[uᴇ]、[yɑ]、[yɯ]、[yɪ]、[yu]等在长兴的建德话中已经不存在，可见长兴的建德话明显是在向长兴当地话靠拢，韵母系统有简化的趋势。长兴建德话声调也分为六类，但调值略有不同。

七、江北话

太平天国时期，有不少江北人到长兴定居。江北人所说的话，一般称为江北话，或苏北话。江北话即淮语（江淮官话），属于官话方言，旧称“下江官话”“江淮方言”，主要分布在江苏省长江以北大部和安徽省中部及长江沿线。太平天国时期，江北人到长兴定居，大多住在河港边，从事捕鱼捉蟹。

一般把扬州话作为江淮官话的代表语。江北语音以扬州音系为代表。扬州音系有声母 17 个，与南京音相比，少了四个翘舌音[tʂ][tʂ‘][ʂ][ʐ]。作为江淮官话，扬州声母没有吴语的浊音。江北话[n]、[l]不分，大多都读 [l]。以扬州音系为代表的江北话有韵母46个，有开齐合撮四呼。江北话音系的声调共 5 个，即阴平、阳平、上声、去声、入声。

长兴的江北话声母为 19 个，增加了[n]和[z]。长兴的江北话基本区分[n]、[l]。“女南男年”的声母是[n]，如“兰”的声母为[l]，但少数字[n]、[l]相混。长兴的江北话有声母[z]，是受河南话和普通话影响而产生的。河南话中有[z]，“人”与“肉”的声母河南话都是[z]，江北话中，“人”与“肉”的声母为[l]。

长兴的江北话韵母为41个，没有[iɛ]、[iɪ]、[iæʔ]、[uõ]韵，相关的字读成其他韵。因吴语中没有韵母[iæʔ]、[uõ]，江北话韵母为[iɛ]的“阶奶戒”和韵母为[iɪ]等“爷借遮”字，在长兴的江北话中韵母都转读成[a]或[ia]，明显与长兴当地话相近。长兴江北话声调也为 5 个，但调值有所变化。

八、重庆话

2000年6月、2002年8月、2004年8月，长兴县先后接受三批重庆市三峡移民，分别来自奉节县、丰都县，共142户、619人，主要分布在8个乡镇和县开发区的38个村。

重庆音系共有声母19个，保留了西南官话语音系统简单的特点。长兴的三峡移民的声母系统与重庆音系相同，也有19个声母。“古全浊”声母字在重庆音系中都念为清声母字。西南官话大多数地方不分平翘舌，重庆话中没有普通话的翘舌音［tʂ］、［tʂʰ］、［ʂ］。长兴的三峡移民也有该语音特点。西地官话地区大多数地方［n］、［l］不分，重庆音系的［n］，包含了［n］、［l］两个自由变体，以读［n］为常，但声母［n］带有边音成分,音值介于［n］、［l］之间。长兴的三峡移民也有该特点。西南官话“硬爱欧安”等字，声母为［ŋ］，长兴的三峡移民声母为［ŋ］的仅“硬”一字，“爱欧安”三字读为零声母。重庆音系[f]、[h]有混读现象，大多[hu]音读成[fu]。长兴的奉节移民与丰都移民在[fu]、[hu]的读音上有所不同，如“挥灰婚花”两字，奉节移民读为[fu]，丰都移民读为[hu]。

重庆音系有韵母37个。有开齐合撮四呼。长兴的三峡移民音系也有韵母37个，同样具有开齐合撮四呼。重庆音系虽有前后鼻韵之分，但并不系统，如有[an]、[aŋ]之分，但却不分[in]、[iŋ]和[ən]、[əŋ]。长兴的三峡移民也保留该语音特点。长兴的三峡移民的少数字的读音上发生变化，如“某茂”两字韵母为[ou]，而不是[oŋ]，“谐”字韵母为[ie]，而不是[iai]。

西南官话声调有阴平、阳平、上声、去声四类，长兴的三峡移民声调相同。

第四节　方言接触与变化

一、移民方言对地名的影响

各地移民定居长兴，给长兴的文化带来深刻的影响，其中一个明显的影响就体现在地名上。

太平天国战后，长兴人口骤减，大量外地移民定居长兴，到得迟的移民在山边、空地上搭建茅棚作为暂时的居所，因此，移民们也被称为“棚民”。随着移民人数的增多，该类居住区后来就发展成一个完整的“移民村”。它们的得名，有多种原因。不少村落是以姓氏命名的，如沈家村，就是根据清光绪年间一批沈姓家族的人在该地定居而得名的。据说以该方式命名村名的，在长兴有 20 多个。有的村落直接以移民原籍命名，如林城镇的平阳村，因平阳移民定居而得名；仙山乡的湖北南岗，因湖北移民定居南岗而得名；水口乡的徽州庄村，因徽州移民定居而得名。还有以建筑物和地理位置命名的，如大棚子村，因湖北移民聚居的“大棚子”而得名；龙山新区的古山庵村，因村前有一座规模较大的古庵而得名；水口乡的南山脚村，因温州、台州移民在南山脚下建村而得名；原仙山乡的温州棚自然村，因一温州籍妇女于该处搭一草棚居住，后发展成村；原白阜乡的王家厂自然村，因王姓河南移民发展成村，故名(厂，河南话即草棚)。还有的村名反映了移民的状况，如会同村，村中居民多为清末的苏北人，因聚居人多，大家“会同而来”而得村名。

河南移民定居长兴之前，长兴县的自然村中，已经有以“湾”命名的村落，资料显示清同治年间有 51 个，它们的得名，一般皆因村落处于河流的拐弯处而来。但自河南移民迁入后，长兴自然村中以“湾”命名的村落成倍增加，1983 年版的《长兴县地名志》中记载的多达 162 个。因为河南方言中，“湾”就是村庄的意思。河南移民直到今日见面，陌生人问询问，便是“你住哪个湾里？”但河南移民命名的湾，跟当地居民居住的湾，有一种差异。河南人的命名，一般是“姓+家+老(大或小)+湾”，而当地人则是“姓+家+湾”，是一种不同地域文化的显现。加老或小，一方面有表示该村人口的多寡、历史的远近，但更是一种河南人说话的“腔调”。如，天平桥乡有方家老湾、孔家大湾，太傅乡有胡家小湾，便民桥乡有丁家老湾、何家老湾、张家老湾，和平镇有杨家老湾，长城乡有柳家老湾，泗安镇有刘家小湾，管埭乡有任家老湾，里塘乡有吴家老湾、刘家大湾、熊家大湾，观音桥乡有 2 个刘家大湾；等等。它们的命名方式都体现了河南方言的韵味。

二、多种方言的互相影响

县内移民杂处，方言众多，各种方言互相接触、影响，致使原有的方言的语音和词汇发生一定的变化。

河南话信阳地区的方言有阴平、阳平、上声、去声四种声调，除了少数地区，如罗山县的周党和彭新地区大多地区没有入声。当然，在明清之际，信阳地区的入声可能比现在多。在调查中发现，长兴的河南话，虽然跟河南话一样分为阴平、阳平、上声、去声四种声调，但其调值已与河南话有一定的差异；同时，长兴的河南话已完全没有入声。

河南移民定居长兴时，有入声的河南人也会把河南入声带到长兴。但在调查中发现，当下的长兴河南人及其后代，已经完全没有入声。究其原因，是因为河南人大多没有入声多，受到该影响，少数有入声的河南人，也慢慢放弃了入声。

生于1944年、来自河南罗山县的张运富所说的河南话四声调值分别为阴平53、阳平55、上声324、去声315，没有入声。可见，长兴河南话的声调与当下罗山、光山方言的声调虽然都有四类， 但调值存在着一定差异。因此，长兴的河南人所说的河南话，在河南的罗山、光山人听来，已经变调。

长兴河南话的翘舌音[tʂ]、[tʂ‘]、[ʂ]、[ʐ]也经历一个从有到无的过程。河南罗山县和光山县大多没有翘舌音，但罗山县的张河、光山县的北向店乡等少数地区存在着翘舌音。长兴的河南话已经不存在翘舌音了，“知炸照周宅”等字的声母都读成[ts]，“迟插炒抽称”等字的声母都成[ts‘]，“事诗傻烧收”等字的声母都读成[ts]。一方面，到长兴定居的少数河南人可能有翘舌音，但在河南方言村内，翘舌音属于弱势。另一方面，属于吴语的长兴话，是不存在翘舌音的。受两方面的影响，少数河南的翘舌音必然会慢慢削弱直至消失。

河南话的声母 [n]、[l]不分，以读[l]为常，长兴的河南话中，[n]、[l]的使用呈混乱状态，因人因地而有所不同。即使是同一个人，一会读[n]，一会又读成[l]。但该种情况仅出现在老年人身上，青年人特别是学生大多可以区分[n]、[l]，即使是生活在河南方言村中，平时与家人交流使用的是河南话，他们也可以区分[n]、[l]。其原因不外两个，一是普通话的影响，普通话区别[n]、[l]，“年”“连”“南”“吕”的读音是十分明确的。二是长兴当地话的影响。长兴话[n]、[l]明确，绝不相混。因此，青年一代不再[n]、[l]不分。

长兴的安庆话与原籍的安庆话也发生差异。安庆话有声母22个，长兴的安庆话，受吴语的影响，有声母23个，多一个[ȵ]。[ȵ]是吴方言的特有声母，“年日泥娘牛肉”等字的声母都是[ȵ]，受长兴话的影响，长兴的安庆人语言中也有如[ȵ]，“连年”的声母有时也可读成[ȵ]。长兴的安庆话与安庆原籍方言都是[n]、[l]不分的，但据调查发现，长兴的安庆话[n]、[l]不分，但以[l]为主，而安庆原籍方言则以[n]为主，两者有所不同。由于长兴的安庆话又产生[ȵ]，因此，“连年”的声母有三种读音，即[n]、[l]、 [ȵ]。长兴的安庆话虽然产生[ȵ]，但使用并不普遍，[ȵ]的使用也因人而异。

长兴的安庆话的韵母与原籍的安庆话相比，变化较大。数量从41个增加到了64个。增加的韵母是入声韵和鼻化韵两类。

长兴的安庆移民，人数不多，安庆话在长兴算不上强势方言，因此它对其他方言的影响不大；相反，它受到其他方言的影响而发生一定的变化。安庆话属于江淮官话，是基本没有入声韵的方言，虽然安庆话有入声，但调值为55，在吴语区根本算不上入声。受到吴语影响，长兴的安庆话里产生大量的入声韵，共有[ɐʔ]、[əʔ]、[ᴇʔ]、[oʔ]、[iəʔ]、[iᴇʔ]、[ioʔ]、[uɐʔ]、[uəʔ]、[uᴇʔ]、[uoʔ]、[yəʔ]、[yᴇʔ]等十三个，由于语音特点的不同，长兴安庆话的入声韵，比长兴当地话还多。其次，安庆话的后鼻韵没有普通话那样多，但受吴语的影响，长兴的安庆话中，增加不少鼻化韵。

吴语的前后鼻韵不分，普通话的不少后鼻韵在吴语中演变成为鼻化韵，长兴方言也存在着不少鼻化韵，如：[ã]、[ɔ̃]、[õ]、[iã]、[iɔ̃]、[iõ]、[uã]、[uɔ̃]等。它们在普通话里都读成后鼻韵，但在吴语的长兴话里读成鼻化韵，跟普通话的后鼻韵具有明显的区别。

受到该影响，长安的安庆话里也产生不少鼻化韵，数量多达12个，分别是[ã]、[õ]、[ɛ̃]、[Ẽ]、[iã]、[iɑ̃]、[iẼ]、[uɑ̃]、[uõ]、[uɛ̃]、[uẼ]、[yẼ]。

安庆话的声调虽有入声，但调值为55，但长兴安庆话的入声分为两类，一类的调值与安庆话的调值相同为55，如：骨舌月出索。另一类调值为5，如：桌热笔铁尺。明显是受长兴话声调的影响所致。

在词汇上，方言之间的影响也是比较明显的。原籍的不少方言词汇在长兴发生一定的变化。

长兴移民的方言词汇与原住地的方言词汇其不同主要体现在如下方面：

（1）移民离开原住地，环境改变，原住地相关词汇弃置不用，而采用普通话或长兴词汇。如河南人不用“哼雷”而用“打雷”，不用“方子”而用“棺材”，不用“收，拣”也说“园”了。安庆人不用“翻膘”而改用“翻身”，不用“老糠”而用“砻糠”，不用“出热”而用“热心”，不用“饺儿”而用“馄饨”，不用“皮脸”而用“调皮”，不用“烟通”而用“烟囱”了。

长兴的宜兴话虽然基本与江苏的宜兴话相同，但少数词汇也受长兴当地话的影响，在词汇中增加了长兴话的说法，如除了宜兴人称“月亮”为“亮月”，但长兴的宜兴话里也增加了“月亮”的说法。普通话的“捶背”，宜兴话说成“得背”，但长兴的宜兴话里也采用了长兴的说法“敲背”。普通话的“小偷”，宜兴话是“做贼佬”，长兴的宜兴话也说“贼骨头”，与长兴当地话一致。宜兴话说“团鱼”，长兴的宜兴话说“甲鱼”。宜兴话说“舅公”，长兴的宜兴话采用了长兴当地的说法“外公”。

长兴的温州话词汇也受到长兴当地话的影响，改变了原有的说法。如他们不说温州的“水鞋”，而说长兴的“套鞋”；不说温州的“地家公”，而说长兴的“阿公”；不说温州的“红瓤”，而说长兴的“苦瓜”；不说温州的“涌汤”，而说长兴的“开水”；不说温州的“落茄”，而说长兴的“茄子”；不说温州的“将儿”，而说长兴的“麻鸟”。

建德话在长兴流行不广，同样受到长兴话的影响，许多词汇放弃了建德原有的说法。长兴的建德人不说建德的“装丫磨”，而说长兴的“烧饭”；不说建德的“龙雹子”，而说长兴的“冰雹”；不说建德的“直磨”，而说长兴的“烧粥”等。

长兴的平阳人说的是闽南话。闽语与吴语区别较大，因此平阳人的闽南话保持了相对独立的语言体系。

（2）原籍地词汇与长兴话词汇的采用，并没有统一的规定，往往因人因地而不同。不同的人在不同的场合，会采用不同的词汇，即使是同一个人，也会混用两种词汇。在调查中，同一个人，也常常一会儿说原籍地方言，一会儿说长兴方言。同一移民方言区的两个人，对同一事物的说法有时也是不相同的。

虽然原籍地的方言与长兴话互相影响的情况较为复杂，但发展趋势也有一定的规律。一般来说，老年人采用原住地词汇较多，年轻人采用普通话或移居地词汇较多，如老年河南人会说“牙狗”，青年人一般说“公狗”。因为老年人原住地词汇的影响根深蒂固，同时也与外界接触较少，因此说原住地词汇多一点。而年轻人受普通话的影响较大，与长兴当地人接触的机会较多，因此往往更会说普通话或长兴话词汇。

（3）长兴是一个多移民、多方言县域，长兴话、河南话、平阳话、温州话、建德话等同处一县，随着人员的流动，交际的频繁，各种方言之间互有影响。但方言之间的影响是不平衡、不对等的，往往是强势方言影响弱势方言，人数多的方言影响人数少的方言，容易说的方言影响难说的方言。

长兴的河南人多，河南话是强势方言。因此，在某些河南人聚居的乡镇，其他的移民方言处于弱势地位，说的人越来越少，如泗安镇、和平镇、虹星桥镇，河南人比较多，河南话是强势语言，长兴话次之或已不占优势。因此，即使是当地的建德人，苏北人也大多使用河南话进行交际，他们的后代，特别是第三代、第四代，已经不会说建德话和苏北话了，但有的会说河南话或长兴话。在上述地区，一些长兴当地人也会讲河南话。

平阳移民方言也是类似情况。平阳移民进入的是无人区，数量又达到一定规模，因此能对移入地方言起主导作用，甚至同化周围一些非主流移民的方言，在平阳移民聚居的地区，周边即使有建德、苏北等地的移民，他们也学会了平阳话。

当然，有的方言比较难学、难说，它的影响力就会减弱，如温州话，平阳所说的闽南语，只在它的方言村附近流行，如同一地区同时流行多种方言，往往比较易学的方言如河南话或者长兴话更容易为百姓所接受。

第五节　普通话推广

1958年，全国人大常委会批准、公布《汉语拼音方案》。20世纪80年代，县境内居民在日常生活中很少使用普通话，机关及企事业单位工作交流也多以方言为主。1982年，《中华人民共和国宪法》明确规定“国家推广全国通用的普通话”。确定“大力提倡、重点推行、逐步普及”的推广普通话工作方针。1987年始，普通话推广工作列入政府工作计划。之后，随着经济和社会的发展，对外经济文化交流的需要，语言的规范统一越来越显得重要。1992年，县语言文字工作委员会按照国家语言文字工作委员会《关于当前语言文字工作请示的通知》要求，对学校普及普通话工作提出明确的目标和要求，普通话成为学校的教学语言、校园语言。同时，全县机关企事业单位也大力推广普通话，平时工作交流、汇报和开会，倡导尽量使用普通话。1998年，经国务院批准，每年9月第三周为全国推广普通话宣传周（简称推普周）。明确规定普通话的定义，成立推广普通话工作委员会。同年9月13日至19日，为第一届全国推普周，主题是“推广普通话，促进语言文字规范化”。2001年1月1日起，《中华人民共和国国家通用语言文字法》施行。2006年，长兴县实验小学经省语言文字工作委员会专家评审认定，被授予“浙江省语言文字规范化示范校”称号。2007年全国推普周期间，全县各级各类学校开展“五个一”宣传活动，即作一次国旗下推普宣传讲话；所有校园传媒（网络、电视）一周内显示推普宣传口号；出一期主题板报；组织一次主题班、团队活动；对家长进行一次推普宣传和普通话辅导活动。同年，经市语言文字工作委员会、市教育局组成的专家组评审认定，长兴县实验小学、长兴县实验初级中学、长兴县职业技术教育中心学校3所学校入选首批“湖州市语言文字规范化示范校”。2009年11月，市语言文字工作委员会对长兴县语言文字工作进行实地检查评估，认为长兴县城区基本实现21世纪初语言文字工作目标，达到国家三类城市语言文字工作评估标准。至2012年，县内居民日常会话仍习惯使用方言，在与外地人员会话时，一般能较好使用普通话；机关及企事业单位中普通话普及；全社会形成学讲普通话的良好氛围。同年，全县共有国家级普通话测试员1人，省级普通话测试员9人。

第三十九编 茶文化

长兴是中国茶文化之乡，唐代茶文化“圣地”，中国茶文化的发祥地之一。长兴顾渚紫笋茶文化在中华茶文化光彩夺目的历史宝库中是一颗最璀璨的明珠，在漫长而又辉煌的茶文化历史进程中是第一座里程碑。

唐大历五年(770年)，顾渚山紫笋茶经陆羽推荐成为贡茶，朝廷随之在顾渚山建立“皇家茶厂”贡茶院。之后，随着紫笋茶贡额的不断增加，贡茶院逐步走向鼎盛时期。最盛时役工三万，工匠千余，茶焙百余所。每年春，湖、常两州刺史奉诏亲赴顾渚“修贡”，累月方毕。作为发现、举荐、品评紫笋茶的“伯乐”，陆羽则在顾渚置茶园，筑庐而居，对顾渚紫笋从品种、种植、采制及烹煮、饮用，进行全方位考察和研究，终集茶事大成，并将长兴科研成果写入《茶经》，完成中国第一部茶叶专著。其间，随着顾渚山、紫笋茶、金沙泉声名鹊起，众多文人雅士慕名而来，品茶吟诗，以诗颂茶，以茶会友，为后世留下许多华丽而有价值的诗篇。至清顺治三年(1646年)罢贡，长兴顾渚紫笋茶历朝作贡800余年，开创中国贡茶之最。

顾渚紫笋茶作为中国较早享有盛誉的一代名茶，至清末渐次失传，贡茶院也于20世纪40年代初被焚毁。中华人民共和国成立后，顾渚紫笋逐渐恢复并再次跻身全国名茶行列。1979年春，中断300多年的顾渚紫笋茶试制成功，1982年首次参加商业部主办的名茶评比，获“全国名茶”称号。1984年，贡茶院(遗址)被列为县级文物保护单位，1997年8月被列为浙江省文物保护单位。90年代始，对顾渚山开展保护和建设性规划。2006年5月，顾渚贡茶院遗址及摩崖被公布为第六批全国重点文物保护单位。2008年5月，重建的大唐贡茶院落成。之后，长兴的茶产业、茶旅游、茶文化发展进入了一个新时期。2010年5月，长兴县、紫笋茶被中国国际茶文化研究会分别授予“中国茶文化之乡”和“中华文化名茶”称号。

第一章 贡茶与贡茶院①

唐大历五年(770年)，长兴水口顾渚紫笋茶经陆羽推荐成为贡茶，朝廷随之在顾渚山麓建立中国贡茶史上第一座皇家茶厂——贡茶院。之后，随着紫笋茶贡额的不断增加，贡茶院逐步走向鼎盛时期。其间，陆羽则在顾渚置茶园，筑庐而居，对顾渚紫笋进行全方位考察和研究，终集茶事大成，并将长兴科研成果写入《茶经》，修改完成中国第一部茶叶专著，成为后世景仰的“茶圣”。顾渚“佳茗”因陆羽和《茶经》，不仅有了“紫笋”名字，而且成为历代贡品，闻名于世。陆羽《茶经》和紫笋茶的出现，是催生中唐时期茶产业、茶文化勃兴的标志性产物。中唐以后，由于陆羽的提倡，茶道更是风靡天下。

① 资料来源于《长兴紫笋茶文化概览》(吴建华主编，2003年内部编印)、《顾渚山志》(谢文柏编著，浙江古籍出版社2008年版)。

第一节　顾渚山

一、山名由来

顾渚山，又名顾山。其山名与长城（今长兴）县名同时所得。公元前 2500 年的春秋后期，吴王阖闾（前 514—前 495 年）与楚争霸，派其弟夫概到太湖西南岸筑城，并沿湖筑三圻三城。筑城狭长，得名长城；三圻三城（由北而南依次为斯圻、石圻、卢圻，联吴城、彭城、邱城，今古地名尚存），圻、城是用来训练水军和步骑兵的地方。吴王在筑城时到今顾渚山区察看地形。故东晋吴兴太守张玄之撰《山墟名》曰："昔吴王夫概，顾其渚次，原隰平衍，可为都邑之地，故名。"顾者，看也；渚者，水间陆地。那时太湖之水也许还未完全退出山谷，且山地较为平坦，吴王认为该处可以建立都城。顾渚山名因此而来。

二、地理位置

顾渚山位于水口乡顾渚村辖区内。地处北纬 31°11′ 的长江流域名茶产区地带。西倚天目，天目山余脉伸展至太湖没入滨湖平原，离太湖 10 千米。顾渚山区在古代泛指水口乡金山村、江排村、南山村的一部分，包括葛岭坞岕、啄木岭、金山、银山（白洋山）等，与江苏宜兴仅一岭之隔。东邻水口南山，北靠金山村，西与煤山镇毗连，南与水口乡江排村以尧市、乌头山分水岭为界。

顾渚山位于古代"三吴"的中心地带和太湖"西走廊"，水陆交通便捷。唐代陆路有古驿道从县城向北经水口顾渚、葛岭坞岕，登上啄木岭境会亭（义乡山）为 30 千米，到宜兴为 60 千米；再经溧阳、镇江直至京都长安；全程 2180 千米。水路从水口东柳村（修贡舣舟停泊处）登船，出夹浦入太湖，经大运河，由洛阳至长安。

三、自然环境

顾渚山属于滨湖（太湖）低山丘陵地区，地形西北高东南低；西倚海拔 500 米左右的黄龙头、悬臼岭、啄木岭、乌头山，并由该处发端的三条山谷向东南平行伸展，自南而北分别为斫射岕、悬臼岕、葛岭坞岕，山谷（岕）中间都有一条溪涧。所以顾渚山区有山有水，山水清远。正如杜牧《茶山诗》曰："山实东吴秀，茶称瑞草魁。"

顾渚山区属北亚热带季风气候区。常年平均气温为 15.6℃，平均地温为 18.3℃，年平均降水量 1600 毫米，年平均日照时数 1810.5 小时，无霜期为 240 天。该地由于太湖水体温度的调节，夏无酷暑，冬无严寒。春夏多东南风，将太原湖湖面暖湿空气吹进三条山谷，当暖湿空气上升到海拔 500 米的黄龙头、悬峰岭、乌头山遇到冷空气，山岕里就多雨，早晚则多云雾；冬季多西北风，但由于西北部低山丘陵的阻隔，山岕里受风沙、严寒的侵袭减少。顾渚山区总的气候特点是雨热同季，温光协调，降水丰沛，光照充足，气候温和，四季分明，适宜于茶树的生长。

四、土壤水系

土壤　顾渚山的古茶山区主要有，斫射岕（古代称明月峡）南侧，有很多支谷（岕），因自然环境优越，土质条件好，为古代紫笋茶的主要产区；南侧上游有四（狮）坞岕、杨坞、叙午岕（其中有高坞岕、竹坞岕、方坞岕）、石坞岕（唐代称漫石坞）；在顾渚山西北黄坎岭与悬臼岕之间有老鸦窝，在五公潭上方有斫射山。

由于顾渚山区气候温和、多雨，坡度在 45°左右，加上山上植被丰富（覆盖率达 90%），主要是阔叶林、毛竹和茶叶，所以土呈褐色的乌沙土，土层厚，有机质含量高。县农业部门对顾渚山古茶山区的土壤抽样化验也表明，四个地点有机质的含量较高，是古代和当今紫笋茶园生长最好的地方。如四（狮）坞岕和方（桑）坞岕，陆羽《茶经》中称："生山桑、獳狮二寺、天目山、白茅山、悬脚岭，与襄州、荆南、义阳同"，两处的有机质含量高达 7.1%和 6.2%，其中速效钾的含量方（桑）坞岕达到 128PPM。说明茶叶质量的优劣，取决于茶树生长的土壤；土壤是提供茶树生长的营养源，而营养源主要是土壤中的氮、磷、钾等有机质的含量。

长兴县顾渚山紫笋古茶山区土壤分析情况表

表 39-1

土样地点	有机质(%)	全氮(%)	全磷(%)	速效钾 PPM	pH 值
四(狮)坞岕	7.120	0.364	0.107	91	5.4
方(桑)坞岕	6.180	0.347	0.099	128	5.0
斫射岕	3.230	0.204	0.074	90	5.2
老鸦岕	7.250	0.345	0.075	170	5.4

说明:资料来源于《长兴紫笋茶文化概览》《顾渚山志》

水系 顾渚山区的斫射岕、悬臼岕、葛岭坞岕三条岕的中间都有一条溪涧,由西北向东南,绕过金山则三涧合流,名曰金沙溪,亦称顾渚溪;再向东流抵水口镇出口(水口因此得名),与乌溪汇合,向东经香山至夹浦入太湖。

斫射岕(唐时称明月峡)中的溪涧,分别发源于海拔 530 米的黄龙头和海拔 500 米的乌头山,南北两条支涧汇流于斫射岕底的罗家,然后曲折向东流至顾渚村口牛眠山下;该涧所经岕谷最多、集雨面积最大,故涧水的流量也大,是顾渚金沙泉水的主产区,水质也最好;唐宋时期上贡的金沙泉,就取于该处。悬臼岕中的涧水,发源于黄龙头和悬峰岭,流经霸王潭,向东南注入水库,水库放出之水至颜板桥与斫射岕之水汇合东流。葛岭坞岕中的溪涧,发源于啄木岭和长岗岭,溪流直向东南经银山绕过金山北坡与金沙溪汇合,径往水口,该段水的流量最大。顾渚山区因坡陡,溪流短促,涧水丰富;在溪涧两侧布满烂石,正是野生茶树的适生区。

第二节 紫笋茶

“紫笋”之名源于《茶经》。长兴顾渚紫笋茶不仅内质特性优于其他茶,而且其生长特性也与众不同,采摘讲究采候。故自唐以来作贡 800 多年,顾渚紫笋在贡茶的排列序位上一直名列前茅。

一、茶名由来

“紫笋”之名源于陆羽《茶经》。陆羽在《茶之源》中写道:“上者生烂石,中者生砾壤,下者生黄土。野者上,园者次。阳崖阴林,紫者上,绿者次;笋者上,牙者次;叶卷上,叶舒次。”该记述形象、生动地记述了顾渚山野生紫笋茶产区当时的状况,至今顾渚山的方(桑)坞岕、四(狮)坞岕、斫射山、高坞岕等,仍然保存有野生古茶园的原生状态。

阮浩耕编《中国古代茶叶全书》载清刘源长《茶史》引《茶经》云:“浙西以湖州顾渚为上,唐时充贡,岁清明日抵京。紫者上,绿者次;笋者上,牙者次,故称紫笋。”清陆灿《续茶经》引《蔡宽夫诗话》:“湖州紫笋出顾渚,在湖常两郡间,以萌茁紫而似笋也。”上述引文明确指出,紫笋之名源于《茶经》,是因茶树萌生之芽的颜色和形状而得名“紫笋”,而不是以加工后的成茶来命名。

二、茶叶的特性

北宋叶臣清在《煮茶泉品》中写道:“吴楚山谷间,气清地灵,草木颖挺,多孕茶荈,为人采拾”。“吴楚”当然包括“吴中”的长兴,“山谷间”正是顾渚的“岕”。说在自然环境优越的江南山谷里,往往能培育出品质优良的茶叶。明代程用宾《茶录》曰:“茶无异种,视产处为优劣。生于幽野,或出烂石,不俟灌培,至时自茂,此是上种也。”程用宾认为,茶树没有什么特殊的品种,主要由茶树生长环境的优劣来决定。如果茶树生长在幽野的烂石间,就不用人工去灌培,到了季节,它自然会茂盛。才称得上是最好的。程用宾的说法与陆羽《茶经》:“上者生烂石”“野者上”“阳崖阴林,紫者上,绿者次,笋者上”是一致的。

顾渚山区的紫笋茶,80%以上生长在海拔百米以上溪涧两侧的烂石间或砾壤中。在岕外人工栽培的平地茶园,所占的比例较小。一千多年来保存的野生古茶园,都以传统的方法管理。春茶采过后,待到深秋将茶树周围的灌木(只保留一小部分高大的,用以遮阳)、杂草清除,将其培在茶树根部,用作肥料。所以,古茶园的茶树是很不规则,也较稀朗。一年只采一次春茶,不施肥,不除虫,只修枝(将两米以上的老茶树截枝,来年萌生出粗壮的新枝),与清除的灌木打捆后放在路边,翌年采茶时,用作野外做饭的燃料。

紫笋茶生长在烂石较多的溪涧两侧石隙里,潮湿、避光,腐殖质集中,因此到来年春天,茶树新梢长势旺盛,茶头肥硕而带茸毛,节间较长。叶则以披针和椭圆形为主,叶型大小中等,颜色为深绿。据原浙江农业大学植物生理研究组测定,叶厚平均为274.4微米,叶片的栅栏组织为一层,平均厚度90.78微米,比山区一般茶树的叶片少1层~2层,因而海绵组织厚,平均厚度为131.52微米。野生紫笋茶主要生化成分的含量中,水浸出物占41.2%,氨基酸占3.8%,茶多酚占26.1%,咖啡碱占1.7%。另据原浙江农业大学植物生理研究所将紫笋茶和惠明茶作化学成分分析后认为,紫笋茶具有独特的香味,主要是氨基酸的含量较高,干物质达到1%以上,多酚类千重23.5%,氨基酸含量为1897.15毫克,儿茶素达116.27毫克,VC达223.7毫克,可溶糖的千重含量为7.9%。对比结果,除了儿茶素一项,其他指标均高于惠明茶。

紫笋茶除内质特性优于其他茶,其生长特性也与众不同。陆羽《茶经》曰:“茶之笋者,生烂石沃土,长四五寸,若微蕨始抽,凌露采也。茶之牙者,发于丛薄之上,有三枝四枝五枝者,选其中颖拔者采焉。”陆羽虽然讲的是采茶,但实际上也介绍了紫笋茶的特性。只有生长在“烂石沃土”中的野生紫笋茶,才会出现“长四五寸,薇蕨始抽”芽头粗长、呈紫红色的奇观。出现该现象,一般是在谷雨前后从老枝根部萌生的新枝嫩芽。另据《埤雅》:“茶性最寒,而顾渚茶独温和,饮之宜人,厥名紫笋。”指的是茶性之特异处,所以紫笋茶特别受到推崇。

三、分布与采候

分布 顾渚紫笋茶在唐代分布范围较广泛。据《茶经》和唐代诗歌中的记载,除今斫射岕中的方坞岕、高坞岕、竹坞岕、四坞岕、斫射山、杨坞岕、石坞岕(古称漫石坞)、尧市山,还有啄木岭、飞云水曲二寺、白茅山、悬脚岭(在今煤山)、凤亭山(在金山)、伏翼涧(在今小浦)、大寒山小寒山(在今煤山)。唐会昌年间,紫笋茶的贡额增至9200千克,征集茶源的范围随至扩大。不过,从《茶经》中的记述,真正能代表顾渚紫笋茶,只有生在山桑、獳狮二坞(即今方坞、四坞岕)、白茅山、悬脚岭的茶叶。

20世纪80年代初,据县农业部门统计,顾渚山区属于野生紫笋茶共有9.7万多丛。其中高坞岕有一丛树龄逾百年,高2.8米,冠幅为2.6米,长势茂盛。进入21世纪以来,由于市场对野生紫笋茶价格的“驱动”,茶农重视对野生古茶园的保护,种植面积也在逐渐扩大。2005年,顾渚山区(仍按唐时范围)野生紫笋茶产区分布中,除顾渚村的方(桑)坞岕、竹坞岕、高坞岕、四(狮)坞岕、黄坎岭、老鸦窝、石坞岕外,还包括乌头山的江排、金山村的雷坞岕、煤山的尚儒、蒋笪,总面积达200多公顷,同年春产紫笋干茶5000多千克。

采候 紫笋茶的另一特性,是讲究采候。唐时采茶尤重采候,称“问茶之性,贵知采候。太早其神未全,太迟其精复涣”。《茶经》曰:“其日,有雨不采,晴有云不采;晴采之。”清刘长源《茶史》对采候作了具体阐述:“前谷雨五日间者为上,后谷雨五日间者次之,再五日再次之,又再五日又再次之”“凌露无云,采候之上;霁日融和,采候之次;积云重雨,若不知其可矣。”强调开采时日,以谷雨为界;采候以凌露无云为上。唐诗中的采候也以“凌露无云”为上。如耿湋和陆羽《联句》中写道:“禁门闻曙漏,顾渚入晨烟”;李郢《贡焙歌》曰:“凌烟触露不停探”;皮日休《茶赢》诗曰:“筹筤晓携去,蓦个山桑坞。开时送紫茗,负处沾清露。”诗意记述的都是清晨触露去采茶的情景。贞元以后,紫笋茶被皇帝列为“急程茶”,诏命湖、常两州刺史在清明前急程递进,以便清明日皇帝祭祀和宴请王公大臣用。曾陪同杜牧到顾渚山修贡的李郢有诗为证:“十日王程路四千,到时须及清明宴。”因为紫笋茶采摘的时间被提前,至少在清明前10天须采茶，还要留给驿骑从长兴到长安2000多千米递送所需的时间。实际上在清明前15天甚至前20天，贡茶产区已发动茶农上山采茶。

四、加工及递送

加工　长兴顾渚紫笋茶初贡于唐代宗大历元年(766年)，与义兴(今江苏宜兴)阳羡茶同贡。四年后，即大历五年(770年)，根据代宗李豫的诏命，顾渚紫笋茶与义兴贡茶(也称紫笋)分山析造，单独作贡，并在顾渚山麓建贡茶院。初贡时，紫笋茶加工的是研膏紫笋。据茶史资料和唐诗记述，紫笋茶的加工，基本上按照陆羽《茶经》进行。《茶经·茶之造》曰："晴采之，蒸之、捣之、拍之、焙之、穿之、封之，茶之干矣。"加工紫笋茶要经过七道工序：采、蒸、捣、拍、焙、穿、封。只是《统纪》里强调金沙泉对加工紫笋茶的重要性，增加一道"涤濯"，将采来的茶芽要在金沙泉水里漂洗过。从置茶碓、蒸捣、拍穿的加工流程看，唐代加工的都是研膏紫笋——饼茶。北宋初期，长兴紫笋茶仍为贡品，加工的是团饼茶。虽一度"贡而后罢"，至南宋时期又入贡。元代，不仅未取消紫笋茶的贡茶资格，而且将贡茶院从顾渚山迁到水口清晖轩，改名为磨茶院。因民族习惯不同，加工的是末茶。明朝朱元璋提倡简约，"革罢"团饼茶，废除捣、拍等加工工艺，改为蒸青，贡的是蒸青芽茶。清朝初期，紫笋贡茶虽被"蠲免"，但长兴县令为讨好清廷，仍承袭明制，以炒青紫笋茶作贡。

递送　紫笋贡茶在唐代统称为"土贡"，亦即官贡。贡茶的递送，全由州、县官吏操办。唐时每三十里置驿一所，设驿长，备车、马、船，并由当役驿夫传递。至贞元五年(789年)，德宗皇帝要求紫笋茶在清明前送达京都长安，以便清明节当天用于祭祀和宴请，谓之"急程茶"。之后，每年清明所需紫笋茶、金沙泉，由修贡刺史向皇帝写上表章文书，然后用龙袱包裹、火漆封印，再交由驿骑飞送长安。据清《长兴县志》载：唐贞元五年(789年)，紫笋茶递送分为五等，第一等陆递(由驿骑急递)，限以清明到京；其余四等以水路进，限以四月到京。杜牧在《茶山诗》中写道："泉嫩黄金涌，芽香紫璧截。拜章期沃日，轻骑疾奔雷。"杜牧的幕僚李郢《贡焙歌》云："驿骑鞭声砉流电，半夜驱夫谁复见。十日王程路四千，到时须及清明宴。"上述诗句，都是描述紫笋茶、金沙泉，从顾渚山急程递送京城长安的情景。

五、贡额与品位

贡额　唐代宗大历元年(766年)，长兴顾渚紫笋经陆羽推荐，常州刺史李栖筠的同意，"遂为任土之贡"，始进万两(折现制约373千克。下同)，与义兴(今江苏宜兴)阳羡茶同贡。大历五年(770年)，根据代宗皇帝诏命，与宜兴贡茶分山析造，单独作贡，岁有客额，始贡500串(唐时1串约1斤，500串折现制为298.41千克)。不久增至2000串(1193.64千克)。德宗建中二年(781年)，进3600串(1800千克)。贞元初(785年)，进紫笋茶万斤(5400千克)。至武宗会昌三年(843年)，贡额为18400斤(12162.4千克)，贡额之多，为全国之冠。

宋初，吴越归命，始修贡，年岁贡紫笋茶100斤(54千克)，金沙泉1银瓶。银瓶用浪银打成，重五十六两(2千克左右)，并锁钥。

元代，贡紫笋茶3斤(1.79千克)，续贡芽茶90斤(53.7千克)。吴元年(指张士诚的年号)即元至正二十三年(1363年)，增贡新芽茶2斤(1.19千克)，磨造末茶2883斤(1721千克)，叶茶20282斤(12104千克)。丙午年(1366年)又增芽茶816斤(487千克)，叶茶3265.8斤(1949.1千克)。元末，茶2000斤(1194千克)，续增芽茶90斤(53.7千克)。

明洪武四年(1371年)，芽茶10611斤(6332.6千克)，叶茶96808斤(57775千克)。洪武八年(1375年)，朱元璋革罢团茶，每年只贡蒸青芽茶2斤(1.19千克)。至永乐二年(1404年)，纳芽茶30斤(17.9千克)。

清顺治三年(1646年)春，长兴知县刘天运因"山寇未靖"，茶地榛芜，呈报浙闽总督张存仁，紫笋贡茶遂"豁役免解"。但据长兴地方志记载，县官为讨好朝廷，仍按明制，每年贡30斤(17.9千克)紫笋茶。

紫笋茶在唐代续贡近一个世纪，自唐至明末为800多年。

品位 长兴顾渚紫笋茶自唐大历作贡以来，在贡茶排列序位上一直名列前茅，不是第一就是第二。陆羽《茶经·八茶之出》："山南以峡州上，淮南以光州上，浙西以湖州为上。"但在注释中，陆羽认为："湖州生长城(今长兴)顾渚山谷，与峡州、光州同。"说明紫笋茶是排在全国第一位序列。郑元庆《石柱记笺释》引《读书后记》云："陆羽与朱放论茶，以顾渚为第一。羽著〈茶经〉有云：紫者上，绿者次；笋者上，芽者次。"

唐裴汶《茶述》："今宇内土贡实众，而顾渚、蕲阳、蒙山为上，其次则寿阳、义兴、碧涧、滩湖、衡山，最下有鄱阳、浮梁。"裴汶也是唐代有名的茶叶专家，与卢仝齐名。他在湖州当过刺史，并到顾渚山"修贡"，在五公潭留有石刻。对紫笋茶深有了解，将其名列第一，属于权威性的评价。

唐宋诸家品茶：浙西以湖州为上，常州次之；湖州出长兴顾渚山中，常州出义兴君山悬脚岭下。论茶以湖常为冠。御史大夫李栖筠典郡日，陆羽以为冠于他境，栖筠始进故事。湖州紫笋以清明日到，先荐宗庙，后分赐近臣。湖州研膏紫笋，烹之有绿脚垂，故韩公赋云："云垂绿脚"。

唐李肇《国史补》："风俗贵茶，其名益众。剑南有蒙顶石花或小方、散芽，号为第一。湖州有顾渚之紫笋、东川有神泉小团……皆品第之最著者也。"巴蜀(今四川)是中国茶之发祥地，早在公元前一千多年周武王伐纣时，已将茶作为纳贡珍品。"号为第一"，带有尊重历史地位的意味。但至唐德宗时，则"蒙山蜀信稀"，蒙顶茶已很少进宫。北宋沈括《梦溪笔谈》："古人论茶，唯言阳羡、顾渚、天柱、蒙顶之类，都未言建溪。"顾渚紫笋始终名列一二。

第三节 陆羽、《茶经》与顾渚紫笋

陆羽(733—约804年)，字鸿渐，一名疾，字季疵，自称桑苎翁，唐复州竟陵(今湖北天门)人。是世界上第一个系统提出茶的采造煮饮方法，写出人类历史上第一部茶叶经典著作《茶经》的中国古代农业科学家，被人们举为"茶神""茶圣"。

在到湖州、长兴之前，陆羽先后游历各地，考察和搜集有关采制茶叶的资料。唐肃宗至德初(756—757年)，陆羽避乱过江到达湖州，与诗僧皎然(长兴人)同住杼山妙喜寺。不久，移居苕溪草堂，潜心著述。765年，陆羽根据在32州、郡的实地考察和多年研究所得，写成世界上第一部茶叶专著——《茶经》初稿。775年《茶经》定稿，780年在皎然的支持下付梓。其间，发现并推荐长兴顾渚紫笋成为贡茶，到顾渚等地考察，在顾渚"置茶园"，作《顾渚山记》两篇，将紫笋茶的制作、饮用写入《茶经》。从此，顾渚"佳茗"因陆羽和《茶经》，不仅有了"紫笋"名字，而且成为历代贡品，而闻名于世。也因陆羽在顾渚的考察，《茶经》的内容得以完善充实。

一、紫笋茶被荐为贡茶

唐代宗永泰元年至大历三年(765—768年)，时任殿中侍御史、屡进工部侍郎的李栖筠遭忌出为常州刺史。大历元年(766年)，李栖筠邀请在湖州的陆羽到义兴(今江苏宜兴，与长兴县接壤)考察茶叶。

据宋嘉泰《吴兴志》唐义兴县《重修茶舍记》载："义兴贡茶非旧也，前此故御史大夫李栖筠典是邦，僧有献佳茗者，会客尝之，野人陆羽以为芳香甘辣，冠于他境，可荐于上。栖筠从之，始进万两。此其滥觞也，厥后因之征献侵广，遂为任土之贡。"

该"僧"正是顾渚山的一个和尚，献上顾渚产的"佳茗"(说明该时还无"紫笋"之名)。陆羽品尝认为，该茶"芳香甘辣，冠于他境，可荐于上"。李栖筠同意后，长兴紫笋茶与宜兴阳羡茶同贡，"始进万两"。顾渚贡茶产区属常州刺史管辖。之后，贡茶的范围扩大，遂形成"任土之贡"的惯例。大历五年(770年)，根据代宗李豫的诏命，顾渚紫笋茶与义兴贡茶分山析造，单独作贡，分别由湖州、常州刺史管辖，两县的贡茶产区也有了明确的界线。

顾渚山产的紫笋茶既成贡品，陆羽又以顾渚山下金沙泉烹煮紫笋茶，金沙泉与紫笋茶同列为贡品。

二、陆羽置茶园考察顾渚茶区

宜兴贡茶产区与长兴顾渚山隔岭相连。发现顾渚“佳茗”后，陆羽遂至顾渚山，“置茶园”，作大面积的考察，并作《顾渚山记》。陆羽在顾渚山考察、“置茶园”，最早可以从耿湋和陆羽的联句诗：“禁门闻曙漏，顾渚入晨烟”中得到证实。诗中说，天刚亮，陆羽在顾渚踏着晨雾去采茶；当然，他采的是自己租种的茶园。

其次，还可以从皎然《与崔子向泛舟招隐经箬里宿天居寺忆李侍御萼渚山春游后及联一十六韵以寄之》得到证实：“何意清夜期，坐为高峰隔(昼)/茗园可交袂，藤涧好停锡(子向)。”昼，为皎然字。皎然与崔子向的联句，是回忆陪同侍御史李萼游顾渚山的情景。“茗园可交袂”就是指顾渚山的“茶园”，该茶园属皎然还是属陆羽，作者未说明；但在大历九年(774 年)前在顾渚山置茶园，已是不争的事实。

另外，明代长兴知县、侍御史游士任的《登顾渚山记》：“癖焉而园其下者，桑苎翁也。”在顾渚山下开辟茶园的是陆羽。其后，清顺治、嘉庆、同治《长兴县志》，都有陆羽在顾渚山“尝置茶园”的记载，称“陆羽往来顾渚山中”。

陆羽在长兴县境还先后考察西啮山、伏翼涧、啄木岭、悬脚岭、青岘岭、筱浦、吴山等地。大历九年(775)春，他还与颜真卿、僧皎然、李萼、裴修等十数名士，应长兴县丞潘述之邀，会集于县城西南十五里阆山之南竹山寺潘子读书堂，作诗连句，由颜真卿书就《竹山连句帖》

三、紫笋茶写入《茶经》

陆羽在顾渚山区及长兴县境的考察，不但对茶产区作深入的调查研究，还通过在顾渚山“置茶园”，掌握野生紫笋茶的特性、茶质。大历十年(775 年)，陆羽对《茶经》初稿作了一次大的修改和补充，并将顾渚考察所得补充记入《茶经》。

如，在《茶经·茶之源》中：“其地，上者生烂石，中者生砾壤，下者生黄土。……野者上，园者次。阳崖阴林，紫者上，绿者次；笋者上，牙者次；叶卷上，叶舒次。”该段文字，就是对顾渚野生紫笋古茶园的精辟记述。而“紫笋茶”的名称，也正是从“阳崖阴林，紫者上、笋者上”而得。

在《茶经·茶之造》中：“凡采茶，在二月三月四月之间。茶之笋者，生烂石沃土，长四五寸，若薇蕨始抽，凌露采焉。茶之牙者，发于丛薄之上，有三枝四枝五枝者，选其中颖拔者采焉。”该段论述讲的是采什么样的茶，但实际上讲的是顾渚紫笋茶的特色。到阴历三四月间，只有生长在烂石沃土中的野生紫笋茶，才会长出长四五寸、粗壮肥硕的笋者芽头，一般人工栽培的茶园中是难以见到的。

在《茶经·茶之出》中：“浙西以湖州为上，湖州生长城顾渚山谷，与襄州、光州同；生山桑、儒狮二寺、天目山、白茅山、悬脚岭，与襄州、荆南、义阳郡同；生凤亭山、伏翼阁、飞云、水曲二寺、啄木岭，与寿州、常州同。”在不同的版本《茶经》中，还提到筱(小)浦的乌瞻山、青岘岭等长兴地名。上述提到的十多个长兴产茶地名，今大多数尚在使用，均为名茶产区。而上述地名，在《茶经》初稿时是没有的，是陆羽对顾渚山及其周边地区调查后，才补充进去的。

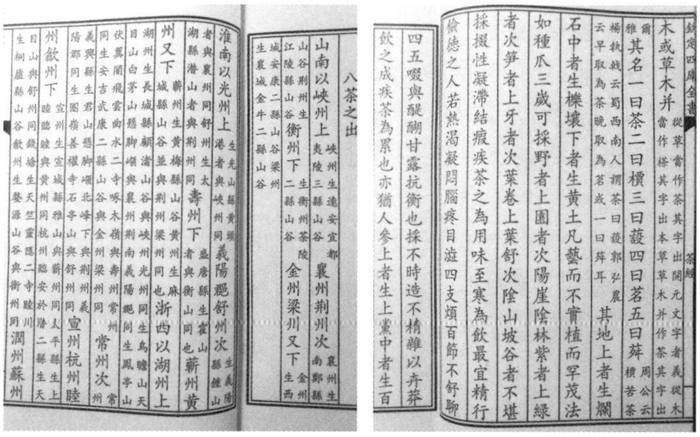

图 39-1　陆羽将顾渚考察所得记入《茶经》，顾渚紫笋因陆羽、因《茶经》而在全国名声大噪

顾渚山从中唐开始在全国名声大噪，除代宗以下历代皇帝对紫笋茶的偏爱外，更与“茶圣”陆羽在《茶经》对顾渚山、紫笋茶的大量记述密不可分。

陆羽《茶经》和紫笋茶的出现，是催生中唐时期茶产业、茶文化勃兴的标志性产物。中唐以后，由于陆羽的提倡，茶道更是风靡天下。

第四节 贡茶院

中国贡茶史上第一座皇家茶厂——贡茶院，建于长兴县顾渚山麓。它的建立，标志着中唐时皇帝利用最高权力，自上而下提高贡茶质量、推动茶产业的发展和茶文化的普及。不仅提高贡茶的数量，而且统一加工工艺，极大地提高贡茶的质量，并将加工工艺普及到茶区的农户。

一、兴废沿革

唐永泰、大历初(765—768年)，常州刺史李栖筠在义兴“修贡”时，置茶舍于罨画溪，皇帝还派太监到该地监贡。但具体规模、加工细节，未见其详。可视为“贡茶院”的初始阶段。

唐代宗大历元年(766年)，长兴顾渚紫笋经陆羽推荐，常州刺史李栖筠的同意，与义兴阳羡茶同贡，由常州刺史管辖。

大历五年(770年)，根据代宗皇帝诏命，长兴紫笋与宜兴贡茶分山析造，各自单独作贡。并在长兴顾渚建贡茶院，顾渚山区的茶园悉归国家所有，将茶芽(今称草籽)集中到贡茶院统一加工。贡茶院位于顾渚山东南麓山谷小平原上，朝向东南，左有顾渚泉小溪，右侧百米外为明月峡。自大历五年始建，院址一直未改变过。

贞元十七年(801年)，湖州刺史李词原地重建贡茶院，新增三楹正殿，并将武康吉祥寺移至该处。会昌五年(845年)，武宗李炎素恶“僧尼耗蠹天下”。九月，“诏陈释教之弊，宣告中外。毁寺四千六百余所，归俗僧尼二十六万五百人。寺非应留者，立期合所在毁撤。仍遣御史分道督之，财货、田产并没官，寺材以葺公廨、驿舍，铜像、钟以铸钱。”在该次灭佛运动中，顾渚吉祥寺恐难幸免，但贡茶院不属所毁之列。故六年后的大中五年(851年)，杜牧到顾渚修贡时，没有提到贡茶院被毁一事。而大中八年(854年)，湖州刺史郑颙“奉敕重修贡茶院”，显然重修的“贡茶院”是指吉祥寺。

宋朝对贡茶兴趣的发生改变，重建州(今福建建瓯)茶，故顾渚“几寂寞三百年”。元朝将贡茶院移到水口镇建清晖轩，以贡末茶为主，故改名为磨茶院。明洪武六年(1373年)，长兴知县萧洵，召集吉祥寺寺僧，重修贡茶院。并将《顾渚采茶记》题于吉祥寺屋壁。还配备十四采茶童子、一亩八分官茶地归吉祥寺。清顺治三年(1646年)春，长兴知县刘天运，呈报浙闽总督张存仁，紫笋贡茶被“豁役免解”。吉祥寺(贡茶院)仍保持明代萧洵重修后的规模。

20世纪40年代初，水口镇属沦陷区，顾渚属政治“真空”地带。时吉祥寺有一和尚居住，早晚做佛事。附近一士绅讨厌佛事，指使佣人抱薪、提煤油烧毁吉祥寺。吉祥寺(贡茶院)遂成为一片废墟。

二、规模、设施

大历五年(770年)，贡茶院始建时共草舍三十间，是继宜兴“茶舍”之后的第一座官办茶叶加工厂，主要加工皇帝所需茶叶。贞元五年(789年)，德宗皇帝要求紫笋茶在清明前送达京都长安，谓之“急程茶”。该时贡茶院还是三十间草舍，面积、设施显然不适应。至贞元十七年(801年)，湖州刺史李词认为贡茶院的设施“隘陋”，在原地重建。新增三楹正殿，并“奏乞”德宗皇帝将武康吉祥寺匾额移至该地，得到同意后命名“吉祥寺”；将东廊三十间作为贡茶院。从此，贡茶院平时有僧人管理，贡茶时由刺史、观察使直接领导，成为独立完整的、专为皇帝加工高档贡茶的“一副班子，两块牌子”管理的专门机构。之后五十年间，随着紫笋茶贡额的不断增加，贡茶院逐步走向鼎盛时期。最盛时役工(采茶人员)三万人，工匠(制茶工)千余人，茶焙百余所。每年春，刺史亲临贡茶院，累月方毕。

贡茶院里的主要设施有固定的茶碓两行，烘焙的茶灶有一百多所，还有供洗涤、蒸茶用的金沙泉(池)，或将顾渚泉(在贡茶院的右侧)引到贡茶院的前面。另外，有建在金沙池边上的息躬亭、供修贡官员住宿的清风楼，以及木瓜堂、枕流亭、望归亭等。明长兴知县萧洵，于洪武六年(1373年)重修贡茶院时，“寺悉倾圮”，山麓之茶荒芜，他召集寺僧，次第修复息躬亭、清晖轩(即清风楼)、金沙池绕以栏槛，建亭四间，名礼泉也。另外，还疏涤金沙水(顾渚泉)，制备和笼焙之器。

明初，贡茶院仍然保持唐时的规模和设施。

至2005年，贡茶院遗址依然，三槛吉祥寺的屋基轮廓鲜明，顾渚泉绕院汩汩而流，金沙池痕迹依稀可见，清风楼旧建筑尚存，门柱上的对联仍有人记得。经在大比例尺地图上测算，贡茶院(包括吉祥寺)占地面积约4.5万平方米。

第二章　茶文化保护与发掘

长兴顾渚紫笋茶，自唐代起就被列为贡茶，是中国较早享有盛誉的名茶，直至清末才失传。中华人民共和国成立后，得以逐渐恢复并再次跻身全国名茶行列。

第一节　名茶的恢复与茶产业的发展

一、名茶的恢复

20世纪60年代初，浙江省茶叶公司专家唐立新、浙江农业大学教授庄晚芳向长兴县供销社土特产公司茶叶主评周火生提出，要尽快恢复紫笋茶的生产。周火生曾于30年代见过长兴绅士金家、钦家买过手工做的高档顾渚茶(细芽茶)，遂至顾渚大队叙午岕、方坞岕、葛坞岕作调查，后因“文化大革命”而中止。“文化大革命”后期，恢复名茶生产再度提上议事日程。1976年，周火生从省茶叶公司要来2万元“茶叶改进费”，在顾渚紫笋古茶园产区与生产队签订合同，修通到叙午岕的路，并打茶灶开始试制。但由于对采摘、摊青、炒烘等技术环节未能掌握，1976年、1977年春的两次试制均失败。

1978年春，县农业局茶叶技术干部王林福和县供销社茶叶主评周火生，带领农业、商业部门技术人员到顾渚进行第三次试制。在总结前两次失败教训的基础上，认为紫笋茶要保持叶芽完整、条索紧裹，必须走“半烘半炒”的路子。统一采摘标准(一芽一叶初展)，将斜锅改为平锅，制定出摊青、杀青、翻炒、理条、烘干等五大工艺规范，试制出的7千克紫笋茶，经省专家鉴定，其色香味形均达到要求。同年10月，浙江省恢复名茶生产工作会议在莫干山召开，长兴县农业、商业部门派员参加，顾渚山紫笋茶的恢复工作被提上议事日程。1979年春，县农业、商业部门试制组，分头在顾渚原生产队按规范采摘(一芽、两叶初展)、炒制紫笋茶，于4月14日完成首批30千克紫笋茶炒制，装入铁箱直送省茶叶公司。在杭专家打开箱子时，一股清馨兰香扑鼻而来，色如翠玉，白毫微显，条索紧直。经沏泡，汤色清朗，嫩绿明亮，一芽一叶，云垂绿脚；啜之甘醇鲜爽，齿颊留芳。省茶叶专家鉴定后一致认为，经恢复试制后的紫笋茶形成独特风格：“芽叶细嫩，芽壮紧裹似笋，色泽绿润，白毫显露，香气清高持久，有蕙兰之清，滋味鲜醇，回味带甜，冲泡后，汤色清澈明亮，芽叶只只成朵。”紫笋茶色、香、味、形均冠于全省诸茶之首。评审专家、浙江农业大学茶学系教授庄晚芳品尝后，写下“顾渚山谷紫笋茗，芳香唐代已扬称，清茶一碗传心意，联句吟诗乐趣亭”的诗句。为了扩大古代名茶的影响，省茶叶公司将部分紫笋茶以小包装在杭城试销，消息一经传出，杭城居民纷纷排队竞购。4月24日，《浙江日报》头版头条报道“千年贡茶重问世——长兴紫笋茶在杭试销”的消息。中断300多年的顾渚紫笋茶，经县农业、商业部门技术人员的多年努力，终于试制成功。

二、紫笋茶种植

1987年，经县农业部门调查，顾渚山有已被茶农利用的野生茶树9.7万丛，其中高坞岕有棵野生茶树高2.8米，冠幅2.65米，树龄逾百年。1997年，县农业局从杭州引进首批“龙井43号”“迎霜”等良种茶苗2余公顷，在全县名茶基地和种茶大户更新品种。1999年，全县建立紫笋茶生产基地27个，总面积1800公顷,其中可采茶面积533.33公顷,年产干茶50吨。2001年,建立首个桃花岕有机茶基地,面积15.33公顷,长兴县茶场成立由外商投资的英达茶业有限公司,茶场面积133.33公顷;长兴紫笋茶开发公司与民营厂家联手,试制成功紫笋系列健康产品银杏叶茶、杜仲茶、乌梅茶、桑叶茶和红、绿袋泡茶,产量达100万袋,在北京、上海、杭州等试销成功。2002年,建立紫笋名茶基地30个,可采制面积666.67公顷,约占全县茶园面积的三分之一,其中开发无公害茶叶基地9个、面积为144公顷,有机茶基地4个、面积102.67公顷。经县茶叶专业部门考察,确认为原始野茶产地的有顾渚、江排、尚儒、北川、云峰、八都岕(除八都岕,其余为行政村名),面积200余公顷,年产野生紫笋茶约5吨。同年,全县种茶面积2000公顷,年产值5000多万元,其中紫笋茶533.33公顷,年产值超1000万元;长兴紫笋茶基地(536.67公顷)被省农业厅认定为首批省无公害农产品基地,长兴紫笋茶被省政府授予省名牌产品称号。2012年11月,长兴茶产业被列入"浙江省十县五十万亩茶产业升级转化工程项目",总投入245万元,实施起止时间为2012年至2015年。年末,全县茶园总面积6732公顷,总产量4517吨,总产值5.55亿元。

三、紫笋茶标准

1998年3月,全县对紫笋茶开始实行"五统一"管理,即基地、商标、品牌、标准和包装。同年10月,县农业局和县质量技术监督局共同制定《紫笋茶县级地方产品标准》。12月,成立长兴县茶叶协会,有会员67人。2000年10月,《紫笋茶省级地方标准》经省质量技术监督局和省农业厅评审通过,成为湖州市农产品第一个省级地方标准和浙江省历史名茶第一个省级地方标准,于2001年4月开始执行。2002年,县紫笋名茶开发公司在省农业厅的指导下,正式向农业部申报《紫笋茶农业部农业行业标准》。2004年11月,紫笋茶通过农业部农业行业标准审定并颁布实施,为全省首个地方名茶部级标准。2010年,"长兴紫笋茶"在全省首个通过国家农产品地理标志登记。2012年12月,长兴县出口茶叶质量安全示范区通过评定,成为省级出口食品质量安全示范区。

四、紫笋茶获奖情况

1981年7月,省茶叶学会组织全省名茶评比,紫笋茶名列第一。1982年,紫笋茶获省农业厅颁发的省名茶证书。同年,紫笋茶首次参加商业部主办的名茶评比,被评为"全国名茶"第三名。1985年6月,农牧渔业部与中国茶叶学会联合举行全国名茶评比,紫笋茶被评为"全国名茶"。同年,还被农牧渔业部评为"优质农产品"。1986年,被农牧渔业部列入全国名茶基地之一。同年,被商业部授予"全国名茶"称号。1989年,被农业部评为"优质农产品",翌年被商业部授予"全国名茶"称号。1997年,"长兴紫笋茶"经农牧渔业部复评再次被评为部优产品。1999年6月,被省农业厅评为"浙江名茶"。同年,被农业部评为"北京·中国国际农业博览会"名牌产品。2001年,获浙江省精品名优茶展览会、国际农业博览会"金奖"。5月,长兴有机紫笋茶茶样,被中国茶叶博物馆收藏。同年,长兴紫笋茶在省农业厅举办的全省"会稽杯"第十四届名茶评比暨精品名茶展示会上获得金奖;在农业部、省农业厅等联合主办的2001中国国际名优茶、茶文化展览会上,被评为无公害名优茶特别推荐产品。2002年,在中国名茶博览会上被评为"金奖"。同年11月,被评为浙江农业博览会金奖。12月,被浙江绿色农产品认定委员会认定为浙江省绿色农产品。2005—2007年,连续三年获中国国际茶业博览会金奖。2010年,长兴紫笋名茶开发公司的"紫笋茶"获得"浙

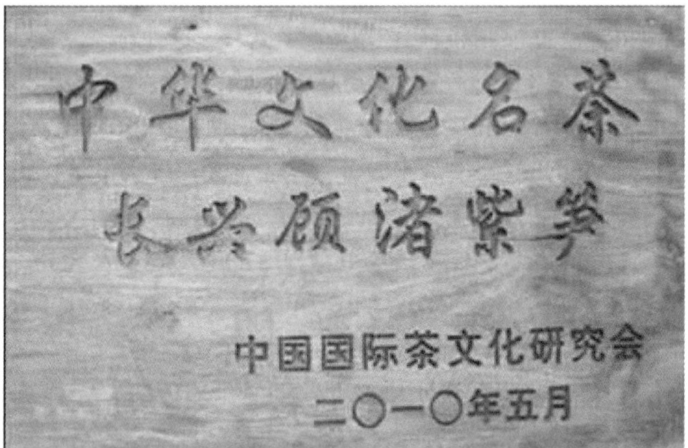

图39-2　2010年5月,顾渚紫笋茶被授予"中华文化名茶"称号(县农业局提供)

江老字号"称号。同年5月,长兴县、紫笋茶被中国国际茶文化研究会分别授予"中国茶文化之乡""中华文化名茶"称号。

第二节 大唐贡茶院的重建

一、贡茶院遗址保护

顾渚山唐代贡茶院是中国历史上第一个贡茶院,在世界茶文化史上具有举足轻重的作用。遗址位于顾渚山麓,海拔175米。1983年,约6平方千米的遗址面积被省列为344号保护区——顾渚山风景区,成为世界茶人寻根觅祖的现实依托。1984年,大唐贡茶院遗址被列为县级文物保护单位。1997年8月,被列为省级文物保护单位。20世纪90年代初,县委、县政府在遗址处置立记有"顾渚山·大唐紫笋茶贡茶院·茶圣陆羽置茶园于此并著《顾渚山记》"碑文。2006年5月,大唐贡茶院遗址及摩崖石刻被列入第六批全国重点文物保护单位。

二、顾渚山景区规划

1995年2月,县城建局委托省规划设计研究院编制《顾渚山风景名胜区总体规划暨陆羽山庄中心景区详细规划》,以有效保护、合理开发顾渚山风景区。1996年5月通过专家论证,7月完成编制。规划总面积约30.8平方千米,确立以茶文化为主题,包括顾渚山茶文化景区和寿圣寺、霸王潭、虎头岩、陆羽山庄、竹茶谷五大景区以及境会亭、金山摩崖石刻等两处景点。把唐代贡茶院的恢复重建,作为顾渚山景区建设的重中之重。

1996年,县旅游局成立。1997年年初,县旅游局根据《顾渚山风景区总体规划暨陆羽山庄中心景区详细规划》,组织编制《唐代贡茶院恢复工程详细规划》。1997年8月,县政府常务会议听取县旅游局关于顾渚山大唐贡茶院恢复工程规划情况的汇报。之后,由于缺乏建设资金和用地性质调整困难等原因,规划没有得到实施。其间,中国国际茶文化研究会、湖州陆羽茶文化研究会及县内有关文化人士,自发或受县委、县政府邀请,多次赴顾渚山就大唐贡茶院恢复重建作考察、论证。

2003年年初,水口乡政府会同县旅游局邀请北京大学编制完成《顾渚山旅游景区总体规划》和《顾渚山唐代贡茶院详细规划》,将顾渚山景区规划面积确定为50平方千米,并明确以恢复重建贡茶院为先导的开发建设思路。2004年9月,水口顾渚茶文化景区被列为全县六大重点旅游建设项目之一。县政府专门成立贡茶院恢复工程领导小组,由副县长任组长,县政府办、水口乡、旅游局、国土局、建设局、交通局为成员单位,同时成立长兴县顾渚山大唐贡茶院恢复工程开发有限公司(永兴公司),具体负责顾渚茶文化景区开发建设。2005年1月,县政府召开规划例会,听取旅游局和水口乡关于《顾渚山旅游景区总体规划》和《顾渚山唐代贡茶院详细规划》的汇报。开始顾渚山景区的第二轮规划,由北京大学环境学院编制。4月6日,长兴顾渚山茶文化景区开发建设领导小组成立,领导小组下设贡茶院、摩崖石刻、古茶山、长水公路建设四个工作组。4月27日,长兴永兴开发建设有限公司投资5000万元,成立长兴顾渚建设开发有限公司。4月起,面向全国征集大唐贡茶院保护性建设工程设计方案。先后有中国西北设计院、东南设计院、浙江大学建筑设计研究院、杭州园林院、中国有色工程设计院、东南大学建筑学院6家建筑设计单位参加设计。8月9日,顾渚山大唐贡茶院保护性建设工程设计方案专家评审会召开,中国工程院、清华大学、中国建筑设计研究院等单位的专家教授组成评审组,工程院院士李道增任评审组组长。经专家投票表决,东南大学建筑学院提供的方案获第一名。9月,县发改委印发《关于长兴县顾渚大唐贡茶院保护性建设工程立项的批复》,同意在水口乡顾渚村建设大唐贡茶院保护性建设工程。大唐贡茶院保护性建设工程总规划用地面积4.97公顷,总建筑面积1.8万平方米,项目分三期建设,其中一期建筑面积3257平方米、二期建设面积4040平方米、三期建筑面积5317平方米,总投资1.2亿元。至同年年底,该项工程经公开竞标,由浙江省临海古建筑工程公司中标,并于2006年2月放样开工。

三、大唐贡茶院重建

2006年2月,大唐贡茶院保护性建设工程一期开工。一期为土建工程,主要包括吉祥寺大殿、东西耳房、东西展廊及月台、栈桥,为全木结构仿唐建筑,于12月竣工。二期项目于同年11月开工,主要包括东西长廊、陆羽阁,东西栈桥及一期、二期工程的绿化、布展工作,其中布展工作由北京世纪彩虹展览展示有限公司施工,陆羽雕像由雕塑家钱绍武设计制作。2008年5月,二期项目竣工,并举行大唐贡茶院重建落成典礼暨陆羽铜像揭幕仪式。一期、二期的主体建筑主要有吉祥寺大殿、陆羽阁、东西阁廊、东西茶亭、左右茶楼和茶宴厅等。陆羽阁以展示茶圣陆羽生平和《茶经》为主,与供奉文殊菩萨的吉祥寺南北相望,屹立在青山环抱和苍松翠林之中,昭示着禅茶一味的境界。西廊由名人典故、摩崖石刻、二十八刺史三大部分组成;东廊的贡茶制作、品茗三绝、贡茶知识、宫廷茶艺表演等内容则反映贡茶的历史渊源。

图39-3 2008年5月重建的大唐贡茶院(水口乡提供)

2011年3月,根据《顾渚山唐代贡茶院详细规划》,启动贡茶院三期工程,总用地面积1.86公顷,建筑面积5317平方米。三期工程位于大唐贡茶院保护性建设工程一期、二期的南侧,由永兴公司负责建设,主要包括东西二门(东门为游客服务中心、西门管理办公用房),东西茶宴楼、院门等建筑单体构成,在原有茶文化展示功能的基础上,增加御羁园、燕乐园、鸿渐楼、桑苎台四大休闲区,突显商务、会展、交流、书画、茶饮、茶宴、购物、体验等消费休闲和健康养生服务功能。2012年3月,三期工程竣工并对外开放。大唐贡茶院恢复重建工程,是县委、县政府尊重历史、展示历史的一项重大工作举措,对弘扬中国茶文化、推动长兴旅游事业发展具有重要而深远的意义。

四、贡茶院管理经营

2008年6月,县政府召集县永兴公司和县旅游局负责人就贡茶院交接工作召开协调会议,明确永兴公司负责将贡茶院内所有建筑、设施设备等资产及相关资料移交贡茶院经营管理(筹备)机构,6月21日贡茶院经营管理(筹备)机构正式接管大唐贡茶院。7月,长兴顾渚茶文化旅游发展有限公司注册成立,全面负责景区的管理和经营。2010年10月,长兴旅游发展有限公司注册成立,和县旅游局实行两块牌子一套班子,具体负责大唐贡茶院经营管理。

〔附录〕

重修贡茶院记

陆羽《茶经》云:“茶的产地,浙西,以湖州上。湖州,生长城县顾渚山谷,……”顾渚山,西枕天目,东俯太湖;崇山峻岭,石壁峭立,林木幽深、修竹苍翠;清流激湍、金沙涌泉;阳崖阴林、野茶飘香。古有“人间仙境”之称。

昔鸿渐独行野中,野饭石泉;杖击林木,手弄流水,夷犹徘徊、自曙达暮;采绿茗、记茶事、撰《茶经》。顾渚山茶,“紫者上,绿者次;笋者上,芽者次”;因得名“紫笋”,“可荐于上”。唐大历五年(770年),始置贡茶院造茶,急程递进,清明到京。开我国贡茶之先。

贞元十七年(801年),刺史李词以院宇隘陋,造寺一座,移武康吉祥寺额置焉。自此,寺院合一,禅茶一味。焙百余所,工匠千人,役工三万,引顾渚泉亘其间。盛况空前,贡茶额为全国之冠。

大中八年(854 年),湖州刺史郑颙“奉敕重修贡茶院”。

明洪武六年(1373 年),长兴知县萧洵,招吉祥寺僧重修贡茶院,将《顾渚采茶记》题于寺壁。

宋,先贡后罢再贡;元,改贡茶院为磨茶院;明,续贡,量减;至清,仍有贡额。紫笋茶历朝作贡 800 余年。世事沧桑,院寺几经盛衰。直至 20 世纪 30 年代末,吉祥寺匾额犹存,后遭火焚毁,仅留遗址三进。

贡茶院有唐刺史颜真卿等题名二十八人,刻石堂上。陆羽、皎然、杜牧、白居易、皮日休、陆龟蒙、刘禹锡、郑谷辈,宋苏轼诸贤,履舄所至,题咏烂漫、流风余韵,千古不朽。

斗转星移,太平盛世、政通人和、百废俱兴。为纪念先贤,弘扬茶学,振兴茶业,惠及人民,由县政府出资,众乡民合力,乃重建贡茶院。增其旧制,仿古茶艺,刻先贤今人诗赋于其上。院宇规模之大、品位之高、门类之盛为今世之最。后之视今,亦犹今之视古。缅怀先民,继往开来,感慨系之。人生有限,宇宙无穷。登顾山观太湖广阔无际而心旷神怡,入院寺品香茗清心寡欲而宠辱皆忘;清风楼上浩然正气,忘归亭中唱“六羡之歌”。为民造福则吾辈心足矣! 特作此文以记之。

2006 年 6 月 22 日

第三节　茶文化旅游

1999 年,长兴县承办长兴—中国陆羽茶文化旅游节。2001 年,县旅游局向外推介长兴茶文化,承办纪念陆羽《茶经》问世 1220 周年“长兴问茶”一日活动,活动主题口号是“游茶乡长兴、品紫笋贡茶、吃金陵茶宴、购品茗三绝”。随着茶文化旅游的兴起,茶乡水口的乡村旅游也开始发展。2002 年,水口乡顾渚村、水口村村民兴办农家乐 18 家。2004 年开始,县旅游部门将“茶文化圣地”作为长兴旅游品牌形象之一正式向外推介。2005 年起,以农家乐为特色的长兴乡村旅游在政策的引导推动下开始蓬勃发展,水口乡农家乐逐步通过星级评定的方式,推进标准化、规范化发展,形成吃农家饭、住农家屋、体验农事农活的农家乐旅游特色项目,农家乐经营户旅游服务质量和承载能力不断提高。2008 年 5 月,大唐贡茶院重建工程完工并对外开放。之后,成为全球茶人开展茶文化交流活动的圣地,长兴的茶产业、茶旅游、茶文化发展进入了一个新时期。2011 年,强化长兴旅游品牌形象宣传,推广“古生态奇观 茶文化圣地”旅游品牌形象,利用天目山生态旅游联盟、宁杭旅游合作带、长广宜旅游金三角等长三角旅游联盟合作平台,将长兴旅游精品线路融入长三角黄金合作线路中。至 2012 年年末,大唐贡茶院共接待游客 56.52 万人次,实现旅游收入 1228.54 万元。同年,水口乡共有农家乐 342 家,其中省级各类星级农家乐 22 家,床位数 13800 张、餐位数 15000 多个、从业人员 1700 多人,农家乐户均营业额达 35 万元、每户净收益 12 万元左右,从事农贸商品经商人员 150 人,全年接待游客 150 万人次,实现旅游收入 2.3 亿元。相关内容参见第 14 编第 6 章旅游。

第四节　茶文化活动与交流

一、节庆活动

长兴·中国陆羽茶文化旅游节　1999 年 4 月 3　4 日,由中国国际茶文化研究会等 4 家单位主办,湖州陆羽茶文化研究会协办,长兴县人民政府、湖州市旅游局承办的首届“长兴·中国陆羽茶文化旅游节”在长兴举行。长兴县委、县政府把弘扬茶文化作为“让世界了解长兴,让长兴走向世界”的突破口,精心筹备。国内外茶文化专家、学者与当地群众 400 多人参加节庆活动。内容有采茶、炒茶、无我茶会等茶事活动;“茶乡之夜”大型文艺晚会上,知名歌唱家到长兴表演,县内民间艺术舞龙、调狮、走马灯登台亮相。其间,省委副书记梁平波题词:“以茶会友”;作家王旭烽带着《四季茶话》摄制组,在顾渚紫笋茶园和霸王潭拍摄;长兴首发一套长兴题材集邮品(一枚纪念封,一枚邮资明信片)。

第十届国际茶文化研讨会暨首届浙江湖州(长兴)陆羽茶文化节 2008年5月27—30日,第十届国际茶文化研讨会暨首届浙江湖州(长兴)陆羽茶文化节在长兴举行。主要活动有"大唐茶都·太湖明珠"国际摄影大赛,2008中国紫砂工艺作品大赛,开幕式,中国茶谣歌舞表演,电影《茶恋》首映式,大唐贡茶院重建落成典礼,中国国际茶文化研究会成立十五周年纪念大会,拜谒陆羽墓,国际茶道表演,"茶道与商道"东方智慧与现代经营国际论坛,第十届国际茶文化研讨会等。参会嘉宾总人数达到1013人,其中包括来自日本、韩国、马来西亚、法国、德国、乌克兰、荷兰、奥地利、美国、加拿大等10多个国家以及中国港澳台地区的著名茶人和经贸领域精英242人。2008年5月28日,举行大唐贡茶院重建落成典礼。系列活动有顾渚山雅集,大唐贡茶院落成剪彩,陆羽铜像揭幕,"壶上留芳",顾渚山联句等。

第二届中国湖州(长兴)陆羽国际茶文化节、第三届中国长兴陆羽国际茶文化节 2010年5月21—23日,第二届中国湖州(长兴)陆羽国际茶文化节、第三届中国长兴陆羽国际茶文化节暨中国县域金融论坛在长兴举行。主题是打响"大唐茶都"品牌,"弘扬茶文化、发展茶经济",接轨世博,全面展示长兴作为茶文化发源地的深厚历史文化底蕴,提升文化"软实力",推进茶文化和茶产业交流与合作。来自国内外600多名茶界专家、文化名流、经济学者参加。节会活动主要分为"一式五版块"。"一式"即开幕式系列活动。开幕式上,长兴县和紫笋茶被中国国际茶文化研究会分别授予"中国茶文化之乡"和"中华文化名茶"称号。大型文艺晚会"中华情·魅力长兴",邀请多位知名演艺人员登台献艺。"五版块"分别为茶事版块、金融版块、经贸版块、旅游版块和文化版块。其中,茶事版块包括长兴十大茶点、十大小吃、十佳茶室评比、长兴名茶、名企评比、新茶茶点联展、市民免费品茗等活动;金融版块包括中国县域金融论坛、银企合作签约仪式和参观考察活动;经贸版块包括招商引资项目签约仪式;旅游版块包括长兴接轨世博·茶文化体验推介会、上海世博会各国展馆代表、上海市民长兴茶文化体验之旅启动仪式、长兴重点旅游区域规划发展暨旅游产业推介会、长兴茶文化之旅考察活动;文化版块包括"魅力长兴"群众文艺会演、顾渚山茶文化旅游度假区建设启动暨电影《南方嘉木》开机仪式、"陆羽文化广场"揭幕仪式暨长兴紫笋茶研讨会、"2010中国(长兴)大唐茶都·春到顾渚山摄影大赛"、大唐贡茶院茶楹联展示、禅茶大会等活动。

二、推介研讨活动

中国贡茶之最——长兴顾渚紫笋品茗推介会 2005年4月13日,县政府在上海举办"中国贡茶之最——长兴顾渚紫笋品茗推介会"。全国各地的茶叶专家和领导共100余人参加。该次推介会的目的是让具有千年历史的紫笋香茗以国际大都市上海为平台走向全国和世界。与会专家先后发言对紫笋茶的优良品质予以肯定,并且对长兴农产品的发展规划提出建议。

国内首部全景式茶叶电视纪录片首映暨茶产业高峰论坛 2006年7月22日,国内首部全景式反映中国茶叶概况的大型电视纪录片《茶旅天下》首映式暨茶产业高峰论坛在长兴举行。活动为《茶旅天下》首映授牌,有全国各地的60多位知名茶人和茶学专家参加,并出席当天在长兴举办的茶产业高峰论坛。

中国国际茶文化研究会成立十五周年纪念大会 2008年5月29日,中国国际茶文化研究会成立十五周年纪念大会在长兴召开。会议回顾研究会成立以来秉承的宗旨:"弘扬茶文化,促进茶经济,造福种茶人和饮茶人",倡导"茶为国饮"。中共中央政治局原委员、全国政协副主席、中国国际茶文化研究会名誉会长杨汝岱,浙江省政协、中国国际茶文化研究会和市、县相关领导参加。

第十届国际茶文化研讨会 2008年5月30日,第十届国际茶文化研讨会在长兴举行,有中国、日本、韩国、法国等国的300余名茶文化专家出席研讨会,发表各自在茶文化领域新的研究观点,介绍研究成果。会议收到学术论文131篇,是历届研讨会论文数量最多的一届。

湖州第二届禅茶大会 2010年4月29日,湖州第二届禅茶大会在长兴大唐贡院吉祥寺举行。主题为"禅茶千秋、寿圣吉祥"。100余位嘉宾出席活动,上午观看具有吴越特色的禅茶茶道表演——"禅堂坐香吃茶”，中午众人转移到长兴大剧院多功能厅参加全素斋宴。下午，长兴寿圣寺方丈界隆大和尚和西安六如茶馆的林治老师在图书馆报告厅作禅茶碰撞和对话。自 2009 年开始，湖州市陆羽茶文化研究会确定每年由寺院承办一次禅茶大会。第二届禅茶大会由长兴寿圣寺承办。

2012 吴越吉祥茶会 2012 年 6 月 23—24 日，由苏浙皖三省茶友发起的“2012 吴越吉祥茶会”在大唐贡茶院隆重举行，寿圣禅寺、大唐贡茶院、长兴茶文化研究会联合主办，主题是“清心、禅悦、感恩”。杭、嘉、湖、苏、皖、沪等地共 100 多位茶友参加。

第七届世界禅茶大会 2012 年 12 月 18—21 日，第七届世界禅茶文化交流大会在韩国曹溪寺隆重举行，该次活动由韩国国际茶文化研究会、韩国《茶的世界》杂志社主办，韩国茗园文化财团、韩国国际茶文化交流财团、韩国熟盂会以及中国《吃茶去》杂志社协办。长兴寿圣寺、吉祥寺方丈界隆大和尚一行赴韩国参加。会议确定第八届世界禅茶文化交流大会于 2013 年 10 月在浙江湖州长兴寿圣寺、吉祥寺和大唐贡茶院举行。

三、考察交流

1992 年 5 月，韩国国际茶文化协会会长龙云（全仲锡）一行 3 人首次到湖州访问，考察妙峰山和顾渚山。1993 年 6 月，中央电视台《中华茶文化》摄制组一行 6 人到顾渚山拍摄。6 月，由北京统一组织的《中国茶》大型画展摄制组到湖州摄制妙峰山、三癸亭、顾渚山、金沙泉、摩崖石刻等照片，先后在《茶博览》《中国茶叶》上发表。1994 年年底，浙江省环保局组织杭州大学、浙江农业大学和省、市有关专家 10 余人，对顾渚山自然保护区进行多学科、全方位综合考察。1995 年 3 月，中央电视台《中华茶文化》摄制组到湖州，先后在长兴、湖州、德清拍摄陆羽行踪和茶文化史迹。1995 年 10 月，中央电视台《中华茶文化》专题片摄制组，到长兴顾渚山贡茶院遗址、紫砂厂等拍摄素材，于翌年 5 月在该台连续播出。1995 年 11 月，日本小笠原煎茶道友好访华团一行，到顾渚山参观唐代摩崖石刻和顾渚山贡茶院等茶文化遗址。1997 年 4 月，上海第四届国际茶文化节的代表，参观顾渚山麓的唐代贡茶院遗址、忘归亭、金沙泉，了解茶圣陆羽在顾渚山考察茶叶的情况。1997 年 7 月，日本茶道里千家天津短期大学师生一行 10 多人，参观顾渚山唐代茶文化遗址。2000 年 4 月，参加陆羽《茶经》问世 1220 周年系列活动的日本师生到顾渚山，踏访贡茶院遗址、摩崖石刻和金沙泉。2000 年秋，韩国茶人联合会会长朴权钦、副会长尹致五一行，参观顾渚山唐代茶文化遗址。2001 年，韩国礼茗院院长孙旻伶、釜山女子大学茶道馆馆长郑暎教授一行 11 人考察顾渚山。2002 年 9 月，日本茶之汤文化学会第 17 回研究会访中国一行 28 人，在团长仓泽洋率领下，到顾渚山茶文化圣地参观考察。2004 年 10 月，斯里兰卡国家种植部部长亚帕率茶叶代表团到长考察，并洽谈茶叶销售合作。2007 年 3 月，日本中国泡茶道篁峰会长棚桥篁峰一行 15 人，到长兴顾渚参观正在修建的大唐贡茶院。2008 年 10 月，中国著名茶学者于观亭、北京大学茶学会有关人员到长兴参加长兴县茶文化研究会成立和北大茶学会长兴采茶基地揭牌仪式。2010 年 12 月，中央电视台中文国际频道《远方的家》栏目组到大唐贡茶院拍摄茶艺“长兴三道茶”。2012 年 11 月，台湾著名诗人、文学家、《乡愁》作者余光中到长兴大唐贡茶院参观游览，并在鸿渐楼题字留念：“饮酒可成仙，品茶能通禅”“鸿渐楼中茶香久”。

图 39-4 台湾著名诗人余光中（前排右三）到大唐贡茶院参观考察（县旅游集团提供·2012 年）

第三章　茶文化遗存

“茶为国饮”。至唐代,饮茶之风盛行。到了宋代,从官场到民间,从文坛到寺院,饮茶之风遍及全国。现当代,中国优秀的茶文化得以继承和发扬,并赋予新的内容与形式。长兴顾渚紫笋茶作贡八百多年来,一批又一批在全国有名望的政治家、文学家、诗人纷至沓来,或督造贡茶或吟诗作赋,流连顾渚,留下许多茶诗和故事,顾渚山保存完好的三组九处摩崖石刻见证了他们与长兴的不解之缘。长兴也因此在中国茶文化中独树一帜,享有较高的声誉。

第一节　摩崖石刻　古茶山①

顾渚山保存完好的三组九处唐宋摩崖石刻,多数是湖州刺史在该地修贡时留下的题名石刻,内容大多涉及茶事。顾渚山不但保存有全国少有、浙江唯一的唐代茶文化(人文)遗存,而且还有四五处、面积33.33公顷唐代遗留下来的紫笋古茶山。2006年5月,顾渚贡茶院遗址及摩崖被公布为第六批全国重点文物保护单位。

一、摩崖石刻

从唐大历五年(770年)在顾渚山设立贡茶院之后,每年茶季,湖、常两州刺史奉皇帝诏命亲赴茶区“修贡”,逗留时间有一个月。据史料记载,紫笋茶在唐代长达八十多年作贡期间,先后有二十八名刺史在贡茶院壁上留下题名。其中不少还是德高望重的官吏和名诗人,如袁高、颜真卿、裴汶、张文规、杨汉公、杜牧等,还带来皎然、陆羽、刘禹锡、张籍、李郢、皮日休、陆龟蒙等一批诗人墨客。他们不但在顾渚山留下摩崖石刻,还留下不少讴歌茶事的诗篇。

西顾山(即今白羊山或称银山)摩崖石刻　位于水口乡金山外冈自然村、葛岭坞岕口,在金沙溪西侧小山的阳面,海拔120多米。石刻断面约9平方米,呈三角形,题名刺史为袁高、于頔、杜牧;袁高题字在上方,字最大,十分醒目。于、杜题在下方,杜牧字形为最小。

图39-5　西顾山一组摩崖石刻,题名刺史从上至下依次为袁高、于頔、杜牧,前后相隔67年(梁奕建摄·2008年)

唐袁高的题字　“大唐州刺史臣袁高奉诏修茶贡讫,至□山最高堂赋茶山诗。兴元甲子岁三春十日。”字为八分隶书,11行,行3字,字径达二寸许。其中茶字,用古体“荼”。

唐于頔的题字　“使持节湖州诸军事刺史臣于頔,遵奉诏命,诣顾渚茶院修贡毕。登西顾山最高堂汲岩泉□□□,□□观前刺史□□□袁公留题□刻茶山诗于石。大唐贞元八年,岁在壬申春三月□□”。为正书,16行,行5字,字小于袁高字。

唐杜牧的题字　“□□□□□□为大中五年刺史樊川杜牧奉贡讫事□□春□休来□□□□□□□□□□□中□□时池一枝□□攀从□□□□□□□香感□□”。为正书,10行,行6字。字略小于于頔。

该组题名石刻的落款时间,袁高与杜牧前后相隔67年,若从紫笋茶初贡大历五年(770)算起,则相

① 资料来源于《顾渚山志》,谢文柏编著,浙江古籍出版社2008年版。

隔81年。是紫笋茶在唐代连续作贡80多年的有力证据。

斫射岕底五公潭摩崖石刻　斫射岕老鸦窝摩崖题记三方，海拔131米。位于顾渚罗家自然村西、斫射山下，距顾渚村3千米。五公潭上方为石刻断面，湖州刺史张文规的题字在右，裴汶题名在左侧，刻五公潭诗的石刻在右上方。

唐张文规题名　“河东张文规，癸亥年三月四日”。行书两行，字径二寸，笔画雄健。位于斫射岕老鸦窝路旁12米处。唐会昌元年(841年)七月十五日，张文规从安州刺史授迁国子司业、湖州刺史。癸亥年为会昌三年(843年)，三月四日，是他离任前至该处刻石题名。张文规著《湖州贡焙新茶》，诗为：“凤辇寻春半醉回，仙娥进水御帘开。牡丹花笑金钿动，传奏吴兴紫笋来。”

唐裴汶等题名　“湖州刺史裴汶、河东薛迅、河东裴宝方。元和八年二月廿三日同游。”为正书，字形比张文规的字要小，但仍可辨析。位于斫射岕老鸦窝路旁10米处山脚岩石上。裴汶于元和六年(811年)自澧州调任湖州，至元和八年十一月迁常州。该石刻题于离任前的二月二十三日，正是他在顾渚“修贡”期间，与二位河东老乡同游。

张文规题五公泉诗，位于张文规题名上方85厘米一块凸起的石壁上。正书，字径4×5厘米，幅50×55厘米，字迹较模糊，全文为：“一雉叫烟草，千岩皆茗□。仙界云鹤远，余至岩石空。□□水声裹，寄复山□中。□余迫蔚□，落□今□□。然然出山去，□□□佳风。岁在□春十一日。”

五公潭一组摩崖石刻，处在四(狮)坞岕、斫射山、老鸦坞古茶山的中心地带，是唐贡紫笋茶的主产区之一。

悬臼岕霸王潭摩崖石刻　位于悬臼岕的中段，两侧大山壁立，溪涧中流，霸王潭在其下，巨人膝迹在其上，有乡村公路直通其间。石壁上刻有唐杨汉公和宋汪藻、韩允寅等三处题名石刻。

唐杨汉公题名　“湖州刺史杨汉公、前试太子通事舍人崔待章，军事衙推马祝、州衙推康从礼、乡贡进士郑□、乡贡进士贾□，开成四年□月十五日同游。进士杨知本、进士杨知范、进士杨知俭侍从行。”为正书，11行，字体较小，尚能辨析。位于悬臼岕(明月峡)距霸王潭下方左侧2.5米悬崖上，距地面1.5米。

宋汪藻等题名　“龙图阁直学士前知湖州□□汪藻，新知无为军括苍□□祖、知长兴县安肃张琮，前歙县丞汝阴孟处义，前监南岳庙吴兴刘唐稽。绍兴戊午中春来游。右承务郎汪悟、汪恪从行(有小字‘□□徐□刻字□明□□□□’)。”石刻在巨人膝迹南不到百米处，为七行八分隶书，字径二寸许。位于悬臼岕霸王潭上方沿拾阶而上30米岩石上，石刻平面与地面呈25度角。南宋绍兴六年(1136年)，前知湖州事汪藻奉诏修史，绍兴八年(1138年)仲春，与属僚鲍延祖、孟处义及子悟、恪到顾渚山访古。

宋韩允寅等题名　“会稽韩允寅，武林钱孜，桐江方释之携男迅绾。以绍兴壬午三月辛酉来。”为正书六行，字径二寸余。位于悬臼岕霸王潭下方左侧25米悬崖上，距地面85厘米。韩允寅为绍兴人，方释之为长兴县令。壬午年为绍兴三十二年(1162年)。该次行程属于慕名访古。

二、紫笋古茶山

唐时顾渚古茶山，主要分布在斫射岕(古称明月峡)，而且都是野生茶。据农业部门和湖州陆羽茶文化研究会调查、考察，顾渚古茶山主要有方(桑)坞岕、四(狮)坞岕、高坞岕、竹坞岕、斫射山，面积33.33公顷，2万多株，生长在山谷(岕)溪涧两侧的烂石中和阴林下。千年以来面积无多大变化，茶农一年只采一季茶，斫老留新，不施肥，不施农药，始终保持明清以来传统的采制方法。

方(桑)坞岕　陆羽《茶经》和皮日休的茶诗都称“山桑坞”；有的《茶经》版本则简称“桑、狮二坞”。距离贡茶院(遗址)2千米。是乌头山东侧的一条山岕，与西侧的狮坞岕相背，只隔一岭脊。山谷朝向太湖，海拔从100多米至300多米。谷底有一溪涧，茶树分布在溪涧的两侧烂石间，一侧朝阳，一侧受阳少些。愈接近山脊茶树生长愈茂盛，面积有13.33公顷。四周群山环抱，中间空旷，溪水潺潺，林木的覆盖率达90%以上，也是顾渚古茶山保存最好的一片。

四(狮)坞岕　古称“儒狮坞”，简称“狮坞”。岕是明代以后加上去的。在乌头山的西北侧，背靠方坞岕。距离贡茶院(遗址)约3千米。岕深1千米，朝向西北，海拔高与方坞岕同。20世纪80年代以来，在原古茶山的基础上开发了一片人造茶园。据老茶农反映，古茶山面积和产茶的数量大于方坞岕。

斫射山 位于五公潭上方,山谷向东北方向延伸,岕深有700多米。野生茶分布于季节性溪涧的两侧烂石间,面积6.67公顷。距离贡茶院(遗址)3千米。该古茶山也有千年历史。唐太和年间,湖州刺史庾威在顾渚山修贡时,将斫射山产的紫笋茶,加工成团饼茶作贡。

高坞岕 亦称短岭。位于方坞岕的对面。该山谷海拔高不过300米,但异常陡峭,非山农很难涉足。野生茶分布于短岭下,面积不大,但茶树的树龄都很长,原有百年以上的茶树,后因采摘不便而砍掉。所以,茶叶的质量高于其他山岕。当地有句民谚:"方坞岕、竹坞岕,吃不过高坞岕。"

竹坞岕 是方坞岕口的一支岕。小气候环境好,孕育一小片古茶山。

三、其他名胜

顾渚山除与茶事有关的唐宋石刻、古茶山外,还有与颜真卿有关的许公桥,与西楚霸王有关的圣宫井、霸王潭,以及巨人膝迹、尧市山(带揽石)等名胜古迹。

许公桥 原名牛板桥,因该桥在锦牛山(亦名牛眠山)脚,横跨金沙溪而得名。至北宋,长兴县令许遵因怀念颜真卿于该处步月吟诗,宴饮是桥而重建,后得名许公桥。清同治《长兴县志》载:"许公桥,在县北四十三里顾渚山中。"《旧志》云:"唐颜真卿与客步月赋诗,宴饮是桥。宋邑令许遵,尤嗜山水,每遇风景率诸生或过客,造顾渚往来不厌,因建此桥,故名。今俗呼严板桥(顾志)。"该桥为2米多宽的石拱桥,1984年列为县级文保单位,1991年被洪水冲毁。

圣宫井 在尧市山东南麓、顾渚圣宫井自然村内,村名由井名而得。古井与井有关的古石柱尚在。井为古代相传至今,十分奇特,井水丰盈,水面离井口不到30厘米,站在井边伸手可掬。相传项羽与叔父"避仇"在吴(今弁山)时,项羽曾到过顾渚山,在该井饮水而得名。

霸王潭 在悬臼岕的中段,因地处两条涧水的交汇处,激流滚滚,形成一深潭。相传项羽在该潭洗澡,遂得名"霸王潭"。附近石壁上有唐杨汉公、宋汪藻等摩崖石刻。该地也是唐代紫笋茶产区之一。

巨人膝迹 位于悬臼岕通往黄龙头的支岕口,在石台上有三个天然凹坑,犹如一巨人跪时饮水留下的膝迹,故名。雨季有一股泉水从膝迹处潺潺而下,与霸王潭、石刻形成顾渚山人文和自然景观之一。

尧市山 一名石门山,一名虎头岩,与顾渚山隔明月峡遥望相对。制高点海拔450米,带揽石处为海拔305.6米。据清同治《长兴县志》:尧市山在县西北四十一里,高一百四十丈,周十里。一名石门山。山上有尧市,相传尧时洪水,居民于此作市,因名。唐代诗僧皎然诗曰:"尧市人稀紫笋多";晚唐诗人皮日休诗云:"来寻尧市山,遂入深山坞。最是夏初时,柏花满烟雨。"在唐时尧市山已很出名。明御史游士任《登顾渚山记》云:"北有山,两手可摩焉,曰虎头岩。下有石罅,若门焉;谛视之,云湛湛,从罅中出,作蛾飞去。"从顾渚山望带揽石(虎头岩),山顶上数块巨石耸天,排列似石门,细看,云从"门"的缝隙中飞去。

忘归亭 始建于贞元年间,在顾渚山贡茶院右侧,"俯瞰太湖,最为幽胜"。1984年,县政府拨款择地重建在今金沙泉侧,为六角凉亭,由著名书法家吕迈书"忘归亭"三字。旁有《重建忘归亭》碑记和当代茶叶专家庄晚芳题书的《紫笋茶忘归亭》诗碑。

第二节 金沙泉 紫砂壶

长兴的唐代贡茶"紫笋茶"、贡泉"金沙泉"与长兴紫砂壶并称为"品茗三绝"。

一、金沙泉

金沙泉,是长兴茶文化的珍品之一,与紫笋茶相配而齐名,享有"贡泉"的声誉。

《新唐书·地理志》载:"湖州吴兴郡,土贡紫笋茶、金沙泉、木瓜、杭子、乳柑、蜜……"宋嘉泰《吴兴志》:"顾渚贡茶院侧,有碧泉涌沙,灿如金星。金沙泉之名,遂由此而得。"《吴兴志》还引宋《旧编》云:"泉在贡焙院西,出黄沙中,引入贡焙,蒸、捣皆用之。唐贡泉两银瓶,宋初一银瓶。"唐湖州刺史裴清在向皇帝进奏《金沙泉表》中称:"吴兴古郡,顾渚名山。当贡焙之所,居有灵泉,而特异用之,蒸捣别著,芳馨位至。德之感通，合太湖而献纳。甘有同于沆瀣，清远明于沧浪。”裴清是在大历二年（767 年）任湖州刺史，他在该份向皇帝报告的《奏表》中，盛赞金沙泉在加工紫笋贡茶中所起到的特殊功用，而且水质甘甜、透明，远胜于沧浪泉。孟夫子曰：“沧浪水之清”；陆机《塘上行》：“发藻玉台下，垂形沧浪泉。”实际上裴清是在向皇帝推荐金沙泉作贡。据郑元庆《石柱记笺释》：“紫笋茶大历五年始于顾渚，置贡茶院，院侧有碧泉涌沙，粲如金星。则金沙泉，亦大历后所进也。”与裴清任职的时间相符。

《元史》载：“金沙泉不常出，每造茶时，有司具牲帛祭之，始得水，事讫辄涸。宋末屡加浚泉迄不至。至元十五年（1278 年）中书省遣至祭，一夕水溢，可溉四千亩，安抚司以闻，赐名瑞应泉”。说明，金沙泉在历史上曾中断过，抑或遇到大旱或地震，泉眼闭塞。

据清《长兴县志》记载，唐贡时，用五十六两重的银瓶，装灌金沙泉，以火漆封印，由驿骑直送京都长安，以供皇帝在清明时祭祖使用。其余泉水以水路运输，限以四月到京。历代地方官吏对金沙泉都十分重视。据宋《吴兴志》载：“唐元和五年（810 年），湖州刺史范传正，在金沙泉侧首建金沙亭。”而在宋代还建过“拜泉亭”。清嘉庆二十年（1815 年），水口乡绅、社会贤达，联名上书县知府，为保护金沙泉不受污染、壅塞，提出禁止在庙潭（金沙涧）里淘花生。经县知府同意，勒石建碑《禁止庙潭淘花生碑》，碑石仍保存在水口顾渚村。1984 年，长兴县人民政府拨款，重拓金沙泉，重建忘归亭。同时对金沙泉区进行地质勘探，取水样化验。

金沙泉清澈明亮，口感甘洌，水量丰富，大旱不竭。直至 20 世纪 80 年代，采用现代科学的手段，才揭示金沙泉的奥秘。原来金沙泉区三面环山，一面朝湖（太湖），尤其西北部的黄龙头、悬臼岭、南部的乌头山（均属天目山余脉，海拔都在 500 米以上），泉区处在“锅底”，在周围丰富的地下水压力下，泉眼中的金沙泉便汩汩涌流。由于周围数十里山上植被密布，多为毛竹、灌木、茶叶，无工业污染，泉区的生态环境、小气候特别好。更为特殊的，全县 1400 多平方千米区域内，只有顾渚山和方山地下岩层属花岗岩。经野外地球物理勘察和钻孔探测，金沙泉潜藏于花岗岩裂隙层内，花岗岩含有钨、锡、钼等稀有和放射性元素，所以泉水含微量放射性氡。泉水的补给面积达 100 多平方千米，循环深度大，水温为 17℃，矿泉年龄大于 20 年。经过测定，在降深 32 米处，日出泉水量为 207 立方米，最深泉区在 60 米～70 米。先后由国内和日本等国的 12 个科研单位，经过 360 多个项目化验，并采用同位素测试，揭开了金沙泉的奥秘。由于泉水潜藏在花岗岩体内，所以偏硅酸和氡的含量为每升 50 毫克～63 毫克，锶的含量为每升 0.13 毫克～0.18 毫克；还含有锌、锂、锰、铁、钾、钙等 40 多种对人体有益的微量元素。金沙泉的感官性能好，口味甘甜，未受化学和微生物污染，达到国家级饮用天然矿泉水的标准。1987 年 12 月，金沙泉经过地质矿产部、卫生部、轻工部共同鉴定，被命名为“含锶偏硅酸和氡优质矿泉水”。

从 1986 年起，金沙泉由资源开发转入产品发展阶段。20 世纪 90 年代起，已有大唐贡泉、金沙泉、金沙贡泉、水口天然泉水等公司开采，并与上海正广和联营，将长兴矿泉水等饮料产品打入上海等大中城市，成为星级宾馆和航空公司定点用水。桶装矿泉水已普及到城市居民中家家户户，并分为深井水和浅层地表矿泉水两类，销量很大。2002 年，金沙泉年产量超过 7000 多吨。2005 年年底，全县饮用水企业有长兴金沙泉有限公司、长兴金沙贡泉饮料有限公司、长兴桃源山泉水厂（和平镇西高地村）、长兴陆羽山泉水有限公司（2000 年开业于和平镇磔碛）、长兴水口九龙山饮料有限公司（2001 年开业于水口村南山木家庄西）、长兴陆羽金源泉饮品有限公司（水口乡顾渚村）等。

长兴金沙泉有限公司　位于水口乡顾渚山。1996 年 9 月成立，注册资本 568 万元，总资产 2600 万元。占地 2.1 公顷，职工百余人。主营“金沙泉”牌天然矿泉水、山泉水生产、销售。年产矿泉水 5 万吨、山泉水 10 万吨。有每小时 10000 瓶、4000 瓶瓶装水生产线 2 条，每小时 600 桶、300 桶、125 桶桶装水生产线 3 条，每小时 5 吨、6 吨、8 吨、12 吨制水设备 4 套。瓶装水从注塑、吹瓶、消毒、灌装均为无菌化生产。2004 年 12 月，取得由国家质量监督检验检疫总局颁发的“全国产品生产许可证”（即 QS 证书）。同年通过省卫生厅检查组的检查，获长兴县第一批食品卫生量化分级管理 A 级信誉度企业荣誉称号。2005 年 8 月，被浙江省工商行政管理局、浙江省企业信用促进会考核认定为浙江省工商企业信用 AAA

级“守合同重信用单位”。2004—2005年,投入资金580万元,扩大生产和生产线改造。有瓶装水生产线1条(15000瓶/小时),桶装水生产线2条(450桶/小时),制水设备3套(15吨/小时、15吨/小时、8吨/小时),年生产矿泉水5万吨,山泉水3万吨,生产规模名列浙江省之首。2009年起停产。

长兴金沙贡泉饮料有限公司 位于雉城镇人民中路79号。1998年6月3日成立,中外合资企业,主要生产桶装、瓶装天然山泉水(矿泉水)。引进日本自动制瓶生产线及配套三位一体自动灌装设备,有空气净化处理车间3个。生产“忘归亭”牌天然山泉水。2005年,供应上海100万桶。公司生产线初建时位于原陆羽山庄南侧。2006年以后逐渐停产,2008年5月资产出让。

二、紫砂壶

长兴的紫砂茶具,是长兴茶文化的又一珍品,在中国茶具中独树一帜,享有较高的声誉。《新茶经》(刘枫主编,中央文献出版社2015年版)载:“紫砂茶具是由陶器发展而成的一种新质陶器。始于宋代,盛于明清,流传至今。有泡茶不走味,贮茶不变色,盛暑不易馊三大特点。一件好的紫砂茶具有三美,即造型美、制作美和功能美。决定紫砂价值与品位的因素在于名师与落款、题材和创意、泥料和工艺。”

长兴紫砂业 据史料记载,北宋时长兴与宜兴一样,陶瓷业都十分发达,出现“千户烟灶万户丁”的景象。当时有“南窑北陶”之说,“南窑”即指长兴,“北陶”则指宜兴。宋以后,宜兴在生产日用陶瓷产品的同时,开始生产紫砂用具,至明清时其紫砂业已有相当的规模和影响。而该时期的长兴陶瓷业,仍以生产缸罐等日用陶器为主。直至20世纪50年代,宜兴的谈寅媛、制壶名家邵全章和制壶名家蒋蓉的两个弟弟蒋淦春、蒋淦勤先后定居长兴,推动当地紫砂制作技艺精进,长兴紫砂用具的制作和生产才开始发展。1959年9月,谈寅媛制成紫砂茶壶,为长兴首次生产紫砂产品,也为全省所首创。80年代中期,全县紫砂年产值最高时达到800多万元,从业人员近千人,出口创汇100多万美元,成为浙江省陶瓷主要出口基地之一。1987年,全县有紫砂陶器行业企业9家,生产紫砂器具达14.2万件,出口产品有茶壶、茶具、酒具、咖啡具、茶盆、雕塑工艺等10余种,计2.64万件。1991年5月,长兴紫砂厂送展的“麒麟”“锦花”“流线”三套茶具,在有14个国家和地区参加的杭州国际茶文化节上获金奖。1993年11月,长兴县紫砂工艺大师董建民设计、长兴县工业供销公司紫砂厂制作的“三癸壶”“三癸如意壶”送湖州“陆羽诞辰1260周年纪念会”筹备处,作为礼品赠送给中国香港、台湾地区和日本、韩国、新加坡等国的茶道友人。11月,由长兴县紫砂工艺厂制作的23类1904件紫砂茶具启运美国纽约,参加美籍华人举办的“中华工艺品大展销”。90年代中期随着企业改制,整个紫砂行业由盛转衰。2012年,全县有个体工作室15家(持有营业执照),从业人员50多人,其中国家陶瓷艺术大师1人、国家级陶瓷工艺美术大师3人、省工艺美术大师6人、市工艺美术师10人。1983—2012年,长兴紫砂作品共获得国家级和省级金奖70多个、银奖30多个,多件作品被国内外爱好者乃至国家博物馆收藏。

图39-6 金钉子壶(县文联提供·2002年)

长兴紫砂壶选介 梅桩巨壶 1995年3月制成,为国内最大梅桩紫砂壶,高110厘米,腹经60厘米,长150厘米,重200千克,能存水300千克。由长兴工艺美术公司工艺师郑家统和老技师邱维忠用200千克五种颜色各异的紫砂泥,历时4个月做成。获上海大世界基尼斯“最大紫砂壶”证书。杭州银河集团收藏。

世界第一壶 1997年8月,由紫砂工艺大师董建民创作。高1.88米,盛水250千克。2000年,被长兴一企业购买赠送东北重型机械厂,后辗转流向俄罗斯。董建民创作的另三把巨壶，分别被新加坡收藏家、中国茶叶博物馆、上海茶人之家收藏。

《茶经》巨壶　长110厘米，宽75厘米，高70厘米，能存水95千克，壶上刻写8360余字的《茶经》。由紫砂工艺大师程苗根、李雪娥夫妇创作。2008年11月，被日本“茶乡博物馆”收藏。

中国十大紫砂茗壶　2002年，由中国博物馆学会、故宫博物院、《中国收藏》杂志社共同主办，上海鸿运斋承办的首届“中国十大紫砂茗壶”评选，长兴叶亚琴“金钉子壶”、吴伟华“茶文化壶”分获“中国十大紫砂茗壶”第一名、第二名。2002—2012年，全县先后有16人次获“中国十大紫砂茗壶”金、银、铜奖。

当代长兴紫砂茗壶主要作品选介表

表39-2

作者	荣誉	代表作品	获奖(收藏)
蒋淦春	当代紫砂大师蒋蓉的胞弟，为中华人民共和国成立后长兴紫砂创始人之一	迎春壶、杂项	
谈寅媛	出生于紫砂世家，长兴光耀陶器厂创办人之一	半月壶、方菱壶	
邵全章	紫砂工艺大师邵大亨后人，为中华人民共和国成立后长兴紫砂创始人之一	石瓢壶、线圆壶	
蒋淦勤	中国陶瓷艺术大师、高级工艺美术师，浙江省工艺美术大师，第三批浙江省非物质文化遗产“紫砂烧制技艺”代表性传承人，是中华人民共和国成立后长兴紫砂创始人之一	荷花套壶、南瓜套壶、圆珠提梁壶、青蛙莲蓬壶、仿时大彬虚扁壶	北京中南海紫光阁收藏；首届中国•浙江工艺美术精品博览会“东雕杯”金奖；首届(杭州)国际民间手工艺品展览会金奖；2009中国工艺美术“百花奖”(深圳)优秀作品评选金奖，中国工艺美术馆收藏；中国传统工艺美术精品大展(北京2008年)银奖
董建民	中国陶瓷工艺美术大师，浙江省工艺美术大师，高级工艺美术师	井栏壶、中国印(陆羽茶经壶)	2009年浙江省首届工艺美术精品博览会金奖；2010年浙江省第二届工艺美术精品博览会金奖
程苗根	中国陶瓷工艺美术大师，第一批湖州市非物质文化遗产“长兴紫砂制作技艺”代表性传承人	陆羽茶具、东方明珠壶、珠竹连心壶、中华人民共和国成立60周年纪念壶、西湖新十景、易图壶	1996年浙江中国民间艺术展览会金奖；2006年第七届大连艺术博览会金奖；2009年首届中国•浙江工艺美术精品博览会“东雕杯”金奖；2010年中国(浙江)非物质文化遗产博览会金奖、中华民族艺术珍品中国(杭州)工艺美术精品博览会金奖；2012年“非遗薪传——浙江传统塑艺陶艺精品展”金奖
郑家统	中国陶瓷工艺美术大师，工艺美术师	远古之梦壶、明式提梁壶	2008年中国紫砂工艺作品大赛金奖；第二届中国•浙江工艺美术精品博览会金奖
蒋兴宜	浙江省工艺美术大师，高级工艺美术师	品方提梁壶、荷塘莲语壶	2009年浙江省工艺精品博览会金奖；2010年浙江省工艺精品博览会金奖
傅一平	浙江省工艺美术大师，高级工艺美术师	清心如意壶、玉乳茗香壶	第二届中国•浙江工艺美术精品博览会“天工艺苑杯”金奖；首届中国•浙江工艺美术精品博览会“东雕杯”银奖
吴伟华	浙江省工艺美术大师，高级工艺美术师	太湖春色壶、茶文化壶、玉带壶、紫砂壶	第六届国际民间手工艺品金奖；2003年获上海大世界吉尼斯之最，中国十大紫砂茗壶金奖；2012年第47届全国工艺品原创“金凤凰”金奖；第五届国际民间手工艺品金奖

续表39-2

作者	荣誉	代表作品	获奖(收藏)
钱樟法	浙江省工艺美术大师,高级工艺美术师	“本质”系列艺术壶、滴水穿石壶、守望、无为	第十届全国美展入展;中国十大紫砂茗壶金奖;“第四届韩国世界陶艺双年展”铜奖(中国最高奖);“第四十三届国际陶艺大会”学术奖
吴宝根	工艺美术师	历史足迹壶、冰裂壶	首届中国·浙江工艺美术精品博览会“东雕杯”金奖;2012年中国(杭州)工艺美术精品博览会金奖
李雪娥	工艺美术师	嵌片宫灯壶	首届浙江省优秀工艺品银奖
吴宝华	工艺美术师	圆子壶、三足竹腹	1994年获上海大世界基尼斯“最薄的茶壶”称号;第二届中国(南宁)工艺美术精品博览会银奖
叶亚琴	工艺美术师	金钉子壶、大唐贡茶院、太湖之恋壶、矮僧帽壶	2002年“中国十大紫砂茗壶”金奖;2004年“中国十大紫砂茗壶”金奖;第二届中国浙江省工艺美术精品博览会“天工艺苑杯”金奖;2012“非遗薪传——浙江传统塑艺陶艺精品展”金奖
周晓学	工艺美术师	印章挂盘、桥顶玉璧壶	1986年全国陶瓷制作设计评比二等奖;2010年第二届中国浙江工艺美术精品博览会“天工艺苑杯”金奖
程　超	工艺美术师	唐代宫廷茶具	大连国际艺术博览会金奖
蒋　燕	工艺美术师	如意提梁壶、紫砂玉玺壶	第二届中国浙江工艺美术精品博览会“天工艺苑杯”金奖;首届(杭州)国际民间手工艺品展览会银奖
邵惠雄	工艺美术师	莫言壶	第九届全国陶瓷艺术设计创新比赛铜奖
陈　曦	工艺美术师	白果壶	2009年第六届中国十大紫砂茗壶银奖
陈土良	工艺美术师	仿古紫砂壶	浙江省博物馆收藏
杭　鑫	助理工艺美术师	探春对壶、三潭印月	2010年第七届中国十大紫砂茗壶银奖;2012年“非遗薪传——浙江传统塑艺陶艺精品展”金奖
陈　峰	助理工艺美术师	狮绣迎春壶	2012年中国(杭州)工艺美术精品博览会银奖

说明:资料来源于县文联

第三节　茶馆 茶宴 茶俗

一、茶馆

长兴解放前的茶馆[①]　自唐以来,长兴民间饮茶之风盛行,城乡茶馆林立。到20世纪30年代,县城茶馆业发展到鼎盛时期,规模较大、具有特色的茶馆就有10多家,如三箬居茶馆、访卢阁茶馆、四面厅茶馆、第一楼茶馆、玉壶春茶馆、朝阳楼茶馆等,还有分布在城内大街小巷的普通茶馆,如清香亭、安月楼、聚福楼、月升楼等。名称高雅、清丽,不落俗套。1937年11月25日长兴县城沦陷,日本侵略者纵火焚烧,城内仅存少数残余建筑。

三箬居茶馆　位于县城州桥北堍,离县署仅几十步,坐西朝东,临溪(箬溪)傍街,为10多间平房。因箬溪水由西向东,穿城而过,分上、中、下三箬,茶馆遂名“三箬居”。系砖木结构,门面为落地长窗,内置茶桌50余张,内设卧榻、书场;布置雅致,文化气息甚浓,喝茶的多数为文人、士绅、闲居耆老。壁挂名人字画:中堂为清末苏州著名书画家吴大澂所作的山水,崇山峻岭,危峰叠翠,流泉飞瀑,横桥断谷,望之身临其境,胸襟豁然。横匾“三箬居”,三个大字凝重浑然,为湖州籍晚清状元陆润庠题。中堂两边挂有对联:上联“近临三箬水”,下联“遥负五峰山”。内容指茶馆所处的地理位置,对偶工整,具有鲜明的地方

① 资料来源于《长兴紫笋茶文化概览》,吴建华主编,2003年内部编印。

特色。该联为清末邑人秀才丁善元所书。茶客相聚一起，聊古谈今，弈棋品茗；临窗俯瞰，箬水清流，垂钓微波，惠风和畅。内堂书场轮流定期聘请艺人说大书或演曲艺。大书有《三国》《隋唐演义》《水浒》等；有时请男女双挡唱评弹。茶馆内供应点心，夏天增设热水盆洗浴。外堂茶室的茶客主要是农民、商人，吃早茶的较多，边喝茶边交流社会新闻、谈生意经，有时也有个别茶客相约到茶馆里调解民事纠纷。该类茶馆每天从清晨开门、吃早点，到晚上听书散场关门。

访卢阁茶馆　位于县城大东门外仓前街，坐东朝西，三开间两进深平房。茶馆中央挂福禄寿三星图中堂，两边对联："李白摇头去，卢仝拍手来。"横匾"访卢阁"三个大字，落款是清代大书法家张承志。行书对联为晚清探花冯文蔚，字体舒展、潇洒，隐含褚虞笔意而不脱二王风骨。据传，唐代著名茶人卢仝，号玉川子，曾在宜兴、长兴一带考察茶叶，后于长兴西北部白岘洞山隐居过一段时间。可见，"卢仝拍手来"，并非空穴来风。从茶馆的名称、对联的内容和书法艺术，充分体现"贡茶之乡"积淀的深厚茶文化底蕴。

四面厅茶馆　在城内霍家弄，是一幢五开间二层楼宫殿式建筑。因登楼可一览全城景色而得名。楼上楼下共设 80 多张茶桌。楼上北边挂有名人书画，东南西三面都是精雕细镂的棂格式窗户；白天采光明亮，晚间推窗望月，品茗聊天，为茶客平添兴致。楼上茶客多为文人雅士，以及一些擅长种花、养鸟、斗蟋蟀者。长兴盛产兰花，珍贵品种很多，每逢花季，便有人带来各种名贵花卉，供茶客欣赏或销售，也有交换品种的。一时间名卉云集，香气袭人。若是在"鸟市"季节，养鸟爱好者提着鸟笼，悠然登楼。鸟类品种繁多，有画眉、黄鹂、百灵、八哥、相思等。画眉不只欣赏其鸣叫，还有经过驯养，用来斗鸟，而且有人下赌注，赌输赢。到了秋天，还有"开栅"斗蟋蟀的场面。开斗前，茶客中有投注于两家叫"帮花"，每枝"花"为壹角，开斗一次，下注多达数百枝花，一直斗到深秋"收栅"为止。开斗时，观战者围得水泄不通，呼叫之声不绝于耳。楼上茶客文人居多，爱好诗棋茶画的，相聚一起谈诗论画，也有棋迷杀上几局。该类茶馆属于以饮茶为主的文化娱乐型的茶馆。

第一楼茶馆　位于县城中心庙前街，为五开间走马楼，中间天井，系砖木结构。上盖明瓦，周围是开张式镶有玻璃的木窗，采光极好。每间有卧榻 10 多张，楼上楼下共有茶桌 30 余张。吃茶的大多数为农民、商贾。老茶客围坐一起聊天，谈论社会新闻、市场行情、民间轶事，从早到晚顾客盈门。一般从凌晨开门到晚上八九点钟打烊。茶叶分红、绿两种，根据顾客需要，水都是箬溪中取河水，壶都是宜兴产的普通紫砂壶。茶馆有个不成文的"规矩"：泡一壶茶可供两人饮，若三人则必须泡两壶。长兴的各家茶馆都是如此。

玉壶春茶馆　开设在县城小东门外竹行街，为朝南三开间两进深平房。内设方桌 40 张，供红、绿两种茶叶，顾客多数为农民，也有商人；农民一般喝早茶，到落市前去买菜；商人则喝茶谈生意。起名很雅，是根据唐代诗人王昌龄的诗句："洛阳亲友如相问？一片冰心在玉壶"而得名。"玉壶春"也是唐代贡茶的一种。

朝阳楼茶馆　在大东门外仓前街。坐东朝西，为三开间楼房。内设茶桌 10 余张，茶客大多数是米行业主的聚集之处，喝茶者为洽谈生意、交流行情；少数为农民。

长兴解放后的茶馆　长兴解放后，在县城东门外还保留龙潭湾、仓前街 2 家茶馆。改革开放后，随着经济的发展和生活水平的提高，新一代的茶馆、茶楼、茶场、茶室、茶吧陆续开张，民营茶馆业似雨后春笋，发展迅速。从规模、经营性质、茶客对象、茶叶档次，大体可分为两种类型：一类规模较大、档次较高、茶文化的气息较浓；茶馆的经营者，受过高等教育，文化修养较高。茶馆一般选在闹中取静的地段，注重茶馆室内外的摆设、装潢，突出茶文化的氛围，尤其室内环境宁静、幽雅、古朴，还有茶艺表演；供应茶的种类较多，且都是全国名茶；茶客多数为企业主、文化人士、机关单位人员等，年龄层次中青年为多数。还有一类普通茶馆，规模较小，以娱乐为主。2012 年年末，县城（雉城镇）有各类茶馆（室）52 家。

二、茶宴

"茶宴"一词的最早文字记载，是成书于公元 454 年前后南朝宋山谦之的《吴兴记》，其中提到："每岁吴兴、毘陵二郡太守采茶宴会于此。"至唐代，饮茶之风盛行，用茶宴请亲朋成为当时社会的一种风尚。

宋代,茶宴之风更盛,从官场到民间,从文坛到寺院,茶宴之风遍及全国。现当代,为继承和发扬中国优秀的茶文化,又赋予茶宴新的内容与形式。各茶叶产销省、区都有别开生面的探新茶宴。长兴的"茶宴",有大唐贡茶院的茶艺表演"唐代茶宴",也有大酒店用于招待宾朋的"长兴茶宴"。

"唐代茶宴" (1)赏器。鎏金银贮茶器(用以装茶饼)、鎏金银茶笼子(茶饼用火烘烤后放在茶笼里冷却后备用)、鎏金银茶碾子(冷却后的茶饼用槌子敲碎后放在茶碾中碾成小颗粒状)、鎏金银茶罗子(将碾碎后的小茶粒放在茶罗中筛出细茶粉)、鎏金银龟盒(把筛好的茶粉放在龟盒中备用)、鎏金银盐台(装盐的器具)、青瓷茶碗(盛茶汤,因青而益茶)。(2)涤器。洗涤茶碗。(3)碾茶。碾碎茶饼,先将茶饼反复烘烤至微软,并散出茶香;将烤好后的茶饼用纸包好,以防茶香散失,然后放入茶笼子冷却;用锤子敲碎已冷却的茶饼;将敲碎的茶放入茶碾中,碾至小颗粒状如半个米粒大小。(4)筛茶。将碾好的茶放入茶罗,用筛子筛下细茶粉,倒入龟盒。(5)煮茶。水烧至一沸,釜内水中出现气泡如鱼目,微有声,该时水温大约在88℃左右,加入适量的盐;釜内水中气泡如涌泉连珠,水温大约在95℃左右,从釜中舀出一瓢水置碗中,并用竹夹按同一方向旋动出现水涡,将适量的茶细粉投入涡心;釜内水中气泡腾波鼓浪时,水温已达100℃,则将先前舀出的水倒回釜中,以抵制茶汤沸腾,为育"华",锅内白色的泡沫称为"汤花"。(6)分茶。用勺分茶至茶碗中,三碗或者五碗。(7)奉茶。包括点心。(8)饮茶。先观色,再闻香,后品饮。

"长兴茶宴" 首次推出是在1999年的"长兴·中国陆羽茶文化旅游节",后来多次在"长洽会"期间用于招待宾朋。具有浓厚的地方文化特色,既传承千年茶香,又展示当地厨艺。如,直接将茶树梗叶制作成菜肴的有"太子基围虾"和"紫砂护国茶"。太子茶产于长潮乡,经太子茶共烹而成的基围虾,外观红绿展现,口感清香。"紫砂护国茶"是采用新鲜的紫笋茶茶蕾,加上菠菜叶、香菇、火腿等配料,清汤烩制成的茸羹。另用紫砂壶泡上紫笋香茗,随菜上桌,清新爽口。茶文化入菜的有"明月峡雉鸡"和"茶经酥雪鱼"。前者是将明月峡的稚鸡与紫笋茶叶共烹而成,后者是将银鳕鱼切成长方形的"书本"状,用茶叶汁调脆皮糊入油锅炸成金黄色,上面点缀紫笋茶叶。还有用茶叶、茶根、茶茎的汁水与菜肴一同烹制的,如"茶香迎贵宾"冷菜大拼盘,是将鹅掌、猪舌、牛腱、金钱肚,投入中国五种名茶汁浸泡,与卤汁混煮而成。又如"贡茶烩银杏"和"紫笋银鱼羹"两道菜肴,都是用银杏肉、鸽蛋和太湖银鱼、蛋清、蟹柳等原料,分别与紫笋茶叶烩制而成的。另外,"画溪鳜鱼菘""芹栗汇百合""顾渚山之春""太湖茶香蟹""贡茶马蹄爽"(点心)、"吉祥如意饺"(点心)、"贡泉映珍珠"(甜汤)、"四季长兴果"(果品)等茶菜茶肴,有的散发出茶文化的气息,有的与自然文化景观融为一体,有的与历史人文景观相联系,有的展示民俗风情,有的推出当地的风味特产。可谓:"茶树茶叶入菜馔,风味特产酿美食;瑞草魁汁烹佳肴,名胜典故入菜名。"

三、茶俗

"客来敬茶",是长兴城乡的传统茶礼,也增添了紫笋茶乡的风采。

亲家婆茶。当地民俗,女儿出嫁后的第三天,父母亲要去看望女儿,称谓"望朝"。望朝时,父母亲要随身带去一两左右的"谷雨"前茶、半斤烘青豆、二两橙子皮拌野芝麻,该茶称为"亲家婆茶"。

新娘子茶。望朝之后,婆婆要到新娘子的娘家,请亲家的亲属好友和长辈们到新娘子家去喝"新娘子茶"。

请新娘子茶。新娘子家的亲戚、好友和客气的老邻居,都要在新娘子出嫁的当年请新娘子去喝茶。如系远亲,也可在下一年的正月里,新娘子回娘家做头趟时补请。

打茶会。已婚的嫂嫂、婆婆每年在村坊里,要相互请喝茶三次至五次。当地人称"打茶会"。一般,事先约好到那家。主人在约好的那天下午,就劈好柴,洗清茶碗和专煮茶水的茶罐,在家等候着姐妹们的到来。客人一到,主人就拿出她珍藏在家中石灰缸、甏、罐的细嫩芽茶,撮上一撮放在茶碗里,并加入各色佐料,再冲入沸水,双手一碗碗地端到客人面前桌上。花花绿绿的茶汤,边品茶边拉家常。她们之中,有的拖儿带女,有的手拉孙儿孙女,有的边做针线边品茶叶,谈笑风生,热闹非凡。

毛脚女婿茶。还未出阁的大姑娘家里,串门做客的小伙子特别多。因此,姑娘家都要备上好茶,招待客人中的"未来女婿"。

三碗茶。春节期间做客，主人先给客人端上一碗甜茶（糖汤），然后送上一碗烘青豆加胡萝卜丝的咸茶，再后泡上一碗细嫩的香绿茶。

新房子茶和电视茶。20 世纪 80 年代以来，农村纷纷建新房，屋顶上也竖起一架架电视天线。彼时，谁家新屋上梁之日，就请邻里好友去喝新房子茶；谁家买了一台电视机，头一天晚上也要放在堂前，请一次电视茶，边看电视，边喝茶。

另外，城镇和农村考究人家，孩子满月剃头，请剃头师傅到家里，婆婆要敬上一杯清茶，待凉后，剃头师傅就利用茶汤给剃月头的孩子脸上抹上茶水，然后小心谨慎地剃头。该礼节，称谓“茶俗开面”，意思是“长命富贵”。

在旧风俗中，供神、祭灶时，都用冷水泡一小盅茶敬神。

第四节　紫砂烧制工艺 紫笋茶制作技艺

一、紫砂烧制工艺

长兴是浙江省出产紫砂陶器的唯一产地，有着丰富的紫砂陶土资源。长兴紫砂陶器制作技艺历史悠久，紫砂壶与紫笋茶、金沙泉同为“品茗三绝”之一。2009 年，传统技艺“紫砂烧制工艺”被列入第三批浙江省非遗名录。

紫砂壶的制作使用多种形状的椎、碓、镖、钗等几十余种工具，用全手工拍打镶接技法，经打泥片、打泥条、拍身筒、搓嘴把、捻的子等工序成形。在壶、盆、瓶等器型上，用刀刻、泥绘、堆塑、描金技法，将书画装饰于器型上，增加艺术美观，最后入窑烧成。工艺考究，造型多变。集实用性、观赏性于一身，具有很高的文化、美学、经济和收藏价值。紫砂烧制工艺主要流程：原料准备，包括挖泥、炼泥和选料；紫砂器成型的主要方法是纯手工捏作，包括 6 道工序。

制坯　先捏器身，然后挖足、开面，最后加柄、嘴、盖等。根据形体要求的尺寸打好泥条，在转盘上围成泥筒，用木制的拍子匀称拍打，收口成半球形。然后上好底，翻身拍打再上满片，拍打成所需形体，待稍晾干后，用预先做好的竹篦子进行规篦。

修整装饰　制好的坯须经细致修整，有些器物再加装饰。装饰方法有堆塑山水、花草、人物、鸟兽等纹饰的“贴花”；以氧化铝、氧化铁或氧化镁等为呈色剂在素坯上的“绘写”；在坯体上以阴文刻出书画雕刻的“雕刻”。

上釉　紫砂一般不上釉，也有少量用釉装饰的，大件采取泼釉法，小件采取浸釉法。一般单色釉上一次，彩绘器上两次。

烧制　器坯阴干后装匣钵进窑烧制。传统方法烧制紫砂器的窑是“斜式窑”。龙窑一般长达 40 米，每隔 1 米为一节，烧炉在头部，燃料为木柴和柴草。窑背两侧各有 50 个烧火眼，从烧火眼投入燃料。窑身两旁，每隔 4 米～5 米开一个进出口，装坯、取器。每窑需以 1100℃～1200℃的窑温烧 4042 小时；烧成后，停 1524 小时，再开窑取器。

上蜡　紫砂器烧成后还要磨光上蜡，上蜡是紫砂特有的工序。彩绘的紫砂器，需经过两次装烧。

抛光包铜　包铜多见于壶嘴头、口盖的边缘等部位。金银丝镶嵌是新的装饰工艺，吸取木器、漆器的雕饰手法，先在泥坯上将纹饰图案刻成凹槽，烧成后将金银丝嵌入槽内，敲实、磨平。

二、紫笋茶制作技艺

2009 年 6 月，长兴紫笋茶的制作技艺被省人民政府列入第三批浙江省非物质文化遗产名录。2011 年，紫笋茶制作技艺被列入第三批国家级非物质文化遗产名录。

紫笋茶制作工艺随历史发展不断演进。唐初贡时以饼茶为主，后期也有团茶，加工饼茶的过程：采摘后经选纳，再涤、蒸、捣、拍（放在模子里一层层拍）、焙、穿（据《茶经》江东一串约 500 克）、封（包装）等七道工序。宋时的紫笋茶,为蒸青后,研膏、模压为龙团茶;明洪武年间罢贡龙团茶,以芽茶作贡茶,即成为烘炒类的条形散茶。至该时,茶的形态大有改变,形成当下茶叶界绝无仅有的“一茗七法”(包括团法、饼法、凌霄法、周氏炒青法、许氏炒青法、北山僧法和大叶蒸青法),是茶叶手工制作技艺中的一朵奇葩。

上品紫笋茶从采摘开始到包装成品,要经历采茶、分拣、摊青、杀青、回凉、初拣、复炒、复回凉、复拣、初烘、复烘、贮香、品验、包装 14 道工序的精心制作,前后所用时间达半月之久。

采茶 适时采摘茶芽,一般在清明至谷雨时间,依古训“唯晴天可采,采时必选阳崖阴林之茶地”。采茶要求一芽带一叶,芽必肥硕,叶必初展。

分拣 采下的茶芽称为“青叶”,要及时薄摊于竹匾上,剔去杂物。

摊青 青叶拣净后,放在竹匾上摊青,以使芽叶柔软、散发青气。摊青过程一般持续 4 小时～6 小时,过程中每隔半小时要翻动一次,翻动时要轻、匀。

杀青 杀青是整个制茶流程中最关键的一道工序。杀青前,先将锅烧热,控制在 240℃以上;杀青时将 100 克青叶投入锅中,茶匠需裸手急拨茶叶不停,手势为闷、抛结合。如此反复,直至芽叶绵软。

回凉 杀青完成后的芽叶称为“杀青叶”,用棕帚扫入竹箕,急摊于竹匾上,一面翻抖,一面用小扇急扇,驱除热气,避免闷黄。冷定后静置于阴凉处 10 分钟～15 分钟,以使杀青叶中剩余水分重新分布。

初拣 回凉叶在进行复炒前有一个复拣的过程,主要是判断杀青成功与否,如果发现任何一颗芽叶焦枯,则全锅无用。

复炒 目的有三,继续挥发水分,进一步提高香气,整形理条使芽叶趋于细紧。其中整形理条有 4 种手势:抓、甩、抖、闷交替进行,并有“轻、松、高、慢、紧、急、重、快”的口诀。

复回凉 复炒直至茶叶半干就要出锅,出锅后再摊凉,其目的仍是让杀青叶中剩余水分重新分布。

复拣 回凉叶再次拣剔,方法与杀青后初拣相同,如有杀青不到位,红梗红叶的情况,剔除;如有焦枯则全锅无用。

初烘 烘焙用竹炭为最佳,初烘前先将炭烧透盛于炭盆中,静置至无烟。将炭盆置于竹笼中,笼上覆烘台,台上覆纱布,待台面温度升至 90℃～110℃,将茶均匀薄摊于纱布上。茶工谨守其旁,每烘片刻须将纱布四角提起翻抖,而后置于无温竹匾上回凉片刻,再回烘,反复直至芽叶边缘全干,再摊凉 15 分钟后复烘。

复烘 操作手法与初烘相似,台面温度为 60℃～90℃,每隔 15 分钟翻抖一次,回凉 3 分钟～5 分钟再烘,直至茶叶骨梗全干时结束。将数笼茶拼作一笼,盆中留少许余烬,足烘一夜,次日早起收藏。

贮香 该时烘干的茶叶尚非成品,标明日期贮存在石灰缸中,称为贮香,也叫做香。

品验 贮香 10 天～15 天后,将茶取出,一一品验,只有能达到预期口感要求的茶才是成茶。

包装 最后再经过包装,即为成品。

该茶系半炒烘类型,既用锅炒,又用烘焙,因而外形紧结,又较完整。香气馥郁,汤色清澈,茶味鲜醇而回味甘甜。

第五节 长兴茶事诗文选①

长兴顾渚紫笋茶作贡 800 多年来,一批又一批在全国有名望的政治家、文学家、诗人纷至沓来,流连顾渚,留下许多茶诗和故事。

① 本节主要根据《顾渚山志》(谢文柏编著,浙江古籍出版社 2008 年版)、《历代紫笋茶诗文录》(张全镇主编,中国文史出版社 2008 年版)、《湖州茶香飘千年——湖州茶文化史纲》(张西延主编,杭州出版社 2007 年版)等书籍进行摘录和整理。

一、唐代名人与顾渚茶事

唐代，先后有二十八位刺史到长兴监制贡茶，并在贡茶院壁上题名，包括袁高、颜真卿、裴汶、张文规、杨汉公、杜牧等德高望重的官吏和名诗人，还带来皎然、陆羽、刘禹锡、张籍、李郢、皮日休、陆龟蒙等一批诗人墨客，在顾渚山留下不少讴歌茶事的诗篇和故事。

唐贡二十八刺史　据宋《舆地纪胜》："贡茶院，贞元十七年刺史李词置，以吉祥寺东廊为院，修贡堂在院内，有唐贡刺史名二十八人刻石堂上。"清同治《长兴县志》在贡茶院目下载："修贡堂在院内，有唐贡刺史二十八人刻石堂上。"修贡堂即贡茶院。但二十八位是哪些刺史，资料没有更详细提供，且贡茶院已毁过几次，壁上刻石也无从查找。以下二十八人摘录自《顾渚山志》。

裴清　唐大历二年（767 年）自宿州刺史授迁湖州。大历五年（770 年）紫笋茶首贡，与常州刺史分山造茶，自然忝列其中。据郑元庆《石柱记笺释》，裴清还是最早推荐金沙泉作贡的湖州刺史。裴清进《金沙泉表》云："吴兴古郡顾渚山，当贡之所，居有灵泉，而特异用之，蒸捣别著，芳馨位至。德之感通，合太湖而献纳。甘有同于沆瀣，清远明于沧浪。"向皇帝的奏表中，介绍了顾渚山是当今贡茶的场所，有"灵泉"，用来加工贡茶，其香味特别到位，而泉水清冷超过了古代的沧浪之泉。后迁鄂州刺史。据《统记》云：六年（771 年）选兵部郎中。

颜真卿　山东临沂人。于大历七年（772 年）自抚州刺史调任湖州。唐史云："大历中为刺史，招致名儒高客七十余人。相与考郡书，成《韵海镜源》五百卷。又书其伯祖元孙所著《干禄字书》，撰于生池碑《石柱记》及其他石刻。公即在郡（指湖州），累年德政，洽于千里，邦人仰其忠烈，今奉词焉。"大历九年（774 年）春三月，应长城（长兴）县丞潘述、县尉裴循之邀，偕处士陆羽、僧皎然、推官康造、前御史李萼、洛阳丞李观及颜公之子粲、颛、须、岘等十九名士，会聚于长兴城西八里竹山寺招隐处潘子读书堂，作诗连句。同时，携文士到顾渚山明月峡"修贡"，步月赋诗，题书勒碑。《旧志·金石篇》："蚕头鼠尾颜鲁公书，在明月峡中，唐宋名人石刻最多，惟此碑尤大，州县数来摹拓，土人惮费，击碎之。"大历十二年春，擢刑部尚书。

樊系　诸君人，大历十二年（777 年）自谏议大夫任迁刺湖州。至建中元年（780 年），迁濠州刺史。

第五琦　京兆（长安）人。建中元年（780）自饶州刺史迁刺湖州。建中三年迁太子宾客。史传云：坐鱼朝恩善，贬括州刺史，徙饶、湖二州，复为太子宾客。《统记》云：大历十三年（778 年）。在湖州刺史任上的三年中，正是紫笋贡茶贡额的攀升时期。

袁高　沧州东光人。建中二年（781 年）自韶州长史员外置同正员授湖州刺史。大历七年（770 年）任浙西观察使时，与湖州刺史颜真卿，僧皎然、张志和、陆羽等唱和，结集《吴兴集》十卷。至兴元甲子年（784 年）第三年在顾渚山"修贡"时，作一首千古名诗、五言长律《茶山诗》，连同紫笋茶三千六百串（一串约今 500 克），一并呈谏德宗皇帝。袁高在《茶山诗》中明确提出"贡茶"是扰民之苛政，并主张延缓"急程茶"的时间。他的题名石刻首见于银山（白洋山），今保存良好。调离湖州复拜门下省给事中要职。宪宗时追赠礼部尚书。

于頔　贞元八年（792 年）自驾部郎中授湖州刺史。郡有湖陂（今长兴城西环桥以北至白鱼埠低洼区为西湖）经治理，溉田三千顷，以济人久淤废。于頔行县，命修复堤岸，获杭稻、蒲、鱼无虑万计。在顾渚山区银山袁高题名下，刻石题名："使持节湖州军事刺史臣于頔，遵奉诏命，诣顾渚贡茶院修贡毕，登西顾山最高堂，汲岩泉□□茶□前刺史袁公留题，刻茶山诗于石。大唐贞元八年岁在壬申春三月□□。"《吴兴志》载："在啄木岭修境会亭，为贡茶事贻书毗陵（常州）太守，请缓旬日，俾遂滋长。二年后调迁苏州刺史。元和二年（807 年）九月为司空，同平章事（宰相）。"

李琦　贞元十三年（797 年）四月，自杭州刺史授。《统记》云：十二年本传德宗时为杭、湖二州刺史，居三载迁润州（今镇江）刺、浙西观察使。后叛唐被杀。

李词　贞元十六年（800 年）自万年县迁授湖州刺史。翌年，在顾渚山"修贡"，因院宇"隘陋"而重建，将东廊三十间为贡茶院，院两行置茶碓和贡焙百余所，工匠千余，引顾渚泉亘其间，烹蒸涤濯皆用之，非该水不能制。并将武康(今德清)吉祥寺匾移至该处，由寺僧管理，“寺院合一”由始。十八年迁光禄少卿。

田敦　贞元十八年(802 年)五月，自衢州刺史迁刺湖州。永贞元年(805 年)迁常州刺史。《统记》作十六年(800 年)。湖、常两州刺史都负有“修贡”的责任。

范传正　邓州顺阳人，元和四年(809 年)八月，自歙州刺史调任湖州刺史。于元和六年二月一日迁苏州刺史。史传历“歙、湖、苏”三州刺史。在长兴地方志上也记有范传正政绩。

裴汶　元和六年(811 年)自澧州刺史调任湖州，至元和八年十一月迁常州刺史。裴汶为唐时著名茶叶专家，与卢全齐名。著《茶述》仅存序言，内容主要是有关顾渚紫笋茶。元和八年二月二十三日，到顾渚“修贡”时，带河东老乡薛迅、裴宝方同游，并在斫射岕五公潭留下题名石刻，至今保存完好。

薛戎　河中宝鼎人，于元和八年(813 年)十一月三十日，自徽州刺史 迁授湖州。于十一年迁常州刺史。史传云：“河南令，累迁浙东观察使，而不载为守事。”

李应　元和十一年(816 年)八月十五日，自户部郎中授湖州刺史。十五年迁苏州刺史。

钱徽　吴郡(今苏州)人，祖籍长兴，为钱起的孙子。长庆元年(821 年)十二月十五日，自江州刺史拜湖州。长庆三年迁尚书工部郎中。史传：宪宗时礼部侍郎贬江州刺史，转湖州，后册工部侍郎。《资治通鉴》：元和十一年任翰林学士，中书舍人。

崔元亮　磁州昭义人。长庆三年(823 年)十一月二十二日，自刑部郎中拜湖州刺史。于宝历二年迁秘书少监，分司东都。《唐书》元和初，迁密、歙二州刺史，历湖、曹二州，辞曹不拜。在唐诗中提到：贾常州崔湖州在境会亭欢宴。

韩泰　太和元年(827 年)七月三日，自睦州刺史调任湖州。于太和四年迁常州刺史。

庾威　太和五年(831 年)四月，自长安县令拜湖州刺史，太和七年迁常州刺史。清同治《长兴县志》载：庾威曾到顾渚山“修贡”，以斫射山之茶(野生紫笋茶，今仍保留原状)，加工成“团茶”以贡。

敬昕　太和七年(833 年)婺州(今金华)刺史迁湖。于太和九年迁吏部郎中、续加检校。

裴充　太和九年(835 年)拜湖州刺史。据《吴兴志》载：太和元年八月，自大理少卿拜湖州刺史，而卒于任上。据《册府元龟》卷 494《邦计部·山泽二》载：“文宗开成三年(838 年)三月，因湖州刺史裴充卒，‘官吏不谨’，进献新茶不及往年，乃‘以浙西监军判官王士玫，充湖州造茶使’。一度设立专使负责湖州贡茶。由于宰臣和谏官以为不妥，又召而罢之。”史传，裴充因“贡不得法”而被罢官。

杨汉公　华州弘农人，开成三年(838 年)三月二十日，自舒州移刺湖州。四年二月三十日，为到顾渚“修贡”之时，带崔待章、马祝州、唐从礼，乡贡进士、子侄等到顾渚山悬臼岕，刻石题名。石刻至今保存完好。杨汉公在任上曾上书皇帝，表奏：乞将贞元年岁贡清明到京之“急程茶”，延缓三五日。并得到皇帝“恩准”。至会昌初年迁亳州刺史，并充江南道团练镇遏使。

张文规　河东人，武宗会昌元年(841 年)七月十五日，自安州刺史移刺湖州。于会昌三年迁国子司业。在离任(同年三月四日)时，在顾渚山斫射岕底五公潭刻石题名：“河东张文规，癸亥年(843 年)三月四日”。字迹清楚，保存完好。张文规在顾渚山留下一首名诗《湖州贡焙新茶》曰：“凤辇寻春半醉回，仙娥进水御帘开。牡丹花笑金钿动，传奏吴兴紫笋来。”还留有《斫射神庙记》、建斫射亭。顾渚山明月峡后改名为“斫射岕”，就是根据《斫射神庙记》而得，至今斫射亭遗址尚存。在张文规、裴汶石刻的上面。

姚勗　陕西硖石人。会昌三年(843 年)六月二十九日，自尚书左司郎中授湖州刺史。会昌六年(846 年)迁吏部郎中。《唐传》，姚勗为前名相姚崇曾孙，由谏议大夫任湖州刺史。据传，姚崇墓原(在陕西)为空穴，被姚勗迁至长兴顾渚(未经资料证实)。

令狐绹　宣州华原人。宣宗大中元年(847 年)三月二十一日，自右司郎中授湖州刺史。据《拜相史传》：右司郎中出为湖州刺史。宣宗问左右：“令狐楚有子乎?”白敏中曰：“绹今守湖州，其为人宰相器也!”遂召为考功郎中知诰，入翰林为学士。后命宰相，作《具员御览》五卷。留有茶诗。

杜牧　京兆万年(今西安市)人。大中四年(850 年)十一月,大理由少卿授湖州刺史。大中五年九月迁中书舍人。《史传》:杜牧自吏部员外郎乞为湖州刺史,逾年以考功郎中知制诰迁中书舍人。唐大中为刺史遗爱"塞路",公退之余,登临赋咏,碧澜消暑,俱有留题。杜牧在湖州刺史任上不到一年,但留下了丰富的文化遗产。在顾渚山、弁山(玲珑山)留有石刻,仅在长兴顾渚山留下诗作四篇之多。其中《茶山诗》是记述他从湖州水路到长兴顾渚山"修贡",一路见闻和感受都写入诗中。该次到顾渚"修贡",是奉皇帝诏命而来,且带全家和后任御史的青年幕僚李郢。李郢也写了一首在茶史上有名的《茶山贡焙歌》。

郭勤　大中五年(851 年)九月,自司勋郎中授湖州刺史。大中七年九月寻拜河南少尹。

郑颙　大中七年(853 年)九月,自舒州刺史授刺湖州。至大中十一年迁太仆少卿。据嘉泰《吴兴志》大中八年(854),湖州刺史郑颙奉敕重修贡茶院。说明紫笋茶尚在作贡。会昌初,武宗搞"灭佛"运动,吉祥寺应在被毁之列,所以有重修之举。

萧岘　大中十二年(858 年)十一月,自户部郎中授湖州刺史。至宣宗末,迁东都留后。卒官。

源重　咸通三年(862 年)九月,自司勋员外郎,授湖州刺史,于咸通五年迁徐州刺史。

诗僧皎然首倡"茶道"　《宋高僧传·皎然传》说皎然字昼,姓谢氏,长城(今浙江长兴人)。皎然的《饮茶歌诮崔石使君》在唐代茶诗中占有重要地位,诗中不仅首次提及中国茶史上"茶道"二字,而且精辟地论述了唐人饮茶的深刻内涵。皎然的"茶道"观,包括茶艺、茶礼、茶韵、茶境、茶禅、茶德、修身、养生等,涵盖精神与物质两个方面,与现代人对茶道的理解颇为接近。

唐·皎然《饮茶歌诮崔石使君》:越人遗我剡溪茗,采得金牙爨金鼎。素瓷雪色缥香,何似诸仙琼蕊浆。一饮涤昏寐,情来朗爽满天地。再饮清我神,忽如飞雨洒轻尘。三饮便得道,何须苦心破烦恼。此物清高世莫知,世人饮酒多自欺。愁看毕卓瓮间夜,笑向陶潜篱下时。崔侯啜之意不已,狂歌一曲惊人耳。熟知茶道全尔真,唯有丹丘得如此。(《全唐诗》卷 821)

卢仝白岘作茶仙　《湖州茶史》记载:"卢仝在元和年间(810 年前)到了唐贡阳羡茶产地——苏浙交界处茗岭,后来发觉岭南的长兴白岘洞山茶质更好,便迁来洞山事茶。"卢仝留存至今的茶诗仅 4 首,但他之所以成为唐代最著名的茶人之一,在于他的经典茶诗——《走笔谢孟谏议寄新茶》。该诗涉及唐代茶事的许多方面,在唐代影响颇大,为茶事的普及起了推波助澜的作用,并传为千古绝唱。

卢仝《走笔谢孟谏议寄新茶》:日高丈五睡正浓,军将打门惊周公。口云谏议送书信,白绢斜封三道印。开缄宛见谏议面,手阅月团三百片。闻道新年入山里,蛰虫惊动春风起。天子须尝阳羡茶,百草不敢先开花。仁风暗结珠琲瓃,先春抽出黄金芽。摘鲜焙芳旋封裹,至精至好且不奢。至尊之余合王公,何事便到山人家。柴门反关无俗客,纱帽笼头自煎吃。碧云引风吹不断,白花浮光凝碗面。一碗喉吻润,两碗破孤闷;三碗搜枯肠,唯有文字五千卷;四碗发轻汗,平生不平事,尽向毛孔散;五碗肌骨清;六碗通仙灵;七碗吃不得也,唯觉两腋习习清风生。蓬莱山,在何处。玉川子,乘此清风欲归去。山上群仙司下土,地位清高隔风雨。安得知百万亿苍生命,堕在巅崖受辛苦。便为谏议问苍生,到头还得苏息否。(《全唐诗》卷 388)

皮陆因茶成莫逆之交　皮日休和陆龟蒙同是大唐著名诗人,他俩对陆羽评价甚高,并有很深的理解。两人用诗诠释陆羽《茶经》的文化内涵,全面而丰富,对于《茶经》和陆羽茶艺的传播起了很大的作用,在中国茶史上留下精彩的一笔。

皮日休《茶坞》:闲寻尧氏山,遂入深深坞。种荈已成园,载葭宁记亩。石洼泉似掬,岩罅云如缕。好是夏初时,白花满烟雨。陆龟蒙和:茗地曲隈回,野行多缭绕。向阳就中密,背涧差还少。遥盘云髻慢,乱簇香篝小。何处好幽期,满岩春露晓。

皮日休《茶人》:生于顾渚山,老在漫石坞。语气为茶荈,衣香是烟雾。庭从颖(木字旁加颖)子遮,果任獳师虏。日晚相笑归,腰间佩轻篓。陆龟蒙和:天赋识灵草,自然钟野姿,闲来北山下,似与东风期。雨后探芳去,云间幽路危。唯应报春鸟,得共斯人知。

皮日休《茶笋》:裒然三五寸,生必依岩洞。寒恐结红铅,暖疑销紫汞。圆如玉轴光,脆似琼英冻。每为遇之疏,南山挂幽梦。陆龟蒙和:所孕和气深,时抽玉苕短。轻烟渐结华,嫩蕊初成管。寻来青霭曙,欲去红云暖。秀色自难逢,倾筐不曾满。

皮日休《茶籝》:筤筹晓携去,蓦个山桑坞。开时送紫茗,负处沾清露。歇把傍云泉,归将挂烟树。满此是生涯,黄金何足数。陆龟蒙和:金刀劈翠筠,织似波纹斜。制作自野老,携持伴山娃。昨日斗烟粒,今朝贮绿华。争歌调笑曲,日暮方还家。

皮日休《茶舍》:阳崖枕白屋,几口嬉嬉活。棚上汲红泉,焙前蒸紫蕨。乃翁研茗后,中妇拍茶歇。相向掩茶扉,清香满山月。陆龟蒙和:旋取山上材,架为山下屋。门因水势斜,壁任岩隈曲。朝随鸟俱散,暮与云同宿。不惮采掇劳,只忧官未足。

皮日休《茶灶》:南山茶事动,灶起岩根旁。水煮石发气,薪燃松脂香。青琼蒸后凝,绿髓炊来光。如何重辛苦,一一输膏粱。陆龟蒙和:无突抱轻岚,有烟映初旭。盈锅玉泉沸,满甑云芽熟。奇香袭春桂,嫩色凌秋菊。炀者若吾徒,年年看不足。

皮日休《茶焙》:凿彼碧岩下,恰应深二尺。泥易带云根,烧难碍石脉。初能燥金饼,渐见干琼液。九里共杉林,相望在山侧。陆龟蒙和:左右捣凝膏,朝昏布烟缕。方圆随样拍,次第依层取。山谣纵高下,火候还文武。见说焙前人,时时炙花脯。

皮日休《茶鼎》:龙舒有良匠,铸此佳样成。立作菌蠢势,煎为潺湲声。草屋暮云阴,松窗残雪明。此时勺复茗,野语知逾清。陆龟蒙和:新泉气味良,古铁形状丑。那堪风雪夜,更值烟霞友。曾过赪石下,又住清溪口。具共荐皋卢,何劳倾斗酒。

皮日休《茶瓯》:邢客有越人,皆能造兹器,圆似月魂堕,轻如云魄起。枣花势旋眼,苹沫香沾齿。松下时一看,支公亦如此。陆龟蒙和:昔人谢塸埞,徒为妍词饰。岂如珪璧姿,又有烟岚色。光参筠席上,韵雅金罍侧。直使于阗君,从来未赏识。

皮日休《煮茶》:香泉一合乳,煎作连珠沸。时有蟹目溅,乍见鱼鳞起。声疑松带雨,饽恐生烟翠。倘把沥中山,必无千日醉。陆龟蒙和:闲来松间坐,看煮松上雪。时于浪花里,并下蓝英末。倾余精爽健,忽似氛埃灭。不合别观书,但宜窥玉札。(《全唐诗》卷611、卷620)

袁高《茶山诗》名著天下 《顾渚山志》载:袁高,字颐公,沧州东光人。唐重臣,刚正直言。大历七年(772年)任浙西观察使,与颜真卿、皎然、张志和、陆羽等唱和,结集《吴兴集》十卷。建中二年(781)授湖州刺史,至兴元元年(784年)离任时,在顾渚白洋山刻石题名,并将《茶山诗》随同三千六百串紫笋茶一并呈谏德宗皇帝,为延缓"急程茶"起到一定的作用。

袁高《茶山诗》:禹贡通远俗,所图在安人。后王失其本,职吏不敢陈。亦有奸佞者,因兹欲求伸。动生千金费,日使万姓贫。我来顾渚源,得与茶事亲。氓辍耕农耒,采采实苦辛。一夫旦当役,尽室皆同臻。扪葛上欹壁,蓬头入荒榛。终朝不盈掬,手足皆鳞皴。悲嗟遍空山,草木为不春。阴岭芽未吐,使者牒已频。心争造化功,走挺麋鹿均。选纳无昼夜,捣声昏继晨。众工何枯栌,俯视弥伤神。皇帝尚巡狩,东郊路都堙。周回绕天涯,所献愈艰勤。况减兵革困,重兹固疲民。未知供御余,谁合分此珍。顾省忝邦守,又渐复因循。茫茫沧海间,丹愤何由申!(《全唐诗》卷314)

白居易赋诗遥寄助兴 《湖州茶史》载,崔元亮任湖州刺史时,经常以紫笋茶、箬下春酒寄赠白居易,而白对紫笋茶和箬下春酒也是赞不绝口:"劳将箬下忘忧物,寄予江城爱酒翁。"次年阳春三月,崔元亮和常州刺史贾炼奉诏赴茶山督造贡茶,在境会亭相会。时任苏州刺史白居易以《夜闻贾常州崔湖州茶山境会想羡欢宴因寄此诗》为题赋诗遥寄助兴。

白居易《夜闻贾常州崔湖州茶山境会想羡欢宴因寄此诗》:遥闻境会茶山夜,珠翠歌钟俱绕身。盘下中分两州界,灯前合作一家春。青娥递舞应争妙,紫笋齐赏各斗新。自叹花时北窗下,蒲黄酒对病眠人。(《全唐诗》卷447)

杜牧盛赞紫笋瑞草魁 《湖州茶史》载,从唐大历五年(770年)始,致杜牧奉诏修贡时,紫笋作贡已历80年。当时在顾渚山监制贡茶的场面依然十分壮观,有杜牧《题茶山》诗为证。

杜牧《题茶山》：山实东吴秀，茶称瑞草魁。剖符虽俗吏，修贡亦仙才。溪尽停蛮棹，旗张卓翠苔。柳村穿窈窕，松涧渡喧豗。等级云峰峻，宽平洞府开。拂天闻笑语，特地见楼台。泉嫩黄金涌，牙香紫璧裁。拜章期沃日，轻骑疾奔雷。舞袖岚侵涧，歌声谷答回。磬音藏叶鸟，雪艳点潭梅。好是全家到，兼为奉诏来。树荫香作帐，花径落成堆。景物残三月，登临怆一杯。重游难自克，俯首入尘埃。（《全唐诗》卷522）

颜真卿等十九名士竹山堂连句 唐大历九年（774年）春三月，湖州刺史颜真卿应长城县丞潘述、县尉裴循之邀，偕处士陆羽、僧皎然等十九名士，会聚于长兴西郊（小浦）竹山潭竹山寺招隐处潘子读书堂，品茶、饮酒，作诗连句，并由颜真卿挥毫，成《竹山连句》帖，流传于后。

《竹山连句》：竹山招隐处，潘子读书堂。（颜真卿）/万卷皆成帙，千竿不作行。（处士陆羽）/练容餐沆瀣，濯足咏沧浪。（前殿中侍御史广汉李萼）/守道心自乐，下帷名益彰。（前梁县尉河东裴修）/风来似秋兴，花发胜河阳。（推官会稽康造）/支策晓云近，援琴春日长。（评事范阳汤清河）/水田聊学稼，野圃试条桑。（释皎然）/巾折定因雨，履穿宁为霜。（河南陆士修）/解衣垂蕙带，拂席坐藜床。（河南房夔）/檐宇驯轻翼，簪裾染众芳。（颜粲）/草生还近砌，藤长稍依墙。（颜颛）/鱼乐怜清浅，禽闲喜颉行。（颜须）/空园种桃李，远墅下牛羊。（京兆韦介）/读易三时罢，围棋百事忘。（洛阳丞赵郡李观）/境幽神自王，道在器犹藏。（詹事司旦河南房益）昼歠山僧茗，宵传野客觞。（河东柳淡）/遥峰对枕席，丽藻映缣缃。（永穆丞颜岘）/偶得幽棲地，无心学郑乡。（潘述）

二、宋代顾渚茶事诗选

徐铉《和门下殷侍郎新茶二十韵》：暖吹入春园，新年竞粲然。才教鹰咀拆，未放雪花研。荷仗青林下，携筐旭景前。孕灵资雨露，锺秀自山川。碾后香弥远，烹来色更鲜。名随土地贵，味逐水泉迁。力藉流黄暖，形模紫笋园。正当钻柳火，遥想涌金泉。任道时新物，须依古法煎。轻瓯浮绿乳，孤灶散余烟。甘荠非予匹，宫槐让我先。竹孤空冉冉，荷弱谩田田。解渴消残酒，清神感夜眠。十浆何足馈，百榼尽堪捐。采撷唯忧晚，营求不计钱。任公因焙显，陆氏有经传。爱甚真成癖，尝多合得仙。亭台虚静处，风月艳阳天。自可临泉石，何妨杂管弦。束山似蒙顶，愿得从诸贤。[徐铉，广陵（今扬州）人。五代宋初文学家，南唐吏部尚书，随李煜归宋。淳化初，坐谪靖难军司马]

苏轼《送刘寺丞赴余姚》：中和堂后石南树，与君对床听夜雨。玉笙哀怨不逢人，但见香烟横碧缕。讴今思归出无计，坐想蟋蟀山房语。明朝开锁放官潮，谊气正当潮争怒。银山动地君不看，独爱清香生雪雾。别来聚散如宿昔，城郭空存鹤飞去。我来人间万事休，君也洗心从佛祖。手香新写法界观，眼净不觑登伽女。余姚古县亦何有，龙竟白泉甘胜乳。千金买断顾渚春，似与越人降日注。（苏轼，字子瞻，号东坡居士。四川眉山人。北宋文学家，官杭州、湖州太守、吏部尚书。该诗作于杭州任上，时阴历八月初八前夕。）

苏轼《将至湖州戏莘老》：余杭自是山水窟，仄闻吴兴更清绝。湖中桔林新着霜，溪上苕花正浮雪。顾渚茶芽白于齿，梅溪木瓜红胜颊。吴儿脍缕薄欲飞，未至先说馋涎垂。亦知谢公到郡久，应怪杜牧寻春迟。鬓丝只好对禅榻，湖亭不用张水嬉。

苏辙《次韵李公择惠泉答章子厚寄新茶》：无锡铜瓶手自持，新芽顾渚近相思。故人赠答无千里，好事安排巧一时。蟹眼煎成声未老，兔毛倾看以尤宜。枪旗移到齐西境，跟试城南金线奇。（苏辙，四川眉山人，为苏轼胞弟。嘉祐进士。北宋文学家，官尚书右丞、门下侍郎，与父兄合称“三苏”。该诗答谢章子厚寄紫笋茶）

陆游《同何元立、蔡肩吾到东丁院汲泉煮茶二首》：一州佳处尽徘徊，惟有东丁院未来。身是江南老桑苎，诸君小住共茶杯。雪芽近于峨眉得，不减红囊顾渚春。旋置风炉清樾下，他年奇事记三人。（陆游，南宋诗人。浙江绍兴人。官至宝章阁待制。一生作诗九千多首。）

元好问《茗饮》：宿醒未破厌觥船，紫笋分封入晓煎。槐火石泉寒食后，鬓丝禅榻落花前。一瓯春露香能永，万里清风意已便。邂逅华胥犹可到，蓬莱未拟向群仙。（元好问，山西忻县人。北宋词人，进士出

身。官至尚书左司都入知制诰)

王十朋《谢章季子教授惠顾渚茶报以宣城笔戏成三绝》:春回顾渚雪芽生,香味特宜泌水烹。搜索枯肠欠诗卷,饮君清德赖诗情。白齿新芽不出山,青囊谁遣到人间。午窗惊觉还乡梦,纱帽笼头捧兔斑。雪水书来寄叶嘉,山中人去代琼华。定将绛帐铸我手,散出毫端千种花。(王十朋,浙江乐清人。南宋进士,出任饶州、湖州知府,侍御史、龙图阁学士。该诗为感谢朋友季子惠赠紫笋茶而作,从诗中可见,南宋时顾渚紫笋还在生产)

岳珂《过啄木岭暑喝憩道傍移时始行》:啄木侵云起,流金正日中。涧深犹断港,山崦略无风。自是人来去,何关暑蕴隆。羲皇正高卧,多愧北窗翁。凭轼汗如雨,低檐气若炊。垂头疑大病,驻足便多时。与隶争阴樾,家人荐药糜。吾生傥行道,暑喝亦奚为。鸟道度险绝,禽名通古今。筑亭聊驻马,息木未成荫。路峻天应近,崖幽雾更深。畏途犹避热,坐有蹑云心。(岳珂,汤阴人,岳飞之孙、岳霖之子。该诗约于绍定赴京口途中,路经啄木岭所作。诗前半段讲他过啄木岭时中暑,而在该处驻足多时;后面提到"筑亭聊驻马",说明境会亭还在,尚可供人马歇息;而且还可借该处的树荫乘凉。建炎年间,岳飞于宜、长驻军,抗击金兵南侵)

三、元代顾渚茶事诗(曲)选

杨维桢《夫概城》:夫概城荒日已斜,三馀王气凿三鸦。大雄寺里千年树,罨画溪头十里花。陆汇青山高士宅,程桥绿水酒仙家。曾从顾渚山前过,金沙水泉紫笋茶。(杨维桢,诸暨人,泰定进士,官天台尹、建德路总管府推官。元文学、书法家。该诗在长兴所作,诗中所记均为长兴名胜:夫概城即长城;三鸦即今林城谢安墓处;大雄寺在今西门自来水厂处;罨画溪在今长兴港县城至小浦段;高士宅指今陆汇头;程桥即今弁山陈桥)

沈贞《春日茶山书事诗》:春来日日好天气,好是太平全盛年。东家官人借骑马,南事津头多买船。闻似少陵来杜曲,兴于元亮到斜川。呼童速取一斗酒,恰有杖头三百钱。(沈贞,长兴人,隐士。博通经史,尤长于诗,有《茶山老人集》二十卷)

沈贞《归茶山诗》:落落朱樱破雨肥,斑斑红笋透泥齐。懒童圆药神先睡,病叟观书眼转低。山挟晴娇新水嫩,地含湿润净苔迷。临江节士来相访,自把闲门竹山题。

沈贞《次田通判计》:启蛰新云发芽菜,自携童非陟崔嵬。浸山紫笋芽新茁,覆经朱藤花倒开。蟹眼十分笼雾起,天颜一笑挽春回。蓬莱从此东风去,不似金茎荐露杯。

沈贞《尧士山诗》:款迎不骄堪代步,行行踏遍尧山路。雨春散香吹暖花,风昼团阴弄晴树。尧市寺前古木稠,吉祥寺里青苔流。白头老僧出迎客,共说前代成古丘。顾渚山头生紫笋,先春金芽绿云隐。黄犊开耕田水新,锦鸠唤晴谷雨近。长城太守监贡新,朱幡皂盖笼阳春。金盖山头树渺渺,金沙泉底珠粼粼。江南三月春光好,黄鹂啼春杜鹃叫。采茶儿女斑斓衣,招手揶揄使君笑。押纲使者黄帕鲜,玉膏金屑玻璃泉。乳花浮碗婕好手,雀舌泛鼎才人煎。使君闲暇缘山走,谢公诸妓随前后。村翁野叟迎使君,手折樱桃劝新酒。我曾三五少年时,使君携我登尧祠。酒闲风暄面生紫,一日经费千篇诗。如今重来惊异世,山水凋零屋庐废。举眸风景更愁人,对泣新亭周颐泪。冷风激雨吹人衣,海棠无力胭脂肥。临歧相别二三子,独自微吟乘夜归。

冯海粟《鹦鹉曲·顾渚紫笋》:春风阳羡人微喧住,顾渚问茗叟吴父。一枪旗紫笋灵芽,摘得和风和雨。(幺)焙香时碾落云飞,纸上凤鸾衔去。玉皇前宝鼎亲尝,味恰到才情写处。

四、明代顾渚茶事诗选

华廉《陪田通判采茶行春》:联骑东风踏早霞,尧山雨过梵王家。老僧下榻延嘉客,童子开轩扫落花。竹外穿云寻嫩笋,茶边和露采新芽。高情重惜春多丽,争出佳章咏物华。

汪道会《和茅孝若试岕茶歌兼订分茶之约》:昔闻神农辨茶叶,功调五脏能益思。北人重酪不重茶,遂令齿颊绕膻气。江东顾渚夙擅名,会稽灵苑称日铸。松罗晚年出吾乡,几与虎丘争市利。评者往往为吴兴,清虚淡穆有幽致。去年春尽客西泠,茅君遗我岕一器。更寄新篇赋岕歌,蝇头小书三百字。为言明月峡中生，洞山庙后皆其次。终朝采撷不盈筐，阿颜手泽柔荑焙。急燃石鼎斟惠泉，汤响如铃松上吹。须臾缥碧泛瓷瓯，茀然鼻观微芳注。金茎晨露差可方，玉泉寒冰讵能配。顿浣枯肠净扫愁，乍消尘虑醒忘睡。因知品外贵希夷，芳馨浓郁均非至。陆羽细碎博紫芽，烹点虽佳失真意。常笑今人不如古，此事今人信超诣。冯公已死周郎在，当日风流犹未堕。君子良友吴兴臧，可能不为兹山志。嗟予耳目日渐衰，老夫聪明惭智慧。君能岁赠叶千斤，我报险麋当十剂。凉飔杖策寻黄山，倘多陆家茶酒会。（汪道会，安徽歙县人，曾任文学衙贯。为明代著名诗人、戏剧家、军事家、都御史汪道昆之弟）

臧懋循《附烹茶图集》：桐阴竹色令闲人，长日烟霞傲角巾。煮茗汲泉松子落，不知门外有风尘。坐来石榻水云清，何事空山有独醒。满地落花人迹少，闭门终日注茶经。（臧懋循，长兴丁甲桥人。字晋叔，号顾渚山人。明万历八年进士，十一年任南京国子监博士，十三年被罢官。后与名士结金陵诗社，与吴兴吴家登、吴梦旸、茅维并称“吴兴四子”。晚年编《元曲选》一百卷，并创办印刷工场，成为中国历史上最早的私人出版商）

俞允文《罗岕茶歌》：阳崖阴林草性屋，罗岕二月茶芽生。紫芽连卷香未吐，处处报春山鸟鸣。高云行空露华碧，新雷已过众壑晴。筠笼芳鲜采摘成，溪口焙来夸至精。壑源阳羡空有名，自余诸焙皆可轻。岂知天产合幽寂，最后始出人更惊。得之不减玉与琼，开缄试新手自烹。洌泉甘澄胜饴露，绿烟旖旎啼春莺。小鼎初着火候匀，精气漠漠纷兰英。素瓷吹香净肌骨，往往似兴真意并。高斋昼眠还独醒，静待松月流孤清。王蒙好饮不解饮，陆羽毁茶空有经。枉使千峰待逋客，无复云霞深处行。（俞允文，江苏昆山人，明代书法家、诗人）

五、清代顾渚茶事诗选

吴溶《顾渚山采茶诗》：古洞层层绿，春风树树妍。常湖山窈窕，罨画水清涟。明月曾开峡，金沙旧有泉。入山尘不染，进岕地尤偏。涧曲源难尽，藤枯影倒缠。清癯别众草，风味类名贤。色嫩惊雷后，芽新透社前。春旗披雾出，细荚染霞鲜。嘉树根宜瘦，芳茗种在巅。棋盘晨雨湿，纱帽晓云连。采摘人成队，收藏客集廛。一时香满谷，百里焙生烟。生计宁渐粟，耕锄亦似田。箬封珍雀舌，市贩长金钱。日注直成肆，龙团岂让先。气清近高士，味淡宜雅禅。粱肉何妨厌，姜盐示许煎。磁壶松屋里，砂磁竹林边。破睡功尤大，除烦方更坚。不同张禹骨，合上陆家船。当暑真难撤，披风亦自便。平生闲品味，此物嗜尤专。癖可追鸿渐，歌难和玉川。只因家顾渚，花乳啜年年。（吴溶，长兴顾渚人，清嘉庆、道光年间的文人）

臧廷鉴《顾渚山下采茶歌》：顾渚名茶称紫笋，明月峡中夸上品。清明寒食嫩条繁，火前雨后粗枝蚕。李唐岁榷千万斤，北山篰屋诛求尽。讹言瑞应出金沙，祭茶一毕灵泉涸。惊愚骇众创者谁，徒使居人恨生茗。符牒纷然下水村，蓬头跰足葛箩扪。采采手皲不盈掬，县胥索食但声吞。更有江淮宋李溥，征茶一呼吏何怒。挽船赫奕号茶纲，有产人家畏如虎。朱明定制荐留都，额虽轻省不如无。荒榛欹壁疲盘髓，白门采石路辛劬。本朝安居免赋茶，水村一带罢旗芽。北山不辍农耕耒，晏然余力艺桑麻。杜牧无劳吟瑞草，皇甫定海赠栖霞。我闻陆羽著茶经，陶人塑羽作茶神。袁高太守诗凄恻，曷不奉祀报明禋。呼嗟乎！穷乡食德由今始，但愿万古长遵是。尧市山前衢歌起，一泓不涸金沙泉。（臧廷鉴，字爱澄，长兴丁甲桥人）

邢澍《顾渚春游图》：山名属概县，大儒为上客。聚会及三春，追陪恣两屐。维舟倚溪岸，逾市历阡陌。蓝舆上巑岏，竹径入幽僻。平沙出清泉，丛木翳怪石。莺燕声上下，桃李花红白。笋茁玉版新，茶生旗枪碧。因忆贞元事，为寻贡院迹。苛政今全除，居民久无役。女采盈袖香，僧摘倾筐积。七碗轻水厄，二升当琼液。俯仰发长吟，徘徊同竟夕。胜游转日过，嘉会回首惜。图联三五人，珍重文章伯。他口重相思，展画如不隔。（邢澍，甘肃阶州人，清乾隆进士，嘉庆元年任长兴知县）

钱大昕《顾渚春游图并序》：群峰踊跃似波腾，阳羡东来翠几层。占取白云最深处，从来清福付痴僧。焙得新芽谷雨前，色香味美妙能全。盛朝久却头纲贡，一任山翁活水煎。竹山联句久难稽，小杜来游迹已迷。只有开成杨刺史，宾组群众姓名题。浮溪当日一麾雄，解组曾来作寓公。分隶大书波磔劲，阿谁剔藓到山中。一月蚕忙判牍稀，寻山留客暮忘归。城头弧射知相似，好与亲云作伴飞。［钱大昕，江苏嘉定(今上海)人。清乾嘉时著名史学家、文人。晚年应邢澍之邀与弟钱大昭同到长兴考证、修纂《长兴县志》。该诗在顾渚山考察茶事所作]

魏星杓《顾渚茶园诗》:山中报春鸟,春至报山翁。我也置茶园,因怀高尚风。烟霞徵不起,丘壑嗜曾同。二陆超尘纲,冥冥天际鸿。[魏星杓,长兴人,爱好诗文,崇尚淡雅,追求味外之味。始居城内,后迁居尧市山下(今水口顾渚)]

王豫《荐春亭》:年来茶户无驱使,紫笋今看遍地载。但使永无修贡日,尽叫冷落荐春坛。太守谁怜万姓贫,三州争进火前春。清风楼下草初茁,便有无穷采掇人。茶山冷落无人迹,烟树苍澜有鸟栖。唤得春来成底事,年年此处尽情唬。浮生谁遂老茶山,顾渚忻湖往往还。遗宅荒凉何处是,残碑认取古柴关。(王豫,长兴人)

金镐《顾渚》:顾渚溪前顾渚山,清风明月映烟鬟。回环对峙横塘外,上下平分箬水间。紫笋茶生烟袅袅,金沙泉泻石潺潺。更谁得似天随子,竟夕相依水一湾。(金镐,又名蕙荪,长兴雉城镇人)

六、金沙泉诗选

苏轼《金沙泉》:金沙泉涌雪涛香,酒作醍醐大地凉。倒浸九大河影白,遥通白谷海声长。僧来汲月归灵窟,人到寻源宿上方。欲续茶经较异旨,仙瓢留竺羽仙尝。

沈贞《金沙泉》:鳞鳞金屑精,泛彼崖下泌。远涵珠光润,净谧蟾窟溢。流芳衍余派,漱甘澈声密。上栖凤凰林,下隐龙蛇室。岂惟穴向丙,更激支折乙。顾分泽疲民,做致康衢日。

于若瀛《金沙泉》:铜瓶试取烹新茶,涛起龙团沸谷芽。中顶无须忧兽迹,湖州岂惧涸金沙。

丁凝《金沙泉》:一壑澄泓雪不殊,铜铛煎就试云腴。间房合遗操瓢往,调水何劳巧置符。

鲍鈖《金沙泉》:若溪净于油,清甘沁心魂。平生尘土胃,口吸忘水厄。长夏午梦回,茶事剧相迫。客从顾渚来,连罂肯见掷。候火手自煎,澜翻蟹眼碧。文园渴顿消,习习风生腋。西吴有旧闻,祷祀觇泉脉。银瓶贡御庭,茗柯荐新摘。夙昔致未遑,一杯今始获。信知千万亿,淄渑难假借。何用剖水符,官心清莫逆。金沙一脉水,几度小桥冲。忽喜澄潭静,冷然清我容。黄花媚幽藻,翠筱隐深松。汲饮自绥养,相期尘外踪。

沈芳润《金沙泉诗》:境会亭前水草滋,金沙泉畔采茶时。风齐顾渚驰名远,翠接毗陵雅韵宜。太守歌钟成往事,香山吟咏重遗诗。于今二郡曾来否,牲祭犹传是旧规。

吴庆奎《金沙泉》:金沙潭碧异潺沄,秀濯干螺紫翠分。乘杂竟须同老铁,更过不口觅将军。

第六节　顾渚茶书选

一、古代顾渚茶书选介

《湖州茶香飘千年——湖州茶文化史纲》(张西廷主编,杭州出版社2007年版)一书收录唐至清代茶书16部。

《茶经》　唐代陆羽著。陆羽(733—约804),是世界上第一部论茶专著的作者,中国茶学创建人。《茶经》撰于湖州,成书于760年前后。据欧阳颖明《〈茶经〉版本简表》载,国内《茶经》藏本70种,其中6种已佚;国外《茶经》藏本有33种,为美国国会图书馆、日本国会馆藏,入编英国大百科全书、韩国民间茶之文化本等。

《顾渚山记》　唐代陆羽著。唐代皮日休《茶中杂咏》序(后人把它作为《茶经》序):"《顾渚山记》二篇,其中多茶事。"今存台湾张宏庸辑校本一卷。根据张辑本,《顾渚山记》中载有《茶经》茶事3则。故笔者推论《顾渚山记》是《茶经》之前作品,后收录在《茶经七之事》。

《茶诀》　唐代皎然著。皎然(730—799),俗姓谢,字清昼,湖州杼山妙喜寺住持、诗僧,长兴人。与陆羽为"淄素忘年之交"。《茶诀》,已佚,据《文苑英华》卷七百九十六中陆龟蒙《甫里先生传》载:"自为《品

第书》一篇，继《茶经》《茶诀》之后。注云：《茶经》，陆季疵撰；《茶诀》，释皎然述。”

《茶述》　唐代裴汶著。裴汶，唐元和六年至八年(811—813)湖州刺史，顾渚山监制贡茶时留有石刻题名。《茶述》始见于宋代刘□《龙之集》卷二八《策问·中》：“温庭筠、张又新、裴汶之徒，或纂《茶录》，或著《水经》，或述顾渚。”从上述记载看，裴汶《茶述》似乎是有关顾渚茶的论述。清代陆廷灿《续茶经》中有裴汶《茶述》辑录。

《造茶杂录》　唐代张文规著。张文规，唐会昌元年至二年(841—842)湖州刺史，顾渚山监制贡茶时留有石刻题名。著有《吴兴三绝》《湖州贡焙新茶》诗两首及句。《造茶杂录》，已佚，从茶书名看，应是监造贡茶时的作品。

《品第书》　唐代陆龟蒙著。陆龟蒙(？—约881)，唐文学家，字鲁望，自号江湖散人、甫里先生，姑苏(今江苏苏州)人。曾任湖州从事。《全唐文》卷八〇一载：“先生嗜茶荈，置小园于顾渚山下，岁入茶租十许，薄为瓯蚁之费。自为《品第书》一篇，继《茶经》《茶诀》之后。”《品第书》又称《品茶》，已佚。

《述煮茶泉品》　宋代叶清臣著。叶清臣(1000—1049)，字道卿，苏州长洲人官翰林学士，权三司使。书中讲道：“甲于吴兴者为紫笋。”《述煮茶泉品》一卷，尚存。

《茶山录》　宋代朱辅世著。朱辅世，生卒年不详。《茶山录》6卷，已佚。

《茶山稿》　元代沈贞著。沈贞(约1363—？)，字元吉，号茶山老人，长兴人。元末隐于横玉山中，安贫乐道，特立独行，往来吟咏，无仕进意。著《茶山稿》12卷。《茶山稿》12卷，不传。清乾隆三年(1738年)，长兴县知县鲍轸搜集沈贞诗文百余篇，序而刻之，改题为《茶山老人遗集》，2卷，尚存。

《顾渚采茶记》　明代萧洵著。萧洵，江西吉水人。明洪武六年(1373年)以工部主事出任长兴县令，进顾渚山监修贡茶。于洪武八年(1375年)撰文。《顾渚采茶记》，尚存。

《茶疏》　明代许次纾著。许次纾(1549—1604)，字然明，号南华，跛而能文，好蓄奇石，好品泉茗，一生著作诗文甚丰。与吴兴姚绍宪为友，姚在顾渚山明月峡辟有茶园，每岁新茶初出之时，两人汲金沙泉，细啜品茗，探讨茶艺，评第茶品。姚“罄生平习试自秘之诀，悉以相授”。许以自己亲身实践和品茶尝泉体会，于明万历二十五年(1597年)作《茶疏》一书。《茶疏》，尚存。

《罗岕茶记》　明代熊明遇著。熊明遇(约1579—1849)，字良孺，江西进贤县人。明万历二十九年(1601年)进士。知长兴县，擢给事中，多所论劾，疏陈时弊，言极危切。因东林党事，再谪再起，累官至兵部尚书。在长兴知县任上，“单车问俗，劝课桑茶”。于万历三十六年(1608年)撰《罗岕茶记》，并作有《长兴僧送岕茶诗》并序。《罗岕茶记》又名《岕山茶记》，尚存。

《洞山岕茶系》　明代周高起著。周高起(？—1645)，字伯高，江苏江阴人。为人颖敏，博闻强识，好读书，工为古文辞。明崇祯十年(1637年)任湖州府长兴县主簿。《洞山岕茶系》成书于明崇祯十三年(1640)。《洞山岕茶系》又名《洞山茶系》，一卷，尚存。

《岕茶笺》　明代冯可宾著。冯可宾，字正卿，山东益都(今青山)人。明天启二年(1622年)进士，官湖州司理。善画竹石，有名于时。号其室为“石蒲斋”，公余走墨。侍妾明霞多才技，每捧茶砚墨侍于几案。明霞卒，冯可宾哭之哀，葬于岘山。诗曰：“魂到此山犹坠泪，梦来何处更为云？”时谓“冯司理情痴”。入清，隐居不仕。天启四年(1624年)代长兴知县。《岕茶笺》撰于崇祯十五年(1642年)。《岕茶笺》一书，尚存。

《岕茶别论》　明代周庆叔著。周庆叔，生卒年不详，隐居长兴。明代书画家沈周《书岕茶别论后》曰：“庆叔隐居长兴，所至载茶具，邀余素瓯黄叶间，共相欣赏。恨鸿渐、君谟不见庆叔耳，为之覆茶二观。”全书存佚不明。

《岕茶汇钞》　清代冒襄著。冒襄，字辟疆，自号巢民。幼有俊才，负有时誉。明末副贡生，史可法荐为监军，不就。入清后，不仕，唯以著书自娱，宾从宴游，盛极一时，为“清初四公子”之一，与名妓董小宛的爱情故事广为流传。书中记述绝代名妓董小宛嗜岕茶等生活逸事。《岕茶汇钞》，一卷，尚存。该书一半左右抄自熊明遇、周高起、冯可宾关于岕茶之书。

二、湖州、长兴当代顾渚茶书与相关书籍选介

《顾渚紫笋诗文录》 1992年5月内部编印,7万字。为《长兴文史资料》第四辑,何光耀、卢宗豪编辑。共收录历代有关顾渚紫笋诗文155篇。

《长兴紫笋茶文化概览》 2003年3月内部编印。吴建华主编,谢文柏编撰,10余万字。详细记述紫笋茶、金沙泉、紫砂壶、茶馆的发展历史和现状,收集古今名人歌颂顾渚山、紫笋茶、金沙泉的诗篇68首,内容丰富、资料翔实,科学性、资料性较强,是县内第一部反映长兴区域茶文化的专业性书籍。

《旷世风雅·顾渚山传》 2007年3月,上海人民出版社出版,21.6万字。张加强著。茶文化散文集。

《湖州茶香飘千年——湖州茶文化史纲》 2007年4月,杭州出版社,15.8万字。张西廷主编。属《湖州历史文化》丛书序列。以编年史为纲,记述湖州各朝各代茶文化发展概况。

《顾渚山志》 2007年5月,浙江古籍出版社出版,12万字。谢文柏编著。该书记述顾渚山的地理位置、自然环境和紫笋茶的茶叶特性、茶树分布等属于地理学和植物学方面的客观状况,同时又把顾渚山和紫笋茶名称由来、陆羽到顾渚山的时间、贡茶的起因和历史、贡茶院的兴废沿革、摩崖石刻和名胜古迹、顾渚茶事等结合起来论述。

《历代紫笋茶诗文录》 2008年1月,中国文史出版社出版,18万字。长兴县政协文史资料委员会编,张全镇主编。该书收集上起唐代下至当代的50余篇有关紫笋茶的文章摘录和近200首诗词。

《湖州茶文化》丛书 2008年5月,浙江古籍出版社出版。湖州陆羽茶文化研究会组织编辑,徐明生总主编,一套五册,包括《湖州茶史》《湖州茶诗》《湖茶文》《湖州茶俗》和《湖州茶业》。

《湖州茶史》 钟鸣、张西廷主编,以编年史为纲,叙述与评论湖州各朝各代的茶事,探求湖州茶产业、茶经济、茶文化的特点,以史为鉴,对传承与发展茶文化提出真知灼见。

《湖州茶诗》 朱乃良、许学东、张世英主编,以2005年内部印刷的《湖州茶诗》为基础,重新编选,扩充篇目,丰富内容,充分显示“湖州茶诗”在中国茶文化史上的重要地位与独特价值。

《湖州茶文》 李广德、蔡一平、邵钰主编,选编湖州籍(包括流寓和定居湖州)和非湖州籍人士写湖州茶事的文章,展现古今湖州茶人的研究成果和人文精神,为茶文化研究提供新的参考文献。

《湖州茶俗》 张志良、钟伟今主编,从民俗学和社会学的角度考察和研究湖州的各种茶俗,展现湖州茶俗与京津、巴蜀、闽粤茶俗不同的形式、内涵与特色,具有独特的文化学价值。

《湖州茶业》 林盛有、张轩德主编,简要记载和论述古今湖州茶产业和茶叶贸易的情况,以翔实的材料和科学的研究说明茶产业是湖州茶文化形成和发展的前提与基础,具有科技性与文献性。

《长兴茶文化碑刻集》 2008年5月,西泠印社出版社,浙江大学、长兴县人民政府编,线装。

《紫砂丹青:中国·长兴紫砂》 2008年,上海书画出版社,姚新兴编著。

《紫玉金砂——浙江长兴紫砂茗壶精华》 2012年6月,中国书店出版社,浙江省博物馆、长兴县博物馆编,钟凤文、梁奕健主编。

第四十编　人　物

长兴地灵人杰，人才辈出。自古至今，从长兴土地上培养出来的众多政治家、军事家、科学家、文学家和能工巧匠等，为推动历史发展、国家兴盛做出重要贡献。前志人物设人物传、烈士名录两种，其中立传人物78人，列入《烈士名录》304人。本志人物编设人物传记、人物简介、人物名录三章，在对全县各单位上报的人物资料进行筛选、整理的基础上，收录各类人物917人次（不完全），其中立传人物44人、简介人物104人、列表人物769人次。另专设一章，介绍竹元村徐家。

第一章　人物传记

传记人物主要收录1988—2012年在长兴牺牲的革命烈士；逝世的在长兴的全国和省级劳动模范、先进生产者、优秀企业家；逝世的对长兴县的解放事业和社会主义现代化建设事业做出突出贡献的领导干部、基层干部和各界人士，长兴籍的中国科学院院士、中国工程院院士、中国社会科学院学部委员、著名专家学者、知名人士、副省（部、军）以上干部和获将军军衔者，长兴籍的在外地工作对家乡做出突出贡献的人士。

根据上述标准，在对全县各单位上报的人物资料进行筛选、整理的基础上，共收录1988—2012年逝世人物43人，其中长兴籍32人、客籍11人。补前志客籍人物1人（彭海涛）。按人物卒年排序，去世年月相同的按姓氏笔画排序。

第一节　长兴籍人物

章志清（1971—1990）　白岘乡和芥口村人。1971年4月出生，1988年7月毕业于白岘乡中学。1989年1月加入共产主义青年团，后进白岘乡砖瓦厂、白岘第二煤矿工作。同年3月应征入伍，成为驻闽某部一名解放军战士。他政治上积极要求进步，训练上刻苦努力，在年末的结业考核中，取得全队第二的好成绩，被团部树为“训练标兵”，授予“优秀士兵”嘉奖一次。1990年9月9日下午，和战友们乘车外出执行实弹演练先遣任务。17时30分，经过福建长泰县一座漫水桥面时，突遇当地山洪暴发，车辆发生倾斜，驾驶室和车厢前半部淹入洪水之中。章志清因奋力抢救车上价值数万元的装备器材，被卷入急流漩涡之中而英勇牺牲。年仅19岁。章志清牺牲后，《解放军报》、南京军区政治部《人民前线报》《泉州晚报》《湖州日报》先后报道他的英雄事

迹。1990 年 9 月 17 日,被解放军某集团军党委批准为革命烈士,后又被解放军某部政治部追记二等功一次。长兴县人民政府决定,将烈士的骨灰安放在县鲤鱼山烈士陵园内,并于 10 月 3 日举行隆重的烈士骨灰安葬仪式。

姚水珍(1916—1991) 新塘乡沉渎港村(今属太湖街道)人。童年时代,曾读过私塾,时间很短,识字不多。民国 30 年(1941 年)春,中共长兴县委在新塘乡沉渎港建立党的水上秘密交通站。同年 11 月,经介绍加入中国共产党,与袁掌福等担负党的水上秘密交通工作,负责护送由浙西各地经天平桥、虹星桥、竹园村等地过去的党政军干部。从 30 年(1941 年)春至 32 年(1943 年)春,在县委领导下,姚水珍等数十次出色地完成党组织交给的任务,安全转移、护送浙西及“皖南事变”突围出来的党政军干部和伤员上百人次,经水上秘密交通线,过太湖到达苏南太滆抗日根据地。32 年(1943 年)夏,长兴党组织暂时停止活动,秘密交通站完成历史使命,姚水珍就地隐蔽至长兴解放,一度中断与党组织的联系。长兴解放后,在家做一名普通的农民。1985 年,经县委批准,恢复党籍,享受“三老”人员的经济补贴。1991 年 3 月 29 日病逝。

徐锡麟(1911—1991) 雉城镇竹园村(今属画溪街道)人。详见本编第 3 章。

叶 进(1941—1993) 又名叶秀进,煤山镇火烧地村人。民国 30 年(1941 年)2 月出生,1961 年毕业于长兴中学,同年考入杭州大学外语系英语专业。1965 年大学毕业后在新华社国际部任编辑,1972 年被派往澳大利亚从事记者工作。1973 年,加入中国共产党。20 世纪 60 年代至 70 年代初,曾为周恩来、陈毅、王震等党和国家领导人担任过翻译。参加过 1972 年美国总统尼克松访华、邓小平出访等重大国事活动的报道和翻译工作;参加接待过伊朗王后、基辛格访华,以及首批访华的美国记者赖斯顿、平托等美英通讯社的社长和美国报刊的总编等重大外事活动。1980 年参加创办新华社全国性综合月刊《环球》杂志,任编辑。1985 年任副总编辑,1987 年 7 月任总编辑。1992 年 4 月,离开新华社,在香港发行的《环球中华》杂志任总编辑,兼任中国公共关系公司副总经理。是中国优秀的新闻记者、翻译,1990 年还被评为中华人民共和国成立以来有突出贡献的科普作家。作为新华社高级编辑、记者,先后采访过澳大利亚总理、英国女王、西哈努克亲王等政界人物和一些世界著名艺术家、好莱坞明星、著名电视节目主持人。出版有散文集《澳大利亚踪影》、人物传记《里根》《企业明星艾柯卡》、科普丛书《南太平洋的万岛世界》等;长篇译作《艾柯卡自传》《马科斯夫人传》等;主编有《世界港口游记》《中外艺坛漫步》等系列丛书。1993 年 7 月在银川飞机失事中遇难。

施建中(1900—1993) 又名施道,化名苏党、养浩,白岘乡尚阳村人。清光绪二十六年(1900 年)9 月出生,1919 年 1 月考入湖州省立第三师范学校,民国 11 年(1922 年)加入中国共产主义青年团,13 年(1924 年)秋赴上海大学求学。14 年(1925 年)秋考入黄埔军校,同年冬由邵力子、经亨颐介绍加入中国国民党。其间,曾任国民革命军教导师政治部宣传科科长、广州国民党中央党部组织部干事等,因与国民党右派意见相左,相继离职。“四一二”反革命政变发生后,被捕关押在浙江陆军监狱,因无证据被保释回长兴。20 年(1931 年)秋,加入邓演达在上海创建的中国国民党临时行动委员会(即中国

农工民主党前身），并回浙江任委员兼做民运工作。26年（1937年）9月，任长兴县抗敌后援会主任，积极从事抗日救亡运动。后任苏浙皖三省边区游击司令部政治部主任。27年（1938年）4月，司令谢升标阵亡，队伍星散。29年（1940年）4月至同年夏，到天目山任浙西行署谘议兼青年招待所主任，不久回家。32年（1943年）冬始，协助新四军在长兴地区开展工作。抗日战争胜利后，任国民党中央合作事业管理局视察。37年（1948年）冬，因奔母丧离职，在浙西湖州等地筹建农工民主党浙西办事处。1949年5月杭州解放，任中国农工民主党浙江省整顿委员会委员暨浙江省工作委员会委员。1950年在嘉兴专区参加土改工作。1951年2月去华北革大政治研究院学习，学习期满后从事教育工作，先后在杭州高级中学和杭州第七中学任教，并当选为杭州市第一、第二、第三届人民代表、政协委员。1956年被聘为浙江省文史馆馆员，任中国农工民主党中央党史资料研究委员会委员和浙江省党史资料研究委员会顾问。1993年7月15日在杭州逝世。

尚传道（1910—1994）　字希贤，虹星桥镇方里村人。清宣统二年（1910年）出生，在长兴读完小学。民国13年（1924年），考入杭州市安定中学。18年（1929年），考入清华大学政治系。学习期间，担任两年多的学生会主席。20年（1931年）"九一八"事变后，组织200多名学生南下请愿。22年（1933年）毕业，留校担任《清华周刊》总编。24年（1935年）考取高等文官，被分配到行政院工作。26年（1937年）9月，赴贵州省民政厅任秘书、主任秘书；30年（1941年）2月，调任省政府秘书兼三科（人事）科长，成为当时声望极高的省主席吴鼎昌的主要幕僚。在黔八年，负责省地方干部的培训、行政三联制的推行、新县制的实施、合作事业的普遍推行，成绩斐然而为他省群起效法，获国民政府胜利勋章和社会奖章。抗日战争胜利后参加东北接收工作，后任吉林省政府委员兼民政厅长。人民解放军挺进东北时，任国民党政府代表副组长与中共代表谈判。谈判破裂，国民党军队进驻长春，尚传道任长春市代市长、市长，直至解放。中华人民共和国成立后，为促成海峡两岸统一，先后与国民党上层人物蒋经国、俞国华、陈立夫等通信，致公开信，写回忆录等，沟通两岸关系。在国内外报刊上发表论著170余篇。晚年撰写50多万字回忆录。1994年3月5日病逝。

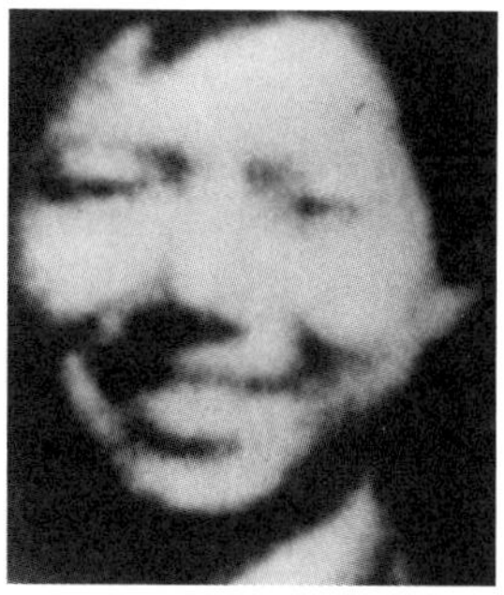

卓乃照（1965—1994）　太傅乡（今属林城镇）石狮村人。1965年11月25日出生。1994年5月31日中午，卓乃照因抢救一名投水的农村妇女而英勇献身，年仅28岁。同年7月，县委作出《关于开展向卓乃照同志学习的决定》，授予卓乃照"舍己救人优秀青年"称号。并召开卓乃照事迹报告会，在全县开展"岗位学英雄、奉献在岗位"活动。11月18日，被省政府批准为革命烈士。

李鹏林（1927—1994）　字植方，民国16年（1927年）3月生，虹星桥镇大午山村人。自小立志学医，35年（1946年）先后跟随当地及湖州名中医学习中医外科、内科。1949年冬回家乡行医，擅长外感杂病辩证治疗，求诊者络绎不绝。1955年入湖州一院进修内科，1956年冬调入县人民医院工作，1960年任副院长。1960年4月，槐坎乡仰峰岕村有6头耕牛死亡，村民舍不得埋掉，吃了死牛肉，共有500多人感染上炭疽杆菌。炭疽杆菌患者如在一星期的病菌潜伏期内得不到及时预防和治疗，不仅生命有很大危险，而且会迅速传播，殃及其他村民，后果不堪设想。接到报告后，由李鹏林负责的医疗队立即到达现场进行走访调查，取得第一手资料，和省专家分析，确定如果48小时内用不上人用抗

炭疽菌血清，500多人的生命随时可能被病菌吞噬。经中央和省多方协调，派专人从甘肃采购人用抗炭疽菌血清，用飞机运抵南京机场，再用越野吉普车运到长兴。李鹏林立即将人用抗炭疽血清，先在自己身上进行安全试验，确认安全后，再给500多位村民注射，并按家按户进行观察、检疫。最后疫情得到控制，村民获救。1979年任长兴人民医院院长，1987年晋升中医内科副主任医师。曾任中共长兴县第五届委员会委员，县科协副主任，县中医学会名誉理事长，县医药科技情报组组长，县医学会副会长，县医疗事故鉴定委员会副主任、主任，县卫生技术职务评审委员会委员、副主任，两次被列为浙江省名中医。1994年11月去世。

王羽仪(1902—1995)　号雨簃，雉城镇小西街(今属雉城街道)人。清光绪二十八年(1902年)4月出生。出身书香门第，从小受到书画艺术的熏陶。在箬溪小学毕业后到杭州读中学，后就读于北京第二中学；中学毕业后考入上海交通大学机械系，民国14年(1925年)毕业，奉派平绥铁路工作。17年(1928年)赴美国普度大学进修，获硕士学位。18年(1929年)回国，仍在平绥路工作。26年(1937年)奉调至南京铁道部供职。抗战胜利后，任国民政府交通部平津区特派员办事处路政组组长，负责接收日伪华北交通公司所辖铁路部门。平津铁路局成立后，担任运输处长、副局长。北京和平解放后，负责平津铁路局的移交工作，任铁道部参事。后应天津铁路局的要求，经铁道部同意，赴天津路局工作。结合中国铁路的实际情况，编写成《铁路技术管理规程解释》三册，向全国发行。后奉调回铁道部任计划局副局长，一年后任天津路局副局长。1952年调铁道部铁道科学研究院从事计划学术研究工作，先后担任计划组组长、学术秘书室主任、铁道科学研究院情报研究所副所长、学术委员会副主任等职。1957年、1958年，先后赴波兰、苏联参加社会主义国家铁路合作组织科研合作计划会议。王羽仪还是位国画艺术精深的业余画家，工写意花鸟，兼习写意山水、人物。中华人民共和国成立之初，将其父收藏的300余件碑帖、名人书画、书札(其中有林则徐的一通叙述焚毁鸦片经过的长函精品)全部捐赠国家。1989年10月，将国家落实政策时发还的清代长兴籍著名书画家张度的精品(16页晚年书稿真迹、20多米长的画卷及扇面)赠送长兴县档案馆收藏。1995年去世。

陈光贻(1920—1996)　原名陈震闻，曾用名陈正文，雉城镇涧塘村人。民国9年(1920年)1月生。31年(1942年)2月，毕业于上海私立无锡国学专修学校历史系。1952年7月起，在上海图书馆工作，从事古籍整理研究工作(1959年4月至1960年5月期间，下放奉贤县肖圹公社劳动)，任副研究馆员。从事图书馆工作三十余年，以古典文学为基础，专修国学，而于方志致力尤勤，是当代著名方志学家。翻阅数千种方志，著成80余万字学术专著《稀见地方志提要》，著录地方志1120余种，内容丰富、体例完整，参考价值较高。潜心研究方志学史，于1979年秋季，受上海师范学院古籍研究室聘请，为研究生讲授方志学史；在该基础上，于1983年出版专著《中国方志学史》，为全国各地编修新方志提供参考，同时也为大专院校培养地方志工作人才提供补充教材。撰有论文《年谱起源与发展》《氏族、族谱和谱学谱例》等，对中国年谱、族谱的沿革和编辑体例均有较深入的研究。曾受聘任中华人民共和国成立后首部《湖州市志》和《长兴县志》顾问，对家乡修志工作有重要贡献。1996年4月病逝。

胡桂才(1966—1996)　长城乡长城村南庄村(今属和平镇)人。1996年7月1日上午8时许，送妻子上班回家途经金孙圩村严家圩角排涝站时，发现一名小女孩因玩耍不慎掉落长城港中。他立即停下

摩托车，奔到小女孩落水处，顾不上脱下高帮雨靴，跳入河中。因水流较急，小女孩已被冲到河中央，正在奋力向前游的胡桂才看见路上走来同村村民黄有明，就大声呼救。黄有明找来竹篙伸向河中，胡桂才用双手将小女孩托出水面，使8岁的小女孩拉着竹篙获救。当黄有明再次将竹篙伸到河中时，胡桂才因体力消耗过多，始终未能抓住竹篙，献出生命。牺牲后，中共长兴县委、县委宣传部、共青团长兴县委、共青团湖州市委等相继作出关于向他学习的决定，追授其“舍己救人·时代楷模”“舍己救人的优秀青年”等荣誉称号。1997年3月11日，被省政府批准为革命烈士。

蒋乃镛(1913—1996)　乳名蒋安堂，小浦镇八都岕杨林村人。民国20年(1913年)1月25日出生，15年(1926年)2月在村读完初小后，进湖州省立三师附小插班读高小。17年(1928年)，考取上海青年会无线电专门学校；19年(1930年)5月毕业被上海无线电总台录用为报务员，但选择继续读大学，报考上海南通学院纺织科并被录取。21年(1932年)至22年(1933年)，因看到国内各大专院校使用的讲义、教材都是外文版，便运用所学的知识，参考学校实习工厂的实际知识，日夜不辍地编写出版中文的《理论实用力织机学》(上、下册)。23年(1934年)毕业，先后任上海鸿章纺织染厂和德商高得洋行技术员、广西梧州苍梧职校染织科教员。次年5月，完成《实用织物组合学》的编译、出版，该书后在抗日战争期间经其修订，与另三部书一起成为教育部部定大学用书。24年(1935年)，东渡日本，报考早稻田大学商学部研究院，攻读工业经济和企业管理。9月，在日本加入国民党东京支部。26年(1937年)毕业回国到南京参加军委会留日学生训练班，27年(1938年)6月从中央军校武昌分校毕业后被派往广济、黄梅等山区开展抗日斗争。28年(1939年)赴四川北碚任西南麻织厂工务主任、第一厂主任，主持设计、试制与生产。29年(1940年)起先后在国立中央技艺专科学校、中国纺织工程学会任教、任职。35年(1946年)任上海南通学院及文绮染织专科学校教授、全国花纱布管委会专门委员兼《纺织建设》月刊主编。36年(1947年)，中国纺织学会举行集会，抗议美军偏护日本纺织工业，由蒋乃镛执笔起草《抗议书》，6月29日在上海《申报》及《新闻报》发表。37年(1948年)1月21日，因国民党腐败不堪，致函宣布脱党。1949年，任上海纺织专科学校及市工专教授，1950年调武昌江汉纺织专科学校任教授、教研室主任及《江汉纺专校刊》主编。同年加入中国民主同盟。1951年任中南纺织工业管理局工程师、编译科长，后又任汉口第一纺织厂计划室主任、工程师。1959年任武汉纺织工学院教授、教务处副主任。1963年参加黄石市印染厂的设计筹建工作。1965年起为武汉印染厂工程师。1975年退休后仍坚持科研活动，一生致力于中国纺织工业事业，由其编著的纺织染专著达60种376.4万字，同时在经济、工业、政治、历史等方面著书15种158.2万字。1996年去世。

刘　旦(1921—1997)　又名刘晓白，曾化名孙万全、俞哲明，雉城镇(今属雉城街道)人。民国10年(1921年)5月出生，幼年时在家乡读完初小后又进私塾念了两年书。由于家境贫困，24年(1935年)起到商店当学徒。26年(1937年)冬，因日本侵略军侵占长兴县城，举家逃难到合溪光耀。28年(1939年)在光耀参加浙江省政工队举办的短训班，后参加县政工队。同年10月，加入中国共产党。29年(1940年)3月，受浙西特委派遣去江苏溧阳前马参加苏皖区党委办的党训班学习，并担任秘密交通任务。30年(1941年)2月至32年(1943年)4月担任中共长兴县工作委员会(后称县委)书记。同年春撤往江

苏太滆。年底新四军第十六旅挺进长兴并建立抗日民主政府,先后任安溪区、泗安区区长,虹溪区区委书记等职。34年(1945年)2月后,成立以长潮岕为活动中心的泗安区大队并任大队长。4月,和李焕教育动员"红枪会"改编成县抗日民主政府独立大队,使之迅速成长为新四军主力部队的得力助手,在粉碎敌人"扫荡"、拔除日伪据点、防奸防匪维护地方治安等方面发挥重要作用。同年10月新四军北撤,奉命坚持原地斗争,担任郎广工委特派员兼长兴县武工队队长。年底因武工队被打散,刘旦渡江经靖江至华中局,到高邮江南办事处报到后被派往茅山地区,在金坛以开米行的身份坚持党的秘密工作。1949年,被分配到无锡苏南行署农业水利局担任秘书,后到吴江县庞山湖农场任经理,不久到苏南棉麻指导所工作直到1953年1月。苏南行署和苏北行署合并建立江苏省,刘旦调江苏省农业厅任处级干部。"文化大革命"期间下放到宜兴县官林区水利管理所工作,后落实政策,1982年离休。1997年去世。

徐　俭(1923—1997)　又名徐墨麟,雉城镇竹园村(今属画溪街道)人。详见本编第3章。

洪海涛(1917—1998)　原名汪寿彭,泗安镇人。民国6年(1917年)2月出生,少年时代读过私塾,后就读于洒安镇私立宁绍小学,毕业后继续在该校初中补习班学习,并被聘为教员。26年(1937年),在泗安镇发起成立"泗安镇抗敌后援会",任总干事。11月日本侵略军攻陷泗安,避居长潮岕,继续联络西部山区失学、失业青年,成立"八一青年同志会",参加"长兴义勇游击队"(地方武装)。27年(1938年)三四月间,在长潮岕成立长兴青年抗敌后援会。8月1日,长兴县战时政治工作队成立,担任副队长。28年(1939年)夏,加入中国共产党。29年(1940年)4月,中共长兴县委在长潮岕小学成立,其任县委委员兼青年部长,兼任泗安、长潮、煤山中心党支部书记。30年(1941年)6月,调往苏南抗日游击区,在太滆地区从事党政工作。32年(1943年)冬,随新四军十六旅进入长兴西部山区开展游击活动,筹建中共长兴县工作委员会(后称县委),并任县委委员兼秘书。33年(1944年)调往宜溧县,先后任县政府文教科长、财粮局局长。34年(1945年)10月5日,新四军苏浙军区主力部队北撤,并成立中共苏浙皖特委(对外称新四军苏浙皖留守处),洪海涛奉命留守坚持斗争,先后担任中共苏浙皖特委、皖南地委秘书,开展根据地的财粮工作。36年(1947年),中共皖南地委决定开辟皖浙赣边新区,洪海涛先后担任中共障西区委书记,中共婺(源)乐(平)浮(梁)县委书记,建立以婺源为中心的根据地,直至1949年5月,配合解放军解放婺源县城,担任婺源县委书记。1953年调武汉重型机床厂任厂党委委员、副厂长。1959年调机械工业部机床工业总局任党组成员、生产处长、计划处长等职。1982年被机械工业部授予"优秀共产党员"称号。1991年离休,被机械工业部授予"从事机械工业生产组织管理工作三十年做出重大贡献"荣誉证书。离休后担任中国机床工具工业协会高级顾问。1998年去世。

单　洁(1917—1999)　女,曾化名周剑英,雉城镇(今属雉城街道)人。民国6年(1917年)1月出生,17年(1928年)毕业于城北小学,初中毕业于吴兴(今湖州)县立横塘女子中学。24年(1935年)在长兴城东小学任教一年,翌年7月考入杭州民众教育实验学校。26年(1937年)抗日战争全面爆发,赴延安抗大途中,在江西南昌参加江西省抗日青年服务团。27年(1938年)8月,随团到达安徽径县云岭,参加新四军军部服务团,同月加入中国共产党,从事民运工作。28年(1939年)春,调回浙西,分配在长兴做党的秘密工作。参加浙江省战时政治工作队,任煤山工作组组长。11月,回中共浙西特委机关工作,29年(1940年)2月重回长兴参加县政工队。4月,中共长兴县委在长潮岕秘密成

立，被选为县委妇女委员。7月调中共嘉、崇、桐工委，担任区委委员、书记。30年(1941年)担任嘉兴县委妇女委员，因日伪“扫荡”，组织决定外地干部撤退到江苏太滆地区，单洁被分配在地委调研室，后又调中共茅山地区调研室。32年(1943年)7月调茅东县委任工作组长。10月开辟郎广长根据地，回长兴任合溪区委书记。34年(1945年)10月北撤至山东，进华东党校学习。36年(1947年)3月，调省支前司令部政治部干部科工作，不久调省政府人事科工作。37年(1948年)8月，调至辽宁省临江县任县委组织部干部；同年回山东，分配在益都县章庆任区委副书记。1949年5月，调上海市外事处任人事秘书，1951年起先后任静安区委组织部副部长、监委副书记、区委委员、市监委驻静安区监察组副组长、区委复查组组长、区委纪律检查委员会副书记，1983年9月任区人大常委会副主任，1985年离休。1999年去世。

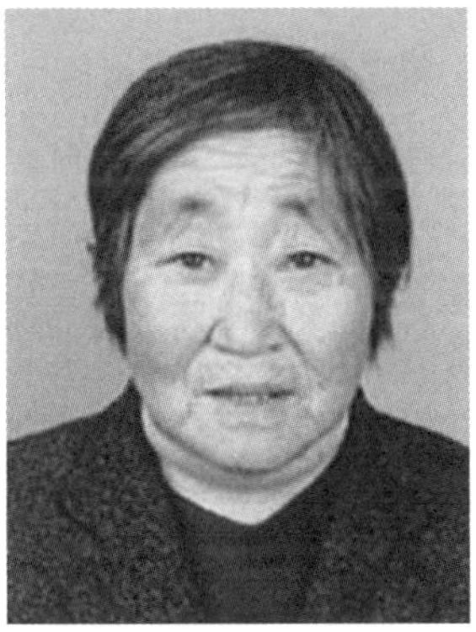

张晓娥(1924—2000) 女，出生于林城乡(今为林城镇)姚北村人，祖籍安徽。民国13年(1924年)出生，1957年任姚北大队妇女主任，1958年一年干360多个劳动日，种0.27公顷试验田，每公顷产600千克。1958年6月，县委、县政府、县总工会作出《长兴县开展学习张晓娥勤劳生产、勤俭朴素的决定》。1958年2月，出席“浙江省妇女勤俭持家代表大会”，同年10月，赴北京出席“全国妇女建设社会主义积极分子表彰大会”。1959年任姚北村畜牧场场长，被评为县“劳模”“养猪标兵”。1960年2月出席浙江省“青年、妇女建设社会主义积极分子表彰大会”。同年3月，被中华总工会授予“全国三八红旗手”称号。先后担任县人民代表、县人民委员会委员，公社管理委员会委员。2000年5月25日病逝。

姚天雁(1916—2000) 雉城人。民国5年(1916年)2月出生，18年(1929年)在长兴箬溪中心小学毕业后，考入杭州省立一中，经常参加进步文化活动。24年(1935年)参加“左联”领导下的中国诗歌会湖州分会，后参与组织湖州救国分会，积极宣传中共抗日民族统一战线政策。26年(1937年)11月湖州、长兴先后沦陷，姚天雁和家人转入长兴西部山区。27年(1938年)春参与筹建“长兴青年抗敌后援会”，次年11月加入中国共产党。历任长兴县政工队区队长、组训干事、队长和进步报刊《野峰》文艺月刊主编及《天北日报》《民族日报》《吴兴日报》编辑，积极从事革命文化工作和抗日救亡运动。32年(1943年)被捕入狱后双目失明。中华人民共和国成立后，特别是中共十一届三中全会后，由妻子林知敏代笔，陆续为浙江省和外省有关部门的党史、文史、地方志和革命文化史撰写近10万字的宝贵回忆资料，还积极开展革命传统教育活动。2000年去世。

王舜华(1924—2001) 吕山乡东漾村人。民国13年(1924年)7月出生，幼年在虹星桥小学读书，25年(1936年)8月考入湖州中学读书。抗日战争期间，辗转各地求学。1949年毕业于朝阳大学法律系，后长期从事法律教学、法学研究工作，先后在人民大学、华东政法学院、中国社会科学院法学研究所工作。1955年11月至1956年11月，被最高人民检察院派往“东北工作团”参加审判日本战犯工作。1980年8月至1981年1月，参加审判林彪、江青反革命集团，并担任该案江腾蛟的首席辩护人。1991年享受国务院政府特殊津贴。主要研究成果和著作有专著《我国刑事诉讼法中的检察机关》《律师的刑事辩护》，合著《中华人民共和国刑事诉讼法释义》《刑事诉讼法新论》，教材《律师业

务》,译著《各国律师制度》,主编《现代实用刑事法律词典》。先后担任的社会职务有律师函授中心校务委员、中国民主同盟中央法制委员会委员、最高人民检察院特约检察员。2001年去世。

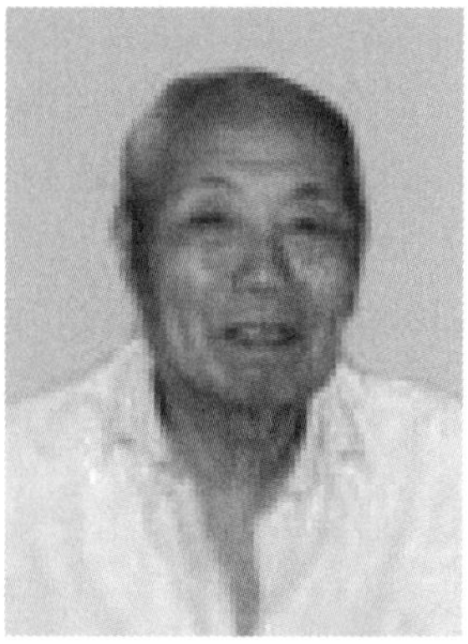

叶小舫(1919—2003)　原名叶振藩,林城镇齐心村(今桥南村)官田自然村人。民国8年(1919年)7月出生,童年时期家境富裕,7岁在其父影响下学画芦雁,12岁已将《芥子园画谱》烂熟于笔。25年(1936年)就读于上海新华艺专师范科,学习水墨丹青。抗日战争时期,在安吉教书。37年(1948年)考上杭州国立艺专(今中国美术学院前身)国画科,拜在以山水画见长的同乡师长潘韵门下,先后受到黄宾虹、潘天寿、吴茀之、诸乐三等国画家的教诲,黄宾虹改其名为小舫。因家道中落经济困难,1950年休学回家乡,先后在湖州普师、长兴中学、泗安中学、虹溪中学等学校任美术教师。1959年回乡务农,以做油漆匠为生,闲时书画创作。1980年后,以黄宾虹所赐"小舫"为艺名,重启国画创作。1991年,首次个展在湖州铁佛寺举办,共展画近50幅。晚年仍嗜画如命,山水、花鸟、人物无所不能;具宾师浑厚华滋的笔墨神韵,独创草书意笔写芦雁。1997年,被收入《世界华人文学艺术界名人录》(中华工商联合出版社)。2003年1月3日去世,一生创作作品5000多幅。2006年3月湖城民间诸多人士筹资出版《叶小舫画集》(浙江人民美术出版社),叶小舫其人其作始受业内外人士高度关注。2008年被列入近现当代21位"湖州历史文化名人"。2012年6月,国内唯一的美术专业周刊《美术报》,连载6期叶小舫作品,称叶小舫为"当代湖州绘画史上具有代表性的人物","所画的芦雁更是当代一绝"。

李兴发(1927—2003)　长桥乡(今属画溪街道)南河村人。民国16年(1927年)2月28日出生。33年(1944年)8月,参加中共领导的长兴地方抗日武装,次年初参加新四军。后随军北撤,先后参加过淮海战役、渡江战役、上海战役等。1950年参加抗美援朝,历任二十四军七十二师二一六团二营五连副连长、六连连长、七连连长。在上甘岭战斗中坚持42天,直至最后胜利。在解放战争和抗美援朝中,曾光荣负伤,听力和视力受到影响,共荣获二等功1次、三等功2次和四等功2次。1954年4月,从华东军区复员回长兴。9月,和21位复员战士凑起3700元复员费集资办厂,12月20日在合溪乡光耀村举行长兴县荣军化工窑业厂开工典礼,任厂长。1955年春天,工厂迁至县城,并扩建厂房。1956年2月,转为国营,更名为地方国营长兴耐火器材厂。之后,在上级有关科研部门的协助下,带领全厂职工克服各种困难,不断攻克技术难关,先后成功完成冶金部下达的热电偶管、玻璃纤维坩埚等产品的试制任务,解决了对国外进口产品的依赖问题,在全国冶金系统引起轰动。1958年春,《人民日报》《解放军报》《浙江日报》等相继报道李兴发等22位复员军人回乡白手起家、艰苦创业、勇攀科技高峰的事迹,引起党和国家领导人的高度重视,被树为艰苦创业、技术创新的典型。同年5月5日至23日,作为特邀代表参加中共八大二次会议,并作大会发言,向全党介绍他们的创业精神,受到会议的高度评价和热情赞扬。其间,在讲到克服各种困难研制出能替代进口产品的新产品热电偶管,李兴发说"外国人能做,我们也能做"时,毛泽东插话:"外国有的,我们要有;外国没有的,我们也要有!"[①]随后,南京军区前线话剧团在参会代表、上将周恒的建议和指导下,由编剧刘川以长兴耐火器材厂的艰苦创业史为素材,创作完成话剧《烈火红心》,并与上

① 长兴县委党史研究室著,吴连意主编:《〈中国共产党长兴历史〉第二卷(1949—1978)》,中共党史出版社2014年版,第245—247页。

海人民艺术剧院进行排演。北京人民艺术剧院闻讯并征得同意后，也开始根据该剧本排演。其间，周恩来到北京人艺观看演出，并提出意见。根据周恩来指示，三家单位对剧本进行加工修改和重排。1959 年春夏起，在全国各大城市成功普演。同年 11 月 15 日，以荣誉军人代表的身份随中国代表团出访苏联。出访前一天，在中南海丰泽园受到毛泽东、周恩来、朱德、徐特立等领导同志接见，参加毛泽东家宴。1977 年 11 月至 1984 年 4 月，任中共长兴县委常委、副书记，后因身体原因，长期在家休息。1984 年 10 月，主动提出申请要求提前离休。2003 年去世。

丁舜年（1910—2004）　原籍雉城人。清宣统二年（1910 年）12 月出生于江苏省泰兴县，民国元年（1912 年）随父母从泰兴返回长兴，11 年（1922 年）从县立箬溪高等小学毕业，考入湖州省立第三中学，后考入杭州省立第一中学读高中。17 年（1928 年）高中毕业考入上海交通大学电机工程系，21 年（1932 年）毕业，获工学士学位，留校任助教。23 年（1934 年）辞职，受聘于上海华生电器厂，任工程师兼技术科主任。26 年（1937 年）上海沦陷，随父母避居长兴西部山区。28 年（1939 年）应聘于浙江省政府在天目山创办的临时中学任教。29 年（1940 年）回上海华生电器厂继续工作。35 年（1946 年），被聘为中央电工器材厂工程师兼上海电机组组长，负责设计制造中小型电机和变压器。36 年（1947 年）被派往美国西屋电气公司实习，同时在美国匹兹堡大学研究生院进修。37 年（1948 年）底回国，被派往中央电工器材厂新厂湖南湘潭电机厂筹备处工作，任工程师、代理主任。1949 年上海解放前夕，接受中共地下组织指示，负责保护从美国进口的机电设备。上海解放后，奉命与军代表共同筹建并于年底正式成立上海电机厂，被任命为副厂长兼总工程师。1951 年调任华东工业部电工局设计处长，同年加入中国共产党。1952 年，被调到第一机械部上海第二设计分局（后改为第二设计院）任副局长。1954 年被派往苏联参加审查苏联援建的 156 项工程中有关电工和动力机械等项目，年底回国后调任国家一机部工艺与生产组织研究院副院长兼总工程师。1957 年参加中国科学技术代表团去苏联商讨两国科技合作项目和计划。1958 年 1 月至 1964 年年底，调任一机部电器科学研究院院长。1964 年年底至 1978 年任一机部电器工业管理局总工程师、机械科学研究院总工程师。1979 年任机械工业部教育局副局长，直到 1984 年退休。主持设计国内自制最大的交流同步发电机，低噪声新型“华生”牌电扇；主持筹建上海电机厂，领导闵行电机新厂设计工作；领导设计国内最大的高速感应电动机，研制成功无轨电车直流牵引电机；建立一机部系统内第一代电子计算机站。指导研制成功许多新产品，如高精度控制微电机（包括自整角机、伺服电机）和磁放大器等指导研制成功新型电工材料和新型绝缘材料；领导和组织有关单位进行 10 万、20 万、60 万千瓦汽轮发电机成套设备的研制工作。对发展中国电机、电器工业做出重要贡献。1956 年被评为国家一级工程师，后又评为高级工程师。1980 年当选为中国科学院院士（学部委员），1985 年获中国科学院从事科学工作 50 年荣誉奖，1986 年获北京市科协荣誉奖，1988 年被中国电机工程学会授予终身荣誉会员奖状。是中国首批国务院政府特殊津贴获得者之一。2004 年 9 月 20 日去世。

丁保卫（1960—2004）　泗安镇人。1960 年 2 月出生，1973 年 9 月至 1979 年 7 月先后就读于长兴中学初中部、高中部，1992 年 9 月就读丁浙江省交通干部学校运输管理专业。1979 年 12 月起在洪桥供销社工作，1984 年 4 月调至李家巷供销社工作。1988 年 9 月调入长兴县公路管理稽征所，先后在该所的李家巷站、稽查队、城区站、泗安站、金夹站等工作，“铁面无私”治超治限，用实际行动树立交通运管人的形象。2004 年 12 月 9 日下午 2 时 30 分左右，与同事一起在 104 国道湖州金夹检测站依法例行检查超限超载车

辆。浙江省龙游县卢某驾驶浙HE/2944重型厢式货车为逃避超载检查,突然转方向进入检测区辅道,企图逃逸。面对突如其来的货车,丁保卫奋不顾身推开同事,自己被货车撞倒碾压,以身殉职,终年45岁。2006年7月4日,被省人民政府批准为革命烈士。

张申是(1927—2004)　原名张昇如,小浦镇潘礼南村人。民国16年(1927年)出生,高中毕业。1949年参军,成为中华人民共和国首批飞行员中的领航员。1951年,赴朝鲜参加抗美援朝战争。同年11月23日晚,中国空军首次使用轰炸机,对敌前哨据点大和岛进行轰炸。该岛位于鸭绿江入海口东南70千米处,抗美援朝战争初期被美军占据。在该场战斗中,张申是领航的第4架图-2轰炸机,和其他9架图-2轰炸机一起,出色完成中国空军首次执行夜间轰炸,配合志愿军登陆作战的任务。1952年,从抗美援朝前线调回后,先后参加1952年、1954年国庆阅兵式。1956年,参与开辟西藏航线,成功完成试航拉萨的任务,开辟一条由北京飞往拉萨的全新航线。拉萨测试航线时,在5000多米的当雄机场,由于受气候及地势高的影响,10多天未饮食,在生命遭受危险的情况下,仍坚持克服困难,完成任务。服役期间,先后荣立二等功1次、三等功2次。1958年,转业到陕西省西安市体委工作,致力体育事业发展。先后荣获中华人民共和国体育贡献章和体育开拓者荣誉章,多次获评先进工作者。2004年去世。生前不谈战功。直至逝后10多年,原单位解读其档案时,家乡人才知其英雄事迹。

徐一平(1921—2005)　原名耿明,泗安镇人。民国10年(1921年)8月出生,17年(1928年)进私塾接受启蒙教育,22年(1933年)考入泗安宁绍小学,24年(1935年)高小毕业。同年父亲不幸病逝,为养家糊口,于25年(1936年)进泗安晋记炭行当学徒。27年(1938年)参加浙江省战时政治工作大队第三队,翌年9月加入中国共产党。29年(1940年)4月至8月,受委派到泗安镇开展革命工作,后成立中共泗安镇支部,任支部书记。30年(1941年)7月,撤至江苏太滆抗日根据地,任《抗战报》社指导员、太滆地委秘书。32年(1943年)底新四军十六旅南下开辟郎广长抗日游击区,随太滆地委机关进驻长兴。34年(1945年)6月,任鼎新区委书记兼区大队教导员,在战斗中遭日本侵略军伏击,身负重伤,成为一等残废。同年10月随军北撤到山东,任滨北军分区秘书。37年(1948年)转业地方从事商业工作,先后任胶河县工商局长、胶州进出口局科长等职。1949年1月随解放军南下解放杭州,先后任杭州市军管会贸易处、浙江省贸易总公司、省商业厅秘书主任,省财委办公室、省财贸办公室副主任,省人委副秘书长兼省物委副主任、省经济协作办公室主任等职,还担任省商业经济学会会长等社会职务。1983年9月离休。2005年5月1日在杭州病逝。

胡瑞政(1925—2006)　太傅乡(今属林城镇)新山村人。民国14年(1925年)12月5日出生,年幼在新山村小学读书,父亲病故后失学在家务农。31年(1942年)开始参加党的秘密工作,以及“红枪会”等抗日团体。32年(1943年)11月,在中共长兴县委书记李焕的直接领导下,胡瑞政利用他个人的社会关系,参与国民党地方武装程(正宣)部的策反工作。33年(1944年)春加入中国共产党,先后任大云、林城、澄心、管埭、天平等乡的中心支部书记兼大云乡乡长,34年(1945年)调任中共泗安区区委委员、副区长,同年10月随新四军北撤后编入华野主力部队,受命暂留任新四军主力部队十支队

二大队炮兵连副政治指导员。后被抽调到华中军区随营学校(后更名为华中雪枫大学、华东军政大学)学习,36年(1947年)2月毕业分配到华东野战军六纵队特务团一营机炮连任政治指导员。先后直接参加莱芜、孟良崮、临朐、南麻、鲁西南的沙土集和南下豫皖苏解放亳州、太和、涡阳、蒙城等大小战役,在战斗中多次负伤。37年(1948年)6月,在第一次解放开封的战役中(亦称豫东战役)身负重伤,伤愈后因身体虚弱留在河南军区后勤部工作。先后获“乙等模范学员”“连队政治工作模范”“战时巩固部队模范”等荣誉。1950年,转业到河南省政府民政厅任处长,1954年调郑州国棉四厂、二厂和华新棉纺织厂任厂长,1970年调四机部所属七五五厂。1972年任赴缅甸纺织专家组组长,帮助当地建设三个纺织印染厂。1978年回国,先后任在河南省纺织工业厅(局)副厅长、厅长。1986年离休。2006年去世。

钱 征(1926—2007) 夹浦人。民国15年(1926年)10月出生,1949年9月毕业于南京水利学校,分配在沈阳农学院农水系任数学助教。1950年12月调水利部水文研究所从事洪水预报研究。1953年8月以调干生入天津大学水利系水道及港口建筑专业学习,1957年毕业后分配在交通部第一航务工程局科学研究所(天津港湾工程研究所)从事岩土工程研究工作。1978年获天津市交通系统技术革新能手,1986年获天津市科技精英荣誉称号。为交通部天津港湾工程研究所正高级工程师,天津市九洲基础公司董事长、总工程师。曾运用单剪仪和十字板现场流变仪对天津软土进行大量的测试,获得带规律性的资料,提出天津新港软土流变模型的应力——应变微分方程式,并进一步从流变的观点出发解释新港码头的位移问题,在国内外尚属首次。在研究地基加固方面,与合作者提出“强夯法”,在国内的实际应用中得以推广,经济效益与社会效益十分明显,获交通部二等奖,个人立三等功,并在第八届欧洲土力学会及基础工程学术会议上发表。另外,还与人设计一套切实可行的海底振冲的施工工艺以加固海底软土,设计在18米水深处进行载荷试验的设备,该两项技术均为国内外首创。曾任中国土力学及基础工程学会理事,中国深基础工程协会名誉理事,天津市建筑学会理事,中国离心模拟技术学术委员会委员,国际土力学及基础工程学会会员,河北省岩土工程技术开发中心顾问,全国地基处理咨询部咨询委员。累计有100余篇论文发表在国内外的论文集和杂志上,参加4本专著的编写。2007年病逝。

彭明才(1955—2009) 观音桥(今属虹星桥镇)人。1955年12月出生,1974年2月参加工作,历任观音桥中学教导主任、校长、虹星桥中学校长,1993年,任县职业技术学校校长,2000年8月,任长兴县职业技术教育中心学校副校长,2001年任长兴技工学校校长,2002年任长兴县职业技术教育中心学校校长。中学高级教师。任职期间,学校先后获得国家级重点职校、全国职业教育先进集体、首批全国中等职业学校德育实验基地学校、全国教育系统抗震救灾先进集体等称号。2005年获“浙江省职教十大风云人物”,2006年度获市、省级“社会主义新农村实验示范区建设市校合作先进个人”“浙江教育2006年度新闻人物”,2007年当选为湖州市第八次党代会代表,同年获“浙江省劳动模范”“全国五一劳动奖章”。2009年5月病逝。

柏仲英(1913—2009) 包桥乡柏家村(今属画溪街道)人。民国2年(1913年)10月出生,父亲弃儒学医,在村设眼科专科诊所,为苏、浙、皖三省交界十余县一代名医。柏仲英从小受父严训教读《医学三字经》《内经》《伤寒论》《金匮要略》《频湖脉诀》《药性赋》,熟览《眼科抄本》(柏敦夫)、《原机启微》及各代

眼科书籍。年十五随父侍诊,十八岁即独立应诊,悬壶长兴。承袭父名,誉满苏、浙、皖,治愈者众多。1958 年被浙江省卫生厅征聘为特约研究员,调至浙江省医科大学附属第一医院眼科工作。1959 年又调到浙江省中医院眼科工作。治学态度严谨,专业眼科六十余年,在治疗视神经炎及萎缩、眼底出血、视网膜剥离、视盘脉管炎、静脉周围炎、葡萄膜炎、青光眼、眼球突出、重症肌无力、角膜病等疑难杂病上,临床经验丰富,在国内享有名眼科专家之称。著有《柏仲英眼科医案》及其他论文数十余篇,并研制《益视冲剂》治疗青少年学龄近视,获 1984 年杭州市科技成果三等奖、省科技成果四等奖、卫生部医药局"神农杯"奖。历任浙江省政协第三届、第四届、第五届、第六届委员,中华医学会浙江省中医学会常委、顾问;曾任中华眼科学会浙江省分会副主任委员、浙江省中医眼科学会主任委员,全国中医眼科学会名誉委员,浙江省中医院中眼科主任、眼科主任医师。2009 年 12 月在杭州逝世。

应　鸿(1935—2009)　原名应小金,鼎甲桥乡北川村(今属夹浦镇)人。民国 24 年(1935 年)10 月出生,只读一年私塾,11 岁才上小学,1952 年入长兴中学读初中,1955 年入湖州中学读高中,1958 年考入南京大学外文系,攻读法国语言文学专业。1963 年到新华社工作,分配在对外部从事对外新闻编辑和翻译。1966 年在瑞士日内瓦大学文学系进修法语,后留在日内瓦新华分社工作。1968 年回国在新华社任对外部法文组组长,长期从事法文的改稿工作。1984 年至 1989 年,先后在比利时、卢森堡、马达加斯加、毛里求斯等国出任记者。参加过多次国际会议报道,多次担任重要外事的口译。长期从事中法语言的对比研究,翻译、审稿、定稿,被评为译审高级职称,是中国翻译家协会会员,主要译作包括中文小说译为法文的有《都市风流》《埋伏》《塑料人》等,法文作品译为中文的有《我的将军》《一个无上光荣的女人》《运动物理学》等。是中华全国集邮联合会宣传委员、北京集邮协会理事、新华社集邮协会会长,是北京著名的极限集邮家。1994 年任京华极限集邮研究会第二任会长,在加强和国外特别是法国的极限交流方面做了大量工作。2009 年,在北京居住地因车祸去世。

尹耕莘(1919—2012)　里塘乡刘井村(今属虹星桥镇)人。民国 8 年(1919 年)出生,幼年请塾师训蒙,9 岁在虹星桥上小学,高小毕业后到湖州读中学,中途转学到浙江省民众教育实验学校读书(杭州留下)。26 年(1937 年)抗日战争全面爆发,与同学结伴转道武汉去延安,途经江西南昌时参加江西青年服务团,被编入第六队,在南昌、吉安、太和一带做抗日救亡宣传工作。27 年(1938 年)6 月秘密加入中国共产党。同年 8 月,离开青年服务团,到皖南泾县新四军军部,先后任新四军教导总队训练处任政治干事和训练处技术科科长、总队队列科科长。28 年(1939 年)冬,调军部"三山"办公室做机要工作,为一组组长。34 年(1945 年)任华东军区情报处调研室副主任、主任。抗日战争胜利后,先后参加宿北战役、鲁南战役、孟良崮战役、南麻战役以及济南战役、淮海战役。1949 年随部进驻南京,历任华东军区第二局局长、军委华东技术局局长、南京军区第五局局长。1955 年被授予大校军衔,1957 年被授予二级独立自由勋章、二级解放勋章。1973 年后调江苏生产建设兵团任副司令员,1978 年调任江苏省军区副司令员,不久调洛阳解放军外国语学院任院长、党委书记(正军职)。1983 年 9 月离休,定居南京,享受副兵团级待遇。1988 年被授予"独立功勋"荣誉章。2012 年 11 月 27 日在南京病逝。

祝阿松（1924—2012）　雉城镇（今属画溪街道）人。抗日战争时期中共长兴县委水上秘密交通站交通员。民国13年（1924年）出生。29年（1940年）秋，国民党顽固派以长兴为重点的反共活动迅速波及浙西各地，为安全转移党的干部，中共浙西特委和长兴县委在长兴城南竹元村共产党员徐锡麟家组建秘密联络站，开辟一条从天平桥经虹星桥、河桥抖门村、殷家村、竹元村、沉渎港，再过太湖去苏南的秘密交通线。祝阿松是其中的交通员，多次出色完成党的秘密联络工作，接送从国统区撤下来的党员干部安全到达苏南解放区。长兴解放后，一直在农村务农。直至20世纪80年代，政府才了解他在革命战争年代为国家、民族所做出的贡献，为他补办离休干部的待遇。2012年去世。

第二节　客籍人物

彭海涛（1918—1987）　安徽广德人。民国7年（1918年）出生。27年（1938年）5月加入中国共产党，历任中共广德区工委宣传科科长，中共广郎中心县委宣传部部长兼广德县委书记，中共宣（城）当（涂）芜（湖）中心县委宣传部部长，中共宣城县委书记兼组织部部长，中共宣城县委书记兼中共南芜宣中心县委宣传部部长，中共广郎中心县工委委员，中共广（德）宁（国）孝（丰）县工委书记，中共苏浙皖边工委委员路南分工委副书记。34年（1945年）10月，新四军奉命北撤，党组织决定彭海涛留江南，任苏浙皖边游击大队大队长，在当地坚持革命斗争，后在宣城大王村活动被叛徒出卖，不幸被捕，虽遭严刑拷打，始终坚贞不屈。35年（1946年）1月11日，越狱成功，重新组织游击队活跃在宣城水东地区。1949年6月至1950年4月，任浙江省长兴县委副书记兼县长，1950年4月至1951年4月任崇德县委书记兼县长，1951年4月至1952年9月任长兴县委书记。后历任中共浙江省委宣传部办公室主任兼宗教事务处处长，浙江省文委宗教事务处处长兼文委办公室主任，衢州化工厂电化分厂厂长，浙江省化工研究所党委副书记兼副所长等职。1987年5月18日在杭州病逝。

严北溟（1907—1990）　字渤候，湖南湘潭人。光绪三十三年（1907年）12月12日生于湘潭杨梅洲一个家道中落的举人家庭。3岁丧父，后随母寄居姐丈家中，生活贫困，无力受正规学校教育。5岁就读于乡村私塾，6岁即以对句和草书而有"神童"之称。17岁考取湖南省邮务管理局邮务员。民国16年（1927年）5月，加入中国共产党，一周后因长沙"马日事变"与党组织失去联系。17年（1928年），通过行政官吏考试，到湖南省政府专司秘书文字工作。23年（1934年）5月至26年（1937年）10月，在浙江民众教育实验学校任教，宣传抗日和革命理论，影响和资助30多名青年学生赴延安等地参加抗日。其间任《东南日报》评论和主笔两年。27年（1938年）春，受浙江省主席黄绍竑之邀，草拟《浙江省战时政治纲领》十条；以中共党员为骨干，创办《浙江潮》周刊，任主编，并兼任浙江省军官教导总队政治指导室主任。在工作中曾得到中共浙江省委的支持和领导，引起在重庆主持中共南方局工作的周恩来的重视。28年（1939年）春，周恩来视察浙江时，在金华专门约见严北溟，并对其作指示。同年年底，任长兴县政府县长，将随行的由中共浙江省委派出的一批秘密党员分任县政府各科科长、政工队队长、自卫队队长和区长。他们以公开的行政职务出现，积极配合严北溟开展抗日工作，整顿抗日武装，建立妇救会，举办青训班，创办长兴历史上第一所中学长兴战时补习中学和《天北日报》。长兴煤矿被炸毁后，严北溟筹集一万元

法币,派中共地下党特支书记和县委书记建立善后救济委员会,组织生产自救,发放救济款。至29年(1940年)上半年,长兴的抗战形势被认为是浙西最好的,但也引起国民党第三战区顽固派的注目。同年六七月份,浙西行署将长兴作为“重点防共区”,建立“中统浙室”,全面清查“异党”活动,迫使在政府部门任职的中共秘密党员相继离开长兴,严自己也险遭暗杀。同年冬,严北溟愤然离开长兴。30年(1941年)3月,任《浙江日报》发行人兼社长、总主笔。35年(1946年)5月,在上海加入民主同盟和农工民主党。先后担任大厦大学、光华大学、上海法学院和中国新闻专科学校等院校教授。1949年年初,应黄绍竑之邀,以秘书身份参加以张治中为首席代表的南京国民政府和谈代表团,和谈破裂后,留在北京。全国解放后,应个人意愿,被安排在复旦大学任政治教授,1952年到经济系任教,1958年到刚成立的哲学系任中国哲学史教研室主任,是中国首批博士研究生导师,一代国学哲学大师。长期致力于中国哲学史、佛教史及佛教哲学、因明学研究,对中国思想史、佛教有精深的研究。曾任中国宗教学会理事,中国孔子基金会理事、副会长,中国哲学史学会、中国无神论学会顾问,上海哲学学会和宗教学会理事、副会长,国务院古籍整理规划小组成员,农工民主党上海市委员会委员,《辞海》编委兼《中国哲学史》分科主编,《哲学大辞典》副主编兼《中国哲学史》卷主编等职。1990年3月14日病逝。

何行之(1908—1991)　又名何坚白,诸暨阮市镇何家山头人。民国16年(1927年)参加何家山村农会,从事革命活动。18年(1929年)6月加入中国共产党,任何家山村党支部书记,以教师身份为掩护开展工作。20年(1931年)因叛徒出卖被捕入狱。26年(1937年)12月出狱,即投入抗日救亡运动,任诸暨县抗敌后援会北乡抗日义勇队指导员。27年(1938年)2月进县政治工作训练人员训练班学习,任北区支部书记。同年5月,到萧山县国民自卫特务警察队任政治教官。11月任安吉县政工队第二分队长,并任县工委组织部部长。28年(1939年)1月参加省政工队任三队支部书记。29年(1940年)1月省政工队一、三队合并为一队,驻长兴泗安镇,任一队党的特支书记。29年(1940年)4月,中共长兴县委在长潮岕小学秘密成立,任县委书记。9月,因国民党顽固派实行反共政策,遭通缉,遂转移离开长兴。后历任武德、德清、吴兴、太湖、锡南县工委、县委书记等职。解放战争时期,曾任浙西中心县委组织部部长,华中分局巡视组巡视员、组长,山东省支前委员会前方办事处秘书主任,华东野战军前方兵站部政治部主任,豫皖苏边区第五行政区地委委员、副专员,南下支队第三大队政委等职。中华人民共和国成立后,历任江西省上饶地委常委、专员公署专员、江西省高级人民法院院长、江西省人委政法办公室副主任、省财贸部副部长兼省供销社主任,省第二届、第三届、第五届人大代表,省人大常委会经济办公室副主任和中共江西省顾问委员会筹备组成员等职。1991年11月24日在南昌逝世。

陶振民(1922—1991)　山东莱芜人。民国27年(1938年)9月参加革命工作,28年(1939年)12月加入中国共产党。先后任莱芜县口镇区委副书记、书记,莱芜县团委副书记,淄川县粮食局局长、副县长。1949年2月,根据上级要求,中共山东省淄川县委在全县抽调74名党政干部准备南下,陶振民为主要负责人。3月到山东临城华东局党校整训学习,编入华东南下干部纵队第1支队第8大队第4中队,同月下旬从临城出发随渡江部队南下。5月上旬抵达湖州,与先期到达的华东野战军先遣纵队干部队政治指导员、党支部书记李焕等会合,负责开展对长兴县的接管和建党建政工作。并在湖州召开中共长兴县委委员第一次会议,拟定接管长兴县国民党政权机构的方案。5月15日晚,与李焕率领南下干部及其他人员抵达长兴,5月16日中共长兴县委、长兴县人民政府宣告成

立，任县人民政府县长。6月改任县委委员。10月调嘉兴地委工作。历任中共嘉兴地委常委、副书记、副专员、专员，中共台州地委副书记、专员，中共浙江省委委员，省委教育卫生部副部长，省政府教育卫生体育办公室副主任兼省体委主任、党组书记，省政协第五届、第六届委员会常委等职。1991年12月13日在杭州病逝。

周　桓（1909—1993）　辽宁安东（今东港）大孤山人。1909年2月22日生。在革命生涯中，历任红五军政治部秘书、红三军团政治部秘书处处长、红八军团政治部破坏部部长、军委干部团上级干部队政治委员、红一方面军总政治部秘书长、八路军野战政治部敌工部部长、第一游击纵队政治委员、八路军总司令部秘书长、八路军野战政治部组织部部长、东北军政学校政治委员、东北民主联军政治部副主任、东北野战军政治部副主任、东北军区政治部主任等职。中华人民共和国成立后，历任东北军区副政治委员、中共中央东北局常务委员、沈阳军区政治委员、辽宁省委书记处书记、辽宁省第四届政协副主席、文化部顾问等职。积极开展部队的现代化、正规化及国防建设，为东北地区的党政建设和中国人民解放军政治工作建设呕心沥血，做出了卓越贡献。1955年被授予上将军衔。1958年5月在北京参加中共八大二次会议，听了长兴耐火器材厂厂长李兴发的发言，为该厂白手起家、艰苦创业、勇攀科技高峰的先进事迹所感动。会后到杭州治病，遇到南京军区前线话剧团团长张泽易并向其提议，将长兴耐火器材厂事迹改编成话剧搬上舞台。之后，在周桓主持、指导下，由南京军区前线话剧团组织，该团编剧刘川以长兴耐火器材厂为题材，创作完成话剧《烈火红心》，并与上海人民艺术剧院进行排演。北京人民艺术剧院闻讯并征得同意后，也开始根据该剧本排演。周恩来到北京人艺观看演出，并提出意见。三家单位根据周恩来的指示，对剧本进行加工修改和重排。1959年春夏起，在全国各大城市成功普演。[①]其间，周桓曾到长兴耐火器材厂考察。1993年10月27日在北京病逝。

朱古亭（1913—1995）　字翼然，笔名古亭，堂号嘉荫草堂，湖州戴山人。出生于中医世家，幼承庭训，10岁开始读《幼学琼林》《孟子》《古文观止》《内经》《伤寒论》《金匮要略》《医宗金鉴》，17岁开始随父侍诊、抄方。抗日战争时避难于洪桥镇，在当地行医。长兴解放后，响应人民政府号召，放弃个人开设医馆的高收益，组织成立洪桥联合诊所并任所长。1959年在长兴县第一届中医学徒班任教，所教课程从四大经典到内妇眼科，达10门之多。先后两次被选送到浙江中医进修学校和浙江中医学院进修。1960年后在浙江中医学院任教，历任教师、副教授、教授，杭州上城区中医院业务院长。着意临床，学验俱丰，精通中医内科、妇科、肿瘤科等。治病强调辨证与辨病结合，制方遣药稳重，温清补泻得宜，特别对胃脘痛、肿瘤、眩晕、中风、肝硬化、不孕、更年期等的治疗有独特的经验，是省内外著名的妇科专家之一。任教几十年来，担任从本科生到研究生的《中医基础理论》《黄帝内经》《伤寒论》《金匮要略》《中国医学史》等课程教授，为国家培养大批中医人才。1983年被评为浙江省名老中医。著有专著《朱古亭临症录》，出版字帖《朱古亭古文二篇》。1995年11月去世。

① 关于话剧《烈火红心》的创作由来及创作者，《长兴县志（发端—1987）》（上海人民出版社1992年版）第549页、第855页，《中共长兴党史纪事（1949—1992）》（中共党史出版社1993年版）第87页，《关怀与鼓励》（《毛泽东与浙江》，1993年版）第544—548页，《中共八大二次会议的特邀代表》（《党史博览》2003年第8期），《开启技术神秘之门》（《湖州日报》2011年5月4日第2版）等，记述有误。本志一并修订。

韩兆贤(1923—1999)　山东沂水人。民国12年(1923年)11月出生,完小毕业后考入沂水县师范讲习所,因日本侵略军占领县城而停学。后考取小学教师,又因日本侵略军经常窜扰而未到职,在家种地为生。33年(1944年)7月参加革命工作,任良水区文教干事;12月加入中国共产党。34年(1945年)任中共沂东县委秘书处文书;36年(1947年)任中共寨西区委委员、宣传委员;37年(1948年)任中共沂东县委宣传部干事、通讯站站长。1949年随解放军南下,任新登县(现并入富阳)县委秘书处秘书。1952年任临安县县长、中共临安县委副书记。1954年5月,调长兴任县委书记,并在中共长兴县第一次至第三次代表大会上,连续当选为长兴县委书记,前后共11年。1965年3月任嘉兴地委委员、地委宣传部部长。1972年任中共平湖县委第一副书记,革委会第一副主任。1977年任中共安吉县委书记。1978年起先后任中共嘉兴地委常委、宣传部部长,组织部部长和纪委书记。1983年任嘉兴市人大常委会主任、党组书记。1989年12月离休。1999年5月29日在嘉兴病逝。

周利人(1914—2001)　化名周濑溪,江苏溧阳人。民国3年(1914年)9月出生于马垫乡张巷村,15年(1926年)毕业于江苏省立苏州中学高中部。19年(1930年)在上海做印刷工人;20年(1931年)在河南农学院读书,因家庭经济困难停学;21年(1932年)报考无锡永泰丝厂,为小职员。22年(1933年)又去河南农学院复学。26年(1937年)4月参加革命,27年(1938年)5月加入中国共产党。曾先后任东北流亡挺进团二营教导员,新四军四支队老八团民运股股长、工作团团长,中共肥东工委军事部部长兼独立营政委,京浦路东中共天(长)、盱(眙)、高(邮)、仪(徵)四县工委书记,皖省天长中心县委书记兼独立四团政委,苏北盐城县委书记兼盐阜军区八团政委等职。34年(1945年)2月任中共长兴县委书记。同年6月调离长兴,后任兴化县委书记。全国解放后曾任华东海军青岛办事处主任兼政委,其后历任上钢三厂党委书记、上海冶金局副局长、江苏省农办副主任、主任等职。1992年任江苏省政协常委,后任江苏省茅山老区顾问。2001年去世。

池文海(1937—2004)　安徽广德人,祖籍湖北孝感。民国26年(1937年)出生于广德县清溪乡,从小酷爱文艺,十三岁参加土改宣传队,扭秧歌、跑马灯、推旱车,演地方戏十分活跃。1951年参加安徽省业余文艺会演,《卖粮路上》中饰女主角获一等奖。1955年被选拔到安徽省首届群众文艺骨干培训班(现安徽省艺术学校)学习,除参加戏剧表演培训外,还学习“花鼓灯”“十大姐”“双条鼓”“大鼓叉”等民间舞蹈。其间得到戏剧表演艺术家张绪才的指教,师承第一代花鼓灯表演艺术家田振起,曾与黄梅戏著名艺术家严凤英、王少舫等同台演出。训练班毕业后又拜花鼓戏艺人郭金根为师学习花旦身段,从此奠定池文海主演花旦的戏路,成为皖南花鼓戏中最后一个男花旦,也是中国民间舞蹈表演艺术的男花旦之一。1957年受邀到浙江省长兴县花鼓戏剧团任导演兼主要演员(花旦),同年参加嘉兴地区文艺会演饰演《种大麦》中的女主角获一等奖。1961年在金华参加全省青年演员比武大会,主演小戏《小尼姑下山》,以扇、巾优美的表演轰动大会;“江南活武松”盖叫天看表演,称他为“浙北小梅兰芳”。1970年调入长兴县文化馆,从事戏曲、舞蹈辅导工作,以花鼓戏和民间舞中的扇舞、手绢等素材整理成舞蹈组合。1977年至1978年间,多次深入民间采风,重新整理编排长兴民间舞蹈《百叶龙》。1980年,《百叶龙》参加全国部分省市业余文艺会演获一等奖,被拍入农业电影制片厂摄制的艺术片《泥土的芳香》,并三进中南海怀仁堂汇报演出。1990年获中国舞蹈家协会颁发“中国舞蹈艺术事业贡献”

荣誉证书，被长兴县政府评为“长兴县有突出贡献的专业技术人才”，1993年被浙江省文化厅授予首批“民间舞蹈表演艺术家”称号。编排的《百叶龙》《嬉狮》《江南三月梦桃花》等十多个民间舞蹈，在国家、省、市、县文艺会（调）演中获得诸多大奖，尤其是为弘扬“百叶龙艺术”做出重要贡献。从事群众文化40多年间，挖掘、整理、编导创作的民间舞蹈200多个，编排有民间特色的戏剧、曲艺、小品100余个，个人被列入《中国当代文化艺术名人大辞典》。2004年病逝。

胡守礼（1989—2009）　内蒙古族，内蒙古巴彦淖尔市杭锦后旗陕坝镇红太阳村九组人。1989年2月出生。高中毕业后外出打工，牺牲前在长兴县雉城镇金陵路边“新偶像”理发店做了一年多的发型师助理。2009年11月9日凌晨，一歹徒因赌博欠债，准备抢劫驾宝马车到理发店“接头发”的一名女顾客。由于“接头发”所需时间较长，在外等了很久、眼见天快亮的歹徒遂于凌晨4时许以借上厕所名义径直进入理发店，在卫生间准备好作案工具后，对正在做头发的女顾客实施持刀劫持。在店的胡守礼和长兴籍发型师盛银强不顾自身安危，勇敢与歹徒搏斗。胡守礼抓住歹徒持刀的右手，使得女顾客得以脱险，但在搏斗中他俩被刺伤。歹徒夺门而逃，两人不顾伤痛追出去，在店门外不远处再次被歹徒捅伤。追出200多米后，胡守礼倒在草坪上。后经法医鉴定，胡守礼身中4刀，致命刀伤为胸部，深及心脏，失血过多，经抢救无效牺牲，年仅21岁。4小时后，长兴警方抓获犯罪嫌疑人26岁的江苏东台人吴某。胡守礼见义勇为的英勇事迹在当地引起强烈反响，县内新闻媒体以《见义勇为斗歹徒——好青年胡守礼谱写一曲英雄之歌》为题进行报道宣传，人们纷纷怀念见义勇为的内蒙古好青年。2010年6月，在首届“长兴榜样”先进人物评选活动中，获“长兴榜样”最具感动人物奖。同年，先后被授予“湖州市第三届道德模范”称号、浙江省第十四届“见义勇为勇士”称号。2011年被内蒙古自治区政府授予烈士称号。

王　震（1910—2010）　江苏邳县人。清宣统二年（1910年）6月出生，民国19年（1930年）毕业于邳县中学。27年（1938年）10月参加革命，在当地抗日动员委员会工作。28年（1939年）4月加入中国共产党，后由党组织派遣去抗日青年训练班任主任。其后，先后任山东纵队陇南进大队游击队教导员、政委，鲁南行政公署秘书，邳县区委书记、区长，鲁南军区政工部副主任，邳县县委宣传部部长等职。37年（1948年）进华东局党校学习，1949年随解放大军南下，任南下工作队中队长，浙江省崇德县县长。1950年5月至1952年10月任长兴县县长，1952年10月至1954年4月任中共长兴县委书记兼县长。1954年5月调任嘉兴专署政法党组书记、检察院检察长，后任嘉兴地委统战部副部长、嘉兴地区工学院党委书记、嘉兴民丰造纸厂党委书记、嘉兴专署计划委员会副主任、顾问等职。1984年1月离休。2010年去世。

贺修贤（1925—2012）　山东沂南人。民国14年（1925年）12月出生于沂南县辛集乡东南庄。初中文化程度。33年（1944年）8月前在家务农并任村干部。同年9月至34年（1945年）8月任村自卫队长和小沂抗日游击队员，35年（1946年）1月至3月在山东沂南双家区工作，同年4月至36年（1947年）10月任永太区组织委员，37年（1948年）11月至12月任永太区委副书记。1949年随解放大军南下。同年1月在组织南下工作队时任浙江省新登县相华区区委书记、后任县农委主任至1950年11月。1953年12月任县委副书记、书记。其后，先后任淳安县委书记和桐乡县委书记。1965年3月，从桐乡调长

兴任县委书记。1967 年 11 月,任县革命委员会主任,1969 年 3 月,任中共长兴县革命委员会核心小组组长。1969 年 4 月至 1971 年调嘉兴地委任副书记。1977 年至 1981 年任浙江省农业厅厅长兼党组书记。1981 年 4 月至 1983 年 5 月任省农业委员会副主任。1983 年 4 月至 1992 年 12 月任省绿化委员会副主任,省农业厅顾问等职。1992 年 12 月离职休养,2009 年 9 月享受副省长级医疗待遇。2012 年 4 月 10 日在杭州病逝。

第二章 人物简介

简介人物主要收录在长兴县工作的荣获中共中央、国务院、中央组织部颁发荣誉的人物,中共全国代表大会代表、全国人大代表和全国政协委员,全国劳动模范、全国五一劳动奖章获得者,以及其他有特殊贡献的人士;长兴籍的中国科学院院士、中国工程院院士、中国社会科学院学部委员、专家学者、知名人士,地市(厅、师)级正职以上干部和获将军军衔者,在外地工作对家乡做出突出贡献的长兴籍人士。根据上述标准,在对全县各单位上报的人物资料进行筛选、整理的基础上,共收录 1988—2012 年简介人 104 人(不全)。其中,长兴籍 93 人、客籍 11 人;政界军界人物 15 人,教科文卫与经济界人物 68 人,全国人大代表 1 人,劳动模范和先进人物 20 人。均按出生年月排列,同一时间的以姓氏笔画为序。

第一节 政界军界人物

徐石麟 民国 8 年(1919 年)8 月生,雉城镇竹园村(今属画溪街道)人。详见本编第 3 章。

白 凌 原名臧铁英,女,民国 11 年(1922 年)8 月生,水口人。中共党员。在湖州读书至初中,抗日战争全面爆发后逃难至菱湖福音医院当护士,后随医院迁至湖南长沙,考入第二战区山西民族革命大学。28 年(1939 年)4 月,经中共秘密党员介绍,赴延安中国女子大学学习,结业后调延安中国青年艺术剧院任演员。32 年(1943 年)青艺和部队艺术学校合并为联防军(陕甘宁晋绥五省)政治部宣传队,先后任演员、分队长、中队长。抗日战争胜利前夕,被调入干部大队集训。后随干部大队转赴东北,编入一纵一四五师政治部宣传队,任演员、政治指导员,又随战斗部队三下江南,直至进关攻打天津。1949 年年初,调至新组建的中国青年艺术剧院,历任演员、支书、党委副书记、书记,1963 年兼任副院长。后调至中国歌剧团,任领导小组副组长,1980 年又调回中国青年艺术剧院任党委书记兼副院长。1985 年离休。

陈国强 女,民国 20 年(1931 年)生,雉城人。中共党员,高级经济师。1949 年 5 月参加工作,历任长兴县政府财粮科收入会计、嘉兴地区财税局计划预算科科长、嘉兴地区财贸办公室副主任等职。1977 年任中国人民银行浙江省分行行长、国家外汇管理局浙江分局局长,1991 年 6 月任中国人民银行浙江分行顾问。还兼任中国金融学会理事、浙江省金融学会会长等职。1993 离休。是浙江省第五届、第六届人大代表,第七届、第八届全国人大代表和第七届全国人大财经委员会委员,中共浙江省委第六次、第七次、第八次代表大会代表,第六届、第七届省委候补委员和第八届省委委员。

罗建民 民国 23 年(1934 年)4 月生,煤山镇人。中共党员。1951 年参军,分配在第三野战军第七兵团通信训练队学习,1952 年 5 月毕业分配到华东军区第四团任无线电报务员。1953 年 9 月,考入张家口军委高级通信学校,1956 年 5 月毕业分配到福州军区二十八军任通信参谋、通信连连长。1961 年 4 月,由组织选送到炮兵技术学院指挥系学习导弹专业,1962 年毕业后回福州军区司令部工作。1966 年 8 月,调第二炮兵某基地工作。1970 年 6 月,调到北京第二炮兵司令部任通信部部长,曾多次组织和参加导弹发射和阵地建设的通信联络工作。1987 年 4 月调任第二炮兵指挥学院副院长,翌年,被授予少将军衔,并当选为湖北省人民代表。享受国务院特殊津贴。

罗松青　民国24年(1935年)12月生,水口人。中共党员。1955年参军,次年到华东第三汽车学校(后更名第二汽车拖拉机修理学校)学习驾驶和修理专业,留校任教。两年后,先后任政治教员、宣传干事、组织干事,负责党委、监委秘书等工作。1967年被调到北京总后勤部政治部工作,任干事、副科长等职,1978年调上海第二军医大学附属长征医院任院务处副处长,后任院务部副部长、部长和医院政委。兼任党小组组长、支部副书记、总支副书记、总支书记和院党委委员、常委、党委副书记、党委书记等职。1988年被授予大校军衔,正师级。1992年经中央军委批准,免去政委职务,仍保留大校军衔,继续任上海急救医疗中心筹建指挥部总指挥、中外合作上海峻岭精诚发展有限公司副董事长、上海精诚科技实业发展总公司副董事长兼总经理等职。

周志平　民国27年(1938年)11月生,煤山人。中共党员。1958年7月,考入大连海军第一水面舰艇学院。1958年8月到部队参加集训、演习,1959年8月进入大连海军水面舰艇学院兵器系学习。1963年年底,大学毕业分配到南京海军指挥学院任教。1964年,在东海舰队护卫舰十八大队任衡阳舰见习部门长,7月任舰上轻武器火力组指挥员。1965年入南京海军指挥学院,任新兵集训队区队长。1989年被授予大校军衔,为六级副教授,享受正师职待遇。获军队级科技进步三、四等奖各1次,获军队级教学成果一等奖和国家教委授予的教学成果二等奖各1次,还参加南京海军指挥学院战术学教材编审,并在海军学术杂志上发表战术论文7篇,其中2篇获优秀论文奖。

蒋玉良　民国29年(1940年)2月生,林城人。中共党员。1964年2月15日,在嘉善服役的公安战士蒋玉良,在押送罪犯返回部队,路经林城镇方山窑318国道沿边的蒋家自然村时得知,当地出现一只老虎,已伤害3人。在当地群众的请求下,他不怕牺牲,挺身打虎,消除了虎患,其事迹由地方政府向部队通报。蒋玉良打虎的事迹在部队传开后,部队推荐他参加省"四好连队"和全国"五好战士"表彰大会。1964年6月26日,在北京与会期间,受到多位中央领导的接见。曾任湖州市城郊公安局政委。

张永高　民国29年(1940年)12月生,水口人。中共党员。1958年12月应征入伍舟山群岛定海守备区独立通信营。1961年考入总参通信部江西上饶通信学校,1962年9月20日入党,毕业后留任教官。1965年调到总参部通信学院继续学习,毕业后回到上饶通信学校任教官。1976年6月调至南京通信工程学院任队长(正团级),1985年任系副主任(副师级)。1988年授大校衔。1992年转业至南京市粮食局任纪委书记,2001年任巡视员(正厅级),2003年退休。

徐锡彬　民国30年(1941年)11月生,煤山人。中共党员。1961年7月考入解放军工程学院舰艇机电管理专业,1965年7月毕业分配在解放军总后勤部财务部工作,1988年在总后勤部财务部历任排级、营级、团级助理员,负责全军军费供应、管理工作。1985年任总后勤部财务部标准制度处副处长(副师职),负责领导全军性各种标准制度的制定和军费管理工作。1990年任总后勤部财务部工资福利局局长,负责领导全军各类人员生活经费供应、管理和人员各种待遇规定的制定等工作。1981年荣立三等功1次,1985年聘任为军队财务杂志副主编,军事百科全军军事财务卷撰稿人。1990年为全军会计(审计)专业高级职务评审委员会委员、军队财务研究中心常务干事会副总干事。

丁文明　民国31年(1942年)10月生,水口人。中共党员。1961年9月至1964年11月,在北京外国语学院学习斯瓦希里语(坦桑尼亚民族语言);1964年11月至1968年3月,由国防部外事局借调首次随援坦桑尼亚军事专家组赴坦工作,任翻译(学员);1968年6月参加中国人民解放军,进入国防部外事局工作;1970年8月,在坦桑尼亚工作期间加入中国共产党;1988年9月1日,被授予上校军衔;1992年3月,晋升大校军衔;1996年10月,被任命为驻坦桑尼亚正师职首席军事专家;1996年12月至1999年2月,第七次长期赴坦工作,任驻坦桑尼亚首席军事专家、军专党委书记,驻坦桑尼亚使馆党委委员。1998年4月退休。1964年11月至1999年2月,共7次近18年在坦桑尼亚执行援外、外事任务。2010年被商务部授予"中国援外奉献奖金奖"。

张土根　民国34年(1945年)8月生,槐坎人。中共党员。1962年考入西北工业大学航空无线电系雷达专业学习。1967年大学毕业分配在国防科委第七研究院第七二三研究所(正厅级,隶属中国船舶工业总公司)工作,后从事舰载电子设备的研制和管理工作。高级工程师。历任雷达总体专业组组长、总体设计室副主任、跟踪雷达研究室主任、研究所副所长,1991 年 12 月任研究所所长。

顾志平 民国 35 年(1946 年)11 月生,水口乡水口村人。中共党员。1962 年考入北京矿业学院机电系企业电气化与自动化专业学习。1968 年至 1982 年在平顶山矿务局一矿历任技术员、综机办主任、副矿长。1982 年至 1983 年历任平顶山市总工会副主席、副市长。1983 年至 1997 年任河南省总工会主席。1997 年至 2000 年任河南省机械电子工业厅厅长。2000 年至 2003 年河南省委副秘书长兼省直工委书记。2003 年 1 月当选河南省十届人大常委会秘书长,2 月起兼任河南省人大常委会办公厅主任。2006 年 2 月起任河南省人大常委会民族侨务、外事工作委员会主任。是中共十三大、十四大、十五大、十六大代表,当选第十届全国人民代表大会代表。

陈新年 1953 年 2 月生,后漾人。中共党员。1978 年毕业于第二军医大学临床医学专业,1992 年获社会医学和卫生事业管理专业硕士学位。历任第二军医大学讲师(流行病学教研室教员)、副教授、教授(1998 年晋升),以及医师、主治医师、副主任医师和主任医师,科研处(副)处长,东方肝胆外科医院副院长,长海医院副院长,第二军医大学基础部主任,第二军医大学训练部副部长、部长。2006 年 8 月至 2011 年 4 月任总后勤部卫生部副部长(2008 年曾代职四川省军区副司令员)。2008 年 7 月晋升少将军衔。

李益敏 1966 年 4 月生,泗安人。中共党员。1982 年 10 月入伍,历任第二炮兵五十二基地八一一团战士,第二炮兵工程技术总队安装三大队四连排长、四连代副政治指导员、四连副政治指导员,第二炮兵工程技术总队安装三团一营二连副连长、二连连长,第二炮兵工程技术总队司令部作训科参谋、安装二团副参谋长、司令部作训科科长、安装三团团长、装备部部长、总会计师(副师职)、副总队长,第二炮兵工程基地副总工程师(正师)。

张　峥 1969 年 9 月生,新塘(今属太湖街道)人。中共党员。3 岁时随父母到舟山定居,1980 年 8 月起在定海一中读初、高中,1986 年高中毕业后考入上海交通大学自动控制系。1990 年 8 月,分配到中国人民解放军海军东海舰队司令部,任助理工程师。1992 年 8 月至 1995 年 8 月,在中国人民解放军海军大连舰艇学院就读,获硕士学位。1995 年 8 月至 2001 年 7 月,分配到中国人民解放军海军某部队,任部门长、参谋、副舰长、舰长。2001 年 7 月至 2003 年 8 月先后到英国国防语言学院和英国三军联合指挥与参谋学院深造。2003 年 8 月,任中国人民解放军海军某部队副参谋长(正团级),中校军衔。2012 年 9 月,任中国第一艘航空母舰"辽宁"号舰长(正师级),大校军衔。

第二节　教科文卫与经济界人物

一、教育界

丁汉镛 民国 16 年(1927 年)生,长兴人。1952 年毕业于复旦大学统计系。后任教于中国纺织大学马列主义教研室,任社会科学部副教授。致力于政治经济学原理的研究,讲授中国社会主义建设基本问题、生产力经济学等课程。合编《政治经济学》《政治经济学新编》《中国社会主义建设基本问题》等。

周清泉 1958 年 9 月生,浙江平阳人。民建会员。1994 年创办华东八三武术学校。1996 年迁校至夹浦镇父子岭村,创办湖州市华东清泉武术学校,2000 年更名为湖州市清泉文武学校。先后获评中国民办学校优秀校长、首届全国民办教育十大杰出人物、首届中国教育管理科学人物、浙江省体育产业领军人物、浙江省第十四届"春蚕奖"、民建浙江省委会优秀会员;曾任中国武术段位优秀考评员,《中国当代武术家辞典》名誉主编,中国民办教育家协会副理事长,中国经济技术国际交流协会副理事长,浙江省武术协会副会长,浙江省武术学校专业委员会主任,湖州市政协常委。

朱阿兴 1962 年生,水口人。中共党员。1979 年 9 月至 1983 年 7 月于北京师范大学地理系毕业获学士学位;1985 年 9 月至 1987 年 7 月于加拿大卡尔加里(Calgary)大学地理系获硕士学位;1989 年 9 月至 1994 年 5 月于加拿大多伦多(Toronto)大学地理系获博士学位。1994 年 8 月至 1995 年 12 月在美国俄亥俄的迈阿密大学地理系工作任助理教授;1996 年 1 月至 2003 年 9 月任教于美国威斯康星大学(Wisconsin-Madison)地理系并获终身教授资格。2004 年通过择优选拔回国工作。长期从事地理信息系统技术(GIS)、人工智能方法和模糊数学理论集成以及上述方法在流域生态模拟方面的应用研究。

许 田 1962 年生,浙江嘉兴人,祖籍长兴雉城。1978 年进入复旦大学生物学系,1982 年获学士学位。1983 年公派至美国耶鲁大学深造,1990 年获耶鲁大学博士学位,1990—1993 年在加州大学伯克莱分校随遗传学家 G. Rubin 做博士后研究。1993 年后历任耶鲁大学遗传学和神经生物学助理教授、副教授。1997 年起,任霍华德休斯医学研究院研究员。2003 年起,任耶鲁大学遗传学系副系主任。为耶鲁大学终身教授。热心祖国教育科学事业,积极推动中美交流。1996 年后历任复旦大学兼职教授、长江讲座教授,2001 年在复旦大学创立发育生物学研究所,建立复旦—耶鲁生物医学合作研究中心和教育合作中心,曾任北美华人生物学家协会主席、美国科学院美中前沿科学交流委员会主席,耶鲁大学校长中国事务顾问。

甘剑英 1963 年 2 月生,观音桥乡(今属虹星桥镇)人。1988 年获浙江农业大学博士学位,1990 年赴美国留学。主要从事有机污染物环境化学与毒理,污染控制及水质保护方面的研究。2005 年入选美国农学会,2006 年国家自然科学基金海外青年学者合作基金(杰出青年科学基金 B)获得者。2008 年加入美国科学促进协会。2010 年加入美国土壤学会。先后任 Environmental Pollution 副主编、Science of the Total Environment 主编。主持和共同主持美国 NIEHS、USDA、EPA、加州州政府等科研项目 30 余项。至 2012 年,在 PNAS、Environmental Science & Technology 等学术期刊发表 SCI 论文 260 篇,专著 4 本。ISI 总引用次数为 7400(他引总次数 6100),H 因子为 47。美国加州大学 Riverside 终身教授,2007—2009 年任环境科学系主任。浙江大学"长江学者",国家自然科学基金委员会化学部二审专家。

罗民兴[①] 1963 年 8 月生,白岘乡罗芥村人。1979 年考入浙江大学物理系,1983 年毕业后至 1990 年赴美国宾州大学深造,先后获硕士、博士学位。1990 年至 1991 年在美国宾州大学物理系从事博士后研究,1991 年至 1993 年在美国华盛顿大学物理系从事博士后研究。1994 年归国,在浙江大学物理系浙江近代物理中心任教,1997 年晋升教授,同年选拔为教育部跨世纪优秀人才,1998 年任中国物理学会高能物理分会理事,1999 年获浙江省"151"人才(第一层次),2000 年获浙江省高校中青年学科带头人,2003 年被聘为上海交通大学物理系兼职教授,2004 年获国家杰出青年科学基金,2007 年获教育部"长江学者"特聘教授,2012 年起享受国务院特殊津贴。主要从事量子场论和粒子物理理论的研究。国际一流杂志发表多篇学术论文,其中单篇最高引用次数超过 1000 多次(来自 Spiyes 的统计)。

舒歌群 1964 年 3 月生,泗安镇上泗安村人。中共党员。1980 年考入浙江大学热物理工程系内燃动力工程专业,毕业后任四川省交通厅内河勘察规划设计院技术员。1985 年 9 月至 1987 年 7 月,天津大学热物理工程系工程热物理专业研究生班毕业。毕业后任天津内燃机研究所工程师,天津大学热能工程系内燃机教研室教师、副主任,天津大学机械工程学院汽车工程系主任、车辆与发动机研究所所长,天津大学科技处副处长、处长,天津大学党委常委、副校长,天津大学党委副书记、副校长。长期从事内燃机设计和内燃机余热能转化和利用的研究工作,1998 年 11 月晋升教授,2008 年获"中国内燃机学会突出贡献奖",2010 年享受国务院特殊津贴。

胡事民 1968 年生,太傅(今属林城镇)人。1986 年考入吉林大学数学系,1990 年免试进入浙江大学数学系攻读硕士学位,1993 年在浙大数学系攻读博士学位,1996 年进入清华大学计算机系计算机科学与技术博士后流动站,从事计算机辅助设计的研究,1998 年留清华大学计算机系任教。任清华大学

① 2015年12月7日,当选为中国科学院院士。

计算机系教授、教育部“长江学者”特聘教授,研究方向主要为计算机图形学与交互技术、智能信息处理与系统软件。1996 年以来,与学生和同事合作,在国内外重要刊物和有影响的国际会议上发表论文 80 余篇,其中 50 多篇发表在重要的国际刊物上,有关成果被国内外学者引用 1200 多次。2002 年获国家杰出青年基金资助,2006 年任国家“973”计划项目首席科学家,2011 年“特征敏感的三维模型几何处理及其应用”获国家技术发明二等奖。

二、科技工程界

吴家豪 民国 19 年(1930 年)8 月生于杭州,祖籍浙江东阳,后迁居长兴泗安。中共党员。1937 年至 1942 年在泗安小学、长潮齐小学读书;1942 年至 1948 年在长兴中学、湖州中学读书。1949 年考入上海交通大学铁路运输工程系专业(后上海交大与北方交大院系调整并入北方交大),于 1952 年 8 月毕业,分配在铁道部设计总局任技术员、工程师;1959 年 3 月调铁道部科学研究院从事运输及经济研究工作,先后任主任、副所长,副研究员、研究员。长期从事铁路运输、站场设计和自动化驼峰研究,是中国著名铁路运输和站场设计研究专家,研制、开发中国减速顶及其调速技术的创始人之一,首次提出中国铁路编组站合理布置图形和编发线设计新技术,是研究并促进中国铁路枢纽站场设计优化的倡导人和力行者。主要著作有《铁路编组站设计》《外国铁路编组站》《外国铁路枢纽》《编组站设计优化》等。1991 年起享受国务院特殊津贴。

许学谘 民国 21 年(1932 年)1 月生,雉城人。1952 年湖州中学高中毕业考入清华大学土木工程系,1957 年毕业分配在浙江大学材料力学教研室任教。1959 年 12 月由浙江大学推荐入清华大学工程力学研究班学习流体力学专业。1961 年毕业回浙江大学数学力学系应用力学教研组任教。1978 年在力学系流体力学教研室(后改为流体工程研究所)任教,负责组织全国工科院校流体力学专业的 4 本教材的编审工作。曾任浙江大学流体力学教研室主任、华东地区流体力学协作组组长、浙江省力学学会常务理事、秘书长、《水动力学研究与进展》编委、浙江大学力学系学术委员会委员等职。1993 年起享受国务院特殊津贴。

萧啸庵 又名肖啸菴,民国 21 年(1932 年)7 月生,长兴人。1955 年毕业于大连工学院,1958 年毕业于原苏联莫斯科动力学院原子能培训班同位素分离专业。主要从事原子能方面的工作,曾获国家发明一等奖 1 项、国家发明二等奖 1 项、全国科学大会奖 4 项、国家发明专利 1 项。发表科技论文《同位素分离的现状和前景(Ⅱ)》《论轻、重同位素分离的整体性》《GC-85 型织物在线重量检测仪的研制》等 40 多篇,编著《同位素分离》,合译英语专业书《核化学工程》一册,译俄语专业书《氟的物理和化学》(任校对)一册。享受国务院特殊津贴。

潘健武 民国 21 年(1932 年)3 月生,泗安镇人。中共党员。1953 年考入北京钢铁学院冶金专业学习,1957 年毕业分配至上海钢铁公司。长期从事钢铁冶金科研、管理及学校教学工作,包括冶金新技术新工艺、耐蚀钢与不锈钢、表面技术等领域的研究,历任研究室主任、科技办主任、副总工程师、研究中心主任等职,教授级高级工程师。编著、译著有《化铁炉》《炼铁炼钢知识》《合金钢与优质钢》《真空熔炼》《真空冶金学》等。个人获国家发明四等奖、冶金部科技进步二等奖、上海市科技进步三等奖、上海市冶金局“有突出贡献科技人员”称号等。是中国腐蚀与防护学会理事、上海市金属学会理事、上海科普作协理事,上海市腐蚀科技学会理事等。

万海川 民国 23 年(1934 年)5 月生,白岘人。1961 年于北京矿业学院采矿工程经济专业毕业,1964 年于该院采矿工程经济专业研究生毕业。主要从事技术经济、矿山管理工程的教学和科研工作。主持和负责国家自然科学基金重大项目《钢铁和有色金属产品国内价格与国际价格挂钩可行性研究》、冶金部技术攻关项目《鲁中冶金矿山公司企业管理与管理现代化》(获 1991 年冶金部科技进步三等奖)、冶金部重点项目《矿山经济效益剖析理论和方法》(1992 年冶金部授予特别奖)、中国科协的重大项目《技术引进与现代化》,还负责《攀枝花冶金矿山公司管理工程研究》《攀钢生产率研究》《金厂峪金矿管理信息系统》等项目的研究工作。主编专著有《矿山企业管理与技术经济》《经济决策分析》《技术经济学概论》《技术经济应用题解》，编译《工程经济习题译解》。享受国务院特殊津贴。

张国强　民国23年（1934年）5月生，白阜人。中共党员。1955年考取南京农学院农学系，1959年毕业分配在原中国农业科学院甘薯研究所（在江苏宿迁），1962年调到宿迁市农科所，一直从事农业科研和技术推广工作。1964年，主持旱改水样板生产技术的研究推广项目。1976年推广杂交稻，使淮北水稻单产增200千克～250千克。两项课题《大面积旱改水》《推广杂交稻》获省级特等奖，《杂交稻高级制种技术》获省级科技成果奖，《生物能温室育秧的研究与推广》获国家科技进步奖。曾被评为县、市、省劳动模范，1986年被江苏省政府授予"开发苏北科技功臣"称号，1993年享受国务院特殊津贴。

钱奕中　民国25年（1936年）4月生，林城人。中共党员。1955年考入北京地质学院石油天然气勘探系，1960年5月毕业分配在大庆油田钻井指挥部地质室任技术员，1969年江厂油田钻井一团任地质技术员，1973年5月在大庆油田指挥部任研究室主任、地质师，1980年5月调油田地球物理勘探公司任总地质师、高级地质师，1991年5月调任杭州地质研究所所长、南方新区油气勘探经理部副经理，晋升为教授级高级地质师。曾任中国石油学会会员、浙江省地质学会理事、浙江省地球物理学会副理事长，中国地质大学、大庆油田学院、成都地质学院硕士生导师（校外）。1992年享受国务院特殊津贴。

沈燕怀　民国25年（1936年）12月生，李家巷人。中共党员。1956年考入长春地质学院地质系煤田地质专业。1960年毕业分配在湖南煤炭学院任教。1962年调中南煤田地质局第一物测队任地质技术员，1964年分别在一二六队、一二八队任技术员。1969年调一一四队，历任工程师、高级工程师。1984年任总工程师。1992年调山西煤田地质研究所任总工程师，同年6月任所长。后任能源部山西统配煤矿质检站站长。山西省地质学会晋东南分会副会长，山西煤田地质专业委员会委员。曾主编、组织编制各类地质报告10多件。1993年经煤炭部批准为国家级有突出贡献专家，享受国务院特殊津贴。

凌　懋　女，民国25年（1936年）12月生，泗安人。中共党员。1960年8月毕业于山东工学院电机电器专业，分配到电力部技术改进局（电力科学研究院的前身）工作。1963年，参与国内首次开展的《利用油中气体色谱分析、诊断变压器内潜伏性故障》研究课题。1982年任电科院高压研究所设备绝缘室副主任、主任，1987年被聘为高级工程师，1992年被聘为正高级工程师。一直从事电机电器科研工作，获国家科技进步二等奖1项，国家科技进步三等奖3项，部级科技进步奖6项，院奖励20多项。1991年7月，享受国务院特殊津贴。

周楚良　民国26年（1937年）2月生，雉城人。1960年于北京矿业学院（今中国矿业大学）采矿工程专业毕业后留校工作，任矿山压力研究室主任兼实验室主任、研究生导师，教授。主持和负责煤炭科研资金项目《岩体流变及与支架相互作用原理》的研究中，建立新概念的数学力学模型，经部级鉴定，处于国内领先水平；负责《声波技术研究岩体稳定性》项目，获国家科技进步三等奖；负责研制的《液压支架压力与下缩自动记录仪》，获国家产品"金龙奖"。著作有《矿山压力实测技术》等，是国际岩石力学学会中国组会员、中国煤炭学会成员。

金兆熊　民国26年（1937年）3月生，雉城人。中共党员。1957年考入清华大学工程物理系，后到同位素分离专业学习。1963年毕业后留清华大学。曾任"八五"国家科技攻关项目离心分离技术专家组成员，中国核学会同位素分离分会委员。一直从事原子能科学与技术中同位素分离的科研和教学工作，先后获国家级科技成果奖、表彰奖3项，获部委级科技成果奖8项，发表论文20余篇。1985年被国防科工委、国家计委、国家经委、国家科委授予先进个人称号。1990年被国家教委、国家科委授予"全国高等学校先进科技工作者"称号，同年晋升为教授。1992年起享受国务院特殊津贴，同时被人事部授予"有突出贡献中青年专家"称号。

张　展　民国27年（1938年）8月生，太傅乡（今属林城镇）人。1960年毕业于杭州工学院（后并入浙江大学），分配在上海水工机械厂技术科从事工艺、工装设计；1965年4月调上海勘测设计院从事产品设计；1969年在上海水工机械厂从事技术改造设计工作，1980年在厂设计研究室从事机械设计与研究工作，任高级工程师。在齿轮传动、行星传动、蜗杆传动方面有突出贡献，是中国著名的齿轮与行星传动专家。编写专著、译作40多本,撰写论文100多篇。是中国机械工程学会上海传动专业委员会理事、上海现代设计法研究会理事。

周述尹 民国27年(1938年)2月生,浙江宁波人。九三学社社员。1963年毕业于浙江农业大学植物保护专业,1965年在长兴县农业局工作,任县病虫测报站技术员、县植保植检站站长等职,高级农艺师。1988年加入九三学社,1992年后历任九三学社长兴支社主委、县侨联主席、县政协副主席,是第七届省政协委员。1997年被聘为县政府专家咨询委成员和浙江省九三学社省委参政议政特约研究员。编著和合编的成果有《水稻常用农药》《浙江省农作物病虫鼠害预测预报》。获"湖州市有突出贡献专业技术人才""浙江省侨界十佳""全国优秀归侨侨眷知识分子"等称号,1993年起享受国务院政府特殊津贴。

钱思健 民国28年(1939年)1月生,长城(今属和平镇)人。中共党员。高级工程师。1960年7月高中毕业由学校保送西安中国人民解放军军事电信工程学院无线电自动控制工程系遥控遥测专业学习。1966年1月分配至空军地空导弹独立分队任无线电自动控制仪和探测仪技师。1969年12月至1976年先后任连队副政治指导员、营政治处干事、连指导员、团(师)司令部政治协理员等职。1977年8月调空军第二研究所指挥自动化研究室工作,1981年4月调二所科技处工作,1983年12月调任二所雷达新装备体制论证研究室副主任。1987年7月调二所科技处搞科研管理工作,为副师级参谋。曾任中国电子学会北京雷达学会会员、军械维修工程学会会员。享受国务院特殊津贴。

唐景昌 民国28年(1939年)3月生,洪桥人。1962年于浙江大学物理系毕业并留校任教,后任物理系教授。1980年至1982年以访问学者身份在美国威斯康星大学物理系从事表面物理研究。回国后多次获得国家自然科学基金资助,开展"光电子衍射富利叶变换""斜发射光电子衍射"的研究工作。1992年获国家教委科技进步奖和省科协优秀论文一等奖。固体物理和表面物理研究,已达到国际先进水平。其中光电子衍射和X射线吸收理论研究,填补国内研究领域的空白。在国内外著名学术刊物上发表论文60余篇。享受国务院特殊津贴。

王康海 民国29年(1940年)3月生,煤山人。1974年4月至1992年在冶金部长沙矿冶研究院从事科学研究工作,参与设计建设工业化生产厂4座。1991年5月至1992年任院组织部部长,1992年6月至1999年6月任院党委副书记。1996年组织设计和建设世界水平工厂1座。1997年任教授级高级工程师。1998年享受国务院特殊津贴。同年年底被湖南省聘为"湖南科教先导战略研究总报告"评审委员会专家。2001年6月退休。曾获冶金部科学技术进步二等奖2个、三等奖1个,发明专利2项,发表论文10余篇。

唐建民 曾用名唐茂盛,民国29年(1940年)8月生,水口人。中共党员。1961年9月考入清华大学工程物理系,1968年起在国营四〇四厂(属第二机械工业部)从事核工业工作,历任技术员、工程师、高级工程师(副高工)。1989年起调入秦山核电厂(二期)工作,从事核电厂设计管理、工程建设、安全审评、生产准备、电厂调试等工作。1997年晋升为研究员级高级工程师(正高工)。1999年享受国务院特殊津贴。2000年退休后聘用至2008年。是浙江省核学会第三届理事会理事、第四届理事会常务理事。

朱炳泉 民国29年(1940年)9月生,鼎甲桥人。中共党员。1959年考入中国科技大学攻读地球化学专业,1964年毕业分配在中科院地质研究所,1966年在中科院地化所工作,1988年在中科院广州地球化学所工作,后任研究室主任、研究员。为著名同位素专家,曾任中国矿物岩石地球化学学会理事、同位素专业委员会主席。先后参加与承担青藏考察、21号任务、吉林陨石、上地幔计划、南极研究、新疆305项目、黄金、岩石图化学区划、东南岩石圈、海陆断面、85攀登计划A等国家重点项目与重大基金项目,其中7项获国家级奖。在国内刊物与学术会议上发表论文150篇,专著4本。1986年享受国务院特殊津贴。

施敬民 民国30年(1941年)6月生,雉城人。1959年考入清华大学电机专业,1965年毕业分配在南京电机电器工业公司任技术员。1973年调南京调速电机厂,先后任技术科长、研究所长、副总工程师，1989年任总工程师。为高级工程师。曾任全国电磁调速电机学组副组长，全国液粘调速器专业委员会副主任委员。先后主持设计各种调速电机10多项，获省、市、局级科技成果7项，主持开发研制NT系列液体黏性调速器、YCTD系列电磁调速电机、KC系列开关磁阻电机等国家级或部级新产品。享受国务院特殊津贴。

许梓荣　民国30年(1941年)10月生，长兴人。1966年毕业于浙江农业大学畜牧兽医系兽医专业。1982年毕业于浙江农业大学畜牧兽医系，获硕士学位。20世纪80年代，作为访问学者到美国弗吉尼亚州立大学进行合作研究，回国后在浙江大学饲料科学研究所工作，任所长、教授、博士生导师。是农工民主党浙江省工作委员会副主任委员。“用酶技术开发大麦及高麸型饲粮及其产业化研究”获2002年国家科技进步二等奖，曾获评国家中青年专家、全国突出贡献中青年专家、国家有突出贡献硕士学位获得者、全国农业科技先进工作者、全国五一劳动奖章、浙江省农业科技突出贡献奖、浙江省重大科技成果一等奖获得者等，享受国务院特殊津贴。

姚汉民　民国33年(1944年)10月生，虹星桥人。中共党员。1966年于浙江大学光学仪器工程学系毕业，分配在中国科学院长春精密光学机械研究所工作，1973年调中国科学院光电技术研究所，先后任微电子设备总体研究室主任、光电所副所长、所长(副厅级)，中国科学院院重大项目“微电子专用设备”项目负责人、成都机床数控开发中心董事长。曾任国家“七五”攻关项目“1.25微米分步重复投影光刻机”现场总指挥，并获机械电子工业部“七五”国家攻关先进个人；国际光学学会会员、中国光学会和四川光学会会员，中国光学学会光学仪器委员会理事、中国仪器仪表学会仪器仪表专业委员会理事。著有学术著作10余部。1986年晋升为高级工程师。1992年享受国务院特殊津贴。

吴晓红　民国34年(1945年)12月生，长兴人。做过木匠，长期从事木料采购工作，喜欢收藏古木。2001年，因长兴青梅鲜果市场滑坡等因素影响，梅农砍百年梅树贱卖当柴烧。2002年，吴晓虹卖房筹资从砍梅的梅农手中收购老梅桩，并四处寻访名师学习红梅嫁接、造型技艺。2004年春天，首批嫁接的2000株梅花获成功。同年，创办长兴东方梅园有限公司，带动梅农走上依靠科技发展观赏梅产业的致富路。2005年，在浦东新区世纪公园创建上海第一座“梅园”，之后“长兴红梅”陆续走进北京、杭州、南京、苏州、武汉、长沙等全国20多个大中城市。2009年，在上海香料研究所的帮助下，首创研制梅花香水“中国香”。2012年9月，投资在太湖之滨建成中国第一座古木博物馆。先后获中国“三农”人物奖、浙江省新农村建设优秀带头人“金牛奖”、湖州市突出贡献人才奖、首届“长兴榜样”十大人物等荣誉。是中国第五届花卉协会常务理事。

张云飞　1961年生，雉城人。1977年就读中国科技大学地球与空间科学系。1984年至1987年在中国科学院上海天文台任助理研究员，1987年至1992年在美国波士顿大学攻读硕士、博士研究生，任计算机系统管理员，1992年至1995年在美国哈佛大学哈佛史密松尼天体物理中心任信息系统分析师，承建中国第一个Internet骨干网ChinaNet。1993年，与多位留美学生一起在美国创建Internet公司“亚信”，次年回国成立亚信科技(中国)有限公司，任亚信科技副总裁、首席技术官。1995年，主持并参与建设的世界上第一个开放式的中文因特网站点——上海热线上网成功。2000年，创办游龙网络科技公司并任董事长。2004年，被长兴县政府聘请为信息化工作首席顾问。将县政府给予的顾问咨询费捐赠给母校长兴中学，设立“云飞信息学奖学金”。

陆铭华　1963年3月生，水口人。中共党员。原海军潜艇学院潜艇作战软件研究中心主任。哈尔滨工程大学毕业，博士学位。从事潜艇作战决策、自动化指挥系统和作战仿真技术研究，是国家有突出贡献中青年专家，军队科技领军人才和海军学科带头人。获国家科技进步二等奖2项、军队科技进步一等奖4项，出版专著2部，发表论文30余篇。曾获全国优秀科技工作者、军队杰出专业技术人才奖、全军爱军精武标兵等荣誉。2001年起享受国务院特殊津贴。

三、文化体育界

徐自学　笔名迟笑，号一目轩主。民国20年(1931年)生，长兴人。早年受伯父熏陶，初临“唐楷”

“二王”,继习汉隶、秦篆,上溯金文、甲骨。长期在江苏省总工会供职。自20世纪60年代起,钟情甲骨学,研究甲骨文书法。1995年12月,携手同好创立全国第一个省级甲骨学社团——江苏省甲骨文学会。历任江苏省甲骨文学会常务副会长兼秘书长、会长、名誉会长,是中国甲骨文书法学术委员会委员,著名甲骨文研究学者。倡导以书法艺术传承甲骨文化,组织各种展览、学术研讨,推动中外甲骨文化交流。2009年1月,在江苏省委、省政府和中国常驻联合国代表团的支持下,在联合国总部举办中国甲骨文书法展。出版书法作品有《自学甲骨文书法选》《王羲之传世法帖·迟笑临本书法集》等。

曹先擢 民国21年(1932年)11月生,煤山镇人。中共党员。父亲是煤矿会计。曾在桐庐读书。后随父到河南,完成高中学业。1954年进入北京大学中文系学习,1958年毕业后留校在中文系古代汉语教研室工作,任助教、讲师、副教授、教授。1970年在北京大学主持《新华字典》(1971年版)修订工作。1971年至1975年,在北京师范大学主持《新华词典》(第1版)编纂工作,1976年至1979年在商务印书馆主持该词典定稿工作,1980年8月该词典出版。1979年回北京大学,兼任中文系党总支书记。1986年4月至1993年3月,调任国家语言文字工作委员会秘书长、副主任,1991年至1992年兼任教育部语言文字应用研究所所长、研究员。1994年退休。是著名语言学家、辞书学家。历任国家语委咨询委员会委员、中国辞书学会会长和名誉会长、《通用规范汉字表》专家委员会主任委员、《现代汉语词典》第5版审定委员会主任委员、商务印书馆辞书研究中心特约研究员、《新华字典》第10版学术顾问等。出版著作、辞书有10余种。主持编纂的《新华词典》和参与修订的《现代汉语词典》影响了一代又一代学人。

吕晴飞 原名吕惠星,笔名擎扉、亦也等,民国23年(1934年)1月生,雉城人,祖籍包桥许鲍村。中共党员。研究员。1953年考入厦门大学中文系文学理论与批评专业,1957年毕业分配到北京从事文化教育工作,业余写作文艺评论和思想杂谈。先后任北京社科院文学研究所所长、学术委员会主任、北京市哲学社会科学规划领导小组副组长、北京博润文化科技发展中心总经理、中国作家协会会员。获“北京市有突出贡献的专家”称号,享受国务院特殊津贴。20世纪80年代后,发表文艺评论100余篇,为10多种文艺辞书撰写词条400余则,并任10多种大型辞书的主编、副主编和编委。出版专著14部。

韩耀成 民国23年(1934年)3月生,白岘人。毕业于北京大学。曾任《人民画报》德文版负责人,中国社科院外文所《外国文学评论》常务副主编等职,中国社科院外文所编审。曾长期在外文局从事对外宣传工作,除负责《人民画报》德文版的翻译出版外,还参加《毛泽东选集》《毛主席诗词》以及党和国家重要文献的德文翻译、定稿工作。在主持《外国文学评论》工作期间,为把刊物办成一流的外国文学研究和评论阵地作出卓有成效的贡献。编辑工作之余,一直坚持研究和翻译德语文学。1994年退休。享受国务院特殊津贴。

蒋惠琪 民国25年(1936年)9月生,长兴人。中共党员。1958年任长兴日报社第一任副主编。1958年被评为浙江省文教战线先进工作者,1962年调《浙江日报》报社,曾任记者、评论组副组长。1972年2月在杭州参与接待美国总统尼克松访问活动。享受国务院特殊津贴。

许胤丰 民国25年(1936年)10月生,和平镇人。中共党员。浙江省著名作家,副编审。历任嘉兴地区《南湖》文学期刊主编,浙江省《东海》文学月刊社社长兼主编,浙江文苑大厦总经理等职。曾当选湖州市作协主席,省作协两届理事、省文联二届委员,系中国作家协会会员。主要作品有长篇小说《世纪终结》《紧急出逃》,中篇小说集《青橄榄》,《浙江日报》长篇连载小说《蓝城魂》《斗蛇记》,报告文学集《流光印痕》,纪实文学《鲁冠球少年时》等。

吴国群 民国28年(1939年)8月生,白岘人。中共党员。1962年毕业于杭州大学汉语言文学系,后任绍兴师专教授,《绍兴师专学报》主编。主要从事鲁迅、茅盾、现代和当代文学、越文化和教学语言研究。曾任中国现代文学研究会、中国当代文学学会、中国鲁迅研究会、中国茅盾研究会会员等。主要著作有《鲁迅小说创作论》,主编并撰写黄酒文化专著《中国绍兴酒文化》,参与二十四院校协编《中国现代文学史新编》并任副主编,主编《中国当代文学教程》。鲁迅研究和茅盾研究成果获省市优秀学术成果奖

10余项，曾连续两届被评为绍兴市拔尖人才。2004年9月退休。享受国务院特殊津贴。

王鸣泉　民国31年(1942年)1月生，长兴人。1957年入嘉兴艺专，后并入浙江美院附中。历任浙江昆剧团舞台美术设计、浙江省文化局美术展览办公室干部、浙江省文化厅办公室主任、浙江省文物局副局长等职。擅长连环画、儿童读物插图，作品《可珍贵的信任》《送信》《蜗牛奇侠》等入选第六届、第七届全国美展，出版有《非洲历险记》《金河王》《路边的小狗》《咪咪的小鞋》等连环画、儿童读物。

王　颖　原名王胜朝。民国31年(1942年)生，长兴人。中共党员。毕业于南京化工学院无机系。1962年应征入伍，历任济南军区文工团创作室创作员，济南军区文化部干事，《解放军报》文化处编辑，解放军文艺出版社编辑、图书编辑部主任、副社长，昆仑出版社编审。1965年开始发表作品。1980年加入中国作家协会。出版长篇小说、散文集、理论研究专著、长篇武侠小说、长篇历史小说、科普著作、报告文学等60余部。报告文学《十三妹的心事》获1983年中国科普创作协会奖、《毛岸英之死》获1983年《解放军文艺》奖、《金牌在国歌声中闪耀》被评为全国第三届中学生我最喜爱的十本书之一奖、《一个普通人的伟业》获1988年全国体育报告文学奖，长篇小说《鸾驾侠影》获中国第一届优秀通俗文艺作品奖。

陈绍祥　民国34年(1945年)4月生，嘉善县人。中共党员。1970年8月毕业于上海体育学院，1972年1月分配到长兴县体委工作并兼任田径教练，1987年起任专职田径教练，1995年6月任长兴县少体校校长。田径高级教练员、田径国家级裁判员。在30多年青少年体育业余训练的职业生涯中，培养与向上输送包括奥运会选手计风琴、李永祥等在内的30多名优秀体育后备人才，为改变长兴竞技体育的落后面貌、争创全国体育先进县做出较大贡献。被县委、县政府授予县级首批有突出贡献的专业技术人员，多次被评为省业余体校先进工作者，被授予全国业余体育训练先进工作者称号。

李海清　民国34年(1945年)10月生，山东济南人。中共党员。1968年12月于上海体育学院本科毕业，先后在长兴县体委办、体育馆、县文体局任职。排球高级教练员。先后向省体校输送优秀运动员20余人，向大专院校输送体育人才10余人，其中有9人获得国家级及以上运动健将称号，包括获2004年雅典奥运会女排冠军和2008年北京奥运会女排季军的周苏红。被县委、县政府评为县级首批优秀专业技术工作者，多次被评为省业余体校先进工作者，先后被授予全国业余训练先进工作者、全国青少年体育先进工作者称号，2008年当选为北京奥运会火炬手。

张加强　1957年1月生，海宁人。1974年12月在湖州军分区入伍，后历任长兴县人武部干事、办公室主任，县政府办公室主任，县长助理、县经济技术开发区主任，县政协党组副书记、县委统战部部长，县政协副主席。2004年加入中国作家协会。著有散文集《忆江南》《乌镇依旧》《千秋独行》《傲骨禅心》等10余部；编剧电影《亲亲鳄鱼》《茶恋》2部，其中电影《亲亲鳄鱼》获浙江省“五个一”工程奖；主编散文集5部。作品曾获“鲁迅风”等五个全国性奖项，入选2006年度全国最具阅读价值散文、全国中学生“以读促写”课外阅读丛书、《中国21世纪经典散文》。散文集《风雨江南》入中国台湾地区大学生课外读物。作为风格类作家编入《浙江现代散文发展史》，在中国大陆和台湾地区有影响力。

蔡大生　1958年生，浙江杭州人，祖籍湖北黄陂。著名华人歌唱家。自小随父迁居长兴，在牛头山小学、煤山中学完成从小学到高中的全部学业。1982年考入杭州师范学院音乐系。后又考入上海音乐学院，并于1987年毕业于该院声乐系。1988年赴瑞典参加国际歌剧歌唱家大师班角逐，获瑞典最高艺术基金奖并留学该国。1991年考入瑞典国家大剧院，1994年考入瑞典哥德堡歌剧院，2000年考入挪威国家歌剧院，并成为以上剧院的终身演员。应邀到20多个国家演出近40部歌剧、轻歌剧、音乐剧，被文化部誉为全球最具影响力的华人歌唱家之一。

潘　维　1964年5月生，安吉孝丰人。1974年随父母迁居长兴县城，1978年开始写诗，1985年在《星星》上第一次发表诗作，在《水乡文学》上发表组诗。1989年获湖州市青年诗歌大奖赛特等奖，获《诗歌报》首届探索诗大奖赛三等奖，1990年获宁波“天马杯”全国诗歌大奖赛特等奖，1993年出版诗集，1995年加入浙江省作家协会。1997年到杭州任《东海》文学月刊编辑，之后进入浙江长城影视。2002年编选《诗选50首》，2003年出版《潘维短诗选》，2005年获第四届西峡诗会“江南天王”奖，《潘维短诗选》获国际炎黄文化研究会"优秀诗集奖",2006年获"第三代诗人杰出贡献奖"。2010年加入中国作家协会,为二级作家。著有诗集《不设防的孤寂》《诗五十首》《隋朝石棺内的女孩》《潘维诗选》等。

李荣祥 1972年1月生,天平桥(今属林城镇)人。中共党员。1986年进入浙江省体校,1989年入浙江省田径队。1991年在全国标枪集训赛中打破亚洲青年纪录。1995年多次获全国男子标枪金牌,打破亚洲纪录。1997年获八运会男子标枪亚军,1998年获曼谷亚运会男子标枪铜牌,2001年获东亚运动会男子标枪冠军,2002年在韩国釜山亚运会上投出82.21米的亚洲最好成绩,2002年获世界田径锦标赛第九名,2003年获世界田径锦标赛第十名,2004年获全国田径大奖赛北京站男子标枪冠军,2004年参加雅典奥运会标枪比赛,2005年获东亚运动会男子标枪金牌、第十届全运会男子标枪金牌,2006年获多哈亚运会铜牌。1998年被国家体育总局授予"国际级运动健将"称号,2009年获"浙江省新长征突击手"称号。

计凤琴 女,1974年生,李家巷人。1987年进入长兴县少体校田径队。1989年被选送浙江省帆船队,开始帆船运动。1991年6月,与队友杨亚青合作,在全国青年帆船锦标赛上以49.7分的成绩名列三角绕标第四名;7月,与杨亚青合作,获全国帆船锦标赛第三名。1993年入选国家队。1994年4月,与队友刘海楣合作,获全国帆船锦标赛女子470级冠军。1995年7月,与刘海楣合作,获全国帆船锦标赛女子470级短距离冠军和奥林匹克航线亚军。1996年2月,与刘海楣合作,获全国帆船锦标赛女子470级长距离冠军和奥林匹克航线亚军。同年,与刘海楣代表国家队参加第26届亚特兰大奥运会,为长兴首位参加奥运会的运动员。1994年被国家体育总局授予"国际级运动健将"称号。2001年退役。

曾　剑 1978年11月生,雉城人。初中就读于雉城中学,高中就读于长兴中学,大学毕业于北京电影学院摄影系。电影摄影师、剪辑师。2004年,首次担任剪辑工作,剪辑青春爱情电影《恋爱大赢家》。2006年,开始和导演娄烨合作电影,并第一次做电影剪接。2009年,凭借电影《春风沉醉的夜晚》获第47届台湾电影金马奖最佳剪辑奖。2011年,在电影《观音山》中兼任摄影师及剪辑师。2012年,凭借电影《浮城谜事》获第49届台湾电影金马奖最佳剪辑奖提名。主要摄影作品:2009年《春风沉醉的夜晚》(导演娄烨)、2010年《不怕贼惦记》(导演许传海)、2011年《观音山》(导演李玉)、2012年《浮城谜事》(导演娄烨);主要剪辑作品:2004年《恋爱大赢家》(导演朱延平)、2007年《恋爱大赢家》(导演翁首鸣)、2009年《春风沉醉的夜晚》(导演娄烨)、2011年《观音山》(导演李玉)。与梅婷于2012年在南京拍摄电影《推拿》而相识,并于年底结婚。

周苏红 女,1979年4月生,李家巷人。中共党员。1990年开始排球生涯,1994年入选浙江省女子排球队,1996年入选国家青年队,1999年入选国家女子排球队。2001年起,逐渐成长为国家队主力接应二传。2003年,获女排世界杯冠军奖杯、世界女排大奖赛总决赛冠军、亚洲锦标赛冠军。2004年获第28届雅典奥运会女排冠军,成为湖州市首个奥运会金牌获得者,她个人获"最受欢迎女运动员""最佳发球奖"和"最佳扣球奖"。2005年获国际排联大冠军杯季军、世界女排大奖赛总决赛季军,2006年获多哈亚运会冠军、世界女排大奖赛总决赛第五名、世界女子排球锦标赛第五名,2007年获世界女排大奖赛总决赛亚军、亚洲锦标赛亚军,2008年获第29届北京奥运会获季军,2010年9月获亚运会冠军,同年任浙江体育职业技术学院竞技体育五系副主任。2000年被国家体育总局授予"国际级运动健将"称号,2007年任国家女子排球队队长。先后获"全国五一劳动奖状"和"浙江省功勋运动员""浙江省劳动模范"等称号。是中共第十七次全国代表大会代表。

吴云龙 1990年12月生,小浦人。10岁因车祸造成下肢残疾。毕业于长兴县职业技术教育中心学校汽修专业。2009年9月,入浙江省备战第八届全国残疾人运动会赛艇集训队。2011年6月12日,参加第八届全国残疾人运动会赛艇比赛,获男子赛艇LTA级四人单桨有舵1000米、LTA级男女混合四人单桨有舵1000米、LTA级男子四人单桨有舵500米3枚金牌,为长兴籍残疾人运动员首次在全国综合性赛事中获金牌。同年9月,随中国残疾人赛艇队出战斯洛文尼亚赛艇世锦赛,获混合四人单桨有舵B组第一,总排名第七。2012年8月,参加第十四届伦敦残奥会,获LTA级男女混合四人单桨有舵手比赛第四名。

四、医药卫生界

俞家声　民国8年(1919年)生，白岘乡人。长兴县名中医及跨世纪特色专科医师、中国民族医学科学院客座教授。退休于白岘乡卫生院，被聘为该院中草药治疗肝、胆、肾结石专家医师。60多年钻研医学，潜心中草药，临床实践积累丰富的经验，对中医内外科疑难杂症及中草药治疗肝、胆、肾结石尤有心得，著有《俞家声中医验方集》，撰写论文发表于省级医药刊物6篇、国家级2篇、国际级2篇，多篇论文获国家、国际金奖、金杯。发明专利《一种治疗胆结石中药——俞氏金虎排石汤》(专利号:"02100392.0")，获北京首届新世纪华佗医圣"药王杯"金杯奖和香港国际专利技术、专利产品博览会金牌奖。

王思慧　女，民国18年(1929年)11月生，和平人。1954年于上海第二医学院本科毕业，分配在济南山东省第一医院眼科工作，1958年2月调天津市眼科医院工作。1984年至1991年任院长，卸任后被任命为院技术顾问。曾任中华医学会眼科学会委员、天津眼科学会副主任委员、中国残疾人联合会主席团委员、天津市残联副主席和中华眼科杂志等5份眼科专业杂志编委等。一直从事眼科临床工作，发表学术论文数十篇，参与编写的专业书籍6本，主编《实用低视力处理》，并被选为全国低视力康复教材。主要擅长眼科中的青光眼和低视力专业的研究，处于全国领先地位。两项研究成果获天津市科技进步三等奖，被评为全国白内障康复先进个人。1992年起享受国务院特殊津贴。

黄剑刚　民国20年(1931年)1月生，畎桥(今属林城镇)人。中共党员。1956年于大连医学院医疗系毕业并留校，先后任外科住院医师、总住院医师、助教、副教授、教授。1981年任大连医学院一院泌尿外科主任，1987年任外科教研室主任兼泌尿外科主任。在国家级、省级杂志公开发表学术论文32篇。1992年荣获大连市劳动模范称号，享受国务院特殊津贴。

沈连生　民国22年(1933年)7月生，白阜(今属画溪街道)人。中共党员。1950年考入嘉兴农校后转入杭州农校学习，毕业后分配到农业部，同年调甘肃省农业厅荒地勘察队任助理技术员。1956年在兰州大学生物系植物学专业学习，1961年8月毕业分配在北京中医学院从事教学和科研工作。先后任国家执业中药师、国家执业中医师、北京中医药大学中药博物馆负责人、北京中医学院中药博物馆药材资源研究室主任、硕士研究生导师，教授。曾任全国中医药院校中药标本馆专业委员会理事长，中国药学会及中国中医药学会会员，全国高校博物学会会员等职。享受国务院特殊津贴。

焦东海　民国27年(1938年)10月生，槐坎人。中共党员。1962年毕业于上海第一医学院(今复旦大学上海医学院)，1962年至1975年于第二军医大学附属长海医院任内科军医和助教，1975年转上海市卢湾区中心医院，1985年后先后任上海市香山中医院中西医结合内科主任、大黄研究室主任，主任医师，上海中医学院教授，上海瑞金医院博士研究生导师。致力于中药大黄研究，以用中药大黄治疗急症及专科病为重点研究课题。曾获卫生部甲级科学技术成果奖、上海市重大科学技术成果奖、上海市科学技术进步二等奖等。主编著作5本，参加编写专著5本，在国内外杂志上发表学术论文140篇。先后获上海市科技功臣、上海市劳动模范、全国优秀医务工作者、全国五一劳动奖章、全国中医治疗急症先进个人、国家级有突出贡献中青年专家、全国劳动模范等荣誉。1991年享受国务院特殊津贴。

陶纪值　民国35年(1946年)2月生，夹浦人。中共党员。1965年考入浙江医科大学医疗系攻读医学。1970年7月毕业后特招入伍，分配在空军长兴场站任军医。1980年调空军杭州医院工作。1983年9月任空军杭州医院医务处主任、院党委常委。翌年任副院长、院党委常委。1986年晋升为主治医师。1987年3月调任空军南京医院副院长、院党委常委。1988年被授予专业技术上校军衔。1989年7月代理院长工作，1990年2月被任命为空军南京医院院长、院党委副书记。同年晋升为副主任医师。1992年创办空军卫生系统首家中外合资企业——南京康萃制药有限公司，并兼任董事长。同年晋升为专业技术大校军衔。1993年享受国务院特殊津贴。

王亚平　女，1956年1月生，长兴人。中共党员。长兴县妇幼保健院妇产科副主任医师，从医30余年如一日，潜心专研医术，翻阅大量医学文献、资料，学习、吸收先进技术，熟练掌握各种妇产科疾病的检查、诊断和处理技术。2005年，作为一名妇产科医生，赴非洲马里参加为期两年的医疗援外任务。其间,克服生活环境恶劣、语言交流困难、医疗设施匮乏、医务人员极缺、工作任务繁重等困难,承担妇产科门诊、住院、急诊的所有工作,以精湛的医术和高尚的医德成功诊治门诊病人4000余例、急诊病人1000余例,抢救病人400余人次,大手术800余例,小手术1000余例,受到锡加索大区医院负责人、同行和当地人民的信任和认可,为中非人民友谊做出贡献。

施国平 1961年9月生,白岘乡(今属煤山镇)人。1982年毕业于嘉兴师专化学科(今湖州师范学院生命科学院)毕业,曾在长兴县小浦中学担任初中化学老师。1984年考入北京农业大学土化系学习,1988年毕业并获有机化学硕士学位,同年获北京大学生物系博士学位。1995年获美国哈佛大学生理学专业科学博士学位,获呼吸科博士后。之后四年,在哈佛大学医学院呼吸科就职。1999年,任加州大学医学院呼吸科教授。2003年,受聘美国哈佛大学医学院医学系心血管科教授,从事心血管和内分泌类疾病研究。曾获《自然》杂志社颁发的突出研究成就奖。共发表研究论文140多篇,总影响因子1150;发明专利8项。

五、长商

张天任 1962年10月生,煤山镇人。中共党员。天能动力国际集团董事局主席、总裁。1988年,承包濒临倒闭的村办小厂长兴蓄电池厂开始创业之路。1995年,组织研发免维护新型铅酸蓄电池,填补国内空白。1998年成立长兴天能电源有限公司,2003年3月成立天能电池有限公司。2007年6月,天能集团旗下公司天能动力在香港主板成功上市,成为中国动力电池第一股。之后,天能集团快速发展成为一家以电动车用高性能环保型蓄电池制造为主,集新能源镍氢电池、锂离子电池、风能、太阳能储能电池等绿色能源的研发、生产、销售为一体的综合性集团公司,2012年列中国民营企业500强第176位。被评为首届长兴县十佳优秀青年厂长(经理),浙江省优秀共产党员,浙江省劳动模范,第四届、第五届全国优秀乡镇企业家;获十大风云浙商(2009年度)、紫荆花杯杰出企业家(2011年、2012年)、2012年安永企业家奖(2012年)等荣誉称号,是第十一届浙江省人民代表大会代表,浙江省第十三次党代会党代表。

周明明 1968年7月生,小浦镇人。民盟会员。超威集团董事长、超威动力董事局主席。1990年于杭州师范学院化学系毕业后,分配到长兴县虹溪高级中学任化学教师。1998年,辞去“教师”铁饭碗,怀揣8000元启动资金,创办长兴电子电源有限公司(超威集团前身)。经过20年的努力,成功实现由一个家庭作坊式企业迅速发展成为行业龙头企业、香港主板上市公司的华丽蜕变。2012年,超威集团列中国民营企业500强第209位。先后担任民盟中央科技委员会委员、中国电器工业协会副会长、中国电池工业协会副理事长、中国自行车协会副理事长、浙江省企业家协会副会长、浙江省工业经济联合会副会长、浙江省企业联合会副会长、湖州市工商联副主席、长兴新能源汽车协会会长等职务。荣获中国民营科技发展杰出贡献优秀企业家、中国电池行业领军人物、浙江省优秀企业家等荣誉称号。是第十二届浙江省人民代表大会代表。

第三节 全国人大代表、劳动模范和先进人物

一、全国人大代表

周克治 民国30年(1941年)12月生,长兴人。1964年毕业于浙江化工学院,1963年3月分配到四川重庆长寿化工厂工作。1968年调至长兴石灰厂工作,1974年开始参与筹建长兴水泥厂、长兴杨家山水泥厂(后改为长兴白水泥厂),任该厂白水厂车间副主任。1984年任副厂长,获工程师职称。1986年长兴白水泥厂改制,成立沪兴特种水泥有限公司,任副总经理。1988年3月,当选为第七届全国人民代表大会代表。

二、劳动模范和先进人物

孙根姐 女,民国3年(1914年)生,雉城人。中共党员。1958年任雉城镇皇家湾居民村主任,1962

年任环卫所清掏工。1979年从事皇家湾居民村清扫员工作后，她挨户上门宣传卫生知识，说服动员居民自己动手，在半个多月里将村内近60只露天粪缸全部清除。每月，她为全村10多户烈军属、10多位五保老人，到镇政府代领取生活费，挨户送上门，帮他们买柴、买米、挑水、搞卫生。烈属王水珍70多岁，孤独一人，20多年的买米、买柴、买菜、料理家务都是由孙根姐包揽。老人病倒后，她就将其接到自己家里，同吃同睡，服侍2个多月；老人病逝后，她亲自帮助料理后事。1980年获“浙江省民政先进优抚工作者”，1982年获“省、市地区卫生工作积极分子”，1983年获“全国三八红旗手”称号。

毕小宝 女，民国21年（1932年）生，和平人。中共党员。1968年任大队妇女主任，1975年代大队党支部书记负责全面工作。在村工作中，勤勤恳恳、埋头苦干、团结同志，“舍小家顾大家”，工作中、生活上处处体现着大公无私。1979年获“全国三八红旗手”称号。离职后，作为一名老党员干部，积极参与到村党员活动中，支持村党支部的工作，发挥着余热，传播着正能量，关心村里的事业社会发展。

楼伯余 民国22年（1933年）6月生，长兴人。中共党员。退休前为县邮电局工作人员，退休后积极参与社会公益事业和城市文明创建志愿服务活动，用一架照相机拍摄监督类照片，坚持给市容挑刺，帮助群众解决问题。其间，骑坏3辆自行车、3辆电瓶车，行程8万多千米，拍摄监督类照片多达3万余张，提出问题7000多个，仅记录情况的笔记就有30多本，被各级媒体誉为长兴县“热心文明创建第一人”。2009年获首届“长兴榜样”十大人物荣誉称号、长兴县首届“道德模范”，2010年9月荣登中国文明网“中国好人榜”，同年还入选“浙江骄傲”年度人物。

高振跃 民国22年（1933年）7月生，李家巷人。中共党员。1951年8月参军，1980年转业到浙江长兴白水泥厂，先后任副厂长、党委副书记、党委书记。1991年7月上旬，面对暴雨不断、洪水猛涨的汛情，果断组织400多名突击队员和350名家属子女，筑起600多米长、2米高、2.5米宽的拦洪大坝，使厂区和住宅免遭淹没。7月20日，带领150多名职工和装载7500只编织袋支援洪桥彭田漾村抗洪抢险，带头为灾区人民捐款5051元。灾后积极开展自救，一个月就实现利润40.2万元，比上年同期增长37.5%。同年，获全国五一劳动奖章和浙江省劳动模范称号。

吴月娥 女，民国23年（1934年）10月生，煤山人。中共党员。曾先后任二都大队保健站站长、民兵团团长、村支部委员、妇女主任、乡妇联副主席等职。她将主要精力投入到妇女工作中，在妇女工作、血防、计划生育工作方面成绩特别突出，多次获得村、乡政府授予的“优秀妇女工作者”称号。关心老人、妇女和儿童，经常到孤寡老人家里，帮忙洗衣送饭，为老人解决生活困难；帮助化解邻里小夫妻的生活矛盾，使夫妻关系重修于好；照顾因父母外出留守在家的孩子，经常将他们接到自己家中，照顾他们生活起居，让孩子们的父母放心。1983年，荣获“全国三八红旗手”称号。

唐引娣 女，民国26年（1937年）10月生，祖籍浙江余杭人。中共党员。初小文化，7级技工。15岁进吴兴县南浔镇（今湖州市南浔区）中兴丝厂当缫丝工，后进入湖州丝厂，1971年进长兴丝厂做缫丝工人。1974年至1978年四年间，直接参加生产837天，做小缫折2139千克，超额产量6702克，为国家多创造财富计人民币2179.66元。曾获全国丝厂技术比赛一等奖，1979年9月荣获“全国三八红旗手”称号。

舒天寿 民国27年（1938年）5月生，煤山人。中共党员。1955年7月于长兴县初级师范学校毕业后，曾任小学教师、会计，1958年5月调长广煤矿公司工作。1961年起先后任采掘队长、工区区长、工区党支部书记、矿井党委书记，长广水泥厂厂长兼党委书记等职。1989年被授予“浙江省优秀党务工作者”称号。1989年12月调浙江水泥厂工作，先后任浙江水泥厂副厂长、党委副书记、纪委书记、厂长。1992年评为高级政工师，同年获浙江省劳动模范和全国五一劳动奖章，1993年被评为浙江省优秀企业家，同年当选为中共浙江省第九次代表大会代表。

计彩妹 女，民国31年（1942年）11月生，李家巷人。中共党员。1958年5月初中读书毕业后，回乡从事计家浜大队的幼教工作。当时的幼儿园条件很差，没有课桌凳和床被，她就自己从家里拿给幼儿园用，同时带领其他幼师及保育人员一起克服困难、勤俭办园。没有菜自己垦地种，没有柴烧上山砍。

自编教材、自编歌舞,自制教具玩具100多件。以幼儿园为家,一年中除过春节放4天假外,其他时间都吃住在幼儿园。计家浜幼儿园后成为全县先进典型单位,她也多次被各级政府评为先进个人。1959年获浙江省“劳动模范”称号,1960年获全国先进生产(工作)者称号并出席全国群英会。

周天行 民国37年(1948年)3月生,长兴人。中共党员。1969年参军,1975年进入长兴化工股份有限公司工作,任公司的“土”工程师和化工专业维修师。主要研制医药中间体的开发和实验,开发新产品第三代青霉素中间体。1996年生产出第一批合格的用非光气法生产的(阿洛西林中间体)N—氯甲酰基—2—咪唑烷酮,获国家新产品奖、省石化厅科技进步二等奖、省科技进步三等奖。曾多次获县先进工作者,县市劳动模范,1999年获“全国五一劳动奖章”。

孙末珍 女,1949年3月生,里塘(今属虹星桥镇)人。农民。1976年下半年,赴江苏华西大队参观学习,学到了一些水稻栽培经验,开始重视土壤培肥工作,自己带头并发动社员挑河泥、种田菁、养绿萍,改良土壤,粮食获高产。1977年,水稻栽培推行宽行密植,当年获得成功,连晚亩产达到403.5千克,1978年连晚全部推行宽行密植,亩产达到483.5千克。1978年10月任公社良种场负责人。1979年被评为地区劳动模范和“全国三八红旗手”。

王雪英 女,1952年出生,横山(今属洪桥镇)人。1991年6月,长兴县连续遭受两次特大洪涝灾害,火田墩自然村也面临险情,她作为妇女队长挺身而出,将全村在家的能参加劳动的12名妇女迅速组织起来,成立妇女抢险队,奔赴抗洪第一线。经过妇女抢险队10多天的连续奋战,队里的3.67公顷农田未受损失,而王雪英自家承包的1.33公顷鱼塘全被洪水淹没。因在特大洪灾中表现突出,同年被授予“全国三八红旗手”称号。

朱义元 1952年2月生,新塘(今属太湖街道)人。中共党员。长期从事村植保工作,1984年任新塘乡南张浜村党支部书记,1990年带领南张浜村逐步承担县乡模式栽培配方施肥、综合防治、吨粮田建设等技术项目的试验示范工作。1992年高产攻关中创造大麦、早稻、晚稻三熟全年亩产超1500千克,创华东六省一市最高纪录。20世纪90年代中期,开始引种、试验、示范种植蔬菜,年收入达数万元。全村60%的农户都种上蔬菜,种植模式从露天到小棚,从大棚到三棚四膜栽培,村民人均年收入从单一种粮2000元提高到多种经济5500元。1992年获评“湖州市劳动模范”,1994年获评“浙江省劳动模范”和“全国劳动模范”。

施卫清 1953年10月生,浙江兰溪人。中共党员。1977年浙西电力学校毕业分配到长兴供电局独山变电所任运行值班员。1984年任所长,主要负责长广煤矿的供电任务。严格执行各项安全规程,实现变电所无锈蚀、无参油、无积尘的目标。建立设备“健康档案”,在倒闸操作时把好检查关、监护关。至1998年年底,变电所连续安全运行4920天,年供电量1亿千瓦时,保障了长广煤矿和周边地区的生产生活。30多年来,变电所先后有近30人调出,他执着留下,以所为家,一心扑在变电所的技术和管理工作上,使全所各项工作走上规范化、制度化、程序化的轨道。2000年被评为“全国劳动模范”。

金美琴 女,1956年10月生,洪桥人。中共党员。1973年初中毕业参加知青下乡,1977年在畜产、废品收购岗位工作,1981年任采购商店经理,当年采购商店被省供销社评为“验收加工先进集体”。1982年引进长毛兔3367只,饲养量增加到1万多只,一年共人工配种15690只。1989年10月任雉城供销社副主任;1990年10月下箬乡、新塘乡、雉城三个供销社合并改为城区供销社,分管政工、人事、财务。1981年获评“省先进采购员”,1983年获评“浙江省三八红旗手”和“全国三八红旗手”。是浙江省第六届、第七届、第八届人大代表。

周功坤 1957年1月生,管埭乡(今属泗安镇)人,原籍江苏东台。中共党员。1974年2月迁至长潮乡朱家园村务农。1985年1月,举家迁居长潮宿子岭荒山坡,承包33.33公顷荒山进行绿化。历经19年的苦战,挖穴17万个,挑客土1万余立方米,种植杉木15.13公顷,国外松7.53公顷,桃、李、梅、竹等经济林5公顷,种植香樟、金合欢、红枫、含笑、紫薇等花卉苗木13.33公顷,还在山边套养鸡、猪、羊。1991年,将2.33公顷桃园改种桑树,同年饲养蚕种48.5张,获蚕茧2000千克。近20年,投资60

多万元，植树 17 万株，昔日的 33.33 公顷荒山秃岭，全部披上绿装，当地农民称之为“绿色银行”。1987 年获全国五一劳动奖章，1989 年先后被评为浙江省劳动模范、全国劳动模范。是浙江省第八届、第九届人大代表。

倪耀中 1961 年 12 月生，洪桥人。中共党员。1984 年 8 月参加工作，2005 年受聘于浙江兄弟路标涂料有限公司，任技术总监、高级工程师，负责道路标线机械设计、生产和涂料产品开发工作。2006 年，与企业负责人一起开展科技创新，成功研发省级新产品 12 种，全部被列入浙江省科技厅“省级产品”试制计划；通过鉴定 9 种，其中 7 种技术水平为国内领先、2 种属国内先进、2 种被认定为“省级高新技术产品”。2007 年申请技术专利 25 项，被国家知识产权局授予“专利证书”16 项，其中发明专利 5 项、实用新型专利 11 项。2011 年被授予“全国五一劳动奖章”。

朱建莲 女，1962 年 4 月生，虹星桥人，原籍浙江建德市。1986 年 9 月，在县环卫清运公司工作。26 年来，负责区域的道路清扫工作，主动加班加点，付出超常的劳动。2001 年度获长兴县和湖州市“劳动模范”称号，2002 年度浙江省建设厅授予“优秀城市美容师”称号，2003 年获“浙江省职业道德建设十佳标兵”，2004 年度获建设部“先进工作者”称号，2005 年被评为“全国劳动模范”。

卢火佺 1965 年 9 月生，新塘(今属太湖街道)人。中共党员。1987 年于温州医学院毕业，任长兴县人民医院内科医师、主治医师、呼吸内科副主任医师、呼吸内科主任医师。1997 年主持创建呼吸内科，2000 年主持创建重症医学科。2003 年 11 月任党总支副书记、副院长、党总支常务副书记。在《浙江医学》《实用医学》等杂志上发表论文 20 余篇，《可以预测吸烟后患肺癌风险的芯片及其制备法和使用法》获国家发明专利，主持或参与省医药卫生科研项目 2 项、湖州市科技局项目 3 项。2002 年被评为湖州市劳动模范，2009 年被评为浙江省劳动模范，获全国五一劳动奖章。

王新华 1966 年 8 月生，洪桥人。中共党员。高级工程师。1990 年 9 月任长兴诺力机械股份有限公司副总经理、研发中心主任，是科技创新带头人。2000 年带领公司研发团队，开发出油路结构产品。2007 年带领团队成功地研发 CPDS16 新型节能知能环保型三支点蓄电池叉车，填补国内空白。2008 年创造性地提出静压传动技术在大型堆垛机上的运用，获中国国际专利技术与产品交易金奖。成功开发拥有自主知识产权高科技含量的新产品 56 个，申请技术专利 69 项，被授予专利证书 48 项。2010 年被评为全国劳动模范。

严根妹 女，1970 年 7 月生，太傅(今属林城镇)人。农民。2000 年丈夫患乙肝重症大三阳，严根妹陪着丈夫到湖州、无锡等地辗转求医，花尽家中所有积蓄。2006 年 5 月 20 日，丈夫被确诊为肝硬化伴衰竭，生命垂危，唯一生路就是进行肝移植手术。O 型血的严根妹是一个合格的活体肝提供者，她毅然决定将肝脏“分”给丈夫。该手术需要切除严根妹 65%的肝脏，风险相当大。6 月 23 日，医生们顺利为夫妻俩完成活体肝移植。《文汇报》、中国文明网、新华网等媒体相继报道严根妹“分肝”救丈夫的感人事迹。2009 年，严根妹获湖州市第三届“道德模范•时代新农民”荣誉称号，2011 年获“全国道德模范提名奖”和“浙江省道德模范”荣誉称号。

第三章 竹元村徐家

二十世纪二四十年代，位于长兴城南两千米的竹园村(今画溪街道竹元居委会竹元村自然村)，四周河港交叉，远近修竹遍地。这个仅 19 户人家的向来默默无闻的小村庄，在抗日战争最艰苦的年代里，曾一度是中共地下联络站。中共长兴县委以该村徐家为立脚点，在当地群众的掩护下，开展活动，安全转移了一批当时在浙西工作的干部和“皖南事变”突围出来的部分干部到达苏南根据地，保存了力量，减少了损失，为其后新四军开辟浙西抗日根据地创造了条件。其间，徐家六兄妹和祖母及母亲都非常关心、支持党的工作，站岗放哨、观察敌情，担任党的秘密联络工作，六兄妹都先后加入了中国共产党。

第一节 竹元村秘密交通联络站

民国29年(1940年)六七月起,长兴被国民党浙西行署作为“重点防共区”,党的活动非常困难。根据中央关于长期隐蔽、积蓄力量、等待时机的方针,中共浙西特委为及时组织已暴露身份的党员干部撤离浙西,急需寻找一个可靠的落脚点作为联络站,开辟一条由浙西通往苏南的水上秘密交通线。

经长兴县抗日自卫队指导员徐锡麟(中共党员)介绍,他的家乡竹园村群众基础较好,地理位置合适,便于从水路与苏南联系。竹园村位于县城南两千米,东有鸿桥和李家巷、南有吕山三个伪军据点,城内有日军驻扎。日伪认为是他们的统治区,不常来“扫荡”,国民党又不敢来,处在日伪顽势力的空隙地带,显得较为安全。村四周河浜港汊多,发生情况容易隐蔽。离太湖不远,便于与苏南往来联系。同时,村上贫苦农民多,无地主恶霸。徐家在村的最南端,是寡妇之家,徐母和婆婆都是缠着小脚、目不识丁的农村妇女,但人缘好。全家为人正直,热情好客,兄妹六人有文化、有修养,思想进步,其中徐瑾和徐锡麟早在民国28年(1939年)就已先后加入了中国共产党。再加上徐锡麟有国民党“长兴县抗日自卫大队一中队指导员”的头衔为掩护。为党组织开展工作创造了条件。

民国29年(1940年)秋,县委首先在竹园村徐家建立党的秘密联络站,随后又在太湖边的新塘杭渎港建立水上秘密交通站。一条由水路通往苏南的水上秘密交通线成功开辟。之后浙西各地经天平桥、虹星桥过来的党员干部,先到竹园村联络站歇脚,至夜深人静再辗转到杭渎港交通站,然后用船护送过太湖,到达苏南太滆根据地。

当时,长兴开辟了两条浙西与苏南往返的秘密交通线:一条是陆路,浙西特委驻地(莫干山)—泗安—长潮岕—煤山—白岘—宜兴张渚—苏南区党委;一条是新开辟出来的水路,经浙西特委驻地(莫干山)—太平桥—虹星桥—竹园村—杭渎港—苏南太滆根据地。由于国民党对陆路封锁很紧,水路就成了浙西党组织来往苏南及后来“皖南事变”突围出来的部分干部安全转移至苏南的主要安全通道。

自民国29年(1940年)秋建立党的秘密交通联络站以后,竹元村徐家便成为党的秘密活动的中心,后县委也迁至竹元村。其间,除了掩护往来浙西、苏南的党政干部,传递情报,还在该村召开各种大小会议。而徐家六兄妹和祖母及母亲都非常关心、支持党的工作,站岗放哨、观察敌情,担任党的秘密联络工作。30年(1941年)5月,徐锡麟根据县委决定,辞去自卫队一中队指导员,动员国民党金城、同心、太平三乡特务班整顿扩编为“金、同、太三乡联合特务队”,由他任特务队队长、徐石麟任庶务长,在保卫乡公所、维持地方秩序的同时,掩护地下交通线;30年(1941年),县委在竹元村成立党支部,徐石麟任村党支部书记,带领党员和群众协助党组织安全转移干部和保护秘密交通线;徐墨麟(徐俭)30年(1941年)春加入中国共产党,31年(1942年)春接任中共竹元村党支部书记;徐瑾在长潮岕小学协助汪寿彭(中共党员)工作;徐玉麟、徐德麟在跨塘桥油坊记账、打杂,在门口摆个杂货摊为掩护,收集、观察敌情。特别是徐家母亲经常帮助来往同志洗衣、做饭、放哨等,从不叫苦叫累,也从不泄露党的机密,同志们都称赞她为“革命的好妈妈”。同时,县委在竹元村发展党员,建立村党支部,在周边村庄建立伴耕联防

中共长兴县委秘密交通站旧址—竹园村徐家,2002年公布为县级文保单位(县史志办提供·2008年)

互助组织一伴工队，既互耕互种，又防匪防特防日伪，深得周边农民群众的拥护和赞扬，从而保护了党在竹元村活动的安全。至32年(1943年)4月停止活动，竹元村地下联络站始终没有暴露过。而仅19户人家的竹元村，先后有10人加入中国共产党，8人参加革命工作(其中2人不是中共党员)，7人随军北上。

第二节　徐家人物简介

沈梅贞(1891—1973)　女，雉城镇竹园村(今画溪街道竹元居委会竹元村自然村)人。清光绪十七年(1891年)出生，缠小脚，不识字。抗日战争全面爆发前，全家共八口人，她和婆婆以及五个儿子、一个女儿，生活主要来源于长子、次子、女儿三人的教书收入和自种0.33公顷(5亩)粮田的劳动所得。六个子女全部参加党的秘密工作，并先后加入中国共产党。民国29年(1940年)秋，中共长兴县委在竹园村开辟水上秘密交通线，并在她家建立党的秘密联络站。沈梅贞热情接待、照顾往来的地下党员，帮助洗衣缝补、做饭、放哨等，从不叫苦叫累，也从不泄露党的机密，同志们都称赞她为“革命的好妈妈”。至31年(1942年)7月停止活动，该地下联络站始终没有暴露过。33年(1944年)，为防止日伪顽的报复，和婆婆搬到八都岕杨岭涧暂住。同年冬，徐家房子被伪军拆除(只剩大门门楣在内的前半进)，家具杂物全被运走，连房前屋后的树木也被连根刨去。34年(1945年)10月新四军北撤后，五个儿子或随军北撤或打游击，在国民党反动派残酷的清乡政策迫害下，她带着婆婆、外甥女(徐瑾女儿)住无定处，东奔西走，在苦难中迎来长兴解放。长兴解放后，一直住村里，自己管理生活，生病也不愿通知在外地的儿子，怕耽误他们的工作。1973年6月27日逝世，终年82岁。所在大队党支部为其召开追悼会。

徐锡麟(1911—1991)　原名徐温。清宣统三年(1911年)12月出生。雉城镇竹园村(今属画溪街道竹元居委会竹元村自然村)人。在徐家六个子女中排行老大。在家乡读完小学后考取德清县立师范学校，民国20年(1931年)毕业分配在德清塘栖教书，后又相继辗转长兴县的和平、白水、鼎新及杭州、萧山义桥等地小学任教。26年(1937年)回到家乡，积极参加各种抗日斗争。27年(1938年)秋，赴八都岕参加长兴县战时政治工作队，投身抗日救亡运动。28年(1939年)9月加入中国共产党，先后担任抗日进步组织长兴县流动施教团干事、抗日自卫大队一中队指导员、金同太三乡联合特务队队长，并积极引导五个弟妹参加抗日斗争。30年(1941年)春，将自家住房作为中共长兴县委秘密交通线的联络站。同年11月被国民党县政府逮捕，至31年(1942年)5月被保释。32年(1943年)11月，新四军十六旅挺进长兴，在长兴成立抗日民主政府。之后，徐锡麟一直在党的领导下参加抗日斗争。34年(1945年)8月，长兴县城收复，徐锡麟任洪桥区区长。10月随新四军北撤至山东，先后担任华东野战军六师五十四团政治处宣教股长、华中分局巡视组组员、山东军区学兵训练处教导员。37年(1948年)，参加华野先遣纵队政治部干部队随军南下。翌年1月，淮海战役胜利后，任华中支前司令部船舶管理处教导员，护送大军渡江南下。4月后，留安徽省芜湖市工作，历任市第四区政府副区长兼代理区委书记、市公安局水上分局局长兼书记、市工业局秘书组长、市交际处长兼党支部书记。1980年起任市政协常委、副主席，1983年离休。1991年10月19日在芜湖病逝。1994年4月2日骨灰归葬长兴鲤鱼山公墓。

徐玉麟(1913—1988) 原名徐良。民国2年(1913年)10月出生。雉城镇竹园村(今画溪街道竹元居委会竹元村自然村)人,在徐家六个子女中排行老二。33年(1944年)3月,长兴县抗日民主政府在槐坎成立后,参加抗日民主政府工作。先后任县文教科科员、县政府文书、塘南区财经股股长(次年6月改为虹溪区)。1945年10月新四军苏浙军区主力部队北撤时,正卧病在家休养,未得到通知。后潜至上海躲避,直至长兴解放后返回。1949年6月,任雉城镇人民政府第一任镇长。1950年6月,任县工商联经济科科长。1952年"三反"运动中,因反革命案被逮捕并判刑3年。1953年6月,因病保外就医。1954年下放农村。1983年8月予以平反,原判决撤销。1984年4月落实政策,做县工商局干部退休处理。1985年2月改作离职休养。1988年1月7日去世。

徐　瑾(1916—1946) 又名徐爱珠。女,民国5年(1916年)出生。雉城镇竹园村(今画溪街道竹元居委会竹元村自然村)人,在徐家六个子女中排行老三,也是家中唯一的女孩。抗日战争全面爆发前,教书为生。民国27年(1938年)秋,随兄长徐锡麟到八都岕参加长兴县战时政治工作队。经常深入农村和集镇,走街串巷,出墙报,散传单,举行街头演出,教唱抗日歌曲,组织群众参加各种抗日团体。28年(1939年)夏秋之际,与汪寿彭(后改名洪海涛,28年夏加入中国共产党,不久赴长潮小学任校长)一起到长潮小学教书,并经汪介绍秘密加入中国共产党,成为徐家六兄妹中第一个中共党员。同年9月,将兄长徐锡麟介绍给汪,并由汪等人介绍徐锡麟入党。34年(1945年)10月新四军北撤时,徐瑾远在东乡,掩护被国民党怀疑即将暴露的地下党员童超、汪寿彭、单洁等,为他们望风、送饭。后因身份有所暴露,多次转移到偏僻山村去教书,生活艰难。为掩护身份又被动成婚,婚后生活不顺心。新四军北撤后,又失去与党组织的联系。35年(1946年),因病去世。年仅30岁。

徐石麟[①] 原名徐恭。民国8年(1919年)8月出生。雉城镇竹园村(今画溪街道竹元居委会竹元村自然村)人,在徐家六个子女中排行老四。29年(1940年)随兄长徐锡麟参加革命,同年年底加入中国共产党。30年(1941年)任中共竹园村支部书记,带领党员和群众协助党组织安全转移干部和保护秘密交通线。30年(1941年)6月中共控制的国民党金、同、太三乡联合特务队成立,兄长徐锡麟任队长、他任庶务长、中共党员黄家骏任一班长,积极开展抗日抗顽斗争。31年(1942年),转移到新四军十六旅苏南茅山根据地工作。32年(1943年),回浙西工作,历任吴兴县税务所主任、财经科长、城区区长。34年(1945年)10月新四军北撤后,留守浙西坚持革命斗争。后回到苏北根据地,恢复党组织关系。35年(1946年)撤至山东,任鲁中粮食局秘书,历任华东兵战部行政科长、辎重团副团长兼供给处主任、渤海兵站处运务科长,从事运粮支前工作。1949年,随军进入上海,接收上海招商局任军事联络员、上海浚浦局军代表、副局长兼张华浜船厂厂长,后任上海港务局调度室主任、港务监督室主任、办公室主任。1954年任交通部海运管理总局港航监督室副主任。1956年后历任交通部广州海运管理局办公室主任、海河运输局副局长,广东省航运厅技术处处长兼新中国船厂党委书记、厂长,广东省航运厅办公室主任、广东省航运厅副厅长兼广东港航监督长,香港珠江船务(集团)公司董事长等职。1984年离休。

① 2017年4月4日去世。

徐　俭(1923—1997)　又名徐墨麟。民国12年(1923年)1月出生。雉城镇竹园村(今画溪街道竹元居委会竹元村自然村)人,在徐家六个子女中排行老五。读了四年小学便辍学在家务农。抗日战争全面爆发后,受兄长徐锡麟影响积极从事抗日活动。30年(1941年)春,加入中国共产党。31年(1942年)春,徐石麟赴苏南工作,他接任中共竹园村支部书记。32年(1943年)秋新四军十六旅挺进长兴西部山区后,任虹溪办事处民运干事,33年(1944年)春任合溪区区大队指导员。34年(1945年)10月新四军奉命北撤,区大队编入苏浙军区四纵队十支队。到达山东后,改编为华东野战军一纵队一师一团,徐俭任连指导员。35年(1946年)至36年(1947年)间,参加攻克费县、兖州、泰安、藤县、枣庄等战斗和宿北、鲁南、莱芜、孟良崮等重大战役。37年(1948年)春,为迎接全国解放,华东野战军组成先遣纵队,徐俭任先遣纵队一支队二连指导员。同年冬,参加淮海战役、解放合肥战斗。1949年春,先遣纵队解散,徐俭奉调华东野战军特种纵队特科学校,先后任教导员、青年科长、大队政委等职。1955年进沈阳高级炮校学习,1956年毕业后分配在南京军事学院任政治教员。1957年学院分兵种建院,被分到河北宣化炮兵学院任主任教员。1975年调总参南京炮校任训练部政委、炮校副政委、顾问等职,1980年离休。曾荣获三级解放勋章和独立功勋章。1997年去世。

徐　让　又名徐德麟。民国13年(1924年)4月出生。雉城镇竹园村(今画溪街道竹元居委会竹元村自然村)人,在徐家六个子女中排行老六。受兄长徐锡麟影响,于32年(1943年)参加革命,33年(1944年)9月加入中国共产党。34年(1945年)8月,任雉城镇党的特别支部书记,10月随新四军北撤。后参加淮海战役等重大战役。1949年随南下先遣纵队进驻杭州,参加接管工作。先后任杭州自来水厂、浙江省交通公司军管会工作组长、杭州电气公司党委书记,衢州热电厂党委书记、总厂厂长,二机部湖南衡阳七一〇厂党委书记,电子工业部杭州四五〇九厂厂长、党委书记等职。后受命组建中国磁记录设备公司,任总经理。1986年离休。

第四章　人物名录

人物名录设5种,在对长兴县各单位上报的人物资料进行筛选、整理的基础上,不完全收录769人次。其中,先进人物639人次,国务院特殊津贴获得者4人,正高级及以上专业技术职务人员26人,国家级协会会员82人,国家级及以上运动员、裁判员18人。多次获得省部级及以上先进个人称号的,同时又取得正高及以上专业技术职称的,分别予以收录。

第一节　先进人物

收录1988—2012年在长兴县工作的先进人物607人次,其中全国劳动模范5人、全国五一劳动奖章获得者5人、省部级劳动模范21人、国家条线其他表彰的先进60人次,省委、省政府表彰的先进个人105人,市劳动模范139人次,县劳动模范272人次;至2012年年末长兴县在服现役期间荣获个人二等功及以上的现役军人、退役军人32人次。均按授予年份先后顺序排列,同一时间的以姓氏笔画为序。

1988—2012 年长兴县获全国劳动模范称号人员表

表 40-1

姓名	性别	荣誉称号	授予年份	授予单位	授予时工作单位
周功坤	男	全国劳动模范	1989	国务院	长潮乡朱家园村
朱义元	男	全国劳动模范	1995	国务院	新塘乡南张浜村
施卫清	男	全国劳动模范	2000	国务院	县供电局独山变电所
朱建莲	女	全国劳动模范	2005	国务院	县环卫清运公司
王新华	男	全国劳动模范	2010	国务院	浙江诺力机械股份有限公司

1988—2012 年长兴县获全国五一劳动奖章人员表

表 40-2

姓名	性别	授予年份	授予单位	授予时工作单位
高振跃	男	1991	中华全国总工会	长兴白水泥厂
周天行	男	1999	中华全国总工会	长兴化工有限公司
彭明才	男	2007	中华全国总工会	县职教中心
卢火佺	男	2009	中华全国总工会	县人民医院
倪耀中	男	2011	中华全国总工会	浙江兄弟路标涂料有限公司

1988—2012 年长兴县获省部级劳动模范称号、五一劳动奖章人员表

表 40-3

姓名	性别	荣誉称号	授予年份	授予单位	授予时工作单位
王立民	男	全国金融系统劳动模范	1989	人事部、中国人民银行	县人民银行
周　超	男	全国审计系统劳动模范	1989	人事部、国家审计署	县审计局
董小白	男	全国教育系统劳动模范	1989	人事部、教育部	县职教中心
戚发根	男	全国粮油系统劳动模范	1992	人事部、国家粮食局	虹溪粮油公司
周惕民	男	全国教育系统劳动模范	1995	人事部、教育部	泗安中学
何国庆	男	全国林业系统劳动模范	2007	人事部、国家林业局	县永绿林业发展中心
刘　杰	男	全国机械工业劳动模范	2009	人力资源和社会保障部、中国机械工业联合会	浙江诺力机械股份有限公司
孙勤瑜	女	浙江省劳动模范	1990	省政府	长兴丝厂
高振跃	男	浙江省劳动模范	1992	省政府	长兴白水泥厂
朱世贵	男	浙江省劳动模范	1995	省政府	沪兴水泥公司
周天行	男	浙江省劳动模范	1998	省政府	长兴化工有限公司
周家银	男	浙江省劳动模范	1999	省政府	林城镇东光哺坊
杨旭东	男	浙江省劳动模范	1999	省政府	三狮水泥公司
臧　强	男	浙江省劳动模范	1999	省政府	县农业银行解放路储蓄所
吴粉兴	男	浙江省劳动模范	2004	省政府	县供电局
柏乐余	男	浙江省劳动模范	2004	省政府	二界岭乡初康农业产业科技化农场
彭明才	男	浙江省劳动模范	2007	省政府	县职教中心
张天任	男	浙江省劳动模范	2009	省政府	天能国际集团
徐水方	男	浙江省劳动模范	2009	省政府	县公安局虹星桥派出所

续表 40-3

姓名	性别	荣誉称号	授予年份	授予单位	授予时工作单位
程　红	女	浙江省劳动模范	2009	省政府	长兴中学
蒋雪林	男	浙江省劳动模范	2009	省政府	雉城镇彭城村蔬菜合作社
杨明珠	女	浙江省五一劳动奖章	2008	省政府	长兴大剧院

1988—2012 年长兴县获国家条线其他表彰的先进人物表

表 40-4

姓名	性别	荣誉称号	授予年份	授予单位	授予时工作单位
莫启皋	男	全国城乡治安保卫治安联防先进工作者	1989	公安部	长潮乡政府
裘广兴	男	全国优秀教师	1989	教育部	长潮乡中心小学
乔惠敏	女	全国优秀教师	1989	教育部	煤山镇中心小学
沈棣兴	男	全国扫盲先进工作者	1989	教育部	县教育局
郑绍诚	男	全国优秀教育工作者	1989	教育部	槐坎乡中学
王雪英	女	全国三八红旗手	1991	全国妇联	洪桥镇陈湾村
欧奕国	男	全国工商行政管理系统优秀工商行政管理人员	1991	国家工商总局	县工商行政管理局
嵇末芳	女	全国先进个体劳动者	1991	国家工商总局、中国个体劳动者协会	个体经营户
倪淑芬	女	全国优秀教师	1991	教育部	长兴县实验小学
陈绍祥	男	全国业余体育训练先进工作者	1992	国家体委	县体育局
韦惠兰	女	全国财政系统先进工作者	1993	人事部、财政部	县财政局农财股
陈绍祥	男	全国优秀体育裁判员	1993	国家体委	县体育局
李荣华	男	全国优秀教育工作者	1993	教育部	长兴县实验小学
许国云	男	全国优秀教育工作者	1993	教育部	煤山中学
朱小华	男	全国优秀人民警察	1995	公安部	县公安局雉城派出所
周惕民	男	全国优秀教师	1995	教育部	泗安中学
李海清	男	全国业余训练先进工作者	1996	国家体委	县体育局
宋文国	男	全国优秀人民警察	1997	公安部	县公安局刑侦大队
钱树勤	男	全国工商行政管理系统优秀工商行政管理人员	1997	国家工商总局	县工商行政管理局
潘水清	男	全国保护消费者合法权益先进工作者	1997	中国消费者协会	县工商行政管理局
梁奕建	男	全国文物博物馆系统先进工作者	1998	人事部、国家文物局	新四军苏浙军区纪念馆
周远青	男	全国优秀人民警察	1998	公安部	县公安局刑侦大队
顾吉生	男	全国城市环境综合整治先进个人	1999	建设部	县建设局
杨献国	男	全国城市环境综合整治优秀县长	2000	建设部	县政府
叶　华	男	全国优秀人民警察	2000	公安部	县公安局雉城派出所
李海清	男	全国青少年体育先进工作者	2000	国家体育总局	县体育局
吴万和	男	全国价格监督检查先进个人	2001	国家发展计划委员会	县计划与经济委员会
李次刚	男	全国优秀教师	2001	教育部	长兴中学
陆红星	男	全国税务系统先进工作者	2001	人事部、国家税务总局	县地方税务局直属征管分局
盛松堂	男	全国社会治安综合治理先进工作者	2001	人事部、中央社会治安综合治理委员会	雉城镇古城街道
朱为学	男	全国优秀人民警察	2003	公安部	县公安局刑侦大队

续表40-4

姓名	性别	荣誉称号	授予年份	授予单位	授予时工作单位
邱桂萍	女	全国“双学双比”女能手	2003	全国妇联	
朱莉芸	女	全国统计系统先进个人	2004	国家统计局	县统计局
陈敏强	男	全国工商行政管理系统优秀工商行政管理人员	2004	国家工商总局	县工商行政管理局
成　珊	女	全国青少年宫优秀工作者	2004	共青团中央、文化部	县青少年宫
王　萍	女	全国农村青年创业致富带头人	2005	共青团中央、农业部	长兴初康科技农场
曹金学	男	“神舟”六号载人航天飞行任务先进个人	2005	工业和信息化部	长兴电子厂
潘子力	男	全国关心下一代突出贡献奖先进工作者	2005	中国关心下一代工作委员会	县人大
杨芝琴	女	全国好家长	2005	全国妇联	长兴万宏公司
周桂林	男	全国青少年电子制作锦标赛优秀辅导员	2005	国家体育总局、教育部、中国科协、共青团中央、全国妇联	长兴技工学校
赵满英	女	全国“双学双比”先进个人	2005	全国妇联	县妇联
苏卫琴	女	全国“双学双比”女能手	2006	全国妇联	长兴大洋生物饲料有限公司
周吉南	女	全国人口和计划生育优秀工作者	2006	国家卫生和计划生育委员会	县人口计生局
黄莲芳	女	全国人口和计划生育科技工作先进个人	2006	国家卫生和计划生育委员会	县计划生育宣传技术指导站
王自成	男	全国信访系统优秀接谈员	2007	国家信访局	县信访局
程　红	女	全国优秀教师、全国优秀班主任	2007	教育部	长兴中学
尹明成	男	全国优秀农民工	2008	国务院农民工办公室	长兴多蒙佳乐有限公司
陈亦祥	男	全国文化系统先进工作者	2009	文化部	县文广新局
潘建清	男	全国粮食生产先进工作者	2009	农业部	县农业局
许玉良	男	全国国土资源执法监察工作先进个人	2010	国土资源部	县国土局雉城国土所
楼伯余	男	中国好人	2010	中央文明办、全国总工会、共青团中央、全国妇联	浙江电信长兴分公司
王　瑛	女	全国农村青年创业致富带头人	2011	共青团中央、农业部	虹星桥镇郑家村
严根妹	女	全国道德模范提名奖	2011	中宣部、中央文明办、解放军总政治部、全国总工会、共青团中央、全国妇联	长兴县科达饲料有限公司
李胜斌	男	中国好人	2011	中央文明办、全国总工会、共青团中央、全国妇联	县市政环境卫生管理处
俞如傲	男	中国好人	2011	中央文明办、全国总工会、共青团中央、全国妇联	县公路管理段运通养护公司
顾　忠	男	全国保护消费者合法权益先进工作者	2012	中国消费者协会	县工商行政管理局
宁国云	男	全国粮食生产突出贡献农技人员	2012	农业部	县农业局
潘金龙	男	全国农村土地承包调解仲裁先进工作者	2012	农业部	县农业局
耿铨焕	男	全国农村青年创业致富带头人	2012	共青团中央、农业部	长兴县科达饲料有限公司
胡长安	男	全国中医药系统创先争优活动先进个人	2012	卫生部	县中医院

1988—2012 年长兴县获浙江省委、省政府表彰的先进人物表

表 40-5

姓名	性别	荣誉称号	授予年份	授予单位	授予时工作单位
符加林	男	浙江省优秀共产党员	1991	省委	县水利工程管理站
陈树连	男	1991 年抗灾救灾先进个人	1991	省委、省政府	洪桥镇人武部
王汉章	男	1991 年抗灾救灾先进个人	1991	省委、省政府	夹浦乡人武部
沈阿研	男	1991 年抗灾救灾先进个人	1991	省委、省政府	横山乡倪家村党支部
吴阿英	女	浙江省优秀共产党员	1995	省委	吕山乡政府
梁奕建	男	浙江省全民国防教育先进个人	1997	省委、省政府、省军区	长兴新四军苏浙军区纪念馆
邹双喜	男	浙江省优秀共产党员	1999	省委	长兴小浦林场
晏金石	男	浙江省优秀共产党员	1999	省委	长兴方解石微粉有限公司
孙勤芳	男	浙江省优秀共产党员	2001	省委	林城镇周吴岕村
陈国雄	男	浙江省优秀共产党员	2001	省委	华能长兴电厂
曹金学	男	浙江省优秀共产党员	2005	省委	长兴电子厂
耿绍明	男	浙江省优秀共产党员	2006	省委	仓前街社区
王　栋	男	浙江省千村示范万村整治工作先进个人	2007	省委、省政府	县村镇建设管理服务站
曹　杰	男	浙江省优秀农村工作指导员	2007	省委、省政府	县城市管理行政执法局
陈粉根	男	浙江省优秀共产党员	2008	省委	县教育局
谢红星	男	浙江省社会治安综合治理先进个人	2009	省委、省政府	县委政法委
薛成坤	男	浙江省优秀共产党员	2009	省委	夹浦镇月明村
王　苹	女	第二届浙江省农村教师突出贡献奖	2011	省政府	水口乡中学
严根妹	女	浙江省道德模范	2011	省委、省政府	长兴县科达饲料有限公司
沈林章	男	浙江省优秀科技特派员	2011	省政府	县农业局
张天任	男	浙江省优秀共产党员	2011	省委	天能国际集团
范益平	男	百万亩生态型水产养殖塘标准化建设先进个人	2011	省政府	县农业局
陈亦祥	男	浙江省优秀党务工作者	2011	省委	县文广新局(体育局)
周新民	男	“环沪护城河”安保先进个人	2011	省委、省政府	县委政法委
曹金学	男	浙江省优秀共产党员	2011	省委	长兴电子厂
顾　萍	女	浙江省农村公路工作先进个人	2011	省政府	交通勘察设计所

说明：以上根据各单位上报资料整理

1988—2012 年长兴县获省政府表彰的特级教师和“春蚕奖”获得者

表 40-6

姓名	性别	荣誉称号	授予年份	工作单位
杨　谦	男	浙江省特级教师	1990	长兴中学
胡安康	男	浙江省特级教师	1990	县教委教研室
施方正	男	浙江省特级教师	1994	县教委教研室
余　琴	女	浙江省特级教师	2002	县教育研究中心
莫银火	男	浙江省特级教师	2006	长兴中学
邢乐耘	女	浙江省特级教师	2006	县教育研究中心
沈斌扬	男	浙江省首届“春蚕奖”	1989	煤山镇西川小学

续表40-6

姓名	性别	荣誉称号	授予年份	工作单位
郑绍诚	男	浙江省首届“春蚕奖”	1989	槐坎乡中学
徐庆祥	男	浙江省第二届“春蚕奖”	1989	夹浦中学
许继兴	男	浙江省第二届“春蚕奖”	1989	便民桥乡中学
吴月娥	女	浙江省第二届“春蚕奖”	1989	槐坎乡东升小学
吴玉良	男	浙江省第二届“春蚕奖”	1989	芝山初级农技学校
费加湘	男	浙江省第三届“春蚕奖”	1990	吴山中学
董瑞娥	女	浙江省第三届“春蚕奖”	1990	包桥乡完小
徐建民	男	浙江省第三届“春蚕奖”	1990	白阜中学
欧阳家	男	浙江省第三届“春蚕奖”	1990	太傅乡寺基小学
徐根林	男	浙江省第四届“春蚕奖”	1991	虹星桥小学
施荣林	男	浙江省第四届“春蚕奖”	1991	县农技学校
沈文珠	女	浙江省第四届“春蚕奖”	1991	新塘乡沉港完小
殷舜勇	男	浙江省第四届“春蚕奖”	1991	洪桥镇道古完小
谢国强	男	浙江省第四届“春蚕奖”	1991	丁新区视导办
蒋守国	男	浙江省第四届“春蚕奖”	1991	煤山镇新升完小
高金泉	男	浙江省第四届“春蚕奖”	1991	吴山乡斗门完小
沈忠义	男	浙江省第五届“春蚕奖”	1992	吕山乡中心小学
黄存龙	男	浙江省第五届“春蚕奖”	1992	长潮乡师古岗完小
俞国祥	男	浙江省第五届“春蚕奖”	1992	白阜乡中学
董芝芳	女	浙江省第五届“春蚕奖”	1992	水口乡中心小学
吴玉英	女	浙江省第六届“春蚕奖”	1993	和平镇官庄完小
彭金根	男	浙江省第六届“春蚕奖”	1993	里塘周小完小
孙立新	男	浙江省第六届“春蚕奖”	1993	仙山中学
郑先锋	男	浙江省第六届“春蚕奖”	1993	泗安大庄村小
吴子华	男	浙江省第七届“春蚕奖”	1994	夹浦中学
俞有宽	男	浙江省第七届“春蚕奖”	1994	吕山乡施联完小
陈观聚	男	浙江省第七届“春蚕奖”	1994	和平镇中学
许秋香	女	浙江省第七届“春蚕奖”	1994	管埭乡长友村小学
胡伟铭	男	浙江省第八届“春蚕奖”	1995	长城乡中学
陈义安	男	浙江省第八届“春蚕奖”	1995	虹星桥镇龙从小学
周义泉	男	浙江省第八届“春蚕奖”	1995	小浦镇中心小学
唐天云	男	浙江省第八届“春蚕奖”	1995	林城中学
潘剑三	男	浙江省第九届“春蚕奖”	1996	横山乡中学
章阿根	男	浙江省第九届“春蚕奖”	1996	吕山乡雁荡小学
蒋守志	男	浙江省第九届“春蚕奖”	1996	白岘乡中学
殷振楚	男	浙江省第九届“春蚕奖”	1996	夹浦镇中心小学
周水珍	女	浙江省第十一届“春蚕奖”	1998	包桥中心小学
陈正芳	男	浙江省第十三届“春蚕奖”	2000	槐坎小学
杨福祥	男	浙江省第十三届“春蚕奖”	2000	水口小学
董会成	男	浙江省第十四届“春蚕奖”	2001	后漾中心小学
周清泉	男	浙江省第十四届“春蚕奖”	2001	湖州清泉文武学校

续表40-6

姓名	性别	荣誉称号	授予年份	工作单位
蒋伯美	女	浙江省第十五届“春蚕奖”	2002	包桥中心小学
庄剑敏	男	浙江省第十五届“春蚕奖”	2002	泗安镇中学
戴法明	男	浙江省第十六届“春蚕奖”	2003	水口中学
汤月英	女	浙江省第十六届“春蚕奖”	2003	白岘乡中心小学
陈长芳	男	浙江省第十六届“春蚕奖”	2003	二界岭中心学校
万世虎	男	浙江省第十七届“春蚕奖”	2004	吴山中心学校
顾康妹	女	浙江省第十七届“春蚕奖”	2004	和平中学
程郁英	女	浙江省第十七届“春蚕奖”	2004	李家巷中学
王义林	男	浙江省第十八届“春蚕奖”	2005	虹星桥小学
沈颖梅	女	浙江省第十八届“春蚕奖”	2005	泗安镇中心小学
窦炳秋	男	浙江省第十八届“春蚕奖”	2005	图影小学
刁小花	女	浙江省第十九届“春蚕奖”	2006	槐坎中心学校
陈春梅	女	浙江省第十九届“春蚕奖”	2006	和平小学
沈柏生	男	浙江省第十九届“春蚕奖”	2006	林城小学
曹朝云	男	浙江省第二十届“春蚕奖”	2007	煤山小学
杨福祥	男	浙江省第二十届“春蚕奖”	2007	水口小学
黄裕来	男	浙江省第二十届“春蚕奖”	2007	二界岭中心学校
管满泉	男	浙江省第二十一届“春蚕奖”	2008	林城中学
柏　凌	女	浙江省第二十一届″春蚕奖″	2008	长兴实验小学
管　勤	男	浙江省第二十一届″春蚕奖″	2008	泗安中学
蔡振森	男	浙江省第二十二届“春蚕奖”	2009	夹浦中学
林天富	男	浙江省第二十二届“春蚕奖”	2009	虹星桥中学
张凤林	男	浙江省第二十二届“春蚕奖”	2009	和平镇长城完小
沈筱华	男	浙江省第二十三届“春蚕奖”	2010	洪桥中学
杨永红	女	浙江省第二十三届“春蚕奖”	2010	长广小学
王道宽	男	浙江省第二十三届“春蚕奖”	2010	泗安中学
王寿成	男	浙江省第二十四届“春蚕奖”	2012	槐坎小学
奚忠恕	男	浙江省第二十四届“春蚕奖”	2012	长兴华盛高级中学
王宝华	男	浙江省第二十四届“春蚕奖”	2012	长兴中学
费根法	男	浙江省第二十五届“春蚕奖”	2012	长兴太湖高级中学
李　莉	男	浙江省第二十五届“春蚕奖”	2012	长兴职教中心
张佩成	男	浙江省第二十五届“春蚕奖”	2012	白岘乡中心小学

说明：资料来源于县教育局

至2012年年末长兴县在服现役期间荣获个人二等功及以上的现役军人、退役军人表

表40-7

姓　名	性别	出生年月	家庭住址	立功等次	授予年份	授予时服役部队
郑乃行	男	1925.11	泗安镇白莲村	二等功	1950	中国人民解放军工程某部队
张关荣	男	1930.11	雉城街道二虎头社区	二等功	1953	中国人民解放军某部队
俞志标	男	1935.08	小浦镇居委会	二等功	19578	中国人民解放军某部队
				二等功	1958	

续表40-7

姓 名	性别	出生年月	家庭住址	立功等次	授予年份	授予时服役部队
徐福成	男	1934.01	小浦镇居委会	二等功	1957	浙江省温州军分区
				二等功	1959	
王守勤	男	1935.10	雉城街道二虎头社区	二等功	1958	中国人民解放军某部队
王茂桂	男	1934.10	煤山镇金和嘉园	二等功	1960	中国人民解放军某部队
王定忠	男	1935.01	雉城街道明珠路社区	二等功	1964	上海市公安总队
袁士民	男	1942.09	雉城街道三狮社区	二等功	1965	海军某中队
刘传记	男	1964.11	雉城街道小西门社区	二等功	1985	中国人民解放军某部队
胡纪勤	男	1964.05	雉城街道金陵社区	二等功	1985	中国人民解放军某部队
陈新国	男	1972.06	雉城街道所前社区	二等功	1993	南京军区某综合仓库
殷波良	男	1966.01	龙山街道齐北社区	二等功	1994	中国人民解放军某部队
李建斌	男	1974.12	雉城街道马巾巷社区	二等功	1995	武警浙江省萧山市消防中队
卢宏江	男	1973.08	雉城街道北门社区	二等功	1996	武警浙江省杭州市消防中队
胡利国	男	1976.05	太湖街道晨光社区	二等功	1996	中国人民解放军某部队
周伯田	男	1962.03	龙山街道双拥社区	二等功	1998	中国人民解放军某部队
李发建	男	1965.11	雉城街道小西门社区	二等功	2001	中国人民解放军某部队
杨松柏	男	1966.01	雉城街道水木花都社区	二等功	2002	中国人民解放军某部队
王　华	男	1980.12	雉城街道北门社区	二等功	2003	中国人民解放军某部队
潘卫锋	男	1978.07	太湖街道晨光社区	二等功	2003	陆军某集团军炮兵旅
宗　毅	男	1983.07	雉城街道台苑新村社区	二等功	2005	武警连云港市支队
郑利华	男	1977.05	雉城街道鱼巷口社区	二等功	2007	武警浙江省总队丽水中队
陈朋华	男	1985.11	雉城街道水木花都社区	二等功	2007	武警浙江省总队
孙长刚	男	1978.08	太湖街道晨光社区	二等功	2008	中国人民解放军某部队
姬一锋	男	1986.03	吕山乡胥仓村	二等功	2010	武警上海消防总队
余培祥	男	1986.01	雉城街道青山路	二等功	2010	武警南平消防支队
程家武	男	1987.02	和平镇红山村	二等功	2010	武警南平市消防支队
程　雷	男	1980.01	雉城街道所前社区	二等功	2012	中国人民解放军某部队
张道同	男	1979.04	龙山街道齐北社区	二等功	2012	中国人民解放军某部队
周海斌	男	1981.09	龙山街道双拥社区	二等功	2012	中国人民解放军某部队
卢加明	男	1978.09	龙山街道齐北社区	二等功	2012	中国人民解放军某部队
万国庆	男	1979.10	雉城街道回龙山社区	二等功	2012	中国人民解放军某部队

说明:1.资料来源于县退役军人事务管理局;2.李发建、孙长刚、程雷、张道同、卢加明、万国庆6人籍贯外省,转业安置在长兴

1988—2012年长兴县获市劳动模范称号人员

表40-8

年度	姓名及授予时工作单位
1988	陈雪兰(女,雉城镇个体)、韩建国(长兴油厂)、杨海宝(长兴县运输公司)、冀九银(长兴白水泥厂)、符加林(县水利农机局)、董小白(包桥乡中学)、耿小荣(包桥乡木竹弄村)、王木金(洪桥耐火器材厂)、李金荣(新塘乡北张浜村)

续表40-8

年度	姓名及授予时工作单位
1990	周建华(长兴皮件厂)、高兴楚(长兴青东煤矿)、鲁荣明(县环卫所)、赵桐英(女,长兴丝厂缫丝厂)、詹伟国(小浦供销社)、杨海宝(长兴县运输公司)、丁毅(长兴煤炭机械厂)、徐爱娣(女,长兴汽运分公司)、莫焕章(洪桥镇龙舌咀村)、符加林(县水利农机局)、章水林(长城乡徐家兜村)、徐纪农(后漾乡白溪村)、周青山(小浦镇高地村)、刘阿苟(长兴县镁质材料厂)、都根桥(长兴青山石矿)
1992	刘阿苟(长兴县镁质材料厂)、孔玲玉(女,长兴丝厂)、赵金宝(县邮电局)、倪淑芬(女,长兴县实验小学)、杨桂林(长兴县运输公司)、陈锦春(林城粮油厂)、莘吉法(长兴白水泥厂)、董国华(长兴县镁质炉料厂)、周绍昌(长兴县镀锌厂)、王祖林(县气象局)、杨伯棠(洪桥镇农机站)
1994	周天行(长兴化工总厂)、庄玉春(女,长兴丝厂)、赵金宝(长兴县邮电局虹星桥邮电所)、蒋守政(长兴中学)、丁晓龙(女,长兴县实验小学)、薛长法(县环卫处)、晏金石(长兴方解石微粉厂)、杨晓林(长兴输送机械厂)、刘武力(和平镇后山村)、沈晓顺(洪桥镇潼桥村)、杨大元(长兴县天平哺坊养鸭户)、周家银(林城镇长林哺坊养殖户)、余双全(上海建科院丰能制材有限公司)、赵仁仙(长兴县镁质材料厂)、杨世元(林城养殖户)、莫金芳(里塘乡后漾村)
1996	孙满法(长兴县轻工总厂)、过勇(县邮电局)、罗强(长兴县工商银行营业部)、王阿佩(女,长兴中学)、金崇瑜(长兴第一人民医院)、臧俊杰(长兴县第三航运公司)、鲁荣明(县环卫处城北环卫所)、杨志勇(泗安林场)、王柏成(长兴县父子岭耐火厂)、孙爱平(长桥乡白米村)、黄顺德(小浦镇高地村)、莫阿三(新塘乡新塘村)、胥宝珍(女,长兴丝厂)、周绍昌(浙江山鹰建材有限公司)
1998	姚锄强(浙江湖州威达纺织集团公司)、孙满法(湖州新大力轻工集团有限公司)、沈鑫星(长兴县蚕种场)、王万春(县公路段)、周树元(县城东学区教育视导办公室)、施卫清(县供电局独山变电所)、臧强(中国农业银行长兴支行解放路储蓄所)、陈铭红(女,县计划生育指导站)、谢长年(县环境卫生管理处)、徐根生(虹星桥镇周村村)、施雪林(吕山乡养家村)、殷锦财(新塘乡农科站)、莫金富(雉城镇上杨村)、吴阿英(吕山乡政府)
1999—2000	章依新(吕山乡农机站)、徐克诚(长兴昌盛有限公司)、张天任(长兴天能电源有限公司)、李怡如(虹星桥镇观音桥)、周家银(林城镇东岗村)、过勇(长兴电信实业公司)、陈学林(县公安局雉城警署)、卢火佺(县人民医院)、王外春(县公路管理)、吴粉兴(县供电局和平供电所)、柏东余(长兴初康农业产业化科技农场)、罗民新(长兴县虹溪中学)、王楚斌(县人民检察院)、高峰(长兴新明华化工建材有限公司)、罗美珍(女,县农业局)
2001—2002	陈陆珍(女,夹浦饮泉轻纺经营部)、丁志农(志鑫纺织印染公司)、冯毛苟(李家巷镇陈家浜村)、李梅芳(宏梅养殖场)、林瑞满(水口徽州庄村)、宋星星(中山化工有限公司)、肖慧勤(女,雉城镇北门居委会)、徐志明(泰明食品有限公司)、张发庆(长兴电力电杆公司)、朱建莲(女,县环卫管理处)、王新华(浙江诺力机械股份有限公司)、姚锄强(浙江威达纺织集团有限公司)、彭明才(长兴职业技术教育中心)、周明明(超威电源有限公司)
2006	谭火林(浙江诺力机械股份有限公司)、胡斌(县检察院)、胡长安(县中医院)、蒋雪林(雉城镇彭城蔬菜合作社)、林国荣(长兴奇达丝绸有限公司)、邱汝民(林城镇畎桥村)、唐如生(雉城镇政府)、唐胜波(长兴广播电视台)、杨强华(和平镇吴村村基隆坞茶场)、赵有根(槐坎乡十月村)、郑考今(中国移动浙江长兴分公司)、邵荣益(长兴荣耀鹅业有限公司)、王自成(县信访局)、吴新荣(长兴万宏汽车运输有限公司)、干维仁(长兴泰明食品有限公司)
2012	唐寄斌(县邮政局)、窦能如(县环卫处)、朱慧萍(女,中国电信长兴分公司)、王伟国(紫金大酒店)、宁国云(县农业局农作站)、许志良(泗安中学)、石美琴(女,湖州白岘南方水泥有限公司)、臧峻月(女,县法院)、魏丽华(女,县气象局)、吴加平(长兴绿萌苗木专业合作社)、祁煜良(水口乡顾渚村)、高世明(吴山乡小溪口村)、施明贵(长兴明贵安然园林绿化有限公司)、王晓世(长兴新明华化工建材有限公司)、盛树堂(浙江盛旺耐火材料股份有限公司)、陈顺明(浙江湖州威达纺织集团有限公司)

1988—2012 年长兴县获县劳动模范称号人员

表 40-9

年度	姓名及授予时工作单位
1988	耿小荣(包桥乡木竹弄村)、李金荣(新塘乡北张浜村)、周功坤(长潮乡朱家园村)、武湧涛(长岗岭牧场)、王木金(洪桥耐火厂)、符加林(县水利农机局)、王志德(长兴电容器厂)、陈天平(李家巷镇水泥厂)、许晓云(长兴县茶场厂)、孙勤瑜(长兴丝厂缫丝厂)、杨海宝(长运公司)、杨乃荣(泗安装卸运输公司)、茆惠根(县供电局后漾变电所)、冀九银(长兴白水泥厂)、胡天正(长兴家具厂)、杨晓林(长兴输送机械厂)、占卫国(小浦供销社)、钟锦富(长兴县农业生产资料公司)、韩建国(长兴油厂)、陈雪兰(雉城个体劳协会)、徐济林(长兴农房建材公司)、张信龙(县检察院)、吴志寅(县法院)、董小白(包桥乡中学)
1990	韩强(长兴姚家桥农牧场)、许可宝(长潮乡兴隆村)、章水荣(县委办公室)、赵明珠(长兴烟糖公司)、周光宽(长兴县实验小学)、朱健儿(工商银行长兴县支行)
1992	杨桂林、莘吉法、朱世贵、孔玲玉、徐益华、陈绵春、朱金法、赵金宝、张金泉、都根桥、丁文明、周绍昌、董国华、刘阿苟、孙满法、冯炳华、叶菁、吴志寅、倪淑芬、佘国华、王祖林、符加林、孙以楫、莫焕章、周伯达、耿小荣、周功坤、朱义元、蒋丁成、杨伯棠、姚令春、周泉生、徐敖奎、陈天平、高振跃、周阿玉、王伯成
1994	丁晓龙(长兴县实验小学)、李百英(县法院丁新法庭)、王茂根(洪桥工业公司)、钱永昌(虹溪粮油公司)、赵仁仙(长兴镁质材料厂)、赵金宝(虹星桥邮电所)、蒋守政(长兴中学)、庄玉春(长兴丝厂)、余双全(上海建科院长兴丰能制材有限公司)、陈大牛(青山石矿)、臧俊杰(长兴第三航运公司)、沈玉清(湖州飞达实业公司)、范庆新(县广电局)、薛长法(县环卫处)、杨晓林(长兴运输机械厂)、李法春(槐坎砖瓦厂)、顾新生(长兴煤气公司)、晏金石(长兴方解石微粉厂)、沈金水(浙江山鹰建材集团公司)、郑加胜(李家巷青草坞灰石矿)、刘顺根(城区供销社)、施卫清(县供电局独山变电所)、沈士强(长兴农业银行)、陈生伟(仙山卫生院)、周天行(长兴化工总厂)、朱荣如(林城杨春村)、周家银(林城东岗村)、孙阿艾(虹星桥镇毕家村)、莫金方(里塘乡后漾村)、杨大元(天平华元村)、罗政良(白岘竹制工艺厂)、刘武力(和平镇后山村)、刘泽声(长潮乡九龙村)、高世民(吴山乡坍门村)、沈晓顺(洪桥镇潼桥村)
1996	潘星星(湖州欢众酿酒集团有限公司)、臧俊杰(长兴第三航运公司)、孙满法(长兴轻工总厂)、何国安(雉城米厂)、胥宝珍(长兴丝厂)、秦善洪(长兴县糖酒果菜副食品公司)、过勇(县邮电局)、鲁荣明(县环卫处)、罗强(工商银行长兴县支行)、王阿佩(长兴中学)、金崇瑜(县人民医院)、钱根法(县检察院)、吴丽萍(小浦财税所)、李伟良(雉城二小)、杨志勇(泗安林场)、吴银炎(小浦林场竹木加工厂)、梁奕建(长兴新四军苏浙军区纪念馆)、周绍昌(浙江山鹰建材集团公司)、茆越成(浙江金鹤集团公司)、俞新华(吕山第二水泥厂)、王柏成(湖州父子岭耐火集团公司)、胡群(湖州钟楼工贸集团有限公司)、彭桂根(水口乡政府)、张小林(李家巷镇广福桥村)、敖贸勤(吕山乡南敖村)、莫阿三(新塘乡新塘村)、孙爱平(长桥乡白米村)、黄顺德(小浦镇高地村)
1998	陈铭红(女,县计划生育指导站)、周树元(城东区教育视导办)、周家银(林城镇东岗村)、殷锦财(新塘乡农科站)、莫金富(雉城镇上杨村)、施雪林(吕山乡杨家村)、徐根生(虹星桥镇周村村)、李坚(女,县人民医院)、丁文明(湖州弁山建材集团公司)、姚锄强(湖州威达纺织集团公司)、孙满法(湖州新大力轻工集团有限公司)、顾志廉(李家巷镇资产经营公司)、王晓世(浙江明华建材有限公司)、朱正中(金都房地产开发有限公司)、黄京禾(浙江铁鹰集团公司)、林福安(林城粮管所)、沈鑫星(长兴蚕种场)、王万春(县公路段)、张爱斌(湖州父子岭耐火集团公司镁质材料厂)、徐梅英(女,长兴第一化工厂)、臧俊杰(长兴第三航运公司)、陈国平(县国税局煤山分局)、朱家辉(县地税局煤山分局)、施卫清(县供电局独山变电所)、臧强(县农业银行解放路储蓄所)、李海清(长兴体育馆)、朱为学(县公安局刑侦大队)、谢长年(县环卫处城北环卫所)、陈乐珍(女,夹浦饮泉轻纺经营部)

续表40-9

年度	姓名及授予时工作单位
2000	章依新(吕山乡吕山村)、李怡如(红星桥镇观音桥村)、周家银(林城镇东岗村)、黄际来(泗安镇政府)、罗美珍(县农业局)、魏铁军(长兴县进出口有限公司)、丁志农(湖州志鑫纺织印染公司)、潘正满(小浦镇潘家村)、陈学林(县公安局雉城警署)、卢火佺(县人民医院)、苏建刚(县广电局)、王丽琴(建设银行长兴县支行州桥分理处)、王万春(县公路段)、柏乐余(长兴县初康农业产业化科技农场)、罗民强(长兴县虹溪中学)、吴阿英(吕山乡政府)、王楚斌(县检察院)、张天任(天能电源有限公司)、高峰(浙江新明华化工建材有限公司机修分厂)、徐克诚(昌盛有限公司)、章莹(县园林管理处)、吴粉兴(县供电局和平供电所)、林咬呀(长兴县特种水产养殖有限公司)、过勇(长兴县电信实业公司)、姚怀龙(县政府驻京办事处)
2001—2002	丁志农(湖州志鑫纺织印染有限公司)、周明明(长兴县超威电源有限公司)、姚锄强(浙江湖州威达纺织集团有限公司)、倪耀中(长兴中科兴机械有限公司)、冯毛苟(李家巷镇陈家浜村党支部)、娄传连(吕山乡金村村党支部)、林瑞满(水口乡徽州庄村党支部)、何金友(吴山乡南漾村党支部)、张海卫(县国土资源局)、石美琴(浙江山鹰建材集团有限公司)、王新华(长兴诺力机械有限责任公司)、王振今(长兴电容器有限公司)、严建明(长兴新天龙印染有限公司)、张发庆(长兴县电力电杆有限公司)、彭明才(长兴县职业技术教育中心学校)、李梅芳(长兴县宏梅养殖场)、林元宝(长兴白岘水泥有限公司)、范圣良(浙江圣奥耐火材料有限公司)、卢叶华(长兴县朝华服装工艺品有限公司)、朱建莲(长兴县环境卫生管理处)、徐志明(泗安泰明生态吊瓜种植园)、许志良(二界岭乡中心学校)、肖慧勤(雉城镇台基山街道北门社区居委会)、杨明珠(小浦镇文化站)、王志敏(中国人寿保险公司长兴县支公司)、陈乐珍(夹浦饮泉轻纺经营部)、郑帮国(长兴奥基经济发展有限公司)、宋星星(长兴县中山化工有限公司)、李建成(县公安局)
2003—2006	林国荣(长兴奇达丝绸有限公司)、王维仁(长兴泰明食品有限公司)、吴新荣(长兴万宏汽车运输有限公司)、盛树堂(长兴锅炉耐火器材厂)、李佰勤(长兴俊达塑胶玩具有限公司)、谭火林(浙江诺力机械股份有限公司)、陈顺明(湖州威达纺织集团有限公司)、唐如生(雉城镇政府)、胡长安(县中医院)、唐胜波(长兴广播电视台)、胡斌(县检察院)、曹云水(县林业局)、郑考金(中国移动浙江长兴分公司)、杨新明(浙江天能电池有限公司)、徐万康(长兴县生猪定点屠宰服务中心)、莫浦山(中国工商银行长兴支行)、高凤先(县政府办公室)、窦能如(县环卫处)、吴加秀(小浦镇政府)、王自成(县信访局)、邱汝民(林城镇政府)、赵有根(槐坎乡十月村)、杨强华(和平镇吴村村)、绍荣益(长兴县荣耀鹅业有限公司)、蒋雪林(雉城镇彭城蔬菜合作社)、薛成坤(夹浦镇月明村)、祁煜良(水口乡顾渚村)
2007—2011	周春方(雉城镇曹家桥村)、祝和铁(浙江琥珀京兴天然气发电有限公司)、王末堂(浙江中山化工集体有限公司)、王甫亭(长兴电子厂有限公司)、蒋安江(吕山乡胥仓村)、史小春(夹浦镇政府)、蒋建静(长兴锦茂昌纺织有限公司)、张国建(浙江中科兴环能设备有限公司)、张利(浙江永达实业集团有限公司)、陈利华(长虹路桥矿山机械设备有限公司)、施明贵(浙江长兴明贵安然园林绿化有限公司)、郭发根(二界岭乡政府)、王培强(长兴城南投资开发建设有限公司)、吴加平(长兴绿萌苗木专业合作社)、胡亮亮(虹星桥镇白水村)、高会华(洪桥镇太湖村)、杨新梅(长兴欣艳青梅厂)、费文梅(浙江昌盛电气有限公司)、汪秋华(县经济技术开发区街道办事处)、朱宏(县档案局)、周芬芳(县人民医院)、何悦(长兴传媒集团)、臧俊月(县法院)、魏丽华(县气象局)、唐寄斌(县邮政局夹浦邮政支局)、朱慧萍(中国电信长兴分公司)、陈胜(县生猪定点屠宰服务中心)、林清方(长兴农村合作社)、夏永明(县食品药品监督管理局)、丁新育(县财政地税局)、禹敏(湖州白岘南方水泥有限公司)、周春义(长兴新城环保有限公司)

说明:资料来源于县总工会。不含取消资格的人员

第二节　国务院特殊津贴获得者

收录在长兴县工作的国务院特殊津贴获得者 4 人。按授予年份排列。

2012 年长兴县享受国务院特殊津贴人员表

表 40-10

姓名	性别	出生年月	籍贯	授予年份	专业特长	工作单位及职务(职称)
黄存贵	男	1948.03	河南	1974	退伍兵(省级民政类津贴)	泗安镇务农
周述尹	男	1938.02	浙江宁波	1993	植物保护研究	县农业局
陈兴来	男	1964.10	河南	2007	退伍兵(对越自卫还击战)	泗安镇个体
张有才	男	1965.02	河南	2008	退伍兵(对越自卫还击战)	泗安镇师姑岗村务农

第三节　长兴县获正高级专业技术职务人员

收录 1988—2012 年在长兴县工作的正高级专业技术职务人员 27 人(不含驻长兴的中央、省属企事业单位)。按授予年份排列。

1988—2012 年长兴县获正高级及以上专业技术职务人员表

表 40-11

姓名	性别	籍贯	出生年月	学历	专业技术职务名称	取得年份	取得时工作单位
张诗忠	男	上海	1934.07	大学	主任医师	1992	县人民医院
范永勤	男	上海	1938.11	大学	主任医师	1993	县人民医院
汪善忠	男	浙江嘉善	1938.06	大学	主任医师	1994	县人民医院
金崇瑜	男	上海	1936.12	大学	主任医师	1995	县人民医院
陈晓根	男	浙江长兴	1944.04	中专	中西医结合主任医师	1998	县中医院
朱火根	男	浙江长兴	1943.12	大学	主任医师	1999	县人民医院
沈剑清	男	浙江桐乡	1946.11	大学	主任医师	1999	县人民医院
杨明海	男	浙江长兴	1951.08	大学	主任医师	2000	县人民医院
张群英	女	浙江长兴	1958.06	大学	主任医师	2001	县妇幼保健院
胡一莉	女	浙江长兴	1962.07	大学	主任中医师	2002	县中医院
倪美良	男	浙江长兴	1961.05	大学	主任医师	2003	县中医院
王晓年	男	浙江长兴	1955.01	大学	主任医师	2004	县人民医院
卢火佺	男	浙江长兴	1965.09	大学	主任医师	2004	县人民医院
钱章选	男	浙江长兴	1961.11	大学	主任医师	2005	县人民医院
王坤明	男	浙江长兴	1964.06	大学	主任医师	2006	县人民医院
高树山	男	黑龙江鸡西市	1962.07	大学	主任医师	2006	黑龙江鸡西市人民医院
李文伟	男	浙江长兴	1967.05	大学	主任中医师	2008	县中医院
高树云	男	浙江长兴	1966.06	大学	主任医师	2008	县人民医院
胡长安	男	浙江长兴	1963.11	大学	主任中医师	2009	县中医院
徐建平	男	浙江长兴	1965.05	大学	主任医师	2009	县人民医院
冯兴华	男	浙江嘉兴	1962.12	大学	主任医师	2010	县人民医院
钱根才	男	浙江长兴	1966.04	大学	主任医师	2011	县人民医院
徐　嘉	女	浙江长兴	1965.07	大学	主任护师	2012	县妇幼保健院
董　艳	女	浙江长兴	1972.05	大学	主任药师	2012	县中医院
潘晓平	女	浙江长兴	1972.08	大学	主任医师	2012	县妇幼保健院

续表40-11

姓名	性别	籍贯	出生年月	学历	专业技术职务名称	取得年份	取得时工作单位
章红萍	女	浙江长兴	1967	大学	主任护师		县人民医院
梁奕建	男	浙江长兴	1959.10	大学	研究馆员	2008	县博物馆

说明：资料来源于县卫计局、县博物馆

第四节　在长兴县的国家级协会会员

2012年，在长兴县的国家级协会会员共有82人(不全)。按协会类别和获评年份排列，类别和年份相同的以姓氏笔画为序。

2012年在长兴县的国家级协会会员表

表40-12

姓名	性别	籍贯	出生年月	学历	工作单位	协会名称	入会年份
邱汝民	男	浙江长兴	1962.09	大专	长兴县蜂业协会	中国养蜂学会	2005
朱亚敏	女	浙江长兴	1961.10	本科	长兴县人民医院	中华护理学会	1996
沈月秀	女	浙江长兴	1965.10	本科	长兴县人民医院	中华护理学会	1996
周芬芳	女	浙江长兴	1965.08	本科	长兴县人民医院	中华护理学会	1997
章红萍	女	浙江长兴	1967.11	本科	长兴县人民医院	中华护理学会	2000
上官福珍	女	浙江长兴	1969.08	本科	长兴县中医院	中华护理学会	2001
王彩菊	女	浙江长兴	1968.06	本科	长兴县中医院	中华护理学会	2001
戴菊琴	女	浙江长兴	1965.04	大专	长兴县人民医院	中华护理学会	2001
冯　君	女	辽宁北票	1968.08	本科	浙医健长兴医院	中华护理学会	2001
盛冬菊	女	浙江桐乡	1969.02	大专	浙医健长兴医院	中华护理学会	2001
宋顺香	女	浙江长兴	1969.02	本科	长兴县人民医院	中华护理学会	2002
孙　伟	女	浙江湖州	1969.07	大专	浙医健长兴医院	中华护理学会	2002
池华娟	女	浙江诸暨	1972.05	本科	浙医健长兴医院	中华护理学会	2002
谌梅芳	女	浙江长兴	1969.01	本科	浙医健长兴医院	中华护理学会	2002
黄月娇	女	浙江平阳	1971.02	本科	浙医健长兴医院	中华护理学会	2003
张丽萍	女	浙江长兴	1973.01	本科	长兴县人民医院	中华护理学会	2003
钱小亚	女	浙江长兴	1974.01	大专	长兴县人民医院	中华护理学会	2003
张益娥	女	浙江长兴	1971.12	本科	长兴县中医院	中华护理学会	2003
葛超群	女	浙江诸暨	1972.11	本科	浙医健长兴医院	中华护理学会	2003
张建亚	女	浙江长兴	1971.01	本科	长兴县人民医院	中华护理学会	2003
王伟云	女	浙江长兴	1972.01	本科	浙医健长兴医院	中华护理学会	2003
冯群星	女	浙江长兴	1972.09	本科	长兴县中医院	中华护理学会	2004
徐　嘉	女	浙江长兴	1965.07	本科	长兴县妇幼保健院	中华护理学会	2005
朱惠敏	女	浙江长兴	1964.10	中专	长兴县妇幼保健院	中华护理学会	2005
张惠仙	女	浙江长兴	1961.10	本科	长兴县人民医院	中华护理学会	2005
李红桂	女	浙江长兴	1965.09	大专	长兴县人民医院	中华护理学会	2006
姜秀菊	女	浙江长兴	1973.11	本科	长兴县人民医院	中华护理学会	2006
胡慧慧	女	浙江长兴	1976.11	本科	长兴县人民医院	中华护理学会	2006
刘卫清	女	江西	1975.06	本科	长兴县人民医院	中华护理学会	2006

续表40-12

姓名	性别	籍贯	出生年月	学历	工作单位	协会名称	入会年份
王克勤	女	浙江长兴	1968.02	大专	长兴第三人民医院	中华护理学会	2007
陈　芸	女	浙江长兴	1976.09	本科	长兴县人民医院	中华护理学会	2008
舒晓庆	女	浙江临安	1977.05	本科	长兴县人民医院	中华护理学会	2008
陈桂婷	女	浙江长兴	1991.01	本科	长兴县人民医院	中华护理学会	2008
施伟红	女	浙江长兴	1979.12	本科	长兴县人民医院	中华护理学会	2008
方雪萍	女	浙江长兴	1977.01	本科	长兴县人民医院	中华护理学会	2008
钟　宗	女	浙江长兴	1977.11	本科	长兴县人民医院	中华护理学会	2008
谢菊丽	女	浙江长兴	1977.05	本科	长兴县人民医院	中华护理学会	2010
施雪萍	女	浙江长兴	1974.08	本科	长兴县妇幼保健院	中华护理学会	2010
张蓉梅	女	浙江长兴	1973.02	本科	长兴县妇幼保健院	中华护理学会	2010
张　健	女	浙江长兴	1971.12	本科	长兴县妇幼保健院	中华护理学会	2010
董树华	女	浙江长兴	1972.11	本科	长兴县妇幼保健院	中华护理学会	2010
范丽娟	女	浙江长兴	1974.01	本科	长兴县妇幼保健院	中华护理学会	2010
高利红	女	浙江长兴	1973.10	大专	长兴县妇幼保健院	中华护理学会	2010
徐　峰	女	浙江长兴	1976.06	本科	长兴县妇幼保健院	中华护理学会	2010
杨东风	女	浙江长兴	1976.09	本科	长兴县妇幼保健院	中华护理学会	2010
林慧君	女	浙江长兴	1981.04	本科	长兴县人民医院	中华护理学会	2011
范建萍	女	浙江长兴	1978.11	本科	长兴县人民医院	中华护理学会	2011
王碧芸	女	浙江长兴	1979.10	本科	长兴县人民医院	中华护理学会	2011
任　珺	女	浙江长兴	1981.12	本科	长兴县人民医院	中华护理学会	2011
潘美华	女	浙江长兴	1970.05	本科	长兴县人民医院	中华护理学会	2012
王　芳	女	浙江长兴	1980.11	本科	长兴县人民医院	中华护理学会	2012
许建峰	女	浙江长兴	1980.11	本科	长兴县人民医院	中华护理学会	2012
范海英	女	浙江长兴	1981.09	本科	长兴县人民医院	中华护理学会	2012
朱国徽	女	浙江长兴	1980.08	本科	长兴县人民医院	中华护理学会	2012
殷丽敏	女	浙江长兴	1981.02	本科	长兴县人民医院	中华护理学会	2012
李树琴	女	浙江长兴	1982.02	本科	长兴县人民医院	中华护理学会	2012
卢志芬	女	浙江长兴	1982.08	本科	长兴县人民医院	中华护理学会	2012
张加强	男	浙江宁海	1957.01	大专	长兴县政协、统战部	中国作家协会	2004
陈　琳	男	浙江临海	1961.09	大专	长广集团	中国作家协会	2008
杨学梅	女	浙江长兴	1951.09	中专	长兴县文化馆	中国戏剧家协会	1979
秦杭生	男	山东蓬州	1951.12	大专	长兴县文化馆	中国音乐舞蹈家协会	1994
柳世林	男	浙江长兴	1960.07	大专	长兴县文化馆	中国音乐舞蹈家协会	2006
傅一平	男	浙江义乌	1959.10	高中	长兴县农业银行	中国民间文艺家协会	1997
田家村	男	浙江嵊州	1962.06	大专	长兴县文联	中国民间文艺家协会	2012
钱章法	男	浙江兰溪	1966.07	高中	章法紫砂研究院	中国美术家协会	2010
张志敏	男	浙江长兴	1964.11	大专	长兴县商业集团	中国书法家协会	1999
章庆文	男	浙江富阳	1972.02	大专	自由职业	中国书法家协会	2008
傅一平	男	浙江义乌	1959.10	高中	长兴县农业银行	中国书法家协会	2009
赵　珍	女	浙江长兴	1977.02	大学	长兴水口成校	中国书法家协会	2012
任丽萍	女	浙江长兴	1966.06	大专	自由职业	中国摄影家协会	2008
杨　新	男	浙江长兴	1969.06	大专	华能长兴电厂	中国摄影家协会	2008
周德坤	男	浙江长兴	1951.11	高中	自由职业	中国摄影家协会	2008

续表 40-12

姓名	性别	籍贯	出生年月	学历	工作单位	协会名称	入会年份
钱明鑫	男	浙江长兴	1962.04	高中	华能长兴电厂检修公司	中国摄影家协会	2008
曹世河	男	浙江长兴	1970.03	大专	长兴县人力社保局	中国摄影家协会	2008
蓝　毅	男	浙江长兴	1960.01	中专	长兴县人民医院	中国摄影家协会	2008
许要武	男	浙江长兴	1966.08	高中	长兴县文化馆	中国摄影家协会	2009
杜使恩	男	浙江杭州	1954.05	大专	长兴县文联	中华诗词学会	2009
夏生根	男	浙江长兴	1943.01	大专	长兴白水泥厂	中华诗词学会	2010
许智勇	男	浙江长兴	1972.11	大学	长兴县实验小学	中华诗词学会	2011
汪凌星	男	浙江长兴	1963.05	大专	浙江京兴物业管理有限公司	中华诗词学会	2011
周新凤	女	浙江长兴	1975.05	大学	长兴文旅集团	中华诗词学会	2011
曹南雄	男	浙江海宁	1933.04	初中	长兴五交化公司	中华诗词学会	2011

说明：资料来源于县科协和县文联

第五节　国家级及以上运动员、裁判员

收录 1988—2012 年长兴县培养的国际级运动健将、国家级运动健将、国家级裁判员共 18 人。按授予年份分类排列。

1988—2012 年长兴县获国家级以上运动员、裁判员情况表

表 40-13

姓名	性别	籍贯	出生年月	授予称号	涉及项目	批准年份	获得时工作单位
计凤琴	女	浙江长兴	1974	国际级运动健将	帆船	1994	浙江省体工队
李荣祥	男	浙江长兴	1972.01	国际级运动健将	男子标枪	1998	浙江省体工队
周苏红	女	浙江长兴	1979.04	国际级运动健将	女子排球	2000	浙江省体工队
王青波	男	浙江长兴	1988.05	国际级运动健将	男子标枪	2009	浙江体育职业技术学院
刘洪伟	男			国家级运动健将	举重	1991	
徐　红	女	浙江长兴		国家级运动健将	帆船	1991	
施国平	男			国家级运动健将	帆船	1992	浙江省体工队
唐志忠	男	浙江长兴		国家级运动健将	帆船	1992	浙江省体工队
李　红	女	浙江长兴	1978.05	国家级运动健将	排球	1994	浙江省体工队
任争青	女	浙江长兴	1985.02	国家级运动健将	排球	2001	浙江省体工队
王显芬	女	山东青岛	1989.04	国家级运动健将	排球	2001	浙江省体工队
杨方成	男	浙江长兴	1995.01	国家级运动健将	航空无线电模型	2012	长兴中学
顾欣宇	女	浙江长兴	1994.11	国家级运动健将	航空无线电模型	2012	长兴中学
陈绍祥	男	浙江嘉善	1945.04	国家级裁判员	田径	1991	长兴县少年儿童业余体校
胡澄华	男	浙江长兴	1940.05	国家级裁判员	航空模型	1991	长兴县教育局
王干明	男	浙江长兴	1966.09	国家级裁判员	田径	2006	长兴县少年儿童业余体校
杨光辉	男	浙江平阳	1972.04	国家级裁判员	跆拳道	2008	长兴县少年儿童业余体校
杨炳璋	男	浙江长兴	1966.08	国家级裁判员	航空模型	2008	长兴中学

说明：资料来源于县体育局

第四十一编　艺　文

前志未专门设置艺文编。本志设艺文编，分两章。第一章，收录至2012年中国大陆出版社正式出版的长兴籍、常住长兴客籍人所著、编、译的著作著述，共338部(不全)。另设一章，收录境内37个姓、79部宗谱目录。

第一章　著作著述

本章设自然科学类、社会科学类、文学艺术类3节，收录至2012年年末，中国大陆出版社正式出版的长兴籍、常住长兴客籍人所著、编、译的著作著述338部(不全)。记述要素为作者、书名、著编译情况、出版时间、出版社。自然科学类、社会科学类、文学艺术类排列均以作者姓氏笔画为序，同一作者所著(编、译)多部著作，以出版时间先后为序。

第一节　自然科学类

丁舜年　《磁铁与电磁铁的设计》，编译，1945年4月，电工图书出版社(1947年、1950年、1951年版)；《保护替续器及其应用》，编译，1945年，电工图书出版社；《交流发电机及电动机》，编译，1948年电工图书出版社、1958年科技卫生出版社、1959年1月上海科学技术出版社；《电工技术参考资料》，全6册，著，1952年，龙门联合书局；《大型电机的发热与冷却》，主编，1992年7月，科学出版社。

王庆祥　《水利采煤讲义》，著，1958年9月，中国建筑工业出版社。

王拈生　《气体激光器译文》，合译，1973年，清华大学出版社；《微机汉字管理程序选》，合编(第一作者)，1988年4月，清华大学出版社；《对数视频放大器》，合译，1978年12月，国防工业出版社。

宁国云　《梅、李及杏病虫原色图谱》，第一主编，2007年5月，浙江科学技术出版。

朱炳泉　《地球科学中同位素体系理论与应用：兼论中国大陆壳幔演化》，合著(第一作者)，1998年1月，科学出版社；《化学地球动力学》，合编，1999年5月，科学出版社；《地球化学省与地球化学急变带》，著，2001年2月，科学出版社。

余允贵　《土壤农化分析》，编著，1981年5月，农业出版社；《土壤农业化学常规分析方法》，编著(合)，1983年8月，科学出版社。

余康临　《滴灌原理与应用》，合译(英译中)，1984年12月，中国农业机械出版社；《机械概率设计》，合译(英译中)，1985年，机械工业出版社；《机械设计列线图集》，合译(日译中)，1985年10月，中国科学技术翻译出版社。

张左生　《水稻生理性病害》，编著(第二作者)，1983年6月，浙江科学技术出版社；《稻纵卷叶螟防治方法》，编著，1983 年浙江科学技术出版社、1988 年上海科学技术出版社；《科学用农药技术》，编著(第二作者)，1987 年，上海科学技术出版社；《粮油作物病虫防治》，主编，1991 年 11 月，浙江科学技术出版社；《粮油作物病虫鼠害预测预报》，主编，1995 年 9 月，上海科学技术出版社。

周述尹　《水稻常用农药》，编著，1986 年 9 月，上海科学技术出版社。

金建生　《普通车床加工技术复习指导》，2011 年 8 月，高等教育出版社。

姚汉民　《光学投影曝光微纳加工技术》，合著，2004 年 7 月，北京工业大学出版社。

钱善扬　《科学拾锦》，编著，1983 年 1 月，广西人民出版社；《聚宝盆：科学小品集》，编著，1989 年 7 月，安徽科技出版社。

钱源平　《电力系统自动控制》，著，1990 年，水利电力出版社。

钱奕中　《石油勘探》，著，1976 年，科学出版社；《地体构造学——山脉形成和大陆生长》，译(合译)，1991 年 1 月，四川科学技术出版社；《层序地层学理论和研究方法》，主编(第一主编)，1994 年 12 月，四川科学技术出版社。

唐狄毅　《现代发动机试验》，著，1973 年，国防工业出版社。

黄金龙　《数控车床编程与实训》，主编，2007 年 9 月，科学出版社；《数控铣床编程与实训》，主编，2009 年 1 月，科学出版社；《汽车发动机构造与维护》，主编，2010 年 6 月，科学出版社。

萧啸庵　《同位素分离》，主编，1999 年 4 月，原子能出版社。

蒋乃镛　《实用织物组合学》，著，1937 年 2 月，商务印书馆；《英华纺织染辞典》，编著，1943 年 1 月，世界书局；《纺织染工程手册》，编著，1944 年，中国文化事业社；《中国纺织染业概论》，著，1944 年，中华书局；《织纹组合学》，著，1947 年 7 月，商务印书馆；《织机构力》，著，1950 年，中国文化事业社；《捲纬》，著，1953 年 9 月，中国纺织图书杂志社。

舒歌群　《动力机械振动与噪声》，编著(合)，第一作者，2008 年 8 月，天津大学出版社。

潘健武　《化铁炉》，编，1958 年 10 月，科技卫生出版社；《炼铁炼钢知识》，合著(第一作者)，1958 年 9 月，科技卫生出版社；《真空熔炼》，合译，1962 年 5 月，上海科学技术出版社；《合金钢与优质钢》，合编，1963 年 1 月，上海科学技术编译馆；《农业用钢》，合编，1963 年，上海科学技术编译馆；《真空冶金学》，合译(英译中)，1982 年 11 月，上海科学技术出版社；《金属腐蚀手册》，合编，1987 年，上海科学技术出版社。

戴月根　《中级维修电工技能操作与考核》，2008 年 1 月，电子工业出版社。

第二节　社会科学类

丁明先　《临床医学问答》，合编，1979 年，人民卫生出版社。

丁汉镛　《政治经济学》，合编，1984 年 7 月，浙江人民出版社；《政治经济学新编》，合编，1986 年，浙江人民出版社；《中国社会主义建设基本问题》，合编，1987 年，上海社会科学院出版社。

万海川　《矿山企业管理与技术经济》，著，1985 年，冶金工业出版社；《工程经济习题译解》，译著，主编，1993 年，煤炭工业出版社；《经济决策分析》，著，1990 年，冶金工业出版社；《技术经济学概论》，合编，1992 年 5 月，高等教育出版社；《技术经济应用题集与题解》，主编，1993 年，高等教育出版社。

王舜华　《中华人民共和国刑事诉讼法释义》，合著，1980 年，群众出版社；《我国刑事诉讼法中的检察机关》，著，1982 年，群众出版社；《律师的刑事辩护》，著，1987 年，北京出版社；《律师的业务》，著，1988 年，中华全国律师函授中心出版；《各国律师制度》，译著，1989 年，法律出版社；《现代实用刑事法律词典》，主编，1990 年，北京出版社；《刑事诉讼法新论》，合著，1993 年 5 月，中国人民大学出版社。

王文俊　《医药英语》，编著，1989 年，海军出版社；《临床医学概论(内分泌)》，编著，1989 年，中国医药科技出版社；《内科急诊手册(内分泌)》，编著，1991 年，中国医药科技出版社；《药物不良相互作用手册》,合译,1991 年,中国医药科技出版社。

王思慧 《实用低视力处理》,主编,1991 年 1 月,天津科技翻译出版公司;《低视力保健》,合译,1997 年,上海科学技术出版社。

王庆忠 《我爱长兴》,主编,2007 年 4 月,中国文联出版社;《长兴农事节庆》,主编,2012 年 8 月,中国文联出版社。

王胜朝(笔名王颖) 《创作辩证法初探》,理论研究专著,著,1985 年 6 月,文化艺术出版社;《报告文学之门》,文艺理论专著,著,1987 年 12 月,昆仑出版社;《中国功夫百样通》,编著,1994 年 7 月,长征出版社;《天机可以泄露》,著,1994 年 11 月,解放军出版社;《万宗其实同源》,著,1996 年 4 月,解放军出版社;《见机应当行动》,著,1996 年 6 月,解放军出版社;《聪明能够再造》,著,1996 年 6 月,解放军出版社;《思维必须更新》,著,1996 年 10 月,解放军出版社;《大系统思维论》,灵性思维丛书,著,1998 年 1 月,中国青年出版社;《大成功思维论》,灵性思维丛书,著,1998 年 1 月,中国青年出版社;《大解脱思维论》,灵性思维丛书,著,1998 年 1 月,中国青年出版社;《动态平衡论》,灵性行为丛书,著,1998 年 9 月,中国青年出版社;《顺势操盘论》,灵性行为丛书,著,1998 年 9 月,中国青年出版社;《同轨不相容论》,灵性行为丛书,著,1998 年 9 月,中国青年出版社;《两难境地的明智抉择》,理性思辨丛书,著,1999 年 12 月,中国青年出版社;《增 1 减 1 的行为艺术》,理性思辨丛书,著,2001 年 4 月,中国青年出版社;《混沌状态的清晰思考》,理性思辨丛书,著,2001 年 4 月,中国青年出版社;《生存谋略:人生之路怎样走》,著,2002 年 1 月,华文出版社;《让你从挫折中站起来》,著,2003 年 3 月,中国言实出版社;《品赤壁论博弈》,著,2007 年 8 月,北京工业大学出版社。

许学谘 《机械工程手册》,合著,1982 年,机械工业出版社;《工程力学手册》,合著,1994 年,高等教育出版社。

许自立 《钢筋混凝土筒仓设计规范》,主编,1988 年 7 月,中国计划出版社。

许凤歧 《财经英语文选》,合编,1984 年,外语教育出版社;《市场学词典》,主编,1987 年,江西科技出版社;《现代市场运销大全》,分主编,1989 年,经济管理出版社。

许梓荣 《养兔技术指导》,合著,1986 年 9 月,金盾出版社;《畜禽矿物质营养》,主编,1992 年,浙江大学出版社;《猪的现代营养学》,合著,1994 年 12 月,浙江大学出版社;《肉的科学与动物营养》,主编,1999 年 11 月,杭州出版社;《许梓荣教授学术论文集》,著,2009 年,浙江大学出版社。

许虔东 《以史资治》,论文集,著,2005 年 7 月,方志出版社;《伟人名人与长兴》,编著,2008 年 3 月,人民日报出版社。

匡保兴 《长兴县交通志》,主编,1994 年 10 月,中国书籍出版社。

朱古亭 《朱古亭古文二篇》,著,1989 年 11 月,浙江中医学院出版社;《朱古亭临证录》,著,1992 年 7 月,浙江科技出版社。

孙学明 《教育科研方法——作文新教练》(初三年级下册),现代语文文库系列丛书之九,第一主编,1991 年 12 月,吉林大学出版社。

张金山 《办公室管理概论》,主编,1990 年杭州大学出版社、1998 年 5 月浙江大学出版社。

张　展 《齿轮精度与性能》,著,1985 年,中国农业机械出版社;《实用机械传动设计手册》,著,1993 年,科学出版社;《机械设计通用手册》,著,1993 年,中国劳动出版社;《非标准设备计划手册》(第 1 册),1993 年 1 月,兵器工业出版社;《非标准设备计划手册》(第 2 册),1993 年 9 月,兵器工业出版社;《非标准设备计划手册》(第 3 册),1993 年 9 月,兵器工业出版社;《机械设计通用手册》,主编,2010 年 5 月,机械工业出版社;《减速器设计与实用数据速查》,编著,2010 年 5 月,机械工业出版社;《实用齿轮设计计算手册》,主编,2011 年 3 月,机械工业出版社;《齿轮设计与实用数据速查》,主编,2011 年 3 月,机械工业出版社;《渐开线圆柱齿轮传动》,编著,2012 年 1 月,机械工业出版社。

张满山 《长兴契约图鉴》,主编,2008 年 12 月,中国档案出版社;《地理·移民·发现——长兴区域特殊性探秘》,主编,2011 年 5 月,浙江人民出版社。

张全镇 《长兴县政协志》,主编,2011 年 12 月,中国文史出版社;《历代紫笋茶诗文录》,主编,2008 年 1 月,中国文史出版社。

何其银 《初中学习物理常见错误纠正》,编,1988 年 1 月,山东教育出版社。

肖也珍 《中国古代史》,合编,1993 年 7 月,上海学林出版社。

陈光贻 《稀见地方志提要》,全 2 册(上、下),著,1987 年 8 月,齐鲁书社;《中国方志学史》,大学历史丛书,著,1998 年 9 月,福建人民出版社。

陈晓根 《临床经验选编》,著,1973 年 6 月,中国人民解放军铁道兵中医学校出版社;《中医学校教材》,编,1976 年 3 月,中国人民解放军铁道兵中医学校出版社。

陈泽民 《物资经营管理教育案例》,合著,1990 年,中国物资出版社。

陈亦祥、吴露生 《长兴百叶龙》,陈亦祥主编、吴露生编著,2009 年 5 月,浙江摄影出版社。

吴家豪 《编组站设计》,编,1976 年 2 月,人民铁道出版社;《国外铁路编组站》,编,1977 年 5 月,人民铁道出版社;《国外铁路枢纽》,编,1991 年 5 月,中国铁道出版社;《铁路编组站系统设计优化》,主编,1994 年 1 月,中国铁道出版社;《中国铁路车辆减速顶调速系统设计优化》,主编,2008 年 7 月,中国铁道出版社;《铁路枢纽设计优化》,编著,2011 年 1 月,中国铁道出版社。

吴自强 《萤石矿地质勘探规范》,主编,1986 年,地质出版社;《中国萤石矿床地质与勘查》,合著(第一作者),1990 年,地质出版社。

吴康健 《中医儿科学》,著,1978 年,上海科学出版社;《小儿卫生总微论方》(点校本),点校,1990 年 10 月,人民卫生出版社出版。

佘明生 《导航星全球定位系统》,合译,1983 年 7 月,测绘出版社;《英汉航空航天词汇》,译,1988 年 11 月,知识出版社。

沈连生 《老年保健中成药》,编著(第一作者),1984 年 5 月,人民卫生出版社;《药用植物学》,主编,1987 年 12 月,中国医药科技出版社;《儿童保健食品医疗》,编著(第一作者),1989 年 5 月,中国林业出版社。

郑书玉 《长兴公安志》,主编,2000 年 11 月,中华书局。

周楚良 《矿山压力实测技术》,编,1988 年 6 月,中国矿业大学出版社。

施荣山 《遗传性口腔疾病·医学遗传学丛书》,合著,1990 年,科学出版社;《化学物对女工及其后代的健康危害》,合著,1988 年,华东地区职业病防治中心出版。

钟德培 《中共长兴秘密交通史》,主编,1994 年 12 月,当代中国出版社。

胡一莉 《长兴县名中医经验辑要》,主编,2010 年 10 月,研究出版社。

俞家声 《俞家声中医验方集》,著,2007 年 10 月,天马出版有限公司。

钦炳淼 《长兴县电力工业志》,主编,2010 年 5 月,中华书局。

钦国强、徐顺福 《教学之旅》,主编,2012 年 8 月,中国文史出版社。

钱 征 《基础工程学》,合著,1987 年,中国建筑工业出版社。

钱鸣盛 《中国共产党浙江省长兴县组织史资料(1927—1987)》,主编,1992 年 1 月,浙江大学出版社(内部发行)。

唐中祥 《可爱的长兴》,主编,1998 年 12 月,浙江人民出版社(内部出版)。

徐永方 《走进长兴》,主编,2008 年 4 月,中国文史出版社。

徐亚琴 《旅游类专业服务礼仪课时练》,主编,2011 年 9 月,中国大地出版社。

章小义 《中共长兴党史人物》,主编,1995 年 2 月,解放军文艺出版社;《长兴五十年》,主编,2000 年 11 月,中共党史出版社。

黄金龙 《数控车床编程与实训》,主编,2007 年 9 月,科学出版社;《数控铣床编程与实训》,主编,

2009年1月,科学出版社;《汽车发动机构造与维护》,主编,2010年6月,科学出版社。

戴月根 《中级维修电工技能操作与考核》,主编,2008年1月,电子工业出版社。

梁奕健 《记忆与探索》,著,2008年9月,浙江人民美术出版社;《物阜长兴——长兴历史文物精华》,主编,2009年9月,浙江人民美术出版社;《紫玉金砂——浙江长兴紫砂茗壶精华》,主编(与钟凤文合编),2012年6月,中国书店。

焦东海 《大黄的药理和临床应用》,编著(第一作者),1986年9月,甘肃科学技术出版社;《减肥减脂问答》,编著(第一作者),1991年11月,上海书店出版社;《大黄验方集成》,编著(第一作者),1994年2月,上海书店出版社;《焦东海论文选》,著,1996年12月,上海科学技术文献出版社;《焦大黄减肥术》,著,1999年1月,上海书店出版社;《大黄研究》,主编(第一主编),2000年,上海科学技术出版社;《焦东海科学减肥法》,21世纪健康生活丛书,著,2001年4月,上海远东出版社;《大黄——一种奇特的中药》,编著(第一作者),2002年11月,东方出版中心;《只要敢登攀—我的行医之路》,著,2003年8月,上海书店出版社。

谢绍安 《耳聪目明齿健200问》,编著(合),1986年,江苏科学技术出版社。

谢文柏 《新民主主义革命时期中共长兴党史简编(1921—1949)》,主编,1991年9月,浙江大学出版社;《长兴县志》,主编,1992年1月,上海人民出版社;《中共长兴党史纪事(1949—1992)》,当代浙江大事记丛书,主编,1993年5月,中共党史出版社;《长兴籍名人录》,主编,1993年12月,昆仑出版社;《顾渚山志》,著,2007年5月,浙江古籍出版社。

蒋金根 《中国麻类作物栽培学》,合编,1993年,农业出版社。

彭明才 《德育探索之路》,主编,2005年4月,人民日报出版社;《德育创新之路》,主编,2005年4月,人民日报出版社;《环境道德教育概论》,合编,2005年10月,中国文史出版社;《教学创新的探索》,全2册(上、下),主编,2005年11月,教育科学出版社;《德育成功之路》,主编,2006年12月,人民日报出版社;《学校管理的开拓与创新》,主编,2009年1月,教育科学出版社。

裘维邦 《长兴县水利志》,主编,1996年12月,中国大百科全书出版社。

熊全龙 《教育教学探索》,主编,2001年9月,中国致公出版社。

颜惠新、陈元新 《教苑撷英》,主编,2000年11月,中央文献出版社;《科苑撷英》,主编,2000年11月,中央文献出版社。

樊秀冬 《长广煤矿志》,主编,1989年8月,浙江人民出版社。

潘忠兴、姚稚鳌 《长兴县土地志》,主编,2002年4月,中华书局。

第三节 文学艺术类

王鸣泉 《鹰的儿子》,绘画,1984年3月,浙江少年儿童出版社;《看图说话》,绘画,1984年,浙江少年儿童出版社;《聊天儿》,著,1985年,百花文艺出版社;《问答歌》,绘画,1986年1月,浙江少年儿童出版社;《金河王》《鹿子和猎犬》,世界童话名著连环画,绘画,1988年,浙江少年儿童出版社;《玉龙和金凤》,绘画,1989年3月,浙江少年儿童出版社;《人与恐龙》,绘画,1989年,浙江少年儿童出版社;《月亮上的兔子》,绘画,1989年,浙江少年儿童出版社;《咪咪的小鞋》,绘画,1990年3月,浙江少年儿童出版社;《非洲历险记5•恐龙袭击》,绘画,1991年,浙江人民美术出版社;《撒娇果》,绘画,1993年12月,浙江少年儿童出版社;《我的爸爸》,绘画,1994年12月,浙江少年儿童出版社。

王胜朝(笔名王颖) 《浪潮曲》,散文集,合著(第一作者),1977年8月,山东人民出版社;《毛岸英之死》,报告文学集,著,1985年11月,四川文艺出版社;《幕后珍闻》,报告文学集,合著(第一作者),1986年10月,文化艺术出版社;《血溅宫墙》,长篇武侠小说,著,1989年9月,文化艺术出版社;《剑吼西风平海啸》,长篇武侠小说,著,1990年4月,江苏文艺出版社;《鸾驾侠影》,长篇武侠小说,著(署名苍林鹤),1991 年 1 月,江苏文艺出版社;《江湖龙蛇》,上、下册,篇武侠小说,著(署名全庸),1990 年 12 月,华艺出版社;《大漠紫金刀》,全 3 册(上、中、下),长篇武侠小说,著,1993 年 6 月,中国文联出版社;《晋阳跃兵》,长篇历史小说,著,1996 年 1 月,解放军文艺出版社;《中国民工潮:关于打工族生存状况的调查报告》,报告文学,著,2005 年 1 月,长征出版社;《中国农民打工调查》,报告文学,著,2005 年,中共中央党史出版社;《汉高祖刘邦》,长篇历史小说,著,2006 年 1 月,中国友谊出版公司;《生命里有了研修的历史——长兴赴日研修生纪实》,报告文学,著,2006 年 1 月,中国青年出版社。

王文华　《警戒线》,小说、报告文学集,著,2007 年 3 月,作家出版社。

王庆忠　《翡翠绿》,主编,2010 年 5 月,中国文联出版社。

叶　进　《南太平洋的万鸟世界》,科普丛书,著,1979 年 8 月,海洋出版社;《世界港口游记(第一集)》,主编,1979 年 12 月,海洋出版社;《世界港口游记(第二集)》,主编,1980 年 8 月,海洋出版社;《世界海岛游记》,主编,1981 年,海洋出版社;《澳大利亚踪影》,百花散文丛书,散文集,著,1982 年 6 月,百花文艺出版社;《世界港口游记(第三集)》,主编,1982 年 12 月,海洋出版社;《中外艺坛漫步》,合编(第一作者),1983 年 9 月,安徽人民出版社;《艾柯卡自传》,长篇译作,合译(第二作者,与周谦合译),1986 年 4 月,河北科学技术出版社;《马科斯夫人传》,长篇译作,1989 年 7 月,北京日报出版社;《美国超级企业明星艾柯卡》,世界名人小传丛书,人物传记,著,1988 年 9 月,新华出版社;《里根》,世界名人传记丛书,人物传记,合著(第一作者),1989 年 1 月,浙江人民出版社;《少年环球旅行:纵横八万里》,全 6 册,第二主编,1991 年 6 月,福建少年儿童出版社;《化妆品帝国女王艾丝蒂自传》,长篇译著,1992 年 2 月,河北科学技术出版社。

田家村　《美丽的诱惑》,小说集,著,1999 年 12 月,贵州人民出版社;《超级作文》,主编,2006 年 8 月,吉林大学出版社;《梦幻家园》,主编,2007 年 3 月,作家出版社;《长兴民间故事》,主编,2011 年 8 月,中国文联出版社;《田家村散文小说选》,2012 年 8 月,作家出版社出版。

许胤丰　《艰难的岁月》(红军长征的故事),连环画,著,1982 年 1 月,上海人民美术出版社;《鲁冠球少年时》,合著(第一作者),1988 年 3 月,浙江少年儿童出版社;《紧急出逃》,长篇小说,合著(第一作者),1989 年 11 月,浙江文艺出版社;《青橄榄》,中篇小说集,著,1991 年 4 月,华艺出版社。《世纪终结》,著,2003 年 6 月,中国文史出版社。

吕晴飞　《写作语林》,合编,1983 年 9 月,山东教育出版社;《外国诗歌名篇选读》,合编,1986 年,作家出版社;《新诗用韵手册》,编著,1987 年,中国妇女出版社;《简明文学词典》,合编,1987 年,作家出版社;《新时期文学十年》,主编,1988 年,学苑出版社;《中国当代青年妇女作家评传》,主编,1990 年,中国妇女出版社;《西游记导读》,著,1990 年,河北少儿出版社;《汉魏六朝诗歌鉴赏词典》,合编,1990 年 10 月,中国和平出版社;《唐宋八大家散文鉴赏词典》,主编,中国妇女出版社;《屈原诗歌评赏》,著,1991 年,中国妇女出版社;《中外诗歌品评》,著,1992 年,中国妇女出版社。

陈　琳　《恣意辉煌》,小说集,著,1999 年 12 月,贵州人民出版社;《竹乡警魂》,长篇报告文学,著,2002 年 6 月,解放军文艺出版社;《潮涌浙江》,长篇报告文学,合著,2003 年 2 月,浙江文艺出版社;《太阳背后》,长篇小说,著,2003 年 5 月,时代文艺出版社;《彷徨与高歌》,散文集,著,2007 年 7 月,作家出版社。

李鼎芳　《王莽》,著,1956 年 2 月,新知识出版社;《曾国藩及其幕府人物》,编著,1985 年 9 月,岳麓书社。

李思雨　《仰望星空》,著,2008 年 4 月,作家出版社。

李玉富　《陈朝演义》,长篇历史小说,著,2012 年 8 月,作家出版社。

应　鸿　《我的将军》,合译(法译中),1983 年 2 月,新华出版社;《一个无上光荣的女人》,合译(法译中),1988 年 1 月,新华出版社。

吴国群　《中国现代文学史新编》,副主编,1987 年 9 月,宁夏人民出版社;《中国绍兴酒文化》,主编,1990 年 10 月,浙江摄影出版社;《鲁迅小说创作论》,著,1991 年 5 月,团结出版社;《醉乡记——中国酒文化》,著,2006年7月,杭州出版社;《天涯共此时》,编著(合),2012年8月,西泠印社出版社。

沈　健　《纸上的飞翔》,诗集,著,1999年12月,贵州人民出版社;《浙江先锋诗人14家》,著,2006年4月,新疆人民出版社。

张加强　《傲骨禅心》,散文集,著,2002年10月,东方出版中心(2004年1月再版);《乌镇依旧》,散文集,著,2003年6月,江苏摄影出版社;《南浔往事》,散文集,著,2004年6月,江苏摄影出版社;《顾渚山传》,散文集,著,2007年3月,上海人民出版社;《历史时空中的肖像》,散文集,著,2007年5月京华出版社、2012年北京联合出版社;《花香散处》,散文集,主编,2008年4月,中国文联出版社;《千朵向往》,报告文学,主编,2009年8月,作家出版社;《一路同行》,报告文学,主编,2012年12月,中国文联出版社。

孟庆岩　《跋涉的足迹》,主编,2008年9月,中国文联出版社。

周　谦　《艾柯卡自传》,长篇译作,合译,第一作者(与叶进合译),1986年4月,河北科学技术出版社;《少年环球旅行:纵横八万里》,全6册,合著,1991年6月,福建少年儿童出版社。

周新凤　《清玉集》,旧体诗词,著,2012年12月,中华诗词出版社。

范新萍　《银杏叶语》,著,2011年8月,白山出版社。

姚　辉　《陈英士评传》,合著(第二作者),1989年1月,团结出版社。

施振眉　《中篇评弹:李双双》,执笔,1978年9月,浙江人民出版社;《中篇评弹:新琵琶行》,合著,1979年9月,浙江人民出版社;《传统评话(三国):五关斩六将》,合著,1989年,浙江文艺出版社;《浙江曲艺理论选集》,合编(第一主编),1994年1月,浙江文艺出版社;《中国曲艺音乐集成•浙江卷》,全2册(上、下),主编,2009年5月,中国ISBN中心出版;《中国曲艺志•浙江卷》,主编,2009年7月,中国ISBN中心出版。

赵彭年　《赵彭年作品集》,1998年8月,开益出版社。

顾彭荣　《天目山诗选》,编著(选注),第一作者,1989年7月,浙江摄影出版社;《可爱的临安》,著,1991年,浙江摄影出版社;《苏轼两浙诗选》,编著(选注),第二作者,1993年,金陵书社;《临安知识词典》,合编,1992年,中国农业科技出版社。

莫永明　《陈其美传》,著,1985年,上海社科院出版社;《中华民族之改革明星》,著,1986年,四川人民出版社;《陈英士纪年》,著,1991年,南京大学出版社。

徐惠林　《飞翔岁月》,诗集,著,1997年,中国和平出版社;《油灯点亮的日子》,散文集,著,2002年,中国文联出版社。

徐自学　《自学甲骨文书法选》,著,1999年10月,南京甲骨文文化传播有限公司出版;《王羲之传世法帖•迟笑临本书法集》,著,2009年9月,西泠印社出版社。

钱江潮　《追求》,小说集,著,1999年12月,贵州人民出版社。

曹先擢　《新华词典》,编著(主持),1980年,商务印书馆;《通假字例释》,著,1985年,河南人民出版社;《古代词书讲话》,与杨润陆合著,1990年,上海教育出版社;《汉字文化漫笔》,著,1992年语文出版社、2009年外语教学与研究出版社;《八千种中文辞书类编提要》,主编之一,1992年,北京大学出版社;《汉字形义分析字典》,主编之一,1999年,北京大学出版社;《王力古汉语字典》,撰稿(负责第八部分未集),2000年,中华书局;《谈谈普通话异读词审音》,著,2009年,语文出版社;《〈广韵〉反切今读手册》,与李青梅合著,2005年,语文出版社;《辞书论稿与辞书札记》,著,2010年,商务印书馆。

黄　江　《黄江电影文学剧本集》,著,2002年10月,时代文艺出版社;《黄家门》,长篇小说,著,2010年6月,吉林人民出版社。

黄梅宝　《水色》,长篇小说,著,2012年8月,作家出版社。

黄建鑫　《基础美术绘画技法:素描男性头像》,著,2005年6月,湖北美术出版社;《基础美术绘画技法:素描女性头像》,著,2005年6月,湖北美术出版社;《素描静物范画》,著,2005年11月,湖北美术出版社;《色彩风景画法》,著,2010年4月,黑龙江美术出版社;《人物速写画法》,著,2010年4月,黑龙江美术出版社;《从起步到美院捷径教程:人物速写》,著,2011 年 4 月,古吴轩出版社;《从起步到美院捷径教程:素描静物》,著,2011 年 4 月,古吴轩出版社;《基础速写教程:风景速写》,著,2012 年 6 月,吉林美术出版社;《基础素描教程:石膏五官》,著,2012 年 6 月,吉林美术出版社。

潘　维　《不设防的孤寂》,诗集,著,1993 年 9 月,今日出版社;《千高原诗丛:隋朝石棺内的女孩》,诗集,著,2008 年 9 月,世界知识出版社;《潘维诗选》,诗集,著,2008 年 11 月,浙江文艺出版社。

第二章　宗　谱

据不完全统计,2012 年年末,长兴县境内有宗谱 37 个姓,79 部。37 个姓分别为王、毛、尹、甘、朱、孙、吴、张、李、陈、周、金、罗、邵、钦、费、洪、柏、荆、胡、钱、徐、顾、莫、梁、黄、曹、章、蒋、程、强、韩、傅、臧、潘、藏、欧阳。

第一节　主要姓氏流源

王　姓　有虞舜的子孙,有殷商比干的后裔,有周文王的后代,还有改姓为王、赐姓为王等,姓源很多。以周文王后代、太原和琅琊的王姓最为望族。晋朝的王导辅佐元帝渡江,在江南繁衍成为王氏大姓。唐代的王潮把许多人带到闽浙一带繁衍。明末,又有一王氏分支自广东移居长兴王垫(今煤山大元)一带。1987 年,县内户籍人口王姓有 28115 人,2012 年共 39294 人。

陈　姓　最早出自妫姓,为大舜后裔。周武王时,妫姓第十世妫完,因故奔齐,始以封国为氏,称“陈”姓。汉冲帝永嘉元年(145 年),陈姓开始南迁。晋室东渡,太尉陈伯珍渡过长江,定居曲河(今江苏丹阳县)。永嘉中(310 年),其孙陈达任长城县(今长兴县)令,因悦长兴山水,便于该处安家,定居下箬里,并预言:“此地山水清丽,当有王者兴。二百年后,我子孙必钟斯运。”梁武帝天监二年(503 年),陈达后代陈霸先在下箬里诞生。太平二年(557 年),陈霸先在建康(今南京)建立南朝最后一个政权陈朝。历三世五帝,共 33 年。故有陈一朝,长兴封侯拜王者众多,陈姓也自然而然成为望族。明万历年间(1573—1620 年)又一陈姓分支由省内海宁迁至今长兴槐坎六都村。1987 年,县内户籍人口陈姓有 24661 人,2012 年共 38421 人。

李　姓　颛顼帝高阳氏直系后裔,以李树果实得姓,始祖居陇西(今甘肃省)与赵郡(今河北省)。唐末,李氏南迁。宋时,一支李姓先后移居今安徽广德与吴兴东迁港。明初,李君祥入赘今长兴大午山,繁衍子孙,后分居今长桥下泗,虹星桥下全(下前)、山田,里塘徐庄等地。1987 年,县内户籍人口李姓有 18042 人,2012 年共 29203 人。

吴　姓　以国为氏,吴国系吴姓发源地。古代吴国位于今江苏省无锡市一带,周初属泰伯封地。泰伯系吴姓始祖,传至十九世孙寿梦时,开始称王,国境延伸至今浙江省嘉、湖一带。南朝梁时,吴均隐居今长兴和平青山,又有驸马都尉吴僧永定居李家巷石泉,其子孙繁衍,明代隐士、文学家吴琉为其后代。后分支迁居今长兴李家巷大石桥、白阜八都岕等地。1987 年,县内户籍人口吴姓有 14589 人,2012 年共 22796 人。

徐　姓　夏禹贤士伯益为徐氏始祖,其子若水封于徐国,即以国为氏。当时的徐国在今安徽泗县,至偃王为楚所灭。宋时,一支徐姓由江东(今属江苏省苏州市)迁入今长兴县煤山尚儒村。1987 年,县内户籍人口徐姓有 12557 人,2012 年共 17843 人。

杨　姓　杨姓出自姬姓,周文王后裔柏桥建杨国,其国在今山西省洪洞县东南,因以国为氏,后迁居华阳(今陕西省)。东汉时,开始播迁长江北。唐末(875—884 年),为避中原之乱,渡江南迁,部分族人定居长兴。南宋初，又有一支杨姓随同宋室南徙，在长兴定居。故长兴的杨姓始出一祖而非同支。今杨姓较集中的自然村有杨家、杨家桥、杨家村等。1987年，县内户籍人口杨姓有9528人，2012年共16381人。

钱　姓　郡望在彭城郡(今江苏徐州)。系出篯氏源，彭祖姓篯名铿，支子去“竹”为钱氏。钱氏汉代定居乌程，兴于晋。初以武力起家。自汉谏议大夫钱林定居乌程梓山(在今长兴)起，六朝时为王、侯、守者众多。因长兴自古从属吴兴郡，长兴钱氏也称吴兴钱氏，因而吴兴也成为著名郡望。今长兴钱氏绝大多数又是吴越王钱镠的后裔从临安回迁长兴的裔孙。钱氏在长兴主要居住地有洪桥镇西华村(原白米兜)，煤山东川桥里村，小浦镇八都岕的南俞村，槐坎乡的礼贤岕村，夹浦镇环沉村，城东彭城村，城东新塘的八字桥村，画溪的画溪村、水车头村，后漾的桥南村(今属涧塘村)，虹星桥的人文庄村、河桥斗门旧斗、祥里村、二伯桥村、吕山乡胥仓桥村。1987年，县内户籍人口钱姓有9601人，2012年共14617人。

胡　姓　始祖为北方游牧民族，宋太宗雍熙四年(987年)，到长兴县定居。1987年，县内户籍人口胡姓有6761人，2012年共10847人。

孙　姓　卫武公之子惠孙为卫国上卿，当时的卫国在今山西太原一带，其后人即以孙为姓氏。孙姓来源，尚有改姓孙，赐姓孙等。后汉时，自天水迁移青州，后移今广德、宣城。唐末，河南陈留地方的一支孙姓举族南迁。元朝，一支孙姓到长兴县定居。1987年，县内户籍人口孙姓有5826人，2012年共8970人。

潘　姓　系颛顼帝高阳氏后裔，原居今安徽、江苏、浙江一带。晋朝，长兴已有潘姓定居，故族人自称晋籍。分支多在今长兴县林城、白阜、东埠、大岕口一带。1987年，县内户籍人口潘姓有3274人，2012年共6360人。

顾　姓　顾氏之先系夏、商侯国伯苗后裔。有顾乾号坤达者，其分支世居今江苏长州(常州)浒墅镇。第五世顾昶号恬静，明成化年间(1465—1487年)，挟扁仓术游行苕霅，悦故鄣之山水清丽，始迁居今长兴顾家潭，繁衍子孙，明代刑部尚书、著名文人顾应祥为其后代。后从顾家潭分居今二都洞山、画溪桥、南街刘清惠公牌坊、顾家田畈村、县城大东门白云桥、南门黄塊桥、光阳桥、钮店桥、拦皇、周家桥、竹桥村、芦家荡等16处。1987年，县内户籍人口顾姓有2597人，2012年共3798人。

韩　姓　始为姬姓，春秋时，周文王后裔武子，为晋献公封于韩地，其子孙以封地为氏，始有韩姓。长兴韩姓，祖籍今山西太原，于西晋太康年间(281—289年)始迁至今长兴县西水曲岕。始祖为韩文昌，南宋名将韩世忠及其长子韩彦直为其后代。韩彦直墓葬在今泗安镇二界岭白杨岕。其分支散布于今吴岕口、仰峰岕、青岘岭、茶窝地南山、胥仓桥及花墙里一带。1987年，县内户籍人口韩姓有2397人，2012年共3518人。

臧　姓　臧姓出自山东东莞[①]，始祖为鲁孝公子臧伯僖之后，因以名为氏。宋宝祐年间(1253—1258年)，臧谟官知徐、兖两州事，值兵乱致仕，乐长兴山水之胜，遂徙居今长兴城北夹浦，其地因名臧家村。子孙繁衍，分居地有今夹浦环沉仙人浜、邢家浜、青仙桥、高家地角、东、徐家桥、大五村(长大)、下无胥、丁甲桥、山下村、上源桥、吴城村、澹渎里、杨名基、水口镇、城内南街、后漾霞城、合溪潘家村、鸿桥龙舌嘴、李家巷凌家浜、煤山蒋家村、虹星桥、林城徐村、东河、方山唐头村、下箬杨湾里等地。明代长兴臧氏出18名进士，著名戏曲家、文学家臧懋循为其中之一。1987年，县内户籍人口臧姓有1511人，2012年共2547人。

钦　姓　钦氏之族发祥于西南夷，其子孙在河南等地为官。宋高宗南渡后，赐姓为钦。族人由闽迁居今长兴横山小沉渎等地。其总祠在今雉城皇家湾。1987年，县内户籍人口钦姓有1308人，2012年共2042人。

① 《长兴县志》(1992年上海人民出版社)第135页误为广东东莞。

第二节　历代宗谱目录

一、长兴县博物馆馆藏

王氏宗谱，森桂堂，民国 17 年重修，6 册。毛氏宗谱，道光年间版本，9 册。孙氏宗谱，光绪年间版本，10 册。长兴紫阳朱氏宗谱，民国版本，5 册。李氏宗谱，世经堂，道光年间版本，4 册。李氏宗谱，道光二十七年重修，7 册。李氏宗谱，道光二十七年版本，5 册。陈氏宗谱，九如堂，民国 6 年版本，1 册。钦氏宗谱，敦睦堂，道光年间版本，2 册。钦氏家乘，经义堂，民国 24 年版本，8 册。胡氏家乘，民国 37 年，1 册。荆氏宗谱，宝善堂，民国版本，2 册。徐氏宗谱，桂里堂，光绪二十年版本，5 册。徐氏宗谱，桂里堂，民国 4 年版本，5 册。章氏宗谱，啟佑堂，光绪年间版本，10 册。曹氏宗谱，三治堂，民国 35 年版本，1 册。咸安韩式宗谱，大本堂，民国 35 年版本，16 册。傅氏宗谱，民国 16 年重修，19 册。傅氏宗谱，德润堂，民国 11 年版本，2 册。程氏宗谱，伊洛堂，民国版本，23 册。西山潘氏宗谱，九思堂，民国 4 年，3 册。

二、长兴图书馆馆藏

舟山王氏宗谱，2 册，当代版本。尚儒王氏宗谱，1 册，民国版本。甘氏宗谱，1 册，当代版本。长兴紫阳朱氏宗谱，12 册，民国版本。吕山吴氏宗谱，10 册，民国版本。长兴厚全村金氏家谱，1 册，当代版本。长兴金氏家乘，1 册，当代版本。长兴周氏宗谱，4 册，清末版本。陈氏宗谱，1 册，民国版本。陈氏宗谱（苏浙皖部分宗支），2 册，当代版本。义门陈氏宗谱，14 册，民国版本。义门陈氏氏宗谱，12 册，当代版本。中华陈氏族谱，1 册，当代版本。陈姓古灵支系族谱，1 册，民国版本。钦氏宗谱，6 册，清末版本。钦氏续修宗谱，1 册，当代版本。尚儒徐氏宗谱，民国版本。钱氏宗谱（长兴洪桥西华白米都），民国 3 年刻本，6 卷，6 册。钱氏宗谱（长兴洪桥西华白米都），民国 3 年重修，2010 年复印本，存 4 卷，4 册。钱氏宗谱（煤山东川乔里），2008 年重辑，据民国 29 年钱氏宗谱（世辉堂珍藏）本续修，7 卷，8 册。钱氏宗谱（煤山东川乔里），1998 年手抄，据民国 29 年钱氏宗谱（世辉堂珍藏）本重辑，6 卷，6 册。钱氏宗谱（雉城街道大西门外水车头），敬胜堂，光绪三年刻本，残本，存 2 卷（卷一、卷二），1 册。钱氏宗谱，4 册，当代版本。苕溪钱氏宗谱，6 册，当代版本。梁氏宗谱，2 册，当代版本。蒋氏宗谱，1 册，当代版本。臧氏族谱，13 册，民国版本，当代续修。

三、长兴县档案馆馆藏

王氏宗谱，6 卷，民国 17 年止，原件。虹星桥王氏宗谱，1 册，7 世至 14 世。坞山塘介眉堂王氏简谱，1 册。舟山王氏宗谱，4 册，民国 24 年起。甘氏宗谱，1 册。甘氏宗谱•苏浙皖部分显宗支卷二，1 卷，34 至 40 世。奕山朱氏宗谱，4 册，至民国 23 年止，原件。张氏宗谱，6 卷，嘉庆二十五年至 2009 年。吴氏宗谱，30 世，清光绪二十四年至 2012 年，电子版。长兴龙湾金氏宗谱，1 册，原件。长兴厚全村金氏宗谱，1 册。《罗氏宗祠第六十二至七十一世店上村罗氏家谱》，1 卷，原件。李家巷陈氏宗谱，1 卷。邵氏宗谱，3 册。清泉费氏宗谱，4 册，咸丰八年起，原件。洪氏宗谱，1 册。顾氏宗谱，4 册。钱氏宗谱，4 册，民国 22 年起，原件。吕山乡牧安村莫氏家谱，1 册。黄氏宗史谱，1 册，清同治九年至 1998 年。强氏宗谱，1 册。欧阳氏宗谱，2 卷，5 至 6 世。藏氏家谱，13 卷 2 册，明万历元年至 2012 年，原件。尹氏藏氏宗谱，5 卷，至 20 世纪 60 年代，原件。

四、民间家藏（部分）

礼贤艿周氏宗谱，当代版本，2 册。柏家村柏氏宗谱，民国版本，6 册。礼贤艿钱氏宗谱，当代版本，1 册。蒋氏宗谱，民国版本，10 册。

第四十二编　陈朝研究补遗

长兴号称“帝乡佛国”，历有江南帝乡、南朝佛国之说。南北朝南朝陈的创立者为长兴籍陈霸先。陈朝历史不长，三世五帝，但浙江本土出过皇帝的，仅长兴一地。另外，吴越国创立者钱镠，祖籍也是长兴。长兴自古人杰地灵，无怪乎陈霸先十世祖陈达随晋室南迁，永嘉中（310 年）任长城（今长兴）令，悦长兴山水，遂安家长兴，并预言说：“此地山水清丽，当有王者兴。二百年后，我子孙必钟斯运。”

一轮《长兴县志》全书，对陈朝有关内容记述未作安排，对陈朝长兴人物也未做记载，仅在第 27 卷“人物”中，收录陈霸先 1 人。本志设一编补遗。分三章，分别记述陈朝的历史及疆域、陈朝长兴人物、陈朝历史研究成果等有关内容。

第一章　陈朝的建立和陈朝疆域

陈朝为南朝最后一个政权，也是中国历史上唯一一个以皇帝姓氏作为国号的王朝。557 年创立，建都建康（今南京），历时 33 年，后为隋所灭。陈朝历时不长，州郡变化较大，但统治范围仅限于长江中下游以南的地区，最盛时有州六十四，郡百六十六，县几六百，是南朝中版图最小的一个王朝。

第一节　陈朝的建立

东晋灭亡后，江南地区先后建立宋、齐、梁、陈四个王朝政权，均建都建康（今南京），版图主要在江南地区，史称南朝。陈朝为南朝最后一个政权，也是中国历史上唯一一个以皇帝姓氏作为国号的王朝。

陈朝的创立者为吴兴郡长城县（今湖州市长兴县）人陈霸先。陈霸先出生于梁天监二年（503 年），彼时中国正处在分裂时期，南北对峙，内外战乱不断，对社会经济、文化造成巨大的破坏，严重影响生产力的发展，百姓生活困苦。陈霸先少俶傥，有大志，初任乡间里司，后至建业（今江苏南京）为油库吏，继为梁宗室新喻侯萧暎傅教。萧暎是梁武帝的侄子，在追随萧暎当幕僚中，陈霸先逐渐成长，逐步走上政治舞台，并在广州解围、交趾平叛中显露出英武雄奇的将略之才。之后，在扫平侯景之乱、诛杀王僧辩中积累了力量，拥立梁敬帝，掌握梁之实权，自为尚书令、都督中外诸军事、丞相、录尚书事、相国，封陈公，再晋爵为王。太平二年（557 年）十月，梁帝禅位，陈霸先在建康（今南京）建立陈朝，年号永定。历三世五帝，共 33 年。

陈朝历史虽短，但它的建立，将北方分裂、战乱的状态阻挡在长江以北，给南方带来了一段时间发展机遇。而陈霸先、陈蒨、陈顼三位帝王均为有为之君，重视农桑，发展经济。经过南迁的汉人、原居南方的汉人以及少数民族的共同辛勤劳动，在孙吴、东晋原有的基础上，到南朝特别是陈朝时，江南经济得到显著的发展，其富饶程度已经超过北方。

陈朝帝王世系

表 42-1

庙号	谥号	帝名	表字	生卒年	年号及使用时间	皇陵
太祖(陈霸先追崇)	景皇帝(陈霸先追谥)	陈文谠				
	始兴昭烈王(陈霸先追谥)	陈道谭	谈先			
高祖	武皇帝	陈霸先	兴国	503—559	永定 557—559	万安陵
世祖	文皇帝	陈　蒨	子华	522—566	天嘉 560—566 天康 566	永宁陵
	废　帝	陈伯宗	奉业	554—570	光大 566—568	临海王墓
高宗	宣皇帝	陈　顼	绍世	530—582	太建 568—582	显宁陵
	长城炀公	陈叔宝	元秀	553—604	至德 583—586 祯明 587—589	洛阳芒山

说明：根据《陈书》、《南史》、宋嘉泰《吴兴志》、清同治《长兴县志》，参考《陈霸先研究文集(长兴卷)》(2003 年内部编印)整理

第二节　陈朝疆域

陈霸先建立的陈政权，承梁末旧疆，统治范围只限于长江中下游以南的地区，境内仅有 42 州，109 郡，438 县，60 万户，是南朝中版图最小的。而且侯景之乱后出现的一些地方割据势力，不听号令，时常发生内战，政治局面很不稳定。至文帝末年(566 年)，才统一南方。陈太建年间，宣帝乘北齐内乱举兵北伐，收复大批失地，后又为高齐占领。太建九年(577 年)，北周灭北齐。翌年，周陈在吕梁展开激战，陈败，淮南之地得而复失，江北州郡尽为北周所有。至同年十一月，陈只能划江为守。宣帝末，周将司马消难以沔北九州来归(郢、随、温、应、土、顺、河、澴、岳)，周复取之，仍不能越江而北也。至末帝陈后主，陈朝政治局面更是江河日下。

陈朝历时不长，州郡变化较大，《陈书》无地理志，难于详知确切区划。《隋书·地理志》言陈氏之疆域曰："威力所加，不出荆、扬之域，州有四十二，郡唯一百九，县四百三十八。"

《资治通鉴·隋纪》："开皇九年，陈国皆平，得州三十，郡一百，县四百。"三十州：扬、东扬、南徐、吴、闽、丰、湘、巴、武、江、郢、广、东衡、衡、高、罗、新、陇、建、成、桂、东宁、静、南定、越、南合、崖、安、交、爱、凡。

清徐文范著《东晋南北朝舆地表》统计，陈太建末年有州六十四，郡百六十六，县几六百。六十四州：扬州、南徐州、东徐州、东阳州、缙州、豫州、宣州、北江州、江州、合州、西江州、南江州、宁州、吴州、高州、闽州、丰州、北新州、土州、富州、洄州、豪州、泉州、郢州、南荆州、荆州、信州、武州、沅州、卢州、湘州、巴州、雋州、罗州、营州、衡州、东衡州、郴州、静州、东静州、桂州、广州、瀛洲、成州、石州、新州、陇州、建州、定州、尹州、东宁州、高州、东罗州、越州、交州、南新州、爱州、德州、利州、明州、南合州、安州、黄州、崖州。该时，当是陈朝疆域最盛时期。

顾颉刚、史念海著《中国疆域沿革史》载:"陈人承萧梁旧规,然疆土愈蹙,巴、汉之地为北周所并,大江以北又入高齐之手,西守三峡,北防江岸,土地之小,最于南朝。"

第二章　陈朝人物①

南朝陈的创立者是长兴籍陈霸先,三世五帝,故有陈一朝,长兴封侯拜王者众多。本章收录陈朝五帝、后妃,陈皇先人及陈宗室,以及其他长兴籍人物,共计153人。

第一节　五　帝

一、武帝陈霸先

陈霸先(503—559),字兴国,小字法生,吴兴郡长城县(今湖州市长兴县)下箬里人。陈朝第一位皇帝,年号永定,557—559年在位。史称陈武帝。

图42-1　陈霸先画像

梁天监二年(503年)生。少俶傥,有大志,不治生产。既长,读兵书,多武艺,明达果断,为当时所推服。身长七尺五寸,日角龙颜,垂手过膝。初任乡间里司,后至建业(今江苏南京)为油库吏,继为梁宗室新喻侯萧暎傅教,勤于其事。大同初,萧映为吴兴太守,尝谓僚佐曰:"此人方将远大。"及映为广州刺史,以陈霸先为中直兵参军,随府之镇。令招集人马,监宋隆郡。寻监西江督护、高要(今广东肇庆)郡守。时武林侯萧谘任交州(今越南河内市东北)刺史,治理无方失众心。大同七年(541年)土人李贲连结数州豪杰同时反。大同八年(542年)梁武帝遣将讨伐未果。大同十年(544年)正月李贲仿梁朝置百官,称越帝。高州(今广东省阳江市)刺史孙冏、新州(今广东省新兴县)刺史卢子雄受命出兵,并受坐镇广州的萧映和萧咨节制。因战事不利,敕令在广州赐死。孙、卢旧部不服二萧,举兵进寇广州,昼夜苦攻,州中震恐。陈霸先率精兵三千,卷甲兼行,频战屡捷,贼众大溃,广州解围。梁武帝深叹异,授直阁将军,封新安子,邑三百户,并遣画工画其容貌而观之。同年冬,萧暎卒。第二年陈霸先送丧还都,至大庾岭,被诏为交州司马,领武平(今越南永安市)太守,随新任交州刺史杨蒨南下远征,讨伐李贲。自番禺出发,同年六月至交州,平定叛乱,李贲被杀。至太清元年(547年),先后收复交、爱、德、利、明等数州。封任振远将军、江西督护、高要太守,督七郡诸军事。

梁太清二年(548年)八月,东魏降将侯景举兵反梁,同年冬攻破京师台城,次年梁武帝病饿而亡。侯景始乱,陈霸先将率兵赴援,广州刺史元景仲阴有异志,意图霸先。陈霸先知其谋,乃与人密议戒严。太清三年(549年),在南海招兵买马,传檄讨伐元景仲,元景仲兵败被杀,霸先迎梁宗室曲江侯萧勃镇广州。然萧勃无意讨伐侯景。陈霸先遂遣使往江陵,受梁武帝第七子、湘东王萧绎节制。大宝元年(550年)正月,陈霸先自始兴发兵,至大庾岭,击溃萧勃阻军,进顿南康。被萧绎授员外散骑常侍、持节、明威将军、交州刺史,改封南野县伯。六月,授通直散骑常侍、使持节、信威将军、豫州刺史,领豫章内史,改封长城县侯。寻授散骑常侍、使持节、都督六郡诸军事、军师将军、南江州刺史,余如故。大宝二年(551

① 根据《陈书》《隋书》《南史》、宋嘉泰《吴兴志》、清同治《长兴县志》、《湖州名人志》(沈文泉编著,杭州出版社2009年版,收录陈朝长兴人物77人)整理。

年)三月奉命进兵江州(今江西九江),授江州刺史。六月发兵南康(今江西南康市),进驻西昌(今江西泰和县)。十一月,授使持节、都督会稽东阳新安临海永嘉五郡诸军事、平东将军、东扬州刺史,领会稽太守、豫章内史,余并如故。大宝三年(552 年)二月与王僧辩会于白茅湾(今安徽怀宁以东),乃登岸结坛,刑牲盟约,督众讨灭侯景。三月,平息侯景之乱。五月,击败北齐进攻。七月,授使持节、散骑常侍、都督南徐州诸军事、征北大将军、开府仪同三司、南徐州刺史,余并如故,代镇扬州。

十一月,湘东王萧绎于江陵即位,改大宝三年为承圣元年,史称梁元帝。承圣三年(554 年)三月,陈霸先进位司空。十一月,西魏破江陵,梁元帝被杀,霸先与王僧辩等请晋安王萧方智以太宰承制继大位。十二月,晋安王至自寻阳,入居朝堂。承圣四年(555 年)五月,北齐送还贞阳侯萧深明,王僧辩迎立为梁帝,以晋安王为皇太子。陈霸先固争未果,同年九月,水陆并进,夜发南徐州讨伐王僧辩,攻破石头城(今南京城),擒杀王僧辩。十月,废贞阳侯,立晋安王萧方智为梁敬帝,改为绍泰元年。授侍中、大都督中外诸军事、车骑将军、扬南徐二州刺史,持节、司空。后,诛灭王僧辩余部,抵御北齐,平定萧勃,征讨王琳。绍泰二年(556 年)七月授中书监、司徒、扬州刺史,进爵为公,增邑并前五千户,侍中、使持节、都督中外诸军事、将军、尚书令并如故。八月食安吉、武康二县,合五千户。九月改年太平元年,进丞相、录尚书事、镇卫大将军、扬州牧,封义兴郡公,侍中、司徒、都督并如故。太平二年(557 年)八月,进位太傅。九月进相国,封为陈公,备九锡之礼。十月晋爵为王,以扬州等二十郡益封陈国。同月梁帝禅位,陈霸先在建康(今南京)称帝,国号陈,年号永定。永定三年(559 年)六月去世,时年五十七岁,在位三年。谥号武皇帝,庙号高祖,葬于万安陵。曾效梁武帝至大庄严寺舍身。史称英略大度,应变无方,盖汉高、魏武之亚矣。

二、文帝陈蒨

陈蒨(520,一说 522—566),一作茜,又名昙蒨、荃蒨,字子华。吴兴郡长城县(今湖州市长兴县)人。武帝陈霸先之侄,始兴昭烈王陈道谭长子,陈宣帝陈顼长兄。陈朝第二位皇帝,即陈文帝,年号天嘉,559—566 年在位。

少沈敏有识量,美容仪,留意经史,举动方雅,造次必遵礼法。早年深受叔父陈霸先的赏识与栽培,常称"此儿吾宗之英秀也"。起家梁吴兴太守。承圣二年(553 年),授信武将军,监南徐州。承圣三年(554 年),陈霸先北征广陵,以陈蒨为前军,每战克捷。承圣四年(555 年),佐周文育平定杜龛、张彪,以功授持节、都督会稽等十郡诸军事、宣毅将军、会稽太守。陈永定元年(557 年)十月陈霸先称帝,十一月封为临川郡王,授侍中、安东将军。永定三年(559 年)六月陈霸先去世,宣皇后与中书舍人蔡景历等定计秘不发丧,召其还朝,立为帝,改元天嘉。在位期间,先后平湘州王琳、临川周迪、豫章熊昙朗、东阳留异、建安陈宝应之乱。陈蒨是南朝历代皇帝中难得一见的有为之君,起自艰难,知百姓疾苦,国家资用,务从俭约。在位励精图治,整顿吏治,注重农桑,兴修水利,使江南经济得到一定恢复。该时期陈朝政治清明,百姓富裕,国势比较强盛,史称"天嘉之治"。天康元年(566 年)四月二十七日,陈文帝陈蒨去世,遗诏皇太子陈伯宗继承帝位。谥号文皇帝,庙号世祖,葬于永宁陵。

三、废帝陈伯宗

陈伯宗(554—570),字奉业,小字药王,吴兴郡长城县(今湖州市长兴县)人。文帝陈蒨的嫡长子,母安德皇后沈妙容。陈朝第三位皇帝,即陈废帝,566—568 年在位。

梁承圣三年(554 年)五月生。陈永定二年(558 年)二月拜临川王世子。永定三年(559 年)六月陈蒨即帝位,九月立其为皇太子。天康元年(566 年)四月,文帝陈蒨去世,陈伯宗即帝位。由于年幼,以叔父安成王陈顼为司徒、录尚书事、都督中外诸军事,政局皆为其所掌握。次年改年号为光大。光大二年(568 年)正月,进陈顼为太傅。十一月,陈顼自立为帝,废陈伯宗为临海王。太建二年(570 年)四月,陈伯宗去世,年仅十九岁,葬于陈废帝陵(临海王墓)。

四、宣帝陈顼

陈顼(530—582),又名陈昙顼,字绍世,小字师利,吴兴郡长城县(今湖州市长兴县)人。武帝陈霸先之侄,始兴昭烈王陈道谭次子,文帝陈蒨之弟。陈朝第四位皇帝,即陈宣帝,光大二年(568年)至太建十四年(582年)在位。

梁大通二年(528年)七月生。少宽大多智略,及长,身长八尺三寸,手垂过膝,有勇力,善骑射。陈霸先平侯景之乱后,梁元帝征陈霸先子侄入侍,陈霸先派陈昌、陈顼赴江陵,累官为直阁将军、中书侍郎。承圣三年(554年)江陵陷落,二人迁至关右。陈永定元年(557年),袭封始兴郡王。永定三年(559年)八月,改封安成王。天嘉三年(562年)三月,从北周归国,授侍中、中书监、中卫将军,置佐史。六月又授使持节、都督扬南徐东扬南豫北江五州诸军事、扬州刺史,进号骠骑将军。天嘉四年(563年)四月,加开府仪同三司。天嘉六年(565年)四月,迁司空。天康元年(566年)三月,授尚书令。四月废帝即位,五月拜司徒、进号骠骑大将军、录尚书、都督中外诸军事。光大二年(568年)正月进位太傅,领司徒,加殊礼,剑履上殿。十一月,废陈伯宗为临海王,自立为帝,改年号为太建。在位期间,兴修水利,开垦荒地,鼓励农民生产,社会经济得到一定的恢复与发展。国家比较安定,政治也较为清明。太建五年(573年),派大将吴明彻乘北齐大乱之机北伐,攻占吕梁(在今江苏徐州附近)和寿阳,一度占有淮、泗之地,但又停兵淮南,坐失灭齐的良机。太建十年(578年)齐被北周灭,欲争夺徐、兖,出兵北伐,被北周军击败。至翌年冬,江北、淮南尽被北周夺走。太建十四年(582年)正月,陈顼去世,终年五十三岁,谥号孝宣皇帝,庙号高宗,葬于显宁陵。

五、后主陈叔宝

陈叔宝(553—604),字元秀,小字黄奴,吴兴郡长城县(今湖州市长兴县)人。宣帝陈顼长子,母皇后柳敬言。陈朝最后一位皇帝,史称陈后主,陈太建十四年(隋开皇二年,582年)至陈祯明三年(隋开皇九年,589年)在位。

梁承圣二年(553年)十一月生于江陵。承圣三年(554年)江陵陷落,陈顼迁关右,留后主于穰城。陈天嘉三年(562年)归京师,立为安成王世子。天康元年(566年)官授宁远将军,置佐史。光大二年(568年)为太子中庶子,不久迁侍中。太建元年(569年)正月,立为皇太子。太建十四年(582年)正月,即皇帝位,成为陈朝、也是南朝历史上最后一位君主。在位大建宫室,生活奢侈,日与嫔妃、文臣游宴,制作艳词,如《玉树后庭花》《临春乐》等。后主执政共八年,在位期间不理朝政,耽于女色,"复扇淫侈之风,宾礼诸公,唯寄情于文酒,昵近群小,皆委之以衡轴。""躭荒为长夜之饮,嬖宠同艳妻之孽。"陈祯明三年(隋开皇九年,589年),隋军南下,广陵失陷,不久攻破京口并都城建康,陈灭亡,陈叔宝在井中被俘。至长安,隋文帝为其修治宅邸,礼遇甚厚。入隋后,陈叔宝诗酒如故,经常沉湎酒色,醉生梦死。隋文帝言其"全无心肝",也因免于害。仁寿四年(604年)十一月壬子在洛阳病死,终年五十二岁,追赠大将军、长城县公,谥号炀,葬于洛阳芒山。明人辑有《陈后主集》。还有《后主沈皇后集》。陈亡后,宗室王侯三月从后主至长安,并配于陇右及河西诸州,各给田业以处之。大业二年(606年),隋炀帝封后主第六女陈婤为贵人,绝爱幸,因召陈氏子弟尽还京师,随才叙用,由是并为守宰,遍于天下。

第二节 后 妃

一、武帝昭钱皇后

长城人,父钱仲方。武帝先娶后,早卒。永定元年(557年)十月武帝即位,追尊曰昭皇后。陵曰嘉陵。

二、武帝宣章皇后

名要儿,吴兴乌程人。本姓钮,父景明幼时为章氏所养,因改焉。景明,梁代官至散骑侍郎。后母苏氏,尝遇一道士,以龟与之,光采五色,曰:"三年有征。"及期,后生,而紫光照室,因失龟所在。后少聪慧,美容仪,手爪长五寸,色并红白,每有期功之服,则一爪先折。武帝先娶钱仲方女,早卒,后乃聘后。后善书计，能诵《诗》及《楚辞》。武帝自广州南征交阯，命后与衡阳王昌随文帝由海道归于长城。侯景之乱，后为景所囚。景平，武帝为长城县公，后拜夫人。永定元年(557年)十月武帝即位，立后为皇后。武帝崩，定计立文帝。及文帝即位，尊后为皇太后，宫曰慈训。废帝即位，尊后为太皇太后。光大二年(568年)，下令黜废帝为临海王，命宣帝嗣位。太建元年(569年)，尊后为皇太后。二年三月丙申，逝于紫极殿，时年六十五。遗令丧事所须，并从俭约，诸有馈奠，不得用牲牢。其年四月，群臣上谥曰宣太后，祔葬万安陵。后亲属无在朝者，唯族兄钮洽官至中散大夫。

三、文帝沈皇后

名妙容，吴兴郡武康县(今湖州市德清县)人。父法深，梁安前中录事参军。梁大同中，归文帝。武帝讨侯景时，文帝在吴兴，景遣使收文帝及后。景平，乃获免。永定元年(557年)十月武帝即位，后为临川王妃。永定三年(559年)六月文帝即位，九月立为皇后。废帝即位，尊后为皇太后，宫曰安德。时安成王陈顼与仆射到仲举、舍人刘师知等并受遗辅政。后政无大小，尽归陈顼。沈皇后忧闷，计无所出，乃密赂宦者蒋裕，令诱建安人张安国使据郡反，以图陈顼。事发，安国被诛。左右近侍颇知其事，后恐连逮党与，并杀之。宣帝即位，以后为文皇后。陈亡，入长安。隋大业(605—618年)初，自长安归于江南，不久去世。

四、废帝王皇后

琅琊临沂(今山东临沂)人。金紫光禄大夫王固之女。天嘉元年(560年)，为皇太子妃。天康元年(566年)四月废帝即位，六月立为皇后。光大二年(568年)废帝降为临海王，后为临海王妃。至德(583—586年)中去世。生子陈至泽。

五、宣帝柳皇后

名敬言，河东解县人。曾祖世隆，齐侍中、司空、尚书令、贞阳忠武公。祖恽，有重名于梁代，官至秘书监，赠侍中、中护军。父偃，尚梁武帝女长城公主，拜驸马都尉，大宝中为鄱阳太守，卒官。后时年九岁，干理家事，有若成人。侯景之乱，后与弟盼往江陵依梁元帝，以长城公主之故，待遇甚厚。侯景之乱后，梁元帝征陈霸先子侄入侍，陈霸先派陈昌、陈顼赴江陵，元帝将后许配给陈顼。梁承圣二年(553年)，后生后主于江陵。明年，江陵陷，陈昌、陈顼迁于关右，后与后主俱留穰城。陈天嘉二年(561年)，与后主还朝，后为安成王妃。宣帝陈顼即位，立为皇后。后美姿容，身长七尺二寸，手垂过膝。初，宣帝居乡里，先娶吴兴钱氏女，及即位，拜为贵妃，甚有宠，后倾心下之。每尚方供奉之物，其上者皆推于贵妃，而己御其次焉。宣帝崩，始兴王叔陵为乱，后主赖后与乐安君吴氏救而获免。后主即位，尊后为皇太后，宫曰弘范。当是之时，新失淮南之地，隋师临江，又国遭大丧，后主病疮，不能听政，其诛叔陵、供大行丧事、边境防守及百司众务，虽假以后主之命，实皆决之于后。后主疮愈，乃归政焉。陈亡，入长安。隋大业十一年(615年)逝于东都，年八十三，葬洛阳之芒山。后性谦谨，未尝以宗族为请，虽衣食亦无所分遗。

六、后主沈皇后

名婺华，吴兴郡武康县(今湖州市德清县)人。父为仪同三司望蔡贞宪侯沈君理，母即武帝女会稽穆公主。公主早亡，时后尚幼，而居丧过哀而极度瘦弱。及服孝完毕，每至岁时朔望，恒独坐涕泣，哀动左右，内外咸敬异焉。太建三年(571年)，纳为皇太子妃。太建十四年(582年)，后主即位，立为皇后。后性端静，寡嗜欲，聪敏强记，涉猎经史，工书翰。初，后主在东宫，而后父君理卒，后居忧，处于别殿，哀毁逾礼。后主遇后既薄，而张贵妃宠倾后宫，后宫之政并归之，后淡然未尝有所忌怨。而居处俭约，衣服无锦绣之饰，左右近侍才百许人，唯寻阅图史、诵佛经为事。祯明三年(589年)陈亡，与后主俱入长安。隋仁寿四年(604年)，后主逝，后自为哀辞，文甚酸切。隋炀帝每所巡幸，恒令从驾。及炀帝为宇文化及所害，后自广陵过江还乡里，不知所终。①

①《南史·后妃下·沈皇后》载：从广陵过江，至毗陵(今江苏常州)天静寺为尼，法名观音。唐贞观元年逝。

七、宣帝妃钱氏

吴兴人。宣帝居乡里,先娶钱氏,及即位,拜贵妃,甚有宠。

八、宣帝妃吴氏

吴兴人,生武成公主。后主即位尊为太妃。

九、后主张贵妃

名丽华,兵家女。家贫,父兄以织席为事。后主为太子,以选入宫。是时龚贵嫔为良娣,贵妃年十岁,为之给使,后主见而说焉,因得幸,遂有娠,生太子深。后主即位,拜为贵妃。性聪慧,甚被宠遇。后主每引贵妃与宾客游宴,贵妃荐诸宫女预焉,后宫等咸德之,兢言贵妃之善,由是爱倾后宫。又好厌魅之术,假鬼道以惑后主,置淫祀于宫中,聚诸妖巫使之鼓舞。因参访外事,人间有一言一事,妃必先知之,以白后主。由是益重妃,内外宗族,多被引用。及隋军陷台城,妃与后主俱入于井,隋军出之,晋王广命斩贵妃,榜于青溪中桥。

第三节　五帝诸子

一、武帝子

武帝陈霸先有六子:陈克,孝怀太子,早逝,母昭皇后。陈立,豫章献王,早逝。陈权,长沙思王,早逝。陈昌,衡阳献王,第六子,母宣皇后。二子早逝。

陈　克(?—558)　吴兴郡长城县(今湖州市长兴县)人。武帝陈霸先长子。及冠起随父做事。侯景之乱后随父南征北战,屡建战功,为父得力助手。永定元年(557年)十月陈霸先称帝,立为孝怀太子。永定二年(558年)讨伐王琳时阵亡。

陈　立(?—?)　吴兴郡长城县(今湖州市长兴县)人。武帝陈霸先子。早逝。陈永定二年(558年)八月,追封为豫章王,谥曰献。

陈　权(?—?)　吴兴郡长城县(今湖州市长兴县)人。武帝陈霸先子。早逝。陈永定二年(558年)八月,追封为长沙王,谥曰思。

陈　昌(537－560年)　字敬业。吴兴郡长城县(今湖州市长兴县)人。武帝陈霸先第六子。南梁太清末年,陈霸先南征李贲,命陈昌与母亲章要儿随沈恪回吴兴。陈霸先东讨侯景时,陈昌与章要儿、陈蒨为侯景囚禁。侯景之乱被平定,陈昌被梁元帝封为长城国世子、吴兴太守,时年十六,容貌伟丽,神情秀朗,雅性聪辩,明习政事。陈霸先派遣陈郡谢哲、济阳蔡景历辅佐陈昌,又派吴郡杜之伟教授经书。陈昌读书一览成诵,明于义理,剖析如流。后与陈顼去荆州,梁元帝以他为员外散骑常侍。荆州陷落,又和陈顼一起被俘虏到关右。陈霸先称帝后,频遣使请北周释放陈顼及陈昌,北周许诺而未遣。陈霸先驾崩后,陈国无皇嗣,皇侄陈蒨接任皇位,北周欲给陈制造内乱,放还陈昌。时南梁残余势力王琳据守长江中游,陈昌不得还,居住在安陆。天嘉元年(560年)二月,授骠骑将军、湘州牧,封衡阳王。同月,王琳平,陈昌从安陆出发,由鲁山济江,三月入陈境。陈蒨诏令主书舍人缘道迎接。渡江时,陈昌溺死。四月,丧柩至京师,陈蒨亲出临哭,下诏赠假黄钺、都督中外诸军事、太宰、扬州牧,追谥号献。陈昌无子嗣。陈蒨以第七皇子伯信嗣。

二、文帝子

文帝陈蒨有十三子:长子为废帝伯宗,二人早逝无名,十人封王。沈皇后生废帝、始兴王伯茂,严淑媛生鄱阳王伯山、晋安王伯恭,潘容华生新安王伯固,刘昭华生衡阳王伯信,王充华生庐陵王伯仁,张修容生江夏王伯义,韩修华生武陵王伯礼,江贵妃生永阳王伯智,孔贵妃生桂阳王伯谋。伯信过继给衡阳献王昌。

陈伯茂(？—？) 字郁之。吴兴郡长城县(今湖州市长兴县)人。文帝陈蒨第二子。性聪敏,好学,谦恭下士,善草、隶书,甚得王羲之法。永定三年(559年)八月,封始兴王。加宁远将军,置佐史。寻除使持节、都督南琅邪彭城二郡诸军事、彭城太守。天嘉二年(561年)正月,进号宣惠将军、扬州刺史。天嘉三年(562年)六月,除镇东将军、东扬州刺史。天康元年(566年)五月,进号征东将军、开府仪同三司。光大元年(567年)二月,进号中卫大将军,入居禁中,专与废帝游处。时四海之望咸归陈顼,伯茂深不平。陈顼以其无能,不以为意。及建安人蒋裕与韩子高等谋反,伯茂并阴豫其事。二年(568年)十一月,陈顼废帝为临海王,又令降伯茂为温麻侯。时六门之外有别馆,以为诸王冠婚之所,名为婚第,至是命伯茂出居之。路遇盗,死于车中。时年十八。

陈伯山(550—589) 字静之。吴兴郡长城县(今湖州市长兴县)人。文帝陈蒨第三子。伟容仪,举止闲雅,喜愠不形于色。陈天嘉元年(560年)七月封鄱阳郡王,十月授东中郎将、吴郡(今江苏苏州)太守。天嘉六年(565年)十二月为缘江都督、平北将军、南徐州刺史。天康元年(566年)五月进号镇北将军。光大元年(567年)二月迁镇东将军、东扬州刺史。太建元年(569年)正月进号中卫将军。太建六年(574年)六月又为征北将军、南徐州刺史。太建七年(575年)十月为征南将军、江州(今江西九江)刺史。太建十一年(579年)六月入为中权将军、护军将军,次年正月加开府仪同三司。太建十四年(582年)正月后主即位,进号中权大将军。至德四年(586年)正月为镇卫将军。九月出为持节,都督东扬、丰二州诸军事,东扬州刺史,加侍中。祯明元年(587年)丁母忧,去职。十二月起为镇卫大将军、开府仪同三司。祯明三年(589年)正月逝,时年四十。性宽厚,美风仪,又于诸王最长,后主深敬重之,每朝廷有冠婚飨燕之事,恒使伯山为主。及丁所生母忧,居丧以孝闻。

陈伯固(555—582) 字牢之。吴兴郡长城县(今湖州市长兴县)人。文帝陈蒨第五子。生而龟胸,目通精扬白,形状渺小,俊辩善言论。陈天嘉六年(565年)八月封为新安郡王,食邑两千户。次年废帝嗣立,为使持节,都督南琅邪、彭城、东海三郡诸军事,云麾将军,彭城(今江苏徐州)、琅邪(今山东临沂)二郡太守。光大元年(567年)二月迁丹阳(今安徽宣州)尹。太建元年(569年)进号智武将军。秩满,进翊右将军。寻授使持节、都督吴兴诸军事、平东将军、吴兴太守。太建四年(572年)入为侍中、翊前将军。太建六年(574年)正月为中领军,进号安前将军。太建七年(575年)十月授使持节,散骑常侍,都督南徐、南豫、南北兖四州诸军事,镇北将军,南徐州刺史。性嗜酒,不好积聚,用度无节。雅性轻率,好行鞭捶,在州不知政事。宣帝颇知之,遣使责让者数矣。太建十年(578年)入朝,又为侍中、镇右将军,四月为护军将军。后为国子祭酒,领左骁骑将军,侍中、镇右并如故。太建十二年(580年)领宗正卿。太建十三年(581年)正月为使持节,都督扬、南徐、东扬、南豫四州诸军事,扬州刺史,侍中、将军如故。次年与陈叔陵同谋反,死于乱军。

陈伯恭(555—？) 字肃之。吴兴郡长城县(今湖州市长兴县)人。文帝陈蒨第六子。陈天嘉六年(565年)八月封晋安(今福建福州)王。寻为平东将军、吴郡(今江苏苏州)太守,置佐史。时伯恭年十余岁,便留心政事,官曹治理。太建元年(569年)七月入为中护军、进号安前将军,九月迁中领军。寻为中卫将军、扬州刺史,以公事免。太建四年(572年)起为安左将军,寻为镇右将军、特进。太建六年(574年)正月出为安南将军、南豫州(今安徽寿县)刺史。太建九年(577年)入为安前将军、祠部尚书。太建十一年(579年)十月进号军师将军、尚书右仆射。太建十二年(580年)五月迁尚书仆射,次年正月迁左仆射。太建十四年(582年)正月进号翊前将军,三月为安南将军、湘州刺史。至德元年(583年)为侍中、中卫将军、光禄大夫。丁母忧,去职。至德四年(586年)正月进号镇右将军,二月为特进。祯明元年(587年)二月起为中卫将军,十二月为右光禄大夫,将军如故。祯明三年(589年)陈亡后被虏往长安(今陕西西安)。隋大业(605—618年)初为成州(今属甘肃)刺史、太常卿。

陈伯信(？—589) 字孚之。吴兴郡长城县(今湖州市长兴县)人。文帝陈蒨第七子。陈天嘉元年(560年)四月封衡阳王。寻为宣惠将军、丹阳(今安徽宣州)尹,置佐史。太建四年(572年)正月为信威将军、中护军。太建六年(574年)六月为宣毅将军、扬州刺史。寻加侍中、散骑常侍。太建十一年(579

年)进号镇前将军、太子詹事,余并如故。祯明元年(587 年)出为镇南将军、西衡州刺史。祯明三年(589 年),隋军过江,与临汝侯陈方庆并为东衡州刺史王勇所害。

陈伯仁(?—589) 字寿之。吴兴郡长城县(今湖州市长兴县)人。文帝陈蒨第八子。能书法。陈天嘉六年(565 年)八月封庐陵(今江西泰和一带)王。太建初为轻车将军,置佐史。太建七年(575 年)迁冠军将军。太建八年(575 年)十一月中领军。太建十年(577 年)正月为平北将军、南徐州刺史。太建十二年(580 年)三月为翊左将军、中领军。太建十四年(582 年)正月进号安前将军。祯明元年(587 年)正月为特进。加侍中、国子祭酒,领太子中庶子。祯明三年(589 年)陈亡后被虏往长安(今陕西西安),逝于长安。

陈伯义(?—589) 字坚之。吴兴郡长城县(今湖州市长兴县)人。文帝陈蒨第九子。陈天嘉六年(565 年)八月封江夏(今湖北武汉西)王。太建初为宣惠将军、东扬州刺史,置佐史。寻为宣毅将军、持节、散骑常侍、都督合、霍二州诸军事、合州(今广东雷州)刺史。太建十四年(582 年)为侍中、忠武将军、金紫光禄大夫。祯明三年(589 年)陈亡后被虏往长安(今陕西西安),迁瓜州(今甘肃敦煌),逝于道。

陈伯礼(?—?) 字用之。吴兴郡长城县(今湖州市长兴县)人。文帝陈蒨第十子。陈天嘉六年(565)十二月封武陵(今湖南常德)王。太建初为云旗将军、持节、都督吴兴诸军事、吴兴太守。在郡施暴政,百姓患之。太建九年(577 年),为有司劾免。祯明三年(589 年)陈亡后被虏往长安(今陕西西安)。隋大业(605—618 年)中为散骑侍郎、临洮(今甘肃岷县)太守。

陈伯智(?—?) 字策之。吴兴郡长城县(今湖州市长兴县)人。文帝陈蒨第十二子。书法家。擅草书。少敦厚,有器量,博涉经史。陈光大二年(568 年)七月封永阳王。寻为侍中,加明威将军,置佐史。又加散骑常侍。太建十四年(582 年)三月为尚书仆射。至德二年(584 年)五月为平东将军、东扬州刺史,都督东扬、丰二州诸军事。至德二年(584 年)入为侍中、翊左将军,加特进。祯明三年(589 年)陈亡后被虏往长安(今陕西西安)。隋大业(605—618 年)中为岐州(今陕西凤翔)司马,迁国子司业。

陈伯谋(?—583) 字深之。吴兴郡长城县(今湖州市长兴县)人。文帝陈蒨第十三子。书法家。其书高疏壮浪。陈光大二年(568 年)七月封桂阳王。太建七年(575 年)为明威将军,置佐史。寻为信威将军、丹阳(今安徽宣州)尹。太建十年(578 年)加侍中,出为持节、都督吴兴诸军事、东中郎将、吴兴太守。次年,加散骑常侍。至德元年(583 年)逝。

三、废帝子

废帝陈伯宗有一子:陈至泽,临海嗣王,母王皇后。

陈至泽(566—?) 吴兴郡长城县(今湖州市长兴县)人。废帝陈伯宗子。陈天康元年(566 年)四月生,光大元年(567 年)七月二十二日立为皇太子。太建元年(569 年)袭封临海嗣王。不久为宣惠将军,置佐史。祯明三年(589 年)陈亡后被虏往长安(今陕西西安)。

四、宣帝子

宣帝陈顼有四十二子:长子为后主,三十人封王,八人未及封,三人早逝无名。柳皇后生后主。彭贵人生始兴王叔陵,曹淑华生豫章王叔英,何淑仪生长沙王叔坚、宜都王叔明,魏昭容生建安王叔卿,钱贵妃生河东王叔献,刘昭仪生新蔡王叔齐,袁昭容生晋熙王叔文、义阳王叔达、新会王叔坦,王姬生淮南王叔彪、巴山王叔雄,吴姬生始兴王叔重,徐姬生寻阳王叔俨,淳于姬生岳阳王叔慎,王修华生武昌王叔虞,韦修容生湘东王叔平,施姬生临贺王叔敖、沅陵王叔兴,曾姬生阳山王叔宣,杨姬生西阳王叔穆,申婕妤生南安王叔俭、南郡王叔澄、岳山王叔韶、太原王叔匡,袁姬生新兴王叔纯,吴姬生巴东王叔谟,刘姬生临江王叔显,秦姬生新宁王叔隆、新昌王叔荣。叔叡、叔忠、叔弘、叔毅、叔训、叔武、叔处、叔封八人,未及封。

陈叔陵(554—582) 字子嵩。吴兴郡长城县(今湖州市长兴县)人。宣帝陈顼第二子。梁时曾与兄陈叔宝同为质。陈天嘉三年(562 年)还朝,封康乐县侯,食邑五百户。少机辩,徇声名,强梁无所推屈。光大元年(567 年)除中书侍郎。次年出为使持节,都督江州(今江西九江)诸军事、南中郎将、江州刺史。太建元年(569 年)正月封始兴郡(今广东韶关)王,进授使持节、都督江郢晋三州诸军事、军师将军,刺史如故。时年十六,政自己出,僚佐莫预。性严刻,部下慑惮。寻进号云麾将军,加散骑常侍。太建三年(571 年),加侍中。次年正月,迁平南将军、都督湘衡桂武四州诸军事、湘州刺史,侍中、使持节如故。诸州镇闻其至,皆震恐股栗。叔陵日益暴横,州县无敢上言,高宗弗知。太建六年(574 年)十二月进号镇南将军,给鼓吹一部。迁中卫将军。太建九年(577 年)正月,除使持节、都督扬徐东扬南豫四州诸军事、扬州刺史,侍中、将军、鼓吹如故。次年,至都,加扶,给油幢车。叔陵修饰虚名,每入朝,常于车中马上执卷读书,高声长诵,阳阳自若。归坐斋中,或自执斧斤为沐猴百戏,又好游冢墓间,遇有茔表主名可知者,辄令左右发掘。太建十一年(579 年),丁所生母彭氏忧,去职。顷之,起为中卫将军,使持节、都督、刺史如故。晋世王公贵人,多葬梅岭,及彭卒,叔陵启求于梅岭葬之,乃发故太傅谢安旧墓,弃去安柩,以葬其母。服丧期间,伪为哀毁,行不轨。宣帝素爱叔陵,不绳之以法,但责让而已。服阕,又为侍中、中军大将军。太建十四年(582 年)正月宣帝崩,欲杀兄陈叔宝自立,兵败被杀,诸子被赐死。

陈叔英(? —?)　字子烈。吴兴郡长城县(今湖州市长兴县)人。宣帝陈顼第三子。宽厚仁爱。陈天嘉元年(560 年)封建安侯。太建元年(569 年)正月授宣惠将军、都督东扬州诸军事、东扬州刺史,封豫章王。太建五年(573 年)正月进平北将军、南徐州刺史。太建十一年(579 年)六月为镇前将军、江州(今江西九江)刺史。太建十四年(582 年)正月后主即位,进号征南将军,九月加开府仪同三司。至德元年(583 年)正月为中卫大将军。至德四年(586 年)正月进骠骑将军。祯明元年(587 年)九月为骠骑大将军。十一月兼司徒。寻迁司空。祯明三年(589 年)隋师过江,叔英知石头军戍事。寻令入屯朝堂。及六军败绩,降于隋将韩擒虎。隋大业(605—618 年)中任涪陵太守。

陈叔坚(? —?)　字子成。吴兴郡长城县(今湖州市长兴县)人。宣帝陈顼第四子。少杰黠,凶虐使酒,尤好数术、卜筮、祝禁,熔金琢玉,并究其妙。陈天嘉(560—565 年)中封丰城侯。太建元年(569 年)正月封长沙王,仍为东中郎将、吴郡(今江苏苏州)太守。太建四年(572 年)正月为宣毅将军、江州(今江西九江)刺史,置佐史。太建七年(575 年)十月进号云麾将军、中领军、郢州(今湖北钟祥一带)刺史,十二月为平越中郎将、广州刺史。太建八年(576 年)六月为平北将军、合州(今广东雷州)刺史。十一月为平西将军、郢州(今湖北钟祥一带)刺史。太建十一年(579)入为翊左将军、丹阳(今安徽宣州)尹。太建十四年(582 年)正月,后主以其平陈叔陵谋反功进号骠骑将军、开府仪同三司、扬州刺史。九月迁司空,将军、刺史如故。时后主患创,不能视事,政无小大,悉委叔坚决之,于是势倾朝廷。叔坚因肆骄纵,事多不法,后主由是疏而忌之。至德元年(583 年)正月,乃诏令即本号用三司之仪,出为江州刺史。未发,八月又诏重为司空,实欲去其权势。叔坚不自安,稍怨望,乃为左道刻木为偶人,祝诅于上。其年冬,有人上书告其事,案验并实。后主囚于西省,将杀之。后感其前功,乃赦之,特免所居官,以王还第。至德二年(584 年)五月为侍中、镇左将军。至德三年(585 年)五月即本号开府仪同三司。至德四年(586 年)正月进号中军大将军。祯明二年(588 年),秩满还都。祯明三年(589 年)陈亡后被虏往长安(今陕西西安),迁于瓜州(今甘肃敦煌),更名叔贤,与妃沈氏酤酒,以佣保为事。隋大业(605—618 年)中任遂宁郡(今属四川)太守。

陈叔卿(? —?)　字子弼。吴兴郡长城县(今湖州市长兴县)人。宣帝陈顼第五子。性耿直,有才器,容貌甚伟。陈太建四年(572 年)二月封建安(今福建建瓯)王,授东中郎将、东扬州刺史。太建七年(575 年)十二月为云麾将军、郢州(今湖北钟祥一带)刺史,置佐史。太建九年(577 年)正月进号平南将军、湘州刺史。人建十四年(582 年)正月后主即位,进号安南将军。又为侍中、镇右将军、中书令。祯明元年(587 年)迁中书监。祯明三年(589 年)陈亡后被虏往长安(今陕西西安)。隋大业(605—618 年)中为都官郎、上党通守。

陈叔明(559—611)　字子昭。吴兴郡长城县(今湖州市长兴县)人。宣帝陈顼第六子。仪容美丽,举止和柔,状似妇人。陈太建五年(573 年)十二月封宜都王,授宣惠将军,置佐史。太建七年(575 年)十二月授东中郎将、东扬州刺史,寻为轻车将军、卫尉卿。太建十三年(581 年)正月出为使持节、云麾将军、南徐州刺史。后为侍中、翊右将军。至德四年(586年)正月进号安右将军。祯明三年(589年)陈亡后被虏往长安(今陕西西安)。隋大业(605—618年)中为鸿胪寺少卿。

陈叔献(568—580) 字子恭。吴兴郡长城县(今湖州市长兴县)人。宣帝陈顼第九子。性恭谨,聪敏好学。陈太建五年(573年)十二月封河东(今属山西)王。太建七年(575年)授宣毅将军,置佐史。太建十二年(580年)五月为散骑常侍、军师将军、都督南徐州诸军事、南徐州刺史。十二月逝,年十三。赠侍中、中抚将军、司空,谥"康简"。

陈叔齐(569—608) 字子肃。吴兴郡长城县(今湖州市长兴县)人。宣帝陈顼第十一子。风彩明赡,博涉经史,善属文。陈太建七年(575年)十月封新蔡王,寻授智武将军,置佐史。出为东中郎将、东扬州刺史。至德二年(584年)入为侍中,将军、佐史如故。祯明元年(587年)除国子祭酒,侍中、将军、佐史如故。祯明三年(589年)陈亡后被虏往长安(今陕西西安),流放河西乡野近十八年。隋大业三年(607年)授尚书主客郎。著有《籁纪》3卷。

陈叔文(?—?) 字子才。吴兴郡长城县(今湖州市长兴县)人。宣帝陈顼第十二子。性轻险,好虚誉,颇涉书史。陈太建七年(575年)十月封晋熙王。寻为侍中、散骑常侍、宣惠将军,置佐史。太建十四年(582年)正月为宣惠将军、丹阳尹。至德元年(583年)正月授扬州刺史,四月授江州刺史。至德二年(584年)五月迁信威将军、督湘衡武桂四州诸军事、湘州(今湖北黄陂一带)刺史。祯明二年(588年),秩满,征为侍中、宣毅将军,佐史如故。未还,而隋军过江,破台城,隋汉东道行军元帅秦王杨浚至汉口。时叔文自湘州还朝,至巴州,乃率巴州刺史毕宝、荆州刺史陈纪及文武将吏赴于汉口向秦王请降。隋开皇九年(589年)授开府、宜州(今湖北宜昌)刺史。

陈叔彪(?—589) 字子华。吴兴郡长城县(今湖州市长兴县)人。宣帝陈顼第十三子。少聪慧,善属文。陈太建八年(576年)九月封淮南王。寻为侍中、仁威将军,置佐史。祯明三年(589年)陈亡后被虏往长安(今陕西西安),逝于长安。

陈叔重(?—?) 字子厚。吴兴郡长城县(今湖州市长兴县)人。宣帝陈顼第十四子。性质朴,无伎艺。陈太建十四年(582年)正月宣帝崩,始兴王陈叔陵谋反被诛,立叔重为始兴王。至德元年(583年)二月为仁威将军、扬州刺史,置佐史。至德二年(584年)五月加使持节、都督江州(今江西九江)诸军事、江州刺史。祯明三年(589年)陈亡后被虏往长安(今陕西西安)。隋大业(605—618年)中为太府少卿,逝。

陈叔俨(?—589) 字子思。吴兴郡长城县(今湖州市长兴县)人。宣帝陈顼第十五子。性凝重,举止方正。陈太建十四年(582年)正月,封寻阳王。至德元年(583年)为侍中、仁武将军,置佐史。祯明三年(589年)陈亡后被虏往长安(今陕西西安),不久去世。

陈叔慎(571—589) 字子敬。吴兴郡长城县(今湖州市长兴县)人。宣帝陈顼第十六子。少聪敏,十岁能文。陈太建十四年(582年)正月,封岳阳王,时年十一。寻拜侍中、智武将军。至德四年(586年)九月为丹阳(今安徽宣州)尹。因后主雅好文章,叔慎与衡阳王伯信、新蔡王叔齐等日夜陪侍,叔慎每应诏赋诗,均受赞赏。祯明元年(587年)正月为使持节、都督湘衡武桂四州军事、智武将军、湘州(今湖北黄陂一带)刺史。祯明三年(589年)隋师过江,破台城,晋熙王陈叔文还至巴州,与巴州刺史毕宝、荆州刺史陈纪并降。隋行军元帅清河公杨素兵下荆门,遣其将庞晖将兵略地,南至湘州城下。城内将士莫有固志,克日请降。叔慎乃置酒会文武僚吏,酒酣,叹曰"君臣之义,尽于此乎!"长史谢基伏而流涕,湘州助防遂兴侯正理在坐,乃起曰:"主辱臣死,诸君独非陈国之臣乎?今天下有难,实是致命之秋也。纵其无成,犹见臣节,青门之外,有死不能。今日之机,不可犹豫,后应者斩。"众咸许诺,乃刑牲结盟。并诱杀庞晖。叔慎坐于射堂,招合士众,数日之中,兵至五千人。衡阳太守樊通、武州刺史邬居业皆请赴难抗隋军。兵少不敌,湘州失守,叔慎等被俘,被秦王杨浚斩于汉口,时年十八岁。

陈叔达(573—635) 字子聪。吴兴郡长城县(今湖州市长兴县)人。宣帝陈顼第十七子。十余岁能吟诗作赋。陈太建十四年(582年)正月封义阳王,寻拜仁武将军,置佐史。祯明元年(587年)正月任丹阳(今安徽宣州)尹。祯明三年(589 年)陈亡后被虏往长安(今陕西西安)。隋大业年间(605—618 年)授内史舍人,出任绛郡通守。唐高祖李渊起兵时举郡归顺,授丞相府主簿,掌机密,封汉东郡公。唐武德(618—626 年)初授黄门侍郎,封江国公。太子李建成排挤李世民时,向李渊明辨李世民贤德。李世民称帝后感其恩,授礼部尚书。坐事罢归。逝后赠户部尚书,谥“缪”,后改谥“忠”。著有散文集 15 卷,已散佚。《全唐诗》录其诗 9 首,《全唐文》录其文 2 篇。另参与编修《艺文类聚》。

陈叔雄(？—589)　字子猛。吴兴郡长城县(今湖州市长兴县)人。宣帝陈顼第十八子。陈太建十四年(582 年)正月封巴山王。祯明三年(589 年)陈亡后被虏往长安(今陕西西安),逝于长安。

陈叔虞(？—？)　字子安。吴兴郡长城县(今湖州市长兴县)人。宣帝陈顼第十九子。陈太建十四年(582 年)正月封武昌王。寻为壮武将军,置佐史。祯明三年(589 年)陈亡后被虏往长安(今陕西西安)。隋大业(605—618 年)中为高苑(今山东高青)令。

陈叔平(？—？)　字子康。吴兴郡长城县(今湖州市长兴县)人。宣帝陈顼第二十子。陈至德元年(583 年)十月封湘东王。祯明三年(589 年)陈亡后被虏往长安(今陕西西安)。隋大业(605—618 年)中为胡苏(今山东宁津)令。

陈叔敖(？—？)　字子仁。吴兴郡长城县(今湖州市长兴县)人。宣帝陈顼第二十一子。陈至德元年(583 年)十月封临贺王。寻为仁武将军,置佐史。祯明三年(589 年)陈亡后被虏往长安(今陕西西安)。隋大业(605—618 年)初位仪同三司。

陈叔宣(？—？)　字子通。吴兴郡长城县(今湖州市长兴县)人。宣帝陈顼第二十二子。陈至德元年(583 年)十月封阳山(今广东清远西北)王。祯明三年(589 年)陈亡后被虏往长安(今陕西西安)。隋大业(605—618 年)中为泾城令。

陈叔穆(？—589)　字子和。吴兴郡长城县(今湖州市长兴县)人。宣帝陈顼第二十三子。陈至德元年(583 年)十月封西阳(今湖北黄冈)王。祯明三年(589 年)陈亡后被虏往长安(今陕西西安),逝于长安。

陈叔俭(？—589)　字子约。吴兴郡长城县(今湖州市长兴县)人。宣帝陈顼第二十四子。陈至德元年(583 年)十月封南安王。祯明三年(589 年)陈亡后被虏往长安(今陕西西安),逝于长安。

陈叔澄(？—？)　字子泉。吴兴郡长城县(今湖州市长兴县)人。宣帝陈顼第二十五子。陈至德元年(583 年)十月封南郡王。祯明三年(589 年)陈亡后被虏往长安(今陕西西安)。隋大业(605—618 年)中为灵武令。

陈叔兴(？—？)　字子推。吴兴郡长城县(今湖州市长兴县)人。宣帝陈顼第二十六子。陈至德元年(583 年)十月封沅陵(今属湖南)王。祯明三年(589 年)陈亡后被虏往长安(今陕西西安)。隋大业(605—618 年)中为给事郎。

陈叔韶(？—589)　字子钦。吴兴郡长城县(今湖州市长兴县)人。宣帝陈顼第二十七子。陈至德元年(583 年)十月封岳山王。寻为智武将军,置佐史。至德四年(586 年)除丹阳(今安徽宣州)尹。祯明三年(589 年)陈亡后被虏往长安(今陕西西安),逝于长安。

陈叔纯(？—？)　字子共。吴兴郡长城县(今湖州市长兴县)人。宣帝陈顼第二十八子。陈至德元年(583 年)十月封新兴王。祯明三年(589 年)陈亡后被虏往长安(今陕西西安)。隋大业(605—618 年)中为河北令。

陈叔谟(？—？)　字子轨。吴兴郡长城县(今湖州市长兴县)人。宣帝陈顼第二十九子。陈至德四年(586 年)二月封巴东王。祯明三年(589 年)陈亡后被虏往长安(今陕西西安)。隋大业(605—618 年)中为岍阳(今陕西千阳)令。

陈叔显(？—？)　字子明。吴兴郡长城县(今湖州市长兴县)人。宣帝陈顼第三十子。陈至德四年(586 年)二月封临江王。祯明三年(589 年)陈亡后被虏往长安(今陕西西安)。隋大业(605—618 年)中为鹑觚(今陕西长武)令。

陈叔坦(? —?) 字子开。吴兴郡长城县(今湖州市长兴县)人。宣帝陈顼第三十一子。陈至德四年(586年)二月封新会王。祯明三年(589年)陈亡后被虏往长安(今陕西西安)。隋大业(605—618年)中为涉(今河北涉县)令。

陈叔隆(? —589) 字子远。吴兴郡长城县(今湖州市长兴县)人。宣帝陈顼第三十二子。陈至德四年(586年)二月封新宁(今属湖南)王。祯明三年(589年)陈亡后被虏往长安(今陕西西安),逝于长安。

陈叔荣(? —?) 字子徇。吴兴郡长城县(今湖州市长兴县)人。宣帝陈顼第三十三子。陈祯明二年(588年)十一月封新昌王。祯明三年(589年)陈亡后被虏往长安(今陕西西安)。隋大业(605—618年)中为内黄(今河南安阳东南)令。

陈叔匡(? —?) 字子佐。吴兴郡长城县(今湖州市长兴县)人。宣帝陈顼第三十四子。陈祯明二年(588年)十一月封太原王。祯明三年(589年)陈亡后被虏往长安(今陕西西安)。隋大业(605—618年)中为寿光(今属山东)令。

五、后主子

后主陈叔宝有二十二子:一人太子,十人封王,十一人未及封。张贵妃生皇太子深、会稽王庄,孙姬生吴兴王胤,高昭仪生南平王嶷,吕淑媛生永嘉王彦、邵陵王兢,龚贵嫔生南海王虔、钱塘王恬,张叔华生信义王祗,徐淑仪生东阳王恮,孔贵人生吴郡王蕃。总、观、明、纲、统、冲、洽、綌、绰、威、辩十一人,未及封。

陈　胤(573—589) 字承业。吴兴郡长城县(今湖州市长兴县)人。后主陈叔宝长子。陈太建五年(573年)三月生于东宫,生母孙姬系皇后沈婺华侍女,难产而亡。沈氏无后,视同己出。刚满三朝时被宣帝立为嫡孙。太建十年(578年)封永康公。太建十四年(582年)正月后主即位,四月立陈胤为皇太子。聪敏好学,执经肄业,终日不倦,博通大义,兼善属文。幼时由沈氏教授经史子集,5岁入太学,从毛喜、袁宪、徐陵、徐孝克、蔡征等名臣鸿儒学,12岁能登坛讲《孝经》。祯明二年(588年)六月十二日废,降为吴兴王,仍加侍中、中卫将军。祯明三年(589年)陈亡后被虏往长安(今陕西西安),逝于长安。

陈　嶷(? —589) 字承岳。吴兴郡长城县(今湖州市长兴县)人。后主陈叔宝第二子。方正有器局,年数岁,风采举动,有若成人。陈至德元年(583年)封南平王。寻除信武将军,南琅邪、彭城二郡太守,置佐史。五月为扬州刺史。祯明二年(588年)六月进号镇南将军,十一月为使持节、征西将军、都督郢荆湘三州诸军事、郢州(今湖北钟祥一带)刺史。未行而隋军过江。祯明三年(589年)陈亡后被虏往长安(今陕西西安),逝于长安。

陈　彦(? —?) 字承懿。吴兴郡长城县(今湖州市长兴县)人。后主陈叔宝第三子。陈至德元年(583年)封永嘉(今浙江温州)王。寻为忠武将军、南徐州刺史。祯明二年(588年)六月进号安北将军,十一月为安南将军、江州(今江西九江)刺史。祯明三年(589年)授散骑常侍,使持节,都督江、巴、东衡三州诸军事,平南将军,江州(今江西九江)刺史。未行而隋军过江。祯明三年(589年)陈亡后被虏往长安(今陕西西安)。隋大业(605—618年)中为襄武令。

陈　深(? —?) 字承源。吴兴郡长城县(今湖州市长兴县)人。后主陈叔宝第四子。少聪慧,有志操,容止俨然。左右近侍,未尝见其喜愠。以母张贵妃故,特为后主所爱。陈至德元年(583年)正月封始安(今广西桂林)王,邑两千户。寻为军师将军、扬州刺史,置佐史。祯明二年(588年)六月废皇太子胤,立深为皇太子。祯明三年(589年),隋师济江,六军败绩,隋将韩擒虎自南掖门入,百僚奔散。深时年十余岁,闭阁而坐,舍人孔伯鱼侍。隋军排阁而入,深使宣令劳之曰:“军旅在道,不乃劳也!”军人咸致敬。陈亡后被虏往长安(今陕西西安)。隋大业(605—618年)中为枹罕(今甘肃临夏)太守。唐武德(618—626年)初为秘书丞,逝于任上。

陈　虔(? —?) 字承恪。吴兴郡长城县(今湖州市长兴县)人。后主陈叔宝第五子。陈至德元年(583年)封南海王。寻为武毅将军,置佐史,进号军师将军。祯明二年(588年)十一月为安北将军、南徐州刺史。祯明三年(589年)陈亡后被虏往长安(今陕西西安)。隋大业(605—618年)中为涿(今河北涿州)令。

陈　祗(?—?)　字承敬。吴兴郡长城县(今湖州市长兴县)人。后主陈叔宝第六子。陈至德元年(583年)封信义王。寻为壮武将军,置佐史。授使持节、都督、智武将军,琅邪(今山东临沂)、彭城(今江苏徐州)二郡太守。祯明三年(589年)陈亡后被虏往长安(今陕西西安)。隋大业(605—618年)中为通议郎。

陈　兢(?—?)　字承检。吴兴郡长城县(今湖州市长兴县)人。后主陈叔宝第七子。陈祯明元年(587年)封邵陵王,食邑一千户。寻为仁武将军,置佐史。祯明三年(589年)陈亡后被虏往长安(今陕西西安)。隋大业(605—618年)中为国子监丞。

陈　庄(?—?)　字承肃。吴兴郡长城县(今湖州市长兴县)人。后主陈叔宝第八子。张丽华出。貌丑陋,性严酷,数岁,左右有不如意,辄剟刺其面,或加烧爇。嗜酒,爱博。以母张贵妃宠,后主甚爱之。陈至德四年(586年)五月封会稽王。祯明二年(588年)六月授使持节、翊前将军、都督扬州诸军事、扬州刺史。祯明三年(589年)陈亡后被虏往长安(今陕西西安)。隋大业(605—618年)中为昌隆令。

陈　恮(?—?)　字承厚。吴兴郡长城县(今湖州市长兴县)人。后主陈叔宝第九子。陈祯明二年(588年)正月封东阳(今浙江金华)王,食邑一千户。未拜,祯明三年(589年)陈亡后被虏往长安(今陕西西安)。隋大业(605—618年)中为通议郎。

陈　蕃(?—?)　字承广。吴兴郡长城县(今湖州市长兴县)人。后主陈叔宝第十子。陈祯明二年(588年)十月封吴郡(今江苏苏州)王。祯明三年(589年)陈亡后被虏往长安(今陕西西安)。隋大业(605—618年)中为涪城(今四川三台西北)令。[①]

陈　恬(?—589)　字承惔。吴兴郡长城县(今湖州市长兴县)人。后主陈叔宝第十一子。陈祯明二年(588年)正月封钱塘(今浙江杭州)王,食邑一千户。祯明三年(589年)陈亡后被虏往长安(今陕西西安),逝于长安。

第四节　其他人物简介

一、陈皇先人及陈宗室

陈　达(?—?)　颍川(今属河南)人,汉太丘长陈寔之后[②],陈霸先十世祖。西晋永嘉年间(307—313年)任丞相掾、太子洗马时随晋室南迁,任长城县(今长兴县)令,因悦长兴山水,便于该处安家,定居下箬里,为长兴陈氏始祖。《南史·陈纪》:晋太尉准之孙达为长城令,悦其山水,遂家焉。尝谓所亲曰:"此地山水清丽,当有王者兴。二百年后,我子孙必钟斯运。"

陈文赞(?—?)　吴兴郡长城县(今湖州市长兴县)人。陈霸先父。生三子,长子陈谈先,次子陈霸先,三子陈休先。梁追赠侍中光禄大夫封义兴郡公,南朝陈追尊其为景帝。

陈道谈(?—549)　即陈道谭,陈谈先。吴兴郡长城县(今湖州市长兴县)人。陈霸先兄。仕梁为东宫直阁将军。侯景之乱时领两千弩手援台城,中流矢阵亡。葬长城县西北五里。梁太平二年(557年)正月追赠散骑常侍、持节、平北将军、南兖州刺史、长城县公,加义兴郡公,谥"昭烈"。十月陈霸先称帝,追赠骠骑大将军、太尉,封始兴郡王。陈蒨继位后,尊其墓为明陵。

陈休先(?—549)　吴兴郡长城县(今湖州市长兴县)人。陈霸先弟。少倜傥,有大志。梁简文帝萧纲为太子时深被知遇。梁太清三年(549年)为文德主帅,募千余兵征讨侯景,不久战死。梁太平二年

---

①《南史·卷六五·列传五五》:吴郡王藩,隋大业中为任城令。

② 清同治《长兴县志》,卷十八。

(557年)正月追赠侍中、使持节、骠骑将军、南徐州刺史、封武康县侯,谥曰忠壮,食邑各二千户。十月陈霸先称帝,追赠车骑大将军、司徒,封南康郡王。陈永定二年(558年)二月十一日葬于长兴县北雉山。

陈昙朗(529—556) 吴兴郡长城县(今湖州市长兴县)人。陈休先子。少孤,陈霸先宠爱胜于诸子。有胆力,善绥御。侯景之乱后起家为著作佐郎。陈霸先诛王僧辩后,留守京口(今江苏镇江),知留府事。梁绍泰元年(555年)除中书侍郎,监南徐州。绍泰二年(556年)入齐为质。齐背约攻梁,为陈霸先所败,遂害昙朗于晋阳(今太原西南),弗与人知。陈霸先称帝后,永定元年(557年)十一月以昙朗袭封南康郡王,奉忠壮王祀,礼秩一同皇子。天嘉二年(561年),齐人结好,始知其亡,文帝陈蒨诏赠开府仪同三司、南徐州刺史,谥曰愍。乃遣兼中郎令随聘使江德藻,迎昙朗丧柩,次年春至都。昙朗未质于齐,生子方泰、方庆;及将适齐,以二妾自随,在北又生二子方华、方旷,亦同得还。

陈　拟(503—560) 字公正。吴兴郡长城县(今湖州市长兴县)人。陈霸先侄子。少孤贫,性质直强记。曾随陈霸先南征交趾(今越南),任罗州(今广东化县)刺史、步兵校尉、曲阿(今江苏丹阳)令等职。梁绍泰元年(555年)授贞元将军、义兴(今江苏宜兴)太守。绍泰二年(556年),入知卫尉事。授员外散骑常侍、明威将军、雍州(今湖北襄阳)刺史,监南徐州。陈霸先称帝后,封永修县侯,食邑五百户。不久授轻车将军,兼南徐州刺史,常侍如故。同年,又授通直散骑常侍、中领军。永定三年(559年)复以本官监南徐州。陈文帝即位授丹阳(今安徽宣州)尹,常侍如故。因事获罪,又以布衣知郡,不久恢复原职。天嘉元年(560年)逝,时年五十八,赠领军将军,谥"定"。天嘉二年(561年),配享高祖庙廷。子陈党嗣位。

陈　褒(?—?) 吴兴郡长城县(今湖州市长兴县)人。陈霸先侄子。持节、通直散骑侍郎、贞威将军、北徐州刺史。陈霸先称帝后,封钟陵县侯,食邑五百户。

陈　晃(?—?) 吴兴郡长城县(今湖州市长兴县)人。陈霸先侄子。陈霸先称帝后,封建城县侯,食邑五百户。

陈　炅(?—?) 吴兴郡长城县(今湖州市长兴县)人。陈霸先侄子。陈霸先称帝后,封上饶县侯,食邑五百户。

陈　訬(?—?) 吴兴郡长城县(今湖州市长兴县)人。陈霸先侄孙。假节、员外散骑常侍、明威将军。陈霸先称帝后,封虔化县侯,食邑五百户。

陈　暄(?—?) 吴兴郡长城县(今湖州市长兴县)人。陈霸先侄孙。假节、信威将军、北徐州刺史、吉阳县侯。陈霸先称帝后,仍前封。食邑五百户。

陈　祏(?—?) 吴兴郡长城县(今湖州市长兴县)人。陈霸先侄孙。假节、通直散骑侍郎、信武将军。陈霸先称帝后,封豫章县侯,食邑五百户。

陈　详(523—564) 字文几。吴兴郡长城县(今湖州市长兴县)人。陈霸先侄孙。少年出家。博通经籍,言谈清雅。陈霸先讨侯景,召令还俗,配以兵马,从定建邺。陈霸先东征杜龛时带兵在安吉、原乡、故鄣三县助战,因功授散骑常侍、假节、雄信将军、青州(今江苏连云港)刺史。割故鄣、广德置广梁郡,任太守。陈霸先称帝后,改广梁为陈留,续任太守。永定二年(558年),封遂兴县侯,食邑五百户。授明威将军、通直散骑常侍。文帝即位,授宣城太守,将军如故。天嘉元年(560年),随例增邑并前一千五百户,仍除通直散骑常侍,兼右卫将军。天嘉三年(562年)为假节、仁威将军、都督吴州(今江苏苏州)诸军事、吴州刺史。曾两度征讨周迪,天嘉五年(564年)战败身亡。因统军失利,无赠谥。子陈正理嗣位。

陈慧纪(?—约590) 字元方。吴兴郡长城县(今湖州市长兴县)人。陈霸先侄孙。涉猎书史,负材任气。随陈霸先征讨侯景、杜龛,因功授贞威将军、通直散骑常侍。陈霸先称帝后,封宣黄县侯,食邑五百户,授黄门侍郎。陈文帝即位后,为安吉县令,迁明威将军、军副。司空章昭达征安蜀城(今湖北宜昌)时任水军都督。光大元年(567年)以功授持节、通直散骑常侍、宣远将军、丰州刺史,增邑并前一千户。太建十年(578年)为持节、智武将军、缘江都督、兖州(今江苏淮河以南、长江以北,安徽凤阳、滁州以东地区）刺史，增邑并前二千户，余如故。不久授使持节、散骑常侍、宣毅将军、都督郢巴二州诸军事、郢州（今湖北钟祥一带）刺史，增邑并前二千五百户。至德二年（584 年）迁使持节、散骑常侍、云麾将军、都督荆信二州诸军事、荆州刺史，增邑并前三千户。祯明元年（587 年）加侍中、金紫光禄大夫、开府仪同三司、征西将军，增邑并前六千户，余如故。祯明三年（589 年）隋军过江，率将士三万人、楼船千余乘沿江而下，至汉口，为隋秦王杨浚军所拒，不得进，与湘州刺史晋熙王叔文、巴州刺史毕宝等请降。入隋，依例授仪同三司。顷之，卒。子正平，颇有文学。

陈敬雅（？—？）　吴兴郡长城县（今湖州市长兴县）人。陈霸先侄孙。陈霸先称帝后，封宁都县侯，食邑五百户。

陈敬泰（？—？）　吴兴郡长城县（今湖州市长兴县）人。陈霸先侄孙。陈霸先称帝后，封平固县侯，食邑五百户。

陈方泰（？—？）　吴兴郡长城县（今湖州市长兴县）人。陈昙朗长子。少粗犷，与恶少为伍，游逸无度。陈天嘉元年（560 年）立为南康世子。后袭封南康王，授仁威将军、丹阳（今安徽宣州）尹。太建四年（572 年）迁使持节，都督广、衡、交、越等十九州诸军事，平越中郎将，广州刺史。为政残暴，为有司劾免。不久起为仁威将军。太建六年（574 年）授持节、都督豫章郡（今江西南昌）诸军事、豫章内史，恶行不改，为御史中丞宗元饶所劾。太建十一年（579 年）起为宁远将军、直殿省，寻加散骑常侍。后因奸淫人妻，殴伤禁司，被逮下狱，削爵位。不久复本官爵。祯明初迁侍中。祯明三年（589 年）陈亡后被虏往长安（今陕西西安）。隋大业年间（605—618 年）为掖（今山东莱州）令。

陈方庆（？—589）　吴兴郡长城县（今湖州市长兴县）人。陈昙朗次子。少清警，涉猎书传。陈天嘉（560—565 年）中封临汝县侯。不久为给事中、太子洗马，权兼宗正卿，直殿省。太建九年（577 年）出为轻车将军、假节、都督定州（今属河北）诸军事、定州刺史。秩满，为散骑常侍，兼宗正卿。至德二年（584）进智武将军、武州（今湖南常德）刺史。后奉命以仁威将军、广州刺史身份率部袭杀广州刺史马靖，进号宣毅将军。性清谨，甚得民心。至德四年（586 年）进号云麾将军。祯明三年（589 年）抗隋战败，死于广州。

陈正理（？—589）　吴兴郡长城县（今湖州市长兴县）。陈霸先侄孙遂兴侯陈详之子。承嗣父位为遂兴侯。祯明三年（589 年）隋军过江，隋将庞晖兵临湘州（今湖北黄陂一带）城下。城内将士莫有固志，克日请降。时岳阳王陈叔慎为使持节、都督湘衡武桂四州军事、智武将军、湘州刺史，乃置酒会文武僚吏。酒酣，叔慎叹曰“君臣之义，尽于此乎！”长史谢基伏而流涕，湘州助防遂兴侯正理在坐，乃起曰：“主辱臣死，诸君独非陈国之臣乎？今天下有难，实是致命之秋也。纵其无成，犹见臣节，青门之外，有死不能。今日之机，不可犹豫，后应者斩。”众咸许诺，乃刑牲结盟。并诱杀庞晖。叔慎坐于射堂，招合士众，数日之中，兵至五千人。衡阳太守樊通、武州刺史邬居业皆请赴难。兵少不敌，湘州失守，叔慎、正理、居业等被俘，被秦王杨浚斩于汉口。

陈君范（？—？）　吴兴郡长城县（今湖州市长兴县）人。陈文帝陈蒨之孙、鄱阳王陈伯山长子。陈太建中拜鄱阳国世子。不久为贞威将军、晋陵（今江苏常州）太守。未袭爵，而隋军至。祯明三年（589 年）陈亡后被虏往长安（今陕西西安）。与尚书仆射江总友善，至是，江总赠君范书五言诗，以叙他乡离别之意，辞甚酸切，当世文士咸讽诵之。隋大业二年（606 年）为温令。

陈君宾（？—636）　吴兴郡长城县（今湖州市长兴县）人。陈文帝陈蒨之孙、鄱阳王陈伯山子。祯明三年（589 年）陈亡后被虏往长安（今陕西西安）。隋时任襄国通守。唐武德（618—626 年）初封东阳郡（今浙江金华）公，迁邢州（今河北邢台）刺史。贞观（627—649 年）初转邓州（今河南邓县），治郡有方。翌年入为太府少卿，转少府少监。曾因事免职。起为处州（今浙江丽水）刺史，逝于任。

陈　番（？—？）　吴兴郡长城县（今湖州市长兴县）人。陈文帝陈蒨之孙、庐陵王陈伯仁长子，封湘滨侯。祯明三年（589 年）陈亡后被虏往长安（今陕西西安）。隋大业（605—618 年）中为资阳令。

陈元基（？—？）　吴兴郡长城县（今湖州市长兴县）人。陈文帝陈蒨之孙、江夏王陈伯义长子，封湘潭侯。祯明三年(589 年)陈亡后被虏往长安(今陕西西安)。隋大业(605—618 年)中为谷熟县令。

陈　酆(? —?)　吴兴郡长城县(今湖州市长兴县)人。陈文帝陈蒨之孙、桂阳王陈伯谋子。隋大业(605—618 年)中为番禾令。

陈　弘(? —?)　吴兴郡长城县(今湖州市长兴县)人。陈宣帝陈顼之孙、豫章王陈叔英长子。陈至德元年(583 年)封豫章国世子。

陈孝宽(? —?)　吴兴郡长城县(今湖州市长兴县)人。陈宣帝陈顼之孙、河东王陈叔献子。陈至德元年(583 年)袭爵河东王。祯明三年(589 年)陈亡后被虏往长安(今陕西西安)。隋大业(605—618 年)中为汶城令。

陈　义(? —?)　吴兴郡长城县(今湖州市长兴县)人。陈叔达玄孙。唐画家。尤工写貌。唐玄宗少时与其友善,特承恩遇。官至银青光禄大夫、少府监。

陈　昙(? —?)　字玄成。吴兴郡长城县(今湖州市长兴县)人。陈叔达之后。唐画家。明经出身。擅山水,所作极有情趣。唐贞元十四年(798 年)任衡州刺史,迁御史中丞。

二、南陈公主

晋陵公主(? —?)　吴兴郡长城县(今湖州市长兴县)人。后晋封晋陵长公主,武帝陈霸先从妹。陈霸先微时,将从妹嫁给梁汉寿县令钱景深子钱道戢。

信义公主(? —?)　吴兴郡长城县(今湖州市长兴县)人。始兴昭烈王陈道谭之女,武帝陈霸先之侄女,文帝陈蒨之妹。下嫁仲举之子到郁,后到郁与其父一同被处死,到郁的儿女因为是帝甥而获免。

永世公主(? —?)　吴兴郡长城县(今湖州市长兴县)人。武帝陈霸先长女。下嫁陈留太守钱蒧,生子钱岊,与钱岊在南梁时已逝世。陈永定二年(558 年)八月,陈霸先称帝后,追封为永世公主,谥曰懿。

会稽穆公主(525—573 年)　吴兴郡长城县(今湖州市长兴县)人。武帝陈霸先之女。下嫁吴兴沈氏明威将军沈君理。陈霸先建立南陈,拜沈君理为驸马都尉。与沈君理之女沈婺华为陈后主的皇后。

公主陈氏(? —?)　吴兴郡长城县(今湖州市长兴县)人。武帝陈霸先之女,生母章要儿。曾许婚王僧辩第三子王頠。

丰安公主(? —?)　吴兴郡长城县(今湖州市长兴县)人。文帝陈蒨长女,生母不详。留异是南梁末年的东阳郡太守,割据一方,陈武帝陈霸先为笼络留异,将侄子陈蒨的女儿嫁给他的第三子留贞臣。陈文帝平定王琳后诛灭留异,留异之子留贞臣因为娶丰安公主而获免。

富阳公主(? —?)　吴兴郡长城县(今湖州市长兴县)人。文帝陈蒨第二女,生母不详。初下嫁侯瑱之子侯净藏,净藏被封为员外散骑侍郎,太建三年卒,赠司徒主簿。太建年间下嫁陈宣帝皇后柳敬言的弟弟柳盼,柳盼被封为驸马都尉。

义兴公主(? —?)　吴兴郡长城县(今湖州市长兴县)人。宣帝陈顼之女,生母不详。下嫁钱肃,钱肃为驸马都尉,宣帝想任其为黄门侍郎,信义公主的丈夫蔡凝说不够标准,钱肃听说后很怨恨,让义兴公主每日谮言于陈宣帝。不久,陈宣帝罢免了蔡凝的官职,迁往交趾。

信义公主(? —?)　吴兴郡长城县(今湖州市长兴县)人。宣帝陈顼之女。太建元年,嫁太子中舍人蔡凝。

齐熙公主(574—650 年)　吴兴郡长城县(今湖州市长兴县)人。本名陈净玲,陈宣帝陈顼第十三女。至德三年(585 年),册封齐熙长公主。祯明二年(588 年),出嫁吴兴沈氏的沈叔安。陈亡后,随夫迁居洛阳,支持丈夫跟随李渊起兵。唐武德四年(621 年),凭借夫君战功,受封武康国夫人。贞观十三年(639 年),改授吴兴郡夫人。永徽元年(650 年),逝世,享年七十七,随夫陪葬于唐高祖李渊献陵。

宁远公主(? —605)　吴兴郡长城县(今湖州市长兴县)人。宣帝陈顼第十四女,后主陈叔宝同父异母之妹,封宁远公主,生母施姬。史载陈氏"性聪慧,姿貌无双"。隋灭陈完成南北统一后,陈氏与其他陈国皇室成员作为俘虏从建康西入大兴(今西安),被配入掖庭为宫女,后选为隋文帝嫔妾。文献皇后独孤氏在世时，隋文帝的后宫罕得进御，唯有陈氏能够得到宠幸。独孤皇后去世后，陈氏进封贵人，专房擅宠，掌管后宫，隋文帝病危时封其为宣华夫人。仁寿四年(604年)七月隋文帝驾崩后，宣华夫人按制出居文帝别庙仙都宫，之后被隋炀帝再度接入皇宫，岁余而终，年约二十九。在历史上，宣华夫人作为“仁寿宫变”的女主角而出名(一说女主角为容华夫人)。

临川长公主(？—？)　吴兴郡长城县(今湖州市长兴县)人。宣帝陈顼第二十四女，生母曾美人。被后主陈叔宝封为临川长公主。陈亡后，为隋文帝侍妾，封号弘政夫人。

武成公主(？—？)　吴兴郡长城县(今湖州市长兴县)人。宣帝陈顼之女，生母吴氏是吴兴人。

乐昌公主(？—？)　吴兴郡长城县(今湖州市长兴县)人。宣帝陈顼之女，后主陈叔宝之妹。外貌端庄秀美，举止高雅大方，且有很深的文学造诣。在宫中以性情温婉贤淑而为众人称道。不恋侯门贵族，独重诗文才识，成年后，自己作主下嫁江南才子徐德言(陈太子舍人)为妻，互敬互爱，夫唱妇随。陈之将灭，二人心知定会失散分离，便破一铜镜，各执其半为信物，相约每年元宵节于长安闹处售卖破镜，以寻访对方求团聚。陈亡后，乐昌公主被隋文帝赐予丞相杨素为妾。每至约定时间，乐昌公主便命老仆执镜叫卖。几年后，徐德言流离颠沛到长安，终于遇见老者。后杨素得知，感其情，送还乐昌公主回到徐德言身边。后二人隐居江南故里，相守偕老。唐代孟棨《本事诗》记载了二人不弃不离，失散又重新团聚的感人故事。后人据该故事提炼为成语“破镜重圆”。

公主陈氏(？—？)　吴兴郡长城县(今湖州市长兴县)人。后主陈叔宝之妹。陈亡后，被隋文帝赐予贺若弼为妾。

广德公主(？—？)　吴兴郡长城县(今湖州市长兴县)人。后主陈叔宝第四女，母高昭仪。陈亡后，被配入掖庭为宫女。后入隋炀帝后宫。

临成公主(？—？)　吴兴郡长城县(今湖州市长兴县)人。后主陈叔宝第五女，长兴人谢昭仪生。陈亡后，入隋文帝第三子秦王杨俊府中为嫔妃。

陈　婤(？—？)　吴兴郡长城县(今湖州市长兴县)人。后主陈叔宝第六女。陈亡后，被配入掖庭为宫女。隋大业二年(606年)，隋炀帝封陈婤为贵人，绝爱幸，因召陈氏子弟尽还京师，随才叙用，由是并为守宰，遍于天下。陈氏再次繁盛。

安康公主(？—？)　吴兴郡长城县(今湖州市长兴县)人。嫁吴兴武康沈氏沈遵礼。

义兴公主(？—？)　吴兴郡长城县(今湖州市长兴县)人。嫁吴兴武康沈氏沈缮。

智平公主(？—？)　吴兴郡长城县(今湖州市长兴县)人。嫁吴兴武康沈氏沈规。

湘安公主(？—？)　吴兴郡长城县(今湖州市长兴县)人。嫁吴兴武康沈氏沈修智。

遂安公主(？—？)　吴兴郡长城县(今湖州市长兴县)人。嫁南陈金紫光禄大夫、吴兴武康沈氏沈脺。有女为南陈沅陵王陈叔兴王妃。

永嘉公主(？—？)　吴兴郡长城县(今湖州市长兴县)人。嫁徐综。徐综为唐黄门侍郎徐坚之曾祖，棱威将军、驸马都尉，后出为吴兴太守。

三、其他长兴籍人物

钱道戢(511—573)　字子韬。吴兴郡长城县(今湖州市长兴县)人。梁汉寿县令钱景深子。少以孝行闻名乡里。陈霸先微时以堂妹相嫁。陈霸先辅政后，受陈派遣随陈倩赴会稽(今绍兴)平定张彪之乱，因功拜直阁将军、员外散骑常侍、东徐州刺史，封永安侯。寻领钱塘、余杭二县县令。陈天嘉元年(560年)迁剡县(今嵊州)令，镇南岩。寻任临海太守，平乱有功，授持节、通直散骑常侍、轻车将军、衡州刺史，都督东、西二衡州军事，领始兴(今广东韶关)内史。太建元年(569年)平欧阳纥叛乱有功，任左卫将军。太建二年(570年)讨伐萧岿为前军，因功加散骑常侍、仁武将军。改使持节、郢州(今湖北钟祥一带)刺史，都督郢、巴、武三州军事。太建五年(573年)随黄法氍伐北齐，因功加云麾将军，卒谥“肃”。有子钱邈为后。

钱九陇(？—约630)　字永业。吴兴郡长城县(今湖州市长兴县)人。父文疆，为吴明彻副将，与吴俱败于彭城(今江苏徐州),以罪没为奴。善骑射,常备左右。后因功授金紫光禄大夫。随薛仁杲、刘武周出战,升右武卫将军。佐皇太子李建成讨伐刘黑闼。魏州激战,力克敌军,封郇国公、苑游将军。唐贞观(627—649 年)初任眉州(今四川眉山)刺史,改巢国。卒赠左武卫大将军、潭州(今湖南长沙)都督,谥"勇",陪葬献陵。

释慧巨(? —?) 吴兴郡长城县(今湖州市长兴县)人。南朝高僧。14 岁出家。梁武帝曾赐予衣钵。与陈文帝交谊甚笃。陈宣帝对其"礼接弥厚"。陈时任吴兴大僧正,住天居寺(建于陈武帝故宅,在今长兴下箬里)。

第三章 陈朝古迹和陈朝历史研究①

清同治《长兴县志》记载长兴较多的陈朝古迹,包括陈武帝故宅、陈文帝故宅、磨剑石、石鼎、石麒麟、陈高祖竹帐、陈氏五主屏风、陈朝桧、饭箩木、银杏等,惜今多不存。关于陈朝历史及陈朝人物,尤其是陈霸先,专题研究的不多,专门著作更是缺乏。本章列举的长兴县人的一些研究成果,也多以论文为主。

第一节 古迹 陵墓

一、古迹

陈武帝故宅 南朝陈武帝(陈霸先)故宅,位于长兴下箬。陈废帝光大元年(567 年),诏立为天居寺。唐初遭毁,僖宗(873—888)时重建,改名崇光院。宋治平二年(1065 年),改为广惠教寺②。元末毁于兵火。明洪武四年(1371 年)重建,二十四年(1392 年)立为丛林,俗称下箬寺③。乾隆三十七年(1772 年),知县陈于畴立碑禁买寺内基地④。清乾隆六十年(1795 年),僧绪正募建大殿 5 间,又建侧屋 14 间。

图 42-2 天居寺(长兴旅游集团提供·2012 年)

抗日战争时期遭兵火。

长兴解放后,改为国家粮库。建筑物逐步改建,旧建筑不复存在,仅存陈井一口。1994 年 8 月,由下箬寺乡政府重建,一期工程投资 200 万元。正门上方悬"陈武帝故宫"匾额,由陈立夫于 1993 年 5 月手书。1998 年 12 月,经批准恢复开放,仍称广惠教寺。2008 年始启动陈武帝故宫恢复工程建设,

---

① 资料来源于宋嘉泰《吴兴志》、清同治《长兴县志》、《陈霸先研究文集(长兴卷)》(2003 年内部编印)。

② 宋嘉泰《吴兴志》载:"广惠院,在县东九里下箬,陈高祖故宅也。光大元年,诏立为寺,号为天居。慧纂住持精于学业。唐初,经辅公祏焚毁,珠宝悉散失,惟余尚书左仆射王缮撰碑碣。后复建。至僖宗时名崇光院。本朝治平二年,改今额。"

③ 清同治《长兴县志》引《顾志》载:"广惠教寺在县东九里,相传陈武帝故宅,陈临海王光大元年诏立为天居寺,唐初为辅公祏所毁,止存尚书左仆射王缮所撰碑,唐僖宗时重建改为崇光院,宋治平二年改今额,元末毁于兵火,明洪武四年重建,二十四年立为丛林,俗呼为下箬寺。"

④ 清同治《长兴县志》引《邢志》载:"乾隆三十七年知县陈于畴立碑禁买寺内基地。"

2009 年 4 月开工，2012 年 12 月建成启用，复名天居寺，位于太湖街道杨湾居委会杨湾自然村。参见第 14 编、第 6 章旅游业、第 2 节景区景点(陈武帝故宫)。

图 42-3　圣井及圣井亭(长兴旅游集团提供·2012 年)

圣井　位于陈武帝故宅内，今天居寺前广场。宋嘉泰《吴兴志》载：圣井，在县东广惠院。有五井，其一为晋永嘉中陈氏远祖所穿。高祖初生，井泉涌出，家人汲以浴之，今谓之圣井。余四井亦陈氏所凿。明隆庆元年(1567 年)十月十日，长兴知县归有光撰文、县丞吴承恩手书《圣井铭并序》碑，立于陈武帝故宅圣井侧。20 世纪 80 年代末 90 年代初，圣井保存良好，井水丰沛，井旁立有一碑"陈井"。井系石砌井壁，深约 15 米，直径为 1.5 米，水位保持均衡。1993 年 9 月，下箬寺乡民众自发捐款 3 万元，建造圣井亭。2011 年 1 月，被公布为省级文保单位。参见第 28 编、第 4 章、第 1 节物质文化遗产(古建筑)。

钓台　同治《长兴县志》载：钓台，在县西北三十里。陈高祖微时垂钓之处。其顶平夷，有池号陈高祖磨剑池。石壁兀然如屏，高五十余丈，下有惊湍，前有弹子坞，相传陈高祖垂钓时飞弹于此。今位于小浦镇西北 4 千米合溪水库中，属水库中岛屿。海拔 43 米，系 2011 年合溪水库蓄水后陷湖成岛。

陈文帝故宅　同治《长兴县志》载：长城宫在县西二里，陈文帝天嘉元年置。今大宁寺后。

磨剑石　有二。同治《长兴县志》载：一在县东南四十里弁山之侧，俗传西楚霸王磨剑之所，石上有迹。一在县北二十一里陈墓岭，俗传陈武帝微时于此砺剑，今有膝迹，及植枪石穴。

石鼎　同治《长兴县志》载：陈武帝所凿，有四，在报德寺，今不存。

石麒麟　同治《长兴县志》载：在县治西二百步，大雄寺南，陈始兴昭烈王明陵前，高九尺，旁有巷名麒麟巷。宋靖康间已毁于兵火，今县西通吉祥门街名麒麟巷以此。

陈高祖竹帐　同治《长兴县志》载：旧在大雄寺，今毁。

陈氏五主屏风　同治《长兴县志》载：在大雄寺，今毁。

陈朝桧　同治《长兴县志》载：在大雄寺殿前。桧中空裂为四枝，荫半庭，坚如金石，相传陈高祖手植。引《舆地纪胜》：大雄寺，陈霸先故宅。天嘉中所植桧，柯叶苍然，其中空洞，皮脉仅存而已。

饭箩木　同治《长兴县志》载：在县北八里，实松杨木也。俗传陈武帝微时，以鱼为业，晨夕二炊，泊此木下，曝箩于上，因名。

银杏　同治《长兴县志》载：下若寺圣井旁银杏一株，云是陈朝故物。其大以抱计，须四人接臂方尽。高可十寻，望若缨幢。秋晚微霜染树，与红墙翠瓦掩映夕阳间，自成一幅画稿。已而叶脱被径，人行其下，宛然布地黄金矣。

〔**附录**〕

《圣井铭并序》碑

明隆庆元年(1567 年)十月十日，长兴知县归有光撰文、县丞吴承恩手书《圣井铭并序》碑，立于陈武帝故宅圣井侧。碑高 0.92 米、宽 1.47 米、厚 0.25 米，文 21 行，行 16 字，共 301 字，四周刻有莲瓣，花纹古朴。20 世纪 60 年代，该碑移至县文化馆保存。

《圣井铭并序》碑全文如下：

余读《金史》,皇统二年,使刘筈以衮冕玉册,册宋康王为帝,以臣宋告中外。嗟乎！中国于是不得为中国矣。绍兴君臣,万世之罪人也。昔晋永嘉之乱,其祸不异靖康。然泣左世守正朔,历五代至于陈亡,以其力不足与中原抗,而未尝少屈也。孔子曰:微管仲,吾其被发左衽矣！五代之君,其功岂在管仲之下哉！陈高祖平侯景之乱,卒禅梁祚,恭俭勤劳,志度宏远,江左诸帝,号为最贤。余来长城,游下箬里,观其故庐。相传其始生时,井中沸涌,出以浴帝,今其井尚如故。慨然而叹,令人去蔽翳而出之,作亭于其上。铭曰:

帝王之生,灵或幽赞。觱沸井泉,浴帝始诞。流虹瑶月,应时则灭。惟不改井,于今不竭。我寻华渚,翳桑之处。寒泉古甃,如见其沸。赫赫陈祖,大业光灿。寂寞沛乡,吾兹感叹。嗟后之王,荒坠厥绪。丽华辱井,建康所记。

隆庆元年十月十日　吴郡归有光撰

淮阴吴承恩书

图 42-4 《圣井铭并叙》碑

二、陵墓

万安陵,在南京市南郊江宁县境内,武帝高祖陈霸先皇陵。

永宁陵,在南京市栖霞山西狮冲,文帝世祖陈蒨皇陵。

显宁陵,据推测在南京市郊区,宣帝高宗陈顼皇陵。

寿陵,在长兴下箬里阳乌山,齐太常卿陈道巨之墓,陈霸先称帝后追尊为寿陵。陵西有小渎,曰石人溇。[①]

瑞陵,在长兴西北五里灵山,陈霸先生父陈文赞和皇妣董太夫人的合葬墓。陈霸先称帝后,追尊皇考曰景皇帝,庙号太祖,追赠皇妣董太夫人为安皇后,墓曰瑞陵。

嘉陵,在长兴北五里灵山与雉山间,陈霸先结发妻子钱氏的墓地。钱氏,长城人,父仲芳,高祖微时,先娶之,早卒。陈霸先称帝后,追赠为昭皇后,墓曰嘉陵。

① 清同治《长兴县志》引《顾志》,卷十三。

明陵，在长兴西北五里灵山，陈霸先兄陈道谈（谈先）的墓地。梁时为东宫值阁将军，侯景乱，领弩手两千援台城，中流矢卒。文帝陈蒨继位后，尊为明陵。

司徒南郡王休光墓，在长兴北五里雉山，陈霸先弟陈休先的墓地。梁封醴陵县开国公，领兵讨伐侯景，战死，年三十。陈霸先称帝后，赠司徒南郡王。二年十月十一日，营墓于雉山。

临海王墓，据推测在南京市郊区，废帝陈伯宗墓。

长城炀公墓，在河南洛阳芒山，陈后主叔宝墓。

第二节　陈武帝故宅诗钞[①]

唐皎然《与崔子向泛舟自招橘经箬里宿天居寺》（联一十）：晴日春态深，寄游恣所适。（皎然）宁妨花木乱，转学心耳寂。（崔子向）取性怜鹤高，谋闲任山僻。（皎然）倚舷息空曲，舍履行浅碛。（崔子向）渚箬入里逢，野梅到村摘。（皎然）碑残飞雉岭，井翳潜龙宅。（崔子向）坏寺邻寿陵，古坛留劫石。（皎然）穿阶笋节露，拂瓦松梢碧。（崔子向）天界细云还，墙阴杂英积。（皎然）悬灯寄前焰，遥月升圆魄。（崔子向）何意清夜期，坐为高峰隔。（皎然）茗园可交袂，藤涧好停锡。（崔子向）微雨听湿巾，迸流从点席。（皎然）戏猿隔枝透，惊鹿逢人踯。（崔子向）睹物赏已奇，感时思弥极。（皎然）芳菲如驰箭，望望共君惜。（崔子向）

唐皎然《题报德寺清幽上人西峰》：陈世凋亡后，仁祠识旧山。帝乡乔木在，空见白云还。双塔寒林外，三陵暮雨间。此中难战胜，君独启禅关。

宋裴大亮[②]《武帝故宅》：政余飞棹入烟村，数里菰蒲接寺门。惟爱卞峰供醉眼，役人诗思到黄昏。

宋汪藻[③]《银杏》：曾经浩劫[④]故依然，老寿方知木有仙。直平凌空裁百尺，虚心阅世已千年。深蟠泽国兴王地，独傲天公造物权。玉树庭花非不好，至今谁占旧山川。

宋葛胜仲：老桧盘拿古殿春，空庭坐阅几朝曛。根枝横裂可寻蚁，枝叶倒垂犹拂云。求福端同木居士，出灵那效柳将军。亦奴已毙韩擒虎，犹有赀材贷斧斤。

元杨维桢[⑤]《银杏树》：陈王有遗宅，乃在鸟山中。当时手所植，花木罗青红。独有左纽树，阅世如龟龙。可怜手植人，不见三阁崇。后庭种玉树，金井凋秋风。尚类故园桧，世号传无穷。老僧嘿持梵，冀为神意通。可应圣旨庙，乞与空王宫。

元杨维桢《陈帝宅》：荒城陈帝宅，故殿吴王居。曲池无故石，老树有遗株。高堂易梵宇，白足走钟鱼。未知百世后，兴废又何如。

明张羽《陈武帝宅遗址》：霸先亦人杰，出自太丘陈。洗马初南迁，卜宅苕溪津。山川钟奇秀，末运生异人。出当梁祚衰，殷忧致经纶。拯弱济横流，受禅主生民。化家乃为国，霸业谁与论。我来吊遗址，四望静无邻。狐兔窜古甃，寒烟暮氛氲。哀泉泻幽壑，鬼火明荆榛。感化兴废理，乘时各有因。忧来藉芳草，叹息泪盈巾。

明沈明臣：使君携客泛星槎，古寺高林问落花。龙去尚存前代井，僧来还说帝王家。废陵日落空坏草，下箬波深隐片沙。闻道去年风雨恶，太湖秋水没蒹葭。

清孙之述《广惠寺》：谁将帝里作花宫，松柏阴阴紫翠重。苍卞遥攒千障目，篛波清散六时风。瓢分圣井残碑在，钟动孤陵玉树空。高卧刹那禅梦觉，影随孤鹤共西东。

---

① 资料来源于清同治《长兴县志》，卷十四、卷十五；《陈霸先研究文集》（长兴卷），2003年内部编印。

② 裴大亮，原大理寺丞，宋康定、庆历年间（1040—1041年）调任长兴知县。

③ 汪藻，南宋文学家，曾任湖州知府。水口顾渚悬臼岕有其摩崖石刻。

④ 浩劫，指唐初农民起义辅公祐毁天居寺。

⑤ 杨维桢，元文学家、书法家。诸暨人，进士出身，官至推官。曾在长兴东湖书院讲学。

清吴斯沼《游下箬寺》四首：碧溪碕岸绕郃长，古刹修廊袅佛香。欲向陈朝问遗业，寺西鸭脚[1]一枝黄。

枌诣承光转眼空，只遗深殿佛灯红。依稀四百八十寺，一路荆榛寒雨中。

已见火耕陈帝坟，浴波犹涌碧层层。丽华牵出胭脂冷，难向寒泉说废兴。

太仆遗文涴薜苔，风流鲍照碣重开。高人例有沧桑感，留取泉源辨劫灰。

清鲍鉁《游下箬寺》：理棹清溪叩薜门，藤花竹叶数家村。烟中芃放诸天寂，林际禽声夕阳昏。江左雄图销帝业，西吴王气冷邱园。千年人代惊弹指，独有参天鸭脚存。

又《下若寺》：一往便陈迹，千秋等刹那。荒烟生院落，遗碣入墙阿。粥饭僧常住，簪裾客重过。门前若溪水，终古漾青波。

又《下若寺》：两年不到陈王里，刻石今多涴藓苔。莫怪村翁问消息，曾看露冕课农来。

清谭肇基[2]《下若寺》：若溪古寺傍溪开，钟板萧条过劫灰。老竹长松烟一抹，残山乘水酒三杯。鸦归犹认陈朝树，客到频怀仙合才。我也题名选岩壁，他时端不蚀莓苔。

清王豫[3]《下若寺》：间寻圣井忆陈王，寂寂空林贝叶香。说与游人莫怊怅，景阳宫井[4]更荒凉。

清厉鹗《同寿门游若溪广惠寺》：若溪走玉龙，连山抱千层。水风引到寺，老树青鬅鬙。上巢大觜鸟，下络交枝藤。王气久死灰，阴怪争来凭。陈帝起里中，樵牧犹相矜。擣青一旅奋，驱贼如秋蝇。悲哉萧老公，不得顾眇僧。跛奴亦何为，大命归吴兴。此地即丰沛，精爽依禅灯。长爪携淑俪，雉山望云蒸。我来漱井眉，铭词义崚嶒。传是洗见日，寒溜汤泉腾。更著辱井戒，不觉欷歔增。可怜马上郎，义愤尤足称。成败有天定，隙为英雄乘。煌煌江左业，从此期恢宏。身后那可料，暴骨摅雠膺。古愁起暮色，闲话同诗朋。循廊土花碧，铃语摇觚棱。

清王豫《下若寺》：闲寻圣井忆陈王，寂寂空林贝叶香。说与游人莫怊怅，景阳宫井更荒凉。

清钱兆沆：圣井消疲王气终，精蓝净扫梵音空。年光代谢溪流逝，又见春摇嫩柳风。

清钱森：迂途引到残僧舍，广厦行来古帝居。自羡闲情饶别趣，共扶径竹看池鱼。

清徐树青《下若寺访吴东逸先生》：孤篷停野岸，一径入禅扉。古寺夕阳色，闲庭黄叶飞。书声闻宛在，茶话坐忘机。夙与先生约，西园卧翠微。幽怀能不极，聚会相来难。剪烛永今夕，联床吟夜阑。钟声云外落，霜气梦中寒。窗曙催人起，凭栏习静观。

清吴正方：一树阴延五亩余，藤青竹绿护幽居。四时日月虚庭户，九夏风霜逼屋除。雨后苔深行得得，花前茗熟啜徐徐。己公不厌轻狂客，每赋新词遇佛庐。

清朱湄《下箬寺》：寺名广惠溯陈王，千古兴衰事渺茫。颓败殿檐鸣鸛鹊，萧森桧影卧牛羊。后庭玉树须臾事，古井清波分外凉。一棹偕朋来下若，不胜往迹话斜阳。

清陈璞：斜阳牛背笛，缓趁树阴来。一曲空流水，远山花乱开。英雄原上草，王业劫中灰。感慨诚多事，春风又绿苔。

清王纲文《和玉涧过陈武帝故宅》：老桧参天植，殊庭踞地偏。兴王留故迹，父老到今传。古甃汤泉溜，荒宫辱井填。一从歌玉树，寂寞旧山川。

清叶诗《过陈武帝故宅》二首：帝兆阳岛起，雄图竟若何。犹传乙夜帐，忍听后庭歌。故里经过数，残碑涕泪多。僧房对鸭脚，兹树亦婆娑。

闻道燕支井，陈宫怨未销。我来循下若，何处问南朝。王气金陵尽，秋风玉树凋。寒泉仍古甃，早晚

---

① 寺西鸭脚，指寺内西侧陈霸先手植的一株千年银杏树，银杏叶呈鸭脚状。

② 谭肇基，字祝泰，号岐峰，广东新会人。清雍正十二年(1734年)进士，乾隆八年(1743年)由龙泉县调任长兴知县，后调海疆卓异升主事。

③ 王豫，字应和，号柳村。江苏江都人。

④ 景阳宫井，指今南京鸡鸣寺辱井。

可通潮。

清徐球：冒雨寻兰若，缘溪泊画船。兴亡自千古，少长有群贤。树老積垣里，碑留圣井前。殷勤衲子意，瓯茗煮清泉。

清吴曾：帝子江南势若何，故居育圣历年多。醴泉已兆金汤业，脂井俄伤琼树歌。捧日朱衣传霸祖，慈云敝衲改贫婆。北军飞渡知亡国，莫怪残碑苔藓磨。

清丁体仁：披榛徙倚古城东，圣井犹存废刹中。僻地三余开霸祖，残碑千载想雄风。可怜玉树新声起，顿使金汤旧业空。南史阅来多似此，凄凉岂独为陈宫。

清王觐光：寂寞大雄寺，当年陈帝居。大风来下若，王气在三余。石鼎云花散，真容梵偈虚。至今诸父老，尚想出潜初。

清魏星杓《次韵》：城南寻帝宅，问讯刹那居。五主屏风在，千秋劫烧余。金瓯乘偶隙，玉树恨终虚。悟否前尘幻，残僧入定初。

清杨潮：招提寻古桧，已事话梁陈。霸王成何事，扶持似有神。珠林犹作苑，玉树又成尘。于载龙兴地，花枝世照新。

第三节　陈朝历史研究

一、对陈霸先的评价

陈霸先生逢乱世，身经百战，重整百废待兴的江山，虽在位仅三年，但任贤使能，政治清明，江南局势渐趋稳定。在抵御落后势力摧残，维护社会稳定，恢复南方经济，保护华夏传统文化等方面，做出了历史的贡献，是中国古代优秀的政治家和军事家。历代史学家和名人都对陈霸先作出了很高的评价。

姚　察（南朝文学家、史学家，《梁书》《陈书》作者，唐初史学家姚思廉之父）：高祖英略大度，应变无方，盖汉高、魏武之亚矣。及西都荡覆，诚贯天人。王僧辩阙伊尹之才，空结桐宫之愤，贞阳假秦兵之送，不思穆嬴之泣。高祖乃蹈玄机而抚末运，乘势隙而拯横流。王迹所基，始自于此，何至戡黎升陑之捷而已焉。故于慎徽时序之世，变声改物之辰，兆庶归以讴謌，炎灵去如释负。方之前代，何其美乎！

姚思廉（唐初史学家，《梁书》《陈书》作者）：高祖智以绥物，武以宁乱，英谋独运，人皆莫及，故能征伐四克，静难夷凶。至升大麓之日，居阿衡之任，恒崇宽政，爱育为本。有须发调军储，皆出于事不可息。加以俭素自率，常膳不过数品，私飨曲宴，皆瓦器蚌盘，肴核庶羞，裁令充足而已，不为虚费。初平侯景，及立绍泰，子女玉帛，皆班将士。其充闱房者，衣不重彩，饰无金翠，哥钟女乐，不列于前。及乎践祚，弥厉恭俭。故隆功茂德，光有天下焉。

魏　征（唐代杰出政治家、思想家、文学家和史学家）：高祖拔起垄亩，有雄桀之姿。始佐下藩，奋英奇之略。魏王之延汉鼎祚，宋武之反晋乘舆，懋绩鸿勋，无以尚也。决机百胜，成此三分，方诸鼎峙之雄，足以无惭权、备矣。

李延寿（唐代著名史学家，《南史》《北史》作者）：帝雄武多英略，性甚仁爱。及居阿衡，恒崇宽简。雅尚俭素，常膳不过数品。私飨曲宴，皆瓦器蚌盘，肴核庶羞，裁令充足，不为虚费。初平侯景及立敬帝，子女玉帛皆班将士，其充闱房者，衣不重彩，饰无金翠，声乐不列于前。践阼之后，弥厉恭俭。故隆功茂德，光于江左云。

虞世南（唐代著名书法家、文学家、政治家）：武帝以奇才远略，怀匡复之志，龙跃海隅，豹变岭表，埽重氛於绛阙，复帝坐於紫微，西抗周师，北夷齐寇，宏谟长算，动无遗策。寔开业之令主，拨乱之雄才，比宋祖则不及，方齐高为优矣。

朱敬则(唐代史学家):武帝身长七尺,垂手过膝,盖姚襄、刘备之俦也。惟宽以容物,明以知人,旷荡不羁,雄勇盖世,声振岭表,功济日南。

司马光(北宋政治家、史学家、文学家,主持编纂《资治通鉴》):上临戎制胜,英谋独运,而为政务崇宽简,非军旅急务,不轻调发。性俭素,常膳不过数品,私宴用瓦器、蚌盘,肴核充事而已;后宫无金翠之饰,不设女乐。

归有光(明代著名文学家):恭俭勤劳,志度弘远,江左诸帝,号为最贤。赫然陈祖,大业光灿。寂寞沛乡,吾兹感叹。

赵　翼(清代史学家):陈武帝起自寒微,数年有天下,其将帅自侯安都、黄法、胡颖、徐度、杜棱、吴明彻诸人外,其余功臣皆出于仇敌中者。杜僧明、周文育,则起兵围广州,为帝所擒者也。欧阳頠,亦事萧勃,为周文育擒送于帝者也。侯瑱、周铁虎、程灵洗,则王僧辨故将也。鲁悉达、孙玚、周炅、樊毅、樊猛,则王琳故将也。或临阵擒获,或力屈来降,帝皆释而用之,委以心膂,卒得其力以成偏安之业。其度量恢廓,知人善任,固自有过人者。

吕思勉(中国近代历史学家,现代中国四大史学家之一):从来人君得国者,无如陈武帝之正者。

二、唐魏征《陈五帝总论》

高祖拔起垅亩,有雄杰之姿。始佐下藩,奋英奇之略,弭节南海,职思静乱。援旗北迈,义在勤王,扫侯景于既成,拯梁室于已坠。天网绝而复续,国步屯而更康,百神有主,不失旧物。魏王之延汉鼎祚,宋武之反晋乘舆,懋绩鸿勋,无以尚也。于时内难未弭,外邻勍敌,王琳作梗于上流,周、齐摇荡于江、汉,畏首畏尾,若存若亡。此之不图,遽移天历,虽皇灵有眷,何其速也?然志度弘远,怀抱豁如,或取士于仇仇,或擢才于亡命,掩其受金之过,宥其吠尧之罪,委以心腹爪牙,咸能得其死力。故乃决机百胜,成此三分,方诸鼎峙之雄,足以无惭权、备矣。

世祖天姿睿哲,清明在躬,早预经纶,知民疾苦。思择令典,庶几至治,德刑并用,戡济艰虞。群凶授首,强邻震慑。虽忠厚之化未能及远,恭俭之风足以垂训。若不尚明察,则守文之良主也。

临海年长于成王,过微于太甲。宣帝有周公之亲,无伊尹之志,明辟不复,桐宫遂往,欲加之罪,其无辞乎!

高宗爰自在田,雅量宏廓,登庸御极,民归其厚。惠以使下,宽以容众。智勇争奋,师出有名,扬旆分麾,风行电扫,辟土千里,奄有淮、泗,战胜攻取之势,近古未之有也。既而君侈民劳,将骄卒堕,帑藏空竭,折衄师徒。于是秦人方强,遂窥兵于江上矣。李克以为吴之先亡,由乎数战,数战则民疲,数胜则主骄。以骄主御疲民,未有不亡者也。信哉言乎!高宗始以宽大得人,终以骄侈致败,文、武之业,坠于兹矣。

后主生深宫之中,长妇人之手,既属邦国殄瘁,不知稼穑艰难。初惧阽危,屡有哀矜之诏,后稍安集,复扇淫侈之风。宾礼诸公,唯寄情于文酒,昵近群小,皆委之以衡轴。谋谟所及,遂无骨鲠之臣,权要所在,莫匪侵渔之吏。政刑日紊,尸素盈朝,耽荒为长夜之饮,嬖宠同艳妻之孽。危亡弗恤,上下相蒙,众叛亲离,临机不寤。自投于井,冀以苟生,视其以此求全,抑亦"民斯下"矣。

三、县人研究成果选目

国内关于陈朝及陈霸先的专题研究涉及不多,专门著作更是缺乏。湖州沈文泉编著的《湖州名人志》(杭州出版社 2009 年版)中,收录陈朝五帝及陈宗室、陈朝长兴人物等 77 人。

县内对陈朝历史及陈朝长兴人物的研究,一直没有专门著作。中华人民共和国成立后第一部《长兴县志》(上海人民出版社 1992 年版),对陈朝有关内容记述未作安排,对陈朝长兴人物也未做记载,仅在第 27 卷"人物"中,收录陈霸先 1 人。

2003 年,为纪念陈霸先诞辰 1500 周年,长兴县龙山新区文史咨询组围绕"六朝英主,天下陈宗"的主题内容,以《长兴文史研究》为载体,历经半年努力,出刊 15 期,至 11 月结集内部编印《陈霸先研究文集(长兴卷)》,13 万字。设"江左诸帝号为最贤""五帝总论话兴亡""长兴陈皇后裔遍天下""陈朝古迹拾零”等4章，共收录文章29篇。选目如下：

谢文柏：《陈霸先评传》《陈武帝的军事思想和用人之策》《陈武帝“文治”管见》；

蒋伯良：《六朝英主陈霸先》《陈霸先的身世觅踪》《魏徵〈陈五帝总论〉探微》《〈圣井铭并叙〉的民族情结》《佛牙灵光兴自陈霸先》《踏访陈高祖钓台》；

唐重兴：《陈宣帝与〈兰亭序〉》《陈宣帝“弘扬佛教”》《亡国一曲〈后庭花〉》《圣井与辱井》《陈皇后裔走向五洲四海》《从陈皇到现代陈独秀》《以国为姓·改姓得国·以姓为国》《陈朝五帝等画像被美国收藏》《陈宗长兴　千派总根》（合撰）；

徐立义：《陈朝三世五帝简况表》《陈朝疆域初考》《陈门高僧唐玄奘》《陈朝“七陵三墓”初考》《陈宗长兴　千派总根》（合撰）；

钱四青：《陈霸先壮志成霸业》《“武能定国，文能安邦”的陈文帝》《“阿斗”废帝陈伯宗》《陈皇家族文人辈出》《长兴陈皇与钱氏家族的渊源》《陈宗长兴　千派总根》（合撰）；

黄墨林：《陈霸先与陈氏后裔》《“帝乡佛国”下箬寺》。

另附录一章，收文7篇：《陈武帝故宅考略》《宋朱熹〈陈氏族谱·序〉》《陈朝传国玉玺尚存》《饭箩木》《圣旨庙》《陈武帝故宅诗钞》《故乡水土祭陈皇》。

2005年12月，蒋伯良撰写的《中国古代平民政治家陈武帝》一文入选《中国当代思想宝库》由人民日报出版社集结出版。

2008年3月，长兴县委党史研究室许虔东编著的《伟人名人与长兴》由人民日报出版社出版，收录由其撰写的《六朝英主陈霸先及其后裔与长兴》《乐昌公主破镜认夫》2篇文章。

2012年8月，长兴县图书馆李玉富依据正史创作的长篇历史小说《陈朝演义》由作家出版社出版，45万字。

2012年，长兴县文化馆组织申报的民间文学“陈霸先的传说”，被列入第四批浙江省非物质文化遗产名录。“陈霸先的传说”在长兴广泛流传，是长兴老百姓以陈霸先为依托，同时寄予自己思想观念和情感的一系列传说，包括“陈霸先出生”“陈霸先征战”等内容。[①]

四、陈朝文献中心

位于长兴县图书馆302室，占地面积120平方米。创建于2006年，主要服务长兴地方历史文化名人南朝陈开国皇帝陈霸先及陈朝历史的研究、阅读、推广。至2012年，陈朝文献中心收藏各种相关图书资料900余册，按中图法分类编目。主要有四类：南朝及以后相关陈朝的文人著述300余册；当代中国六朝历史文化研究会的研究成果著作400余册；1912年之后出版的各种陈氏宗谱24套合100余册；长兴县地方研究陈霸先及所创建陈朝的作品10余种。

① 2012年后，陆续有新成果出版。2013年10月，湖州余方德编著《陈朝五帝与陈朝兴亡》，由浙江人民出版社出版，15.7万字；2014年2月，长兴电大教师蒋伯良著《图说陈霸先》，由北京时代华文书局出版，10万字；2018年9月，长兴文旅集团组织创作连环画《一代英主陈霸先》，由浙江人民美术出版社出版。

附　录

本附录分设两部分。第一部分为文件选目，收录1988—2012年中共长兴县委、长兴县人民政府部分文件目录；第二部分收录1988—2012年长兴县、长兴县各单位获得的国家级及以上荣誉称号，长兴县被省委、省政府授予的荣誉称号。

文件选目

1988—2012年中共长兴县委部分文件目录

文件标题	文号
关于局以上机关党员领导干部端正党风的若干规定	县委〔1988〕9号
关于转发《中共浙江省委、省政府关于禁止党政机关和党政干部经商、办企业的通知》的通知	县委〔1988〕18号
关于要求迅速传达《中共中央关于加强党的纪律维护改革发展大局的通知》的通知	县委〔1988〕23号
关于清理党政干部违法违规违纪建私房的决定	县委〔1989〕17号
关于做好群众关心的六件事的决定	县委〔1989〕21号
关于在全县农村开展党的基本路线教育的实施意见	县委〔1989〕34号
批转县委政法委《关于在全县开展严厉打击严重刑事犯罪活动斗争的实施方案》的通知	县委发〔1990〕9号
转发《省委、省政府关于稳定和完善双层经营体制切实加强村经济合作社建设的通知》的通知	县委发〔1990〕25号
关于贯彻落实《中共中央关于坚持和完善中国共产党领导的多党合作和政治协商制度的意见》和全国统战工作会议精神的通知	县委〔1990〕28号
关于稳定和完善林业生产责任制的意见	县委发〔1991〕18号
关于在全县农村开展社会主义思想教育的意见	县委发〔1991〕21号
关于在全县企业开展社会主义思想教育的通知	县委发〔1991〕26号
关于在全县企业开展形势任务教育的通知	县委通〔1991〕1号
关于扶持集体经济不发达乡经济发展的意见(试行)	县委〔1992〕1号
关于印发印发《长兴经济技术开发区优惠政策》的通知	县委〔1992〕7号
关于加快发展我县第三产业的意见	县委〔1992〕12号
关于实施科教兴县战略、加速经济发展的意见	县委〔1992〕15号
关于下放部分经济管理权限的通知	县委〔1992〕16号
关于贯彻《全民所有制工业企业转换经营机制条例》落实企业经营自主权的若干意见	县委〔1992〕19号
关于贯彻落实中央对加强农业和农村工作指示的若干意见	县委〔1993〕4号

续表

文件标题	文号
批转县纪委《关于进一步加强勤政建设、推动我县经济发展的若干意见》的通知	县委〔1993〕7号
关于鼓励城镇待业青年、待业职工自谋职业的若干暂行办法	县委〔1993〕8号
关于进一步鼓励发展个体、私营经济的意见	县委〔1993〕19号
关于撤销我县区委机构的工作意见	县委〔1993〕22号
关于加强我县乡镇财政建设的意见	县委〔1993〕23号
批转县人大常委会党组《关于组织人民代表开展评议公安、司法机关工作实施意见的报告》的通知	县委〔1993〕34号
转发县体改办、县乡镇企业局、县农经委《关于乡(镇)、村集体企业推行股份合作制的试行意见》的通知	县委办〔1993〕16号
坚决治理乱收费规定,对全县各类收费项目进行自查清理的通知	县委办〔1993〕19号
关于印发《长兴县农村奔小康改制四年规划》的通知	县委〔1994〕13号
关于进一步开展反腐败工作的通知	县委〔1994〕14号
关于印发《长兴县社会主义精神文明建设实施意见(1995—2000)年》的通知	县委〔1995〕6号
关于在全县九个镇开展创建文明集镇竞赛活动的实施意见	县委〔1995〕14号
关于完善农村双层经营体制的意见	县委〔1995〕16号
关于扶持欠发达乡镇发展集体经济的意见	县委〔1996〕22号
关于建立农村土地使用权流转机制,进一步完善双层经营体制的实施意见	县委〔1996〕28号
关于进一步完善农业投入机制增加农业投入的决定	县委〔1996〕31号
印发《长兴县党政机构改革方案》的通知	县委办发〔1996〕43号
关于印发《长兴县干部教育培训“九五”规划》的通知	县委〔1997〕12号
关于加快国有和城镇集体企业改革,加速企业经营机制转换的暂行规定	县委〔1997〕18号
关于深入实施科教兴县战略,加速科技进步的若干意见	县委〔1997〕20号
关于加快经济薄弱乡镇、村发展的若干政策意见的通知	县委〔1997〕21号
关于加快乡村集体企业改革完善产权制度改革工作的意见	县委〔1997〕22号
关于农村集体资产管理体制综合改革工作的实施意见	县委〔1997〕27号
关于进一步加强机关思想政治建设的意见	县委发〔1997〕1号
关于切实做好减轻农民负担工作的通知	县委办〔1997〕41号
关于进一步鼓励发展个体私营等非公有制经济的若干意见	县委〔1998〕14号
关于印发《长兴县工业企业扶优扶强若干意见》的通知	县委〔1998〕17号
关于鼓励跨地区、跨部门、跨所有制联合投资新办企业(项目)的意见	县委〔1998〕18号
关于扶持新产品开发,促进产品结构调整的意见	县委〔1998〕19号
印发《长兴县关于进一步加快企业改革步伐的意见》的通知	县委〔1998〕20号
关于印发《长兴县1998—2005年农业产业化发展规划》的通知	县委〔1998〕27号
关于切实做好国有企业下岗职工基本生活保障和再就业工作的若干意见	县委〔1998〕29号
印发《关于实行机关工作人员全员聘任制的意见(试行)》的通知	县委〔1998〕33号
关于全面推行政务公开制度的实施意见	县委办〔1998〕20号
转发县政协办公室《关于县政协专门委员会与县直属有关部位建立对口联系制度的意见》的通知	县委办发〔1998〕44号
印发《关于国有、城镇集体企业产权制度改革的若干补充规定》的通知	县委〔1999〕6号

续表

文件标题	文号
批转县委政法委、县公安局党委《关于在全县推广“枫桥经验”更好地维护农村稳定的报告》的通知	县委〔1999〕18号
关于印发《长兴县农业和农村现代化建设实施意见》的通知	县委〔1999〕19号
关于在全县开展“创新创业奔现代化”活动的实施意见	县委〔1999〕21号
关于印发《长兴县经济发展环境投诉工作若干规定》的通知	县委〔1999〕22号
印发《关于进一步做好企业改制的规范和完善工作意见(试行)》通知	县委〔1999〕27号
关于实施干部任前公示制度的意见(试行)	县委发〔1999〕66号
关于在全县农村开展农业农村现代化教育的实施意见	县委办〔1999〕19号
关于印发《长兴县经济发展环境投诉中心工作实施细则》的通知	县委办发〔1999〕52号
关于在县级领导班子、领导干部中开展以“讲学习、讲政治、讲正气”为主要内容的党性党风教育的实施意见	县委〔2000〕5号
关于加快发展效益农业的若干政策意见	县委〔2000〕12号
关于进一步加强和改善县委对经济工作领导的意见	县委〔2000〕15号
关于加快干部制度改革的意见	县委〔2000〕16号
关于建设经济强县的实施意见	县委〔2000〕17号
印发《关于国有、城镇集体企业改制和破产中一些具体问题的补充规定》的通知	县委发〔2000〕6号
关于建立村级财务指导服务中心的实施意见	县委办〔2000〕26号
关于开展“三个代表”重要思想学习教育活动的实施意见	县委〔2001〕1号
关于印发《长兴县教育现代化建设纲要(2000—2020年)》的通知	县委〔2001〕2号
关于印发《关于在国有、城镇集体企业改制中部分具体问题处理的补充意见》的通知	县委〔2001〕9号
关于加强社区党建工作的若干意见	县委〔2001〕16号
关于加快社会主义新农村示范村建设的意见	县委〔2001〕19号
关于进一步加强人大工作的若干意见	县委〔2001〕22号
关于进一步加强人民政协工作的若干意见	县委〔2001〕23号
关于扶持工商企业投资发展效益农业的若干政策意见	县委办〔2001〕1号
关于在长兴县城区试行“路长制”管理的通知	县委办〔2001〕10号
长兴县非公有制企业党建规范化建设三年发展规划(2001—2003)	县委办〔2001〕17号
关于转发《县社会治安综合治理委员会关于进一步加强预防青少年违法犯罪工作的意见》的通知	县委办〔2001〕25号
关于印发《长兴县农村医疗机构产权制度改革实施办法》的通知	县委办〔2001〕39号
关于印发《中共长兴县委关于常委会讨论决定干部任免实行票决制的试行办法》的通知	县委〔2002〕1号
关于实施党政“一把手”年度总结报告制度的意见	县委〔2002〕3号
印发《关于大力引进国内外人才智力的若干意见》的通知	县委〔2002〕8号
关于开展创建省级文明城市活动的实施意见	县委〔2002〕12号
关于加快发展农业产业化经营提高农业竞争力的若干政策意见	县委〔2002〕14号
关于全面进行农村税费改革的通知	县委〔2002〕24号
关于在全县广泛开展“学习十六大、比学赶苏南”学习讨论活动的实施意见	县委〔2002〕28号
关于印发《长兴县县级领导党风廉政建设责任范围》的通知	县委办〔2002〕9号
关于加快农村改水工作的意见	县委办〔2002〕22号
关于进一步加快发展农业产业化的若干政策意见	县委〔2003〕12号

续表

文件标题	文号
关于在全县兴起学习贯彻“三个代表”重要思想新高潮的通知	县委〔2003〕27号
关于印发《长兴县全面接轨上海暨2003年工作的实施意见》的通知	县委〔2003〕28号
关于深入开展村庄示范整治工程的实施意见	县委办〔2003〕41号
关于加快泗安镇经济社会发展的意见	县委办发〔2003〕18号
长兴县城乡一体化行动纲要	县委〔2004〕1号
关于在县级机关开展“效能革命”进一步优化经济和社会发展环境的实施意见	县委〔2004〕9号
关于五年内大规模开展干部教育培训工作的实施意见	县委〔2004〕15号
关于进一步深化农村党的建设“三级联创”活动的实施意见	县委〔2004〕17号
关于贯彻省委建设“平安浙江”决定进一步推进“平安长兴”创建活动的实施意见	县委〔2004〕21号
关于在全县党员干部中深入开展“学习贯彻十六届四中全会精神、树立和落实科学发展观”主题教育实践活动的意见	县委〔2004〕29号
关于促进民营经济加快发展的意见	县委〔2004〕30号
关于进一步加强和改进未成年人思想道德建设的实施意见	县委〔2004〕31号
关于大力实施人才强县战略的决定	县委〔2004〕32号
关于长兴县区域供水实施意见	县委办〔2004〕3号
关于开展“理旧事、解难事、办实事”活动深入推进机关“效能革命”的实施意见	县委办〔2004〕21号
关于在全县开展以实践“三个代表”重要思想为主要内容的保持共产党员先进性教育活动的实施意见	县委〔2005〕2号
关于进一步落实农村基层组织建设工作责任制的意见	县委〔2005〕3号
关于进一步加强新形势下对外宣传工作的意见	县委〔2005〕4号
关于长兴县生态县建设的实施意见	县委〔2005〕10号
关于进一步加强人大工作的意见	县委〔2005〕19号
关于加快全县旅游经济发展的若干意见	县委〔2005〕25号
关于支持人民政协履行职能制度化、规范化和程序化建设的实施意见	县委〔2005〕26号
关于印发长兴县文化大县建设实施纲要的通知	县委发〔2005〕50号
关于印发《全县农村垃圾集中收集处理实施意见》的通知	县委办发〔2005〕76号
关于进一步壮大村级集体经济的若干若干政策	县委〔2006〕8号
关于大力推进农业产业化的若干政策意见	县委〔2006〕9号
关于在全县广泛深入开展社会主义荣辱观学习教育活动的通知	县委〔2006〕17号
关于深入实施工业立县战略加快工业经济发展的若干意见	县委〔2006〕20号
关于加强法治建设的实施意见	县委〔2006〕25号
关于县领导深入推进国内重点地区招商引资工作的意见	县委办〔2006〕16号
关于印发《开展工业投入“双百双推”活动及“百日攻坚大会战”的实施意见》的通知	县委办发〔2006〕126号
关于加快推进社会主义新农村建设的实施意见	长委〔2007〕1号
关于认真贯彻省委十一届十一次全会精神构建社会主义和谐社会的实施意见	长委〔2007〕3号
关于在全县开展“作风建设年”活动的实施意见	长委〔2007〕13号
关于深入推动政产学研合作的实施意见	长委〔2007〕17号
关于加快现代化家庭工业发展的若干意见	长委〔2007〕19号
关于加快服务业发展的若干意见	长委〔2007〕20号
关于开展“五城联创”活动的实施意见	长委〔2007〕22号

续表

文 件 标 题	文号
关于加强新时期人民调解工作的意见	长委〔2007〕25号
关于加快三个中心镇发展的若干意见	长委〔2007〕26号
关于开展党的十七大精神宣讲活动的实施意见	长委〔2007〕29号
关于开展“解放思想、激发活力、创业富民、创新强县”大讨论大实践活动的通知	长委发〔2007〕43号
关于认真贯彻党的十七大精神全面推进创业富民创强县的决定	长委〔2008〕4号
关于加快南太湖总部经济园建设的意见(试行)	长委〔2008〕7号
关于长兴县接轨上海2008—2010年工作的实施意见	长委〔2008〕17号
关于加大企业扶持力度促进工业经济平衡健康发展的暂行规定	长委〔2008〕20号
关于打造长三角先进制造业重要集聚区的实施意见	长委〔2008〕24号
关于打造长三角现代物流重要集聚区的实施意见	长委〔2008〕25号
关于打造长三角生态休闲度假新选区的实施意见	长委〔2008〕26号
关于打造浙江省先进文化建设示范区的实施意见	长委〔2008〕27号
关于进一步加强人民法院人民检察院工作的若干意见	长委〔2008〕28号
关于推动文化大发展大繁荣的实施意见(2008—2012)	长委〔2008〕30号
关于打造浙江省现代社会管理样板区的实施意见	长委〔2008〕32号
关于打造长三角绿色高效农产品主产区的实施意见	长委〔2008〕33号
关于实施低收入农户奔小康工程的意见	长委办〔2008〕12号
关于开展“百企超亿行动”的通知	长委办发〔2008〕42号
转发湖州市《关于印发“南太湖精英计划”实施意见》	长委办发〔2008〕57号
关于印发《“清水入湖”二年行动总体实施方案》等五个方案的通知	长委办发〔2008〕104号
关于开展深入学习实践科学发展观活动的意见	长委〔2009〕5号
关于贯彻党的十七届三中全会精神 加快推进农村改革发展的若干意见	长委〔2009〕7号
关于加快实施大企业大集团“三年超百亿”计划的若干意见	长委〔2009〕13号
关于加快全县农村住房改造建设的实施意见	长委〔2009〕15号
关于推行“网格化管理、组团式服务”深化完善联系服务群众工作的实施意见	长委〔2009〕21号
关于印发《长兴县加快构建城乡统筹基层党建新格局2009—2012年工作规划》的通知	长委发〔2009〕46号
关于进一步完善长兴县党风廉政建设巡视办法的意见	长委办〔2009〕4号
关于建立农村土地流转服务平台依法规范土地流转的实施意见	长委办〔2009〕14号
关于分解落实省市下放经济社会管理权限的通知	长委办发〔2009〕24号
关于加快社会主义新农村建设全力打造中国魅力乡村的实施意见	长委〔2010〕1号
关于大项目引进推进工作的实施意见	长委〔2010〕16号
关于深入开展以学习实践科学发展观建设服务型基层党组织为主要内容的“党旗高扬党徽闪亮“创先争优活动的实施意见	长委〔2010〕17号
关于加快推进生态文明建设的实施意见	长委〔2010〕22号
关于开展创建“廉政生态县”活动的实施意见	长委〔2010〕23号
关于建立“两年大跨越”工作保障机制的通知	长委发〔2010〕1号
关于印发《长兴县乡镇(街道)、开发区(西太湖旅游度假区)财政管理体制》的通知	长委发〔2010〕41号
关于建立健全大产业(集群)培育发展机制的若干意见	长委办〔2010〕2号
关于加强和改进“两新”组织党建工作的意见	长委办〔2010〕5号
关于印发《关于进一步深化平安校园创建活动工作方案》的通知	长委办发〔2010〕65号

续表

文 件 标 题	文号
关于加快中心村培育建设的实施意见(试行)	长委〔2011〕1号
关于加强农村集体资金、资产、资源管理的实施意见(试行)	长委〔2011〕13号
关于开展“五五三”创建工程的实施意见	长委〔2011〕14号
关于加快水利改革发展的意见	长委〔2011〕15号
关于进一步加快工业经济转型升级的政策意见	长委〔2011〕17号
关于加强和创新社会管理的实施意见	长委〔2011〕18号
关于深化我县农村医疗卫生体制改革的实施意见	长委〔2011〕21号
关于促进中小微企业平稳健康发展的若干意见	长委〔2011〕24号
关于开展农村宅基地和农房普查登记确权发证工作的实施意见	长委办〔2011〕4号
关于印发《长兴县实施县党代会代表任期制十项制度(试行)》的通知	长委办发〔2011〕123号
关于以“增六力、作表率”主题深入开展领导干部创先争优示范行动加强领导班子思想政治建设的实施意见	长委〔2012〕13号
关于支持浙商创业创新促进长兴经济又好又快发展的实施意见	长委〔2012〕17号
关于进一步完善“三重一大”事项集体决策制度的实施意见	长委〔2012〕21号
关于深化完善党群创业互助会服务帮扶低收入群众创业增收的实施意见	长委〔2012〕22号
关于进一步加快建设工业强县的政策意见	长委〔2012〕25号
关于进一步深入推进美丽乡村建设的实施意见	长委〔2012〕37号
关于印发《长兴县农业“两区建设135行动计划”》的通知	长委办〔2012〕7号
关于印发《长兴县社会稳定工作“三色”预警办法》的通知	长委办发〔2012〕134号

1988—2012年长兴县人民政府部分文件目录

文 件 标 题	文号
长兴县关于开展横向经济联合的有关规定(试行)	长政〔1988〕28号
关于促进农村商品生产发展若干问题的意见	长政〔1988〕30号
关于鼓励科技进步与人才流动的若干规定(试行)	长政〔1988〕38号
转发《国务院关于做好当前物价工作和稳定市场的紧急通知》的通知	长政〔1988〕59号
长兴县发展外向型经济规划	长政〔1988〕64号
关于加强环境保护工作的通知	长政〔1988〕72号
关于县属全民企业实行工资总额同经济效益挂钩办法的实施意见	长政〔1988〕77号
长兴县职工离退休劳动保险基金统筹暂行办法	长政〔1988〕78号
关于印发《我县鼓励外商投资、鼓励县内企业利用外资、鼓励出口创汇等四个试行办法》的通知	长政发〔1988〕10号
关于施行《浙江省城镇暂住人口登记管理办法》的实施意见	长政发〔1988〕21号
关于要求列入对外开放县的请示	长政〔1989〕4号
关于加强对重要农业生产资料供应管理的通知	长政〔1989〕9号
关于进一步加强茧丝绸经营管理工作的通知	长政〔1989〕23号
转发省政府《关于严格控制职工人数和清理压缩计划外用工的通知》的通知	长政〔1989〕30号
关于要求调整我县实施九年制义务教育规划的报告	长政〔1989〕33号
批转县城建环保局《关于对全县有污染单位限期治理的请示》的通知	长政〔1989〕36号
关于加强全社会固定资产投资管理的若干规定	长政〔1989〕53号

续表

文 件 标 题	文号
长兴县流动人口计划生育管理暂行办法	长政发〔1989〕30号
批转县体改办等单位《关于县属全民、集体企业承包合同兑现中若干问题的意见》的通知	长政发〔1989〕34号
关于绿化荒山、振兴长兴林业的若干意见	长政〔1990〕44号
关于实施《浙江省计划生育条例》的有关规定	长政〔1990〕48号
关于积极做好工业卫星镇发展外向型经济的通知	长政发〔1990〕1号
批转县体改办、计经委、财税局、劳动人事局关于《长兴县县属全民、集体企业第二轮承包经营责任制实施意见》的通知	长政发〔1990〕28号
关于加强文化市场管理的意见	长政〔1991〕5号
关于长兴县自来水厂包漾河水水源区保护的规定	长政〔1991〕6号
关于进一步发挥国营商业、供销社主渠道作用,促进经济发展的通知	长政〔1991〕21号
印发《关于土地征用问题的有关规定(试行)》的通知	长政〔1991〕25号
关于进一步增强工业企业活力推进技术进步的意见	长政〔1991〕40号
批转县改革工资制度领导小组、县劳动人事局《关于做好新一轮工资总额同经济效益挂钩工作的实施意见》的通知	长政发〔1991〕24号
关于实施县乡公路砂改油计划的通知	长政办〔1991〕4号
转发《关于对全民所有制工业企业第一轮承包(租赁)经营期终考核兑现的意见》的通知	长政办发〔1991〕13号
长兴县人民政府关于土地征用的有关规定	长政〔1992〕30号
关于加强和完善建筑市场管理的若干规定	长政〔1992〕31号
关于贯彻实施我县初级卫生保健规划的通知	长政〔1992〕49号
长兴县乡(镇)村股份合作制企业试行办法	长政发〔1992〕91号
贯彻执行省、市人民政府关于完善城镇职工保险制度的通知	长政发〔1992〕97号
关于转发深化企业劳动用工与分配制度改革试点意见的通知	长政办〔1992〕2号
批转县体改办关于在部分企业试行投入产出总承包实施意见的通知	长政办〔1992〕11号
转发县体改办等单位关于开展国合商业企业“四放活”试点的意见的通知	长政办发〔1992〕19号
关于学习贯彻《全民所有制工业企业转换经营机制条例》的通知	长政办发〔1992〕72号
长兴县城镇住房制度改革实施方案	长政〔1993〕40号
印发《关于国有工业企业资产承包经营责任制试行办法》的通知	长政发〔1993〕85号
印发《关于国有小型工业企业股份合作制试行办法》的通知	长政办〔1993〕86号
印发《关于出售国有、城镇集体小型工交企业产权试行办法》的通知	长政办〔1993〕87号
关于全面推行企业劳动人事、工资分配、社会保险制度改革的通知	长政办〔1993〕2号
关于转发长兴县城镇集体企业股份合作制试行办法的通知	长政办发〔1993〕155号
印发《关于乡镇企业推行股份合作制补充意见》的通知	长政办发〔1993〕183号
关于扶持种粮大户的若干政策措施	长政〔1994〕40号
关于进一步加快重点工业企业发展若干意见关于进一步加快重点工业企业发展若干意见	长政〔1994〕53号
印发《长兴县国有、城镇集体工业企业租赁经营试行办法》的通知	长政发〔1994〕6号
关于制止耕地抛荒的决定	长政发〔1994〕12号
长兴县鼓励企业技术进步若干规定	长政发〔1994〕30号
关于乡镇、村两级农业发展基金制度实施办法	长政发〔1994〕60号
关于建立农业生产资料储备制度的通知	长政发〔1994〕64号
转发湖州市人民政府关于进一步加强村镇建设意见的通知	长政办发〔1994〕74号

续表

文件标题	文号
关于建立粮食工作分级负责责任制的通知	长政〔1995〕3号
印发《关于鼓励和促进企业新产品开发的若干规定》的通知	长政〔1995〕41号
关于进一步优化工业经济结构的意见	长政〔1995〕51号
关于印发《长兴县科学技术进步奖励办法》的通知	长政发〔1995〕10号
关于印发《长兴县村镇规划建设管理规定》的通知	长政发〔1995〕13号
印发《长兴县农村社会养老保险暂行办法》的通知	长政发〔1995〕30号
批转《长兴县国有小型工业企业租售结合试行办法》的通知	长政发〔1995〕35号
关于扶持优高创汇农业和农业龙头企业发展若干政策问题的通知	长政发〔1995〕38号
关于印发《长兴县科教兴县战略实施意见》的通知	长政发〔1995〕39号
关于印发《关于加快小城镇建设的实施意见》的通知	长政发〔1995〕49号
印发《关于外向拓展带动经济发展战略的实施意见》的通知	长政发〔1995〕53号
关于印发《长兴县按比例分散安置残疾人劳动就业实施办法》的通知	长政发〔1995〕61号
关于我县全面实行劳动合同制度的意见	长政办〔1995〕1号
关于转发《长兴县建设"浙江东海明珠工程"实施意见》的通知	长政办发〔1995〕142号
长兴县工业企业扶优扶强若干意见	长政〔1996〕49号
关于印发《长兴县乡镇财政管理体制》的通知	长政发〔1996〕27号
关于进一步完善造地专项基金征收、使用、管理实施办法的通知	长政发〔1996〕37号
关于印发长兴县殡葬管理实施办法(试行)和长兴县殡葬改革实施方案的通知	长政发〔1996〕58号
关于切实保护耕地,依法查处违法用地和土地抛荒、闲置的意见	长政办发〔1996〕63号
关于印发《长兴县水稻高产优质新品种扩繁与推广"丰收计划"项目实施办法》的通知	长政办发〔1996〕69号
关于印发《长兴县农业园区试点项目管理办法》的通知	长政办发〔1996〕122号
关于印发《长兴县计划生育实施办法》的通知	长政办发〔1996〕129号
关于进一步加快农业综合开发的若干政策意见	长政发〔1997〕5号
关于印发《长兴县国家公务员制度实施方案》的通知	长政发〔1997〕28号
关于印发《长兴县城市房屋拆迁管理暂行规定》的通知	长政发〔1997〕30号
关于印发《长兴县预算外资金管理试行办法》的通知	长政发〔1997〕37号
关于印发《长兴县人民政府1996—2000年依法治县规划》的通知	长政发〔1997〕40号
关于印发《长兴县城市管理暂行办法》的通知	长政发〔1997〕47号
关于印发《长兴县城乡居民最低生活保障线制度暂行办法》的通知	长政发〔1997〕60号
关于国有、城镇集体企业改制试点中几个具体问题的处理意见	长政办〔1997〕3号
关于印发《长兴县社会力量办学管理意见》的通知	长政办发〔1997〕42号
关于进一步做好我县教育"两基"巩固提高工作的通知	长政办发〔1997〕60号
关于印发《长兴县城镇住宅小区物业管理暂行办法》的通知	长政办发〔1997〕156号
关于印发《长兴县再就业工程实施意见》的通知	长政办发〔1997〕185号
关于振兴长兴轻纺城的若干意见和措施	长政〔1998〕47号
关于要求调整长兴县乡镇规模实行扩镇并乡的请示	长政〔1998〕54号
关于印发《长兴县建设工程招标、投标管理实施办法》的通知	长政发〔1998〕61号
关于进一步加强国有土地使用权出让、转让收入管理的规定	长政发〔1998〕40号
关于印发《长兴县砖瓦用粘土采挖管理暂行规定》的通知	长政发〔1998〕69号
印发《关于进一步深化粮食流通体制改革的实施意见》的通知	长政发〔1998〕73号

续表

文件标题	文号
关于印发《长兴县关于进一步加快发展散装水泥的若干意见》的通知	长政办发〔1998〕135号
长兴县鼓励技术要素参与收益分配的若干规定	长政〔1999〕49号
长兴县关于加强技术创新和推进高新技术产业化的若干意见	长政〔1999〕50号
关于印发《长兴县政府采购制度管理试行办法》的通知	长政发〔1999〕16号
关于印发《长兴县农村合作医疗管理办法》的通知	长政发〔1999〕22号
关于印发《长兴县大气污染防治实施方案》的通知	长政发〔1999〕26号
关于加快推进我县城市化进程的实施意见	长政发〔1999〕43号
关于对长兴县城镇特困职工家庭实行帮扶政策的通知	长政办发〔1999〕26号
关于印发《长兴县开展农村土地整理工作的实施意见》的通知	长政办发〔1999〕87号
长兴县实施行政执法责任制暂行规定	长政〔2000〕17号
关于要求参加国家农村劳动力开发试行城乡统筹就业试点工作的请示	长政〔2000〕64号
关于下发《进一步加快开发区发展若干意见》的通知	长政发〔2000〕4号
关于印发《长兴县培育重点产品的实施意见》的通知	长政发〔2000〕12号
关于印发《长兴县政府审批制度改革实施意见》的通知	长政发〔2000〕18号
印发《关于加快县批特色工业园区建设的若干意见》的通知	长政发〔2000〕33号
关于要求将银杏确定为长兴县树的议案	长政〔2001〕24号
印发《关于进一步加快开放型经济发展的若干意见》的通知	长政发〔2001〕23号
关于批转县地矿局《关于加强采矿权管理的意见》的通知	长政办发〔2001〕3号
关于全面推行建立村级财务指导服务中心的实施意见	长政办发〔2001〕18号
关于同意《长兴县城乡居民生活用电同价实施方案》的批复	长政办发〔2001〕157号
关于要求扩大长兴经济开发区规划区域范围的请示	长政〔2002〕24号
关于加快基础教育改革与发展的若干意见	长政发〔2002〕36号
关于印发《长兴县国有土地使用权招标拍卖挂牌出让规定》的通知	长政发〔2002〕38号
关于《长兴重点工业骨干企业建立现代企业制度和加强企业管理评价细则》的通知	长政发〔2002〕65号
关于加强村庄环境建设长效管理的实施意见的通知	长政办发〔2002〕105号
关于印发鼓励企业上市的若干意见的通知	长政办发〔2002〕106号
转发《关于在本县新建建筑中禁止使用实心粘土砖(瓦)的实施意见》的通知	长政办发〔2002〕112号
关于转发长兴县建设局《长兴县房屋建筑工程施工招标投标评标办法》的通知	长政办发〔2002〕118号
转发县发展计划与经济委员会关于《长兴县民间固定资产投资项目备案登记管理办法(试行)》的通知	长政办发〔2003〕25号
关于加快国际经贸人才开发的实施意见	长政办发〔2003〕58号
印发《长兴县经济技术开发区农房拆迁管理实施细则(试行)》的通知	长政办发〔2003〕69号
关于转发《长兴县城市建设工程拆迁定销房管理暂行办法》的通知	长政办发〔2003〕86号
关于印发《长兴县"乡村康庄工程"实施细则》的通知	长政办发〔2003〕106号
关于今冬明春城市绿化工作的实施意见	长政办发〔2003〕143号
关于印发《长兴县人民政府城市规划例会审批实施细则》的通知	长政发〔2004〕19号
关于发布《长兴县城市绿化管理实施办法》的通知	长政发〔2004〕25号
关于发布《长兴县房地产开发管理办法》的通知	长政发〔2004〕32号
关于大力发展职业教育打造长三角蓝领培养基地的实施意见	长政发〔2004〕44号
关于印发《长兴县城乡一体化行动农村"园丁"工程2004—2007年实施办法》的通知	长政发〔2004〕48号

续表

文件标题	文号
关于授予林新华等10人“长兴荣誉市民”称号的决定	长政发〔2004〕76号
关于印发《长兴县古树名木保护管理办法》的通知	长政发〔2004〕84号
印发《长兴县人民政府关于加强喷水织机规范化管理暂行办法》的通知	长政办发〔2004〕49号
关于印发长兴县城镇非公有制企业建立住房公积金制度实施意见的通知	长政办发〔2004〕73号
关于印发《雉城镇城市规划控制区公寓房建设安置实施办法》的通知	长政办发〔2004〕80号
关于特困家庭危房改造工程的实施办法	长政办发〔2004〕86号
关于印发关于蓄电池行业专项整治的工作方案的通知	长政办发〔2004〕91号
关于印发《长兴县新型农村合作医疗制度暂行办法》的通知	长政办发〔2004〕127号
关于印发《“数字长兴”总体实施纲要》的通知	长政发〔2005〕8号
长兴县科学技术进步奖励办法	长政发〔2005〕12号
关于印发《长兴县城区商贸业发展规划》的通知	长政发〔2005〕15号
关于印发长兴县被征地农民基本生活保障制度实施办法的通知	长政发〔2005〕35号
关于印发《长兴县城镇廉租住房保障办法》的通知	长政发〔2005〕51号
关于印发长兴县环境污染整治行动方案的通知	长政办发〔2005〕32号
转发浙江省人民政府关于加强节约用电的意见的通知	长政办发〔2005〕34号
关于限期淘汰水泥机立窑和粘土砖瓦窑的通知	长政办发〔2005〕63号
印发《长兴县农家乐管理暂行办法》的通知	长政办发〔2005〕130号
关于引进和培育科技型中小企业的实施意见	长政办发〔2005〕164号
长兴县关于实施技术创新引导工程若干政策意见	长政发〔2006〕26号
关于《长兴县县域村庄布局规划》的批复	长政发〔2006〕59号
关于《长兴城市住房建设规划(2006—2010年)》的批复	长政发〔2006〕78号
关于在长兴县工业企业开展“品牌培育、质量提升工程”活动的实施意见	长政办发〔2006〕39号
关于印发《长兴县生态县建设奖励、补助专项资金使用管理办法(试行)》的通知	长政办发〔2006〕89号
关于印发长兴县医疗机构设置规划(2006—2010年)的通知	长政办发〔2006〕103号
关于印发长兴县建设用地复垦管理办法的通知	长政发〔2007〕7号
关于公布全县重要水域名录的通知	长政发〔2007〕31号
关于印发《长兴县政府性债务管理暂行办法》的通知	长政发〔2007〕37号
关于开展全面清理处置农转未供、闲置及低效利用土地专项行动的通知	长政发〔2007〕49号
关于开展第一次全县污染源普查的通知	长政发〔2007〕59号
关于加快推进农村集体土地承包经营权流转的实施意见(试行)	长政发〔2007〕78号
关于进一步加快新型墙体材料推广应用的通知	长政办发〔2007〕74号
关于印发长兴县城区“月光经济”发展规划的通知	长政发〔2008〕60号
关于开展质量兴县工作的实施意见	长政发〔2008〕77号
关于促进房地产市场健康发展的若干意见(试行)	长政发〔2008〕114号
印发《关于加快商品蔬菜等七大农业产业发展政策》的通知	长政办发〔2008〕57号
印发《关于促进房地产业持续健康发展暂行规定》的通知	长政办发〔2008〕115号
关于印发《长兴县纺织产业发展规划》的通知	长政办发〔2008〕139号
关于印发《长兴县推动民营经济新飞跃“9565”工程实施方案》的通知	长政办发〔2008〕169号
长兴县关于加快科技创新的若干政策意见的通知》	长政发〔2009〕58号
于加快传统优势产业转型升级的若干意见	长政发〔2009〕151号

续表

文件标题	文号
关于转发《湖州市人民政府办公室关于公共资源统一进招投标平台规范交易的实施意见》的通知	长政办发〔2009〕14号
关于印发《长兴县农村生活垃圾集中收集清运处理工作考核奖励管理办法》的通知	长政办发〔2009〕49号
关于印发《长兴县建设用地复垦管理办法》的通知	长政办发〔2009〕83号
关于转发县发改委《长兴县工业转型升级规划(2009—2012年)》的通知	长政办发〔2009〕155号
关于印发《长兴县产业招商实施意见》的通知	长政办发〔2009〕201号
关于印发《长兴县农业特色产业发展与布局规划》的通知	长政发〔2010〕17号
关于加快推进乡镇工业平台建设的实施意见	长政发〔2010〕49号
关于进一步加大工作力度打好"十一五"节能降耗攻坚战的实施意见	长政发〔2010〕63号
关于加快保障性住房建设促进我县房地产业平稳健康发展的实施意见	长政发〔2011〕16号
关于印发长兴县粮食生产功能区建设规划(2010—2018)的通知	长政发〔2011〕20号
关于印发长兴县加快新能源产业发展实施意见(2011—2015年)的通知	长政发〔2011〕61号
关于印发《长兴县重金属污染综合防治规划(2011—2015)》的通知	长政办发〔2011〕152号
关于进一步加快旅游业发展的若干政策意见(试行)	长政发〔2012〕22号
关于加快科技创新的若干政策意见	长政发〔2012〕41号
关于加强住宅小区物业管理工作实施意见	长政办发〔2012〕78号

长兴荣誉称号

收录1988—2012年长兴县所获国家级及以上荣誉称号所获国家级及以上荣誉称号60项(不全);长兴县各单位(行业)所获国家级及以上荣誉称号(原则上以中央和国家机关授予的为主)114项(不全);长兴县所获由省委,省政府,省委、省政府,省委、省政府、省军区授予的荣誉称号共42项(不全)。按授予年份先后顺序或分类按授予年份先后顺利排列。

1988—2012年长兴县获国家级及以上荣誉称号情况表(不全)

荣誉名称	授予(认证)单位	授予年份
全国土地开发复垦先进县	国家土地管理局	1991
全国商品粮基地县	国务院	1995
中国综合实力百强县(市)(第三届)	国家统计局	1995
全国科技工作先进县	科技部	1998
第三次全国城市环境综合整治优秀县城	建设部	2000
全国县域经济基本竞争力百强县	中郡县域经济研究所	2002—2012
全国综合发展百强县(市)(2003年度)	国家统计局	2004
国家卫生县城	全国卫生爱国委员会	2003—2012(2003年首次授予,并通过历次复评)
中国银杏之乡	国家林业局	2004
中国栝楼之乡	中国特产之乡推荐暨宣传活动组织委员会	2004
全国科技进步先进县	科技部	2004

续表

荣誉名称	授予(认证)单位	授予年份
全国农村中医工作先进县	国家中医药管理局	2005
全国文化先进县	文化部	2005
全国计划生育优质服务先进县	国家人口计生委	2005
全国综合发展百强县(市)(2004年度)	国家统计局	2005
全国综合发展百强县(市)(2005年度)	国家统计局	2006(之后不再评选)
中国绿色动力能源中心	中国电池工业协会	2007
全国文物工作先进县	文化部、文物局	2007
国际花园城市(金奖)	联合国环境规划署	2008
环境可持续发展奖(第一名)	联合国环境规划署	2008
国家园林城市	建设部	2008
全国科技进步先进县	科技部	2008
全国文化信息资源共享工程建设示范县	文化部	2008
中国金融生态县	中国金融研究院、世界能源金融研究院等机构	2008
中国耐火材料之乡	中国耐火材料行业协会	2008
中国节能灯电容器之乡	中国电子元件行业协会	2008
中国民间文化艺术之乡	文化部	2008
中国红梅之乡	中国经济林协会	2008
中国水泥产业基地	中国水泥协会	2009
中国县域商标发展百强县	中国商标协会	2009
中国果蔬无公害十强县	中国果菜产业发展论坛组委会	2009
中国十大文化休闲旅游县	中华文明促进会旅游文化研究中心、世界华侨华人社团联合总会旅游合作组织、国际休闲产业协会	2009
中国扬子鳄之乡	中国野生动物保护协会	2009
全国小型农田水利建设重点县	水利部	2009
中国商标发展百强县	中国商标协会	2009
中国全面小康成长型百佳县	求是《小康》杂志“2010年中国全面小康论坛”组委会	2010
中国最关爱民生的县(市、区)	“首届中国城市民生建设调研成果发布会暨中国城市民生建设论坛”组委会	2010
中国茶文化之乡	中国国际茶文化研究会	2010
全国基层农技推广体系改革与建设示范县	农业部	2010
全国粮食仓储规范化管理先进单位	国家粮食局	2010
全国残疾人社区康复示范县	卫生部、民政部、中残联	2010
全国白内障无障碍县	全国残疾人康复工作办公室	2010
全国法制宣传教育先进县(2006—2010)	中宣部、司法部	2011
全国老年人宜居宜游城市	中国老年学学会	2011
全国科普示范县	中国科协	2011
全国平安畅通县(2009—2011)	公安部等	2011
中国长丝织造名城	中国长丝织造协会	2011
全国绿化先进集体	全国绿化委员会、人力资源和社会保障部、国家林业局	2011
全国阳光计生示范县	国家人口计生委	2011

续表

荣誉名称	授予(认证)单位	授予年份
全国文明县城	中央文明委	2011
2012绿色城市之星•国际人居环境金牌示范奖	中国国际贸易促进会城市开发与建设委员会	2012
2012年度中国中小城市综合实力百强县	中国中小城市科学发展高峰论坛组委会、中国中小城市经济发展委员会、东北亚开发研究院	2012
中国衬布名城	中国纺织工业联合会	2012
全国铅酸蓄电池转型升级示范区	环保部	2012
中国金钱松之乡	中国野生植物保护协会	2012
全国蔬菜重点生产县区	国家发改委、农业部	2012
全国休闲农业与乡村旅游示范县	国家旅游局	2012
国家首批餐饮服务食品安全示范县	国家食品药品监督管理局	2012
全国基层中医药工作先进单位	国家中医药管理局	2012
全国绿化模范县	全国绿化委员会	2012

1988—2012年长兴县各单位(行业)获国家级及以上荣誉称号情况表(不全)

单位	荣誉称号	授予单位	授予年份
长兴县人民政府	支援华东铁路建设先进单位	铁道部	1991
长兴县民政局	全国救灾先进集体	民政部	1991
长兴县纪委(监察局)	全国纪检监察系统先进集体	中纪委、人事部、监察部	2001
长兴县人民检察院	全国检察机关“人民满意的检察院”	最高人民检察院	2002
长兴县国家税务局	全国税务系统文明单位	国家税务总局	2003
长兴县人民政府机关	全国军民共建社会主义精神文明先进单位	全国双拥领导小组、中宣部、中央文明办等	2005
长兴县人事局	全国人事系统先进集体	人事部	2005
长兴县民政局	全国婚姻登记规范化建设合格单位	民政部	2008
长兴县妇联	全国三八红旗集体	全国妇联	2009
长兴县民政局	全国老龄工作先进单位	全国老龄工作委员会	2010
长兴县民政局	全国农村五保供养工作先进单位	民政部	2010
长兴县残疾人联合会	全国残疾人工作先进单位	国务院残疾人工作委员会	2011
长兴县民族宗教事务局	全国宗教系统“五五”普法工作先进集体	国家宗教事务局	2011
长兴县委	全国创先争优活动先进县(市、区、旗)党委	中央组织部	2012
长兴县妇联	全国城乡妇女岗位建功先进集体	全国妇联、全国妇联“双学双比”领导小组	2012
长兴县林业局	全国林业系统先进集体	人力资源和社会保障部、国家林业局	2012
雉城镇	第一届“全国小城镇综合发展水平1000强”	国家统计局农村社会经济调查总队	2005
李家巷镇	第一届“全国小城镇综合发展水平1000强”	国家统计局农村社会经济调查总队	2005
洪桥镇	第一届“全国小城镇综合发展水平1000强”	国家统计局农村社会经济调查总队	2005

续表

单位	荣誉称号	授予单位	授予年份
和平镇	第一届“全国小城镇综合发展水平1000强”	国家统计局农村社会经济调查总队	2005
煤山镇	第一届“全国小城镇综合发展水平1000强”	国家统计局农村社会经济调查总队	2005
雉城镇	第二届“全国小城镇综合发展水平1000强”	国家统计局农村社会经济调查总队	2006
李家巷镇	第二届“全国小城镇综合发展水平1000强”	国家统计局农村社会经济调查总队	2006
洪桥镇	第二届“全国小城镇综合发展水平1000强”	国家统计局农村社会经济调查总队	2006
夹浦镇	第二届“全国小城镇综合发展水平1000强”	国家统计局农村社会经济调查总队	2006
林城镇	第二届“全国小城镇综合发展水平1000强”	国家统计局农村社会经济调查总队	2006
和平镇	第二届“全国小城镇综合发展水平1000强”	国家统计局农村社会经济调查总队	2006
小浦镇	第二届“全国小城镇综合发展水平1000强”	国家统计局农村社会经济调查总队	2006
煤山镇	第二届“全国小城镇综合发展水平1000强”(第76位)	国家统计局农村社会经济调查总队	2006
水口乡	全国环境优美乡	国家环保总局	2007
水口乡	国家级生态乡镇	国家环保总局	2007
洪桥镇	国家级生态乡镇	国家环保总局	2007
槐坎乡	国家级生态乡镇	国家环保总局	2007
雉城镇	国家级生态乡镇	国家环保总局	2010
泗安镇	国家级生态乡镇	国家环保总局	2010
林城镇	国家级生态乡镇	国家环保总局	2010
二界岭乡	国家级生态乡镇	国家环保总局	2011
白岘乡	国家级生态乡镇	国家环保总局	2011
和平镇	国家级生态乡镇	国家环保总局	2011
煤山镇	国家级生态乡镇	国家环保总局	2011
小浦镇	国家级生态乡镇	环境保护部	2012
虹星桥镇	国家级生态乡镇	环境保护部	2012
李家巷镇	国家级生态乡镇	环境保护部	2012
夹浦镇	国家级生态乡镇	环境保护部	2012
和平镇	全国人口和计划生育依法行政示范乡镇	国家人口和计划生育委员会	2012
长兴县经济技术开发区	国家级经济技术开发区	国务院	2010
长兴经济技术开发区	国家首批光伏发电集中应用示范区	财政部、科技部、住建部、国家能源局	2010
新四军苏浙军区旧址	第五批全国重点文物保护单位	国务院	2001
长兴灰岩D剖面	“金钉子”(全球二叠系界线层型剖面和点位)	国际地质科学联合会	2001

续表

单位	荣誉称号	授予单位	授予年份
长兴灰岩D剖面	小"金钉子"(全球长兴阶底界和吴家坪顶界的接触界线层型)	国际地质科学联合会	2005
长兴地质遗迹	国家级自然保护区	环保部	2005
顾渚贡茶院遗址及摩崖	第六批全国重点文物保护单位	国务院	2006
长兴百叶龙(传统舞蹈)	第一批国家级非物质文化保护遗产	文化部	2006
长兴金钉子远古世界景区	国家AAAA级旅游风景区	国家旅游局	2009
城山沟景区	国家AAA级旅游风景区	国家旅游局	2009
紫笋茶	第三批国家级非物质文化保护遗产	文化部	2010
紫笋茶	农产品地理标志登记保护	农业部	2010
紫笋茶	中华文化名茶	中国国际茶文化研究会	2010
紫笋茶制作技艺	第三批国家级非物质文化保护遗产	文化部	2011
新四军苏浙军区旧址	国家AAAA级旅游风景区	国家旅游局	2012
中国扬子鳄村	国家AAAA级旅游景区	国家旅游局	2012
长兴纺织服装行业	中国纺织服务行业十大产业集群	中国纺织工业联合会	2012
长兴县水利农机站	全国水利系统综合经营先进单位	水利部	1991
长兴县卫生防疫站	全国救灾防病先进集体	卫生部等	1991
长兴县人民医院	爱婴医院	卫生部等	1994
夹浦镇父子岭村民委员会	全国模范村民委员会	民政部	1995
长兴县妇幼保健院	爱婴医院	卫生部等	1995
长兴县技术市场管理办公室	第四届全国技术市场金桥奖		1996
夹浦镇父子岭村党委	全国先进基层党组织	中央组织部	1996
长兴县环湖大堤工程指挥部	治太工程建设管理优秀单位	水利部太湖流域管理局	1997
长兴中学	全国群众体育先进单位	国家体育总局	1997
长兴县少体校	全国群众体育先进单位	国家体育总局	1997
长兴县中医院	爱婴医院	卫生部等	1997
长兴化工总厂(工会)	全国职工体育先进单位	中华全国总工会	1998
长兴县金夹木材检查站	全国标准化木材检查站	林业部	1998
农业银行长兴县支行解放路储蓄所	全国"青年文明号"	共青团中央	2000
长兴县新四军苏浙军区纪念馆	全国文化工作先进集体	文化部	2001
夹浦镇父子岭村党委	全国先进基层党组织	中央组织部	2001
长兴县法律援助中心	残疾人维权示范岗	司法部、中国残联	2002
中国工商银行长兴县支行西街分理处	全国"巾帼文明示范岗"	全国妇联	2002
农行长兴县支行营业中心储蓄专柜	全国"巾帼文明示范岗"	全国妇联	2004
长兴中学	全国精神文明先进单位	中央文明办	2005
中国农村致富技术函授大学长兴分校	中国农函大先进分校	中国农村致富技术函授大学	2005
洪桥镇人民调解委员会	模范人民调解委员会	司法部	2005
夹浦镇父子岭村	全国创建文明村镇工作先进单位	中央文明委	2005
小浦镇方岩村	第二批"全国民主法治示范村"	司法部、民政部	2006

续表

单位	荣誉称号	授予单位	授予年份
长兴县第一小学春之岗	全国“巾帼文明示范岗”	全国妇联等	2007
长兴县图书馆	国家一级图书馆	文化部	2007
长兴县文化馆	国家一级文化馆	文化部	2007
长兴县档案馆	国家一级综合档案馆	国家档案馆	2008
长兴县法律援助中心	全国法律援助先进集体	司法部	2008
民建长兴县总支委员会	2006—2008年全国先进基层组织	民建中央委员会	2008
长兴中学	全国文明单位	中央文明委	2009
长兴县妇幼保健院产科病区	全国建功立业标兵岗	中华全国总工会	2009
长兴少体校	国家高水平体育后备人才基地(2009—2012)	国家体育总局	2009
长兴少体校	国家田径单项(女子标枪)奥林匹克高水平后备人才基地(2009—2012)	国家体育总局	2009
长兴县实验小学“阳光”示范岗	全国“巾帼文明示范岗”	全国妇联	2009
长兴县地方税务局直属分局办税服务厅	全国“巾帼文明示范岗”	全国妇联	2009
长兴县新四军苏浙军区纪念馆	国家三级博物馆	国家文物局	2009
长兴县新四军苏浙军区纪念馆	全国爱国主义教育示范基地	中央宣传部	2009
长兴县新四军苏浙军区纪念馆	国家国防教育示范基地	国家国防教育委员会办公室	2009
雉城镇种鸭技术专业协会	全国科普惠农兴村先进单位	中国科协、财政部	2009
民建长兴县总支委员会	全国先进基层组织	民建中央委员会	2010
长兴县国家税务局办税服务厅	全国“巾帼文明示范岗”	全国妇联等	2010
夹浦镇父子岭村计划生育协会	全国计划生育协会先进单位	中国计划生育协会	2010
长兴县国家税务局办税服务厅	全国巾帼文明岗	全国妇联、全国妇女“巾帼建功”活动领导小组	2011
天能电池集团有限公司装配D车间	全国“工人先锋号”	中华全国总工会	2011
长兴县青少年宫	全国(县级)示范宫	全国青少年校外教育工作联席会议办公室	2011
长兴县经济技术开发区司法所	全国先进司法所	司法部	2011
夹浦镇父子岭村	全国文明村	中央文明委	2011
长兴县经济技术开发区司法所	全国模范司法所	司法部	2012
长兴机关幼儿园希望岗	全国“巾帼文明示范岗”	全国妇联	2012
水木花都社区	全国综合防灾减灾示范社区	民政部	2012
水木花都社区	全国科普益民先进单位	中国科协、财政部	2012

说明:1.根据各单位上报及县史志办历年《长兴县大事记》等相关资料整理,不全;2.各单位(行业)所获国家级及以上荣誉称号原则上以中央和国家机关授予的为主

1988—2012年长兴县获省级荣誉称号情况表(不全)

荣誉名称	授予(认证)单位	授予年份
1989年度“渔业丰收奖”	省政府	1990
1990年夏季粮油生产先进县	省政府	1990
1992年度浙江省农田水利基本建设先进县	省政府	1992

续表

荣誉名称	授予(认证)单位	授予年份
浙江省全民国防教育先进县	省委、省政府	1993
浙江省“荒山绿化达标县”	省政府	1994
浙江省县城城市环境综合整治第一名	省政府	1994
浙江省小康县	省委、省政府	1997
浙江省第四届水利“大禹杯”竞赛优胜县银杯奖	省政府	1998
1998年度浙江省垦造林地先进单位	省政府	1999
浙江省教育强县	省政府	2001
浙江省文明县城	省委、省政府	2002
浙江省文化先进县	省政府	2003
浙江省园林城市	省政府	2005
浙江省高标准平原绿化先进县	省政府	2005
浙江科技强县	省委、省政府	2007
浙江竹木产业强县	省政府	2007
浙江省粮食生产先进县	省政府	2007
浙江省体育强县	省政府	2008
浙江省重点建设立功竞赛先进集体	省政府	2008
浙江省“千村示范万村整治”工作考核优胜单位	省政府	2008
浙江省生态县	省政府	2009
浙江省第十六届水利“大禹杯”竞赛优胜县银杯奖	省政府	2009
浙江省基层低保规范化建设示范县	省政府	2009
浙江省农房改造优秀县	省委、省政府	2009
浙江省森林城市	省政府	2009
浙江省社会主义新农村建设工作先进县	省委、省政府	2009、2010
浙江省和谐社区建设示范(先进)单位	省委、省政府	2010
浙江省市县科技目标责任制考核优秀奖	省委、省政府	2010
浙江省旅游经济强县	省政府	2010
浙江省百万亩生态型水产养殖塘标准化建设先进集体	省政府	2010
浙江省十强开发区	省政府	2010
浙江省“千村整治万村示范”工作考核优胜单位	省政府	2010
浙江省示范文明县城	省委、省政府	2011
浙江省扶残助残爱心城市	省政府	2011
浙江省“千村示范万村整治”工作考核优胜单位	省政府	2011
浙江省级旅游度假区	省政府	2012
浙江省美丽乡村创建先进县	省委、省政府	2012
浙江省创先争优活动先进县委	省委	2012
浙江省工业强县试点	省委、省政府	2012
浙江省创先争优活动先进县(市、区)党委	省委	2012
浙江省双拥模范县	省委、省政府、省军区	六连冠(1993—2012)
浙江省平安县	省委、省政府	七年冠(2006—2012)

说明：根据各单位上报及县史志办历年《长兴县大事记》等资料整理

索　引

本索引为主题索引，按汉语拼音顺序排列，同音字按声调排列，同音同调字按下一字的音序排列。编、章标题用黑体标示，节、目标题用宋体标示，标引词后的阿拉伯数字标示内容所在的页码。

阿拉伯数字

A

B

C

H

K

N

S

Y

Z

修志始末

2006年5月18日，国务院《地方志工作条例》颁布施行，明确“地方志书每20年左右编修一次”。第一轮《长兴县志》记述下限为1987年，续修在即。2008年、2009年，县政府两度动议二轮修志工作。2009年，县委也曾专项研究。2013年6月21日，经县委常委会研究，决定续修《长兴县志》。7月4日，县委、县政府召开会议，开始启动修志有关准备工作。其间，因修志人员缺乏，工作未有实质性进展。

2014年4月2日，县委主要领导明确由县委党史研究室主任吴连意兼任《长兴县志》主编，负责组织二轮修志、理顺史志体制机制。8月5日，《长兴县志》编辑部正式组建，从相关单位抽调和面向社会选聘12人组成，租用县档案馆一楼办公室集中办公。21日，县委、县政府召开全县二轮修志工作会议，正式启动修志工作。会上，下发《长兴县志(1988—2012)》篇目(初稿)，对各承编单位下达修志任务，并将修志工作纳入对乡镇部门的年度考核。会后，各承编单位成立修志工作领导小组，抽调人员组成县志编写小组，并明确1名县志主笔。27日，县志编辑部举行长兴二轮修志承编单位县志主笔第一次业务培训会议，启动资料收集整理工作，并邀请有关专家作修志专题讲座。会后，各单位按照县志篇目线索，拟定收集资料目录，查找档案，完成1987—2012年资料的收集，同步完成大事记整理，并按要求将各类资料分类编印成册，上交编辑部。县志编辑部分成5组，由主编、副主编各带一组，分别联系乡镇部门开展修志工作。其中，吴连意、郭玲玲联系县委办、县人大办、县政府办、县政协办和乡镇、街道、园区及中央省属企事业单位，吴连意同时负责编制、修订篇目，撰写凡例、概述、大事记、修志始末、后记，编纂风俗、方言、人物、艺文、丛录；周秀明、宋君君、王悦联系纪组宣统、群团及教育、文化、新闻单位；朱江、倪满强联系发改、经信、统计、财税、审计、安监、质监、气象、烟草及邮政通信单位；甘剑勇、庄瀛、沈韵卓联系农口、商务、供销、旅游、建设、交通、国土、环保、科技、市场监管、供电及金融单位；曹忻春、徐虹联系政法、公检法司、信访、行政服务、人社、民政、卫计、城管执法及军事单位。至2015年2月，资料收集整理工作任务基本完成。同月，指导各单位修志人员“回头看”，及时总结和交流修志过程中的经验、教训，共有113名主笔撰写关于修志认识、态度、方法和感悟的体会文章。4月，编印完成《我们是如何搜集资料的——第二轮〈长兴县志〉编修工作心得体会文集》。

2015年4月，县志编修开始进入分纂阶段。同月1日，印发《关于长兴县志分纂工作计划、编纂篇目和任务分工的通知》，对分纂阶段的资料长编、初稿和评审等任务分别提出时序进度要求。各单位按照通知要求，以节(或目)为单位，按周、月倒排进度，细化资料长编、初稿编写的工作量。经县志编辑部分组审核后，对各单位完成任务情况实行“周评(进度)、月考(质量)”的考核办法。至6月30日，除个别单位外，各承编单位均按时序进度要求完成并上交，资料长编编写工作如期完成。经初步统计，各单位共编写资料长编字数1500余万字。7月1日，县志编辑部举行长兴二轮修志承编单位县志主笔第五次集中培训会，邀请有关专家作志稿撰写培训，布置县志分纂稿初稿撰写工作。会上，还印发《长兴县志编纂行文规范》和《志稿撰写的方法及常见错例解析》等辅导材料。至9月下旬，各承编单位按要求完成分纂稿初稿的撰写。9月起，各单位根据《关于组织对〈长兴县志〉各承编单位志稿进行评审的通知》要求，结合完成进度，陆续开展分纂稿的评审工作。各单位以书面征求意见、召开评审会等方式，广泛征求意见，完善后形成修改稿。至12月底，完成自审。在该基础上，各单位形成分纂稿(送审稿)，于2016年4

月由县志编辑部各组完成对各单位承编的县志分纂稿验收。之后,各单位人员队伍不散,转入乡镇部门志编纂,同时根据县志编辑部对县志分纂稿的统稿意见,进行修改完善和补充;县志编辑部主编、副主编按照分工安排,对各单位的分纂稿进行统稿。至 2017 年 6 月,各单位分纂稿的统稿工作基本完成。2017 年年末,县史志办队伍建设完成,县志编辑部取消集中办公,除去参加公务员或事业单位招考被录用外,其他原从机关借用和抽调人员返归原单位。

2017 年 3 月起,县志编修开始进入总纂和评审阶段。同月,结合分纂稿统稿进展情况,以及各编志稿的成熟度,主编吴连意开始总纂统稿,先易后难,逐编推进。并调整优化编目,在茶文化编的基础上,新纂环太湖综合治理与开发、新四军苏浙军区旧址、陈朝研究补遗 3 个编,进一步突出地域特色。年末,编辑部集中办公取消后,主编在总纂统稿过程中,需要各单位协助补充修改的工作,主要通过县史志办交办各单位史志工作联络员,由其转交本单位的部门志修志人员来完成。至 2018 年 3 月,完成第一轮总纂统稿,正式形成《长兴县志》初稿。11 月,完成第二轮总纂统稿,形成初审稿,并于 12 月 14 日通过编委会组织的初审。初审会后,梳理出的意见、建议 521 条(处),在分析研判的基础上,充分加以吸收。至 2019 年 7 月,完成第三轮总纂统稿,形成复审稿,于 10 月 17 日通过由市组织的复审。复审会后,对省、市专家提出的 705 条(处)意见、建议进行逐条研究,以指导修改完善志稿。至 10 月底,完成第四轮总纂统稿,形成终审稿,于 11 月 5 日通过县委、县政府组织的终审验收。12 月,进一步打磨,完成第五轮总纂统稿并定稿,经市验收同意后送交出版。共 42 编、199 章、732 节、1773 目,330 万字。

第二轮修志工程,全国、全省于 2001 年开始启动。同年 12 月,省政府下发《关于开展续修地方志工作的通知》。2002 年 8 月,全省地方志工作会议召开,宣布第二轮修志工程全面启动。2012 年 2 月,全省地方志工作会议第一次明确提出到 2020 年全面完成市县二轮修志任务;2015 年 8 月,国务院办公厅印发《全国地方志事业发展规划纲要(2015—2020)》,要求到 2020 年全面完成省、市、县三级二轮修志任务。所以,长兴的二轮修志,一开局就是远远落后全省、全市的。因此,县委、县政府高度重视,切实加强了对史志工作的领导,并提出了"迎头赶上、后来居上、全省一流"的目标。围绕上述目标,长兴在修志过程中始终做到了坚持"先进经验、长兴特色、志书规律、实用价值"的总体要求,坚持"计划倒排,时间从紧、入手从快;扎实推进,要求从严、质量从高"的工作原则,努力克服时间紧、任务重、基础差等诸多困难,努力协调好进度与质量。在加快进度赶超的同时,牢牢把质量抓在手中,尊重志书规律,遵循编纂流程,严格执行标准,沉下心、静下心,坚定"守住本分、做到极致"的精神追求,在把好业务学习提高、篇目编制、资料收集、长编编写、初稿撰写、总纂统稿、征求意见等修志过程的每一阶段、每一个环节、每一道关口中控制质量、提高质量,力求"精品佳志"。

后 记

坚持数年，必见成效。从2014年8月至2019年12月，经过5个寒暑、64个月、1900个日夜的奋战，《长兴县志（1988—2012）》付梓，长兴县史志办获评“全国地方志工作先进集体”。

编修《长兴县志（1988—2012）》是县委、县政府交给我们的一项重要政治任务，必须千方百计，不遗余力，高标准、高质量、高效率完成。工程浩大，时间紧、任务重，330万字的《长兴县志》在5年中成稿，实属不易。除了我们付出的坚韧不拔的艰苦劳动外，更重要的是得益于县委、县政府和历任主要领导、分管领导的重视和支持；得益于上级地方志部门领导、专家的指导和帮助；得益于全县乡镇街道园区和县级机关各部门各单位的积极配合和有效保障，163个承编单位都做到把修志工作提到议事日程，抽调专门修志人员，提供必要的经费和办公条件，许多单位领导还审稿、改稿；得益于全体修志人的无私奉献和辛勤耕耘，始终坚定“守住本分、做到极致”的信念，倍道兼行、卓越努力、实干争先。同时，还得益于1988—2012年间任县委书记、县长以及各级领导、同志的帮助，提出了许多宝贵意见和建议。正是得益于方方面面的力量，凝聚方方面面的智慧，长兴二轮修志虽然在全省启动迟，但进度和质量得到了上级部门的充分肯定，省市专家组评审给予了“后来居上且特色鲜明、文风严谨、质量上乘”的较高评价。

编修《长兴县志（1988—2012）》，也是一次理顺党史、地方志工作体制机制，推动全县史志工作赶超跨越、转型发展的重要机遇。20世纪80年代和90年代初期，长兴党史、地方志工作一度走在全省前列。之后，由于多方面原因，1992年《长兴县志》出版后，地方志工作未能乘势而上、加快发展，相反却停滞不前。该时期，长兴党史也由于人员队伍老化、青黄不接等问题，工作逐步陷入低迷。90年代起，根据上级工作部署，各地开始陆续编纂综合年鉴，2001年全省二轮修志、党史二卷编写任务也相继下达，长兴却由于人员、机构等问题，三大核心主业均未开展。直至2009年3月，长兴“党史二卷”启动编写，2014年1月首部《长兴年鉴》启动编纂，同年8月长兴二轮县志启动编修。之后，长兴史志以这“三大核心主业”为突破口，解放思想、更新理念，实字当头、一干到底，全力以赴赶超发展，推动实现转型发展、全面发展。2014年7月，《〈中国共产党长兴历史〉第二卷（1949—1978）》由中共党史出版社公开出版，长兴一跃成为全省第25个完成“党史二卷”出版任务的市县单位，省党史部门领导认为长兴启动迟、进度快、质量好。2015年8月，长兴党史、地方志工作机构实行“二合一”管理；11月，经县委、县政府研究同意，决定自同年起在各乡镇街道园区和县级机关各部门中，开展史志“五个一”年度常规工作，并将史志工作纳入对乡镇部门的年度考核；12月，成立县史志工作领导小组。2016年11月，经县委、县政府研究同意，由县“两办”印发《长兴县2016—2020年史志工作实施意见》，首次以五年规划的方式，对“十三五”时期长兴史志工作作出安排；同年，长兴在全国率先实现县、乡镇、部门年鉴全覆盖。2017年8月，《长兴年鉴》获评全国二等奖，为湖州市年鉴首次获全国奖。2019年11月，二轮《长兴县志》通过终审验收。短短的五年时间，不仅理顺了体制机制，构建了“四梁八柱”，完成了“写史、修志、编鉴”主业，迅速扭转了长兴史志多年来在全市、全省落后的状况，而且开创了长兴史志高质量赶超发展新局面，打造了全国县域史志转型升级“长兴模式”品牌。

编修《长兴县志（1988—2012）》，更是一次总结经验教训，抓基层打基础，更好推动史志事业可持续发展的改革创新实践。各地在启动二轮写史、修志时，绕不开的是党史、地方志工作基础，都发现了一轮写史、修志后普遍存在的“刀枪入库、马放南山”的现象。一轮写史、修志完成了,书出版了,党史、地方志工作却没有乘势而上,有些地方人员机构尽散。到二轮写史、修志时,才发现档案不全、资料奇缺、人才匮乏,困难重重、举步维艰。为什么会产生这样的问题,有没有办法解决这些问题?这就首先需要对一个单位的工作进行分析。一个单位(行业)的年度工作任务,可简单分为两大类:一类是基于单位职责的常规工作,它具有日常性、例行性、重复性和年度性等特征;还有一类为非常规工作,带有不确定性、阶段性、跨年度等特征。常规工作,对于经济社会一线部门、行业来说最明显,这些单位每年都拟工作要点和具体项目时序进度安排,然后开会部署,检查考核,年终总结,到了第二年又重头来过,当然这个“重”是指工作开展的大致方式,内容却是全新的。非常规工作,对于党史、地方志行业来说最明显,比如20年左右一遇的写史、修志。对于县级党史、地方志部门来说,最不明显的就是常规工作,没有年度性的常规工作,没有从中央、省、市部门一级下达一级、一级抓一级的年度常规工作,县一级也没有,县级史志部门更没有能够和乡镇、部门“齐抓共管”的年度常规工作。没有年度常规工作,没有基层基础,自然无法保障工作和机构的日常化、制度化、规范化运行,“刀枪入库、马放南山”也自然是免不了的。

可不可以创造性开展年度常规工作,既服务当前中心工作,又为今后写史修志打基础呢?只要解放思想、更新理念,应该是可以有作为的。比如,虽然规定写史修志20年才一轮,但国务院《地方志工作条例》和上级史志部门并没有规定收集整理资料也必须20年后才可以做啊。为什么资料收集整理这个最关键的基础性工作,要20年之后再做,可不可以每年开展,把20年的资料工作化解到每年完成?又如,写史修志都离不开大事记、专题,修志还要收集人物资料、各类著作,但为什么这些也要20年之后事倍功半去做,可不可在当年或某个时期就事半功倍去完成?再如,为什么史志不能像经济社会其他事业、各项工作那样正常化、常态化开展,为什么30多年来长兴的乡镇部门年度目标任务中始终无“史志工作”,似乎只有编写党史一卷二卷、开展一轮二轮修志了,乡镇部门才有史志工作任务,可不可以每年在乡镇部门中开展史志常规工作?怎么才能坐热史志这张“冷板凳”,让史志工作走得进乡镇部门、乡镇部门走得进史志部门,使史志真正成为走得进、看得见、摸得着、说得清、用得上的长兴现代化事业的重要组成部分?……这些问题深究下去,其实都会涉及基层基础的问题。而基层基础的构建,又需要找到史志部门与乡镇部门的共同“基础”。要互利互惠,不然,一头热,就做不下去。这个共同的基础就是“资料”。资料是史志工作的基础,是史志研究的基础,而且也是其他事业、各项工作的基础,没有哪个单位、哪项工作、哪项活动能离得开资料。同时,抓“资料”这个基础,也符合当前史志事业发展的方向和要求。中央党史部门提出党史研究要坚持“一突出、两跟进”,而研究“跟进”首先要做的基础性工作,就是即时收集、编写各类各种资料。《全国地方志事业发展规划纲要(2015—2020)》更明确指出,要“推行地方志资料年报制度并形成常态机制”。

基于这样的反思,着眼打基础、利当前、管长远,2015年11月,经县委、县政府研究同意,由县“两办”印发《长兴县史志地情资料年报制度实施办法》,明确自2015年起,在各乡镇街道园区和县级机关各部门中,开展以“资料年报制度”为抓手、以收集编写“6类10项资料”为主要任务的史志“五个一”年度常规工作[①]。即乡镇部门每年根据“资料年报制度”,按月开展“五个一”工作,年终将“五个一”成果(6类10项资料)分类汇总,编印“年鉴”,完成成果转化。通过连续5年的努力,全县各级各部门实现了资料收集、整理、积累工作和史志工作的日常化、制度化、规范化,既服务了今后写史、修志,更服务当前中心工作、存史资政育人。并在全国率先实现了资料年报、年鉴在县、乡镇、部门的全覆盖。

① “五个一”,即一年一编大事记、一年一度工作记述、一年一报文献资料、一年一批资政专题、一年一次以上宣教活动,其年度的成果即6类10项资料。6类资料即文献资料、专题资料、年度概况、大事记、人物资料、图片音像资料及其他具有存史价值资料等,细化为年度概况、工作计划与总结、讲话及工作报告、文件资料、调研报告、典型案例、各单位公开出版或内部编印的书刊、图片音像资料、人物资料、大事记等10项内容。

长兴县史志资料年报智治管理模式架构图

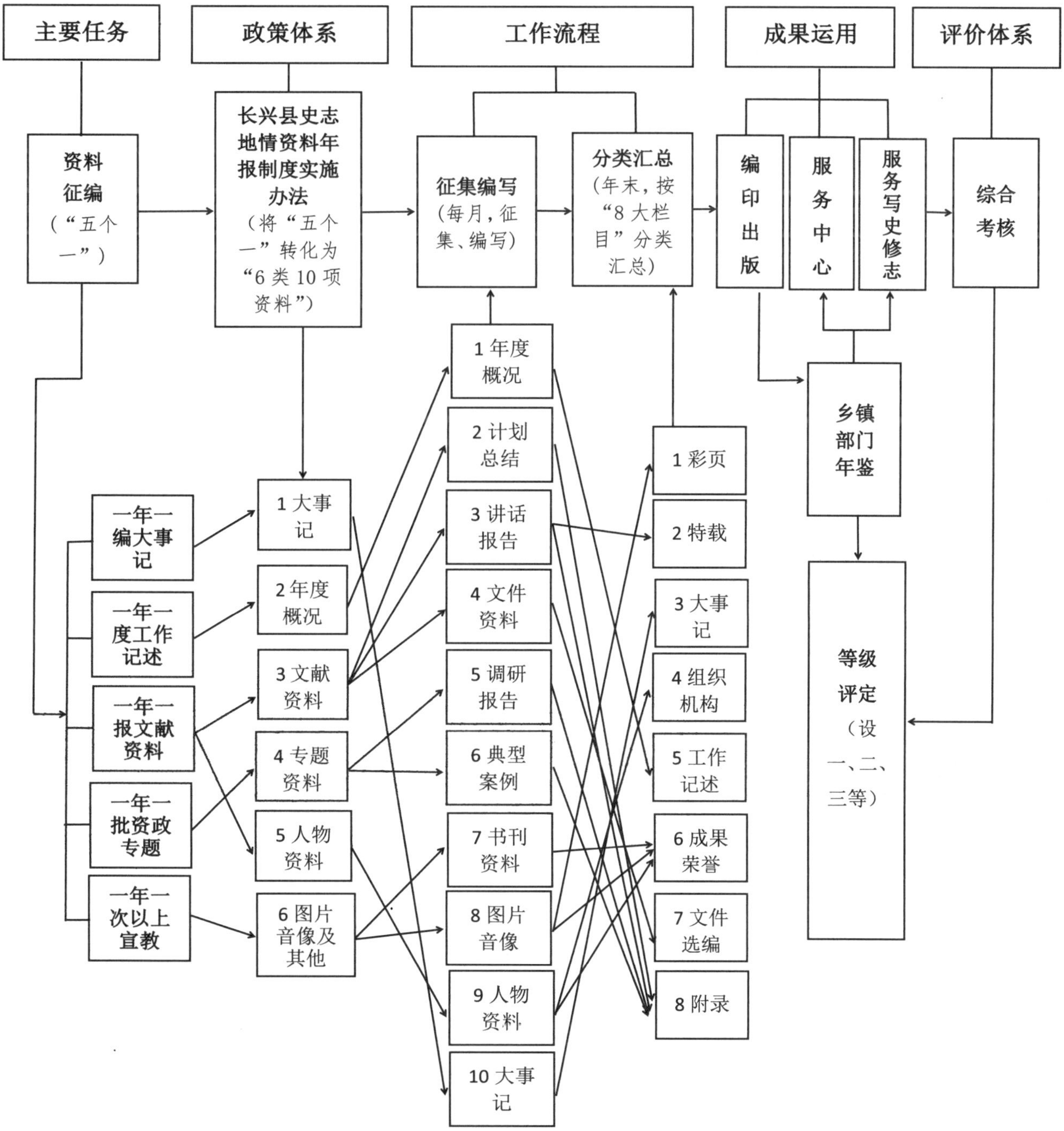

（长兴县史志研究室吴连意2016年8月首次编制）

通过在编修《长兴县志(1988—2012)》过程中的“两手抓”,即一手抓写史修志,一手抓事业发展,长兴彻底理顺了体制机制,夯实了基层基础,积累了大量资料及成果,推动了人才培育和储备,浓厚了工作氛围,增进了社会认同,实现了长兴史志工作由“非常态”向“常态化”、由史志部门“单打独斗”向史志部门与乡镇部门“齐抓共管”、由“一部书主义”向“一项事业”的“三大”转型升级,成功打造了全国县域史志转型升级“长兴模式”品牌,得到了上级部门的充分肯定。2016 年 6 月,全省市县二轮志书主编研讨会在长兴召开,长兴作典型发言交流;会后,省方志办在《浙江方志》期刊专门刊登长兴史志基层基础建设的文章,进一步向全省推介长兴的做法和经验。2017 年 8 月,全省党史部门贯彻党史工作五年规划培训班在长兴举行。2018 年 1 月,中国地方志指导小组领导首次到长兴调研并作出批示,充分肯定县域史志转型“长兴模式”,同时认为长兴在全国地方志系统“提前吹响了向第二个一百年目标进军的号角”,希望长兴争创全国地方志先进基层单位。2019 年 11 月,长兴县史志办获评新中国成立 70 年来“全国地方志工作先进集体”,是浙江省唯一获该荣誉的县级史志部门,也是湖州市党史、地方志系统有史以来首次获全国先进集体的荣誉。

长兴史志实现了高质量赶超发展,除了县委、县政府的高度重视和各单位的齐抓共管外,离不开上级地方志部门、领导专家的指导和帮助。中指组秘书长、中指办主任冀祥德对长兴给予了特别重视,到长兴调研指导工作时的讲话,余音绕梁,至今仍鼓舞长兴史志人奋发向上;省方志办主任、研究员潘捷军对长兴关爱有加,对长兴修志给予了有力指导;省、市专家潘捷军章其祥、周祝伟、张勤、杨明祥、邱阳、沈慧、杨伟民、梅锦连、姚国强等认真审读志稿,提出了许多极有价值的意见和建议;市方志办领导对长兴史志工作给予切实指导和帮助,修志启动之初,市方志办专家嵇发根、沈慧还专门到长兴授课。湖州师院教授、语言专家俞允海接受邀请,协助完成了方言编纂。已完成修志任务的省内外史志部门,毫无保留地传授经验、赠送志书,站在众多先行者的肩上,我们得以避免可能走的弯路。同时,长兴一大批退休干部、教师等老同志,响应县委、县政府号召,放弃了悠闲的退休生活,加入修志大军,成为修志主力,在“刻板”“无情”的“周考进度、月评质量”修志竞赛考核中,像年轻人一样拼命地干,为确保在上级规定的 2020 年完成赢得了时间,留下了宝贵的“长兴精神”财富。县委办、县政府办及组织部、编委办、财政局、人社局等有关职能部门对修志和史志工作给予了有力保障,县档案馆为二轮修志工程提供了查档方便。县委办历任主任对修志工作和史志部门给予了切实的支持。在此,向所有关心、帮助和支持县志编修出版、史志事业发展的单位和同志,谨致衷心的感谢!

过去的五年,虽然取得了一些成绩,但推动长兴史志事业高质量发展还任重道远。同时,由于县志编修启动迟、时间紧、任务重、基础差,我们编纂水平不高、学识浅陋、经验不足,各单位资料缺失现象较普遍,志稿难免存在瑕疵,敬请广大读者批评指正,也请各位专家、同行多提宝贵意见。

2019 年 12 月 7 日

修志人员名录

长兴县史志编纂委员会

（2014.08—2014.11）

主　　任　章根明　吕志良
常务副主任　夏　威
副 主 任　王庆忠　高胜华　张群英　楼秋红　袁　健

（2014.11—2016.11）

主　　任　吕志良　周卫兵
常务副主任　夏　威
副 主 任　王庆忠　高胜华　楼秋红（前）　徐晓惠（后）
张群英（前）　杨福成（后）　袁　健

（2016.11—2018.12）

主　　任　周卫兵　杨中校（前）　石一婷（后）
常务副主任　高胜华
副 主 任　何志强　沈洪峰　王庆忠　陈　峰　李彩琴

（2019）

主　　任　周卫兵　石一婷
常务副主任　高胜华
副 主 任　何志强　陈少鹏　王庆忠　陈　峰　李彩琴

（2020）

主　　任　周卫兵　石一婷
常务副主任　何志强
副 主 任　沈洪峰　陈少鹏　王庆忠　陈　峰　李彩琴

中共长兴县委党史研究室

(2014.08—2015.08)

主　　任　吴连意
科室人员　龚荣庭　高　娟

长兴县史志研究室

(2015.08—2020.09)

主　　任　吴连意
副 主 任　吴建平(2015.08—2015.11)　沈正学(2016.09—　)
茹建良(2016.07—2017.12)　黄　伟(2019.05—　)
科室人员　龚荣庭(2015.08—2017.08)　刘　峰(2016.03—　)
高　娟(2015.08—　)　王云婷(2016.09—　)
戴国华(2019.01—　)　陈　镇(2018.05—　)
郭玲玲(2015.08—　)　宋君君(2015.08—　)

《长兴县志(1988—2012)》编辑部

(2014.08—2020.09)

主　　编　吴连意
总　　纂　吴连意
副 主 编　周秀明(2014.08—2017.12)　朱　江(2014.08—2017.12)
甘剑勇(2014.08—2017.12)　曹忻春(2014.08—2017.06)
编　　辑　吴连意　周秀明　朱　江　甘剑勇　曹忻春　郭玲玲　宋君君
曾在编辑部工作过的人员
沈韵卓(2014.08—2016.02)　倪满强(2014.08—2016.02)
庄　瀛(2014.08—2016.04)　王　悦(2014.08—2016.07)
徐　虹(2014.08—2016.10)　温兴旺(2016.03—2017.12)
王晓照(2017.05—2018.10)

《长兴县志(1988—2012)》各承编单位参与修志人员名录

承编单位	分纂人员(2014.08—2016.12)	总纂人员(2017.01—2019.10)	主要负责人(2014年8月起，以任职先后为序)	定稿人(2019.12)	
				主要负责人	分管负责人
县委办	吴连意、郭玲玲、宋君君	吴连意 (沈正学、王云婷协助整理第19编第3章第3节第2目“县委常务委员会会议”资料)	吴再根、杨永章 傅伟强、周卫凌	周卫凌	吴连意
人大办	徐学如、徐　欣、陆宇杰、冯春梅 周　艳、陈　铭、任大伟、周　敏 周必达	徐学如、徐　欣、陆宇杰 冯春梅、周　艳、陈　铭 任大伟、周　敏、周必达	徐　宁、孙剑峰 邵海龙	邵海龙	周　艳
政府办	樊长朋、沈云芳、周　栓、鲍文斌 冯　凌、梅海龙、杨赟伟	樊长朋、沈云芳、周　栓 鲍文斌、冯　凌、梅海龙 杨赟伟	徐　骅、倪建忠 周卫凌、金永良	金永良	
政协办	严　江、祁　婷	严　江	张鑫华、戴建委	戴建委	李　丰
纪　委	魏荣军、王慧珠、俞敏鑫、钱敏媛	章　华、许慧祺	赵红梅、乔旭峰	乔旭峰	史　莹
组织部	潘志斌、左武忠、张诣晨	王在明、张诣晨	汤　浩、杨　力	杨　力	
宣传部	陈玉泉、谢立彬、张啸松、吴　帆 丁　天、沈自杰、彭小财、郑剑辉 黄加鸣、丁纯洁、许锦堂、张荣根	陈玉泉、姚志诚、许锦堂 张荣根	乔旭峰、黄　平	黄　平	马　律
统战部	余　见、殷　峰、张　兰、王　全 宋建芬	林俊毅	张国康、蒋文杰	蒋文杰	张勋华
政法委	钱　毅、王　军、胡　煜、吴　鹋 吕　琳、温兴旺	温兴旺	范淦明、高福良	高福良	王　军
信访局	陈丹丹	陈丹丹、叶　雷	盛树良、廖志坚	廖志坚	邵武帮
农　办	许虔东、周　慧	许虔东、周　慧	陈民华	吴秋景	张建华
编委办	郭　娟、陈　鹏	孙　婧	臧水华、施忠斌		
老干部局	乔国宏		蒋文杰、吴宏伟		
机关工委	刘　玥、汪于昀	刘　玥	吴宏伟、张国康		
党　校	詹勇杰、史倩霞、郭庭楠、潘　影 范显斌	詹勇杰	钱望成、韦国煜	韦国煜	王　辉
档案馆	周良金	周良金	张满山、姚源平	姚源平	李聚娇
党史室	龚荣庭、高娟(党史) 吴连意(地方志、县情)	吴连意	吴连意	吴连意	
总工会	杨家胜、潘锋锋、徐建民、李丽晴 任培林	任培林、徐建民	王晓瑜、许连寿	许连寿	郭煜骐
团县委	庄稼、朱轩毅、饶本杰、温慧建	温慧建、饶本杰、茆琪辉 陈佳琪	刘文献、潘宇欢 庄忠杰	庄忠杰	陈　舒
妇　联	叶小舟、张丽娟、朱　晶	叶小舟、张丽娟、朱　晶 张蕙筠	孙宏惠、王笑笑	王笑笑	丁欢欢

续表

承编单位	分纂人员(2014.08—2016.12)	总纂人员(2017.01—2019.10)	主要负责人(2014年8月起，以任职先后为序)	定稿人(2019.12)	
				主要负责人	分管负责人
科　协	夏　鑫	夏　鑫	朱　伟、柏剑平	柏剑平	叶　舟
文　联	曹秋华、孟玮玮	曹秋华、程筱奕	刘月琴	刘月琴	佘金龙
残　联	许　敏、田　静	许　敏、王　星	周福财、王文中 蒋金祥	蒋金祥	龙　军
工商联	武　艳、胡利姿	武　艳	赵雨平、钱立新	钱立新	吴福元
人武部	胡云飞	胡云飞			张巨富
法　院	徐樱芝	徐樱芝	冯新林、潘铁华	潘铁华	朱为学
检察院	朱胜平	朱胜平	潘如新	潘如新	钱立萍
发改委	沈倩倩、杨　晶、钱　欣、刘　利 胡　芸、史会明、吴万和、江　珍 金逢新、周　玲	徐惠相、胡　芸	傅仕松、陈剑峰	陈剑峰	窦明松
经信委	徐寅键、史晶晶、陈伯泉、高季春	李发良	徐义方、甘崇宾	甘崇宾	潘桂英
金融办	吴　昊		朱建华、朱为兵		
财政局	赵　莹、王利杰、芮菁蔚、蒋佳宁 郑　佳	赵　莹、芮菁蔚	倪建忠、葛铭松	葛铭松	刘志新
公安局	曹忻春	曹忻春	孙甫成、吴朝阳	吴朝阳	陈　庆
司法局	陆闻婧、梅友山、沈学章	沈学章	汤锦程、葛华庆 卢国华	卢国华	谢红星
建设局(人防办)	钟　敏、杨海成、陈　霞、朱婷婷 许　双、张　淳、孙炳元、郑升阳 章　莹、陈惠芬、唐青山、张志成 钱美良、鲁　俊、张玮虹、吴春阳 高浩健、陈宇峰、赵　静、李嘉瑶 卓考斌(人防)	钟　敏	何志强、傅伟强 闵世华	闵世华	时大威
公积金中心	张玮虹	陈　雯	朱宏伟	朱宏伟	潘　莹
环保局	张　云、杜云涛、王国峰、邢加相 卢　凡	张　云、杜云涛、王国峰 邢加相、卢　凡	张玉平、王楚斌 王利群	王利群	王洪斌
交通局	杨　凡、陆　敏、陈　慧、李立新 唐　胜、周利丰、佘建军、徐国颖 王春燕、李　云、徐　飞、陈亮东 庄　旭、刘　佳、杨　昕、潘　伟 林伟泓、朱碧云	宋　芬、杨　凡、陆　敏 陈　慧、李立新、唐　胜 佘建军、王春燕、李　云 陈亮东、林伟泓、朱碧云	闵世华、钱宝明	钱宝明	陈伟忠
商务局	章云鹏、鲁炳良、孙春兰、朱红艳 徐　虎、高耀玲	许虔东	杨　力、王国良 郭连伟	郭连伟	钱永泉
水利局	袁伟民、蒋维国	袁伟民	邵海龙、钱学良	钱学良	茆学铭

续表

承编单位	分纂人员(2014.08—2016.12)	总纂人员(2017.01—2019.10)	主要负责人(2014年8月起,以任职先后为序)	定稿人(2019.12)	
				主要负责人	分管负责人
农业局	方华蛟、杜正烦、宁利根、于春兰 汪海平、钱书敏、周兆宝、韩　平 沈维平、陈曙光、周新昌、周　康 褚玲娜、陈沈宽、解　静、俞　波 钟心尧、宁国云、柏　超、敖　力 雷勋霞、张惠兰、王　勋、商木星 杨惠祥、杨雪娣	潘金龙	吴厚明	吴秋景	张建华
林业局	陈国登、钱进芳、褚旭东、王　伟 刘　婷、马　骏、卢云士、沈勤龙 施　凯、周　凌、潘一鸣、沈晓飞	王佳依	汤　强、张玉平 乔旭峰	徐凤根	杨志勇
人社局	左武忠、王俊荆、卢　吉、王丽燕 蒋伯良	左武忠、王丽燕	姚晓明、杨　力 董　鸣	董　鸣	朱宝成
民政局	祈　超、蔡　敬、杜　琦、陈利强 李小彬、陈国民、管满泉、甘根喜	罗　海、管满泉	范龙云、沈自强	沈自强	殷满林
卫计局	黄梅宝、茆骁良、陆　英、高京辰 王月花、陈智霞、李聚娇、赖相燕 刘娥英、费纪凤	茆骁良、陆　英、高京辰 王月花	刘秋平、金　宁 郎　涛	郎　涛	王世红
教育局	戴国华、王慧珠、胡孙居、杨根山	吴　涛、黄牛春	张向前	张向前	钱海杰
科技局	徐志京、董兴初	徐志京、许建民	陈　峰、朱　伟	朱　伟	陈　静
文广新局(体育局)	李玉富、武　俊	吴　吉、武　俊	曾善赐	何杰雄	孙书文
审计局	李纵涛、殷亚娟、陈　双、张佳蔚 周建国、钱露筠、徐国良、章　秋	徐国良	葛铭松、蒋　烈		
统计局	王　皇、何菲菲	王　皇	董　鸣、孙宏惠	孙宏惠	王　皇
市场监督管理局	叶素红、盛旭臣	叶素红、盛旭臣、王旭懿	钱永昌、王惠芳		
安监局	池　筠、许学敏	吴　佳	徐义方、周卫星		
综合行政执法局	施震宏、卢立梅	卢立梅	王惠芳、沈庄伟	沈庄伟	段正华
行政服务中心	吴怀志、沈　颖、李秋欢	陶吴滢	赵卫平、赵雨平	赵雨平	吴怀志
旅　委	魏　燕、蔡茵陶、池明丽、卢有梅 郑冰倩、彭　莉		何杰雄	何杰雄	孙书文
国土局	张振杰、沈振兴	汪月萍、杨　敏、周建良 郭　勇、宋耀为	徐凤根	徐凤根	杨志勇
供电公司	叶菊琪、汤仁兆、季　旭、刘笑园 施　强、袁　晟、黄慧军、颜丽君 邵　俊、董国平、张霄霄、左武志 丁学峰	叶菊琪	姚冰峰、邢建旭 匡剑励		李建华
国税局	蒋争鸣	蒋争鸣	陈新荣、吴晓强 胡　放	胡　放	黄于飞
行政中心管理办	金晓燕		韩张达		

续表

承编单位	分纂人员（2014.08—2016.12）	总纂人员（2017.01—2019.10）	主要负责人（2014年8月起，以任职先后为序）	定稿人（2019.12）	
				主要负责人	分管负责人
气象局	魏丽华、许　杰、宋叶峰、缪　浪 陆文涛、吴　猛	魏丽华、许　杰、宋叶峰	陈卫锋		
烟草局	周　丹	周　丹	高水桥		
盐业公司	邵玉堂	邵玉堂	邵玉堂		
供销社	卫义成、黄梦秋	卫义成	夏会方	夏会方	周松林
传媒集团	费成林、王玉坤、秦　莉、薛雅敏 朱旭竞、沈　泱、孙健康	费成林、王玉坤、秦　莉 薛雅敏、朱旭竞、沈　泱 孙健康	许劲峰、曹佩中 黄时兵	黄时兵	方向东
人　行	陈玉蕾、濮蓓聪		郭正江		
邮政公司	琚　浪	许云芳、陈　真	蔡正喜、刘锐鹏		
电信公司	路　峰、徐媛媛、乔树群、平　阳 丁智勇		俞迪、杨建平		
移动公司	洪　敏		施泉荣、侯志平	侯志平	
联通公司	刘宏璐、胡志强		张建成		
洪桥镇	陈晶晶、沈岳凉、钱楚臣	倪树良	钱立新、刘亚利		
李家巷镇	韩成平、牛宏宇	陆伟忠	陈少鹏、臧雷鸣、金永良、尹明英		
夹浦镇	田承权	田承权	张　宇、沈孔鸿、曹佩中、陈剑峰、沈强南		
泗安镇	徐　侠、匡　敏、王　芬、王　璐 顾伟萍	徐　侠、匡　敏、王　芬	王伟新、徐卫勇、王国良		
虹星桥镇	唐晓英、毛慧颖	唐晓英	钱卫华、王笑笑、陈俊强		
和平镇	徐百培、周永泉	徐百培、周永泉	汪荣山、张　宇		
林城镇	彭志凤、钱根山、吴海龙	彭志凤	孙剑峰、施忠斌		
小浦镇	严　琳、敖立群、佟　彦、吴卫忠 李海玉	佟　彦、吴卫忠、李海玉	周卫星、施忠斌、郎涛		
煤山镇	李薇霞、赵寿毛、施正亚、徐　南	赵寿毛、章志斌、李吉英	钱宝民、余双全		
槐坎乡	丁　炎		施忠斌		
白岘乡	施正亚、黄晶晶		蒋　烈		
水口乡	陈　毅、章忠平、吴　佳	许　悦、张　燕	许连寿、沈庄伟		
吕山乡	徐　吉、陈惠平、顾志荣	徐　吉、陈惠平	臧雷鸣、沈自强、柏建华		
画溪街道	周　顺	李　历	周卫凌、黄　平、孙剑峰		
雉城街道	孙　彬、章思思、沈　伟、倪　绩 张　铮、胡剑泽	孙　彬	葛庆华、王笑笑、甘崇宾、叶　林		
太湖街道	过思思	曾雪君	陈剑峰、许　哲		
龙山新区 （龙山街道）	陈敬炜	陈敬炜	傅伟强、金　宁、武旭波、李建成		
开发区	张艳嫣	张艳嫣	吴再根、陈少鹏、钱卫华		
太湖图影	李　江、李晓敏、徐　凤、胡书澄 郑　娇、王　佳	徐　凤、胡书澄	成仁贵		
南太湖长兴分区	黄益华、汪霞玲、金丽华、邓勇强	张　磊	陈　峰、臧雷鸣、傅伟强		

续表

<table>
<tr><td rowspan="2">承编单位</td><td rowspan="2">分纂人员(2014.08—2016.12)</td><td rowspan="2">总纂人员
(2017.01—2019.10)</td><td rowspan="2">主要负责人
(2014年8月起,以任职先后为序)</td><td colspan="2">定稿人(2019.12)</td></tr>
<tr><td>主要负责人</td><td>分管负责人</td></tr>
<tr><td>省际示范区</td><td>周志强</td><td></td><td colspan="3">李丰红、王　波</td></tr>
<tr><td rowspan="6">县志编辑部</td><td>吴连意:编制篇目,撰写凡例、概述、大事记、修志始末、后记,编纂风俗、方言、人物、艺文、陈朝研究补遗、附录,编辑彩页、插图;温兴旺、王晓照:协助整理人物资料,王晓照协助审读复审稿的文字;俞允海(湖州师院方言专家):特邀协助编纂方言</td><td rowspan="6">2017年总纂
吴连意
(周秀明、朱　江、甘剑勇、曹忻春、郭玲玲、宋君君协助)

2018—2019年总纂
吴连意
(史志办郭玲玲、宋君君及各单位史志工作联络员协助)</td><td colspan="3" rowspan="6">2015年9月,长兴党史、地方志实行“二合一”管理,2016年下半年起至2017年,县史志办工作人员陆续招录、选调到位。2017年年末,取消编辑部集中办公,原从机关借用和抽调人员返归原单位。主编在总纂统稿过程中,需要各单位协助补充修改的工作,主要通过县史志办交办各单位史志联络员,由其转交本单位的部门志修志人员来完成。由此,推动史志机构及史志工作逐步走上日常化、制度化、规范化轨道</td></tr>
<tr><td>吴连意、郭玲玲联系:县委办、县人大办、县政府办、县政协办,乡镇、街道、园区,中央省属企事业单位等</td></tr>
<tr><td>周秀明、宋君君、王悦联系:纪组宣统、群团、教育、文化及新闻单位</td></tr>
<tr><td>朱江、倪满强联系:发改、经信、统计、财税、审计、安监、质监、气象、烟草及邮政通信单位</td></tr>
<tr><td>甘剑勇、庄瀛、沈韵卓联系:农口、商务、供销、旅游、建设、交通、国土、环保、科技、市场监管、供电及金融单位</td></tr>
<tr><td>曹忻春、徐虹联系:政法口、信访、行政服务、人社、民政、卫计、城管及军事单位</td></tr>
<tr><td>2018—2019年各单位史志工作分管领导(同一单位以任职先后为序)</td><td colspan="5">人大办陆宇杰、周艳,政协办李丰,纪委高向荣、史莹,组织部杨力,宣传部徐晓伟、马律,统战部林俊毅,政法委谢红星、王军,信访局邵武帮,编委办桑建华,党校王国良、项晓燕、王辉,档案馆朱阿权、李聚娇,总工会郭煜骐,团县委陈舒,妇联丁欢欢、陈静,科协汤煜斌、叶丹,文联佘金龙,残联杨佰军、龙军,工商联吴福元,法院陈吉康、朱为学,检察院钱立萍,发改局窦明松,经信局潘桂英,金融办沈永星、程再喜,财政局刘志新,公安局吴朝阳,司法局蒋新平、谢红星,建设局时大威,公积金中心潘莹,生态环境局王洪斌、刘则富,交通局何卸地,商务局钱永泉、蒋再飞,水利局茆学铭,农业农村局李建忠,自然资源和规划局豆树康、朱明权、杨志勇,人社局朱宝成,民政局殷满林,卫生健康局王世红,医疗保障局汪敏,教育局钱海杰,科技局陈静,文广旅体局陈新国、孙书文,审计局朱海星,统计局刘飞、过卓琳,市场监管局李应林,安监局闫雪峰,综合行政执法局段正华,政务办吴怀志,税务局黄于飞、彭琳,气象局魏丽华,邮政管理局许卫权,供销社周松林,传媒集团方向东,洪桥镇徐国燕,李家巷镇吴冬,夹浦镇钱云花、钱锡花,泗安镇施俊焱、林华、林俊毅,虹星桥镇张燕飞、冯波,和平镇李志云、钱毅,林城镇潘学丰、张诗曰、葛洪武,小浦镇梅德胤,煤山镇王小燕、徐坤,水口乡刘炜,吕山乡王炜、朱建康、张林,龙山街道茆丽锋、吴志年,画溪街道庄稼,雉城街道黎旭红,太湖街道高莹、夏向东、胡桂红,开发区陈卫华,太湖图影丁文欢,南太湖长兴分区余强、彭东海</td></tr>
</table>

续表

承编单位	分纂人员(2014.08—2016.12)	总纂人员(2017.01—2019.10)	主要负责人(2014年8月起,以任职先后为序)	定稿人(2019.12)	
				主要负责人	分管负责人
2018—2019各单位史志工作联络员(同一单位以任职先后为序)	人大办丁天、高婕,县政协办严江,纪委许慧祺、邵耀跃,组织部张诣晨、张佳勇、汪咏宏,宣传部陈玉泉,统战部余见、钟翔,政法委吕琳、章卫良,信访局叶雷,编委办郭娟,党校蔡卫星、沈晓燕,档案馆周良金,总工会杨家胜,团县委茆琪辉、吴静,妇联叶小舟、张蕙筠,科协夏鑫,文联程筱奕、周凌燕,残联田静,工商联武艳,法院徐樱芝、卢峰,检察院蒋艳、何明元,发改局沈倩倩,经信局方菲、陈聪,金融办叶碧盈、张峥,财政局赵莹,公安局曹忻春,司法局陈婧玙,建设局卓考斌、李沛瑶,公积金中心钱银娟、逯中正、陈沿秀,生态环境局张帆、吴萌萌、严宇扬,交通局宋芬,商务局李传虎,水利局曹美玲,农业农村局吴文杰、周慧、徐兰,自然资源和规划局施凯、张振杰、黄盈盈,人社局王丽燕,民政局徐园、杜雅兰,卫生健康局黄梅宝,医疗保障局吴静,教育局黄牛春、豆雨松,科技局叶永连、黄炜,文广旅体局徐栩、史佳琪、王叶,审计局卢佳欢,统计局潘玲、张健,市场监管局王旭懿、吴怡萱,安监局陈杰、顾秉康,综合行政执法局卢立梅,县政务办陶吴滢、卢爱萍,县税务局邱革,县气象局许杰,县邮政管理局黄永泉,供销社卫义成,传媒集团贺利秋,洪桥镇郑书城,李家巷镇蒋飞,夹浦镇高松、倪佳,泗安镇匡敏、匡世兰,虹星桥镇丁莉萍、葛洪武、江国文,和平镇许丽娇、殷敏,林城镇杨伟平,小浦镇佟彦、吴丽丽、周泽伟、陈立,煤山镇姜宁,水口乡章忠平、张燕,吕山乡徐吉,龙山街道王光新、朱金平,画溪街道周月彩、蒋郁青,雉城街道章思思、李雪萍,太湖街道曾雪君、周林燕、朱小燕,开发区张艳嫣,太湖图影徐凤、陈晨,南太湖长兴分区张磊、岳华、徐云				

说明:1.根据2016年4月、2018年1月、2019年12月各单位上报资料整理(不全);2.单位按2014年8月县志编修启动时名称统计,2018年后用机构改革后名称

《长兴县志(1988—2012)》评审人员

初审人员

周国荣　长兴县委党史研究室原主任

施法根　长兴县人大法制(内务司法)委员会副主任委员,原长兴报社总编辑

徐惠相　长兴县体制改革办公室原主任

许虔东　长兴县委党史研究室原副主任,副研究员

黄福根　长兴县政府办公室(县志办)原党组成员

李发良　《长兴县工业志》主要编纂人员

许建民　《长兴县科技志》主要编纂人员

蒋争鸣　《长兴县国税志》主要编纂人员

王晓照　长兴县教研中心教研员,《长兴教育》责任编辑

复审专家

潘捷军　浙江省地方志办公室主任、研究员

章其祥　浙江省地方志办公室副主任、副研究员

周祝伟　浙江省地方志办公室市县处处长、研究员

张　勤　浙江省地方志办公室研究室副主任、副研究员

杨明祥　浙江省地方志专家组成员、宁波市史志办原主任

邱　阳　浙江省地方志专家组成员、嘉兴市地方志办公室地方志编纂处处长

沈　慧　浙江省地方志专家组成员、湖州市地方志办公室研究员

杨伟民　湖州市委副秘书长

梅锦连　湖州市地方志办公室副主任

姚国强　湖州市地方志办公室方志处处长

终审验收

高胜华　长兴县委副书记

陈　峰　长兴县政府副县长

有关单位　县委办(国家保密局、台办)　县政府办(外事办)　纪委监委　组织部　宣传部　统战部(民宗局、侨办)　政法委　档案馆　史志办　人武部　司法局　发改局　经信局　商务局　农业农村局　统计局